HANDBUCH DER JUSTIZ
1996

Handbuch der Justiz 1996

Die Träger und Organe der Rechtsprechenden Gewalt
in der Bundesrepublik Deutschland

23. Jahrgang

Herausgegeben vom
Deutschen Richterbund
Bund der Richterinnen und Richter,
Staatsanwältinnen und Staatsanwälte

Gesamtbearbeiter
Peter Marqua
Geschäftsführer des Deutschen Richterbundes

unter Mitwirkung
der Justizverwaltungen des Bundes und der Länder
sowie der Verwaltungen der Verfassungs- und Fachgerichte

R. v. Decker's Verlag
Heidelberg

© 1996 R.v. Decker's Verlag, Hüthig GmbH, Heidelberg
Printed in Germany
Satz: Mitterweger Werksatz GmbH, Plankstadt
Druck und Bindung: Friedrich Pustet, Regensburg
ISBN 3-7685-0496-4

Vorwort

Das nunmehr im 23. Jahrgang vorliegende Handbuch der Justiz ist wiederum grundlegend überarbeitet und aktualisiert. Es entspricht dem Stand 1. März 1996, in weiten Teilen konnten auch danach eingetretene Veränderungen, soweit sie mir bekannt oder mitgeteilt wurden, noch berücksichtigt werden.

Erstmals enthält das Handbuch auch Angaben zum Gerichtshof der Europäischen Gemeinschaften. Damit wird einem aus dem Kreis der Benutzer verstärkt geäußerten Anliegen Rechnung getragen. Für seine Unterstützung danke ich insoweit Herrn Richter Dr. Hirsch sehr herzlich.

Wiederum sind bei dieser Neuauflage speziell auch die Postanschriften, Telefon- und Telefaxanschlüsse aller Gerichte und Justizbehörden durchgesehen und, wo nötig, aktualisiert worden. Einheitlich sind, sofern beide nicht identisch sind, die Hausanschriften den Postanschriften vorangestellt worden.

Im übrigen gilt unverändert: Soweit sich zwischen dem im Kopfeintrag einzelner Gerichte/Staatsanwaltschaften eingetragenen Planstellensoll und der Zahl der jeweils aufgeführten Richter/Staatsanwälte Differenzen ergeben, beruht dies vorwiegend darauf, daß bei diesen Gerichten/Staatsanwaltschaften Richter auf Probe auf Planstellen eingesetzt werden. Richter auf Probe sind aber – entsprechend der bewährten Systematik des Handbuchs – jeweils im Anhang zu den einzelnen Bezirken der obersten Gerichte der Länder gesondert erfaßt. Abweichungen zwischen Planstellensoll und tatsächlicher Zahl der aufgeführten Stelleninhaber können darüber hinaus auch Folge von Wiederbesetzungssperren freigewordener Stellen sein, wie sie in einigen Bundesländern nach wie vor praktiziert werden.

Abweichungen zwischen Planstellensoll und Anzahl der tatsächlich aufgeführten Planstelleninhaber können des weiteren auch daran liegen, daß endgültige Stelleninhaber (Richter auf Lebenszeit/Staatsanwälte) der Angabe auch ihres Namens widersprochen haben. Dies habe ich, soweit es mir nach sorgfältiger Recherche möglich war, durch entsprechende erläuternde Hinweise kenntlich gemacht.

Bei den Gerichten und Staatsanwaltschaften der neuen Bundesländer konnten Angaben zum Planstellensoll z. T. noch nicht mitgeteilt werden, da die dortigen Personalbedarfsplanungen noch nicht überall abgeschlossen sind.

Mein besonderer Dank gilt den Mitarbeiterinnen und Mitarbeitern aller beteiligten Fachressorts sowie der Gerichte und Staatsanwaltschaften, ohne deren tatkräftige Unterstützung dieses Handbuch nicht hätte erstellt werden können.

Bei der Fülle von Namen und Daten kann nicht ausgeschlossen werden, daß sich, trotz sorgfältigster Überprüfung, hier und da Fehler eingeschlichen haben. Soweit solche entdeckt werden, bitte ich um entsprechende Hinweise, damit sie in späteren Auflagen vermieden werden können.

Bonn-Bad Godesberg, im Mai 1996 *Peter Marqua*

Inhaltsverzeichnis

Vorwort V
Abkürzungsverzeichnis XI
Erläuterungen XIII

Bundesverfassungsgericht – BVerfG – 1
Bundesministerium der Justiz – BMJ – 3

Gerichte des Bundes

Bundesgerichtshof 7
Der Generalbundesanwalt beim Bundesgerichtshof 9
Bundesarbeitsgericht 10
Bundesfinanzhof 10
Bundessozialgericht 11
Bundesverwaltungsgericht 12
Oberbundesanwalt beim Bundesverwaltungsgericht 13
Bundeswehrdisziplinaranwalt beim Bundesverwaltungsgericht 13
Bundesdisziplinargericht 14
Bundesdisziplinaranwalt 14
Bundespatentgericht 15
Truppendienstgerichte 17

Justizministerien und ordentliche Gerichte der Länder

Baden-Württemberg

Justizministerium 21
Oberlandesgerichtsbezirk Karlsruhe 22
    Staatsanwaltschaften 36
    Notariate 40
Oberlandesgerichtsbezirk Stuttgart 44
    Staatsanwaltschaften 58
Richter/Staatsanwälte im Richterverhältnis auf Probe 62

Bayern

Staatsministerium der Justiz 67
Bayerisches Oberstes Landesgericht 68

Inhaltsverzeichnis

Oberlandesgerichtsbezirk Bamberg 69
    Staatsanwaltschaften 76
Oberlandesgerichtsbezirk München 79
    Staatsanwaltschaften 96
Oberlandesgerichtsbezirk Nürnberg 102
    Staatsanwaltschaften 110
Richter/Staatsanwälte im Richterverhältnis auf Probe 112

Berlin

Senatsverwaltung für Justiz 115
Kammergerichtsbezirk Berlin 116
    Staatsanwaltschaften 126
    Richter/Staatsanwälte im Richterverhältnis auf Probe 130

Brandenburg

Ministerium der Justiz und für Bundes- und Europaangelegenheiten 135
Oberlandesgerichtsbezirk Brandenburg a.d. Havel 136
    Staatsanwaltschaften 142
    Richter/Staatsanwälte im Richterverhältnis auf Probe 145

Bremen

Senator für Justiz und Verfassung 149
Oberlandesgerichtsbezirk Bremen 150
    Staatsanwaltschaften 153
    Richter/Staatsanwälte im Richterverhältnis auf Probe 154

Hamburg

Justizbehörde 155
Oberlandesgerichtsbezirk Hamburg 157
    Staatsanwaltschaften 164
    Richter/Staatsanwälte im Richterverhältnis auf Probe 166

Hessen

Ministerium der Justiz und für Europaangelegenheiten 167
Oberlandesgerichtsbezirk Frankfurt am Main 168
    Staatsanwaltschaften 187
    Richter/Staatsanwälte im Richterverhältnis auf Probe 192

Mecklenburg-Vorpommern

Justizministerium 195
Oberlandesgerichtsbezirk Rostock 197
    Staatsanwaltschaften 203
    Richter/Staatsanwälte im Richterverhältnis auf Probe 204

Inhaltsverzeichnis

Niedersachsen

Justizministerium ... 207
Oberlandesgerichtsbezirk Braunschweig ... 208
    Staatsanwaltschaften ... 211
Oberlandesgerichtsbezirk Celle ... 212
    Staatsanwaltschaften ... 226
Oberlandesgerichtsbezirk Oldenburg ... 230
    Staatsanwaltschaften ... 236
    Richter/Staatsanwälte im Richterverhältnis auf Probe ... 238

Nordrhein-Westfalen

Justizministerium ... 241
Oberlandesgerichtsbezirk Düsseldorf ... 242
    Staatsanwaltschaften ... 257
Oberlandesgerichtsbezirk Hamm ... 261
    Staatsanwaltschaften ... 285
Oberlandesgerichtsbezirk Köln ... 292
    Staatsanwaltschaften ... 303
    Richter/Staatsanwälte im Richterverhältnis auf Probe ... 306

Rheinland-Pfalz

Ministerium der Justiz ... 313
Oberlandesgerichtsbezirk Koblenz ... 314
    Staatsanwaltschaften ... 322
Oberlandesgerichtsbezirk Zweibrücken ... 325
    Staatsanwaltschaften ... 330
    Richter/Staatsanwälte im Richterverhältnis auf Probe ... 331

Saarland

Ministerium der Justiz ... 335
Oberlandesgerichtsbezirk Saarbrücken ... 336
    Staatsanwaltschaften ... 340
    Richter/Staatsanwälte im Richterverhältnis auf Probe ... 341

Sachsen

Staatsministerium der Justiz ... 343
Oberlandesgerichtsbezirk Dresden ... 344
    Staatsanwaltschaften ... 353
    Richter/Staatsanwälte im Richterverhältnis auf Probe ... 357

Sachsen-Anhalt

Ministerium der Justiz ... 361
Oberlandesgerichtsbezirk Naumburg ... 362
    Staatsanwaltschaften ... 369
    Richter/Staatsanwälte im Richterverhältnis auf Probe ... 371

Inhaltsverzeichnis

Schleswig-Holstein

Ministerium der Justiz und für Bundes- und Europaangelegenheiten 375
Oberlandesgerichtsbezirk Schleswig. 376
    Staatsanwaltschaften 384
    Richter/Staatsanwälte im Richterverhältnis auf Probe 386

Thüringen

Ministerium für Justiz und Europaangelegenheiten 389
Oberlandesgerichtsbezirk Jena 390
    Staatsanwaltschaften 397
    Richter/Staatsanwälte im Richterverhältnis auf Probe 399

Verfassungsgerichte der Länder

Staatsgerichtshöfe, Verfassungsgerichtshöfe, Verfassungsgerichte. 403

Fachgerichte der Länder

Arbeitsgerichtsbarkeit
    Landesarbeitsgerichte, Arbeitsgerichte. 411
Finanzgerichtsbarkeit
    Finanzgerichte. 439
Sozialgerichtsbarkeit
    Landessozialgerichte, Sozialgerichte 451
Verwaltungsgerichtsbarkeit
    Verwaltungsgerichtshöfe/Oberverwaltungsgerichte, Verwaltungsgerichte 475

Europäischer Gerichtshof

Gerichtshof der Europäischen Gemeinschaften. 517
Gericht erster Instanz der Europäischen Gemeinschaften 519

Anhang

Die Landgerichte in der Bundesrepublik Deutschland 523
Die Amtsgerichte in der Bundesrepublik Deutschland 525
Die Deutsche Richterakademie. 533
Verbände der Richter und Staatsanwälte 535
Namensverzeichnis 539

Abkürzungsverzeichnis

abg.	abgeordnet	GL	Gruppenleiter(in)
aD	außer Dienst	GStA	Generalstaatsanwalt/ Generalstaatsanwältin
AG	Amtsgericht		
AGBez.	Amtsgerichtsbezirk		
AL	Abteilungsleiter	HE	Hessen
ArbG	Arbeitsgericht	HH	Hamburg
		HL/HAL	Hauptabteilungsleiter(in)
BA(BuA)	Bundesanwalt/Bundesanwältin	HProf	Hochschulprofessor(in)
BAG	Bundesarbeitsgericht		
BayObLG	Bayerisches Oberstes Landesgericht	JR	Justizrat
BD	Baudirektor(in)	kw	künftig wegfallend
BDiA	Bundesdisziplinaranwalt		
BER	Berlin	LAG	Landesarbeitsgericht
beurl.	beurlaubt	LA	Landesanwalt/Landesanwältin
BFG	Bundesfinanzhof	LG	Landgericht
BGBl	Bundesgesetzblatt	LGBez.	Landgerichtsbezirk
BGH	Bundesgerichtshof	LMedD	Leitende(r) Medizinaldirektor(in)
BiblD	Bibliotheksdirektor(in)		
BMJ	Bundesministerium der Justiz	LMinD	Leitende(r) Ministerialdirektor(in)
BPG	Bundespatentgericht		
BRA	Brandenburg	LMinR	Leitende(r) Ministerialrat(in)
BRE	Bremen	LOStA	Leitender Oberstaatsanwalt Leitende Oberstaatsanwältin
BSG	Bundessozialgericht		
BU	Gerichte des Bundes	LRD	Leitende(r) Regierungsdirektor(in)
BVerfG	Bundesverfassungsgericht		
BVwG	Bundesverwaltungsgericht	LSenR	Leitender Senatsrat Leitende Senatsrätin
BW	Baden-Württemberg		
BwDA	Bundeswehrdisziplinaranwalt	LSG	Landessozialgericht
BY	Bayern	LSt	Leerstelle
		LOLA	Leitender Oberlandesanwalt
Dipl.-Ök.	Diplomökonom(in)		
Dir	Direktor(in) des…	MedD	Medizinaldirektor(in)
		Min	Minster(in)
E	Einwohnerzahl	MinD	Ministerialdirektor(in)
EStA	Erster Staatsanwalt/ Erste Staatsanwältin	MinDgt	Ministerialdirigent(in)
		MinDirig	Ministerialdirigent(in)
		MinR	Ministerialrat/Ministerialrätin
FamG	Familiengericht	MV	Mecklenburg-Vorpommern
FG	Finanzgericht		
		ND	Notariatsdirektor(in)
GBA(GBuA)	Generalbundesanwalt	N.N.	Stelle zur Zeit nicht besetzt
GenSekr	Generalsekretär	Not	Notar(in)

Abkürzungsverzeichnis

NDS	Niedersachsen	StA (GL)	Staatsanwalt/Staatsanwältin als Gruppenleiter(in)
NW	Nordrhein-Westfalen	StaatsR	Staatsrat/Staatsrätin
OJR	Oberjustizrat	StaatsSekr	Staatssekretär(in)
OLA	Oberlandesanwalt/Oberlandesanwältin	stVDir	ständige(r) Vertreter(in) des Direktors/der Direktorin
OLG	Oberlandesgericht	stVND	ständige(r) Vertreter(in) des/der Notariatsdirektor(in)
OLGBez.	Oberlandesgerichtsbezirk		
ORR	Oberregierungsrat/Oberregierungsrätin	stVGStA	ständige(r) Vertreter(in) des Generalstaatsanwalts
OStA	Oberstaatsanwalt/Oberstaatsanwältin	stVLOStA	ständige(r) Vertreter(in) des Leitenden Oberstaatsanwalts/Oberstaatsanwältin
OVG	Oberverwaltungsgericht		
		T	Telefon
Pr	Präsident(in) des...	TH	Thüringen
PrLaJPrA	Präsident(in) des Landesjustizprüfungsamtes	TrDiG	Truppendienstgericht
		tw.	teilweise
PrPrA	Präsident des Prüfungsamtes		
PStaatsSekr	Parlamentarischer Staatssekretär	UProf/UP	Universitätsprofessor(in)
		VerfG	Verfassungsgericht
R	Richter(in) am...	VG(VwG)	Verwaltungsgericht
RA	Rechtsanwalt/Rechtsanwältin	VGH	Verwaltungsgerichtshof
RD	Regierungsdirektor(in)	VGStA	Vertreter des Generalstaatanwalts
RkrA	Richter(in) kraft Auftrags		
RMedD	Regierungsmedizinaldirektor(in)	VPr	Vizepräsident(in) des...
		VR	Vorsitzende(r) Richter(in) am...
ROR	Regierungsoberrat/Regierungsoberrätin		
RP	Rheinland-Pfalz	w.aufsR	weitere(r) aufsichtführende(r) Richter(in)
RR	Regierungsrat/Regierungsrätin		
		WissA	Wissenschaftliche(r) Assistent(in)
SAA	Saarland		
SAC	Sachsen	Wiss.Dir	Wissenschaftliche(r) Direktor(in)
SAN	Sachsen-Anhalt		
Sen	Senator(in)		
SenD	Senatsdirektor(in)		
SenDgt	Senatsdirigent(in)	z.A.	zur Anstellung
SenR	Senatsrat/Senatsrätin	ZS	Zentralstelle der Landesjustizverwaltung zur Aufklärung von NS-Verbrechen
SG	Sozialgericht		
SH	Schleswig-Holstein		
SozD	Sozialdirektor(in)	ZSt	Zweigstelle
SozR	Sozialrat/Sozialrätin	zugl.	zugleich
StA	Staatsanwalt/Staatsanwältin	z.Z.	zur Zeit

Erläuterungen
für die Benutzung des Handbuches

1. Die Angaben entsprechen dem Stand vom 1. März 1996. Veränderungen nach diesem Stichtag, die bis zum Redaktionsschluß bekannt geworden sind, sind berücksichtigt.
2.1 Die Gliederung des Handbuches ergibt sich aus dem Inhaltsverzeichnis.
2.2 Die ordentlichen Gerichte sind nach Ländern, die Fachgerichte nach Fachgebieten und Ländern geordnet.
2.3 Die Seitenüberschriften (Kolumnentitel) enthalten links- und rechtsaußen Namenkürzel. Diese sind den Gerichten des Bundes, dem Bundesministerium der Justiz, den ordentlichen Gerichten der Länder und den einzelnen Sparten der Fachgerichte der Länder zugeordnet. Sie entsprechen der Aufstellung am Anfang des Namensverzeichnisses. Darüber hinaus sind weitere Informationen enthalten wie die Bezirke der Oberlandesgerichte und Landgerichte sowie die Staatsanwaltschaften bei den ordentlichen Gerichten der Länder oder die Namen der Länder in den Sparten der Fachgerichte.
2.4 Die Gerichte sind jeweils in alphabetischer Reihenfolge innerhalb des Bezirks ihres im Instanzenzug übergeordneten Gerichts aufgeführt.
2.5 Ebenso ist bei den mit einem Präsidenten besetzten Amtsgerichten verfahren worden, obwohl diese nicht der Dienstaufsicht des Präsidenten des Landgerichts unterstehen.
2.6 In Berlin und Hamburg stehen das Amtsgericht Tiergarten und das Amtsgericht Hamburg vor den übrigen Amtsgerichten, da die Präsidenten dieser beiden Amtsgerichte die Dienstaufsicht auch über die übrigen Amtsgerichte führen.
3. Zum *Kopfeintrag* der Gerichte, Staatsanwaltschaften und Justizministerien:
3.1 Er beginnt mit der *Ortsbezeichnung* der jeweiligen Behörde.
3.2 Bei jedem Land und jedem ordentlichen Gericht der Länder folgt auf die Ortsbezeichnung die *Einwohnerzahl* (E) des Landes oder des Gerichtsbezirks. Die Einwohnerzahl entspricht dem Stand vom 31. 12. 1994. Soweit bei Gerichtsbezirken der neuen Bundesländer insoweit keine Angaben enthalten sind, konnten aktuelle Einwohnerzahlen noch nicht übermittelt werden. Bei Abweichungen davon ist der Stand besonders vermerkt.
3.3 Es folgen die Haus- und, soweit daneben vorhanden, die Postanschriften des Gerichts/der Behörde.
3.4 Mit vorangestelltem „T" folgt die *Telefonnummer* mit Vorwahl (Ortsnetzkennzahl). Soweit sie mitgeteilt wurde, folgt dann die Nummer des *Telefax-Anschlusses* des jeweiligen Gerichts bzw. der jeweiligen Staatsanwaltschaft.
3.5 Danach folgt jeweils die in den Haushaltsplänen ausgewiesene *Zahl der Planstellen*, aufgeschlüsselt nach Amts- und Funktionsbezeichnungen. Soweit Leerstellen besonders ausgewiesen sind, sind sie getrennt aufgeführt, ebenso Stellen für Inhaber eines zweiten Amtes (Universitätsprofessoren/Hochschulprofessoren). Stellen, die für mehrere Gerichte ausgewiesen sind, und Stellen für Teilzeitbeschäftigte sind mit den jeweiligen Bruchteilen angegeben (z. B. 2 × ½ R). Vgl. im übrigen die Erläuterungen im Vorwort.
3.6 Sind bei einem Gericht oder einer Staatsanwaltschaft *Zweigstellen* eingerichtet, sind sie ebenfalls im Kopfeintrag genannt.

Erläuterungen

3.7 Das Auffinden der gesuchten ordentlichen Gerichte im Hauptteil des Handbuches wird durch die alphabetischen Verzeichnisse der Landgerichte und der Amtsgerichte im Anhang des Handbuches erleichtert. Dort sind die jeweils übergeordneten Gerichte und die Länder vermerkt.

4. Bei welchen Amtsgerichten *Schöffengerichte, Familiengerichte* und *Landwirtschaftsgerichte* gebildet sind, ergibt sich aus den Aufstellungen in den Angaben über die Oberlandesgerichtsbezirke und den Kammergerichtsbezirk (Berlin). Ihnen ist auch zu entnehmen, welche Amtsgerichtsbezirke zu den Schöffengerichten, Familiengerichten und Landwirtschaftsgerichten gehören.

5.1 Die auf Lebenszeit angestellten Richter, Staatsanwälte und Beamten sind bei den Dienststellen aufgeführt, bei denen sie ihre Planstelle haben. Das ist auch geschehen, wenn sie abgeordnet oder beurlaubt sind. Hierauf ist jeweils durch die Zusätze „abg." oder „beurl." hingewiesen worden. Soweit sie in einer Leerstelle geführt werden, ist das durch den Zusatz „LSt" kenntlich gemacht worden.

Abweichend davon sind bei den Gerichten/Staatsanwaltschaften des Freistaats Sachsen auch diejenigen Richter und Rechtsanwälte aus alten Bundesländern aufgeführt, die vorübergehend nach Sachsen abgeordnet sind. Aus einem entsprechenden Klammerzusatz hinter den Namen ergibt sich das Herkunftsland dieser Richter/Staatsanwälte. Diese Handhabung entspricht einem besonderen Wunsch des Sächsischen Justizministeriums.

5.2 Richter kraft Auftrags (RkrA) und Staatsanwälte im Beamtenverhältnis auf Probe sind bei den Dienststellen, bei denen sie verwendet werden, aufgeführt, und zwar nach den Richtern und Staatsanwälten auf Lebenszeit. Bei ihnen ist das „allgemeine Dienstalter" in Klammern gesetzt.

5.3 Richter/Staatsanwälte im Richterverhältnis auf Probe sind in Listen zusammengefaßt, die jeweils am Schluß jedes Landes stehen.

6.1 Die *Personalangaben* gliedern sich in drei Spalten:

6.2 *Spalte 1:*
Familienname, Vorname

6.3 *Spalte 2:*
a) bei auf Lebenszeit angestellten Richtern das allgemeine Dienstalter (§ 20 DRiG),
b) bei Richtern kraft Auftrags der Tag ihrer Berufung in das Richterverhältnis kraft Auftrags, dieser zur Kennzeichnung des Status in Klammern gesetzt,
c) bei auf Lebenszeit angestellten Staatsanwälten und Beamten ein Dienstalter in entsprechender Anwendung des § 20 DRiG,
d) bei Staatsanwälten im Beamtenverhältnis auf Probe der Tag ihrer Berufung in dieses Beamtenverhältnis, dieser in Bayern in Klammern gesetzt,
e) bei Richtern/Staatsanwälten im Richterverhältnis auf Probe der Tag ihrer Berufung in das Richterverhältnis auf Probe (Einstellungstag).

6.4 *Spalte 3:*
Geburtsdatum.

7.1 Die Planstelleninhaber sind entsprechend ihrer Dienststellung nach Gruppen gegliedert. Innerhalb der Gruppen richtet sich die Reihenfolge nach dem Dienstalter und bei gleichem Dienstalter nach dem Lebensalter. Dabei sind Inhaber von Beförderungsstellen den übrigen vorangestellt.

7.2 Die Reihenfolge der Richter/Staatsanwälte auf Probe richtet sich nach dem Tag ihrer Berufung in das Richterverhältnis auf Probe.

Bundesverfassungsgericht

Schloßbezirk 3, 76131 Karlsruhe (Dienstgebäude)
Postfach 17 71, 76006 Karlsruhe (Postanschrift)
T (07 21) 91 01-0, Telefax (07 21) 9 10 13 82
1 Pr, 1 VPr, 14 R

Präsidentin
Vorsitzende des Zweiten Senats
Prof. Dr. Limbach, Jutta   14. 9.94   27. 3.34

Vizepräsident
Vorsitzender des Ersten Senats
Dr. Seidl, Otto   13.10.95   11.12.31

Richterinnen/Richter des Ersten Senats
Prof. Dr. Grimm, Dieter   16. 7.87   11. 5.37
Dr. Kühling, Jürgen   12. 7.89   27. 4.34
Seibert, Helga   28.11.89   7. 1.39
Jaeger, Renate   24. 3.94   30.12.40
Dr. Haas, Evelyn   14. 9.94   7. 4.49
Dr. Hömig, Dieter   13.10.95   15. 3.38
Prof. Dr. Steiner, Udo   13.10.95   16. 9.39

Richterin/Richter des Zweiten Senats
Dr. Graßhof, Karin   8.10.86   25. 6.37
Kruis, Konrad   16.11.87   11. 5.30

Prof. Dr. Kirchhof, Paul   16.11.87   21. 2.43
Winter, Klaus   28.11.89   29. 5.36
Sommer, Bertold   12. 7.91   13. 9.37
Dr. Jentsch, Hans-Joachim   3. 5.96   20. 9.37
Prof. Dr. Hassemer,
  Winfried   3. 5.96   17. 2.40

Verwaltung
Dr. Zierlein, Karl-Georg,
  Dir. b. BVerfG   1.11.70   13. 9.33

Präsidialräte
Erster Senat
Dr. Zierlein, Karl-Georg,
  Dir. b. BVerfG   1.11.70   13. 9.33

Zweiter Senat
Dr. Wöhrmann, Gotthart,
  MinR   7. 8.78   25. 5.34

Bundesministerium der Justiz

Heinemannstr. 6, 53175 Bonn (Haus- und Lieferanschrift)
Bundesministerium der Justiz, 53170 Bonn (Postanschrift)
T (02 28) 58–0, Telefax (02 28) 58 45 25

Außenstelle Berlin
Jerusalemer Straße 24–28, 10117 Berlin
T (0 30) 20 25–70, Telefax (0 30) 20 25–95 25

1 Min, 1 PStaatsSekr, 1 StaatsSekr + 1 LSt (StaatsSekr), 6 MinD, 15 MinDgt + 1 LSt (MinDgt),
72 MinR + 14 LSt (MinR), 82 RD + 3 LSt (RD), 26 ORR + 1 LSt (ORR), 7 RR

Bundesminister der Justiz
Prof. Dr. Schmidt-Jortzig,
　Edzard　17. 1. 96　8. 10. 41

Parlamentarischer Staatssekretär
Funke, Rainer　25. 1. 91　18. 11. 40

Staatssekretäre
Kober, Ingo, beurl. (LSt.)　29. 1. 91　22. 7. 42
Lanfermann, Heinz　7. 2. 96　27. 5. 50

Ministerialdirektoren
Prof. Dr. Rieß, Peter　1. 7. 88　4. 5. 32
Prof. Dr. Niederleithinger,
　Ernst　2. 5. 90　22. 3. 34
Dr. Heyde, Wolfgang　1. 10. 90　28. 10. 33
Dr. Wichmann, Klaus　11. 3. 91　13. 12. 34
Bendel, Ewald　1. 10. 91　10. 12. 35
Stein, Gerrit　23. 11. 92　13. 1. 49

Ministerialdirigentinnen/Ministerialdirigenten
Keck, Ludwig-Wilhelm　27. 8. 79　16. 11. 37
Gass, Peter　4. 11. 80　11. 11. 34
Schuster, Paul　1. 3. 85　6. 9. 31
Schäfers, Alfons　13. 9. 85　28. 1. 33
Dr. Wolf, Alfred　2. 6. 86　24. 8. 31
Dr. Kirschner, Heinrich,
　beurl. (LSt)　5. 12. 86　7. 1. 38
Dr. Meyer-Ladewig, Jens　2. 11. 87　23. 2. 34
Dr. Hilger, Hans　1. 9. 89　16. 7. 37
Dr. Gusseck, Lutz　21. 2. 91　21. 1. 40
Möller-Goddard, Margret　3. 7. 91　—
Dr. Ganten, Reinhard　1. 10. 91　9. 8. 39
Dr. Teske, Horst　1. 6. 92　1. 4. 34
Lehmann, Christian　23. 11. 92　22. 9. 41
Schmid-Dwertmann,
　Hans Jürgen　1. 4. 93　2. 10. 39
Lohr, Bernhard　6. 9. 94　8. 11. 36

Ministerialrätinnen/Ministerialräte
Buhrow, Johann Sebastian　1. 2. 70　20. 8. 33
Dr. h.c. Biener, Herbert　1. 6. 75　11. 2. 32
Lehmann, Walter-Jürgen　1. 10. 75　13. 10. 36
Böing, Heinz　1. 7. 77　10. 7. 32
Stewen, Werner,
　beurl. (LSt)　1. 9. 80　29. 9. 35
Viehmann, Horst　1. 9. 81　14. 9. 37
Dr. Jekewitz, Jürgen　1. 3. 82　1. 3. 37
Schilling, Walter　1. 4. 83　28. 10. 34
Rebmann, Eberhard　1. 7. 83　5. 12. 33
Dr. Katholnigg, Oskar　1. 4. 84　18. 12. 33
Ankele, Jörg　1. 9. 84　7. 9. 36
Dr. Dr. Hobe, Konrad　1. 3. 85　20. 6. 33
Prof. Dr. Strempel, Dieter　1. 4. 85　1. 1. 40
Stein, Artur, beurl. (LSt)　1. 2. 86　13. 5. 33
Dr. Renger, Reinhard　1. 6. 86　24. 12. 36
Dr. Birke, Wolfgang　1. 12. 86　4. 5. 32
Dr. Hucko, Elmar　1. 3. 87　13. 4. 39
Büchel, Reinhold　1. 6. 88　6. 2. 36
Dr. Staats, Johann-
　Friedrich　1. 9. 88　3. 2. 35
Ninnemann, Peter　1. 9. 89　2. 9. 36
Krägeloh, Wolfgang　1. 11. 89　28. 11. 37
Dr. Voelskow-Thies, Helga　1. 3. 90　27. 4. 36
Dr. Möhrenschlager,
　Manfred　1. 3. 90　7. 4. 39

Name				
Dr. Pirrung, Jörg	1. 9.90	27. 3.40	Bönke, Detlef Otto	21.12.92	—
Dr. Landfermann, Hans-Georg	1. 9.90	11. 4.41	Dr. Reinbothe, Jörg, beurl. (LSt)	18. 2.93	31.12.48
Wilkitzki, Peter	1. 9.90	4. 7.42	Petry, Norbert	21. 7.93	24.11.32
Kiermeier, Benno	1. 9.90	18. 3.43	Rauch, Joachim	21. 7.93	20.12.54
Dr. Boeter, Ulrich	1.10.90	22. 4.44	Kirst, Ludwig, beurl. (LSt)	28. 2.94	18. 9.52
Dr. Wagenitz, Thomas	25.12.90	24.12.45	Stückrath, Manfred	6. 9.94	4. 6.38
Kniebes, Sigrid	1. 1.91	4. 6.37	Hilgendorf-Schmidt, Sabine	9. 9.94	27. 5.57
Belchaus, Günter	1. 2.91	10. 7.34			
Dr. von Mühlendahl, Alexander, beurl. (LSt)	1. 2.91	20.10.40	*Regierungsdirektorinnen/Regierungsdirektoren*		
Potthoff, Franz	1. 4.91	24.10.31	Dr. Ernst, Christoph	—	18. 3.54
Dr. Löden, Dietrich, beurl. (LSt)	1. 5.91	13. 3.39	Dr. Schennen, Detlef, beurl. (LSt)	—	10. 9.56
Güther, Ulrich, beurl. (LSt)	1. 5.91	29. 9.43	Dipl.-Volkswirt Dr. Blath, Richard	29. 3.89	14. 3.47
Christensen, Peter	1. 7.91	7.12.46	Dr. Seibert, Ulrich	12. 7.89	8. 8.54
Schmieszek, Hans-Peter	30. 8.91	13. 4.48	Dr. Steinbeiß-Winkelmann, Christine, 25 Std./Woche	30. 9.89	9. 2.51
Fadé, Lujo, beurl. (LSt)	1.12.91	7.11.41	Dittrich, Alfred	6.11.89	30. 8.50
Dr. Giesler, Volkmar	1. 5.92	24. 7.46	Dr. Czerwenka, Beate	1. 7.90	14. 1.57
Kemper, Kurt	1. 6.92	1. 7.43	Dr. habil. Eckert, Hans-Werner	3.11.90	21. 6.53
Fieberg, Gerhard	1. 8.92	25.11.46	Sippel, Heinrich Georg	17.12.90	20.12.35
Diesem, Rainer	1. 8.92	15. 8.48	Wasser, Detlef	9. 1.91	17. 5.54
Jaath, Karl-Ernst	1.11.92	3. 9.44	Schaefer, Erich Werner	1. 2.91	31.12.56
Dr. Weis, Hubert	1.11.92	13. 6.52	Weckerling, Matthias	18. 2.91	25. 2.52
Dr. Ullrich, Gotthold Gerhard, beurl. (LSt)	1. 1.93	10. 8.40	Dr. Schmidt-Räntsch, Jürgen	22. 2.91	5.10.57
Schulte, Friedrich-Wilhelm	1. 4.93	12.12.46	Dr. Weckerling-Wilhelm, Dorothee, ½	18. 6.91	20. 5.57
Nettersheim, Gerd Josef	1. 7.93	15.11.50	Hofmann, Margarete, abg.	1.11.91	16. 1.56
Schrock, Li-Feng	1. 8.93	25. 2.47	Freytag, Christoph	26.11.91	21. 5.57
Berger, Albrecht, beurl. (LSt)	1. 1.94	13.11.42	Veith, Johann Michael	6.12.91	1. 2.47
Käfer, Gerhard, beurl. (LSt)	1. 1.94	18. 9.43	Kück, Wolfgang	10.12.91	9.10.46
Busse, York, beurl. (LSt)	1. 1.94	27. 2.44	Mühlens, Elisabeth	19.12.91	14. 6.49
Koch, Ingwer, beurl. (LSt)	1. 1.94	12. 5.44	Desch, Eberhard	22. 7.92	27. 8.49
Dr. Abmeier, Klaus	1. 6.94	5.12.51	Dr. Welp, Dietrich	1. 8.92	24. 4.52
Dr. Schumacher, Klaus	1. 9.94	12. 8.44	Dr. Nissel, Reinhard	15.10.92	15. 7.44
Stiller, Wolfgang	1. 9.94	31.10.44	Dr. Meyer, Thomas	26.10.92	8. 7.56
			Baumann, Hans Georg	15.12.92	26. 4.51
Oehler, Karl-Heinz	—	—	Dr. Wittling, Almut	1. 1.93	18. 8.56
Dipl.-Ing. Gerber, Klaus-Werner	1. 9.89	27. 4.38	Baumert, Eberhard	25. 1.93	19. 7.36
Schnigula, Jürgen	2. 7.91	29. 9.47	Kubicki Halskov, Renate, beurl. (LSt)	30. 4.93	22. 5.52
Kröger, Detlef	17. 7.91	22. 9.40	Klante, Elisabeth, beurl. (LSt)	2. 7.93	—
Frietsch, Edwin	18. 7.91	4. 9.48	Dr. Korte, Matthias	2. 7.93	14. 2.61
Schreiber, Winfried	30. 8.91	17. 2.48	Brink, Josef	28. 7.93	13. 6.54
Mühlens, Peter	4.10.91	3. 4.48	Dr. Pakuscher, Irene	1. 9.93	16. 5.58
Dittmann, Thomas	4.11.91	3.11.49	Stucke, Petra	3. 9.93	13. 9.62
Grotz, Hubert Michael	20.12.91	3. 5.47	Wickern, Thomas	1.10.93	10. 8.48
Stöhr, Karlheinz Heinrich	1. 5.92	22. 6.51	Dr. Schröder, Michael, abg.	2.10.93	25. 7.55
Siegismund, Eberhard	8. 7.92	15.11.44	Dr. Gramm, Christoph, ½	11.10.93	29. 4.58
Dr. Neye, Hans-Werner	1. 8.92	26. 9.52	Vreden, Claus	15.12.93	30. 6.55
Langner, Norbert	20. 8.92	1.11.49			
Lochen, Hans-Hermann	4.12.92	8. 8.49			
Dr. Wimmer, Klaus	4.12.92	16.11.51			

Meyer-Seitz, Christian	17.12.93	1.7.60
Dr. Wagner, Rolf	22.12.93	30.10.54
Dr. Heger, Matthias	1.1.94	6.8.58
Otto, Klaus	6.4.94	25.8.51
Dr. Franz, Kurt	1.5.94	20.6.56
Dr. Bollweg, Hans-Georg	1.6.94	22.9.58
Dr. Greßmann, Michael	21.6.94	15.6.61
Dr. Rühl, Wolfgang	1.7.94	17.1.57
Meyer, Klaus-Jörg	16.8.94	14.5.61
Schöfisch, Volker	17.8.94	2.1.56
Bindels, Alfred	25.8.94	13.4.61
Rudloff-Schäffer, Cornelia	2.10.94	10.2.57
Dr. Schmidt-Steinhauser, Burkhard, beurl. (LSt)	5.11.94	8.9.56
Dr. Böhm, Bernhard	27.1.95	1.7.59
Dr. Neuhaus, Heike	2.6.95	22.1.60
Dr. Klinkert, Rosemarie	23.6.95	23.7.41
Habermann, Lothar	26.6.95	5.1.42
Schumacher, Silvia	29.6.95	26.6.61
Plesse, Frank	5.10.95	29.11.62
Vogel, Axel	15.1.96	10.1.59
Dr. Mädrich, Susanne	28.2.96	20.2.59
Dr. Schomburg, Gerhard	29.2.96	3.6.57
Dr. Hiestand, Martin	4.3.96	6.5.60

Oberregierungsrätinnen/Oberregierungsräte

Ebinger, Monika, Dipl.-Dolmetscherin, ½	13.11.87	18.9.41
Klinger-Mertens, Ulrike, Dipl.-Übersetzerin, ½	13.11.87	14.12.48
Huttner-Thompson, Renate, Dipl.-Übersetzerin	19.12.89	19.7.48
Thur, Marion, Dipl.-Übersetzerin, beurl. (LSt)	19.12.89	9.5.54
Strub-Brüne, Gisela, Dipl.-Übersetzerin, ½	19.12.89	19.9.55
Meixner, Bernhard, Dipl.-Übersetzer	6.3.90	3.5.51
Siebels, Wilhelm	1.10.93	22.5.49
Hase, Peter	1.10.93	26.3.50
Dr. Bösert, Bernd	1.5.94	20.5.63
Persch, Wilfried	8.8.94	21.3.42

Dr. Goerdeler, Daniela, beurl.	29.8.94	31.10.62
Dehm, Helga	4.10.94	—
Dr. Behrens, Hans-Jörg	19.10.94	22.10.62
Dr. Gebauer, Michael	16.3.95	12.9.58
Zinke, Irina	29.3.95	19.3.53
Dr. Kemper, Jutta	1.4.95	27.11.58
Dr. Barth, Thomas	2.6.95	7.3.61
Kröger, Perdita, beurl.	17.8.95	10.1.62
Dr. Grundmann, Birgit	8.12.95	15.7.59

Regierungsrätinnen/Regierungsräte

Jähne, Petra	15.12.94	6.4.55
Marx, Wolfram	15.12.94	9.6.56
Dr. Bartodziej, Peter, abg.	19.4.95	20.3.63
Dr. Schürmann, Thomas	1.7.95	10.12.60
Hellmann, Mathias	23.8.95	4.1.64
Wagner, Heiko	18.12.95	6.3.54
Sternal, Marianne	18.12.95	16.4.54
Schade, Elke	18.12.95	1.12.58
Mittelstädt, Andrea	18.12.95	1.4.59
Dr. Michlik, Frank	5.2.96	21.11.61
Dr. Figge, Jutta	1.3.96	16.5.63

Regierungsrätinnen/Regierungsräte z.A.

Schewior, Eva Maria	4.10.94	—
Schulz, Andrea	2.5.95	8.6.61
Nowotsch, Barbara	7.8.95	15.10.66
Radziwill, Edgar	1.9.95	10.2.63
Lang, Franziska	2.10.95	22.9.66
Dr. Brahms, Katrin	12.10.95	9.4.67
Blöink, Thomas	2.1.96	15.9.63
Krämer, Hannes	2.1.96	26.3.66
Steiger, Thomas	15.1.96	6.1.60

Anmerkung:

7 Ministerialräte/Ministerialrätinnen, 6 Regierungsdirektoren/Regierungsdirektorinnen und 2 Regierungsräte/Regierungsrätinnen haben erklärt, daß sie im Handbuch nicht aufgeführt werden möchten. Sie sind in den vorstehenden Angaben nicht enthalten.

Gerichte des Bundes

Bundesgerichtshof

Herrenstr. 45a, 76133 Karlsruhe
76125 Karlsruhe
T (0721) 1 59-0, Telefax (0721) 15 98 30
1 Strafsenat in Berlin
1 Pr, 1 VPr, 16 VR, 105 R

Präsident
Prof. Dr. Odersky, Walter   1. 1.88   17. 7.31

Vizepräsident
Prof. Dr. Hagen, Horst   1.12.94   5. 1.34

Vorsitzende Richterin/Vorsitzende Richter

Schimansky, Herbert	4. 7.88	22. 6.34
Dr. Lang, Arno	1. 1.90	28. 5.33
Laufhütte, Heinrich Wilhelm*	1. 4.90	13. 4.34
Dr. Jähnke, Burkhard	2.10.91	14. 5.37
Brandes, Helmut	1. 3.92	19. 9.32
Dr. Blumenröhr, Friedrich	1. 9.92	24.10.36
Rogge, Rüdiger	1. 4.93	31.10.36
Dr. Rinne, Eberhard	1. 2.94	10.11.38
Dr. Meyer-Goßner, Lutz	1.12.94	10. 7.36
Dr. Schmitz, Karl Bernhard	21. 2.95	10. 3.36
Groß, Werner	7. 7.95	10.10.35
Kutzer, Klaus	7. 7.95	30. 6.36
Röhricht, Volker	2. 5.96	11. 5.40
Dr. Deppert, Katharina	2. 5.96	20. 6.41

Richterinnen/Richter

Dr. Vogt, Max	7.10.77	24. 9.35
Dr. Engelhardt, Hanns	7. 8.78	21. 3.34
Dr. Ulsamer, Gerhard	7. 8.78	24. 7.35
Dr. Zülch, Christoph	19. 9.78	5. 3.35
Theune, Werner	13. 8.79	21. 3.35
Dr. Maul, Heinrich	13. 8.79	13. 9.35
Dr. Zopfs, Jannpeter	3. 6.80	12. 1.34
Prof. Dr. Erdmann, Willi	3. 6.80	31. 7.37
Niemöller, Martin	12. 6.80	11. 8.35
Dr. Krohn, Christine	12. 6.80	17. 6.36
Dr. Lambert-Lang, Heidi	12. 6.81	11. 2.37
Dr. Zysk, Lothar	1. 9.81	9. 3.34
Zschockelt, Alfons	5.10.81	15. 1.35
Gollwitzer, Karl Ernst	6. 1.82	7.11.31
Dr. Lepa, Manfred	1. 2.82	5. 3.36
Dr. Halstenberg, Gerhard	2. 2.82	7. 9.31
Dr. Granderath, Reinhard	1. 4.82	12. 8.35
Prof. Quack, Friedrich	18. 5.82	22. 9.34
Dr. Paulusch, Bernd-Arthur	1. 7.82	4.10.42
Dr. Werp, Manfred	1.12.82	12. 3.35
Bischoff, Rolf	1. 7.83	5.11.34
Dr. Mees, Hans Kurt	1. 8.83	26. 1.35
Dr. Ritter, Huberta	1. 3.84	31. 1.37
Detter, Klaus	2. 5.85	5. 4.40
Dipl. Ing. Freiherr von Maltzahn, Falk	4. 9.85	10. 6.38
Dr. Hesselberger, Dieter	2.12.85	12. 7.39
Dr. Jestaedt, Bernhard	28. 2.86	30.10.39
Dr. Broß, Siegfried	1. 4.86	18. 7.46
Dr. von Gerlach, Jürgen	26.11.86	19. 9.36
Dr. Henze, Hartwig	28.11.86	19. 1.38
Dr. von Ungern-Sternberg, Joachim	1. 9.87	27.10.42
Harms, Monika*	29.12.87	29. 9.46
Dr. Kreft, Gerhart	26. 1.88	31. 8.39
Prof. Dr. Thode, Reinhold	26. 1.88	24. 2.40
Dr. Brüning, Hans-Joachim	2. 2.88	11.11.34
Stodolkowitz, Heinz Dieter	3. 5.88	20.10.37
Dr. Steindorf, Joachim	4. 7.88	15. 1.33

* Dem 5. (Berliner) Strafsenat zugeteilt.

7

BU Bundesgerichtshof

Name	Datum 1	Datum 2	Name	Datum 1	Datum 2
Dr. Schramm, Karlheinz	4. 7.88	17. 5.35	Dr. Tolksdorf, Klaus	21. 1.92	14.11.48
Dr. Siol, Joachim	4. 7.88	22.11.37	Dr. Tepperwien, Ingeborg	17. 2.92	7. 4.45
Dr. Bungeroth, Erhard	4. 7.88	20. 8.39	Gerber, Wolfgang	3. 3.92	3.11.38
Dr. Wenzel, Joachim	4. 7.88	23. 6.40	Schneider, Ernst	6. 5.92	10. 7.41
Dr. Haß, Gerhard	3.10.88	19. 7.42	Wiechers, Ulrich	1. 7.92	11. 7.49
Prof. Dr. Ullmann, Eike	2.11.88	17.10.41	Prof. Dr. Greger, Reinhard	5. 1.93	20. 8.46
Dr. Wurm, Michael	1.12.88	5.10.45	Streck, Edgar	1. 4.93	26. 4.42
Nobbe, Gerd	18. 1.89	23. 1.44	Dr. Greiner, Hans-Peter	1. 4.93	25.12.43
Dr. Rissing-van Saan, Ruth	1. 3.89	25. 1.46	Dr. Kuckein, Jürgen-Detlef	4. 3.94	27. 2.44
Dr. Hübsch, Gerbert	4. 4.89	13. 3.39	Athing, Gerhard	4. 3.94	28. 5.45
Dr. Schäfer, Gerhard*	3. 7.89	18.10.37	Sprick, Claus	4. 3.94	3. 6.46
Tropf, Karl-Friedrich	1. 9.89	17.11.39	Dr. Kuffer, Johann	4. 3.94	26. 5.47
Häger, Joachim*	4. 9.89	11. 6.44	Schlick, Wolfgang	4. 3.94	29. 3.50
Kirchhof, Hans-Peter	3.10.89	28. 8.38	Prof. Dr. Krüger, Wolfgang	1. 8.94	4. 7.47
Hausmann, Jürgen	3.10.89	9. 4.42	Dr. Otten, Giseltraud	17. 5.95	6. 2.43
Römer, Wolfgang	2. 1.90	11. 6.36	Dr. Boetticher, Axel	17. 5.95	2. 7.43
Dr. Wiebel, Markus	15. 1.90	26. 6.42	Seiffert, Karl-Heinz	17. 5.95	17. 3.45
Dr. van Gelder, Alfons	1. 2.90	8.10.36	Schomburg, Wolfgang	17. 5.95	9. 4.48
Dr. Blauth, Peter	2. 4.90	11. 9.37	Dr. Wolst, Dieter	2. 6.95	20. 3.44
Maatz, Kurt Rüdiger	2. 4.90	17. 3.45	Solin-Stojanović, Daniela	2. 6.95	1. 5.46
Dr. Miebach, Klaus	2. 5.90	19. 4.44	Weber-Monecke, Beatrix	2. 6.95	14.12.50
Dr. Fischer, Gero	27. 7.90	11. 3.43	Pfister, Wolfgang	1. 8.95	5. 8.50
Dr. Beyer, Dietrich	1. 8.90	30. 5.41	Dr. Klein, Michael	1. 9.95	28.11.45
Dr. Goette, Wulf	23. 8.90	16. 5.46	Dr. Gerhardt, Ursula	12. 4.96	25. 4.43
Dr. Melullis, Klaus-Jürgen	2.11.90	15. 3.44	Dr. Kapsa, Bernhard	28. 3.96	11. 8.43
Basdorf, Clemens*	2.11.90	11. 7.49	Dr. Kurzwelly, Jens-Peter	1. 4.96	11. 6.44
Starck, Joachim	3.12.90	6.11.38	Scharen, Uwe	28. 3.96	9. 8.45
Dr. Zugehör, Horst Josef	16. 7.91	11. 8.36	Keukenschrijver, Alfred	1. 4.96	9.11.47
Winkler, Walter	16. 7.91	19. 8.42	Dr. Bornkamm, Joachim	28. 3.96	27.12.48
Dr. Müller, Gerda	16. 7.91	26. 6.44	Remus, Dieter	12. 4.96	1. 5.50
Dr. Schlichting, Gerhard	16. 7.91	28.12.44	Rothfuß, Holger	2. 5.96	12. 5.50
Dr. Ganter, Hans Gerhard	16. 7.91	18.10.45	Ambrosius, Barbara*	—	—
Nack, Armin*	16. 7.91	3. 2.48	Dörr, Claus*	—	—
Ball, Wolfgang	16. 7.91	12.11.48	Dr. Ernemann, Andreas*	—	—
Dr. Wahl, Bernhard	16. 7.91	1. 5.49	Geiß, Karlmann*	—	—
Terno, Wilfried	26. 7.91	31. 1.46	Landau, Herbert*	—	—
Dr. Bode, Bernd-Dieter	21. 1.92	12. 3.43	Pokrant, Günther*	—	—
Dr. Dressler, Wolf-Dieter	21. 1.92	13.10.43			
Dr. Hahne, Meo-Micaela	21. 1.92	18. 3.47			

* Dem 5. (Berliner) Strafsenat zugeteilt

* Am 13.6.1996 zur Richterin/zum Richter am BGH gewählt; bei Redaktionsschluß noch nicht ernannt.

Der Generalbundesanwalt beim Bundesgerichtshof

Herrenstraße 45a, 76133 Karlsruhe (Dienstgebäude)
Postfach 27 20, 76014 Karlsruhe (Postanschrift)
T (07 21) 1 59–0
Telefax (07 21) 1 59–6 06
2 Dienststellen in Berlin
1 GBA, 3 BA (AL), 24 BA, 38 OStA, 3 RD, 2 ORR*

Generalbundesanwalt

Nehm, Kay	7. 2. 94	4. 5. 41

Bundesanwälte als Abteilungsleiter

Dr. Müller, Rainer, Ständiger Vertreter des Generalbundesanwalts	1. 7. 88	30. 12. 31
Schulte, Rainer	1. 7. 87	27. 12. 35
Wache, Volkhard	1. 6. 94	23. 4. 39

Bundesanwälte

Gartner, Theodor	7. 8. 78	6. 3. 34
Zeis, Peter	24. 8. 78	8. 7. 35
Bieger, Günther	23. 7. 79	29. 8. 35
Widera, Werner	14. 11. 84	27. 6. 34
Wienroeder, Karl	1. 7. 85	2. 10. 35
Hecking, Friedrich	1. 9. 85	11. 10. 36
Dr. Bell, Hanspeter	1. 1. 87	7. 3. 37
Dr. Morré, Peter	20. 7. 87	10. 8. 37
Illbruck, Dietrich-Wilhelm	9. 6. 89	1. 6. 35
Kast, Herbert	1. 11. 89	25. 9. 34
Schulz, Uwe	23. 3. 90	6. 5. 38
Lampe, Joachim	5. 4. 91	13. 6. 41
Beese, Dieter	31. 10. 91	29. 9. 36
Dr. Kurth, Hans-Joachim	15. 4. 92	18. 11. 39
Dr. Schnarr, Karl-Heinz	15. 4. 92	21. 3. 44
Kouril, Leo	23. 12. 92	29. 2. 32
Schulz, Ekkehard	5. 10. 94	23. 12. 38
Piesker, Hans	26. 5. 95	22. 6. 41
Schluckebier, Wilhelm	26. 5. 95	3. 11. 49
Senge, Lothar	1. 6. 95	24. 4. 42
Müllenbach, Siegfried	1. 9. 95	3. 11. 38
Dr. Pöpperl, Peter	2. 11. 95	15. 2. 39
Heiduschka, Winfried[1]	12. 4. 96	25. 1. 42

Oberstaatsanwältinnen/Oberstaatsanwälte

Kube, Wolfgang	20. 12. 79	4. 12. 31
Jaekel, Reinhard	20. 12. 79	11. 12. 38
Prof. Pieper, Klaus-Gerhard[2]	1. 12. 84	28. 11. 44
Fernholz, Dirk	2. 9. 85	20. 4. 41
Kohlhaas, Ekkehard	4. 6. 86	30. 3. 44
Dr. Förster, Hans-Jürgen	25. 5. 88	6. 3. 48
Dr. Berard, Peter	29. 6. 89	21. 4. 49
Griesbaum, Rainer	1. 4. 90	14. 3. 48
von Langsdorff, Hermann	27. 2. 91	12. 12. 44
Hannich, Rolf	23. 4. 91	7. 7. 49
Altvater, Gerhard	1. 6. 91	16. 11. 52
Anders, Dieter	28. 11. 91	12. 1. 44
Duensing, Hartwig	3. 4. 92	16. 12. 51
Jost, Bruno	14. 5. 92	26. 4. 49
Homann, Volker	19. 6. 92	25. 11. 48
Ludwig, Wolf-Rüdiger[2]	30. 9. 92	12. 5. 41
Dr. Schmidt, Wilhelm	2. 11. 92	7. 4. 51
Wich-Knoten, Ernst	3. 3. 93	20. 8. 52
Kalf, Wolfgang[1]	13. 4. 93	11. 7. 49
Müssig, Peter	30. 4. 93	23. 8. 49
Dietrich, Wolf-Dieter	1. 6. 93	—
Steudl, Bernd	1. 6. 93	10. 3. 54
Hofmann, Manfred	14. 6. 93	
Hemberger, Walter	16. 6. 93	8. 8. 53
Brinkmann, Volker	22. 6. 93	5. 3. 51
Siegmund, Wolfgang	28. 6. 93	27. 11. 53
Elf, Renate	19. 8. 93	5. 4. 47
Dr. Diemer, Herbert	16. 11. 93	24. 10. 53
Beck, Thomas	16. 11. 93	20. 3. 56
Bruns, Michael	27. 6. 94	1. 1. 51
Dr. Graf, Jürgen-Peter	6. 12. 94	22. 12. 52
Georg, Ronald	5. 2. 96	17. 5. 57

Regierungsdirektoren

Stahnke, Dietrich Adolf[2]	16. 12. 77	3. 1. 36
Hopf, Heinrich	1. 9. 93	29. 7. 41

Oberregierungsrätin/Oberregierungsrat

Scharlack, Andrea[2], beurl.	20. 11. 95	19. 5. 62
Gregorius, Peter	21. 4. 95	24. 5. 43

---

* Beim Generalbundesanwalt sind darüber hinaus zehn Planstellen der Besgruppe A 15 eingerichtet. Die Stelleninhaber sind seit ihrer Einstellung auf Dauer an die Staatsanwaltschaft II bei dem Landgericht Berlin abgeordnet.
[1] Dienststelle Berlin
[2] Dienststelle Bundeszentralregister

Bundesarbeitsgericht

Graf-Bernadotte-Platz 5, 34119 Kassel (Dienstgebäude)
Postfach 41 02 55, 34114 Kassel (Postanschrift)
T (05 61) 31 06–1, Telefax (05 61) 3 10 68 69
1 Pr, 1 VPr, 8 VR, 24 R

Präsident
Prof. Dr. Dieterich, Thomas 4. 2. 94 19. 6. 34

Vizepräsident
Dr. Peifer, Karl Heinz 15. 10. 93 30. 8. 37

Vorsitzende Richter
Dr. Heither, Friedrich Heinz 27. 11. 87 9. 3. 34
Dr. Schaub, Günter 11. 5. 90 4. 1. 33
Prof. Dr. Leinemann, Wolfgang 15. 5. 91 16. 8. 36
Dr. Matthes, Hans-Christoph 11. 11. 91 15. 12. 32
Prof. Dr. Ascheid, Reiner 15. 12. 93 9. 9. 35
Dr. Etzel, Gerhard 9. 9. 94 3. 6. 36
Griebeling, Gert 9. 9. 94 11. 8. 36

Richterinnen/Richter
Prof. Dr. Jobs, Friedhelm 4. 7. 75 29. 10. 37
Schneider, Volker 9. 10. 80 29. 3. 34
Prof. Dr. Steckhan, Hans-Werner 1. 11. 80 17. 7. 37
Dörner, Hans-Jürgen 28. 2. 86 9. 9. 44
Dr. Freitag, Peter 28. 2. 86 6. 10. 45
Schliemann, Harald 23. 7. 87 21. 5. 44
Dr. Wittek, Rupert 5. 4. 88 1. 7. 42
Bitter, Walter 1. 4. 89 3. 11. 36
Kremhelmer, Johann 1. 5. 90 13. 2. 46
Dr. Rost, Friedhelm 10. 7. 91 9. 4. 44
Dr. Armbrüster, Klaus 10. 7. 91 25. 3. 45
Dr. Reinecke, Gerhard 10. 7. 91 24. 5. 45
Dr. Müller-Glöge, Rudi 10. 7. 91 27. 8. 51
Dr. Wißmann, Hellmut 28. 7. 92 15. 2. 40
Hauck, Friedrich 28. 7. 92 4. 4. 50
Bepler, Klaus 19. 5. 93 15. 4. 47
Böck, Peter 19. 5. 93 9. 9. 50
Bröhl, Knut-Dietrich 19. 5. 93 1. 6. 43
Düwell, Franz Josef 19. 5. 93 28. 10. 46
Dr. Mikosch, Ernst 19. 5. 93 24. 1. 49
Dr. Friedrich, Hans-Wolf 21. 4. 94 13. 1. 42
Bott, Günter 21. 4. 94 20. 1. 44
Dr. Fischermeier, Ernst 1. 6. 94 3. 11. 52
Schmidt, Ingrid 1. 8. 94 25. 12. 55

Bundesfinanzhof

Ismaninger Str. 109, 81675 München (Dienstgebäude)
Postfach 86 02 40, 81629 München (Postanschrift)
T (0 89) 92 31–0, Telefax (0 89) 9 23 12 01
1 PR, 1 VPr, 9 VR, 47 R

Präsident
Prof. Dr. Offerhaus, Klaus 1. 10. 94 12. 10. 34

Vizepräsident
Dr. Beermann, Albert 1. 10. 94 6. 1. 33

Vorsitzende Richterin/Vorsitzende Richter
Dr. Ebling, Klaus 1. 1. 90 11. 8. 35
Prof. Dr. Keßler, Rüdiger 1. 11. 90 30. 12. 34
Prof. Dr. Groh, Manfred 1. 1. 91 8. 3. 33
Dr. Hofmann, Ruth 1. 6. 91 2. 1. 33
Dr. Widmann, Siegfried 1. 5. 92 22. 5. 35
Hellwig, Peter 1. 9. 93 14. 4. 33
Dr. Sunder-Plassmann, Reinhard 1. 3. 94 25. 10. 36
Dr. Herrmann, Hans Joachim 1. 9. 94 3. 5. 36
Dr. Grube, Georg 1. 10. 95 23. 12. 35

Richterinnen/Richter
Padberg, Klaus 1. 8. 79 12. 8. 32
Dr. Mößling, Gerhard 1. 2. 84 7. 1. 38
Prof. Dr. Wassermeyer, Franz 1. 2. 84 12. 2. 40
Dr. Ebling, Iris 1. 2. 84 9. 5. 40
Dr. Hein, Werner 1. 2. 84 11. 12. 40

Dr. Drenseck, Walter	1. 2.84	30. 9.41	
Dr. Olbertz, Frank Florian	1.11.84	15.12.32	
Dr. Wagner, Wilfried	1. 4.85	29.12.42	
Herden, Christian	1. 4.85	29. 6.43	
Dr. Birkenfeld, Wolfram	1. 2.86	6.11.39	
Dr. Bordewin, Arno	1. 3.86	30.11.34	
von Groll, Rüdiger	1. 6.86	27. 2.37	
Ruban, Reinhild	1.10.86	10. 5.44	
Dr. Freiherr von Schönberg, Rüdiger	1.12.86	17.11.40	
Brockmeyer, Hans Bernhard	1. 1.87	10.11.35	
Dr. Gorski, Hans-Günther	1. 1.87	24. 3.37	
Thomas, Michael-Ingo	1. 1.87	20. 2.43	
Dr. Wolff-Diepenbrock, Johannes	1. 2.87	31.12.37	
Dr. Fischer, Peter	1. 2.87	25. 5.42	
Dr. Schwakenberg, Friedrich-Karl	1. 9.87	15. 4.44	
Boeker, Heide	1. 6.88	6.10.45	
Dr. Kanzler, Hans-Joachim	1. 3.89	15.11.46	
Dr. Sack, Hans-Joachim	1. 5.89	13. 2.40	
Dr. Kempermann, Michael	1. 6.89	6. 2.44	
Hofmeister, Ferdinand	1. 8.89	26. 9.40	
Dr. Albrecht, Gerd	1. 1.90	5. 9.34	
Dr. Weber-Grellet, Heinrich	1. 5.90	31. 5.48	
Dr. Klenk, Friedrich	1. 6.90	17. 1.41	
Völlmeke, Monika	1.10.90	4. 8.46	
Dr. Lang, Walter	1.11.90	29. 3.43	
Dr. Hohrmann, Friedrich	1. 7.91	25. 9.38	
Kaufmann, Adelheid	1. 7.91	19.11.39	
Dr. Gschwendtner, Hubertus	1. 7.91	19.11.40	
Spindler, Wolfgang	1. 7.91	30. 3.46	
Dr. Müller-Eiselt, Klaus	1. 7.91	27. 4.46	
Dr. Dötsch, Franz	1. 7.91	7.12.48	
Dr. Martin, Suse	1. 7.91	9. 5.49	
Dr. Gosch, Dietmar			
Viskorf, Hermann-Ulrich	1. 7.91	8. 3.50	
Dr. Pezzer, Heinz-Jürgen	1. 7.91	4. 7.50	
Steinhauff, Dieter	1.11.91	11.10.43	
Dr. Ahmann, Karin Renate	1.11.91	11.11.43	
Dr. Christiansen, Alfred	1. 5.92	5. 7.42	
Thürmer, Bernd	1. 6.92	7.10.43	
Dr. Dürr, Ulrich	1. 3.93	27. 1.44	
Hutter, Ulrich	1. 5.95	27.12.42	
Rüsken, Reinhart	1. 6.95	1.12.48	
Dr. Alber, Christel	28. 3.96	1. 7.39	
Fischer, Lothar	28. 3.96	27. 6.48	
Wendt, Michael	28. 3.96	9.11.55	
Kilches, Karl Rainer°	—	—	

° Am 13.6.1996 zum Richter am BFH gewählt; bei Redaktionsschluß noch nicht ernannt.

Bundessozialgericht

Graf-Bernadotte-Platz 5, 34119 Kassel (Hausanschrift)
34114 Kassel (Postanschrift)
T (05 61) 31 07–1, Telefax (05 61) 3 10 74 75
1 Pr, 1 VPr, 10 VR, 34 R, 1 LSt (R)

Präsident

von Wulffen, Matthias	1. 9.95	19.12.42

Vizepräsident

Prof. Dr. Krasney, Otto Ernst	1. 2.88	16.12.32

Vorsitzende Richterin/Vorsitzende Richter

Dr. Schmitt, Walter	25. 1.83	7. 7.31
Funk, Winfried	1. 9.90	30.12.33
Dr. Gagel, Alexander	1. 1.91	12. 2.33
Schneider-Danwitz, Norbert	14. 1.92	23. 7.34
Sattler, Ulrich	22.12.92	17. 2.37
Dr. Peters, Karl	4. 5.93	31.10.39
Prof. Dr. Baltzer, Johannes	1.11.94	16. 8.33
Dr. Wolff, Ingeborg	1.11.94	15. 7.38
Wiester, Wolfgang	1. 8.95	2. 2.36
Dr. Meyer, Wolfgang	1. 5.96	31.12.47

Richterinnen/Richter

Bender, Hans-Egon	1. 2.74	3.10.33
Kummer, Peter	29. 5.85	18. 5.37
Dr. Henke, Norbert	14.11.86	10.10.39
Dr. Burchardt, Klaus Ulrich	5. 4.88	17. 9.38
Dr. Ladage, Klaus Friedrich	5. 4.88	18. 5.42
Dr. Kocher, Eberhard Eike	7. 3.89	14.10.37
Thiele, Hans Otto	7. 3.89	22. 1.38
Dr. Engelmann, Klaus	7. 3.89	26. 3.43
Dr. Wetzel-Steinwedel, Ruth	7. 3.89	16. 6.48

Balzer, Hartwig	2. 2.90	25. 6.45	Baumann, Detlef	19. 5.93	5. 7.36
Lüdtke, Peter-Bernd	11.11.91	9. 1.39	Husmann, Manfred	19. 5.93	9. 3.43
Dr. Loytved, Helge	11.11.91	2. 9.48	Mütze, Wolfgang	19. 5.93	18. 7.43
Dr. Steinwedel, Ulrich	11.11.91	24. 6.49	Dr. Hambüchen, Heinz-		
Steege, Reinhard	14. 1.92	18. 7.43	Ulrich, beurl. (LSt)	19. 5.93	2. 1.49
Dr. Udsching, Peter	14. 1.92	26. 3.48	Harbeck, Gisela	28. 7.95	1. 2.38
Prof. Dr. Bürck, Harald	28. 7.92	23. 3.38	Dr. Naujoks, Rolf	28. 7.95	20. 9.43
Tüttenberg, Kristin	28. 7.92	7. 4.41	Dr. Fichte, Wolfgang	28. 7.95	24. 1.51
Schenk, Lothar	28. 7.92	24. 3.42	Schriever, Andreas	28. 7.95	15. 9.51
Dau, Dirk Hermann	28. 7.92	2. 8.43	Dr. Berchtold, Josef	28. 7.95	25. 2.53
Dr. Dreher, Wolfgang	28. 7.92	8. 8.45	Dr. Wenner, Ulrich	28. 7.95	27. 5.56
Eicher, Wolfgang	28. 7.92	12. 9.52	Dr. Terdenge, Franz	2. 5.96	6. 8.48
Klüglein, Erwin	19. 5.93	29. 5.36	Masuch, Peter	2. 5.96	10. 4.51

Bundesverwaltungsgericht

Hardenbergstr. 31, 10623 Berlin (Dienstgebäude)
Postfach 12 60 60, 10593 Berlin (Postanschrift)
T (0 30) 31 97–1, Telefax (0 30) 3 12 30 21
2 Wehrdienstsenate in München
T (0 89) 30 79 35–0, Telefax (0 89) 3 00 25 95
1 Pr, 1 VPr, 11 VR, 57 R

Präsident			Dr. Silberkuhl, Peter	23. 9.81	2. 2.39
Dr. Franßen, Everhardt	1. 7.91	1.10.37	Dr. Seibert, Gerhard	5.10.81	18. 3.35
			Dr. Bender, Ulrich	14.12.82	3. 2.36
Vizepräsidentin			Prof. Dr. Dr. Berkemann,		
Dr. Franke, Ingeborg	1.10.93	21. 5.35	Jörg	22.12.83	28.10.37
			Sommer, Wolf-Eckart	3. 1.85	21. 4.35
Vorsitzende Richter			Dr. Schwandt, Eberhard		
Dr. Dickersbach, Alfred	4. 3.87	6.11.31	Ulrich[1]	2. 5.85	29.10.37
Bermel, Erich	1. 1.88	12. 5.35	Wolbring, Walter Dietrich[1]	1. 4.86	11. 8.33
Meyer, Werner	1. 6.89	9. 9.35	Hien, Eckart	2. 6.86	13. 5.42
Dr. Niehues, Norbert	1. 2.91	15. 8.35	Prof. Dr. Bonk, Heinz		
Seebass, Friedrich	6. 9.91	27.12.34	Joachim	1. 8.86	17.11.35
Dr. Diefenbach, Wilhelm	28. 7.92	4.12.33	Dr. Paetow, Stefan	1.10.86	9. 9.43
Dr. Kleinvogel, Manfred	1. 9.93	8.10.35	Dr. Maiwald, Joachim[1]	3. 2.87	29. 6.37
Dr. Gaentzsch, Günter	20.10.93	26. 7.36	Dr. Bardenhewer, Franz	4. 3.87	25. 4.45
Seide, Herbert[1]	1.12.93	2. 6.32	Dawin, Michael	1. 4.87	20. 8.42
Roth, Rüdiger[1]	1.11.94	5. 9.32	Dr. Lemmel, Hans-Peter	21.12.87	18. 3.39
Dr. Säcker, Horst	19. 1.96	6.11.41	Dr. Pietzner, Rainer	2. 2.88	13. 1.43
			Albers, Hartmut	4. 4.89	29. 6.43
Richterinnen/Richter			van Schewick, Hans-		
Dr. Lemhöfer, Bernt	13. 8.79	6. 7.33	Jürgen	2. 5.89	16. 3.43
Dr. Müller, Oswin	3. 6.80	26. 1.39	Dr. Vogelgesang, Nikolaus	1. 6.89	4. 4.37
Gielen, Peter	2.12.80	13. 9.37	Dr. Pagenkopf, Martin	27. 6.89	28.12.44
Prof. Dr. Driehaus,			Schmidt, Peter	1. 8.89	18. 2.43
Hans-Joachim	21. 5.81	28. 9.40	Dr. Widmaier, Ulrich[1]	2. 4.90	8. 5.43

[1] Wehrdienstsenate

[1] Wehrdienstsenate

BU

Oberbundesanwalt / Bundeswehrdisziplinaranwalt beim BVwG

Dr. Borgs-Maciejewski, Hermann		2. 7.90	27.10.38
Dr. Rothkegel, Ralf		3. 9.90	20. 5.41
Dr. Honnacker, Heinz		16. 7.91	4. 2.36
Dr. Henkel, Joachim		16. 7.91	7.12.40
Gödel, Christoph		16. 7.91	21. 9.45
Dr. Storost, Ulrich		16. 7.91	7. 9.46
Kley, Dieter		16. 7.91	23. 6.50
Dr. Mallmann, Otto		26. 7.91	2. 9.45
Heeren, Helga		1. 8.91	4. 2.47
Czapski, Peter		21. 1.92	5. 5.41
Halama, Günter		21. 1.92	1. 7.41
Dr. Rojahn, Ondolf		21. 1.92	2. 2.44
Dr. Hahn, Dittmar		3. 8.92	30.10.43
Dr. Kugele, Dieter		3. 8.92	16. 9.44
Kipp, Jürgen		3. 8.92	25.12.46
Sailer, Wolfgang		5. 1.93	7. 3.47
Kimmel, Peter		1. 4.93	29. 3.38
Mayer, Dietrich		1. 7.93	23. 3.40
Vallendar, Willi		29.10.93	30. 7.43
Hund, Michael		29.10.93	7.10.46
Herbert, Georg		29.10.93	13. 2.47
Eckertz-Höfer, Marion		29.10.93	23.11.48
Dr. Bosch, Dieter[1]		1.12.93	20. 3.35
Dr. Müller, Hellmuth		1. 2.94	4. 7.46
Groepper, Michael		25. 3.94	27. 7.45
Dr. Franke, Dietrich		17. 5.95	9. 6.43
Dr. Brunn, Bernd		17. 5.95	14. 3.49
Dr. Schmutzler, Hansjörg		17. 5.95	27. 1.51
Dr. Bayer, Detlef		17. 5.95	26. 3.51
Richter, Wolf-Wilhelm		28. 3.96	13. 2.47
Dr. Rubel, Rüdiger		28. 3.96	3. 2.54
Dr. Gerhardt, Michael*		—	—
Krauß, Günter*		—	—

* Am 13.6.1996 zum Richter am BVwG gewählt; bei Redaktionsschluß noch nicht ernannt.

Oberbundesanwalt beim Bundesverwaltungsgericht

Bundesallee 216–218, 10719 Berlin
T (0 30) 22 41–50, Telefax (0 30) 22 41–63 52
1 OBA, 1 BA, 5 OStA, 1 RD, 1 ORR

Oberbundesanwalt beim BVerwG

Dr. Schwegmann, Bruno	1. 8.94	28. 3.33

Bundesanwalt beim BVerwG

Dr. Liesner, Ernst	1.10.94	1. 1.32

Oberstaatsanwälte beim BVerwG

Baumgärtel, Siegmar	15. 7.72	4. 6.34
Prof. Dr. Weiß, Hans-Dietrich	25. 7.88	30. 4.42
Bohm, Joachim	17. 5.90	24. 8.50
Frick, Peter	14. 8.91	29. 3.47

Regierungsdirektorin/Regierungsdirektor

Christensen, Gesa	31. 7.91	1. 1.50
Stamm, Ulrich	25.11.93	20. 3.57

Regierungsrat

Dr. Sendler, Bernhard	2.11.94	4.12.58

Bundeswehrdisziplinaranwalt beim Bundesverwaltungsgericht

Schwere-Reiter-Str. 37, 80797 München (Dienstgebäude)
Postfach 40 03 47, 80703 München (Postanschrift)
T (0 89) 30 69-1, Telefax (0 89) 30 69-27 66
1 BWDA, 3 LRD

Bundeswehrdisziplinaranwalt

Wolf, Peter	1. 6.93	26. 8.34

Leitende Regierungsdirektoren

Dr. Bayer, Karl	16. 9.82	10. 5.36
Waibel, Gerhard	11. 3.88	18. 8.33
Roth, Klaus	11. 3.88	1. 3.35

Bundesdisziplinargericht

Gervinusstr. 5–7, 60322 Frankfurt am Main (Dienstgebäude)
Postfach 18 01 26, 60082 Frankfurt am Main (Postanschrift)
T (0 69) 15 30 00–01, Telefax (0 69) 15 30 00–99
1 Pr, 1 VPr, 8 VR, 3 R

Präsident				Holtz, Rainer	28. 10. 81	1. 2. 40	
Schwientek, Nikolaus	1. 7. 89	28. 11. 34		Levedag, Monika	18. 7. 85	25. 1. 44	
				von Schwichow, Lothar	30. 9. 85	26. 8. 47	
Vizepräsident				Karst, Jürgen	18. 1. 91	29. 4. 50	
Dr. Schmachtenberg, Hans-Dieter	1. 7. 89	2. 5. 40		Karcher, Carlo	1. 7. 93	17. 11. 51	
				Richterin/Richter			
Vorsitzende Richterin/Vorsitzende Richter				Gronemann-Umsonst, Brigitte	1. 7. 91	22. 3. 57	
Dr. Roß, Günter	21. 9. 77	3. 2. 37		Kruppa, Ulrich	2. 2. 94	1. 3. 58	
Klein, Horst	1. 8. 78	22. 4. 38		Köhler, Daniel	7. 6. 94	15. 10. 60	
Cappel, H.-Günther	10. 11. 78	5. 1. 32					

Bundesdisziplinaranwalt

Gervinusstr. 5–7, 60322 Frankfurt am Main (Dienstgebäude)
Postfach 18 01 26, 60082 Frankfurt am Main (Postanschrift)
T (0 69) 15 30 00–02, Telefax (0 69) 15 30 00–82
(Außenstelle in Berlin)
1 BDiA, 4 LRD, 2 RD, 1 RR

Bundesdisziplinaranwalt			*Regierungsdirektoren*		
von Nieding, Norbert	1. 7. 94	23. 2. 34	Nies, Rüdiger	10. 11. 92	22. 2. 54
Leitende Regierungsdirektoren			Grekel-Morell, Dieter	19. 5. 93	25. 8. 53
Wurth, Karl	1. 4. 74	7. 6. 32	*Regierungsrat*		
Höltge, Horst (Berlin)	30. 1. 76	30. 10. 32	Fritz, Bernd	1. 2. 93	8. 8. 62
Schwandt, Ernst-Albrecht	26. 1. 84	23. 2. 45			
Stark, Karl Adolf	4. 5. 92	22. 1. 43			

Bundespatentgericht

Balanstr. 59, 81541 München (Dienstgebäude)
Postfach 90 02 53, 81502 München (Postanschrift)
T (0 89) 4 17 67–0, Telefax (0 89) 41 76 72 99
1 Pr, 1 VPr, 27 VR, 116 R + 4 LSt (R)

Präsidentin
Sedemund-Treiber, Antje	1. 6. 92	18. 3. 36

Vizepräsident
Dipl.-Ing. Dr. Schnegg, Hansjörg	22. 12. 95	28. 1. 39

Vorsitzende Richterinnen/Vorsitzende Richter
Dipl.-Phys. Dr. Beyer, Hans	26. 1. 84	11. 3. 38
Dipl.-Phys. Schedelbeck, Werner	16. 12. 85	3. 4. 34
Dipl.-Ing. Möslinger, Hubertus	13. 3. 86	8. 10. 34
Dipl.-Ing. Pfaff, Günter	5. 11. 86	22. 11. 32
Dipl.-Chem. Dr. Moser, Erwin	—	—
Grüttemann, Bernhard	1. 1. 88	8. 12. 35
Schmitt, Ursula	28. 4. 88	22. 1. 34
Dr. Schmieder, Hans-Heinrich	1. 12. 88	29. 9. 34
Dipl.-Ing. Mayer, Hans-Norbert	22. 9. 89	13. 3. 34
Dipl.-Ing. Niedlich, Wolfgang	1. 2. 90	14. 5. 36
Dr. Schwendy, Klaus	1. 6. 90	26. 2. 39
Kurbel, Paul	11. 12. 90	11. 3. 36
Bühring, Manfred	4. 9. 91	2. 7. 36
Dipl.-Chem. Dr. Kahr, Ernst	13. 5. 92	26. 9. 44
Dipl.-Ing. Lauster, Armin	8. 9. 93	1. 7. 35
Dr. Ströbele, Paul	25. 5. 94	18. 1. 44
Goebel, Frank Peter	24. 8. 94	2. 11. 39
Kliems, Hubertus	20. 10. 94	5. 5. 44
Forst, Gisela	16. 1. 95	20. 4. 35
Dipl.-Phys. Dr. Anders, Wilfried	6. 6. 95	8. 3. 40
Dipl.-Ing. Hoyer, Johannes	10. 11. 95	29. 4. 34
Dipl.-Ing. Dr. Hechtfischer, Siegfried	10. 11. 95	24. 1. 37
Dipl.-Ing. Dr. Rübel, Ekkehart	13. 3. 96	20. 1. 37
Dipl.-Ing. Kowalski, Günter	13. 3. 96	23. 6. 41

Richterinnen/Richter
Dr. Küchenhoff, Klaus	23. 9. 68	15. 6. 33
Pütz, Franz Josef	25. 1. 72	2. 4. 33
Dr. Reißmüller, Heinz	15. 11. 72	19. 3. 33
zur Rocklage, Helma	12. 8. 74	27. 6. 33
Regensburger, Karl	12. 8. 74	21. 3. 34
Dr. van Hees, Anne Gertraude	1. 10. 75	12. 8. 31
Frank, Peter	18. 4. 77	13. 5. 33
Wüller, Gerlind	7. 7. 77	28. 5. 34
Dr. Lewenton, Michael, beurl. (LSt)	28. 7. 77	11. 11. 35
Dipl.-Ing. Marks, Horst	17. 5. 79	3. 4. 34
Sommer, Joachim	3. 12. 79	6. 10. 37
Dipl.-Ing. Schnorrenberg, Hans	26. 9. 80	12. 4. 34
Dipl.-Phys. Dr. Wizgall, Hermann	2. 1. 81	7. 7. 38
Dipl.-Ing. Dr. Böttcher, Klaus	9. 6. 81	11. 10. 35
Dipl.-Chem. Dr. Stolper, Heinz Dieter	1. 9. 81	17. 6. 36
Dr. Schmitt, Klaus	13. 10. 81	13. 4. 40
Aúz Castro, Monika, beurl. (LSt)	9. 8. 82	27. 1. 40
Wedershoven, Hans-Ulrich	8. 10. 82	27. 1. 34
Stoppel, Wolfgang	22. 11. 82	3. 8. 45
Starein, Wolfgang, beurl. (LSt)	22. 9. 83	14. 12. 45
Dipl.-Chem. Dr. Rupprecht, Gerhard	19. 1. 84	31. 5. 35
Dipl.-Phys. Dr. Reisberg, Jürgen	31. 1. 84	27. 11. 34
Albert, Wolfgang	28. 6. 84	28. 12. 40
Hövelmann, Peter	27. 12. 84	27. 9. 44
Meinhardt, Claus-Dieter	25. 3. 85	13. 3. 42
Dipl.-Chem. Theuer, Werner	22. 5. 85	5. 4. 35
Dipl.-Ing. Dr. Vogel, Karl	22. 5. 85	24. 7. 37
Dipl.-Ing. Klosterhuber, Erwin	22. 5. 85	12. 1. 41
Dr. Schlemann, Jürgen	30. 9. 85	21. 5. 37
Dr. Buchetmann, Martin	27. 11. 85	29. 10. 41
Heyne, Dietrich	25. 2. 86	17. 10. 39

Name		
Dipl.-Ing. Lange, Hans-Dieter	18. 3. 86	22. 4. 35
Eberhard, Werner	13. 5. 86	6. 8. 43
Dipl.-Phys. Dr. Wuttke, Winfried	15. 7. 86	27. 9. 38
Schmöger, Josef Aloys	14. 8. 86	4. 4. 41
Kraft, Hans-Peter	14. 8. 86	13. 1. 43
Dr. Franz, Marie-Luise	19. 8. 86	2. 10. 39
Haußleiter, Heinrich	25. 8. 86	28. 3. 38
Dipl.-Chem. Dr. Holzner, Dieter	2. 12. 86	29. 5. 34
Dipl.-Ing. Winklharrer, Konrad	2. 12. 86	15. 6. 39
Dipl.-Ing. Haaß, Jürgen	26. 2. 87	8. 1. 38
Dr. Schermer, Eva Maria	24. 3. 87	10. 5. 46
Dipl.-Phys. Dr. Keil, Gernot	24. 4. 87	8. 3. 36
Dipl.-Ing. Dr. Maier, Claus	24. 4. 87	19. 5. 39
Dipl.-Ing. Obermayer, Johann	24. 4. 87	25. 2. 40
Dipl.-Ing. Lehbrink, Rudolf	5. 5. 87	19. 3. 33
Dipl.-Chem. Dr. Deiß, Hans	—	—
Dr. Schade, Jürgen (LSt)	7. 8. 87	3. 12. 42
Dipl.-Chem. Dr. Schröder, Karl Heinz	1. 9. 87	29. 11. 45
Dipl.-Ing. Nunnenkamp, Klaus	2. 9. 87	20. 3. 32
Dipl.-Ing. Riegler, Erich	25. 9. 87	22. 9. 40
Dipl.-Ing. Trüstedt, Wilfried	1. 10. 87	2. 7. 37
Dipl.-Chem. Dr. Philipp, Gottfried	17. 11. 87	18. 3. 37
Dipl.-Chem. Dr. Wagner, Gerhard	21. 3. 88	22. 9. 42
Dipl.-Phys. Kalkoff, Wilfried	6. 6. 88	30. 3. 39
Dipl.-Ing. Dr. Meinel, Helmut	28. 10. 88	23. 6. 41
Schülke, Klaus	29. 3. 89	27. 12. 46
Dipl.-Chem. Dr. Niklas, Karl	29. 5. 89	14. 12. 45
Dipl.-Phys. Dr. Kraus, Jürgen	6. 6. 89	13. 7. 42
Dipl.-Phys. Dr. Gottschalk, Dietmar	6. 6. 89	26. 1. 43
Winkler, Gabriele	21. 7. 89	7. 10. 44
Dipl.-Chem. Dr. Jordan, Helmut	21. 8. 89	9. 7. 42
Dipl.-Ing. Dr. Barton, Heinfried	—	—
Winter, Gerlinde	1. 9. 89	1. 1. 50
von Schleußner, Anna-Rikarda	1. 1. 90	7. 2. 33
Bartels, Busso, beurl. (LSt)	1. 1. 90	20. 3. 40
Dr. Fuchs-Wissemann, Georg	4. 4. 90	20. 4. 49
Dipl.-Ing. Köhn, Eckhard	8. 6. 90	11. 9. 41
Dipl.-Ing. Schmidt-Kolb, Jürgen	8. 6. 90	23. 4. 42
Dipl.-Ing. Dr. Henkel, Sigurd	8. 6. 90	28. 2. 44
Dr. Vogel von Falckenstein, Roland	—	—
Dipl.-Ing. Dr. Pösentrup, Heiner	—	—
Hotz, Hartmut	—	—
Schroeter, Gabriele	24. 10. 90	25. 10. 46
Dr. Vogel, Martin	30. 11. 90	5. 6. 47
Grabrucker, Marianne	21. 12. 90	18. 4. 48
Viereck, Gerhard	29. 3. 91	28. 7. 46
Albrecht, Friedrich	22. 4. 91	17. 1. 50
Dipl.-Ing. Hochmuth, Heinrich	3. 9. 91	16. 9. 39
Dipl.-Ing. Sperling, Helmut	—	—
Dipl.-Phys. Dr. Bastian, Dirk	3. 9. 91	16. 9. 43
Baumgärtner, Thomas	30. 9. 91	29. 11. 48
Harrer, Raimund	—	—
Tronser, Ursula	27. 5. 92	3. 3. 50
Dipl.-Phys. Dr. Frowein, Reinhard	—	—
Dipl.-Ing. Dipl.-Wirtsch.-Ing. Ihsen, Jörg	1. 7. 92	2. 9. 41
Müllner, Edwin	2. 7. 92	25. 6. 46
Bender, Achim	2. 7. 92	10. 5. 48
Reichenbach, Harald	24. 7. 92	25. 11. 48
Dipl.-Ing. Schmidt, Günter	24. 8. 92	20. 2. 37
Sredl, Vivian	19. 11. 92	20. 8. 51
Dipl.-Phys. Dr. Mayer, Norbert	1. 12. 94	29. 4. 52
Dipl.-Ing. Küstner, Gerhard	12. 12. 94	6. 8. 42
Dipl.-Ing. Tödte, Bernd	12. 12. 94	14. 9. 44
Dipl.-Ing. Hammer, Thomas	12. 12. 94	24. 10. 45
Dipl.-Ing. Bork, Hans-Werner	2. 1. 95	21. 12. 51
Schmidt, Beate	13. 6. 95	20. 7. 55
Dipl.-Ing. Dr. Fränkel, Dieter	5. 7. 95	8. 2. 49
Dr. Hacker, Franz	26. 7. 95	19. 11. 60
Dipl.-Ing. Dehne, Franz-Jürgen	7. 9. 95	5. 7. 45
Gutermuth, Wolfgang	18. 10. 95	20. 2. 49
Knoll, Helmut	18. 10. 95	6. 3. 55
Dipl.-Phys. Dr. Greis, Ullrich	13. 12. 95	29. 3. 38
Reker, Klaus Dieter	15. 12. 95	10. 7. 53
Bertl, Werner, RkrA	(7. 6. 95)	22. 6. 47

Truppendienstgerichte

Truppendienstgericht Nord
Hohenzollernring 40, 48145 Münster
T (02 51) 93 60, Telefax (02 51) 9 36-24 55

mit Kammern in: Münster, Hannover, Hamburg, Neumünster, Oldenbg. i. O. und Potsdam
1 Pr, 1 VPr, 7 VR + 3 LSt (VR)

Präsident			*Vorsitzende Richter*		
Hohenstein, Ernst	1. 5.93	15.10.34	Brand, Horst-Jürgen	13. 9.73	14. 3.34
			Lombard, Peter	13. 8.85	1.10.37
Vizepräsident			Witter, Eckhard	1.10.85	18.12.33
Asmussen, Rolf	1.12.92	12. 1.39	Dr. Lingens, Eric	19. 8.87	11. 8.39
			Busch, Gotthard	1.11.87	26. 7.35
			Kaske, Dieter	16. 6.94	15. 7.40
			Zenker, Christian, RkrA	(6. 9.95)	30. 1.40

Truppendienstgericht Süd
Zinglerstr. 70, 89077 Ulm (Donau)
Postfach 39 67, 89029 Ulm (Donau)
T (07 31) 16 91, Telefax (07 31) 1 69-73 14

mit Kammern in: Ulm, Kassel, Koblenz, Regensburg, Karlsruhe u. München
1 Pr, 1 VPr, 5 VR + 3 LSt (VR)

Präsident			*Vorsitzende Richter*		
Frank, Gottfried	15. 2.94	10.10.33	Omonsky, Bernhard	11. 9.87	1.10.36
			Aßmann, Rainer	25. 7.90	3. 7.35
Vizepräsident			Steuer, Harald	22. 5.91	18.10.38
Ballhorn, Dietrich	18. 5.95	26. 6.36	Bornemann, Peter	17. 2.93	24. 2.39
			Franke, Harald	20.10.94	6.12.37

Justizministerien und ordentliche Gerichte der Länder

Baden-Württemberg

10 272 069 Einwohner

Justizministerium Baden-Württemberg

Schillerplatz 4, 70143 Stuttgart
Postfach 10 34 61, 70029 Stuttgart
T (07 11) 27 90, Telefax (07 11) 29 20 26

1 Min, 1 MinD, 4 MinDgt, 1 PrLaJPrA, 4 LMinR, 10MinR (B3) – 1 kw –, 10 MR (A16), 20 RD (A15) –
3 kw –, 11 ORR (A14) – 1 kw –, 3 RR (A13) – 1 kw –

Minister
Prof. Dr. Goll, Ulrich — —

Ministerialdirektor
Prof. Dr. Keller, Rolf   1. 1. 96   19. 6. 35

Ministerialdirigenten
Bölter, Herbert   27. 1. 87   4. 1. 41
Steindorfner, Michael   1. 1. 90   13. 5. 49
Futter, Ulrich   1. 6. 94   1. 7. 49
Dr. Eckardt, Wolfgang-
  Dietrich   1. 9. 95   2. 12. 36

Präsident des Landesjustizprüfungsamts
Eggensperger, Dieter   1. 2. 87   15. 8. 33

Leitende Ministerialräte
Dr. Storz, Werner   22. 10. 84 31. 7. 34
Dr. Nagel, Manfred   1. 12. 88 29. 11. 37
Nicklas, Hans-Friedrich   27. 2. 91   1. 3. 39
Dr. Trostel, Eugen   23. 12. 94   3. 3. 40

Ministerialräte
Hellstern, Herbert   28. 11. 90 15. 5. 48
Dr. Schairer, Martin   3. 5. 93   10. 10. 52
Renner, Rolf   1. 12. 94   9. 12. 39
Vogler, Eugen   1. 12. 94 29. 6. 34
Müller, Wolfram   1. 4. 95   9. 8. 35
Gramlich, Bernhard   1. 8. 95   3. 11. 49

Ronecker, Otto   1. 6. 74   10. 10. 36
Dr. Sigel, Walter   23. 2. 88   21. 12. 48
Herzog, Dietrich   1. 9. 90   5. 4. 48
Rabel, Michael   20. 12. 91   3. 9. 48
Dr. Wulf, Rüdiger   20. 12. 91 21. 3. 51
Unkel, Friedrich   27. 12. 91   1. 2. 53
Beiermeister, Lothar   30. 6. 93   24. 6. 40
Dr. Kofler, Gero   27. 1. 95   8. 2. 42
Seeburger, Manfred   27. 1. 95   18. 10. 54
Riedel, Alexander   27. 1. 95   14. 2. 55
Bürk, Eberhard   13. 4. 95   2. 7. 43

Regierungsdirektorin/Regierungsdirektoren
Graf, Walter   1. 7. 88   18. 6. 39
Dr. Dette-Koch, Elisabeth,
  abg.   1. 5. 91   31. 1. 57
Götz, Willi   23. 12. 92 17. 9. 39
Klein, Fred   23. 12. 92 21. 3. 44
Rumler, Hans-Peter   25. 11. 93   25. 2. 58
Veit, Karl Heinz   1. 12. 93 20. 10. 33
Ehrmann, Jürgen   31. 3. 95   10. 3. 54
Werdak, Hans-Peter   13. 4. 95   1. 9. 57
Brauneisen, Achim   13. 4. 95   31. 3. 58
Börkel, Karlheinz   18. 4. 95   25. 5. 51

Oberregierungsrat
Krockenberger, Erich   23. 11. 93 14. 4. 50

Regierungsrätin/Regierungsrat
Bäuerle, Gisela, ½   1. 6. 94   27. 4. 47
Riffel, Kurt   1. 8. 94   14. 2. 50

Oberlandesgerichtsbezirk Karlsruhe

5 Zivilsenate in Freiburg i. Br.

9 Landgerichte: Baden-Baden, Freiburg, Heidelberg, Karlsruhe, Konstanz, Mannheim, Mosbach, Offenburg, Waldshut-Tiengen

Kammern für *Handelssachen*: Baden-Baden, Freiburg, Heidelberg, Karlsruhe, Konstanz, Mannheim, Mosbach, Offenburg, Pforzheim, Villingen-Schwenningen, Waldshut-Tiengen

51 Amtsgerichte

Schöffengerichte:
bei allen Amtsgerichten außer den nachstehend aufgeführten
Gemeinsames Schöffengericht für die Amtsgerichte, bei denen ein Schöffengericht nicht gebildet wird, ist

für den AGBez.:	*das Schöffengericht:*
Achern und Bühl	Baden-Baden
Gernsbach	Rastatt
Ettenheim, Kenzingen und Waldkirch	Emmendingen
Breisach a. Rhein, Müllheim, Staufen i. Br. und Titisee-Neustadt	Freiburg i. Breisgau
Bretten und Philippsburg	Bruchsal
Ettlingen, Karlsruhe-Durlach und Maulbronn	Karlsruhe
Radolfzell, Stockach und Überlingen Donaueschingen	Konstanz
	Villingen-Schwenningen
Adelsheim	Buchen
Wertheim	Tauberbischofsheim
Gengenbach, Kehl, Lahr, Oberkirch und Wolfach	Offenburg
Schönau und Schopfheim	Bad Säckingen
St. Blasien	Waldshut

Familiengerichte:
bei allen Amtsgerichten außer den nachstehend aufgeführten
Familiengericht für die Amtsgerichte, bei denen ein Familiengericht nicht gebildet wird, ist

für den AGBez.:	*das FamG:*
Achern u. Bühl	Baden-Baden
Gernsbach	Rastatt
Ettenheim, Kenzingen und Waldkirch	Emmendingen
Breisach a. Rhein, Müllheim, Staufen i. Br., Titisee-Neustadt	Freiburg i. Breisgau
Bretten und Philippsburg	Bruchsal
Radolfzell und Stockach	Konstanz
Adelsheim und Buchen	Mosbach
Wertheim	Tauberbischofsheim
Gengenbach, Oberkirch und Wolfach	Offenburg
Schönau und Schopfheim	Bad Säckingen
St. Blasien	Waldshut-Tiengen

Landwirtschaftssachen sind den Amtsgerichten als Landwirtschaftsgerichten wie folgt zugewiesen:
a) dem Amtsgericht Emmendingen für die Bezirke der Amtsgerichte Emmendingen und Kenzingen,
b) dem Amtsgericht Freiburg i. Br. für die Bezirke der Amtsgerichte Freiburg i. Br. und Breisach,
c) dem Amtsgericht Lahr für die Bezirke der Amtsgerichte Lahr und Ettenheim,
d) dem Amtsgericht Müllheim für die Bezirke der Amtsgerichte Müllheim und Staufen,
e) dem Amtsgericht Offenburg für die Bezirke der Amtsgerichte Offenburg und Gengenbach,
f) dem Amtsgericht Rastatt für die Bezirke der Amtsgerichte Rastatt und Gernsbach, im übrigen bei allen Amtsgerichten

OLG-Bezirk Karlsruhe **BW**

Oberlandesgericht Karlsruhe

E 4 265 296
Hoffstraße 10, 76133 Karlsruhe
Postfach 48 20, 76031 Karlsruhe
T (07 21) 92 60, Telefax (07 21) 85 62 85
1 Pr, 1 VPr, 22 VR, 72 R (R2) – 5 kw – (davon 9 UProf im 2. Hauptamt)

Präsident
Prof. Dr. Jordan, Heinz   22. 1. 92   17. 3. 33

Vizepräsident
Dr. Johansson, Gerold   22. 1. 92   20. 6. 38

Vorsitzende Richterinnen/Vorsitzende Richter
Dr. Schulte, Benno   12. 10. 84   25. 10. 32
Bogs, Gerhard   21. 10. 86   26. 10. 35
Hoefer-Kissling,
  Friederike   20. 10. 87   6. 9. 36
Dolland, Günter   10. 8. 89   4. 3. 32
Dr. v. Bubnoff, Eckhart   6. 2. 90   26. 4. 34
Dr. Kiderlen, Karl-Götz   1. 7. 90   11. 12. 33
Burkart, Roland   11. 7. 90   7. 5. 34
Seidel, Wolfgang   12. 11. 90   13. 5. 36
Dr. Münchbach, Werner   27. 2. 91   27. 6. 44
Schellhammer, Kurt   31. 3. 92   18. 7. 35
Mahlke, Norbert   22. 6. 92   26. 12. 35
Dierenbach, Walter   15. 7. 92   21. 1. 34
Zick, Hans-Hubert   2. 11. 92   22. 9. 34
Roesner, Horst   1. 5. 94   4. 9. 34
Dr. Kallfaß, Wilfried   13. 6. 94   19. 8. 40
Dr. Nökel, Detlef   1. 7. 94   28. 9. 38
Dr. Hoppenz, Rainer   16. 10. 95   29. 2. 40
Bauer, Michael   5. 2. 96   9. 3. 46
Dr. Hundertmark, Dieter   28. 2. 96   16. 12. 36

Richterinnen/Richter
Günther, Susanne   1. 10. 74   7. 10. 35
Dr. Wallmeyer, Josef   27. 3. 75   18. 4. 34
Dr. Denz, Renate   19. 12. 75   22. 7. 38
Fähnle, Wolfgang   5. 5. 77   30. 5. 39
Stitzel, Bernd   24. 5. 77   2. 1. 34
Becker, Jutta   29. 11. 77   8. 10. 35
Fasoli, Otto   19. 4. 79   24. 12. 35
Krämer, Manfred   5. 7. 79   24. 5. 37
May, Günther   5. 7. 79   15. 1. 39
Prof. Dr. Seidel, Hans-
  Jürgen   8. 8. 79   9. 9. 40
Hefermehl, Axel   4. 1. 80   21. 2. 41
Baldus, Paulheinz   23. 10. 80   13. 6. 36
Dr. Güde, Wilhelm   5. 2. 81   4. 6. 40
Prof. Dr. Stürner, Rolf   —   11. 4. 43

Prof. Dr. Dr. Ebenroth,
  Carsten   —   10. 12. 43
Frenzel, Alexander   18. 10. 84   7. 8. 46
Hahn, Norbert   7. 2. 85   31. 1. 40
Müller-Bütow, Bernd   1. 11. 85   10. 2. 44
Schmitz, Wolfgang   9. 6. 86   19. 10. 42
Lauven, Dieter   7. 7. 86   13. 12. 44
Dr. Thalmann, Wolfgang   1. 2. 87   28. 11. 43
Schmidtborn, Ute   1. 1. 88   7. 4. 40
Bauer, Dieter   7. 7. 88   7. 1. 41
Dr. Kürschner, Wolfgang   7. 11. 88   26. 9. 47
Runge, Annegret   1. 12. 88   24. 12. 43
Zöller, Michael   1. 12. 88   25. 10. 49
Dr. Jung, Jost   23. 11. 89   19. 11. 42
Müller, Klaus   1. 12. 89   19. 11. 38
Dr. Bellon, Käthe   5. 6. 90   4. 7. 47
Naegelsbach, Eberhard   11. 3. 91   13. 11. 43
Dr. Ernst, Lieselotte   14. 10. 91   26. 4. 43
Wetz, Matthias   20. 5. 92   15. 3. 46
Dr. Brudermüller, Gerd   23. 6. 92   15. 1. 49
Kämmerling, Jochen   1. 8. 92   18. 5. 50
Hörster, Johann-Peter   1. 11. 92   30. 4. 49
Dr. Krauß, Ernst-Friedrich   2. 11. 92   10. 6. 43
Vogt, Jürgen   26. 1. 93   29. 9. 47
Dr. Müller-Christmann,
  Bernd   26. 1. 93   6. 10. 50
Metzger, Ulrich   1. 2. 93   11. 4. 46
Lehmann, Alfons   14. 4. 93   23. 3. 49
Prof. Dr. Häsemeyer,
  Ludwig   —   28. 7. 34
Prof. Dr. Hommelhoff,
  Peter, beurl.   —   13. 9. 42
Münkel, Hans-Georg   6. 9. 93   23. 3. 50
Hailbronner-Gabel,
  Evelyn, ½   10. 1. 94   21. 4. 47
Dr. Jagmann, Rainer   8. 4. 94   25. 8. 49
Dr. Riehle, Gerhard   16. 6. 94   10. 8. 48
Müller, Hans-Wilhelm   27. 9. 94   3. 12. 48
Lotz, Michael   17. 3. 95   29. 9. 55
Neff, Andreas   20. 3. 95   1. 5. 57
Dr. Gehrig, Klaus   20. 3. 95   17. 6. 57
Dr. Schnauder, Franz   31. 5. 95   29. 11. 52
Meister, Gabriele, ½   13. 10. 95   5. 12. 48
Weimer, Joachim   13. 10. 95   3. 1. 50
Baumann-Weber, Beate   7. 12. 95   5. 1. 47

Belzschmitt, Dietrich	7.12.95	12. 8.48
Schnepf, Thomas	29.12.95	20.11.49
Dr. Fischer, Detlev	29.12.95	22. 2.50
Dr. Hülsmann, Bernhard	—	—
Prof. Dr. Taupitz, Jochen	—	12. 4.53

Landgerichtsbezirk Baden-Baden

Landgericht Baden-Baden E 319 771
Gutenbergstr. 17, 76532 Baden-Baden
Postfach 21 40, 76491 Baden-Baden
T (0 72 21) 6 85-1
Telefax (0 72 21) 68 52 91
1 Pr, 1 VPr, 5 VR, 10 R, 1 LSt (R)

Präsident
N.N.

Vizepräsident

Dr. Mißler, Ernst-Ludwig	22. 4.94	10. 3.43

Vorsitzende Richter

Homburger, Hans	28. 8.78	14. 4.34
Schutter, Hans-Dieter	10. 1.86	29. 4.44
Maas, Klaus	30. 4.86	26.11.40
Dr. Greiner, Reinhold	3. 8.92	13. 3.41
Neerforth, Hans-Richard	6. 9.93	11. 5.48

Richterinnen/Richter

Ruh, Peter	16. 9.77	22. 8.46
Heister, Heinz	22.10.81	21. 3.50
Doderer, Hans-Joachim	20. 5.85	8. 3.55
Dr. Meinerzhagen, Ulrich, abg.	3. 9.87	15.11.51
Schwab, Matthias	3. 9.87	26. 1.57
Dr. Schilling, Hansjürgen, abg.	1. 9.88	29. 5.56
Maué, Bernhard	1.10.88	14. 4.58
Fischer, Wolfgang	1. 9.90	31. 5.59
Hecking, Brigitte	24.10.94	9. 7.64
Dr. Fetzer, Rhona	1.10.95	18. 9.63
Dr. Grabsch, Winfried	1. 3.96	27.11.60

Amtsgerichte

Achern (Baden) E 44 888
Allerheiligenstr. 5, 77855 Achern
Postfach 11 27, 77842 Achern
T (0 78 41) 7 02-0 Telefax (0 78 41) 7 02 70
1 Dir, 1 R

von Wiarda, Jorrit, Dir	15. 5.84	8. 5.43
Tröndle, Michael	1. 2.82	1. 6.52

Baden-Baden E 52 570
Gutenbergstr. 17, 76532 Baden-Baden
Postfach 21 40, 76491 Baden-Baden
T (0 72 21) 6 85-1
Telefax (0 72 21) 68 52 92
1 Dir, 1 stVDir, 6 R

Dörrwächter, Hans-Rudolf, Dir	1. 1.94	30. 8.38
Weber, Albrecht, stVDir, abg.	1. 1.94	20. 5.50
Jung, Berthold	1. 9.81	16. 2.50
Kohler, Gerhard	1. 3.82	18. 1.48
Ritter, Detlev	1. 9.83	17.10.53
Lauster, Peter	20. 9.94	8. 2.62
Krebs, Thomas	22. 9.94	30. 6.61
Jung, Klaus	1. 6.95	9. 4.62

Bühl (Baden) E 65 473
Hauptstr. 94, 77815 Bühl
Postfach 11 55, 77801 Bühl
T (0 72 23) 28 05-0
Telefax (0 72 23) 28 05 25
1 Dir, 2 R

Dr. Neubert, Hermann, Dir	14. 8.78	23. 1.35
Maruschka, Ernst	15. 8.77	6. 8.45
Früh, Jürgen	1.11.85	29. 4.53

Gernsbach E 26 107
Hauptstr. 44, 76593 Gernsbach
Postfach 14 65, 76587 Gernsbach
T (0 72 24) 26 10
Telefax (0 72 24) 6 92 45
1 Dir

Beier, Klaus, Dir	30. 1.92	12.12.51

Rastatt E 130 733
Herrenstr. 18, 76437 Rastatt
Postfach 11 52, 76401 Rastatt
T (0 72 22) 9 78-0
Telefax (0 72 22) 97 84 23
1 Dir, 1 StVDir, 7 R – 1 kw –

Gößwein, Wolfgang, Dir	4. 1.94	12. 8.34
Jäger, Wolfram, stVDir	1. 1.94	21.12.49
Wendorff, Axel	20. 5.85	10. 7.51
Schulte-Kellinghaus, Thomas	1. 9.86	25. 6.54
Nickel, Rainer	1. 8.88	13. 3.55
Schabram, Johannes	7. 7.89	30. 7.57

LG-Bezirk Freiburg i. Breisgau　　　　　　　　　　OLG-Bezirk Karlsruhe　　**BW**

Dr. Kremer, Peter	1. 9.90	11. 3.56
Kieser, Kay-Steffen	1. 2.92	3. 6.59
Schaust, Christoph	1.12.92	29. 8.61
Binder, Angelika, ½	1. 2.96	25. 1.62

Landgerichtsbezirk Freiburg i. Breisgau

Landgericht Freiburg i. Breisgau　E 760 395
Salzstr. 17, 79098 Freiburg i. Breisgau
79095 Freiburg i. Breisgau
T (07 61) 2 05-0
Telefax (07 61) 2 05 20 30
1 Pr, 1 VPr, 19 VR, 25 R – 6 kw –

Präsident

Dr. Weber, Dieter	19. 3.90	21. 9.33

Vizepräsident

Teigeler, Jochen	8. 7.94	28. 5.45

Vorsitzende Richterinnen/Vorsitzende Richter

Dr. Maier, Willy	29.11.76	24. 6.36
Dr. Jaeckle, Hans-Günther	13. 7.79	26.10.39
Dr. Dünkel, Hans-Peter	14. 1.80	7. 6.41
Pankow, Ulrich	30. 6.80	7.12.43
Dr. Lange, Edlef	31. 7.81	25. 2.39
Dr. Oßwald, Rolf	2. 6.82	10. 8.37
Dr. Wenger, Peter	21. 6.82	8. 7.40
Dr. Hermisson, Vollrath	23. 6.82	2. 8.40
Nökel, Heidrun	1. 8.84	15. 3.38
Dr. Fratzky, Dietrich	24. 1.85	20. 2.42
Becker, Hanspeter	1. 1.86	23. 5.44
Glaeser, Bärbel	24. 9.86	22. 5.46
Duckwitz, Friedrich-Werner	26. 9.86	5. 1.45
Engel, Detlef	14.12.87	13. 5.42
Royen, Georg	19. 2.90	10. 6.44
Stumpp, Roland	25.10.90	26. 6.49
Schweizer, Bruno	10. 5.91	11.12.49

Richterinnen/Richter

Ehret, Hanspeter	1. 5.63	3. 7.33
Foßler, Adolf-Willy, ½	1. 8.67	19. 3.35
Kruse, Hans	1. 3.71	13.12.35
Keller, Otto	1. 8.71	2. 4.40
de Gregorio, Enrico	15. 2.75	29.11.42
Blunck, Hans	3. 3.75	23. 9.43
Niederndorfer, Johannes	1. 9.78	8. 7.39
Dr. Eckhold-Schmidt, Frieda, ½	7. 8.79	1.11.44
Dr. Langrock, Eckhard, abg.	1. 7.80	24. 9.49
Winkgens-Reinhardt, Uta, ½	1. 8.80	10. 5.51
Flesch, Heinz-Günter	16. 5.81	23.12.47
Wachter, Anton	1. 9.81	26.10.51
Trumpfheller, Bernhard	1. 2.82	11. 2.51
Spiegelhalter, Thomas, abg.	29. 3.82	19.12.51
Joos, Bernhard	3. 9.82	8. 4.50
Ellmann, Wilhelm	3. 9.82	22. 5.50
Büchler, Frieder	7. 2.83	15. 6.53
Moll, Annette, ½	1. 9.83	16. 2.51
Schmidt-Weihrich, Wolfgang	1. 4.85	14.10.55
Mathonia, Claude	11. 4.85	4.11.54
Kratschmer, Andreas	3. 9.87	17. 6.55
Dr. Kaiser, Erhard	1.10.87	21. 2.54
Bismayer, Bernd	3. 3.89	20. 6.57
Metelmann, Fabienne	16. 2.90	30. 4.59
Kuhn, Hans-Peter	23. 7.90	8. 4.59
Sigwarth, Christian	1.12.90	22.10.56
Schüle, Constanze, beurl.	1. 3.93	21. 8.62
Dr. Bauer, Karen, abg.	2. 8.93	17.11.57
Dr. Walter, Wolfgang	8. 9.94	6. 5.58

Amtsgerichte

Breisach am Rhein　E 25 088
Kapuzinergasse 2, 79206 Breisach
T (0 76 67) 9 30 90
Telefax (0 76 67) 93 09 33
1 Dir

Rutschmann, Knut, Dir	8. 9.77	14. 6.39

Emmendingen　E 62 809
Karl-Friedrich-Str. 25, 79312 Emmendingen
Postfach 13 40, 79303 Emmendingen
T (0 76 41) 4 50-0
Telefax (0 76 41) 45 01 96
1 Dir, 6 R

Hippach, Gerhard, Dir	1. 6.82	2. 5.37
Meißner, Manfred	1. 2.81	22. 6.47
Schmalen, Günter	1. 8.82	13. 7.50
Kiefer, Ernst	2. 3.84	30. 8.53
Jenne, Angelika, ½	1. 6.84	13. 9.53
Mertel, Karl	5. 4.94	27. 9.60
Hüttel, Gottfried	—	—

Ettenheim E 24 846
Otto-Stoelcker-Str. 8, 77955 Ettenheim
Postfach 40, 77949 Ettenheim
T (0 78 22) 57 73
Telefax (0 78 22) 4 42 35
1 Dir

Wetzel, Franz, Dir	16. 6. 94	2. 3. 39

Freiburg i. Breisgau E 279 166
Holzmarkt 2, 79098 Freiburg
79095 Freiburg
T (07 61) 2 05-0
Telefax (07 61) 2 05 28 00
1 Pr, 1 VPr, 2 w.aufsR, 24 R

Präsidentin

Brugger, Sigrid	1. 2. 93	5. 10. 40

Vizepräsident

Veit, Hubert	25. 4. 95	26. 8. 44

weitere aufsichtführende Richter

Krieg, Jürgen,	1. 8. 70	28. 9. 36
Dr. Dietrich, Peter	30. 10. 95	31. 10. 38

Richterinnen/Richter

Helmeke, Hans-Dieter, ½	1. 5. 69	1. 9. 35
Grün, Richard, ½	1. 8. 69	25. 2. 36
Merk, Heidi, ½	1. 2. 71	26. 2. 38
Galster, Jürgen	1. 12. 71	25. 3. 38
Fentzke, Wiebke	16. 3. 73	12. 11. 38
Will, Jürgen	1. 8. 73	30. 4. 40
Hermisson, Regina	28. 11. 73	17. 2. 44
Klug, Helmut	29. 1. 75	20. 8. 42
Wermelskirchen, Sybille	1. 2. 75	6. 8. 44
Klußmann, Jürgen	18. 9. 75	29. 2. 44
Pfeifer, Heidrun	21. 11. 75	27. 9. 44
Prestel, Barbara	3. 12. 75	17. 3. 45
Mönig, Gertrud	1. 2. 76	29. 6. 43
Teschner, Günter	3. 8. 76	2. 8. 45
Haas, Erik Michael	1. 2. 77	26. 4. 44
Dr. Schleef, Udo	18. 2. 77	10. 3. 40
Soergel, Carl	15. 7. 77	13. 2. 45
Dr. Riegger, Ernst-Jürgen	7. 11. 78	2. 9. 44
Dr. Knaup, Peter	19. 2. 82	15. 12. 51
Endress, Eugen	18. 3. 83	21. 8. 51
Wendt, Peter	26. 3. 84	28. 3. 52
Heise-Landsberg, Karen, ½	1. 4. 85	16. 9. 53
Löwen, Bettina, ½	19. 9. 86	27. 4. 53
Rukopf, Arnd	5. 12. 90	31. 3. 59
Prengel, Eveline, ½	29. 4. 94	20. 1. 62
Rothacher, Sabine, ½	15. 6. 94	10. 4. 62
Gissler, Friederike, ½	12. 4. 95	22. 5. 64

Kenzingen E 44 398
Eisenbahnstr. 22, 79341 Kenzingen
Postfach 11 29, 79337 Kenzingen
T (0 76 44) 9 10 10
Telefax (0 76 44) 91 01 34
1 Dir, 1 R

Rieger, Wolfgang, Dir	16. 10. 95	7. 12. 52
Conrad-Graf, Daniela	23. 8. 90	2. 3. 53

Lörrach E 164 222
Bahnhofstr. 4, 79537 Lörrach
Postfach 11 40, 79501 Lörrach
T (0 76 21) 4 08-0
Telefax (0 76 21) 40 81 80
1 Dir, 1 stVDir, 11 R – 1 kw –

Waibel, Ewald, Dir	15. 9. 77	1. 3. 33
Schrader, Peter, stVDir	30. 1. 80	15. 12. 33
Jaisle, Günter	1. 11. 73	9. 12. 42
Krohn, Harald	20. 5. 81	11. 1. 49
Dzaack, Dorothea	21. 3. 83	14. 1. 53
Schneider, Michael	3. 3. 89	26. 6. 57
Jäckel, Holger	12. 10. 90	12. 12. 58
Dahmen, Til	4. 6. 92	30. 8. 57
Dr. Künschner, Alfred	5. 8. 93	31. 1. 56
Müller, Frank	21. 9. 93	5. 7. 61
Graf, Martin	25. 9. 94	7. 10. 61
Dr. Merschformann, Ulrike	28. 9. 94	17. 9. 62

Müllheim (Baden) E 38 244
Werderstr. 37, 79379 Müllheim
T (0 76 31) 1 89-01
Telefax (0 76 31) 18 92 38
1 Dir, 2 R – 1 kw

Thalmann, Dagmar, Dir	1. 5. 85	11. 2. 45
Brunner, Irene, ½	31. 10. 85	18. 8. 54

Staufen (Breisgau) E 45 763
Hauptstr. 9, 79219 Staufen
Postfach 11 63, 79216 Staufen
T (0 76 33) 9 50 00
Telefax (0 76 33) 50 01 25
1 Dir, 1 R

Epple, Friedhelm, Dir	23. 7. 76	17. 6. 37
Lübbert, Karin	—	—

LG-Bezirk Heidelberg   OLG-Bezirk Karlsruhe   **BW**

Titisee-Neustadt   E 36 752
Franz-Schubert-Weg 3, 79821 Titisee-Neustadt
79821 Titisee-Neustadt
T (0 76 51) 20 30
Telefax (0 76 51) 20 31 90
1 Dir, 1 R

Gebele, Bruno, Dir	20. 8. 87	4. 2. 51		
Dr. Geers, Marion	1. 9. 91	12. 4. 58		

Waldkirch (Breisgau)   E 37 399
Freie Str. 15, 79183 Waldkirch
Postfach 1 07, 79175 Waldkirch
T (0 76 81) 4 70 20
Telefax (0 76 81) 47 02 33
1 Dir, 1 R

Hess, Andreas, Dir	10. 9. 93	3. 1. 49
Biesel, Maria, ½	16. 2. 95	13. 12. 63

Landgerichtsbezirk Heidelberg

Landgericht Heidelberg   E 436 795
Kurfürstenanlage 21, 69115 Heidelberg
Postfach 10 37 69, 69027 Heidelberg
T (0 62 21) 5 90
Telefax (0 62 21) 59 12 13
1 Pr, 1 VPr, 12 VR, 18 R – 2 kw –

Präsident
N.N.

Vizepräsident

Zöbeley, Günter	13. 5. 96	10. 1. 49

Vorsitzende Richterinnen/Vorsitzende Richter

Dr. Scholz, Manfred	27. 10. 79	24. 5. 37
Grimm, Hans	26. 3. 81	5. 10. 37
Michel, Ingeburg	2. 10. 82	8. 1. 35
Brunn, Sönke	25. 2. 83	25. 11. 35
Mussel, Gerhard	11. 8. 83	28. 10. 39
Schäfer, Joachim	9. 7. 86	29. 2. 44
Zinn, Peter	1. 9. 88	30. 10. 41
Böttcher, Klaus	11. 6. 90	23. 10. 45
Ueber, Karlheinz	12. 6. 91	16. 6. 42
Dr. Reichardt, Berthold	4. 11. 92	9. 11. 42
Schmidtke-Gillen, Renate	8. 5. 95	12. 3. 44
Ehlkes, Jürgen	—	—

Richterinnen/Richter

Frisch, Karin, ½	1. 8. 72	5. 11. 42
Feldmann, Brigitte, ½	8. 7. 77	30. 11. 42
Zieger, Regina	2. 9. 77	27. 7. 48
Stork, Hans-Joachim	27. 8. 79	31. 1. 50

Rother, Manfred	1. 3. 70	4. 5. 50
Lampel-Meyer, Christiane	6. 2. 81	28. 7. 51
Seyffert, Bernhard	4. 2. 83	24. 10. 52
Gramlich, Edgar	14. 10. 83	25. 11. 54
Mühlhoff, Christian	4. 11. 85	10. 8. 55
Dr. Hemmerich-Dornick, Hannelore, ½, abg.	26. 2. 87	6. 3. 55
Dr. Dopfer, Jürgen	9. 2. 88	19. 7. 51
Dr. Hallenberger, Achim	2. 6. 89	1. 7. 54
Dinter, Jutta, beurl.	1. 9. 89	18. 12. 58
Möhring, Praxidis	1. 2. 90	2. 12. 59
Kölsch, Daniela	1. 9. 90	4. 4. 58
Jaeger, Angela	1. 9. 90	20. 6. 59
Dr. Bergmann, Matthias	7. 1. 91	8. 12. 56
Dr. Vahl, Susanne, ½	2. 10. 92	3. 6. 61

Amtsgerichte

Heidelberg   E 288 997
Kurfürstenanlage 21, 69115 Heidelberg
Postfach 10 12 20, 69002 Heidelberg
T (0 62 21) 5 90
Telefax (0 62 21) 59 13 50
1 Dir, 1 stVDir, 2 w.aufsR, 22 R – 3 kw –,
1 LSt (R)

Bayer, Hans, Dir	16. 2. 90	21. 12. 34
Dr. Pantke, Hans-Ulrich, stVDir	8. 2. 94	3. 5. 36
Dr. Schmidt-Aßmann, Ulrike, ⅔, w.aufsR	17. 3. 95	12. 10. 47
Bauer, Gisela, ½, w.aufsR	16. 10. 95	5. 3. 45
Haberacker, Jens-Peter	1. 10. 70	23. 10. 37
Schröder, Klaus	1. 3. 71	21. 5. 38
Augustin, Wolfgang	21. 8. 72	5. 12. 39
Eisele, Werner	6. 7. 73	29. 8. 40
Zipper, Freia, ⅔	15. 3. 74	29. 1. 43
Leicht, Jürgen	16. 8. 74	23. 3. 41
Fried, Sigrid, ⅔	13. 9. 76	5. 5. 43
Dr. Schwarzkopf, Angelika	1. 10. 76	25. 9. 43
Edelmaier, Christian	1. 3. 77	18. 10. 45
Dr. Helmken, Dierk	17. 3. 78	2. 7. 45
Olbrich, Achim	16. 2. 79	5. 8. 45
Castor, Claudia, beurl.	28. 5. 79	9. 6. 50
Neureither, Adelinde	3. 10. 80	8. 2. 50
Kaufmann-Granda, Regina	18. 2. 82	28. 8. 51
Schmukle, Christiane, ½	1. 9. 82	22. 12. 52
Strothe, Hans-Jürgen	2. 8. 83	2. 9. 49
Konradt, Gabriele	15. 2. 83	27. 3. 53
Horn, Angelika, ½	18. 3. 83	19. 9. 53
Englert-Biedert, Walburga	1. 9. 83	12. 5. 54
Schlitt, Thomas	3. 10. 86	17. 6. 54
Schrade, Karl-Georg	1. 10. 87	10. 2. 57
von Seyfried, Olegard	1. 2. 89	26. 12. 44
Becker, Ute, ½	15. 2. 93	20. 7. 62

BW OLG-Bezirk Karlsruhe   LG-Bezirk Karlsruhe

Puhl, Susanne, ½	27.10.93	28. 8.57
Menk, Jörg-Peter	22. 9.94	18. 3.57
Biedermann, Gabriele, ½	23.10.95	7.12.57
Will, Norbert	14.12.95	27.11.63

Sinsheim   E 72 653
Werderstr. 12, 74889 Sinsheim
T (0 72 61) 15 10
Telefax (0 72 61) 6 16 00
1 Dir, 4 R, 1 LSt (R)

Sandmaier, Helmut, Dir	2. 1.89	11. 7.40
Dr. Klein, Wolfgang	3. 9.76	6. 3.45
Dr. Burgermeister, Udo, abg.	12. 3.91	28. 7.58
Baßler-Frühauf, Andrea, beurl.	1. 2.92	14. 7.60
Ihrig, Anna	6. 6.94	29. 7.62
Kretz, Jutta	15. 8.94	5.10.61

Wiesloch   E 75 145
Bergstr. 3, 69168 Wiesloch
Postfach 11 20, 69152 Wiesloch
T (0 62 22) 5 10 61
Telefax (0 62 22) 5 18 48
1 Dir, 6 R

Müller, Walfried, Dir	13. 6.75	16.12.32
Koelblin, Eduard	1. 5.69	10.11.35
Eschenfelder, Rosemarie	1.10.76	10. 2.43
Matt, Wolfgang	4. 9.81	10. 4.51
Adam, Frigge, ½	1. 3.82	16. 7.51
Fürstenau, Ulrike, ½	21.10.83	28. 1.53
Eibenstein, Sabine, ½, beurl.	9. 3.93	29. 5.61

Landgerichtsbezirk Karlsruhe

Landgericht Karlsruhe   E 906 672
Hans-Thoma-Str. 7, 76133 Karlsruhe
Postfach 42 09, 76027 Karlsruhe
T (07 21) 92 60
Telefax (07 21) 1 35 31 14
1 Pr, 1 VPr, 29 VR – 3 kw –, 34 R – 8 kw –

Präsident
Bückert, Ingo	16. 5.88	6.10.38

Vizepräsident
Hoefer, Heinz	25. 6.91	23. 1.33

Vorsitzende Richterinnen/Vorsitzende Richter
Dr. Gut, Johannes	1. 4.74	8. 4.32
Schwarz, Walter	1.12.74	14. 2.32
Tiska, Hans-Dieter	7. 8.75	29. 8.34
Kimmich, Gerhard	20.10.75	20. 9.32
Dr. Morawietz, Wolfgang	21.10.76	31. 3.41
Dr. Wollentin, Eva-Marie	21. 3.77	6. 3.35
Beyer, Klaus	27. 5.77	10.10.35
Dr. Endemann, Jutta	1. 8.77	8. 2.36
Menges, Otto	19.12.78	1. 4.35
Dittes, Hans-Joachim	1. 3.82	31.10.39
Ahlborn, Uwe	9. 7.82	11. 6.39
Eisenmann, Rolf	27. 7.82	16. 2.37
Dr. Parmentier, Wolff	7.10.82	3. 6.41
Glanzmann, Peter	9. 6.86	15.10.44
Stichs, Werner	25. 9.86	25. 5.42
Schreiner, Karl	1. 4.88	7.11.50
Schaffrath, Wolfgang	7. 4.88	24. 1.41
Peuster, Wolfgang	1. 7.90	16. 9.46
Dr. Kiwull, Harald	16. 5.91	7. 8.43
Fischer, Hans	30. 7.91	20. 9.45
Karcher, Walter	15. 8.91	1.10.50
Waetke, Wolf-Rüdiger	28. 8.91	27. 1.42
Dr. Fischer-Antze, Jens-Michael	14.10.91	30.10.42
Engesser, Torsten	22. 6.92	3. 4.50
Knoblich, Michael	22. 6.92	21. 7.52
Dr. Scholl, Udo, abg.	10. 3.95	9. 5.48

Richterinnen/Richter
Schönig, Roger	1. 3.71	12. 2.39
Keil, Hubertus	8. 3.74	22. 6.42
Dr. Rothfuß, Gerhard	1.10.74	26. 2.45
Kerner, Peter	15. 2.75	16. 1.45
Affolter, Ursula	3. 9.76	11. 1.43
Gussmann, Ingeborg	16. 1.78	7. 6.45
Lang, Eberhard	1. 5.80	3. 8.49
Dr. Dick, Bettina, beurl.	3. 3.81	30. 8.51
Hartmann, Hans-Joachim	1. 8.81	3.10.49
Meyer, Hermann	1. 2.82	16. 4.49
Brosch, Christiane Ulrike	1. 9.83	4.12.53
Schweikart, Peter	4.11.85	23.10.56
Wilfling, Michael	1. 3.86	19.12.52
Brendle, Ulrich	1. 6.86	23. 4.50
Schmidt, Leonhard	19. 9.86	15.12.54
Tauscher, Karl	8. 2.88	3. 3.55
Kleinheinz, Thomas	1. 9.88	27. 2.57
Engler, Cornelia	3. 3.89	8. 8.58
Charissé, Ursula, abg.	1. 9.89	2.11.58
Herlitze, Petra	1. 9.89	7. 2.60
Mauch, Karin	1. 9.90	3. 4.59
Perron, Helmut	28. 1.91	7. 5.59
Lindner, Thomas	1. 2.91	28. 6.59
Kielwein, Astrid, beurl.	26. 6.91	15. 3.61
Bender, Martin	19. 9.91	29. 4.59
Wellenreuther, Ingo	3. 9.92	16.12.59
Zwiebler, Thomas	2. 1.93	15. 1.60
Horn, Sebastian	5. 2.93	23. 5.61

LG-Bezirk Karlsruhe						OLG-Bezirk Karlsruhe			**BW**

Beese, Annette, ½	14. 9.93	27. 4.61	
Rohde, Renate, abg.	1. 2.94	20. 2.62	
Bopp, Dieter	17. 3.94	25. 3.60	
Dr. Guttenberg, Ulrich	14. 9.95	14. 1.62	
Dr. Oehler, Christiane	4. 1.96	5. 8.61	

Karlsruhe E 287 291
Schloßplatz 23, 76131 Karlsruhe
Postfach 12 12, 76002 Karlsruhe
T (07 21) 92 60
Telefax (07 21) 9 26 66 47
1 Pr, 1 VPr, 3 w.aufsR, 28 R – 2 kw –, 1 LSt (R)

Amtsgerichte

Präsident
Braungardt, Kurt   14. 4.92   12. 2.40

Bretten (Baden) E 46 253
Obere Kirchgasse 9, 75015 Bretten
T (0 72 52) 5 07-0
Telefax (0 72 52) 5 07 15
1 Dir, 1 R

Vizepräsident
Römhild, Hans-Georg   13. 9.93   8.11.43

weitere aufsichtführende Richter
Fischer, Rainer   1. 5.86   4.10.39
Buhr, Reinhold   1. 3.94   25.12.44
Eschler, Rolf, Dir   21. 7.95   13.12.51
Dr. Krieg, Berthold   9.10.95   20. 3.46

Bruchsal E 131 602
Schönbornstr. 18, 76646 Bruchsal
Postfach 30 27, 76643 Bruchsal
T (0 72 51) 74-0
Telefax (0 72 51) 8 46 21
1 Dir, 1 stVDir, 11 R

Richterinnen/Richter

Karnetzky, Rolf	1. 7.68	7. 2.37
Beyer, Doris, ½	1.11.70	4. 3.40
Volckmann, Joachim	1. 5.71	5. 1.38
Winkler, Winfried	1. 5.71	24. 8.38
Batz, Christof	1. 8.75	27.11.41
Schießel, Herbert	1. 2.76	15. 8.44
Kögele, Klaus	1. 2.77	2.10.47
Heel, Arndt	18. 2.77	2. 7.44
Reifurth, Horst	18. 3.77	27.10.44
Schulte, Christa, ½	15. 9.77	18.12.34
Kapperstein, Klaus	2. 2.78	17. 4.48
Rastetter, Gerhard	1.10.80	1. 1.48
Neuberth, Karl	3.11.80	18. 9.46
Bär, Elisabeth	1. 2.81	27.12.51
Flick, Ernst	1. 8.82	3.12.50
Wagner, Konrad	18. 3.83	31.10.52
Mohr, Helga, ½	2. 3.84	28. 7.54
Roos, Bernhard	7.11.85	23. 1.55
Dornick, Hans	29.12.87	21. 7.49
Köpfler, Thomas	2. 3.90	11.11.57
Zimmer, Bernhard	12.10.90	2.12.56
Völbel, Thomas	1.12.90	6. 5.59
Brecht, Gabriela	1. 2.93	12. 6.59
Dr. Schlachter, Jörg	3. 9.93	10. 7.61
Schabert, Thomas	21. 9.93	27. 4.58
Diemer, Klaus	14. 3.94	29. 3.62
Dr. Isak, Axel, abg.	1.10.94	9. 2.63
Dr. Bruggner, Micaela	16. 2.95	5. 2.56

Reus, Helmut, Dir	1. 3.90	21.11.38
Löchelt, Gernot, stVDir	30. 3.92	16.10.40
Witte, Christian	1. 7.77	9. 9.44
Laudahn, Günter, abg.	1. 9.79	21. 9.41
Gutsch, Klaus	5. 9.80	1. 6.49
Disqué, Klaus	1. 2.81	26. 2.51
Seidling, Michael	1. 8.81	13. 8.51
Schlett, Andreas	21. 3.85	4. 5.51
Meier, Michael	1.12.92	29. 3.62
Clapier-Krespach, Andrea	1.10.94	7. 5.60
Schmitt, Tobias	22. 3.95	22. 3.62

Ettlingen E 85 246
Sternengasse 26, 76275 Ettlingen
Postfach 1 61, 76255 Ettlingen
T (0 72 43) 50 80
Telefax (0 72 43) 50 84 44
1 Dir, 3 R

N. N., Dir		
Beyer, Peter	1. 3.71	14. 9.35
Schneider, Sabine, beurl.	1. 9.91	5.12.60
Werst, Christoph	1. 2.93	1. 1.58

Karlsruhe-Durlach E 88 094
Karlsburgstr. 10, 76227 Karlsruhe
Postfach 41 01 20, 76201 Karlsruhe
T (07 21) 99 40
Telefax (07 21) 40 76 97
1 Dir, 4 R

Kuchta, Walter, Dir	11. 4. 88	17. 6. 43
Haubrich, Thomas	1. 9. 74	3. 8. 42
Heck, Bernhard, ½	1. 2. 77	15. 10. 46
Kirchberg, Renate, ½	1. 9. 81	10. 7. 51
Biel, Susanne	26. 10. 81	13. 6. 47

Maulbronn E 75 693
Klosterstr. 1, 75433 Maulbronn
Postfach 1 00, 75430 Maulbronn
T (0 70 43) 9 22 00
Telefax (0 70 43) 4 03 16
1 Dir, 2 R

Pfeiffer, Rolf, Dir	1. 12. 72	23. 12. 34
Cox, Eberhard	1. 9. 76	20. 11. 42
Dr. Lindner, Bernd	1. 10. 93	14. 8. 60

Pforzheim E 227 752
Lindenstr. 8, 75175 Pforzheim
Postfach 3 40, 75103 Pforzheim
T (0 72 31) 30 90
Telefax (0 72 31) 30 93 50

Zweigstelle in Neuenbürg
Gerichtsgasse, 75305 Neuenbürg
T (0 70 82) 79 90
Telefax (0 70 82) 79 91 67
1 Dir, 1 stVDir, 1 w.aufsR, 16 R – 1 kw –

Schubert, Joachim, Dir	6. 7. 95	25. 4. 47
Dr. Kuder, Peter, stVDir	1. 11. 84	16. 10. 37
Manz, Egon, w.aufsR	17. 10. 95	8. 11. 46
Dr. Heydegger, Roland	1. 10. 69	30. 11. 34
Saeger, Karin	1. 10. 71	16. 12. 41
Ohnesorge, Hans-Gerhard, abg.	1. 2. 74	24. 6. 38
Vögtle, Gustav	3. 9. 76	6. 11. 46
Ludin, Hans-Günter	1. 10. 78	17. 6. 45
Lüdemann-Ravit, Peter	1. 9. 81	26. 9. 50
Eschler, Gabriele, ½	1. 9. 83	3. 3. 52
Lorenz, Wolfram	19. 9. 86	15. 6. 55
Piepenburg, Dieter	1. 3. 87	18. 2. 54
Lorenz, Peter	25. 2. 91	14. 10. 57
Herschlein, Doris, ½	3. 9. 93	23. 4. 62
Bracher, Claudia	22. 9. 94	11. 2. 63
Dr. Terhorst, Michael	4. 10. 94	16. 1. 61
Mertgen, Ingo	17. 2. 95	15. 8. 60
Dr. Fischer, Verena	21. 2. 95	15. 11. 63

Philippsburg E 40 434
Marktplatz 8, 76661 Philippsburg
Postfach 12 40, 76653 Philippsburg
T (0 72 56) 9 31 10
Telefax (0 72 56) 93 11 50
1 Dir, 1 R

Höchlin, Rainer, Dir.	1. 7. 92	1. 2. 49
Bitz, Franz	16. 7. 82	24. 8. 51

Landgerichtsbezirk Konstanz

Landgericht Konstanz E 546 021
Gerichtsgasse 15, 78462 Konstanz
Postfach 10 12 43, 78412 Konstanz
T (0 75 31) 2 80-1
Telefax (0 75 31) 28 02 90
1 Pr, 1 VPr, 11 VR, 20 R – 2 kw –

Präsident

Ambs, Friedrich	31. 3. 92	1. 1. 35

Vizepräsident

Dr. v. Dücker, Hans Gerd	7. 9. 92	4. 2. 42

Vorsitzende Richter

Arzt, Hans-Dieter	31. 12. 75	23. 12. 35
Freiherr von Locquenghien, Constantin	9. 11. 77	10. 1. 33
Gratzki, Rudolf	25. 1. 82	2. 4. 37
Richter, Eckhard	7. 12. 83	1. 11. 36
Gabius, Rolf	10. 1. 86	12. 11. 38
Geiger, Klaus	1. 5. 89	1. 8. 38
Eißer, Wolfgang	21. 12. 90	30. 11. 49
Ertl, Christoph	15. 7. 91	24. 12. 46
Basel, Rainer	6. 10. 92	1. 2. 41
Deppert-Kern, Helmut	14. 11. 95	24. 4. 50

Richterinnen/Richter

Kotyrba, Hans-Peter	1. 3. 69	26. 10. 37
Dr. Roth, Uta, ½	22. 12. 71	20. 3. 35
Futterknecht, Olaf	1. 9. 74	2. 2. 43
Niemann, Karl-Heinz	22. 10. 74	24. 4. 43
Koch, Ulrike	5. 5. 75	23. 8. 43
Friederang, Johann Peter	1. 9. 76	1. 5. 46
Dr. Reichardt, Horst-Dieter	20. 2. 77	1. 8. 44
Danner, Carmen, ½	2. 9. 77	23. 12. 42
Orilski, Reinhard	1. 10. 79	18. 4. 48
Gundlach-Keller, Heidi, ½	18. 9. 81	24. 1. 50
Dr. Brodmann, Jörg	25. 3. 83	13. 11. 50

LG-Bezirk Konstanz   OLG-Bezirk Karlsruhe   **BW**

Scholl-Leifert, Gretel, ½	8. 2.84	6. 8.53
Weber, Hans-Joachim	22. 9.86	5. 8.53
Walter, Götz	22. 9.86	23. 1.56
Glofke, Thomas	2. 9.88	30. 7.54
Schlemper, Siglinde	28. 6.89	10. 2.52
Speiermann, Joachim, abg.	3.11.89	6.12.57
Dr. Hohlfeld, Ulrike, abg.	2. 3.90	18. 8.59
Rothammer, Gerd	1. 8.91	8. 8.58

Amtsgerichte

Donaueschingen E 59 982
Mühlenstr. 5, 78166 Donaueschingen
Postfach 11 29, 78152 Donaueschingen
T (0771) 85 05-0
Telefax (0771) 85 05 40
1 Dir, 2 R

Bierer, Bernd, Dir	25. 4.95	22.10.44
Schwing, Heinz	6.11.78	15.11.48
Stadtler, Helga	6. 5.95	8. 2.63

Konstanz E 87 507
Untere Laube 12, 78462 Konstanz
Postfach 10 01 51, 78401 Konstanz
T (07531) 2 80-1
Telefax (07531) 28 04 39
1 Dir, 1 stVDir, 8 R

Auchter, Otto, Dir	6. 6.86	6. 8.34
Lehn, Wolfgang, stVDir	4. 5.92	14. 4.32
Griener, Manfred	1. 2.68	11.10.34
Schretzmann, Christel, ½	24. 8.73	23.11.39
Platen, Klaus	1. 4.75	16. 6.42
Laaser, Jürgen	2. 9.77	20. 1.43
Weimer, Gabriele	1. 8.79	24.10.51
Dr. Berger, Wolfgang	16. 6.80	22. 4.46
Eitze, Gertrud, ½	18. 1.91	17.10.58

Radolfzell E 37 644
Seetorstr. 5, 78315 Radolfzell
Postfach 12 20, 78302 Radolfzell
T (07732) 8 04-3 00
Telefax (07732) 5 84 95
1 Dir, 2 R

N. N., Dir	—	—
Dold, Georg	1. 5.90	19. 2.57

Singen (Hohentwiel) E 102 286
Erzbergerstr. 28, 78224 Singen
Postfach 14 40, 78213 Singen
T (07731) 40 01-0
Telefax (07731) 40 01 83
1 Dir, 8 R – 1 kw –

Lederer, Walfried, Dir	20.11.92	26. 9.38
Sander, Wilhelm, ½	1. 3.71	15.11.37
Ambs, Robert	1. 2.73	7. 8.36
Keller, Rüdiger	1. 2.82	16. 5.48
Dallinger, Wolfgang	24. 6.82	13. 1.50
Voigt, Cornelia, ½, abg.	28.10.87	20. 5.59
Hettenbach, Christoph	1.12.91	23.10.57
Rimmele, Bertram	1. 2.94	1. 5.61
Taubner, Herbert	8. 9.94	18.11.61

Stockach E 29 463
Tuttlinger Str. 8, 78333 Stockach
T (07771) 70 65
Telefax (07771) 48 70
1 Dir

Hintze, Matthias, Dir	1. 1.96	20.10.50

Überlingen (Bodensee) E 80 475
Bahnhofstr. 8, 88662 Überlingen
Postfach 10 12 51, 88642 Überlingen
T (07551) 8 35-0
Telefax (07551) 83 53 28
1 Dir, 4 R, 1 LSt (R)

Dr. Hügel, Christine, Dir	7. 3.96	12.11.50
Schmidt, Friederike, abg.	28. 5.79	24. 5.45
Gött, Kurt	12. 2.88	21. 2.56
Völk, Günther	4. 1.91	22. 8.60
Dr. Beck, Axel	10. 8.94	5. 5.59
Heßberger, Christine, ½	23. 3.95	8. 3.62

Villingen-Schwenningen E 148 664
Niedere Straße 94, 78050 Villingen-Schwenningen
Postfach 11 40, 78001 Villingen-Schwenningen
T (07721) 2 03-0
Telefax (07721) 20 31 99
1 Dir, 1 stVDir, 9 R

Vazansky, Ernst, Dir	3. 1.94	23.12.35
Zimmermann, Wolf-Dieter, stVDir	1. 1.94	26. 4.36
Hetz, Michael	1. 8.71	3. 4.39
Horn, Rainer	13. 9.76	21. 7.45
Pohl, Franz	2. 1.77	27.12.43
Schleusener, Hans-Joachim	1. 8.82	4. 9.46
Birkenholz, Peter	3. 9.82	16. 6.52
Kimmig, Klaus-Dieter	12. 2.88	28.12.56
Schäfer, Herwig	15. 2.93	7. 8.59
Jann, Sabine	10. 6.94	17. 9.61

Landgerichtsbezirk Mannheim

Landgericht Mannheim E 528 060
A 1, 68159 Mannheim
68149 Mannheim
T (0621) 292-0
Telefax (0621) 2921314
1 Pr, 1 VPr, 24 VR – 1 kw –, 30 R – 1 kw –

Präsident

Weber, Gunter	25. 6.86	29. 6.36

Vizepräsident

Storch, Alfred	1.12.89	17.12.37

Vorsitzende Richterinnen/Vorsitzende Richter

Köhler, Horst	19. 8.74	2.12.35
Dr. Schleicher-Tenckhoff, Ursula	21. 3.77	19.12.33
Dr. Henninger, Jürgen	3. 4.78	15.12.37
Nusselt, Joachim	22. 4.83	23.12.44
Meyer, Michael	1. 9.83	21. 3.38
Ernst, Rainer	1. 2.84	19. 7.39
Heil, Verena	10. 4.84	15.11.39
Rudhard, Dierk	10. 4.84	17. 6.41
Spirgath, Manfred	4. 6.84	3.11.40
Dr. Lippok, Gerd	1. 9.84	4. 6.41
Dr. von Löbbecke, Bernfried	11. 3.85	15. 6.43
Fischer, Peter	1. 4.85	9. 4.40
Dr. Hub, Renate	14. 6.85	13. 5.40
Kubitz, Karl-Christian	25. 4.86	16. 1.41
Bauer, Peter	12. 6.86	29. 9.43
Dr. Steinberger, Heide	2. 7.86	18. 5.41
Dr. Münchbach, Hans-Jörg	1. 3.90	4. 6.43
Plass, Joachim	14. 9.92	31. 3.46
Dr. Wimmer, Wolf	—	—

Richterinnen/Richter

Schröder, Helga	10. 3.72	21. 8.38
Schmetzer, Gerhard	1. 4.72	31. 5.39
Oberlin, Friedrich	6. 7.73	30.10.41
Dr. Benitz, Rolf	4.10.74	10. 3.45
Hoppe, Hartmut	5.12.75	5.10.43
Dr. Bernwald, Arno	2. 7.76	6. 5.42
Folkerts, Elke	7. 2.77	20. 2.43
Rüdel, Monika, ½	13.10.77	28. 5.46
Larcher, Johann, abg.	28.11.77	23. 8.45
Beißert, Ruth	1. 4.78	30. 9.48
Müller, Hansjörg	1. 4.78	10.10.48
Schieferstein, Rainer	6.11.78	3. 5.51
Thomas, Gisela	26. 1.79	10. 6.48
Blank, Hubert	16. 2.79	24. 9.41
Dr. Schwan, Brigitte	1.12.80	3. 7.49
Beck, Rolf	20. 1.81	24. 4.52
Adam, Karl	23. 1.81	24. 1.48
Schmukle, Detlef	3. 3.81	24. 7.52
Dr. Vézina, Birgit	1. 2.82	22. 5.48
Kern, Klaus	1. 2.82	16. 3.50
Glenz, Rolf	1. 8.82	2. 5.49
Dr. Heckel, Heinrich	1. 4.85	16. 6.52
O'Donoghue, Elke, abg.	1. 5.86	11. 6.52
Kreis-Stephan, Claudia	1. 9.89	8. 6.58
Beck, Petra	1.12.90	30. 6.59
Rudolph, Katrin	3.10.91	25. 5.59
Voß, Andreas, abg.	15. 2.93	30. 9.59
Burk, Thomas	19. 4.94	9. 6.54
Oppelt, Dirk, abg.	4. 8.94	9. 2.62
Römhild-Klose, Ingeborg, ½	12. 5.95	23. 5.47
Lindenthal, Andreas	14. 9.95	5.11.61
Dr. Deichfuß, Hermann	28. 2.96	19. 3.62

Amtsgerichte

Mannheim E 316 223
Schloß, Westflügel, 68159 Mannheim
68149 Mannheim
T (0621) 292-0
Telefax (0621) 2922876
1 Pr, 1 VPr, 3 w.aufsR, 31 R – 4 kw –, 1 LSt (R)

Präsident

Janisch, Herbert	14. 4.92	4.11.31

Vizepräsident

Dr. Frommelt, Jürgen	10.11.92	1. 5.39

weitere aufsichtführende Richter

Krehbiel, Ulrich	11. 8.95	30.12.43
Heinzel, Ulrich	26. 1.96	3. 8.45

Richterinnen/Richter

Simon, Margit	1. 5.70	18. 8.35
Stratmann, Hans-Georg	1. 7.70	28. 9.38
Brzoska, Joachim	1.11.70	8.10.37
Diemer, Gudrun, beurl.	2. 5.71	1. 4.39
Dr. Himmelsbach, Wolfram	1. 4.73	1. 1.38
Metzger-Schalke, Renate, ½	1. 8.74	22. 1.44
Neureither, Werner	16. 8.74	19. 7.42
Fabricius, Jesko	1. 2.75	23. 6.43
Meis, Manfred	1. 2.75	18. 3.44
Augustin, Herhild	26. 3.75	3. 3.41

LG-Bezirk Mosbach (Baden) OLG-Bezirk Karlsruhe **BW**

Sauter, Wilhelm	1. 9.76	24. 2.43
Kollnig-Simon, Reinhard	24. 9.76	6. 5.45
Ueberle, Hans-Peter	28. 9.76	22.12.43
Mayer-Rosa, Jörg	1. 2.77	13. 3.43
Benitz, Annemarie, ½	1. 4.78	29. 8.47
Dr. Müller-Oberthür, Carola	25. 7.79	20. 5.49
Bauer, Helmut	1. 2.81	30. 8.49
Fürstenau, Stefan	1. 2.81	12. 1.51
Scholz, Dieter	20. 7.81	27. 3.49
Schneider-Mursa, Ulrich	1. 9.81	21.12.53
Meergans, Horst	1. 2.82	19. 8.48
Reenen, Siegfried	1. 2.82	14. 8.50
Fatouros, Iris	15. 2.82	10. 7.52
Schneider, Ulrike, ½	1. 9.82	15. 5.48
Offermann, Claus	4. 2.83	30. 8.47
Blum, Gerlinde, ½	4. 2.83	15. 1.53
Jülch, Johannes	8. 2.83	15. 9.51
Winkler, Wolfgang	1. 5.83	28. 7.45
Dr. Zipperer, Helmut	15. 9.83	24. 9.50
Dr. Weigenand, Rolf	1. 6.85	17. 4.54
Schlosser, Ulrike	1. 6.92	1. 8.59
Fiskus, Petra	13.10.92	2. 3.63
Wagner, Brigitte	—	—

Schwetzingen E 104 470
Zeyherstr. 6, 68723 Schwetzingen
Postfach 12 80, 68702 Schwetzingen
T (0 62 02) 81-0
Telefax (0 62 02) 8 13 36
1 Dir, 1 stVDir, 7 R – 1 KW –

Moser, Hans, Dir	16.10.95	15.10.44
Deißler, Gerd, stVDir	1. 1.94	27.10.41
Bock, Dagmar, ½	2. 2.73	2. 4.40
Eckert, Wilhelmine, ½	1. 9.76	30. 5.42
Damm, Klaus-Dieter	4. 2.77	15.12.44
Horn-Scholz, Christa, ½, beurl.	1. 8.81	27. 6.51
Großmann, Andrea	1. 3.87	21. 9.56
Maier, Dieter	1. 9.88	10. 7.53
Grigo, Paul	—	—

Weinheim (Bergstr.) E 107 367
Müllheimer Talstr. 19, 69469 Weinheim
Postfach 10 01 51, 69441 Weinheim
T (0 62 01) 1 20 28
Telefax (0 62 01) 18 38 22
1 Dir, 1 stVDir, 7 R

Herbig, Dieter, Dir	1. 1.94	6. 4.36
Larmann, Christian, stVDir	1. 1.94	20.12.45

Stumpe, Brigitte, ½	2. 9.77	28.11.45
Huber, Werner	1. 6.82	27. 3.49
Henninger, Hans	1. 9.82	22.11.48
Nollert-Tecl, Annelore, ½	7. 2.83	1. 4.53
Szillinsky, Dieter	5. 2.88	2. 8.55
Kilthau, Hans	2. 3.90	14. 1.56
Krausser, Monika	19.10.94	9. 4.63

Landgerichtsbezirk Mosbach (Baden)

Landgericht Mosbach E 233 597
Hauptstr. 110, 74821 Mosbach (Baden)
74819 Mosbach (Baden)
T (0 62 61) 87-0
Telefax (0 62 61) 8 74 40
1 Pr, 1 VPr, 4 VR – 1 KW –, 5 R – 1 KW –, 1 LSt (R)

Präsident
Dr. Kühn, Burkhard	22.12.80	20. 6.32

Vizepräsident
Morweiser, Christian	5. 1.94	23.12.38

Vorsitzende Richter
von Dewitz, Detlef	28. 2.94	17. 5.44
Späth, Achim	15. 7.94	7. 1.53
Stojek, Matthias	18. 8.95	20.12.51

Richterinnen/Richter
Dr. Knoll, Rosalie, beurl.	2. 3.84	18.10.52
Dr. Ganter, Alexander	1. 9.86	13. 3.54
Schmidgall, Roland	3. 9.87	24. 1.50
Hettinger, Reiner	1. 9.90	29. 9.57
Milzer, Lutz	28. 1.91	13. 8.58

Amtsgerichte

Adelsheim E 20 673
Rietstr. 4, 74740 Adelsheim
Postfach 11 80, 74737 Adelsheim
T (0 62 91) 6 20 40
Telefax (0 62 91) 62 04 28
1 Dir, 1 R

Weiß, Gerhard, Dir	1. 4.89	8. 2.41
Ederer-Kostik, Andrea, ½	7. 6.95	3. 1.61

BW   OLG-Bezirk Karlsruhe   LG-Bezirk Offenburg

Buchen (Odenwald)   E 44 780
Amtsstr. 26, 74722 Buchen
Postfach 11 62, 74710 Buchen
T (0 62 81) 98-0
Telefax (0 62 81) 9 84 66
1 Dir, 1 R

Büthe, Gerd, Dir	1. 1.92	21.11.40
Schäfer, Hans-Werner	1. 2.82	24. 8.49

Mosbach (Baden)   E 80 334
Hauptstr. 110, 74821 Mosbach
Postfach 13 64, 74803 Mosbach
T (0 62 61) 87-0
Telefax (0 62 61) 8 74 40
1 Dir, 6 R – 1 kw –

Dr. Wollentin, Ulrich, Dir	16. 5.75	26.10.34
Dochnahl, Helmut	1. 2.77	30. 9.46
Dr. Theisinger, Thomas	6. 2.79	12. 1.51
Zöllner, Martin	5. 6.79	8. 8.49
Rosenfeld, Dieter	2. 3.84	9. 1.50
Terhorst, Alfons	1. 2.91	29. 1.55
Scheuble, Barbara, ½	1. 2.93	21. 5.60
Bartelmus, Barbara	22. 9.94	30. 6.63

Tauberbischofsheim   E 53 764
Schmiederstr. 22, 97941 Tauberbischofsheim
Postfach 12 27, 97932 Tauberbischofsheim
T (0 93 41) 80 40
Telefax (0 93 41) 80 43 74
1 Dir, 3 R

Bau, Wolfgang, Dir	27. 7.87	22. 5.42
Kern, Klaus	1. 8.86	4. 9.54
Holz, Erhard	18. 9.95	3.10.60
Hein, Andreas	8. 1.96	17.12.62

Wertheim   E 34 046
Friedrichstr. 6, 97877 Wertheim
Postfach 13 64, 97863 Wertheim
T (0 93 42) 77 32
Telefax (0 93 42) 77 35
1 Dir

Metzner, Wieland, Dir	30. 7.70	18. 1.44

Landgerichtsbezirk Offenburg

Landgericht Offenburg   E 325 336
Gerberstr. 24, 77652 Offenburg
T (07 81) 9 33-0
Telefax (07 81) 78 04 40
1 Pr, 1 VPr, 6 VR, 9 R, 1 LSt (R)

Präsident

Dr. Kampmann, Klaus-Wilhelm	1. 9.92	29. 1.43

Vizepräsident

Dr. Eith, Wolfgang	16. 9.93	14. 9.43

Vorsitzende Richter

Gißler, Bertold	28. 8.78	5. 3.33
Neugart, Roland	18.11.82	17. 6.37
Oswald, Wolfgang	10. 7.95	3. 2.52
Dr. Bechthold, Hans-Christoph	—	—
Ross, Dietrich	—	—

Richterinnen/Richter

Leußer, Egbert	3. 5.74	21.10.42
Zimmermann, Dirk	1. 4.85	28.11.54
Walter, Heinz	1. 3.87	7. 7.54
Dr. Ungewitter, Rolf	3. 9.87	23. 5.56
Haar, Michael, abg.	25.11.87	11. 7.53
Schmeiser, Herbert	3. 2.89	12. 2.56
Rubin, Ursula	1. 9.90	30.10.59
Lauer, Hartmut	15.12.90	17. 8.60
Heller, Jörg	25. 1.91	18. 5.59
Dr. Spaniol, Margret, abg.	1. 9.91	24. 6.55

Amtsgerichte

Gengenbach   E 31 070
Grabenstr. 17, 77723 Gengenbach
Postfach 13 25, 77719 Gengenbach
T (0 78 03) 20 28
Telefax (0 78 03) 67 99
1 Dir

Wilhelmi, Karl, Dir	30.12.92	15. 5.47

LG-Bezirk Waldshut-Tiengen　　　　　　　　　　　OLG-Bezirk Karlsruhe　　**BW**

Kehl　E 51 354
Hermann-Dietrich-Str. 6, 77694 Kehl
Postfach 17 60, 77677 Kehl
T (0 78 51) 8 64-0
Telefax (0 78 51) 86 42 35
1 Dir, 3 R

Heilig, Wolfgang, Dir	1. 2.84	14. 7.36
Mermann, Wolfgang	16. 5.83	18. 2.47
Müller, Susanne	21. 1.93	19. 3.63
Dr. Bechthold, Ilse	—	—

Lahr (Schwarzwald)　E 76 186
Turmstr. 15, 77933 Lahr
Postfach 12 40, 77902 Lahr
T (0 78 21) 2 83-0
Telefax (0 78 21) 28 32 79
1 Dir, 4 R – 1 *KW* –

Löffler, Peter, Dir	2. 2.87	30. 8.41
Gaiser-Nökel, Doris	15. 8.82	1. 4.51
Seidensticker, Per	1. 3.93	15. 8.59
Riggert, Stefanie	3. 9.93	31.10.61
Wagemeyer, Edith, abg.	1. 4.95	23. 4.64

Oberkirch (Baden)　E 35 938
Hauptstr. 48, 77704 Oberkirch
Postfach 11 61, 77695 Oberkirch
T (0 78 02) 21 22
Telefax (0 78 02) 5 05 20
1 Dir, 1 R – 1 kw –

Zimmermann, Wolfgang, Dir	17. 2.95	3. 6.55
Fritsch, Holger	9.10.92	30.11.58

Offenburg　E 94 141
Hindenburgstr. 5, 77654 Offenburg
T (07 81) 9 33-0
Telefax (07 81) 9 33 10 89
1 Dir, 1 stVDir, 11 R – 1 kw –

Linder, Tilmann, Dir	1. 6.84	4. 5.36
Hauser, Rupert, stVDir, abg.	14. 4.94	25. 3.43
Baumgartner, Georg	1. 7.70	16. 2.39
Knopf, Wolfgang	14. 3.78	1. 8.47
Mayer, Konrad	23. 3.79	3. 8.48
Sigg, Rolf-Dieter	15. 2.81	13.12.51
Will, Petra	7. 2.83	16. 2.53
Beck, Beate	6. 4.87	6. 8.54
Wegmann, Wolfram	10. 6.94	6.12.61
Körner, Ute	10. 8.94	11. 7.60
Walter, Daniel	9. 9.94	13. 2.61
Dr. Stelzer, Michael, abg.	4.10.94	5.11.59

Wolfach　E 36 647
Hauptstr. 40, 77709 Wolfach
Postfach 11 26, 77705 Wolfach
T (0 78 34) 9 77-0
Telefax (0 78 34) 9 77 84
1 Dir

von Péterffy, Heidy, Dir	14. 2.84	13. 5.50

Landgerichtsbezirk Waldshut-Tiengen

Landgericht Waldshut-Tiengen　E 208 649
Bismarckstr. 19 a, 79761 Waldshut-Tiengen
Postfach 12 34, 79742 Waldshut-Tiengen
T (0 77 51) 8 81-0
Telefax (0 77 51) 88 13 33
1 Pr, 1 VPr, 2 VR, 8 R – 3 kw –

Präsident
Klein, Jürgen	28. 7.93	2. 8.36

Vizepräsident
Dr. Schmitz-Esser, Norbert	5.11.93	30. 7.38

Vorsitzende Richter
Haberstroh, Dieter	2. 6.82	19. 6.42
Zimmermann, Wolfgang	31. 8.93	15. 9.49

Richterinnen/Richter
Früh, Gerfried	1. 5.71	19. 8.38
Alt, Regine	27. 2.87	16.12.54
Dr. Kummle, Thomas	2. 5.89	30.10.54
Dr. Delius, Christoph	13.10.92	18. 5.57
Klein, Hans-Jörg	21. 9.93	6. 3.59
Wönne, Christine	20. 3.95	8. 3.62

Amtsgerichte

Bad Säckingen　E 50 320
Hauensteinstr. 9, 79713 Bad Säckingen
Postfach 12 45, 79703 Bad Säckingen
T (0 77 61) 5 66-0
Telefax (0 77 61) 56 62 67
1 Dir, 3 R + ½ R

Jockers, Heinz, Dir	1. 2.93	4. 4.47
Schöke-Philipp, Annerose, ½	17. 2.78	24. 4.47

BW OLG-Bezirk Karlsruhe — Staatsanwaltschaften

Maisack, Christoph	20. 4.90	11. 5.53		
Stork, Rupert	28. 9.92	18. 8.60		
Götz, Stefan	2. 9.94	19. 3.61		

Schönau i. Schwarzwald E 18 437
Friedrichstr. 24, 79677 Schönau
T (0 76 73) 9 11 30
Telefax (0 76 73) 84 58
1 Dir

Fehrenbach, Reinhard, Dir   1. 2.93   15. 2.50

Schopfheim E 27 937
Hauptstr. 16, 79650 Schopfheim
Postfach 13 40, 79643 Schopfheim
T (0 76 22) 6 77 70
Telefax (0 76 22) 67 77 67
1 Dir

Gürtler, Harald, Dir   1. 2.93   21. 9.50

St. Blasien E 14 080
Am Kurgarten 15, 79837 St. Blasien
Postfach 12 06, 79830 St. Blasien
T (0 76 72) 20 08
Telefax (0 76 72) 43 47
1 Dir

Priess, Walter, Dir   14. 3.79   16. 7.40

Waldshut-Tiengen E 97 875
Bismarckstr. 23, 79761 Waldshut-Tiengen
Postfach 12 44, 79742 Waldshut-Tiengen
T (0 77 51) 8 81-0
Telefax (0 77 51) 88 13 05
1 Dir, 4 R + ½ R

Ertelt, Holm, Dir	1. 2.93	10. 2.44
Affolter, Klaus	16.10.66	3.12.34
Hartmann, Hans-Peter	2. 9.77	28. 9.45
Möckel, Ulrich	1.12.92	21.10.62
Rühl, Wolfgang	10. 5.93	26. 2.59
Götz, Ulrike, ½, beurl.	22. 8.94	25. 4.63

Staatsanwaltschaften

Generalstaatsanwaltschaft Karlsruhe
Hoffstr. 10, 76133 Karlsruhe
Postfach 48 20, 76031 Karlsruhe
T (07 21) 92 60
Telefax (07 21) 85 36 71
1 GStA, 2 LOStA, 10 OStA

Generalstaatsanwalt
Prof. Dr. Huber-Stentrup,
  Eugen   18.12.89   5.10.31

Leitender Oberstaatsanwalt
Kaiser, Dagomar   19. 9.85   8. 3.37

Oberstaatsanwälte

Frey, Hans	30. 9.87	23. 2.42
Walz, Karl-Michael	1.10.92	3. 1.51
Frank, Christoph	16.12.93	12. 8.52
Schwarz, Alexander, abg.	13. 4.95	3.10.55

Staatsanwaltschaft Baden-Baden
Sophienstr. 30, 76530 Baden-Baden
Postfach 9 28, 76485 Baden-Baden
T (0 72 21) 36-20
Telefax (0 72 21) 36 21 60
1 LOStA, 1 stVLOStA, 2 StA (GL), 7 StA − 1 kw−

Leitender Oberstaatsanwalt
Hertweck, Günter   22. 6.92   5.10.38

Oberstaatsanwalt
Dr. Klee, Robert-Dieter,
  stVLOStA   3. 5.90   6.10.36

Staatsanwältinnen (GL)

Marquart, Brigitte	1.12.92	25. 3.47
Mendler, Beate	20.12.95	22.11.55

Staatsanwältinnen/Staatsanwälte

Klose, Michael	1.10.89	19. 1.58
Schatterny-Schmidt, Heike, ½, beurl.	14. 1.92	28. 4.60
Körner, Reinhard	3. 9.93	14. 4.61
Dr. Kauffer, Thomas	15. 9.93	8.10.60
Ganser, Thomas	7. 9.94	27. 3.61
Staab, Andreas	13. 9.95	29. 1.62
Loebu, Thomas	15. 3.96	5. 3.65

Staatsanwaltschaft Freiburg i. Breisgau
Kaiser-Joseph-Str. 259, 79098 Freiburg
79095 Freiburg
T (07 61) 2 05-0
Telefax (07 61) 2 05 23 76

Staatsanwaltschaften   OLG-Bezirk Karlsruhe   **BW**

Zweigstelle in Lörrach
Untere Wallbrunnstr. 19, 79539 Lörrach
T (0 76 21) 40 80
Telefax (0 76 21) 40 82 26
1 LOStA, 1 stVLOStA, 6 OStA, 5 StA (GL),
17 StA – 1 kw –

Leitender Oberstaatsanwalt
Isak, Franz	29. 12. 87	30. 1. 35

Oberstaatsanwälte
Restle, Heinz-Eugen, stVLOStA	19. 3. 93	25. 1. 36
Jeske, Harald	17. 3. 86	2. 12. 34
Fluck, Peter	1. 11. 88	8. 1. 45
Dr. Gollrad, Walter	22. 10. 91	8. 4. 44
Maier, Wolfgang	6. 6. 94	9. 12. 48

Staatsanwälte (GL)
Adam, Hansjörg, EStA	1. 5. 74	30. 11. 37
Bertsch, Bernd	13. 7. 90	27. 2. 43
Ruth, Claus-Peter	30. 7. 90	11. 3. 41
Villwock, Edgar	5. 3. 93	14. 10. 50

Staatsanwältinnen/Staatsanwälte
Zier, Heinz	15. 3. 82	11. 2. 49
Gebauer, Johannes, abg.	27. 6. 88	2. 6. 57
Nowak, Uwe	1. 9. 88	23. 3. 56
Klippstein, Bernd	17. 2. 89	14. 4. 57
Fünfgeld, Michael	1. 9. 89	10. 12. 56
Burger, Bernhard	1. 9. 89	16. 1. 57
Fodor, Silvia, ½	8. 3. 91	2. 10. 60
Häberle, Peter, abg.	1. 12. 91	11. 10. 58
Berger, Eckart	1. 3. 92	29. 1. 58
Mächtel, Michael	15. 9. 92	4. 4. 59
Zäh, Stephan	18. 3. 94	1. 4. 60
Dr. Kleine-Cosack, Eva	20. 4. 94	6. 4. 62
Hofstetter, Ludger	29. 7. 94	3. 5. 58
Teubner, Peter	29. 7. 94	4. 6. 61
Seidel, René	20. 10. 94	4. 7. 59
Winterer-Grafen, Heidi-Verena	29. 12. 94	30. 4. 60
Friedrich, Elke	7. 2. 95	28. 7. 62
Boskamp, Hans	19. 9. 95	14. 11. 60
Soddemann, Ralf	3. 11. 95	13. 5. 63
Splittgerber, Daniel	20. 12. 95	20. 1. 61
Rösch, Rudolf, abg.	22. 12. 95	6. 5. 61
Dr. Henrich, Andreas	18. 3. 96	18. 3. 59

Zweigstelle Lörrach
Oberstaatsanwalt
Stolle, Rolf	9. 10. 89	23. 6. 41

Staatsanwalt (GL)
Bürgelin, Otto	19. 8. 91	22. 2. 50
Inhofer, Dieter	22. 12. 95	26. 5. 59

Staatsanwältinnen/Staatsanwälte
Quinker, Gert	15. 2. 84	18. 9. 42
Dr. Stürzebecher, Thomas	1. 10. 93	26. 5. 61
Frick, Axel	20. 4. 94	18. 11. 60
Dahmen, Sabine	2. 8. 95	8. 7. 63
Middeke, Veronika	18. 9. 95	29. 12. 61
Schmid, Rainer	24. 10. 95	9. 2. 63
Bachmann, Nicou	4. 1. 96	26. 5. 61

Staatsanwaltschaft Heidelberg
Kurfürstenanlage 23, 69112 Heidelberg
Postfach 10 53 08, 69043 Heidelberg
T (0 62 21) 5 90
Telefax (0 62 21) 59 18 22 + -93
1 LOStA, 1 stVLOStA, 3 OStA, 3 StA (GL),
16 StA – 1 kw –, 2 LSt (StA)

Leitender Oberstaatsanwalt
N.N.

Oberstaatsanwälte
Glette, Frank-Peter, stVLOStA	8. 9. 93	19. 5. 36
Dr. Münstermann, Manfred	27. 1. 86	21. 12. 40
Rapp, Rüdiger	17. 2. 89	6. 4. 35
Lutz, Rüdiger	5. 2. 92	20. 2. 39

Staatsanwalt (GL)
Simon, Peter	23. 7. 86	25. 8. 35

Staatsanwältinnen/Staatsanwälte
Oberlin, Marianne	1. 4. 73	20. 10. 41
Dr. Denzel, Uwe	30. 12. 83	29. 10. 38
Böhm, Klaus, abg.	3. 2. 89	16. 9. 55
Jöst, Hermann, abg.	1. 8. 89	14. 2. 58
Drittler, Martina	1. 8. 91	13. 8. 61
Schmelcher, Volker	1. 4. 92	23. 1. 58
Wolf, Reiner	15. 11. 93	5. 7. 57
Vierneisel, Christiane	28. 3. 94	5. 12. 61
Gattner, Anette	15. 4. 94	12. 11. 60
Oppelt, Dirk, abg.	4. 8. 94	9. 2. 62
Obländer, Werner	7. 9. 94	10. 11. 61
Spannagel-Schärr, Irmela, ½	7. 9. 94	14. 6. 63
Seeler, Claudia	7. 9. 94	23. 10. 63
Kilthau, Christine	16. 9. 94	6. 4. 62
Fischer, Winfried	18. 10. 94	28. 12. 59
Bargatzky, Nicole	17. 2. 95	16. 8. 62
Hark, Karin	2. 3. 95	5. 7. 64
Erker, Ingolf, abg.	25. 9. 95	28. 11. 60
Dr. Kaiser, Gerd, abg.	1. 10. 95	6. 5. 61
Reich, Petra, ½	12. 10. 95	12. 4. 64

BW   OLG-Bezirk Karlsruhe   Staatsanwaltschaften

Staatsanwaltschaft Karlsruhe
Akademiestr. 6–8, 76133 Karlsruhe
Postfach 62 20, 76042 Karlsruhe
T (07 21) 92–60
Telefax (07 21) 2 27 14

Zweigstelle in Pforzheim
Schulbergstaffel 1, 75175 Pforzheim
Postfach 16 61, 75116 Pforzheim
T (0 72 31) 30 91
Telefax (0 72 31) 30 93 48
1 LOStA, 1 stVLOStA, 8 OStA – 2 kw –,
4 StA (GL), 22 StA – 1 kw –

Leitender Oberstaatsanwalt
N.N.

Oberstaatsanwältinnen/Oberstaatsanwälte

Hauer, Siegfried, stVLOStA	7. 9.92	8. 9.31
Bodié, Hansjoachim	28. 4.86	24.11.37
Diez-Echle, Barbara	6. 8.90	13.10.38
Röthig, Manfred	19.11.91	6. 3.42
Spitz, Gunter, abg.	31.12.92	6.11.48
Armbrust, Klaus	1. 6.94	5. 5.52

Staatsanwältin/Staatsanwälte (GL)

Janetzky, Hartmut	21. 8.92	7. 4.45
Droxler, Klaus, abg.	22. 1.93	8. 7.46
Singhal, Heidrun	13. 8.93	20. 2.41
Zimmermann, Peter	8. 2.95	1. 5.54

Staatsanwältinnen/Staatsanwälte

Brandner, Dorothea	3. 9.82	26. 6.52
Dietz, Petra	1. 8.89	29.10.58
Marx, Matthias	16. 2.90	12. 3.58
Klaiber, Franz	1. 2.91	22. 9.59
Mahr, Ulrich	20.10.92	6. 4.60
Gremmelmaier, Jürgen	1.11.92	18. 9.61
Knopf, Petra	1. 3.93	13. 6.59
Witulski, Andreas	1. 3.93	3. 3.60
Zaunbrecher, Sylvio	19. 5.93	25.12.59
Frank, Armin	20. 9.93	30. 3.62
Wimmer, Hermann	15. 3.94	6. 5.60
Leber, Michael	15. 3.94	5. 8.61
Weber, Anja	17. 3.94	9. 1.64
Spillecke, Karin	21. 3.94	4. 6.62
Anstadt, Bernd	9. 6.94	11. 9.61
Dr. Schwirblat, Cay	14. 9.94	7. 2.61
Merx, Andrea	7. 2.95	23. 4.60
Oppelt, Wulf, abg.	14. 3.95	16.12.62
Rubik, Martina	23. 3.95	3. 6.60
Kümmerle, Michael	13. 4.95	31. 5.59
Dr. Schacht, Martin	14. 6.95	9. 5.58
Jentsch, Malte	15. 9.95	2. 6.60
Dittmar, Angela	1.10.95	17.12.63
Specht, Stefanie, ½	10.11.95	26.10.61

Lunz, Bernhard	23. 1.96	7. 5.63
Pawlischta, Udo	26. 1.96	28.12.62

Zweigstelle Pforzheim
Oberstaatsanwalt

Hof, Wolfgang	6. 9.77	23. 2.36

Staatsanwälte (GL)

Hiß, Dieter	1.10.73	16.10.36
Schwierk, Hans-Werner	19. 4.90	10. 1.44

Staatsanwältinnen/Staatsanwälte

Brenk, Thomas	18. 3.83	23. 1.53
Gugau, Gabriele	1.10.86	6.10.55
Kralowetz, Jürgen, abg.	28. 1.91	27. 8.59
Golla, Christiane	13. 3.95	12. 2.63
Lorenz, Christian	15. 3.96	28.10.63

Staatsanwaltschaft Konstanz
Gerichtsgasse 15, 78462 Konstanz
Postfach 10 19 42, 78419 Konstanz
T (0 75 31) 2 80-1
Telefax (0 75 31) 28 03 18
1 LOStA, 1 stVLOStA, 3 OStA, 3 StA (GL), 12 StA, 1 LSt (StA)

Leitender Oberstaatsanwalt

Boll, Olaf	1. 3.94	8. 2.48

Oberstaatsanwälte

Schultz, Roland, stVLOStA	1. 5.84	18. 1.34
Weiß, Christian	1. 6.84	19. 4.39
Bischoff, Jürgen	31. 1.92	3. 8.46
Dr. Busam, Gerhard	27. 1.95	19. 7.49

Staatsanwälte (GL)

Gnädinger, Fritz-Joachim	1.10.86	18. 4.38
Mroch, Reinhard	19. 8.91	26. 9.35
Muthmann, Peter	16. 2.95	20. 1.45
Eitze, Peter	20.12.95	2. 9.48

Staatsanwältinnen/Staatsanwälte

Böhme, Michael	9.11.77	24. 9.43
Dr. Helbig, Fritz	1. 9.83	17.10.52
Fritze, Heiner	8. 2.84	12. 1.55
Dr. Henssler, Friederike, beurl.	1. 2.86	6. 1.55
Weinacht, Regina	14. 9.92	5. 3.61
Sieß, Gerhard, abg.	2.11.92	2.10.64
Gerlach, Ulrich	1. 2.93	29. 4.53
Straub, Ralph, ½, beurl.	1.10.93	31. 3.59
Amfalder, Anita	7. 2.95	21. 7.64
Mathy, Andreas	17. 2.95	12. 2.61
Moll, Barbara	31. 7.95	16.12.63
Raquet, Andreas	2. 8.95	5. 5.61
Dr. Stutz, Andrea	15. 9.95	16. 8.63

Staatsanwaltschaften   OLG-Bezirk Karlsruhe   **BW**

Staatsanwaltschaft Mannheim
L 11, 11–12, 68161 Mannheim
68149 Mannheim
T (06 21) 2 92-0
Telefax (06 21) 2 92 24 49
1 LOStA, 1 stVLOStA, 10 OStA – 3 kw –, 7 StA
(GL), 39 StA – 8 kw –

Leitender Oberstaatsanwalt
Dr. Kühner, Horst	1. 7. 93	9. 9. 41

Oberstaatsanwälte
Wechsung, Peter, stVLOStA	9. 11. 89	15. 10. 41
Kneip, Wolfgang	29. 9. 87	4. 4. 39
Dr. Knöppel, Gerhard	4. 7. 88	12. 10. 38
Dietz, Ulrich	5. 2. 90	24. 3. 40
Jobski, Hubert	6. 10. 92	24. 10. 44
Jehle, Peter	8. 3. 94	8. 8. 46
Arnold, Volkmar	11. 12. 95	29. 8. 42

Staatsanwälte (GL)
Klein, Hans-Heiko	6. 11. 78	6. 1. 40
Frost, Jochen	16. 7. 90	22. 12. 40
Gattner, Oskar	23. 7. 92	21. 12. 49
Seitz, Rolf-Konrad	12. 5. 93	17. 7. 51
Dr. Hofmann, Reinhard	29. 1. 96	4. 1. 53

Staatsanwältinnen/Staatsanwälte
Vizethum, Walter	1. 9. 78	27. 4. 47
Skopp, Peter	1. 9. 81	15. 12. 51
Ullrich, Stephan	1. 4. 85	7. 7. 54
Koester-Buhl, Roseluise, beurl.	22. 9. 86	18. 7. 58
Ritter, Manfred	3. 9. 87	19. 6. 52
Smid, Gabriele	3. 9. 87	13. 2. 56
Strobl, Hans	1. 8. 88	13. 3. 56
Palm, Thomas, abg.	1. 9. 88	20. 10. 56
Seiler, Jochen	1. 10. 88	12. 9. 56
Eberhard-Baumann, Susanne	16. 2. 90	24. 10. 59
Theuerl-Neubeck, Sonja, beurl.	19. 7. 90	22. 6. 58
Bauer-Disson, Ursula, beurl.	20. 7. 90	21. 11. 59
Böhmer, Isa, ½	1. 10. 90	9. 8. 60
Steinbacher, Joachim	21. 8. 91	10. 2. 48
Unkel, Jutta, beurl.	13. 2. 92	21. 7. 61
Schrade, Daniele, abg.	14. 9. 92	25. 2. 60
Specht, Uwe	2. 10. 92	24. 6. 60
Dr. Kuhn, Gisela, ½	16. 12. 92	28. 4. 54
Hamm, Holger, abg.	1. 1. 93	26. 3. 59
Gadamer, Andrea, abg.	19. 7. 93	27. 9. 56
Dr. Seiser, Klaus-Jürgen	3. 8. 93	19. 12. 52
Zimmer-Odenwälder, Claudia, ½	1. 9. 94	14. 9. 60
Cost-Schmid, Sabine	2. 9. 94	17. 8. 63
Schöpf, Gabriele	7. 9. 94	26. 2. 59
Krenz, Bettina	1. 10. 94	19. 5. 61
Anderson, Kerstin	1. 10. 94	18. 11. 61
Dresel, Georg	4. 10. 94	29. 4. 51
Ruby-Wesemeyer, Ursula	14. 10. 94	19. 9. 63
Arnold, Christina, abg.	26. 10. 94	29. 3. 62
Grossmann, Andreas	2. 12. 94	10. 5. 61
Krebs-Dörr, Petra	10. 2. 95	24. 10. 62
Reichardt, Beate	17. 2. 95	21. 9. 63
Mägerle, Werner	2. 5. 95	17. 3. 62
May, Christiane, ½	13. 9. 95	24. 6. 63
Bucher, Gisela	13. 9. 95	19. 6. 64
Siegrist, Uwe	13. 9. 95	14. 1. 65
Schultz, Birgit	2. 11. 95	30. 10. 64
Norweiser, Stephan	15. 3. 96	8. 7. 63
Rensch, Michael	15. 3. 96	20. 1. 63
Dr. Haas, Günter	—	—

Staatsanwaltschaft Mosbach (Baden)
Hauptstr. 89, 74821 Mosbach
Postfach 13 60, 74803 Mosbach
T (0 62 61) 87-0
Telefax (0 62 61) 8 74 37
1 LOStA, 1 OStA, 1 StA (GL), 6 StA

Leitender Oberstaatsanwalt
Johe, Peter	10. 11. 89	29. 6. 40

Oberstaatsanwalt
Heister, Herbert	12. 2. 93	11. 9. 48

Staatsanwalt (GL)
Eberhardt, Manfred	5. 8. 92	24. 4. 43

Staatsanwälte
Zwick, Manfred	1. 3. 84	14. 9. 51
Müller, Thomas, abg.	17. 9. 93	5. 4. 62
Dr. Brötel, Achim, abg.	3. 5. 94	9. 9. 63
Heering, Franz-Josef	15. 5. 94	25. 11. 61
Lossen, Martin, abg.	7. 9. 94	29. 5. 62
Schrader, Klaus	7. 2. 95	27. 10. 62
Geiger, Hans-Georg	15. 3. 96	11. 10. 62

Staatsanwaltschaft Offenburg
Moltkestr. 19, 77654 Offenburg
T (07 81) 9 33-0
Telefax (07 81) 9 33 13 60
1 LOStA, 1 stVLOStA, 2 StA (GL), 8 StA – 1 kw –

Leitender Oberstaatsanwalt
Dr. Botz, Werner	29. 6. 81	12. 1. 32

Oberstaatsanwalt
Dr. Collmann, Hans-Jürgen, stVLOStA	1. 1. 91	15. 3. 44

BW   OLG-Bezirk Karlsruhe   Notariate

Staatsanwälte (GL)
Vögele, Hubertus, EStA   1. 6.72   17. 2.35
Oesterle, Klaus   27. 7.92   19.12.44

Staatsanwältinnen/Staatsanwälte
Vallendor, Gerhard   28. 1.82   29.10.50
Biehlman, Josef   1. 2.82   19. 3.50
Reimold, Hans-Jürgen   26. 9.84   29.11.45
Baller, Cord-Jesko   20. 4.94   6. 3.61
Buck, Eva   7. 2.95   4. 6.64
Felder, Klaus   18. 9.95   15.11.63

Staatsanwaltschaft Waldshut-Tiengen
Amtshausstr. 5, 79761 Waldshut-Tiengen
Postfach 12 54, 79742 Waldshut-Tiengen
T (0 77 51) 8 81-0
Telefax (0 77 51) 88 12 64
1 LOStA, 1 OStA, 1 StA (GL), 6 StA – 1 kw –

Leitender Oberstaatsanwalt
Wehmeier, Gerhard   1. 2.94   27. 5.49

Oberstaatsanwalt
Dietsche, Konrad   1. 6.94   3.10.38

Staatsanwältin (GL)
Holler-Welz, Ulrike, ½   18. 1.95   18. 7.53

Staatsanwältinnen/Staatsanwälte
Basler, Margarete   1. 3.86   10. 8.55
Klein, Gabriele, beurl.   1. 6.93   21. 7.63
Knoll, Carminia   1. 7.94   24.12.59
Stark, Klaus-Dieter, abg.   13. 3.95   19. 5.60
Kovar, Ute   13. 3.95   3. 8.65

Notariate

Achern
Dr. Eberle, Norbert, JR   20.11.92   4.12.55

Adelsheim
Krampe, Sigfrid, OJR   1. 4.86   17. 5.39

Aglasterhausen
Zimmer, Robert, OJR   13.11.80   24. 7.46

Bad Säckingen
Bantle, Kurt, ND   21.11.77   26. 7.33
Posern, Ludwig,
  OJR, abg.   19. 7.78   2.11.43

Baden-Baden
Dr. Dold, Ingfried, ND   1.12.88   23. 5.34
Fuchs, Hans Klaus, JR   9. 9.75   13. 9.44
Dr. Schwanecke,
  Hans Joachim   18. 1.78   16.10.46

Bonndorf
Wamhoff, Josef, OJR   18. 7.83   30.12.41

Boxberg
Barth, Robert, OJR   1.11.85   11. 5.54

Breisach
Krinke, Andreas, OJR   21. 5.81   26. 4.44
Hostert, Roland, JR   15. 8.81   4. 7.50

Bretten
Bräuer, Leo, OJR   25.10.85   24.12.45

Bruchsal
N.N., ND
  OJR, stVND   12. 1.79   3.11.42
Dr. Spieß, Wolfgang, JR   1.11.69   30.11.37
Hecker, Josef, JR   1. 3.71   9. 1.37

Buchen
N.N.   —   —

Bühl
Schilfarth, Klaus, OJR   1. 6.89   3. 5.42
Nagel, Ulrich, JR   9. 6.89   7.12.56

Donaueschingen
Lieser, Bernd, OJR   1.10.86   26. 7.43

Eberbach
Mack, Franz, OJR   1. 4.86   29.12.49

Emmendingen
Kocks, Bernd, JR   3.10.80   3.11.48
Deppner, Klaus, JR   19. 9.86   20. 9.54

Engen
Dr. Mitschke, Jörg-
  Michael, OJR   5.10.92   13. 5.47

Notariate OLG-Bezirk Karlsruhe **BW**

Ettenheim
Wagner, Manfred, OJR	18. 7.75	24. 9.33
Kuhn, Michael, JR	1. 8.83	11. 2.51

Ettlingen
Frässle, Berthold, ND	1. 5.90	12. 8.31
Schoel, Horst, JR	1. 8.71	16. 3.40
Dr. Mayer, Ulrich, JR	1. 6.86	16. 7.55
Vogel, Karina, JR, ½	1.10.94	21. 1.61

Freiburg
Dr. Götte, Helmut, ND	1. 1.94	22. 7.32
Küpper, Eckhard, stVND	1. 1.94	31.10.35
Goeze, Martin, JR	1. 1.69	4.11.32
Huke, Gerd, JR	1. 8.71	26. 4.41
Braun, Eycke, JR	19.12.72	12. 8.41
Marliani, Rembert, JR	2. 9.76	26. 1.43
Stopfkuchen, Reinhard, JR	1.10.78	15. 7.48
Pohl, Elmar, JR	8. 3.79	26. 3.50
Ekkernkamp, Dieter, JR	10. 7.81	4.11.49

Furtwangen
Dr. Flum, Joachim, JR	1. 3.87	7. 3.57

Gengenbach
Dr. Schubert, Walter, OJR	1.12.85	2. 6.43

Gernsbach
Karch, Remigius, OJR	26.10.92	25. 6.55

Haslach
Faber, Ulrich, OJR	1. 7.71	7. 9.36

Heidelberg
Dr. Eder, Helge, ND	1.11.89	22. 4.35
Tzschaschel, Hans-Ulrich, stVND	1. 1.94	16.12.38
Gaul, Manfred, JR	1.10.78	28. 2.47
Schmenger, Wolfgang, JR	26.11.81	27. 9.46
Jung, Dorothea, JR	1. 2.82	19.11.51
Eckert, Götz, JR	3. 9.82	12.12.50
Nold, Bertold, JR	1. 6.88	3. 4.47

Kandern
Burkhardt, Wolfram, JR	13. 5.82	14. 2.51

Karlsruhe
Prof. Dr. Langenfeld, Gerrit, ND	1. 1.94	3. 5.41
Lay, Peter, stVND	1. 1.94	6.12.40
Stahl, Peter, JR, abg.	17. 2.78	26. 8.47
Rückert, Klaus-Peter, JR	3. 7.78	4. 8.47
Dr. Rastätter, Jürgen, JR	14. 4.81	10. 7.52
Schwenke, Renate, JR	10.10.83	4. 9.55
Kersten, Martin, JR	4.11.85	24. 2.53

Dr. Stiegeler, Andreas, JR	8. 4.86	12.12.54
Zimmermann, Theodor, JR	10. 2.88	22. 4.55

Karlsruhe-Durlach
Leyk, Siegfried, OJR	1. 3.90	19. 1.36
Meyer, Konrad, JR	14. 2.75	9. 2.43
Strube, Jürgen, JR	1. 7.77	22.12.42

Kehl
Strauch, Gerhard, ND	1. 1.87	10. 8.37
Korf, Karl Georg, JR	1. 4.72	16. 2.42
Kämpf, Dieter, JR	28. 1.81	22. 8.48

Kenzingen
Veit, Alfons, OJR	1. 5.90	14. 9.49

Kirchzarten
Reblitz, Horst, OJR	1. 4.73	23. 2.35

Klettgau
Ludwig, Georg, OJR, abg.	1. 1.88	1. 9.46

Konstanz
Tamm, Volker, ND	1.12.86	12. 5.39
Dr. Sernatinger, Manfred, OJR, stVND	1.11.75	25. 9.37
Dr. Poetzl, Gerhart, JR	1. 2.74	24. 4.37

Lahr
Walzer, Karl-Werner, ND	19. 7.91	22.10.34
Weppler, Philipp, JR	1. 3.93	15. 5.61

Lörrach
Dehner, Karl-Ferdinand, ND	1. 6.95	2.11.46
Honold, Eckehart, JR	2. 2.73	21. 7.40
Stutzmann, Hans-Joachim, JR	17. 7.81	5.12.48
Barthel, Herbert, JR	1. 8.82	20. 5.49
Dr. Maier, Hans Christian	16. 2.90	6. 3.59

Mannheim
Dr. Münch, Helmut, ND	1. 1.94	3. 8.33
Dr. Klebs, Paul, stVND	1. 1.94	12. 3.33
Rock, Gisela, JR	1.11.70	26. 4.39
Dr. Weithase, Franz, JR	1. 6.72	10. 5.38
Umstätter, Hans Otto, JR	1. 9.73	15. 1.43
Dr. Karallus, Manfred, JR	1. 3.77	15. 4.42
Dr. Preusche, Rainer, JR	28. 7.77	11.10.43
Dr. Schwenger, Arvid, JR	1. 9.77	25. 2.42
Wittke, Detlef	1. 8.81	28.10.41
Dr. Bangert, Curt, JR	1. 4.85	15. 7.54
Eichhorn, Werner, JR	1. 3.86	4. 4.55

Meersburg
Hirling, Albrecht, OJR	1. 4.70	12. 5.34
Waibel, Peter, JR	1. 5.73	15. 7.42

BW OLG-Bezirk Karlsruhe — Notariate

Mosbach
Palleduhn, Gerd, OJR	1. 6.79	9.12.33
Horn, André, JR	1. 3.69	6. 5.34

Müllheim
Dr. Sandweg, Hans-Eberhard, OJR	18. 1.77	18. 3.37

Neckarbischofsheim
Dr. Gliese, Rainer, OJR	16.10.87	16. 1.45

Oberkirch
Neuwirth, Georg, JR	15. 1.90	15. 6.58

Offenburg
Himmelsbach, Hans-Gerd, ND	1. 1.95	29.11.33
Kunzmann, Hartmut, JR	1. 3.70	16.12.39
Jockers, Peter, JR	1. 7.73	10. 8.41

Pforzheim
Rempp, Günther, ND	1. 1.94	14. 6.32
Sonnet, Gerhard, OJR, stVND	1. 1.94	11. 4.36
Dr. Maier, Konrad, JR	1. 3.71	12. 7.39
Klein, Irmhild, JR	14. 7.75	1.12.44
Lingenfelser, Franz, JR	1. 2.76	8. 9.44
Krais, Herbert, JR	8. 8.83	14. 5.46
Mohr, Günter, JR	1.10.84	28. 7.53

Philippsburg
Gärtner, Karl-Heinz, OJR	1.12.74	9.12.39

Radolfzell
N.N. — —

Rastatt
Schill, Walter, ND	17. 3.86	10.11.32
Ettl, Hans-Peter, OJR, stVND	2. 3.79	30. 4.38
Kämmerling, Monika, JR, ½	6.11.78	19. 2.50
Dr. Sauerland, Hans-Ulrich, JR	31. 5.79	10. 3.50
Körber, Joachim, JR	1. 2.82	1. 4.51

Schopfheim
N.N. — —

Schönau
Braun, Ingo, OJR	1. 9.78	16. 5.43

Schwetzingen
Gräßlin, Helmut, ND	1. 1.87	27. 9.32
Schmidt, Jürgen, JR	1. 4.78	14. 5.49

Frauenfeld
Frauenfeld, Peter, JR	31. 8.79	23.11.45
Dr. Firgau, Bernhard, JR	1.10.84	26. 4.54

Singen
Dr. Kloos, Dieter, ND	2.12.87	18. 5.31
Schmermund, Ekhard, JR	1. 9.78	12. 9.47
Buddeberg, Hans, JR	30. 7.79	2.11.49
Dr. König, Eleonore, ½	1. 2.92	10. 5.57

Sinsheim
Hoffmann, Klaus, OJR	1. 1.86	19. 9.48

Staufen
Technau, Konstantin, OJR	20. 3.79	23. 1.36
Melchers, Johannes, JR	16. 9.77	24. 4.46

St. Blasien
Götz, Bernhard, OJR	21. 6.93	12. 5.51

Stockach
Peter, Manfred, OJR	26. 1.79	11. 1.44

Tauberbischofsheim
Dr. Hänle, Wolfgang, OJR	1. 3.95	21. 7.45

Titisee-Neustadt
Dr. Bauer, Werner, OJR	1. 9.92	12.12.53

Überlingen
Stadler, Hans-Hermann	4. 8.80	10. 4.50

Villingen
Dr. Pilz, Hubert, ND	1. 7.89	19. 9.33
Lamp, Hermann, JR	15. 3.83	7. 1.52
Renz, Eugen, JR	15.11.86	11. 9.56
Randt, Claus Stephan, JR	1. 4.87	10.12.53

Waldkirch
Germer, Manfred, OJR	21. 7.75	12. 5.38

Waldshut-Tiengen
Fürderer, Horst, ND	1. 1.83	3. 9.36
Hauschildt, Klaus, JR	19. 5.83	25. 7.52

Walldürn
Schroeder, Klaus, OJR	16. 3.94	28. 9.44

Weinheim
Dr. Hoffmann-Remy, Ulrich, OJR	8. 3.94	22. 5.49
Sperker, Gerhard	8. 3.86	19. 5.55
Stucky-Kieser, Claudia	1.10.92	28. 9.60

Wertheim
Dr. Maier, Gunter, OJR 1.12.78 9. 3.44
Dr. Schmidt, Horst
 Günther 1. 8.76 24. 2.44

Wiesloch
Dr. Hörer, Bernd, OJR 1.12.78 13. 2.44

Wagner, Karlheinz, JR 1. 8.74 3. 2.45
Wipfinger-Fierdel,
 Gudrun, ½ 1.10.92 9. 3.58

Wolfach
Förster, Ferdinand-Karl,
 OJR 1. 4.87 26. 2.50

Oberlandesgerichtsbezirk Stuttgart

8 Landgerichte: Ellwangen (Jagst), Hechingen, Heilbronn, Ravensburg, Rottweil, Stuttgart, Tübingen, Ulm

Kammern für *Handelssachen*: Ellwangen (Jagst), Hechingen, Heilbronn, Ravensburg, Rottweil, Stuttgart, Tübingen, Ulm

57 Amtsgerichte

Schöffengerichte:
bei allen Amtsgerichten außer den nachstehend aufgeführten
Gemeinsames Schöffengericht für die Amtsgerichte, bei denen ein Schöffengericht nicht gebildet wird, ist

für den AGBez.:	*das Schöffengericht:*
Langenburg	Crailsheim
Neresheim	Ellwangen
Balingen und Albstadt	Hechingen
Brackenheim	Heilbronn
Besigheim	Marbach
Künzelsau	Öhringen
Riedlingen	Biberach
Bad Waldsee und Tettnang	Ravensburg
Leutkirch	Wangen
Oberndorf	Rottweil
Spaichingen	Tuttlingen
Nagold	Calw

Familiengerichte:
bei allen Amtsgerichten außer den nachstehend aufgeführten
Familiengericht für die Amtsgerichte, bei denen ein FamG nicht gebildet wird, ist

für den AGBez.:	*das FamG:*
Langenburg	Crailsheim
Neresheim	Ellwangen
Marbach und Vaihingen	Besigheim
Brackenheim	Heilbronn
Künzelsau	Öhringen
Riedlingen	Biberach
Bad Waldsee	Ravensburg
Leutkirch	Wangen
Horb	Freudenstadt
Spaichingen	Tuttlingen
Münsingen	Reutlingen
Rottenburg	Tübingen
Ehingen	Ulm

Landwirtschaftssachen sind dem Amtsgericht Stuttgart für die Bezirke der Amtsgerichte Stuttgart und Stuttgart-Bad Cannstatt, im übrigen allen Amtsgerichten zugewiesen.

Oberlandesgericht Stuttgart

E 6 006 773
– Ger.Abt. – Ulrichstr. 10, 70182 Stuttgart
Postfach 10 36 53, 70031 Stuttgart
– Verw.Abt. – Olgastr. 5, 70182 Stuttgart
Postfach 10 36 53, 70031 Stuttgart
– Gem. DV-Stelle – Olgastr. 5, 70182 Stuttgart
Postfach 10 36 53, 70031 Stuttgart
T (07 11) 21 20, Telefax (07 11) 2 12 30 24
1 Pr, 1 VPr, 22 VR, 74 R – 5 kw – (davon 6 UProf. im 2. Amt), 4 LSt (R)

Präsident
Geiß, Karlmann[*]   5. 4. 89   31. 5. 35

Vizepräsident
N.N.

Vorsitzende Richterinnen/Vorsitzende Richter

Dr. Nick, Karl Eberhard	1. 4. 84	26. 12. 31
Schmid, Herbert	22. 3. 85	6. 1. 34
Pucher, Georg	23. 9. 85	26. 8. 31
Dr. Häberle, Otmar	1. 5. 86	4. 9. 36
Nellmann, Martin	21. 10. 87	28. 12. 32
Dr. Hartmaier, Hans	15. 11. 89	21. 10. 35

---
[*] Siehe BGH.

LG-Bezirk Ellwangen (Jagst) OLG-Bezirk Stuttgart **BW**

Wenz, Eberhard	18. 9.90	26.10.32
Dr. Schwarz, Ulrich	12. 8.91	12. 6.36
Dr. Hub, Georg	1. 9.91	21.11.36
Holzapfel, Helmut	11. 2.92	13. 3.36
Sigler, Willy	7. 8.92	9. 1.33
Schedler, Gerhard	2.11.92	10. 7.37
Braun, Lothar	29. 6.93	25. 6.35
Strobel, Johannes	3.11.93	18. 9.39
Körner, Hanns-Joachim	31. 1.95	25.11.36
Dr. Steidel-Sigrist, Friedhild	16. 6.95	10. 2.35
Steinbach, Peter	29. 8.95	25. 8.35
Schmucker, Karl	4.12.95	27. 2.34
Kiess, Ute	4.12.95	11. 3.36
Blumenstein, Hans-Alfred	28. 2.96	16.12.33
Prof. Meissner, Kurt	28. 2.96	9. 2.35
Mangold, Otfried	28. 2.96	14.11.35

Richterinnen/Richter

Walther, Dietrich	1.10.75	14. 4.36
Dr. Vogel, Ulrich	1. 9.76	30. 9.34
Pfeiffer, Friedrich	1. 3.78	5. 6.36
Dr. Schmitt, Hans Peter	11.10.78	2. 7.34
Treuer, Dieter	1. 5.79	20. 7.38
Keller, Dieter	1. 2.80	29. 2.36
Uebe, Eckart	1. 2.80	6. 3.37
Dr. Krukenberg, Hartmut	1. 8.80	27. 8.37
Dr. Hall, Hans Joachim	1. 1.82	28. 1.38
Götz, Horst	1. 3.82	29. 1.38
Dr. Loos, Ernst	1. 8.82	9. 2.38
Kappet, Gerhard	8. 8.83	1.11.33
Richter, Bernhard	1. 4.84	8. 2.40
Stahl, Peter	1.10.84	31. 5.39
Borth, Helmut	21.11.85	25.11.43
Dr. Schmid, Karl-Heinz	20. 1.86	24.10.44
Dr. Kiefer, Hans-Michael	1. 8.86	13. 7.38
Steck, Günther	23. 7.87	24. 3.43
Hartmann, Burkhard	30. 9.87	26.11.47
Dr. Kluge, Isolde	22. 2.88	30. 7.43
Dr. Modersohn, Barbara	15. 6.88	25.10.38
Fischer, Renate	1. 5.89	7. 1.48
Dr. Müller, Werner	1.11.89	13. 4.44
Kraemer, Hans-Jörg	2.11.89	21. 9.44
Dr. Herdrich, Jürgen	26. 4.90	12.12.40
Dr. Grein, Klaus	11. 6.90	23. 9.43
Bräuning, Hans	13. 7.90	26. 2.42
Dr. Sulzberger-Schmitt, Heidi	6. 2.91	3.10.41
Strohm, Ingrid, ½	2. 4.91	2. 7.44
Ehmann, Klaus	16. 5.91	15. 9.47
Böhm, Diether	14. 6.91	18. 8.46
Dr. Steinle, Franz	1.10.91	20.12.49
Greiner, Rolf	21.10.91	16. 8.43
Keinath, Walter	21.10.91	22. 8.44
Schmid, Justus, abg.	1. 1.92	7. 5.51
Legler, Brigitte	3. 2.92	7.10.49
Dr. Häußermann, Röse	26. 2.92	3. 6.46
Dr. Grünberg, Volker	24. 3.92	24. 1.47
Dr. Niemeyer, Jürgen	1. 4.92	30. 3.47
Dr. Würthwein, Martin	2.10.92	20. 2.50
Müller, Helga	12.11.92	19. 4.45
Ditten, Dietrich	18.12.92	7. 3.44
Klein, Ulrich	14. 4.93	23. 9.46
Dr. Kistner, Klaus	19. 4.93	24. 4.48
Stähle, Hartmut	25. 8.93	4. 9.50
Rebsam-Bender, Christine	26. 8.93	8. 1.48
Dr. Höhne, Ruppert, abg.	4. 5.94	6. 3.43
Dabs, Volker	16. 6.94	7. 3.43
Bergmann, Claus	16. 6.94	22. 7.47
Dr. Tolk, Martin	20. 6.94	21. 8.48
Riess, Dieter	20. 9.94	16.11.39
Kober, Albrecht	1.11.94	19. 3.49
Fröhlich, Werner	20. 3.95	30. 1.47
von Au, Lutz-Rüdiger	29. 5.95	17.11.56
Linsenmaier, Marianne	30. 5.95	18.12.48
Fischer, Fritz	31. 5.95	15.12.49
Schneider, Georg	12.10.95	20. 1.50
Ruf, Gerhard	12.10.95	7. 5.51
von Seydlitz-Bökelmann, Gudrun, ½	7.11.95	5. 8.53
Dr. Müller-Gugenberger, Christian	8.11.95	26. 7.39
Schwarz, Hans-Erich	8.11.95	12.10.46
Mayerhöffer, Klaus	8.11.95	4. 9.51
Grüßhaber, Karl	9.11.95	16. 6.49
Dr. Zeller-Lorenz, Barbara, ½	29.12.95	30. 4.49
Prof. Dr. Hohloch, Gerhard	—	31. 7.44
Prof. Dr. Fezer, Karl-Heinz	—	16. 4.46
Prof. Dr. Günther, Hans-Ludwig	—	25. 2.49

Landgerichtsbezirk Ellwangen (Jagst)

Landgericht Ellwangen (Jagst) E 574 020
Marktplatz 7, 73479 Ellwangen (Jagst)
73477 Ellwangen (Jagst)
T (07961) 810
Telefax (07961) 81260
1 Pr, 1 VPr, 8 VR, 11 R

Präsident

Kunath, Klaus	4. 7.88	1. 5.36

Vizepräsident

Esdar, Dietrich	22. 9.94	22. 1.39

BW OLG-Bezirk Stuttgart — LG-Bezirk Ellwangen (Jagst)

Vorsitzende Richter

Werth, Walter	1. 5.74	26.12.34
Hug, Hans	1.10.75	28. 5.32
Mangold, Hariolf	25. 2.83	27. 6.37
Schubert, Dietrich	10.11.88	1.11.39
Niemetz, Günter	25. 1.90	21.12.41
Beutler, Werner	3. 2.92	22.11.43
Neun, Hans-Jochen	11. 4.94	15. 9.44
Rappold, Gerhard	10. 7.95	21.11.51

Richterinnen/Richter

Trost, Werner, abg.	1.10.82	4.10.49
Frees-Flämig, Friedlinde, ½	28. 7.83	22. 1.54
Seibold, Johann	13.10.83	16. 6.48
Beyer, Klaus-Dieter	2. 3.87	14. 6.53
Schiele, Anton	1. 8.87	25. 6.56
Grupp, Dietmar, abg.	22. 3.88	13.12.56
Gunzenhauser, Matthias	11. 5.90	2. 6.57
Scheel, Dagmar, ½	21. 2.91	10. 8.59
Dietze, Volker	23. 7.92	23. 5.59
Strecker, Norbert	22. 1.93	9. 5.60
Nagel, Jürgen	3. 8.95	2. 1.63
Finckh, Martin	1. 3.96	30. 6.63

Amtsgerichte

Aalen (Württ.) E 93 285
Stuttgarter Str. 9, 73430 Aalen
T (0 73 61) 54-0
Telefax (0 73 61) 68 02 38
1 Dir, 5 R – 1 kw –

Zeifang, Rainer, Dir	28. 8.89	2. 3.45
Späth, Klaus	1. 4.68	14.12.34
Heyer, Frank	1. 2.81	3. 5.49
Grimm, Hans-Dieter	23. 3.84	25. 5.54
Ziegler-Bastillo, Isolde	14. 2.91	13. 2.60
Blase, Barbara	3. 8.93	19. 7.62

Bad Mergentheim E 47 231
Schloß 5, 97980 Bad Mergentheim
Postfach 11 69, 97961 Bad Mergentheim
T (0 79 31) 5 30-0
Telefax (0 79 31) 53 03 69
1 Dir, 2 R

Dr. Ulshöfer, Fritz, Dir	1. 2.78	20. 4.34
Autenrieth, Martin, abg.	19. 3.82	29.10.50
Friedl, Susanne	17. 8.95	6. 2.65

Crailsheim E 51 217
Schillerstr. 1, 74564 Crailsheim
Postfach 11 51, 74551 Crailsheim
T (0 79 51) 40 10
Telefax (0 79 51) 40 13 22
1 Dir, 3 R

Bakaus, Utz-Helmut, Dir	1. 2.92	1. 2.43	
Markert, Eilika, ½	18. 5.73	26. 2.35	
Drissen, Jürgen	1. 4.79	1. 1.44	
Roggenbrod, Sabine, ½	29. 1.86	19. 8.55	

Ellwangen (Jagst) E 57 433
Schöner Graben 25, 73479 Ellwangen
T (0 79 61) 81-0
Telefax (0 79 61) 8 12 85
1 Dir, 1 stVDir, 2 R

Renschler, Joachim, Dir	1.12.85	14. 2.41
Luiz, Edmund, stVDir	1. 7.75	3.11.31
Kipp, Roland, abg.	5. 6.84	27. 2.50
Ilg, Gerhard	1.10.86	6. 6.55

Heidenheim a. d. Brenz E 136 572
Olgastr. 22, 89518 Heidenheim
Postfach 11 20, 89501 Heidenheim
T (0 73 21) 38-0
Telefax (0 73 21) 38 12 34
1 Dir, 1 stVDir, 6 R – 1 kw –

Friedrichs, Klaus, Dir	1. 1.94	18. 6.39
Schuon, Peter, stVDir	1. 1.94	20. 3.36
Leitte, Wilfried	16. 8.79	11. 2.50
Haug, Wolfgang	8.11.79	10. 5.47
Wienströer-Kraus, Barbara, ½	18. 6.82	16. 5.53
Bergmeister, Eberhard	13. 3.91	15. 2.59
Axt, Andrea	5. 2.93	9.11.61

Langenburg (Württ.) E 29 795
Bächlinger Str. 35, 74595 Langenburg
T (0 79 05) 9 10 30
Telefax (0 79 05) 51 64
1 Dir

Blickle, Robert, Dir	1.12.79	2. 9.40

Neresheim E 24 437
Hauptstr. 2, 73450 Neresheim
T (0 73 26) 70 11
Telefax (0 73 26) 70 13
1 Dir
Finsterle, Hans-Joachim,
  Dir   16. 10. 89   14. 8. 48

Schwäbisch-Gmünd E 134 050
Rektor-Klaus-Str. 21, 73525 Schwäbisch-Gmünd
Postfach 11 20, 73501 Schwäbisch-Gmünd
T (0 71 71) 60 20
Telefax (0 71 71) 6 94 22
1 Dir, 1 stVDir, 6 R

Dr. Offenloch, Werner, Dir	5. 9. 83	26. 10. 37
Krumhard, Wolfgang, stVDir	1. 1. 94	28. 3. 40
Weber, Ingo	1. 3. 75	23. 9. 42
Ziemer, Rolf	16. 3. 79	24. 3. 48
Hegele, Thomas	1. 1. 81	21. 11. 50
Lang, Michael	28. 9. 82	25. 12. 50

Landgerichtsbezirk Hechingen

Landgericht Hechingen E 277 686
Heiligkreuzstr. 9, 72379 Hechingen
T (0 74 71) 18 21
Telefax (0 74 71) 18 23 91
1 Pr, 1 VPr, 4 VR, 8 R – 1 kw –

Präsident

Wax, Peter	25. 8. 95	3. 5. 39

Vizepräsident

Birk, Dieter	29. 12. 95	11. 11. 37

Vorsitzende Richter

Mehl, Dieter	1. 3. 78	23. 4. 40
Timm, Wolfram	30. 12. 85	13. 6. 39
Schäfer, Helmut	28. 11. 91	24. 8. 46
Müller, Gerd	5. 10. 92	5. 4. 47

Richter

Bauer, Wolfgang	11. 4. 74	20. 9. 41
Dr. Weng, Michael	27. 1. 76	11. 6. 45
Jauß, Hermann	2. 5. 76	5. 1. 44
Tackmann, Hans-Rainer	1. 2. 77	1. 12. 43
Lämmert, Martin, abg.	2. 81	17. 12. 47
Dr. Ruetz, Bernhard	1. 2. 81	9. 8. 50
Seifer, Thomas	2. 9. 94	2. 6. 57

Amtsgerichte

Albstadt E 77 446
Gartenstr. 17, 72458 Albstadt
Postfach 1, 72421 Albstadt
T (0 74 31) 92 30
Telefax (0 74 31) 92 32 00
1 Dir, 4 R

Ludwig, Heide, Dir	31. 3. 92	21. 3. 40
Dett, Gerhard	4. 3. 87	30. 12. 53
Kurz, Traude	1. 4. 88	8. 8. 57

Balingen E 65 963
Ebertstr. 20, 72336 Balingen
T (0 74 33) 9 70
Telefax (0 74 33) 3 73 91
1 Dir, 3 R

Dr. Foth, Albrecht, Dir	1. 4. 89	4. 2. 43
Schmid, Egon	24. 2. 72	3. 5. 35
Hütter, Monika, ½	1. 2. 83	20. 4. 51
Kodal, Karl	30. 12. 87	6. 2. 52

Hechingen E 49 016
Heiligkreuzstr. 9, 72379 Hechingen
T (0 74 71) 18 21
Telefax (0 74 71) 18 23 92
1 Dir, 5 R – 1 kw –

Kuhnle, Eugen, Dir	28. 2. 83	25. 8. 42
Federolf-Harms, Barbara, ½	1. 12. 70	19. 12. 39
Salenbauch, Karlpeter	2. 9. 77	24. 12. 41
Müller, Peter, ½	3. 2. 78	25. 12. 46
Dr. Maurer, Hans-Ulrich, abg.	19. 2. 82	24. 5. 50
Stotz, Werner	16. 9. 86	6. 3. 52
Schindler, Wulf	1. 2. 93	7. 1. 60

Sigmaringen E 85 531
Karlstr. 6, 72488 Sigmaringen
Postfach 2 25, 72481 Sigmaringen
T (0 75 71) 10 41
Telefax (0 75 71) 10 44 88
1 Dir, 1 stVDir, 4 R

Gerstenecker, Manfred, Dir	1. 4. 79	16. 3. 34
Hils, Karl	1. 5. 74	5. 12. 35
Topell, Michael	1. 5. 74	27. 4. 41
Dorner, Jürgen	28. 12. 83	11. 8. 53
Wenzel, Wolfgang	1. 9. 88	6. 10. 56

Landgerichtsbezirk Heilbronn (Neckar)

Landgericht Heilbronn (Neckar) E 911 870
Wilhelmstr. 6, 74072 Heilbronn (Neckar)
Postfach 25 55, 74015 Heilbronn (Neckar)
T (0 71 31) 64-1
Telefax (0 71 31) 64 30 40
1 Pr, 1 VPr, 16 VR – 1 kw –, 17 R – 1 kw –

Präsident
Dr. Breucker, Kurt   1. 2. 96   25. 11. 34

Vizepräsident
N.N.

Vorsitzende Richterinnen/Vorsitzende Richter
Sihler, Günter	1. 11. 75	2. 7. 35
Funck, Albrecht	1. 3. 76	15. 9. 35
Pelzl, Ernst	1. 3. 78	10. 11. 37
Dr. König, Karl-Dieter	14. 6. 78	1. 10. 35
Bach, Hermann	1. 6. 82	24. 10. 33
Dr. Knoblauch, Werner	1. 12. 82	12. 4. 38
Nothdurft, Helmut	20. 5. 86	10. 3. 39
Heugel, Jörg	15. 6. 87	21. 8. 37
Düwert, Wolfgang	22. 2. 88	27. 5. 39
Fuhlbrügge, Gert	30. 8. 90	16. 11. 39
Bast, Michael	1. 7. 91	20. 3. 45
Glaunsinger, Wolfgang	5. 8. 91	11. 1. 45
Dr. Kümmel, Helga	20. 12. 91	24. 10. 47
Vogt, Jürgen	9. 2. 94	17. 5. 44
Hahn, Wolfgang	20. 3. 95	27. 11. 49

Richterinnen/Richter
von Waldeyer-Hartz, Klaus	1. 3. 71	23. 2. 37
Reese, John Cord	3. 2. 72	13. 9. 34
Auwärter, Hans-Jürgen	1. 7. 73	13. 8. 39
Fettes, Gisela, ½	13. 8. 74	5. 5. 43
Dr. Feldmann, Armin	2. 1. 76	24. 1. 44
Schweikert, Rolf	23. 8. 77	19. 11. 46
Werner, Wolfgang	10. 8. 80	9. 11. 49
Poschik, Anton	1. 2. 83	14. 6. 47
Görlich, Wolfgang	2. 2. 84	26. 9. 54
Dehn, Bertram	1. 6. 85	17. 6. 55
Kassner, Rosita	18. 4. 86	23. 3. 55
Thiel, Erich	8. 9. 87	11. 12. 56
Bender, Wolfgang	17. 2. 88	17. 1. 55
Dr. Becht, Ernst	6. 12. 88	3. 1. 55
Marx, Peter, abg.	1. 3. 89	30. 11. 57
Pfitzenmaier-Krempel, Ursula, ½	7. 9. 89	19. 9. 59
Hauff, Hansjürgen	23. 4. 91	9. 9. 56

Amtsgerichte

Besigheim E 99 965
Amtsgerichtsgasse 5, 74354 Besigheim
Postfach 11 62, 74349 Besigheim
T (0 71 43) 37 60
Telefax (0 71 43) 3 36 79
1 Dir, 5 R

Graf, Reiner, Dir	27. 4. 94	27. 7. 47
Lehmann, Susanne, beurl.	1. 2. 81	29. 8. 50
Bischoff-Schwarz, Andrea, ½	1. 10. 89	30. 11. 58
Dr. Sickenberger, Ursel, ½	1. 6. 90	4. 5. 58
Bienas, Uwe	22. 10. 90	18. 3. 58
Hiller, Friedrich Wilhelm	1. 9. 91	20. 10. 58
Viertel, Reinhard	6. 2. 92	17. 4. 59

Brackenheim E 27 641
Schloßplatz 2, 74336 Brackenheim
T (0 71 35) 50 21
Telefax (0 71 35) 66 40
1 Dir

Maier, Michael, Dir   20. 6. 90   12. 12. 45

Heilbronn E 393 060
Wilhelmstr. 2–6, 74072 Heilbronn
74064 Heilbronn
T (0 71 31) 64-1
Telefax (0 71 31) 96 29 79
1 Dir, 1 stVDir, 2 w.aufsR, 23 R – 1 kw –

Amelung, Hermann-Joachim, Dir	5. 4. 94	7. 8. 45
Kirchgeßner, Klaus, stVDir	1. 6. 84	30. 3. 37
Burger, Jörg, w.aufsR	16. 2. 90	18. 6. 39
Hoffmann, Rolf, w.aufsR	11. 7. 95	21. 3. 43
Linder, Jürgen	1. 11. 66	27. 12. 35
Schlosser-Greiner, Peter	1. 4. 72	20. 11. 39
Hieber, Jörg	15. 7. 73	3. 10. 42
Kollmar, Herbert	1. 11. 74	12. 5. 39
Kleiner, Peter	11. 2. 76	2. 3. 46
Stegmaier, Wolfgang	15. 10. 77	4. 11. 43
Heuser, Doris, ½	1. 10. 78	17. 3. 50
Dr. Loudwin, Bernd	15. 8. 80	2. 9. 47
Dr. Amendt, Wolfgang	1. 4. 82	15. 6. 52
Wittig, Ingrid, ½	27. 9. 82	12. 8. 52
Schmidt, Johann	1. 5. 83	20. 4. 52
Klein, Hans-Werner	30. 5. 83	8. 12. 49
Nietzer, Eberhard	1. 3. 84	6. 10. 53
Hellstern, Elfrun, ½	16. 5. 84	29. 3. 55
Armbruster, Christoph, ½	31. 12. 86	4. 4. 53
Grund, Rudolf, abg.	3. 3. 89	5. 9. 54

LG-Bezirk Ravensburg   OLG-Bezirk Stuttgart   **BW**

Grosch, Peter, ½	20. 3. 89	11. 7. 59
Frimmer, Ulrich	5. 4. 90	22. 3. 55
Rumler, Susanne, beurl.	1. 9. 90	27. 11. 59
Großhans, Peter	1. 12. 92	10. 12. 60
Wüst, Iris	1. 2. 93	29. 10. 58
Oestreich, Claudia, beurl.	8. 4. 94	12. 9. 59
Bezold, Eva	10. 8. 95	5. 2. 64
Ziegler, Ursula	24. 8. 95	13. 6. 63
Grau, Cornelia	1. 3. 96	3. 6. 64

Künzelsau   E 46 087
Konsul-Uebele-Str. 12, 74653 Künzelsau
Postfach 12 45, 74642 Künzelsau
T (0 79 40) 14 92 51
Telefax (0 79 40) 5 81 54
1 Dir

Dr. Philippi, Christoph, Dir	1. 7. 75	13. 3. 33

Marbach am Neckar   E 59 520
Strohgasse 3, 71672 Marbach
T (0 71 44) 70 13
Telefax (0 71 44) 1 74 12
1 Dir, 1 R

Philipp, Karl, Dir	1. 1. 73	25. 1. 32
Randoll, Klaus	28. 2. 92	22. 6. 59

Öhringen   E 55 956
Karlsvorstadt 18, 74613 Öhringen
Postfach 11 09, 74601 Öhringen
T (0 79 41) 60 40
Telefax (0 79 41) 3 70 01
1 Dir, 2 R

Haellmigk, Gisela, Dir	18. 10. 94	3. 10. 41
Stei, Peter	25. 5. 82	4. 6. 50
Woll, Elke	19. 10. 95	16. 7. 63

Schwäbisch-Hall   E 96 989
Unterlimpurger Str. 8, 74523 Schwäbisch-Hall
Postfach 10 01 20, 74501 Schwäbisch-Hall
T (0791) 75 20
Telefax (07 91) 79 45
1 Dir, 4 R

Dr. Späth, Georg, Dir	1. 6. 72	7. 10. 32
Herold, Walter	1. 8. 67	14. 2. 35
Philippi, Sigrid	1. 12. 71	6. 5. 39
Bachmann, Gerhard, ½	1. 10. 72	22. 6. 37
Homfeld, Alexandra, ½	5. 12. 78	22. 5. 47

Vaihingen a. d. Enz   E 56 959
Heilbronner Str. 17, 71665 Vaihingen a. d. Enz
Postfach 13 20, 71656 Vaihingen a. d. Enz
T (0 70 42) 94 10
Telefax (0 70 42) 94 11 39
1 Dir, 1 R

Wittig, Dankward, Dir	1. 11. 91	25. 7. 51
Thies, Hans-Heinrich	3. 2. 78	5. 9. 47

Landgerichtsbezirk Ravensburg

Landgericht Ravensburg   E 588 456
Marienplatz 7, 88212 Ravensburg
T (07 51) 80 60
Telefax (07 51) 8 06 23 95
1 Pr, 1 VPr, 11 VR, 12 R – 1 kw –

Präsident

Georgii, Hans	1. 2. 96	18. 7. 38

Vizepräsident

Zuber, Manfred	27. 7. 92	21. 7. 37

Vorsitzende Richter

Winkler, Hermann	20. 3. 86	1. 7. 36
König, Wilfried	4. 11. 86	30. 10. 38
Dr. Ott, Walter Georg	13. 7. 88	3. 9. 39
Dr. Tauch, Wolfgang	23. 1. 90	18. 3. 44
Dr. Strasser, Franz	6. 2. 91	2. 11. 46
Linder, Max	1. 8. 91	12. 4. 38
Stehle, Claudio	30. 4. 92	21. 10. 48
Dr. Kübler, Jürgen	21. 12. 92	26. 3. 45
Karitter, Winfried	29. 10. 93	27. 2. 43

Richterinnen/Richter

Schwarz, Gerhard	1. 11. 70	14. 10. 40
Steidle, Hansgeorg	1. 9. 76	25. 6. 45
Freund, Mathias	1. 6. 79	25. 6. 45
Wieland, Hermann	1. 2. 81	9. 4. 50
Dr. Bigalke, Wolfgang	1. 2. 83	23. 9. 52
Müller, Bernhard	12. 10. 83	13. 2. 50
Schall, Rolf-Peter	1. 6. 85	21. 12. 54
Haag, Matthias	1. 8. 88	29. 6. 56
Wiggenhauser, Luitgard, ½	19. 12. 90	17. 4. 58
Blaser, Josef	1. 8. 91	19. 1. 55
Maier, Stefan	2. 8. 93	12. 7. 63
Grewe, Matthias	3. 4. 94	27. 9. 61
Stefani, Christoph	1. 9. 95	25. 12. 60

49

Amtsgerichte

Bad Waldsee E 29 173
Wurzacher Str. 73, 88339 Bad Waldsee
Postfach 11 26, 88330 Bad Waldsee
T (0 75 24) 7 05 63
Telefax (0 75 24) 4 96 17
1 Dir

Neher, Klaus, Dir	5. 3. 93	16. 8. 41

Biberach an der Riß E 137 352
Alter Postplatz 4, 88400 Biberach
T (0 73 51) 5 90
Telefax (0 73 51) 5 95 29

Zweigstelle in Laupheim
Biberacher Str. 22, 88471 Laupheim
T (0 73 92) 29 14
1 Dir, 1 stVDir, 7 R – 1 kw –

Bosch, Reinhard, Dir	1. 7. 82	7. 10. 34
Lenk, Franz, stVDir	1. 1. 94	24. 12. 48
Ehrmann, Klaus	31. 1. 78	11. 9. 40
Bayer, Gerhard	5. 8. 88	16. 11. 55
Fischer, Wolfgang	1. 8. 91	10. 11. 57
Häusele, Sigrid	30. 12. 91	11. 8. 62
Braunbeck, Gabriele	15. 2. 93	9. 2. 62
Graumann, Peter	1. 3. 93	22. 3. 59

Leutkirch im Allgäu E 40 275
Karlstr. 2, 88299 Leutkirch
Postfach 11 50, 88291 Leutkirch
T (0 75 61) 82 50
Telefax (0 75 61) 82 51 20
1 Dir, 1 R

Dr. Riffel, Hermann, Dir	1. 7. 75	10. 2. 36
Mohr, Peter	31. 5. 77	17. 2. 41

Ravensburg E 131 841
Herrenstr. 42–44, 88212 Ravensburg
T (07 51) 80 61
Telefax (07 51) 80 64 00
1 Dir, 1 stVDir, 9 R – 1 kw –

Mutz, Jürgen, Dir	1. 8. 83	8. 12. 35
Neidlinger, Manfred, stVDir	30. 5. 84	28. 4. 35
Raichle, Günther	1. 7. 68	13. 8. 36
Kolb, Rolf	1. 8. 70	23. 7. 38
Gröber, Gerd, abg.	1. 8. 73	17. 8. 39
Brandhuber, Jochen	1. 8. 77	25. 7. 44

Stehle, Christel, ½	17. 2. 78	19. 5. 48
Strohmann, Hans	20. 10. 78	18. 6. 48
Geiger, Eckhard	30. 10. 80	16. 7. 49
Scharpf-Thielefeld, Sigrid	27. 9. 82	8. 3. 52
Simm, Karin, ½	25. 5. 84	23. 2. 53
Feurle, Kurt	25. 4. 94	24. 7. 59

Riedlingen E 36 312
Kirchstr. 20, 88499 Riedlingen
T (0 73 71) 18 70
Telefax (0 73 71) 18 72 12
1 Dir

Scherer, Ulrike, Dir	27. 5. 92	28. 3. 47

Saulgau E 43 581
Schützenstr. 14, 88348 Saulgau
T (0 75 81) 20 60
Telefax (0 75 81) 56 50
1 Dir, 2 R

N.N., Dir		
Haunschmid, Hans	1. 5. 73	17. 1. 40
Dr. Göller, Harald	11. 2. 94	24. 10. 61

Tettnang E 111 260
Neues Schloß, 88069 Tettnang
Postfach 11 62, 88060 Tettnang
T (0 75 42) 5 19-0
Telefax (0 75 42) 51 91 29
1 Dir, 1 stVDir, 6 R

Fauser, Wolfgang, Dir	1. 1. 94	10. 6. 42
Lau, Friedrich, stVDir	1. 1. 94	18. 4. 38
Butscher, Peter-Jürgen	1. 10. 71	30. 10. 39
Hochapfel, Albrecht	1. 8. 76	8. 2. 44
Trebing, Bertram	23. 10. 78	22. 9. 46
Warbinek, Marion	21. 9. 89	12. 4. 58
Drechsel, Bettina, beurl.	19. 7. 93	7. 10. 60
Zoll, Roland	6. 6. 94	3. 5. 60

Wangen im Allgäu E 58 662
Lindauer Str. 28, 88239 Wangen
T (0 75 22) 71-0
Telefax (0 75 22) 7 13 00
1 Dir, 3 R

Tonhauser, Wilhelm, Dir	26. 1. 87	3. 5. 38
Hummel, Reinhard	6. 10. 80	23. 8. 45
Sporer, Bernd	3. 2. 91	31. 5. 59
Maute, Werner	—	—
Sporer, Bernd	3. 2. 92	31. 5. 59
Maute, Werner	—	—

Landgerichtsbezirk Rottweil

Landgericht Rottweil E 386 282
Königstr. 20, 78628 Rottweil
T (07 41) 2 43-0
Telefax (07 41) 2 43 23 81
1 Pr, 1 VPr, 6 VR, 9 R

Präsident
Dr. Sengle, Alfred 3. 11. 93 27. 4. 34

Vizepräsident
Beyerle, Peter 31. 10. 94 11. 11. 40

Vorsitzende Richter
Bogenrieder, Wolf-Dieter 1. 1. 82 12. 1. 38
Alber, Helmut 16. 3. 87 19. 2. 38
Sommer, Hermann 22. 1. 90 19. 9. 43
Reisinger, Norbert 30. 12. 94 10. 3. 42
Maier, Franz 5. 12. 95 10. 6. 48

Richterinnen/Richter
Maier, Roland 15. 2. 75 11. 2. 42
Müller, Hans-Otto, abg. 16. 9. 77 9. 2. 47
Hangst, Walter 12. 4. 79 6. 6. 49
Thoma, Herbert 15. 3. 81 25. 4. 48
Holzer, Thomas 2. 10. 81 31. 7. 51
Anderer, Herbert 2. 2. 90 13. 1. 59
Reize, Martina, abg. 25. 3. 93 29. 5. 63
Steffani-Göke, Marlies, ½ 1. 9. 95 6. 4. 63
Zange-Mosbacher, Michael 28. 2. 96 2. 7. 59

Amtsgerichte

Freudenstadt E 67 107

Stuttgarter Str. 15, 72250 Freudenstadt
T (0 74 41) 5 60
Telefax (0 74 41) 56 15 11
1 Dir, 5 R

Dr. Hellstern, Dieter, Dir 2. 11. 82 8. 12. 41
Ditlevsen, Gerhard 17. 1. 75 23. 2. 41
Veith-Baumbach, Elke, ½ 7. 3. 77 22. 2. 46
Benz, Axel 18. 6. 79 20. 2. 50
Weiß, Rolf 4. 3. 87 11. 11. 55
Müller-Fenge, Jens 1. 10. 95 7. 5. 60

Horb am Neckar E 52 939
Marktplatz 22, 72160 Horb
T (0 74 51) 20 41 und 20 42
Telefax (0 74 51) 68 44
1 Dir, 1 R

Haberer, Volker, Dir 16. 2. 76 21. 8. 37
Gruler, Rudolf 1. 2. 70 10. 5. 38

Oberndorf am Neckar E 82 392
Mauserstr. 28, 78727 Oberndorf
Postfach 13 20, 78722 Oberndorf
T (0 74 23) 8 15-0
Telefax (0 74 23) 8 21 66
1 Dir, 4 R

Dost, Diethard, Dir 18. 9. 90 8. 8. 35
Weiss, Waldemar 27. 7. 81 25. 11. 49
Kopahnke, Uwe 1. 8. 85 22. 1. 55
Dr. Foth, Dietmar, abg. 20. 2. 91 26. 10. 56
Dr. Zirn, Armin 25. 2. 91 24. 4. 57

Rottweil E 55 607
Königstr. 20, 78628 Rottweil
Postfach 13 54, 78613 Rottweil
T (07 41) 2 43-0
Telefax (07 41) 2 43 23 45
1 Dir, 4 R

Haischer, Bruno, Dir 29. 4. 94 21. 1. 36
Schindler, Frank 1. 3. 71 2. 2. 40
Acker, Karl 1. 11. 80 22. 8. 49
Henninger, Thomas 4. 11. 86 21. 1. 55

Spaichingen E 56 007
Hauptstr. 72, 78549 Spaichingen
T (0 74 24) 9 55 80
Telefax (0 74 24) 95 58 33
1 Dir, 1 R

Stahl, Herbert, Dir 4. 8. 94 24. 9. 44

Tuttlingen E 72 230
Werderstr. 8, 78532 Tuttlingen
T (0 74 61) 98-1
Telefax (0 74 61) 9 83 30
1 Dir, 4 R

N.N., Dir
Fieser, Claus 1. 4. 75 14. 2. 43
Balz, Jürgen 23. 9. 75 1. 3. 44
Kinkelin, Dieter 14. 3. 79 3. 3. 47
Straub, Thomas 2. 2. 90 25. 2. 58

Landgerichtsbezirk Stuttgart

Landgericht Stuttgart E 2 089 328
Urbanstr. 20, 70182 Stuttgart
T (07 11) 21 20
Telefax (07 11) 2 12 35 56
1 Pr, 1 VPr, 65 VR – 1 kw –, 99 R – 14 kw –, 2 LSt (R)

Präsident
Dr. Eitel, Walter   1. 4. 90   31. 5. 33

Vizepräsident
Kehl, Klaus   4. 7. 88   23. 2. 32

Vorsitzende Richterinnen/Vorsitzende Richter
Schöneberg, Ernst   1. 6. 73   30. 3. 32
Pander, Michael   1. 11. 73   14. 6. 34
Gehring, Jürgen   1. 12. 73   12. 4. 35
Dr. Jäger, Roland   1. 7. 74   20. 5. 37
Dr. Nerlich, Heinz   1. 12. 74   23. 6. 34
Meinhold, Werner   1. 5. 75   20. 4. 33
Fritschle, Max   1. 6. 75   21. 1. 34
Schönherr, Klaus   1. 7. 76   15. 12. 35
Dr. Fauser, Kurt   29. 6. 77   10. 12. 38
Schmehl, Martin   1. 3. 78   24. 3. 38
Adelmann, Helmut   1. 3. 78   10. 2. 39
Küstner, Herbert   1. 8. 78   23. 12. 35
Ott, Fritz   1. 1. 79   23. 4. 36
Ehni, Karl Heinz   1. 4. 79   15. 5. 36
Dr. Hendel, Dieter   1. 6. 79   29. 11. 41
Teichmann, Klaus   1. 7. 79   25. 1. 37
Dr. Heissler, Udo   2. 7. 79   9. 4. 41
Eberlein, Kleist   1. 11. 79   24. 9. 36
Fischer, Wolfgar   1. 2. 80   23. 3. 36
Dr. Eberle, Rainer   1. 5. 80   9. 9. 42
Dr. Lütje, Eckhard   1. 8. 80   23. 5. 38
Reuschle, Jörg   1. 1. 82   18. 3. 37
Schöck, Gerhard   1. 1. 82   2. 8. 39
Dr. Bertsch, Dieter   1. 10. 82   6. 10. 34
Steimle, Anne-Margret   1. 11. 82   10. 10. 38
Klumpp, Oskar   1. 11. 83   12. 10. 36
Krause, Martin   1. 11. 83   22. 3. 39
Dr. Artzt, Dieter   15. 3. 85   5. 9. 35
Schlipf, Ekkehard   15. 7. 85   15. 4. 37
Bossert, Günther   1. 12. 85   24. 8. 41
Bühler, Hans-Jörg   21. 1. 86   24. 9. 40
Nesper, Hermann   1. 7. 86   25. 12. 35
Reich, Dieter   1. 8. 86   10. 8. 37
Fischler, Hans-Georg   1. 8. 86   13. 11. 38
Höflinger, Rainer   30. 6. 87   6. 1. 37
Sobota, Wolfgang   2. 5. 88   19. 8. 39
Schade, Rüdiger   6. 6. 88   19. 5. 44
Kempter, Tiberius   15. 8. 88   14. 10. 39

Hartenstein, Peter   26. 8. 88   18. 5. 41
Dr. Clauß, Wolfgang   3. 4. 89   27. 11. 46
Schempf, Herbert   27. 4. 89   24. 9. 37
Eckert, Stefan   31. 10. 89 27. 8. 44
Müller, Robert   10. 11. 89 25. 10. 47
Voigt, Hans Jürgen   9. 8. 90   31. 8. 34
Röscher-Grätz, Dorothea   30. 11. 90 27. 5. 46
Vögele, Wolfgang   2. 1. 91   7. 12. 46
Hebenstreit, Ulrich   3. 4. 91   3. 8. 47
Behringer, Jürgen   8. 11. 91   3. 4. 43
Schaale, Karl   8. 11. 91   21. 4. 43
Härle, Joachim   31. 1. 92   11. 5. 45
Strohbusch, Wolfgang   24. 2. 92   27. 2. 37
Küllmer, Wolfgang   19. 6. 92   24. 6. 42
Krug, Walter   22. 6. 92   19. 1. 45
Huke, Irmgard   23. 12. 92 1. 4. 39
Pross, Wolfgang   7. 4. 93   16. 9. 44
Gössel, Gunter   29. 10. 93 17. 2. 44
Mahler, Siegfried   3. 6. 94   27. 9. 51
Wolf, Paul-Dieter   5. 7. 94   14. 6. 36
Dr. Mayer, Dietmar   5. 7. 94   18. 2. 44
Layher, Heinz   29. 5. 95   4. 7. 47
Heinrich, Werner   30. 6. 95   24. 7. 44
Hoffmann, Hans Peter   12. 10. 95 13. 11. 39
Bach, Mareike   25. 1. 96   29. 8. 47

Richterinnen/Richter
Barthelmess, Jochen   1. 2. 66   26. 6. 33
Bonin-Harz, Ursula   8. 9. 67   23. 5. 36
Bitzer, Winfried   1. 6. 68   6. 9. 36
Wagner, Siegfried   1. 12. 68   17. 6. 35
Müller-Teckhof, Uta   15. 1. 71   12. 1. 40
Wolf, Sibylle   1. 2. 71   16. 10. 38
Gaydow, Alexander   1. 7. 72   17. 5. 42
Dr. Wetzel, Rita, ½   1. 2. 73   30. 5. 42
Hasenzahl, Volker   1. 3. 73   12. 2. 41
Fahsel, Frank   3. 5. 74   15. 11. 39
Geisinger, Dieter   1. 9. 74   12. 9. 41
Brambach, Heidrun   10. 9. 74   3. 11. 44
Schandl, Klaus Jürgen   19. 9. 75   26. 2. 44
Freund, Klaus-Ulrich   2. 10. 75   10. 1. 44
Brand, Ernst   1. 2. 76   21. 11. 43
Schädel, Dieter   11. 2. 76   6. 5. 46
Scherer, Wolfgang   15. 3. 77   23. 10. 44
Lösch, Marianne, ½   6. 5. 77   14. 2. 44
Weitbrecht, Sabine   3. 2. 78   3. 12. 46
Heitmann, Klaus Lothar   19. 4. 78   21. 5. 44
Tschersich, Regine, beurl.   1. 8. 78   13. 3. 49
Arnold, Brigitte, ½   15. 8. 78   21. 6. 47
Otter, Klaus-Jürgen   21. 8. 78   22. 1. 47
Krieg, Bernhard   1. 9. 78   11. 9. 48
Tauchmann, Helmut, abg.   1. 6. 79   29. 8. 48
Wartlick, Wilhelm   1. 9. 79   6. 7. 47
Schmitt, Manfred   15. 10. 79 20. 12. 41
Müller, Hans-Michael   1. 12. 79   19. 2. 48

Helwerth, Klaus-Günther	15. 2.80	27. 4.47
Blankenbach, Rudi	1. 8.80	3. 9.46
Zimmert, Klaus	1. 8.80	22.12.48
Kindermann, Jörg	1. 9.80	14. 6.47
Faiß, Stefan	1. 2.81	19. 1.49
Hutterer, Jürgen	1. 2.81	23.10.49
Hinderer, Martin	13. 3.81	27.12.50
Dr. Fuchs, Eberhard	22. 5.81	13.12.48
Uhde, Peter	1. 8.81	13. 4.48
Störzbach, Hans	11. 1.82	7. 1.51
Wychodil, Wilfried	5. 2.82	26. 9.47
Dr. Schmidt, Wolfgang	12. 2.82	15. 3.52
Dr. Bürkle, Jürgen	1. 3.82	3.11.47
Dr. Brazel, Margrit, ½	7. 6.82	16.12.50
Rieker-Müller, Regina	1. 2.83	28. 4.52
Henzler, Evelin	1. 5.83	26.10.44
Dr. Strobel, Monika	3. 6.83	23. 8.47
Wendler, Axel	3. 8.83	6.10.51
Oechsner, Ulrich	4. 8.83	6.10.53
Ellinger, Joachim	27. 9.83	28. 7.51
Ellinger, Helga, beurl.	28. 9.83	25. 9.53
Herrmann, Günther	27.12.83	15.10.53
Heinrici, Andreas	25. 2.85	16. 2.56
Kaulig, Jürgen	23. 7.85	1. 8.54
Hölscher, Christoph	1.11.85	3.11.52
Stößer, Eberhard	1.12.85	24. 6.54
Dr. Schnelle, Hartmut	31. 1.86	13. 1.54
Czerny, Dieter	1. 6.86	26. 1.54
Dr. Sannwald, Rüdiger, beurl.	7.11.86	4. 1.56
Hettich, Jürgen	27. 2.87	17.11.55
Eßlinger-Graf, Cornelie, ½	4. 9.87	3. 8.56
Käppler-Krüger, Iris	7. 9.87	9. 4.56
Rzymann, Bernd	15. 7.88	26. 2.57
Schneider, Bettina	1. 8.88	18. 4.57
Wetzel, Thomas	2. 9.88	30. 6.57
Oltmanns, Evelyn, ½	5.12.88	10. 4.56
Heydlauf, Harald	3. 2.89	14. 8.56
Dalkolmo, Evelyn	1. 8.89	14. 4.56
Rieberg, Sina	1. 9.89	14. 8.58
Andelfinger, Nikolaus	1.10.89	21.10.58
Guckes, Thomas	13.11.89	12. 9.57
Dr. Belling, Claus	9. 2.90	29. 9.58
Horz, Cornelia	8. 3.90	11. 8.57
Neher-Klein, Jasmin	8. 3.90	12. 4.60
Riedle-Knapp, Doris, ½	2.11.90	10.12.59
Böckenhoff, Georg	1. 3.91	7. 6.59
Keck, Eva-Maria	1. 8.91	16. 6.60
Heemann, Regine, beurl.	1. 9.91	23. 1.60
Böcher-Jerger, Silvia, beurl.	2. 1.92	7. 4.61
Geiger, Jörg	1. 5.92	3. 2.55
Limperg, Bettina	1. 6.92	5. 4.60
Sannwald, Gabriele, beurl.	29. 6.92	29. 3.59
Heidrich, Andreas	2. 9.92	25. 5.60
Vatter, Stefan	2. 9.92	1. 6.60
Schwarz, Wolfgang	2. 9.92	23. 6.60
Friedrich, Martin	10. 9.92	5. 2.60
Columbus, Karin	30.11.92	16. 7.60
Dr. Muhler, Manfred	1. 3.93	23. 2.58
Dr. Groß, Ulrich	1. 3.93	24.10.61
Dr. Ottmann, Christian	2. 8.93	21. 9.60
Theune-Fuchs, Carmen	3. 8.93	9. 9.63
Skujat, Reiner	1. 2.94	13.12.60
Arndt, Andreas	19. 4.94	17.12.60
Wetzel, Thomas	19. 4.94	14.10.62
Dr. Trägner, Werner, abg.	10. 1.95	11. 9.62
Schreiber, Michael	3. 8.95	1. 6.63
Dr. Mössle, Karen-Ilka, abg.	15. 9.95	13. 7.62
Dr. Wagner, Ute, ½	1.12.95	6.11.58
Adenhold, Agnes, abg.	8. 2.96	30. 3.63
Dr. Förschler, Peter	8. 3.96	2. 1.64
Fischer, Peter	—	—

Amtsgerichte

Backnang E 97 387
Stiftshof 11, 71522 Backnang
T (0 71 91) 12-0
Telefax (0 71 91) 1 22 12
1 Dir, 5 R – 1 kw –

Strohal, Friedrich, Dir	4.11.87	13. 7.45
Hutzel, Jochen	1.10.86	9. 3.54
Dr. Motzer, Stefan	29.12.86	30. 7.53
Bornemann-Futter, Petra, ½	1.10.90	19. 2.57
Greiner, Doris	18. 1.91	25. 2.60
Weißinger, Birgit	2. 9.94	4. 9.62

Böblingen E 254 440
Steinbeisstr. 7, 71034 Böblingen
Postfach 11 60, 71001 Böblingen
T (0 70 31) 1 30
Telefax (0 70 31) 22 63 18
1 Dir, 1 stVDir, 1 w.aufsR, 13 R – 1 kw –

Theurer, Rolf, Dir	15. 1.92	23.12.39
Herr, Trude, stVDir	1. 5.90	18. 4.39
Weide, Hans-Jürgen, w.aufsR	11.10.95	15.12.46
Kranen, Jörg	1. 7.69	19. 1.37
Schwermer, Freya, ½	18. 2.75	26. 3.42
Lindhauer, Wulf	15. 8.77	18. 6.44
Birk, Sigurd	3. 2.78	14. 6.45
Glinka, Gerhard	1. 4.80	31.10.47
Reim, Dieter	1. 5.86	2. 3.54
Bubeck-Rauch, Hannelore, beurl.	30.12.86	15. 5.56

BW OLG-Bezirk Stuttgart   LG-Bezirk Stuttgart

Taxis, Norbert, abg.	1. 3.89	1. 7.57
Gisa, Hans	1. 9.90	20. 7.56
Knapp, Andreas, abg.	5. 4.91	14. 1.60
Grolig, Werner	2.11.92	6. 3.60
Kömpf, Werner	3. 2.95	10. 4.61
Lamberti, Monika	13. 9.95	30. 5.63
Dr. Payer, Werner	—	—
Scheible, Günter	—	—

Eßlingen am Neckar E 205 341
Ritterstr. 8–10, 73728 Eßlingen
Postfach 8 06, 73726 Eßlingen
T (07 11) 3 97 21
Telefax (07 11) 3 97 43 70
1 Dir, 1 stVDir, 13 R – 1 kw –

N.N., Dir		
Glaser, Ulrich, stVDir	1. 7.91	24.12.40
Berner, Wilhelm	1. 6.70	29.11.35
Claußen, Walter	1. 4.71	9. 7.39
Edel, Hartmut	24. 9.74	5. 6.42
Tschorn, Axel	1. 3.75	25. 1.45
Wenzler, Eberhard	10. 2.76	3. 6.39
Gerhard, Martin	1. 9.76	4. 3.42
Heni, Franz	15. 8.78	16. 4.47
Schleger, Peter	6.10.80	21. 7.49
Klaus, Gabriele	28. 3.84	23. 9.52
Dr. Hagmann-Lauterbach, Ulrike, ½	22. 4.86	14.10.50
Vogel-Milionis, Brigitte, ½	27. 2.87	4. 2.56
Wezel, Christiane	2. 3.95	7. 8.62

Kirchheim unter Teck E 79 217
Alleenstr. 86, 73230 Kirchheim u. T.
Postfach 11 52, 73219 Kirchheim u. T.
T (0 70 21) 9 74 80
Telefax (0 70 21) 97 48 35
1 Dir, 4 R – 1 kw –

Wolpert, Heinz, Dir	30. 6.89	15. 7.38
Narr, Albrecht	12. 3.74	7.12.42
Schierig, Bernhard	29. 7.80	21.10.48
Dr. Schach, Karl-Heinz	20. 5.85	10. 8.52
Weber, Gunther	1.10.89	30. 3.57

Leonberg (Württ.) E 93 804
Schloßhof 7, 71229 Leonberg
Postfach 11 52, 71226 Leonberg
T (0 71 52) 1 51
Telefax (0 71 52) 1 53 50
1 Dir, 1 stVDir, 4 R

N.N., Dir		
Steimle, Eberhard, stVDir	1. 7.75	26.10.34
Wiedemann, Gisela, ½	2. 1.72	10. 2.41
Strobel, Bernd	4. 2.77	10. 4.45

Schmitz, Christiane, ½	4. 4.77	4. 9.46
Dr. Glaser, Gerhard	5. 6.78	30. 4.46
Deuscher, Gisela, ½	23. 3.88	9. 9.56

Ludwigsburg E 266 613
Schorndorfer Str. 39, 71638 Ludwigsburg
Postfach 1 45, 71631 Ludwigsburg
T (0 71 41) 1 89
Telefax (0 71 41) 18 60 50
1 Dir, 1 stVDir, 1 w.aufsR, 13 R – 1 kw –

Dr. Engelhardt, Reiner, Dir	23. 2.88	23. 2.36
Bergerowski, Wolfram, stVDir	29.11.94	14. 3.36
Kästle, Rolf, waufsR	13.10.95	10. 4.44
Mecke, Volker	1. 8.70	3. 3.38
Stockinger, Helmut	15. 6.72	4.10.39
Pötke, Gisela	15. 2.77	17.12.47
Beck, Christian	21.10.77	4. 9.43
Haug, Gerhard	14. 2.80	1. 8.51
Eberle, Helga, ½	19. 2.82	18. 9.52
Weber, Gabriele	15. 5.84	26. 4.54
Lehmann, Michael	27. 3.85	24. 4.54
Lingner, Beate	1. 6.86	18. 9.55
Maier, Joachim	16. 9.86	8. 7.55
Gaa, Christine	1. 9.90	1.12.58
Kling, Brigitte, beurl.	2.11.93	21. 8.61
Grämmer, Dorothea	3. 8.95	23. 1.62

Nürtingen E 204 970
Neuffener Str. 28, 72622 Nürtingen
T (0 70 22) 7 01-1
Telefax (0 70 22) 70 15 00
1 Dir, 1 stVDir, 9 R – 1 kw –

Schindele, Manfred, Dir	30. 3.89	30.10.36
Fahrbach, Günther, stVDir	31. 5.95	6. 3.40
Rauscher, Reinhold	9. 8.73	10. 8.38
Klosinski, Andreas	1. 8.79	29. 9.51
Rummel, Hans-Georg	27.10.80	18.10.47
Schaupp, Peter	15. 2.82	11. 3.46
Fortunat, Ingeborg, ½	3. 8.83	28. 2.54
Dr. Weber, Dieter	5. 4.91	20.11.58
Dr. Martis, Roderich	2. 9.94	18. 6.61
Röhm, Dagmar	10. 8.95	9. 8.62

Schorndorf (Württ.) E 107 321
Burgschloß, 73614 Schorndorf
T (0 71 81) 60 10
Telefax (0 71 81) 60 14 00
1 Dir, 5 R – 1 kw –

Dr. Boxdorfer, Bernhard, Dir	13. 6.91	5. 2.39
Goll, Heinrich	2. 9.71	5. 1.39

LG-Bezirk Stuttgart

OLG-Bezirk Stuttgart **BW**

Gröger, Waltraut	23. 2.78	16. 9.38
Anderl, Josef	31. 3.80	28. 8.47

Stuttgart E 357 944
Hauffstr. 5, 70190 Stuttgart
Postfach 10 60 08, 70049 Stuttgart
T (07 11) 92 10
Telefax (07 11) 9 21 33 00
1 Pr, 1 VPr, 7 w.aufsR, 51 R – 5 kw –, 1 LSt (R)

Präsident

Netzer, Bernd	—	—

Vizepräsident

Laier, Frank	17. 2.93	26. 6.39

weitere aufsichtführende Richter

Müller, Klaus	1.10.80	18.11.35
Framenau, Volkmar, abg.	1. 7.83	7. 1.35
Strecker, Christoph	17. 6.92	23.10.37
Binz, Karl-Josef	26. 8.93	18.12.47
Dr. Schulz, Hermann	11.10.95	14. 4.46
Petzold, Lutz	13.10.95	4. 7.43

Richterinnen/Richter

Schenk, Kurt	1. 2.71	1. 8.38
Tschermak v. Seysenegg, Kristin, ½	1. 7.72	11.12.42
Kroymann, Burkhard	1. 8.72	7. 4.40
Neuhäuser, Heinz	1. 9.72	23. 1.42
Maurer, Ursula	1. 9.73	5. 2.40
Siebert, Ortwin	30.11.73	18. 5.43
Castner-Schönborn, Ingrid	15. 2.75	17. 9.42
Stapf, Werner	22. 9.75	31. 7.41
Nast-Kolb, Gabriele, ½	2. 4.76	4.12.44
Gohl, Gerd	4.10.76	30. 6.41
Drexel-Büning, Gudrun	25.11.76	6. 2.45
Bitzer, Thomas	5. 5.77	5. 7.44
Andree-Röhmholdt, Wolf	5. 7.77	13. 1.45
Sickerling, Rainer	29.11.77	14. 7.45
Nicol, Christof	30. 1.78	21. 2.45
Schulz, Elisabeth	3. 2.78	26. 7.47
Behringer, Edith, ½	3. 2.78	19.12.47
Braun, Peter	3. 3.78	30.12.44
Reicherter, Dieter	1. 2.79	5. 8.47
Wolf, Rainer	1. 6.79	3. 5.46
Fritz, Harald	1. 8.80	30. 5.48
Dikow, Wolfgang	8. 8.80	18. 8.47
Dr. Quillmann, Hella-Regina	1. 2.81	19. 7.51
Petermann, Ingrid, ½	12. 3.81	20. 2.52
Pfetsch, Jochem, abg.	1.10.81	24.12.50
Isferding-Tewes, Gisela, beurl.	23.10.81	8. 5.43
Binder, Gerhard	12. 1.82	10. 7.52
Hagedorn, Angelika, ½	11. 2.82	13.12.51
Menge, Jürgen	19. 2.82	30. 8.48
Probst, Ursula, ½	1. 8.82	20. 9.52
Dorer, Michael	1. 9.82	3. 7.47
Tichaczek-Krebs, Ingrid, ½	1. 2.83	13.12.53
Dr. Dziallas-Laur, Irene	12.10.83	7. 8.53
Rudolph, Monika, ½	1. 6.86	9. 4.55
Sost-Scheible, Beate, abg.	30.10.86	1. 4.56
Saam, Joachim	4.11.86	2. 1.56
Heering, Regine, ½	5. 8.88	7.12.52
Winkelmann, Norbert	13.11.89	4. 6.59
Forster, Ulla	9.10.90	27.10.57
Wilke, Claus-Friedrich	1. 8.91	21. 9.57
Herrmann-Blessing, Friederike, beurl.	5. 2.93	6. 3.61
Stenzel, Joachim	3. 8.93	2. 8.60
Markowitsch, Susanne	3. 8.93	26. 6.63
Müller, Hansjörg	1.10.93	26. 7.60
Dimmler, Jörg-Michael	1.10.93	13.12.60
Heerdt, Susanne	1.10.93	28. 4.61
Dr. Breucker, Hannes	1.10.93	18. 8.61
Waitzinger, Wilfried	1. 3.94	31.10.58
Pellen-Lindemann, Susanne, beurl.	1. 5.95	6.10.62
Allmendinger, Danielle, ½	6. 6.95	5.10.61
Fürstnow, Diana	1.10.95	17.11.63
Hausmann, Ulrike	1.12.95	30. 4.62
Kindl, Lothar	30.12.95	1. 3.38
Lehnert, Sabine	8. 2.96	19.12.63
Borrmann, Gisela	8. 2.96	16. 7.65
Zimmerling, Eberhard	—	—

Stuttgart-Bad Cannstatt E 230 538
Badstr. 23, 70372 Stuttgart
T (07 11) 5 00 40
Telefax (07 11) 5 00 41 85
1 Dir, 1 stVDir, 1 w.aufsR, 15 R – 4 kw –

Schmitz, Manfred, Dir	12. 4.88	27. 1.44
Endorf, Friedrich, stVDir, abg.	17. 9.90	28. 8.34
Weissinger, Horst, w.aufsR	12.10.95	23.11.34
Vogler, Norbert	1. 8.76	22.10.40
Mühlhäuser, Albert	23. 8.77	12. 5.46
Heinz, Werner	28.11.77	12. 4.43
Krack, Wolfgang	5. 2.82	12. 9.49
Haberstroh, Friedrich	14.11.89	25. 7.57
Fröschle, Tobias	9. 2.90	27. 6.60
Kahl, Stefan	29. 5.92	7.10.55
Dr. Pientka, Andrea	1. 6.92	23.11.60
Schoch, Simone, ½	3. 8.93	15. 5.62
Kremer, Elke	4. 8.93	24. 4.60
Vogel, Dagmar	13. 8.93	23. 6.60
Lutz, Brigitte	2. 3.94	15. 7.61
Schwarz, Martina, ½	18. 4.95	28.11.61
Pecher, Ralf	1. 2.96	4. 4.63

BW OLG-Bezirk Stuttgart   LG-Bezirk Tübingen

Waiblingen E 191 753
Bahnhofstr. 48, 71332 Waiblingen
Postfach 11 93, 71301 Waiblingen
T (0 71 51) 95 50
Telefax (0 71 51) 5 84 63
1 Dir, 1 stVDir, 1 w.aufsR, 11 R – 1 kw –

Lang, Horst, Dir	11. 5. 90	12. 11. 38
Plappert, Anton, stVDir	6. 5. 85	30. 3. 38
Häfele, Werner, w.aufsR	13. 10. 95	16. 5. 37
Bodamer, Wolf-Eckard	1. 7. 72	16. 8. 38
Ottenbacher, Gerd	16. 9. 77	27. 10. 45
Dietz, Werner	24. 5. 82	11. 11. 49
Bachmann, Ernst-Dieter	26. 9. 83	30. 9. 49
Hagenlocher, Ingeborg	1. 8. 84	15. 9. 53
Huber, Ulrike	18. 9. 86	5. 12. 56
Holz, Elfriede	8. 2. 94	19. 8. 62
Luippold, Martin	3. 2. 95	10. 12. 61

Landgerichtsbezirk Tübingen

Landgericht Tübingen E 630 760
Doblerstr. 14, 72074 Tübingen
Postfach 18 40, 72008 Tübingen
T (0 70 71) 2 00-0
Telefax (0 70 71) 5 20 94
1 Pr, 1 VPr, 13 VR – 2 kw –, 13 R – 1 kw –,
1 LSt (R)

Präsident

Dr. Sontag, Peter	25. 8. 95	25. 10. 43

Vizepräsident

Schreiber, Hans	22. 12. 95	1. 6. 35

Vorsitzende Richter

Dr. Hofmann, Jörg	1. 10. 76	27. 10. 34
Grebe, Ernst Günther	1. 6. 79	17. 9. 40
Stöhr, Dietrich	1. 10. 79	17. 3. 35
Dr. Orlowsky, Wedigo, abg.	1. 11. 83	23. 8. 43
Dr. Keihl, Bernhard	4. 3. 85	1. 3. 45
Molter, Klaus	31. 3. 89	4. 12. 42
Dr. Bökelmann, Dieter	1. 4. 89	21. 10. 45
Dr. Lohrmann, Hansjörg	27. 5. 91	18. 2. 47
Dr. Molière, Rainer	7. 11. 91	25. 1. 43
Hille-Brunke, Helmut	8. 11. 91	13. 2. 47
Dr. Stauch, Immanuel	17. 3. 92	1. 11. 49

Richterinnen/Richter

Kramer, Maria, beurl.	1. 6. 73	8. 11. 37
Ott, Karin	1. 6. 73	1. 10. 40
Röhr, Winfried	1. 2. 77	9. 4. 41
Gruber, Tilmann	1. 2. 80	13. 9. 48

Dr. Peters, Ralf	1. 9. 80	8. 10. 50
Walter, Ingrid, ½	1. 2. 83	29. 11. 53
Bross, Wolfgang	1. 3. 83	7. 1. 50
Escher, Herbert	23. 3. 84	1. 3. 45
Dr. Drescher, Ingo	1. 10. 89	12. 7. 56
Dr. Erchinger, Wolfram	3. 4. 92	7. 8. 60
Walker, Jürgen, abg.	2. 9. 92	14. 3. 60
Dr. Reder, Wolfgang, abg.	2. 11. 92	17. 9. 58
Barth, Christiane	2. 9. 94	4. 2. 63
Freudenreich, Christoph	17. 2. 95	26. 6. 59
Dr. Hauf, Claus-Jürgen	23. 2. 96	21. 2. 64

Amtsgerichte

Bad Urach (Württ.) E 62 730
Beim Schloß 1, 72574 Bad Urach
Postfach 11 64, 72562 Bad Urach
T (0 71 25) 1 58-0
Telefax (0 71 25) 49 74
1 Dir, 3 R

Reitzel, Dietmar, Dir	10. 12. 93	16. 12. 37
Jagenlauf, Ursula, beurl.	1. 2. 71	28. 8. 37
Meinhardt, Berndt	14. 4. 80	5. 8. 49
Meinhof, Alexander	10. 2. 95	11. 3. 63

Calw E 98 237
Schillerstr. 11, 75365 Calw
Postfach 14 63, 75363 Calw
T (0 70 51) 16 10
Telefax (0 70 51) 16 14 15
1 Dir, 5 R

Dziallas, Jürgen, Dir	16. 7. 90	26. 12. 41
Ertl, Günter	13. 9. 76	1. 12. 42
Köblitz, Josefine	5. 10. 81	9. 3. 52

Münsingen E 37 783
Schloßhof 3, 72525 Münsingen
Postfach 12 30, 72522 Münsingen
T (0 73 81) 1 80-0
Telefax (0 73 81) 67 08
1 Dir, 1 R

Rainer, Thomas, Dir	11. 9. 89	30. 1. 46
Hausch, Eberhard	1. 2. 96	18. 12. 62

Nagold E 58 963
Bahnhofstr. 31, 72202 Nagold
Postfach 11 52, 72191 Nagold
T (0 74 52) 8 37 20
Telefax (0 74 52) 6 70 36
1 Dir, 2 R

Matheis, Kurt, Dir	17.11.87	29.10.43
Eltester, Hans-Herbert	1. 7.75	27. 1.36
Nann, Brigitte	13. 2.81	24.12.51

Reutlingen E 169 525
Gartenstr. 40, 72764 Reutlingen
T (07121) 9400
Telefax (07121) 337355
1 Dir, 1 stVDir, 11 R – 1 kw –

Rieß, Albrecht, Dir	1.11.93	12. 3.50
Dr. Anhalt, Peter, stVDir	1. 8.78	13. 3.37
Vatter, Jürgen	1. 8.71	15. 7.39
Hartmann, Rolf	2. 1.72	3. 4.39
Stotz, Martin	1. 4.74	6. 2.42
Dubbers, Jürgen	1. 2.75	17. 3.41
Weinmann, Dietrich	1. 2.76	9.10.43
Leinberger, Ulrich	11. 7.77	21.12.44
Dr. Keske, Monika	3. 6.85	1. 1.45
Bornfleth-Hämmerle, Birgit, beurl.	1. 9.92	5. 6.61
Vetter, Claudia	2.10.92	30. 3.61
Müller, Kerstin	2. 9.94	17. 4.63
König, Irene, ½, abg.	1. 5.95	8. 8.58
Mertig, Claudia	1. 4.96	5. 5.64

Rottenburg am Neckar E 48 706
Obere Gasse 44, 72108 Rottenburg
Postfach 149, 72102 Rottenburg
T (07472) 162-0
Telefax (07472) 26794
1 Dir, 1 R

Günther, Helmut, Dir	1. 5.78	9. 7.36
Heusch, Burghart, abg.	1.11.77	20. 9.43

Tübingen E 154 816
Doblerstr. 14, 72074 Tübingen
Postfach 1840, 72008 Tübingen
T (07071) 200-0
Telefax (07071) 2008
1 Dir, 1 stVDir, 11 R – 1 kw –

Dr. Tempel, Peter, Dir	29.12.88	31. 7.38
Stein, Burkhardt, stVDir	22. 9.94	9. 4.40
Mayer, Leonhard	1. 4.68	24. 2.36
Dr. Dähn, Gerd	14.11.74	7. 6.43
Grauer, Tilman	16. 3.82	12. 5.50
Hirn, Eberhard	27. 9.82	8.11.50
Streicher, Martin	2. 3.84	31. 5.52
Schmid, Maria-Anna, ½	1. 1.85	9. 3.52
Gehweiler, Thomas	1. 3.93	18. 1.60
Häcker, Beatrice	2. 8.95	29. 6.63
Wimmer, Andrea, ½	27. 2.96	5. 7.63

Landgerichtsbezirk Ulm (Donau)

Landgericht Ulm (Donau) E 548 371
Olgastr. 106, 89073 Ulm (Donau)
Postfach 2411, 89014 Ulm (Donau)
T (0731) 1890
Telefax (0731) 1892070
1 Pr, 1 VPr, 12 VR (R2) – 1 kw –, 14 R

Präsident
Harriehausen, Gerhard	29. 5.96	14.10.42

Vizepräsident
Dr. Fuchs, Jürgen	13. 6.91	5. 1.37

Vorsitzende Richterinnen/Vorsitzende Richter
Jans, Bruno	1. 9.76	25. 1.35
Diesch, Hariolf	30.12.76	22. 4.36
Gösele, Dieter	1. 3.78	31. 7.33
Haas, Hans Peter	1.11.78	6. 5.37
Frick, Franz	1. 2.80	2. 8.38
Lammel, Eckehard	1. 6.86	13.10.41
Armbruster, Friedemann	29.12.86	30.11.39
Dr. Frank, Ulrich, abg.	1.10.89	9.11.44
Rabbow, Britta	24. 7.90	27.11.43
Karstens, Uta	21. 1.92	2. 8.40
Oleschkewitz, Karl-Heinz	26. 6.92	15. 5.49

Richterinnen/Richter
Schwarz, Rainer	12. 3.74	5. 7.43
Hölzel, Birgit, ½	1. 8.77	2. 5.47
Walter, Wolfgang	2. 2.79	28.10.48
Börner, Reinhold	1. 2.80	3. 6.50
Gros, Reiner	16. 3.81	20. 3.46
Bauer, Renate	1. 9.82	29. 5.53
Gugenhan, Gerd	26. 6.85	27.11.53
Aghegian, Anna Maria	1. 6.86	25. 7.51
Lehleiter, Josef	26. 1.87	4. 1.55
Dörr, Thomas	1. 9.88	20. 2.57
Dr. Kleene, Ursula	8. 9.89	2. 4.57
Fischer-Guttenberg, Margot, beurl.	10.12.90	19. 8.57
Wackenhut, Ernst Peter	22. 2.91	3. 2.58

Amtsgerichte

Ehingen (Donau) E 55 302
Marktplatz 3, 89584 Ehingen
Postfach 1161, 89571 Ehingen
T (07391) 508308
Telefax (07391) 508311
1 Dir, 1 R

Klenk, Horst, Dir	1.12.79	24. 5.36
Lampa, Wolfgang	2. 5.92	10.12.59

BW OLG-Bezirk Stuttgart   Staatsanwaltschaften

Geislingen a. d. Steige E 88 277			
Schulstr. 17, 73312 Geislingen			
Postfach 11 52, 73301 Geislingen			
T (0 73 31) 2 20			
Telefax (0 73 31) 2 23 77			
1 Dir, 4 R, 1 LSt			
Rothfischer, Jürgen, Dir	1. 3. 76	17. 2. 40	
Metzler-Rall, Marion, beurl.	1. 8. 66	7. 10. 36	
Wilhelm, Elke, ½	7. 10. 83	6. 10. 53	
Jörg-Unfried, Monika, ½, abg.	1. 2. 88	23. 10. 55	
Helferich, Helmut	2. 3. 90	22. 8. 55	
Dr. Steinle, Hermann	1. 2. 93	4. 5. 60	
Staudenmaier, Peter	3. 9. 93	30. 4. 61	

Göppingen E 165 953
Pfarrstr. 25, 73033 Göppingen
Postfach 1 40, 73001 Göppingen
T (0 71 61) 6 31
Telefax (0 71 61) 6 32 75
1 Dir, 1 stVDir, 9 R

Schrempff, Klaus, Dir	1. 9. 91	22. 4. 36
Reichardt, Hans, stVDir	1. 1. 79	7. 12. 34
Dr. Kriesten, Gotthard	1. 6. 67	19. 10. 34
Rothfischer-Bernhard, Brigitte	1. 5. 69	9. 12. 38
Dr. Stöhr, Josef	1. 12. 70	25. 4. 39
Knopf, Roswitha, ½	15. 1. 72	17. 4. 41

Trostel, Hermann	1. 11. 74	30. 8. 42
Beißner, Ulrich	27. 1. 77	27. 1. 43
Wituschek, Martin	1. 3. 94	5. 9. 61
Ruß, Sabine, beurl.	10. 2. 95	16. 3. 64

Ulm (Donau) E 238 839
Olgastr. 106/109, 89073 Ulm
89070 Ulm
T (07 31) 18 90
Telefax (07 31) 1 89 22 00
1 Dir, 1 stVDir, 1 w.aufsR, 17 R – 1 kw –

Nagel, Hans-Otto, Dir	14. 10. 85	20. 9. 39
Uhrmacher, Peter, stVDir	15. 5. 92	21. 4. 43
Roesch, Peter	12. 8. 71	8. 2. 38
Seiz, Hermann	1. 2. 72	28. 7. 40
Dr. Warttinger, Jochen	1. 8. 73	9. 9. 36
Richter, Gotthard	1. 2. 74	6. 3. 41
Lachenmann, Ulrich Werner	2. 8. 74	20. 5. 44
Riedl, Heinz	2. 9. 77	14. 12. 44
Storsberg, Imme, ½	20. 10. 78	24. 10. 48
Steinhauser, Albert	—	—
Dr. Hoffmann, Helmut	1. 5. 79	25. 8. 48
Kuse, Christian	1. 2. 80	11. 10. 46
Waldenmaier, Walter	13. 2. 81	27. 6. 50
Nothelfer, Anton	29. 9. 83	20. 3. 45
Lohrmann, Hans	3. 9. 93	10. 12. 60
Keckeisen, Thomas	12. 8. 94	13. 1. 60
Nertinger, Oliva	1. 10. 94	25. 4. 61

Staatsanwaltschaften

Generalstaatsanwaltschaft Stuttgart
Ulrichstraße 10, 70182 Stuttgart
Postfach 10 36 53, 70031 Stuttgart
T (07 11) 21 20
Telefax (07 11) 2 12 33 83
1 GStA, 2 LOStA, 11 OStA

Generalstaatsanwalt
Jung, Dieter	25. 1. 96	7. 3. 36

Leitender Oberstaatsanwalt
Dr. Schick, Gottfried	1. 5. 90	2. 10. 35

Oberstaatsanwältinnen/Oberstaatsanwälte
Walther, Klaus	16. 4. 82	2. 10. 38
Dr. Lutz, Liane, ½	1. 4. 90	27. 8. 43
Link, Volker	21. 12. 90	16. 3. 45
Vollmer, Walter	31. 1. 92	1. 7. 50
Heuer, Hans-Joachim, abg.	3. 3. 92	3. 10. 42
Rörig, Peter	19. 6. 92	3. 1. 48
Geiger, Günter	4. 9. 92	7. 3. 54
Koch, Werner	30. 9. 93	18. 9. 52
Röding, Fritz-Otto, abg.	31. 3. 95	8. 12. 55

Staatsanwaltschaft Ellwangen (Jagst)
Marktplatz 6, 73479 Ellwangen
73477 Ellwangen
T (0 79 61) 8 10
Telefax (0 79 61) 8 13 38
1 LOStA, 1 stVLOStA, 2 OStA, 3 StA (GL),
1 LSt (StA (GL)), 8 StA

Leitender Oberstaatsanwalt
Markert, Friedrich	1. 11. 88	25. 6. 33

Staatsanwaltschaften   OLG-Bezirk Stuttgart   **BW**

Oberstaatsanwälte
Dr. Zieher, Wolfgang,
  stVLOStA   1. 9.90   14. 9.47
Stephan, Harald   23. 7.87   10. 4.39
Bacher, Georg   1. 5.90   30. 9.33

Staatsanwälte (GL)
Studtmann, Michael   1. 8.76   27.11.38
Hörz, Richard   1.10.81   7. 7.49
Hägele, Bernhard   26. 3.91   22.11.46
Bach, Günter   3.11.95   2. 5.50

Staatsanwältinnen/Staatsanwälte
Heim, Wolfgang, abg.   1. 2.83   8. 6.46
Volmer, Jürgen   1. 1.86   30. 4.55
Neukamm, Harald   1. 2.94   26. 1.62
Feil, Rainer   26. 4.94   16. 1.63
Scheel, Stefan   2. 5.94   23. 4.58
Keck, Dorothea, ½   3. 8.94   29.12.62
Schulte, Dirk   1.10.94   9.12.60
Karst, Ulrich   6. 4.95   30. 4.62

Staatsanwaltschaft Hechingen
Heiligkreuzstr. 6, 72379 Hechingen
T (0 74 71) 18 21
Telefax (0 74 71) 41 96
1 LOStA, 1 stVLOStA, 2 StA (GL) – 1 kw –,
7 StA

Leitender Oberstaatsanwalt
N.N.

Oberstaatsanwalt
Federolf, Wolfgang,
  stVLOStA   1. 6.92   21. 5.38

Staatsanwältin/Staatsanwalt (GL)
Rößner, Ernst   1. 2.88   19. 2.47
Kaseros, Irene, abg.   26. 1.96   2. 4.51

Staatsanwältinnen/Staatsanwälte
Jung, Horst   1. 1.73   11.11.37
Storz, Bernhard, abg.   1. 2.83   30. 3.50
Beiter, Karl-Heinz   10. 2.92   21. 2.60
Vollmers, Sibylle   1. 5.93   25.12.61
Siegel, Monika   1.10.94   5.12.61
Höchst, Sigrid, beurl.   3. 8.95   6.11.59

Staatsanwaltschaft Heilbronn
Wollhausstr. 14, 74072 Heilbronn
Postfach 34 20, 74024 Heilbronn
T (0 71 31) 64-1
Telefax (0 71 31) 96 27 99

Zweigstelle Schwäbisch-Hall
Unterlimpurger Str. 8, 74523 Schwäbisch-Hall
Postfach 1 20, 74501 Schwäbisch-Hall
T (07 91) 75 20
Telefax (07 91) 7 19 42
1 LOStA, 1 stVLOStA, 5 OStA – 1 kw –,
2 StA (GL), 14 StA – 1 kw –, 1 LSt

Leitender Oberstaatsanwalt
Dietz, Ulrich, abg.   1. 4.88   7. 9.35

Oberstaatsanwälte
Mainx, Herwig, stVLOStA   1. 7.75   6. 4.34
Löffler, Meinrad   1.10.74   20. 9.34
Seling, Herbert   1. 7.83   13. 2.38
Braun, Reinhard   1. 6.90   4.12.38
Merz, Helmut   23. 6.92   23. 4.44
Dr. Schlosser, Uwe   29. 9.95   11.10.54

Staatsanwälte (GL)
Niethammer, Friedrich   3. 8.73   19. 1.42
Rathgeb, Manfred   12.10.94   18. 3.40

Staatsanwältinnen/Staatsanwälte
Ehmann, Dieter   1.10.71   15. 4.38
Kießling, Gerhard   1. 2.77   16.12.43
Schwarz, Friedemann   2. 9.77   26.12.43
Weiss, Rolf   8. 2.81   6. 6.50
Rudolf, Martin   1. 3.81   27. 6.49
Bracharz, Peter   2. 3.84   3.10.52
Lägler, Erhard   1. 4.84   2. 4.52
Lepple, Jürgen   1.10.88   7. 5.57
Dietz, Eberhard, abg.   10. 2.92   16. 1.60
Ihle, Martin   11. 9.92   18. 9.60
Renninger, Martin   15. 3.94   17. 1.62
Pulvermüller, Wiltrud,
  beurl.   1. 1.95   23. 7.67
Klein, Christoph   17. 8.95   15. 3.62
Hammer, Ursula, abg.   25. 1.96   25. 7.69
Macco, Carola, abg., ½   1. 3.96   17. 4.64

Staatsanwaltschaft Ravensburg
Seestr. 1, 88214 Ravensburg
T (07 51) 80 60
Telefax (07 51) 8 06 22 22
1 LOStA, 1 stVLOStA, 4 OStA – 2 kw –,
3 StA (GL), 15 StA – 2 kw –

Leitender Oberstaatsanwalt
Niederer, Georg,   1. 4.96   5. 2.38

Oberstaatsanwälte
N.N., stVLOStA
Böhm, Harald   1. 9.92   27. 6.43
Schurr, Gerhard   21.12.92   29. 1.43

59

BW OLG-Bezirk Stuttgart Staatsanwaltschaften

Staatsanwälte (GL)

Abele, Klemens	7. 5.93	17. 9.47
Merckens, Jan	14. 9.94	14. 6.46
Gesell, Paul	30.10.95	18. 8.50

Staatsanwältinnen/Staatsanwälte

Gillig, Christa, ½	4.12.81	26.12.51
Zell, Klaus-Peter	14. 1.86	16. 3.56
Markhart, Susanne, beurl.	25. 1.91	25. 3.62
Mayer, Alfred	3.10.91	28. 2.61
Hölzle, Franz	10. 2.92	30. 9.59
Spieler, Peter	10. 9.92	19. 3.57
Wizemann, Peter	1. 3.93	11.11.59
Leiker, Christine	13. 8.93	31. 1.62
Hussels, Martin	19. 4.94	4.10.61
Angster, Wolfgang	2. 9.94	22. 4.61
Bogenrieder, Jörg	2. 9.94	4. 6.61
Prasse, Juliane	2. 9.94	19.11.62
Ettwein, Ralph	12.10.94	3.11.62
Müller, Axel	3. 8.95	24. 7.63
Raquet, Anke	21. 9.95	11. 3.62
Pahnke, Peter, abg.	1. 4.96	9. 8.61

Staatsanwaltschaft Rottweil
Königstr. 20, 78628 Rottweil
T (0741) 243-0
Telefax (0741) 2432877
1 LOStA, 1 stVLOStA, 2 StA (GL), 7 StA – 1 kw –

Leitender Oberstaatsanwalt

Herrmann, Rolf-Dieter	21. 5.90	9. 4.38

Oberstaatsanwalt

Dr. Mansperger, Jürgen, stVLOStA	5. 1.94	25.10.40

Staatsanwälte (GL)

Rieker, Georg	27. 5.92	20. 3.50
Rasenack, Jürgen	7. 5.93	15. 4.46

Staatsanwältinnen/Staatsanwälte

Körber-Renz, Bettina, beurl.	26. 2.86	4. 8.56
Heuer, Wolfgang	1.10.93	17. 8.61
Schneider, Michael, abg.	1. 8.94	6. 4.62
Grundke, Frank	8. 3.95	28. 5.61
Fiedler, Wolfgang	22. 3.96	27. 7.67

Staatsanwaltschaft Stuttgart
Neckarstr. 145, 70190 Stuttgart
Postfach 106048, 70049 Stuttgart
T (0711) 9210
Telefax (0711) 260194
2 LOStA – 1 kw –, 1 stVLOStA, 5 OStA (HL),
21 OStA – 2 kw –, 1 LSt (OStA), 20 StA (GL)
– 1 kw –, 82 StA – 8 kw –, 2 LSt (StA)

Leitende Oberstaatsanwälte

Streim, Alfred, abg.	23.10.84	1. 1.32
Pflieger, Klaus	30.10.95	14. 5.47

Oberstaatsanwälte (HL)

Nusser, Hans	1.10.88	2. 9.35
Buchmann, Rainer	3. 4.89	30. 7.35
Dr. Häcker, Johannes	1. 5.91	5.12.40
Christ, Rainer	1.10.92	13. 9.44
Helm, Fritz	25. 6.93	18. 3.36
Mayer, Herbert	1.12.94	8. 4.51

Oberstaatsanwältinnen/Oberstaatsanwälte

Dr. Spöhr, Manfred	1. 6.80	18. 1.34
Bock, Rudolf	1. 9.80	11.11.35
Keppler, Siegfried	31. 7.81	12.11.35
Jäger, Eckart	13. 3.86	1. 5.42
Klein, Günther	13.10.86	27.12.40
Vogt-Binné, Helga	30.11.88	2. 9.38
Bieneck, Klaus	27. 4.89	1. 4.37
Schmierer, Klaus	1.11.89	14. 9.43
Tzschoppe, Bernd-Helge	26. 4.91	9. 3.45
König, Ingo	12. 6.91	16.10.38
Schmid, Wolfgang	1.12.91	19. 1.47
Fleischhauer, Martin	28. 6.93	22. 3.49
Krombacher, Helmut	30. 6.93	25.10.46
Dr. Richter, Hans	6. 6.94	5. 9.47
Wentzell, Jürgen	4.12.95	18. 1.37
Dr. Pfohl, Michael	4.12.95	10. 6.53
Moser, Rainer, abg.	11.12.95	6. 5.44

Staatsanwältinnen/Staatsanwälte (GL)

Klapp, Edzard	27. 6.75	10.10.37
Kromer, Hans-Ulrich	1.10.75	13. 4.44
Rech, Armin	1. 2.80	24. 9.38
Blessing, Gernot	15. 8.80	4. 5.49
Adam, Stefan, abg.	1.10.83	3.10.44
Widmann, Rolf	14.10.86	12.12.46
Häußler, Bernhard	1. 5.91	23. 1.50
Schrimm, Kurt	7. 5.91	29. 6.49
Rieleder, Hans-Otto	26. 5.92	24. 6.52
Bechthold, Robert	26. 5.93	22. 9.48
Ehrmann, Susanne	29. 5.93	11.10.55
Bauer, Dietrich	1. 6.93	16. 6.40
Eiselt, Joachim	16.12.93	11.12.51
Engstler, Karl-Heinz	27.12.94	26. 5.55
Wendler, Bernd	31.10.95	13. 8.51
Noa, Daniel	31.10.95	23. 5.52

Staatsanwältinnen/Staatsanwälte

Meinikheim, Werner	1. 3.71	16. 4.39
Wacker, Werner, abg.	8. 7.71	20. 7.39
Schleeh, Dieter	1. 8.72	7.11.38
Holfeld, Jutta, ½	2. 8.74	11. 4.42
Boßert, Renate	20. 9.76	21. 3.45

Staatsanwaltschaften   OLG-Bezirk Stuttgart   **BW**

Klett, Michael	24. 6.77	1. 7.41	
Engelbrecht, Karl-Friedrich	11.10.82	18. 5.52	
Seeger, Ulrich	1. 2.83	13. 5.52	
Fischa, Wolfgang	3. 8.83	20.10.51	
Bangert, Claudia, beurl.	3. 2.84	5. 4.55	
Dotzauer, Christel, ½, abg.	17. 9.86	3. 6.53	
Stengel, Heike	31.12.87	8. 6.56	
Thul-Epperlein, Andreas	29. 9.88	8. 3.56	
Schabel, Bernhard	1. 2.89	28. 2.58	
Beck, Egon	1. 3.89	9. 2.58	
Schwarz, Wolfgang	1. 8.89	27.11.56	
Röhrle, Wolfgang	1. 8.89	14. 7.57	
Gruhl, Jens	2. 3.90	7. 4.58	
Biebeler, Norbert	9. 3.90	25. 2.44	
Dr. Klose, Martin	4. 5.90	23. 4.57	
Erkert, Karlheinz	1. 9.90	13. 5.58	
Schneiderhan, Peter, abg.	1.10.90	5.11.58	
Leible, Renate, beurl.	2.11.90	13. 9.58	
Praast-Dieterich, Cornelia	28. 3.91	3. 7.58	
Erath, Michael	1. 8.91	23. 3.58	
Vieweg, Horst	1. 8.91	23.11.58	
Schmitt, Marina	1. 9.91	4. 4.60	
Wührl, Ernst	30. 5.92	9.12.59	
Arndt, Christiane	10. 9.92	29.11.60	
Dr. Dittrich, Joachim	30.11.92	26. 3.61	
Flogaus, Wolfgang	26. 2.93	21. 7.60	
Schüler, Stefan	1. 3.93	4. 4.60	
Ritzert, Silke	31. 3.93	14. 9.64	
Dr. Götz, Hansjörg, abg.	11. 5.93	18. 2.61	
Stahl, Christian	12. 5.93	6. 7.61	
Dr. Wahl, Michael	27. 9.93	17.10.62	
Rast, Hans-Joachim, abg.	28. 9.93	25. 1.64	
Zaepfel, Eva	29. 9.93	23. 1.62	
Kirbach, Michael	1.10.93	1.10.58	
Milionis, Apostolos	1.10.93	10. 5.61	
Striewisch, Armin, abg.	11.10.93	12. 5.62	
Bez, Christine	25.10.93	13. 3.62	
Wagner, Tilmann	15. 2.94	7. 7.62	
Skujat, Reiner, abg.	1. 2.94	17.12.60	
Freier, Petra	1. 3.94	14. 9.62	
Hepfer, Dorothee	1. 3.94	19. 5.61	
Holzhausen, Joachim, abg.	1. 3.94	15.11.61	
Monka, Christian	19. 4.94	16.12.64	
Rose, Erika, abg.	22. 4.94	3. 3.63	
Peterke, Volker	2. 5.94	12.12.59	
Laxgang, Marco, abg.	2. 5.94	15. 1.61	
Balensiefen, Peter Johannes, abg.	1. 8.94	31. 8.59	
Reder, Franz-Joachim	2. 9.94	7. 5.57	
Gehring, Gabriele, abg.	2. 9.94	10. 2.62	
Löffelhardt, Ingrid	5. 9.94	7.12.60	
Grünenwald, Beate	5. 9.94	20. 9.61	
Köhler-App, Bettina	5. 9.94	6. 5.62	
Inselsberger, Matthias	1.10.94	12. 1.59	
Schwarz, Susanne	1.10.94	28.11.59	
Dr. Schwung, Verena, beurl.	1.10.94	1. 5.62	
Schnabel, Barbara	1.10.94	12. 5.62	
Baisch, Ute, abg.	4.10.94	21.12.61	
Tormählen, Ulrich	2.11.94	7. 8.60	
Knodel, Corinna	2.12.94	5. 3.63	
Gauch, Gerhard	29.12.94	5. 9.63	
Gawronski, Hans-Georg, abg.	2. 1.95	18. 9.59	
Mayländer, Sabine	3. 2.95	11. 8.61	
Kärcher, Steffen	3. 2.95	13. 1.63	
Witzlinger, Ulrich	10. 2.95	15. 2.59	
Schumacher, Ludwig	17. 2.95	18. 8.59	
Buchfink, Ute, beurl.	17. 2.95	11. 7.63	
Jarke, Annette	17. 2.95	18.10.63	
Irmler, Michael	7. 3.95	23. 3.63	
de Falco, Domenico	6. 4.95	12.11.62	
Schmittel, Antje, abg.	31. 7.95	26.11.62	
Lieberei, Sabine	1. 8.95	8. 9.61	
Gless, Rainer	3. 8.95	31.12.60	
Reiber, Frank	9. 8.95	22. 8.61	
Züfle, Hans-Peter	10. 8.95	21. 1.64	
Hall, Monika	17. 8.95	12.10.57	
Kärcher, Klaus, abg.	11. 9.95	10. 3.60	
Göb, Ursula	16. 9.95	25.10.63	
Schönfelder, Ralph	2.11.95	25. 5.61	
Mahringer, Corinna, beurl.	23.11.95	8. 8.59	

Staatsanwaltschaft Tübingen
Charlottenstr. 19, 72070 Tübingen
Postfach 25 26, 72015 Tübingen
T (0 70 71) 2 00-0
Telefax (0 70 71) 2 00 26 60
1 LOStA, 1 stVLOStA, 2 OStA, 5 StA (GL), 18 StA (R1) – 2 kw

Leitender Oberstaatsanwalt
N.N.

Oberstaatsanwälte

Dr. Ellinger, Hans, stVLOStA	1. 9.86	26. 9.39
Weller, Hans-Joachim	1. 6.79	1. 4.38
Holfelder, Hans	1.11.89	14.11.40

Staatsanwältin/Staatsanwälte (GL)

Kindsvater, Rolf	1. 7.89	8.10.40
Henn, Bernhard	16.11.93	15. 7.50
Weber, Erika	6. 9.94	3. 5.34
Atorf, Frank	6. 9.94	1. 5.41

Staatsanwältinnen/Staatsanwälte

Klunzinger, Krista, ½	2.11.73	26. 1.42
Stehberger, Hans-Georg	18. 7.77	12. 2.44
Zech, Helmut, abg.	28. 4.78	20. 1.47

61

BW Richter/StA im Richterverhältnis auf Probe

Holl, Lorenz	1. 12. 80	20. 9. 47
Dr. Riedel, Joachim, abg.	29. 4. 81	16. 12. 41
Solte, Christian	5. 2. 82	4. 7. 46
Teschner, Susanne	1. 2. 91	18. 3. 60
Frey, Reiner, abg.	1. 2. 91	17. 4. 60
Zug, Edith, ½	1. 2. 93	13. 4. 60
Polachowski, Ulrich	2. 4. 94	2. 5. 54
Dr. Brennstuhl, Joachim	22. 4. 94	19. 11. 62
Krumm, Christiana, abg.	1. 8. 94	28. 7. 61
Malinka, Volker	1. 10. 94	28. 2. 60
Dr. Sprißler, Matthias	4. 11. 94	20. 8. 63
Albulet, Radu, abg.	10. 2. 95	19. 5. 63
Hölscher, Rotraud	1. 9. 95	30. 11. 63
Wenzler, Hans-Jürgen, abg.	7. 9. 95	29. 11. 62

Staatsanwaltschaft Ulm (Donau)
Olgastr. 107 u. 109, 89073 Ulm
Postfach 38 63, 89028 Ulm
T (07 31) 18 90
Telefax (07 31) 1 89 22 90
1 LOStA, 1 stVLOStA, 3 OStA, 3 StA (GL),
14 StA – 1 kw –

Leitender Oberstaatsanwalt

Menz, Konrad	8. 1. 91	13. 2. 36

Oberstaatsanwälte

Kurz, Karl-Heinz, stVLOStA	30. 3. 90	9. 3. 44
Spitzer, Heinz	1. 6. 85	5. 4. 37
Vogelsang, Burkhard	1. 5. 90	28. 4. 34

Staatsanwälte (GL)

Scheib, Ulrich, abg.	27. 9. 84	15. 7. 41
Schüz, Gert-Helmut	1. 7. 91	5. 8. 41
Stütz, Ulrich	16. 11. 93	26. 5. 47

Staatsanwältinnen/Staatsanwälte

Grote, Wolfgang	1. 12. 69	20. 2. 36
Windmüller, Klaus-Peter	13. 10. 77	7. 5. 46
Rieck, Gerhard	19. 11. 79	8. 9. 47
Lutz, Brigitte, ½	8. 8. 80	14. 9. 50
Wenger, Reinhard	5. 2. 82	7. 2. 50
Bittelmeyer, Kurt	27. 9. 82	9. 9. 51
Freund, Ekkehard	14. 2. 83	5. 3. 53
Mengele, Franz-Josef	30. 5. 83	23. 3. 52
Stuhler, Gabriela, ½	1. 4. 87	12. 12. 57
Lehr, Christof	13. 2. 92	14. 5. 60
Philipp, Peter	10. 5. 93	17. 2. 62
Lang, Heike	15. 3. 94	6. 8. 62
Hadamitzky, Anke	10. 6. 94	13. 6. 62
Schulte, Wilhelm Josef, abg.	1. 10. 94	27. 6. 57
Fischer, Andrea, beurl.	19. 10. 94	14. 5. 59

Richterinnen/Richter und Staatsanwältinnen/Staatsanwälte im Richterverhältnis auf Probe

Oberlandesgerichtsbezirk Karlsruhe

Wünsche, Marion, ½	3. 2. 92	8. 5. 60
Dr. Kraatz, Friederike	1. 9. 92	13. 2. 61
Dr. Linde-Rudolf, Sabine, ½	1. 10. 92	10. 12. 60
Dr. Ganßauge, Klaus	4. 1. 93	18. 3. 59
Kruse, Sabine, beurl.	1. 2. 93	5. 7. 62
Dr. Steitz, Dieter	1. 2. 93	11. 8. 62
Dr. Merschformann, Ralf	1. 2. 93	18. 12. 62
Rzany, Johannes	1. 2. 93	5. 8. 63
Maier, Stephan	8. 2. 93	29. 8. 63
Bühler, Simone	22. 2. 93	29. 8. 64
Dr. Mayer-Pflomm, Johann-Michael	1. 3. 93	7. 3. 63
Riffel, Wolfgang	1. 3. 93	7. 9. 64
Brandt, Torsten	19. 4. 93	26. 11. 59
Herrgen, Andreas	19. 4. 93	23. 11. 64
Schäfer, Uwe	26. 4. 93	10. 7. 64
Dr. Brede, Frank Konrad	3. 5. 93	14. 12. 61
Wiedemann, Jochen	3. 5. 93	27. 12. 61
Dr. Heneka, Regine	3. 5. 93	10. 1. 65
Bellm, Martin	2. 8. 93	18. 9. 63
Bartel, Louisa	2. 8. 93	16. 4. 65
Fuchs, Andrea	2. 8. 93	17. 7. 65
Klein, Andreas	1. 9. 93	29. 5. 62
Kraft-Lange, Gabriele	1. 9. 93	12. 4. 64
Mühlbauer, Julia	1. 9. 93	21. 10. 64
Hintermayer, Regina, ½	1. 9. 93	19. 2. 65
Kirschenlohr, Martin	1. 9. 93	30. 4. 65
Lange, Annegret	13. 9. 93	13. 4. 65
Dr. Stecher, Heiner	1. 10. 93	11. 7. 61
Eschelweck, Gabriele	1. 10. 93	13. 10. 65
Klose, Sabine	1. 10. 93	12. 12. 65
Braun, Anne	4. 10. 93	8. 2. 64
Menzer, Ulrich	4. 10. 93	18. 2. 64

Richter/StA im Richterverhältnis auf Probe BW

Name				Name			
Dr. Reupert, Christine	25.10.93	15. 1.61		Petersen, Lars	15. 2.95	13. 3.64	
Koch, Ekkhart	2.11.93	22. 3.61		Wiedmer, Petra	15. 2.95	26. 2.66	
Guthmann, Christian	2.11.93	18. 3.64		Lennig, Stefan	15. 2.95	25. 6.67	
Feistel, Michaela	2.11.93	5. 7.64		Novak, Nikola	15. 2.95	14. 3.68	
Ambs, Stephane, beurl.	3. 1.94	24.10.64		Thiel, Katja	1. 3.95	27. 3.67	
Richter, Jörg	1. 2.94	9.11.61		Sanchez-Hermosilla,			
Koch, Stephen	1. 2.94	12. 9.63		Fernando	15. 3.95	26.10.65	
Schroth, Stefan	1. 2.94	4. 5.65		Sommer, Kristin	15. 3.95	7. 6.67	
Bültmann, Daniela	1. 2.94	13. 6.65		Kraus, Ralf	3. 4.95	26.12.64	
Scheuver, Jürgen	1. 2.94	16. 7.65		Singer, Stefan	3. 7.95	31.12.63	
Wiemann, Arne	15. 2.94	12. 3.65		Dr. Miras Farto,			
Grabe, Lutz	1. 3.94	10. 7.63		José Antonio	3. 7.95	23. 8.67	
Schüssler, Romeo	1. 3.94	20. 8.63		Dürr, Sonja	3. 7.95	12.10.68	
Gredner-Steigleider, Heike	1. 3.94	29. 5.64		Abel, Christiane	12. 7.95	4. 8.66	
Bürgelin, Stefan	1. 3.94	28.12.64		Brede, Marion, ½	17. 7.95	17.11.64	
Platten, Peter	1. 3.94	29. 6.65		Bogs, Rainer	1. 8.95	8. 9.66	
Lösche, Eva	1. 3.94	15.12.65		Wahle, Dorothee	1. 8.95	3. 8.67	
von Pentz, Vera	1. 3.94	16.12.66		Ehrmann, Hans Ulrich	1. 9.95	29. 9.65	
Gaude, Hendrik	7. 3.94	3. 5.64		Dr. Burst, Silke	1. 9.95	19. 1.66	
Bunk, Ulrich	5. 4.94	23.10.65		Volkmer, Susanne	1. 9.95	2. 7.66	
Becker, Daniela	23. 6.94	27. 7.65		Daun, Johannes	1. 9.95	5. 1.67	
Bastian, Marita	1. 7.94	2. 3.64		Hauser, Martin	1. 9.95	5. 4.67	
Leven, Dagmar	1. 7.94	2. 7.65		Schmidtke, Annette	1. 9.95	21. 7.67	
Velte, Simone	1. 7.94	27. 7.66		Dr. Langenfeld, Andrea	1. 9.95	19. 5.68	
Dr. Berger, Michael	11. 7.94	22. 2.63		Huß, Andrea	2.10.95	18. 7.68	
Steiner, Ulrike	18. 7.94	25. 4.64		Dr. Martensen, Jürgen	2.11.95	15. 8.64	
Schaber, Kirsten	18. 7.94	14.12.65		Triller, Wolfram	2.11.95	9. 5.67	
Häfner, Christoph	1. 8.94	6. 8.65		Haarer, Frank	13.11.95	4. 8.66	
Leipold, Andreas	1. 8.94	22. 8.65		Kircher, Holger	1.12.95	27.12.65	
Maier, Alice	1. 8.94	18. 9.65		Heppler, Silke	1.12.95	15. 5.68	
Eggert, Gerd	1. 8.94	10. 4.66		Rinio, Olaf	1.12.95	6. 3.69	
Korn, Anja	1. 8.94	21. 4.66		Löhr, Corinna	1.12.95	6. 5.69	
Kieß, Joachim	1. 9.94	16. 8.62		Watzek, Jens	18.12.95	31. 1.63	
Dr. Holdefer, Frank	1. 9.94	21. 8.63		Häsemeyer, Ulrike	2. 1.96	17. 5.68	
Dr. Bacher, Klaus	1. 9.94	15. 6.64		Dr. Koch, Birgit	2. 1.96	17. 2.69	
Schmid, Stefan	1. 9.94	4. 1.65		Lämmlin, Susanne, ½	2. 1.96	30. 4.69	
Allgeier, Maria	1. 9.94	5. 9.65		Pieron, Michael	15. 1.96	30.12.67	
Frank, Christine, ½,				Kern, Mark	1. 2.96	19. 1.65	
beurl.	1. 9.94	7.10.65		Dr. Müller, Fredy	1. 2.96	6. 3.66	
Fellmeth, Stefan	5. 9.94	22. 2.64		Gut, Barbara	1. 2.96	27. 3.69	
Haftmann, Christine	12. 9.94	13.10.66		Blümel, Johannes	20. 2.96	12. 7.66	
Lander, Stefanie	26. 9.94	21. 7.66		Teinert, Matthias	1. 3.96	31. 3.64	
Dr. Warschko, Jeannette	4.10.94	13. 3.67		Gethmann, Nicolas	1. 3.96	17. 2.65	
Möller-Piper, Brixi	2.11.94	23. 6.63		Dr. Bauer-Gerland,			
Gruber, Monika	2.11.94	16. 6.65		Friederike	1. 3.96	29. 7.65	
Schröder, Andreas	4. 1.95	3. 3.67		Krauß, Michael	18. 3.96	19. 7.63	
Winterhalter, Markus	9. 1.95	22. 5.67		Fried, Anna-Grina	18. 3.96	4. 6.66	
Ebert, Johannes	20. 1.95	31. 3.65					
Piehler, Georg	23. 1.95	15. 7.65		**Oberlandesgerichtsbezirk Stuttgart**			
Granderath, Dorothee	25. 1.95	23. 5.66					
Kouba, David	31. 1.95	9.12.65		Meyding, Regine, ½	18. 1.88	28. 1.59	
Dr. Krüger, Antje	1. 2.95	17.11.63		Michel-Mettang, Petra ½	3. 4.89	9.11.59	
Bube, Beate	1. 2.95	29. 8.64		Tiedje, Jürgen, beurl.	17. 7.89	30. 9.60	
Lohse, Kai	1. 2.95	8.10.64		Gekeler, Doris, beurl.	1. 9.89	3. 4.61	
Schoppmeyer, Heinrich	1. 2.95	26. 3.66		Horndasch, Claudia,			
Janke, Iris	13. 2.95	31.10.64		beurl.	3. 9.90	10. 3.62	

BW Richter/StA im Richterverhältnis auf Probe

Name	Datum 1	Datum 2
Münch, Christine, beurl.	3. 9.90	6. 7.62
Schneck, Angelika, beurl.	1.10.90	31.10.60
Brunnquell-Geiger, Christine beurl.	1. 8.91	19. 6.62
Lohrmann, Gisela, beurl.	1.10.91	8. 3.63
Kraft, Veronika, beurl.	10. 2.92	28.11.63
Schönlaub, Daniela, ½, beurl.	2. 3.92	18.10.62
Herzog, Sabine, beurl.	3. 3.92	13. 3.62
Utz, Claudia, beurl.	1. 9.92	8.11.63
Mahringer, Corinna, beurl.	23.11.92	8. 8.59
Brennenstuhl, Sabine, beurl.	1. 2.93	9.12.63
Dr. Wittig, Carola	13. 4.93	20. 5.62
Schulz, Anette, ½	19. 4.93	10. 3.65
Wagner, Jörg	3. 5.93	29. 1.63
Dr. Kienzle, Sabine	3. 5.93	3. 1.64
Füller, Hildegardis	3. 5.93	30. 1.65
Groner, Susanne	1. 6.93	6.12.63
Ehrhardt, Klaus	2. 8.93	23.10.59
Trick, Albrecht	2. 8.93	15. 9.63
Frey, Markus	2. 8.93	21.10.63
Becker, Sabine	2. 8.93	3. 4.65
Kohl, Birgit, ½, beurl.	9. 8.93	12. 1.65
Schmitt, Wolfgang	16. 8.93	16.10.62
Hoffmann, Dieter	16. 8.93	11.12.62
Dr. Hofmann, Klaus	16. 8.93	24. 5.64
Schmid, Andrea	16. 8.93	3. 9.64
Reuff, Martin	16. 8.93	20.12.64
Rieger, Jürgen	1. 9.93	4.11.62
Dr. Häcker, Peter	1. 9.93	21. 2.63
Dr. Grübl, Manfred	13. 9.93	28. 4.62
Struckmann-Walz, Heidrun, beurl.	22. 9.93	5. 7.63
Necker, Günter	4.10.93	27. 9.61
Wölfl, Ernst	4.10.93	24. 8.63
Jacobi, Christine, ½	2.11.93	19. 1.62
Meyer, Christoph	2.11.93	30. 7.62
Kittel, Markus	2.11.93	15. 7.64
Fritsch, Bernhard	2.11.93	27. 6.65
Winter, Michael	1.12.93	8. 8.64
Scherer, Hansjörg	1. 2.94	28. 6.63
Dr. Bäumler, Christian	1. 2.94	29. 3.65
Weinland, Mechthild	1. 2.94	2.10.65
Doster, Werner	10. 2.94	20. 3.63
Kutschenko, Kerstin, beurl.	10. 2.94	28. 9.65
Schwarz, Volker	10. 2.94	13. 2.66
Dr. Münch, Ekkehart	14. 2.94	27. 8.64
Wanner-Siebinger, Heike	14. 2.94	5.12.65
Baumgärtner, Ulrich	15. 2.94	17. 4.65
Heper, Martina, beurl.	15. 2.94	29.11.65
Aßmann, Jutta	15. 2.94	11. 4.66
Rittmann, Wolfgang	21. 2.94	26. 2.62
Krystofiak, Simone	21. 2.94	24. 7.63
Klausner, Michael	21. 2.94	15. 4.64
Mauch, Marion	24. 2.94	4. 8.64
Wünsch, Wolfgang	1. 3.94	6.12.60
Dr. Sick, Brigitte	1. 3.94	2. 4.61
Schwartz, Michael	1. 3.94	11.12.63
Hinrichs, Klaus	1. 3.94	29.12.64
Ettel, Rainer	1. 3.94	22.11.65
Schmidt, Manfred	1. 3.94	12. 2.66
Wild, Stefanie	7. 3.94	14. 7.65
Gaiser, Birgit	7. 3.94	16. 3.66
Halter, Michaela	7. 3.94	3.10.66
Möller, Stephan	9. 3.94	2. 7.66
Stahl, Joachim	15. 3.94	10. 5.64
Stadtmüller, René	11. 4.94	5. 4.66
Diehl, Karl-Josef	20. 4.94	25. 4.64
Werner, Christine	2. 5.94	12. 2.66
Schumacher-Diehl, Claudia	2. 5.94	20. 4.66
Thran, Martin	1. 7.94	10. 8.62
Baumeister, Anke	1. 7.94	4. 9.64
Große, Bernd	4. 7.94	7.10.62
Schmid, Martina	4. 7.94	23. 1.65
Hirsch, Ina	6. 7.94	18. 6.67
Obel, Hans Christian	11. 7.94	17. 7.64
Dr. Schendzielorz, Bernd	11. 7.94	24. 1.65
Ernst, Armin	11. 7.94	13.12.65
Holzwarth, Peter	13. 7.94	15. 5.65
Link, Martin	1. 8.94	9. 4.64
Bizer, Ute, beurl.	1. 8.94	6. 9.64
Neidhard, Horst	1. 8.94	18. 4.66
Neubauer, Anja	1. 8.94	3. 7.66
Wagner, Petra	1. 8.94	20.10.66
Fiedler, Wolfgang	1. 8.94	27. 7.67
Horn, Carsten	1. 9.94	2.12.64
Schlotz-Pissarek, Oliver	1. 9.94	17. 5.64
Sandhorst, Martina	5. 9.94	8. 9.64
Barthelmeß, Martin	20. 9.94	10. 2.63
Gröner, Kerstin	4.10.94	10. 6.64
Keck, Bernd	4.10.94	26. 6.64
Gerber, Andreas	4.10.94	24. 2.65
Damm, Alexander	4.10.94	21. 3.65
Abels, Stefanie	10.10.94	5. 8.65
Buttschardt, Klaus Friedrich	14.11.94	6. 8.64
Bißmaier, Volker	1.12.94	9.11.63
Schwarz, Ulrike	9. 1.95	1. 6.67
Kautz, Anna	16. 1.95	13.11.66
Abt, Martin	16. 1.95	11. 2.67
Harrschar, Anne	23. 1.95	29.12.66
Rieger, Charlotte	1. 2.95	19. 2.65
Dr. Mosthaf, Oliver	1. 2.95	13. 5.65
Hillegaart, Silja	1. 2.95	28. 9.65
Freyer, Harald	1. 2.95	17. 2.66
Braun, Albrecht	15. 2.95	11. 5.61
Humburger, Peter	15. 2.95	24. 1.66
Haug, Henner	1. 3.95	29.10.66

Mansel, Bettina	20. 3. 95	16. 8. 65
Barth, Eckard	18. 4. 95	14. 7. 63
Herbertz, Alexandra	18. 4. 95	2. 1. 67
Reichert, Tamara	1. 6. 95	20. 6. 67
Krause, Heike	19. 6. 95	17. 4. 69
Kleinschroth, Roland	3. 7. 95	24. 2. 64
Münzer, Karlheinz	3. 7. 95	10. 9. 64
Mertig, Wolfgang	3. 7. 95	15. 8. 66
Sontag, Hermann	3. 7. 95	5. 3. 67
Sesterheim, Ellen	3. 7. 95	4. 9. 67
Deppisch, Wolfgang	1. 8. 95	21. 2. 65
Knapp, Anke	1. 8. 95	28. 6. 66
Tresenreiter, Wolfgang	1. 8. 95	13. 10. 66
Steinbacher, Elmar	1. 8. 95	31. 12. 66
Burger, Armin	1. 8. 95	8. 3. 67
Nebl, Heidi	1. 8. 95	16. 10. 67
Kaufmann, Beate	1. 8. 95	2. 3. 68
Protz, Claudia	1. 8. 95	21. 5. 69
Sieber, Roland	1. 9. 95	12. 8. 62
Müller, Jörg	1. 9. 95	1. 2. 65
Bauer, Hans-Lucas	1. 9. 95	5. 4. 65
Wöckel, Gabriele	1. 9. 95	7. 7. 65
Keuffel-Hospach, Anne-Marie	11. 9. 95	27. 10. 66
Eißler, Albrecht	16. 10. 95	16. 1. 65
Rauscher, Markus	2. 1. 96	23. 4. 66
Froemel, Wolfgang	2. 1. 96	7. 12. 66
Sommer, Dagmar	15. 1. 96	5. 11. 66
Ketterer, Christian	15. 1. 96	30. 10. 67
Luipold, Ann	1. 2. 96	17. 9. 65
Stückrath, Birgitta	1. 2. 96	2. 7. 66
Gauch, Ruth	1. 2. 96	1. 10. 67
Manz, Jörg	15. 2. 96	9. 12. 65
Ziegler, Thomas	1. 4. 96	23. 8. 65

Freistaat Bayern

11 951 605 Einwohner (Stand 30.6.1995)

Bayerisches Staatsministerium der Justiz

Prielmayerstraße 7, 80097 München
T (0 89) 5 59 71, Telefax (0 89) 55 97 23 22
1 Min, 1 StSekr, 1 MinD, 7 MinDgt, 8 LMinR, 17 MinR, 11 RD, 9 ORR, 6 RR

Minister
Leeb, Hermann	17. 6.93	15.10.38

Staatssekretär
Kränzle, Bernd	27.10.94	29. 9.42

Ministerialdirektor
Held, Wolfgang	1.12.87	21.11.38

Ministerialdirigenten
Weiß, Werner	1. 9.88	16. 6.36
Dr. Gerhart, Georg	1. 4.91	15.12.32
Schöbel, Heino	1.10.91	23. 5.46
Meisenberg, Michael	1. 1.92	31.10.44
Frhr. von Hornstein, Alexander	1.11.92	28. 8.44
Dr. Mayer, Elmar	1. 9.93	2.11.44
Dr. Markwardt, Manfred	1.11.94	7. 9.44

Leiter des Landesjustizprüfungsamts
Schöbel, Heino, MinDgt	1. 5.91	23. 5.46

Leitende Ministerialrätinnen / Leitende Ministerialräte
Bottermann, Christa	18. 5.83	14. 9.37
Koppenhöfer, Hartmut	1. 9.88	19. 4.38
Werndl, Peter	1. 1.91	6. 6.47
Dr. Gemählich, Rainer	1. 5.92	21. 5.47
Angerer, Constanze	1. 5.92	4.12.43
Weidenkaff, Walter	1. 5.92	12. 9.47
Dr. Palder, Helmut	1.10.92	21. 9.47
Grünewald, Franz	1. 1.93	20.12.48

Ministerialräte
Pronold, Ferdinand	1. 8.83	9.11.35
Dr. Knittel, Bernhard	1. 1.92	2. 1.49
Dr. Ganslmayer, Anton	1.10.92	8. 4.46
Rojahn, Dieter	22. 7.93	29.12.46
Singer, Raphael	22. 7.93	4. 1.44
Zierl, Gerhard	10. 9.93	18. 4.49
Korndörfer, Hermann	1.11.95	10. 8.44
Dr. Strötz, Christoph	1. 1.96	16. 9.52
Dr. Ossig, Ulrich	1.11.92	4. 7.56
Dr. Kainz, Martin	1. 4.93	18. 4.54
Egner, Karl	1. 8.93	5. 5.32
Dr. Seitz, Helmut	1. 2.94	7. 5.52
Dr. Stadler, Rupert	1. 2.94	10. 1.54
Dr. Stumpf, Michael	1. 9.94	9. 5.54
Dr. Veh, Herbert	1.11.95	22. 9.54
Oxfort, Wolfgang	1.11.95	21. 1.55
Küspert, Peter	1.11.95	13. 9.55

Regierungsdirektorinnen / Regierungsdirektoren
Dr. Arloth, Frank	1. 8.92	22. 6.58
Engel, Thomas	1. 8.92	1. 7.55
Stegherr, Susanne	1.10.92	15. 7.57
König, Peter	1.12.92	12. 9.56
Schmid-Stein, Ursula	1. 7.93	10.11.59
Dr. Heßler, Hans-Joachim	1. 7.93	16. 3.58
Fischer, Hartmut	1. 7.94	22. 7.58
Reck, Markus	24. 4.95	18. 2.59
Budesheim, Sabine	1. 5.95	18. 5.59
Mair, Heinz-Peter	1.12.95	6. 8.59
Bruggmoser, Wolfgang	1. 3.96	18. 9.37

Oberregierungsräte
Dr. Brodersen, Kilian	1. 7.93	26. 7.60
Wimmer, Andreas	1. 8.93	27. 3.61
Dr. Krenek, Helmut	1. 9.93	30. 5.61
Hofbauer, Alfred	1. 1.94	24. 9.40

Mehltretter, Andreas	1. 1.94	3. 5.42
Dr. Dickert, Thomas	1. 9.94	23.10.58
Dr. Lechner, Herbert	1. 3.95	18. 1.60
Kahl, Hans-Uwe	1. 6.95	13. 3.63
Holzner, Peter	1. 3.96	31. 5.62

Regierungsrätin/Regierungsräte

Kuhmann, Maximiliane	1.11.94	14. 7.63
Bredl, Walther	1. 1.95	8. 5.54
Schön, Franz	1. 6.95	2. 3.55
Dr. Heinrichsmeier, Paul	1. 7.95	7.10.64

Haferbeck, Carsten	1. 9.95	10. 8.64
Fritsch, Werner	1.12.95	28. 2.40

Regierungsrätinnen z.A./Regierungsräte z.A.

Dr. Angerer, Karin	1.11.93	27. 3.64
Dr. Kalomiris, Alexander	1. 3.94	25.12.67
Dr. Lutz, Gesa	1. 3.94	19. 2.65
Schimkus-Morkel, Susanne	1. 4.94	20. 6.64
Zwerger, Andreas	1. 2.95	3. 9.66
Dr. Frank, Peter	1. 4.95	5. 5.68
Tiesel, Guido	1. 9.95	14. 5.68

Bayerisches Oberstes Landesgericht

Schleißheimer Straße 139, 80797 München
80097 München
T (0 89) 30 61 90, Telefax (0 89) 30 61 94 80
1 Pr, 1 VPr, 5 VR, 32 R + ⅙ R (UProf; 2. Hauptamt)

Präsident

Dr. Tilch, Horst	1.10.93	26. 6.35

Vizepräsident

Gummer, Peter	1. 7.87	30.11.40

Vorsitzende Richter

Dr. Kotsch, Josef	1. 7.88	7. 7.31
Brießmann, Ermin	1. 1.90	12. 8.36
Krämer, Raimund	1. 1.94	26. 1.35
Karmasin, Ernst	1. 5.94	9. 4.35
Lancelle, Trutz	1. 2.96	12.12.37

Richterinnen/Richter

Dr. Nappenbach, Paul	1. 4.83	4. 2.34
Lehr, Gerhart	1. 7.84	1.11.36
Ammon, Ludwig	1. 7.85	25. 1.34
Dr. Kahl, Irmgard	1. 4.86	24.12.35
Jung, Werner	1. 6.86	20. 2.33
Dr. Hörl, Johann Gottfried	1. 6.86	19.10.36
Demharter, Johann	1. 6.86	4.10.39
Schmidt, Werner	1. 2.87	18. 9.35
Dr. Plößl, Hans	1. 4.87	26. 5.37
Heusterberg, Wolfram	15.10.87	9.10.36
Werdich, Gerda	1.11.87	11. 9.36
Dr. Kiesel, Manfred	1. 4.88	15. 1.36
Sprau, Hartwig	1. 5.88	23. 4.44
Dr. Delius, Gerhard	1. 1.89	5. 4.40
Tornow, Dieter	1. 3.89	1.12.34
Büchner, Dietmar	1. 6.89	13. 4.35
Jaggy, Eckhart	1. 8.89	29. 1.39
Dr. Rohlff, Reimer	1. 9.89	8.10.42
Sihler, Hansjörg	1.11.89	13. 1.35
Rittmayr, Hans	1. 5.90	11. 5.36

Kehrstephan, Horst	1. 9.90	5.10.38
Hilger, Günter	1.10.90	27. 8.37
Steiner, Horst	1. 3.91	8. 9.39
Prof. Dr. Gössel, Karl-Heinz, ⅙	1. 1.92	16.10.32
Dr. Vitzhum, Werner	1. 3.92	31. 1.39
Kaliebe, Holger	1. 7.92	21. 2.36
Dr. Schmitz, Günter	1. 3.93	3. 6.41
Wannemacher, Wolfgang	15.11.93	8. 7.36
Dr. Pliester, Ute	1. 6.94	6. 2.40
Dr. Schreieder, Horst	1.10.94	26. 5.39
Kasch, Gerhard	1. 1.95	24. 5.45
Dr. Pongratz, Heribert	1. 5.95	27. 8.41
Dr. Pettenkofer, Horst	1. 7.95	15. 7.38

Staatsanwaltschaft bei dem Bayer. Obersten Landesgericht

Schleißheimer Straße 139, 80797 München
80097 München
T (0 89) 3 06 19-0
Telefax (0 89) 30 61 94 98
1 GStA, 6 OStA

Generalstaatsanwalt

Dr. Biebl, Werner	1. 5.88	10. 7.31

Oberstaatsanwälte

Diehl, Hans	1. 5.89	31.10.35
Dr. Necknig, Hubert	1. 4.91	21. 2.35
Dr. Todd, Wolfgang	1. 9.91	18. 8.38
Kenklies, Joachim	1. 2.94	14.10.42
Dietzel, Karl-Heinz	1. 8.94	10. 6.43
Sauter, Veit	1.10.94	15. 5.41

Oberlandesgerichtsbezirk Bamberg

7 Landgerichte: Aschaffenburg, Bamberg, Bayreuth, Coburg, Hof, Schweinfurt, Würzburg; alle mit 1 Kammer für *Handelssachen* (Aschaffenburg, Bamberg und Würzburg 2)
18 Amtsgerichte mit 8 Zweigstellen
Schiffahrtsgerichte bei den Amtsgerichten Bamberg und Würzburg

Schöffengerichte bei allen Amtsgerichten
Familiengerichte bei allen Amtsgerichten
Die zur Zuständigkeit der Amtsgerichte (als Landwirtschaftsgerichte) gehörenden *Landwirtschaftssachen* sind jeweils dem Amtsgericht am Sitz des Landgerichts für alle Amtsgerichte des Landgerichtsbezirks übertragen.

Oberlandesgericht Bamberg

E 2 418 320
96045 Bamberg
Wilhelmplatz 1, 96047 Bamberg
Postfach 17 29, 96008 Bamberg
T (09 51) 8 33-0, Telefax (09 51) 8 33-12 30 und 8 33-12 40
1 Pr, 1 VPr, 6 VR, 27 R

Präsident
Prof. Dr. Böttcher, Reinhard — 1. 8. 94 — 29. 7. 37

Vizepräsident
Dreßler, Karl Georg — 16. 8. 92 — 26. 8. 37

Vorsitzende Richter
Dr. Faber, Manfred — 15. 9. 86 — 23. 2. 39
Dr. Rein, Walter — 1. 10. 89 — 15. 2. 37
Hammel, Eberhard — 1. 2. 93 — 29. 12. 35
Bartelmann, Armin — 1. 5. 93 — 13. 4. 34
Dr. Wagenseil, Walter — 1. 10. 95 — 13. 8. 38
Dr. Fellner, Manfred — 1. 3. 96 — 10. 3. 36

Richter
Böller, Helmut — 1. 3. 74 — 22. 10. 34
Schütz, Harald — — — —
Eckstein, Peter — 1. 10. 81 — 17. 8. 41
Braun, Lothar — 1. 6. 82 — 4. 1. 40
Brütting, Fridolin — 1. 1. 83 — 3. 2. 43
Krebs, Erich — 1. 12. 85 — 3. 10. 40
Deuerling, Peter — 1. 6. 87 — 12. 11. 39
Reuß, Elmar — 1. 10. 87 — 4. 6. 45
Beyer, Ulrich — 15. 1. 88 — 27. 8. 40
Dr. Ernemann, Andreas* — 1. 12. 88 — 14. 5. 47
Adler, Wolfgang — 1. 7. 89 — 27. 12. 43
Köster, Wolfgang — 1. 3. 90 — 30. 6. 49

Godron, Klaus — 1. 10. 90 — 28. 4. 42
Dr. Lembert, Günter — 1. 11. 90 — 17. 5. 38
Dr. Thein, Werner — 1. 10. 91 — 22. 11. 47
Fuchs, Klaus Peter — 1. 10. 91 — 3. 8. 48
Stühler, Rudolf — 1. 12. 92 — 7. 4. 45
Kraus, Friedrich — 1. 12. 92 — 15. 3. 47
Werth, Manfred — 1. 5. 93 — 4. 1. 49
Dr. Riegel, Leonhard — 21. 2. 94 — 19. 8. 48
Schwarz, Max — 1. 3. 94 — 14. 2. 47
Eckstein, Michael, abg. — 1. 9. 94 — 23. 5. 53
Lückemann, Clemens — 1. 9. 94 — 31. 5. 54
Dr. Gregor, Klaus, abg. — 1. 9. 95 — 27. 11. 47
Dr. Eick, Wolfgang, abg. — 1. 9. 95 — 18. 8. 52
Maex, Karl-Heinz — 1. 3. 96 — 13. 2. 47

Landgerichtsbezirk Aschaffenburg

Landgericht Aschaffenburg E 363 531
Erthalstr. 3, 63739 Aschaffenburg
Postfach 6 99, 63736 Aschaffenburg
T (0 60 21) 39 80
Telefax (0 60 21) 39 82 00
1 Pr, 1 VPr, 6 VR, 10 R

Präsidentin
Vollmer, Christine — 1. 5. 93 — 18. 2. 41

Vizepräsident
Dr. Bopp, Fred — — — —

---
* Siehe BGH.

BY   OLG-Bezirk Bamberg   LG-Bezirk Bamberg

Vorsitzende Richter
Freund, Hans Werner	1. 4.81	10.12.31
Raab, Klaus	1. 7.81	20. 3.37
Kraak, Ove Jens	1. 6.86	12. 5.44
Staab, Edgar	1. 6.92	21. 7.39
Dr. Brunner, Raimund	1. 9.92	18.10.50
Dr. Schmidt, Walther	16. 1.94	24. 1.49

Richterinnen/Richter
Euler, Helmut	—	—
Hubert, Walter	—	—
Frhr. von Tettau, Lutold	1.11.75	16. 7.41
Schmitt-Linden, Christine	1. 6.78	13.11.48
Dr. Engelhardt, Wolfgang	1. 6.82	20. 3.53
Fröhlich, Peter	1. 4.84	18. 9.53
Rost, Robert	1. 9.84	17. 5.53
Burghardt, Andreas	10. 6.87	26. 5.57
Will, Günter	1. 1.90	16. 5.59
Dr. Roth, Jürgen	19. 3.90	9. 6.59
Bachmann, Matthias	1.11.93	29. 8.61

Amtsgerichte

Aschaffenburg   E 236 014
Erthalstr. 3, 63739 Aschaffenburg
Postfach 6 99, 63736 Aschaffenburg
T (0 60 21) 39 80
Telefax (0 60 21) 39 82 00

Zweigstelle in Alzenau i. UFr.
Burgstr. 14, 63755 Alzenau i. UFr.
Postfach 13 60, 63754 Alzenau i. UFr.
T (0 60 23) 10 63
Telefax (0 60 23) 3 00 08
1 Dir, 1 stVDir, 2 w.aufsR, 18 R

Dr. Strotkamp, Erwin, Dir	1. 6.92	8. 2.38
Kohl, Helmut, stVDir	1. 7.89	25.12.35
Dr. Martin, Widulf, w.aufsR	15.11.85	24.12.37
Throll, Peter, w.aufsR	—	12. 9.37
Fritzsche, Sigrid	1. 5.69	12.10.31
Lohr, Ludwig	1. 1.70	4.10.36
Pummer, Hans Günther	—	—
Holzmann, Wolfgang	1.11.76	16. 5.40
Wenzel, Hartmut	—	—
Knopp, Friederike	1. 7.80	8. 5.50
Binner, Heinrich	1.11.80	1. 1.44
Weigand, Bernd, abg.	1. 5.81	1. 7.51
Formann, Josef	—	—
Huhn, Birgitta, ½	15. 5.82	12. 3.51
Schrempp, Peter	18. 6.82	23. 1.47
Schäfer, Ursula	15. 7.84	11. 7.54
Offermann, Karin	10. 8.87	11. 7.55

von Oppenkowski, Anne Martina, ½	1. 2.90	25. 2.60
Mäusbacher, Karoline	1.10.90	22. 1.59
Müller, Michael	1. 3.91	3. 3.61
Keller, Jürgen	—	—
Köhler, Jürgen	1. 2.92	14. 2.60
Weber, Jürgen	—	—
Kemmerer, Torsten	15.11.93	15. 2.63

Obernburg a. Main   E 127 517
Römerstr. 80, 63785 Obernburg
Postfach 11 01 63, 63777 Obernburg
T (0 60 22) 40 26
Telefax (0 60 22) 48 23

Zweigstelle in Miltenberg
Hauptstr. 29, 63897 Miltenberg
Postfach 11 40, 63881 Miltenberg
Telefax (0 93 71) 6 52
1 Dir, 6 R

Dr. von Edlinger, Gerhard, Dir	—	—
Vogt, Wolfgang, abg. Vertr. d. Dir	1.12.75	26. 1.43
Basting, Helga, ½	3. 4.72	2.11.38
Menninger, Günter, abg.	16. 7.76	26. 1.42
Miltenberger, Friedrich	—	—
Pesahl, Norbert	—	—
Wengerter, Johann	—	—
Beck, Romana, ½	1. 9.87	21.10.56
Jander, Uwe	1. 7.91	31. 8.57

Landgerichtsbezirk Bamberg

Landgericht Bamberg   E 401 467
Wilhelmplatz 1, 96047 Bamberg
Postfach 17 29, 96008 Bamberg
T (0 9 51) 8 33-0
Telefax (0 9 51) 8 33-16 50
1 Pr, 1 VPr, 3 VR, 9 R

Präsident
Menger, Heinz-Georg	1. 7.93	24. 4.38

Vizepräsident
N. N.

Vorsitzende Richter
Eichwald, Peter	1. 7.82	2. 8.40
Dengler, Konrad	16. 4.93	1.10.45
Hoemke, Wolfgang	1. 5.93	12. 2.47

LG-Bezirk Bayreuth					OLG-Bezirk Bamberg	**BY**

Richter

Held, Dietmar	16. 6.70	27.11.40
Zeh, Ulrich	—	—
Barthelmes, Kurt	1. 3.85	28. 8.52
Herdegen, Peter	1. 6.86	20. 8.55
Kempf, Ulrich	1.12.86	5. 1.56
Schmidt, Manfred	1. 1.87	21. 3.56
Dr. Stumpf, Werner	1. 3.88	3. 7.55
Lohneis, Anton	15.12.88	20. 4.56
Lieb, Bernhard	1. 1.89	15. 8.59

Amtsgerichte

Bamberg   E 205 630
Synagogenplatz 1, 96047 Bamberg
Postfach 17 29, 96008 Bamberg
T (09 51) 8 33-0
Telefax (09 51) 8 33-20 70
1 Dir, 1 stVDir, 1 w.ausR, 12 R

Kröppelt, Georg, Dir	1. 1.95	15. 6.46
Lietz, Hubertus, stVDir	16.11.92	2. 6.37
Sieben, Norbert, w.aufsR	—	—
Stein, Peter	1.10.68	16. 6.37
Kestler, Hans-Günter	1.12.69	12.12.39
Kießling, Jürgen	—	—
Faber, Rosemarie	—	—
Dotterweich-Pollmar, Maria, ½	1. 8.72	22. 6.39
Rößner, Gösta	1. 7.74	18. 5.42
Dr. Lassmann, Hans	1. 4.75	25. 5.43
Herbst, Hans	1. 4.75	21. 1.44
Meyer-Rutz, Philipp	—	—
Kuntke, Heinz	1. 8.82	22. 9.51
Göller, Gudrun, ½	1. 2.86	16.12.54
Hock-Schmitt, Margit, ½	1. 8.86	3.11.53
Weber, Michael	—	—
Schommartz, Karl	10. 6.87	20. 3.57
Wenske, Klaus	1. 7.90	3. 3.60
Neller, Peter	1. 7.93	23. 2.62
Truppei, Franz	1. 4.94	11.12.62

Forchheim   E 109 165
Kapellenstr. 15, 91301 Forchheim
Postfach 12 69, 91299 Forchheim
T (0 91 91) 12 05
Telefax (0 91 91) 6 77 48
1 Dir, 5 R

Dr. Schürr, Franz, Dir	1. 8.85	17. 8.42
Haensch, Dieter	1. 2.69	22. 7.37
Grünewald, Johann-Peter	16.10.74	10. 9.40
Hartl, Werner	—	—
Aschenbrenner, Franz	1. 7.89	25.12.56
Bauer, Uwe	1. 4.94	30. 7.62

Haßfurt   E 86 672
Zwerchmaingasse 18, 97437 Haßfurt
Postfach 11 11, 97428 Haßfurt
T (0 95 21) 20 17
Telefax (0 95 21) 94 42 50

Zweigstelle in Ebern
Rittergasse 3, 96106 Ebern
Postfach 11 08, 96104 Ebern
T (0 95 31) 2 01
Telefax (0 95 31) 89 53
1 Dir, 4 R + ½ R

Flierl, Gernot, Dir	1.10.85	18.12.34
Kelber, Reinhard	1.10.68	5. 8.37
Ott, Willibald	16.10.75	7. 7.42
Wiltschka, Roland	1. 1.85	15. 1.53
Mett-Grüne, Irene, ½	15. 9.86	19.11.55
Dr. Reheußer, Pankraz, abg.	1. 1.87	20. 8.54

Landgerichtsbezirk Bayreuth

Landgericht Bayreuth   E 257 464
Wittelsbacherring 22, 95444 Bayreuth
T (09 21) 50 40
Telefax (09 21) 50 41 09
1 Pr, 1 VPr, 3 VR, 10 R

Präsident

Schwennicke, Lutz	1.12.86	3.12.34

Vizepräsident

Steinwender, Otto	1.12.86	7. 4.32

Vorsitzende Richter

Dr. Zuber, Gerhard	1.12.83	15. 5.34
Ponsel, Werner	1. 1.88	16. 3.35
Guggemos, Ludwig	1. 4.89	27.11.34

Richterinnen/Richter

Sponsel, Jürgen	1. 3.75	23.10.44
Dr. Ponnath, Heinz	1. 6.82	12. 7.50
Diener, Ursula, ½	1. 7.82	8. 6.51
Kahler, Werner	1. 6.83	24. 7.53
Dörfler, Karl Heinz	1. 2.84	6. 2.54
Dr. Tettmann, Peter	1. 7.85	11. 2.53
Potzel, Herbert	1.11.85	29.10.53
Parisi, Ursula	4. 9.87	4. 1.56
Nagengast, Peter	1. 3.88	8.11.55
Schwarz, Reinhard	1. 3.89	23. 1.59
Dr. Doepfner, Konrad	1.12.89	25. 8.57

BY   OLG-Bezirk Bamberg   LG-Bezirk Coburg

Amtsgerichte

Bayreuth E 179 472
Wittelsbacherring 22, 95444 Bayreuth
T (09 21) 50 40
Telefax (09 21) 50 42 00

Zweigstelle in Pegnitz
Bahnhofsteig 5, 91257 Pegnitz
Telefax (0 92 41) 79 69
1 Dir, 1 stVDir, 1 w.aufsR, 12 R

Sucker, Gottfried, Dir	1. 5. 93	25. 12. 36
Dumproff, Heinrich, stVDir	6. 12. 93	7. 2. 37
Weiß, Josef, w.aufsR	—	4. 4. 41
Wegerer, Karl	—	—
Heimbürger, Hans	1. 7. 79	26. 1. 49
Rund, Hermann	15. 12. 79	22. 10. 47
Wiesneth, Christian	1. 6. 81	11. 12. 49
Feuerabendt, Egmont	—	—
Burghardt, Matthias	15. 1. 90	30. 9. 59
Meixner, Alois	1. 1. 91	13. 12. 58
Meyer, Torsten	1. 2. 91	26. 11. 60
Breunig, Konrad	1. 10. 91	29. 12. 60
Heim, Bernhard	1. 11. 91	19. 7. 60
Feigl, Hans	1. 7. 92	23. 11. 60
Dr. Bär, Wolfgang	—	—
Eberhardt, Elke	1. 4. 93	7. 9. 62
Oertwig, Christine	—	4. 10. 61

Kulmbach E 77 992
Kohlenbachstr. 10, 95326 Kulmbach
T (0 92 21) 39 31
Telefax (0 92 21) 28 70
1 Dir, 5 R

Dr. Ries, Walter, Dir	—	—
Dr. Bernreuther, Jörn	—	—
Berner, Christoph	1. 6. 87	26. 7. 56
Wich, Hendrik	29. 11. 89	21. 4. 56
Borger, Frank	—	—

Landgerichtsbezirk Coburg

Landgericht Coburg   E 281 603
Ketschendorfer Str. 1, 96450 Coburg
T (0 95 61) 87 80
Telefax (0 95 61) 8 78 03 50
1 Pr, 1 VPr, 3 VR, 4 R

Präsident

Schauff, Peter	1. 9. 95	2. 1. 44

Vizepräsident

Bruckmayer, Günther	1. 1. 90	16. 6. 33

Vorsitzende Richter

Hüttel, Max	1. 3. 80	5. 7. 41
Sommer, Bernd	1. 4. 89	28. 6. 46
Wahl, Rudolf	1. 3. 94	3. 4. 46

Richter

Dietrich, Roland	10. 4. 82	8. 11. 50
Dr. Krauß, Friedrich	1. 7. 90	27. 9. 52
Burger, Robert	1. 11. 92	30. 6. 60
Fehn, Jürgen	1. 7. 95	8. 1. 65

Amtsgerichte

Coburg E 134 411
Ketschendorfer Str. 1, 96450 Coburg
T (0 95 61) 87 80
Telefax (0 95 61) 8 78 03 50
1 Dir, 1 stVDir, 8 R

Ludwig, Eberhard, Dir	1. 11. 80	27. 8. 35
N. N., stVDir		
Fuchs, Friedrich	1. 6. 67	7. 1. 36
Sommer, Monika	1. 8. 76	19. 5. 45
Böcking, Thomas	1. 4. 80	11. 2. 43
Bauer, Wolfram	1. 6. 83	15. 11. 50
Seifert, Gerold	—	—
Löffler, Winfried	1. 12. 87	16. 10. 55
Bauer, Andreas	1. 10. 92	30. 7. 62

Kronach E 76 891
Amtsgerichtsstr. 15, 96317 Kronach
T (0 92 61) 6 06 50
Telefax (0 92 61) 9 21 74
1 Dir, 4 R

Bittorf, Wolf-Dietrich, Dir	1. 7. 89	11. 2. 44
Künzel, Christine	—	—
Popp, Birgit	1. 7. 92	25. 4. 61
Aman-Frank, Marion	20. 12. 92	30. 10. 60
Barausch, Ulrike	15. 3. 96	2. 12. 64

Lichtenfels E 70 301
Kronacher Str. 18, 96215 Lichtenfels
T (0 95 71) 9 55 30
Telefax (0 95 71) 95 53 44
1 Dir, 3 R

Schorr, Eugen, Dir	1. 11. 84	28. 12. 41
Madinger, Meinhard	1. 11. 72	31. 7. 41
Buhl, Bernd, abg.	1. 11. 83	28. 9. 53
Tettmann, Sieglinde	1. 1. 91	6. 12. 58
Heyder, Otto	1. 11. 92	5. 2. 61

LG-Bezirk Hof · Schweinfurt   OLG-Bezirk Bamberg   **BY**

Landgerichtsbezirk Hof

Landgericht Hof E 252 274
Berliner Platz 1, 95030 Hof
Postfach 13 07, 95012 Hof
T (0 92 81) 60 00
Telefax (0 92 81) 6 16 27
1 Pr, 1 VPr, 4 VR, 8 R + 1 LSt (R)

Präsident
Zeiler, Dieter   1. 10. 89   24. 10. 32

Vizepräsident
Wunderlich, Heinz   1. 6. 86   12. 9. 34

Vorsitzende Richter
Weirich, Dieter   1. 11. 84   14. 1. 40
Dumann, Joachim   1. 12. 85   14. 5. 38
Poswa, Eugen   1. 1. 88   19. 6. 39
Tiedemann, Michael   1. 1. 93   13. 9. 41

Richterinnen/Richter
Schmitz, Marina   —   —
Hornig, Georg   1. 7. 83   6. 7. 52
Kienlein, Wolfgang   1. 7. 84   14. 3. 55
Dr. Schiener, Wolfgang   1. 4. 90   25. 7. 57
Preiß, Ursula   —   —
Fiedler, Rudolf   15. 1. 91   22. 7. 57
Chwoyka, Reiner   1. 10. 92   12. 10. 59
Olbermann, Thomas   1. 4. 93   17. 5. 59
Laib, Rainer   —   —
Held, Hans-Jürgen   1. 11. 94   23. 5. 65

Amtsgerichte

Hof E 162 959
Berliner Platz 1, 95030 Hof
Postfach 11 49, 95010 Hof
T (0 92 81) 60 00
Telefax (0 92 81) 6 79 14
1 Dir, 1 stVDir, 11 R + 1 LSt (R)

Zuber, Heinz, Dir   1. 7. 90   10. 12. 39
Haubner, Peter, stVDir   1. 7. 92   18. 2. 38
Klautke, Anneliese   —   —
Boden, Hansgerrit   1. 11. 73   14. 8. 41
Unglaub, Peter   16. 1. 76   28. 4. 44
Fuchs, Hans   —   —
Potzel, Dieter   1. 10. 76   17. 12. 42
Glocker, Peter   —   —
Herrmann, Brigitte   1. 12. 88   1. 3. 59

Hofmann-Beyer, Ulrike   1. 5. 89   11. 5. 55
Kastner, Roland   —   —
Schmidt, Hans-Werner   20. 12. 91   2. 3. 43
Güntner, Jutta   —   —
Übelmesser, Siegbert   1. 3. 93   2. 10. 62

Wunsiedel E 89 315
Kemnather Str. 33, 95632 Wunsiedel
Postfach 4 29, 95631 Wunsiedel
T (0 92 32) 88 50
Telefax (0 92 32) 88 52 44
1 Dir, 4 R

Paul, Martin, Dir   1. 5. 78   8. 5. 37
Sörgel, Eberhard   1. 1. 74   6. 12. 39
Schödel, Kurt   1. 4. 74   14. 9. 42
Schmidt, Heinz-Wolf   16. 11. 76   3. 1. 44
Hönick, Martin   16. 5. 81   4. 11. 50

Landgerichtsbezirk Schweinfurt

Landgericht Schweinfurt E 363 337
Rüfferstr. 1, 97421 Schweinfurt
Postfach 43 20, 97411 Schweinfurt
T (0 97 21) 54 20
Telefax (0 97 21) 2 19 23
1 Pr, 1 VPr, 4 VR, 8 R

Präsident
Dr. Thomas, Siegfried   1. 9. 92   4. 5. 35

Vizepräsident
Hirsch, Gerald   1. 5. 88   22. 6. 34

Vorsitzende Richter
Nähler, Konrad   1. 6. 83   15. 12. 41
Böttcher, Karl Jochen   1. 3. 87   2. 4. 36
Brustmann, Peter   1. 1. 93   21. 10. 48
Baumann, Norbert   1. 3. 93   15. 2. 48

Richterinnen/Richter
Dr. Ott, Elisabeth   1. 11. 82   11. 1. 52
Fischer, Wolfgang   1. 6. 84   1. 3. 54
Münchmeier, Wolfgang   1. 12. 84   8. 10. 53
Dr. Barthels, Luitgard   —   —
Pfingstl, Reinhard   20. 6. 87   22. 7. 57
Oberndorfer, Reinhard   1. 7. 87   22. 1. 57
Habermann, Thomas   1. 9. 87   23. 12. 56
Räth, Markus   1. 7. 91   24. 4. 59
Boll, Jürgen   1. 12. 92   4. 6. 61

BY OLG-Bezirk Bamberg LG-Bezirk Würzburg

Amtsgerichte

Bad Kissingen   E 108 668
Maxstr. 27, 97688 Bad Kissingen
Postfach 11 20, 97661 Bad Kissingen
T (09 71) 8 20 80
Telefax (09 71) 8 20 81 12

Zweigstelle in Hammelburg
Kissinger Str. 26, 97762 Hammelburg
Postfach 11 50, 97754 Hammelburg
T (0 97 32) 40 16
Telefax (0 97 32) 69 89
1 Dir, 1 stVDir, 6 R

Scheicher, Dieter, Dir	1. 4. 87	16. 12. 38
Funk, Burghard, stVDir	1. 1. 94	2. 5. 38
Vieth, Hubert	1. 4. 75	6. 4. 41
Kaminski, Horst	16. 11. 75	13. 7. 43
Weber, Rudolf	—	—
Zirker, Paul	24. 9. 76	7. 11. 41
Wasserbauer, Susanne		
Petrik, Hubertus	—	—

Bad Neustadt a. d. Saale   E 85 940
Rathausgasse 4, 97616 Bad Neustadt
Postfach 11 04, 97615 Bad Neustadt
T (0 97 71) 50 14
Telefax (0 97 71) 84 16

Zweigstelle in Mellrichstadt
Hauptstr. 6, 97638 Mellrichstadt
T (0 97 76) 4 36
Telefax (0 97 76) 73 96
1 Dir, 4 R

Anstötz, Isolde, Dir	1. 1. 89	30. 4. 40
Pittner, Gerald	1. 11. 91	20. 7. 60
Schröder, Antje	1. 11. 92	6. 6. 60
Meßler, Joachim	1. 3. 95	22. 2. 63
Kober, Martin	1. 6. 95	9. 12. 59

Schweinfurt   E 168 729
Rüfferstr. 1, 97421 Schweinfurt
Postfach 40 40, 97420 Schweinfurt
T (0 97 21) 54 20
Telefax (0 97 21) 2 19 23

Zweigstelle in Gerolzhofen
Hermann-Löns-Str. 1, 97447 Gerolzhofen
Postfach 11 50, 97441 Gerolzhofen
T (0 93 82) 14 17
Telefax (0 93 82) 34 73
1 Dir, 1 stVDir, 11 R

Hofmann, Hans-Peter, Dir	1. 6. 89	16. 4. 43
Henrichmann, Bernd, stVDir	1. 3. 93	5. 5. 48
Nähler, Irmgard	16. 10. 72	19. 7. 42
Kellner, Peter	16. 10. 73	9. 9. 40
Egert, Reinhard	1. 12. 75	12. 8. 43
Gehrold, Andreas	1. 6. 76	30. 5. 45
Dr. Wahler, Michael	15. 10. 82	2. 9. 53
Hornauer-Sedlock, Eva	—	—
Dotterweich, Arnold	1. 11. 84	13. 1. 54
Faulhaber-Fischer, Rita	14. 6. 85	22. 5. 54
Ramming, Gerhard	1. 12. 85	27. 9. 53
Müller, Thomas	21. 11. 86	14. 4. 55
Dr. Schweiger, Gabriele	1. 1. 90	30. 10. 59
Schneider, Doris, ½	1. 2. 94	19. 2. 60

Landgerichtsbezirk Würzburg

Landgericht Würzburg   E 498 644
Ottostr. 5, 97070 Würzburg
T (09 31) 38 10
Telefax (09 31) 38 14 36
1 Pr, 1 VPr, 10 VR, 18 R

Präsident
Prof. Dr. Weiß, Frank	1. 8. 92	4. 3. 37

Vizepräsident
Gandorfer, Johann	1. 12. 95	14. 6. 36

Vorsitzende Richter
Dr. Then, Bruno	16. 9. 80	23. 6. 36
Rachor, Erich	1. 5. 82	9. 4. 40
Scholz, Klaus-Martin	1. 4. 84	29. 1. 36
Stößner, Erich	1. 2. 86	11. 3. 38
Franz, Ludwig	1. 5. 86	27. 5. 41
Landwehr, Karl		
Bauner, Karl Eugen	16. 11. 87	21. 4. 47
Oechslein, Rainer	2. 3. 88	23. 4. 41
Dr. Hess, Arno	1. 10. 90	26. 12. 45
Kalus, Bernhard	2. 2. 94	20. 9. 44

Richterinnen/Richter
Schnitter, Peter		
Dr. Späth, Manfred	16. 5. 69	21. 12. 34
Schmidt, Margarete	16. 12. 69	9. 11. 38
Keßler, Ingrid, ½	1. 9. 76	13. 8. 44
Götz, Alfred		
Safari Chabestari, Ursula	—	—
Dr. Konrad, Walter	18. 12. 81	12. 3. 52
Brückner, Hans	1. 11. 84	25. 3. 55
Euteneuer, Rudolf	14. 6. 85	23. 4. 47
Seipel, Volkmar	1. 8. 85	19. 6. 55
Pöpperl, Burkhard	1. 3. 86	27. 2. 55

LG-Bezirk Würzburg OLG-Bezirk Bamberg **BY**

Schmitt, Lothar	1. 7.88	25.12.56
Dr. Breunig, Bernfried	1. 1.89	31. 7.56
Fehn-Herrmann, Ursula	—	—
Ohlenschlager, Erik	1. 1.90	22. 8.53
Dr. Müller-Manger, Petra	15. 9.90	16. 3.59
Stemmler, Brigitte	1.10.90	27. 5.58
Bellay, Thomas	1. 5.92	12. 7.60

Amtsgerichte

Gemünden a. Main E 130 875
Friedenstr. 7, 97737 Gemünden
T (0 93 51) 30 64
Telefax (0 93 51) 80 91 17
1 Dir, 1 stVDir, 6 R + 1 LSt (R)

N. N., Dir		
N. N., stVDir		
Prof. Dr. Dr. Paulus, Rainer	1. 2.69	20. 1.39
Dr. Wellhöfer, Claus	—	—
Spiehl, Werner		
Bayer, Gerhard	1.11.77	18. 2.46
Herrbach, Günter	1. 9.84	24. 4.53
Liebetanz, Bernhard	1. 1.85	10.12.51
Sommer, Brigitte, ½	1. 1.89	7. 1.56
Dr. Ebert, Johannes	1.10.91	10. 2.60

Kitzingen E 86 953
Friedenstr. 3 A, 97318 Kitzingen
Postfach 6 40, 97308 Kitzingen
T (0 93 21) 70 06-0
Telefax (0 93 21) 70 06 74
1 Dir, 6 R

Söder, Walter, Dir	1. 4.96	20. 6.39
Dr. Bilz, Lothar	1. 7.70	2.11.39
Seelkopf, Friedemann	1.10.73	10.12.40
Amon, Hans Peter	1.11.78	18.10.48
Just, Otto	1. 5.82	17. 9.52
Lippold-Jaunich, Pauline	1. 7.82	5. 9.51
Hülle, Wolfgang	1. 4.91	26.11.58

Würzburg E 280 816
Ottostr. 5, 97070 Würzburg
T (09 31) 38 10
Telefax (09 31) 38 12 73

Zweigstelle in Ochsenfurt
Kellereistr. 8, 97199 Ochsenfurt
Postfach 12 54, 97196 Ochsenfurt
Telefax (0 93 31) 74 06
1 Dir, 1 stVDir, 1 w.aufsR, 24 R

Knahn, Arnulf, Dir	1. 1.92	25. 6.38
Jung, Gerhard, stVDir	1. 5.96	16. 7.40
Stockmann, Roland, w.aufsR	—	—
Richter, Helmut	1. 7.67	29. 7.37
Büdel, Raimund	16. 6.68	16. 6.37
Dr. Strubel, Bernd-Jochen	1.10.71	29. 3.41
Dr. Kiderlen, Horst	1.11.71	16. 8.41
Urban, Franz	16. 4.73	28. 1.42
Wurst, Winfried	1. 5.73	8. 4.37
Schieffer, Joseph	1.10.73	3.10.39
Baer, Peter	1. 3.74	5. 9.39
Jochim, Roland	1. 3.75	6. 9.42
Dr. Storr, Rainer	1.10.75	3. 1.43
Krämer, Gerald	1.10.75	2. 8.43
Drees, Karl-Heinz	16.10.76	31.10.43
Klatt, Manfred		
Dr. Wollenschläger, Sibylle, ½	1.12.77	6.10.48
Spengler, Paul	1. 7.78	20. 3.48
Merkle, Karl-Heinz	1.12.79	2. 7.48
Nebauer, Heinrich	1. 5.80	
Wohlfahrt, Peter	—	—
Müller, Peter	1. 8.86	29. 9.55
Landgraf, Barbara		
Dr. Page, Alfred	1. 3.89	21. 5.57
Müller, Helga	1. 5.89	6. 2.57
Twardzik, Helga	1. 6.90	27. 7.58
Schepping, Thomas	1. 9.90	26.12.53
Dr. Gogger, Martin	1.10.91	23. 4.60

Staatsanwaltschaften

Staatsanwaltschaft bei dem Oberlandesgericht Bamberg

96045 Bamberg
Wilhelmsplatz 1, 96047 Bamberg
Postfach 17 29, 96008 Bamberg
T (0951) 8 33-0
Telefax (0951) 8 33-14 40
1 GStA, 1 LOStA, 4 OStA

Generalstaatsanwalt

Dr. Bachmann, Artur	16. 5. 92	21. 3. 33

Leitender Oberstaatsanwalt

Dr. Peetz, Manfred	1. 4. 92	3. 1. 35

Oberstaatsanwälte

Treu, Jürgen	10. 3. 94	21. 10. 47
Dr. Tschanett, Ernst	1. 6. 94	16. 7. 49
Petrat, Wolfgang	1. 1. 95	25. 6. 45

Staatsanwaltschaft bei dem Landgericht Aschaffenburg

Erthalstraße 3, 63739 Aschaffenburg
Postfach 6 99, 63736 Aschaffenburg
T (0 60 21) 3 98-0
Telefax (0 60 21) 3 98-4 00
1 LOStA, 1 stVLOStA, 3 StA (GL), 8 StA

Leitender Oberstaatsanwalt

Becker, Erhard	1. 7. 93	26. 11. 43

Oberstaatsanwältin

Stadler, Anna Maria, stVLOStA	1. 1. 94	2. 10. 49

Staatsanwälte (GL)

Engel, Hilmar	1. 12. 91	8. 6. 48
Meiler, Peter	20. 2. 94	4. 9. 45
Hasenstab, Helmut	1. 4. 94	13. 10. 52

Staatsanwältinnen/Staatsanwälte

Hegmann, Sigrid, abg.	12. 7. 94	16. 3. 64
Weinand-Härer, Claudia, beurl.	1. 12. 94	12. 5. 64
Brang, Angelika	1. 12. 94	18. 6. 64
Koppe, Anne-Dorothee	1. 4. 95	22. 2. 64
Ritscher, Christian	1. 5. 95	2. 9. 64
Dr. Lange, Sabine, beurl.	1. 2. 96	3. 7. 64

Staatsanwaltschaft bei dem Landgericht Bamberg

Wilhelmsplatz 1, 96047 Bamberg
Postfach 17 29, 96008 Bamberg
T (09 51) 8 33-0
Telefax (09 51) 8 33-18 90
1 LOStA, 1 stVLOStA, 3 StA (GL), 9 StA

Leitender Oberstaatsanwalt

Müller-Daams, Theodor	1. 4. 92	18. 6. 38

Oberstaatsanwalt

Düsel, Joseph	1. 1. 95	15. 2. 45

Staatsanwälte (GL)

Bomba, Manfred	1. 6. 94	21. 3. 49
Schmitt, Johannes	15. 5. 95	22. 11. 50

Staatsanwälte

Dippold, Martin	1. 4. 94	6. 7. 63
Titze, Wolfgang	1. 9. 94	27. 7. 63
Knorr, Lukas	1. 11. 94	29. 9. 62
Waschner, Martin[1]	(16. 9. 95)	29. 11. 65
Weigel, Bernd[1]	(1. 1. 96)	6. 8. 63

Staatsanwaltschaft bei dem Landgericht Bayreuth

Wittelsbacherring 22, 95444 Bayreuth
T (09 21) 5 04-0
Telefax (09 21) 5 04-2 00
1 LOStA, 1 OStA, 2 StA (GL), 6 StA

Leitender Oberstaatsanwalt

Dr. Eichfelder, Friedrich	10. 8. 93	2. 8. 44

Oberstaatsanwalt

Sander, Wolfgang	16. 10. 94	2. 12. 42

Staatsanwälte (GL)

Frhr. Schenck zu Schweinsberg, Hubertus, abg.	1. 2. 92	18. 1. 46
Götz, Gerhard	1. 5. 94	20. 1. 51

Staatsanwältinnen/Staatsanwälte

Schwarz, Birgit, beurl.	1. 4. 94	5. 4. 63
Breunig, Christiane	1. 7. 94	8. 8. 64
Koch, Annette	1. 10. 94	6. 7. 63
Hoffmann, Matthias	1. 6. 95	2. 1. 65
Dr. Deyerling, Andrea	1. 3. 96	15. 11. 64

---

[1] StA im Beamtenverhältnis auf Probe

Staatsanwaltschaften   OLG-Bezirk Bamberg   **BY**

Drentwett, Frank[1]	(1. 2.96)	28. 4.64
Kirchmeier, Karl-Heinz[1] abg.	(1. 3.96)	25. 3.66

Staatsanwaltschaft bei dem Landgericht Coburg
Ketschendorfer Str. 1, 96450 Coburg
T (0 95 61) 8 78-0
Telefax (0 95 61) 8 78-2 19
1 LOStA, 10 StA, 2 StA (GL), 4 StA

Leitender Oberstaatsanwalt
Will, Erich	1. 5.85	1. 4.32

Oberstaatsanwalt
Rank, Michael	1. 2.94	2.10.44

Staatsanwälte (GL)
Wagner, Armin	1. 3.94	4. 3.51
Amend, Gerhard	1. 4.94	22. 1.50

Staatsanwälte
Müller, Klaus	1. 5.93	7. 7.62
Schaffranek, Claus, abg. (LSt)	1.11.93	26. 7.62
Matt, Günther[1]	(17. 7.95)	13. 4.62

Staatsanwaltschaft bei dem Landgericht Hof
Berliner Platz 1, 95030 Hof
Postfach 16 40, 95015 Hof
T (0 92 81) 6 00-0
Telefax (0 90 21) 6 00-3 39
1 LOStA, 1 stvLOStA, 1 OStA, 4 StA (GL), 8 StA

Leitender Oberstaatsanwalt
Dr. Wabnitz, Heinz-Bernd	1. 4.96	15. 1.44

Oberstaatsanwältin
N. N., stVLOStA		
Schübel, Eva, abg.	1. 9.95	2.11.56

Staatsanwälte (GL)
Kulla, Christopher	16.11.87	8.11.40
Siller, Eberhard	15. 1.88	7.11.47
Schmitt, Gerhard	1. 4.94	27. 9.51
Janovsky, Thomas	1. 6.94	20. 2.54

Staatsanwältin/Staatsanwälte
Spintler, Norbert, abg.	1. 1.93	13. 6.62
Firlus, Elke, abg.	1. 2.94	28. 8.63
Dr. Meyer, Georg	20. 7.94	5. 7.63
Pürner, Hubert	1. 4.95	21.11.62

---

[1] StA im Beamtenverhältnis auf Probe

Staatsanwaltschaft bei dem Landgericht Schweinfurt
Rüfferstr. 1, 97421 Schweinfurt
Postfach 43 20, 97411 Schweinfurt
T (0 97 21) 5 42-0
Telefax (0 97 21) 2 21 04
1 LOStA, 1 stvLOStA, 3 StA (GL), 7 StA

Leitender Oberstaatsanwalt
N.N.

Oberstaatsanwalt
Vogt, Rainer, stvLOStA	1.12.92	25. 2.47

Staatsanwälte (GL)
Siebenbürger, Günter	24. 5.93	16. 9.49
Dr. Göbhardt, Matthias	1. 3.94	14.10.51
Götter, Wolfgang	1. 4.94	29. 3.53

Staatsanwältinnen/Staatsanwälte
Bauer, Ingbert	—	—
Fehr, Jürgen	1.10.93	5.10.61
Weihprecht, Axel	1.10.93	14. 4.62
Ebert, Holger	1.10.93	20.11.62
Krug, Ingrid	1. 7.95	14.11.63
Schramm, Monika	1. 7.95	20.10.64
Dr. Walden, Jörg	16. 8.95	16. 2.62
Roth, Michael[1]	—	—

Staatsanwaltschaft bei dem Landgericht Würzburg
Ottostr. 5, 97070 Würzburg
T (09 31) 3 81-0
Telefax (09 31) 3 81-2 84
1 LOStA, 1 stvLOStA, 2 OStA, 6 StA (GL), 13 StA

Leitende Oberstaatsanwältin
Schuchardt, Dagmar	15. 1.90	27. 2.41

Oberstaatsanwältin/Oberstaatsanwälte
Bauer, Dieter, stVLOStA	1. 3.93	20. 2.44
Dr. Singer, Irene	1. 2.95	23. 5.50
Gündert, Rainer	—	—

Staatsanwälte (GL)
Dr. Geuder, Dietrich	16. 6.92	4.10.53
Messer, Bruno	1. 3.93	30. 3.51
Backert, Bardo	1. 4.94	9. 6.52
Lenz, Reiner	1. 6.95	23. 9.53
Pöpperl, Burkhard	1. 4.96	27. 2.55

Staatsanwältinnen/Staatsanwälte
Schömig, Dolores, ½	—	—
Schmitt, Edgar	—	—

BY OLG-Bezirk Bamberg   Staatsanwaltschaften

Wittler, Klaus	—	—	Eger, Andreas	1. 6.94	2. 5.61
Günter, Peter	1. 8.92	27. 3.60	Behl, Thomas	1.10.94	4. 5.58
Dr. Trojan-Limmer,			Krieger, Bernd	1.10.94	1. 1.63
Ursula, ½, beurl.	1. 8.92	23. 2.61	Reiher, Jürgen	1.10.94	27. 7.64
Schäd, Heidemarie, ½	1. 8.92	19. 4.61	Gallhoff, Martin	1.12.94	6. 3.63
Böhm, Bernhard	—	—	Schaller, Michael	—	—
Withopf, Ekkehard, abg.	1. 4.93	31.12.59	Kesting, Anja	1. 3.96	5.10.62
Beckmann, Rainer, beurl.	1. 5.93	27. 9.61	Gosselke, Frank	(1. 7.95)	2. 3.63
Dr. Gieg, Georg, abg.	1. 6.93	15.11.61			
Pösch, Hans-Martin	1. 7.93	18. 1.60			
Raufeisen, Boris	1. 9.93	6. 4.62	[1] StA im Beamtenverhältnis auf Probe		

Oberlandesgerichtsbezirk München

3 Zivilsenate und 2 Familien- und Zivilsenate in Augsburg

10 Landgerichte: Augsburg, Deggendorf, Ingolstadt, Kempten (Allgäu), Landshut, Memmingen, München I, München II, Passau, Traunstein

Kammern für Handelssachen: München I 18, München II 3, Augsburg 3, Memmingen, Landshut und Traunstein je 2, Deggendorf, Ingolstadt, Kempten (Allgäu) und Passau je 1

37 Amtsgerichte

Schiffahrtsgerichte: bei den Amtsgerichten Ingolstadt, Lindau (Bodensee), Starnberg und Traunstein

Schöffengerichte: bei allen Amtsgerichten
Familiengerichte: bei allen Amtsgerichten

Die zur Zuständigkeit der Amtsgerichte (als Landwirtschaftsgerichte) gehörenden *Landwirtschaftssachen* sind jeweils dem Amtsgericht am Sitz des Landgerichts für alle Amtsgerichte des Landgerichtsbezirks übertragen. Das gilt für das Amtsgericht München auch hinsichtlich des Landgerichtsbezirks München II

Oberlandesgericht München

E 6 581 960
Prielmayerstraße 5, 80335 München
T (0 89) 55 97-02
Telefax (0 89) 55 97-35 75 (Verw.), -35 70 (ZivSen.), -41 76 (StrafSen.)
Senate in Augsburg:
Fuggerstraße 10, 86150 Augsburg
T (08 21) 31 05-0, Kurzwahl 70 17-0, Telefax (08 21) 31 05-5 02
1 Pr, 1 VPr, 34 VR, 112 R

Präsidentin			
Holzheid, Hildegund	1. 7. 92	31. 10. 36	
Vizepräsident			
Dr. Huber, Karl	1. 12. 95	27. 2. 48	
Vorsitzende Richterinnen/Vorsitzende Richter			
Dr. Guntz, Dieter	1. 4. 79	7. 5. 34	
Dr. Mayer, Robert	—	—	
Wübert, Franz Ruprecht	1. 2. 82	28. 8. 32	
Barton, Werner	1. 9. 82	10. 2. 33	
Dr. Glück, Helmut	1. 5. 83	3. 7. 36	
Müller, Paul	1. 10. 85	6. 10. 32	
Dr. Straßer, Richard	1. 1. 86	21. 4. 33	
Dr. Bayerlein, Walter	1. 1. 86	11. 10. 35	
Mangstl, Otto	1. 3. 86	13. 12. 35	
Dr. Kellner, Wolfgang	1. 4. 86	29. 9. 36	
Dr. Goller, Fritz	1. 2. 87	16. 7. 42	
Marshall, Hans	1. 8. 87	22. 11. 36	
Prof. Dr. Blomeyer, Jürgen	1. 9. 87	9. 9. 36	
Hacker, Hanna	15. 9. 87	20. 1. 34	
Dr. Reichold, Klaus	15. 9. 87	23. 2. 40	
Staudigl, Siegfried	1. 10. 87	25. 6. 34	
Remmele, Wolfgang	16. 7. 88	18. 10. 35	
Dr. Gehrig, Norbert	1. 8. 88	16. 10. 37	
Mayer, Bernhard	1. 9. 88	23. 5. 36	
Müller, Claus	1. 7. 89	22. 9. 36	
Dr. Lichtenberger, Gustav, abg.	1. 9. 89	27. 8. 43	
Prof. Dr. Schlund, Gerhard	1. 10. 89	6. 1. 35	
Voigt, Antje			
Hirt, Almuth	—	—	
Dr. Seitz, Walter	1. 5. 90	27. 12. 38	
Wilhelm, Gertrud	15. 5. 90	4. 12. 36	
Resenscheck, Wilma	15. 9. 90	10. 1. 40	
Vavra, Edgar	1. 1. 91	22. 9. 44	
Dr. Lewenton, Ursula	1. 3. 93	14. 3. 38	
Endt, Walter	—	—	
Dr. Merl, Heinrich	1. 1. 94	20. 2. 40	

BY OLG-Bezirk München

Name		
Dr. Halfmann, Gerhard	—	—
Hohenbleicher, Robert	1. 3.95	3.11.37
Dr. Necknig, Hubert	1. 4.96	21. 2.35
Dr. Lichtenberger, Gustav, abg.	1. 9.89	27. 8.43

Richterinnen/Richter

Name		
Pausch, Herbert	—	—
Trautmann, Horst	1. 3.74	10. 7.34
Dr. Losert, Hugo	1. 5.74	11. 5.35
Eder, Gerlinde	1. 2.75	19. 5.36
Wolf, Ernst	1. 3.75	17. 5.35
Burckhardt, Wolfgang	1. 2.76	25. 6.35
Kreitmair, Rosemarie	—	—
Dr. Müller, Herbert	1.10.77	20. 5.39
Miersch, Barbara	1. 2.78	8. 8.39
Bayer, Jürgen	1. 4.78	14. 7.35
Huber, Herbert	1. 8.78	22. 8.35
Obert, Otto	—	—
Knapp, Karl Hermann	1. 8.78	4. 6.36
Edlbauer, Manfred	—	—
Haußleiter, Otto	16. 4.79	5. 2.34
Dr. Reiß, Ernst, abg.	16. 4.79	28. 8.41
Knapp, Reinhard	1. 5.79	7. 5.37
Dr. Rieß, Friedrich	16. 5.79	9.10.35
Mallwitz, Günter	1. 6.79	12. 5.36
Dr. Wielgoß, Herbert	1.12.79	6. 3.33
Dr. Graba, Hans Ulrich	1.10.80	6. 2.41
David, Peter	1.10.81	19. 1.38
Pohl, Volker	1.11.81	19.10.38
Dr. Straßberger, Gudrun	1. 1.82	31. 3.39
Prof. Dr. Motzke, Gerd	16. 4.82	21. 6.41
Braun, Manfred	1.10.82	29.10.39
Frhr. Vogt v. Hunoltstein, Udo	1.12.82	3. 8.34
Dr. Schmid, Hugo	1. 6.83	16. 3.42
Ruß, Werner	16.10.83	31. 1.41
Seul, Erich	1. 4.84	30.11.35
Dr. Nappenbach, Heinrich	1. 4.84	17. 1.36
Dr. Folger, Wolf	—	—
Kley, Gottfried	1.11.84	21.10.37
Reischböck, Heinz	1.11.84	1. 1.40
Kroder, Markus	—	—
Dr. Holderer, Gernot	1. 1.86	7. 9.37
Prinz zu Wied, Ludwig Eugen	1. 1.86	27. 8.38
Lampart, Dieter	1. 1.86	15.10.41
Schröder, Manfred	—	—
Dr. Keltsch, Jürgen	1. 3.86	4. 1.41
Dr. Weippert, Walter	16. 3.86	14. 1.36
Löhnhoff, Hubert, abg.	1. 6.86	19. 6.35
Haußmann, Werner	1. 6.86	16. 1.37
Martin, Günter	1. 6.86	28. 3.37
Dr. Stroh-Lenz, Rolf	1. 3.87	21. 7.39
Sellmayr, Albert	1. 9.87	10.11.38
Mansfeld, Lutz	15. 9.87	31. 8.38
Dr. Ryssel, Herbert	—	—
Gutdeutsch, Werner	1.10.87	1. 8.37
Hutterer, Albert	1.10.87	6. 5.40
Dr. Haus, Christian	1.10.87	29. 5.40
Thielemann, Jens	15.10.87	3.10.42
Dr. Rönnebeck, Georg	1.11.87	29. 8.39
Miller, Walter	1.11.87	7. 5.43
Mayr, Dietrich	1.12.87	26. 9.44
Lardschneider, Ulrich	16. 5.88	1. 9.39
Gartmayr, Peter	1. 8.88	30. 5.35
Wendland-Braun, Elke	1. 9.88	21.11.44
Happ-Meißner, Reinhild	1.10.88	18. 5.36
Dr. Wagner, Claus	1.10.88	11. 5.46
Barnert, Georg Joachim	1.12.88	1.11.43
Dr. Knöringer, Dieter	1.12.88	24. 2.44
Pauling, Dieter	—	—
Scholtyssek, Hubert	1. 1.89	21.10.42
Dr. Nitsche, Wolfgang	1. 1.89	22. 7.48
Barth, Burkhard	1. 4.89	31.10.42
Fonk, Rainer	1. 6.89	10.10.36
Schönfeld, Uwe	1.10.89	30.12.36
Engelhardt, Volker	1.10.89	30. 9.41
Schlögel, Dieter	1.10.89	29. 2.44
Dr. Mayer, Manfred, abg.	1. 1.90	8. 6.50
Bohn, Manfred	1. 3.90	4. 8.47
Diederichsen, Angela, ½	1. 6.90	8. 7.50
Dr. Klemm, Dieter	1.10.90	8.11.42
Hofmann, Gertrud	1. 1.91	12. 2.41
Dietl, Robert	1. 4.91	28. 8.43
Maier, Elfriede	1. 6.91	19. 3.37
Dr. Gerhardt, Bernd-Peter	1. 6.91	17. 1.41
Lorbacher, Michael	1. 6.91	22. 8.51
Mützel, Gerhard	1. 9.91	20. 4.47
Schulz-Ende, Wolfgang	1.11.91	2. 9.38
Kallaus, Gerd	1. 1.92	4. 5.45
Kotschy, Guido	1. 3.92	24.10.48
Jackson, Rudolf	16. 5.92	18. 4.38
Dumler, Albert	—	—
Geißler, Michael	1. 8.92	22. 4.43
Vill, Gerhard	1. 8.92	30. 5.51
Kempmann, Andrea	1. 9.92	17.10.49
Gold, Wendell, abg.	1. 9.92	3. 6.50
Dr. Müller-Rabe, Steffen	1.12.92	18. 8.43
Wörle, Karl	1.12.92	18. 1.48
Werner, Christian	1. 3.93	3.10.44
Vavra, Maria, ½	1. 5.93	11.12.48
Dr. Hüftege, Rainer	1. 5.93	3. 9.52
Dr. Lutz, Hermann	1. 7.93	28. 6.43
Dr. Schmid, Michael	1. 7.93	7. 4.47
Dr. Huber, Rudolf	1.10.93	17. 9.43
Wolf, Hans-Werner	1.10.93	23.12.49
Dr. Gleich, Johann	16. 4.94	17. 1.48
Doukoff, Norman, abg.	1. 9.94	10.10.50
Dr. Spangler, Eva, abg.	1. 9.94	8.12.52
Ruderisch, Dagmar, abg.	1. 9.94	20. 2.54

LG-Bezirk Augsburg   OLG-Bezirk München   **BY**

Glockner, Bernahrd	1. 2. 95	14. 11. 53
Wurm, Max	1. 3. 95	14. 3. 43
Strobel, Karl Hermann	1. 6. 95	20. 11. 43
Spielbauer, Thomas	1. 8. 95	23. 11. 50
Dr. Stumpf, Michael	—	9. 5. 54

Landgerichtsbezirk Augsburg

Landgericht Augsburg   E 918 439
Am Alten Einlaß 1, 86150 Augsburg
T (08 21) 3 10 50, Kurzwahl 70 17-0
Telefax (08 21) 3 10 52 20
1 Pr, 1 VPr, 20 VR, 31 R

Präsident

Fischer, Winfried	1. 2. 93	15. 8. 34

Vizepräsident

Meidert, Wolfgang	1. 4. 88	6. 7. 35

Vorsitzende Richter

Klein, Wolfgang	—	—
Hanne, Johann	16. 6. 78	30. 5. 33
Baur, Werner	—	—
Dr. Friemel, Karl	1. 10. 78	22. 5. 34
Moritz, Günther	1. 7. 80	27. 7. 36
Skopalik, Otto	1. 8. 80	21. 10. 38
Breusch, Joachim	1. 10. 81	5. 8. 40
Schultz, Hans Reiner	1. 1. 82	14. 8. 36
von Stetten, Horst	1. 1. 83	9. 11. 36
Durner, Günter	1. 3. 83	20. 2. 40
Dr. Schmidt, Rolf	1. 7. 83	28. 8. 38
Dr. Bergemann, Axel	1. 7. 83	11. 11. 39
Mittermaier, Walter	1. 3. 84	19. 5. 42
Wimmer, Gerd	1. 10. 84	28. 10. 42
Sprenzel, Anton	1. 6. 85	4. 8. 32
Kocherscheidt, Otto	1. 9. 85	27. 8. 44
Bongratz, Werner	1. 6. 87	28. 9. 42
Kotz, Hartmut	1. 10. 90	15. 7. 39
Kramer, Martin	1. 8. 91	28. 6. 40
Hofmeister, Maximilian	1. 1. 95	26. 3. 48

Richterinnen/Richter

Hohenbleicher-Enderwitz, Uta	1. 1. 73	15. 2. 41
Pollmeier, Klaus	1. 5. 77	12. 7. 46
Niederfahrenhorst, Gerhard	9. 5. 77	7. 2. 45
Nertinger, Josef	16. 10. 77	27. 7. 47
Bollmann, Heide	1. 1. 78	8. 1. 45
Dr. Demeter, Wolfgang	1. 3. 78	13. 5. 44
Rothermel, Wolfgang	1. 7. 78	15. 12. 47
Conrad, Dagmar	1. 10. 80	30. 5. 50
von Hofer, Michael	1. 10. 81	28. 8. 50
Banse, Horst	1. 12. 81	20. 3. 51
Haeusler, Karl-Heinz	1. 4. 82	5. 6. 49
Proksch, Günter	1. 6. 82	19. 4. 52
Berger, Erich	25. 6. 82	11. 9. 41
Binder, Hermine	3. 12. 83	3. 3. 54
Wagner, Hermann	1. 6. 84	25. 5. 54
Moretti, Christine	15. 6. 84	2. 7. 53
Merkle, Barbara, ½	15. 6. 84	19. 2. 55
Hoesch, Lenart	—	—
Prexl, Hertha, ½, beurl.	16. 11. 84	15. 3. 54
Holzner, Bernhard	1. 10. 85	14. 12. 50
Schrimpff, Otto	1. 2. 87	26. 7. 56
Sperl, Elisabeth	1. 8. 87	8. 11. 57
Weigell, Rudolf	1. 2. 88	3. 10. 57
Gross, Iris, ½, beurl.	10. 12. 88	17. 4. 59
Jung, Josef	15. 3. 89	4. 4. 59
Voithenleitner, Karin	1. 12. 89	12. 5. 60
Frei-Weishaupt, Vera	1. 1. 90	3. 11. 59
Thumser, Volkmar	1. 3. 90	25. 6. 59
Bayer, Peter	1. 12. 90	21. 8. 61
Dr. Ermer, Thomas	1. 10. 91	15. 1. 60
Reiter, Harald	15. 1. 92	24. 9. 61
Dr. Pätzel, Claus	18. 3. 93	1. 1. 61

Amtsgerichte

Aichach   E 117 174
Schloßplatz 9, 86551 Aichach
T (0 82 51) 20 41, Kurzwahl 70 01
Telefax (0 82 51) 5 05 12
1 Dir, 1stVDir, 5 R

Herb, Peter, Dir	1. 7. 88	11. 10. 42
Lechner, Martin, stVDir	1. 1. 78	13. 7. 46
Palik, Helmut	16. 8. 70	20. 3. 40
Dierolf, Günter	1. 6. 78	3. 2. 48
Gaumert, Wolfgang	1. 5. 80	26. 4. 47
Gockel, Dieter	1. 10. 80	14. 4. 50
Walch, Elisabeth	15. 7. 86	13. 5. 57

Augsburg   E 485 264
Am Alten Einlaß 1, 86150 Augsburg
T (08 21) 31 05-0, Kurzwahl 70 17-0
Telefax (08 21) 31 05-1 70

Zweigstelle in Schwabmünchen
Fuggerstraße 62, 86830 Schwabmünchen
T (0 82 32) 30 15, Kurzwahl 71 53
Telefax (082 32) 30 15
1 Pr, 1 VPr, 3 w.aufsR, 37 R

Präsident

Dr. Brexel, Richard	1. 8. 87	23. 12. 31

Vizepräsident

Dr. Möstl, Werner	1. 5. 95	30. 1. 40

BY OLG-Bezirk München   LG-Bezirk Augsburg

weitere aufsichtführende Richter
Lampart, Elmar	1.10.82	16.12.32
Schleifer, Erwin	1. 8.95	11. 2.49
Schulze, Bernd	1.10.95	31. 8.39

Richterinnen/Richter
Blatz, Günter	1. 7.66	3.12.31
Trefz, Wolfgang	1. 8.68	3. 2.36
Wunderlich, Hanns-Jürgen	—	—
Faul, Helmut	—	—
Abramowski, Sonngard	16. 9.72	10. 4.43
von Stetten, Birgit, ½	1. 7.73	28.10.43
Haaks, Helmer	1.12.74	31. 1.44
Gamböck, Werner	16.10.75	13.11.43
Guder, Rolf	—	—
Fischer, Endrik	—	—
Grünert, Wolfgang	1. 7.76	25. 7.45
Rahlf, Joachim	1. 8.76	22.10.44
Frobel, Bernhard	16.10.76	16. 5.42
Brachlow, Lutz	1.11.76	24.12.44
Holzer, Gabriele	5.11.76	26. 8.46
Falke, Manfred	4. 4.77	12. 3.43
Radmacher, Norbert, abg.	1.12.77	20. 3.47
Fromme, Ilse	16. 6.78	9.10.46
Nußrainer, Eberhard	1. 9.78	3. 8.46
Wurm, Bernd	1. 5.80	13. 2.48
Sardemann, Jochen	1. 1.81	24. 2.45
Prexl, Manfred	16. 4.81	20. 8.49
Triebs, Michael	16. 5.81	29.10.49
Dr. Lichtenstern-Skopalik, Elisabeth, ¾	1. 6.81	9. 6.52
Lange, Maria, beurl.	1. 7.81	24. 3.50
Holler, Gerald	—	—
Lengle, Johanna, ¾	1. 6.82	15. 1.53
Becker, Karin, ½	1. 5.83	28. 5.54
Dr. Bartholy, Thomas	1.10.83	15. 4.54
Wieser, Raimund	1.11.83	21. 4.52
Triebel, Klaus-Dieter	1. 7.84	29. 5.55
Dr. Frank, Dieter	1.11.84	18. 9.53
Wätzel, Hartmut	—	—
Dr. Reichart, Angelika	1. 6.85	25. 8.53
Sußebach, Ortrun, ¾	14. 6.85	14. 3.56
Hell, Walter	1. 7.86	21. 3.55
Dr. Meyer, Harald	1. 3.87	20. 9.56
Haslinger, Sieglinde, ¾	16. 7.87	13. 3.58
Baumann, Günther	1. 8.87	15.10.57
Dr. Neumann, Irmgard, abg.	1.11.87	14. 4.49
Weber-Wirnharter, Marianne, beurl.	10.12.88	31.10.57
Schiffelholz, Brigitta	—	—
Münzenberg, Bernt, abg.	1. 1.89	12. 8.58
Heitzer, Heinrich	1. 1.89	14. 4.59

Dr. Geist-Schell, Franz	1. 3.89	21. 5.56
Kugler, Bernhard	1.12.89	15. 3.60
Dr. Kirchmayer, Johannes	—	—
Greser, Rita	—	19.10.58

Dillingen a.d. Donau E 90129
Schloßstraße 3, 89407 Dillingen a.d. Donau
T (0 90 71) 50 02-0, Kurzwahl 70 46-0
Telefax (0 90 71) 50 02 50
1 Dir, 4 R

Helmschrott, Karl, Dir	1. 4.91	19. 4.36
Witte, Albrecht	1. 3.77	30. 1.45
Ortmann, Rüdiger	1. 6.83	27.10.52
Hampp-Weigand, Ulrike, ½	1. 7.86	18. 1.50
Bayer, Robert	1. 1.90	28. 4.60

Landsberg a. Lech E 98733
Lechstraße 7, 86899 Landsberg a. Lech
T (0 81 91) 1 08-0, Kurzwahl 70 98-0
Telefax (0 81 91) 1 08-2 22
1 Dir, 1 stVDir, 6 R

Werner, Hans Martin, Dir	—	—
Markus, Peter, stVDir	1. 1.94	5.11.36
Harfmann, Philipp	1. 6.71	1. 9.40
Völkel, Dieter	16. 6.74	16.12.42
Opfer, Gerit	—	—
Lehmann, Ingo	—	—
Daum, Wolfgang	1. 3.87	14. 4.55
Endres, Michael	1. 1.91	15. 3.61

Nördlingen E 127139
Tändelmarkt 5, 86720 Nördlingen
T (0 90 81) 21 09-0, Kurzwahl 71 25-0
Telefax (0 90 81) 21 09-90

Zweigstelle in Donauwörth
Berger Vorstadt 16, 86609 Donauwörth
T (09 06) 7 06 87-0, Kurzwahl 70 48-0
Telefax (09 06) 7 06 87 90
1 Dir, 1 stVDir, 7 R

Pfalzgraf, Rudolf, Dir	1. 4.87	5. 7.40
Dr. Woidich, Joseph, stVDir	1. 1.94	23.12.45
Fischer, Arno	1. 7.75	31.12.41
Zimmermann, Andreas	1. 1.76	28. 4.39
Plaetschke, Volker	15. 6.81	10. 8.51
Beyschlag, Helmut	15. 3.83	16. 5.52
Lindemeier, Franz Peter	—	—
Schamann, Gerhard	10.12.87	21. 9.57
Stadlmayr, Albert	11. 1.91	12.11.60

Landgerichtsbezirk Deggendorf

Landgericht Deggendorf E 193 699
Amanstraße 19, 94469 Deggendorf
T (09 91) 38 98-0, Kurzwahl 70 42-0
Telefax (09 91) 38 98-2 01
1 Pr, 1 VPr, 1 VR, 5 R

Präsident
Schinhammer, Rudolf | 1. 1.90 | 5. 5.33

Vizepräsident
Schmid, Anton | 1. 5.82 | 7.12.32

Vorsitzender Richter
Kotzias, Jochem | — | —

Richter
Kümmelschuh, Helmut | 1. 8.71 | 24. 5.40
Seulen, Alfred | 1. 5.77 | 24. 5.47
Kufner, Albert | 1.11.77 | 22.12.46
Lang, Franz | 1. 8.84 | 22.10.53
Bobke, Dieter, abg. | 1. 2.90 | 6. 4.53
Dr. Chudoba, Gerhard | 1.12.91 | 7. 2.61

Amtsgerichte

Deggendorf E 111 893
Amanstraße 17, 94469 Deggendorf
T (09 91) 38 98-0, Kurzwahl 70 42-0
Telefax (09 91) 38 98-2 02
1 Dir, 1 stVDir, 8 R

Chase, Marcel, Dir | 1. 8.91 | 16.11.45
Brusch, Heinrich, stVDir | 1. 1.94 | 19.12.47
Grobauer, Klaus | 16.10.75 | 11. 3.42
Stürzer, Josef | 1. 6.76 | 28. 5.44
Wenzel, Udo | 1.11.76 | 6. 6.44
Berger, Kurt | 1. 8.79 | 7. 3.46
Theis, Helmut | 15. 4.81 | 11. 4.51
Mayer, Christine | 1. 2.91 | 13.10.59
Scheichenzuber, Josef | 1. 3.91 | 15. 7.60
Werrlein, Markus | 1. 6.94 | 24. 6.62

Viechtach E 81 806
Mönchshofstraße 29, 94234 Viechtach
T (0 99 42) 13 25, Kurzwahl 71 68
Telefax (0 99 42) 60 16
1 Dir, 4 R

Graf, Hans, Dir | 1. 7.87 | 25. 6.36
Zeising, Klaus | 1. 4.78 | 19. 7.48
Zankl, Johann, abg. | 1. 4.87 | 19. 2.56

Fleischmann, Ingrid | 1. 4.94 | 18. 1.63
Dr. Meiski, Georg | 1. 3.96 | 26. 4.63
Schwack, Gisela, abg. | — | 8. 7.64

Landgerichtsbezirk Ingolstadt

Landgericht Ingolstadt E 413 664
Auf der Schanz 37 und 39, 85049 Ingolstadt
T (08 41) 3 12-0, Kurzwahl 70 80-0
Telefax (08 41) 3 12-4 07
1 Pr, 1 VPr, 4 VR, 8 R

Präsident
Hüttl, Wilfried | 1. 3.88 | 28. 4.38

Vizepräsident
Forster, Klaus | 16. 4.79 | 22.11.36

Vorsitzende Richterin/Vorsitzende Richter
Ott, Werner | 1.11.87 | 4.12.38
Betz, Dieter | 1. 3.88 | 20. 8.39
Sticht-Schretzenmayr,
 Gudrun | 1. 8.91 | 9.12.40
Weingartner, Paul | 1. 5.94 | 27. 2.47
Dr. Walter, Helmut | 1.10.89 | 14. 4.50

Richterinnen/Richter
Assenbrunner, Alice,
 ½, beurl. | 1. 7.79 | 29.11.47
Gschwilm, Bettina | 1.10.81 | 12. 3.52
Sitka, Georg | — | —
Dworazik, Sibylle | 16. 7.87 | 18. 7.57
Dr. Dannreuther, Dieter | 1. 3.88 | 19. 1.52
Dr. Deneke-Stoll,
 Dorothea, ½ | 9. 7.91 | 14.12.59
Mayerhöfer, Gunter | 1. 6.92 | 30. 9.61
Denz, Thomas,
 (weiteres Richteramt
 beim AG Neuburg/D.) | 1.10.93 | 27. 5.61
Bösl, Jochen | 1.12.93 | 19. 5.61
Eisvogel, Birgit | 16. 6.94 | 19. 8.63
Kopp, Helga | 1.11.94 | 23.12.62

Amtsgerichte

Ingolstadt E 223 773
Neubaustraße 8, 85049 Ingolstadt
T (08 41) 3 12-0, Kurzwahl 70 80-0
Telefax (08 41) 3 12-4 06
1 Dir, 1 stVDir, 1 w.aufsR, 16 R

BY OLG-Bezirk München   LG-Bezirk Kempten (Allgäu)

Nagel, Otto, Dir	1. 9.86	2. 8.36
Raab, Heinrich, stVDir	1.12.86	19. 1.32
Scherr, Raimund, w.aufsR	1.11.94	16. 9.44
Stoss, Heinz	1.10.76	20. 3.44
Funk, Bernhard	1. 4.79	6. 2.48
Uhlmann, Ludwig	1. 7.80	8. 5.50
Bauch, Gerhard	—	—
Schlichting, Josef	1. 6.83	16. 2.54
Severin, Gerhard	1.12.85	6. 8.54
Hartmann, Wolfram	1. 8.86	24. 5.56
Dr. Tropschuh, Silvia, ½	1. 3.89	30. 3.58
Klose, Gabriele, ½	1. 9.90	6. 8.60
Gierl, Walter	1. 1.91	8. 7.59
Veh, Christian	1. 2.91	18.12.60
Sitzmann, Norbert	1. 6.91	17. 7.60
Hufnagl, Peter	1. 9.91	9.12.59
Walentin, Roland	1.10.91	7. 2.61
Roelen, Klaus	1. 4.93	7. 3.59
Reuber, Angela	—	28.11.61

Neuburg a.d. Donau   E 85 411
Ott-Heinrich-Platz 1, 86633 Neuburg a.d. Donau
T (0 84 31) 5 88-0, Kurzwahl 71 88-0
Telefax (0 84 31) 5 88-2 50
1 Dir, 1 stVDir, 5 R

Mayr, Rudolf, Dir	16.10.82	27. 4.34
Schweiger, Tilo, stVDir	1. 1.79	23. 1.47
Dolega, Dietrich	1.11.76	3.12.45
Berger, Georg	1. 8.86	14.10.55
Ebner, Gerhard	1. 3.90	15. 6.58
Dr. Gmehling, Bernhard	1. 6.91	10.12.59

Pfaffenhofen a.d. Ilm   E 104 480
Ingolstädter Straße 45/47,
85276 Pfaffenhofen a.d. Ilm
T (0 84 41) 75 60, Kurzwahl 71 38-0
Telefax (0 84 41) 7 56-58
1 Dir, 1 stVDir, 5 R

Heindl, Wulf-Roland, Dir	15. 3.85	11. 2.42
Grimm, Gerhard, stVDir	1. 6.75	23. 1.37
Prottengeier, Alfred	—	—
Klose, Ulrich	1. 6.89	26. 2.57
Dr. Stoll, Hubert, ½	1. 3.91	16. 2.60
Brandhuber, Birgitta	1. 6.93	18. 2.63
Schilcher, Christian	16. 3.94	15.11.58
Kugler, Franz	1.10.94	18. 8.63

Landgerichtsbezirk Kempten (Allgäu)

Landgericht Kempten (Allgäu)   E 450 715
Residenzplatz 4–6, 87435 Kempten (Allgäu)
T (08 31) 2 03-00, Kurzwahl 70 88-0
Telefax (08 31) 2 03-3 06
1 Pr, 1 VPr, 6 VR, 14 R

Präsident

Brunner, Erwin	1. 7.85	10. 2.33

Vizepräsident

Dr. Thiere, Karl	1. 2.96	5. 3.48

Vorsitzende Richter

Dr. Knoll, Erich	1. 4.74	5. 7.34
Spindler, Hans Joachim	1. 3.87	19. 8.35
Dr. Reichart, Rudolf	1. 3.87	3.10.35
Buchelt, Ingo	15. 5.91	22.12.38
Hoyer, Walter	1.10.92	30. 5.40
Dr. Straßer, Hans-Georg	1. 9.95	3. 8.46

Richter

Häfner, Hans Wolfgang	1. 9.65	17. 9.35
Munker, Werner	1. 6.73	5. 1.42
Bayer, Klaus	—	—
Matthäus, Kurt	1. 7.76	18. 3.44
Lechner, Elmar	1. 8.85	15. 4.55
Mengele, Karl-Albrecht	1. 3.87	8. 5.55
Reichert, Alfred	1. 1.89	16. 2.53
Schlosser, Johann Peter	1.12.89	4. 3.57
Koch, Peter	1. 1.91	20. 5.61
Dr. Huchel, Uwe	1. 2.91	13. 2.61
Baumberger, Armin	1.10.92	4.11.61
Bauer, Robert	—	14. 3.62
Brinkmann, Jürgen	—	21.11.62

Amtsgerichte

Kaufbeuren   E 169 405
Ganghoferstraße 9/11, 87600 Kaufbeuren
T (0 83 41) 8 01-0, Kurzwahl 70 84-0
Telefax (0 83 41) 8 01-18

Zweigstelle in Füssen
Hohes Schloß, 87629 Füssen
T (0 83 62) 70 15, Kurzwahl 70 65
Telefax (0 83 62) 3 94 34
1 Dir, 1 stVDir, 9 R

LG-Bezirk Landshut   OLG-Bezirk München   **BY**

Menzel, Horst, Dir	1. 3.82	12. 2.40
Dr. Deisenhofer, Ulrich,		
stVDir	1.10.89	10. 7.41
Stalter, Heimo	1. 5.67	19. 1.37
Lax, Hans	1. 4.73	14. 6.44
zur Strassen, Peter	—	—
Schopohl, Jürgen	—	—
Slach, Werner	11.11.77	21. 8.48
Müller, Peter	—	—
Mattula, Günther	14. 6.84	2. 3.55
Hämmerle, Ulrike	1.12.87	21. 5.57
Tietz, Ralf	15. 3.91	29. 1.60
Ostenried, Rita, ½	1. 3.92	22. 1.59

Kempten (Allgäu) E 205 680
Residenzplatz 4–6, 87435 Kempten (Allgäu)
T (08 31) 2 03-00, Kurzwahl 70 88-00
Telefax (08 31) 2 03-1 32

Zweigstelle in Sonthofen
Hofackerstraße 1, 87527 Sonthofen
T (0 83 21) 30 25, Kurzwahl 71 60
Telefax (0 83 21) 30 25
1 Dir, 1 stVDir, 1 w.aufsR, 16 R

Schnabl, Adolf, Dir	1. 4.83	1. 9.36
Dr. Nagel, Wilhelm,		
stVDir	1. 5.90	29. 3.39
Geisenfelder, Dieter,		
w.aufsR	1.11.94	12. 2.40
Dr. Rost, Wolfgang	16.10.67	17. 5.38
Hülser, Wolfgang	1. 5.71	1. 3.41
Thomaschewski, Wolfgang	16.11.71	21. 9.38
Ochmann, Wolfgang, abg.	1. 7.73	1. 4.42
Dr. Kouba, Werner, abg.	1. 4.75	9.12.44
Legat, Stefan	1. 4.76	9. 4.42
Bottke, Doris, ½		
Off, Ernst-Dieter	1. 3.77	20. 5.44
Ahr, Peter	1. 7.77	17. 1.46
Dr. Bernhard, Ernst	1. 2.78	22. 1.46
Dresse, Martin	1. 6.78	10. 4.47
Reichert, Edwin	1. 6.83	7.11.54
Kopitzke, Gerhard	1. 6.85	7. 2.54
Schuster, Hermann	—	—
Kimmerle, Jürgen	18.12.88	24. 4.58
Dr. Weber, Stephan	—	—

Lindau (Bodensee) E 75 630
Stiftsplatz 4, 88129 Lindau (Bodensee)
T (0 83 82) 2 60 70, Kurzwahl 71 06-0
Telefax (0 83 82) 80 81
1 Dir, 5 R

Dambeck, Gerhard, Dir	1. 6.90	1. 9.43
Lutz, Ulrich	1. 5.63	16.10.32
Berninger, Wigand	16. 5.66	2. 7.35

Walther, Thomas, ½	1. 9.77	22. 6.43
Kind, Paul	15.11.79	4.10.49
Turowski, Eckhard	1. 7.82	25.12.47

Landgerichtsbezirk Landshut

Landgericht Landshut E 635 455
Maximilianstraße 22, 84028 Landshut
T (08 71) 84-0, Kurzwahl 70 99-0
Telefax (08 71) 84-4 62
1 Pr, 1 VPr, 9 VR, 12 R

Präsident

Prof. Anders, Fritz	1. 2.86	29. 5.35

Vizepräsident

Heinrichsen, Claus	—	—

Vorsitzende Richterin/Vorsitzende Richter

Hahn, Alfred	1. 6.79	26.11.34
Weiß, Peter	1.11.80	8.11.40
Lorenz, Christian	1.12.87	19. 8.40
Fuchs, Johann	1. 9.88	29. 9.46
Pflügler-Wörle, Alexandra	1.10.88	19. 3.43
Yblagger, Heinz	1. 3.92	25. 6.42
Dr. Beer, Hubert	1.12.92	18. 8.49
Bohmann, Claus	1.12.93	24. 7.38
Dobler, Gottfried	1.10.94	24. 5.41

Richterinnen/Richter

Fey, Eveline, ½	1. 5.76	26. 6.45
Larasser, Eugen	1.12.80	15. 6.48
Biegelsack, Horst, abg.	1. 9.87	13.10.56
Schuster, Gabriele	15.11.87	1.11.56
Beck-Weber, Antonie, ¾	—	—
Dr. Bernert, Maria		
Luise, ¾	1. 1.89	2. 7.58
Fläxl, Rainer	1. 1.91	16. 7.59
Riedmann, Norbert	15. 3.91	9. 3.60
Lattau, Marion	1. 4.91	26. 3.60
Freutsmiedl, Georg	1. 7.91	10. 9.59
Schramm, Walter	1.12.91	25. 4.60
Pöhlmann, Peter	1. 4.92	2.11.59
Dr. Scherer, Josef	1. 5.92	5. 4.61
Ochs-Sötz, Gerhard	1. 5.92	18. 3.62
Hense, Thomas	1.11.92	24. 7.62
Brümmer, Markus, abg.	17. 9.93	31. 1.62
Bartel, Wolfgang	1. 2.94	15. 4.59
Melzer-Wolfrum, Erika	1. 4.94	26. 3.63
Bruneß-Richter,		
Irmgard, ½	—	—
Suttner, Bernhard	—	—

BY OLG-Bezirk München   LG-Bezirk Memmingen

Amtsgerichte

Eggenfelden E 114 798
Feuerhausgasse 12, 84307 Eggenfelden
T (0 87 21) 7 77-0, Kurzwahl 70 51-0
Telefax (0 87 21) 7 77-39
1 Dir, 1 stVDir, 4 R

Doppelhammer, Wolfram, Dir	1. 3.85	24. 1.40
Dr. Lichtnecker, Franz, stVDir	1. 9.85	20. 9.51
Schötz, Paul	16. 4.69	15. 4.35
Ritzer, Josef	1. 9.84	22. 2.52
Nagl, Jakob	1.11.84	11. 2.53
Kastner, Rudolf	12.12.90	16. 7.59

Erding E 103 512
Münchener Straße 27, 85435 Erding
T (0 81 22) 4 00-0, Kurzwahl 70 53-0
Telefax (0 81 22) 4 00-23
1 Dir, 1 stVDir, 6 R

Belling, Horst, Dir	1.11.94	9. 4.39
Schmidt, Jürgen, stVDir	1.11.94	30. 1.49
Semmer, Winfried	—	—
Dimbeck, Franz Xaver, abg.	—	—
Jacksch-Wittmann, Birgit, beurl.	1. 3.88	8. 3.56
Grimm, Wolfgang	1. 3.90	29. 4.59
Köstler, Gerhard	1. 3.92	3. 8.61
Schmidt, Angela	10. 4.94	7.12.63

Freising E 139 474
Domberg 20, 85354 Freising
T (0 81 61) 1 80-01, Kurzwahl 70 58-0
Telefax (0 81 61) 1 80-2 35

Zweigstelle in Moosburg a.d. Isar
Herrnstraße 16, 85368 Moosburg a.d. Isar
T (0 87 61) 3 51, Kurzwahl 71 15
Telefax (0 87 61) 15 52
1 Dir, 1 stVDir, 8 R

Gleixner, Martin, Dir	1.12.95	4. 3.43
Dihm, Hartmut, stVDir	1.12.95	26. 8.44
Klarner, Klaus-Peter	16.10.69	26. 2.37
Miosga, Gerald	2. 3.73	17.10.40
Michael, Gerhard	1. 7.77	8. 2.42
Freiherr von Feilitzsch, Christoph	1. 6.78	29. 4.47
Lachner, Herbert	1. 7.79	13. 4.48
Bocci, Gudrun	1. 4.89	3.12.55
Dr. Wiringer-Seiler, Ulrike, ½	—	—
Miksch, Beate	1. 1.90	20. 6.58

Landau a.d. Isar E 86 180
Hochstraße 17, 94405 Landau a.d. Isar
T (0 99 51) 70 87, Kurzwahl 70 97
Telefax (0 99 51) 83 10
1 Dir, 4 R

Kobor, Helmut, Dir	1. 8.91	19.12.41
Meisenberg, Irmgard	16. 5.76	22. 1.43
Melz, Uwe	1. 7.76	13. 2.45
Stürzl, Otto	1. 8.78	6. 9.45
Schratzenstaller, Josef	1.11.93	4.10.61

Landshut E 191 491
Maximilianstraße 22, 84028 Landshut
T (08 71) 84-0, Kurzwahl 70 99-0
Telefax (08 71) 84-2 67
1 Dir, 1 stVDir, 12 R

Baumann, Joachim, Dir	1. 6.79	25. 3.37
Hölzlein, Manfred, stVDir	1.11.84	29. 4.42
Wagner, Heinrich	1. 6.70	6. 3.38
Zoepf, Bernhard	16. 6.71	21. 9.36
Maurer, Rupert	16. 3.75	23. 9.43
Reiter, Heinz	16. 3.75	28. 1.45
Kaletta, Hans	1. 1.78	5. 8.47
Hild, Elfriede	20.10.78	15. 1.47
Wichorski, Andreas	1. 6.79	1. 7.47
Templer, Wolfgang	1. 6.80	11. 9.48
Kreilinger, Bernhard	16. 5.82	10. 1.51
Feichtinger, Bruno	1.11.82	12. 5.51
Suttner, Renate, beurl.	1. 7.87	22. 5.57
Reindl, Gottfried	1. 9.93	10. 7.59
Hutsch, Stefan	1. 4.94	3. 3.63

Landgerichtsbezirk Memmingen

Landgericht Memmingen E 445 151
Hallhof 1 + 4, 87700 Memmingen
T (0 83 31) 1 05-0, Kurzwahl 71 09-0
Telefax (0 83 31) 1 05-1 99
1 Pr, 1 VPr, 4 VR, 9 R

Präsident

Stadler, Werner	1. 9.85	12. 2.38

Vizepräsident

Falckenberg, Stefan	16.11.92	18.10.41

Vorsitzende Richter

Dr. Worm, Manfred	1.12.85	3. 6.40
Plaas, Karl Arnd	—	—
Stoffel, Alfred	1. 4.91	17. 2.42
Deglmann, Karl	1. 3.93	5. 2.43

LG-Bezirk München I   OLG-Bezirk München   **BY**

Richterinnen/Richter

Dr. Kirchknopf, Klaus	16. 7.76	15.10.43
Helms, Götz	16. 7.77	16. 3.45
Melzer, Heinrich	1. 2.80	22. 7.50
Schurer, Sebastian	1.10.80	4. 7.49
Herrmann, Markus	15.11.82	14. 6.50
Dr. Ulbrich, Clemens	1. 4.83	27.10.52
Fenster, Beate	1. 6.84	21. 2.54
Egger, Reiner	—	—
Merk, Gabriela, ½	1.12.89	18. 1.58
Mengele, Monika, ½	—	5. 1.55

Amtsgerichte

Günzburg E 118 837
Schloßplatz 3, 89317 Günzburg
T (0 82 21) 9 08-0, Kurzwahl 70 69-0
Telefax (0 82 21) 9 08-1 00
1 Dir, 1 stVDir, 7 R

Münsterer, Volker, Dir	1.10.87	23. 8.40
König-von Sperl, Gerda, stVDir	—	—
Wurm, Hansjörg	9.10.78	7.11.43
Schöler, Gisbert	1. 3.82	17. 6.48
Seitzer, Peter	1. 7.82	6. 3.53
Groß, Roland	1. 7.83	5.10.53
Mörrath, Klaus	1.11.86	1. 4.56
Henle, Walter	1.10.88	16. 3.57
Huber, Christian, (weiteres Richteramt beim AG Neu-Ulm)	—	11. 8.62

Memmingen E 169 940
Buxacher Straße 6, 87700 Memmingen
T (0 83 31) 10 5-0, Kurzwahl 71 09-1
Telefax (0 83 31) 10 5-2 45
1 Dir, 1 stVDir, 10 R

Dimmling, Hermann, Dir	1. 8.88	24.10.42
Heinrich, Axel, stVDir	1. 2.94	26. 2.45
Wendland, Ute	1. 6.70	6. 1.38
Dr. Göppner, Klaus	1.10.74	5.10.43
Bochum, Rüdiger	1. 1.75	14. 9.41
Bischoff, Günther	16.11.76	15. 9.43
Erhardt, Dietrich Jakob	15. 5.82	7.11.52
Castell Frhr. von, Franz	1.11.84	26. 5.53
Krause, Herbert	—	—
Mock, Reinhold	1.11.87	3.12.56
Klotz, Dieter	—	—
Roßdeutscher, Barbara	—	—

Neu-Ulm E 156 374
Schützenstraße 17, 89231 Neu-Ulm
T (07 31) 7 07 93-0, Kurzwahl 71 23-0
Telefax (07 31) 7 07 93-38

Zweigstelle in Illertissen
Schloßgebäude Nr. 2, 89257 Illertissen
T (0 73 03) 30 94, Kurzwahl 70 79
Telefax (0 73 03) 4 25 36
1 Dir, 1 stVDir, 9 R

Leitzke, Ulrich, Dir	1.10.91	19. 9.38
Krogull, Heinrich, stVDir	1. 1.92	21. 7.37
Keller, Heinz	16.10.69	8.11.39
Neukirch, Horst	1.12.70	17.12.39
Schreiber, Werner	—	—
Martini, Johann-Christoph, abg.	16.10.80	14.11.50
Kummert, Werner	1. 6.81	2. 3.52
Steiner, Ursula	1. 8.89	10. 4.58
Lang, Bernhard	1. 9.90	2. 7.60
Dr. Veit, Markus	1.10.91	24. 2.56
Schroth, Markus	—	18. 5.61

Landgerichtsbezirk München I

Landgericht München I E 1 518 616
Prielmayerstraße 7, 80097 München
T (0 89) 55 97-03
Telefax (0 89) 55 97-29 91
1 Pr, 1 VPr, 71 VR, 94 R

Präsidentin

Huther, Edda	1. 3.96	3. 2.40

Vizepräsident

Selk, Peter	1. 3.96	13. 4.39

Vorsitzende Richterinnen/Vorsitzende Richter

Wendel, Rüdiger	1. 5.73	15.11.32
Dr. Weitl, Albert	1.11.74	25. 7.35
Winter, Georg	1. 6.75	9. 9.34
Dr. Fuchs, Johann	1. 6.75	25. 9.35
Gudian, Ingo	1.10.75	4. 7.36
Fuchs, Armin	1.11.75	21. 2.34
Kaiser, Hermann	1. 2.76	29. 1.36
Mugler, Fritz	1. 2.76	21. 7.38
Hofmann, Franz	1. 4.76	5. 3.35
Lamm, Manfred	1. 4.77	25. 2.36
Roßmann, Ernst	16. 8.77	4.12.35
Dr. von Pelet-Narbonne, Ernst Helmut	16.10.77	27. 8.34
Alert, Heinz	—	—
Seifried, Karlheinz	—	—
Thomma, Hans	16. 9.78	28.11.37
Dr. Gerst, Klaus	1.11.78	14. 7.38
Wenning, Wilhelm	1.12.78	10.11.36
Kunert, Helge, abg.	—	—
Schäfer, Friedrich	15. 2.80	17. 7.37

87

BY OLG-Bezirk München — LG-Bezirk München I

Name	Datum 1	Datum 2
Müller, Ferdinand	1. 9.80	21. 7.36
Heuberger, Egon	1.11.80	22. 3.35
Lautenschlager, Klaus	1. 4.81	24. 7.37
Färber, Günther	1. 7.81	26. 2.40
Weiß, Rainer, beurl.	1.10.81	7. 8.39
Thoß, Lothar	1.10.82	11. 2.35
Walter, Sibylle	1.12.82	7. 5.40
Adams, Manfred	—	—
Dr. Bachmann, Veit	1. 1.83	27.11.38
Dr. Melchior, Hans-Günter	1. 6.83	30. 7.39
Schmitt, Norbert	1. 7.83	28.12.39
Deyhle, Georg	16. 7.83	21. 1.39
Steiner, Beatrix	16.10.83	1. 3.38
Dr. Aschauer, Walter	1. 1.84	13. 7.38
Lante, Klaus-Peter	1. 3.84	19. 8.38
Ottmann, Ludwig	1. 3.84	4.12.40
Dr. Hanreich, Jürgen	1. 5.84	2. 3.42
Schlicht, Peter	1. 6.84	9. 2.40
Heiss, Eberhard	1. 9.84	5. 3.40
Dr. Dillinger, Peter	1. 9.84	6. 4.40
Dr. Streicher, Karl Ludwig	1. 7.85	15. 5.44
Dr. Ernst-Moll, Jürgen	1.12.85	14. 9.40
Berndl, Erich	1.12.85	16. 8.41
Hundhammer, Alois	—	—
Dr. Bremer, Bernd	—	—
Kling, Werner	1. 6.86	26. 7.40
Wahl, Wolfgang	1. 9.86	12. 9.42
Schmid, Hans Karl	1. 8.87	12. 5.43
Dr. Krapf, Eduard	—	—
Dr. Ember, László	1.11.87	30. 7.37
Rabl, Wolfgang	1. 8.88	10. 2.38
Sporrer, Helmut	1. 8.88	17. 2.40
Dr. Krapf, Herbert	1.10.88	9. 1.42
Müller, Heinz	1. 1.89	1.12.41
Dr. Graf, Hans Lothar	—	—
Keßler, Knut	10. 7.89	5.11.40
Krumbholz, Helmut	1. 9.89	25. 9.39
Florentz, Verena	1. 9.89	10.12.41
Dr. Königshöfer, Ulrich	1.11.89	12. 4.43
Kleiner, Roland	1. 6.90	23.10.36
von Behr, Burchard	15. 6.90	18.11.42
Osterkamp, Volker	1.10.90	26. 3.40
Simper, Wolfgang	1. 7.93	1. 7.48
Zwirlein, Rainer	1. 8.93	28. 2.51
Seifert, Ingeborg	—	—
Puszkajler, Karl Peter, beurl.	1. 1.94	21. 9.47
Dr. Meyer, Manfred	1. 3.94	10. 9.43
Dr. Lieber, Helmut	16. 5.94	31. 5.44
Wiegand, Wolf-Stefan	1.11.94	19. 1.51
Dr. Pehle, Alexander	1. 1.95	29.12.40
Hecker, Volker	1. 1.95	27. 4.42
Ulrich, Werner	1. 1.95	24. 9.44

Richterinnen/Richter	Datum 1	Datum 2
Brugsch, Vera	16.11.66	11. 7.35
Korf, Jürgen	1.11.67	8. 2.36
Hopfensperger, Georg	1.11.68	22. 3.37
Glatz, Hans	16.11.68	2. 3.39
Eggers, Götz	1. 7.69	23. 1.39
Welcker, Claudia	1.11.69	13. 8.38
Söllner, Walter	1.12.69	21. 2.35
Seiferth, Josef	—	—
Dr. Scholz-Mantel, Heidemarie	1. 1.71	10.10.40
Blasi, Friedrich, ½	1. 4.71	27. 8.37
Vanoni, Volker	1. 7.71	27. 9.39
Uhl, Edgar	1. 8.71	5.10.40
Mühlberger, Johann	—	—
Koslowski, Hans Joachim	—	—
Dr. Venzlaff, Friedrich	1. 3.72	12. 4.36
Dr. Schwab, Sigrid	—	—
Wieser, Sylvia	—	—
Serini, Carolyne	—	—
Gattinger, Herbert	1. 6.73	4. 3.41
Schröder, Albrecht	1.10.73	5. 9.38
Wild, Herbert	1.10.73	7. 2.43
Sturm, Adolf Dieter	16.10.73	9. 7.34
Dr. Niklowitz, Gerhard	—	—
Krebs, Susanne, ½	—	—
Dr. Mießner, Paul-Friedrich	—	—
Dr. Schärtl, Heinz	1.10.74	22.12.42
Clos, Hanspeter	1.10.74	20.12.44
Tenzer, Peter Paul	—	—
Riehl, Richard	1.12.74	9.11.42
Monot, Waltraud	1. 1.75	18. 5.41
Fiedler, Bertram	1. 4.75	7.11.41
Weber, Gerhard	1. 4.75	25. 9.44
Tüting, Alfred	—	—
Petersen, Sigrid	16. 5.75	15. 2.42
Kniehl, Claudia	—	—
Leibl, Horst	1. 7.75	27. 3.35
Eikmann, Doris, abg.	—	—
Bodenburg, Gerold	1. 9.75	4. 7.44
Schott, Peter	1.10.75	17. 6.45
Dr. Scherer, Alfred, abg.	1.11.75	13. 9.44
Dr. Scharff, Johann-Justus	1.12.75	4. 4.34
Bergler, Wolfgang	1. 1.76	13. 6.41
Wallner, Franz	—	—
Gastroph, Maria-Luise	—	—
Dr. Appoldt, Friedrich	1. 7.76	21. 8.44
Herzog, Michael	11. 3.77	7. 9.42
Marek, Helga	16. 5.77	12. 2.44
Halder, Rudolf	—	—
Sonnabend-Sies, Renate, ½	1. 1.78	6. 2.48
Erler, Herbert	—	—
Dr. Bogner, Wilhelm	1.10.78	21. 7.48
Dr. Aschenbrenner, Christa	—	—

LG-Bezirk München I			OLG-Bezirk München		**BY**

Name	Geb.	Dienst
Glück, Christine	16.10.78	11. 7.46
Kaess, Thomas	16.10.78	18. 6.47
Lutzenberger, Heinrich	1.11.78	15. 4.47
Knöringer, Huberta	1.11.78	31.10.47
Genest, Hildegard, ½	11.11.78	28. 3.48
Falkenberg, Gabriele, ½	2. 2.79	1.11.49
David-Meißner, Bettina, ½	—	—
Rauschenbach, Wolfgang	1. 5.82	5. 7.51
Wagner, Brigitte, ½	15.10.82	4. 2.51
Thiermann, Alexandra	1.11.82	30. 4.53
Wenz, Helmut, ½	1. 1.83	19. 3.52
Hinner-Kärtner, Maria	—	—
Glocker, Elisabeth, ½	16.10.83	5. 7.54
Kustermann, Ilse, ½	1.11.84	28. 7.54
Wimmer, Richard	1. 3.85	6. 5.54
Bauer, Ulrike	14. 6.85	11. 6.55
Weber, Harriet, ½	15.10.85	22.12.53
März-Lehmann, Michaela, ½, beurl.	1.12.85	28. 6.53
Lorenz, Alois	1. 4.86	14.10.54
Dr. Steinlehner-Stelzner, Birgitta	1. 6.86	10. 1.56
Bischoff, Stefan	1.12.86	16.10.53
Berger-Ullrich, Cornelia, ½	15.12.86	2. 4.56
Lemmers, Peter, abg.	18. 5.87	31. 3.55
Mickat, Klaus	1. 8.87	7. 3.56
Seebacher, Hannes	1. 8.87	2. 7.57
Pfaller, Josef	1.10.87	24. 1.56
Redetzki, Joachim, abg.	1. 1.88	28. 3.56
Dr. Steiner, Thomas	1. 1.88	14. 6.57
Retzer, Konrad	—	—
Mai, Ralf Torsten	1. 7.88	4. 6.56
Lehner, Robert	1.12.88	26. 2.57
Widera, Angelika, ½	28. 2.89	19. 1.57
Kerscher, Ingrid, ½	—	—
Wankner, Elisabeth, beurl.	1. 5.89	24. 5.58
Engel, Judith, ½	14. 5.89	16. 2.55
Zepeck-Zimmermann, Helga	1.10.89	26. 8.47
Tischler, Franz	1.10.89	24.10.57
Dr. Schmidt, Andrea, ½	1.11.89	23. 1.59
Kurzweil, Elisabeth	1.12.89	5. 2.57
Boie, Peter	—	—
Dr. Kartzke, Ulrich	1. 8.90	2. 6.58
Rieger, Hans-Jörg, abg.	6. 8.90	27. 2.58
Nieder, Gerlinde	17. 8.90	19. 8.59
Kohler, Anna, beurl.	1. 1.91	18. 6.56
Cassardt, Gunnar	1. 1.91	6. 8.59
Reiter, Gabriele, ½	1. 1.91	30. 5.60
Weitnauer, Christina, ½	1. 1.91	28. 8.60
Holzmann, Maria	1. 1.91	24. 9.60
Marill, Ulrike	1. 2.91	8.12.57
Hastreiter, Ludwig, ½	1. 6.91	11.12.58
Knittlaus, Auguste, ½	1. 7.91	17. 3.57
Dr. Delonge, Franz	1. 8.91	13. 5.57

Name	Geb.	Dienst
Forstner, Jutta, ½	—	—
Noll, Peter, abg.	—	—
Hock, Stephan	1.10.92	18. 7.60
Clementi, Barbara, abg.	15. 4.93	19. 7.62
Zitzmann, Thomas	1.10.93	4. 7.62
Dahmen, Claudia	2.11.93	
Dr. Stackmann, Nikolaus	1. 5.95	1. 2.59
Peuchert, Beate	1. 3.95	30. 3.65
Gessert-Pohle, Adelinde, ½	—	8. 1.59
Gräfin von Keyserlingk, Maud, ½	—	15. 3.59
Kratzer, Rita, ½	—	5. 7.49
Odersky, Michaela	—	6. 3.61

Amtsgericht

München E 1 518 616
Pacellistraße 5, 80315 München
T (0 89) 55 97-06
Telefax (0 89) 55 97 35 74
1 Pr, 1 VPr, 17 w.aufsR, 178 R

Präsident

Edenhofer, Wolfgang	1. 12.95	10. 8.40

Vizepräsident

Amelung, Wolf-Henner	1. 5.93	11. 7.39

weitere aufsichtführende Richterinnen/Richter

Dr. Schlemmer, Hans	1. 1.78	26.12.35
Dr. Scherer, Wiltrud	1.10.78	25.12.37
Bomba, Hans-Joachim	1. 2.79	24. 5.34
Görlach, Nikolaus	1. 9.80	10.11.39
Joachimski, Jupp	1. 2.82	10. 9.42
Dr. Hill, Wolfgang	1. 4.85	8. 3.39
Säugling, Theodor	1.10.89	16. 1.43
Thalheim, Jürgen	1. 7.90	13.10.42
Pfeifer, Siegfried	1. 8.90	25. 8.41
Billner, Fritz	10. 4.92	3. 5.48
Dr. Willer, Heinz	1. 5.93	2.10.45
Messner, Olaf	1. 6.93	24. 5.43
Mecklinger, Karl Heinz, abg.	1. 7.93	1. 2.45
Ruthmann, Hermann Josef	1. 1.94	22. 5.38
Dr. Bußmann, Erich	1.11.94	11.11.43
Krach, Josef	1.11.94	30. 1.50
Fischer, Marlies	1. 3.95	2. 5.43

Richterinnen/Richter

Achilles, Adolf	1. 6.64	16. 4.32
Gottschalk, Friedrich	1. 5.65	8.12.33
Dr. Reichenberger, Willy	28. 6.66	26. 3.35
Ruckdäschel, Johann	16.10.67	12.12.36
Manhardt, Alois	1. 2.68	17.11.36

BY OLG-Bezirk München — LG-Bezirk München I

Name		
Bader, Hans	—	—
Voigt, Jürgen	1. 11. 69	9. 12. 39
Schlude-Fröhling, Ingeborg	1. 1. 70	15. 5. 37
Lenz-Frischeisen, Helma	16. 1. 70	1. 8. 39
Deyhle-Biermann, Ute	1. 2. 70	6. 6. 37
Jung, Gudrun	1. 7. 70	6. 6. 38
Unverhau-Hassold, Gertraud	1. 12. 70	7. 12. 39
Violet, Manfred	1. 3. 71	5. 9. 38
Rauner, Werner	—	—
Schneider, Heidemarie, ½	1. 6. 71	25. 9. 42
Schaefer, Gerhard	1. 5. 72	25. 11. 37
Stoeckle, Klaus	—	—
Mebs, Helmut	1. 10. 72	26. 4. 43
Garke, Jörg	—	—
Paul, Herbert	1. 6. 73	8. 1. 40
Schömmer, Hans Peter	1. 10. 73	19. 11. 40
Schmid, Brigitte, abg.	—	—
Schlüter, Dietrich	1. 3. 74	17. 6. 41
Anke, Bernd	—	—
Pinter, Ulrich	1. 10. 74	2. 7. 43
Naumann, Frieder	1. 10. 74	23. 9. 43
Nehm, Birgit, ½	11. 10. 74	26. 7. 44
Haß, Regina	—	—
Dr. Schulz, Werner	1. 12. 74	22. 1. 41
Schilling, Bernd	1. 12. 74	15. 4. 42
Dr. Scholz, Gangolf	1. 2. 75	3. 1. 41
Dr. Kreutzer, Hartmut	—	—
Weimann, Johann	1. 4. 75	5. 3. 42
Schauer, Franz	1. 4. 75	31. 3. 43
Mehlhorn-Hamel, Gerd	1. 5. 75	9. 7. 43
Stiasny, Walter	1. 6. 75	3. 3. 39
Mallow, Eberhard	—	—
Campbell, Bert	16. 6. 75	6. 4. 43
Forster, Wolfram	—	—
Zellhuber, Gudrun	—	—
von Eggelkraut-Gottanka, Benedikt	18. 9. 75	11. 9. 45
Bauer, Frauke	1. 10. 75	13. 4. 43
Zeilinger, Walter	1. 10. 75	6. 7. 43
Wiesmüller, Frauke	16. 10. 75	9. 12. 42
Dr. Milhahn, Ilsabe, ½	16. 10. 75	13. 11. 44
Orlin, Ralph	16. 10. 75	2. 4. 45
Wickop, Franz	31. 10. 75	26. 8. 43
Rath, Anna-Katharina	1. 11. 75	31. 10. 43
Fehlhammer, Elisabeth	16. 1. 76	3. 5. 43
Strehlow, Rainer	16. 3. 76	11. 7. 44
Prof. Dr. Dr. Kaufhold, Hubert	1. 4. 76	19. 3. 43
Dr. Bender, Joachim	1. 4. 76	26. 3. 43
Winter, Ulf	1. 5. 76	4. 10. 41
Frischeisen, Elmar	1. 5. 76	17. 9. 42
Zischka, Herbert	1. 7. 76	10. 11. 42
Hoffmann, Stefan, abg.	—	—
Burkhardt, Gottfried	2. 7. 76	15. 6. 44
Herrmann, Horst	1. 8. 76	1. 10. 43
Dr. Fellmann, Gabriele	1. 10. 76	15. 7. 45
Heininger, Liselotte	16. 10. 76	21. 8. 41
Scheffels, Klaus	16. 10. 76	17. 8. 42
Swertz, Horst	—	—
Dr. Ernst, Ludwig	16. 10. 76	17. 2. 45
Achinger, Annemarie, abg.	16. 10. 76	23. 2. 45
Miehler, Christine	—	—
Haase, Wolfgang	—	—
Ege, Volker	—	—
Henkel, Friedrich	—	—
Suffner, Jürgen	1. 1. 77	19. 8. 44
Grossmann, Gerhard	1. 1. 77	8. 3. 45
Schmid, Reinhard	1. 1. 77	25. 5. 45
Römmelt, Dieter	24. 4. 77	29. 3. 43
Klein, Roland	1. 5. 77	27. 10. 43
Zehetbauer, Lothar	1. 5. 77	11. 2. 45
Bogner, Peter	1. 5. 77	7. 10. 45
Wagner, Paul	—	—
Maier, Günter-Werner	16. 5. 77	5. 10. 46
Eben, Christine, ½	—	—
Brackmann, Gerhard	1. 6. 77	4. 7. 47
Harmann, Maria-Anna	1. 7. 77	14. 11. 43
Klasing, Hans Joachim	1. 7. 77	14. 4. 47
Gründl, Franz Xaver	—	—
Voß, Rudolf	1. 11. 77	9. 7. 45
Hillenmeyer, Rudolf	—	—
Dr. Seidl, Helmut	9. 12. 77	16. 5. 48
Sonnabend, Klaus-Jürgen	16. 12. 77	29. 3. 48
Hubbert, Wilhelm	1. 1. 78	16. 8. 44
Pöppel, Gerard	1. 1. 78	21. 4. 46
Knoll-Künneth, Christa	—	—
Ottmann, Christian	12. 5. 78	25. 3. 48
Helbig, Hans Wolfgang	16. 5. 78	27. 11. 47
Gans, Heino, abg.	1. 6. 78	14. 11. 44
Kobel, Herbert	1. 6. 78	17. 5. 46
Schneider, Guntram	—	—
Lutz, Eva, ½	1. 6. 78	28. 7. 48
Kurka, Dorothee	1. 7. 78	30. 6. 47
Wetekamp, Axel	—	—
Scheipl, Gabriele	1. 8. 78	28. 2. 45
Straßmeier, Paul	1. 11. 78	14. 1. 48
Lebert, Christian	1. 11. 78	5. 3. 48
Nowotny, Friedrich	1. 12. 78	18. 12. 45
Rank, Hans	1. 1. 79	24. 9. 47
Bachmeier, Werner	1. 4. 79	13. 2. 47
Anders-Ludwig, Luise	1. 7. 79	9. 10. 46
Weber, Armin	1. 7. 79	5. 12. 47
Schuldes, Wolfgang	1. 8. 79	7. 7. 47
Tourneur, Detlef	1. 12. 79	22. 8. 48
Jörg, Klaus-Peter	1. 12. 79	24. 3. 49
Hieronymus, Gert	16. 4. 80	3. 11. 47
Fiebig, Klaus, abg.	20. 5. 80	15. 7. 50
Wolferstätter, Werner	1. 7. 80	7. 1. 48
Gräfin von Ballestrem, Sophie	1. 7. 80	13. 5. 51

LG-Bezirk München II   OLG-Bezirk München   **BY**

Name		
Schwarz-Angele, Eva Maria	15. 9.80	31. 8.49
Schretter, Ingrid	—	—
Reichert, Gabriele	—	—
Wunderlin, Dorothea	1.10.80	8. 4.51
Eder, Rotraud, ½	1.10.80	15. 6.51
Feistkorn, Robert	—	—
Hübel, Kurt	1. 2.81	16.10.48
Datzmann, Rosi	1. 5.81	26. 3.51
Madlindl, Rolf-Dieter	29. 6.81	19. 2.48
Steigenberger, Hans-Ullrich	1. 7.81	15.12.49
Gemählich, Gabriele, ½	—	—
Meiche, Rosemarie	1.11.81	14. 8.44
Farnbacher, Thomas	1.11.81	8. 9.50
Dr. Klein, Gerhard	—	—
Torka, Doris	1. 6.82	28. 9.50
Schröder, Gertrud, ½	1. 6.82	14. 6.51
Unnützer, Wolfgang	1. 6.82	24.10.51
Lerch, Hermann	1. 6.82	26. 4.52
Schmitz, Gerd	1. 6.82	30. 9.53
Opitz-Bergmaier, Jutta	—	—
Axhausen, Petra, ½	1. 7.82	24. 4.52
Hellwig, Elisabeth, ½	1.12.82	2. 4.52
Fischer, Elisabeth, ½	—	—
Schenk, Florian	1. 6.83	12. 5.39
Melder, Werner	—	—
Trapp, Sibylle	16.10.83	11.12.54
Senft, Oskar	—	—
Groll, Ulrike	—	—
Dr. Biberacher, Johann-Georg	—	—
Kolber-Wucherer, Juliane, ½, beurl.	9.10.84	19. 5.54
Weiß-Stadler, Irmengard, beurl.	1.11.84	31. 7.55
Mayer, Rudolf	1. 3.85	25. 8.50
Benzler-Herz, Verena, ½	1. 7.85	15. 1.55
Anke, Claudia	—	—
Dr. Bandemer, Dagmar	—	—
Biedler von Bessenyö, Ulla	1. 7.86	20.12.55
Brunn, Birgit, beurl.	1. 7.86	12. 3.56
Landgraf, Jörg	1. 8.86	10. 9.55
Stelzner, Thomas	1. 8.86	19.10.55
Broich, Marie-Luise, ½, beurl.	1. 8.86	23.11.55
Gawinski, Wolfgang	1.10.86	9. 5.55
Weber, Dirk	—	—
Bär, Raimund	—	—
Benesch, Birgit	1. 7.87	17. 5.56
Zeilinger, Jutta	1.10.87	21.10.54
Königshöfer, Eva	1.10.87	12. 3.55
Gottstein, Michael	—	—
Gerhardinger-Stich, Anna	1. 2.88	25. 8.53
Kirchinger, Stephan	1. 4.88	8. 8.57
Aubele, Nicola	5. 4.88	27. 5.55
Kufner-Piser, Gisela	1. 7.88	11. 6.57
Bader, Ute, beurl.	18.11.88	3. 3.58
Simon, Gerhard	1.12.88	3. 7.57
Schalkhäuser-Rittweger, Vera, ½	—	—
Jonasch, Brigitte	14. 3.89	22. 2.55
Polack, Sybille	29. 3.89	3. 9.58
Dr. Markwardt, Angelika, ½	1. 1.89	14. 7.49
Hemmerich-Schöpf, Susanne	1. 4.89	2.12.58
Kretzschmar, Ludwig	14. 4.89	6. 9.57
Roßgoderer, Ingrid	1. 5.89	7.10.57
Berg, Christian, ¾	1. 8.89	6. 1.58
Dr. Beyerle, Peter	1.10.89	30. 5.58
Dr. Pollinger, Andreas	1.10.89	22. 9.58
Jung, Thomas	1.12.89	13.12.58
Sehlke, Manfred	1.12.89	26.12.58
Forstner, Andreas	1. 1.90	18.10.57
Hümmer, Beate	1. 1.90	4. 8.58
Musiol, Matthias	1. 1.90	14. 3.59
Fischer, Silvia, ¾	—	—
Dr. Schmid, Jürgen	1. 6.90	10. 1.60
Freund, Herbert	1. 7.90	2. 7.58
Kempf, Elisabeth	1. 7.90	16. 2.59
Redl, Gabriele	1. 8.90	19. 4.58
Götz, Isabell, ½, beurl.	1.10.90	25.10.57
Fey, Sibylle, abg.	1.12.90	14. 9.60
Kugelmann, Brigitte	1. 1.91	26. 1.61
Holstein, Regina	10. 2.91	5. 4.59
Dudek, Wilfried	—	—
Gierschik, Franz	1. 4.91	22. 8.60
Beß, Konrad[1]	1. 4.91	2. 7.61
Schnorfeil, Arthur	1. 5.91	28. 8.55
Stubenvoll, Eugen	1. 6.91	15. 4.60
Horn, Walter	1.10.91	19. 2.59
Hartmann, Klaus, abg.	16. 1.92	23. 8.57
Scholz, Martin	1. 5.92	7. 6.59
Dachs, Hans-Joachim	1.10.92	19. 5.61
Dr. Brokamp, Michael	1.10.92	3. 7.62
Dr. Hock, Regina, ½	1.10.92	18. 1.63
Schmid, Klaus-Jürgen	1. 5.93	17. 3.63
Dr. Stark, Ernst	1.10.94	1. 3.63
Kaps, Ingrid	—	—
Paintner, Edith	1. 3.95	17. 5.62

Landgerichtsbezirk München II

Landgericht München II E 939 787

Denissstraße 3, 80335 München
T (0 89) 55 97-04
Telefax (0 89) 55 97 35 61 (Zivilkammern)
            55 97 48 95 (Strafkammern)
1 Pr, 1 VPr, 20 VR, 35 R

Präsident

Dr. Stocker, Karl Heinz	1. 2.94	8. 7.36

BY OLG-Bezirk München — LG-Bezirk München II

Vizepräsident

Schoener, Alexander	1.11.91	23. 3.40

Vorsitzende Richterinnen/Vorsitzende Richter

Dr. Kniffler, Karl	16. 2.75	24. 1.37
Gotschlich, Walter	1. 3.75	3. 9.34
Schreiber, Christian	16. 8.77	30.12.34
Poleck, Klaus	1. 9.77	17. 6.34
Rebhan, Klaus	1. 6.79	1. 7.38
Dr. Schemmel, Walter	1. 3.82	25. 3.41
Lehmann, Helmut	1.12.82	8.10.37
Gruber, Joachim	1. 1.83	19. 8.39
Kollmann, Walter	1. 7.83	30. 9.35
Reichel, Helma	1. 7.83	15. 5.38
Frisch, Norbert	1. 6.85	6.10.41
Roth, Frank	1.11.86	7. 6.38
Steck, Inge	1.10.87	5. 2.38
Schretter, Nikolaus	1.10.87	26. 2.40
Hauenstein, Rainer	—	—
Steinbichler, Richard	1. 3.88	3. 5.41
Frost, Christian	7. 1.91	3. 6.38
Sailer, Eberhard	1.12.93	4. 5.40
Dr. Walch, Lorenz	—	—
Stinner, Jürgen	1. 3.96	6. 1.44

Richterinnen/Richter

Stroebe, Ursula	16. 2.69	9. 1.37
Friedrich, Sabine	16. 6.71	22. 4.41
Sperling, Klaus	8. 1.74	15. 2.37
Baumgärtel, Dörte	1.10.74	20. 1.43
Gulitz-Hemmer, Christa	1.11.74	28.10.41
Kraemer, Manfred	1. 1.75	16. 2.39
Dr. Irsfeld-Müller, Anna-Margret	—	—
Halbritter, Gerhard	1.10.75	1. 5.44
Huttig, Helmut	1. 1.76	3. 4.44
Pfeilschifter, Gerhard	16. 3.76	5. 2.43
Lemke, Werner	1. 4.76	17. 4.45
Baumann, Harro	21.10.76	14. 7.43
Hintersaß, Hans-Jochen	1.11.76	13. 2.44
Golcher, Reinhard	1.12.76	31. 8.42
Sedlbauer, Hubert	1. 2.77	20. 1.46
Biedermann, Rainer	16. 4.77	13. 9.43
Zothe, Helmut	24. 8.77	25.10.44
Hügelschäffer, Helmut	9.12.77	15. 4.46
Dörner, Edgar, ½	1. 5.78	2. 8.44
Zindler, Bernhard	1. 9.78	20. 9.46
Pater, Wolf-Dietrich	1. 5.79	21.10.46
Falck, Nora, abg.	—	—
Augsberger, Wolfgang	15.10.81	29. 8.51
Dr. Reiter, Heinrich, LL.M.	1.12.81	18. 2.46
Braun, Brigitte, beurl.	—	—
Förschner, Klarissa, ½, beurl.	1.12.82	7. 9.51
von Zezschwitz, Sylvia, ½	1. 8.83	20. 5.48
Hoffmann-Kurzweil, Thomas	—	—
Dr. Spitzl, Thomas	1.12.85	3.12.54
Stähler, Rainer, abg.	1. 3.87	2. 6.42
Horvath, Johann, abg.	18. 5.87	27. 9.56
Meßner, Hans-Joachim	1. 7.87	24. 7.56
Friehe-Wich, Karin	1. 9.87	15.12.55
Dr. Mutzbauer, Norbert, abg.	—	—
Broßardt, Sigrun, ½, abg.	1. 7.88	2. 4.57
Ramspeck, Roland, abg.	1. 9.89	21. 2.58
Wittig, Wilfried	1. 8.91	27. 8.51
Ettenhofer, Joachim	1.12.91	4. 2.61
Voit, Thomas	1. 7.92	9. 9.58
Kersten, Christine	15. 1.93	29. 1.62
Baßler, Renate, abg.	2. 7.93	9. 3.62
Türk, Sabine	1.10.94	17. 9.64

Amtsgerichte

Dachau E 120 968
Schloßstraße 1, 85221 Dachau
T (0 81 31) 70 50, Kurzwahl 70 41-0
Telefax (0 81 31) 7 84 20
1 Dir, 8 R

Zausinger, Alfred, Dir	1.12.85	7. 9.41
May, Ewald-Frank	1. 5.75	2. 6.40
Dr. Wiesböck, Franz	—	—
von Engel, Roswitha	8. 7.77	9.12.44
Jelinek, Klaus	1. 8.82	22. 9.51
Specht, Gerhard	1. 2.84	7. 7.52
Anderl, Annemarie, ½, beurl.	1.10.89	23. 2.59
Schaffer, Martina	1. 7.92	2. 2.60
Schütte-Schmidt, Elisabeth	1. 2.93	19. 7.55

Ebersberg E 109 378
Bahnhofstraße 19, 85560 Ebersberg
T (0 80 92) 2 20 57, Kurzwahl 70 50
Telefax (0 80 92) 2 58 09
1 Dir, 7 R

Wittmann, Helmut, Dir	1.10.87	17.12.38
Schumann, Gabriele	1.12.68	13.10.38
Felzmann-Gaibinger, Angela	—	—
Dr. Rinck, Karin, ¾	1. 6.84	26. 3.54
Zeller-Kasai, Susanne	1. 1.89	26. 8.56
Räder-Roitzsch, Cornelia	—	—
Kaltbeitzer, Dieter	1. 7.91	9. 9.59
Kick, Otto Wilhelm	1. 9.92	19. 9.61

LG-Bezirk Passau   OLG-Bezirk München   **BY**

Fürstenfeldbruck   E 185 813
Stadelberger Straße 5, 82256 Fürstenfeldbruck
T (0 81 41) 51 10, Kurzwahl 70 61-0
Telefax (0 81 41) 51 11 59
1 Dir, 1 stVDir, 10 R

Dr. Hörberg, Walter, Dir	1. 4. 87	17. 1. 37
Müller-Ruffing, Karin, stVDir	1. 7. 89	6. 5. 39
Dr. Fuchs, Klaus	1. 1. 80	6. 11. 44
Schlüter, Franz	1. 7. 72	23. 5. 43
Todtenhöfer, Horst-Dieter	1. 12. 74	6. 5. 43
Höcherl, Ernst	1. 7. 76	25. 6. 44
Dr. Maly-Motta, Peter	2. 9. 77	7. 6. 43
Ullrich, Wolfgang	1. 12. 77	12. 3. 47
Heilmann, Eugen	1. 11. 78	4. 2. 48
Kappenschneider, Anton	1. 10. 80	20. 4. 50
Schütte, Christoph	1. 10. 88	17. 7. 58
Gäbhard, Gerhard	1. 6. 90	16. 9. 60

Garmisch-Partenkirchen   E 85 558
Rathausplatz 11, 82467 Garmisch-Partenkirchen
T (0 88 21) 5 41 52, Kurzwahl 70 66
Telefax (0 88 21) 5 81 21
1 Dir, 6 R

Körner, Gernot, Dir	1. 9. 84	6. 10. 39
Folger, Karin	—	—
Ehm, Rudolf	16. 8. 74	7. 9. 34
Klarmann, Dieter	18. 10. 74	9. 12. 43
Lippstreu, Detlef	1. 1. 76	8. 1. 43
Wilde, Christian	1. 7. 76	13. 1. 44
Pfluger, Paul Georg	1. 6. 84	13. 11. 53

Miesbach   E 88 665
Rosenheimer Straße 16, 83714 Miesbach
T (0 80 25) 20 04, Kurzwahl 71 13-0
Telefax (0 80 25) 57 20
1 Dir, 6 R

Hornthal, Jürgen, Dir	1. 7. 94	10. 6. 35
Knörr, Thomas	1. 10. 75	7. 9. 44
Jacobi, Guntram	8. 4. 77	7. 8. 44
Maixner, Bernd	1. 7. 79	3. 12. 43
Geißinger, Siegfried	1. 12. 80	28. 10. 47
Kugler, Max	1. 12. 88	1. 2. 48
Leitner, Walter	1. 7. 90	23. 12. 58

Starnberg   E 118 974
Otto-Gassner-Straße 2, 82319 Starnberg
T (0 81 51) 1 30 71, Kurzwahl 71 61
Telefax (0 81 51) 7 83 69
1 Dir, 1 stVDir, 8 R

Dr. Hummel, Dieter, Dir	1. 9. 73	23. 10. 34
Dr. Müller, Carl-Heinz, stVDir	1. 1. 94	5. 3. 36
Schleifenbaum, Hans-Joachim	1. 1. 68	28. 10. 35

Hruschka-Jaeger, Maria-Theresia, abg.	1. 8. 69	18. 7. 40
Leuschner, Peter, abg.	1. 7. 70	15. 12. 37
Dr. Reiß, Günter	16. 11. 70	10. 7. 39
Schrötter, Gerhard	1. 3. 72	19. 4. 41
Krautloher, Ehrentrudis	1. 1. 77	3. 4. 36
Plattner, Anneliese	1. 1. 78	14. 3. 48
Dr. Loesti, Christoph	1. 7. 78	21. 7. 46

Weilheim i. OB   E 119 978
Alpenstraße 16, 82362 Weilheim i. OB
T (08 81) 6 20 81, Kurzwahl 71 77-0
Telefax (08 81) 6 98 87

Zweigstelle in Schongau
Amtsgerichtsstraße 2, 86956 Schongau
T (0 88 61) 9 02 64, Kurzwahl 71 51
Telefax (0 88 61) 9 02 64
1 Dir, 1 stVDir, 7 R

Beer, Peter, Dir	1. 2. 96	18. 3. 40
Dr. Leutenbauer, Siegfried, stVDir	1. 3. 88	10. 1. 44
Poos, Günter	1. 3. 71	29. 5. 33
Kranner, Ludwig	1. 6. 76	18. 11. 44
Hiefner, Klaus	—	—
Schelle, Franz	1. 7. 78	26. 1. 47
Haindl, Helmut	—	—
Loose, Hans-Peter	1. 6. 83	3. 6. 51
Greger, Gabriele	—	—

Wolfratshausen   E 110 453
Bahnhofstraße 18, 82515 Wolfratshausen
T (0 81 71) 16 06-0, Kurzwahl 71 80-0
Telefax (0 81 71) 16 06 66
1 Dir, 6 R

Dr. Rebel, Klaus, Dir	1. 6. 79	3. 3. 38
Naumann, Kurt	1. 2. 71	1. 10. 40
Schrötter, Gisela	—	—
Fuchs, Karl	1. 11. 73	16. 6. 42
Preißler, Annelore	1. 5. 75	2. 9. 34
Schnaars, Günther, abg.	1. 5. 75	8. 8. 43
Eckermann, Dieter	16. 4. 76	16. 6. 46
Tacke, Hajo	1. 2. 90	3. 12. 57

Landgerichtsbezirk Passau

Landgericht Passau   E 313 253
Zengergasse 1–3, 94032 Passau
T (08 51) 3 94-0, Kurzwahl 71 35-0
Telefax (08 51) 3 94-1 12
1 Pr, 1 VPr, 4 VR, 8 R

Präsident

Ortner, Josef	1. 10. 91	27. 1. 35

BY OLG-Bezirk München　　　　　　　　　　　　　LG-Bezirk Traunstein

<table>
<tr><td colspan="5"></td><td>Härtl, Ernst, Dir</td><td>1. 3.85</td><td>6. 5.34</td></tr>
<tr><td colspan="5">Vizepräsident</td><td>Engshuber, Walter, stVDir</td><td>1.12.87</td><td>5. 9.37</td></tr>
<tr><td colspan="5">Prof. Dr. Zimmermann,</td><td>Dr. Grünberger, Klaus,</td><td></td><td></td></tr>
<tr><td colspan="3">Walter</td><td>1. 6.93</td><td>9. 4.41</td><td>w.aufsR</td><td>1.11.64</td><td>23.12.33</td></tr>
</table>

Vizepräsident
Prof. Dr. Zimmermann,
　Walter　　　　　　　　　1. 6.93　　9. 4.41

Vorsitzende Richter
Scherbel, Andreas　　　　　1. 4.83　　12. 9.40
Aigner, Franz Xaver　　　　1.10.87　　15. 2.32
Haberl, Ludwig　　　　　　　—　　　　—
Dr. Huber, Michael　　　　　1.10.93　　3. 4.49

Richterin/Richter
Dr. Niksch, Dieter　　　　　1.12.75　　15. 2.42
Zur, Reinhold M.　　　　　　—　　　　—
Fertl, Hermann　　　　　　　—　　　　—
Peter, Ralf　　　　　　　　1.12.86　　28. 3.56
Feiler, Walter　　　　　　　1. 4.89　　8. 1.58
Buhmann, Robert　　　　　　1. 6.89　　27. 1.54
Dr. Hartmann, Haymo,
　abg. zu ½　　　　　　　1.10.89　　18. 7.58
Hainzlmayr, Wolfgang　　　1. 1.90　　18.11.58
Dr. Ennser, Hans-Gerd　　　1. 4.93　　5. 5.59
Kraus, Claudia　　　　　　15. 6.93　　13. 7.62

Härtl, Ernst, Dir　　　　　　1. 3.85　　6. 5.34
Engshuber, Walter, stVDir　1.12.87　　5. 9.37
Dr. Grünberger, Klaus,
　w.aufsR　　　　　　　　1.11.64　　23.12.33
Hammer, Rudolf　　　　　　—　　　　—
Limmer, Godehard　　　　16. 2.69　　8. 5.38
Huber, Klaus　　　　　　　1. 4.71　　2. 8.41
Albrecht, Helmuth　　　　　1.12.71　　9.11.41
Haberl, Ute　　　　　　　16. 8.73　　24. 5.41
Scholz, Detlef　　　　　　　1.11.74　　26. 1.43
Spranger, Gerhard　　　　　3. 9.76　　6. 1.44
Böhmig, Tilman　　　　　　1.10.76　　23. 8.43
Preisinger, Willibald　　　　1. 1.78　　29. 4.43
von Helmersen, Alexander　1. 7.79　　4.11.45
Dr. Wastlhuber, Hans　　　1. 6.80　　10. 2.48
Hamann, Konrad　　　　　1.11.84　　12. 2.54
Fischer, Reinhard　　　　　1. 6.85　　26. 5.53
Krinner-Matula, Irene, ¾　　1.10.87　　3. 5.54
Lindemann, Christine, ½　　1.12.88　　17. 2.53
Heide, Rainer　　　　　　　1. 1.90　　19.12.58
Stein, Brigitte, beurl. (LSt)　1. 8.90　　9. 4.59
Scheungrab, Eva-Maria,　　1.10.92　　8. 4.61

Amtsgerichte

Freyung E 81 383
Geyersberger Straße 1, 94078 Freyung
T (0 85 51) 8 35, Kurzwahl 70 60
Telefax (0 85 51) 69 65
1 Dir, 4 R

Schachner, Josef, Dir　　　1. 1.94　　9.10.44
Schmidt, Günter　　　　　　1. 6.80　　5. 1.50
Schober, Georg　　　　　　1. 5.81　　9.10.50
Neubauer, Günter　　　　　1.12.90　　2. 8.60
Utz, Reinhard　　　　　　　—　　　　27. 5.61

Passau E 231 870
Schustergasse 4, 94032 Passau
T (08 51) 3 94-0, Kurzwahl 71 35-0
Telefax (08 51) 3 94-2 33

Zweigstelle in Rotthalmünster
Norbert-Steger-Straße 11, 94094 Rotthalmünster
T (0 85 33) 73 42, Kurzwahl 71 50
Telefax (0 85 33) 18 26

Zweigstelle in Vilshofen
Kapuzinerstraße 32, 94474 Vilshofen
T (0 85 41) 96 00-0, Kurzwahl 71 69-0
Telefax (0 85 41) 29 94
1 Dir, 1 stVDir, 1 w.aufsR, 15 R

Landgerichtsbezirk Traunstein

Landgericht Traunstein E 753 181
Herzog-Otto-Straße 1, 83278 Traunstein
T (08 61) 5 60, Kurzwahl 71 64-0
Telefax (08 61) 56-2 20
1 Pr, 1 VPr, 13 VR, 24 R

Präsident
Beck, Reinhard　　　　　　1. 4.86　　5. 5.32

Vizepräsident
Hess, Hermann　　　　　　1. 6.80　　15. 3.33

Vorsitzende Richter
Teetzmann, Hans　　　　　1. 2.72　　30. 3.34
Wächter, Josef　　　　　　1. 9.77　　6. 6.38
Dr. Hagenbucher, Karl
　Heinz　　　　　　　　　16. 7.80　　5. 4.40
Bauer, Franz　　　　　　　14. 6.82　　11.12.36
von Borstell, Ulfilas　　　　1. 8.82　　5. 7.36
Sattler, Hermann　　　　　1. 2.83　　27.12.40
Lederer, Gerhard　　　　　1. 1.84　　10. 4.42
Dr. Radinger, Horst　　　　1. 6.84　　9. 2.41
Schmidhuber, Anton　　　　—　　　　—
Froelich, Peter　　　　　　—　　　　—
Opitz, Peter　　　　　　　1. 3.91　　24. 2.37
Weinzierl, Volker　　　　　1. 9.91　　9. 8.40

94

LG-Bezirk Traunstein   OLG-Bezirk München **BY**

Richter
Dr. Adler, Horst	16. 8.64	21. 2.35
Nechvátal, Harald	1. 6.66	12.11.35
Geithner, Volkmar, abg.	16.11.66	7. 6.36
Häusler, Gernot	16. 1.70	29.10.41
Hartmann, Werner	16. 6.70	24. 5.37
Ewald, Günter	16. 4.76	25. 4.43
Peter, Horst	1. 5.76	4. 7.44
Renner, Heinrich	16. 4.77	25. 4.47
Fröhlich, Joachim	—	—
Niedermeier, Karl	1. 1.78	21.12.46
Thaler, Josef	—	—
Kammermeier, Rolf	1. 7.79	3. 8.48
Thußbas, Johannes	1. 1.80	21. 2.48
Dr. Srkal, Thomas, LL.M	16. 5.83	9.10.52
Weidlich, Dieter	10. 6.83	24. 1.53
Engelhardt, Helmut	15. 6.83	29. 4.52
Dr. Weidmann, Klaus	1. 5.86	27. 2.55
Fuchs, Erich	1.12.86	23. 4.55
Mader, Bernhard	1. 9.87	16.10.54
Kroiß, Ludwig, abg.	1. 5.89	30.11.58
Müller, Wolfgang	1. 6.89	28.10.56
Köpnick, Winfried	1. 7.90	16.12.55
Hammerdinger, Günter	1. 6.91	27. 1.60
Dr. Kammergruber, Johannes	—	3. 9.58

Amtsgerichte

Altötting   E 105 110
Burghauser Straße 26, 84503 Altötting
T (0 86 71) 1 30 11, Kurzwahl 70 02
Telefax (0 86 71) 8 44 08

Zweigstelle in Burghausen
Stadtplatz 97, 84489 Burghausen
T (0 86 77) 20 74, Kurzwahl 70 34
Telefax (0 86 77) 6 59 46
1 Dir, 6 R

Alheit, Helmward, Dir	1. 2.86	10. 1.38
Michalke, Reiner	1. 4.72	30.11.41
Schmied, Peter	1. 5.77	15. 7.46
Wüst, Dieter	1.11.79	11. 6.49
Dr. Heiß, Johann	10.10.82	25. 6.51
Dr. Moser, Gabriele	1. 8.85	24. 9.54
Dr. Hager, Josef, (weiteres Richteramt beim AG Mühldorf a.I.)	1. 8.93	25. 2.64

Laufen   E 98 824
Tittmoninger Straße 32, 83410 Laufen
T (0 86 82) 9 11-0, Kurzwahl 71 03-0
Telefax (0 86 82) 9 11-78
1 Dir, 1 stVDir, 10 R

Gschwendtner, Christa, Dir	15. 9.86	11.11.40
Becker, Ulrich, stVDir	1.11.95	4.12.46
Richter, Hans	1.12.70	26.11.39
Holleis, Peter	1.11.71	4. 9.41
Reischl, Peter	1. 1.75	26.11.42
Reisinger, Peter	1. 6.77	4. 4.45
Becher, Johannes	1.11.78	24. 8.48
Scheungrab, Gerhard	16.11.78	24. 3.46
Dr. Hellenschmidt, Klaus	1. 1.80	17. 8.48
Seichter, Alfred	1. 4.80	15. 3.50
Hippler, Thomas	20. 5.84	29. 7.52
Dr. Bösenecker, Karl	1. 5.85	24. 2.56

Mühldorf a. Inn   E 105 241
Katharinenplatz 15, 84453 Mühldorf a. Inn
T (0 86 31) 61 06-0, Kurzwahl 71 16-0
Telefax (0 86 31) 61 06-80
1 Dir, 6 R

Dr. Döhner, Marita, Dir	1. 2.93	7.12.36
Niebler, Herbert	1.12.77	9. 5.46
Ott, Heinrich	1. 6.82	23.11.49
Beier, Wolfgang	1. 7.82	21.10.51
Zölch, Wolfgang	1. 7.84	10.11.53
Rothkäppel, Karl	1.11.84	7. 1.53
Obermüller, Raimund	15. 1.91	11.12.59

Rosenheim   E 281 847
Bismarckstraße 1, 83022 Rosenheim
T (0 80 31) 3 09-0, Kurzwahl 71 45-0
Telefax (0 80 31) 3 09-2 40

Zweigstelle in Bad Aibling
Hofberg 5, 83043 Bad Aibling
T (0 80 61) 20 01, Kurzwahl 70 21
Telefax (0 80 61) 13 94

Zweigstelle in Wasserburg a. Inn
Marienplatz 7, 83512 Wasserburg a. Inn
T (0 80 71) 30 48, Kurzwahl 71 72
Telefax (0 80 71) 65 44
1 Dir, 1 stVDir, 1 w.aufsR, 21 R

Grimm, Wolfgang, Dir	1.10.80	7. 6.35
Regnauer, Anke, stVDir	1.10.94	20. 3.43
Schüler, Günter, w.aufsR	—	—
Weihrauch, Heinz	1. 2.75	9. 3.40
Kasperek, Christiane, ½	1. 6.75	19. 6.45
Dr. Pürner, Reinhard	1. 7.76	26. 3.46
Kasperek, Ulrich	1. 8.76	11.12.43
Würz, Richard	17. 9.76	23.10.44
Rotter, Ludwig	1.11.77	3. 5.47
Neuhauser, Alois	1. 3.78	26. 7.46
Boré-Rachl, Mathilde	—	—
Stadler, Sebastian	1. 6.82	9. 4.52
Gumpp, Wilhelm	—	—
Gold, Helga, ½	1.11.82	11. 8.52

BY OLG-Bezirk München — Staatsanwaltschaften

Fey-Wolf, Claudia	1. 8.84	29. 8.53
Loeber, Heinrich	1.11.84	17. 5.54
Bauer, Gerhard	1. 1.85	26.10.53
Schäfert, Herbert	1. 9.85	29.12.52
Schäfert, Angelika, ½	1. 9.85	21.12.54
Böhnel, Walter	1.11.85	18. 6.55
Kaiser-Leucht, Eva-Maria	1.10.87	29. 5.55
Pöschl-Lackner, Helga, beurl.	1. 6.89	18. 2.53
Dr. Zenkel, Hans-Jürgen	1. 1.90	4. 5.56
Dellner, Elke, ½, beurl.	—	—

Traunstein E 162 159
Herzog-Otto-Straße 1, 83278 Traunstein
T (08 61) 56-0, Kurzwahl 71 64-0
Telefax (08 61) 56-3 00
1 Dir, 1 stVDir, 1 w.aufsR, 12 R

Cebulla, Rita, Dir	1. 2.95	10. 4.37
Schönberger, Gerhard, stVDir	17. 4.89	26. 5.42
Schneider, Karl, w.aufsR	1. 1.96	22.12.50
Burkhardt, Fritz	1. 7.70	1. 6.38
Bücklein, Arthur	1. 8.73	7. 6.42
Flemming, Arthur	1. 2.75	8. 2.44
Praun, Karl	1.12.78	18. 6.47
Söldner, Alois	1. 1.80	2. 2.48
Pickenhan, Herbert	1.12.80	13. 3.48
Lobensommer-Schmidt, Waltraud, ½	1.12.83	28. 2.54
Srkal, Maria-Theresia, ½	—	—
Wagner, Stefan	—	—
Lermer, Max	—	—
Branz, Jürgen	—	—
Ott, Wolfgang	1. 1.89	8. 4.57
Burger, Klaus	1.10.91	7. 1.56

Staatsanwaltschaften

Staatsanwaltschaft bei dem Oberlandesgericht München

80097 München
Nymphenburger Straße 16, 80335 München
T (0 89) 55 97-08
Telefax (0 89) 55 97-41 25
1 GStA, 3 LOStA, 12 OStA

Generalstaatsanwalt

Froschauer, Hermann	16.10.83	20.10.36

Leitende Oberstaatsanwälte

von Rohrscheidt, Wend	1. 6.91	19.12.35
Wöbking, Wilhelm	1.10.93	14. 6.35
Dr. Helgerth, Roland	1. 8.94	11. 6.43

Oberstaatsanwältinnen/Oberstaatsanwälte

Dr. Walter, Peter	1. 6.85	15.12.42
Mayerhöfer, Heiner	1.11.88	12. 4.43
Dehne, Hildegard	1.11.89	18. 8.45
Borck, Eva	1. 6.90	18. 9.40
Dr. Nißl, Günter	1.11.90	16. 2.43
Greetfeld, Arno	1.12.91	20. 4.41
Jungnik Freiherr von Wittken, Manfred	1.11.92	4. 2.44
Pecher, Brigitte	1. 4.94	17. 5.48
Dr. Schmalz, Ernst Werner	1. 4.94	15. 6.49
Totzauer, Joachim	16. 4.94	4. 8.41
Schneider, Wilhelm	16.12.94	17. 9.51
Nötzel, Manfred	13.11.95	18. 4.50

Staatsanwaltschaft bei dem Landgericht Augsburg

Am Alten Einlaß, 86150 Augsburg
Postfach 11 19 40, 86044 Augsburg
T (08 21) 31 91
Telefax (08 21) 3 10 52 09
1 LOStA, 1 stVLOStA, 4 OStA, 8 StA (GL),
28 StA + 11 LSt (StA)

Leitender Oberstaatsanwalt

Hillinger, Jörg	1. 6.95	5.11.47

Oberstaatsanwälte

Nemetz, Reinhard, stVLOStA	1. 9.95	23. 1.51
Henning, Klaus	16.10.88	9. 3.38
Kolb, Hans-Jürgen	16.10.91	12.12.41
Reichenzeller, Ulrich	1.12.95	12. 9.39
Dr. Hirmer, Hans-Peter	1.12.95	8. 2.52

Staatsanwälte (GL)

Weigand, Klaus-Jochen	1.11.91	17. 7.49
Brand, Rainer	1. 7.93	3. 6.55
Dr. Zechmann, Günther	1. 4.94	19.10.54
Dr. Popp, Johann	1. 4.94	5. 5.58
Dr. Maier, Winfried	1.11.94	22. 4.59
Weith, Thomas	16.10.95	6. 5.60
Holzner, Bernhard	1. 4.96	14.12.50

Staatsanwältinnen/Staatsanwälte

Janosi, Ursula, ½	1. 1.81	19. 7.49
Hübler, Ruth, ½	1. 8.85	6. 1.54

Staatsanwaltschaften   OLG-Bezirk München   **BY**

Ebel-Scheufele, Ulrike, beurl. (LSt)	1. 7.86	21.11.56
Hell, Marialuise, beurl. (LSt)	1. 7.87	21. 9.57
Riedel-Mitterwieser, Susanne, ½	1. 9.87	26. 4.57
Heitzer, Andrea, beurl. (LSt)	17. 8.90	21. 9.59
Glas, Hans-Peter	1. 1.92	31.12.60
Dietz, Irene	1. 2.92	11. 2.61
Gerl, Eva	1. 4.92	2. 1.61
Tschernitschek, Ingrid, beurl. (LSt)	1. 2.93	27.12.62
König, Harald, abg. (LSt)	1.11.93	26. 5.60
Thumser, Gabriele, beurl. (LSt)	1. 1.94	20. 2.61
Wiedemann, Andreas, abg. (LSt)	1. 4.94	19. 5.63
Kaiser, Viktor	1. 4.94	14. 5.62
Wiesner, Christoph	15.10.94	24. 2.63
Geißenberger, Birgit	1. 1.95	15.12.63
Hillebrand, Susanne, ½	1. 2.95	26. 7.62
Voßkuhle, Eva, abg. (LSt)	10. 3.95	28.12.62
Dr. Wiedemann, Rainer, abg. (LSt)	15. 3.95	22. 7.61
Dr. Gürtler, Franz	1. 4.95	19.11.63
Kreller, Beate	1.10.95	15. 1.63
Fahrmbacher-Lutz, Ruth	1. 4.96	18. 1.60
Bernhard, Ute	1. 4.96	18.10.64
Reichstein-Englert, Hildegund[1]	(1.10.91)	25. 5.60
Schmidt-Paede, Johann[1], abg. (LSt)	(1. 5.93)	25. 1.59

Staatsanwaltschaft bei dem Landgericht Deggendorf
Amannstr. 19, 94469 Deggendorf
Postfach, 94455 Deggendorf
T (09 91) 50 61
Telefax (09 91) 3 89 82 00
1 LOStA, 1 OStA, 2 StA (GL), 6 StA

Leitender Oberstaatsanwalt

Dr. Albert, Günther	15. 1.90	8. 5.40

Oberstaatsanwalt

Walch, Helmut	1.12.95	3. 1.49

Staatsanwälte (GL)

Dr. Nachreiner, Anton	1.12.92	10. 9.55
Dr. Kilger, Franz	1. 4.94	6. 3.50

---
[1] StA im Beamtenverhältnis auf Probe

Staatsanwältinnen/Staatsanwälte

Wagner-Humbach, Susanne	1. 4.94	1.10.62
Dr. Trautwein, Thomas, abg. (LSt)	1.11.94	23.12.65
Hansbauer, Barbara	1. 3.95	3. 3.64
Dr. Hornick, Andreas	1.10.95	12. 6.65

Staatsanwaltschaft bei dem Landgericht Ingolstadt
Auf der Schanz 37, 85049 Ingolstadt
T (08 41) 3 12-1
Telefax (08 41) 31 22 40
1 LOStA, 1 stVLOStA, 1 OStA, 3 StA (GL), 4 StA + 2 LSt (StA)

Leitender Oberstaatsanwalt

Hinz, Johannes	1. 3.88	21. 3.35

Oberstaatsanwälte

Grieser, Josef, stVLOStA	1. 7.92	25. 8.41
Herrle, Wolfram	1.12.95	29.10.55

Staatsanwälte (GL)

Krammer, Herbert	1. 4.94	19. 7.52
Fahrig, Hans-Joachim	1. 1.95	9. 7.50
Koch, Anton	1. 3.96	14. 6.48

Staatsanwältinnen/Staatsanwälte

Babst, Renate, beurl. (LSt)	1. 3.91	4.12.60
Will, Heike	1. 8.93	5. 3.61
Reichel, Herbert, abg. (LSt)	1.10.93	1. 4.61
Pohle, Robert	1. 7.95	11.10.62
Fixl, Rainer	1. 3.96	20. 1.65
Reng, Rüdiger[1]	(5. 7.95)	30. 9.63

Staatsanwaltschaft bei dem Landgericht Kempten (Allgäu)
Residenzplatz 4–6, 87435 Kempten
T (08 31) 20 31
Telefax (08 31) 20 31 97
1 LOStA, 1 stVLOStA, 1 OStA, 5 StA (GL), 11 StA

Leitender Oberstaatsanwalt

Hofmaier, Walter	1. 6.87	13. 4.36

Oberstaatsanwälte

Meltendorf, Günther, stVLOStA	1.11.92	29. 9.36
Pollert, Herbert	1.12.95	5.11.49

---
[1] StA im Beamtenverhältnis auf Probe

BY   OLG-Bezirk München   Staatsanwaltschaften

Staatsanwälte (GL)
Rechner, Harry	1. 8.91	13. 8.49
Probst, Friedrich	1. 1.92	2. 9.46
Steger, Wolfgang	1. 4.94	7. 9.53
Erlbeck, Uwe	16.11.95	5. 4.57
Herrmann, Dietmar	1. 3.96	19. 9.53

Staatsanwältinnen/Staatsanwälte
Hülser, Irmgard, ½	1.11.75	11. 7.45
Schopohl, Felicitas, ½	1. 4.84	10. 6.44
Endrös, Cornelia	1.11.92	1. 5.55
Hold, Alexander	1.10.93	11. 3.62
Harter, Klaus	1.11.94	5. 5.55
Dr. Zweng, Hanspeter	1. 1.95	26. 1.62
Stangler, Wolfgang	1. 4.95	6. 3.63
Grunert, Ralf	1.10.95	23. 6.65
Schatz, Günther	1. 3.96	13. 5.62
Langhammer, Holger	1. 3.96	16. 7.64
Kühn, Sebastian[1]	(16. 8.95)	23. 8.63

**Staatsanwaltschaft
bei dem Landgericht Landshut**
Porschestr. 5a, 84030 Landshut
T (0871) 841
Telefax (0871) 84314
1 LOStA, 1 stVLOStA, 3 OStA, 6 StA (GL),
12 StA + 2 LSt (StA)

Leitender Oberstaatsanwalt
Brenneis, Bernhard	1. 3.85	16. 2.33

Oberstaatsanwälte
Hoynatzky, Heinz, stVLOStA	1.11.85	16. 1.40
Schladt, Horst Günter	1. 6.92	4. 8.47
Pieringer, Hans-Erich	1.10.92	28. 7.51
Mader, Robert	1.10.93	8. 5.51

Staatsanwältinnen/Staatsanwälte (GL)
Geppert, Gisela	1. 3.92	19. 9.50
Gmelch, Alfons	16. 3.92	8. 3.53
Loher, Werner	1. 6.92	14. 1.55
Obermeier, Alfons	1.12.92	27. 1.56
Längsfeld, Ilse	1. 2.94	22.12.40
Krieger, Paul	16. 5.94	23. 6.40

Staatsanwältinnen/Staatsanwälte
Rövekamp, Klaus, abg. (LSt)	1. 1.93	6. 9.60
Neumair, Annette, beurl. (LSt)	1. 2.94	1. 6.62
Geßl, Karin	1. 7.94	4. 3.63
Prechsl, Peter	1.11.94	17. 2.62
Klemt, Sabine	1. 5.95	14. 1.62

---
[1] StA im Beamtenverhältnis auf Probe

Sekretaruk, Wolfgang	1. 6.95	25. 4.58
Kring, Markus	1. 7.95	1. 2.65
Dr. Knell-Saller, Isabella	1. 9.95	19. 5.64
Deinböck, Waltraud	3. 1.96	18. 5.63
Ehrhardt, Stefan	1. 3.96	30. 7.63
Reiter, Ralph[1]	(1. 9.94)	23. 9.64
Kraus, Norbert[1]	(1. 3.95)	25. 5.63
Lackner, Konrad[1]	(1. 9.95)	29. 4.65
Priller, Stefan[1]	(1. 1.96)	10.12.64

**Staatsanwaltschaft bei dem Landgericht
Memmingen**
Ulmer Str. 2, 87700 Memmingen
Postfach 1854, 87688 Memmingen
T (08331) 1051
Telefax (08331) 105298

Zweigstelle Neu-Ulm
Schützenstr. 17, 89231 Neu-Ulm
T (0731) 70793-0
Telefax (0731) 7079338
1 LOStA, 1 stVLOStA, 1 OStA, 3 StA (GL),
8 StA + 3 LSt (StA)

Leitender Oberstaatsanwalt
Dr. Stoeckle, Peter	1.11.85	1.11.37

Oberstaatsanwälte
Fürle, Hans-Christian, stVLOStA	1. 2.85	11.11.33
Wolf, Hans-Joachim	15. 5.91	9. 3.40

Staatsanwältin/Staatsanwälte (GL)
Dr. Kreuzpointner, Johann	1. 3.94	3. 6.53
Thanner, Renate	1. 5.94	13. 4.53
Mayer, Thomas	1. 4.94	3. 8.54

Staatsanwältinnen/Staatsanwälte
Mengele, Monika, ½	1.11.86	5. 1.55
Mock, Brigitte, beurl.	1. 2.90	29. 7.59
Zitzelsberger, Klaus	2.10.92	1. 5.61
Krug, Andreas	1. 3.94	13. 2.64
Rossa, Andreas	15. 3.95	3. 8.63
Buck, Gabriele, beurl. (LSt)	1. 4.95	7. 6.63
Grain, Robert	(1. 4.96)	9. 4.65

**Staatsanwaltschaft bei dem Landgericht
München I**
80097 München
Linprunstr. 25, 80335 München
T (089) 52041
Telefax (089) 52044131
1 LOStA, 1 stVLOStA, 13 OStA, 34 StA (GL),
67 StA, 26 LSt (StA)

---
[1] StA im Beamtenverhältnis auf Probe

Staatsanwaltschaften   OLG-Bezirk München   **BY**

Leitender Oberstaatsanwalt
Emrich, Dieter   1. 5.87   6. 4.37

Oberstaatsanwältinnen/Oberstaatsanwälte
Wick, Manfred, stVLOStA   1.10.94   5. 4.43
von zur Mühlen, Frederik   1. 1.73   8.11.34
Schlachter-Haack, Barbara   1.12.74   9.11.33
Dr. Haager, Martin   1. 9.83   10. 3.39
Haß, Wolf-Rüdiger   1. 4.85   4. 9.41
Einhauser, Helga   1. 4.87   6. 3.39
Meier-Staude, Helmut   15. 4.87   17. 6.42
Dr. Lehmpuhl, Horst   1. 5.87   24. 2.43
Heimpel, Wolfgang   15. 6.87   15. 9.41
Dr. Rogger, Michael   15. 5.91   20. 2.45
Schmidt-Sommerfeld,
  Christian   15. 6.91   1.12.48
Brüner, Franz-Hermann   1.12.91   14. 9.45
Bader, Heinz   1. 9.92   30.11.46
Mayer, Eduard   1. 4.94   8. 7.49
Alt, Ralph   1. 4.96   16. 8.47

Staatsanwältinnen/Staatsanwälte (GL)
Bruckmann, Dietmar   1.11.89   25. 5.54
Gacaoglu, Omar   1.11.89   4. 8.54
Wagner, Wolfgang   20. 7.90   6. 2.52
Dr. Dauster, Manfred   1.11.90   10. 7.55
Fügmann, Werner, abg.   18. 2.91   9. 2.51
Zimmer, Frank   1. 6.91   13.12.54
Baier, Reinhold   1. 6.91   17.11.55
Nötzel, Margarethe   1.12.91   14. 4.55
Feistkorn, Gabriele   1. 1.92   16. 9.52
Schöpf, Dieter   1. 3.92   5. 9.54
Weitmann, Walter   16. 5.92   23. 3.47
Stern, August   1. 6.92   16. 5.52
Dr. Rau, Albert   1. 7.92   9.11.50
Distler, Wolfgang   1. 7.92   23.12.54
Bauer, Josef   1. 9.92   21.11.55
Götzl, Manfred   1.11.92   12.12.53
Pfaff, Eduard   1. 2.93   12. 7.50
Weber, Friedrich   1. 8.93   16. 7.49
Fuchs, Manfred   1.10.93   17. 2.57
Haußner, Michael   1. 1.94   16. 7.54
Werlitz, Rolf   1. 4.94   7.12.57
Sieh, Regina, ½   1. 7.94   4.11.55
Waitzinger, Elisabeth   1. 7.94   9. 6.59
Jedlitschka, Peter   20.10.94   9. 2.54
Kliegl, Konrad   1.11.94   10.10.59
Lichtenberg, Reinhard   1. 3.95   5. 7.48
Reich, Stephan   1. 4.95   5. 5.57
Dr. Fellner, Christoph   1. 3.96   2. 2.53
Nagorsen, Johannes   1. 4.96   2.10.56

Staatsanwältinnen/Staatsanwälte
Port, Elke, beurl. (LSt)   1. 1.87   9. 8.56
van Lier, Eva-Maria   1. 7.90   2.12.58
Prell, Vera, ½   1. 9.90   3. 4.59
Dr. Koch, Rainer, abg.   1.10.90   18.12.58
Bauer-Landes, Erna   1. 1.91   15.11.59
Rogaschewski, Brigitte   1.12.91   29. 3.61
Dr. Schwegler, Christa   31. 3.92   30. 3.59
Haag, Robert   1. 7.92   29. 3.59
Krause, Gabriele, ½   3. 8.92   3.11.60
Böhm, Franz   1. 9.92   12. 7.60
Backa, Karin   1.10.92   15. 5.60
Baumgartner, Michael   1.10.92   2.10.60
Birkhofer, Sonja,
  beurl. (LSt)   1.10.92   26. 2.62
Andreß, Monika,
  beurl. (LSt)   1.10.92   15. 9.62
Pfluger, Helga,
  beurl. (LSt)   2.11.92   17.11.60
Steigmayer, Johann   1.12.92   2. 7.59
Schrott, Annerose   18.12.92   9. 9.60
Dingerdissen, Kai   1. 5.93   15.11.60
Sachenbacher, Ulrike   1. 6.93   26.12.61
Kronberger, Anette   1. 6.93   17. 1.62
Liesegang, Isabel   1. 7.93   13.11.61
Wittmann, Petra   1. 8.93   5. 1.63
Lupperger, Johann   1. 9.93   30.10.55
Gassner, Christian,
  abg. (LSt)   1. 9.93   29. 3.61
Hamberger, Robert   1. 9.93   24. 5.62
Illini, Dagmar   1.10.93   2. 8.62
Dr. Fischer, Renate,
  abg. (LSt)   1.10.93   16. 8.63
Plotz, Gisela   1.11.93   25.11.56
Pretsch, Ursula,
  beurl. (LSt)   1.12.93   5. 6.63
Dr. Kammerlohr, Claudia,
  beurl. (LSt)   1. 2.94   21. 3.63
Förth, Margaretha, ½   1. 4.94   12.11.61
Thiemann, Cristiane   1. 5.94   11. 1.63
Keilhofer, Andrea,
  beurl. (LSt)   1. 6.94   29. 5.62
Rodler, Christoph   1. 6.94   13. 8.62
von Schickfus, Ute, ½   1. 7.94   20. 9.47
Kratzer, Rita   1. 7.94   5. 7.49
Bauer, Monika, abg. (LSt)   1. 7.94   15. 3.64
Haussmann-
  Grammenos, Ingrid   1. 7.94   14. 9.62
Mandl, Dominic   1. 8.94   14. 7.62
Brychcy, Cordula   1. 8.94   4. 6.63
Daimer, Christian   1. 9.94   27. 6.64
Laufenberg-Smadar,
  Susanne   16. 9.94   17. 6.61
Kuchenbauer,
  Konstantin   1.10.94   16. 6.63
Meier, Rudolf   15.10.94   31. 5.62
Teubner, Gisbert   15.10.94   16. 7.64
Dr. Lang, Peter   1.11.94   15. 1.63
Heinrich, Monika   1.12.94   17. 3.56

99

Dr. Thoms, Cordula, beurl. (LSt)	1. 12. 94	28. 12. 60	
Reitberger, Petra, beurl. (LSt)	1. 12. 94	26. 4. 62	
Gröncke-Müller, Petra	1. 4. 95	6. 2. 63	
Dr. Müller, Michael	1. 4. 95	25. 4. 64	
Sassenbach, Birgit	1. 4. 95	17. 8. 64	
Dr. Harbers, Nicolas	16. 4. 95	15. 11. 61	
Waldhauser, Karin, abg. (LSt)	1. 5. 95	22. 7. 55	
Christ, Michaela	1. 5. 95	2. 7. 66	
Bock, Hildegard, ½	1. 6. 95	24. 1. 61	
Dr. Habersbrunner, Eva-Maria, abg. (LSt)	1. 7. 95	16. 5. 62	
Dr. Muthig, Andrea	1. 7. 95	7. 8. 65	
Wackerbauer, Thomas	1. 10. 95	12. 1. 63	
von Boenninghausen-Budberg, Astrid	1. 10. 95	29. 5. 63	
Harz, Andreas	1. 10. 95	8. 3. 64	
Saxinger, Georg	1. 11. 96	26. 10. 64	
Falk, Peter	1. 2. 96	5. 7. 64	
Vogt, Claudia	1. 2. 96	15. 9. 64	
Röttle, Reinhard	1. 2. 96	20. 1. 65	
Lütt, Margret	1. 2. 96	18. 3. 65	
Kurscheidt, Claudia, beurl. (LSt)	1. 3. 96	13. 8. 64	
Hunert, Siegrid	1. 4. 96	9. 5. 65	
Schroth, Markus	15. 4. 96	18. 5. 61	
Dr. Bornstein, Volker, abg. (LSt)	—	—	
Köhler, Monika, beurl. (LSt)	—	—	
Müller, Thomas	—	—	
Rhein, Monika	—	—	
Herdegen, Elisabeth[1], beurl. (LSt)	(11. 3. 89)	13. 12. 55	
Friedrich, Annette[1], beurl. (LSt)	(1. 12. 89)	27. 7. 60	
Höhne, Michael[1]	(16. 4. 93)	5. 2. 60	
Ehrl, Elisabeth[1]	(1. 10. 93)	13. 6. 62	
Rhein, Markus[1]	(1. 10. 93)	7. 7. 63	
Dr. Röthlein, Cornelia[1]	(1. 11. 93)	18. 4. 56	
Schimpfhauser-Wehrmann, Doris, ½	(1. 3. 94)	2. 6. 58	
Jungwirth, Johannes[1]	(1. 4. 94)	18. 4. 62	
Jüngst, Klaus-Peter[1]	(16. 8. 95)	7. 7. 64	
Adam-Mezger, Heike[1], ½	(25. 10. 95)	11. 5. 64	
Jehle, Ralf	(1. 3. 96)	22. 5. 65	
Silberzweig, Sylvia[1], beurl. (LSt)	—	—	

[1] StA im Beamtenverhältnis auf Probe

Staatsanwaltschaft bei dem Landgericht München II
Arnulfstr. 16–18, 80335 München
80097 München
T (0 89) 5 59 71
Telefax (0 89) 55 97 33 27
1 LOStA, 1 stVLOStA, 4 OStA, 10 StA (GL), 24 StA, 11 LSt (StA)

Leitender Oberstaatsanwalt

Dr. Vollmann, Hubert	1. 7. 91	4. 6. 37

Oberstaatsanwälte

Dr. Hödl, Rüdiger, stVLOStA	1. 3. 93	27. 8. 44
Kaiser, Hartmut	1. 6. 91	11. 1. 44
Schelzig, Klaus	1. 7. 93	29. 7. 46
Henkel, Peter	1. 4. 94	13. 9. 43
Schubert, Wolfram	1. 8. 94	17. 8. 46

Staatsanwältin/Staatsanwälte (GL)

Altenbuchner-Königsdorfer, Helmut, abg. (LSt)	15. 6. 91	24. 1. 45
Stapf, Helmut	1. 7. 91	2. 2. 55
Eckert, Joachim	1. 8. 91	15. 7. 48
Hertel, Hans-Kurt	1. 8. 91	3. 12. 53
Steudtner, Irene	1. 8. 91	27. 7. 56
Pritzl, Christian	1. 12. 91	18. 2. 53
Dr. Gremmer, Bernhard	16. 5. 92	29. 9. 60
Dr. Buchner, Gerhard	1. 11. 95	10. 1. 58
Dr. Wolf, Gilbert	1. 11. 95	29. 9. 60
Dr. Fellner, Christoph	1. 3. 96	2. 2. 53

Staatsanwältinnen/Staatsanwälte

Grote, Brigitte, beurl. (LSt)	15. 3. 82	25. 2. 52
Kappenschneider, Anna, ½	1. 7. 85	25. 5. 55
Walk, Justine, beurl. (LSt)	1. 12. 90	21. 1. 61
Belz, Dorothee, abg.	1. 4. 92	10. 10. 61
Eggers, Silke, abg. (LSt)	1. 5. 92	16. 3. 60
Beckers, Petra	1. 9. 92	2. 7. 62
Berger, Helmut	1. 9. 93	4. 4. 60
Ziegler, Elisabeth	1. 11. 93	28. 4. 62
Dr. Ramsauer, Martin	1. 12. 93	1. 7. 61
Reißler, Elisabeth	1. 1. 94	11. 6. 63
Berger, Ingrid	18. 2. 94	21. 8. 62
Lorenz, Stefan	1. 3. 94	19. 10. 62
Rieder, Martin	1. 4. 94	11. 4. 57
Bartel, Rüdiger	1. 6. 94	5. 11. 55
Zeitler, Gottfried	1. 6. 94	10. 3. 61
Dr. Karpf, Tamara	1. 11. 94	17. 8. 64
Römer, Dietmar	1. 12. 94	17. 4. 62
Weingart, Antje	1. 12. 94	25. 4. 64

Dr. Schäfer, Gudrun, beurl. (LSt)	15.12.94	15. 6.62
Dr. Puhm, Günther	10. 4.95	24.11.62
Partin, Renate, ½	22. 5.95	19. 7.63
Kornprobst, Johann	1. 6.95	1. 8.63
Urban, Renate	1.10.95	10. 6.64
Fürst, Ulrike, abg. (LSt)	15.10.95	20. 1.64
Troch, Regina	1. 4.96	9. 7.59
Ciolek-Krepold, Katja	1. 4.96	4.11.64
Mai, Sabina, beurl. (LSt)[1],	(23. 4.89)	14. 8.57
Dr. Conrad, Christine, beurl. (LSt)[1]	(1.10.92)	15. 6.62
Block, Kornelia[1]	(16. 9.93)	30. 1.65
Boxleitner, Max[1]	(1. 8.95)	24. 7.60
Heidenreich, Ken-Oliver[1]	(1. 3.96)	8.10.63
Preißinger, Marcus[1]	(1. 3.96)	6.11.65

Staatsanwaltschaft bei dem Landgericht Passau
Zenzergasse 1, 94032 Passau
94030 Passau
T (08 51) 3 30 78
Telefax (08 51) 39 41 62
1 LOStA, 1 stVLOStA, 1 OStA, 3 StA (GL), 5 StA

Leitender Oberstaatsanwalt

Dr. Dallmayer, Peter	1. 3.93	29. 5.39

Oberstaatsanwälte

Neuefeind, Wolfgang, stVLOStA	1.11.93	19. 5.41
Huber, Roland	1.12.95	22.10.47

Staatsanwältin/Staatsanwälte (GL)

Peuker, Joachim	11. 4.94	18. 9.51
Ritzer, Ludwig	1. 3.96	30. 1.54
Dr. Meier-Kraut, Angela	1. 3.96	14.10.56

Staatsanwältinnen/Staatsanwälte

Herzog, Wolfgang	1.11.92	14.12.58
Gahbauer, Jutta	1. 6.96	3. 3.63
Raab-Gaudin, Ursula	1.12.94	5. 8.60
Nistler, Eva	1. 6.95	22. 4.65
Burger, Josef[1]	(18. 7.95)	12. 6.64

---

[1] StA im Beamtenverhältnis auf Probe

Staatsanwaltschaft bei dem Landgericht Traunstein
Herzog-Otto-Str. 1, 83278 Traunstein
Postfach 14 80, 83276 Traunstein
T (08 61) 5 61
Telefax (08 61) 5 64 00

Zweigstelle in Rosenheim
Postfach 11 89, 83013 Rosenheim
T (08 61) 56-2 65
Telefax (08 61) 30 92 20
1 LOStA, 1 stVLOStA, 3 OStA, 6 StA (GL), 20 StA

Leitender Oberstaatsanwalt

Weber, Klaus	1. 5.93	17. 9.39

Oberstaatsanwälte

Michalke, Jürgen, stVLOStA	1. 1.82	10. 3.38
Dr. Kober, Kurt	1. 3.82	15. 4.35
Vordermayer, Helmut	1. 4.94	12.12.48
Giese, Wolfgang	1. 4.95	6.11.51

Staatsanwältin/Staatsanwälte (GL)

Gruben, Werner	1.10.90	17.11.47
Gold, Helga	1. 9.93	11. 8.52
Dörr, Johann	1. 5.94	17. 9.53
Sing, Wilhelm	16. 6.95	17.12.55
Piller, Hans Jürgen	1. 1.96	8. 3.52
Dr. Wölfel, Martin	1. 3.96	31. 7.57

Staatsanwältinnen/Staatsanwälte

Kastenbauer, Heike	12. 1.93	26. 7.61
Spann, Helmut	1. 2.93	21. 9.62
Dr. Weigl, Michael	19. 2.93	20. 9.63
Barthel, Stefan	1. 1.94	26. 5.59
Ziegler, Volker	18. 2.94	25. 1.62
Miller, Andreas	1. 7.94	11.11.60
Kölbl, Michael	1.12.94	19. 5.62
Pollok, Norbert	1. 1.95	27. 2.63
Weigl, Christoph	1. 3.95	7.11.64
Rosenhein, Christina	1. 4.95	16. 4.65
Mayer, Thomas	1. 6.95	30. 9.58
Bezzel, Gerhard	1. 6.95	15. 9.64
Folk, Yvonne, ½	11.11.95	28. 2.64
Kronester, Martin	1. 3.96	6. 2.64
Greifenstein, Florian	1. 3.96	1. 1.65
Bartschmid, Andreas	1. 4.96	28. 9.63
Dr. Mikla, Stefan	16. 4.96	19. 9.61
Bartschmid, Dorothea	16. 4.96	25.10.65
Wirth, Raimund[1]	(1.10.95)	30. 3.65

BY OLG-Bezirk Nürnberg

Oberlandesgerichtsbezirk Nürnberg

5 Landgerichte: Amberg, Ansbach, Nürnberg-Fürth, Regensburg, Weiden i.d. OPf.
Kammern für *Handelssachen*: Amberg 1, Ansbach 1, Nürnberg-Fürth 5, Regensburg 2, Weiden i.d. OPf. 1
Schiffahrtsobergericht Nürnberg für Bayern
17 Amtsgerichte mit 13 Zweigstellen
Schiffahrtsgerichte bei den Amtsgerichten Nürnberg und Regensburg

Schöffengerichte: bei allen Amtsgerichten
Familiengerichte: bei allen Amtsgerichten
Die zur Zuständigkeit der Amtsgerichte (als Landwirtschaftsgerichte) gehörenden *Landwirtschaftssachen* sind jeweils dem Amtsgericht am Sitz des Landgerichts für alle Amtsgerichte des Landgerichtsbezirks übertragen.

Oberlandesgericht Nürnberg

E 2 951 325
Fürther Straße 110, 90429 Nürnberg
T (09 11) 3 21 01, Telefax (09 11) 3 21-28 80 (Gerichtsabteilung), (09 11) 3 21-25 60 (Verwaltungsabteilung)
1 Pr, 1 VPr, 12 VR, 39 R + ⅙ R, 1 Lst (R)

Präsident						
Schaffer, Wolfgang	1. 1. 87	14. 1. 33	Specht, Hans-Joachim	1. 9. 77	30. 5. 35	
			Dr. Vogelreuther, Karl	1. 9. 77	8. 1. 36	
Vizepräsident			Schmidt, Gerulf	1. 9. 81	30. 5. 39	
Dr. Kastner, Klaus	16. 3. 92	3. 5. 36	Schreyer, Hans	15. 9. 82	14. 8. 37	
			Dr. Walther, Richard	1. 10. 84	23. 5. 41	
Vorsitzende Richter			Horn, Johann	1. 11. 84	7. 2. 37	
Döbig, Werner	1. 10. 87	7. 5. 32	Prof. Dr. Emmerich, Volker, ⅙	1. 12. 84	28. 2. 38	
Dr. Sierl, Lorenz	1. 6. 88	14. 4. 32	Kleinknecht, Manfred	15. 5. 85	25. 2. 41	
Sorg, Friedrich	1. 2. 89	10. 12. 32	Klieber, Dietmar	1. 6. 85	10. 7. 43	
Stößel, Wolfgang	1. 3. 89	7. 9. 35	Beirle, Konrad	15. 11. 85	18. 12. 41	
Dr. Haspl, Werner	1. 4. 89	6. 9. 34	Bischof, Hermann	1. 12. 85	6. 2. 40	
Kuschow, Herbert	1. 6. 91	25. 6. 33	Krauß, Helmut	1. 4. 87	19. 2. 39	
Dr. Forster, Peter	1. 2. 92	29. 6. 40	Moezer, Hans-Gerhard	1. 4. 87	18. 6. 41	
Diem, Eberhard	1. 1. 93	28. 7. 36	Holz, Frauke	1. 5. 87	17. 11. 39	
Bayer, Klaus-Jürgen	1. 8. 93	29. 12. 36	Sondermaier, Helmut	1. 6. 87	15. 7. 41	
Kranz, Eberhard	1. 1. 94	25. 3. 34	Endmann, Gerhard	1. 10. 88	6. 9. 40	
Oft, Jürgen	1. 5. 95	20. 8. 36	Frisch, Alfred	1. 11. 88	18. 3. 45	
Schidur, Klaus	1. 5. 95	6. 12. 37	Flach, Helmut	1. 1. 89	28. 12. 39	
			Kajuth, Joachim	1. 1. 89	3. 2. 45	
Richterin/Richter			Dr. Seidel, Dietmar	1. 4. 89	2. 9. 43	
Hupfer, Walter	1. 7. 76	29. 6. 34	Sowade, Hans Rudolf	1. 10. 89	—	
Dr. Kauppert, Erwin	1. 11. 76	22. 4. 37	Behrschmidt, Ewald	1. 12. 89	6. 6. 49	
Coerper, Herbert	1. 12. 76	27. 4. 35	Dr. Söllner, Rainer	10. 2. 90	5. 6. 43	
Hofmann, Adolf	1. 9. 77	12. 4. 33	Riegner, Klaus	1. 6. 90	3. 8. 47	

LG-Bezirk Amberg   OLG-Bezirk Nürnberg   **BY**

Fischer, Friedrich	1. 3.91	12. 3.42
Gründler, Ernst	1. 3.91	23. 5.31
Dr. von Heintschel-Heinegg, Bernd, abg.	1. 4.91	24. 6.45
Kirchmayer, Harald	4. 9.91	9. 6.44
Dr. Meinel, Meinhard, abg.	16. 9.91	3. 7.44
Weikl, Ludwig	1.10.91	8. 1.43
Dr. Postler, Manfred	1.11.91	20. 6.45
Dr. Haberstumpf, Helmut	1. 3.92	23. 6.45
Dr. Seidl, Ralf	1. 4.92	30.10.43
von Lienen, Gerhard	1. 9.92	21. 4.47
Schulze-Weckert, Günter	16. 1.93	9. 3.44
Dr. Holzinger, Rainer	1.10.93	20. 9.46
Dr. von Schlieben, Eike	1. 1.94	2. 1.45
Rebhan, Rainer, abg.	1. 9.94	21. 8.51
Redel, Peter, abg.	1. 1.95	26.10.52
Wankel, Bernhard, abg.	13. 9.95	31. 7.54

Landgerichtsbezirk Amberg

Landgericht Amberg E 288 755
Regierungsstr. 8, 92224 Amberg
Postfach 17 53, 92207 Amberg
T (0 96 21) 37 00
Telefax (0 96 21) 37 01 33
1 Pr, 1 VPr, 4 VR, 7 R

Präsident

Auernhammer, Josef	1.11.92	20. 3.36

Vizepräsident

Müller, Günter	16.11.92	6. 8.37

Vorsitzende Richter

Dr. Lengsfeld, Michael	16.10.86	27. 9.34
Meixner, Wilfried	16. 7.89	30. 6.41
Engelhardt, Kurt	15.12.93	18. 1.48
Dr. Schmalzbauer, Wolfgang	1. 1.94	16. 4.50

Richterin/Richter

Hacker, Knut	1. 4.75	26. 3.44
Bonhag, Rainer	16. 4.76	4.10.42
Niklas, Apolonia	1. 1.78	8.10.44
Cermak, Werner	16.10.79	1. 2.48
Dreßler, Gerd	1. 7.85	9. 4.53
Stich, Ludwig	1. 8.85	28. 9.54
Ebensperger, Ewald	—	—

Amtsgerichte

Amberg E 149 305
Paulanerplatz 4, 92224 Amberg
Postfach 11 62, 92201 Amberg
T (0 96 21) 30 50
Telefax (0 96 21) 30 51 05
1 Dir, 1 stVDir, 8 R + 2 × ½ R

Dr. Maier, Günther, Dir	1. 1.86	7. 4.40
Mugler, Susanne, stVDir	1. 4.95	27. 6.37
Schatt, Georg	16. 6.75	9. 2.42
Sohn, Leander	—	—
Bierast, Nikolaus, abg.	8. 7.77	24.12.43
Donner, Günter	1. 1.78	3.12.46
Doß, Heribert	16. 2.81	6. 1.50
Stöber, Roswitha, ½	1. 8.86	23. 2.56
Schmalzbauer, Rita, ½	17.12.87	21. 4.52
Plößl, Karl	1. 5.88	6. 7.56
Kelsch, Christa	1. 7.88	30. 8.55
Jung, Peter	—	16. 1.61
Kammerer, Fritz	1. 2.92	25.11.59

Schwandorf E 139 450
92419 Schwandorf
Kreuzbergstr. 19, 92421 Schwandorf
T (0 94 31) 38 30
Telefax (0 94 31) 3 83 60

Zweigstelle in Burglengenfeld
Gluckstr. 16, 93133 Burglengenfeld
Postfach 12 09, 93130 Burglengenfeld
T (0 94 71) 10 21
Telefax (0 94 71) 15 01

Zweigstelle in Nabburg
Obertor 10, 92507 Nabburg
Postfach 11 69, 92501 Nabburg
T (0 94 33) 5 31
Telefax (0 94 33) 93 92

Zweigstelle in Oberviechtach
Bezirksamtsstr. 1, 92526 Oberviechtach
Postfach 100, 92523 Oberviechtach
T (0 96 71) 36 61
Telefax (0 96 71) 37 56
1 Dir, 1 stVDir, 7 R

Schmidt, Irmingard, Dir	1. 1.92	4.12.36
Leupold, Walter, stVDir	1. 2.94	8. 3.51
Dr. Laaths, Wolfgang	1. 7.77	7. 3.44
Bauer, Wolfgang	1. 1.78	27.11.46
Heider, Friedrich	1. 6.78	20. 7.46
Waldherr, Wolfgang	1.11.78	10. 1.47
Moser, Günter	1. 1.88	3. 9.57
Froschauer, Petra	1. 9.89	31. 3.57
Costa, Andrea	1. 4.96	31. 1.64

BY OLG-Bezirk Nürnberg LG-Bezirk Ansbach · Nürnberg-Fürth

Landgerichtsbezirk Ansbach

Landgericht Ansbach E 310 234
Promenade 4, 91522 Ansbach
Postfach 610, 91511 Ansbach
T (09 81) 5 80
Telefax (09 81) 58-2 11
1 Pr, 1 VPr, 3 VR, 6 R, 1 LSt (R)

Präsident
Schmitt, Rudolf   1.11.79   20. 9.32

Vizepräsident
Heckel, Peter   1. 4.84   10. 7.35

Vorsitzende Richterin/Vorsitzende Richter
Kniep, Joachim   1.10.81   17. 9.35
Dr. Held, Gottfried   16.10.88   24. 1.41
Didion von Lauenstein,
  Gisela   —   —

Richter
Eichner, Manfred   1. 7.78   15. 2.48
Körner, Claus   1. 1.91   17. 2.60
Hubel, Dieter   1.10.91   4. 5.61

Amtsgerichte

Ansbach E 216 473
Promenade 8, 91522 Ansbach
Postfach 609, 91511 Ansbach
T (09 81) 5 80
Telefax (09 81) 5 84 05

Zweigstelle in Dinkelsbühl
Luitpoldstr. 9, 91550 Dinkelsbühl
Postfach 44, 91542 Dinkelsbühl
T (0 98 51) 8 91
Telefax (0 98 51) 57 01 50

Zweigstelle in Rothenburg ob der Tauber
Ansbacher Str. 2, 91541 Rothenburg o.d.T.
Postfach 11 16, 91533 Rothenburg o.d.T.
T (0 98 61) 30 51
Telefax (0 98 61) 94 01 30
1 Dir, 1 stVDir, 13 R

Hayduk, Ingo, Dir   1. 7.91   24. 5.40
Krauß, Heribert, stVDir   1. 5.93   1. 1.37
Blaumeier, Peter   16. 6.68   8. 3.38
Wiederhöfer, Bruno   1. 4.70   20. 4.39
Bauer, Lothar   16. 7.70   17. 7.37
Minnameyer, Werner   1.11.75   16.11.41
Enz, Herbert   1. 5.76   3.10.45
Spiegel, Herbert   1. 5.76   5. 7.46

Blummoser, Hans   1. 6.77   8. 8.45
Rösch, Bernd   1. 5.79   22. 5.48
Bell, Eva-Maria   1. 7.83   24. 9.52
Espert, Wolfgang   1. 6.88   18. 3.57
Pelka, Arnold   1. 8.90   25.10.59
Ulshöfer, Gerd   1. 5.94   29.11.60

Weißenburg i. Bay. E 93 761
Bahnhofstr. 2, 91781 Weißenburg i. Bay.
Postfach 180, 91780 Weißenburg i. Bay.
T (0 91 41) 99 60
Telefax (0 91 41) 7 48 19
1 Dir, 5 R

Dr. Nagel, Rudolf, Dir   1.12.90   16. 1.37
Bruhn, Norbert   1. 4.76   26. 4.44
Eckerlein, Klaus-Peter   1. 7.77   27.11.45
Bock, Karl Josef   1. 5.86   8. 6.55
Schröppel, Jürgen   1. 5.92   28. 3.62
Thiermann, Sabine   1. 4.94   26. 8.62

Landgerichtsbezirk Nürnberg-Fürth

Landgericht Nürnberg-Fürth E 1 472 335
Fürther Str. 110, 90429 Nürnberg
T (09 11) 3 21 01
Telefax (09 11) 3 21-28 14 (Zivilabt.), -28 79 (Strafabt.)
1 Pr, 1 VPr, 32 VR, 53 R + 4 × ½ R, 3 LSt (R)

Präsident
Neusinger, Heinz   1. 2.92   17. 7.38

Vizepräsident
Dr. Oberndörfer, Klaus   1. 6.92   6. 7.38

Vorsitzende Richterinnen/Vorsitzende Richter
Wolf, Heinrich   1. 8.78   25. 3.34
Sorg, Rosemarie   16. 8.78   16.11.33
Scheiba, Dietrich   16. 6.79   11. 6.36
Schug, Gerhard   16. 9.79   2. 2.36
Winter, Klaus   15.11.82   15. 8.34
Dr. Jungkunz, Herbert   1. 6.84   10. 3.34
Schäff, Roland   1. 9.84   5. 2.37
Kahl, Dietrich   1.10.84   29. 4.37
Dr. Hirschmann, Werner   1. 9.85   16.12.40
Kölbl, Adolf   1.11.85   29.10.39
Staudt, Roland   1.12.85   1. 5.37
Snay, Siegbert   1.12.85   1. 6.39
Dr. Heinlein, Dieter   1. 2.86   27. 6.38
Dr. Foerster, Eckehard   1. 6.86   26. 5.40
Kriegel, Klaus   1.10.86   13. 5.38
Gräfe, Dieter, abg.   16.10.86   28.12.38
Winter, Karl-Friedrich   16. 2.87   16. 3.42

LG-Bezirk Nürnberg-Fürth   OLG-Bezirk Nürnberg   **BY**

Name		
Drechsel, Dieterich	1. 4.87	18. 2.38
Gärtner, Dietrich	—	—
Dr. Schmidt, Jens-Roger	1.10.87	26. 8.47
Braun, Gerhard	1.12.88	21. 3.46
Dr. Hagen, Herbert	1. 5.89	11. 1.38
Skauradzun, Klaus	1. 5.89	11.12.37
Wörner, Peter	10. 9.89	2.12.43
Kefer, Ingrid	1. 5.90	9. 4.40
Kramer, Hans	1. 8.90	24. 9.44
Bonna, Peter	1. 4.91	9. 1.44
Gegner, Volker	1. 8.91	10. 3.43
Nerlich, Hasso	1. 4.92	8. 8.50
Kuda, Wolf	1. 3.94	12.12.40
Stockhammer, Peter	1. 3.94	25. 1.45
Schwerdtner, Manfred	1. 8.95	20. 8.52
Dr. Bolik, Gerd	1. 3.96	12. 4.44

Richterinnen/Richter

Scharstein, Walter	1. 5.65	2. 3.35
Grießhammer, Albrecht	1. 6.66	26. 1.35
Staudt, Waltraud, ½	1. 7.68	1. 7.38
Wasielewski, Grete-Kathrin	—	—
Stubenvoll, Peter	1.12.71	9. 3.40
Dr. Wachauf, Helmut	1. 4.72	25. 8.43
Dowerth, Günter	1.11.73	7. 5.42
Brixner, Otto	1.10.74	16. 6.43
Grillenberger, Wilhelm	16. 3.75	26. 3.45
Stroh, Peter	1. 4.75	22. 1.43
Schallock, Helga	1. 6.75	15. 4.38
Bußmann, Bernd	16. 6.75	22. 7.43
Heinke, Hartmut	1.10.75	25.12.45
Schermer, Erwin	—	—
Weiß, Kurt-Peter	16. 4.76	30. 5.44
Bütikofer, Fritz	1.10.76	28. 8.45
Klonner, Jutta	1. 7.77	11. 1.46
Wachinger, Franz Josef, abg.	1.10.77	13. 2.38
Walther, Karin	1. 1.78	19.12.46
Krämer, Karlheinz	1. 6.78	27. 5.46
Schoen, Gabriele, ½	1. 7.78	4. 2.48
Dümmler, Stefan	16. 7.78	25.12.46
Kohl, Gunther	16. 9.78	7. 6.46
Nikoley-Milde, Sabine	—	—
Müller, Gerhard	1. 9.81	12. 5.51
Reitzenstein, Gerda-Marie, ½	—	—
Dr. Caspar, Richard	1. 1.83	6. 3.52
Rottmann, Horst	1. 6.84	25. 3.54
Dr. Schmechtig-Wolf, Brigitte	1. 8.84	11. 3.55
Huprich, Wolfgang	1. 7.85	26. 3.55
Steckler, Reinhard	1. 8.86	11. 6.50
Bayerlein, Norbert	—	—
Engelhardt, Gerd, abg.	—	—
Steierer, Michael	1. 9.86	20. 9.53

Weber, Reinhold	1.12.86	24. 9.55
Dr. Dettenhofer, Ulrich	1. 3.87	10.12.54
Drosdziok, Wolfgang	1. 3.87	7. 3.53
Dr. Karl, Gerhard, abg.	1. 7.87	23. 4.57
Kölbl, Richard	—	—
Dr. Meyer, Werner, abg.	1.10.87	15. 3.57
Neuhof, Gerhard	1.12.87	5. 9.56
Schwarz, Sabine	1. 5.88	19. 9.57
Sommerfeld, Hubertus	1. 7.88	23. 3.56
Graf, Eva	1.11.88	25. 8.57
Bayerlein, Waltraud, ½	—	—
Seyb, Dieter	1.12.88	8.11.57
Ziegler, Peter	1. 3.89	4. 1.59
Heckel, Wolfgang	—	—
Borgard, Christiane	1. 7.89	31. 3.57
Eichelsdörfer, Jörg	1.10.89	25. 2.58
Lupko, Manfred	—	—
Weder, Gerd	—	—
Mager, Thomas	1. 9.90	25. 8.58
von Kleist, Rolf	—	—
Junker-Knauerhase	1. 4.91	12.11.59
Dr. Herz, Christoph	1. 9.91	5. 9.60
Flechtner, Ulrich	1.10.91	21. 7.57
Glass, Roland	1. 1.92	16. 6.57
Dr. Schwarzer, Andrea, abg.	1. 7.92	21.10.62
Strohbach, Petra	1.11.93	5. 3.62

Amtsgerichte

Erlangen E 225 197
91051 Erlangen
Mozartstr. 23, 91052 Erlangen
T (0 91 31) 7 82 01
Telefax (0 91 31) 78 24 00
1 Dir, 1 stVDir, 13 R + 1 × ½ R

Föllmer, Ulrich, Dir	1. 5.95	27.10.36
Wanke, Annelore, stVDir	15.11.85	27. 3.40
Renner, Kurt	1.11.63	13.10.32
Neubert, Dieter	1.12.67	23. 3.36
Wirmer, Ingrid	1. 2.73	7. 8.41
Geise, Gunter	16. 5.73	4.11.42
Kuhmann, Heinz	1.11.77	21.12.47
Althoff, Werner	1. 1.78	26. 3.46
Scheib, Sabine	—	—
Matscheck, Klaus	16. 4.79	30. 6.48
Oellrich, Eberhard	1.12.80	28. 3.45
Pühringer, Alexander	16. 5.83	26.11.48
Brauner, Peter	1. 7.86	13.11.55
Sapper, Roland	1.12.86	10. 1.56
Weidlich, Dieter	1. 7.88	13. 3.56
Dr. Zeier, Elisabeth, ½	1. 6.89	27.11.49

BY OLG-Bezirk Nürnberg   LG-Bezirk Nürnberg-Fürth

Fürth E 217 475
Bäumenstr. 32, 90762 Fürth
Postfach 11 64, 90701 Fürth
T (09 11) 7 43 80
Telefax (09 11) 7 43 81 99
1 Dir, 1 stVDir, 1 w.aufsR, 15 R + 2 × ½ R + 2 LSt

Dr. Stempfle,		
Friedhelm, Dir	1. 5. 87	7. 10. 38
Veith, Hubert, stVDir	1. 1. 88	1. 11. 33
Dr. Roeder, Lothar,		
w.aufsR	—	—
Klier, Hermann	1. 11. 71	13. 5. 41
Dr. Radeck-Greenawalt,		
Heide	—	—
Münter, Dieter	1. 7. 72	1. 12. 41
Heinemann, Petra, ½	—	—
Hofmann, Hermann	1. 9. 77	28. 4. 42
Schorr, Walter	—	—
Dr. Schutheiß, Werner	1. 3. 80	4. 3. 44
Neidiger, Wolfgang	1. 6. 80	11. 9. 49
Elß, Edith	1. 6. 82	5. 2. 50
Dr. Pfandl, Elfriede,		
beurl. (LSt)	1. 9. 84	22. 10. 53
Dr. Lang, Elisabeth, ½	—	—
Förtsch, Philipp	—	—
Dr. Söllner, Josef	—	—
Kanz, Volkmar	—	—
Beck, Lothar	1. 6. 89	1. 6. 55
Heinritz, Ulrich	—	—
Riedel, Armin	15. 6. 91	21. 8. 59
Dr. Popp, Stephan	1. 2. 92	29. 11. 60

Hersbruck E 165 213
Schloßplatz 1, 91217 Hersbruck
Postfach, 91211 Hersbruck
T (0 91 51) 73 30
Telefax (0 91 51) 7 33 88
1 Dir, 1 stVDir, 8 R + ½ R

Pillhofer, Hans Jürgen, Dir	1. 11. 91	12. 6. 41
Dr. Dorner, stVDir	1. 1. 94	15. 9. 44
Koch, Hans-Jürgen	—	—
Kreil, Karin	—	—
Werner, Josef, abg.	1. 4. 76	19. 3. 44
Zaunseder, Peter	1. 3. 79	6. 10. 47
Anders, Peter-Jürgen, abg.	1. 10. 79	3. 9. 48
von Ciriacy-Wantrup,		
Helmut, abg.	16. 4. 80	7. 12. 49
Düker-Wara, Charlotte, ½	5. 10. 80	29. 6. 49
Dirolll, Werner	1. 5. 87	20. 4. 52
Müller, Waldemar	1. 4. 91	3. 3. 58
Thron, Ludwig	1. 3. 92	18. 6. 54
Bauer, Alexander	15. 10. 92	5. 9. 61
Dr. Hoefler, Hilmar	1. 4. 94	13. 5. 63

Neumarkt i.d. OPf. E 119 712
Residenzplatz 1, 92318 Neumarkt i.d. OPf.
T (0 91 81) 40 90
Telefax (0 91 81) 4 09 16
1 Dir, 4 R

Hölzel, Wolf-Michael, Dir	1. 1. 94	10. 9. 49
Hornung, Gerhard	1. 4. 77	11. 10. 44
Dr. Baier, Erwin	1. 5. 78	2. 2. 47
Weber, Alfred	15. 5. 82	25. 7. 50
Hollweck, Peter	1. 1. 90	14. 3. 59
Würth, Rainer	1. 10. 93	12. 9. 62

Neustadt a.d. Aisch E 94 453
Bamberger Str. 28, 91413 Neustadt a.d. Aisch
Postfach 12 40, 91402 Neustadt a.d. Aisch
T (0 91 61) 78 40
Telefax (0 91 61) 7 84 84
1 Dir, 3 R + 2 × ½ R

Römming, Rudolf, Dir	1. 3. 86	3. 2. 41
Dr. Schöpf, Herbert	16. 3. 75	1. 4. 44
Johann, Egon	1. 6. 87	5. 5. 57
Prosch, Liselotte, ½	1. 10. 90	21. 4. 58
Linhardt-Ostler, Ulrike, ½	1. 7. 91	3. 6. 55
Pechan, Winfried	1. 2. 93	19. 6. 61

Nürnberg E 494 123
Fürther Str. 110, 90429 Nürnberg
T (09 11) 3 21 01
Telefax (09 11) 3 21-28 77 (Zivilabt.), -28 82 (Strafabt.)
1 Pr, 1 VPr, 5 w.aufsR, 55 R + 5 × ½ R + 3 LSt (R)

Präsident

Janischowsky, Georg	1. 1. 87	14. 5. 32

Vizepräsident

Grimm, Ulrich	16. 8. 92	20. 6. 42

weitere aufsichtführende Richter

Schneider, Gerhard	1. 5. 84	23. 4. 41
Dötzer, Franz	1. 1. 87	16. 3. 39
Ley, Manfred	1. 1. 94	4. 3. 43
Zeitz, Emil	1. 8. 95	9. 7. 44
Herrler, Elmar	—	22. 2. 47

Richterinnen/Richter

Reeg, Peter	—	—
Dr. Gaffal, Johann	—	—
Volz, Hans-Gerhard	16. 10. 68	10. 8. 37
Reinecke, Reinhard	1. 5. 69	1. 7. 36
Schoepke, Hans-Jochen	1. 6. 70	19. 10. 38
Gößner, Edda	1. 6. 70	7. 10. 41
Ackermann, Volker	1. 4. 71	27. 5. 40
Haslbeck, Gerd		

LG-Bezirk Regensburg / OLG-Bezirk Nürnberg **BY**

Kleppmann, Robert	1.10.72	27. 2.43
Müller-Gutzeit, Mechthild	1.12.72	15. 3.36
Pöllmann, Karl-Peter	1. 4.74	14. 2.42
Kuch, Karl	16. 3.75	13. 2.44
Meyerhöfer, Günther	1. 7.75	13. 9.44
Pfaff, Peter	—	—
Göldner, Klaus, abg. (LSt)	1.12.75	26.11.44
Schauer, Gerhard	16.12.75	2.10.42
Ashelm, Hans Günther	—	—
Rühl, Gerhard	1. 5.76	12. 1.45
Kuhbander, Klaus	1. 9.76	21. 1.47
Hoffmann, Peter	—	—
Ganz, Harald	18. 6.77	13. 4.45
Prankel, Norbert	1.11.77	19. 1.46
Glöckner, Gertraud	18. 7.78	11. 5.48
Uebelein, Klaus	1.11.79	19. 2.49
Gräfe, Ekkehard	1. 5.80	4.12.49
Kohlmann, Klaus	15. 6.81	10. 6.52
Senft-Wenny, Elisabeth, ½	1.11.82	26. 3.52
Heublein, Joachim	1.10.83	13. 4.52
Pruy, Richard	—	—
Germaschewski, Bernhard	1.11.84	31.12.53
Kimpel, Reinhard	1.12.84	20. 2.55
Moser, Werner, abg.	1.12.84	1. 3.55
Held, Bernd	1.11.85	11. 9.55
Friedrich-Hübschmann, Ursula, ½	4.11.85	3. 6.54
Tischer, Günter, ½	—	—
Bieber, Monika, beurl. (LSt)	17.10.86	2. 1.56
Groß, Walter	24.12.86	10. 5.56
Dr. Mayer, Hans-Walter	20. 7.87	8. 3.51
Bartsch, Thomas	1.12.87	18.12.55
Bloß, Jürgen	1. 6.88	17. 3.56
Reichard, Georg	1. 6.88	10.12.58
Ellrott, Hans	—	—
Gallasch, Wolfgang	1. 8.88	17.10.56
Freudling, Brigitte, ½	—	—
Freudling, Christian	1.12.88	23.12.57
Hauck, Angelika, ½	—	—
Spliesgart, Siegfried	15. 1.89	31.10.58
Dr. Prechtel, Günter	—	—
Hauck, Michael	1. 8.89	16. 4.57
Dr. Rieger, Paul	16. 8.89	13.10.57
Kalb, Clemens	1. 1.90	23. 1.58
Bendick-Raum, Claudia, beurl. (LSt)	1. 5.90	3. 5.59
Dr. Holzberger, Roland	1. 6.90	14. 7.60
Koch, Thomas	1.10.90	3.11.55
Spies, Leonhard	15. 1.91	7. 3.59
Schwarz-Spliesgart, Eva Regina	1. 3.91	15. 4.59
Weinland, Dietlind	1. 4.91	8.11.59
Kellendorfer, Rudolf	1. 6.91	17. 4.58
Bär, Jasmin	1. 5.92	4. 4.62
Huber, Alfred	1.10.92	3. 2.61

Schneider, Joachim	—	—
Dr. Strößenreuther, Martin	1. 6.93	27.11.61
Degenhart, Claudia	1. 1.94	13. 5.62

Schwabach E 156 162
Weißenburger Str. 8, 91126 Schwabach
Postfach 11 40, 91124 Schwabach
T (0 91 22) 1 80 70
Telefax (0 91 22) 18 07 99

Zweigstelle in Hilpoltstein
Kirchenstr. 1, 91161 Hilpoltstein
Postfach 11 69, 91155 Hilpoltstein
T (0 91 74) 90 55
Telefax (0 91 74) 93 00
1 Dir, 1 stVDir, 8 R

Dr. Soldner, Werner, Dir	1.12.84	5. 4.39
Kropf, Hermann, stVDir	1. 1.94	22. 9.37
Heinke, Hellmer	1.10.72	19. 5.41
Dr. Leitner, Helmut	1.10.74	25. 4.42
Borngräber, Ingeborg	—	—
Geißendörfer, Rainer	16.10.81	5. 6.50
Dr. Baumgartl, Gerhard	16.10.81	19. 1.52
Dr. Kohn, Dieter	1. 7.83	14.12.43
Hader, Reinhard	15.10.84	16.10.53
Pisarski, Siegfried	1. 5.88	13.12.53

Landgerichtsbezirk Regensburg

Landgericht Regensburg E 657 445
Augustenstr. 3, 93049 Regensburg
93041 Regensburg
T (09 41) 2 00 30
Telefax (09 41) 2 00 32 99
1 Pr, 1 VPr, 11 VR, 16 R + 1 × ½ R + 1 LSt (R)

Präsident

Steinfeld, Heinrich Jürgen	1. 3.93	2. 5.38

Vizepräsident

Dr. Sieß, Franz	1.11.84	23. 6.32

Vorsitzende Richter

Boeckh, Helmut	1. 2.81	5. 9.32
Schäfer, Reinhard	—	—
Dr. Löwenkamp, Johann	1.12.83	3. 9.35
Melms, Malte	1. 3.84	16. 9.34
Bräu, Herbert	1.11.84	7.10.39
Johannsen, Jens	1. 4.86	24. 2.43
Dr. Lang, Siegfried	1.11.87	20.11.39
Rothdauscher, Josef	1. 1.88	27. 2.38
Sichler, Gerhard	1. 1.88	19. 4.39
Ruckdäschel, Günther	1. 8.93	1. 5.48
Dobnig, Peter	1. 1.96	23. 9.44

BY OLG-Bezirk Nürnberg   LG-Bezirk Regensburg

Richterinnen/Richter

Striedl, Hermann	1. 12. 69	24. 9. 38
Zetl, Josef	—	—
Rothenbücher, Ulrich	1. 5. 76	5. 10. 43
Böker, Eva	1. 5. 76	19. 7. 44
Hüttinger, Jürgen	24. 9. 76	27. 10. 43
Frick, Thomas	1. 9. 77	22. 3. 45
Dr. Kellner, Franz	1. 5. 78	11. 10. 47
Schindler, Erich	1. 5. 78	5. 2. 47
Dr. Rauch, Hans	16. 5. 78	21. 1. 46
Brandstätter, Otto	1. 9. 78	8. 11. 47
Kreppmeier, Eveline	1. 7. 79	21. 7. 49
Ebner, Werner	16. 5. 82	16. 10. 51
Lukas, Josef	1. 6. 82	12. 3. 51
Pauckstadt-Maihold, Ulrike	1. 9. 85	13. 11. 54
Blössl, Ilga	1. 12. 85	13. 8. 55
Nußstein, Karl	1. 10. 86	7. 9. 55
Artinger, Ludwig	1. 12. 86	26. 5. 56
Dippold, Wolfgang	1. 8. 88	18. 7. 58
Kerrinnes, Gabriele, ½	19. 7. 94	25. 11. 60

Amtsgerichte

Cham E 129 003
Kirchplatz 13, 93413 Cham
Postfach 11 34, 93401 Cham
T (0 99 71) 9 90-0
Telefax (0 99 71) 9 90 50

Zweigstelle in Furth i. W.
Stadtplatz 2, 93437 Furth i. W.
Postfach 13 60, 93429 Furth i. W.
T (0 99 73) 40 38
Telefax (0 99 73) 44 04

Zweigstelle in Kötzting
Herrenstr. 7, 93444 Kötzting
Postfach 360, 93440 Kötzting
T (0 99 41) 17 44
Telefax (0 99 41) 43 78

Zweigstelle in Roding
Landgerichtsstr. 17, 93426 Roding
Postfach 10 01, 93422 Roding
T (0 94 61) 20 31
Telefax (0 94 61) 55 64

Zweigstelle in Waldmünchen
Krambergerweg 1, 93449 Waldmünchen
Postfach 11 51, 93445 Waldmünchen
T (0 99 72) 2 98
Telefax (0 99 72) 38 11
1 Dir, 6 R

Betz, Xaver, Dir	1. 5. 89	22. 1. 40
Ring, Bernhard	2. 1. 78	3. 6. 46
Kern, Volker	1. 5. 78	28. 4. 47

Kerscher, Wolfgang	15. 6. 81	16. 5. 49
Kopp, Johann	1. 7. 87	27. 8. 57
Vogl, Erich	1. 7. 91	6. 2. 58
Kimmerl, Georg	1. 3. 93	19. 10. 61

Kelheim E 103 317
Klosterstr. 6, 93309 Kelheim
Postfach 11 53, 93307 Kelheim
T (0 94 41) 50 40
Telefax (0 94 41) 50 92 00

Zweigstelle in Mainburg
Bahnhofstr. 14, 84048 Mainburg
Postfach 12 20, 84043 Mainburg
T (0 87 51) 90 92
Telefax (0 87 51) 52 67
1 Dir, 6 R

Reil, Josef, Dir	1. 6. 91	19. 8. 43
Mühlbauer, Anton	16. 5. 77	21. 5. 46
Dr. Christl, Gerhard	1. 6. 77	12. 7. 47
Maihold, Dieter, abg.	1. 12. 86	22. 7. 55
Prokop, Clemens	1. 8. 87	26. 3. 57
Pfeiffer, Carl Christian	18. 11. 88	1. 5. 54
Dr. Müller, Harald	1. 9. 92	11. 11. 59

Regensburg E 290 955
93041 Regensburg
Augustenstr. 3, 93049 Regensburg
T (09 41) 2 00 30
Telefax (09 41) 2 00 34 20
1 Dir, 1 stVDir, 2 w.aufsR, 21 R + 3 × ⅔ R + 2 × ½ R + 1 LSt (R)

Lang, Wolf-Dieter, Dir	1. 6. 85	1. 4. 39
Kaiser, Gertrud, stVDir	1. 1. 82	27. 9. 34
Lossen, Helga, w.aufsR	1. 1. 96	22. 9. 41
Dr. Rosenkranz, Helmuth, w.aufsR	1. 1. 96	14. 5. 48
Langer, Herbert	5. 12. 66	22. 8. 34
Zahn, Peter	—	—
Wittmann, Wolfgang	16. 3. 72	10. 9. 43
Hurt, Benno	1. 10. 72	11. 4. 41
Zeitler, Franz	1. 7. 80	3. 1. 49
Kutzer, Bernhard	1. 9. 80	16. 11. 48
Gierl, Werner	16. 10. 80	27. 1. 50
Böhm, Horst	1. 9. 83	23. 5. 53
Preischl, Anton	1. 11. 84	27. 1. 52
Janzen, Dirk	10. 11. 84	16. 10. 50
Hinterberger, Gerhard, ½	1. 11. 85	23. 12. 49
Gold, Gerda	1. 9. 86	28. 9. 51
Müller, Brigitte	1. 9. 86	10. 2. 55
Schröder-Maier, Christine, ½	1. 7. 88	7. 8. 56
Hubmann, Edgar	1. 12. 88	28. 5. 46
Ruhdorfer, Johann	—	—

LG-Bezirk Weiden i.d. OPf.　　　　　　　　　　OLG-Bezirk Nürnberg　**BY**

Ziegler, Peter	1. 3.89	4. 1.59
Rösl, Robert	1.12.89	5. 7.59
Schimke-Kinshofer, Ursula, ⅔	1.12.89	16. 8.58
Ruppe, Friedrich	1. 1.90	4. 9.56
Piendl, Johann	1. 8.90	3. 3.57
Dr. Meindl, Wolfhard	1.10.90	5.10.56
Dr. Pfeffer, Johann	1.11.90	5.10.57
Schmid, Robert	1. 2.91	27.10.58
Stockert, Gerhard	20. 1.93	23.12.60
Ziegler, Theo	1. 5.94	9. 3.63
Escher, Elke	—	11. 2.64

Straubing　E 134 170
Kolbstr. 11, 94315 Straubing
Postfach 152, 94301 Straubing
T (0 94 21) 1 00 05
Telefax (0 94 21) 9 49-6 50
1 Dir, 1 stVDir, 9 R

Dr. Seiler, Viktor, Dir	1. 5.93	14. 7.40
Woelki, Heinz, stVDir	16.11.92	26. 1.33
Schormann, Gerhard	1. 7.72	10. 1.43
Gmelch, Hermann, abg.	1. 5.73	22.12.41
Zach, Johann	—	—
Greindl, Günther	1. 4.75	13. 6.43
Fiedler, Klaus Dieter	1. 1.85	30. 1.55
Schütz, Elfriede	1. 7.87	5. 4.56
Helmhagen, Rudolf	1.12.88	30. 4.58
Huber, Hans-Peter	1.10.89	24. 2.58
Otto, Hans-Joachim	16. 8.91	20. 8.47

Landgerichtsbezirk Weiden i.d. OPf.

Landgericht Weiden i.d. OPf.　E 222 556
Ledererstr. 9, 92637 Weiden i.d. OPf.
Postfach 40, 92619 Weiden i.d. OPf.
T (09 61) 3 00 00
Telefax (09 61) 30 00-238
1 Pr, 1 VPr, 2 VR, 5 R

Präsident

Riß, Siegfried	1. 5.88	22.10.34

Vizepräsident

Schmidt, Dieter	15. 4.93	21. 6.37

Vorsitzende Richter

Pietrucha, Günter	—	—
Dreythaller, Gerhard	1. 3.93	25. 5.39

Richter

Sellmann, Gerhard	—	—
Jagsch, Hermann	4.10.76	2. 8.44

Wirth, Anton	1.11.86	20. 9.57
Lehner, Rainer	—	—
Sax, Hermann	15.10.93	10. 5.63
Hartwig, Josef	1. 3.94	11. 5.61

Amtsgerichte

Tirschenreuth　E 80 341
Mähringer Str. 10, 95643 Tirschenreuth
Postfach 12 40, 95634 Tirschenreuth
T (0 96 31) 7 26-0
Telefax (0 96 31) 7 26-1 26

Zweigstelle in Kemnath
Marktplatz 15, 95478 Kemnath
Postfach 246, 95475 Kemnath
T (0 96 42) 6 15
Telefax (0 96 42) 72 05
1 Dir, 3 R, 1 LSt (R)

Hausbeck, Peter, Dir	1. 4.90	26. 5.38
Biemüller, Dieter, abg. (LSt)	1. 6.70	21. 2.35
Götzinger-Schmidt, Birgit	1. 8.85	24. 4.52
Heindl, Gerhard	1. 7.87	2. 1.56
Neunar, Peter	1.10.92	1. 1.62

Weiden i.d. OPf.　E 142 215
Ledererstr. 9, 92637 Weiden i.d. OPf.
Postfach 40, 92619 Weiden i.d. OPf.
T (09 61) 3 00 00
Telefax (09 61) 3 00 02 58

Zweigstelle in Vohenstrauß
Friedrichstr. 26, 92648 Vohenstrauß
Postfach 1, 92643 Vohenstrauß
T (0 96 51) 38 51
Telefax (0 96 51) 36 13
1 Dir, 1 stVDir, 11 R

Poy, Hans Jürgen, Dir	1. 5.85	23. 5.37
Burg, Hans-Jürgen, stVDir	1. 8.70	19.10.39
Weiß, Friedrich	16. 4.68	18.11.36
Schramm, Jürgen	1. 6.72	1. 1.42
Dr. Nickl, Rolf	1. 4.76	23. 2.45
Obst, Wolfgang	16.10.76	19. 5.46
Mihl, Viktor	—	—
Weiß, Thomas	1.10.86	31. 8.55
Schmid, Otmar	20.12.86	20. 8.54
Mirl, Johann	10. 6.87	3. 3.57
Franz, Peter	1.12.88	31.10.58
Windisch, Hubert	15. 2.89	22. 5.58
Ströhle, Reinhold	1. 3.92	2.10.56

Staatsanwaltschaften

Staatsanwaltschaft bei dem Oberlandesgericht Nürnberg

Fürther Straße 110, 90429 Nürnberg
T (09 11) 3 21-0
Telefax (09 11) 3 21 28 73
1 GStA, 1 LOStA, 7 OStA

Generalstaatsanwalt

Dr. Stöckel, Heinz	1. 4	15. 1. 40

Leitender Oberstaatsanwalt

Hubmann, Klaus	1. 8. 94	24. 1. 46

Oberstaatsanwälte

Ansorge, Manfred	1. 10. 76	3. 8. 35
Dr. Heßler, Rainer	1. 10. 83	24. 7. 40
Dr. Röhrich, Christian	1. 7. 84	18. 1. 36
Koll, Karl	1. 10. 89	3. 4. 39
Breitinger, Gert	1. 4. 91	5. 6. 49
Kammerer, Stephan	1. 3. 93	3. 11. 48
Schmitt, Hans Peter	10. 8. 94	21. 2. 48

Staatsanwaltschaft bei dem Landgericht Amberg

Regierungsstr. 8, 92224 Amberg
Postfach 21 52, 92211 Amberg
T (0 96 21) 37 00
Telefax (0 96 21) 1 20 76
1 LOStA, 1 stVLOStA, 2 StA (GL), 8 StA + 1 LSt (StA)

Leitender Oberstaatsanwalt

Heusinger, Karlheinz	1. 7. 84	1. 10. 35

Oberstaatsanwalt

Demmel, Klaus, stVLOStA	1. 1. 94	6. 12. 43

Staatsanwälte (GL)

Maier, Gerhard	1. 1. 92	12. 3. 55
Riedl, Harald	1. 4. 94	11. 9. 55

Staatsanwälte

Vetter, Klaus, abg. (LSt)	1. 7. 92	15. 2. 61
Diesch, Joachim	1. 11. 92	17. 8. 60
Weiß, Johann Peter	1. 1. 94	7. 5. 61
Heydn, Thomas	16. 4. 95	22. 1. 61

Staatsanwaltschaft bei dem Landgericht Ansbach

Promenade 4, 91522 Ansbach
Postfach 605, 91511 Ansbach
T (09 81) 5 81
Telefax (09 81) 5 82 65
1 LOStA, 1 OStA, 2 StA (GL) 5 StA, 1 LSt (StA)

Leitender Oberstaatsanwalt

Fürhäußer, Horst	1. 11. 85	20. 9. 37

Oberstaatsanwalt

Zimmermann, Karlalbert	2. 11. 94	9. 10. 44

Staatsanwälte (GL)

Hüttner, Peter	1. 1. 92	5. 3. 53
Westhauser, Wilfried	1. 7. 94	24. 2. 54

Staatsanwältinnen/Staatsanwälte

Dr. Lehnberger, Gudrun	1. 9. 92	12. 10. 60
Hofmann, Claudia	1. 7. 94	8. 12. 64
Krach, Jürgen	1. 9. 95	29. 3. 64
Bernhard-Schüßler, Petra	1. 9. 95	9. 4. 64
Beyer-Nießlein, Elke	18. 10. 95	28. 8. 65
Böhm, Gerhard, abg. (LSt)	—	—
Eberl, Armin	—	—

Staatsanwaltschaft bei dem Landgericht Nürnberg-Fürth

Fürther Str. 112, 90429 Nürnberg
T (09 11) 3 21-0
Telefax (09 11) 3 21 24 66
1 LOStA, 1 stVLOStA, 7 OStA , 11 LSt (GL) + 1 LSt (StA GL), 34 StA + 4 × 1/2 StA + 16 LSt (StA)

Leitender Oberstaatsanwalt

N.N.

Oberstaatsanwälte

Guerrein, Werner, stVLOStA	1. 11. 95	26. 11. 42
Wiedemann, Kurt	1. 8. 86	26. 2. 43
Schüssel, Gerhard	1. 1. 91	13. 12. 42
Dr. Heusinger, Robert	1. 12. 91	3. 3. 47
Heydner, Günther	1. 5. 93	19. 2. 50
Lubitz, Reinhard	1. 9. 95	7. 8. 47
Grandpair, Walter	1. 10. 95	24. 12. 48
Metzger, Ernst	1. 10. 95	9. 11. 49

Staatsanwälte-(GL)

Neubeck, Gerd, abg.	16. 9. 91	6. 4. 51
Gruber, Thomas	16. 11. 92	1. 11. 49

Staatsanwaltschaften — OLG-Bezirk Nürnberg **BY**

Gehr, Helmut	1. 2.93	15. 8.53
Wahl, Gerold	1. 7.93	29. 1.50
Dr. Kimmel, Walter	16. 8.93	21. 4.54
Dr. Kunz, Karl-Heinz	1. 9.93	1. 7.50
Holthaus, Norbert	1. 3.94	8. 7.50
Wenny, Reinhold	1. 3.94	3. 9.51
Voll, Werner, abg.	1. 3.94	11. 2.54
Dr. Schaffert, Wolfgang	1. 5.94	7. 6.55
Schäfer, Gerd	1.12.95	11. 2.57
Träg, Wolfgang	1. 1.96	29. 3.54
Knorr, Walter, abg.	—	—

Staatsanwältinnen/Staatsanwälte

Engler, Dieter	15.11.79	30. 7.43
Grave, Annelie, ½, beurl. (LSt)	2. 5.89	22. 9.58
Deuerlein, Ursula, beurl. (LSt)	25. 9.91	27.10.56
Dr. Köhler, Helmut	1. 4.92	5.12.59
Stark, Uwe, abg. (LSt)	1. 8.92	20.11.60
Sauer, Stefan	1.11.92	2. 4.62
Krischker, Susanne	2.11.92	25.12.61
Zorn, Margit, ½, beurl. (LSt)	1.12.92	24. 8.62
Rosinski, Gisela	1. 1.93	27.12.61
Dycke, Andrea, beurl. (LSt)	21. 3.93	2.10.62
Schmidt, Frank	1. 4.93	4. 4.62
Ionescu, Andra	1.10.93	23. 2.60
Dr. Wißmann, Guido, abg. (LSt)	1. 1.94	4. 6.62
Dr. Quentin, Andreas	1. 3.94	18. 5.61
Arnold, Horst	1. 3.94	8. 4.62
Hüftlein, Gabriele, beurl. (LSt)	1. 3.94	22. 8.64
Dr. Schobel, Beatrix, ½	1. 4.94	21.10.62
Kusch, Ute	1. 4.94	16. 5.63
Kotzam-Dümmler, Beate, beurl. (LSt)	1. 4.94	30. 5.63
Krome, Ursula, beurl. (LSt)	1. 5.94	29. 7.61
Wurdack, Christiane, beurl.	1. 6.94	5.12.63
Göller, Manuela, beurl. (LSt)	1. 7.96	16. 7.63
Schiftner, Thomas	1.10.94	23. 2.63
Kefer, Kornelia	1.10.94	13. 6.63
Meixner, Beate	1.10.94	28.10.63
Höflinger, Susanne	15.10.94	25. 4.62
Adelhardt, Peter	1.11.94	7. 7.62
Müller, Martina	1.11.94	2. 4.63
Gabriels-Gorsolke, Antje	1.12.94	2. 1.63
Fischer, Michael, abg.	1. 2.95	25. 2.64
Dycke, Peter	16. 2.95	20. 7.61
Dr. Fleury, Roland	1. 3.95	18. 9.61
Dunavs, Axel	1. 3.95	8.12.61

Dr. Strohmaier, Thomas	1. 3.95	14. 9.63
Frank-Dauphin, Karin	1. 3.95	31.10.63
Eschenbacher, Ingo	1. 3.95	24. 4.64
Edenhofer, Erda	1. 4.95	10. 4.60
Gründler, Wolfgang	1. 6.95	14. 7.61
Pfohl, Elisabeth	1. 6.95	8. 4.64
Zimmermann, Michael, abg. (LSt)	1. 7.95	16. 5.62
Dr. Kirchof, Bernd	1. 7.95	12.12.63
Ackermann, Michael	1.10.95	30. 9.59
Wehrer, Christine, beurl. (LSt)	1.10.95	10.11.64
Elfrich, Andrea	1. 2.96	3. 3.63
Gründler, Birgit	1. 3.96	5.12.64
Schmiedel, Jutta	1. 4.96	11.11.64
Bühl, Brigitta	—	—
Dereser, Marc	—	—
Dr. Dünisch, Heidi, abg. (LSt)	—	—
Frank, Wolfgang	—	—
Frasch, Beate	—	—
Heidecke, Sven	—	—
Hilzinger, Peter, abg. (LSt)	—	—
Hübner, Marianne, abg. (LSt)	—	—
Kastner, Helga, beurl. (LSt)	—	—
Richter-Zeininger, Barbara, ½	—	—

Staatsanwaltschaft bei dem Landgericht Regensburg
Kumpfmühler Str. 4, 93047 Regensburg
Postfach 10 01 61, 93001 Regensburg
T (09 41) 2 00 30
Telefax (09 41) 20 03-2 48
1 LOStA, 1 stVLOStA, 2 OStA, 5 StA (GL), 9 StA

Leitender Oberstaatsanwalt

Schuchardt, Peter	1.12.91	2.12.37

Oberstaatsanwälte

Demleitner, Werner, stVLOStA	15.11.85	13. 6.34
Jennerjahn, Joachim-Dietrich	1.10.83	27. 4.34
Plöd, Johann	1. 8.93	21. 1.46

Staatsanwälte (GL)

Zach, Edgar	1. 2.92	2. 2.49
Brem, Norbert	—	—
Iglhaut, Karl	—	—
Schneider, Bernhard	1. 4.94	23. 5.51
Vanino, Hermann	1. 1.96	2. 5.52

Staatsanwältinnen/Staatsanwälte

Sollfrank, Thomas	1. 3.90	1.12.57
Klein, Ulrike	1.10.93	20.11.61

BY Richter/StA im Richterverhältnis auf Probe

Lindner, Gerhard	1. 3. 94	15. 12. 63
Kaltschik, Barbara, abg.	1. 5. 94	21. 6. 63
Clausing, Matthias	1. 9. 94	25. 5. 62
Hofbauer-Koller, Heike	1. 4. 95	20. 12. 62
König, Peter	1. 5. 95	5. 5. 61
Dr. Müller, Christine	1. 3. 96	4. 4. 63
Kiderlen, Iris-Dorothea	1. 3. 96	24. 9. 63
Dr. Breitkopf, Ursula	1. 3. 96	9. 11. 65
Vogt, Markus	1. 4. 96	3. 4. 64

Staatsanwaltschaft bei dem Landgericht Weiden i.d. OPf.
Ledererstr. 9, 92637 Weiden
Postfach 40, 92619 Weiden
T (09 61) 3 00 00
Telefax (09 61) 3 00 01 47
1 LOStA, 1 stVLOStA, 3 StA (GL), 6 StA

Leitender Oberstaatsanwalt

Höbold, Lutz	1. 5. 85	29. 5. 40

Oberstaatsanwalt

Schwarz, Günter stVLOStA	1. 11. 95	1. 1. 40

Staatsanwälte (GL)

Sertl, Josef	1. 3. 94	28. 11. 49
Gollinger, Roman	16. 3. 94	7. 5. 48
Grüner, Georg, abg.	1. 4. 94	1. 11. 52

Staatsanwälte

Hys, Thomas	1. 4. 94	2. 2. 62
Schnappauf, Hans-Jürgen	1. 9. 94	20. 11. 64
Voit, Bernhard	1. 3. 95	6. 4. 62
Riedelbauch, Claus Peter	1. 9. 95	6. 6. 65
Werner, Peter	1. 4. 96	23. 2. 64

Richterinnen/Richter und Staatsanwältinnen/Staatsanwälte im Richterverhältnis auf Probe

B = OLGBez. Bamberg
M= OLGBez. München
N = OLGBez. Nürnberg

Klingeberg, Ulla, beurl.	M	1. 12. 86	1. 6. 55
Bauer, Claudia	M	1. 6. 92	7. 7. 63
Bäumler-Hösl, Hildegard	M	1. 9. 92	3. 4. 63
Troch, Regina	M	1. 4. 93	9. 7. 59
Fahrmbacher-Lutz, Ruth	M	1. 4. 93	18. 1. 60
Bartschmid, Andreas	M	1. 4. 93	28. 9. 63
Ciolek-Krepold, Katja	M	1. 4. 93	4. 11. 64
Bartschmid, Dorothea	M 16. 4. 93		25. 10. 65
Weisensel-Kuhn, Katja	B	1. 5. 93	9. 7. 65
Kastlmeier, Manfred	M 16. 8. 93		29. 10. 62
Helm, Frauke	N 16. 8. 93		4. 7. 65
Dr. Sandermann, Edmund	N	1. 9. 93	14. 3. 56
Busenius, Caren	N	1. 9. 93	10. 5. 63
Trotta, Raffaele	B	1. 9. 93	14. 2. 64
Demmel, Ingrid	N	1. 9. 93	16. 5. 65
Linz-Höhne, Heike	M	1. 9. 93	5. 10. 65
Büchs, Volker	B	1. 9. 93	23. 11. 65
Acker-Skondinis, Dorothee	M	1. 9. 93	22. 2. 66
Hondl, Yvonne	M	1. 9. 93	2. 4. 66
Weidensteiner, Josef	N	1. 9. 93	18. 4. 66
Greger, Anette	N	1. 9. 93	22. 4. 66
Böhmer, Elisabeth	N	1. 9. 93	22. 11. 66
Nitzinger, Elisabeth	M 16. 9. 93		18. 4. 64
Block, Kornelia	M 16. 9. 93		30. 1. 65
Porzner, Erwin	N	1. 10. 93	16. 6. 61
Spierer, Anneliese	M	1. 10. 93	27. 9. 62
Conver, Ilona	B	1. 10. 93	1. 6. 63
Brinkmöller, Barbara	M	1. 10. 93	6. 8. 63
Martin, Matthias	M	1. 10. 93	9. 10. 63
Klatt, Juliane	M	1. 10. 93	24. 3. 64
Stockinger, Barbara	M	1. 10. 93	21. 4. 64
Dr. Krämer, Andrea	N	1. 10. 93	5. 7. 64
Lößl, Liane	M	1. 10. 93	13. 10. 64
Uehlein, Andrea	N	1. 10. 93	30. 1. 65
Schneider, Nicole	N	1. 10. 93	25. 5. 65
Nordhus-Hantke, Sigrid	B	1. 10. 93	23. 11. 65
Werner, Renate	B	1. 10. 93	4. 6. 66
Werner, Claas	N	1. 10. 93	26. 8. 66
Dr. Kirsch, Sebastian	M	1. 11. 93	2. 7. 64
Fraundorfer, Michaela	N	1. 11. 93	20. 2. 65
Traud, Anita	B	1. 11. 93	26. 6. 65
Popp, Beate	B	1. 2. 94	18. 1. 65
Horndasch, Stefan	N	1. 2. 94	25. 8. 65
Gößmann, Christine, abg.	M	1. 3. 94	20. 5. 65
Jehle, Ralf	M	1. 3. 94	22. 5. 65
Schäfer, Christine	M	1. 3. 94	5. 9. 65
Schmitt, Martina	M	1. 3. 94	26. 11. 65
Weickert, Stefan, abg.	B	1. 3. 94	13. 12. 65
Eppelein, Sabine	M	1. 3. 94	23. 7. 66
Kirchmeier, Karen	B	1. 3. 94	7. 7. 67
Schaffer, Michael	N	1. 3. 94	16. 8. 67
Dr. Seuß, Melanie	M	1. 4. 94	10. 11. 60

Richter/StA im Richterverhältnis auf Probe — **BY**

Name					Name				
Baumhof, Angelika	M	1. 4. 94	26. 4. 63		Gründel, Johannes	B	1. 2. 95	4. 7. 67
Volk, Klaus	B	1. 4. 94	7. 7. 63		Bouabe, Inken	M	1. 2. 95	10. 11. 67
Dr. Christiani, Roland	M	1. 4. 94	22. 8. 63		Bühl, Andrea	B	1. 2. 95	18. 5. 68
Mihatsch, Ulrike	M	1. 4. 94	10. 10. 65		Hillmann, Caroline	M	1. 2. 95	4. 6. 68
Herrmann, Doris	N	1. 4. 94	1. 11. 65		Täschner, Stefan	N	1. 3. 95	7. 12. 62
Zwiener, Simone	M	1. 4. 94	21. 12. 65		Fein, Michael	M	1. 3. 95	13. 5. 63
Seidel, Beate	N	1. 4. 94	7. 4. 66		Hofmann, Martin	M	1. 3. 95	2. 6. 65
von der Grün, Rüdiger	B	1. 4. 94	13. 5. 66		Eckert, Thomas	M	1. 3. 95	17. 11. 65
Kehl, Sabine	M	1. 4. 94	12. 9. 66		Rücker, Barbara	M	1. 3. 95	13. 6. 66
Häusler, Thomas	M	1. 5. 94	22. 5. 62		Dr. Schwarplys, Judith	M	1. 3. 95	8. 7. 66
Dr. Dornach, Markus	M	1. 5. 94	23. 9. 63		Nappenbach, Yvonne	M	1. 3. 95	23. 9. 67
Jakobeit, Matthias	B	1. 5. 94	5. 12. 64		Janßen, Vera	B	1. 6. 95	28. 3. 64
Englich, Monika	B	1. 5. 94	13. 3. 65		Gleisl, Anton	M	1. 6. 95	18. 5. 65
Liermann, Martina	M	1. 7. 94	20. 4. 66		Kessler, Alexander	M	1. 6. 95	20. 3. 67
Diederichs, Konstantin	M	1. 7. 94	28. 4. 66		Fehlner, Marion	M	1. 6. 95	15. 10. 67
Weiß, Peter	B	1. 7. 94	20. 7. 66		Maltry, Andreas	M	1. 7. 95	28. 9. 65
Boeckh, Walter	M	1. 7. 94	23. 8. 66		Ehrt, Beate	N	1. 7. 95	18. 3. 66
Kummer, Gerlinde	N	1. 7. 94	11. 3. 67		Dr. Arnold, Hans-Friedrich	M	1. 7. 95	13. 4. 66
Dr. Jahn, Gabriele	N	1. 7. 94	4. 6. 67		Guntz, Peter	M	1. 7. 95	5. 7. 66
Röttenbacher, Claudia	N	1. 7. 94	5. 7. 67		Gramm, Udo	N	1. 7. 95	11. 9. 66
Henninger, Stephanie	M	1. 7. 94	8. 10. 67		Wörz, Franz	M	1. 7. 95	24. 2. 67
Binder, Thomas	M	1. 8. 94	31. 12. 63		Panzer, Matthias	B	1. 7. 95	12. 8. 67
Labandowsky, Klaus	B	1. 8. 94	23. 12. 64		Fink, Roland	M	1. 8. 95	13. 1. 65
Eckenberger, Birgit	N	1. 8. 94	22. 11. 65		Dr. Westphal, Karsten	M	1. 8. 95	28. 4. 65
Dr. Beckstein, Wolfgang	M	1. 8. 94	30. 10. 66		Fleindl, Hubert	M	1. 8. 95	27. 5. 65
Scheuermann, Julia	M	1. 9. 94	16. 7. 63		Henn, Ingrid	M	1. 8. 95	15. 12. 65
Grünheid, Sabine	B	1. 9. 94	2. 5. 65		Heindl, Rupert	M	1. 8. 95	26. 8. 66
Hellerbrand, Christoph	M	1. 9. 94	28. 4. 67		Bogusch, Ulrike	M	1. 8. 95	2. 12. 66
Mittlmaier, Sabine	M	1. 9. 94	12. 5. 67		Kroner, Stephen	M	1. 8. 95	19. 11. 68
Schmeken, Astrid	M	1. 9. 94	15. 9. 67		Gramatte-Dresse, Brigitte	M	16. 8. 95	30. 7. 63
Steeger, Ulrich	M	16. 9. 94	22. 5. 63		Hernicht, Harald	M	16. 8. 95	26. 10. 66
Grauel, Michael	M	16. 9. 94	8. 4. 64		Bader, Christine	B	16. 8. 95	31. 3. 69
Englich, Markus	B	1. 10. 94	14. 2. 65		Weyde, Thomas	N	1. 9. 95	28. 10. 65
Grain, Robert	M	1. 10. 94	9. 4. 65		Hasler, Jürgen	M	1. 9. 95	12. 2. 66
Kuschow, Axel	N	1. 1. 95	29. 7. 63		Sattelberger, Christian	M	1. 9. 95	30. 3. 66
Krames, Wilfried	M	1. 1. 95	27. 6. 65		Pohl, Manuela	M	1. 9. 95	21. 5. 67
Jäger, Markus	B	1. 1. 95	9. 2. 66		Füssel, Katharina	B	1. 9. 95	18. 6. 67
Cazacu, Liliana	B	1. 1. 95	19. 2. 66		Turkowski, Clemens	M	1. 9. 95	27. 3. 68
Widmann, Josef	M	1. 1. 95	9. 5. 66		Lichti, Daniela	M	1. 9. 95	31. 3. 68
Tholl, Frank	M	1. 1. 95	24. 10. 66		Nikol, Markus	M	1. 9. 95	16. 8. 68
Bott, Thomas	M	1. 1. 95	2. 12. 66		Kellerbauer, Eva Maria	M	1. 9. 95	2. 12. 68
Ledermann, Klaus	M	1. 1. 95	13. 3. 67		Natale, Wolfgang	M	1. 9. 95	24. 1. 69
Riedel, Konrad	M	1. 1. 95	13. 3. 67		Kuchenbaur, Hans Peter	B	1. 9. 95	11. 5. 69
Mahall, Eva	N	1. 1. 95	28. 4. 67		Seiler, Christian	M	1. 9. 95	5. 9. 69
Meyer, Martin	B	1. 1. 95	4. 6. 67		Reiß, Susanne	B	18. 9. 95	4. 3. 68
Schuster, Barbara	M	1. 1. 95	30. 9. 67		Schwiebacher, Christoph	M	18. 9. 95	6. 3. 68
Oelmaier, Michaela	N	1. 1. 95	19. 10. 67		Nielsen, Stefan	M	18. 9. 95	6. 6. 68
Joachimski, Christine	M	1. 1. 95	2. 4. 68		Schröder, Bettina	B	18. 9. 95	6. 8. 69
Karasch, Christiane	M	1. 1. 95	25. 6. 68		Gräber, Kai	M	1. 10. 95	30. 4. 68
Möller, Julia	M	1. 1. 95	19. 1. 69		Schümann, Charlotte	M	1. 10. 95	13. 8. 68
Brunner, Dieter	B	1. 2. 95	29. 1. 65		Schmitt-Roob, Florian	M	1. 10. 95	5. 10. 66
Prantl, Erhard	N	1. 2. 95	28. 4. 66		Winter, Martina	B	1. 10. 95	4. 10. 67
Häring, Gerald	B	1. 2. 95	31. 8. 66					
Zuber, Armin	B	1. 2. 95	11. 9. 66					
Eberle, Michael	M	1. 2. 95	11. 2. 67					
Schnabl, Robert	M	1. 2. 95	8. 3. 67					

BY Richter/StA im Richterverhältnis auf Probe

Name				Name			
Meyberg, Alexander	M	1.10.95	3. 4.68	Claßen, Christiane	B	1. 3.96	7. 8.68
Aßbichler, Jacqueline	M	1.10.95	12. 4.68	Domberger, Barbara	M	1. 3.96	17.10.68
Franz, Claudia	N	1.10.95	9. 6.68	Plenk, Ines	M	1. 3.96	13. 2.69
Wech, Susanne	M	1.10.95	2. 2.69	Wiemer, Peter	N	1. 3.96	16. 3.69
Scheer, Dagmar	B	16.10.95	3.10.66	Dr. Haeser, Petra	M	1. 3.96	6. 5.69
Fuchs, Tobias	M	1. 1.96	29.11.65	Ledermann, Stefan	M	1. 3.96	2. 6.69
Breinl, Benedikt	M	1. 2.96	8. 6.66	Titz, Andrea	M	1. 3.96	24.11.69
Greulich, Anette	M	1. 2.96	28. 9.66	Kühn, Ulrich	M	1. 4.96	22. 7.67
Bonn, Christine	M	1. 2.96	22.11.66	Schwarz, Kerstin	M	1. 4.96	4. 9.68
Saller, Roland	M	1. 2.96	27. 8.68	Fecher, Britta	B	—	—
Guhling, Hartmut	B	1. 2.96	28.12.68	Förch, Ute	M	—	—
Fischer, Jürgen Heiko	B	1. 2.96	18. 2.69	Götz, Ursula	M	—	—
Grape, Andrea	M	1. 2.96	17. 3.69	Jung, Eva Maria	M	—	—
Schicho, Manfred	M	15. 2.96	5. 8.67	Kintzel, Gernot	B	—	—
Hofner, Sonja	M	15. 2.96	8.11.68	Kopernik, Manuela	N	—	—
Lutz, Hans-Joachim	B	15. 2.96	10. 2.69	Mühlbauer, Sabine	B	—	—
Weder, Dietrich	M	1. 3.96	7. 8.64	Neubauer, Angelika, abg.	N	—	—
Dr. Schultheis, Ullrich	B	1. 3.96	5. 1.65	Seebode, Ursula	B	—	—
Müller, Insa	M	1. 3.96	13. 9.66	Dr. Sieber, Marion	B	—	—
Käb, Waldemar	M	1. 3.96	8.11.66	Strobl, Ludwig	N	—	—
Webert, Maria-Theresia	M	1. 3.96	9.10.67	Weißbach, Kirsten	M	—	—
Zimmermann, Volker	B	1. 3.96	12. 4.68				

Berlin

3 477 916 Einwohner

Senatsverwaltung für Justiz

Salzburger Str. 21–25, 10825 Berlin (-Schöneberg)
T (0 30) 78 76–1, Telefax (0 30) 78 76–39 36
1 Sen, 1 StaatsSekr, 3 SenDgt, 6 LSenR, 24 SenR, 20 RD, 13 ORR, 1 OSozR, 6 RR, 3 SozR

Senatorin für Justiz
Dr. Peschel-Gutzeit,
Lore Maria   24. 3. 94   26. 10. 32

Staatssekretär
Borrmann, Detlef   18. 3. 89   7. 7. 38

Senatsdirigentin/Senatsdirigent
Bung, Kurt   4. 1. 85   11. 11. 37
Eckel-Kollmorgen, Erika   3. 1. 94   14. 6. 35

Leitende Senatsräte (AbtL)
Flügge, Christoph   24. 11. 90   14. 7. 47
Diwell, Lutz   5. 7. 95   6. 9. 51
Schüßler, Frank   27. 10. 95   22. 2. 37

Leitende Senatsräte
Krebs, Wolf-Dieter   2. 7. 87   29. 6. 40
Ritter, Klaus   24. 11. 87   31. 5. 37

Senatsräte
Pohl, Lutz-Gerrit   2. 7. 87   5. 6. 47
Schulze, Jörg   20. 4. 88   8. 2. 46
Stummeyer, Joachim   21. 2. 91   6. 12. 50
Kohlhaas, Horst   9. 12. 93   3. 6. 38

Schumann, Karl-Heinz   20. 4. 82   8. 7. 38
Schmidt, Peter, LSozD   10. 2. 88   6. 6. 40
Dr. Kilian, Klaus   7. 3. 88   21. 7. 43
Dr. Sternberg-Lieben,
 Detlev, beurl.   3. 9. 90   9. 12. 50
Dr. Gick, Dietmar   13. 9. 91   31. 7. 51
Radtke, Helmut   25. 5. 92   18. 10. 49
Brodowski, Christian   21. 9. 92   4. 8. 54
Freisewinkel, Dierk   29. 4. 94   11. 4. 50
Freise, Ulrich   1. 10. 94   7. 9. 55
Braak, Guido   27. 7. 95   8. 5. 57

Regierungsdirektoren
Menschig, Knut   3. 7. 91   29. 6. 34
Knappe, Lothar   13. 9. 91   27. 4. 48

Dr. Matzke, Michael   23. 9. 91   2. 5. 52
Perlitz, Joachim   22. 10. 91   20. 11. 54
Münch, Andreas   29. 1. 91   26. 1. 56
Astrath, Dietrich   16. 6. 94   18. 9. 41

Oberregierungsrätinnen/Oberregierungsräte
Schink, Hans-Winfried   29. 10. 81   19. 2. 40
Schmidt, Axel   22. 9. 83   16. 4. 41
Herrmann, Georg   9. 11. 84   7. 1. 39
Zipse, Torsten   25. 1. 90   9. 9. 49
Töllner, Jochen   31. 8. 92   3. 8. 37
Detert, Horst, OSozR   25. 6. 93   27. 10. 44
Kopka, Wolfgang   22. 9. 93   8. 7. 37
Meiner, Ingeborg   29. 8. 94   26. 4. 44
Zinke, Peter   23. 3. 95   19. 11. 41
Mischau, Doris,
 OSozR   22. 5. 95   26. 5. 47
Blümel, Matthias   1. 6. 95   26. 7. 51
Dr. Schwarzburg, Peter,
 ORR z. A.   13. 7. 95   24. 5. 56
Seefeld, Gerd   31. 8. 95   10. 2. 45
Kranz, Günter   28. 10. 95   22. 3. 49

Regierungsrat z. A.
Bluhm, Heinz-Ullrich,   2. 5. 95   4. 8. 56

Sozialrätin/Sozialrat
von Schlieben-Troschke,
 Karin   12. 3. 91   27. 2. 51
Troike, Jörg   15. 11. 92   14. 9. 50

*Präsident des Justizprüfungsamtes,
zugleich Leitender Senatsrat*
Jürgens, Klaus-Peter   30. 3. 87   5. 3. 40

*Hauptamtliche Mitglieder
Senatsräte*
Kruschke, Hans-Dieter   19. 5. 78   24. 8. 41
Dr. Krause, Dietmar   29. 6. 90   25. 4. 38

115

Kammergerichtsbezirk Berlin

1 Landgericht, mit 16 Kammern für *Handelssachen*
12 Amtsgerichte
Schöffengericht beim Amtsgericht Tiergarten

Familiengerichte bei den Amtsgerichten Pankow-Weißensee und Tempelhof-Kreuzberg
Landwirtschaftsgericht beim Amtsgericht Schöneberg

Kammergericht

E 3 477 916
Witzlebenstraße 4/5, 14057 Berlin
T (0 30) 3 20 92–1, Telefax (0 30) 3 20 92–2 66
Zivilsenate 3, 4, 13, 16–20, 24, 26
Elßholzstr. 30–33, 10781 Berlin
T (0 30) 21 78–0, Telefax (0 30) 21 78 22 00
1 Pr, 1 VPr, 30 VR, 96 R (davon 3 UProf im 2. Hauptamt)

Präsidentin
Knobloch, Gisela   1. 3. 90   11. 9. 36

Vizepräsident
Sanft, Hans-Artur   13. 11. 92 28. 10. 34

Vorsitzende Richterinnen/Vorsitzende Richter
Ziesmer, Karl Heinz   1. 2. 80   15. 2. 33
Dr. Herbrig, Wolfgang   1. 3. 80   15. 3. 32
Dittrich, Hans   29. 10. 81 24. 4. 33
Steinmeyer, Siegfried   1. 3. 82   14. 8. 33
Blumenau, Helga   27. 4. 83   12. 2. 34
Contag, Eckart   19. 9. 83   18. 6. 35
Griesche, Gerhard   30. 7. 85   28. 7. 33
Freckmann, Tilen   1. 11. 85   30. 3. 36
Lönnies, Otward   1. 8. 87   4. 10. 37
Siering, Klaus-Peter   17. 12. 87 23. 3. 36
Rößler, Joachim   17. 12. 87 14. 11. 38
Kaufner, Dietrich   1. 6. 88   26. 4. 37
Schulze, Wolf-Herwig   29. 9. 88   11. 5. 33
Strauch, Eberhard   17. 3. 89   13. 3. 39
Schlenger, Wolfgang   8. 5. 89   21. 5. 41
Henze, Ursula   5. 6. 90   26. 7. 39
Haase, Klaus-Dieter   5. 6. 90   20. 4. 43
Beyer, Klaus   27. 9. 90   13. 1. 40
Siebert, Gerhard   10. 1. 91   19. 7. 31
Kubsch, Frithjof   15. 4. 91   12. 1. 36
Bornemann, Vinzenz   1. 7. 92   23. 2. 36
Baumeister, Wilhelm   2. 12. 92   15. 11. 36

Görtz, Rainer   1. 9. 93   29. 5. 44
Dr. Schubert, Johann-Georg   26. 11. 93 11. 9. 36
Dr. Dietrich, Eckhart   27. 4. 94   6. 2. 37
Kollmorgen, Jürgen   16. 12. 94 9. 9. 35
Jalowietzki, Dieter   16. 12. 94 17. 10. 36
Uerpmann, Ursula   16. 12. 94 12. 6. 37
Dr. Nöldeke, Werner   1. 5. 95   11. 2. 36
Schröder, Dietrich   1. 6. 95   25. 7. 37

Richterinnen/Richter
Heyland, Ingrid   1. 1. 70   27. 6. 34
Hopp, Karl   1. 3. 70   15. 7. 34
Mehner, Eberhard   16. 11. 70 18. 12. 32
Dr. Stahlke, Udo   9. 2. 71   8. 2. 36
Schmidt, Reinhard   1. 7. 71   24. 4. 34
Pullwitt, Manfred   1. 2. 72   7. 10. 34
Motel, Eberhard   1. 4. 72   2. 6. 36
Middel, Klaus-Dieter   1. 1. 73   19. 2. 36
Wegener, Albrecht   31. 3. 73   16. 4. 36
Schmudlach, Hilmar   6. 4. 73   19. 5. 36
Freymuth-Brumby, Bianka, abg. 20. 12. 73 15. 3. 37
Themel, Hans-Dieter   12. 6. 74   20. 3. 36
Schmidt, Petra   24. 6. 74   14. 7. 35
Lanz, Helmut   11. 11. 74 12. 5. 34
Schmidt, Wolfgang   7. 5. 75   22. 2. 32
Meltendorf, Gerhard   6. 2. 76   11. 2. 38
Linz, Ingrid   10. 12. 76 23. 5. 36
Hochgräber, Gerhard   3. 2. 77   11. 5. 38

LG-Bezirk Berlin — Kammergerichtsbezirk Berlin **BER**

Bauer, Gerd-Ludwig	8. 9.77	15. 9.36
Klemt, Franz-Michael	5.10.77	11. 8.40
Paetzelt, Wolfgang	6.10.77	13.12.38
Korsch, Axel	1. 1.78	20. 5.35
Dr. Weber, Peter	—	—
Fuchs, Angela	15. 2.78	6.10.36
Weichbrodt, Stephan	1. 6.78	19. 8.36
Blunck, Detlev	9. 8.78	13. 4.38
Krühne, Hartmut	7.12.78	16. 3.41
Halter, Wolf	22.12.78	30. 1.37
Philipp, Alexis	17. 5.79	29. 9.37
Baldus, Jens Peter	24. 9.79	14. 1.38
Klingebeil, Günter	17. 3.80	13.10.42
Dr. von der Gablentz, Konrad	21. 3.80	22. 2.34
Dr. Rejewski, Harro-Jürgen	7. 5.80	14. 7.42
Müller, Lutz	6.10.81	8.10.39
Dr. Briesemeister, Lothar	29.10.81	17.10.40
Prof. Dr. Geppert, Klaus (UProf, 2. Hauptamt), ⅛	1. 5.82	10. 3.41
Schlickeiser, Klaus	30. 6.82	5. 6.41
Brockmann, Hermann	27. 8.82	31. 7.35
Brandt, Helmuth	1.12.82	10. 4.36
von Arps-Aubert, Wolfgang	1. 1.83	31. 8.34
Rinder, Anne-Gret	1.10.83	25. 8.43
Funk, Erhard	13. 7.84	20. 7.37
Markgraf, Johann	5. 6.85	18.11.38
Grieß, Adalbert	19. 2.86	5.12.47
Sieveking, Roland	12. 3.87	12. 7.44
Ubaczek, Christian	9. 7.87	9. 6.47
Parr, Rolf Rüdiger	26. 2.88	28.12.43
Moritz, Wolfgang	1. 3.88	6. 9.45
Voss, Peter	1.11.88	12. 3.41
Hennemann, Ulrich	17. 3.89	20. 8.44
Neuhaus, Stefan	24.11.89	30. 3.51
Böhrenz, Margit	12. 1.90	12.10.41
Becker, Wolfram	5. 6.90	19.12.48
Prof. Dr. von Stebut, Dietrich (UProf., 2. Hauptamt)	27. 9.90	9. 6.36
Budde, Gerald-Eckehard	1. 1.91	11.10.50
Berner, Michael	14. 2.91	8. 5.48
Claßen-Beblo, Marion, abg.	15. 4.91	23. 4.53
Steuerwald-Schlecht, Martina, ⅔	15. 4.91	22. 6.53
Dr. Prange, Eckhard-Detlef	20. 9.91	5.11.41
Sellin, Dankward	27. 9.91	21. 3.54
Schlecht, Manuel	26. 2.92	1. 6.54
Junck, Dagmar, ½	20. 3.92	24. 3.51
Scheer, Andrea	27. 5.92	1.10.53
Weißbrodt, Wolfgang	1. 7.92	8. 1.47
Meising, Hedda	28. 8.92	22.10.51
Brüggemann, Ernst-Ulrich, abg.	28. 8.92	20. 8.54
Tilmann-Reinking, Karin, abg.	30. 9.92	26. 1.40
Petzolt, Sabine	30. 9.92	14. 8.54
Hennig, Gisela	13.11.92	11. 7.42
Spiegel, Volker	29.11.93	28. 3.54
Steinecke, Werner	30.12.93	3.10.48
Christ, Wolfgang	30.12.93	10. 6.49
Kliem, Kurt, abg.	30.12.93	18. 6.51
Dr. Kähler, Clemens-Michael	22. 3.94	3. 5.49
Töpfer, Edeltraut	22. 3.94	5.12.49
Libera, Frank-Michael	9. 5.94	19. 3.49
Alban, Wolfgang	24. 8.94	5.12.45
Klum, Peter	5.10.94	16. 9.49
Becker, Bernd	5.10.94	30. 7.55
Dr. Pickel, Bernd	5.10.94	4. 3.59
Neubauer, Birgit	11.11.94	12.11.56
Crass, Ulrich	14.11.94	19. 9.52
Domke, Ulrich	14.11.94	28. 9.55
Franck, Peter	16.12.94	22.11.53
Schmidt-Schondorf, Stephan, abg.	16.12.94	4. 5.54
Kunz, Christian, abg.	31. 3.95	13.10.57
Gröning, Jochen	26. 5.95	4. 6.54
Lettau, Rainer	14. 9.95	4. 1.57
Grüter, Michael	30.10.95	21.12.54
Wiese, Ilona	1. 1.96	28. 2.48
Baldszuhn, Thomas	1. 1.96	13. 3.53

Landgerichtsbezirk Berlin

Landgericht Berlin E 3 477 916

Zivilkammern:
Tegeler Weg 17–20, 10589 Berlin
10617 Berlin
T (0 30) 3 46 04–0
Telefax (0 30) 3 46 04–5 18

Littenstr. 11–17, 10179 Berlin
10174 Berlin
T (0 30) 24 73–0
Telefax (0 30) 24 23 22 23

Strafkammern:
Turmstr. 91, 10559 Berlin
10548 Berlin
T (0 30) 39 79–1
Telefax (0 30) 39 79–20 10
1 Pr, 1 VPr, 138 VR, 271 R (davon 1 HProf
im 2. Hauptamt)

BER Kammergerichtsbezirk Berlin   LG-Bezirk Berlin

Präsident
Herzig, Manfred	1.10.86	16. 9.34

Vizepräsident
von Drenkmann, Peter-Joachim	29. 9.88	22. 8.40

Vorsitzende Richterinnen / Vorsitzende Richter

Name		
Dr. Seidel, Theodor	27. 9.68	30. 7.31
von Goetze, Robert	9. 2.71	3.10.34
Menzel, Gerhard	1. 2.72	9. 6.34
Greinert, Peter	1. 3.72	9.10.34
Hillebrand, Hagen	1. 1.73	23. 7.33
Tosberg, Hans-Joachim	1. 1.73	4. 1.35
von Zukowski, Rudolf	30. 5.73	10. 1.36
Prof. Dr. Gustavus, Eckhart (HProf, 2. Hauptamt), ¼	7.12.73	5.11.35
Hüller, Wolfgang	—	—
Leschonski, Günter	13. 6.74	21. 8.35
Herdemerten, Hans-Jürgen	6. 6.75	20. 1.37
Schütze, Albrecht	6. 6.75	18. 8.37
Kutzschbach, Peter	8. 4.76	29.11.35
Moritz, Marianne	13. 8.76	12. 4.35
Heinicke, Dietrich	8. 9.76	3. 2.35
Endler, Hans-Georg	10.12.76	16. 4.35
Hegermann, Burkhard	11. 7.77	20. 1.38
Bräutigam, Hansgeorg	8. 9.77	3. 5.37
Koczy, Klaus	1. 1.78	1.12.34
Hofschläger, Jürgen	7. 4.78	14. 9.36
Kinne, Harald	7. 4.78	18. 7.39
Schach, Klaus	5. 5.78	15. 7.40
Dr. Weitz, Dietrich	12. 5.78	17. 9.37
Schwarzmann, Inken	—	—
Neef, Roland	1.11.78	8. 7.37
Dr. Paterok, Norbert	8. 2.79	10.11.37
Malies, Jürgen	—	—
Wolf, Lutz	31.10.79	5. 6.39
Brakebusch, Askold Herwig	29.11.79	13. 1.40
Freymuth, Jürgen	22. 2.80	11. 1.36
Heiden, Klaus	17. 3.80	14. 2.36
Sachs, Achim	30. 9.80	11. 3.36
Hengst, Klaus-Peter	18.12.80	7. 3.40
Dr. Schomaker, Jens	26. 3.81	5. 9.40
Falkenberg, André	26. 3.81	24.12.42
Rinder, Hagen	28. 9.81	8. 3.41
Seipp-Achilles, Barbara	14.12.81	26. 7.35
Stielow, Rudi	30. 6.82	21. 6.39
Breuer, Gerd	1. 2.83	23. 5.34
Luther, Hans-Christian	6. 2.84	4. 4.44
Laeger, Dietrich	17. 2.84	27. 5.35
Föhrig, Friedrich-Karl	13. 7.84	7. 9.38
Galow, Johannes	18. 2.86	28. 9.33

Name				
Groepler, Hans-Joachim	18. 2.86	24. 9.43
Krakau, Wiltrud-Irene	12. 6.86	8. 5.33
Reichenheim, Albrecht, beurl.	10. 7.86	22. 5.36
Dr. Röhrmann, Achim-Ernst	11. 7.86	6.10.41
Nippe, Leopold-Volker	26. 9.86	2. 1.46
Bandasch, Brigitta	12. 3.87	7. 4.39
Kiworr, Ulrich	12. 3.87	9. 3.49
Finkelnburg, Ingrid	1. 4.87	21. 2.37
Hengst, Christel	12.10.87	8. 3.40
Kraus, Anna-Maria	12.10.87	28. 4.47
Erich, Guy	10.12.87	29. 2.48
Rosenow, Stefan	1. 1.88	5. 4.47
Hönisch, Peter	31. 3.88	21. 7.39
Dr. Fuchs, Detlef	13. 4.88	25.12.41
Heublein, Rudolf	3.11.88	7.10.40
Weddermann, Antje	8.12.88	15. 3.41
Hartig, Bernd	1. 4.89	3. 9.44
Alberts, Jürgen	28. 4.89	14.10.36
Kowalski, Stephan	26. 7.89	23.11.46
Brünging, Hans-Jürgen	1.10.89	4. 9.46
Efrém, Hans-Jürgen	12. 1.90	18. 4.40
Lechner, Hans-Dieter	12. 1.90	3. 4.44
Neuhaus, Walter	6. 3.90	10.12.50
Prejawa-Silber, Doris	—	
Dr. Sasse, Detlef	31. 5.90	5. 5.41
Hoffmann, Werner	1. 7.90	2. 3.47
Schweckendieck, Helmut	26. 7.90	18. 3.52
Siegfried, Joachim	27. 9.90	24. 5.45
Pannek, Rainer	27. 9.90	27. 5.51
Schaal, Hans-Jürgen	1.11.90	29.12.47
Meyer-Brügel, Ehrenfried	20.12.90	9. 3.45
Kunz, Klaus	1. 1.91	12. 5.44
Klasse, Joachim	—	
Kramer, Heinz-Jürgen	15. 4.91	12. 3.45
Mauck, Michael	15. 4.91	30. 1.52
Weiß, Lothar	22. 5.91	23. 7.48
Bieber, Hans-Jürgen	1. 8.91	5. 5.44
Jensen, Knut	13.12.91	11. 4.49
Beyer, Dagmar	26. 2.92	18. 7.41
Holzinger, Heinz	26. 2.92	10. 9.41
Dieckmann, Susanne	26. 2.92	18. 9.55
Speier, Bernd	20. 3.92	30. 1.52
Manske, Harald	27. 5.92	14. 8.41
Welke, Ulrich	1. 7.92	14.12.38
Füllgraf, Hartmut	1. 7.92	29. 3.41
Plefka, Heinz-Peter	28. 8.92	9.12.43
Dr. Scholz, Peter	28. 8.92	11. 4.53
Harte, Jörn	30. 9.92	15. 1.57
LeViseur, Burkhard	13.11.92	25. 7.42
Dr. Möcke, Renate	13.11.92	16. 1.52
Schulz-Moneke, Eberhard	16.12.92	3.10.45
Hawickhorst, Beate	4. 1.93	25. 7.54
Dessau, Eckhard	1. 2.93	28.10.51
Scholz, Peter	1. 7.93	25. 2.49

LG-Bezirk Berlin   Kammergerichtsbezirk Berlin   **BER**

Hollmann, Ulrich	30. 7.93	30. 8.48
Lange, Lutz	—	—
Dybe-Schlüter, Hannelore	13. 9.93	3.10.43
Schöttler, Rolf-Jürgen	13. 9.93	28.11.44
Eschenhagen, Gabriele	13. 9.93	16. 2.48
Träger, Gabriele	23.12.93	20. 5.49
Neelsen, Nils	30.12.93	8. 3.36
Baae, Jochen	30.12.93	28. 4.41
Seeburg, Elisabeth	30.12.93	23.11.43
Lindemann, Lutz	30.12.93	12.10.47
Röhl, Jürgen	30.12.93	10. 2.50
Ehestädt, Ralph	30.12.93	5. 8.54
Marhofer, Peter	30.12.93	6. 2.57
Hartmann, Ralf	—	—
Fruschki-Hoch, Christiane	17. 3.94	17. 9.45
Mertens, Dorothea, beurl.	21. 3.94	24. 2.63
Oplustil, Karl-Heinz	29. 3.94	2. 8.42
Becker, Wolfgang	29. 3.94	17.11.49
Dr. Hawickhorst, Heinz	29. 3.94	8. 7.52
Stephan, Hans-Ulrich	9. 5.94	16. 6.37
Hansens, Heinz	27. 6.94	28. 8.49
Dr. Garz-Holzmann, Karin	27. 6.94	8. 8.53
Weber-Schramm, Eva-Maria	27. 6.94	16. 8.53
Kiep, André	24. 8.94	15. 8.52
Weiß, Hans-Harald	16.12.94	11. 7.36
Löffler, Michael	16.12.94	23. 1.41
Boß, Hans	16.12.94	4.10.45
Gerigk, Karl-Heinz	16.12.94	19. 8.47
Dietrich, Angelika	16.12.94	13. 9.52
Krause, Wolfgang	18. 4.95	26. 3.47
Bassow, Manfred	31. 5.95	15. 4.44
Ziehmer-Herbert, Margarete	29. 6.95	24.11.48
Faust, Peter	29. 6.95	20. 1.55
Scharnick, Marieluise	31. 7.95	8. 3.35
Bulling, Rainer	31. 7.95	24. 3.59
Swarzenski, Martin	12.10.95	29. 1.41
Christoffel, Cornel, abg.	12.10.95	6. 1.51
Amthor, Erhard	1. 1.96	16. 2.35
Strobel, Gabriele	20. 2.96	17.10.50

Richterinnen/Richter

Vath, Hannelotte	1. 5.67	25. 5.34
Mallach, Hans-Peter	14. 7.67	5. 7.35
Casimir, Helgard	—	—
Groß, Walter	—	—
Kordaß, Günter	1. 8.69	10. 5.37
Wolf, Willibald	26. 9.69	1. 3.36
Roller, Ursel, ½	26. 9.69	12. 8.37
Zieske, Eva-Maria	1.10.69	9. 9.36
Sauer, Franz	29. 6.70	10. 8.35
von Moers, Claudius	17. 7.70	13. 7.37
Rocca, Bernd	15. 3.71	2.11.38

Kleinau, Hans-Joachim	16. 9.71	29. 4.35
Gliech, Jochen	16. 9.71	21. 1.39
Koch, Matthias	1. 1.72	21. 1.39
Schröder, Margarete	7. 7.72	4. 3.41
Seidler, Manfred	16.10.72	8.10.39
Gatza, Gerlind	9.11.72	4. 1.42
Fertig, Hanna	1. 1.73	21. 3.34
Humbert, Renate	1. 2.74	17. 3.42
Preu, Peter	1.11.74	9. 1.37
Lohrengel, Maria-Elisabeth	11. 4.75	6.10.37
Maack, Ingrid	7. 5.75	13.12.33
Klee, Jürgen	12. 1.76	14. 4.44
Trapp, Klaus	12.11.76	28. 2.43
Wolf, Willibald	1. 7.77	1. 3.36
Gaebler, Christian	5.10.77	13. 8.46
Piorkowski, Günther	7. 1.80	25. 5.48
Loeper, Ulrich	11. 4.80	16. 7.45
Hänsel, Birgit	18. 7.80	7. 4.50
Sahr, Rainer	7. 4.81	23. 5.48
Pawlizki, Hans-Jürgen	22. 5.81	18. 7.48
Fisch, Heidi	2. 7.81	22.12.50
Rungenhagen, Klaus	7.12.81	1.10.48
Gaydoul-Gooren, Anne-Katrin, ¾	23.12.81	29.10.50
Dr. Brandt, Hans-Jürgen, beurl.	8. 9.82	3. 7.46
Surkau, Sigrid, abg.	19.11.82	25. 3.52
Warnatsch, Jürgen	27.12.82	1. 6.50
Knobloch-Steinbach, Sabine, ½	13. 3.83	9. 8.51
Erbe, Karin	4. 7.83	20.12.53
Assmann, Klaus	22. 7.83	8.11.38
Gahlen, Heinz Georg	22. 7.83	4. 2.44
König, Afra	22. 7.83	14. 9.52
Valtu, Manfred	1.11.83	23.11.46
Dallmer, Ingrid	8. 3.84	6. 2.53
Scholz-Gamp, Kristine, beurl.	4. 1.85	1.10.50
Vogt, Melanie, ½	7.10.85	9. 7.55
Kuhla, Sabine, ½	20. 3.86	7. 1.54
Meyer-Schäfer, Frank, abg.	28. 3.86	23. 1.57
Dreyer, Birgit	24. 9.86	25. 3.53
Willnow, Günter, abg.	22.12.86	28. 6.57
Rosenthal, Thomas	—	—
Düe, Anneliese	30. 4.87	3. 9.55
Gieritz, Hartmut, abg.	13. 7.87	16. 6.54
Schulz, Gabriele, abg.	1.10.87	14.11.54
Humbert, Adelheid	22. 2.88	—
Schneider, Regine, ½	30. 3.88	26. 3.49
Prietzel-Funk, Dorothea, beurl.	1. 4.88	18. 9.56
Seifert, Thomas, abg.	1. 6.88	27. 1.58
Schuster, Peter	18. 7.88	9. 2.58
Vaterrodt, Michael	2. 9.88	22.10.55

Dr. Kasprik-Teperoglou,				Höning, Kai-Uwe	7.12.92	28.12.58
Sigrid-Beatrix,⅔, abg.	9.	3.89	15. 4.58	Schneider, Manfred	7.12.92	24. 5.61
Paschke, Regine	13.	3.89	8. 6.55	Hoch, Josef	4. 1.93	5. 1.60
Langematz, Jürgen, abg.	21.	4.89	11. 6.57	Grabbe, Annette	4. 1.93	17. 5.61
Mülders, Elisabeth, ½	29.	5.89	24.11.55	Ohlischlaeger-Mörtzsch,		
Dr. Nowicki, Jürgen	—		—	Dorothee	4. 1.93	25. 8.61
Tschirsky-Dörfer, Ina	12.	7.89	19. 3.59	Krumhaar, Bernhard	4. 1.93	17. 9.61
Hohensee, Rolf	21.	7.89	31. 5.57	Miczajka, Bernd	4. 1.93	6. 2.62
Eilinghoff-Saar, Doris, ½	27.	7.89	6. 3.56	Dr. Schmidt-Schondorf,		
von Gélieu, Christian	1.	8.89	17. 2.59	Sibylle	4. 1.93	13. 3.62
Klinger, Christiane	16.11.89		30. 3.59	Kingreen-Pfeiffer,		
Körner, Ralf	21.11.89		19. 1.59	Susanne,¾	8. 2.93	30. 9.62
Hirschfeld, Michael	21.11.89		3. 2.59	Heinatz, Michael	22. 3.93	30. 5.57
Dr. Cassen-Barckhausen,				Jung, Harald	29. 4.93	4. 9.58
Beate, ½	29.11.89		29.11.57	Getferdt, Sabine, beurl.	3. 5.93	4. 9.62
Reinhard, Karin, abg.	2.	1.90	22. 6.58	Lind, Detlef	28. 5.93	20. 7.60
Gawinski, Renate	9.	1.90	22. 2.60	Müller, Petra	15. 7.93	14. 2.63
Stresemann, Christina,				Buck, Dirk	22. 9.93	10. 2.62
abg.	18.	5.90	18.12.57	Dr. Czepluch, Anna-		
Beier, Jürgen	1.	6.90	14.12.56	Katharina	1.10.93	12. 3.60
Saak, Gisela, abg.	3.	7.90	8. 2.54	Nieradzik, Gabriele	1.10.93	4. 4.61
Dr. Pahl, Lothar	3.	7.90	1.11.55	Kramer, Gerti	22.11.93	19. 3.62
Nordhoff, Klaus-Heinrich	3.	7.90	5. 2.58	Hülsböhmer, Martin	30.11.93	10. 4.59
Fischer, Ralf	3.	7.90	16.12.59	Dieckmann, Bernhard	3. 1.94	14.11.53
Strobel, Gabriele	1.	8.90	17.10.50	Seiffe, Manfred	3. 1.94	7. 9.60
Dr. Helle, Michael, abg.	21.	9.90	14. 3.54	Kuhnke, Bernd-Dieter	3. 1.94	5. 9.61
Abel, Michael	16.11.90		1. 6.56	Runge, Angelika	3. 1.94	14.10.62
Eckebrecht, Marc	20.11.90		21.12.59	Dr. Henkel, Elke	10. 1.94	27. 2.59
Hartung, Thomas	1.	1.91	29. 1.60	Dr. Peißker, Kartin	14. 2.94	25. 6.59
Ohlsen, Andreas	2.	1.91	23. 9.61	Luhm-Schier, Hans-		
Hanschke, Klaus-Peter	1.	2.91	8.11.56	Joachim	21. 3.94	6.12.61
Dedner, Stefan	19.	2.91	5.11.57	van Dieken, Dirk	21. 3.94	5. 7.62
Forkel, Heike	22.	2.91	1. 4.60	Mertens, Dorothea, beurl.	21. 3.94	24. 2.63
Henkel, Monika, abg.	25.	3.91	9. 8.54	Behrens, Barbara, beurl.	21. 3.94	19. 7.63
Jünemann, Lothar	2.	4.91	18. 9.58	Gilge, Christina	6. 4.94	13. 1.63
Sternagel, Barbara, ½	10.	5.91	15. 5.59	Kulik, Kerstin	6. 5.94	1. 5.61
Gabriel, Annette, beurl.	4.	7.91	12. 4.61	Stobbe, Norbert	30. 5.94	2.10.54
Sander, Günther, abg.	14.	8.91	23. 1.61	Tepe-Niehus, Christine	20. 6.94	31. 3.62
Kuhnke, Christian	1.	9.91	8. 2.62	Werner, Heike	20. 6.94	18. 9.62
Sommerfeld, Siegfried	2.	9.91	2. 7.60	Horstkotte, Martin	4. 8.94	26. 6.54
Koppers, Margarete	2.	9.91	19. 8.61	Alagün, Ahmet	4. 8.94	5. 7.58
Szeklinski, Paul, abg.	2.	9.91	12. 9.61	Dr. Droste, Thomas, abg.	4. 8.94	8. 6.59
Kuhnke, Matthias	2.	9.91	8. 2.62	Kröger, Dorit	4. 8.94	19. 4.60
Wagner, Michael	10.	3.92	6.10.54	Schoel, Jürgen	4. 8.94	25. 6.63
Hees, Heike	10.	3.92	22. 6.60	Beckmann, Martin	29. 8.94	2. 6.60
Thümmler, Pia, abg.	10.	3.92	7.10.60	Klein, Hannelore	2. 9.94	4. 5.53
Müller, Andreas	1.	4.92	12. 2.60	Blume, Michaela	26. 9.94	11.10.57
Henze, Wolfgang	24.	4.92	30.11.56	Groth, Rainer	26. 9.94	15. 7.59
Fahr, Siegfried	3.	7.92	25. 2.60	Meunier-Schwab, Julia	26. 9.94	6. 5.61
Mülders, Reimar	15.	7.92	2. 5.56	Bartel, Holger	26. 9.94	3. 4.64
Pfaff, Matthias	—		—	Freese-Schmidt, Uta	26. 9.94	7. 4.64
Skomski, Petra, beurl.	17.	8.92	30. 6.57	Marx, Silke	26. 9.94	19. 6.64
Moltmann-Willisch,				Köhnken, Eckart	4.10.94	21. 2.56
Anne-Ruth	22.	9.92	28.12.56	Nötzel, Uwe	4.10.94	5. 1.62
Dr. Dieckmann, Kay	5.10.92		26. 1.50	Dethloff, Joachim	10.10.94	26. 8.59
Schulze, Christine, beurl.	12.11.92		1. 4.58	Grieß, Regine	1.11.94	21. 2.62

LG-Bezirk Berlin — Kammergerichtsbezirk Berlin — BER

Kaussow, Udo	—	—
Dr. Kessel, Carsten	13.12.94	25. 3.61
Gebhardt, Christina, abg.	2. 1.95	8. 8.60
Förschner, Detlef	8. 2.95	22. 8.61
Pfefferkorn, Susanne, abg.	14. 2.95	1. 6.62
Bigge, Klaus	13. 3.95	12.12.59
Bol, Nikolaus	13. 3.95	13. 2.61
Dr. Beyer, Gundula	13. 3.95	8.11.63
Zwicker, Hendrik	13. 3.95	11. 4.64
Böhm, Ulrike	13. 3.95	13.10.64
Baara, Angela, abg.	11. 4.95	7. 8.65
Schertz, Matthias	23. 5.95	25. 6.64
Zillmann, Katja	23. 5.95	2.10.64
Räcke, Uta, beurl.	—	—
Groß, Thomas, abg.	26. 6.95	3.10.64
Hinrichs, Zwaantje, abg.	14. 7.95	4.11.63
Zierep, Albrecht, abg.	25. 8.95	24. 4.64
Kupfernagel, Dirk	1. 9.95	29. 8.61
Wagner-Weßel, Ingrid	6. 9.95	19. 3.61
Gerlach, Susanne, abg.	6. 9.95	11. 6.63
Goerden, Ruth	6. 9.95	22. 8.63
Sylaff, Uwe	9.10.95	17. 9.63
Rotzoll, Anja	9.10.95	5. 8.64
Dr. Meinen, Gero	11.10.95	12.11.62
Thiel, Holger	18.10.95	19. 2.63
Thiel, Alfred, ⅔	18.10.95	12. 8.63
Jenckel, Anke, abg.	1.11.95	9. 9.61
Klotz, Claudia	1.11.95	22.11.62
Thoms, Klaus	—	—
Reichel, Jürgen	2.11.95	1. 2.65
Erdmann, Anke	29.11.95	17. 3.63
Arens, Dagmar, beurl.	11.12.95	24. 5.64
Steinkamp, Sabine, abg.	11.12.95	25. 5.64
Auell, Armin	12.12.95	17. 1.58
Lang, Karin	12. 2.96	8. 5.59
Wiesener, Rodelia	12. 2.96	1. 7.59
Hinzmann, Thorsten	12. 2.96	12. 5.61
Fuchs, Stephan	22. 2.96	14. 8.64
Junge, Sabine	5. 3.96	3. 9.63

Amtsgerichte

Tiergarten E 93 333
Zivilsachen:
Lehrter Straße 60, 10557 Berlin
T (0 30) 39 79–1
Telefax (0 30) 39 79–20 10

Strafsachen:
Turmstraße 91, 10559 Berlin
10548 Berlin
T (0 30) 39 79–1
Telefax (0 30) 39 79–20 10

Verkehrs- u. Wirtschaftsstrafabteilungen:
Kirchstr. 6, 10557 Berlin
T (0 30) 39 79–9
Telefax (0 30) 39 79–61 10

Bereitschaftsgericht:
Gothaer Str. 19, 10823 Berlin
T (0 30) 7 80 02–1
Telefax (0 30) 78 00 24 30

Dem Präsidenten steht die Dienstaufsicht auch über die anderen Amtsgerichte in Berlin zu.

Planstellen sämtlicher 12 Amtsgerichte in Berlin:
1 Pr, 1 VPr, 12 Dir, 10 stVDir, 18 w.aufsR, 530 R

Präsident

Clausing, Hans Günter	1. 8.88	31. 3.33

Vizepräsident

Masuch, Frank	15. 1.88	13. 2.38

weitere aufsichtsführende Richterin/
weitere aufsichtsführende Richter

Werner, Michael	3. 2.77	13.10.41
Nanzka, Klaus	11. 4.80	2. 3.35
Weidner, Eberhard	27. 9.90	1. 9.38
Haferanke, Wolfgang	22. 5.91	26. 7.56
Dr. Reyer, Heinz-Günter	14. 9.95	19. 7.46
Fölster, Uta, abg.	28.11.95	9. 2.56

Richterinnen/Richter

Vath, Wolfgang	22. 2.67	28.11.36
Gramse, Falko	23. 8.68	12. 7.35
Volkmann, Karin	20. 3.70	13.10.38
Scheffel, Peter	29. 3.70	14. 6.34
Scholz, Udo	29. 6.70	12.11.35
Remuss, Dagobert	15.10.70	1. 5.37
Warnstädt, Rüdiger	1. 1.71	29. 1.38
Kutzschbach, Karin	1. 5.71	2. 4.38
Müller, Michael	16. 9.71	25. 6.40
Witt, Manfred	1. 1.72	19. 3.39
Eberhardt, Sabine	1. 1.72	25. 1.40
Vieregg, Jürgen	16. 7.72	10. 9.40
Scheffler, Christian	9.10.72	2.12.36
Scherer, Edelgard	1. 1.73	21. 1.37
Pitzschke, Christel	6. 4.73	26. 8.38
Kuschewski, Jürgen	15. 7.73	23. 9.41
Müller-Reinwarth, Burkhard	1. 1.74	30. 7.39
Viezens, Klaus-Dieter	—	—
Grabow, Reiner	3. 4.74	4. 5.39
Beuermann, Rudolf	12. 6.74	6. 7.44
Peschke, Renate	6.12.74	13.11.36
Herrlinger, Wolfgang	10.12.74	14. 1.44
Klemp, Jörg-Detlef	10. 4.75	22.12.42
Sander, Mechthild	7. 5.75	2. 4.44

BER Kammergerichtsbezirk Berlin — LG-Bezirk Berlin

Name		
Stoeber, Klaus-Peter	6. 6.75	13. 1.42
Vasiliou, Barbara	4. 7.75	19. 5.43
Uffrecht, Wiland	8. 8.75	22. 9.41
Hengst, Wolf-Jürgen	5.12.75	14.11.42
Bortels, Stefan	10.12.75	10.11.42
Bauer, Frank	14. 1.76	27.11.40
Erdbrink, Lüder	16. 1.76	4. 1.42
Vogler, Hubert	9. 2.76	6. 7.42
Klug, Arno	7. 7.76	28. 5.40
Hecker, Wolfgang	17. 7.76	8. 1.43
Schultze, Eckart	6. 9.76	26. 8.43
Sendt, Hagen	14.10.76	12.10.42
Barnack, Christiane	14.10.76	19. 5.44
Jentsch, Walter	14.10.76	9. 1.45
Schmidt, Claus-Wolfgang	7. 7.77	6. 1.46
Reschke, Peter	19. 1.78	10. 5.43
Baars, Hans Joachim	19. 1.78	16. 2.45
Frenzel, Helmut	6. 2.78	16. 4.45
Garske-Ridder, Erika	10. 4.78	14. 4.47
Lother, Rainer	5. 7.78	23. 2.45
Berger, Gert-Rainer	5. 7.78	3. 6.46
Sieveking, Ruth	6. 9.78	28.12.45
Richter, Helmut	13. 9.78	13. 4.47
Kohls, Jürgen	13. 9.78	10. 7.47
Fischer, Detlef	13.10.78	6. 2.43
Herrlinger, Dagmar	19. 1.79	17. 6.48
Burghardt, Susanne Barbara	—	—
Jockisch, Michael	2. 4.79	18. 9.47
Schultz, Gerd	12. 7.79	23.10.47
Dasch, Hans	7. 1.80	30.10.48
Lenz, Eberhard	7. 5.80	9. 2.49
Schulte, Heinz-Günther	13.10.80	4. 2.47
Balz, Gabriele	2.11.80	21. 2.48
Ebsen, Ebe	1. 1.81	4. 8.47
Stiegert, Ronald	1. 1.81	16.10.48
Brade, Axel	1. 1.81	20. 7.50
Graetz, Gerhard	1. 1.81	30. 7.50
Marsollek, Hans-Jürgen	2. 1.81	11. 4.48
Eberhard, Wolfram	1. 4.81	12. 2.48
Millert, Jörg	2.11.81	9. 7.47
Köster-Mindel, Dagmar	2.11.81	18. 6.49
Drees-Dalheimer, Ingrid, ½ abg.	7.12.81	4. 5.48
Damerow, Manfred	—	—
Lebe, Hartmut	2. 2.82	15. 1.51
Kopplin, Katharina	8. 2.82	30.11.52
Scholz, Christian	1. 4.82	6. 5.45
Granowski, Michael	1. 8.82	24.12.48
Brunke, Ulrich	7.10.82	24.10.49
Fahlenkamp, Peter	19.11.82	29. 3.36
Steinmar, Werner	19.11.82	14. 7.45
Simon-Nissen, Ursula	21.12.82	25.11.51
Volkmann, Ingrid	21.12.82	24. 3.52
Schaaf, Klemens, abg.	1. 1.83	18. 6.50
Brömer, Sigrid	12. 1.83	20. 6.52
Noffke, Werner	2. 8.83	1. 9.49
Müller, Beate	21. 6.84	4. 2.54
Bartels, Georg	3. 8.84	12.10.49
Feldkamp, Josef	24. 9.84	15. 4.49
Henze, Regine	6. 2.85	29. 4.54
Sprotte, Ludwig-Norbert, beurl.	12. 2.85	30.11.50
Dr. Burgmüller, Burkhard	1. 7.85	28. 2.55
Müller, Hans-Jürgen	17. 7.85	24. 9.53
Kujawski, Ulrich, abg.	17. 7.85	29.12.53
Schmittinger, Bruno	1. 4.86	12. 2.56
Miller, Karin, ½	30. 5.86	30. 5.55
Miller, Hans-Jürgen	6. 3.87	7. 2.53
Farkasinski, Eszter	30. 4.87	26. 3.54
Becker, Helmut	1. 1.88	11. 5.53
Görlitz, Ursula	18. 2.88	29. 7.56
Fischer, Eva-Maria, beurl.	22. 2.88	16. 3.50
Wendt, Udo	23. 2.88	18. 3.51
Nagel, Lotte	6. 9.88	28. 8.54
Auracher, Walter	10. 3.89	25. 8.57
Finck, Klaus	13. 3.89	22. 6.69
Buckow, Frank	16. 6.89	26. 4.58
Fischer, Beatrice	16.11.89	21. 3.57
Maietti, Susanne	16. 3.90	20.10.56
Hampel, Gisela	1. 2.92	27.11.58
Schröder, Christian, beurl.	1. 9.92	12.12.58
Schwengers, Henning	7.12.92	23.10.60
Jürcke, Klaus-Peter	7.12.92	12. 3.62
Georgalis, Ricarda Maria	7.12.92	16.10.62
Staupe, Leberecht	9. 2.93	16. 6.56
Rudel, Fred	1. 4.93	2. 4.62
Menzel, Sabine	16. 7.93	28. 2.92
Granowski, Michael	2. 8.93	24.12.48
Dietz, Andreas	28. 9.93	15.10.57
Parpart, Karsten	28. 9.93	2. 6.61
Heisig, Kirsten	28. 9.93	24. 8.61
Debus-Dieckhoff, Andrea	1.11.93	23. 8.63
Moritz, Peter	15.11.93	3. 8.60
Ernst, Martin	3. 1.94	17.11.61
Müller-Wirth, Sibylle	3. 1.94	20. 6.62
Borgas, Hans-Michael	13. 1.94	27. 2.60
Marx, Silke	3. 2.94	30.11.62
Pervelz, Jörg	5. 4.94	28. 4.61
Kraft, Jürgen	26. 9.94	26. 8.58
Behrend, Carola	26. 9.94	5. 6.62
Danjel, Björn	28. 9.94	11. 5.62
Holzheid, Corinna, beurl.	1.11.94	2.11.62
Haslinger, Walter	8. 2.95	11. 9.58
Schulz, Claudia	13. 3.95	14. 3.65
Appelt-Kurlemann, Karin	18. 4.95	21. 4.63
Mönnich, Anja	18. 4.95	21. 1.64
Albrot, Arne	23. 5.95	15.10.62
Hauser, Ulrike	23. 5.95	15. 7.64
Krabbel, Antje	26. 6.95	22.10.63
Obermeier, Ralph	17. 8.95	14. 5.64
Bartl, Andrea	12.12.95	18.11.61

LG-Bezirk Berlin   Kammergerichtsbezirk Berlin   **BER**

Tannhäuser, Heidi	27. 12. 95	22. 2. 55
Jönsson, Katja	26. 1. 96	21. 5. 62
Volkens, Sönke, RkrA	(1. 11. 94)	17. 12. 60
Schwarz, Michael, RkrA	(23. 5. 95)	12. 2. 60

Charlottenburg E 328 656
Amtsgerichtsplatz 1, 14057 Berlin
14046 Berlin
T (0 30) 32 06–1
Telefax (0 30) 32 06–4 47
Planstellen s. AG Tiergarten

Linz, Peter, Dir	14. 12. 81	9. 7. 35
Wegmann, Helmut, stV Dir	2. 5. 95	12. 5. 45
Morsch, Annemarie, w.aufsR	13. 9. 93	16. 1. 48
Bürk-Weitlich, Sabine, w.aufsR	13. 9. 93	30. 7. 54
Wohlfeil, Ralf, w.aufsR	22. 3. 94	19. 1. 48
Sobottke, Helmut	6. 3. 69	22. 1. 37
Siems, Werner	6. 3. 69	28. 1. 39
Sommereisen, Elke	15. 10. 70	11. 10. 38
Preisberg, Reinhard	1. 4. 71	10. 12. 38
Bein, Georg Wilhelm	—	—
Sommerfeld, Frank-Jürgen	10. 8. 73	22. 11. 41
Manthey, Klaus	21. 8. 74	17. 5. 42
Sieber, Ingo	6. 5. 75	6. 2. 42
Juche, Ulrike, ½	14. 10. 75	30. 12. 37
Rautenberg, Kurt	14. 3. 76	1. 6. 42
Hüfner, Hans-Heinrich	8. 4. 76	26. 12. 42
Boehland, Renate, ½	14. 6. 76	29. 9. 44
Gramsch, Jasper	16. 12. 76	9. 2. 43
Zachmann, Rainer	17. 3. 80	12. 12. 41
Goehtz, Petra, abg.	1. 1. 83	8. 1. 51
Heuer, Eva	2. 4. 85	21. 4. 53
Gerlach, Martina	20. 3. 86	15. 3. 54
Jaeschke, Ralph, abg.	28. 3. 86	3. 2. 57
Streubel, Ursula	23. 2. 88	27. 9. 57
Weber, Ursula	2. 12. 88	5. 4. 54
Engelhardt, Monika, beurl.	16. 11. 89	4. 6. 54
Scherzer-Schelleter, Sabine, abg.	10. 3. 92	14. 7. 60
Melchior, Robin	22. 3. 93	12. 9. 59
Schmidt, Angela	6. 4. 94	3. 10. 60
Bergmann, Jörg	6. 5. 94	20. 10. 44
Rabenow, Michael	6. 5. 94	17. 10. 61
Christiansen, Jutta	24. 8. 94	22. 10. 52
Bartels, Hans-Georg	—	—
Thiele, Christine	13. 12. 94	21. 10. 57
Bialek, Eva-Maria	—	—
Möschter, Steffi	20. 2. 95	1. 10. 58
Eßer, Claudia	23. 5. 95	6. 6. 61
Quellhorst, Rainer	26. 6. 95	4. 5. 63
Dr. Wimmer, Ulrich	9. 10. 95	2. 4. 61
Selting, Ludgera	12. 2. 96	3. 3. 64

Hohenschönhausen E 419 519
Wartenberger Straße 40, 13053 Berlin
T (0 30) 9 86 04–0
Telefax (0 30) 98 60 43 45
Planstellen s. AG Tiergarten

Walter, Bernhard, Dir	2. 5. 95	8. 6. 40
Strömer, Bernd	8. 9. 76	2. 12. 42
Spiegel, Christine	—	—
Schier, Birgit	1. 11. 93	19. 8. 61
Goldstein, Oliver	6. 4. 94	8. 8. 62
Pade, Oliver	6. 4. 94	21. 6. 63
Dittrich, Elke	4. 10. 94	3. 3. 60
Markert, Iris, beurl.	4. 10. 94	23. 3. 65
Schwemmin, Christel	26. 10. 94	12. 11. 42

Köpenick E 215 853
Mandrellaplatz 6, 12555 Berlin
12533 Berlin
T (0 30) 6 50 13–0
Telefax (0 30) 6 57 23 14
Planstellen s. AG Tiergarten

Wosnitzka, Alois, Dir	16. 12. 92	22. 7. 51
Roesler, Klaus, stVDir	31. 7. 95	10. 9. 43
Wolf, Klaus	8. 4. 76	7. 10. 42
Voges, Michael-Erdwin	16. 12. 82	22. 7. 51
von Saldern, Ludolf	27. 7. 89	6. 3. 56
Fuhrmann, Harry, abg.	22. 3. 93	15. 1. 61
Runge, Birgit	10. 1. 94	8. 2. 62
Schmid, Matthias	20. 6. 94	8. 7. 60
Graf von Schlieffen, Peter	25. 8. 95	14. 1. 62

Lichtenberg E 167 853
Roedeliusplatz 1, 10365 Berlin
Postfach 01 42, 10321 Berlin
T (0 30) 5 51 39–0
Telefax (0 30) 5 51 39–3 00
Planstellen s. AG Tiergarten

Maaß, Klaus, Dir	1. 4. 89	24. 9. 42
Schulz, Hartwig	30. 4. 87	12. 12. 55
Beckstett, Elisabeth	13. 3. 92	22. 3. 61
Feskorn, Christian	5. 10. 92	25. 3. 62
Dittrich, Frank	2. 1. 95	3. 10. 63
Dr. Paar, Helmut	8. 2. 95	11. 8. 47
Dr. Hollweg-Stapenhorst, Susanna, beurl.	13. 3. 95	17. 12. 63

Mitte E 337 797
Littenstr. 11–17, 10179 Berlin
10174 Berlin
T (0 30) 2 47 30
Telefax (0 30) 24 73 22 23
Planstellen s. AG Tiergarten

123

BER Kammergerichtsbezirk Berlin   LG-Bezirk Berlin

Clages, Elga, Dir	4. 5.92	1.11.34
Rautenberg, Bruno, stVDir	29.11.93	6.10.51
Carl, Dietrich, w.aufsR	14. 9.95	10.12.43
Hübner, Klaus	1.10.69	21. 6.36
Ehrentreich, Ruth	19.11.73	4. 5.41
Gülzow, Ingrid	9.12.77	18. 9.46
Vath, Marianne	19. 9.86	31.12.45
Dr. Bach, Albert, Prof. FHSVR, abg.	9. 1.90	14.12.51
Hennicke, Annegret	1. 8.90	8. 6.60
Krause, Matthias	3. 6.91	15.10.59
Linke, Thomas	23. 6.92	10. 8.60
Altendorf, Dagmar	20. 7.93	12. 7.52
Harthun, Detlef	1.10.93	10. 2.61
Seiffert, Claus Hanno	1.10.93	13. 2.61
Weyrich, Daniel	15.11.93	21. 9.59
Glomb, Kerstin	6.12.93	10.10.63
Manshausen, Rita, abg.	3. 1.94	15. 6.61
Petrick, Ina	3. 1.94	6.10.61
Diekmann, Andrea	4. 8.94	8.10.62
Schulze, Christina	26. 9.94	8. 4.61
Manko, Bert	14. 2.95	15.10.57
Bröckling, Rainer	14. 2.95	23.10.61
Helbing, Ramona	13. 3.95	5. 9.60
Leimkühler, Wolfgang	13. 3.95	20. 6.63
Berger, Maria Magdalena	1.11.95	20. 1.55
Schuhoff, Martina	2.11.95	18. 4.64

Neukölln E 314 575
Karl-Marx-Str. 77, 12043 Berlin
12048 Berlin
T (0 30) 6 20 05–0
Telefax (0 30) 6 20 05–1 22
Planstellen s. AG Tiergarten

Moerke, Fritz, Dir	31. 1.83	14. 8.38
Bach, Magdalene, stVDir	26. 7.90	18.10.38
Thoms, Klaus	—	—
Schilling, Günther	20. 3.78	9. 6.47
Reichart, Ulf	18. 8.80	16. 1.49
Wengert, Martin	1. 1.81	2. 9.48
Hubalek, Herbert	6.10.82	12.12.46
Nowak, Ingelore, ½	17. 7.85	19. 4.52
Rohm, Hans-Joachim	23. 2.88	14.12.58
Hennings-Nowak, Karin, abg.	1. 6.88	12. 5.57
Held, Antje, abg.	1. 4.90	31.12.53
Büschelmann, Ulrich	28. 5.93	26.10.57
Vollhardt, Monika	24. 8.94	15.12.43
Fitkau, Hartmuth	24. 8.94	26. 1.58
Lemm, Cornelia	26. 9.94	24. 2.53
Hornung, Thomas-Michael	9.10.95	21. 7.63

Pankow-Weißensee E 161 633
Parkstr. 71, 13086 Berlin
T (0 30) 96 12–0
Telefax (0 30) 96 12–1 40

Familiengericht und Vormundschaftsabteilungen
Kissingenstr. 5–6, 13189 Berlin
T (0 30) 4 78 04–0
Telefax (0 30) 4 78 04–1 40
Planstellen s. AG Tiergarten

Schollmeier, Wolfgang, Dir	17. 3.89	3.11.45
Bacher, Johanna, stVDir	17. 8.95	21. 5.39
Friedel, Peter	14. 7.67	14. 7.35
Arnold, Hans-Joachim	8. 3.68	9. 3.36
Silbermann, Klaus	9.11.79	23. 7.48
Grabow, Michael	30. 5.86	13.12.53
Gernoth-Schultz, Petra-Claudia, abg.	27.12.86	27. 4.57
Gellermann, Ulrich	3. 6.91	21. 5.57
Willenbücher, Ursula	—	—
Wagner, Franz-Elmar, abg.	13. 3.92	28. 6.58
Kolberg, Jutta	15. 4.93	2.10.60
Tucholski, Susanne	30. 8.93	20.10.57
Hahn, Ulrike	20. 6.94	3. 5.62
Neuhauß, Sabine	26. 9.94	8. 6.64
Bergmann, Wewela	26. 9.94	6.11.63
Dame, Karin	1.11.94	23. 7.63
Müller, Susann	13.12.94	27.10.60
Scherf, Sieglinde	20. 2.95	13. 5.42
Drescher, Angelika	1.11.95	5. 7.54
Zimmermann, Carde	12.12.95	25. 4.63

Schöneberg E 447 100
Grunewaldstraße 66–67, 10823 Berlin
10820 Berlin
T (0 30) 7 80 02–1
Telefax (0 30) 7 80 02–4 29
Planstellen s. AG Tiergarten

Frohn, Peter, Dir	5.10.77	11. 5.37
Stahl, Heinz, stVDir	12. 7.83	24. 8.34
Priebe, Christiane, w.aufsR	22. 3.94	14. 3.54
Noack, Hermann, w.aufsR	5.10.94	13. 5.43
Dr. Bonnet, Hans-Jürgen	10. 7.63	16. 5.32
Rottka, Eckart	30.11.65	14. 5.34
Waue, Rolf	4. 7.75	4. 1.41
Sack, Ulrich	8. 7.76	27. 4.43
Fischer, Dietrich	18. 2.77	23. 9.43
Elles, Georg	18. 2.77	2. 7.45
Kärber, Christian	4. 5.77	19. 2.44
Gerloff, Karl-Michael	19. 1.78	10.11.45
Zehrer, Max-Michael	12. 7.79	28.10.46
Bressau, Hans-Jörg	—	—
Rancke-Ziemke, Susanne	12.11.80	20. 8.49

LG-Bezirk Berlin — Kammergerichtsbezirk Berlin **BER**

Fuhrmann, Wolfgang, abg.	1. 1.81	15. 9.90
Matthiessen, Thomas	29. 3.82	21.12.48
Warmbold, Georg	29. 9.82	13.12.50
Bindokat, Heinz	1.12.82	26. 9.46
Lieck, Mathias	29. 9.83	21. 9.41
Aschermann-Nothacker, Susanne, ½	17. 2.84	8. 1.52
Fienitz, Bettina, beurl.	24. 9.84	11. 3.54
Brieger, Sabine, ½	11.10.85	4. 4.54
Keinhorst, Gerhard	16. 9.88	20. 4.51
Lübke, Thorsten, abg.	1. 8.89	12. 4.59
Hauk, Brigitte	1. 1.91	31. 3.52
Ninnemann, Ralf	2. 9.91	6. 7.62
Regenhardt, Manuela	10. 3.92	4. 9.61
Ruppel, Kordula	4. 1.93	23. 6.55
Büttner, Barbara, ¾	22. 3.93	3. 2.56
Wolff, Heike	22. 9.93	17. 5.55
Schmelz, Frieder	1.10.93	12. 4.54
Baumert, Bettina	1.11.93	25. 4.62
Reumschüssel, Iris	7. 2.94	6. 5.62
Herrmann, Dagmar	26. 9.94	29. 1.62
van Dieken, Sylvia, beurl.	1.11.94	3. 5.63
Sommer, Ina	9.10.95	3. 4.63

Spandau E 223 205
Altstädter Ring 7, 13597 Berlin
13578 Berlin
T (0 30) 3 30 07–1
Telefax (0 30) 3 33 37 60
Planstellen s. AG Tiergarten

N. N., Dir		
Dr. Huhs, Reiner, stVDir	31. 3.92	26. 7.45
Förster, Hans-Joachim	17.10.75	17. 4.45
Schäfer, Thomas	13. 6.77	20. 2.45
Anders, Ursula	2.11.81	26.10.51
Dewitz, Karin	1. 4.84	19.12.43
Schneider, Thomas	27. 7.88	20. 6.57
Beermann, Hans-Joachim	—	—
Olsen, Petra	5. 5.89	15. 1.58
Schmidt-Mrozek, Marion	8. 2.95	20. 3.59

Tempelhof-Kreuzberg E 347 523
Möckernstraße 128–130, 10963 Berlin
10958 Berlin
T (0 30) 25 85–1
Telefax (0 30) 25 85–2 11

Familiengericht
Hallesches Ufer 62, 10963 Berlin
T (0 30) 25 85–0
Telefax (0 30) 25 85–27 11
Planstellen s. AG Tiergarten

Wolf, Manfred, Dir	24.11.89	29. 1.37
Duske, Maria Anna, stVDir	1. 7.92	29. 6.40
Dr. Mohrmann, Uwe, w.aufsR	18. 9.80	25. 4.39
Bartsch, Marianne, w.aufsR	—	—
Vossenkämper, Rudolf, w.aufsR	1.11.84	19. 5.40
Krüger, Angelika, w.aufsR, abg.	9. 5.94	18.12.52
Griesche, Waltraud	26. 2.65	20. 8.33
Schwenkner, Vera-Inda	—	—
Bloch, Marieluise	—	—
Ditzen, Christa	14. 3.72	10. 2.38
Sijbrandij, Regina	7. 7.72	14.10.38
Roos, Erika	9.11.72	17. 2.38
Rosenkranz, Axel-Lutz	15.11.72	9.10.39
Dr. Bähr, Selina	4. 4.73	10.10.36
Humbert, Franz-Joseph	1.12.73	21. 9.40
Fröbrich, Waltraut	—	—
Bruckmann, Ernst-Otto	1.10.74	25. 3.43
Breitsprecher, Horst	1.11.74	13. 2.34
Brehme, Merve	11. 4.75	12. 1.39
Philipp, Ursula, ¾	6. 6.75	1.12.36
Vogel, Harald	17. 8.76	30. 5.46
Krehnke, Gisela, ½	11.11.76	17. 8.40
Bork, Roman	16.12.76	31. 8.44
Möller-Harder, Leonore	16.12.76	1. 3.45
Meltendorf, Georg	3. 2.77	28. 9.41
Winkler, Juliane	1. 7.77	15. 2.45
Bönicke, Marina	21. 4.78	16. 1.46
Schober, Beate	5. 5.78	1. 4.48
Plothe, Jürgen	7. 6.78	1. 1.48
Dr. Stratmann, Ullrich	9. 1.79	4. 3.42
Pieda, Rainer	20. 6.79	3. 7.44
Liebert, Winfried	20. 6.79	15. 3.49
von Jagow, Detlef	1.11.79	25. 1.44
Korte, Reinhold	7. 1.80	20. 2.43
Dr. Ehinger, Uta, abg.	7. 5.80	22. 5.45
Bonk, Monika	4.11.80	15. 3.50
Fischer, Reinhard	6. 5.81	10.10.48
Reddemann, Dietmar	1.10.81	18. 4.41
von Look, Birgit	22.11.82	11.12.50
Irmscher, Anneliese	16.12.82	26. 1.51
Pfalzgraf, Klaus	1. 1.83	9. 8.34
Richarz, Gundula, ½	28. 3.83	5. 3.45
Weihe-Gröning, Claudia	14. 6.84	18.12.54
Bremer, Heidemarie	28. 6.84	10. 3.54
Rave-Justen, Georg	17. 7.85	5. 3.52
Schilling, Hannelore	29. 9.85	28. 8.55
Schmitz, Karl-Heinz	28. 3.86	23. 1.56
Hien, Sibylle, ¾	30. 9.87	19.12.52
Haas, Heide, abg.	17. 7.88	9. 1.49

Riese, Christine	17. 7.88	26. 1.59
Bartelheimer, Annette, ½	21. 4.89	23.11.45
Wagner, Barbara	—	—
Fischer, Kay	16. 9.90	10. 7.55
Nickel, Silvia	1.10.90	8.10.59
Laube, Thomas	6. 3.91	14. 5.58
Helmers, Ralf	25. 3.91	18.11.57
Plähn, Johann-Christian	3. 6.91	25. 2.59
Klebe, Konstanze	1. 7.91	17.11.54
Raasch, Ute	1. 7.91	31. 7.59
Toeppen-Langhorst, Hedda	16. 9.91	2. 8.42
Laws, Claudia	6. 1.92	7. 6.61
Nielsen, Ulf	6. 4.92	3. 7.59
Wegmann, Christiane	3. 1.94	3. 6.62
Hinze, Monika	7. 2.94	28. 4.62
Magiera, Michael	10. 5.94	22. 8.53
Dr. Mansees, Norbert	10. 5.94	5. 1.58
Hennemann, Heike	20. 6.94	31. 5.61
Seltmann, Reiner	24. 8.94	23. 9.56
Herold, Karin	—	—
Materna, Heidemarie	10.10.94	25. 2.52
Dr. Rasch, Ingeborg, ½	13.12.94	8. 1.50
Gräfin von Schlieffen, Angela	9.10.95	29. 9.64
Baumgarten, Martina	12.12.95	5.11.59

Wedding E 420 893
Brunnenplatz 1, 13357 Berlin
13344 Berlin
T (0 30) 46 06 – 1
Telefax (0 30) 46 06 – 3 64

Zentrales Mahngericht
Schönstedtstr. 5, 13357 Berlin
13343 Berlin
T (0 30) 46 00 10
Telefax (0 30) 46 00 12 03
Planstellen s. AG Tiergarten

Offenberg, Gerhard, Dir	22.12.83	30.11.39
Kiedrowski, Hartmut, stVDir	26. 2.88	31. 7.45
Scheele, Wolfgang, w.aufsR	22. 3.94	30. 3.50
Falk, Norbert	14. 1.76	2. 2.43
Kuhn, Hans	1. 1.81	8. 3.51
Schwarz, Ursula	1. 1.82	30.12.41
Schulz, Renate	4. 7.83	29. 7.49
Voggenauer, Detlev	22. 7.83	5.12.50
Renner, Michael, abg.	25. 3.85	23. 5.55
Dr. Laaser, Andreas	4. 4.85	16. 1.45
von Rabenau, Helga	15.11.85	10. 8.55
Radermacher, Wolfgang	1. 6.88	13.10.50
Kuchheuser, Hans-Ulrich	2.12.88	22. 2.55
Miodownik, Marina	24. 7.89	5. 9.56
Krain, Ulrike	11.12.90	16. 4.60
Schwarz, Burghard	3. 6.91	6. 1.58
Pott, Christine	1.10.92	3. 5.57
Busse, Annette	1. 4.93	15. 5.62
Zeidler, Irene	10. 1.94	28. 3.63
Berger, Gabriele	24. 8.94	28. 6.54
Rößner, Tilo	13.12.94	12. 8.59
Frenzel, Gerhard, abg.	14. 2.95	13. 9.60
Dr. Sdorra, Peter	23. 5.95	15.10.59
Junge, Cathrin	23. 5.95	25.10.62
Dr. Lehmbruck, Christoph	18.10.95	29.10.59

Staatsanwaltschaften

Staatsanwaltschaft bei dem Kammergericht

Elßholzstr. 30–33, 10781 Berlin
T (0 30) 21 78 – 0
Telefax (0 30) 21 78 – 27 27
1 GStA, 1 stVGStA, 5 LOStA, 26 OStA

Generalstaatsanwalt

Neumann, Dieter	22. 4.91	16.12.41

Leitende Oberstaatsanwältinnen/
Leitende Oberstaatsanwälte

Hölzner, Dietrich, stVGStA	10. 1.95	26. 7.36
Wolf, Gisela	28.11.91	14. 3.37

Feißel, Ulrich	28.11.91	7. 9.39
Voß-Broemme, Heidemarie	28.11.91	25. 5.45
Rüster, Wolfram	13. 3.95	15. 5.37
Bajohr, Jochen	13. 3.95	7.11.42

Oberstaatsanwältinnen/Oberstaatsanwälte

Sautter-Kollmar, Annette, abg.	1.11.78	24.12.36
Stief, Gerhard	20.12.79	8. 6.35
Sietz, Michael	23. 5.85	1.10.45
Krebs, Ursula	18.12.85	5.10.42
Bäckert, Hans-Wilhelm	22.12.89	29. 4.43
Fröhlke, Günter	—	23. 2.47
Mehlis, Detlev	—	13. 8.49

Staatsanwaltschaften　　　　　　　　　　　　Kammergerichtsbezirk Berlin　　**BER**

Schweitzer, Manfred	—	12. 5.51
Arnold, Otto	20. 2.92	20. 2.45
Kleinert, Ellen, ½, abg.	24. 4.92	16. 8.38
Eger, Norbert, abg.	15. 5.92	26. 5.50
Blombach, Michael	27.10.92	6. 6.50
Meißner, Gottfried	26. 8.94	29.10.43
Achhammer, Detlef	26. 8.94	16.11.49
Kuppe-Dörfer, Claudia	28. 4.95	10. 9.54
Hoffmann, Susanne	26. 7.95	2. 2.60
Just, Jürgen	31. 7.95	9.11.47
Franke, Heike	31. 7.95	26. 4.55

Staatsanwaltschaft I bei dem Landgericht Berlin
Turmstraße 91, 10559 Berlin
10548 Berlin
T (0 30) 39 79–1
Telefax (0 30) 39 79–33 10
1 GStA, 1 stVGStA, 8 OStA/HL, 38 OStA,
37 StA/GL, 245 StA

Generalstaatsanwalt

Dr. Karge, Hansjürgen	2. 1.95	22. 5.41

Oberstaatsanwältinnen/Oberstaatsanwälte

Rother, Ralf, stVGStA	31. 1.95	21. 8.51
Wolke, Bernd, HL	1.12.86	6. 6.40
Bluhm, Dieter, HL	5. 7.88	4. 2.39
Stamer, Hartwig, HL	15. 9.89	23. 9.34
Bürks, Günter, HL	27. 2.92	29. 4.37
Weber, Viktor, HL	27. 2.92	10.10.37
Schmidt, Rüdiger, HL	27. 2.92	8. 9.46
Heratsch, Klaus, HL	29. 1.93	27. 7.40
Segelitz, Ute, HL	26. 7.95	12.11.43
Filipiak, Henryk	1. 1.78	20. 5.34
Thiele, Wolfgang	1. 1.78	16.10.35
Böhmann, Walter	1.11.78	20. 6.35
Dr. Weimann, Ulrich	10. 1.79	8. 8.34
Diederichs, Monika	10. 1.79	28. 2.39
Dirk, Klaus	16. 7.80	20.12.39
Priestoph, Matthias	29. 4.81	14. 9.41
Finder, Ekkehard	29. 4.81	10. 7.42
Pech, Hans-Dieter	22.12.82	9. 2.43
Kienbaum, Wolfgang	30.12.82	27. 8.43
Czujewicz, Claus	28. 5.86	11.12.34
Stange, Bernd	28. 5.86	6. 2.41
Dr. Lawatsch, Joachim	25. 2.88	21. 8.40
Wiedenberg, Willi	22.12.89	5. 3.40
Waga, Lutz	22.12.89	5. 4.41
Fätkinhäuer, Hans-Jürgen	22.12.89	12.10.47
Schilling, Thomas	27. 4.90	5. 3.47
Boehm, Clemens-Maria	29.10.90	1.12.46
Fackeldey, Jürgen	31. 7.91	9. 9.43
Wedhorn, Peter-Lucas	27. 2.92	23.11.44
Weber, Carlo	1. 5.92	16. 5.51
du Vignau, Hans-Joachim	27. 8.92	4. 1.43
Lanzenberger, Rainer	28.12.92	2. 4.48
Schulz, Detlef	28.10.93	8.10.45
Petow, Manuel	28.10.93	5. 8.50
Schomaker-von Morsbach-Dube, Beate	26. 8.94	28. 8.40
Schmidt, Heinz-Jürgen	26. 8.94	11. 5.41
Lischka, Karl-Ludwig	26. 8.94	22. 1.43
Dalheimer, Karl-Heinz	26. 8.94	14. 1.44
Klatt, Hans-Ulrich	26. 8.94	10.10.49
Zoller, Barbara	26. 8.94	21. 7.50
Dorsch, Hans-Jürgen	28. 4.95	13.10.54
Zuppke, Bernhard	30. 8.95	17. 9.51

Staatsanwältinnen/Staatsanwälte (Gruppenleiter)

Messerschmidt, Hans-Peter	20. 9.91	16. 7.42
Schroedter, Eberhard	20. 9.91	10. 6.43
Ernst, Karl-Georg, abg.	20. 9.91	24. 7.45
Harder, Uwe, abg.	20. 9.91	8.10.53
Alexander-Katz, Ester	27. 8.92	17. 4.33
Tegtmeier, Monika	27. 8.92	26. 6.38
Jung, Hildegard, abg.	27. 8.92	6. 5.48
Eggebrecht, Rüdiger, abg.	27. 8.92	4. 1.49
Lentz, Karin, abg.	27. 8.92	14. 8.52
Hagemann, Ulf-Hartwig	27. 8.92	20. 2.53
Schuchter, Alexander	27. 8.92	8. 5.53
Gefaeller, Dagmar, abg.	28.12.92	16. 8.40
Köper, Bernhard	28.10.93	30. 4.50
Sanders, Wolfgang	30. 8.94	11. 6.33
Lelle, Hermann	30. 8.94	19.10.40
Fiebig, Hansjoachim	30. 8.94	10. 4.42
Pritzel, Christiane	30. 8.94	30. 7.47
Hirsch, Thomas	30. 8.94	23. 5.50
Verheyen, Harald	30. 8.94	18. 4.52
Reusch, Roman	30. 8.94	3. 2.54
Liedtke, Uwe	30. 8.94	14.11.54
Kamstra, Sjors	30. 8.94	14.12.54
Rolfsmeyer, Dieter	14. 9.94	14. 8.41
Dr. Mulzer, Ingeborg, ½	31. 7.95	4. 6.46
Velde, Wolfgang	31. 7.95	31. 3.47
Steinborn, Barbara	31. 7.95	21.10.49
Wartenberg, Detlef	31. 7.95	21. 9.52
Funk, Andreas	31. 7.95	23. 3.54
Schwarz, Thomas	31. 7.95	7.11.57
Feddern, Thorsten	31. 7.95	9.10.58
Gamrath, Götz-Peter	15. 8.95	19.11.52
Stork, Michael	15. 8.95	19. 3.54
Dettmer, Heinz	15. 8.95	29.10.55

Staatsanwältinnen/Staatsanwälte

Bessin, Karlheinz	9. 3.71	11. 3.37
Feuerhak, Gitta	1. 1.73	3. 8.34
Cremer, Klaus	1. 3.73	27. 4.38
Kothe, Manfred	31. 8.73	3. 2.42

Name			
Riebschläger, Hannelore, ½	10. 9.73	6. 6.41	
Lehmann, Sibylle	11. 9.73	16. 4.42	
Hampel, Dietmar	26. 4.74	31. 7.41	
Löbsack-Füllgraf, Lilli, beurl.	29. 1.75	30.11.41	
Bratke, Rainer	4. 5.77	21. 7.46	
Burk, Matthias	23.11.77	11.12.43	
Thie, Katharina	7. 9.78	9. 6.47	
Wallpach-Ernst, Claudia, beurl.	11. 1.79	21. 1.48	
Klee, Carmen	15. 9.80	8. 7.49	
Koerner, Carl-Friedrich	3. 6.81	17. 9.48	
Gerlach, Brigitte, beurl.	9. 6.81	30. 3.52	
Groth, Gervin	21. 8.81	9. 4.42	
Kleppeck, Frank-Detlef	4. 3.82	13. 1.50	
Beuermann, Silvia, ½, abg.	3. 1.83	2. 6.54	
Köthe-Eberhard, Cornelia	19. 5.83	25.12.51	
von Niewitecki, Rolf-Bogus	22. 9.83	25. 3.54	
Gertig, Gisela	20.10.83	22. 6.51	
Splett, Regina, abg.	25.11.83	21. 1.52	
Pauldrach, Ilse-Christine, ½	15.12.83	23.11.52	
Doms, Michael, abg.	15.12.83	3. 3.53	
Buschhoff, Sebastian	19.12.83	1. 8.51	
Fais, Cornelia	24. 9.84	12. 3.54	
Barucker, Wolfgang	7.11.84	11. 3.50	
Masson, Dagmar	21.12.84	6. 9.54	
Gerasch, Horst	1. 7.85	25. 1.56	
Gertych, Gabriele, ½	28. 3.86	15. 3.55	
Liedtke, Uwe, abg.	9. 2.87	14.11.54	
Reichelt, Dietmar	22. 1.88	8. 1.58	
Ulbrich, Detlef	27. 3.88	10. 8.57	
Weber, Bianca Katrin	6.10.89	27. 4.59	
Wittkowski, Lutz	4. 7.90	15. 5.57	
Spletzer, Jörg	12. 7.90	17. 3.60	
Heid, Ulrike	16.10.90	10.10.56	
Bath, Ulrike	24.12.90	29. 9.61	
Schröder-Bogdanski, Bettina	28. 1.91	16. 5.59	
Schmidt, Axel, abg.	2. 4.81	10. 6.61	
Dr. Reiff, Rüdiger, abg.	15. 4.91	3. 8.58	
Neifer, Günter, abg.	1. 6.91	7. 1.59	
Nielsen, Sigrid	7.10.91	24. 3.60	
Schulze, Andreas	5.11.91	10. 4.61	
Weidemann, Manfred	4. 2.92	22. 5.54	
Gritscher, T.	—	—	
Dr. Jordan, Adolf-Dietrich, abg.	4. 5.92	17. 4.60	
Marx, Jürgen	27. 5.92	22. 6.60	
Trottmann, Egon, abg.	17. 9.92	25.10.53	
Junicke, Daniel	27.10.92	17.12.59	
Heisig, Stefan, abg.	27.10.92	2. 4.62	
Raupach, Jörg	2.11.92	29. 3.62	
Heckt, Thomas	1.12.92	12. 7.56	
Thiel, F.	—	—	
Broschat, Ronald	15.12.92	5. 1.62	
Hahne, Guntram, abg.	1. 2.93	19. 8.60	
Krauth, Susanne, abg.	16. 3.93	2. 7.64	
Kirstein, Wolfgang, abg.	22. 3.93	24. 1.59	
Kiening, Monika	15. 4.93	13. 8.61	
Neuhaus, Renate, abg.	2. 7.93	18. 1.57	
Simgen, Dennis	2. 8.93	6.12.61	
John, Karin	31. 8.93	4.10.63	
Wiest, Christa	2. 9.93	29. 7.59	
Day, Christina, beurl.	1.10.93	15. 4.61	
Krüger, Reiner	1.10.93	26.10.61	
Trotzowski, Kerstin	1.10.93	7. 5.63	
Bauer, Georg	1.11.93	9.10.61	
Christowzik, Jürgen	22.11.93	11. 4.61	
Sohnrey, Günter	22.11.93	29.10.61	
Knispel, Ralph	13. 1.94	17. 9.60	
Köhler, Claudia, ½	13. 1.94	4. 8.61	
Alex, Regina	7. 2.94	12. 6.59	
Rateike, Christina	7. 2.94	8.12.60	
Junker, Vera	7. 2.94	1. 6.61	
Damm, Gerhard	8. 3.94	13. 6.58	
Brinkmann, Marieluis	21. 3.94	3. 6.60	
Eisenbach, Gerhard	23. 3.94	11. 5.58	
Braun, Myriana	6. 4.94	13. 3.62	
Behlert, Jacqueline	18. 4.94	26. 2.63	
Deike, Kerstin	3. 5.94	6. 3.61	
Kaymakcioglu, Hiristo	10. 5.94	1. 7.60	
Karl, Ines	6. 6.94	4. 8.64	
Böhm, Annette	9. 6.94	31.12.60	
Kurrek, Gabriela	9. 6.94	31. 5.62	
Kühn, Ingo	9. 6.94	31.10.62	
Müllmerstadt, Anette	9. 6.94	15. 2.63	
Wegmarshaus, Jens	20. 6.94	2. 3.61	
Hausmann, Rudolf	20. 6.94	24. 6.61	
Feuerberg, D.	—	—	
Hoffmann, Jana	20. 6.94	15. 6.63	
Klockgether			
Engeholm, Karin	1. 7.94	29. 7.61	
Gögge, Corinna	1. 7.94	30. 1.63	
Linke, Thomas	1. 7.94	9. 9.63	
Dr. Schneider, Hartmut	4. 8.94	26. 8.61	
Brundage, Birgit	26. 9.94	26. 7.55	
Woitkowiak, Karena	26. 9.94	21. 1.61	
Pogodda-Hammerschmidt, Christine	26. 9.94	3. 6.63	
Hagedorn, Heike	17.10.94	5. 3.61	
Tharra, Martina	17.10.94	27. 9.61	
Wrede, Wolfgang	17.10.94	17. 1.62	
Klusenwerth, Dagmar	17.10.94	6. 6.62	
Machel, Harald	24.10.94	10. 2.62	
Kroll, Johannes	24.10.94	2.10.62	
Martin, Susanne	4.11.94	23. 1.60	
Lange-Lichtenheld, Brigitte	21.11.94	9.12.51	
Kabowski, Peter	6.12.94	30. 4.54	

Staatsanwaltschaften   Kammergerichtsbezirk Berlin   **BER**

Kamuf, Veronika, ½	6.12.94	16. 1.56		Hennicke, Roland	1.11.95	20. 3.63
Deike, Michael	6.12.94	8. 4.59		Siepen, Brigitte	1.11.95	22. 5.63
Simons, Volker	6.12.94	10. 2.60		Stolze, Christine	1.11.95	24. 2.65
Sommer, Karsten	6.12.94	14. 3.62		Benrath, Anke	8.11.95	21. 2.62
Eichhorn, Frank-Ulrich	18. 1.95	1. 8.60		Schulzke, Carola	8.11.95	17.11.63
Klöpperpieper, Dirk	18. 1.95	13.10.60		Albers, Reinhard	15.11.95	8. 8.62
Rostowski, Wolfgang	24. 1.95	13. 4.59		Radziejewski, Antje	20.11.95	5. 1.66
Wendler, Kerstin	24. 1.95	7. 5.64		Mendrina, Hildegard	12.12.95	16. 6.60
Schultze, Sabine	31. 1.95	6. 2.61		Urbanek, Stefan	12.12.95	28. 3.61
Bittig, Anke	31. 1.95	5.12.64		Cloidt, Thorsten	12.12.95	2. 6.62
Detting, Karsten	15. 2.95	25.10.59		Wißmann-Koch, Elke	12.12.95	4. 7.62
Artinger, Josef	15. 2.95	30.10.59		Gross, Bettina	12.12.95	8.11.62
Hoffmann, Elke	15. 2.95	21. 4.61		Storm, Uwe	12.12.95	8. 5.63
Meier, Christiane	15. 2.95	31.10.62		Mauch, Herbert	19.12.95	26.11.58
Kelpin, Björn	13. 3.95	9. 1.60		Gierse, Bernhard	5. 1.96	16. 5.61
Fiebig, Andreas	3. 4.95	30.11.58		Schulz-Spirohn, Thomas	5. 1.96	23.11.63
Müller, Monika, beurl.	4. 4.95	7. 5.61		Rüppel, Reinhard-Ulrich	1. 2.96	11.10.55
Bauersfeld, Franziska	4. 4.95	19. 8.62		Ritter, Elke	1. 2.96	23. 7.60
Wegfraß, Birgit	18. 4.95	3. 3.62		Rulff, Ingeborg	12. 2.96	8. 5.62
Ballwieser-Zacharias,				Knop, Sylvia	5. 3.96	23. 3.60
Sabine, beurl.	18. 4.95	17.12.62		Pervelz, Mechthild	7. 3.96	5.11.62
Junge, Thomas, beurl.	2. 5.95	7. 4.62				
Twachtmann, Ingrid	2. 5.95	18. 5.63				
Wetzel, Jörg	12. 5.95	25. 7.62				
Fettweis, Eva	12. 5.95	16. 2.63				
Jäger, Ute	23. 5.95	3. 7.64				

Staatsanwaltschaft II bei dem Landgericht Berlin
Alt-Moabit 100, 10559 Berlin
T (0 30) 39 79–9
Telefax (0 30) 39 70 68 03
1 GStA, 1 stVGStA, 8 OStA, 1 StA/GL, 10 StA

Lorke, Christian	2. 6.95	5.11.62
Wolf, Stefan	26. 6.95	6.12.61
Hörning, Steffen	28. 6.95	18. 8.60
Freund, Holger	3. 7.95	22. 5.62
Zimmerling, Christoph	17. 7.95	7. 6.57
Luxa, Thorsten	17. 7.95	24. 6.64
Brunnstein, Michael	1. 8.95	3. 5.62
Lemke, Petra	1. 8.95	3.11.63
Fournes, Susanne	1. 8.95	18. 2.64
Dühring, Kerstin	1. 8.95	31. 3.64
Marth, Beate	15. 8.95	25.11.65
Neubert, Birgit	17. 8.95	10.10.62
Blanke, Martina	1. 9.95	15.12.58
Krüger, Joachim	1. 9.95	8.10.59
Benkert, Marion	1. 9.95	27.11.59
Lühning, Silvia	1. 9.95	8.10.61
Bürks, Alexandra	1. 9.95	26. 2.63
Herbeth, Simone	1. 9.95	5.11.64
Lubbas, Roland	6. 9.95	5. 2.61
Krause, Stefan	6. 9.95	15.11.62

Generalstaatsanwalt

Schaefgen, Christoph	13.12.94	21. 8.37

Oberstaatsanwältinnen/Oberstaatsanwälte

Dr. Wulff, Claus-Peter, stVGStA	11. 1.95	22. 2.40
Scherer, Wolfgang Günter	25. 2.88	7. 3.39
Nehlert, Thomas	22. 7.91	15. 3.51
Debes, Klaus-Heinrich	31. 7.91	2.12.38
Großmann, Herwig	31. 7.91	19. 6.43
Freese, Barbara	28. 2.92	6. 1.50
Jahntz, Bernhard	15. 5.92	17.11.45
Brocher, Bernhard	23. 3.94	18.12.54

Hochberg, Veit	5.10.95	2. 8.62
Bernauer, Martin	9.10.95	23. 4.58
Martin, Vera	9.10.95	1. 7.59
Sadri-Herzog, Janine, ½	9.10.95	7. 2.61
Wortmann, Sabine	—	—

Staatsanwältinnen/Staatsanwälte

Erdmann, Volker, GL, abg.	1. 8.95	26. 4.55
Dr. Bath, Matthias	4. 2.92	2. 2.56
Henke, Gabriele	22. 3.93	23. 4.57
Gaedtke, Matthias	1. 6.93	9. 1.62
Schmid, Bernhard	18. 1.95	15. 7.60
Lorke, Christian	2. 6.95	5.11.62
Möritz-Heschke, Christiane	28. 6.95	10. 8.64

Volkmar, Karin	9.10.95	15. 7.62
Mosig, Ulrike	9.10.95	7. 8.63
Sauer, Johanna	9.10.95	23.11.63
Kubiessa, Bernd	9.10.95	15. 3.64
Leister, Petra	9.10.95	17. 7.64

BER — Richter/StA im Richterverhältnis auf Probe

Amtsanwaltschaft Berlin
2 OStA

Oberstaatsanwältin/Oberstaatsanwalt

Name		
Kordaß, Marita, LdA	11. 3.92	19. 5.40
Schmidt, Heinz-Jürgen	1. 8.95	11. 5.41

Richterinnen/Richter und Staatsanwältinnen/Staatsanwälte im Richterverhältnis auf Probe

Name		
Emmerling de Oliveira, Nicole, beurl.	29.12.89	5. 1.60
von Gierke, Bettina, ½	1. 8.90	6. 7.62
Sander, Heike, beurl.	31. 5.91	14. 7.62
Tengler, Martina, beurl.	10. 3.92	28. 7.62
Stapff, Almut, beurl.	10. 3.92	16. 1.64
Dahlmann-Dietrichs, Helga, beurl.	23. 6.92	5. 5.63
Lage-Graner, Christiane	30. 9.92	16. 9.62
Geldmacher, Irene	5.10.92	26. 6.53
Kowalski, Christiane	5.10.92	11. 1.59
Dr. Reihlen, Irmgard	7.12.92	24.11.62
Korte, Stephan	7.12.92	7. 1.63
Bachmann, Christina, abg.	8. 2.93	21. 7.63
Bornscheuer, Hans-Paul	8. 2.93	29. 8.63
Balschun, Roger	22. 3.93	5.10.61
Hartmann, Marcus	22. 3.93	28. 1.63
Köhler, Torsten	22. 3.93	19. 2.63
Nagel, Ekkehard	22. 3.93	26. 6.63
Wilhelm, Claudia	22. 3.93	13. 8.63
Buhmann, Heike	22. 3.93	1.10.63
Drax-MacEwen, Cosima	22. 3.93	3.11.63
Müther, Peter-Hendrik	22. 3.93	6. 1.64
Rothbart, Michael, abg.	22. 3.93	6. 3.64
Hutschenreuther-von Emden, Axel	22. 3.93	18. 6.64
Kothe, Freia	22. 3.93	1. 7.64
Kohrs, Cornelia	22. 3.93	8.11.64
Wenzel, Mechthild	22. 3.93	27. 1.65
Kellert, Daniela	22. 3.93	29. 3.65
Richard, Christian	22. 3.93	14.10.65
Frischen, Manuela	1. 4.93	24. 3.64
Dr. Malsack, Birgit	1. 4.93	12. 8.64
Heinzmann, Thorsten	3. 5.92	12. 5.61
Räcke, Günter	3. 5.92	11. 9.60
Sonneborn, Petra	3. 5.92	7.10.62
Weyreuther, Christoph	3. 5.92	24.10.62
Moß, Patricia	3. 5.92	5. 8.63
Gaube, Gabriele	14. 6.93	17. 7.55
Hoffmann, Ramona	14. 6.93	31. 8.60
Hennes, Brigit	14. 6.93	12.11.61
Herfert, Andreas	14. 6.93	18. 8.62
Rothenbach, Silvia, beurl.	14. 6.93	6. 5.63
Kötting, Rüdiger	14. 6.93	30. 5.63
Daue, Sascha	14. 6.93	19. 8.63
Bischoff, Corinna	14. 6.93	9.11.63
Bassenge, Nicole, abg.	14. 6.93	29. 3.64
Kriegelsteiner, Karin	14. 6.93	21. 4.64
Möwes, Dagmar	14. 6.93	21. 1.65
Dr. Willnow, Sophie	14. 6.93	29. 8.65
Schlie, Christine	2. 8.93	23. 7.66
Klapka, Gerhard	25. 8.93	16. 8.62
Ehrig, Birgit	30. 8.93	23. 6.57
Widmann, Isolde	30. 8.93	24.10.58
Kanski, Maria	30. 8.93	10. 2.62
Sehrig, Elisabeth, beurl.	30. 8.93	28. 5.64
Rische, Andreas	30. 8.93	12. 6.64
Dr. Lücking, Erika	30. 8.93	16. 8.64
Fischer, Edgar	30. 8.93	8. 9.64
Münscher, Petra	30. 8.93	17. 9.64
Castendyck, Corinne	30. 8.93	7. 1.65
Gutschalk, Claudia, beurl.	30. 8.93	20.12.65
Grigoleit, Heike	13. 9.93	21. 1.64
Gräßle, Werner	1.10.93	21. 4.61
Raabe, Jörg	1.10.93	20. 5.61
Hoffmann, Frank	1.10.93	2. 8.62
Hoffmann, Anna-Cathrin	1.10.93	28. 5.63
Flockermann, Julia, abg.	1.10.93	18. 7.63
Groscurth, Stephan	1.10.93	3. 1.64
Rieger, Annette	1.10.93	15. 3.64
Kuebart, Carola	1.10.93	18.10.64
Block, Doris	1.10.93	3. 5.65
Riesenhuber, Barbara	12.10.93	9.10.65
Latzel, Maria	15.11.93	30.11.59
Kunze, Klaus	15.11.93	20. 8.62
Scholtysik, Dirk	15.11.93	3. 3.63
Ahlborn, Birgit	15.11.93	19. 9.63
Hertz-Eichenrode, Barbara	15.11.93	27. 6.64
With, Iris	15.11.93	20. 8.64
Erckens, Victor, beurl.	15.11.93	8.11.64
Goldammer, Gabriele	15.11.93	21.10.64
Bienzle, Heike	15.11.93	17. 5.65
Bruch, Annette	15.11.93	13. 6.65
John, Stephanie	15.11.93	17.11.66
Eschenburg, Renate	21.12.93	29. 4.49
Dreher, Annette	21.12.93	27. 3.55
Wolter, Claudia	21.12.93	7. 5.61
Heße, Wolfgang	—	—
Kaltenberg, Gregor	21.12.93	31.10.62
Kloth, Ariane, beurl.	21.12.93	12. 9.63
Zwölfer-Martin, Olaf	21.12.93	4. 4.64
Hellmuth, Sabine	21.12.93	27.10.64

Richter/StA im Richterverhältnis auf Probe

Name	Date 1	Date 2
Henniges, Kerstin	21.12.93	29. 4.65
Dickhaus, Dirk	21.12.93	5. 6.65
Lohrengel, Iris	21.12.93	31. 8.65
Tombrink, Eva-Maria	21.12.93	4. 9.65
Freifrau von Hammerstein, Felicitas, beurl.	3. 2.94	7. 6.61
Zacharias, Nikolai	7. 2.94	16. 2.61
Weiß, Kornelia	7. 2.94	5.12.61
Behrends, Jochen	7. 2.94	8. 4.63
Bol-Sternberg, Birgit	7. 2.94	27. 4.63
Plümacher, Manfred	7. 2.94	10. 8.63
Kostka, Kristin-Ann	7. 2.94	2. 1.64
Forch, Christiane	7. 2.94	24. 9.64
Husch, Doris	7. 2.94	20. 4.65
Heiß, Steffen	16. 3.94	3. 5.62
Albrecht, Hans	21. 3.94	1.11.50
Kruse, Gesine	21. 3.94	29. 6.62
Bartl, Thilo	21. 3.94	25. 2.63
Schulte, Karin	21. 3.94	4. 7.63
Kuperion, Stephan	21. 3.94	24.10.63
von Hagen, Beatrix	21. 3.94	13.11.63
Schreiber, Frank-Thorsten	21. 3.94	28.12.63
König, Jürgen	21. 3.94	15. 7.64
Sandherr, Urban	21. 3.94	23.10.64
Johansson, Regina	21. 3.94	26. 2.65
Schmidt, Cornelia, beurl.	21. 3.94	14. 3.65
Babucke, Thomas	21. 3.94	14.10.65
Schaber, Claas	21. 3.94	17.12.65
Dr. Nissing, Karin	18. 4.94	8. 7.63
Schmidt, Stefan	3. 5.94	23. 2.63
Kucment, Claudia	3. 5.94	11.11.63
Hubrich, Herbert	3. 5.94	21. 7.64
Dr. Schröder, Svenja	3. 5.94	16. 9.64
Hundt, Marion	3. 5.94	9. 2.65
Dr. Hess, Gangolf	9. 6.94	14. 7.62
Hahn, Cornelia	9. 6.94	7. 5.65
Pfeifer-Eggers, Angela	20. 6.94	7. 1.62
Boström-Katona, Katharina, beurl.	20. 6.94	13. 2.63
Weiser, Gregor	20. 6.94	12. 5.63
Thul, Matthias	20. 6.94	31. 7.63
Lenk, Oliver	20. 6.94	4. 8.63
Keßler, Ulrich	20. 6.94	6. 1.64
Jaeger, Ingrid	20. 6.94	6. 6.64
Jacobs, Sebastian	20. 6.94	17. 8.64
Prüfer, Dorothee	20. 6.94	26. 9.64
Lomb, Stefan	20. 6.94	20. 4.65
Schaefer, Nikolaus	20. 6.94	16.12.65
Finkel, Stefan	20. 6.94	1. 2.66
Weiß, Kerstin	20. 6.94	14. 6.66
Bodanowitz, Regina	20. 6.94	29. 9.66
Dittrich, Clemens	20. 6.94	13.10.66
Unger, Stephanie	20. 6.94	23.10.66
Krause, Karin	20. 6.94	18.11.66
Muhmood, André	1. 7.94	6.10.63
Landwehrmeyer, Rudolf	4. 8.94	20. 1.62
Markfort, Thomas	4. 8.94	12.12.62
Dr. Emmrich, Sabine	4. 8.94	17.12.62
Riemann, Katharina, beurl.	4. 8.94	25. 1.63
Jaspert, Uwe	4. 8.94	25.11.63
Fölsche, Ulrike	4. 8.94	12.11.64
Gebhard, Thomas	4. 8.94	15. 2.65
Mittler, Dagmar	4. 8.94	20. 2.65
Moritz, Anke	4. 8.94	10. 8.65
Konecny, Wolfgang	4. 8.94	7. 2.66
Penshorn, Peter	4. 8.94	26. 4.66
Wierum, Pascale	4. 8.94	3. 5.66
Damaske, Thomas	4. 8.94	23. 5.67
Hager, Natascha	4. 8.94	22.10.67
Fischer, Ulrike	15. 8.94	2. 9.61
Durber, Katrin	26. 9.94	19. 7.60
Loose, Jens	26. 9.94	17. 9.63
Hofmann, Lothar	26. 9.94	14.11.64
Tüxen, Grit	26. 9.94	11.12.64
Alperstedt, Ralf	26. 9.94	13. 5.65
Dörfler, Stephan	26. 9.94	20. 6.65
Becker, Anne-Kathrin	26. 9.94	11. 9.65
Goldack, Cynthia	26. 9.94	12. 9.65
Eckert, Andreas	26. 9.94	4.11.65
Berge, Ralf	26. 9.94	18. 1.66
Reih, Herbert	—	—
Dr. Heckelmann, Sabine	26. 9.94	7. 4.66
Bode, Anke	26. 9.94	14. 8.66
Sy, Bettina	26. 9.94	17.10.66
Schaal, Gudrun	26. 9.94	25.10.66
Ehrensberger, Ursula	4.10.94	19. 5.62
Ladewig, Sophia	1.11.94	6. 6.57
Pechan, Klaus-Peter	1.11.94	9. 9.60
Dr. Sperling, Anne	1.11.94	21. 3.63
Hagen, Stephan	1.11.94	25. 6.63
Hartmann, Friederike	1.11.94	4. 9.63
Modrović, Norbert	1.11.94	23.12.63
Brückner, Daniela	1.11.94	29.12.63
Nagel, Klaus	1.11.94	28.12.64
Schulte, Karin	1.11.94	9. 2.67
Batschari, Alexander	1.11.94	1. 9.68
Dobrikat, Wolfgang	13.12.94	16. 5.62
Stolze, Martina	13.12.94	6. 4.64
Partikel, Sigrid	13.12.94	7. 6.64
Dr. Glaßer, Heinrich	13.12.94	23. 8.64
Krüger, Thomas	13.12.94	16.11.65
Braun, Stefanie	13.12.94	16.12.65
Dr. Wagner, Heiko	13.12.94	9. 1.66
Schwanitz, Carsten	13.12.94	28. 2.67
Muratori, Constanze	13.12.94	7. 7.67
Blau, Christoph	13.12.94	24. 9.67
Dr. Lammer, Monika	2. 1.95	5.11.62
Bruns, Bärbel	2. 1.95	30.11.64
Raddatz, Brigitte	2. 1.95	11. 2.66
Raddatz, Martin	2. 1.95	10. 5.66
Maier, Eckehardt	2. 1.95	12. 8.66

BER — Richter/StA im Richterverhältnis auf Probe

Name	Date 1	Date 2
Postel, Detlef	8. 2. 95	14. 4. 60
Heitmann, Jörn	8. 2. 95	1. 8. 62
Wuttke, Andreas	8. 2. 95	16. 2. 64
Odenthal, Barbara	8. 2. 95	4. 2. 67
Förder, Bettina	8. 2. 95	31. 5. 67
Reckschmidt, Dirk	13. 3. 95	18. 7. 62
Arnoldi, Olaf	13. 3. 95	15. 10. 62
Grimm, Andreas	13. 3. 95	15. 4. 63
Bergold, Johannes	13. 3. 95	12. 3. 64
Brüning, Sybille, beurl.	13. 3. 95	20. 3. 65
Kathke, Clemens	—	—
Brückmann, Bernhard	13. 3. 95	21. 8. 65
Hartmann, Pia	13. 3. 95	3. 10. 65
Helfrich, Beate	13. 3. 95	11. 4. 66
Etzbach, Bettina	13. 3. 95	11. 1. 67
Pekie, Carsten	11. 4. 95	7. 8. 62
Müller, Sebastian	—	—
Plüür, Georg	11. 4. 95	26. 12. 64
Kothe, Sylvia	11. 4. 95	25. 5. 65
Dr. Schmidt, Detlev	11. 4. 95	27. 10. 65
Bödeker, Arnd	11. 4. 95	13. 12. 65
Franz, Ulrich	11. 4. 95	14. 12. 65
Eggers, Katharina	11. 4. 95	22. 7. 66
Janzon, Vera	11. 4. 95	11. 9. 66
Weinschütz, Bernhard		
Weidling, Matthias	11. 4. 95	30. 3. 67
Groth, Stefan	11. 4. 95	9. 5. 67
Wolke, Carsten	11. 4. 95	21. 2. 68
Kelting-Scholz, Antje-Katrin	2. 5. 95	12. 3. 63
Iser, Marion	2. 5. 95	9. 10. 65
Hethey, Hartmut	23. 5. 95	30. 6. 60
Dr. Wolff-Reske, Monika	23. 5. 95	7. 7. 61
Sack, Marco	23. 5. 95	19. 1. 62
Brousek, Antonin	23. 5. 95	4. 4. 62
Schwanke, Andrea	23. 5. 95	17. 9. 62
Dr. Gradl, Carsten	23. 5. 95	23. 10. 63
Buhr, Wiebke	23. 5. 95	1. 7. 64
Zilm, Astrid	23. 5. 95	24. 7. 65
Thomas, Alexandra	23. 5. 95	25. 11. 65
Hansen-Hoffmann, Kim Alexandra	23. 5. 95	5. 12. 65
Geistert, Regina	23. 5. 95	21. 2. 66
Löchteken, Ursula	23. 5. 95	21. 10. 66
Scholz, Peter	1. 6. 95	11. 7. 61
Geskamp, Karsten	19. 6. 95	20. 10. 63
Böhle, Andreas	19. 6. 95	7. 1. 64
Rumpff, Antje	19. 6. 95	21. 8. 64
Keßeböhmer, Claudia	19. 6. 95	25. 8. 66
Matulke, Imke	19. 6. 95	31. 8. 66
Gleitz, Ines	19. 6. 95	5. 10. 67
Huy, Elke	19. 7. 95	6. 2. 60
Holldorf, Lennart	19. 7. 95	1. 9. 60
Wedemann, Karola	19. 7. 95	11. 5. 64
Dr. Zivier, Ezra	19. 7. 95	21. 7. 64
Vaupel, Heike	19. 7. 95	16. 2. 65
Bahners, Frederick	19. 7. 95	29. 8. 65
Heinau, Ingo	19. 7. 95	22. 9. 65
Anselmann, Dietmar	19. 7. 95	12. 2. 66
Stadge, Birgit	—	—
Brandt, Clemens	1. 9. 95	5. 10. 63
Thomas, Ralf	6. 9. 95	7. 3. 59
Kemke, Andreas	6. 9. 95	13. 4. 63
Theising, Gabriele	6. 9. 95	15. 10. 64
Schmidt, Stefan	6. 9. 95	16. 12. 64
Heymann, Thomas	6. 9. 95	23. 5. 65
Hansen, Ulrike		
Holl, Roger	6. 9. 95	4. 2. 66
Schmidt, Jens	6. 9. 95	10. 5. 66
Kittner, Ingrid	6. 9. 95	26. 5. 66
Braun, Dorothee	6. 9. 95	1. 6. 66
Hain, Gregor	6. 9. 95	24. 8. 66
Hascher, Ralph	6. 9. 95	21. 9. 66
Dreßler, Andreas	6. 9. 95	1. 12. 66
Perschau, Ralf	6. 9. 95	24. 2. 67
Lengacher-Holl, Kirsten	6. 9. 95	1. 4. 67
Raisch, Nicola	6. 9. 95	22. 7. 67
Ullisch, Beate	6. 9. 95	7. 9. 67
Hegermann, Philip	6. 9. 95	17. 6. 68
Erlinghagen, Susanne	25. 9. 95	1. 2. 64
Gottschick, Karen		
Schikora, Gregor	2. 10. 95	2. 2. 68
Lemburg, Stefan	9. 10. 95	5. 5. 63
Köhn, Anne	9. 10. 95	20. 9. 63
Harms, Torsten	9. 10. 95	14. 3. 64
Diekmann, Goetz	9. 10. 95	15. 3. 65
von Bismarck, Swetlana	9. 10. 95	10. 4. 65
Guse-Manke, Kerstin	9. 10. 95	3. 5. 65
Gollan, Stephanie	9. 10. 95	13. 5. 65
Fischer, Jan Derk	9. 10. 95	20. 7. 65
Lau, Doris	9. 10. 95	19. 6. 66
Busson, Peter	9. 10. 95	1. 9. 66
Leipzig, Sinja	9. 10. 95	27. 8. 67
Fleischer, Doerthe	9. 10. 95	11. 7. 68
Schäfer, Nicole	9. 10. 95	13. 3. 69
Husung, Gabriele	18. 10. 95	6. 11. 67
Dr. Ries, Peter	1. 11. 95	29. 3. 61
Wortmann, Norbert	1. 11. 95	8. 5. 61
Dr. Röper, Bettina	1. 11. 95	31. 3. 64
MacLean, Jan	1. 11. 95	5. 8. 64
Lascheit, Andreas	1. 11. 95	19. 11. 64
Faulnborn, Martin	1. 11. 95	20. 7. 65
Deutschländer, Susanne	1. 11. 95	5. 4. 66
Gauger, Bettina	1. 11. 95	29. 1. 67
Kapps, Roland	1. 11. 95	20. 6. 67
Kapps, Stephan	1. 11. 95	20. 6. 67
Begemann, Astrid	1. 11. 95	19. 4. 68
Schnitker, Nina	1. 11. 95	7. 8. 68
Einsiedler, Mark	1. 11. 95	10. 8. 68
Ripplinger, Marita	1. 11. 95	14. 8. 68
Bräutigam-Schieder, Christine	20. 11. 95	9. 3. 65

Richter/StA im Richterverhältnis auf Probe — BER

Name			
Dr. Adam, Ute	27.11.95	27. 5.67
Dr. Kimpler, Frank	29.11.95	13. 3.63
Mieth, Dorit	29.11.95	13. 3.64
Kanter, Ivonne	29.11.95	16. 9.64
Dr. Gerwing, Bernd	29.11.95	6. 4.65
Schönberg, Katrin-Elena	29.11.95	21. 4.65
Bodmann, Bettina, ½	29.11.95	22. 6.65
von Hollen, Kirsten	29.11.95	28. 6.65
Oelschläger, Friedrich	29.11.95	17.11.65
Vogl, Ralf	29.11.95	28. 9.66
Voigt, Marianne	29.11.95	9.12.66
Zimmermann, Cornelia	29.11.95	8. 1.67
Schröer, Meline	29.11.95	9. 2.67
Triebeneck, Frank	29.11.95	5. 3.67
Weidinger, Bettina	29.11.95	30. 7.68
Krusche, Christina	29.11.95	28. 8.69
Herbst, Kai-Uwe	30.11.95	1. 2.63
Meder, Andreas	15.12.95	13. 7.64
Sawade, Uta	27.12.95	12. 8.66
Rosseck, Anne-Katrin	27.12.95	27.10.66
Finkensieper, Antje	27.12.95	16. 1.67
Dr. von Bernuth, Marie-Louise	27.12.95	5. 5.67
Ritvay, Gisela	27.12.95	3. 4.68

Staatsanwälte z.A.

Elmdust, Bijan	5.11.91	30.12.60
Walther, Bettina, ½	1. 4.92	5. 2.61
Domuradt-Reichel, Kirsten, beurl.	3. 8.92	2. 2.63
Braun-Kolle, Maria	1. 2.93	5. 7.62
Lepping, Andrea	16. 3.93	5.10.63
Ludwig, Frank	1. 4.93	11. 4.63
Slota-Groß, Silke	1. 4.93	17. 4.65
Voigt, Adrian	1. 4.93	17.10.65
Blankenheim, Manuela	15. 4.93	31. 8.59
Trepte, Uwe	15. 4.93	7. 9.61
Laub, Martin	15. 4.93	27.12.63
Uhlenbruck, Ruth	15. 4.93	26. 7.64
Eickelmann, Bettina	17. 5.93	21. 5.61
Rapp, Bernd	17. 5.93	4. 8.61
Mittelbach, Andreas	17. 5.93	11. 1.62
Hanfeld, Andrea	17. 5.93	28. 1.64
Hens, Bettina	1. 6.93	7.10.60
Loos, Frank Peter	1. 6.93	19. 9.62
Nören, Saskia	1. 6.93	4. 3.63
Friedewald, Susanne	14. 6.93	3. 2.62
Löser, Astrid	7. 2.94	11.10.64
Rebentisch, Matthias	7. 2.94	22. 5.65
Nilles, Monika	14. 3.94	9. 6.59
Hovi, Tarvo	14. 3.94	27. 9.59
Hellmeister, Sylvia	14. 3.94	7. 3.61
Erfurt, Michael	14. 3.94	2. 8.62
Engelke, Hans-Georg	14. 3.94	7. 3.64
Greger, Raphael	14. 3.94	5. 8.64
Kinder, Ina	14. 3.94	6.12.65
Fels, Thomas	21. 3.94	27. 9.65
Steltner, Martin	3. 5.94	20. 4.60
Trimpet, Stefan	3. 5.94	12. 9.61
Leipzig, Thomas	3. 5.94	26.11.62
Simons, Susanne	1. 6.94	15. 4.63
Ante, Thomas	1. 6.94	28. 5.66
Vollmer, Roland	9. 6.94	22.10.61
von Hagen, Michael	20. 6.94	31.12.62
Schellenberg, Ingrid	20. 6.94	20. 3.63
Voskamp, Brigitte	1. 7.94	11. 5.65
Dillinger, Petra	14. 7.94	10. 1.66
Hoffmann, Andrea, abg.	1. 9.94	30. 4.64
Hiemer, Daniela	20. 6.95	6. 2.67
Dr. Hawkes, David	28. 6.95	8. 2.65
Waldeck, Stefan	28. 6.95	27. 7.66
Scheder, Silke	3. 7.95	16. 7.66
Eckert, Dirk	1. 8.95	15. 5.63
Wurm, Christoph	1. 8.95	21. 6.63
Gosemann, Susanne	1. 8.95	22. 9.64
Henjes, Holger	1. 8.95	15. 5.65
Flander, Claudia	1. 8.95	1. 6.66
Haensch, Almuth	1. 8.95	19. 3.67
Gerberding, Dirk	1. 8.95	2. 5.68
Kimpler, Jutta	15. 8.95	16. 9.64
Sippel, Nicolas	15. 8.95	29.11.64
Trahms, Mona	15. 8.95	12. 2.65
Ferlings, Jost	15. 8.95	23.12.65
Lamb, Martina	15. 8.95	19. 5.66
Gerhardt, Patricia	15. 8.95	1. 7.66
Ehrenthal, Ulrike	15. 8.95	16. 8.66
Benedix, Heidemarie	1. 9.95	14.10.57
Reitmaier, Andrea	1. 9.95	18. 4.62
Prager, Thomas	1. 9.95	17. 9.63
Geringswald, Anja	1. 9.95	23. 8.66
Neudeck, Thorsten	1. 9.95	13. 6.67
Ritter-Victor, Annegret	9.10.95	22. 6.66
Gintaut, Annette	20.10.95	16.11.68
Halling, Oliver	1.11.95	7. 8.63
Lankes, Gabriele	1.11.95	4.11.63
Schmitz-Dörner, Monika	15.11.95	5. 7.64
Spatzierer, Kerstin	15.11.95	21.10.65
Mohr, Frank	15.11.95	16. 3.67
Grunwald, Michael	15.11.95	1. 8.68
Oelert, Uta	15.11.95	14.12.68
Trenkle, Claudia	29.11.95	9. 5.64
Horstmann, Dieter	29.11.95	25.12.65

Brandenburg

2 533 466 Einwohner

Ministerium der Justiz und für Bundes- und Europaangelegenheiten

Heinrich-Mann-Allee 107, 14460 Potsdam
Heinrich-Mann-Allee 107, 14473 Potsdam (Fracht- und Paketverkehr)
T (03 31) 8 66–0, Telefax (03 31) 8 66 30 80 oder 8 66 30 81
1 Min, 1 StSekr, 5 MinDgt, 13 MinR, 1 PrLaJPrA, 5 RD, 7 ORR, 3 RR z.A., 5 RegAng

Minister
Dr. Bräutigam, Hans Otto   22.11.90   6. 2.31

Staatssekretär
Dr. Faupel, Rainer   20.12.91   24. 7.38

Ministerialdirigenten
Dr. Lemke, Michael   20.12.91   19. 4.44
Brouër, Dirk   20.12.91   12. 9.45
Dertinger, Christian   1. 4.92   12. 7.34
Kupas, Malte   1. 8.93   3. 8.45
Dr. Schatzmann, Jürgen   1. 1.94   5. 2.41

Referatsleiterin/Referatsleiter
Ministerialrätin/Ministerialräte
Schenck-Giere, Ursula   26.10.92   4.10.37
Postier, Rüdiger   1. 6.93   11. 2.44
Spieker, Johannes   1. 1.94   11. 3.49
Ehlert, Dirk   1. 1.94   25. 7.52
Dr. Freiherr von
 Falkenhausen, Alexander   1.11.94   16.11.43

Graf von Bernstorff,
 Cornelius   1. 4.92   9. 3.42
Leppin, Rudolf   1. 6.92   20. 5.42
Dr. Trimbach, Herbert   1. 6.93   18. 8.54
Koldehoff, Manfred   1. 7.94   1. 2.53
Auer, Klaus   1.11.94   20.10.43
Jonas, Peter   1.11.94   16. 9.50
Temming, Dieter   1.12.94   21. 5.55
Borchert, Hans-Ulrich   1. 1.95   16. 8.49

Regierungsdirektorin/Regierungsdirektoren
Reichard, Friedrich   28. 1.92   9. 4.39
Dr. Dopslaff, Ulrich   1.12.93   23.12.43
Derbach, Marita   1. 1.94   11. 4.57

Richardt, Bernd   —   —
Kneifel-Haverkamp,
 Reiner   1. 4.96   28.10.58

Oberregierungsrätin/Oberregierungsrat
Höber, Gesine   1. 7.93   2. 7.49
Küper, Klaus   1. 7.94   9. 6.51

Regierungsangestellte
Oehme, Hannelore   26. 3.91   23.10.38
Prof. Dr. Lörler, Sighart   —   —

Referentin/Referenten
Oberregierungsrätin/Oberregierungsräte
Weike, Jörg   28. 9.92   18. 5.42
Ballewski, Gerhard   1. 7.94   3.12.43
Korn, Helmut   1. 7.94   12. 2.45
Dr. Hennig, Marianne   1. 8.95   9. 8.58
Dr. Schaumburg, Michael   —   —

Regierungsrätinnen/Regierungsrat z.A.
Hohlfeld, Eva   1. 7.93   24. 3.44
Hahn, Carsten   1. 6.95   6. 6.65
Dr. Weis, Christine   1. 8.95   26. 1.52

Regierungsangestellte
Dr. Seidel, Frank   17. 4.91   16. 2.39
Freier, Michael   18. 4.91   11. 8.44
Dr. Schmitt, Gisela   1. 5.91   21.11.42

Justizprüfungsamt des Landes Brandenburg

Präsident
Dr. Schatzmann, Jürgen   19.10.93   5. 2.41

BRA OLG-Bezirk Brandenburg a.d. Havel

Oberlandesgerichtsbezirk Brandenburg a.d. Havel

Bezirk: Land Brandenburg
4 Landgerichte: Cottbus, Frankfurt (Oder), Neuruppin, Potsdam
Kammern für Handelssachen: Cottbus 3, Frankfurt (Oder) 3, Neuruppin 1, Potsdam 4
25 Amtsgerichte
Schöffengerichte: bei allen Amtsgerichten
Familiengerichte: bei allen Amtsgerichten
Landwirtschaftssachen sind den Amtsgerichten als Landwirtschaftsgerichte wie folgt zugewiesen:

a) dem Amtsgericht Cottbus für den Landgerichtsbezirk Cottbus,
b) dem Amtsgericht Fürstenwalde für den Landgerichtsbezirk Frankfurt (Oder),
c) dem Amtsgericht Neuruppin für den Landgerichtsbezirk Neuruppin,
d) dem Amtsgericht Königs Wusterhausen für den Landgerichtsbezirk Potsdam
Schiffahrtsgericht: Amtsgericht Brandenburg a.d. Havel

Brandenburgisches Oberlandesgericht

E 2 533 466
Gertrud-Piter-Platz 11, 14770 Brandenburg a.d. Havel
14767 Brandenburg a.d. Havel
T (0 33 81) 2 94–0, Telefax (0 33 81) 2 94–3 50/3 60
1 Pr, 1 VPr, 12 VR, 36 R einschl. 2 UProf; 2. Hauptamt

Präsident
Dr. Macke, Peter　　　　1. 12. 93　26. 11. 39

Vizepräsident
Wende, Hans-Jürgen　　9. 9. 92　29. 8. 39

Vorsitzende Richterin/Vorsitzende Richter
Uhde, Gerhard　　　　　1. 12. 93　10. 12. 34
Bergemann, Eckhard　　1. 12. 93　16. 2. 35
Frechen, Helmut　　　　1. 12. 93　29. 8. 37
Schäfer, Christian　　　 1. 12. 93　16. 1. 38
Bietz, Hermann　　　　 1. 12. 93　27. 5. 38
Beilich, Bernhard　　　　1. 12. 93　22. 8. 39
Kühnholz, Peter　　　　 1. 12. 93　25. 1. 40
Dr. Farke, Wolfgang　　 1. 12. 93　 2. 12. 45
Goebel, Hermann-Josef　1. 12. 93　 8. 4. 46
Bunge, Bettina　　　　　1. 12. 93　18. 10. 47
Schael, Wolfgang　　　　1. 5. 95　 1. 11. 47
Pastewski, Erich　　　　 2. 5. 95　19. 10. 48

Richterinnen/Richter
Dr. von Stosch, Hans-Joachim　　　　　　1. 12. 93　20. 3. 29
Gemeinhardt, Ulf　　　 1. 12. 93　 2. 9. 44
Dr. König, Hartmut　　 1. 12. 93　23. 11. 45
Kahl, Wolf　　　　　　　1. 12. 93　 8. 2. 50
Prof. Dr. Wittmann, Roland (UProf, 2. Hauptamt)　　1. 1. 94　18. 8. 42
Röper, Jürgen　　　　　14. 4. 94　 3. 7. 37
Dr. Zoller, Friedrich　　 1. 10. 94　20. 6. 46
Eibisch-Feldkamp, Angelika　　　　　　 1. 10. 94　31. 12. 51
Berger, Ursula　　　　　1. 10. 94　 7. 5. 53
Prof. Dr. Eckert, Jörn (UProf, 2. Hauptamt)　1. 1. 95　15. 5. 54
Hertel, Gabriele　　　　 1. 4. 95　13. 10. 44
Hütter, Joachim　　　　 1. 4. 95　 1. 2. 57
Gottwaldt, Klaus-Jürgen　1. 11. 95　25. 6. 46
Kiepe, Ellen　　　　　　 —　　　—
Fischer, Hans Albrecht　 1. 11. 95　24. 11. 46
Hein, Wolfram　　　　　 1. 11. 95　11. 9. 54
Groß, Martin　　　　　　1. 11. 95　14. 2. 59
Wendtland, Holger　　　 1. 11. 95　10. 1. 61
Kuhlig, Volkmar　　　　 1. 11. 95　21. 4. 61
Rohrbach-Rödding, Gesine　　　　　　 1. 1. 96　 3. 5. 60
Ternbrink, Christian　　 1. 4. 96　 2. 5. 63

LG-Bezirk Cottbus   OLG-Bezirk Brandenburg a.d. Havel   **BRA**

Landgerichtsbezirk Cottbus

Landgericht Cottbus E 633 072
Hermann-Löns-Str. 32, 03050 Cottbus
Postfach 10 02 64, 03002 Cottbus
T (03 55) 4 98–0
Telefax (03 55) 49 82 19
1 Pr, 1 VPr, 11 VR, 18 R

Präsident
Brannahl, Helmut   28. 10. 92   23. 12. 28

Vizepräsident
Walter, Bernd   1. 10. 94   23. 1. 45

Vorsitzende Richter
Dr. Hohmann, Gerhard,
  abg.   30. 6. 93   26. 12. 38
Jahnke, Heinz-Günter   1. 10. 94   14. 11. 39
Scheschonk, Adolf   1. 10. 94   23. 11. 41
Mahn, Hans-Georg   1. 10. 94   25. 6. 51

Richterinnen/Richter
Tirpitz, Ulrich   24. 1. 94   6. 10. 54
Smalla, Martina   26. 9. 94   25. 2. 55
Doil, Eva-Maria   26. 9. 94   7. 6. 55
Kühl, Kirsten, abg.   26. 9. 94   24. 1. 58
Schröter, Petra   26. 9. 94   13. 12. 58
Kapplinghaus, Georg   26. 9. 94   16. 5. 60
Merz, Peter   26. 9. 94   1. 12. 61
Merker, Frank, abg.   26. 9. 94   10. 5. 62
Rhein, Peter   24. 3. 95   21. 1. 56
Ohmer, Gerhard, ½   19. 6. 95   4. 5. 47
Vogel, Gudrun   28. 6. 95   15. 2. 59
Siebert, Marina, abg.   17. 10. 95   28. 10. 64
Winkler, Anett   17. 10. 95   8. 3. 66
Dr. Werr, Cornelia   24. 10. 95   12. 9. 50
Satter, Jutta   24. 10. 95   19. 8. 60

Amtsgerichte

Bad Liebenwerda E 138 580
Dresdner Str. 10, 04924 Bad Liebenwerda
Postfach 64, 04921 Bad Liebenwerda
T (03 53 41) 6 04–0 / 22 62
Telefax (03 53 41) 1 21 29

Zweigstelle in Finsterwalde
Schloßstraße 9, 03238 Finsterwalde
T (0 35 31) 22 95–96
Telefax (0 35 31) 22 96
1 Dir, 1 stVDir, 6 R

Dr. Maas, Hans-Josef, Dir   1. 3. 96   19. 6. 43
Schütte, Ludwig, stVDir   1. 3. 96   27. 11. 37
Kappert, Martina, abg.   1. 12. 93   17. 1. 64
Blanke, Irina   1. 12. 93   19. 4. 64
Seidel, Marion   26. 9. 94   10. 3. 56
Schaeuble, Egon   26. 9. 94   12. 6. 60
Künzler, Ariane Renate,
  abg.   10. 10. 95   26. 7. 62
Gehre, Katja   23. 10. 95   15. 11. 65

Cottbus E 242 220
Gerichtsplatz 2, 03046 Cottbus
Postfach 10 06 42, 03006 Cottbus
T (03 55) 63 70
Telefax (03 55) 63 72 00
1 Dir, 1 stVDir, 2 w.aufsR, 22 R

Rupieper, Wolfgang, Dir   1. 6. 93   1. 3. 47
Kellner, Margarita, stVDir 1. 1. 96   3. 6. 56
Hölscher, Eckhard   1. 12. 93   24. 4. 52
Schuppenies, Petra   1. 12. 93   27. 11. 59
Arndt, Jutta   24. 1. 94   31. 7. 35
Linke, Margarethe
  Elisabeth   10. 8. 94   21. 10. 39
Rachow, Martina   26. 9. 94   4. 12. 60
Fellmann, Kerstin   26. 9. 94   1. 3. 61
Jentsch, Peter   26. 9. 94   25. 6. 63
Kunze, Hannelore   14. 11. 94   24. 8. 49
Mende, Anita   5. 4. 95   26. 4. 41
Kurzmann, Marlies, abg.   28. 6. 95   23. 5. 52
Hansmann, Dieter   28. 6. 95   2. 5. 55
Schwerdfeger, Christa   17. 10. 95   9. 10. 61
Pirsing, Alwin   17. 10. 95   6. 12. 62
Ostermann, Petra   17. 10. 95   2. 7. 63
Küster, Marcel   1. 12. 95   24. 8. 61
Endemann, Wolfgang, abg.   15. 2. 96   9. 8. 62

Guben E 41 403
E.-Weinert-Str. 37, 03172 Guben
Postfach 10 01 30, 03161 Guben
T (0 35 61) 25 70
Telefax (0 35 61) 24 65
1 Dir, 3 R

Richter, Heidemarie, Dir   1. 10. 94   10. 12. 43
Milewski, Katrin, beurl.   29. 9. 94   8. 1. 65
Schilling, Andrea   23. 10. 95   17. 5. 60
Kirsch, Gudrun   23. 10. 95   22. 11. 65

Lübben E 74 351
Gerichtsstr. 2/3, 15907 Lübben
Postfach 14 09, 15902 Lübben
T (0 35 46) 22 10
Telefax (0 35 46) 22 12 65
1 Dir, 4 R

BRA OLG-Bezirk Brandenburg a.d. Havel LG-Bezirk Frankfurt (Oder)

N.N., Dir		
Rieck, Holger	1.12.93	6. 4.64
Dr. Rauch, Marion	8.12.94	17.10.54
Stahn, Heike	26. 9.95	11. 8.64
Dr. Krause, Hartmut, abg.	17.10.95	31. 1.39

Senftenberg E 136 518
Steindamm 8, 01968 Senftenberg
Postfach 68, 01956 Senftenberg
T (0 35 73) 70 40
Telefax (0 35 73) 70 43 54
1 Dir, 1 stVDir, 6 R

N.N., Dir		
N.N., stV Dir		
Müller, Marion	1.12.93	28. 6.57
Hilmer, Ilse	29. 8.94	19. 5.32
Radtke, Jörg-Detlef	29. 8.94	15.10.54
Bergander, Grit	14.11.94	9. 1.64
Witzke, Thomas	28. 6.95	27.11.61
Rehbein, Harald	1.12.95	16.10.61

Landgerichtsbezirk Frankfurt (Oder)

Landgericht Frankfurt (Oder) E 671 847
Bachgasse 10 a, 15230 Frankfurt (Oder)
Postfach 1 75, 15201 Frankfurt (Oder)
T (03 35) 3 66–0
Telefax (03 35) 36 64 43 / 36 63 02
1 Pr, 1 VPr, 13 VR, 18 R

Präsident
Büscher, Heinrich	7. 9.92	17. 1.33

Vizepräsident
Dönitz, Joachim	9. 9.92	13. 1.41

Vorsitzende Richterin/Vorsitzende Richter
Dr. Hecht, Jutta	1.12.93	17. 5.39
Sondermann, Ulrich	1.11.95	18.10.49
Dr. Herrmann, Ulrich	1.11.95	2. 7.60
Dr. Fuchs, Matthias	—	—

Richterinnen/Richter
Schultz, Manfred	27. 9.94	8. 7.49
Hüsgen, Günther Paul	27. 9.94	26. 2.55
Marquardt, Eva, abg.	27. 9.94	29. 3.56
Kreckel, Dirk, abg.	27. 9.94	5. 5.59
Sattler, Barbara	27. 9.94	16. 2.62
Jalaß, Dietmar, abg.		
Steiner, Eckhard	10.11.94	15. 4.59
Ciszewski, Jutta	13.10.95	9. 6.45

Hamm-Rieder, Evelyne	13.10.95	17.11.61
Lüdtke, Heike	16.10.95	27. 3.55
Lehmann, Karin	16.10.95	9. 6.61
Dr. Kühl, Jörn, RkrA	(1. 3.96)	10. 5.46

Amtsgerichte

Bad Freienwalde E 55 635
Viktor-Blüthgen-Str. 9, 16259 Bad Freienwalde
Postfach 49, 16251 Bad Freienwalde
T (0 33 44) 4 72–0
Telefax (0 33 44) 4 72 59
1 Dir, 3 R

N.N., Dir		
Sarge, Uta	1.12.93	4.11.56
Seidel, Sylvio	27. 9.94	25. 6.62

Bernau E 73 993
Breitscheidstr. 50, 16321 Bernau
Postfach 11 29, 16321 Bernau
T (0 33 38) 39 73
Telefax (0 33 38) 58 78
1 Dir, 5 R

Hartmann, Dieter, Dir	1. 6.93	27. 3.56
Singert, Katrin	1.12.93	14. 6.61
Mlodochowski, Klaus	8.12.94	16. 9.53
Meier, Marion	13.10.95	22.12.51
Kramm, Oliver	13.10.95	24. 7.63
Roche, Sacha	1.11.95	28.11.59

Eberswalde E 74 802
Breite Str. 62, 16225 Eberswalde
Postfach 10 04 50, 16204 Eberswalde
T (0 33 34) 2 20 07 / 2 05 40
1 Dir, 6 R

Knabenbauer, Norbert, Dir	30. 6.93	21.11.44
Borchert, Roswitha	27. 9.94	4. 3.57

Eisenhüttenstadt E 67 735
Diehloer Str. 62, 15890 Eisenhüttenstadt
Postfach 71 54, 15871 Eisenhüttenstadt
T (0 33 64) 55 16
Telefax (0 33 64) 55 16
1 Dir, 1 stVDir, 6 R

N.N., Dir		
N.N., stv Dir		
Böhlendorf, Jörg-Dieter	1. 1.94	7. 1.55
Petzoldt, Heidemarie	17.11.94	29. 1.52
Glaß, Tobias	17.11.94	22. 6.61
Müller, Karl-Heinz	26. 3.96	7. 7.62

LG-Bezirk Neuruppin   OLG-Bezirk Brandenburg a. d. Havel   **BRA**

Frankfurt (Oder)   E 100 096
Logenstr. 13–13a, 15230 Frankfurt (Oder)
Postfach 3 51, 15203 Frankfurt (Oder)
T (03 35) 3 66–0
Telefax (03 35) 36 62 16
1 Dir, 1 stVDir, 2 w. aufsR, 18 R

N.N., Dir		
N.N., stV Dir		
Unger, Ilona, abg.	1. 12. 93	29. 12. 46
Meyer-Tonndorf, Karl-Otto	1. 12. 93	15. 5. 49
Stolze, Annegret	1. 12. 93	20. 6. 49
Zimmermann, Martina	1. 12. 93	26. 3. 60
Beier, Michael	1. 12. 93	12. 9. 62
Labitzke, Ilona	27. 9. 94	2. 8. 59
Weigelt, Jana	10. 11. 94	18. 10. 65
Hochkeppler, Ines, abg.	17. 11. 94	19. 7. 62
Baumunk, Brunhilde	29. 6. 95	8. 12. 45
Dr. Bachnick, Uwe, abg.	29. 6. 95	3. 5. 63
Rieger, Angelika, abg.	13. 10. 95	16. 9. 56
Koch, Martina	13. 10. 95	13. 4. 63

Fürstenwalde   E 120 116
E.-Jopp-Str. 53, 15517 Fürstenwalde
Postfach 36, 15501 Fürstenwalde
T (0 33 61) 50 96
Telefax (0 33 61) 50 98 30
1 Dir, 1 stVDir, 7 R

Helling, Wolfgang, Dir	30. 6. 93	6. 12. 48
N.N., stV Dir		
Krug, Reinhard	1. 12. 93	2. 5. 51
Eckardt, Holger	27. 9. 94	22. 11. 60
Kapteina, Wolfgang	27. 9. 94	13. 4. 61
Stavorinus, Sabine	9. 11. 94	10. 9. 63
Radloff, Richard, abg.	30. 6. 95	18. 10. 53
Haenicke, Klaus	1. 12. 95	2. 7. 56

Schwedt (Oder)   E 81 833
Paul-Meyer-Str. 8, 16303 Schwedt (Oder)
Postfach 26, 16284 Schwedt (Oder)
T (0 33 32) 53 90
Telefax (0 33 32) 53 91 53

Zweigstelle in Angermünde
Markt 18, 16278 Angermünde
T (0 33 31) 3 26 61–63
1 Dir, 4 R

Gläser, Monika, Dir	30. 6. 93	30. 9. 51
Fries, Rainer, abg.	23. 9. 77	21. 12. 45
Müller, Heidrun	10. 11. 94	24. 3. 64
Barz, Kerstin	13. 10. 95	24. 9. 65

Strausberg   E 97 637
Klosterstr. 13, 15344 Strausberg
15331 Strausberg
T (0 33 41) 2 26 08–09
Telefax (0 33 41) 3 31 22 00
1 Dir, 1 stVDir, 6 R

Dr. Hohmann, Gerhard, Dir	1. 1. 96	26. 12. 38
Schneider, Hans	10. 1. 92	7. 12. 26
Witte, Undine	27. 9. 94	20. 7. 58
Kube, Bettina	30. 6. 95	29. 11. 60
Brandt, Karen	13. 10. 95	24. 1. 65
Vorpahl, Jörg	22. 12. 95	7. 12. 45

Landgerichtsbezirk Neuruppin

Landgericht Neuruppin   E 466 995
Heinrich-Rau-Str. 27–30, 16816 Neuruppin
Postfach 14 63, 16803 Neuruppin
T (0 33 91) 5 15–0
Telefax (0 33 91) 51 52 44 / 51 54 44
1 Pr, 1 VPr, 7 VR, 11 R

Präsident

Lickfett, Martin	1. 12. 93	22. 6. 37

Vizepräsident

Gaude, Christian	1. 9. 94	7. 2. 47

Vorsitzende Richterinnen / Vorsitzende Richter

Hertel, Hans Werner, ½	4. 2. 94	22. 8. 27
Oder, Kurt, ½	19. 12. 94	9. 9. 29
Porath, Dagmar	29. 12. 94	30. 8. 29
Thaeren-Daig, Gisela	1. 4. 95	3. 3. 55
Simons, Egbert	1. 4. 95	3. 6. 56
Anspach, Jürgen	1. 7. 95	28. 11. 42
Dr. Lütticke, Klaus-Eberhard	1. 7. 95	30. 12. 49

Richterinnen / Richter

Gallinger, Klaus	1. 12. 73	9. 4. 37
Wolfs, Johannes, abg.	1. 12. 93	14. 12. 57
Stark, Frank	27. 12. 93	10. 6. 61
Gutfrucht, Martin	13. 9. 94	13. 1. 61
Bettle, Ursula	24. 3. 95	15. 6. 36
England, Wolfgang	28. 3. 95	11. 5. 43
Bremer, Sabine	28. 3. 95	14. 3. 57
Becher, Ria	1. 4. 95	7. 12. 54
Böhme, Matthias	22. 11. 95	19. 5. 60
Lechtermann, Udo	1. 12. 95	19. 9. 55
Dr. Gerschner, Gunter	1. 12. 95	31. 3. 61

BRA OLG-Bezirk Brandenburg a. d. Havel   LG-Bezirk Potsdam

Amtsgerichte

Neuruppin E 116 291
Karl-Marx-Str. 18a, 16816 Neuruppin
Postfach 13 52, 16802 Neuruppin
T (0 33 91) 22 78 / 28 31 / 39 5–0 / 39 73 25
Telefax (0 33 91) 28 32

Zweigstelle in Wittstock
Am Kyritzer Tor 4, 16909 Wittstock
T (0 33 94) 33 16 / 33 17
Telefax (0 33 94) 33 16
1 Dir, 1 stVDir, 1 w. aufsR, 12 R

Frerker, Hans-Jürgen, Dir	30. 12. 93	16. 8. 40
Esche, Hans-Joachim, stVDir, abg.	5. 4. 94	10. 4. 47
Kröske, Kerstin	1. 12. 93	31. 1. 58
Wegner, Gert	1. 6. 94	6. 5. 50
Düllmann, Wilhelm	1. 11. 94	8. 9. 32
Burghardt, Veit-Florian	21. 12. 94	29. 10. 59
Kuhnert, Lars	21. 12. 94	23. 11. 63
Szelies, Elmar	27. 11. 95	30. 5. 54

Oranienburg E 120 324
Berliner Str. 38, 16515 Oranienburg
T (0 33 01) 81 63 00
Telefax (0 33 01) 33 23
1 Dir, 1 stVDir, 1 w. aufsR, 12 R + 1 LSt (R)

Stachwitz, Sabine, Dir	1. 12. 93	1. 11. 43
N.N., stVDir		
Hoffmann, Helga	1. 12. 93	10. 7. 45
Speidel-Mierke, Barbara, beurl.	1. 12. 93	13. 9. 54
Altmann, Lutz, abg. (LSt)	1. 12. 93	17. 12. 58
Pielke, Walter	27. 12. 93	1. 9. 41
Passerini, Thomas	3. 3. 95	4. 2. 59
Stark, Sascha	3. 3. 95	2. 10. 61
Harder, Manuela	6. 3. 95	8. 10. 57
Steiner, Andreas	6. 3. 95	30. 11. 58
Heide, Nicole, abg.	14. 11. 95	4. 4. 63
Fuchs, Petra	24. 11. 95	29. 9. 58
Stavemann, Johannes	24. 11. 95	26. 8. 61

Perleberg E 103 237
Lindenstr. 12, 19348 Perleberg
Postfach 47, 19341 Perleberg
T (0 38 76) 71 70
Telefax (0 38 76) 45 29

Zweigstelle in Pritzwalk
Parkstr. 16, 16928 Pritzwalk
T (0 33 95) 6 40
Telefax (0 33 95) 6 40
1 Dir, 1 stVDir, 6 R

N.N., Dir		
N.N., stVDir		
Krüger, Uwe	1. 12. 93	14. 9. 61
Neumann, Heike	21. 12. 94	27. 7. 57
Nastke, Hardy	21. 12. 94	18. 6. 63
Steinke, Ingelore	4. 1. 95	30. 10. 55
Köster, Heinz Günter	18. 10. 95	7. 5. 58

Prenzlau E 80 810
Baustr. 37, 17291 Prenzlau
Postfach 11, 17281 Prenzlau
T (0 39 84) 48 31–32
Telefax (0 39 84) 48 31

Zweigstelle in Templin
Puschkinstr. 8, 17268 Templin
T (0 39 87) 25 83
Telefax (0 39 87) 25 82
1 Dir, 4 R

N.N., Dir		
Schindler, Anke	1. 12. 93	26. 2. 63
Zech, Olaf	27. 6. 95	16. 9. 62

Zehdenick E 46 333
Friedrich-Ebert-Platz 9, 16792 Zehdenick
Postfach 11 27, 16786 Zehdenick
T (0 33 07) 4 66 70
Telefax (0 33 07) 22 20

Zweigstelle in Gransee
Meseberger Weg 1a, 16775 Gransee
T (0 33 06) 2 16 15
1 Dir, 2 R

N.N., Dir		
May, Simona, ½	1. 12. 93	5. 9. 63

Landgerichtsbezirk Potsdam

Landgericht Potsdam E 761 552
Friedrich-Ebert-Str. 32, 14469 Potsdam
Postfach 60 03 53, 14403 Potsdam
T (03 31) 28 86–0 / 86 88–0
Telefax (03 31) 29 39 96
1 Pr, 1 VPr, 19 VR, 40 R (1 × ½ VR, 1 × ½ R)

Präsident

Breitkopf, Hermann Josef	7. 9. 92	25. 3. 34

Vizepräsident

Herzler, Jürgen	18. 12. 92	5. 5. 40

LG-Bezirk Potsdam   OLG-Bezirk Brandenburg a.d. Havel   **BRA**

Vorsitzende Richterinnen/Vorsitzende Richter

Barteldes, Horst	3. 6.92	5. 1.41
Seidel, Gernot	15.12.92	11.12.42
Dangel, Werner	17.12.92	17. 4.38
Dreusicke, Christiane, abg.	17.12.92	5. 3.47
Schaumann, Cora-Beate	29.12.92	30. 1.38
Dr. Przybilla, Klaus	29.12.92	10. 9.42
Reinwarth, Hans	13. 6.94	24. 8.27
Mertins, Wolfgang, ½	1.10.94	3. 7.29
Eberhard, Jutta	1.10.94	6. 4.56
Köhler, Norbert	1. 7.95	21. 1.50

Richterinnen/Richter

Niedner, Ulrike, ½	4.11.77	17. 5.46
Seier, Renate	1.10.92	24. 8.58
Urban, Johanna	1.12.93	21.12.40
Wulff, Elvira	1.12.93	29. 1.51
Pohl, Werner	1.12.93	29. 3.54
Dr. Phieler-Morbach, Ulrike	1.12.93	10. 3.55
Tiemann, Heinz-Jörg, abg.	1.12.93	2.11.58
Stahnke, Jürgen, abg.	1.12.93	4. 7.59
Dr. Schulze, Ekkehard	1.12.93	5. 6.61
Langer, Michael, abg.	1. 1.94	9. 1.58
Rohr-Schwintowski, Rita	30. 3.94	13. 3.54
Richter, Hans-Ulrich Kurt, abg.	30. 3.94	1. 5.61
Lorenz, Dirk, abg.	9.11.94	10. 6.60
Lippert, Jürgen	14.11.94	20. 1.36
Dielitz, Andreas, abg.	14.11.94	28. 6.59
Naumann, Marianne	30.11.94	29.12.52
Zimmermann, Michael Gero	1.12.94	25. 9.48
Gawlas, Ortrun	1.12.94	10. 1.61
Bekis, Nevin	1.12.94	10. 5.63
Pliester, Rembert	2. 1.95	28. 6.61
Dr. Schäfer, Ingrid, abg.	14.11.95	23. 4.60
Beuerle, Ulrich	21.11.95	6. 8.47
Weber, Bert Joachim	21.11.95	10. 4.57
Friedrichs, Michael	21.11.95	9. 4.59
Zipperling, Fred	21.11.95	11. 7.59
Baron von der Osten-Sacken, Johannes	21.11.95	5.10.60
Grote-Bittner, Kathrin	21.11.95	7. 9.61
Horstkötter, Theodor	21.11.95	17. 9.61
Richter, Lutz-Ingo	21.11.95	2. 1.62
Jobst, Susanne	21.11.95	20. 1.62
Thies, Michael	21.11.95	24. 6.62
Kugler, Thea Regina	22.11.95	26. 1.62
Soltani Schirazi-Teschner, Roxana	22.11.95	24. 8.62
Neuhaus, Renate, RkrA	(1. 7.95)	18. 1.57
Franke, Hubert, RkrA	(1.10.95)	19. 1.60

Amtsgerichte

Brandenburg a.d. Havel E 164 208
Steinstr. 61, 14776 Brandenburg an der Havel
Postfach 11 37, 14731 Brandenburg an der Havel
T (0 33 81) 56 40
Telefax (0 33 81) 56 41 81

Zweigstelle in Belzig
Ernst-Thälmann-Straße 6, 14806 Belzig
T (0 33 84 1) 23 04 / 25 75
Telefax (03 38 41) 24 02
1 Dir, 1 stVDir, 1 w.aufsR, 12 R

Wülfing, Hans-Joachim, Dir	17.12.92	7. 1.36
N.N., stV Dir		
Wendt, Ingeburg	1.12.93	8. 5.49
Pelzer, Ingrid	1.12.93	20.10.56
Eichmann, Karin	1.12.93	30. 7.59
Sanftleben, Jörn	1. 1.94	13. 7.42
Becker, Lore	1. 1.94	25. 8.44
Klaes, Martina	7.11.94	20. 7.59
Moch, Frank	7.11.94	1. 3.62
Bönig, Torsten	23.10.95	25. 7.63
Ahle, Reinhilde	23.10.95	5. 1.65

Königs Wusterhausen E 85 908
Schloßplatz 4, 15711 Königs Wusterhausen
Postfach 47, 15701 Königs Wusterhausen
T (0 33 75) 27 10
Telefax (0 33 75) 37 81
1 Dir, 1 stVDir, 7 R

N.N., Dir		
N.N., stV Dir		
Raßmann, Monika	1.12.93	17. 1.55
Haase, Marion	1.12.93	15. 4.55
Städtke, Ulrike	12.12.94	2. 3.61
Meybohm, Anita	18. 7.95	28.11.61
Griehl, Heidrun	19.10.95	26. 7.57

Luckenwalde E 74 014
Lindenallee 16, 14943 Luckenwalde
Postfach 1 06, 14933 Luckenwalde
T (0 33 71) 6 01–0 / 26 51–52
Telefax (0 33 71) 59 51
1 Dir, 4 R

N.N., Dir		
Braunsdorf, Thomas	1.11.93	1. 1.54
Püttmann, Heinz-Ludger	1. 6.94	6. 9.27
Hellich, Renate	1.12.95	8. 6.62

BRA OLG-Bezirk Brandenburg a.d. Havel Staatsanwaltschaften

Nauen E 70 442
Paul-Jerchel-Str. 9, 14641 Nauen
Postfach 2 64, 14632 Nauen
T (0 33 21) 44 52–0
Telefax (0 33 21) 3 23 47
1 Dir, 5 R

N.N., Dir
Paßmann, Martin	7. 11. 94	20. 1. 60
Neumaier, Roswitha	1. 12. 94	1. 9. 58
Nagel, Brigitte	24. 3. 95	16. 1. 56
Kaab, Torsten	24. 3. 95	1. 11. 63

Potsdam E 237 001
Hegelallee 8, 14467 Potsdam
Postfach 60 09 51, 14409 Potsdam
T (03 31) 28 75–0
Telefax (03 31) 29 27 48 / 2 87 53 63
1 Pr, 1 VPr, 3 w.aufsR, 27 R (2 × ½ R)

Präsident
Bielefeld, Siegfried	1. 12. 93	20. 10. 37

Vizepräsident Ckursin
N.N.

weitere aufsichtführende Richterin/Richter
de Buhr, Ingrid	1. 4. 94	8. 11. 39
Dr. Neumann, Dieter	1. 8. 94	7. 4. 53

Richterinnen/Richter
Tscheslog, Frank	1. 10. 93	27. 10. 58
Bergemann, Dieter	1. 12. 93	6. 12. 36
Ludwig, Heinz	1. 12. 93	1. 9. 38
Potenberg, Bernd	1. 12. 93	27. 1. 44
Groß, Andreas	1. 12. 93	28. 9. 54
Neumann, Beate	1. 12. 93	4. 9. 59
Venus, Cathrin, abg.	1. 12. 93	28. 8. 60
Rühl, Christine	1. 1. 94	8. 7. 59
Kuhnen, Stephan	21. 5. 94	1. 4. 55
Aßmann, Uta	27. 5. 94	25. 12. 56
Kärsten, Renate	30. 5. 94	9. 6. 48
Gresser, Betina	14. 11. 94	24. 8. 59
Peters, Wolfgang	1. 12. 94	24. 9. 54
Berndt, Stefanie	—	—
Leetz, Bettina	1. 12. 94	27. 12. 58
Schulz, Wulfhard	1. 12. 94	28. 5. 59
Müller, Gabriele	1. 12. 94	21. 6. 59
Gawlas, Ortrun, ½, abg.	—	—
Seffer, Jens Roger	1. 12. 94	13. 4. 61
Graeber, Thorsten	1. 12. 94	7. 8. 62
Devriel, Kerstin	1. 12. 94	4. 9. 63
Grützmann, Doris, ½	17. 11. 95	15. 2. 58
Franke, Rita	21. 11. 95	15. 6. 57
Neumann, Yvette	22. 11. 95	23. 12. 64

Rathenow E 58 246
Bahnhofstr. 19, 14712 Rathenow
Postfach 13 64, 14703 Rathenow
T (0 33 85) 89 91–0
Telefax (0 33 85) 89 91–50
1 Dir, 3 R

Rauxloh, Armin, Dir	1. 10. 95	17. 9. 44
Lanowski, Peter	19. 10. 95	17. 6. 60

Zossen E 71 733
Gerichtsstr. 10, 15806 Zossen
T (0 33 77) 3 07–0
Telefax (0 33 77) 30 71 00
1 Dir, 5 R

Meyer, Manfred, Dir	23. 8. 94	17. 10. 45
Rosewick, Dieter	1. 12. 93	5. 11. 59

Staatsanwaltschaften

Generalstaatsanwaltschaft des Landes Brandenburg
Kirchhofstr. 1–2, 14776 Brandenburg a.d. Havel
T (0 33 81) 2 95–2 00
Telefax (0 33 81) 2 95–2 09 und 2 95–2 10
1 GStA, 2 LOStA, 11 OStA

Generalstaatsanwalt
Dr. Rautenberg, Erardo Cristoforo	1. 3. 96	10. 3. 53

Leitende Oberstaatsanwälte
Bröhmer, Ewald, stVGStA	28. 12. 92	18. 3. 40
Dr. Grünebaum, Rolf	28. 12. 92	22. 9. 45

Oberstaatsanwälte
Klingberg, Hans-Jürgen, LOStA a.D.	1. 12. 94	9. 1. 29
Schmitz-Engels, Carl-Eduard	1. 6. 93	6. 6. 37

Staatsanwaltschaften   OLG-Bezirk Brandenburg a.d. Havel   **BRA**

Staatsanwaltschaft Cottbus
Karl-Liebknecht-Str. 33, 03046 Cottbus
Postfach 10 12 43, 03012 Cottbus
T (03 55) 3 61–0
Telefax (03 55) 3 61–2 50

Zweigstelle in Liebenwerda
Stangengärtenstr. 2, 04924 Bad Liebenwerda
Postfach 75, 04921 Bad Liebenwerda
T (03 53 41) 22 39
Telefax (03 53 41) 22 39
1 LOStA, 1 StVLOStA, 7 OStA 46 StA

Leitender Oberstaatsanwalt
Robineck, Wilfried	19. 8. 92	9. 11. 44	

Oberstaatsanwältin/Oberstaatsanwälte
Röseler, Hans-Joachim, stVLOStA	1. 6. 93	5. 8. 33	
Otto, Christoph	19. 4. 93	29. 7. 41	
Bresnikar, Manfred	1. 3. 94	8. 8. 43	
Bunse, Ingrid	1. 3. 94	18. 5. 48	
Schiermeyer, Jürgen	1. 6. 95	10. 2. 57	

Staatsanwältinnen/Staatsanwälte
Steiniger, Peter, abg.	18. 2. 94	23. 4. 58
Lisch, Klaus	24. 2. 94	31. 10. 42
Schultz, Dieter	24. 2. 94	16. 11. 53
Guttke, Brigitte	28. 2. 94	23. 11. 51
Marx, Andreas	1. 8. 94	13. 6. 61
Hecht, Volkmar	1. 8. 94	11. 10. 63
Bergmann, Aldo	2. 8. 94	2. 7. 61
Richter, Elke-Birgit	24. 8. 94	13. 2. 43
Helbig, Horst	26. 8. 94	28. 12. 36
Noack, Regina	2. 12. 94	27. 6. 53
Helbig, Hans-Joachim	2. 12. 94	13. 7. 53
Löbel, Sabine	2. 12. 94	22. 9. 63
Lindner, Tosca	6. 12. 94	18. 10. 61
Hertwig, Petra	30. 3. 95	18. 2. 56
Mache, Martin	24. 5. 95	24. 4. 60
Grothaus, Thomas	29. 5. 95	24. 1. 62
Cramer-Krahforst, Cäcilia, abg.	7. 7. 95	22. 10. 57
Meyritz, Peter	12. 7. 95	9. 5. 58
Welfens, Benedikt	12. 7. 95	22. 8. 59
Walbrecht, Michaela	12. 7. 95	30. 7. 61
Meßer, Hans-Jürgen	12. 7. 95	1. 5. 62
Schöne, Petra	13. 7. 95	9. 10. 54
Klein, Elvira	14. 7. 95	10. 4. 57
Eberhart, Martina	18. 7. 95	30. 6. 55
Jurtz, Olaf	18. 7. 95	20. 12. 60
Fredebold, Iris	18. 7. 95	24. 9. 62
Rößger, Marion	24. 7. 95	15. 4. 58
Pfingsten, Hans-Josef, abg.	23. 11. 95	27. 5. 57
Röttger, Dieter	23. 11. 95	9. 11. 60
Malek, Siad	23. 11. 95	21. 5. 62
Bantleon, Gernot, abg.	23. 11. 95	1. 10. 64
Richter, Raimund	4. 1. 96	24. 2. 59
Richter, Andreas	29. 2. 96	25. 6. 57
Pinder, Tobias	29. 2. 96	4. 8. 62

Staatsanwaltschaft Frankfurt (Oder)
Logenstr. 8, 15230 Frankfurt (Oder)
Postfach 373, 15203 Frankfurt (Oder)
T (03 35) 55 48–0
Telefax (03 35) 55 48–8 00

Zweigstelle in Eberswalde
Berger Str. 9–10, 16206 Eberswalde
Postfach 10 06 45, 16225 Eberswalde
T (0 33 34) 2 04–0
Telefax (0 33 34) 2 04–1 00
1 LOStA, 1 StVLOStA, 11 OStA, 69 StA + 1 LSt (StA)

Leitender Oberstaatsanwalt
Lehmann, Wolfgang	24. 8. 92	14. 1. 36

Oberstaatsanwälte
Hundertmark, Uwe, stVLOStA	1. 6. 93	7. 2. 35
Linsler, Martin	1. 5. 93	8. 8. 42
Oeser, Hartmut	26. 5. 93	22. 7. 43
Dr. Gollner, Günther	1. 6. 93	7. 11. 40
Schulte-Rentrop, Karl	1. 8. 95	15. 3. 40

Staatsanwältinnen/Staatsanwälte
Münchow, Roswitha	16. 2. 94	15. 4. 53
Roscheck, Michael	14. 4. 94	24. 5. 59
Tegge, Jörg	21. 4. 94	4. 1. 64
Berthold, Manfred	27. 4. 94	18. 2. 42
Jungmayr, Jochen	27. 4. 94	6. 2. 44
Schreiber, Uwe	27. 4. 94	11. 5. 49
Bock, Ilona	27. 4. 94	24. 8. 57
Fischer, Isolde	27. 4. 94	20. 10. 60
Marx, Petra	27. 4. 94	22. 3. 62
Busch, Martina	27. 4. 94	28. 12. 62
Woitkowiak, Ingolf	28. 4. 94	7. 5. 63
Geßner, Bert	29. 4. 94	1. 6. 64
Köhler, Ingeborg	31. 5. 94	23. 8. 39
Giebel, Veronika	31. 5. 94	6. 2. 54
Roschek, Sabine	31. 5. 94	10. 10. 58
Möller, Henry	1. 6. 94	18. 12. 63
Müller, Astrid	26. 8. 94	26. 8. 51
Krüger, Helmut	31. 8. 94	12. 9. 35
Link, Volker	31. 8. 94	23. 1. 43
Parzyjegla, Peter	31. 8. 94	8. 3. 50
Schulze, Roswitha	31. 8. 94	15. 9. 52
Bargenda, Anette	31. 8. 94	15. 12. 53
Kanig, Birgit	31. 8. 94	6. 12. 54
Freund, Jörg-Peter	31. 8. 94	3. 6. 60

BRA OLG-Bezirk Brandenburg a. d. Havel   Staatsanwaltschaften

Dr. Kruse, Harald	31. 8.94	5. 6.62
Baumert, Ursula	5. 9.94	19.10.38
Burkhardt, Rosemarie, abg.	5. 9.94	10.10.45
Höschel, Gabriele	9.12.94	24. 8.48
Brauer, Iris	9.12.94	28. 6.56
Langbein, Richard	12.12.94	19. 3.40
Böttcher, Thomas	13.12.94	5.10.58
Bannenberg, Dieter, abg. (LSt)	13.12.94	2. 6.61
Grabow, Andreas	14.12.94	13. 4.56
Riedel, Frank	14.12.94	30. 1.58
Heiniger, Gerd-Götz	14.12.94	24. 9.58
Singert, Waltraud	15.12.94	21. 9.42
Geßner, Birgit	15.12.94	20. 3.65
Sucht, Wolfgang	23.12.94	31. 7.62
Illing, Waltraud	17. 5.95	19. 8.51
Schwelle, Günter	6. 7.95	5. 9.52
Fleckenstein, Achim	6. 7.95	24.11.60
Langen, Kerstin, abg.	27. 7.95	25. 3.62
Kubicki, Jörg	28. 7.95	31. 7.60
Schneider, Thomas	28. 7.95	2.10.61
Pudig, Heike	28. 7.95	4. 7.62
Heidenreich, Stefan	31. 7.95	4. 1.65
Pfeiler, Harald	1. 8.95	22. 2.56
Zänker, Ilona	7. 8.95	27. 8.42
Georgi, Peter	29. 9.95	20. 6.55
Eicke, Christian, abg.	10.11.95	10. 5.59
Becker, Wolfgang	22.11.95	5. 7.51
Jurkutat, Elke	7. 3.96	24. 9.42
Wablik, Horst	7. 3.96	6. 3.54

Staatsanwaltschaft Neuruppin
Heinrich-Rau-Str. 27–30, 16816 Neuruppin
Postfach 33, 16812 Neuruppin
T (0 33 91) 5 15–2 67
Telefax (0 33 91) 5 15–2 95
1 LOStA, 1 StVLOStA, 5 OStA, 32 StA

Leitender Oberstaatsanwalt
N.N.

Oberstaatsanwältin/Oberstaatsanwalt
N.N., StVLOStA

Grübler, Gerhard	16. 2.94	5. 4.50
Gordon, Gabriele	1.12.94	29.11.55

Staatsanwältinnen/Staatsanwälte

Störmer, Carola	16. 2.94	5. 9.62
Winter, Frank	16. 2.94	26. 7.63
Waldt, Horst	30. 8.94	10.11.38
Sperlich, Hannelore	30. 8.94	7. 5.44
Baer-McIlvaney, Georgia	29.11.94	12. 9.53
Lorenz, Rosemarie	1.12.94	15. 8.48
Lodenkämper, Lolita, abg.	1.12.94	29.11.55
Hucke, Claudia	1.12.94	7.12.55

Erdstein, Martina	1.12.94	11.11.60
Kegel, Matthias	1.12.94	4.12.62
Deutschländer, Klaus	2.12.94	11. 2.55
Raida, Hans	20. 7.95	30. 7.56
Winterhoff, Elke	20. 7.95	18. 1.57
Sonnen, Rüdiger	20. 7.95	20. 1.59
Jacoby, Christian	20. 7.95	11.12.60
Kromphardt, Sophie	21. 7.95	6. 5.63
Osyka, Angela	22.11.95	19. 7.59
Möbius, Jörg	22.11.95	29. 8.59
Helten, Hans-Jürgen	1.12.95	10. 8.63

Staatsanwaltschaft Potsdam
Heinrich-Mann-Allee 103, Haus 18,
14773 Potsdam
Postfach 60 13 55, 14413 Potsdam
T (03 31) 88 33–0
Telefax (03 31) 88 33–3 00

Zweigstelle in Luckenwalde
Zinnaerstr. 28, 14943 Luckenwalde
Postfach 40, 14931 Luckenwalde
T (0 33 71) 69 06–0
Telefax (0 33 71) 69 06–12
1 LOStA, 1 StVLOStA, 11 OStA, 68 StA

Leitender Oberstaatsanwalt

Michalik, Rüdiger	19. 8.92	17. 5.39

Oberstaatsanwälte

Junker, Heinrich, stVLOStA	1. 2.94	4. 6.53
Rehm, Friedrich-Wilhelm	1. 4.93	22.12.36
Bamler, Hans Dieter	30. 6.93	8. 4.37
Witten, Christian	1. 3.95	19. 5.41
Klein, Karl-Heinz	1. 3.95	21. 5.45
Ost, Volker	1.11.95	13. 9.43
Neukirchner, Lothar	1.11.95	28. 8.44

Staatsanwältinnen/Staatsanwälte

Hahn, Andrea	18. 4.94	28. 7.57
Sülldorf, Katharina	18. 4.94	10. 3.58
Schilder, Frank	18. 4.94	16. 5.63
Böhrer, Wolfgang	20. 4.94	3. 5.32
Laggies, Mareen	20. 4.94	28. 9.57
Menger, Ralf	20. 4.94	19. 2.62
Nickel, Carmen	21. 4.94	10.12.50
Reißig, Helgard	21. 4.94	31. 5.54
Pickert, Johannes	21. 4.94	28. 4.62
Sülldorf, Jürgen, abg.	17. 8.94	17. 2.58
Böhm, Marianne, abg.	17. 8.94	19. 8.62
Sieder, Hubert	22. 8.94	26. 9.44
Negd, Gabriele	22. 8.94	6.10.47
Kirchner, Michael	22. 8.94	10.10.57
Itzigehl, Jens	22. 8.94	3.10.60
Zeidler, Annette, abg.	23. 8.94	1. 3.54

Richter/StA im Richterverhältnis auf Probe **BRA**

Kirchner, Almut	23. 8.94	22. 8.58	Roggenbuck, Ralf	12. 9.95	5.10.64
Heldt, Peter	30.11.94	13. 3.34	Klinkhardt, Ulrike	15. 9.95	7.11.50
Plath, Dieter	30.11.94	2. 5.38	Helinski, Rosemarie	23.10.95	2. 9.47
Pröfrock, Christiane	30.11.94	1. 8.53	Harrland, Hanna	23.10.95	18. 5.50
Grabe, Helmut	30.11.94	24. 5.58	Ginnow, Michael	23.10.95	24.11.50
Kukuk, Karsten	30.11.94	28. 6.62	Runde, Christian	23.10.95	12. 2.60
Baumgardt, Isolde	1.12.94	26. 2.38	Flügel, Jürgen	23.10.95	14.11.60
Klügel, Stefan	1.12.94	30. 5.54	Mitschke, Peter	23.10.95	18. 6.63
Hahn, Lothar	1.12.94	5. 7.56	Feigenbutz, Angelika	23.10.95	14. 4.64
Bruse, Wolfgang	1.12.94	27. 9.56	Bielefeldt, Martin	25.10.95	5. 9.47
Unverdro, Michael-Uwe	5.12.94	8. 2.59	Luczyk, Barbara	1.11.95	21.11.61
Falch, Rüdiger, abg.	17. 7.95	20. 3.55	Hasselmeier, Björn	3. 1.96	19.12.62
Sternberg, Rolf	17. 7.95	23.12.58	Pelcz, Franz	8. 1.96	21. 7.55
Jaschke, Thomas	17. 7.95	12. 7.60	Ebert, Dieter	28. 2.96	17. 1.38
Pfützner, Jörg-Ulrich	17. 7.95	18. 4.62	Böhlke, Monika	29. 2.96	9. 3.51

Richterinnen/Richter und Staatsanwältinnen/Staatsanwälte im Richterverhältnis auf Probe

Hoffmann, Sybille	25. 6.91	27. 5.54	Freitag, Tanja	1. 4.93	26. 5.66
Lowitsch, Torsten	9. 7.91	17. 8.62	Abisch, Jens	1. 4.93	10. 6.66
Pormann, Manfred	16. 8.91	17. 9.41	Ahlborn, Frank	1. 6.93	3. 6.59
Rammoser-Bode, Constanze, ½	1.10.91	12. 4.62	Fiedler, Frank	1. 6.93	5. 9.63
Panhans, Dieter	22.10.91	26.11.41	Michalski, Cornelia	15. 6.93	17. 3.60
Kraus-Wenzel, Karin	5.11.91	7.12.57	Dr. Schleicher, Verena	1. 7.93	8.11.59
Berthold, Dieter	—	—	Gernhard, Ralf-Udo	1. 8.93	22.12.57
Burghardt, Herbert	19.11.91	4. 2.39	Ingendaay-Herrmann, Astrid, ½	1. 8.93	14.10.58
Teckemeyer, Axel	18. 3.92	4. 7.59	Richter, Gerlinde	1. 8.93	2. 2.60
Scharf, Gunter	1. 6.92	26. 5.57	Passerini, Ramona	1. 8.93	2. 2.61
Rörig, Rainer	1. 7.92	15.11.60	Schimske, Mayra	1. 8.93	24.10.66
Rambow, Heidemarie	3. 8.92	30.11.53	Dr. Filter, Ute	1.10.93	10. 1.55
Natusch, Gabriele	20. 8.92	13. 4.67	Desens, Joachim	1.10.93	10.12.58
Möbius, Jörg	1. 9.92	29. 8.59	Jacobsen, Kristina	1.10.93	23. 5.62
Dießelhorst, Sabine	1. 9.92	20. 8.61	Dr. Melzer, Thomas	1.10.93	5. 7.62
Kroh, Rita	—	—	Lammek, Irina	1.10.93	18. 2.63
Köppinger, Birgitta, beurl.	1. 9.92	29.10.62	Mracsek, Stephan	1.10.93	28. 4.64
Rauch, Franz	2.11.92	24. 3.50	Bours, Jutta	1.10.93	11. 6.64
Otto, Volker	1.12.92	16. 7.45	Pollak, Günter	1.11.93	28.12.60
Peters, Ulrike	1. 1.93	19.11.56	Schlegel, Birgit	1.11.93	21. 2.62
Tosberg, Annette, beurl.	1. 2.93	25.12.63	Flender-Huth, Patricia	1.11.93	2.10.62
Lange, Thomas	1. 3.93	24. 9.52	Scholz, Kai-Uwe	1.11.93	21.12.62
Eichberger, Ninette	1. 3.93	27. 6.62	Krause, Carsten	1.11.93	1. 2.63
Prestien, Hans-Christian	1. 4.93	22. 6.44	Müller-Lintzen, Iris	1.11.93	9. 2.64
Bönninghausen, Mechthild	1. 4.93	21. 1.58	Busse, Charlotte	1.11.93	17. 4.64
Eckardt, Francois-Atair	1. 4.93	18. 9.58	Schultz, Dieter	1.12.93	30. 1.47
Jungermann, Susanne	1. 4.93	3. 5.61	Fährmann, Gabriele	1.12.93	3. 1.52
Hückel, Marianne	1. 4.93	20. 2.62	Brömme, Petra	1.12.93	29. 2.52
Meyer, Thomas	1. 4.93	21. 6.62	Wiesen-Wagner, Monika	1.12.93	23. 5.58
Nögel, Stefan	1. 4.93	23. 9.62	Meyer, Ellen	1.12.93	24. 5.60
Neumann, Michael	1. 4.93	16.10.62	Dr. Huth, Rainer	1.12.93	17. 8.61
Krauß, Torsten	1. 4.93	25. 2.65	Hein, Claudia	1.12.93	15. 5.63

BRA — Richter/StA im Richterverhältnis auf Probe

Name	Datum 1	Datum 2
Quass, Silvia	1.12.93	16. 2.64
Odenbreit, Christian	1.12.93	28. 5.65
Mildt, Michael	3. 1.94	29. 8.44
Frost, Bernd	3. 1.94	25. 9.50
Pries, Gerhard	3. 1.94	23. 5.51
Schmidt, Annegret	3. 1.94	15. 6.55
Weitershaus, Martin	3. 1.94	12.10.56
Petersen, Peter	3. 1.94	14. 7.60
Schippers, Roger	3. 1.94	22. 4.61
Lehmann, Wilfried	3. 1.94	20. 5.61
Schulte, Cornelia	3. 1.94	17.12.61
Nothbaum, Horst	3. 1.94	11. 1.62
Dr. Schwonke, Martina	3. 1.94	13. 3.62
Peplow, Kai	3. 1.94	8.12.62
Saße, Gabriele	3. 1.94	13. 5.63
Schuld, Hagen	3. 1.94	13.12.63
Schulz, Christel, beurl.	3. 1.94	4. 2.64
Adamus, Olaf	1. 2.94	31. 8.61
Wels, Frank	1. 2.94	26. 2.62
Verhoeven, Martin	1. 2.94	14. 8.62
Staats, Robert	1. 2.94	9. 4.63
Wernicke, Lothar	2. 2.94	20. 4.64
Stutenbäumer, Claudia	1. 3.94	13. 8.53
Breitzmann, Angela, beurl.	1. 3.94	10. 4.62
Suder, Oliver	1. 3.94	26. 9.62
Rechlitz, Doris	1. 3.94	21.10.65
Schmidt, Christian Gunther	31. 3.94	17. 2.64
Ruddies, Siegfried	1. 4.94	11.12.48
Schild, Marion	1. 4.94	10.10.55
Sloksnat, Hartmut	1. 4.94	9.10.57
Schedler, Diemut	1. 4.94	29. 5.58
Räckers, Christiane	1. 4.94	19. 8.58
Spicker, Martina, abg.	1. 4.94	10.12.60
Müller, Andreas	1. 4.94	5. 7.61
Wille, Monika	1. 4.94	12. 4.63
Thielsen, Marita	1. 4.94	1. 4.64
Pape, Ralf	1. 4.94	3. 4.64
Lechermeier, Jutta	1. 4.94	28.10.64
Weigert, Uta	1. 4.94	12. 3.66
Pflügner, Knut	1. 5.94	19.10.54
Wenzel, Alfred	1. 5.94	15.10.59
Kurz, Rolf-Uwe	1. 5.94	5. 9.61
Gerlach, Axel	1. 5.94	9. 1.63
Lange, Helmut	1. 5.94	4.10.65
Lehmann, Rainer	1. 6.94	1. 1.57
Hommes, Detlef	1. 6.94	24. 2.57
Fröhlich, Ulrike	1. 6.94	15. 4.59
Jeß, Wolfgang	1. 6.94	23.11.60
Kornbrust, Klaus	1. 6.94	24. 6.62
Schell, Thomas	1. 6.94	10. 9.63
Patz, Heike	1. 6.94	22. 2.64
Lünnemann, Eike	1. 6.94	10. 7.64
Gömann, Stefan	1. 6.94	10. 5.65
Kabus, Kerstin	1. 6.94	15. 8.65
Niemann, Dirk	1. 7.94	26.11.59
Wulff, Thomas	1. 7.94	2. 6.61
Scherding, Ulrich	1. 7.94	1.10.62
Schmidt, Heiko	1. 7.94	2.12.62
Einhaus, Martin	1. 7.94	16. 2.63
Bodenstein, Friederike	1. 7.94	26. 8.63
Reuter, Rüdiger	1. 7.94	30. 9.63
Dr. Binder, Jörg	1. 7.94	27.12.63
Otto, Ulrike	1. 7.94	5. 7.64
Dr. Matthiessen, Holger	1. 7.94	21. 8.64
Götsche, Frank	1. 7.94	2.11.64
Götsche, Susanne	1. 7.94	29.11.64
Bleuß, Matthias	1. 7.94	10. 2.65
Teitge-Wunder, Kerstin	15. 7.94	13. 3.64
Gross, Oliver	1. 8.94	6. 8.62
Laarmann, Lioba	1. 8.94	12. 7.64
Füting, Loni-Regina	1. 8.94	29.10.64
Grimm, Claudia	1. 8.94	29.11.66
Werner, Brigitte	—	—
Schmidt, Marion	1. 9.94	6. 6.54
Hültz, Iris	1. 9.94	6. 1.65
Freundlich, Martin	1. 9.94	11. 9.65
Westerberg, Klaus	1.10.94	27. 9.60
Röstel, Claudia	1.10.94	22. 1.63
Lange, Christoph	1.10.94	13. 2.63
Hüls, Margarete	—	—
Sommerfeld, Ulrich	1.10.94	24. 3.64
Schüler, Christoph	1.10.94	20. 4.64
Elvert, Heike	1.10.94	12.10.64
Schollbach, Frank	1.10.94	20. 7.65
Schwalbe, Sylke	1.10.94	26. 1.66
Kniesel, Bianca	1.10.94	29. 5.66
Lange, Anette	1.10.94	13. 8.66
Weiß, Christine	1.10.94	5.11.66
Sahlmann, Kerstin	1.10.94	29.11.66
Larres, Eugen	1.11.94	11. 8.62
Höhr, Michael	1.11.94	19. 3.63
Maier, Ivo	1.11.94	29. 6.65
Steinbrück, Arite, beurl.	1.11.94	11. 7.65
Grepel, Wolfram	1.11.94	22. 7.65
Bredahl, Bodo	1.11.94	30.11.65
Lehmann, Stephan	1.11.94	7. 2.66
Seidel, Solveig	1.11.94	15. 7.66
Sörries, Joachim	1.11.94	28. 3.67
Barz, Sabine	1.11.94	14. 1.68
Remen, Gernot	1.12.94	21. 1.63
Feles, Harald	1.12.94	2.11.63
Meyer, Jens	1.12.94	3. 1.64
Baltes, Gernot	1.12.94	25. 7.64
Haag, Monika	1.12.94	13. 8.64
Hannig, Tilo	1.12.94	18. 9.64
Golfier, Stefan	1.12.94	31.10.64
Hemmersbach, Martina	1.12.94	15. 3.65
Franze, Ines	1.12.94	6. 4.65
Dr. Didlap, Friederike	1.12.94	29. 4.65
Seidel, Frank	1.12.94	20. 6.65

Richter/StA im Richterverhältnis auf Probe — BRA

Name	Datum 1	Datum 2
Eulitz, Astrid	1.12.94	17.12.65
Meyer, Sabine	1.12.94	16. 8.67
Horn, Donald	1.12.94	31.12.67
Heinrichs, Stephan	1. 1.95	21. 3.64
Voß, Heinz-Wilhelm	1. 1.95	11.10.64
Malter, Helmut	1. 1.95	14.12.64
du Vinage, Caroline	1. 1.95	2. 1.65
Fladée, Ursula	1. 1.95	24. 7.65
Netz, Martin	1. 2.95	10. 9.62
Dr. Süchting, Gerald	1. 2.95	17.12.62
Potthoff, Kersten	1. 2.95	19. 5.64
Dr. Teipel, Birgit	1. 2.95	9. 9.64
Ruppel, Markus	1. 2.95	30. 4.65
Hildenstab, Monika	1. 2.95	22. 5.65
Böhme, Ingo	1. 2.95	18. 8.66
Brinkmann-Schönfeld, Gabriele	1. 3.95	5. 4.64
Vahldiek, Thomas	1. 3.95	27. 2.66
Schlenker, Peter	1. 4.95	30.12.64
Mietzner, Katrin	1. 5.95	10. 4.59
Beckmann, Frank	1. 5.95	5. 5.59
Funder, Carsten	1. 5.95	18. 6.62
Clement, Kai	1. 5.95	10. 8.62
Wagener, Stefan	1. 5.95	9.12.62
Stephan, Kornelia	1. 5.95	12. 3.64
Cottäus, Claudia	1. 5.95	11. 2.65
Hänisch, Lutz	1. 5.95	28. 7.65
Hering, Sven	1. 5.95	22. 4.66
Neumann, Klaus	1. 7.95	17. 8.58
Gutjahr, Jens	1. 7.95	16. 1.64
Severin, Ulrike	1. 7.95	3. 4.64
Schöning, Frank	1. 7.95	25. 1.65
Wirth, Alexandra	1. 7.95	25. 9.65
Steingaß, Anette	—	—
Floderer, Sigrid	1. 7.95	17. 1.68
Sprigode, Karsten	1. 8.95	1.12.60
von Finckh, Andrea	1. 8.95	14. 9.62
Lemke, Daniela	1. 8.95	8. 2.64
Scheel, Oliver	1. 8.95	10. 6.64
Raeck, Steffen	1. 8.95	29. 9.64
Dalchow, Angela	1. 8.95	7. 7.65
Deller, Matthias	1. 8.95	30. 9.65
Feldmann, Klaus W.	1. 8.95	25. 5.66
Imig, Maike	1. 8.95	28. 6.66
Schack, Christian	1. 9.95	9. 7.64
Pulfrich, Michael	1.10.95	31.12.63
Westphal, Volker-Gerd	1.10.95	6. 3.65
Weiß, Mirjam-Luise	1.10.95	20. 3.65
Wolff, Peter	1.10.95	27. 4.65
Leeuwestein, Martina	1.10.95	23.12.65
Dr. von Bülow, Birgit	1.10.95	1. 2.66
Opladen, Stefanie	1.10.95	18.11.66
Bürgel, Gabriele	1.10.95	14. 2.67
Gieseke, Simra	1.10.95	10. 7.68
Franz, Heike	1.10.95	20.12.68
Glocker, Sabine, ½	1.11.95	18. 5.59
Kretschmann, Andrea	1.11.95	10. 3.64
Kluth, Frank	1.11.95	7. 2.65
Weller, Ralf	1.11.95	23. 3.65
Morath, Renate	1.11.95	10. 4.66
Brüser, Meinolf	10.11.95	28. 7.64
Tóth, Ferenc-Stephan	1.12.95	11.12.62
Filthuth, Holger	1.12.95	18. 3.68
Lumm, Hans-Michael	1. 2.96	15. 9.60
Kolb, Matthias	1. 2.96	26. 3.64
Süchting, Yvonne	1. 2.96	27.10.64
Hillmann, Norbert	1. 2.96	13. 2.65
Werner, Sabine	1. 2.96	7. 5.65
Lucks, Bernhard	1. 2.96	23. 5.65
Wendel, Christian	1. 2.96	8. 8.65
Figura, Holger	1. 2.96	1.11.65
Otto, Irene	1. 2.96	12. 3.66
Jüttner, Frank	1. 2.96	4. 9.66
Brune, Katja	1. 2.96	16. 3.67
Just, Maria	1. 2.96	28. 4.67
Schwier, Kerstin	1. 2.96	22. 8.67
Sostaric, Peter	1. 2.96	1.10.67
Czyszke, Silke	1. 2.96	25. 9.69
Werner, Kerstin	1. 3.96	9. 6.65
von Bülow, Hans	1. 3.96	15. 2.66
Woerner, Heike	1. 3.96	8. 7.67
Wilke, Jan	1. 4.96	29. 5.64
Dr. Krieglstein, Marco	1. 4.96	5. 5.65
Dieter, Kristine	1. 4.96	18. 9.65
Reiner, Elke	1. 4.96	3.12.67
Neff, Michael	1. 4.96	5. 7.68
Van den Bosch, Heiko	1. 4.96	5. 8.68

Freie Hansestadt Bremen

679 730 Einwohner

Senator für Justiz und Verfassung

Richtweg 16–22, 28195 Bremen
T (04 21) 361–0, Telefax (04 21) 3 61 25 84
1 Sen, 1 StaatsR, 4 SenR, 3 RD, 2 ORR, 1 RR

Senator und Bürgermeister
Dr. Scherf, Henning   11. 12. 91   31. 10. 38

Staatsrat
Göbel, Michael   1. 1. 92   11. 5. 49

Senatsräte
Dr. Wrobel, Hans   9. 12. 87   13. 2. 46
Krieg, Hartmut   1. 4. 88   19. 7. 41
Mäurer, Ulrich   1. 10. 88   14. 7. 51

Regierungsdirektoren
Sauerwald, Rudolf   1. 8. 89   22. 7. 51
Dr. Maul-Backer, Henning   1. 3. 92   12. 6. 56

Oberregierungsräte
Jahns, Egon   25. 1. 91   22. 4. 36
Larisch, Norbert   1. 8. 93   22. 4. 39

Regierungsrätin
Renken, Ilka   1. 5. 88   16. 2. 57

Oberlandesgerichtsbezirk Bremen

Bezirk: Freie Hansestadt Bremen
Landgericht Bremen mit 5 Kammern für *Handelssachen*
3 Amtsgerichte
Schöffengerichte: bei allen Amtsgerichten
Familiengerichte: bei allen Amtsgerichten

Landwirtschaftsgerichte: Amtsgericht Bremen zugleich für den AGBez. Bremen-Blumenthal) und Amtsgericht Bremerhaven
Das *Gemeinsame Prüfungsamt* für die 2. juristische Staatsprüfung für Bremen, Hamburg und Schleswig-Holstein befindet sich in Hamburg.

Hanseatisches Oberlandesgericht in Bremen

E 679 730
Sögestraße 62–64, 28195 Bremen
T (04 21) 36 10, Telefax (04 21) 3 61 44 51
1 Pr, 1 VPr, 4 VR, 15 R (davon 2 UProf im 2. Hauptamt, und 1 UProf im 2. Hauptamt, beurl.)

Präsident
Dr. Bewersdorf, Jörg 1. 8. 92 11. 7. 40

Vizepräsidentin
Derleder, Annegret 1. 10. 93 7. 9. 38

Vorsitzende Richter
Nennecke, Ulrich 1. 10. 89 6. 4. 34
Neumann, Karl-Peter 1. 1. 91 15. 2. 45
Dr. Schomburg, Ulf 1. 12. 93 8. 5. 39
Blome, Lüder 1. 11. 94 23. 7. 42

Richterinnen/Richter
von Feldmann, Börries 1. 4. 75 28. 6. 34
Adloff, Friedemann 1. 1. 77 2. 6. 32
Pauls, Jürgen 1. 7. 82 14. 12. 37
Gräper, Uwe 1. 1. 85 8. 11. 41
Friedrich, Peter 1. 7. 87 30. 7. 43
Prof. Dr. Brüggemeier,
 Gert (UProf),
 2. Hauptamt), beurl. 16. 9. 88 31. 3. 44
Boehme, Brigitte 1. 10. 88 21. 6. 40
Herrmann, Elsbeth 1. 3. 91 24. 12. 40
Lang, Rainer 1. 8. 91 10. 3. 43
Blum, Detlev 1. 8. 91 13. 1. 52
Wever, Reinhard 1. 9. 92 13. 4. 50
Golasowski, Wolfgang,
 abg. 1. 10. 92 22. 5. 53
Jordan, Uwe 1. 1. 94 20. 5. 38

Dr. Wittkowski, Wolfram 1. 11. 94 25. 11. 49
Prof. Dr. Derleder,
 Peter, UProf,
 2. Hauptamt 1. 4. 96 3. 3. 40

Eine weitere Richterstelle am Oberlandesgericht ist besetzt, der Richter ist beurlaubt.

Landgerichtsbezirk Bremen

Landgericht Bremen E 679 730
Domsheide 16, 28195 Bremen
Postfach 107843, 28078 Bremen
T (04 21) 36 10
Telefax (04 21) 3 61 67 13
1 Pr, 1 VPr, 20 VR + ½ VR, 29 R
(davon 3 UProf im 2. Hauptamt)

Präsident
Crome, Bernh.-Adolf 1. 8. 81 13. 5. 37

Vizepräsident
Behrens, Martin 1. 3. 87 17. 1. 32

Vorsitzende Richterinnen/Vorsitzende Richter
Dr. Keuneke,
 Horst-Werner 1. 6. 69 3. 2. 32
Dr. Stierling, Eckhard 1. 10. 72 8. 9. 38

LG-Bezirk Bremen — OLG-Bezirk Bremen **BRE**

Dr. Westermann, Peter	1.12.73	17. 1.37
Kratsch, Kurt	1. 1.75	14. 1.37
Heckel, Klaus	1. 4.75	22. 6.37
Scotland, Eduard	1. 7.75	29. 9.38
Oetken, Werner	22. 8.80	2.12.36
Ellwanger, Walter	1. 9.82	1. 6.39
Dieterich, Ute	1.11.82	28. 5.37
Wegener, Bernd	1. 7.84	29. 1.43
Dr. Steenken, Jürgen	1. 1.86	2. 4.37
Gass, Helmut	1. 3.87	6. 2.43
Schmacke, Harald	1. 5.88	5. 2.43
Dr. Schaper, Jürgen, abg.	1.10.88	25.10.46
Robrecht, Hilka	1. 5.90	4.10.36
Dr. Asbrock, Bernd	1. 8.90	21. 8.44
Dr. Bölling, Hein	1. 6.91	17.12.50
Prossner, Helmut	1. 7.92	7. 8.48
Kolbeck, Ludger, abg.	1. 8.94	14.12.47
Grotheer, Wolfgang	1. 6.95	16. 5.49

Richterinnen/Richter

Pohl, Eva	27. 9.68	31. 1.35
Held, Dierk	14. 8.72	5. 8.40
Berkefeldt, Wolfgang	26. 4.73	17. 8.41
Fangk, Axel	27. 5.75	6. 1.42
Kuhlmann, Karl-Ludwig	27. 5.75	24. 6.43
Müllershausen, Stephan	12. 9.75	26. 5.41
Erwes, Walther	2. 4.76	23. 7.41
Harms, Dirk	29. 6.78	4. 6.45
Prof. Dr. Schmidt, Eike		
(UProf., 2. Hauptamt)	18.10.78	26.11.39
Timke, Verena, beurl.	22. 3.82	16.11.50
Berger, Jürgen	19. 7.82	15. 5.46
Krüger, Karl-Heinz	23.12.83	16. 8.41
Kissling, Robert	7. 6.85	23. 9.53
Dr. Schnelle, Albert	13. 8.85	20.12.52
Böhrnsen, Claus	2. 7.86	8. 8.55
Prof. Dr. Thoß, Peter		
(UProf, 2. Hauptamt)	19.12.86	15. 2.37
Lumm-Hoffmann, Bettina, beurl.	3. 9.87	17. 1.57
Kellermann, Helmut	17. 8.90	8. 8.55
Goldmann, Karin	14. 5.91	23. 2.58
Boiczenko, Michael, abg.	15. 5.91	27.10.51
Lüttringhaus, Peter	4. 5.92	5. 7.56
Abramjuk, Ruth, ½	23. 2.93	15. 1.54
Witt, Katharina	12.10.93	9.12.58
Segond, Erika	14. 7.94	13.11.55
Rohwer-Kahlmann, Andreas	14. 7.94	7. 7.61
Heiland, Astrid, beurl.	20. 7.94	22.12.62
Schmedes, Claas	22. 7.94	7. 1.61
Behrens, Ingo	29. 7.94	31. 1.61
Lätzel, Barbara, RkrA	(18. 8.95)	9. 9.55

Zwei weitere Stellen für Richter am Landgericht sind besetzt. Namen und Personaldaten der Stelleninhaber sind nicht übermittelt worden.

Amtsgerichte

Bremen E 444 972
Ostertorstr. 25–31, 28195 Bremen
Postfach 107943, 28079 Bremen
T (04 21) 36 10,
Telefax (04 21) 3 61 28 20
1 Pr, 1 VPr, 6 w. aufs. R, 60 R u. ½ R

Präsident

Tönnies, Rüdiger	1. 9.92	24.12.43

Vizepräsidentin

Buse, Karen	1.12.92	27.11.53

weitere aufsichtführende Richter

Albrecht, Alf	1. 7.84	20. 8.34
Rathke, Wolfgang	1. 4.85	7. 4.41
Dr. Lüthke, Albrecht, abg.	1. 3.86	3. 4.37
Lach, Jürgen	1. 4.93	14. 4.38
Schulz, Günther	1. 1.95	5. 9.45

Richterinnen/Richter

Janssen, Bernhard	6. 8.65	28.12.31
Böhmer, Kurt	8.11.65	22. 3.34
Schuck, Walter	1. 8.69	2.11.34
Zimmer, Peter	26.11.69	19. 4.35
Meyer-Arndt, Gero	26.11.69	3. 1.39
Ritter, Martin	3. 3.72	2. 7.37
von Schönfeldt, Ernst	6. 3.72	23. 6.37
Nordhausen, Dieter	28. 7.72	26. 8.40
Nordmann, Engelbert	4.12.72	22. 5.39
Berner, Günter	18. 4.73	19. 1.36
Dr. Klosterkemper, Bernard	9.11.73	29. 1.36
Meyer-Arndt, Burkard	31. 5.74	22. 8.42
Melzer, Götz	14.11.74	10. 8.38
Gerboth, Hans-Joachim	5. 4.76	17.10.40
Spohr, Burchard	20.12.76	19. 8.40
Fischer, Hanns-Gerd	20.12.76	18.11.41
Dr. Beutler, Bengt	20.12.76	23. 5.42
Meinken, Rolf, abg.	20.12.76	3. 9.43
Schürenstedt, Ulrich	20.12.76	2.10.43
Pilz, Dieter	2. 5.77	20.10.44
Beyerle, Wolf-Dieter	7. 9.77	25. 5.42
Wulf, Friedrich	7. 9.77	14. 4.44
Casjens, Uwe	8. 9.77	14. 5.44
Kopmann, Paul	9. 9.77	28. 3.44
Kornblum, Friedrich-Christoph	9. 9.77	25. 8.46
Teuchert, Günter	23. 3.79	19. 3.46
Hogenkamp, Hartmut	23. 3.79	17. 6.46
Maresch, Dieter, abg.	24. 9.79	12. 6.45
Mersmeyer, Klaus	26. 9.79	27. 8.43
Dr. Wendte, Karla, ½	—	—
Schnitger, Heinrich	29.12.80	4. 1.47

BRE OLG-Bezirk Bremen — LG-Bezirk Bremen

Teuchert, Bernd	29.12.80	6.	1.49
Garthaus, Bernward, abg.	20. 5.81	9.	2.46
Soiné, Brigitte, abg.	20. 5.81	9.	5.46
Schubert, Manfred	14. 2.83	30.	8.48
Dr. Hoffmann, Ulrich	14. 2.83	6.	4.50
Rohwer-Kahlmann, Stephan	14. 2.83	28.	6.51
Richter, Klaus	1. 8.83	5.	11.40
Auffarth, Heinrich	3. 8.83	2.	5.47
Horn, Gabriele	30. 6.86	8.	10.44
Landzettel, Gerhard-Wilhelm	30. 6.86	25.	1.49
Dierks, Hans	24. 8.87	29.	6.55
Dr. Dittmayer, Norbert	3. 7.89	2.	11.56
Wanschura, Hannelore	6. 7.89	18.	11.43
Rogoll, Karl-Heinz	17. 8.90	5.	4.52
Andrae, Marie-Elisabeth, ½	15. 5.91	9.	3.57
Klinker, Inge	15. 5.91	8.	2.59
Dr. Schromek, Klaus-Dieter, abg.	21. 5.91	14.	6.56
Steinhilber, Rolf	16. 2.93	23.	11.54
Wacker, Reinhard	29. 9.93	18.	3.51
Backer, Ute, ½	29. 9.93	5.	10.57
Wolff, Ann-Marie, beurl.	14. 7.94	31.	1.62
Zorn, Christian	18. 7.94	8.	11.50
Kelle, Manfred	19. 7.94	3.	6.61
Best, Ellen-Anna	18.10.95	9.	3.56
Heinke, Sabine, abg.	19.10.95	2.	6.56

Vier weitere Stellen für Richter am Amtsgericht sind besetzt. Namen und Personaldaten der Stelleninhaber sind nicht übermittelt worden.

Bremen-Blumenthal E 103 878
Landrat-Christians-Str. 67/69, 28779 Bremen
Postfach 710120, 28761 Bremen
T (04 21) 65 96
Telefax (04 21) 6 59 73 02
1 Dir, 1 w.aufsR, 6 R

Frappier, Jürgen, Dir	10.10.84	30.	8.36
Ehlers, Arnd, w. aufs. R	1. 1.95	30.	12.48
Dr. Pawlik, Peter-Michael	13. 8.76	16.	7.45
Schroedter, Wolf-Christian, M. A.	26. 7.82	9.	5.47

Blank, Barbara	14. 2.83	16.	9.48
Meinders, Bernd	11.11.83	24.11.51
Glötzel, Peter	11. 9.87	6.	8.44

Eine weitere Stelle für Richter am Amtsgericht ist besetzt. Name und Personaldaten des Stelleninhabers sind nicht übermittelt worden.

Bremerhaven E 130 880
Nordstr. 10, 27580 Bremerhaven
Postfach 210140, 27522 Bremerhaven
T (04 71) 5 96-0
Telefax (04 71) 59 61 96
1 Pr, 1 VPr, 1 w.aufsR, 15 R

Präsident

Lissau, Uwe	1. 1.91	22. 9.52

Vizepräsident

Bornemann, Udo	1. 4.88	2. 8.43

Richterinnen/Richter

Welge, Uwe, w.aufsR	1. 1.95	14.10.37
Scheele, Günter	7.11.66	29. 7.35
Dr. Figert, Horst	9. 4.68	29.12.35
Stegen, Bernhard	7. 3.72	2. 8.38
Höhle, Hans-Dieter	7. 3.72	26. 8.39
Gries, Hartmut	13. 8.76	3. 6.45
Schumann, Ursula, ¾	23. 3.79	3. 3.46
Ehlers, Hans	26. 9.79	30.10.47
Steinberg, Michael	24.12.81	5.10.50
Dr. Schumann, Rolf	19. 7.82	7. 1.44
Pane, Dirk	7. 6.85	7. 6.54
Schulz, Jörg	10. 6.85	15.10.53
Hien-Völpel, Ursula	5. 1.87	29.11.46
Umlandt, Dagmar	4.10.93	25. 4.58
Edwards, Corinna	15. 7.94	18. 2.64
Dr. Köster, Ingo, zu ½ abg.	19.10.95	29.10.62

Eine weitere Stelle für Richter am Amtsgericht ist besetzt. Name und Personaldaten des Stelleninhabers sind nicht übermittelt worden.

Staatsanwaltschaften

Generalstaatsanwaltschaft Bremen

Richtweg 16–22, 28195 Bremen
Postfach 101360, 28013 Bremen
T (04 21) 3 61-0
Telefax (04 21) 3 61 40 81
1 GStA, 1 LOStA, 3 OStA

Generalstaatsanwalt
Dr. Janknecht, Hans 7. 2. 85 15. 12. 36

Leitender Oberstaatsanwalt
N. N.

Oberstaatsanwältinnen/Oberstaatsanwalt
Lettau, Klaus 31. 7. 81 25. 2. 38
Geertz, Heidi, beurl. 15. 2. 86 6. 10. 43
Dr. Graalmann-Scheerer,
 Kirsten 19. 6. 91 3. 3. 56

Staatsanwaltschaft Bremen

Ostertorstr. 10, 28195 Bremen
Postfach 101360, 28013 Bremen
T (04 21) 3 61-0
Telefax (04 21) 36 19 66 08
1 LOStA, 7 OStA, 33 StA + ½ StA

Leitender Oberstaatsanwalt
Frischmuth, Jan 1. 12. 92 15. 5. 37

Oberstaatsanwälte
Stegelmann, Karl 22. 5. 74 1. 10. 35
Hübner, Jochen 19. 5. 83 5. 3. 35
Dr. Tietze, Christian-
 Andreas 10. 8. 89 1. 1. 43
Dr. Finke, Peter 1. 10. 94 12. 9. 40
Dützschhold, Volker 1. 10. 94 20. 2. 43
Nullmeyer, Horst 1. 12. 95 5. 9. 45

Staatsanwältinnen/Staatsanwälte
Pabelick, Werner 1. 6. 70 2. 5. 38
Haar, Fritz — —
Dr. Hütte, Hans 1. 11. 71 16. 8. 39
Schmundt, Jürgen 20. 5. 72 12. 6. 38
Hampf, Gert — —
Repmann, Frank 1. 8. 73 3. 12. 42
Düßmann, Ruth 7. 12. 73 2. 6. 34
Eissing-Nickol, Ingrid 1. 4. 75 1. 5. 38
Dr. Feldkirch, Karl — —
Herrmann, Henning 1. 6. 77 16. 11. 42
Gottschalk, Michael 18. 1. 78 11. 6. 45
de Boer, Ingrid 21. 3. 78 25. 10. 44
Neugebauer, Siegfried — —
Müssemeyer, Ulrich 31. 8. 83 12. 9. 51
Heetfeld, Annemarie, ½ 23. 12. 83 25. 5. 52
Quick, Burkhard — —
Grziwa, Joachim 28. 10. 88 21. 3. 56
Krechlak, Manfred 1. 1. 91 3. 5. 52
Gabler, Bernd 1. 2. 91 17. 6. 58
Dr. Baumgarte,
 Christian 1. 1. 92 19. 4. 53
Ellerbusch, Jörn 1. 1. 92 2. 9. 56
Neubert, Charlotte 1. 1. 92 6. 4. 60
Henneke, Susanne, beurl. 4. 10. 92 26. 5. 60
Schäfer, Monika 15. 1. 93 14. 8. 60
Glasbrenner, Mathias, abg. 21. 2. 94 10. 10. 61
Braun, Winfried 3. 5. 94 9. 2. 51
Friedrichsen, Katja 3. 5. 94 16. 9. 62
Picard, Uwe 22. 11. 94 2. 2. 56
Wachsmuth, Stefan 1. 7. 95 4. 6. 62
Lutzebäck, Elisabeth, abg. 16. 8. 95 14. 7. 53

Zweigstelle Bremerhaven

Nordstr. 10, 27580 Bremerhaven
Postfach 210140, 27522 Bremerhaven
T (04 71) 5 96-0
1 OStA, 5 StA

Oberstaatsanwalt
Tscheppan, Eberhard 31. 7. 78 23. 1. 36

Staatsanwälte
Bohlen, Klaus 9. 5. 72 14. 1. 38
Steil, Jürgen 3. 8. 73 22. 10. 39
Schilberg, Woldemar 21. 6. 76 1. 4. 43
Lyko, Uwe 11. 2. 82 20. 5. 50
Seidel, Ingo 18. 2. 82 9. 1. 51

Richterinnen/Richter und Staatsanwältinnen/Staatsanwälte im Richterverhältnis auf Probe

Bei den Gerichten:

Otterstedt, Beatrix, ½	30. 4.93	3. 6.64
Ahlers, Hans	1.12.94	5.12.66

Eine weitere Stelle für Richter auf Probe ist besetzt. Name und Personaldaten des Stelleninhabers sind nicht übermittelt worden.

Bei der Staatsanwaltschaft:

Weegen, Christian	1. 4.95	8. 7.67
Schilling, Roger	1. 8.95	12.11.61
Koudmani, Christian	1. 8.95	5. 1.66
Lange, Birgit	14. 8.95	18. 4.66

Freie und Hansestadt Hamburg

1 703 505 Einwohner

Justizbehörde

Drehbahn 36, 20354 Hamburg
T (0 40) 34 97–1, Telefax (0 40) 34 97–42 90
1 Sen (Präses), 1 StaatsR, 2 SenD, 5 LRD, 30 Ref

Präses
Prof. Dr. Hoffmann-Riem,
  Wolfgang   20. 9. 95   24. 3. 40

Staatsrat
Strenge, Hans-Peter   1. 1. 96   19. 9. 48

Präsidialabteilung
Westphalen, Sabine (RLG)   1.10. 91   14. 9. 59
Dr. Lamb, Irene (RVG)   14. 9. 95   4. 8. 59
Fuhs, Joachim (RR)   27.12. 95   24. 3. 63

Amt für Allgemeine Verwaltung
Amtsleiterin
Nöhre, Monika (LRD)   23. 4. 95   25. 8. 50

Abteilungsleiterinnen/Abteilungsleiter
Drescher, Josef (ORR)   7.10. 88   21. 8. 35
Hamann, Ulla (ORR)   15. 4. 94   21. 6. 56
Ahlers, Manfred (RR)   17. 6. 94   20. 3. 48
Schnitter, Christine (OAR)   15. 7. 94   11. 7. 64
Janke, Karl-Heinz (OAR)   23. 9. 94   4. 4. 56

Justizamt
Amtsleiter
Stallbaum, Michael (SenD)   22.10. 93   1. 7. 45

Abteilungsleiter
Huusmann, Henning
  (RAG)   30. 4. 93   26.10. 48
Dr. Gestefeld, Rolf (LRD)   25.11. 93   23. 1. 49
Dr. Borchert, Achim
  (LRD)   27. 1. 94   12. 5. 32
Becker, Horst
  (RLG)   1. 7. 84   7. 8. 49

Referentinnen/Referenten
Heibey, Hans (ROLG)   1. 7. 77   6.12. 35
Ranck, Wilken (ROLG)   22. 3. 78   8. 4. 34
Wölber, Ines (RAG)   28. 8. 80   7. 8. 49
Dr. Rheineck, Renate,
  (RLG)   1. 2. 83   21. 2. 51
Eggers, Elke (StA)   7.10. 86   5. 5. 55
Dr. Bartels, Thorsten
  (RAG)   24.11. 86   7. 9. 54
Vespermann, Monika (RR)   1.12. 86   14. 1. 53
Stankiewitz-Koch,
  Barbara (StA)   26.10. 88   21.12. 54
Dr. Thomsen, Renate (RD)   11. 7. 90   18. 1. 52
Dr. Laker, Thomas (RVG)   25. 3. 91   10. 2. 56
Janßen, Herbert (RD)   29. 5. 91   19. 4. 55
Garmatter, Christiane (RD)   8.10. 91   22. 1. 56
Dr. Schween, Jürgen
  (ORR)   14. 4. 92   17.10. 56
Lorenzen, Wiebke, (RD)   31. 8. 92   25. 4. 57
Peters, Sybille (RVG)   13.12. 92   14. 1. 61
Probst, Joachim (ROVG)   20. 4. 93   27. 6. 53
Albrecht-Schäfer,
  Angelika (RAG)   18.10. 94   23.10. 50
Dr. Brandt, Ewald (OStA)   28.11. 94   6.11. 53
Dr. Jarzembowski, Georg
  (RD)   9.10. 81   3. 2. 47

Strafvollzugsamt
Amtsleiter
N.N.

Abteilungsleiter
Plate, Ulrich-Georg (LRD)   10. 3. 79   4. 4. 38
Dr. Rehn, Gerhard
  (L. Wiss. Dir. i.VerwD)   10. 7. 95   21.11. 37
Kamp, Hans-Jürgen
  (LRD)   14. 9. 95   23.12. 47

HH   Justizbehörde

Referentinnen/Referenten

Hoffmann, Manfred		
(Wiss. Dir. i. VerwD)	23. 9.80	7. 7.34
Jürgensen, Peter		
(Wiss. Ang.)	1. 1.81	25.12.43
Helias, Dirk (RD)	28. 4.82	16. 3.40
Brandewiede, Peter		
(Wiss. OR i. VerwD)	18. 1.88	4. 4.48
Martens, Harald		
(Wiss. OR i. VerwD)	18. 3.88	21.11.46
Dr. Ohle, Karlheinz		
(Wiss. Dir. i. VerwD)	2. 1.89	7. 7.41
Walter-Kirst, Wendula		
(Wiss. OR i. VerwD)	22. 9.92	2.10.55
Thiele, Barbara		
(LOMedR)	6.10.92	28. 1.47
Meisling, Marie-Luise		
(ORR)	21.10.92	9.11.42
Seemann, Hans (RD)	24. 3.93	25. 9.43
Ewert-Schulze, Angelika		
(Wiss. OR i. VerwD)	19. 4.93	14.11.59
Thiel, Andreas		
(Wiss. OR i. VerwD)	1. 7.93	24.10.50
Dr. Behm, Andreas (StA)	1.11.93	28. 8.58
Dr. van den Boogart, Hilde		
(Wiss. Ang)	1. 8.94	28.11.58

OLG-Bezirk Hamburg **HH**

Oberlandesgerichtsbezirk Hamburg

Bezirk: Freie und Hansestadt Hamburg
1 Landgericht mit 18 Kammern für *Handelssachen*
6 Amtsgerichte
Familiengerichte und *Schöffengerichte:* bei allen Amtsgerichten
Landwirtschaftsgerichte: bei den Amtsgerichten Hamburg, Hamburg-Bergedorf und Hamburg-Harburg. Landwirtschaftssachen aus den übrigen Amtsgerichtsbezirken sind dem Amtsgericht Hamburg übertragen.
Gemeinsames Prüfungsamt der Länder Freie Hansestadt Bremen, Freie und Hansestadt Hamburg und Schleswig-Holstein für die Große Juristische Staatsprüfung, Hamburg
Ausbildungs- und Prüfungsamt für die einstufige Juristenausbildung
Landesjustizprüfungsamt bei dem Hanseatischen Oberlandesgericht

Hanseatisches Oberlandesgericht Hamburg

E 1 703 505
Sievekingplatz 2, 20355 Hamburg
20301 Hamburg
T (0 40) 34 97–1, Telefax (0 40) 34 97 40 97
1 Pr, 1 VPr, 16 VR, 53 R + 3 UProf (2. Hauptamt)

Präsident				Dr. Schumann, Claus-		
Rapp, Wilhelm	1. 9. 94	2. 4. 42		Dieter	1. 1. 76	16. 5. 36
Vizepräsident				von Heppe, Peter	1. 10. 76	4. 2. 35
N.N.				Weiß, Hartmut	1. 3. 77	30. 7. 35
				Först, Heinz	1. 7. 77	28. 11. 34
Vorsitzende Richterinnen/Vorsitzende Richter				Heibey, Hans, abg. (LSt)	1. 7. 77	6. 12. 35
				Dr. Böckermann,		
Dr. Johannsen, Katharina	1. 1. 85	3. 3. 32		Bernhard	1. 7. 77	2. 1. 36
Schleicher, Dieter	9. 7. 86	26. 12. 33		Bästlein, Hans Günter	1. 12. 77	9. 5. 38
Schultz, Peter	9. 9. 87	28. 5. 38		Ranck, Wilken,		
Kupfer, Hanns-Günther	1. 10. 87	4. 10. 32		abg. (LSt)	22. 3. 78	8. 4. 34
Mentz, Albrecht	3. 4. 89	18. 3. 38		Gehlhar, Hans-Martin	1. 5. 78	29. 5. 35
Petersen, Erich	30. 5. 89	4. 5. 36		Wegener, Klaus	1. 9. 78	28. 4. 36
Dr. Barthe, Mathis	29. 9. 89	4. 3. 35		Winters, Gerhard	1. 5. 79	30. 6. 35
Kieckbusch, Heinz-Otto	20. 12. 91	22. 7. 34		Künkel, Bernd	24. 3. 80	10. 10. 40
Dr. Hardt, Ursel	1. 1. 92	2. 9. 38		Weiß, Manfred	15. 10. 80	28. 4. 36
Dr. Erdmann, Diethelm	1. 9. 92	10. 5. 38		Buß, Wolfgang	15. 10. 80	13. 6. 36
Brüning, Herrmann	1. 10. 92	22. 11. 37		Prof. Dr. Ott, Klaus		
Dr. Daniels, Jürgen	1. 11. 92	14. 12. 41		(UProf, 2. Hauptamt)	31. 12. 80	27. 7. 37
Suhr, Gesine	19. 3. 93	29. 5. 36		Prof. Dr. Martens, Klaus-		
Dr. Leptien, Ulrich	1. 12. 94	19. 8. 39		Peter (UProf,		
Ficus, Harald	1. 6. 95	21. 10. 38		2. Hauptamt), beurl.	31. 12. 80	5. 12. 41
Dr. Schmidt-Syaßen, Inga	1. 9. 95	20. 5. 42		Prof. Dr. Fezer, Gerhard		
				(UProf, 2. Hauptamt)	4. 3. 81	2. 10. 38
Richterinnen/Richter				Dr. Frantzioch, Fritz	18. 3. 81	22. 7. 40
Dr. Gloede, Wilhelm	1. 4. 73	16. 5. 33		Puls, Jutta	1. 4. 81	29. 10. 40
Dr. Philippi, Peter	1. 4. 74	24. 7. 33		Stöger, Michael	1. 7. 81	25. 5. 41

Dr. Mattik, Dierk, beurl.	1. 6.84	11. 6.41
Müller, Hartmut Dieter	26. 8.85	22. 9.33
Küstner, Uwe	1.12.85	22. 6.38
Paysen, Horst	13.12.85	3. 7.35
Rüter-Czekay, Regine	5. 3.86	18. 1.37
Öhlrich, Kai-Volker	1. 4.86	24.11.43
Münke, Maren, ½	1. 1.87	17. 3.43
Ruhe, Burkhard	1. 1.87	24.12.44
Philippi, Henrik	1. 5.87	11. 6.39
Dr. Kniep, Raimund	1.11.87	16. 1.41
Karnowski, Monika	1. 1.88	20. 9.40
von Franqué, Eckhard	2. 2.88	10.10.38
Schmidt, Volker	2. 3.88	23. 9.41
Dr. Lassen, Peter	1.10.89	19. 7.41
Prof. Dr. Peters, Frank	9. 4.90	14.12.42
Klußmann, Harteke	1. 8.90	19. 9.41
Kleffel, Enno	1.10.90	20. 5.42
Dr. Kramer, Wolfgang	21.12.90	2. 4.48
Thiessen, Jochen	8. 2.91	26.12.48
Dr. Bischoff, Harald	10. 5.91	13. 6.39
Dr. Morisse, Heiko	10. 5.91	5. 4.44
Harder, Gerd	1. 7.91	13. 2.47
Wörner, Karsten	6. 9.91	15. 6.42
Gerberding, Rudolf	30. 3.92	24. 7.45
Wapenhensch, Andreas	22. 5.92	3. 6.42
Prof. Dr. Bork, Reinhard	29. 5.92	24. 2.56
Dr. Mohr, Carsten	1. 1.93	16. 7.42
Spannuth, Rolf	1. 1.93	6. 5.43
Betz, Joachim	22. 3.93	13. 9.47
Ziesing, Lore	1. 6.93	15. 4.45
Dr. Raben, Marion	1. 6.93	24.11.46
Rolf-Schoderer, Monika	20. 2.95	14. 8.50
Prof. Dr. Magnus, Ulrich	7. 9.95	19. 2.44
Sievers, Gottfried	1.10.95	8. 6.48
von Selle, Lutz	1. 3.96	26. 6.51

Landgerichtsbezirk Hamburg

Landgericht Hamburg E 1 703 505
Sievekingplatz 1, 20355 Hamburg
Postfach 300121, 20348 Hamburg
T (0 40) 34 97–1
Telefax (0 40) 34 97–43 18+43 19
1 Pr, 1 VPr, 102 VR, 148 R

Präsidentin

Görres-Ohde, Konstanze	5. 2.96	5.10.42

Vizepräsident

Dr. Raabe, Heiko	24. 3.93	5. 7.43

Vorsitzende Richterinnen/Vorsitzende Richter

Berndt, Bodo	1. 9.70	11. 7.31
Bertram, Günter	1. 1.72	20. 1.33

Wilhelmi, Friedrich-Wilhelm	1. 3.73	18. 7.31
Dr. Franke, Jürgen	1. 1.74	3.11.32
Dr. Schött, Hans-Joachim	1. 1.74	18. 9.34
Bartels, Axel	1. 3.74	28. 6.35
Schweitzer, Karl-Heinz	1.11.74	8.11.34
Dr. Amtrup, Willers	1. 3.76	20.11.35
Raudszus, Werner	1. 4.76	5. 6.36
Dr. Schroeder, Hans-Ulrich	1.10.76	15. 9.31
Dr. Gieser, Eduard	1. 1.77	9. 7.32
Alisch, Hans	20. 7.77	8.11.35
Dieterich, Reinhard	1.10.77	22. 1.37
Dr. Roesler, Werner	1. 2.78	6.10.34
Dr. Tamm, Klaus Peter	1. 2.78	3. 7.36
Dr. Haerendel, Harry	1. 4.78	2.10.34
Soltau, Achim	1. 4.78	13. 4.38
Lindloh, Klaus	1. 5.78	27.11.38
Jordan, Harald	1. 7.78	29.10.35
Horstkotte, Wilfried	1. 8.78	31. 3.35
Dr. Jacobi, Bernhard	1. 9.78	3. 7.38
Dr. Münzberg, Wolfgang	1.10.78	8. 6.35
Dr. Sternel, Friedemann	1. 5.79	10.11.35
Schade, Peter	1. 5.79	12.12.37
Dr. Scheffler, Gerhard	1. 5.79	6. 7.38
Krüger-Spitta, Christof	24.10.79	21. 3.38
Brauer, Helmut	29.10.79	8. 6.34
Schumann, Gerhard	20. 3.80	20. 1.36
Dennhardt, Christoph	16. 7.80	9. 8.36
Timmermann, Detlev	15.10.80	5. 5.42
Nathow, Michael	31.12.80	25.11.36
Jandt, Ingolf	4. 3.81	2.10.37
Gierga, Hans-Dieter	1. 4.81	16. 9.36
Büchel, Helmut	1. 7.81	26. 8.40
Dr. Dahns, Peter	2. 9.81	2. 2.38
Kawlath, Dieter	2. 9.81	4.11.39
Krause, Dieter	2. 9.81	15. 1.40
Göring, Gertraut	26. 5.82	30.12.38
Stichling, Klaus	22. 9.82	23. 3.34
Prof. Dr. Randzio, Ronald, ½	24. 9.82	29.10.39
Preuß, Dietrich	16. 6.83	15. 5.38
Meyer, Jürgen	16. 6.83	22. 3.39
Fischer, Werner	1. 7.83	1. 5.40
Bogatzki, Karl-Heinz	1. 8.83	28. 9.32
Brüchner, Ulf	31.10.83	4. 5.38
Asmus, Uwe	31.10.83	24. 5.40
Ketels, Knud	6. 9.84	8. 5.37
Luckow, Manfred	1. 9.85	26. 5.39
Reimers, Gerd, abg.	4.12.85	20.10.42
Stenkat, Klaus-Rainer	21.10.86	3. 8.41
Zahlten, Ulrich	16.12.86	7.12.36
Hartung, Dieter	16.12.86	20. 4.38
Dr. Kögel, Hannelies	29. 4.87	17. 5.37
Wendt, Harald	21.10.87	1.10.42
Dr. Schudt, Ernst-Rainer	1. 1.88	11. 9.43

LG-Bezirk Hamburg

Walter-Greßmann, Inge	1. 5. 89	1. 5. 43
Dr. Thiel, Wolfram, abg.	28. 8. 89	22. 5. 41
Münzker, Horst-Dieter, abg.	24. 11. 89	10. 8. 40
Feistritzer, Jörg	27. 11. 89	27. 11. 40
Seedorf, Rolf	27. 11. 89	17. 7. 44
Gottschalk, Joachim, abg.	28. 2. 90	6. 9. 45
de Grahl, Malte	21. 5. 90	6. 10. 40
Korff, Eberhard	19. 7. 90	16. 3. 42
Gräfe, Bernd	14. 9. 90	20. 7. 41
Budelmann, Irene	1. 10. 90	25. 8. 40
Salesch, Barbara	22. 5. 91	5. 5. 50
Runge, Hans	1. 8. 91	10. 5. 40
Münster, Peter	1. 8. 91	14. 8. 42
Dr. Lau, Gerd	1. 8. 91	5. 9. 44
Roth, Reinhold	9. 9. 91	27. 4. 42
Reichel, Ingrid	20. 12. 91	16. 6. 34
Schulze-Eickenbusch, Lutz	20. 12. 91	21. 9. 41
Dr. Rabe, Claus	20. 12. 91	8. 12. 42
Schaberg, Gerhard	20. 12. 91	30. 10. 44
Meißner, Hans-Georg, abg.	30. 3. 92	12. 10. 39
Wölber, Peter	1. 5. 92	22. 1. 43
Schlak, Wolfgang	7. 7. 92	23. 9. 44
Dr. Neuschild, Wolfgang	7. 7. 92	25. 11. 45
Göhlich, Wolfgang	21. 7. 92	14. 7. 44
Hager, Hartmut	16. 10. 92	3. 8. 41
Wißmann, Karsten	16. 10. 92	18. 7. 44
Gärtner, Axel	16. 10. 92	14. 12. 47
Zeiger, Fritz	1. 11. 92	8. 7. 41
Riechert, Ernst	30. 12. 92	24. 1. 40
Dr. Rühle, Klaus	31. 12. 92	15. 12. 51
Helbert, Rolf	29. 1. 93	17. 10. 44
Wiedemann, Karin	19. 3. 93	1. 12. 48
Walk, Egbert	22. 3. 93	11. 5. 47
Sattler, Peter	30. 4. 93	5. 6. 42
Block, Jürgen-Heinrich	18. 6. 93	2. 2. 43
Göbel, Rüdiger	6. 5. 94	2. 11. 49
Sottorf, Rainer	23. 3. 95	5. 11. 43
Löllke, Christian	11. 5. 95	15. 5. 42
Dr. Wille, Klaus	11. 5. 95	4. 4. 44
Stephani, Michael	11. 5. 95	21. 1. 49

Richterinnen/Richter

Daniel, Friedrich	15. 9. 67	29. 6. 34
Dr. Horstkotte, Horst-Werner	25. 9. 68	21. 2. 35
Scholz, Irmgard	27. 12. 68	4. 9. 34
Brüny, Jürgen	3. 7. 70	27. 7. 36
Hoßfeld-Melis, Monika	14. 9. 70	28. 2. 39
Lange, Herbert	1. 4. 71	23. 10. 34
Steltzer-Reimers, Christa, ¾	1. 4. 71	23. 12. 38
Taubenheim, Dagmar	2. 5. 72	7. 1. 39
Barran-Wessel, Heide	1. 4. 74	15. 10. 42

OLG-Bezirk Hamburg **HH**

Wiring, Manfred	1. 7. 74	26. 9. 38
Basedow, Gunda	1. 12. 74	4. 8. 43
Stadie, Volkmar	2. 1. 75	29. 1. 43
Dr. Plate, Jürgen	20. 6. 75	27. 5. 42
Herweg, Klaus	3. 7. 75	20. 7. 44
Radtke, Monika, ½	1. 8. 75	20. 6. 44
von Trotha, Wilfried	7. 11. 75	18. 5. 40
Löffler, Dietrich	1. 12. 75	12. 7. 42
Steinhagen, Christa	15. 3. 76	5. 3. 44
Schmidt, Angelika, ½	26. 4. 76	16. 3. 43
Jöhnk, Volker	2. 7. 76	30. 9. 44
Brückner, Matthias	27. 3. 77	15. 11. 43
Niehuus, Ulrich	1. 10. 77	10. 6. 46
Görtz, Tilman	15. 11. 77	11. 6. 43
Dr. Ott, Dieter	9. 12. 77	17. 3. 38
Dr. Wittkopp, Wiebke, ½	1. 7. 78	12. 4. 48
Dr. Augner, Gerd	2. 2. 79	28. 3. 49
Rühle, Rainer	27. 2. 79	2. 5. 47
Schneider, Markus	2. 8. 79	13. 4. 47
Schmidt, Holger	10. 11. 79	3. 4. 47
Brücker, Uwe	18. 1. 80	12. 3. 50
Rachow, Bolko	1. 3. 80	13. 8. 48
Busse, Franziska, ½	22. 9. 80	11. 5. 51
Nickau, Gerd	1. 2. 81	9. 11. 50
Dr. Lierow, Niels, abg.	2. 9. 81	26. 4. 45
Wagner, Beatrice, ½	1. 12. 81	20. 5. 50
Münzberg, Ingrid	3. 12. 81	27. 11. 47
Backen, Wolfgang, abg.	6. 2. 82	7. 4. 51
Haack, Hans-Peter	5. 3. 82	6. 7. 49
Trappe, Bernd	16. 3. 82	12. 5. 50
Peters, Bernd	17. 7. 82	16. 1. 50
Harms, Hermann	10. 10. 82	9. 8. 49
Wriede-Eckhard, Waltraud	1. 11. 82	25. 4. 51
Dr. Rheineck, Renate, ½, abg.	1. 2. 83	21. 2. 51
Moderegger, Annegret	3. 3. 83	1. 4. 53
Brüninghaus, Tilman	1. 4. 83	18. 7. 49
Kühl, Marianne	9. 4. 83	9. 8. 38
von Schweinitz, Liane, ½, abg.	28. 6. 83	20. 9. 44
Graf Finck von Finckenstein, Karl-Wilhelm	6. 7. 83	10. 9. 49
Dey, Astrid, ½	15. 7. 83	13. 5. 53
Voos, Eberhard	12. 9. 83	9. 1. 51
Godglück, Wolfgang	25. 9. 83	23. 9. 48
Lehmkuhl, Wolfgang, abg.	17. 10. 83	23. 11. 50
Voß, Hans-Heiko, abg.	29. 12. 83	19. 6. 53
Wolter-Welge, Silvia, beurl.	1. 4. 84	2. 11. 55
Becker, Horst, abg.	1. 7. 84	7. 8. 49
Cordes, Rüdiger	22. 8. 84	7. 9. 51
Haller, Georg	23. 11. 84	19. 3. 53
Busch-Breede, Rosemarie, beurl.	1. 1. 85	15. 3. 53
Welge, Gerhard, beurl.	1. 6. 85	13. 6. 52
Dr. Kollek, Andreas	15. 7. 85	30. 10. 54

159

HH OLG-Bezirk Hamburg LG-Bezirk Hamburg

Name	Datum 1	Datum 2
Oechsle, Susanne	22. 11. 85	27. 9. 54
Bülter, Joachim	22. 11. 85	7. 1. 55
Klippstein, Thomas, abg.	15. 12. 85	27. 1. 54
Streibel, Rüdiger	1. 4. 86	23. 8. 51
Dr. Weißmann, Ulrich, abg.	18. 4. 86	8. 3. 52
Roderjan, Astrid	15. 6. 86	24. 12. 53
Schlage, Britta, abg.	1. 7. 86	7. 11. 56
Antony, Hermann	9. 7. 86	3. 9. 54
Schlichting, Detlef	1. 10. 86	19. 1. 54
Grossam, Wolfgang	5. 10. 86	22. 3. 57
Steinmetz, Elke, ½	7. 10. 86	4. 8. 55
Wirth-Vonbrunn, Hannelore	20. 10. 86	6. 6. 53
Schmidt, Michael	20. 2. 87	31. 1. 57
Dr. Reimers-Zocher, Birgit, ¾	1. 9. 87	3. 8. 56
Grigoleit, Detlef	14. 12. 87	1. 11. 54
Dr. Wendler, Christine, ½	23. 12. 87	21. 8. 53
Dr. ter Veen, Heino	23. 12. 87	10. 9. 53
Loth, Hartmut	7. 3. 88	18. 7. 49
Lauenburg-Kopietz, Daniela, ½	7. 3. 88	11. 4. 54
Prange-Stoll, Karin, ½	8. 3. 88	9. 7. 51
Thomas, Wilfried, abg.	2. 4. 88	24. 7. 55
Buske, Andreas, abg.	28. 4. 88	8. 2. 55
Dr. John, Renate, ½	1. 6. 88	19. 8. 54
Dr. Stoltenberg, Sabine, ½	26. 9. 88	23. 5. 58
Franke, Wolfgang	1. 1. 89	13. 7. 48
Prof. Dr. Plewig, Hans-Joachim, ¹⁄₁₀	1. 6. 89	8. 9. 48
Dr. v. Einem, Cornelia	25. 9. 89	6. 3. 57
Wechsler, Regina, ½	6. 10. 89	10. 6. 57
Reuß, Barbara, ½	21. 11. 89	29. 12. 47
Bolle-Steinbeck, Gisela, ½	23. 11. 89	23. 3. 55
Schaps-Hardt, Petra, ½	11. 12. 89	6. 7. 58
Zscherpe, Maj, ½, abg.	14. 2. 90	14. 4. 56
Barrelet, Ute	4. 4. 90	16. 6. 54
Richter, Andreas	17. 4. 90	14. 9. 59
Lübbe, Bernd	7. 5. 90	9. 12. 57
Latif, Kabir	29. 5. 90	8. 6. 53
Dr. Berger, Nikolaus	31. 8. 90	9. 1. 56
Berlit-Hinz, Elke-Kerstin, ½, beurl.	1. 9. 90	24. 8. 58
Dr. König, Doris, abg.	17. 10. 90	25. 6. 57
Schleuß, Klaus-Jürgen	13. 12. 90	13. 10. 56
Dr. Kagelmacher, Jürgen	19. 2. 91	14. 10. 59
Scholz, Monika, ½	11. 4. 91	7. 9. 57
Rühl, Werner, abg.	27. 5. 91	19. 6. 56
Alm, Katrin, abg.	1. 7. 91	10. 1. 59
Voos, Alexander	10. 7. 91	26. 4. 58
Dr. Buchholz, Martin, abg.	1. 9. 91	13. 12. 59
Dr. Stephani, Karin	16. 9. 91	20. 8. 59
Westphalen, Sabine, abg.	1. 10. 91	14. 9. 59
Dr. Beckmann, Carsten	14. 10. 91	24. 12. 58
Lübbe, Eva-Juliane, ½	26. 11. 91	11. 12. 59
Bühring-Uhle-Lehmann, Katrin, ¾	11. 12. 91	11. 4. 53
Dr. Dietrich, Silvia	11. 12. 91	1. 9. 60
Meyer, Claus	24. 2. 92	30. 4. 59
Dr. Fortmann, Jens	1. 3. 92	2. 1. 59
Dr. Steinmetz, Bernd	17. 3. 92	20. 10. 58
Perels, Michael	1. 6. 92	13. 3. 59
Reichardt-Pospischil, Maren, ½	2. 10. 92	18. 10. 49
Kröger, Inka	20. 11. 92	16. 3. 60
Peters, Sybille abg.	13. 12. 92	14. 1. 61
Krieten, Johann	23. 12. 92	3. 5. 56
Dr. Pfannenstiel, Ingo	23. 12. 92	19. 10. 59
Harder, Matthias	12. 2. 93	22. 10. 57
Knudsen, Helge	16. 2. 93	4. 9. 54
Sakuth, Norbert	30. 3. 93	6. 10. 59
Hirth, Wolfgang	1. 7. 93	9. 7. 60
Henjes, Heidi, ½	3. 9. 93	27. 2. 57
Terschlüssen, Ilka	1. 11. 93	21. 3. 61
Winkler, Birgit	15. 12. 93	27. 6. 58
Niemeyer-Stehr, Bianca	15. 12. 93	20. 5. 60
Stolzenburg, Friedrich	1. 1. 94	23. 5. 58
Löffler, Susanne, ½	1. 1. 94	11. 4. 62
Gravesande-Lewis, Annette	17. 1. 94	1. 7. 58
Wolter, Irene, abg.	7. 2. 94	18. 8. 61
Keyenburg, Birgit	15. 2. 94	13. 5. 57
Pätsch, Christiane	22. 2. 94	19. 3. 62
Dr. Enderlein, Axel	16. 3. 94	2. 2. 58
Woitas, Birgit	18. 3. 94	26. 4. 62
Mose, Joachim	1. 4. 94	17. 7. 57
Grubert, Angelika	15. 6. 94	27. 8. 55
Jörgensen, Karin	22. 6. 94	6. 8. 62
Bernheim, Rolf	20. 7. 94	17. 3. 59
Steeneck, Heiner	1. 8. 94	23. 8. 59
Skibbe, Andrea	2. 8. 94	20. 3. 61
zur Verth, Dorothee	12. 8. 94	15. 4. 61
Wende-Spors, Petra	1. 9. 94	1. 12. 61
Zink, Joachim	15. 9. 94	22. 8. 58
Edeler, Beatrice	5. 10. 94	31. 10. 59
Böttcher, Stephan	1. 11. 94	9. 2. 62
Mück, Ulla	1. 1. 95	25. 6. 61
Lemke, Stephanie	6. 1. 95	23. 10. 63
Agger, Sabine	7. 1. 95	11. 4. 60
Dr. Salis, Stefan	1. 2. 95	12. 1. 56
Schulz, Harald	1. 3. 95	12. 4. 58
Dr. Hoffmann, Britta, ½	1. 3. 95	25. 5. 60
Panten, Ralph	1. 3. 95	28. 12. 60
Dr. Selow, Michael	1. 4. 95	30. 1. 60
Karstaedt, Beate, beurl.	13. 4. 95	21. 7. 57
Teubner, Ulrike	15. 5. 95	2. 8. 63
Kötter-Domroes, Meike, ½	19. 5. 95	2. 11. 61
Steffens, Babette, ½	2. 6. 95	15. 9. 61
Jenssen, Martina	7. 7. 95	22. 8. 60

LG-Bezirk Hamburg   OLG-Bezirk Hamburg   **HH**

Schneider, Elisabeth	24. 9.95	9. 7.64
Gräfin von Bernstorff,		
Clarita, ½	25. 9.95	27.10.61
Käfer, Simone	15.10.95	17. 8.64
Hoffmann, Verena	23.10.95	23. 9.63
Nicolai, Jacob	1.12.95	12. 9.61
Tiemann, Matthias	3.12.95	4. 6.62
Specht, Klaus	10. 1.96	4. 6.57
Cohrs, Gisbert	13. 1.96	30. 3.62
Weyhe, Lothar	9. 2.96	16. 9.61
Dr. Purbs, Svenja	15. 2.96	1.10.64
Dr. Pflaum, Annette	8. 3.96	9. 4.63

Amtsgerichte

Hamburg E 979 311
Sievekingplatz 1, 20355 Hamburg
Postfach 300121, 20301 Hamburg
T (0 40) 3 49 71
Telefax (0 40) 34 97 43 18
1 Pr, 1 VPr, 24 w.aufsR, 156 R

Präsident

Metzinger, Joachim	8. 1.86	2. 2.34

Vizepräsidentin

Umlauf, Sybille	1. 1.96	7. 9.52

weitere aufsichtführende Richterinnen/Richter

Oelert, Ralf	1. 3.74	28.10.34
Thönssen, Klaus	1. 4.74	8. 3.34
Vogt, Axel	1. 1.75	12.12.34
Graue, Nils	1. 1.75	25.11.35
Urban, Gerd	1. 9.77	7. 3.36
Bollhorn, Dieter	5. 7.79	28. 3.39
Pohl, Günther	1. 8.80	13.10.35
Schnegelsberg, Jochen	26. 5.82	15. 6.34
Peters, Jörgen	7. 1.86	1. 8.39
Ewe, Hans-Dieter	7. 5.86	24. 4.39
Wegemer, Heiner	7.10.88	30. 3.43
Breuer, Kai	19. 1.89	12. 7.42
Beyer, Harm	30. 5.89	28. 6.36
Cassel, Jochen	1. 9.90	1. 7.42
Dr. Weintraud, Ulrike	28. 6.91	27.11.48
Dr. Passauer, Michael	3.12.92	10. 9.42
Huusman, Henning, abg.	30. 4.93	26.10.48
Spetzler, Veronika, ½	18. 6.93	7. 2.47
Baethge, Ulrich	18.10.94	18. 4.45
Jaeger, Johann-Peter	18.10.94	20.10.48
Albrecht-Schäfer, Angelika, abg.	18.10.94	23.10.50
Goritzka, Alfons	1. 1.95	18.10.44
Schulze-Kirketerp, Hans-Dietrich	11. 5.95	1. 2.42

Rotax, Horst-Heiner	11. 5.95	13. 3.45
Wiedemann, Klaus, abg.	20. 9.95	7. 4.48

Richterinnen/Richter

Dr. Wiemers-Ohlgart, Brigitte	2.10.63	13. 2.33
Ulrich, Klaus	16. 3.64	27. 5.34
Blunck, Joachim	2. 8.68	6. 8.37
Schmidt, Sabine	1. 8.69	26. 3.36
Wiehler, Hartmut, abg.	1. 4.70	8. 4.34
Schlechtriem, Gisela, ½	15. 9.70	13. 6.39
Dr. Meixner, Dieter	—	—
Surkau, Wolfgang	1. 4.71	25. 9.38
Dr. Mohrbotter, Kurt	2. 7.71	27. 4.37
Steininger, Brigitte, ¾	2. 8.71	1.11.37
Schmid-Lossberg, Michael	23. 8.71	30. 1.41
Münnichow, Rosemarie	26.10.71	13. 3.39
Kusche, Wolfram	3. 1.72	31.10.38
Rehm, Kay	20. 1.72	6. 5.37
Hahnfeld, Bernd-Wolfgang	7. 2.72	25. 7.39
Hinrichs, Klaus	28. 2.72	19.12.38
Müller, Heinrich, abg.	3. 7.72	29. 5.41
Göllner, Eduard, abg.	1.11.72	14. 6.41
Rogmann, Jürgen	31. 3.73	13. 8.40
Sanders, Evert	1. 9.73	1.10.41
Heinrichs, Michael	18.12.73	4.12.37
Schmerschneider, Hildegard	1. 2.74	7.10.43
Schmerschneider, Wolfgang	1. 3.74	8. 5.43
Dr. Freifrau von Kottwitz, Almut, ½	31. 5.74	14. 1.42
Nugel, Karl-Heinz	5. 7.74	6. 4.42
Hübner, Siegfried	1. 9.74	29. 1.44
Freytag, Günter	11.12.74	5. 3.41
Funk, Friedrich	2. 5.75	3. 3.42
Scholz-Jordan, Siegfried	30. 6.75	30. 1.40
Glogau, Margrit	28. 7.75	21.11.41
Schulitz, Angelika, ½	7.11.75	25. 4.42
Pflüger, Götz	1. 2.76	7. 6.45
Plorin, Reiner	1. 4.76	3. 1.41
Dr. Niehusen, Herwig, ¾	24. 5.76	5. 1.44
Dr. Langenberg, Hans	21. 6.76	19. 9.43
Dr. Scheschonka, Wolf	7. 8.76	12. 1.45
Haage, Henning	16.10.76	29. 9.43
Grosse, Burckhard	1.11.76	19. 8.43
Küper, Uta, ½	6. 3.77	2. 8.46
Langenberg, Helga, abg.	21. 3.77	9. 9.46
Rudolph, Alexander	2. 5.77	25. 9.41
Kruse, Jürgen	7. 6.77	8. 7.46
Reuter, Knud	28. 6.77	1. 7.43
Bosse, Elke, ½, beurl.	2. 1.78	9. 7.37
Borwitzky, Rainer	20. 1.79	11.11.46
Matthiessen, Harald	16. 3.79	16. 7.44
Graubohm, Axel	5. 8.79	14. 7.47
Spriestersbach, Jürgen	1. 9.79	18. 5.46

161

HH OLG-Bezirk Hamburg　　　　　　　　　　　　　　LG-Bezirk Hamburg

Bünning, Hans-Peter	1.10.79	29. 9.40	Hrubetz, Ingo	1. 6.86	18. 9.53
Mittenzwei, Frank	10.11.79	22. 7.46	Sjursen-Stein, Andrea, ½	1. 6.86	19.10.56
Büttner, Harald	4. 6.80	16. 3.51	Rieger, Andreas, abg.	3. 7.86	19.10.54
Wölber, Ines, abg., ½	28. 8.80	7. 8.49	Peters, Isolde, ½, beurl.	1. 8.86	15. 3.55
Jahnke, Jutta, ½	1. 9.80	17. 9.50	Dr. Bartels, Thorsten,		
Köllner, Margret, abg.	7.10.80	11. 4.47	abg.	24.11.86	7. 9.54
Heydeck, Martina	28. 3.81	2. 8.49	Dr. Ritz, Monika, ½	28.11.86	27. 4.49
Stello, Günter	14. 5.81	19. 4.50	Dr. Koch, Claudia,		
Bodemann, Michaela	31. 5.81	14. 6.48	½, abg.	11. 6.87	2. 5.53
Wehr, Thomas	28. 6.81	3.11.47	Meyer, Dagmar-Ellen,		
Randel, Holger, abg.	3. 8.81	9. 6.50	abg., ½	1.12.87	2. 8.55
Gelübcke, John	23. 8.81	25.10.47	Walz, Claudia	28. 4.88	7. 7.54
Schaake, Wolfgang	—	—	Freund, Birgit, abg.	6. 6.88	8. 6.55
Dyballa, Christian	1.11.81	18. 7.48	Bremer, Klaus	30. 6.88	1.12.52
Lehmann, Olaf	30.11.81	21.11.49	Palmberger, Gert	15. 7.88	28.12.56
Augner, Marina, ½	3.12.81	10.11.48	Albrecht, Corinna,		
Kaut, Michael	14.12.81	3.11.48	½, abg.	27. 9.88	6. 7.56
Treske, Rainer	17. 3.82	13. 7.46	Schorn, Monika, ¾	29.12.88	15. 2.53
Rellensmann, Klaus	2. 4.82	17. 6.49	Reinke, Michael	29.12.88	28. 8.53
Möller, Gerold	19. 5.82	10. 2.48	Lucas, Andrea, ½	3. 1.89	25. 3.58
Pfundt, Bärbel, ½	11. 6.82	31.12.43	Abeken, Beate	9. 5.89	13.11.53
Fricke, Herbert	13. 7.82	18. 2.47	Dr. Steinmetz, Wolfgang	9. 5.89	14. 2.54
Zernial, Ulrich	13. 7.82	7. 1.51	Dr. Hoffmann, Jens, abg.	16. 6.89	24. 4.53
von Nerée, Cornelius	31. 8.82	5. 9.49	Bork, Holger	1. 7.89	11. 2.57
Sielaff, Rolf	10. 9.82	6. 5.50	Landwehr, Christine,		
Knobloch, Siegfried	17. 9.82	13. 3.42	beurl.	23.11.89	17.12.58
Herre, Renate	17. 9.82	12. 2.43	Otto, Michael	5. 1.90	16. 7.57
Stöhr, Gudrun	9.10.82	12. 9.52	Neblung, Susanne, beurl.	16. 3.90	29.11.59
Lemburg, Gerhard	1.12.82	2. 3.47	Dr. Schwarz, Alfons	1.10.90	14. 8.57
Katz, Joachim, ¾	1. 2.83	29.10.48	Dr. Labe, Michael, abg.	13.12.90	18. 5.55
Kugler, Jutta	1. 2.83	28.11.50	Berling, Volker	13.12.90	22. 5.57
Koch, Renate	7. 3.83	15. 8.43	Siewert, Wolfgang	25. 1.91	30.11.59
Kleemann, Hans-Joachim	18. 3.83	24. 8.49	Stöber, Reinhold	1. 3.91	8. 7.57
Lehmann, Stefanie	30. 3.83	16. 6.53	Rzadtki, Hans-Dietrich	1. 3.91	9.11.57
Suckow, Gregor	1. 5.83	30. 6.48	Nix, Gero	1. 5.91	9. 2.60
Giesler, Frank	4. 6.83	29. 5.49	Walk, Juliane, ¾	13. 5.91	13. 5.50
Lüker, Heinrich	12. 9.83	14. 5.52	Alm, Katrin	1. 7.91	10. 1.59
Reuter, Peter	1.10.83	27. 1.49	Dr. Meyer-Buchwald,		
Lehmkuhl, Wolfgang	17.10.83	23.11.50	Roland, abg.	12. 7.91	19. 1.55
Weißenbach, Monika	20.10.83	19. 5.45	Tiemann, Ralph	1. 1.92	23. 9.59
Voß, Hans-Heiko	29.12.83	19. 6.53	van Lessen, Adelheid, ½,		
Wolter-Wege, Silvia, beurl.	1. 4.84	2.11.55	abg.	21. 2.92	2. 9.58
Happ, Sabine,	5. 4.84	7. 5.48	Müller-Fritsch,		
Müller-Fritsch, Dierk,			Gertrud, ½	9. 5.92	25. 1.56
abg.	21. 4.84	23. 7.53	Tolkiehn, Rolf	23. 6.92	6. 4.59
Ebel, Brigitte	29. 4.84	3. 9.53	Lippold, Maren	1. 8.92	28. 1.56
Krispien, Raffael	24. 8.84	21. 1.52	Nothmann, Lutz	10. 9.92	29.12.57
Ruppert, Holger	24. 8.84	29. 9.54	Rußer, Wolfgang	14. 9.92	7. 8.62
Dr. Lübbe-Gotschol,			Körner, Roswitha	8.10.92	20. 9.55
Ulrike	25. 9.84	29. 4.52	Kob, Albrecht	8.10.92	10. 3.58
Wichmann, Dagmar	1. 9.85	29. 9.54	Lübke-Detring, Nicola,		
Dr. Löchelt, Angelika,			½, beurl.	8.10.92	21. 8.58
beurl.	15.12.85	29. 6.54	Brinkschmidt, Edith	8.10.92	2. 2.61
Schultz-Süchting,			Andreß, Erika	9.10.92	25.10.53
Regine, ½	1. 2.86	14.10.42	Dörffler, Dina, ½	—	—
Tempke, Klaus-Ulrich	1. 6.86	28. 7.51	Schertzinger, Andreas	23.12.92	13. 3.59

LG-Bezirk Hamburg — OLG-Bezirk Hamburg **HH**

Name		
Schmolke, Nicola	1. 1.93	3. 5.62
Strohmeier, Bettina	1. 5.93	13.10.60
Hill, Ulrike	—	—
Hagge, Sönke	24. 7.93	21. 2.59
Möller, Hans-Heinrich	2. 8.93	21.10.60
Richter, Susanne	19.11.93	21. 8.60
Rohrbeck, Peter	24.11.93	21. 6.53
Dr. Kühn, Angelika, ½	4. 2.94	12. 1.60
Engelfried, Ulrich	14. 2.94	11. 2.56
Dr. Paffrath-Pfeuffer, Ulrike ¾	1. 4.94	7.11.56
Ebert, Ute	22. 4.94	13. 8.61
Barber, Ragnhild	16. 5.94	20. 2.61
König-Riechmann, Sabine, ½	23. 6.94	29. 7.59
Hasselmann, Nicola	1. 7.94	31.12.61
Eilinghoff, Kristine	1. 9.94	12. 1.57
Wiese, Wolfgang	5. 9.94	5. 7.59
Dr. Steinmann, Matthias	22. 9.94	25. 6.61
Palder, Anke	5.10.94	29.10.63
Dr. Theege, Frank	10.12.94	10. 7.61
Bernet, Wolfgang	23.12.94	6.10.46
Dr. Thies, Cornelia, ½	27. 4.95	22. 7.63
Schill, Ronald	1. 5.95	23.11.58
Beuermann, Thomas	21. 6.95	30.12.57
Lange, Thorsten	1. 7.95	15.10.60
Rothe, Martin	6.11.95	21. 7.60
Focken, Niels	1. 1.96	10. 3.63
Valentin, Heike	1. 2.96	15. 6.63

Hamburg-Altona E 162 209
Max-Brauer-Allee 89/91, 22765 Hamburg
Postfach 500122, 22701 Hamburg
T (0 40) 3 80 71
Telefax (0 40) 3 80 77 28
1 Dir, 1 stVDir, 1 w.aufsR, 14 + ½ R

Name		
Uphoff, Harm, Dir	18. 3.81	14. 2.35
Dr. Paetzold, Hartmut, stVDir	8. 4.87	6. 9.42
Weitz, Thomas, w.aufsR	18.10.94	16. 3.50
Tasche, Klaus	7. 7.70	7. 6.38
Jöhnk, Niels	1. 4.71	17.11.39
Faull, Hans	13. 1.72	11. 4.40
Scherling, Harald	17. 4.72	4.10.38
Köhler, Claus-Dieter	26. 3.74	3. 3.43
Welge, Joachim	31. 8.82	10. 3.49
Weise, Martin	14. 8.83	3.11.53
Felsch, Joachim, abg.	2. 5.86	18. 9.55
Herrmann, Berthold	14.12.87	25. 6.55
Kloß, Reinhard	23.12.87	13. 9.53
Tietz, Ingeborg, abg.	29. 4.88	17.11.55
Schulz, Kay	13. 7.90	24.11.58
Vogelsang, Matthias	1. 3.91	24. 8.57
Dr. Nevermann, Karsten	4. 2.94	23.12.59
Großmann, Barbara	14. 3.94	5. 6.62
Dr. Kaufmann, Manfred	22. 6.94	22. 6.58
Bellinger, Hilke-Kathrin	21.10.94	28. 9.61

Hamburg-Bergedorf E 105 266
Ernst-Mantius-Str. 8, 21029 Hamburg
Postfach 800240, 21002 Hamburg
T (0 40) 7 25 21
Telefax (0 40) 72 52 29 16
1 Dir, 1 stVDir, 6 R

Name		
Dr. Gotham, Rudolf, Dir	8. 6.84	20.12.41
von Ahlefeld, Oda, stVDir	18.10.94	24. 6.38
Harms, Hartmut	1. 2.71	12. 2.40
Neubert, Jochim	9.10.72	15. 4.40
Masch, Olof	—	—
Dr. Schröder, Claus	20. 5.80	14. 1.50
Sohns, Heinz	25. 8.80	10. 9.48
Dorff, Ulrike, ½	6.11.95	11.11.62

Hamburg-Blankenese E 78 876
Dormienstr. 7, 22587 Hamburg
Postfach 550120, 22561 Hamburg
T (0 40) 86 69 30
Telefax (0 40) 86 69 32 70
1 Dir, 9 R

Name		
Tonat, Horst, Dir	—	19. 3.47
Jürgens, Hans-Erich	6.12.65	18. 5.34
Ohle, Hilke	9.10.73	13.10.42
van Buiren, Dirk	21. 3.80	23.10.38
Bayreuther-Lutz, Liane, ½, abg.	15.10.82	2. 5.52
Dr. Riecke, Olaf	21. 1.85	4. 8.54
Lauenstein, Hans-Hermann	15.11.89	2. 1.56
Zscherpe, Maj, ½	14. 2.90	14. 4.56
Schweppe-Sponholz, Eckehard	—	—
Dr. Hinrichs, Thomas	1. 9.95	1. 6.58

Hamburg-Harburg E 194 119
Buxtehuder Str. 9, 21073 Hamburg
Postfach 900161, 21041 Hamburg
T (0 40) 77 17 01
Telefax (0 40) 77 17 06 68
1 Dir, 1 stVDir, 1 w.aufsR, 15 R + 1 × ½ + 2 × ¾ R

Name		
Dr. Oellrich, Claus, Dir	18. 7.88	15. 5.38
Waldow, Eckart, stVDir	1. 8.91	31. 1.42
Dr. Brück, Udo, w.aufsR	18.10.94	17. 6.40
Junge, Hermann	9. 5.72	9. 9.39
Göhring, Robert	1.12.74	21. 3.41
Dellith, Hasso	3. 5.76	10. 2.44
Beyer, Jürgen	26.11.76	31.10.44

HH OLG-Bezirk Hamburg   Staatsanwaltschaften

Panzer, Ulf	28.12.78	30.12.44
Hoyer, Bernd	19. 5.79	19.11.44
Jaensch, Ursula, ¾	23. 6.80	2. 1.50
Winterstein, Peter, abg.	27. 2.81	1.11.49
Thomas, Bilke, ½	28.10.82	28. 2.53
Kruse, Bernd	26. 9.83	10.11.51
Wings, Roland	1. 3.89	30. 4.53
Becker, Ulf	31. 8.90	26. 9.56
Huland, Christian	1.10.90	9. 3.57
Meyn, Thomas	1. 3.91	15. 6.57
Horeis, Sabine, ¾	16. 7.93	22. 8.61
Ulffers, Heike	14. 9.93	25. 9.62
Dr. Dahm, Henning	5. 7.94	12. 5.60
Wunsch, Günter, abg.	6. 9.94	9. 2.63
Beuermann, Thomas	21. 6.95	30.12.57

Hamburg-Wandsbek E 184 305
Schädlerstr. 28, 22041 Hamburg
Postfach 700109, 22001 Hamburg
T (0 40) 68 29 71
Telefax (0 40) 6 82 97 29 42
1 Dir, 1 stVDir, 1 w.aufsR, 14 + ½ R

Horstkotte, Ingrid, Dir	22. 5.92	16. 4.35
Harder, Uwe, stVDir	1. 1.88	15. 5.37
Lemcke, Karin, w.aufsR	18.10.94	8. 8.50
König, Wolfgang	25. 6.70	11. 6.35
Tiedemann-Graf von Mörner, Jan	7. 8.72	14. 6.40
Roth, Manfred	2. 2.73	21. 7.36
Dr. van den Boom, Hans-Ludwig	4. 1.74	29. 8.42
Helbig, Burkhardt	2. 2.76	27. 2.44
Dr. Böhm, Rainer	27. 7.76	
Lüdemann, Hartmut, abg.	21. 3.77	9.11.43
Dittmers, Jens	16. 2.79	7. 5.49
Bolten, Brent	1. 2.81	12. 9.47
Bodenstaff, Hans-Joachim	19. 5.82	21. 5.46
Brick, Jürgen	4. 6.83	7. 1.51
von Schweinitz, Liane	28. 6.83	20. 9.44
Klimke, Olaf, ½	15.12.85	2.10.54
Schmidt-Hanemann, Renate, beurl.	23.12.87	24.11.54
Steinbach, Peter	28. 4.88	26. 1.55
Dr. Ohlberg, Kai-Uwe	1.10.92	23.10.58
Zimmerling, Jessica	21. 2.96	25. 9.63

Staatsanwaltschaften

Staatsanwaltschaft bei dem Hanseatischen Oberlandesgericht Hamburg
Gorch-Fock-Wall 15, 20355 Hamburg
Postfach 305261, 20316 Hamburg
T (0 40) 3 49 71
Telefax (0 40) 3 49 78 63
1 GStA, 3 LOStA, 7 OStA, 2 StA

Generalstaatsanwalt

Dr. Weinert, Arno	20. 7.77	7. 2.34

Leitende Oberstaatsanwälte

Kube, Dieter, stVGStA	27. 1.88	27. 6.34
Dose, Norbert	1. 1.74	1. 9.31

Oberstaatsanwälte

Ferber, Horst	21. 6.82	24.10.37
Gammelin, Jürgen	19. 7.83	8. 3.39
Frenzel, Bernd	24. 9.86	22. 1.40
Witte, Horst	16. 9.87	17. 4.34
Klemm, Lothar	6. 6.90	16.10.36
Bagger, Rüdiger	1.10.91	17.11.43
Schlebusch, Hans	28. 6.93	26. 9.45

Staatsanwältinnen/Staatsanwälte

Gädigk, Cornelia	4. 6.83	11. 9.53
Bunners, Peter	7.10.86	12. 4.55

Staatsanwaltschaft bei dem Landgericht Hamburg
Gorch-Fock-Wall 15, 20355 Hamburg
Postfach 305261, 20316 Hamburg
T (0 40) 34 97–1
Telefax (0 40) 34 97 43 87
1 LOStA, 1 stVLOStA, 8 OStA (HL), 35 OStA, 124 StA

Leitender Oberstaatsanwalt

N. N., stVLOStA		
Dr. Grosse, Erwin	28. 1.87	14. 7.33

Oberstaatsanwältin/Oberstaatsanwälte (HL)

Dr. Wulf, Hartmut	1. 6.88	15. 4.36
Dr. Borchers, Rolf	20.10.88	3. 6.32
Schulz, Erich-Paul	20.10.88	3. 1.42
Tewes, Wilhelm	24. 7.91	3. 9.36
Köhnke, Karl Martin	11. 7.95	6. 5.43
Ehlers, Wolfgang	11. 7.95	27. 6.46
Zippel, Marion	29. 2.96	13. 9.40

Oberstaatsanwältinnen/Oberstaatsanwälte

Duhn, Harald	1. 4.74	22.10.31
Zöllner, Klaus	1. 4.76	20. 6.31
Schwarz, Peter-Jürgen	1. 5.78	21.10.32
Grünhage, Manfred	1. 4.79	21. 9.35

Staatsanwaltschaften OLG-Bezirk Hamburg **HH**

Rebsdat, Klaus	24. 6.80	4. 4.34
Herrmann, Dietmar	28. 9.82	15. 6.39
Grabitz-Scheffler, Helge	28. 6.83	2. 8.34
Buhk, Bernd	8.12.83	4.11.36
Wölk, Christian	25. 4.84	22.12.32
Slotty, Martin	27. 1.88	22. 4.36
Dr. Taube, Gerhard	29. 3.88	12.10.34
Dr. Koch, Hans-Jürgen	29. 3.88	4. 4.35
Friedrich, Jochen	23.12.88	28. 2.36
Prange, Fritz	28. 2.91	6. 4.40
Klein, Dietrich Robert	22. 7.91	13. 2.46
Detken, Jürgen	30. 8.91	15. 3.40
Dr. Gerhardt, Ulf-Dietmar	6. 3.92	11. 5.40
Wegerich, Jürgen	26. 2.93	28.10.35
Steffen, Rolf	23. 4.93	14. 3.39
Dr. Brandt, Ewald, abg.	28.11.94	6.11.53
Reich, Jörg-Thomas	21. 4.95	6.10.46
Ouvrier, Heinz-Christian	21. 4.95	21. 8.47
Korth, Barbara	30. 8.95	17.10.44
Meyer, Johann	30. 8.95	15.10.45
Dr. Stechmann, Peter	30. 8.95	24. 9.48
Ahrens, Hannelore	30. 8.95	1.10.48
Lund, Holger	14. 9.95	5. 1.49

Staatsanwältinnen/Staatsanwälte

Henschen, Enno	10.11.66	5.12.34
Seebaß, Ulrich	1.12.67	22.11.33
Schwalba, Hans-Jürgen	31. 3.69	17. 1.35
Barner, Friedrich Karl	31. 3.69	13. 2.36
Rohweder, Richard	14. 5.69	26.12.34
Rosenkranz, Rolf	14. 5.69	14. 4.36
Nehrke, Dieter	3. 4.70	28. 7.36
Frantz, Jürgen	11. 3.72	30. 1.38
Hiersemenzel, Jochen	12.10.72	20. 8.38
Nachtigall-Marten, Thomas	25. 6.73	3.10.38
Kuhlmann, Jochen	21. 7.73	5. 2.40
Däwes, Heinz-Wilhelm	28.10.73	6. 7.40
Bodmann, Karin, abg.	2. 1.74	1. 7.36
Eschenburg, Peter	2. 1.74	23. 3.40
Arnold, Wolfgang	28. 3.74	20. 3.44
Wildberg, Sigrid	3. 4.74	7. 2.41
Dr. Schulze-Eickenbusch, Knut	—	—
Kirstein, Ewald	5. 6.74	20. 7.42
Wesselhöft, Rüdiger	5. 6.74	8. 8.42
Lang, Rolf	1. 9.74	30.11.43
Dreyer, Joachim	26.11.74	25. 4.44
Krämer, Sigurd	7. 2.75	4. 6.42
Reumann, Günter	3. 3.75	9. 5.42
Schuster, Gottfried	23. 4.75	2. 7.40
Wagner, Manfred	16.10.75	21.12.41
Schwien, Peter, abg.	1. 6.76	6. 9.45
Starck, Wilfried, abg.	12. 8.76	7. 7.37
Heers, Dieter	16.10.76	22.10.43
Franz, Dietrich, abg.	18.10.76	26. 6.37

van den Boom, Ursula, ½	26.11.76	27. 7.42
Brabandt, Heinz	1.12.76	11. 6.46
Ketel, Horst	1. 1.77	23.11.43
Ruppolt, Ingolf	21. 1.77	24. 7.44
Milkereit, Wolfgang	11. 2.77	12. 3.43
Dr. Meine, Hans-Gerd	18. 4.77	3. 4.43
Weilandt, Renée	21.11.78	6. 8.48
Dr. Matthiessen, Kay	24. 9.79	29.10.46
Dantzer, Thomas	14.11.80	29. 9.47
Thörner, Verena, ½	19. 1.81	17. 9.50
Manz, Gerd	29. 9.81	4. 2.41
Wriede, Karsten	—	—
Hansen, Uwe-Jens	1.12.81	20. 3.49
Steeger, Anna-Catherina, ½	7. 2.82	25. 2.52
Hapke, Manfred	30. 3.82	22.12.50
Allerbeck, Harald-Erwin	10.10.82	7. 3.46
Knoll, Claudia, ½	1. 4.83	10. 3.52
Lorke, Alexander	27. 6.83	2. 7.52
Kausch, Siegfried	31. 7.83	12. 7.52
Reitzenstein, Horst	2.10.83	25. 9.50
Schmidt, Traute	28.12.83	21. 6.53
Zander, Christiane	19. 1.84	6.10.53
Tiburg, Hans-Ulrich	24. 4.84	28. 6.53
Lieberich, Rolf	28. 6.84	17.11.48
Eggers, Elke, abg.	7.10.86	5. 5.55
Dr. Winter, Henry	12. 2.88	24. 9.52
Gräwe, Gisela	1. 4.88	7. 1.54
Stankiewitz-Koch, Barbara, abg.	26.10.88	21.12.54
Kahnenbley, Ilse	2.11.88	21. 7.58
Schwaffers, Ulrike	21.12.88	5. 2.59
Köpnick, Lothar	1. 3.89	5. 5.49
Moser, Gerrit	1. 4.89	2. 6.52
Nix, Katrin	1. 4.89	15. 1.57
Giesch-Rahlf, Roland	21. 4.89	26.12.55
Geißler, Rainer	13.10.89	2. 6.55
Dähnhardt, Wilfried	13.10.89	14. 1.59
Jante, Roland	—	—
Redder, Holger	20.12.89	18. 1.55
Krafft, Christian Gerhard	26. 2.90	—
Wulf, Gabriele	1. 3.90	7. 9.57
Bühring, Rüdiger	9. 4.90	21. 6.56
Burkhard, Sonja, beurl.	28. 8.90	18. 6.53
Dr. Franke, Ulrich, abg.	15. 9.90	—
Hansen-Wishöth, Katherina	—	—
Dumrath, Katharina, beurl.	20.12.90	15. 1.58
Mauruschat, Bernd	1. 3.91	28. 1.58
Elsner, Michael	1. 3.91	2. 4.58
Hauser, Angelika	1. 3.91	15. 9.60
Zacharias, Kai-Ulrich	20. 9.91	23. 2.56
Schmidt-Struck, Jürgen Erich	1.10.91	28. 7.52
Seidl, Peter	1.10.91	4. 2.54
Stauder, Günter	4.11.91	21.12.55

HH Richter/StA im Richterverhältnis auf Probe

Name				Name			
Pankoke, Maren, beurl.	1. 1.92	29. 5.59		Hennig, Andrea	15.11.94	30.11.60	
Klevesahl, Claudia	24. 5.92	8. 4.63		Neddermeyer, Petra	17.11.94	28. 8.59	
Raabe, Cornelia	4. 7.92	11.12.58		Menke, Gisela	15.11.94	13. 8.62	
Schmidt-Baumann, Rainer	22. 9.92	9.12.57		Dr. Holznagel, Ina	17.11.94	8. 9.60	
Zeppan, Winfried	22. 9.92	22. 9.59		Kuhn, Janhenning	17.11.94	20. 3.61	
Gies, Bernd Willy	1.12.92	14. 2.58		Starosta, Monika, beurl.	1.12.94	5.10.61	
Blanke-Roeser, Christina, beurl.	16. 2.93	15.11.58		Niemeier, Martin	16.12.94	29. 7.57	
Lesmeister-Kappel, Claudia	1. 3.93	22. 2.64		Brinker, Gerhard	16.12.94	8. 3.62	
Kappel, Michael	14. 4.93	1. 5.61		Dr. Alwart, Heiner, ½, beurl.	9. 2.95	13. 9.51	
Boddin, Carsten	17. 5.93	23. 9.62		Hammann, Heiko	17. 2.95	15. 5.59	
Zeppan, Annette	16. 7.93	18. 2.60		Junck, Robert	1. 4.95	20. 6.63	
Ruhl, Sabine	3. 9.93	7. 1.64		Schwerin, Götz	11. 4.95	7. 4.60	
Dr. Ogiermann, Eva-Maria	11.10.93	9.12.59		Gerbl, Yvonne	11. 4.95	21. 5.63	
Kröger, Heike-Kathrin, ½	14.10.93	31. 1.58		Lauenstein, Renate, ½	27. 5.95	21. 4.57	
Dr. Behm, Andreas, abg.	1.11.93	28. 8.58		Hantel, Sabine	27. 6.95	26. 2.62	
Rockel, Maike	—	—		Dr. Janson, Gerald	1. 7.95	22. 8.59	
Hoffmann, Karsten	1.12.93	22. 6.61		Rundholz, Matthias	15. 7.95	4. 1.59	
Wüllner, Christiane, beurl.	15. 1.94	22. 2.60		Hitziger, Karin	1.10.95	25. 2.63	
Hitziger, Uwe	1. 2.94	25. 5.59		Gomoll, Eva	24.10.95	1. 3.63	
Kikwitzki, Michael	11. 2.94	21. 4.57		Meyer-Macheit, Monika	29.10.95	1. 1.61	
Dr. Dopke, Friederike	1. 3.94	21. 8.61		Weick, Wiebke	1.11.95	10. 5.64	
				Kollar, Peter	25. 1.96	23. 3.63	

Richterinnen/Richter und Staatsanwältinnen/Staatsanwälte im Richterverhältnis auf Probe

Name				Name			
Dr. Wernecke, Frank	6.11.92	27. 7.66		Döring, Birga	1. 4.94	30. 4.61	
Wetjen, Christiane	14.12.92	20. 4.65		Simons, Anya	1. 4.94	19. 4.65	
Oertzen, Sabine	7. 1.93	15. 7.61		Kollar, Peter	1. 5.94	23. 3.63	
Petzold-Kirste, Götz-Joachim	8. 3.93	18. 2.64		Dr. Bursch, Maike	24. 6.94	3. 1.65	
Groß, Anne	22. 3.93	13. 6.63		Dr. Tempel-Kromminga, Helke	1. 8.94	3. 9.63	
Abel, Michael	14. 4.93	11. 5.61		Arndt, Klaus-Michael	4.10.94	9.10.64	
Steiner, Kerstin	11. 5.93	26. 9.63		Peters, Andree	1.12.94	29.12.61	
Winkler, Ronald	1. 6.93	26. 9.61		Gereke, Barbara	1.12.94	18. 1.65	
Heyen, Heyner	7. 6.93	26. 3.57		Jönsson, Björn	28.12.94	28. 3.65	
Frind, Frank	7. 6.93	21. 5.61		Voigt, Heiko	16. 1.95	14.11.62	
Spohrer, Anja	28. 6.93	13.11.63		Dr. Völtzer, Friedrich	1. 2.95	10. 1.62	
Krohn, Silke	1. 7.93	14.10.63		Dr. Christensen, Guido	1. 2.95	27.10.64	
Dr. Halbach, Georg	1.11.93	9. 2.61		Schönfelder, Ulrike	15. 2.95	3. 9.62	
Arnold, Jörg	11.11.93	11. 2.62		Schmidt, Claudia	8.11.95	12. 3.66	
Thies, Christine	2.12.93	13. 4.61		Sorgenfrei, Tanja	8.11.95	24. 2.67	
Semprich, Thomas	1. 1.94	25. 4.59		Hoffelner, Wiebke	8.11.95	19.10.68	
Ohnemus, Corinna	1. 3.94	15. 3.61		Robrecht, Ulrike	1. 1.96	11. 7.66	

Hessen

6 000 669 Einwohner

Hessisches Ministerium der Justiz und für Europaangelegenheiten

Luisenstr. 13, 65185 Wiesbaden
Postfach 31 69, 65021 Wiesbaden
T (06 11) 32–0, Telefax (06 11) 32 27 63
1 Min, 1 StaatsSekr + 1 LSt (StaatsSekr), 6 MinDgt, 7 LMinR, 7 MinR (B 2), 15 MinR (A 16),
16 RD, 13 ROR, 4 RR

Minister
von Plottnitz, Rupert   6. 4. 95   4. 7. 40

Staatssekretärin
Weber-Hassemer, Kristiane   6. 4. 95   18. 7. 39

Ministerialdirigentin/Ministerialdirigenten
Dr. Groß, Karl-Heinz   1.10. 83   19. 4. 34
Dr. Claus, Marietta   1. 4. 92   8.11. 44
Zorbach, Klaus   1. 4. 92   8. 6. 50
Dr. Schultze, Werner   1.12. 93   7. 4. 47

Präsident des Justizprüfungsamtes
Dr. Stephan, Hermann   1. 4. 87   18. 6. 38

Leitende Ministerialräte
Dr. Graulich, Kurt   30.12. 91   7.11. 49
Derwort, Rüdiger   6.11. 92   26. 3. 47
Kunz, Günter   1. 7. 94   19.12. 49
Dr. Schäfer, Karl-Heinrich 28. 7. 94   8. 9. 47
Dr. Kolz, Harald   16.12. 94   11. 9. 44
Dr. Borchmann, Michael   —   —
Aumüller, Thomas   29.12. 95   23. 3. 49

Ministerialrätinnen/Ministerialräte
Dürr, Ulrich   1. 4. 90   6. 2. 36
Dr. Hofmann, Werner   1. 4. 90   31.12. 43
Dr. Bachmann,
  Hans-Martin   1. 7. 93   22. 7. 40
Dr. Rubel, Rüdiger   1. 7. 94   3. 2. 54
Dr. Stump, Ulrich   28. 7. 94   10. 2. 50
Gregor, Waltraud   15.12. 95   —
Kipper, Hermann   21.12. 95   12.12. 41

Schoppe, Reinhard   11. 4. 90   14. 5. 40
Knappik, Harald   27. 4. 90   3. 8. 46
Jensen, Nils   30.10. 91   27.12. 42
Greven, Karl   9.12. 94   13.10. 56
Minor, Hans   16.12. 94   13.12. 33
Mentz, Michael   16.12. 94   14. 3. 47
Dr. Hartung, Bernhard   15.12. 95   6. 7. 55
Meyer, Heidrun   15.12. 95   25. 7. 55

Regierungsdirektorinnen/Regierungsdirektoren
Götz, Klaus   1.10. 88   6. 7. 37
Becker, Heinrich   31.10. 90   2.10. 42
Gregor, Hans   31.10. 91   11. 3. 38
Kraffke, Dieter   30. 4. 92   28. 1. 38
König, Rainer-Frank   1. 7. 93   9.11. 50
Eicke, Eva Maria   —   23. 6. 57
Henn, Werner   21.12. 95   9. 1. 35

Regierungsoberrätinnen/Regierungsoberräte
Götz, Bruno   26. 4. 92   24. 9. 41
Böttger, Konrad   19. 7. 93   26.12. 36
Märcz, Gerhard   —   —
Sever, Hans-Jürgen   28. 7. 94   23.11. 43
Müller, Barbara   1. 1. 95   19.12. 61
Dr. Böhmeke-Vilmann, Jan   26. 7. 95   8. 4. 56
Dr. Krah, Claudia   1.12. 95   25.12. 55
Appel, Klaus-Peter   1.12. 95   4.11. 59

Regierungsräte
Bingel, Ralf   1.11. 95   9. 3. 57
Hoffmann, Günter   15.12. 95   15. 9. 42

Referatsleiterinnen im Angestelltenverhältnis
Dr. Jäger, Helga   —   25. 6. 53
Weisbart, Claudia   —   —

HE OLG-Bezirk Frankfurt am Main

Oberlandesgerichtsbezirk Frankfurt am Main

Bezirk: Land Hessen
Oberlandesgericht Frankfurt am Main mit 4 Zivilsenaten und 1 Senat für Familiensachen in Darmstadt sowie 4 Zivilsenaten und 1 Senat für Familiensachen in Kassel
9 Landgerichte: Darmstadt, Frankfurt am Main, Fulda, Gießen, Hanau, Kassel, Limburg, Marburg, Wiesbaden
Kammern für *Handelssachen:* Darmstadt 7, davon in Offenbach 3, Frankfurt am Main 14, Gießen 2, Hanau 2, Kassel 3, Limburg 2, Marburg 1, Wiesbaden 3
Kammern für *Baulandsachen:* Darmstadt, Kassel
58 Amtsgerichte, davon 7 mit 9 Zweigstellen
Schöffengerichte:
LGBez. Darmstadt: Bensheim, Darmstadt, Dieburg, Groß-Gerau, Michelstadt, Offenbach
LGBez. Frankfurt: Frankfurt
LGBez. Fulda: Bad Hersfeld, Fulda, Lauterbach
LGBez. Gießen: Alsfeld, Büdingen, Friedberg, Gießen, Nidda
LGBez. Hanau: Gelnhausen, Hanau
LGBez. Kassel: Eschwege, Kassel, Korbach, Homberg
LGBez. Limburg: Dillenburg, Limburg, Wetzlar
LGBez. Marburg: Marburg, Schwalmstadt
LGBez. Wiesbaden: Wiesbaden
Gemeinsames Schöffengericht für die Bezirke der Amtsgerichte, bei denen kein Schöffengericht gebildet wird, sind

für den AGBez.:	*das Schöffengericht:*
Fürth (Odenw.) u. Lampertheim Langen Rüsselsheim Seligenstadt	Bensheim Darmstadt Groß-Gerau Offenbach
Bad Homburg, Königstein, Usingen u. Bad Vilbel Hünfeld Butzbach Schlüchtern Witzenhausen Hofgeismar, Rotenburg a. d. Fulda u. Wolfhagen Fritzlar u. Melsungen Arolsen u. Bad Wildungen Herborn Hadamar u. Weilburg	Frankfurt a. Main Fulda Friedberg Gelnhausen Eschwege Kassel Homberg Korbach Dillenburg Limburg (Lahn)
Biedenkopf, Frankenberg a. d. Eder, Kirchhain Eltville, Hochheim, Idstein, Rüdesheim u. Bad Schwalbach	Marburg (Lahn) Wiesbaden

Familiengerichte:
LGBez. Darmstadt: Bensheim, Darmstadt, Dieburg, Fürth, Groß-Gerau, Lampertheim, Langen, Michelstadt, Offenbach, Rüsselsheim, Seligenstadt
LGBez. Frankfurt: Frankfurt, Bad Homburg, Königstein, Usingen
LGBez. Fulda: Fulda, Bad Hersfeld
LGBez. Gießen: Alsfeld, Büdingen, Friedberg, Gießen
LGBez. Hanau: Gelnhausen, Hanau
LGBez. Kassel: Eschwege, Kassel, Korbach, Melsungen
LGBez. Limburg: Dillenburg, Weilburg, Wetzlar
LGBez. Marburg: Biedenkopf, Kirchhain, Marburg
LGBez. Wiesbaden: Rüdesheim, Bad Schwalbach, Wiesbaden

Familiengericht für die Bezirke der Amtsgerichte, bei denen kein Familiengericht gebildet wird, ist

für den AGBez.:	*das FamG:*
Bad Vilbel	Frankfurt a. Main
Hünfeld	Fulda
Rotenburg a. d. Fulda	Bad Hersfeld
Lauterbach	Alsfeld
Nidda	Büdingen
Butzbach	Friedberg
Schlüchtern	Gelnhausen
Witzenhausen	Eschwege
Hofgeismar u. Wolfhagen	Kassel
Arolsen u. Bad Wildungen	Korbach
Fritzlar u. Homberg	Melsungen
Herborn	Dillenburg
Hadamar u. Limburg a. d. Lahn	Weilburg
Frankenberg a. d. Eder	Biedenkopf
Schwalmstadt	Kirchhain
Eltville	Rüdesheim
Idstein	Bad Schwalbach
Hochheim	Wiesbaden

Landwirtschaftssachen werden in Hessen bei allen Amtsgerichten bearbeitet.

Oberlandesgericht Frankfurt am Main

E 6 000 669
Zeil 42, 60313 Frankfurt am Main
Postfach, 60256 Frankfurt am Main
T (0 69) 13 67–01, Telefax (0 69) 13 67–29 76

Zivilsenate in Darmstadt
Julius-Reiber-Str. 15, 64293 Darmstadt
T (0 61 51) 12–0, Telefax (0 61 51) 12–83 57

Senat für Familiensachen in Darmstadt
Steubenplatz 14, 64293 Darmstadt
T (0 61 51) 8 04–04, Telefax (0 61 51) 8 04–2 50

Zivilsenate und Senat für Familiensachen in Kassel
Frankfurter Str. 11, 34117 Kassel
T (05 61) 71 23–1, Telefax (05 61) 71 23–5 60

1 Pr, 1 VPr, 34 VR, 115 R (davon 6 LSt kw und 5 LSt für UProf: im weiteren Hauptamt)

Präsident			
Henrichs, Horst	1. 3. 87	31. 12. 35	
Vizepräsident			
Dr. Sauer, Gotthard, abg.	18. 3. 92	19. 10. 42	
Vorsitzende Richterinnen/Vorsitzende Richter			
Wöhlert, Rolf	1. 6. 83	10. 2. 35	
Dr. Adam, Dieter	15. 11. 84	28. 1. 32	
Dr. Hacker, Eleonore	1. 7. 85	30. 8. 31	
Dr. Schieferstein, Erich	3. 2. 86	21. 2. 34	
Dr. Sellke, Siegfried	25. 6. 86	4. 11. 33	
Dr. Griebeling, Armin	1. 7. 87	22. 10. 31	
Eimer, Axel	23. 12. 87	30. 10. 37	
Dr. Eschweiler, Peter	1. 8. 88	15. 4. 41	
Schneider, Wolfgang	1. 8. 89	27. 8. 35	
Feick, Gerhard	1. 8. 89	10. 7. 36	
Schreiber, Hubert	1. 11. 89	18. 1. 37	
Dr. Buchwaldt, Ekkehard	23. 3. 90	16. 3. 34	
Richter, Horst	1. 4. 90	24. 2. 36	
Haas, Horst Günter	5. 7. 90	30. 4. 34	
Amthor, Hilke	16. 5. 91	2. 12. 34	
Dr. Glofke, Christian	29. 7. 91	22. 7. 32	
Ranneberg, Albrecht	18. 9. 92	18. 7. 36	
Welp, Michael	18. 9. 92	16. 2. 37	
Dr. Weychardt, Dieter	18. 9. 92	—	
Dr. Link, Horst	30. 8. 93	2. 10. 31	
Dr. Lenski, Wolfgang	30. 8. 93	17. 4. 36	
Antrecht, Lothar	29. 10. 93	20. 8. 36	
Dr. Hartleib, Rudolf	17. 12. 93	30. 5. 43	
Dr. Schmitt, Rolf	25. 4. 94	6. 6. 37	
Dr. Bokelmann, Erika	1. 5. 94	17. 7. 36	
Dembowski, Jürgen	1. 5. 94	14. 7. 42	
Dr. Steines, Werner	31. 3. 95	5. 8. 36	
Baumecker, Dieter	31. 3. 95	2. 7. 39	
Dr. Däther, Gerd	31. 3. 95	4. 2. 44	
Müller-Fuchs, Wilfried	22. 12. 95	18. 5. 38	
Dr. Rothweiler, Winfried	22. 12. 95	13. 8. 41	
Dr. Raubold, Ludwig	31. 1. 96	28. 6. 41	
Richterinnen/Richter			
Mahn, Dieter	28. 9. 71	20. 8. 32	
Prof. Dr. Karpenstein, Peter, beurl.	7. 2. 72	19. 6. 33	
Feldt, Burkhart	21. 2. 72	30. 5. 33	
Waldschmidt-Giesen, Rosemarie	21. 2. 72	21. 6. 39	
Dr. Reinschmidt, Gerd	12. 7. 72	24. 7. 35	
Lohmann, Klaus Hermann	13. 2. 73	11. 5. 34	
Roßbach, Gerhard	14. 6. 73	25. 9. 37	
Sandrock, Frank	17. 7. 73	20. 3. 36	
Radloff, Hansjürgen, abg.	17. 7. 73	14. 8. 36	
Zähe, Hildegard	16. 9. 74	15. 10. 34	
Staszkiewicz, Bruno	28. 11. 74	24. 2. 34	
Draudt, Friedrich	28. 11. 74	19. 12. 37	
Höcketstaller, Franz	25. 4. 75	15. 9. 33	
Kausch-Blecken von Schmeling, Karin, beurl.	19. 6. 75	22. 6. 35	
Ruhl, Werner	14. 6. 76	3. 7. 40	
Dr. Schnabl, Walter	29. 12. 76	9. 5. 33	
Prof. Dr. Wolf, Manfred, UProf (LSt)	1. 1. 77	5. 1. 39	
Althaus, Eckhart	8. 3. 77	21. 1. 36	
Remlinger, Norbert	6. 5. 77	24. 4. 39	
Schwän, Erika, beurl.	1. 7. 77	6. 8. 34	
Dr. Eschke, Dieter	1. 7. 77	4. 1. 38	
Göthling, Wolfgang	1. 7. 77	6. 10. 38	
Prof. Dr. Loewenheim, Ulrich, UProf (LSt)	1. 8. 77	30. 5. 34	
Sattler, Hannelore	31. 10. 77	26. 6. 39	

HE OLG-Bezirk Frankfurt am Main

Name			
Happel, Eckhard	3. 4.78	23.12.39
Piorreck, Karl Friedrich	26. 4.78	27. 1.41
Kleiner, Bernd	6.12.78	11. 4.38
Rechel, Hans Rainer	27. 7.79	2. 1.36
Dreste, Klaus	11.11.80	17. 2.38
Kern, Rainer	1.11.81	20. 4.42
Dr. Kleemann, Karlheinz	31.12.81	3.12.41
Koester, Manfred	5. 3.82	9. 7.41
Juncker, Jürgen	30. 4.82	25. 5.43
Schulze, Ingeborg	16. 6.83	22.12.39
Frick, Elisabeth	11.10.83	18. 7.36
Schumacher, Werner	11.10.83	1. 9.38
Schneidmüller, Horst	17.10.83	12.11.39
Dr. Weiß, Helmut	1. 4.84	12. 3.40
Jachmann, Rainulf	1. 5.84	23. 6.43
Dr. Ritter, Christian	14. 6.85	27. 9.40
Dörr, Claus*	30.12.85	22. 3.47
Dr. Frellesen, Peter	11. 4.86	20. 3.49
Asendorf, Klaus Dietrich	30. 4.86	19.11.46
Kittelmann, Monika	7.11.86	11. 1.42
Kleinle, Friedrich	17.11.86	6. 7.46
Dr. Deppert, Armin	5. 1.87	28. 7.40
Schwenke, Hans-Jochen	1. 2.87	13. 4.44
Dr. König-Ouvrier, Ingelore	2. 3.87	30. 8.45
Papsdorf, Siegfried	1. 4.87	9.11.42
Held, Karlheinz	1. 4.87	18. 9.46
Dr. Bickler, Irene	6. 5.87	19. 5.42
Diehl, Heinz	6. 5.87	5. 4.44
Werning, Annemarie	11. 5.87	6. 5.40
Dittrich, Elisabeth	3. 6.87	3. 2.48
Maruhn, Jürgen	30. 6.87	9. 1.48
Rathgeber, Martin	1. 7.87	16. 4.45
Meinecke, Helge	1. 9.87	7.12.40
Feuerbach, Uwe	8.12.87	27. 9.44
Dr. Höhne, Manfred	13. 5.88	16. 4.49
Schmidt, Bernhard	1. 8.88	15. 4.41
Noll, Manfred	1. 8.88	20. 7.47
Dr. Bauermann, Uwe	29.11.88	30. 6.43
Dr. Nassauer, Friedemann	1. 1.89	24. 4.48
Thessinga, Klaus Dieter	7. 3.89	29. 7.48
Bielefeldt, Reinhardt	26. 5.89	8. 9.38
Dr. Zeiher, Karlheinz	26. 5.89	21. 2.46
Dr. Dittrich, Christian	18. 9.89	26.12.44
Dr. Kessler, Michael	31.10.89	6.12.47
Frank, Wolfgang	24.11.89	26. 7.44
Krämer, Werner	26. 3.90	2. 5.49
Dr. Meilinger, Franz, abg.	4. 5.90	20. 5.52
Dr. Walter, Franz-Robert	17. 5.90	—
Strücker-Coppik, Helga	1. 8.90	6. 5.43
Kirschbaum, Günter	1. 8.90	29.10.44
Gatzka, Ralf	1. 8.90	28. 4.49
Hucke, Bernd	1. 8.90	21. 9.52
Michalik, Sieglinde	26. 9.90	13. 2.50
Dr. Bengsohn, Jochen, abg.	1.10.90	31. 8.48
Stamm, Karl	23.11.90	28. 1.44
Weber, Manfred	20.12.90	5. 6.47
Knauff, Gerhard	1. 1.91	18. 1.48
Nordmeier, Bodo	1. 1.91	3.12.48
Störmer, Claudia, abg.	26. 4.91	12.12.54
Philipsen, Heinz-Wolfgang	30. 9.91	28. 8.39
Kirsch, Wolfgang	30. 9.91	9. 1.44
Gürtler, Klaus	1.11.91	30.10.44
de Boer-Engelhard, Heike	29.11.91	5. 3.45
Dr. Müller-Metz, Reinhard	13. 1.92	7. 9.50
Dr. Härle, Klaus	14. 1.92	2.10.39
Scharf, Jürgen	24. 1.92	18. 9.49
Berkhoff, Claus	27. 3.92	28. 7.47
Bickel, Eckhard, abg.	17. 6.92	31. 5.51
Siegel, W.	—	—
Dr. Pfeifer, Barbara	18. 9.92	30. 6.52
Prof. Dr. Dreher, Meinrad, UProf (LSt), beurl.	27. 1.93	27.12.55
Dr. Schwarz, Arno	1. 3.93	15.12.48
Dr. Haberstroh, Dieter	1. 3.93	12. 9.51
Martenstein, Peter	29. 4.93	2. 8.49
Dr. Kagerer, Angelika	29. 4.93	20. 3.52
Wenning, Rainer, abg.	9. 7.93	15. 6.54
Dr. Fünfsinn, Helmut, abg.	9. 7.93	4. 7.54
Dr. Müller-Engelmann, Kurt Peter, abg.	22. 7.93	16. 8.46
Dr. Gebhardt, Christoph, abg.	23.12.93	20. 3.50
Dr. Oberheim, Rainer	23.12.93	18. 2.54
Falk, Georg-Dietrich	30.12.93	5. 8.49
Gaier, Reinhard	30.12.93	3. 4.54
Schulz, Reinhold	21. 3.94	2. 8.50
Scheuer, Johann Nikolaus	23. 3.94	7. 7.50
Vorbusch, Roland	—	—
Lange, Angelika	25. 4.94	10. 5.45
Ostermöller, Jürgen	22.12.94	27. 5.49
Dr. Schroers, Marlene	17. 1.95	23.12.44
Carl, Eberhard	1. 7.95	15. 3.47
Grabowski, Eckhard	25. 7.95	24. 9.48
Janzen, Siegfried	27.11.95	25. 8.50
Dr. Zeitz, Dietmar	27.11.95	29. 6.53

Weitere Stellen für Richter am Oberlandesgericht sind besetzt. Namen und Personaldaten der Stelleninhaber sind nicht übermittelt worden.

* Siehe BGH.

Landgerichtsbezirk Darmstadt

Landgericht Darmstadt E 1 462 668
Mathildenplatz 13, 64283 Darmstadt
T (0 61 51) 12–1
Telefax (0 61 51) 12 59 17
1 Pr, 1 VPr, 33 VR, 50 R + 1 × ½ R + 5 LSt (R)

Präsident

Schmidt-von Rhein, Georg	28. 1.83	5. 9.36	

Vizepräsident

Guhl, Günther	15. 3.96	9. 6.41	

Vorsitzende Richterinnen/Vorsitzende Richter

Görich, Rudolf	1. 6.75	21. 1.33
Dr. Immel, Gerhard	1.12.77	27. 5.34
Jäger, Winfried	1. 4.78	23.12.36
Dehne, Eberhard	1.10.79	29.11.34
Ruthe, Wolfgang	1.10.80	20. 4.38
Thüsing, Georg	1. 2.81	30. 8.36
Rockemer, Kurt	1.12.82	3. 3.35
Sinnecker, Burkhard	1.10.83	4.10.42
Kind, Jürgen	1. 8.84	6.12.39
Seitz, Folker	1. 8.84	22. 9.42
Diesing, Otto	1. 8.84	28.10.42
Baumgart, Michael	1. 4.85	14.11.45
Keller, Christian	1. 7.85	17.10.45
Pranz, Hein-Uwe	1. 8.86	29.10.42
Karliczek, Ernst	1. 6.87	8. 3.45
Pani, Alfred	1. 1.88	10. 8.42
Fischer, Burkhard	1. 3.88	16. 4.43
Spengler, Horst	1. 3.88	14.10.46
Hundt-Harder, Telse	1. 5.88	9. 8.35
Hagen, Werner	1.11.88	4.10.43
Radke, Klaus	1. 5.89	25. 9.46
Ullrich, Friedrich	1.11.89	25. 9.40
King, Dietlinde	1.11.90	18.11.43
Wenz, Rainer	1. 9.92	11. 2.50
Hormuth-von Wolf, Margot	1.10.92	18. 9.39
Engeholm, Rolf	1.11.92	17. 4.44
Waldhelm, Günther	1. 4.93	30. 1.48
Lachmund, Günter	1.11.94	5. 1.51
Blaeschke, Joachim	1.11.94	11. 5.54
Wellenreuther, Harald	1. 3.95	23. 9.56

Zwei weitere Stellen für Vors. Richter sind besetzt. Namen und Personaldaten der Stelleninhaber sind nicht übermittelt worden.

Richterinnen/Richter

Bez, Siegmund	15. 2.68	25. 8.33
Franke, Gudrun	11. 2.70	29.10.35
Dr. Quarck, Peter	22. 7.70	3. 3.35
Schröder, Franz Theodor	1. 7.73	31.10.38
Schwab, Gottfried	1.12.73	25.12.41
Romann, Robert	1. 4.74	2. 5.34
Knobloch, Uwe	18.10.75	16.12.44
Rybacki, Adolf Richard	19.12.75	23.10.42
Opitz, Reinhard	1. 8.77	12. 6.46
Pfaff, Volker	24.11.78	—
Dr. Seemüller, Beate, ½	1. 3.81	28. 3.49
Jaekel, Wilfried	3.11.82	13. 2.49
Kaben, Claudia	15. 3.83	5. 5.52
Dr. Hein, Ulrike, ½	1. 4.84	14. 8.54
Buss, Rainer	8.10.85	26.12.51
Blaeschke, Renate (LSt)	1. 3.86	15. 9.55
Kühn, Lothar	1. 8.86	4. 4.51
Breuer, Christoph	2. 1.87	25. 2.53
Freier-Strauß, Katharina	20. 5.87	27.10.47
Emmenthal, Ursula	1. 6.87	26. 9.54
Sagebiel, Thomas	8. 3.89	5. 5.56
Schäfer, Werner	18. 8.89	6. 7.55
Jahn, Reinhold	1.10.89	9. 5.57
Andrée, Carola	4. 4.90	27.10.55
Jakobi, Rainer	1. 9.90	24. 9.57
Hartmann-Grimm, Cornelia	1.10.90	12.12.57
Pfannenschmidt-Mogh, Christa	4. 1.91	19. 9.57
Busch, Hanno	4. 1.91	26. 3.59
Petrzak, Jürgen	20. 6.91	8.11.60
Mrugalla, Stefan	1.12.91	22.10.57
Wagner, Volker	3. 4.92	6. 4.59
Schröder, Ulrich	3. 4.92	9. 3.60
Hardt, Thomas	1. 8.92	11. 5.58
Kullack, Peter	1. 8.92	3. 5.60
Rechenbach, Peter	11.10.92	5. 5.57
Dr. Deichmann, Marco	4. 4.93	10. 2.60
Dr. Schmitt, Bertram	4. 5.93	9. 9.58
Dr. Trapp, Christoph	1. 8.93	12. 8.61
Dr. Schäfer, Jürgen	25. 7.94	28.10.62
Happel, Lothar	1.10.94	12. 4.61
Collin, Sibylle (LSt)	11. 1.95	21. 4.58
Beate, Klaus	15. 4.95	2. 6.62
Dr. Griem, Jürgen	15.12.95	11. 6.62
Büchner, Ralf	9. 3.96	7. 4.61
Dr. Schmidt-Speicher, Ursula (LSt)	—	—

Sechs weitere Stellen für Richter am Landgericht sind besetzt. Namen und Personaldaten der Stelleninhaber sind nicht übermittelt worden.

HE OLG-Bezirk Frankfurt am Main LG-Bezirk Darmstadt

Amtsgerichte

Bensheim E 92 833
Wilhelmstr. 26, 64625 Bensheim
T (0 62 51) 10 02–0
Telefax (0 62 51) 10 02 33
1 Dir, 1 stVDir, 7 R + 1 × ½ R, 1 LSt (R)

Winterer, Klaus, Dir	2.	1. 81	1.	1. 50
Keller, Johannes, stVDir	15.	3. 66	9. 10. 32	
Handschuch, Günther	27.	5. 69	15.	8. 36
Bergemann, Hartmut	28.	7. 69	14.	9. 37
Metzger-Carl, Renate	1. 10. 80		7.	3. 48
Brakonier, Rainer	6. 10. 94		12.	3. 59
Haas, Sigurd	—		—	

Zwei weitere Stellen für Richter am Amtsgericht sind besetzt. Namen und Personaldaten der Stelleninhaber sind nicht übermittelt worden.

Darmstadt E 293 560
Mathildenplatz 12, 64283 Darmstadt
T (0 61 51) 12–1
Telefax (0 61 51) 12 64 55 und 12 83 57
1 Pr, 1 VPr, 2 w.aufsR, 30 R + 2 × ½ R

Präsident

Straschil, Heinrich	19.	5. 93	5. 11. 37	

Vizepräsident
N.N.

weitere aufsichtführende Richter

Schmitt, Rudolf	1.	4. 81	7. 12. 37	
Jäger, Georg	1. 10. 91		14.	7. 37

Richterinnen/Richter

Kauth, Rolf	17.	3. 72	5. 10. 40	
Schramm, Roger	7.	2. 73	12.	9. 37
Döhner, Wolfgang	19.	6. 73	16. 10. 41	
Martin, Klaus	3.	8. 73	15. 10. 41	
Grillo, Rainer	10.	2. 75	20.	7. 43
Ziegs, Klaus-Alfred	1.	6. 76	24.	9. 42
Reeg, Fritz Rüdiger	4.	6. 76	28.	7. 45
Zarbock, Petra	1.	7. 77	9.	2. 44
Hofmann, Wolfgang Werner	1.	2. 78	26. 12. 46	
Stephan, Guido	19.	3. 80	9.	4. 47
Roth, Walter	2.	5. 80	4.	1. 50
Müller, Henning	3.	7. 80	—	
Rodenhäuser, Udo	1. 10. 81		28.	8. 44
Esch, Michael	8.	1. 82	3.	8. 47
Rathgeber, Stefan	9.	7. 82	11. 11. 49	
Sand, Detlef	1.	8. 82	12.	9. 51
Müller, Rolf	16.	3. 83	5.	2. 40
Schmidt, Klaus	2.	6. 83	23. 11. 51	

Müller-Frank, Johanna	9.	4. 87	19.	5. 55
Zimmer, Norbert	29. 11. 88		25.	6. 52
Kirchhoff, Guido	1. 11. 89		11.	4. 57
Albach, Teresa	30. 12. 91		1.	5. 59
Beil, Bruno	1.	3. 92	13. 12. 58	
Goerke, Hans-Joachim	1.	2. 93	24.	4. 61
Kaschel, Petra	9.	9. 94	14.	5. 60
Eicke, Martina	2.	3. 95	25.	7. 47
Malkmus, Markus	4.	3. 95	14.	3. 62

Fünf weitere Stellen für Richter am Amtsgericht sind besetzt. Namen und Personaldaten der Stelleninhaber sind nicht übermittelt worden.

Dieburg E 121 399
Bei der Erlesmühle 1, 64807 Dieburg
T (0 60 71) 2 03–0
Telefax (0 60 71) 2 11 26
1 Dir, 1 stVDir., 7 R, 2 LSt (R)

Huther, Günter, Dir	20.	2. 81	1.	4. 50
Füßler, Peter, stVDir	6.	7. 70	31.	5. 37
Garbas, Bernd Michael	8.	2. 76	4. 11. 42	
Rammelmayer, Andreas	1.	5. 81	23.	8. 44
Porschitz, Ernst	15.	6. 85	6.	1. 55
Venz-Hampe, Gabriele-Karola, beurl. (LSt)	9.	7. 87	13. 10. 57	
Weiland, Walter	8.	9. 89	8.	8. 56
Dr. Oefner, Gerd	24.	4. 90	27. 12. 52	
Roth, Thomas	17. 12. 93		5.	7. 59

Eine weitere Stelle für einen Richter am Amtsgericht ist besetzt. Name und Personaldaten des Stelleninhabers sind nicht übermittelt worden.

Fürth (Odenwald) E 74 852
Heppenheimer Str. 15, 64658 Fürth
T (0 62 53) 2 08–0
Telefax (0 62 53) 2 08 11

Zweigstelle in Hirschhorn
Untere Gasse 1, 69434 Hirschhorn (Neckar)
T (0 62 72) 22 71
1 Dir, 3 R + 1 × ½ R

Kratz, Volker, Dir	1.	8. 93	10.	4. 42
Ebert, Michael	1. 10. 93		14.	1. 60
Latour, Martin	14. 11. 95		13.	7. 61

Eine weitere Stelle für einen Richter am Amtsgericht ist besetzt. Name und Personaldaten des Stelleninhabers sind nicht übermittelt worden.

Groß-Gerau E 158 028
Europaring 11–13, 64521 Groß-Gerau
T (0 61 52) 1 70–02
Telefax (0 61 52) 5 35 36
1 Dir, 1 stVDir, 11 R + ½ R

LG-Bezirk Darmstadt OLG-Bezirk Frankfurt am Main **HE**

Dr. König, Hans-Jürgen, Dir	1. 10. 88	13. 12. 42
Koch, Wilfried, stVDir	30. 5. 74	26. 9. 34
Spangenberg, Ernst	1. 4. 69	15. 8. 37
Grau, Alfred	3. 10. 80	16. 12. 48
Hartmetz, Lutz	3. 10. 80	1. 11. 49
Rudolph, Siegmund	17. 7. 81	26. 6. 47
Haußmann, Peter	2. 4. 82	15. 11. 49
Schweickert, Friedrich	1. 5. 84	10. 2. 54
Marquard, Ursula, ½	15. 7. 85	23. 1. 56
Schüttler, Jutta, abg.	2. 3. 91	12. 10. 58
Zeuch, Dieter	2. 4. 94	18. 1. 61

Drei weitere Stellen für Richter am Amtsgericht sind besetzt. Namen und Personaldaten der Stelleninhaber sind nicht übermittelt worden.

Lampertheim E 91 287
Bürstadter Str. 1, 68623 Lampertheim
T (0 62 06) 18 08–0
Telefax (0 62 06) 18 08–43
1 Dir, 6 R

Schwarz, Lothar, Dir	1. 7. 87	30. 10. 55
Fischer, Albert	1. 10. 71	18. 10. 36
Keim, Annemarie	1. 7. 72	3. 11. 37
Tillmann, Felix-Josef	22. 12. 80	5. 4. 49
Kessler, Hans-Jürgen	—	—
Schmidt, Bernd	15. 5. 95	1. 7. 60

Eine weitere Stelle für einen Richter am Amtsgericht ist besetzt. Name und Personaldaten des Stelleninhabers sind nicht übermittelt worden.

Langen (Hessen) E 107 941
Zimmerstr. 29, 63225 Langen
Postfach 12 60, 63202 Langen
T (0 61 03) 5 91–02
Telefax (0 61 03) 2 73 07
1 Dir, 1 stVDir, 6 R + 1 × ½ R

Engelhard, Rolf, Dir	—	17. 11. 44
Rudolf, Mechthild, stVDir	17. 9. 76	28. 5. 46
Klein, Waltraud	1. 4. 74	21. 12. 42
Heinikel, Maria-Anne	20. 4. 79	30. 7. 50
Lux, Peter	23. 2. 94	17. 8. 47

Zwei und eine halbe weitere Stellen für Richter am Amtsgericht sind besetzt. Namen und Personaldaten der Stelleninhaber sind nicht übermittelt worden.

Michelstadt E 97 956
Erbacher Str. 47, 64720 Michelstadt
T (0 60 61) 7 08–0
Telefax (0 60 61) 7 08 68
1 Dir, 6 R

Dr. Kitz, Wolfgang, Dir	—	17. 11. 44
Hering, Steffen	1. 10. 76	15. 2. 45

Opel, Robert	1. 4. 79	20. 5. 48
Schmied, Helmut	2. 1. 94	17. 4. 60

Drei weitere Stellen für Richter am Amtsgericht sind besetzt. Namen und Personaldaten der Stelleninhaber sind nicht übermittelt worden.

Offenbach am Main E 255 062
Kaiserstr. 16, 63065 Offenbach am Main
T (0 69) 8 05 71
Telefax (0 69) 8 05 74 35
1 Pr, 3 w.aufsR, 29 R, 1 + ½ LSt (R)

Präsident

Uhl, Wilhelm	21. 12. 95	4. 7. 36

Vizepräsident

N. N.

weitere aufsichtführende Richterin/Richter

Degen, Ernst	1. 10. 88	24. 7. 40
Gielau, Hans-Joachim	1. 12. 90	31. 3. 44
Heine, Siglinde	1. 3. 95	14. 12. 42

Richterinnen/Richter

Lüdecke, Gerhard	4. 6. 71	26. 7. 38
Kretzschmar, Otto	1. 8. 71	20. 8. 37
Vogt, Klaus Dieter	1. 9. 73	21. 4. 41
Lassig, Jürgen	12. 7. 75	30. 11. 42
Gußmann, Dieter	1. 6. 76	12. 4. 45
Holstein, Klaus	12. 7. 79	12. 4. 36
Müller, Gerd	1. 9. 79	23. 8. 44
Dr. Carls, Peter	4. 7. 80	29. 5. 40
Dr. Weber, Wolfgang	3. 10. 80	6. 9. 41
Herget, Kurt	15. 1. 82	26. 9. 51
Senf, Martin Jürgen	22. 6. 83	16. 2. 47
Habermann, Norbert	1. 10. 83	12. 11. 49
Weldert, Susanne, beurl. (LSt)	11. 2. 85	13. 1. 55
Albrecht, Bettina	1. 3. 85	7. 1. 55
Koch, Karsten	1. 10. 86	9. 1. 48
Dr. Winckler, Annemarie	10. 9. 87	25. 7. 53
Freyer, Thomas	16. 7. 90	12. 6. 56
Beck, Manfred	1. 4. 91	14. 1. 58
Eisfeld, Ulrich	15. 2. 92	21. 4. 61
Gomille, Thomas	16. 4. 92	9. 6. 58
Dr. Fischer, Frank O.	26. 1. 93	7. 9. 61
Ritter, Jürgen	1. 10. 93	22. 4. 62
Keim, Stefan	25. 7. 94	21. 1. 59
Gimmler, Andreas	2. 9. 94	4. 9. 62
Eyers, Elke	1. 11. 94	24. 2. 59
Wernicke, Kerstin	2. 11. 94	11. 10. 62
Löffert, Gerhard	1. 9. 95	2. 1. 42
Roth, Manfred	2. 1. 96	29. 10. 46

Weitere Stellen für Richter am Amtsgericht sind besetzt. Namen und Personaldaten der Stelleninhaber sind nicht übermittelt worden.

Rüsselsheim E 86 339
Ludwig-Dörfler-Allee 9, 65428 Rüsselsheim
Postfach 11 62, 65401 Rüsselsheim
T (0 61 42) 2 03–0
Telefax (0 61 42) 2 03 45
1 Dir, 6 R + ½ R

Diedrich, Bernd, Dir	1.12.93	29.12.42
Schiele, Werner	1. 4.78	3.11.47
Niedermaier, Lothar	—	—
Paulus, Karin, ½	7. 7.83	9. 7.44
Dr. Thirolf, Rudolf	3. 1.89	24. 9.55
Wenner, Holger	27. 8.93	30.10.59
Köster, Inge	1. 4.96	—

Eine weitere Stelle für einen Richter am Amtsgericht ist besetzt. Name und Personaldaten des Stellvertreters sind nicht übermittelt worden.

Seligenstadt E 83 411
Giselastr. 1, 63500 Seligenstadt
T (0 61 82) 9 31–0
Telefax (0 61 82) 9 31–1 01
1 Dir, 5 R + 1 × ½ R, 2 LSt (R)

Meergans, Ernst, Dir	1. 7.78	20. 6.34
Giwitz, Rudolf	15. 3.68	31. 5.36
Broll, Elke	1.11.82	25. 6.51
Daubner, Anke	1. 7.91	2. 4.60
Wippich, Jörg	16. 5.94	24. 4.58
Zeyß, Andrea (LSt)	18. 7.94	30.12.60
Jilg, Richard	1. 4.96	12. 7.58

Landgerichtsbezirk Frankfurt am Main

Landgericht Frankfurt am Main
E 1 092 468
Gerichtsstr. 2, 60313 Frankfurt
Postfach 10 01 01, 60001 Frankfurt
T (0 69) 13 67–01
Telefax (0 69) 13 67–60 50
1 Pr, 1 VPr, 57 VR, 80 R + 2 × ½ R + 2 LSt (R)

Präsident
Kramer, Eberhard	1. 4.96	20.10.42

Vizepräsidentin
Dierks, Johanna	1. 6.87	12.11.34

Vorsitzende Richterinnen/Vorsitzende Richter
Menges, Gerhard	18. 7.72	27. 8.32
Koch, Otto	1. 4.73	23. 7.33
Knist, Ottmar	2. 4.74	1. 8.34
Elliesen, Kurt	16. 5.74	18.11.33
Wand, Karl	12. 9.75	19. 9.34
Schuster, Hans Karl	1.12.75	11. 9.33
Dr. Bokelmann, Gernot	1. 8.76	26. 9.34
Schlitz, Klaus	1.12.76	25. 9.39
Schulze, Hans-Georg	1.12.77	15. 6.38
Dr. Mückenberger, Heinz-Werner	1. 4.78	13. 7.35
Dr. Lehr, Friedrich	1. 8.78	3. 7.38
Kinnel, Günther	1. 2.79	—
Dr. Gehrke, Heinrich	1. 6.79	—
Hoheisel, Claus	1.10.79	25.10.38
Hellbach, Hartfried	1. 1.80	12. 7.36
Winners, Ingrid	1. 7.80	9. 7.40
Dr. Scheier, Bernard	1.10.80	14. 2.36
Dr. Knauth, Alfons	—	12. 4.35
Horstkotte, Mechthild	1. 4.81	2. 4.36
Dr. Goetzke, Heinrich	1. 6.82	4. 2.41
Dr. Michaelowa, Klaus	1. 3.83	23.11.38
Harder, Diethelm	1. 3.84	9. 4.43
Appel, Elke	1. 1.85	13. 9.41
Schwalbe, Rolf	1. 5.85	16. 8.38
Dr. Kretschmer, Detlev	1. 7.85	19. 5.44
Peters, Manfred	1. 9.85	28. 3.36
Baltzer, Klaus-Ulrich	1. 7.86	30. 4.37
Kermer, Hans	1. 2.87	18. 1.47
Dr. Zickler, Olaf	1. 4.87	28.10.42
Dr. Opitz, Rolf	1. 9.87	23. 9.40
Schroeder, Ulrike	—	—
Strieder, Gisela	1. 3.88	24. 2.45
Dr. Thomas, Falk	9. 3.88	11. 9.42
Schaube, Egbert	10. 3.88	3. 5.42
Dr. Höhne, Norbert	1. 5.88	—
Kehren, Thomas	20. 2.89	4. 8.49
Schaumburg, Karlheinz	—	16. 8.38
Schier-Ammann, Birgitta	26.11.90	—
Wiens, Klaus	1. 3.91	19. 9.49
Raasch, Rainer	1.12.91	12.11.42
Dr. Seibert, Thomas	30.12.91	2. 2.49
Großmann, Klaus	17. 9.92	2.10.48
Böhm, Inge	5.10.92	1. 1.44
Dr. Zimmermann, Horst	1. 8.93	31.10.49
Schichor, Petra	23. 8.93	16. 6.56
Estel, Thomas	26.10.94	2. 3.49
Gauderer, Heidi	2.11.94	19. 4.40
Gans, Rolfjürgen	2.11.94	7. 7.48
Dr. Schartl, Reinhard	2.11.94	9. 5.55
Rau, Werner	12. 6.95	31. 8.49
Ort, Gundula	27.10.95	12. 4.45

Vier weitere Stellen für Vorsitzende Richter am Landgericht sind besetzt. Namen und Personaldaten der Stelleninhaber sind nicht übermittelt worden.

LG-Bezirk Frankfurt am Main — OLG-Bezirk Frankfurt am Main — HE

Richterinnen/Richter

Name		
Schubert, Helga	2. 5.67	27.11.35
Wieczorek, Christiane	9. 7.68	18. 6.36
Schwichtenberg, Jürgen	2. 1.71	16. 2.38
Overrath, Ingrid, ½	15. 7.72	1. 4.39
Schumacher-Rawer, Dagmar	2. 2.73	24. 9.39
Dr. Schaab, Hans Werner	4. 5.73	22. 7.37
Zschörnig, Peter	16.11.73	13. 7.42
Holste, Astrid	1. 2.74	16. 4.43
Esser, Jürgen	28. 8.74	31. 3.42
Kehr, Michael	15. 9.75	7. 6.41
Henrichs, Hella-Maria, abg.	—	29. 4.36
Gerfin, Ulrich	15. 3.76	16. 5.45
Scheffer, Eike	1.10.76	25. 8.42
von Blanc, Jürgen	2. 1.77	5. 9.41
Löffert, Rotraud	2. 1.77	20.11.45
Michalke, Kornelius	1.10.77	3.11.44
Dr. Kaposi, Annerose	1.11.77	8. 2.43
Olp, Gertie	21. 3.78	22.11.47
Peppler, Joachim	29. 9.78	7. 1.49
Stamm, Eberhard	19.10.79	30.11.47
Wöhler, Dietmar	1. 5.80	18. 4.51
Rau, Barbara	1. 6.81	3. 1.52
Lerch, Klaus	—	—
Dr. Stüber, Hans-Jürgen	1.10.82	4. 8.51
Bebendorf, Sylvia, ½	15.10.83	5.11.50
Drescher, Klaus-Dieter	5. 3.84	26. 8.51
Fritz, Elisabeth, abg.	1.12.85	24.11.55
Erlbruch, Ulrich	28. 9.86	4. 6.56
Rodrian, Imke	5. 6.87	29.11.57
Stock, Bärbel, abg.	3. 7.87	4. 9.56
Schmitt-Michalowitz, Sylvia, ½	3. 8.87	4. 8.56
Stippler-Birk, Petra	11.10.88	1. 7.56
Dr. Seyderhelm, Bernhard	20.10.88	3. 1.57
Dr. Müller, Martin	1.11.88	28. 8.57
Tiefmann, Ingolf	9. 3.89	23. 2.54
Nickel, Joachim	2. 5.89	27. 8.54
Dr. Kurth, Frowin	2. 5.89	15. 4.55
Schwarzer, Marlies	2. 6.89	20. 1.58
Dr. Weber, Wolfgang	1.10.89	11. 3.51
Dr. Kögler, Matthias	1.10.89	15. 2.53
Simon, Albrecht	5. 1.90	21. 6.57
Sunder, Thomas	2. 3.90	28.10.57
Möller, Stefan	4. 1.91	26. 9.56
Sauer, Wolfram	5. 2.91	27. 3.59
Hefter, Christoph	20. 6.91	4. 3.59
Lenz, Renate	20. 6.91	15. 6.59
Wösthoff, Meinrad	2. 1.92	9. 4.58
Rosenfeldt, Ingrid	7. 5.92	22. 7.54
Dr. Renk, Heidemarie	1. 6.92	29.11.51
Schulz, Carola, beurl.	1.11.92	12. 6.60
Tauchnitz, Claudia, beurl. (LSt)	2. 1.93	10. 9.60
Uhlmann, Susanne, beurl.	3. 2.93	2. 1.60
Sommer, Christina	29. 3.93	—
Müller, Karin, ½	30. 3.93	19. 6.58
Dr. Erhard, Christopher	2. 4.93	23. 1.58
Wehner, Johanna	9. 7.93	19.11.61
Dr. Müller, Jochen	6. 8.93	10.10.57
Franke, Susanne, abg.	16. 8.93	12. 6.61
Striegl, Thomas	1.10.93	4. 4.59
Steitz, Uwe	—	23. 6.61
Bonkas, Beate	—	—
Dr. Ostermann, Stefan	3. 1.94	9. 2.58
Theimer, Anette	6. 1.95	22. 1.63
Kästner, Richard	1. 3.95	9. 7.62
Götz-Tallner, Claudia	11. 5.95	10.12.62
Dr. Theimer, Clemens	18.10.95	7. 2.61
Henrich, Karin	27.10.95	12.10.63
Soyke, Anne	1. 1.96	17. 5.63
Scholderer, Franziska	10. 4.96	19. 4.63

16 weitere Stellen für Richter am Landgericht sind besetzt. Namen und Personaldaten der Stelleninhaber sind nicht übermittelt worden.

Amtsgerichte

Bad Homburg v. d. Höhe E 126 167
Auf der Steinkaut 10–12, 61352 Bad Homburg
Postfach 11 41, 61281 Bad Homburg
T (0 61 72) 4 05–0
Telefax (0 61 72) 40 51 39
1 Dir, 1 stVDir, 1 w.aufsR, 10 R + 4 × ½ R + 2 LSt

Name		
Erbrecht, Werner, Dir	1. 4.87	23. 8.42
Dr. Knauth, E. Joachim, stVDir	1.11.86	9. 5.44
Orgaß, Günther, w.aufsR	27. 3.95	15. 4.46
Müller, Otto	5. 6.70	24. 8.35
Wiedenroth-Jahn, Erika	2. 1.79	1. 4.49
Dr. Redecker, Hans-Dieter	1. 2.79	21.12.34
Sebeikat, Norbert	4. 7.80	14. 7.47
Kopp-Salow, Ursula, ½	11.11.81	28.12.56
Leichthammer, Marion, beurl. (LSt)	28. 8.92	8. 5.62
Schmidt, Stephan	2. 8.93	10. 9.58
Schmidt, Frank, abg.	3. 1.94	3. 6.63
Kurschat, Gudrun	3. 8.94	6. 4.55
Burdenski, Bettina, ½	8.12.94	15. 9.60
Lange, Hartmut	12.12.94	29. 5.62

Vier weitere Stellen für Richter am Amtsgericht sind besetzt. Namen und Personaldaten der Stelleninhaber sind nicht übermittelt worden.

Bad Vilbel E 46 532
Friedrich-Ebert-Str. 28, 61118 Bad Vilbel
T (0 61 01) 80 09–0
Telefax (0 61 93) 80 09 22
1 Dir, 2 R

HE   OLG-Bezirk Frankfurt am Main   LG-Bezirk Frankfurt am Main

Heldmann, Dieter, Dir	1. 1.85	26.12.40
Braun, Walter	—	—
Frese, Bernd-Erich	1. 7.77	25. 4.44

Frankfurt am Main E 759 569
Gerichtsstr. 2, 60256 Frankfurt
Postfach 10 01 01, 60001 Frankfurt
T (0 69) 13 67–01
Telefax (0 69) 13 67–20 30
1 Pr, 1 VPr, 13 w.aufsR, 108 R + 7 × ½ R + 3,5 LSt (R)

Präsident

Wick, Manfred	1. 3.85	2. 8.37

Vizepräsident

Dr. Bernard, Karl-Heinz	1.10.93	30.11.44

weitere aufsichtführende Richter

Dombrowski, Klaus	1.11.79	3. 9.37
Eiling, Karl Heinz	1. 4.81	26. 8.37
Jakubski, Wolfgang	1.10.87	4. 2.44
Höhler, Michael	1. 4.88	9.12.46
Tulatz, Hans	1.11.89	11. 6.46
Olp, Bernhard	1.12.90	10. 7.48
Blanke, Martin	1.12.91	3.12.48
Jeßberger, Franz Martin	1. 4.93	7. 3.49
Noçon, Peter-Maria	1. 3.95	8.12.34
Rink, Jürgen	1. 3.95	14. 7.42
Ullrich, Klaus-Michael	1. 3.95	11.10.46

Richterinnen/Richter

Friedrichs, Erika	21. 6.65	9. 7.34
Schneider, Margot	1. 4.66	22. 1.34
Scheimann, Dietrich	1. 7.69	2.11.37
Jachmann, Diethard	9. 2.70	19. 2.37
Hecker-Hafke, Benigna	18. 9.70	1. 5.39
Steyer, Herbert	29. 9.72	21. 4.37
Wolfheimer, Horst	20.11.72	12. 6.39
Lütkehölter, Hans-Jochem	23. 1.74	30. 9.41
Malchereck, Ulrike	1. 9.74	24. 2.43
Witzke, Gerda	12. 7.75	14. 5.42
Dimde, Werner	2. 1.76	15. 5.38
Quirmbach, Rolf	15. 2.76	27. 8.44
Kohtz, Arthur	1. 6.76	24. 3.42
Dirschoweit, Klaus	2. 7.76	30. 3.44
Welke, Hartmut	17.12.76	29. 9.45
Wagner, Helmut	21.12.76	7.12.44
Fröhlich, Jürgen	2. 5.77	21. 7.44
Tillmann, Johannes	1. 8.77	15.10.46
Hansen, Dorothea	2.12.77	21. 2.46
Brossok, Gerhard	1. 1.78	29. 9.47
Heß, Peter	7. 2.78	22. 4.48
Stein, Helmut	1. 6.78	3. 9.45
Becker, Clemens	1. 8.78	6. 8.47
Gestefeld, Wolf-Dietrich	1.10.78	26. 7.47

Schulze, Hans-Jürgen	15.12.78	18. 1.38
von Alvensleben, Elisabeth	2. 1.79	19.10.45
Henrici, Ralph	1.10.79	19.12.48
Rupp, Felix	13.12.79	5. 2.48
Baensch, Gerhard	1. 3.80	5. 1.45
Biernath, Hans-Ulrich	7. 7.80	19. 8.48
Fiebig, Thomas	1. 9.80	9. 7.49
Dorn, Ernst-Otto	3. 4.81	22. 3.51
Schmidt, Hermann Josef	6. 5.81	31. 3.50
Menz, Wolfgang	1. 8.81	26. 5.50
Eckhardt, Klaus	15. 1.82	20.11.52
Hofmann, Norbert	1. 7.82	22. 9.45
Zeller, Claudia	16. 7.82	10. 3.53
Meilinger, Günther	15.10.82	18. 1.51
Kramer, Peter	15.10.82	5. 3.53
Schott, Dieter	3. 1.83	21. 3.47
Wetscherka-Hildner, Birgit, ½	10. 3.83	21.11.53
Weber, Wolfgang	17. 3.83	4. 8.47
Mieth, Ulrike	1. 4.83	19.12.45
Strohschnitter, Herbert	28. 3.83	18. 7.41
Dr. Mirtsching, Wolfram	22. 6.83	3. 5.47
Dr. Haschtmann, Cornelia-Ulrike, ½	4. 8.83	3. 1.52
Vogel-Fingerhut, Ingrid	6. 1.84	28. 6.52
Datz-Winter, Christa	9. 1.84	9. 1.53
Heimann-Trosien, Renate, beurl. (LSt)	28. 5.84	16. 8.51
Christ, Sigrid	1. 8.84	18.12.53
Dietz, Willi	4. 1.85	22. 2.53
Holl, Winfried	15. 6.85	22. 4.50
Kraushaar, Michael	3. 1.86	20. 1.56
Pulch, Peter-Alexander	1.11.86	28. 5.54
Knauth, Heike	5. 3.87	11. 4.56
Kroh, Hartmut	10. 2.88	16. 9.54
Wagner-Kummer, Sigrun, ½	22. 6.88	24. 4.56
Leimert, Ulrike	1.10.88	22.10.42
Drewanz, Christopher	10.10.88	30. 9.55
Lippert, Gerhard	14.10.88	1. 5.56
Meyer, Kriemhild	2. 1.89	24. 2.50
Bauer, Axel	2. 1.89	25. 5.55
Gräbert, Ulrich	1.10.89	19. 4.52
Dr. Boerner, Annette	5. 1.90	1. 3.58
Dr. Lehmann, Rolf	4. 7.90	11.11.48
Treuner, Regina	18. 1.91	29. 5.57
Lorenz-Papra, Gudrun, beurl. (LSt)	1. 2.91	3.11.54
Reidenbach, Friedhelm	1.10.93	30.11.44
Mohr, Stefan	2. 6.92	10. 8.58
Christmann, Andreas	16.10.92	24.10.58
Schenk, Reinhard	17.11.92	15. 6.59
Lenz, Rosa-Maria	1.12.92	18. 8.53
Wetzel, Ullrich	15. 1.93	11.11.56
Mickerts, Ingrid	8. 2.92	2. 5.60
Beck, Manfred	30. 3.93	5. 2.60

LG-Bezirk Fulda   OLG-Bezirk Frankfurt am Main   **HE**

Herrmann, Vera	20. 6. 93	1. 8. 58
Schulte-Kürzel, Brigitte, ½	1. 7. 93	7. 7. 58
Heyter, Angela	16. 9. 93	1. 5. 60
Ungeheuer, Kornelia	1. 4. 94	6. 12. 58
Nöhre, Ingo	15. 3. 94	4. 10. 61
Biba, Jürgen	22. 4. 94	2. 3. 62
Konow, Karl-Stefan	20. 7. 94	25. 5. 61
Pfaff, Rainer, beurl.	29. 7. 94	15. 2. 61
Hauptmann, Sylvia	2. 9. 94	21. 10. 61
Scheid-Richter, Susanne, ½	10. 10. 94	31. 12. 61
Stilp, Gudrun	14. 10. 94	29. 11. 55
Lehmann, Markus	14. 10. 94	21. 10. 58
Brandenfels, Thomas	14. 11. 94	1. 7. 62
Kraus, Reinhard	18. 12. 94	25. 12. 56
Blaschko, Peter	15. 1. 95	4. 4. 61
Dr. Römer, Ruth	17. 2. 92	1. 5. 60
Cuntz-Fluck, Dietmar	1. 4. 95	9. 6. 57
Hartmann, Wolfgang	1. 4. 95	8. 6. 61
Matzack, Michael	1. 4. 95	28. 11. 61
Görlitz-Kasassoglou, Ramona	1. 4. 95	8. 6. 63
Mych, Yvonne	8. 5. 95	16. 2. 58
Nägele, Corinna beurl. (LSt)	15. 5. 95	20. 1. 58
Kaufman, Ursula, ½	10. 7. 95	13. 4. 50
Dr. Rennig, Christoph	1. 8. 95	8. 6. 54

18 weitere Stellen für Richter am Amtsgericht und eine Stelle für weitere aufsichtführende Richter sind besetzt. Namen und Personaldaten der Stelleninhaber sind nicht übermittelt worden.

Königstein im Taunus   E 112 497
Gerichtsstr. 2, 61462 Königstein
Postfach 11 49, 61451 Königstein
T (0 61 74) 29 03–0
Telefax (0 61 74) 29 03 33
1 Dir, 1 stVDir, 4 R + 5 × ½ R

Rohrbeck, Axel, Dir	1. 2. 79	10. 11. 34
Hauer-Speckhardt, Elke, stVDir	14. 3. 95	22. 1. 44
Zielke, Ricarda, ½, abg.	15. 12. 78	1. 2. 46
Menz, Renate, ½, abg.	3. 5. 79	27. 4. 49
Oehm, Georg	17. 4. 81	19. 9. 51
Stark, Detlef, abg.	—	—
Ried, Gabriele, ½	5. 7. 89	9. 7. 55
Haselmann, Blanka, ½	1. 1. 90	27. 2. 54
Wolff, Sabine, ½	4. 4. 91	9. 7. 59
Dr. Rademacher, Christine	5. 10. 94	23. 9. 54
Weiskopf, Ulrich	—	—

Eine weitere Stelle für Richter am Amtsgericht ist besetzt. Name und Personaldaten des Stelleninhabers sind nicht übermittelt worden.

Usingen   E 49 679
Weilburger Str. 2, 61250 Usingen
T (0 60 81) 10 28–0
Telefax (0 60 81) 10 28–13
1 Dir, 2 R + ½ R

Bach, Rudolf, Dir	1. 3. 83	23. 11. 37
Sattler, Wolfgang	18. 9. 74	1. 8. 37
Cromm, Anneliese, ½	1. 3. 86	26. 6. 54
Gierke, Martin	31. 3. 93	2. 9. 59

Landgerichtsbezirk Fulda

Landgericht Fulda   E 342 273
Schloßstr. 1, 36037 Fulda
Postfach 6 40, 36006 Fulda
T (06 61) 7 90 41
Telefax (06 61) 2 33 40
1 Pr, 1 VPr, 4 VR, 9 R, 1 LSt (R)

Präsident
Baumann, Karl	4. 11. 88	16. 8. 31

Vizepräsident
Bormuth, Nikolaus	4. 2. 87	14. 11. 34

Vorsitzende Richterin/Vorsitzende Richter
Ammer, Anna Elisabeth	12. 9. 83	25. 1. 32
Dr. Geffert, Martin	3. 4. 87	22. 12. 43
Krisch, Peter	20. 9. 89	4. 10. 45
Becker, Heinrich	18. 3. 92	19. 12. 47

Richter
Hellwig, Heinrich, abg.	3. 7. 80	12. 6. 43
Rützel, Reinhold	9. 2. 84	1. 3. 53
Dr. Hawran, Reinhard	2. 2. 85	4. 7. 52
Kölsch, Rainer	18. 3. 88	6. 3. 54
Wagner, Jürgen	25. 4. 90	28. 10. 57
Richter, Josef	1. 6. 93	15. 7. 58
Becker, Joachim	17. 12. 93	20. 3. 61
Latsch, Jörg	1. 4. 96	1. 4. 64

Amtsgerichte

Bad Hersfeld   E 83 587
Dudenstr. 10, 36251 Bad Hersfeld
T (0 66 21) 2 03–0
Telefax (0 66 21) 2 03–407
1 Dir, 7 R

Eimer, Hermann, Dir	15. 11. 91	8. 10. 47
Tuchow, Henning	1. 7. 74	31. 1. 42
Leimbach, Dieter	17. 7. 88	26. 7. 55

HE OLG-Bezirk Frankfurt am Main   LG-Bezirk Gießen

Kilian-Bock, Michaela	1. 10. 90	4. 10. 59
Krusche, Michael	1. 5. 90	10. 12. 58
Jurczyk, Rainer		
(abg. zu ½)	21. 5. 93	24. 1. 61
Schnelle, Elmar	11. 10. 95	14. 10. 59
Mondl, Heidrun	11. 10. 95	30. 6. 62

Fulda E 175 642
Königstr. 38, 36037 Fulda
Postfach 1 29, 36001 Fulda
T (06 61) 9 24 02
Telefax (06 61) 9 24 24 00

Zweigstelle in Gersfeld
Marktplatz 26, 36129 Gersfeld
T (0 66 54) 2 63

Zweigstelle in Hilders
Schulstr. 2, 36115 Hilders
T (0 66 81) 2 27

Zweigstelle in Neuhof
Hattenhofer Str. 10, 36119 Neuhof
T (0 66 55) 16 65
1 Dir, 1 stVDir, 10 R

Brack, Friedrich, Dir	1. 10. 84	26. 5. 34
Heimrich, Erwin Heinrich,		
stVDir	1. 8. 86	30. 6. 35
Hartmann, Heinrich	1. 4. 68	24. 6. 36
Reichert, Peter	29. 7. 71	3. 10. 37
Kleiss, Günther	22. 8. 74	30. 7. 43
Schaumburg, Hans-Karl	2. 1. 77	22. 9. 43
Ballmaier, Michael	19. 8. 77	22. 11. 43
Hofner, Günter	1. 9. 78	28. 12. 44
Kreis, Joachim	2. 10. 80	23. 2. 49
Krenzer, Christina	9. 3. 84	23. 12. 54
Wilbers, Lothar	1. 8. 86	10. 9. 53
Mangelsdorf, Christoph	2. 1. 95	6. 6. 62

Hünfeld E 33 683
Hauptstraße 24, 36088 Hünfeld
Postfach, 36084 Hünfeld
T (0 66 52) 6 00–01
Telefax (0 66 52) 60 02 22
1 Dir, 1 R

Herbst, Josef, Dir	1. 4. 89	30. 4. 46
Lautenbach, Udo	29. 7. 91	23. 8. 59

Lauterbach (Hessen) E 49 361
Königsberger Str. 8, 36341 Lauterbach
T (0 66 41) 96 17–0
Telefax (0 66 41) 6 26 85
1 Dir, 2 R

Bücking, Rainer, Dir	26. 4. 78	31. 10. 44
Blasek, Brigitte Mathilde	2. 6. 78	15. 5. 47

Landgerichtsbezirk Gießen

Landgericht Gießen E 562 494
Ostanlage 15, 35390 Gießen
Postfach 11 16 04, 35387 Gießen
T (06 41) 93 40
Telefax (06 41) 9 34 14 41
1 Pr, 1 VPr, 9 VR, 16 R + ½ R + 1 LSt (UProf)

Präsident

Rawer, Wolfgang	31. 3. 95	24. 8. 40

Vizepräsident

Goerke, Hans-Joachim	11. 12. 80	9. 8. 31

Vorsitzende Richter

Siegl, Walter	10. 10. 72	5. 2. 35
Rummer, Klaus Peter	6. 12. 78	13. 8. 37
Pfannerstill, Karl	17. 4. 79	9. 10. 36
Nies, Fritz	1. 8. 79	26. 9. 38
Weller, Wilfried	3. 4. 86	5. 5. 41
Gaßmann, Holger	12. 7. 88	2. 2. 43
Pfister, Peter	18. 3. 92	4. 2. 43
Dr. Becker, Harald	26. 10. 95	19. 6. 37

Richterinnen/Richter

Wolf, Bernhard	2. 12. 63	8. 1. 32
Orb, Erwin	8. 9. 74	23. 12. 43
Laabs, Peter	1. 10. 74	21. 11. 38
Geilfus, Klaus Peter	20. 4. 79	15. 6. 50
Brühl, Gertraud	1. 9. 79	16. 6. 50
Demel, Bruno	24. 8. 81	15. 4. 50
Pohl, Klaus	1. 8. 83	4. 2. 50
Brinker, Heinrich-		
Hermann	28. 11. 88	2. 10. 55
Dr. Nierwetberg, Rüdiger	3. 2. 90	2. 2. 55
Keller, Ralf	5. 8. 90	25. 3. 60
Lang, Klaus	4. 1. 91	16. 1. 55
Dr. Nink, Johannes	29. 9. 92	10. 10. 56
Bremer, Beate	2. 1. 94	27. 7. 61
Dr. Steinbach, Dietwin	2. 5. 94	29. 4. 58
Pradel, Petra	1. 7. 94	2. 9. 64
Dr. Oehm, Frank	1. 1. 95	8. 2. 60
Schrader, Jürgen	2. 3. 95	15. 1. 61

Amtsgerichte

Alsfeld E 57 553
Amthof 12, 36304 Alsfeld
Postfach 1 80, 36291 Alsfeld
T (0 66 31) 40 21–25
Telefax (0 66 31) 40 27
1 Dir, 3 R + ½ R

LG-Bezirk Gießen — OLG-Bezirk Frankfurt am Main — HE

Tausch, Adolf, Dir	1. 5.84	24. 5.38
Dr. Scherner, Peter	4. 5.73	25. 6.39
Laux, Eberhard, abg.	1. 6.81	14.10.50
Noll, Edwin	2. 1.92	4. 8.60
Deisenroth, Andrea	1. 1.96	20.12.63

Büdingen E 66 682
Stiegelwiese 1, 63654 Büdingen
Postfach 11 00, 63652 Büdingen
T (0 60 42) 9 82–0
Telefax (0 60 42) 9 82–1 01
1 Dir, 5 R + ½ R

Lichtenegger, Hans-Udo, Dir	1. 3.91	27. 5.51
Martin, Hans Joachim	2. 5.79	5. 2.49
Decker-Fischer, Sylvia	1.10.93	28. 9.59
Knoche, Stefan	10. 2.94	14. 9.63
Jöntgen, Herbert	3. 8.94	9.10.55

Butzbach E 33 798
Färbgasse 24, 35510 Butzbach
Postfach 310, 35503 Butzbach
T (0 60 33) 9 63 00
Telefax (0 60 33) 96 30 30
1 Dir, 1 R + ½ R

Frank, Dietrich, Dir	16. 3.95	27. 7.50
Kleinmaier, Melanie, abg.	1. 4.96	9. 9.65

Friedberg E 109 857
Homburger Str. 18, 61169 Friedberg
Postfach 10 01 61, 61141 Friedberg
T (0 60 31) 6 03–0
Telefax (0 60 31) 6 03–1 57
1 Dir, 1 stVDir, 12 R (davon 2 × ¾ R + 1 × ½ R)

Heil, Gerhard, Dir	1.12.82	2.12.38
Mohr, Klaus, stVDir	25. 8.94	6. 6.48
Knipper, Werner	6. 3.75	23. 8.43
Dr. Schlick, Manfred	6. 6.75	7. 6.37
Kröll, Astrid	1. 6.76	31. 5.38
Wolffram-Falk, Thomas, abg.	1.10.78	13.12.48
Tritt, Oskar	25.10.85	4. 6.54
Kaiser, Michael	6. 8.93	28. 9.60
Enders-Kunze, Regine	15. 4.94	17. 1.63
Wiebusch, Dagmar	1.10.94	25. 7.62
Hornig, Antje	1. 6.95	8.12.61

Drei weitere Stellen für Richter am Amtsgericht sind besetzt. Namen und Personaldaten der Stelleninhaber sind nicht übermittelt worden.

Gießen E 238 481
Gutfleischstr. 1, 35390 Gießen
Postfach 11 16 03, 35387 Gießen
T (06 41) 9 34–0
Telefax (06 41) 9 34–24 42
1 Pr, 1 VPr, 2 w.aufsR, 21 R + 4 × ½ R

Präsident

Werner, Jochen	9. 9.93	22. 7.38

Vizepräsident

Eisenberg, Werner	1. 3.94	22. 3.47

weitere aufsichtführende Richterin/Richter

Koch-Rein, Wulf	30. 4.86	26. 1.41
Büger, Ulrike	1.12.94	12. 7.47

Richterinnen/Richter

Heil, Hans-Peter	4. 9.70	1. 7.39
Eimer, Klaus	1. 6.74	24.10.43
Stiebeling, Ludwig	2. 5.76	16. 7.46
Schäfer-Töpper, Marianne	9.12.76	2. 8.45
Helbing, Wolfgang	2. 3.78	26. 8.45
Jastroch, Werner	1.10.79	31. 5.47
Dr. Dittrich, Johannes	23.10.79	3.11.48
Hendricks, Wolfgang	21.11.80	13. 7.50
Schreiber, Manfred	14. 2.83	15. 9.51
Jesse, Klaus Peter	3. 3.83	5.10.52
Gotthardt, Rainer Rudolf	1. 7.83	13.10.50
Winkler, Harry	13. 4.84	30. 8.51
Wendel, Michael	17.10.84	9. 8.52
Breininger, Werner	9. 7.87	1. 3.54
Seim, Burkhard	1.10.87	15. 6.56
Dr. Schellenberg, Frank, abg.	1.10.88	24. 2.57
Reuling, Udo	9. 5.89	14. 4.55
Demel, Sabine	1. 9.89	9. 6.57
Grün, Klaus-Jürgen	13. 7.91	6.12.60
Mengel, Beate	20. 9.91	8. 4.60
Tremmel-Schön, Sabine	15. 3.94	5.12.60
Fouladfar, Maddalena	6. 9.94	15.11.57
Knell, Thorsten	1. 4.95	18. 7.61

Nidda E 56 123
Schloßgasse 23, 63667 Nidda
Postfach 11 40, 63658 Nidda
T (0 60 43) 80 03–0
Telefax (0 60 43) 80 03 29
1 Dir, 3 R

Dr. Klier, Gerhard, Dir, abg.	29. 1.93	20. 9.44
Hössl, Christoph	6. 4.79	7. 2.48
Seichter, Jürgen	1. 7.85	19. 5.55

HE OLG-Bezirk Frankfurt am Main   LG-Bezirk Hanau

Landgerichtsbezirk Hanau

Landgericht Hanau E 398 288
Nußallee 17, 63450 Hanau
T (0 61 81) 2 97–0
Telefax (0 61 81) 2 97–2 03
1 Pr, 1 VPr, 8 VR, 14 R

Präsident

Kästner, Otto	1. 1. 84	2. 8. 35

Vizepräsident

Dr. Mößinger, Rainer	1. 11. 89	31. 5. 45

Vorsitzende Richter

Frese, Heinz	14. 1. 80	7. 3. 35
Pürschel, Ernst-Thomas	2. 1. 81	30. 10. 38
Heinrich, Wolfgang	1. 9. 86	25. 7. 39
Strieder, Peter	1. 1. 89	17. 2. 44
Dr. Frech, Klaus	1. 10. 89	30. 5. 44
Dr. Uffelmann, Manfred	1. 7. 90	1. 12. 46
Scheuermann, Ulrich	19. 8. 93	4. 1. 52

Richterinnen/Richter

Grohmann, Paul	1. 4. 69	22. 5. 35
Hannen, Klaus	1. 3. 71	22. 12. 40
Bohne, Manfred	3. 5. 74	30. 9. 41
Dr. Vos-Lankamp, Wolfgang	1. 10. 76	9. 7. 43
Seipel, Werner	26. 4. 77	5. 5. 47
Edelmann, Regina	13. 5. 88	6. 4. 57
Kling-Distel, Jutta	1. 8. 89	9. 3. 58
Jorda, Dietmar	1. 4. 90	16. 3. 56
Dr. Saur, Günther	3. 8. 90	30. 12. 57
Peter, Angela	19. 9. 91	20. 4. 60
Koubek, Peter	13. 7. 92	22. 11. 60
Dr. Graßmück, Peter	12. 10. 92	12. 7. 58
Fischer, Erich	1. 11. 92	6. 3. 56
Hauffen, Silvia	10. 2. 95	12. 8. 62

Amtsgerichte

Gelnhausen E 113 530
Philipp-Reis-Str. 9, 63571 Gelnhausen
T (0 60 51) 8 29–0
Telefax (0 60 51) 82 92 59

Zweigstelle in Wächtersbach
Bahnhofstr. 2, 63607 Wächtersbach
T (0 60 53) 92 71
1 Dir, 1 w.aufsR, 8 R

Kuhls, Rainer, Dir	1. 10. 85	8. 10. 44
Haas, Sigrid, w.aufsR	1. 10. 83	8. 10. 53

Heischmann, Wolf-Dieter	20. 3. 75	27. 9. 43
Saamer, Karl Friedrich	2. 1. 76	7. 7. 40
Schaum, Peter	1. 4. 76	19. 9. 41
Gräbner, Klaus	2. 1. 77	17. 5. 46
Dilg, Gert	1. 2. 77	18. 7. 45
Merle, Udo	1. 8. 86	2. 5. 53
Thiele, Frank, beurl.	2. 9. 94	6. 3. 61
Erdmann, Arnold	1. 9. 95	29. 11. 49

Hanau E 234 867
Nußallee 17, 63450 Hanau
T (0 61 81) 2 97–0
Telefax (0 61 81) 29 74 40
1 Dir, 1 stVDir, 1 w.aufsR, 22 R

Dr. Hein, Wolfgang, Dir	22. 4. 80	9. 10. 35
N. N., stVDir		
Schäfer, Anton, w.aufsR	7. 6. 73	20. 9. 33
Bode, Albrecht	15. 3. 68	9. 3. 36
Marx, Peter Christof	1. 10. 68	6. 9. 36
Scheffer-Müller, Ute	1. 2. 74	9. 11. 41
Kunz, Sigrid	2. 6. 75	7. 8. 42
Posse, Reimar	27. 2. 76	15. 8. 43
Wagner-Kissel, Renate	15. 9. 76	6. 8. 45
Unger, Petra	—	—
Wolf, Gerhard	20. 3. 78	12. 6. 45
Dr. Wiesenberg, Claus	4. 7. 80	11. 3. 48
Hoos, Jochen	22. 9. 80	22. 4. 49
Droscha, Michael	1. 2. 81	5. 5. 48
Gersitz, Wolfgang	5. 5. 81	2. 7. 51
Berner, Thomas	1. 7. 82	4. 9. 49
Kern, Axel	12. 9. 82	18. 12. 51
Pfeifer, Renate	1. 8. 86	30. 9. 58
Fritz, Dieter	1. 9. 90	4. 3. 58
Jehring, Claudia	9. 4. 93	7. 5. 62
Stocklöw, Jürgen	2. 5. 93	27. 6. 61
Vetter, Volker	1. 10. 93	2. 9. 61
Oberländer, Jörg	14. 10. 94	7. 11. 61
Weber, Matthias	13. 2. 95	13. 9. 57
Schott-Pfeifer, Petra	29. 12. 95	15. 3. 63

Schlüchtern E 49 891
Dreibrüderstr. 12, 36381 Schlüchtern
T (0 66 61) 1 58–0
Telefax (0 66 61) 1 58–40

Zweigstelle in Bad Soden-Salmünster
Amthof 4, 63628 Bad Soden-Salmünster
T (0 60 56) 13 55
1 Dir, 1 R

Rothmaler, Wolf Dieter, Dir	13. 11. 75	30. 9. 39
Adam, Bernd-Michael	19. 5. 75	19. 2. 42

LG-Bezirk Kassel   OLG-Bezirk Frankfurt am Main   **HE**

Landgerichtsbezirk Kassel

Landgericht Kassel   E 861 703
Frankfurter Str. 11, 34117 Kassel
T (05 61) 71 23–0
Telefax (05 61) 7 12 35 30
1 Pr, 1 VPr, 16 VR, 23,5 R

Präsidentin
Böhm, Reglindis   1. 12. 90   27. 12. 34

Vizepräsident
von Gliszynski,
  Dietrich   1. 6. 82   18. 12. 36

Vorsitzende Richterin/Vorsitzende Richter
Dr. Leonhardt, Paul   18. 10. 71   18. 5. 35
Schütt, Peter   27. 10. 77   9. 8. 37
Dr. Kieckebusch, Klaus   1. 12. 77   18. 7. 35
Siekmann, Gerhart   1. 10. 79   12. 2. 40
Dr. Heisz, Gisela   1. 5. 80   3. 10. 34
Anselmann, Ortwin   1. 6. 81   28. 7. 41
Dr. Witzig, Hartmut   1. 12. 82   11. 6. 38
Dr. Keitel, Burkhardt   1. 1. 84   21. 4. 42
Blomer, Helmut   1. 1. 84   8. 1. 44
Ohlerich, Detlef   1. 7. 86   7. 9. 43
Dr. Löffler, Wolfgang   1. 9. 89   16. 3. 49
Pohl, Gerd   1. 12. 90 17. 2. 43
Damm, Friedhelm   1. 12. 91 20. 11. 47
Dr. Nesselrodt, Jürgen   1. 12. 92   9. 6. 49
Menzler, Rüdiger   1. 10. 93 17. 6. 44

Eine weitere Stelle für einen Vors. Richter am LG ist besetzt. Name und Personaldaten des Stelleninhabers sind nicht mitgeteilt worden.

Richterinnen/Richter
Eberius, Dieter   29. 9. 69   23. 6. 35
Strube, H. Herbert   27. 2. 71   8. 5. 38
Roersch, Hermann Günter   1. 4. 72   15. 9. 37
Aßmann, Jürgen   15. 10. 72   19. 6. 36
Haase, Renate   18. 6. 77   5. 5. 46
Neuendorf, Rainer   1. 10. 78 16. 2. 45
Dr. Brem, Ursula   1. 10. 78 13. 6. 47
von Lipinski, Rudolf   1. 2. 80   4. 3. 48
Damm, Birgitte   1. 7. 86   26. 6. 52
Treml, Hans-Werner   1. 8. 86   16. 9. 54
Stanoschek, Jürgen   1. 7. 88   20. 12. 55
Schuster, Inge   1. 10. 90 28. 9. 58
Mütze, Heinz-Volker,
  abg.   16. 12. 90 23. 3. 58
Neumeier, Hubert   14. 11. 91 15. 10. 56
Dreyer, Jürgen   24. 7. 92   30. 7. 59
Timm, Volker   27. 10. 92 16. 7. 60
Bloch, Joachim, abg.   4. 1. 93   8. 8. 60

Pfeifer, Uta, ½   8. 1. 93   29. 8. 61
Prietz, Reinhard   4. 4. 93   18. 9. 57
Gerstung, Marion   15. 3. 94   17. 4. 62
Bethe, Sabine   6. 1. 95   20. 12. 63
Quandel, Uwe   24. 2. 95   2. 10. 62
Dr. Blumenstein, Thomas   4. 1. 96   26. 3. 58

Weitere Stellen für Richter am LG sind besetzt. Namen und Personaldaten der Stelleninhaber sind nicht übermittelt worden.

Amtsgerichte

Arolsen   E 34 109
Rauchstr. 7, 34454 Arolsen
T (0 56 91) 30 85–86
Telefax (0 56 91) 32 21
1 Dir, 1 R

Hüttig, Gernot, Dir   1. 4. 84   3. 10. 43
Dr. Carl, Erwin   1. 4. 83   26. 5. 50

Bad Wildungen   E 24 853
Laustr. 8, 34537 Bad Wildungen
T (0 56 21) 60 29
Telefax (0 56 21) 7 40 49
1 Dir, 1 R

Goebel, Winfried, Dir   1. 3. 77   1. 12. 36
Lauer, Konrad   13. 7. 94   21. 9. 58

Eschwege   E 67 077
Bahnhofstr. 30, 37269 Eschwege
Postfach 12 40, 37252 Eschwege
T (0 56 51) 6 00 51

Zweigstelle in Sontra
Neues Tor 8, 36205 Sontra
T (0 56 53) 6 71
1 Dir, 6 R

Dr. Grube, Reinhold, Dir   28. 1. 75   5. 11. 35
Stück, Günter   22. 1. 71   21. 7. 37
Höbbel, Peter   8. 9. 75   22. 9. 42
von Moltke, Helmuth   1. 9. 79   19. 10. 45
Becker, Rudolf   2. 4. 87   22. 3. 51

Fritzlar   E 68 972
Schladenweg 1, 34560 Fritzlar
T (0 56 22) 20 21–25
Telefax (0 56 22) 7 06 80
1 Dir, 3 R

Regenbogen, Kurt, Dir   1. 3. 77   9. 7. 38
Götze, Ekkehard   1. 4. 78   1. 1. 44

Rhiel, Bernhard	1. 10. 84	7.	9. 54
Heidelbach, Stephan,			
abg.	9. 9. 94	24.	1. 61

Hofgeismar E 63 367
Friedrich-Pfaff-Str. 8, 34369 Hofgeismar
T (0 56 71) 20 14–16
Telefax (0 56 71) 61 07
1 Dir, 2 R

N. N., Dir

Kraß-Köhler, Elisabeth	1. 11. 83	15.	5. 52
Witte, Rüdiger	1. 3. 92	3.	2. 58

Homberg E 20 684
Obertorstr. 9, 34576 Homberg
T (0 56 81) 40 51–52
Telefax (0 56 81) 77 05 20
1 Dir, 2 R

Spanknebel, Erhard, Dir	—	28.	9. 43
Neupärtl, Frank-Martin	12. 8. 94	22.	1. 61

Kassel E 337 942
Frankfurter Str. 9, 34117 Kassel
T (05 61) 71 23–0
Telefax (05 61) 71 23–5 40 und -6 94

Zweigstellen in Kassel
Friedrichstr. 32–34, 34117 Kassel
Karthäuser Str. 21, 34117 Kassel
Ständeplatz 19, 34117 Kassel
Obere Karlsstr. 2 u. 4, 34117 Kassel
1 Pr, 1 VPr, 4 w.aufsR, 43 R + 2 × ½ R + 2 × ¾ + 2 LSt

Präsident
N.N.

Vizepräsident

Grimm, Eike	1. 7. 89	26.	1. 37

weitere aufsichtführende Richterin/Richter

Ast, Arndt	1. 9. 80	10.	5. 41
Dr. Hornung, Paul	1. 1. 85	29.	8. 41
Wiegand, Helga	—		
Ruess, Karl	1. 12. 94	19.	3. 44

Richterinnen/Richter

Pfeiffer, Helga	1. 7. 65	28.	3. 34
Zeug, Gertraud	1. 4. 66	6.	10. 33
Heinzemann, Hans Ulrich	15. 6. 66	9.	4. 35
Schmidt, Helga	19. 9. 69	15.	1. 38
Artelt, Klaus-Peter	10. 7. 70	13.	6. 38
Ruhland, Helga	18. 11. 71	8.	12. 39
Bannert, Eva	15. 10. 72	28.	3. 34
Lengemann, Frank	17. 1. 74	21.	4. 43
Swoboda, Josef	1. 4. 74	5.	4. 41
Dr. Weber, Theodor	1. 10. 74	6.	1. 43
Schminke, Rudolf	6. 3. 75	4.	11. 41
Schultz, Diethelm	2. 10. 75	2.	6. 43
Rumpf, Christa Maria	15. 3. 76	23.	11. 34
Weiß, Ulrich	1. 6. 76	17.	6. 40
Rolf, Heinz-Peter	18. 6. 76	10.	11. 43
Müller-Thieme, Hans-			
Joachim	1. 1. 77	28.	2. 45
Kindermann, Ulrike	1. 7. 77	11.	10. 49
Weber-Timmermann,			
Gudrun	1. 10. 77	28.	9. 44
Dr. Wille, Jörn	1. 10. 77	22.	10. 46
Dr. Hornung-Grove,			
Marianne	1. 11. 77	18.	9. 42
Krämer, Gerd	14. 10. 77	18.	5. 46
Drapal, Hans	2. 12. 77	20.	4. 47
Arnold, Reiner	10. 2. 78	6.	9. 45
Loth, Harald	21. 4. 78	4.	7. 49
John, Gerald	5. 1. 79	2.	9. 49
Schultz-Jansen, Brigitte	19. 1. 79	26.	4. 49
Dr. Sorhagen, Ingeborg	19. 3. 80	4.	12. 44
Schröter, Ulrich	3. 7. 80	6.	9. 49
Kerl, Agnes	1. 9. 82	21.	3. 52
Gerlach-Welge, Uta	26. 8. 83	30.	3. 52
Wagner, Dieter	1. 2. 86	4.	8. 51
Engels, Rainer	19. 11. 87	22.	11. 54
Braun, Harald	1. 8. 89	16.	3. 56
Dr. Jürgens, Andreas	4. 8. 89	14.	11. 56
Dr. Mumberg, Joachim	1. 4. 92	11.	12. 60
Schornstein-Bayer, Brigitte	9. 4. 93	8.	7. 59
Winter, Wolf, abg.	2. 1. 94	13.	10. 58
Nieders, Felicitas	15. 4. 94	4.	2. 59
Dr. Sojka, Jürgen	2. 1. 95	13.	10. 60
Mann, Wolfgang	2. 1. 95	17.	4. 62

Weitere Stellen für Richter am Amtsgericht sind besetzt. Namen und Personaldaten der Stelleninhaber sind nicht übermittelt worden.

Korbach E 55 826
Hagenstr. 2, 34497 Korbach
T (0 56 31) 56 05–0
Telefax (0 56 31) 56 05 57
1 Dir, 5 R

Sehmsdorf, Wulf, Dir	1. 11. 83	8.	5. 35
Romanus, Wolfgang	5. 8. 68	3.	3. 35
Melzer, Dieter	24. 3. 70	4.	7. 38
Schmidt, Helmut	16. 7. 82	21.	4. 52
Rinninsland, Gerd	3. 11. 83	15.	2. 54

Melsungen E 48 562
Kasseler Str. 29, 34212 Melsungen
T (0 56 61) 76–0
Telefax (0 56 61) 7 61 33
1 Dir, 3 R

LG-Bezirk Limburg (Lahn)　　　　　　OLG-Bezirk Frankfurt am Main　　**HE**

Bauer, Georg, Dir	1. 3. 94	4. 2. 49
Schweitzer, Karl-Heinz	1. 8. 82	1. 7. 50
Schaper, Petra	28. 7. 93	18. 8. 61
Holtmann, Rüdiger	1. 10. 93	19. 1. 62

Rotenburg (Fulda)　E 49 562
Weidenberggasse 1, 36199 Rotenburg
T (0 66 23) 8 15–0
Telefax (0 66 23) 8 15 45
1 Dir, 2 R

Noll, Heinz-Ludwig, Dir	1. 4. 88	24. 1. 34
Krafft, Elfriede	8. 5. 81	18. 6. 48
Jungkurth, Harald	1. 1. 91	14. 10. 55
Dr. Schwarz, Rolf	1. 3. 95	10. 8. 60

Witzenhausen　E 50 785
Walburger Str. 38, 37213 Witzenhausen
T (0 55 42) 6 05–0
Telefax (0 55 42) 6 05 32
1 Dir, 2 R

Hasenkamp, Gerhard, Dir	1. 4. 89	2. 8. 41
Großkurth, Hans-Joachim	20. 6. 91	8. 7. 56
Kahlhöfer-Köchling, Karl-Heinz	1. 10. 93	16. 7. 55

Wolfhagen　E 40 828
Gerichtsstr. 5, 34466 Wolfhagen
T (0 56 92) 3 11–3 12
Telefax (0 56 92) 87 70
1 Dir, 1 R + 1 LSt

Damm, Wolfgang, Dir	1. 2. 89	16. 11. 46
Konieczny, Horst-Dieter	1. 7. 88	3. 2. 59
Dr. Kolter, Martin	10. 2. 94	3. 4. 59

Landgerichtsbezirk Limburg (Lahn)

Landgericht Limburg (Lahn)　E 431 942
Schiede 14, 65549 Limburg
T (0 64 31) 29 08–0
Telefax (0 64 31) 29 08–1 00
1 Pr, 1 VPr, 7 VR, 11 R + 2 × ½ R

Präsidentin

Tilmann, Brigitte	30. 10. 95	17. 6. 41

Vizepräsident
N.N.

Vorsitzende Richterin/Vorsitzende Richter

Sobotta, Werner	12. 8. 82	16. 2. 38
Steinhart, Werner	10. 9. 87	9. 7. 42
Roth, Ditmar	11. 12. 87	26. 3. 34

Warlies, Klaus Peter	24. 9. 92	20. 7. 47
Weismüller, Gregor	17. 12. 93	19. 2. 35
Walter, Karin	25. 10. 95	20. 6. 50
Schulte, Dieter	29. 2. 96	1. 5. 51

Richterinnen/Richter

Lang, Franz-Josef	1. 10. 74	4. 3. 43
Bill, Josef	19. 12. 84	28. 6. 53
Wilkens, Heinrich	1. 10. 85	20. 4. 53
Strunk, Reinhard, abg.	1. 8. 86	25. 1. 43
Stahl, Joachim	1. 8. 87	12. 4. 57
Barz, Hans Peter	4. 2. 88	10. 1. 52
Klamp, Karl	3. 6. 88	6. 9. 55
Bogner, Marie-Luise, ½	1. 8. 89	18. 2. 58
Knapp, Norbert	1. 11. 92	21. 3. 60
Wied, Annemarie	12. 9. 94	19. 4. 56
Weidmann, Christiane	5. 12. 94	24. 5. 61
Hirtz-Weiser, Dagmar, ½	1. 9. 95	26. 2. 56
Göhre, Stefan	2. 2. 96	11. 6. 61

Amtsgerichte

Dillenburg　E 62 687
Wilhelmstr. 7, 35683 Dillenburg
T (0 27 71) 90 07–0
Telefax (0 27 71) 90 07–11
1 Dir, 4 R + ½ R (½ R vorübergehend zusätzlich)

Kasper, Wolfgang, Dir	1. 12. 77	2. 2. 35
Nowak, Anton	5. 6. 70	16. 3. 37
Burk, Günter	1. 7. 71	1. 11. 39
Eckhardt, Wolfgang	1. 4. 89	21. 12. 55
Gampe, Matthias	1. 7. 91	17. 3. 58

Hadamar (Westerwald)　E 36 298
Gymnasiumstr. 2, 65589 Hadamar
T (0 64 33) 91 24–0
Telefax (0 64 33) 91 24–44
1 Dir, 2 R + ½ R (2 × ½ vorübergehend zusätzlich)

Kuhl, Hartmut, Dir	29. 3. 93	23. 12. 38
Betz, Jürgen	25. 9. 92	24. 4. 57
Arand, Andreas	27. 9. 93	22. 4. 60

Herborn　E 53 704
Westerwaldstr. 16, 35745 Herborn
Postfach 15 61, 35729 Herborn
T (0 27 72) 50 06–0
Telefax (0 27 72) 50 06–33
1 Dir, 3 R + ½ R (½ R vorübergehend zusätzlich)

Herrmann, Werner, Dir	1. 12. 84	30. 4. 47
Paul, Martina	2. 5. 84	4. 3. 55
Heidrich, Michael	3. 1. 86	3. 6. 55
Scherer, Peter	7. 1. 93	27. 8. 59

HE OLG-Bezirk Frankfurt am Main LG-Bezirk Marburg

Limburg (Lahn) E 76 142
Schiede 14, 65549 Limburg
T (0 64 31) 29 08–0
Telefax (0 64 31) 29 08–2 00
1 Dir, 6 R + ½ R (½ R vorübergehend zusätzlich)

Gemmer, Rüdiger, Dir	1. 1.85	11. 4.41
Herrmann, Gunnar	24. 8.70	24. 3.38
Feix, Günter	1. 4.73	18.12.39
Marschall von Bieberstein, Harro	31.12.82	26. 1.50
Haberstock, Ernst	1.10.83	2. 1.51
Dr. Schmidt, Karlheinz	17. 5.90	25. 2.54
Dr. Janisch, Andreas	6.10.95	2. 7.59

Weilburg E 57 477
Mauerstr. 25, 35781 Weilburg
T (0 64 71) 31 08–0
Telefax (0 64 71) 31 08 11
1 Dir, 1 stVDir, 6 R

Würz, Gerhard, Dir	17.11.77	25.10.43
Lechner, Wolfgang, stVDir	3.11.94	16. 7.48
Schmidt-Roloff, Harald	28. 6.78	8.10.42
Wagner, Christoph	2.11.86	3. 2.56
Dr. Ullrich, Christoph	19. 3.92	28. 6.60
Tayefeh-Mahmoudi, Bettina	20. 7.92	23. 5.60
Dr. Schlingloff, Jochen, abg.	6.12.94	23. 9.62
Stahl, Andreas	11. 5.95	27. 9.63

Wetzlar E 145 634
Wertherstr. 1/2, 35573 Wetzlar
T (0 64 41) 4 12–1
Telefax (0 64 41) 4 12–3 23
1 Dir, 1 stVDir, 11 R (1 weiterer R vorübergehend zusätzlich)

Dieth, Norbert, Dir	20. 7.92	20. 8.39
Roth, Heinz-Georg, stVDir	22. 1.93	16. 5.51
Sänger, Friedhelm	5. 5.67	25. 5.32
Beres, Martin	1. 1.73	25. 7.37
Pantle, Albert Helmut	3. 1.75	17. 1.44
Wagner, Rudolf	13. 8.76	18. 9.45
Ruppelt, Klaus	1.10.76	11.12.41
Zschörp, Doris	1.10.90	21. 8.59
Schaffrinna, Bernd	23. 9.92	1. 4.61
Manser, Andreas	18. 8.93	29. 5.56
Dr. Lauber-Nöll, Achim	14. 7.94	16. 3.61
Pirlich, Frank	27. 2.95	31.12.63

Landgerichtsbezirk Marburg

Landgericht Marburg E 359 323
Universitätsstr. 48, 35037 Marburg
T (0 64 21) 2 90–0
Telefax (0 64 21) 29 02 95
1 Pr, 1 VPr, 6 VR einschl. 1 UProf im 2. Hauptamt, 7 R + ½ R im 2. Hauptamt; 1 LSt (R)

Präsident

Dr. Böttner, Walter	1.10.89	4. 8.40

Vizepräsident

Becker, Johann Wilhelm	15. 2.90	11. 4.35

Vorsitzende Richter

Prof. Dr. Meurer, Dieter, UProf, 2. Hauptamt	1. 9.82	11. 8.43
Dr. Hauck, Otto	1. 7.88	12. 3.38
Moll, Eckhardt	1. 4.90	11. 1.47
Stomps, Hans Goswin	1. 7.90	29. 4.41
Siegl, Otto Johannes	1. 9.92	16. 6.52
Lange, Hans-Werner	1. 8.95	21. 9.50

Richterinnen/Richter

Zühlke, Walter	9.12.69	3. 5.35
Beuthien, Helga	20.12.72	6. 6.39
Dr. Wolf, Thomas, Richter a. Amtsgericht; (2. Hauptamt), ½	1. 7.83	7. 6.53
Seidl, Rolf	16. 5.90	24. 8.53
Dehmelt-Heinrich, Sigrid	26. 8.93	31.12.59
Ellenberger, Jürgen	3. 9.93	19. 4.60
Simon-Römer, Ute	1. 4.95	14. 3.63
Becker, Hartmut	18.12.95	19. 6.62

Amtsgerichte

Biedenkopf E 62 454
Hainstr. 72, 35216 Biedenkopf
T (0 64 61) 70 02–0
Telefax (0 64 61) 70 02 40

Zweigstelle in Gladenbach
Gießener Str. 27, 35075 Gladenbach
T (0 64 62) 13 80
1 Dir, 3 R + 1 × ½ R

Laudi, Eckart, Dir	1.10.95	15. 4.42
Krug, Edgar	1.12.78	21.12.51
Krug, Rosemarie	1. 1.88	5. 7.53
Bamberger, Gudrun, ½	1. 7.76	11. 4.56

Frankenberg a. d. Eder E 54 464
Geismarer Str. 22, 35066 Frankenberg
T (0 64 51) 90 51
Telefax (0 64 51) 2 47 96

Zweigstelle in Gemünden
Grüsener Str. 9, 35285 Gemünden
T (0 64 53) 2 09
1 Dir, 2 R + 1 × ½ R

Lichtenfeld, Hans Jakob, Dir	22. 12. 76	12. 3. 37
Dr. Hausmann, Hansjürgen	1. 4. 78	16. 10. 43
Taszis, Jürgen Peter	2. 7. 81	7. 1. 46
Dreisbach, Jutta	17. 4. 94	29. 3. 61

Kirchhain E 59 626
Niederrheinische Str. 32, 35274 Kirchhain
T (0 64 22) 9 30 70
Telefax (0 64 22) 93 07 77
1 Dir, 3 R + 1 × ½ R

N.N., Dir		
Tatzel, Ernst	12. 3. 76	8. 9. 43
Dr. Labenski, Gudrun	15. 6. 86	7. 9. 54
Schwamb, Werner	1. 8. 86	27. 6. 51
Schmieling, Lydia	1. 7. 92	22. 7. 57

Marburg E 128 322
Universitätsstr. 48, 35037 Marburg
T (0 64 21) 2 90–0
Telefax (0 64 21) 29 02 95
1 Dir, 1 stVDir, 1 w.aufsR, 11 R + 2 × ½ R

Dr. Schmidt, Gerhard, Dir	1. 4. 86	26. 9. 39
Weyer, Wolfgang, stVDir	1. 12. 95	26. 1. 34
Günther, Frauke, w.aufsR ½	21. 3. 95	1. 1. 41
Prothmann, Günther	1. 3. 69	2. 10. 33
Herbener, Heinrich	12. 8. 71	1. 1. 39
Dr. Orlich, Bernhard	15. 2. 76	9. 4. 44
Dr. Ebel, Klaus	16. 6. 80	19. 4. 36
Hahn, Johannes	1. 1. 81	27. 3. 47
Dr. Berensmann, Wolfgang	2. 1. 81	28. 5. 48
Dr. Wolf, Thomas, ½	1. 7. 83	7. 6. 53
Wollnik-Baumann, Hans	1. 8. 92	15. 9. 58
Rohner, Thomas	3. 9. 93	25. 6. 61
Rausch, Ulla, ½	13. 10. 94	13. 7. 62

Eine weitere Stelle für einen Richter am Amtsgericht ist besetzt. Name und Personaldaten des Stelleninhabers sind nicht übermittelt worden.

Schwalmstadt E 54 457
Steinkautsweg 2, 34613 Schwalmstadt
T (0 66 91) 26 43–47
Telefax (0 66 91) 2 51 81
1 Dir, 3 R

Theis, Hans Paul, Dir	1. 10. 87	21. 1. 34
Dr. Korten, Günther	16. 6. 76	29. 5. 42
Glaessel, Gerhard	2. 6. 88	1. 9. 53
Grebe, Michael	1. 1. 96	24. 4. 62

Landgerichtsbezirk Wiesbaden

Landgericht Wiesbaden E 482 095
Gerichtsstr. 2, 65185 Wiesbaden
T (06 11) 3 54–1
Telefax (Gr. 1) (06 11) 3 54–2 06
1 Pr, 1 VPr, 16 VR, 21 R + ½ R + 2 LSt (R)

Präsident

Bomke, Ekkehard	18. 5. 94	17. 12. 39

Vizepräsident
N. N.

Vorsitzende Richterinnen/Vorsitzende Richter

Dr. Meyer, Klaus	1. 12. 71	2. 1. 36
Dr. Kaufmann, Bernhard	1. 1. 80	19. 1. 32
Dr. von Busekist, Otto	1. 7. 80	12. 11. 35
Pfeffer, Eckart	1. 4. 81	26. 4. 37
Löber, Astrid	1. 3. 87	20. 11. 35
Höhn, Peter	1. 9. 87	3. 8. 38
Eger, Rüdiger	1. 7. 88	6. 1. 41
Schlimbach, Rainer	1. 7. 88	1. 5. 44
Miehlnickel, Angela	1. 8. 88	20. 11. 43
Dr. Poulet, Steffen	1. 10. 88	23. 10. 42
Reiser-Döhring, Elke-Karin	1. 10. 89	1. 12. 42
Grella, Peter	1. 5. 90	6. 7. 47
Bäumer-Kurandt, Ingeborg	1. 6. 93	20. 11. 53
Dr. Christmann, Günter	1. 10. 93	16. 6. 39
Hausmann, Peter	1. 11. 94	5. 2. 43
Schäfer, Klaus	—	—

Richterinnen/Richter

Riehm, Friedrich	—	—
Schmidt, Jürgen	22. 3. 71	11. 3. 36
Welp, Renate	19. 5. 72	11. 2. 40
Landmann, Hetta	25. 3. 75	—
Jung, Hartmut	—	—
Gerke, Rosemarie	2. 6. 78	21. 12. 44
Wulf, Roland	—	—

Leichter, Christine	1. 7.82	31.10.45
Vogel, Rolf, abg.	—	—
Kegel, Karl-Heinz	7. 5.84	26. 1.53
Seyfried, Franz-Gerd	4. 1.85	15.10.52
Kuffner, Jutta	1. 7.88	14. 7.57
Müller, Martina	17.10.88	3. 6.57
Dall, Carola	18.11.88	4. 6.58
Dr. Schreiber, Albrecht, abg. (LSt)	1.10.89	27. 4.57
Dr. Seidel, Gabriele	1.10.89	—
Stuffler-Buhr, Margarete	3.10.91	23. 6.59
Schröder, Ruth, abg. (LSt)	25.11.91	24.12.59
Theis, Christa	—	—
Rauscher, Jürgen	16.10.92	22. 7.60
Hufeld, Birgit	15.11.92	1. 4.61
Kempinski, Thilo	4. 5.95	—
Bonk, Jürgen	—	—

Amtsgerichte

Bad Schwalbach E 66 122
Am Kurpark 12, 65307 Bad Schwalbach
T (0 61 24) 7 06 90,
Telefax (0 61 24) 70 69 57
1 Dir, 6 R + 1 LSt (R)

Rosenkranz, Hans, Dir	1. 4.93	7. 3.42
Diehl, Gretel, abg.	25.10.85	11. 4.55
Stahl, Michael	20. 5.86	4. 4.54
Kruske, Michael	3. 8.94	21. 2.58
Weber, Christoph	2. 9.94	25.12.59
Grimmer-Bergemann, Anabel	7.12.94	4. 2.63
Astheimer, Dieter	9. 6.95	26.11.62
Althaus, Stefan	19.12.95	21. 3.63

Eltville E 26 272
Schwalbacher Str. 40, 65343 Eltville
T (0 61 23) 9 07 80
Telefax (0 61 23) 90 78 40
1 Dir, 2 R

Crones, Ingeborg, Dir	1. 5.88	13.11.42
Bolz, Roland	1.10.89	11. 1.57
Simon, Anette	15.11.95	22. 4.62

Hochheim E 53 660
Kirchstr. 21, 65239 Hochheim
T (0 61 46) 20 95 – 96
Telefax (0 61 46) 6 12 03
1 Dir, 1 R

Müller, Regina, Dir	1.12.92	13. 1.57
Riese, Johannes	3. 5.79	5. 6.46

Idstein E 51 524
Gerichtsstr. 1, 65510 Idstein
T (0 61 26) 9 36 50
Telefax (0 61 26) 93 65 65
1 Dir, 2 R

Rihn, Lothar, Dir	1.10.75	—
Henge, Fritz	1. 4.76	23.10.39
Wild, Rainer	1. 6.81	8. 5.49

Rüdesheim E 38 075
Gerichtsstr. 9, 65385 Rüdesheim
T (0 67 22) 9 04 00, Telefax (0 67 22) 90 40 40
1 Dir, 2 R

Niederauer, Hans-Dieter, Dir	—	—
Schmidt-Nentwig, Sabine	—	—
Louschak, Gundula	1. 4.96	26. 2.65

Wiesbaden E 265 253
Gerichtsstr. 2, 65185 Wiesbaden
T (06 11) 35 41
Telefax (06 11) 35 44 48
1 Pr, 1 VPr, 4 w.aufsR, 36 R + 1 × ½ R

Präsident

Löber, Dieter	19. 3.79	29. 5.35

Vizepräsidentin

Dr. Kube, Dagmar	1. 4.89	20. 2.41

weitere aufsichtführende Richterinnen/Richter

Krause, Dieter	1. 7.89	2. 9.37
Rusvay, Helga	1. 9.89	4. 5.38
Juny, Bernhard	1. 3.95	23.11.39
Mees, Wera	1.10.95	3.12.34

Richterinnen/Richter

Jahn, Harald	1.10.68	26. 2.36
Luhmann, Helga	7.11.72	5. 8.39
Schäfer, Karin	16. 2.73	16. 1.40
Mosberger, Leonore	1.10.73	16. 7.41
Käß-Rieke, Ane-Dorothee	3. 1.75	29. 5.43
Scharf, Eugen	16. 6.75	1. 7.43
Fleischer, Sabine	2. 1.76	2.12.40
Ohr, Johannes	1. 7.77	21. 4.45
Fehr, Jürgen	1.10.78	9.11.46
Hausmann, Ursula	17. 7.81	11. 6.51
Krieger, Walter	2. 4.82	30. 5.51
Proft, Bernhard	9. 5.82	9. 8.51
Wolf, Werner	15.10.82	19. 5.49
Kockisch, Michael, abg.	1. 8.86	9. 4.54
Rühl, Heinz Dieter	1. 6.87	3. 8.54
Zeibig-Düngen, Jutta	4. 1.91	12. 5.57
Dirlenbach, Claudia	8. 8.91	20. 6.59

Güttler, Annemarie	9. 9.91	31. 3.49
Dr. von Werder, Doris	26. 9.91	24.11.60
Herrlein, Markus	13. 2.92	26.11.57
Dederding, Corina	15. 2.92	8. 8.60
Matheja, Thomas	3. 3.92	14. 9.59
Peters, Nicole	12.10.92	12. 2.60
Stegemann, Anke	27.10.93	13. 4.61
Held, Monika, ½	6. 7.94	1. 6.60
Trzebiner, Elke	16. 3.95	24. 9.62
Fröhlich, Thomas	1. 4.95	20. 7.61
Lohrengel, Anette	1. 4.95	13. 8.63
Kehl, Sabine	1. 4.95	15.12.63
Meier, Erhard	17. 7.95	19. 2.59

Sieben weitere Stellen für Richter am Amtsgericht sind besetzt. Namen und Personaldaten der Stelleninhaber sind nicht übermittelt worden.

Staatsanwaltschaften

Staatsanwaltschaft bei dem Oberlandesgericht Frankfurt am Main

Zeil 42, 60313 Frankfurt am Main
Postfach 10 10 01, 60001 Frankfurt am Main
T (0 69) 13 67–01
Telefax (0 69) 13 67–84 68
1 GStA, 7 LOStA, 1 LSt (LOStA), 21 OStA, 3 LSt (OStA)

Generalstaatsanwalt

Dr. Schaefer, Hans Christoph	1. 8.91	25. 4.36

Leitende Oberstaatsanwältin/Leitende Oberstaatsanwälte

Schroers, Jochen (stVGStA)	1. 7.93	4.11.44
Dr. Meissner, Ludwig	1.10.85	14. 3.43
Wachweger, Hubert	1. 4.89	15. 6.35
Winkler, Norbert	1. 4.90	16. 7.34
Dr. Kircher, Peter	1.12.93	19. 8.42
Fluhrer, Hans-Joachim	1.12.94	4. 7.35
Becker-Toussaint, Hildegard	1.12.94	2. 9.44
Dr. Schädler, Wolfram, abg. (LSt)	1. 1.95	30.12.47

Oberstaatsanwältinnen/Oberstaatsanwälte

Schmidt, Siegfried	1.11.70	28. 8.34
Pischel, Ernst-Dieter	1. 4.73	22. 1.35
Eckert, Hans-Hermann	1.11.77	9.11.37
Broschat, Gernot	1.10.80	2. 2.42
Försch, Peter	1. 4.85	24. 4.41
Dr. Stehling, Jürgen	1.11.85	1. 1.45
Rüfer, Horst	1. 4.87	13. 6.40
Huber, Totila-Tillmann	1.11.87	14.10.45
Dr. Körner, Harald	1. 4.89	23. 6.44
Gast, Peter	1.10.91	21. 7.47
Schaupensteiner, Gerhild	8. 5.92	9.12.49
Claude, Ernst Jörg	11. 5.92	26. 8.46
Rausch, Jörg	1.10.92	6.12.47
Wenzel, Joachim	1. 9.93	17. 4.40
von Anshelm, Almuth	1.12.93	31. 3.47
Mauer, Wolfgang	1.12.93	15.12.47
Dr. Thiel, Achim	1.12.93	11.11.51
Dr. Rohnfelder, Dieter	1.12.94	12.10.47
Opitz, Elisabeth	1.12.95	25. 4.56
Rückert, Peter	1. 1.96	23.11.49

Staatsanwaltschaft bei dem Landgericht Darmstadt

Schottener Weg 3, 64289 Darmstadt
T (0 61 51) 7 07–0
Telefax (0 61 51) 7 10–4 97

Zweigstelle in Offenbach am Main
Kaiserstraße 18, 63065 Offenbach
T (0 69) 80 57–1
Telefax (0 69) 80 57–4 43

1 LOStA, 1 stVLOStA, 14 OStA, 57 StA + 3 × ⅔ + 3 × ½ StA + 1 LSt (StA)

Leitender Oberstaatsanwalt

Andres, Gerhard	10. 5.93	5. 9.36

Oberstaatsanwältin/Oberstaatsanwälte

Siebecker, Arno, stVLOStA	1.10.88	3.12.45
Kilian, Ernst	1.11.75	4. 8.35
Röder, Peter	2. 5.77	17. 1.36
Burger, Wulf	1.10.78	16. 8.34
Müller, Gerhard	1. 4.79	21.11.35
Klein, Hans-Günther	1. 5.80	17. 3.40
Nauth, Georg Hans	1. 4.84	20. 1.39
Nebel, Hein-Jürgen	11.11.87	15.12.42
Kunz, Heinz-Jürgen	28.11.89	13. 6.43

HE OLG-Bezirk Frankfurt am Main — Staatsanwaltschaften

Name		
Pook, Rosemarie	1. 4. 90	26. 2. 42
Klein, Alfons	18. 10. 90	22. 10. 34
Bürgin, Wolfgang	1. 4. 91	5. 4. 46
Stahlecker, Alexander	26. 4. 91	21. 4. 44
Seifert, Thomas	1. 4. 92	28. 10. 47
Spohn, Herbert	1. 12. 94	12. 9. 43

Staatsanwältinnen/Staatsanwälte

Müller, Walter	4. 11. 69	2. 10. 36
Vogel, Manfred	17. 3. 75	23. 6. 42
Felbrich, Wulf	2. 6. 75	28. 10. 42
Steuerwald, Lutz	2. 10. 75	5. 1. 43
Balß, Georg	11. 12. 75	30. 9. 44
Strohschnitter, Ursula	24. 2. 76	22. 1. 44
Heger, Leopold	2. 5. 77	2. 12. 45
Holland, Dorothea	17. 5. 77	9. 2. 48
Metscher, Jürgen	23. 1. 78	20. 9. 43
Müller, Gerhard	1. 9. 78	15. 1. 47
Turner, Harald	13. 3. 79	23. 8. 43
Pfeil, Gerhard	8. 7. 80	19. 7. 50
Binnewies, Bernhard	11. 9. 80	17. 3. 50
Grüttner, Edith, ½	19. 8. 81	30. 11. 50
Albrecht, Erwin	15. 9. 81	17. 9. 50
Dr. Weiland, Bernd	28. 4. 82	23. 2. 50
Neuber, Ger	17. 2. 83	23. 10. 45
Heymann, Andreas	15. 9. 83	15. 1. 54
Manges, Erick Kern	2. 1. 84	14. 9. 49
Reichert, Wolfgang	1. 7. 84	21. 4. 51
Kallenbach, Volkmar	24. 7. 84	9. 10. 49
Reinhardt, Klaus, abg.	17. 8. 84	20. 12. 54
Stolz, Ursula, ⅔	1. 10. 84	7. 7. 54
Dr. Teufert-Schwind, Eveline	14. 6. 85	5. 11. 55
Jacobi, Thomas	29. 4. 86	21. 7. 51
Jensch, Brigitte, ½	8. 7. 87	2. 10. 56
Thomas, Heike	16. 7. 87	25. 6. 56
Dr. Kimpel, Gerlinde, ⅔	3. 12. 87	20. 8. 56
Kegel, Sybille, ½	19. 2. 88	4. 11. 57
Sagebiel, Michael	18. 4. 89	5. 5. 56
Kunkelmann, Bernd	6. 6. 89	16. 6. 53
Kirkpatrick, David Ryan	3. 12. 90	13. 12. 55
Dr. Kondziela, Andreas	3. 4. 92	9. 7. 59
Pehle, Michael	31. 8. 92	13. 7. 60
Pohl, Hildegard	1. 11. 92	26. 7. 56
Lehmann, Brigitte, ⅔	1. 10. 93	23. 6. 55
Dr. Köbler, Ralf	14. 2. 94	28. 2. 60
Wichert, Sabine	1. 3. 94	25. 6. 61
Heinze, Jürgen	1. 4. 95	21. 12. 60
Weimar, Volker	7. 7. 94	12. 9. 61
Ernst, Karl-Heinz	8. 7. 94	18. 11. 56
Deltau, Susanne	27. 7. 94	31. 1. 62
Reuter, Uwe	9. 9. 94	18. 3. 59
Laubach, Christian	16. 9. 94	12. 3. 62
Kolb, Sabine	27. 9. 94	7. 12. 63
Ruboks, Peter	2. 1. 95	29. 6. 59
Porten, Beate	6. 1. 95	27. 10. 63

Eine weitere StA-Stelle ist besetzt. Name und Personaldaten des Stelleninhabers sind nicht übermittelt worden.

Staatsanwaltschaft bei dem Landgericht Frankfurt am Main

Konrad-Adenauer-Str. 20,
60313 Frankfurt am Main
Postfach 10 01 01, 60001 Frankfurt am Main
T (0 69) 13 67–01
Telefax (0 69) 13 67–21 00 u. 29 67
1 LOStA, 1 stVLOStA, 21 OStA, 87 StA

Leitender Oberstaatsanwalt

Harth, Hubert	20. 7. 94	2. 6. 49

Oberstaatsanwältinnen/Oberstaatsanwälte

Zahl, Karlheinz, stVLOStA	1. 12. 94	31. 8. 41
Kellermann, Dieter, stVLdA	1. 4. 91	26. 8. 45
Klein, Hans Eberhard	1. 10. 74	3. 9. 33
Nöring, Rudolf	1. 10. 74	12. 2. 34
Dr. Leistner, Ulrich	1. 10. 78	19. 5. 40
Rochus, Reinhard	1. 4. 80	4. 9. 39
Roth, Reinhard	1. 10. 80	21. 9. 35
Tilmann, Job	1. 4. 86	28. 1. 38
Schilling, Rainer	1. 12. 87	1. 6. 42
Koller, Hellmut	14. 5. 90	6. 3. 40
Maurer, Manfred Peter	1. 10. 90	21. 6. 50
Köhler, Peter	1. 4. 91	11. 8. 44
Fuchs, Gerhard	1. 10. 91	12. 8. 44
Goy-Fink, Helga	1. 11. 91	14. 6. 46
Müssig, Hans Walter	1. 4. 92	2. 5. 44
Möller-Scheu, Doris	1. 10. 92	8. 7. 53
Thorer, Detlev, abg.	1. 7. 93	11. 10. 42
Schaupensteiner, Wolfgang	1. 11. 93	23. 9. 48
Pförtner, Klaus	1. 7. 94	6. 6. 44
Stünkel-Claude, Dagmar	1. 7. 94	15. 10. 55
Dr. Kind, Walter	1. 12. 94	11. 7. 41
Stotz, Manfred	1. 12. 95	7. 9. 48
Schulte, Klaus	1. 12. 95	29. 9. 50

Staatsanwältinnen/Staatsanwälte

Kern, Karl	16. 8. 65	4. 6. 32
Hess, Jürgen	3. 1. 66	27. 12. 32
Schneider, Ulrich	7. 12. 66	21. 2. 34
Schmitt, Hans Karl	1. 12. 69	23. 1. 35
Galm, Eberhard	—	—
Ronimi, Günter	15. 7. 74	20. 3. 40
Heil, Elke, ½	21. 8. 74	10. 4. 43
Schomberg, Hans Gero	18. 9. 74	24. 7. 41
Solf, Ursula	10. 1. 75	3. 4. 43
Bloes, Uwe	15. 5. 75	14. 2. 38
Schumann, Gert	15. 5. 75	29. 11. 41

Dr. Heinisch, Elisabeth	1. 2.77	19. 3.32		Wolff, Iris	9.12.94	28.10.61	
Korneck, Peter	11. 2.77	2. 4.44		Kreutz, Axel	4. 4.95	12. 3.62	
Malms, Heinz-Dietrich	15.10.77	5. 6.34		Claus, Christina, abg.	4. 5.95	6.10.63	
Krauth, Hans-Georg	2. 5.78	3. 9.46		Kauß, Dirk	11. 5.95	16. 8.59	
Höhn, Gisela	1. 7.78	8.11.47		Gröschel, Werner	1. 6.95	13. 6.61	
Kietzmann, Dieter	1. 8.78	22. 2.42		Biniok, Hannelore, ½	2. 6.95	11. 3.58	
Müller, Peter	1. 4.79	10. 3.44		Frink-Zinnhardt, Claudia	9. 6.95	30. 3.63	
Dr. Schöndorf, Erich	1. 2.80	11. 8.47		Müller, Stephan	6. 7.95	7. 6.62	
Biener, Horst	9. 4.80	1. 8.47		von Schreitter-Schwarzen-			
Klune, Heinz	2. 7.80	12. 2.47		feld, Andrea	16.11.95	27.12.62	
Arnold, Georg	15. 9.80	5. 9.47		Credé, Dominique	24.11.95	15. 5.65	
Benner, Klaus-Dieter	24. 9.80	30.10.47		Tröß, Ulla	4. 1.96	5. 6.65	

Staatsanwaltschaften — OLG-Bezirk Frankfurt am Main — HE

Dr. Heinisch, Elisabeth 1. 2.77 19. 3.32
Korneck, Peter 11. 2.77 2. 4.44
Malms, Heinz-Dietrich 15.10.77 5. 6.34
Krauth, Hans-Georg 2. 5.78 3. 9.46
Höhn, Gisela 1. 7.78 8.11.47
Kietzmann, Dieter 1. 8.78 22. 2.42
Müller, Peter 1. 4.79 10. 3.44
Dr. Schöndorf, Erich 1. 2.80 11. 8.47
Biener, Horst 9. 4.80 1. 8.47
Klune, Heinz 2. 7.80 12. 2.47
Arnold, Georg 15. 9.80 5. 9.47
Benner, Klaus-Dieter 24. 9.80 30.10.47
Oswald, Manfred 1.11.80 20.10.49
Sémon, Martin 19. 2.81 29. 6.50
Liebscher, Peter 19. 8.81 5. 2.47
Weber, Klaus-Dieter 15.10.82 28. 9.43
Rojczyk, Stefan 3. 3.83 14. 8.52
Honecker, Klaus 1. 7.83 15.11.49
Hildner, Claus 1. 7.83 8. 3.54
Mackenthun, Matthias 29. 8.83 6. 1.54
Brettschneider-Mroß,
  Karin 1.10.83 7. 7.53
Kujas, Peter 1. 7.84 15. 1.47
Hauschke, Johannes 21.12.84 5.10.54
Rauchhaus, Bernd 4. 1.85 14. 5.54
Schmidt, Horst 11. 1.87 31. 3.56
Gimbel, Hermann 30. 1.87 9. 9.56
Dr. Brandau, Helmut 30. 7.87 6. 4.51
Wittig, Günter 5. 1.88 17. 2.53
Rath, Volker Christian 1.10.88 30. 6.53
Türmer, Gabriele, abg. 2. 5.89 7. 5.57
Amberg, Susanna, beurl. 1.12.89 10. 1.59
Bechtel, Thomas 2. 1.90 25. 9.56
Rücker-Wetzel, Andrea 1. 7.90 29.12.57
Streiff, Horst — —
Dr. Scherp, Dirk, abg. 3. 8.90 11. 4.57
Bähr-Fichtner, Stefanie,
  beurl. 3. 8.90 9. 6.59
Haike, Dieter 28.11.91 22. 6.51
Heyter, Rolf 20. 2.92 15. 1.59
Leimeister, Gisela 21. 2.92 11. 9.58
Zacharias, Bernd 27. 4.92 8.11.57
Dr. Hart-Hönig, Kai 25. 6.93 29. 5.53
Weimann, Markus 1.10.93 13. 8.62
Zindel-Bösing, Rose-
  marie, ½ 8.10.93 29. 9.51
Zahn-Mackenthun, Petra,
  beurl. 18. 4.94 27.10.60
Weitzmann, Magnus, abg. 6. 5.94 22.11.59
Niesen, Nadja 13. 5.94 18. 7.61
Zissel, Thomas 1. 7.94 11. 9.58
Gebert, Ursula 11. 7.94 15. 1.60
Busch, Ulrich 26. 7.94 —
Winckelmann, Andreas 7.10.94 23.12.61
Waiden, Thomas 1.11.94 10. 1.59
Pelcz, Monika, abg. 2.12.94 10. 7.57

Wolff, Iris 9.12.94 28.10.61
Kreutz, Axel 4. 4.95 12. 3.62
Claus, Christina, abg. 4. 5.95 6.10.63
Kauß, Dirk 11. 5.95 16. 8.59
Gröschel, Werner 1. 6.95 13. 6.61
Biniok, Hannelore, ½ 2. 6.95 11. 3.58
Frink-Zinnhardt, Claudia 9. 6.95 30. 3.63
Müller, Stephan 6. 7.95 7. 6.62
von Schreitter-Schwarzen-
  feld, Andrea 16.11.95 27.12.62
Credé, Dominique 24.11.95 15. 5.65
Tröß, Ulla 4. 1.96 5. 6.65

Weitere Stellen sind besetzt. Namen und Personaldaten der Stelleninhaber sind nicht übermittelt worden.

Staatsanwaltschaft bei dem Landgericht Fulda
Am Rosengarten 4, 36037 Fulda
Postfach 8 69, 36008 Fulda
T (06 61) 9 24–0 2
Telefax (06 61) 9 24–26 90
1 LOStA, 1 stVLOStA, 1 OStA, 8 StA + 2 × ½ StA

Leitender Oberstaatsanwalt

Weiss-Bollandt, Harald 1. 4.91 5. 8.40

Oberstaatsanwälte

Schneider, Volkmar,
  stVLOStA 1.10.86 6.12.42
Wachter, Hans 1.10.90 28. 7.40

Staatsanwältin/Staatsanwälte

Ziemendorf, Johannes 20. 3.77 28. 3.44
Heres, Stephan 11. 3.77 25. 2.47
Göb, Wolfgang 2. 5.81 25. 3.51
Reitz-Stenschke, Maria-
  Elisabeth, ½ 12. 4.83 3. 2.54
Reith, Harald 1.10.88 18. 4.55
Stock, Werner 1. 7.87 24. 5.54
Wilke, Harry 1. 4.92 10.10.54

Staatsanwaltschaft bei dem Landgericht Gießen
Marburger Straße 2, 35390 Gießen
T (06 41) 9 34–0
Telefax (06 41) 9 34–33 02
1 LOStA, 1 stVLOStA, 4 OStA, 17 StA + 3 × ½ StA

Leitender Oberstaatsanwalt

Hentschel, Karlheinrich 1.10.83 31. 8.34

Oberstaatsanwälte

Kramer, Volker, stVLOStA 1.12.94 13. 9.42
Richter, Josef 1.10.74 3.11.35

HE OLG-Bezirk Frankfurt am Main Staatsanwaltschaften

Hübner, Reinhard	1. 4.92	14.10.47
Böcher, Ingo	1.10.92	22. 3.45
Pedain, Gernot	1.12.95	29. 9.37

Staatsanwältinnen/Staatsanwälte

Schmidt, Karl-Heinz	31. 7.70	3. 5.39
Diederich, Klaus-Jürgen	23. 8.72	15. 5.37
Bienko, Joachim	24. 8.72	21. 7.39
Bauer, Ernst	19. 8.77	9. 5.44
Vaupel, Martin	29. 8.77	24.11.44
Dr. Schuth, Ulrich	1. 4.78	11. 6.49
Jörg, Hans	25.10.79	28.12.48
Diefenbach, Hartmut	22. 5.80	14.12.47
Thiele, Wolfgang	1.10.80	18. 1.49
Reinhardt-Picl, Petra, ½	28. 8.81	3. 5.51
Kreke, Ursula	1.10.82	24. 9.43
van Delden, Angelika	15. 5.88	1. 9.54
Sehlbach-Schellenberg, Ute, ½	1.10.94	10. 4.62

Vier weitere StA-Stellen sind besetzt. Name und Personaldaten der Stelleninhaber sind nicht übermittelt worden.

Staatsanwaltschaft bei dem Landgericht Hanau
Katharina-Belgica-Str. 22b, 63450 Hanau
Postfach 2165, 63411 Hanau
T (06181) 297–0
Telefax (06181) 297–422
1 LOStA, 4 OStA, 12 StA + 2 × ½ StA + 1 × ½ LSt (StA)

Leitender Oberstaatsanwalt

Farwick, Albert	1. 5.78	26. 6.33

Oberstaatsanwälte

Schneider, Klaus, stVLOStA	6. 4.76	18. 5.33
Ort, Jost-Dietrich	1. 4.81	16. 1.43
Popp, Wolfgang	1.12.94	30.11.47
Geschwinde, Thomas	1.12.95	16. 8.51

Staatsanwältinnen/Staatsanwälte

Wagner, Doris	18. 4.77	17. 3.45
Habermehl-Itschert, Claudia, ½	30.10.78	18. 3.49
Otto, Günter	15.12.78	19.12.46
Grimm, Manfred	3. 3.83	30. 9.49
Jung, Hans-Walter, abg.	1. 7.84	25.10.52
Plagge, Michael	1. 8.84	30. 1.52
Bannach, Jörg	11. 5.88	22. 8.54
Böhn, Birgit, ½	2. 5.89	8. 9.56
Böhn, Joachim	2. 5.89	25. 2.57
Schmidt-De Wasch, Werner	1. 8.89	23. 2.51
Dr. Böttge, Sabine, ½ (LSt)	16.10.89	20. 9.57

Pfeifer, Hubertus	2. 7.92	8. 3.54
Seng, Claudia	16. 7.93	3. 8.61
Reckewell, Kerstin	3. 8.94	8. 8.63
Speth, Peter	7.11.94	15. 2.61

Staatsanwaltschaft bei dem Landgericht Kassel
Frankfurter Str. 11, 34117 Kassel
T (0561) 7123–0
Telefax (0561) 7123–232
1 LOStA, 1 stVLOStA, 7 OStA, 29 StA + 4 × ½ StA + 1 × ½ LSt (StA)

Leitender Oberstaatsanwalt

Walcher, Stephan	22. 2.90	30. 6.42

Oberstaatsanwälte

Tschepke, Klaus, stVLOStA	1. 7.93	20.10.34
Pausch, Walter	1. 4.75	20. 2.34
Beckenbach, Klaus	1.10.79	15. 3.35
Dinger, Helmut	31. 5.89	7.11.39
Schaub, Dietmar	1. 8.93	1. 4.50
Pohl, Hans-Uwe	1.12.93	17. 6.36
Steffens, Wolfgang	1.12.94	26. 8.43
Heblik, Rainer	1.12.95	26. 5.50

Staatsanwältinnen/Staatsanwälte

Kraß, Erwin	3. 2.70	23.12.36
Letzing, Hans Gerhard	27.10.71	24. 1.37
Keuthen, Werner	15.10.73	14. 2.40
Sauer, Axel	18.10.74	29. 5.44
Fenner, Rolf	1. 3.76	2. 3.35
Wachter, Joachim	1. 3.77	24. 6.32
Detsch, Eberhard	30. 1.78	9.10.44
Harz, Peter	2. 6.78	17. 7.46
Nordmeier, Amely, ½	2. 6.78	25. 3.50
Zapf, Hans-Jochen	3. 1.80	6. 1.45
Geidies, Michael	1. 2.81	9. 4.50
Herwig, Harald	2. 2.81	26. 9.48
Padberg, Hans-Jürgen	9. 7.82	27.11.49
Hübenthal, Ulrich	10. 9.82	18. 4.48
Wallbaum, Dieter	1.11.82	15.10.48
Dietrich, Michael	1. 4.84	10.10.53
Vesper, Ingeborg	1. 4.85	10. 3.54
Richter, Ingrid	1.11.85	15. 1.56
Jung, Hans-Manfred	5. 4.86	24. 2.57
Klippert, Claudia	1. 7.86	8.10.55
Müller-Brandt, Jürgen	2. 2.87	19. 5.54
Osterberg-Witt, Carola, ½, beurl. (LSt)	8. 5.87	8. 7.54
Lohr, Gerhard	1. 6.87	19. 4.52
Boesken, Andrea	1. 8.88	27. 4.55
Röde, Pia, ½	1.10.88	4. 9.56
Müller, Herwig	2. 1.89	19. 5.56
Werner, Ursula	2. 1.89	18. 2.57
Kurz, Michael	27. 7.90	6.10.58

Staatsanwaltschaften OLG-Bezirk Frankfurt am Main **HE**

Lohr, Frank Ulrich	1.12.91	24.12.58
Kleine-Kraneburg, Angela, ½	13. 2.92	17. 3.60
Schnitzerling, Joachim	9. 9.92	24.12.59
Setzkorn, Bernd	9.12.94	14. 2.61

Staatsanwaltschaft bei dem Landgericht Limburg (Lahn)
Schiede 22, 65549 Limburg
T (0 64 31) 29 48–0
Telefax (0 64 31) 2 94 81 54

Zweigstelle Wetzlar
Philosophenweg 26, 35578 Wetzlar
T (0 64 41) 41 21
Telefax (0 64 41) 41 22 98
1 LOStA, 1 stVLOStA, 3 OStA, 11 StA

Leitender Oberstaatsanwalt

Landau, Herbert*	1. 1.91	26. 4.48

Oberstaatsanwälte

Wiesemann, Wolfram, stVLOStA	1.10.90	14.10.34
Dr. Fleischer, Wolfgang	10.11.92	28. 2.42
Riebeling, Manfred	25.11.91	21. 3.42

Staatsanwältinnen/Staatsanwälte

Eschholz, Karl-Heinz	10. 6.68	17. 8.34
Trense, Erwin	1. 6.76	17. 2.39
Weiß, Bernd	19. 8.77	22. 1.48
Knossalla, Wolfgang	16. 5.80	12.12.48
Muth, Angela	1. 7.85	23. 8.54
Steffek, Roland	1. 9.91	10. 5.39
Herrchen, Hans-Joachim	4. 1.91	27.12.55
Braun, Uwe	1. 8.91	18. 6.57
Huppers, Birgit	17. 9.92	7. 8.60
Eckhardt, Karin, ½, beurl.	4. 1.94	3. 6.60
Heuermann, Friedel	22.11.94	27. 9.63
Eckert, Ulrike	2. 1.95	1. 2.62
Späth, Frank Martin	4. 6.95	23. 7.62
Mieczkowski, Lothar Rüdiger	1.10.95	13. 8.62
Kilian, Bettina	2. 2.95	25.10.66

Staatsanwaltschaft bei dem Landgericht Marburg (Lahn)
Universitätsstr. 46, 35037 Marburg
T (0 64 21) 2 90–0
Telefax (0 64 21) 29 03 85
1 LOStA, 1 stVLOStA, 1 OStA, 9 StA

Leitende Oberstaatsanwältin

Dr. Goedel, Ursula	1.12.95	11. 9.41

* Siehe BGH.

Oberstaatsanwälte

Menche, Jochen, stVLOStA	1.10.80	22.12.35
Uhl, Volker	1. 7.93	18. 8.44

Staatsanwältinnen/Staatsanwälte

Döbold, Bodo	31. 5.69	14. 6.35
Zimmer, Siegbert	8.12.69	8. 4.34
Welz, Heinrich	30.10.72	6.10.41
Weber, Elke	2. 3.73	26. 1.41
Wölk, Hans-Joachim	6. 8.75	30. 1.42
Ahne, Peter	2.10.75	6. 8.41
Kuhn, Peter	1.10.76	—
Dr. Sippel, Kurt	14. 5.92	18.10.52
Willanzheimer, Gert-Holger	1. 8.94	4. 8.55

Staatsanwaltschaft bei dem Landgericht Wiesbaden
Mainzer Str. 82–88, 65189 Wiesbaden
65175 Wiesbaden
T (06 11) 7 92–0
1 LOStA, 1 stVLOStA, 4 OStA, 17 StA

Leitender Oberstaatsanwalt

Róth, Werner	15. 9.77	23. 2.36

Oberstaatsanwältin/Oberstaatsanwälte

Rothenberger, Friedrich, stVLOStA	1.11.77	29. 2.36
Greth, Wolfgang	1. 4.85	23. 3.40
Dr. Arlet, Dieter	1.11.87	25. 1.40
Blumensatt, Hans-Josef	1.11.90	19. 5.50
Dr. Abt, Gabriele	1.12.95	24.10.51

Staatsanwältinnen/Staatsanwälte

Boucsein, Hans-Karl	25. 7.74	10. 7.40
Höbelheinrich, Bernd	3. 1.75	1. 3.44
Eulberg, Peter-Michael	11. 3.77	9. 3.45
Schick-Jensen, Christiane	1.10.78	10.12.48
Hoheisel, Ralf	15. 9.79	13. 9.43
Gotthardt, Hans-Joachim	2. 5.81	5.11.49
Emmerich, Wolf	1.10.81	21. 1.50
Heimann-Trosien, Klaus	1. 3.83	3.10.50
Jördens, Wolf	1. 6.83	
Brand, Thomas	23. 3.84	29. 6.53
Bach, Peter	1. 7.87	31.10.44
Erb, Winfried	21.12.87	8.10.45
Dr. Severain, Vero	4. 1.91	23.11.56
Teubel, Klaus Dieter	28. 2.94	18.10.59
Klunke, Maria	13. 3.95	7. 5.58
Wiese, Astrid	6.10.95	25. 9.64

Eine weitere Stelle für einen Staatsanwalt ist besetzt. Name und Personaldaten des Stelleninhabers sind nicht übermittelt worden.

Richterinnen/Richter und Staatsanwältinnen/Staatsanwälte im Richterverhältnis auf Probe

Bei den Gerichten:

Merrem, Bettina, ½	4. 2.85	17. 9.56
Dr. Mockel, Ute, ½	1. 8.89	6. 4.60
Rosenthal, Rebecca, ½	1.10.91	1. 5.58
Burkhard, Susanne, beurl.	2. 4.91	18. 6.62
Steitz, Kirsten, ½, beurl.	1.11.91	20. 9.62
Rohrer-Fischer, Ruth	—	—
Lepper-Erke, Monika, ½, beurl.	13. 1.92	29. 7.59
Dapper, Martina, beurl.	2. 3.92	12. 8.61
Blacker, Beate	11. 5.92	6.10.62
Dittrich, Karin, beurl.	18. 5.92	25. 1.57
Beste, Hildegard, ½, beurl.	2.11.92	28. 6.61
Jansen-Matthies, Britta, ½, beurl.	11. 1.93	16. 1.63
Wickenhöfer-Styra, Uwe	1. 3.93	3. 8.60
Mennenga, Antje, beurl.	5. 3.93	13. 6.63
Damm, Gudrun, ½, beurl.	10. 5.93	12. 5.61
Hubral, Dagmar	10. 5.93	6.10.61
Dr. Krämer, Klaus	10. 5.93	29. 3.62
Konschak, Christof	10. 5.93	23. 4.64
Dilling-Friedel, Marite	10. 5.93	10. 6.64
Boesken, Cai Adrian	1. 7.93	30. 6.58
Tarara, Claudia	1. 7.93	18.12.62
Wolff, Barbara	1. 7.93	27. 2.65
Dr. Bergmann, Klaus	15. 7.93	28. 8.59
Bhanja, Santi	2. 8.93	19. 8.62
Prass, Kirstin	2. 8.93	8. 3.64
Schott, Heike, beurl.	9. 8.93	11. 7.65
Filmer, Joachim	16. 8.93	18. 7.62
Otto, Thomas	23. 8.93	8. 5.64
Keune-Fischer, Dorothe, ½	8. 9.93	24. 1.58
Stock, Karin, ½	20. 9.93	10. 2.59
Hoffrichter, Frank-Thomas	20. 9.93	14.10.60
Dr. Menhofer, Bruno	4.10.93	20.11.62
Koch, Astrid	4.10.93	19. 9.65
Klein, Marion	4.10.93	12. 8.66
Dr. Winkler, Harald	22.11.93	19.10.61
Bonk, Jürgen	1.12.93	20. 2.63
Wahl, Oliver	1.12.93	27. 3.63
Schneckenberger, Anette, ½, beurl.	3. 1.94	21. 9.64
Dr. Menhofer, Cornelia, ½	3. 1.94	27. 6.65
Pirlich-Kraus, Carsta	10. 1.94	14. 2.61
Meckel, Astrid	3. 3.94	23. 9.64
Weimann, Claudia	7. 4.94	5. 1.63
Grauel, Kurt	11. 4.94	28. 7.61
Graupmann, Regina	11. 4.94	28. 5.64
Hanke, Thomas	16. 5.94	4. 5.65
Hülshorst, Andrea	16. 5.94	3. 8.65
Dr. Michel, Sabine	1. 6.94	4. 3.61
Stein-Ihle, Claudia	1. 6.94	6. 5.65
Wagner, Eva-Maria	1. 6.94	1. 9.65
Schleicher, Markus	1. 7.94	2. 4.62
Jansen, Petra	1. 7.94	5. 8.62
Krauskopf, Bernd	18. 7.94	18.10.60
Grünert, Elke	18. 7.94	21. 5.64
Fountzopoulos, Aliki	1. 9.94	5. 4.64
Wachter, Alexander	16. 9.94	4. 6.65
Arndt, Elfriede	19. 9.94	9.11.64
Dr. Bracht, Hans-Joachim	4.10.94	16.10.52
Steines, Christina	4.10.94	1. 3.65
Lohmann, Dirk	1.12.94	27. 9.63
Olma, Regina	2. 1.95	13. 3.64
Friedrich-Rödig, Michaela	2. 2.95	28.10.66
Butscher, Karin	13. 2.95	7. 1.64
Morbitzer, Wilfried	1. 3.95	10. 3.60
Angerer, Karin, ½	1. 3.95	2. 5.66
Wolter, Frank, ½	16. 3.95	1. 3.60
Brand, Claudia	2. 5.94	15. 1.65
Wissen, Gottfried	4. 5.95	1. 1.52
Grün, Reinhard	1. 7.93	5. 6.62
Dr. Gronstedt, Dagmar, beurl.	3. 7.95	24. 2.64
Wegener, Susanne, ½	6. 7.95	20. 4.66
Scheuermann, Ester Nicole	6. 7.95	9. 5.67
Bremer-Strauß, Claudia	17. 7.95	14. 3.64
Pohlmann, Reinhard	1. 8.95	23. 4.61
Müller, Gerd	1. 8.95	17. 7.64
Gimbernat Jonas, Antonio	1. 8.95	7.10.65
Hammer, Uwe	14. 8.95	15. 6.64
Kratz, Beate	1. 9.95	3. 8.66
Ebner, Antje, ½	2.10.95	26. 5.66
Alberti, Gudrun	1.11.95	24. 3.65
Machata, Winifred	2. 1.96	30. 6.64
Löwer, Jan	2. 1.96	24. 5.65
Eberle, Iris	2. 1.96	26. 9.65
Bünger, Ralph	8. 1.96	16. 1.63
Voit, Eva Betina, ½	15. 1.96	25. 7.63
Guise-Rübe, Ralph	15. 1.96	27. 5.66

Bei den Staatsanwaltschaften:

Pulina, Claudia, beurl.	1.10.91	18. 7.62
Pahl, Elke	4. 5.92	27. 9.61
Loer, Michael	14. 6.93	28. 1.64
Wirth, Christoph	15. 6.93	11.12.63
Schmelzeisen, Holger	15. 6.93	1. 4.64
Suchanek, Jana Vera	1. 7.93	23. 1.49

Richter/StA im Richterverhältnis auf Probe — HE

Knorz, Frank-Michael	15. 7.93	10. 5.63
Lehr, Wolfgang	2. 8.93	10. 1.64
Zmyj-Köbel, Philipp Maximilian	2. 8.93	10. 4.64
Lachmann, Dagmar	16. 8.93	6. 6.64
Dreßen, Mathias	1.10.93	5. 3.63
Radke, Jürgen	3. 1.94	14. 9.58
May, Andreas	3. 1.94	10. 3.63
Albrecht, Stefanie	14. 2.94	26. 4.64
Seigfried, Peter	15. 2.94	29. 6.62
Lütter, Georg	16. 2.94	14.10.54
Petri, Wolfgang	16. 2.94	17. 7.62
Hellmich, Andreas	1. 3.94	19. 9.62
Möllers, Wilhelm	15. 3.94	11.10.61
Rispoli-Augustin, Raffaela	24. 5.94	16.12.61
von Schmiedeberg, Annette	14. 7.94	28. 9.65
Ziebs, Sabine	18. 7.94	6. 3.63
Vogt, Helmut	1. 8.94	28. 3.63
Busch, Friderike	1. 8.94	11.11.64
Roth-Melzer, Susanne	4.10.94	27. 6.65
Marzolo, Catarina, ½	17.10.94	25. 1.64
Prechtl, Jutta	2. 1.95	13. 1.65
Pons, Karin	2. 1.95	6. 2.66
Denny, Marion	16. 1.95	27. 8.61
Eder, Petra	6. 2.95	10. 7.66
Gonder, Thomas	10. 2.95	2. 3.66
Richter, Ulrike, ½	15. 2.95	22. 8.57
Kilian, Bettina	20. 2.95	25.10.66
Dr. König, Olaf	15. 5.95	8.11.63
Oluschinski, Barbara, ½	15. 5.95	11.12.64
Kreis, Christina	1. 8.95	9. 5.66
Zoschke, Christine	1. 8.95	25.11.66
Dr. Calhoun, Brian	16.10.95	19. 3.58
Hauth, Niels	2. 1.96	26. 1.64
Walk, Felizitas, ½	15. 1.96	6. 8.65

Es sind weitere Richter und Staatsanwälte im Richterverhältnis auf Probe vorhanden. Namen und Personaldaten sind nicht übermittelt worden.

Mecklenburg-Vorpommern

1 843 455 Einwohner

Justizministerium des Landes Mecklenburg-Vorpommern

Demmlerplatz 14, 19053 Schwerin
19048 Schwerin
T (03 85) 5 88–0, Telefax: (03 85) 35 51/-4
1 Min, 1 StaatsSekr, 4 MinDgt, 12 MinR (+ 1 LSt), 16 RD, 4 ORR, 1 RR, 2 RiOLG, 1 RiLG

Justizminister
Prof. Dr. Eggert, Rolf   9.12.94   28.12.44

Staatssekretär
Babendreyer, Joachim   9.12.94   25.10.45

Ministerialdirigenten
Dopp, Rainer   1. 7.91   23. 5.48
Thiele, Burkhard   1. 7.91   5. 3.53
Eickmeier, Walter   18.10.91   18. 9.35
Dr. Kosmider, Rainer   15. 7.94   13. 8.54

Ministerialrätin/Ministerialräte
Thode, Marina, abg.   1. 1.92   16. 2.53
Viel, Jörg-Peter   1. 6.94   29. 5.55
Suhrbier, Wolfgang   29. 6.94   29. 4.52
Eichler, Hartmut   11.10.94   4. 9.44
Raebel, Bernd   11.10.94   28. 7.48

Regierungsdirektoren
Bigott, Manfred   1. 1.92   9. 6.42
Paulsen, Olof   1. 4.92   14. 1.35
Baukhorn, Michael   1. 4.93   19. 8.59
Burmeister, Uwe   1.10.94   4.12.42

Oberregierungsrätin/Oberregierungsrat
Krause, Heinrich   1. 6.94   4. 7.39
Schwander, Kerstin
(auf Probe)   15. 3.93   5. 6.65

Regierungsrätin/Regierungsräte
Eggert, Bernd   28.12.93   26. 8.54
Dr. Jacobs, Barbara
(auf Probe)   1.11.94   12. 2.60

Mattner, Michael
(auf Probe)   1. 9.95   18. 3.64

Landesjustizprüfungsamt
Präsident
Dr. Kosmider, Rainer,
  MinDgt   1.12.94   13. 8.54

Vertreter
Dr. Hückstädt, Gerhard,
  PrLG   1.12.94   2. 1.44

Arbeitsgruppe für Rehabilitierung und Wiedergutmachung nach dem 1. und 2. SED-Unrechtsbereinigungsgesetz
2 MinR, 1 RD, 2 ORR, 10 RR

Ministerialrat
Voß, Hans-Peter   17.10.93   11. 4.46

Regierungsdirektor
Die Stelle ist besetzt. Name und Daten sind nicht übermittelt worden.

Oberregierungsrat
Kruse, Kurt-Christian
(auf Probe)   11.10.94   18. 1.47

Regierungsräte
Finsterwalder, Werner   30. 8.94   15. 8.61
Peters, Heinz   31. 8.94   5. 8.58
Gädecke, Christoph
(auf Probe)   16. 5.94   12. 2.63
Blank, Andreas
(auf Probe)   1. 6.94   21.10.64

MV   Justizministerium

Dr. Hüttermann, Klaus
  (auf Probe) 1. 7. 94 25. 8. 65
Gärtner, Birgit (auf Probe) 4. 10. 94 1. 5. 69
Henke, Heidrun
  (auf Probe) 2. 1. 95 31. 10. 52

Zingler, Jens-Uwe
  (auf Probe) 2. 1. 95 29. 11. 65
Weiß, Jean (auf Probe) 2. 1. 95 11. 1. 67
Schmidt, Cornelia
  (auf Probe) 2. 1. 95 5. 2. 68

Oberlandesgerichtsbezirk Rostock

Bezirk: Mecklenburg-Vorpommern
4 Landgerichte: Neubrandenburg, Rostock, Schwerin, Stralsund
Kammern für Handelssachen: Neubrandenburg 2, Rostock 2, Schwerin 2, Stralsund 2
31 Amtsgerichte

Schöffengerichte: bei allen Amtsgerichten
Familiengerichte: bei allen Amtsgerichten
Landwirtschaftsgerichte: bei den Amtsgerichten Neubrandenburg, Rostock, Schwerin und Stralsund für die jeweiligen Landgerichtsbezirke

Oberlandesgericht Rostock

E 1 843 455
Wallstr. 3, 18055 Rostock
Postfach 10 73 30, 18011 Rostock
T (03 81) 3 31-0, Telefax (03 81) 4 59 09 91/2
1 Pr, 1 VPr, 10 VR, 3 R (+ 5 LSt R)

Präsident
Hausmanns, Wilfried 1. 7. 92 18. 8. 43

Vizepräsident
Dr. Steinert,
 Karl-Friedrich 1. 5. 94 1. 8. 40

Vorsitzende Richter
Dr. Dally, Rainer 1. 10. 92 16. 9. 42
Hillmann, Wolfgang 31. 12. 92 30. 12. 42
Dr. Lüdtke-Handjery,
 Christian 1. 4. 93 6. 1. 40
Dr. Oelkers, Harald 29. 6. 95 5. 4. 41

Richterinnen/Richter
Evermann, Barbara 1. 10. 92 3. 8. 53
Dr. Thomas, Karl 21. 12. 92 * 8. 3. 28
Sabin, Fritz-Eckehard 1. 1. 93 9. 1. 49
Boll, Jürgen 1. 1. 94 27. 10. 53
Steder, Manfred,
 abg. (LSt) 1. 9. 94 20. 2. 50
Rinnert, Rüdiger 18. 10. 94 12. 8. 59
Mährlein, Renate 1. 10. 95 21. 6. 50
Schwarz, Monika 1. 10. 95 3. 12. 52

Richter im 2. Hauptamt: 4

---
* Im Rahmen des „Seniorenprogramms zur Aufbauhilfe der Justiz (Ost)" tätige Richter/Staatsanwälte; hier: Tag der Einstellung in den Dienst des Landes Mecklenburg-Vorpommern.

Landgerichtsbezirk Neubrandenburg

Landgericht Neubrandenburg E 433 557
Wolgaster Straße 12, 17034 Neubrandenburg
Postfach 19 05, 17009 Neubrandenburg
T (03 95) 4 52 30
Telefax (03 95) 4 52 33 33
1 Pr, 1 VPr, 9 VR, 15 R

Präsident
Kollwitz, Roland 29. 9. 94 6. 4. 43

Vizepräsident
Brinkmann, Hans Josef 12. 9. 94 27. 10. 55

Vorsitzende Richterin/Vorsitzende Richter
von Hugo, Götz 8. 10. 92 5. 9. 29
Koch, Alexander 2. 8. 93 9. 8. 45
Peterl, Heidi 2. 1. 95 27. 5. 48

Richterinnen/Richter
Michaelis, Udo, abg. 1. 12. 93 11. 12. 55
Kabisch, Klaus, abg. 16. 3. 94 5. 5. 56
Wettenfeld, Heiko, abg. 1. 4. 94 30. 7. 52
Karberg, Maria 15. 7. 94 21. 1. 52
Pugell, Torsten 1. 8. 94 8. 12. 60
Memmel, Gabriele 12. 9. 94 22. 9. 57
Kücken, Michael 12. 9. 94 19. 3. 59
Kutz, Marianne 19. 6. 95 4. 10. 51

Amtsgerichte

Altentreptow
Fichtestr. 5, 17087 Altentreptow
T (0 39 61) 2 57 00
Telefax (0 39 61) 21 06 59
1 Dir, 1 R

Dr. Stempel, Martin, Dir	1. 7. 94	25. 10. 55

Demmin
Clara-Zetkin-Str. 14, 17101 Demmin
Postfach 93, 17101 Demmin
T (0 39 98) 4 37 10
Telefax (0 39 98) 43 71 31
1 Dir, 3 R

Weber, Ulrich, Dir	15. 6. 94	4. 9. 49
Kunze, Bernd	28. 6. 95	12. 1. 56
Langhof, Jörg	10. 7. 95	11. 11. 61

Malchin
Amtsgerichtsplatz, 17139 Malchin
Postfach 40, 17131 Malchin
T (0 39 94) 2 05 20
Telefax (0 39 94) 63 26 16
1 Dir, 2 R

Kurzrock, Peter, Dir	1. 12. 93	13. 12. 38
Kuttritz, Renate	22. 1. 96	1. 7. 50

Neubrandenburg
Friedrich-Engels-Ring 19, 17033 Neubrandenburg
Postfach 19 04, 17009 Neubrandenburg
T (03 95) 56 83–0
Telefax (03 95) 5 66 66 89
1 Dir, 1 stVDir, 1 w. aufs. R, 12 R

Förster, Horst, Dir	5. 4. 90	26. 4. 42
N. N., stV Dir		
Hoeveler, Petra	3. 1. 94	16. 1. 61
Schönherr, Barbara	16. 2. 94	29. 3. 58
Bartel, Veronika	16. 3. 94	21. 9. 49
Hacker, Astrid	1. 7. 94	8. 3. 64
Illgner, Hans-Christof	10. 7. 95	22. 2. 39
Landes, Jörg	10. 10. 95	6. 3. 58

Neustrelitz
Verlängerte Kirschenallee 49, 17235 Neustrelitz
Postfach 13 48, 17223 Neustrelitz
T (0 39 81) 45 50–0
Telefax (0 39 81) 45 50 66
1 Dir, 6 R

Boldt, Jürgen, Dir	1. 12. 93	21. 10. 49
Simkowski, Ruth	3. 1. 94	19. 6. 61

Pasewalk
Grünstr. 11a, 17309 Pasewalk
Postfach 12 31, 17302 Pasewalk
T (0 39 73) 2 06 40
Telefax (0 39 73) 21 06 84
1 Dir, 3 R

von Hirschheydt, Reinhard, Dir	15. 12. 93	21. 8. 43

Röbel/Müritz
Bahnhofstr. 33, 17207 Röbel/Müritz
Postfach 11 07, 17203 Röbel/Müritz
T (03 99 31) 57 20
Telefax (03 99 31) 5 72 16
1 Dir, 1 R

Deutsch, Karl-Christian, Dir	30. 8. 94	11. 4. 50

Strasburg
Bahnhofstr. 6, 17335 Strasburg
Postfach 11 48, 17331 Strasburg
T (03 97 53) 2 71–0
Telefax (03 97 53) 2 71 37
1 Dir, 1 R

Höhn, Rainer, Dir	15. 7. 94	11. 10. 55

Ueckermünde
Gerichtsstr. 16, 17373 Ueckermünde
Postfach 11 48, 17378 Ueckermünde
T (03 97 71) 4 30
Telefax (03 97 71) 2 26 83
1 Dir, 3 R

Kranz, Reinhard, Dir	1. 6. 92	9. 8. 35
Baier, Sabine	3. 4. 95	27. 8. 54

LG-Bezirk Rostock　　　　　　　　　　　　OLG-Bezirk Rostock　　**MV**

Waren
Güstrower Straße 1, 17192 Waren
Postfach 11 00, 17181 Waren
T (0 39 91) 17 00–0
Telefax (0 39 91) 16 50 29
1 Dir, 4 R

Lütkoff, Stefan, Dir	1. 10. 92	30. 9. 47
Wille, Georg	1. 8. 94	17. 11. 32

Landgerichtsbezirk Rostock

Landgericht Rostock E 448 262
August-Bebel-Str. 15–20, 18055 Rostock
Postfach 10 21 89, 18003 Rostock
T (03 81) 24 10
Telefax (03 81) 24 13 75
1 Pr, 1 VizePr, 14 VR, 21 R (+ 4 LSt)

Präsident

Dr. Hückstädt, Gerhard	2. 1. 92	2. 1. 44

Vizepräsident

Dr. Lemke, Reiner	12. 1. 95	25. 7. 49

Vorsitzende Richter

Pohl-Laukamp, Sophus	15. 10. 93 *	21. 2. 31
Segeberg, Holger	1. 7. 95	20. 8. 40
Ehlert, Hans-Peter	1. 12. 95	28. 9. 52

Richterinnen/Richter

Albert, Jens	1. 4. 93	7. 4. 57
Lex, Guido, abg. (LSt)	1. 8. 93	21. 7. 56
Strauß, Wolfgang, abg. (LSt)	28. 9. 93	13. 1. 58
Apprich, Joachim, abg.	16. 2. 94	15. 9. 56
Hildebrandt, Ralf	30. 3. 94	18. 4. 59
Dr. Müller, Hans-Jürgen, abg. (LSt)	1. 4. 94	15. 4. 55
Mahmens, Anke	1. 7. 94	3. 4. 61
Wipper, Michael	1. 8. 94	30. 11. 60
Haschke, Boris	15. 8. 94	28. 5. 60
Nöhren, Petra, abg.	2. 9. 94	18. 6. 61
Goebels, Peter	12. 9. 94	22. 8. 58
Freese, Birgit, abg.	4. 10. 94	21. 10. 62
Hansen, Holger	1. 2. 95	30. 7. 60
Braun, Dieter	24. 4. 95	18. 2. 61
Bollmann, Gerd	3. 5. 95	28. 4. 50
Ott, Dirk	11. 5. 95	22. 3. 61

* Im Rahmen des „Seniorenprogramms zur Aufbauhilfe der Justiz (Ost)" tätige Richter/Staatsanwälte; hier: Tag der Einstellung in den Dienst des Landes Mecklenburg-Vorpommern.

Hanenkamp, Nikolaus	1. 6. 95	28. 1. 63
Bäuerle-Graf, Barbara	8. 6. 95	9. 8. 59

Eine weitere Stelle für Richter am Landgericht ist besetzt. Namen und Personaldaten sind nicht übermittelt worden.

Amtsgerichte

Bad Doberan
Dammchaussee 14, 18209 Bad Doberan
T (03 82 03) 23 19 od. 34 20–24
Telefax (03 82 03) 32 30
1 Dir, 4 R

Dr. Schnaubelt, Michael, Dir	16. 8. 93	29. 3. 54
Röck, Wolfgang	1. 8. 93	3. 1. 62
Krenske, Iris	9. 8. 95	23. 3. 59
Wenkel, Anke	17. 8. 95	2. 11. 64

Bützow
Schloßplatz 1, 18246 Bützow
Postfach 12 62, 18242 Bützow
T (03 84 61) 5 70–0
Telefax (03 84 61) 5 20 20
1 Dir, 2 R

Born, Gereon, Dir	21. 7. 94	24. 9. 60

Güstrow
Franz-Parr-Platz 2 a, 18273 Güstrow
Postfach 2 13, 18262 Güstrow
T (0 38 43) 6 51 91
Telefax (0 38 43) 6 51 95
1 Dir, 6 R

Düvel, Annemarie, Dir	1. 8. 93	30. 7. 48
Kunkel, Barbara	1. 4. 94	—
Steding, Brunhild	1. 8. 94	16. 7. 55
Woik, Christa	—	—
Gehrke, Ralf	—	—

Rostock
August-Bebel-Str. 15–20, 18055 Rostock
T (03 81) 24 10
Telefax (03 81) 24 13 75
1 Dir, 1 stVDir, 3 w. aufs. R, 24 R

Häfner, Peter, Dir	1. 7. 92	4. 4. 50
N. N., stV Dir		
Levin, Petra, abg.	1. 12. 93	30. 1. 56
Blockus, Dagmar	1. 12. 93	11. 7. 59
Voß, Hans-Joachim	1. 4. 94	4. 10. 33
Witt, Harald	1. 4. 94	30. 9. 62

MV   OLG-Bezirk Rostock   LG-Bezirk Schwerin

Noll, Birgit	1. 4.94	4. 7.63
Schörner, Anne-Dore	1. 6.94	29.10.47
Rohn, Steffen, abg.	1. 6.94	14.10.62
Freese, Tim	1. 8.94	9. 4.58
Hassel, Matthias	12. 9.94	12.12.60
Schmidt, Beatrix	17. 2.95	2. 2.55
Richter, Uwe	3. 5.95	6.12.62
Rothe, Axel	16. 5.95	27.12.59
Görgen, Christian	8. 6.95	19. 3.62
Bugenhagen-Hinz, Kerstin	4.12.95	15.10.58
Schröder, Ralf	14.12.95	6. 2.61

Teterow
Warener Straße 31, 17166 Teterow
Postfach 40, 117161 Teterow
T (0 39 96) 12 60 16
Telefax (0 39 96) 12 60 33
1 Dir, 2 R

Donandt, Jens, Dir	6. 9.94*	5. 5.32
Matzat, Marianne	8. 6.95	1.12.55

Landgerichtsbezirk Schwerin

Landgericht Schwerin E 512 443
Demmlerplatz 1–2, 19053 Schwerin
Postfach 01 10 43, 19010 Schwerin
T (03 85) 7 41 50
Telefax (03 85) 7 41 51 83
1 Pr, 1 VizePr, 12 VR (+ 1 LSt), 19 R (+ 1 LSt)

Präsident

Dähnhardt, Ernst-Harald	1. 5.94	25. 5.35

Vizepräsident

Gemes, Soeren	5. 7.94	11. 4.50

Vorsitzende Richterin/Vorsitzende Richter

Schriever, Klaus	7. 8.92	13. 3.36
Dr. Richter, Wolfgang	1. 8.93	9.12.54
Heydorn, Horst	20. 9.93	20. 9.43
Heye, Horst-Dieter	15.12.93	9. 7.41
Martin, Roland	1. 1.94	24. 9.54
Schmidt, Arne	10. 1.94*	31. 7.31
Meermann, Sigrun	18.10.94	11. 4.59
Scherhans, Rainer, abg. (LSt)	—	—

* Im Rahmen des „Seniorenprogramms zur Aufbauhilfe der Justiz (Ost)" tätige Richter/Staatsanwälte; hier: Tag der Einstellung in den Dienst des Landes Mecklenburg-Vorpommern.

Richterinnen/Richter

von Hülst, Karin, abg. (LSt)	22. 3.93	4. 2.61
Schlüter, Cornelia	6. 4.93	24.12.53
Boysen, Ingrid	1. 7.93	—
Baalcke, Detlef	1.12.93	15. 3.59
Grunke, Norbert	3. 1.94	2.12.56
Bartmann, Jacqueline	3. 1.94	31. 5.61
Zöllner, Angelika	1. 4.94	26. 9.56
Gottwald, Dagmar	1. 6.94	13. 5.59
Bail, Marion	15. 7.94	18. 8.62
Hinze, Rosmarie	12. 9.94	7. 8.37
Kosmider, Susanne, beurl.	1.10.94	28. 7.62
Röper, Rita	22. 6.95	5. 6.49
Fiddecke, Uwe	27. 9.95	11. 2.60
Burmeister, Jana	29.12.95	19. 2.66

Amtsgerichte

Gadebusch
Amtsstr. 6, 19205 Gadebusch
Postfach 12 61, 19202 Gadebusch
T (0 38 86) 22 40 od. 71 21 38/9
Telefax (0 38 86) 71 21 30
1 Dir, 2 R

Merklin, Andreas, Dir abg.	1.10.94	8.10.53
Dr. Dimpker, Hinrich	1.10.93	13. 8.53
Piepel, Robert, abg.	14.11.94	11. 9.62

Grevesmühlen
Bahnhofstr. 4 a, 23936 Grevesmühlen
Postfach 12 36, 23932 Grevesmühlen
T (0 38 81) 78 10–0
Telefax (0 38 81) 24 16
1 Dir, 2 R

Manthey, Stefan, Dir	1.11.92	25.11.48
Weghofer, Christine	1.12.93	25. 4.56
Halm, Klaus	16. 6.94	29.11.58

Hagenow
Augustenstr. 8, 19230 Hagenow
Postfach 14, 19221 Hagenow
T (0 38 83) 2 62 31
Telefax (0 38 83) 2 70 59
1 Dir, 5 R

Krack, Bernd, Dir	27. 6.94	1.12.39
Dr. Dallmann, Michael	14. 4.94	19. 9.56
Richter, Susanne	15. 7.94	28. 9.58
Dr. Früh-Thiele, Katrin, beurl.	1. 8.95	24. 4.61

Zwei weitere Stellen für Richter am Amtsgericht sind besetzt. Namen und Personaldaten sind nicht übermittelt worden.

Ludwigslust

Lindenstr. 22/24, 19288 Ludwigslust
Postfach 70, 19282 Ludwigslust
T (0 38 74) 3 22 39, 2 20 16, 2 14 07
Telefax (0 38 74) 2 31 37
1 Dir, 4 R

Gins, Werner, Dir	1. 9. 93	15. 1. 48
Hrelja, Brigitte	21. 1. 94	20. 12. 61
Dr. Hecker, Bernd	1. 4. 94	12. 3. 63

Parchim

Moltkeplatz 3, 19370 Parchim
19363 Parchim
T (0 38 71) 6 24 30
Telefax (0 38 71) 62 43 40
1 Dir, 2 R

Schlottke, Peter, Dir	15. 7. 94	31. 10. 51

Eine Stelle für Richter am Amtsgericht ist besetzt. Namen und Personaldaten sind nicht übermittelt worden.

Plau am See

Alter Wall 43, 19395 Plau am See
T (0 38 7 35) 3 04/5
Telefax (03 87 35) 3 92
1 Dir, 2 R

Söhnchen, Peter, Dir, abg.	15. 7. 94	16. 6. 54

Schwerin

Demmlerplatz 1–2, 19053 Schwerin
Postfach 0 11 043, 19010 Schwerin
T (03 85) 7 41 50
Telefax (03 85) 7 41 52 00
1 Dir, 1 stV Dir, 2 w. aufsR, 19 R

Krajewski, Joachim, Dir	1. 6. 95	19. 10. 43
N. N., stV Dir		
Kränzle-Eichler, Angelika, w. aufsR	17. 8. 93	4. 12. 48
Meermann, Martin	15. 6. 93	28. 11. 58
Obbelode-Rottschäfer, Sabine	2. 2. 94	28. 2. 62
Aschoff, Heike, beurl.	7. 2. 94	28. 4. 61
Brenne, Jens	16. 3. 94	28. 2. 59
Weller, Michael	15. 7. 94	19. 12. 57
Rauch, Marina	24. 3. 95	22. 10. 58
Hagen, Harald	12. 6. 95	16. 1. 57
Dittloff, Sabine, beurl.	14. 6. 95	13. 9. 61
Kamin-Schmilau, Juliane, beurl.	15. 6. 95	22. 4. 60
Michalczik, Bernd	11. 9. 95	3. 10. 60
Denzin, Ruth	21. 12. 95	22. 2. 38
Rother, Margit	21. 12. 95	21. 3. 52

Sternberg

Luckower Str. 23, 19406 Sternberg
T (0 38 47) 22 72, 27 30
Telefax (0 38 47) 25 30
1 Dir, 1 R

Lehmann, Lutz, Dir	15. 7. 94	11. 10. 57

Wismar

Vor dem Fürstenhof 1, 23966 Wismar
23954 Wismar
T (0 38 41) 48 08–0
Telefax (0 38 41) 48 08 10
1 Dir, 1 stV Dir, 7 R

Reitz, Günther, Dir	1. 3. 92	21. 1. 43
N. N., stV Dir		
Golz, Thomas	1. 7. 93	14. 11. 57
Grober, Peter abg.	1. 12. 93	—
Bellmann, Burkhard	1. 3. 94	18. 6. 57
Jacobsen, Kai	1. 7. 94	25. 5. 94
Engel, Bernd	1. 8. 94	9. 12. 57
Aschoff, Michael	27. 10. 94	15. 2. 60
Beige, Michael	5. 3. 96	24. 10. 59

Landgerichtsbezirk Stralsund

Landgericht Stralsund E 447 193

Bielkenhagen 9, 18439 Stralsund
18408 Stralsund
T (0 38 31) 25 73 00
Telefax (0 38 31) 25 73 73
1 Pr, 1 VPr, 11 VR, 18 R

Präsident

Schoof, Reimer	2. 1. 92	6. 12. 36

Vizepräsident

Pirsch, Jürgen	1. 6. 94	1. 6. 36

Vorsitzende Richter

Loose, Wolfgang	1. 7. 92	13. 12. 49
Rüdiger, Alexander	15. 4. 94	25. 8. 29
Krah, Helmut	2. 12. 94	20. 6. 56

Drei weitere Stellen für Vorsitzende Richter am Landgericht sind besetzt. Namen und Personaldaten sind nicht übermittelt worden.

---

* Im Rahmen des „Seniorenprogramms zur Aufbauhilfe der Justiz (Ost)" tätige Richter/Staatsanwälte; hier: Tag der Einstellung in den Dienst des Landes Mecklenburg-Vorpommern.

MV OLG-Bezirk Rostock LG-Bezirk Stralsund

Richterinnen/Richter

Imkamp, Siegfried	2. 2. 94	12. 4. 55
Großmann, Christiane, abg.	1. 3. 94	25. 12. 58
Leonard, Thomas	12. 9. 94	9. 5. 58
Bleß, Martina	1. 10. 94	21. 12. 60
Bechlin, Frank	11. 10. 94	24. 7. 60
Müller-Koelbl, Stephanie	14. 11. 94	13. 7. 61
Neubrandt, Gerold	21. 4. 95	1. 9. 55
Klingmüller, Kai	21. 4. 95	17. 6. 61
Retzlaff, Carmen	21. 4. 95	18. 2. 63
Köhler, Martina	21. 4. 95	13. 3. 64
Falk, Silvia	3. 5. 95	17. 6. 51

Amtsgerichte

Anklam
Keilstr. 11, 17389 Anklam
Postfach 11 70, 17382 Anklam
T (0 39 71) 21 00 52/53
Telefax (0 39 71) 56 40
1 Dir, 2 R

N. N., Dir		
Brinkmann, Annemarie	14. 11. 94	6. 2. 50

Bergen/Rügen
Schulstr. 1, 18528 Bergen
T (0 38 38) 2 22 35, 25 25 74, 25 25 75
Telefax (0 38 38) 25 25 76
1 Dir, 1 stV Dir, 6 R

Eggers, Rainer, Dir	17. 8. 92	9. 10. 44
N. N., stVDir		
Kollwitz, Ulrike	14. 7. 94	10. 9. 53

Greifswald
Auf dem Gorzberg Haus 7, 17489 Greifswald
T (0 38 34) 5 70 20
Telefax (0 38 34) 5 70 21 11
1 Dir, 1 stV Dir, 6 R

Kirchner, Rudolf, Dir	1. 4. 93	3. 3. 45
N. N., stV Dir		
Müller, Heinz-Olaf	15. 10. 93	3. 4. 47
Dräger, Jörg	1. 4. 94	9. 7. 62
Schnitzer, Carin	31. 3. 95	26. 8. 57

Grimmen
Hafenstr. 14, 18507 Grimmen
Postfach 15 40, 18501 Grimmen
T (03 83 26) 5 10
Telefax (03 83 26) 5 12 90
1 Dir, 1 R

Jeschonowski, Angelika, Dir	15. 7. 94	29. 9. 56
Kopsch, Thomas	27. 3. 95	6. 3. 61

Ribnitz-Damgarten
Nizzestr. 28, 18311 Ribnitz-Damgarten
Postfach 10 92, 18301 Ribnitz-Domgarten
T (0 38 21) 81 01 22–25, 23 66
Telefax (0 38 21) 23 65
1 Dir, 5 R

Kucklick, Joachim, Dir	1. 10. 92	2. 11. 44
Segeth, Martina	1. 7. 94	18. 11. 45
Hofmann, Jens	12. 9. 94	3. 3. 61

Stralsund
Bielkenhagen 9, 18439 Stralsund
18408 Stralsund
T (0 39 31) 25 73 00
Telefax (0 38 31) 25 74 56
1 Dir, 1 stV Dir, 10 R

Dr. Wittkamp, Horst, Dir	1. 9. 92	28. 3. 40
N. N., stVDir		
Reitmeier, Ingrid, ½	1. 7. 82	8. 2. 51
Müller-Koelbl, Dirk	1. 4. 94	21. 6. 54
Lübeck, Christine	14. 11. 94	16. 6. 64
Bohle, Holger	2. 6. 95	23. 4. 54

Wolgast
Breite Straße 6 c, 17438 Wolgast
17431 Wolgast
T (0 38 36) 20 23 47, 20 25 90/-81
Telefax (0 38 36) 20 23 48
1 Dir, 4 R

Hane, Klaus, Dir	3. 8. 92	4. 2. 43
Reimer, Martina	15. 12. 95	8. 9. 60

Staatsanwaltschaften

Generalstaatsanwaltschaft
Patriotischer Weg 120 a, 18057 Rostock
T (03 81) 45 60 50
Telefax (03 81) 4 56 05 13
1 GStA, 2 LOStA, 5 OStA

Generalstaatsanwalt
Prechtel, Alexander   1. 7. 92   28. 8. 46

Leitende Oberstaatsanwälte
Saß, Hartmut stVGStA   5. 1. 93   2. 6. 44
Bischof, Joachim   1. 2. 92   26. 11. 40

Oberstaatsanwälte
Kasulke, Volkmar Giselher   1. 2. 93   30. 7. 45
Kruse, Michael   1. 5. 93   10. 12. 52

Staatsanwaltschaft Neubrandenburg
Demminer Straße 61, 17034 Neubrandenburg
Postfach 21 04, 17011 Neubrandenburg
T (03 95) 4 53 70
Telefax (03 95) 4 53 72 50
1 LOStA, 6 stVLOStA, 50 StA, 31 StA

Leitender Oberstaatsanwalt
Plett, Helmut   15. 7. 94   30. 7. 33

Oberstaatsanwälte
Müller-Praefke,
  Horst, stVLOStA   27. 2. 86   7. 9. 35
von Hobe, Carl   1. 11. 92   16. 3. 45

Staatsanwältinnen/Staatsanwälte
Hahmann, Hans-Joachim   1. 12. 93   11. 12. 47
Zeisler, Gerd   1. 12. 93   9. 10. 56
Wegener, Lutz   1. 4. 94   21. 9. 55
Levermann, Ulf   1. 4. 94   7. 3. 64
Deters, Stephan   15. 4. 94   31. 7. 59
Tech, Joachim   14. 6. 94   29. 4. 57
Unterlöhner, Jochen   12. 9. 94   2. 12. 58
Gillner, Thomas   1. 10. 94   7. 7. 58
Bethke, Bernd   1. 10. 94   8. 5. 63
Rösner, Daniela, beurl.   1. 11. 94   9. 7. 63
Stannik, Elke   20. 4. 95   8. 6. 61
Sturm, Manfred   15. 5. 95   10. 1. 40
Fenger, Jörg   15. 5. 95   25. 9. 62
Huhn, Joachim   8. 6. 95   7. 10. 53
Köppen, Wolfgang   8. 6. 95   23. 12. 54
Schwiderski, Sabine   10. 7. 95   23. 8. 58

Köhler, Telse   4. 8. 95   7. 6. 50
Günther, Toralf   25. 8. 95   11. 6. 63
Dinse, Sylvia   8. 12. 95   22. 12. 54
Miereck, Elke   14. 12. 95 13. 7. 55

Staatsanwaltschaft Rostock
Doberaner Str. 116, 18057 Rostock
Postfach 10 10 59, 18002 Rostock
T (03 81) 4 56 40
Telefax (03 81) 4 56 44 80
1 LOStA, 1 stVLOStA, 60 StA, 34 StA

Leitender Oberstaatsanwalt
Neumann, Wolfgang   2. 1. 92   24. 2. 35

Oberstaatsanwälte
Dörfler, Herbert,
  stVLOStA   1. 7. 79   14. 3. 40
Evermann, Holger   1. 2. 92   15. 2. 56
Franz, Dietrich   1. 7. 93   26. 6. 37

Oberstaatsanwältinnen/Staatsanwälte
Hagemann, Almut   3. 11. 93   1. 9. 51
Gartz, Tanja   1. 12. 93   15. 4. 58
Krüger, Reinhard   1. 4. 94   12. 11. 63
Schulz, Steffan, abg.   1. 7. 94   24. 9. 60
Wolf, Hartmut   15. 8. 94   12. 4. 56
Sachsenröder, Gunter   15. 8. 94   8. 12. 59
Hahn, Klaus-Peter   1. 10. 94   8. 12. 55
Nyenhuis, Hans, abg.   1. 10. 94   20. 4. 60
Krüger, Gabriele   1. 10. 94   14. 8. 61
Rudeck, Karen   9. 10. 94   19. 5. 62
Mauersberger, Bernd   11. 10. 94 22. 4. 60
Schmitt, Frank   1. 11. 94   12. 8. 59
Götz, Wolfgang   1. 4. 95   23. 5. 62
Below, Petra   30. 10. 95 15. 9. 53
Lückemann, Peter   28. 11. 95 5. 2. 63
Lins, Andreas   2. 3. 96   15. 10. 60
Henze, Anke   19. 3. 96   22. 3. 56

Staatsanwaltschaft Schwerin
Bleicherufer 15, 19053 Schwerin
T (03 85) 53 02–0
Telefax (03 85) 5 30 24 44
1 LOStA, 1 stVLOStA, 7 OStA (+2 LSt), 40 StA

Leitender Oberstaatsanwalt
Schwarz, Gerit   2. 1. 92   29. 5. 47

MV Richter/StA im Richterverhältnis auf Probe

Oberstaatsanwältinnen/Oberstaatsanwälte

Dr. Jäger, Ernst, stVLOStA	1. 9.75	13. 9.35
Pick, Hans-Christian	1. 4.92	14. 7.44
Wirsich, Hanns-Rudolf, abg.	3.11.92	12. 6.39
Reitmann, Hans-Dieter	1. 9.93	30. 4.34
Stahmer, Karsten	1. 1.94	2.10.36
Lemke, Sybille, ½	18. 2.94	30.11.49
Bartels, Barbara, abg. (LSt)	1.10.94	28.12.57

Staatsanwältinnen/Staatsanwälte

Leuschner, Lennard	1. 4.93	8. 5.55
Nitschke, Frank	1. 7.93	19. 2.53
Kollorz, Wulf	18. 8.93	6. 4.59
Meyer, Dietrich, abg.	1.10.93	26. 8.55
Bardenhagen, Thomas	15.10.93	20. 4.59
Förster, Hans	1.12.93	25.11.59
Schult, Sylvia	1.12.93	7. 3.65
Schnabel, Manfred	1. 4.94	3. 2.37
Ehlers, Norbert	1. 4.94	11. 3.63
Styn, Ilona	1. 7.94	18. 3.60
Löper, Susanne	1. 7.94	30. 3.61
Kopf, Thorsten	1.10.94	18.11.61
Krüger, Birka	1.10.94	30. 1.64
Sprenger, Heidrun	1.10.94	23. 1.65
Permin, Oliver	4.10.94	3. 7.60
Adam-Domrös, Britta, beurl.	15.10.94	26. 6.63
Gärtner, Andreas	16. 2.95	14.12.62
Fandel, Otmar	19. 6.95	20. 6.62
Franz, Günther, abg., RkrA	1.10.94	5. 7.57

Möllenkamp, Christian, abg., RkrA	8.12.94	13. 5.57

Staatsanwaltschaft Stralsund

Ummanzer Str. 7, 18439 Stralsund
Postfach 25 54, 18404 Stralsund
T (0 39 31) 25 70
Telefax (0 39 31) 25 72 98/-9
1 LOStA, 1 stVLOStA, 40StA, 27 StA

Leitender Oberstaatsanwalt

von Samson Himmelstjerna, Rudolf	1. 2.92	14. 9.41

Oberstaatsanwälte

Dr. Böttges, Walter, stVLOStA	1. 7.94	30. 8.49
Trost, Helmut	1. 6.94	–
Schneider-Brinkert, Dirk	20.10.94	2. 7.55

Staatsanwältinnen/Staatsanwälte

Gibbels, Hans, abg.	3.11.93	9. 6.50
Böhmer, Sabine	3.11.93	21. 8.50
Schlicht, Peter	1. 4.94	29.12.59
Dr. Müller, Klaus-Walter	1. 4.94	21. 1.60
Cloppenburg, Martin	15. 8.94	6.10.61
Fischer, Klaus	1.10.94	20.12.60
Götze, Thomas	1.10.94	18.12.61
Uhlig, Ralph	15.10.94	25. 4.55
Ketelboeter, Ralf-Siegfried	15. 2.95	31. 8.45
Kuhlmann, Rolf	10. 5.95	24. 9.62
Wielert, Lars	24. 2.95	17. 4.61
Blasinski, Jörg, abg., RkrA	(1. 2.95)	10. 2.62

Richterinnen/Richter und Staatsanwältinnen/Staatsanwälte im Richterverhältnis auf Probe

Bei den Gerichten:

Jansen, Susanne	13. 6.91	1. 5.62
Bigott, Ursula	1. 7.91	24. 4.60
Rüdinger, Christina	15. 8.91	28. 2.58
Jöns, Susanne	1.10.91	22. 6.60
Tiede, Dietlinde	7.11.91	3.11.50
Wach, Siegfried	7.11.91	4. 9.53
Götze, Günter	7.11.91	13. 6.57
Gutzmer, Elke	7.12.91	18. 2.53
Pust, Katharina	14.11.91	13. 7.50
Reiche, Hans-Joachim	14.11.91	15. 6.51
Sprung, Heinz Dieter	14.11.91	23.10.59
Trost, Silke, beurl.	2. 3.92	31.12.62
Petersen, Bettina	4. 5.92	10. 1.60
Kurtenbach, Eva	4. 5.92	5. 4.60
Dr. Hauptmann, Helge-Peter	4. 5.92	3. 7.61
Blindow, Ute	4. 5.92	13.11.62
Brix, Peter	18. 5.92	28. 7.62
Nübel, Bernd	19. 5.92	14. 1.62
Hennig, Andreas	1. 6.92	28. 2.57
Weingartz, Klaus	1. 6.92	5.12.60
Kühn, Harald	1. 7.92	10. 8.59
Zimmermann, Udo	1. 7.92	1. 5.61
Kloock, Susanne, abg.	3. 8.92	1.10.55

Richter/StA im Richterverhältnis auf Probe MV

Name	Date 1	Date 2
Otte, Christoph	3. 8.92	23. 3.62
Masiak, Thomas	17. 8.92	7. 5.62
Tornow, Kai	1.10.92	9. 1.63
Dickmann, Thomas	15.10.92	13.10.62
Pohl, Maren-Gabriele	2.11.92	4.10.61
Frieden, Bodo	16.11.92	3. 6.55
Klein-Cohaupt, Huberta	1.12.92	29. 6.61
Selbmann, Sigried	1.12.92	21.12.64
Lessel, Armin	15.12.92	8. 8.62
Schmachtel, Rainer	5. 1.93	26. 4.55
Martens, Dietrich	5. 1.93	28. 5.55
Manzewski, Dirk	5. 1.93	11. 7.60
Kleinschmidt, Meike, beurl.	1. 2.93	10. 7.63
Ehlers, Thomas	2. 3.93	13.11.62
Mack-Oberth, Michael	2. 3.93	12. 7.63
Domke, Gerhard	15. 3.93	23. 4.60
Diekmann, Doris, beurl.	1. 4.93	18.12.64
Jensen, Freya, beurl.	29. 4.93	2. 6.64
Nüske, Michael	3. 5.93	11. 4.63
Dr. Jedamzik, Alfred	1. 7.93	23. 8.46
Weers, Werner	2. 8.93	9. 4.60
Bruske, Lars	2. 8.93	4.10.62
Gombac, Andrea	2. 8.93	24.11.64
Rüther, Jutta	16. 8.93	28. 7.61
Bellut, Jörg	1. 9.93	6. 1.63
Manke, Matthias	1. 2.93	1.10.63
Langer, Klaus-Peter	1. 9.93	24.11.63
Haubold, Kai-Ole	1. 9.93	22. 1.64
Hagemann, Sylvia	1. 9.93	29. 9.64
Seroka, Stephan	9. 9.93	8. 1.63
Klimasch, Ralf-Allan	1.10.93	1. 1.58
Struck, Susann-Sybill, abg.	1.10.93	25.12.61
Lüdtke, Michael	1.10.93	1. 6.62
Wanzenberg, Olaf	1.10.93	3. 7.62
Haller, Renate	1.10.93	19. 8.65
Rachow, Hannelore	15.10.93	14.11.50
Millat, Andreas	15.10.93	2.10.62
Püster, Jutta	15.10.93	16. 6.64
Vogt, Katja-Urda, beurl.	3.11.93	31. 1.64
Vogt, Henning	3.11.93	5.10.65
Laufer, Uwe	1.12.93	28.11.62
Labi, Susanne Dorothea	15.12.93	30. 1.61
Schomburg, Günter	3. 1.94	2. 2.57
Pehle, Barbara, ½	3. 1.94	6. 8.58
Seysen, Michael	3. 1.94	27.12.58
Vick, Holger	3. 1.94	6. 4.65
Both, Dirk	5. 1.94	7.11.67
Klatte, Frauke	17. 1.94	6. 7.62
Korzetz, Ingo	17. 1.94	7. 6.63
Pirc, Susanne	9. 2.94	27. 6.65
Spangenberg, Bernd	16. 2.94	25. 1.63
Cabliz, Hans-Dieter	1. 3.94	23. 6.64
Filipponi, Jörg	16. 3.94	25. 2.65
Stork, Michael	5. 4.94	17. 4.63
Philips, Andrea, abg.	15. 4.94	30. 4.65
Schwencke, Alexandra, abg.	16. 5.94	18. 8.64
Vogler, Michael	16. 5.94	21. 4.65
Kasberg, Michael	1. 6.94	29. 3.52
Ritter, Andrea	1. 6.94	23. 4.65
Henselleck, Birgit	15. 6.94	25.11.63
Bauer, Michael	1. 7.94	11. 9.56
Jäschke, Christoph, abg.	1. 7.94	16.11.63
Tränkmann, Konstantin	1. 7.94	24. 2.64
Badenheim, Christoph	1. 7.94	29.11.65
Voß, Heilwig	15. 7.94	17.12.64
Fischer, Uwe	20. 7.94	25.12.65
Scholz, Dietmar	1. 8.94	14. 7.64
Neumann, Chris	1. 8.94	3.11.65
Könning, Andreas	15. 8.94	12. 2.62
Schönebeck, Renate	1. 9.94	2.12.52
Seligmüller, Steffen	1. 9.94	7.10.65
Dr. Albrecht, Ute, abg.	4.10.94	3.10.61
Dr. Frenzel, Christian	4.10.94	8. 1.63
Hegen, Susann	4.10.94	12. 6.63
Paulmann, Heike	4.10.94	21.12.64
Sonnemann, Ralph	11.10.94	12. 8.49
Kandzorra, Beate	11.10.94	21. 3.62
Kohnen, Stephanie	1.12.94	16. 3.63
Nickels, Sven, abg.	1.12.94	28.10.63
Unterberg, Markus	1.12.94	4. 2.64
Theede, Kai-Uwe, abg.	1.12.94	16.10.64
Grabandt, Barbara	1.12.94	9. 7.65
Stechemesser, Petra	1.12.94	15. 8.67
Müller, Frank-Otto, abg.	2.12.94	8. 5.65
Pietsch, Ulrike	15.12.94	31. 7.65
Kolf, Henning	2. 1.95	26. 4.60
Zukor, Karin, abg.	2. 1.95	27.11.64
Schlößner, Frank	2. 1.95	9. 9.65
Bült, Andrea	2. 1.95	11.10.65
Schlößner, Daniela	2. 1.95	29. 5.67
Boenke, Andrea	16. 1.95	11.10.65
Moschner, Christine	1. 2.95	21.12.63
Syska, Andra	1. 3.95	27. 3.64
Althaus, Heidi	1. 3.95	2. 2.67
Dreger, Jutta	1. 3.95	23.10.68
Moschner, Axel, abg.	16.10.95	15. 2.66
Redeker, Ralf	2. 1.96	6. 4.65
Schmidt-Nissen, Nicola	2. 1.96	25. 9.65
Mitzinger, Susanne	2. 1.96	22. 6.68
Hoppe, Dieter	15. 1.96	27. 6.67

Bei den Staatsanwaltschaften:

Name	Date 1	Date 2
Fitzke, Kyra, beurl.	1. 7.91	29.10.61
Köpke, Annelore	1.11.91	24. 2.51
Appel, Astrid	1.11.91	13.10.53
Gappisch, Ralf	1.11.91	9. 8.63
Hoffmann, Frank	1.11.91	16. 4.64
Meier, Gerd	2. 3.92	30. 4.47

MV   Richter/StA im Richterverhältnis auf Probe

Name				Name		
Spieß, Steffan	1. 7.92	18.11.62		Meffert, Frank	1. 5.94	14. 5.61
Leyh, Inge,				Ebert, Jörg	1. 7.94	7. 4.64
beurl.	1. 7.92	12. 3.63		Simon, Dirk	1. 7.94	10.10.64
Ibusch-Kampen, Ute, ½	3. 8.92	4. 4.63		Böhme, Michael	1. 8.94	16. 8.52
Lechte, Ralf	2.11.92	28. 9.62		Baack, Christiane	1. 8.94	27. 6.68
Brüning, Wolfgang	1.12.92	11. 1.51		Rogatschow, Serghe	1. 8.94	9. 9.70
Puppe-Lüders, Beatrix, ½	3. 5.93	27. 8.62		Henkel, Sabine	1. 9.94	16. 4.65
Riedelsheimer, Ulla	3. 5.93	14. 6.63		Winter, Sylvia	4.10.94	30. 8.65
Bungert, Helmut	17. 5.93	29. 1.61		Gerhard, Karin	15.11.94	26. 6.67
Adler, Gabriele	17. 5.93	8.12.63		Strempel, Heidrun	15.11.94	9.12.67
Werthschulte, Claudia	15. 6.93	26.11.64		Sander, Berit	15.11.94	4. 2.68
Schrater, Ekkehard	1. 7.93	26. 4.55		Bentrup, Silke	1.12.94	23. 8.68
Hoffmann, Angelika	1. 7.93	18.11.64		Peters, Thomas	2. 1.95	11. 1.60
Effenberg, Volker	2. 8.93	29. 6.61		Brodach, Iris	2. 1.95	7. 3.61
Wiete, Peter	2. 8.93	26. 2.63		Böhm, Christine	2. 1.95	31.12.64
Schrader, Dirk	2. 8.93	24. 6.63		Behrens, Kerstin	2. 1.95	14. 2.65
Graeger-Könning, Karin	16. 8.93	14. 5.65		Ritter, Andres	1. 2.95	2. 8.64
Kunisch, Monika	1. 9.93	18. 5.64		Köster-Flachsmeyer,		
Friesenhahn, Susanne	1.10.93	8. 3.62		Monika	1. 2.95	29. 8.65
Joachims, Martina	1.10.93	16.10.63		Prein, Peter	1. 3.95	11. 3.53
Hagedorn, Iris	1.10.93	27. 5.65		Dr. Rösner, Christina	1. 3.95	30. 3.67
Kellner, Jessika	1.10.93	17.12.65		Wirsik, Dietmar	1. 6.95	4.12.58
Anger, Liselotte	15.10.93	25.10.49		Traeger, Roland	15. 6.95	12.12.63
Unger-Nöhrenberg, Ilka	15.10.93	21. 2.61		Wichmann, Maureen	17. 7.95	10. 5.69
Hennig, Andreas	3.11.93	6. 8.64		Zeng, Claus	1. 8.95	12. 9.64
Brunkow, Andreas	3.11.93	4. 2.65		Friedrich, Ute	1. 8.95	18.11.67
Neumann, Barbara	2. 2.94	17.12.63		Otte, Michael	15. 9.95	12. 4.66
Müller, Christian	16. 3.94	23.11.64		Dr. Scholtz, Tibor	2.10.95	19. 2.63
Stahl, Michael	5. 4.94	28.12.61		Jensen, Heike	1.11.95	25. 8.57
Elfert, Reiner	5. 4.94	6.10.57		Rönnau, Bettina	2. 1.96	30. 3.65
Hagemann, Stephan	5. 4.94	4.11.63		Gerlinger, Michael	2. 1.96	11. 5.65
Ewert, Heike	5. 4.94	21.12.63		Heckel, Katharina	2. 1.96	16.10.67

Niedersachsen

7 715 363 Einwohner

Justizministerium

Am Waterlooplatz 1, 30169 Hannover
Postanschrift: Postfach 2 01, 30002 Hannover
T (05 11) 1 20–1, Telefax (05 11) 1 20 68 11
1 Min, 1 StaatsSekr, 4 MinDgt, 4 LMinR, 22 MinR, 11 RD, 8 ORR, 2 RR, 1 PrLaJPrA

Ministerin
Alm-Merk, Heidrun   21. 6. 90   28. 4. 45

Staatssekretär
Henze, Horst   20. 2. 91   12. 10. 34

Ministerialdirigenten
Hartmann, Winfried   3. 6. 86   8. 5. 36
Niehaus, Reiner   15. 8. 91   13. 1. 34
Dr. Wichmann, Axel   15. 8. 91   10. 3. 38

Leitende Ministerialräte
Harmening, Klaus   25. 9. 91   10. 10. 38
Isermann, Edgar   15. 6. 93   12. 8. 44
Dr. Haas, Lothar   16. 2. 96   29. 8. 38
Range, Harald   16. 2. 96   16. 2. 48

Ministerialrätinnen/Ministerialräte
Lühr, Gustav-Adolf   27. 3. 86   31. 8. 43
Harborth, Hiltrud   30. 7. 87   28. 10. 41
Kirchner, Lothar   12. 7. 88   3. 12. 41
Mehrens, Ingeborg   18. 12. 91   26. 2. 43
Dr. Lessing, Volker   18. 12. 91   26. 3. 45
Dr. Best, Peter   28. 1. 92   28. 7. 44
Schneidewind, Dieter   6. 7. 93   5. 1. 48
Dr. Steinhilper, Monica   5. 1. 96   14. 2. 52
Kröpil, Karl   11. 2. 87   4. 10. 43
Möllring, Hartmut, beurl.   11. 2. 87   31. 12. 51

Schmidtke, Peter   16. 7. 87   6. 2. 39
Drewes, Joachim   31. 8. 89   10. 11. 32
Dr. Berckhauer, Friedrich
 Helmut   24. 4. 90   18. 1. 45
Petzold, Rainer   25. 7. 94   14. 7. 51
Weil, Stephan   10. 11. 95   15. 12. 58
Dr. Hasenpusch,
 Burkhard   10. 11. 95   16. 3. 49
Bösel, Dietmar   15. 12. 95   9. 9. 41
Witte, Friederike   15. 12. 95   21. 11. 55

Regierungsdirektoren
Arnold, Eike   30. 12. 80   29. 2. 40
Lauth, Norbert   1. 7. 93   20. 7. 53
Sommer, Hans-Georg   23. 8. 93   31. 3. 32
Segelken, Günter   23. 8. 93   15. 5. 41
Schmidt, Jürgen   31. 8. 93   19. 12. 46
Jagau, Hauke   5. 10. 95   8. 6. 61

Oberregierungsrätin/Oberregierungsrat
Henjes, Wilhelm   27. 5. 94   15. 12. 35
Metzenheim, Ursula   29. 7. 94   3. 11. 45

Regierungsrat
Olfermann, Winfried   15. 12. 95   13. 2. 37

Präsident des Landesjustizprüfungsamts
Flotho, Manfred,
 PräsOLG   1. 2. 90   28. 8. 36

Oberlandesgerichtsbezirk Braunschweig

Bezirk:
Kreisfreie Städte: Braunschweig, Salzgitter und Wolfsburg
Landkreise: Goslar, Helmstedt und Wolfenbüttel
Teile der Landkreise: Gifhorn, Northeim und Peine

1 Landgericht in Braunschweig mit 2 Kammern für *Handelssachen*
9 Amtsgerichte
Schöffengerichte: bei allen Amtsgerichten
Familiengerichte: bei allen Amtsgerichten
Landwirtschaftsgerichte: bei allen Amtsgerichten

Oberlandesgericht Braunschweig

E 949 957
Bankplatz 6, 38100 Braunschweig
Postfach 36 27, 38026 Braunschweig,
T (05 31) 4 88–0, Telefax (05 31) 4 88 26 64
1 Pr, 1 VPr, 4 VR, 13 R, 1 LSt (R)

Präsident
Flotho, Manfred	1. 2. 90	28. 8. 36

Vizepräsident
Dr. Lange, Hans-Dieter	28. 5. 90	13. 7. 35

Vorsitzende Richterinnen / Vorsitzende Richter
Sieg, Wolfgang	30. 8. 85	26. 2. 34
Göring, Burkhard	1.10. 92	31. 3. 41
Eilers-Happe, Ilse	1. 7. 93	25. 7. 39
Spreckelmeyer, Barbara	—	—

Richterinnen / Richter
Nichterlein, Reiner	24.12. 82	12. 9. 42
Dr. Dersch, Gisela, beurl.	1. 5. 85	26.11. 41
Hausmann, Herbert	21. 1. 86	14. 1. 45
Weyde, Thor	4. 6. 86	14. 5. 36
Dr. Schmidt, Burkhard	12.10. 87	14.10. 49
Pardey, Frank	21.12. 87	24. 7. 52
Rischer, Michael	23.12. 87	16.11. 43
Hoeffer, Horst-Dieter	13.12. 90	22.12. 43
Waldschläger, Jürgen	11. 3. 91	20. 1. 49
Töpperwien, Erich	13. 6. 91	14. 7. 50
Dr. Achilles, Wilhelm-Albrecht	22. 2. 93	27.11. 52
Colberg-Fründt, Dagmar	8. 9. 93	5. 4. 54
Tröndle, Tilman	23. 6. 95	23. 7. 46

Landgerichtsbezirk Braunschweig

Landgericht Braunschweig   E 949 957
Münzstr. 17, 38100 Braunschweig
Postfach 30 49, 38020 Braunschweig
T (05 31) 4 88–0
Telefax (05 31) 4 88 26 65
1 Pr, 1 VPr, 18 VR, 25 R + 6 × ½ R, 3 LSt (R)

Präsident
Dr. Litten, Rainer	27. 8. 93	19. 4. 40

Vizepräsident
Kriebel, Peter	10. 2. 89	10. 5. 38

Vorsitzende Richter
Gehle, Wolfgang	27. 9. 72	20. 9. 32
Dr. Prellberg, Hennig	1. 7. 75	4. 7. 34
Gartung, Günther Friedr.	16. 6. 77	26. 6. 35
Rathmann, Joachim	20. 9. 77	22.11. 34
Dr. Wiesner, Johannes	1. 2. 78	13.10. 37
Dr. Herrmann, Gottfried	14. 2. 78	12. 1. 37
Dersch, Johann-Peter	24.10. 78	27. 1. 40
Eilers, Jürgen	24. 7. 79	11. 1. 36
Heisterhagen, Lutz	1. 8. 79	1.11. 35
Rode, Jürgen	30. 4. 82	11. 7. 37

LG-Bezirk Braunschweig

Eckels, Gerhard	27. 8.82	5. 9.43
Dr. Lassen, Hans-Lorenz	7. 7.86	3. 8.42
Schomerus, Heinz-Rüdiger	5.12.86	26. 1.44
Voges, Henning	23.12.87	14. 3.45
Mielert, Edgar	13. 8.91	8.11.48
Dedié, Ludwig	17. 3.92	16. 6.44
Görlach, Dietrich	11.11.92	14. 8.48

Richterinnen/Richter

Kiegeland, Dieter	19. 9.69	17. 9.32
Alber, Axel	20.10.71	24. 3.38
Liepelt, Klaus-Jürgen	20.12.72	10. 5.41
Napp, Günter	22. 6.79	12. 7.41
Teiwes, Manfred	1. 4.80	7. 7.47
Grupe, Peter, abg.	7.12.81	25. 1.47
Schmidtmann, Armgard	10.10.83	29. 5.54
Stübing, Jürgen	18. 1.84	20.10.42
Kalbitzer, Ulrike	22.10.84	1. 2.54
Dr. Niestroj, Christa	30. 9.86	12.12.55
Fricke, Andreas	6. 3.87	25. 8.55
Jasper, Kornelia, ½	10. 4.87	9. 4.54
Lehner, Gabriele, beurl. (LSt)	10. 2.88	29. 9.55
Reupke, Renate, ½	9. 7.90	26. 3.57
Volosciuk, Edelgard, ½	21. 8.90	17.10.50
Heine, Peter	30. 1.91	28. 2.57
Pawlowsky, Rosemarie	9. 4.91	18. 6.49
Wichmann, Dirk	24. 2.92	27. 6.57
Dr. Weber-Petras, Doris, ½	24. 2.92	22.10.59
Schuster-Kahse, Yvonne	19. 5.92	11. 9.58
Ramdor, Martina, ½	6. 8.92	10.12.57
Dreyer, Gerstin, ½	10. 9.92	7. 4.60
Pfohl, Andreas	14. 1.93	15. 9.59
Rust, Detlef	27. 5.94	30. 8.60
Hesse, Anke	30. 5.94	4. 1.62
Dr. Ostendorp, Dorothea	3. 6.94	29. 9.60
Müller-Zitzke, Eckart, abg.	12. 1.96	30. 7.60
Niemuth, Bettina	12. 1.96	3. 2.61
Brand, Oliver	12. 1.96	21. 3.63

Amtsgerichte

Bad Gandersheim E 20 036
Am Plan 3 B, 37581 Bad Gandersheim
Postfach 3 45, 37577 Bad Gandersheim
T (0 53 82) 20 51–52
Telefax (0 53 82) 10 86
1 Dir, 1 R

Sladek, Karl-Heinz, Dir	10. 6.81	18. 7.44
Mäusezahl, Gerd	20. 4.89	26. 7.53

OLG-Bezirk Braunschweig **NDS**

Braunschweig E 277 640
Postfach 32 31, 38022 Braunschweig
Am Wendentor 7, 38100 Braunschweig
T (05 31) 48 11–1
Telefax (05 31) 4 81 14 44
1 Pr, 1 VPr, 3 w.aufsR, 25 R +2 × ½ R

Präsident

Brackhahn, Peter	17. 4.86	29. 5.37

Vizepräsident

Heimberg, Kurt	4. 6.85	10. 7.34

weitere aufsichtführende Richter

Dr. Tetzlaff, Hubertus	17. 9.81	2. 3.35
Börschmann, Edgar	16.12.85	1. 2.43
Ude, Heinz-Wilh.	2.10.95	21. 1.36

Richterinnen/Richter

Deecke, Peter	17. 9.69	18. 4.37
Thiele, Werner	3.11.69	5. 3.37
Fabian, Johann	30. 1.70	26. 2.35
Schultze, Wolfgang	1. 9.70	8. 4.34
Wicke, Joh.-Friedrich	10. 3.71	17.10.36
Dr. Auhagen, Hubert	1. 4.71	7.11.37
Reifelsberger, Dieter	8. 8.72	3. 6.41
Lippmann, Jochen	19. 6.73	24. 9.37
Reifelsberger, Helga	9.11.73	31.12.42
Walter-Freise, Helgard, ½	3.11.77	12.10.46
Siebke, Friedbert	14.11.77	2. 9.43
Nitschke, Rolf	3.10.78	2. 7.46
Lübeck, Renate	22.12.78	4.12.46
Bußmann, Heinz-Ulrich	31. 8.79	20.12.46
Hoßbach, Wolfgang	2. 3.81	24. 3.52
Merker, Jens	21. 4.81	10. 8.51
Lindemann, Klaus-Christian	30.11.81	2. 2.49
Hübscher, Hans-Joachim	3. 5.82	23. 7.48
Blanck, Klaus	8. 9.82	25. 5.48
Steinberg, Winrich	24. 3.83	24. 5.52
Knieriem, Wilfried	15. 6.83	19. 5.52
Jahnke, Karl	7. 4.86	11. 7.53
Prölß, Gabriele, ½	21.11.86	5.11.55
Dr. Willers, Heinold	24. 6.88	15.12.52
Schmidtmann, Heino	6. 7.88	22. 9.55
Hauk, Peter	9.11.88	25. 5.55

Clausthal-Zellerfeld E 29 944
Marktstr. 9, 38678 Clausthal-Zellerfeld
Postfach 10 65, 38668 Clausthal-Zellerfeld
T (0 53 23) 70 55–57
Telefax (0 53 23) 8 35 29
1 Dir, 2 R

Pecha, Horst, Dir	5. 8.92	31. 8.43
Gleichmann, Joachim	24. 1.90	29.12.56

NDS OLG-Bezirk Braunschweig LG-Bezirk Braunschweig

Goslar E 91 175
Hoher Weg 9, 38640 Goslar
Postfach 11 80, 38601 Goslar
T (0 53 21) 7 05–0
Telefax (0 53 21) 70 51 10
1 Dir, 1 stVDir, 8 R

Markwort, Günter, Dir	9. 7. 81	13. 6. 41		
Dr. Schünemann, Hans-Wilhelm, stVDir	12. 10. 95	5. 5. 39		
Doebner, Helga	2. 5. 67	1. 7. 36		
Schulze, Wolfhard	9. 11. 73	12. 6. 39		
Kammler, Norbert	4. 4. 78	5. 10. 48		
Gottwald, Manfred, abg.	16. 7. 79	26. 9. 42		
Jordan, Ralf-Peter	1. 7. 80	25. 11. 50		
Müller, Erwin	26. 5. 86	25. 12. 55		
Kühne, Dorothea	21. 9. 90	25. 9. 56		
Schirmer, Henning	25. 8. 94	29. 4. 61		

Helmstedt E 101 937
Stobenstr. 5, 38350 Helmstedt
Postfach 14 20, 38334 Helmstedt
T (0 53 51) 12 03–0
Telefax (0 53 51) 12 03 50
1 Dir, 1 stVDir, 7 R

Scheffer-Gassel, Mathilde, Dir	2. 5. 94	21. 9. 52
Rother, Jürgen, stVDir	15. 7. 94	6. 12. 50
Schilling, Hans-Werner	11. 7. 69	12. 8. 36
Elshoff, Manfred	29. 4. 70	12. 6. 36
Collin, Wolfgang	—	—
Wendland, Joachim	19. 9. 84	1. 1. 50
Bressem, Rolf	17. 7. 85	4. 1. 53
Hauke, Andreas	29. 8. 89	23. 2. 56
Hantschik, Bernd	3. 8. 94	18. 2. 62

Salzgitter E 128 831
Joachim-Campe-Str. 15, 38226 Salzgitter
Postfach 10 01 45, 38201 Salzgitter
T (0 53 41) 40 94–0
Telefax (0 53 41) 40 94 26
1 Dir, 1 stVDir, 9 R

Zschachlitz, Wolfgang, Dir	8. 3. 90	24. 12. 48
Klimmeck, Reingard, stVDir	11. 4. 94	27. 3. 36
Dr. Klimmeck, Klaus-Dieter	5. 2. 69	27. 6. 36
Schinke, Horst-Dieter	29. 6. 70	22. 2. 36
Heenes, Karsten	2. 6. 77	22. 10. 43
Bonneberg, Wolfgang	17. 4. 78	23. 1. 47
Pätzmann, Ralf	31. 3. 80	25. 6. 38

Glinka, Rainer	4. 5. 81	4. 6. 48
Kohl, Ulrich	15. 10. 81	8. 6. 47
Stratmann, Rolf	27. 8. 82	31. 12. 47
Schulz, Ulrich	11. 7. 83	29. 6. 48

Seesen E 41 261
Wilhelmsplatz 1, 38723 Seesen
Postfach 11 51, 38711 Seesen
T (0 53 81) 10 78
Telefax (0 53 81) 4 70 08
1 Dir, 3 R

Heldt, Bernward, Dir	1. 8. 78	28. 3. 36
Heindorf, Werner	3. 11. 80	20. 7. 43
Lüders, Heinz Peter	24. 4. 81	11. 3. 44
Rüger, Frank	16. 2. 87	15. 5. 55

Wolfenbüttel E 110 378
Rosenwall 1 A, 38300 Wolfenbüttel
Postfach 11 61, 38299 Wolfenbüttel
T (0 53 31) 8 09–0
Telefax (0 53 31) 80 91 69
1 Dir, 1 stVDir, 6 R

Dr. Pardey, Karl-Dieter, Dir	16. 8. 94	2. 11. 48
N. N., stVDir		
Hartung, Jürgen	22. 5. 67	26. 4. 35
Brandes, Klaus	14. 1. 72	6. 10. 38
Simmerling, Hein	1. 9. 72	1. 1. 39
Liedtke, Jörg	24. 10. 75	24. 10. 43
Ottmer, Almuth	22. 1. 76	8. 8. 43
Kreutzer, Andreas	31. 3. 83	18. 4. 53

Wolfsburg E 148 755
Rothenfelder Str. 43, 38440 Wolfsburg
Postfach 10 01 41, 38401 Wolfsburg
T (0 53 61) 20 05–0
Telefax (0 53 61) 20 05 87
1 Dir, 1 stVDir, 10 R

Schiffers, Paul-Ernst, Dir	7. 6. 93	1. 1. 44
Wewer, Alfons, stVDir	14. 12. 93	19. 12. 34
Paß, Wolfgang	13. 11. 81	23. 12. 48
Lünzner, Klaus	20. 11. 81	5. 4. 49
Meyerholz, Michael	22. 10. 84	7. 5. 51
Weigmann, Günter	10. 3. 89	22. 2. 55
Verch, Ingo	5. 9. 90	17. 9. 54
Lüdtke, Henning	22. 1. 93	18. 5. 60
Dr. Pansegrau, Jürgen	4. 6. 93	15. 2. 59
Braut, Angelika	7. 10. 93	2. 9. 60
Grube, Ulrike	4. 10. 94	22. 3. 57
Dickhut, Heiner	12. 1. 96	20. 10. 61

Staatsanwaltschaften

Generalstaatsanwaltschaft Braunschweig

Domplatz 1, 38100 Braunschweig
Postfach 21 20, 38011 Braunschweig
T (05 31) 4 88–0
Telefax (05 31) 4 88 14 14
1 GStA, 2 OStA, 1 StA

Generalstaatsanwalt
Dr. Kintzi, Heinrich   1. 4.74   30. 5.31

Oberstaatsanwälte
Sauer, Heinrich   27. 7.88   14. 3.41
Bretschneider, Klaus   25.10.89   20. 7.43

Staatsanwalt
Niestroj, Eckehard   13.11.84   26. 2.53

Staatsanwaltschaft Braunschweig

Turnierstr. 1, 38100 Braunschweig
Postfach 45 12, 38035 Braunschweig
T (05 31) 4 88–0
Telefax (05 31) 4 88 11 11
1 LOStA, 1 stVLOStA, 11 OStA, 36 StA + 1 LSt (StA)

Leitende Oberstaatsanwältin
Kordina, Brigitta   13.10.93   3. 3.41

Oberstaatsanwältinnen/Oberstaatsanwälte
Hartung, Ernst,
  stVLOStA   1. 1.75   12.12.32
Becker, Günter   1. 7.76   9. 7.34
Hennecke, Ulrich   1. 9.78   28.12.35
Pabst, Norbert   1. 5.82   5. 6.41
Reinhardt, Karl-Heinz   1. 7.86   27.11.41
Weniger, Rudolf   1.11.86   17.10.40
Schneider, Hartmut   30. 3.92   17. 5.41

Dr. Grasemann,
  Hans-Jürgen   10. 3.94   19. 8.46
Bader, Thomas   11. 3.94   13. 9.43
Lenz, Volker   11. 3.94   5. 3.44
Beyer-Stockhaus, Anke   11. 3.94   3. 7.52

Staatsanwältinnen/Staatsanwälte
v. Borries, Reinhard   5. 6.70   26. 5.35
Schlüter, Jochen   29.11.71   8. 3.38
Nolte, Horst   14.11.72   29. 6.40
Kumler, Leonhard   20. 7.73   24. 5.39
Pyzik, Klaus   2. 4.74   21.12.42
Meier, Hasko   2. 9.75   5.10.44
Wespe, Gerd Lutz   8.10.76   9. 9.44
Dr. Kumlehn, Rolf   1. 9.78   18.11.43
Hopf, Ulrike, abg.   30. 3.81   15. 7.43
Buttler, Ralf   16. 4.81   1. 6.48
Büchner, Friedhelm   25.11.81   23. 7.51
Lehnguth, Joachim   13. 9.82   14. 2.51
Stockhaus, Detlef   21. 3.84   22.12.52
Scholz, Frank   27. 2.87   1. 7.52
Meyer-Ulex, Hans   21.11.88   5. 3.55
Schoreit-Bartner,
  Anette, ½   25. 8.89   31. 7.60
Heilmann, Gudrun, ½   21. 4.92   6.10.57
Dr. Hoppenworth, Elke   27. 9.93   9. 6.58
Koch, Hans-Christian   18. 2.94   23. 3.62
Cornelius, Andrea, ½   18. 5.94   14. 4.63
Hillebrecht, Doda   4. 7.94   24. 1.63
Stang, Kirsten   24.10.94   22. 9.62
Ziehe, Klaus   31.10.94   22. 5.59
Rabenda, Ulrich   13. 4.95   6. 4.63
Seel, Birgit   25. 4.95   23. 9.62
Hagensieker, Marion   24.11.95   15. 9.61
Geyer, Joachim   30.11.95   13. 5.63
Sievert-Mausolff,
  Martina, ½   8. 1.96   3. 7.62

NDS OLG-Bezirk Celle

Oberlandesgerichtsbezirk Celle

Bezirk: Bezirksregierung Hannover, Braunschweig, Lüneburg
7 Landgerichte in Bückeburg, Göttingen, Hannover, Hildesheim, Lüneburg, Stade, Verden
6 Kammern für Handelssachen in Hannover, je 2 Kammern in Göttingen, Hildesheim, Lüneburg und Verden, 1 Kammer in Stade
48 Amtsgerichte
Schöffengerichte: bei allen Amtsgerichten
Familiengerichte: bei allen Amtsgerichten
Landwirtschaftsgerichte: bei allen Amtsgerichten

Oberlandesgericht Celle

E 4 440 256
Schloßplatz 2, 29221 Celle
Postfach 11 02, 29201 Celle
T (0 51 41) 2 06–0, Telefax (0 51 41) 20 62 08
1 Pr, 1 VPr, 23 VR, 72 R, 8 LSt (R)

Präsidentin
Oltrogge, Helga   10. 11. 89   3. 6. 41

Vizepräsident
Dr. Guthke, Christian   20. 11. 80   6. 11. 32

Vorsitzende Richterinnen/Vorsitzende Richter
Moschüring, Helmut	1. 3. 79	25. 5. 35
Wendt, Carl-Günther	15. 3. 79	5. 8. 31
Beutler, Wolfgang	30. 5. 79	30. 4. 32
Moritz, Alfons	1. 10. 79	22. 9. 31
Grapentin, Ulrich	26. 1. 81	15. 10. 35
Schrader, Walter	13. 4. 81	7. 9. 32
Hoffmann, Uwe	11. 10. 83	23. 11. 34
Kaul, Bernhard	5. 10. 84	20. 8. 37
Dr. Albrecht, Otfried	20. 3. 85	11. 11. 36
Dr. Conrad, Wolfgang	19. 4. 85	18. 1. 34
Dr. Kemnade, Gerhard	31. 10. 86	22. 9. 35
Dr. Schmidt, Volkhart	3. 11. 86	30. 9. 38
Dr. Scholz, Dietmar	1. 4. 87	27. 7. 35
Emmermann, Hans-Georg	24. 11. 87	31. 5. 34
Kammler, Hans-Gerhard	24. 11. 87	7. 7. 35
Dr. Schröder, Detlef	20. 6. 88	18. 5. 36
Dehn, Jürgen	2. 4. 90	6. 1. 43
Kleinert, Georg	28. 6. 91	28. 6. 37
Wolff, Hagen	28. 4. 92	25. 9. 39
Rust, Hans-Henning	28. 4. 92	21. 11. 35
Dr. Behr, Herbert	8. 3. 93	26. 1. 33

Dr. Schmid, Peter	24. 5. 93	5. 8. 45
Costede, Hermine	6. 4. 94	2. 4. 40

Richterinnen/Richter
Prof. Dr. Maiwald, Manfred (LSt; 2. Hauptamt)	22. 11. 71	11. 3. 35
Prof. Dr. Rüping, Hinrich (LSt; 2. Hauptamt)	5. 4. 74	9. 2. 42
Dietrich, Heinz-Jürgen	17. 4. 74	28. 9. 34
Dillmann, Klaus	31. 10. 75	20. 5. 34
Dr. Daut, Heinz	17. 2. 77	24. 12. 33
Ehrenthal, Hans-Eckhard	22. 3. 77	7. 6. 35
Hinnekeuser, Heinz	16. 2. 78	14. 10. 35
Witzschel, Peter	23. 2. 78	2. 4. 37
Dr. Cech, Norbert	1. 6. 78	27. 1. 41
Spiller, Leopold	30. 10. 78	7. 1. 37
Maurer, Hilger	22. 12. 78	21. 11. 39
Möller, Wilhelm	15. 3. 79	29. 6. 36
Dr. Blumenberg, Peter, ½	15. 3. 79	8. 7. 38
Biermann, Dietrich	15. 3. 79	31. 8. 38
Wöhrmann, Heinz	19. 3. 79	13. 3. 36
Dr. Spiller, Wolfgang	2. 4. 79	9. 6. 43
Dr. Kupsch, Wolf Dietrich	6. 4. 79	26. 6. 37
Vorwerk, Eckard	22. 10. 79	3. 4. 35
Kummer, Ingrid	31. 10. 79	3. 4. 36
Zepp, Wolfgang	3. 11. 80	3. 8. 41
Schröder, Ingo	2. 3. 81	7. 1. 40
Dr. Kaehler, Christian-Michael	10. 7. 81	16. 10. 41

LG-Bezirk Bückeburg   OLG-Bezirk Celle   **NDS**

Dr. Wiebking, Wolfgang	9.10.81	23. 9.41
Stodolkowitz, Ursula, ½	26. 1.82	24. 6.43
Dr. Deckwirth, Harald	6. 9.82	12. 9.41
Scholz, Ingeborg	22. 9.82	4. 5.39
von Meding, Egbert	22. 9.82	5.12.40
Dr. Würfel, Jörg	1.11.83	17. 3.43
Treppens, Holger	1.11.83	14. 9.43
Freiherr von Bülow, Rüdiger	1. 2.84	23. 8.39
Planer, Gunther	18. 2.85	1.12.38
Schütte, Gerhard	5. 4.85	19. 4.46
Hodler, Elisabeth, ½	19. 8.85	12.12.36
Stütz, Winfried	7.10.85	27. 6.42
Dr. Knoke, Thomas	28.10.85	12.10.47
Dr. Heile, Bernhard	21. 1.86	3. 4.47
Wick, Hartmut	21. 3.86	30.12.47
Dr. Hamann, Ulrich	10.10.86	19.10.48
Dr. Wassermann, Henning, abg. (LSt)	1. 4.87	2. 8.49
Piekenbrock, Jan	1. 4.87	18. 5.51
Glimm, Hans-Joachim	23. 4.87	26. 1.50
Büte, Dieter	26. 2.88	21. 8.50
Ulmer, Detlef	29. 2.88	11. 1.50
Dr. Franzki, Dietmar	18. 5.88	29. 8.50
Ambrosius, Barbara*	16. 6.88	25.11.44
Dr. Kleineke, Wilhelm	6. 3.89	21.10.50
Brick, Helmut-Wilhelm	9. 4.90	13. 8.49
Borchert, Eckhard	23. 5.90	15. 7.43
Dölp, Michael	29.10.90	8.10.52
Noack, Hans-Jörg	15. 4.91	6.10.48
Schmitz, Dietrich	15. 4.91	20. 9.50
Haase, Hans-Georg	27. 9.91	20. 7.50
Teschner, Helfried	17.10.91	29.10.46
Prof. Dr. Gottwald, Walter (LSt; 2. Hauptamt)	18.10.91	9.11.41
Marahrens, Cornelia	24.10.91	21. 9.51
Eisele, Rudolf	8. 1.92	4. 3.51
Dr. Ullrich, Rainer	16. 3.92	21. 8.45
Dr. Lengtat, Rüdiger Gerd	16. 3.92	15.10.52
Schrader, Dieter	18. 3.92	28. 1.36
Preuß, Rainer	19. 3.92	7. 1.51
Marahrens, August-Wilhelm	27. 3.92	7. 7.50
Klages, Hans-Henning	30. 3.92	25.12.42
König, Annemarie	1. 6.92	1. 3.54
Fitting, Carl Fritz, abg. (LSt)	1. 6.92	18. 4.54
Rümke, Bernd	2. 6.92	27. 2.48
Hustedt, Rüdiger	6. 7.92	15. 1.49
Palzer, Joachim	6. 7.92	19. 8.51
Schneider, Heinz-Werner	6. 7.92	28. 3.52
Dr. Bodmann, Hans-Heiner	27. 7.92	18. 5.50
Barre, Bernd	7.12.92	30.10.44

* Siehe BGH.

Vogel, Gerd	16. 3.93	10. 1.50
Rebell, Andreas	18. 3.93	22.12.55
Mumm, Burghard	7. 9.93	20. 5.55
Roggenbuck, Ellen	13. 9.93	21. 2.56
Schimpf, Jürgen	10. 5.94	17. 7.48
Busche, Günter	10. 5.94	19. 8.49
Stallmann, Christian, abg. (LSt)	10. 5.94	12. 5.50
Kuwert, Gerd	16. 1.95	17. 6.45
Prof. Dr. Ahrens, Hans-Jürgen (LSt; 2. Hauptamt)	9. 2.95	29.12.45
Wodtke, Reinald	13. 3.95	5. 2.52

Landgerichtsbezirk Bückeburg

Landgericht Bückeburg   E 161 107
Herminenstr. 30/31, 31675 Bückeburg
Postfach 13 05, 31665 Bückeburg
T (0 57 22) 2 90–0
Telefax (0 57 22) 29 02 15
1 Pr, 1 VPr, 2 VR, 5 R

Präsident

Hustedt, Gotthard	9.11.92	20. 5.36

Vizepräsident

Wittling, Udo-Egbert	6. 4.94	23.11.41

Vorsitzende Richter

Edeler, Wilfried	31. 7.80	11. 7.36
Frhr. von Hammerstein-Gesmold, Börries	9. 5.94	17. 3.46

Richterin/Richter

Schaffer, Günter	12. 7.82	19.10.52
Barnewitz, Wolfram	21. 4.92	7. 7.55
Raßweiler, Britta	19.11.93	27. 8.61
Rohde, Peter	20. 2.95	15. 2.62
Carstensen, Norbert	18.12.95	12.10.59

Amtsgerichte

Bückeburg   E 54 054
Herminenstr. 30, 31675 Bückeburg
Postfach, 31673 Bückeburg
T (0 57 22) 2 90–0
Telefax (0 57 22) 29 02 14
1 Dir, 5 R

von Oertzen, Adolf-Friedrich, Dir	12.11.87	7. 7.43
Wilke, Günther	4.11.71	8. 3.36
Franke, Christoph	27.12.83	4. 5.47

NDS OLG-Bezirk Celle   LG-Bezirk Göttingen

Gloede, Wolfgang	24. 4.86	10. 9.49
Dr. Vogler, Hartmut	16. 2.95	6. 5.59
Höcker, Eike	21. 8.95	3. 9.57

Rinteln E 28 221
Klosterstr. 11, 31737 Rinteln
Postfach 11 80, 31721 Rinteln
T (0 57 51) 4 20 27–28
Telefax (0 57 51) 4 24 92
1 Dir, 2 R

Tegtmeier, Heinz, Dir	8. 5.72	22.12.33
Rost, Christian	1. 2.82	9. 6.51
Formann, Klaus	16. 3.82	30. 7.49

Stadthagen E 78 832
Enzer Str. 12, 31655 Stadthagen
Postfach 12 51, 31653 Stadthagen
T (0 57 21) 78 60
Telefax (0 57 21) 69 93
1 Dir, 6 R

Fricke, Reinhard, Dir	27. 6.74	14.12.33
Wilkening, Günter	7. 9.67	23. 6.33
Schütte, Jürgen	31. 7.70	5. 2.37
Feldkamp, Benno	21. 5.75	12. 2.40
Burkart, Henning	19. 9.75	2. 8.43
Osterloh, Günter	26. 7.84	8. 5.51
Feige, Norbert, abg.	23.10.95	13. 8.62

Landgerichtsbezirk Göttingen

Landgericht Göttingen E 489 477
Berliner Str. 8, 37073 Göttingen
Postfach 26 28, 37016 Göttingen
T (05 51) 4 03–0
Telefax (05 51) 40 32 93
1 Pr, 1 VPr, 9 VR, 18 R, 1 LSt (R)

Präsident

Dr. Hinke, Horst	7.11.83	7.10.31

Vizepräsident

Dr. Götz von Olenhusen, Peter-Wedekind	12. 6.95	31. 1.52

Vorsitzende Richterin/Vorsitzende Richter

Staron, Johannes	27.12.76	24. 9.34
Keydel, Christian	17. 9.80	20. 9.32
Dr. Hollstein, Jürgen	1. 4.83	3. 4.40
Dr. Kallmann, Rainer	19.12.84	3. 7.41
Dr. Frank, Reiner	26. 9.88	18. 3.42

Finke, Reiner	1. 2.89	2. 4.43
Dr. Schönwandt, Heinz	23. 5.91	29.11.44
Dr. Krüger-Doyé, Gundula	8. 7.93	29. 3.50
Traupe, Rolf	8.11.94	25. 1.48

Richterinnen/Richter

Werth, Marie-Luise	1. 3.65	22. 4.33
Holetzko, Gerhard	18. 9.73	29. 3.33
Jahrmann, Uwe	1. 3.74	22. 9.39
Franz, Hannelore, ½	12. 2.81	5.10.49
Niebur, Bernd	13. 7.81	18.10.50
Dr. Pape, Gerhard	21.10.87	2. 6.54
Pape, Irmtraut	25. 4.88	5. 8.56
Garbe, Annegret	3.11.88	8.54
Schrader, Klaus	14. 4.89	31.12.54
Becker, Lothar	14. 4.89	8. 5.55
Amthauer, Dirk	20. 6.91	1.12.56
Araschmidt, Ilsa	20. 6.91	10.10.58
Dr. Matthies, Karl-Heinrich	17.10.91	6. 1.56
Hähnel, Carmen, ½	17.10.91	28.10.56
Voellmecke, Wolfgang, abg.	19.11.91	30.12.58
Fuchs, Anette (LSt)	10. 2.92	2. 5.60
Scheibel, Wolfgang	3. 4.92	31. 1.59
Kalde, Michael	3. 4.92	3. 9.59
Dr. Busse, Christian	17. 8.95	3. 4.61

Amtsgerichte

Duderstadt E 45 222
Hinterstr. 33, 37115 Duderstadt
Postfach 11 09, 37104 Duderstadt
T (0 55 27) 91 20
Telefax (0 55 27) 49 42
1 Dir, 2 R

Jünemann, Dankward, Dir	1.12.77	30. 6.36
Knauer, Renate	15.11.94	13. 4.62
Pietzek, Michael	18. 4.95	9. 5.60

Einbeck E 41 201
Hullerser Str. 1, 37574 Einbeck
Postfach 16 15 + 16 20, 37557 Einbeck
T (0 55 61) 7 20 22–24
Telefax (0 55 61) 47 18
1 Dir, 3 R

Behrens, Klaus, Dir	12. 4.94	14. 4.41
Bloem, Inno	26. 5.82	16. 7.46
Dose, Hans-Joachim, abg. (LSt)	9. 8.90	28.12.56
Döhrel, Thomas	2. 9.94	5. 5.62

LG-Bezirk Hannover   OLG-Bezirk Celle   **NDS**

Göttingen E 176 480
Berliner Str. 4–8, 37073 Göttingen
Postfach, 37070 Göttingen
T (05 51) 4 03–0
Telefax (05 51) 40 34 12
1 Dir, 1 stVDir, 1 w.aufsR, 17 R, 1 LSt (R)

Henning, Klaus, Dir	8. 5. 95	11. 1. 45
Dr. Brosche, Dietmar, stVDir	1. 6. 92	1. 1. 51
Decker, Jochen, w.aufsR	6. 9. 94	6. 1. 44
Snell, Detlev	1. 8. 65	4. 7. 31
Franz, Hans-Jürgen	13.10. 67	13. 8. 35
Dr. Gross, Hans Jürgen	3. 8. 70	23. 4. 36
Reitzenstein, Hans	27.10. 71	8. 3. 37
Wattenberg, Horst	14.12. 72	4. 3. 37
Kunert, Erich	25. 6. 73	21. 7. 38
Kracke, Bernd	2. 5. 78	12.11. 42
Schmid, Hans-Jörg	15. 6. 78	31. 8. 41
Schmitz, Heinz-Wolfgang	26. 6. 78	21. 2. 43
Turk, Gudula	25. 8. 79	29. 6. 41
Meyer, Wolfgang, beurl. (LSt)	10.12. 79	26. 4. 48
Werner, Frank	21. 1. 80	5. 8. 47
Hoefer, Detlef	3. 1. 85	8.10. 48
Schmerbach, Ulrich	30. 9. 87	29. 4. 55
Dr. Rammert, Martin	1.10. 93	17. 3. 61
Schütz, Kai-Uwe	10. 3. 95	8. 9. 60
Dr. Wiegand, Anette, abg.	10. 3. 95	14.12. 60
Poltze, Dagmar	30.10. 95	28.10. 62

Herzberg am Harz E 52 003
Schloß 4, 37412 Herzberg
Postfach 14 61, 37404 Herzberg
T (0 55 21) 8 95 50
Telefax (0 55 21) 56 53
1 Dir, 4 R

Geßner, Reiner, Dir	1.12. 78	5. 5. 35
Sachse, Eberhard	3.11. 79	4.10. 43
Wiegmann, Rolf	3. 9. 80	31. 1. 48
Voellmecke, Astrid	13. 3. 95	10. 8. 60
Dr. Wintgen, Achim	28. 3. 95	17. 9. 60

Hann. Münden E 44 595
Schloßplatz 9, 34346 Hann. Münden
Postfach 11 04, 34331 Hann. Münden
T (0 55 41) 24 43–45
Telefax (0 55 41) 61 70
1 Dir, 4 R

Kleinschmit, Johannes, Dir	17. 7. 81	18. 2. 35
Schulz, Walther	1. 6. 66	11. 5. 35
Tolle, Karl Dietrich	16. 9. 69	18. 8. 35
Steinmüller, Frithjof	31.10. 74	20.11. 40
Dr. Kraft, Wilfried	29. 6. 78	12. 7. 49

Northeim E 85 473
Bahnhofstr. 31, 37154 Northeim
Postfach 11 25, 37141 Northeim
T (0 55 51) 40 35
Telefax (0 55 51) 6 28 41
1 Dir, 1 stVDir, 6 R

Dr. Frädrich, Gerd, Dir	13. 4. 93	28. 2. 45
Diederichs, Friedrich, stVDir	30. 6. 94	22. 8. 36
Zeidler, Hartwig	19. 6. 68	17. 7. 36
Kammeyer, Werner	19. 6. 72	4. 5. 35
Krudewig, Michael	23. 7. 73	12. 3. 43
Menge, Bernhard	30.11. 76	25.11. 36
Thiele, Johann	24. 4. 81	18.10. 50
Sell, Ingrid, ½	4. 9. 81	28.12. 51

Osterode am Harz E 44 503
Amtshof 20, 37520 Osterode
Postfach 11 31, 37501 Osterode
T (0 55 22) 5 00 20
Telefax (0 55 22) 50 02 20
1 Dir, 3 R

Götze, Gustav, Dir	1. 6. 78	1. 6. 38
Fiedel, Norbert	3.11. 76	15. 8. 39
Buckbesch, Wolfgang-Rüdiger	27. 6. 78	3. 9. 44
Muhr, Werner	25. 5. 82	14. 6. 43

Landgerichtsbezirk Hannover

Landgericht Hannover E 1 162 123
Volgerswerg 65, 30175 Hannover
Postfach 37 29, 30037 Hannover
T (05 11) 3 47–0
Telefax (05 11) 3 47 27 72
1 Pr, 1 VPr, 36 VR, 58 R, 1 LSt (VR), 9 LSt (R)

Präsident

Chappuzeau, Curt	3. 3. 86	4. 3. 34

Vizepräsident

Winter, Wolfgang	24. 4. 89	1.10. 33

Vorsitzende Richterinnen/Vorsitzende Richter

Heuer, Helmut	14. 6. 71	24. 9. 32
Dr. von Nottbeck, Benno	2.10. 72	11.11. 31
Engelke, Winfried	24.11. 72	3. 3. 33
Hellmann, Frank	25. 2. 75	16. 9. 31
Löffler, Klaus	28. 8. 75	28. 2. 33
Bellin, Jürgen	28. 8. 75	15. 1. 36
Rienhoff, Fritz Ulrich	11. 9. 75	21. 2. 36

NDS OLG-Bezirk Celle LG-Bezirk Hannover

Name			
Ohle, Günter	10.11.75	21. 7.35	
Taeglichsbeck, Thomas	24. 8.76	8.10.35	
Jacob, Rolf	22. 2.77	19. 8.37	
Rünger, Dietrich	22. 5.78	18. 9.31	
Bieling, Hauke	11. 4.79	22. 7.36	
Viereck, Joachim Dietrich	11. 5.79	13. 8.36	
Oltrogge, Hermann	2. 6.80	18. 8.38	
Kniesch, Ernst-Adolf	23. 7.80	24. 8.37	
Borchmeyer, Hans-Gerd	7.12.81	17. 1.43	
Kühn, Dagmar, ½	18. 8.82	8. 4.42	
Dr. Kimmel, Hans-Dieter	28. 9.83	5. 2.40	
Kühn, Friedrich	20.10.83	16. 9.39	
Uecker, Ingeborg	23.11.83	15. 5.37	
Warda, Hans-Dietmar	3. 6.85	5. 1.47	
Lange, Hans-Georg	20. 6.85	19. 8.35	
Dr. Thomas, Bernd	14. 6.89	30. 8.42	
Krüger, Klaus-Ulrich	26. 2.90	13. 5.42	
Birnbaum, Marianne	22. 6.90	23. 2.41	
Lange, Hartmut	14. 9.90	12. 6.44	
Knöfler, Jürgen	7.10.91	3.11.43	
Pokropp-Aring, Sigrid, ½	16. 1.92	21. 8.50	
Jaursch, Michael	16. 4.92	1. 9.48	
Herrmann, Thomas, abg. (LSt)	8. 7.92	31. 3.51	
Vollbrecht, Rüdiger	27. 8.93	13.11.44	
Loeven, Peter	27. 6.94	25. 2.41	
Penners-Isermann, Ursula	3. 8.94	29.10.46	
Koch, Gerd H.	8. 8.94	8.11.48	
Hebach, Horst	26. 8.94	29. 7.42	
Bronisch-Holtze, Elke, ¾, abg.	14.11.94	3.10.50	
Kluge, Ernst	22.11.94	22. 3.46	
Thies, Uwe	19. 2.96	30. 5.42	

Richterinnen/Richter

Roser, Eva, ½	1. 8.66	11. 4.32	
Bochmann, Dieter	1. 1.67	12. 9.33	
Kulpe, Ingeborg	15. 7.71	26.10.39	
Plaschke, Klaus	20. 9.71	22.10.38	
Irmer, Ingo	23.10.72	3. 7.36	
Voigt, Otto	1. 6.73	17. 8.38	
Ottemann, Arnold	1. 1.74	6. 1.35	
Wendt, Wolfgang	14.10.74	7. 7.39	
Schymosz, Hans	22.11.74	23. 2.38	
Laubinger, Helga	7. 1.75	6.11.36	
Geumann, Ina, ½	2. 8.76	8. 8.42	
Boenig, Joachim	15.10.76	1. 4.44	
Voigt, Reimut-Rüdiger	19.11.76	19. 5.42	
Schmidt, Reinhart	6.12.76	21. 8.43	
Blum-Engelke, Clarissa	18. 4.77	18.11.46	
Bette, Wilhelm	1. 8.77	26. 2.42	
Stroicz, Rosemarie	2. 9.77	18. 5.47	
Döpke, Dietmar	4.10.77	9. 9.43	
Friedrich, Gisela, ½	31.10.78	3. 4.48	
Ullrich, Inge	10.11.78	17. 7.49	
Dr. Lüken, Erhard	2. 7.79	10. 2.46	
Barkey, Johannes	3. 7.79	12. 2.49	
Buchmann, Peter	28. 8.79	1. 3.47	
Kempe, Claus, abg. (LSt)	3. 9.79	24.11.47	
Bürger, Frank	3. 1.80	24. 3.48	
Spillner, Ekkehard	9. 5.80	1.12.48	
Paulmann-Heinke, Johanna	24. 6.80	3. 2.48	
Harcke, Thomas	5. 9.80	20. 3.50	
Schnabel, Sabine, ½	16. 4.81	23. 9.47	
Langhorst, Heide, ½, beurl. (LSt)	10. 7.81	20. 2.50	
Kemner, Ilona, ½	1. 4.82	2. 1.50	
Höpker, Wolfgang	3. 5.82	20.10.44	
Aring, Achim	1. 2.83	20.12.48	
Nagel, Margret, ½	1. 2.83	11.12.51	
Wenzel, Reinhard	27.12.83	23.11.48	
Krautwig, Hildegard	9. 4.85	2.12.43	
Wevell von Krüger, Dorothea	13. 4.84	18. 2.51	
Meier-Böke, Cornelia, ½, beurl. (LSt)	17. 4.84	17. 7.53	
Kräft, Harald, abg. (LSt)	24.10.85	10.11.36	
Küper, Joachim	28.11.85	20. 7.53	
Wiegand-Gundlach, Gerhild	12. 6.86	27.12.54	
Saathoff, Reinhard	9. 2.87	22. 2.54	
Hansen, Britta, beurl. (LSt)	23. 7.87	19. 2.56	
Bodenstein, Dieter	14.12.88	2. 5.44	
Wiese, Matthias, abg. (LSt)	19.12.88	4.12.57	
Immen, Gabriele	14. 2.89	7. 7.60	
Kleybolte, Heinrich Ullrich	14. 8.89	11. 6.57	
Sievers, Reinhard	31. 8.89	5. 1.52	
Gurkau, Helmut	24.11.89	3.11.49	
Dr. Knüllig-Dingeldey, Britta, ½	28. 2.90	18.11.57	
Dr. Cramer-Frank, Bettina, ¾, abg.	15. 3.90	2. 7.54	
Schrader, Doris, ½	2. 5.90	17.12.56	
Claus, Andrea, ½	16. 8.90	3. 5.54	
Beese, Christine, ½, beurl. (LSt)	16. 8.90	23. 7.56	
Bengsch, Uwe	11.12.90	28. 7.58	
Dr. Geiger, Michael	11.11.91	21.12.52	
Röthemeyer, Peter	11.11.91	10. 3.58	
Gudehus, Marita	13. 5.92	27. 9.60	
Schröder, Karin, abg.	13. 4.93	24. 3.62	
Dr. Lüttig, Frank, abg.	7. 7.93	27. 3.60	
Jungewelter, Vera, abg. (LSt)	2.12.93	26. 1.61	
Rebeski, Daniela, beurl. (LSt)	3. 1.94	1. 4.60	
Dr. Plumeyer, Mathias	4. 5.94	28.11.55	
Dr. Kemper, Werner	21. 7.94	17. 9.55	

LG-Bezirk Hannover   OLG-Bezirk Celle   **NDS**

Thiele, Monika	21. 7. 94	6. 10. 60	
Leistikow, Birgit, ½	22. 7. 94	24. 9. 59	
Jans-Müllner, Andrea	5. 9. 94	4. 3. 59	

Amtsgerichte

Burgwedel   E 67 075
Im Klint 4, 30938 Burgwedel
Postfach 13 54, 30929 Burgwedel
T (0 51 39) 8 06 10
Telefax (0 51 39) 36 52
1 Dir, 6½ R

Dr. Kobbe, Günter, Dir	8. 4. 94	18. 10. 42
Oetling, Michael	5. 2. 81	13. 4. 48
Mohr, Ulrich	1. 10. 82	16. 2. 50
Geffers, Wolfgang	2. 8. 85	1. 9. 54
Müller, Angela	17. 8. 92	19. 12. 58
Dr. Neumann-Müller,		
Sigrid, ½	1. 9. 94	13. 8. 55
Hoffmann, Antje	28. 4. 95	28. 1. 64

Hameln   E 163 215
Zehnthof 1, 31785 Hameln
Postfach 10 13 13, 31763 Hameln
T (0 51 51) 79 60
Telefax (0 51 51) 79 61 66
1 Dir, 1 stVDir, 1 w.aufsR, 14 R

Fliess, Henning, Dir	28. 3. 95	13. 7. 35
Schmidt-Ritzau,		
Friedrich, stVDir	1. 3. 96	31. 10. 37
Harms, Klaus, w.aufsR	7. 9. 94	16. 5. 37
Stobbe, Alfred	22. 11. 76	22. 12. 44
Bartsch, Hans-Otto	1. 7. 81	24. 8. 47
Gibbert, Wilfried	1. 10. 82	19. 8. 44
Drollinger, Rainer	25. 2. 83	21. 4. 45
Koppelberg, Günter	—	—
Scholz, Rolf	17. 2. 86	17. 5. 54
Fiebrandt, Jochen	8. 8. 86	23. 3. 53
Dr. Seutemann, Herbert	9. 4. 87	19. 6. 55
Müller, Christoph	1. 4. 93	8. 1. 61
Beiderbeck, Anne	4. 10. 93	2. 7. 64
Engelking, Christian	2. 12. 94	6. 2. 61
Dr. Walbaum, Ina	26. 6. 95	1. 4. 60

Hannover   E 660 264
Postfach 2 27, 30002 Hannover
Volgersweg 1, 30175 Hannover
T (05 11) 3 47–0
Telefax (05 11) 3 47 27 23
1 Pr, 1 VPr, 12 w.aufsR, 81 R, 3 ½ LSt (R)

Präsident

Dellmans, Walter	2. 5. 80	11. 9. 34

Vizepräsidentin

Dr. Ziehen, Ursula	13. 6. 74	18. 9. 33

weitere aufsichtführende Richterinnen/Richter

Perez, Annedore	2. 6. 75	27. 1. 32
Harms, Klaus	2. 8. 78	15. 8. 35
Voß, Christian	28. 2. 84	6. 6. 35
Dr. Höbbel, Dieter	27. 1. 87	2. 11. 39
Kiemann, Klaus-Dieter	5. 9. 91	31. 8. 38
Merckens, Franziska	12. 4. 94	24. 10. 41
Hillert, Ernst-Albert	12. 4. 94	14. 3. 40
Dr. Krapp, Christiane	12. 4. 94	3. 8. 46
Faßhauer, Peter	12. 4. 94	17. 8. 47
Veldtrup, Dirk	12. 4. 94	24. 4. 48

Richterinnen/Richter

Körber, Friedrich	9. 5. 67	18. 1. 35
Montag, Käte	—	—
Fischer, Herwig	4. 6. 68	17. 7. 35
Wessel, Horst	14. 4. 69	25. 5. 35
Buck, Dieterich	1. 9. 69	6. 2. 38
Bachmann, Manfred	29. 6. 70	28. 2. 38
Rudolph, Friedhelm	1. 12. 70	14. 5. 38
Stolte, Udo	1. 12. 70	25. 1. 40
Zippel, Diethardt	27. 8. 71	1. 11. 38
Heise, Frank	28. 6. 72	8. 5. 39
Reuper, Ingrid	20. 11. 72	12. 10. 40
Peukert, Hannelore	24. 11. 72	27. 5. 35
Nolle, Joachim	26. 6. 73	19. 4. 39
Fitzke, Johann	19. 9. 73	24. 4. 39
von Janson, Anke	20. 12. 73	31. 3. 41
Deneke, Uwe	4. 10. 74	17. 7. 40
Christians-Benning,		
Birgit	21. 10. 74	12. 9. 42
Friedrich, Achim	4. 4. 75	12. 3. 44
Hemesath, Helmut, ½	29. 8. 75	4. 10. 40
Dr. Müller-Alten, Lutz,		
beurl. (LSt)	16. 1. 76	27. 9. 43
Hinz, Dieter	18. 5. 76	27. 7. 44
Buck-Kirchner, Barbara	1. 11. 76	22. 2. 47
Freifrau von Vietinghoff,		
Juliane, ½	17. 8. 77	11. 7. 47
Bracht, Franz Josef	24. 8. 77	16. 3. 44
Janß, Uwe	15. 9. 77	17. 8. 45
Wolff, Gustel	3. 11. 77	14. 9. 45
Wolff, Kirsten	1. 12. 77	6. 12. 44
Dr. Siecken, Hans-Jochen	22. 6. 78	19. 3. 48
Grund, Krista, ½	3. 7. 78	20. 4. 45
Wollenweber, Dierk	4. 9. 78	24. 3. 44
Hauenschild, Wolfgang	17. 11. 78	1. 1. 47
Nolte, Heinz-Dieter	9. 5. 79	21. 1. 48
Homann, Beatrix	31. 5. 79	8. 7. 48
Großer, Susanne	16. 7. 79	12. 8. 47
Luedtke, Eberhard	3. 9. 79	18. 1. 50

NDS OLG-Bezirk Celle   LG-Bezirk Hannover

Metzenheim, Gerd-Michael	24. 6. 80	22. 2. 42
Nesemann, Ralf	24. 6. 80	19. 11. 48
Tilgner, Jochen	25. 6. 80	17. 2. 45
Mahramzadeh, Jutta	24. 2. 81	18. 6. 47
Kiesekamp, Günter	15. 6. 81	13. 6. 41
Hasenbein, Ute, ½	25. 8. 81	28. 12. 48
Dodegge, Klaus	7. 1. 82	23. 4. 48
Busch, Antje	18. 3. 82	9. 8. 48
Neebuhr, Peter	13. 4. 82	27. 4. 50
Prohaska, Maria	6. 9. 82	17. 3. 47
Seibert, Otto	6. 9. 82	23. 10. 47
Bronisch-Holtze, Manuel	13. 6. 83	10. 12. 50
Michaelis, Bruno	15. 8. 83	31. 10. 47
Süßenbach, Detlef	6. 9. 83	22. 3. 51
Schaffelder, Dieter	11. 10. 83	28. 12. 52
Tiedemann, Heinz-Adolf	27. 12. 83	22. 12. 48
Gehrig, Helga	24. 1. 84	24. 6. 36
Kreimeyer, Robert	28. 6. 84	11. 9. 48
Eichloff-Burbließ, Gudrun, ¾	29. 6. 84	24. 6. 52
Nerreter, Siegfried	2. 7. 84	16. 12. 52
Oltmanns, Birgit	2. 4. 85	21. 2. 54
Hinsch, Gabriele, ½	26. 7. 85	25. 2. 56
van Lessen, Gudrun	12. 8. 85	22. 2. 55
Lemke, Ulrike, ½	23. 10. 85	6. 10. 47
Immen, Peter	11. 12. 85	27. 6. 54
Riso, Irmtraut, ½	8. 7. 86	13. 6. 54
Bader, Brigitte	9. 6. 87	16. 7. 55
Bürgel, Renata, ½	17. 12. 87	22. 2. 54
Hippe, Achim	17. 12. 87	13. 2. 56
Gebehenne, Michael	12. 2. 88	27. 11. 55
Dr. Sue-Horn, Ingrid, ½	9. 4. 90	30. 1. 54
Moll-Vogel, Eva	5. 7. 90	25. 3. 56
Brüggehagen, Petra, ½, beurl. (LSt)	2. 4. 92	13. 4. 57
Wiehe, Reinhard	30. 4. 93	15. 6. 57
Dölp, Doerte, ½	30. 4. 93	15. 4. 58
Gubernatis, Gabriele	11. 5. 93	9. 5. 58
Jakoby, Anette, ½, abg.	4. 8. 93	30. 1. 61
Kleinert, Ulrich	2. 12. 93	22. 11. 60
Schloms, Heidemarie, abg.	6. 12. 93	19. 5. 50
Fraatz, Frank-Michael	1. 3. 94	7. 12. 57
Fröhlich, Jörg	18. 3. 94	29. 8. 60
Bruhns, Sabine, ½	23. 6. 94	3. 11. 59
Janssen, Hanna, ½	23. 6. 94	26. 1. 62
Neubert, Klaus-D.	15. 7. 94	24. 3. 58
Rodenbostel, Nandy	11. 11. 94	16. 7. 63
Hackmann, Helga	17. 11. 94	2. 2. 56
Weber, Anette, ½	12. 12. 94	14. 5. 61
Dr. Siegfried, Michael	1. 3. 95	18. 11. 60
Klinkenborg, Melle	31. 3. 95	20. 6. 63

Wente, Katrin	28. 7. 95		24. 5. 64	
Heck, Christian, abg.	31. 7. 95		9. 6. 58	
Littger, Burkhard	1. 1. 96		4. 6. 62	
Janke, Guido	20. 2. 96		22. 2. 62	

Neustadt am Rübenberge E 144 540
Schloßstr. 7, 31535 Neustadt
Postfach 31 61, 31533 Neustadt
T (0 50 32) 30 51–57
Telefax (0 50 32) 6 51 63
1 Dir, 1 stVDir, 12 R

Knitter, Wolfgang, Dir	13. 8. 81	26. 8. 37
Bosse, Arnd, stVDir	16. 9. 91	12. 6. 48
Struß, Wolfgang	14. 7. 69	17. 8. 37
Pleines, Frauke	9. 1. 78	18. 3. 47
Weithoener, Wieland	1. 8. 78	6. 2. 44
Zimbehl, Harald	1. 10. 79	28. 1. 47
Bösche, Thomas, ¾	20. 10. 80	1. 6. 50
Voß, Werner	18. 9. 81	29. 8. 49
Paczkowski, Alfred	28. 7. 82	24. 11. 48
Jongedijk, Hannelore	9. 12. 88	17. 4. 51
Dr. Giers, Michael	2. 5. 89	19. 2. 58
Dr. Walch, Dieter	26. 9. 94	16. 6. 60
Weichsel, Klaus-Jörg	28. 10. 94	30. 9. 61
Weißenborn, Ute	4. 11. 94	2. 3. 63

Springe E 42 900
Zum Oberntor 2, 31832 Springe
Postfach 10 01 08, 31813 Springe
T (0 50 41) 20 20
Telefax (0 50 41) 6 35 78
1 Dir, 3 R

Behmann, Gert, Dir	—	26. 2. 35
Holz, Joachim	29. 8. 75	27. 5. 39
Neils, Rolf	21. 4. 82	13. 12. 44
Kronsbein-Weiß, Susanne, ½	27. 11. 89	28. 2. 56

Wennigsen (Deister) E 84 129
Hülsebrinkstr. 1, 30974 Wennigsen
Postfach, 30974 Wennigsen
T (0 51 03) 70 08–0
Telefax (0 51 03) 70 08 49
1 Dir, 1 stVDir, 6 R

Mempel, Klaus-Dieter, Dir	1. 10. 82	19. 4. 35
Lemke, Hartmut, stVDir	13. 5. 94	16. 8. 45
Dreyer, Friedrich	12. 2. 71	24. 3. 37
Pusch, Helmut	26. 3. 75	11. 3. 43
Dr. Schnelle, Karl	11. 9. 78	27. 9. 48
Hische, Jutta	7. 4. 86	28. 11. 55
Venneberg, Sabine	3. 8. 87	9. 11. 58
Löhr, Volker	12. 4. 90	10. 7. 55

Landgerichtsbezirk Hildesheim

Landgericht Hildesheim   E 722 494
Kaiserstr. 60, 31134 Hildesheim
Postfach 10 08 55, 31108 Hildesheim
T (0 51 21) 96 80
Telefax (0 51 21) 96 82 18
1 Pr, 1 VPr, 18 VR, 31 R, 1 LSt (R)

Präsident

Salge, Hans-Georg	24. 4.81	8. 3.35

Vizepräsident

Wöckener, Helmut	20. 2.87	11.11.36

Vorsitzende Richterinnen/Vorsitzende Richter

Gerlach, Jürgen	2. 2.78	8.12.34
Dr. Mittmann, Hans-Dieter	21. 2.78	28. 5.37
Pape, Rolf	25. 5.78	8. 2.35
Bettenhäuser, Hermann	16. 9.81	15. 6.39
Dr. Mittmann, Elke	30. 6.82	19. 8.40
Rudolph, Johannes	2. 1.84	23. 6.32
Umbach, Konrad	9.10.85	24. 6.45
Vorwerck, Dirk	7. 4.86	15. 3.39
Albers, Gerold	30. 6.86	20. 1.40
Schmidt, Ulrich	1. 3.88	12. 4.44
Möller, Klaus	17.12.90	29. 7.45
Reichert, Bärbel	14. 1.91	4.12.47
Rost, Günter	15. 7.91	12.11.33
Pohl, Ulrich	23. 7.91	21.12.47
Krause, Bernhard	17. 9.91	14. 9.47
Bever, Reinald	9. 1.92	20. 9.51
Wallheinke, Adolf	25. 3.96	12. 4.54

Richterinnen/Richter

Elbel, Gisela	11.10.74	26. 4.38
Wanning, Rüdiger	17. 2.75	13. 4.42
Schmidt, Heike	8. 6.75	11. 2.45
Rojahn, Manfred	28.11.77	22. 4.48
Fritz, Hans-Rüdiger	20. 4.78	4. 8.45
Dr. Kumme, Ulrich	2. 5.80	26. 1.51
Benda, Siegfried	6. 2.81	23. 7.50
Pössel, Klaus	16. 7.81	10. 3.47
Dr. Siolek, Wolfgang	26. 7.82	24. 5.49
Kiene, Karl Georg	23. 8.82	14. 2.50
Brinkmann, Hans-Hermann	3.10.83	22.11.51
Rosenbusch, Wolfgang	14. 1.86	6.12.53
Brönstrup-Oltrogge, Karin	18. 2.86	18. 8.55
Heckemüller, Volker	3. 3.86	28.12.53
Dr. Klöhn, Wolfhard	30. 4.86	17. 2.55
Welling, Alfons, abg. (LSt)	27. 4.89	12. 8.49
Dr. Lau, Berthold	16. 8.89	24. 9.53
Meyer-Lamp, Michael	7.12.89	7. 9.52
Pagel, Ute	14. 3.91	15. 7.60
Bachmann, Harald	1.11.91	13. 4.55
Kaiser, Christian	29.11.91	7. 4.59
Blascheck, Helmut	2. 1.92	15.10.58
Heidner, Barbara	21. 7.92	7.12.59
Schaffert, Ralph-Uwe	4. 1.93	4. 7.56
Dr. Lehmann-Schmidtke, Wilfried	4.10.93	25. 9.59
Straub, Gabriele	1.11.93	25.11.61
Dr. Teyssen, Georg	23. 6.94	17. 5.56
Braumann, Jürgen	23. 6.94	4. 3.59
Peschka, Peter	4. 7.94	5. 1.61
Kauer, Winfried	2. 9.94	28. 4.55
Petersen, Karin, abg. (LSt)	27. 4.95	4. 7.55

Amtsgerichte

Alfeld (Leine)   E 47 258
Kalandstr. 1, 31061 Alfeld
Postfach 11 61, 31041 Alfeld
T (0 51 81) 80 40
Telefax (0 51 81) 2 43 13
1 Dir, 3 R

Roffmann, Gerhard, Dir	15. 2.83	19.12.34
Lehmensiek, Bernd	3. 5.95	3. 2.56
Dr. Bayer, Ralf-Peter	15. 2.96	28.11.60

Burgdorf (Krs. Hannover)   E 48 734
Schloßstr. 4, 31303 Burgdorf
Postfach 1 00 11 63, 31286 Burgdorf
T (0 51 36) 89 70
Telefax (0 51 36) 89 72 99
1 Dir, 3 ¾ R

Fischer, Hubertus, Dir	1. 9.78	7. 3.38
Hanke-Goergens, Karin, ½	19.12.68	5. 3.38
Uhde, Heinrich	3. 5.71	30. 8.37
Tingler, Wolfgang	7.11.74	17. 4.41

Elze   E 36 907
Bahnhofstr. 26, 31008 Elze
Postfach, 31001 Elze
T (0 50 68) 20 02
Telefax (0 50 68) 40 38
1 Dir, 2 R

Kröling, Johannes, Dir	25. 7.75	1. 9.37
Granzow, Wolfgang	8. 9.78	26. 9.43
von Campe, Hans-Martin	2.12.91	11. 8.60

Gifhorn E 136 980
Am Schloßgarten 4, 38518 Gifhorn
Postfach, 38516 Gifhorn
T (0 53 71) 89 71 00
Telefax (0 53 71) 89 71 64
1 Dir, 1 stVDir, 8 R

Hupka, Karl-Helge, Dir	9. 7. 90	16. 2. 49
Quoos, Dieter, stVDir	6. 6. 94	27. 3. 34
Bungeroth, Albrecht	11. 2. 72	21. 7. 40
Ulrich, Helga	1. 10. 76	10. 1. 47
Lehmann, Landolf	11. 3. 77	25. 7. 43
Bihy, Hans Ulrich	31. 8. 77	7. 6. 41
Hartleben, Martin	15. 1. 78	11. 11. 46
Wentzel, Uwe	14. 3. 95	26. 9. 55
Frost, Dagmar	4. 5. 95	10. 10. 61

Hildesheim E 207 155
Kaiserstr. 60, 31134 Hildesheim
Postfach 10 01 61, 31101 Hildesheim
T (0 51 21) 9 68–0
Telefax (0 51 21) 96 82 57
1 Dir, 1 stVDir, 2 w.aufsR, 18 R, ½ LSt (R)

Lucke, Hans-Jörg, Dir	15. 2. 95	2. 12. 44
Treidel, Urte, stVDir	6. 9. 94	29. 1. 51
Knop, Dietrich, w.aufsR	12. 11. 92	31. 3. 38
Dr. Stoll, Christian-Theodor	16. 11. 67	9. 1. 33
Wilkening, Rüdiger	17. 10. 69	19. 10. 35
Gentz, Rainer	24. 8. 72	28. 1. 38
Wendeborn, Margarethe, ½	1. 12. 72	28. 2. 40
Kohlstädt, Ingrid	24. 10. 74	26. 8. 38
Ohlendorf, Marianne-Margarete	11. 2. 77	27. 11. 45
Henze, Heinz-Rüdiger	4. 8. 77	2. 11. 45
Lange, Anette	10. 4. 78	14. 5. 44
Dr. Stärk, Hermann	18. 4. 78	16. 5. 43
Dormeyer, Karl-Lorenz	—	—
Meyer-Hippmann, Henning	23. 6. 80	5. 12. 47
Hogreve, Josef	20. 7. 81	25. 5. 50
Schmidt, Michael	19. 2. 82	31. 5. 49
Buhlmann, Joachim	29. 11. 82	30. 10. 49
Schlüter, Andreas	1. 3. 85	19. 10. 53
Spier, Annegret	2. 5. 88	23. 5. 55
Fuchs-Kassner, Beate, ½	2. 10. 89	11. 10. 57
Dr. Geis, Sabine, ½	28. 5. 93	18. 7. 61
von Roden-Leifker, Susanne, ½	10. 2. 95	14. 7. 57
Loewenthal, Barbara	26. 9. 95	8. 11. 58

Holzminden E 83 263
Karlstr. 15, 37603 Holzminden
Postfach, 37601 Holzminden
T (0 55 31) 30 11
Telefax (0 55 31) 70 08 20
1 Dir, 6 R

Hertel, Jürgen, Dir	31. 12. 84	7. 3. 42
Speer, Hartmut	13. 7. 67	30. 6. 35
Contenius, Rainer	3. 4. 70	14. 12. 36
Ziehm, Klaus-Peter	28. 8. 84	24. 10. 49
Kasperowski, Ralph	1. 4. 85	4. 5. 52
Eilers, Karl	25. 11. 94	15. 7. 59
Kühn, Helmut	10. 7. 95	18. 12. 61

Lehrte E 59 952
Schlesische Str. 1, 31275 Lehrte
Postfach 15 80, 31255 Lehrte
T (0 51 32) 82 60
Telefax (0 51 32) 5 59 32
1 Dir, 6 R

Reinecke, Heinrich, Dir	31. 7. 81	26. 5. 37
König, Rainer	14. 9. 72	11. 10. 41
Flehinghaus, Günther	21. 4. 80	9. 7. 46
Fay, Iris	4. 10. 94	27. 8. 60
Borchers, Andreas	15. 3. 95	7. 6. 63

Peine E 102 245
Am Amthof 2–6, 31224 Peine
Postfach 11 01, 31201 Peine
T (0 51 71) 70 50
Telefax (0 51 71) 1 83 99
1 Dir, 1 stVDir, 8 ¼ R, 1 LSt

Thomsen, Jürgen, Dir	1. 10. 82	9. 10. 34
Klages, Gerd-Norbert, stVDir	30. 5. 94	10. 7. 46
Vullriede, Bernd	4. 12. 81	18. 4. 51
Klennert, Angelika, beurl. (LSt)	3. 11. 83	23. 7. 51
Springer, Gabriela	28. 11. 83	2. 2. 53
Redeker, Wolfgang	1. 10. 84	—
Lerch, Sabine, ½	18. 1. 91	9. 1. 58
Siedentopp, Nicole	8. 5. 91	28. 7. 57
Fay, Peter	21. 2. 94	23. 4. 61
Krone, Helgard	13. 1. 95	14. 9. 59

Landgerichtsbezirk Lüneburg

Landgericht Lüneburg E 656 337
Am Markt 7, 21335 Lüneburg
Postfach 21 31, 21332 Lüneburg
T (0 41 31) 2 02–1
Telefax (0 41 31) 20 24 55
1 Pr, 1 VPr, 13 VR, 23 R, 1 LSt (VR), 2 LSt (R)

Präsident
Dr. Heintzmann, Walther 5. 3. 86 27. 7. 39

Vizepräsident
Penshorn, Carsten-Peter 28. 10. 92 21. 5. 37

Vorsitzende Richterinnen/Vorsitzende Richter
Dr. Drischler, Karlheinz 28. 9. 71 9. 7. 32
Mann, Hans Karl, abg. 25. 8. 76 23. 5. 38
Dr. Lamche, Gotthard 25. 10. 78 1. 6. 39
Dr. Rüppell, Gerd 15. 4. 80 8. 10. 38
Kunkis, Jürgen 26. 9. 83 2. 7. 39
Dr. Stürmann, Hans-
 Günter 11. 4. 86 1. 6. 35
Dellbrügge, Hans 8. 12. 86 27. 9. 36
Dumke, Eckart 16. 7. 87 18. 6. 38
Keßler, Delf Jürgen 14. 2. 90 12. 6. 39
Buchhorn, Werner 16. 1. 91 24. 3. 43
Prof. Dr. Bringewat, Peter,
 LSt (2. Hauptamt) 4. 2. 93 14. 4. 46
Wisler, Heyo 12. 5. 93 29. 4. 40
Faulhaber, Karin 11. 10. 93 8. 6. 42
Dr. Menk, Renate 15. 12. 94 8. 9. 48

Richterinnen/Richter
Heider, Brigitta,
 beurl. (LSt) 12. 6. 72 16. 7. 39
Pflücker, Joachim 1. 2. 73 26. 7. 38
Willutzki, Hartmut 18. 7. 73 1. 11. 37
Alber, Gudrun 16. 4. 74 27. 6. 42
Warnecke, Elisabeth 12. 4. 79 23. 5. 49
Stoll, Rüdiger, abg. 2. 5. 80 18. 9. 48
Kruse, Günter 2. 5. 80 17. 2. 50
Klüver, Ulrich 21. 4. 81 9. 1. 51
Volkmer, Andreas 1. 9. 83 14. 11. 51
Schmitt, Iris 7. 5. 84 9. 4. 53
Pudimat, Gudrun 23. 10. 84 29. 6. 53
Maiß, Angelika, ½ 13. 2. 87 3. 8. 51
Knaack, Axel 1. 4. 87 24. 12. 53
Dopatka, Christa 2. 8. 90 22. 8. 57
Dr. Staiger, Peony 3. 12. 93 16. 2. 63
von Hugo, Gerhard — 8. 9. 59
Hecht, Ulrich 1. 3. 94 13. 2. 61
Steuernagel, Matthias 4. 5. 94 3. 4. 60
Hogrefe, Dietmar, abg. 17. 8. 95 25. 8. 62
Kreter, Silke, beurl. (LSt) 21. 9. 95 12. 4. 63

Amtsgerichte

Celle E 177 468
Mühlenstr. 8, 29221 Celle
Postfach 11 04, 29201 Celle
T (0 51 41) 2 06–0
Telefax (0 51 41) 20 67 57
1 Dir, 1 stVDir, 1 w.aufsR, 17 ½ R, 1 ½ LSt (R)

Oerke, Hans-Jürgen, Dir 7. 6. 83 3. 6. 34
Meyer, Ludwig, stVDir 5. 3. 87 21. 3. 35
Bettex, Thomas, w.aufsR 15. 7. 94 31. 7. 35
Möhlenbrink, Volker 1. 9. 66 30. 1. 34
Neumann, Manfred 1. 3. 67 21. 6. 32
Drosdek, Uwe 15. 10. 71 8. 5. 38
Stammann, Wilfried-
 Harald 5. 10. 72 16. 9. 40
Stiekel, Hermann 15. 12. 72 21. 4. 39
Wille, Frank 15. 7. 74 31. 12. 41
Schmeidler, Ernst 1. 10. 75 20. 9. 39
Witte, Jutta, ½ 29. 1. 76 17. 10. 37
Grunwald, Georg-Joachim 16. 9. 77 2. 12. 45
Deckwirth, Jens 1. 12. 81 25. 6. 45
Dürr, Wolfgang 26. 5. 82 12. 3. 48
Eickmeyer, Elisabeth, ½ 31. 3. 83 6. 7. 52
Borchert, Marina,
 beurl. (LSt) 20. 3. 90 25. 10. 56
Pommerien, Antje 22. 4. 91 1. 1. 58
Dr. Scholz, Andreas 19. 9. 91 21. 9. 57
Wunderlich, Maria,
 ½, beurl. (LSt) 28. 4. 94 4. 1. 56
Liekefett, Thomas 4. 5. 94 2. 4. 61

Dannenberg (Elbe) E 51 188
Amtsberg 2, 29451 Dannenberg
Postfach 11 09, 29445 Dannenberg
T (0 58 61) 3 96–99
Telefax (0 58 61) 18 30
1 Dir, 4 R

Matull, Peter, Dir 3. 2. 86 16. 4. 34
Bischof, Dagmar 14. 6. 76 9. 3. 45
Stärk, Thomas 1. 12. 83 30. 12. 48
Volkmer, Thomas 3. 1. 94 4. 5. 61

Lüneburg E 153 250
Am Ochsenmarkt 3, 21335 Lüneburg
Postfach 13 40, 21303 Lüneburg
T (0 41 31) 2 02–1
Telefax (0 41 31) 20 24 53
1 Dir, 1 stVDir, 1 w.aufsR, 12 R

Dr. Borchert, Wolfgang,
 Dir 3. 3. 80 24. 6. 33
Schuller, Hans-Joachim,
 stVDir 2. 5. 84 24. 7. 39

NDS OLG-Bezirk Celle   LG-Bezirk Stade

Scholz, Christian, w.aufsR	14. 7.94	24.12.44
Roth, Dietrich	2.12.66	13. 7.34
Machatius, Ruprecht	7. 2.68	15.12.34
Meyke, Gerhard	15. 4.70	27. 1.37
Voigt, Volkmar	3. 5.74	9. 5.42
Sonntag, Eugenie	18. 8.76	5.11.42
Reif, Peter	8. 2.77	21. 3.44
Müller, Horst	30. 8.77	4. 8.42
Campowsky, Maria	25. 4.78	27. 6.47
Simon, Ulf	23. 5.84	4. 6.48
Stahlhut, Friedrich	23. 1.87	30.10.55
Schäfer, Wolfgang	1. 9.93	12. 7.61
Both, Arne	25. 3.96	31. 3.63

Soltau E 69 192
Rühberg 13–15, 29614 Soltau
Postfach 11 44, 29601 Soltau
T (0 51 91) 69 50
Telefax (0 51 91) 69 52 00
1 Dir, 5 R

Rundt, Sigmar, Dir	4. 1.82	28. 5.50
Reichert, Arndt	25.11.77	15. 4.43
Staashelm, Gerhard	18. 7.80	4. 3.50
Onken, Rolf	23.11.84	14. 8.49
Lyß, Herbert	3. 7.95	27. 7.63
Klee, Ute	8.11.95	29. 7.63

Uelzen E 95 509
Veerßer Str. 49, 29525 Uelzen
Postfach 12 61, 29502 Uelzen
T (05 81) 8 85 10
Telefax (05 81) 8 85 11 88
1 Dir, 1 stVDir, 7 R

Carstens, Werner, Dir	1.11.77	13.11.35
Jordan, Lutz, stVDir	17.10.95	9. 4.47
Brandler, Peter	27. 5.70	10. 1.36
Hinrichs, Jürgen	24. 4.80	11.12.46
Siemeke, Eberhard	7. 7.81	5. 2.50
Krumm, Hans-Werner	28. 4.87	24.11.54
Kötke, Harald	19. 2.88	6. 7.53
Wenske, Andrea, ½	29.11.95	24. 7.63
Neßelhut, Angela	19. 2.96	18. 4.48

Winsen an der Luhe E 109 730
Schloßplatz 4, 21423 Winsen
Postfach 14 11, 21414 Winsen
T (0 41 71) 88 60
Telefax (0 41 71) 60 67 89
1 Dir, 1 stVDir, 8 R

Neumann, Guido, Dir	30. 7.75	5. 4.32
Paulisch, Albert G., stVDir	14. 7.94	10.12.51
Fuhlendorf, Rolf	15. 6.77	13.11.44
Scherwinsky, Wilfried	2. 5.78	8.12.48

Dotzauer-Meyer, Gudrun	7. 7.78	9.12.40
Dr. Timm-Willenberg, Charlotte, ½, abg.	12. 3.81	29.12.44
Dunsing, Wolfgang	14. 8.84	9. 3.51
Harms, Heinz	23.10.84	6.10.45
Dr. Lübbesmeyer, Gerhard	27. 6.95	23. 9.59

Landgerichtsbezirk Stade

Landgericht Stade E 561 934
Wilhadikirchhof 1, 21682 Stade
Postfach 16 22, 21656 Stade
T (0 41 41) 10 71
Telefax (0 41 41) 10 74 29
1 Pr, 1 VPr, 10 VR, 17 R

Präsidentin

Biermann, Christa	26. 3.93	5. 8.37

Vizepräsident

Hinrichsen, Hermann	20. 9.93	8. 5.36

Vorsitzende Richterinnen/Vorsitzende Richter

Biermann, Wolfgang	4. 8.78	16.10.35
Krause, Karl-Heinrich	8. 8.80	9.12.36
Frenzke, Peter	30. 8.82	4. 6.41
Kleberger, Peter	10. 2.83	22. 1.42
Margraf, Joachim	10. 4.86	21. 4.42
Voß, Hartmut	1. 6.87	1. 1.44
Kuehn, Christiane	12.11.91	29.12.50
Wycisk, Petra	10. 6.93	4. 8.47
Bartels, Christian	11. 6.93	9.11.41
Thomsen, Arnold	7. 2.94	7. 7.41

Richterinnen/Richter

Nagel, Roland, beurl.	22. 9.69	20.11.35
Wex, Jürgen	1. 4.77	7. 7.45
Voß, Reimer	16.12.77	27. 1.40
Schulz, Gabriele	23. 3.78	1. 2.48
Levermann, Albert	3.11.81	5. 5.50
Köhn, Karola, ½	3. 5.82	16. 6.47
Borchardt, Margret	1. 8.83	2. 1.52
Klöckner-Titze, Ursula, ⅔	7. 8.84	11. 8.50
Pudimat, Gudrun	23.10.84	29. 6.53
Fischer, Lutz	7. 8.86	22.12.52
Sommer, Wolfgang	3. 4.87	12. 7.55
Ganzemüller, Ulrich	10. 5.90	23. 6.54
Haak, Christoph, abg.	23. 5.91	18.11.57
Seiters, Stephan	2. 2.92	23. 7.60
Henrich, Barbara, ½, abg.	18. 2.93	4. 5.62
Rosenow, Frank	9. 7.93	7. 5.59
Myska, Michael	8. 6.95	5. 5.56

LG-Bezirk Stade OLG-Bezirk Celle **NDS**

Amtsgerichte

Bremervörde E 42 412
Amtsallee 2, 27432 Bremervörde
Postfach 11 62, 27421 Bremervörde
T (0 47 61) 9 84 90
Telefax (0 47 61) 98 49 49
1 Dir, 2 R

Stelling, Ingrid, Dir	20. 1. 89	10. 12. 57
Hinck, Uwe	4. 4. 77	23. 5. 43

Buxtehude E 80 126
Bahnhofstr. 4, 21614 Buxtehude
Postfach 11 52, 21601 Buxtehude
T (0 41 61) 50 69–0
Telefax (0 41 61) 50 69 11
1 Dir, 5 R

Brinkmann, Dieter, Dir	29. 5. 79	18. 10. 35
Schneider, Gunhild	19. 3. 73	23. 5. 42
Scheel-Aping, Gabriele, ½, abg.	2. 1. 81	21. 4. 52
Aping, Norbert	3. 5. 82	1. 6. 52
Sielbeck, Nora, ½	17. 9. 87	26. 9. 56
Appelkamp, Berend	16. 5. 90	24. 2. 58
Köppe, Michael	19. 8. 94	23. 6. 62

Cuxhaven E 55 559
Deichstr. 12 A, 27472 Cuxhaven
Postfach 1 02, 27451 Cuxhaven
T (0 47 21) 5 01 90
Telefax (0 47 21) 50 19 19
1 Dir, 5 R

Stolle, Uwe, Dir	29. 11. 94	16. 5. 37
Welz, Sigrid, ½	24. 2. 72	1. 9. 35
Stolle, Helene, ½	27. 10. 72	14. 11. 35
Plath, Günter	10. 10. 75	22. 12. 39
Plath, Astrid	4. 6. 76	26. 8. 44

Langen (b. Bremerhaven) E 94 652
Debstedter Str. 17, 27607 Langen
Postfach, 27607 Langen
T (0 47 43) 8 82–0
Telefax (0 47 43) 8 82 38
1 Dir, 5 R

Rogalla, Peter, Dir	2. 1. 78	6. 10. 31
Beez, Eva	8. 1. 74	6. 2. 42
Drecktrah, Volker, abg.	2. 2. 81	28. 4. 48
Ganser, Lutz	2. 1. 84	13. 11. 50
Michalski, Detlev	14. 4. 86	26. 6. 53
Rümke, Almut	14. 10. 94	16. 9. 59

Otterndorf E 47 126
Am Großen Specken 6, 21762 Otterndorf
Postfach 11 62, 21758 Otterndorf
T (0 47 51) 9 02–02
Telefax (0 47 51) 9 02 37
1 Dir, 3 R

Rudolph, Günter, Dir	1. 2. 81	4. 7. 34
Reinhold, Klaus	16. 6. 76	20. 9. 44

Stade E 100 243
Wilhadikirchhof 1, 21682 Stade
Postfach 11 51, 21651 Stade
T (0 41 41) 10 71
Telefax (0 41 41) 10 72 13
1 Dir, 1 stVDir, 7 ½ R

Huisinga, Klaus, Dir, abg.	26. 6. 74	13. 6. 32
Wirth, Willi, stVDir	5. 9. 94	3. 7. 53
Kaufmann, Otto-Dietrich	23. 12. 68	1. 1. 35
Marienfeld, Wolfgang	22. 8. 77	4. 1. 45
Marienfeld, Helga	10. 11. 78	10. 9. 43
Molsen, Ilse, ½	2. 7. 79	15. 12. 49
Bolle-Seum, Brigitta	2. 1. 81	19. 1. 50
Christ-Krüger, Ulrike, ½	9. 3. 81	13. 9. 43
Moßig, Ursula, ⅔	30. 12. 92	27. 4. 51
Lindemann, Wolfgang	2. 9. 94	28. 7. 61

Tostedt E 102 686
Unter den Linden 23, 21255 Tostedt
Postfach, 21250 Tostedt
T (0 41 82) 29 70
Telefax (0 41 82) 2 18 04
1 Dir, 1 stVDir, 6 R

Riemer, Klaus, Dir	2. 1. 78	9. 7. 36
Jäkel, Volker, stVDir	18. 7. 94	7. 11. 47
Schlechtriem, Wolfgang, ½	22. 12. 70	20. 3. 39
Heybrock, Gerd	2. 3. 73	22. 9. 40
Weithoener, Eckart	11. 4. 74	28. 9. 40
Oeben-Schröder, Gabriele	13. 6. 77	—
Pittelkow, Joachim	2. 2. 79	2. 3. 49

Zeven E 39 130
Bäckerstr. 1, 27404 Zeven
Postfach 11 60, 27391 Zeven
T (0 42 81) 9 32 30
Telefax (0 42 81) 93 23 40
1 Dir, 2 R

Hinz, Peter, Dir	7. 12. 87	28. 5. 44
Gülk, Günther	28. 12. 83	5. 9. 39
Haller, Jürgen	4. 11. 88	26. 9. 57

Landgerichtsbezirk Verden (Aller)

Landgericht Verden (Aller) E 686 784
Johanniswall 6, 27283 Verden
Postfach 21 20, 27281 Verden
T (0 42 31) 18–1
Telefax (0 42 31) 1 82 51
1 Pr, 1 VPr, 11 VR, 20 R, 1 LSt (R)

Präsident

Beckmann, Heinrich	15. 5. 74	10. 2. 32	

Vizepräsident

Rauter, Hannes-Hagen	11. 7. 88	25. 10. 37	

Vorsitzende Richterin/Vorsitzende Richter

Biermann, Rudolf	27. 5. 74	28. 7. 35
Kühl, Horst	23. 12. 76	3. 3. 34
Dr. Bischoff, Volker-Götz	16. 7. 79	13. 9. 40
Dr. Christiansen, Hans	1. 5. 81	6. 12. 37
Marsch, Hans Peter	19. 7. 82	27. 7. 44
Wiehr, Helmut	13. 10. 87	11. 5. 41
Schindel, Jürgen	26. 9. 88	8. 10. 41
Prüshoff, Jörg	3. 2. 89	25. 4. 47
Schmidt, Ingrid	7. 3. 90	22. 5. 43
Stünker, Joachim	15. 8. 90	29. 3. 48
Palm, Klaus	14. 8. 91	29. 4. 49

Richterinnen/Richter

Stracke, Peter	7. 2. 77	12. 1. 40
Lemme, Birgit	1. 3. 77	21. 10. 43
Goldbach, Dieter	1. 4. 77	21. 12. 40
Peters, Uwe	29. 7. 80	1. 10. 45
Brandt, Karl-Heinz	5. 2. 81	27. 9. 48
Kiekebusch, Tilbert	5. 11. 82	11. 4. 44
Heuken-Bethmann, Petra	28. 3. 83	21. 1. 54
Krützfeldt, Katarina	8. 3. 84	21. 6. 51
Grebe, Joachim	24. 4. 84	12. 10. 51
Hastmann-Nott, Ilse	21. 9. 84	15. 8. 54
Dr. Nott, Stephan	25. 5. 89	18. 5. 55
Dr. Rath-Ewers, Charlotte	21. 8. 89	1. 1. 55
Buschmann-Fricke, Gisela	4. 12. 90	10. 2. 58
Brandt, Jürgen	20. 3. 90	28. 3. 57
Dr. Kohmüller, Jobst	31. 5. 91	27. 5. 54
Weichert, Johannes, abg. (LSt)	11. 10. 91	27. 12. 57
Kaemena, Hans-Georg	1. 12. 91	17. 11. 55
Dr. Scharfschwerdt-Otto, Kerstin	17. 3. 92	2. 8. 60
Dr. Lesting, Wolfgang	1. 9. 94	24. 9. 54
Armbrecht, Rolf	22. 6. 95	25. 9. 60
Tittel, Markus	22. 2. 96	8. 5. 64

Amtsgerichte

Achim E 68 282
Obernstr. 40, 28832 Achim
Postfach, 28832 Achim
T (0 42 02) 9 15 80
Telefax (0 42 02) 91 58 59
1 Dir, 5 R

Wulfmeyer, Volker, Dir	10. 6. 80	26. 2. 36
Kornstädt, Martin	17. 3. 71	21. 9. 36
Wehmeyer, Jürgen	13. 8. 79	30. 4. 48
Schmidt, Kurt	18. 9. 87	17. 11. 52
Minge, Andreas	17. 1. 91	2. 8. 55
Kost, Joachim	15. 4. 93	13. 2. 61

Diepholz E 47 778
Lange Str. 32, 49356 Diepholz
Postfach 11 09, 49341 Diepholz
T (0 54 41) 99 60
Telefax (0 54 41) 9 96 49
1 Dir, 3 R

Schröder, Wilhelm, Dir	2. 11. 87	28. 11. 33
Zinser, Hans-Diethelm	21. 7. 83	20. 8. 52
Jünemann, Helmut	1. 12. 83	30. 4. 48
Fuhrmann, Sabine	28. 1. 88	3. 3. 54

Nienburg (an der Weser) E 76 823
Schloßplatz 1, 31582 Nienburg
Postfach 11 12, 31561 Nienburg
T (0 50 21) 6 01 80
Telefax (0 50 21) 60 18 60

Zweigstelle in Hoya
Schloßplatz 3–5, 27318 Hoya
Postfach, 27318 Hoya
T (0 42 51) 73 73
Telefax (0 42 51) 73 92
1 Dir, 6 R

Bettges, Siegfried, Dir	10. 3. 86	1. 2. 40
Hedicke, Heinrich	1. 8. 65	24. 6. 33
Eickhoff, Eike	8. 9. 67	12. 7. 33
Pest, Jürgen	14. 11. 72	22. 6. 40
Sawade, Ulrich	21. 4. 81	4. 6. 44
Mühlmann, Wilhelm	6. 5. 83	4. 8. 50
Dr. Neugebauer, Ralph	26. 4. 93	23. 2. 59

Osterholz-Scharmbeck E 104 574
Klosterplatz 1, 27711 Osterholz-Scharmbeck
Postfach 11 03, 27701 Osterholz-Scharmbeck
T (0 47 91) 3 05–0
Telefax (0 47 91) 3 05 49
1 Dir, 1 stVDir, 7 R

LG-Bezirk Verden (Aller)   OLG-Bezirk Celle   **NDS**

Helberg, Friedrich Wilhelm, Dir	14. 9.87	17. 8.38
Konitz, Bernhard, stVDir	5. 9.94	11. 8.50
Suck, Klaus	17. 5.72	5. 8.37
Pöhlmann, Rolf	13. 6.77	5. 3.44
Dr. Müller-Brückner, Lutz	19.11.73	2. 2.35
Schneider, Berndt	4. 7.80	13.10.45
Fiedelak, Martin, abg.	8. 5.91	21. 3.57
Stronczyk, Volker	31. 3.95	11. 6.59

Rotenburg (Wümme)   E   68 057
Am Pferdemarkt 6, 27356 Rotenburg
Postfach 11 40, 27341 Rotenburg
T (0 42 61) 70 40
Telefax (0 42 61) 7 04 70
1 Dir, 5 R

Heyl, Karl-Otto, Dir	1. 2.78	11.11.34
Siegmeyer, Horst	22. 5.68	1. 4.33
Brunkhorst, Ingrid	8. 8.78	11. 1.47
Köstler-Häger, Jutta	3. 6.86	6. 6.52
Peters, Jörg	10. 5.93	10.12.57
Reinicke, Sabine, ½	27. 7.93	7.12.58

Stolzenau   E   45 644
Weserstr. 8, 31592 Stolzenau
Postfach 11 42, 31586 Stolzenau
T (0 57 61) 70 90
Telefax (0 57 61) 7 09 33
1 Dir, 2 R

Langlotz, Lothar, Dir	1. 2.70	15. 7.33
Pfeil, Agnes	3. 5.82	18. 1.51
Krug-Gildehaus, Hans-Joachim	—	—

Sulingen   E   31 604
Lange Str. 56, 27232 Sulingen
Postfach 13 20, 27224 Sulingen
T (0 42 71) 80 60
Telefax (0 42 71) 8 06 39
1 Dir, 2 R, 2 LSt (R)

Klamt, Michael, Dir	17. 2.82	4. 4.46
Hachmann, Elke, beurl. (LSt)	3. 8.89	9. 5.55
Pahl-Klenner, Katja, beurl. (LSt)	7.11.95	19. 9.63

Syke   E   122 132
Amtshof 2, 28857 Syke
Postfach 11 65, 28845 Syke
T (0 42 42) 16 50
Telefax (0 42 42) 1 65 59

Zweigstelle in Bassum
Bremer Str. 28, 27211 Bassum
Postfach, 27201 Bassum
T (0 42 41) 6 61
Telefax (0 42 41) 59 52
1 Dir, 1 stVDir, 8 R

Dr. Delitzsch, Winfried, Dir	8. 5.95	20. 2.47
Fregin, Timm, stVDir	5. 9.94	13. 1.45
Frerker, Edda	9. 3.73	28. 1.40
Daseking, Peter	15. 2.74	31. 7.37
Schulz, Wolfgang	2. 5.77	27. 6.44
Held, Peter	30.11.77	1. 8.39
Hartleif, Rudolf	5.12.84	17. 8.52
Pfeiffer, Ulrich	2.10.85	22. 7.55
Rotermund, Ronald	23.12.85	17. 5.52
Wawrzinek, Matthias	19. 5.93	23.10.57

Verden (Aller)   E   58 208
Johanniswall 8, 27283 Verden
Postfach 21 30, 27281 Verden
T (0 42 31) 18–1
Telefax (0 42 31) 1 83 57
1 Dir, 5 R

von Döllen, Peter, Dir	28. 2.86	28. 6.35
Moritz, Volkmar	27.12.72	27.12.40
Lange, Jöns	25. 4.74	16. 9.41
Krüger, Horst	16. 4.77	30. 1.43
Große Schlarmann-Meinke, Jutta, ½	1. 6.94	7.12.61

Walsrode   E   63 682
Lange Str. 29–33, 29664 Walsrode
Postfach 11 49, 29651 Walsrode
T (0 51 61) 60 07–0
Telefax (0 51 61) 60 07 80
1 Dir, 5 R, 1 LSt (R)

Lindhorst, Günter, Dir	12. 2.88	27. 1.36
Schulte, Agnes	1.12.72	20. 7.32
Hoffmann, Klaus	1. 3.77	14. 3.45
Klages, Hans-Jürgen, abg.	13. 1.78	6. 7.57
Hindahl, Inka, ½, beurl. (LSt)	5.12.88	4. 3.58

Staatsanwaltschaften

Generalstaatsanwaltschaft Celle
Schloßplatz 2, 29221 Celle
Postfach 12 67, 29202 Celle
T (0 51 41) 2 06-0
Telefax (0 51 41) 20 63 28
1 GStA, 3 LOStA, 13 OStA

Generalstaatsanwalt
Dr. Endler, Manfred	1. 2. 90	9. 6. 34

Leitende Oberstaatsanwälte
Waechter, Dietrich	1. 8. 86	21. 12. 34
Jeserich, Hans-Dieter	30. 9. 91	8. 10. 43

Oberstaatsanwältinnen/Oberstaatsanwälte
Schulz, Manfred	1. 7. 78	10. 4. 39
Socher, Ingrid	1. 9. 78	29. 4. 37
Nemetschek, Silvia	5. 7. 82	30. 3. 46
Arnold, Stephan	7. 5. 90	2. 8. 50
Müller, Wolfgang	10. 10. 90	4. 11. 48
Pfleiderer, Thomas	14. 11. 91	24. 4. 50
Naujok, Rolf	16. 6. 92	6. 6. 47
Bartsch, Christoph	1. 7. 92	29. 8. 35
Kazimierski, Roland	17. 9. 92	18. 1. 57
Wendt, Manfred	29. 3. 93	7. 3. 53
Dr. Meier, Henning	20. 7. 93	3. 9. 53
Dyballa, Detlev	15. 12. 95	4. 1. 46

Staatsanwalt
Feindt, Klaus-Peter	20. 11. 78	19. 11. 46

Staatsanwaltschaft Bückeburg
Herminenstr. 30/31, 31675 Bückeburg
Postfach 13 15, 31665 Bückeburg
T (0 57 22) 2 90-0
Telefax (0 57 22) 29 01 11
1 LOStA, 1 OStA, 6 StA

Leitender Oberstaatsanwalt
Ramberg, Klaus	1. 9. 94	2. 4. 36

Oberstaatsanwalt
Becker, Bodo	1. 8. 89	13. 7. 48

Staatsanwälte
Jäger, Wolfgang	15. 1. 76	13. 5. 41
Böhm, Armin	17. 8. 81	27. 3. 51
Stahlhut, Wilfried	1. 10. 82	12. 9. 51
Hirt, Frank	6. 11. 89	5. 2. 58
Horst, Peter	9. 11. 95	26. 10. 62

Staatsanwaltschaft Göttingen
Waageplatz 7, 37073 Göttingen
Postfach 38 32, 37028 Göttingen
T (05 51) 4 03-0
Telefax (05 51) 40 35 21
1 LOStA, 1 stVLOStA, 5 OStA, 21 StA

Leitende Oberstaatsanwältin
Dr. Engshuber, Helga	29. 5. 92	8. 9. 35

Oberstaatsanwältin/Oberstaatsanwälte
Dr. Eggert, Karl Heinz, stVLOStA	17. 9. 81	19. 9. 39
Tribukait, Harald	19. 2. 86	8. 5. 42
Apel, Hans-Dieter	14. 12. 92	21. 3. 49
Dr. Ahrens, Wilfried	10. 8. 93	5. 12. 50
Heimgärtner, Hans Hugo	13. 5. 94	3. 6. 47
Tollmien, Brigitte	1. 6. 94	12. 11. 40

Staatsanwältinnen/Staatsanwälte
Göhmann, Hans-Peter	26. 11. 70	13. 9. 37
Nannen, Dieter	27. 3. 75	25. 8. 42
Höfel, Peter	14. 4. 75	13. 4. 40
Koch, Uwe-Karsten	5. 4. 76	5. 2. 43
Freudenberg, Dagmar	2. 11. 81	18. 7. 52
Bruns, Olaf	26. 2. 82	31. 10. 47
Rappe, Bernd	24. 5. 82	27. 10. 46
Rompe, Ulrich	21. 12. 82	23. 5. 51
Kretzer-Aschoff, Astrid	29. 6. 84	20. 1. 52
Garbe, Jürgen	30. 8. 85	27. 8. 52
Malz, Jörg	—	—
Ibler-Streetz, Beate	19. 9. 94	22. 1. 60
Christokat, Jens	5. 10. 95	2. 6. 63
Müller, Jens	31. 1. 96	23. 11. 61
Hühne-Koch, Heidrun	1. 2. 96	8. 6. 62

Staatsanwaltschaft Hannover
Volgersweg 67, 30175 Hannover
T (05 11) 3 47-0
Telefax (05 11) 3 47 25 91
1 LOStA, 1 stVLOStA, 18 OStA, 58 StA, 1 LSt (OStA), 3 LSt (StA)

Leitender Oberstaatsanwalt
N. N.

Oberstaatsanwältinnen/Oberstaatsanwälte
Dieterich, Johanna	11. 7. 73	5. 3. 32
Kühneck, Erich	1. 7. 75	30. 4. 36
Räcker, Gerhard	6. 7. 77	20. 1. 33
Bitzer, Jürgen	13. 7. 79	24. 9. 34
Borchers, Nikolaus	3. 8. 81	16. 5. 40

Rex, Erhard	4. 7.86	26. 8.44	
Gropp, Ulrich	31. 5.89	5. 7.47	
Mahnkopf, Hans-Jürgen	10.10.90	14. 6.45	
Gerhardt, Ralf	20.11.90	9. 1.41	
Schwerdtfeger, Hans-Hinrich	24. 7.91	18. 3.39	
Dr. Koch, Frank, abg. (LSt)	1. 6.92	28. 4.50	
Derlin, Hans-Detlef	4.11.92	5. 5.41	
Graefe, Dieter	29. 3.93	13. 6.36	
Trentmann, Helmut	31. 3.93	21. 9.46	
Zeißig, Klaus	30. 6.94	6. 4.38	
Hoppe, Jürgen	30. 6.94	24. 9.44	
Iburg, Heinz-Ulrich	30. 6.94	29. 4.49	
Büermann, Wolfgang	11. 8.94	7. 3.53	
Knothe, Manfred	4.10.95	8. 1.51	
Nesemann, Gabriele	9.10.95	20. 5.49	

Staatsanwälte (EStA)

Grote, Gerd	11. 7.73	27. 5.35	
Büchner, Rolf	19. 4.74	17. 1.35	

Staatsanwältinnen/Staatsanwälte

Fürer, Bernhard	6. 1.70	3.12.31	
Schell, Ingeborg	16. 6.71	27. 5.39	
Neidhart, Joachim	16. 5.72	12. 7.40	
Maul, Rolf-Achim	19.11.73	25.10.41	
Sydow-Sagemüller, Margret	27. 3.74	9. 3.38	
Fischer, Hilmar	3. 7.75	28. 8.43	
Dr. Rauhe, Dieter	15.10.75	4. 1.44	
Glufke, Eckhard	28. 1.76	16. 5.43	
Sieber, Sabine, beurl. (LSt)	15. 8.76	3. 3.44	
Burmester, Wolfgang	3. 1.77	21. 5.45	
Harms, Jürgen	1. 4.77	12. 7.45	
Sperling-Jacobs, Eveline	13. 4.77	1. 9.40	
Neuendorff, Jörg	15. 3.78	6. 9.45	
Landgraf, Wolfgang	13. 4.78	2. 3.42	
Ehlert, Cordula	13. 4.78	24. 6.47	
Janssen, Peter	15.12.78	17. 6.43	
Dr. Schwanecke, Inge Beate	15.12.78	25. 2.49	
Finke, Klaus	2. 5.80	24. 9.48	
Lüschen, Eilert-Diedrich	1. 9.80	6.11.49	
Riggers, Marita	3. 4.81	25. 1.51	
Schulz, Rita	12. 3.82	12. 3.50	
Bömeke, Gerd	11.11.82	17. 8.50	
Dietzel-Gropp, Regina-Barbara	1. 2.83	27. 3.53	
Washington, Ilse	24. 6.83	5. 7.52	
Mehrens, Nikola	4. 7.83	29. 8.44	
Zoellner, Ingrid, beurl. (LSt)	14. 7.83	15.12.53	
Mankiewicz, Joachim	20.10.83	15. 4.51	
Seipold, Bernd-Jürgen	27.12.83	16. 8.42	
Dr. Heghmanns, Michael	17. 7.85	18. 9.57	
Görlich, Uwe	2. 9.85	27.10.50	
Lendeckel, Hans-Jürgen, abg.	3.10.86	20. 9.52	
Dr. Gundlach, Rainer	3.10.86	2.10.52	
Eisterhues, Dietmar	25. 1.88	7.10.54	
Bernt, Thomas	29. 2.88	12. 8.57	
Roitsch-van Almelo, Elke	8. 2.89	27. 1.56	
Gresel, Angelika	5. 4.89	25. 6.57	
Grupe, Joachim	1. 9.89	27. 7.53	
Olmes, Birgit	27.11.89	8. 5.55	
Kochheim, Dieter	9. 1.90	30. 4.57	
Spellbrink, Ute	26. 2.90	4. 1.56	
Klinge, Thomas	15. 5.90	4. 3.56	
Silinger, Irene	31. 8.90	5. 5.57	
Hering, Reinhild	4.10.90	20.10.58	
Scheuten, Frauke-Katrin, abg. (LSt)	31. 1.91	2. 6.59	
Mohr, Christa	22.11.91	21. 4.51	
Rosendahl, Jutta	2. 1.92	19. 6.59	
Berger, Gerhard	22. 6.92	30. 5.58	
Helms-Voges, Brigitte	6. 1.93	10.12.59	
Wasmann, Manuela	8. 1.93	21. 4.57	
Haase, Barbara	1. 6.93	18. 3.61	
Schwitzer, Heike	7. 7.93	10. 4.62	
Schneidewind, Dirk	13. 9.93	4. 7.57	
Günther, Ralf, abg.	11.10.94	21. 5.59	
Bertrang, Antje	1. 3.95	25. 8.61	
Dr. Hackner, Thomas	31. 3.95	15. 2.63	
Franke, Thomas	11. 5.95	12. 1.64	
Gerlach, Klaus	15. 5.95	19.11.60	
Lürbke, Stephan	3. 8.95	29. 1.60	
Hasenpusch, Frank	9. 8.95	28. 4.61	
Appelbaum, Martin	21. 3.96	11.10.63	

Staatsanwaltschaft Hildesheim
Kaiserstr. 60, 31134 Hildesheim
Postfach 10 12 64, 31112 Hildesheim
T (0 51 21) 96 80
Telefax (0 51 21) 96 83 44
1 LOStA, 1 stVLOStA, 5 OStA, 1 LSt (OStA), 19 StA

Leitender Oberstaatsanwalt

Lücke, Horst	25.11.85	12. 9.39

Oberstaatsanwälte

Kehr, Hans-Helmut, stVLOStA	12. 7.73	4. 7.34	
Behre, Wilhelm	22.11.74	30. 5.35	
Kreutz, Gerhard	22.10.85	13. 3.45	
Dorn, Martin	16. 6.92	26. 5.54	
Seemann, Bernd	4. 1.94	4. 5.51	
Czychon, Wolfgang, abg.	10. 3.94	18.12.51	
Wolf, Norbert, abg. (LSt)	18. 4.94	13. 4.53	
Stange, Albrecht	19. 4.94	26. 4.44	

Staatsanwältinnen/Staatsanwälte

Name		
Borgmeyer, Franz	24. 1.68	2. 6.33
Künnecke, Friedrich-Wilhelm	10. 6.68	8. 3.35
Ueberhorst, Klaus	28. 1.69	11. 6.36
Müller, Horst	2. 6.72	30. 8.41
Falk, Dorothee	4. 5.73	16. 2.39
Werner, Peter	23. 1.74	11.11.36
Schmidt, Harald	1. 4.75	19.11.42
Kern, Klaus	5. 6.75	27. 3.41
Hummelsiep, Hans-Joachim	26. 5.76	17. 9.42
Grimme, Norbert	15. 7.76	11. 4.44
Japing, Jörg Harold	16. 8.77	7. 1.46
Johannsen, Carsten-Hinrich	30. 3.79	8. 6.48
Winkler, Ulrich	9.11.79	27.11.48
Bruns, Hans-Jürgen	17. 8.81	3. 6.49
Scholz, Wolfgang	5. 4.88	25. 7.55
Gottfriedsen, Christian	17. 9.90	10. 7.58
Kukla, Klaus	1.11.93	23. 4.60
Pochert, Karl-Heinz	9.12.94	11. 9.62

Staatsanwaltschaft Lüneburg
Burmeisterstraße 6, 21335 Lüneburg
Postfach 28 80, 21398 Lüneburg
T (0 41 31) 2 02–1
Telefax (0 41 31) 20 24 74

Zweigstelle in Celle
Biermannstraße 9, 29221 Celle
Postfach 12 69, 29202 Celle
T (0 51 41) 2 06–0
Telefax (0 51 41) 20 65 90
1 LOStA, 1 stVLOStA, 7 OStA, 28 StA

Leitender Oberstaatsanwalt

Schwarplys, Klaus	9. 1.86	16. 5.34

Oberstaatsanwältinnen/Oberstaatsanwälte

N.N., stVLOStA		
Lüttmer, Bruno	1. 2.79	6.11.34
Müller, Johann-Albrecht	22. 5.84	29. 8.37
Wigger, Jürgen	21. 3.86	8.10.41
Kindervater, Siegrid	3. 9.86	13. 5.43
Lüning, Gisela	9. 3.94	8. 8.43
Kuppi, Wilfried	9. 3.94	13. 7.45
Lüttmer, Christa	9. 8.94	21. 5.51

Staatsanwalt (EStA)

Grefe, Dieter	28. 5.74	1. 7.35

Staatsanwältinnen/Staatsanwälte

Hagemann, Hans	20. 2.67	12. 2.35
Firker, Gerhard	8.10.71	8.10.39
Löer, Klemens	2. 7.73	1. 7.40
Golumbeck, Henning	18. 7.74	18. 2.40
Meyer-Ebeling, Joachim	2. 2.76	8. 2.44
Gentz, Wolfdietrich	13. 5.76	28. 2.44
Klee, Andreas	31. 1.77	26.12.44
Frick, Rüdiger	21. 7.80	27. 8.49
Brandt, Volker	5. 9.80	7.11.49
Kuntze, Hans-Gernot	27. 2.81	10.11.48
Thomas, Sabine	1.12.81	3. 2.52
Peest, Gertrud	2. 2.82	26. 6.51
Reuter, Gisela	1. 4.82	16. 6.34
Neuhaus-Kleineke, Marianne	7. 6.82	4. 8.52
Franke, Witold	14. 2.83	9. 2.51
Warnecke, Manfred	29. 7.85	16.12.53
Klee, Angelika	10. 3.86	10. 1.56
Mildner-Wiese, Sabine	13. 5.91	13. 9.60
Dr. König, Roswitha	20. 7.92	9. 9.52
Dell'Aquila, Gesine	14. 5.93	9. 7.62
Naumann, Thomas	16. 5.94	29. 5.54
Oppelland-Selk, Insa	3. 7.95	22. 3.63
Heck, Susanne	27. 7.95	3. 7.63
Dresselhaus, Susanne, beurl. (LSt)	5.10.95	22.10.61
Lalla, Heike	22.12.95	19.11.62
Wolters, Michael	4. 1.96	7.12.60

Staatsanwaltschaft Stade
Archivstraße 7, 21682 Stade
Postfach 20 22, 21660 Stade
T (0 41 41) 10 71
Telefax (0 41 41) 10 73 81
1 LOStA, 1 stVLOStA, 4 OStA, 17 StA, 2 LSt (StA)

Leitende Oberstaatsanwältin

Steinberg, Eva	24. 4.95	4.12.43

Oberstaatsanwälte

Hake, Wolfgang, stVLOStA	11. 9.73	6. 8.32
Tews, Paul-Dieter	28. 8.79	17.10.35
Balhorn, Martin	25. 3.86	11. 8.40
Schräger, Uwe	15. 2.94	16. 5.45
Reh, Frank	9. 3.94	27. 8.44

Staatsanwältinnen/Staatsanwälte

Rabiger, Hans-Günther	20. 7.70	11. 1.36
Bobeth, Eckhard	8. 3.71	17. 2.39
Doege, Volker	6.10.71	24. 9.39
Littbarski, Dietrich	19. 6.73	17.10.37
Grünberg, Klaus-Hermann	1. 9.75	6. 1.41
Loorz-Jasmer, Liselotte	15. 4.76	23. 3.41
Strauß, Hartmut	22.10.79	19.10.47

Hundt, Helmuth	10. 8.81	26. 5.44
Dubbert, Uwe	23. 9.83	31. 7.51
Nitz, Hartmut	20. 6.91	27. 4.59
Müller, Karin	3. 9.91	24.10.60
Dreher, Uta, abg. (LSt)	4. 1.93	3. 8.60
Kellermann, Joachim	4. 1.93	28.10.60
Hanfeld-Kellermann, Uta, beurl. (LSt)	4.10.93	22. 2.62
Salvenmoser, Steffen	2.10.95	1. 6.64
Steinenböhmer, Doris	27.10.95	27. 2.50
Bohrmann, Lutz	4. 3.96	3. 7.63

Staatsanwaltschaft Verden
Johanniswall 8, 27283 Verden
Postfach, 27281 Verden
T (0 42 31) 18–1
Telefax (0 42 31) 1 84 90
1 LOStA, 1 stVLOStA, 4 OStA, 18 StA

Leitender Oberstaatsanwalt

Hoffmann, Leonhard	7. 5.84	8. 6.34

Oberstaatsanwälte

Popken, Reimar, stVLOStA	1. 7.75	14. 1.33
Ude, Heinrich Wilhelm	3. 8.81	31. 5.35
Kühnhold, Wilhelm	9. 2.84	26.12.35
Deppe, Wilhelm	7.11.84	21. 9.35
Kuhn, Welfhard	15. 3.94	17. 4.40

Staatsanwältinnen/Staatsanwälte

Limmer, Hans Joachim	21. 6.71	20. 6.39
Bredereck, Gunther, abg.	7. 1.74	11. 4.40
Schönemann, Klaus-Walter	18. 5.77	20. 3.43
Hupka, Dieter	15. 9.78	21. 5.45
Herrmann, Roland	1. 9.80	19. 2.51
Pauli, Felicitas	2. 8.82	9. 8.51
Henß, Brigitta	20. 7.84	11. 5.55
Streichsbier, Silke	4. 9.84	7. 9.53
Brosowsky, Rolf	3. 3.86	3. 1.56
Steinebach, Regina	10. 4.86	20. 7.55
Scheerer, Jann	19. 1.87	4.12.56
Gaebel, Lutz	12. 2.88	19.12.54
Pleuß, Jürgen	5. 4.93	13. 5.62
Bederna, Anja	8. 3.96	3. 3.62

NDS OLG-Bezirk Oldenburg

Oberlandesgerichtsbezirk Oldenburg

Bezirk: Regierungsbezirk Weser-Ems
3 Landgerichte: Aurich, Oldenburg und Osnabrück
Kammern für *Handelssachen:* Oldenburg 3, Osnabrück 4

23 Amtsgerichte
Schöffengerichte: bei allen Amtsgerichten
Familiengerichte: bei allen Amtsgerichten
Landwirtschaftsgerichte: bei allen Amtsgerichten

Oberlandesgericht Oldenburg (Oldb.)

E 2 325 150
Richard-Wagner-Platz 1, 26135 Oldenburg
Postfach 24 51, 26014 Oldenburg
T (04 41) 2 20–0, Telefax (04 41) 2 20–11 55
1 Pr, 1 VPr, 11 VR, 38 R + 2 LSt (R)

Präsident		
Kramer, Hartwin	30. 10. 92	26. 8. 39
Vizepräsident		
Burkhardt, Ehrenfried	4. 1. 93	7. 10. 35

Vorsitzende Richterin/Vorsitzende Richter

Oehlers, Horst	25. 2. 83	16. 1. 35
Warnken, Hermann	2. 3. 84	21. 8. 31
Rolfs, Joachim	26. 7. 84	13. 1. 37
Havekost, Uwe	22. 2. 85	25. 7. 37
Dahms, Herwig	2. 3. 87	24. 11. 36
Dr. Klockgeter, Oltmann	1. 6. 87	17. 8. 34
Rodiek, Helga	17. 10. 88	30. 5. 36
Kuhlemann, Heinz	21. 10. 88	9. 9. 36
Dr. Jakobs, Arnold	13. 8. 91	23. 6. 44
Tschirner, Hartmut	30. 4. 93	11. 2. 44
Rehme, Eckhard	25. 8. 93	14. 7. 42

Richterinnen/Richter

Horn, Joachim	27. 3. 72	15. 12. 34
Müller, Dietrich	23. 12. 76	19. 5. 39
Steinbeck, Gert	13. 3. 79	14. 12. 37
Wellmann, Gert	13. 3. 79	14. 4. 38
Dr. Meyke, Rolf	13. 3. 79	9. 8. 39
Dr. Schwarz, Joachim	31. 7. 79	23. 3. 40
Hellbusch, Hans-Jochen	4. 9. 79	14. 7. 35
Weber, Dagmar	3. 4. 80	22. 6. 44
Dr. Hack, Willi	26. 2. 81	20. 9. 43
Dr. Michallek, Klaus-Jürgen	12. 10. 81	22. 3. 40
Kuhlmann, Dieter	28. 9. 83	20. 7. 44
Dr. Brutzer, Roland	1. 6. 84	22. 4. 44
Finck, Lothar	16. 10. 84	8. 3. 46
Dr. Müller, Walter	16. 10. 84	13. 8. 47
Erting, Karin	29. 8. 85	4. 4. 35
Jannsen, Günther	14. 4. 86	14. 8. 48
Hemprich, Dietmar	14. 4. 86	13. 1. 49
Suermann, Robert	30. 12. 86	20. 12. 46
Gerken, Uwe	9. 3. 87	4. 7. 49
Wendt, Roland	29. 5. 87	18. 9. 49
Wachtendorf, Hans-Ullrich	2. 9. 87	28. 1. 48
Tiarks, Enno	19. 10. 87	8. 9. 41
Weinreich, Gerd	22. 12. 87	31. 3. 49
Dr. Bartels, Gundolf, ¾	4. 1. 89	31. 1. 49
Hilke-Eggerking, Anna-Margarete	8. 6. 89	30. 9. 48
Abel, Wilfried, abg. (LSt)	6. 11. 89	22. 12. 49
Dr. Herde, Klaus-Dieter	15. 11. 89	8. 10. 47
Arenhövel, Wolfgang	22. 5. 91	7. 11. 46
Dr. Schubert, Hans-Werner	23. 5. 91	19. 1. 43
Dr. Kodde, Michael	16. 10. 91	6. 5. 54
Hartlage-Stewes, Iris	13. 11. 91	3. 12. 51
Dr. Janßen, Dietrich, abg.	13. 11. 91	17. 10. 52
Schürmann, Heinrich	10. 12. 91	17. 6. 51
Auf dem Brinke, Jürgen	22. 2. 93	16. 1. 54
Wille, Reinhard	13. 10. 93	10. 9. 46
Gebhardt, Klaus	13. 10. 93	13. 2. 55
Hillmann, Reinhard	12. 9. 94	26. 8. 51
Dr. Brinkmann, Franz-Josef, abg. (LSt)	12. 9. 94	10. 5. 52
Kießler, Horst Walter	26. 9. 94	6. 5. 54
Cords, Erwin	28. 3. 95	2. 11. 48

Landgerichtsbezirk Aurich

Landgericht Aurich E 436 866
Schloßplatz 3, 26603 Aurich
Postfach 14 31, 26584 Aurich
T (0 49 41) 13-0
Telefax (0 49 41) 1 34 65
1 Pr, 1 VPr, 6 VR, 12 R + ½ R

Präsident

Bartels, Hans-Otto	7. 2. 92	30. 5. 47

Vizepräsident

Dr. Baumfalk, Walter	2. 5. 91	16. 7. 36

Vorsitzende Richter

Jakobs, Johann	26. 2. 79	23. 1. 38
Siepermann, Burkhard	27. 8. 82	19. 1. 44
Rosbach, Hans	29. 8. 86	14. 8. 34
Schröder, Henning	3. 10. 88	27. 11. 44
Brier, Werner	10. 12. 91	23. 8. 44
Brederlow, Werner	4. 10. 94	7. 2. 51

Richterinnen/Richter

Dr. Conring, Werner	6. 1. 75	28. 8. 39
Brier-Dietzel, Ursula, ½	1. 12. 77	1. 6. 41
Peetz, Thomas	1. 4. 80	22. 8. 45
Rätz, Michael	19. 11. 82	29. 5. 50
Döring, Heike	12. 9. 83	30. 12. 53
Mündel, Heinz-Dieter	7. 8. 84	15. 10. 52
Diehl, Hans-Wilhelm	24. 6. 86	23. 4. 53
Rohlfs, Jürgen	22. 12. 86	1. 10. 50
Böttcher, Joachim	1. 6. 88	26. 11. 56
Pasker, Hans-Uwe	30. 4. 90	14. 8. 52
Dr. Meyer-Holz, Ulrich	18. 2. 91	23. 10. 53

Amtsgerichte

Aurich (Ostfriesland) E 90 398
Schloßplatz 2, 26603 Aurich
Postfach 11 33, 26581 Aurich
T (0 49 41) 13-0
Telefax (0 49 41) 1 35 05
1 Dir, 6 R

Dr. de Buhr, Wilfried, Dir	30. 5. 94	20. 4. 50
Schaper, Thilo	1. 11. 74	18. 6. 39
Dr. Tosch, Erich	31. 1. 78	3. 12. 44
Hagenlocher, Friedrich-Wilhelm	14. 8. 79	27. 7. 46
Gleibs, Rainer	16. 8. 79	14. 4. 48
Kötting, Ulrich	25. 10. 85	30. 12. 53
von Tenspolde, Hans	28. 2. 86	22. 6. 51

Emden E 78 004
Ringstr. 6, 26721 Emden
Postfach 11 32, 26691 Emden
T (0 49 21) 2 00 71-76
Telefax (0 49 21) 2 33 02
1 Dir, 5 R

Hüfken, Otto, Dir	18. 7. 94	12. 5. 49
Sczesny, Erhard	21. 11. 68	5. 4. 37
Eierhoff, Peter	26. 8. 85	16. 10. 51
Welling, Detlev	17. 8. 92	22. 6. 60
Walter, Andreas	1. 10. 92	21. 11. 58
Bergholz, Günther	3. 11. 94	2. 11. 60

Leer (Ostfriesland) E 146 093
Wörde 5, 26789 Leer
Postfach 11 12, 26761 Leer
T (04 91) 60 01-0
Telefax (04 91) 60 01 35
1 Dir, 1 stVDir, 9 R

Absolon, Hartmut, Dir	1. 5. 85	5. 9. 47
Krogmann, Peter, stVDir	16. 5. 94	22. 4. 36
Wienholz, Lühr	29. 10. 69	6. 1. 36
Bruns, Walter	18. 12. 75	24. 10. 42
Krieger, Otto	5. 8. 76	6. 12. 45
Deeken, Harald	26. 4. 82	26. 7. 52
Friedrichs, Ralf	13. 6. 84	17. 10. 52
Fuhrmann, Georg	14. 6. 84	27. 5. 52
Bruns, Norbert	19. 12. 88	13. 4. 57
Stamer, Etta	3. 4. 90	26. 2. 56
Mürmann, Jörg	3. 12. 93	29. 10. 59

Norden E 67 764
Norddeicher Str. 1, 26506 Norden
Postfach 4 40, 26494 Norden
T (0 49 31) 18 09-01
Telefax (0 49 31) 18 09 18
1 Dir, 4 R

de Groot, Hinrich, Dir	25. 10. 73	15. 6. 33
Sikken, Wolfgang	16. 11. 78	24. 3. 49
Schlag, Dieter	6. 8. 80	11. 9. 47
Sikken, Elisabeth	1. 8. 83	21. 1. 57
Dr. Klewer, Stephan	21. 10. 83	27. 12. 53

Wittmund E 54 607
Markt 11, 26409 Wittmund
Postfach 11 55, 26398 Wittmund
T (0 44 62) 9 19 20
Telefax (0 44 62) 91 92 93

Zweigstelle in Esens
Vor dem Drostentor, 26427 Esens
Postfach 11 12, 26420 Esens
T (0 49 71) 2 21 58 21
Telefax (0 49 71) 18 44
1 Dir, 2 R + ½ R

NDS OLG-Bezirk Oldenburg — LG-Bezirk Oldenburg

Ahrens, Gerhard, Dir	16.12.83	5. 8.35
Wittneben, Günter	12. 8.77	21. 9.41
Vollstädt, Christiane, ½	17.10.85	20.10.53
Kubatschek, Dieter	21. 6.95	27. 4.59

Landgerichtsbezirk Oldenburg

Landgericht Oldenburg (Oldb.) E 974 396
Elisabethstr. 7, 26135 Oldenburg
Postfach 24 61, 26014 Oldenburg
T (04 41) 2 20–0
Telefax (04 41) 2 20–14 33
1 Pr, 1 VPr, 20 VR, 32 R + 4 ×½ R

Präsident

Schubert, Gernot	19. 2.96	25.12.48

Vizepräsident

Dr. Bohlken, Henning	14.11.79	5.10.36

Vorsitzende Richter

Albrecht, Werner	8. 5.74	5. 2.34
Wullert, Hermann	1.11.74	3. 4.36
Dr. Erting, Wilhelm	8. 7.75	31. 7.33
Guthke, Hans-Joachim	29. 7.75	2. 5.35
Bülthoff, Gerd	18.10.76	7.12.36
Reinecke, Horst	23.12.76	26. 2.38
Ziegner, Nikolaus	24. 8.77	8. 1.35
Wildner, Albert	1. 6.78	28. 6.36
Rolfes, Martin	24.10.78	22. 2.42
Otterbein, Rolf	16. 2.79	17. 2.43
Meinjohanns, Horst	27. 4.79	11. 6.39
Schülert, Horst	15. 2.80	19. 5.36
Kansteiner, Gerwig	23. 7.80	14. 5.39
Crückeborg, Harald	4.12.81	16. 4.43
Bergmann, Klaus Rainer	31. 8.82	24. 6.36
Kramarz, Hubertus	23. 9.88	15.11.49
Frühauf, Armin	9.12.88	7. 1.47
Boklage, Franz-Josef	4. 1.89	19. 5.49
Sponer, Hugo	21. 8.89	16.10.49
Keil, Uwe	13.12.95	28. 4.52

Richterinnen/Richter

Lehmkuhl, Hartwig	20.11.70	30. 5.38
Bunnemann, Gerd	22. 4.71	30. 8.39
Rhode, Peter	18. 7.73	6. 4.39
Heiß, Helga	10. 9.73	8. 4.41
Groenhagen, Bernhard	20. 2.74	17. 4.41
Pruggmayer, Henner	11.10.74	3.10.43
Kristen, Detlef	7.11.74	14.10.43
Hühn, Peter-Bernd	14. 5.75	4. 2.44
vom Brocke, Gunter	9. 4.76	18. 2.44
Engbert, Volker	26. 1.77	16. 3.44
Dierks, Günther	8.10.80	23. 5.45
Müller-Behnsen, Christa, ½	9.10.80	17. 2.49
Plagge, Hans-Christian	19. 1.81	24.12.47
Meyer, Gerhard	2. 2.82	12. 2.47
Petirsch-Boekhoff, Claudius	26. 5.82	24. 2.49
Hackel, Reinhard	1. 6.82	23.11.50
Staudinger, Johann	14. 3.83	17.10.46
von Hasseln, Sigrun	27. 3.84	2.12.52
Arkenstette, Bernd	2. 8.84	10. 8.51
Kopka-Paetzke, Gabriele, ½	20. 3.86	4.12.52
Schlüter, Klaus	27. 8.86	12. 5.51
Schmidt-Lauber, Stefanie	27. 1.88	9. 2.57
Vogdt, Paul	24. 7.89	31. 5.56
von Stietencron, Uta, ½	1. 9.89	18.10.56
Teetzmann, Hanspeter	20. 6.91	1. 9.57
Fabian, Heiko	18.10.91	23.11.55
Spalthoff, Ingrid, ½	6. 4.92	18. 5.56
Vulhop, Thomas	19.10.92	25.10.58
Dr. Mehrings, Josef	1.12.93	27. 5.52
Jaspert, Holger	1.12.93	22.10.60
Seewald, Franke	1.12.93	10. 7.61
Jackisch, Günter	20. 1.95	27. 2.54
Pontenagel, Barbara	20. 1.95	19. 8.62

Amtsgerichte

Brake (Unterweser) E 49 803
Bürgerm.-Müller-Str. 34, 26919 Brake
Postfach 11 51, 26911 Brake
T (0 44 01) 1 09–0
Telefax (0 44 01) 1 09–1 11
1 Dir, 3 R

Thyselius, Uno, Dir	1. 7.86	20. 7.36
Evers, Uwe	10. 5.73	7. 8.39
Dilger, Ernst	17. 1.80	1. 2.45
Korte, Joachim	10. 3.80	13. 7.46

Cloppenburg E 136 552
Burgstr. 9, 49661 Cloppenburg
Postfach 19 41, 49649 Cloppenburg
T (0 44 71) 88 00–0
Telefax (0 44 71) 88 00 10

Zweigstelle in Friesoythe
Gerichtsstraße, 26169 Friesoythe
T (0 44 91) 23 40
1 Dir, 1 stVDir, 7 Ri

Ortmann, Johannes Günther, Dir	4. 5.87	8. 7.40
Moormann, Hermann, stVDir	28. 4.94	22.10.46

LG-Bezirk Oldenburg

Cordemann, Gert	3. 5.76	18. 3.40
Eilers, Wolfdieter	11. 8.78	4. 1.44
Wurmbach-Svatek, Hildegard	4. 5.81	31. 3.48
Svatek, Michael	15. 7.86	14.11.55
Tolksdorf, Hubert	27. 9.89	18. 8.56
Cloppenburg, Thomas	22.11.91	21. 2.60
Schmees, Angelika	27.11.92	28. 7.60

Delmenhorst E 106 658
Bismarckstr. 110, 27749 Delmenhorst
Postfach 11 44, 27747 Delmenhorst
T (04221) 1 26 20
Telefax (04221) 1 26 21 60 u. 1 26 22 00
1 Dir, 1 stVDir, 7 R + ½ R

Dr. Ewert, Heinrich, Dir	17.10.77	23. 5.36
Cloppenburg, Hermann, stVDir	23. 9.94	1.11.43
Friedrich, Armin	13. 2.75	6. 5.37
Eilers, Bärbel	2. 2.76	30.11.44
Witt, Hildbert	21.12.81	28. 5.48
Lange, Hans-Ulrich	11. 8.86	11. 2.52
Jurisch, Holger	5.11.91	12. 1.58
Pünjer, Thomas	5.11.93	15. 4.60
Millek, Matthias	12. 4.95	27. 2.56
Güttler, Iris, ½	24.11.95	16.11.62

Jever E 54 022
Schloßstr. 1, 26441 Jever
Postfach 3 40, 26437 Jever
T (04461) 20 06
Telefax (04461) 7 21 39
1 Dir, 4 R

Appel, Ulrich, Dir	24. 5.78	14.11.34
Havertz, Heinz Dieter	23. 4.74	28.10.41
Wittneben, Christel	10. 9.76	4. 1.45
Göbel, Klaus Dieter	29. 8.77	30. 3.46
Küsel, Hartwig	19. 2.86	20. 7.52

Nordenham E 43 269
Bahnhofstr. 56, 26954 Nordenham
Postfach 11 64 + 11 65, 26941 Nordenham
T (04731) 94 61 30
Telefax (04731) 94 63 23
1 Dir, 3 R

Weihrauch, Hans-Werner, Dir	27. 4.79	4. 9.34
Bartels, Hinrich	4. 3.70	4.12.36
Dr. Nolte-Schwarting, Claudia	22.12.86	17. 7.53
Holtkamp, Klaus	17.10.89	27. 9.56

OLG-Bezirk Oldenburg **NDS**

Oldenburg in Oldb. E 188 676
Elisabethstr. 8, 26135 Oldenburg
Postfach 24 71, 26014 Oldenburg
T (0441) 2 20–0
Telefax (0441) 2 20–13 00
1 Dir, 1 stVDir, 1 w.aufsR, 17 R + 1 × ½ R

Helms, Gerhard, Dir	3.10.77	7. 9.34
Lübben, Rolf, stVDir	1. 2.96	2. 5.47
Fuge, Harald, w.aufsR	11. 4.94	7. 9.40
Rieckhoff, Folkert	1. 7.64	7. 5.33
Kohorst, Franz	1. 9.66	20. 1.35
Kordes, Wilfried	2. 9.66	2. 3.35
Harms, Gert	28.10.69	30. 4.37
Reineke, Hartmut	13. 5.71	23. 5.39
Meyer-Schomann, Erich	19. 1.73	3. 5.41
Seute, Gerd	4.11.74	30.11.38
Schwartz, Hans-Richard	5.12.74	23. 5.41
Goose, Gerd	29. 1.75	17. 6.41
Zweigle, Dieter	2. 6.75	16. 6.41
Freels, Heiko	7.12.76	16. 9.40
Schulz, Wilfried	8. 8.77	23. 2.45
Schröder, Gerhard	22.12.77	14. 4.44
Hofmeister, Walter	16. 5.79	29. 1.45
Schwartz, Hildegard, ½	28. 7.86	17. 3.50
Crückeberg, Cornelia	8. 3.88	30. 4.52

Varel E 43 214
Schloßplatz 7, 26316 Varel
Postfach 11 20, 26301 Varel
T (04451) 50 19
Telefax (04451) 26 67
1 Dir, 3 R

Renze, Alfred, Dir	12.10.89	23. 9.42
Lühken-Oltmanns, Sibyll-Ulrike	20.10.76	6. 8.44
Gowen, Walter	21. 8.81	22. 4.50
Kokoschka, Rainer	27.10.83	26. 5.49

Vechta E 115 310
Kapitelplatz 8, 49377 Vechta
Postfach 11 51, 49360 Vechta
T (04441) 87 06–0
Telefax (04441) 87 06–66
1 Dir, 1 stVDir, 7 R + 3 × ½ R

Dr. Schierholt, Heinrich, Dir	2.11.76	2. 5.34
Fries, Hermann, stVDir	20. 5.94	12. 8.35
Bünger, Dietrich	19. 6.70	15. 1.34
Krüger, Axel	7. 9.75	25. 4.62
Pieper, Hermann	2. 4.79	7. 6.49
Haskamp, Ludger	18.10.82	29. 1.51
Beckermann, Mechthild, ½	10. 9.84	12. 9.54

NDS OLG-Bezirk Oldenburg   LG-Bezirk Osnabrück

Holtz, Almuth, ½   24. 10. 90   —
Klausing, Anette, ½   15. 5. 92   24. 1. 59
Heitmann, Thomas   12. 9. 94   8. 2. 63

Westerstede   E 102 492
Wilhelm-Geiler-Str. 12 a, 26655 Westerstede
Postfach 11 20, 26641 Westerstede
T (0 44 88) 8 36–0
Telefax (0 44 88) 83 61 01
1 Dir, 1 stVDir, 5 R + ½ R + 1 LSt (R)

Possehl, Jürgen, Dir	9. 6. 93	9. 5. 50
Nienaber, Jürgen, stVDir	16. 10. 95	25. 11. 53
Dr. Posega, Helmut	1. 2. 67	16. 8. 34
Meyer, Berend	18. 1. 72	14. 1. 38
Entringer, Freya, ½	11. 7. 86	25. 4. 56
de Witt, Karl	13. 8. 90	22. 2. 54
Heyer, Hans-Ulrich,		
abg. (LSt)	6. 4. 92	5. 11. 56
Schröder, Stefan	26. 6. 95	29. 11. 62

Wildeshausen   E 43 170
Delmenhorster Str. 17, 27793 Wildeshausen
Postfach 11 61, 27778 Wildeshausen
T (0 44 31) 84–0
Telefax (0 44 31) 84–1 00
1 Dir, 3 R

Siedenburg, Hans, Dir	23. 9. 93	6. 1. 37
von Mering, Stephan	25. 6. 76	23. 4. 42
Schulz, Werner	22. 10. 82	14. 10. 50
Alfers, Jens-Michael	3. 8. 92	19. 10. 55

Wilhelmshaven   E 91 230
Marktstr. 15, 26382 Wilhelmshaven
Postfach 1 21, 26351 Wilhelmshaven
T (0 44 21) 40 80
Telefax (0 44 21) 4 08–1 17
1 Dir, 1 stVDir, 9 R

Kahlen, Hajo, Dir	11. 1. 95	1. 10. 43
Lüssenhop, Wilfried,		
stVDir	3. 8. 78	28. 8. 35
Wollny, Horst	13. 9. 67	17. 8. 34
Schemm, Aribert	28. 12. 67	13. 7. 35
Markus, Wolfgang	20. 6. 68	29. 12. 35
Hülsebusch, Friedrich	—	—
Tiarks, Friedrich-Willi	4. 7. 75	27. 10. 42
Faße, Hubertus	22. 3. 79	27. 12. 47
Lindeke, Ronald	16. 8. 82	9. 5. 50
Dr. Milger, Karin	1. 2. 89	2. 12. 55
Drüner, Bernd-Wilhelm	10. 4. 89	27. 3. 51

Landgerichtsbezirk Osnabrück

Landgericht Osnabrück   E 913 888
Neumarkt 2, 49074 Osnabrück
Postfach 29 21, 49019 Osnabrück
T (05 41) 3 15–0
Telefax (05 41) 3 15–1 29
1 Pr, 1 VPr, 21 VR, 33 R + 1 × ¾ R + 2 × ½ R

Präsident

Meyer, Hermann Josef	3. 6. 86	2. 10. 35

Vizepräsident

Boßmeyer, Heinrich	19. 4. 85	30. 11. 33

Vorsitzende Richterinnen/Vorsitzende Richter

Bode, Heinrich	25. 2. 75	18. 2. 34
Martin, Wolfgang	4. 8. 76	4. 12. 34
Lindemann, Jürgen	24. 9. 76	4. 6. 34
Schoppenhorst, Hans-		
Dieter	17. 2. 78	2. 9. 37
Dr. Schürmann, Elmar	26. 2. 79	31. 8. 39
Zech, Dieter	17. 4. 79	24. 1. 35
Eckhardt, Hans-Friedrich	27. 7. 79	29. 1. 36
Klein, Erich	19. 9. 80	25. 5. 36
Laue, Ingrid	14. 7. 81	25. 12. 37
Puppe, Arnold	14. 9. 81	23. 9. 40
Dr. Schneller, Konrad	18. 1. 82	1. 5. 37
Wiesehahn, Klaus	31. 8. 82	15. 5. 38
Dr. Krämer, Karl-Heinz	31. 8. 82	26. 4. 41
Englich, Christopherus	22. 12. 83	27. 6. 35
Rickers, Wilhelm	6. 7. 84	12. 6. 42
Tappe, Ulrich	4. 10. 85	19. 12. 38
Görres, Franz Peter	25. 4. 86	26. 8. 36
Wamhof, Klaus	25. 4. 86	25. 8. 41
Hugo, Manfred	1. 5. 86	15. 1. 42
Bolenz, Horst	1. 5. 86	14. 6. 44
Puppe, Gabriele	29. 5. 87	29. 9. 46

Richterinnen/Richter

Torwegge, Walter	8. 7. 70	2. 3. 38
Hoffmann, Ulrich	1. 11. 76	9. 6. 44
Kraemer, Matthias	10. 12. 76	26. 12. 44
Grusewski, Otto	14. 7. 77	24. 10. 44
Westrup, Wolfgang	10. 8. 77	27. 8. 45
Wübbel, Klaus	10. 8. 77	24. 11. 45
Schindhelm, Stefanie	5. 6. 78	26. 12. 46
Dörfler, Klaus-Peter	1. 8. 78	11. 9. 42
Salewski, Andreas	22. 2. 79	7. 11. 44
Müter, Ursula	3. 7. 79	5. 1. 49
Hardt, Wolfgang	6. 7. 79	14. 11. 40
Görtz, Hermann-Josef	7. 7. 80	11. 1. 50
Dr. Arnhold, Dieter	17. 10. 80	13. 1. 42
Meckelnborg, Helmut	1. 6. 81	2. 2. 50

LG-Bezirk Osnabrück   OLG-Bezirk Oldenburg   **NDS**

Schöpe, Wolfgang	15. 6.81	24. 3.49
Wischmeyer, Norbert	5.10.81	5. 7.49
Lübbert, Ulrich	15.12.81	17. 8.49
Hellmich, Hubert, ¼	—	—
Hundt, Rudolf	19. 1.83	19. 4.50
Dr. Hockemeier, Hartmut	19. 1.83	24. 2.52
Mosblech, Angelika	3.10.83	23. 2.53
Bellmann, Heinrich	5. 1.84	18. 1.51
Dr. Scheer, Ingrid, ½	5. 1.84	27. 5.55
Pirnay, Claus	6. 8.84	3. 2.52
Bookjans, Johann	5. 2.86	14.11.52
Kirschbaum, Wolfgang	20. 5.86	28. 5.52
Willms, Dirk	11. 2.87	12.10.54
Struck, Günter	11. 2.87	10. 1.57
Wieseler-Sandbaumhüter, Gudrun, ½	23. 2.88	3. 5.57
Barth, Achim	19.12.88	25. 1.56
Karrasch, Bert, abg.	7.11.91	10. 1.57
Angermeyer, Heike	25. 3.92	26. 9.57
Havliza, Barbara	20. 7.92	13. 3.58
Kalscher, Ulrich	13.11.92	17. 1.57

Amtsgerichte

Bad Iburg   E **96 507**
Schloß, 49186 Bad Iburg
Postfach 12 53, 49181 Bad Iburg
T (0 54 03) 73 02–0
Telefax (0 54 03) 73 02–1 00
1 Dir, 5 R

Heise, Harald, Dir	18. 5.78	25.12.32
Fabis, Bernhard	10. 5.73	29.11.38
Bulling, Martin	25. 9.75	3. 5.43
Haase, Dieter	2. 8.82	9. 5.50
Keuter, Wolfgang	1. 8.86	2. 2.54

Eine weitere Stelle für Richter am Amtsgericht ist besetzt. Name und Personaldaten des Stelleninhabers sind nicht übermittelt worden.

Bersenbrück   E **99 457**
Stiftshof 8, 49593 Bersenbrück
Postfach 11 29, 49587 Bersenbrück
T (0 54 39) 6 08–0
Telefax (0 54 39) 60 82 00
1 Dir, 1 stVDir, 5 R + 1 × ¾ R

Lührmann, Reinhard, Dir	31. 3.94	12. 9.33
Rohner, Georg, stVDir	13.10.95	11. 1.44
Henrici, Karl-Erich	5. 1.81	13. 9.49
Jöckel, Wolfgang	27.11.84	10.10.47
Kruthaup, Elisabeth, ¼	21.10.86	27.10.54
Schneider, Rolf	19. 2.90	26. 4.56

Klein-Siebenbürgen, Hans-Peter	26. 2.92	7. 4.57
Budke, Jörg	28. 3.95	14.12.60

Lingen (Ems)   E **96 000**
Burgstr. 28, 49808 Lingen
Postfach 12 40, 49782 Lingen
T (05 91) 80 49–0
Telefax (05 91) 80 49 49
1 Dir, 1 stVDir, 9 R

Diekel, Hermann, Dir	30. 4.90	23. 3.40
Haakmann, Josef, stVDir	24. 1.91	20. 2.37
Laue, Volker	3. 9.76	27.12.40
Kruse, Michael	7. 1.80	8. 1.48
Büter-Kötting, Maria	20.10.80	15.11.49
Berends, Bernhard	8. 1.81	9.12.47
Böhm, Willibald	2. 2.82	4.12.48
Robben, Hans Heinrich	1. 4.87	10. 5.55
Foppe, Franz-Josef	30. 4.90	26. 3.56
Keck, Werner	24. 6.91	13. 6.59
Dr. Schwickert, Michael	4. 2.93	27. 5.56

Meppen   E **120 071**
Obergerichtsstr. 20, 49716 Meppen
Postfach 12 53, 49702 Meppen
T (0 59 31) 1 59–02
Telefax (0 59 31) 15 92 02
1 Dir, 1 stVDir, 6 R

Hempen, Bernhard, Dir	9. 5.95	23. 4.35
Cattepoel, Bernhard, stVDir	24.10.95	12.11.31
Schütte, Hermann	15. 9.81	20. 7.50
Schminke, Conrad	18. 4.83	5. 7.54
Bölle, Aloys	25. 7.83	2. 3.50
Adick, Bernhard	1. 4.85	11. 7.53
Kuiter, Norbert	14. 3.95	4.11.61
Blübaum, Karsten	29. 9.95	3. 8.64

Nordhorn   E **124 349**
Seilerbahn 15, 48529 Nordhorn
Postfach 11 29, 48501 Nordhorn
T (0 59 21) 7 01–0
Telefax (0 59 21) 70–1 17
1 Dir, 1 stVDir, 8 R

Skutta, Manfred, Dir	30. 6.71	7.10.32
Müller, Edgar, stVDir	6. 9.94	26. 3.34
Többens, Hans-Josef	6. 1.71	4. 6.38
Koops, Hans	26.10.73	9. 8.42
Schulz, Gerd	25. 8.78	29. 7.44
Heckmann, Bruno	30. 7.79	27.10.49
Tewes, Hans-Peter	4. 1.82	27. 3.48
Nentwig, Wolfgang	5. 5.82	17.12.49
Ratering, Gerhard-August	22. 3.85	18. 5.51
Vos, Arno	13. 7.94	11. 7.57

Osnabrück   E 307 293
Kollegienwall 29–31, 49074 Osnabrück
Postfach 11 51, 49001 Osnabrück
T (05 41) 3 15–0
Telefax (05 41) 31 52 16
1 Dir, 1 stVDir, 4 w.aufsR, 29 R + 5 × ½ R

Prüllage, Heinrich Joseph,			
Dir	6. 5. 85	9. 6. 34	
Große Extermöring,			
Gerfried, stVDir	7. 7. 92	28. 2. 48	
Vespermann, Hans-Joachim,			
w.aufsR	23. 4. 81	13. 11. 38	
Havliza, Klaus, w.aufsR	6. 9. 94	29. 3. 48	
Fahnemann, Antonius,			
w.aufsR	6. 9. 94	16. 8. 50	
Schlief, Peter	2. 4. 68	23. 6. 34	
Theuerkauf, Horst	4. 9. 70	7. 3. 35	
Künsemüller, Jürgen	19. 10. 71	1. 5. 37	
Benecke, Klaus-Peter	9. 11. 73	26. 7. 40	
Schonlau, Reinhold	9. 11. 73	21. 6. 43	
Loheide, Wolfgang	22. 4. 74	9. 5. 40	
Graefe, Wolfgang	22. 9. 75	16. 7. 38	
Fußgang, Siegfried	23. 1. 76	22. 10. 39	
Kemper, Horst-Dieter	3. 10. 77	10. 7. 44	
Uthoff, Gerhard	26. 6. 78	23. 9. 43	
Horn, Michael	3. 12. 79	15. 4. 49	
Kosiol, Rainer	18. 8. 80	10. 1. 49	
Forsbach, Hans-Ludwig	16. 1. 81	3. 8. 46	
Horst, Johannes	4. 1. 82	28. 7. 47	
Dr. Baums-Stammberger,			
Brigitte	16. 8. 82	10. 4. 48	
Kleining, Dieter	23. 2. 84	15. 11. 49	
Windmöller, Hartmut	12. 7. 84	29. 5. 52	
Giebel, Thomas	18. 2. 85	25. 4. 52	
Daum, Jürgen	30. 7. 85	2. 11. 53	
Quere-Degener,			
Annegret, ½	17. 9. 85	30. 3. 56	
Lindemann, Jürgen	28. 7. 86	13. 10. 54	
Magnus, Jürgen	21. 10. 86	23. 8. 55	
Dr. Holthaus, Johannes	1. 10. 87	16. 5. 55	
Holdt, Susanne	29. 1. 88	5. 11. 56	
Meyer, Marlies, ½	28. 5. 91	17. 2. 58	
Zurheide, Susanne, ½	28. 5. 91	23. 7. 59	
Obermeyer, Ansgar			
Heinrich	25. 5. 92	6. 7. 55	
Peters, Gerd	25. 5. 93	7. 4. 57	
Stückemann, Friedhelm	26. 5. 93	22. 10. 58	
Ortmann, Beate, ½	26. 5. 93	4. 11. 58	
Kelle, Michael	23. 2. 94	16. 12. 57	
Funke-Meyer, Jutta, ½	23. 2. 94	10. 12. 58	
Feldmeyer, Anne-Christine	22. 2. 95	3. 8. 62	
Hillmann-Schröder,			
Christine	23. 10. 95	14. 12. 63	

Papenburg   E 70 211
Hauptkanal links Nr. 28, 26871 Papenburg
Postfach 11 52, 26851 Papenburg
T (0 49 61) 92 40
Telefax (0 49 61) 92 41 55
1 Dir, 4 R + ½ R

Kramer, Werner, Dir	19. 2. 92	11. 3. 45
Hafermann, Herwig	3. 11. 75	10. 11. 42
Brüggen, Paul	9. 7. 76	19. 8. 42
Wilkens, Heimke	6. 12. 85	26. 6. 53
Wesselmann, Rainer	10. 6. 88	28. 1. 57
Tolksdorf, Maria, ½	20. 11. 92	10. 9. 57

Staatsanwaltschaften

Generalstaatsanwaltschaft Oldenburg

Mozartstr. 5, 26135 Oldenburg
Postfach 24 31, 26014 Oldenburg
T (04 41) 2 20–0
Telefax (04 41) 2 20 16 86
1 GStA, 1 LOStA, 6 OStA

Generalstaatsanwalt
N.N.

Leitender Oberstaatsanwalt

Finger, Horst Rudolf	19. 10. 94	20. 7. 47

Oberstaatsanwälte

Suhren, Detmar	20. 7. 81	23. 9. 37
Voigt, Arnfried	1. 5. 87	18. 10. 39
Snakker, Rolf Dieter	4. 5. 92	4. 1. 52
Mauß, Otto-Friedrich	13. 7. 92	27. 9. 53
Resch, Jürgen	9. 8. 93	26. 2. 50
von Düffel, Roger	25. 4. 94	18. 1. 44

Staatsanwaltschaften OLG-Bezirk Oldenburg **NDS**

Staatsanwaltschaft Aurich
Postfach 17 31, 26587 Aurich
Schloßplatz 10, 26603 Aurich
T (0 49 41) 13–0
Telefax (0 49 41) 1 36 60
1 LOStA, 1 stVLOStA, 2 OStA, 1 EStA (ku),
11 StA, 1 LSt (StA)

Leitender Oberstaatsanwalt

Richter, Karsten	13. 1. 84	19. 7. 34	

Oberstaatsanwälte

Gutschke, Joachim, stVLOStA	11.10.95	14. 3. 36	
Schmidt, Horst	27. 4. 94	9. 6. 42	
Lamm, Thomas Christian	13.10.95	20. 9. 48	

Staatsanwalt (EStA)

Schaper, Enno	1. 9. 71	5. 5. 35	

Staatsanwältinnen/Staatsanwälte

Jaenicke, Rolf, abg.	27.12.75	22.12.44
Reuter, Hermann	16. 2. 76	29. 8. 43
Fenger, Rainer	24. 1. 78	17. 6. 43
Grulich, Burkhard	1.11. 82	13. 7. 45
Seidel, Clemens	5. 4. 83	15. 4. 49
Seemann, Ulrike	9.10. 85	22.12.52
Herkens, Theodor	19.12.88	25. 7. 59
Pasker, Sabine	17. 1. 90	27. 1. 57
Schulz, Hansjürgen, abg. (LSt)	24. 7. 90	22. 6. 56
Boelsen, Johann	21. 4. 95	13.12.68
Andreeßen, Heinz Onno	1.11.95	29.11.61

Staatsanwaltschaft Oldenburg
Gerichtsstr. 7, 26135 Oldenburg
Postfach 24 41, 26014 Oldenburg
T (04 41) 2 20–0
Telefax (04 41) 2 20 18 88
1 LOStA, 1 stVLOStA, 10 OStA, 32 StA + 4 × ½,
2 LSt (StA)

Leitender Oberstaatsanwalt

Juknat, Ludwig	21. 6. 94	1.10.37

Oberstaatsanwältinnen/Oberstaatsanwälte

Reinelt, Friedrich, stVLOStA	30. 1. 91	11. 9. 34
Möhn, Werner	12. 6. 79	5. 2. 32
Sommerlatte, Helmut	7.12.81	5.11.37
Kayser, Gerhard	14.12.87	21.12.40
Dr. Reents, Udo	16. 3. 89	5. 5. 42
Pahl-Varelmann, Ina	27. 6. 91	8. 4. 44
Prellwitz, Detleff	18. 1. 94	16. 6. 36
Swoboda, Peter	24. 1. 94	3. 5. 47
Groskopff, Gudrun	13. 3. 94	2. 7. 43
Gabbert, Udo	14. 3. 94	14. 5. 38
Tumat, Nils	14. 3. 94	22.11.38

Staatsanwältinnen/Staatsanwälte

Schmidt, Marie-Luise	29. 4. 70	8. 6. 35
Eiben, Volker	27. 5. 70	11. 1. 37
Wohlfarth, Bernd	2.10.72	25.10.37
Dieluweit, Werner	13. 7. 73	5. 3. 37
Windorf, Helmut	1. 4. 74	10.12.39
Ibbeken, Frerk	14. 1. 76	23. 5. 41
Iwan, Heinz	3. 1. 77	4. 4. 41
Groskopf, Dieter	31. 5. 77	14. 4. 40
von Mittelstaedt, Barbara, ½	15. 9. 78	29. 7. 46
Schäfers, Franz Hubert	24. 1. 79	3. 7. 46
Fuhse, Ekkehard	1. 2. 80	13.12.45
Künkel, Hans-Joachim	25. 7. 80	25. 7. 48
Gudehus, Roswitha, ½	6.11.81	10.11.49
Lübben, Eiko	10. 6. 82	21.11.44
Piepgras, Andreas	11. 6. 82	28. 4. 52
Preut, Hermann	21.12.82	20. 2. 49
Schewe, Heinrich	3. 1. 83	13. 1. 47
Leifert, Harald	11.12.92	28. 1. 58
Meeuw-Wilken, Heike, (LSt)	17. 5. 93	13. 6. 58
Kittel, Bettina	2. 8. 93	28.11.60
Röwe, Josef	3. 1. 94	25. 9. 50
Willeke, Thomas	29. 6. 94	26. 4. 59
de Behr, Tatjana	24. 2. 95	19.11.63
Barenbrügge, Ursula (LSt)	6. 4. 95	6.12.63
Kurtz, Bettina	6. 6. 95	17. 7. 62
Kirstein, Thomas	3. 7. 95	16. 9. 61
Marschhausen, Corinna, ½	9. 8. 95	3. 1. 60
Röhl, Christian	15.12.95	27. 7. 61
Sander, Thomas	15.12.95	17. 7. 62
Dr. du Mesnil de Rochemont, Rainer	28. 3. 96	9.12.64

Eine weitere StA-Stelle ist besetzt. Name und Personaldaten des Stelleninhabers sind nicht übermittelt worden.

Staatsanwaltschaft Osnabrück
Kollegienwall 11, 49074 Osnabrück
Postfach 35 51, 49025 Osnabrück
T (05 41) 3 15–0
Telefax (05 41) 31 54 19
1 LOStA, 1 stVLOStA, 7 OStA, 26 StA

Leitender Oberstaatsanwalt

Hennings, Wulf-Eberhard	23.11.92	17.12.42

Oberstaatsanwälte

Heits, Heinrich, stVLOStA	1.10.94	7. 2. 36
Günther, Heribert	12. 3. 84	23. 8. 37

NDS Richter/StA im Richterverhältnis auf Probe

Schulte, Heinrich	20. 5.85	26. 3.34
Schramm, Friedrich-Karl	7. 1.92	27. 6.38
Rieso, Horst-Rüdiger	11. 8.92	8.11.37
Thiele, Hans-Michael	17. 2.94	11.12.42
Müllenbach, Dirk	17. 2.94	15. 6.49
Dr. Hellmuth, Eckhard	13.10.95	10. 7.34

Staatsanwältinnen/Staatsanwälte

Fehring, Hans-Peter	3. 4.74	25. 9.40
Dr. Koch, Peter	23. 4.74	4.10.42
Hagedorn, Jost	21.12.76	18.11.42
Menke, Hermann Anton	30. 9.77	6. 7.44
Heider, Gerhard	21. 5.80	7. 2.49
Hensel, Jürgen	12. 6.80	13.10.48
Artschwager, Hartmuth	13. 2.81	15. 7.49
Manke, Manfred	20.11.81	19.12.51
Scheer, Dirk	26. 2.82	11. 2.50
Kamp, Walther	2. 8.82	23. 9.51
Hericks, Bernd	25. 8.82	5. 2.51
Mayer, Norbert	1.11.82	5. 9.50
Wahlbrink, Uwe	26. 4.83	25. 7.51
Lorenz, Robert	17.11.83	7. 5.48
Petzelt, Gabriele	27. 7.84	9. 4.52
Kruppa, Thomas	1. 7.85	22. 6.54
Klose, Wilfried	11. 7.86	17. 2.54
Feldkamp, Hubert	12. 5.89	29. 9.56
Töppich, Karl	5.12.89	20. 9.57
Leuschner, Günter	23. 4.90	12. 2.56
Heuer, Andreas	13. 9.93	24. 2.63
Dr. Schmitz, Michael	1. 2.94	26. 2.61
Schröder, Jörg	23. 8.94	14.10.61
Krüger, Kathrin	12.10.95	21. 6.62

Eine weitere StA-Stelle ist besetzt. Name und Personaldaten des Stelleninhabers sind nicht übermittelt worden.

Richterinnen/Richter und Staatsanwältinnen/Staatsanwälte im Richterverhältnis auf Probe

Oberlandesgerichtsbezirk Braunschweig

Hoffmann, Sabine, beurl. (LSt)	18.11.85	11. 1.56
Westendorff, Kathrin, ½	13.11.89	18.11.58
Lindemann, Ute	2. 8.91	18.12.59
Westendorf, Andreas	29. 2.92	22. 4.57
Quade-Polley, Martina, beurl. (LSt)	21. 4.92	25. 8.63
Winter, Gabriela, ½	9. 6.92	4.10.56
Ullrich-Schrammek, Heike, beurl. (LSt)	20.10.92	11.12.63
Schwerdtner, Urte, ½	23.11.92	27. 9.63
Block-Cavallaro, Meike, ½	26.11.92	12. 6.64
Mitzlaff, Andrea, beurl. (LSt)	9.12.92	14. 3.65
Schärfchen, Angelika	14.12.92	22. 7.63
Roblick, Ralf	4. 1.93	26. 2.54
Schiller, Rolf	4. 1.93	26. 2.61
Dr. Meyer, Jochen	8. 3.93	22. 6.61
Quebbemann, Christel	1. 4.93	28. 2.64
Rabe, Bernd	3. 5.93	22. 4.60
Dr. Münzer, Cornelia	3. 5.93	27. 9.63
Kuhlmann, Holger	1. 6.93	16. 8.60
Wolff, Hildegard	1. 6.93	2. 4.64
Rusch-Bilstein, Anja Margareta	26. 8.93	8. 7.65
Redant, Stephan	27.10.93	29. 1.66
Tacke, Ralf	3. 1.94	2.10.61
Kniffka, Christian	3. 1.94	30. 9.62
Geyer, Eva-Maria	3. 1.94	2.10.64
Dr. Broihan, Ullrich	5. 4.94	20. 2.61
Benninghoven-Struß, Carola, ½, abg.	5. 4.94	14. 1.66
Junker, Martina	2. 5.94	26. 8.62
Lewandrowski, Jürgen	2. 6.94	4.12.63
Ahlers, Achim	1. 7.94	31. 7.64
Sperlich, Holger	1. 7.94	6.11.65
Paulick, Thomas	1. 8.94	26. 2.65
Weiland, Ulrich	1. 9.94	22.11.65
Dr. Polomski, Ralph-Michael	1. 2.95	14.11.62
Hansen, Rolf	2. 5.95	15.12.64
Dr. Joswig-Buick, Ursula	2. 5.95	4. 1.65
Ziemer, Jutta	10. 5.95	6. 9.65
Langkopf, Jürgen	2. 1.96	4. 4.63
Hamel, Petra	2. 1.96	3. 8.66
Ueberhorst, Maren	2. 1.96	9. 8.66
Muthschall, Alexandra	2. 1.96	22.10.66
Jäde, Christian	5. 2.96	2. 5.66

Oberlandesgerichtsbezirk Celle

Bei den Gerichten:

Bortfeld, Detlev	1.10.90	29. 7.59
Müller-Koenig, Christiane, ½, abg.	1.10.90	12. 8.61
Gehringer, Heidi, beurl.	8. 1.91	27. 6.61
Nissen, Nicola, ½	4. 3.91	16. 4.61
Vinson, Martina, beurl.	4. 3.91	23. 3.62
Bargemann, Bernd	2. 9.91	18. 1.62

Richter/StA im Richterverhältnis auf Probe — NDS

Name		
Gruß, Cord-Heinrich	23. 9.91	6. 6.60
Werfel, Susanne, ½	1.10.91	19. 2.60
Meier, Brigitte, beurl.	15.10.91	6. 4.62
Wesche, Jens	4.11.91	30. 1.61
Tittel, Inken, ½, beurl.	18. 2.92	9.11.64
Brack-Dalisdas, Christiane, beurl.	9. 3.92	16. 6.60
Pätsch, Karin	15. 5.92	15. 4.61
Freifrau von Blomberg, Gönna, ½, (LSt)	5. 6.92	15. 4.61
Potschka, Almut, ½, beurl.	15. 7.92	21. 2.61
Boden, Andrea	10. 8.92	19.10.63
Kutz, Petra	24. 8.92	28. 6.63
Schubert, Norbert	1.10.92	17. 5.55
Skwirblies, Angela, beurl.	1.10.92	25. 5.62
Eicke, Elisabeth, ½	1.10.92	7. 4.63
Hilberg, Claudia	1.10.92	23.10.64
Bietendüwel, Annegret	5.10.92	12.10.64
Rothstein, Jutta	2.11.92	23. 6.53
Schrader, Gabriele, ½, beurl.	2.11.92	14.10.54
Wolter, Thomas	2.11.92	2. 5.60
Wente, Karin	7.12.92	3. 4.64
Schulz, Martin	1. 2.93	17. 4.63
Lojewski, Susanne	1. 2.93	30. 4.63
Fughe, Elisabeth, abg.	15. 2.93	23. 2.65
Wolfer, Tobias	18. 2.93	8.10.61
Schubert, Ursula	5. 4.93	18. 4.64
Koller, Matthias	12. 5.93	19. 6.61
Heidenreich, Roger	24. 5.93	23. 4.64
Bederna, Hans-Georg	26. 5.93	6.11.61
Wollstadt, Margarete, ½, abg.	1. 6.93	12. 4.53
Dr. Müller, Harald	1. 6.93	14. 4.62
Dietrich, Michael	1. 6.93	29. 2.64
Stüwer, Christian	2. 8.93	23. 6.63
Löffler, Christine	9. 8.93	19. 3.64
Kuhlmann, Karin	1. 9.93	17. 8.62
Brückmann, Marion	13. 9.93	12. 3.64
Baronin von Hahn, Clementine, ½, beurl.	1.10.93	19. 2.62
Achenbach, Sigrid, ½	1.10.93	29. 4.64
Dr. Stoll, Tonio	18.10.93	29. 4.62
Kaul, Rainer, abg.	1.11.93	24. 6.64
Zagray-Siadak, Esther	3. 1.94	26. 9.62
Dr. Gülicher, Astrid	3. 1.94	11. 6.63
Koehl, Barbara, ½	1. 2.94	25.12.45
Fege, Petra	1. 2.94	17.11.64
Vallo, Klaus-Peter	1. 2.94	15.10.61
Dresselhaus, Heinrich	16. 2.94	17.11.62
Hopp, Kathrin	1. 3.94	10. 5.63
Kleybolte, Christian, beurl.	10. 3.94	25.12.64
Schmeer, Angela, ½	28. 3.94	29. 8.63
Dentzien, Falk	14. 3.94	14. 1.65
Schilensky, Peer	14. 3.94	31. 8.63
Ehning, Manuela	21. 3.94	14. 4.64
Uffen, Heike	28. 3.94	25. 8.64
Zwilling, Uwe	5. 4.94	20. 9.62
Ahlers, Bettina	26. 4.94	6. 4.66
Redmer, Jürgen	2. 5.94	13. 4.61
Buick, Andreas	9. 5.94	3. 2.65
Schweigert, Michael	24. 5.94	9. 7.63
Richter, Marina	30. 5.94	13. 9.58
Thomsen, Rainer	1. 6.94	16. 2.62
Brockhöft, Kathrin, ½, beurl.	13. 6.94	5. 9.63
Rehbein, Klaus	1. 8.94	11. 7.64
Bendtsen, Ralf	8. 8.94	24. 6.65
Fischer, Ansgar	15. 8.94	10. 4.62
Wichmann, Jörg	1. 9.94	17. 8.60
Schulze, Carsten Peter	1. 9.94	4.12.61
Wessel, Markus	1. 9.94	28.11.63
Henze, Andreas	1. 9.94	13.10.64
Dr. Übelacker, Michael	5. 9.94	1. 3.64
Thaysen-Bender, Katharina	5. 9.94	27.11.64
Menzemer, Michael	4.10.94	17. 1.60
Heuer, Stefan	4.10.94	27. 7.62
Marquardt, Ina	1.11.94	20. 2.65
String, Luise	1. 3.95	25. 7.64
Marner, Susanne	18. 4.95	20. 4.67
Bornemann, Frank	15. 5.95	5. 9.64
Dr. Weissenborn, Frank, abg.	8. 1.96	30. 6.62
Grabowski, Kirsten, ½, abg.	8. 1.96	19. 7.65
Wortmann, Angel Isabel, abg.	11. 1.96	20. 7.69

Bei den Staatsanwaltschaften:

Name		
von Sivers-Habermann, Karin	2. 1.91	13.11.58
Wessels, Kathrin, beurl. (LSt)	2. 1.91	26. 2.61
Rammert, Bettina, beurl. (LSt)	8. 1.91	24. 9.61
Schmiechen, Ulrike	23. 1.91	15.11.60
Busch, Anke, beurl. (LSt)	12. 7.91	10. 6.61
Hiller, Angela, beurl. (LSt)	16. 3.92	24.12.62
Ostermann, Sabine	4. 5.92	3. 3.61
Koch, Stefan	1. 6.92	20.12.60
Wolter, Thomas	2.11.92	2. 5.60
Sauer, Kerstin	13. 1.93	28. 3.64
Sanderbrand, Syna	1. 2.93	25. 3.60
Altnickel, Ulrike	1. 2.93	6.12.64
Volker, Mathias	24. 2.93	28. 8.63
Grehl, Andreas	10. 5.93	10. 8.61
Grünwald, Cornelia	24. 5.93	8. 7.64
Hegers, Heike	1. 6.93	31. 5.65
Erdlenbruch, Anne-Christiane	7. 6.93	26. 6.64

Name	Datum 1	Datum 2
Demke, Anja	16. 8. 93	26. 2. 63
Barrè, Jörg	6. 9. 93	26. 7. 64
Philipp, Sabine	13. 9. 93	19. 7. 65
Sander, Boris	15. 9. 93	8. 9. 60
Schwartau, Susanne	27. 9. 93	15. 7. 58
Dr. Vonnahme, Burkhard	1. 10. 93	5. 11. 63
van Hove, Anke	29. 10. 93	9. 6. 63
Friedrichsen, Hans Christian	15. 11. 93	15. 3. 62
Englert-Dunken, Ulrike	1. 12. 93	24. 10. 64
Dr. Otto, Gerhard	3. 1. 94	17. 9. 58
Strunk, Rainer	1. 2. 94	9. 5. 59
Wöltje, Olaf	15. 3. 94	11. 5. 64
Schmeer, Angela	28. 3. 94	29. 8. 63
Herzog, Petra	28. 3. 94	25. 1. 66
Stolper, Maren	5. 4. 94	31. 10. 63
Kolkmeier, Bernd	5. 4. 94	12. 11. 64
Vonnahme, Inken	5. 4. 94	28. 3. 65
Dr. Gittermann, Dirk	7. 4. 94	3. 3. 62
Dr. Brüninghaus, Birgit	13. 4. 94	9. 2. 63
Gundelach, Gudrun	10. 5. 94	13. 3. 66
Kohlmeyer, Katharina	30. 5. 94	24. 3. 64
Dr. Karczewski, Christoph	1. 6. 94	7. 12. 61
Sievers, Heike, beurl. (LSt)	1. 8. 94	24. 10. 64
Quak, Sabine	1. 8. 94	22. 4. 65
Helmhold, Christian	13. 2. 95	26. 1. 57
Apel, Anette	23. 3. 95	1. 4. 64
Marner, Susanne	18. 4. 95	20. 4. 67
Bordt, Peter	22. 5. 95	18. 11. 63
Seifert, Jürgen	22. 5. 95	3. 7. 68
Bode, Christian	3. 7. 95	15. 11. 62
Seidel, Jan-Michael	8. 1. 96	16. 7. 65
Wortmann, Angela Isabel	11. 1. 96	20. 7. 69

Oberlandesgerichtsbezirk Oldenburg

Name	Datum 1	Datum 2
Rackow, Sigrid, ½	3. 8. 81	2. 12. 52
Gertje, Wolfgang	17. 12. 90	2. 10. 61
Holtmann, Ulrich	2. 5. 91	21. 3. 57
Both, Guido	1. 7. 91	4. 5. 60
Köstermann, Ursula, ½	9. 9. 91	14. 6. 58
Kaßpohl, Christian	18. 11. 91	9. 1. 59
Schmidt-Sander, Britta	20. 12. 91	16. 3. 63
Dr. Lauhöfer, Detlev	3. 2. 92	15. 9. 59
Schröder, Jörg Friedrich	19. 2. 92	6. 7. 60
Behrens, Anke, ½	25. 3. 92	12. 4. 61
Feiler, Lutz	25. 3. 92	4. 5. 61
Brauer, Elke	6. 4. 92	16. 9. 63
della Valle, Petra	13. 4. 92	30. 3. 64
Everdiking, Thomas	27. 4. 92	9. 7. 61
Dr. Große Siemer, Stephan	4. 5. 92	23. 1. 62
Hohensee, Maren, beurl., (LSt)	25. 5. 92	3. 4. 64
Dr. Möller, Thomas	1. 6. 92	22. 11. 62
Budde, Klaus	1. 7. 92	7. 6. 62
Hackling, Peter	1. 10. 92	29. 4. 64
Allert, Birgit, abg.	19. 10. 92	23. 1. 65
Hentzel, Ralf	9. 11. 92	1. 4. 63
Drees, Barbara	1. 12. 92	13. 2. 64
Teckemeyer, Frank	4. 1. 93	8. 2. 63
Meinecke-König, Kristina	4. 1. 93	28. 3. 64
Neese, Ralph	1. 3. 93	2. 8. 65
Dr. Herbst, Joachim	15. 3. 93	13. 4. 60
König, Günther	5. 4. 93	17. 11. 60
Dr. Fabarius, Maria-Elisabeth	3. 5. 93	18. 6. 62
Schierholt, Christian	17. 5. 93	17. 1. 64
Dr. König, Andreas	1. 6. 93	25. 6. 62
Többen, Gerhard	1. 6. 93	17. 10. 58
Zobel, Carsten	1. 6. 93	12. 12. 63
Duvenhorst, Jörg	14. 6. 63	23. 6. 61
Schan, Gabriele	2. 8. 93	29. 6. 63
Drathjer, Johann	1. 9. 93	12. 4. 62
Miedtank, Antje, beurl. (LSt)	1. 10. 93	29. 7. 62
Bakker, Elke	18. 10. 93	20. 11. 64
Dr. Retemeyer, Alexander	4. 1. 94	14. 11. 59
Leemhuis, Jans Rolf	12. 1. 94	2. 9. 64
Plitzkow, Uwe	17. 1. 94	7. 10. 61
Stalljohann, Carsten	17. 1. 94	24. 5. 64
Lohmann, Frank	1. 3. 94	5. 10. 63
Böhm, Susanne	5. 4. 94	9. 1. 65
Plorin, Petra, beurl. (LSt)	5. 4. 94	21. 1. 66
Menke, Christiane	2. 5. 94	10. 3. 62
Vogelpohl, Dirk	1. 6. 94	10. 3. 65
Schröder, Herbert	1. 7. 94	15. 5. 62
Plate, Sabine, ½	6. 7. 94	26. 7. 62
Bührmann, Sebastian	1. 8. 94	6. 6. 64
Dr. von der Beck, Stefan	1. 9. 94	10. 6. 64
Mönkediek, Dirk	1. 9. 94	22. 11. 64
Dr. von der Beck, Heike	1. 9. 94	3. 8. 65

Nordrhein-Westfalen

17 816 079 Einwohner

Justizministerium

Martin-Luther-Platz 40, 40190 Düsseldorf
T (02 11) 87 92–1, Telefax (02 11) 8 79 24 56
1 Min, 1 StaatsSekr, 4 MinDgt, 10 LMinR, 37 MinR, 11 RD, 5 ORR, 3 RR
Landesjustizprüfungsamt: 1 Pr, 1 LMinR, 4 MinR

Justizminister
Dr. Behrens, Fritz 17. 7. 95 12. 10. 48

Staatssekretär
Dr. Ritter, Ernst-Hasso 11. 9. 95 8. 2. 36

Ministerialdirigenten
Dr. Meyer ter Vehn, Rolf 1. 7. 87 15. 10. 34
Dr. Clausen, Harald 1. 12. 87 21. 9. 36
Starke, Erhard 1. 7. 88 3. 5. 36
Dr. Stein, Wolfgang 31. 10. 95 22. 7. 36

Leitende Ministerialräte
Dr. Engelhardt, Volker 1. 6. 79 12. 3. 35
Dr. Voßkamp,
  Hinrich-Werner 1. 6. 83 12. 6. 38
Dr. Krause, Heinz Dieter 1. 9. 85 30. 10. 36
Beule, Dieter 20. 7. 87 8. 2. 34
Bühler, Richard 1. 7. 88 19. 10. 48
Sent, Lothar 1. 8. 91 26. 9. 42
Wehrens, Dieter 1. 4. 92 30. 5. 36
Nieding, Joachim 1. 9. 94 18. 9. 51
Kretschmar, Gottfried 2. 2. 95 28. 6. 37
Dr. Linden, Georg 31. 10. 95 10. 7. 41

Ministerialrätinnen / Ministerialräte
Springer, Hartmut 1. 5. 84 25. 4. 36
Müller, Karsten 1. 6. 88 20. 11. 39
Böcker, Falko 1. 6. 88 3. 8. 44
Riehe, Barbara 1. 6. 88 28. 4. 48
Wamers, Axel 1. 12. 89 4. 3. 50
Hartmann, Martina 17. 8. 90 3. 6. 38

Dr. Husmann, Klaus 29. 8. 90 27. 2. 51
Michalczik, Karl-Heinz,
  abg. 24. 6. 91 7. 1. 33
Busse, Peter 18. 9. 92 25. 9. 43
Henke, Hans-Reinhard 29. 6. 92 10. 6. 41
Franzen, Heinrich 29. 6. 92 15. 3. 47
Kamp, Peter 2. 1. 93 20. 7. 51
Graf-Schlicker,
  Marie Luise — —
Pott, Wolfgang 1. 1. 94 1. 11. 38
Schoß, Helmut 24. 2. 95 24. 2. 48
Sudowe, Eike 1. 3. 90 17. 5. 38
Fischer, Hans-Josef 5. 7. 94 18. 7. 56

Regierungsdirektorinnen / Regierungsdirektoren
Elsen, Hildegard 1. 9. 84 19. 7. 36
Klarmeyer, Herbert 1. 9. 84 7. 9. 36
Eckerlin, Christa, beurl. 1. 7. 88 16. 11. 37
Kost, Heinrich 17. 3. 93 7. 6. 32
Bach, Wolfgang 13. 7. 93 6. 11. 33
Hüppelshäuser, Ernst 1. 7. 94 20. 11. 40
Frentzel-Beyme, Günter 5. 7. 94 5. 6. 35
Driesch, Michael 5. 7. 94 26. 9. 36
Beckheuer, Ulrich 21. 6. 95 14. 6. 46

Oberregierungsrat
Pollmann, Günter 30. 1. 96 8. 9. 48

Landesjustizprüfungsamt
Schulz, Hartmut, Pr 1. 2. 92 9. 4. 34
Dr. Anders, Monika,
  LMinR 1. 2. 92 16. 2. 51

Oberlandesgerichtsbezirk Düsseldorf

Bezirk: Regierungsbezirk Düsseldorf ohne die Stadt Essen; ferner aus dem Regierungsbezirk Köln die Gemeinden Erkelenz, Hückelhoven und Wegberg (sämtlich Kreis Heinsberg)

6 Landgerichte: Düsseldorf, Duisburg, Kleve, Krefeld, Mönchengladbach, Wuppertal
Kammern für *Handelssachen*: Düsseldorf 11, Duisburg und Wuppertal je 5, Mönchengladbach 3, Kleve und Krefeld je 2

29 Amtsgerichte
Schöffengerichte: bei allen Amtsgerichten außer den nachstehend aufgeführten
Gemeinsames Schöffengericht für die Bezirke der Amtsgerichte, bei denen kein Schöffengericht gebildet ist, ist:

für den AGBez.:	*das Schöffengericht:*
Ratingen	Düsseldorf
Duisburg-Ruhrort	Duisburg
Emmerich	Kleve
Rheinberg	Moers
Kempen und Nettetal	Krefeld
Erkelenz, Grevenbroich, Mönchengladbach-Rheydt und Viersen	Mönchengladbach
Mettmann	Velbert

Familiengerichte: bei allen Amtsgerichten

Landwirtschaftssachen sind den Amtsgerichten als Landwirtschaftsgerichten wie folgt zugewiesen:
a) dem Amtsgericht Erkelenz
   für die Amtsgerichtsbezirke Erkelenz, Geilenkirchen und Heinsberg,
b) dem Amtsgericht Grevenbroich
   für die Amtsgerichtsbezirke Grevenbroich, Mönchengladbach und Mönchengladbach-Rheydt,
c) dem Amtsgericht Kempen
   für die Amtsgerichtsbezirke Kempen, Krefeld und Nettetal,
c) dem Amtsgericht Kleve
   für die Amtsgerichtsbezirke Emmerich und Kleve,
e) dem Amtsgericht Mettmann
   für die Amtsgerichtsbezirke Düsseldorf, Langenfeld (Rhld.), Mettmann, Ratingen, Remscheid, Solingen, Velbert und Wuppertal,
f) dem Amtsgericht Rheinberg
   für die Amtsgerichtsbezirke Moers und Rheinberg,
g) dem Amtsgericht Wesel
   für die Amtsgerichtsbezirke Dinslaken, Duisburg, Duisburg-Hamborn, Duisburg-Ruhrort, Mülheim a. d. Ruhr, Oberhausen und Wesel.

Die Zuständigkeit der Landwirtschaftsgerichte Geldern, Neuss und Viersen umfaßt die Bezirke der Amtsgerichte Geldern, Neuss und Viersen.
Die den Oberlandesgerichten zugewiesenen Entscheidungen in Landwirtschaftssachen sind für die Bezirke der Oberlandesgerichte Düsseldorf und Köln dem Oberlandesgericht Köln übertragen.

Rheinschiffahrts- und *Schiffahrtsgericht:* Duisburg-Ruhrort.

OLG-Bezirk Düsseldorf NW

Oberlandesgericht Düsseldorf

E 4 773 825
Cecilienallee 3, 40474 Düsseldorf
Postfach 30 02 10, 40402 Düsseldorf
T (02 11) 49 71–0, Telefax (02 11) 49 71–5 48
1 Pr, 1 VizePr, 37 VR, 110,5 R einschl. 0,5 UProf, 2. Hauptamt, 1 LSt. (R)

Präsident
Dr. Bilda, Klaus	1. 10. 93	16. 2. 37

Vizepräsident
Kratz, Ernst Jürgen	1. 11. 85	12. 10. 35

Vorsitzende Richterinnen/Vorsitzende Richter
Arend, Klaus	1. 1. 79	26. 9. 33
Mauer, Dietrich	16. 3. 79	23. 4. 32
Dr. Rogge, Dirk Itel	23. 10. 80	9. 11. 31
Ewers, Franz-Georg	1. 8. 81	26. 11. 32
Schmitz, Walter	16. 7. 84	11. 1. 34
Dr. Weyer, Friedhelm	17. 12. 84	27. 10. 36
Scholz, Harald	23. 5. 85	4. 7. 37
Jaeger, Wolfgang	3. 2. 86	13. 4. 38
Dr. Löwisch, Gottfried	1. 4. 86	17. 4. 39
Dr. Forsen, Klaus	17. 5. 89	26. 10. 38
Belker, Jörg Winfried	17. 5. 89	3. 7. 43
Steffen, Wolfgang	1. 1. 90	15. 10. 38
Haverkamp, Clemens	1. 3. 90	23. 9. 31
Pisters, Manfred	1. 3. 90	26. 4. 42
Dr. Wieden, Roni	26. 9. 90	14. 11. 35
Dr. Gottschalg, Wolfgang	27. 2. 91	29. 11. 40
Dr. Seetzen, Uwe	1. 5. 91	23. 9. 39
Klein, Bernd Klaus	18. 2. 92	11. 9. 44
Hardt, Werner	19. 2. 92	26. 9. 37
Krantz, Günter	5. 6. 92	17. 9. 35
Dr. Heesen, Hans Günter	27. 10. 92	24. 6. 35
Lua, Wolfram	27. 10. 92	23. 10. 38
Dr. Balzer, Christian	3. 11. 92	11. 2. 37
Dr. Wolters, Helmut	1. 12. 92	16. 4. 34
Steinacker, Gisbert	1. 2. 93	10. 12. 42
Dr. Dengler, Dieter	14. 9. 93	1. 1. 40
Prof. Dr. Vygen, Klaus	27. 9. 93	10. 3. 39
Schröter, Gotthard	12. 11. 93	26. 12. 35
Dr. Hansen, Knut	7. 2. 94	3. 2. 37
Weinhold, Horst	24. 5. 94	14. 11. 34
Schottmann, Jochen-Peter	2. 12. 94	9. 11. 34
Dr. Hülsmann, Günter	2. 12. 94	31. 12. 38
Obst-Oellers, Ina	5. 9. 95	11. 4. 43
Dr. Asper, Rolf-Dieter	7. 9. 95	4. 4. 43
Dr. Bünten, Wilfried	7. 11. 95	18. 11. 49

Richterinnen/Richter
Ibold, Hans Christian	1. 4. 75	13. 12. 35
Eckardt, Dieter	5. 9. 75	8. 5. 34
Schmidt, Günter	5. 9. 75	12. 1. 36
Spangenberg, Wolfgang	4. 3. 76	8. 5. 35
Flücken, Karl Josef, abg.	28. 7. 76	10. 3. 32
Dr. Güldner, Werner	1. 9. 76	14. 10. 34
Kallus, Dieter	27. 9. 76	27. 6. 36
Wohlgemuth, Gisela	3. 6. 77	20. 4. 36
Paß, Werner	—	—
Gaebert, Uwe	3. 6. 77	9. 9. 38
Muckel, Kurt	11. 11. 77	31. 7. 38
Melchior, Klaus	25. 11. 77	6. 9. 36
Dohr, Franz	29. 5. 78	4. 2. 37
Funke, Hans Egon	29. 5. 78	30. 8. 38
Opgen-Rhein, Wilhelm	26. 9. 78	14. 10. 37
Schweisfurth, Hannspeter	2. 2. 79	8. 8. 36
Schwoebel, Hans Wilhelm	2. 2. 79	10. 1. 39
Wohlgemuth, Udo	2. 2. 79	26. 10. 39
Esser, Hermann-Josef	2. 2. 79	30. 11. 39
Heidemann, Manfred	6. 2. 79	24. 12. 36
Reyer, Heinz Ulrich	10. 9. 79	27. 7. 42
Buschhüter, Hans-Günter	21. 12. 79	1. 7. 38
Dr. Oppermann, Diethard	1. 4. 80	25. 7. 38
Kappelhoff, Hermann	1. 4. 80	15. 12. 40
Guckelsberger, Dieter	14. 11. 80	6. 4. 36
Liesegang, Heinrich	—	—
Sack, Klaus Dieter	14. 11. 80	19. 3. 39
Dr. Schütz, Johannes	14. 11. 80	7. 11. 39
Dr. Wessels, Klaus	14. 11. 80	15. 10. 42
Berghoff, Alfred	19. 6. 81	7. 11. 34
Rosen, Hermann	30. 6. 81	8. 2. 37
Eichholz, Jürgen	1. 12. 81	9. 6. 43
Kehren, Klaus	10. 12. 81	11. 4. 40
Dr. Schmitz, Rudolf	24. 9. 84	1. 10. 41
Eßer, Wilfried	24. 9. 84	14. 11. 44
Dr. Blaesing, Heiner	5. 6. 85	27. 6. 50
Braunöhler, Lutz	18. 7. 85	6. 5. 48
Schmitz-Salue, Hayo	24. 7. 85	18. 1. 44
Dr. Cuypers, Manfred	25. 7. 85	3. 3. 46
Reimann, Rainer	29. 7. 85	28. 11. 47
Scholz-Küppers, Ingrid, ½		
Bader, Bernd	31. 10. 85	1. 6. 44
Ziemßen, Joachim	23. 5. 86	23. 2. 47
Berneke, Wilhelm	23. 5. 86	15. 5. 49
Schüßler, Bernhard-Rudolf	27. 5. 86	27. 8. 48
Prof. Dr. Wiedemann, Herbert (UProf, 2. Hauptamt)	1. 10. 86	21. 10. 32

NW OLG-Bezirk Düsseldorf

LG-Bezirk Düsseldorf

Breidling, Ottmar, abg.	23. 3.87	15. 2.47
Wagner, Christine	—	—
Schmerwitz, Volker	—	—
Rütz, Lothar	21. 3.88	9. 4.44
Neuhaus, Claudia	21.12.88	5. 4.45
von Bassewitz, Hans-Henning	21.12.88	1. 9.48
Schmidt, Helmut Reinhold	19.10.89	15.11.49
Plum, Axel	20.10.89	14. 1.49
Gebelhoff, Ulrich	20.10.89	20. 4.49
Dr. Hoffrichter-Daunicht, Christiane	20.10.89	9. 5.51
Dohnke-Kraff, Margret	27.10.89	12. 5.49
Reis, Heinrich	27.10.89	16.12.50
Klein, Berthold	27.10.89	23.10.51
Liedtke, Eva Antonia	15.12.89	24.12.47
Becker, Hans-Dieter	16. 5.90	8.11.43
Trilling, Tjarko	—	—
Janzik, Lothar	16. 5.90	12.12.47
Dr. Eggert, Christoph Albrecht	17. 5.90	4.10.43
Heinen, Hans-Siegfried	23. 5.90	28. 6.53
Rungelrath, Heinrich	26. 9.90	2. 9.50
Dr. Chwolik-Lanfermann, Ellen	28. 9.90	24. 6.54
Decker, Ulrich	22. 2.91	20. 7.46
Gesien, Bernd	27. 2.91	30. 5.43
Pieper, Klaus	27. 2.91	29.11.43
Dr. Krautter, Maria-Elisabeth, ½	27. 2.91	17. 5.45
Schmitz, Arnold Detlev	27. 2.91	29.11.47
Keldungs, Karl-Heinz	27. 2.91	15. 1.48
Dr. Strohn, Lutz	27. 2.91	31. 8.51
Erlenhardt, Jürgen	19. 6.91	1. 1.49
Wolff, Rudolf	16. 9.91	4. 3.49
Kosche, Helmut	14.11.91	6. 6.46
Servos, Hans	14.11.91	4. 9.46
Reinhardt, Franziska	14.11.91	29.10.47
Kliemt-Kalweit, Elke	14.11.91	13. 6.50
Pfeiffer, Winfried	14.11.91	2.12.50
Malsch, Volker	14.11.91	1.12.51
Strecker, Witold	1. 1.92	18. 3.50
Kühn, Ralf Herbert	23. 7.92	7. 2.45
Karlin, Alexander	3. 8.92	16. 1.41
Paul, Günter	12. 8.92	17.10.42
Müller-Piepenkötter, Roswitha	12. 8.92	3. 4.50
Dr. Büscher, Wolfgang, abg.	23.11.92	21. 6.52
Müller, Wolfgang Fritz	23.11.92	22.10.55
Dr. Soyka, Jürgen	27. 5.93	16. 4.52
Wolters, Ralf	27. 5.93	28.11.53
Kneist, Michael	27. 5.93	8. 1.56
Magiera-Steinacker, Jutta	3. 6.93	1. 9.40
Dr. Schmidt, Joachim	—	—
Dr. Schlurmann, Christa	3. 6.93	26. 4.46
Stüttgen, Gerd	3. 6.93	15. 2.49
Struß-Blankenburg, Gabriele	3. 6.93	20. 2.49
Dicks, Heinz-Peter	3. 6.93	24. 3.51
Krücker, Rolf	3. 6.93	28. 3.53
Keders, Johannes	3. 6.93	26. 9.54
Dr. Allstadt-Schmitz, Gisela	4. 6.93	26. 3.56
Gode, Johannes	5. 7.94	28. 3.56
Zimmermann, Hans Christian, abg.	5. 7.94	22. 5.56
Schulz, Reinhart	23. 7.94	27. 7.54
Kaiser, Peter	29. 7.94	—
Jenssen, Jörn	16. 2.95	17. 9.53
Spahn, Marietta	17. 2.95	16.10.54
Konrad, Jürgen	17. 2.95	14. 1.55
Dr. Backhaus, Ralph, abg. (LSt.)	20. 2.95	9.11.50
Treige, Franz-Josef	16. 2.96	26. 6.54
Dr. Scholten, Hans-Joseph,	16. 2.96	8. 9.54
Fliescher, Stefan	20. 2.96	26. 6.57
Dr. Liceni-Kierstein, Dagny	21. 2.96	1.10.52
Prof. Dr. Hören, Thomas (UProf, 2. Hauptamt)	1. 3.96	22. 8.61

Landgerichtsbezirk Düsseldorf

Landgericht Düsseldorf

E 1 153 435
Neubrückstr. 3, 40213 Düsseldorf
Postfach 10 11 40, 40002 Düsseldorf
T (02 11) 83 06–0
Telefax (02 11) 83 06–160
1 Pr, 1 VPr, 43 VR, 62 R + 1 LSt (R)

Präsident

Marten, Gustav	1. 6.94	3. 2.36

Vizepräsidentin

Haubrich, Renate	21. 3.95	1. 7.46

Vorsitzende Richterinnen/ Vorsitzende Richter

Grüßenmeyer, Hans	1.10.73	16. 2.34
Dr. Fuhrmann, Alfred	21. 2.74	22. 4.33
Hermelbracht, Friedrich-Wilhelm	5. 4.74	8. 4.36
Thüsing, Peter	9. 9.74	4. 6.34
Strauß, Otto	30. 9.74	15. 3.32
Dr. Kluth, Hans-Dieter	14.11.74	22. 3.33
Becker, Dieter	14.11.74	21. 7.33
Dr. Volker, Wolfgang	14.11.74	27. 9.33

LG-Bezirk Düsseldorf — OLG-Bezirk Düsseldorf NW

Name		
Hayner, Hans-Manfred	9. 7.75	12. 3.36
Huber, Wilhelm	1.10.75	2. 7.35
Zimmermann, Manfred	22. 8.77	20. 8.34
Hoffs, Wolfgang	1.12.77	3. 4.35
Dr. Krüger, Hans-Joachim	30. 5.78	9. 5.37
Dr. Dr. Stiens, Frank	30. 3.79	1. 2.36
Dräbert, Günter	8. 6.79	25. 7.36
Pesch, Hans-Günter	8. 6.79	2.10.37
Schul, Hartmut	4. 8.80	4.10.39
Dr. Geusen, Manfred	18. 3.81	27. 3.38
Golombek, Dagmar	19. 3.81	6. 8.39
Dr. Grannemann, Dieter	4. 9.81	26. 7.36
Obermann, Manfred	12.12.84	21. 8.40
Neiseke, Gerold	—	—
Vinzelberg, Peter	19.12.85	7. 4.41
Köthnig, Gerd	19.12.85	13. 9.44
Voss, Rainer	21.12.88	2. 2.41
Rieck, Gerhard Volker	27.10.89	22. 8.40
Nordmann, Brigitte Johanna	—	—
Loh, Dagmar	22. 8.90	15. 5.43
Dr. Butz, Horst	18. 1.91	5. 9.44
Siepe, Rolf	4. 2.91	18. 4.49
Dr. Meier-Beck, Peter	14.11.91	19.12.55
Henrich, Monika	30.12.91	24. 6.48
Dick, Ingolf	30.12.91	11.12.48
Voß, Ulrich	5.10.92	31. 5.47
Röttgers, Klaus	28.12.92	27. 9.49
Schifferdecker, Volker	7. 6.93	3.12.35
Oppermann, Christian	20.10.94	19. 7.52
Buhlmann, Klaus-Dieter	6. 3.95	22.11.47
Oltrogge, Kurt	8. 3.95	16. 5.51
Dr. Marl, Burkhard	18. 4.95	14. 1.55
Tannert, Marita, ½	—	—
Berger, Udo	17. 1.96	17. 2.46

Richterinnen/Richter

Name		
Scheufler, Klaus-Eckart		
Brandt-Elsweier, Anni, MdB (LSt)	—	—
Schwan, Dieter	1. 5.71	5. 6.39
Hauser, Reinhold	21. 5.71	14. 5.37
Ludolph, Hildegard	—	—
Scherf, Wolfram	18. 4.72	20. 7.38
Seeger, Jochen	31. 5.72	13.10.41
Dilloo, Karin	2. 6.72	8. 7.34
le Viseur, Joachim	21. 2.73	14. 5.38
von Beesten, Fritz	21. 2.73	23.11.39
Schickert-Barlage, Bodild	—	—
Kinzler, Doris Anita	7.11.74	14. 8.42
Schuster, Jochen, abg.	7. 3.75	16. 8.41
Lieberich, Heidemarie	1. 3.76	18. 9.44
Mosiek, Christa, abg.	2. 3.76	20. 3.45

Name		
Weise, Eva, ½	7.11.78	22. 3.44
Manegold-Burckhardt, Gudrun Maria, ¾	7.11.78	21.10.47
Thiemann, Ursula Maria	—	—
Dr. Wirtz, Hans Joachim	31. 5.79	22. 2.46
Bispinck-Brecht, Oda Gesine	—	—
Schmidtke, Christa, ½	1. 2.80	2. 2.47
Bücheleres, Michael	13. 5.80	5.10.49
Schwarz, Doris	20. 5.80	14. 6.41
Dr. Wienert, Johannes	5. 8.83	21. 9.49
Klostermann-Stelkens, Barbara	21.10.83	14.10.48
Fröml, Thomas, abg.	2.11.84	12. 1.53
Arendes, Werner	11.11.85	10. 2.53
Dr. Becker, Friedemann	3.11.88	20.10.53
Hilser, Klaus	11. 4.89	30. 5.57
Schaefer-Lang, Gabriele, ½	5.12.90	20.11.57
Dr. Fudickar, Susanne, ½	28. 2.90	17. 3.56
Dr. Weismann, Stefan Friedrich, abg.	9. 7.90	17. 5.58
Dr. Rodermund, Wilfried, abg.	4.12.90	19.11.57
Fuhr, Heike	4.12.90	1.12.60
Kühnen, Thomas, abg.	7. 8.91	14. 1.60
Freiin von Gregory, Jutta	17.12.91	31. 7.60
Clavée, Klaus-Christoph, abg.	19. 3.92	7.12.58
Radtke, Elke	13. 7.92	5. 2.60
Meurer, Michael	2.11.92	31.10.58
Galle, Stefan	2.11.92	9.11.59
Dr. Bogler, Anja, abg.	—	—
Hütte, Petra, beurl.	3.11.92	23. 9.60
Maurer, Rolf	8. 4.93	26. 5.59
van Rossum, Katrin	8. 4.93	1. 9.60
Dr. Thole, Ulrich	14. 4.93	21. 3.60
Olbrisch, Siegfried	15. 4.93	2. 1.60
Dr. Bardo, Ulrike	2. 6.93	30. 5.59
Bronczek, Martin	14. 1.94	19.10.61
Ollerdißen, Hartwig	2. 5.94	22. 5.57
Stockschlaeder-Nöll, Ellen, ½	28.11.94	2. 7.54
Kortge, Regina	28.11.94	4. 2.61
Dr. Redick, Jutta	28.11.94	14. 5.61
Maiworm, Birgit	28.11.94	25. 1.62
Dieck-Bogatzke, Britta, abg.	28.11.94	8. 7.63
Drees, Stefan	9. 5.95	6. 8.61
Schuh-Offermanns, Miriam	9. 6.95	3.10.62
Bergmann-Streyl, Birgitta	26.10.95	16. 7.63
Dr. Grabinski, Klaus	6.11.95	6. 2.62
Goldschmidt-Neumann, Birgit, beurl.	28.11.95	6.10.61

NW   OLG-Bezirk Düsseldorf   LG-Bezirk Düsseldorf

Amtsgerichte

Düsseldorf E 572 638
Mühlenstr. 34, 40213 Düsseldorf
Postfach 10 11 40, 40002 Düsseldorf
T (02 11) 83 06–0
Telefax (02 11) 83 06–161
1 Pr, 1 VPr, 11 w.aufsR, 79 R + 1 LSt (R)

Präsident
Heetfeld, Hans Dieter   1. 8. 92   13. 3. 35

Vizepräsident
Schmitz, Paul   29. 1. 93   15. 2. 36

weitere aufsichtführende Richterinnen/Richter
Dr. Hack, Harald	28. 8. 79	18. 10. 34
Bonn, Helmut	5. 8. 85	21. 7. 33
Hassenpflug, Klaus	1. 4. 87	30. 4. 34
Jaeger, Roswita	21. 12. 88	23. 4. 39
Borkert, Günter	13. 3. 89	12. 4. 42
Dr. Risch, Ingo	28. 12. 92	7. 11. 46
Genter, Lothar, abg.	25. 8. 94	6. 3. 47
Dr. Schneider, Klaus	29. 8. 94	11. 8. 35
Schönauer, Michael	29. 8. 94	4. 3. 50
Dichgans, Johanna	23. 8. 95	7. 5. 36

Richterinnen/Richter
Schabinger, Dietrich	1. 6. 65	26. 5. 34
Clar-Puschmann, Doris	1. 3. 66	13. 8. 35
Dr. Lange, Jürgen, beurl. (LSt.)	1. 3. 66	30. 8. 35
Dr. Fränkel, Karl Joachim	—	—
Lietz, Erhard	1. 2. 68	3. 1. 37
Peters, Rosemarie, abg.	15. 8. 69	17. 6. 36
Gaffron, Ralf	6. 11. 70	10. 2. 36
Konnertz, Wolfgang	13. 1. 72	20. 11. 39
Metzeler-Stantschev, Ingrid	19. 1. 72	6. 2. 35
Dr. Mächel, Ursula, beurl.	27. 4. 73	—
Dr. Zerlin, Reiner	26. 7. 73	28. 6. 39
Funke, Klaus-Dieter	1. 10. 73	16. 7. 41
Gravenhorst, Ulrike	4. 10. 73	29. 7. 41
Schmidt-Zahl, Inge	21. 2. 74	21. 9. 42
Helfert, Barbara, abg.	17. 10. 74	16. 8. 41
El Bawwab, Dagmar, ½	22. 10. 74	3. 8. 42
von Busse, Brigitte, ½	20. 5. 75	—
Strehl, Roswitha, ½	6. 6. 75	5. 3. 43
Dahl, Margret	13. 4. 76	—
Treibmann, Kornelia, ½	26. 4. 76	3. 2. 37
Christophliemk, Barbara	30. 6. 76	31. 8. 45
Oehlschläger, Jürgen	16. 7. 76	21. 7. 43
Rudy, Hans	28. 8. 76	24. 11. 44
Jahn, Renate	10. 12. 76	7. 4. 43
Sieben, Wilfried	13. 3. 77	16. 2. 43
Wagner, Stefan	1. 4. 77	10. 7. 42

Erdmann, Paul	24. 5. 77	24. 9. 41
Hanslik, Dirk	19. 6. 77	6. 8. 45
Scharen, Ilse-Grete	1. 7. 77	—
Röhr, Axel	1. 7. 77	6. 4. 45
Gräfin von Reichenbach, Brigitte	5. 9. 77	19. 3. 46
Bösken, Clemens Peter	5. 9. 77	2. 7. 46
Klein, Wolfgang	20. 9. 77	31. 10. 46
Wollenweber, Hedda	22. 9. 77	21. 5. 41
Bösken, Brigitte	4. 11. 77	11. 5. 46
Moser-Rodens, Gabriele	—	—
Weitz, Hans Joachim	4. 11. 77	29. 10. 47
Fey, Wolfgang	17. 2. 78	26. 10. 43
Zimmermann, Eberhard	2. 5. 78	12. 8. 40
Koelpin, Hartmut	8. 8. 78	4. 10. 44
Spix, Burckhardt	29. 9. 78	16. 7. 45
Windeck, Marius Anton	29. 9. 78	30. 8. 45
Roos, Peter	6. 10. 78	10. 12. 46
Scheibe, Heinz Gerd, abg.	—	—
Bingel, Angelika	29. 10. 78	12. 4. 43
Gehentges, Günter	31. 10. 78	17. 5. 46
Goralska, Marianne	1. 12. 78	10. 12. 47
Dr. Schnorr, Wolfram	2. 3. 79	14. 1. 44
Schemkämper, Bernhard	2. 4. 79	12. 10. 46
Hennig, Günter	1. 6. 79	8. 8. 48
Dolinsky, Christian	10. 9. 79	28. 6. 48
Müller-Krauß, Erika, ½	—	—
Hoenicke, Hannelore Lydia	11. 10. 79	20. 10. 48
Dr. Schmitz, Heinz-Jürgen	2. 11. 79	19. 1. 47
Kratz, Ulrich	1. 12. 79	20. 10. 47
Gaedtke, Gerfried	15. 2. 80	5. 5. 49
Haueiß, Sylvia	2. 5. 80	29. 8. 50
Ziegenbein, Hans-Dieter	20. 10. 82	27. 5. 50
Kruse, Dirk	25. 3. 83	20. 7. 51
Roth, Bernd	14. 6. 83	25. 8. 50
Böttner, Rainer	1. 8. 83	18. 4. 53
Fischer, Angela	7. 11. 84	7. 8. 52
Lysko, Ruth	15. 2. 89	18. 11. 48
Paulußen, Ernst Walter	27. 2. 90	13. 7. 55
Dr. Schütte, Monika, ½	5. 4. 91	8. 7. 58
Krüger, Kay Uwe	24 4. 91	6. 10. 59
Hoffmann, Felicitas, abg.	21. 10. 91	—
Braun, Martin	29. 6. 92	10. 7. 57
Witthaut, Jutta, beurl.	8. 4. 93	12. 9. 61
Mertens, Andreas	13. 4. 93	22. 5. 62
Batzke, Werner	11. 5. 93	14. 9. 59
Henning, Frank	31. 1. 94	19. 6. 60
Dr. Poncelet, Stephan, beurl.	6. 6. 94	12. 11. 61
Hoppach, Hartmut	30. 11. 94	13. 6. 61
Berger, Monika	30. 11. 94	14. 9. 61
Dietrich, Jörg	30. 11. 94	14. 8. 63
Rolke, Dieter	9. 12. 94	14. 5. 61

LG-Bezirk Duisburg　　　　　　　　　　　　OLG-Bezirk Düsseldorf　　**NW**

Pollmächter, Frank	20. 7.95	30. 6.61
Strohmeyer, Hansjörg	21. 9.95	5. 2.62
Johann, Holger	25. 9.95	18. 5.58
Hanck, Stefan	28. 9.95	13. 7.61

Langenfeld (Rheinland)　E 155 380
Hauptstr. 13 – 19, 40764 Langenfeld
Postfach 11 62, 40736 Langenfeld
T (0 21 73) 9 02–0
Telefax (0 21 73) 9 02–10
1 Dir, 1 stVDir, 1 w.aufsR, 12 R

Bleike, Hans Wolfgang, Dir	11.12.81	14. 2.36
Gröning, Werner, stVDir	9. 2.82	6.10.39
Brüchert, Rudolf, w.aufsR	—	—
Bürger, Gisela, ½	—	—
Heuschkel, Bernd	—	—
Strauß, Peter	—	—
Jentsch, Siegfried	—	—
Daun, Dorothee	23.10.78	17. 9.47
Clausing, Barbara	—	—
Frantzen, Wolfgang	—	—
Müller, Heinz Siegfried	17. 8.84	16.10.48
Wollenhaupt, Lutz	20.10.87	8. 2.56
Wernscheid, Ralf	11.12.89	28.12.58
Kröger, Jens-Peter	9. 8.94	19. 4.61
Bösen, Martin	29.12.94	26. 2.61

Neuss　E 335 580
Breite Str. 48, 41460 Neuss
Postfach 10 03 54, 41403 Neuss
T (0 21 31) 2 89–0
Telefax (0 21 31) 2 89–1 81
1 Dir, 1 stVDir, 3 w.aufsR, 27 R

Schultz, Johannes, Dir	1. 1.94	17. 7.44
Röttger, Klaus, stVDir	28.12.79	29. 9.35
Dr. Berlet, Winfried, w.aufsR	8. 2.84	28. 9.35
Rütz, Günther, w.aufsR	—	—
Meyer, Inge	15.11.69	6. 9.35
Dr. Ribbert, Heino	—	—
Hubernagel, Peter	—	—
Graf von Reichenbach, Stefan	8. 5.74	14. 4.43
Becker, Franz	—	—
Burckhardt, Klaus	1. 7.77	18. 1.43
Oertel, Karla Paula	—	—
von Brauchitsch-Behncke, Karin, ¾	5. 5.80	22. 7.47
Schwichtenberg, Herbert	1. 6.80	22.12.47
Krieger, Norbert	—	—
Koppenhöfer, Brigitte, ½	2.11.80	28. 3.51
Ulland, Wolfgang	21.11.80	24. 3.48
Kretzschmar, Wolf	1. 4.81	19. 2.40

Bott, Wilfried	—	—
Schmitz-Berg, Manfred	20.11.81	19. 5.50
Cöllen, Heinrich	23. 4.82	2. 2.52
Spix, Barbara, ¾	23. 4.82	11. 6.52
Karnuth, Michael	—	—
Geldmacher, Günther	26. 4.82	20. 1.52
Köster, Sigrid, ¾	13. 1.84	12. 4.54
Lottes, Bernd,	2. 4.84	19.10.50
Orlob, Bernd	17. 7.84	5. 4.55
Jenk, Birgitt	8. 5.87	18.11.56
Zweygart-Heckschen, Karin, beurl.	13. 8.91	7. 1.59
Kintzen, Stefan	13. 7.92	1. 5.58
Trautmann, Susanne, ½	7. 1.94	22. 7.61
Windeler, Hans Dieter	12.12.94	14.12.61

Ratingen　E 89 837
Düsseldorfer Str. 54, 40878 Ratingen
Postfach 11 13, 40831 Ratingen
T (0 21 02) 10 09–0
Telefax (0 21 02) 10 09–22
1 Dir, 1 stVDir, 7 R

N. N., Dir		
Mohr, Karl, stVDir	17. 8.94	29. 3.35
Voith, Leonhard	8.10.73	6.11.35
Grape, Lieselotte	13.12.75	20. 9.43
Vatter, Fritz Siegfried	—	—
Niedrig, Rüdiger	2. 4.79	10.12.47
Rüttgers, Peter-Wolfgang	25.10.83	27. 7.47
Tietze, Angela	26. 6.84	30.10.51

Landgerichtsbezirk Duisburg

Landgericht Duisburg　E 1 158 158
König-Heinrich-Platz 1, 47051 Duisburg
Postfach 10 15 05, 47015 Duisburg
T (02 03) 99 28–0
Telefax (02 03) 99 28–4 41 und 4 44
1 Pr, 1 VPr, 26 VR, 37 R + 1 LSt (R)

Präsident

Dr. Lünterbusch, Armin	24. 9.90	6.10.38

Vizepräsident

Dr. Jüttner, Bernhard	1. 5.90	16.12.31

Vorsitzende Richterinnen/Vorsitzende Richter

Dr. Schemann, Heinrich	7. 3.75	19. 9.34
Dr. Rutsch, Hans Joachim	5. 9.75	19.12.31
Seemann, Walter	—	—
Vahlhaus, Reinhard	24. 5.76	4.10.35

247

NW	OLG-Bezirk Düsseldorf			LG-Bezirk Duisburg		

Hochstetter, Martin	28. 2.78	30. 1.35	Lieberoth-Leden, Sylvia	19. 7.93	4. 9.62
Schimmann, Paul Georg	7. 6.79	15. 8.35	Eulering, Ruth-Maria,		
Frechen, Hans	13. 5.80	23. 6.39	abg.	16. 5.94	21. 8.61
Franken, Anneliese	24. 4.81	27. 8.40	Schwartz, Joachim	25.11.94	4.12.55
Bechberger, Konrad	1.10.81	8. 7.37	Kabuth, Detlef	25.11.94	11. 5.59
Eckert, Hans-Georg	16. 6.83	20. 5.42	Witte, Andrea	25.11.94	4.11.61
Welling, Claus Florian	26.10.83	1. 4.42	Foos, Michael Roland	7. 6.95	27. 5.64
Oberscheidt, Hermann	6. 2.85	18. 2.42	Peters, Gabriele	12. 6.95	26. 1.63
Kaletsch, Ottfried	23. 3.87	9. 9.44	Rövekamp, Klaus, RkrA	(1. 7.95)	6. 9.60
Renziehausen, Jürgen	11. 9.87	20. 3.40			
Fritz, Ingeborg	—	15. 1.41			
Ettwig, Fritz	1. 5.88	7. 2.45	**Amtsgerichte**		
Schmidt, Michael	19.10.89	4.10.45			
Tillmann, Dieter	19. 6.91	18. 8.46	**Dinslaken** E 106 248		
Ramacher, Wolfgang	23.12.91	26. 9.46	Schillerstr. 76, 46535 Dinslaken		
Dr. Winter, Manfred	7. 7.94	23. 7.49	Postfach 10 01 80, 46521 Dinslaken		
Benthele, Konrad	20.12.94	3. 9.50	T (0 20 64) 60 08–0		
Spieker, Franz-Josef	14. 6.95	4. 3.49	Telefax (0 20 64) 60 08–70		
Waldhausen, Gerd	14. 6.95	6. 6.56	1 Dir, 1 stVDir, 8 R		

Richterinnen/Richter

			Benninghoff, Bernhard,		
Jörris, Ingrun	15. 5.68	19. 4.33	Dir	1. 1.94	9. 5.34
Kessel, Fritz	27. 3.75	5. 3.34	Schmidt, Reinhard, stVDir	15. 7.94	24.10.35
Menkhoff, Heinz-Dieter	1. 9.78	7. 4.48	Dr. Puschmann, Kurt	8. 5.74	25. 3.44
Dehmel, Kurt-Günther	11. 9.78	4. 4.44	Kürle, Hans	2. 5.78	29. 7.44
Dr. Bolten, Helmut	1.12.79	17. 7.45	Buck, Paul	—	—
von Wnuck-Lipinski,			Hinninghofen, Jochen	9. 6.84	3. 2.52
Peter	14. 3.80	23. 2.50	Hansen, Hans-Peter	3.12.84	25. 6.50
Jakob, Karl-Heinz	—	—	Mersmann, Reinhard	28. 1.85	9. 2.52
Struß, Dirk	20.11.81	11. 5.48	Huster, Bettina	24. 1.94	31. 7.61
Dr. Kilian, Holger	6. 1.82	18. 5.49	Feltmann, Christoph	21.11.94	17. 1.60
Ebling, Wilhard, abg.	12. 7.82	2. 3.50			
Bertling, Robert	21.10.82	23.11.51	**Duisburg** E 273 843		
Garthmann-Ressing,			König-Heinrich-Platz 1, 47051 Duisburg		
Carola, beurl.	—	—	Postfach 10 01 10, 47001 Duisburg		
Lanfermann, Heinz,			T (02 03) 99 28–0		
Staatssekretär im BMJ			Telefax (02 03) 99 28–4 41 und 4 44		
(§ 21 Abs. 1 Satz 2			1 Dir, 1 stVDir, 4 w.aufsR, 35 R		
DRiG) (LSt)	5.12.83	27. 5.50			
Schmitt, Nikolaus Hermann,			Hartmann, Dirk, Dir	2. 4.84	17. 9.41
abg.	7.12.83	27.10.49	N. N.stVDir		
Krützberg, Hans-Ulrich	7.12.83	10.12.53	Mauch, Peter, w.aufsR	29. 9.88	22. 4.33
Fellmann, Klaus-Peter	4. 4.84	24. 1.52	Hakes, Heribert, w.aufsR	1. 3.91	12. 5.39
Frechen, Jutta	1. 1.85	3. 8.53	Nießalla, Folker, w.aufsR	16. 9.94	6. 1.44
Kamphausen, Brigitte	28. 5.87	16. 3.58	Niemer, Klaus, w.aufsR	19. 9.94	15. 9.36
Junker, Thomas	11.11.88	21. 3.57	Engel, Sigrid	1.10.68	23. 9.36
Laubenstein, Wiegand	10. 4.89	2.12.52	Jantke, Elke	6. 6.72	6. 7.42
Napierala, Reiner, abg.	12. 9.89	21. 8.58	Dr. Biddermann, Ingrid	1.12.74	12. 8.31
Bracun, Helmut	20. 4.90	9. 8.56	Rahn, Christof	17. 3.76	20. 6.43
Rosocha, Hans-Bernd	5.12.90	26. 6.54	Benden, Karl-Ludwig	27. 4.76	18. 8.43
Bellenbaum, Bernd	17. 6.91	3. 8.58	Weiß, Heinz Georg	2.11.76	30. 7.45
Bender, Ulf-Thomas,			Mann, Norbert, ½	17.12.76	4. 6.43
abg.	9. 3.92	30. 4.60	Sensfuß, Jörg-Winrich	22. 2.77	27.11.44
Kraft, Kristin	14.10.92	28. 5.60	Klein, Günther Wilhelm	—	—
Schulte, Andrea	9.11.92	1.12.59	Günther, Arnold	20. 6.77	9. 9.42
Heinrich, Brigitte	26. 5.93	14. 6.59	Snoek, Hilke	—	—

LG-Bezirk Duisburg   OLG-Bezirk Düsseldorf   **NW**

Jansen, Walter Peter	1. 8.78	6. 3.45
Böhmer, Oliver	8.11.78	2. 7.46
Oelze, Gabriele	21. 3.80	16. 3.51
Oelze, Achim	1. 4.80	22. 9.49
Boltze, Michael	—	—
Lindenblatt, Heinrich	17. 7.80	4. 8.45
Dr. Schmahl, Hermann-Josef	12. 3.81	26.12.46
Staffler, Elmar, abg.	—	—
Viefers, Veit	16.10.81	9. 3.50
Limbrock, Gabriele	23.11.81	10. 7.48
Heitgreß-Roehl, Monika	—	—
Kellner, Edmund		6. 3.50
Prinz, Wilfried	21.10.82	27. 2.52
Dück, Peter	26.11.82	4. 3.52
Dreßler, Hermann	—	29.12.51
Ohlerich, Marianne	—	—
van Eymeren, Mechthild, ¾	1.12.83	27. 4.53
Müller-Lühlhoff, Claudia	22. 6.84	19. 5.53
Teschner, Petra	28.12.93	22.10.59
Dr. Feller, Frank	9. 5.94	20. 6.59
Fischer, Martin	7.11.94	2. 3.61
Bohle, Rita	2. 8.95	16. 5.61
Schmidt-Hölsken, Volker	13.11.95	14. 1.61
Martin, Andreas	14.11.95	18. 2.64

Duisburg-Hamborn   E 130 756
Duisburger Str. 220, 47166 Duisburg
Postfach 11 01 36, 47141 Duisburg
T (02 03) 5 44 04-0
Telefax (02 03) 5 44 04-42
1 Dir, 1 stVDir, 12 R

van Laak, Erika, Dir	1. 5.90	31. 7.36
Rosenmüller, Christian, stVDir	27. 9.84	11. 3.34
Meister, Erhard	1.12.69	21. 1.35
Dick, Rolf	1.11.73	2. 4.40
Bachem, Heinz Michael	13. 4.77	5. 1.45
Behnke, Wolfgang, abg.	17. 3.78	7.11.43
Spiess, Heinrich	28. 8.78	16. 7.43
Zähres, Gerd	—	—
Essers, Wilhelm Antonius	—	—
Pohl, Jan-Michael	21.10.82	3. 6.48
Achtermeier, Karl-Heinz	5. 4.83	3. 3.52
Bramhoff, Suitbert	9. 4.90	6. 7.57
Thome, Hendrik	28. 7.94	8. 8.60
Dr. Luge, Jens	15. 8.94	1. 7.59

Duisburg-Ruhrort   E 131 507
Amtsgerichtsstr. 36, 47119 Duisburg
Postfach 13 01 11, 47118 Duisburg
T (02 03) 8 00 59-0
Telefax (02 03) 8 00 59-222
1 Dir, 1 stVDir, 11 R

Bendorf, Berthold, Dir.	11. 8.95	20. 1.49
Wölting, Heinz, stVDir	24. 7.81	15. 4.32
Büllmann, Hubert	—	—
Dahm, Heinz Joachim	1. 7.70	28. 5.39
Thönißen, Klaus	9. 5.78	12. 6.48
Westermeier, Karl-Heinz	14. 4.80	23. 6.47
Schmitz, Hans Josef	14. 4.80	4. 6.48
Krapp, Volker	25. 3.81	24. 6.47
Schwering, Heinz-Bert	3. 4.81	15. 9.50
Marx, Hans-Dieter	27. 4.82	20. 3.46
zum Kolk, Robert	21. 9.83	11. 7.49
Tosse, Susanne	4. 6.84	17.11.53
Benke, Hans Richard	13.11.84	16. 1.50

Mülheim an der Ruhr   E 176 513
Georgstr. 13, 45468 Mülheim an der Ruhr
Postfach 10 01 26, 45466 Mülheim an der Ruhr
T (02 08) 45 09-0
Telefax (02 08) 45 09-1 00
1 Dir, 1 stVDir, 1 w.aufsR., 14 R

Diederich, Mathilde, Dir.	—	—
Kempken, Jochen, stVDir	21.10.85	24. 3.39
Schwanzer, Mechthild, w. aufsR	18. 8.94	11.10.43
Leschke, Dietrich	1. 4.66	4. 8.35
Schnurbusch, Heinz-Ekkehart	1.11.67	3. 1.36
Dr. Dömkes, Heinz	30.12.70	25. 4.36
Hörschgen, Reinhard	18. 9.77	1. 7.46
Zähres, Cordula	8.11.78	2. 9.48
Wetterich, Erhard	—	—
Kaspers, Heinz-Peter	2.11.79	7. 2.48
Fronhoffs, Bernd	15. 6.81	7. 7.48
Fischer, Peter	3.12.84	4. 1.53
Brackmann, Roswitha, ½	28.12.93	21.12.60
Galonska, Susanne	29.12.93	4. 5.61
Arps, Inken	18. 4.94	29. 5.61
Kley, Alexander	27.12.94	2. 1.61
Beuse, Friederike	9. 8.95	2. 6.62

Oberhausen (Rheinl.)   E 225 443
Friedensplatz 1, 46045 Oberhausen
Postfach 10 01 20, 46001 Oberhausen
T (02 08) 85 86-1
Telefax (02 08) 85 86-2 18
1 Dir, 1 stVDir, 2 w.aufsR, 22 R

Kassen, Norbert, Dir.	1. 9.94	27. 3.47
Dr. Bücker, Ludwig, stVDir	25.11.94	20.12.48
Herlitz, Horst, w.aufsR	1. 6.89	3. 9.38
Dr. Viefhues, Wolfram, w.aufsR	26. 6.95	30. 5.50
Dr. Coeppicus, Rolf	15. 4.67	22. 4.35

NW OLG-Bezirk Düsseldorf LG-Bezirk Kleve

Schlumbohm, Hans Hinrich	—	—
Hauptmann, Reiner	19. 4.74	6. 7.40
Müller, Hans-Joachim	—	—
Langenbach, Rüdiger	16. 9.77	28. 9.44
Hoffmann, Marga	—	—
Behnke, Sabine	3. 3.78	26. 5.45
Beuke, Hans Rudolf	19. 2.79	14. 7.44
Warning, Jürgen	2. 4.79	22.12.46
Schlinkert, Rainer	20.10.79	27. 4.48
Orilski, Joachim	2. 9.80	24. 7.47
Masling, Gabriela	17. 6.81	8. 3.51
Carra, Karl-Heinz	16.11.81	11. 8.46
Hülder, Alfred	21.10.82	1. 1.50
Tang, Heinz-Jürgen	1. 5.84	15.11.51
Dr. Franke, Einhard	25.11.87	11. 9.49
Funken-Schneider, Margarete	6. 5.94	23.10.60
Schneidereit, Susanne	31.10.94	21. 8.61
Beckmann-Backeshoff, Iris	12. 1.95	24. 4.57
Dr. Fleischer, Thomas	22. 6.95	6. 5.57
Reuter, Alexandra	20.11.95	4. 2.63

Wesel E 113 848
Herzogenring 33, 46483 Wesel
Postfach 11 40, 46467 Wesel
T (02 81) 1 44–0
Telefax (02 81) 1 44–48
1 Dir, 1 stVDir, 10 R

Velroyen, Helmuth, Dir	25. 6.84	16. 4.35
Schuster, Paul, stVDir	30.11.87	29. 7.47
Goller, Walter	8.12.76	23. 6.46
Meldau, Monika	10. 5.77	24. 4.46
Ollesch, Hans-Dieter	10.11.78	8. 2.47
Schimmöller, Gerold	24. 4.81	5. 6.46
Bluhm, Kurt Walter	21.10.82	30.10.47
Olof, Klaus-Peter	—	—
van Straelen, Heike	29. 9.83	21. 2.53
Lambertz, Norbert	30. 9.83	7. 6.49
Hirt, Michael	29. 3.88	24. 1.56
Neddermeyer, Ralph	11.12.95	20. 7.62

Landgerichtsbezirk Kleve

Landgericht Kleve E 526.940
Schloßberg 1, 47533 Kleve
Postfach 14 40, 47514 Kleve
T (0 28 21) 87–0
Telefax (0 28 21) 87–2 90

Auswärtige Strafkammer in Moers
Hanckwitzstr. 1, 47441 Moers
Postfach 10 11 40, 47401 Moers
T (0 28 41) 18 06–0
1 Pr, 1 VPr, 11 VR, 20 R + 1 LSt (R)

Präsident

Dr. Zimmermann, Heinz-August	29. 4.91	25.12.34

Vizepräsident

Schiller, Ludwig	8. 2.96	18.11.36

Vorsitzende Richter

Tittel, Heinrich	1. 2.75	1. 8.35
Lingens, Werner	29. 5.78	11.12.37
Siebers, Aloysius	10.11.78	23. 1.36
Kliver, Rudolf	4. 9.81	18. 2.38
Delbeck, Thomas	28. 9.84	23.10.43
Dr. Müller, Gerd	28. 8.86	11. 4.40
Suchsland, Johannes	11. 9.87	17.10.42
Jacobs, Jürgen	1. 9.89	9. 9.52
Scholten, Cornelius	24.11.92	24.12.35
Marziniak, Alfred	—	—
Daams, Heinz Gerd	30. 9.94	27. 6.43

Richterinnen/Richter

Sobek, Theodora, beurl.(LSt)	—	—
Singer, Sigrid, ½	18. 7.72	25. 1.41
Iber, Konrad	1. 2.78	22. 3.42
Stadtmann, Bernhard	4.12.78	26. 4.44
Dr. Nippoldt, Rolf	1.12.79	21. 8.44
Henckel, Elisabeth, ½	3. 4.80	24. 7.49
Schöttler, Peter	3.10.80	16. 8.48
Hillgärtner, Beate	24. 3.88	15.11.55
Knickrehm, Ulrich	25. 3.88	2.12.55
Ruby, Jürgen	15. 2.89	14.10.54
Henckel, Christian	15. 2.89	25. 2.57
Schüttpelz, Erfried	7.11.89	16.10.59
Haarmann, Robert	20. 4.90	15. 6.56
Schmidt, Ingrid	20. 4.90	28. 9.59
Blömer, Gertrud, ½	1. 6.90	14. 3.56
Scheyda, Norbert	23. 9.91	23. 2.60
Reekers, Bernhard	5. 2.92	14. 8.56
Buckels, Frank	15. 6.92	23. 3.60
Drissen, Markus	20.10.92	28. 8.60
Huismann, Johannes	13. 4.93	26.10.59
Dr. Unger, Joachim	19. 5.93	17. 5.61

LG-Bezirk Kleve   OLG-Bezirk Düsseldorf   **NW**

Amtsgerichte

Emmerich   E 48 844
Seufzerallee 20, 46446 Emmerich
Postfach 10 01 54, 46421 Emmerich
T (0 28 22) 6 94–0
Telefax (0 28 22) 6 94–48
1 Dir, 3 R

Verbeet, Edmund, Dir	1. 6. 89	29. 11. 49
Geffroy, Lutz	12. 7. 77	30. 9. 44
Sarin, Waltraud	24. 9. 79	20. 9. 47
Gietemann, Karl	28. 4. 82	12. 10. 51

Geldern   E 116 423
Nordwall 51, 47608 Geldern
Postfach 11 64, 47591 Geldern
T (0 28 31) 1 23–0
Telefax (0 28 31) 1 23–45
1 Dir, 1 stVDir, 10 R

Hommel, Klaus Peter, Dir	1. 8. 95	10. 9. 52
Hansen, Heinrich, stVDir	24. 1. 96	20. 9. 45
Petzet, Christian	16. 12. 77	1. 2. 45
Willems, Theodor	1. 8. 80	21. 7. 47
Eichholz, Angelika	26. 4. 82	1. 2. 49
Weitzel, Wolfgang, abg.	1. 12. 83	28. 5. 52
Schuster, Wolfgang	30. 12. 83	17. 6. 45
Dr. Terhorst, Karl-Leo	3. 6. 87	5. 3. 51
van Gemmeren, Gerhard, abg.	13. 8. 93	17. 5. 60
Werner, Jörg	3. 12. 93	23. 3. 57

Kleve (Niederrhein)   E 119 181
Schloßberg 1, 47533 Kleve
Postfach 14 20, 47514 Kleve
T (0 28 21) 87–0
Telefax (0 28 21) 87–1 00
1 Dir, 1 stVDir, 1 w.aufsR, 13 R

Dr. Hientzsch, Ulf, Dir	1. 11. 88	10. 6. 38
Neumann, Siegfried, stVDir	16. 12. 94	23. 6. 36
Blawat, Ulrich-Michael, w. aufsR	—	—
Linnertz, Peter	6. 9. 74	7. 1. 42
Piepenbrock, Eva	4. 8. 76	28. 11. 38
Thomsen, Joachim	—	—
Pauls, Ulrich	27. 2. 79	12. 10. 45

Blome, Gisela	21. 5. 82	13. 4. 51
van den Boom, Herbert	2. 11. 82	15. 2. 48
Gallasch, Georg	22. 12. 93	26. 6. 61
Kloos, Harald	28. 12. 93	14. 6. 62
Stalinski, Dirk	21. 9. 94	14. 8. 61
Hinkers, Elisabeth	30. 6. 95	23. 4. 63

Moers   E 134 535
Haagstr. 7, 47441 Moers
Postfach 11 40, 47401 Moers
T (0 28 41) 18 06–0
Telefax (0 28 41) 18 06–77
1 Dir, 1 stVDir, 1 w.aufsR, 12 R

Volkmer, Wolf, Dir	1. 7. 85	18. 10. 42
Krichel, Klaus Wilhelm, stVDir	29. 4. 94	24. 4. 50
Pesch, Georg, w. aufsR	29. 6. 94	19. 12. 36
Paßmann, Franz	—	—
Becker, Dietrich	15. 5. 69	31. 5. 36
Schminke, Peter	—	—
Boekstegen, Karin	—	—
Nabbefeld-Kaiser, Renate	—	—
Lindemann, Reiner	30. 12. 83	28. 6. 48
Meininger, Irmgard	4. 12. 84	26. 8. 47
Scheidt, Josefa	29. 10. 90	6. 2. 56
Kohler, Theresia	16. 8. 91	11. 8. 60
Malzen, Uwe, abg.	30. 9. 91	6. 7. 59
Leupertz, Stefan	16. 12. 93	21. 3. 61
Dr. Klinkhammer, Frank	17. 12. 93	14. 5. 61

Rheinberg   E 107 957
Rheinstr. 67, 47495 Rheinberg
47493 Rheinberg
T (0 28 43) 1 73–0
Telefax (0 28 43) 1 73–78
1 Dir, 1 stVDir, 6 R

N. N., Dir		
Hoppe, Joachim, stVDir	18. 1. 95	20. 5. 40
Blankenmeier, Herbert	1. 7. 68	10. 4. 37
Bernschütz-Hörnchen, Monika	5. 8. 78	1. 9. 44
Gräfin von Salm-Hoogstraeten-Weebers, Barbara	27. 4. 82	16. 6. 47
Lomme, Paul	26. 10. 82	17. 9. 46
Mülverstedt, Thomas	—	—
Scheepers, Ulrich	13. 6. 91	30. 7. 59

Landgerichtsbezirk Krefeld

Landgericht Krefeld E 428 359
Nordwall 131, 47798 Krefeld
Postfach 14 70, 47714 Krefeld
T (0 21 51) 8 47–0
Telefax (0 21 51) 8 47–2 18
1 Pr, 1 VPr, 9 VR, 15 R

Präsident

Dr. Just, Hubert	1. 10. 94	30. 7. 45

Vizepräsident

Stomps, Harald	1. 5. 85	24. 8. 32

Vorsitzende Richterin/Vorsitzende Richter

Hintzen, Wolfgang	23. 7. 74	26. 5. 32
Simon, Renate	9. 1. 76	5. 6. 35
Dr. Paul, Heinz Joseph	3. 3. 76	9. 4. 35
Franke, Lothar	14. 2. 79	18. 3. 34
Moshövel, Gerhard	21. 12. 79	5. 1. 36
Hermelbracht, Wolfgang	1. 4. 80	15. 12. 41
Aue, Reinhold	31. 3. 83	24. 5. 36
Schwarz, Johann	16. 5. 90	2. 2. 48
Luczak, Herbert	26. 3. 93	18. 1. 52

Richterinnen/Richter

Tödtmann, Wolf-Rüdiger	1. 10. 67	3. 5. 36
Schwan, Erik	—	—
Krause-Ablaß, Karin, ½	16. 1. 74	14. 4. 41
Kloetsch, Doris	—	—
Bierbach, Hartmut	11. 4. 78	10. 11. 44
Franz, Helga Carmen	24. 1. 83	16. 5. 48
Kümpel, Manfred	26. 10. 89	5. 11. 54
Barenhorst, Dominica	16. 12. 91	2. 11. 58
Hartung, Ingrid, ½	10. 6. 92	31. 1. 61
Emmrich-Ipers, Dagmar	13. 10. 92	29. 12. 60
Büchler, Doris	16. 10. 92	12. 6. 60
Kley, Elvira	14. 10. 94	15. 3. 63
Offermanns, Klaus	12. 6. 95	14. 6. 62
Habermehl, Martina, 3/5	12. 6. 95	16. 6. 62
Kersten, Karin	20. 11. 95	23. 9. 62

Amtsgerichte

Kempen E 78 612
Hessenring 43, 47906 Kempen
Postfach 10 01 20, 47878 Kempen
T (0 21 52) 14 90–0
Telefax (0 21 52) 14 90–59
1 Dir, 5 R

Rohde, Reiner, Dir	6. 10. 83	13. 7. 43
Baaken, Helmut	—	—
Breidenstein, Rudolf	3. 12. 78	26. 10. 44

Janich, Andreas	15. 1. 82	23. 5. 51
Holtz-Hellegers, Renate	29. 4. 87	28. 3. 56
Diedrichs, Frank	27. 5. 94	3. 7. 59

Krefeld E 295 065
Nordwall 131, 47798 Krefeld
Postfach 14 70, 47714 Krefeld
T (0 21 51) 8 47–0
Telefax (0 21 51) 8 47–5 35
1 Dir, 1 stVDir, 3 w.aufsR, 31 R

Nohlen, Otto, Dir	1. 8. 78	30. 7. 36
Idel, Peter, stVDir	1. 6. 89	22. 6. 47
Pater, Franz, w.aufsR	1. 9. 84	18. 12. 31
Emsters, Günter Johannes, w.aufsR	29. 10. 92	9. 12. 31
Breidenstein, Christiane, w.aufsR	12. 10. 94	12. 10. 49
Krappen, Jürgen	1. 10. 65	29. 3. 35
Ullrich, Rudolf	1. 4. 66	3. 2. 34
von Hagen, Udo	1. 1. 67	26. 7. 35
Berger, Holger	1. 1. 67	14. 1. 36
Scholz, Thomas	—	—
Müller, Robert	1. 9. 72	7. 10. 41
Didier, Paul	23. 4. 75	3. 1. 42
Meister, Hans-Gerd	18. 3. 76	24. 12. 41
Volkmann, Lioba	22. 11. 76	17. 1. 45
Düsedau, Peter	1. 4. 77	21. 1. 42
Kaiser, Friedrich-Wilhelm	18. 7. 77	7. 10. 44
Wiegand, Konrad Ernst	28. 7. 77	4. 12. 46
Habersack, Klaus Michael	13. 3. 78	13. 3. 43
Nowacki, Peter Wolfgang	1. 4. 78	8. 4. 44
Schleicher, Heidi	—	—
Thielen, Wolfgang	28. 1. 79	17. 4. 49
Mnich, Herbert	19. 3. 79	19. 9. 48
Richter, Werner	2. 11. 79	12. 6. 46
Hennings, Susanne	2. 6. 80	22. 11. 41
Peine, Hans-Dieter, abg.	2. 6. 80	22. 9. 47
Möllers, Ulrich	29. 9. 81	30. 9. 50
Link, Winfried Michael	—	—
Deußen, Rainer	22. 3. 83	6. 8. 48
Redlin, Harald	10. 10. 83	31. 7. 49
Zimmermann, Walter	11. 1. 88	11. 1. 54
Höfer, Susanne, ½	24. 1. 89	19. 10. 57
Drossart, Ulrich	3. 11. 89	1. 12. 54
Rackwitz, Klaus-Ulrich	30. 12. 93	22. 1. 60
Dr. Weith, Jürgen	6. 1. 94	21. 6. 59
Meckenstock, Antje	9. 11. 94	22. 5. 62
Kempkens, Barbara	19. 12. 95	7. 5. 63

Nettetal E 54 682
Steegerstr. 61, 41334 Nettetal
Postfach 11 63, 41301 Nettetal
T (0 21 53) 91 51–0
Telefax (0 21 53) 91 51–11
1 Dir, 4 R

LG-Bezirk Mönchengladbach OLG-Bezirk Düsseldorf **NW**

Hoeke, Hans, Dir	21. 11. 83	25. 8. 38
Schmitz, Klaus Peter	17. 8. 78	13. 3. 44
Rebell, Gudrun	3. 10. 80	17. 3. 51
Ungricht, Astrid, ½	2. 11. 90	12. 8. 59
Baak, Peter	13. 10. 95	4. 8. 61

Landgerichtsbezirk Mönchengladbach

Landgericht Mönchengladbach E 574 494
Postfach 10 16 20, Hohenzollerstraße 157
41016 Mönchengladbach
T (0 21 61) 2 76–0
Telefax (0 21 61) 2 76–3 10
1 Pr, 1 VPr, 11 VR, 23 R + 2 LSt (R)

Präsident

Dr. Gräber, Heinz	1. 11. 90	30. 7. 37

Vizepräsidentin

Paulsen, Anne-José	6. 3. 96	23. 8. 52

Vorsitzende Richterin/Vorsitzende Richter

Jansen, Wilhelm	25. 5. 72	17. 10. 32
Tillmanns, Paul	14. 11. 73	12. 9. 33
Mauer-Wolters, Ursula	27. 3. 75	22. 2. 32
Dr. Maser, Siegfried	5. 9. 75	23. 10. 34
Buchen, Heinrich	11. 11. 77	6. 8. 39
Lohn, Joseph	14. 11. 80	15. 5. 38
Neumann, Horst	16. 2. 84	24. 5. 42
Diez-Holz, Reinhard	17. 2. 87	21. 2. 46
Naumann, Reinhard	25. 9. 87	1. 5. 43
Woltz, Wilfried Wilhelm	26. 11. 87	29. 1. 42

Richterinnen/Richter

Heitzer, Edith	1. 1. 68	30. 1. 36
Dr. Fell, Karl, fr. MdL (LSt)	1. 5. 68	16. 12. 36
Schoen, Ulrich	3. 11. 75	20. 12. 40
Kluge, Margret	5. 6. 76	25. 9. 39
Lowinski, Andreas	26. 3. 82	15. 10. 49
zum Bruch, Helga, ½	25. 7. 83	23. 3. 52
Meurer, Nikolaus	1. 12. 83	2. 5. 48
Wadenpohl, Michael	11. 5. 84	18. 6. 53
Banke, Joachim	1. 12. 84	7. 12. 50
Wexel, Horst-Günther	13. 2. 89	9. 2. 54
Rosso, Frank	19. 5. 89	7. 2. 60
Helmig-Rieping, Elisabeth, ½	1. 6. 89	7. 1. 57
Beckers, Lothar	30. 10. 89	23. 9. 54
Stein, Martine, abg.	18. 4. 90	5. 2. 59
Kreuels, Jürgen, abg. (LSt)	13. 9. 91	26. 3. 55

Kühnen, Jürgen	28. 4. 92	14. 1. 60
Bößem, Bernd	21. 12. 92	4. 9. 59
Dr. May, Werner	21. 12. 92	9. 12. 59
Winterscheidt, Manfred	21. 12. 92	16. 2. 60
Roidl-Hock, Ellen	22. 12. 92	28. 10. 61
Göge, Klaus	23. 12. 92	27. 3. 60
Eimermacher, Harald	17. 1. 94	15. 12. 60

Amtsgerichte

Erkelenz E 104 428
Kölner Str. 61, 41812 Erkelenz
Postfach 90 03, 41804 Erkelenz
T (0 24 31) 96 02–0
Telefax (0 24 31) 96 02–222
1 Dir, 6 R

Lennartz, Oswald, Dir	1. 4. 85	7. 7. 37
Wallrafen, Dieter	21. 2. 72	12. 4. 39
Buschfeld, Friederike	14. 9. 81	21. 5. 52
Hinz, Helmut	28. 5. 88	26. 5. 57
Weiring, Ursula, ½	9. 6. 94	29. 12. 56
Dr. Fuchs, Gisbert	13. 2. 95	22. 6. 61
Jacobi, Knut, abg.	10. 7. 95	14. 7. 59

Grevenbroich E 97 352
Lindenstr. 33 – 37, 41515 Grevenbroich
Postfach 10 01 61, 41485 Grevenbroich
T (0 21 81) 65 03–0
Telefax (0 21 81) 65 03–55
1 Dir, 6 R

Dr. Horbach, Karl-Heinz, Dir	14. 9. 94	30. 1. 52
Dr. Engelhardt, Jochen	1. 7. 67	23. 3. 36
Biber, Burckhard Johann	2. 4. 78	27. 7. 43
Georg, Dirk	30. 5. 79	4. 10. 43
Albers, Wolfgang	—	—
Vogels, Eugen	19. 5. 83	25. 1. 52
Schiekiera, Heidemarie	8. 11. 94	22. 2. 61

Mönchengladbach E 148 974
Hohenzollernstr. 157, 41061 Mönchengladbach
Postfach 10 16 20, 41016 Mönchengladbach
T (0 21 61) 2 76–0
Telefax (0 21 61) 2 76–4 88
1 Dir, 1 stVDir, 2 w.aufsR, 19 R

Wittke, Manfred Burger, Dir	1. 12. 93	14. 10. 39
Coenen, Werner, stVDir	11. 9. 85	8. 5. 35
Plümäkers, Hans, w.aufsR	—	—
Dormanns, Stephanie, w.aufsR	17. 8. 95	12. 8. 40
Mülhöfer, Heinz	1. 11. 65	11. 7. 35

NW OLG-Bezirk Düsseldorf — LG-Bezirk Wuppertal

Odenbreit, Guntram	18. 3.71	11. 3.39
Kraus, Klaus Dieter	—	—
Lingnau, Stephan	2.11.78	16.12.46
Dr. Tschepe, Axel	5.11.78	16. 2.46
Ringkloff, Brigitte	29.10.79	5. 8.47
Peitz, Petra	5. 5.82	6. 4.52
Kamp, Ulfert	—	—
Wehmeyer, Petra	1. 6.88	17. 3.55
Müskens, Angelika	23. 5.90	10. 1.55
Hoffmans, Brigitte	25. 5.90	30. 8.51
Pisal, Ramona, abg.	17. 1.94	6. 8.57
Spätgens, Stefan	17. 1.94	4. 8.62
Essers-Grouls, Gudrun	18.11.94	20. 7.62
Schiller, Margot	21.11.94	8. 2.61
Streyl, Elmar	14. 7.95	8. 1.62

Mönchengladbach-Rheydt E 117.099
Brucknerallee 115, 41236 Mönchengladbach
Postfach 20 01 61, 41201 Mönchengladbach
T (0 21 66) 9 72-0
Telefax (0 21 66) 9 72-100
1 Dir, 1 stvDir, 10 R

Jopen, Ulrich Konrad, Dir	1. 1.94	8. 9.45
Möller, Peter, stvDir	18. 7.94	14. 6.43
Schöllgen, Werner	5. 9.74	24.11.41
Bülte, Gert	—	—
Kaumanns, Wolfgang	24. 4.77	14. 9.42
Eckardt, Wolfgang	24. 2.78	25. 1.44
Röchling, Walter	1.12.78	24. 8.48
Bergmann, Ernst-Elmar	1. 4.81	30. 5.44
Bachtrup, Winfried	21.12.84	11. 1.47
Gerats, Walburga	17. 5.93	22. 8.61
Mai, Karl	27. 6.94	4. 4.59

Viersen E 106 641
Dülkener Str. 5, 41747 Viersen
Postfach 10 01 61, 41701 Viersen
T (0 21 62) 3 73-6
Telefax (0 21 62) 3 73-888
1 Dir, 1 stvDir, 9 R

Gollos, Peter, Dir	30. 9.83	21. 7.38
Geiger-Battermann, Bernd, stVDir	21. 8.95	18.10.46
Finger, Rolf	15. 5.67	28. 5.36
Smolenski, Hubertus	10. 1.77	19. 2.42
Reinhardt, Manfred Volker	1. 7.77	1. 9.43
Smets, Friedrich Rolf	14. 8.78	7.10.46
Becher, Jochen	2. 5.81	16.10.48
Breer, Franz Peter	5. 4.83	1. 6.46
Leibold, Hans Ludwig	26.10.84	24. 5.52
Overbeck, Ursula	21.11.94	31. 1.60

Landgerichtsbezirk Wuppertal

Landgericht Wuppertal E 932 439
Eiland 1, 42103 Wuppertal
Postfach 10 18 40, 42018 Wuppertal
T (02 02) 4 98-0
Telefax (02 02) 4 98-4 22
1 Pr, 1 VPr, 25 VR, 39 R, 2 LSt (R)

Präsident

Crummenerl, Horst	1.11.91	18.12.35

Vizepräsident

Klein, Wilfried	1. 8.91	22. 8.32

Vorsitzende Richterin/Vorsitzende Richter

Dr. Jaeger, Harald	1. 8.73	15. 9.31
Poensgen, Stephan	9. 6.75	27. 6.32
Gottschalk, Dieter	26. 9.75	16. 5.33
Fiebach, Franz-Heinrich	24. 5.76	26. 3.32
Bock, Heinz	30. 5.78	17.10.35
Dr. Reinecke, Jürgen	11.10.78	10. 5.39
Arnhold, Georg Michael	23.10.80	19. 6.37
Dr. Bühne, Reiner	19. 3.81	1. 6.38
Watty, Rudolf	29. 4.81	16. 7.35
Hucklenbroich, Rudolf	11. 3.82	31. 8.41
Dr. Wiese, Klaus	17. 1.84	28.12.43
Wilden, Rolf	6.11.86	2.11.45
Dr. Danz, Fritz-Jürgen	3. 5.88	5. 4.45
Belker, Karin	20. 1.89	30.10.42
Keiluweit, Wilfried	20. 1.89	26.10.45
Suhle, Jürgen	27.10.89	16. 9.44
Dr. van Bargen, Ralph	27. 2.91	9. 6.48
Mengel, Volker	25. 9.91	11.11.45
Poelmann, Johannes Joachim	12. 5.92	16. 8.46
Koep, Norbert	7. 6.93	26.10.42
Kroll, Peter	8. 2.94	12. 8.42
Schmidt, Roland	8. 2.94	23.10.46
Brewing, Stefan	13. 5.94	7. 9.49
Pyschny, Manfred	15.12.94	15. 6.47
Jäger, Klaus Peter	18. 1.96	22. 4.54

Richterinnen/Richter

Haas, Klaus	5.10.71	20. 4.36
Sieker, Hertha	2.12.71	14. 1.41
Pinnel, Peter	9.11.73	6. 2.42
Landsiedel, Marianne	3. 1.75	3. 7.41
Riegel, Knut	28. 9.75	2. 7.43
Kister, Wolfgang	5.12.77	5.12.45
Lichter, Klaus-Dieter	23. 6.78	17.11.43

LG-Bezirk Wuppertal

Name		
Cygan, Dieter Joachim	23. 2.79	3.10.45
Zier, Hans-Peter	23. 2.79	24. 4.46
Walter, Arnd Bernhard	18. 7.79	25. 9.45
Franke, Joachim	9.12.79	2. 3.47
Meuschke, Wolfgang	26.11.80	2. 2.49
Büllesbach, Kurt	24. 7.81	9.11.50
Sahlenbeck, Ulrich	3.11.82	3. 9.52
Kohl, Wolfang	28.11.83	26. 6.50
Adelung, Christiane, beurl. (LSt.)	26. 3.84	21. 7.52
Meyer, Boris	7. 2.86	6. 8.56
Hahn, Sabine, ½	30. 6.88	5. 2.56
Odenthal, Bianca, beurl.	7. 7.88	25.12.57
Leithäuser, Helmut	27. 2.89	4.12.56
Berger, Gerhard, abg.	17. 4.90	2. 5.57
Müller, Norbert	3.12.90	6. 6.56
Mißeler, Monika	3.12.90	16.11.56
Istel, Bernd-Stefan	25. 4.91	30.11.58
Krege, Ulrich	2.10.91	31. 3.56
Dost-Müller, Vera, ½	2.12.91	1. 4.60
Schönemann-Koschnick, Dorothea, beurl. (LSt.)	2. 9.92	17. 9.59
Dr. Deville, Rainer	1.10.92	6. 8.59
Schulz, Peter Klaus	2.10.92	5. 7.61
Schiedel-Krege, Jutta	5. 7.93	20. 4.60
Dr. Lehmberg, Annette, abg.	2. 8.93	25. 7.62
Juffern, Reinhard	9. 8.93	29. 6.62
Behring, Stefan	27. 9.94	19.10.60
Vosteen, Andrea, beurl.	13.10.94	26. 5.58
Döinghaus, Bernd Michael	12. 5.95	7. 2.62
Bischop, Ludger	20. 9.95	31.12.61
Kötter, Jochen	6.11.95	13. 6.62

Amtsgerichte

Mettmann E 140 494
Gartenstr. 5 + 7, 40822 Mettmann
Postfach 30 01 01, 40813 Mettmann
T (0 21 04) 7 74–0
Telefax (0 21 04) 7 74–1 70
1 Dir, 1 stVDir, 11 R

Name		
N. N., Dir		
Braun, Norbert, stVDir	10. 8.87	1. 2.45
Nordsieck, Reinhard	1.12.67	1. 6.37
Kirchner, Ottmar	1. 8.77	10.12.43
Reuter, Gerd	21.10.77	25. 9.44
Schrimpf, Jürgen Werner, zu 0,1 abg.	—	—
Osthoff, Heinz-Dieter	1. 7.79	29. 6.49
Naujoks, Cornelie	1. 9.79	3.12.49
Prumbaum, Hans Gerd	14. 4.80	14. 4.49

OLG-Bezirk Düsseldorf **NW**

Name		
Tiebel, Birgit Helene	1. 3.82	19. 4.47
Söffing, Jan-Michael, abg.	12.10.86	1. 6.54
Manderscheid, Kerstin	13.12.93	9. 8.62
Schmitz-Horn, Ulrich	2. 5.94	23. 2.58

Remscheid E 123 069
Alleestr. 119, 42853 Remscheid
Postfach 10 01 64, 42801 Remscheid
T (0 21 91) 7 96–9
Telefax (0 21 91) 7 96–1 50
1 Dir, 1 stVDir, 14 R

Name		
Söhnchen, Rolf, Dir	11. 9.87	27. 2.42
Schäfer, Hans, stVDir	13. 7.87	20. 6.34
Wiene, Franz-Friedrich	1. 5.66	23. 9.35
Peiseler, Ralf	15. 2.70	18. 9.34
Neuhaus, Helmut	1. 9.70	17. 7.37
Seidel, Edda	15. 4.75	7. 9.41
Lehmann, Klaus Heinz, abg.	21.11.78	3.12.38
Hamann, Rainer	—	—
Sauter, Harald	30.11.82	25. 8.48
Schmitz-Knierim, Joachim	10.10.88	26. 2.54
Wendel, Heinz	29.11.93	22. 4.61
Glatz, Angela	4.11.94	18. 8.62
Dr. Stiefken, Uta	7.11.94	17. 5.62
Büddefeld, Dirk	25. 7.95	30. 3.62
Saul-Krickeberg, Johanna, abg.	29. 8.95	11. 5.58
Zimmermann, Natascha	18.12.95	2. 4.62

Solingen E 165 973
Goerdelerstraße 10, 42651 Solingen
Postfach 10 12 64, 42648 Solingen
T (02 12) 22 00–0
Telefax (02 12) 22 00–222
1 Dir, 1 stVDir, 1 w. aufsR, 13 R

Name		
Frotz, Norbert, Dir	1. 2.92	7. 6.36
Benesch, Peter, stVDir	26.11.92	19. 4.50
Brömel, Günter, w. aufsR	24. 6.94	11.10.36
Dr. van Els, Hans	15.10.66	28.11.33
Rüsch, Christa	—	—
Kohlmann, Winfried	1. 7.70	26. 1.39
Klumpen, Peter	25. 5.71	23.10.37
Püschel, Lothar		
Hefen, Werner	21.10.77	8. 3.44
Hochstein, Werner	26. 5.78	24.10.44
Mrazek, Klaus-Günter	23. 6.78	2. 1.45
Roese, Wolfgang	23. 6.82	7.10.47
Zürn, Verena, beurl.	26. 4.82	12.11.50
Bisier, Hans-Eberhard	1. 6.82	26. 8.48
von Drewitz, Hasso	15. 2.85	8. 6.48
Lehmberg, Hermann	6. 4.87	1. 6.55

NW OLG-Bezirk Düsseldorf   LG-Bezirk Wuppertal

Velbert E 119 127
Nedderstr. 40, 42549 Velbert
Postfach 10 13 80, 42513 Velbert
T (0 20 51) 9 45–0
Telefax (0 20 51) 9 45–199
1 Dir, 1 stvDir, 9 R

Dr. Escher, Karl-Ernst, Dir	1. 1.94	2. 4.33
Franke, Norbert, stVDir	21. 7.94	17.10.41
Sander, Joachim	1. 6.68	18. 2.37
Rosenbaum, Bernd, abg.	26. 2.77	9. 9.41
Blasberg, Karl Dieter	12.10.77	6. 1.45
Specht, Irmela	14. 9.81	18. 4.45
Eble-Trutnau, Dorothea	28. 6.82	21. 4.52
Duhr, Karl-Friedrich	16.12.83	20.11.50
Mohnhaupt, Gabriele	18. 9.92	17. 4.57
Asperger, Markus	13.11.92	10. 3.60
Spiegel, Jutta	27. 4.94	26. 9.61

Wuppertal E 383 776
Eiland 4, 42103 Wuppertal
Postfach 10 18 29, 42018 Wuppertal
T (02 02) 4 98–0
Telefax (02 02) 4 98–4 44
1 Dir, 1 stvDir, 5 w.aufsR, 41 R

von Borzeszkowski, Siegfrid, Dir	27.12.84	8. 6.34
Hörschgen, Werner, stVDir	28. 1.88	9. 7.43
Zilkens, Heinrich, w.aufsR	1. 3.79	11. 8.33
Borbach-Klein, Margarete, w.aufsR	17.12.82	23. 2.34
Schmidt, Dietrich, w.aufsR	7.10.83	11.12.35
Heiliger, Uwe, w.aufsR	17. 8.94	22. 1.46
Wöbber, Hans-Jürgen, w.aufsR	19. 8.94	24. 4.41
Oberg, Manfred	1. 9.65	13. 4.34
Ott, Dietrich	1. 3.66	17.10.34
Pieper, Rolf	1.10.66	29.11.34

Heß, Karl-Heinz	—	—
Kühlthau, Hans-Joachim	1. 4.67	8. 9.35
Wewer, Christa	1. 2.68	15.10.37
Battefeld, Herbert	15. 5.69	21. 2.33
Dr. Koep, Albert	1. 7.69	7. 5.37
Köhler, Hermann Joseph	12.10.70	20. 8.37
Richter, Ursula	11. 1.72	25. 7.38
Proebsting, Klaus	29.11.72	15. 7.38
Straub, Hans Uwe	1. 2.73	30.12.40
Koch, Wolfgang	30.11.73	25. 8.43
Meyer, Bernd-Rüdiger	13. 5.74	5. 1.42
Pauckstadt, Hans-Joachim, abg.	21. 4.77	22. 7.43
Rupprecht, Klaus	21. 4.77	9. 9.44
Schmachtenberg, Hartmut	—	—
Wehmeyer, Carl-Friedrich	17. 3.78	21.10.42
Pfrogner, Wolfgang	17. 3.78	5. 2.45
Lilie, Hans Ingo	4. 4.78	5.10.45
Kuhaupt, Bernward-Josef	8. 4.78	12. 2.47
Saßenhausen, Hans	14. 4.78	4. 8.44
Schiebold, Wolfgang Bernhard	12. 5.78	17. 6.43
Menke, Gerd	3.10.78	22.10.45
Schulz, Georg	15.12.78	4.12.43
Kaminski, Andrea	1.12.79	13. 8.49
Dr. Nottebaum, Werner	—	—
Wirths, Hans-Gerd	—	—
Figge, Reiner	—	—
Schaumlöffel, Gerd	26. 5.82	24.11.50
Sauter-Glücklich, Andrea Hubertine	—	—
Hänsel-Nell, Inga, ½	27.10.82	21.12.52
Dudda, Paul-Dieter	3.11.82	12. 4.51
Koßmann, Ralph	13. 4.84	4. 9.53
Kahlhöfer, Michael	2.11.86	4. 5.55
Sdunzik, Werner	5. 1.90	10. 5.56
Nolten, Anna Maria	2. 5.94	5. 6.60
Scheideler, Konrad	14.11.94	7. 5.61
Sennekamp, Martin	14.11.94	18. 1.62
Sturm, Jörg	15.11.94	29. 5.61
Ringel, Katrin, ½	2.10.95	14.11.62

Staatsanwaltschaften

Generalstaatsanwaltschaft Düsseldorf
Sternwartstraße 31, 40223 Düsseldorf
T (02 11) 90 16–0
Telefax (02 11) 90 16–2 00
1 GStA, 4 LOStA, 23 OStA, 2 LSt (OStA)

Generalstaatsanwalt
Selter, Walter	1. 1.94	27.10.45

Leitende Oberstaatsanwälte
Claßen, Karl Manfred, stVGStA	1. 1.94	27. 3.46
Büttner, Dietrich	7.12.78	24. 2.36
Kuntze, Lothar	13.12.79	25. 2.35
Trennhaus, Meinhard	1. 6.91	25.12.35

Oberstaatsanwältinnen/Oberstaatsanwälte
Koschorreck, Peter	10. 9.74	12.10.35
Schiffler, Wolfgang	19. 9.83	15. 5.45
Böhm, Rainer	17. 3.86	26. 3.41
Faber, Friedrich, abg. (LSt)	17. 3.86	13. 2.44
Jacobi, Helmut	—	—
Kapplinghaus, Hans-Jürgen	26. 9.89	3. 7.46
Steinforth, Gregor	26. 9.89	8.11.49
Grevener, Alfons	25. 4.90	30. 1.47
Schnittcher, Gerd, abg.	30. 4.90	19. 3.49
Kapischke, Jürgen, abg.	21. 8.90	22. 7.47
Wimmers, Werner, abg.	21. 8.90	22. 9.47
Dr. Mattulke, Hans-Jürgen, abg.	1.10.91	27.12.44
Ipers, Klaus	27.11.91	11. 8.50
Manteuffel, Heiko	27.11.91	26. 3.52
Ludwig, Jürgen	7.10.92	21.10.48
Jansen, Norbert	26. 1.93	1. 2.53
Möckel, Sybille	28. 5.93	6.10.46
Teschendorf, Margarita	28. 5.93	2. 4.52
Seither, Wolfgang, abg. (LSt.)	1. 6.93	24. 5.52
Schröter, Hartmut	15. 6.94	29. 3.50
Holten, Heinz-Leo	11.11.94	27. 5.55
Schmitz, Werner	28.11.94	13. 8.50
Wassen, Hans Josef	4. 5.95	5. 8.49
Neukirchen, Arno	14. 9.95	14. 5.52
Brachthäuser, Emil	9. 2.96	9. 4.55

Staatsanwaltschaft Düsseldorf
Willi-Becker-Allee 8, 40227 Düsseldorf
Postfach 10 11 22, 40002 Düsseldorf
T (02 11) 77 07–0
Telefax (02 11) 77 07–4 76
1 LOStA, 1 stVLOStA, 16 OStA, 56 StA, 1 LSt (OStA), 2 LSt (StA)

Leitender Oberstaatsanwalt
Knipfer, Eberhard	29. 8.79	15. 2.32

Oberstaatsanwältinnen/Oberstaatsanwälte
Ruhland, Jochen, stVLOStA	3. 3.89	22.11.32
Chanteaux, Rolf	19. 5.72	21. 8.31
Müller, Günter	10.10.77	9. 5.36
Neumann, Eberhard	14.10.77	13. 8.36
Esser, Karl Heinrich	8. 5.78	16. 7.36
Schlegel, Giselher	21. 5.79	23.12.33
Pütz, Johannes	26. 9.79	12. 8.38
Blazy, Norbert	3. 4.80	22. 1.35
Miese, Theodor Peter	23.12.86	10. 1.43
Gilbers, Wilhelm, abg. (LSt.)	1. 9.88	3. 4.40
Schmid-Aretz, Bettina	26. 9.89	8. 5.39
Bremer, Heinz	28. 2.92	1. 4.46
Sallmann, Hans-Otto	2. 2.93	26. 5.43
Flücht, Heinz Kurt	23. 6.94	10.10.43
Dr. Gold-Pfuhl, Gisela	23. 6.94	1. 9.48
Blaskowitz, Hans-Martin	10. 3.95	4. 3.41
Bachmann, Jörn	—	—

Staatsanwältinnen/Staatsanwälte
Ernst, Olaf, GL	11. 8.94	21. 3.48
Ambach, Dieter, GL	9.11.94	1. 7.37
Kleinert, Hans-Rainer, GL	20. 9.95	2.11.42
Teicher, Hans Michael	1.12.66	25. 1.35
Hulvershorn, Wolfgang	15. 5.68	16.11.36
Otten, Gudrun	15. 5.68	16.11.36
von Kapri, Waltburg, 33/40	6. 7.70	12.12.35
Kammann, Roswitha		
Reinke, Kurt	6. 9.71	14. 4.39
von Wallis, Dagmar	21. 4.72	31. 1.40
Weiß, Frank	20. 9.72	18. 3.39
Simon, Paul	4. 6.76	29.12.41
Leißen, Heinz Alfred	—	—
Tophoven, Ernst		
Korthauer, Burkhard	28. 6.77	16. 6.46
Evertz, Wolfgang	—	—

Münch, Walter	7. 4. 78	30. 11. 41	Loch, Karl Heinz	—	—
Berger, Dieter	7. 4. 78	23. 8. 45	Hartwig, Christiane	11. 12. 78	7. 11. 37
Schaidl, Peter	21. 4. 78	9. 10. 33	Schmitt, Norman	23. 10. 86	26. 5. 36
Menke, Bernd	13. 10. 78	16. 2. 48	Bak, Felix, abg.	—	—
Krys, Axel	16. 7. 79	5. 10. 46	Ulmer, Heinz	1. 11. 91	17. 12. 39
Schuck, Klaudia	28. 8. 79	5. 6. 46	Schäfer, Klaus	15. 9. 92	25. 1. 44
Verheyen, Jürgen	3. 9. 82	18. 12. 48	Elmendorff, Bernhard	29. 3. 93	17. 8. 41
Holzmann, Theodor			Haferkamp, Rolf-Gert	23. 6. 94	2. 5. 48
Ferdinand	7. 9. 82	13. 4. 48	Eßer, Helga	30. 1. 95	15. 7. 43
Bronny, Klaus,	3. 5. 83	27. 4. 51			
Stockhausen, Manfred	8. 8. 83	7. 6. 45	*Staatsanwältinnen/Staatsanwälte*		
Frank, Hans-Jürgen	17. 2. 84	26. 9. 49	Unterberg, Gerd, GL	22. 6. 94	4. 11. 40
Schöfferle, Karlheinz	17. 2. 84	27. 3. 53	Schwitzke, Klaus, GL	—	—
Hoffmann, Bernadett,			Dr. Hellebrand,		
abg. (LSt.)	—	—	Johannes, GL	23. 6. 94	19. 11. 46
Krawolitzki, Heidulf	—	15. 3. 44	Markgraf, Manfred	1. 6. 67	3. 5. 34
Beermann, Alex	4. 8. 87	20. 11. 49	Börsch, Manfred	—	—
Harings, Eberhard	4. 8. 87	25. 1. 54	Rüsen, Kurt	26. 3. 71	3. 2. 36
Reiser-Wimmer, Barbara,			Ulmer, Barbara	10. 2. 72	11. 11. 43
beurl. (LSt)	1. 7. 88	16. 3. 58	Müller, Ursula	—	—
Schroeter, Lothar	19. 1. 89	8. 2. 54	Mülders, Heinrich	—	—
Englisch, Bernhard	23. 1. 89	31. 1. 57	Metzler, Bernd	1. 9. 74	21. 6. 42
Thiele, Beate	28. 3. 90	9. 2. 60	Herforth, Joachim	6. 12. 74	5. 3. 42
Dr. Trunk, Stefan	28. 3. 90	11. 5. 60	Heitmann, Karin	20. 11. 75	29. 8. 40
Hinzen, Gabriele	17. 7. 90	12. 12. 58	Roggenbach, Horst	20. 4. 76	22. 10. 41
Lichtenberg, Peter	18. 1. 91	1. 4. 58	Politt, Hartmut	—	—
Röding, Oliver	6. 8. 91	6. 3. 60	Schräpler-Mayr, Hanne	22. 7. 77	1. 2. 45
Schwarzwald, Peter	14. 10. 91	13. 5. 58	Grießmann, Jürgen	3. 2. 78	27. 9. 42
Achter, Reiner	24. 2. 92	15. 2. 58	Irlich, Hartmut	—	—
Mühlemeier, Gerhard	4. 6. 92	14. 9. 54	Storek, Christian	3. 2. 78	25. 9. 44
Reißmann, Irene	4. 11. 92	11. 4. 58	Schminke-Banke,		
Kessel, Uwe	4. 11. 92	21. 5. 58	Christiane	—	—
Kiskel, Hans-Joachim	4. 11. 92	4. 2. 59	Kiefer, Lothar	—	—
Danguillier, Jutta	25. 5. 93	27. 12. 59	Niemers, Adalbert	1. 6. 79	7. 1. 49
Mocken, Johannes	20. 8. 93	8. 6. 60	Seidl, Gunthard	30. 7. 80	24. 12. 44
Götte, Joachim	24. 1. 94	26. 5. 58	Schäfer, Christoph	—	—
Weber, Annette	24. 1. 94	27. 3. 60	Hein, Martin	26. 7. 82	12. 4. 52
Puls, Johannes	24. 1. 94	20. 5. 60	Kotschenreuther, Werner	2. 8. 82	21. 3. 48
Szczeponik, Michael	24. 1. 94	13. 2. 61	Lammersen, Hartmut	—	—
Harden, Thomas	24. 1. 94	19. 5. 61	Nowotsch, Detlef	—	—
Röttgen, Astrid	13. 2. 95	3. 10. 59	Keller, Heinz	5. 8. 83	27. 6. 52
			Gaszczarz, Jürgen	30. 4. 84	7. 7. 49

Staatsanwaltschaft Duisburg
Koloniestr. 72, 47057 Duisburg
Postfach 10 15 10, 47015 Duisburg
T (02 03) 99 38–5
Telefax (02 03) 99 38–8 88
1 LOStA, 1 stVLOStA, 11 OStA, 42 StA

Leitender Oberstaatsanwalt
N. N.

Oberstaatsanwältinnen/Oberstaatsanwälte
N. N., stVLOStA

Isselhorst, Heinz	8. 6. 76	16. 11. 34
Wesemann, Anneliese	10. 10. 77	28. 3. 36

Riedel, Uwe, beurl.	30. 4. 84	3. 9. 54
Faßbender, Achim	22. 12. 88	25. 10. 57
Kellner, Maria-Luise	9. 1. 89	4. 1. 56
Wienen, Theodor	20. 7. 89	30. 7. 55
Faßbender, Barbara	6. 2. 91	11. 6. 59
Bogen, Regine	13. 3. 92	13. 7. 59
Opretzka, Manfred	16. 3. 92	17. 7. 56
Neumann, Uwe	10. 6. 94	18. 3. 61
Hartmann, Jochen	13. 6. 94	14. 12. 58
Nottebohm, Udo	13. 6. 94	24. 12. 61
Ohlrogge, Karen	19. 9. 94	16. 12. 62
Tewes genannt Kipp,		
Michael	7. 8. 95	10. 8. 60
Jannott, Monika	8. 8. 95	4. 8. 61

Staatsanwaltschaft Kleve
Ringstr. 13, 47533 Kleve
Postfach 14 60, 47514 Kleve
T (0 28 21) 5 95–0
Telefax (0 28 21) 5 95–2 00

Zweigstelle in Moers
Verdinger Str. 19 – 21, 47441 Moers
Postfach 10 21 69, 47411 Moers
T (0 28 41) 18 05–0
Telefax (0 28 41) 18 05–40
1 LOStA, 1 stVLOStA, 3 OStA, 20 StA

Leitender Oberstaatsanwalt

Zillkes, Rudolf	9. 8.94	26.11.37

Oberstaatsanwälte

Bergstein, Franz-Leo, stVLOStA	22.12.94	23.11.36
Frisch, Erhard	1. 6.87	20. 6.41
Vogel, Reinhard	1. 6.89	23. 5.42
Naumann, Gerhard Thomas	4.10.94	1.10.48

Staatsanwältinnen/Staatsanwälte

Westerfeld, Heinz-Albert, EStA	—	—
Redies, Horst, GL	—	—
Aldenhoff, Peter, GL	—	—
Feldhaus, Peter	—	—
Niemers, Winfried	—	—
Siebert, Hans-Jürgen	12. 1.73	2. 8.41
Lingrün, Renate, ¾	—	—
Tillmann, Volker	—	—
Olfs-Stark, Maria Luise	—	—
Kriegeskotte, Jürgen	—	—
Bauer, Achim	—	—
Moser, Heinz Joachim	—	—
Vitzer, Jürgen	2. 5.84	2. 4.48
Schulte, Gert	—	—
Harden, Ferdinand	—	—
Bien, Horst Peter	23. 1.89	3. 5.58
Körber, Martin	7. 8.92	16. 8.58
Hirneis, Dietmar	30.10.92	27.12.59
Hoppmann, Johannes	27. 1.95	21.12.60
Trepmann, Ralf	27. 1.95	26.11.62

Staatsanwaltschaft Krefeld
Nordwall 131, 47798 Krefeld
Postfach 14 70, 47714 Krefeld
T (0 21 51) 8 47–0
Telefax (0 21 51) 8 47–5 22
1 LOStA, 1 stVLOStA, 3 OStA, 16 StA

Leitende Oberstaatsanwältin

Hampel, Marlies	24. 2.95	20. 6.47

Oberstaatsanwältin/Oberstaatsanwälte

Luyken, Fritz, stVLOStA	—	—
Kückemanns, Günter	9.12.77	21.11.33
Huth, Elke	14. 9.87	13. 3.42
Menden, Hans-Dieter	—	—

Staatsanwältinnen/Staatsanwälte

Steinhoff, Dagmar, GL	22. 6.94	19. 9.43
Gosse, Klaus	10. 4.72	28. 3.40
Peetz, Helmut	31.'10.75	5. 5.42
Müllers, Hans Erich	27.12.76	30. 7.44
Notemann, Otto	20. 7.77	25.10.44
Köhnen, Walter	7. 4.78	2. 7.45
Schreiber, Klaus	9. 9.82	12. 6.52
Jablonowski, Christiane	17. 2.84	18. 4.49
Fegers-Wadenpohl, Hildegard	14. 6.85	17. 9.53
Miche-Seeling, Traugott	20. 6.86	3. 5.54
Golumbeck, Erwin	7. 4.89	10. 9.55
Jösch, Marianne	4. 5.90	9. 6.59
Vogt, Beate	3. 3.93	10.10.60
Dr. Schlechtriem, Bernd	4. 8.93	27. 3.57
Rothstein-Schubert, Ulrike, abg.	17. 2.95	6. 4.58
Baumann, Thomas	7. 8.95	29. 4.62

Staatsanwaltschaft Mönchengladbach
Rheinbahnstr. 1, 41063 Mönchengladbach
Postfach 10 17 60, 41017 Mönchengladbach
T (0 21 61) 2 76–0
Telefax (0 21 61) 2 76–6 96
1 LOStA, 1 stVLOStA, 4 OStA, 19 StA

Leitender Oberstaatsanwalt

Schreiber, Heinz-Dieter	1. 8.88	3. 7.32

Oberstaatsanwälte

Opitz-von Bardeleben, Peter, stVLOStA	23. 8.94	19.10.43
Kuhlen, Karl-Martin	13. 6.75	27. 8.35
Waligura, Rüdiger	31. 1.80	15. 5.37
Jülicher, Armin	16. 6.81	26. 7.43
Vitz, Heinz Jürgen	30. 1.95	30. 8.49

Staatsanwältinnen/Staatsanwälte

Hennes, Dietrich, GL	23. 6.94	10. 3.36
Rohling, Karl-Heinz	—	—
Bardenberg, Richard	—	—
Daberkow, Volker	29. 7.77	14.11.41
Grasmeier, Burckhard	—	—
Düngelhoff, Wilhelm Josef	13. 6.78	9. 8.45
Wengst, Sabine	14. 6.78	15. 1.46
Szymkowiak, Reinhard	6. 9.78	22. 8.46

Schäfer, Heinz Peter	—	—	Büsen, Hans Jochem, GL	24. 6.94	27.12.48
Heitmann, Hans Adolf	8. 1.79	5. 2.44	Eckhardt, Volker	2. 6.70	10.10.35
Litzenburger, Klaus Dieter	10. 9.79	23.12.47	Graetz, Grete	—	—
Adrians, Wolfgang	13. 5.81	16.11.48	Dr. Gottaut, Manfred	—	—
Dax, Heinrich	1.10.82	14. 7.50	Beyer, Rolf	—	—
Schneider, Matthias	25. 3.83	27. 3.52	Eberhard, Hans	8. 9.72	1. 5.40
Gathen, Lothar	13. 7.92	13. 3.60	Fritz, Marie-Luise	6.12.74	16.10.34
Caspers, Markus	12. 5.93	18. 3.61	Janzen, Jörg	2.11.76	14.11.43
Möllmann, Ralf	1. 7.94	7. 8.61	Bornefeld, Franz Joseph	22.12.76	15. 1.44
Mölleken, Betina, beurl.	2. 8.95	22. 5.62	Bohnstedt, Marlene	20. 9.77	29.10.44
			Gaarz, Volker	12. 5.78	23. 8.40
Staatsanwaltschaft Wuppertal			Herbertz, Reinald	16. 6.78	7. 1.44
Eiland 4, 42103 Wuppertal			Neubauer, Wolfgang	13.10.78	4. 2.47
Postfach 10 18 60, 42018 Wuppertal			Tillmanns, Michael	—	—
T (02 02) 4 98–0			Gärtner, Wolfgang	10. 9.79	12. 5.46
Telefax (02 02) 4 98–5 02			Intorf, Uwe	—	—
1 LOStA, 1 stvLOStA, 8 OStA, 35 StA, 1 LSt			Müller, Achim	16.10.81	29. 8.51
(EStA), 1 LSt (StA)			Pank, Helga	—	—
			Steinebach, Hans Martin	—	—
Leitender Oberstaatsanwalt					
Gabriel, Friedhelm	1. 3.85	11.12.35	Heck, Frank	15.10.84	1.11.45
			Heinrichs, Frank	—	—
Oberstaatsanwälte			Blum-Heinrichs, Margareta, beurl. (LSt)	—	—
Rosenbaum, Horst, stVLOStA	1. 5.88	2.12.32	Dr. Geuenich-Cremer, Christa	26. 8.88	17. 8.56
Pathe, Helmut	7.12.77	26. 1.40	Leonard, Dagmar	14. 7.89	18. 8.59
Mesenhöller, Hans Joachim	14. 2.80	13.10.36	Hogrebe, Bernd-Josef	1. 4.90	27. 7.56
Fels, Werner	5. 4.80	14.10.35	Telle-Hetfeld, Hans-Werner, ¾	16. 7.90	14. 3.55
Silvanus, Klaus	—	—	Deventer, Anton	18. 1.91	9. 7.58
Majorowsky, Karl Hermann	1. 4.89	20. 3.44	Zimmermann, Ellen, beurl.	28.10.92	28. 6.58
Becker, Franz Friedrich	1. 9.89	21. 3.39	Sommer, Andrea, beurl.	5. 8.93	7. 2.61
Wiecha, Volker	26. 9.89	27. 2.44	Oertgen, Stephan	31. 5.94	24. 7.60
Mühlhausen, Herbert	23. 6.94	6. 6.48	Schroeder, Uwe Klaus	15. 2.95	23.10.58
			Beck, Carsten	24. 3.95	1. 5.61
Staatsanwältinnen/Staatsanwälte			Meyer, Ralf	3. 4.95	9. 5.62
Dr. Penner, Willfried, MdB, EStA (LSt)	28. 6.72	25. 5.36	Seidel, Annette, beurl.	2.10.95	5. 4.63
Neumann, Jürgen, GL	—	—	Brosch, Liane	12. 1.96	30. 7.64

Oberlandesgerichtsbezirk Hamm

Der Bezirk des Oberlandesgerichts umfaßt die Regierungsbezirke Arnsberg, Detmold und Münster sowie vom Regierungsbezirk Düsseldorf die Stadt Essen.
Schiffahrtsobergericht
10 Landgerichte: Arnsberg, Bielefeld, Bochum, Detmold, Dortmund, Essen, Hagen, Münster, Paderborn, Siegen
Kammern für *Handelssachen*: Bielefeld 8, Essen 7, Dortmund 6, Münster und Bochum je 5, Hagen 4, Arnsberg, Detmold, Paderborn und Siegen je 2

78 Amtsgerichte
Schöffengerichte: bei allen Amtsgerichten außer den nachstehend aufgeführten
Gemeinsames Schöffengericht für die Bezirke der Amtsgerichte, bei denen kein Schöffengericht gebildet wird, ist:

für den AGBez.:	*das Schöffengericht:*
Marsberg und Medebach	Brilon
Schmallenberg	Meschede
Warstein und Werl	Soest
Bad Oeynhausen und Bünde	Herford
Halle	Bielefeld
Lübbecke und Rahden	Minden
Rheda-Wiedenbrück	Gütersloh
Blomberg	Detmold
Castrop-Rauxel	Dortmund
Kamen	Unna
Essen-Borbeck und Essen-Steele	Essen
Meinerzhagen	Lüdenscheid
Plettenberg	Altena
Schwerte und Wetter	Hagen
Gronau	Ahaus
Steinfurt	Rheine
Tecklenburg	Ibbenbühren
Brakel	Höxter
Delbrück	Paderborn
Lennestadt	Olpe

Familiengerichte bei allen Amtsgerichten außer den Amtsgerichten:

	zust. FamG:
Marsberg und Medebach	Brilon
Schmallenberg	Meschede
Warstein und Werl	Soest
Rahden	Lübbecke
Meinerzhagen	Lüdenscheid
Plettenberg	Altena
Dülmen	Coesfeld
Gronau	Ahaus
Delbrück	Paderborn
Höxter und Warburg	Brakel
Lennestadt	Olpe

Landwirtschaftssachen sind den Amtsgerichten als Landwirtschaftsgerichten wie folgt zugewiesen:

a) dem Amtsgericht Ahaus
für die Amtsgerichtsbezirke Ahaus und Gronau (Westf.),
b) dem Amtsgericht Arnsberg
für die Amtsgerichtsbezirke Arnsberg und Meschede,
c) dem Amtsgericht Beckum
für die Amtsgerichtsbezirke Ahlen und Beckum,
d) dem Amtsgericht Borken
für die Amtsgerichtsbezirke Bocholt und Borken,
e) dem Amtsgericht Brakel
für die Amtsgerichtsbezirke Brakel und Höxter,
f) dem Amtsgericht Brilon
für die Amtsgerichtsbezirke Brilon, Marsberg und Medebach,
g) dem Amtsgericht Coesfeld
für die Amtsgerichtsbezirke Coesfeld und Dülmen,
h) dem Amtsgericht Dorsten
für die Amtsgerichtsbezirke Bottrop, Dorsten, Gelsenkirchen, Gelsenkirchen-Buer, Gladbeck und Marl,
i) dem Amtsgericht Essen
für die Amtsgerichtsbezirke Essen, Essen-Borbeck und Essen-Steele,
k) dem Amtsgericht Herford
für die Amtsgerichtsbezirke Bünde und Herford,
l) dem Amtsgericht Kamen
für die Amtsgerichtsbezirke Kamen und Lünen,
m) dem Amtsgericht Lemgo
für die Amtsgerichtsbezirke Detmold und Lemgo,

NW OLG-Bezirk Hamm

n) dem Amtsgericht Lennestadt
für die Amtsgerichtsbezirke Lennestadt und Olpe,
o) dem Amtsgericht Lüdenscheid
für die Amtsgerichtsbezirke Altena, Lüdenscheid, Meinerzhagen und Plettenberg,
p) dem Amtsgericht Menden (Sauerland)
für die Amtsgerichtsbezirke Iserlohn und Menden (Sauerland),
q) dem Amtsgericht Paderborn
für die Amtsgerichtsbezirke Delbrück und Paderborn,
r) dem Amtsgericht Recklinghausen
für die Amtsgerichtsbezirke Bochum, Castrop-Rauxel, Herne, Herne-Wanne und Recklinghausen,
s) dem Amtsgericht Rheda-Wiedenbrück
für die Amtsgerichtsbezirke Gütersloh und Rheda-Wiedenbrück,
t) dem Amtsgericht Schwelm
für die Amtsgerichtsbezirke Hagen, Hattingen, Schwelm, Wetter und Witten,
u) dem Amtsgericht Soest
für die Amtsgerichtsbezirke Soest und Warstein,
v) dem Amtsgericht Steinfurt
für die Amtsgerichtsbezirke Rheine und Steinfurt,
w) dem Amtsgericht Unna
für die Amtsgerichtsbezirke Dortmund, Hamm, Schwerte und Unna.

Oberlandesgericht Hamm

E 8 984 642
Heßlerstraße 53, 59065 Hamm
Postfach 21 03, 59061 Hamm
T (0 23 81) 2 72–0, Telefax (0 23 81) 2 72–5 18
1 Pr, 1 VPr, 46 VR, 136 R einschl. 1 für 6 UProf, 2. Hauptamt

Präsident
Debusmann, Gero	1. 1. 96	3. 11. 43	

Vizepräsident
Buschmeier, Josef	19. 12. 90	23. 11. 33	

Vorsitzende Richterinnen/Vorsitzende Richter
Dr. Gaebert, Horst	27. 9. 79	6. 9. 33
Sandkühler, Gerd	21. 10. 81	27. 4. 33
Schröder, Horst Werner	2. 8. 82	16. 5. 34
Dr. Schmidt, Karldieter	1. 7. 84	19. 10. 33
Stressig, Harald	1. 7. 84	28. 8. 34
Lemcke, Hermann	1. 8. 85	28. 12. 35
Jendrek, Paul	23. 10. 85	10. 10. 36
Hugemann, Karl Heinz	4. 11. 85	21. 1. 33
Wolf, Theodor	4. 11. 85	25. 10. 35
Hohoff, Friedrich Wilhelm	1. 1. 86	27. 10. 34
Rosenfeld, Hermann	26. 8. 86	13. 5. 33
Duft, Wilfried	2. 3. 87	15. 8. 34
Kuckuk, Günter	11. 9. 87	14. 5. 35
Wangard, Klaus	11. 9. 87	30. 10. 37
Dr. Knappmann, Ulrich	4. 11. 87	18. 6. 36
Gröne, Wilhelm	19. 1. 88	31. 1. 33
Schafranitz, Klaus	1. 2. 88	19. 3. 35
Dr. Tiekötter, Klaus	26. 9. 88	30. 3. 37
Tannreuther, Konrad	1. 2. 89	10. 6. 33
Espey, Ernst	14. 6. 89	3. 2. 41

Klünemann, Hermann	1. 2. 90	10. 5. 36
Droppelmann, Klaus	1. 2. 90	1. 6. 37
Dr. Gieseler, Dieter	29. 11. 90	8. 4. 34
Brück, Reinhard	29. 11. 90	3. 12. 37
Binnberg, Bärbel	23. 9. 91	31. 5. 40
Luthin, Horst	13. 11. 91	12. 1. 35
Bachmann, Rolf	13. 11. 91	14. 7. 35
Dr. Figge-Schoetzau, Anne-Dore	15. 11. 91	13. 12. 35
Dr. Pelz, Franz Joseph	24. 7. 92	4. 10. 37
Schneider, Klaus	1. 9. 92	7. 3. 40
Karl, Peter	29. 1. 93	26. 2. 38
Dr. Schwanke, Hermann	29. 1. 93	4. 1. 40
Fischaleck, Johann	29. 1. 93	11. 5. 40
Spitz, Dieter	9. 3. 94	16. 12. 34
Dr. Züllighoven, Ulrich	9. 3. 94	3. 4. 37
Baier, Hubertus	21. 3. 94	4. 3. 38
Dr. Dreher, Fritz-Jürgen	1. 4. 94	30. 11. 36
Böhmer, Friedrich	1. 6. 94	22. 4. 35
Steinberger, Ernst Richard	5. 4. 95	8. 3. 38
Sandmann, Rudolf	24. 1. 96	21. 4. 37
Benscheidt, Jürgen	24. 1. 96	13. 8. 38
Keppler, Jürgen	24. 1. 96	6. 6. 39

Richterinnen/Richter
Dr. Linsmann, Hans Friedrich	18. 12. 72	3. 5. 33

OLG-Bezirk Hamm **NW**

Name		
Dr. Henkel, Wilfried	26. 2.73	25.11.34
Prof. Dr. Schwerdtner, Peter (UProf, 2. Hauptamt)	14.12.73	15.12.38
Dr. Kollmeier, Wolf Dieter	—	—
Zigan, Ulrich	23. 8.77	29. 1.38
Holzhauer, Klaus	23. 8.77	6. 8.38
Bruch, Idamaria	—	—
Fischer, Rainer	24. 8.77	20.12.37
Pellny, Wolfgang	24. 1.78	30. 5.33
Hermes, Brigitte	24. 1.78	23. 8.36
Schlüter, Ulrich	24. 1.78	12. 3.38
Heitmeyer, Gerhard	24. 1.78	19. 5.38
Kramer, Gunther	24. 1.78	9. 4.39
Hellemeier, Ulrich	22. 6.78	4. 1.40
Pröbsting, Alfred	23. 6.78	20. 4.37
Rottmann, Hans Jürgen	4.10.78	9.11.37
Schafranitz, Brigitte	—	—
Dr. Gammelin, Dietrich	4.10.78	21.12.40
Vogt, Rainer	10.10.78	2.12.32
Dingerdissen, Hans Albrecht	16.11.78	25. 7.39
Jung, Gesa	21. 3.79	14. 9.36
Menne, Elisabeth	14.11.79	18. 4.34
Frey, Eckart	14.11.79	4. 9.40
Killing, Peter	15.11.79	24. 5.36
Prinz, Heinz Josef	15.11.79	27. 2.37
Finger, Elmar	15.11.79	18. 2.39
Lücke, Werner	25. 7.80	23. 3.42
Warmuth, Karl August	4. 8.80	18. 4.40
Dr. Nordloh, Manfred	4. 8.80	4. 1.43
Prof. Dr. Schlüter, Wilfried (UProf, 2. Hauptamt)	15. 6.81	28. 1.35
Dr. Overhoff, Dieter	16. 6.81	9.10.42
Gläsker, Jürgen	19. 6.81	13.12.37
Illigens, Eberhard	19. 6.81	16.10.38
Boehm, Hartmut	19. 6.81	15. 5.39
Dunschen, Otto	22. 6.81	12. 8.40
Dr. Waldt, Klaus-Dieter	19.10.81	17. 1.42
Dr. Ramin, Eberhard	1. 7.82	29. 5.41
Leibold, Gerhard	22. 9.82	18. 1.45
Flege, Heinrich	8.10.82	25. 1.43
Schmitz, Harald	10.12.82	12. 5.45
Mosler, Heinz-Joachim	10. 3.83	25. 6.43
Seidel, Klaus, abg.	12. 4.83	10. 5.42
Liebheit, Uwe	27. 9.84	21. 2.43
Völker, Ulrich	19.12.84	27. 4.46
Löbermann, Angelika	21.12.84	20.12.43
Dr. Fahrendorf, Klaus Hubert	21.12.84	30. 1.47
Kamps, Hans Wilhelm	1. 1.85	6. 9.48
Lindemann, Sigrid	2. 1.85	18. 8.42
Rogner, Jörg	2. 1.85	22. 6.43
Dr. Nöcker, Klaus	1. 4.85	19. 6.42
Dr. Bernhardt, Wolfgang	24. 9.85	19. 6.45
Rethemeier, Klaus	24. 9.85	9. 7.47
Müller, Christian, abg.	24. 9.85	15.12.47
Schulte, Wolfgang	25. 9.85	30. 6.43
Boesenberg, Ulrich	25. 9.85	22. 9.43
Bähr, Peter	26. 9.85	15. 8.45
Dr. Köhler, Heinz-Dieter	13.11.85	12. 1.44
Rupp, Volker	13.12.85	15.12.41
Kaufmann, Annette	13.12.85	15.11.46
Lüke, Friedrich	1. 1.86	13.11.44
Schnapp, Dirk Friedrich	—	—
Knippenkötter, Hermann	10. 7.86	28. 3.50
Hain, Hans-Dieter	15. 7.86	21. 3.42
Küpperfahrenberg, Hans	15. 7.86	30.11.46
Jansen, Günther	15. 7.86	21. 9.48
Gottwald, Klaus-Dieter	27.10.86	1. 4.42
von Wick, Eberhard	27.10.86	18. 1.44
Butemann, Heinz-Jürgen	27.10.86	5. 3.45
Schenkel, Harald	27.10.86	7.10.49
Schwarze, Heinz	—	—
Dr. Szafran, Gerhard	20. 3.87	13. 9.45
Baur, Reinhard	20. 3.87	31.10.46
Teigelack, Bernhard	29. 5.87	6. 3.49
Brumberg, Dorothea Elisabeth	29. 6.87	15. 2.47
Brumberg, Hans-Hermann	1. 7.87	12. 7.39
Jelinski, Michael Franz	1. 7.87	7.10.50
Bremser, Norbert	6. 7.87	27. 7.43
Beckmann, Heinrich Paul	—	28.10.47
Schrempp-Rautenberg, Dagmar	11. 9.87	28. 2.49
Dr. Linke, Hartmut	20.11.87	19. 3.43
Schultz, Reinold	26.11.87	15. 7.46
Bea, Ursula Marliese	21. 4.88	16. 2.45
Krippner, Carola	21. 4.88	21. 2.47
Schulte, Josef	21. 4.88	1. 5.50
Reinken, Werner	25. 4.88	13. 6.49
Lülling, Wilhelm	9. 8.88	18. 8.51
Gödel, Monika	9. 9.88	2.11.46
Zumdick, Klaus	19. 9.88	8. 9.49
Pauge, Burkhard Wilhelm	—	—
Dr. Müller, Gerhard	23. 9.88	10. 8.46
Dr. Schulte, Josef	17. 4.89	22. 1.52
Jaeger, Wolfgang	25. 4.89	2. 6.41
Finke, Fritz	25. 4.89	28. 1.46
van Beeck, Alfons Maria	25. 4.89	15. 5.46
Mosler, Volker	25. 4.89	11. 2.47
Dr. Schwieren, Günter	13.11.89	8. 7.50
Andexer, Wolfgang	15.11.89	13. 7.47
Budde, Lutz	16.11.89	3. 3.52
Rüther, Bernhard	—	—
Betz, Anneli Martel	26. 6.90	27.10.44
Korves, Wilfried	—	—
Wagner, Herbert	13.12.90	18. 7.49
Vogt, Thomas	14.12.90	14.10.52
Schwerdt, Richard Heinrich	19.12.91	25. 7.47
Schäferhoff, Viktor Peter	19.12.91	28.11.48

NW OLG-Bezirk Hamm LG-Bezirk Arnsberg

Horsthemke, Aloys	19.12.91	10. 9.49
Eggert, Heribert	19.12.91	3.12.49
Lehmann, Martin	19.12.91	13. 2.55
König, Paul	20.12.91	27. 5.41
Schwarze, Georg	20.12.91	23. 8.48
Windheuser, Heinrich	20.12.91	11. 4.49
Dr. Kniffka	20.12.91	13. 7.49
Schlemm, Christfried	20.12.91	19.12.49
Frieler, Rainer	20.12.91	17. 3.50
Leygraf, Johannes	20.12.91	16. 3.51
Kayser, Godehard	20.12.91	6.10.54
Paßmann, Jörg	23.12.91	1. 1.49
Augstein, Philipp	23.12.91	21. 6.54
Prof. Dr. Hüffer, Uwe (UProf, 2. Hauptamt)	13. 8.92	5.12.39
Raberg, Alfred Friedrich-Ernst	—	—
Schmeing, Brigitte	—	—
Jokisch, Günter Karl	11. 9.92	21. 8.51
Fechner, Rainer	11. 9.92	10. 5.52
Brandes, Rolf	28. 1.93	30. 3.53
Dr. Kopel, Aloisius Heinrich	29. 1.93	2. 6.43
Pankau, Klaus	29. 1.93	12. 7.51
Grothe, Paul	29. 1.93	26. 6.55
Kemner, Hartwig	11. 3.94	13. 8.53
Gerlach-Worch, Ute	11. 3.94	21. 6.55
Dr. Gossmann, Wolfgang	2. 5.94	14. 1.53
Burhoff, Detlef	20. 2.95	25. 8.50
Dr. Pogrzeba, Jürgen	20. 2.95	31.12.52
von Hasselbach, Reinhard, abg.	6.12.95	21. 2.53
Burges, Gerd	13.12.95	11.10.47
Posthoff, Karl-Heinz	13.12.95	6.10.56
Schambert, Ulrich	13.12.95	4. 7.58
Giesert, Christa	—	—
Engelhardt, Helmut Hermann	24. 1.96	14.10.50
Eichel, Claus	—	—

Landgerichtsbezirk Arnsberg

Landgericht Arnsberg E 535 851
Brückenplatz 7, 59821 Arnsberg
59818 Arnsberg
T (0 29 31) 86–1
Telefax (0 29 31) 86–2 10
1 Pr, 1 VPr, 7 VR, 11 R

Präsident
Dr. Meschede, Alfred	25. 9.84	14. 4.34

Vizepräsident
Dr. Voß, Dieter	31.10.90	2. 9.39

Vorsitzende Richter
Dr. Leifert, Peter	30. 9.75	25. 1.33
Göckeler, Bruno	30. 9.75	10.10.34
Dr. Schaefer, Werner	3. 3.76	6. 6.32
Dr. Schulte, Theodor	29.11.76	17. 7.36
Riering, Stefan	6. 8.91	7. 6.46
Dr. Heine, Helmut	1.11.92	18.10.43
Kappen, Franz-Josef	—	—

Richterin/Richter
Kachstein, Hans-Heinrich	1. 9.67	24. 7.35
Peters, Ingrid	24.12.76	29. 3.44
Nölleke, Joachim	24. 6.80	19. 3.47
Erdmann, Willi	—	—
Schulte-Hengesbach, Franz	—	—
Grunwald, Hans-Joachim	14. 1.87	24. 1.53
Dr. Mehlich, Detlef	16. 1.87	7. 8.54
von der Beeck, Rudolf	18. 4.90	14.11.57
Jellentrup, Thomas	10.10.90	13.11.58
Maus, Jörg	20. 7.92	9. 6.57
Berg, Hans-Joachim	5.10.95	16. 4.56

Amtsgerichte

Arnsberg E 107 452
Eichholzstr. 4, 59821 Arnsberg
Postfach 51 45, 51 55, 59818 Arnsberg
T (0 29 31) 8 04–6
Telefax (0 29 31) 8 04–7 77
1 Dir, 1 stVDir, 8 R

Volbracht, Karl Heinz, Dir	1. 1.94	19. 1.38
Kolvenbach, Dieter, stVDir	17. 6.94	16. 6.45
Lämmerhirt, Dietrich	23. 9.75	11. 4.41
Schmitt-Frenzen, Herta	2. 4.76	1. 1.42
Lattrich, Klaus	27.11.78	7. 2.46
Schwens, Hans-Werner	30. 8.94	11. 4.60
Meinardus, Hans Hermann	30. 7.80	19. 6.48
Hanfland, Heinrich	—	—
Arnold, Wolfram	29. 6.89	21. 1.57

Brilon E 42 906
Bahnhofstr. 32, 59929 Brilon
Postfach 11 20, 59914 Brilon
T (0 29 61) 40 14
Telefax (0 29 61) 67 07
1 Dir, 3 R

Habel, Ekkehard, Dir	1.11.89	27.11.39
Overhoff, Karl	1. 8.68	4. 2.36
Schütte, Ludwig	6.11.70	27.11.34
Nacke, August Wilhelm	18. 3.80	19. 6.46

LG-Bezirk Arnsberg   OLG-Bezirk Hamm   **NW**

Marsberg E 22 824
Hauptstr. 3, 34439 Marsberg
Postfach 15 55, 34421 Marsberg
T (0 29 92) 97 41–0
Telefax (0 29 92) 97 41–41
1 Dir, 1 R

| Lindemann, Ernst, Dir | 17. 6. 94 | 30. 7. 32 |

Medebach E 28 208
Marktstr. 2, 59964 Medebach
Postfach 11 20, 59959 Medebach
T (0 29 82) 2 91, 2 92
Telefax (0 29 82) 80 96
1 Dir, 1 R

| Weking, Heinrich, Dir | 25. 9. 90 | 26. 12. 46 |
| Fischer, Ralf | 19. 8. 94 | 25. 12. 61 |

Menden (Sauerland) E 69 955
Heimkerweg 7, 58706 Menden
Postfach 2 00, 58682 Menden
T (0 23 73) 95 92–0
Telefax (0 23 73) 95 92 40
1 Dir, 4 R

Biermann, Manfred, Dir	1. 5. 89	2. 6. 35
Metzger, Hagen	5. 4. 73	28. 6. 40
Kessler, Guido	6. 12. 73	5. 9. 39
Becker, Kerstin	23. 2. 90	30. 12. 56
Sauer, Michael	15. 4. 93	6. 6. 58

Meschede E 53 479
Steinstr. 35, 59872 Meschede
Postfach 11 52, 59851 Meschede
T (02 91) 5 10 96–99
Telefax (02 91) 5 78 14
1 Dir, 3 R
N. N., Dir

Meinecke, Maria	2. 5. 78	8. 3. 48
Lammert, Robert	4. 9. 78	5. 4. 48
Richard, Franz Josef	6. 8. 80	3. 3. 51

Schmallenberg E 26 435
Im Ohle 6, 57392 Schmallenberg
Postfach 22 02, 57382 Schmallenberg
T (0 29 74) 96 26–0
Telefax (0 29 74) 10 14
1 Dir

| Festersen, Jens Christian, Dir | 1. 10. 89 | 16. 9. 48 |

Soest E 90 388
Nöttenstr. 28, 59494 Soest
Postfach 11 18, 59491 Soest
T (0 29 21) 3 98–0
Telefax (0 29 21) 3 98–44
1 Dir, 1 stVDir, 8 R

Ismar, Helmut Michael, Dir	1. 1. 94	16. 1. 47
Brinkmann, Heinrich, stVDir	27. 6. 94	31. 10. 34
Hilwerling, Lorenz	11. 12. 77	16. 6. 46
Vennemann, Ulrich	30. 3. 78	13. 2. 48
Molkow, Gunnar	28. 7. 78	8. 8. 40
Simons von Bockum gen. Dolffs, Albert	12. 11. 79	28. 9. 43
Quernheim, Michael	12. 1. 82	3. 1. 51
Bellinghoff, Ulrich	25. 8. 92	13. 3. 60
Schulze, Thomas	29. 9. 94	26. 7. 57
Mues, Rainer	4. 10. 94	30. 7. 59

Warstein E 41 029
Bergenthalstr. 11, 59581 Warstein
Postfach, 59563 Warstein
T (0 29 02) 6 01
Telefax (0 29 02) 50 41
1 Dir, 2 R

Heine, Eva-Maria, Dir	18. 12. 84	15. 7. 42
Greving, Hermann	16. 12. 88	7. 12. 54
Maise, Rüdiger	6. 11. 92	6. 7. 60

Werl E 53 175
Walburgisstr. 45, 59457 Werl
Postfach 20 20, 59455 Werl
T (0 29 22) 97 65–0
Telefax (0 29 22) 86 70 38
1 Dir, 2 R

Voeth, Antonius, Dir	3. 12. 93	27. 6. 35
Dr. Kamann, Ulrich	27. 1. 76	4. 1. 44
Dilling, Karl-Raimer	20. 6. 78	17. 7. 44

Landgerichtsbezirk Bielefeld

Landgericht Bielefeld E 1 208 697
Niederwall 71, 33602 Bielefeld
Postfach 10 02 89, 33502 Bielefeld
T (05 21) 5 49–0
Telefax (05 21) 5 49–10 26
1 Pr, 1 VPr, 26 VR, 37 R + 1 LSt (R)

Präsident
Jürgens, Uwe   11. 3.94   8. 6.41

Vizepräsident
N. N.

Vorsitzende Richterinnen/Vorsitzende Richter
Dr. Wabnitz, Bodo   26. 5.72   3. 3.34
Dr. Lincke, Dieter   8. 1.75   2. 4.35
Ackermann, Klaus   2. 6.75   27. 5.35
Gärtner, Heinrich   1.10.75   21. 9.34
Dr. Lützenkirchen, Johann   31.10.80   10. 4.34
Bartlitz, Peter   —   —
Woiwode, Walfried   30. 3.82   19. 7.40
Dodt, Hans-Dieter   30. 3.82   12. 9.41
von Halen, Jörg   27. 8.86   1.12.40
Vincke, Wolfgang-Heinrich   11. 2.44
Wortmann, Wolfgang   23. 4.90   6. 2.43
Suermann, Bernhard   28. 2.91   9. 1.39
Schulten, Eva-Maria   28. 2.91   26. 2.39
Sprute, Volker   19.11.91   7.11.43
Hüsges, Heinz-Jürgen   1. 7.92   24. 1.45
Hartlieb, Friedemann   27.11.92   29. 9.43
Reinke, Wolfgang   27.11.92   4. 5.50
Siepmann, Friedrich   1. 2.93   9. 9.41
Hoffmann, Erdmuthe   21. 1.94   13. 4.45
Brechmann, Wilhelm   7. 4.94   13. 9.51
Albert, Jutta   8. 6.95   15. 9.53
Osthus, Heinrich Karl   12. 6.95   30. 4.46
Drögemeier, Wilfried   8. 9.95   2. 9.48
Dr. Ruhe, Reinhard
  Wilhelm   8. 9.95   15.11.49
Lerch, Wolfgang   8. 9.95   18.11.53
Schild, Udo   —   —

Richterinnen/Richter
Deutsch, Maximilian   1. 3.63   13.10.31
Kropp, Eckart   1.11.65   28. 5.35
Sarnes, Hilmar   1. 8.70   9.11.35
Pörschke, Klaus   21. 8.70   27. 2.36
Gottschaldt, Ingeborg   1. 7.71   12.10.41
Pustolla, Rüdiger   16.10.75   18.11.41
Gaßmann, Heinz   4. 2.76   11. 8.42
Grünhoff, Claus Rudolf   10.11.76   3.10.44
Lehmann, Thomas   3.11.77   7.10.42
Hansmeier, Rudolf   24.11.77   9. 3.47
Schulze, Ralf   22. 3.78   25. 2.44
Brinkmann, Carl-Friedrich   15. 6.78   12.12.44
Tschech, Dieter   23.11.78   13. 8.43
Weidner, Ludwig-Sebastian
Dr. Scheck, Werner   30.11.82   19. 7.50
Hülsmann, Reinhold   7. 3.86   30. 5.50
Korte, Wolfgang   7. 3.86   7.11.52
Brechmann, Ingeborg   7. 3.86   4. 1.55
Jander, Harald   15. 8.86   22. 6.53
Mertel, Doris   27. 7.89   5. 6.54
Beckhaus-Schmidt, Sybille   2. 8.89   15. 2.54
Geue, Jochen   2. 8.89   27. 5.56
Kollmeyer, Reinhard   —   —
Fels, Dieter   14.12.89   14. 7.53
Dr. Hütte, Rüdiger   9. 4.90   13. 8.57
Drees, Wolfgang   16. 1.91   1. 1.56
Reichmann, Andreas   11.10.91   25. 6.56
Wiemann, Johannes   11.10.91   29. 1.57
Brinkmann, Angela   11.10.91   9. 8.60
Kahre, Bernd   11.10.91   27. 4.61
Vinke, Günter, abg. (LSt)   24. 8.92   3. 6.59
Stoffregen, Ralf   27. 8.92   14.10.60
Kinner, Heike   27. 8.92   30. 8.61
Degner, Birgit   26.10.95   17. 9.62
Nagel, Gisela   26.10.95   14. 5.63
Kirchhoff, Anke   26.10.95   12. 4.65

Amtsgerichte

Bad Oeynhausen E 109 653
Bismarckstr. 12, 32545 Bad Oeynhausen
32543 Bad Oeynhausen
T (0 57 31) 1 58–0
Telefax (0 57 31) 1 58–2 50
1 Dir, 1 stVDir, 7 R

Dr. Domeier, Helmut, Dir   1. 1.94   7. 3.40
Stoyke, Bernd, stVDir   22. 6.94   1.10.37
Dr. Steffen, Otto   1. 2.66   16. 6.34
Lepper, Helga   —   —
Rimer, Uwe   22. 5.76   28. 4.44
Röttger, Elmar   12.12.76   3.10.43
Peuker, Ernst Michael   12. 1.82   13.12.47
Wietfeld, Hans Jörg   14. 9.84   24. 6.48
Becker, Ansgar   19. 9.95   7. 8.59

Bielefeld E 347 077
Gerichtstr. 6, 33602 Bielefeld
Postfach 10 02 87, 33502 Bielefeld
T (05 21) 5 49–0
Telefax (05 21) 5 49–23 08
1 Dir, 1 stVDir, 4 w.aufsR, 31 R

LG-Bezirk Bielefeld   OLG-Bezirk Hamm   **NW**

Donath, Hans-Jürgen, Dir	6. 1.94	1. 7.43
Schubmann-Wagner, Klaus-Dieter, stVDir	12. 8.94	17.11.50
Schmidt, Kurt, w.ausfR	14. 4.80	21. 6.32
Hübner, Jörg, w.ausfR	7. 9.94	27. 1.33
Hölscher, Wilfried, w.ausfR	18. 5.95	22. 9.36
Fischer, Ferdinand	1. 8.66	2. 9.33
Brüggemann, Peter	1. 4.70	26. 5.35
Urselmann, Klaus-Bernhard	1. 4.70	20. 8.36
Finzel, Gisela	30. 3.71	12. 3.39
Hölscher, Karla	1.12.71	14. 2.39
Mische-Petri, Ingrid	27. 2.73	4. 6.36
Junker, Klaus	17. 5.73	11. 7.39
Hagmann, Jürgen	12.11.73	15.12.41
Richtersmeier, Gerhard	5. 8.74	20. 5.44
Stöve, Anselm	—	—
Blümcke, Hanna		
Bruno, Jürgen	29. 8.75	28.10.43
Schulze-Niehoff, Hermann	30.11.76	1.11.42
Grotevent, Jürgen	20.12.76	27. 3.44
Heimann, Wolfgang	—	—
Lippmann, Annette	26. 7.77	18. 5.45
Brüggemann, Gert	26. 7.77	21. 5.45
Lange, Michael	1. 8.77	22. 9.43
Schmitz, Klaus-Dieter		
Brecht, Michael	2. 6.78	22. 2.46
Brecht, Siegrid	29. 9.78	14. 4.48
Sühring, Friedrich Albert	27.10.78	13.11.43
Thiemann, Karl-Georg	16. 2.79	14.12.48
Vogelsang, Bernhard Heinrich	7. 9.79	8. 9.48
Wißmann, Dieter	7. 9.79	19. 5.49
Bünemann, Andreas	—	—
Küster, Kai-Michael	20.11.80	26. 4.51
Sydow Kirsten	24. 8.94	1. 5.59
Salewski, Astrid	28. 9.95	29.12.63
Nagel, Friedhelm	29. 9.95	29. 6.62

Bünde E 67 266
Hangbaumstr. 19, 32257 Bünde
Postfach 12 09, 32212 Bünde
T (0 52 23) 1 00 58
Telefax (0 52 23) 18 48 76
1 Dir, 3 R

Depke, Hans-Jörg, Dir	2. 5.91	20.10.48
Hongsermeier, Sigrid	18. 4.77	11. 9.46
Schaper, Uwe Gerhard	20. 5.79	2.12.46
Bröck, Detlef	21. 8.80	14. 1.49

Gütersloh E 135 424
Friedrich-Ebert-Str. 30, 33330 Gütersloh
Postfach 11 53, 33326 Gütersloh
T (0 52 41) 1 03–33
Telefax (0 52 41) 1 03–340
1 Dir, 1 stVDir, 10 R

Rammert, Edmund, Dir	1. 6.89	13.10.45
Graalfs, Hermann, stVDir	—	—
Legeland, Doris	30. 9.75	27. 2.40
Nordhorn, Franz-Josef	29. 6.76	26.12.43
Kloß, Rüdiger	15. 9.77	19. 6.44
Maring, Hans-Harald	10.11.78	17. 5.44
Koschmieder, Ulrich	3.11.81	16. 9.48
Beckhaus, Ludwig	15.12.83	17. 4.51
Stracke, Dorothea	21. 7.87	22. 6.49
Soboll, Werner	—	—
Hellermann, Beate	27. 9.94	3. 3.63
Pielemeier, Ines	21. 7.95	5. 4.62

Halle (Westfalen) E 76 444
Lange Str. 46, 33790 Halle
Postfach 11 51, 33776 Halle
T (0 52 01) 30 53–55
Telefax (0 52 01) 1 09 04
1 Dir, 4 R

Junker, Klaus Dieter, Dir	14.12.81	24. 2.36
Kalantzis, Elisabeth	29. 6.76	21. 8.45
Kirchhoff, Robert	21. 6.82	6. 9.50
Pöld, Peter	27. 9.83	4. 5.50
Hunke, Michael	26. 6.95	30. 1.62

Herford E 120 096
Auf der Freiheit 7, 32052 Herford
Postfach 11 51, 32001 Herford
T (0 52 21) 1 66–0
Telefax (0 52 21) 1 66–1 12
1 Dir, 1 stVDir, 12 R

Ernst, Johannes, Dir	12. 9.84	25. 8.34
Gohr, Michael, stVDir	14.12.81	17. 2.36
Lützenkirchen, Annemarie	1.11.68	10. 8.35
von Stebut, Peter	15. 4.69	13. 3.34
Gäbler, Wolfgang	1. 2.70	26. 5.37
Wex, Ulrich	15. 3.71	21.11.38
Vorndamm, Jürgen	14. 4.76	31.10.41
Koltzsch, Gerburg	29. 8.76	22. 3.42
Schonscheck, Claudia	16. 2.79	22. 5.46
Bollhorst, Heinrich	30.10.79	14. 2.48
Knöner, Helmut	3. 3.80	23. 1.48
Klein, Eberhard	17. 9.80	26. 1.48
Wietfeld-Rinne, Jutta	26.10.81	19.10.50

OLG-Bezirk Hamm

Lübbecke E 49 391
Kaiserstr. 18, 32312 Lübbecke
Postfach 11 47, 32291 Lübbecke
T (0 57 41) 1 20 01–4
Telefax (0 57 41) 29 85 75
1 Dir, 3 R

Surmeier, Manfred, Dir	1. 1.86	22. 5.45
Stöckmann, Ludger	19. 1.82	30. 3.51
Diekmann, Rolf	17.11.87	15.12.48
Stolte, Hans-Ulrich	8. 2.94	5. 1.59

Minden (Westfalen) E 158 633
Königswall 8, 32423 Minden
Postfach 20 60, 32377 Minden
T (05 71) 88 86–0
Telefax (05 71)88 86–2 48
zugl. Schiffahrtsgericht
1 Dir, 1 stVDir, 12 R

Weidelhofer, Gottfried, Dir	1. 5.90	11. 2.35
Fechner, Dieter, stVDir	23. 8.90	24.12.37
Bergmann, Alfred	15. 7.67	2.11.34
Lömker, Ursula	15.10.71	31.12.37
Zimmermann, Wulf	20.10.75	11. 9.43
Baumeister, Klaus	26. 5.77	17.12.44
Langdorf, Manfred Philipp	27. 5.77	28. 7.43
Osthoff-Behrens, Marianne	—	—
Husmann, Heinrich Burckhard	12. 4.79	21.11.43
Frickemeier, Bernd, abg.	17. 4.79	12.12.45
Dr. Kuhlmann, Dieter	—	—
Eickhoff, Horst	18.12.80	29.12.48
Wolf-Baumeister, Christa	17.10.89	4. 3.45
Niewerth, Petra	26. 9.94	5.12.63

Rahden E 55 258
Lange Str. 18, 32369 Rahden
Postfach 1 09, 32362 Rahden
T (0 57 71) 8 18, 8 19
Telefax (0 57 71) 6 06 87
1 Dir, 2 R

Sussiek, Dieter-Karl, Dir	1. 9.72	28. 1.36
Simon, Christoph	29.11.76	28. 6.44
Staas, Ulrich	—	—

Rheda-Wiedenbrück E 89 455
Ostenstr. 3, 33378 Rheda-Wiedenbrück
Postfach 11 49, 33372 Rheda-Wiedenbrück
T (0 52 42) 92 78–0
Telefax (052 42) 92 78–99
1 Dir, 4 R

LG-Bezirk Bochum

Hellemann, Hans-Joachim, Dir	1. 3.79	28.11.36
Bockey, Heinrich	15. 3.68	20. 3.32
Grochtmann, Harald	1. 6.70	7. 6.38
Stelbrink, Ulrich	22. 6.83	7. 9.50

Landgerichtsbezirk Bochum

Landgericht Bochum E 980 790
Westring 8, 44787 Bochum
Postfach 10 16 29, 44716 Bochum
T (02 34) 6 26–1
Telefax (02 34) 6 26–22 44

Auswärtige Strafkammer in Recklinghausen
Reitzensteinstraße 17, 45657 Recklinghausen
Postfach 10 01 61, 45601 Recklinghausen
T (0 23 61) 585–0
1 Pr, 1 VPr, 28 VR, 47 R

Präsident
Dr. Feckler, Hans Gerhard	30. 9.85	22.10.33

Vizepräsident
Dr. Hoffmann, Klaus-Wilhelm	1. 1.92	15. 7.36

Vorsitzende Richterinnen/Vorsitzende Richter
Meer, Heinrich	6.12.74	19. 8.32
Boese, Ludwig	5. 2.75	14.11.33
Röggener, Antonius	9. 9.75	30. 8.34
Klostermann, Paul	14.11.78	8. 4.36
Adams, Johannes	21.12.79	22. 1.37
Humann, Alheidis	—	—
Dr. Röhl, Sabine	1. 1.80	17. 4.37
Winkelmann, Heinrich	22. 4.81	25. 7.34
Hinerasky, Werner	—	—
Schäfer, Joachim	14.12.81	11. 5.42
Beyermann, Detlev	14. 6.82	18. 2.39
Dr. Ratte, Theodor	1. 7.82	15. 2.42
Regul, Hans-Joachim	1. 8.82	18. 8.45
Schwarze, Ulrich	27. 6.83	2.10.40
Stratmann, Jörg	27. 6.86	25. 1.44
Pamp, Hermann	13. 4.87	7.12.43
Hoch, Wolfgang	30. 5.88	5.11.46
Dr. Krökel, Michael		
Dr. Brüggemann, Volker	16. 6.89	8.11.47
Kerstingtombroke, Arnold	—	—
Dr. Hahn-Kemmler, Jutta	15. 2.91	16.11.50
Ritter, Hans-Joachim	20.12.91	7.11.50
Mankel, Hans-Joachim	16. 7.91	26.10.47
Voß, Uwe	—	—

LG-Bezirk Bochum   OLG-Bezirk Hamm   **NW**

Sacher, Gerald	29. 1.93	29.10.45
Sudhaus, Klaus	29. 1.93	8. 8.52
Riechert, Gerhard Werner	18. 3.94	20. 9.50

Richterinnen/Richter

Dr. Lüdeke, Hans	1. 8.64	20. 7.32
Dr. Seckelmann, Helmut	—	—
Seckelmann, Margret	1. 5.70	12. 5.37
Frank, Hans-Dieter	11. 3.71	10. 2.37
Mareck, Christiane	26. 1.72	5. 6.38
Keienburg, Lutz	2. 5.72	5. 2.40
Schlee, Karola	9. 5.74	26. 4.34
Zöpel, Barbara	2. 1.76	15. 7.44
Gehling, Gabriele	—	—
Blank, Peter	3.12.76	11. 2.44
Döring, Günter	26. 4.78	12. 9.45
Lautz, Peter	14.11.78	27. 6.48
Kimmeyer, Michael Eberhard	23.10.79	14. 9.44
Hülsebusch, Werner	15.11.82	6. 5.51
Föhrer, Georg	18.11.82	2.12.48
Bock, Andreas	18. 5.83	3. 5.50
Lenerz, Kurt	—	—
Mittrup, Wolfgang	5. 8.83	26. 2.52
Löffler, Peter	9.12.85	22.11.49
Waschkowitz, Dieter	9.12.85	8. 9.50
Kirfel, Johannes	16. 1.87	24. 1.56
Rüthers, Bernhard Rudolf, abg.	25. 6.87	15. 7.53
Nienhaus, Kornelia	17. 5.88	19. 5.55
Reckhaus, Elisabeth	17. 5.88	20.10.57
Müller-Mann-Hehlgans, Barbara, abg.	—	—
Bolte, Friedrich-Wilhelm	9. 6.89	1. 3.57
Droste, Ulrich	30. 6.89	7.11.54
Helf, Ulrike	30. 6.89	3. 3.56
Richter, Thomas	—	—
Dr. Jaeger, Wolfgang	30. 6.89	25. 8.56
Murawski, Birgit	30. 6.89	21. 9.60
Lißeck, Friedhelm	3.11.89	3.12.56
Schmidt, Lambert	28.12.89	28. 8.57
Tschentscher, Barbara	28.12.89	16. 9.58
Eichler, Bernd	3. 8.90	1. 1.54
Brünger, Klaus	3. 8.90	24.10.56
Dr. Mersson, Günter	3. 8.90	7.12.59
Dr. Coburger, Dieter	6. 8.90	24. 4.59
Streek, Ingo	15. 8.90	6.10.57
Lohmeyer, Thomas	4. 9.91	29.11.59
Thome, Werner	13. 9.91	18. 8.56
Betzing, Christiane	13. 9.91	25.12.56
Oligmüller, Andreas	13. 9.91	25. 2.58
Rüter, Claus-Henning	13. 7.92	23. 8.61
Kilimann, Ralf	14. 7.92	7. 1.57
Schulte, Martin	14. 7.92	13. 5.58
Steinbach, Sabine	14. 7.92	27. 9.60
Roth, Delia	31. 1.94	23. 2.58

Amtsgerichte

Bochum E 401 129
Viktoriastr. 14, 44787 Bochum
Postfach 10 01 70, 44701 Bochum
T (02 34) 6 26–1
Telefax (02 34) 6 26–24 24
1 Dir, 1 stVDir, 5 w.aufsR, 38 R + 1 LSt (R)

Meyer, Friedrich Georg, Dir	1. 8.93	19. 4.45
Gentz, Gustav, stVDir	6.11.81	12.11.34
Heckmann, Dieter, w.aufsR	30. 7.84	27.10.36
Bücholdt, Konrad, w.ausfR	21. 6.94	9.10.36
Kropp-Steiner, Hiltrud, w.ausfR	15. 8.94	18. 9.37
Stoppel, Gerhard, w.aufsR	15. 8.94	3. 8.43
Kropp, Rainer	1. 1.65	15. 5.34
Hinerasky, Renate	—	—
von Renesse, Margot, MdB (LSt)	30.10.73	5. 2.40
Knoblauch, Eckhard	—	—
Mittelstrass, Hartmut	—	—
Kimmeskamp, Paul	22. 1.79	26. 9.48
Mölder, Dietmar	—	—
Lautz, Gertrud	9. 9.79	9.12.48
Pattard, Werner Ludwig	1.10.79	31. 7.49
Finke-Gross, Rita	2.11.79	9. 1.50
Lohkamp, Hartmut	—	—
Hein, Gabriele Elli	1.12.79	25. 9.49
Gronski, Klaus Jochen	20. 1.80	26. 8.49
Hagedorn, Rolf	31. 7.81	8. 1.48
Noesselt, Hadwig	—	—
Haardt, Frank	17. 8.81	8. 7.47
Dr. Feldmann, Ralf Antonius	11.12.81	31.12.49
Sichau, Axel	11. 2.82	13. 4.49
Schneider, Roland	—	—
Romberg, Werner	17. 2.82	10. 5.50
Führ, Karl-Michael	15.11.82	10. 8.52
Ulrich, Fred Jürgen	—	—
Weitz-Blank, Kornelia	9.12.83	29.12.53
Brunholt-Kirchner, Margret	4. 2.86	5.11.52
Krieger, Andreas	26. 9.89	1.10.56
Augstein, Ulrike	3.10.89	14.10.55
Korell-Führ, Elke	10.12.90	17. 3.56
Schlichting, Michael	28. 5.91	28.10.52
Manz, Petra	19. 6.91	29. 5.57
Dr. Bösken, Karl-Heinz	16.10.91	15. 1.57
Gerlach, Bernd-Ulrich	16.10.91	17. 1.59
Breitkopf, Norbert	6. 7.92	2. 3.59
Kausträter, Jost-Michael	31. 1.94	9. 3.61

NW OLG-Bezirk Hamm   LG-Bezirk Bochum

Böttrich, Godehard	—	—
Formann, Gertrud	12. 12. 94	27. 9. 60
Kaemper-Baudzus, Annette	3. 8. 95	8. 9. 61
Schönenberg-Römer, Petra	3. 8. 95	22. 1. 62
Dr. Deutscher, Axel	17. 8. 95	7. 9. 58

Herne E 103 697
Friedrich-Ebert-Platz 1, 44623 Herne
Postfach 10 11 29, 44601 Herne
T (0 23 23) 14 08–0
Telefax (0 23 23) 14 08–55
1 Dir, 1 stVDir, 8 R

Lütgens, Dietrich Franz, Dir	1. 1. 94	27. 11. 43
Schulze-Engemann, Holger, stVDir	17. 6. 94	13. 2. 45
Grosch, Hans-Peter	13. 11. 75	25. 2. 42
Unger, Manfred Bernhard	—	—
Schmedding, Horst-Dieter	24. 8. 81	22. 7. 42
Poreda, Werner	17. 8. 84	28. 9. 51
Dransfeld, Bernd	31. 7. 92	25. 10. 59
Schrüfer, Klaus	16. 4. 93	18. 9. 59
Zemlicka, Heike	26. 4. 93	7. 4. 58
Gawarecki, Doris	25. 9. 95	12. 10. 61

Herne-Wanne E 76 332
Hauptstr. 129, 44651 Herne
Postfach 20 01 62, 44631 Herne
T (0 23 25) 6 90–0
Telefax (0 23 25) 6 90–7
1 Dir, 6 R

Hache, Harald, Dir	17. 11. 78	15. 2. 34
Wessel, Hermann	15. 8. 67	22. 7. 34
Heldt, Wolfgang	1. 6. 70	31. 12. 37
Hagenberg, Heide	13. 11. 76	22. 10. 43
Donner, Uwe	—	—
Knust-Rösener, Gabriele	29. 7. 83	21. 1. 52
Hohmann, Martina	13. 3. 95	2. 3. 63

Recklinghausen E 294 209
Reitzensteinstr. 17, 45657 Recklinghausen
Postfach 10 01 61, 45601 Recklinghausen
T (0 23 61) 5 85–0
Telefax (0 23 61) 5 85–3 00
1 Dir, 1 stVDir, 3 w.aufsR, 27 R

Held, Heinz-Jürgen, Dir	1. 5. 89	12. 4. 42
Kortenjann, Rudolf, stVDir	1. 8. 93	30. 8. 38

Fluck, Wolf-Rüdiger, w.aufsR	16. 12. 94	27. 2. 43
Tamm, Maria, w.aufsR	16. 12. 94	28. 3. 43
Dr. Klas, Helmut, w.aufsR	2. 3. 95	13. 5. 48
Vogt, Dirk	6. 5. 75	19. 8. 44
Albers, Gabriele	3. 3. 76	9. 10. 44
Braun, Klaus Jürgen	—	—
Dr. Gores, Klaus-Jürgen	30. 12. 77	13. 12. 47
Harbort, Christian	6. 1. 78	17. 11. 44
Lange, Reinhard	—	—
Fettback, Dirk-Joachim	8. 3. 78	24. 2. 45
Wörteler, Norbert	30. 4. 78	19. 6. 45
Scheidt, Wilfried	—	—
Gora, Hansjürgen	17. 11. 78	21. 4. 45
Drewenstedt, Brigitte	—	—
Wortmann, Walter Willi	18. 11. 79	2. 8. 46
Dr. Linnenbaum, Bernhard	25. 2. 80	24. 12. 49
Sandkühler, Michael	—	—
Gramse, Jochen	9. 9. 80	22. 7. 47
Borgstädt, Manfred	13. 3. 81	20. 12. 49
Dr. Warmbold, Jens	—	—
Wewers, Hans Georg	29. 9. 81	13. 2. 52
Scholtyssek, Werner	9. 3. 82	13. 7. 52
Kuhlmann, Andreas, abg.	7. 12. 83	1. 3. 52
Dr. Maibaum, Achim	16. 12. 91	21. 11. 59
Dr. Vach, Michael	13. 6. 94	4. 9. 61
Dr. Siepmann, Andreas	25. 11. 94	19. 6. 59
van Lindt, Peter	2. 5. 95	14. 8. 58
Schöne, Sigrid	3. 5. 95	15. 3. 62
Heimeshoff, Hermann	4. 5. 95	27. 6. 60

Witten E 105 423
Bergerstr. 14, 58452 Witten
Postfach 11 20, 58401 Witten
T (0 23 02) 20 06–0
Telefax (0 23 02) 20 06–60
1 Dir, 1 stvDir, 7 R

Oldenburg, Friedhelm, Dir	1. 1. 94	22. 2. 34
Kraning, Hans, stVDir	23. 6. 94	13. 9. 31
Kerpen, Heinz Josef	15. 5. 67	8. 2. 34
Schell, Hartmut	1. 2. 68	4. 4. 37
Riepe, Dirk	1. 5. 70	20. 8. 34
Kiendl, Juliane	23. 11. 72	31. 1. 42
Sonnenschein, Joachim	4. 11. 76	10. 9. 44
Volkland, Ursula Dorothee	2. 6. 78	3. 5. 47
Sebbel-Mörtenkötter, Anne	5. 8. 94	13. 2. 61

LG-Bezirke Detmold · Dortmund   OLG-Bezirk Hamm   **NW**

Landgerichtsbezirk Detmold

Landgericht Detmold   E 356 427
Paulinenstr. 46, 32756 Detmold
Postfach 21 62, 32711 Detmold
T (0 52 31) 7 68–1
Telefax (0 52 31) 2 81 40
1 Pr, 1 VPr, 6 VR, 10 R

Präsident
Dr. Brandt, Wilhelm   5.12.94   13.11.36

Vizepräsident
Gerhardt, Hanno   8. 5.95   23. 4.43

Vorsitzende Richter
Niemeyer, Gerd   30. 9.75   28. 4.36
Eichmann, Erich   1. 8.88   6. 5.35
Schäfer, Erwin   11. 6.92   12. 6.39
Born, Peter   1. 7.92   20. 1.35
Reineke, Hans-Michael   30. 4.93   19. 4.48
Rügge, Dieter   27. 6.94   1. 2.42

Richterinnen/Richter
Beier, Helmut   —   —
Hahn, Hans-Peter   2.10.73   18. 8.41
Amelung, Jörg-Wilhelm   27. 2.74   24. 5.43
Bextermöller, Annelene
  Bärbel   29. 6.76   1. 5.45
Goldbeck, Hans-Bodo   20.12.77   9. 1.45
Michaelis de Vasconcellos,
  Rolof   10.11.82   27. 2.51
Lüking, Gerhard   23. 1.87   15.10.52
Hartl, Rudolf   27. 5.88   26.10.55
Hüttemann, Eckart   3. 7.90   28.12.55
Pohlmeier, Manfred   14. 7.92   29. 8.59

Amtsgerichte

Blomberg (Lippe)   E 47 117
Kolberger Str. 1, 32825 Blomberg
Postfach 11 41, 32817 Blomberg
T (0 52 35) 96 94–0
Telefax (0 52 35) 96 94–14
1 Dir, 2 R

Friedrichs, Walter, Dir   20.12.74   10. 1.33
Sippel, Antje   29. 6.92   22. 4.62

Detmold   E 160 459
Heinrich-Drake-Str. 3, 32756 Detmold
Postfach 11 63, 32701 Detmold
T (0 52 31) 7 68–1
Telefax (0 52 31) 2 01 48
1 Dir, 1 stVDir, 13 R

de Vries, Freya, Dir   25. 6.91   15. 3.49
Dr. Sievert, Karl-
  Heinz, stVDir   13. 7.83   12.10.34
Curdt, Jürgen   9. 7.73   28. 1.41
Ehrlicher, Jörg   24. 9.76   20. 6.41
Möller, Friedrich   19. 4.77   21. 1.44
Schlattmann, Jochen   15. 8.77   14.10.44
Dr. Busch, Klaus-Peter   31. 1.78   2. 3.47
Plutte, Margarete   1. 9.78   23. 2.48
Riechmann, Helmut, abg.   31. 1.80   9. 1.39
Kleinert, Ulrich   20.11.80   26. 3.49
Hempel, Alrun   24.11.80   23. 1.50
Kleinert, Dorothea   3. 8.81   23. 5.50
Velhagen, Jochen   6.12.83   25. 5.45
Osterhage, Töns   26. 9.94   6. 3.62
Buddenberg-Altemeier,
  Annette   28. 9.95   22.12.62

Lemgo   E 148 851
Am Lindenhaus 2, 32657 Lemgo
Postfach 1 20, 32631 Lemgo
T (0 52 61) 2 57–0
Telefax (0 52 61) 2 57–2 91
1 Dir, 1 stVDir, 9 R

Prof. Dr. Becker,
  Reinhard, Dir   30.10.80   18. 5.32
Quent, Horst, stVDir   20. 2.86   9.12.37
Dr. Schlie, Hermann   14. 9.71   8. 1.38
Lorenz, Peter   28. 2.73   3. 2.38
Koch, Ulrich   19. 5.73   2. 1.39
Jürgens, Erich-Albert   22. 7.77   23.12.46
Beau, Friedrich Friedhelm   18. 8.78   18.11.44
Langer, Lutz-Michael Luis   26. 9.86   22. 7.50
Affeldt, Viktoria   5. 2.87   1. 8.52
Gielens, Martin   22. 9.94   14. 5.57
Heistermann, Ulrich   22. 9.94   11. 6.62

Landgerichtsbezirk Dortmund

Landgericht Dortmund   E 1 231 227
Kaiserstr. 34, 44135 Dortmund
Postfach 10 50 44, 44047 Dortmund
T (02 31) 54 03–0
Telefax (02 31) 54 03–200
1 Pr, 1 VPr, 32 VR, 51 R + 2 LSt (R)

OLG-Bezirk Hamm — **LG-Bezirk Dortmund**

Präsident
Schulten, Dittmar　　28. 8.90　15. 5.38

Vizepräsident
Schelp, Klaus　　30. 6.93　31. 8.48

Vorsitzende Richterinnen/Vorsitzende Richter
Dr. Beyer, Günter　　22. 7.74　21. 1.32
Heckt, August Wilhelm　　7. 1.75　27. 3.34
Sipreck, Horst　　15. 8.75　11.12.34
Lammerding, Klaus　　18. 8.75　23. 4.35
Hagemann, Otto　　30. 9.75　8.10.34
Dr. Dieckhöfer, Joachim　　1. 9.76　12. 8.35
Schäfer, Heinrich　　10. 5.77　14.11.35
Radke, Oswin　　14.11.78　18. 2.39
von Hatzfeld, Rötger　　23.11.78　21. 3.39
Reichel, Manfred　　29. 8.79　22.10.39
Dr. Wobst, Helmut　　29. 8.79　25.12.39
Dr. Weingärtner, Helmut　　29. 8.79　25. 3.40
Dr. Hummelbeck, Horst　　2.11.81　6. 6.39
Detering, Bernd　　5. 3.82　3. 8.40
Eikelmann, Josef Wilhelm　　2. 8.82　11. 3.39
Hengemühle, Gernot　　16. 2.84　24.10.42
Dr. Jäger, Bernd　　1. 5.87　4. 7.44
Klein, Bodo　　1. 5.87　31. 8.44
Dr. Baronin von
　Dellingshausen, Ulrike　　11.10.88　16. 2.44
Barwig, Dieter　　—　—
Müller, Reinhard　　28. 3.90　25. 1.47
Nüsse, Johannes　　30. 4.91　7. 9.44
Ulrich, Jürgen　　16. 7.91　23. 5.48
Dr. Tschersich, Herbert　　18. 7.91　9. 1.50
Wapsa-Lebro, Marie-Luise　　—　—
Meyer, Wolfgang　　19. 1.94　15. 6.51
Tewes, Klaus-Dieter　　19. 1.94　6. 8.53
Weber, Thomas-Michael　　16. 3.95　24. 7.50
Müller, Eberhard　　16. 3.95　29.10.51
Coerdt, Karl-Friedrich　　1. 6.95　20.11.50

Richterinnen/Richter
Will, Käthe　　—　—
Brütting, Brigitte　　1. 3.75　16. 5.44
Zohren-Böhme, Stefanie　　1. 1.76　20. 6.43
Hollweg von Matthiessen,
　Heinzwerner　　—　—
Linge, Gerd Paul　　17. 1.78　12.12.47
Hengemühle, Gudrun　　18. 6.79　24. 4.48
Dr. Berkenbrock, Clemens
Harbort, Ulrich　　16. 4.80　11.10.49
Buchner, Ingrid　　16. 4.80　22. 5.50
Stratmann, Conrad　　12. 9.80　20. 7.46
Henkel, Monika　　17.10.80　24.11.44
Sapp, Friedrich Wilhelm　　21. 1.83　17. 1.51
Hackmann, Helmut　　8. 8.83　20. 9.51
Scholz, Dagmar　　20. 1.84　20. 7.52
Kersting, Magdalene
　Wilhelmine　　28. 5.84　11. 7.52

Bons-Künsebeck, Marlies　　23. 1.87　29.10.50
Breidenbach, Udo　　—　—
Prange, Gerlinde　　27.11.87　24. 6.52
Beumer, Thomas　　2. 2.88　19.10.57
Beckers, Hermann　　2. 5.88　10. 9.55
Pawel, Willi　　2. 5.88　24. 1.58
Pawel, Gisela　　2. 5.88　1. 5.60
Flocke, Ingolf　　17. 4.89　17. 8.53
Hammeke, Michael　　17. 4.89　4. 8.56
Windgätter, Peter　　24. 4.89　22.11.56
Meyer-Laucke, Wilfried　　25. 4.89　21. 1.49
Meißner, Heinrich-Joachim　　19. 5.89　29. 8.56
von Heusinger, Gabriele　　21.11.89　24. 2.56
Mönkebüscher, Martin　　30. 3.90　14. 8.57
Schalück-Bühler, Michael　　3. 4.90　8. 5.58
Brockmeier, Ludwig　　16. 1.91　30.10.58
Lohmann, Ilse, abg. (LSt)　　19. 4.91　9. 6.60
Witthüser, Frank　　22. 4.91　2.11.58
Uetermeier, Elke　　22. 4.91　6. 2.60
Lange, Christel　　25. 4.91　24. 5.56
Clemen, Peter　　25. 4.91　28. 8.59
Aschenbach, Andreas　　30.12.91　2. 4.57
Lüblinghoff, Joachim　　30.12.91　28. 4.58
Bohn, Gertrud　　—　—
Stratmann, Stefan　　30.12.91　3. 3.60
Koster, Norbert　　2. 1.92　28. 7.56
Große Feldhaus, Josef
　Gerhard　　2. 1.92　23. 4.58
Landwehr, Brigitte　　2. 1.92　14. 1.59
Dr. Schneider, Ursula,
　abg. (LSt)　　7.10.92　4. 4.56
Dr. Gessert, Thomas　　7.10.92　15. 9.57
Tegenthoff, Stefan　　7.10.92　14. 8.58
Karweg, Ralf　　7.10.92　15.11.58
Kosziol, Frank　　7.10.92　21. 1.60
Pfeffer-Schrage,
　Hans-Herbert　　27.12.94　27. 5.57

Amtsgerichte

Castrop-Rauxel　E 79 289
Bahnhofstr. 61–63, 44575 Castrop-Rauxel
Postfach 10 20 80, 44573 Castrop-Rauxel
T (0 23 05) 10 09–0
Telefax (0 23 05) 10 09–49
1 Dir, 7 R

Becker, Rolf, Dir　　1. 4.85　20. 1.39
Schwarz, Arend-Jörg　　25. 9.77　15. 7.43
Lennemann, Ingo, abg.　　—　—
Bähner, Rosemarie　　1. 6.80　29. 6.49
Tschersich-Vockenroth,
　Marion　　1.12.80　5.12.49
Born, Dorothea　　—　—
Nachtwey, Heinrich　　21. 3.90　25. 1.56
Weber, Annette　　2.10.92　14.11.59

LG-Bezirk Dortmund OLG-Bezirk Hamm **NW**

Dortmund E 600 918
Gerichtsstr. 22, 44135 Dortmund
Postfach 10 50 27, 44047 Dortmund
T (02 31) 54 05–0
Telefax (02 31) 57 94 58
zugl. Schiffahrtsgericht
1 Pr, 1 VPr, 9 w.aufsR, 70 R

Präsident
Rottmann, Hermann   1. 7. 89   29. 4. 39

Vizepräsident
N. N.

weitere aufsichtführende Richterinnen/Richter
Uebing, Karlheinz	7. 1. 83	25. 5. 35
Schott, Reiner	25. 7. 83	29. 11. 36
Sterlack, Arno	2. 1. 84	15. 11. 37
Lingk, Franz	25. 4. 84	26. 5. 36
Kanstein, Peter	10. 5. 85	30. 9. 35
Weiss, Christa	1. 10. 88	—
Betten, Ewald	11. 5. 95	29. 11. 38
Ophoven, Adolf	29. 5. 95	8. 4. 35

Richterinnen/Richter
Ophoven, Marie Sybilla	15. 6. 67	9. 8. 34
Schmidt, Ursula	16. 6. 69	10. 7. 38
Gerozissis, Sieglinde	15. 7. 69	11. 6. 38
Höbbel, Hans-Jürgen	3. 3. 70	28. 2. 36
Ehrhardt, Peter	15. 6. 70	13. 5. 37
Groh, Marieluise Hildegard	28. 10. 71	16. 1. 39
Krämer, Ulrich	27. 11. 75	28. 5. 41
Marty, Reinhard	11. 12. 75	30. 11. 42
Grawe, Volker	13. 12. 75	25. 9. 42
Dr. Hobbeling, Walther	24. 3. 76	16. 7. 42
Weiß, Gerhard	29. 3. 76	27. 2. 45
Dreisbach, Ursula	14. 9. 76	23. 4. 48
Tschiersch, Eberhard	—	—
Contzen, Elisabeth	—	—
Raimer, Peter	26. 7. 77	23. 1. 45
Viegener, Jürgen	—	—
Kokoska, Reinhard	16. 9. 77	11. 1. 47
Vieten-Groß, Dagmar	8. 11. 77	22. 12. 47
Raimer-Schafferus, Claudia Martina	30. 12. 77	20. 4. 47
Esken, Hans-Ulrich	23. 1. 78	1. 11. 45
Tappermann, Jürgen Wilhelm	14. 2. 78	16. 5. 45
Schramm, Walter Ludwig	30. 6. 78	8. 8. 47
Kampelmann, Klaus August	—	—
Tschechne, Wolfgang Johannes	23. 8. 78	7. 1. 47
Kittel, Helmut	25. 8. 78	24. 7. 45
Jeschke, Hartmuth	—	—

Drerup, Rudolf	30. 10. 78	31. 10. 42
Rappoport, Zwi Hermann	—	—
Junglas, Georg	6. 2. 79	10. 3. 47
Borgdorf, Werner	—	—
Kretschmer, Reinhard Gerhard	—	—
Engelmann-Beyerle, Beatrix	—	—
Kretschmer, Manfred	6. 6. 79	3. 5. 41
Gillmeister, Uwe	7. 9. 79	1. 10. 45
Schilawa, Helmut Kurt	24. 9. 79	11. 8. 47
Jehke, Rolf	29. 11. 79	22. 1. 48
Twittmann, Jürgen	22. 8. 80	6. 10. 48
Jesse, Klaus	—	—
Dr. Schumacher, Bernd-Ulrich	17. 4. 81	14. 3. 49
Groß, Dieter	30. 4. 81	13. 3. 47
Dr. Kollenberg, Reiner	20. 7. 81	18. 7. 47
Dr. Regel, Wolfgang	—	—
Heinrichs, Erhard	18. 1. 82	18. 9. 47
Barutzky, Christoph	18. 1. 82	29. 6. 50
Jersch, Constans	12. 3. 82	16. 2. 52
Danch-Potthoff, Karin	18. 5. 82	1. 6. 47
Knierbein, Josef	30. 6. 83	27. 1. 50
Aufderheide, Helmut	7. 11. 83	28. 3. 51
Stein, Franz-Josef Johannes	14. 12. 83	14. 4. 51
Stehling, Hans-Jürgen	23. 7. 84	26. 2. 51
Hoppen-Wagner, Elisabeth	23. 10. 84	21. 12. 53
Stein, Ulrich	6. 5. 85	2. 7. 51
Hilsmann-König, Elisabeth	—	—
Künsebeck, Helmut	30. 1. 87	2. 7. 54
Schulte-Eversum, Bernd Norbert	16. 3. 90	13. 12. 57
Börstinghaus, Ulf	20. 3. 90	13. 7. 55
Nachtwey, Heinrich	21. 3. 90	25. 1. 56
Heydenreich, Volker	9. 4. 90	10. 10. 56
Arbandt, Katrin	6. 12. 90	3. 1. 60
Hellmuth, Yorck	2. 9. 91	14. 8. 61
Schulte im Busch, Astrid	25. 3. 93	17. 12. 60
Küsell, Herwart	26. 3. 93	25. 3. 54
Kelm, Thomas	27. 10. 94	26. 7. 59
Serries, Andreas	28. 10. 94	20. 2. 60
Prause, Peter	28. 10. 94	19. 6. 61
Walter, Frank	28. 10. 94	4. 8. 61
Schieck, Andrea	7. 8. 95	29. 12. 61
Bruns, Karin	8. 8. 95	29. 8. 63
Kiskämper, Hartmut	9. 8. 95	19. 7. 60
Wolter, Ulrike	—	—
Grashoff, Peter	1. 3. 96	2. 6. 60
Dr. Sikora, Sabine	6. 3. 96	3. 10. 61
Volesky, Karl-Heinz	7. 3. 96	26. 7. 59

Hamm (Westfalen) E 184 020
Borbergstr. 1, 59065 Hamm
Postfach 11 41, 59061 Hamm
T (0 23 81) 9 09–0
Telefax (0 23 81) 9 09–2 22
1 Dir, 1 stVDir, 1 w.aufsR, 15 R

Dietrich, Jürgen		
Hermann, Dir	3. 7. 89	6. 12. 43
Weber, Norbert, stVDir	23. 11. 89	18. 10. 46
Liesner, Helmut, w.aufsR	22. 6. 94	2. 2. 40
Pohlmann, Ernst-Peter	—	—
Micke, Rolf-Dietrich	—	—
Eikelmann, Marita	7. 7. 77	3. 3. 44
von Gehlen, Harald	24. 8. 78	8. 10. 44
Schimanski-Longerich, Bernd	16. 10. 81	19. 5. 49
Longerich, Ute	16. 8. 82	5. 1. 53
Löbbert, Wolfgang	20. 8. 82	14. 7. 51
Schöppner, Norbert	29. 7. 85	3. 2. 53
Bastl, Franz	—	—
Neuhaus, Elisabeth Anna	—	—
Becker, Bernd	6. 3. 90	21. 6. 51
Kleine, Wolfgang	—	—
Schulze-Velmede, Burkhard	9. 11. 95	11. 3. 59
Drouven, Martina	13. 11. 95	28. 8. 59
Erb-Klünemann, Martina	13. 11. 95	21. 8. 63

Kamen E 98 107
Poststr. 1, 59174 Kamen
Postfach 11 20, 59172 Kamen
T (0 23 07) 9 92–0
Telefax (0 23 07) 9 92–1 12
1 Dir, 6 R

Treese, Burckhard, Dir	1. 5. 88	1. 1. 46
Hülsmann, Gerhard	—	—
Dickmeis, Franz-Joseph	—	—
Schlottbohm, Hans Werner	17. 10. 85	21. 12. 48
Heine, Manfred	6. 4. 89	21. 4. 56
Klopsch, Martin	7. 5. 90	14. 9. 56
Davids, Frank Michael	5. 10. 94	12. 10. 56

Lünen E 146 820
Spormeckerplatz 5, 44532 Lünen
Postfach 11 80, 44501 Lünen
T (0 23 06) 24 05–0
Telefax (0 23 06) 24 05–90

Zweigstelle in Werne
Bahnhofstr. 8, 59368 Werne
Postfach 11 52, 59354 Werne
T (0 23 89) 20 60, 20 69
Telefax (0 23 89) 53 84 14
1 Dir, 1 stVDir, 9 R

Koschmieder, Hans-Joachim, Dir	1. 10. 85	4. 5. 45
Böhlje, Karin, stVDir	21. 3. 89	26. 7. 47
Meckmann-Everling, Gisela	29. 9. 71	3. 8. 38
Bußmann, Hubert	5. 5. 80	3. 9. 47
Klein, Hans-Joachim	24. 6. 80	11. 12. 43
Brinkmann, Peter	8. 5. 81	1. 6. 48
Riedl, Ewerhard	12. 1. 82	17. 2. 51
Oertel, Bernhard	27. 4. 84	29. 12. 51
Mertens, Barbara	24. 3. 93	11. 8. 60
Oehrle, Ulrich	26. 10. 94	12. 7. 61
Rodehüser, Annette	23. 8. 95	14. 12. 59

Unna E 122 073
Friedrich-Ebert-Str. 65 A, 59425 Unna
Postfach 21 01, 59411 Unna
T (0 23 03) 67 03–0
Telefax (0 23 03) 67 03–32
1 Dir, 1 stVDir, 11 R

Hiltenkamp, Werner, Dir	24. 5. 83	30. 5. 34
Schwab, Heinrich Theodor, stVDir	—	—
Heine, Gottfried	1. 7. 70	3. 10. 37
Vittinghoff, Heiko	15. 6. 73	14. 5. 41
Steller, Manfred	10. 3. 78	1. 10. 44
Naunin, Ulrike	—	—
Buller, Bernhard	2. 2. 79	6. 7. 48
Henning, Peter	1. 7. 81	29. 4. 48
Reiners, Hans-Ulrich	12. 11. 81	28. 5. 47
Lorenz-Hollmann, Barbara	—	—
Vielhaber-Karthaus, Birgit	2. 1. 92	19. 11. 60
Hüchtmann, Jörg	16. 3. 93	11. 1. 61
Fresenborg, Anne	6. 10. 95	30. 3. 62

Landgerichtsbezirk Essen

Landgericht Essen E 1 403 261
Zweigertstr. 52, 45130 Essen
Postfach 10 24 42, 45024 Essen
T (02 01) 8 03–0
Telefax (02 01) 8 03–29 00
1 Pr, 1 VPr, 35 VR, 49 R

Präsident
N. N.

Vizepräsident
Brahm, Edmund   22. 2. 95   4. 12. 47

LG-Bezirk Essen   OLG-Bezirk Hamm   **NW**

Vorsitzende Richterinnen/Vorsitzende Richter

Wäller, Helmut	8. 6.72	19. 8.32
Pohl, Günter	9.11.72	18.11.31
Dr. Brenne, Dieter	9.11.72	12. 3.33
Dr. Nedden, Horst Günther	13. 4.73	18. 7.34
Schröer, Josef	16. 4.74	24. 2.33
Johannemann, Hermann	21. 8.74	31.10.33
Hülsmann, Klaus	25.11.75	29. 3.35
Hirt, Margarete	21. 6.77	12. 8.31
Suhr, Malte	21. 6.77	16.10.34
Fritzen, Michael	15.11.78	4. 6.35
Gerbert, Manfred	27. 4.79	16. 1.38
Pott, Gert-Detlef	28. 9.79	9. 8.39
Tölle, Gerhard	29.10.80	28.10.34
Fredebrecht, Hans Kurt	21. 5.81	9. 8.37
Esders, Rudolf	21. 5.81	18.12.39
Hengst, Franz Albert	14.10.81	16. 2.43
Dr. Krombach, Diethard	20.10.81	29. 5.37
Dusse, Wolfgang	29.11.83	15. 9.41
Becker, Udo	21.12.83	4. 7.43
Selhorst, Maximilian	20. 6.84	27. 4.37
Dudda, Alfred	20. 6.84	20.12.44
Schröder, Jochen	16. 9.88	6. 9.44
Anhut, Theresia Brigitte	17. 3.89	22. 9.43
Meise, Hans-Joachim	—	—
Lackmann, Rolf	26. 9.90	20. 2.49
Brinkmann, Volker	23. 3.92	27.12.40
Geschwender, Jürgen-Josef	23. 3.92	24.12.48
Wilke, Heinz-Jürgen	27.10.92	25. 6.41
Küter, Axel	27.10.92	—
Schmidt, Michael	27.10.92	10. 2.53
Krüger, Klaus-Werner	1. 3.94	15. 8.53
Dr. Middelberg, Gerd	28.12.95	16.12.46
Voelsen, Petra-Helene	28.12.95	17. 6.51
Brede, Christoph	18. 1.96	1. 4.47

Richterinnen/Richter

Schneider, Winfried	—	—
Spelsberg, Artur	1.11.68	25.11.34
Hafner, Karl	1. 3.69	25.12.36
Rehmet, Hans-Joachim	—	—
Fahnenstich, Ilse Marie	1. 6.70	15.12.38
Streubel, Adelheid	25. 9.70	5. 1.41
Lafflör, Christel	28. 9.70	22. 9.37
Heim, August	—	—
Auth, Hans Joachim	—	—
Vogtmeier, Manfred	27. 7.73	29. 7.42
Dr. Vogel, Thilo	22. 7.74	18. 2.44
Bergenthun, Modesta	—	—
Hollstegge, Angelika	19.12.76	5. 4.47
Gerke, Ulrich	19.11.77	23.11.44
Vougioukas, Kirsten	9. 3.78	6.12.46
Wacker, Johannes Christoph	2. 6.78	2.10.45
Filla, Wilfried Hartmut	—	—
Staake, Knut-Henning	—	—
Wende, Jutta	30.11.79	15.11.49
Janßen-Diemert, Ursula	3. 1.80	2. 8.48
Hägele, Ulrich	6. 4.81	7. 9.47
Fink, Rudolf	—	—
Weiß, Detlef	—	—
Schneider, Klaus	25. 7.83	14. 9.51
Konrad, Hans Jürgen	—	—
Storner, Peter	30. 3.84	28. 3.50
Rink, Ursula	—	—
Siebecke, Volker	29.11.84	16. 4.51
Busold, Heinz-Günter	3.12.84	23. 6.51
Loch, Edgar	10.12.84	11.10.54
Pohlmann, Regina	1. 2.88	11. 6.57
Schalla, Norbert	22. 5.89	8. 5.56
Dickmeis, Michael	24. 5.89	28. 2.56
Süß-Emden, Dieter	21.12.89	23.11.54
Nünning, Luise	21.12.89	2. 7.57
Rosch, Burkhard	21.12.89	5. 3.58
Dr. Dechamps, Regine	22. 6.90	31. 5.56
Dr. Funke, Hans-Friedrich	22. 6.90	22. 9.57
Kunze, Jürgen	11. 2.91	19. 3.58
von Pappritz, Maren	13. 2.91	15. 8.59
Gremme, Anna Maria	26. 8.91	23. 1.58
Labentz, Andreas	26. 8.91	22.12.58
Banke, Ralf	10.11.92	28.11.59
Wendrich-Rosch, Jutta	10.11.92	18.11.60
Dr. Monstadt, Barbara	10.11.92	4. 7.61
Pawellek, Jutta	10.11.92	14. 3.62
Jurgeleit, Andreas	13.11.92	20. 9.60

Amtsgerichte

Bottrop   E 119 669
Gerichtsstr. 24 – 26, 46236 Bottrop
Postfach 10 01 01, 10 01 65, 46201 Bottrop
T (0 20 41) 1 71–0
Telefax (0 20 41) 1 71–1 00
1 Dir, 1 stVDir, 10 R

Lühl, Hendrick, Dir	23. 6.92	14.10.35
Gehrling, Horst-Dieter, stVDir	19. 2.93	31.12.43
Steinmann, Rudolf	8.10.81	2. 7.50
Bihler, Manfred	8.12.82	24.10.52
Lütgebaucks, Harald	9.12.82	4. 2.52
Reschke, Peter	20. 7.83	29. 2.52
Plaßmann, Ulrich	13. 9.83	2.12.52
Dr. Helf, Martin	24. 4.87	18. 2.55
Meierjohann, Eckhard	4. 9.91	30. 6.60
Schachten, Elmar	1.10.93	9. 1.59
Preibisch, Rüdiger	27. 5.94	21. 6.56

NW OLG-Bezirk Hamm   LG-Bezirk Essen

Dorsten E 80 351
Alter Postweg 36, 46282 Dorsten
Postfach 1 09, 46251 Dorsten
T (0 23 62) 20 08–0
Telefax (0 23 62) 20 08–51
1 Dir, 1 stVDir, 7 R

Roer, Ulrich Werner, Dir	1. 1. 94	22. 1. 38
Dr. Fischedick, Hans-Jürgen, stDir	20. 6. 94	7. 11. 54
Kleimann, Ludwig	15. 3. 70	3. 8. 39
Timm, Wolfhart	5. 3. 80	18. 3. 48
Schlenkhoff-Paul, Michael	15. 4. 80	13. 9. 49
Heinz, Regine	2. 4. 81	22. 9. 50
Illerhaus, Johannes	4. 12. 84	5. 2. 50
Oermann-Wolff, Dagmar	10. 5. 89	20. 11. 55
Bartoszek-Schlüter, Irena	2. 10. 95	5. 4. 58

Essen E 398 890
45116 Essen
Postfach 10 02 63, 45002 Essen
T (02 01) 8 03–0
Telefax (02 01) 8 03–29 10
1 Pr, 1 VPr, 8 w.aufsR, 55 R

Präsident

Dr. Wygold, Klaus	2. 2. 87	14. 11. 32

Vizepräsidentin

Tjoa-Franzke, Inge	1. 12. 88	7. 4. 34

weitere aufsichtführende Richterinnen/Richter

Bacht, Dorothea	—	—
Schaper, Jürgen	1. 7. 84	3. 10. 38
Prieß, Hans-Herbert	25. 1. 89	31. 12. 35
Dr. Wein, Gunter	—	—
Bauer, Karl Wilhelm	14. 9. 94	18. 7. 36
Blumberg, Ernst	—	—
Küker, Ursula	15. 3. 96	13. 2. 44
Faupel, Karl-Hans	15. 3. 96	7. 5. 48

Richterinnen/Richter

Rühl, Ingrid	15. 2. 66	21. 11. 33
Wenmakers, Jan	—	—
Feßler, Heribert	15. 9. 69	9. 11. 36
Dubiel, Peter	1. 11. 69	17. 6. 38
Strutz, Jürgen	1. 7. 70	3. 3. 38
aus der Mark, Jochen	5. 10. 70	29. 10. 37
Vogeler, Klaus-Dieter	4. 10. 71	8. 12. 39
Baltes, Günter	24. 1. 73	28. 1. 38
Busse, Berthold	14. 9. 73	22. 10. 39
Seidel, Gerd	9. 5. 74	11. 8. 43
Remer, Bernhard	—	—
Graßl, Hans-Richard	—	—
Krieger-Brommenschenkel, Edda	20. 10. 75	27. 10. 40

Landschütz, Gerd	21. 10. 75	27. 3. 45
Olschewski, Ulrich	—	—
Richter, Karin	8. 11. 76	14. 9. 44
Kurzke, Rüdiger Willi	16. 1. 77	5. 11. 44
Bovermann, Hans	—	—
Wagner, Ute	28. 7. 77	19. 4. 44
Nolte, Bernd-Hermann	28. 7. 77	13. 8. 44
Wulf, Falko	23. 8. 77	7. 9. 41
Lütge-Sudhoff, Rotraut	9. 9. 77	15. 7. 45
Richter, Gerd	11. 12. 77	˙29. 8. 45
Denzin, Klaus-Gerd	6. 2. 78	9. 7. 43
Grewer, Wilhelm	24. 2. 78	4. 8. 42
Koch, Rainer	13. 3. 78	7. 9. 45
Kraußold, Jutta	28. 4. 78	2. 12. 44
Wiedemann, Dietmar	20. 6. 78	29. 12. 44
Anders, Peter	1. 8. 78	20. 10. 44
Fischer, Klaus Georg	15. 9. 78	18. 12. 47
Lukas, Jürgen	15. 12. 78	2. 4. 49
Thomas, Karin	22. 5. 79	22. 11. 48
Schneider, Christa	—	—
Dr. Louis, Christine Johanna	—	—
Teuber, Michael	—	—
Dr. Märten, Rolf	1. 7. 81	24. 6. 50
Zellhorn, Emmerich	23. 4. 82	27. 4. 53
Schlott, Hildegard	1. 8. 83	19. 6. 47
Winterpacht, Klaus Dieter	15. 8. 83	25. 7. 49
Tiffert, Dietmar Willi, abg.	28. 11. 83	1. 5. 53
Siepmann, Horst	23. 1. 85	8. 11. 47
Bischoff, Monika	—	—
Bein, Winfried	23. 8. 85	5. 9. 52
Jürgensen, Gabriele	28. 2. 86	7. 1. 54
Harenberg, Birgit	30. 7. 86	13. 4. 56
Dodegge, Georg	5. 4. 89	25. 12. 57
Seelmann, Ronald	7. 2. 90	14. 5. 56
Holthöver, Martin	29. 11. 90	30. 6. 54
Denkhaus, Mathias	21. 9. 92	9. 11. 58
Treppke-Toutain, Matthias	13. 7. 93	10. 2. 58
Koppenborg, Arnd	19. 7. 94	28. 1. 56
Hense-Neumann, Felizitas	19. 7. 94	16. 9. 61
Becker, Christian	19. 7. 94	13. 6. 62
Dr. Zech, Hanne	28. 3. 95	1. 3. 59
Wischermann, Christoph	23. 6. 95	10. 5. 61
Stehmans, Brigitte	9. 11. 95	5. 7. 65

Essen-Borbeck E 98 687
Marktstr. 70, 45355 Essen
Postfach 11 01 51, 45331 Essen
T (02 01) 8 68 02 50
Telefax (02 01) 8 68 02 50
1 Dir, 5 R

Dreesen, Klaus, Dir	1. 12. 86	15. 12. 42
Zander, Peter	—	—
Pegenau, Barbara	—	—

LG-Bezirk Essen · OLG-Bezirk Hamm **NW**

Praß, Hans-Joachim	—	—		
Weise, Hans-Christian	31.10.78	22. 7.48		
Schmitt, Sigrid	25.10.84	8. 5.54		

Essen-Steele E 120 378
Grendplatz 2, 45276 Essen
Postfach 14 31 80, 45261 Essen
T (02 01) 8 51 04–0
Telefax (02 01) 8 51 04–30
1 Dir, 6 R

Wohlhage, Nikolaus, Dir	22.11.88	9. 6.34
Perband, Klaus	—	14. 1.37
Auth, Elisabeth	—	—
Reinhardt, Peter	4. 6.79	31.10.46
Erb, Reinhard	19.11.82	8.11.46
Sen, Ulrike	3. 3.86	10. 1.52

Gelsenkirchen E 144 393
Overwegstr. 35, 45879 Gelsenkirchen
Postfach 10 02 52/10 02 62, 45802 Gelsenkirchen
T (02 09) 17 91–0
Telefax (02 09) 17 91–1 88
1 Dir, 1 stVDir, 1 w.aufsR, 18 R

N.N., Dir		
Dr. Bödecker, Gisbert, stVDir	1. 5.92	26.12.35
Meiswinkel, Winfried, w.aufsR	24. 2.95	27. 4.46
Kleffner, Hans	15.12.68	1. 3.37
Zuberbier, Gerda	15. 4.69	30. 4.37
Braun, Benno	12.12.75	5. 8.41
Steinbrinck, Heiner	31. 5.77	12.11.44
Lelickens, Alfred	—	—
Warda, Horst	20.11.80	1. 8.51
Bärens, Michael		
Kriener, Josef Konrad	21. 5.82	19. 4.52
Heneweer, Rainer	13.12.82	11. 9.47
Hermandung, Klaus Alexander	20.12.82	5.12.50
Klein, Helmut	8. 8.83	19. 2.50
Büchter-Hennewig, Karin		
Siemund-Grosse, Gaby	4. 9.91	26. 8.58
Dr. Kirsten, Mathias	12.12.94	19. 5.60
Schneemilch, Elke	12.12.94	22.11.61
Waab, Brigitte	7. 7.95	27. 2.63
Fiolka, Arnd	12. 7.95	24. 5.63

Gelsenkirchen-Buer E 149 149
Goldbergstr. 89, 45894 Gelsenkirchen
Postfach 20 01 53/20 01 63, 45836 Gelsenkirchen
T (02 09) 3 60 98–0
Telefax (02 09) 2 60 98–90
1 Dir, 1 stVDir, 12 R

Metten, Klaus-Jürgen, Dir	5. 4.83	7. 5.35
Grewer, Bernd, stVDir	14. 2.90	18. 7.49
Dr. Franke, Herbert	—	—
Zielstorff, Jochen	25. 6.77	17. 4.43
Kowalski, Rainer	2. 5.78	13. 8.46
Rezori, Irene	3. 5.78	15. 1.49
Huda, Hermann-Josef	15. 2.79	3. 4.47
Rumberg, Klaus	30.11.79	30. 7.46
Stratmann, Bernd	—	—
Mertens, Ulrich	3. 5.82	12. 4.51
Rottlaender, Helmut	26.11.82	14. 4.53
Waab, Frank	6.10.95	16. 5.62
Koch, Sabine	9.10.95	22. 5.62

Gladbeck E 79 956
Friedrichstr. 63, 45964 Gladbeck
Postfach 1 40, 45951 Gladbeck
T (0 20 43) 6 97–0
Telefax (0 20 43) 6 97 -1 20
1 Dir, 6 R

Pörtner, Harald, Dir	—	—
Lohmann, Lothar	19. 8.76	18. 8.43
Paus, Berthold	26. 6.81	24.11.51
Jensen, Rita	1.12.81	11. 2.52
Röhlig, Hans-Werner	26. 7.83	31.12.50
Dr. Bardelle, Beatrice	—	—
Wilmsmann, Dietmar	1. 9.90	—

Hattingen (Ruhr) E 83 678
Bahnhofstr. 9, 45525 Hattingen
Postfach 80 01 53, 45501 Hattingen
T (0 23 24) 5 05–0
Telefax (0 23 24) 5 39 23
1 Dir, 5 R

Dr. Weidermann, Ortfrid, Dir	6. 3.84	24. 9.37
Pauli, Wolfgang	1. 4.67	5. 3.36
Stritzke, Klaus-Dieter	15. 1.70	3. 3.38
Fehre, Götze	—	—
Lang, Ursula Brigitte	16. 6.78	11. 3.46
Köcher, Hans-Dietrich	—	—

Marl E 128 110
Adolf-Grimme-Str. 3, 45768 Marl
Postfach 11 60, 45741 Marl
T (0 23 65) 5 13–0
Telefax (0 23 65) 5 13 –2 00
1 Dir, 1 stVDir, 11 R

Stirnberg, Karl-Heinz, Dir	16. 2.87	24. 6.35
Warsen, Gerrit Jan,stVDir	28. 2.90	12.10.49
Tölle, Wolfgang	—	—
Tretow, Martin Heinrich	5. 9.77	18. 2.45

Lattekamp, Heribert	5.11.79	16. 6.46
Schlüter, Wolfgang	5.11.79	23. 1.48
Becker, Heinrich Hermann	18. 4.80	1. 8.47
Leufgen, Helmut Günter	9.10.81	18. 4.51
Garbers, Karl-Heinz	24. 5.82	17. 6.46
Korf, Friedrich	8.11.83	4. 7.49
Brechler, Michael	16.12.83	10.11.50
Schmitz, Herbert	9. 7.86	4. 9.48
Wedig, Bernd	22.12.94	25. 6.59

Landgerichtsbezirk Hagen

Landgericht Hagen E 813 522
Heinitzstr. 42, 58097 Hagen
58086 Hagen
T (0 23 31) 9 85–0
Telefax (0 23 31) 9 85–5 85
1 Pr, 1 VPr, 16 VR, 25 R

Präsident

Hollwitz, Dieter	1. 8.87	12. 8.31

Vizepräsident

Rohs, Peter	1.10.89	31.12.36

Vorsitzende Richterin / Vorsitzende Richter

Linscheidt, Peter	1. 5.73	7.11.32
Hagemeyer, Klaus	21. 8.74	23. 3.34
Rofall, Manfred	11. 9.75	17.12.33
Falkenkötter, Karl Peter	3. 7.81	11.10.38
Urban, Hartmut	27.11.81	12.11.39
Vogt, Hans Dieter	23. 9.83	18. 9.41
Hägele, Frauke	8. 2.85	5.12.42
Berneiser, Klaus	30. 6.86	26. 5.40
Richthof, Hans-Robert	16. 9.88	28. 1.45
Fingerhut, Hans-Wilhelm	1.10.88	16. 2.40
Herkenberg, Horst-Werner	24. 4.89	20.10.42
Richter, Kurt Dietmar	24. 4.89	14. 4.46
Gäbel, Christoph	27. 9.89	21. 1.38
Weber, Norbert	28. 4.90	4. 5.49
Asbeck, Peter	26. 7.91	5. 9.44
Sommer, Helmut	18.12.95	29. 5.41

Richterinnen / Richter

Reiff, Franz	—	—
Vogt, Jürgen	15. 5.70	13. 4.36
Wassel, Lothar	—	—
Schlief, Christa	—	—
Knierim, Heinrich	—	—
Niekämper, Hans-Jörg	30. 6.79	17. 7.44
Keese, Gerda	27. 7.79	2. 4.50
Pletzinger, Winfried	24. 2.81	27. 8.48
Schlemm, Ellen Elisabeth	28.12.81	2.10.51
Spancken, Wolfgang	10.11.82	6. 4.51

Plassmann, Klaus	10.11.82	2. 1.53
Hölscher, Werner	8.12.83	7.11.48
Jansen, Roland	11. 1.84	14. 9.51
Kirsch, Bernd-Dietmar	20. 2.86	17. 2.51
Krause, Dieter	20. 2.86	24. 4.54
Kaiser, Wilhelm	2.11.86	21. 8.52
Schwedhelm, Robert, abg.	25. 4.88	17. 7.54
Dr. Springer, Paul, abg.	24. 8.88	5. 3.56
Sommerfeld, Peter	31. 3.89	30. 5.57
Sommerfeld, Sybille	3. 4.89	13.10.54
Warnke, Evelyn	4. 9.89	21. 6.60
Kock, Stephanie	18. 9.89	2. 7.57
Dr. Einhoff, Birgit	1. 1.90	6. 7.56
Rathsack, Wolfgang	2.10.91	17. 1.59
Stilke, Petra	29. 4.92	7. 7.58

Amtsgerichte

Altena (Westfalen) E 65 183
Gerichtsstr. 10, 58762 Altena
Postfach 11 53, 58741 Altena
T (0 23 52) 20 18–0
Telefax (0 23 52) 20 18–29
1 Dir, 4 R

N.N., Dir		
Hahn, Elisabeth	15.12.69	16.11.36
Altmann, Michael	21.12.76	19. 1.45
Alte, Peter-Wilhelm	2.11.82	13. 1.50
Deppe, Ulrich	8. 1.86	25. 6.50

Hagen E 213 747
Heinitzstr. 42 und 44, 58097 Hagen
58086 Hagen
T (0 23 31) 9 85–0
Telefax (0 23 31) 9 85–5 78
1 Dir, 1 stVDir, 3 w.aufsR, 24 R

Seidel, Winfried, Dir	1.11.85	7. 2.33
Dr. Schubach, Hans, stVDir	21.12.83	17. 5.34
Mösezahl, Paul-Peter, w.aufsR	22. 8.94	6. 1.45
Peter, Dietmar, w.aufsR		
Schneider, Horst	1.12.64	24. 1.34
Klein, Hans	1.10.67	25. 2.35
Urban, Anna-Marie	20.10.70	11.10.39
Müller, Helga	19. 4.72	18. 7.40
Halfter, Michael	30.11.76	18. 5.43
Stich, Wolfhard	7. 1.78	24. 2.49
Reiffer, Erhard	—	—
Kröger, Heidemarie Gisela	—	—
Grabe, Hans Bernd	27.11.78	29. 3.47
Hamann, Rainer Helmut	4.12.79	4.10.43
Dr. Cirullies, Michael Richard	30. 6.81	19. 6.50

LG-Bezirk Hagen   OLG-Bezirk Hamm   **NW**

Groß, Peter	24. 11. 81	18. 10. 46
Möhling, Hans-Joachim	20. 10. 82	11. 3. 47
Siemon, Heinz-Michael	16. 11. 82	1. 1. 49
Saur, Wolfgang	8. 12. 83	28. 1. 49
Bremer, Ulrike	28. 5. 84	21. 4. 52
Dr. Hoffmann, Kurt-Martin	20. 2. 86	14. 7. 49
Kleeschulte, Manfred	31. 3. 89	26. 9. 51
Hammermann, Eckart	13. 10. 89	18. 1. 58
Zimmermann, Thomas	2. 10. 91	15. 6. 57
Sachse, Ulrich	27. 8. 93	13. 2. 58
Brass, Michael	26. 9. 94	14. 1. 59
Borchert, Volker	26. 9. 94	9. 12. 60

Iserlohn   E 134 018
Friedrichstr. 108 – 110, 58636 Iserlohn
T (0 23 71) 6 61–0
Telefax (0 23 71) 6 61–1 10
1 Dir, 1 stVDir, 1 w.aufsR, 12 R

N.N., Dir		
Dr. Lueg, Eberhard, stVDir	1. 1. 89	20. 1. 45
Holin, Rudolf Michael, w.aufsR	1. 12. 95	16. 5. 36
Buchholz, Gert	22. 3. 77	29. 8. 43
Suwelack, Herbert	22. 3. 77	22. 3. 46
Knierim, Rainer	21. 9. 77	28. 9. 45
Richardt, Gudrun, abg.	13. 3. 78	23. 8. 43
Klahr, Edmund	13. 3. 78	10. 6. 45
Kremper, Hans Ulrich	20. 10. 78	13. 4. 48
Vaupel, Heinz Wilhelm	1. 12. 78	11. 3. 49
zur Nieden, Hans-Martin	7. 10. 81	5. 2. 51
Bremer, Gerhard	26. 1. 83	12. 2. 43
Uetermeier, Hans-Jochen	6. 4. 89	8. 11. 55
Giesecke von Bergh, Günter	7. 9. 94	3. 1. 60

Lüdenscheid   E 110 484
Philippstr. 29, 58511 Lüdenscheid
Postfach 16 69, 58505 Lüdenscheid
T (0 23 51) 18 97–0
Telefax (0 23 51) 2 71 18
1 Dir, 1 stVDir, 10 R

Wild, Hans-Walter, Dir	23. 9. 92	19. 9. 44
Bartz, Albert, stVDir, abg.	—	—
Wille, Klaus	1. 5. 64	28. 6. 33
Nachrodt, Peter-Dirk	27. 11. 75	19. 10. 42
Bagusat, Günter	5. 9. 77	27. 11. 44
Fliegenschmidt, Klaus	27. 12. 79	1. 8. 48
Langerbein, Hans-Joachim	3. 2. 86	6. 8. 48
Leichter, Jürgen	30. 6. 87	7. 4. 53
Lange, Dagmar	14. 3. 89	29. 12. 56

Pütz, Bernd	29. 11. 91	10. 10. 58
Dünnebacke, Udo	25. 3. 93	23. 2. 60
Kirchhoff Johannes	7. 10. 93	8. 5. 61

Meinerzhagen   E 38 751
Gerichtsstr. 14, 58540 Meinerzhagen
Postfach 11 61, 58527 Meinerzhagen
T (0 23 54) 92 31–0
Telefax (0 23 54) 52 07
1 Dir, 1 R

Dr. Hartisch, Hildegard, Dir	1. 12. 92	15. 9. 34
Varney, Guido	9. 7. 93	30. 1. 58

Plettenberg   E 36 919
An der Lohmühle 5, 58840 Plettenberg
Postfach 11 09, 58811 Plettenberg
T (0 23 91) 18 48
Telefax (0 23 91) 14 84 78
1 Dir, 1R

Rosenfeld, Hans-Peter, Dir	5. 6. 74	28. 4. 33

Schwelm   E 107 696
Schulstr. 5, 58332 Schwelm
Postfach 2 20, 58315 Schwelm
T (0 23 36) 4 98–0
Telefax (0 23 36) 4 98–1 69
1 Dir, 1 stVDir, 8 R

Heine, Klaus-Albrecht, Dir	1. 1. 94	26. 9. 43
Heinrichs, Günther, stVDir	28. 6. 94	23. 10. 43
Hönnicke, Karl Ernst	14. 6. 78	3. 7. 45
Peitz, Theodor	6. 11. 78	31. 5. 48
Renzing, Armin	8. 10. 79	10. 6. 48
Arentz, Arnulf Johannes	14. 7. 82	7. 4. 50
Ebner, Christoph Alfred	12. 4. 83	8. 11. 47
Maritz-Mader, Brigitte	20. 1. 84	20. 4. 46
Kaiser-Hasebrink, Hannelore	18. 4. 89	20. 9. 57
Heinrichs, Angelika	31. 3. 93	3. 8. 62

Schwerte   E 50 899
Hagener Str. 40, 58239 Schwerte
Postfach 11 69, 58206 Schwerte
T (0 23 04) 1 30 88
Telefax (0 23 04) 2 30 07
1 Dir, 3 R

Stiller, Norbert, Dir	3. 10. 88	4. 3. 36
Sipreck, Ute	23. 6. 71	7. 3. 37
Deipenwisch, Bernd	27. 8. 76	21. 1. 45
Maurmann, Rolf	8. 10. 79	8. 10. 45

Wetter (Ruhr) E 55 825
Gustav-Vorsteher-Str. 1, 58300 Wetter
Postfach 26, 58286 Wetter
T (0 23 35) 50 31/32, 49 53
Telefax (0 23 35) 13 88
1 Dir, 3 R

Kaiser, Jürgen, Dir	—	—
Kinz, Bruno	28. 3. 78	20. 10. 44
Beckmann, Heinz-Dieter	31. 1. 86	10. 10. 50
Steuber, Karl-Ulrich	10. 7. 86	17. 5. 54

Landgerichtsbezirk Münster

Landgericht Münster E 1 483 151
Am Stadtgraben 10, 48143 Münster
Postfach 49 09, 48028 Münster
T (02 51) 4 94–1
Telefax (02 51) 4 94–4 99

Auswärtige Strafkammer in Bocholt
Benölkenplatz 1 – 3, 46399 Bocholt
Postfach 11 64, 46361 Bocholt
T (0 28 71) 2 95–2 06
Telefax (0 28 71) 2 95–2 05
1 Pr, 1 VPr, 31 VR einschl. ¼ für UProf,
2. Hauptamt, 46 R

Präsident
Dr. Proppe, Helmut	13. 5. 86	27. 4. 33

Vizepräsident
Dr. Schröder, Peter	5. 6. 85	26. 12. 36

Vorsitzende Richterin/Vorsitzende Richter
Pfeiffer, Johannes	19. 7. 74	19. 6. 33
Dr. Tilkorn, Klaus	19. 7. 74	3. 8. 34
Schmandt, Heinrich	8. 1. 75	29. 8. 34
Dr. Welling, Heino	29. 4. 75	2. 4. 35
Erdmann, Gerhard	30. 9. 75	3. 2. 36
Dr. Mönning, Johannes	28. 6. 76	16. 7. 35
Neurath, Heinrich	1. 2. 79	30. 5. 37
Pantke, Michael	30. 6. 80	17. 5. 40
Theusinger, Ernst	1. 8. 80	11. 9. 36
Janusch, Bertram	12. 2. 82	9. 1. 40
Oppermann, Karl-Heinz	15. 7. 82	30. 8. 35
Düweke, Paul	4. 5. 83	31. 7. 35
Ulbrich, Wolfgang	16. 7. 84	23. 12. 35
Dr. Hagemeister, Wolfgang	9. 11. 84	21. 12. 42
Brors, Ernst	9. 11. 84	2. 3. 44
Tinkl, Martin	25. 11. 85	21. 1. 46
Knemeyer, Manfred Wilhelm	25. 11. 85	16. 5. 46
Dr. Spannhorst, Burkhardt	25. 2. 86	21. 9. 44
Behrens, Jan	17. 2. 87	27. 3. 44
Dr. Womelsdorf, Ulrich	14. 9. 88	7. 8. 48
Mattonet, Thomas	26. 10. 89	24. 6. 47
Skawran, Michael	21. 12. 89	17. 2. 50
Kliegel, Franz-Joseph	27. 6. 90	4. 9. 48
Drouven, Ulrich	—	—
Böske, Heinz-Hermann	20. 3. 92	14. 7. 48
Prof. Dr. Dencker, Friedrich (UProf, 2. Hauptamt)	20. 3. 92	11. 3. 42
Walden, Klaus-Dieter	28. 9. 92	28. 4. 47
Harker, Johannes	23. 6. 93	24. 6. 53
Prof. Dr. Struensee, Eberhard (UProf, 2. Hauptamt)	27. 7. 93	26. 6. 40
Kröger, Winfried	15. 2. 94	5. 12. 51
Dr. Weißen, Marion	—	—
Schäfer, Joachim	28. 11. 95	9. 7. 56

Richterinnen/Richter
Westermeier, Joachim	1. 11. 65	2. 9. 34
Sievers, Gerold	26. 9. 69	18. 1. 38
Fissahn, Friedhelm	6. 5. 71	13. 11. 36
Ellermann, Manfred	14. 9. 73	13. 10. 41
Schneider, Helmut	20. 12. 73	26. 2. 40
Reichert, Michael	19. 7. 74	6. 11. 38
Trumm, Hans Peter	19. 7. 74	12. 2. 43
Kreipe, Hubert	19. 7. 74	18. 3. 43
Kluge, Dietrich	20. 1. 75	4. 6. 39
Lange, Diethard	10. 12. 75	14. 11. 44
Schubert, Wolfgang	2. 4. 76	27. 1. 38
Freter, Jürgen	29. 11. 76	3. 11. 41
Fahlbusch, Wolfgang	27. 5. 77	6. 9. 46
Michels, Lambert Heinrich	13. 6. 78	12. 1. 45
Reichert, Johanna Katharina	24. 9. 80	20. 10. 43
Kaub, Klaus Wilhelm	24. 9. 80	4. 12. 44
Berding, Franz	—	—
Kleinert, Ulrich-Alfred	23. 8. 84	7. 4. 48
Haase, Christian	3. 5. 85	7. 11. 49
Böhner, Gabriele Klara Maria	15. 10. 85	30. 3. 53
Scheele, Martin Dirk	14. 4. 86	10. 3. 49
Niebaum, Thomas	—	—
Mauro, Udilia Sabine	14. 4. 86	27. 5. 50
Bierbaum, Klaus	14. 4. 86	21. 11. 51
Theele, Winfried	14. 4. 86	14. 6. 52
Groesdonk, Eberhard	29. 12. 86	9. 12. 52
Herbener, Rolf	—	—
Richter, Werner	29. 12. 86	23. 1. 55
Rocznik, Ewald	5. 1. 87	28. 2. 53
Dr. Kleb, Gabriele	17. 1. 89	29. 5. 53
Dr. Fahl, Wolfhard	17. 1. 89	5. 5. 55
Oellers, Dirk	17. 1. 89	27. 6. 55
Brocki, Jürgen	17. 1. 89	18. 4. 56

LG-Bezirk Münster OLG-Bezirk Hamm **NW**

Schwesig, Sabine	23. 1. 89	15. 4. 55
Thiemann, Klemens	26. 7. 90	31. 10. 57
Schulte, Edeltraud	26. 7. 90	19. 1. 58
Lubenow, Kerstin	6. 8. 90	13. 3. 60
Christ, Peter	20. 12. 91	6. 5. 56
Dr. Bischoff, Georg	20. 12. 91	11. 9. 56
Duhme, Wolf-Dieter	20. 12. 91	9. 7. 57
Kallhoff, Ulrich	20. 12. 91	13. 8. 57
Wellmann, Uta	—	—
Gabriel, Karin	20. 12. 91	28. 10. 59
Moenikes, Irmhild	4. 1. 95	25. 7. 55
Helmkamp, Thomas	9. 1. 95	9. 4. 60

Amtsgerichte

Ahaus E 92 734
Sümmermannplatz 1 – 3, 5, 48683 Ahaus
Postfach 11 61, 48661 Ahaus oder
Postfach 12 61, 48862 Ahaus
T (0 25 61) 4 27–0
Telefax (0 25 61) 4 27–11
1 Dir, 6 R

Dr. Lagemann, Hans-Georg, Dir.	1. 8. 94	29. 3. 47
Hiller, Jörg	29. 10. 76	1. 12. 42
Humberg, Franz Joseph	31. 1. 80	12. 12. 48
Scheunemann, Horst	15. 9. 81	21. 7. 47
Stüber, Joachim	15. 1. 82	12. 9. 52
Becks, Alexander	29. 7. 86	19. 3. 53
Rottstegge, Bernhard	23. 12. 94	9. 8. 56

Ahlen (Westfalen) E 80 892
Gerichtsstr. 12, 59227 Ahlen
Postfach 11 52, 11 53, 59201 Ahlen
T (0 23 82) 9 51–0
Telefax (0 23 82) 9 51–1 18
1 Dir, 7 R

Wettengel-Wigger, Brigitte, Dir	1. 1. 94	5. 3. 44
Meyer, Klaus	25. 8. 71	4. 6. 35
Rasch, Irmgard	18. 12. 76	23. 2. 46
Wittmer, Marion	8. 5. 85	18. 8. 45
Runte, Franz-Georg	17. 5. 93	27. 11. 54
Magel, Silke	26. 11. 93	23. 7. 59
Rogge, Elke	19. 12. 94	23. 3. 57
Michels-Ringkamp, Edith	9. 6. 95	13. 1. 62

Beckum E 79 440
Elisabethstr. 15/17, 59269 Beckum
Postfach 11 51, 59241 Beckum
T (0 25 21) 93 51–0
Telefax (0 25 21) 93 51–98
1 Dir, 5 R

N.N., Dir		
Brambrink, Ulrike, abg.	27. 5. 77	4. 5. 43
Hoppenberg, Günther	31. 10. 77	31. 8. 45
Dr. Dahl, Otto Gustav	15. 10. 79	3. 7. 45
Dr. Bietenbeck, Thomas	16. 6. 83	4. 5. 52
Bruske, Angelika	12. 12. 94	29. 7. 62

Bocholt E 98 583
Benölkenplatz 1 – 3, 46399 Bocholt
Postfach 11 64, 46361 Bocholt
T (0 28 71) 2 95–0
Telefax (0 28 71) 2 95–2 05
1 Dir, 6 R

Fissan, Bernhard, Dir	14. 12. 81	24. 4. 37
Rebelsky, Klaus-Dietrich	12. 5. 70	18. 10. 32
Schlüter, Helmuth Josef	21. 3. 79	26. 3. 49
Döink, Laurenz	3. 9. 80	11. 7. 48
Bone, Rudolf Bernhard	16. 7. 82	23. 4. 50
Hilgert, Peter	12. 12. 94	5. 3. 58
Dr. Brackhane, Rainer	27. 7. 95	8. 10. 59

Borken (Westfalen) E 104 156
Heidener Str. 3, 46325 Borken
Postfach 11 62, 46301 Borken
T (0 28 61) 8 99–0
Telefax (0 28 61) 8 99–1 56
1 Dir, 5 R

Thesing, Alfons, Dir	1. 7. 72	20. 5. 37
Dumke, Klaus-Eberhard	—	—
Bläker, Helmut	27. 5. 77	17. 1. 43
Wessel, Bernd	30. 12. 77	29. 9. 43
Döring, Heinrich	5. 12. 80	26. 3. 50
Plester, Franz-Josef	20. 12. 94	5. 6. 55

Coesfeld E 83 228
Friedrich-Ebert-Str. 6, 48653 Coesfeld
Postfach 11 51, 48651 Coesfeld
T (0 25 41) 7 31–0
Telefax (0 25 41) 7 31–69
1 Dir, 6 R

Kruse, Klaus, Dir	20. 2. 86	2. 11. 33
Bräutigam, Hans-Ulrich	15. 2. 67	18. 12. 33
Niesert, Dieter Heinrich	31. 3. 71	14. 10. 36
Dr. Alberty, Karl	22. 8. 83	17. 3. 51
Janzen, Wolfgang	12. 7. 85	14. 7. 48
Becks, Hildegard	—	—
Sommer, Klaus	6. 6. 89	1. 9. 57

Dülmen E 43 717
Königswall 15, 48249 Dülmen
Postfach 11 52, 48232 Dülmen
T (0 25 94) 94 70–0
Telefax (0 25 94) 94 82 26
1 Dir, 1 R

Beckmann, Heinz-Bernd,
  Dir 1. 10. 93 28. 9. 47
Naendorf, Gerti 24. 12. 91 17. 7. 58

Gronau (Westfalen) E 42 877
Alter Markt 5/7, 48599 Gronau
Postfach 11 20, 48572 Gronau
T (0 25 62) 9 20–0
Telefax (0 25 62) 9 20–44
1 Dir, 2 R

Cyprian, Rolf, Dir 1. 7. 71 26. 1. 35
Hommer, Ingeborg
  Mathilde 17. 4. 79 2. 6. 49
Wigger, Klaus 21. 1. 88 12. 9. 50

Ibbenbühren E 98 391
Münsterstr. 35, 49477 Ibbenbühren
Postfach 11 62, 49461 Ibbenbühren
T (0 54 51) 9 26–0
Telefax (0 54 51) 9 26–1 00
1 Dir, 4 R

Wels, Manfred, Dir 28. 9. 79 24. 6. 35
Niehus, Franz 25. 1. 72 28. 1. 38
Veddern, Bernhard 18. 1. 74 18. 2. 38
Reilmann, Sturmius 5. 9. 77 8. 6. 44
Kleinert, Bernd 23. 12. 80 29. 12. 48

Lüdinghausen E 71 951
Seppenrader Str. 3, 59348 Lüdinghausen
Postfach 11 34, 59331 Lüdinghausen
T (0 25 91) 23 07–0
Telefax (0 25 91) 23 07 60
1 Dir, 5 R

N.N.
Traeger, Raoul 1. 4. 64 1. 11. 31
Flügge, Eike-Ulrich 15. 12. 69 7. 7. 37
Ahrens, Hans Wilhelm 15. 12. 69 10. 4. 38
Koberstein-Schwarz,
  Ilse-Lore 29. 11. 83 24. 10. 52
Geier, Peter — —

Münster E 264 887
Gerichtstr. 2 – 6, 48149 Münster
Postfach 61 65, 48136 Münster
T (02 51) 4 94–1
Telefax (02 51) 4 94–5 80
1 Dir, 1 stVDir, 2 w.aufsR, 30 R

Arning, Heinrich, Dir 1. 1. 90 25. 1. 38
Terhünte, Josef, stVDir 12. 11. 87 6. 2. 38
Derks, Heinrich, w.aufsR 25. 4. 86 19. 11. 35
Piira, Paul Hermann,
  w.aufsR 26. 9. 90 5. 11. 41

Kaufhold, Gerhard 11. 5. 65 19. 4. 35
Vogelberg, Klaus 17. 11. 69 26. 9. 38
Wieland, Siegfried — —
Geldschläger, Gerda 6. 11. 70 4. 11. 38
Peters, Diethild 1. 12. 70 24. 3. 34
Goerdeler, Heidrun 20. 12. 71 28. 3. 41
Jürgens, Jürgen 14. 7. 72 17. 10. 39
Gissel, Frauke — —
Arndt, Ingbert 15. 3. 74 19. 8. 38
Nordloh, Ingeborg 17. 10. 75 28. 2. 45
Boll, Dietrich 24. 9. 76 22. 10. 43
May, Wolfgang, abg. 31. 10. 76 6. 1. 44
Hermann, Margarete 2. 11. 76 23. 1. 38
Jackson, Wilhelm — —
Fricke, Christian Ulrich 21. 7. 79 28. 4. 45
Tinnermann, Wolfgang 20. 6. 80 27. 9. 44
Schneider, Anna
  Kunigunde 24. 6. 80 7. 7. 41
Dr. Dense, Hans-Georg 17. 9. 80 7. 9. 46
Dr. König, Christa Maria 17. 9. 80 15. 11. 46
Schmittmann, Ralf-Achim 17. 9. 80 25. 3. 48
Erhart, Beate 24. 9. 80 14. 10. 45
Schach, Irmtraud 24. 9. 80 23. 3. 47
Normann, Bernhard 20. 11. 80 6. 1. 48
Büssemaker, Peter 11. 8. 83 14. 10. 49
Stadtländer, Heinz-Dieter 23. 7. 84 4. 10. 44
Hildebrandt, Reiner 28. 11. 84 20. 9. 45
Lücke, Karlheinz 22. 1. 85 29. 4. 47
Wacker, Wolf-Jürgen — —
Weitz, Norbert Ludwig 21. 1. 88 10. 11. 52
Bernzen, Joachim — —

Rheine E 119 616
Salzbergener Str. 29, 48431 Rheine
Postfach 11 54, 48401 Rheine
T (0 59 71) 40 05–0
Telefax (0 59 71) 40 05–20
1 Dir, 1 stVDir, 8 R

Röttger, Karl, Dir 1. 1. 94 24. 3. 32
Büchter, Hermann, stVDir 22. 6. 94 3. 3. 36
Thielicke, Peter 24. 10. 73 20. 3. 43
Veltman, Gerhard 18. 11. 77 27. 12. 44
Cuvenhaus, Hanspeter 6. 4. 78 13. 5. 42
Kappelhoff, Franz 18. 12. 78 2. 10. 44
Borgert, Bernhard Josef 31. 1. 80 18. 5. 49
Horstmann, Hans-Joachim 16. 7. 80 9. 5. 45

Steinfurt E 126 289
Gerichtsstr. 2, 48565 Steinfurt
Postfach 11 40, 48541 Steinfurt
T (0 25 51) 66–0
Telefax (0 25 51) 66 55
1 Dir, 6 R

Kleinke, Harald, Dir 2. 1. 84 8. 7. 36
Lastering, Johannes 1. 10. 68 16. 10. 34

LG-Bezirk Paderborn   OLG-Bezirk Hamm   **NW**

Orth, Klaus-Detlef	16. 7.71	15.12.37
Lünnemann, Jürgen	13. 4.77	14. 1.43
Rademacher, Hubert	15.12.78	1. 4.44
Hagedorn, Klaus	9. 5.80	8. 6.44
Finkenstein, Bernhard	16. 8.83	19. 2.48

Tecklenburg   E 66 679
Brochterbecker Str. 2, 49545 Tecklenburg
Postfach 11 20, 49537 Tecklenburg
T (0 54 82) 67–0
Telefax (0 54 82) 67 12
1 Dir, 4 R

Gröger, Arnulf, Dir	19. 9.73	5. 2.36
Meder, Gustav Adolf	15. 3.68	15.12.33
Schiefel, Manfred	—	—
Engberding, Wolfgang	15. 2.77	14. 1.45
Schüppler, Hartmut	—	—

Warendorf   E 109 711
Dr. Leve-Str. 22, 48231 Warendorf
Postfach 11 01 51, 48203 Warendorf
T (0 25 81) 63 64–0
Telefax (0 25 81) 63 64 65
1 Dir, 6 R

Knauer, Brigitte, Dir	26. 9.90	7. 6.51
Zumdieck, Herbert	1. 5.67	21. 5.46
Gaede, Hans-Jürgen	1. 4.69	13. 5.37
Richter, Jörn	29. 9.77	1. 9.43
Glorius, Helmut Friedrich	8.10.79	29. 9.48
Horstmeyer, Heinz	2. 1.95	26. 9.58
Beimann, Thomas	15. 8.95	11.10.59

Landgerichtsbezirk Paderborn

Landgericht Paderborn   E 536 187
Am Bogen 2 – 4, 33098 Paderborn
Postfach 20 80, 33050 Paderborn
T (0 52 51) 1 26–0
Telefax (0 52 51) 1 26–1 60
1 Pr, 1 VPr, 8 VR, 13 R

Präsidentin

Meyer-Wentrup, Christel	1. 5.90	28. 6.38

Vizepräsident

Weber, Karl	1. 6.89	23.11.31

Vorsitzende Richter

Schmitz, Winfried	1. 9.74	14. 8.35
Sander, Johannes	28. 5.75	4. 2.35
Streuer, Hans-Josef	6. 4.76	10.10.36

Reineke, Alfons	23.12.76	9. 3.37
Dr. Siepmann, Heinz-Dieter	27. 4.78	19.11.38
Frank, Wolf-Dietrich	24.11.88	20. 8.42
Kamp, Rudolf	1. 8.92	2.12.40
Adam, Manfred	10. 8.95	23. 1.47

Richterinnen/Richter

Brockmann, Karlheinz	1. 9.72	12. 3.36
Schäfer, Stefan	22. 9.73	19.10.42
Rempe, Franz Konrad, abg.	17. 7.75	20. 3.45
Schilling, Maria-Theresia	30. 8.78	8. 7.46
Kley, Günther	27. 7.81	30. 4.48
Büttinghaus, Franz-Josef	20. 4.82	19. 9.48
Sander, Friedhelm	—	—
Eley, Johannes Josef	27.12.83	28. 8.51
Manthey, Margret Anna Josefine	—	—
Hemkendreis, Werner Josef	26. 2.87	12. 9.52
Emminghaus, Bernd	9. 2.90	14.11.52
Dr. Tiemann, Frank	30.10.95	31. 3.62

Amtsgerichte

Brakel   E 56 542
Nieheimer Str. 17, 33034 Brakel
Postfach 12 80, 33027 Brakel
T (0 52 72) 80 35
Telefax (0 52 72) 61 70
1 Dir, 3 R

Meerkötter, Bärbel, Dir	1.10.89	17. 9.47
Heiseke, Hermann	30.11.76	28. 9.45
Engel, Rainer	15. 4.80	27. 8.49
Bruker, Lieselotte	12. 6.85	10.10.48

Delbrück   E 41 964
Lohmannstr. 28, 33129 Delbrück
Postfach 11 61, 33119 Delbrück
T (0 52 50) 98 08–0
Telefax (0 52 50) 98 08–40
1 Dir, 1 R

Sippel, Wolfgang, Dir	1.11.84	10.10.42
Dr. Grosbüsch, Gabriele	14.10.85	9. 1.47

Höxter   E 54 301
Möllingerstr. 8, 37671 Höxter
Postfach 10 01 45, 37651 Höxter
T (0 52 71) 9 79 02–30
Telefax (0 52 71) 9 79 02–30
1 Dir, 3 R

NW OLG-Bezirk Hamm LG-Bezirk Siegen

Deisberg, Reinhart, Dir	1. 6. 85	26. 11. 32
Brandes, Barbara	21. 10. 66	28. 6. 35
Brüning, Marianne	3. 8. 76	2. 12. 34
Dr. Hohendorf, Andreas Alfons	19. 1. 82	25. 3. 49

Lippstadt E 110 237
Lipperoder Str. 8, 59555 Lippstadt
Postfach 11 20, 59521 Lippstadt
T (0 29 41) 9 86–0
Telefax (0 29 41) 9 86–9 02
1 Dir, 1 stVDir, 9 R

Lutterbeck, Wolfgang, Dir	1. 1. 94	9. 2. 43
Heine, Adalbert Josef, stVDir	13. 9. 94	20. 1. 50
Gebauer, Karl	1. 11. 68	1. 7. 34
Stienemeier, Hans-Werner	23. 5. 75	18. 1. 39
König, Peter	2. 1. 76	13. 5. 43
Schmidt, Wolfgang Dieter	23. 8. 78	26. 11. 46
Rißmann, Werner	25. 1. 80	26. 3. 48
Heine, Adalbert Josef	18. 7. 80	20. 1. 50
Ammermann, Raymund	3. 5. 82	29. 2. 48
Becker, Friedrich Wilhelm	25. 4. 86	26. 12. 53
Seel, Helmut Heinz	16. 3. 93	27. 4. 59

Paderborn E 230 607
Am Bogen 2–4, 33098 Paderborn
Postfach 11 49, 33095 Paderborn
T (0 52 51) 1 26–0
Telefax (0 52 51) 1 26–3 60
1 Dir, 1 stVDir, 18 R

Rasche, Wolfgang, Dir	1. 3. 79	13. 12. 35
Köhne, Antje, stVDir	13. 9. 94	6. 12. 40
Terstiege, Jürgen	1. 5. 69	14. 7. 36
Schmitz, Reinhold	15. 4. 70	4. 10. 37
Moog, Klaus	—	—
Koch, Burkhard	24. 2. 72	14. 3. 40
Kloppenburg, Hans-Rudolf	—	—
Tschackert, Peter	3. 4. 78	19. 7. 44
Hillebrand, Manfred	—	—
Kaps, Franz	15. 6. 79	9. 12. 46
Krogmeier, Günter Georg	3. 4. 80	7. 10. 51
Kloppenburg, Peter	4. 6. 80	13. 8. 48
Berg, Winfried	26. 11. 80	31. 1. 45
Gnisa, Jens	16. 9. 93	19. 5. 63
Dr. Mölling, Peter	4. 10. 94	17. 4. 61
Dopheide, Volker	4. 10. 94	26. 9. 62
Freitag, Monika	31. 10. 94	26. 8. 61
Kreifels, Ursula	29. 9. 95	21. 8. 61
Freitag, Thorsten	12. 10. 95	28. 12. 61

Warburg E 42 536
Puhlplatz 1, 34414 Warburg
Postfach 11 52, 34401 Warburg
T (0 56 41) 38 05–07
Telefax (0 56 41) 35 83
1 Dir, 2 R

Solzbach, Friedrich, Dir	3. 11. 86	22. 11. 36
Köcher, Wolfgang	20. 7. 83	14. 5. 49
Holtkötter, Heinz-Peter	30. 4. 90	21. 5. 56

Landgerichtsbezirk Siegen

Landgericht Siegen E 435 529
Berliner Str. 22, 57072 Siegen
Postfach 10 12 63, 57012 Siegen
T (02 71) 33 73–1
Telefax (02 71) 33 73–4 46
1 Pr, 1 VPr, 7 VR, 13 R

Präsident

Dr. Kämper, Emil	1. 7. 91	14. 4. 34

Vizepräsident

Dr. Crevecoeur, Dieter	1. 8. 91	9. 11. 36

Vorsitzende Richter

Batz, Dietrich	11. 3. 75	5. 11. 34
Kraus, Horst	1. 8. 81	25. 4. 36
Witthaut, Gerhard	23. 11. 81	8. 1. 41
Mühlfeld, Hans Horst	1. 8. 88	7. 12. 41
Michalek, Alois Karl	24. 10. 91	17. 7. 44
Horsthemke, Heinrich	15. 3. 94	4. 5. 53
Münker, Paul-Wolfgang	11. 9. 92	21. 2. 50

Richterinnen/Richter

Pachur, Klaus	1. 5. 67	23. 1. 36
Unterhinninghofen, Jürgen	5. 5. 71	25. 12. 36
Brand, Ulrich	16. 9. 71	19. 7. 39
Pfau, Klaus	7. 2. 76	4. 2. 45
Wolff, Siegfried	16. 5. 76	31. 5. 39
Döbereiner, Hans Richard	23. 7. 79	14. 4. 46
Kaspari, Helga	14. 1. 80	2. 8. 49
Winterhager, Ulrike	5. 9. 80	27. 12. 47
Stork, Udo	28. 1. 82	12. 2. 51
Asbeck, Burkhart	1. 4. 85	1. 7. 51
Glaremin, Friedhelm	2. 4. 90	31. 8. 56
Dreisbach, Elfriede	29. 5. 92	1. 4. 60
Dr. Mühlhoff, Dirk	4. 10. 94	18. 6. 57

Amtsgerichte

Bad Berleburg   E 44 978
Im Herrengarten 5, 57319 Bad Berleburg
Postfach 11 40, 57301 Bad Berleburg
T (0 27 51) 92 53–0
Telefax (0 27 51) 1 34 61
1 Dir, 1 R

Niediek, Hans Jürgen, Dir	1. 3. 94	21. 4. 38
Stork, Udo	28. 1. 82	12. 2. 51

Lennestadt   E 58 642
Lehmbergstr. 50, 57368 Lennestadt
Postfach 30 60, 57347 Lennestadt
T (0 27 21) 92 42–0
Telefax (0 27 21) 92 42–30
1 Dir, 1 R

Dreykluft, Franz Josef, Dir	1. 11. 79	20. 1. 35
Poetsch, Udo Michael	2. 1. 78	4. 1. 44

Olpe   E 78 285
Bruchstr. 32, 57462 Olpe
Postfach 11 20, 57441 Olpe
T (0 27 61) 8 04–0
Telefax (0 27 61) 8 04–1 11
1 Dir, 5 R

Prahl, Wolfgang, Dir	1. 4. 96	5. 11. 43
Meschede, Gerhard	15. 5. 67	28. 10. 34
Fuhge, Hubert	15. 9. 69	3. 11. 37

Schneider, Joachim	3. 9. 80	17. 2. 47
Goebel, Ulrich Michael	5. 9. 80	28. 6. 50
Neuhaus, Alfred	1. 2. 82	25. 9. 50

Siegen   E 253 624
Berliner Str. 21 – 22, 57072 Siegen
Postfach 10 12 52, 57012 Siegen
T (02 71) 33 73–1
Telefax (02 71) 33 73–4 49
1 Dir, 1 stVDir, 1 w.aufsR, 18 R

Hammer, Gerd Ulrich, Dir	1. 9. 89	1. 2. 45
Klier, Rosemarie, stVDir	21. 6. 94	14. 10. 39
Voigtländer, Klaus Jürgen, w.aufsR	21. 8. 95	29. 5. 35
Dr. Holzäpfel, Heinz	15. 11. 68	8. 3. 36
Giesen, Karl August	15. 3. 70	10. 5. 37
Leonhardt, Traugott	1. 4. 73	10. 2. 37
Dr. von Lehmann, Ernst	13. 3. 74	16. 5. 42
Lorenz, Gerd-Rainer	16. 9. 74	18. 7. 41
Capito, Reiner	7. 3. 76	1. 7. 41
Schneider, Rüdiger	—	—
Michalek, Dagmar	17. 1. 77	2. 12. 42
Schwabe, Achim	25. 6. 77	1. 6. 44
Dr. Wuppermann, Michael	26. 6. 78	17. 1. 39
Dr. Beyerle, Konrad Crezelius, Rudolf Christian	1. 8. 83	8. 8. 49
Becker, Rosemarie	29. 5. 92	3. 9. 57
Sondermann, Richard	4. 10. 94	28. 4. 58
Solbach, Klaus-Jürgen	20. 7. 95	30. 4. 62
Hambloch, Bärbel	20. 7. 95	25. 5. 63

Staatsanwaltschaften

Generalstaatsanwaltschaft Hamm

Heßlerstraße 53, 59065 Hamm
Postfach 15 71, 59005 Hamm
T (0 23 81) 2 72–0
Telefax (0 23 81) 2 72–4 03
1 GStA, 5 LOStA, 36 OStA, 1 LSt (OStA)

Generalstaatsanwalt

Mosqua, Rudolf	1. 10. 88	16. 9. 34

Leitende Oberstaatsanwälte

Deupmann, Klaus, abg.	1. 4. 89	20. 10. 41
Weissing, Hermann	1. 1. 91	23. 8. 35
Hotze, Bruno	11. 10. 93	4. 10. 33
Rösmann, Hermann-Josef	15. 12. 95	1. 5. 46

Oberstaatsanwältinnen/Oberstaatsanwälte

Stein, Günter	21. 11. 78	9. 10. 37
John, Dietrich	8. 6. 79	4. 2. 39
Dr. Stams, Klaus Peter	28. 6. 79	6. 9. 36
von Wallis, Winfried	6. 7. 81	27. 10. 40
Dr. Becher, Klaus-Martin	14. 12. 81	22. 3. 45
Treute, Kathrin, ⅔, beurl.	22. 12. 82	8. 5. 39
Wehrli, Dieter	22. 12. 82	30. 12. 39
Splittgerber, Klaus-Peter	25. 10. 83	5. 9. 43
Schulze, Gerhard, abg.	27. 10. 83	21. 1. 38
Pracejus, Michael	27. 10. 83	25. 3. 40
Schulte, Bernd Rüdiger, abg.	23. 11. 84	29. 8. 48
van Essen, Jörg, beurl., MdB (LSt)	20. 9. 85	29. 9. 47

Knewitz, Karl-Peter	17. 9.86	5. 3.44
Böhner, Josef Stephan	17.11.88	20.12.47
Opterbeck, Franz Ralf	20. 3.89	20. 5.49
Dörsch, Hans-Wolfgang, abg.	28. 8.89	12. 6.48
Ortlieb, Peter, abg.	28. 8.89	27. 9.49
Clever, Wolfgang, abg.	17. 5.90	7. 7.47
Dr. Füllkrug, Michael, abg.	17. 8.90	30. 8.53
Cirullies, Birgit, abg.	28. 2.91	5.11.50
Braun, Günter, abg.	24.10.91	16. 9.48
Kahnert, Rainer	24.10.91	26. 2.49
Klom, Ralph, abg.	24.10.91	12. 3.52
Dannewald, Burkhard, abg.	25.10.91	14. 4.48
Wurch, Kurt	31.10.91	31. 7.52
Hermes, Petra, abg.	24. 4.92	5. 3.56
Keller, Hermann	9. 6.92	10. 1.51
Lenz, Henning-Michael	15. 9.93	16. 6.45
Eisen, Karl-Hans, abg.	22. 6.94	15. 8.46
Müller-Wulf, Charlotte	22. 6.94	1. 7.53
Krahmüller, Harald, abg.	1. 9.94	24. 5.48
Sundermeyer, Karl-Erich	7. 4.95	24. 7.49
Schlotmann, Michael	10. 4.95	11. 8.54
Dr. Börger, Michael	12. 4.95	1.10.53
Müggenburg, Walther, abg.	18. 5.95	11. 7.53
Rürup, Horst, abg.	28. 7.95	17.11.48
Lorenz, Andreas	1. 8.95	22. 7.50

Staatsanwaltschaft Arnsberg
Brückenplatz 9, 59821 Arnsberg
Postfach 5652, 5653, 59818 Arnsberg
T (02931) 86–1
Telefax (02931) 86–254
1 LOStA, 1 stVLOStA, 3 OStA, 2 StA (GL), 13 StA

Leitender Oberstaatsanwalt

Lütticke, Heinz-Bruno	16. 5.88	29. 1.40

Oberstaatsanwälte

Schröder, Rudolf, stVLOStA	21.11.88	17. 9.40
Hempelmann, Josef	16. 6.86	5. 2.48
Müller, Wolfgang	24. 4.89	31.12.41
Wolff, Werner	23. 5.91	8. 4.52

Staatsanwälte (GL)

Ademmer, Klaus-Engelbert	—	—
Heidenreich, Burkhard	—	—

Staatsanwältinnen/Staatsanwälte

Stamm, Bernhard	9. 3.71	21. 6.37
Gipper, Helmut	23. 3.78	5. 2.45

Schümers, Manfred, abg.	15. 5.78	19. 3.43
Schulze-Bentrop, Wilhelm	11. 4.79	16. 7.46
Dr. Scholz, Werner	1.12.79	16. 2.49
Hummert, Rainer	16. 6.80	29. 9.49
Hesse, Rudolf	2.11.82	27. 4.50
Barenhoff, Gerhard	1. 2.83	13.12.46
Niekrens, Wolfgang	7.11.83	24. 6.54
Dr. Kowalzik, Wolfgang	2. 2.90	17. 8.56
Bojcum, Beate	14. 9.92	23. 4.59
Kunert, Martin, abg.	3.11.92	5. 3.59
Ruland, Susanne	29. 6.94	3. 9.55

Staatsanwaltschaft Bielefeld
Rohrteichstr. 16, 33602 Bielefeld
Postfach 100283, 33502 Bielefeld
T (0521) 549–0
Telefax (0521) 549–2167
1 LOStA, 1 stVLOStA, 14 OStA, 1 StA (GL), 43 StA

Leitender Oberstaatsanwalt

Potthoff, Heinrich, abg.	1. 5.87	25. 1.34

Oberstaatsanwältin/Oberstaatsanwälte

Schmidt, Uwe, stVLOStA	1. 7.86	25. 4.33
Diekmann, Hans-Kurt	21.12.78	16. 6.35
Perrin, Manfred	7.12.79	9. 3.34
Richter, Ulf	—	—
Albaum, Reinhold	16. 6.81	15. 1.33
Specht, Günther	5. 5.86	2. 4.42
Roewer, Klaus-Detlef	19.12.86	15. 8.44
Buhr, Hans-Dirk	13.11.87	19.11.44
Schneider, Karl-Heinz	7. 2.90	3. 3.39
Steffen, Klaus	8. 4.91	23.10.44
Hundertmark, Christa	—	—
Fröhlich, Hartmut	19.11.92	4. 3.42
Varnholt, Dieter	21. 9.93	21. 9.43
Baumgart, Reinhard	—	—

Staatsanwältinnen/Staatsanwälte

Jungclaus, Uwe, (GL)	—	—
Gurland, Helga	13.11.73	3.10.38
Käpernick, Wolfgang	28. 8.75	3. 5.41
Jostmeier, Karl-Peter	28. 8.75	10.10.41
Keller, Helmut	19. 9.75	27. 7.43
Schopen, Klaus	27.11.75	11. 7.40
Simonsen, Hermann	—	—
Specht, Karin	1. 6.76	15. 9.40
Leschhorn, Eberhard	25. 2.77	5. 2.43
Bensinger, Michael	—	—
Gliniars, Frank	—	—
Heidbrede, Hans-Dieter	23. 9.77	3. 3.46
Strathmann, Bernd-Rüdiger	—	—
Metzler, Klaus	12. 6.78	19. 6.46
Schlegtendal, Delf Henrik	—	—

Staatsanwaltschaften   OLG-Bezirk Hamm   **NW**

Buhr, Dorothea	—	—
Scholz, Armin	—	—
Rempe, Heinrich	28. 8.79	16. 3.48
Paul, Gerhard	—	—
Gerlach, Hans	24. 5.80	11. 2.50
Baade, Eckhard	16. 7.81	4. 8.50
Hummler, Ulrich	17. 7.81	14. 5.50
Richter, Rolf	18. 3.82	28. 8.48
Pollmann, Klaus	19. 3.82	24.10.50
Dringenberg, Ruth	31. 1.83	8. 3.50
Meinhold, Hans-Joachim	22. 8.83	25.11.48
Wiedemann, Regina	16. 5.88	4.10.59
Rübsam, Gerald, abg.	16.10.89	1. 7.58
Günther, Ralf	16. 7.90	18.11.57
Stindt, Wolfgang	—	—
Weber, Franz-Josef, abg.	18. 3.91	9. 9.59
Niemeier, Petra, abg.	—	—
Funcke, Thomas	4. 2.94	17. 1.61
Stollberg, Joachim	20. 5.94	18. 3.59
Hirschberg, Lothar	20. 5.94	24. 8.60
Leege, Antje	—	—
Telsemeyer-Funcke, Brigitta	20. 5.94	20. 3.65
Mertens, Jörg, abg.	29. 3.95	19. 6.60

Staatsanwaltschaft Bochum
Westring 8, 44787 Bochum
Postfach 10 24 49, 44724 Bochum
T (02 34) 6 26–1
Telefax (02 34) 6 26–25 87

Zweigstelle in Recklinghausen
Reitzensteinstr. 17, 45657 Recklinghausen
Postfach 10 01 61, 45601 Recklinghausen
T (0 23 61) 5 85–0
1 LOStA, 1 stVLOStA, 12 OStA, 2 StA (GL),
41 StA

Leitender Oberstaatsanwalt

Proyer, Manfred	1. 1.93	9. 1.50

Oberstaatsanwälte

Dürrfeld, Hans Görg, stVLOStA	22. 3.89	4. 8.37
Stahlschmidt, Manfred	17. 9.75	22. 4.34
Hirsch, Johannes	6.10.77	2. 8.31
Schlee, Siegfried	16. 8.78	19. 8.32
Dr. Koenen, Dieter	—	—
Wewers, Josef	31. 7.80	12. 9.34
Dr. Meschede, Helmut	8. 5.85	10. 7.34
Güroff, Eduard Christian	17.10.85	3. 1.44
Halbscheffel, Klaus	18. 9.86	7. 6.49
Krück, Hans-Ulrich	3. 8.90	13.12.48
Bienioßek, Bernd	—	—
Kodal, Heinz	—	—
Vollmer, Bernhard	—	—

Staatsanwälte (GL)

Justinsky, Dieter	20. 6.94	2. 1.49
Dr. Staufer, Wolfgang	—	—

Staatsanwältinnen/Staatsanwälte

Mittendorf, Hermann	24.12.70	28. 2.35
Hagemann, Reiner	7. 9.71	27.11.37
Lindhorst, Günter	6.12.71	12. 3.39
Thiemann, Lutz	—	—
Voelkel-Riemer, Adelheid, beurl., ½	—	—
Radcke, Dietmar	16.12.74	5. 4.39
Reeh, Reiner	—	—
Bremen, Karl Joseph	14. 7.76	15.10.39
Scheurer, Jürgen	1.10.77	8. 3.44
Hirschfelder, Wolfgang	—	—
Uebing, Winfried	29.11.79	25. 9.43
Schulze, Karl-Heinz	19. 6.81	17. 4.41
Voelzke, Ulrich, abg.	—	—
Gerdes, Sabine, ½, beurl.	—	—
Uertz-Retzlaff, Hildegard, beurl.	14.10.81	11. 1.51
Katter, Rainer	26.11.81	14. 4.47
Lais, Dieter	4. 1.83	22. 5.52
Seelig, Hartmut	3. 6.83	29.10.53
Venker, Martin	1.12.83	31. 7.51
Knötel, Thomas	1. 9.84	9. 8.53
Kamper, Horst	—	—
Temming, Michael	4. 3.85	17.11.52
Ostermann, Barbara, beurl., ½	8.12.87	29.10.56
Dr. Kuhnert, Christian	16. 9.88	6.12.55
Fritsche, Ulrich, abg.	28. 9.88	20. 7.55
Koch, Hans-Joachim	5. 5.89	19. 8.54
Schmerfeld-Tophof, Volker	2. 2.90	23.12.56
Wehrland, Heinrich	5.11.90	14. 7.57
Berger-Zehnpfund, Petra, abg.	12.11.90	29. 8.55
Nogaj, Michael	15. 7.91	12. 4.56
Strüßmann, Christiane, beurl.	10. 1.92	3. 7.60
Eckermann-Meier, Marie-Luise	10. 1.92	30. 9.60
Jünemann, Hiltrud, beurl., ½	21. 7.93	20. 9.62
Salamon, Norbert	23. 7.93	13. 8.54
Mark, Stephan	23. 7.93	22.12.59
Hintzmann, Jürgen	2. 9.93	27.12.60
Lichtinghagen, Margrit	27. 9.93	29. 9.54
Carl, Ekkehart	27. 9.93	9. 9.60
Schostok, Giesela	6.12.94	16.10.59
Klein, Thomas	14. 3.95	20. 6.61

Staatsanwaltschaft Detmold

Heinrich-Brake-Str. 1, 32756 Detmold
Postfach 27 53, 32717 Detmold
T (0 52 31) 7 68–1
Telefax (0 52 31) 7 68–2 43
1 LOStA, 1 stVLOStA, 2 OStA, 2 StA (GL),
11 StA

Leitender Oberstaatsanwalt

Nehlert, Rainer	29. 6. 87	21. 11. 40

Oberstaatsanwälte

Marten, Friedrich Wilhelm, stVLOStA	17. 7. 95	26. 2. 36
Schröder, Friedrich-Wilhelm	11. 6. 82	18. 8. 34

Staatsanwälte (GL)

Höbrink, Diethard	21. 6. 94	16. 1. 48
Kempkes, Michael	21. 6. 94	5. 11. 49

Staatsanwältinnen/Staatsanwälte

Semmelbeck, Peter	18. 7. 73	27. 3. 40
Kaiser, Jürgen	12. 3. 75	26. 5. 43
Bergmann, Rüdiger	—	—
Doht, Eberhard	19. 12. 75	23. 2. 41
Gilg, Gerhard	—	—
Pekoch, Karl-Ernst	—	—
Brüns, Bernhard	19. 5. 79	25. 10. 48
Höbrink, Eva-Marie	3. 3. 81	2. 10. 51
Brinkforth, Gisela, ½, beurl.	26. 4. 83	4. 6. 52
Vetterkind, Erika	31. 10. 91	26. 9. 60
Brandt, Jürgen, abg.	11. 1. 96	30. 6. 61

Staatsanwaltschaft Dortmund

Hans-Litten-Str. 5, 44135 Dortmund
Postfach 10 29 42, 44029 Dortmund
T (02 31) 5 40 30
Telefax (02 31) 5 40 33 00

Zweigstelle in Hamm

Borbergstr. 1, 59065 Hamm
Postfach 24 47, 59061 Hamm
T (0 23 81) 1 47–0
1 LOStA, 1 stVLOStA, 13 OStA, 2 StA (GL),
44 StA, davon 3 LSt

Leitender Oberstaatsanwalt

Babatz, Horst	1. 10. 86	21. 3. 32

Oberstaatsanwältinnen/Oberstaatsanwälte

Staat, Karl Dieter, stVLOStA	1. 8. 95	2. 9. 38
Schacht, Klaus	6. 10. 77	4. 12. 34
Glöggler-Mehner, Annerose	10. 11. 82	12. 10. 39
Leichter, Susanne	13. 10. 88	27. 10. 47
Rüter, Günter	23. 9. 91	25. 8. 49
Piegsa, Olgert	11. 12. 92	10. 12. 38
Maaß, Ulrich	1. 1. 93	24. 7. 46
Düllmann, Bernhard	—	—
Hötte, Heinz-Jürgen	22. 7. 94	28. 6. 39
Mehrer, Klemens	—	—
Juschka, Rolf	25. 4. 95	18. 8. 41
Neuschmelting, Rainer	18. 3. 96	31. 10. 46
Brüggemann, Karl	—	—

Staatsanwältin/Staatsanwalt (GL)

Kniprath, Günter	17. 6. 95	7. 4. 33
Lau, Anneliese	—	—

Staatsanwältinnen/Staatsanwälte

Theissen, Manfred	—	—
Korell, Rudolf	—	—
Speckmann, Bodo	27. 8. 75	27. 9. 42
Policke, Klaus	27. 8. 75	25. 5. 45
Rüter, Uwe	4. 6. 76	24. 9. 44
Schneider, Annegret, ½, beurl.	23. 6. 76	23. 7. 43
Tönnies, Franz-Josef, abg. (LSt)	5. 7. 76	25. 4. 41
Brömmelmeier, Ernst-Rainald	27. 8. 76	7. 8. 44
Heer, Ingo	—	—
Budeus, Arnold	—	—
Verhoeven, Jens-Uwe	26. 5. 78	24. 3. 43
Hinsenkamp, Klaus	7. 3. 79	29. 4. 42
Schubert, Hans Joachim	7. 3. 79	30. 11. 43
Pertram, Jörg-Axel	7. 3. 79	28. 8. 47
Rohde, Christian	4. 12. 80	25. 12. 47
Wentzel, Wilhelm	30. 12. 80	22. 3. 48
Nix, Wolfgang	—	—
Mühlenbrock, Franz	—	—
Becker, Franz	1. 4. 83	10. 7. 47
Kasprzyk-Göhler, Elfriede	22. 2. 84	15. 5. 51
Huesmann, Karlheinz	1. 10. 84	9. 3. 52
Heimann, Wolfgang, abg.	7. 11. 85	2. 11. 43
to Roxel, Karlheinz	5. 10. 87	22. 12. 53
Heinrich, Hartmut	8. 11. 88	19. 9. 56
Lechtape, Stefan	4. 7. 89	15. 7. 55
Strunk, Ludger	3. 1. 90	17. 5. 56
Göke, Christoph	5. 1. 90	21. 11. 56
Brodowski-Kokesch, Ina, abg., beurl. ½	4. 9. 90	13. 11. 59
Wilkmann, Jörg Richard, abg. (LSt)	7. 10. 91	1. 1. 58
Manthei, Thomas	7. 5. 92	21. 8. 59
Jansen, Hans-Jörg	7. 5. 92	14. 9. 59
Sudhaus-Coenen, Heike, beurl. ½	2. 11. 92	6. 2. 62

Staatsanwaltschaften   OLG-Bezirk Hamm   **NW**

Hildesheim, Heiko	3. 11. 92	23. 6. 59
Bittner, Volker	26. 5. 93	2. 7. 61
Steinert, Ralph	15. 11. 93	24. 1. 60
Wigger, Andreas	18. 7. 94	6. 11. 62
Kutzner, Bernd	26. 9. 94	5. 4. 56
Pauli, Eva-Maria	28. 12. 94	6. 10. 61
Keil, Albert, abg. (LSt)	30. 12. 94	20. 4. 63
Klink, Günter	26. 5. 95	26. 9. 58
Artkämper, Heiko	26. 5. 95	15. 2. 59
Dombert, Carsten	26. 5. 95	16. 1. 63
Keil, Susanne	28. 7. 95	10. 7. 62
Brendel, Andreas	20. 12. 95	26. 3. 62

Staatsanwaltschaft Essen
Zweigertstr. 36 – 50, 45130 Essen
Postfach 10 36 65, 45036 Essen
T (02 01) 8 03–0
Telefax (02 01) 8 03–29 20

Zweigstelle in Gelsenkirchen
Uhlenbrockstr. 10, 45894 Gelsenkirchen
45877 Gelsenkirchen
T (02 09) 63 81 81–86
1 LOStA, 1 stVLOStA, 13 OStA, 2 StA (GL),
44 StA

Leitender Oberstaatsanwalt
N. N.

Oberstaatsanwälte

Dr. Schulze, Wolfgang, stVLOStA	23. 5. 91	2. 2. 46
Becher, Friedrich	27. 11. 72	2. 7. 32
Straßburger, Lothar	24. 8. 77	25. 11. 37
Kerl, Hermann-Jürgen	6. 10. 77	27. 2. 35
Sydnes, Per-Knut	17. 10. 78	25. 11. 36
Lauer, Guntram	23. 4. 79	12. 10. 32
Klinitzke, Hubert	4. 8. 80	6. 9. 40
Golsong, Norbert	29. 6. 83	10. 9. 35
Reinicke, Wolfgang	1. 7. 86	30. 10. 39
Borutta, Heinz-Günter	18. 10. 90	15. 10. 34
Kassenböhmer, Wilhelm	24. 10. 91	4. 5. 48
Pollender, Hans-Ulrich	24. 10. 91	27. 12. 52
Toussaint, Ewald	11. 12. 91	3. 10. 42
Engel, Klaus	24. 6. 94	27. 11. 47

Staatsanwälte (GL)

Müller, Manfred	22. 6. 94	18. 2. 36
Brauner, Hans	—	—

Staatsanwältinnen/Staatsanwälte

Illner, Siegfried	—	—
Meißner, Gerd	—	—
Vollmering, Jürgen	29. 12. 75	16. 10. 40
Wolf, Lutz	1. 3. 76	12. 1. 42
Rebstock, Hans-Helge	—	—
Viertel, Werner	—	—
Will, Ulf	2. 5. 77	12. 11. 44
Joeres, Bernd	28. 7. 77	19. 6. 43
Heidemann, Norbert	25. 6. 78	27. 11. 46
Keller, Elisabeth, abg.	—	—
Bothe, Hans-Georg	12. 9. 79	2. 6. 44
Wildschrey, Renate	12. 9. 79	29. 4. 46
Gutjahr, Hans-Christian	12. 9. 79	13. 8. 47
Wienand, Hans-Jürgen	23. 2. 81	19. 1. 49
Dr. Schmalhausen, Bernd	23. 2. 81	6. 10. 49
Rehling, Jochen	12. 10. 81	8. 11. 48
Hillebrand, Rüdiger	—	—
Lichtinghagen, Joachim	16. 11. 82	9. 1. 52
Mascherek, Heinz-Dieter	—	—
Walentich-Müller, Gabriele, abg.	—	—
Busse, Volker	—	—
Dulisch, Klaus	3. 2. 86	6. 5. 53
Hehlke, Peter	30. 10. 86	11. 11. 55
Matthiesen, Angelika	18. 5. 89	16. 7. 57
Dr. von der Heide, Isabella	—	—
Koschnick, Peter	14. 5. 91	22. 4. 57
Walter, Achim	7. 10. 91	23. 3. 59
Becher, Heike	7. 10. 91	18. 6. 59
Buschmann, Eberhard	16. 1. 92	25. 1. 60
Kolpatzik, Wolfgang	7. 5. 92	31. 3. 61
Mitzkus, Katrin	7. 5. 92	4. 8. 61
Jürgens, Birgit	15. 10. 92	25. 6. 57
Lindenberg, Rolf-Peter	25. 1. 93	1. 8. 56
Vollmer, Sabine	25. 1. 93	22. 3. 59
Schmidtmann, Ralf	25. 1. 93	26. 7. 60
Sämann, Martina	25. 1. 93	19. 9. 60
Dr. Hantke, Heike	15. 9. 93	22. 6. 61
Hinterberg, Elke	18. 4. 94	2. 7. 62
Kock, Rainer	29. 8. 94	19. 1. 63
Holz, Thomas	30. 8. 94	10. 7. 61
Hos, Andreas	30. 8. 94	27. 11. 61
Milk, Anette	—	—
Schöpper, Frank	25. 3. 96	14. 4. 63

Staatsanwaltschaft Hagen
Lenzmannstr. 16 – 22, 58095 Hagen
58086 Hagen
T (0 23 31) 3 93–0
Telefax (0 23 31) 3 93–3 36
1 LOStA, 1 stVLOStA, 8 OStA, 2 StA (GL),
29 StA

Leitende Oberstaatsanwältin

Monzel, Ursula	1. 2. 89	11. 1. 32

Oberstaatsanwälte

Semper, Joachim, stVLOStA	1. 7. 89	11. 10. 35
Kurz, Rudolf	2. 5. 78	9. 2. 33
Niemer, Gerhard	20. 12. 78	15. 5. 37

NW OLG-Bezirk Hamm — Staatsanwaltschaften

Dreisbach, Horst	27.10.83	6.11.46
Rolfes, Reinhard	19. 9.85	20. 7.46
Rösner, Manfred	17.10.85	12. 6.35
Wilke, Hermann	—	—
Rahmer, Wolfgang Erich	29. 3.89	1.10.50

Staatsanwältin/Staatsanwalt (GL)

Dr. Lohmann, Karin	20. 6.94	9. 8.38
Tiemesmann, Rainer	20. 6.94	9. 1.43

Staatsanwälte/Staatsanwälte

Richter, Friedrich Wilhelm	8.10.70	28. 5.37
Dr. Griese, Klaus	28. 5.71	30.12.36
Liene, Siegbert	2. 5.72	4.10.39
Bitzhenner, Friedrich-Karl	8.12.76	6. 4.43
Härtel, Ulrich	27. 4.77	1. 1.44
Kersebaum, Klaus	10. 5.78	16.11.45
Lehmann, Joachim	13. 9.78	19.11.46
Lagemann, Marie-Josée, ½, beurl.	12. 9.79	7. 5.49
Thorbrügge, Marianne	12. 9.79	16. 2.50
Knierim, Klaus	20. 3.81	27. 5.48
Bramsiepe, Hans-Peter	20. 3.81	14.10.48
Husmann-Budeus, Gertrud, ½, beurl.	1. 9.81	7. 6.50
Meier, Lothar	4. 1.82	12. 1.54
Dr. Josephs, Irene	5. 8.83	30.11.50
Kersebaum, Claudia	3.11.87	27. 7.56
Maas, Bernd	20.12.88	14. 5.55
Dr. Scherf, Manfred, abg.	5. 4.90	15.11.53
Dinter, Birgit	13. 8.90	7. 8.58
Dr. Pauli, Gerhard	15.10.92	26. 6.58
Feld-Geuking, Michaela	28. 1.94	4. 2.61
Adomeit, Elke	29. 4.94	27. 4.58
Dr. Heymann, Annegret	19. 5.94	19. 5.60
Hoppmann, Rainer	20. 5.94	13. 9.59
Nölle, Axel	24. 5.94	31. 1.61
Neulken, Klaus	15.11.94	11. 3.58
Hettwer, Ulrich	30.11.94	7. 9.60
Pieper, Jürgen	12. 1.96	9.11.62

Staatsanwaltschaft Münster
Gerichtsstr. 6, 48149 Münster
Postfach 59 21, 48135 Münster
T (02 51) 4 94–1
Telefax (02 51) 4 94–5 55

Zweigstelle in Bocholt
Benölkenplatz 3, 46399 Bocholt
Postfach 22 52, 46372 Bocholt
T (0 28 71) 41 61
Telefax (0 28 71) 48 83 20
1 LOStA, 1 stVLOStA, 9 OStA, 3 StA (GL), 34 StA, 1 LSt (StA)

Leitender Oberstaatsanwalt

Wagner, Hans	1. 6.95	14.12.44

Oberstaatsanwältin/Oberstaatsanwälte

Weilke, Egon, stVLOStA	28. 8.89	19. 3.40
Prümers, Hans-Ernst	17.10.78	18. 9.37
Schrade, Georg	30. 5.80	27. 4.39
Nitardy, Winfried	16. 6.81	2. 9.41
Mehlis, Klaus-Erich	23.11.84	19. 5.45
Schweer, Wolfgang	11. 6.85	8. 8.46
Happe, Dierk	30.12.87	7. 6.43
Scherner, Wolfram	29. 9.88	16.11.38
Stenert, Heinrich	20. 3.89	27. 1.46
Auer, Maria	27. 4.90	7.11.49

Staatsanwälte (GL)

Heitkamp, Heribert	14. 7.94	12. 3.35
Speckmann, Lothar	—	—
Werner, Eberhard	12.12.95	10.10.47

Staatsanwältinnen/Staatsanwälte

Schrader, Klaus	—	—
Hellermann, Dietrich	—	—
Mohr-Middeldorf, Uta	3. 9.69	30. 1.38
Herdemann, Ferdinand	21. 2.72	9. 3.40
Katzer, Richard	10. 1.75	22. 2.38
Rasmussen, Jörn, abg.	5.11.75	22.11.40
Behrmann, Brigitte	31. 5.76	7. 6.45
Müller, Hans-Jürgen	1. 8.76	2. 7.42
Oltmanns, Heiko	11.11.76	18. 7.43
Herre, Sigrid	14. 2.77	11. 4.43
Hartmann, Hans-Joachim	10. 2.78	3.11.45
Neumann, Horst	—	—
Flug, Claus-Joachim	—	—
Krais, Maria Anna	—	—
Euler, Andreas	—	—
Frericks, Michael	4.12.80	31.12.48
Schulze, Peter	12.11.81	5. 1.47
Schneeweis, Raymund	20. 4.82	22.10.47
Schneider, Werner	30. 9.82	9. 6.46
Hoffkamp, Hermann	—	—
Ernst, Peter, abg.	15.10.82	9. 1.52
Beck, Heribert	1. 8.83	15.11.50
Brettschneider, Reinhard	10. 1.84	8. 8.52
Willemsen, Burkhard	2. 4.85	8.11.49
Kaptur, Klaus	29.10.85	28. 6.51
Larisch, Sabine	29. 9.86	20.12.53
Mönig, Ulrike, beurl.	15. 7.88	27. 6.56
Lechtape, Elfi, beurl., ½	9.11.88	4. 2.57
Thiemann, Ludger	14.11.89	8. 6.55
Schlüß, Rolf	10.12.90	29. 1.53

290

Staatsanwaltschaft Paderborn

Am Bischofsteich 36, 33102 Paderborn
Postfach 25 20, 33055 Paderborn
T (0 52 51) 1 26–0
Telefax (0 52 51) 5 98 53
1 LOStA, 1 stVLOStA, 3 OStA, 2 StA (GL),
13 StA

Leitender Oberstaatsanwalt

Specht, Wolfgang	1. 2. 91	24. 10. 44

Oberstaatsanwälte

Krüssmann, Günter, stVLOStA	8. 11. 83	18. 6. 41
Kniß, Manfred	3. 2. 76	24. 6. 32
Feldmann, Ulrich	30. 1. 80	25. 6. 36
Dietzmann, Hans Peter	23. 11. 84	20. 4. 42

Staatsanwälte (GL)

Richter, Franz-Josef	23. 6. 94	18. 12. 34
Wedderwille, Peter	24. 6. 94	20. 7. 49

Staatsanwältinnen/Staatsanwälte

Möller, Frank	2. 11. 74	14. 12. 40
Brockmann, Monika, ½, beurl.	17. 1. 75	5. 7. 43
Mandel, Christian	12. 6. 78	20. 7. 45
Albert, Heinz	5. 9. 78	2. 2. 49
Oppenkamp, Karl	13. 9. 79	20. 9. 49
Dr. Störmer, Heinz-Dieter	—	—
Zimpel, Jochen	13. 11. 81	12. 2. 49
Börger, Franz	22. 3. 82	13. 9. 51
Hartmann, Gerwald	14. 10. 82	31. 7. 51
Wurm, Paul	1. 10. 83	30. 6. 48

Kipp, Jürgen	10. 2. 86	24. 1. 53
Sauerland, Dietmar	9. 6. 92	16. 11. 55
Vetter, Ralf	8. 11. 93	7. 7. 59

Staatsanwaltschaft Siegen

Berliner Str. 22, 57072 Siegen
Postfach 10 12 61, 57012 Siegen
T (02 71) 33 73–1
Telefax (02 71) 33 73–437
1 LOStA, 1 stVLOStA, 2 OStA, 2 StA (GL),
9 StA

Leitender Oberstaatsanwalt

N. N.

Oberstaatsanwälte

Schicha, Hans, stVLOStA	1. 1. 85	16. 7. 33
Obst, Hubert	—	—
Winkler, Klaus Peter	17. 10. 90	7. 9. 35

Staatsanwälte (GL)

Lischeck, Manfred	21. 6. 94	7. 5. 50
Weiss, Wolfgang	21. 6. 94	10. 3. 49

Staatsanwältinnen/Staatsanwälte

Braun, Norbert	30. 12. 70	6. 6. 35
Edel, Monika	9. 5. 74	5. 5. 40
Buschbaum, Peter	8. 3. 76	25. 10. 41
Meyer, Klaus-Walter	8. 12. 76	21. 2. 44
Nau, Wolfgang	23. 11. 77	26. 1. 44
Scholz, Günter	19. 4. 82	20. 4. 51
Daheim, Johannes	2. 8. 84	13. 11. 52
Ebsen, Joachim	10. 2. 86	18. 4. 49
Münker, Hans-Werner	13. 2. 90	1. 7. 57

Oberlandesgerichtsbezirk Köln

Bezirk: Regierungsbezirk Köln mit Ausnahme der Gemeinden Erkelenz, Hückelhoven und Wegberg (sämtlich Kreis Heinsberg)

Rheinschiffahrtsobergericht

Moselschiffahrtsobergericht

3 Landgerichte: Aachen, Bonn, Köln
Kammern für *Handelssachen*: Aachen 4, Bonn 4, Köln 11

23 Amtsgerichte
Schöffengerichte: bei allen Amtsgerichten außer den nachstehend genannten
Gemeinsames Schöffengericht für die Bezirke der Amtsgerichte, bei denen kein Schöffengericht gebildet wird, ist:

für den AGBez.:	*das Schöffengericht:*
Geilenkirchen	Heinsberg
Jülich	Düren
Monschau	Schleiden
Königswinter	Bonn
Rheinbach	Euskirchen
Wermelskirchen	Bergisch Gladbach

Familiengerichte: bei allen Amtsgerichten außer dem Amtsgericht Monschau

Zuständiges Familiengericht für den AGBez. Monschau ist das Familiengericht Aachen

Landwirtschaftssachen sind den Amtsgerichten als Landwirtschaftsgerichten wie folgt zugewiesen:
a) dem Amtsgericht Aachen
   für die Amtsgerichtsbezirke Aachen, Eschweiler und Monschau,
b) dem Amtsgericht Bergheim
   für die Amtsgerichtsbezirke Bergheim, Brühl, Kerpen und Köln,
c) dem Amtsgericht Bergisch Gladbach
   für die Amtsgerichtsbezirke Bergisch Gladbach, Leverkusen und Wermelskirchen,
d) dem Amtsgericht Euskirchen
   für die Amtsgerichtsbezirke Euskirchen und Schleiden,
e) dem Amtsgericht Gummersbach
   für die Amtsgerichtsbezirke Gummersbach und Wipperfürth,
f) dem Amtsgericht Siegburg
   für die Amtsgerichtsbezirke Bonn, Königswinter, Rheinbach und Siegburg.

Die den Oberlandesgerichten zugewiesenen Entscheidungen in Landwirtschaftssachen sind für die Bezirke der Oberlandesgerichte Düsseldorf und Köln dem Oberlandesgericht Köln übertragen.

Oberlandesgericht Köln

E 4 057 612
Reichenspergerplatz 1, 50670 Köln
Postfach 10 28 45, 50468 Köln
T (02 21) 77 11–0 Telefax (02 21) 77 11–7 00
1 Pr, 1 VPr, 26 VR, 76,25 R, 1 LSt (R), einschl. 1 UProf, 2. Hauptamt

Präsident			Dr. Olroth, Charles	27. 1. 86	20. 4. 32
Dr. Laum, Heinz-Dieter	1. 1. 84	25. 12. 31	Dr. Haastert, Gerd-Burkhard	27. 1. 86	2. 8. 32
Vizepräsident			Dr. Pretzell, Barnim	3. 8. 87	20. 11. 35
Dr. Richter, Alarich	1. 10. 90	19. 10. 37	Dr. Kochs, Hermann	1. 9. 87	14. 11. 33
			Dr. Rumler-Detzel, Pia	2. 2. 88	11. 7. 34
Vorsitzende Richterinnen/Vorsitzende Richter			Dr. Walther, Jürgen	1. 3. 88	4. 8. 33
Oehler, Engelbert	17. 12. 79	4. 5. 33	Spätgens, Klaus	1. 3. 88	6. 12. 33
Ohlenhard, Hans	1. 6. 81	7. 12. 33	Münchhalfen, Wilhelm	1. 9. 89	9. 3. 32
Opitz, Armin	8. 11. 83	6. 7. 31	Blohm, Dieter	21. 2. 90	12. 5. 35
Finster, Dietmar	9. 12. 83	25. 9. 32	Jaeger, Lothar	26. 9. 90	21. 11. 39

OLG-Bezirk Köln **NW**

Schroeder, Dieter	1.12.90	17. 8.37
Kleinertz, Maria-Luise	1. 2.91	18. 4.37
Dr. Schuschke, Winfried	17. 6.91	12. 3.40
Dr. Nierhaus, Jörg	1. 8.91	3. 2.38
Eßer, Heinz-Peter	15. 6.93	31. 7.43
Dr. Jäger, Peter	1. 9.93	9. 8.42
Dr. Prior, Hans-Peter	1. 9.93	24. 1.43
Dr. Bick, Udo	1.11.93	14. 9.37
Dr. Jährig, Axel	1.12.93	1.10.43
Dr. Siegburg, Peter	—	—
Dr. Büttner, Helmut	14. 3.96	13.11.41
Dr. Schwippert, Emil	14. 3.96	1. 6.45

Richterinnen/Richter

Jäger, Horst	1.11.74	30. 7.33
Knickenberg, Wilbert	23.12.74	28.11.34
Striegan, Christian	23.12.74	14.12.34
Pütz, Heinzgeorg	23.12.74	19. 4.35
Fischer-Appelt, Jürgen	29. 8.75	26. 1.35
Becker, Irene	24. 6.76	1. 6.36
Dr. Frank, Barbara	20. 7.77	20.11.35
Stratmann-Rohm, Elisabeth	20. 7.78	4. 4.36
Dr. Pastor, Walter	21. 7.78	4.10.39
Schmidt, Norbert	25. 7.78	3. 9.34
Fischer, Ulrich	14. 9.79	11.11.34
Krüger-Sprengel, Maria	30. 4.80	11. 1.35
Loos, Ingeborg, ½, beurl. (LSt)	30. 4.80	10. 8.35
Schmitz, Albert	30. 4.80	29. 1.38
Dr. Herpers, Hans Heinz	22.10.80	19. 9.35
Münstermann, Hellmut	22.10.80	23. 4.40
Heitmeyer, Klaus	23.10.80	7. 4.41
Opitz, Almut	2.12.81	9.11.39
Voorhoeve, Lutz	15.12.81	31. 5.40
Dr. Müller, Gerd	22. 3.82	24. 5.42
Maas, Ute, ½, abg.	1. 7.82	22. 4.45
Rosenberger, Rainer	31. 8.83	29. 5.44
Hentschel, Erich	1.12.83	31.12.42
Gedig, Alfred	21.12.83	10. 5.41
Drzisga, Peter	2. 1.84	22.11.44
Koall, Manfred, abg.	2. 3.84	23.11.38
Dallmann, Manfred	19. 9.84	14. 1.43
Prof. Dr. Müller-Graff, Peter (UProf, 2. Hauptamt), beurl.	20. 3.85	29. 9.45
Dr. Schrübbers, Michael	16. 9.85	18. 5.44
Rübsamen, Bernd	17. 9.85	28. 3.42
Schumacher, Karl-Heinz	17. 9.85	29.11.45
Fox, Brigitta	18. 9.85	3. 2.44
Steglich, Walter	18. 9.85	29. 5.48
Martens, Richard	23. 9.85	5. 2.43
Hagemann, Friedrich, abg.	1.10.85	11. 7.46
Doleisch von Dolsperg, Elisabeth	23.11.87	20. 5.47
Dr. Hahn, Josef	23.11.87	12.12.48
Gerhardt, Sybille, ½	25.11.87	11. 6.38
Schmidt-Eichhorn, Torsten	25.11.87	29.12.47
Ueffing, Klaus	25.11.87	1. 1.49
Siegert, Rainer	1.12.87	11. 7.43
Dr. Schlafen, Heinz Dieter	26. 5.88	9. 9.44
Dr. Helling, Uta	30. 5.88	17.11.40
Dr. Schmitz-Pakebusch, Ilona Charlotte	30. 5.88	7. 8.43
Caesar, Marie-Louise, ¾	—	—
Dr. Diederichs, Petra	30. 5.88	14. 5.48
Becker, Ulrich, abg.	24.10.89	2.11.50
Dr. Metzen, Peter Matthias (FH-Prof, 2. Hauptamt)	31.10.89	7. 9.44
Zoll, Karl-Hermann	31.10.89	29.11.48
Jütte, Fritz	31.10.89	24. 2.50
Gräfin von Schwerin, Margarete	26. 9.90	30.12.52
Jennissen, Wilhelm	27. 2.91	22. 9.46
Keller, Marie-José	27. 2.91	6. 5.48
von Hellfeld, Joachim	27. 2.91	29. 5.50
Müller, Günter	27. 2.91	7. 5.51
Dr. Laumen, Hans-Willi	16. 7.91	17. 1.48
Bodens, Heribert	16. 7.91	2. 2.50
Zerbes, Helmut	16. 7.91	3. 3.51
Bauer, Wolf-Christoph	17. 7.91	2. 9.48
Merschmeier-Schütz, Hildegard, ½	17. 7.91	17. 3.51
Quack, Walter	1. 8.91	3.12.47
Hamm, Anton	5.11.92	11. 1.44
Schwab, Jürgen	—	—
Wahle, Ulrike, ½	15. 9.93	17. 2.50
Eickmann-Pohl, Gabriele	15. 9.93	6. 5.51
Göhler-Schlicht, Gabriele, ½	15. 9.93	7. 1.54
Heidemann, Wolfgang	24. 5.94	17.10.52
Gundlach, Freimut	24. 5.94	21. 6.55
Schneider, Karla	—	—
Scheffler, Christiane, ¾	10. 8.95	12. 5.50
Bastius, Frank, abg.	17. 8.95	15.10.52
Thiesmeyer, Reinhard	21. 8.95	15.12.49
Wolf, Hans-Joachim	24. 8.95	21.10.46
Schulz-Bourmer, Angelika	—	—
Scholz, Gabriele	28. 8.95	19.12.52
von Olshausen, Renate	28. 8.95	20.10.47
Zakosek-Röhling, Evamari, ½	28. 8.95	8.10.57
Scholz, Gabriele	29. 8.95	19.12.52
Dr. Thurn, Peter	31. 8.95	22. 7.55

Landgerichtsbezirk Aachen

Landgericht Aachen E 988 673
Adalbertsteinweg 90, 52070 Aachen
Postfach, 52034 Aachen
T (02 41) 5 17–0
Telefax (02 41) 54 38 03
1 Pr, 1 VPr, 23 VR, 39 R

Präsident
Gerber, Peter 1. 9. 93 10. 10. 40

Vizepräsident
Pillmann, Kurt 14. 1. 91 20. 8. 45

Vorsitzende Richterin/Vorsitzende Richter
Dr. Wolters, Egbert	19. 7. 71	7. 9. 32
Schulz, Peter	18. 5. 73	10. 5. 34
Dr. Weber, Wolfram	28. 3. 74	2. 3. 33
Eckert, Rolf	10. 5. 77	29. 6. 37
Henseler, Norbert	1. 7. 77	2. 11. 37
Dr. Henzler, Günter	4. 8. 78	20. 3. 39
Dr. Theile, Ralf	11. 12. 79	18. 1. 39
Wirtz-Wirthmüller, Ursula	4. 7. 80	21. 2. 38
Dr. Pickartz, Josef	13. 6. 84	14. 10. 38
Crolla, Karl-Heinz	1. 3. 85	5. 7. 45
Dr. Becher, Wolfgang	17. 10. 85	22. 2. 44
Franz, Jürgen	2. 6. 86	9. 3. 44
Lampenscherf, Albert, abg.	1. 12. 89	9. 9. 48
Dr. Bender, Wolfgang	1. 1. 90	24. 5. 48
Berg, Michael	21. 5. 90	19. 4. 48
Schröders, Werner	1. 8. 91	1. 1. 50
Laufenberg, Hans	24. 2. 92	8. 2. 45
Dr. Nohl, Gerd	8. 10. 92	10. 6. 48
Böhm, Siegfried	10. 5. 94	29. 1. 45
Bretschneider, Siegfried-Uwe	10. 5. 94	21. 3. 51
Plum, Norbert	1. 8. 94	29. 3. 55
Dr. Voormann, Volker	30. 5. 95	17. 7. 53
Bormann, Arno	1. 2. 96	25. 11. 52

Richterinnen/Richter
Müggenberg, Horst	23. 7. 73	11. 6. 41
Habetha, Jutta, ½	21. 12. 73	14. 1. 37
Giffey, Dagmar	5. 2. 74	8. 11. 43
Semmann, Gabriele, 7/10	1. 10. 74	15. 4. 43
Haas, Gerda	5. 12. 74	1. 5. 39
Dr. Syha, Herwig	23. 6. 75	28. 11. 40
Kuck, Hans-Joachim	25. 7. 77	8. 2. 45
Martin, Maria, ½	17. 9. 80	22. 5. 49
Kasparek, Angelika, ½, abg.	4. 12. 80	21. 2. 47
Diewald, Wolfgang	11. 3. 82	22. 7. 49
Weißkirchen, Albrecht	30. 8. 82	8. 8. 51
Martin, Konrad	20. 10. 83	17. 6. 47
Hartlieb, Hans-Peter, abg.	17. 9. 84	4. 2. 54
Beneking, Jürgen	31. 3. 88	18. 10. 56
Schubert, Andrea, beurl.	22. 12. 88	27. 7. 56
Carduck, Heinz-Dieter	2. 5. 90	23. 8. 57
Kessel-Crvelin, Edith	3. 9. 90	18. 6. 57
Dr. Kulbe-Stock, Ursula, beurl.	7. 9. 90	10. 7. 58
Schlapka, Roland, abg.	18. 12. 90	17. 8. 57
Görgen, Hans Günter	28. 3. 91	15. 1. 58
Mähr, Maria-Sibylle, beurl.	25. 4. 91	16. 3. 59
Wimmer, Hans	14. 6. 91	20. 4. 59
Harnacke, Rainer	14. 6. 91	30. 9. 60
Bucher, Armin	19. 6. 91	16. 4. 56
Reiprich, Dietmar	19. 11. 91	28. 6. 58
Klösgen, Roland	21. 11. 91	29. 10. 58
Jäger-Kampf, Annette	5. 6. 92	10. 4. 61
Mangen, Kurt Günter	1. 2. 93	15. 11. 57
Gatzke, Norbert	26. 3. 93	25. 5. 58
Dr. Meiendresch, Uwe, abg.	15. 9. 94	27. 7. 59
Potthoff, Frauke	15. 9. 94	1. 1. 61
Dr. Janßen, Ellen, abg.	15. 9. 94	12. 8. 61
Bömelburg, Regina	15. 9. 95	1. 10. 59
Tag, Hildegard	15. 9. 95	8. 7. 63

Amtsgerichte

Aachen E 407 404
Adalbertsteinweg 90, 52070 Aachen
Postfach, 52034 Aachen
T (02 41) 5 17–0
Telefax (02 41) 54 37 57
1 Dir, 1 stVDir, 5 w.aufsR, 40 R

Dr. Birmanns, Martin, Dir	1. 1. 75	18. 10. 31
Kogel, Ernst, stVDir	15. 11. 83	26. 5. 36
Gilleßen, Hubert, w.aufsR	2. 1. 80	7. 1. 34
Brandts, Helmut, w.aufsR	29. 1. 87	29. 12. 33
Haas, Herbert, w.aufsR	15. 9. 94	15. 7. 44
Taxhet, Leo, w.aufsR	26. 9. 94	6. 3. 35
Scheffels, Armin, w.aufsR	29. 11. 95	17. 5. 40
Heyeres, Ludwig	15. 1. 69	14. 4. 36
Henning, Helga	21. 8. 72	5. 4. 40
Richter, Brigitte	1. 10. 73	16. 2. 36
Reitz, Rudolf	5. 2. 74	11. 12. 41
Lobinger, Hans-Joachim	11. 7. 75	3. 3. 42
Jacob, Heide	24. 11. 75	28. 2. 36
Jacob, Stefan Michael	10. 3. 76	5. 11. 38
Semmann, Gerd	10. 3. 76	16. 9. 42
Schevardo, Wilhelm	14. 5. 76	22. 8. 38

LG-Bezirk Aachen OLG-Bezirk Köln **NW**

Jungbluth, Günther	8.11.76	23. 4.44
Claßen, Wilhelm	22.11.76	7. 7.43
Hoch, Hermann	2. 9.77	2.10.41
Wittkemper, Helmut, abg.	12. 9.77	16.11.44
Kusen, Hans-Albert	2. 5.78	18. 2.43
Höfken, Heiner	2. 5.78	1. 1.44
Schaffer, Reinhard	2. 5.78	12.12.48
Kaulen, Marianne	3.11.78	9. 5.48
Missmahl, Jan Dirk	16. 5.79	26. 8.46
Schneiders, Jürgen	11. 9.79	17. 2.50
Furch, Heinrich	14. 9.79	2. 9.44
Siebert, Helmut	14. 9.79	1.11.44
Reis, Gangolf	14. 9.79	12. 5.46
Verfuß, Ursula	17. 9.79	20. 6.50
Roggendorf, Peter	15.10.79	28. 5.47
Stritzel, Hans-Dieter	23. 4.81	4. 8.44
Brandt, Harald	14.10.82	6. 7.51
Unger, Joachim	19. 3.84	17. 7.50
Heep, Waltraud, abg.	28. 1.86	6. 5.49
Reiner, Andreas	15. 1.88	2.10.55
Gehlen, Hermann-Josef	21. 9.89	22. 1.55
Schulz, Elke	30. 6.92	15. 4.53
Roggendorf, Dorothee, ½	—	—
Dr. Quarch, Matthias	28. 3.94	25. 8.61
Krebber, Rolf	3. 2.95	30. 5.61
Plastrotmann, Robert	3. 2.95	16. 9.61
Stühn, Matthias	3. 2.95	23.12.61
Hottgenroth, Inka, beurl.	3. 2.95	4. 7.62
Trossen, Meike Ruth	6.12.95	24. 6.65

Düren E 169 013
August-Klotz-Str. 14, 52349 Düren
52348 Düren
T (0 24 21) 4 93–0
Telefax (0 24 21) 4 38 34
1 Dir, 1 stVDir, 1 w.aufsR, 18 R

Crump, Erich, Dir	1. 6.77	11. 8.35
Courth, Walter, stVDir	15. 9.95	17. 5.34
Rubel, Joseph	1. 9.66	29.10.32
Thiele, Günter	1.10.67	8. 9.35
Reiche, Adolf	1. 3.68	26. 9.35
Loeber, Monica	15. 1.69	29. 8.36
Weiser, Friedhelm	31. 3.71	8. 1.39
Johnen, Karl-Helmuth	25. 3.77	31.12.43
Stork, Reinhard	25. 7.77	30. 5.42
Snissarewsky, Helga	10. 4.78	4. 5.46
Decker, Gregor	10.11.78	18. 6.44
Kipping, Barbara	30. 3.79	8. 4.49
Spernat, Günter	18. 1.80	20. 7.48
Lanzerath, Adolf	27. 5.80	1.11.48
Neukirchen, Manfred, abg.	28. 5.82	30. 4.46
Otto, Karl-Josef	27. 9.83	17.10.51

Jüttner, Michael, ½, abg.	20.10.94	21. 7.59
Leimbach, Ralf	3. 2.95	15. 9.60
Reinart-Liskow, Vera	3. 2.95	3. 4.62

Eschweiler (Rheinland) E 114 366
Kaiserstr. 6, 52249 Eschweiler
T (0 24 03) 70 07–0
Telefax (0 24 03) 2 84 41
1 Dir, 1 stVDir, 9 R

Menzel, Hans-Hermann, Dir	1.12.91	20. 5.35
Becker, Thomas, stVDir	15. 9.94	18. 5.47
Wolff, Hubert	13. 5.68	3. 7.34
Hertel, Walter	15. 9.69	6. 3.38
Fell, Ulrich	25.10.76	19.10.44
Zengerling, Rainer	25.10.76	22.12.44
Schwörer, Hermann	8. 8.78	5. 3.44
Hauffe, Herbert	14.11.79	2. 7.49
Fey, Axel	16. 1.81	13.10.50
Wingen, Hans Georg	13. 1.83	15. 4.48
Wollschläger-Dulle, Gertrud	26. 4.95	12. 2.63

Geilenkirchen E 60 199
Konrad-Adenauer-Str. 225, 52511 Geilenkirchen
Postfach 11 69, 52501 Geilenkirchen
T (0 24 51) 70 27–29
Telefax (0 24 51) 7 12 58
1 Dir, 5 R

Pütz, Anselm, Dir	3. 1.94	17. 6.44
Dr. Krückels, Wolfgang	14. 4.78	14. 9.44
Müller-Ohligschläger, Marianne	28.10.81	6. 8.50
Bergs, Heinz	26. 3.90	5. 3.58
Schönig, Thomas	3. 2.95	27. 6.59
Florl, Corinna, abg.	18. 5.95	3. 5.64

Heinsberg E 70 614
Schafhausener Str. 47, 52525 Heinsberg
Postfach 13 40, 52517 Heinsberg
T (0 24 52) 1 09–0
Telefax (0 24 52) 1 09–2 99
1 Dir, 5 R

Dr. Kiesebrink, Gerd, Dir.	1. 8.94	1.12.40
Thelen, Wilhelm	1.11.70	14.10.35
Wuppermann, Klaus, beurl.	9.11.91	18. 7.56
Bongartz, Helmut	30. 3.94	17. 7.56

Jülich E 87 297
Wilhelmstr. 15, 52428 Jülich
Postfach 23 60, 52401 Jülich
T (0 24 61) 6 81–0
Telefax (0 24 61) 49 80
1 Dir, 5 R

Dr. Polzius, Josef, Dir	30. 7.76	19. 2.34
Otten, Peter	13. 1.78	20. 8.47
Bungardt, Hans-Peter	19. 9.78	8. 3.45
Kuckelkorn, Ulrich	3. 1.80	8. 4.48
Burghardt, Hans-Günther	24.11.80	6. 5.48
Mork, Herbert	26. 5.83	12.12.51

Monschau E 26 695
Laufenstr. 38, 52156 Monschau
Postfach 20, 52153 Monschau
T (0 24 72) 20 81
Telefax (0 24 72) 25 23
1 Dir

Dr. Meier, Dieter, Dir	24.10.95	6. 6.48

Schleiden (Eifel) E 53 085
Marienplatz 10, 53937 Schleiden
Postfach 11 20, 53929 Schleiden
T (0 24 44) 20 17–19
Telefax (0 24 44) 5 52
1 Dir, 3 R

Dr. Schnitzler, Elmar, Dir	21. 9.89	2. 6.39
Wilden, Ernst	26. 9.77	7. 6.43
Maxrath, Peter	14. 8.78	12. 3.45
Tambour, Christoph	7. 9.94	21. 7.61

Landgerichtsbezirk Bonn

Landgericht Bonn E 1 022 440
53105 Bonn
Wilhelmstr. 21, 53111 Bonn
Postfach 19 60, 53009 Bonn
T (02 28) 7 02–0
Telefax (02 28) 7 02–1 61
1 Pr, 1 VPr, 22 VR, 45 R + 5 LSt (R)

Präsident

Dr. Faßbender, Heinz	22.12.92	18. 1.36

Vizepräsident

Brenner, Johannes	27.11.86	22. 9.32

Vorsitzende Richterinnen/Vorsitzende Richter

Mette, Norbert	2.11.72	27. 7.33
Schmoll, Karl Heinz	19. 2.74	27.11.33
Dr. Krischer, Werner	23. 7.74	6. 5.34
Reumann de Fernandez, Antje	11. 7.75	21. 3.32
Minssen, Ibo	27. 6.78	14. 7.36
Dr. Buchholz, Hans-Henning	27. 6.78	30.12.36
Dr. Reppel, Klaus	27. 6.78	20. 6.37
Kramp, Bärbel	27. 6.78	29.12.37
Dr. Kirstein, Roland	—	—
Holtmann, Friedhelm	3. 7.80	17. 8.35
Dr. Haase-Becher, Inga	—	—
Ebelt, Eckart	9.12.81	27.12.38
Dr. Gmelin, Renate	10.12.82	5. 7.37
Lankers, Winfried	8. 5.85	13.10.44
Buhren, Udo	11. 3.86	29. 4.46
Maurer-Wildermann, Bernhard	9. 4.87	21.11.42
Dr. Joswig, Dietrich	1. 5.88	19. 6.43
Ridder, Ernst-Jürgen	20. 8.90	19.12.46
Sonnenberger, Heinz	8. 7.92	4.12.48
Wagner, Paul Hermann	28.12.92	4. 3.49
Japes, Dieter	13. 5.94	20. 2.50
Suchan, Ulrich	31.10.95	25. 2.42

Richterinnen/Richter

Bielenstein, Marlis, beurl. (LSt)	1. 9.68	23.10.34
Strötgen, Elke, ½	17. 2.72	13. 1.42
Dr. Bürger, Elisabeth Weber, Margit	—	—
Landvogt, Marianne, ½	26. 4.76	21. 2.42
Crynen, Hans, abg.	19. 9.77	27. 3.39
Granow, Heinrich, abg. (LSt)	11.10.77	27.10.43
Dr. Kling, Erhard, abg.	30.11.78	21. 4.38
Dr. Ahn-Roth, Wera, ¾	1. 1.79	16. 7.47
Fischer, Hans-Jürgen	13.10.80	22. 2.47
Killian, Ralf	—	—
Pütz, Reiner, abg.	26.10.81	29. 7.49
Pilger, Wolfgang	26.11.81	19. 8.49
Meyers, Gerald	25.11.82	15. 2.50
Turnwald, Robert	25.11.82	16.10.50
Crynen, Rita, ¾, abg. (LSt)	25.11.82	11. 7.51
Weber, Heinrich	19. 4.83	18.12.51
Appel-Hamm, Doris, abg.	19. 5.83	24. 6.51
Richarz, Winfried	—	—
Janßen, Josef, abg. (LSt)	8.10.85	25. 7.52
Munz, Birgit	8.10.85	14.11.54
Rohlfs, Renate, ½	24.11.86	18. 9.50
Conzen, Klaus-Michael, abg.	3. 3.88	6.11.56
Grommes, Heinrich	20.10.88	14. 7.55
Wucherpfennig, Manfred	9. 2.89	13. 7.55
Stobbe, Norbert, abg.	19. 7.89	24. 1.58

LG-Bezirk Bonn OLG-Bezirk Köln **NW**

Mayen, Barbara, abg. (LSt)	20. 7.89	3. 7.56
Haller, Klaus	20. 7.89	31. 3.57
Dreser, Theodor	6.11.89	28. 1.57
Boelke, Ursula, abg.	21. 6.90	5. 5.56
Dr. Schmidt-Räntsch, Ruth	21. 6.90	31. 3.60
Dr. Brenner, Richard	28. 8.90	7. 7.57
Scheiff, Bernd	2. 1.91	24. 3.59
Kahsnitz, Thomas	3. 1.91	25.10.58
Mücher, Martin, abg.	19. 7.91	15. 6.56
Baader, Peter	5. 8.91	30. 5.57
Dr. Grüneberg, Christian	16.12.91	4. 6.60
Reinhoff, Klaus	13. 3.92	11. 9.59
de Vries, Hinrich	15. 4.92	12.11.54
Bröder, Jörg, abg.	1.10.92	9. 7.59
Dichter, Margret	1.10.92	2. 5.60
Manteufel, Thomas	1.10.92	8. 5.60
Pamp, Rüdiger	18. 5.94	25. 1.61
Schneiders, Uwe	9.11.94	28. 7.59
Huckenbeck, Albrecht	15.11.94	13. 6.60
Schumacher, Claudia, ½	20.10.95	6.11.60
Gersch, Hans-Georg	20.10.95	8.11.61
Schwill, Eugen	23.10.95	3. 7.61
Dr. Waters, Jörg-Reiner	13. 3.96	27. 6.62
Dr. vom Stein, Jürgen	—	—
Dr. Kunkel, Volker, abg.	18. 3.96	9. 5.58

Amtsgerichte

Bonn E 369 540
Wilhelmstr. 23, 53111 Bonn
53105 Bonn
T (02 28) 7 02–0
Telefax (02 28) 70 27 08
1 Dir, 1 stVDir, 5 w.aufsR, 40 R

Bayer, Detlev, Dir	1. 9.93	7. 9.42
Schmitt, Hans Hubert, stVDir	24. 1.91	5. 7.41
Quantz, Antje, w.aufsR	20. 7.87	3. 4.41
Höppner, Doris, w.aufsR	—	—
Liegat, Frank-Dietrich, w.aufsR	19. 8.94	4. 8.45
Niewerth, Lydia, abg., w.aufsR	—	—
Kilches, Erhard, w.aufsR	7. 8.95	21. 7.47
Klose, Christoph	15.11.68	22.10.35
Durst, Peter, abg.	15. 4.70	7. 2.39
Dr. Paehler, Hans-Hermann	4. 1.71	14. 3.38
Midderhoff, Franz	19. 4.71	5.10.39
Lepa, Christa	26. 3.73	21. 9.40
Mann-Lechleiter, Gunda	24. 7.73	19. 2.41
Sünnemann, Manfred	21. 9.73	24. 9.41
Rohde, Annetraut	19. 4.74	24.12.40
Dr. Wilke, Burkhart	19. 4.74	15. 3.42
von Rosenberg-Fiebig, Angelika	10. 6.75	7.11.43
Wienzeck, Friedrich	3.11.75	26.10.40
Lobinger, Manfred	3.11.75	11. 2.44
Paul, Wolf-Dieter	7.11.75	15. 4.45
Rottland, Hans-Günter	—	—
Tagliabue-von Jena, Maria	30.11.75	31.12.40
Röben, Gerd	23. 4.76	8. 1.43
Nürnberg, Hans-Theo	23.12.76	23. 9.43
Becker, Gisela, abg.	23.12.76	14.11.43
Geich-Gimbel, Ralf	23.12.76	16. 3.44
Reinecke, Hans-Georg	—	10. 3.42
Krumbein, Christa	1. 4.77	3.10.38
Külshammer, Wolfgang	4.10.77	16. 2.44
Büch, Andreas, abg.	17. 2.78	14. 9.45
Wippenhohn, Peter	11. 5.79	25.10.48
Dr. Schreiner-Eickhoff, Annette	6. 6.79	26.12.44
Dach, Ingeborg, ½	19. 6.80	17. 2.50
Kamp, Hartmut	7. 1.82	28. 9.43
Finking-Astroh, Annegret	—	—
Wuttke, Gisela	4.11.83	8. 5.46
Huhn, Volker	22. 4.85	14. 4.50
Zurnieden, Monika	31. 7.85	8. 9.51
Wester, Gabriela, ½	—	—
Strothmann-Schiprowski, Petra, abg.	25. 3.86	29. 6.55
Hammerschmidt, Erich Brandes, Birgit	8.12.89	16. 3.58
Lier, Bernd	5. 7.91	15. 5.60
Schulte, Elke	20. 9.93	16.11.59
Feyerabend, Ulrich	14.11.94	9. 4.59
Holdorf, Reiner	14.11.94	26. 6.59
Aps, Manfred	—	—
Habermann, Anne, ½	5. 9.95	23. 1.61
Krumrey, Christiane, ½	5. 9.95	25.12.61

Euskirchen E 127 362
Kölner Str. 40 – 42, 53879 Euskirchen
53877 Euskirchen
T (0 22 51) 5 20 36
Telefax (0 22 51) 7 58 77
1 Dir, 1 stVDir, 11,5 R, einschl. 2 FH-Prof, 2. Hauptamt

Väth, Erhard, Dir	28.10.80	17.12.34
Potthast, Heinz-Georg, stVDir, abg.	1.12.86	22. 7.46
Ehl, Robert	—	—
Prof. Dr. Rausch, Hans Walter (FH-Prof, 2. Hauptamt)	21. 1.74	16. 6.42
Bölts-Thunecke, Arno	25.10.75	5. 5.43

NW OLG-Bezirk Köln   LG-Bezirk Köln

Frhr. von der Recke,			
Hilmar	18. 1. 79	8. 11. 46	
Debrus, Margret, ½	2. 11. 79	18. 7. 47	
Claessen, Martin, abg.	13. 10. 80	3. 2. 47	
Thunecke, Anneliese, ½	1. 12. 80	20. 2. 51	
Kofler, Margot	19. 10. 84	22. 4. 41	
Klüsener, Bernd (FH-Prof, 2. Hauptamt)	—	—	
Kohlhof, Ursula, ½	5. 12. 86	29. 9. 49	
Fisang, Hildegard	28. 2. 91	30. 1. 58	
Perpeet, Ingeborg, beurl.	4. 9. 91	10. 6. 57	
Unkelbach, Gisbert	14. 10. 94	1. 1. 59	
Frenzer, Franz Peter	8. 9. 95	19. 9. 60	
Kreins, Sabine, abg.	15. 9. 95	1. 6. 64	

Königswinter E 60 903
Drachenfelsstr. 39, 53639 Königswinter
53637 Königswinter
T (0 22 23) 7 05-0
Telefax (0 22 23) 2 88 35
1 Dir, 3 R

Hengst, Bernhard, Dir	30. 9. 86	24. 4. 45	
Miesen, Dieter	2. 9. 75	27. 9. 42	
Schilken, Ute	19. 9. 77	26. 3. 44	
Krah, Hans-Jürgen	2. 2. 79	20. 4. 47	

Rheinbach E 66 382
Schweigelstr. 30, 53359 Rheinbach
Postfach 13 40, 53350 Rheinbach
T (0 22 26) 8 01-0
Telefax (0 22 26) 1 46 35
1 Dir, 4 R

Erk, Rainer	18. 9. 72	16. 5. 42	
Scheiter, Christian	19. 12. 80	19. 6. 50	
Schulte-Bunert, Ulrich, abg.	13. 4. 84	24. 9. 50	

Siegburg E 315 126
Neue Poststr. 16, 53721 Siegburg
53719 Siegburg
T (0 22 41) 3 05-1
Telefax (0 22 41) 3 05-3 00
1 Dir, 1 stVDir, 3 w.aufsR, 27 R

Dr. Böhle-Stamschräder,			
Bernward, Dir	1. 4. 86	15. 8. 38	
Birkhölzer, Paul, stVDir	2. 11. 82	7. 7. 32	
Hansen, Dieter, w.aufsR	6. 4. 83	7. 2. 37	
Stephan, Bruno, w.aufsR	24. 8. 94	1. 4. 37	
Büllesfeld, Peter, w.aufsR	7. 8. 95	17. 4. 52	
Klüser, Annemarie, ½	15. 3. 68	28. 5. 35	
Dr. Seelbach, Dieter	15. 1. 69	9. 5. 36	
Bähr, Albert	24. 4. 70	21. 2. 38	
Viehmann, Irmgard	1. 4. 71	13. 4. 40	

Merländer, Peter-Klaus	3. 5. 71	26. 7. 38	
Dr. Vonberg, Christiane	1. 9. 71	31. 3. 39	
Langweg, Rudolf	18. 10. 73	10. 10. 42	
Görgen, Juliane, ½	5. 12. 74	14. 12. 42	
Kober, Otfried	11. 7. 75	9. 2. 42	
Fuchs, Manfred	15. 2. 77	15. 12. 44	
Seeliger, Christa	1. 7. 77	13. 12. 42	
Fünfzig, Josef	11. 10. 77	14. 3. 46	
Seidenkranz, Rüdiger	10. 12. 78	22. 6. 44	
Wiemer, Martin	1. 11. 79	24. 8. 49	
Sprenger, Arno	31. 1. 80	7. 3. 48	
Hendus, Lothar	1. 1. 82	4. 5. 49	
Kensbock, Christoph	24. 1. 83	20. 6. 51	
Wienzeck, Jutta	25. 3. 83	7. 12. 44	
Lauber, Stephanie	14. 10. 83	13. 12. 52	
Müller, Herbert	29. 11. 83	16. 1. 52	
Dallmann, Gabriele, ¾	30. 11. 83	23. 3. 54	
Schwanitz, Klaus	19. 7. 85	1. 10. 47	
Werner, Michael	7. 2. 86	5. 4. 50	
Arndt, Sabine, abg.	20. 3. 92	22. 7. 60	
Wilbrand, Ulrich	16. 12. 94	5. 10. 61	
Prümper, Herbert	16. 12. 94	22. 5. 62	
Werth, Peter	20. 10. 95	2. 1. 61	
Lippok-Wagner, Ingrid, ¾, abg.	31. 10. 95	4. 5. 62	

Waldbröl E 83 127
Gerichtsstr. 1, 51545 Waldbröl
Postfach 11 40, 51531 Waldbröl
T (0 22 91) 7 95-0
Telefax (0 22 91) 7 95-2 00
1 Dir, 5 R

N.N., Dir			
Niedrig, Frank	—	—	
Heuser, Reinhard	23. 4. 79	13. 7. 48	
Winheller, Hans Georg	7. 10. 83	1. 3. 50	
Bischoff, Helga, 6/10	7. 9. 88	4. 1. 57	
Dr. Krapoth, Fabian	12. 12. 94	20. 10. 62	

Landgerichtsbezirk Köln

Landgericht Köln E 2 046 499
Luxemburger Str. 101, 50939 Köln
50922 Köln
T (02 21) 4 77-0
Telefax (02 21) 4 77-33 33, 4 77-33 34
1 Pr, 1 VPr, 59 VR, 101,25 R einschl. 1 FH-Prof.,
2. Hauptamt + 1 LSt (R)

Präsident

Schneider, Bernhard	1. 7. 91	6. 7. 32	

LG-Bezirk Köln   OLG-Bezirk Köln   **NW**

Vizepräsident

Riedel, Johannes	28.11.94	11. 8.49

Vorsitzende Richterinnen/Vorsitzende Richter

Dr. Draber, Armin	21.11.72	20.12.31
Weiss, Alois Johann	15.12.72	12.10.32
Roczen, Horst	19. 9.73	24. 4.33
Kierdorf, Karl	24. 5.74	2. 5.34
Dr. Frank, Jürgen	19. 8.74	15. 5.34
Dr. Feuerherdt, Eckhard	6. 1.75	9. 8.35
Dr. Kranast, Konrad	22. 9.75	1. 5.36
Dr. Ruppert, Werner, abg.	24. 9.75	5. 4.33
Stolte, Dieter	28. 6.76	22. 8.34
Beyer, Klaus, abg.	29.12.76	6. 4.36
Dr. Frenzel, Wolfgang	—	—
Huthmacher, Wilfried	24. 6.77	15.10.37
Prof. Dr. Baldus, Manfred	27. 6.77	7. 3.35
Eggeling, Ernst	19.12.77	17. 8.37
Ackermann, Herbert	1. 1.78	8. 8.35
Ploenes, Franz Josef	28. 6.78	3.11.38
Frößler, Werner	29. 6.78	1. 9.36
Schlüter, Edgar	3. 7.78	15. 5.38
Mainz, Gerd	1. 2.79	7. 7.39
Hildebrandt, Ulrich	27. 7.79	23. 1.35
Pees, Norbert	14. 4.80	29. 7.36
Herfs, Dietmar	6. 8.80	19. 8.35
Richter, Hellmut	6. 8.80	7. 3.37
Dr. Terhorst, Bruno	17. 3.81	7. 7.41
Dr. Vohrmann, Horst	25. 5.81	25. 7.38
Dr. Wohnseifer, Karlheinz	25. 5.81	11.10.38
Ehrenstein, Hans Walter	25. 5.81	12.11.39
Haubrich, Anneliese	26. 5.81	16. 8.37
Aengenvoort, Angelika	15.12.81	6. 5.42
Caliebe, Dietrich	8. 7.83	19.10.43
Vollmer, Achim	1. 6.84	23. 2.40
Franz, Dietrich	6. 2.85	19. 5.38
Shahab-Haag, Maria Theresia	6. 2.85	25. 6.43
Söntgerath, Helmut	7. 2.85	30. 1.38
Humml, Mathias	30. 4.86	6.10.46
Kersjes, Bernd-Josef	1. 5.86	20. 6.36
Vielhaber, Prisca	17. 2.87	15.10.42
Engmann, Hartmut	17. 2.87	7. 9.43
Osterhagen-Zalles-Flossbach, Dorothee	17. 2.87	17. 8.44
Bieber, Klaus-Dieter	17. 2.87	2.12.44
Höppner, Ulrich, abg.	27.11.87	11. 7.44
Kaiser, Heinz	16. 9.88	20.11.40
Keller, Wolfgang	16. 9.88	22.11.46
Dr. Demmer, Walter	22. 3.89	1. 5.46
Dr. Schäfer, Herbert	21. 5.90	27. 7.41
Zingsheim, Andreas	21. 5.90	5. 7.50
Dr. Ackermann-Trapp, Ursula	22. 5.90	29. 8.47

Bormann, Michael	18. 7.91	15.12.42
Dr. Möller, Helmut	29.10.91	24. 3.47
Hansel, Wolfgang	31.10.91	27. 7.43
Paßage, Klaus-Dieter	30. 3.92	13.11.46
Kehl, Dieter	28. 7.92	27.12.50
Dr. Hoch, Hannsgeorg	7.12.92	24. 6.47
Dr. Gehle, Burkhard	13. 5.94	11. 3.52
Siehoff, Josef	16. 5.94	15. 1.42
Rissenbeck, Klaus	—	—

Richterinnen/Richter

Dr. Franke-Gricksch, Sybille	1. 4.67	30. 9.34
Dr. Teutsch, Herbert	—	—
Klein, Ernst, ½	15.10.68	12. 5.35
Müller, Andreas	15. 8.69	16. 1.34
Mohaupt, Werner	1. 2.70	16. 1.37
Dr. Schade, Werner	28. 4.72	24. 6.39
Dr. Lohmann, Eckhard	11. 8.75	10.12.40
Scheid, Karin	15. 3.76	29. 3.35
Schwellenbach, Paul	28. 5.76	21. 6.45
Reinemund, Jürgen	24.12.76	26. 9.41
Quitmann, Wolf	16. 5.78	8. 3.43
Werner, Wolfgang	12. 6.78	24. 1.45
Sutorius, Bernd	12. 1.79	12.12.46
Gottschalk, Heinz	15. 1.79	1. 1.48
Eichhorn, Katja	26. 1.79	30. 8.48
Wiebe, Knut	21. 2.80	6. 5.46
Röttenbacher, Fritz	21. 2.80	31.10.49
Hallermeier, Günther	19.12.80	13. 7.46
Dr. Gies, Richard	8. 4.81	31. 3.46
Dr. Peuster, Witold, abg.	8. 4.81	3. 7.47
Rütten-Weber, Clara, beurl.	9. 4.81	11. 8.49
Röske, Klemens	16.10.81	19. 9.46
Blank, Klaus-Peter	16.10.81	28. 8.47
Bieber, Karin, ½	4. 6.82	30.11.49
Neveling-Paßage, Marianne	4. 6.82	2. 6.50
Klingler, Ute	4. 6.82	17. 1.52
Mörsch, Bruno	24. 6.82	4. 2.51
Linke-Scheut, Barbara, ½	16. 7.82	13. 1.50
Hahn, Rainer	1.10.82	5. 2.51
Winkler, Gabriele	12.10.82	18. 8.49
Dr. Törl, Günter, abg.	—	—
Wacker, Joachim	13. 5.83	15. 4.47
Dr. Halbach, Dirk	10.11.83	20.12.49
Offermann, Bernhard	10.11.83	17. 5.51
Alscher, Klaus	13. 4.84	4.12.51
Hemmers, Heinz	13. 4.84	17. 3.52
Caliebe, Gabriele, ½, abg.	5. 9.84	25. 2.54
Brauckmann-Becker, Helga, ½, abg.	5. 9.84	14.11.54
Borzutzki-Pasing, Werner	13. 3.85	1. 6.50
Kremer, Wilhelm	13. 3.85	20. 6.51
Becker, Reinhold	13. 3.85	9.12.51

NW OLG-Bezirk Köln   LG-Bezirk Köln

Oswald, Anna Elisabeth	—	—
Reske, Margarete, abg.	13. 3.85	18.11.52
Kleine, Rolf, abg.	26. 3.85	16. 4.53
Schwarz, Gertrud, ½	22. 8.85	11. 2.56
Mostardt, Irmgard, ½	5. 9.85	2.12.49
Weber, Annette, beurl. (LSt)	4.12.85	18. 5.54
Potthoff, Hans Gerhard	20. 3.87	29. 5.56
Schwartzkopff-Wiek, Henny, ¾	29. 1.88	6. 1.55
Pietsch, Gernot	9. 6.88	7. 4.56
Lüders, Ludwig	10. 6.88	8. 3.53
Tabor, Albert	13. 6.88	16.11.55
Schmitz-Justen, Christian, abg.	—	—
Honnen, Norbert	26.10.88	29. 3.56
Wolff, Karola	27. 4.89	2.11.56
Sternal, Werner	15. 6.89	30. 4.55
Henning, Ulrike	3. 7.89	10. 5.56
Grave-Herkenrath, Ulrike	3. 7.89	6. 8.56
Statthalter, Uta	7. 9.89	25. 8.57
Schmitt, Edmund, abg.	8. 9.89	28.12.54
Dr. Küpper, Wolfgang	18. 9.89	22. 1.55
Dr. Schwitanski, Heinrich Georg	7. 2.90	19.10.54
Marnett-Höderath, Elisabeth	7. 2.90	11. 6.56
Mücher, Elke, beurl.	7. 2.90	2. 9.57
Kosyra, Alexandra	30. 3.90	29. 6.53
Menzel, Werner	21. 6.90	10. 8.56
Schlotmann-Thiessen, Veronika, beurl.	25. 6.90	28. 8.59
Reuter-Jaschik, Susanne	23. 7.90	4. 6.59
Ketterle, Roland, abg.	4.12.90	8.12.57
Reiner, Jürgen	10.12.90	3. 6.58
Dr. Schmitz, Elke	11.12.90	11. 1.59
Schütz, Ferdinand	20. 6.91	21. 1.55
Jaspersen, Kai, abg.	20. 6.91	17. 6.58
Dr. Eckardt, Bernd (FH-Prof, 2. Hauptamt)	20. 6.91	11. 3.59
Schneider, Sabine	21. 6.91	3. 3.49
Baur, Martin	21. 6.91	22.10.56
Schmitz-Justen, Wolfgang	17.10.91	29. 7.58
Dr. Schmidt, Uwe	17.10.91	9. 7.59
Dahl, Theo	18.10.91	6. 9.58
Juffern, Georg	18.10.91	20. 7.59
Frohn, Michael	21. 1.92	17. 9.58
Kretzschmar, Sabine	21. 1.92	17.11.59
Nolte, Hubertus	21. 1.92	1.11.57
Wurm, Christoph	22. 1.92	4.11.58
Ring, Michael	3. 2.92	29. 9.56
Dr. Richter, Werner, abg.	5. 5.92	18. 8.59
Ernst, Hans-Günter	11. 5.92	22.12.58
Dr. Kreß, Manfred	12. 5.92	12. 8.58
Felder, Brigitte	17.11.94	26. 8.60
Lauber, Georg, abg.	18.11.94	28. 7.59
Dr. Peters-Lange, Susanne, beurl.	18.11.94	13. 9.61
Dr. Baumann, Bettina	18.11.94	12. 4.62
Dr. von Danwitz, Klaus-Stephan, abg.	20.10.95	11.12.58
Knechtel, Stefan	20.10.95	1. 2.61
Dr. Dylla-Krebs, Corinna	20.10.95	3. 2.62
Hübeler-Brakat, Gisa, ½	23.10.95	13. 8.60
Dr. Meyer, Thomas, abg.	24.10.95	26. 2.64
Schweda, Holger, abg.	10.11.95	25. 4.58
Dr. Jung-Walpert, Kerstin, ½	16. 2.96	12. 8.60
Dr. Falkenstein, Norbert	16. 2.96	25. 5.62
Keusch, Thomas	20. 2.96	19. 9.60

Amtsgerichte

Bergheim E 155 634
Kennedystr. 2, 50126 Bergheim
Postfach 11 49, 50101 Bergheim
T (0 22 71) 8 09–0
Telefax (0 22 71) 4 51 87
1 Dir, 1 stVDir, 1w.aufsR, 12 R

Römer, Udo, Dir	28. 2.90	6. 2.36
Brandt, Hubert, stVDir	21. 8.90	16. 9.40
Macioszek, Michael, w.aufsR	1. 6.93	9.10.48
Ottermann, Hans-Henning	12. 8.76	3. 7.42
Haarmann, Ulrich, abg.	8.11.77	27. 1.43
Löwenberg, Friedrich Ernst	26.10.79	1.11.47
Klotz, Ernst		
Wagener, Jürgen		
Dr. Schreiber, Jürgen	15. 5.84	15.12.48
Kumpmann, Reinhard	19. 9.84	3. 8.51
Kemmerling, Hans-Josef	29. 9.89	19.10.57
Ulmer, Thomas		
Metz-Zaroffe, Martin	2. 9.91	23.12.57
Olpen, Johann Wilhelm	21. 6.93	8.12.57
Dr. Lorenz, Arndt	14. 3.94	20. 2.62

Bergisch Gladbach E 186 647
Schloßstr. 21, 51429 Bergisch Gladbach
Postfach 10 01 51, 51401 Bergisch Gladbach
T (0 22 04) 4 04–0
Telefax (0 22 04) 12 87
1 Dir, 1 stVDir, 1 w.aufsR, 15 R

Mann, Wolfgang, Dir	31. 3.77	2.12.32
Dr. Kroll, Joachim, stVDir	1. 1.90	24. 4.47
Schoelkens, Gisbert, w.aufsR.	—	—
Brüggentisch, Wolfgang	1. 7.70	4.12.34
Schwellenbach, Maria	23. 8.76	20. 4.45

LG-Bezirk Köln   OLG-Bezirk Köln   **NW**

Schüller, Heribert	19. 12. 77	8. 5. 48	
Becker, Hans-Georg	28. 3. 79	30. 3. 48	
Wolff, Hermann Josef	1. 10. 79	23. 2. 46	
Dörkes, Alexa, ½	24. 2. 81	5. 10. 49	
Fuchs, Karlhans	22. 10. 82	16. 8. 51	
Hüschemenger, Friedhelm	7. 10. 83	10. 7. 49	
Bohn, Reinhard	2. 4. 91	28. 9. 56	
Berghaus, Klaus	—	—	
Mischke, Günter	2. 3. 93	10. 11. 58	
Lucht, Michael, abg.	3. 3. 93	23. 10. 60	
Bakarinow, Barbara, ½	18. 11. 93	22. 7. 63	
Dr. Jox, Rolf	29. 11. 94	10. 12. 61	
Verch, Ralph	11. 9. 95	2. 12. 59	

Brühl (Rheinland)   E 176 606
Balthasar-Neumann-Platz 3, 50321 Brühl
50319 Brühl
T (0 22 32) 7 09–0
Telefax (0 22 32) 4 69 07

Zweigstelle in Erftstadt
Markt 22, 50374 Erftstadt
T (0 22 35) 50 59
1 Dir, 1 stVDir, 1 w.aufs.R, 12 R einschl.
1 FH-Prof., 2. Hauptamt

N.N., Dir

Ottermann, Ute, stVDir	25. 4. 86	14. 4. 44	
Batke, Heide, w.aufsR.	18. 8. 94	25. 8. 42	
Pöcker, Christian	1. 6. 67	3. 4. 34	
Pütz, Klaus	15. 12. 67	8. 2. 35	
Wehner, Frank	19. 2. 76	2. 2. 44	
Stuke, August Wilhelm	17. 11. 77	17. 10. 44	
Neumann, Ralph	24. 11. 80	9. 9. 48	
Sartorius, Bernhard	—	—	
Seydel, Michael	26. 10. 83	3. 10. 49	
May, Margarete, ½	13. 3. 85	22. 11. 53	
Frey, Walter (FH-Prof, 2. Hauptamt)	—	—	
Dr. Brodmann, Heinz	7. 6. 90	24. 4. 55	
Walter, Ursula	7. 6. 90	1. 2. 57	
Beienburg, Vera	12. 10. 93	28. 12. 60	
Dr. Morawitz, Gabriele, ½	1. 3. 96	11. 9. 62	

Gummersbach   E 131 116
Moltkestr. 6, 51643 Gummersbach
Postfach 10 01 53, 10 01 63, 51601 Gummersbach
T (0 22 61) 8 11–0
Telefax (0 22 61) 6 49 94
1 Dir, 1 StVDir, 9 R

Schmidt, Jochen, Dir	29. 10. 85	23. 3. 44	
Dr. Lichtenberg, Maria-Elisabeth, StVDir	1. 5. 61	3. 2. 32	
Röttger, Dieter, abg.	1. 11. 66	23. 9. 33	
Juli, Hans-Peter	21. 4. 80	15. 2. 48	

Maiworm, Paul	22. 12. 80	24. 8. 46	
Lührs, Armin	27. 4. 81	12. 9. 47	
Jaeger, Harald	30. 4. 81	26. 9. 49	
König, Gregor	16. 7. 82	20. 3. 50	
Ley, Dieter	1. 11. 82	16. 5. 52	

Kerpen   E 106 520
Nordring 2 – 8, 50171 Kerpen
Postfach 21 60, 50151 Kerpen
T (0 22 37) 5 08–0
Telefax (0 22 37) 5 24 74
1 Dir, 1 StVDir, 10 R

Dr. Raack, Wolfgang, Dir	9. 1. 84	25. 9. 41	
Winn, Wolfgang, stVDir	24. 6. 94	8. 5. 50	
Niggemeyer, Günter	21. 11. 75	28. 3. 44	
Meller, Georg-Michael	19. 5. 76	16. 4. 41	
Merzbach, Hermann-Josef	—	—	
Gräfin von Looz-Corswarem, Carola, beurl.	30. 4. 84	19. 6. 53	
Conzen, Ulrich, abg.	27. 11. 86	20. 5. 53	
Rau, Joachim	17. 10. 91	22. 6. 58	
Mattke, Wolfgang	17. 12. 91	16. 6. 56	
Königsfeld, Peter	17. 12. 91	29. 6. 58	
Witzel, Wolfram	29. 6. 92	22. 9. 59	

Köln   E 963 817
Luxemburger Str. 101, 50939 Köln
50922 Köln
T (02 21) 4 77–0
Telefax (02 21) 4 77–33 33 u. 33 34
1 Pr, 1 VPr, 18 w.aufsR, 124 R

Präsident
Dr. Wohlnick, Helmut   1. 2. 89   20. 3. 33

Vizepräsident
Dr. Helling, Heinz   27. 5. 86   6. 1. 39

weitere aufsichtführende Richterinnen/Richter

Neu, Hans	14. 11. 78	5. 4. 32	
Naumann, Dieter	1. 9. 80	21. 6. 34	
Klenke, Anton	15. 3. 83	10. 7. 35	
Dr. Zierau, Hans Joachim	14. 12. 83	8. 11. 34	
Eyinck, Bernhard	15. 4. 85	3. 1. 38	
Dr. Siebert, Ralf	31. 10. 86	3. 4. 45	
Kaumanns, Günter	1. 12. 86	19. 1. 36	
Schneider, Norbert	1. 12. 88	8. 8. 43	
Dr. Oßwald, Albrecht	1. 3. 94	10. 11. 41	
Fischbach, Lieselotte	27. 10. 94	21. 1. 44	
Stich, Hans-Joachim	27. 10. 94	21. 8. 46	
Zimmermann, Petra	27. 10. 94	9. 6. 49	
Dr. Pruskowski, Wolfgang	27. 10. 94	5. 7. 51	
Kollmeier, Rainer	31. 10. 94	9. 2. 38	
Fuß, Joachim	4. 8. 95	30. 12. 38	
Dr. Vallender, Heinrich	4. 8. 95	10. 7. 50	

NW OLG-Bezirk Köln   LG-Bezirk Köln

Richterinnen/Richter

Name				
Krömer, Eckhard	1. 6.65	17. 8.33		
Dr. Dries, Karl Heinz	1.10.66	25. 8.33		
Schmidt, Joachim	15.10.66	20. 1.33		
Hirth, Walter	—	—		
Lauterkorn, Gundolf	15.12.67	2. 9.34		
Kranast, Hermine	15.11.68	8. 5.36		
Greiner, Klaus	15.11.68	26. 6.36		
Scholtis, Joachim	9.12.70	23. 4.37		
Hentschel, Peter	1. 2.71	21. 3.39		
Kollmeier, Karin	28. 6.71	16. 3.37		
Hohage, Helmut	4. 5.72	8. 1.39		
Dung, Peter	7. 6.72	9. 4.35		
Uschwa, Peter	7. 6.72	18.10.38		
Herrmann, Wolf	1.12.72	27. 7.41		
Behr, Karl	—	—		
Listmann, Jürgen	25. 6.74	17. 7.41		
Becker, Robert	3. 9.74	31. 8.37		
Busch, Hans Rudolf	—	—		
Dr. Viotto, Ingeborg	11. 8.75	23.10.42		
Dr. Dahlmann, Wolfgang	29. 1.76	12. 3.43		
Klimmer, Alfred	24. 2.76	16. 7.41		
Custodis, Henriette	28. 2.76	21. 1.45		
Angern, Günter	26. 5.76	23. 6.44		
Kopka, Martin	13. 8.76	28. 2.46		
Hengmith, Annegret	19. 9.76	27. 3.42		
Fricke, Werner	1.10.76	23. 1.43		
Versen, Wilhelm	—	—		
Hamm, Johannes-Werner	26.11.76	6.11.43		
Radermacher, Peter	3.12.76	7. 7.43		
Breuer, Hans-Richard	17.12.76	12. 6.44		
Zipplies, Klaus-Peter	—	—		
Dr. Herz, Ruth, ½	20. 1.77	27.10.43		
Nollau-Haeusler, Friederike,	—	—		
Weber, Ekkehart	28. 6.77	25. 8.42		
Reimann, Dieter	28. 6.77	9. 4.43		
Thiele, Jürgen	—	—		
Kruppa, Manfred	29. 6.77	22. 1.44		
Becker, Arno	—	—		
Allmer, Michael	—	—		
Schumann, Steffen	13. 3.78	8.10.41		
Schlosser, Hermann Josef	13. 3.78	25.11.43		
Maintzer, Hermann Josef	13. 3.78	6. 2.44		
Laum, Hans-Joachim	13. 3.78	18. 7.44		
Wagemann, Krista, ½	13. 3.78	28. 8.45		
Brandes, Ingrid	13. 3.78	6.10.45		
Dr. Arleff, Peter	20. 3.78	13. 6.43		
Frey, Mathilde	25. 3.78	1. 5.45		
Dietz, Roderich	31. 5.78	13. 6.43		
Plötzing, Ulfried	31. 5.78	31. 7.44		
Dr. Brückel, Rolf	31. 5.78	5. 5.46		
Baumgarten, Joachim	31. 5.78	5. 5.49		
Bauer, Günter	—	—		
Kempermann, Susanne	1. 6.78	20. 3.46		
Klein, Michael	1. 6.78	30. 1.48		
Gräve, Hans Dieter	16.10.78	19. 4.44		
Schlosser-Lüthje, Christine	16.10.78	24. 7.45		
Ley, Wolfgang	16.10.78	30. 5.46		
Baumgarten, Volker	—	—		
Wellems, Frank	23. 3.79	30. 1.45		
Flocke, Hans-Dieter	—	—		
Clausen, Gerhard	23. 3.79	13. 5.48		
Maubach, Birgitta, ⁷/₁₀	23. 3.79	27.10.48		
Borchard, Uta	17. 5.79	2. 5.44		
Dr. Hilgert, Wolfgang	3. 8.79	10.11.45		
Wippenhohn-Rötzheim, Katharina	3. 8.79	12. 8.48		
Eßer, Erich	28.10.79	2. 9.46		
Lenz, Rainer	—	—		
Meyer, Jürgen	4. 1.80	31. 7.43		
Hymmen, Ingeborg	13. 1.80	7.11.50		
Bergmann, Margit	23. 2.80	13.10.49		
Cordes, Elke	1. 8.80	23.12.44		
Mannebeck, Jürgen	10. 8.80	28. 9.44		
Dohnke, Achim	—	—		
Räcke, Volker	15. 9.80	12.12.46		
Stapmanns, Dorothea	21.11.80	3. 4.49		
Seiler, Jürgen	29. 4.81	31.12.44		
Schmitz, Otfried	29. 4.81	3. 2.45		
Freymuth, Jürgen	—	—		
Schmäring, Othmar	21. 8.81	22. 4.48		
Effertz, Wilfried	23.12.81	9. 2.50		
Buchmann, Dieter	23.12.81	18. 9.50		
Walterscheidt, Bernd	—	—		
Kochan, Karl-Heinz	23. 4.82	26. 7.51		
Tapperath, Jürgen	19. 7.82	11. 7.49		
Giesen, Claudia	19. 7.82	20. 3.50		
Reske, Harald	19. 7.82	9.10.51		
Heuck, Friedrich	—	—		
Heckhoff, Harald	—	—		
Rohde, Hans-Ulrich	—	—		
Justenhoven, Helge Astrid, ½	9. 5.83	7. 1.50		
Macioszek, Margret, abg.	10. 5.83	20. 2.52		
Mehlhorn, Corinna	—	—		
Möller, Elisabeth, ½	25.11.83	18. 5.50		
Becker, Hermann Josef	25.11.83	23. 9.50		
Riehe, Hans-Werner	7. 5.84	18. 4.52		
Niepmann, Birgit	9. 7.84	27. 2.55		
Wierzimok, Michael	1.10.84	14. 2.54		
Best, Ingrid	25. 1.85	20. 5.51		
Schützendorf, Barbara	13. 8.85	5. 2.55		
Nagel, Erika	8.11.55	18.10.51		
Dr. Thien-Mochmann, Barbara, abg.	20. 6.86	15.12.50		
Schütze, Iris, abg.	1. 7.86	12. 8.53		
Bernards, Roland, abg.	—	—		
Scholl, Amand	21. 7.88	13. 9.55		
Banke, Henning	23. 6.89	11.10.54		

Staatsanwaltschaften   OLG-Bezirk Köln   **NW**

Aulich, Joachim	29. 6.92	6. 9.56		Menzen, Michael	—	—	
Grassmann, Sibylle	18. 8.93	14. 8.60		Damen, Günter	—	—	
Dr. Altpeter, Frank	19. 8.93	17. 6.59		Klinkenberg, Reiner, abg.	10. 6.78	14. 9.47	
Dr. Klein, Guido	8.10.93	17.12.59		Schröder, Reiner	14.12.78	7. 2.45	
Wagner, Dorothee	6.12.93	23. 6.60		Abels, Matthias	14.12.78	7. 4.49	
Bollig, Susanne	12. 4.94	15. 6.59		Hülsmann, Josef	1. 6.80	24.10.50	
Stroh, Christopher	12. 4.94	13. 4.60		Rahmen, Thomas	18. 6.80	3. 3.47	
Bexen, Martin	—	—		Klein, Peter	22. 8.83	13. 6.48	
Hartmann, Ralf, abg.	14. 4.94	6.10.57		Schlaeper, Thomas	15.10.93	4. 5.57	
Krämer, Gerd Willi	25. 4.94	9. 5.61		Plate, Sibylle	14. 9.94	19. 8.61	
Engeland, Frank	19.12.94	12. 3.61					
Finster, Sabine	7. 9.95	5. 1.64		**Wermelskirchen** E 37 039			
Blum, Stefan	1.12.95	11. 8.60		Telegrafenstr. 17, 42929 Wermelskirchen			
Schaarmann, Wolfgang	1.12.95	8.10.61		Postfach 11 20, 42904 Wermelskirchen			
Dr. Löw, Friederike	13. 1.96	9.10.62		T (0 21 96) 30 15			
Seidel, Karl-Heinz	15. 3.96	19. 7.62		Telefax (0 21 96) 8 47 60			
Kästner, Martina	15. 3.96	4. 1.63		1 Dir, 1 R			

Leverkusen E 206 188
Gerichtsstr. 9, 51379 Leverkusen
Postfach 30 00 00, 51367 Leverkusen
T (0 21 71) 4 91–0
Telefax (0 21 71) 4 91–2 22
1 Dir, 1 stVDir, 1 w.aufs.R, 14 R

				Weiss, Ute, Dir	—	—	
				Dr. Bergfelder, Udo, abg.	1.10.83	9. 2.51	

Wipperfürth E 82 932
Gaulstr. 22 – 22 a, 51688 Wipperfürth
Postfach 11 20, 51675 Wipperfürth
T (0 22 67) 70 41
Telefax (0 22 67) 8 20 61
1 Dir, 5 R

Dr. Türpe, Klaus, Dir	1. 7.85	31. 5.37					
Schulze, Klaus-Henning, stVDir	31. 1.79	27. 7.36					
Riekert, Hans-Gustav, w.aufsR	15. 8.94	8. 4.37		Krämer, Ewe Imogen, Dir	2. 5.84	8. 1.38	
Dr. Dörr, Hans	—	—		Haag, Dietmar	—	—	
Kötting, Reiner	1. 5.70	31.12.37		König, Norbert	—	—	
Solf, Rainer	—	—		Dr. Krause, Engelbert	15. 5.85	24.12.51	
Conrad, Michael	20. 4.77	6.12.43		Ritzenhöfer, Heribert	14. 9.94	10.10.58	
				Bosbach, Thomas	1. 3.96	9. 9.62	

Staatsanwaltschaften

Generalstaatsanwaltschaft Köln
Reichenspergerplatz 1, 50670 Köln
Postfach 10 28 45, 50468 Köln
T (02 21) 77 11–0
Telefax (02 21) 77 11–4 18
1 GStA, 1 stVGStA (LOStA), 2 LOStA, 17 OStA

Generalstaatsanwalt

Dr. Coenen, Siegfried	1. 1.93	2. 7.37

Leitende Oberstaatsanwälte

Hammer, Christian, stVGStA	1.10.91	13. 6.41
Kaefer, Karl-Bruno	1. 7.92	13. 5.37
Bönning, Gerhard	1. 9.94	1. 7.41

Oberstaatsanwälte

Feuerich, Wilhelm	9. 9.75	20. 8.37
Kelkel, Reinhard	6. 2.76	2.11.31
Dr. Gerlach, Joachim	21. 6.78	24. 6.38
Dr. Geßler, Jörg	29. 1.80	30.12.39
Lange, Jürgen	4. 8.80	17. 6.37
Zeidler, Peter	20.11.80	12. 8.33
Götting, Rudolf	20.11.80	1. 4.38
Domat, Peter, abg.	2. 1.87	2. 8.45
Willems, Manfred	13. 1.87	28. 4.37
Kurth, Wilhelm	3. 4.87	24. 3.41
Jakob, Paul	1. 9.87	13. 8.37
Pohl, Gerd	20. 6.88	12. 1.43
Küsgen, Gunter	25. 4.90	5. 4.43
Knopp, Wolfgang	27. 5.91	19.12.40

Leu, Bernd, abg.	20. 1.92	1.10.46		
Pohl, Franz Heinrich	23. 8.93	16.10.46		
Ehlen, Wolfgang	8. 3.95	1.10.48		

Staatsanwaltschaft Aachen
Stiftstr. 39/43, 52062 Aachen
Postfach, 52034 Aachen
T (0241) 517–0
Telefax (0241) 517–648
1 LOStA, 1 stVLOStA, 7 OStA, 3 StA (GL), 29 StA + ½ StA, 2 LSt (StA)

Leitender Oberstaatsanwalt

Dr. Klein, Herbert	26. 4.96	13. 7.35		

Oberstaatsanwältin/Oberstaatsanwälte
N. N., stVLOStA

Dr. Günter, Hans-Helmut	1. 4.72	18. 6.34		
Karhausen, Lothar	23.10.78	30.10.35		
Stein, Günter	12. 2.79	27.12.34		
Dr. Heiderich, Barnim	16. 6.81	19. 9.40		
Kühnle, Lore-Ursula	17. 3.86	8. 2.37		
Vedder, Axel	31. 3.89	28. 4.44		
Balke, Albert	16. 6.94	12. 7.48		

Staatsanwälte (GL)

Engels, Otto	16. 6.94	21. 7.31		
Knorr, Günther	16. 6.94	25. 6.41		
Werker, Heinz Hubert	20. 6.94	6. 5.41		

Staatsanwältinnen/Staatsanwälte

Niederle, Johann	1. 9.67	23. 1.34		
Dreßen, Wilhelm, abg. (LSt)	1. 7.68	31. 8.35		
Lübbert, Dietmar	29. 7.71	7.11.36		
Beißel, Norbert	10.10.73	1. 7.38		
Osenberg, Hubert	16.11.73	29. 8.39		
Faulhaber, Hermann	5.12.74	23. 1.39		
Skorning, Christine	20.11.75	21. 8.42		
Huth, Helga	—	—		
Jansen, Heinz	20. 8.76	27. 7.41		
Schäfer, Winfried	13.11.76	27. 2.44		
von Conta, Hans-Wolfgang	1. 7.77	12. 5.44		
Engels, Christian	14.12.78	23. 2.47		
Bücker, Ralf	6. 7.79	14. 1.49		
Auchter-Mainz, Elisabeth, abg.	5. 5.80	23. 7.51		
Bernklau, Lutz	30.12.80	10. 7.49		
Geimer, Alexander	19. 6.81	14.11.49		
Deller, Robert	18. 1.82	23. 7.48		
Herwartz, Hubert	5.10.82	21. 7.48		
Zander, Anna Maria	29.10.82	23. 4.53		
Frings, Hartmut	3. 5.83	12. 4.50		
Hicks, Franz-Josef	19.10.83	18. 4.53		
Faber, Manuela, ½	13. 8.84	8. 4.50		

Hoffmann, Ferdinand, beurl. (LSt)	18.11.88	21. 1.55		
Schubert, Bernhard	10. 8.89	28.11.57		
Hammerschlag, Helmut	23.11.90	28. 8.57		
Froitzheim, Werner	6.12.90	23.10.54		
Heß, Wolfgang	22. 7.91	22.10.57		
König, Siegfried	28. 8.91	3. 7.55		
Janser, Silvia	4. 5.92	23. 7.61		
Häußler, Heike	27.12.93	24. 9.62		
Bolder, Joachim	30. 5.94	15. 8.58		
Claßen, Leonard	6.11.95	28. 6.62		

Staatsanwaltschaft Bonn
Herbert-Rabius-Str. 3, 53225 Bonn
53222 Bonn
T (0228) 9752–0
Telefax (0228) 9752–600
1 LOStA, 1 stVLOStA, 11 OStA, 2 StA (GL), 41 StA

Leitender Oberstaatsanwalt

Dr. Gehrling, Rudi	1. 3.94	8. 5.32		

Oberstaatsanwältin/Oberstaatsanwälte

Irsfeld, Dieter, stVLOStA	24. 6.77	10. 3.35		
Winkelmann, Christoph	21. 6.78	15. 2.41		
Iwand, Peter	29. 1.80	5. 6.33		
Drossé, Hermann	27.11.80	10.10.34		
Fröde, Egon	—	—		
Bosche, Theodor	27.10.82	22. 9.42		
Kloz, Peter	1. 1.85	9. 5.34		
Gassmann-Alef, Barbara	1. 9.86	18. 7.33		
Pietrusky, Jörg	16.11.92	5. 5.41		
Triller, Georg	20. 8.93	25. 9.42		
Dr. Brünker, Horst	—	—		
König, Bernd	7. 3.95	24. 1.49		

Staatsanwälte (GL)

Henk, Heinrich	16. 6.94	6. 7.34		
Schütz, Andreas	10.11.95	28.12.48		

Staatsanwältinnen/Staatsanwälte

Becker, Werner	—	—		
Obsieger, Eleonora-Dorothee	—	—		
Klaere, Helmut	11.12.70	14.12.36		
Biella, Heinz	11.12.70	16. 6.37		
Deklerk, Hans-Jürgen	—	—		
Knopf, Werner	—	—		
Dreiling, Raymund	28. 5.75	—		
Lennartz, Elmar	22. 9.75	28. 2.43		
Halft, Joachim	—	—		
Breuers, Wilhelm	—	—		
Leinhos, Joachim	—	—		
Both, Rainer	13.11.78	19. 7.45		

Staatsanwaltschaften   OLG-Bezirk Köln   **NW**

Brodöfel, Reiner Jörg	9. 7.79	3. 8.46
Klein, Hans-Georg	30. 6.80	27. 7.45
Bokemeyer, Walter	1. 7.80	5. 8.48
Schröder, Maria Luise	23. 3.81	22. 7.45
Albrecht, Ernst, abg.	23. 3.81	25.12.49
Schüler, Johannes	1. 9.81	5. 4.52
Apostel, Friedrich	27. 8.82	19. 3.49
van Rossum, Jan, abg.	5.10.82	4. 7.49
Knopp, Ernst	5.10.82	18. 8.51
Kreutzberg, Martina	8.10.82	5. 6.49
Nöckel, Trude	3. 5.83	1. 5.53
Clemens, Heinz	—	—
Geier, Thomas	—	—
Kesper, Dieter	2.11.84	7. 1.53
Schütt-Plewe, Barbara	9.12.87	9.10.57
Stamer, Cornelia	17. 2.89	12. 4.58
von Depka-Prondzynski, Johannes	28. 3.90	12. 6.55
van der Linden, Peter	5. 9.90	12. 4.57
Dr. Lenz Robert	19.12.91	24. 4.57
Komp, Wolfgang	24. 8.92	23. 1.60
Wangen, Roland	17. 5.93	4. 1.56
Esser, Bert	17. 5.93	2.12.60
Faßbender, Robin	20. 9.93	12. 2.60
Krämer, Petra	26. 5.94	27.11.58
Mohr, Ulrike	26. 5.94	15.11.61
Wilhelm, Patrick	26. 5.94	22.12.61
Dr. Pfeiffer, Joachim	8. 7.94	12. 3.58
Krumrei, Birgitta	2. 6.95	31. 8.62
Pauli, Claudia	27.12.95	5.10.62

Staatsanwaltschaft Köln
Am Justizzentrum 13, 50939 Köln
50926 Köln
T (0221) 477-0
Telefax (0221) 477-4050
1 LOStA, 1 stVLOStA, 2 OStA (HL), 20 OStA,
6 StA (GL), 85 StA + 2 LSt (StA)

Leitender Oberstaatsanwalt
Dr. Schäfer, Helmut   1. 4.87   4.10.34

Oberstaatsanwältinnen/Oberstaatsanwälte

Dropmann, Helmut, stVLOStA	9.10.95	16. 7.35
Hildenstab, Adolf Otto, HL	1. 9.86	14. 4.34
Nesseler, Stefan, HL	1. 3.87	5. 4.38
Dr. Bellinghausen, Joseph, abg., ⅕	3. 7.74	4. 9.32
Hofmann, Hans Joachim	21. 6.77	11. 1.35
Mösch, Maria	28. 8.79	22. 9.31
Coppée, Klaus	5.10.79	18.12.33
Fröhlich, Jürgen	31. 8.81	2. 2.33
Appenrodt, Regine	10.12.81	11. 9.39

Körber, Hagen	6.10.82	19. 5.39
Görig, Uwe	8. 5.85	30. 3.39
Leu, Alfred	21. 1.87	1. 7.38
Jansen, Hans Bernhard	23. 7.87	9.10.38
Weber, Wolfgang	2.11.87	9.11.39
Werheit, Heinz	2. 4.90	22. 2.39
Raupach, Siegmar	15. 1.92	17.10.49
Gawlik, Ulrich	2. 7.93	6. 5.43
Franzheim, Helga	11. 8.94	16. 8.42
Werner, Jürgen	11. 8.94	25. 2.42
Bülles, Egbert	11. 8.94	1. 4.46
Dammering, Hermann	19. 9.94	22. 1.44
Mahrle, Bärbel	2. 1.95	22. 9.40

Staatsanwälte (GL)

Dr. Asmussen, Holger	25. 7.94	7. 9.39
Graeve, Peter	25. 7.94	29.12.42
Wessel, Gregor	29. 7.94	28. 3.47
Both, Gerhard	1. 8.94	17.10.38
Dr. Wonschik, Peter	5. 8.94	14. 6.35
Schulz, Christian	8. 8.94	22. 3.36

Staatsanwältinnen/Staatsanwälte

Hartmann, Johannes	—	—
Caesar, Arndt-Christian	15. 5.68	20.11.35
Abel, Hans	15. 9.68	26. 5.35
Wißborn, Albert	15.12.68	12. 1.36
Dr. Olesinski, Bruno	1. 6.69	20.10.34
Lang, Hans-Joachim	15. 9.69	7.11.36
Dr. Dr. von Weber, Wolfram	1.12.69	6. 1.37
Dederichs, Klaus Yvo	16.10.70	6.12.36
Globke, Marianne	22.12.70	13.10.39
Werzmirzowsky, Christoph	28. 7.71	9. 7.36
Dr. Klug, Ursula	21.12.71	15. 1.40
Jacobs, Georg	2. 5.72	24.11.38
Elfers, Alfhard	16. 9.72	13.12.37
Mergner, Dieter	30. 7.73	31. 1.40
Leuer-Ditges, Kathrin	4. 9.74	25. 1.42
Holtfort, Rudolf	5.12.74	30. 3.38
Küpper, Helmut	7. 1.75	12. 9.39
Linke, Gerhard	2. 7.75	24.11.43
Margraf, Rainer	21.11.75	13. 9.40
Gliß, Rainer	21.11.75	16. 3.43
Knieper, Manfred	24. 8.76	23.11.40
Schmidt-Wendt, Karin	24. 8.76	22.12.40
Sauer-Wehlack, Brigitte	2.12.76	31.10.41
Vielhaber, Heinrich	2.12.76	1. 2.42
Wolf, Rolf-Dieter	20.12.76	11. 8.41
Utermann, Karl	22.12.76	18. 8.41
Kienen, August-Wilhelm	18. 2.77	24. 5.44
Bathow, Bernd	30. 6.77	27. 2.43
Wolf, Rainer	5. 7.77	17.11.46
Jeschke, Karl-Heinz	15.11.77	6. 5.39
Krakau, Norbert	9. 3.79	16.11.45

Knepper, Heinz Josef	9. 3. 79	15. 6. 46
Birmele, Jürgen	9. 3. 79	9. 7. 46
Wachten, Heribert	12. 3. 79	17. 7. 48
Schlechtriem, Karl-Wilhelm	10. 9. 79	14. 12. 46
Dohmen, Hans-Jürgen, abg.	10. 9. 79	15. 3. 48
Frey, Bogdan	4. 1. 80	7. 11. 48
Schmitz, Hans-Manfred	13. 3. 80	8. 7. 48
Reuter, Klaus	13. 3. 80	10. 3. 49
Keil-Weber, Jeanette	13. 3. 80	16. 6. 49
Willwacher, Alfred Karl	17. 3. 80	14. 1. 49
Feld, Günter	8. 10. 80	5. 11. 45
Ritter, Helmut	8. 10. 80	29. 5. 46
Krautkremer, Jürgen	8. 10. 80	6. 7. 48
Brendle, Walter	19. 3. 81	19. 5. 46
Wenzel, Werner	—	—
Quack-Kummrow, Annegret	19. 3. 81	29. 9. 51
Wolff, Hans-Joachim	13. 10. 81	1. 11. 48
Panzer, Herbert	23. 2. 82	3. 4. 46
Schlotterbeck, Karl-Heinz	23. 3. 82	12. 9. 48
Dr. Mätzke, Hans-Joachim, abg.	20. 7. 82	28. 9. 49
Bungart, Robert, abg.	8. 10. 82	24. 2. 49
Lorenzen, Jürgen	8. 10. 82	15. 4. 50
Zopp, Josef, abg.	8. 10. 82	7. 6. 50
Oehme, Günter, abg.	8. 10. 82	11. 9. 50
Fuchs, Sylvia	8. 10. 82	2. 6. 52
Buchmann, Jürgen	12. 10. 82	11. 4. 46
Statz-Anders, Walter	17. 10. 82	19. 5. 49
Weigand, Elmar	22. 11. 82	16. 4. 53
Kaufmann-Fund, Leonie	3. 5. 83	10. 6. 46
Röltgen, Winfried	2. 6. 83	5. 3. 52
Botzem, Hans-Jürgen	22. 12. 83	25. 11. 51
Mainzer, Wilfried	18. 4. 84	12. 1. 51
Wierzoch, Hartmut	18. 4. 84	17. 4. 51
Hartung, Wolfgang	18. 4. 84	14. 12. 51
Steffens, Inge, beurl.	18. 4. 84	8. 8. 52
ten Brink, Reinhard	18. 4. 84	4. 12. 52
Links, Annelie	18. 4. 84	27. 6. 53
Mende, Joachim	11. 2. 85	3. 12. 53
Degenhardt, Christoph	15. 3. 85	20. 10. 50
Berens, Gerda	3. 1. 86	13. 7. 53
Braun, Georg	27. 1. 86	1. 2. 49
Müller, Barbara	9. 8. 89	20. 8. 56
Himmel, Birgitta	25. 6. 90	12. 5. 56
Klaas, Jakob	3. 7. 92	28. 6. 58
Treßin, Elke	29. 9. 93	9. 12. 59
Kliemsch, Gabriele	29. 9. 93	20. 1. 60
Boden, Ulrich	21. 4. 94	11. 4. 57
Reifferscheidt, Norbert	21. 4. 94	7. 7. 61
Lassahn, Susanne	6. 6. 94	14. 5. 62
Dr. Hildenstab, Bernd	19. 9. 94	13. 3. 61
Hermes, Irmgard	21. 9. 94	17. 11. 59
Dr. Albrecht, Claudia	13. 1. 95	25. 12. 63
Bolder, Sabine	4. 8. 95	12. 9. 61
Stauch, Thomas	4. 8. 95	10. 9. 60
Waßmann-Krajewski, Alexandra	4. 8. 95	4. 6. 62
Reifferscheidt, Margarete	18. 12. 95	31. 5. 61

Richterinnen/Richter und Staatsanwältinnen/Staatsanwälte im Richterverhältnis auf Probe

Oberlandesgerichtsbezirk Düsseldorf

Bei den Gerichten:

van Eek, Martha, beurl.	19. 4. 91	21. 12. 61
Dr. Schulze-Lammers, Susanne, beurl.	28. 10. 91	16. 1. 60
Klein, Martina, ½	6. 1. 92	3. 10. 60
Hoepken, Hiltrud	8. 7. 92	23. 4. 64
Kothe, Anita, beurl.	26. 8. 92	26. 7. 58
Bacht, Manfred	1. 10. 92	19. 6. 63
Havertz-Derichs, Ursula, ½	26. 10. 92	15. 9. 60
Knickrehm, Claudia	26. 11. 92	18. 3. 63
Lambertz, Ulrike	29. 1. 93	7. 12. 62
Radde, Anja	5. 2. 93	12. 9. 63
Derrix, Johannes	1. 3. 93	5. 1. 63
Bienert, Angelika	9. 3. 93	6. 1. 62
Lohscheidt, Christiane	9. 3. 93	8. 10. 63
Ball-Hufschmidt, Sigrun	22. 3. 93	11. 1. 64
Faulenbach, Helga	24. 3. 93	8. 10. 62
Krämer, Sabine	31. 3. 93	24. 12. 63
Schreiber, Susanne	29. 4. 93	1. 6. 63
Dr. te Bokkel, Katharina	17. 5. 93	7. 4. 59
Märten, Christoph	1. 6. 93	8. 9. 63
Fuchs, Christian	2. 6. 93	19. 11. 63
Winterscheidt, Uta	3. 6. 93	1. 12. 64
Heister, Dieter	1. 7. 93	22. 9. 63
Dr. Bergmann, Christine, abg.	1. 7. 93	11. 5. 64
Terhorst, Christoph	29. 7. 93	30. 11. 63
Winkler, Petra	—	—
Schleger, Susanne	1. 9. 93	19. 9. 64

Richter/StA im Richterverhältnis auf Probe   NW

Name	Date 1	Date 2
Flachsenberg, Rainer	20. 9.93	28. 5.64
Reucher, Bettina	18.10.93	4. 8.63
Barbian, Birgit	26.10.93	21. 9.62
Pesch, Iris, beurl.	2.11.93	28. 3.64
Metzler, Ulrich	4.11.93	28. 8.61
Reese, Benjamine	3. 1.94	19. 7.65
Wefers, Gabriele	5. 1.94	3.11.61
Dr. Puderbach-Dehne, Karina	6. 1.94	28. 5.64
Dittmann, Michael	6. 1.94	25. 2.65
Tischner, Gerhard	12. 1.94	5. 4.62
Rambo, Rainald	12. 1.94	3. 7.62
Brost, Britta	12. 1.94	30. 9.64
Dr. Maifeld, Jan	1. 2.94	21. 9.59
Flecken-Bringmann, Cornelia, beurl.	11. 2.94	30. 4.65
Laukamp, Ute Barbara	18. 2.94	28. 5.63
Kloppert, Heinz-Detlef	21. 2.94	12.10.60
Trenckmann, Bettina, beurl.	1. 3.94	17. 7.60
Pirc, Andreja	2. 5.94	27. 9.65
Adam, Cornelia	2. 5.94	6.10.60
Dr. Stöve, Elisabeth Maria	16. 5.94	18.12.64
Klösgen, Alice Magda	16. 5.94	9. 1.65
Hochgürtel, Johannes	24. 5.94	5. 4.64
Dr. Lenz, Hugo Michael	24. 5.94	31.10.61
Bacht, Ursula Jutta	30. 5.94	2. 8.66
Hemmer, Harald	13. 6.94	25. 9.65
Zorn, Ulrich	13. 6.94	31. 7.65
Bee, Barbara	20. 6.94	5. 6.65
Römer, Yvonne	23. 6.94	15. 2.65
Hesper, Anja	18. 7.94	17. 7.64
Kuhn, Gabriele	1. 8.94	1. 3.65
Schwenzer, Werner	9. 8.94	12. 8.59
Hansen, Sven	9. 8.94	28. 8.62
Adam, Monika	1. 9.94	6. 4.66
Stöcker, Anne	12. 9.94	30. 5.65
Sasse, Cordula	19. 9.94	9. 2.67
Gabelin, Eva-Maria	29. 9.94	27. 6.67
Tscharn, Andreas Martin	4.10.94	21. 6.65
Glaeser, Sabine	24.10.94	19. 5.66
Tönnis, Sophia	31.10.94	27. 7.65
Thome, Claudia	31.10.94	1. 8.65
Marx, Annette	5.12.94	5. 4.65
Calvis, Michaela	22.12.94	11. 3.63
Brücknner-Hofmann, Johanna, beurl.	2. 1.95	26. 7.64
Heidtkamp, Anneli	2. 1.95	22.10.65
Muhm, Ariane	11. 1.95	27. 5.66
Pütz, Edwin	1. 2.95	26.12.64
Reim, Antje	1. 2.95	9. 4.66
Schürger, Carsten	6. 2.95	20. 3.66
Roitzheim, Gudrun	20. 2.95	1.11.63
Lieckfeldt, Jens	20. 2.95	7.11.65
Fricke, Stephan	1. 3.95	20.10.65
Dr. Schmidt-Kötters, Ursula, ½	1. 3.95	20.11.61
Beck-Collas, Hiltraud	10. 3.95	9. 8.65
Schmidt, Hans-Jörg	15. 3.95	8. 2.61
Zweigle, Markus Thomas	21. 3.95	1. 9.67
Strupp-Müller, Barbara	3. 4.95	9. 7.62
Henne, Stephan	3. 4.95	11.10.63
Balke, Sabine	10. 4.95	3. 5.66
Ginten, Johanna	13. 4.95	13. 4.65
Drees, Rainer	8. 5.95	13. 2.67
Dr. Künzel, Thomas	9. 5.95	21. 3.64
Mörsdorf-Schulte, Juliana, ½	—	—
Muders, Ralf	6. 6.95	17. 2.66
Krügerke, Sabine	3. 7.95	4. 2.63
Kemper, Anne-Christin	10. 7.95	12. 1.66
Collas, Martin	27. 7.95	9. 8.63
Matz, Joachim	25. 8.95	16.11.63
Flecken, Ulrike Josefine	1. 9.95	8. 9.65
Ratz, Elke	11. 9.95	26.12.65
Fleischer, Nicole	25.10.95	7. 3.66
Kern, Georg	26.10.95	1. 3.65
Gollos, Christian Matthias	14.11.95	3. 8.65
Neugebauer, Michael	14.11.95	20. 7.65
Reiff, Sabine, ½	—	—
Dr. Schmitt-Frister, Petra	20.11.95	10. 9.65
Mielke, Siegfried Gotthard	20.11.95	21. 7.62
Hermeler, Thomas Karl	20.11.95	9. 3.64
Busch, Joachim	2. 1.96	18. 5.66
Gatzweiler, Ute	3. 1.96	4. 1.66
Hommel, Christoph	7. 2.96	12. 4.67
Rittershaus, Olaf	8. 2.96	21. 2.68
Wiethoff, Angela Maria	9. 2.96	13. 9.67
Tackenberg, Sabine Veronika	5. 3.96	7. 9.65
Dr. Pahlke, Bernd	11. 3.96	21.12.65
Fischer, Antje	19. 3.96	14. 9.67

Bei den Staatsanwaltschaften:

Name	Date 1	Date 2
Röckrath, Stephan	13. 6.91	28. 6.59
Jettka, Klaus	1. 7.92	5. 5.62
Brandt, Jürgen	3. 8.92	18. 1.61
Hülsen, Karin	10. 9.92	10. 2.62
Böing, Kirsten	1.10.92	22. 8.64
Mühle, Andreas	10.11.92	12. 1.64
Arndt, Beatrix	7.12.92	26. 3.60
Gustmann, Oliver	12. 2.93	16.10.53
Schwarz, Michael	22. 3.93	6. 5.60
Wardenbach, Marie-Annick	5. 4.93	13. 9.62
Thiem, Kerstin	5. 1.94	11. 3.65
Baumann, Sabine	5. 1.94	31. 8.65
Kreutzer, Christa	6. 1.94	13. 4.61
Kumpa, Christoph	1. 3.94	5. 5.64
Ritgens, Christiane	8. 7.94	19. 5.64
Frenzel, Petra	10. 8.94	7. 1.62

NW Richter/StA im Richterverhältnis auf Probe

Negenborn, Dirk	1. 9.94	30. 8.60
Stahl, Axel	30. 9.94	18.11.62
Richter, Barbara	29.12.94	8. 1.66
Dr. Strauch, Birgit	5. 4.95	25. 1.65
Baumert, Wolf-Tilmann	24. 4.95	14.10.65
Ihl, Rüdiger	2. 5.95	9.10.62
Gehring, Peter Helmut	26. 6.95	26. 7.63
Großbach, Peter	17. 7.95	18. 6.64
Mißfeldt, Anke	20. 9.95	21. 3.67
Dr. Wilfinger, Peter	26. 2.96	20. 7.63
Dreykluft, Isabell	15. 3.96	30. 4.64
Kremser, Peter	1. 4.96	10. 7.63

Oberlandesgerichtsbezirk Hamm

Bei den Gerichten:

Wackerbeck-Kauter, Anneliese	21. 6.79	5. 4.52
Hildebrandt, Beate Leontine	—	—
Maukisch, Elisabeth	17. 3.80	26. 2.50
Führer, Adelheid Elisabeth	1. 9.81	26. 1.55
Dr. Book, Angelika	—	—
Wilken, Bernhard	19.10.88	14. 3.59
Voosholz, Ulrich	8.12.88	9. 3.57
Halfmeier, Claus	7. 2.89	6.12.60
Schiereck, Thomas	15. 1.90	15.11.60
Laws, Jutta	29. 1.90	2. 2.61
Serwe, Andreas	8. 2.90	29. 7.61
Glombitza, Claudia	28. 2.90	3. 5.61
Jöhren, Marion	13. 3.90	3.11.60
Kelm, Martina	10. 8.90	11. 5.64
Siedhoff, Eckhardt	29. 8.90	16. 4.61
Nubbemeyer, Christian	24. 9.90	28. 2.62
Karreh, Claudia	1.10.90	19. 9.61
Prautsch, Torsten	3. 1.91	24. 4.62
Runte, Huberta	29. 1.91	18. 1.62
Franz, Monika	19. 2.91	8. 3.61
Junge, Peter	12. 3.91	14. 2.61
Heinrich, Detlef	14. 3.91	8. 3.63
Helmke, Regina	—	—
Feldkemper-Bentrup, Ruth	2. 4.91	26.11.63
Lumberg, Udo	17. 4.91	5. 4.61
Pohlmann, Norbert	18. 4.91	9. 3.61
Dr. Ebmeier, Maria Theresia	19. 4.91	9. 6.61
Zieger, Volker	12. 6.91	15. 4.62
Dr. Meyer, Cornel-Rupert	1. 7.91	4. 3.60
Dr. Königsmann, Matthias	1. 7.91	8.11.61
Reuter, Ludwig	23. 7.91	11. 2.62
Meyer, Axel	19. 8.91	11. 2.61
Dr. Pötting, Dietmar	2. 9.91	4. 4.61
Wiemers, Nicola	6. 9.91	26.11.61
Salzenberg, Dirk	19. 9.91	2. 8.61
Lehmann-Schön, Ina	—	—
Wrobel, Volker	7.10.91	15. 7.60
Dr. Lucks, Karl-Martin	7.10.91	10.11.60
Höfer, Alexandra	18.10.91	3. 9.62
Kremer, Monika	21.10.91	3. 6.61
Heinrichs, Petra	24.10.91	26. 8.61
Becker, Ulrich	31.10.91	3. 9.61
Dr. Schulze, Dorothee	2. 1.92	4. 2.50
Ibrom, Frank	29. 1.92	19.10.61
Gerkau, Frank	4. 2.92	25. 9.61
Laube, Andreas	7. 2.92	11. 5.61
Rummeling, Ulrich	12. 2.92	13.11.62
Janssen, Bernhard	13. 2.92	15. 1.60
Kruse, Claudia	—	—
Schulte-Runge, Eva	16. 3.92	31.12.61
Schröder, Thomas	1. 4.92	14. 5.62
Klein, Martin	7. 4.92	5.10.61
Meier, Werner	4. 5.92	28. 5.63
Köhne, Günter	11. 5.92	28. 7.62
Naujoks, Martina	15. 5.92	6. 6.60
Hackbarth-Vogt, Norbert	15. 5.92	8. 5.63
Hagedorn-Kroemer, Elke	27. 5.92	20. 8.63
Budelmann-Vogel, Michaela	27. 5.92	8.12.63
Zarth, Martina	1. 6.92	29. 3.62
Zarth, Martin	10. 6.92	11. 4.63
Schmidt, Wolfgang	15. 6.92	28. 8.61
Kurz, Andrea	22. 6.92	14. 5.63
Albert, Claudia	15. 7.92	5. 5.64
Bittner, Barbara	22. 7.92	4. 1.64
Talarowski, Volker	24. 7.92	3. 6.61
Vogt, Reiner	31. 7.92	10.10.58
Sandmann, Monika	31. 7.92	6. 8.65
Ostendorf, Angela	13. 8.92	6. 9.63
Studener, Peter	2. 9.92	4. 5.62
Dr. Droste, Andrea	2. 9.92	23. 9.64
Hahnenstein, Jörg	3. 9.92	17.12.62
Balster, Bettina	28. 9.92	16. 4.64
Lob, Bernhard	29. 9.92	15. 5.62
Dr. van den Hövel, Markus	30. 9.92	16. 1.63
Meise, Carsten	6.10.92	14.10.62
Dr. Bruske, Frank	15.10.92	6. 4.62
Dreher, Monique	16.10.92	27. 2.58
Brauch, Wilfried	21.10.92	26.11.59
Mollenhauer, Thomas	23.10.92	16. 9.61
Ilenburg, Kerstin	10.11.92	19. 8.63
Vollenberg, Ursula	13.11.92	6.12.62
Terhechte, Sabine	13.11.92	23.12.63
Culemann, Stefan	16.11.92	10.11.62
Dr. Würz-Bergmann, Angela	1.12.92	21. 8.63
Krämer, Eckhard	11.12.92	23.11.60
Meyer-Tegenthoff, Beate	15.12.92	14. 7.62
Gaide, Jochen	30.12.92	3.10.60

Richter/StA im Richterverhältnis auf Probe — NW

Name				Name			
Dr. Jansen, Christina	4. 1.93	5. 5.61		Niehues, Wolfgang	3. 1.94	1. 6.64	
Woyte, Bernd	5. 1.93	25.11.63		Arndt, Ute	3. 1.94	21.10.64	
Dittert, Andreas	1. 2.93	26. 8.61		Plattner, Michael-Jörg	4. 1.94	23. 9.63	
Berg, Matthias	3. 2.93	23.11.60		Clouth-Gräfin von Spee, Nicole	5. 1.94	5. 9.65	
Russack, Marc	3. 2.93	22. 7.62		Leonhardt, Lothar	12. 1.94	10. 7.63	
Dr. Haas, Michael	4. 2.93	4. 8.63		Eppelmann, Jens-Walter	17. 1.94	6. 1.64	
Kersting, Michael	15. 2.93	28. 6.57		Pelzner, Susanne	17. 1.94	1.10.64	
Hahnemann, Eva	25. 2.93	19. 6.62		Parensen, Klaus	18. 1.94	17. 1.64	
Neumann, Barbara	3. 3.93	9. 9.64		Kabus, Thomas	28. 1.94	15. 8.64	
Dr. Wonschik, Peter	8. 3.93	16. 1.64		Tegethoff, Sabine	28. 1.94	7.11.65	
Marx, Christa	23. 3.93	17. 6.64		Schäfer, Thomas	11. 2.94	2. 6.65	
Pennig, Ulf	1. 4.93	18. 1.60		Lopez Ramos, Celso	15. 2.94	13. 8.59	
Dr. Nowak, Erwin	1. 4.93	17. 2.61		Wesseler, Paul	7. 3.94	28. 1.66	
Petermann, Klaus	19. 4.93	5.10.60		Brabandt, Claudia	14. 3.94	15. 2.64	
Friehoff, Christian	29. 4.93	29. 8.64		Humbracht, Bernd-Uwe	17. 3.94	30. 1.63	
Dr. Pense, Uwe	3. 5.93	7. 5.59		Witte, Reinhild	17. 3.94	28. 9.65	
Graeve, Heidi	24. 5.93	15. 1.64		Degner, Jens	6. 4.94	1. 8.61	
Wrenger, Jürgen	1. 6.93	31. 1.62		Brüning, Adrienne	18. 4.94	11. 4.65	
Heinrichs, Jörg	1. 6.93	26.11.62		Dr. Misera, Heinz	25. 4.94	19. 9.64	
König, Detlef	2. 6.93	13.12.61		Dr. Meyer, Rolf	2. 5.94	16.12.59	
Bleistein, Romana	2. 6.93	21. 3.64		Wölfinger, Michael	3. 5.94	25. 6.64	
Hugenroth, Christian	5. 7.93	13. 5.62		Ludwigt, Claudia	4. 5.94	13. 6.64	
Jansen, Judith	13. 7.93	20. 6.64		Hülsmann, Elisabeth	16. 5.94	8. 4.65	
Grunsky, Joachim	21. 7.93	8.12.62		Meier, Jürgen	24. 5.94	8. 1.65	
Dr. Teklote, Stephan	26. 7.93	11. 7.62		Matthias, Stefan	29. 6.94	26. 3.62	
Kruse, Ralf	2. 8.93	1. 9.62		Oesing, Elisabeth	30. 6.94	13.10.64	
Niemeyer, Karsten	2. 8.93	9. 4.64		Helbich, Hans	5. 7.94	15. 6.62	
Dr. Eisberg, Jörg	—	—		Merz, Charlotte	14. 7.94	11.12.60	
Horst, Christane	3. 8.93	3.12.62		Dr. Mesch, Volker	14. 7.94	8. 9.64	
May, Caroline	3. 8.93	9. 7.65		Siedler, Jörg	22. 7.94	16. 1.65	
Kalfhaus, Barbara	3. 8.93	12. 8.65		Brinkmann-Rendels, Marion	25. 7.94	15. 9.63	
Pacha, Stephanie	4. 8.93	6.12.62		Steinke, Karin	25. 7.94	31. 5.66	
Zeitler, Martina	18. 8.93	23. 3.63		Kaminski, Michaela	27. 7.94	10. 1.61	
Damhorst, Marcus	24. 8.93	14. 8.59		Veit, Gabriele	27. 7.94	11. 5.65	
Rohlfing, Gerhard	24. 8.93	22. 7.60		Kluge, Susanne	27. 7.94	13. 5.66	
Niemöller, Christian	27. 8.93	1. 1.62		Sasse, Wilhelm	29. 7.94	16.12.62	
Schreiner, Katharina	30. 8.93	31.10.62		Kühr, Klaus-Heinrich	11. 8.94	18. 5.64	
Lißi, Astrid	30. 8.93	29. 6.65		John, Dirk	29. 8.94	15. 8.64	
Smentek, Dagmar	6. 9.93	6. 3.62		Herrmann, Martin	—	—	
Frenking, Dirk	9. 9.93	3. 9.62		Dr. Wieseler, Johannes	5. 9.94	15. 8.65	
Bendel, Ewald	17. 9.93	23. 9.63		Bergholz, Uta	12. 9.94	4. 3.66	
Brunstein, Bettina	21. 9.93	31. 3.63		Sabel, Oliver	16. 9.94	27. 4.66	
Sußmann, André	21. 9.93	13. 5.63		Bauer, Andreas	19. 9.94	27. 9.60	
Esser, Birgit	22. 9.93	28. 6.65		Nieswandt, Peter	21. 9.94	6.11.62	
Dr. Fuchs, Andrea	27. 9.93	10. 3.65		Dr. Gundlach, Gregor	30. 1.95	24. 4.64	
Dr. Kentgens, Martin	30. 9.93	22. 2.62		Klimberg, Oliver	31. 1.95	25. 7.66	
Van Meenen, Nadja	1.10.93	15. 6.65		Holling, Franz-Michael	24. 2.95	26. 9.64	
Kabisch, Wolfgang	4.10.93	23. 1.60		Fiedler, Ralf	28. 2.95	13. 5.66	
Dr. Rediger, Andreas	13.10.93	14. 4.61		Hommel, Christoph	1. 3.95	13. 2.66	
Dr. Krefft, Max Martin	13.10.93	12.12.63		Dr. Nedden, Claudio	16. 3.95	13. 1.66	
Wittenberg, Karl Peter	13.10.93	26. 4.64		Kaup, Ulrike	17. 3.95	2. 9.67	
Suelmann, Beatrix	18.10.93	6. 3.65		Petlalski, Christian	27. 3.95	7. 8.64	
Dr. Lashöfer, Jutta	29.10.93	20.12.61		Weimer, Klaus	25. 4.95	1. 7.64	
Heselhaus-Schröer, Anne	1.11.93	17. 8.63					
Hahnemann, Martin	3. 1.94	28. 3.64					
Brockschmidt, André	3. 1.94	9. 5.64					

NW Richter/StA im Richterverhältnis auf Probe

Name	Datum 1	Datum 2
Franke, Jens	25. 4.95	5.11.64
Otto, Lothar	27. 4.95	20.10.64
Zurhove, Annette	28. 4.95	19. 3.63
Große Beilage, Heinrich	28. 4.95	22. 5.66
Kruse, Thorsten	21. 6.95	27.10.62
Aink, Martina	30. 6.95	12. 5.63
Breiler, Jürgen	4. 7.95	30.12.65
Grünewald, Andrea	5. 7.95	17.11.66
Radke-Schäfer, Ulrike	10. 7.95	20. 3.66
Körfer, Birgit	13. 7.95	12. 1.65
Klocke, Anke	17. 7.95	31. 1.66
Schwadrat, Carsten	19. 7.95	27. 6.65
Meiring, Christoph	11. 8.95	25. 2.66
Erl, Kirsten	11. 8.95	7.12.66
Dr. Wrobel, Jürgen	15. 8.95	13. 4.65
Dr. Breulmann, Günter	22. 8.95	23. 9.65
Pfeiffer, Hans-Georg	23. 8.95	27. 1.65
Werner, Bettina	28. 8.95	1. 9.63
Dr. Loose, Matthias	15. 9.95	18.11.65
Wöstmann, Heinz	15. 9.95	12. 8.66
Baston-Vogt, Marion	9.10.95	29. 8.63
Middeler, Martin	24.10.95	16.10.64
Westermann, Frank	24.10.95	27. 3.66
Specks, Georg	13.11.95	16. 3.63
Dr. Terharn, Christoph	17.11.95	17. 2.64
Röder, Marion	2. 1.96	16. 2.67
Haddenhorst, Frank	19. 1.96	8. 4.65
Schön, Susanne	22. 1.96	23. 2.68
Peglau, Jens	25. 1.96	14. 5.68
Siegemeyer, Ira	8. 2.96	14. 4.66
Dr. Hupe, Astrid	9. 2.96	9. 7.65
Kresse, Kirsten	12. 2.96	5. 5.66
Theisen, Bernhard	12. 2.96	5. 6.67
Rohlfing, Christine	12. 2.96	27. 3.68
Reinold, Simone	16. 2.96	1. 4.67
Voßkamp, Karin	27. 2.96	31. 8.67
Hammerschmidt, Birgit	27. 2.96	8.10.67
Krause, Jens	7. 3.96	15. 9.65
Schlehofer, Annette	7. 3.96	21. 2.68
Albracht, Dirk	11. 3.96	19. 8.67
Oedinghofen, Claudia	18. 3.96	31. 7.65
Hartmann, Manfred	18. 3.96	4. 2.66

Bei den Staatsanwaltschaften:

Name	Datum 1	Datum 2
Franke, Andreas	2. 5.88	7. 3.58
Haarmann, Helmut	2.11.90	21. 3.59
Mülbrecht-Klinge, Gabriele, ½, beurl.	1. 3.91	22.10.61
Schlenker, Walter	3. 6.91	30. 6.62
Futterer, Susanne⅓, beurl.	10. 6.91	15. 6.58
Metz-Horst, Sabine, beurl.	10. 6.91	12.12.62
Reikert, Margarete	22. 7.91	31. 7.62
Fien, Andrea	1.10.91	7.10.61
Niesing, Sigrid, beurl.	—	—
Klövekorn, Susanne	4. 2.92	17. 3.62

Name	Datum 1	Datum 2
Humberg, Ina	1. 4.92	26. 8.61
Stötzer-Opava, Elke	27. 7.92	8.11.60
Jansen, Paul	1.10.92	14.11.61
Menapace, Michaela	4. 1.93	3. 6.62
Althaus, Andreas	1. 3.93	19. 7.63
Koch, Stephanie	16. 8.93	1. 3.63
Abel-Dassler, Maria	13. 9.93	17. 3.61
Recker, Dagmar	4.10.93	18.10.65
Neupert, Klaus	8.11.93	30. 8.60
Schepers-Matthaei, Ulrich	24.11.93	8. 4.59
Dirksen, Lutz	24.11.93	2. 6.64
Wenzel, Sabine	10. 1.94	11. 7.64
Schacke-Eßmann, Petra	10. 1.94	26. 3.66
Mackel, Christoph	26. 1.94	3. 8.65
Vennewald-Ripsam, Udo	26. 1.94	24.10.63
Schleiwies, Susanne	26. 1.94	19. 4.64
Dr. Vogelsang-Rempe, Barbara	22. 2.94	25. 8.64
Streßig, Dietrich	17. 3.94	6.12.63
Grathes, Andrea	28. 3.94	26. 5.64
Südbeck, Bernard	5. 4.94	6. 7.65
Stickeln, Dirk	11. 5.94	7. 3.63
Schultz, Claudia	20. 5.94	27. 6.64
Poggel, Thomas	30. 6.94	1.12.61
Krause, Andrea	18. 8.94	15. 4.63
Demand, Markus	25.10.94	23. 3.64
Härtel-Breß, Petra	27.10.94	16. 8.60
Heckmann, Dagmar	2. 1.95	15. 9.66
Raven, Ortrud	19. 1.95	14. 7.64
Barkey, Dorothea	1. 2.95	17.10.64
Woltering, Michael	8. 2.95	26. 4.67
Kolbe, Dagmar	8. 2.95	26. 7.63
Schreiber, Frank	2. 5.95	3.11.60
Schmitt, Yvonne	4. 9.95	27.10.65
Senst, Joachim Thilo	4. 9.95	27. 9.67
Frobel, Jens	4.10.95	9. 2.65
Weinbach, Karta	4.10.95	22. 1.66
Koch, Uta	4.10.95	31. 8.67
Zerkowski, Daniela	10. 1.96	15. 8.63
Hollenbach, Anne-Kathrin	17. 1.96	14. 5.65
Dr. Schlüter, Holger	14. 2.96	13.12.64

Oberlandesgerichtsbezirk Köln

Bei den Gerichten:

Name	Datum 1	Datum 2
Schmidt, Ruth, beurl.	17.11.80	2. 6.55
Raschke-Rott, Birgit, beurl.	28.10.85	18. 6.58
Vaaßen, Marion, ½, beurl.	18. 4.91	14. 1.62
Krämer, Gerd Willi	24. 4.91	9. 5.61
Schumacher, Claudia, ½	2. 5.91	6.11.60
Dr. Lorenz, Arndt	6. 5.91	20. 2.62
Elskemper, Ilka, ½	8. 5.91	8. 9.60

Richter/StA im Richterverhältnis auf Probe — NW

Name		
Dr. von Danwitz, Klaus-Stephan	29. 5. 91	11. 12. 58
Hübeler-Brakat, Gisa, ½	29. 5. 91	13. 8. 60
Knechtel, Stefan	31. 5. 91	1. 2. 61
Tambour, Christoph	1. 6. 91	21. 7. 61
Plate, Sibylle	3. 6. 91	19. 8. 61
Normann-Scheerer, Sabine, ½	18. 6. 91	18. 12. 62
Michel, Eleonore	4. 11. 91	24. 1. 61
Schmitz, Ulrike, ½	13. 11. 91	16. 7. 62
Sütterlin-Müsse, Maren	3. 3. 92	25. 10. 61
Ingrid, ½, beurl.	24. 7. 92	4. 5. 62
Beumers, Hans-Josef	27. 7. 92	2. 9. 61
Winkelmeier-Becker, Elisabeth, ½	21. 9. 92	15. 9. 62
Dr. Menold-Weber, Beate, ½	16. 11. 92	21. 4. 63
Dr. Bern, Jörg Michael	20. 1. 93	16. 2. 62
Gräfin Vitzthum von Eckstädt, Claudia	19. 2. 93	17. 12. 59
Gurba, Rüdiger	8. 3. 93	16. 2. 63
Pretzell, Ruth	11. 3. 93	12. 10. 63
Thierau-Haase, Katrin	11. 3. 93	4. 4. 64
Dr. Droste, Monika, ½	15. 3. 93	12. 7. 62
Haage, Sabine	15. 3. 93	8. 3. 64
Honnef, Annette, beurl.	23. 3. 93	8. 4. 65
Sturhahn, Matthias	1. 4. 93	26. 7. 63
Dr. Stolzenberger-Wolters, Irmela	1. 4. 93	18. 2. 64
Rehbein, Georg	19. 4. 93	26. 5. 62
Paltzer, Bernd	21. 4. 93	2. 4. 63
Dr. Czaja, Frank	3. 5. 93	17. 10. 61
Kremer, Ralf	5. 5. 93	3. 1. 62
Storck, Michael	1. 6. 93	22. 1. 60
Mundorf, Antje	1. 6. 93	14. 7. 62
Ulbert, Susann	1. 6. 93	29. 6. 63
Hammer, Dorothea	1. 7. 93	17. 4. 63
Heidkamp, Reimund	2. 7. 93	30. 7. 62
Alkonavi, Nuriye, beurl.	15. 7. 93	11. 12. 65
Kurpat, Ralf	19. 7. 93	17. 7. 63
Dr. Münks, Andrea	3. 8. 93	19. 7. 64
Meier, Frank	31. 8. 93	6. 8. 63
Dr. Knipper, Claudia	2. 9. 93	5. 2. 63
Hermanns, Doris	7. 9. 93	3. 2. 64
Ahlmann, Sabine	22. 9. 93	3. 8. 64
Rößler, Martin	1. 10. 93	26. 1. 65
Kremer, Heike	4. 10. 93	28. 10. 62
Dr. Grobecker, Sabine Maria, ½	12. 10. 93	19. 6. 62
Dr. Remmert, Andreas	2. 11. 93	22. 1. 63
Badouvakis, Monika	2. 11. 93	20. 4. 65
Gast, Christoph	3. 1. 94	22. 7. 61
Kiedrowski, Ruth	3. 1. 94	22. 2. 66
Eibenstein, Axel	5. 1. 94	2. 7. 64
Rohde, Klaus	5. 1. 94	16. 8. 64
Küppers, Anke	5. 1. 94	1. 7. 65
Dr. Eilers, Anke, ½	21. 1. 94	14. 12. 61
Dr. Sossna, Ralf-Peter	1. 2. 94	10. 12. 63
Dr. Dumke, Dietmar	11. 2. 94	21. 9. 62
Dr. Legerlotz, Martina, ½	16. 2. 94	21. 4. 65
Ahlmann, Ralf Wolfgang	1. 9. 93	3. 8. 62
Dr. Göbel, Alfred	1. 3. 94	5. 3. 63
Olpen, Karin	28. 3. 94	12. 9. 62
Riemenschneider, Detlef	31. 3. 94	29. 4. 63
Rottländer, Maria	28. 3. 94	1. 6. 64
Dr. Riemann, Ruth	15. 4. 94	8. 4. 64
Sellmann, Berthold	3. 5. 94	23. 3. 64
Vaaßen, Sabine	9. 5. 94	3. 10. 66
Poppe, Kerstin	16. 5. 94	2. 6. 66
Riehl, Marita	24. 5. 94	12. 9. 64
Burgwinkel-Krampitz, Petra	7. 7. 94	16. 4. 66
Foerst, Carl	26. 7. 94	11. 10. 64
Foerst, Iris, beurl.	27. 7. 94	17. 8. 64
Heider, Jürgen	3. 8. 94	20. 1. 64
Dr. Mertens, Oliver	1. 9. 94	8. 12. 60
Dr. Watrin, Anne	9. 9. 94	10. 8. 64
Joachim, Kerstin	9. 9. 94	29. 9. 65
Linnert, Marcus, ½	21. 11. 94	6. 8. 61
Dr. Krieg, Bernhard	30. 11. 94	13. 6. 63
Hübbe, Jörg	28. 12. 94	12. 8. 63
Felsch, Thomas	29. 12. 94	22. 6. 64
Brantin, Susanne	30. 12. 94	29. 1. 65
Engers, Martin	1. 2. 95	15. 10. 64
Jansen, Barbara	20. 2. 95	10. 9. 64
Wagener, Babette	10. 3. 95	18. 8. 65
Koerfers, Peter	2. 5. 95	15. 3. 62
Quast, Thomas	9. 5. 95	2. 12. 62
Brünker, Wiebke	9. 5. 95	24. 2. 66
Dr. Erkens, Marcel	1. 6. 95	30. 1. 65
Geerts, Anka	28. 6. 95	15. 5. 67
Wilke, Thomas	3. 7. 95	29. 4. 65
Cremer, Martin	6. 9. 95	15. 7. 66
Rüntz, Stefanie	6. 9. 95	26. 12. 68
Bauer, Michael	15. 9. 95	14. 9. 65
Dr. Dinkelbach, Andrea	16. 1. 96	29. 4. 65
Wiegmann, Barbara	16. 1. 96	28. 2. 69
Kaufmann, Christoph	19. 1. 96	6. 3. 62
Falkenhof, Kerstin	12. 2. 96	13. 11. 68
Hartung, Stefanie	15. 2. 96	26. 12. 65
Beenken, Thomas	22. 2. 96	12. 1. 64
Kühnle, Gabriele	1. 3. 96	22. 12. 63
Fell, Ulrike	1. 3. 96	22. 1. 66
Weber, Markus	13. 3. 96	6. 11. 67
Dr. Klöpper, Karl	13. 3. 96	25. 1. 67

Bei den Staatsanwaltschaften:

Berghoff, Susanne	1. 10. 91	7. 5. 61
von Stein, Elke, beurl.	1. 6. 92	18. 9. 61
Jürgens, Rudolf	10. 8. 92	17. 3. 61
Simon, Ursula	1. 9. 92	15. 10. 61
Neiß, Ellen	7. 9. 92	22. 1. 66

Schneider, Sonja	4. 1.93	27. 7.63	Schlimm, Pascale	29. 8.94	4. 5.65
Gréus, Claudia	14. 6.93	5. 7.65	Liermann, Christine	19.12.94	19. 3.61
Muckel, Wilhelm Hubert	1. 7.93	18. 5.64	Elschenbroich, Torsten	22. 3.95	31. 8.64
Wehrstedt, Michael	5. 7.93	29.11.58	Schimmelpfennig, Saskia	1. 9.95	10. 1.66
Mandt, Brigitte	1. 9.93	16.12.60	Schulz, Bernd Gustav	10.10.95	27. 3.65

Rheinland-Pfalz

3 958 288 Einwohner

Ministerium der Justiz

Ernst-Ludwig-Str. 3, 55116 Mainz
Postfach 3260, 55022 Mainz
T (0 61 31) 16–1, Telefax (0 61 31) 16 48 87
1 Min, 1 StaatsSekr, 4 MinDirig, 7 LMinR, 1 PräsLPA, 16 + 2 × ½ MinR, 11 + 2 × ½ RD, 3 ORR, 1 RR

Minister der Justiz
Caesar, Peter	23. 6. 87	30. 11. 39	

Staatssekretärin
Reischauer-Kirchner, Erika	22. 5. 96	14. 5. 39	

Ministerialdirigenten
Lenz, Heinrich	1. 12. 84	15. 12. 35
Gauer, Volker	1. 12. 86	27. 5. 37
Dr. Böhm, Klaus	1. 5. 90	8. 3. 43
Dr. Jutzi, Siegfried	1. 5. 92	6. 2. 50

Leitende Ministerialräte
Böhmer, Wilhelm	1. 12. 84	4. 8. 37
Schuler, Manfred	1. 2. 89	3. 9. 35
Mischke, Gerhard	1. 12. 89	13. 2. 41
Meiborg, Gerhard	1. 12. 90	17. 5. 51
Pandel, Helmut	1. 5. 91	8. 4. 48
Dr. Roos, Helmut	1. 5. 92	1. 4. 48

Präsident des Landesprüfungsamtes für Juristen
Hülbusch, Bruno	1. 9. 76	1. 8. 33

Ministerialrätinnen/Ministerialräte
Gottberg, Sabine	1. 5. 91	19. 10. 43
Thomas, Hans Werner	1. 12. 75	16. 1. 37
Hörner, Detlev	28. 1. 76	5. 10. 34
Dr. Behr, Jürgen	4. 12. 80	21. 4. 39
Schmahl, Diethard	1. 3. 81	1. 4. 42
Dr. Marx, Hans-Albert	1. 5. 85	19. 4. 40
Böhm, Irmgard, ½	20. 5. 86	8. 9. 47
Demmler, Walter	20. 5. 86	22. 3. 48
Fritz, Jochen	18. 5. 87	31. 1. 48
von Wehrs, Heidrun, ½	10. 2. 89	27. 10. 44
Dr. Liese, Johannes	1. 5. 89	25. 11. 39
Nicklas, Ernst	1. 5. 92	2. 8. 37
Dr. Hund, Horst	1. 12. 93	6. 1. 58
Lechner, Horst	1. 12. 94	18. 1. 38

Regierungsdirektorinnen/Regierungsdirektoren
Cierniak, Jürgen	8. 3. 90	12. 4. 56
Dr. Volk, Elisabeth	17. 7. 92	20. 6. 60
Wagner, Dieter	1. 12. 92	13. 4. 41

Oberregierungsrätin/Oberregierungsrat
Mittelhausen, Christian	1. 12. 94	31. 12. 48
Schmid, Gabriele	1. 12. 94	26. 9. 62

Regierungsrat
Gutmann, Klaus	1. 12. 95	2. 9. 40

Weitere Beamtenstellen im MdJ sind besetzt. Namen und Personaldaten der Stelleninhaber sind nicht übermittelt worden.

Oberlandesgerichtsbezirk Koblenz

Der Oberlandesgerichtsbezirk umfaßt die Regierungsbezirke Koblenz und Trier sowie einen Teil des Regierungsbezirks Rheinhessen-Pfalz
4 Landgerichte: Bad Kreuznach, Koblenz, Mainz und Trier
Kammern für *Handelssachen*: Koblenz 4, Mainz 3, Trier 2, Bad Kreuznach 1
32 Amtsgerichte
Schöffengerichte: bei allen Amtsgerichten außer den nachstehend aufgeführten
Gemeinsames Schöffengericht für die Amtsgerichte, bei denen kein Schöffengericht gebildet wird, ist:

für den AGBez.:	das Schöffengericht:
Birkenfeld	Idar-Oberstein
Sobernheim	Bad Kreuznach
Altenkirchen	Betzdorf
Andernach	Mayen
Linz	Neuwied
Sinzig	Bad-Neuenahr-Ahrweiler
Westerburg	Montabaur
Daun	Wittlich
Hermeskeil u. Saarburg	Trier
Prüm	Bitburg

Familiengerichte: bei allen Amtsgerichten

Landwirtschaftssachen werden von den nachstehenden Amtsgerichten als Landwirtschaftsgerichte erledigt:

Bad Kreuznach	zugl. f. d. AGBez. Sobernheim und Simmern (Hunsrück),
Idar-Oberstein	zugl. f. d. AGBez. Birkenfeld,
Altenkirchen	zugl. f. d. AGBez. Betzdorf,
Bad Neuenahr-Ahrweiler	zugl. f. d. AGBez. Sinzig
Cochem	–
Diez	zugl. f. d. AGBez. Lahnstein,
Koblenz	zugl. f. d. AGBez. St. Goar,
Mayen	zugl. f. d. AGBez. Andernach,
Montabaur	zugl. f. d. AGBez. Westerburg,
Neuwied	zugl. f. d. AGBez. Linz am Rhein,
Alzey	zugl. f. d. AGBez. Worms, Bingen am Rhein und Mainz,
Bernkastel-Kues	–
Bitburg	zugl. f. d. AGBez. Prüm,
Trier	zugl. f. d. AGBez. Hermeskeil und Saarburg,
Wittlich	zugl. f. d. AGBez. Daun

Das Oberlandesgericht Koblenz entscheidet über das Rechtsmittel der Beschwerde gegen Entscheidungen der Landwirtschaftsgerichte aus den Bezirken der Oberlandesgerichte Koblenz und Zweibrücken.

Oberlandesgericht Koblenz

E 2 551 530
Stresemannstr. 1, 56068 Koblenz
Postfach, 56065 Koblenz
T (02 61) 1 02–0, Telefax (02 61) 1 02–6 73
1 Pr, 1 VPr, 15 VR, 46 R, davon 3 UProf im 2. Hauptamt, + 2 × ½ R + 1 Lst (R)

Präsident
Dr. Bamberger, Heinz	5. 1. 95	28. 1. 47

Vizepräsident
Puth, Peter	1. 7. 95	3. 6. 41

Vorsitzende Richterin/Vorsitzende Richter
Bischof, Hans Helmut	1. 10. 86	13. 5. 35
Dr. Hansen, Monika	1. 6. 87	5. 7. 36
Brannekämper, Kurt	1. 6. 88	20. 1. 35
Mecker, Heinrich	1. 5. 89	24. 10. 36
Krüger, Friedrich	15. 3. 90	26. 4. 38
Hölzer, Gert	1. 6. 91	12. 8. 45
Dr. Vonnahme, Joachim	24. 10. 91	8. 8. 36
Dr. Henrich, Wolfgang	1. 2. 92	2. 10. 43
von Tzschoppe, Hartmut	11. 8. 92	11. 11. 44
Wink, Günter	16. 8. 93	29. 1. 36
Hahn, Dieter	23. 8. 93	10. 3. 43

LG-Bezirk Bad Kreuznach OLG-Bezirk Koblenz **RP**

Jahn, Albert	25.10.94	2. 4.38
Kaessner, Manfred	8. 6.95	12. 4.36
Kubiak, Bernhard	12.12.95	8.10.46

Richterinnen/Richter

Prof. Dr. Teichmann, Arndt (UProf, 2. Hauptamt)	2. 8.74	3.12.34
Salewski, Wilfried	1. 8.75	7. 6.32
Buseck, Helmut	2. 2.76	8.11.34
Prof. Dr. Krey, Volker (UProf, 2. Hauptamt) beurl.	10.10.78	9. 7.40
Kodron, Ulrich	13. 6.80	29. 9.35
Grüning, Dieter	6. 3.81	29.12.38
Dr. Wohlhage, Franz	5. 6.85	28. 6.41
Werner, Udo	30. 8.85	23. 2.42
Dr. Binz, Harald	12. 2.86	14.12.45
Weiss, Werner	26. 6.86	11. 1.50
Künzel, Rainer	1.12.86	12. 4.47
Dr. Schwarz, Georg	9. 3.87	7. 3.43
Kaltenbach, Michael	20. 7.87	12.10.49
Dr. Menzel, Hans-Georg	24. 7.87	15. 6.51
Diener, Gerhard	14. 9.87	8.11.46
Trueson, Walter	24. 5.88	1.10.43
Sartor, Bernd	25. 7.88	22.10.49
Prof. Dr. Wieling, Hans Josef (UProf, 2. Hauptamt)	21.11.88	31.12.35
Schwager-Wenz, Gudrun	30.11.88	15. 4.50
Krumscheid, Helga	30.11.88	20.12.50
Gräf, Otto	1.12.88	14. 3.37
Tonner, Kurt	13. 7.89	25.10.44
Mertens, Walter	13. 7.89	4. 3.45
Bock, Karl-Stephan	29. 1.91	14. 9.51
Blaschke, Paul	29. 1.91	2. 2.53
Kern, Günther	21. 5.91	2. 8.38
Dr. Giese, Albrecht, abg. (LSt)	22.10.91	4.10.38
Weller, Ernst-Wilhelm	7. 4.92	27. 1.51
Galke, Gregor, abg.	7. 7.92	19. 1.53
Stein, Christoph	28. 7.92	5. 9.45
Peters, Angelika	28. 7.92	3. 7.52
Dr. Itzel, Peter, abg.	18. 5.93	7. 8.55
Völpel, Andreas	7. 6.93	12.12.52
Frey, Claudia, ½	9. 6.93	28.10.46
Wolff, Monika	21. 6.94	24. 5.53
Au, Gisela, ½	8. 8.94	8. 1.47
Pott, Helmut	27. 9.94	7. 4.49
Dr. Fischer, Rudolf	30. 9.94	4. 3.46
Henrich, Benno	29.11.94	4. 4.53
Schaper, Detlef	18. 4.95	25. 5.50
Kieselbach, Gernot	24. 4.95	7. 3.48
Haupert, Michael	13.10.95	26.10.50

Landgerichtsbezirk Bad Kreuznach

Landgericht Bad Kreuznach E 307 684
Ringstr. 79, 55543 Bad Kreuznach
Postfach 16 49, 55506 Bad Kreuznach
T (06 71) 7 08–0
Telefax (06 71) 708 213
1 Pr, 1 VPr, 4 VR, 10 R + 2 × ½ R + 2 LSt

Präsident

Graefen, Hans-Josef	1. 7.95	27. 2.53

Vizepräsident

Wasserzier, Bernd	30.12.92	28. 6.39

Vorsitzende Richter

Mey, Volker	6. 7.84	6. 4.39
Kolb, Norbert	5. 3.90	13. 6.46
Keber, Joachim	30.12.92	4. 8.49
Weidemann, Manfred	29. 6.93	29. 5.39

Richterinnen/Richter

Scherer, Udo	1. 3.66	13. 9.34
Gerbracht, Lothar	3. 7.84	29. 7.52
Endell, Reinhard	2. 1.86	2.11.53
Dr. Kremer, Bruno	24. 6.88	30. 4.55
Rienhardt, Hans-Walter, abg. (LSt)	6. 9.93	14. 5.56
Dr. Eschelbach, Ralf, abg. (LSt)	22. 9.93	10. 4.58
Dr. Stein-Hobohm, ½, abg.	21.12.93	12. 3.56
Walper, Martin	25. 1.94	17.12.61
Kagerbauer, Kornelia, ½	08. 11.94	13.10.53

Amtsgerichte

Bad Kreuznach E 107 847
Ringstr. 79, 55543 Bad Kreuznach
Postfach 16 49, 55506 Bad Kreuznach
T (06 71) 7 08–0
Telefax (06 71) 70 82 72
1 Dir, 1 stVDir, 10 R

Karst, Wilhelm, Dir	1. 8.94	12. 6.40
Seemann, Richard, stVDir	28. 7.94	28. 9.54
Anheuser, Eberhard	1.11.69	24.12.35
Korth, Gerd-Günther	26. 9.74	11. 5.40
Anheuser, Helmut	11. 5.76	17. 1.42
Möller, Joachim	8. 3.78	15.10.45
Schnatz-Tachkov, Ursula	26. 9.80	15.10.50
Meng, Klaus, abg.	6.10.80	26. 7.48
Velden, Robert	10.10.80	12. 1.52

Obenauer, Wolfram	13. 1.83	25.12.49	
Klein, Günter	28.11.84	6. 9.52	

Birkenfeld (Nahe) E 30 486
Schneewiesenstr. 20, 55765 Birkenfeld
Postfach 11 40, 55759 Birkenfeld
T (0 67 82) 8 09
Telefax (0 67 82) 54 68
1 Dir, 1 R

König, Christel, Dir	8. 3.90	8. 2.48	
Wirbel, Klaus-Werner	24. 4.95	25. 4.61	

Idar-Oberstein E 59 736
Mainzer Str. 180, 55743 Idar-Oberstein
Postfach 01 14 20, 55704 Idar-Oberstein
T (0 67 81) 2 20 54
Telefax (0 67 81) 2 31 45
1 Dir, 3 R

Glitsch, Karl-Heinz, Dir	14. 5.93	7. 5.39	
Wittgen, Kornelius	6. 5.85	7. 8.52	
Keimburg, Albrecht	19. 1.94	23.10.57	

Simmern (Hunsrück) E 62 479
Schulstr. 5, 55469 Simmern
Postfach 3 27, 55463 Simmern
T (0 67 61) 30 61
Telefax (0 67 61) 1 27 47
1 Dir, 3 R

Hammen, Jürgen, Dir	11. 1.83	15. 3.39	
Bender, Karl	18. 5.81	17.11.49	
Göttgen, Hans-Georg	24. 2.84	29. 4.52	
Kolling, Willibrod	24. 4.95	27. 9.60	

Sobernheim E 47 136
Gymnasialstr. 11, 55566 Sobernheim
55562 Sobernheim
T (0 67 51) 93 130
Telefax (0 67 51) 93 13 50
1 Dir, 2 R

Probson, Martin, Dir	5. 7.93	13. 1.47	
Hill, Brigitte	26. 2.91	22. 1.60	
Trageser, Friederike	17. 4.95	14. 5.57	

Landgerichtsbezirk Koblenz

Landgericht Koblenz E 1 173 657
Karmeliterstr. 14, 56068 Koblenz
Postfach, 56065 Koblenz
T (02 61) 1 02–0
Telefax (02 61) 10 23 32
1 Pr, 1 VPr, 28 VR, 39 R + 5 × ½ R, 6 LSt (R)

Präsident

Dr. Thul, Ewald	13. 5.85	28. 7.33

Vizepräsident

Doll, Günter	4. 12.95	17. 6.42

Vorsitzende Richterin/Vorsitzende Richter

Mittendorf, Hermann	1.12.74	4.10.36
Korn, Walter (2. Hauptamt), (zugl. AG Diez)	1. 3.76	29. 5.37
Dr. Hölzenbein, Hans-Dieter	31. 5.76	4.10.35
Hinterwälder, Edgar	29. 8.77	8.11.39
Nußbaum, Manfred	18. 8.78	10. 9.40
Flüteotte, Dieter	21.12.78	8. 6.39
Alsbach, Theo	8. 2.79	9.11.32
Dr. Görgen, Friedrich	25. 6.80	6. 2.39
Remagen, Dieter	25. 8.82	28. 6.37
Fichtl, Hans	25. 8.82	2.12.37
Unkrich, Dieter	3. 7.84	2. 6.35
Bayer, Günter	1. 3.85	5. 3.34
Arenz, Wolfgang	30. 5.86	27. 2.44
Züll, Hans-Peter	27. 6.86	1. 4.41
Dr. Prochaska, Arthur	18. 7.88	10. 3.40
Neumeister, Hermann	2. 9.88	6. 6.41
Dietrich, Heinz	14. 3.89	5. 2.47
Kloos, Heinrich	31. 3.89	15. 7.41
Mockenhaupt, Walter	13. 7.89	1. 5.48
Pietsch, Karl-Heinz	30.11.89	21.12.44
Gottwald, Uwe	22. 3.90	15. 2.47
zur Hausen, Burkhard	5. 3.91	24. 5.44
Hürtgen, Wolfgang	28. 1.92	12. 4.49
Krämer, Wolfgang	7. 7.92	30. 7.48
Blettner, Angelika	16. 7.93	12. 9.54
Haffke, Hans	11. 3.94	23.10.44
Becht, Edgar	28. 7.94	11.12.52
Wald, Herbert	17.10.95	23.12.50

LG-Bezirk Koblenz   OLG-Bezirk Koblenz   **RP**

Richterinnen/Richter

Muscheid, Dieter, MdL (LSt)	1. 8.76	15. 5.43
Ritter, Aksel	4.12.80	13.10.46
Strick, Wolf-Dietrich, abg.	27.11.81	9. 5.50
Theis, Elmar	24. 8.83	29. 3.49
Wünsch, Michael	4. 6.84	26. 4.53
Weiland, Ulrich	28. 6.84	14. 9.51
Steinhauser, Armin	4. 4.85	20. 1.51
Hartmann-Schadebrodt, Ursula	4. 7.85	28. 1.53
Hagenmeier, Günter	22. 7.85	10. 3.49
Voos, Ingrid, abg. (LSt)	16. 9.85	10.12.53
Darscheid, Maya	17. 3.86	2. 3.53
Röger, Norbert, abg. (LSt)	18. 3.86	27. 5.52
Schaefer, Michael	27. 5.87	13. 4.51
Dühr-Ohlmann, Ruth, ½	12. 6.87	23. 8.55
Dr. Hetger, Winfried	16. 7.87	7. 1.55
Marx, Helmut	12. 1.88	30. 3.54
Becht, Irene, ½	23. 3.88	6. 3.57
Wild-Völpel, Andrea	13. 5.88	7. 8.54
Mille, Lothar, abg.	22. 8.88	10. 1.55
Freitag, Franziska	28.12.88	2. 6.54
Buddendiek, Ulrich	30.12.88	27. 2.56
Christoffel, Ulrich	14. 8.89	3. 6.56
Schilz-Christoffel, Kornelia	30.10.89	24. 6.58
Bock, Ralf	1. 7.91	2. 3.55
Busekow, Michael	9. 8.91	24. 7.56
Fay-Thiemann, Monika	23.12.91	9.10.52
Schwarz, Hans-Detlef	7. 5.92	22.12.58
Dr. Reinert, Patrick, abg. (LSt)	22. 5.92	14.11.56
Zeitler-Hetger, Ingrid	11. 8.92	21.10.59
Ritzdorf, Raimund	20.11.92	20. 7.55
Schracke, Dieter	7. 1.93	25. 6.61
Roll, Andreas, abg.	1. 2.93	10. 8.57
Müller, Frank	24. 3.94	10.10.60
Dühr, Andreas, abg.(LSt)	19. 9.94	23. 5.60
Buder, Christiane	26. 9.94	24.12.60
Heilmann, Rüdiger	11.10.94	25. 9.61
Rüll, Stephan	6. 2.95	13. 5.60
Lambert, Peter	8. 2.95	16.12.61
Grünewald, Thomas, abg. (LSt)	13. 2.95	19. 9.62
Dr. Janoschek, Christian	20.10.95	1. 5.63
Alfter, Margarete	6.11.95	29. 9.62
Dechent, Nicole, abg.	7.11.95	3. 9.62
Drysch, Yvonne	7.11.95	4. 1.63
Dr. Kurtenbach, Jutta, ½	13.11.95	17. 8.59
Schneider, Harald	6. 2.96	29. 5.62
Hoersch, Hans-Peter	12. 2.96	20. 3.62
Kalpers-Schwaderlapp, Martina, RkrA	(2. 1.95)	20. 5.57

Amtsgerichte

Altenkirchen (Westerwald) E 45 419
Hochstr. 1, 57610 Altenkirchen
Postfach 11 40, 57601 Altenkirchen
T (0 26 81) 9 52 60
Telefax (0 26 81) 9 52 650
1 Dir, 3 R

Lindemanns, Günter, Dir	31. 8.90	5.10.44
Trossen, Arthur	20. 5.85	2. 1.55
Semmelrogge, Angela	22. 2.94	8. 7.62

Andernach E 76 050
Koblenzer Str. 6–8, 56626 Andernach
56624 Andernach
T (0 26 32) 92 59 -0
Telefax (0 26 32) 92 59 80
1 Dir, 5 R + 1 × ½ R

Kosack, Horst, Dir	1. 3.84	18. 4.37
Dr. Schäfer, Klaus	17. 3.71	5. 7.38
Dehen, Dieter	1. 3.73	13. 3.42
Starkloff, Ruprecht	26. 1.76	6. 4.42
Brenner, Helmut	27.11.86	3. 51
Alsbach, Claudia	12. 9.94	23. 8.61
Rumpf, Regina	5.10.94	31. 7.63

Bad Neuenahr-Ahrweiler E 61 704
Wilhelmstr. 55/57, 53474 Bad Neuenahr-Ahrweiler
Postfach 11 69, 53456 Bad Neuenahr-Ahrweiler
T (0 26 41) 971 -0
Telefax (0 26 41) 97 11 00

Zweigstelle in Adenau
Kirchplatz, 53518 Adenau
53513 Adenau
1 Dir, 4 R

Powolny, Jürgen, Dir	17. 3.95	21. 3.55
Ocak, Ursula	8. 3.65	9. 4.34
Assenmacher, Kurt	1. 5.73	10. 7.40
Hoffmann, Walter	28.10.77	3. 7.45
Schmickler, Bernhard	29. 4.88	30. 1.54

Betzdorf E 88 723
Friedrichstr. 17, 57518 Betzdorf
Postfach 109, 57501 Betzdorf
T (0 27 41) 92 70
Telefax (0 27 41) 92 71 11
1 Dir, 6 R

Weber-Monecke, Walter, Dir	13. 4.94	13.10.49
Hübinger, Bernhard, abg.	22. 8.88	2. 5.56
Jung, Jürgen	6. 4.90	24. 1.58

RP OLG-Bezirk Koblenz LG-Bezirk Koblenz

Ickenroth, Hubert	27. 12. 90	19.	9. 57
Kempf, Johannes	23. 8. 93	26. 11. 61	
Koch, Jutta	20. 6. 95	18. 8. 62	

Cochem E 64 898
Ravenestr, 39, 56812 Cochem
Postfach 11 20, 56801 Cochem
T (0 26 71) 98 80–0
Telefax (0 26 71) 98 80 52
1 Dir, 3 R

N. N., Dir			
Rudolph, Jürgen	12. 11. 76	25. 7. 43	
Johann, Wilfried	4. 7. 86	15. 8. 51	
Behrendt, Klaus	22. 8. 91	15. 8. 56	

Diez E 54 467
Schloßberg 11, 65582 Diez
Postfach 15 61, 65574 Diez
T (0 64 32) 92 53 0
Telefax (0 64 32) 92 53 60
1 Dir, 4 R + 1 LSt

Korn, Walter, Dir, zugl. LG Koblenz	1. 3. 76	29. 5. 37	
Staszkiewicz, Elisabeth	15. 5. 72	30. 3. 34	
Clessienne, Franz Josef	2. 11. 77	16. 12. 44	
Hannappel, Willibald	5. 2. 80	22. 9. 47	
Reichel, Astrid, beurl. (LSt)	30. 3. 92	27. 4. 58	

Koblenz E 167 818
Karmeliter Str. 14, 56068 Koblenz
Postfach, 56065 Koblenz
T (02 61) 1 02–0
Telefax (02 61) 10 23 32
1 Dir, 1 stVDir, 2 w.aufsR, 19 R + ½ R + 2 LSt (R)

Dötsch, Renate, Dir	29. 8. 90	7. 12. 38	
Krieg, Edmund, stVDir	1. 2. 91	20. 5. 44	
Scherer, Anton, w.aufsR	1. 4. 68	7. 8. 35	
Müller-Leyh, Heribert, w.aufsR	1. 12. 94	9. 4. 43	
Wenzel, Hans-Jürgen	1. 10. 69	28. 7. 39	
Müller-Hogrebe, Josef	2. 4. 71	4. 3. 39	
Dietrich, Horst	1. 9. 71	27. 3. 36	
Beyer, Siegward	23. 12. 71	1. 10. 40	
Franke, Peter	28. 3. 77	9. 7. 44	
Franke, Jutta, ½	29. 3. 77	17. 6. 45	
Parschau, Udo Heinz	28. 6. 77	7. 4. 42	
Scherbarth, Erwin	28. 6. 77	10. 5. 45	
Stenz, Gerhard	11. 8. 77	28. 12. 45	
Lanters, Joachim	27. 10. 77	18. 2. 44	
Bachmann, Peter	2. 11. 77	15. 2. 48	
Henkel, Lothar	2. 5. 78	2. 10. 43	
Bender, Thomas	27. 7. 79	25. 5. 49	

Bachem, Rainer	28. 4. 80	3. 7. 47	
Rättig, Alfred	11. 8. 83	28. 2. 50	
Jung, Hans-Jürgen	—	—	
Ley, Manfred	3. 4. 85	31. 5. 52	
Becker, Jörg	25. 7. 85	13. 8. 53	
Pickan-Hansen, Gertrud, ½, beurl. (LSt)	6. 7. 87	4. 2. 57	
Dennhardt, Joachim, abg. (LSt)	7. 4. 95	3. 3. 62	

Lahnstein E 61 320
Bahnhofstr. 25, 56112 Lahnstein
T (0 26 21) 70 36
Telefax (0 26 21) 6 14 23
1 Dir, 3 R

Conradi, Klaus-Jürgen, Dir	3. 4. 91	20. 3. 44	
Hasdenteufel, Christoph	29. 3. 77	1. 2. 44	
Kleinz, Karl Rudolf	7. 11. 83	17. 6. 51	
Schneider, Elfriede	30. 12. 86	31. 5. 54	

Linz (am Rhein) E 61 556
Linzhausenstr. 20 A, 53545 Linz
Postfach 77, 53542 Linz
T (0 26 44) 40 01
Telefax (0 26 44) 40 05
1 Dir, 3 R

Stieler, Bodo, Dir	20. 7. 84	7. 12. 43	
Podlech, Hansjörg	1. 6. 70	5. 11. 39	
Assenmacher, Wolfgang	14. 11. 84	30. 10. 48	
Arck, Christine	8. 4. 86	5. 10. 55	

Mayen E 68 828
St.-Veit-Str. 38, 56727 Mayen
Postfach, 56724 Mayen
T (0 26 51) 40 30
Telefax (0 26 51) 40 31 90
1 Dir, 1 stVDir, 6 R

Dierkes, Dieter, Dir	23. 12. 83	27. 4. 43	
Städing, Jörg, stVDir	2. 12. 94	26. 2. 45	
Vohl, Christa	20. 6. 85	24. 9. 53	
Nolte, Friedemann	2. 10. 87	6. 9. 55	
Schwarz, Stefanie	28. 3. 89	10. 11. 55	
Fenkner, Eckhard	13. 11. 91	9. 4. 56	
Anheier, Joachim	4. 8. 92	21. 8. 58	

Montabaur E 98 876
Bahnhofstr. 47, 56410 Montabaur
Postfach 13 65, 56403 Montabaur
T (0 26 02) 10 07–0
Telefax (0 26 02) 10 07 12
1 Dir, 1 stVDir, 9 R + 1 LSt

LG-Bezirk Mainz   OLG-Bezirk Koblenz   **RP**

Forster, Erhard, Dir	1.11.86	19. 1.48
Schilling, Günter, stVDir	5. 7.94	15.12.39
Wiegand, Willi	31. 3.71	29. 4.38
Ströder, Senta	12.11.71	21. 2.40
Zehner, Dieter	23.12.71	17. 5.39
Meyne, Harald	10. 4.78	13. 5.44
Reimers, Ursula, ½	2. 4.79	18. 2.49
Bäsch, Annette,		
beurl. (LSt)	5.11.84	6.11.53
Krahn, Eckhard	1. 7.91	10. 3.55
Staatsmann, Jörg	14. 9.95	26. 9.61

Neuwied E 115 070
Hermannstr. 39, 56564 Neuwied
Postfach, 56501 Neuwied
T (0 26 31) 89 99-0
Telefax (0 26 31) 89 99 64
1 Dir, 1 stVDir, 9 R

Pirsch, Willy, Dir	1. 6.80	20. 6.34
Sauerborn, Reinhold,		
stVDir	11. 3.94	19. 4.41
Werner, Barbara	8. 7.77	18. 5.45
Weller, Norbert	27.10.77	31.12.44
Späth, Helmut	2. 3.79	26. 7.46
Schäfer, Gerd	11. 4.79	18. 7.46
Christ, Hans-Jürgen	7.12.79	17.10.47
Speyerer, Herbert	22.11.82	24. 7.50
Becker, Ewald	16.11.89	7. 2.52
Pfaffenholz, Hans-Josef	23.10.90	18.12.55
Ihrlich, Manfred	12. 9.94	29. 6.60

St. Goar E 51 042
Bismarckweg 3–4, 56329 St. Goar
Postfach 11 52, 56325 St. Goar
T (0 67 41) 77 61
Telefax (0 67 41) 23 97
1 Dir, 3 R

Gerharz, Winfried, Dir	11. 5.84	19.12.41
Frede, Heinrich	1. 9.69	31.10.35
Schäfer, Volker	30. 9.77	4. 8.42
Pingel, Karl-Heinz	25.10.91	9. 7.54

Sinzig E 62 629
Barbarossastr. 21, 53489 Sinzig
Postfach 11 90, 53475 Sinzig
T (0 26 42) 97 74 0
Telefax (0 26 42) 97 74 50
1 Dir, 3 R

Dr. Blum, Rudolf, Dir	1.12.74	25. 5.32
Brunkow, Gisa	20. 1.76	13. 8.44
Wohlfarth, Ernst	22. 3.76	26. 1.41
Hergarten, Reinhold	26. 3.85	25.10.53

Westerburg E 95 257
Wörthstr. 14, 56457 Westerburg
Postfach 11 80, 56450 Westerburg
T (0 26 63) 80 33
Telefax (0 26 63) 87 02
1 Dir, 5 R

Zilles, Richard, Dir	22. 2.91	25.11.46
Weber, Wolfgang-Heinz	30. 3.72	14. 7.40
Voßgätter, genannt		
Niermann, Wolfgang	21.10.74	19. 1.44
Wolf, Heinz-Lothar	10. 3.80	23.12.47
Seelbach, Helmut	15.10.83	25. 7.52
Strüder, Hans-Helmut	17. 1.85	23. 6.53

Landgerichtsbezirk Mainz

Landgericht Mainz E 566 955
Diether-v.-Isenburg-Str., 55116 Mainz
Postfach 30 20, 55020 Mainz
T (0 61 31) 1 41-0
Telefax (0 61 31) 14 19 47
1 Pr, 1 VPr, 14 VR, 22 R + 5 × ½ R

Präsident

Dr. Tüttenberg, Hanns		
Paul	17.10.86	1. 7.38

Vizepräsident

Pukall, Friedrich	23. 5.95	2.10.36

Vorsitzende Richterinnen/Vorsitzende Richter

Reubold, Horst	1. 4.69	14. 7.32
Prof. Dr. Haase, Gerhard	1.12.70	3. 7.31
Röhrich, Günter	17. 9.76	5.12.31
Cyrus, Hartmut	17. 9.76	22.10.35
Wieland, Horst	1.10.77	28.12.36
Wehner, Marlis	7.12.77	24. 8.36
Jungbluth, Friedrich	9.10.80	11. 8.31
Schreiner, Hans Albert	6. 8.85	12.11.38
Nebe, Rolf-Reiner	30.11.92	23.10.46
Wittich, Dieter	30.12.92	11. 1.37
Schumann-Pantke, Ines	1. 2.93	16. 6.43
Fischer, Karl-Hans	1.12.93	7. 7.52
Perne, Helmut, abg.	1. 3.94	19. 3.55
Christoffel, Ernst Peter	20.12.94	25.10.43
Dr. Friedrich, Matthias,		
abg.	30.12.94	24. 2.57
Beutel, Jens	23. 5.95	12. 7.46

Richterinnen/Richter

Eltermann, Lothar	1. 1.68	3. 4.33
Röhrig, Reinhard, ½	1. 5.70	18. 1.39
Beer, Ingrid, ½	31. 8.71	20. 6.42

OLG-Bezirk Koblenz

Brednich, Klaus Dieter	13.12.71	9. 7.38
Dr. Wiesemann, Peter	30. 5.75	26. 1.43
Höfel, Pia	24.10.75	30.12.43
Schick, Volker	13.11.80	26. 2.49
Sander, Beate, ¾	16. 2.81	2.11.49
Lorenz, Hans	16. 2.83	3. 3.51
Scherer, Matthias, abg.	18. 5.84	10. 8.54
Summa, Hermann	20.12.84	12. 2.54
Bolender, Heiner	14. 8.85	8. 9.52
Diedenhofen, Helga	11. 9.85	31. 7.50
Kabey-Molkenboer, Ingrid	3. 7.87	25. 2.55
Koch, Reinhold	17.10.89	7. 6.53
Plauth-Herr, Sabine, ½	23.12.92	19.11.58
Dr. Schäfer, Jörg	17. 5.94	18.10.57
Eckert, Wolfgang	1. 8.94	17. 6.58
Follmann, Gabi	12. 5.95	28. 2.61
Wilhelm, Sonja	19. 5.95	7. 7.64
Metzger, Thomas	12. 1.96	10.11.59
Koch, Thomas	12. 1.96	5.12.61
Augustin, Ulrike	24. 1.96	15. 3.63

Amtsgerichte

Alzey E 75 309
Schloßgasse 32, 55232 Alzey
Postfach 11 80, 55219 Alzey
T (0 67 31) 9 52 00
Telefax (0 67 31) 9 52 020
1 Dir, 5 R + 1 × ½ R

Frank, Christof, Dir	19. 4.93	20. 8.43
Knuth, Bettina, ½	22. 1.76	7. 2.42
Kärger, Klaus	3.12.76	16. 9.44
Scheiner, Elke	13. 3.78	26. 5.43
Ludemann, Hans-Gerd	30. 4.79	7.12.48
Friedel, Udo	31.10.86	15. 2.52
Grittner-Nick, Kirsten, ½	12.12.89	7.10.56

Bingen E 90 399
Mainzer Str. 52, 55411 Bingen am Rhein
Postfach 11 51, 55409 Bingen am Rhein
T (0 67 21) 9 08 -0
Telefax (0 67 21) 90 81 70
1 Dir, 1 stVDir, 6 R + 1 × ½ R

Kernchen, Dieter, Dir	20. 7.88	23. 4.36
Kuhn, Else	1. 7.70	20.10.34
Klimke, Karl-Ludwig	18. 9.73	11.10.41
Drews, Manfred	15. 3.74	15. 8.38
Dr. Gattung, Heinz-Walter	2. 6.76	8.10.43
Hardt-Rubbert, Heidemarie	1. 3.83	13.10.53
Repp, Udo	19. 1.89	14.11.53
Hermann, Ursula, ½	2. 7.90	23. 4.58
Hennings, Ursula	11. 8.94	28. 5.61

LG-Bezirk Mainz

Mainz E 280 905
Kaiser-Friedrich-Str. 4, 55116 Mainz
Postfach 11 80, 55001 Mainz
T (0 61 31) 1 41–0
Telefax (0 61 31) 14 18 66
1 Dir, 1 stVDir, 3 w.aufsR, 25 R + ½ R + 1 LSt

Benner, Beate, Dir	4. 5.93	8.10.49
Kagerbauer, Arnold, stVDir	8. 8.94	16. 3.51
Engelskircher, Gerhard, w.aufsR	14.12.92	2. 7.34
Röser, Wolfhart, w.aufsR	9.12.93	14. 6.34
Däubler, Klaus, w.aufsR	1.12.94	29.11.37
Gast, Ernst	1. 7.70	14. 6.38
Pietschmann, Gernot	10. 5.76	3. 7.43
Schneider, Klaus-Jürgen	5. 6.78	12.10.47
Sander, Heinrich-Walter	12. 7.78	21.10.43
Sonntag, Rudolf	2.11.78	17. 5.41
Nikolaus, Gisela	9. 2.79	27.10.44
Widmann, Jutta, ½	6. 6.80	18.11.49
Büsser, Renate	14.11.80	16.11.42
Dany-Pietschmann, Birgit	29.12.80	21. 5.49
Salmanzig, Gert	23. 2.81	31. 5.46
Wolf, Erwin	21. 9.82	29.12.51
Eisele, Joachim	22. 4.83	14. 9.47
Haase, Helmut	15. 1.85	2.11.51
Eck, Wolfgang	20. 7.87	11.12.54
Ballhausen, Angelika	5.10.87	18.11.53
Anstatt, Johannes	9. 4.91	8. 7.55
Woog, Jutta	20. 4.93	14. 8.62
Hillert, Susanne	1. 7.93	31. 7.63
Bäumler, Ruth, ¾	11. 3.94	12. 1.58
Wagner, Christel, abg.	13. 9.94	11. 4.61
Wörsdörfer, Johannes	26. 9.94	21. 8.60
Berg, Oliver	26. 7.95	3. 3.62
Meyer, Sabine	14. 8.95	20.10.60
Laux, Joachim, beurl. (LSt)	16.11.95	10. 9.58
Pirron, Martin	21.11.95	15. 9.61
Vogt, Andrea, RkrA	(3. 4.95)	24. 4.62

Worms E 120 342
Hardtgasse 6, 67547 Worms
Postfach 11 62, 67545 Worms
T (0 62 41) 905 -0
Telefax (0 62 41) 90 54 50
1 Dir, 1 stVDir, 8 R + ½ R, 2 LSt (R)

Renz, Hermann, Dir	6. 5.85	7. 7.34
Flory, Heinrich, stVDir	1.12.94	29. 9.34
Schiltz, Karl-Ludwig	27.10.77	22.12.43
Schumacher, Martin	18.12.80	22. 3.47
Nax, Manfred, beurl. (LSt)	1.11.81	19.12.50
Decker, Joachim	2.11.81	4.11.48
Marquardt, Jürgen	23.12.82	21. 7.50

LG-Bezirk Trier OLG-Bezirk Koblenz **RP**

Schuhmann, Hannelore	19. 8. 85	19. 11. 50
Vogel-Schaffner, Ingrid, beurl. (LSt)	4. 3. 86	6. 3. 54
Karst, Nikolaus	5. 2. 94	5. 12. 57
Hensgen, Carmen, ½	28. 12. 95	25. 3. 57

Landgerichtsbezirk Trier

Landgericht Trier E 503 234
Justizstr. 2–6, 54290 Trier
Postfach 25 80, 54215 Trier
T (06 51) 4 66–0
Telefax (06 51) 46 62 00
1 Pr, 1 VPr, 12 VR, 22 R + 2 × ½ R + 3 LSt (R)

Präsident

Kann, Heinrich Peter	12. 3. 84	2. 8. 37

Vizepräsident

Brauckmann, Heinrich-Peter	19. 11. 91	15. 10. 41

Vorsitzende Richterinnen/Vorsitzende Richter

Rosar, Hans-Joachim	26. 10. 79	2. 11. 34
Endres, Norbert	9. 11. 79	27. 11. 38
Brühl, Richard	25. 6. 80	19. 2. 35
Kintzinger, Hansjörg	21. 12. 81	31. 12. 31
Kirch, Fritz	22. 2. 85	23. 1. 37
Lehnert, Johannes	5. 4. 85	29. 11. 36
Gerhards, Gunter	24. 4. 87	31. 5. 37
Grewenig, Edelbert	1. 10. 87	23. 5. 37
Ehmann-Schultze, Katrin	1. 6. 88	7. 12. 40
Maye-Grett, Ursula	7. 7. 92	9. 12. 40
Schlottmann, Jörn-Holger	15. 7. 92	14. 1. 43

Richterinnen/Richter

Körperich, Manfred	1. 4. 70	23. 7. 38
Thenot, Egon	—	—
Meinardus, Hans-Dieter	14. 8. 72	23. 9. 40
Dr. Kölsch, Manfred	25. 7. 74	5. 9. 39
Dr. Viesel, Sieghart	9. 9. 74	27. 12. 41
Schlottmann, Kristin, ½, abg.	15. 8. 75	25. 10. 43
Gabelmann, Rolf	26. 8. 76	23. 8. 42
Willems, Christoph	16. 2. 79	22. 8. 49
Grimm, Christoph, MdL (LSt)	20. 3. 79	12. 8. 43
Neuberg-Krey, Gabriele	5. 7. 79	31. 12. 47
Becker, Thomas, abg.	8. 5. 80	9. 4. 48
Leonardy, Guido	19. 12. 80	14. 10. 49
Eck, Walter	18. 5. 81	7. 1. 51
Finkelgruen, Irmtrud	2. 5. 85	2. 3. 40
Theis, Jörg	30. 9. 86	27. 3. 53

Dr. Fröhlinger, Margot, beurl. (LSt)	20. 8. 88	29. 7. 52
Hardt, Klementine	4. 2. 93	23. 11. 60
Speicher, Eberhard	8. 2. 93	28. 6. 54
Schmitz, Petra	10. 2. 93	19. 9. 58
Pollex, Uwe, abg.	18. 3. 94	19. 5. 55
Löcker-Gläser, Martina	25. 7. 95	7. 2. 60
Hartmann, Josef	30. 8. 95	18. 1. 56
Specht, Wolfgang	29. 12. 95	16. 6. 59

Amtsgerichte

Bernkastel-Kues E 50 475
Bruningstr. 30, 54470 Bernkastel-Kues
Postfach 12 80, 54469 Bernkastel-Kues
T (0 65 31) 59–0
Telefax (0 65 31) 5 91 76
1 Dir, 3 R

Nelles, Gunther, Dir	16. 3. 90	29. 4. 52
Rock, Hans	6. 8. 75	23. 5. 44
Wagner, Hans-Eckhard	5. 11. 80	26. 8. 46

Bitburg E 63 317
Gerichtsstr. 2–4, 54634 Bitburg
Postfach 11 51, 54621 Bitburg
T (0 65 61) 18 -0
Telefax (0 65 61) 1 84 44
1 Dir, 3 R

von Schichau, Werner, Dir	28. 1. 85	19. 2. 43
Hennes, Josef	24. 10. 75	31. 12. 37
Serwe, Ortwin	27. 10. 77	26. 4. 44
Krumeich, Karl Josef	17. 2. 94	9. 3. 59

Daun E 53 508
Berliner Str. 3, 54550 Daun
Postfach 11 20, 54542 Daun
T (0 65 92) 18–0
Telefax (0 65 92) 1 84 44
1 Dir, 3 R + 1 LSt (R)

N.N., Dir		
Onnertz, Heinz	22. 10. 80	21. 1. 50
Pitz, Wolfgang, abg.	7. 4. 81	7. 2. 50
Schrot, Hans	7. 8. 85	26. 4. 52
Schäfer, Max, abg. (LSt)	15. 11. 95	13. 7. 60

Hermeskeil E 32 037
Trierer Str. 43, 54411 Hermeskeil
Postfach 11 40, 54401 Hermeskeil
T (0 65 03) 91 49 -0
Telefax (0 65 03) 91 49 25
1 Dir, 1 R

RP OLG-Bezirk Koblenz Staatsanwaltschaften

N.N., Dir
Egnolff, Peter 20. 12. 90 2. 9. 56

Prüm E 41 136
Teichstr., 54595 Prüm
Postfach 11 40, 54592 Prüm
T (0 65 51) 941 -0
Telefax (0 65 51) 94 11 00
1 Dir, 1 R

Triendl, Franz-Josef, Dir	16. 7. 93	4. 9. 47	
Kreten, Norbert	25. 7. 95	4. 4. 61	

Saarburg E 47 994
Graf-Siegfried-Str. 56, 54439 Saarburg
Postfach 12 61, 54432 Saarburg
T (0 65 81) 91 49 -0
Telefax (0 65 81) 91 49 40
1 Dir, 1 R

Holbach, Paul, Dir	9. 4. 76	21. 7. 39	
Schmitz, Herbert	31. 3. 92	16. 4. 55	

Trier E 160 105
Justizstr. 2–6, 54290 Trier
Postfach 11 10, 54201 Trier
T (06 51) 4 66–00
Telefax (06 51) 46 62 00
1 Dir, 1 stVDir, 1 w.aufsR, 16 R, 1 LSt (R)

N.N., Dir
N.N., stVDir

Bomm, Reinhilde, w.aufsR	1. 12. 94	8. 12. 32
Thielen, Christof	1. 11. 68	13. 7. 34
Haning, Karl-Heinz	1. 11. 68	2. 6. 36
Zender, Albert	1. 9. 69	28. 12. 37
Röhl, Dieter	17. 7. 72	10. 7. 40
Karsunky, Henning	29. 3. 77	17. 12. 42
Marx, Helmut, abg. (LSt)	30. 6. 77	8. 10. 42
Rang, Theodor	29. 9. 77	2. 11. 44
Krück, Astrid	6. 6. 79	2. 10. 47
Jaspers, Wolfhardt	14. 12. 79	23. 7. 48
Reusch, Helmut	26. 5. 81	21. 1. 50
Dr. Wittschier, Johannes	19. 1. 90	4. 6. 55

Wittlich E 54 662
Kurfürstenstr. 63, 54516 Wittlich
Postfach 11 20, 54501 Wittlich
T (0 65 71) 1 01–0
Telefax (0 65 71) 10 12 90
1 Dir, 1 stVDir, 6 R

Sauer, Peter, Dir	5. 5. 89	13. 5. 46
Terner, Jutta, stVDir	1. 12. 94	18. 2. 48
Ehses, Heribert	1. 2. 70	1. 3. 37
Russell, Karl-Franz	23. 12. 71	22. 7. 38
Mencher, Helmut	11. 7. 86	13. 4. 52
Thul, Josef	20. 2. 90	20. 5. 54

Staatsanwaltschaften

Generalstaatsanwaltschaft Koblenz

Josef-Görres-Platz 5–7, 56068 Koblenz
T (02 61) 3 04 48 -0
Telefax (02 61) 3 04 48 -10
1 GStA, 1 LOStA, 7 OStA

Generalstaatsanwalt

Gauf, Heinrich	1. 8. 91	10. 7. 34

Leitender Oberstaatsanwalt

Winkler, Karl-Rudolf	1. 12. 95	13. 11. 43

Oberstaatsanwälte

Jarosch, Horst	1. 12. 78	26. 2. 38
Loos, Bernhard	1. 5. 82	16. 6. 44
Knieling, Manfred	1. 12. 85	29. 3. 46
Hoffmann, Jörn	1. 5. 87	26. 5. 40
Sulzbacher, Klaus	1. 12. 94	1. 10. 41
Bewernick, Volker	1. 12. 95	7. 3. 48

Staatsanwaltschaft Bad Kreuznach

Ringstr. 79, 55543 Bad Kreuznach
Postfach 16 49, 55506 Bad Kreuznach
T (06 71) 70 80
Telefax (06 71) 70 83 33
1 LOStA, 1 stVLOStA, 2 OStA, 12 StA

Leitender Oberstaatsanwalt

Hillebrand, Hermann	1. 3. 82	28. 1. 34

Oberstaatsanwälte

Papenbreer, Wolfram, stVLOStA	1. 12. 95	21. 8. 52
Herrbruck, Gerald	1. 12. 92	20. 12. 52
Grieser, Norbert	1. 12. 95	25. 6. 52

Staatsanwälte

Wolf, Gerd	1. 3. 68	4. 10. 36
Mundt, Rudolf Friedrich, abg.	26. 8. 80	26. 8. 45

Staatsanwaltschaften   OLG-Bezirk Koblenz   **RP**

Kuntze, Hartmut, abg.	15. 9.81	17.11.50
Hübinger, Hans-Philipp	1. 6.86	12. 7.52
Mann, Bernhard	17. 9.90	9. 5.55
Jung, Wolfgang	17. 9.93	18. 5.61
Saulheimer-Eppelmann, Uwe	13. 3.95	17. 6.59
Thönneßen, Klaus-Dieter	1. 7.95	4. 6.61

Staatsanwaltschaft Koblenz
Karmeliterstr. 14, 56068 Koblenz
Postfach, 56065 Koblenz
T (02 61) 10 20
Telefax (02 61) 10 25 38
1 LOStA, 1 stvLOStA, 10 OStA, 38 StA + ½ StA

Leitender Oberstaatsanwalt

Weise, Norbert	1. 5.89	2. 6.43

Oberstaatsanwälte

Jung, Erich, stvLOStA	1.12.95	8. 2.49
Heußlein, Hans-Dieter	1. 9.77	16. 5.34
Krüger, Klaus	1.12.80	1.10.36
Fink, Heinz-Wilhelm	1. 3.81	20. 8.35
Krautkrämer, Heinz	1. 3.81	29.11.39
Hennerkes, Jürgen	1.12.87	18. 1.37
Trauthig, Udo-Winfried	1.12.88	11. 1.35
Gehrke, Volker	1.12.93	25.12.42
Schmickler, Peter	1.12.94	12.12.46
Leisen, Horst Josef	1.12.94	10. 4.52
Gandner, Hans-Peter	1.12.94	18. 7.52

Staatsanwältinnen/Staatsanwälte

Götz, Hans	25. 6.71	9. 1.37
Bibo, Wilfried	24. 9.71	28. 8.36
Grützmacher, Klaus	2. 9.74	15. 7.37
Born, Heinz	16. 5.75	20. 7.37
Ernst, Armin	30.11.76	30.10.39
Schneider, Mechthild	5.10.78	24. 7.43
Merzig, Friedhelm	1. 2.80	2.12.44
Dr. Trees, Manfred, abg.	4.11.81	29. 7.48
Weber, Gebhard	21. 5.82	10. 5.50
Stadtmüller, Michael	26. 1.83	24. 6.50
Schmid, Lothar	22. 8.83	9.11.50
Lessing, Wilhelm	25. 4.84	18. 3.55
Schmengler, Johannes-Walter	12. 5.86	26. 7.55
Wissen, Rolf	1. 4.88	14. 8.55
Stein, Werner	30.12.88	6. 5.55
Thunert, Martina	22.10.90	2. 7.59
Dr. Wehowsky, Ralf, abg. (LSt)	29.10.90	6.11.59
Vierbuchen, Hermann-Josef	6. 9.91	27. 8.60
von Soosten, Sven Owe	14. 4.92	2. 4.59
Harnischmacher, Gertraud	15. 5.92	22. 9.61
Martin, Kurt Jürgen	20. 1.93	23. 3.58

Michel, Gerald	28. 1.94	21. 1.59
König-Voß, Claudia	2. 4.94	19. 5.62
Rinker, Christine	30.11.94	22.12.63
Adam-Backes, Ute	30.11.94	8. 5.64
Becker-Klein, Heike, abg.	22.12.94	19.11.63
Zirwes, Karin	22. 9.95	26. 2.54
Kranz, Rolf, abg.	9.10.95	22. 8.58
Maier, Andrea	18. 1.96	17. 4.64
Tries, Ralf	22. 1.96	23.11.65

Staatsanwaltschaft Mainz
Ernst-Ludwig-Str. 7, 55116 Mainz
Postfach 23 20, 55018 Mainz
T (0 61 31) 14 10
Telefax (0 61 31) 14 18 21
1 LOStA, 1 stvLOStA, 4 OStA, 25 StA + 2 × ½ StA

Leitender Oberstaatsanwalt

Seeliger, Hans	1. 7.88	4.10.34

Oberstaatsanwälte

Roos, Horst, stvLOStA	1. 6.92	23. 4.44
Neumann, Bodo	1. 5.83	15. 2.44
Schröder, Karsten	1. 5.92	9. 3.45
Mieth, Klaus-Peter Wilhelm	1.12.94	13. 9.49
Trenner, Heinz-Dieter	1.12.95	26. 8.49

Staatsanwältinnen/Staatsanwälte

Lutz, Gerd Franz	1. 9.70	23. 9.37
Dahlem, Edzard	28. 8.72	12. 5.40
Heinrich, Hermann	1. 2.74	31. 3.37
Haentjes, Hilmar	8. 4.75	30.12.40
Bracht, Dieter	9. 3.79	28. 6.43
Steinhart, Roland	22. 9.82	14. 8.50
Woog, Wigbert	26. 9.83	2.11.51
Brandt, Michael, abg.	10. 9.85	21. 1.55
Gütebier, Dagmar	20. 1.88	21. 1.56
Guleritsch, Edgar	30.12.88	26.12.55
Reuscher, Iris	7. 2.90	5. 5.60
Fischl, Martina	6. 8.92	18. 7.61
Büch-Schmitz, Claudia	23.12.93	14.11.62
Hofius, Rainer	2. 4.94	13. 9.59
Finke, Heike	26. 4.94	27. 6.64
Seip-Stemmer, Birgit	18.10.94	14. 1.62
Bartsch, Thomas	13. 9.95	18. 8.61
Heinrich, Gregor	23. 1.96	14.10.64
Krick, Carsten	31. 1.96	18. 7.61

Staatsanwaltschaft Trier
Dietrichstr. 13, 54290 Trier
Postfach 34 60, 54224 Trier
T (06 51) 46 60
Telefax (06 51) 46 63 09
1 LOStA, 1 stvLOStA, 3 OStA, 13 StA

Leitender Oberstaatsanwalt
Ringel, Wilbert 1. 5.88 15. 3.35

Oberstaatsanwälte
Spies, Reinhold,
 stVLOStA 1.12.94 16. 2.34
Jüngling, Georg 1. 5.89 5. 6.39
Hemmes, Hans-Peter 2.12.92 20. 6.52
Heibel, Manfred 1.12.94 6. 7.39

Staatsanwältin/Staatsanwälte
Herold, Günther 8. 6.79 22.10.46
Zell, Michael 28.10.80 20.11.48
Jähnert-Piallat, Klaus,
 abg. 10. 2.83 25. 4.53
Hromada, Ingo 7. 3.83 24. 5.52
Albrecht, Thomas 1. 3.85 6. 4.56
Marxen, Albert 30.12.85 18. 5.53
Ferring, Hans Jürgen 30.12.88 15.12.54
Dr. Brauer, Jürgen 27. 5.91 25. 2.57
Schomer, Arnold 9. 7.92 7. 5.59
Stemper, Manfred 23. 6.95 10. 4.60
Dr. Kortgen,
 Norbert 26. 6.95 4. 5.61
Gebing, Astrid 26. 6.95 6. 7.64

Oberlandesgerichtsbezirk Zweibrücken

Der Oberlandesgerichtsbezirk umfaßt einen Teil des Regierungsbezirks Rheinhessen-Pfalz, den früheren Regierungsbezirk Pfalz.
4 Landgerichte: Frankenthal, Kaiserslautern, Landau, Zweibrücken
Kammern für *Handelssachen*: Kaiserslautern 1, Landau 1, AG Ludwigshafen 2, AG Pirmasens 1
15 Amtsgerichte
Schöffengerichte: bei allen Amtsgerichten außer den nachstehend aufgeführten
Gemeinsames Schöffengericht für die Amtsgerichte, bei denen kein Schöffengericht gebildet wird, ist:
für den AG-Bez.: das Schöffengericht:
Bad Dürkheim	Neustadt a. d. Wstr.
Grünstadt	Frankenthal (Pfalz)
Kusel	Kaiserslautern
Germersheim u. Kandel	Landau i. d. Pfalz

Familiengerichte: bei allen Amtsgerichten
Landwirtschaftssachen werden von den nachstehenden Amtsgerichten als Landwirtschaftsgerichten erledigt:
Bad Dürkheim	zugl. f. d. AGBez. Frankenthal/Pfalz, Grünstadt, Ludwigshafen a. Rh., Neustadt a. d. Weinstr. und Speyer,
Kaiserslautern	zugl. f. d. AGBez. Kusel,
Rockenhausen	–
Landau i. d. Pfalz	zugl. f. d. AGBez. Germersheim und Kandel,
Zweibrücken	zugl. f. d. AGBez. Landstuhl und Pirmasens.

Das Oberlandesgericht Koblenz entscheidet über das Rechtsmittel der Beschwerde gegen Entscheidungen der Landwirtschaftsgerichte aus den Bezirken der Oberlandesgerichte Koblenz und Zweibrücken.

Pfälzisches Oberlandesgericht

E 1 406 758
Schloßplatz 7, 66482 Zweibrücken
Postfach 14 52, 66464 Zweibrücken
T (0 63 32) 8 05–0, Telefax (0 63 32) 80 53 11
1 Pr, 1 VPr, 7 VR, 21 R + 2 × ½ R

Präsident
Dury, Walter	1. 4.95	14. 2.44

Vizepräsident
Dr. Mörsch, Richard	2. 1.95	24. 6.36

Vorsitzende Richterin/Vorsitzende Richter
Freiermuth, Otmar	2. 7.90	9. 9.31
Lang, Dieter	4. 9.90	21. 7.31
Giersch, Friedrich-Wilhelm	1. 2.93	8. 2.43
Morgenroth, Dieter	1. 8.93	8. 9.45
Dr. Neumüller, Bernd	1. 8.93	6.10.48
Dr. Ohler, Wolfgang	19. 4.95	30. 3.43
Morgenroth, Gertraud	19. 9.95	27. 4.46

Richterinnen/Richter
Dr. Weber, Gunther	10.10.75	21. 3.36
Halfmann, Nikolaus	2. 1.78	31. 8.37
Kutschelis, Dietrich	31. 3.80	23. 4.40
Kinnen, Dieter	14. 1.81	20.10.43
Euskirchen, Sonja	14. 5.85	5. 5.48
Neumüller, Heidrun	30. 6.86	31. 5.47
Maurer, Norbert	12. 2.88	20. 8.46
Schunck, Hans	2. 7.90	4. 6.47
Hoffmann, Jörg	5. 3.91	26. 7.51
Weber, Michael	28.10.91	9.12.52
Burger, Winfried	4.11.91	18. 8.54
Hengesbach, Wilfried	7. 7.92	5. 9.55
Klüber, Rudolf	1.10.92	1. 7.52
Goldstein, Jürgen, abg.	16.11.92	9. 4.47
Schlachter, Melitta	23.11.92	12.12.50

Wolf, Irmgard, ½	16. 3.93	7.11.51
Jahn-Kakuk, Eva, ½	16. 3.93	15. 2.55
Geisert, Rolf	24. 2.94	12.11.55
Jacob, Peter	18. 3.94	14.10.47
Reichling, Gerhart	20. 3.95	10. 7.55

Landgerichtsbezirk Frankenthal (Pfalz)

Landgericht Frankenthal (Pfalz)   E 590 450
Bahnhofstr. 33, 67227 Frankenthal
Postfach 16 22, 67225 Frankenthal
T (0 62 33) 8 00
Telefax (0 62 33) 8 02 31
1 Pr, 1 VPr, 13 VR + ½ VR, 23 R + 1 × ¾ R, 2 LSt (R)

Präsident

Tholey, Werner	10. 4.95	7. 7.43

Vizepräsident

Schwarz, Ernst	1. 1.86	7. 9.34

Vorsitzende Richterinnen/Vorsitzende Richter

Richter, Eberhard	5.12.78	17.10.35
Botzke, Werner	28. 3.80	15. 2.38
Gräf, Gerwalt	27. 1.84	10. 8.38
Kraayvanger, Gerold	8. 6.84	2. 6.42
Dr. Schiffmann, Gerfried	1. 2.85	4.10.35
Dr. Wolff, Jürgen	22. 7.85	19.11.42
Huppert, Heinz	1.10.85	29. 4.38
Riedel, Peter	27. 3.86	6. 7.39
Winter, Gernot	2. 7.90	28. 2.39
Dr. Schiek, Hans	1. 3.91	17. 5.38
Lauth, Heinrich	28. 1.92	30. 5.49
Kanter, Gisela	7. 7.92	19. 7.48
Dr. Schaeffer, Ruth-Ellen, ½	19. 5.95	20.11.50

Richterinnen/Richter

Munzinger, Irmintraut	1.12.66	22.11.36
Schloimann, Horst	1. 4.68	19. 6.35
Munzinger, Ingrid	1.11.68	26.11.37
Munzinger, Martin	1. 2.70	14. 2.38
Haindl, Beate, ¾	17. 1.73	20. 9.42
Dusch, Renate,	15. 5.73	8. 4.42
Koch, Eva	14. 8.74	21. 1.43
Kulle, Rudi	18. 8.76	22.12.42
Hanz, Jutta	27.10.77	26. 3.45
Schläfer, Helmut	31.10.77	17. 7.44
Saladin, Christel	3. 5.78	22. 9.46
Delventhal, Rainer, abg. (LSt)	5. 9.80	5. 5.47
Ott, Hans, abg.	2. 5.84	19.10.49

Köneke, Christian-Walter	14.10.85	12.12.52
Buchmann, Gerhard, abg.	1. 7.86	26.10.53
Wolpert, Michael	21.11.89	3.12.55
Nixdorf, Wolfgang, abg. (LSt)	25. 2.92	7. 7.57
Thiel, Margareta	17.11.92	10.11.58
Kretschmann, Manfred, abg.	19.11.92	3.12.56
Blum, Jürgen	22.10.95	1. 9.62

Amtsgerichte

Bad Dürkheim   E 52 774
Seebacher Str. 2, 67098 Bad Dürkheim
Postfach 15 64, 67089 Bad Dürkheim
T (0 63 22) 965 -0
Telefax (0 63 22) 965 -118
1 Dir, 3 R + 2 × ½ R

Hartloff, Gotelind, Dir	18. 3.94	6. 7.42
Freiermuth, Gudrun, ½	1. 4.69	13. 7.38
Bold, Albert	1. 9.70	27. 8.35
Alebrand, Ute	21. 1.72	4. 2.39
Stein, Gertraud	2. 1.78	18. 8.45

Frankenthal (Pfalz)   E 72 193
Friedrich-Ebert-Str. 4, 67227 Frankenthal
Postfach 11 21, 67201 Frankenthal
T (0 62 33) 8 00
Telefax (0 62 33) 8 04 06 und 8 02 31
1 Dir, 6 R

Sessler, Siegfried, Dir	29. 4.92	31. 3.40
Wolf, Georg, stVDir	7. 5.74	8. 5.31
Röder, Rolf	17. 1.72	10. 4.38
Baldauf, Helmut	18. 8.72	12. 5.37
Walter, Gottfried	2. 3.78	22. 3.36
Ecker, Alois	14.10.85	6. 7.51
Wind, Elisabeth	5. 6.86	18.11.51

Grünstadt   E 42 565
Tiefenthaler Straße 8, 67269 Grünstadt
Postfach 14 80, 67264 Grünstadt
T (0 63 59) 8 30 93, 8 30 94
Telefax (0 63 59) 54 58
1 Dir, 2 R

Zeuner, Wolf-Rainer, Dir	10. 8.92	19. 1.47
Schumann, Dietmar	1. 2.85	19.11.50

Ludwigshafen am Rhein   E 230 429
Wittelsbachstr. 10, 67061 Ludwigshafen
Postfach 22 01 08, 67022 Ludwigshafen
T (06 21) 5 61 60
Telefax (06 21) 5 61 61 30
1 Dir, 1 stVDir, 2 w.aufsR, 19 R

LG-Bezirk Kaiserslautern   OLG-Bezirk Zweibrücken   **RP**

Haindl, Manfred, Dir	8. 3.85	29. 4.40
Lutz, Hiltrud, stv.Dir.	10. 8.93	19.10.54
Dr. Cyriax, Gisela, w.aufsR	2.10.80	8. 4.35
Köhler, Klaus, w.aufsR	1.12.94	5. 1.39
Zimmermann, Manfred	1. 4.68	29.12.35
Wudy, Dieter	1. 6.69	16. 4.36
Juranek, Erich	1. 8.70	18. 2.36
Kollmar, Gerhard	6. 5.71	15. 2.38
Göthlich, Kristiane	19.11.73	25.12.42
Ahrens, Hartmut	22. 5.74	27. 9.41
Landeck, Günter	18. 4.75	2. 2.44
Pohl, Ursula	25. 9.75	23. 4.44
Etschmann, Rainer	21. 2.77	9.10.42
Gratzl, Wolfgang	28.10.77	18. 7.42
Möller, Detlef	9. 2.79	6. 3.44
Bartholomé, Gisela, ½	16. 2.81	2.11.43
Leidner, Rudolf	5. 8.81	7. 8.50
Zettler, Wolfgang	1. 4.82	14.12.48
Ruh, Jürgen	9.11.84	19. 8.53
Schneider, Martin	11. 1.85	26.11.51
Klippel, Frank	29.10.86	16.11.54
Wolf, Bernhard	15. 4.88	3. 5.54
Philipp, Bernhard, abg.	21. 8.95	19. 8.59
Frei, Matthias, abg.	1. 3.96	22. 7.64

Neustadt a. d. Weinstraße   E 87 962
Robert-Stolz-Str. 20, 67433 Neustadt
Postfach 10 01 62, 67401 Neustadt
T (0 63 21) 40 11
Telefax (0 63 21) 40 12 91
1 Dir, 1 stVDir, 6 R, 1 LSt (R)

Wenz, Ingo, Dir	31. 5.74	30.12.34
Vollmer, Jürgen, stVDir, abg.	1.12.94	24. 5.38
Wilhelm, Wolfgang	1. 2.68	12.10.34
Flammann, Ludwig	21. 4.71	6. 1.37
Stamber, Ursula	21. 1.72	5.10.41
Hauck, Karl	26. 3.75	24. 9.44
Klotz, Reinhard, abg. (LSt)	14.12.78	7. 8.48
Rathsmann, Margrit, ½	25. 1.84	30. 4.53
Jäger, Andrea	7. 8.95	7. 1.62

Speyer   E 104 527
Wormser Str. 41, 67346 Speyer
Postfach 11 03, 67321 Speyer
T (0 63 32) 6 09–0
Telefax (0 62 32) 6 09–2 00
1 Dir, 1 stVDir, 8 R

Güsten, Barbara, Dir	1. 3.93	14.10.32
Hoffmann, Michael, stVDir	1.12.94	12. 8.46
Thermann, Dieter	24. 1.74	19. 6.41
Rampf, Günter	25. 1.74	30. 9.40
Boltz, Hans-Werner	2. 4.79	17.12.45
Bischoff, Klaus	31. 7.81	23. 1.52
Sattel, Peter	4. 4.85	9. 6.51
Wein, Gerhard	4. 4.85	3.10.52
Schiewner, Christiane	18. 7.86	31. 7.47
Kneibert, Uwe, abg.	30.11.89	6. 5.55

Landgerichtsbezirk Kaiserslautern

Landgericht Kaiserslautern   E 297 376
Lauterstr. 2, 67657 Kaiserslautern
Postfach 35 40, 67623 Kaiserslautern
T (06 31) 37 21–0
Telefax (06 31) 37 21–1 70
1 Pr, 1 VPr, 7 VR, 13 R, 2 LSt (R)

Präsident

Kestel, Willi	23. 5.95	1. 5.51

Vizepräsident

Düll, Rolf	1. 9.93	12. 5.38

Vorsitzende Richterin/Vorsitzende Richter

Rubel, Sigurd	7. 6.78	27. 4.39
Dick, Rolf	5.12.83	31. 5.39
Dr. Asmus, Wolfgang	2. 2.84	11.11.46
Rutz, Anton	8. 9.86	14.11.44
Wiebelt, Klaus	2. 3.89	16. 4.35
Fischer, Karin	28. 1.92	3. 6.44
Feltes, Franz-Josef	11. 1.94	18. 2.44

Richterinnen/Richter

Sachs, Heribert	18. 3.81	15. 8.49
Tolkdorf, Dieter	15. 8.83	10. 3.43
Wagner, Hermann, abg. (LSt)	24. 5.91	31.12.57
Marx, Heribert	9. 7.91	23. 2.56
Siebecker, Gerold	31. 8.92	1.11.56
Heid, Eva	21.10.92	19. 3.59
Simon-Bach, Vera	23.12.92	10. 4.60
Dr. Heusel, Wolfgang, beurl. (LSt)	1. 2.93	18. 7.55
Wilhelm, Ernst-Friedrich	9.12.93	31. 5.61
Bode, Walter	20. 4.94	31. 3.57
Riehl, Ralf	1. 4.95	11.10.60

Amtsgerichte

Kaiserslautern E 164 049
Benzinoring 1, 67657 Kaiserslautern
Postfach 35 20, 67623 Kaiserslautern
T (06 31) 37 21–301
Telefax (06 31) 37 21–3 62
1 Dir, 1 stVDir, 1 w.aufsR, 13 R + 2 × ½ R

Knecht, Klaus, Dir	14. 9.90	3. 2.39	
Rusch, Walter, stVDir	1. 7.94	4. 7.39	
Carra, Hartmut, w.aufsR	1.12.94	11. 2.51	
Wagner, August	1. 4.65	20. 2.34	
Strack, Wolfgang	1. 2.66	13. 7.32	
Volb, Rüdiger	2. 6.72	18. 5.40	
Stepp-Halbauer, Diemut, ½	28.12.72	29. 1.42	
Jung, Horst	22.10.73	29. 3.39	
Voß, Nikolaus	15. 1.74	29. 2.40	
Andrick, Gisela	13. 3.75	10. 6.42	
Heinrich, Holger	8.10.76	20.11.44	
Vogel, Reinhard	4. 8.77	7. 8.43	
Zorn, Egon, abg.	12.12.77	19. 2.47	
Martin, René, abg.	2. 4.82	18.11.51	
Jansen-Siegfried, Angelika, ½	16.12.87	20. 8.56	
Müller-Wilhelm, Gerhard	23. 3.88	30. 9.53	
Bauer, Thomas	5. 4.94	16. 3.61	
Edinger, Thomas, abg.	20.12.95	10. 4.62	

Kusel E 58 033
Trierer Str. 71, 66869 Kusel
Postfach 11 61, 66863 Kusel
T (0 63 81) 914-0
Telefax (0 63 81) 914-200
1 Dir, 3 R

Hettrich, Kurt, Dir	7. 1.91	16. 1.36
Mann, Gottfried	1. 7.70	3. 1.36
Nagel, Ralf	20. 4.94	3. 6.61

Rockenhausen E 75 294
Kreuznacher Str. 37, 67806 Rockenhausen
Postfach 11 63, 67801 Rockenhausen
T (0 63 61) 914-0
Telefax (0 63 61) 914-111
1 Dir, 1 stVDir, 3 R

Mayer, Wilhelm, Dir	21. 5.82	20. 2.34
Tschoepke, Bernhard, stVDir	1. 5.69	25. 1.36
Bühler, Ralf	8.10.79	2. 1.49
Schuhmann, Georg	16. 5.84	28. 5.51
Reske, Karl	9. 6.87	17.11.53

Landgerichtsbezirk Landau i. d. Pfalz

Landgericht Landau i. d. Pfalz E 262 945
Marienring 13, 76829 Landau
Postfach 15 40, 76825 Landau
T (0 63 41) 22–0
Telefax (0 63 41) 22–3 19
1 Pr, 1 VPr, 4 VR + ½ VR, 11 R + ½ R, 1 LSt (R)

Präsident

Jung, Helmut	20. 3.89	30. 6.32

Vizepräsident

Mansmann, Dieter	1. 2.76	13.11.35

Vorsitzende Richterin/Vorsitzende Richter

Dr. Falk, Theodor	18. 7.84	18.12.46
Dr. Frese, Jörn	3. 6.85	28. 8.37
Peters, Sigrid, ½	18. 1.90	11. 5.48
Dr. Knoll, Christian	4. 9.90	24. 9.49
König, Roland	19.10.94	18. 2.53

Richterinnen/Richter

Rothfuß, Hans	1. 2.69	13.12.36
Dahlgrün, Daniela, ½	17. 1.72	7. 7.40
Welsch, Hans-Jürgen	4. 3.83	8.10.51
Braun, Rainer	11. 3.83	31. 3.50
Kuhs, Helmut	10.12.86	25. 3.53
Wüst, Helmut	14.12.88	22. 1.54
Müller-Rospert, Ulrike	21. 7.89	1. 4.58
Weisbrodt, Franz, abg.	25.10.90	18.12.52
Geib-Doll, Marga	21.12.90	12.10.57
Ruppert, Urban, abg. (LSt)	30. 4.92	16. 2.58
Müller, Markus	18. 9.95	25. 8.61
Flörchinger, Matthias	18. 9.95	30. 5.64

Amtsgerichte

Germersheim E 59 415
Gerichtstr. 6, 76726 Germersheim
Postfach 12 40, 76712 Germersheim
T (0 72 74) 30 17–19, 30 10
Telefax (0 72 74) 7 66 98
1 Dir, 3 R

Schreiner, Ansgar, Dir	1. 3.93	23.12.52
Breuer, Heinz	2.12.76	28.10.47
Schempf, Herbert	26. 4.82	29.12.50

Kandel E 58 161
Landauer Str. 19, 76870 Kandel
Postfach 12 60, 76867 Kandel
T (0 72 75) 50 31–33
Telefax (0 72 75) 50 39
1 Dir, 2 R + ½ R, ½ LSt (R)

LG-Bezirk Zweibrücken   OLG-Bezirk Zweibrücken   **RP**

Ernst, Hermann, Dir	1. 5.82	16.11.35
Regelin, Hansjörg	30.12.71	29. 5.38
Koch, Herbert	29. 5.79	15. 3.44
Malchus, Elke,		
½, beurl. (LSt)	25. 2.91	4. 5.58
Schmitt, Herbert	18. 9.95	12. 3.61

Landau i.d. Pfalz E 145 369
Marienring 13, 76829 Landau
Postfach 15 20, 76825 Landau
T (0 63 41) 2 21
Telefax (0 63 41) 22–3 32

Zweigstelle in Bad Bergzabern
Weinstr. 46, 76887 Bad Bergzabern
Postfach 11 13, 76881 Bad Bergzabern
T (0 63 43) 20 11
Telefax (0 63 43) 53 39
1 Dir, 1 stVDir, 1 w.aufsR, 14 R

Grießbach, Volker, Dir	1. 3.93	26.10.33
Dr. Hele, Bärbl, stVDir	10. 8.93	6. 3.40
Heisterkamp, Klaus	1. 1.70	16.12.35
Ehrgott, Erich	1. 2.70	23.12.35
Karner, Rudolf	11. 1.73	23. 4.42
Megerle, Ulrich	7. 5.74	7.10.41
Sommer, Manfred	11. 9.74	24. 4.41
Große, Hans-Jürgen	23. 7.75	1. 6.40
Göbel, Jörg	7.10.76	12. 7.43
Neu, Christine	25. 5.79	4.10.45
Keber, Jürgen	21. 3.83	12. 7.48
Becker, Helmut	23. 3.83	21. 8.48
Weustenfeld, Gustav	14.12.88	4. 1.53
Lintz, Rainer	8. 2.91	26. 3.57
Antoni, Georg	18.12.95	1. 6.62

Landgerichtsbezirk Zweibrücken

Landgericht Zweibrücken E 255 987
Goetheplatz 1, 66482 Zweibrücken
Postfach 14 51, 66464 Zweibrücken
T (0 63 32) 80 50
Telefax (0 63 32) 8 05–2 20
1 Pr, 1 VPr, 5 VR, 10 R + ½ R

Präsident
Dr. Keller, Hans-Ludwig	10. 2.86	23. 1.35

Vizepräsident
Staab, Konrad	16. 9.93	31. 7.43

Vorsitzende Richterin/Vorsitzende Richter
Dewes, Dietmar	3. 6.77	10. 3.38
Schneider, Rudolf	29. 6.78	2.12.38
Dr. Buser, Roswitha	28. 1.92	19. 1.44
Pfleger, Otto	28. 2.92	3.12.48
Michel, Norbert	15. 9.95	9. 9.47

Richterinnen/Richter
Stepp, Wolfgang	18. 9.75	24. 5.43
Frühauf-Franke, Gisela	23. 5.86	13.11.52
Friemel, Joachim	2. 9.86	27.11.52
Petry, Ulf	17. 9.91	10. 9.57
Fischer, Uwe	20. 2.92	29.12.58
Urbany, Astrid, ½	31. 8.92	26. 5.61
Kratz, Claus	3. 1.95	10. 8.63

Amtsgerichte

Landstuhl E 128 437
Kaiserstr. 55, 66849 Landstuhl
Postfach 11 61, 66841 Landstuhl
T (0 63 71) 9 31–0
Telefax (0 63 71) 93 12 22
1 Dir, 4 R

Glas, Klaus, Dir	1. 1.77	6. 5.36
Wichmann, Heino	1. 3.75	8. 1.43
Mauß, Ekkehard	31. 8.76	8. 7.44
Berzel, Robert	23. 3.84	17. 7.50
Schultheiß, Thomas	3. 8.90	27. 7.54

Pirmasens E 128 437
Bahnhofstr. 22–26, 66953 Pirmasens
Postfach 11 65, 66921 Pirmasens
T (0 63 31) 87 11
Telefax (0 63 31) 87 12 45
1 Dir, 1 stVDir, 12 R

Krämer, Gerhard, Dir	20. 5.74	13.10.35
Pardall, Fritz, stVDir	29. 9.78	27.11.31
Bachmann, Dieter	1. 7.67	9. 6.34
Berger, Rudolf	1. 3.70	6. 1.38
Dexheimer, Dieter	11.11.71	22. 9.39
Marscheck-Schäfer,		
Gertraud	22.12.80	26. 9.42
Marscheck, Ernst-Ulrich	22.12.80	22. 4.49
Luft-Hansen, Cornelia	1.12.81	28. 1.52
Zimmermann, Karl-		
Winfried	8. 9.86	12. 6.49
Schmidt, Dirk	25. 5.94	11. 6.62
Jenet, Harald,		
abg. (LSt)	23. 6.94	3. 4.63
Süs, Manfred	21. 4.95	24.12.61

Zweibrücken E 61 034
Herzogstraße 2, 66482 Zweibrücken
Postfach 14 41, 66464 Zweibrücken
T (0 63 32) 80 50
Telefax (0 63 32) 80 51 98
1 Dir, 5 R

Giersch, Marion, Dir	23. 11. 92	6. 5. 47
Schiller, Eckhart	10. 3. 77	4. 5. 44
Euskirchen, Werner	10. 6. 77	21. 2. 43
Oberkircher, Reiner, abg.	4. 1. 85	4. 7. 49
Kallert, Joachim	27. 3. 92	16. 4. 59

Staatsanwaltschaften

Generalstaatsanwaltschaft Zweibrücken

Schloßplatz 7, 66482 Zweibrücken
Postfach 14 47, 66464 Zweibrücken
T (0 63 32) 80 50
Telefax (0 63 32) 80 53 52
1 GStA, 1 LOStA, 4 OStA

Generalstaatsanwältin

Reichling, Ursula	1. 10. 91	28. 3. 42

Leitender Oberstaatsanwalt

Burkhardt, Rudi	16. 3. 81	14. 11. 32

Oberstaatsanwälte

Schmidt, Wolfram	1. 9. 76	30. 4. 39
Brunner, Erich	1. 12. 79	10. 2. 39
Pendt, Albrecht, abg.	1. 12. 90	11. 4. 46
Bayer, Eberhard, abg.	1. 12. 94	30. 5. 50
Göttmann, Heinz	1. 12. 95	21. 5. 47
Salzmann, Horst, abg.	1. 12. 95	22. 11. 56

Staatsanwaltschaft Frankenthal (Pfalz)

Friedrich-Ebert-Str. 4, 67227 Frankenthal
Postfach 11 21, 67201 Frankenthal
T (0 62 33) 8 01
Telefax (0 62 33) 8 03 62
1 LOStA, 1 stVLOStA, 5 OStA, 18 StA

Leitender Oberstaatsanwalt

Puderbach, Klaus	1. 4. 90	17. 3. 45

Oberstaatsanwältinnen/Oberstaatsanwälte

Theobald, Klaus, stVLOStA	1. 12. 91	27. 9. 40
Taglieber, Klaus	1. 6. 74	14. 2. 36
Liebig, Lothar	12. 12. 91	9. 7. 48
Thermann, Gisa	1. 6. 92	24. 7. 48
Dirion-Gerdes, Gerald	1. 12. 94	15. 8. 44
Taupitz, Christiane	1. 12. 94	13. 6. 57

Staatsanwältinnen/Staatsanwälte

Beißwenger, Willi	1. 1. 69	14. 6. 36
Hund, Dieter	10. 4. 73	15. 5. 40

Schadt, Günter	5. 12. 75	19. 10. 42
Trunz, Ludwig	23. 1. 78	30. 3. 45
Schmölz, Bernd	19. 8. 83	22. 9. 50
Kehrein, Stefan	24. 4. 89	26. 12. 56
Dr. Bauer, Georg, abg.	21. 7. 89	8. 9. 56
Lück, Michael	1. 10. 89	1. 11. 58
Diehl, Holger	2. 7. 90	7. 7. 58
Brehmeier-Metz, Doris	2. 7. 93	15. 2. 62
Gehring, Udo	20. 10. 93	21. 4. 61
Sauermilch, Karsten	29. 11. 93	19. 1. 62
Klewin, Christian, abg.	19. 1. 95	21. 6. 62
Dr. Hempelmann, Kai	24. 4. 95	17. 6. 61
Franck, Henri	2. 5. 95	6. 11. 59
Goldschmidt, Michael	11. 5. 95	12. 12. 60
Wisser, Andreas	12. 5. 95	8. 2. 61
Werner, Gabriele	9. 10. 95	10. 11. 63
Gau, Uwe, beurl.	24. 10. 95	29. 9. 62
Orthen, Stefan	29. 1. 96	27. 8. 64

Staatsanwaltschaft Kaiserslautern

Lauterstr. 2, 67657 Kaiserslautern
Postfach 35 60, 67623 Kaiserslautern
T (06 31) 71 41
Telefax (06 31) 71 43 98
1 LOStA, 1 stVLOStA, 4 OStA, 12 StA + 2 × ½ StA

Leitender Oberstaatsanwalt

Bleh, Helmut	1. 9. 92	20. 10. 49

Oberstaatsanwälte

Henrich, Günter, stVLOStA	1. 5. 90	13. 6. 35
Scheidner, Paul-Gerald	1. 5. 90	28. 6. 49
Dr. Winter, Detlef	1. 5. 90	30. 1. 51
Britz, Bernhard	1. 5. 92	6. 6. 46
Bachmann, Hans	1. 12. 94	20. 3. 49

Staatsanwältinnen/Staatsanwälte

Deschka, Peter, abg.	24. 2. 75	21. 12. 46
Huth, Ursula, ½	29. 3. 82	19. 7. 52
Prügel, Hubert	23. 1. 85	13. 10. 43
Nunenmann, Achim	28. 7. 89	29. 10. 56

Richter/StA im Richterverhältnis auf Probe **RP**

Küstner, Steffen	20.12.90	10. 5.57	
Seeberger, Hans-Werner	28. 8.92	27. 2.60	
Schank, Andreas	28. 8.92	17. 6.61	
Schöne, Elmar	30. 9.93	3. 4.59	
Schank, Sigrid	30. 9.93	2. 2.61	
Dr. Ludwig, Dominik	24.11.94	9. 6.61	
Kuhlmann, Klaus	7.11.95	19. 6.63	

Staatsanwaltschaft Landau i. d. Pfalz
Marienring 13, 76829 Landau
Postfach 1520, 76825 Landau
T (06341) 220
Telefax (06341) 22274
1 LOStA, 1 stvLOStA, 1 OStA, 8 StA

Leitender Oberstaatsanwalt

Prof. Dr. Sack, Hans-Jürgen	1. 3.84	6. 2.39	

Oberstaatsanwälte

Kettenring, Eugen, stVLOStA	1.12.87	15. 6.47	
Häußler, Klaus	1. 5.93	11. 1.46	

Staatsanwältinnen/Staatsanwälte

Borgards, Walter	1. 8.68	28. 6.35	
Wörner, Gudrun	1.10.71	9. 1.40	
Denger, Burkhart	26. 6.74	22. 6.44	
Sauerborn, Ernst-Wilhelm	25. 9.78	2.10.48	
Diederich, Albin	31. 7.89	13. 6.55	

Ströber, Hubert, abg.	7. 2.90	12.10.59	
Wagner-Diederich, Susanne	29. 7.92	9. 3.61	
Spielbauer, Thomas	2. 5.95	22. 9.61	

Staatsanwaltschaft Zweibrücken
Goetheplatz 1, 66482 Zweibrücken
Postfach 1461, 66464 Zweibrücken
T (06332) 8050
Telefax (06332) 805250
1 LOStA, 1 stVLOStA, 1 OStA, 8 StA +
1 × ½ StA

Leitender Oberstaatsanwalt

Heinekamp, Martin	1. 6.90	26. 4.47	

Oberstaatsanwälte

Staedtler, Wolfgang, stVLOStA	1. 6.81	30.10.37	
Dexheimer, Norbert	1. 6.81	25. 7.45	

Staatsanwältinnen/Staatsanwälte

Schmitt, Maximilian	1.11.66	20.12.34	
Kobbe-Boor, Ilse	2. 9.77	11. 3.47	
Balzer, Manfred	26. 2.86	3. 9.52	
Kleeberger, Maria, ½	22.10.87	24. 7.56	
Lißmann, Thomas	10. 8.89	2. 8.56	
Schubert, Michael	1. 8.91	22. 5.60	
Stahl, Hans-Jürgen	21. 4.93	10.10.57	
Petry, Silke	13. 4.94	3. 9.62	

Richterinnen / Richter und Staatsanwältinnen / Staatsanwälte im Richterverhältnis auf Probe

Oberlandesgerichtsbezirk Koblenz

Reinhardt, Ines, ½	3. 4.89	8. 3.61	
Wangen, Marita	2. 5.89	5. 1.61	
Dr. Grüter, Manfred	9. 4.90	20. 5.60	
Schmitz, Regina	2. 5.90	5. 2.62	
Dr. Griep, Barbara	27. 8.90	25. 5.61	
Ennemoser, Michaela	2. 4.91	21. 7.61	
Lexen-Schöben, Ruth, ½	2. 4.91	22. 2.63	
Weber, Hermann Josef	2. 5.91	8. 5.61	
Linden, Doris, ½	1. 8.91	13.12.61	
Röer, Birgit	2. 9.91	20. 4.63	
Galemann, Barbara, ½	16. 9.91	22.10.63	
Dr. Müller-Eising, Claudia, ½	4.11.91	26. 9.63	
Kraft, Stefan	1. 4.92	26. 9.60	
Schädrich, Ulrike, ½	1. 4.92	11.12.63	
Beickler, Thomas	15. 4.92	28. 5.63	
Kocherscheidt, Kathrin	21. 4.92	5.11.62	

Knoop-Kosin, Daniela	4. 5.92	12. 8.62	
Lehnert, Petra	4. 5.92	11.11.62	
Schlichting, Heike, ½	4. 5.92	3. 8.64	
Fritz, Stefan	25. 5.92	20.12.60	
Stricker, Hans-Jürgen	1. 6.92	19. 4.63	
Volckmann, Ralph	1. 7.92	5. 8.61	
Maur, Lothar	1. 9.92	1. 4.61	
Wille-Steinfort, Gabriele, ½	2.11.92	31. 3.60	
Meßer, Claudia, ½	2.11.92	14. 7.63	
May, Udo	4.11.92	17. 9.60	
Gettmann, Kerstin	16.11.92	12. 3.63	
Meier, Jürgen	16.11.92	30.11.63	
Euler, Barbara	16.11.92	17. 3.65	
Neis-Schieber, Judith	1.12.92	16. 6.64	
Hartmann, Birgit	1.12.92	25. 2.65	
Kern, Sabine	4. 1.93	28.10.60	
Henrichs, Thomas	8. 2.93	24. 2.64	
Brühl, Petra	1. 4.93	3. 6.62	

Name	Datum 1	Datum 2
Harsdorf-Gebhardt, Marion	1. 4.93	18. 2.64
Dr. Kerber, Anne	1. 4.93	28. 6.64
Groß, Helmut	26. 3.93	22. 1.64
Telscher, Susanne	5. 4.93	29. 7.65
Bergmann, Thomas	19. 4.93	29. 4.63
Dr. Beckmann, Martina	3. 5.93	1. 1.63
Spies, Wolfgang	3. 5.93	26. 4.63
Harwadt, Michael	3. 5.93	15.10.63
Bendel, Andreas	3. 5.93	25.10.63
Lochner-Kneis, Claudia	3. 5.93	26.10.64
Stauder, Eva-Maria Elisabeth, ½	3. 5.93	17. 2.65
Bender, Peter	1. 6.93	19. 5.65
Rühmann, Reiner	1. 7.93	4.12.63
Franzen, Marlene	19. 7.93	9.10.61
Benner, Jens	31. 8.93	9. 5.64
Werwie-Haas, Martina, ½	1. 9.93	29.11.62
Schleifer, Inge-Maria	1. 9.93	23. 7.64
Bohr, Elisabeth	1. 9.93	7.12.64
Hook, Felizitas	13. 9.93	11. 6.58
Kruse, Anna-Maria	13. 9.93	29. 8.64
Goebel, Frank	1.10.93	8. 5.65
Mönnig, Peter	18.10.93	1. 4.63
Kröll, Gabriele	27.10.93	2. 2.64
Blankenhorn, Iris	2.11.93	8. 3.65
Becher, Tanja	2.11.93	10. 5.65
Hennrichs, Silvia	2.11.93	14. 8.65
Lamberz, Barbara	1.12.93	8. 2.66
Dapper, Bernhard	3. 1.94	14. 3.62
Windisch, Iris	3. 1.94	21. 1.64
Faust, Gregor	10. 1.94	18. 6.64
Schlatmann, Birgitta	28. 1.94	16. 3.65
Lenz, Stefanie, ½	1. 2.94	20. 1.63
Versteegen, Jan	1. 3.94	25. 4.61
Poetsch, Carsten	1. 3.94	4.11.62
Böringer, Annette	5. 4.94	19. 8.62
Dr. Frank, Orlik	5. 4.94	3. 5.63
Pfeifer, Johannes	5. 4.94	25. 4.64
Debus, Claudia, ½	5. 4.94	17. 3.66
Kohl, Rudolf	11. 4.94	27. 8.58
Raab, Birgitta	6. 6.94	20. 7.64
Burkowski, Michael	1. 7.94	1.10.61
Wilhelmi, Jens	1. 7.94	22. 5.64
Kruse, Harald	18. 7.94	3. 7.64
Karst, Jochem	25. 7.94	30. 5.61
Thurn, Bernhard	1. 8.94	2. 2.63
Broszukat, Folkmar	2. 1.95	8. 3.65
Steinhauer, Jörg	2. 1.95	26. 7.65
Dr. Lins, Susanna	2. 1.95	23. 9.65
Müller, Susanne	2. 1.95	7. 2.67
Kastell, Dagmar	2. 1.95	1. 6.67
Ruf, Petra	1. 2.95	8. 1.65
Kurth, Martina	1. 3.95	28. 7.64
Horn, Wolfgang	1. 3.95	14. 1.65
Stöcklein, Thomas	3. 4.95	2.12.64
Steger, Volker	3. 4.95	20. 2.65
Junker, Martin	3. 4.95	16. 8.65
Gérard, Beate	19. 4.95	20. 8.67
Blüm, Andrea	15. 5.95	14. 6.68
Gilbert, Sybille	1. 6.95	26. 4.66
Dr. Metzger, Ingrid	19. 6.95	29.11.66
Randelzhofer, Albrecht	3. 7.95	5. 9.66
Hüttemann, Peter	3. 7.95	9. 9.67
Nicklas, Petra	3. 7.95	28.12.68
Szczepanski, Vera	12. 7.95	1. 8.69
Orf, Rüdiger	1. 8.95	28. 5.66
Schneider, Jutta	1. 8.95	11.10.66
Straschil, Petra	1. 8.95	24. 2.68
Zanner, Christine, ½	1. 9.95	21.11.63
van Krüchten, Ulrich	1. 9.95	23.11.63
Feils, Martin	2.10.95	18.12.64
Haberkamp, Alexandra	1. 9.95	20. 2.66
Dienst, Markus	18. 9.95	2. 3.65
Eisert, Tobias	2.10.95	18. 1.66
Beißer, Regine	2.10.95	11. 1.67
Porcher-Christmann, Ulrike	2.10.95	11. 9.67
Hampel, Jörg	18.10.95	28. 4.66
Moßem, Christine	2.11.95	24.12.66
Laufer, Rita	13.11.95	25. 8.68
Dr. Riegel, Ralf	2. 1.96	7. 7.62
Dr. Mälzer, Susanne, abg.	2. 1.96	4. 7.67
Morsch, Sabine	1. 2.96	5. 6.67
Schaaf, Heike	1. 2.96	2. 9.68
Krah, Kerstin	1. 3.96	9. 3.68
Emmer, Oliver	11. 3.96	27. 7.65

Oberlandesgerichtsbezirk Zweibrücken

Name	Datum 1	Datum 2
Karschkes, Brigitte, beurl. (LSt)	4.11.85	28. 5.55
Standarski, Petra, ½	1. 6.89	9. 3.60
Quante-Batz, Kerstin, ½	2.11.90	15. 8.59
Götz, Tanja Susanne, ½	15. 7.91	29. 6.62
Landes, Peter	2. 9.91	31.10.60
Dutt, Bettina	2. 9.91	9. 8.61
Zürker, Theresia	2. 9.91	17. 8.58
Paul, Anne	2. 9.91	31. 1.63
Hauptmann, Elke	16. 9.91	9. 3.60
Schehl-Greiner, Elly	1.10.91	25. 5.63
Biehl, Klaus	4.11.91	4. 8.60
Boffo-Mosbach, Andrea, ½	4.11.91	22. 2.61
Pick, Stefan	21. 4.92	21. 9.64
Burkhardt, Till	4. 5.92	9. 5.59
Stutz, Maria	15. 6.92	27. 1.63
Lenz, Eva, ½	1. 7.92	16. 5.56
Platzer, Charlotte, ½	1. 7.92	14. 2.58
Backes-Liedtke, Susanne, ½	1. 9.92	22. 2.64

Richter/StA im Richterverhältnis auf Probe — RP

Name	Datum 1	Datum 2
Zubrod, Silvia	26.10.92	17. 7.62
Zehe, Dieter	2.11.92	21. 6.61
Schmidt, Andreas	2.11.92	14. 9.63
Bell, Michael	4. 1.93	21. 1.62
Marx, Jeanet	11. 2.93	15.12.63
Bork, Jörg	23. 3.93	22.11.57
Weber, Sabine	13. 4.93	27. 8.64
Schiffmann, Harald	13. 4.93	13. 6.65
Braun, Susanna	6. 4.93	9. 9.62
Ehrmantraut, Peter	3. 5.93	17. 8.63
Hauf, Claudia	1. 6.93	18. 6.65
Simon, Anja	2. 8.93	9. 5.67
Orth, Beatrix	1. 9.93	11. 5.64
Tiemann-Rakebrandt, Uta	1. 9.93	19. 2.66
Heise, Brigitte	17. 9.93	4. 2.62
Stiefenhöfer, Michael	2.11.93	10. 7.62
Schultz, Klaus	1.12.93	10. 7.63
Hense, Barbara	1.12.93	20. 8.64
Vogt, Jutta	1. 2.94	2. 1.66
Weingardt, Iris	8. 2.94	1. 4.64
Klein-Seither, Walburga	1. 3.94	14.12.57
Zeilinger, Andreas	1. 3.94	16. 3.66
Dr. Justen, Detlef	5. 4.94	1. 8.62
Keller, Andrea	11. 4.94	9. 9.64
Wolf, Judith	25. 4.94	17. 2.66
Minig, Volker	2. 5.94	30. 4.65
Fischer, Jürgen	9. 5.94	12. 7.62
Karl, Bettina	16. 5.94	18. 5.65
Busch, Ina	24. 5.94	20. 1.66
Schenkelberg, Anke	1. 7.94	26. 1.65
Holler, Manfred	1. 7.94	22. 7.66
Schultz-Schwaab, Tanja	1. 7.94	12. 9.66
Fritzen, Peter	1. 8.94	18. 6.63
Born, Manfred	4.10.94	27. 1.60
Krauß, Matthias	4.10.94	20. 1.61
Steinmetz, Ursula	4.10.94	7. 9.63
Christoffel, Bernd	2.11.94	17. 4.64
Conrad, Catarina	2.11.94	21.11.64
Meumann-Anders, Ulrike, ½	1. 1.95	26. 3.57
Müller, Steffi	2. 1.95	17.11.65
Sturm, Dagmar, ½	2. 1.95	17. 4.66
Düll-Würth, Ursula	2. 1.95	10. 5.66
Frank, Peter	9. 1.95	26. 8.61
Schmitten, Elke	1. 2.95	14. 5.66
Winstel, Michaela	1. 2.95	28. 2.67
Dr. Hartmann, Klaus	1. 3.95	22. 6.64
Maiwald-Hölzl, Stephan	18. 4.95	17. 9.65
Henn, Thomas	1. 6.95	8. 4.67
Hassel, Christoph	3. 7.95	1. 9.61
Schlachter, Brigitte	3. 7.95	23. 1.68
Ferner, Carmen, ½	1. 8.95	21. 3.68
Kaiser, Stefan	9. 8.95	1. 1.68
Dr. Steitz, Michael	4. 9.95	17. 9.67
Paproth-Sachse, Brigitte	2.11.95	25. 6.67
Möhlig, Angelika	2.11.95	12. 8.68
Krause, Karola	1.12.95	9. 9.64
Bastian, Ulrike	1.12.95	29. 8.68
Schwenninger, Bernd	12. 2.96	31. 5.65

Saarland

1 082 943 Einwohner

Ministerium der Justiz

Zähringerstraße 12, 66119 Saarbrücken
Postfach 10 24 51, 66024 Saarbrücken
T (06 81) 5 01–00, Telefax (06 81) 5 01–58 55 u. 5 01–58 97 (LPA)
1 Min, 1 StS, 1 MinDgt, 3 LMinR, 5 MinR, 4 RD, 3 ROR

Minister der Justiz			
Dr. Walter, Arno	9. 4.85	27.11.34	
Staatssekretär			
Gruschke, Dieter	11. 2.95	4.12.39	
Ministerialdirigent			
Weber, Wolfgang	1. 4.92	18. 4.43	
Leitende Ministerialrätin/Ministerialräte			
Voltmer, Gerd	1. 2.85	17. 2.37	
Dr. Greiner, Lutz	1. 4.87	21. 2.39	
Dr. Bender, Gisela (PrLPA)	15.11.91	26. 3.45	
Ministerialräte			
Terres, Wolfram	29. 8.83	16. 3.39	
Baier, Hans Dieter	1. 4.85	13.10.40	
Molz, Rainer	1. 4.91	7. 3.42	
Sahm, Ralf-Dieter	1.10.92	18. 5.48	
Blandfort, Wolfgang	1.10.93	20. 9.50	
Regierungsoberrat			
Kunze, Heinz	1.10.94	15. 3.41	
Referentinnen/Referenten			
Scheer, Volker (RAG, stVDir)	1.12.94	13. 6.54	
Heesen, Joachim (RLG)	8.12.92	2. 5.59	
Leibrock, Frank (RLG)	6. 9.93	19. 1.62	
Papesch, Olaf (StA)	7.12.94	10.11.57	
Kleehaas, Marion (StA)	3. 7.95	4. 7.64	
Hausknecht, Susanne (R)	1. 8.95	14. 8.67	

Oberlandesgerichtsbezirk Saarbrücken

Bezirk: Saarland
Oberlandesgericht: Saarbrücken
1 Landgericht: Saarbrücken
11 Amtsgerichte
Schöffengerichte: Saarbrücken (für die Bezirke der Amtsgerichte Saarbrücken, St. Ingbert, Sulzbach und Völklingen), Saarlouis (für die Bezirke der Amtsgerichte Lebach, Merzig und Saarlouis), Neunkirchen (für die Bezirke der Amtsgerichte Homburg, Neunkirchen, Ottweiler und St. Wendel)

Jugendschöffengericht Saarbrücken (für die Bezirke sämtlicher Amtsgerichte des Saarlandes) *Familiengerichte:* bei allen Amtsgerichten *Landwirtschaftsgerichte:* Homburg (Saar) (für die AGBez. Homburg (Saar) und St. Ingbert), Merzig, Ottweiler (für die AGBez. Ottweiler und Neunkirchen (Saar)), St. Wendel, Saarlouis (für die AGBez. Saarlouis und Lebach), Saarbrücken (für die AGBez. Saarbrücken, Sulzbach (Saar) und Völklingen)

Saarländisches Oberlandesgericht

E 1 082 943
Franz-Josef-Röder-Straße 15, 66119 Saarbrücken
Postfach 10 15 52, 66015 Saarbrücken
T (06 81) 5 05–05, Telefax (06 81) 5 01–53 51
1 Pr, 1 VPr, 7 VR, 22 R sowie 1 UProf, 2. Hauptamt + 1 Lst (R)

Präsident
Dr. Rixecker, Roland	11. 2. 95	16. 5. 51

Vizepräsident
Schick, Willy	1. 12. 94	28. 3. 37

Vorsitzende Richter
Kratz, Walter	27. 10. 89	25. 4. 33
Kropf, Ernst	3. 5. 90	7. 12. 31
Haßdenteufel, Paul	16. 9. 92	1. 3. 35
Demuth, Horst	22. 10. 92	25. 12. 38
Groten, Dieter	8. 6. 93	25. 4. 37
Dr. Batsch, Karl Ludwig	14. 6. 94	16. 5. 39
Jochum, Arwed	21. 2. 95	20. 9. 43

Richterinnen/Richter
Ruser, Erwin	6. 4. 77	26. 9. 34
Weber, Gerd	1. 8. 78	18. 7. 33
Holschuh, Rose	13. 3. 87	19. 6. 39
Theis, Günter	1. 6. 87	17. 5. 45
Hartung, Rolf	1. 8. 87	11. 8. 35
Franzen, Richard, beurl. (LSt)	1. 8. 87	26. 11. 44
Dr. Kockler, Franz Josef	1. 1. 88	25. 4. 47
Paul, Gerhard	9. 3. 88	17. 8. 37
Prof. Dr. Rüßmann, Helmut (UProf), 2. Hauptamt	8. 2. 89	23. 1. 43
Gaillard, Ingrid	1. 1. 90	18. 11. 46
Morgenstern-Profft, Ferdinande	4. 10. 90	28. 11. 39
Wellner, Wolfgang	19. 2. 91	25. 8. 53
Brach, Karl-Josef	1. 7. 91	1. 5. 40
Dier, Josef	12. 11. 91	12. 7. 54
Dr. Kuhn-Krüger, Roswitha	17. 7. 92	10. 5. 48
Schild, Wolfgang	17. 7. 92	9. 1. 52
Wolff, Ingeborg	1. 3. 93	5. 5. 44
Becker, Wolfgang	19. 7. 93	18. 12. 46
Göler, Peter	18. 5. 94	23. 6. 47
Barth, Dieter	1. 1. 95	17. 12. 54
Legleitner, Helmut	6. 6. 95	20. 9. 57
Gehrlein, Markus	15. 7. 95	26. 7. 57
Sandhöfer-Geib, Anna	1. 12. 95	4. 2. 55

LG-Bezirk Saarbrücken   OLG-Bezirk Saarbrücken   **SAA**

Landgerichtsbezirk Saarbrücken

Landgericht Saarbrücken E 1 082 943
Franz-Josef-Röder-Str. 15, 66119 Saarbrücken
Postfach 10 15 52, 66015 Saarbrücken
T (06 81) 5 01–05
Telefax (06 81) 5 01–52 56
1 Pr, 1 VPr, 24 VR, 39 R + 3 × ½ R + 2 LSt (R)

Präsident
Dr. Zieres, Helmut   12. 5. 87   12. 7. 35

Vizepräsident
Simon, Werner   14. 6. 94   16. 10. 35

Vorsitzende Richterinnen/Vorsitzende Richter
Dr. Becker, Ralf-Dieter   28. 7. 69   4. 8. 38
Reus, Günther   17. 2. 76   29. 4. 33
Reichel, Harald   1. 7. 77   19. 12. 34
Sellen, Hermann   1. 5. 82   22. 7. 33
Giebel, Bernhard   1. 8. 84   8. 10. 34
Dr. Jenewein, Gert   15. 9. 85   29. 10. 39
Leis, Peter   27. 6. 86   30. 3. 35
Gieseking, Senta   2. 10. 86   20. 4. 36
Elsäßer, Klaus   1. 1. 88   23. 1. 38
Simon, Gerhard   1. 1. 88   1. 5. 39
Sossong, Werner   21. 8. 89   24. 2. 40
Dutt, Klaus   3. 5. 90   27. 1. 35
Allmers, Volker   30. 11. 90   3. 10. 39
Maas, Hartmut   19. 2. 91   9. 2. 40
Stein, Herbert   12. 11. 91   4. 8. 36
Palocsay, Huba   17. 7. 92   10. 7. 35
Nolte, Franz-Jörg   17. 7. 92   3. 12. 38
Chudoba, Ulrich   17. 7. 92   5. 1. 44
Balbier, Ralf-Werner   3. 2. 95   3. 8. 47
Schmidt, Gerhard   28. 6. 95   17. 1. 44
Meyer, Alfred   9. 10. 95   29. 4. 46
Hugo, Renate, ½   19. 12. 95   29. 11. 50
Wolff, Eike   22. 12. 95   31. 12. 43
Koch, Alfred, abg.   29. 2. 96   29. 9. 51

Richterinnen/Richter
Groß, Alois   19. 1. 67   13. 1. 36
Adams, Brigitte   15. 9. 67   30. 1. 37
Jochum, Heinz   17. 10. 69   19. 7. 35
Setz, Gerlinde   13. 8. 75   20. 6. 44
Radtke, Wolfgang   20. 1. 78   7. 10. 46
Weinand, Rainer   2. 4. 80   18. 5. 49
Seidel, Gerhard   2. 10. 81   3. 4. 50
Schneider, Erhard   5. 10. 81   15. 1. 51
Krämer, Wolfgang   16. 10. 81   2. 11. 48
Kratz, Ursula   26. 10. 83   11. 5. 53
Schmidt, Hans-Peter   17. 7. 84   9. 7. 52
Mansfeld, Birgit   3. 10. 84   30. 5. 55

Jung, Martin   2. 4. 85   5. 8. 55
Ewen, Maria Elisabeth, ½   4. 12. 86   28. 10. 54
Sittenauer, Alfons   1. 4. 87   3. 1. 55
Weber, Bernd   5. 5. 87   12. 3. 55
Roth, Günter   12. 11. 87   23. 8. 55
Henrich, Birgit   13. 10. 88   12. 9. 56
Lasotta, Gisbert   20. 10. 88   29. 7. 55
Quack, Heidrun, abg.   12. 1. 89   6. 6. 57
Lander-Schöneberger,
  Rosemarie, ½   23. 10. 89   20. 8. 57
Fritsch-Scherer, Ute   12. 2. 90   4. 7. 56
Feltes, Susanne   5. 11. 90   18. 1. 59
Backes-Kiefer, Ingrid   7. 1. 91   5. 8. 59
Hermanns, Monika,
  abg. (LSt)   5. 9. 91   6. 3. 59
Dr. Fries, Rainer   4. 11. 91   24. 7. 56
Dr. Madert-Fries, Ingrid   6. 4. 92   17. 3. 61
Heßlinger, Michael   7. 4. 92   11. 1. 60
Kuklik, Udo   5. 10. 92   2. 12. 60
Hoschke, Ulrich   22. 12. 92   28. 9. 59
Klein-Molz, Theresia   29. 6. 93   18. 4. 62
Lindenbeck, Andreas   11. 1. 94   5. 5. 62
Mahler, Markus   16. 3. 94   11. 2. 58
Zander, Uwe   10. 6. 94   23. 9. 54
Knerr, Gerhard   4. 10. 94   14. 10. 64
Gilles, Raymond   24. 10. 94   8. 1. 61
Lauer, Andreas   3. 1. 95   25. 10. 62
Freymann, Hans-Peter   18. 12. 95   11. 2. 61

Amtsgerichte

Homburg (Saar) E 105 388
Zweibrücker Str. 24, 66424 Homburg
Postfach 10 53/10 54, 66401 Homburg
T (0 68 41) 92 28–0
Telefax (0 68 41) 92 28–2 10

Zweigstelle in Blieskastel
Luitpoldplatz 5, 66440 Blieskastel
Postfach 12 40, 66432 Blieskastel
T (0 68 42) 92 15–0
Telefax (0 68 42) 5 20 65
1 Dir, 1 stVDir + 1 LSt (R), 8 R

Kunrath, Franz Josef, Dir   29. 4. 93   2. 10. 46
Glaser, Werner, stVDir   9. 12. 94   28. 6. 42
Krämer, Gerhard,
  stVDir, abg. (LSt)   9. 12. 94   2. 7. 41
Gabriel, Dieter   4. 4. 68   26. 8. 34
Scherer, Karl   15. 6. 70   11. 7. 35
Ziegler, Karlheinz   15. 12. 81   21. 7. 51
Lemke, Martin   2. 11. 89   2. 11. 57
Weidler-Vatter, Karin   22. 1. 91   9. 12. 59
Broo, Friederike   9. 12. 94   14. 11. 61
Kloos, Barbara   16. 6. 95   28. 12. 62

SAA   OLG-Bezirk Saarbrücken   LG-Bezirk Saarbrücken

Lebach   E 64 448
Saarbrücker Str. 10, 66822 Lebach
Postfach 11 40/11 60, 66811 Lebach
T (0 68 81) 9 27–0
Telefax (0 68 81) 9 27–1 40
1 Dir, 4 R

Hoffmann, Werner, Dir	21. 6. 94		6. 7. 46	
Engel, Steffen	20. 10. 88		29. 2. 56	
Klesen, Joachim	4. 1. 94		9. 4. 62	

Merzig   E 105 379
Wilhelmstr. 2, 66663 Merzig
T (0 68 61) 70 30
Telefax (0 68 61) 86 69

Zweigstelle in Wadern
Gerichtsstr. 7, 66687 Wadern
Postfach 11 74, 66680 Wadern
T (0 68 71) 20 81
Telefax (0 68 71) 86 69
1 Dir, 1 stVDir, 7 R

Contier, Winfried, Dir	15. 12. 94		13. 3. 43	
Kockler, Werner, stVDir	28. 3. 95		25. 9. 52	
Burgard, Hans-Thilo	10. 2. 76		15. 9. 45	
Koster, Alois	29. 9. 77		9. 12. 45	
Walisch-Klauck, Ursula	29. 5. 78		9. 12. 47	
Caspar, Thomas	2. 3. 93		14. 3. 60	

Neunkirchen (Saar)   E 66 926
Knappschaftsstr. 16, 66538 Neunkirchen
Postfach 1104, 66511 Neunkirchen
T (0 68 21) 1 06–01
Telefax (0 68 21) 1 06–1 00
1 Dir, 1 stVDir, 7 R + ½ R

Schwarz, Günther, Dir	4. 5. 90		11. 11. 41	
Pfordt, Ernst, stVDir	16. 9. 94		26. 6. 34	
Simon, Hans-Jürgen	18. 3. 70		15. 5. 36	
Merziger, Hans-Jürgen	12. 11. 73		13. 10. 39	
Kraus, Hartmut	11. 10. 76		16. 3. 42	
Mohr, Ilsemarie	8. 2. 80		6. 1. 49	
Neuerburg, Hans-Peter	25. 5. 92		13. 3. 60	
Burmeister, Margot	3. 7. 92		24. 1. 57	

Ottweiler   E 83 254
Reiherswaldweg 2, 66564 Ottweiler
Postfach 13 61, 66560 Ottweiler
T (0 68 24) 30 90
Telefax (0 68 24) 3 09 49
1 Dir, 6 R + ½ R

Weishaupt, Ernst, Dir	22. 10. 90		22. 4. 40	
Bost, Jürgen	20. 6. 78		27. 8. 47	
Swatkowski, Beate	5. 10. 87		15. 7. 56	

Caspar-Markmann, Astrid   7. 9. 89   8. 7. 57
Laubenthal, Sigrid,
  beurl. (LSt)   4. 6. 91   15. 3. 60

Saarbrücken   E 235 713
Franz-Josef-Röder-Str. 13, 66119 Saarbrücken
Postfach 10 15 52, 66015 Saarbrücken
T (06 81) 5 01–05
Telefax (06 81) 5 01–56 00
1 Pr, 1 VPr, 4 w.aufsR, 40 R + ½ R + 2 LSt (R)

Präsident
Kalbhenn, Rolf   29. 11. 90   24. 10. 38

Vizepräsident
Jesel, Ludwig   6. 9. 93   24. 11. 36

weitere aufsichtführende Richter
Eisvogel, Hartmut   15. 4. 94   21. 1. 40
Dr. Krüger, Jochen   24. 8. 94   7. 7. 48
Schemer, Gerhard   27. 2. 96   27. 9. 43

Richterinnen/Richter
Naumann, Dieter	3. 3. 69	2. 3. 33
Klein, Manfred	23. 12. 71	25. 5. 37
Fischer, Erich	2. 7. 73	27. 8. 40
Lorscheider, Rainer	3. 1. 74	19. 10. 41
Gaillard, Wolfgang	2. 8. 76	11. 10. 43
Pack, Ursula	4. 10. 76	17. 11. 44
Lorscheider, Anja	6. 12. 77	14. 11. 47
Grapp-Scheid, Margit	17. 4. 78	13. 8. 46
Barbian, Edgar	1. 8. 78	24. 9. 48
Bernheine, Karl-Ernst	2. 4. 80	16. 5. 50
Kirchberg, Heike	14. 4. 81	14. 12. 49
Schimmelpfennig, Kurt Rüdiger	5. 10. 81	21. 10. 48
Effnert, Armin	18. 10. 83	13. 11. 50
Dr. Noll, Hans-Norbert	6. 11. 85	1. 2. 53
Cronberger, Ingrid	4. 3. 87	31. 3. 55
Weber, Gerhard	4. 9. 87	25. 12. 55
Krüger, Edith	21. 11. 87	26. 8. 53
Müller, Walter	17. 10. 88	29. 12. 56
Sosalla, Werner, abg.	24. 1. 89	11. 11. 57
Schmauch, Adolf	5. 9. 89	11. 1. 48
Dr. Rupp, Michael	5. 9. 89	7. 6. 56
Wolf, Erich-Peter	4. 12. 90	30. 9. 52
Haase, Rainer	8. 7. 92	15. 8. 59
Habermeier, Katharina, beurl. (LSt)	1. 3. 93	20. 6. 60
Gref, Monika, abg. (LSt)	28. 6. 93	19. 3. 61
Bamberger, Silke	18. 10. 93	1. 5. 63
Greis, Günther	8. 11. 93	9. 6. 60
Funk, Stefan	4. 10. 94	25. 1. 62
Schneider, Thomas Günter	3. 12. 94	17. 3. 61
Kuhn, Martin	3. 1. 95	5. 11. 63
Hilpert-Zimmer, Ulrike	24. 4. 95	8. 3. 64

LG-Bezirk Saarbrücken   OLG-Bezirk Saarbrücken   **SAA**

Hellenthal, Peter	4. 8.95	6. 2.63
Blum, Gabriele	4. 8.95	18.10.63
Holschuh-Gottschalk, Friederun	9.10.95	4. 8.65
Maurer, Bettina, ½	28.12.95	2. 4.62

Saarlouis   E 150 599
Prälat-Subtil-Ring 10, 66740 Saarlouis
Postfach 11 30, 66711 Saarlouis
T (0 68 31) 4 45–0
Telefax (0 68 31) 4 45–2 11
1 Dir, 1 stVDir, 12 R + 1 LSt (R)

Dellwing, Kurt, Dir	18. 1.93	26. 5.43
Thul, Walter, stVDir	22. 7.93	30. 3.34
Bauer, Kurt	26. 7.74	14.11.42
Westermann, Hans-Werner	13. 8.75	10. 1.44
Zamostny, Hans-Jürgen	15. 4.78	5. 2.44
Weyer, Hermann	13. 4.81	30. 5.47
Hollinger, Dieter	23. 5.85	13. 2.52
Neibecker, Brigitte	25. 1.89	11. 1.58
Sander, Gerd	26. 1.90	20.11.57
Ulm, Karl-Georg	9. 4.90	29. 9.58
Freichel, Gerhard	17. 3.93	11. 7.58
Kirf, Stephanie, beurl. (LSt)	1. 7.93	21. 1.58
Huber, Silvia	5. 4.94	5.11.64

St. Ingbert   E 52 863
Ensheimerstr. 2, 66386 St. Ingbert
Postfach 11 20, 66361 St. Ingbert
T (0 68 94) 9 84–03
Telefax (0 68 94) 9 84–2 02
1 Dir, 3 R

Wagner, Alfons, Dir	17. 7.95	9. 8.36
Gerhard, Karl-Heinz	14.10.81	26.12.48

St. Wendel   E 95 839
Schorlemerstr. 33, 66606 St. Wendel
Postfach 11 40, 66591 St. Wendel
T (0 68 51) 9 08–0
Telefax (0 68 51) 9 08–32
1 Dir, 6 R

N.N., Dir

Neis, Richard	18. 1.67	31. 7.33
Reuter, Gerhard	21.10.77	25. 4.48
Adams, Helmut	26. 4.79	19. 7.49
Bruxmeier, Jürgen	3. 4.84	16.10.52
Krämer, Roland	16.12.92	10. 6.59
Gabler, Bettina	26. 5.95	27.11.63

Sulzbach (Saar)   E 47 381
Vopeliusstr. 2, 66280 Sulzbach
Postfach 11 41, 66272 Sulzbach
T (0 68 97) 90 82–0
Telefax (0 68 97) 90 82–2 10
1 Dir, 3 R

Fischbach, Dieter, Dir	12. 7.93	3. 7.52
Neu, Doris	6. 8.68	22.10.35
Ebersbach, Richard	5. 6.74	1. 9.40
Christmann, Marcel	1. 6.95	27.11.63

Völklingen   E 75 153
Karl-Janssen-Str. 35, 66333 Völklingen
Postfach 10 11 60, 66301 Völklingen
T (0 68 98) 2 03–02
Telefax (0 68 98) 2 03–3 19
1 Dir, 5 R

Kasper, Gerhard, Dir	31. 3.89	29. 6.33
Quirin, Bernhard	20.11.84	24. 1.53
Hedrich, Heide	10. 6.87	27.10.56
Grünert, Jürgen	31. 1.92	13. 8.55

Staatsanwaltschaften

Generalstaatsanwaltschaft
Zähringerstr. 8, 66119 Saarbrücken
Postfach 10 15 52, 66015 Saarbrücken
T (06 81) 5 01–05
Telefax (06 81) 5 01–55 37
1 GStA, 1 LOStA, 2 OStA

Generalstaatsanwalt
Gerber, Udo	1. 10. 90	19. 11. 31

Leitender Oberstaatsanwalt
Stephan, Wolfgang	4. 10. 95	16. 5. 35

Oberstaatsanwälte
Messinger, Hans-Helmut	8. 4. 94	18. 7. 47

Staatsanwaltschaft
Zähringerstr. 12, 66119 Saarbrücken
Postfach 10 15 52, 66015 Saarbrücken
T (06 81) 5 01–05
Telefax (06 81) 5 01–50 34
1 LOStA, 10 OStA, 2 StA (GL), 34 StA + ½ StA,
1 LSt (StA)

Leitender Oberstaatsanwalt
Arweiler, Peter	4. 5. 93	28. 9. 41

Oberstaatsanwältin/Oberstaatsanwälte
Höfling, Karl-Hermann, stVLOStA	1. 10. 94	14. 2. 34
Krämer, Alfons	1. 8. 78	19. 10. 31
Freichel, Dagobert	1. 10. 88	16. 4. 33
Gocke, Karlheinz	19. 11. 92	8. 9. 41
Klein, Berthold	16. 4. 93	6. 11. 37
Müller, Rolf	8. 4. 94	25. 12. 40

Schmitt, Wilhelm	7. 9. 94	7. 5. 39
Winter, Helmut	4. 10. 95	21. 10. 37
Krämer, Ute	4. 10. 95	23. 5. 39
Hudalla, Jürgen	4. 10. 95	12. 2. 44

Staatsanwältinnen/Staatsanwälte (GL)
Wüllenweber, Karl-Willi	8. 4. 94	19. 4. 39
Kammer, Barbara	4. 10. 95	4. 8. 42

Staatsanwältinnen/Staatsanwälte
Groß, Werner	3. 7. 72	12. 6. 39
Mertes, Norbert	7. 11. 74	14. 5. 42
Horn, Horst	13. 5. 76	15. 7. 41
Kunz, Ulrich	29. 9. 78	27. 6. 46
Zöcke, Gerhard, abg.	1. 1. 81	8. 11. 48
Pattar, Josef	23. 1. 81	15. 7. 49
Dr. Jülch, Jürgen	1. 10. 81	21. 9. 46
Schade-Kesper, Marlene	12. 11. 81	5. 11. 51
Adam, Wolfgang	5. 4. 82	17. 10. 49
Müller, Michael	4. 3. 83	18. 7. 53
Matheis, Kurt	2. 8. 83	25. 6. 52
Colling, Hubert	3. 1. 84	27. 9. 51
Wintrich, Wendelin	14. 5. 85	5. 6. 49
Liebschner, Guntram	6. 1. 86	15. 1. 55
Brass, Adolf	23. 9. 86	9. 8. 54
Fritsch, Michael	2. 2. 88	19. 3. 53
Uthe, Eckhard	21. 7. 88	8. 8. 56
Knaack, Hans Peter	8. 3. 89	26. 6. 53
Weyand, Raimund	3. 4. 89	22. 9. 55
Junker, Peter	29. 10. 90	12. 7. 57
Wern, Stephan	13. 8. 93	2. 12. 58
Sieren-Kretzer, Birgit	3. 1. 94	14. 6. 62
Müller, Jürgen	26. 8. 94	7. 4. 61
Lauer, Wolfgang	8. 11. 94	4. 6. 57
Hilgers-Hecker, Carola	17. 7. 95	18. 10. 62
Schweitzer, Erik	3. 11. 95	9. 10. 61

Richterinnen/Richter und Staatsanwältinnen/Staatsanwälte im Richterverhältnis auf Probe

Kräuter-Stockton, Sabine	3. 5.93	21. 7.57		Dr. Kost, Manfred	15. 2.95	9. 2.64
Schmit, Christoph	3. 5.93	17.12.62		Kirchdörfer, Jörg	15. 2.95	13. 3.66
Wiedersporn, Muriel	3. 5.93	19. 3.64		Bucher-Rixecker,		
Ohlmann, Dominik	1. 7.93	25.12.62		Michele, ½	1. 3.95	26. 5.64
Reger, Werner	12. 7.93	24. 3.63		Haßdenteufel, Anja	18. 3.95	18. 2.67
Biehl, Susanne	20. 9.93	15.11.64		Schmidt-Drewniok,		
Görlinger, Michael	20. 9.93	24. 4.65		Johannes	20. 3.95	26.12.64
Kiefer, Wolfgang	20. 9.93	29. 9.65		Thome, Peter,		
Beck, Sabine	3. 1.94	10. 6.63		abg. (LSt)	20. 3.95	24.10.65
Engel, Andreas	3. 1.94	25. 9.63		Würtz, Michael	20. 3.95	6. 7.66
Mayr, Klaus	3. 1.94	23. 9.65		Tull, Christina	20. 3.95	12. 8.67
Körner, Stephan	1. 3.94	11. 2.64		Nicolay, Marie Therese	31. 3.95	9. 1.67
Dörr, Claudia	5. 4.94	18. 7.61		Brück, Christoph	24. 4.95	24. 9.67
Sander, Peter	5. 4.94	1. 3.64		Peil, Martin	24. 7.95	12. 6.64
Klein, Raphael	5. 4.94	20. 7.64		Ganster, Dirk	24. 7.95	28. 1.65
Dr. Jaschinski, Joachim	1. 7.94	26. 7.65		Eckel, Claus	24. 7.95	1.10.65
Both, Sigrid	1. 7.94	8. 2.66		Müller, Antje	31. 7.95	1. 8.68
Wolff, Carmen	15. 7.94	21. 2.50		Catrein, Andreas	1. 8.95	29. 4.68
Schaefer, Ute	1. 9.94	13. 9.62		Praum, Markus	23.10.95	3.12.66
Schneider, Dirk	12. 9.94	7. 5.64		Meiners, Bernhard	30.10.95	16. 6.64
Witsch, Claudia, ½	12. 9.94	14.11.66		Bieg, Gero	30.10.95	10. 9.68
Endres, Georg	19. 9.94	12.11.60		Schmitt, Christiane	30.10.95	17.10.69
Breiden, Erhard	19. 9.94	16. 8.65		Schepke, Alexandra	2.11.95	18. 9.69
Friedrichs, Sabine	19. 9.94	7.10.65		Schwinn, Ralf	15.11.95	3. 1.67

Freistaat Sachsen

4 584 345 Einwohner

Staatsministerium der Justiz

Archivstr. 1, 01097 Dresden
Postfach 10 09 30, 01076 Dresden
T (03 51) 5 64–0, Telefax (03 51) 5 64–15 99

1 Min, 1 StaatsSekr, 5 MinDgt, 8 MinR, 1 MinR (B2), 5 MinR (A16), 12 RD, 6 ORR, 4 RR

Minister
Heitmann, Steffen	8.11.90	8. 9.44

Staatssekretär
Dr. Franke, Stefan	20.12.93	14. 8.46

Ministerialdirigenten
Kindermann, Claus-Peter	26. 5.93	1.10.42
Preusker, Harald	1. 7.94	25. 6.43
Dr. Sprenger, Wolfgang	1. 1.95	29.11.45
Dr. Weber, Klaus	1. 3.95	2. 7.57
Haen, Traugott	16.10.95	6. 6.36

Ministerialräte
Thomas, Joachim	24. 2.94	9. 8.50
Rödle, Helmut	18. 8.94	10. 2.35
Schmid, Willi	1. 1.95	14. 7.54
Hohmann, Bernd	1. 2.95	5. 2.55
Dr. Czub, Hans-Joachim	15. 7.95	10. 7.51
Huber, Rainer	1.11.95	22. 7.58
Dr. Fischer, Thomas	12. 2.96	29. 4.53

Regierungsdirektorinnen/Regierungsdirektoren
Weber, Max	1. 3.95	23. 1.39
Dr. Freiherr von Welck, Georg	1. 6.95	30.10.59
Czub, Renate, abg.	1. 8.95	31. 3.57
Franke, Andrea	1. 8.95	7. 3.58
Bauer, Hanspeter	1. 1.96	26. 1.40
Jena, Wolfram, abg.	1. 1.96	12. 8.63

Regierungsoberräte
Beilein, Konrad	1. 8.94	4. 2.35
Finsterwalder, Eckhart	13.11.94	24.10.42
Hüner, Klaus	1. 4.95	28. 1.61
Graf zu Stolberg-Stolberg, Friedrich	1. 4.95	16. 3.62
Falk, Michael	5. 4.95	30. 5.61
Hörner, Heribert	9.12.95	13. 5.61
Dr. Brauns, Hans-Joachim	1. 4.96	2. 5.59

Regierungsräte
Dr. Kieß, Peter	1.10.95	15. 9.63
Böss, Georg	1.11.95	27. 1.64

Regierungsrätinnen z. A./Regierungsräte z. A.
Schmidtbauer, Andrea	1. 7.93	25. 4.55
Beuchel, Petra	1. 7.93	30. 4.56
Hildebrandt, Dietmar	1. 1.94	29. 7.51
Wolting, Michael	2. 1.95	4. 2.61
Schaaf, Meike	1. 2.95	24. 7.65
Seidel, Katrin	1. 6.95	15.12.65
Odenkirchen, Rainer	3. 7.95	4. 7.66
Affeldt, Ingo	3. 7.95	31. 8.66
Hettich, Matthias	24. 7.95	19. 4.66
Holubetz, Gertraut	1.11.95	12. 4.67
Freiherr von Barnekow, Joachim	1.11.95	12. 8.67
Wigger, Frank	15.12.95	25. 2.67
Scheurig, Jürgen	4. 3.96	21. 6.68
Schäfer, Ingeborg	1. 4.96	23. 8.68

Abgeordnet aus alten Bundesländern: 6

SAC   OLG-Bezirk Dresden   LG-Bezirk Bautzen

Oberlandesgerichtsbezirk Dresden

Bezirk: Sachsen
6 Landgerichte: Bautzen, Chemnitz, Dresden, Görlitz, Leipzig, Zwickau

30 Amtsgerichte

Oberlandesgericht Dresden*

E 4 584 345
Lothringer Str. 1, 01069 Dresden
Postfach 12 07 32, 01008 Dresden
T (03 51) 44 60, Telefax (03 51) 4 46 30 70

Präsident			
Budewig, Klaus	1. 8. 95	11. 11. 41	
Vizepräsident			
Hagenloch, Ulrich	1. 1. 93	27. 5. 52	
Vorsitzende Richterinnen/Vorsitzende Richter			
Dr. Klauser, Karl-August	3. 6. 91	30. 12. 26	
Sindlinger, Dieter	22. 12. 92	2. 7. 36	
Freuer, Hans-Jürgen	23. 12. 92	18. 12. 33	
Werber, Ingrid	31. 12. 92	1. 10. 39	
Dr. Ahlt, Michael, beurl.	1. 6. 93	12. 5. 43	
Boie, Gisela	1. 11. 94	1. 5. 49	
Müller-Kuckelberg, Hans-Jürgen	1. 1. 95	15. 2. 44	
Kindermann, Anna-Eleon.	1. 1. 95	19. 3. 46	
Häfner, Gilbert	5. 4. 95	11. 3. 55	
Kellner, Reinhold	1. 6. 95	3. 11. 34	
Brendel, Rudolf	1. 7. 95	14. 11. 35	
Otten, Günter	1. 4. 96	3. 11. 30	
Dr. Kamm, Reinhold	1. 2. 96	26. 1. 31	
Riepl, Otto	1. 1. 96	26. 1. 38	
Richterinnen/Richter			
Schons, Brigitte, abg.	1. 10. 92	13. 7. 49	
Hofmann, Wolfgang, abg.	31. 12. 92	26. 3. 37	
Hauser, Gabriele, abg.	1. 1. 93	24. 3. 55	
Dr. Raum, Rolf	1. 6. 93	8. 8. 56	
Piel, Wolfgang, abg.	1. 9. 93	27. 4. 57	
Thomas, Jürgen, abg.	11. 9. 94	26. 8. 29	
Maier, Bernhard	2. 5. 95	1. 3. 30	
Dr. Onusseit, Dietmar	1. 8. 95	15. 7. 56	
Bey, Robert	1. 8. 95	5. 5. 60	
Bäumel, Dieter	1. 1. 96	28. 3. 58	

Abgeordnet aus alten Bundesländern: 13

Landgerichtsbezirk Bautzen

Landgericht Bautzen   E 340 195
Lessingstr. 7, 02625 Bautzen
Postfach 17 20, 02607 Bautzen
T (0 35 91) 3 61–0
Telefax (0 35 91) 3 61–1 11

Präsident		
Emde, Hans-Jochen	20. 7. 95	26. 11. 41
Vizepräsident		
Tritschler, Heinz	1. 3. 95	10. 12. 46
Vorsitzende Richter		
Schultchen, Christoph	1. 2. 93	30. 4. 29
Dr. Deppe-Hilgenberg, Dieter	1. 1. 93	26. 7. 50
Richterinnen/Richter		
Herzog, Frank	20. 6. 94	29. 6. 60
Dratwinski, Volker	1. 8. 94	5. 12. 58

---

* Angaben zur Anzahl der Planstellen bei den ordentlichen Gerichten sind nicht übermittelt worden.

LG-Bezirk Chemnitz   OLG-Bezirk Dresden   **SAC**

Hirschberg, Marion	1. 8. 94	14. 7. 63
Senkbeil, Christa	5. 8. 94	24. 12. 53
Schade, Reinhard	1. 7. 95	31. 3. 60
Lucas, Gregor	15. 9. 95	12. 12. 61
Weisel, Manfred	1. 12. 95	23. 8. 55

Abgeordnet aus alten Bundesländern: 1

Landgerichtsbezirk Chemnitz

Landgericht Chemnitz   E 1 017 300
Hohe Str. 23, 09112 Chemnitz
Postfach 1 30, 09001 Chemnitz
T (03 71) 4 53–0
Telefax (03 71) 30 21 74

Amtsgerichte

Präsident
Ignée, Peter   1. 11. 91   10. 6. 42

Vizepräsident
Fleischmann, Klaus   1. 1. 93   5. 9. 51

Vorsitzende Richter
Dr. Blunk, Eginhard   1. 9. 95   23. 2. 43
Medla, Jürgen, abg.   1. 1. 96   20. 1. 44
Wirth, Christian   1. 1. 96   14. 2. 45

Richterinnen/Richter

Melcher, Peter	19. 3. 94	21. 6. 58
Hermann, Joachim	1. 4. 94	1. 4. 58
Hasselmann, Lutz	2. 4. 94	23. 11. 60
Zezulka, Rosmarie	15. 5. 94	3. 11. 50
Berger, Helmut	15. 5. 94	22. 7. 51
D'Alessandro, Peter	15. 5. 94	7. 4. 61
Jankowski, Kirsten	29. 5. 94	3. 8. 64
Schäfer, Thomas	2. 6. 94	25. 7. 62
Schulhauser, Jürgen	3. 6. 94	18. 8. 62
Scholz, Andreas	4. 6. 94	11. 7. 61
Kroeßner, Hans	14. 6. 94	26. 7. 40
Kaiser, Christel	14. 6. 94	18. 2. 44
Kies, Ilonka	21. 6. 94	13. 2. 59
Reckling, Regine	1. 7. 94	19. 6. 53
Schäfer, Franziska	1. 7. 94	9. 7. 55
Ullmann, Steffi	1. 7. 94	16. 6. 59
Nolting, Michael	1. 7. 94	21. 12. 60
Reichert, Gabriele	4. 7. 94	12. 11. 61
Lindner, Marianne	25. 7. 94	17. 7. 37
Bräunlich, Bernd	25. 7. 94	29. 3. 58
Lange, Ingrid	29. 7. 94	25. 9. 56
Müller, Joachim	15. 8. 94	31. 3. 51
Klyne, Holger	8. 10. 94	14. 4. 57
Deichstetter, Frank, abg.	15. 11. 94	2. 9. 59
Zimmermann, Markus	1. 2. 95	18. 4. 59
Trautmann, Gudrun	1. 2. 95	3. 2. 62
Mrodzinsky, Thomas	21. 7. 95	16. 3. 63
Ströher, Rutgart	1. 8. 95	14. 8. 61
Schick, Siegfried	3. 8. 95	9. 3. 55
Langfritz, Michael	1. 10. 95	26. 11. 60
Lang, Paul	1. 11. 95	18. 4. 50
Fuchs, Elisabeth	1. 4. 96	22. 10. 33
Richter, Thomas	1. 4. 96	26. 10. 58

Abgeordnet aus alten Bundesländern: 15

Bautzen
Lessingstr. 7, 02625 Bautzen
Postfach 17 20, 02607 Bautzen
T (0 35 91) 3 61–0
Telefax (0 35 91) 3 61–4 44

Grundbuchamt Bischofswerda
Kirchstr. 32, 01877 Bischofswerda
Postfach, 01872 Bischofswerda
T (0 35 94) 77 44–0
Telefax (0 35 94) 21 70

Volk, Jürgen, Dir	1. 1. 93	22. 8. 49
Scholz, Birgit	2. 8. 93	23. 6. 59
Herzog, Katrin, abg.	20. 6. 94	3. 5. 64
Schumann, Lubina	22. 8. 94	28. 10. 51
Reuter, Dirk	14. 10. 94	27. 4. 62
Philippi, Heiko, abg.	1. 7. 95	10. 1. 62
Dr. Hertle, Dirk	16. 10. 95	9. 11. 62
Beschel, Günter	1. 2. 96	22. 12. 62
Blume, Monika	1. 2. 96	8. 2. 63

Hoyerswerda
Pforzheimer Platz 2, 02977 Hoyerswerda
Postfach 54, 02961 Hoyerswerda
T (0 35 71) 47 13
Telefax (0 35 71) 47 15 58

Dr. Weidner, Klaus, Dir	1. 7. 93	16. 1. 28
Kloß, Evelin	10. 6. 94	12. 11. 58
Salbreiter, Karin	13. 8. 94	1. 2. 59

Kamenz
Macherstr. 31, 01917 Kamenz
Postfach, 01911 Kamenz
T (0 35 78) 33 81 00
Telefax (0 35 78) 33 80 13

Thoma, Herbert (BW), Dir	—	—
Böttner, Friedrich	5. 1. 96	26. 10. 54
Goebel, Michael	1. 7. 95	4. 4. 58

345

Amtsgerichte

Annaberg
Klosterstr. 12, 09456 Annaberg-Buchholz
T (0 37 33) 1 31–0
Telefax (0 37 33) 13 11 01

Diener, Hans-Joachim, Dir.	1.	2. 96	14.	7. 51
Allendorf, Thomas	25.	3. 94	3.	4. 57
Glombik, Petra	20.	6. 94	21.	5. 54
Rath, Brigitte	19.	8. 94	30.	3. 64

Chemnitz
Fürstenstr. 21, 09130 Chemnitz
Postfach 5 24, 09005 Chemnitz
T (03 71) 4 53–0
Telefax (03 71) 4 53 11 55 (Verwaltung)
Telefax (03 71) 4 53 31 55

Präsident
Müller, Dietmar	30.	4. 92	21.	4. 37

Vizepräsident
Stigler, Hans	31. 12. 92		18.	4. 42

Richterinnen/Richter
Düpre, Paul	12.	8. 93	26.	6. 52
Fröhling, Sibylle	4.	3. 94	18.	1. 60
Wunderlich, Jörn	15.	4. 94	16.	1. 60
Richter, Ingrid	24.	5. 94	28.	5. 57
Neubert, Jaqueline	7.	6. 94	18.	4. 65
Schabacher, Anita	14.	6. 94	28. 12. 53	
Fehrmann, Rainer	20.	6. 94	27. 10. 40	
Weigelt, Karin	20.	6. 94	10. 10. 55	
Roscher, Heike	20.	6. 94	3. 11. 59	
Herberger, Simone	21.	6. 94	29. 10. 62	
Leitner, Andreas	1.	7. 94	11.	1. 61
Förster, Bernd	23.	7. 94	12.	2. 42
Lindenberger, Adolf	15.	8. 94	30.	4. 61
Sell, Jochen	2.	9. 94	2.	2. 60
Leppert, Hansjörg	1. 10. 94		27.	7. 60
Schuhmann, Ursula	4. 10. 94		15.	3. 56
Völzing, Günter	1. 11. 94		5.	1. 63
Mühlbauer, Udo	1.	9. 95	11.	4. 61
Lust, Claudia	1. 10. 95		5.	4. 62
Wohlgemuth, Gisela	5. 12. 95		30.	9. 63
Frey, Karen	1.	2. 96	10.	2. 62
Schwäble, Ingrid, abg.	2.	3. 96	9. 11. 63	

Freiberg
Beethovenstr. 8, 09599 Freiberg
Postfach 1 51, 09583 Freiberg
T (0 37 31) 35 89–0
Telefax (0 37 31) 35 89 11

Grundbuchamt Freiberg
Chemnitzer Str. 40, 09599 Freiberg
Postfach 1 51, 09583 Freiberg
T (0 37 31) 79 73 29
Telefax (0 37 31) 79 74 16

Grundbuchamt Oederan
Gerichtsstr. 18, 09569 Oederan
T (03 72 92) 6 81 05
Telefax (03 72 92) 6 81 50

Herrmann, Hans-Joachim, Dir	1. 12. 93		28.	1. 45
Korb, Stefan	1.	7. 94	6.	5. 60
Scheele, Sven	1.	7. 94	8. 12. 62	
Meyer, Petra	29.	7. 94	28.	8. 55
Specht, Christof	4. 10. 94		1.	9. 58

Hainichen
Gerichtsstr. 26, 09661 Hainichen
T (03 72 07) 6 30
Telefax (03 72 07) 22 06/6 31 12

Grundbuchamt Hainichen
Friedelstr. 4, 09661 Hainichen
T (03 72 07) 6 30
Telefax (03 72 07) 22 06/6 31 12

Grundbuchamt Rochlitz
Bismarckstr. 37, 09306 Rochlitz
T (0 37 37) 4 21 65
Telefax (0 37 37) 4 21 68

N. N., Dir				
Stein, Mario	31.	5. 94	24.	8. 61
Goldbach, Martina	1.	6. 94	18.	1. 54
Hoppe, Regina	21.	6. 94	23. 12. 56	
Blümbott, Wolfgang, abg.	2.	9. 94	15. 10. 59	

Hohenstein-Ernstthal
Conrad-Clauß-Str. 11, 09337 Hohenstein-Ernstthal
Postfach 72, 09332 Hohenstein-Ernstthal
T (0 37 23) 4 93–0
Telefax (0 37 23) 49 34 44

Grundbuchamt Glauchau
Heinrichshof 2, 08371 Glauchau
Postfach 70, 08361 Glauchau
T (0 37 63) 6 03–0
Telefax (0 37 63) 60 31 01

Spriegel, Wilfried, Dir	1.	8. 95	10. 12. 52	
Weber, Manfred	19.	9. 94	14.	8. 56
Franz, Jürgen	8. 10. 94		16.	6. 56
Göres, Gerhard	2.	4. 95	13.	6. 57
Gößwald, Anita	3.	8. 95	16.	7. 61
Blümel, Reinhard	1.	3. 96	30.	4. 45

LG-Bezirk Dresden   OLG-Bezirk Dresden   **SAC**

Marienberg
Zschopauer Str. 31, 09496 Marienberg
T (0 37 35) 91 08–0
Telefax (0 37 35) 91 08 30

Grundbuchamt Zschopau
Thumer Str. 14, 09402 Zschopau
T (0 37 25) 2 35 39 u. 2 23 35
Telefax (0 37 25) 2 32 17

Dr. Kouba, Werner (BY), Dir	—	—
Erath, Daniel, abg.	4. 2.94	8. 1.60
Frei, Andreas	15. 7.94	26. 9.60
Lang, Marika	1.10.95	15. 5.64

Stollberg
Hauptmarkt 10, 09366 Stollberg
Postfach 0 93 32, 09366 Stollberg
T (03 72 96) 50 70
Telefax (03 72 96) 5 07 42

Dr. Hoffmann, Dieter, Dir	1. 1.96	27. 3.40
Börner, Dagmar	2. 4.94	15. 7.62
Delau, Uwe	17. 6.94	10.11.61
Talatzko, Barbara	15. 7.94	21. 3.56
Ewerhardy, Christoph	1. 8.95	29.12.60

Landgerichtsbezirk Dresden

Landgericht Dresden   E 1 080 558
Lothringer Str. 1, 01069 Dresden
Postfach 12 09 62, 01008 Dresden
T (03 51) 44 60
Telefax (03 51) 4 46 40 70

Präsident
N. N.

Vizepräsident
Halfar, Gerd	1. 8.91	13. 9.48

Vorsitzende Richterinnen/Vorsitzende Richter
Wiegand, Birgit	1.10.92	9. 8.51
Dr. Söhnen, Rüdiger	1. 1.94	27.10.46
Lips, Rainer	2. 1.95	21. 7.47
Schmitt, Stephan	1. 8.95	6. 1.51
Becker, Carmen	1. 8.95	11. 9.52
Scholz, Peter, abg.	1.10.95	31.12.44
Voigt, Walter	1. 3.96	22.12.54

Richterinnen/Richter
Garmann, Bettina	1. 1.94	26. 6.62
Münch, Dieter	18. 3.94	21. 4.60
Michaelis, Corinna	2. 5.94	10. 3.61
Wenderoth, Norbert	14. 5.94	12. 7.61
Dr. Brandt, Ernst	1. 6.94	12.10.61
Ockert, Karin	3. 6.94	30. 4.61
Perchner, Karsten	12. 6.94	1. 5.62
Maciejewski, Tom	17. 6.94	3. 9.63
Hempel, Elke	17. 6.94	17. 6.64
Kremz, Heike	27. 6.94	17. 2.63
Maier, Markus	1. 7.94	5. 2.60
Prade, Fred	9. 7.94	25. 1.62
Müller, Brigitte	1. 8.94	29. 6.37
Dönch, Anette	1. 8.94	5. 6.64
van Hees-Wehr, Astrid	15. 8.94	24. 2.58
Sandig, Sybille	15. 8.94	7. 7.59
Heinrich, Frank	1.10.94	3.12.58
Moheep, Joachim	1.10.94	30. 7.60
Neuenzeit, Barbara	15.10.94	17. 9.61
Ziegel, Andreas	2. 1.95	13. 9.60
Limpricht, Susanne	2. 1.95	10.11.61
Gorial, Murad	20. 1.95	10. 8.65
Riechert-Seckler, Hanspeter	3. 2.95	15. 3.61
Schlüter, Hans-Jürgen	15. 4.95	14. 9.61
Bahr, Norbert	4. 5.95	23.11.60
Wittenstein, Christoph	1. 6.95	28.11.55
Leibfritz, Hanns	1. 6.95	22. 1.62
Eichinger, Kerstin	1. 7.95	27. 3.62
Luderer, Susanne	1.10.95	31.12.61
Niermann, Andrea	1.10.95	30. 8.62
Dr. Nagel, Hans-Dieter	17.10.95	18. 8.30
Dertinger, Gottfried	30.10.95	29. 5.60
Haronska, Martina, abg.	17.11.95	8. 7.55
Hintersaß, Steffen	1.12.95	27. 1.59
Dr. Dreher, Stefan	4. 1.96	25. 8.60
Reichel, Volker	15. 3.96	25.11.62
Wöger, Roland	1. 4.96	1. 9.61
Kubista, Joachim	1. 4.96	6. 2.64

Abgeordnet aus alten Bundesländern: 10

Amtsgerichte

Dippoldiswalde
Kirchplatz 8, 01744 Dippoldiswalde
Postfach 14 20, 01741 Dippoldiswalde
T (0 35 04) 6 21 30
Telefax (0 35 04) 61 21 52

Grundbuchamt Freital
Lutherstr. 24, 01705 Freital
Postfach 17 60, 01691 Freital
T (03 51) 64 26 88
Telefax (03 51) 64 26 88

SAC   OLG-Bezirk Dresden   LG-Bezirk Dresden

Dr. Niklas, Uwe, Dir	1. 3. 94	8. 4. 55
Edelmann, Brigitte	11. 8. 94	12. 4. 51
Schlacht-Stauch, Andreas	5. 9. 94	3. 10. 59
Wächtler, Ronald	1. 8. 95	28. 7. 51

Dresden
Berliner Str. 7–13, 01067 Dresden
Postfach 12 07 09, 01008 Dresden
T (03 51) 44 60
Telefax (03 51) 4 46 35 70

Grundbuchamt Dresden
Olbrichtplatz 1, 01099 Dresden
Postfach 10 09 77, 01076 Dresden
T (03 51) 81 35–0
Telefax (03 51) 8 04 14 21

Präsident

Scheffold, Roland	22. 12. 92	16. 12. 38

Vizepräsident
N. N.

weitere aufsichtführende Richter

Fuchs, Karlheinz	15. 10. 91	1. 6. 26
Schultze-Griebler, Martin	1. 1. 94	9. 7. 56

Richterinnen/Richter

Joos, Erich	1. 8. 93	21. 8. 27
Dr. Jessen, Peter	14. 10. 93	24. 11. 57
Wirlitsch, Roland	3. 12. 93	4. 7. 60
Meißner, Jochen	1. 3. 94	27. 7. 60
Avenarius, Christian	4. 3. 94	23. 8. 59
Falk, Hajo	14. 5. 94	14. 2. 61
Koj, Gertraud	17. 6. 94	21. 8. 41
Horeni, Gertraude, abg.	17. 6. 94	12. 10. 49
Oehlrich, Jutta	15. 7. 94	5. 6. 59
Zönnchen, Ralf	15. 7. 94	9. 8. 62
Stengel, Gudrun	26. 7. 94	8. 6. 53
Lemke, Hubert	1. 8. 94	13. 9. 37
Weidig, Gudrun	1. 8. 94	23. 4. 44
Käthner, Elke	1. 8. 94	13. 5. 51
Keeve, Birgit	1. 8. 94	19. 12. 59
Maciejewski, Kathrein, abg.	1. 8. 94	18. 1. 63
Müller, Elke	5. 8. 94	21. 11. 47
Höpfl, Gunter	15. 8. 94	11. 2. 55
Schindler, Holger	6. 9. 94	7. 12. 62
Schwürzer, Wolfgang	1. 10. 94	31. 1. 61
Rein, Christoph, abg.	1. 10. 94	25. 3. 62
Muck, Ute	1. 11. 94	28. 12. 55
Burbach-Wieth, Susanne	1. 11. 94	12. 10. 59
Stein, Ullrich	1. 11. 94	26. 4. 63
Brendel, Sabine	4. 11. 94	19. 8. 59

Thaut, Edeltraut	14. 2. 95	26. 2. 52
Dr. Majunke, Philipp	1. 4. 95	27. 6. 57
Schultebeyring, Harro	1. 4. 95	4. 7. 57
Frömmel, Monika	1. 4. 95	13. 5. 60
Dennhardt, Kristina	1. 4. 95	17. 12. 62
Egner, Christina	15. 7. 95	2. 4. 61
Rode, Ute, abg.	3. 8. 95	23. 10. 62
Perband, Ralf, abg.	1. 3. 96	30. 11. 61
Spangenberg, Jost	3. 8. 95	11. 3. 61
Respondek, Michael	17. 8. 95	12. 4. 59
Hlavka, Hans-Joachim	15. 9. 95	28. 1. 63
Staats, Ute	15. 9. 95	19. 10. 63
Reichel, Susanne	15. 9. 95	8. 5. 64
Bürkel, Maja	30. 9. 95	13. 3. 64
Pröls, Herbert	15. 10. 95	27. 5. 62
Liebschner, Marianne	1. 11. 95	22. 6. 45
Dietz, Herbert	1. 11. 95	3. 1. 54
Garrelts, Ulrich	1. 12. 95	18. 3. 56
Hellner, Ralf, abg.	1. 12. 95	19. 10. 57
Bogner, Claus	1. 12. 95	11. 5. 60
Deusing, Kai-Uwe, abg.	1. 1. 96	6. 9. 61
Meyer, Hagen	1. 3. 96	2. 10. 62
Gerards, Rainer	18. 3. 96	25. 7. 60

Abgeordnet aus alten Bundesländern: 1

Meißen
Domplatz 3, 01662 Meißen
Postfach 1 01, 01653 Meißen
T (0 35 21) 4 70 20
Telefax (0 35 21) 47 02 60

Grundbuchamt Meißen
Ferdinandstr. 2, 01662 Meißen
Postfach 1 01, 01653 Meißen
T (0 35 21) 7 40 20

Framenau, Volkmar (BW), Dir	—	—
Duggel, Helmut	22. 7. 94	8. 12. 38
Böge, Claus	1. 8. 94	28. 4. 59
Müller, Ute	21. 8. 94	3. 6. 57
Bormann, Ute	23. 8. 94	3. 10. 42
Ackermann, Gesine	1. 8. 95	5. 7. 63

Pirna
Dr.-Wilhelm-Külz-Str. 10, 01796 Pirna
Postfach, 01784 Pirna
T (0 35 01) 55 70
Telefax (0 35 01) 55 72 00

Zweigstelle in Neustadt (Sachsen)
Karl-Liebknecht-Str. 7, 01844 Neustadt/Sa.
Postfach, 01841 Neustadt/Sa.
T (0 35 96) 5 80 20
Telefon (0 35 96) 58 02 22

LG-Bezirk Görlitz OLG-Bezirk Dresden **SAC**

Zimmek, Heino, Dir	1. 11. 92	29. 8. 45
Spickereit, Harry	15. 7. 94	16. 6. 58
Kehr, Peter	1. 3. 94	22. 4. 61
Uhlig, Jürgen	1. 4. 95	19. 3. 57
Haase, Lorenz	15. 9. 95	5. 2. 60
Denk, Klaus, abg.	1. 2. 96	10. 4. 58
Brandt, Pia	1. 3. 96	1. 4. 62

Riesa
Robert-Koch-Str. 30, 01589 Riesa
Postfach 64, 01572 Riesa
T (0 35 25) 73 32 81
Telefax (0 35 25) 73 32 81

Grundbuchamt Riesa
Lauchhammerstr. 10, 01591 Riesa
Postfach 64, 01572 Riesa
T (0 35 25) 77 25 95

Grundbuchamt Großenhain
Meißner Str. 41, 01558 Großenhain
Postfach 55, 01552 Großenhain
T (0 35 22) 24 41
Telefon (0 35 22) 26 82

Heusch, Burghart (BW), Dir	—	—
Klinghardt, Christian	4. 2. 94	8. 5. 60
Schulz, Olaf	1. 8. 94	2. 10. 63
Stehr, Vica	15. 7. 94	14. 6. 63
Sanden, Trautlinde	1. 8. 94	23. 12. 54
Sauer, Petra	13. 8. 94	29. 3. 54
Burmeister, Hans-Peter	1. 4. 96	17. 4. 63

Landgerichtsbezirk Görlitz

Landgericht Görlitz E 343 212
Jakobstr. 4a, 02826 Görlitz
Postfach, 02810 Görlitz
T (0 35 81) 4 84 60
Telefax (0 35 81) 48 46 66

Präsident
Dr. Krattinger, Peter	1. 10. 93	25. 2. 36

Vizepräsident
N. N.

Vorsitzende Richter
N. N.

Richterinnen/Richter
Preuß, Viola	17. 6. 94	9. 2. 62
Nicolas, Erika, abg.	15. 7. 94	7. 9. 54
Wiezorek, Hartmut, abg.	25. 7. 94	10. 5. 62

Grunwald, Brigitte	11. 11. 94	3. 3. 59
Bloß, Wolfgang	1. 12. 94	20. 9. 59
Gocha, Hans-Jörg	3. 8. 95	13. 6. 59
Böcker, Uwe, abg.	1. 10. 95	11. 2. 60
Winklharrer, Roland	1. 10. 95	20. 10. 60
Andrae, Petra	4. 11. 95	10. 7. 62
Tiedemann, Rolf	1. 4. 96	27. 12. 60

Abgeordnet aus alten Bundesländern: 4

Amtsgerichte

Görlitz
Postplatz 18, 02826 Görlitz
Postfach, 02809 Görlitz
T (0 35 81) 46 90
Telefax (0 35 81) 46 92 99

Grundbuchamt Görlitz
Fichtestr. 2, 02826 Görlitz
Postfach 6 56, 02809 Görlitz
T (0 35 81) 46 36 52
Telefax (0 35 81) 46 36 50

Wagner, Wolfgang, Dir	1. 11. 93	29. 8. 39
Pech, Andreas	1. 3. 94	19. 7. 62
Kühnhold, Uwe	17. 6. 94	10. 3. 61
Keller, Ernst-Michael	31. 7. 94	5. 7. 53
Kenklies, Olaf	2. 9. 94	26. 4. 63
Rahm, Johannes	11. 10. 94	18. 4. 32
Keller, Viola, abg.	1. 11. 95	28. 5. 56

Abgeordnet aus alten Bundesländern: 1

Löbau
Promenadenring 3, 02708 Löbau
Postfach 2 08, 02702 Löbau
T (0 35 85) 46 91 00
Telefax (0 35 85) 46 91 16

Pfetsch, Jochem (BW), Dir	—	—
Wollentin, Sabine, abg.	17. 6. 94	25. 9. 58

Weißwasser
Am Marktplatz 1, 02943 Weißwasser
Postfach, 02931 Weißwasser
T (0 35 76) 28 47–0
Telefax (0 35 76) 20 73 26

Grundbuchamt Niesky
Muskauer Str. 18, 02906 Niesky
T (0 35 88) 3 04
Telefax (0 35 88) 55 91

N. N., Dir
Adamsky, Sibylle	17. 6. 94	18. 10. 62
Sprejz, Adelheid	1. 8. 94	30. 4. 47
Dahm, Theo	3. 8. 95	26. 3. 60
Trepzik, Frank	1. 9. 95	21. 1. 59

SAC OLG-Bezirk Dresden   LG-Bezirk Leipzig

Zittau
Lessingstr. 1, 02763 Zittau
Postfach, 02755 Zittau
T (0 35 83) 75 91 00
Telefax (0 35 83) 75 90 30

Pfetsch, Jochen (BW), Dir
Hönel, Verena   17. 6. 94   14. 9. 58
Ahlgrimm, Marion   17. 6. 94   2. 1. 61

Landgerichtsbezirk Leipzig

Landgericht Leipzig E 1 115 671
Harkortstr. 9, 04107 Leipzig
Postfach 10 09 64, 04009 Leipzig
T (03 41) 2 14 10
Telefax (03 41) 2 14 11 50

Präsident
Burkert, Martin   15. 5. 93   21. 4. 39

Vizepräsident
Niemeyer, Jürgen   1. 8. 94   25. 11. 39

Vorsitzende Richterin/Vorsitzende Richter
Dr. Reßler, Hellmuth   1. 11. 92   23. 8. 58
Pfannschmidt, Klaus   16. 11. 92   5. 10. 27
Dr. Kaiser, Helmut   15. 12. 92   21. 5. 52
Kopp-Pieschacaón-Raffael,
  Dieter   15. 12. 92   15. 12. 56
Kohlhase, Torsten   31. 12. 92   18. 8. 36
Gerhardt, Martina   1. 1. 93   8. 9. 59
Ommeln, Manfred   1. 11. 94   20. 9. 40
Mende, Gerulf   10. 8. 94   9. 8. 44

Richterinnen/Richter
Quakernack, Jürgen   20. 3. 94   31. 8. 62
Graf, Ingrid, abg.   1. 4. 94   5. 2. 57
Bauer, Regine   2. 4. 94   30. 5. 62
Benzler, Raimund   2. 4. 94   10. 11. 59
Thomsen, Annette   6. 5. 94   16. 1. 61
Klimm, Roland   15. 5. 94   10. 6. 60
Jagenlauf, Johann   16. 5. 94   11. 4. 61
Hill, Annette, abg.   17. 6. 94   18. 9. 62
Gildemeister, Lothar   1. 7. 94   16. 2. 34
Träger, Katja   1. 7. 94   8. 8. 60
Walther, Ines   1. 7. 94   23. 7. 61
Liedtke, Frank, abg.   1. 7. 94   13. 1. 64
Drehmann, Sylvia   1. 7. 94   5. 3. 65
Schmidt, Frank, abg.   1. 7. 94   29. 4. 65
Brock, Bernd, abg.   2. 7. 94   14. 12. 59
Gaasenbeek, Heidrun   10. 7. 94   1. 11. 45
Höhne, Mario   10. 7. 94   9. 2. 61

Jarke, Irene   12. 7. 94   3. 4. 63
Rentsch, Arno, abg.   13. 7. 94   1. 7. 57
Beckert, Christian   26. 7. 94   24. 6. 50
König, Karin   31. 7. 94   28. 12. 48
Reinwald, Lucie   8. 8. 94   19. 3. 35
Dr. Hertel, Klaus   1. 9. 94   30. 6. 29
Grimmer, Bernd   5. 9. 94   16. 3. 61
Euler, Ralf, abg.   16. 9. 94   19. 11. 60
Beyer, Ursula   19. 9. 94   16. 4. 41
Matheiowetz, Karl-Heinz   19. 9. 94   4. 3. 43
Schreier, Monika   20. 9. 94   3. 8. 40
Hahn, Anton   1. 10. 94 22. 1. 61
Kühlborn, Klaus   1. 10. 94   6. 12. 61
Kopf, Monika   1. 10. 94 16. 5. 63
Kahle, Britta   18. 11. 94   3. 7. 58
Kehe, Ralph-Michael   1. 1. 95   18. 6. 56
Zügler, Hans-Joachim,
  abg.   1. 4. 95   13. 4. 56
Mühlberg, Bettina   1. 7. 95   22. 11. 64
Schwarzer, Norbert   1. 8. 95   2. 6. 59
Klein, Antje, abg.   15. 9. 95   22. 7. 61
Brösamle, Bärbel   5. 10. 95   1. 12. 61
Thieme, Peter   23. 10. 95 11. 8. 56
Austenfeld, Nicole, abg.   15. 12. 95 24. 2. 63
Göbel, Norbert   1. 1. 96   30. 12. 54
Hantke, Martina   1. 4. 96   21. 12. 62

Abgeordnet aus alten Bundesländern: 9

Amtsgerichte

Borna
Am Gericht 2, 04552 Borna
Postfach 66, 04541 Borna
T (0 34 33) 38 35
Telefax (0 34 33) 20 43 28

Grundbuchamt Borna
Deutzener Str. 14, 04552 Borna
Postfach 66, 04541 Borna
T (0 34 33) 2 47–0
Telefax (0 34 33) 24 71 99

Dr. Meinel, Meinhard
  (BY), Dir   —   —
Jähkel, Bernd   10. 8. 94   10. 10. 62
Neumert, Andreas   15. 8. 94   16. 3. 50
Wespatat, Ringo   30. 10. 94 25. 5. 65
Sternberger, Thomas   1. 4. 96   8. 8. 62

Döbeln
Rosa-Luxemburg-Str. 16, 04720 Döbeln
Postfach 1 68, 04713 Döbeln
T (0 34 31) 4 44–0
Telefax (0 34 31) 22 27

LG-Bezirk Leipzig

Grundbuchamt Döbeln
Bahnhofstr. 11a, 04720 Döbeln
Postfach 1 68, 04713 Döbeln
T (0 34 31) 4 70 20

Grüner, Georg (BY), Dir		—	—
Wadewitz, Frank	11. 7. 94	26. 3. 57	
Stickeler, Elisabeth, abg.	14. 10. 94	5. 7. 62	
Opitz, Ines	31. 12. 94	8. 2. 63	
Weik, Christa	5. 1. 96	6. 1. 62	

Eilenburg
Kranoldstr. 17, 04838 Eilenburg
Postfach 78, 04831 Eilenburg
T (0 34 23) 65 45
Telefax (0 34 23) 3 00

Zweigstelle in Delitzsch
Hallesche Str. 58, 04509 Delitzsch
Postfach 4, 04501 Delitzsch
T (0 34 02) 4 00
Telefax (0 34 02) 4 02 51

Göldner, Klaus (BY), Dir	—	—
Winkler, Hans-Joachim	22. 6. 94	18. 5. 51
Grell, Carmen	1. 7. 94	11. 8. 62
Wendtland, Petra	1. 7. 94	2. 8. 63
Frotscher, Jörg	12. 7. 94	2. 12. 63
Franzen, Ruben-Kai	18. 12. 94	20. 8. 61

Grimma
Klosterstr. 9, 04668 Grimma
Postfach 2 56, 04662 Grimma
T (0 34 37) 9 85 20
Telefax (0 34 37) 91 12 79

Grundbuchamt Grimma
Leipziger Str. 93, 04668 Grimma
Postfach 2 62, 04662 Grimma
T (0 34 37) 71 22 40
Telefax (0 34 37) 71 22 42

Zweigstelle in Wurzen
Friedrich-Ebert-Str. 2a, 04808 Wurzen
Postfach 4 20, 04802 Wurzen
T (0 34 25) 9 06 50
Telefax (0 34 25) 90 65 18

Grundbuchamt Wurzen
T (0 34 25) 98 42 67 oder 98 42 34
Telefax (0 34 25) 90 65 18

Laudahn, Günter (BW), Dir	—	—
Haubold, Sigrid	1. 3. 94	28. 9. 54

OLG-Bezirk Dresden — SAC

Gerhardt, Christine	20. 9. 94	9. 10. 62
Richter, Silvia	6. 10. 94	1. 3. 62
Roderburg, Christiane	2. 11. 95	27. 8. 62

Leipzig
Angerstr. 40–44, 04177 Leipzig
T (03 41) 4 94 00
Telefax (03 41) 4 79 38 09

Grundbuchamt Leipzig
Schongauer Str. 5, 04329 Leipzig
T (03 41) 2 55 84 00
Telefax (03 41) 2 55 80 00

Präsident

Bornhak, Uwe	30. 4. 96	31. 12. 38

Vizepräsident

Meyer, Jürgen	1. 1. 94	19. 12. 48

Richterinnen/Richter

Dr. Gildemeister, Ute	1. 3. 94	30. 12. 41
Gradulewski, Hermann	4. 3. 94	3. 1. 57
Winderlich, Mathias	4. 3. 94	16. 7. 58
Warmbold, Stephanie	18. 3. 94	27. 10. 59
Tiegelkamp, Hartmut	2. 4. 94	12. 5. 55
Hasselberger, Waldemar	7. 5. 94	18. 7. 59
Grötz, Inge	1. 7. 94	27. 6. 37
Genz, Bettina	1. 7. 94	23. 4. 49
Pätzold, Frank	1. 7. 94	28. 3. 61
Bittner, Hardy	3. 7. 94	11. 10. 57
Pisecky, Ute	10. 7. 94	11. 9. 59
Schulze, Ingeborg	12. 7. 94	25. 1. 42
Kauf, Andreas	23. 7. 94	17. 5. 55
Thieme, Ina	23. 7. 94	18. 10. 58
Liebmann, Christa	31. 7. 94	13. 5. 35
Riedel, Birgit	31. 7. 94	18. 7. 59
Kühnert, Christiane	31. 7. 94	4. 9. 61
Evers, Karin	7. 8. 94	13. 1. 59
Grams, Detlef	12. 8. 94	20. 10. 60
Braun, Sybille	2. 9. 94	13. 6. 56
Glaß, Peter	2. 9. 94	23. 5. 57
Herken, Ludger	16. 9. 94	16. 3. 55
Kunth, Ingrid	19. 9. 94	16. 11. 49
Irmscher, Andreas	19. 9. 94	14. 6. 57
Sedlatschek, Dieter	1. 10. 94	19. 2. 53
Gunter-Gröne, Heike	4. 10. 94	21. 8. 60
Weber, Peter	14. 10. 94	12. 4. 61
Kosbab, Gabriele	1. 11. 94	16. 3. 54
Bärlin, Andreas	2. 12. 94	16. 9. 60
Höpping, Birgit	10. 1. 95	8. 1. 47
Klepping, Frank Peter	2. 6. 95	8. 6. 63
Schmücker, Marion	17. 7. 95	24. 2. 63
Petersen, Knut	4. 8. 95	16. 3. 60
Engelhardt, Gudrun	10. 8. 95	27. 3. 61
Bernhardt, Matthias	1. 10. 95	8. 4. 52

Merschdorf, Hella	5.10.95	29. 1.63	
Weifenbach, Bernd, abg.	16.11.95	17. 6.62	
Weißenfels, Matthias	1.12.95	30. 7.55	
Steigleder, Günther	1. 2.96	22. 8.53	
Schmandt, Stefan	1. 3.96	28. 9.64	

Abgeordnet aus alten Bundesländern: 3

Oschatz
Brüderstr. 5, 04758 Oschatz
T (0 34 35) 90 18-0
Telefax (0 34 35) 92 13 52

Grundbuchamt Oschatz
Neumarkt 4, 04758 Oschatz
T (0 34 35) 92 06 37
Telefax (0 34 35) 92 13 52

Werner, Josef (BY), Dir	—	—
Stitterich, René	5. 8.94	24. 6.56

Torgau
Rosa-Luxemburg-Platz 14, 04860 Torgau
Postfach 1 57, 04853 Torgau
T (0 34 21) 7 53 30
Telefax (0 34 21) 75 33 15

Werner, Josef (BY), Dir	—	—
Meisel, Karola	7. 8.94	12. 5.55
Stricker, Martin	16. 9.94	31.12.60

Landgerichtsbezirk Zwickau

Landgericht Zwickau E 687 409
Platz der deutschen Einheit 1, 08056 Zwickau
Postfach 10, 08001 Zwickau
T (03 75) 50 92-0
Telefax (03 75) 29 16 84

Präsident
Kränzlein, Jürgen	1. 8.92	30. 5.43

Vizepräsident
Hubert, Erwin	1.12.92	11. 6.51

Vorsitzende Richter
Staginski, Arno	16.11.92	26.12.38
Dr. Schikowski, Reinhard	1.11.93	8. 9.40
Klein, Detlef	1. 1.96	20. 7.47

Richterinnen/Richter
Nahrendorf, Andreas	15. 5.94	5. 9.63
Sommer, Torsten	28. 5.94	7. 2.62

Oppermann, Josef	3. 6.94	30.10.59
Schulte-Neubauer, Klaus	3. 6.94	4. 4.62
Kramer, Detlef	3. 6.94	9. 2.65
Schnorrbusch, Andreas	18. 6.94	13. 5.61
Stange, Peter, abg.	16. 7.94	24.10.59
Wendt, Rosemarie	17. 9.94	13. 7.43
Dr. Bierlein, Christiane	1.11.94	9. 3.60
Müller, Gerolf	1. 1.95	13. 3.60
Theisen, Elisabeth	1.11.95	8. 9.62

Abgeordnet aus alten Bundesländern: 3

Amtsgerichte

Aue
Gerichtsstr. 1, 08280 Aue
Postfach 1 00 83, 08271 Aue
T (0 37 71) 5 96-0
Telefax (0 37 71) 59 61 00

Grundbuchamt Schwarzenberg
Straße der Einheit 5, 08340 Schwarzenberg
Postfach 89, 08332 Schwarzenberg
T (0 37 74) 7 00
Telefax (0 37 74) 70 70

Freiherr Schenk zu Schweinsberg, Hubertus (BY), Dir	—	—
Beuthner, Petra	13. 6.94	31. 5.56
Göllnitz, Gerda	14. 6.94	24.12.43
Hahn, Manfred	6. 8.94	6. 4.30
Pietryka, Christoph	15.12.95	12.12.63
Zantke, Stephan	1. 4.96	16.11.61

Auerbach
Parkstr. 1, 08209 Auerbach
Postfach 1 00 87, 08202 Auerbach
T (0 37 44) 21 20 51
Telefax (0 37 44) 21 19 60

Grundbuchamt Auerbach
T (0 37 44) 21 19 62
Telefax (0 37 44) 21 19 60

Grundbuchamt Reichenbach
Schillerstr. 13, 08468 Reichenbach
Postfach 83, 08461 Reichenbach
T (0 37 65) 1 23 71
Telefax (0 37 65) 1 23 58

Liebhaber, Horst, Dir	1.11.92	5.10.44
Dankwardt, Anton	17. 4.94	15. 4.57
Zschiesche, Ute	15. 7.94	5. 9.52
Winkler, Frank	26. 8.94	25.11.60
Fischer, Bernd	1.10.94	13. 4.55
Bahlmann, Inge	1. 2.96	15. 4.64

Staatsanwaltschaften OLG-Bezirk Dresden **SAC**

Plauen
Amtsberg 6, 08523 Plauen
Postfach 7 01, 08502 Plauen
T (0 37 41) 2 07-0
Telefax (0 37 41) 44 40 02

Grundbuchamt Plauen
Morgenbergstr. 41, 08525 Plauen
Postfach 7 01, 08502 Plauen
T (0 37 41) 52 70 93

Grundbuchamt Oelsnitz
Dr.-Friedrich-Str. 42, 08606 Oelsnitz
T (03 74 21) 2 37 97

Schmidt, Gerd, Dir	30. 4.92	7. 7.52
Gerhards, Wilhelm	15. 5.94	29. 5.58
Haase, Sabine	15. 5.94	19. 7.64
Hörr, Andrea	25. 6.94	7. 9.58
Rüsing, Michael	15. 7.94	8. 1.60
Gierschner, Elke	29. 7.94	4.11.45
Beeger, Kornelia	9. 8.94	9. 2.58
Schierjott, Martina	9. 9.94	8. 1.57
Lauerer, Georg	1.11.94	7.11.55
Stange, Ilona	22.10.94	23.10.61
Langer, Clemens	1. 5.95	14. 1.60

Zwickau
Platz der deutschen Einheit 1, 08056 Zwickau
Postfach 10, 08001 Zwickau
T (03 75) 5 09 20
Telefax (03 75) 29 16 84

Grundbuchamt Zwickau, Sitz Werdau
Zwickauer Str. 19, 08412 Werdau
T (0 37 61) 30 03
Telefax (0 37 61) 20 91

Gatz, Konrad, Dir	1. 9.92	15. 5.47
Noback, Stefan	1. 3.94	9. 4.56
Bauer, Kerstin	11. 6.94	9.12.62
Espig, Ekkehard	9. 7.94	16.11.40
Wicklein, Heinz-Dieter	24. 7.94	5.12.44
Pinkert, Christine	31. 7.94	17.11.48
Weber, Heiko, abg.	15. 8.94	21. 5.57
Nitschke, Marion	1. 1.95	31. 7.58
Naumann, Cornelia	1. 1.95	20. 3.61
Meyer, Simona	1. 3.95	16.10.61
Dr. Keßelring, Karl, abg.	1. 4.95	9. 6.53
Schmitt, Manfred, abg.	4. 5.95	20. 9.62
Nagel, Birgit, abg.	4. 5.95	20.11.63
Wesch, Volker, abg.	3. 8.95	1. 7.63
Große-Streine, Thomas	1. 9.95	25.10.56
Hoffmann, Ingrid	30.10.95	16. 8.61
Peters, Sibylle	1.12.95	14. 8.62

Staatsanwaltschaften

**Generalstaatsanwaltschaft
des Freistaates Sachsen**

Lothringer Str. 1, 01069 Dresden
Postfach 12 09 27, 01008 Dresden
T (03 51) 44 60
Telefax (03 51) 4 46 29 70

Generalstaatsanwalt
Dr. Schwalm, Jörg   1. 7.92   25. 9.42

Leitende Oberstaatsanwälte
Hiltmann, Hans-Walter,
  stVGStA   17. 7.95   28. 4.30
Rupp, Wolf-Dietrich   1. 9.93   4. 7.31

Staatsanwälte
N. N.

Abgeordnet aus alten Bundesländern: 6

Staatsanwaltschaft Bautzen
Lessingstr. 7, 02625 Bautzen
Postfach 17 10, 02607 Bautzen
T (0 35 91) 3 61-0
Telefax (0 35 91) 36 12 22

Zweigstelle in Hoyerswerda
Pforzheimer Platz 2, 02977 Hoyerswerda
Postfach 54, 02961 Hoyerswerda
T (0 35 71) 4 71-3
Telefax (0 35 71) 47 15 98

Leitender Oberstaatsanwalt
Schindler, Hartmut   1. 9.94   12. 8.45

Staatsanwalt (GL)
Schneider, Rainer   20.10.95   13. 4.61

SAC OLG-Bezirk Dresden   Staatsanwaltschaften

Staatsanwältinnen/Staatsanwälte

Schulze, Gabi	8. 5. 94	15. 10. 62
Demmer, Erika, abg.	1. 7. 94	3. 5. 59
Grajcarek, Ines	24. 7. 94	25. 6. 62
Brauer, Jutta	1. 8. 94	23. 11. 51
Duda, Michael	1. 8. 94	28. 6. 52
Haase, Beate, abg.	14. 10. 94	22. 11. 62
Roehl, Ingo, abg.	1. 4. 95	18. 9. 59
Kitzmüller, Violetta	15. 1. 96	22. 8. 58
Dr. Altenkamp, Ludger	1. 3. 96	15. 5. 61
Laschweski, Eckhard	1. 4. 96	24. 7. 63
Stark, Wolfgang	2. 4. 96	1. 11. 57

Abgeordnet aus alten Bundesländern: 1

Staatsanwaltschaft Chemnitz
Annaberger Str. 79, 09120 Chemnitz
Postfach 9 21, 09009 Chemnitz
T (03 71) 4 53–0
Telefax (03 71) 4 53 44 44 oder 4 53 44 45

Leitender Oberstaatsanwalt

Dr. Drecoll, Henning	1. 10. 95	17. 9. 42

Oberstaatsanwalt

Kourim, Heinz	1. 4. 96	26. 8. 32

Staatsanwälte (GL)

Vogel, Bernd	10. 10. 95	7. 8. 57
Rock, Jörg	10. 10. 95	3. 6. 62

Staatsanwältinnen/Staatsanwälte

Meyer-Frey, Hartmut	4. 3. 94	13. 4. 61
Müller-Schneider, Sabine	9. 4. 94	26. 5. 62
Schedel, Monika	3. 6. 94	18. 11. 54
Lehmann, Frank	13. 6. 94	7. 9. 63
Musch, Olaf, abg.	13. 6. 94	17. 12. 63
Runkel, Miko	17. 6. 94	9. 11. 60
Börner, Dominik, abg.	23. 6. 94	20. 9. 62
Hirschberg, Stefan	1. 7. 94	31. 10. 56
Leonhardt, Jana	1. 7. 94	15. 6. 63
Müller, Steffen	1. 7. 94	15. 2. 65
Rümmler, Siegfried	5. 8. 94	11. 11. 53
Schellenberg, Nils	5. 8. 94	12. 9. 62
Hertel, Jens	22. 8. 94	30. 11. 63
Tränkner, Ulrich	30. 9. 94	1. 7. 59
Dietrich, Eberhard	14. 10. 94	26. 4. 62
Pfundstein, Andrea	2. 12. 94	27. 1. 61
Engel, Lars	15. 1. 95	8. 12. 60
Wintermeyer, Jürgen, abg.	2. 4. 95	1. 5. 57
Becker, Olaf, abg.	15. 4. 95	4. 7. 63
Ruland, Adolf	4. 5. 95	3. 12. 60
Wolff, Matthias, abg.	4. 5. 95	11. 3. 62
Hussner, Ralph	1. 10. 95	11. 7. 60
Fleischmann, Patricia	1. 12. 95	25. 2. 65
Fischer, Thomas	4. 1. 96	9. 10. 60

Dietze, Karin	26. 2. 96	5. 11. 57
Nitsche, Thomas	1. 4. 96	6. 4. 59
Holtz, Christian	1. 4. 96	8. 1. 63
Zöllner, Jürgen	1. 4. 96	17. 5. 63

Staatsanwältinnen/Staatsanwälte z.A.

Lang, Uwe	1. 7. 91	12. 9. 55
Zehrfeld, Detlef	17. 6. 91	18. 7. 60

Abgeordnet aus alten Bundesländern: 6

Staatsanwaltschaft Dresden
Lothringer Str. 1, 01069 Dresden
Postfach 12 09 13, 01008 Dresden
T (03 51) 44 60
Telefax (03 51) 4 49 60 48

Zweigstelle in Meißen
Kynastweg 57a, 01662 Meißen
Postfach 78, 01652 Meißen
T (0 35 21) 4 70 10
Telefax (0 35 21) 47 01 90

Zweigstelle in Pirna
Schloßpark 15, 01796 Pirna
Postfach 15, 01787 Pirna
T (0 35 01) 70 21 11
Telefax (0 35 01) 70 21 18

Leitender Oberstaatsanwalt

Kockel, Martin	1. 10. 94	8. 3. 37

Oberstaatsanwälte

Renz, Helmut, stVLOStA	1. 12. 93	30. 3. 42
Schoene, Heiko	15. 12. 92	19. 6. 38
Uebele, Martin	1. 1. 95	18. 1. 59
Wenzlick, Erich	8. 1. 96	13. 2. 52

Staatsanwältin/Staatsanwälte (GL)

Gregor, Klaus-Joachim	10. 10. 95	18. 7. 49
Schär, Jürgen, abg.	10. 10. 95	8. 10. 57
Klein, Wolfgang	10. 10. 95	12. 7. 60
Ast, Arthur	10. 10. 95	16. 6. 61
Lepre, Eva-Maria	10. 10. 95	8. 10. 63

Staatsanwältinnen/Staatsanwälte

Kleikamp, Inka	25. 2. 94	17. 3. 62
Gräfin zu Stolberg-Stolberg, Sophie	1. 3. 94	24. 8. 58
Zuber, René	30. 4. 94	6. 9. 62
Hille, Jan	30. 4. 94	1. 3. 65
Wagner, Ingolf	8. 5. 94	3. 12. 60
Wiedmer, Simona	8. 5. 94	31. 3. 61
Bauerschäfer, Anette	16. 5. 94	22. 4. 62
Ponsold, Frank	21. 5. 94	2. 4. 61
Lässig, Peter	2. 6. 94	18. 5. 56
Damaske, Gisela	3. 6. 94	1. 6. 41

Staatsanwaltschaften   OLG-Bezirk Dresden   **SAC**

Rochel, Sonja	3. 6. 94	18. 10. 47
Zuber, Birgit	6. 6. 94	25. 9. 55
Eißmann, Christine, abg.	6. 6. 94	8. 9. 56
Günthel, Ines, abg.	6. 6. 94	6. 9. 60
Voigt, Heiko	6. 6. 94	11. 4. 64
Vetter, Sigmar	7. 6. 94	15. 5. 35
Lissel, Annegret, abg.	7. 6. 94	15. 11. 59
Vogler, Michael	13. 6. 94	3. 6. 62
Reuter, Martin	15. 6. 94	28. 12. 49
Hartmann, Helga	17. 6. 94	21. 11. 39
Günthel, Andreas, abg.	29. 6. 94	7. 2. 60
Beitz, Eva-Maria	15. 7. 94	17. 8. 50
Riemer, Steffen, abg.	15. 7. 94	26. 9. 62
Treyhse, Erich	24. 7. 94	8. 11. 36
Muck, Stefan	1. 8. 94	3. 11. 59
Stauch, Heidi	1. 8. 94	10. 5. 61
Henneck, Simone	5. 8. 94	23. 2. 59
Frohberg, Petra, abg.	8. 8. 94	2. 11. 58
Rudolph, Petra, abg.	10. 8. 94	6. 7. 59
Dr. Michaelis, Jörg	2. 9. 94	6. 5. 60
Körber, Jürgen	9. 9. 94	10. 12. 56
Claßen, Carola, beurl.	16. 9. 94	6. 12. 60
Fischer, Brigitte	26. 9. 94	21. 8. 33
Schäferhoff, Werner	1. 10. 94	7. 9. 56
Kahles, Gisela	1. 10. 94	3. 7. 58
Fuchs, Markus	1. 10. 94	27. 7. 61
Schmerler-Kreuzer, Ute	1. 10. 94	18. 10. 61
Uhlig, Anne-Ruth	1. 10. 94	16. 8. 62
Demmer, Ulrich	14. 10. 94	22. 2. 59
Högner, Ralf	21. 10. 94	10. 11. 63
Allmang, Matthias	1. 11. 94	10. 6. 59
Müller, Thomas	15. 1. 95	3. 7. 55
Maier, Jens, abg.	1. 4. 95	10. 2. 62
Viehof, Frank	1. 4. 95	10. 8. 63
Langer, Erika	24. 4. 95	27. 2. 37
Stephan, Bettina	9. 6. 95	30. 7. 62
Freiin von Müffling, Nora, abg.	15. 6. 95	1. 6. 56
Rosen, Cornelia	1. 7. 95	11. 4. 62
Höllrich, Daniela	1. 8. 95	24. 6. 63
Wawrzik, Stefan	15. 8. 95	20. 6. 60
Klinzing, Uwe	4. 9. 95	21. 12. 61
Seitz, Irmgard	30. 9. 95	11. 7. 62
Prinz, Barbara	1. 10. 95	13. 3. 59
Hartel, Werner	1. 10. 95	17. 3. 59
Vogel, Markus	1. 10. 95	23. 1. 61
Feron, Andreas	1. 10. 95	24. 2. 62
Hassel, Thomas	30. 10. 95	27. 9. 63
Hofmann, Sabine	30. 10. 95	25. 4. 65
Hauger, Stefan	2. 11. 95	20. 8. 60
Ziemert, Angela, abg.	15. 12. 95	8. 1. 64
Kiecke, Dieter	16. 12. 95	10. 10. 58
Trippensee, Michael	22. 12. 95	28. 11. 53
La Marca, Bettina	4. 1. 96	2. 1. 57
Majer, Christine	1. 3. 96	5. 6. 63
Gebhard, Thomas, abg.	1. 3. 96	9. 3. 65
Schlüter-Schützwohl, Simone	15. 3. 96	30. 10. 61
Riedemann, Andreas	15. 3. 96	27. 9. 62
Schäfer-Bachmann, Beatrice	1. 4. 96	4. 8. 63
Rösch, Andrea	1. 4. 96	1. 3. 64

Abgeordnet aus alten Bundesländern: 7

Staatsanwaltschaft Görlitz
Obermarkt 22, 02826 Görlitz
Postfach 30 01 33, 02806 Görlitz
T (0 35 81) 4 69 60
Telefax (0 35 81) 46 98 00

Zweigstelle in Zittau
Lessingstr. 1, 02763 Zittau
Postfach, 02763 Zittau
T (0 35 83) 7 59–0
Telefax (0 35 83) 75 90 30

Leitender Oberstaatsanwalt

Dr. Scholz, Lothar	1. 11. 95	1. 5. 48

Oberstaatsanwältin/Oberstaatsanwalt

Hinrichs, Martin	1. 4. 94	8. 6. 57
Goldstein-Steinhauer, Marlene	1. 4. 96	26. 8. 30

Staatsanwältinnen (GL)

Kessler, Michaela, abg.	10. 10. 95	8. 11. 61
Nowotny, Kerstin	10. 10. 95	18. 11. 64

Staatsanwältinnen/Staatsanwälte

Weigelt-Mezey, Dorothea	6. 5. 94	26. 1. 63
Ebert, Jürgen	22. 5. 94	24. 4. 58
Matthieu, Sebastian	6. 6. 94	30. 7. 62
Voigt, Gerold	1. 8. 94	28. 2. 50
Oltmanns, Giesbert	1. 8. 94	22. 6. 53
Steinbeck, Norbert	14. 10. 94	4. 5. 56
Kenklies, Marion	1. 11. 94	3. 11. 63
Schärich, Uwe, abg.	1. 5. 95	13. 11. 61
Walther, Thomas	3. 5. 95	16. 4. 56
Rittscher, Nils	4. 5. 95	16. 4. 60
Hahn, Gido	1. 8. 95	21. 10. 60
Zobel, Jürgen	3. 8. 95	31. 12. 59
Neumann, Till	1. 10. 95	6. 3. 62
Behrens, Andreas	1. 11. 95	25. 7. 62
Schuh, Alexander	4. 1. 96	16. 5. 60
Illigen, Dietmar	1. 4. 96	1. 8. 60

Abgeordnet aus alten Bundesländern: 1

Staatsanwaltschaft Leipzig
Beethovenstr. 2, 04107 Leipzig
Postfach 2 25, 04002 Leipzig
T (03 41) 2 13 60
Telefax (03 41) 32 60 11 oder 2 13 64 50

Zweigstelle in Grimma
Bahnhofstr. 3–5, 04668 Grimma
T (0 34 37) 91 13 16

Zweigstelle in Torgau
Repitzer Weg 1, 04860 Torgau
Postfach 5, 04851 Torgau
T (0 34 21) 7 21 80

Leitender Oberstaatsanwalt

Spitz, Gunter (BW)	—	—

Oberstaatsanwälte

Moser, Rainer (BW), svLOStA	—	—
Drath, Erich	1. 4. 94	8. 12. 50

Staatsanwältin/Staatsanwälte (GL)

Böhm, Sigrid	10. 10. 95	2. 12. 38
Büttner, Holger	10. 10. 95	19. 2. 57
Lehmann, Lutz	5. 2. 96	18. 5. 54

Staatsanwältinnen/Staatsanwälte

Dr. Rall, Helmut	7. 2. 94	31. 12. 28
Endesfelder, Petra	4. 3. 94	31. 3. 50
Epple, Dietrich	6. 3. 94	27. 4. 38
Kriegsmann, Dieter	4. 6. 94	26. 11. 41
Knochenstiern, Nils-Holger	1. 7. 94	9. 8. 57
Barthel, Steffen	8. 7. 94	17. 11. 58
Hermerschmidt, Elinor	18. 7. 94	8. 11. 41
Schütze, Sylvia	26. 7. 94	22. 4. 56
Frommhold, Michael	27. 7. 94	15. 5. 59
Greiffenberg, Sabine	29. 7. 94	16. 4. 57
Richter, Gudrun	1. 8. 94	30. 11. 44
Kannegießer, Thomas	1. 8. 94	17. 2. 55
Kraft, Birgit	1. 8. 94	18. 4. 62
Hornig, Ralph	1. 8. 94	16. 3. 64
Schneider, Anett	1. 8. 94	31. 7. 64
Schumann, Sven, abg.	1. 8. 94	6. 11. 64
Nickel, Karsten, abg.	1. 8. 94	13. 3. 65
Dietzel, Wolfgang	5. 8. 94	26. 12. 47
Müller, Klaus-Dieter	5. 8. 94	30. 6. 53
Walburg, Hans-Joachim	5. 8. 94	3. 8. 55
Walburg, Gabriela, abg.	5. 8. 94	4. 7. 57
Hundhammer, Gert	8. 8. 94	26. 2. 54
Höhle, Michael	8. 8. 94	1. 3. 59
Zöllner, Marion	11. 8. 94	9. 3. 60
Herbst, Barbara	12. 8. 94	24. 8. 51
Weigel, Gerald	12. 8. 94	9. 3. 60
Schneider, Torsten	12. 8. 94	12. 7. 61
Scholz, Andre, abg.	12. 8. 94	15. 1. 62
Dr. Petersen, Sybill	15. 8. 94	23. 4. 63
Vieweg, Heidemarie	20. 8. 94	28. 4. 50
Häußler, Franz	2. 9. 94	23. 12. 59
Schliephake, Jan	11. 9. 94	17. 8. 63
Troch, Joachim	16. 9. 94	8. 4. 33
Wolf, Ilse	16. 9. 94	30. 8. 38
Rohland, Jürgen	23. 9. 94	7. 4. 34
Eyring, Michael	1. 10. 94	9. 3. 55
Eppelt-Knochenstiern, Claudia	1. 10. 94	23. 7. 56
Neumann, Adela	1. 10. 94	1. 12. 57
Zillner, Elisabeth	2. 1. 95	16. 6. 57
Lubetzki, Karin	12. 2. 95	27. 5. 38
Kreßel, Thomas	2. 3. 95	13. 6. 56
Dahms, Michael	1. 4. 95	12. 3. 63
Pfuhl, Susanne	1. 4. 95	2. 5. 64
Dr. Baums, Rainer	1. 9. 95	17. 6. 60
Jokisch, Beate	1. 9. 95	13. 3. 63
Harr, Rüdiger, abg.	16. 11. 95	9. 11. 64
Pfuhl, Berthold	12. 12. 95	15. 1. 62
Schüddekopf, Klaus	3. 1. 96	17. 10. 59
Reker, Barbara	18. 1. 96	3. 10. 61
Habich, Stefan	1. 2. 96	3. 9. 60
Kniehase, Elke	15. 2. 96	19. 5. 63
Kattner, Ingrid	28. 2. 96	28. 8. 39
Dr. Laube, Claudia	1. 4. 96	16. 9. 64

Staatsanwältinnen/Staatsanwälte z.A.

Punar, Olaf	1. 8. 91	25. 8. 63
Dr. Korth, Ralf-Uwe	12. 8. 91	16. 8. 54

Abgeordnet aus alten Bundesländern: 6

Staatsanwaltschaft Zwickau
Innere Schneebergerstr. 26, 08056 Zwickau
Postfach 1 78, 08003 Zwickau
T (03 75) 5 67 60
Telefax (03 75) 52 16 20

Zweigstelle in Plauen
Amtsberg 6, 08523 Plauen
Postfach 7 01, 08502 Plauen
T (0 37 41) 2 07–0
Telefax (0 37 41) 22 32 01

Leitender Oberstaatsanwalt

Greiner, Gerhard	1. 2. 95	1. 2. 48

Oberstaatsanwalt

Strohmayer, Maximilian, stVLOStA	1. 12. 95	26. 9. 47

Staatsanwälte (GL)

Zapf, Herbert	1. 12. 94	26. 11. 59
Illing, Holger	10. 10. 95	8. 8. 56

Richter/StA im Richterverhältnis auf Probe — SAC

Staatsanwältinnen/Staatsanwälte

Elfmann, Günter	10. 10. 95	3. 5. 58
Kipry, Dietmar	10. 10. 95	26. 8. 59
Zierold, Uwe	13. 6. 94	17. 11. 62
Rzehak, Jörg	17. 6. 94	25. 12. 60
Wiegner, Uwe	17. 6. 94	19. 8. 62
Eisenreich, Heiko, abg.	17. 6. 94	7. 7. 66
Günther, Siegrid	1. 7. 94	1. 5. 50
Adler, Brigitte	1. 7. 94	19. 10. 51
Schmidt, Christine	15. 7. 94	14. 12. 40
Gaida, Brigitte	15. 7. 94	22. 3. 57
Wasmer, Martin, abg.	2. 8. 94	3. 1. 59
Martin, Elke	9. 9. 94	1. 11. 51
Dietel, Jürgen, abg.	15. 12. 94	8. 2. 59
Dr. Wasmeier, Martin, abg.	1. 2. 95	27. 2. 62
Zschoch, Peter	1. 7. 95	5. 6. 62
Terres, Peter	1. 10. 95	21. 7. 60
Geußer, Rupert	1. 10. 95	18. 9. 62
Dreyer, Klaus	2. 11. 95	18. 5. 58
Bruns, Andreas	15. 12. 95	17. 5. 61
Hoppmann, Stephan	16. 12. 95	13. 4. 60
Stopka, Heike	4. 1. 96	8. 1. 62
Hoffmann, Frank	4. 1. 96	20. 1. 63
Schnabel, Sabine	5. 2. 96	17. 8. 61
Schmelcher, Arno	2. 3. 96	31. 7. 62
Adscheid-Meyer, Petra	15. 3. 96	5. 12. 63
Veith, Gerhard	1. 4. 96	10. 6. 59

Abgeordnet aus alten Bundesländern: 1

Richterinnen/Richter und Staatsanwältinnen/Staatsanwälte im Richterverhältnis auf Probe

Kirsten, Manina	1. 3. 91	1. 3. 58
Kretzschmar, Rita	10. 6. 91	13. 1. 61
Rauh, Antje	17. 6. 91	2. 9. 59
Friedsam, Ilka	17. 6. 91	19. 1. 61
Wießner, Sigrid	1. 8. 91	5. 8. 53
Müller, Judith	1. 8. 91	12. 10. 55
Dziumla, Veit	1. 8. 91	16. 3. 60
Bremer, Rolf	2. 9. 91	30. 3. 55
Güse-Hüner, Martina	16. 9. 91	6. 4. 60
Streit, Ulrike	18. 9. 91	23. 4. 48
Kirch, Anke Iris	2. 1. 92	12. 10. 63
Zimmer, Wolfgang	2. 11. 92	13. 5. 51
Rohling, Hubert	2. 11. 92	26. 10. 54
Karges, Markus	16. 11. 92	13. 6. 63
Gerster, Erwin	15. 12. 92	1. 12. 59
Orlik, Ansgar	15. 2. 93	3. 2. 64
Renger, Marc	1. 3. 93	8. 7. 63
Flockerzi, Georg	5. 4. 93	23. 11. 60
Halt, Susanne	15. 4. 93	21. 2. 61
Schatz, Tilo	15. 4. 93	29. 1. 62
Fleiner, Sabine	15. 4. 93	14. 4. 63
Bülter, Thomas	15. 4. 93	14. 7. 63
Speiser, Peter	19. 4. 93	19. 2. 62
Beck, Michael	3. 5. 93	12. 4. 57
Jermann, Christel	3. 5. 93	8. 11. 57
Minten, Christoph	3. 5. 93	10. 6. 59
Gräwe, Karlheinz	3. 5. 93	21. 5. 61
Stowasser, Linda	3. 5. 93	28. 8. 61
Quast, Brigitte	3. 5. 93	9. 1. 62
Wichelhaus, Jan	3. 5. 93	19. 5. 62
Schamber, Ralf	3. 5. 93	15. 6. 62
Ecker, Sixtus	3. 5. 93	17. 10. 62
Dr. Kroll-Perband, Barbara	3. 5. 93	18. 2. 63
Saalmann, Andreas	3. 5. 93	26. 12. 63
Stollar, Christine	3. 5. 93	29. 12. 63
Schneider, Kerstin	3. 5. 93	4. 6. 64
Boß, Matthias	3. 5. 93	20. 11. 65
Kallenbach, Manfred	10. 5. 93	22. 11. 61
Geerkens, Marion	17. 5. 93	13. 12. 57
Kettermann, Jürgen	17. 5. 93	4. 9. 59
Daschner, Michael	17. 5. 93	30. 1. 62
Dr. Schäffer, Peter	1. 6. 93	2. 2. 49
Hackel, Rudolf	1. 6. 93	29. 12. 60
Nieragden, Beate	1. 6. 93	22. 2. 61
Hättig, Susanne	1. 6. 93	25. 2. 63
Fiedler, Arndt	1. 6. 93	10. 5. 63
Asshauer, Pia	1. 6. 93	16. 6. 63
Fertikowski, Wolfgang	1. 6. 93	19. 12. 63
Pirk, Marcus	1. 6. 93	20. 11. 64
Poganiatz, Heike	7. 6. 93	22. 5. 64
Götze, Bernd	14. 6. 93	8. 10. 61
Schettgen, Ulrich	15. 6. 93	18. 5. 57
Nielen, Andreas	15. 6. 93	17. 7. 62
Merz, Hans-Jochen	1. 7. 93	3. 9. 55
Hock, Bernhard	1. 7. 93	14. 12. 59
Dr. Wörz, Ingeborg	1. 7. 93	4. 5. 61
Borkowski, Elke	1. 7. 93	8. 11. 61
Irnig, Beate	1. 7. 93	7. 3. 62
Winterhalter, Alexander	1. 7. 93	19. 11. 62
Penning, Christian	1. 7. 93	6. 12. 62
Ludewig, Christine	1. 7. 93	19. 9. 63
Gast, Thomas	1. 7. 93	23. 5. 64
Schlarb, Klaus	1. 7. 93	18. 6. 64
Schick, Andreas	1. 7. 93	5. 8. 64
Menn, Jürgen	1. 7. 93	12. 9. 64
Guha, Juliane	15. 7. 93	25. 11. 63
Herrmann, Lutz	15. 7. 93	25. 2. 65
Schöllkopf, Tilmann	2. 8. 93	4. 2. 50
Schumann, Sonja	2. 8. 93	8. 7. 57

SAC Richter/StA im Richterverhältnis auf Probe

Name	Date 1	Date 2
Nowak, Susanne	2. 8. 93	6. 2. 59
Ronsdorf, Kai	2. 8. 93	9. 1. 60
Holz, Birgit	2. 8. 93	30. 7. 60
Meißner, Thomas	2. 8. 93	24. 6. 61
Schönfelder, Cornelia	2. 8. 93	30. 8. 61
Huber-Zorn, Waltraud	2. 8. 93	19. 10. 62
Sohn, Heike	2. 8. 93	16. 11. 62
Opalla, Monika	2. 8. 93	16. 12. 62
Dörner, Susanne	2. 8. 93	16. 1. 63
Rudzki, Christoph	2. 8. 93	27. 4. 63
Loer, Ursula	2. 8. 93	28. 10. 63
Steffan, Klaus	2. 8. 93	21. 11. 63
Kliemt, Toralf	2. 8. 93	28. 2. 65
Herber, Beate	2. 8. 93	13. 10. 67
Brockmeier, Jana	2. 8. 93	3. 5. 69
Selber, Peter	3. 8. 93	15. 7. 61
Bielefeld, Peter	16. 8. 93	28. 8. 61
Barthel, Enrico	16. 8. 93	22. 6. 65
Hinke, Helga	16. 8. 93	6. 12. 65
Frick, Ralf	30. 8. 93	28. 8. 62
Niermeyer, Sabine	31. 8. 93	19. 1. 62
Ehlers, Harald	1. 9. 93	5. 12. 47
Weilmaier, Veronika	1. 9. 93	26. 12. 53
Gräfenstein, Michael	1. 9. 93	9. 10. 57
Luthe, Altfried	1. 9. 93	13. 2. 60
Vossen-Kempkens, Stefanie	1. 9. 93	13. 8. 62
Hinke, Thomas	1. 9. 93	17. 10. 62
Schulz, Heiko	1. 9. 93	30. 10. 62
Droll, Rainer	1. 9. 93	3. 9. 63
Rech, Heide	1. 9. 93	18. 10. 63
Bohner, Martin	1. 9. 93	1. 12. 63
van der Beeck, Ursula	1. 9. 93	27. 2. 64
Grünhagen, Jochen	1. 9. 93	25. 3. 64
Pfeufer, Ursula	1. 9. 93	2. 6. 64
Josinger, Jens-Hagen	1. 9. 93	25. 10. 64
Dargatz, Heiko	1. 9. 93	27. 11. 64
Jolas, Andre	1. 9. 93	9. 12. 64
Könnecke, Ortrun	1. 9. 93	11. 6. 65
Harner, Anke	1. 9. 93	3. 9. 65
Touysserkani, Patrick	1. 9. 93	10. 7. 65
Dittmann, Ina	15. 9. 93	29. 5. 60
Hauser, Andrea	15. 9. 93	10. 4. 64
Horlacher, Beate	15. 9. 93	12. 7. 64
Stephan, Heiko	15. 9. 93	13. 2. 65
vMüssig, Elke	15. 9. 93	23. 3. 65
Heinze, Claudia	15. 9. 93	9. 4. 65
Metzger, Norbert	15. 9. 93	15. 7. 65
Dr. Dey, Steffen	1. 10. 93	2. 2. 61
Irgang, Bernhard	1. 10. 93	26. 2. 61
Theis, Frank	1. 10. 93	23. 4. 61
Tuschen, Volker	1. 10. 93	3. 8. 61
Schwarz, Sigrid	1. 10. 93	4. 11. 61
Kukatzki, Peter	1. 10. 93	26. 12. 61
Winkler, Tamara	1. 10. 93	1. 9. 62
Tegtmeyer, Marion	1. 10. 93	2. 12. 62
Rössel, Christiane	1. 10. 93	1. 2. 63
Korowiak, Heike	1. 10. 93	12. 5. 63
Linßen, Albert	1. 10. 93	22. 5. 63
Weise, Jürgen	1. 10. 93	2. 6. 63
Zschiesbsch, Mathias	1. 10. 93	8. 6. 63
von Beesten, Christian	1. 10. 93	14. 8. 63
Erhorn, Angela	1. 10. 93	11. 9. 63
Müller, Elmar	1. 10. 93	5. 11. 63
Gußregen, Gernot	1. 10. 93	30. 11. 63
Pohl-Kukowski, Anne	1. 10. 93	22. 2. 64
Seitz, Xaver	1. 10. 93	14. 4. 64
Kaiser, Thomas	1. 10. 93	31. 5. 64
Lübke, Thomas	1. 10. 93	20. 6. 64
Böttcher, Anja	1. 10. 93	3. 7. 64
Pietsch, Sabine	1. 10. 93	16. 11. 64
Kohlschmid, Katja	1. 10. 93	23. 4. 65
Schäfer, Sabine	18. 10. 93	29. 10. 62
Zarm, Thomas	1. 11. 93	23. 6. 59
Timaeus, Petra	1. 11. 93	4. 10. 59
Biesewig, Bettina	1. 11. 93	7. 9. 60
Christiansen, Michael	1. 11. 93	1. 4. 61
Härtl, Robert	1. 11. 93	24. 8. 62
Dr. Dömland, Kai	1. 11. 93	9. 5. 63
Planitzer, Sabine	1. 11. 93	13. 6. 63
Heuwerth, Frank	1. 11. 93	11. 12. 63
Reincke, Christina	1. 11. 93	18. 4. 64
Söhnlein, Rolf	1. 11. 93	7. 6. 64
Rudolph, Peter	1. 11. 93	1. 11. 64
Kürschner, Petra	1. 11. 93	8. 11. 64
Hoffmann, Eva-Maria	1. 11. 93	9. 4. 65
Webers, Claudia	1. 11. 93	18. 12. 65
Merkl, Petra	1. 11. 93	24. 12. 65
Schreiner, Karin	1. 11. 93	7. 6. 66
Halir, Torsten	15. 11. 93	2. 12. 61
Giesecke, Frank	1. 12. 93	25. 5. 63
Schüler, Kai	1. 12. 93	5. 2. 64
Oberholz, Stephan	1. 12. 93	18. 9. 64
Hepp-Schwab, Hermann	1. 1. 94	15. 8. 62
Orthen, Martina	3. 1. 94	19. 11. 61
Follner, Arndt	3. 1. 94	7. 12. 63
Zeeck, Claudia	3. 1. 94	14. 12. 64
Schulz, Gabriele	3. 1. 94	27. 1. 65
Szymczak, Peggy	3. 1. 94	21. 7. 67
Bode, Lutz	17. 1. 94	25. 9. 62
Varga, Anton	1. 2. 94	19. 9. 61
Dück, Gerd	1. 2. 94	7. 10. 66
Frey, Ulrich	1. 2. 94	12. 9. 57
Faulhaber, Edgar	1. 2. 94	7. 11. 60
Schilling, Andrea	15. 2. 94	15. 3. 65
Ballin, Ulf	1. 3. 94	22. 6. 60
Georg, Roman	14. 3. 94	22. 11. 62
Schulz, Ricardo	14. 3. 94	5. 6. 64
Zingler, Ruth	15. 3. 94	1. 2. 64
Blaschke, Stefan	31. 3. 94	20. 1. 63
Müller, Wichart	5. 4. 94	28. 2. 65
Bierlein, Martin	5. 4. 94	31. 3. 66
Werz, Ulrich	15. 4. 94	30. 5. 64

Richter/StA im Richterverhältnis auf Probe SAC

Name	Datum 1	Datum 2
Asmus, Jura	2. 5. 94	25. 6. 61
Batzler, Barbara	2. 5. 94	9. 4. 63
Gmel, Duscha	2. 5. 94	29. 1. 66
Dr. Schubert, Dagmar	2. 5. 94	26. 12. 67
Schlosser, Anke	1. 6. 94	14. 4. 64
Uhlisch, Gabriele	1. 6. 94	8. 11. 66
Volz, Joachim	1. 7. 94	19. 10. 62
Dr. Schröpfer, Conny	1. 7. 94	7. 4. 63
Reneberg, Jörg	1. 7. 94	18. 12. 64
Pesch, Maria	1. 7. 94	28. 10. 65
Kaden, Jens	1. 7. 94	16. 3. 66
Krause, Thomas	1. 7. 94	2. 5. 67
Seifert, Uwe	1. 7. 94	24. 11. 67
Atanassov, Peggy	1. 7. 94	13. 11. 68
Haller, Katrin	15. 7. 94	3. 10. 63
Beeskow, Andreas	15. 7. 94	18. 12. 65
Zeising, Jeanette	15. 7. 94	28. 2. 68
Fritsch, Ute	1. 8. 94	5. 5. 65
Steger, Andre	1. 8. 94	12. 6. 65
Höllrich, Thomas	1. 8. 94	1. 9. 65
Mendisch, Sven	1. 8. 94	14. 11. 65
Eckhardt, Roy	1. 8. 94	27. 11. 65
Gonschorek, Peter	1. 8. 94	1. 8. 66
Heinze, Petra	1. 8. 94	16. 3. 69
Kaden, Verena	1. 8. 94	18. 3. 69
Teitge, Heike	1. 9. 94	26. 1. 63
Näther, Bosco	1. 9. 94	9. 12. 64
Pietzko, Irina	1. 9. 94	16. 9. 66
Müller, Katrin	1. 9. 94	20. 12. 67
Pabst, Silke	1. 9. 94	1. 3. 69
Kühlborn, Silke	1. 10. 94	19. 2. 63
Dr. Nicklaus, Antje	4. 10. 94	3. 2. 64
Schultz, Viro	4. 10. 94	10. 4. 64
Lichtenberg, Beate	7. 10. 94	27. 2. 69
Gremm, Bernd	17. 10. 94	15. 11. 63
Tolksdorf, Regina	1. 12. 94	24. 2. 67
Aust, Karen	2. 1. 95	20. 9. 65
Podhraski, Andrea	9. 1. 95	13. 1. 61
Tröster, Andrea	10. 1. 95	8. 6. 66
Maier, André	25. 1. 95	20. 8. 62
Seifert, Thomas	1. 2. 95	22. 8. 67
Fischer, Malte	1. 2. 95	10. 4. 68
Klug, Jürgen	13. 2. 95	22. 9. 61
Scheuffler, Oliver	13. 2. 95	15. 4. 66
Krämer, Birgit	1. 4. 95	7. 7. 67
Meusel, Grit	10. 4. 95	14. 6. 68
Bauermeister, Sybille	2. 5. 95	10. 1. 66
Frey, Peter	15. 5. 95	7. 1. 62
Gun, Rochus	15. 5. 95	28. 4. 63
Ströse, Annett	31. 5. 95	19. 1. 69
Schmidt-Lammert, Heidemarie	1. 6. 95	7. 2. 67
Hebert, Jens	1. 6. 95	20. 11. 68
Kuschel, Annette	12. 6. 95	16. 11. 65
Klemm, Stefanie	15. 6. 95	15. 2. 67
Kaduk, Celia	3. 7. 95	4. 8. 63
Dr. Lames, Peter	3. 7. 95	2. 7. 64
Wirtz, Gertrud	3. 7. 95	1. 8. 64
Bokern, Albrecht	3. 7. 95	6. 11. 64
Poth, Andreas	3. 7. 95	5. 1. 65
Maaß, Holger	3. 7. 95	27. 10. 65
Richter, Ingrid	3. 7. 95	19. 4. 66
Reichel, Ulf	3. 7. 95	17. 7. 66
Behrendt, Bettina	3. 7. 95	12. 10. 66
Nimphius, Ralf	3. 7. 95	1. 12. 66
Lückhoff, Elisabeth	3. 7. 95	5. 1. 67
Fischer, Michael	17. 7. 95	1. 9. 63
Zsembery, Judith	1. 8. 95	16. 1. 65
Engelhardt, Brigitte	1. 8. 95	11. 4. 66
Holzinger, Ulrich	1. 8. 95	17. 7. 66
Hackenbrock, Daria	1. 8. 95	23. 6. 67
Werner, Claudia	1. 8. 95	28. 6. 67
Werner, Hartmut	1. 8. 95	14. 12. 67
Wallasch, Hubert	10. 8. 95	10. 4. 65
Linhardt, Christian	14. 8. 95	24. 11. 64
Siler, Andrea	21. 8. 95	3. 10. 66
Dr. Mügge, Christine	1. 9. 95	1. 6. 61
Schott, Irene	1. 9. 95	8. 1. 65
Kroschel, Sonja	1. 9. 95	14. 3. 67
Funke, Tatjana	1. 9. 95	18. 5. 67
Schultheiß, Martin	1. 9. 95	29. 3. 68
Schippmann, Antje	1. 9. 95	30. 4. 68
Mäser, Anja	1. 9. 95	24. 10. 68
Berner, Arnulf	2. 10. 95	24. 11. 65
Pester, Simone	2. 10. 95	29. 2. 68
Schmid, Christina	1. 11. 95	24. 2. 62
Brüser, Meinolf	1. 11. 95	28. 7. 64
Küsgen, Jörg	1. 11. 95	28. 3. 66
Dörnhofer, Roy	1. 11. 95	19. 8. 66
Roth, Markus	1. 11. 95	8. 2. 67
Eifert, Robin	15. 11. 95	21. 3. 63
Dr. Trepper, Thomas	1. 12. 95	15. 10. 63
Schori, Markus	1. 12. 95	26. 4. 67
Bodner, Dagmar	1. 12. 95	8. 7. 67
Schinke, Julia	1. 12. 95	6. 4. 68
Dr. Märtens, Markus	2. 1. 96	1. 12. 62
Marx, Martin	2. 1. 96	13. 3. 63
Pähler, Ann-Christin	2. 1. 96	1. 8. 65
Dr. Burgard, Jens	2. 1. 96	25. 10. 66
Köhler, Thomas	2. 1. 96	21. 2. 68
Behler, Sebastian	1. 2. 96	28. 7. 65
Buhles, Frank	1. 2. 96	5. 10. 65
Borris, Birgit	1. 2. 96	26. 7. 67
Albrecht, Kerstin	1. 3. 96	7. 1. 65
Weidelich, Daniel	1. 3. 96	21. 5. 66
Baustetter, Ellen	1. 3. 96	20. 3. 67
Recken, Marita	1. 3. 96	3. 6. 67
Müseler, Peter	1. 3. 96	22. 7. 69
Day, Anya	1. 4. 96	17. 12. 65
Albert, Michael	1. 4. 96	4. 4. 67
Frisch, Christiane	1. 4. 96	18. 5. 69

Sachsen-Anhalt

2 769 294 Einwohner

Ministerium der Justiz

Wilhelm-Höpfner-Ring 6, 39116 Magdeburg
Postfach 3429, 39043 Magdeburg
T (03 91) 5 67 01, Telefax (03 91) 5 67 42 26
1 Min, 1 StaatsSekr, 5 MinDgt, 4 LMinR, 26 MinR, 10 RD, 5 ORR

Ministerin
Schubert, Karin	22. 7.94	16. 8.44

Staatssekretärin
Riedel, Ulrike	11.10.94	24. 8.48

Ministerialdirigenten
Dr. Steinbömer, Feuke	1. 2.90	30. 4.32
Dr. Jabel, Hans-Peter	1. 7.91	27. 8.34
Isensee, Hanns-Peter	1. 7.91	2. 2.43
Müller, Johannes	25. 3.94	20. 5.34

Leitende Ministerialräte
Deppe, Wolfgang	1. 7.91	6. 5.43
Dr. Schellenberg, Hartwig	1.11.91	12. 2.38
Boës, Berend	2. 6.94	5. 2.39
Olmes, Rainer	2. 6.94	19.10.55

Ministerialrätinnen/Ministerialräte
Heun, Dieter	3. 7.91	13. 2.41
Riedel, Norbert Peter	20.12.91	27.11.41
Figl, Ernst	25. 6.92	15. 3.46
Dr. Hartwig, Ernst-Peter	1. 1.93	3. 3.58
Hillig, Reinhard	19.11.93	30.12.52
Böning, Hubert	1. 6.94	13. 2.60
Dr. Brachmann, Ronald, abg.	12.12.94	6. 8.55
Keiluweit, Gerald	1. 2.96	24.11.55
Schmidt, Erika	1. 7.91	25. 6.52
Henkel, Gerhard	1. 6.94	17. 8.46
Streuzek, Rita	1. 6.94	1. 9.55
Wegener, Hartmut	1. 2.96	2.12.42

Regierungsdirektoren
Rohde, Manfred	2. 4.92	7. 2.53
Pilster, Ronald	28. 1.93	13. 8.50
Ehlers, Henning	22. 2.93	3. 7.40
Ellermann, Lutz	28. 9.93	8. 4.43

Oberregierungsräte
Fruhner, Frank-Michael	5.11.91	29.12.52
Elis, Klaus	31. 8.93	4.10.39
Farbowski, Meinhard	1. 2.96	27.10.49

Regierungsrätin/Regierungsrat
Messerschmidt, Rainer	4.10.94	28. 5.61
Sellhorn, Ulrike	6. 7.95	14. 3.61

Präsident des Landesjustizprüfungsamtes
Guntau, Burkhard	3. 5.93	18. 3.48

SAN OLG-Bezirk Naumburg   LG-Bezirk Dessau

Oberlandesgerichtsbezirk Naumburg

Bezirk: Sachsen-Anhalt
4 Landgerichte: Dessau, Halle, Magdeburg, Stendal

35 Amtsgerichte

Oberlandesgericht Naumburg

E 2 769 294
Domplatz 10, 06618 Naumburg
Postfach 308, 06606 Naumburg
T (0 34 45) 28–0, Telefax (0 34 45) 28 20 00
1 Pr, 1 VPr, 9 VR, 14 R, 1 LSt R (für UProf. im 2. Hauptamt)

Präsident
Prof. Goydke, Jürgen   1. 9. 92   20. 11. 33

Vizepräsident
Zink, Werner   1. 2. 92   18. 9. 47

Vorsitzende Richter
Miosge, Dieter   1. 9. 92   7. 7. 34
Klußmann, Uwe   1. 9. 92   18. 9. 36
Hennig, Albrecht   1. 9. 92   21. 8. 39
Kleist, Jürgen   25. 5. 93   27. 8. 39

Richterinnen/Richter
Dr. Friederici, Peter   1. 9. 92   20. 2. 41
Dr. Zettel, Günther   1. 9. 92   11. 11. 48
Dr. Engel, Mathias   1. 9. 92   30. 12. 54
Dr. Joeres, Hans-Ulrich, abg. 1. 4. 92 12. 4. 55
Becker, Jörg-Peter   2. 2. 93   4. 11. 53
Goerke-Berzau, Iris   16. 2. 93   30. 6. 57
Dr. Kircher, Gerhard   20. 4. 93   1. 12. 48
Prof. Rosendorfer, Herbert   6. 5. 93   19. 2. 34
Pokrant, Günther*   21. 3. 94   14. 7. 50
Feldmann, Werner   1. 12. 94 24. 8. 54
von Harbou, Bodo   26. 4. 95   10. 4. 44
Hellriegel, Bernd   17. 7. 95   26. 3. 54
Geib, Stefan   20. 12. 95 15. 8. 62
Prof. Dr. Smid, Stefan
  (UProf, 2. Hauptamt)   —   —

---
* Siehe BGH.

Landgerichtsbezirk Dessau

Landgericht Dessau   E 574 616
Willy-Lohmann-Str. 33, 06844 Dessau
Postfach 1426, 06813 Dessau
T (03 40) 20 20
Telefax (03 40) 20 21 44 9
1 Pr, 1 VPr, 5 VR, 13 R

Präsident
Diederichs, Hans-Jürgen   1. 9. 92   25. 8. 35

Vizepräsident
Baumgarten, Klaus, abg.   1. 4. 93   27. 11. 47

Vorsitzende Richter
Dr. Cromme, Karl   29. 6. 94   18. 2. 34
Tietze, Erhart   1. 3. 96   18. 5. 38

Richterinnen/Richter
Tormöhlen, Helmut   4. 12. 93 29. 12. 57
Walter, Sabine   6. 12. 93 16. 8. 51
Konrad, Siegrun   6. 12. 93 30. 12. 58
Kiel, Monika   9. 2. 94   24. 11. 61
Clemens, Kerstin   9. 2. 94   7. 8. 63
Redemann, Klaus   1. 12. 94 23. 5. 61
Gutewort, Edeltraut   2. 1. 95   14. 2. 52
Spohn, Sigrid   28. 4. 95   8. 2. 60
Habekost, Martin, abg.   21. 8. 95   —

LG-Bezirk Halle   OLG-Bezirk Naumburg   **SAN**

Zahn, Jürgen	4. 10. 95	19. 9. 50
Klein, Donata	3. 11. 95	14. 7. 64
Dr. Bauer, Ulrich	3. 1. 96	12. 10. 63

Amtsgerichte

Bernburg E 69 539
Schloßstr. 24, 06406 Bernburg
Postfach 18, 06391 Bernburg
T (0 34 71) 37 73
Telefax (0 34 71) 37 74 01
1 Dir, 4 R

Hoffmann, Tobias, Dir	1. 3. 93	8. 3. 55
Knabe, Monika	20. 7. 94	15. 6. 58
Kliebisch, Simone	16. 6. 95	16. 1. 63

Bitterfeld E 115 739
Lindenstr. 9, 06749 Bitterfeld
Postfach 1135, 06733 Bitterfeld
T (0 34 93) 36 40
Telefax (0 34 93) 36 41 65
1 Dir, 1 stVDir, 6 R

Heitmann, Ernst, Dir	1. 6. 94	22. 3. 43
Grätz, Hubert, stVDir	12. 9. 95	13. 9. 47
Reichmann, Lutz-Hartmut	14. 2. 94	2. 1. 50
Knief, Thomas	1. 12. 94	20. 10. 61
Küstermann, Ralph	3. 1. 96	17. 4. 62

Dessau E 93 260
Willy-Lohmann-Str. 33, 06844 Dessau
Postfach 1821, 06815 Dessau
T (03 40) 20 20
Telefax (03 40) 20 21 28 9–90
1 Dir, 1 stVDir, 6 R

Bolduan, Heinz-Jochen, Dir	1. 9. 92	13. 6. 34
N. N., stVDir		
Kauert, Helga	6. 12. 93	12. 8. 41
Urbaneck, Erika	25. 10. 94	17. 10. 33
Ernesti, Ellen	1. 3. 96	30. 8. 64

Köthen E 73 251
Schloßplatz 4, 06366 Köthen
Postfach 1530, 06355 Köthen
T (0 34 96) 42 20
Telefax (0 34 96) 42 22 31
1 Dir, 3 R

Bräunig, Doris, Dir	8. 8. 95	15. 9. 50
Meyer, Cornelia	6. 12. 93	2. 12. 58

Sauer, Andrea	6. 12. 93	9. 7. 64
Engshuber, Anke	1. 12. 95	3. 11. 63

Wittenberg E 153 550
Dessauer Str. 291, 06886 Wittenberg
Postfach 101, 06873 Wittenberg
T (0 34 91) 43 60
Telefax (0 34 91) 35 91
1 Dir, 1 stVDir, 6 R

Nitz, Ulrich, Dir	1. 9. 92	7. 4. 42
Tilch, Thomas, stVDir	6. 2. 96	28. 7. 60
Steinhoff, Manfred, abg.	14. 6. 93	30. 3. 53
Heimann, Andrea	6. 8. 94	5. 11. 59
Hoffmann, Ramona	29. 3. 95	11. 7. 60
Alvermann, Frank	1. 12. 95	14. 6. 63
Engelhart, Ingo	4. 12. 95	26. 5. 62
Waltert, Ronald	1. 3. 96	15. 9. 62

Zerbst E 69 277
Schloßfreiheit 10, 39261 Zerbst
Postfach 20, 39251 Zerbst
T (0 39 23) 7 42 20
Telefax (0 39 23) 74 22 20 1
1 Dir, 4 R

N. N., Dir

Landgerichtsbezirk Halle

Landgericht Halle E 923 783
Hansering 13, 06108 Halle
Postfach 221, 06017 Halle
T (03 45) 22 00
Telefax (03 45) 22 03 25 0
1 Pr, 1 VPr, 15 VR (davon 1 UProf. im 2. Hauptamt), 35 R

Präsident

Fromhage, Dietmar	1. 9. 92	10. 5. 43

Vizepräsident

Schwarz, Tilmann	1. 9. 92	8. 12. 46

Vorsitzende Richterinnen/Vorsitzende Richter

Ley, Peter	27. 4. 92	18. 12. 44
Riehl, Horst-Adolf	1. 9. 92	28. 1. 44
Borgmann, Michael	1. 9. 92	22. 6. 44
Grasse, Eberhard	1. 9. 92	10. 9. 46
Hermle, Klaus	1. 9. 92	15. 1. 52
Braun, Klaus	4. 5. 93	3. 1. 41
Reuter, Almut	23. 12. 93	17. 7. 43

SAN OLG-Bezirk Naumburg　　　　　　　　　　　LG-Bezirk Halle

Brandes, Heinz	14. 3. 94	16. 1. 29
Meyer, Petra	28. 8. 95	1. 3. 52

Richterinnen/Richter

Prof. Dr. Lilie, Hans (UProf, 2. Hauptamt)	20. 10. 92	18. 8. 49
Hill, Hartmut, abg.	2. 8. 93	12. 5. 53
Friedel, Johannes	6. 12. 93	6. 9. 35
Ballhause, Brunhilde	6. 12. 93	21. 9. 51
Bachmann, Peter	6. 12. 93	21. 10. 56
Stengel, Jan	6. 12. 93	2. 8. 61
Weber, Josef-Peter, abg.	23. 6. 94	23. 8. 60
Buchloh, Volker, abg.	7. 7. 94	2. 9. 59
Hahn, Monika	28. 7. 94	20. 12. 58
Corcilius, Niels	28. 7. 94	17. 9. 60
Sitter, Wolfram	30. 6. 95	1. 7. 33
Wetzel, Gerhard	—	—
Engelhard, Jörg	2. 10. 95	27. 3. 62
Marx-Leitenberger, Gertrud	4. 12. 95	27. 3. 58
Joost, Heike	4. 12. 95	23. 3. 61
Haag, Wilfried	19. 2. 96	23. 8. 56

Amtsgerichte

Eisleben E 64 238
Rudolf-Breitscheid-Str. 1/2, 06295 Eisleben
Postfach 2 08, 06290 Eisleben
T (0 34 75) 60 26 03-5
Telefax (0 34 75) 71 57 43
1 Dir, 3 R

N. N., Dir		
Vater, Angelika	23. 12. 93	19. 8. 59

Halle-Saalkreis E 357 867
Landsberger Str. 13-15, 06112 Halle
Postfach 9, 06095 Halle
T (03 45) 22 00
Telefax (03 45) 22 04 19 0
1 Pr, 1 VPr, 2 w.aufs.R., 26 R

Präsidentin

Flume-Brühl, Eva	11. 9. 95	30. 9. 35

Vizepräsident

Lutze, Rolf, abg.	1. 9. 92	24. 5. 45

weitere aufsichtführende Richter
N. N.

Richterinnen/Richter

Baatz, Maria	6. 12. 93	5. 4. 36
Pommer, Helga	—	—
Dr. Arndt, Elsa	6. 12. 93	20. 7. 38
Nörenberg, Helga	—	—
Maynicke, Hans	—	—
Rosenfeld, Gudrun, abg.	—	—
Liebsch, Ulrike	—	—
Schölzel, Cornelia	—	—
Reichardt, Heike	—	—
Lampert-Malkoc, Bärbel	—	—
Riebenstahl, Anja	—	—
Gottfried, Mario	6. 12. 93	14. 2. 65
Glomski, Bruno	22. 12. 93	2. 7. 53
Schulting-Borgmann, Monika	12. 9. 94	8. 9. 63
Lange, Marita	23. 9. 94	30. 4. 47
Hoffmann, Martina	—	—
Budtke, Werner	3. 4. 95	23. 9. 60
Brünninghaus, Mathias	16. 2. 96	16. 6. 59

Hettstedt E 51 380
Johannisstr. 28a, 06333 Hettstedt
Postfach 10 05, 06321 Hettstedt
T (0 34 76) 81 21 18 -19
Telefax (0 34 76) 81 21 18
1 Dir, 3 R

N. N., Dir		
Unterschütz, Karin	6. 12. 93	1. 10. 43
Minte, Helmut	2. 1. 95	11. 12. 31

Merseburg E 112 614
Kloster 4, 06217 Merseburg
Postfach 45, 06201 Merseburg
T (0 34 61) 28 10
Telefax (0 34 61) 21 20 07
1 Dir, 1 stVDir, 6 R

Mertens, Peter, Dir	1. 6. 94	23. 8. 54
N. N., stVDir		
Richter, Karla	6. 12. 93	2. 12. 40
Kollewe, Steffen	6. 12. 93	16. 4. 64
Dr. Schöpf, Susanne	2. 1. 95	18. 6. 55
Steger, Peter	2. 1. 95	2. 3. 59
Schmidt, Annelotte	30. 6. 95	21. 8. 45
Wiedenlübbert, Eckard	1. 11. 95	23. 3. 58

Naumburg E 50 869
Markt 7, 06618 Naumburg
Postfach 1 54, 06603 Naumburg
T (0 34 45) 28 0
Telefax (0 34 45) 20 27 95
1 Dir, 4 R

Bock, Christa, Dir	4. 3. 92	14. 1. 49
Bartschinski, Claudia	—	—
Hopfmann, Karin	—	—

LG-Bezirk Magdeburg   OLG-Bezirk Naumburg   **SAN**

Nebra E 27 904
Klippenteich 8, 06642 Nebra
T (03 44 61) 22 03 1–2
Telefax (03 44 61) 22 03 3
1 Dir, 1 R

N. N., Dir
Fürniss-Sauer, Angela   1. 10. 94   21. 4. 57

Querfurt E 30 401
Vor dem Nebraer Tor 1, 06268 Querfurt
Postfach 12 52, 06242 Querfurt
T (03 47 71) 22 38 6–7
Telefax (03 47 71) 35 00
1 Dir, 1 R

N. N., Dir
Loewenstein, Ingeborg   29. 3. 95   4. 12. 60
Lutz, Steffen   2. 11. 95   19. 8. 59

Sangerhausen E 73 056
Markt 3, 06526 Sangerhausen
Postfach 65, 06512 Sangerhausen
T (0 34 64) 57 23 92
Telefax (0 34 64) 57 22 76
1 Dir, 4 R

Lücke, Wessel, Dir   30. 11. 93   28. 12. 37
Horlbog, Ute   6. 12. 93   1. 10. 55
Zärtner, Sven-Olaf   6. 12. 93   26. 5. 60

Weißenfels E 85 020
Friedrichstr. 18, 06667 Weißenfels
Postfach 1 30, 06652 Weißenfels
T (0 34 43) 30 42 76
Telefax (0 34 43) 30 42 76
1 Dir, 5 R

Iseler, Heinrich, Dir   1. 3. 94   11. 6. 43
Berg, Steffen   6. 12. 93   5. 9. 62
Zahn, Iris   26. 7. 94   29. 3. 60
Baatz, Burkhard   9. 1. 96   13. 7. 61

Zeitz E 70 434
Herzog-Moritz-Platz 1, 06712 Zeitz
Postfach 21, 06691 Zeitz
T (0 34 41) 67 26
Telefax (0 34 41) 67 26
1 Dir, 3 R

N. N., Dir
Petzsch, Elvira   6. 12. 93   29. 1. 45
Borchert, Horst-Diether   4. 1. 95   10. 3. 61

Landgerichtsbezirk Magdeburg

Landgericht Magdeburg E 910 685
Halberstädter Str. 8, 39112 Magdeburg
Postfach 12 29, 39002 Magdeburg
T (03 91) 60 60
Telefax (03 91) 60 62 06 9–70,
1 Pr, 1 VPr, 13 VR, 27 R

Präsident
Dr. Bosse, Peter   1. 9. 92   12. 5. 42

Vizepräsident
Dr. Clodius, Gernot   1. 9. 92   20. 9. 41

Vorsitzende Richterin/Vorsitzende Richter
Fabricius, Ludwig   17. 2. 92   28. 1. 37
Findeisen, Harald   31. 3. 92   5. 2. 46
Kupfer, Hans-Joachim   1. 7. 92   2. 3. 48
Puhle, Stefan   1. 7. 92   18. 5. 48
Bastobbe, Konrad   1. 9. 92   15. 10. 47
Jaspers, Sigrid   1. 9. 92   15. 8. 54
Burger, Thomas   2. 10. 92   11. 5. 49
Krüger, Hartmut   1. 12. 92   10. 2. 52
Ottmer, Hans-Jürgen   22. 3. 93   4. 5. 44
Kliche, Ralph, abg.   31. 1. 94   19. 6. 56
Brehmer, Manfred   9. 8. 95   12. 7. 38
Schulze, Ernst-Wilhelm,
  abg.   16. 10. 95   26. 9. 55

Richterinnen/Richter
Bisping, Marianne   4. 3. 93   23. 9. 56
Köneke, Gerhard   19. 5. 93   21. 8. 53
Bisping, Albert   23. 8. 93   3. 5. 55
Baumgarten, Beate   6. 12. 93   14. 6. 53
Schmücking, Birgit   6. 12. 93   16. 11. 53
Wein, Ilona, beurl.   6. 12. 93   8. 6. 60
Majstrak, Ulf   6. 12. 93   23. 10. 62
Dr. Bommel, Enno, abg.   20. 12. 93   16. 4. 62
Dr. Tiemann, Ralf, abg.   3. 1. 94   1. 9. 58
Kühlen, Hans-
  Joachim, abg.   4. 1. 94   21. 7. 53
Meyer, Brigitte, abg.   29. 3. 94   10. 8. 58
Barkow, Gabriele   14. 4. 94   28. 9. 60
Haarmeyer, Hans   1. 5. 94   3. 2. 48
Dr. Otto, Hans-
  Michael, abg.   2. 5. 94   4. 9. 57
Walpuski, Christine   12. 7. 94   30. 11. 61
Plaga, Elke, beurl.   23. 9. 94   7. 3. 61
Sperber, Heiner, abg.   21. 12. 94   5. 10. 59
Merzbach, Werner.   2. 1. 95   11. 7. 61
Sternberg, Dirk.   —   —
Kütemeyer, Norbert   3. 4. 95   14. 12. 63
Kraus, Heribert   21. 7. 95   31. 10. 53

SAN OLG-Bezirk Naumburg   LG-Bezirk Magdeburg

Flotho, Marc	30. 8.95	23. 6.63
Dr. Magalowski, Dieter, abg.	3.11.95	6. 3.63
Riep, Karsten	1. 3.96	3. 7.62

Amtsgerichte

Aschersleben E 59 851
Burgplatz 3, 06449 Aschersleben
Postfach 56, 06432 Aschersleben
T (0 34 73) 71 61 und 80 81 51
Telefax (0 34 73) 71 61
1 Dir, 3 R

Urbschat, Wolfgang Dir	1. 3.93	18. 9.40
Biskupski, Carmen	6.12.93	16. 2.43
Schilling, Hans-Joachim	13. 7.94	2. 8.59

Halberstadt E 82 528
Richard-Wagner-Str. 52, 38820 Halberstadt
Postfach 15 41, 38805 Halberstadt
T (0 39 41) 67 00
Telefax (0 39 41) 67 02 72
1 Dir, 5 R

Hugo, Dieter Fritz, Dir	30. 6.92	11. 4.36
Büttner, Frithjof	11. 1.85	31. 7.51
Seifert, Uwe	6.12.93	6.12.63
Kozel, Karin	5. 8.94	2. 8.60
Selig, Holger	1.10.94	20. 6.55
Raffalski, Martina	6. 7.95	27.10.61

Haldensleben E 54 798
Stendaler Str. 18, 39340 Haldensleben
Postfach 16, 39331 Haldensleen
T (0 39 04) 47 13 0
Telefax (0 39 04) 47 13 10 1
1 Dir, 4 R

Kästner, Peter, Dir	23. 3.94	3. 4.37
Claudé, Helmut, abg.	12. 7.94	10. 2.60
Jostschulte, Andrea, abg.	5.10.95	21. 1.62

Magdeburg E 269 505
Liebknechtstr. 65–91, 39110 Magdeburg
Postfach 19 43, 39009 Magdeburg
T (03 91) 60 60
Telefax (03 91) 60 66 00 5
1 Pr, 1VPr, 2 w.aufs R, 24 R

Präsident

Ahlhausen, Henning	1. 1.93	28. 6.41

Vizepräsident

Krause-Kyora, Wolfgang	30. 4.93	24. 7.42

weitere aufsichtführende Richter

Fecht, Karl-Edo	21.12.92	17. 2.48
Kordes, Günter	1.10.95	21. 1.55

Richterinnen/Richter

Lindemann, Jochen	3. 5.93	19. 4.31
Pilster, Bärbel, abg.	3. 9.93	6. 2.54
Ulrich, Doris	6.12.93	30. 8.42
Bluhm, Bärbel	6.12.93	14. 3.52
Methling, Claudia	6.12.93	18.11.60
Meyer, Angelika	6.12.93	5. 3.63
Fischer, Evelyn, beurl.	6.12.93	27. 1.65
Wulfmeyer, Martin	13. 7.94	16. 3.61
Majstrak, Evelyn, beurl.	1. 8.94	11. 4.64
Ritoff, Sven	2. 8.94	10. 9.57
Nolte, Konstanze	3. 8.94	25. 8.61
Münzer, Corinna	8.11.94	9. 5.63
Raue, Astrid	2. 1.95	1. 6.65
Tegelbeckers, Kerstin	1. 2.95	17. 5.62
Seilert, Erich	27. 6.95	2. 4.60
Gronert, Dieter	11. 8.95	11. 2.58
Seiler, Rainer, abg.	11. 9.95	14. 3.60
Herr, Gabriele, beurl.	–	–
Dr. Gronau-Burgdorf, Regina	1.12.95	24. 1.63
Wüstefeld, Andrea	5.12.95	9. 2.59
Alder, Joachim	2. 1.96	3. 4.60

Oschersleben E 40 231
Gartenstr. 1, 39387 Oschersleben
Postfach 12 30, 39382 Oschersleben
T (0 39 49) 21 87/88
Telefax (0 39 49) 21 87
1 Dir, 2 R

Bauer, Hans-Peter, Dir	18. 8.92	6. 9.40
Wrede, Reiner	28. 4.94	23. 3.32
Hoffmann, Bettina	26. 7.94	15. 6.59

Quedlinburg E 82 044
Halberstädter Str. 45, 06484 Quedlinburg
Postfach 1 38, 06471 Quedlinburg
T (0 39 46) 7 10
Telefax (0 39 46) 7 11 68
1 Dir, 5 R

Bodmann, Günter, Dir	1.12.92	7. 4.35
Sackmann, Karin, beurl.	14. 9.93	17.11.56
Straßburg, Günther	6.12.93	11. 8.29
Simon, Birgit	6.12.93	17.12.63
Schlüter, Antje	6.12.93	18. 5.63
Boedecker, Hilke, beurl.	25. 8.95	30.11.58

Schönebeck E 77 092
Friedrichstr. 96, 39218 Schönebeck
Postfach 2, 39212 Schönebeck
T (0 39 28) 78 20
Telefax (0 39 28) 78 21 44
1 Dir, 4 R

Wybrands, Hinderk, Dir	1. 9. 92	11. 4. 50
Gangl, Elisabeth	—	—
Geerhardt, Gabriele	6. 12. 93	3. 2. 62

Staßfurt E 63 882
Neu-Staßfurt 13, 39418 Staßfurt
Postfach 13 30, 39404 Staßfurt
T (03 92 65) 9 74
Telefax (03 92 65) 9 73 01 und 9 73 26
1 Dir, 3 R

Petersen, Haimo- Andreas, Dir	4. 8. 95	13. 4. 57
Annecke, Annerose	6. 12. 93	24. 9. 63
Hermsdorf, Jürgen	26. 1. 94	9. 3. 52

Wanzleben E 39 095
Ritterstr. 3, 39164 Wanzleben
T (03 92 09) 49 30
Telefax (03 92 09) 4 93 50
1 Dir, 1 R

Reichert, Joachim, Dir	12. 7. 94	4. 6. 54
Brunnert, Karena	6. 12. 93	8. 1. 64

Wernigerode E 97 375
Rudolf-Breitscheid-Str. 8, 38855 Wernigerode
Postfach 1 39, 38842 Wernigerode
T (0 39 43) 53 10
Telefax (0 39 43) 53 11 40
1 Dir, 1 stVDir, 6 R

Köneke, Dieter, Dir	1. 9. 92	13. 1. 40
Tesch, Klaus, stVDir	1. 8. 95	25. 10. 55
Schilling, Helga	6. 12. 93	8. 2. 47
Ansorge, Eberhard	6. 12. 93	17. 11. 57
Scholz, Andreas	6. 12. 93	20. 9. 61
Harnau, Karin	15. 12. 93	29. 4. 61
Buhlmann, Sabine	18. 11. 94	11. 10. 59

Wolmirstedt E 44 248
Schloßdomäne, 39326 Wolmirstedt
Postfach 6, 39321 Wolmirstedt
T (03 92 01) 6 30
Telefax (03 92 01) 21 28 81 57
1 Dir, 2 R

May, Ernst, Dir	1. 9. 92	12. 1. 45
Tigges, Gisela	3. 8. 94	25. 2. 56

Landgerichtsbezirk Stendal

Landgericht Stendal E 360 210
Am Dom 19, 39576 Stendal
Postfach 1 61, 39555 Stendal
T (0 39 31) 58 -0
Telefax (0 39 31) 58 11 11
1 Pr, 1 VPr, 4 VR, 12 R

Präsident
N. N.

Vizepräsident

Braun, Michael	23. 6. 93	11. 1. 57

Vorsitzende Richterin/Vorsitzender Richter

Dr. Goetze, Erik	1. 9. 92	12. 2. 56
Trojan, Horst, abg.	1. 10. 93	2. 3. 54
Gießelmann-Goetze, Gudrun	3. 7. 95	8. 8. 60

Richterinnen/Richter

Ludwig, Sven	6. 12. 93	15. 8. 58
Konschake, Heike	6. 12. 93	28. 1. 65
Wegmann, Klaus	25. 3. 94	15. 1. 58
Janssen, Haide	25. 7. 94	31. 8. 62
Rettkowski, Hilmar	1. 8. 94	13. 1. 59
Henze-von Staden, Simone, abg.	1. 8. 94	30. 1. 61
Storch, Dietlinde	30. 10. 95	20. 2. 63

Amtsgerichte

Burg E 61 777
Johannesstr. 18, 39288 Burg
Postfach 7003-003, 39283 Burg
T (0 39 21) 91 30
Telefax (0 39 21) 91 31 11
1 Dir, 4 R

Reichel, Michael, Dir	23. 10. 95	1. 6. 49
Baumann, Ruth	6. 12. 93	11. 9. 51
Ernst, Helmar	6. 12. 93	1. 6. 57
Schreiber, Dagmar	3. 7. 95	28. 6. 66

Gardelegen E 38 468
Bahnhofstraße 61, 39638 Gardelegen
39631 Gardelegen
T (0 39 07) 70 00 und 71 17 53–53
Telefax (0 39 07) 71 01 45
1 Dir, 2 R

SAN OLG-Bezirk Naumburg — LG-Bezirk Stendal

Dr. Richter, Jürgen, Dir, abg.	11. 5. 95	22. 9. 51
Groschner, Monika	6. 12. 93	26. 10. 58
Bormann, Axel	17. 10. 94	16. 6. 61

Genthin E 36 364
Marktplatz 4, 39307 Genthin
39302 Genthin
T (0 39 33) 90 60
Telefax (0 39 33) 90 61 30
1 Dir, 2 R

Schäfer, Rudolf, Dir	23. 10. 95	19. 2. 49
Konrad, Sigrid	3. 7. 95	22. 9. 57

Havelberg E 19 988
Genthiner Str. 17, 39539 Havelberg
Postfach 12, 39535 Havelberg
T (03 93 87) 75 70
Telefax (03 93 87) 7 57 10
1 Dir, 1 R

N. N., Dir		
Kloth, Carsten	6. 12. 93	5. 4. 64

Klötze E 28 185
Hagenstr. 11, 38486 Klötze
Postfach 35, 38481 Klötze
T (0 39 09) 26 91–3
Telefax (0 39 09) 39 44
1 Dir, 1 R

N. N., Dir		
Weber, Monika	5. 9. 94	9. 6. 55
Eickelkamp, Ralf	4. 11. 94	7. 4. 58

Osterburg E 41 642
Düsedauerstr. 4, 39606 Osterburg
39601 Osterburg
T (0 39 37) 5 51
Telefax (0 39 37) 20 71
1 Dir, 2 R

Jockusch, Bernhard, Dir	22. 4. 94	3. 10. 34

Salzwedel E 43 393
Burgstr. 68, 29410 Salzwedel
Postfach 14, 29401 Salzwedel
T (0 39 01) 84 40
Telefax (0 39 01) 84 41 49
1 Dir, 2 R

Wüstenhagen, Andreas, Dir	1. 9. 92	13. 5. 46
Rüge, Gundolf, abg.	8. 12. 93	2. 2. 61
Cordes, Martin	22. 3. 94	10. 8. 55

Stendal E 90 393
Scharnhorststr. 40, 39567 Stendal
Postfach 20, 39551 Stendal
T (0 39 31) 5 80
Telefax (0 39 31) 58 20 00
1 Dir, 1 stvDir, 6 R

Müller, Theodor, Dir	29. 2. 96	28. 11. 44
N. N., stVDir		
Hauert, Anke, abg.	6. 12. 93	10. 7. 67
Mählenhoff, Rainer	12. 7. 94	24. 5. 56
Weißer, Eckardt	10. 11. 94	20. 3. 60
Henss, Gerhard, abg.	3. 7. 95	3. 4. 53
Säuberlich, Claus	6. 12. 95	4. 5. 59
König, Conrad	11. 1. 96	–
Naber, Klaus	11. 1. 96	8. 5. 61

Staatsanwaltschaften

Generalstaatsanwaltschaft Naumburg

Theaterplatz 6, 06618 Naumburg
Postfach 2 57, 06605 Naumburg
T (0 34 45) 28 0
Telefax (0 34 45) 20 24 57
1 GStA, 2 LOStA, 6 OStA

Generalstaatsanwalt
Hoßfeld, Jürgen   15. 7. 91   11. 3. 45

Leitende Oberstaatsanwälte
Görl, Heinrich,
  stvVGStA   15. 7. 91   22. 10. 36
Westendorf, Joseph   24. 1. 94   19. 2. 35

Oberstaatsanwälte
Müller, Eberhard   28. 1. 92   21. 9. 37
Thied, Joachim   28. 1. 92   25. 5. 44
Dr. Schunck, Bernd   28. 1. 93   8. 8. 50

Staatsanwaltschaft Dessau

Ruststr. 5, 06844 Dessau
Postfach 14 04, 06813 Dessau
T (03 40) 20 20
Telefax (03 40) 20 22 15 0
1 LOStA, 1 stvLOStA (OStA), 3 OStA, 22 StA

Leitender Oberstaatsanwalt
Kröning, Georg   30. 4. 92   13. 11. 35

Oberstaatsanwälte
Salzwedel, Hartmut,
  stvVLOStA   28. 1. 92   13. 10. 42
Preissner, Christian   1. 4. 92   29. 10. 50

Staatsanwältinnen/Staatsanwälte
Fischer, Carla   15. 12. 93   8. 6. 52
Kropf, Heike   15. 12. 93   16. 12. 56
Rudolph, Randolf   15. 12. 93   4. 3. 58
Düben, Karin   15. 12. 93   21. 11. 58
Pesselt, Frank   15. 12. 93   30. 3. 60
Pieper, Frank
Liesigk, Falk   15. 12. 93   27. 6. 62
Blaszcyk, Jörg   15. 12. 93   4. 3. 64
von Wolffersdorff, Gunnar   30. 12. 93   21. 10. 63
Helbig, Susanne   20. 10. 94   9. 1. 64
Braun, Olaf   29. 3. 95   5. 8. 56
Laurien, Angelika   13. 6. 95   18. 1. 60
Brüggemann, Renate   13. 7. 95   4. 6. 60

Staatsanwaltschaft Halle

Kleine Steinstr. 7, 06108 Halle
Postfach 11, 06015 Halle
T (03 45) 22 00
Telefax (03 45) 2 20 36 58 und 2 20 36 81
1 LOStA, 1 stvLOStA (OStA), 7 OStA, 52 StA

Leitender Oberstaatsanwalt
Dr. Schmiedl-Neuburg,
  Dieter   1. 1. 92   21. 11. 38

Oberstaatsanwälte
Heine, Klaus, stVLOStA   28. 1. 92   10. 5. 43
Sierth, Ingo   1. 5. 92   25. 7. 50
Kunzmann, Rolf   12. 3. 93   5. 2. 49
Bittmann, Folker   1. 6. 93   23. 7. 53
Hasse, Gerhard   13. 8. 93   3. 8. 44
Wölfel, Wilfried   1. 6. 95   25. 7. 35
Gierl, Siegfried   1. 6. 95   22. 11. 39

Staatsanwältinnen/Staatsanwälte
Erfurth, Doris   15. 12. 93   18. 3. 35
König, Manfred   15. 12. 93   19. 2. 43
Schwarz, Christa   15. 12. 93   9. 3. 43
Schneider, Gisela   15. 12. 93   18. 2. 45
Weißer, Bettina   15. 12. 93   27. 4. 48
Kaschlaw, Sabine   15. 12. 93   12. 9. 52
Bohmeier, Wilmar   15. 12. 93   22. 9. 52
Schieweck, Andreas   15. 12. 93   26. 4. 55
Wiechmann, Klaus, abg.   15. 12. 93   6. 6. 56
Weber, Hendrik   15. 12. 93   2. 12. 58
Metschke, Reinhard   15. 12. 93   21. 4. 59
Lewandowski, Ralf   15. 12. 93   20. 12. 61
Wellnitz, Steffi   15. 12. 93   21. 4. 63
Mühlberg, Andrea   15. 12. 93   29. 2. 64
Siebert, Holger   15. 12. 93   7. 4. 64
Georg, Antje   15. 12. 93   29. 8. 65
Göldner, Hannelore   13. 1. 94   13. 4. 41
Staschok, Hella   13. 4. 94   30. 9. 48
Battermann-Janssen,
  Harda   2. 9. 94   16. 5. 47
Strullmeier, Brigitte, abg.   20. 10. 94   3. 11. 57
Schumann, Otmar   24. 10. 94   22. 12. 52
Nest, Felicitas   24. 10. 94   22. 6. 54
Hermann, Martin   1. 12. 94   29. 1. 62
Hörger, Cornelia, beurl.   1. 12. 94   1. 4. 63
Dreier, Dörte, abg.   22. 3. 95   26. 6. 63
Damascke, Uwe   5. 4. 95   13. 3. 56
Folkers, Hans-Christian   9. 5. 95   27. 1. 60
Thiel, Michael   15. 5. 95   20. 7. 58
Leipprand, Dagmar   30. 5. 95   23. 3. 61
Redlin, Stephan   15. 6. 95   24. 6. 59

SAN OLG-Bezirk Naumburg Staatsanwaltschaften

Tewes, Klaus, abg.	16. 6.95	9. 2.63
Terstegen, Ralf-Peter	21. 6.95	19. 7.61
Wittke, Hans-Jörg	22. 6.95	3. 5.60
Erthal, Hans-Jürgen	22. 6.95	9. 7.60
Pfenning, Uwe	23. 6.95	1. 4.61
Nowack-Schumann, Mechthild	24. 8.95	1. 7.62
Hübner, Peter	1. 9.95	22. 9.60
Ascheberg, Maria, abg.	11. 9.95	11. 3.58
Haupt, Reiner	8.12.95	30. 3.59
Anacker, Gudrun	14.12.95	9.10.60
Glöde, Jutta	11. 1.96	11. 7.63

Staatsanwaltschaften Magdeburg
Halberstädter Str. 10, 39112 Magdeburg
Postfach 40 08, Magdeburg
T (03 91) 60 60
Telefax (03 91) 6 06 47 31, 6 06 45 35
1 LOStA, 1 stvLOStA (OStA), 9 OStA, 62 StA

Leitender Oberstaatsanwalt

Jaspers, Rudolf	20.12.91	23. 5.44

Oberstaatsanwältinnen/Oberstaatsanwälte

Dr. Klein, Wolfram, (stVLOStA)	28. 1.92	8.10.48
Breymann, Klaus	28. 1.92	14. 8.45
Meyer-Borgstädt, Jürgen	28. 1.92	24. 4.48
Windweh, Helmut	—	16. 7.47
Lührs, Wolfgang	1. 9.92	31. 7.51
Klein, Martina	22.12.92	13. 4.60
Wolf, Irina	—	—
Schaper, Michael	1 6.95	10. 8.59
Böning, Hubert	15. 1.96	13. 2.60

Staatsanwältinnen/Staatsanwälte

Pieper, Heinz-Georg	15.12.93	16. 5.30
Mohr, Gunther	15.12.93	26. 4.44
Pötzsch, Heide	15.12.93	19. 7.51
Holdstein, Ruth	15.12.93	7.10.52
Niemann, Silvia	15.12.93	18.10.53
Baschleben, Frank	15.12.93	10. 9.56
Lerch, Sylvia	15.12.93	5. 7.58
Hornburg, Uwe	15.12.93	7. 9.60
Günther, Frank	—	—
Breitenstein, Hans	15.12.93	13. 6.62
Staufenbiel, Sebastian, abg.	15.12.93	2. 8.62
Schob, Christine	15.12.93	5. 9.62
Sinnecker, Jens	—	—
Baumgarten, Frank	15.12.93	6. 4.63
Dähling, Gernot	15.12.93	9. 4.63
Bierwagen, Michael	15.12.93	4.12.63
Mattstedt, Bodo	15.12.93	30. 1.64

Axt, Hans-Georg	23.12.93	2. 8.51
Sottek, Gernot	16. 6.94	16.12.54
Dr. Wieck, Brunhild, abg.	1.12.94	21. 6.58
Schmigelski, Frank	5. 4.95	7.10.59
Nowinski, Andreas	5. 4.95	29. 7.60
Hagemann, Petra	5. 4.95	21. 1.61
Roggenbuck, Hauke Konrad, abg.	5. 4.95	30. 6.61
Bleuel, Klaus	8. 5.95	8. 7.61
Neufang, Hans-Jürgen	11. 5.95	15. 5.60
Böttger, Stefan	15. 5.95	5. 5.60
Tangemann, Bernhard	29. 5.95	10.10.57
Walter, Katharina	—	—
Schulte-Frühling, Barbara	3. 8.95	13. 3.62
Strauß, Andreas	25. 9.95	13. 2.61
Bernsmann, Marion	19.10.95	20.10.59
Sehorsch, Harald	19.10.95	22.12.61
Brech-Kugelmann, Ellen	19.10.95	2. 8.63
Heidelberger, Ingo	24.10.95	27. 1.62
Schnell, Antje	27.10.95	26. 4.63
Murra, Arnold	24.11.95	8. 5.64
Vogt, Peter	27.11.95	2. 7.57
Vogel, Eva	27.11.95	2.10.61
Gebauer, Armin	10. 1.96	17. 5.64
Lux, Angelika	17. 1.96	31. 3.63
Rieder, Thomas	5. 2.96	10. 7.60

Staatsanwaltschaft Stendal
Gardelegener Str. 120 E, 39576 Stendal
Postfach 1 81, 39555 Stendal
T (0 39 31) 67 50
Telefax (0 39 31) 67 54 44

1 LOStA, 1 stvLOStA (OStA), 2 OStA, 13 StA

Leitender Oberstaatsanwalt

Dr. Mörs, Klaus-Jürgen	1.11.91	28. 7.35

Oberstaatsanwältin/Oberstaatsanwälte

Freise, Gerhard, (stVLOStA)	11. 1.93	31. 3.43
Probst, Hans Martin	5. 7.93	31.12.44
Schlüter, Ramona	1. 6.95	28. 7.59

Staatsanwältinnen/Staatsanwälte

Fährmann, Rosemarie	15.12.93	6. 9.49
Blasczyk, Bernd	15.12.93	1. 1.59
Regel, Dagmar	15.12.93	4. 2.60
Voigt, Toralf	15.12.93	3. 5.63
Mießler, Frank	15.12.93	23. 6.63
Bildhauer, Dirk	1. 2.95	7. 1.55
Romann, Ulrich	18. 5.95	14. 1.61
Ebbing, Ralf	30. 6.95	19. 9.62
Heerwagen, Alexa	24. 8.95	24. 6.59

SAN

Richterinnen/Richter und Staatsanwältinnen/Staatsanwälte im Richter-/Beamtenverhältnis auf Probe

Name	Datum 1	Datum 2
Lützelberger, Uta	28. 6.91	13.12.62
Markert, Antje	18. 7.91	22. 5.65
Breuer, Anja	6. 8.91	1.10.61
Wenzig, Kristine	10.10.91	27. 1.53
Kraus, Jutta	14.10.91	14. 2.57
Baus, Nicola, beurl.	3. 2.92	2. 9.63
Regel, Gerd	4. 5.92	25. 7.58
Stallkamp, Lothar	16. 7.92	9. 2.62
Schmitt-Heisel, Heike	2.11.92	25. 1.64
Sarunski, Thoren	1.12.92	1. 1.62
Helders, Franz-Bernd	29.12.92	16. 9.61
Manshausen, Michael	4. 1.93	13. 8.59
Kirchner, Detlef	1. 2.93	16.12.57
Gailing, Ulrike	1. 2.93	13.12.59
Waldmann, Thorsten	1. 2.93	24. 9.61
Antrett, Angelika	1. 2.93	7.10.61
Voß, Heidrun	1. 2.93	2. 2.63
Dr. Fechner, Frank	2. 2.93	28. 2.62
Lehmann, Sigrun	1. 3.93	6.12.58
Paul, Oliver	1. 3.93	13. 6.59
Petzold, Andreas	1. 3.93	18. 4.60
Wotschke, Christian	1. 3.93	19. 5.62
Flotho, Ute	1. 3.93	19. 7.62
Gebauer, Ingrid	1. 3.93	15.10.63
Pache, Hendrik	1. 3.93	18. 7.65
Hülsmann, Anette	—	—
Näumeyr, Mario	10. 3.93	20. 7.60
Homann, Petra	22. 3.93	24.12.60
Roos, Manfred	1. 4.93	22. 1.52
Weichert, Martin	1. 4.93	29. 4.60
Küsel, Andrea	1. 4.93	20. 7.63
Rosenbach, Susanne	1. 4.93	2. 9.63
Asmus, Kirsten	1. 4.93	11. 8.64
Zufall, Martina	1. 4.93	5. 1.65
Kerner, Joachim	15. 4.93	12. 8.62
Springorum, Ines	15. 4.93	25. 8.62
Gerhards, Hermann	3. 5.93	7.12.56
Schulz, Christian	3. 5.93	2. 3.58
Prause, Arthur	3. 5.93	1. 8.62
Gerth, Ralf	3. 5.93	24. 9.63
Essner, Sabine	—	—
Pippert, Nanette	3. 5.93	6. 8.65
Wegehaupt, Kristina	5. 5.93	22.10.63
Schwick, Heike	10. 5.93	13.10.63
Pätz, Ulrike	1. 6.93	1. 3.63
Richter, Andrea	1. 6.93	21.10.63
Ernst, Alexandra	1. 6.93	14. 3.64
Fresow, Frank	15. 6.93	14. 3.61
Pelte, Klaus	1. 7.93	11. 7.44
Burgdorf, Ralf	1. 7.93	18.10.60
Steinbach-Blank, Sonja	1. 7.93	20.12.60
Schade, Werner	1. 7.93	28. 1.61
Buß, Theo	1. 7.93	30. 7.61
Lobjinski, Gertrud	1. 7.93	16. 5.63
Zielberg, Eva	5. 7.93	26. 7.65
Hennig, Heike	12. 7.93	5.10.64
Materlik, Georg	2. 8.93	13. 8.60
Seidl, Hans	2. 8.93	18. 6.61
Pikarski, Stefan	2. 8.93	28.11.62
Hermann, Thomas	2. 8.93	20. 2.64
Westerhoff, Thomas	30. 8.93	19. 8.63
Stosch, Julia	1. 9.93	1.10.61
Schulze, Gerhard	1. 9.93	14.10.62
Dr. Annerl, Peter	1. 9.93	10. 3.63
Krause, Gunnar	1. 9.93	22.12.64
Egbringhoff, Bertold	1. 9.93	19. 2.65
Staron, Sabine	1. 9.93	1. 4.66
Seydell, Anne-Maria	15. 9.93	6.10.65
Gester, Torsten	1.10.93	9. 1.62
Nortmann, Elisabeth	1.10.93	12. 4.63
Puls, Thomas	1.10.93	5. 3.64
Fleddermann, Heike	1.10.93	19. 5.64
Wicke, Thomas	1.10.93	1. 3.65
Franke, Karin	1.10.93	17. 4.65
Ohlms, Birgit	1.10.93	19. 7.65
Ewald, Steffi	1.10.93	08. 4.66
Hense, Susann	15.10.93	27. 6.67
Fehrmann, Carola	18.10.93	28. 9.61
Wagner, Beate	18.10.93	3. 3.68
Wennmacher, Norbert	27.10.93	20.12.63
Kretschmann, Carsten	1.11.93	9. 1.65
Brunkenhövers, Heike	1.11.93	4. 7.65
Bloch, Melanie	1.11.93	17. 8.65
Heinecke, Jana	1.11.93	25. 6.67
Rother, Jörg	4.11.93	6. 1.65
Heinecke, Uwe	—	—
Keck, Marion	15.11.93	4. 8.63
Kawa, Josefine	15.11.93	8. 7.67
Iseler, Silvia	25.11.93	19.10.64
Kluger, Thomas	1.12.93	17. 5.63
Dr. Limbach, Caroline	1.12.93	25.10.64
Walter, Ulrike	1.12.93	28. 2.65
Wetzler, Claudia	1.12.93	2. 5.65
Brüggemann, Corina	1.12.93	19. 1.68
Kramer, Dirk	13.12.93	7.12.64
Dickel, Thomas	15.12.93	7. 8.63
Rönninger, Helene	3. 1.94	14. 5.57
Linz, Matthias	3. 1.94	24. 4.60
Sievers, Kay André	3. 1.94	11. 9.60
Neufang, Sabine	3. 1.94	19. 1.62
Hirsch, Ulf Dietrich	3. 1.94	27. 6.62
Graus, Ralf	3. 1.94	23. 8.62

Name	Datum 1	Datum 2
Klotzki, Ursula	3. 1.94	29. 6.63
Lanza, Claudia	3. 1.94	11. 1.65
Weitzel, Corinna	3. 1.94	19. 6.65
Borgmeier, Sylvia	3. 1.94	2. 8.66
Noatnick, Annett	3. 1.94	17. 8.68
Just, Sabine	10. 1.94	6. 1.65
Heine, Utz	17. 1.94	17. 1.62
Dr. Fiebig, Andreas	18. 1.94	12. 3.59
Dr. Kriewitz, Jörg	1. 2.94	9. 2.60
Wedekind, Karsten	1. 2.94	2. 5.62
Stötter, Dirk	1. 2.94	7. 9.62
Hartig, Peter	1. 2.94	27. 4.63
Laudan, Herbert	1. 2.94	27. 6.64
Steiner, Burkhard	1. 2.94	10. 7.64
Köhler, Sven	1. 2.94	26. 7.64
Bos, Peggy	1. 2.94	30.11.64
Rivinius, Susanne	1. 2.94	24. 5.65
Westerhoff, Ina-Luise	1. 2.94	4. 6.65
Moayer, Suzanne	14. 2.94	30.11.65
Bock, Anke	15. 2.94	14.12.60
Verenkotte, Erich	15. 2.94	22. 2.61
Alexy, Reiner	1. 3.94	24. 2.59
Blank, Jörg	1. 3.94	19.12.62
Witassek, Ulf	1. 3.94	21.10.62
Schäfer, Carsten	1. 3.94	12. 7.63
Lentner, Ulrich	1. 3.94	24. 4.65
Meier, Stephanie	1. 3.94	9. 5.65
Dr. Schulte, Axel	15. 3.94	12. 5.58
Klumpp-Nichelmann, Thomas	15. 3.94	9. 3.64
Handke, Günter	5. 4.94	10. 5.60
Koch, Bettina	5. 4.94	18. 4.63
Overdick, Frank	5. 4.94	18. 8.63
Kawa, Michael	5. 4.94	25. 4.64
Seidel, Michael	5. 4.94	14. 3.65
Berger, Anke	12. 4.94	1. 3.65
Just, Michael	2. 5.94	8. 4.60
Hahn, Axel	2. 5.94	9. 7.60
Fölsing, Lorenz	9. 5.94	15. 1.65
Willecke, Britta	16. 5.94	23.12.63
Möllenbeck, Markus	1. 6.94	14.12.62
Salge, Andrea	1. 6.94	25. 8.63
Zieger, Christoph	1. 6.94	16. 5.64
Kinkeldey, Birte	1. 6.94	5. 2.65
Verfürth, Constanze	1. 6.94	10. 8.65
Mersch, Robert	1. 6.94	18. 3.66
Zimmermann, Eduard	15. 6.94	3. 5.65
Gehrke, Ralf	15. 6.94	27. 6.65
Buschner, Ines	1. 7.94	9. 4.68
Hagensieker, Andreas	11. 7.94	8. 5.61
Helfrich, Nicoline	18. 7.94	30.12.64
Naujock, Manuela	18. 7.94	28. 8.66
Jostes, Rita	20. 7.94	15. 7.66
Simmer, Markus	1. 8.94	23. 5.60
Bottler, Barbara	1. 8.94	17. 5.61
Lemme, Dirk	1. 8.94	16. 2.64
Schabacker, Jörn	1. 8.94	23. 6.64
Geyer, Anne Kathrin	1. 8.94	9. 8.64
Wiesemann, David	1. 8.94	11. 2.65
Letz-Groß, Tatjana	1. 8.94	9. 7.65
Dr. Wegehaupt, Uwe	15. 8.94	31. 5.58
Hachtmann, Christian	1. 9.94	5. 9.63
Kleinschmidt, Jan	1. 9.94	3. 6.66
Wietzke, Meike	29. 9.94	16.12.62
Stöckmann, Martin	29. 9.94	27. 5.63
Will, Thomas	4.10.94	28. 4.60
Berger, Nikolaus	4.10.94	7. 4.62
Schumacher, Kerstin	4.10.94	15. 7.62
Dr. Strietzel, Christian	4.10.94	10. 3.63
Dr. Waterkamp-Faupel, Afra	4.10.94	20. 1.65
Meyer, Volker	4.10.94	27. 3.65
Monnet, Sabine	4.10.94	8. 4.65
Frank, Rainer	4.10.94	14. 4.65
Lehrke, Friederike	4.10.94	18. 6.65
Wiedemann, Jörg	4.10.94	—
zur Nieden, Peter	4.10.94	30. 5.66
Kniestedt, Holger	4.10.94	6. 8.66
Resch, Isabella	—	—
Riedeberger, Dirk	11.10.94	2.11.65
Bunzendahl, Gabriele	17.10.94	26. 7.62
Schleupner, Martin	17.10.94	21. 7.63
Schadewald, Jan	17.10.94	22. 2.64
Benedict, Katrin	17.10.94	22.10.64
Reckler, Christiane	17.10.94	19.10.65
Kelm, Annekathrin	17.10.94	13. 2.66
Kleßen, Olaf	1.11.94	6.12.59
Pfersich, Andreas	1.11.94	1. 3.63
Lachs, Karen	1.11.94	2.11.65
Raape, Eva	15.11.94	21.10.65
Pusch, Gerhard	1.12.94	31. 7.62
Mederake, Sabine	1.12.94	17. 9.62
Hartge, Norbert	1.12.94	26.11.62
Milferstedt, Claudia	1.12.94	31. 1.63
Fröhlich, Peter	1.12.94	24. 7.63
Lindemann, Anja	1.12.94	18.11.63
Mahnkopf, Monika	1.12.94	27. 6.64
Grubert, Wolfgang	1.12.94	3.10.64
Oelfke, Carola	1.12.94	19. 3.65
Kastrup, Markus	1.12.94	6. 7.65
Löffler, Christian	1.12.94	12. 6.67
Timm, Kay	2. 1.95	15.11.63
Becker, Johannes	2. 1.95	16.10.64
Wolter, Katrin	2. 1.95	6.12.64
Möllenkamp, Anette	2. 1.95	3. 6.65
Wilhelm, Sabine	2. 1.95	9. 9.65
Keil, Jutta	2. 1.95	9. 1.66
Schabarum, Elfriede	2. 1.95	23. 1.66
Kaminsky, Astrid	1. 2.95	9. 9.64
Koch, Michael	1. 2.95	12.12.64
Dancker, Thomas	1. 2.95	29. 1.66
von Bennigsen-Mackiewicz, Andreas	1. 3.95	16. 8.62

Name	Datum 1	Datum 2
Hummel, Martin	1. 3. 95	13. 4. 63
Barfels, Uta	1. 3. 95	3. 12. 64
Dr. Krämer, Steffen	1. 3. 95	14. 6. 65
Großberndt, Michael	3. 4. 95	7. 4. 61
Otparlik, Siegfried	3. 4. 95	22. 3. 64
Laue, Martina	3. 4. 95	26. 5. 65
Graßhof Birgit	3. 4. 95	18. 10. 65
Benseler, Christina	3. 4. 95	22. 11. 65
Kyi, Anne	3. 4. 95	14. 12. 65
Schwichtenberg, Astrid	3. 4. 95	26. 4. 66
Grimm, Andreas	3. 4. 95	11. 10. 66
Humm, Jeanette	3. 4. 95	17. 5. 67
Görres, Kai-Uwe	2. 5. 95	21. 9. 61
Dr. Kneuer, Petra	2. 5. 95	30. 8. 66
Küster, Susanne	2. 5. 95	11. 9. 68
Semmelhaack, Niels	15. 5. 95	25. 7. 65
Harms, Michael	1. 6. 95	21. 7. 64
Löding, Thomas	1. 6. 95	13. 8. 64
Büscher, Anke	1. 6. 95	11. 5. 65
Dr. Rieckhoff, Thomas	1. 6. 95	3. 7. 66
Ulmer, Almut	1. 6. 95	24. 5. 67
Ludwig, Petra	1. 6. 95	13. 12. 67
Tichy, Tatjana	15. 6. 95	31. 10. 66
Alvermann, Sabine	3. 7. 95	2. 2. 64
Stahlknecht, Holger	3. 7. 95	13. 11. 64
Galler, Ulrich	3. 7. 95	5. 4. 65
Dr. Ullrich, Norbert	3. 7. 95	22. 9. 65
Burkhardt, Tilmann	3. 7. 95	16. 12. 65
Berghof, Jasmin	3. 7. 95	12. 3. 67
Lemke, Jan	3. 7. 95	21. 6. 67
Ulmer, Mathias	4. 7. 95	25. 6. 65
Schröder, Kirsten	1. 8. 95	25. 6. 61
Beddies, Dietmar	1. 8. 95	14. 4. 65
Leopold, Winfried	1. 8. 95	5. 3. 66
Fercher, Annette	1. 8. 95	30. 5. 67
Becker, Oliver	28. 8. 95	12. 7. 67
Dr. Wettach, Uwe	1. 9. 95	11. 6. 64
Busse, Sebastian	1. 9. 95	4. 5. 65
Thole, Jürgen	1. 9. 95	24. 5. 66
Letz, Anja	1. 9. 95	7. 11. 66
Wagner, Ina	1. 9. 95	30. 9. 69
Kramer, Thomas	2. 10. 95	7. 7. 65
Krille, Thomas	2. 10. 95	13. 1. 66
Rohde, Claudia	2. 10. 95	11. 12. 66
Lubecki, Ines	2. 10. 95	1. 5. 68
Engelhard, Helen	20. 10. 95	3. 1. 68
Bolli, Maike	23. 10. 95	13. 9. 66
Fischer, Gunda	27. 10. 95	26. 11. 63
Janz, Silke	1. 11. 95	24. 7. 65
Bruchmüller, Uwe	1. 11. 95	26. 2. 67
Lange, Jacqueline	8. 11. 95	7. 6. 68
Vogt, Manfred	1. 12. 95	6. 12. 63
Keil, Angela	1. 12. 95	25. 3. 70
Schmidt, Stefanie	2. 1. 96	1. 7. 64
Brandes, Heiko	2. 1. 96	24. 12. 64
Flotho, Inka	2. 1. 96	21. 11. 67
Geyer, Heike	2. 1. 96	23. 5. 70
Ries, Simone	10. 1. 96	28. 6. 68
Schmidtke, Annette	1. 2. 96	21. 7. 67
Neutwig, Johanna	28. 2. 96	10. 10. 63
Deutsch, Roberta	1. 3. 96	11. 8. 65
Paterok, Matthias	1. 3. 96	13. 11. 68
Nebel, Dirk	8. 3. 96	26. 5. 66

Schleswig-Holstein

2 712 615 Einwohner (Stand: 31. 3. 1995)

Ministerium für Justiz, Bundes- und Europaangelegenheiten

Lorentzendamm 35, 24103 Kiel
T (04 31) 9 88–0, Telefax (04 31) 9 88–38 70
1 Min, 1 StaatsSekr, 3 MinDirig, 10 MinR, 10 RD, 3 ORR, 1 RR

Minister			
Walter, Gerd	22. 5. 96	—	
Staatssekretär			
Jöhnk, Wulf	22. 5. 96	25. 1. 38	
Ministerialdirigenten			
Dr. Maelicke, Bernd	1. 7. 92	26. 4. 41	
Laufer, Hartmut	1. 4. 95	23. 5. 41	
Ministerialräte			
Freise, Wolfgang	1. 3. 80	15. 5. 32	
Dr. Haecker, Jens	1. 2. 89	26. 11. 33	
Dr. von Grünberg, Nikolaus	1. 7. 90	20. 4. 35	
Kollex, Helmut	1. 7. 78	19. 6. 38	
Görner, Gerold	1. 3. 80	31. 12. 39	
Teichmann-Mackenroth, Götz	1. 4. 81	8. 10. 38	
Klein, Heinz	1. 5. 82	16. 10. 37	
Lunau, Manfred	1. 3. 84	1. 9. 35	
Schwelle, Gunter	1. 6. 89	24. 8. 45	
Dr. Keßler, Gerhard	1. 9. 91	9. 1. 41	
Regierungsdirektorinnen/Regierungsdirektoren			
Lindemann, Heinz	1. 12. 89	13. 5. 39	
Dr. Bublies, Werner	1. 8. 93	24. 7. 55	
Gettner, Wolfgang	1. 1. 95	21. 1. 39	
Dr. Wenzel, Catrin	1. 4. 95	23. 3. 48	
Oberregierungsräte			
Bunge, Rolf	1. 9. 93	15. 7. 47	

An das Ministerium abgeordnet:
RLG Scheck, Michael
 – LG Kiel
RAG Block, Torsten
 – AG Kiel
OStA Gosch, Otto
 – StA Flensburg
RVG Mihr, Gereon
 – VG Schleswig
RVG Thomsen, Maren
 – VG Schleswig
RAG Worth, Norbert
 – AG Kiel
RVG Busch, Peter
 – VG Schleswig
StA Biel, Jürgen
 – StA Lübeck
RR Gottschalk, Wolfgang
 – Jugendanstalt Neumünster

Oberlandesgerichtsbezirk Schleswig

Bezirk: Schleswig-Holstein
4 Landgerichte: Flensburg, Itzehoe, Kiel, Lübeck
Kammern für *Handelssachen:* Kiel 3, Flensburg 1, Itzehoe 2, Lübeck 3
30 Amtsgerichte

Schöffengerichte: bei allen Amtsgerichten außer den nachstehend aufgeführten
Gemeinsames Schöffengericht für die Amtsgerichte, bei denen ein Schöffengericht nicht gebildet wird, ist:

für den AGBez.:	das Schöffengericht:
Kappeln	Schleswig
Bad Bramstedt	Neumünster
Bad Schwartau	Lübeck
Geesthacht, Reinbek	Schwarzenbek

Mölln
Trittau

Ratzeburg
Ahrensburg

Familiengerichte: bei allen Amtsgerichten außer den nachstehend aufgeführten

FamG für den AGBez.:	ist das FamG.:
Bad Bramstedt	Bad Segeberg
	Schwarzenbek
Reinbek und Trittau	Ahrensburg

Landwirtschaftsgerichte: bei allen Amtsgerichten

Justizprüfungsamt für die Erste Juristische Staatsprüfung in Schleswig
Gemeinsames Prüfungsamt für die Zweite Juristische Staatsprüfung für Bremen, Hamburg und Schleswig-Holstein in Hamburg

Schleswig-Holsteinisches Oberlandesgericht

E 2 712 615
Gottorfstr. 2, 24837 Schleswig
T (0 46 21) 86–0, Telefax (0 46 21) 86–13 72
1 Pr, 1 VP, 16 VR, 46 R + 1 × ¾ R + 1 × ½ R (davon 3 UProf im 2. Hauptamt), 3 LSt (R)

Präsident
Mett, Dietrich   1. 1.93   12. 7.36

Vizepräsident
Lindemann, Volker   1. 7.89   20. 6.38

Vorsitzende Richterinnen/Vorsitzende Richter
Dr. Woesner, Fritz-Viktor   1. 9.79   31. 1.32
Gruetzmacher, Jochen   1.11.79   20. 2.35
Harder, Harald   1. 5.80   2.10.33
Ehrich, Hermann   1. 4.83   30. 3.34
Zahn, Dietrich   8. 2.85   22. 1.34
Less, Lonny   1. 5.85   12.12.34
Dr. Gosch, Helga   13.11.85   9. 9.36
Köhnke, Rolf   1. 9.86   8. 9.38
Dr. Chlosta, Joachim   1. 3.89   1. 1.42
Dr. Krauss, Ernst-Martin   1. 1.90   24.12.35
Jahncke, Uwe   2. 4.90   6. 8.38
Dr. Lincke, Dieter   27. 2.91   28. 5.37

Lassen, Wolfgang   25. 6.91   21. 9.41
Dr. Godbersen, Klaus   9.10.91   9. 1.40
Hoepner, Olaf   1. 5.92   9. 8.44
Tiedt, Gerhard   1. 5.93   10. 5.37

Richterinnen/Richter
Staben, Ernst   1. 8.73   13. 4.36
Schilling, Arno   1. 1.74   3. 9.35
Finke, Herwin   1. 6.74   31. 8.33
Welk, Hermann   1. 6.76   15. 2.34
Schlüter, Detlef   1. 9.76   17. 4.40
Greve, Hans Peter   1.10.77   28. 8.39
Franzen, Ernst-Heinrich   1.11.77   10. 8.35
Hensen, Eckart   1. 1.78   16. 9.42
Dr. Vollert, Hans Helmut   1. 7.78   18. 9.38
Henningsen, Anja   1.11.78   15. 1.37
Prof. Dr. Horn, Eckhard
  (UProf, 2. Hauptamt)   1.11.78   1.12.38
Wiegershausen, Lothar   1. 3.79   12. 3.38
Burck, Gerhard   1. 5.80   20. 9.37

LG-Bezirk Flensburg   OLG-Bezirk Schleswig   **SH**

Hauser, Jürgen-Peter	1. 6.81	16. 8.43
Hellwig, Olaf	1. 6.81	23. 5.47
Röschmann, Harald	1. 8.81	11. 7.36
Greve, Gitta, abg. (LSt)	1.10.82	27. 8.49
Schupp, Wolfgang	1.10.83	16. 1.44
Dr. Fedden, Karsten	1. 2.84	27.11.42
Brand, Udo	29.10.84	12.10.48
Czauderna, Reinhardt	13. 2.85	4. 4.45
Schweckendiek, Sabine	30. 5.85	9. 4.40
Zieper, Kurt-Christian	30. 5.85	16. 3.45
Kock, Peter	30. 5.85	15.10.46
Prof. Dr. Reuter, Dieter		
(UProf, 2. Hauptamt)	6.12.85	16.10.40
Stein, Günter, abg. (LSt)	23. 4.86	2.10.42
Jacobsen, Hans-Peter	1. 6.86	10. 9.40
Jantzen, Sigrid, ¾	16. 7.86	17. 5.45
Dresenkamp, Klaus	17. 7.86	18. 6.47
Dr. Zinke, Horst	21. 7.86	4. 7.38
Schneider, Udo	21. 7.86	13. 6.42
Hansen, Johannes Jürgen	24. 7.86	21. 5.44
Dreßke, Martin	18. 7.88	21. 5.35
Waßmuth, Heinz-Karl	31.10.88	3.10.48
Alpes, Rolf	31.10.88	8.12.50
Geng, Thomas	8. 5.89	21. 9.46
Ortmann, Dirck	22. 8.89	24. 2.53
Philipp, Hans-Michael	5. 6.90	8.11.47
Tallarek, Wolfram	6. 6.90	29. 7.36
Meinert, Volker	28. 2.91	20. 2.49
Jacobsen, Peter	9. 1.92	23. 9.39
Stapel, Wilhelm	10. 1.92	5. 6.51
Wullweber, Dietmar	10. 1.92	14. 5.52
Dr. Kessal-Wulf, Sibylle	16. 4.92	25.11.58
Hanf, Rainer	12.10.92	16. 3.56
Lautebach, Michael	13.10.92	7. 6.51
Fechner, Johannes	9.12.92	15. 5.47
Hamann, Hilke	17. 2.93	4. 6.53
Prof. Dr. Schack, Haimo		
(UProf., 2. Hauptamt)	—	—
Dr. Roth, Gerald, abg.	8. 9.95	23.11.54
Dr. Rühling, Ulrike, ½	1. 2.96	18. 9.52
Hoops, Wilfried	—	—

Landgerichtsbezirk Flensburg

Landgericht Flensburg   E 434 762
Südergraben 22, 24937 Flensburg
T (04 61) 89–0
Telefax (04 61) 89–2 95
1 Pr, 1 VPr, 8 VR, 13 R + ½ R

Präsident

Dr. Wyluda, Erich	1. 4.91	26. 5.40

Vizepräsident

Friedrichsen, Friedrich	21. 6.91	18. 8.43

Vorsitzende Richterin/Vorsitzender Richter

Schultz, Klaus	1.12.72	27. 4.32
Schmidt, Klaus	1. 9.74	19. 1.36
Sauer, Wolfgang	1. 4.75	19. 5.36
Kösters-Böge, Gisela	1. 3.79	19. 1.39
Thull, Rainer	1. 4.81	14. 2.41
Schmidt-Braess, Hubertus	1. 4.83	1. 5.38
Arweiler, Klaus	24. 4.86	19. 1.39
Dr. Willandsen, Volker	28. 6.91	23.10.50

Richterinnen/Richter

Preuß, Melf	15. 2.70	24. 4.39
von Bodecker, Monika	18. 6.73	24. 6.36
Alf, Renate	6. 7.73	15. 3.40
Burmeister, Joachim	1. 2.74	4. 1.44
Mitteis-Ripken, Frauke	8. 7.75	19. 9.43
Baumann, Edgar	16. 4.76	22.12.40
Dr. Meyer, Dieter	12. 7.76	31. 1.38
Dr. Martens, Joachim	17. 3.78	6. 8.44
Sauerberg, Dieter	30. 7.81	14. 6.48
Köhler, Wolfgang	28. 9.83	21. 3.49
Klingsporn, Dietrich	2. 7.84	7. 2.51
Janzen-Ortmann,		
Gunder, ½	31. 5.85	22. 3.53
Selke, Bernd-Michael	15. 3.91	13. 1.57

Amtsgerichte

Flensburg   E 163 612
Südergraben 22, 24937 Flensburg
T (04 61) 89–0
Telefax (04 61) 89–3 89
1 Dir, 1 stVDir, 1 w.aufsR, 15 R, 2 × ½ R

Wüstefeld, Norbert, Dir	7. 4.94	9. 3.45
Rosenthal, Jutta Brix,		
stVDir	15. 6.94	21. 3.52
Clausen, Holger,		
w.aufsR	15. 6.94	21. 9.51
Ehlers, Harald	14. 9.67	31. 5.35
Roggenbrodt, Dieter	28. 4.69	19. 2.37
Schmidt-Braess, Helga	26. 4.71	17. 4.38
Rohlfs, Dieter	29. 5.72	6. 7.36
Petersen-Clausen, Claus	9. 6.72	16.11.39
Petersen, Kay	21.12.76	21. 3.44
Hilderscheid, Bernhard	10. 1.77	10. 4.44
Korth, Traugott	24. 2.77	3.10.45
Hansen, Hans-Eckhard	22. 3.79	26.11.43
Wüstefeld, Christiane	1. 2.83	15. 5.53
Kleinschmid, Volker	2. 3.87	14. 7.52
Mucke, Gudrun, ½	5.10.87	7. 5.56
Klinke, Horst	25. 1.88	25. 5.52
Heinsohn, Harald	2.12.88	23. 4.56
Bendixen, Frauke, ½	31.12.91	1. 1.54

377

Haack, Wolf	27. 10. 92	17. 10. 57	
Grisée, Siegfried	15. 11. 92	9. 3. 59	

Husum   E 89 649
Theodor-Storm-Str. 5, 25813 Husum
T (0 48 41) 6 93–0
Telefax (0 48 41) 6 93–1 00
1 Dir, 6 R, 1 LSt (R)

N. N., Dir

Ratzki, Bernhard	7. 7. 71	28. 9. 38
Fischer, Jürgen	12. 12. 73	25. 2. 34
Bossen, Gerd, beurl. (LSt)	21. 3. 77	5. 6. 45
Reinhardt, Nikolaus	1. 4. 80	1. 9. 44
Veckenstedt, Stefan	25. 3. 91	7. 7. 59
Ludwig, Rena	4. 7. 95	29. 1. 62
Eichhof, Kay	1. 4. 96	8. 9. 62

Kappeln (Schlei)   E 33 565
Gerichtsstr. 1, 24376 Kappeln
T (0 46 42) 10 66
Telefax (0 46 42) 54 40
1 Dir, 2 R

Lange, Wolfgang, Dir	11. 2. 86	10. 5. 50
Schwartz-Sander, Birgit	9. 5. 89	27. 7. 57

Niebüll   E 68 160
Sylter Bogen 1a, 25899 Niebüll
T (0 46 61) 6 09–0
Telefax (0 46 61) 6 09–2 32
1 Dir, 6 R

Lebéus, Reinhard, Dir	1. 7. 90	2. 2. 36
Dr. Forbrich, Burkhard	5. 1. 73	29. 7. 41
Dose, Gerd	8. 9. 76	13. 4. 44
Hinrichsen, Ernst	—	—
Keßler-Retzer, Christine	23. 2. 87	11. 7. 55
Retzer, Rolf	20. 1. 89	14. 3. 53

Schleswig   E 79 776
Lollfuß 78, 24837 Schleswig
T (0 46 21) 81 50
Telefax (0 46 21) 8 15–3 11
1 Dir, 1 stVDir, 4 R, 2 × ½ R

Vöge, Kuno, Dir	1. 2. 80	26. 9. 36
Blöcker, Christian, stVDir	9. 10. 92	18. 11. 55
Petersen, Carsten	2. 12. 66	4. 3. 32
Trupke, Ernst	5. 8. 77	15. 7. 43
Stier, Thomas	3. 11. 80	20. 12. 48
Rutz, Susanne, ½	2. 2. 87	14. 2. 56
Wendt, Jutta, ½, beurl.	25. 10. 93	18. 11. 54
Heidemann, Hergen	11. 4. 94	30. 1. 58

Landgerichtsbezirk Itzehoe

Landgericht Itzehoe   E 546 440
Breitenburger Str. 68, 25524 Itzehoe
T (0 48 21) 6 60
Telefax (0 48 21) 66 10 71
1 Pr, 1 VPr, 8 VR, 18 R, 1 × ½ R

Präsident

Gerhard, Kurt	15. 4. 96	22. 11. 34

Vizepräsident

N. N.   —   —

Vorsitzende Richterin/Vorsitzender Richter

Adlung, Klaus-Christoph	1. 12. 75	13. 11. 35
Marnau, Eckehard	1. 12. 75	27. 3. 37
Keller, Christian	1. 10. 76	11. 10. 36
Jensen, Jenspeter	1. 2. 80	18. 10. 36
Schulz, Hartmut	1. 2. 84	6. 8. 45
Saß, Kurt	7. 7. 88	1. 12. 37
Peters, Hedda	21. 6. 91	20. 2. 45
Bertermann, Dietmar	15. 4. 92	22. 9. 42

Richterinnen/Richter

Romahn, Uwe	6. 4. 71	26. 2. 39
Lucyga, Lieselotte	30. 3. 73	26. 1. 41
Heinze, Hildegard	9. 7. 73	22. 3. 35
Godau-Schüttke, Christina	17. 9. 76	14. 12. 44
Dr. Godau-Schüttke, Klaus-Detlev	6. 2. 77	15. 9. 42
Boyke, Reinhard	20. 2. 81	6. 4. 51
Müller-Andersen, Ruth	1. 9. 83	17. 10. 45
Hülsing, Eberhard	1. 10. 84	5. 5. 50
Ahsbahs, Peter	30. 8. 85	6. 4. 54
Beelen-Schwalbach, Gabriele, ½	22. 1. 86	6. 9. 54
Schmidt, Hans-Peter	29. 9. 87	3. 4. 54
Engelmann, Jürgen	1. 2. 88	7. 4. 53
Dr. Lindgen, Johannes	1. 11. 88	1. 8. 55
Petersen, Holger	29. 11. 89	18. 12. 52
Dr. Flor, Bernhard, ¾	15. 4. 91	25. 2. 57
Thiele, Ulf	22. 4. 91	6. 5. 59
Kluckhuhn, Andreas	30. 9. 91	9. 9. 50
Olsen, Peter	10. 12. 92	7. 7. 54
Dr. Probst, Martin	24. 10. 94	16. 10. 58

Amtsgerichte

Elmshorn   E 118 107
Bismarckstr. 8, 25335 Elmshorn
T (0 41 21) 2 10 91
Telefax (0 41 21) 2 28 45
1 Dir, 1 stVDir, 4 R + 1 × ¾, 2 × ½ R

LG-Bezirk Kiel   OLG-Bezirk Schleswig   **SH**

Behrendt, Jürgen, Dir	1. 4.78	3. 9.38
Zimdars, Heinz Joachim, stVDir	6. 4.94	22.12.35
Domke, Peter	23. 9.69	4. 8.34
Hofmann, Rolf	9. 6.72	9. 6.39
Lutz, Elke-Maria, ¾	3. 8.73	21.11.42
Kühl, Ingelore, ½	13.11.85	6. 9.54
Smoydzin, Jörg	24. 8.89	7. 1.54
Reinhold, Dörte, ½	10. 8.94	21.12.58
Päschke-Jensen, Renate	5. 7.95	18. 3.55

Itzehoe E 132 169
Bergstr. 5–7, 25524 Itzehoe
T (0 48 21) 6 60
Telefax (0 48 21) 66 23 71
1 Dir, 1 stVDir, 9 R + 2 × ½ R

Bade, Hans-Peter, Dir	1. 4.91	12.12.43
Penzlin, Lothar, stVDir	9. 8.85	3.11.38
Frank-Onderka, Hannelore, abg.	6.10.72	18. 6.39
Mitsch, Sigrid, ½	29.10.73	24.11.39
Heyde, Armin	1.12.75	3. 4.41
Gehrken, Kristian	20.10.78	3.10.45
Wieben, Martin	1.10.82	11.11.48
Dutzmann, Christian	4.10.82	11. 9.50
Bischof, Reinhard	27. 1.84	3. 3.54
Korf, Christian	31. 1.84	26.11.50
Peters, Rine	1.10.86	19. 8.55
Heer, Wiebke	12. 8.92	5.11.58
Kloft, Kareen, ½	20.10.94	5.11.49

Meldorf E 133 123
Domstr. 1, 25704 Meldorf
T (0 48 32) 8 70
Telefax (0 48 32) 87–3 55
1 Dir, 1 stVDir, 9 R

Berndt, Hans-Georg, Dir	1. 4.92	21.12.45
Foth, Hans-Jörg, stVDir	22.10.92	25. 8.45
Peters, Joachim	11.10.68	9. 8.34
Lütjens, Hans-Hinrich	14. 8.70	8. 2.39
Dr. Müller, Heinrich Joachim	5. 7.72	30. 3.39
Dr. von Krog, Detlef	10. 8.78	11. 4.49
Sticken, Eggert, abg.	22. 4.83	14. 4.51
Engelbrecht, Kai	30. 1.84	30. 1.50
Frahm, Wolfgang, abg.	16. 4.92	19. 1.59
Ostwald, Gerhard	28. 5.93	31.10.49
Sauer, Christoph	1. 8.95	26. 6.61

Pinneberg E 163 041
Bahnhofstr. 17, 25421 Pinneberg
T (0 41 01) 50 30
Telefax (0 41 01) 5 03–2 62
1 Dir, 1 stVDir, 10 R, 1 × ¾ R, 2 × ½ R

Krull, Thomas, Dir	—	—
Kähler, Karsten, stVDir	25.11.93	24.12.43
Greschkowiak, Helmut	3. 3.67	28.12.34
Schöne, Dieter, abg.	15. 7.68	15. 9.34
Steckmeister, Sigrid	28. 4.71	8.11.38
Ingwertsen, Hans Werner	4. 5.73	3.12.38
Dr. Schiwek, Dieter	27.11.74	18. 8.39
Havenstein, Gunter	17. 7.78	21.11.44
Vaagt, Andrea, ½	22. 4.91	25.11.56
Morik, Bettina, ¾	13. 4.93	27.12.51
Selke, Lothar	16. 9.83	16. 6.46
Lewin, Kay-Uwe	2. 1.95	5. 9.59
Trüller, Dagmar, ¾	12. 4.91	11. 1.59

Landgerichtsbezirk Kiel

Landgericht Kiel E 948 582
Schützenwall 31–35, 24114 Kiel
T (04 31) 60 60
Telefax (04 31) 6 04–18 30
1 Pr, 1 VPr, 23 VR, 36 R + 1 × ¾ R, 4 × ½ R, 3 LSt

Präsident

Dr. Bonde, Friedrich August	1. 9.87	20. 1.39

Vizepräsident

Schmalfuß, Emil	1. 9.95	30. 7.46

Vorsitzende Richterinnen/Vorsitzende Richter

Dann, Rudolf	1.12.73	7.12.34
Arndt, Dieter	1. 1.74	16. 3.34
Welzel, Randolf	1.12.74	6. 9.33
Strunk, Alfred	1. 8.75	17. 3.38
Herrmann, Rolf	1. 9.75	6. 1.34
von Benda, Brigitte	1. 9.76	10. 8.34
Springfeld, Reiner	1. 6.79	5. 6.35
Klawitter, Rolf	1. 7.80	15. 5.32
Tresselt, Eckhard	1. 6.81	2. 3.35
Rohlfing, Gerd	1. 1.82	8. 1.39
Dr. Schwarz, Hans-Sieghardt	1.10.82	7.11.41
Drenckhahn, Ludwig	27. 7.84	2. 4.37
Martensen, Uwe	1. 3.85	20. 8.41
Ziemann, Frank	14.11.85	29. 9.42
Dr. Strebos, Jochen	12.11.86	25. 1.44
Röhl, Heide-Marie	1. 2.89	7.10.42
Krix, Barbara	1. 1.90	16.12.42
Schlimm, Helmut	20. 6.91	15. 7.44
Brinker, Friedrich	9.10.91	15.10.44
Möhlmann, Rolf	11.10.91	5.12.43
Kluike, Burkhard	5. 8.93	22. 4.43
Dr. Schomaker, Jörg	17. 6.94	7. 1.47
Rix, Hinnerk	1. 2.96	11.11.45

SH OLG-Bezirk Schleswig — LG-Bezirk Kiel

Richterinnen/Richter

Name	Datum 1	Datum 2
Schulz-Hardt, Margret	6. 6.69	5. 7.36
Kusche, Klaus-Herbert	22. 8.69	30. 7.37
Dr. Göldner, Detlef	15. 6.71	17. 4.34
Anton, Elke, ¾	25. 8.71	13. 4.36
Krämer, Ludwig, beurl. (LSt)	2. 5.72	20. 8.39
Stark, Sönke	25. 7.72	26. 1.37
Jander, Olaf	30.11.72	18.12.39
Pannek, Holger	11. 5.73	5. 1.41
Erdmann-Degenhardt, Kurt	8. 1.74	19. 3.39
Frantz, Malte	23.12.74	20. 7.39
Pingel, Rolf	3. 1.75	29. 1.39
Dr. Havliza, Rolf Michael	22.10.76	1. 8.43
Leonhardt, Stephan	28. 2.80	29.10.47
Vollmer, Reinhart	26. 6.80	22. 3.48
Scheffler, Albrecht	26. 6.80	21. 1.50
Dohm, Carsten	27. 6.80	29. 7.48
Bodendieck-Engels, Hildegard	30. 6.80	19. 3.44
Greve, Sabine, ½	22.12.80	5. 3.50
Elten, Jürgen	4.12.81	26. 2.50
Wegner, Joachim	22. 1.82	7. 1.50
Dehning, Marianne	26. 9.83	8. 1.53
Müller, Antje, beurl.	2. 2.84	7. 6.54
Döbel, Peter	13. 6.84	18. 5.52
Meyer, Gunnhild, ½	21. 4.86	6. 7.51
Dr. Verfürden, Hartmut	12.11.86	29. 3.51
Weiser, Freda, beurl.	25.11.86	6.10.54
Heineke, Claudia	24. 6.87	24. 4.55
Dr. Kellermann, Wilfried	16.10.87	4.11.56
Brommann, Jörg	—	—
Dr. Hanßen, Klaus	—	—
Müller, Ulf	—	—
Schmidt, Silke, ½	14. 5.91	23. 5.54
Witt, Karin	20. 6.91	10. 5.57
Mattern, Henning	24. 6.91	6. 8.56
Dr. Schmidt, Rainer	—	—
Scheck, Michael, abg. (LSt)	14. 1.92	14. 1.54
Tepp, Carsten	16. 3.92	11.10.58
Willmer, Peter Görschen-Weller, Martina, beurl.	19. 3.92	18. 1.59
Kollorz, Ursel	21.10.94	8. 5.59
Schürger, Renate	11. 7.95	31. 1.59
William, Oliver	15. 4.96	6. 6.54

Amtsgerichte

Bad Bramstedt E 73 984
Maienbeeck 1, 24576 Bad Bramstedt
T (0 41 92) 40 96
Telefax (0 41 92) 83 00
1 Dir, 3 R

Pöhls, Harald, Dir   1.10.83   28. 8.44
Ramlow, Reinhard   5. 4.74   3. 4.40
Albrecht, Jürgen   10. 4.78   22. 8.43
Koch, Gerd   23.11.78   1. 9.48

Bad Segeberg E 79 592
Am Kalkberg 18, 23795 Bad Segeberg
T (0 45 51) 9 00–0
Telefax (0 45 51) 9 00–1 90
1 Dir, 1 stVDir, 7 R

Name		
Boie, Hermann, Dir	1. 9.79	30. 1.35
Hillmann, Ulrike, stVDir	7. 4.94	30. 6.53
Martens, Hans Reimer	7. 8.72	3. 8.34
Bley, Hans-Joachim	15. 2.77	17.12.43
Schönemann, Hans-Günter	24. 3.77	1. 3.45
Niehaus, Wolfgang	9. 6.78	30. 9.46
Lang, Joachim	30. 1.84	22.10.50
Wittek, Wolfgang	—	—
Filter, Hans Herbert	16. 2.93	30. 6.58

Eckernförde E 80 597
Reeperbahn 45–47, 24340 Eckernförde
T (0 43 51) 60 37
Telefax (0 43 51) 38 97
1 Dir, 4 R + ¾ R

Brack, Dieter, Dir	1.11.75	25. 4.35
Einfeld, Horst	5. 5.70	2.12.34
Grolmann-Florin, Ingrid	30.11.72	12. 7.38
Randschau, Winfried	18. 1.74	20. 8.42
Göddertz, Walter	13. 7.78	25.11.43
Laufer, Bettina, ¾	14. 8.79	10.10.47

Kiel E 299 802
Deliusstr. 22, 24114 Kiel
T (04 31) 60 41
Telefax (04 31) 6 04–23 50
1 Pr, 1 VPr, 2 + ½ w.aufsR, 27 R + 3 × ½ R

Präsident

Wolters, Johann-Dietrich   1. 4.92   14. 6.35

Vizepräsidentin

Engel, Erika   20.10.92   27. 3.40

weitere aufsichtführende Richterin/Richter

Horn, Bernhard	1.12.81	27. 1.39
Wege, Hanna, ½	26. 3.93	30. 3.51
Büsing, Wolf-Ekkehard	11. 4.94	26. 4.45

Richterinnen/Richter

Lorenzen, Jürgen	13.11.67	31. 3.35
Zahn, Ulrike	19.12.67	27. 4.34
Dr. Schmidt, Manfred	4. 3.68	24. 6.34

380

LG-Bezirk Kiel OLG-Bezirk Schleswig **SH**

Dr. Mau, Klaus Peter	10. 6.69	29.10.36
Ziervogel, Kurt	23. 6.69	30. 9.36
Jasper, Horst	17. 4.70	13.12.36
Oppitz, Hans-Peter	22.12.70	10.11.37
Grolman, Ernst	9. 2.71	16.12.35
Hofmann, Bernd	27. 5.71	16. 9.38
Bill, Wolff-Eberhard	9.12.71	16.12.40
Müller-Siegwardt, Bernd	4. 5.73	8.11.40
Riemer, Bernd	1. 6.73	7. 1.39
Saß, Ernst-Peter	18.10.74	18. 4.42
Schmidt, Sigrid	29.11.74	5. 5.38
Roestel, Einhart	4. 4.75	22. 7.41
Zimmermann, Ole	5. 9.75	5. 9.42
Jonas, Nikolaus	1.12.75	24.10.42
Reupke, Lutz	—	—
Stypmann, Sabine, ½	11.11.80	7. 9.50
Grammel, Horst	14. 4.81	6. 2.45
Worth, Norbert, abg.	28. 9.83	10. 2.49
Paulwitz-Ronsfeld, Silke, ½	26.10.84	20.12.49
Hinkelmann, Beate	27. 2.91	20. 8.59
Möller, Jörg	13.11.85	7.10.51
Plewnia-Schmidt, Gabriele, beurl.	31. 5.88	29.12.56
Meenke, Hans Günther	14. 6.93	17.10.57
Czwikowski, Claus	25.10.93	11. 1.48
Isermeyer, Jutta, ½	1. 2.96	26. 2.50
Block, Torsten, abg. (LSt)	—	—

Neumünster E 97 274
Boostedter Str. 26, 24534 Neumünster
T (0 43 21) 94 00
Telefax (0 43 21) 94 02 99
1 Dir, 1 stVDir, 10 R

Thilow, Dieter, Dir	1. 7.77	30. 3.35
Klose, Dietrich, stVDir	13. 3.95	23. 8.39
Schmidt, Antje	12. 7.66	1. 7.34
Höhncke, Friedrich Wilhelm	11. 2.69	4. 1.36
Krause, Karl	24. 4.70	12. 7.35
Badzura, Rainer	11. 2.71	21.11.39
Erdmann-Degenhardt, Antje	13. 4.77	3. 2.44
Häsing, Hartmut	1. 8.78	9. 5.44
Jöcks, Klaus-Dieter		
Dr. Pichinot, Hans-Rainer	29.12.78	9. 1.46
Döhring, Gunther	22. 3.93	13. 3.58
Meißner, Axel	15. 9.95	31. 1.52

Norderstedt E 82 745
Rathausallee 80, 22846 Norderstedt
T (0 40) 52 60 60
Telefax (0 40) 52 60 62 22
1 Dir, 1 stVDir, 6 R

Feldmann, Peter, Dir	1.10.79		21. 3.35	
N. N., stVDir				
Königsmann, Dietrich	15. 7.68		15. 9.33	
Deecke, Detlev	—		—	
Klarmann, Heide	—		—	
Haverkampf, Karl Friedrich	—		—	
Leendertz, Reinhard	—		—	
Windmüller, Harms-Friedrich	2. 8.82		25. 4.49	

Plön E 99 230
Lütjenburger Str. 48, 24306 Plön
T (0 45 22) 70 81
Telefax (0 45 22) 17 09
1 Dir, 1 stVDir, 5 R + ½ R

Peters, Gert, Dir	1.11.85	12. 6.44
Vauth, Gerhard, stVDir	7. 4.94	24. 9.45
Seibel, August-Wilhelm	22. 4.64	28.11.31
Sengebusch, Knut	26. 3.73	22. 6.38
Gottschalk-Wolff, Ingeborg, ½	11. 3.76	1. 7.44
Dr. Dräger, Wolfgang	18.11.77	29. 2.48
Meyer, Gerhard	1. 1.79	8.11.44
Schnoor-Völker, Dieter	28. 9.83	8. 4.47

Rendsburg E 135 358
Königstr. 17, 24768 Rendsburg
T (0 43 31) 13 90
Telefax (0 43 31) 1 39–2 00
1 Dir, 1 stVDir, 8 R + 1 × ½ R

Witthohn, Dieter, Dir	1. 6.79	13. 2.35
Bruhn, Heiko, stVDir	1.11.95	22. 3.50
Meyer, Johann	18. 2.69	24. 5.36
Bode, Wolfgang	1. 9.69	17.10.38
Anton, Henning	25. 9.69	23. 3.34
Thießen, Cristine, ½	1. 7.77	9. 9.44
Küppers, Gert	7. 3.79	10. 8.43
Müller, Reinhard	24.12.85	7. 5.53
Wohlbehagen, Hans-Werner	4. 3.88	10.10.54
Nemitz, Roland	4. 6.93	14. 9.56
Waller, Kai	1. 2.96	8. 4.61

Landgerichtsbezirk Lübeck

Landgericht Lübeck   E 782 831
Am Burgfeld 7, 23568 Lübeck
T (04 51) 3 71–0
Telefax (04 51) 3 71–15 19
1 Pr, 1 VPr, 19 VR, 1 × ½ VR, 29 R + 2 × ¾ R + 2 × ½ R

Präsident
Böttcher, Hans-Ernst   1. 3. 91   8. 11. 44

Vizepräsident
Dr. Greb, Horst   1. 5. 92   14. 9. 35

Vorsitzende Richterin/Vorsitzende Richter
Flach, Wolfgang   1. 10. 72 26. 2. 35
Dr. Bassenge, Peter   1. 9. 74   9. 2. 34
Dr. Kruse, Bruno   1. 9. 74   29. 8. 35
Dr. Buche, Herbert   1. 10. 75   9. 10. 34
Meyer, Manfred   1. 8. 76   11. 1. 40
Goldammer, Klaus   1. 12. 77 15. 7. 33
Stapelfeldt, Paul-Eggert   1. 10. 81 29. 9. 37
von Rützen-Kositzkau,
  Klaus-Dietrich   1. 10. 81 26. 4. 38
Wilcken, Rolf   1. 2. 84   24. 5. 44
Vilmar, Fritz   31. 5. 85   25. 6. 43
Voß, Helmut   31. 5. 85   10. 10. 44
von Jagow, Henning   1. 8. 85   18. 4. 45
Soetbeer, Uwe   1. 3. 86   31. 1. 44
Krause, Jörn   30. 5. 88   16. 12. 42
Neskovic, Wolfgang-Dragi   5. 6. 90   3. 6. 48
Schneider, Hartmut   24. 6. 91   12. 1. 53
Bartelt, Karin, ½   3. 4. 92   31. 5. 43
Olivet, Carl-Theodor   4. 11. 92 11. 9. 43
Hurlin, Ingo   4. 11. 92   6. 2. 47
Kaiser, Horst   4. 11. 92 21. 2. 47

Richterinnen/Richter
Maßmann, Jörg   16. 10. 69   9. 10. 37
Wendorff, Günther   23. 3. 70   3. 11. 37
Fischer, Uda   15. 6. 72   9. 1. 41
Müller-Kuhlbrodt, Inge, ¾   18. 9. 72   21. 8. 41
Gille, Rolf   4. 1. 74   5. 3. 42
Piel, Monika   1. 2. 74   14. 6. 42
Laske, Eckhard   1. 10. 76   8. 9. 44
Czieslik, Udo   22. 10. 76   6. 11. 39
Höptner, Dietfried   3. 8. 78   11. 11. 41
Klang, Peter   31. 1. 79   20. 5. 47
Schwinghammer, Bernd   30. 5. 79   15. 1. 49
Zimmermann, Arnold   4. 1. 82   23. 5. 48
Stagge, Benno   8. 4. 82   17. 6. 47
Fink, Claus   25. 1. 84   4. 7. 51
Bolk, Herbert   19. 6. 84   21. 5. 52
Schiemann, Baldur   8. 11. 85   3. 4. 47

Puchert, Jobst-Rüdiger   13. 11. 85 13. 3. 52
Behrendt, Ingrid   13. 11. 85 25. 9. 53
Schröder, Kai   14. 7. 86   24. 6. 53
von Lukowicz, Helga   26. 10. 88 11. 9. 57
Krönert, Ursula,
  abg. (LSt)   9. 5. 89   25. 4. 56
Hohmann, Matthias   16. 5. 89   19. 11. 56
Beer, Jörg   17. 4. 90   10. 2. 56
Scharfenberger, Jutta, ½   22. 2. 91   30. 1. 57
Fock, Martina   25. 2. 91   12. 7. 58
Singelmann, Christian   16. 3. 92   13. 12. 56
Bracker, Ronald   13. 10. 92 28. 6. 56
Rebel-Schlichting,
  Heide, ¾   22. 10. 92   8. 10. 58
Becker, Stephanie   15. 2. 93   21. 2. 58
Dr. Krönert, Ole,
  abg. (LSt)   22. 3. 93   2. 6. 55
Schmale, Dirk   22. 3. 93   7. 3. 56
Stein, Hans-Rudolf   24. 10. 94 21. 3. 59

Amtsgerichte

Ahrensburg   E 90 425
Königstr. 11, 22926 Ahrensburg
T (0 41 02) 5 19–0
Telefax (0 41 02) 5 19–1 99
1 Dir, 1 stVDir, 5 R + ½ R

Pump, Werner, Dir   1. 4. 90   30. 5. 35
Vagt, Hans-Joachim,
  stVDir   13. 9. 95   8. 7. 37
Scholz, Wolfgang   2. 12. 74 12. 8. 43
Fischer, Peter   7. 8. 75   5. 10. 42
Burmeister, Axel   22. 1. 82   17. 3. 50
Hübner, Joachim   1. 6. 93   30. 12. 54
Dr. Hessel, Gabriele   12. 4. 94   9. 5. 59
Landwehr, Angela, ½   1. 2. 96   14. 12. 60

Bad Oldesloe   E 49 312
Weg zum Bürgerpark 1, 23843 Bad Oldesloe
T (0 45 31) 41 41
Telefax (0 45 31) 1 26 08
1 Dir, 2 + ½ R

Gerber, Volkhard, Dir   25. 10. 93 20. 12. 41
Schümann, Hans-Jochen   20. 1. 78   30. 8. 45
Kreuder-Sonnen,
  Brigitte, ½   1. 10. 91 22. 9. 52
Münning, Uwe   22. 3. 93   30. 5. 58

Bad Schwartau   E 59 586
Markt 1, 23611 Bad Schwartau
T (04 51) 2 10 41
Telefax (04 51) 2 40 78
1 Dir, 4 R

LG-Bezirk Lübeck   OLG-Bezirk Schleswig   **SH**

Brandt, Peter, Dir	13. 1.89	4. 5.40
Stothfang, Uwe	11.11.75	11. 5.40
Weiß, Carsten	30.12.75	27. 2.42
Provos, Holger	4. 4.77	26.12.39

Eutin E 57 693
Jungfernstieg 3, 23701 Eutin
T (0 45 21) 70 56
Telefax (0 45 21) 7 39 66
1 Dir, 4 R

Karcher, Adolf, Dir	1. 4.80	29. 9.32
Reinbrecht, Gert	20.12.72	22. 5.38
Kolibius, Wolfgang	31.10.80	14. 8.48
Klupsch, Ralf	4.11.80	26.12.47
Witt, Otto	12.11.85	26. 9.52

Geesthacht E 35 528
Bandrieterweg 1, 21502 Geesthacht
T (0 41 52) 50 94
Telefax (0 41 52) 7 91 96
1 Dir, 2 R

Kothe, Axel, Dir	30. 9.87	12. 9.47
Siebert, Hans-Uwe	25. 7.88	19. 1.56

Lübeck E 221 911
Am Burgfeld 7, 23568 Lübeck
T (04 51) 3 71–0
Telefax (04 51) 3 71–15 23
1 Pr, 1 VPr, 3 w.aufsR, 22 R

Präsidentin

Heimann-Schlotfeldt, Christa	2.12.87	8. 7.31

Vizepräsident

Stojan, Dirk	27. 9.91	4. 5.50

weitere aufsichtführende Richter

Dr. Schneider, Hans-Henning	1. 1.82	4. 6.35
Geiger, Wolfgang	11. 4.94	25. 9.42
Stanisak, Thomas	14.10.94	26.10.49

Richterinnen/Richter

Sager, Jens	12. 7.66	7. 8.32
Röhl, Hans-Jürgen	29. 6.67	26. 7.35
Dr. Dr. Hartmann, Peter	22. 1.68	22. 4.34
Böttcher, Gerd	3. 8.70	30. 7.34
Vogelsang, Volker	14. 8.70	3. 6.36
Böttcher, Inge	23. 6.71	14. 7.39
Rebien, Christian	1. 8.72	18.12.39
Pohlenz, Dietrich	15. 8.72	1. 8.39
Bruhn, Lieselotte	16.11.72	9.12.37
Kuschewitz, Peter	25. 4.73	30. 1.41
Winkler, Heinz	28.11.75	3. 7.43
Fransson, Helmut	20.10.76	4. 4.42

Schreiber, Winfried	1. 7.77	25. 8.42
Wille, Anna Margarete	7. 8.78	31. 3.38
Haida, Erhard	11. 8.78	17. 9.47
Lehnert, Andreas	—	—
Böcher, Franz	11.12.78	2. 6.46
Evers, Hans-Heinrich, abg.	26. 1.79	26. 9.45
Humbert, Hans-Jürgen	22. 8.79	16. 7.48
Neubert, Gabriele	3.11.82	26. 2.50
Burwitz, Dörte	1.12.92	21.11.58
Wiggers, Corinna	19. 2.93	2. 7.59

Mölln E 30 759
Lindenweg 8, 23879 Mölln
T (0 45 42) 70 81
Telefax (0 45 42) 8 66 78
1 Dir, 2 R

Mackenroth, Geert Wilhelm, Dir	26.11.86	1. 2.50
Merth, Felix	11. 4.94	27. 1.61

Oldenburg (Holstein) E 79 352
Göhler Str. 92, 23758 Oldenburg
T (0 43 61) 70 11
Telefax (0 43 61) 8 05 76
1 Dir, 1 stVDir, 6 R

Peters, Gerriet, Dir	28. 9.91	23. 9.48
Dr. Bergande, Hasso, stVDir	11. 4.94	3. 1.43
Geißler, Ernst-Claus	30. 3.72	6. 8.40
Thiemann, Harald	2.12.74	30. 9.39
Brüggemann, Dierk	12.12.75	29. 4.43
Lassen, Klaus-Peter	29.10.79	17. 3.49
Schultze-Lewerentz, Herbert	19.11.87	29. 2.56
Lehmbeck, Johann-Peter	13. 1.89	26. 9.53

Ratzeburg E 33 857
Herrenstr. 11, 23909 Ratzeburg
T (0 45 41) 40 16
Telefax (0 45 41) 72 32
1 Dir, 3 R

Ahlfeld, Marie-Luise, Dir	4. 8.93	11. 3.48
Blunk, Jan	29. 4.74	24. 9.40
Dr. Martens, Jörg	7. 4.94	3. 5.62

Reinbek E 61 191
Sophienstr. 7, 21465 Reinbek
T (0 40) 7 22 50 85
Telefax (0 40) 7 22 76 15
1 Dir, 2 R

Huth, Mary, Dir	1. 3.77	7. 2.34
Jung, Andreas	20. 6.94	20. 7.61
Aden, Suntke	1. 2.96	16. 7.62

Schwarzenbek E 63 217
Möllner Str. 20, 21493 Schwarzenbek
T (0 41 51) 80 20
Telefax (0 41 51) 80 22 99
1 Dir, 4 R

Wendt, Rainer, Dir	7. 12. 89	23. 2. 44
Wrobel, Bernd	14. 11. 80	3. 10. 49
Sempf, Wilfried	20. 6. 90	19. 7. 56
Alpen, Timm	11. 1. 92	23. 9. 57
Weinhold, Elke, beurl.	1. 2. 96	8. 10. 60

Staatsanwaltschaften

Staatsanwaltschaft bei dem Schleswig-Holsteinischen Oberlandesgericht

Gottorfstr. 2, 24837 Schleswig
T (0 46 21) 86–0
Telefax (0 46 21) 86–13 41
1 GStA, 2 LOStA, 6 OStA

Generalstaatsanwalt

Prof. Dr. Ostendorf, Heribert	1. 1. 89	7. 12. 45

Leitende Oberstaatsanwälte

Lorenzen, Henning	1. 1. 89	17. 7. 41
Müller-Gabriel, Wolfgang	11. 6. 91	4. 11. 47

Oberstaatsanwältinnen/Oberstaatsanwälte

Maas, Dagmar	30. 12. 87	1. 12. 41
Schulze-Ziffer, Manfred	23. 9. 91	4. 2. 50
Döllel, Heinz	11. 2. 92	15. 8. 48
Kesten, Gerd	25. 5. 93	10. 7. 48
Gutbier, Hille-Grit, ½	8. 11. 95	23. 8. 53
Zepter, Wolfgang	1. 2. 96	10. 5. 53

Staatsanwaltschaft bei dem Landgericht Flensburg

Südergraben 22, 24937 Flensburg
T (04 61) 89–0
Telefax (04 61) 89–3 89
1 LOStA, 1 stVLOStA, 2 OStA, 2 StA (GL), 17 StA

Leitender Oberstaatsanwalt

Meienburg, Rüdiger	1. 9. 95	17. 2. 50

Oberstaatsanwälte

Thamm, Thomas, stVLOStA	16. 12. 91	3. 4. 38
Morf, Geert	1. 2. 79	13. 8. 35
Schlüter, Hartwig	14. 7. 95	18. 3. 52

Staatsanwältinnen/Staatsanwalt (Gruppenleiter)

Pfeiffer, Günter	2. 10. 92	8. 12. 34
Stahlmann-Liebelt, Ulrike, ½	5. 7. 85	18. 5. 53

Staatsanwältinnen/Staatsanwälte

Kupfer, Bernd	4. 11. 69	6. 4. 36
Kanzler, Helmut	30. 3. 72	24. 11. 37
Klette, Jürgen	21. 8. 72	30. 9. 39
Sievers, Hans-Jürgen	13. 4. 73	4. 11. 38
Dumrath, Friedrich-Wilhelm	30. 5. 73	14. 3. 35
Weiß, Ehrhart	18. 7. 74	28. 8. 38
Scheltz, Peter	23. 10. 74	23. 5. 42
Bohn, Erika	13. 3. 75	29. 10. 44
Havekost, Manfred	3. 11. 76	21. 7. 44
Erth, Helga	31. 1. 79	23. 11. 49
Mrongovius, Rüdiger	1. 7. 79	23. 6. 44
Reese, Friedrich	26. 1. 82	18. 7. 51
Chlosta, Dieter	25. 3. 86	21. 9. 53
Schiemann, Matthias	9. 5. 88	10. 5. 55
Sowa, Karl-Dietmar	28. 11. 90	4. 12. 57
Nopiroto, Jörg	16. 9. 94	2. 12. 56
Thietje, Norbert	16. 9. 94	23. 12. 59

Staatsanwaltschaft bei dem Landgericht Itzehoe

Feldschmiedekamp 4, 25524 Itzehoe
T (0 48 21) 6 47–0
Telefax (0 48 21) 6 47–2 22
1 LOStA, 1 stVLOStA, 3 OStA, 19 StA

Leitende Oberstaatsanwältin

Dr. Löhr, Holle Eva	15. 10. 90	27. 9. 41

Oberstaatsanwältin/Oberstaatsanwälte

Schamerowski, Rolf, stVLOStA	1. 12. 72	28. 6. 35
Schwab, Peter	25. 1. 90	3. 11. 48

Staatsanwaltschaften OLG-Bezirk Schleswig **SH**

Wieduwilt, Friedrich-Gerhard	3. 6. 91	13. 11. 49
Dr. Pickert, Dietmar	1. 10. 91	7. 4. 52

Staatsanwältinnen/Staatsanwälte

Tobias, Horst	25. 1. 69	19. 2. 36
Richter, Wolfgang	3. 11. 72	8. 3. 41
Bäßmann, Ingeborg	22. 7. 74	4. 10. 43
Ulrich, Barbara	9. 5. 77	2. 6. 46
Finger, Helmut	8. 8. 79	6. 8. 45
Wähling, Ulf-Dieter	20. 2. 81	13. 9. 46
Helff-Hibler von Alpenheim, Brigitta	20. 4. 82	3. 10. 46
Ziegler, Jürgen	5. 11. 82	23. 2. 47
Bestmann, Joachim	6. 3. 85	17. 11. 50
Stücker, Dirk	13. 11. 89	31. 3. 55
Dr. Patett, Helmut	25. 6. 91	15. 7. 52
Staack, Dagmar, ½	24. 2. 94	12. 7. 54
Krause, Monika	5. 4. 94	30. 11. 61
Dwenger, Klaus	9. 6. 94	9. 1. 60
Ohlrogge, Carsten	9. 6. 94	19. 8. 62

Staatsanwaltschaft bei dem Landgericht Kiel
Schützenwall 31–35, 24114 Kiel
T (04 31) 6 04–1
Telefax (04 31) 6 04–24 69
1 LOStA, 1 stVLOStA, 9 OStA, 2 StA (GL),
43 StA + 1 Kw-Stelle (StA)

Leitender Oberstaatsanwalt

von Raab-Straube, Lothar	1. 6. 76	26. 1. 33

Oberstaatsanwälte

Dr. Schmidt, Horst-Alex, stVLOStA	1. 12. 84	7. 7. 35
Richter, Horst	1. 4. 75	25. 5. 34
Sinnhuber, Hans-Jürgen	1. 7. 78	31. 10. 35
Luer, Hans-Jürgen	1. 5. 79	30. 1. 38
Schinke, Gernot	1. 8. 81	14. 3. 39
Wick, Uwe	1. 8. 82	9. 2. 42
Jendruschewitz, Ingo	11. 2. 85	10. 7. 44
Hoffmann, Thomas	29. 2. 88	6. 9. 50
von Emden, Heyko	29. 6. 95	10. 7. 41

Staatsanwalt (GL)

Hüper, Reiner	20. 8. 93	18. 9. 41

Staatsanwältinnen/Staatsanwälte

Schmidt, Hans	1. 9. 66	16. 12. 33
Bröcker, Hinrich	31. 8. 67	23. 11. 34
Ohlen, Uwe Jens	22. 10. 68	8. 5. 37
Jaenke, Wolfgang	20. 6. 69	6. 5. 36
Tresselt, Gisela	17. 8. 70	10. 2. 39
Broszat, Ulrich	21. 8. 70	23. 9. 37
Geckeler, Klaus	28. 5. 71	31. 5. 35
Holtz, Hans-Joachim	10. 3. 72	30. 1. 34
Klieber, Michael	9. 6. 72	18. 8. 39
Johannsen, Olaf	9. 1. 73	14. 5. 41
Poeschke, Armin	15. 10. 73	21. 10. 40
Dr. Haars, Helga	23. 7. 74	3. 5. 38
Heller, Axel	1. 9. 74	4. 11. 39
Noack-Döllel, Elke	10. 5. 76	10. 3. 40
Kruse, Jörn	8. 11. 76	12. 2. 44
Riemann, Alfred	—	—
Fischer, Kuno	20. 1. 77	16. 10. 43
Bauchrowitz, Armin	—	—
Biermann, Christina Johanna	31. 8. 77	19. 6. 45
Junker, Klaus	2. 12. 77	26. 9. 44
Ronsfeld, Thomas	2. 1. 79	15. 8. 47
Ruppel, Bernd	5. 3. 79	26. 2. 46
Dr. Toll, Heinz-Joachim	9. 7. 79	5. 3. 45
Hamann, Günther	27. 5. 81	8. 12. 48
Lux, Burger	2. 7. 81	11. 7. 48
Dreeßen, Uwe	1. 9. 81	11. 4. 52
Goedelt, Christina	26. 3. 82	22. 11. 45
von Zastrow, Matthias	1. 4. 82	22. 12. 48
Dopp, Aike	17. 8. 82	30. 10. 50
Biermanski, Bernd	24. 1. 83	2. 1. 80
Nagel, Lutz	5. 8. 88	28. 11. 54
Goos, Axel	10. 11. 89	9. 1. 52
Ostrowski, Alexander	12. 1. 90	1. 3. 58
Vollert, Ingeborg	27. 8. 90	26. 11. 56
Nietardt, Henrik	—	—
Wanschura, Horst	10. 4. 92	1. 1. 59
Martins, Andreas	17. 6. 92	11. 12. 58
Niebel, Anke	7. 8. 92	14. 2. 61
Bartscher, Ulrike	27. 1. 94	5. 5. 62
Mertens, Kerstin	14. 3. 94	2. 1. 61
Dr. Lürssen, Ulrich	11. 4. 95	23. 1. 63
Reimann, Juliane	29. 4. 95	6. 1. 61
Reimer, Jutta	30. 5. 95	7. 7. 59
Gradl-Matusek, Barbara	1. 6. 95	26. 11. 63
Dawert, Ralph	11. 9. 95	3. 12. 58

Staatsanwaltschaft bei dem Landgericht Lübeck
Travemünder Allee 9, 23568 Lübeck
T (04 51) 3 71–0
Telefax (04 51) 3 71–13 99
1 LOStA, 1 stVLOStA, 8 OStA, 39 StA + 1 Kw-Stelle (StA)

Leitender Oberstaatsanwalt

Wille, Heinrich	9. 12. 92	7. 6. 45

Oberstaatsanwältin/Oberstaatsanwälte

Schultz, Klaus-Dieter, stVLOStA	7. 1. 94	17. 10. 47
Ankermann, Christian	1. 4. 76	27. 5. 34
Tischer, Roswitha	11. 2. 85	15. 10. 43

SH Richter/StA im Richterverhältnis auf Probe

Name	Datum 1	Datum 2
Wendt, Uwe	8. 2. 91	26. 1. 41
Gottschewski, Karl Michael	4. 5. 94	3. 8. 36
Möller, Günter	25. 5. 94	6. 7. 50
Winckelmann, Andreas	8. 9. 95	19. 1. 44

Staatsanwältinnen/Staatsanwälte

Name	Datum 1	Datum 2
Godow, Egbert	—	—
Westphalen, Harald	4. 11. 69	15. 9. 31
Wengelnik, Gerhard	26. 3. 71	7. 12. 37
Schwab, Peter	1. 8. 71	21. 10. 36
Ehlers, Hans-Jürgen	24. 4. 72	8. 12. 38
Schulze, Jürgen	—	—
Trutwin, Rüdiger	16. 2. 73	7. 11. 37
Stiebeling, Peter	13. 4. 73	11. 7. 35
Thode, Ursmar	8. 5. 73	4. 9. 41
Schröder, Karl-Heinz	21. 5. 74	23. 1. 44
Heintzenberg, Ulrich	19. 2. 75	12. 8. 39
Geiger, Hildegard	26. 2. 75	23. 1. 43
Telschow, Hans-Jürgen	8. 9. 75	14. 3. 42
Führer, Hans-Ulrich	1. 10. 76	29. 8. 44
Pohl, Harald	14. 2. 78	8. 1. 43
Struck, Henning	27. 7. 78	26. 3. 47

Name	Datum 1	Datum 2	Datum 3	Datum 4
Negendank, Hartwig von Bredow, Ernst-Wilhelm	2. 8. 78	13. 2. 42	5. 9. 78	17. 4. 49
Wiethaus, Klaus	1. 12. 78	6. 6. 46		
Bahr, Joachim	25. 8. 80	1. 9. 49		
Becker, Otto Wolfgang	26. 8. 80	10. 7. 48		
Weißkichel, Hans-Georg	26. 9. 80	25. 10. 46		
Sela, Sönke	10. 10. 80	28. 5. 44		
Brocke-Frahm, Hannelore, ½	8. 10. 81	3. 11. 47		
Spohr, Werner	10. 11. 81	27. 6. 47		
Biel, Jürgen	17. 8. 82	24. 6. 51		
Schulz, Heike	10. 9. 82	21. 5. 49		
Dr. Jaschke, Ralf	10. 7. 89	23. 10. 54		
Alm, Wenke	12. 10. 90	29. 7. 59		
Sebelefsky, Malte	7. 3. 91	3. 9. 57		
Dr. Böckenhauer, Michael	8. 4. 91	24. 5. 56		
Cipulis-Levits, Ilze	3. 2. 92	7. 2. 57		
Röhl, Dorothea	1. 9. 92	6. 6. 54		
Koop, Uwe	28. 4. 93	28. 3. 57		
Poensgen, Stephanie	1. 1. 94	12. 7. 58		
Bergfeld, Kai-Uwe	2. 11. 94	3. 6. 59		
Jochems, Martin	24. 10. 94	29. 9. 60		
Dames, Kirsten	15. 4. 96	16. 9. 63		

Richterinnen/Richter und Staatsanwältinnen/Staatsanwälte im Richterverhältnis auf Probe

Bei den Gerichten

Name	Datum 1	Datum 2
Wenk, Susanne	1. 10. 85	20. 11. 57
Franke, Martina, ½	25. 2. 91	13. 10. 56
Sager, Beate	19. 3. 91	19. 12. 61
Hinz, Susanne	10. 4. 91	2. 6. 61
Nöh-Schüren, Dagmar	1. 7. 91	27. 2. 59
Wachenfeld, Almut, beurl.	15. 7. 91	28. 3. 61
Fischer, Gisela, beurl.	17. 6. 91	4. 5. 61
Kortmann, Heike	1. 8. 91	9. 12. 59
Dr. Hinz, Werner	1. 9. 91	4. 12. 59
Eggers-Zich, Anke	1. 10. 91	2. 10. 55
Blöcher, Michael	1. 11. 91	2. 1. 57
Dr. Koch, Sabine, ½	3. 2. 92	27. 3. 63
Heuer, Hans	2. 3. 92	8. 10. 61
Kley, Wilfried	16. 3. 92	13. 3. 59
Placzek, Helga	15. 6. 92	23. 1. 60
Farries, Anja	10. 8. 92	16. 3. 63
Behnke, Harm	1. 9. 92	8. 11. 63
Dr. Skwirblies, Ulrich	9. 11. 92	30. 6. 61
Wien, Christiane	16. 11. 92	12. 2. 59
Stryck, Torbjörn, abg.	16. 11. 92	6. 1. 62
Lembke, Michael	4. 1. 93	19. 9. 54
Hentschel, Jörg	1. 2. 93	6. 6. 60
Löbbert, Carsten	8. 2. 93	9. 9. 61
Dr. Schall, Martina, ½	1. 3. 93	13. 1. 62

Name	Datum 1	Datum 2
Jensen-Buchholz, Inga, ½	8. 3. 93	3. 9. 62
Brandt, Volker	1. 4. 93	24. 1. 61
Becker, Stefan	1. 4. 93	27. 11. 63
Dahmke, Ralph	1. 4. 93	15. 4. 65
Lensch, Karen	5. 4. 93	3. 11. 61
Schnatmeier, Svenja	3. 5. 93	17. 2. 64
Dr. Worpenberg, Stephan	1. 7. 93	10. 8. 62
Andresen, Jasper	27. 9. 93	18. 11. 62
Grunkin, Stefan	27. 9. 93	5. 2. 64
Schlöpke, Stephen	27. 9. 93	10. 4. 66
Finke, Karin	14. 3. 94	12. 8. 65
Dr. Fötsch-Middelschulte, Dagmar, ½	15. 3. 94	16. 7. 62
Dr. Leischner-Rickerts, Silvia	5. 4. 94	6. 1. 64
Woywod, Jens	11. 4. 94	20. 1. 64
Wardeck, Matthias	1. 5. 94	13. 1. 64
Skibba, Simone	9. 5. 94	4. 7. 65
Dr. Jöhnk, Alf	1. 6. 94	7. 5. 62
Schnatmeier, Jochen	15. 6. 94	6. 5. 65
Sawatzki, Kai	1. 7. 94	14. 5. 59
Tekkouk, Myriam	18. 7. 94	22. 12. 62
Bahr, Jens	25. 7. 94	26. 12. 63
Röttger, Friedhelm	1. 8. 94	28. 5. 63
Holmer, Frauke	19. 9. 94	11. 5. 62

Lorenzen, Claus-Peter	24. 10. 94	6. 6. 66
Dr. Hess, Claus	16. 1. 95	2. 11. 62
Konopatzki, Heike	16. 1. 95	28. 4. 66
de Vries, Susanne	1. 2. 95	18. 10. 58
Dr. Grotkopp, Jörg	1. 2. 95	5. 4. 64
Borst, Ulrich	3. 4. 95	28. 3. 65
Bottke, Britta	18. 4. 95	17. 11. 66
Jacobsen, Ralph	15. 5. 95	16. 4. 64
Wolf, Ulrich	19. 6. 95	12. 9. 62
Frank, Christian	3. 7. 95	8. 11. 64
Burmeister, Michael	16. 10. 95	26. 9. 62
Paul, Insa	16. 10. 95	28. 2. 64
Rühl, Britta	1. 11. 95	19. 10. 66
Krohn, Marion, ½	1. 3. 96	19. 12. 63
Ruffert, Christiane, ½	1. 3. 96	11. 11. 64
Meistering, Heike, ½	18. 3. 96	—

Bei den Staatsanwaltschaften

Welz, Thomas	1. 4. 93	22. 4. 61
Hartmann, Dirk	6. 9. 93	20. 4. 59
Kruse, Bernd	6. 9. 93	3. 7. 63
Hansen, Renate	1. 3. 94	5. 1. 64
Winterfeldt, Bernd	15. 6. 94	18. 11. 63
Beiler, Axel	1. 8. 94	27. 9. 64
Prätorius, Angelika	1. 11. 94	10. 9. 57
Heß, Birgit	1. 11. 94	26. 5. 65
Janssen-Gorontzy, Hella	1. 5. 95	27. 8. 59
Döpper, Ralph	1. 6. 95	3. 5. 60
Bauchrowitz, Sabine	1. 7. 95	14. 1. 59
Neumann, Reinhold	1. 10. 95	19. 10. 62
Lincke, Uta	1. 11. 95	4. 11. 66
Thomsen, Dirk	1. 12. 95	20. 4. 63

Freistaat Thüringen

2.517.776 Einwohner*

Ministerium für Justiz und Europaangelegenheiten

Alfred-Hess-Str. 8, 99084 Erfurt
T (03 61) 22 82–0, Telefax (03 61) 22 82–1 55
1 Min, 1 StS, 6 MinDgt, 7 LMinR, 24 MinR, 16 RD, 11 ORR, 5 RR

Minister
Kretschmer, Otto	30. 11. 94	23. 2. 40

Staatssekretär
Schemmel, Volker	1. 12. 94	12. 8. 42

Ministerialdirigenten
Dr. Leimert, Dirck	27. 4. 92	12. 7. 41
Dr. Eberbach, Wolfram	3. 11. 92	21. 8. 48
Dargel, Helmut	16. 12. 92	18. 7. 38
Hess, Rainer	21. 2. 93	10. 11. 46

Leitende Ministerialräte
Dr. Faber, Rolf	23. 2. 92	16. 11. 46
Glanz, Jürgen	30. 6. 92	20. 5. 32

Ministerialräte
Justi, Rolf	1. 1. 92	—
Ries, Hartmut, abg.	1. 9. 92	5. 12. 39
Riewe, Richard, abg.	4. 10. 94	15. 3. 42
Laib, Hans-Günther	4. 10. 94	30. 12. 53

Regierungsdirektorinnen/Regierungsdirektoren
Gaitzsch, Matthias	29. 7. 94	23. 8. 49
Ladewig, Hans Jürgen	2. 8. 94	10. 1. 48
Wolf, Heinz-Josef	1. 9. 94	8. 11. 48
Müller, Mechthild	1. 9. 94	4. 12. 48
Villwock, Thomas	1. 9. 94	24. 3. 59
Flos, Ernst	1. 2. 96	5. 9. 37
Dr. Elsmann, Günther	1. 2. 96	9. 11. 41
Holland-Moritz, Rainer	1. 2. 96	13. 5. 56
Walsmann, Marion	1. 2. 96	17. 3. 63
Theune, Ralf	1. 2. 96	4. 5. 63

Oberregierungsrätinnen/Oberregierungsräte
Holeschowski, Christine	16. 12. 92	15. 4. 59
Rohatsch, Karl-Heinz	8. 12. 93	10. 2. 42
Weth, Reinhard	31. 12. 93	25. 2. 48
Dr. Trützschler von Falkenstein, Eugenie	12. 7. 94	8. 7. 63
Ißle-Laib, Andrea	23. 12. 94	20. 8. 62
Stolte, Peter	1. 2. 96	23. 5. 56

Regierungsrätin/Regierungsräte
Dewald, Volker	22. 12. 93	7. 3. 53
Peters, Henry	14. 7. 94	20. 7. 64
Hofmann, Matthias	15. 6. 95	10. 6. 62
Peters, Eckart	15. 7. 95	13. 9. 63
Dr. Wellner, Petra	30. 11. 95	17. 12. 56

Regierungsrätinnen z.A.
Seyfarth, Gabriele	12. 1. 94	26. 6. 51
Baals-Weinlich, Doris	1. 1. 94	20. 7. 64
Walter, Heidrun	1. 7. 94	16. 4. 63
Müllenbach, Christine	28. 12. 95	5. 7. 68

* Die Zahlen der Gerichtseingesessenen der Bezirke der Land- und Amtsgerichte konnten nicht übermittelt werden.

Oberlandesgerichtsbezirk Jena

Der Oberlandesgerichtsbezirk umfaßt das Gebiet des Freistaates Thüringen.

4 Landgerichte: Erfurt, Gera, Meiningen, Mühlhausen
Kammern für *Handelssachen* sind bei allen Landgerichten eingerichtet.
Baulandkammer: Beim Landgericht Meiningen, zuständig für alle Landgerichtsbezirke.

30 Amtsgerichte
Die Führung der Handels- und Genossenschaftsregister sowie die Zuständigkeit in Gesamtvollstreckungssachen ist den Amtsgerichten am Sitz der Landgerichte für den jeweiligen Landgerichtsbezirk übertragen.

Schöffengerichte: Bei den folgenden Amtsgerichten (soweit ein Schöffengericht auch für den Bezirk eines oder mehrerer anderer Amtsgerichte zuständig ist, ist dies in Klammern angegeben):
LG-Bez. Erfurt: Artern, Erfurt (Arnstadt, Sömmerda), Gotha, Weimar (Apolda)
LG-Bez. Gera: Altenburg, Gera (Greiz), Jena (Stadtroda), Lobenstein, Rudolstadt (Pößneck, Saalfeld)
LG-Bez. Meiningen: Meiningen (Bad Salzungen, Hildburghausen), Sonneberg, Suhl (Ilmenau, Schmalkalden)
LG-Bez. Mühlhausen: Eisenach, Mühlhausen (Bad Langensalza, Heiligenstadt, Worbis), Nordhausen (Sondershausen)

Thüringer Oberlandesgericht

E 2.517.776
Leutragraben 2–4, 07743 Jena
Postfach 10 01 38, 07701 Jena
T (0 36 41) 30 70, Telefax (0 36 41) 30 72 00
1 Pr, 1 VPr, 9 VR, 21 R

Präsident					
Bauer, Hans-Joachim	18. 10. 93	22. 6. 41	Dr. Gießler, Hans	1. 10. 95	27. 10. 29
			Lehmann, Klaus	1. 10. 95	20. 1. 35
Vizepräsident					
Dr. Fischer, Florian	15. 12. 93	23. 3. 40	*Richterinnen/Richter*		
			Vogel, Klemens	1. 1. 93	22. 6. 48
			Kotzian-Marggraf, Karl	13. 10. 93	28. 8. 52
Vorsitzende Richterin/ Vorsitzende Richter			Wagner, Hubert	14. 10. 93	5. 2. 29
Dr. Kerth, Johannes	15. 9. 93	25. 2. 34	Kaufmann, Bernd, abg.	15. 10. 93	30. 12. 53
Elias, Klaus-Gerd	12. 10. 93	22. 6. 27	Schwarz, Renate, abg.	15. 12. 93	19. 7. 58
Schweikhardt, Liselotte	22. 12. 93	9. 8. 34	Orth, Marlies	22. 12. 93	22. 3. 58
Wirbelauer, Wolf-Dieter	22. 12. 93	12. 11. 35	Hükelheim, Norbert	13. 9. 94	1. 1. 53
Dr. Proetel, Horst	22. 12. 93	27. 2. 37	Hermann, Manfred	1. 10. 95	6. 3. 36

LG-Bezirk Erfurt OLG-Bezirk Jena **TH**

Landgerichtsbezirk Erfurt

Landgericht Erfurt
Domplatz 37, 99084 Erfurt
Postfach 739, 99014 Erfurt
T (03 61) 21 60
Telefax (03 61) 2 16 20 82
1 Pr, 1 VPr, 19 VR, 38 R

Präsident

Scherer, Manfred	29. 10. 93	7. 2. 51

Vizepräsident

Dr. Brause, Hans-Peter	13. 10. 93	19. 8. 48

Vorsitzende Richterinnen/Vorsitzende Richter

Sunder, Max	15. 4. 93	12. 1. 30
Perron, Karl	29. 10. 93	12. 2. 27
Rathemacher, Sabine	29. 10. 93	3. 3. 60
Müller, Wolf Philipp	5. 11. 93	22. 10. 47
Fachinger, Norbert	9. 12. 93	31. 8. 31
Pröbstel, Holger, abg.	22. 12. 93	19. 9. 60
Baumann, Astrid	7. 1. 94	9. 2. 57
Döll, Klaus	30. 8. 94	11. 11. 53
Liebhart, Friedrich	1. 10. 95	9. 8. 51
Winnig, Sabine	1. 2. 96	12. 8. 51

Richterinnen/Richter

Drüeke, Hans-Werner	18. 10. 71	30. 3. 33
Hillert, Susanne, abg.	1. 7. 93	31. 7. 63
Schilling, Heinz	2. 12. 93	25. 6. 48
Mortag, Helga	22. 2. 94	13. 9. 50
Billig, Carola, abg.	22. 2. 94	18. 8. 51
Schulze, Stefan, abg.	22. 2. 94	12. 11. 55
Brauhardt, Carolina, abg.	22. 2. 94	16. 12. 55
Bieder, Hendrik	22. 2. 94	1. 12. 59
Wichmann-Bechtelsheimer, Heike, abg.	22. 2. 94	1. 4. 62
Bettin, Ingolf, abg.	14. 3. 94	29. 1. 60
Pesta, Rita	6. 4. 94	25. 2. 61
Dr. Becker, Joachim	20. 5. 94	22. 11. 58
Hoßbach, Thomas	26. 5. 94	11. 6. 62
Wolf, Thomas	26. 5. 94	16. 2. 64
Messerschmidt, Bernd, abg.	30. 9. 94	3. 5. 60
Teichgräber, Beate	6. 10. 94	24. 10. 58
Grimm, Michael	6. 10. 94	16. 10. 59
Wilms, Ralf, abg.	6. 10. 94	25. 6. 61
Apel, Jürgen-Dirk, abg.	6. 10. 94	7. 3. 62
Brenneisen, Ute	6. 10. 94	27. 4. 62
Schneider, Thomas	27. 1. 95	29. 4. 63
Germann, Peter	14. 2. 95	6. 4. 50
Hamisch, Brigitta	28. 4. 95	11. 10. 51
von Hagen, Markus	2. 5. 95	12. 8. 62
Jahn, Gerhard	3. 7. 95	25. 10. 63
Steinmaier, Dirk	17. 7. 95	6. 11. 58
Rümmler, Matthias	17. 7. 95	4. 5. 62
Scherf, Reinhard	22. 9. 95	10. 8. 53
Langer, Sabine	1. 2. 96	20. 3. 63

Amtsgerichte

Apolda
Jenaer Str. 8, 99510 Apolda
Postfach 40, 99503 Apolda
T (0 36 44) 20 16
Telefax (0 36 44) 20 18
1 Dir, 3 R

N. N., Dir		
Behlau, Claus-Peter	20. 5. 94	11. 1. 55
Wille, Vera	26. 5. 94	23. 9. 53
Krohn, Hans	3. 5. 95	30. 12. 50

Arnstadt
Ritterstr. 2, 99310 Arnstadt
T (0 36 28) 29 06
Telefax (0 36 28) 29 08
1 Dir, 4 R

Artern
Markt 6, 06556 Artern
T (0 34 66) 32 16 37
Telefax (0 34 66) 32 16 40
1 Dir, 3 R

N. N., Dir		
Steller, Renate	26. 5. 94	30. 10. 33

Erfurt
Domplatz 37, 99084 Erfurt
T (03 61) 21 60
Telefax (03 61) 2 16 20 82
1 Pr, 1 VPr, 1 w.aufsfR, 29 R

Präsident

Lass, Rudolf	5. 11. 93	11. 1. 38

Vizepräsident

Bergeest, Wolfgang	5. 4. 94	30. 10. 33

Richterinnen/Richter

Zimmermann-Spring, Jutta, abg.	6. 7. 93	28. 6. 60
Schwarz, Heike	6. 4. 94	17. 7. 64
Michalk, Waltraud	20. 5. 94	9. 5. 50
Metze, Christina	26. 5. 94	14. 8. 51

TH OLG-Bezirk Jena　　　　　　　　　　　LG-Bezirk Gera

Kißner, Birgit	26. 5. 94	24. 8. 53
Bock, Sigrid, abg.	26. 5. 94	9. 1. 54
Ungewiß, Martina	26. 5. 94	24. 12. 62
Schrötter, Doris	6. 10. 94	23. 10. 36
Scherer, Michael	6. 10. 94	20. 11. 56
Dölle, Joachim	6. 10. 94	24. 9. 58
Daubitz, Kurt	6. 10. 94	28. 12. 58
Werner, Frank	6. 10. 94	14. 4. 59
Hauzel, Thomas	6. 10. 94	22. 9. 59
Lehmann, Kirsten	11. 7. 95	12. 6. 62
Kümmel, Katja	24. 11. 95	19. 12. 62
Freise, Wolfgang	1. 12. 95	23. 4. 54

Gotha
Justus-Perthes-Str. 2, 99867 Gotha
Postfach 36, 99581 Gotha
T (0 36 21) 21 50
Telefax (0 36 21) 2 54 92
1 Dir, 1 stVDir, 2 w.aufsR, 12 R

Füllenbach, Klaus, Dir	4. 11. 93	30. 5. 39
N. N., stVDir		
Obluda, Gisela, w.aufsR	12. 7. 94	5. 2. 20
Köhler, Michael, w.aufsR	1. 10. 95	19. 9. 45
Kuhnert, Sabine	6. 4. 94	13. 7. 53
Neudert, Dietelinde	20. 5. 94	3. 11. 38
Schwarz, Thomas	20. 5. 94	1. 5. 65
Daubitz, Erika	14. 2. 95	3. 7. 61
Ansorge, Heike	21. 7. 95	25. 8. 53
Dr. Neumann, Gabriele	1. 2. 96	2. 10. 54

Sömmerda
Bahnhofstr. 3, 99610 Sömmerda
Postfach 47, 99601 Sömmerda
T (0 36 34) 2 12 25
Telefax (0 36 34) 2 12 03
1 Dir, 4 R

Mummert, Bernd-Michael	20. 5. 94	25. 8. 58
Müller-Hilgert, Michael	6. 10. 94	17. 12. 57
Michalik, Kerstin	18. 7. 95	4. 7. 54

Weimar
Ernst-Kohl-Str. 81, 99423 Weimar
Postfach 6, 99421 Weimar
T (0 36 43) 2 33 00
Telefax (0 36 43) 2 33 02 00
1 Dir, 1 stVDir, 10 R

Stempel, Martin, Dir	9. 12. 93	28. 10. 32
N. N., stVDir		
Dr. Schmidt, Günther	26. 5. 94	24. 6. 37
Kunkel, Marlies	26. 5. 94	2. 1. 57
Schulz-Hauzel, Michaela	6. 10. 94	7. 10. 61

Götz, Karl-Heinrich	17. 7. 95	1. 2. 61
Freundlieb, Monika	1. 2. 96	22. 4. 61
Reckart, Karin	1. 2. 96	18. 12. 64

Landgerichtsbezirk Gera

Landgericht Gera
Rudolf-Diener-Str. 2, 07545 Gera
Postfach 74, 07501 Gera
T (03 65) 55 20
Telefax (03 65) 55 22 35
1 Pr, 1 VPr, 14 VR, 30 R

Präsident
N. N.

Vizepräsident
Maul, Reinhard	12. 10. 93	3. 10. 48

Vorsitzende Richterin/Vorsitzende Richter
Henn, Ines	1. 4. 93	21. 8. 27
Neidhardt, Berndt	29. 10. 93	21. 10. 55
Kadel, Werner	31. 1. 94	16. 7. 60
Dr. Klimmek, Ulrich	6. 12. 94	8. 6. 37
Böhler, Wolfram	1. 4. 95	13. 3. 33

Richterinnen/Richter
Kramer, Stefan, abg.	29. 11. 93	10. 6. 63
Sonntag, Klaus	2. 12. 93	5. 8. 59
Schmidt, Christine	22. 2. 94	11. 11. 53
Lenk, Undine	6. 4. 94	7. 4. 61
Platzek, Barbara	20. 5. 94	19. 11. 48
Toetzke, Ute	14. 2. 95	6. 10. 58
Pieper, Wilhelm-Friedrich	14. 2. 95	30. 12. 60
Diedrich, Ingrid	14. 2. 95	19. 1. 61
Beiler, Michael	14. 2. 95	5. 4. 62
Oehlkers, Reinhard	17. 5. 95	22. 7. 52
Niemeyer, Rainer	17. 5. 95	5. 3. 59
Opitz, Olaf	5. 7. 95	30. 8. 60
Parteina, Alexander	6. 7. 95	16. 3. 52
Pagel, Kerstin	6. 7. 95	3. 10. 53
Nährig, Bernhard	25. 1. 96	11. 11. 53
Götz, Karl-Georg	29. 1. 96	3. 12. 53

Amtsgerichte

Altenburg
Pauritzer Platz 1, 04600 Altenburg
Postfach 212, 04852 Altenburg
T (0 34 47) 37 14 14
Telefax (03 47) 31 12 12
1 Dir, 1 stVDir, 9 R

LG-Bezirk Gera

Mertig, Sigurd, Dir	1. 1.94	24.10.44
N.N., stVDir		
Rothe, Kerstin	20. 5.94	30. 5.59
Albers, Raimund	6.10.94	18. 4.56
Hilbig, Angelika	14. 2.95	8.11.50
Klopfer, Wolfgang	3. 5.95	16. 2.62
Gerstner, Manuela	25. 7.95	26.12.62

Gera
Clara-Zetkin-Str. 11, 07545 Gera
Postfach 216, 07502 Gera
T (03 65) 20 30
Telefax (03 65) 2 40 22
1 Dir, 1 stVDir, 1 w.aufsR, 18 R

Lotz, Karl-Erich, Dir	10. 8.93	19. 8.34
N.N., stVDir		
Messner, Ulrich, w.aufsR	30. 3.95	14.10.40
Strohscher, Frank	6. 4.94	10. 1.62
Kallenbach, Helga	26. 5.94	14. 4.66
Ackermann, Kurt	6.10.94	23. 9.36
Menke, Angela	6.10.94	19.11.59
Kahlenbach, Heidrun	5. 7.95	9.10.51
Meier, Joachim	11.12.95	26. 8.62
Sievers, Henning	29. 1.96	13. 7.56
Krollmann, Gabriele	29. 1.96	10. 3.64

Greiz
Brunnengasse 10, 07973 Greiz
Postfach 66, 07962 Greiz
T (0 36 61) 61 50
Telefax (0 36 61) 61 51 17
1 Dir, 6 R

Rose, Andreas, Dir	1.10.95	5.12.50
Meinzenbach, Renate	6.10.94	4.12.55
Wezykowski, Ute	6.10.94	29. 4.62

Jena
August-Bebel-Str. 9, 07743 Jena
Postfach 10 08 28, 07708 Jena
T (0 36 41) 2 25 22
Telefax (0 36 41) 2 38 66
1 Dir, 1 stVDir, 2 w.aufsR, 12 R

Schemann, Ulrich, Dir	29.10.93	19. 8.39
N.N., stVDir		
Seyffarth, Kerstin	6.10.94	24.10.59
Maaß, Elke	10. 7.95	25. 3.64
Martin, Sigrid	19. 7.95	3. 2.55
Hovemann, Frank	9.10.95	28.10.61
Plota, Karl	9.10.95	24.11.61
Streitberg, Winfried	—	9.10.63

OLG-Bezirk Jena TH

Lobenstein
Markt 4, 07356 Lobenstein
Postfach 121, 07353 Lobenstein
T (03 66 51) 24 12
Telefax (03 66 51) 23 32
1 Dir, 4 R

Kunert, Manfred, Dir	9.12.93	14. 1.41
Marufke, Dieter	3. 5.95	11. 4.59

Pößneck
Bahnhofstr. 18, 07381 Pößneck
Postfach 178, 07374 Pößneck
T (0 36 47) 42 12 12
Telefax (0 36 47) 42 10 10
1 Dir, 3 R

N. N., Dir		
Tröstrum, Roland	14. 3.94	25. 9.60
Dimke, Knud	20. 5.94	12. 7.63

Rudolstadt
Marktstr. 54, 07407 Rudolstadt
Postfach 208, 07395 Rudolstadt
T (0 36 72) 2 23 82
Telefax (0 36 72) 2 21 31
1 Dir, 5 R

Kurze, Volker, Dir	5.11.93	29. 6.60
Denst, Sabine	14. 2.95	16. 9.60
Ziegler, Gert	26. 2.96	1.11.44

Saalfeld
Gutenbergstr. 3, 07318 Saalfeld
Postfach 20 53, 07306 Saalfeld
T (0 36 71) 28 51
Telefax (0 36 71) 24 78
1 Dir, 4 R

Fuchs, Heinrich, Dir	29.10.93	10. 6.45
Kämper, Andreas	14. 2.95	2. 3.62
Spahn, Andreas	25. 9.95	31. 3.63

Stadtroda
Hainstr. 1, 07646 Stadtroda
Postfach 122, 07641 Stadtroda
T (03 64 28) 2 11 38
Telefax (03 64 28) 2 10 80
1 Dir, 6 R

TH OLG-Bezirk Jena LG-Bezirk Meiningen

Sabel, Hilcke, Dir	16. 9.94	3. 9.36
Gischkat, Kerstin	20. 5.94	24.12.55
Schlicksbier, Regina	26. 5.94	3. 6.53
Mittenberger-Huber, Ariane	1. 7.94	11. 4.61

Landgerichtsbezirk Meiningen

Landgericht Meiningen

Leipziger Str. 2, 98617 Meiningen
Postfach 197, 98604 Meiningen
T (0 36 93) 40 40
Telefax (0 36 93) 4 12 60
1 Pr, 1 VPr, 12 VR, 24 R

Präsidentin

Neuwirth, Gertrud	29.10.92	9. 4.42

Vizepäsident

Granderath, Peter	21.12.93	16. 1.57

Vorsitzende Richter

Zint, Joachim	26. 8.93	24. 4.37
Kunisch, Werner	31. 8.93	4. 8.39
Pfalzer, Hans-Otto	29.10.93	24.11.47
Popp, Detlef	23. 6.94	10. 5.52
Krueger, Ulrich	29. 3.95	23. 9.43
Aulinger, Martin	29. 3.95	12. 9.55
Brand, Hans Georg	1.10.95	27. 9.36

Richterinnen/Richter

Födisch, Waltraud	22. 2.94	19. 4.47
Huf, Raymund	6. 4.94	10. 5.53
Fleischmann, Joachim, abg.	6. 4.94	25. 6.55
Schmidt, Ulrich	12. 4.94	22. 1.55
Wolf, Roland	20. 5.94	8. 2.49
Mundt, Matthias	20. 5.94	26. 8.58
Kowalski, Sigrun	30. 5.94	22. 4.58
Tews, Martina	6.10.94	3. 2.59
Dr. Bohlander, Michael	18.10.94	21. 6.62
Dr. Matthias, Oliver	14. 2.95	8. 5.60
Rogge, Rudolf	14. 2.95	11. 8.34
Jung, Helmut	28. 4.95	25.12.59
Fleischmann, Astrid	28.11.95	15.12.57
Bötzl, Ulrike	29.11.95	15. 6.63
Eichner, Jörg	29.11.95	15. 7.63
Rothaug, Bärbel, RkrA	(1. 9.93)	10.10.59

Amtsgerichte

Bad Salzungen
Kirchplatz 6, 36433 Bad Salzungen
Postfach 63, 36422 Bad Salzungen
T (0 36 95) 20 15
Telefax (0 36 95) 20 16
1 Dir, 5 R

Roggenkamp, Bernd, Dir	26. 8.93	1. 3.37
Reitschky, Ute	6.10.94	31. 7.55
Triebel, Rene	6.10.94	19. 3.61
Poch, Katrin	14. 2.95	16. 9.61
Manges, Detlef	14. 2.95	11. 6.62

Hildburghausen
Joh.-Seb.-Bach-Str. 2, 98646 Hildburghausen
Postfach 110, 98642 Hildburghausen
T (0 36 85) 77 90
Telefax (0 36 85) 70 02 20
1 Dir, 5 R

N. N., Dir		
Schneider, Maritta	20. 5.94	10.10.60
Pardubsky, Harald	6.10.94	17.12.60
Kerschbaum, Alfred	6.10.94	12. 5.62
Bär, Roland	14. 2.95	7. 4.55

Ilmenau
Markt 1, 98693 Ilmenau
Postfach 110, 98684 Ilmenau
T (0 36 77) 28 81
Telefax (0 36 77) 6 28 92
1 Dir, 4 R

N. N., Dir		
Silberhorn, Doris	6.10.94	17.11.38
Fraszczak, Heike	29. 1.96	22. 5.64

Meiningen
Charlottenstr. 4, 98617 Meiningen
Postfach 101, 98603 Meiningen
T (0 36 93) 46 30
Telefax (0 36 93) 46 34 25
1 Dir, 1 stVDir, 8 R

Dünisch, Ernst, Dir	26. 8.93	7. 2.51
N.N., stVDir		
Steiner, Thorsten	20. 5.94	26. 6.62

LG-Bezirk Mühlhausen   OLG-Bezirk Jena   **TH**

Zimmermann, Gabriele	26. 5. 94	14. 5. 64
Scherwenik, Edmund	6. 10. 94	3. 3. 38
Hiby-Bögelein, Ursula	6. 10. 94	14. 12. 62
Leischner, Heinz	28. 12. 95	20. 5. 53

Schmalkalden
Hoffnung 30, 98574 Schmalkalden
Postfach 251, 98566 Schmalkalden
T (0 36 83) 60 19 03
Telefax (0 36 83) 26 55
1 Dir, 4 R

N. N., Dir		
Wiesenbacher, Michael	6. 4. 94	20. 5. 52
Kühn, Marianne	26. 5. 94	30. 9. 42
Kuba, Volker	25. 9. 95	22. 4. 58

Sonneberg
Untere Marktstr. 2, 96515 Sonneberg
T (0 36 75) 82 20
Telefax (0 36 75) 4 20 74
1 Dir, 1 stVDir, 7 R

Onder, Hellmut, Dir	29. 3. 95	3. 10. 49
N.N., stVDir		
Bayer, Otto, abg.	2. 12. 93	11. 1. 57
Stolze, Grit	6. 4. 94	23. 6. 64
Fleischmann, Viola	20. 5. 94	2. 10. 57
Lehnert, Ute	20. 5. 94	20. 4. 61
Waldert, Brigitte	26. 5. 94	8. 5. 58
Höll, Gabriele	6. 10. 94	10. 12. 58
van Reimersdahl, Jörg	6. 10. 94	8. 8. 62

Suhl
Markt 2, 98527 Suhl
Postfach 362, 98503 Suhl
T (0 36 81) 37 50
Telefax (0 36 81) 37 51 18
1 Dir, 1 stVDir, 9 R

Reubekeul, Karsten, Dir	29. 7. 93	20. 9. 44
N.N., stVDir		
Feld-Gerdes, Wolfgang	24. 9. 91	14. 6. 58
Goschala, Hannelore	26. 5. 94	11. 9. 41
Linde, Volker	26. 5. 94	31. 1. 61
Schnauß, Steffi	26. 5. 94	31. 7. 62
Glaser, Sylvia	26. 5. 94	30. 4. 63
Schleicher, Frank	6. 7. 95	4. 2. 64
Linner, Bernd	6. 10. 95	6. 2. 52
Kulf, Alexander	10. 10. 95	14. 5. 61

Landgerichtsbezirk Mühlhausen

Landgericht Mühlhausen
Schillerweg 59, 99974 Mühlhausen
Postfach 70, 99961 Mühlhausen
T (0 36 01) 45 40
Telefax (0 36 01) 45 42 98 / 45 42 99
1 Pr, 1 VizePr, 9 VR, 24 R

Präsident

Metz, Rudolf	7. 10. 93	15. 2. 43

Vizepräsident

Dr. Dettmar, Uwe	5 11. 93	3. 1. 48

Vorsitzende Richterinnen/Vorsitzende Richter

Buus, Karl-Heinz	9. 8. 93	23. 8. 47
Dr. Sellert, Urte	9. 12. 93	14. 11. 39
Scharf, Peter	9. 12. 93	29. 3. 51
Schuppner, Jürgen	9. 12. 93	15. 12. 53
Danielowski, Karin	22. 12. 93	19. 8. 44
Schmidt, Kirsten	18. 7. 94	7. 8. 61

Richterinnen/Richter

Dr. Schwerdtfeger, Dirk, abg.	2. 2. 94	11. 4. 60
Richel, Rüdiger, abg.	20. 5. 94	10. 9. 58
Retzer, Robert, abg.	20. 5. 94	8. 7. 65
Haustein, Christiane	3. 6. 94	6. 11. 58
Höhne, Ralf	3. 6. 94	31. 10. 60
Friedländer, Irmengard	14. 2. 95	19. 6. 45
Dr. Linß, Thomas	14. 2. 95	30. 1. 52
Michels, Holger	14. 2. 95	16. 10. 60
Funke, Gerd	14. 2. 95	25. 2. 61
Schur, Axel, abg.	17. 11. 95	12. 9. 64
Müller, Joachim	29. 12. 95	26. 5. 57
Krämer, Michael,	8. 1. 96	10. 9. 54
Kopp, Harald	16. 1. 96	7. 3. 63
Schlamp, Horst, RkrA	(18. 10. 95)	25. 4. 53

Amtsgerichte

Bad Langensalza
Gothaer Landstr. 1, 99947 Bad Langensalza
99943 Langensalza
T (0 36 03) 86 44 0
Telefax (0 36 03) 86 44 15
1 Dir, 3 R

TH OLG-Bezirk Jena　　　　　　　　　　　LG-Bezirk Mühlhausen

Eisenach
Theaterplatz 5, 99817 Eisenach
Postfach 63, 99801 Eisenach
T (0 36 91) 24 70
Telefax (0 36 91) 24 72 00
1 Dir, 1 stVDir, 10 R

Engels, Roland, Dir	26. 8. 93	11. 5. 55
Burschel, Hans-Otto, stVDir	22. 12. 93	22. 3. 54
Bahlke, Marianne	22. 2. 94	11. 8. 42
Desgrosseilliers, Marquerite	6. 10. 94	5. 10. 62
Kopp, Jutta	28. 12. 95	8. 3. 64

Heiligenstadt
Wilhelmstr. 41, 37308 Heiligenstadt
Postfach 356, 37303 Heiligenstadt
T (0 36 06) 30 21
Telefax (0 36 06) 25 51
1 Dir, 2 R

N. N., Dir		
Behrend, Barbara	2. 12. 93	23. 3. 56

Mühlhausen
Untermarkt 17, 99974 Mühlhausen
Postfach 150, 99964 Mühlhausen
T (0 36 01) 4 99 40
Telefax (0 36 01) 49 94 44
1 Dir, 1 stVDir, 10 R

Saemann, Ulrich, Dir	23. 8. 93	3. 2. 46
Ullmann, Gert, stVDir	27. 10. 94	12. 7. 43
Schwalbach, Lutz	20. 5. 94	4. 5. 38
Köster, Thomas	6. 10. 94	16. 1. 58
Bade, Ortrud	14. 2. 95	30. 12. 56

Jaekel, Uwe	14. 2. 95	1. 4. 63
Gödicke, Uwe	29. 1. 96	15. 3. 60

Nordhausen
Rudolf-Breitscheid-Str. 6, 99734 Nordhausen
Postfach 107, 99721 Nordhausen
T (0 36 31) 42 20
Telefax (0 36 31) 4 22 10
1 Dir, 1 stVDir, 10 R

Appel, Bernd, Dir	26. 8. 93	13. 5. 50
N.N., stVDir		
Hartung, Heidrun	22. 2. 94	10. 6. 47
Karsch-Böse, Iris	6. 10. 94	29. 6. 62
Dr. Meyer-Wöbse, Gerhard, abg.	14. 2. 95	18. 8. 46

Sondershausen
Ulrich-von-Hutten-Str. 2, 99706 Sondershausen
Postfach 102, 99702 Sondershausen
T (0 36 32) 70 66 0
Telefax (0 36 32) 70 66 99
1 Dir, 3 R

N. N., Dir		
Bressem, Volker	22. 2. 94	31. 5. 60

Worbis
Nordhäuser Straße 19, 37339 Worbis
Postfach 132, 37334 Worbis
T (03 60 74) 3 03 71–3 03 74
Telefax (03 60 74) 30 37 5
1 Dir, 4 R

Horstmeier, Henning, Dir	26. 8. 93	30. 6. 56
Eberhardt, Regina	22. 2. 94	2. 1. 38
Gralfs-Worbes, Susanne	20. 5. 94	4. 7. 55

Staatsanwaltschaften

Thüringer Generalstaatsanwaltschaft
Leutragraben 2–4, 07743 Jena
Postfach 100138, 07701 Jena
T (0 36 41) 30 74 01
Telefax (0 36 41) 30 74 44
1 GStA, 4 LOStA, 7 OStA

Generalstaatsanwalt
Schubert, Winfried   1. 7. 95   7. 2. 51

Leitende Oberstaatsanwälte
Baedke, Jürgen   14. 12. 93   7. 1. 44
Möller, Dieter   —   31. 8. 40
Reibold, Hartmut   1. 10. 95   6. 12. 48
Dr. Kraushaar, Horst   1. 2. 96   28. 6. 46

Oberstaatsanwälte
Steinmeyer, Hans   21. 10. 92   16. 2. 31
Wedekind, Udo   4. 10. 94   8. 10. 61
Lohmann, Hans Dieter   1. 10. 95   21. 12. 61
Meister, Martin   1. 10. 95   20. 9. 62

Staatsanwaltschaft Erfurt
Cyriakstr. 2–3, 99094 Erfurt
Postfach 1004, 99021 Erfurt
T (03 61) 22 30-0
Telefax (03 61) 22 30-40
1 LOStA, 1 stVLOStA, 7 OStA, 5 OStA,
5 StA(GL), 44 StA

Leitender Oberstaatsanwalt
Sauter, Raimund   1. 10. 95   6. 9. 44

Oberstaatsanwältin/Oberstaatsanwälte
Fuhr, Hans Henning   8. 12. 93   11. 12. 37
Becker, Andreas   28. 4. 94   20. 9. 55
Triebel, Gabriele   1. 10. 95   16. 11. 52
Kluber, Hermann-Josef   1. 2. 96   27. 1. 56
von der Au, Anton   —   12. 6. 46

Staatsanwältinnen/Staatsanwälte
Kunis, Peter   30. 11. 93   23. 10. 60
Steppat, Wolf Günter   1. 12. 93   25. 6. 55
Weidmann, Roland   22. 2. 94   8. 9. 39
Stahl, Sabine   22. 2. 94   11. 1. 55
Herrmann, Arnd   22. 2. 94   7. 2. 57
Lehmann, Michael   22. 2. 94   22. 1. 60
Strewe, Uwe   22. 2. 94   20. 2. 61
Niedhammer, Hans Otto   22. 2. 94   30. 4. 61
Heß, Michael   22. 2. 94   18. 4. 62

Zawadil, Heike   22. 2. 94   22. 4. 62
Wehner, Detlef   22. 2. 94   17. 6. 62
Wagner, Gisela   4. 3. 94   11. 12. 57
Willrich, Stephan   6. 4. 94   26. 11. 57
Kästner-Hengst, Rainer   6. 4. 94   28. 4. 60
Jarisch, Petra   6. 4. 94   31. 1. 62
Beißwenger, Elvira   6. 4. 94   15. 9. 62
Thiel, Viola   6. 4. 94   21. 1. 63
Peinelt, Petra   11. 4. 94   25. 8. 61
Thomalla, Klaus Dieter   20. 5. 94   20. 2. 55
Peters, Werner   20. 5. 94   19. 11. 55
Schmitt, Anette   20. 5. 94   6. 8. 61
Hübner, Maik   20. 5. 94   18. 4. 62
Bomberg, Klaus   6. 10. 94 19. 8. 32
Straubel, Marianne   6. 10. 94 15. 8. 53
Proff, Wilhelm   6. 10. 94 30. 5. 55
Schwarz, Frank Michael   6. 10. 94 22. 4. 60
Tzschoppe, Renate   14. 2. 95   28. 4. 38
Urbanek, Wolfgang   14. 2. 95   10. 8. 52
Kurz, Corinna   14. 2. 95   20. 10. 63
Wildenauer, Ralf Günter   14. 2. 95   15. 12. 63
Kern, Bernhard   10. 10. 95 16. 9. 63
Proff, Heike Luise   11. 10. 95 13. 1. 64
Keller, Marion   11. 10. 95 14. 1. 64
Tolksdorf-Fraßeck,
  Andrea Christine   16. 10. 95   8. 8. 62
Dieckhoff, Rainer   12. 1. 96   9. 5. 58
Schmidt, Georg   6. 2. 96   23. 8. 57
Niedhammer, Sabine   14. 2. 96   11. 3. 64
Visser, Klaus   15. 2. 96   25. 4. 64

Staatsanwaltschaft Gera
Hainstr. 21, 07545 Gera
Postfach 179, 07502 Gera
T (03 65) 8 21 30
Telefax (03 65) 8 21 36 00

Zweigstelle in Jena
Löbdergraben 30, 07743 Jena
T (0 36 41) 2 25 20
Telefax (0 36 41) 59 85

Zweigstelle in Rudolstadt
Marktstr. 54, 07407 Rudolstadt
T (0 36 72) 44 93 11
Telefax (0 36 72) 44 93 09
1 LOStA, 1 stVLOStA, 6 OStA, 3 StA (GL),
43 StA

Leitender Oberstaatsanwalt
Koeppen, Arndt-Peter   21. 9. 94   21. 1. 47

TH OLG-Bezirk Jena Staatsanwaltschaften

Oberstaatsanwälte
Hegenbart, Wolfhard	1.10.95	2. 7.53
Zack, Gerhard	—	2.10.27

Staatsanwältinnen/Staatsanwälte
Flieger, Steffen	1.12.93	31.12.62
Moszner, Tamara	22. 2.94	23. 1.55
Mohrmann, Ralf	22. 2.94	4. 4.61
Stolz, Jörg	22. 2.94	21. 9.62
Kögler, Steffi	23. 2.94	23. 9.54
Reuter, Sylvia	20. 5.94	12.12.58
Weber, Dagmar	20. 5.94	18. 6.60
Kurze, Sigrid	20. 5.94	7. 2.62
Adelhardt, Waltraut	6.10.94	17.10.49
Riebel, Thomas	6.10.94	4.12.63
Liebetrau, Dietlinde	10.10.94	7.10.45
Fesser, Christina	14. 2.95	21. 8.45
Kästel, Holm	14. 2.95	4. 4.58
Stschepanjak, Ingo	14. 2.95	25. 9.58
Berens-Mohrmann, Edith	14. 2.95	5. 8.61
Sbick, Andre	14. 2.95	21. 8.65
Meyer, Thomas	19. 7.95	20. 4.58
Reisch, Heike	20. 7.95	1.10.56
Wörmann, Jens	20. 7.95	24. 4.62
Müller, Kerstin	20. 7.95	16.12.63
Schurwanz, Klaus	24. 7.95	19.10.52
Klaucke, Martin	16.11.95	26. 7.55
Weiler, Gerd	5.12.95	25. 1.57

Staatsanwaltschaft Meiningen
Friedenssiedlung 14, 98617 Meiningen
Postfach 245, 98605 Meiningen
T (0 36 93) 46 20
Telefax (0 36 93) 46 23 57
1 LOStA, 1 stVLOStA, 3 OStA, 2 StA(GL), 25 StA

Leitender Oberstaatsanwalt
N. N.

Oberstaatsanwältin/Oberstaatsanwälte
Möckl, Peter	29. 6.93	18. 4.54
Bolz, Eberhardt	1.10.95	15. 1.44
Soßdorf, Monika	1.10.95	23. 1.55

Staatsanwältinnen/Staatsanwälte
Schinke, Renate	1.12.93	19. 6.50
Vogt, Margit	1.12.93	12. 7.52
Bauer, Margarete	1.12.93	25.11.52
Lorenz, Hartmut	22. 2.94	7. 1.54
Schroeder, Thomas	22. 2.94	18. 1.58

Lerche, Sybille	22. 2.94	22. 3.62
Fitschen, Anke	22. 2.94	4. 5.62
König, Uwe	6. 4.94	16. 1.41
Kirchner I, Susanne	6. 4.94	26.12.57
Waßmuth, Thomas	20. 5.94	15. 9.58
Krebs, Gerd	6.10.94	24. 2.39
Dienemann, Wolfgang	6.10.94	13.10.40
Bott, Pius	14. 2.95	1. 8.44
Kirchner II, Susanne	14. 2.95	7. 5.64
Raithel, Joachim	28. 4.95	8. 5.62
Seitz, Edith Maria	28. 4.95	14. 5.62
Voß, Reimund	28. 4.95	17. 4.63
Engmann, Harry	18. 7.95	23. 3.56
Schmidt, Marion	26. 9.95	12.10.63
Krausa, Romy	26. 9.95	28. 1.64
Dietrich, Jeanette	26. 9.95	28. 6.64
Pöhner, Angelika	29. 9.95	28.11.55
Konrad-Weber, Iris	12. 2.96	4. 7.61

Staatsanwaltschaft Mühlhausen
Brunnenstr. 125, 99974 Mühlhausen
T (0 36 01) 45 80
Telefax (0 36 01) 45 81 55
1 LOStA, 1 stVLOStA, 3 OStA, 2 StA(GL), 22 StA

Leitender Oberstaatsanwalt
Petri, Hans-Joachim	7.10.93	19.12.40

Oberstaatsanwälte
Danielowski, Jürgen	27. 5.93	31. 1.45
Stille, Günter	14.12.93	28. 9.41

Staatsanwältinnen/Staatsanwälte
Diefenbach, Anne-Katrin	25.11.92	22. 7.62
Störmer, Gert	1.12.93	28. 9.54
Walther, Ulf-Dieter	1.12.93	14. 5.59
Klose, Peter	1.12.93	14.10.59
Bilz, Michael	22. 2.94	26. 7.60
Brechmann, Ralf	22. 2.94	21. 9.63
Germerodt, Dirk	22. 2.94	26.10.63
Denk, Norbert	1. 3.94	1. 7.58
Wolfgramm, Dirk	1. 3.94	31. 5.60
Lübbers, Sabine	6. 4.94	13. 6.62
Köhler, Thomas	20. 5.94	22. 3.60
Anstötz, Thomas	6.10.94	29. 1.60
Müller, Christoph	6.10.94	20. 8.60
Dannemann, Dirk	6.10.94	20. 3.61
Müller, Lüder	6.10.94	25. 3.61
Rübesamen, Cornelia	28. 4.95	23. 1.57

Richterinnen/Richter und Staatsanwältinnen/Staatsanwälte im Richterverhältnis auf Probe

Name	Datum 1	Datum 2
Matthias, Kerstin	3. 2.92	17. 9.61
Rassier, Gerhard	3. 8.92	21.11.58
Schmitz-Kern, Christiane	3. 8.92	20. 9.60
Balk, Eva	3. 8.92	20.11.63
Fabricius, Christine	1.10.92	2.10.52
Gabel, Christina	19.10.92	15.12.60
Schumacher, Heike	2.11.92	24. 4.65
Haever, Bettina	1.12.92	10. 2.63
Hartmann, Volker	4. 1.93	13. 3.56
Kronas, Herbert	4. 1.93	6. 1.58
Holterdorf, Thomas	4. 1.93	28. 1.62
Linsmeier, Gerhard	1. 2.93	9.10.58
Rathemacher, Joerg, abg.	1. 2.93	6. 1.60
Sander, Jörg	1. 2.93	28. 4.62
von Hagen, Birgit	1. 2.93	31.12.62
Mäder, Udo	1. 4.93	10. 5.61
Steigerwald, Uwe	1. 4.93	11. 9.61
Klinger, Marion	1. 4.93	26. 3.62
Backes, Johannes	1. 4.93	13. 6.62
Nolte, Stefan	1. 4.93	28. 1.63
Christ-Erbarth, Simone	1. 4.93	28. 5.63
Holzer, Johannes	1. 4.93	8. 8.63
Borowiak-Soika, Ulrike	1. 4.93	14.10.63
Fischer, Stefan	1. 4.93	16.10.63
Hüfner, Annette	1. 4.93	27. 1.64
Hampel, Detlef	1. 4.93	5. 4.64
Grün, Beate	1. 4.93	17. 4.64
Rothe, Birgit	1. 4.93	23.11.64
Greunig, Frank	3. 5.93	18. 2.59
Lübbers, Ulrich	3. 5.93	8.11.59
Steffens, Andre	3. 5.93	20. 8.60
Wyrott, Alexander	3. 5.93	2.12.60
Wilhelms, Gerhard	3. 5.93	6. 2.61
von Friesen, Christoph	3. 5.93	24.10.61
Piller, Andreas	3. 5.93	23.10.62
Dettmar, Christian	3. 5.93	3. 2.63
Richter, Martina	3. 5.93	18. 4.63
Lange, Christian	3. 5.93	28. 6.63
Decker, Gabriele	3. 5.93	17. 8.63
Schäfer, Hans-Peter	3. 5.93	22.10.63
Marx, Renate	3. 5.93	20.11.63
Lindner, Marlies	3. 5.93	8.10.64
Lamp, Nikolaus	17. 5.93	11. 1.59
Henn, Ruth	17. 5.93	23. 7.65
Osthushenrich, Ulrike	1. 6.93	30. 4.54
Bechtelsheimer, Markus	1. 6.93	30. 6.60
Grundler, Jochen	1. 6.93	6. 6.62
Graetz, Beate	1. 6.93	8.12.62
Hager, Elke	1. 6.93	28. 4.63
Lutter, Nikola	1. 6.93	30. 8.63
Christ, Siegfried	1. 6.93	29. 9.63
Risse, Cornelia	1. 6.93	25. 5.64
Weller, Susanne	1. 6.93	3. 6.63
La Rocca, Angelina	15. 6.93	12. 2.62
von Schmettau, Georg	15. 6.93	13. 8.62
Gradel, Jutta	15. 6.93	18.10.62
Klüpfel, Herbert	15. 6.93	5.12.62
Glanz, Börries	15. 6.93	2. 6.64
von Schmettau, Mechthild	15. 6.93	7. 4.65
Weller, Martin	1. 7.93	1. 7.58
Brencher, Thomas	1. 7.93	12. 2.59
Berg, Helmut	1. 7.93	16. 8.59
Zoller, Andrea	1. 7.93	14. 4.60
Kaufmann, Michael	1. 7.93	24. 6.61
Wessinghage, Ricarda	1. 7.93	6. 4.62
Naumann, Norbert	1. 7.93	16. 9.62
Pippert, Jörg	1. 7.93	5. 2.63
Keller, Mattias	1. 7.93	26. 4.63
Erbarth, Alexander	1. 7.93	20. 6.63
Spitzer, Albert	1. 7.93	16. 7.63
Wüstefeld, Susanne	1. 7.93	16. 3.64
Hornstein, Martina	1. 7.93	3. 5.64
Keller, Stefanie	1. 7.93	12. 5.64
Barbian, Susanne	1. 7.93	27. 9.64
Ernst, Petra	1. 7.93	30.11.64
Reichert, Inez	1. 7.93	12. 9.65
Schmitz, Martina	1. 7.93	21. 9.65
Dr. Türpitz, Joerg	15. 7.93	31. 7.59
Schultz, Gerd-Michael	15. 7.93	13. 1.60
Konschak, Sabine	15. 7.93	25.10.61
Jahn, Thomas	15. 7.93	8. 4.62
Hollandt, Stephan	15. 7.93	13.12.62
Pauly, Hilke	15. 7.93	13. 2.63
Lenz, Wolf-Christoph	15. 7.93	25. 6.64
Bender, Ralf	15. 7.93	15. 5.65
Preuß, Rainer	2. 8.93	13. 1.54
Fehr-Albrado, Gitta	2. 8.93	25.11.56
Dr. Szigarski, Mathias, abg.	2. 8.93	12. 6.60
Albat, Monika	2. 8.93	27.10.60
Dr. Holle, Gerd	2. 8.93	5. 4.61
Hofmeister, Karin	2. 8.93	5. 2.62
Eicher, Birgit	2. 8.93	10. 9.62
Kurz, Thilo	2. 8.93	27. 3.63
Häcker-Reiß, Matthias	2. 8.93	2. 2.64
Wilhelm, Norbert	2. 8.93	22. 7.64
Knöchel, Detlef	2. 8.93	21.10.64
Dr. Bender, Ute	2. 8.93	6. 3.63
Stolte, Peter	16. 8.93	23. 5.56
Bußjäger, Gerhard	1. 9.93	13.12.54

TH — Richter/StA im Richterverhältnis auf Probe

Name	Datum 1	Datum 2
Scholzen, Wolfgang	1. 9.93	30. 9.59
Keske, Burkhard	1. 9.93	14. 6.60
Schwarz, Martin	1. 9.93	19. 5.61
Petzel, Andreas	1. 9.93	29.12.61
Wichmann, Peter	1. 9.93	29. 3.62
Ewald, Christine	1. 9.93	16. 7.62
Harms, Gerd-Wilke	1. 9.93	27. 8.62
Jung, Regina	1. 9.93	8. 9.62
Baumann, Ludger	1. 9.93	11. 9.62
Bandorf, Armin	1. 9.93	3. 4.63
Jünger, Claudia	1. 9.93	28. 4.63
Pisczan, Bernd	1. 9.93	13. 9.63
Giebel, Martin	1. 9.93	24. 3.64
Heckmann, Dagmar	1. 9.93	27. 3.64
Luckhardt, Wera	1. 9.93	31. 3.64
Andres, Peter	1. 9.93	27. 7.64
Fibich, Holger	1. 9.93	1.10.64
Pallasch, Manuela	1. 9.93	13.10.64
Schmidt, Horst	1. 9.93	12.11.64
Laibach, Lydia	1. 9.93	21. 3.65
Heidel, Reik	1. 9.93	10.10.67
Rogosch, Ellen	7. 9.93	13. 1.65
Mittelstädt, Vera	1.10.93	13. 7.58
Duus, Reinhard	1.10.93	29.11.58
Laumen, Edmund	1.10.93	5. 4.59
Bärthel, Juergen	1.10.93	10. 8.59
Steigerwald, Viola-Regina	1.10.93	24. 8.59
Saudhof, Dorothea	1.10.93	22. 6.61
Groß, Fanz-Peter	1.10.93	1. 9.61
Thelen, Frank-Klaus	1.10.93	22.10.61
Erdt, Frank	1.10.93	26.10.61
Voigt, Karin	1.10.93	10. 2.62
Kortus, Andrea	1.10.93	5. 6.62
Lauinger, Dieter	1.10.93	5.12.62
Sprenger, Karin	1.10.93	15. 9.63
Sprenger, Gerrit-Marc	1.10.93	18.10.63
Knüppel, Thomas	1.10.93	15.11.63
Kropp, Christian	1.10.93	24.12.63
Schröter, Edith	1.10.93	19. 1.64
Gerwing, Annette	1.10.93	12. 5.64
Senftleben, Walter	1.10.93	20. 6.64
Leitloff, Juergen	1.10.93	1. 7.64
Napp-Keske, Silvia	1.10.93	15. 8.64
Fenner, Ulrike	1.10.93	4.12.64
Kiso, Lydia	1.10.93	3. 2.65
Weisenstein, Iris	1.10.93	3. 2.66
Steitz, Petra	18.10.93	30.12.63
Kölsch, Wolfgang	18.10.93	13. 2.65
Blaß, Katharina	18.10.93	21. 2.65
Kölsch, Cornelia	18.10.93	26.11.65
Rambaum, Joachim	1.11.93	19. 4.58
Höfs, Wolfgang	1.11.93	28. 6.60
Ehlgen, Birgit	1.11.93	13. 4.61
Timmer, Burkhard	1.11.93	23. 4.63
Johannes, Gudrun	1.11.93	9.10.63
Igla, Manfred	1.11.93	12. 5.64
Przewosnik, Sabine	1.11.93	1. 7.64
Daum, Roger	1.11.93	8. 7.64
Nouraie-Menzel, Zohreh	1.11.93	6. 4.65
Ratajczak, Frank	15.11.93	24. 2.65
Tröger, Manfred	1.12.93	21. 2.49
Bangert, Klaus	1.12.93	6. 5.58
Dischinger, Ralf	1.12.93	23. 5.59
Walerius, Joachim	1.12.93	7. 6.59
Fischer-Krieg, Sieglinde	1.12.93	16. 7.61
Heck, Wolfgang	1.12.93	12. 8.61
Kleßen, Detlef	1.12.93	5. 8.62
Becker, Silke	1.12.93	22. 3.63
Jäger, Wilma	1.12.93	21. 6.64
Weisgerber, Ralph	1.12.93	16. 1.65
Breyer, Sabine	1.12.93	4. 3.65
Schwenk, Stefan	15.12.93	16.11.60
Böttcher-Grewe, Kerstin	15.12.93	24. 2.63
Luckas-Steinmaier, Claudia	15.12.93	24. 8.63
Koch, Ralf	15.12.93	16. 9.63
Fierenz, Anke	15.12.93	3.11.63
Jahn, Barbara	15.12.93	18. 2.64
Merz, Susanne	15.12.93	15. 6.64
Seifert, Steffen	15.12.93	6. 7.64
Scheler, Martin	15.12.93	13.10.64
Becher, Martina	15.12.93	4. 1.65
Klug, Andrea	15.12.93	6. 3.65
Huwe, Britta	1. 3.94	12. 7.63
Fierenz, Gerald	1. 3.94	12. 5.65
Becker, Beate	15. 3.94	28. 5.64
von Hirschheydt, Silke	15. 3.94	14. 8.64
Geibert, Anja	15. 3.94	8.10.64
Lindner, Jürgen	15. 3.94	22. 2.65
Blasius, Judith	15. 3.94	10. 3.65
Doleski-Stiwi, Angela	2. 5.94	9. 7.66
Reiser-Uhlenbruch, Petra	6. 4.94	5.12.59
Stephan, Günter	6. 4.94	1.10.62
Lichius, Klaus	6. 4.94	6. 4.63
Jaquemoth, Ute	6. 4.94	9. 5.65
Reichertz, Katrin	18. 4.94	28. 5.67
Mörtzschky, Franziska	2. 5.94	16.11.64
Terborg, Susanne	24. 5.94	12. 8.66
Dr. Arend, Susanne	1. 6.94	30.11.62
Schmitt-Kanthak, Gerlinde	1. 6.94	17. 4.64
Schade, Sabine	1. 6.94	8. 6.66
Amon, Martina	1. 6.94	14. 6.66
Schmitt, Boris	1. 7.94	17. 8.63
Kramer, Sabine	1. 7.94	25. 7.66
Horsch, Andreas	4. 7.94	17. 9.65
Dr. Litterst, Gerhard	1. 8.94	23. 8.50
Hohmeier, Karl	1. 8.94	8. 1.64
Schöllmann, Sylvia	1. 8.94	31. 5.64
Blaszczak, Matthias	1. 8.94	18. 3.66
Klante, Daniela	1. 8.94	27. 4.66
Oppermann-Hein, Ute	1. 8.94	16. 6.66
Steinmetz, Annett	1. 8.94	7. 7.68

Richter/StA im Richterverhältnis auf Probe TH

Name	Datum 1	Datum 2		Name	Datum 1	Datum 2
Weber, Eugen	8. 8.94	8.11.63		Jünke, Susanne	17.10.94	9. 7.66
Neubig, Christiane	1. 9.94	8. 6.61		Borowsky, Martin	2.11.94	3. 4.60
Grüneberg, Andreas	1. 9.94	25. 6.63		Redeker, Philip	14.11.94	7.11.63
Wolf, Friedo	1. 9.94	12. 5.64		Desch, Dagmar	1.12.94	14. 6.66
Wentzel, Michael	1. 9.94	15. 6.64		Nürnberger, Tanja	16. 1.95	30. 5.66
Wiegler, Andreas	1. 9.94	9. 8.64		Kohlus, Beate	1. 9.95	28. 5.60
Janclas, Marita	1. 9.94	28. 8.64		Wentzel, Michael	1. 9.95	15. 6.64
Petry, Elke	1. 9.94	9. 4.66		Tscherner, Harald	2.10.95	17. 3.67
Schröder, Heike	1. 9.94	15.12.66		Turba, Anette	9.10.95	17. 2.67
Philipp, Patricia	1. 9.94	2. 1.67		Hellfritzsch, Heike	4.12.95	22. 7.68
Schmidt, Christina	15. 9.94	10.12.65		Humenda, Steffen	15.12.95	19. 8.65
Tonndorf, Uwe	15. 9.94	17.12.65		Kalb, Chelion	22.12.95	16. 3.65
Wienroeder, Christiane	30. 9.94	20. 3.63		Wulf, Angelika	22.12.95	4. 8.66
Ringel, Anette	30. 9.94	27. 2.64		Wehner, Guido	28.12.95	16. 8.63
Hansen, Gabriele	30. 9.94	16.10.64		Niß, Silke	28.12.95	20. 6.66
Osin, Peter	17.10.94	20. 2.65		Oehlschläger, Tanja	19. 2.96	20. 5.66

Verfassungsgerichte der Länder

Baden-Württemberg

Staatsgerichtshof für das Land Baden-Württemberg
Ulrichstraße 10, 70182 Stuttgart
T (07 11) 2 12–0

Präsident
Freund, Lothar, VPrVGH a.D.

Ständiger Stellvertreter
Geiß, Karlmann, PrOLG

Berufsrichter
Geiß, Karlmann, PrOLG
Prof. Dr. Jordan, Heinz, PrOLG
Freund, Lothar, VPrVGH a.D.

Stellvertretende Berufsrichter
Dr. Hauser, Roland, VRVG
Hund, Michael, RBVerwG
Dr. Kasper, Siegfried, VRVG

Mitglieder mit der Befähigung zum Richteramt
Dr. Schieler, Rudolf, Justizminister a.D.
Schiess, Karl, Innenminister a.D.
Prof. Dr. jur. Dr. h.c. Oppermann, Thomas, Universität Tübingen

Stellvertretende Mitglieder mit der Befähigung zum Richteramt
Dietrich, Martin, Direktor i.R.
Dr. Gauß, Ulrich, Oberbürgermeister a.D.
Prof. Dr. Roßnagel, Alexander

Mitglieder ohne Befähigung zum Richteramt
Prof. Dr. Jäger, Wolfgang, Universität Freiburg
Stamm, Sybille
Prechtl, Ute

Stellvertretende Mitglieder ohne Befähigung zum Richteramt
Prof. Dr. Jüngel, Eberhard, DD., Universität Tübingen
Prof. Dr. Walther, Dieter, Evang. Oberkirchenrat a.D.
Prof. Dr. Dr. Altner, Günter

Bayern

Bayerischer Verfassungsgerichtshof
Prielmayerstraße 5, 80335 München
T (0 89) 5 59 71
Telefax (0 89) 55 97 39 86

Präsidentin
Holzheid, Hildegund, PrOLG

Vertreter
Dr. Wittmann, Johann, PrVGH
Dr. Tilch, Horst, PrBayObLG

Weitere berufsrichterliche Mitglieder
Brießmann, Ermin, VRBayObLG
Dillmann, Lothar, VRVGH
Edenhofer, Wolfgang, PrAG
Dr. Festl, Elmar, VRVGH
Dr. von Heimburg, Sibylle, RVGH
Huther, Edda, PrLG
Karmasin, Ernst, VRBayObLG
Dr. Konrad, Horst, VRVGH
Dr. Kotsch, Josef, VRBayObLG
Klieber, Dietmar, ROLG
Dr. Lichtenberger, Gustav, VROLG, zugl. Generalsekretär des Bayerischen Verfassungsgerichtshofs
Dr. Metzner, Richard, VRVGH
Dr. Nappenbach, Paul, RBayObLG
Dr. Pongratz, Erwin, VRVGH
Schaffer, Wolfgang Peter, PrOLG
Dr. Schmitz, Günter, RBayObLG
Stadler, Werner Josef, PrLG
Dr. Theuersbacher, Paul, VPrVGH
Wübert, Franz-Ruprecht, VROLG
Dr. Zimniok, Hans-Jürgen, RVGH

Berlin

Verfassungsgerichtshof des Landes Berlin
Elßholzstr. 30–33, 10781 Berlin
T (0 30) 21 78–0
Telefax (0 30) 21 78–22 73

VerfG   Brandenburg · Bremen · Hamburg · Hessen

Präsident
Prof. Dr. Finkelnburg, Klaus, RA u. Not.

Vizepräsident
Dr. Körting, Ehrhart, RA

Weitere richterliche Mitglieder
Arendt-Rojahn, Veronika, RA u. Not.
Citron-Piorkowski, Renate, ROVG
Dittrich, Hans, VRKG
Prof. Dr. Driehaus, Hans-Joachim
Eschen, Klaus, RA u. Not.
Prof. Dr. Kunig, Philip
Töpfer, Edeltraud, RKG

Brandenburg

Verfassungsgericht des Landes Brandenburg
Allee nach Sanssouci 6, 14471 Potsdam
T (03 31) 98 38-1 02
Telefax (03 31) 98 38-1 10

Präsident
Dr. Macke, Peter, PrOLG

Vizepräsident
Dr. Knippel, Wolfgang, VRVG

Richterinnen/Richter
Dr. Dombert, Matthias, RA
Prof. Dr. Harms-Ziegler, Beate, RA
Prof. Dr. Mitzner, Rolf, UProf
Prof. Dr. Schöneburg, Karl-Heinz, RA
Prof. Dr. Schröder, Richard, UProf
Weisberg-Schwarz, Monika, VRLAG

Bremen

**Staatsgerichtshof der
Freien Hansestadt Bremen**
Sögestr. 62/64, 28195 Bremen
T (04 21) 36 10
Telefax (04 21) 3 61 44 51

Präsident
Prof. Pottschmidt, Günter, PrOVG

Vertreter des Präsidenten
Prof. Dr. Rinken, Alfred, ROVG

Weitere richterliche Mitglieder
Dr. Bewersdorf, Jörg, PrOLG
Prof. Dr. Klein, Eckard
Lissau, Uwe, PrAG
Prof. Dr. Preuß, Ulrich K., UProf
Wesser, Konrad, DirArbG

Stellvertretende richterliche Mitglieder
Alexy, Hans, ROVG
Brandt, Heinz, Bürgermeister a.D.
Derleder, Annegret, VProLG
Dreger, Brigitte, VProVG
Friedrich, Peter, ROLG
Kulenkampff, Rainer, RA u. Not.
Dr. Lenze, Annegret, RSG
Dr. Müffelmann, Herbert, RA u. Not.
Dr. Röper, Erich
Dr. Schnelle, Albert, RLG
Sokol, Bettina, RVG
Stauch, Matthias, VRVG
Wulf, Friedrich, RAG

Hamburg

Hamburgisches Verfassungsgericht
Sievekingplatz 2, 20355 Hamburg
T (0 40) 34 97–1
Telefax (0 40) 34 97–40 97

Präsident
Rapp, Wilhelm, PrOLG

Vizepräsident
Hensen, Horst-Diether, VProLG

Weitere Mitglieder
Dau, Herbert, Pr der Bürgerschaft a.D.
Dr. Grambow, Hans-Jürgen, RA
Dr. Gündisch, Jürgen, RA
Leithäuser, Eva, Senatorin a.D.
Stadler-Euler, Maja, RA
Toboll, Rudolf, PrFG
Prof. Dr. Thieme, Werner
Dr. Mückenheim, Uwe, ProVG

Stellvertretende Mitglieder
Dr. Falckenberg, Harald, RA
Dr. Falkenberg, Rolf-Dieter, RA
Huth, Juliane, RA
Prof. Dr. Rabe, Hans-Jürgen, RA
Ulferts, Hertha, RA
Prof. Dr. Ramsauer, Ulrich, VRVG
N. N.

Hessen

Staatsgerichtshof des Landes Hessen
Mühlgasse 2, 65183 Wiesbaden
T (06 11) 32 27 32 u. 16 83 05
Telefax (06 11) 32 27 63 u. 1 68 11

Präsident
Henrichs, Horst, PrOLG

Vizepräsident
Dr. Wilhelm, Helmut, VRVGH

Mitglieder
Fertig, Felizitas, PrVG
Dr. Gasser, Karl Heinz, RA, StS a.D.
Kern, Roland, RA
Kohl, Hannelore, VRVGH
Prof. Dr. Lange, Klaus, UProf
Dr. Paul, Günter, RA u. Not.
Rainer, Rudolf, VRVG
Dr. Teufel, Wolfgang, VRVGH
Dr. Voucko, Manfred, VRVGH

Stellvertretende Mitglieder
Bohnen, Rainer, PrAG a.D.
Britzke, Jörg, RVGH
Eisenberg, Werner, VPrAG
Georgen, Ferdinand, RVG
Dr. Heitsch, Bernhard, VPrVGH
Kraemer, Ursula, VRVG
Löber, Dieter, PrAG
Dr. Nassauer, Wilhelm, RVGH
Schmidt-von Rhein, Georg, PrLG
Winkler, Ute, DirSG
sowie
Prof. Dr. Baltzer, Johannes, UProf
Buchberger, Elisabeth, VPrVGH
Enders, Helmut, VPrVG
Giani, Paul Leo, RA
Poppe, Joachim, RA u. Not.
Vogelheim, Elisabeth, Dipl.-Volkswirtin

Mecklenburg-Vorpommern

Landesverfassungsgericht Mecklenburg-Vorpommern
Domstr. 7, 17489 Greifswald
T (0 38 34) 89 07 08
Telefax (0 38 34) 89 05 39

Präsident
Dr. Hückstädt, Gerhard, PrLG

Stellvertreter
Dr. Wiesner, Siegfried, PrLSG

Vizepräsident
Wolf, Helmut, VROVG

Stellvertreter
Essen, Klaus-Dieter, DirArbG

Mitglieder
Häfner, Peter, DirAG
Dr. Schneider, Dietmar, RA
Stange, Gustav-Adolf, VPrOVG
Steding, Brunhild, RAG
von der Wense, Joachim, OB

Stellvertreter
Mellinghoff, Rudolf, RFG
Dr. Unger, Christa
Köhn, Gudrun
Schiffer, Karin
Christiansen, Rolf, Landrat

Niedersachsen

Niedersächsischer Staatsgerichtshof
Herminenstraße 31, 31675 Bückeburg
T (0 57 22) 2 90-0

Mitglieder

Präsident
Dr. Schinkel, Manfred-Carl, PrOVG

Stellvertreter

Dr. Jank, Klaus Peter, VROVG

Stellvertreterinnen/Stellvertreter des Präsidenten
Oltrogge, Helga, PrOLG
Kramer, Hartwig, PrOLG

Zeuner, Helga, VPrFG
Dr. Dembrowski, Eckart, VROVG

Weitere richterliche Mitglieder
Beckmann, Heinrich, PrLG
Biermann, Christa, PrLG
Prof. Hedergott, Winfrid
Prof. Dr. Schneider, Hans-Peter, UProf
Prof. Dr. Starck, Christian, UProf
Dr. h.c. Wassermann, Rudolf, PrOLG a.D.

Dr. Hanisch, Werner, PrVG
Dr. Dehne, Friedrich, RA u. Not.
Dipl.-Psych. Fabricius-Brand, Margarete, RA
Dr. Helle, Jürgen, PrLG
Prof. Dr. Götz, Volkmar, UProf u. ROVG
Eßer, Hans-Jürgen, RA u. Not.

VerfG Nordrhein-Westfalen · Rheinland-Pfalz · Saarland · Sachsen

Nordrhein-Westfalen

Verfassungsgerichtshof für das Land Nordrhein-Westfalen
Aegidiikirchplatz 5, 48143 Münster
Postfach 63 09, 48033 Münster
T (02 51) 5 05-0
Telefax (02 51) 50 53 52

Präsident
Dr. Bertrams, Michael, PrOVG

Erster Vizepräsident
Dr. Laum, Heinz-Dieter, PrOLG

Zweiter Vizepräsident
Dr. Bilda, Klaus, PrOLG

Weitere richterliche Mitglieder
Dr. Brossok, Hilke, VROVG
Pottmeyer, Ernst, VROVG
Prof. Dr. Schlink, Bernhard, UProf
Prof. Dr. Dres. h.c. Stern, Klaus, UProf

Stellvertretende richterliche Mitglieder
Dr. Franzke, Hans-Georg, VProVG
Kratz, Ernst Jürgen, VProLG
Dr. Richter, Alarich, VProLG
Dr. Mombaur, Peter Michael, RA, MdEP
Dr. Gester, Heinz, RA
Dr. Ronsdorf, Horst, ROLG a.D.
Prof. Dr. Tettinger, Peter J., UProf

Rheinland-Pfalz

Verfassungsgerichtshof Rheinland-Pfalz
Deinhardplatz 4, 56068 Koblenz
T (02 61) 13 07-0
Telefax (02 61) 13 07-3 50

Präsident
Dr. Meyer, Karl-Friedrich, PrOVG

Ständiger Vertreter des Präsidenten
Dr. Schwarz, Wolfgang, VProVG

Weitere richterliche Mitglieder
Dr. Bamberger, Heinz Georg, PrOLG
Dury, Walter, PrOLG

Stellvertretende richterliche Mitglieder
Jung, Helmut, PrLG
Dr. Thul, Ewald, PrLG
Steppling, Wolfgang, VROVG

Saarland

Verfassungsgerichtshof des Saarlandes
Franz-Josef-Röder-Straße 15, 66119 Saarbrücken
T (06 81) 5 01-53 50 und 52 36
Telefax (06 81) 5 01-53 51

Präsident
Dr. Rixecker, Roland, PrOLG

Vizepräsident
Prof. Dr. Wadle, Elmar

Weitere Mitglieder
Dietz, Otto, RA
Dr. Ellscheid, Günter, PrOLG a.D.
Friese, Karl-Heinz, ProVG
Dr. Seiwerth, Jakob, RA
Warken, Hans-Georg, RA
Prof. Dr. Wendt, Rudolf

Stellvertretende Mitglieder
Adam, Winfried, VPrVG
Hahn, Günther, PrLSG a.D.
Prof. Dr. Jung, Heike
Knicker, Dieter, RA
Lang, Jakob, VizePrSG
Schild, Wolfgang, ROLG
Sperber, Klaus-Ulrich, Ass.
Grünert, Jürgen, RAG

Sachsen

Verfassungsgerichtshof für den Freistaat Sachsen
Harkortstr. 9, 04107 Leipzig
Postfach 9 66, 04009 Leipzig
T (03 41) 2 14 10
Telefax (03 41) 2 14 12 00

Präsident
Dr. Pfeiffer, Thomas, PrFG

Vertreter
Hagenloch, Ulrich, VProLG

Vizepräsident
Prof. Dr. Meissner, Claus, ProVG

Vertreter
Dr. Koehn, Hans-Günther, VPrOVG

Berufsrichter
Geogii, Hans, PrLG
von Keyserling, Alfred, PrArbG
Schlichting, Susanne, PrVG

Vertreter
Niemeyer, Jürgen, VPrLG
Stilz, Eberhard, VROLG (BW)
Holz, Frauke, ROLG (BY)

Mitglieder mit der Befähigung zum Richteramt
Prof. Dr. von Mangoldt, Hans
Prof. Dr. Trute, Hans-Heinrich
Knoth, Hans Dietrich, Oberkirchenrat
Prof. Dr. Schneider, Hans-Peter

Vertreter
Dr. Kröber, Günter
Prof. Dr. Degenhart, Christoph
Leuthold, Hannelore, Oberkirchenrätin
Boysen-Tilly, Heide, Leiterin des Rechtsamts

Sachsen-Anhalt

Landesverfassungsgericht Sachsen-Anhalt
Willy-Lohmann-Str. 33, 06844 Dessau
T (03 40) 20 20
Telefax (03 40) 2 02 14 49

Präsident
Prof. Goydke, Jürgen, PrOLG

Stellvertreter des Präsidenten
Guntau, Burkhard, VPrOVG

Berufsrichterliche Mitglieder
Dr. Kilian, Michael, UProf
Köhler, Erhard, VROVG

Stellvertreter der berufsrichterlichen Mitglieder
Fromhage, Dietmar, PrLG
Pietzke, Wolfgang, PrLAG
Prof. Dr. Smid, Stefan, UProf
Zink, Werner, VPrOLG

Thüringen

Thüringer Verfassungsgerichtshof
Kaufstraße 2–4, 99423 Weimar
T (0 36 43) 20 60
Telefax (0 36 43) 20 61 00 u. 20 62 22

Präsident
Becker, Gunter, PrLSG

Vertreter
Dr. Strauch, Hans-Joachim, PrOVG

Berufsrichterliche Mitglieder
Bauer, Hans-Joachim, PrOLG
Neuwirth, Gertrud, PrLG

Berufsrichterliche Stellvertreter
Metz, Rudolf, PrLG
Dr. Schwan, Hartmut, PrVG

Mitglieder mit Befähigung zum Richteramt
Ebeling, Christian, RA
Dr. Jentsch, Hans-Joachim, RA
Prof. Dr. Rommelfanger, Ullrich, Rektor
Prof. Dr. Steinberg, Rudolf, UProf

Stellvertretende Mitglieder mit Befähigung zum Richteramt
Prof. Dr. Denninger, Erhard, UProf
Prof. Dr. Hirte, Heribert, UProf
Prof. Dr. Mayn, Karl Ulrich, UProf
Scherer, Manfred, PrLG

Weitere Mitglieder
Lothholz, Reinhard, Unternehmer
Morneweg, Thomas, RA

Stellvertreter
Hemsteg von Fintel, Renate, Studienrätin
Kretschmer, Christiane, Dipl.Ing.

Fachgerichte der Länder

Arbeitsgerichtsbarkeit

Baden-Württemberg

Landesarbeitsgericht Baden-Württemberg

Rosenbergstraße 16, 70174 Stuttgart
T (07 11) 66 73–0
Telefax (07 11) 29 43 49
mit Kammern in 68161 Mannheim und 79100 Freiburg
1 Pr, 1 VPr, 14 VR + 1 × ½ VR

Präsident
Baur, Manfred	1. 2. 96	31. 3. 36

Vizepräsident
Leonhardt, Günter	1. 1. 87	21. 1. 33

Vorsitzende Richterinnen/Vorsitzende Richter
Basedau, Dierk	26. 7. 79	9. 11. 33
Dr. Jackel, Edelgard, ½	26. 7. 79	31. 10. 35
Höfle, Tilman	26. 7. 79	16. 7. 37
Dr. Dudel, Hermann	1. 10. 84	9. 9. 37
Zepter, Klaus	22. 1. 85	11. 3. 40
Gress, Herbert	29. 5. 85	1. 4. 39
Lemm, Hartmut	22. 8. 86	15. 4. 41
Dr. Braasch, Dietrich	24. 8. 87	25. 7. 43
Linsenmaier, Wolfgang	24. 8. 87	15. 6. 49
Francken, Johannes-Peter	4. 5. 90	12. 10. 48
Pfitzer, Werner	3. 2. 92	22. 6. 46
Zimmermann, Helmut	27. 8. 92	4. 7. 47
Witte, Gisela	24. 2. 94	9. 9. 47

Arbeitsgerichte

Freiburg im Breisgau
Kirchstraße 7, 79100 Freiburg
T (07 61) 70 80–0
Telefax (07 61) 70 80–40
mit Kammern in 77652 Offenburg und 78048 Villingen-Schwenningen
1 Dir, 11,5 R

Baur, Peter, Dir	5. 6. 86	11. 9. 39
Seitz, Konrad	15. 8. 69	14. 5. 37
Bernhard, Ralph	27. 4. 79	7. 11. 49
Zeiser, Wolfgang	9. 1. 81	5. 9. 48
Mehrle, Gerlinde	—	—
Müller, Hans-Georg	25. 4. 85	3. 11. 51
Arnold, Manfred	2. 7. 87	10. 2. 53
Gluns, Thomas	31. 10. 88	11. 10. 55
Steuerer, Bernhard	21. 3. 90	21. 9. 57
Tillmanns, Christoph	1. 2. 94	4. 8. 60
Kramer, Barbara	1. 12. 95	11. 2. 61

Heilbronn (Neckar)
Paulinenstraße 18, 74076 Heilbronn
T (0 71 31) 9 57 80
Telefax (0 71 31) 95 78–2 22
mit Kammer in 74564 Crailsheim
1 Dir, 6 R

Feldmann, Merve, Dir	29. 10. 93	19. 6. 43
Pfeiffer, Gerhard, abg. (LSt)	4. 1. 94	22. 12. 61
Maier, Rolf	25. 1. 96	26. 9. 56

ArbG Baden-Württemberg

Karlsruhe
Ritterstraße 12, 76133 Karlsruhe
T (07 21) 1 75–0
Telefax (07 21) 17 55 25
1 Dir, 8 R

Freyer, Paul, Dir	29. 9.76	2. 5.37
Kühn, Rolf	14. 6.78	8.12.41
Dr. Natter, Eberhard	30. 9.92	26.11.56
Thewes, Theodor	20.10.92	16. 3.60
Maier, Hartmut	1.10.94	4. 4.60
Pult-Wilhelm, Sigrid	6. 7.95	22. 6.63
Müller, Andrea	27. 6.95	19.10.64

Lörrach
Weinbrennerstr. 5, 79539 Lörrach
T (0 76 21) 92 47–0
Telefax (0 76 21) 92 47 20
mit Kammer in 78315 Radolfzell
1 Dir, 4 R + ½ R

Kremp, Jochen, Dir	17.11.75	13. 9.42
Topf, Henning	14. 2.77	5. 4.41
Wahl, Claus-Peter	3. 5.78	28. 5.46
Dr. Adam, Sabine	6. 4.93	3.12.59

Mannheim
L 4, 4–6, 68161 Mannheim
T (06 21) 29 20
Telefax (06 21) 2 92 13 11
mit Kammern in 69115 Heidelberg
1 Dir, 8 R + 3 × ½ R

Albrecht, Wolfgang, Dir	14. 8.79	23.11.40
Tetzlaff, Volker	10. 4.72	9. 8.41
Dreyer-Johannisson, Peter	9. 8.74	23. 4.41
Althaus, Werner	7. 5.75	19. 4.40
Schubert-Gerstenberg, Margot, ½	24. 6.77	13. 3.45
Konrad, Margarete, ½	7.10.77	25. 4.44
Hennemann, Klaus	14.12.78	25. 3.45
Dicke, Rainer	5. 9.80	1. 6.48
Jordan, Lothar	5. 1.82	30.12.49
Dr. Auweter, Brigitte, ½	6. 8.85	21. 5.53
Dr. Bouwhuis, Sigrid	1. 2.86	14. 3.55
Müller, Stephan	26.10.89	27.11.55

Pforzheim
Marktplatz 4, 75175 Pforzheim
T (0 72 31) 1 86–1
Telefax (0 72 31) 18 66 45
1 Dir, 4 R

Jaenicke, Ulrich, Dir	25. 8.76	31.12.41
Korff, Karl-Heinz	1. 5.83	3.10.43

Just, Joachim	1. 1.95	6. 7.62
Selig, Petra	15.12.95	29. 3.65

Reutlingen
Bismarckstraße 64, 72764 Reutlingen
T (0 71 21) 94 00
Telefax (0 71 21) 9 40–32 32
1 Dir, 5 R

Kraushaar, Bernhard, Dir	13.11.72	24. 9.38
Schwägerle, Werner	10. 8.84	27.12.50
Haid, Wolfram	17. 1.86	9. 5.48
Adebahr, Marion	2. 4.90	3. 2.58
Rieker, Matthias	7. 5.93	19. 4.59

Stuttgart
Feuerseeplatz 14, 70176 Stuttgart
T (07 11) 66 73–0
Telefax (07 11) 61 01 18
mit Kammern in 73430 Aalen und 71638 Ludwigsburg
1 Pr, 1 VPr, 1 w.aufsR, 24 R + 3 × ½ R

Präsident

Zimmermann, Helmut	1. 6.96	4. 7.47

Vizepräsident

Ens, Reinhard	24. 2.83	8. 7.45

Richterinnen/Richter

Klimpe-Auerbach, Wolf, w.aufsR	26.11.75	14.10.42
Stolz, Edelgard	23.12.74	7. 2.44
Weidling, Jürgen	25. 9.78	25.12.47
Leicht, Horst-Helmut	27. 7.81	11. 2.44
Ens, Reinhard	24. 2.83	8. 7.45
Weischedel, Hans	13. 5.85	18. 3.53
Hensinger, Ulrich, ½	1. 4.86	1. 3.52
Geiger, Frank	21.10.87	24. 6.50
Amann, Ernst	5.10.88	16. 8.56
Kaiser, Marion, ½	16. 2.89	15. 9.57
Rodehau, Hans-Ulrich	19. 3.90	9. 6.55
Dr. Witt, Carsten, abg. (LSt)	20. 5.92	24. 9.59
Berchtold, Margarete	3. 1.94	13. 6.62
Gantz, Doris	1.10.95	11. 3.64

Ulm (Donau)
Zeughausgasse 12, 89073 Ulm
T (07 31) 1 89–0
Telefax (07 31) 1 89 23 77
mit Kammern in 88212 Ravensburg
1 Dir, 5 R + 2 × ½ R

Müller, Reiner, Dir	17. 3.86	16. 3.54
Goumas, Gabriele, ½	24. 2.77	7. 2.41
Leicht, Thomas	26. 6.81	31. 1.48

Augenschein, Hans-Jürgen	13. 7. 88	3. 5. 56		Steer, Heide	1. 2. 94	28. 11. 65
Mayr, Klaus	12. 11. 90	11. 10. 58		Gallner, Inken	21. 2. 94	27. 7. 64
Dr. Rieker, Betina	17. 8. 92	21. 5. 62		Jentsch, Karin	2. 5. 94	17. 3. 63

Richterinnen/Richter im Richterverhältnis auf Probe

Schwiedel, Michael	1. 7. 93	7. 7. 61	Knapp, Sibylle	2. 5. 94	4. 6. 65
			Büchele, Michael	1. 7. 94	12. 5. 59
Schon, Gabriele	1. 7. 93	13. 2. 64	Fiebig, Stefan	2. 1. 95	2. 8. 63
Willer, Holger	15. 7. 93	6. 3. 62	Scholl, Annette	2. 1. 95	28. 12. 65
Dr. Schlünder, Guido	19. 7. 93	29. 4. 64	Langer, Roland	9. 1. 95	13. 6. 65
Kellner, Werner	28. 7. 93	9. 7. 59	Bachhuber, Uwe	16. 1. 95	5. 12. 64
Gneiting, Jürgen	2. 8. 93	29. 6. 58	Haßel, Lutz	16. 1. 95	10. 8. 64
Nagel, Andreas	2. 8. 93	4. 10. 63	Weber, Margot	1. 2. 95	16. 11. 60
Görke, Katharina	16. 8. 93	13. 11. 62	Meyer, Thomas	1. 2. 95	26. 7. 65
Dr. Heilmann, Frank	1. 9. 93	5. 5. 61	Masuhr, Ursula	1. 2. 95	2. 3. 63
Neukirch, Johannes	15. 12. 93	11. 9. 62	Rennert, Jürgen	1. 3. 95	9. 11. 62
Ernst, Elke	3. 1. 94	20. 1. 59	Schräjahr, Susanne	1. 3. 95	9. 4. 66
Gremmelspacher, Martin	3. 1. 94	3. 5. 62	Lips, Ulrich	1. 3. 95	30. 8. 65
			Österle, Harald	1. 3. 95	8. 1. 62

Bayern

Landesarbeitsgericht München

Arbeitsgerichte

Winzererstr. 104, 80797 München
T (0 89) 3 06 19–0
Telefax (0 89) 30 61 92 11
1 Pr, 1 VPr, 8 VR

Augsburg
Ulrichsplatz 3, 86150 Augsburg
T (08 21) 57 09 03
Telefax (08 21) 5 70 94 00

Präsident
Mayer, Peter	1. 6. 92	1. 7. 36

mit Kammer in Neu-Ulm
Maximilianstr. 39, 89231 Neu-Ulm
T (07 31) 72 10 04
1 Dir, 7 R

Vizepräsident
Starkloff, Nikolaus	1. 9. 95	11. 7. 38

Vorsitzende Richterinnen/Vorsitzende Richter

Harraeus, Burkard	1. 3. 80	28. 7. 38	Damm, Werner, Dir	1. 1. 96	23. 12. 44
Bachmann, Bernward	1. 8. 80	26. 2. 40	Faber, Bernhard	1. 7. 81	16. 1. 45
Dr. Staudacher, Heribert	1. 8. 85	13. 10. 43	Iranyi, Manfred	1. 9. 83	25. 1. 49
Reuss, Hedda	1. 5. 90	18. 5. 42	Klaus, Sebastian	1. 6. 84	13. 3. 51
Kagerer, Günther	1. 11. 92	14. 6. 44	Taubert, Thomas	1. 1. 90	21. 1. 60
Dr. Dunkl, Johann	1. 11. 92	16. 11. 44	Gericke, Wiltrud	1. 10. 91	18. 8. 60
Trunz, Alexander	1. 2. 93	15. 11. 50	Nieberle-Schreiegg, Markus	28. 3. 94	4. 2. 60
Mack, Angelika	1. 12. 95	22. 1. 47	Angstenberger, Hubert	1. 12. 94	23. 12. 61

ArbG Bayern

Kempten (Allgäu)
Königstr. 11, 87435 Kempten
T (0831) 52212–0
Telefax (0831) 26558
1 Dir, 4 R

Moeller, Dieter, Dir	1.12.93	15. 2.49
Hamann, Rüdiger	27.10.75	31. 1.44
Dr. Dill, Thomas	27. 7.83	28. 9.49
Schweitzer, Josef	1. 3.86	12.10.53
Schauer, Michael	1. 1.95	29.11.55

München
Winzererstr. 104, 80797 München
Postfach 400180, 80701 München
T (089) 30619–0
Telefax (089) 30619298

mit Kammern in Ingolstadt
Proviantstr. 1, 85049 Ingolstadt
T (0841) 35652
Telefax (0841) 35446

und Weilheim
Alpenstr. 16, 82362 Weilheim
T (0881) 998–0
Telefax (0881) 998–100
1 Pr, 1 VPr, 2 w.aufsR, 28 R + 3 × ½ R
+ 2 LSt (R)

Präsident
Dr. Alexander, Peter	1.10.90	3. 5.41

Vizepräsident
Wolff, Werner	1.11.92	12. 2.46

Richterinnen/Richter
Gerhard, Wolfgang, w.aufsR	1. 5.78	19. 5.40
Dr. Obenaus, Walter, w.aufsR	1. 3.96	6.12.44
Dr. Dr. Notter, Horst Nikolaus	17. 5.71	8. 5.39
Fischer-Rohn, Antje	1.10.72	5. 1.41
Kempff, Gilbert	23.10.75	30. 8.42
Poppe, Peter	18.11.76	20. 3.42
Heininger, Heinz	19.11.76	17. 2.41
Dr. Schweighard, Hubert	20. 6.78	9.12.45
Dr. Gericke, Berthold	3.11.78	17. 2.47
Rauscher, Johannes	1.10.80	17. 5.48
Goldbrunner, Franz	1. 7.82	29. 8.49
Mack, Claus	1.11.83	8. 9.51
Dr. Rosenfelder, Ulrich	1. 7.85	19.12.46
Finke, Hannelore, beurl. (LSt)	1. 9.88	24.10.54
Dr. Romeikat, Tobias	16.12.88	1. 6.55
Then, Alfred	1. 6.89	17.10.52
Zehetmair, Hans	1.10.89	24. 6.43
Waitz, Hans	13. 5.90	17.12.55
Warmbein, Manfred	1. 7.90	17.11.53
Dr. Biebl, Josef	1. 1.91	20. 6.59
Römheld, Birgit, ½	1. 2.93	10. 4.59
Karrasch, Wolfgang	1. 2.92	16. 6.57
Schlicker, Reinhard	23.10.92	7.10.58
Helleiner, Gerhard	1. 3.92	9. 2.54
Hauf, Angelika	1. 4.94	24. 1.62
Lunz-Schmieder, Marion, ½	8. 5.94	4. 3.57
Dyszak, Werner	1. 7.94	14. 2.60
Schmidt, Franz	1.10.94	8. 4.60
Nollert-Borasio, Christiane	1.12.94	26. 6.62
Deucher, Heidrun	1. 6.95	31. 1.61
Zenger, Soila, beurl. (LSt)	12. 7.95	24.12.60
Haarpaintner, Maximilian	1.12.95	22. 2.59
Rösch, Camilla, ½	1. 3.96	10. 2.62
Kautnik, Elfriede, RkrA	(1. 6.95)	17. 8.62
Gerhard, Dieter, RkrA	(1. 4.96)	26. 4.57
Neumeier, Christian, RkrA	(1. 4.96)	27.12.64

Passau
Eggendobl 4, 94034 Passau
T (0851) 95949–0
Telefax (0851) 95949–49

mit Kammer in Deggendorf
Bahnhofstr. 94, 94469 Deggendorf
T (0991) 4564
Telefax (0991) 341162
1 Dir, 3 R

Reichenbach, Siegfried, Dir	1. 9.88	23. 3.37
Hofbauer, Wolfgang	1.12.73	13. 8.43
Dr. Helml, Ewald	20. 5.88	13. 9.56
Mayerhofer, Horst	1.12.89	8. 7.58

Regensburg
Bertoldstr. 2, 93047 Regensburg
T (0941) 50250
Telefax (0941) 502569

mit Kammer in Landshut
Seligenthaler Str. 10, 84034 Landshut
T (0871) 82803
Telefax (0871) 828–250
1 Dir, 7 R

Lang, Gottfried, Dir	1. 5.88	28. 2.41
Forster, Erwin	5. 1.78	27. 4.37
Dr. Schmidbauer, Albert	1. 7.78	8. 1.46
Burger, Ernst, abg.	1. 6.84	21. 4.51
Holzer, Helmut	1. 7.85	27. 6.55
Dr. Künzl, Reinhard	1.12.86	31.12.55

Bayern **ArbG**

Holbeck, Thomas	1. 6.91	21. 8.56	Beiersmann, Jürgen, Dir	1. 5.89	16. 3.38
Jambor-Köhnen, Harald,			Kulla, Benedikt	1. 1.80	29.10.46
RkrA	(1. 1.95)	19. 5.60	Derra, Jürgen	1.12.89	11. 5.56
			Schmottermeyer, Ulrich	1. 7.90	17.10.58
			Glaser, Christoph	1. 4.91	11.12.56

Rosenheim (Oberbayern)
Rathausstr. 23, 83022 Rosenheim
T (0 80 31) 3 05 04
Telefax (0 80 31) 3 05–1 93

mit Kammer in Traunstein (Oberbayern)
Salinenstr. 4, 83278 Traunstein
T (08 61) 1 30 67
1 Dir, 3 R

Illing, Gabriele, Dir	1.12.91	26. 9.54
Dr. Conze, Wolfgang	1.12.73	17. 9.42
Scheuring, Johannes	1. 1.78	12. 7.46
Dr. Bichlmeier, Gerd, ¾	1. 9.86	12. 9.47

Landesarbeitsgericht Nürnberg

Roonstraße 20, 90429 Nürnberg
90336 Nürnberg
T (09 11) 9 28–0
Telefax (09 11) 9 28 27 50
1 Pr, 1 VPr, 5 VR + 1 LSt (VR)

Präsident
Heider, Engelbert	9.12.94	20. 6.49

Vizepräsident
Pompe, Rudolf	1. 5.92	6. 3.34

Vorsitzende Richter
Bonfigt, Waldemar	1.12.80	28. 8.39
Dr. Feichtinger, Peter	1. 7.86	5. 7.46
Staudigel, Erwin,		
beurl. (LSt)	1. 9.86	15.12.38
Malkmus, Hans	1.11.87	1. 7.49
Dipl.-Kfm. Dr. Dr. Holzer-		
Thieser, Alfred	5.12.94	17. 9.43
Gick, Klaus	1. 9.95	5. 3.44

Arbeitsgerichte

Bamberg
Willy-Lessing-Straße 13, 96047 Bamberg
T (09 51) 2 52 33
Telefax (09 51) 2 45 66

mit Kammer in Coburg
Oberer Bürglaß 36, 96450 Coburg
T (0 95 61) 74 19 90
Telefax (0 95 61) 74 19 98
1 Dir, 4 R

Bayreuth
Ludwig-Thoma-Str. 7, 95447 Bayreuth
T (09 21) 5 93–0
Telefax (09 21) 5 93–3 33

mit Kammer in Hof
Berliner Platz 1, 95030 Hof
T (0 92 81) 60 03 48/49
Telefax (0 92 81) 6 75 04
1 Dir, 3 R

Süße, Klaus-Wolfgang, Dir	1.12.68	17. 8.38
Dr. Betz, Gernot	20. 5.74	9. 2.41
Putschky, Bernd	1. 6.88	7. 7.54
Nützel, Stefan	1.10.93	27. 9.61

Nürnberg
Roonstraße 20, 90429 Nürnberg
T (09 11) 9 28–0
Telefax (09 11) 9 28 26 30
1 Dir, 1 stVDir, 12 R + 2 × ½ R

Clement, Gerhard, Dir	1.10.93	7. 6.52
Werner, Alfons, stVDir	1. 5.95	7. 4.45
Bonfigt, Eva-Maria, ½	1. 1.80	2. 7.48
Bär, Wolfgang	7. 7.81	22. 1.50
Weißenfels, Eike	15.11.83	11.11.52
Reinfelder, Anna, ½	1. 6.84	14.10.52
Roth, Norbert	15. 7.85	22. 8.53
Kachelrieß, Jürgen	1. 6.88	6. 9.56
Netter, Gerhard	1. 5.89	26. 1.55
Vetter, Joachim	1. 7.89	27. 3.57
Riedel, Gerhard	1. 1.92	8. 1.57
Uhlemann, Ulrich	1. 6.92	7.11.59
Dr. Frölich, Armin	1. 8.93	22. 3.60
Pavel, Dagmar	1. 7.94	22.12.61
Kuhn, Michael	1.12.94	27. 9.59
Steindl, Christian	1. 1.95	12. 4.61

Weiden
Ledererstraße 9, 92637 Weiden
T (09 61) 30 00–0
Telefax (09 61) 3 00 01 38

mit Kammer in Schwandorf
Waldschmidtstraße 14, 92421 Schwandorf
T (0 94 31) 85 64
Telefax (0 94 31) 87 75
1 Dir, 4 R

ArbG Berlin

Zitzmann, Josef, Dir	1. 7. 85	28. 12. 32
Pietsch, Ulrich	—	—
Dr. Brühler, Gernot	—	—
Dr. Schmid, Klaus	1. 8. 95	14. 9. 58
Striegan, Dietmar	1. 10. 95	10. 10. 61

Würzburg
Ludwigstraße 33, 97070 Würzburg
T (09 31) 30 87–0
Telefax (09 31) 30 87–1 65

mit Kammern in Aschaffenburg
Schloßplatz 4, 63739 Aschaffenburg
T (0 60 21) 2 27 95
Telefax (0 60 21) 2 94 03

und in Schweinfurt
Alte Bahnhofstraße 27, 97422 Schweinfurt
T (0 97 21) 2 03–0
Telefax (0 97 21) 20 31 92
1 Dir, 1 stVDir, 7 R + ½ R

Schrenker, Reiner, Dir	1. 12. 95	5. 1. 54
Dr. Buckel, Klaus, stVDir	1. 1. 94	28. 1. 44
Pohl, Wolfgang	1. 7. 80	10. 6. 51
Jaunich, Peter, ½	1. 6. 84	18. 7. 51
Loy, Hanns-Christian	23. 2. 87	5. 9. 56
Schütz, Friedrich	1. 10. 90	20. 12. 56
Dr. Hein, Ekkehardt	1. 5. 93	11. 2. 56
Deyringer, Michael	1. 10. 90	29. 5. 62
Walther, Jürgen Ludwig	1. 7. 86	8. 12. 57
Bechtold, Frank	15. 3. 96	17. 8. 62

Berlin

Landesarbeitsgericht Berlin

Magdeburger Platz 1, 10785 Berlin
Postfach 36 33, 10727 Berlin
T (0 30) 26 54–0
Telefax (0 30) 26 54 22 22 u. 22 33
1 Pr, 1 VPr, 14 VR + 1 LSt (VR)

Präsidentin

Aust-Dodenhoff, Karin	28. 6. 95	20. 11. 46

Vizepräsident

Prof. Dr. Germelmann, Claas-Hinrich	1. 2. 87	14. 11. 40

Vorsitzende Richterinnen/Vorsitzende Richter

Prof. Dr. Lepke, Achim	11. 5. 77	14. 10. 35
Dr. Preis, Bernd	9. 5. 79	7. 6. 41
Behrends, Monika	1. 4. 80	9. 12. 37
Haase, Jürgen	3. 4. 84	10. 2. 37
Weber, Ingrid	29. 1. 86	29. 8. 40
Alexander, Burkhard	1. 2. 87	22. 6. 38
Corts, Jochen	6. 12. 88	4. 9. 50
Dr. Pahlen, Ronald	26. 9. 90	17. 7. 50
Marowski, Horst	8. 11. 91	19. 9. 51
Dr. Binkert, Gerhard	1. 10. 92	8. 2. 48
Baumann, Eberhard	3. 5. 93	26. 6. 45
Gertich, Martin	22. 7. 93	18. 2. 41
Kießling, Bernd	5. 8. 94	5. 2. 43
Arndt, Ingrid	31. 7. 95	11. 6. 43

Arbeitsgericht

Berlin
Magdeburger Platz 1, 10785 Berlin
Postfach 36 33, 10727 Berlin
T (0 30) 26 54–0
Telefax (0 30) 26 54 22 22 u. 22 33
1 Pr, 1 VPr, 2 w.aufsR, 68 R + 6 × ½ R

Präsident

Riedel, Achim	19. 7. 89	17. 9. 42

Vizepräsident

Gerken, Reinhold	18. 10. 95	18. 4. 50

weitere aufsichtführende Richter
N. N.

Vorsitzende Richterinnen/Vorsitzende Richter

Herfert, Lothar	28. 5. 68	24. 9. 31
von Feldmann, Klaus	5. 10. 71	27. 11. 38
Hamann, Günther	1. 2. 72	21. 9. 34
Bünger, Dietrich	10. 3. 74	5. 1. 38
Pohl, Klaus-Dieter	11. 12. 74	19. 9. 41
Luther, Marianne, beurl.	—	—
König, Arno-Ernst	4. 11. 75	15. 11. 37
Marewski, Christiane		
Lange, Gisela	7. 1. 76	3. 1. 41
Scheffer, Werner	4. 1. 77	7. 1. 45
Stein, Hans-Jörg	3. 5. 77	9. 1. 40

Berlin ArbG

Fehre-Homola, Angelika	—	—	Lakies, Thomas	1. 12. 94	14. 8. 60
Fischer, Wolfram	6. 2. 79	2. 11. 45	Hansen, Peter	1. 12. 94	3. 1. 61
Munzel, Hans-Jürgen	18. 3. 80	1. 3. 43	Förschner, Bernd	1. 12. 94	22. 8. 61
Ulrich, Dagmar-Ingrid, ½	6. 5. 80	7. 1. 44	Rache, Volker	15. 12. 94	16. 12. 60
Lehmann, Hans-Peter	22. 12. 81	18. 9. 50	Wenning-Morgenthaler,		
Schmidt-Reimer, Michael	27. 9. 83	30. 6. 50	Martin	1. 2. 95	14. 1. 59
Rook, Andreas	26. 3. 85	10. 5. 56	Albrecht, Anke	24. 3. 95	2. 10. 63
Dulling, Bernd	15. 4. 85	11. 6. 49	Oberbossel, Wolfgang	3. 7. 95	15. 5. 54
Albrecht-Glauche,			Linnert-Abelmann,		
Gabriele, ½	25. 3. 86	15. 6. 55	Martina	13. 7. 95	2. 7. 63
Dreßler, Martin	7. 7. 87	4. 2. 57	Sanchez Alfonso, Iris	1. 8. 95	28. 1. 51
Ruberg, Bernd	2. 9. 88	4. 4. 52	Hantl-Unthan, Ursula	19. 10. 95	22. 2. 57
Marckwardt, Silvia, ½	13. 9. 88	7. 8. 57	Morof, Claus-Peter	19. 10. 95	15. 4. 63
Pickel, Renata	21. 12. 89	9. 11. 57	Hünecke, Andreas	20. 10. 95	11. 3. 60
Dr. Fenski, Martin	21. 3. 90	19. 4. 59	Wenzel, Ursula	3. 11. 95	10. 4. 63
Dr. Rancke, Friedbert	8. 5. 91	24. 3. 49	Spatz, Torsten	1. 2. 96	10. 12. 64
Staudacher, Angela-Elke	8. 5. 91	19. 10. 59			
Köpp, Peter	14. 4. 93	3. 7. 54	*Richterinnen/Richter im Richterverhältnis*		
Pechstein, Birgit	22. 7. 93	12. 7. 60	*auf Probe*		
Ausfeld, Renate	30. 9. 93	30. 8. 61			
Metzke, Maria	11. 10. 93	4. 1. 49	Bienhüls, Franz-Josef	3. 5. 93	28. 1. 55
Köster, Anna-Katharina, ½	1. 12. 93	20. 2. 62	Dr. Nielsen, Hans-Georg	3. 5. 93	21. 8. 61
Loth, Barbara, ½	6. 1. 94	14. 1. 57	Aster, Beate	3. 5. 93	3. 4. 62
Forch, Stefan, abg.	7. 1. 94	—	Rörig, Johannes-Wilhelm	24. 5. 93	25. 10. 59
Brands, Elisabeth, beurl.	7. 3. 94	14. 1. 58	Rachfall, Stephanie	1. 9. 93	15. 3. 66
Wieland, Sabine	22. 3. 94	14. 9. 49	Ernst, Michael	4. 10. 93	1. 7. 60
Kirsch, Ulrich	2. 5. 94	21. 12. 58	Michels, Ulrich	8. 11. 93	6. 3. 60
Hennies, Andrea	2. 5. 94	19. 8. 59	Klump, Bärbel	3. 1. 94	20. 12. 61
Heyl, Martin	2. 5. 94	11. 11. 60	Augustin, Holger	1. 4. 94	21. 4. 63
Matulla, Monika, ½	13. 6. 94	25. 7. 55	Hauschild, Elke	1. 5. 94	5. 7. 54
Reber, Daniele	13. 6. 94	29. 8. 61	Boyer, Arne	1. 10. 94	20. 10. 61
Dr. Eulers, Kathrin,			Dittert, Andreas	1. 10. 94	9. 10. 63
½, abg.	13. 6. 94	31. 1. 62	Kröger, Tessa	1. 12. 94	27. 5. 58
Salzmann, Katrin	13. 6. 94	3. 10. 62	Steinmetz, Martin	1. 12. 94	18. 4. 64
Smolenski, Rüdiger	14. 6. 94	16. 2. 57	Dr. Streicher, Hans-Jürgen	1. 2. 95	21. 1. 59
Fuchs, Gerhard	16. 6. 94	12. 7. 58	Weber, Anne Christa	1. 6. 95	19. 10. 64
Korinth, Michael	22. 7. 94	11. 4. 57	Wollgast, Kay	1. 7. 95	28. 8. 61
Klueß, Joachim	5. 10. 94	8. 6. 56	Räuwer, Kerstin	1. 2. 96	6. 3. 66

Brandenburg

Landesarbeitsgericht Brandenburg

Zeppelinstr. 136, 14471 Potsdam
Postfach 60 10 53, 14410 Potsdam
T (03 31) 98 17–0
Telefax (03 31) 98 17–2 50
1 Pr, 1 VPr, 5 VR

Präsident
Dr. Eisemann, Hans Friedrich	22. 3. 93	1. 5. 42

Vizepräsident
Appel, Clemens	1. 6. 93	28. 6. 53

Vorsitzende Richterinnen/Vorsitzende Richter
Weisberg-Schwarz, Monika	6. 1. 93	17. 2. 49
Dr. Eylert, Mario	2. 2. 93	5. 2. 53
Kaiser, Brigitte	1. 9. 93	21. 7. 54
Przybyla, Joachim	1. 10. 94	8. 11. 49
Schinz, Reinhard	1. 10. 94	14. 8. 55

Arbeitsgerichte

Brandenburg an der Havel

Magdeburger Str. 54, 14770 Brandenburg an der Havel
T (0 33 81) 34 99–0
Telefax (0 33 81) 30 48 54
1 Dir, 3 R

Rausch, Peter, Dir	—	12. 8. 59
Engelbrecht, Toralf	25. 8. 94	16. 11. 63
Siggel, Peer	27. 3. 95	5. 3. 61
Geithe, Monika	—	—

Cottbus

Bahnhofstr. 46, 03046 Cottbus
T (03 55) 2 36 76–8
Telefax (03 55) 2 36 79
1 Dir, 5 R

Opitz, Bernd, Dir	—	—
Kemmler, Harald	22. 12. 94	28. 5. 60
Peters, Dietlinde-Bettina	—	—
Blödel, Aletta	19. 6. 95	23. 8. 65

Eberswalde

Eberswalder Str. 24–26
16227 Eberswalde-Finow
T (0 33 34) 21 22 25–6
Telefax (0 33 34) 21 25 03/04
1 Dir, 3 R

Guth, Martin, Dir	22. 12. 94	7. 1. 62
Marx, Steffen	17. 10. 94	5. 3. 63
Münster, Corinna	22. 12. 94	2. 9. 52
von Ossowski, André	—	—

Frankfurt/Oder

Eisenhüttenstädter Chaussee 48,
15236 Frankfurt/Oder
T (03 35) 54 23 75
Telefax (03 35) 5 53 82 27
1 Dir, 5 R

N.N., Dir		
Barzen, Ursula	12. 10. 94	21. 12. 61
Wucherpfennig, Kilian	22. 12. 94	31. 10. 61
Crumbach, Robert	19. 6. 95	3. 11. 62
Aderhold, Marion	19. 6. 95	21. 4. 63

Neuruppin

Fontanestr. 2, 16816 Neuruppin
T (0 33 91) 23 52
Telefax (0 33 91) 26 03
1 Dir, 4 R

Walter, Thomas, Dir	5. 2. 80	7. 8. 43
Garske, Karin	22. 12. 94	30. 7. 58
Werner, Günter	27. 7. 95	11. 9. 46
Walther, Jürgen	27. 7. 95	31. 10. 62

Potsdam

Zeppelinstr. 136, 14471 Potsdam
Postfach 60 01 53, 14401 Potsdam
T (03 31) 98 17–0
Telefax (03 31) 98 17–1 25
1 Dir, 6 R + 2 × ½ R

Haas-Atanaskovic, Dir	4. 5. 94	26. 7. 54
Fuhrmann, Hilde	12. 8. 94	11. 6. 60
Leege, Jan, abg.	—	—
Wersch, Petra	12. 8. 94	11. 6. 61

Eising, Ulrich	17. 10. 94	5. 7. 55	
Weide, Lutz	—	10. 5. 56	

Senftenberg
Schulstr. 4 b, 01968 Senftenberg
T (0 35 73) 37 24–0
Telefax (0 35 73) 37 24–55
1 Dir, 3 R

Fohrmann, Birgit, Dir	25. 8. 94	24. 6. 60	
Nomine, Rainer	19. 6. 95	7. 3. 59	
Krause, Siegfried	27. 7. 95	23. 3. 54	

Richterinnen/Richter im Richterverhältnis auf Probe

Karehnke, Kristina	1. 10. 93	6. 6. 65
Rache, Maybritt	3. 5. 94	30. 9. 66
Kloppenburg, Thomas	1. 6. 94	12. 5. 60
Dr. Schönfeld, Friedrich-Wilhelm	—	—
Beier, Monika, ½	1. 5. 95	18. 1. 56
Schön, Nadja, ½	1. 5. 95	16. 11. 57
Seidel, Lore	1. 6. 95	29. 5. 56
Dr. Frölich, Anette	1. 6. 95	2. 9. 59
Klempt, Andreas	1. 6. 95	20. 6. 65

Bremen

Landesarbeitsgericht Bremen

Parkallee 79, 28209 Bremen
T (04 21) 3 61–63 71
Telefax (04 21) 3 61 65 79
1 Pr, 1 VPr, 2 VR

Präsident
Bertzbach, Martin	3. 7. 85	19. 12. 43

Vizepräsidentin
Kallmann, Sabine	1. 1. 87	7. 11. 49

Vorsitzende Richter
Sanner, Wulf	1. 3. 81	14. 12. 41
Nitsche, Mario	22. 9. 89	3. 3. 48

Arbeitsgerichte

Bremen
Findorffstr. 14/16, 28215 Bremen
T (04 21) 3 61 53 40
Telefax (04 21) 3 61 54 53
1 Dir, 1 stVDir, 3 R + 2 × ¾ R + 3 × ½ R

Wesser, Konrad, Dir	12. 2. 93	24. 10. 40
Claussen, Adolf, stVDir	—	—
Asmus, Ulrich	1. 10. 74	9. 3. 37
Böhnke, Barbara, ½	—	—
Oexmann, Dirk	9. 2. 83	21. 2. 43
Grauvogel, Michael, ½	10. 5. 91	16. 6. 48
Dr. Zwanziger, Bertram	23. 12. 93	10. 8. 56
Dr. Steinbrück, Hans-Joachim, ¾	28. 12. 93	18. 5. 56
Kettler, Sonja, ¾	27. 1. 95	17. 6. 57

Bremerhaven
Friedrich-Ebert-Str. 6, 27570 Bremerhaven
T (04 71) 2 14 66 und 2 77 51
Telefax (04 71) 2 19 20
1 Dir, 1 R

Grüninger, Helmut, Dir	7. 3. 66	5. 6. 35
Dr. Menke, Heiko	28. 2. 77	10. 11. 39

Richter im Richterverhältnis auf Probe
Reinfelder, Waldemar, ¾	13. 2. 95	2. 1. 65

Hamburg

Landesarbeitsgericht Hamburg

Osterbekstraße 96, 22083 Hamburg
T (0 40) 29 84–1
Telefax (0 40) 29 84–21 52
1 Pr, 1 VPr, 6 VR, 1 LSt (VR)

Präsident
Kirsch, Henning	19. 10. 92	19. 10. 42

Vizepräsident
Nüß, Herbert	30. 12. 92	23. 7. 35

Vorsitzende Richterinnen / Vorsitzende Richter
Kaufmann, Ragnhild, beurl. (LSt)	1. 2. 84	2. 7. 39
Nordmann-Bromberger, Dirk	2. 6. 86	17. 8. 38
Koch, Klaus	1. 10. 87	1. 8. 37
Dr. Lewerenz, Karl-Jochen	1. 11. 88	31. 1. 45
Teichmüller, Ingrid	2. 10. 91	9. 6. 46
Homann, Rainer	1. 10. 93	26. 3. 46
Loets, Marion	1. 2. 95	30. 7. 48

Arbeitsgericht

Hamburg
Osterbekstr. 96, 22083 Hamburg
T (0 40) 29 84–1
Telefax (0 40) 29 84–21 52
1 Pr, 1 VPr, 23 R + 4 × ½ R

Präsident
Kitzelmann, Reinhard	1. 6. 88	9. 3. 38

Vizepräsident
Lesmeister, Christian	1. 6. 94	19. 8. 51

Richterinnen / Richter
Vogel, Michael	—	—
Roth, Gudrun	16. 7. 74	2. 10. 41
Fritzler, Hedda	3. 11. 74	8. 12. 40
Kröger, Timm	10. 4. 75	22. 6. 38
Gebert, Edelgard-Sabine	—	—
Eelbo, Günter	22. 3. 78	1. 8. 44
Haldenwanger, Hans Joachim	29. 7. 77	11. 8. 40
Zemlin, Ursula, ½	—	—
Kusserow, Gabriele	—	—
Heinemann, Dirk-Uwe	—	—
Albers, Ilbert	1. 1. 85	2. 8. 51
von Hoffmann, Eveline, ½	1. 1. 85	22. 2. 54
Stein, Peter	29. 1. 85	15. 9. 50
Schwarzenbacher, Ulrich	1. 2. 85	14. 3. 44
Dr. Wolter, Jürgen	6. 10. 86	7. 7. 43
Dr. Nause, Helmut	8. 10. 86	17. 12. 55
Faust, Werner	7. 10. 87	2. 10. 45
Herms, Oda	1. 12. 88	5. 9. 49
Plate, Karin	—	—
Kümpel-Jurgenowski, Winfried, ½	—	—
Uthmann, Heinrich	9. 5. 89	29. 7. 56
Rath, Gunnar	25. 1. 91	15. 8. 58
Schaude, Rainer	15. 10. 92	29. 3. 52
Beck, Thorsten	1. 1. 93	24. 8. 56
Schieder, Helmut	17. 5. 93	25. 3. 54
Voßkühler, Birgit, ½	1. 12. 93	23. 4. 63
Bellasio, Sabrina, beurl.	31. 10. 94	22. 5. 65

Hessen

Hessisches Landesarbeitsgericht

Adickesallee 36, 60322 Frankfurt am Main
T (0 69) 15 35–0
Telefax (0 69) 15 35–5 38
1 Pr, 1 VPr, 14 VR

Präsident
Keil, Hilger　　　　　　　　1. 3. 87　12. 4. 37

Vizepräsident
Meier-Scherling, Christian　16. 12. 93　7. 2. 34

Vorsitzende Richterinnen/Vorsitzende Richter
Schrepfer, Michael　　　　31. 7. 75　14. 7. 34
Feldmann, Friedrich Karl　1. 12. 78　13. 4. 37
Dr. Kamphausen, Heinz　　31. 1. 80　5. 11. 39
Dr. Ostheimer, Lothar　　16. 4. 82　11. 4. 37
Rossmanith, Gerhard　　　6. 9. 82　11. 11. 41
Launhard, Frank　　　　　1. 8. 86　11. 7. 42
Marquardt, Annelie　　　　1. 2. 87　19. 8. 47
Dr. Koch, Hartmut　　　　31. 5. 88　15. 12. 44
Niedenthal, Wolfgang　　31. 10. 89　23. 3. 40
Hattesen, Michael　　　　31. 10. 89　7. 11. 43
Dr. Bader, Peter　　　　　1. 1. 92　24. 3. 48
Prieger, Ingo　　　　　　3. 5. 94　12. 4. 44
Dr. Roßmanith, Günther　3. 5. 94　21. 5. 47

Arbeitsgerichte

Darmstadt
Am Steubenplatz 14, 64293 Darmstadt
T (0 61 51) 8 04–03
Telefax (0 61 51) 80 45 01
1 Dir, 1 stVDir, 6 R + ½ R + 2 LSt (R)

Ewald, Frieder, Dir　　　　1. 1. 94　19. 7. 45
Dr. Kellner, Walter,
　stVDir　　　　　　　　　1. 1. 94　7. 4. 40
Sinnecker, Heidi　　　　　4. 11. 70　5. 11. 38
Wohlrab, Josef　　　　　　18. 3. 74　13. 9. 40
Bram, Rainer　　　　　　　21. 5. 86　19. 10. 50
Zink, Andreé　　　　　　　1. 7. 87　25. 12. 53
Brummer, Günter　　　　　29. 6. 88　12. 2. 54
Dr. Wohlleben, Linda,
　beurl. (LSt)　　　　　　20. 12. 88　12. 5. 58
Taubel-Gerber, Ursula　　4. 1. 91　29. 7. 59
Pohl, Claudia　　　　　　　18. 4. 94　3. 4. 63

Frankfurt am Main
Adickesallee 36, 60322 Frankfurt am Main
T (0 69) 15 35–0
Telefax (0 69) 15 35–5 17
1 Dir, 1 stVDir, 15 R + ½ R + 2 LSt (R)

Schuldt, Jürgen, Dir　　　20. 8. 82　20. 3. 43
Ahrens, Gerhard, stVDir　5. 2. 79　23. 10. 32
Sieg, Klaus　　　　　　　　4. 6. 75　23. 12. 40
Fürst, Angelika (LSt)　　　24. 10. 75　9. 5. 45
Schwarz, Lutz　　　　　　23. 10. 79　11. 7. 43
Kreppel, Horstpeter,
　abg. (LSt)　　　　　　　6. 2. 80　19. 2. 45
Pick, Hans Georg　　　　19. 10. 81　24. 8. 46
Mandelke, Hans Jürgen　15. 10. 82　2. 10. 50
Wagester, Bruno　　　　　3. 3. 83　3. 1. 53
Paki, Astrid　　　　　　　15. 9. 87　27. 9. 55
Köttinger, Klaus　　　　　18. 12. 87　30. 12. 56
Dr. Kriebel, Volkhart　　25. 10. 88　6. 8. 48
Lukas, Roland　　　　　　21. 8. 89　24. 5. 58
Richter-Herbig, Sigrid　24. 4. 90　7. 4. 53
Binding, Renate　　　　　23. 7. 90　12. 5. 52
Legatis, Silvia　　　　　14. 10. 94　18. 3. 54
Posner, Heike　　　　　　16. 5. 95　16. 10. 63

Fulda
Bahnhofstraße 26, 36037 Fulda
T (06 61) 97 56–0
Telefax (06 61) 97 56 33
1 Dir, 1 R + 1 LSt (R)

Dr. Kaiser, Wilfried, Dir,
　abg. (LSt)　　　　　　　1. 9. 93　23. 11. 42
Schäfer, Karl, abg.　　　14. 10. 94　17. 12. 60

Gießen
Friedrich-List-Straße 25, 35398 Gießen
T (06 41) 60 77–0
Telefax (06 41) 60 77 40
1 Dir, 4 R + ½ R + 1 LSt (R)

Schäfer, Klaus-Dieter, Dir　1. 10. 88　12. 6. 42
Ratz, Rainer　　　　　　　4. 1. 91　11. 11. 56
Merkel, Thomas　　　　　25. 6. 93　27. 5. 58
Schneider, Michael　　　13. 10. 94　12. 5. 61
Thöne, Joachim　　　　　13. 12. 94　13. 7. 59

Hanau
Sandeldamm 24a, 63450 Hanau
T (0 61 81) 9 15 40
Telefax (0 61 81) 91 54 24
1 Dir, 2 R + 1 LSt

ArbG Hessen

Dr. Becker-Schaffner, Reinhard, Dir	1. 8. 93	12. 3. 38
Jurkat, Horst, abg. (LSt)	10. 10. 89	1. 8. 53
Griebeling, Jürgen	13. 12. 94	15. 8. 63

Bad Hersfeld
Dudenstraße 10, 36251 Bad Hersfeld
T (0 66 21) 2 03–0
Telefax (0 66 21) 20 35 08
1 Dir, ½ R

Reich, Stephan, Dir	23. 3. 94	21. 2. 44
Dr. Gegenwart, Peter	14. 10. 94	13. 6. 61

Kassel
Ständeplatz 19, 34117 Kassel
T (05 61) 71 23–0
Telefax (05 61) 7 12 31 00
1 Dir, 6 R + ½ R + 1 LSt (R)

Siebert, Helmut, Dir	1. 10. 79	31. 1. 39
Brede, Günter	2. 10. 73	28. 2. 40
Bornmann, Herbert	1. 2. 79	14. 7. 45
Menken, Ellen	10. 10. 89	18. 1. 54
Leinweber, Wolfgang	12. 12. 94	20. 6. 54
Merz-Gintschel, Angela, beurl. (LSt)	12. 12. 94	10. 7. 62

Limburg (Lahn)
Weiersteinstraße 4, 65549 Limburg
T (0 64 31) 63 03
Telefax (0 64 31) 2 65 88
1 Dir, 1 R

Beck, Josef, Dir	30. 4. 69	24. 3. 34
Trense, Joachim, zugl. ArbG Wiesbaden, abg.	12. 1. 82	13. 9. 44

Marburg (Lahn)
Gutenbergstraße 29a, 35017 Marburg
T (0 64 21) 1 70 80
Telefax (0 64 21) 1 21 54
1 Dir, 1 R + ½ R

Rühle, Hans, Dir	6. 5. 86	18. 9. 49
Dr. Laux, Helga	19. 3. 87	8. 3. 56

Offenbach
Herrnstr. 51, 63065 Offenbach
T (0 69) 82 97 19–0
Telefax (0 69) 82 56 45
1 Dir, 4 R + ½ R + 2 LSt (R)

Bertges, Dieter, Dir	26. 3. 90	16. 1. 47
Schenk, Silvia, beurl. (LSt)	14. 10. 81	1. 6. 52
Zweigler, Joachim	1. 2. 82	19. 2. 50
Jörchel, Gabriele	5. 7. 90	22. 12. 55
Honl-Bommert, Martina, beurl. (LSt)	1. 4. 91	18. 4. 59
Schäfer, Hans Jürgen	1. 9. 91	28. 12. 55

Wetzlar
Altenberger Straße 10, 35576 Wetzlar
T (0 64 41) 4 27 88 und 4 87 37
Telefax (0 64 41) 4 37 51
1 Dir, 1 R + ½ R + 1 LSt (R)

Dr. Müller, Wigo, Dir	27. 11. 67	27. 6. 34
Rieger, Claudia, beurl. (LSt)	20. 4. 94	26. 4. 59

Wiesbaden
Adolfsallee 53, 65185 Wiesbaden
T (06 11) 8 15–0
1 Dir, 6 R + ½ R

Dr. Wegener, Friedrich Wilhelm, Dir	1. 8. 79	5. 5. 38
Schellenberg, Fritz-Dieter	19. 7. 72	22. 6. 39
Seitz, Wolfgang	1. 10. 76	8. 4. 34
Schäfer, Georg	13. 8. 79	8. 10. 48
Henkel, Wolfram	3. 10. 80	29. 7. 49
Trense, Joachim, zugl. ArbG Limburg, abg.	12. 1. 82	13. 9. 44
Goltzsche, Pierre	4. 6. 93	2. 1. 58
Fuxa, Thomas	4. 6. 93	1. 10. 58

Richterinnen/Richter im Richterverhältnis auf Probe

Merté, Erika	1. 9. 92	20. 4. 48
Schäffer, Bärbel, beurl. (LSt)	1. 6. 93	15. 6. 63
Gieraths, Charlotte	4. 10. 93	4. 9. 61
Dr. Becker, Martin	1. 3. 94	20. 5. 61
George, Manuela	1. 3. 94	9. 9. 64
Küppers, Ulrike	1. 3. 94	13. 10. 64
Oppermann, Angelika	1. 3. 94	31. 3. 67
Schwarz, Christine	18. 4. 94	20. 9. 63
Schmidt, Ursula	2. 5. 94	21. 7. 61
Dr. Rennpferdt, Maren	25. 7. 94	17. 3. 64
Dr. Matthießen, Volker	1. 4. 95	28. 5. 50
Woitaschek, Frank	13. 11. 95	24. 7. 60
Münz, Martin	22. 1. 96	8. 1. 65
Bley, Julia	1. 4. 96	19. 3. 66

Mecklenburg–Vorpommern

Landesarbeitsgericht Mecklenburg–Vorpommern

August-Bebel-Str. 15–20, 18055 Rostock
T (03 81) 24 10
Telefax (03 81) 24 13 75
1 Pr, 1 VPr, 3 VR

Präsidentin
Schmidt-Salveter, Roswitha   4. 8. 92   10. 2. 39

Vizepräsident
Remboldt, Helmuth   15. 7. 94   16. 11. 33

Vorsitzende Richter
Seel, Hans-Joachim	15. 1. 93	29. 10. 51
Pätow, Claus	15. 7. 94	26. 7. 47
Breinlinger, Axel	1. 9. 95	2. 3. 51

Arbeitsgerichte

Neustrelitz
Töpferstr. 15, 17235 Neustrelitz
T (0 39 81) 2 45 30
Telefax (0 39 81) 24 53 25
1 Dir, 4 R

Essen, Klaus-Dieter, Dir	1. 10. 92	28. 5. 43
Witt, Sabine	16. 2. 94	30. 7. 50
Wagner, Renate	1. 9. 94	30. 12. 51
Luther, Thies	2. 12. 94	11. 12. 61
Putzka, Petra	3. 3. 95	19. 12. 51

Rostock
August-Bebel-Str. 15–20, 18055 Rostock
T (03 81) 24 10
Telefax (03 81) 24 13 54
1 Dir, 6 R

Paus, Harald, Dir		—	—
Otte, Franz-Christian, abg.		22. 7. 93	24. 9. 60
Kanitz, Barbara		16. 2. 94	20. 1. 44
Kling, Jürgen		1. 9. 94	—
Behrmann, Thomas		2. 12. 94	27. 4. 61
Sander, Martin, abg.		2. 12. 94	31. 12. 63

Schwerin
Lübecker Str. 126, 19053 Schwerin
T (03 85) 7 44 50
Telefax (03 85) 7 44 51 40
1 Dir, 5 R

Sibbers, Dieter, Dir	1. 10. 93	8. 8. 50
Zwolski, Brigitta	28. 9. 93	—
Rotter-Sander, Ferdinand	16. 2. 94	30. 5. 48
Anuschek, Tilmann	1. 7. 94	14. 6. 54
Schröder, Jan	2. 12. 94	17. 12. 61

Stralsund
Neuer Markt 16/17, 18439 Stralsund
T (0 38 31) 25 73 00
Telefax (0 38 31) 29 25 32
1 Dir, 4 R

Dr. Koch, Ulrich, Dir	21. 10. 94	24. 4. 59
Basten, Susanne	14. 6. 94	17. 10. 46
Lübeck, Andreas	14. 6. 94	9. 10. 60
Gahl, Christa	1. 9. 94	1. 12. 39

Richter im Richterverhältnis auf Probe
Eckhardt, Björn, abg.	2. 3. 92	30. 6. 59
Bülow, Harry	18. 5. 92	8. 2. 55
Kampen, Alfried	1. 7. 92	19. 11. 61
Rieck, Peter	2. 6. 93	29. 1. 60
Rückert, Rainer	1. 9. 93	24. 6. 63
Fuchs, Joachim	16. 3. 94	15. 9. 64

Niedersachsen

Landesarbeitsgericht Niedersachsen

Siemensstraße 10, 30173 Hannover
T (05 11) 8 07 08-0
Telefax (05 11) 8 07 08 25
1 Pr, 1 VPr, 14 VR

Präsident

Dr. Lipke, Gert-Albert	1.11.92	17.11.47

Vizepräsident

Dudzus, Wendt	1. 7.89	13. 5.37

Vorsitzende Richterinnen/Vorsitzende Richter

Dr. Rose, Heinz	16. 8.73	5.11.34
Frohner, Siegfried	29.12.79	28. 1.44
Röder, Rainer	27. 6.80	20. 4.42
Dr. Plathe, Peter	1.12.81	10. 7.42
Nimmerjahn, Volker	17.11.83	17. 2.44
Dr. Rosenkötter, Rolf	26. 9.86	20. 6.47
Dierking, Jürgen	27. 5.87	7.11.41
Löber, Hans-Karl	15. 3.88	4.10.49
Dr. Stobbe-Stech, Anne-Luise	1. 4.90	5.11.35
Leibold, Markus	7. 4.92	5. 7.53
Voigt, Ulrich	7. 4.92	6.12.53
Becker, Gero	27. 5.93	23. 1.44
Hannes, Detlev	27. 5.93	27. 2.49
Krönig, Anna-Elisabeth	21.12.95	5. 4.56

Arbeitsgerichte

Braunschweig

Grünewaldstr. 12 F, 38104 Braunschweig
T (05 31) 23 85 00
Telefax (05 31) 2 38 50 66
1 Dir, 6 R

Szyperrek, Hans-Peter, Dir	1.11.88	18. 2.46
Rudolph, Klaus	9.10.69	21. 7.39
Dr. Kriwat, Hans Joachim	10. 3.70	2. 3.34
Göring, Helga	30. 3.76	21. 7.41
Dr. Voigt, Burkhard	22. 9.93	10. 4.60
Knauß-Klug, Christa	20. 3.95	6.10.55

Celle

Im Werder 11, 29221 Celle
T (0 51 41) 9 24 60
Telefax (0 51 41) 92 46 18
1 Dir, 1 R

Hoffmann, Barbara, Dir, abg.	24. 8.90	7. 9.56
Piel, Burkhard	16.10.95	4.11.61

Emden

Am Delft 29, 26721 Emden
Postfach 11 62, 26691 Emden
T (0 49 21) 2 09 99
Telefax (0 49 21) 2 35 71
1 Dir, 1 R + 1 LSt (R)

Jansen, Martha, Dir, abg. (LSt)	3. 9.84	12.11.42
Vogelsang, Hinrich	19. 1.87	16. 1.56
Smid, Christel	16.10.95	11. 1.61

Göttingen

Maschmühlenweg 11, 37073 Göttingen
Postfach 11 51, 37001 Göttingen
T (05 51) 40 30
Telefax (05 51) 40 34 30
1 Dir, 2 R

von der Behrens, Joachim, Dir	1. 7.75	20. 3.39
Meyer, Burkhardt	23.12.64	31. 5.38
Grill, Ferdinand	16. 1.84	26. 8.45

Hameln

Zehnthof 1, 31785 Hameln
Postfach 10 01 17, 31751 Hameln
T (0 51 51) 7 96-0
Telefax (0 51 51) 79 61 66
1 Dir, 1 R

Ohlendorf, Gerhard, Dir	1. 7.75	13.10.40

Hannover

Ellernstr. 42, 30175 Hannover
T (05 11) 28 06 60
Telefax (05 11) 2 80 66 21
1 Dir, 1 stVDir, 8 R + 3 LSt (R)

Dr. Friedemann, Hartmut, Dir	10.11.76	31. 3.39
Becker-Wewstaedt, Heidrun, stVDir	17. 4.84	1.10.50
Dr. Kammerer, Klaus	—	—
Ruhkopf, Klaus	21.12.79	27.12.44
von Trotha, Ivo	24. 7.80	3. 1.44
Bill, Heinz	5. 2.85	29.11.53
Stöcke-Muhlack, Roswitha	5. 2.85	11. 7.54

Niedersachsen **ArbG**

Bittens, Sylvia, beurl. (LSt)	26. 1. 94	5. 2. 59
Klausmeyer, Karola	6. 6. 94	24. 2. 62
Dr. Kiel, Heinrich, abg. (LSt)	17. 10. 94	1. 3. 61
Klumpp, Simone, beurl. (LSt)	26. 1. 95	14. 6. 63
Quentin, Angelika	16. 1. 96	17. 2. 63
Droste, Antje, beurl.	—	—

Hildesheim
Kreuzstr. 8, 31134 Hildesheim
Postfach 10 01 51, 31101 Hildesheim
T (0 51 21) 30 45 01–2
Telefax (0 51 21) 30 45 06
1 Dir, 1 R

Dr. Bouwman, Egbert, Dir	6. 3. 86	3. 1. 38
Schlesier, Achim	28. 3. 90	10. 10. 58

Lingen (Ems)
Am Wall Süd 18, 49808 Lingen
Postfach 11 60, 49781 Lingen
T (05 91) 9 12 14 0
Telefax (05 91) 32 72
1 Dir, 2 R

Dr. Wenzeck, Joachim, Dir	1. 8. 92	6. 1. 58
Gottschalk, Jörg-Michael	21. 1. 94	2. 6. 59
Schmedt, Christoph	9. 11. 94	9. 12. 60

Lüneburg
Fährsteg 5 a, 21337 Lüneburg
Postfach 11 50, 21301 Lüneburg
T (0 41 31) 95 28–0
Telefax (0 41 31) 95 28 30
1 Dir, 2 R + 1 LSt (R)

Hagemann, Günter, Dir	1. 7. 75	6. 4. 39
Wackenroder, Erich	10. 7. 79	21. 5. 46
Spelge, Karin, abg. (LSt)	16. 6. 93	13. 9. 61
Kubicki, Ulrich	6. 6. 94	16. 6. 62

Nienburg (Weser)
Bürgermeister-Stahn-Wall 1, 31582 Nienburg
T (0 50 21) 6 40 43
Telefax (0 50 21) 6 56 23
1 Dir, 1 R

Klahr, Peter, Dir	22. 1. 76	30. 3. 35
Mestwerdt, Wilhelm	19. 12. 94	30. 5. 61

Oldenburg in Oldb.
Bahnhofstr. 14a, 26122 Oldenburg
Postfach 24 49, 26014 Oldenburg
T (04 41) 2 20 21 00–1
Telefax (04 41) 2 20 21 03
1 Dir, 4 R

Graefe, Bernd, Dir	13. 1. 87	3. 11. 45
Scholl, Marlene	27. 6. 86	8. 10. 54
Oppermann, Antje S.	1. 8. 89	11. 11. 57
Ferber, Michael	1. 4. 90	22. 4. 56
Stadtler, Dorothea	20. 6. 86	28. 12. 55

Osnabrück
Johannisstr. 70, 49074 Osnabrück
Postfach 11 69, 49001 Osnabrück
T (05 41) 3 15–0
Telefax (05 41) 31 55 80
1 Dir, 3 R

Fromm, Ernst-Ulrich, Dir	1. 7. 80	9. 2. 41
Nißen, Jens	1. 7. 80	24. 7. 45
Schrader, Thomas	16. 6. 93	11. 4. 59
Holzmann, Martin	29. 6. 94	26. 11. 60

Stade
Am Sande 4a, 21682 Stade
Postfach 19 40, 21589 Stade
T (0 41 41) 4 06 01
Telefax (0 41 41) 40 62 92
1 Dir, 1 R

Steinenböhmer, Peter, Dir	29. 6. 76	6. 12. 41

Verden (Aller)
Bahnhofstr. 23, 27283 Verden
Postfach 11 44, 27261 Verden
T (0 42 31) 25 46
Telefax (0 42 31) 52 29
1 Dir, 1 R

Dr. Fischer, Hans-Jürgen, Dir	30. 10. 84	20. 1. 44

Wilhelmshaven
Zedeliusstr. 17 A, 26384 Wilhelmshaven
T (0 44 21) 3 20 22
Telefax (0 44 21) 3 85 52
1 Dir, 1 R

Trenne, Frank-Henner, Dir	11. 8. 78	30. 12. 43
Scholl, Gerhard	18. 8. 80	16. 4. 47

Richterin/Richter im Richterverhältnis auf Probe

Dr. Pieper, Rainer	5. 4. 94	31. 5. 50
Kunst, Hermann-Josef	1. 8. 94	6. 2. 62
Rohowski, Karsten	1. 10. 95	14. 4. 66
Kreß, Günther	9. 6. 95	19. 2. 65
Otto, Susanne	1. 1. 96	25. 9. 59

Nordrhein-Westfalen

Landesarbeitsgericht Düsseldorf

Ludwig-Erhard-Allee 21, 40227 Düsseldorf
Postfach 10 34 44, 40025 Düsseldorf
T (02 11) 77 70–0
Telefax (02 11) 77 70–1 99
1 Pr, 1 VPr, 15 VR

Präsident
Weber, Klaus Dieter	1.	6. 79	1.	1. 35

Vizepräsidentin
Lemppenau-Krüger, Angela	1.	8. 88	13.	7. 42

Vorsitzende Richter
Dr. Rummel, Hans-Georg	8.	2. 77	20.	5. 38
Boewer, Dietrich	8.	2. 77	8.	10. 38
Funke, Albert	9.	7. 79	27.	12. 40
Dr. Pauly, Albert	7.	9. 81	14.	4. 43
Roden, Norbert	1.	2. 84	2.	10. 39
Kinold, Wolfgang	2.	12. 85	17.	9. 42
Dr. Beseler, Lothar	26.	1. 87	15.	4. 42
Grigo, Klaus	5.	5. 88	28.	5. 43
Dr. Peter, Manfred	25.	8. 88	1.	6. 47
Dr. Kaup, Klemens	15.	11. 88	23.	3. 42
Dr. Plüm, Joachim	15.	11. 90	18.	6. 46
Klupp, Ingomar	1.	1. 92	1.	10. 40
Göttling, Wulfhard	30.	6. 92	29.	11. 49
Dr. Westhoff, Reinhard	12.	11. 93	12.	1. 49
Dr. Vossen, Reinhard	25.	3. 96	19.	4. 47

Arbeitsgerichte

Düsseldorf

Ludwig-Erhard-Allee 21, 40227 Düsseldorf
Postfach 10 13 45, 40004 Düsseldorf
T (02 11) 77 70–0
Telefax (02 11) 77 70–2 99
1 Dir, 1 stVDir, 10 R

N. N., Dir				
Dortschy, Josef, stVDir	11.	4. 79	24.	3. 35
Westphal, Karsten	7.	9. 73	11.	10. 41
Klempt, Annette	1.	6. 81	20.	5. 52
Sauerland, Ludwig	2.	11. 81	25.	6. 48
Schmitz-Scholemann, Christoph	1.	8. 83	13.	9. 49
Dr. Bommermann, Ralf	11.	2. 86	5.	8. 54
Dr. Brune, Ulrike	13.	8. 90	17.	12. 59

Holthöwer, Barbara, abg.	24.	3. 94	1.	11. 61
Beckers, Edith	1.	7. 94	10.	12. 52
Nübold, Peter	29.	8. 94	12.	2. 62

Duisburg

Mülheimer Str. 54, 47057 Duisburg
Postfach 10 01 49, 47001 Duisburg
T (02 03) 30 05–0
Telefax (02 03) 30 05–2 62
1 Dir, 3 R

Schröder, Wilfried, Dir, abg.	3.	3. 92	3.	9. 44
Leittretter-Kretschmer, Elfriede	21.	2. 83	20.	6. 50
Jansen, Wolfgang	1.	7. 83	21.	7. 51
Dr. Ziegler, Volker	13.	1. 89	26.	4. 57

Essen

Zweigertstr. 54, 45130 Essen
Postfach 10 03 52, 45003 Essen
T (02 01) 79 92–1
Telefax (02 01) 79 92–4 50
1 Dir, 5 R

Pannenbäcker, Ulrich, Dir	27.	3. 86	24.	1. 49
Wagner, Karin-Ingeborg	3.	5. 76	30.	6. 42
Oelbermann, Bernd	6.	10. 76	1.	4. 43
Heinlein, Ingrid	6.	2. 85	3.	6. 45
Bachler, Horst H.	28.	5. 86	5.	11. 51
Höwelmeyer, Carsten	22.	9. 94	23.	3. 60

Krefeld

Lutherische-Kirch-Str. 39, 47798 Krefeld
Postfach 2 27, 47702 Krefeld
T (0 21 51) 85 19–0
Telefax (0 21 51) 85 19–40
1 Dir, 4 R + 1 LSt

Dierdorf, Theodor, Dir	4.	7. 78	20.	12. 35
Herzberg, Ingeborg	28.	10. 74	1.	4. 37
Stork, Herbert	21.	2. 83	22.	8. 51
Göttling, Brigitte	30.	3. 88	27.	4. 58
Dauch, Sabine	1.	7. 93	15.	10. 60

Mönchengladbach

Hohenzollernstr. 155, 41061 Mönchengladbach
Postfach 10 04 45, 41004 Mönchengladbach
T (0 21 61) 2 76–0
Telefax (0 21 61) 2 76–7 68
1 Dir, 5 R

Nordrhein-Westfalen **ArbG**

Dr. Meyer, Kurt, Dir	19. 9.84	9.12.36
Dr. Baumgarte, Gisela	10.11.69	8. 3.37
Goeke, Georg, abg.	1. 2.80	24. 4.48
Mostardt, Albrecht	17.10.83	28.11.48
Dr. Gäntgen, H.-Jörg, abg.	31. 3.93	9. 5.61

Oberhausen

Schwartzstr. 52, 46045 Oberhausen
Postfach 10 01 80, 46001 Oberhausen
T (02 08) 8 57 45–0
Telefax (02 08) 8 57 45–33
1 Dir, 3 R

Reichert, Rudolf, Dir	26. 4.85	8. 5.44
Dr. Stoltenberg, Hansi	20. 2.87	24. 2.54
Wachtel, Monika	23. 3.87	25.10.55
Nobel, Jutta	8. 6.88	15. 2.56

Solingen

Wupperstr. 1, 42651 Solingen
T (02 12) 28 09–0
Telefax (02 12) 28 09–61
1 Dir, 3 R + 1 LSt

Müller, Ernst, Dir	16. 6.82	10. 5.40
Maercks, Thomas	10. 9.79	26. 4.48
Albrecht-Dürholt, Gisela, beurl.	3. 6.82	13. 2.46
Löhr-Steinhaus, Wilfried	2.11.93	24. 4.58
von Schönfeld, Ursula, ½, beurl.	28. 8.95	13. 2.58

Wesel

Ritterstr. 1, 46483 Wesel
T (02 81) 33 89 10
Telefax (02 81) 3 38 91 44
1 Dir, 4 R

Kleinschmidt, Albrecht, Dir	1. 9.88	10. 5.44
Bruckmann, Heinrich	4.10.82	27. 1.50
Hennemann, Annegret	14. 1.91	20. 5.58
Paßlick, Hannelore	14. 7.92	12. 1.57
Schäfer, Ingrid, beurl.	1. 7.93	19. 2.56

Wuppertal

Friedrich-Engels-Allee 432, 42283 Wuppertal
Postfach 20 01 61, 42201 Wuppertal
T (02 02) 25 58 60
Telefax (02 02) 2 55 86 40
1 Dir, 1 stVDir, 6 R

Titel, Ulrich, Dir	24. 4.92	8.12.44
Schuster, Barbara, stVDir	23. 6.94	7. 2.42
Fries, Burkhard	17.11.72	13. 2.42
Mitrowan, Günter	10. 1.75	12. 9.37
Heinze, Peter	20. 9.76	9. 8.43
Terstegen, Volker	2. 5.78	10. 1.47
Hoenig, Hartmut	23. 9.83	18. 8.42
Budde-Haldenwang, Doris	23.12.94	2.11.62

Richterinnen/Richter im Richterverhältnis auf Probe

Kuhn, Daniela	8. 1.96	20.10.66
Straßburg, Anja	31. 1.96	3. 4.68
Reich, Gerhard	12. 2.96	25. 9.65
Barth, Jürgen	1. 3.96	24. 7.63
Sievers, Jochen	1. 3.96	10. 8.65

Landesarbeitsgericht Hamm (Westfalen)

Marker Allee 94, 59071 Hamm
Postfach 19 07, 59061 Hamm
T (0 23 81) 8 91–1
Telefax (0 23 81) 8 91–2 83
1 Pr, 1 VPr, 16 VR

Präsident

Pieper, Alfons	1. 7.74	29. 8.36

Vizepräsidentin

Göhle-Sander, Kristina	1.12.95	22. 3.50

Vorsitzende Richterin/Vorsitzende Richter

Dr. Schumann, Hans-Heinrich	9. 5.77	6. 9.34
Koehler, Eberhard	9. 5.77	6. 2.37
Dr. Mareck, Reiner	30. 9.77	25. 2.37
Goerdeler, Ulrich	11.10.79	30. 3.42
Schulte, Wolf-Dieter	17. 2.84	5. 6.43
Schlegel, Ulrich	16. 7.86	4. 8.43
Richter, Helmut	16. 7.86	26. 4.44
Schröder, Karl-Walter	11. 4.88	11. 4.41
Knipp, Gerhard	30. 5.89	15. 7.44
Berscheid, Ernst-Dieter	18. 3.91	4. 4.43
Schierbaum, Günter	27.11.91	28. 5.47
Hackmann, Maria	27.11.91	21. 1.50
Bertram, Peter	29.10.93	21. 8.45
Dr. Wendling, Gerhard	1. 9.94	20. 9.47
Kreft, Burghard	1. 9.94	13. 9.50
Dr. Dudenbostel, Karl-Herbert	1. 1.96	29. 1.49

ArbG Nordrhein-Westfalen

Arbeitsgerichte

Arnsberg
Johanna-Baltz-Str. 28, 59821 Arnsberg
T (0 29 31) 5 55/04
Telefax (0 29 31) 4 99
1 Dir + 2 × ½ R

Held-Wesendahl, Juliane, Dir	1. 6. 95	26. 7. 53
Nixdorf-Hengsbach, Angelika	10. 11. 92	28. 6. 57
Koch, Ines	17. 10. 94	6. 6. 64

Bielefeld
Detmolder Str. 9, 33604 Bielefeld
Postfach 10 02 69, 33595 Bielefeld
T (05 21) 5 49–0
Telefax (05 21) 5 49–17 05
1 Dir, 5 R

Klingebiel, Walter, Dir	2. 12. 82	13. 8. 43
Gerhardt, Hildegard	30. 3. 77	2. 5. 44
Hoffmann, Hans-Ulrich	23. 4. 79	18. 8. 46
Ziemann, Werner	1. 4. 82	20. 2. 52
Prior, Klaus	5. 5. 83	27. 9. 52
Schmidt, Peter	20. 6. 83	9. 3. 53

Bocholt
Münsterstr. 76, 46397 Bocholt
Postfach 11 65, 46361 Bocholt
T (0 28 71) 1 50 91–92
Telefax (0 28 71) 18 13 75
1 Dir, 3 R

Heienbrok, Gerhard, Dir	23. 4. 87	12. 7. 41
Dr. Hülsheger, Michael	1. 2. 85	20. 1. 51
Voigt, Gerd	2. 4. 86	7. 4. 51

Bochum
Marienplatz 2, 44787 Bochum
T (02 34) 68 95–0
Telefax (02 34) 68 95–2 00
1 Dir, 4 R

Dr. Jasper, Franz-Josef, Dir	15. 11. 88	12. 1. 46
van der Leeden, Helmut-Busso	2. 4. 76	9. 11. 43
Vermaasen, Dieter	23. 4. 93	2. 3. 60
Pakirnus, Bernd	26. 10. 89	5. 5. 55
Kania, Kornelia, beurl.	7. 6. 93	3. 10. 59

Detmold
Richthofenstr. 3, 32756 Detmold
Postfach 11 62, 32701 Detmold
T (0 52 31) 7 04–0
Telefax (0 52 31) 70 42 70
1 Dir, 1 R

Wolf, Reinhard, Dir	13. 1. 92	13. 4. 39
Hempel, Johannes	1. 9. 81	27. 7. 48

Dortmund
Ruhrallee 3, 44139 Dortmund
Postfach 10 50 03, 44047 Dortmund
T (02 31) 54 15–1
Telefax (02 31) 54 15–5 19
1 Dir, 1 stVDir, 5 R + 2 × ½ R

Stiens, Gerhard, Dir	24. 8. 94	2. 1. 50
Westphal, Regine, stVDir	25. 7. 74	19. 2. 45
Roesen, Norbert	25. 4. 73	17. 4. 40
Gralmann, Gisbert	24. 3. 77	29. 9. 43
Schmidt-Hense, Ingeborg, beurl.	2. 11. 81	6. 2. 49
Wolffram, Peter	18. 3. 86	26. 1. 55
Gerretz, Thomas	6. 4. 93	8. 9. 56
Fleer, Burkhard	19. 11. 93	3. 11. 60

Gelsenkirchen
Bochumer Str. 86, 45886 Gelsenkirchen
Postfach 10 01 05, 45801 Gelsenkirchen
T (02 09) 17 87–00
Telefax (02 09) 17 87–1 99
1 Dir, 4 R

Mewes, Rudolf, Dir	14. 2. 79	3. 2. 33
von Rosenberg-Lipinsky-Küçükince, Annemarie	13. 2. 76	22. 6. 44
Weber, Helga	10. 1. 80	11. 11. 34
Zumfelde, Meinhard	18. 3. 82	20. 7. 48
Greb, Heinz	24. 8. 82	14. 1. 50

Hagen
Heinitzstr. 44, 58097 Hagen
T (0 23 31) 9 85–0
Telefax (0 23 31) 9 85–4 53
1 Dir, 4 R

Habbe, Hans-Joachim, Dir	17. 4. 86	7. 4. 35
Scheer, Jürgen	3. 3. 83	25. 8. 44
Marschollek, Günter	19. 12. 91	30. 11. 57
Clausen, Peter	25. 10. 93	12. 5. 62

Nordrhein-Westfalen **ArbG**

Hamm
Marker Allee 94, 59071 Hamm
Postfach 19 07, 59061 Hamm
T (0 23 81) 8 91–1
Telefax (0 23 81) 8 91–2 83
1 Dir, 3 R

Dr. Diers, Ludwig, Dir	15. 12. 81	6. 8. 35	
Letz, Martin	17. 12. 84	20. 3. 55	
Dr. Wessel, Klaus	29. 12. 86	11. 7. 54	
Griese, Klaus	4. 10. 94	3. 11. 62	

Herford
Münsterkirchplatz 1, 32052 Herford
T (0 52 21) 10 54–0
Telefax (0 52 21) 5 62 05
1 Dir, 2 R

Sauerländer, Fritz, Dir	1. 4. 77	9. 11. 41	
Oltmanns, Wolf-Sieghart	22. 12. 78	23. 9. 43	
Heege, Heinz-Werner	5. 3. 86	14. 4. 51	

Herne
Schillerstr. 37–39, 44623 Herne
T (0 23 23) 95 32–0
Telefax (0 23 23) 95 32–32
1 Dir, 4 R

Tupay, Jella, Dir	6. 8. 90	28. 11. 43	
Geimer, Klaus	25. 10. 78	24. 7. 46	
Limberg, Eckhard	7. 3. 88	18. 5. 55	
Hamann, Wolfgang	21. 12. 88	8. 9. 56	
Auferkorte, Frank	5. 4. 91	26. 2. 60	

Iserlohn
Erich-Nörrenberg-Str. 7, 58636 Iserlohn
Postfach 11 51, 58581 Iserlohn
T (0 23 71) 82 55–55
Telefax (0 23 71) 82 55 99
1 Dir, 3 R

Henke, Jürgen, Dir	1. 6. 95	31. 1. 47	
Körnig, Jürgen	1. 2. 85	19. 9. 48	
Bäcker, Kirsti-Sabine	15. 6. 88	19. 12. 56	
Dr. Fischer, Sabine, beurl.	24. 10. 88	22. 12. 55	
Trabandt, Thomas	18. 11. 94	1. 2. 62	

Minden (Westfalen)
Königswall 8, 32423 Minden
Postfach 20 47, 32377 Minden
T (05 71) 88 86–0
Telefax (05 71) 88 86–2 35
1 Dir, 2 R

Weizenegger, Wolfgang, Dir	6. 8. 90	18. 10. 56	
Klevemann, Joachim	24. 12. 92	27. 10. 58	
Nottmeier, Rolf	16. 2. 95	7. 9. 62	

Münster
Von-Stauffenberg-Str. 16, 48151 Münster
Postfach 59 65, 48135 Münster
T (02 51) 7 73 13/4
Telefax (02 51) 79 18 47
1 Dir, 3 R

Markus, Wolfgang, Dir	23. 6. 86	19. 2. 40	
Krasshöfer-Pidde, Horst-Dieter	20. 2. 87	27. 10. 52	
Dr. Müller, Franz	6. 11. 90	26. 10. 56	
Dr. Beule, Jutta, ½, beurl.	21. 12. 92	6. 6. 60	
Vaupel, Silke	4. 10. 94	31. 10. 61	

Paderborn
Grevestr. 1, 33102 Paderborn
T (0 52 51) 3 40 41
Telefax (0 52 51) 3 12 22
1 Dir, 1 R

Mathias, Rainer, Dir	18. 10. 79	21. 7. 37	
Kuhlmey, Holger	9. 11. 84	6. 10. 52	

Rheine
Poststr. 26, 48431 Rheine
Postfach 11 48, 48401 Rheine
T (0 59 71) 5 01 85–86
Telefax (0 59 71) 1 59 96
1 Dir, 1 R

Heiringhoff, Friedrich-Wilhelm, Dir	2. 10. 89	8. 12. 46	

Siegen
Unteres Schloß, 57072 Siegen
Postfach 10 12 54, 57012 Siegen
T (02 71) 5 85–1
Telefax (02 71) 50 10 01
1 Dir, 2 R

Reinhart, Walter, Dir	27. 9. 83	14. 1. 51	
Henssen, Ralf	19. 3. 87	18. 5. 56	
Deventer, Klaus	2. 8. 93	10. 5. 58	

Richterinnen/Richter im Richterverhältnis auf Probe

Schlösser, Jürgen	1. 7. 94	19. 2. 63	
Quandt, Susanne	5. 7. 95	17. 12. 65	
Groeger, Ulrike	1. 8. 95	7. 8. 61	
Helbig, Rüdiger	2. 10. 95	7. 9. 61	
Dr. Teipel, Klemens	9. 1. 96	7. 12. 66	
Dr. Mareck, Guido	9. 1. 96	28. 8. 67	

ArbG Nordrhein-Westfalen

Landesarbeitsgericht Köln

Blumenthalstraße 33, 50670 Köln
T (02 21) 77 40–0
Telefax (02 21) 77 40–3 56
1 Pr, 1 VPr, 10 VR, 1 LSt (R)

Präsident
Dr. Isenhardt, Udo	1. 7. 90	19. 4. 44	

Vizepräsident
Dr. Klempt, Walter	5. 4. 91	23. 6. 37	

Vorsitzende Richterinnen/Vorsitzende Richter
Dr. Hüttemann, Renate	15. 1. 74	6. 4. 36
Baingo, Johann	13. 3. 78	16. 5. 36
Dr. Esser, Hubert	12. 7. 78	22. 7. 35
Dr. Blens-Vandieken, Marianne, ½	30. 4. 80	6. 10. 36
Dr. Borrmann, Helga	31. 3. 87	20. 9. 43
Rietschel, Ernst-Wilhelm	28. 2. 89	2. 10. 42
Dr. Leisten, Leonhard	6. 7. 90	25. 9. 43
Dr. Kalb, Heinz-Jürgen	27. 3. 91	7. 9. 49
Schunck, Karl-Ernst	31. 5. 91	25. 3. 43
Dr. Backhaus, Ludger	14. 6. 91	20. 4. 51

Arbeitsgerichte

Aachen
Aureliusstraße 30, 52064 Aachen
Postfach 1 67, 52002 Aachen
T (02 41) 4 70 92–0
Telefax (02 41) 4 84 90
1 Dir, 1 stVDir, 6 R

Schwartz, Hans-Dieter, Dir	1. 7. 94	25. 12. 47
Vogelbruch, Heino, stVDir	8. 6. 94	16. 12. 47
Kratz, Hans Rolf	2. 5. 86	24. 1. 55
Dr. Czinczoll, Rupert	9. 3. 87	5. 3. 54
Dr. Griese, Thomas, abg.	16. 12. 88	11. 9. 56
Dr. Brondics, Klaus	3. 12. 93	27. 9. 56
Brabänder, Susanne	6. 1. 94	24. 5. 62
Wiese, Georg	20. 10. 94	15. 9. 57

Bonn
Kreuzbergweg 5, 53115 Bonn
T (02 28) 9 85 69–0
Telefax (02 28) 69 23 81
1 Dir, 4 R

Friedhofen, Peter, Dir	8. 2. 96	19. 11. 49
Besgen, Dietmar	15. 7. 75	26. 12. 43
Jüngst, Manfred	27. 9. 79	8. 6. 48
Reiffenhäuser, Norbert	1. 7. 86	26. 1. 52
Dr. Staschik, Lothar	1. 8. 94	4. 6. 60

Köln
Pohligstraße 9, 50969 Köln
T (02 21) 9 36 53–0
Telefax (02 21) 9 36 53–8 04
1 Dir, 1 stVDir, 1 w.aufsR, 15 R, 2 LSt (R)

Thür, Franz-Joachim, Dir	3. 12. 90	3. 5. 43
Münster, Hartmut, stVDir	1. 12. 80	12. 2. 42
Dr. Wester, Kurt, w.aufsR	25. 1. 95	5. 2. 48
Dyrchs, Barbara	23. 12. 76	4. 10. 45
Schmitz-DuMont, Marlies	7. 11. 77	31. 3. 47
Brüne, Herbert	2. 1. 79	5. 9. 46
Zilius, Hildegard, ½	9. 11. 79	3. 5. 49
Meyer-Wopperer, Gabriele	5. 11. 80	30. 4. 48
Schroeder, Diethelm	1. 7. 81	18. 9. 43
Dr. Bock, Margot, ½	12. 7. 82	1. 2. 49
Wilmers, Andrea	16. 2. 90	5. 2. 55
Pilartz, Annegret, ½	6. 6. 90	7. 7. 55
Baldus, Cornelia, beurl.	11. 5. 92	19. 3. 60
Dicks-Hell, Karola, ½	13. 1. 93	4. 8. 61
Dr. Wagner, Ulrike	4. 5. 93	11. 12. 54
Dr. Kreitner, Jochen	15. 9. 93	29. 8. 58
Decker, Hans-Stephan	8. 11. 93	13. 11. 60
Dr. Ehrich, Christian	15. 7. 94	8. 7. 64
Weyergraf, Ralf	4. 8. 94	6. 10. 60

Siegburg
Neue Poststraße 16, 53721 Siegburg
Postfach 11 54, 53701 Siegburg
T (0 22 41) 3 05–1
Telefax (0 22 41) 5 26 57
1 Dir, 4 R + 2 LSt (R)

Reinecke, Birgit, Dir	13. 2. 91	8. 4. 44
Heuser-Hesse, Kirsten, ½	11. 4. 83	26. 8. 49
Linge, Ursula	30. 1. 85	7. 1. 54
Kratz, Brigitte	23. 11. 87	21. 1. 57
Pérez Belmonte, Maria	22. 3. 91	30. 11. 57

Richterin im Richterverhältnis auf Probe
Dr. Liebscher, Brigitta	1. 3. 96	21. 12. 63

Rheinland-Pfalz

Landesarbeitsgericht Rheinland-Pfalz

Ernst-Ludwig-Straße 1, 55116 Mainz
Postfach, 55020 Mainz
T (0 61 31) 14 10
Telefax (0 61 31) 9 75
1 Pr, 1 VPr, 8 VR

Präsident

Prof. Dr. Schmidt, Klaus	12. 12. 89	7. 8. 41

Vizepräsident

Dr. Theisen, Hermann	1. 8. 90	3. 5. 33

Vorsitzende Richter

Schäfer, Horst	18. 12. 79	12. 1. 44
Schwab, Norbert	8. 7. 88	5. 5. 47
Stock, Jürgen	25. 5. 90	2. 4. 48
Busemann, Andreas	26. 9. 90	10. 6. 48
Carlé, Egon	26. 10. 92	9. 10. 44
Dr. Dörner, Klemens	29. 3. 94	22. 11. 57
Lennartz, Rolf	3. 7. 95	11. 12. 39
Scherr, Walter	8. 9. 95	1. 6. 47

Arbeitsgerichte

Kaiserslautern
Kanalstr. 25, 67655 Kaiserslautern
T (06 31) 3 62 25–0
Telefax (06 31) 3 62 25 30

Auswärtige Kammern in Pirmasens
Bahnhofstr. 22, 66953 Pirmasens
T (0 63 31) 8 71–1
Telefax (0 63 31) 8 71–3 86
1 Dir, 6 R

Henn, Günther, Dir	10. 1. 85	20. 3. 35
Däuber, Volker	10. 8. 78	23. 12. 44
Sittinger, Otto	2. 3. 84	21. 4. 51
Caesar, Helmut	16. 8. 85	2. 7. 52
Bernardi, Michael	1. 6. 90	26. 5. 54

Koblenz
Gerichtsstr. 5, 56068 Koblenz
T (02 61) 1 25 61–1 25 64
Telefax (02 61) 1 26 98

Auswärtige Kammern in Neuwied
Bahnhofstr. 15, 56564 Neuwied
Postfach, 56501 Neuwied
T (0 26 31) 2 23 31/2
Telefax (0 26 31) 3 11 05
1 Dir, 1 stVDir, 8 R

Dr. Worbs, Dieter, Dir	1. 6. 78	23. 7. 38
Müller, Hans-Peter, stVDir	1. 2. 94	13. 2. 56
Sarlette, Erich	4. 10. 69	6. 3. 34
Hergarten, Reinhold	3. 7. 75	23. 5. 37
Knispel, Günther	30. 4. 82	1. 7. 49
Heep, Ferdinand	7. 3. 84	4. 10. 49
Gans, Hans-Joachim	2. 11. 93	2. 5. 60
Wildschütz, Martin, abg.	2. 6. 95	27. 9. 59

Ludwigshafen
Wredestr. 6, 67059 Ludwigshafen
Postfach, 67001 Ludwigshafen
T (06 21) 51 92 72
Telefax (06 21) 52 65 08

Auswärtige Kammern in Landau
Reiterstr. 16, 76829 Landau
Postfach 11 68, 76801 Landau
T (0 63 41) 2 63 44
1 Dir, 6 R

Achenbach, Hans-Günther, Dir	20. 3. 95	30. 12. 50
Seeber, Johann	6. 10. 67	3. 8. 32
Heldmann, Hans-Christoph	—	—
Dr. Speiger, Peter	1. 10. 90	28. 2. 55

Mainz
Ernst-Ludwig-Str. 4, 55116 Mainz
Postfach, 55020 Mainz
T (0 61 31) 1 60
Telefax (0 61 31) 16 58 55

ArbG Saarland

Auswärtige Kammern in Bad Kreuznach
Wilhelmstraße 7–11, 55543 Bad Kreuznach
Postfach, 55506 Bad Kreuznach
T (06 71) 25 92 44
Telefax (06 71) 25 92 26
1 Dir, 8 R

Miebs, Helmut, Dir	19. 4. 94	1. 10. 44
Redlich, Helmut	20. 7. 77	21. 7. 44
Mossel, Albrecht	8. 12. 77	26. 1. 45
Hermes, Heinz-Josef	2. 6. 78	8. 11. 43
Paulsen, Kai-Uwe	12. 4. 91	7. 6. 59
Vonderau, Maria, abg.	7. 3. 95	28. 8. 61
Freiin von Senden, Ulrike	6. 6. 95	2. 9. 58

Trier
Paulinstr. 27, 54292 Trier
T (06 51) 2 60 48/49
Telefax (06 51) 14 18 17
1 Dir, 3 R

Radünzel, Karl-Heinz, Dir	1. 9. 91	6. 12. 44
Dorp, Martin	—	—
Reimann, Wilhelm	4. 7. 94	25. 11. 61

Richterinnen/Richter im Richterverhältnis auf Probe

Schmidtgen-Ittenbach, Sabine	1. 9. 91	9. 10. 62
Kamp, Anja	16. 9. 91	15. 5. 63
Dr. Luczak, Stefan	1. 11. 91	3. 9. 64
Lippa, Ruth, ½	24. 2. 93	30. 11. 63
Faulstroh, Thomas	1. 4. 93	11. 11. 63
Krol-Dickob, Carmen, ½	25. 6. 93	25. 5. 66
Feldmeier, Dorothee	6. 9. 93	24. 3. 64
Dr. Langer, Margit	18. 4. 94	13. 4. 64
Schmitz, Uta	1. 8. 94	20. 2. 67
Fleck, Michael	4. 10. 94	13. 1. 63
Benra, Alexander	1. 12. 94	28. 10. 66
Hirsch, Eva-Maria	1. 2. 95	25. 12. 66
Dr. Miara, Anja	2. 5. 95	9. 10. 64
Eckert, Stephan	2. 1. 96	6. 2. 66

Saarland

Landesarbeitsgericht Saarland

Obere Lauerfahrt 10, 66121 Saarbrücken
T (06 81) 5 01–36 03
Telefax (06 81) 5 01–36 07
1 Pr, 1 VPr

Präsident

Hilpert, Horst	1. 8. 86	28. 11. 36

Vizepräsident

Dr. Donie, Georg	1. 8. 84	27. 11. 36

Arbeitsgerichte

Neunkirchen
Lindenallee 13, 66538 Neunkirchen
T (0 68 21) 1 09–4 99
Telefax (0 68 21) 2 15 70
1 Dir, 2 R

Pfeifer, Kurt, Dir	1. 4. 84	27. 5. 44

Hossfeld, Stefan Friedrich	1. 8. 86	26. 3. 57
Spoerhase-Eisel, Inge	1. 11. 87	24. 3. 47

Saarbrücken
Obere Lauerfahrt 10, 66121 Saarbrücken
T (06 81) 5 01–36 14
Telefax (06 81) 5 01–36 07
1 Dir, 4 R

Degel, Volker, Dir	14. 1. 93	23. 2. 45
Albrecht, Otfried	18. 4. 73	16. 1. 41
Dr. Fromm, Erwin	21. 7. 80	19. 1. 50
Klanig, Hans	1. 8. 95	12. 2. 47

Saarlouis
Handwerkerstr. 2, 66740 Saarlouis
T (0 68 31) 25 91
Telefax (0 68 31) 46 05 62
1 Dir, 1 R

Loës, Eckart, Dir	1. 7. 77	21. 5. 38
Dutt, Hans-Georg	1. 7. 87	2. 7. 53

Richterin im Richterverhältnis auf Probe

Eberle, Andrea	30. 9. 92	5. 3. 61

Sachsen*

Landesarbeitsgericht Chemnitz

Parkstr. 28, 09120 Chemnitz
Postfach 7 04, 09007 Chemnitz
T (03 71) 23 95-0
Telefax (03 71) 23 95-3 33

Präsident
von Bergen, Volker   1. 7. 93   18. 8. 41

Vizepräsident
N. N.

Vorsitzende Richterin/Vorsitzende Richter
Howald, Wolfgang   1. 7. 92   16. 2. 44
Leschnig, Werner   1. 8. 93   7. 5. 50
Borowski, Michael   1. 1. 94   27. 2. 55
Gräfl, Edith   1. 1. 95   7. 11. 55
Vorndamme, Wilhelm   1. 6. 95   24. 8. 55
Dr. Spilger, Andreas   1. 10. 95   4. 4. 56
Dr. Linck, Rüdiger   1. 2. 96   19. 1. 59

Arbeitsgerichte

Bautzen
Lessingstr. 7, 02625 Bautzen
Postfach 17 20, 02607 Bautzen
T (0 35 91) 3 61-0
Telefax (0 35 91) 3 61-3 33

Nagel, Gerhard, Dir   1. 3. 95   9. 11. 44
Kirsch, Bodo   10. 6. 94   21. 10. 61
Dauge, Ira   1. 7. 94   27. 5. 56
Neumann, Claudia   15. 7. 94   29. 6. 57
Rodemers, Andreas   15. 8. 94   5. 8. 60
Hähner, Petra   18. 5. 95   23. 7. 63
Klabunde, Marion   1. 7. 95   26. 1. 63

Chemnitz
Zwickauer Str. 54, 09112 Chemnitz
Postfach 628, 09006 Chemnitz
T (03 71) 9 11 20
Telefax (03 71) 9 11 21 57

Präsident
Müller, Manfred   1. 2. 93   10. 7. 49

Vizepräsident
N. N.

Richterinnen/Richter
Sünkel, Hannelore,
  w.aufsR, abg.   1. 5. 95   2. 12. 58
Vahrst, Ewald   13. 5. 94   6. 6. 45
Boltz, Wilhelm   13. 5. 94   17. 4. 55
Löffler, Volker, abg.   15. 5. 94   20. 5. 63
Braun, Helmut   28. 5. 94   18. 7. 58
Toelle, Hilmar   3. 6. 94   22. 4. 63
Winkler, Ilse   21. 6. 94   12. 11. 57
Oeft, Bernd   11. 8. 94   6. 5. 50
Reiser, Michael   2. 12. 94   17. 8. 62
Werckmeister, Petra   1. 11. 95   1. 3. 53
Weber, Dirk   15. 1. 96   5. 5. 65
Dr. Herrmann, Klaus   1. 3. 96   2. 12. 61

Dresden
Löbtauer Str. 4, 01067 Dresden
Postfach 12 09 25, 01008 Dresden
T (03 51) 4 97 50
Telefax (03 51) 4 97 52 05

Präsident
Graf von Keyserlingk,
  Alfred   10. 8. 93   25. 5. 43

Vizepräsident
N. N.

Richterinnen/Richter
Busch, Ulrich, abg.   1. 2. 94   12. 9. 58
van Biezen, Bettina   15. 4. 94   11. 7. 60
Zickert, Andre   10. 6. 94   16. 12. 62
Hartmann, Corina   17. 6. 94   22. 10. 58
Guddat, Thomas   1. 7. 94   21. 7. 60
Börner, Frank   1. 8. 94   1. 10. 58
Vetter, Katrin   1. 8. 94   7. 7. 63
Schmitt, Judith   2. 9. 94   9. 11. 56
Weinrich, Christian   1. 11. 94   26. 11. 58
Alfmeier, Klaus   1. 2. 95   14. 4. 58
Meyer, Angela   28. 12. 95   19. 5. 57

Leipzig
E.-Weinert-Str. 18, 04107 Leipzig
T (03 41) 59 56-0
Telefax (03 41) 59 56-8 49

Präsident
Dr. Gockel, Michael   1. 5. 93   7. 7. 55

---

* Angaben über die Zahl der Planstellen an den Arbeitsgerichten des Freistaats Sachsen konnten nicht übermittelt werden.

ArbG Sachsen-Anhalt

Vizepräsident
N. N.

Richterinnen/Richter

Houbertz, Burkhard	1. 11. 93	24. 10. 58
Schilling, Friedrich, abg.	1. 1. 94	24. 5. 53
Köhne, Rüdiger	1. 1. 94	12. 4. 55
Ranft, Manfred	13. 5. 94	1. 7. 57
Bogner, Jasmine	13. 5. 94	9. 3. 62
Heymann, Uwe	1. 6. 94	19. 2. 56
Wagner-Kehe, Ulrike	1. 7. 94	13. 6. 57
Kaminski, Birgit	18. 7. 94	30. 7. 60
Liebscher, Thomas	2. 8. 94	4. 1. 62
Steffen, Olaf	16. 9. 94	11. 9. 59
Kopf, Martin	15. 1. 95	25. 8. 61
Dr. Beumer, Bernhard	1. 3. 96	22. 4. 61

Zwickau
Äußere Dresdner Str. 15, 08066 Zwickau
T (03 75) 4 21-0
Telefax (03 75) 4 21-2 22

N. N., Dir		
Czingon, Claudia	2. 4. 94	14. 11. 61
Neff, Otto	2. 4. 94	9. 9. 57
Brügmann, Lars	3. 6. 94	23. 3. 62
Illy, Gabriele	3. 6. 94	26. 2. 60
Tinzmann, Roland	1. 8. 94	9. 11. 57
Schmidt, Georg	16. 9. 94	12. 2. 55
Kirst, Eberhard	1. 10. 94	16. 6. 60

Richterin im Richterverhältnis auf Probe

Dr. Zies, Cordula	1. 9. 93	27. 10. 94

Sachsen-Anhalt

Landesarbeitsgericht Sachsen-Anhalt

Neustädter Passage 15, 06122 Halle
T (03 45) 22 00
Telefax (03 45) 2 20 22 40
1 Pr, 1 VPr, 7 VR

Präsident

Pietzke, Wolfgang	7. 1. 92	20. 9. 39

Vizepräsident

Pods, Klaus-Günter	28. 1. 92	6. 11. 54

Vorsitzende Richter

Berkowsky, Wilfried	1. 3. 93	29. 8. 47
Gross, Christoph	1. 4. 93	17. 12. 40
Bopp, Peter, beurl.	1. 9. 93	22. 7. 43
Lücke, Peter	14. 4. 94	19. 9. 43
Quecke, Martin	23. 8. 85	22. 5. 56
Dr. Molkenbur, Josef	1. 1. 96	23. 2. 56

Arbeitsgerichte

Dessau
Jahnstraße 9, 06844 Dessau
T (03 40) 20 20
Telefax (03 40) 2 02 16 00
1 Dir, 1 stVDir, 7 R

Hoffmann, Barbara, Dir	27. 2. 96	7. 9. 56
N. N., stVDir		
Frantz, Jürgen	1. 12. 94	8. 6. 59
Heidemeyer, Olaf	1. 12. 94	22. 2. 63
Exner, Cornelia	28. 4. 95	13. 3. 62
Platzer, Petra	28. 4. 95	22. 9. 65
Henz, Manfred	17. 8. 95	5. 4. 58
Schiller, Wolfgang	28. 8. 95	3. 10. 57
Engshuber, Reinhard	23. 11. 95	26. 7. 61

Halberstadt
Richard-Wagner-Str. 53, 38820 Halberstadt
T (0 39 41) 67 04 00
Telefax (0 39 41) 67 04 01
1 Dir, 4 R

Hesse, Dirk, Dir	1. 1. 93	11. 5. 60
Wöstmann, Axel, abg.	5. 8. 94	12. 4. 61
Illie, Katrin	14. 9. 94	22. 1. 63
Baumann, Ulrich, abg.	13. 3. 95	14. 11. 62
Koeppe, Detlef	11. 10. 95	21. 12. 42

Halle
Neustädter Passage 15, 06122 Halle
T (03 45) 22 00
Telefax (03 45) 2 20 20 45
1 Dir, 1 stVDir, 8 R

Bartels-Meyer-Bockenkamp, Bettina, Dir, beurl.	14. 7. 92	14. 1. 60
N. N., stVDir		
Heinecke, Sabine	6. 12. 93	6. 6. 51

Brückner, Frank	6.12.93	4. 8.59
Karting, Thomas	6.12.93	8. 6.60
Renelt, Heiko	6.12.93	20. 5.62
Firzlaff, Gabriele	3. 4.95	19.12.60
Körkemeyer, Georg	28. 4.95	31. 5.61
Born, Mark Udo	10. 7.95	1. 7.59
Boldt, Hans-Joachim	16. 8.95	20. 5.59
Ciesla, Gritta	17. 8.95	28. 9.61

Magdeburg
Liebknechtstr. 65–91, 39110 Magdeburg
T (03 91) 60 60
Telefax (03 91) 6 06 50 24
1 Dir, 1 stVDir, 7 R

Köster, Udo, Dir	28.10.94	22. 6.57
N. N., stVDir		
Methling, Rigolf	6.12.93	15.11.58
Busch, Wolfgang	19.10.94	12. 1.56
Schmalenberger, Uwe	8.11.94	15. 6.61
Kretschmer, Uwe	1.12.94	25. 9.58
Ahlborn, Gerhard	1.12.94	8.12.59
Voß, Franz-Josef	14. 6.95	16. 8.60
Dziallas, Armin	9.11.95	2. 2.63
Arling, Andrea	7.09.95	26.12.61

Naumburg
Linsenberg 23, 06618 Naumburg
T (0 34 45) 28 16 17
Telefax (0 34 45) 28 16 15 und 28 16 18
1 Dir, 4 R

N. N., Dir
Sandring, Fred-Peter	6.12.93	17. 7.45
Hötl, Günter	6.12.93	25. 6.55
Sander, Andreas	6. 7.94	12.12.59
Diethert, Susanne	20. 9.94	16. 1.63

Stendal
Industriestr. 24b, 39576 Stendal
T (0 39 31) 69 40
Telefax (0 39 31) 69 41 00
1 Dir, 4 R

Quick, Elisabeth, Dir		4. 8.94	19. 7.57
Wolandt, Dirk		1. 2.94	13. 4.62
Thies, Kathrin		5. 5.94	12. 7.58
Böger, Frank		15. 5.95	19. 7.62
Bundschuh, Peter		17. 5.95	21.12.62

Schleswig-Holstein

Landesarbeitsgericht Schleswig-Holstein

Deliusstraße 22, 24114 Kiel
T (04 31) 6 04–0
Telefax (04 31) 6 04–41 00
1 Pr, 1 VPr, 4 VR

Präsidentin
Dr. Colneric, Ninon	1. 6.89	29. 8.48

Vizepräsident
Dr. Arendt, Uwe	1. 9.93	14. 5.37

Vorsitzende Richter
Müller, Ole	1.11.77	22.12.37
Dr. Lüdemann, Ulrich	1. 3.79	19. 6.35
Dr. Ostrowicz, Alexander	1.10.87	22.11.43
Weschenfelder, Heinz-Jürgen	1.12.93	4. 8.42

Arbeitsgerichte

Elmshorn
Moltkestraße 28, 25301 Elmshorn
T (0 41 21) 8 10 91
Telefax (0 41 21) 8 47 28
1 Dir, 3 R

Hansen, Dieter, Dir	1.12.86	13. 4.43
Dr. Scholz, Uwe	14. 3.78	23.11.39
Weiler, Rolf	11. 1.90	8. 8.57
Dr. Kröger, Dorle	17. 6.94	8. 4.57

Flensburg
Südergraben 55, 24937 Flensburg
T (04 61) 89–0
Telefax (04 61) 89–3 86
1 Dir, 2 R

Dr. Jancke, Ulrich, Dir	3. 4.94	2. 4.57
Köppen, Hans-Jürgen	13.11.70	10. 2.38
Evers, Carla	31.10.94	21.10.63

ArbG Thüringen

Kiel
Deliusstr. 22, 24114 Kiel
T (04 31) 6 04–0
Telefax (04 31) 6 04–40 00
1 Dir, 4 R + 1 LSt (R)

Willikonsky, Birgit, Dir	1. 5. 88	24. 2. 50
Dr. Bruse-Lüdemann, Diethild-Renate	10. 3. 81	26. 10. 40
Greve, Jörg	29. 5. 81	1. 10. 47
Otten-Ewer, Sylke	21. 3. 91	7. 6. 57
Köhler, Birgitt	21. 3. 91	14. 9. 57

Lübeck
Neustraße 2a, 23568 Lübeck
T (04 51) 3 11 96
Telefax (04 51) 3 22 29
1 Dir, 4 R

Isert, Klaus, Dir	31. 1. 92	13. 2. 38
Schubert, Klaus-Ulrich	15. 6. 82	12. 10. 43

von Alvensleben, Udo	25. 6. 84	12. 8. 50
Hartmann, Wilhelm	22. 7. 93	19. 1. 59

Neumünster
Gartenstraße 24, 24534 Neumünster
T (0 43 21) 4 30 41
Telefax (0 43 21) 4 83 10
1 Dir, 3 R

Thielecke, Burkart, Dir	28. 5. 71	28. 4. 36
Dr. Stolz, Joachim	13. 6. 89	29. 3. 54
Raasch-Sievert, Dagmar	21. 3. 91	25. 4. 56
Heimann, Marlies	24. 3. 93	8. 4. 57

*Richterin/Richter
im Richterverhältnis auf Probe*

Dr. Göldner, Sabine	1. 4. 94	1. 2. 61
Benning, Wulf	1. 4. 94	16. 3. 64
Thomsen, Frank Martin	15. 12. 95	5. 9. 61

Thüringen

Landesarbeitsgericht Thüringen

Walkmühlstraße 1a, 99084 Erfurt
T (03 61) 22 80–0
Telefax (03 61) 22 80–1 00
1 Pr, 1 VPr, 5 VR

Präsident

Dr. Schäcker, Hanns-Erhardt	30. 6. 93	25. 5. 32

Vizepräsident

Dr. Wickler, Peter	20. 9. 93	1. 4. 54

Vorsitzende Richter

Feser, Klaus	9. 12. 93	1. 12. 40
Tautphäus, Arno	9. 12. 93	19. 6. 51
Dr. Amels, Martin	3. 5. 94	16. 6. 51

Arbeitsgerichte

Eisenach
Theaterplatz 5, 99817 Eisenach
T (0 36 91) 2 47–3 19
Telefax (0 36 91) 2 47–2 00

mit Kammer in 99974 Mühlhausen
Bastmarkt 9, 99947 Mühlhausen
T (0 36 01) 8 33–50
Telefax (0 36 01) 8 33–53
1 Dir, 5 R

N.N., Dir

Seidel, Elke	25. 10. 94	6. 7. 54
Manß, Jutta	25. 10. 94	8. 6. 61
Kolle, Armin	4. 11. 94	9. 6. 59
Creutzfeldt, Malte	14. 2. 95	3. 2. 53
Turkowski, Antonia,	14. 2. 95	13. 8. 54

Erfurt
Walkmühlstraße 1a, 99084 Erfurt
T (03 61) 22 80–0
Telefax (03 61) 22 80–1 00
1 Dir, 6 R

N.N., Dir

Oppler, Dirk	25. 10. 94	28. 6. 62
König, Astrid,	25. 10. 94	13. 9. 63
Erdös, Britta	14. 2. 95	15. 9. 54
Godejohann, Dietrich-Friedrich	14. 2. 95	2. 1. 61

Grafen, Gabriele	14. 2.95	2. 3.63
Engel, Susanne	14. 2.95	5. 9.64

Gera
Amthorstr. 11, 07545 Gera
T (03 65) 83 37–2 00
Telefax (03 65) 83 37–2 65
1 Dir, 6 R

N.N., Dir		
Schilder, Felizitas,	25.10.94	9.11.44
Luff, Karlfred	25.10.94	21. 2.55
Bennewitz, Sabine	25.10.94	15. 6.55
Menke, Ingo	25.10.94	21. 7.56
Hollmann, Wolfgang	20. 2.95	20. 5.58
Seehafer, Birgit	13. 2.96	29.12.61

Gotha
Justus-Perthes-Str. 2, 99867 Gotha
T (0 36 21) 21 51 55
Telefax (0 36 21) 2 54 92
1 Dir, 3 R

N.N., Dir		
Walter, Andreas	25.10.94	9.11.59
Petermann, Jens	5. 5.95	16. 7.63

Jena
August-Bebel-Straße 3, 07743 Jena
T (0 36 41) 4 08–0
Telefax (0 36 41) 4 08–1 00
1 Dir, 4 R

Hanke, Thomas, Dir	31. 3.95	24.11.54
Adrian, Peter	14. 2.95	20. 8.61
Dreyer, Anette	14. 2.95	5. 2.63
Maiwald, Harald	14. 8.95	30. 9.62

Nordhausen
Am Alten Tor 8, 99734 Nordhausen
T (0 36 31) 61 22–0
Telefax (0 36 31) 61 22–99
1 Dir, 3 R

N.N., Dir		
Stritzke, Uwe	22. 2.94	16. 8.61
Balk, Adolf, Dir	25.10.94	14. 2.55

Suhl
Rimbachstraße 30, 98527 Suhl
T (0 36 81) 3 75–0
Telefax (0 36 81) 3 75–3 28

Außenkammern in Sonneberg
Gustav-König-Straße 10–16, 96515 Sonneberg
T (0 36 75) 80 39 53
Telefax (0 36 75) 80 39 54
1 Dir, 6 R

N.N., Dir		
Dr. Rauschenberg,		
Hans-Jürgen	11.11.93	19. 5.56
Köhler, André	22. 2.94	13. 9.56
Heymann, Peter	25.10.94	25. 1.60
Herkner, Beate	25.10.94	9. 6.60
Marx, Stefan	25.10.94	15. 1.61
Dr. Steckermeier,		
Maximilian	14. 2.95	14. 8.58
Gerdes, Angelika	19. 2.96	14. 8.58

Richterinnen/Richter im Richterverhältnis auf Probe

Hock, Rainer	5. 4.94	15. 8.53
Holthaus, Michael	1. 8.94	7.10.63
Lüers, Maria	15. 9.94	15. 3.65
Gruben-Braun, Karin	2.11.94	20. 7.64
Wegmann, Peter	15.12.94	1. 5.66
Waßmuth, Jens	4.10.95	5. 5.62
Danner, Christof	28.12.95	29. 4.69

Finanzgerichtsbarkeit

Baden-Württemberg

Finanzgericht Baden-Württemberg

Grenadierstraße 5, 76133 Karlsruhe
Postfach 25 08, 76013 Karlsruhe
T (07 21) 9 26 36 90
Telefax (07 21) 9 26 29 03

Außensenate Freiburg
Jacobistr. 42, 79104 Freiburg
Postfach 52 80, 79019 Freiburg
T (07 61) 2 04 40 60
Telefax (07 61) 28 78 43

Außensenate Stuttgart
Gutenbergstr. 109, 70197 Stuttgart
Postfach 10 14 16, 70013 Stuttgart
T (07 11) 6 68 50
Telefax (07 11) 66 85 66
1 Pr, 1 VPr, 12 VR, 42 R, 3 LSt (R)

Präsident
Dr. Kopei, Dieter   21. 6. 93   23. 10. 36

Vizepräsident
Fritzsche, Michael   11. 11. 93   4. 5. 37

Vorsitzende Richter
Gehringer, Axel   1. 1. 84   12. 6. 35
Ströbert, Friedrich   1. 1. 84   27. 8. 35
Gürsching, Herbert   19. 3. 85   27. 11. 37
Geier, Hannes   19. 3. 85   23. 2. 39
Dr. Geipel, Jochen   1. 9. 86   10. 5. 37
Brunk, Hans-Jürgen   7. 6. 89   —
Perle, Otto   31. 7. 89   9. 9. 35
Böttrich, Jürgen   31. 7. 89   13. 6. 39
Meybrunn, Konrad   6. 3. 90   13. 7. 37
Simon, Hans-Dieter   11. 5. 90   14. 6. 39
Meilicke, Eberhard   11. 11. 93   21. 3. 39
Pietroschinsky, Armin   11. 11. 93   9. 2. 43

Richter
Ramminger, Hans Michael   5. 12. 72   3. 11. 36
Dreher, Hellmut   17. 1. 75   12. 7. 38
Affolter, Bruno   31. 3. 77   28. 5. 42
Ehehalt, Richard   6. 12. 78   15. 6. 44
Hagmann, Dietmar   27. 4. 79   19. 6. 39
Adler, Stefan   1. 7. 79   8. 7. 43
Klauser, Werner   2. 6. 80   30. 12. 37
Weiss, Rudolf   2. 6. 80   27. 3. 40
Dr. Hartmann, Jan   2. 6. 80   5. 5. 41
Braunmiller, Werner   2. 6. 80   5. 12. 43
Dr. Siebert, Wolfgang   2. 6. 80   22. 6. 44
Dr. Kojetinsky, Werner   2. 2. 81   19. 3. 39
Schaper, Hartwig   1. 3. 81   10. 2. 44
Häußermann, Rudolf   1. 3. 81   23. 12. 45
Falck, Eberhart   1. 9. 81   30. 7. 40
Dr. Ebert, Armin   1. 2. 82   —
Sauter, Günter   1. 3. 83   23. 2. 48
Schönwandt, Jens-Carsten   1. 10. 83   29. 8. 41
Mann, Jürgen   1. 8. 84   12. 10. 41
Renz, Roland   16. 7. 85   26. 1. 46
Eckert, Arnulf   16. 7. 85   16. 5. 46
Dr. Holzer, Hans-Jörg   15. 3. 86   17. 10. 43
Dr. Kretzschmar, Lutz   1. 4. 86   6. 6. 46
Braunschweig, Rolf   1. 5. 86   22. 11. 43
Dr. Korte, Hans-Peter   1. 5. 87   4. 12. 47
Dr. Wilke, Kay-Michael   1. 5. 87   21. 3. 48
Dr. Eppler, Gerold   16. 6. 87   15. 8. 48
Remmele, Walter   1. 6. 88   15. 10. 48
Faßbender, Helmut   1. 6. 88   11. 8. 49
Laubengeiger, Walter   1. 6. 88   9. 12. 49
Müller, Horst-Willi   29. 6. 89   9. 8. 48
Manz, Peter   1. 9. 89   17. 3. 51
Dr. Weckesser, Artur   1. 1. 90   16. 3. 52
Stolz, Franz-Dieter   1. 6. 90   15. 6. 54
Freund, Günter   1. 9. 90   20. 11. 52
Raufer, Horst   1. 10. 90   19. 7. 49
Gramich, Paul-Guido   1. 1. 92   17. 12. 50
Schmid, Franz   1. 2. 92   18. 8. 55
Dr. Merkt, Albrecht   1. 3. 92   17. 7. 56
Körner, Guido   1. 4. 92   9. 3. 56
Guhl, Albert   1. 5. 93   21. 11. 53

Bayern

Finanzgericht München

Maria-Theresia-Str. 17, 81675 München
T (0 89) 41 60 20
Telefax (0 89) 47 65 74
1 Pr, 1 VPr, 14 VR, 47 R, 4 LSt (R)

Präsident
N. N.

Vizepräsident
Dr. Glanegger, Peter   1. 9.95   30. 3.40

Vorsitzende Richterin/Vorsitzende Richter
Bludszuweit, Klaus   1. 7.85   1. 3.35
Lohse, Christian   1. 1.86   11. 4.38
Dr. Schöll, Werner   1. 9.86   11. 7.37
Schweykart, Hans   1.12.87   5. 3.36
Heinicke, Wolfgang   1. 2.88   21. 7.38
Tews, Winfried   1. 2.89   1. 4.37
Gretzschel, Helbert   1.11.89   5. 3.42
Friedrich, Werner   1. 5.90   4. 1.38
Petersen, Lars   1. 9.91   10. 8.37
Zitzelsberger, Monika   19. 2.92   6. 6.41
Dr. Spetzler, Eugen   27. 2.92   19. 3.39
Dr. Dörge, Christian   25. 6.93   23. 5.41
Dr. Rehwagen, Werner   31. 1.96   12. 5.41

Richterinnen/Richter
Lippok, Gotthard   1. 1.81   9.10.38
Madle, Ulrich   1. 1.81   29. 4.42
Ritzer, Herbert   1. 4.81   13. 7.39
Dr. Maier, Klaus   1. 4.81   20. 9.40
Dr. Rader, Jürgen   1. 4.81   22. 4.43
Dr. Vocke, Hans-Jürgen   1. 8.82   23. 4.43
Herbst, Armin   1. 1.83   16.12.39
Tichy, Walter   1. 1.83   14. 8.43
Schwarz, Roger   1. 5.84   17. 9.42
Alscher, Franz   1. 8.84   16. 5.45
Dr. Dettmer, Rolf   1.10.84   31. 1.43
Hoelscher, Andreas   1.10.84   18. 9.43
Groh, Götz   1.11.84   28. 3.43
Leopold, Peter   1. 1.85   23.12.43
Hornung, Klaus   1. 1.85   15. 6.48
Högl, Hans-Werner   1. 6.85   27. 4.44
Thies, Rainer   1. 4.86   18. 6.46
Dr. Genest, Claus   15. 7.86   13. 8.40
Sterr, Robert   1.11.86   9. 9.50
Huber, Ulrich   1. 4.87   23. 9.46
Dr. Probst, Ulrich   1. 4.87   4. 4.50

Weilbacher, Franz   1. 4.87   4. 6.50
Dr. Macher, Ludwig   1.12.87   10. 5.41
Mayer, Günter   1. 5.88   19.12.47
Dr. Pleister, Wolfgang   16.11.88   5. 4.45
Dr. Dölfel, Gerhard   7. 6.89   9. 8.40
Deiglmayr, Alfred   —   —
Eicher, Hans   —   —
Dr. Gmach, Gottfried   —   —
Hinke, Christian   —   —
Schmid, Manfred   1. 7.90   14.11.52
Dr. Röll, Peter   6. 7.90   22. 9.56
Weymüller, Rainer   1.10.90   22.11.55
Dr. Selder, Johannes,
  abg. (LSt)   1.10.90   14.10.56
Hartmann, Konrad   1. 6.91   30. 5.52
Appel, Winfried   1.10.91   25.10.48
Lüsch, Jürgen   1.10.91   23.11.48
Braun, Eberhard   15. 1.92   12.11.49
Schuldes, Silvia   1. 7.92   16. 6.50
Herz, Ursula   1. 7.92   5. 5.52
Siebenhüter, Anton, abg.   1. 7.92   30. 6.56
Rappl, Peter   15.10.92   23.11.56
Dr. Buyer, Christoph   1. 2.93   27. 1.52
Rothenberger, Franz,
  abg.   1. 5.93   21. 1.59
Peltner, Hans-Michael,
  abg. (LSt)   1. 3.94   23.11.52
Peuker, Monika   1. 3.94   4. 4.53

Finanzgericht Nürnberg

Deutschherrnstr. 8, 90429 Nürnberg
T (09 11) 2 70 76-0
Telefax (09 11) 2 70 76-24
1 Pr, 1 VPr, 5 VR, 18 R

Präsident
Iff, Lothar   1. 2.90   13. 8.31

Vizepräsident
Fraas, Widukind   1. 4.87   16. 9.34

Vorsitzende Richter
Dittrich, Otto   10. 7.89   29. 1.34
Böhm, Friedrich Albrecht   1. 2.90   29. 9.37
Dr. Ruppert, Peter   21. 2.94   17. 8.40
Kelsch, Karl   22. 9.94   10. 1.42
Dr. Spitzer, Bernd-
  Michael   9.11.95   17. 5.43

Berlin **FG**

Richterinnen/Richter

Geist, Karlheinz	1. 7.74	3. 3.37
Dr. Stratmann, Jürgen	1.11.79	6. 7.37
Dr. Lang, Hartmut	1. 1.80	28. 5.43
Kratz, Jürgen	1. 4.80	18. 4.41
Dr. Kuczynski, Peter	1.11.82	31. 7.42
Güroff, Georg	1. 7.84	18. 3.45
Schaefer, Bertram	1.10.86	23. 7.47
Regler, Anton	1. 2.87	18.12.49
Naczinsky, Helmut	18.12.90	29. 1.55
Schauer, Ingrid	1. 2.91	3.11.52
Köhler, Wolfgang	1. 6.91	17. 3.56
Meßbacher-Hönsch, Christine	1. 2.92	28. 1.55
Bauer, Reinhard	1. 4.92	19.10.48
Schulte, Reinhard	15.12.93	30. 3.49
Roßner, Hermann	1. 4.95	28. 9.49

Eine weitere Stelle für einen Richter am FG ist besetzt. Name und Personaldaten des Stelleninhabers sind nicht übermittelt worden.

Berlin

Finanzgericht Berlin

Schönstedtstr. 5, 13357 Berlin
T (0 30) 4 60 01–0
Telefax (0 30) 4 60 01–3 46
1 Pr, 1 VPr, 8 VR, 23 R

Präsident

Dr. Bültmann, Herbert	1. 2.90	23. 9.38

Vizepräsident

Freitag, Wolfgang	5.10.94	6. 4.44

Vorsitzende Richter

Kinzel, Wolf-Dietrich	10. 3.78	21. 8.31
Redeker, Siegfried	13.12.88	4. 4.34
Dr. Schumann, Peter	13.11.92	23. 8.40
Karl, Gunther	8. 8.94	19. 7.48
Beck, Hans-Joachim	24. 8.94	6.11.48
Dr. Nothnagel, Reinhard	20. 2.95	24. 8.49
Engel, Jürgen	19.10.95	7. 8.46

Richterinnen/Richter

Bandelier, Bodo	29. 6.70	7.12.39
Dr. Berkholz, Joachim	1.11.71	12. 7.36
Dr. Doehlert, Helmut	5.10.77	4. 3.36
Dr. Protzen, Reinhard	1. 9.80	2. 6.33
Abeßer, Thomas	23.10.80	8. 7.41
Ritscher, Wolfgang	1. 2.83	2. 7.46
Käwert, Hartmut	30. 7.85	24.10.42
Spruch, Eberhard	30. 7.85	13.11.46
Meyer, Ronald	14.10.87	25. 3.50
Kävenheim, Wolfgang Michael	28.11.90	4. 4.48
Görlitz, Stephan	30. 4.92	7. 5.54
Dr. Rüster, Susanne	13. 7.92	2. 4.54
Schmidt, Eckehard	22. 3.94	2. 2.40
Hockenholz, Jens	31. 7.95	15. 5.53
Krißmer, Arthur, RkrA	(2. 1.95)	19.10.46
Sander-Hellwig, Annelore, RkrA	(3. 4.95)	16. 8.49
Grube, Friederike, RkrA	(3. 4.95)	23.12.61
Dr. Herbert, Ulrich, RkrA	(3. 7.95)	10.12.60

Brandenburg

Finanzgericht des Landes Brandenburg

Herman-Löns-Str. 32, Haus 5, 03050 Cottbus
T (03 55) 4 76 90
Telefax (03 55) 70 02 93
1 Pr, 1 VPr, 4 VR, 11 R

Präsident
Hartig, Wolfram 17. 5. 93 7. 2. 41

Vizepräsident
Dr. Lambrecht, Claus 1. 12. 93 14. 6. 51

Vorsitzender Richter
Herrmann, Rolf 2. 1. 95 17. 12. 44

Richter
Widra, Detlef 4. 7. 94 16. 10. 53

Richterinnen/Richter im Richterverhältnis auf Probe
Schwenkert, Ulrich 1. 11. 93 3. 7. 65
Kauffmann, Bernd — —
Dr. Strapperfend, Thomas 1. 8. 94 5. 5. 65
Krebs, Eberhard 1. 9. 94 30. 7. 59
Dr. Tiedchen, Susanne 1. 1. 95 30. 5. 63
Dr. Adamik, Andrea 1. 2. 95 16. 1. 66
Rätke, Bernd 1. 5. 95 29. 11. 64
Hinze, Christina 1. 8. 95 17. 12. 64

Bremen

Finanzgericht Bremen

Schillerstr. 10, 28195 Bremen
T (04 21) 3 61–22 97
Telefax (04 21) 3 61–60 79
1 Pr, 1 VPr, 5 R

Präsident
Ziemann, Hans-Jürgen 1. 7. 90 11. 9. 37

Vizepräsident
Dr. Kalb, Werner 1. 5. 89 8. 9. 35

Richterin/Richter
Dr. Ehlers, Arne 1. 3. 90 2. 10. 51
Hartmann, Wolf-Rüdiger 5. 4. 90 16. 3. 39
Dr. Koenig, Dietrich 1. 6. 90 5. 5. 43
Jäger, Adelheid 1. 11. 90 23. 11. 52
Sieling-Wendt, Heiko 30. 4. 92 21. 4. 54

Hamburg

Finanzgericht Hamburg

Oberstr. 18d, 20144 Hamburg
T (0 40) 42 12–0
Telefax (0 40) 42 12 27 50
1 Pr, 1 VPr, 5 VR, 15 R

Präsident
Toboll, Rudolf 1. 7. 92 17. 3. 34

Vizepräsident
Dr. Grotheer, Jan 9. 9. 92 7. 11. 45

Vorsitzende Richter
Dreßler, Herbert 1. 1. 87 6. 10. 32
Dr. Otte, Heinrich 15. 7. 88 16. 1. 38
Dostmann, Dieter 30. 3. 92 11. 6. 41
Schultz, Walter 16. 10. 92 5. 7. 38
Dr. Kauffmann, Walter 14. 7. 95 2. 5. 41

Richterinnen/Richter
Dr. Krüger, Fritz 1. 11. 69 24. 2. 32
Dr. Koenig, Dieter 19. 12. 67 28. 6. 36
Berlin, Claus 27. 12. 68 18. 4. 36
Beyer, Dietrich 28. 6. 78 18. 2. 35
Harms, Karl-Peter 24. 10. 79 12. 6. 40

Dr. von Wedel, Wedigo	20. 3.80	15. 6.44
Sterlack, Rolf	1. 2.83	19. 5.43
Kuhr, Werner	1. 3.85	5. 1.47
Hardt, Christoph	11.10.88	18. 9.52
Dr. Reiche, Klaus-Dieter	27.11.89	22. 4.45
Staiger, Barbara	12. 1.90	19. 2.49
Duvinage, Monika	28. 9.92	9.12.55
Kögel, Corina	29. 1.93	3. 7.55
Krüger, Ulrich	17. 9.93	2. 3.53
Birke, Elisabeth	1. 5.94	5.11.52

Hessen

Hessisches Finanzgericht

Königstor 35, 34117 Kassel
T (0561) 7206–0
Telefax (0561) 7206111
1 Pr, 1 VPr, 12 VR, 39 R

Präsident

Dr. Hering, Wolfgang	30. 6.94	25. 1.34

Vizepräsident

Stremplat, Manfred	1.11.94	26. 6.39

Vorsitzende Richter

Kreß, Gerhard	1.10.83	20. 4.35
Gerstberger, Helmut	6.12.85	22. 7.34
Rudek, Michael	28. 4.89	16. 5.39
Dr. Zubrod, Gerhard	12. 9.89	30. 1.39
Wagner, Hugo	15.10.90	21. 2.39
Schreiber, Jochem	1. 4.91	2.10.43
Dr. Tetzlaff, Werner	1. 9.94	18. 3.37
Dr. Saure, Heinrich	1. 9.94	3. 8.39
Rodemer, Klaus	1. 9.94	31. 5.42
Bittner, Dietmar	1.10.95	23. 6.43

Richterinnen/Richter

Lange, Fritz	1. 7.73	11.12.39
Ellinger, Siegfried	1. 1.74	27.12.35
Mittmann, Volker	29. 5.78	1. 7.44
Vogt, Norbert, abg.	28. 2.79	16. 8.41
von Reth-Schlosser, Gisela	15. 8.80	17.11.40
Honisch, Werner	1.12.84	6. 8.49
Ebel, Arnulf	1. 6.85	10. 4.50
Sebbel, Alfred	1. 6.85	24.10.51
Kasch, Wolfgang	1. 7.86	29.11.44
Hesse, Walter	1. 7.86	2.11.47
Aweh, Lothar	1. 8.87	11. 2.53
Herrmann, Dieter	1. 4.88	30. 4.54
Zimmermann, Gerda	1. 1.89	16. 8.52
Dr. Prell, Wolfgang	5. 4.90	5. 9.54
Vaupel, Volker	1. 9.90	16.10.54
Paar, Doris	1.11.90	14. 6.55
Thiede, Sven	1. 4.91	28. 5.56
Konopatzki, Herbert	1. 5.91	15.10.54
Naujoks-Albracht, Helga	1. 7.91	6. 1.56
Lotzgeselle, Helmut	2. 9.91	13. 3.57
Scherb, Dieter	1.10.91	3. 8.56
Oehm, Rainer	16.10.91	26. 2.56
Dr. Albracht, Wolfgang	15.11.91	22. 3.57
Merle, Dieter	18.12.91	18. 4.57
Dr. Wied, Edgar	1. 8.94	8. 4.61
Ebeling, Hermann, beurl.	10.10.94	20. 1.55
Brösch, Winfried	17.11.94	14. 2.54
Dr. Nieuwenhuis, Helmut	4.11.94	22. 2.52
Fritsch, Rainer	13. 3.95	19.10.54
Warnitz, Siegfried	2. 1.96	23.11.51
Hörndler, Eva	23. 1.96	14. 7.58
Knab, Michael	15. 3.96	29. 5.61

Sieben weitere Stellen für Richter am Hess. FG sind besetzt. Namen und Personaldaten sind nicht übermittelt worden.

Mecklenburg-Vorpommern

Finanzgericht Mecklenburg-Vorpommern

Domstr. 7, 17489 Greifswald
T (0 38 34) 8 90 50
Telefax (0 38 34) 89 05 39
1 Pr, 1 VPr, 2 VR, 7 R

Präsident
Völker, Gerhard · 1. 10. 92 · 17. 3. 35

Vizepräsident
N. N.

Vorsitzende Richter
N. N.

Richterin/Richter
Mellinghoff, Rudolf	14. 7. 89	25. 11. 54
Lipsky, Matthias	8. 3. 93	25. 1. 57
Janke, Gabriele	15. 7. 95	30. 9. 58

Richter im 2. Hauptamt: 2

Niedersachsen

Niedersächsisches Finanzgericht

Hermann-Guthe-Str. 3, 30519 Hannover
Postfach 81 04 62, 30504 Hannover
T (05 11) 84 08–0
Telefax (05 11) 8 40 84 99
1 Pr, 1 VPr, 13 VR, 40 R einschl. 1 UProf
(2. Hauptamt-LSt)

Präsident
Prof. Dr. Seeger, Siegbert F.	7. 6. 89	1. 4. 38

Vizepräsidentin
Zeuner, Helga	27. 4. 92	7. 2. 38

Vorsitzende Richter
Günther, Jost	26. 6. 80	4. 9. 35
Wilcke, Heinz-Joachim	26. 6. 80	13. 10. 36
Dr. Mecke, Bernhard	3. 11. 82	2. 5. 35
Dr. Schneider, Eberhard	1. 3. 86	1. 11. 36
Mock, Werner	26. 5. 87	3. 1. 39
Dr. Hardt, Hans-Jürgen Dietrich	25. 6. 87	28. 3. 35
Dr. Kappe, Hagen	28. 9. 87	17. 7. 44
Dr. Nolte, Rainer	15. 9. 89	6. 3. 41
Wildauer, Alfred	17. 10. 89	4. 3. 47
Crüwell, Volker	20. 6. 90	5. 9. 42
Dr. Butz, Wolf-Dieter	10. 8. 92	22. 10. 40
Dr. Kersten, Hans-Jürgen	11. 3. 94	12. 7. 43

Richterinnen/Richter
Heise, Ulrich	6. 7. 66	13. 7. 34
Klöcker, Horst	21. 8. 70	13. 6. 34
Dr. Edelmann, Klaus	1. 2. 79	12. 9. 40
Rücker, Peter	1. 5. 80	4. 10. 41
Penner, Bernhard	1. 5. 80	13. 6. 42
Faustmann, Rainer	1. 4. 81	14. 5. 48
Wendland, Gerd	1. 7. 81	15. 2. 41
Utermöhlen, Joachim	1. 7. 81	21. 5. 48
Dr. Krage, Wolfgang	1. 11. 81	21. 4. 46
Borstelmann, Eike	1. 12. 81	5. 10. 42
Franz, Willy	1. 4. 83	30. 6. 43
Prof. Dr. Mössner, Jörg-Manfred,(UProf., 2. Hauptamt) (LSt)	11. 6. 86	1. 10. 41
Wilczynski, Edmund	1. 7. 86	27. 7. 48
Georgi, Andreas	1. 9. 86	1. 10. 47
Dr. Bolz, Norbert	1. 9. 86	5. 10. 48
Koch, Maritta	1. 9. 86	4. 12. 51
Moritz, Joachim	1. 10. 86	21. 11. 49
Dr. Harenberg, Friedrich	1. 1. 87	20. 3. 52
Cissée, Bernd	14. 4. 87	27. 1. 51
Elvers, Reinhard	1. 5. 88	27. 8. 49
Domschat, Klaus-Peter, abg.	1. 7. 88	16. 11. 50
Gascard, Georgia	1. 1. 90	14. 6. 55
Hauschild, Adalbert	1. 3. 90	7. 2. 52
Grune, Jörg	1. 7. 90	4. 4. 56
Dr. Sassenberg-Walter, Ulrike	1. 10. 90	23. 7. 55
Schlepp, Norbert	1. 11. 90	26. 6. 48
Hausmann-Lucke, Eva	1. 12. 90	12. 3. 56

Dr. Heidner, Hans-Hermann		1. 6.91	28. 4.57
Habscheidt, Gerhard		18. 6.91	31. 7.51
Dr. Balke, Michael		18. 6.91	31.10.54
Schwick, Volker		1. 7.91	3. 2.58
Dr. Pahlke, Armin		26. 2.92	15.12.51
Pust, Hartmut	27. 4.92	20. 7.56	
Dr. Horn, Hans-Joachim	11. 8.92	10. 8.54	
Wünsch, Doris, abg.	1. 5.93	21. 8.52	
Lehmann, Andreas	23.12.94	20. 6.55	
Grett, Hans-Dieter	1.10.95	20. 9.53	
Koenig, Ulrich	1.10.95	1.11.56	

Nordrhein-Westfalen

Finanzgericht Düsseldorf

Ludwig-Erhard-Allee 21, 40227 Düsseldorf
Postfach 10 23 53, 40014 Düsseldorf
T (02 11) 77 70–0
Telefax (02 11) 77 70–6 00
1 Pr, 1 VPr, 16 VR, 53 R + 1 LSt (R)

Präsident
Johannemann, Eugen	1. 3.90	8. 2.35

Vizepräsident
Seifert, Heinrich	1.12.89	9. 6.32

Vorsitzende Richterin / Vorsitzende Richter
Ulrich, Waldemar	—	—
Gramulla, Alfons	14.11.80	6.10.34
Dr. Dietz, Karl Dieter	21. 5.81	21. 5.34
Grosch, Horst	—	—
Bunert, Wilfried	29. 8.84	7. 4.34
Blanke, Heinz	11. 9.87	23. 4.38
Steuck, Hellmut	1. 7.88	12. 7.43
Herrmann, Günther	1.10.88	30.10.36
von Saldern, Albrecht	1.10.88	24. 6.38
Dr. Meyer, Christel	26. 4.89	27.11.43
Klein, Fritz	9.11.90	31. 8.42
Bister, Ottfried	6. 4.93	27. 2.42
Glenk, Heinrich	30. 6.93	13.10.46
Laier, Karl	16.11.93	27.11.48
Grobler, Karl Heinz	28. 9.94	30.10.38
Stötzel, Heinz	—	—

Richterinnen / Richter
Piltz, Hermann	27. 1.71	14. 9.37
Grosch, Brigitte	20. 9.72	24. 2.43
Dr. Müller, Andreas	20. 3.78	15. 6.36
Vohwinkel, Hans-Wilhelm	2.11.78	12.11.43
Pump, Hinrich	16. 1.79	13. 3.37
Becker, Hans-Jürgen	26. 2.80	2. 6.42
Selbach, Karl-Heinz	14.10.80	16. 7.37
Dr. Kaiser-Plessow, Utta	12.12.80	29.10.39
Pliquett, Burghard	15. 1.81	25.11.43
Arnold, Bruno	29. 6.81	28.11.42
Grünberg, Heiko	29. 6.81	9. 1.44
Milich, Hans-Jürgen	29. 6.81	28. 3.44
Dr. Hegmann, Jürgen	29. 6.81	9.12.44
Korte, Rainer	29. 6.81	17.12.44
Schuck, Hans Jürgen	29. 6.81	28. 5.46
Wiemer, Ludwig	21. 9.81	16. 7.39
Peters, Wolfgang	28.12.82	31. 5.46
Dickmann, Horst	24.10.85	—
Dr. von Beckerath, Hans-Jochem	25.10.85	17.10.50
Ramackers, Arnold	2.12.85	29. 8.46
Morsbach, Rudger	1. 5.87	7. 8.50
Haferkamp, Johannes	19. 1.88	19. 1.55
Cziesla, Bodo	15. 9.88	6.11.49
Claßen, Andrea	26. 9.88	26. 9.55
Kuhlen, Helmut	19.10.88	29. 3.51
Brandt, Jürgen	1. 2.89	26. 9.53
Hospes, Hans-Jürgen	1. 2.89	17. 8.55
Appelhof, Gisela	1. 7.89	12. 6.55
Dabitz, Axel, abg.	1. 1.90	3. 9.56
Alexander, Stephan	1. 6.90	23. 5.57
Meyer, Berthold	11. 7.90	11. 7.57
Hahn, Hans-Wilhelm	7. 9.90	27. 2.47
Maas, Hans, abg. (LSt)	17.12.90	3. 6.57
Sadrinna, Reinhard	—	—
Genthe, Michael	1. 8.91	26. 2.54
Plücker, Helmut	1. 9.91	21. 5.51
Speckamp, Peter	1.10.91	29. 7.53
Kopp, Jürgen	—	—
Scheel, Angelika	1. 4.92	20. 2.56
Junker, Harald	15.12.92	1. 4.55
Dr. Brandis, Peter	1. 4.93	13. 5.59
Zimmermann, Thomas	15. 6.93	17. 7.55
Dr. Wüllenkemper, Dirk	13. 9.93	13. 9.60
Kühnen, Sabine	1. 1.94	20. 4.60
Kleuser, Willi	1. 4.94	26.10.58
Dr. Wagner, Klaus Jürgen	26. 9.94	25. 9.61
Jelinek, Helmut	1.11.94	29. 5.59
Deimel, Klaus	1.10.95	5.12.59

FG Nordrhein-Westfalen

Pfützenreuter, Volker	4. 10. 95	19. 10. 59
Wiater, Ulrike	1. 3. 96	23. 9. 62
Lucht-Kirchner, Monika, RkrA	—	—
Oosterkamp, Beate, RkrA	(15. 5. 95)	19. 3. 63
Dr. Thesling, Hans-Josef, RkrA	(1. 8. 95)	27. 9. 61
Herholz, Sabine, RkrA	(2. 1. 96)	30. 12. 57

Finanzgericht Köln

Appellhofplatz, 50667 Köln
Postfach 10 13 44, 50453 Köln
T (02 21) 20 66–0
Telefax (02 21) 20 66–4 20
1 Pr, 1 VPr, 11 VR, 41 R, davon 2 LSt (R)

Präsident

Dr. Schmidt-Troje, Jürgen	27. 1. 92	16. 5. 44

Vizepräsident

Faust, Herbert	21. 9. 79	23. 10. 33

Vorsitzende Richterin/Vorsitzende Richter

Dr. Gerhards, Paul Heinrich	—	—
Dr. Stöcker, Ernst Erhard	1. 10. 84	28. 3. 37
Land, Rolf	1. 7. 85	15. 11. 36
Husmann, Eberhard	13. 2. 87	4. 8. 36
Dr. Loeber, Norbert	1. 6. 87	6. 5. 36
Temming, Johannes	1. 7. 87	6. 5. 37
Weyde, Peter	21. 4. 88	24. 12. 33
Fischer, Karl Dieter	15. 9. 92	7. 9. 38
Dr. Schaumburg, Heide	14. 7. 93	24. 8. 48
Birk, Werner	8. 9. 95	26. 9. 37
Reith, Hans-Peter	8. 9. 95	29. 4. 40

Richterinnen/Richter

Dr. Schwarzer, Winfried	31. 5. 77	25. 4. 39
Prühs, Hartmut	28. 11. 77	11. 5. 39
Kaser, Bernhard	28. 11. 77	26. 5. 41
Dr. Kupsch, Werner	3. 10. 78	30. 4. 31
Heuser, Albert	22. 2. 79	21. 2. 44
Callsen, Karl-Christian	13. 12. 79	29. 7. 39
Dipl.-Ök. Dr. Woring, Siegbert	18. 12. 79	6. 11. 44
Koch, Jürgen	21. 1. 81	6. 3. 41
Doll, Rüdiger	21. 1. 81	2. 9. 43
Herchenbach, Johannes	21. 1. 81	9. 12. 44
Jehle, Peter	29. 6. 81	10. 1. 44
Harf, Christian, beurl. (LSt)	29. 6. 81	10. 8. 45
Linhart, Peter	3. 9. 81	19. 3. 43
Forster, Rudolf	28. 10. 81	8. 8. 44
Dr. Engelmann-Pilger, Albrecht	28. 10. 81	18. 9. 44
Pietsch, Peter	—	—

Mundhenk, Günther	1. 10. 85	28. 5. 33
Peißert, Uwe	15. 10. 85	22. 8. 46
Klein, Norbert	16. 10. 85	3. 2. 49
Dr. Sandermann, Almut	2. 5. 86	8. 1. 44
Müller, Thomas	4. 11. 86	11. 6. 52
Dr. Buciek, Klaus	21. 4. 87	6. 5. 52
Wetzels-Böhm, Maria-Elisabeth	1. 8. 88	4. 2. 50
Dr. Schüttauf, Konrad	8. 5. 89	15. 10. 49
Dr. Nieland, Michael	1. 1. 90	15. 5. 48
Opitz, Helga	15. 2. 90	9. 10. 53
Hölzer, Camilla	15. 2. 90	2. 11. 56
Janich, Claus	3. 7. 90	13. 2. 50
Acht, Elmar	24. 6. 91	19. 8. 55
Urban, Johannes	1. 11. 91	16. 5. 55
Moritz, Helmut	1. 4. 92	23. 6. 55
Schlüßel, Peter	—	—
Dr. Beckmann, Thomas, abg. (LSt)	21. 9. 93	28. 10. 59
Dohmen, Peter Herbert	25. 10. 93	2. 11. 54
Ruster, Hans Günter	1. 1. 94	26. 4. 54
Seßinghaus, Carsten	—	—
Dr. Fumi, Horst-Dieter	1. 3. 95	19. 11. 58
Weingarten, Erwin	2. 4. 96	7. 6. 60
Dr. Braun, Rainer, RkrA	(1. 5. 95)	9. 8. 57
Klausing, Ellen, RkrA	(1. 3. 96)	3. 3. 61
Kolvenbach, Thomas, RkrA	(1. 4. 96)	6. 7. 59

Finanzgericht Münster

Warendorfer Str. 70, 48145 Münster
Postfach 27 69, 48014 Münster
T (02 51) 37 84–0
Telefax (02 51) 3 78 41 00
1 Pr, 1 VPr, 13 VR, 42 R
(davon 1 UProf. im 2. Hauptamt)

Präsident

Reim, Hartmut	13. 3. 86	7. 7. 36

Vizepräsident

Dr. Freitag, Klaus	1. 7. 94	30. 12. 37

Vorsitzende Richterin/Vorsitzende Richter

Dr. Böcker, Bernhard	18. 4. 81	24. 1. 34
Beyer, Hans-Georg	18. 9. 84	18. 12. 35
Banke, Werner	19. 3. 85	14. 11. 35
Borchardt, Wolfgang	1. 1. 88	20. 4. 40
Düllmann, Egon	1. 10. 88	29. 6. 35
Grüber, Heinz-Gunter	1. 10. 88	7. 6. 38
Prof. Dr. Ehmcke, Torsten	1. 10. 88	24. 4. 43
Barfuss, Maria	1. 5. 89	26. 2. 45
Dr. Graf, Michael	22. 8. 90	8. 5. 40
Hoffmann, Bruno	1. 7. 92	21. 12. 32
Rustemeyer, Udo	1. 4. 93	15. 7. 39

Rheinland-Pfalz **FG**

Dr. Huhn, Rüdiger	1. 7.93	12. 5.40
Löber, Gerd	1. 2.94	3. 4.44

Richterinnen/Richter

Dr. Kolck, Joachim	9. 6.78	28. 8.43
Eichelbaum, Martin	31. 8.78	5. 3.42
Richter, Manfred	19. 1.79	27. 9.41
Nehring, Jochen	26. 1.81	24.10.43
Dr. Geiger, Hubert	26. 1.81	15. 9.44
Sickmann, Bernd	26. 1.81	24. 3.45
Danelsing, Walter	29. 6.81	5. 3.43
Dingerdissen, Hermann-Josef	24. 2.82	31. 3.42
Dr. Ehmer, Jochen	29. 4.82	10. 5.45
Dr. Scholz, Rainer	28.12.82	21. 7.45
Prof. Dr. Birk, Dieter (UProf, 2. Hauptamt)	5. 6.85	16. 6.46
Dr. Bergkemper, Winfried	17.10.85	12. 8.49
Dr. Katterbe, Burkhard	13. 2.86	21. 6.49
Krömker, Ulrich	30. 4.86	20. 7.49
Schulze Temming, Ludger	—	—
Dr. Brune, Alfons	1. 4.87	16. 4.53
Große-Wilde, Bärbel		
Achenbach, Edgar	1.12.87	4.12.48
Schäfer, Erhard	2. 2.88	7. 6.48
Westerburg, Karl-Gerhard	20. 4.88	30. 3.49
Frh. von Twickel, Degenhard	1.10.88	19. 9.49

Tiebing, Norbert	1.12.88	20.11.52
Heuermann, Bernd, abg.	29. 3.89	13.11.54
Kaiser, Winfried	1. 7.89	2. 3.52
Köntopp, Bärbel	1.10.89	24. 3.50
Niewerth, Franz	3.10.89	6. 2.54
Nordholt, Norbert	—	—
Heinemann, Gerd	1. 4.90	15. 1.49
Schmeing, Reinhold	1. 4.90	4. 6.54
Pump, Hermann	1. 5.90	3. 3.49
Dr. Lange, Hans-Friedrich	2. 6.90	26. 4.52
Dittmer, Werner	2. 6.90	8.10.52
Seibel, Wolfgang	19. 6.90	14. 8.53
Egbert, Heinrich-Bernhard	27.11.90	19. 6.55
Stahl-Sura, Karin	30. 6.92	14. 6.56
Scharpenberg, Benno	2. 1.93	9. 5.57
Dr. Rengers, Jutta, abg.	21. 3.93	12. 4.58
Musolff, Andreas	26. 7.93	14.11.58
Kossack, Harald	16. 9.93	27. 5.56
Sandbaumhüter, Winfried	1. 1.94	23. 1.57
Wintergalen, Martin	1. 1.94	6. 5.57
Markert, Wilhelm	1. 7.94	28.11.57
Beckmann, Brigitta	1. 1.95	7. 4.56

Eine weitere Stelle für einen Richter am Finanzgericht ist besetzt. Name und Personaldaten des Stelleninhabers sind nicht übermittelt worden.

Rheinland-Pfalz

Finanzgericht Rheinland-Pfalz

Robert-Stolz-Str. 20,
67433 Neustadt a.d. Weinstr.
Postfach 10 04 27, 67404 Neustadt a.d. Weinstr.
T (0 63 21) 40 11
Telefax (0 63 21) 40 13 55
1 Pr, 1 VPr, 4 VR, 17 R

Präsident

Dr. Kröger, Horst	22.11.91	23.12.37

Vizepräsident

Gebel, Dieter	1. 9.94	28. 6.39

Vorsitzende Richter

Knobel, Wolfgang	10.10.86	23.10.37
Pinne, Horst	1. 8.90	25. 7.36
Klaas, Gert	20.12.91	26. 9.38

Richterinnen/Richter

Stransky, Erhard	22.12.69	28. 9.33
Dr. Gänger, Hartmut	7. 6.72	6.10.36
Dresbach, Ernst-Ulrich	29.12.69	8.12.31
Schlösser, Detlef	26.10.78	28. 3.44
Birle, Jürgen Paul	2. 4.79	10. 7.41
Kilches, Karl Rainer*	14.10.81	29. 3.45
Stein, Ulrich	1.11.83	5. 4.44
Rahn, Oskar	9. 9.87	27. 9.36
Orth, Rüdiger	9. 9.87	25.12.49
Craney-Kogel, Brigitte	3. 7.90	21. 6.49
Lind, Ulrich	10. 5.91	16. 3.48
Ritter, Karin	10. 5.91	6. 3.53
Wassmann, Wilhelm	20. 9.91	10. 8.47
Theis, Christa	26. 4.93	23.10.46
Dr. Hildesheim, Carl Ulrich	23. 2.94	7. 3.58
Dr. Jutzi, Marijke, ½, abg.	9. 4.96	20.11.59
Albrecht, Annette	4.10.94	14. 2.60
Straub, Sabine, RkrA	(1. 6.95)	22. 5.58

* Siehe BFH.

Saarland

Finanzgericht des Saarlandes

Hardenbergstr. 3, 66119 Saarbrücken
T (06 81) 5 01–05
Telefax (06 81) 5 01–55 95
1 Pr, 1 VPr, 4 R

Präsident
N. N.

Vizepräsident
Schwarz, Hansjürgen   1. 9. 89   6. 5. 42

Richter
Berwanger, Günter   2. 4. 80   24. 3. 42
Simshäuser, Alfred   1. 8. 80   3. 3. 39
Dr. Schmidt-Liebig,
 Axel   10. 12. 81   8. 11. 48
Bilsdorfer, Peter   1. 7. 86   22. 9. 51

Sachsen

Sächsisches Finanzgericht

Bernhard-Göring-Str. 64, 04275 Leipzig
T (03 41) 2 27 50
Telefax (03 41) 2 27 53 76
Abgeordnet aus alten Bundesländern: 1

Präsident
Dr. Pfeiffer, Thomas   1. 6. 93   14. 10. 40

Vizepräsident
N. N.

Vorsitzender Richter
Dr. Forgách, Andreas   1. 1. 96   19. 6. 39

Richter
Dr. Sommer, Christoph   1. 12. 93   19. 11. 44
Zeising, Joachim   1. 8. 95   29. 3. 47
Michl, Otfried   1. 3. 96   1. 9. 59

Sachsen-Anhalt

Finanzgericht des Landes Sachsen-Anhalt

Johann-Meier-Str. 12, 06844 Dessau
T (03 40) 20 20
Telefax (03 40) 2 02 23 04
1 Pr, 1 VPr, 4 R

Präsident
Schröder, Detlef   16. 6. 94   8. 10. 38

Vizepräsident
Weber, Hartwig   1. 9. 92   3. 8. 49

Richter
Michalek, Ditmar   5. 10. 93 29. 1. 56
Burckgard, Fritz   16. 1. 96   10. 10. 60

Schleswig-Holstein

Schleswig-Holsteinisches Finanzgericht

Deliusstr. 22, 24114 Kiel
T (04 31) 6 04–0
Telefax (04 31) 6 04–45 70
1 Pr, 1 VPr, 3 VR, 9 R, 1 × ¾ (R)

Präsident
Salveter, Klaus   1. 5. 92   14. 7. 32

Vizepräsident
Dr. Koch, Hanns-Reimer   24. 9. 92   12. 3. 42

Vorsitzende Richter
Pusch, Björn	1. 12. 80	2. 8. 33	
Riegelmann, Ulrich	2. 8. 85	10. 2. 39	
Dr. Jelinek, Claus	15. 2. 93	21. 6. 40	

Richterinnen/Richter
Jaehnike, Götz Uwe	23. 11. 77	24. 1. 41
Mottok, Konrad	1. 6. 81	11. 12. 41
Hüter, Hans-Jürgen	1. 7. 82	22. 6. 36
Zoller, Heinz	1. 7. 82	23. 3. 41
Dr. Köhler, Jürgen, ¾	1. 12. 82	26. 12. 41
Hagedorn, Hans	1. 11. 84	29. 4. 44
Chlosta, Ingrid	4. 11. 86	3. 1. 44
Dr. Buhs, Oliver	1. 4. 92	8. 6. 54
Dreeßen, Kai	1. 12. 92	7. 6. 57
Wüstenberg, Klaas, RkrA	(1. 5. 95)	2. 12. 58

Thüringen

Thüringer Finanzgericht

Bahnhofstr. 3a, 99867 Gotha
T (0 36 21) 43 20
Telefax (0 36 21) 43 22 99
1 Pr, 1 VPr, 5 R

Präsident
Schuler, Elmar   29. 10. 93   27. 4. 42

Vizepräsident
Dr. Baumdicker,
  Gotthard   29. 10. 93   23. 6. 33

Richter
Alexander, Gunther	1. 10. 95	13. 5. 55
Skerhut, Gunnar	1. 10. 95	3. 3. 61
Krauß, Rolf, RkrA	(8. 11. 95)	8. 1. 41

Sozialgerichtsbarkeit

Baden-Württemberg

Landessozialgericht Baden-Württemberg

Hauffstraße 5 (Am Neckartor), 70190 Stuttgart
Postfach 10 29 44, 70025 Stuttgart
T (07 11) 9 21-0
Telefax (07 11) 9 21 20 00
1 Pr, 1 VPr, 11 Vr, 36 R, 2 LSt (R)

Präsident

Neff, Hugo	7. 9. 87	23. 5. 33

Vizepräsident

Dr. Ost, Wolfgang	1. 6. 94	22. 2. 37

Vorsitzende Richterin/Vorsitzende Richter

Lilienfein, Jürgen	1. 7. 86	9. 6. 38
Schmücker, Klaus	12. 5. 87	23. 5. 35
Hettich, Klaus	1. 3. 88	3. 2. 36
Kleemann, Erich	18. 9. 90	27. 7. 44
Dr. Tempel, Irmtraut	29. 5. 91	13. 1. 34
Dieterich, Wilhelm	25. 3. 92	11. 9. 35
Straub, Hartmut	25. 3. 92	17. 10. 44
Dr. Geyrhalter, Helmut	8. 3. 94	21. 7. 33
Degener, Erich	3. 8. 94	29. 1. 44

Richterinnen/Richter

Noeth, Hans	30. 6. 78	22. 6. 43
Hinderer, Werner	1. 7. 78	9. 7. 31
Bachner, Gerhard	1. 3. 79	9. 2. 34
Berendes, Peter	1. 7. 80	13. 5. 35
Dr. Schopp, Claus	26. 1. 81	6. 7. 34
Denzinger, Klaus	2. 11. 82	6. 6. 46
Heeß, Rainer	3. 11. 82	25. 2. 38
Dr. Behn, Michael	26. 11. 84	4. 7. 45
Straub, Karl	22. 1. 86	21. 9. 46
Beier, Gerhard	1. 9. 86	16. 3. 48
Bösenberg, Reinhard	1. 2. 87	14. 6. 49
Tröster, Hans	16. 9. 87	24. 7. 51
Neumann, Rüdiger	19. 2. 88	10. 5. 56
Altschwager-Hauser, Claudia	26. 8. 88	14. 8. 47
Wolpert-Kilian, Gabriele	—	—
Frey, Gerd	—	—
Dr. Heuberger, Georg	1. 6. 89	25. 7. 51
Freise, Norbert	13. 6. 89	6. 10. 46
Freund, Herbert	8. 5. 90	4. 6. 48
Endriß, Gerlinde	—	—
Wurst, Gabriele	12. 11. 90	13. 9. 45
Schilp, Konrad	—	—
Dr. Lutz, Elmar	15. 7. 91	6. 12. 41
Dr. Clemens, Thomas	23. 8. 91	2. 7. 48
Deutsch-Busch, Ruth	2. 1. 92	14. 6. 51
Bräuning, Aja, ½, abg.	7. 2. 92	9. 5. 44
Dr. Ohl-Stauffer, Irmgard	12. 2. 92	22. 1. 39
Pawlak, Stefan	19. 5. 93	15. 5. 56
Schuster, Konrad	25. 7. 94	7. 2. 32
Endriß, Michael	25. 7. 94	22. 5. 57
Dr. Schlegel, Rainer, abg.	25. 7. 94	4. 2. 58
Zimmermann, Michael	5. 7. 95	4. 5. 55
Riester, Klaus-Jürgen	2. 11. 95	18. 11. 45

Sozialgerichte

Freiburg i. Breisgau
Habsburgerstr. 127, 79104 Freiburg
Postfach 51 49, 79018 Freiburg
T (07 61) 2 05–0
Telefax (07 61) 2 05 26 96
1 Pr, 1 VPr, 12 R

Präsident

Köble, Siegfried	22. 3. 88	3. 9. 37

Vizepräsident

Fleiner, Peter	1. 2. 95	29. 1. 41

Richterinnen/Richter

Bischoff, Werner	20. 10. 71	8. 1. 38
Fischer, Peter	1. 5. 73	10. 4. 42

SG Baden-Württemberg

Dr. Langheineken, Uwe	14. 11. 73	20. 8. 41
Hartmann, Gerlinde, ½	12. 2. 74	30. 7. 41
Wessel, Ernst	1. 10. 74	16. 3. 42
Wessel-Meessen, Regine	3. 11. 75	25. 11. 43
Bubeck, Thomas	7. 1. 80	24. 11. 48
Grünthal, Wolfgang	16. 4. 81	15. 3. 51

Heilbronn (Neckar)
Erhardgasse 1, 74072 Heilbronn
Postfach 31 62, 74021 Heilbronn
T (0 71 31) 7 81 70
Telefax (0 71 31) 78 17 11
1 Pr, 1 VPr, 7 R

Präsident

| Dieterich, Karl-Eugen | 6. 3. 91 | 10. 6. 40 |

Vizepräsident

| Mann, Jürgen | 1. 10. 75 | 23. 4. 36 |

Richterin/Richter

Vogt, Hermann	—	—
Mendler, Sabine, abg.	13. 12. 90	22. 11. 55
Herth, Jörg	2. 4. 91	25. 3. 59
Auerhammer, Klaus	3. 7. 91	30. 5. 59
Hellmich, Jörg	3. 7. 91	25. 8. 60
Birn, Klaus	3. 2. 95	24. 11. 61

Karlsruhe
Karl-Friedrich-Str. 13, 76133 Karlsruhe
Postfach 56 29, 76038 Karlsruhe
T (07 21) 92 60
Telefax (07 21) 1 35 41 68
1 Pr, 1 VPr, 12 R

Präsident

| Höß, Konrad | 1. 4. 82 | 28. 11. 34 |

Vizepräsident

| Schützhold, Manfred | 1. 9. 76 | 21. 4. 37 |

Richter

Plebuch, Reimar	28. 6. 71	26. 8. 37
Dietz, Wolfgang	5. 4. 77	5. 1. 45
Zachmann, Karl-Eugen	12. 12. 80	10. 4. 49
Freiherr von Schnurbein, Marcus	30. 9. 82	30. 6. 50
Theis, Reiner	30. 9. 82	24. 10. 52
Bauer, Ulrich	21. 2. 83	7. 7. 40
Bottler, Gerhart	11. 10. 83	11. 4. 45
Seigel, Nikolaus	1. 4. 85	6. 8. 52
Hormuth, Wolfgang	1. 4. 89	22. 1. 55
Berger, Martin	12. 6. 89	10. 1. 54
Mutschler, Bernd	1. 10. 93	9. 7. 61

Konstanz
Webersteig 5, 78462 Konstanz
Postfach 10 20 41, 78420 Konstanz
T (0 75 31) 2 07–0
Telefax (0 75 31) 20 71 99
1 Dir, 5 R

Dr. Bauer, Walter, Dir	1. 9. 86	9. 4. 41
Kiel, Albrecht, ½	8. 7. 71	8. 3. 38
Herr, Meinolf	1. 9. 74	20. 7. 35
Herenger-Preißhofen, Gisela	8. 1. 75	7. 4. 40
Müller, Hubert	1. 2. 81	28. 10. 48
Hammer, Franziska, ½	12. 9. 88	15. 4. 57

Mannheim
P 6, 20/21, 68161 Mannheim
Postfach 12 00 32, 68150 Mannheim
T (06 21) 2 92–0
Telefax (06 21) 2 92 29 33
1 Pr, 1 VPr, 9 R

Präsident

| Rank, Günter | 9. 2. 95 | 24. 3. 40 |

Vizepräsident

| Petruschka, Wolfgang-Franz | — | — |

Richterinnen/Richter

Nopper, Helmut, abg.	23. 12. 70	29. 1. 39
Hitzfeld, Dieter	12. 6. 72	11. 12. 38
Dr. Bast, Werner	21. 12. 72	30. 12. 39
Krebaum, Klaus	21. 5. 74	29. 5. 35
Kogelschatz, Gundula, ½	25. 10. 77	30. 9. 42
Bauer, Raimund	15. 10. 79	20. 2. 48
Baumgartner-Mistrik, Jutta	4. 12. 81	9. 11. 46
Herrmann, Christa	23. 9. 83	1. 10. 53
von Au, Peter	7. 4. 86	4. 3. 56

Reutlingen
Gustav-Werner-Str. 25, 72762 Reutlingen
Postfach 25 42, 72715 Reutlingen
T (0 71 21) 94 00
Telefax (0 71 21) 9 40 33 18
1 Pr, 1 VPr, 8 R

Präsident

| Dr. Schäfer, Hans-Joachim | 1. 4. 80 | 17. 2. 36 |

Vizepräsident

| Jetter, Dieter | 26. 11. 86 | 2. 1. 36 |

Richter

| Heß, Winfried | 11. 12. 70 | 12. 5. 38 |
| Dettweiler, Hans-Heiko | 20. 9. 71 | 8. 10. 39 |

Dohmel, Wolfgang	6. 6.73	2. 9.39
Böttinger, Günter	6. 6.73	31.10.40
Jung, Günter	24. 3.76	3. 3.43
Biggel, Werner	4. 4.77	9. 9.45
Gähr, Heinz	1. 2.79	23. 4.46

Stuttgart
Senefelderstr. 48, 70176 Stuttgart
T (07 11) 66 73-0
Telefax (07 11) 6 15 24 95
1 Pr, 1 VPr, 16 R, 5 LSt (R)

Präsident

Schweizer, Dieter	29. 9.87	8. 3.35

Vizepräsident

Franz, Gernot	1. 2.86	24.11.35

Richterinnen/Richter

Christian, Ulrich	6. 9.68	11. 9.37
Gauger, Wolfram	8. 6.72	9.10.38
Oberbeck, Jürgen	7. 6.73	31. 3.39
Vogel-Firnhaber, Margarete	1.10.73	15. 7.35
Dr. Diemer, Hans-Wolfgang	7. 4.78	15. 9.45
Beck, Heinz	1. 3.83	27.11.50
Mayer-Held, Rotraut, ½	1. 3.83	3. 4.52
Dickreuter, Ingeborg, beurl.	8.10.84	27.11.54
Schröder, Gabriele, beurl.	9. 1.89	6.12.56
Knittel, Stefan, abg.	1. 8.89	1. 4.57
Tang-Mack, Irene, beurl.	23.10.89	21. 5.57
Lambert, Gunther	9. 3.90	10.11.59
Dornhöfer, Ingrid, beurl.	1. 9.90	26. 6.60
Eberhardt, Jörg	2. 4.91	12. 6.58
Ross, Joachim	3. 7.91	15. 4.60
Rother, Martin	2.10.92	30. 5.60
Seidel, Bettina, ½	1. 8.94	13. 9.58
Becker, Gudula	1. 8.94	12. 5.60
Bolay, Martin	5. 8.94	12. 9.57
Wagner, Regina	1. 5.96	2. 4.63

Ulm (Donau)
Zeughausgasse 12, 89073 Ulm
T (07 31) 1 89-0
Telefax (07 31) 1 89 24 19
1 Pr, 1 VPr, 6 R

Präsident

Becker, Hans-Dieter	1. 8.78	23. 6.33

Vizepräsident

Wiegandt, Rudolf	1. 5.84	15. 2.47

Richterinnen/Richter

Hantke, Ulrich	21. 4.69	14. 3.37
Nagel, Ursula	4. 8.69	28. 3.36
Heinz, Josef	7. 6.73	30.12.36
Scheerer, Ursula, ½	20. 4.78	24. 9.47
Grillhösl, Frigga	12. 5.82	2. 3.43
Schmid, Günther	1. 9.89	27. 4.56
Graf-Böhm, Heike, ½	30.11.92	26. 2.61

Richterinnen/Richter im Richterverhältnis auf Probe

Ebert, Meike	1. 2.94	4.10.65
Groß, Dieter	1. 8.94	29. 6.63
Krähe, Ulrich	1.11.95	27. 3.66
Kilian, Sabine	1. 3.96	20. 2.64
Hassel, Rupert	1. 4.96	17. 9.66

Bayern

Bayerisches Landessozialgericht

Ludwigstr. 15, 80539 München
T (0 89) 2 36 72 90
Telefax (0 89) 2 36 72 90

Zweigstelle in Schweinfurt
Luitpoldstr. 66, 97421 Schweinfurt
T (0 97 21) 91–49 91
1 Pr, 1 VPr, 14 VR, 33 R

Präsident
Brödl, Klaus   7. 1.94   10. 6.45

Vizepräsident
Dr. Göppel, Helmut   1. 7.91   28. 7.38

Vorsitzende Richterinnen/Vorsitzende Richter
Niesel, Klaus   1. 8.90   3. 4.43
Dr. Höfler, Korbinian   1.10.90   5.10.42
Dr. Dreikluft, Klaus   1. 1.92   24.10.40
Fleig, Jürgen   1.10.92   1. 8.41
Mehl, Monika   1.10.92   12. 8.43
Dr. Gmelch, Horst   1. 3.93   28. 3.45
Scholz, Jörg-Michael   1.10.93   2. 5.46
Stevens-Bartol, Eckart   1. 9.94   25. 2.44
Rühling, Rainer   7. 9.94   16. 5.45
Vogel, Wolfgang   1. 1.95   6. 9.44
Wildner, Hans   1. 4.95   16. 8.44
Brand, Hermann   1. 7.95   25. 2.34
Oppelt, Walter   1. 3.96   17. 9.39
Dr. Salzer, Barbara   1. 3.96   22. 1.43

Richterinnen/Richter
Prankel, Friedrich   1. 7.82   17. 8.43
Koch, Josephine   9.12.82   7. 1.42
Walter, Christian   1.12.84   1. 2.38
Dr. Kremzow, Heinz
  Friedrich   1.12.84   28. 3.44
Johow, Ullrich   1. 5.85   5. 2.44
Müller, Peter   1. 6.85   5. 9.46
Ulsenheimer-Jörg, Eva   1. 8.87   2. 6.46
Jobst, Andreas   1. 5.89   22. 3.46
Mayer, Hans-Peter   1. 5.89   18.11.47
Dr. Knörr, Alexander   8. 1.90   26. 5.47
Rubenbauer, Anton   1.10.90   12.12.43
Schmidt, Rainer   1. 4.91   19. 9.45
Gürtner, Renate   5. 7.91   27. 7.45
Szczesny, Alexander   1. 8.91   11.11.44
Sperling, Ulrike   1. 9.91   31. 3.45
Dr. Dippel, Hermann   1. 1.92   17. 3.48
Jörg, Michael   1. 3.92   9. 2.49

Linstädt, Bernd   1. 5.92   1. 1.46
Vogel, Friedrich Karl   1. 9.92   3. 3.41
Müller, Dieter   1. 9.92   19. 2.46
Dr. Grembowietz,
  Hans-Joachim   1. 9.92   18. 8.46
Krebs, Ursula   1.11.92   8.10.47
Gruber, Wolfgang   1.11.93   24. 4.43
Gürtner, Klaus   1.11.93   30.11.45
Hoelscher, Hildegunde, ½   1.11.93   2. 5.46
Dr. Leitherer, Stephan   1. 9.94   13. 5.49
Schmidt, Ernst   1. 1.95   17. 1.43
Traub, Rainer   1. 1.95   22.11.43
Schwarz, Wolfgang   1. 4.95   16. 4.36
Krohn, Albert   1. 7.95   26. 4.37
Hehl, Rüdiger   1. 1.96   4. 9.43
Spiegl, Hans-Peter   1. 5.96   15. 9.55

Sozialgerichte

Augsburg
Holbeinstr. 12, 86150 Augsburg
T (08 21) 34 44–0
Telefax (08 21) 34 44–2 00
1 Pr, 1 VPr, 10 R + ½ R

Präsident
Kießl, Georg   1.11.94   12. 2.37

Vizepräsident
Dietel, Erich   1.10.86   6. 5.46

Richterinnen/Richter
Piller, Hans-Georg   1.10.79   25. 4.43
Maier, Günter Uwe   15. 5.81   30.12.41
Wenwieser-Weber,
  Christiane   1. 7.81   23.10.51
Mette, Elisabeth, ½   2. 6.82   21. 1.53
Schneider, Hubert   2.11.82   17. 1.52
Putzer, Leo   1. 1.83   25.11.44
Emmerling, Reinhold   1.10.84   28. 1.43
Köstler, Kurt   1. 3.86   11. 3.49
Dr. Koloczek, Bernhard   20. 5.86   18. 7.53
Dr. Föst, Gerhard   1. 8.87   20. 1.57
Hoffmeister, Carl   1.12.91   15. 9.54

Bayreuth
Ludwig-Thoma-Str. 7, 95447 Bayreuth
T (09 21) 59 30
Telefax (09 21) 5 93–3 33
1 Pr, 1 VPr, 9 R

Bayern **SG**

Präsident
Pecher, Ludwig　　　1. 8.94　19. 4.32

Vizepräsident
Dr. Rauch, Horst　　1.11.94　6. 5.34

Richterin/Richter
Krippner, Reiner　　1. 4.80　17. 1.39
Tischler, Josef　　　1. 6.82　5. 3.49
Dr. Schwarz, Wolfgang　1. 8.87　22. 5.54
Schödel, Uta　　　　1. 6.88　24. 6.55
Dr. Nunius, Volker　　1.12.91　26.10.51
Pawlick, Jürgen　　　1. 2.94　20.10.59
Kessler, Harald　　　1. 5.96　10. 6.58
Winkler, Wolfgang, RkrA　(1. 2.95)　3. 2.57
Jäger, Klaus, RkrA　　(1. 1.96)　2.10.56

Landshut
Seligenthaler Str. 10, 84034 Landshut
T (0871) 82802
Telefax (0871) 828172
1 Pr, 1 VPr, 11 R

Präsident
Zieglmeier, Walter　　10. 2.92　8. 3.43

Vizepräsident
Biermeier, Günther　　1.12.95　10. 9.53

Richterinnen/Richter
Pachl, Lothar　　　　14. 5.76　19.10.44
Weiß, Jakob　　　　　1. 8.86　4.11.50
Schuster, Ortwin　　　1. 8.88　12.10.52
Hartogs, Thomas　　　1. 4.89　22. 5.54
Dr. Keyßner, Thomas　　1. 2.90　31. 3.56
Abele, Werner　　　　1. 5.90　3. 7.53
Herrmann-Betz, Eva　　1.10.90　12. 8.51
Gruber, Raphael　　　1.11.90　4.11.55
Rothhammer, Monika　　1. 3.92　17. 5.54
Janicki, Sabine　　　1.10.92　22.11.59
Glück, Gerhard, RkrA　(1. 1.96)　20. 1.53

München
Richelstr. 11, 80634 München
T (089) 13062-0
Telefax (089) 13062-223
1 Pr, 1 VPr, 3 w.aufsR, 35 R

Präsident
Orgler, Meinhard　　　1. 8.94　21. 8.39

Vizepräsident
Dr. Iff, Wolfgang　　　1. 3.95　22. 3.48

weitere aufsichtführende Richter
Nawratil, Georg　　　6.11.89　24. 5.35
Gomoll, Bernd　　　　1. 9.92　5.11.43

Richterinnen/Richter
Hornung, Wulfdieter　　5.12.72　23. 4.42
Nagel, Ingo　　　　　6. 8.76　22. 6.44
Dr. Köbler, Bernhard　1. 6.77　30. 7.46
Dr. Wolf, Valentin　　15. 7.77　7.10.41
Dr. Freifrau von Chiari,
　Heidemarie　　　　9. 8.77　6. 6.43
Schwicking, Rosemarie　1. 9.77　6. 2.45
Dr. Grosser, Hans-Dieter　1. 2.78　13. 5.45
Dotter, Jörg　　　　　1.10.80　26.11.40
Blum, Jürgen　　　　1.10.80　6. 4.44
Naumann, Friedrich　　1. 7.82　23.11.49
Wildemann, Klemens　　1. 3.83　25. 3.45
Plaß-Brandstetter,
　Helma, ½　　　　　2. 6.83　24. 5.50
Palbuchta, Bernd　　　1. 3.86　17. 8.50
Dr. Emmert, Wolfgang　30. 6.86　14. 9.50
Laschka, Wolfgang　　1. 6.87　20. 2.46
Dietrich, Josef　　　1. 7.90　24. 2.54
Glunk, Ingelore　　　1. 9.90　5. 2.52
Schreyer-Krampel,
　Brigitte　　　　　18. 1.91　16. 5.53
Siegl, Elmar　　　　1.11.91　12. 5.52
Lejeune, Beate　　　　1. 1.92　28. 4.56
Zeilhofer, Rudolf　　　1. 3.92　21.10.51
Keller, Joseph　　　　1. 5.92　16. 9.47
Dr. Hesral, Harald　　1. 1.93　12. 4.61
Hirdina, Klaus　　　　1. 4.93　31.12.53
Schönlein, Brigitte　　16. 7.93　16. 3.57
Dr. von Schenckendorff,
　Max　　　　　　　1. 1.94　13. 5.53
Rieger, Wolfgang　　　1. 1.94　24. 3.57
Hartmann, Claudia　　1. 1.94　19. 7.60
Rittweger, Stephan　　1. 5.94　31. 5.58
Dr. Adolf, Hans Peter　1. 9.94　14. 8.56
Winklmaier, Bianca　　1. 3.95　24.12.53
Bogner, Reinhard　　　1. 6.95　20.11.55
König, Sigrid　　　　1.12.95　19. 7.61
Prögler, Wolfgang, RkrA　(1. 3.95)　14. 3.56

Nürnberg
Weintraubengasse 1, 90403 Nürnberg
T (0911) 20583-0
Telefax (0911) 2419303
1 Pr, 1 VPr, 14 R + ½ R

Präsident
N.N.

Vizepräsident
Emmert, Artur　　　　1.10.95　15. 9.44

SG Berlin

Richterinnen/Richter

Zeder, Hanns-Albrecht	19. 11. 81	6. 4. 51
Bommer, Walter	1. 11. 82	6. 5. 44
Heinl, Margit, ½	1. 6. 83	2. 5. 52
Herold-Tews, Heike	27. 6. 83	18. 12. 51
Dr. Ruthe, Peter	1. 10. 84	23. 10. 52
Kalläne, Doris	1. 6. 85	29. 8. 53
Maas-Vieweg, Cornelia	14. 10. 85	25. 4. 54
Krug, Ernst	1. 8. 87	18. 9. 51
Merkel, Günter	1. 3. 92	16. 5. 59
Dr. Niedermeyer-Krauß, Sabine	1. 9. 92	31. 3. 59
Eckert, Vitus Andreas	1. 3. 94	10. 4. 59
Michels, Jürgen	1. 5. 94	6. 9. 60
Köcher, Gudrun	1. 5. 96	30. 4. 61
Krocel, Thomas, RkrA	(1. 1. 96)	30. 3. 56
Kellendorfer, Irmgard, RkrA	(1. 4. 96)	29. 10. 59

Regensburg

Safferlingstr. 23, 93053 Regensburg
T (09 41) 78 09 01
Telefax (09 41) 78 09–5 35
1 Pr, 1 VPr, 10 R

Präsident

Kobler, Peter	1. 9. 95	31. 10. 41

Vizepräsident

Spies, Josef	1. 1. 96	28. 10. 34

Richter

Kieweg, Herbert	1. 10. 74	26. 5. 42
Wittmann, Hubert	16. 7. 75	9. 7. 43

Ziegler, Karl	29. 11. 75	16. 11. 44
Zerzawy, Volkmar-Hermes	1. 6. 79	14. 6. 49
Palaschinski, Peter	1. 8. 82	12. 11. 49
Kotlar, Gerhard	1. 11. 82	7. 10. 49
Metzner, Josef	1. 5. 83	23. 5. 48
Himmler, Heinrich	1. 7. 85	22. 9. 44
Tischler, Johann	1. 5. 86	27. 2. 53
Müller, Rüdiger	1. 3. 92	28. 6. 57

Würzburg

Ludwigstr. 33, 97070 Würzburg
T (09 31) 3 08 70
Telefax (09 31) 3 08 71 66
1 Pr, 1 VPr, 9 R

Präsident

Mathein, Gerhard	1. 11. 95	25. 1. 38

Vizepräsident

Arnold, Peter Georg	1. 2. 96	16. 7. 37

Richterin/Richter

Gebhardt, Günter	1. 5. 79	8. 10. 39
Dr. Fiedler, Renate	1. 8. 81	28. 10. 47
Dr. Lehr, Reinhard	15. 8. 83	10. 1. 42
Löffler, Burkhard	1. 5. 87	20. 5. 51
Bodenstedt, Karl-Heinz	29. 2. 88	20. 6. 45
Schicker, Wolfgang	1. 4. 88	14. 4. 56
Erbar, Klaus	1. 1. 92	26. 2. 57
Roll, Sigmar, RkrA	(1. 12. 95)	23. 2. 59
Lippert, Günter, RkrA	(1. 3. 96)	17. 5. 61

Berlin

Landessozialgericht Berlin

Invalidenstr. 52, 10557 Berlin
T (0 30) 3 97 01–0
Telefax (0 30) 3 97 01–2 48
1 Pr, 1 VPr, 9 VR, 25 ½ R

Präsidentin

Harthun-Kindl, Adelheid	2. 5. 89	24. 8. 39

Vizepräsident

Lösche, Wilfried	10. 6. 86	10. 6. 36

Vorsitzende Richterinnen/Vorsitzende Richter

Bork, Erhard	10. 7. 86	26. 3. 36
Drobek, Ursula	31. 10. 86	1. 11. 35
Parke, Hans-Günther	12. 1. 90	22. 4. 35
Zerndt, Peer	22. 5. 91	23. 8. 36
Brämer, Rolf	27. 9. 91	16. 12. 31
Kahl, Christoph	1. 4. 92	11. 9. 39
Lindner, Jörg-Peter	25. 3. 94	28. 5. 44
Dr. Majerski-Pahlen, Monika	25. 3. 94	5. 3. 47
Simon, Klaus	30. 11. 95	11. 1. 41

Richterinnen/Richter

Boltz, Eike	5. 12. 74	18. 6. 36
Leßner, Sylvia	7. 3. 75	29. 2. 40

Berlin **SG**

Hucke, Norbert	1. 9. 78	29. 7. 42
Zimmer, Bernd	20. 6. 79	2. 6. 39
Bock, Hans-Jürgen	11. 4. 80	29. 8. 36
Wolf, Walter	8. 3. 84	22. 2. 44
Dr. Kater, Horst	12. 3. 87	4. 1. 41
Dr. Kretschmer, Hans-Jürgen	28. 3. 90	10. 1. 55
Dumlich, Joachim	27. 9. 91	15. 2. 50
Rothenhäusler, Siegfried	13. 12. 91	13. 2. 43
Spohn, Guido	13. 7. 92	28. 8. 46
Sailer, Christina	30. 4. 92	24. 10. 47
Dr. Martin, Renate	16. 12. 92	22. 6. 49
Düe, Wolfgang	15. 10. 93	28. 5. 55
Laurisch, Martin	16. 1. 94	13. 4. 55
Schuster, Susanne	17. 10. 94	3. 7. 51
Scheffler, Gabriele	30. 11. 95	30. 5. 56
Wiesekoppsieker, Janna	30. 11. 95	1. 7. 59

Sozialgericht

Berlin
Invalidenstr. 52, 10557 Berlin
T (0 30) 3 97 01–0
Telefax (0 30) 3 97 01–2 48
1 Pr, 1 VPr, 3 w.aufsR, 56 R

Präsident

Wagner, Klaus-Peter	21. 7. 89	12. 12. 38

Vizepräsident

Schultze, Herbert	3. 9. 75	21. 12. 34

Richterinnen/Richter

Jentsch, Klaus, w.aufsR	30. 9. 81	5. 7. 37
Roeder, Botho, w.aufsR	22. 3. 94	14. 5. 48
Sonnen, Rainer, w.aufsR	22. 3. 94	15. 4. 42
Eckhardt, Reinald	6. 8. 70	10. 10. 36
Dr. Roller, Hartmut	14. 8. 70	20. 12. 36
Howe, Peter	9. 9. 70	12. 6. 38
Mann, Karl	1. 9. 71	12. 2. 38
Wagner, Brigitte	7. 7. 72	15. 2. 40
Hölzel, Elizabeth	9. 10. 72	6. 10. 39
Brenner, Marianna	26. 4. 73	28. 4. 33
Vetter, Barbara	10. 12. 75	26. 4. 43
Wittstock-Gorn, Gisela	11. 3. 76	7. 1. 44
Möbius, Gisela, ½	10. 3. 78	28. 5. 48
Bertrams, Eva-Maria, beurl.	20. 10. 78	24. 12. 46
Petz, Jürgen	16. 5. 80	9. 12. 44
Leidek, Uwe	1. 1. 81	13. 10. 50
Heinze, Jürgen	6. 10. 82	3. 9. 42
Grupp, Albrecht	1. 1. 83	12. 8. 47
Rentel, Hartmut, abg.	19. 12. 83	13. 7. 47
Neujahr, Matthias	17. 2. 84	11. 2. 53
Giffey, Ingrid	23. 10. 86	25. 12. 56
Dr. Eckertz, Rainer	30. 3. 88	7. 3. 44
Splittgerber, Joachim, abg.	1. 8. 88	8. 6. 50
Höltge, Margit	17. 9. 91	23. 4. 60
Schudoma, Sabine, abg.	30. 11. 92	10. 5. 59
Kukies, Ulrike, beurl.	22. 3. 93	29. 11. 56
Klinger-Efrém, Petra	—	—
Radon, Beate, beurl.	1. 7. 94	26. 7. 60
Enders, Barbara, abg.	2. 9. 94	4. 12. 58
Weiss-Eylert, Marlies	2. 9. 94	19. 12. 60
Dr. Kärcher, Konrad, abg.	12. 9. 94	17. 2. 62
Hennigs, Ursula, beurl.	13. 12. 94	10. 12. 63
Brähler, Elisabeth	19. 7. 95	26. 8. 60
Krauß, Karen	19. 7. 95	12. 1. 64
Weick, Eva	6. 9. 95	18. 10. 59
Jucknat, Sabine	6. 9. 95	9. 2. 64
Baumann, Tobias	9. 10. 95	29. 3. 61
Geiger, Udo	29. 11. 95	11. 7. 57
Spleet, Heiko	22. 12. 95	7. 5. 59
Köhler, Torsten	10. 4. 96	19. 2. 63
Nagel, Ekkehard	10. 4. 96	26. 6. 63
Bornscheuer, Hans-Paul	10. 4. 96	29. 8. 63
Winkler, Harald, RkrA	(1. 7. 94)	12. 5. 57
Weinert, Klaus, RkrA	(1. 6. 95)	22. 5. 61

Richterinnen/Richter im Richterverhältnis auf Probe

Hoffmann, Ramona	14. 6. 93	31. 8. 60
Hennes, Birgit	14. 6. 93	12. 11. 61
Bienzle, Heike	15. 11. 93	17. 5. 55
Niewald, Stephan	21. 12. 93	15. 3. 66
Henrichs, Birgit	1. 7. 94	25. 12. 61
Achilles, Axel	4. 8. 94	16. 9. 61
Mälicke, Jürgen	26. 9. 94	30. 12. 63
Köpp, Dorothee	13. 3. 95	24. 3. 64
Willkomm, Ulrike, ½	23. 5. 95	5. 11. 63
Kanert, Michael	1. 6. 95	26. 3. 63
Gorgels, Anja	19. 6. 95	20. 3. 66
Genz, Udo	6. 9. 95	22. 7. 55
Hnida, Kerstin	6. 9. 95	18. 4. 64
Baum, Eckardt	6. 9. 95	1. 9. 64
Hoese, Birgitt	2. 10. 95	23. 3. 56
Denger, Martina	29. 11. 95	13. 6. 67

SG Brandenburg

Brandenburg

Landessozialgericht für das Land Brandenburg

Zeppelinstr. 136, 14471 Potsdam
Postfach 60 10 27, 14410 Potsdam
T (03 31) 98 18–5
Telefax (03 31) 98 18–4 50
1 Pr, 1 VPr, 3 VR, 9 R, 1 LSt (2 R)

Präsident

Weisberg, Hans-Hartmut	15. 7. 93	3. 1. 49

Vizepräsident

Dr. Reimers, Hermann	15. 7. 93	2. 8. 39

Vorsitzende Richter

Pfeifer, Reinhard	1. 3. 94	24. 5. 51
Vallentin, Dirk	1. 7. 93	24. 10. 42
Oesterle, Herbert	1. 12. 95	27. 4. 52

Richterinnen/Richter

Müller-Gazurek, Johann	1. 1. 94	23. 12. 47
Hüttmann-Stoll, Susanne, abg.	1. 3. 94	28. 4. 59
Götze, Bernd	1. 11. 94	27. 5. 52
Jacobi, Ingrid	25. 11. 94	14. 8. 30
Gaudin, Angela	1. 10. 95	5. 11. 55
Hill, Rolf	1. 10. 95	8. 8. 58
Ney, Jürgen	1. 11. 95	10. 1. 57

Sozialgerichte

Cottbus

Bahnhofstr. 27, 03046 Cottbus
Postfach 10 12 42, 03012 Cottbus
T (03 55) 79 68 87
Telefax (03 55) 79 68 90
1 Dir, 5 R, 4 LSt (R)

Loewke, Horst, Dir	30. 4. 93	17. 10. 28
Rein, Friedrun	1. 6. 94	10. 8. 59
Sommer, Sylvia	16. 5. 96	18. 2. 63

Frankfurt (Oder)

Eisenhüttenstädter Chaussee 48,
Postfach 1 31, 15021 Frankfurt (Oder)
T (03 35) 54 23 75
Telefax (03 35) 5 53 82 54
1 Dir, 5 R, 3 LSt (1 Dir, 2 R)

N. N., Dir		
Jensen, Gabriele	29. 6. 95	17. 12. 52
Röder, Astrid, abg.	29. 6. 95	2. 2. 60
Grunau, Michael	1. 12. 95	23. 1. 55
Dittrich, Ursula	16. 5. 96	13. 9. 55

Neuruppin

Friedrich-Engels-Str. 50, 16827 Alt-Ruppin
T (0 33 91) 78 18–0
Telefax (0 33 91) 78 18 41
1 Dir, 4 R, 3 LSt (R)

Krah, Uwe-Jens, Dir	1. 11. 94	24. 2. 40
Jüngst, Wolfgang	1. 10. 94	24. 6. 59
Neunaber, Friedrich, abg.	1. 8. 94	13. 5. 58
König, Ingrid	16. 5. 96	11. 11. 53

Potsdam

Rubensstr. 8, 14467 Potsdam
Postfach 60 13 51, 14413 Potsdam
T (03 31) 29 11 67
Telefax (03 31) 29 11 68
1 Dir, 1 stVDir, 8 R, 6 LSt (R)

Schmitt-Wenkebach, Rainer, Dir	1. 9. 94	25. 7. 41
Jung, Katharina, stVDir	15. 5. 96	29. 3. 41
Kuhnke, Rainer	1. 8. 94	3. 1. 55
Schäfer, Irina, abg.	29. 6. 95	14. 7. 62
Weißleder, Marion	16. 2. 96	13. 2. 50
Grützmann-Nitschke, Irene	16. 4. 96	12. 7. 56
Reschke, Volker	16. 4. 96	12. 1. 63
Dr. Schlender, Sibylle	16. 4. 96	4. 1. 64

Richterinnen/Richter im Richterverhältnis auf Probe

Scholz, Frank	14. 2. 94	31. 8. 65
Weiße, Irina	22. 9. 94	10. 10. 51
Nischalke, Martina	22. 9. 94	7. 4. 63
Striepeke, Kirsten	13. 10. 95	31. 5. 64
Slottke, Britta	1. 11. 95	7. 4. 64
Förster, Catleen	1. 11. 95	2. 7. 60
Gerstmann, Kathrin	25. 11. 94	16. 1. 66

Bremen

Landessozialgericht Bremen

Contrescarpe 32, 28203 Bremen
T (04 21) 3 61–0
Telefax (04 21) 3 61–69 11
1 Pr, 1 VPr, 3 R + ½ R

Präsidentin
Paulat, Monika	1. 4. 96	17. 12. 48

Vizepräsident
Hofmann, Udo	25. 6. 93	14. 1. 37

Richterin/Richter
Ackermann, Eberhard, abg.	—	—
Wulfgramm, Jörg	11. 6. 93	16. 2. 50
Holst, Gerda-Renate, ½	11. 6. 93	28. 10. 50
Schelhowe, Theodor	22. 12. 93	21. 9. 46

Sozialgericht

Bremen
Contrescarpe 33, 28203 Bremen
T (04 21) 3 61–0
Telefax (04 21) 3 61–69 11
1 Dir, 1 stvDir, 5 R + 2 × ½ R

Buhl, Barbara, Dir	1. 10. 78	18. 12. 36
Kunert, Heinz, stvDir	—	—
Neustädter, Rainer	26. 5. 78	21. 4. 47
Kannowski, Monika	17. 4. 84	23. 1. 48
Dr. Lenze, Annegret, ½	3. 8. 89	2. 8. 59
Frehe, Horst	7. 1. 91	5. 2. 51
Poppe-Bahr, Marion	12. 9. 91	20. 5. 52
Schlüter, André	1. 8. 92	4. 6. 62
Lumm-Hoffmann, Bettina, ½	15. 4. 96	17. 1. 57

Hamburg

Landessozialgericht Hamburg

Kaiser-Wilhelm-Str. 100, 20355 Hamburg
T (0 40) 3 49 13–1
Telefax (0 40) 3 49 13–33 58
1 Pr, 1 VPr, 1 VR, 7R

Präsidentin
Dr. Schafft-Stegemann, Anke	1. 4. 96	12. 6. 37

Vizepräsidentin
Lührs-Hunger, Heike	1. 3. 87	6. 8. 41

Vorsitzender Richter
Cornand, Paul	21. 3. 79	26. 9. 31

Richterin/Richter
Lettnin, Günter	1. 2. 72	6. 9. 34
Dr. Otto, Werner	1. 10. 74	26. 11. 38
Vahldiek, Wilfried	1. 4. 75	8. 9. 37
Baum-Schulz, Katrin	16. 2. 90	29. 12. 60
Dr. Klückmann, Harald	21. 12. 90	10. 6. 44
Kopp, Jürgen	1. 8. 93	7. 8. 47
Eidel, Horst-Dieter	1. 9. 95	28. 12. 51

Sozialgericht

Hamburg
Kaiser-Wilhelm-Str. 100, 20355 Hamburg
T (0 40) 3 49 13–1
Telefax (0 40) 3 49 13–33 58
1 Pr, 1 VPr, 1 w.aufsR, 18 R

Präsident
Ipsen, Peter	8. 3. 88	8. 9. 36

Vizepräsident
Friedrich, Günther	1. 12. 88	2. 7. 42

Richterinnen/Richter
Fligg, Hans-Karl, w.aufsR	20. 10. 92	1. 4. 44
Kruse, Gerhard	15. 9. 67	26. 10. 34
Wolkenhauer, Hans Hermann	30. 11. 71	28. 6. 38
Funk, Marianne	1. 1. 75	3. 7. 38
Horz, Christian	17. 9. 82	18. 2. 47
Schulze, Marianne	1. 10. 83	11. 5. 52
Deß, Hans	18. 6. 84	23. 1. 43
Schwarz, Bärbel	8. 7. 86	14. 8. 52
Steinbach, Karin, beurl.	8. 7. 86	8. 1. 56
Ohltmann, Jürgen	1. 10. 87	2. 8. 47

SG Hessen

Prill, Jens-Holger	18. 12. 87	3. 10. 51
Loets, Claus-Dieter	1. 1. 90	19. 9. 50
Baum-Schulz, Katrin, abg.	16. 2. 90	29. 12. 60
Wiese-Gürth, Monika	15. 9. 90	18. 11. 53
Sieg, Heinz-Jürgen, abg.	1. 11. 90	5. 1. 46
Walkowiak, Annett	1. 10. 91	8. 6. 58
Engelhard, Wolfgang	1. 12. 94	6. 4. 56
Dawartz, Arne	6. 10. 94	24. 4. 58
Spiolek, Ursula	6. 10. 94	11. 2. 60
Dr. Fuchsloch, Christine Martina, abg.	1. 5. 95	20. 5. 64

Richterinnen/Richter im Richterverhältnis auf Probe

Radüge, Astrid	1. 12. 93	16. 3. 64
Tripp, Carsten	17. 7. 95	4. 12. 42
Böttger, Evelyn	1. 11. 95	8. 1. 63

Hessen

Landessozialgericht Darmstadt

Steubenplatz 14, 64293 Darmstadt
T (0 61 51) 8 04 01
Telefax (0 61 51) 80 43 50
1 Pr, 1 VPr, 6 VR, 22 R, 1 LSt (UProf)

Präsident

Wiegand, Bernd	28. 6. 82	26. 4. 38

Vizepräsident

Gouder, Eckhard	20. 6. 86	23. 12. 39

Vorsitzende Richterin/Vorsitzende Richter

Dr. Cuntz, Joachim	27. 8. 82	22. 2. 40
Dalichau, Gerhard	4. 11. 82	10. 4. 44
Bergmann, Michael	22. 9. 86	8. 7. 40
Brück, Manfred	13. 8. 87	30. 3. 38
Müller, Gisela	24. 9. 90	15. 2. 44
Dr. Haus, Karl-Heinrich	2. 7. 92	7. 3. 47

Richterinnen/Richter

Hermann, Rainer	11. 7. 78	12. 5. 45
Balser, Gabriele	9. 12. 80	22. 2. 45
Prof. Dr. Nickel, Egbert, (UProf, 2. Hauptamt), ¹/₁₀ (LSt)	2. 1. 81	7. 6. 36
Böhm, Claus	26. 4. 83	18. 11. 41
Dr. Peter, Bernd	29. 9. 83	11. 9. 51
Meyer, Falko	22. 12. 83	14. 9. 44
Werner, Bernhard	24. 5. 85	24. 6. 42
Schöler, Martin	25. 9. 85	23. 10. 44
Immel-Schelzke, Marita	23. 12. 85	23. 10. 52
Kern, Joachim	31. 10. 86	26. 8. 47
Dr. Steiner, Gert	18. 12. 87	1. 9. 53
Meinecke, Rita	12. 3. 90	28. 2. 58
Böhm, Ina	15. 8. 90	11. 2. 56
Dr. Schuler, Rolf	24. 1. 91	9. 12. 50

Knickrehm, Sabine	19. 12. 91	26. 10. 59
Dreiseitel, Christa	13. 7. 95	3. 1. 57

Weitere Stellen für Richter am LSG sind besetzt. Namen und Personaldaten der Stelleninhaber sind nicht übermittelt worden.

Sozialgerichte

Darmstadt

Steubenplatz 14, 64293 Darmstadt
T (0 61 51) 8 04 02
Telefax (0 61 51) 80 41 99
1 Dir, 1 stVDir, 7 R

Endres, Wolfgang, Dir	1. 10. 81	25. 4. 37
Schick, Herbert, stVDir	1. 4. 72	26. 10. 38
Collignon, Stephan	1. 7. 85	6. 4. 54
Deppermann-Wöbbeking, Anne-Kathrin	—	—
Ewald, Helmut	1. 8. 88	4. 1. 55
Knickrehm, Vasco	2. 1. 91	2. 2. 59
Flach, Dietrich	4. 1. 94	16. 4. 59

Weitere Stellen für Richter am SG sind besetzt. Namen und Personaldaten der Stelleninhaber sind nicht übermittelt worden.

Frankfurt (Main)

Adickesallee 36, Gebäude C, 60322 Frankfurt
T (0 69) 1 53 50
Telefax (0 69) 1 53 56 66
1 Pr, 1 VPr, 18 R, 1 LSt (R)

Präsident

Dr. Brückner, Klaus	16. 2. 95	27. 5. 43

Vizepräsidentin

Reuter, Mechtild	16. 2. 95	6. 3. 46

Hessen **SG**

Richterinnen/Richter

Walther, Hans-Jörg	13. 11. 70	21. 9. 37
Dr. Schickedanz, Erich	5. 8. 80	1. 12. 46
Eckert, Wolfgang	1. 11. 80	24. 11. 43
Vogel, Hedwig	17. 7. 84	19. 10. 43
Growe, Gunter	17. 7. 84	19. 12. 46
Seibert, Manfred	21. 9. 87	4. 10. 43
Dr. Offczors, Günter	1. 10. 88	5. 10. 52
Gardewin-Brink, Marlies	1. 10. 88	14. 11. 56
Barnusch, Klaus	24. 11. 88	14. 11. 56
Kellmann, Thomas	1. 10. 89	27. 9. 55
Sonntag, Ursula	29. 1. 90	12. 5. 57
Heinrichs, Lucas	1. 8. 92	4. 10. 56
Legde, Georg	5. 1. 94	22. 8. 60
Eschke, Hans-Herbert	9. 8. 94	3. 2. 59
Lehlbach, Jürgen	29. 5. 95	8. 3. 56
Heinke, Birgit-Christina	1. 6. 95	28. 5. 61
Weßler-Hoth, Susanne, abg.	26. 7. 95	23. 4. 56

Weitere Stellen für Richter am SG sind besetzt. Namen und Personaldaten der Stelleninhaber sind nicht übermittelt worden.

Fulda
Bahnhofstr. 26, 36037 Fulda
T (06 61) 97 56 10
Telefax (06 61) 97 56 11
1 Dir, 2 R

Birkenbach, Robert	1. 5. 91	17. 2. 55

Eine weitere Stelle für einen Richter am SG ist besetzt. Name und Personaldaten des Stelleninhabers sind nicht übermittelt worden.

Gießen
Ostanlage 19, 35390 Gießen
T (06 41) 39 91–0
Telefax (06 41) 39 91–50
1 Dir, 1 stVDir, 7 R

Becker, Peter, Dir	9. 12. 93	27. 9. 55
Wagner, Karl-Heinz, stVDir	24. 11. 95	29. 1. 53
Hörr, Eckehard	2. 1. 82	5. 3. 47
Großkopf-Sander, Rotraud	13. 8. 90	20. 3. 47
Grüner, Bernd	3. 12. 91	2. 8. 56
Dr. Roos, Elke, abg.	7. 6. 94	13. 2. 60

Kassel
Ständeplatz 23, 34117 Kassel
T (05 61) 7 09 36–0
Telefax (05 61) 7 09 36–10
1 Dir, 6 R + ½ R, 1 LSt (R)

Schäfer, Dieter, Dir	9. 12. 93	11. 8. 39
Lindner, Jutta, stVDir	15. 2. 94	5. 6. 57
Fellenz, Günter	19. 10. 72	16. 8. 35
Zander, Dirk	21. 3. 78	3. 8. 42
Sengler, Randolf	27. 2. 89	30. 5. 56

Marburg (Lahn)
Gutenbergstr. 29, 35037 Marburg
T (0 64 21) 17 08–0
Telefax (0 64 21) 17 08–50
1 Dir, 3 R

Dr. Neuhaus, Rupert, Dir	12. 10. 84	10. 8. 44
Hörterer, Manfred	18. 7. 80	29. 10. 40
Dr. Heuser, Hans	28. 2. 92	17. 9. 56
Dr. Horn, Robert, abg.	1. 8. 92	31. 7. 58

Wiesbaden
Frankfurter Str. 12, 65189 Wiesbaden
T (06 11) 3 90 25
Telefax (06 11) 37 72 68
1 Dir, 1stVDir, 3 R + 2 × ½ R

Urbahn, Rolf, Dir	1. 12. 89	2. 3. 40
Kleinknecht, Christiane, stVDir	10. 7. 90	3. 12. 43
Hoth, Jens-Peter, ½	14. 5. 86	29. 3. 54
Dr. Poske, Dieter	30. 5. 90	30. 11. 52
Möller, Heidrun, ½	15. 8. 91	—
Enes, Andrea	11. 5. 93	8. 11. 61
Sprang, Werner	14. 12. 94	22. 10. 56

Richterinnen/Richter im Richterverhältnis auf Probe

Ruppel, Bettina	1. 8. 94	12. 2. 60
Hölzer, Dirk	10. 10. 94	27. 3. 62
Weihrauch, Ulrike	10. 10. 94	16. 11. 66
Hiltmann, Gabriele	10. 10. 94	6. 12. 63
König, Alexander	25. 11. 94	3. 3. 59

Mecklenburg-Vorpommern

Landessozialgericht Mecklenburg-Vorpommern

Hauerweg 4, 17036 Neubrandenburg
T (03 95) 76 97 70
Telefax (03 95) 7 69 77 88
1 Pr, 1 VPr, 2 VR, 8 R

Präsident
Dr. Wiesner, Siegfried   1. 10. 92   22. 9. 40

Vizepräsident
Lutz, Martin   1. 10. 94   28. 8. 49

Vorsitzender Richter
Blaesing, Jürgen   17. 8. 92   26. 10. 43

Richter
Voelzke, Thomas   1. 6. 92   24. 1. 56

Sozialgerichte

Neubrandenburg
Hauerweg 4, 17036 Neubrandenburg
T (03 95) 7 69 77
Telefax (03 95) 7 69 77
1 Dir, 3 R

N. N., Dir.
Matz, Andreas, abg.   14. 11. 94   12. 6. 61
Gerfelmeier, Thomas   9. 4. 96   17. 2. 60

Rostock
August-Bebel-Str. 15–20, 18055 Rostock
T (03 81) 24 10
Telefax (03 81) 24 13 75
1 Dir, 4 R

Gosch, Carla, Dir   —   —
Franz, Günther   1. 3. 94   5. 7. 57

Schwerin
Wismarsche Str. 325, 19053 Schwerin
T (03 85) 5 40 40
Telefax (03 85) 5 40 41 14
1 Dir, 4 R

Poppe, Rolf, Dir   2. 6. 94   14. 2. 55
Winter, Bärbel   23. 2. 77   21. 1. 45
Otto, Corinna   7. 1. 93   27. 3. 63
Förtsch, Uwe   17. 1. 94   6. 6. 62
Hampel, Klaus   27. 7. 94   12. 5. 61

Stralsund
Mühlenstr. 5, 18430 Stralsund
T (0 38 31) 25 73 00, 25 75 83
Telefax (0 38 31) 25 75 80
1 Dir, 3 R

Klein, Hans-Uwe, Dir   1. 2. 89   6. 5. 48
von Houwald, Christoph   26. 3. 96   29. 11. 50
Schön, Jürgen   —   —

Richterinnen/Richter im Richterverhältnis auf Probe
Zehner-Schomburg,
  Nicoline, ½   3. 5. 93   8. 6. 59
Barz, Christan   1. 10. 93   7. 10. 56
Hünecke, Ilka   3. 1. 94   3. 6. 62
Meyerhoff, Katja   3. 1. 94   23. 6. 64
Wagner, Axel   3. 1. 94   5. 4. 65
Plate, Katharina, beurl.   1. 9. 94   3. 1. 64
Kalina, Rudolf, abg.   15. 8. 94   24. 6. 53
Schlenga,
  Hans-Dieter   1. 9. 94   19. 8. 54
Arndt, Jürgen   1. 3. 96   16. 2. 66

Niedersachsen

Landessozialgericht Niedersachsen

Georg-Wilhelm-Str. 1, 29223 Celle
Postfach 11 03, 29201 Celle
T (0 51 41) 9 62–0
Telefax (0 51 41) 9 62–2 00
1 Pr, 1 VPr, 8 VR, 24 R, 2 LSt (R)

Präsident
Dr. Lindemann, Peter   25. 1. 89   17. 5. 33

Vizepräsident
Dr. Wilde, Klaus   30. 10. 90   30. 5. 39

Vorsitzende Richterin/Vorsitzende Richter
Lilge, Werner   28. 11. 86   16. 8. 34
Jakumeit, Walter   10. 10. 88   10. 2. 37
Haase, Klaus-Peter   26. 5. 89   4. 10. 40
Schimmelpfeng-Schütte,
  Ruth   15. 5. 92   15. 10. 46
Dr. Brendel, Björn   26. 11. 92   17. 2. 39
Schmidt-Wilke, Rüdiger   26. 11. 92   22. 10. 39
Dr. Homann, Klaus   2. 5. 94   15. 6. 41
Dr. König,
  Michael   11. 1. 96   16. 8. 51

Richterinnen/Richter
Marquardt, Günter   31. 8. 72   8. 12. 33
Pfennig, Helmut   30. 9. 79   1. 3. 37
Kühn, Christian,
  beurl. (LSt)   28. 2. 80   10. 6. 41
Dr. König, Michael   3. 4. 89   16. 8. 51
Kühne, Reinhart   28. 4. 89   20. 8. 43
Ewe, Reinhard   20. 9. 89   2. 4. 54
Walter, Johannes Martin   1. 10. 90   16. 2. 47
Ruff, Wolfgang   1. 10. 90   18. 6. 49
Hollo, Dierk F.   29. 10. 91   19. 5. 47
Wimmer, Klaus   1. 6. 92   1. 5. 46
Bender, Martin   14. 9. 92   11. 9. 46
Hübschmann, Ulrich,
  abg.   14. 12. 92   16. 1. 51
Dr. Günniker, Liselotte   14. 12. 92   1. 5. 54
Winterhof, Hartmut   27. 1. 93   24. 4. 36
Dr. Bernsdorff, Norbert,
  abg. (LSt)   27. 1. 93   30. 4. 54
Scheider, Peter   30. 3. 93   8. 12. 52
Schreck, Dieter   24. 8. 93   13. 7. 57
Poppinga, Käthe   14. 12. 93   18. 5. 54
Dürre, Winfried   1. 6. 94   23. 7. 54
Hasenpusch, Walter   17. 8. 94   28. 7. 48

Dr. Spellbrink, Wolfgang   1. 9. 94   28. 4. 56
Wolff, Reinhard   28. 8. 95   6. 10. 54
Dr. Pfitzner, Thomas   1. 3. 96   29. 5. 60

Sozialgerichte

Aurich (Ostfriesland)
Kirchstr. 15, 26603 Aurich
T (0 49 41) 27 37
Telefax (0 49 41) 6 64 53
1 Dir, 3 R

Kiritz, Elsa, Dir   1. 12. 95   26. 11. 48
Asche, Johanne   3. 6. 76   4. 7. 40
Staab-Borchers, Wolfgang   2. 2. 90   16. 2. 52
Stülke, Paul   6. 1. 92   24. 6. 60

Braunschweig
Wolfenbütteler Str. 2, 38102 Braunschweig
Postfach 42 65, 38032 Braunschweig
T (05 31) 4 88–15 00
Telefax (05 31) 4 88 15 40
1 Dir, 6 R, 1 LSt (R)

Krause, Hartmut, Dir   8. 3. 89   5. 4. 36
Frankhäuser, Lina Sabine   25. 5. 90   7. 6. 56
Janz, Gabriele, abg.   30. 11. 93   15. 2. 61
Schreck, Heike   1. 6. 94   14. 9. 57
Schulte, Karl, abg.   22. 7. 94   21. 4. 59
Kreienbrink, Thomas,
  abg.   12. 12. 94   22. 8. 59
Maurer, Ursula, abg.
  (LSt)   27. 6. 95   26. 2. 63

Hannover
Nienburger Str. 14a, 30167 Hannover
T (05 11) 12 16–6
Telefax (05 11) 12 16–7 01
1 Dir, 1 stvDir, 1 w.aufsR, 16 R

N.N., Dir
Ebmeyer, Carl-Dietrich,
  stvDir   1. 8. 94   17. 9. 47
Becherer, Vera, w.aufsR   20. 7. 94   15. 7. 43
Kühn, Renate   19. 8. 68   5. 3. 35
Brunke, Wolfgang   4. 5. 81   11. 7. 49
Dr. Bartling, Hans-
  Heinrich   2. 5. 84   10. 3. 53
Müller, Rolf   9. 10. 86   10. 10. 49
Rehberg, Heidi   4. 1. 88   26. 12. 55
Taubert, Peter   16. 2. 89   12. 4. 53
Pilz, Wolfgang   4. 5. 90   23. 4. 58

SG Niedersachsen

Beyer, Gabriele	17. 11. 92	25. 3. 61
Valgolio, Leandro, abg.	26. 1. 93	31. 7. 54
Klein, Heidrun	10. 2. 93	7. 3. 59
Böhmer-Behr, Andrea	11. 4. 94	11. 4. 62
Schmiedl, Rainer, abg.	1. 10. 94	13. 9. 57
Gertich, Michael	17. 10. 94	24. 3. 55
Niederlag, Hans-Joachim	27. 6. 95	6. 3. 59

Hildesheim
Kreuzstr. 8, 31134 Hildesheim
Postfach 10 11 53, 31111 Hildesheim
T (0 51 21) 3 04–1
Telefax (0 51 21) 30 45 12
1 Dir, 5 R

Gottschalk, Reinhard, Dir	22. 12. 93	19. 1. 36
Jäger, Gebhard	12. 9. 68	15. 6. 35
Keese, Bertram	16. 6. 83	17. 6. 43
Mertens, Jürgen	1. 11. 83	6. 11. 41

Lüneburg
Haagestr. 4, 21335 Lüneburg
Postfach 26 60, 21316 Lüneburg
T (0 41 31) 47 05–1
Telefax (0 41 31) 4 70 55
1 Dir, 6 R

Brinkmann, Barbara, Dir	1. 7. 91	6. 8. 37
Spanier, Franz-Joseph	19. 8. 66	15. 5. 32
Krause, Helgard	15. 10. 74	14. 3. 39
Hestermann, Rolf	1. 3. 81	19. 9. 42
Jansen-Krentz, Ingeborg	1. 1. 92	7. 4. 59
Maiworm, Lydia	26. 10. 93	12. 10. 61
Semperowitsch, Michael	1. 9. 94	18. 2. 59

Oldenburg (Oldb.)
Schloßwall 16, 26122 Oldenburg
T (04 41) 2 55 37
Telefax (04 41) 2 41 67
1 Dir, 1 stVDir, 6 R

Schmidt, Hedda, Dir	22. 12. 92	20. 9. 43
von Campen, Gerold, stVDir	9. 3. 94	4. 9. 35
Lipsius, Jost	9. 1. 81	19. 9. 47

Schroth, Wilfried	1. 9. 81	13. 8. 44
Jost, Gerhard	2. 8. 85	23. 6. 52
Pohlschneider, Joseph	1. 12. 88	25. 2. 55
Tolkmitt, Andreas	2. 3. 90	23. 4. 57

Osnabrück
An der Petersburg 6, 49082 Osnabrück
Postfach 37 07, 49027 Osnabrück
T (05 41) 9 57 25-(0)
Telefax (05 41) 95 77 25 55
1 Dir, 1 stVDir, 6 R

Grimm, Klaus, Dir	30. 12. 80	3. 9. 34
Sperling, Reimar, stVDir	9. 3. 94	1. 7. 34
Bley, Paul	4. 2. 74	22. 1. 43
Pohlendt, Hans-Heinrich	7. 4. 78	1. 7. 46
Rebohle, Wolfgang	22. 1. 84	17. 12. 51
Huthmann, Wilfried	2. 2. 84	26. 10. 49
Löhrmann, Ulrich	17. 10. 85	5. 5. 50
Ludmann, Werner	17. 8. 91	17. 6. 55

Stade
Am Sande 4a, 21682 Stade
Postfach 19 40, 21659 Stade
T (0 41 41) 4 06–04
Telefax (0 41 41) 40 62 92
1 Dir, 4 R

Overlach, Rudolf, Dir	15. 4. 93	6. 1. 40
Beermann, Friedrich-Wilhelm	29. 7. 70	30. 6. 38
Mittenzwei, Matthias	1. 6. 77	20. 1. 44
Horn, Jan-Henrik	—	—
String, Philipp	26. 1. 93	16. 8. 58

Richterinnen/Richter im Richterverhältnis auf Probe

Dr. Marquardt, Anja	2. 8. 93	4. 3. 63
Phieler, Michael	16. 8. 93	1. 10. 59
Kramer, Birgit	7. 3. 94	16. 5. 63
Othmer, Hartwig	7. 3. 94	11. 9. 63
Jungeblut, Stefan	5. 4. 94	19. 4. 65
Voß, Silke	11. 8. 94	21. 8. 62
Dörr, Monika	1. 9. 94	5. 5. 66
Möhwald, Torsten	5. 12. 94	29. 1. 64

Nordrhein-Westfalen

Landessozialgericht Nordrhein-Westfalen

Zweigertstr. 54, 45130 Essen
Postfach 10 24 43, 45024 Essen
T (02 01) 79 92–1
Telefax (02 01) 79 92–3 02
1 Pr, 1 VPr, 16 VR, 52 R

Präsident

Dr. Kallrath, Helmut	1. 7. 81	25. 3. 32

Vizepräsident

Berstermann, Wilhelm	1. 9. 87	1. 2. 34

Vorsitzende Richterinnen/Vorsitzender Richter

Jansen, Werner	18. 5. 81	9. 6. 34
Barfurth, Karl Ernst	1. 6. 82	7. 2. 33
Meierkamp, Ulrich	17. 9. 87	11. 7. 38
Holborn, Henning	31. 8. 88	11. 10. 36
Achenbach, Bernd	31. 8. 88	8. 8. 37
Dr. Burghardt, Jürgen	27. 4. 89	16. 9. 43
Anderssson, Eckard	15. 5. 90	5. 1. 43
König, Jutta	9. 4. 91	23. 3. 39
Dr. Menard, Lutz	19. 11. 91	9. 4. 34
Schmidt, Marie-Luise	28. 10. 92	12. 12. 33
Piepenbrock, Manfred	28. 10. 92	13. 4. 36
Sander, Karl-Heinz	17. 9. 93	18. 11. 33
Dr. Breitkopf, Karl	17. 9. 93	19. 7. 44
von Alpen, Rötger	17. 9. 93	22. 1. 45
Grewe, Heinrich	15. 4. 94	18. 12. 44
Benszuweit, Arno	22. 6. 94	15. 5. 37

Richterinnen/Richter

Künstle, Karl-Heinz	1. 10. 74	7. 5. 35
Susing, Norbert	1. 10. 74	10. 7. 35
Bange, Ingrid	26. 9. 77	1. 4. 36
Viegener, Gerd	30. 5. 78	25. 10. 35
Schuschke, Brigitta	30. 5. 78	28. 8. 38
Kirsten, Hans-Peter	3. 9. 79	—
Kröger, Carl-Heinrich	16. 6. 81	13. 11. 44
Peifer, Udo	5. 4. 82	14. 9. 41
Peuker, Hubertus	6. 4. 82	3. 10. 39
Lessing, Michael	26. 4. 85	1. 6. 47
Kays, Wolfgang	2. 1. 86	6. 4. 49
Kruschinsky, Michael	12. 11. 86	10. 1. 51
Göbelsmann, Dieter	20. 5. 87	29. 11. 49
Borchard, Siegfried	24. 2. 88	11. 7. 43
Tordy, Gertraud	24. 2. 88	25. 4. 45
Brand, Josef	1. 9. 88	28. 11. 50
Müller, Klaus	21. 3. 89	13. 5. 52
Kuschewski, Ulf-Burghard	2. 5. 89	13. 1. 45
Ziegert, Volker	1. 8. 89	26. 5. 44
Schumacher, Ewald	22. 1. 90	7. 9. 49
Gröne, Paul-Heinz	22. 1. 90	26. 4. 50
Dr. Kunze, Thomas	29. 8. 90	27. 5. 48
Dr. Sommer, Thomas	20. 2. 91	21. 3. 54
Jung, Johannes-Peter	12. 7. 91	9. 8. 51
Tritschler, Doris	12. 7. 91	3. 7. 55
Richter, Thomas	19. 11. 91	26. 4. 55
Allgeier, Peter	19. 11. 91	18. 8. 55
Hagemeier, Ursula, ⅔	27. 5. 92	13. 4. 50
Dr. Jansen, Johannes	29. 5. 92	8. 11. 55
Humpert, Ansgar	26. 10. 92	4. 2. 56
Dr. Hauck, Ernst	1. 4. 93	26. 4. 54
Westermann, Bernd	1. 9. 93	12. 2. 48
Frielingsdorf, Ute	7. 10. 93	29. 12. 56
Dr. Schnath, Matthias	1. 1. 94	1. 10. 53
Piersscianek, Roland	1. 6. 94	17. 5. 57
Frehse, Hermann	10. 8. 94	3. 11. 52
Dr. Brandts, Ricarda, abg.	7. 9. 94	26. 8. 55
Wendler, Ulrich	14. 2. 95	16. 1. 54
Scholz, Stefan	7. 3. 95	24. 5. 58
Knispel, Ulrich	—	
Philippi, Manfred	1. 4. 96	23. 12. 53
Schmitter, Jochen	1. 4. 96	27. 11. 58

Sozialgerichte

Aachen

Franzstr. 49, 52064 Aachen
Postfach, 52034 Aachen
T (02 41) 4 57–0
Telefax (02 41) 4 57–2 01
1 Pr, 1 VPr, 9 R

Präsidentin

Kriebel, Kornelia	1. 3. 95	7. 7. 52

Vizepräsident

Thimm, Klaus	17. 10. 79	15. 11. 37

Richterinnen/Richter

Dr. Höger, Harro	28. 2. 80	6. 11. 43
Teusz, Marlene	10. 5. 84	1. 2. 51
Weis, Edith	19. 2. 85	18. 7. 54
Irmen, Ulrich	17. 4. 89	14. 6. 55
Lücking, Barbara	26. 10. 90	23. 2. 57
Wolff-Dellen, Michael	15. 7. 91	23. 5. 53

SG Nordrhein-Westfalen

Rünz, Gerd	8. 11. 93	13. 5. 62
Redenbach-Grund, Jutta	25. 8. 95	10. 9. 61

Eine weitere Stelle für einen Richter am Sozialgericht ist besetzt. Name und Personaldaten des Stelleninhabers sind nicht mitgeteilt worden.

Detmold
Richthofenstr. 3, 32756 Detmold
Postfach 25 65, 32715 Detmold
T (0 52 31) 7 04–0
Telefax (0 52 31) 7 04–2 04
1 Pr, 1 VPr, 11 R

Präsident

Störmann, Hardy	31. 8. 94	12. 1. 35

Vizepräsident
N. N.

Richterinnen/Richter

Echterling, Hannelore, ½	2. 1. 90	28. 1. 56
Dr. Hiekel, Carola, ½	12. 9. 91	11. 2. 60
Schmidt-Kronshage, Christian	28. 10. 91	28. 1. 60
Jording, Susanne	3. 8. 92	2. 2. 58
Wienkenjohann, Martin	12. 1. 93	15. 11. 56
Wacker, Uwe	19. 1. 93	12. 9. 63
Hoppert, Andreas	3. 8. 93	11. 7. 63
Molesch, Edeltraud	4. 11. 93	20. 10. 64
Brinkhoff, Volker	5. 11. 93	5. 12. 61

Dortmund
Ruhrallee 3, 44139 Dortmund
Postfach 10 50 03, 44047 Dortmund
T (02 31) 54 15–1
Telefax (02 31) 54 15–5 09
1 Pr, 1 VPr, 3 w.aufsR, 31 R

Präsident

Dr. Brand, Jürgen	4. 9. 90	12. 4. 45

Vizepräsident

Wüllner, Günter	2. 5. 95	5. 4. 46

Richterinnen/Richter

Trautmann, Wolfgang, w.aufsR	5. 5. 87	16. 1. 43
Jaklitsch, Thomas, w.aufsR	18. 3. 91	19. 8. 44
Kramer, Wilma, w.aufsR	1. 6. 94	2. 11. 54
Frey, Ulrike	18. 9. 75	22. 8. 43
Kleinehakenkamp, Mechthild	9. 8. 76	10. 11. 42
Sprick, Cornelia	23. 2. 83	29. 7. 52
Wittor, Ulrike	5. 8. 83	5. 5. 54
Kuß, Wilhelm	19. 2. 85	20. 4. 51

Gebauer, Detlef	29. 1. 87	17. 1. 53
Pauli, Hans-Ulrich	24. 7. 87	16. 7. 55
Schreier, Myriam	23. 12. 88	22. 6. 54
Hückert, Claus Peter	20. 3. 89	15. 8. 56
Sievert, Helga, ¾	16. 10. 89	3. 7. 55
Brune, Hagen	21. 1. 90	7. 12. 55
Piotrowski, Michael	17. 11. 91	19. 8. 60
Heisenberg, Liesel	26. 11. 91	11. 4. 54
Elling, Peter	12. 5. 92	21. 7. 58
Behrend, Nicola	12. 5. 92	10. 2. 62
Dr. Achterrath, Ralf-Oscar	2. 7. 92	8. 8. 56
Klamann, Susanne, ⅔	4. 11. 92	18. 3. 61
Dr. Kolmetz, Thomas	19. 1. 93	8. 7. 59
Debus, Beatrix	2. 2. 93	19. 8. 59
Dr. Düring, Ruth	23. 2. 93	1. 11. 58
Daweke, Frank	8. 10. 93	29. 6. 61
Vahle-Kuhlmann, Rita, abg.	8. 11. 93	22. 12. 61
Söhngen, Uwe	12. 11. 93	16. 9. 61
Dr. Jung, Cornelia	22. 11. 93	5. 5. 56
Beckmann, Armin	17. 12. 93	25. 11. 54
Henninghaus, Gabriele	14. 4. 94	15. 5. 57
Schorn, Ulrich	18. 7. 94	20. 6. 63
Stewen-Steinert, Susanne, beurl.		
Behrend, Frank	30. 8. 94	8. 2. 61
Schlangen, Klaus	—	—
Baukmann, Ulrike	13. 4. 95	3. 3. 63
Straetmanns, Friedrich, abg.	10. 7. 95	5. 8. 61
Bornheimer, Monika, beurl.	13. 7. 95	1. 4. 62

Düsseldorf
Ludwig-Erhard-Allee 21, 40227 Düsseldorf
Postfach 10 45 52, 40036 Düsseldorf
T (02 11) 77 70–0
Telefax (02 11) 77 70–3 73
1 Pr, 1 VPr, 3 w.aufsR, 29 R

Präsident

Dr. Schäfer, Karl-Josef	1. 3. 84	28. 11. 37

Vizepräsident
N. N.

Richterinnen/Richter

Schwarz, Volker, w.aufsR	14. 7. 87	31. 5. 43
Kerber, Detlef, w.aufsR	16. 9. 93	25. 3. 54
Dr. Thies, Horst-Günter, w.aufsR	29. 6. 94	26. 8. 42
Mann, Doris	8. 5. 78	16. 5. 48
Sieslack, Gerhard	8. 5. 79	5. 3. 47
Bay, Harald	6. 1. 83	8. 1. 41
Niessen, Georg	9. 5. 83	28. 3. 42

Nordrhein-Westfalen **SG**

Schnitzler, Johannes Wilhelm	15. 8.83	25.10.47
Fisseler, Karl-Heinz	15. 8.83	25.11.51
Dunsche, Wolfgang	11.11.83	30. 4.48
Sattler, Ellen	10. 9.86	26. 7.57
Crone, Eckhard	24. 7.87	20. 4.58
Huckenbeck, Ernst	10. 9.87	22. 8.56
Schneider, Hilmar	29. 5.89	18. 1.56
Steinhauer, Claudia	2. 1.90	17. 2.60
Ollig, Barbara, beurl.	—	—
Morrn, Thomas	11. 5.92	5. 4.54
Schillings, Martin	2. 9.92	15. 9.57
Daners, Ingrid, abg.	2.11.92	14. 4.60
Beisheim, Brigitte	4. 1.93	26. 6.59
Faßbender-Boehm, Simone	4. 1.93	5. 5.61
Weitz, Monika	1. 2.93	20. 4.60
Straßfeld, Elisabeth	15. 2.93	30. 4.60
Hausmann, Günter	23. 2.93	1. 1.59
Lütz, Alfred	4.11.93	19. 6.61
van den Wyenbergh, Gertrud	2. 1.94	17.10.61
Kuhn, Heidrun	20. 4.94	12.11.60
Reyels, Johannes	26. 4.94	28. 9.60
Köster, Sabine	9.12.94	6. 3.61
Lehmacher, Hans-Werner	28.12.94	3.12.59
te Heesen, Karl-Dieter	24. 3.95	10. 5.57
Dulies, Bettina, RkrA	(1. 4.96)	21. 6.58

Duisburg
Mülheimer Str. 54, 47057 Duisburg
Postfach 10 11 62, 47011 Duisburg
T (02 03) 30 05–0
Telefax (02 03) 30 05–2 54
1 Pr, 1 VPr, 2 w.aufsR, 19 R, 1 LSt

Präsident

Stürmer, Albert	24.10.95	25. 7.44

Vizepräsidentin

Bromby, Barbara	1. 8.94	9.10.45

Richterinnen/Richter

Winkler, Jochen, w.aufsR	1. 6.94	29. 9.43
Turanli, Antje, w.aufsR, abg.	2.12.94	20. 9.43
Rolauffs, Hans-Peter	20.12.68	27. 9.31
Feder, Karl-Ernst	—	—
Orth, Günter	27. 6.73	13. 6.40
Flesch-Siekmann, Annegret	4.10.82	19. 3.46
Schädlich-Maschmeier, ½, abg.	16.11.82	21. 5.52
Schürmann, Ulrich	25. 7.84	2. 9.53
von Gutzeit, Gabriele, beurl. (LSt)	11. 1.89	9. 7.53
Wermke, Karin	11. 5.89	5. 4.55
Riedel, Siegfried	17. 9.90	8. 5.58
Schönenborn, Anita	27. 9.90	15. 4.57
Dr. Günther, Norbert	21. 2.91	2. 9.56
Arnold, Ulrike	22. 5.91	25. 6.57
Schockenhoff, Elke, ⅔	11.11.91	3. 4.58
Vogt, Michael	2.12.92	7. 2.57
Gölz, Rainer	4. 1.93	28. 5.59
Redmer-Häußler, Elisabeth, ½	19. 1.93	10. 6.61
Hild, Sylvia	4.11.93	7. 7.61
Vehling, Norbert	14. 4.94	31. 8.58
Lente-Poertgen, Astrid	27. 3.95	28.11.57
Soleta, Michael, abg.	19.10.95	6. 4.59
Sapper, Annette, ½	29. 3.96	28. 1.62

Gelsenkirchen
Ahstr. 22, 45879 Gelsenkirchen
Postfach 10 01 52/62, 45801 Gelsenkirchen
T (02 09) 17 88–0
Telefax (02 09) 17 88–1 77
1 Pr, 1 VPr, 1 w.aufsR, 15 R + 1 LSt

Präsident

Dr. Lange, Peter	31. 8.90	22. 1.48

Vizepräsident
N. N.

Richterinnen/Richter

Steffen, Kornelia, w.aufsR	11.10.95	15. 5.55
Dreher, Karl-Heinz	21. 2.69	11.11.32
Antoni, Margarethe	21. 2.69	28.10.37
Bellinghausen, Arno	13. 7.79	27. 6.47
Heiland, Claus-Peter	20.11.79	1. 9.50
Schmelzer, Günter	5. 2.82	1. 3.50
Franke, Rüdiger	19. 3.82	10. 1.50
Molz, Wolfgang	8. 4.82	4.12.47
Reske, Dieter	11. 4.83	26. 8.52
Heßling-Wienemann, Ulrike	11.10.84	5. 8.54
Bauhaus, Hans-Joachim	18. 1.85	26. 5.50
Müller, Annegrit, beurl. (LSt)	10. 4.85	22. 5.55
Anger, Harald	4. 9.89	1. 2.56
Hiller, Gerhard	21. 5.91	3. 9.48
Fleck, Silvia	18.11.91	14. 1.57
Scheer, Ulrich	29.11.93	23. 8.58

Köln
An den Dominikanern 2, 50668 Köln
Postfach 10 31 52, 50471 Köln
T (02 21) 16 17–0
Telefax (02 21) 16 17–1 60
1 Pr, 1 VPr, 2 w.aufsR, 19 R

SG Nordrhein-Westfalen

Präsident
Dr. Louven, Klaus 8. 2.80 10.11.31

Vizepräsident
Aghte, Wolfgang 2.11.93 25.11.51

Richterinnen/Richter
Fellermann-Blachut,
  Eva-Maria, w.aufsR 1. 6.94 12. 8.57
Kurtenbach, Dirk,
  w.aufsR 1. 9.94 26.11.56
Bremer, Alwin 9. 4.74 22. 3.40
Greven, Konrad 9.11.74 22. 5.37
Pape, Klaus 18. 9.75 7. 1.39
Seel, Jutta 26. 7.76 28.11.41
Kleinings, Jobst 6. 7.77 19. 7.44
Steuer, Barbara 14.10.77 28. 8.42
Steffel, Uwe 16. 1.78 30. 1.41
Reinhold, Andreas 12. 6.78 22.12.42
Reich, Matthias 14. 8.78 2.10.44
Dickfahr, Bernd 21.12.78 20. 9.42
Volk, Dieter 5.10.81 17. 6.48
Girndt, Johannes 29.11.82 20. 9.41
Haslach-Niemeier,
  Heidemarie, ½ 21.11.86 5.11.55
Fastnacht, Axel 5.10.87 11.12.53
Löwe-Tolk, Gisela 5. 1.88 19. 2.57
Hennings, Mechthild 13. 1.89 25. 2.56
Plum, Rainer 26. 1.93 21. 7.59

Münster
Alter Steinweg 45, 48143 Münster
Postfach 71 20, 48038 Münster
T (0251) 5 1023–0
Telefax (0251) 5 1023–74
1 Pr, 1 VPr, 11 R

Präsident
Stratmann, Heinrich 1. 2.95 13. 9.52

Vizepräsident
Löns, Martin 23. 9.91 17. 5.56

Richterinnen/Richter
Dr. Stephany, Gerda 11.12.72 11. 8.40
Tschoeltsch, Ruthild — —
Lippert, Hans-Peter 1. 6.77 9. 6.44
Schäfer, Brigitte 21. 9.78 29. 9.46
Potthoff, Annegret 18. 1.82 8. 6.52
Müller, Karl-Heinz 29. 8.83 4.11.48
Witt, Harald 3.10.83 16. 1.53
Schruff, Herbert-Wilhelm 7.12.83 21. 6.47
Sohn, Birgit 4. 7.85 17. 3.54
Busse, Annegret 22. 1.88 4. 9.54

Richterinnen/Richter im Richterverhältnis auf Probe
Steegmann, Manuela 25. 4.94 22. 3.62
Dr. Weßling, Bernhard 24. 5.94 13.10.60
Paddenberg, Thomas 1. 3.95 30. 6.64
Lehrmann, Gabriele 1. 3.95 5. 2.66
Schäfer, Heinrich
  Johannes 3. 4.95 11. 6.66
Groh, Pia 1. 5.95 17. 4.64
Nohl, Bettina 3. 7.95 16. 4.66
Schomberg, Anke 1. 8.95 8. 4.65
Gotsche, Brigitta 1. 9.95 9.10.66
Kühl, Martin 2.11.95 9. 2.64
Schimm, Elisabeth, ½ 1.12.95 12. 6.64
Gregarek, Bernd 2. 1.96 25.11.64
Klempt, Angelika 2. 1.96 8.11.66
Kieltsch, Karin 1. 4.96 1. 7.67

Rheinland-Pfalz

Landessozialgericht Rheinland-Pfalz

Ernst-Ludwig-Str. 1, 55116 Mainz
Postfach 30 30, 55020 Mainz
T (0 61 31) 14 10
Telefax (0 61 31) 14 15 67
1 Pr, 1 VPr, 4 VR, 14 R einschließl. 1 UProf im
im 2. Hauptamt + 1 LSt (R)

Präsident
Dr. Wissing, Gerhard　　　2. 1.89　　8. 9.34

Vizepräsident
Dr. Wallau, Horst　　　1. 1.86　　5. 4.32

Vorsitzende Richterin/Vorsitzende Richter
Gilbert, Wolfram	1.12.86	20. 8.34
Wolff, Michael	1. 9.88	29. 8.37
Grohe, Helmut	3. 8.90	17.10.31
Diewitz, Marie-Luise	15.12.94	1. 7.45
Schmitz, Dieter	8. 1.96	24. 4.41

Richterinnen/Richter
Herrmann, Karl Theodor	3. 5.74	3. 9.38
Geier, Werner	15.10.74	7. 2.38
Prof. Dr. Krause, Peter (UProf, 2. Hauptamt)	9. 8.78	27. 2.36
Roos, Adolf	18. 5.87	29. 8.34
Hofmann, Gerd	1.10.87	10. 2.47
Dr. Hansen, Hans-Georg	10.10.89	8. 5.51
Keller, Wolfgang	26.11.90	16. 5.53
Baus, Heinz	17.10.91	31. 3.54
Dr. Tappert, Wilhelm	17.10.91	10.11.54
Schmidt, Anette	2. 4.92	24. 1.56
Dr. Ruppelt, Michael, abg. (LSt)	3. 4.92	10. 3.53
Ebsen, Inge	1. 4.93	8. 4.46
Riebel, Jürgen	1. 4.93	27. 3.58
Didong, Jürgen	24. 3.95	12. 5.57
Dr. Follmann, Werner	17. 1.96	4. 7.56

Sozialgerichte

Koblenz
Gerichtsstr. 5, 56068 Koblenz
Postfach 17 80, 56017 Koblenz
T (02 61) 1 25 61
Telefax (02 61) 16 06 06
1 Pr, 1 VPr, 8 R

Präsident
Bartz, Ralf　　　1. 1.94　　12.12.50

Vizepräsident
Binz, Hans-Dieter　　　24.11.88　　31.12.51

Richterinnen/Richter
Weidenfeller, Magdalena	23. 1.84	1. 4.53
Zimmermann, Horst	1. 7.86	10. 2.54
Pesch, Hans	2. 1.89	16. 6.52
Wiemers, Wolfgang	2.10.92	26.12.61
Grajewski, Josef	2. 4.93	4. 2.59
Liebermann, Rainer	10. 6.94	26. 2.62
Wittenbrock, Jörg	9. 6.95	28. 4.61
Simanowski, Karin	19. 6.95	9. 7.63

Mainz
Ernst-Ludwig-Straße 1, 55116 Mainz
Postfach 30 30, 55020 Mainz
T (0 61 31) 14 10
Telefax (0 61 31) 14 15 67
1 Pr, 1 VPr, 4 R + 2 × ½ R + 1 LSt (R)

Präsident
Clever, Manfred　　　27.10.86　　25. 6.36

Vizepräsident
Schwerdtner, Armin　　　3. 5.74　　8. 3.38

Richterinnen/Richter
Schütze, Christiane	14.10.75	28. 8.42
Frossard, Annette, ½	7. 6.91	5. 8.60
Großmann, Gudrun, abg.	1.12.91	10. 5.61
Best, Heike	26.10.93	7.11.62
Heinz, Andreas, abg. (LSt)	13. 2.95	29. 4.63
Laux, Petra, RkrA, ½	(2. 5.95)	7. 4.59

Speyer
Postfach 18 69, 67328 Speyer
Schubertstraße 2, 67346 Speyer
T (0 62 32) 7 40 01
Telefax (0 62 32) 7 40 04
1 Pr, 1 VPr, 10 R + 1 LSt (R)

Präsident
Koch, Helmut　　　16. 2.93　　17. 8.46

Vizepräsident
Dr. Benkel, Bernd　　　7. 5.91　　19. 5.55

SG Saarland

Richterinnen/Richter

Berminé, Hans-Robert	20. 9.76	21. 4.44
Doll, Günter	18.12.80	16. 9.49
Kramer, Barbara, beurl. (LSt)	22.10.90	11. 2.60
Vogel, Wilfried	17. 6.91	16. 6.55
Kaiser, Klaus	2.12.91	17. 5.57
Dr. Jahraus, Gerd	4. 1.93	4. 3.56
Willersinn, Matthias	11.10.93	17. 3.61
Pohl, Gabriele	14. 8.95	7. 8.62
Scheidt, Jürgen	16.11.95	18. 4.63
Lichtenthäler, Udo	22.11.95	4. 3.56

Trier

Postfach 34 04, 54224 Trier
Saarstraße 2, 54290 Trier
T (06 51) 9 48 20
Telefax (06 51) 9 48 21 00
1 Pr, 1 VPr, 3 R

Präsident

Rautert, Johannes	1.11.85	19. 8.41

Vizepräsident

Franzen, Rudolf	1. 6.90	7. 5.44

Richter

Metzroth, Norbert	6.12.73	9. 6.35
Dr. Olk, Jürgen	1. 1.87	26. 7.55
Sattler, Heinz-Jürgen	5. 5.89	30. 7.58

Richterinnen/Richter im Richterverhältnis auf Probe

Sauerbrei, Silvia	13. 4.92	3. 2.61
Gerbig, Hans-Dieter	3. 8.92	11. 6.62
Curkovic, Jaka-Nevenka	2.11.92	31. 8.62
Dilling, Gunther	12.12.95	3. 8.65
Weber-Lejeune, Stefanie, ½	1. 4.96	1. 8.66

Saarland

Landessozialgericht für das Saarland

Egon-Reinert-Str. 4–6, 66111 Saarbrücken
Postfach 10 18 63, 66018 Saarbrücken
T (06 81) 90 63–0
Telefax (06 81) 90 63–2 00
1 Pr, 1 VPr, 6 R

Präsident

Wernet, Gert	1. 3.94	25. 7.35

Vizepräsident

Feling, Harald	9. 6.94	7. 4.38

Richter

Dr. Rosprich, Holger	6. 2.85	22.11.41
Bender, Jürgen	20. 4.89	10.12.46
Himber, Helmut	1. 3.92	1. 5.51
Betz, Konrad	2. 8.93	2. 8.53
Schneider, Josef	1. 7.94	3. 9.51
Schick, Wolfgang	27. 3.95	20. 3.57

Sozialgericht

Saarbrücken

Egon-Reinert-Str. 4–6, 66111 Saarbrücken
Postfach 10 18 63, 66018 Saarbrücken
T (06 81) 90 63–0
Telefax (06 81) 90 63–2 00
1 Pr, 1 VPr, 11 R

Präsident

Theunissen, Gerd	2. 7.93	2. 3.37

Vizepräsident

Lang, Jakob	1. 6.93	9. 8.40

Richterinnen/Richter

Philippi, Jutta	13. 7.70	14. 1.38
Naumann, Wiebke	23. 6.72	13. 2.39
Gill, Erwin	24.10.73	11.11.36
Neusius, Manfred	24.10.73	13.10.41
Thalhofer, Renate	16. 9.74	22. 7.39
Vesper, Christian	27. 3.79	1. 7.49
Rosemann, Hans-Willi	4. 2.81	10.11.44
Fickinger, Horst	8. 7.81	4. 8.51
Schneider, Karl-Jürgen	1. 1.82	18. 4.44
Kerbusch, Barbara	4. 1.84	23. 5.52
Feist, Wolfgang	7. 1.85	30.11.47

Sachsen*

Sächsisches Landessozialgericht

Parkstr. 28, 09120 Chemnitz
T (03 71) 23 95–0
Telefax (03 71) 2 39 52 66

Präsident
Hierl, Karl-Ludwig   1. 7. 92   25. 8. 39

Vizepräsident
N. N.

Vorsitzender Richter
Ruby, Dieter   1. 8. 93   5. 1. 42

Richter
Dr. Rokita, Gottfried   12. 7. 94   14. 3. 39
Dr. Schneider, Günther   1. 2. 95   8. 1. 55

Sozialgerichte

Chemnitz
Parkstr. 28, 09120 Chemnitz
T (03 71) 23 95–0
Telefax (03 71) 2 39 52 66

Eichmayr, Richard, Dir	1. 11. 92	27. 2. 48
Stampa, Udo	15. 4. 94	17. 8. 53
Maas, Theresia	13. 5. 94	7. 11. 56
Gieser, Ralph	15. 7. 94	17. 11. 58
Meiß, Sigrid, abg.	12. 8. 94	16. 2. 59
Schlemme, Ralf	18. 12. 94	24. 5. 57
Gleich, Gerhard	3. 2. 95	17. 8. 59
Evers, Anna-Elisab.	15. 9. 95	9. 5. 56
Boos, Georg	15. 3. 96	15. 1. 62
Kock, Elke	14. 4. 96	1. 4. 63

Dresden
Löbtauer Str. 4, 01067 Dresden
Postfach 12 04 51, 01006 Dresden
T (03 51) 49 75–0
Telefax (03 51) 4 97 53 99

---

* Angaben über die Zahl der Planstellen an den Sozialgerichten des Freistaates Sachsen konnten nicht übermittelt werden.

Präsident
Rheinberger, Dieter   1. 5. 92   2. 8. 35

Richterinnen/Richter

Gasser, Stefan, abg.	1. 3. 95	11. 1. 60
Ulshöfer, Tatjana, abg.	22. 3. 93	17. 6. 60
Schwalm, Gerald	14. 5. 94	5. 10. 57
Neidel, Burkhard	1. 7. 94	1. 8. 54
Simon, Walfried	1. 10. 94	20. 12. 55
Schneider, Marion	28. 11. 94	24. 8. 55
Weinholtz, Peter, abg.	1. 7. 95	15. 11. 57

Leipzig
Berliner Str. 11, 04109 Leipzig
T (03 41) 5 95 70

Heigl, Franz Josef, Dir	1. 3. 96	24. 4. 43
Jacobi, Angela, abg.	1. 1. 95	13. 6. 58
Friedler, Ute	1. 3. 94	3. 5. 54
Krieger, Sabine	12. 6. 94	18. 6. 61
Jedamski, Bernd	1. 7. 94	2. 3. 59
Dr. Estelmann, Martin	1. 5. 95	17. 5. 61
Pretzel-Friedsam, Michael	1. 4. 96	26. 2. 59

Richterinnen/Richter im Richterverhältnis auf Probe

Dr. Vor, Rainer	3. 5. 93	8. 11. 59
Strahn, Thomas	15. 6. 93	24. 10. 61
Lenz, Helmut	15. 6. 93	24. 8. 52
Klotzbücher, Dorrit	16. 8. 93	26. 3. 57
Vögele, Amrei	1. 9. 93	12. 3. 65
Schmidt, Angelika	1. 10. 93	19. 12. 62
Schackmann, Susanne	15. 10. 93	26. 2. 65
Steinmann-Munzinger, Manuela	1. 11. 93	24. 5. 65
Krause, Kerstin	1. 12. 94	14. 9. 65
Ankes, Cornelia	16. 1. 95	10. 7. 62
Bültel, Claudia	1. 2. 95	12. 11. 62
Zimmer, Andreas	18. 4. 95	16. 1. 64
Thieme, Carina	18. 4. 95	9. 11. 68
Metzenmacher, Jutta	1. 6. 95	29. 11. 65
Molzahn, Nils	30. 6. 95	25. 2. 66
Ferchau, Anja	1. 8. 95	19. 10. 67
Scholz, Stephanie	1. 8. 95	28. 9. 65
Müller, Tanja	1. 11. 95	25. 10. 68
Braun, Markus	1. 12. 95	7. 3. 68
Wietek, Roland	1. 2. 96	17. 12. 61

Sachsen-Anhalt

Landessozialgericht Sachsen-Anhalt

Neustädter Passage 15, 06122 Halle
T (03 45) 2 20-0
Telefax (03 45) 2 20-21 03-4
1 Pr, 1 VPr, 1 VR, 7 R

Präsident
N. N.

Vizepräsident
N. N.

Vorsitzender Richter
Glimm, Uwe   5. 5.93   9. 8.38

Richter
Eyrich, Detlef   15. 9.93   14. 9.59

Sozialgerichte

Dessau
Mariannenstr. 35, 06844 Dessau
T (03 40) 2 02-0
Telefax (03 40) 2 02-17 20
1 Dir, 3 R

N. N., Dir
Wickinghoff, Wolfgang   13. 6.94   8. 8.61
Rönninger, Helene   14. 3.96   14. 5.57

Halle
Landsberger Str. 14–15, 06112 Halle
T (03 45) 2 20-0
Telefax (03 45) 2 20-42 01 und 2 20-42 13
1 Dir, 5 R

Dr. Schild, Brigitte, Dir   5.10.95   18. 8.29
Lauterbach, Klaus, abg.   13. 6.94   20. 1.54
Ulrich, Werner, abg.   13. 6.94   29. 2.55
Iwen, Günter   12. 9.94   2. 5.60

Magdeburg
Liebknechtstr. 65–91, Haus 1, 39104 Magdeburg
T (03 91) 6 06-0
Telefax (03 45) 6 06-70 15
1 Dir, 5 R

Krüger, Eckhard, Dir   10. 2.93   22.11.44
Strieck, Lothar, abg.   1. 4.93   21. 3.52
Frank, Wilhelm   3.12.93   21. 2.56
Tegelbeckers, Michael   6.12.93   7.10.58
Fock, Michael, abg.   20. 9.94   10. 4.58
Sprung, Marlies, abg.   14.10.94   14.12.58

Stendal
Am Dom 19, 39576 Stendal
T (0 39 31) 58-0
Telefax (0 39 31) 58-13 18
1 Dir, 1 R

Jansen, Jürgen, Dir   1. 7.93   13. 7.55

Schleswig-Holstein

Schleswig-Holsteinisches Landessozialgericht

Gottorfstr. 2, 24837 Schleswig
T (0 46 21) 86–0
Telefax (0 46 21) 86–10 25
1 Pr, 1 VPr, 3 VR, 10 R

Präsident
Dr. Noftz, Wolfgang   1. 2. 89   29. 5. 39

Vizepräsident
N. N.

Vorsitzende Richter
Oberfeld, Hans-Christoph   1. 3. 84   9. 4. 35
Dr. Goedelt, Uwe   27. 2. 91   11. 8. 44
Dr. Stoll, Friedrich   16. 2. 93   23. 9. 44

Richter
Schultz, Rudolf   1.11. 72   26. 8. 34
Schink, Alfred   1. 8. 75   27. 4. 35
Kiene, Wilhelm   1. 8. 76   8. 4. 37
Kaiser, Peter   1. 7. 80   15. 8. 38
Schmalz, Hans-Joachim   1. 6. 82   12. 3. 48
Liedtke, Joachim
  Albrecht   21. 4. 86   4. 5. 35
Wendel, Johann   8. 1. 90   22.12. 42
Timme, Hinnerk   16. 2. 93   27. 1. 55
Otten, Johann-Wolfgang   3. 8. 93   15. 9. 54
Littmann, Jörg, abg.   14. 9. 95   7. 6. 55

Sozialgerichte

Itzehoe
Bergstr. 3, 25524 Itzehoe
T (0 48 21) 66–0
Telefax (0 48 21) 66–23 71
1 Dir, 3 R + 1 LSt

Hengelhaupt, Dietrich,
  Dir   28. 4. 95   3. 7. 53
Walter, Andreas   29.12. 89   20.12. 54
Orgis, Christiane,
  beurl. (LSt)   30.12. 89   2. 9. 56
Schlobinski, Dagmar   14. 3. 94   19. 1. 56

Kiel
Deliusstr. 22, 24114 Kiel
T (04 31) 6 04–0
Telefax (04 31) 6 04–42 16
1 Dir, 1 stvDir, 6 R

Boockhoff, Renate, Dir   20. 6. 91   9. 2. 45
Karpe, Heinz-Günther,
  stVDir   1. 8. 96   5. 2. 47
Selke, Bernd   8. 1. 90   22. 4. 54
Lorenzen, Birgit, ½   23. 4. 92   20. 8. 59
Goullon, Sabine, ½   3. 7. 92   5. 1. 61
Dr. Schal, Holger   2.12. 92   8. 2. 56
Brandt, Susann, ½   1. 3. 95   15. 3. 56

Lübeck
Eschenburgstr. 2, 23568 Lübeck
T (04 51) 3 71–0
Telefax (04 51) 3 71–13 50
1 Dir, 1 stVDir, 6 R

Dr. Neumann, Michael,
  Dir   27. 3. 91   14. 1. 51
Fischer, Hans-Jürgen,
  stVDir   3. 6. 94   21. 3. 35
Klowski, Detlef   12. 7. 72   27.12. 37
Kroglowski, Michael   30. 6. 87   11. 4. 52
Kampe, Barbara   20. 7. 90   8.11. 58
Bulian, Wolf-Eberhard   1. 6. 92   6. 8. 53
Klingauf, Heinz-Dieter   16. 4. 92   30. 4. 51
Reiland, Christina   17. 6. 94   18.11. 57

Schleswig
Gottorfstr. 2, 24837 Schleswig
T (0 46 21) 86–0
Telefax (0 46 21) 86–10 25
1 Dir, 3 R

Schmalz, Ursula, Dir   3. 4. 95   2. 2. 48
Vogt, Helmut   16. 8. 71   20. 8. 34
Weigel, Clemens   1. 3. 95   23. 6. 59
Starke, Bernd-Dieter,
  RkrA   (1.12. 94)   5. 8. 57

Richterinnen/Richter im Richterverhältnis auf Probe
Uttenweiler, Jürgen   1. 4. 92   4.12. 58
Dr. Schiwy,
  Jürgen-Andreas   1.12. 92   15. 7. 58
Daumann, Renate   1. 1. 94   2. 5. 59
Kossiski-Schmidt,
  Dagmar, ½   1. 2. 94   1. 6. 59
Lesser-Kohlbacher,
  Susan, ½   1. 3. 94   1. 4. 57
Kaltenstein, Jens   2. 1. 95   30.11. 63

Thüringen

Thüringer Landessozialgericht

Karl-Marx-Platz 3, 99084 Erfurt
T (03 61) 6 77 10
Telefax (03 61) 6 77 11 55
1 Pr, 1 VPr, 1 VR, 5 R

Präsident

Becker, Gunter	9. 11. 93	17. 12. 41

Vizepräsident

Dr. Stoll, Martin	22. 12. 93	11. 2. 51

Richter

Coseriu, Pablo	31. 5. 94	4. 6. 58
Keller, Fritz	28. 11. 94	16. 5. 54

Sozialgerichte

Altenburg
Pauritzer Platz 1, 04600 Altenburg
T (0 34 47) 55 36 20
Telefax (0 34 47) 55 36 11
1 Dir, 6 R

Drozd, Fredy, Dir	29. 10. 93	6. 1. 52
Fischbach, Bernhard	14. 8. 95	19. 4. 55
Hemstedt, Joachim	20. 11. 95	15. 7. 52
Apidopoulos, Jörg	1. 4. 96	4. 12. 63

Gotha
Bahnhofstraße 3a, 99867 Gotha
T (0 36 21) 43 20
Telefax (0 36 21) 43 21 55
1 Dir, 1 stVDir, 8 R

Bals-Rust, Rudolf, Dir	9. 12. 93	3. 6. 47
Jakob, Hans-Christian	25. 11. 94	7. 10. 58

Oltermann, Jens	15. 8. 95	16. 4. 59
Baran, Roman	20. 11. 95	19. 10. 59
Uhlenbruch, Gustav	20. 11. 95	21. 11. 56

Nordhausen
Am Alten Tor 8, 99734 Nordhausen
T (0 36 31) 6 12 20
Telefax (0 36 31) 61 22 99
1 Dir, 3 R

Fuchs, Jürgen, Dir	31. 8. 94	3. 12. 53
Eicher, Günter	14. 8. 95	28. 1. 62
Schmidt, Heinz Günter	13. 2. 96	18. 12. 55

Suhl
Rimbachstr. 30, 98527 Suhl
T (0 36 81) 37 50
Telefax (0 36 81) 37 51 18
1 Dir, 3 R

Klesser, Albrecht, Dir	20. 12. 93	4. 9. 30
Bauer-Mischel, Gerdi	4. 2. 83	30. 1. 45
Wehrhahn, Lutz	15. 8. 95	18. 2. 63

Richterinnen/Richter im Richterverhältnis auf Probe

Jüttemann, Kerstin	3. 5. 93	18. 5. 61
Stammel, Jutta	15. 6. 93	19. 1. 63
Keller, Susanne	1. 9. 93	11. 3. 64
Comtesse, Monika	1. 10. 93	7. 10. 64
Dr. Kippenberger, Alexander	1. 11. 93	7. 7. 59
Gallenkämper, Ulrich	1. 2. 94	25. 3. 61
Rothmeyer, Ulrike	2. 5. 94	17. 1. 61
Lampe, Holger	2. 11. 94	2. 10. 62
Reinschmidt, Mike	15. 4. 96	7. 1. 67

Verwaltungsgerichtsbarkeit

Baden-Württemberg

Verwaltungsgerichtshof Baden-Württemberg

Schubertstr. 11, 68165 Mannheim
Postfach 10 32 64, 68032 Mannheim
T (06 21) 2 92–0
Telefax (06 21) 41 61 95
1 Pr, 1 VPr, 13 VR, 42 R + 2 LSt (R)

Präsident

Prof. Dr. Meißner, Claus		1. 12. 95	12. 4. 36

Vizepräsident

Prof. Dr. Schmidt, Jörg		15. 11. 95	26. 7. 38

Vorsitzende Richterin/Vorsitzende Richter

Dr. Heise, Detlef	17. 7. 80	19. 1. 34
Riedinger, Gerhard	13. 9. 88	21. 9. 38
Dr. Lutz, Rudolf	16. 1. 91	12. 6. 38
Dr. Roßwog, Eberhard	23. 10. 91	18. 5. 35
Dr. Huwar, Gerhard	17. 2. 92	27. 5. 36
Gehrlein, Wolfgang	13. 8. 92	28. 8. 40
Dr. Schlüter, Bernhard	2. 11. 92	26. 9. 43
Dr. Jakobs, Otto-Wilhelm	5. 7. 93	9. 5. 34
Dr. Stopfkuchen-Menzel, Manfred	15. 9. 94	29. 12. 40
Dr. Semler, Jutta	1. 2. 95	3. 12. 42
Stumpe, Klaus-Jürgen	2. 2. 96	13. 2. 45

Richterinnen/Richter

Holzberg, Peter	19. 8. 70	5. 2. 35
Hertel, Peter-Lutz	15. 4. 75	28. 6. 35
Blüm, Ludwig	24. 8. 76	4. 7. 37
Dr. Bullinger, Adelheid	10. 2. 77	18. 6. 32
Jakober, Hans	26. 7. 78	22. 8. 39
Klein, Gert-Uwe	3. 7. 79	30. 10. 41
Dr. Peter, Christoph	13. 10. 80	11. 7. 36
Köster, Heinz-Joachim	23. 12. 80	1. 6. 40
Vogel, Dieter	2. 3. 81	28. 11. 43
Buhl, Jörg-Alfred	26. 7. 82	16. 12. 43
Brockmann, Klaus	29. 12. 82	25. 5. 44
Dr. Schnebelt, Günter	24. 8. 83	12. 5. 43
Dr. Breunig, Günter	1. 9. 84	20. 4. 43
Schwan, Reinhard	30. 5. 86	27. 3. 48
Dr. Schaeffer, Klaus	11. 7. 86	17. 1. 47
Schefzik, Georg	1. 6. 87	7. 10. 49
Dr. Jannasch, Alexander	1. 9. 88	6. 9. 47
Dr. Hofherr, Erich	8. 11. 89	9. 7. 50
Haseloff-Grupp, Heike	30. 10. 90	18. 4. 51
Schenk, Karlheinz	23. 11. 90	7. 9. 48
Utz, Wolfgang	28. 2. 91	24. 10. 51
Lernhart, Klaus	17. 5. 91	20. 12. 47
Gerstner-Heck, Brigitte, ½	9. 12. 91	21. 1. 48
Schmenger, Gabriele, ½	9. 12. 91	16. 3. 48
Ellenberger, Volker	12. 6. 92	20. 3. 55
Bader, Johann	4. 9. 92	30. 7. 49
Michaelis, Jens	7. 10. 92	5. 3. 50
Dr. Cordes, Werner	16. 10. 92	10. 11. 50
Wiegand, Bernhard	19. 10. 92	30. 8. 51
Dr. Rudisile, Richard	27. 10. 92	28. 8. 53
Ridder, Kord-Henrich	18. 3. 93	30. 9. 44
Proske, Eckhard	—	—
Dr. Eichberger, Michael	19. 7. 93	23. 6. 53
Rieger, Wolfgang	16. 8. 93	15. 12. 52
Schaber, Michael	8. 8. 94	1. 9. 52
Birkert, Eberhard, abg.	10. 8. 94	14. 9. 55
Dr. Rennert, Klaus	22. 8. 94	24. 9. 55
Harms, Karsten	1. 9. 94	16. 10. 53

Verwaltungsgerichte

Freiburg

Dreisamstr. 9–9a, 79098 Freiburg
T (07 61) 20 50
Telefax (07 61) 2 05 26 99
1 Pr, 1 VPr, 8 VR, 24 R, 3 LSt (R)

Präsident

Dr. Backhaus, August		8. 9. 86	2. 1. 32

VwG Baden-Württemberg

Vizepräsident
Birk, Johann   31.10.86   30. 5.34

Vorsitzende Richterin/Vorsitzende Richter
Dr. von Burski, Ulrich   19.12.78   10. 8.40
Büchner, Bernward   27.12.79   12. 4.37
Ottemeyer, Rudolf   2. 1.80   3. 1.34
Dr. Lehnert, Wolfram   25. 4.80   23. 7.32
Dr. von Bargen, Joachim   23. 6.82   1. 4.39
Dr. Dürr, Hansjochen   1. 8.83   12. 9.41
Stolterfoht, Thea   1. 2.91   29.12.42
Hüttebräucker, Rainer   4. 9.92   4. 9.40

Richterinnen/Richter
Scharf, Hartmut, beurl.   3. 4.70   7. 6.37
Budzinski, Bernd   1. 9.76   15. 3.45
Noé, Hubert   2. 3.78   11. 1.44
Bleßmann, Walther   1. 9.81   29. 2.52
Dr. Schmitt-Siebert, Antje   1. 4.84   6. 6.45
Ecker, Michaela, ½   30. 8.84   19.11.54
Dreßler, Friederike, ½   8. 3.85   22. 6.54
Lederer, Hubert   1. 1.87   15. 7.50
Dötsch, Eva   1. 5.87   21. 9.55
Albers, Wolfgang   14.10.87   6. 5.55
Dolderer, Michael, abg.   15. 2.88   13. 8.56
Neumann, Susanne   9. 6.88   12. 2.58
Dr. Mädrich, Susanne,
   abg.   5.11.91   20. 2.59
Brandt, Martin   15.11.91   29.11.58
Dr. Hammer, Wolfgang   4. 5.92   18.12.53
Dr. Treiber, Wilhelm, abg.   21. 5.92   26. 2.60
Knorr, Peter   1. 6.92   27. 3.53
Reinig, Heinrich   5. 8.94   11. 4.62
Jann, Katharina   30.12.94   28. 2.61
Dickhaut, Andreas
   Johannes   17. 2.95   28. 5.61
Matejka, Wolfgang   1. 9.95   3. 7.63
Haller, Jochen   2.11.95   12. 3.62
Kohl, Matthias   14. 3.96   9. 4.62

Karlsruhe
Nördliche Hildapromenade 1, 76133 Karlsruhe
Postfach 64 09, 76044 Karlsruhe
T (07 21) 9 26 21 25
Telefax (07 21) 9 26 30 36

Außenstelle Rastatt
Kehler Str. 49, 76437 Rastatt
Postfach 23 41, 76413 Rastatt
T (0 72 22) 9 75 82 08+9
Telefax (0 72 22) 9 75 82 19
1 Pr, 1 VPr, 12 VR, 33 R, 7 LSt (R)

Präsident
Dr. Weingärtner,
   Karl-Heinz   1.10.95   5.12.45

Vizepräsident
Frank, Walter   14. 3.94   12. 5.38

Vorsitzende Richter
Hayn, Eberhard   30.12.75   19. 4.35
Endemann, Nikolaus   12. 9.78   22. 5.39
Schmitt, Rudolf   20. 6.79   30. 6.41
Graf von Pückler, Mark   3. 7.79   16.12.40
Heß, Bernd   12.12.79   14.10.44
Dr. Jacob, Peter   1. 3.82   21.12.43
Dr. Kohl, Jürgen   9. 1.85   5. 4.45
Strauß, Hans   13.11.89   3. 4.52
Weirich, Kurt   15.12.89   25. 6.48
Bölle, Heinz   1. 7.92   12.12.49
Möller, Helmut   11. 3.94   30. 6.43
Hoch, Gerhard   1. 4.96   26. 5.52

Richterinnen/Richter
Kempf, Dieter   5. 9.69   27. 8.37
Dr. Wenig, Roland   11. 6.79   7. 4.41
Kink, Ansgar   1.10.79   15. 7.49
Osten, Peter-Jobst   21.12.79   7. 8.45
Stiefvater, Silvia   16. 6.80   11. 9.50
Jacob, Hanna, ½   17. 3.81   10. 6.51
Jaeckel-Leight, Henning   30.10.81   4. 4.51
Jungmeister, Albrecht   1. 8.82   13. 9.49
Walther, Axel   1. 1.83   31. 8.46
Weckesser, Claudia, ½   1. 9.83   4. 5.53
Kühnel, Harro   22. 9.83   23. 7.51
Beil, Dieter   4. 4.84   15. 8.49
Müller-Russell, Hans-
   Ulrich   1. 9.84   31. 3.40
Mayer, Anna   15. 4.85   27. 7.54
Schieber, Andreas   26. 6.86   11. 4.54
Schraft-Huber, Gudrun, ½   14. 5.87   6. 7.57
Neu, Monika   15.12.87   11. 5.57
Fricke, Anne-Kathrin,
   abg.   2. 2.90   11. 5.60
Quandt-Gourdin,
   Dagmar   28. 5.90   22. 6.57
Dr. Heitz, Thomas, abg.   6. 8.90   16. 4.57
Dr. Dürig, Julia   11. 2.91   11. 6.58
Meder, Albert, abg.   11. 2.91   1. 3.59
Stephan, Winfried, abg.   3. 2.92   18. 3.55
Xalter, Erna, abg.   1. 9.92   17. 4.61
Kappes, Michael Andreas   1. 2.93   19. 5.60
Kümpel, Christian   1. 2.93   15. 6.60
Dr. Christ, Josef, abg.   3. 8.93   24.11.56
Schikora, Ulrike   18. 8.93   30. 6.62
Dr. Roth, Andreas, abg.   1.10.93   11.11.57
Hartung, Andreas, abg.   1.10.93   14. 8.59
Kopp, Elena   1.10.93   10. 3.62
Haller, Thomas   1.11.93   10. 2.67
Bischoff, Elmar   1. 3.94   6. 1.56
Wagenblaß, Heidi   1. 3.94   29. 6.59

Baden-Württemberg **VwG**

Dr. Paehlke-Gärtner, Cornelia, abg.	1. 8.94	4. 8.56
Feldmann, Goar Michael	20.12.94	9.12.57
Dollinger, Franz Wilhelm	20. 1.95	17. 5.62
Köstel, Werner	1. 3.95	19. 6.63
Bauer, Ina, ½, abg.	2. 3.95	28.10.63
Donevang, Michaela	1. 9.95	12. 4.63
Speckmaier, Sabine, abg.	1. 9.95	11. 7.64

Sigmaringen

Karlstr. 13, 72488 Sigmaringen
Postfach 3 20, 72481 Sigmaringen
T (0 75 71) 10 41
Telefax (0 75 71) 10 44 55

Außenstelle Reutlingen
Schuckertstr. 1, 72766 Reutlingen
T (0 71 21) 94 50
Telefax (0 71 21) 94 52 54
1 Pr, 1 VPr, 8 VR, 24 R

Präsident

Liebermann, Manfred	6. 7.82	12. 6.33

Vizepräsident

Dr. Heck, Wenzel	23.11.90	30. 6.35

Vorsitzende Richter

Dr. Hauser, Roland	23.12.80	21. 1.38
Flämig, Peter	29.10.86	30. 6.48
Dr. Mattes, Franz-Christian	1.10.89	8.10.48
Genrich, Lutz	10. 7.92	29.12.42
Barsch, Hans-Joachim	8. 9.92	14. 5.49
Röck, Stefan	4. 8.94	24. 4.54
Armbruster, Wolfgang	8. 8.94	13. 9.51

Richterinnen/Richter

Speer, Dieter	23. 8.74	28.10.41
Dr. Keppeler, Jürgen	1. 9.81	24.11.49
Bangert, Gerhard	1. 2.82	9.10.51
Gröner, Albert	1. 9.83	28. 9.47
Bitzer, Otto-Paul	1. 9.83	12. 2.52
Dr. Diem, Martin	11. 7.84	6.10.39
Eiche, Dieter	1. 9.84	16. 9.49
Wohlrath, Klaus-Peter	8. 2.91	10. 5.59
Dr. Mors, Albrecht	1. 3.92	14. 1.56
Frank, Reinhard	1. 1.93	27. 1.57
Heckel, Christian, abg.	2. 1.93	25. 6.60
Hesselschwerdt, Klaus	1. 8.94	20. 5.59
Fritsch, Andrea	15. 8.94	28. 1.62
Wolf, Guido, abg.	1.11.94	28. 9.61
Milz, Josef Eugen	3. 2.95	16.12.57
Böhm, Karl	20. 7.95	10. 1.62
Michaelis, Gerda, ½	1. 8.95	23.12.61
Reimann, Dietmar	1. 9.95	3.10.59

Rothfuß, Till Oliver	15. 3.96	19. 4.63
Frank, Manfred Helge	15. 3.96	10. 4.64

Stuttgart

Augustenstr. 5, 70178 Stuttgart
Postfach 10 50 52, 70044 Stuttgart
T (07 11) 6 67 30
Telefax (07 11) 66 73 68 01

Außenstelle Ludwigsburg
Mörikestr. 17, 71636 Ludwigsburg
T (0 71 41) 9 62 80
Telefax (0 71 41) 96 28 12
1 Pr, 1 VPr, 17 VR, 54 R, 2 LSt (R)

Präsident

Dr. Bosch, Edgar Hermann	7. 3.96	29. 5.38

Vizepräsident

Dr. Thierfelder, Hans	31. 7.83	2. 4.34

Vorsitzende Richterin/Vorsitzende Richter

Vollmer, Helmut	1.12.75	29.12.35
Zepf, Hartwig	29.10.76	27. 8.34
Dr. Speidel, Reiner	30. 9.77	2. 6.37
Maurer, Volkhard	3. 7.79	15. 1.42
Mezger, Ingeborg	2. 1.80	7. 9.35
Prof. Schlotterbeck, Karlheinz	25. 4.80	19.12.42
Endemann, Fritz	10.10.80	8.12.35
Dr. Kasper, Siegfried	28. 4.81	15. 9.40
Dr. Hartje, Jürgen	31. 7.81	22. 4.38
Dr. Schwäble, Ulrich	30. 1.84	17.11.43
Zimmermann, Ulrich	9. 1.85	11. 1.44
Maisch, Gertrud	1.12.87	3. 2.42
Kuntze, Bernd Stefan	23.11.90	12. 1.47
Bräuchle, Kurt	1. 3.91	30. 1.49
Roth, Dieter	25. 2.93	20. 3.44
Schwäble, Ilse	30. 6.95	1. 4.47
Pelka, Gerhard	1. 2.96	24.12.47

Richterinnen/Richter

Kramer, Konrad	13. 1.77	3. 6.43
Munz, Günther	6. 2.78	2. 3.45
Dr. Priebe, Reinhard, beurl.	15.10.79	25. 4.49
Dr. Jansen, Bernhard, beurl.	1. 4.80	27. 4.49
Dr. Hartmann, Hans-Dieter	19. 8.80	3. 4.44
Haas, Günter	25. 8.80	10. 9.41
Brambach, Sigrid	29.12.80	21. 1.46
Funke-Kaiser, Michael	—	—
Raden, Michael	1. 8.82	9.11.51
Pelka, Annegret, ½	23.11.82	9. 6.52

477

VwG Baden-Württemberg

Müller, Rainer	19. 1.83	12. 9.41
Keim, Albrecht	1. 2.83	10. 9.50
Dürr, Paul	15. 2.83	14.12.50
Kritzer, Friedbert	22. 8.83	10. 9.53
Dory, Ulrike	23. 8.83	31.12.52
Wirth, Raimund	1. 9.83	24. 8.51
Dieckmann-Wittel, Hildegard	21. 9.83	20.11.52
Schanbacher, Roland	15.10.83	24. 1.53
Müller, Elfriede	23.12.83	8. 8.55
Dr. Rascher, Jürgen	1. 4.84	22. 8.43
Schnapp, Wolfgang	4. 4.84	22. 6.49
Wamsler, Ulrich	5. 4.84	3. 1.50
Schnäbele, Peter	5. 4.84	7. 5.51
Sohler, Hermann, abg.	7. 4.85	19. 1.52
Sachsenmaier, Wolfgang	20. 6.86	29. 1.55
Dr. Vondung, Rolf	1. 3.87	6. 2.52
Dr. Kirchhof, Else	14. 7.87	25.12.54
Zeitler, Ulrike, ½	30. 3.88	14. 1.58
Haakh, Richard	1. 2.89	14.10.50
Keßler, Volker, abg.	3. 9.90	2. 2.54
Pfaundler, Conrad	7. 2.91	15. 5.58
Burr, Beate	1. 8.91	11. 8.61
Liebler, Stefan, abg.	2. 1.92	9.10.58
Gaber, Wolfgang	30. 6.92	16. 1.55
Künzler, Erich, abg.	1. 7.92	15. 7.55
Morgott, Stefan	1. 8.92	14. 2.60
Lang, Peter	17. 8.92	29. 4.54
Kern, Wolfgang	1. 3.93	31. 3.57
Göppl, Ulrike	1. 6.93	20. 4.62
Mezger, Jürgen	5. 8.93	12.10.57
Maußhardt, Christoph	5. 8.93	3. 7.60
Dr. Nagel, Walter	1.10.93	13.10.53
Epe, Raphael	15. 3.94	27.12.63
Dr. Sannwald, Detlef	1. 5.94	16. 7.54
Dr. Weis, Burkhard	1. 7.94	27. 6.59
Fabian, Heike	1.10.94	9. 8.64
Dr. Thoren, Sylvia, ½	2.11.94	12. 7.54
Stegemeyer, Karoline	2. 1.95	22.11.63
Klein, Friedrich, abg.	6. 2.95	12. 1.59
Wisslicen, Lucia	7. 2.95	11.12.57
Jänsch, Susanne	7. 2.95	7.12.62
Roth, Brigitte	1. 3.95	9. 9.61
Dr. Schneider, Lothar, abg.	1.10.95	6. 3.62

Richterinnen/Richter im Richterverhältnis auf Probe

Schmidt, Ursula, beurl.	1. 2.91	5. 4.63
Burian-Sodhi, Karin, beurl.	2. 3.92	23. 6.62
Brock, Ursula	7. 6.93	8. 8.63
Scherer, Frank, abg.	2. 8.93	23. 4.63
Mühlenbruch, Sabine	2. 8.93	15. 2.65
Schiller, Prisca	2. 8.93	17. 6.65
Bischoff, Bernd	16. 8.93	6.12.62
Horn, Armin	16. 8.93	2.11.64
Dr. Demmler, Wolfgang	1. 9.93	30. 1.63
Wilke, Kerstin	1. 9.93	21. 2.65
Döll, Klaus	1. 2.94	5. 9.64
Morlock, Martin, abg.	14. 3.94	23. 6.62
Warnemünde, Christine	18. 7.94	19.12.64
Dr. Schütz, Markus	1. 8.94	12. 2.65
Roller, Steffen, abg.	1. 8.94	2. 8.66
Kurz, Peter	1. 9.94	6.11.62
Kunze, Wolfgang	1. 9.94	14. 4.64
Roitzheim, Peter	1. 9.94	8. 3.65
Schaefer, Horst	2. 1.95	28.11.63
Wirth, Markus	16. 1.95	24. 7.65
Bube, Beate	1. 2.95	29. 8.64
Vogel, Michael	3. 7.95	25. 8.65
Hussels, Elisabeth	3. 7.95	28. 1.67
Geßler, Markus	1. 8.95	21. 7.65
Wiestler, Gerold	1. 1.96	13. 5.65
Dr. Albrecht, Rüdiger	1. 4.96	11. 6.66
Wenger, Frank	1. 4.96	3. 4.68

Vertreter des öffentlichen Interesses beim Verwaltungsgerichtshof Baden-Württemberg
Schubertstr. 11, 68165 Mannheim
T (06 21) 2 92–42 12

Prof. Dr. Fliegauf, Harald	3.12.84	5. 4.32

Bayern

Bayerischer Verwaltungsgerichtshof München

Ludwigstr. 23, 80539 München
Postfach 34 01 48, 80098 München
T (0 89) 21 30–0
Telefax (0 89) 2 13 03 20
1 Pr, 1 VPr, 21 VR, 56 R + 1 LSt (R)

Präsident

Dr. Wittmann, Johann	1. 6. 95	16. 7. 37

Vizepräsident

Dr. Theuerbacher, Paul	1. 11. 92	28. 9. 34

Vorsitzende Richterinnen / Vorsitzende Richter

Dr. Metzner, Richard	1. 8. 79	19. 6. 34
Greiner, Günter	1. 1. 83	7. 6. 33
Zink, Peter	1. 8. 86	3. 10. 36
Kissner, Peter	7. 8. 87	30. 8. 37
Bramenkamp, Hedwig	16. 12. 87	19. 2. 35
Bade, Hans-Joachim	1. 5. 88	15. 10. 36
Dr. Kaiser, Günter	1. 2. 89	28. 8. 35
Dr. Konrad, Horst	1. 6. 90	20. 6. 42
Dr. Pongratz, Erwin	8. 4. 91	9. 10. 42
Dr. Reiland, Werner	24. 2. 92	12. 7. 44
Dillmann, Lothar	25. 9. 92	23. 10. 43
Dr. Linhart, Helmut	4. 1. 93	15. 11. 37
Reich, Adolf	16. 6. 93	21. 9. 33
Kraut, Wilfried	22. 2. 94	2. 6. 36
Dr. Festl, Elmar	22. 2. 94	18. 7. 43
Dr. Weinfurtner, Vinzenz	2. 9. 94	21. 5. 33
Dr. Albrecht, Karl-Dieter	1. 4. 95	31. 5. 42
Thomas, Leonhard	20. 6. 95	12. 3. 43
Dr. Sening, Christoph	27. 10. 95	14. 6. 38
Dr. Motyl, Monika	27. 10. 95	15. 8. 45

Eine weitere Stelle für einen Vorsitzenden Richter am VGH ist besetzt. Name und Personaldaten des Stelleninhabers sind nicht übermittelt worden.

Richterinnen / Richter

Emmerich, Otto	25. 10. 74	16. 12. 36
Bäumler, Klaus, ⅘	1. 1. 78	21. 5. 41
Werner, Holger	1. 6. 79	30. 12. 41
Dr. Pramann, Hedda, beurl. (LSt)	1. 8. 79	7. 5. 39
Holz, Brigitte	1. 8. 79	11. 4. 42
Dr. Ilchmann, Giselher	16. 1. 80	20. 8. 41
Haas, Rose, ⅔	1. 5. 80	30. 9. 41
Franz, Gerd	1. 5. 80	2. 10. 41
Renk, Helmut	1. 8. 80	24. 12. 42
Maunz, Rudolf	1. 3. 81	9. 3. 45
Vonnahme, Peter	1. 1. 82	11. 6. 42
Roßkopf, Ernst	1. 1. 83	18. 12. 43
Kiermeir, Georg	1. 1. 83	24. 10. 44
Fießelmann, Lothar	1. 4. 83	29. 12. 46
Heldwein, Reinhart	1. 1. 84	6. 5. 37
Heinl, Volkmar	1. 1. 84	30. 9. 44
Plathner, Christoph	1. 8. 85	6. 3. 42
von Stein-Lausnitz, Dudo	15. 1. 86	2. 9. 43
Dr. Gerhardt, Michael*	17. 11. 86	2. 4. 48
Polloczek, Andreas	22. 12. 86	29. 5. 47
Dr. Appel, Rudolf	1. 11. 87	19. 9. 39
Scheunemann, Bernd	31. 3. 88	19. 4. 45
Roselius, Elisabeth	1. 5. 88	30. 11. 36
Müllensiefen, Klaus	28. 4. 89	7. 10. 42
König, Helmut	1. 1. 90	8. 2. 48
Schaudig, Otto	1. 1. 90	5. 5. 49
Graf zu Pappenheim, Alexander	24. 8. 90	27. 8. 48
Blank, Werner	11. 9. 90	30. 12. 43
Dr. Zimniok, Jürgen	11. 9. 90	21. 3. 49
Beuntner, Dieter	25. 6. 91	11. 11. 47
Dr. von Heimburg, Sibylle	18. 9. 91	1. 12. 51
Happ, Michael	1. 11. 91	23. 6. 47
Waltinger, Heinrich	23. 5. 92	16. 12. 41
Guttenberger, Franz	1. 6. 92	14. 8. 49
Simmon, Norbert	2. 6. 92	30. 7. 46
Scheder, Johannes	17. 9. 92	6. 9. 46
Grau, Harald	4. 1. 93	20. 3. 47
Brandl, Konrad	1. 2. 93	21. 4. 45
Dr. Funk, Werner	13. 9. 93	16. 5. 47
Schindler, Karl-Heinz	13. 9. 93	13. 3. 48
Dr. Burger-Veigl, Ulrike	13. 9. 93	28. 12. 48
Abel, Klaus	2. 11. 93	20. 8. 48
Dr. Allesch, Erwin	2. 11. 93	7. 9. 50
Kögler, Peter	3. 1. 94	10. 9. 44
Moll, Ivo	22. 2. 94	7. 4. 50
Läpple, Peter	22. 2. 94	3. 5. 50
Krodel, Günter	9. 9. 94	5. 3. 49
Dr. Schenk, Rainer	9. 9. 94	25. 3. 50
Kersten, Stephan	29. 11. 94	26. 5. 54
Eich, Leonore	1. 4. 95	7. 5. 50
Dhom, Andreas	1. 4. 95	25. 1. 52
Priegl, Franz	17. 7. 95	13. 4. 51
Eisenschmid, Bernd	16. 8. 95	21. 5. 43
Dr. Köhler, Gerd	31. 10. 95	11. 10. 50
Häring, Walter	31. 10. 95	28. 11. 51
Hösch, Edmund	15. 2. 96	13. 9. 55

Zwei weitere Stellen für Richter am VGH sind besetzt. Namen und Personaldaten sind nicht übermittelt worden.

---

* Siehe BVerwG.

VwG Bayern

Verwaltungsgerichte

Ansbach (Mittelfranken)
Promenade 24–28, 91522 Ansbach
Postfach 6 16, 91511 Ansbach
T (09 81) 1 80 40
Telefax (09 81) 1 80 42 71
1 Pr, 1 VPr, 19 VR, 45 R

Präsident

Dr. Engel, Peter	1. 9. 95	18. 3. 36

Vizepräsident

Schmidt, Heribert	25. 10. 95	11. 1. 47

Vorsitzende Richterinnen/Vorsitzende Richter

Orth, Walter	1. 7. 77	8. 1. 36
Dr. Herrmann, Helmut	1. 7. 77	10. 4. 37
Dr. Weigert, Manfred	1. 4. 78	25. 12. 36
Dr. Lechner, Werner	1. 4. 78	5. 11. 38
Escher, Bernhard	1. 12. 78	14. 12. 35
Schulze, Isolde	1. 2. 80	26. 9. 43
Friedl, Josef	19. 4. 85	24. 12. 42
Ohl, Maximilian	15. 1. 87	5. 11. 42
Weingarten, Reinhard	17. 2. 88	4. 10. 46
Dr. Schiffczyk, Klaus	20. 12. 89	19. 9. 48
Dr. Faßnacht, Annemarie	22. 1. 91	8. 11. 48
Klinner, Winfried	7. 9. 92	19. 6. 41
Nagel, Eckhard	5. 10. 92	21. 5. 47
Islinger, Hans	21. 3. 94	31. 12. 48
Müller, Wolfgang	23. 3. 94	30. 4. 48
Kohler, Gerhard	23. 3. 94	23. 11. 52
Fröba, Joachim	1. 8. 94	31. 1. 49
Dr. Voigt, Roland	1. 8. 94	8. 7. 51
Schmöger, Walter	16. 6. 95	8. 7. 46

Richterinnen/Richter

Dauscher, Günther	1. 10. 78	4. 3. 46
Strauß, Louise	1. 3. 81	5. 10. 49
Blencke, Hans Christian	1. 11. 82	31. 12. 47
Dachlauer, Jürgen	1. 11. 82	17. 12. 49
Hugler, Werner	1. 7. 83	11. 3. 49
Stumpf, Rainer	1. 4. 86	22. 11. 49
Reinthaler, Walter	1. 3. 88	23. 8. 50
Graulich, Winfried	15. 4. 88	3. 3. 50
Heilek, Wolfgang	15. 4. 88	2. 10. 52
Engelhardt, Gerd	1. 5. 89	12. 10. 51
Förster, Günter	1. 2. 90	13. 3. 49
Wolz-Hugler, Renate	7. 2. 90	11. 9. 56
Lehner, Alois	1. 1. 91	6. 4. 55
Klinke, Lothar	1. 4. 91	20. 11. 53
Bauer, Horst	23. 12. 91	6. 7. 50
Häberlein, Barbara	12. 5. 92	25. 10. 50
Kroh, Sonja	12. 5. 92	18. 4. 56
Müller, Werner	13. 8. 92	22. 9. 49
Gröschel-Gundermann, Olaf	1. 9. 92	26. 4. 57
Adolph, Olgierd	24. 11. 92	20. 7. 53
Abel, Sigrid	24. 3. 93	17. 10. 54
Rauch, Dieter	15. 6. 93	2. 8. 54
Kleinbach, Cornelia	1. 7. 93	12. 3. 56
Dr. Walk, Alexander	31. 12. 93	27. 4. 59
Deininger, Helmut	20. 11. 95	19. 7. 59
Dr. Kraft, Ingo, abg.	18. 12. 95	2. 7. 61
Schnitzlein, Angelika, RkrA	(1. 9. 95)	31. 7. 61

Eine weitere Stelle für einen Richter am VG ist besetzt. Name und Personaldaten des Stelleninhabers sind nicht übermittelt worden.

Augsburg
Kornhausgasse 4, 86152 Augsburg
Postfach 11 23 43, 86048 Augsburg
T (08 21) 3 27 04
Telefax (08 21) 3 27 31 49
1 Pr, 1 VPr, 6 VR, 19 R, 1 LSt (R)

Präsident

Hüffer, Rolf	1. 4. 94	3. 9. 45

Vizepräsident

Schendel, Karlheinz	1. 1. 95	15. 11. 33

Vorsitzende Richter

Nübling, Reinald	1. 9. 79	3. 4. 40
Philipp, Jürgen	1. 6. 81	23. 7. 45
Hammer, Gerd	17. 12. 87	19. 9. 35
Warkentin, Gerd	11. 9. 90	24. 2. 46
Rademacher, Michael	25. 3. 94	27. 3. 42
Leukhart, Klaus-Peter	9. 3. 95	9. 5. 46

Richterinnen/Richter

Dr. Czermak, Gerhard	1. 3. 76	6. 10. 42
Bertele, Wilhelm	1. 5. 78	7. 5. 40
Knoll, Gerhard	1. 4. 79	31. 10. 42
Schön, Jutta	13. 4. 87	25. 6. 55
Dösing, Hans-Joachim	25. 4. 89	30. 11. 54
Schwab, Wolfgang	1. 12. 90	24. 10. 41
Schrieder-Holzner, Hildegard	29. 1. 92	4. 7. 52
Schabert-Zeidler, Beate, ½	29. 1. 92	19. 10. 52
Lorenz, Wolfgang	29. 9. 94	11. 7. 58
Zwerger, Dietmar	23. 12. 94	29. 10. 59
Leder, Georg	28. 12. 94	24. 9. 53

Bayreuth

Friedrichstr. 16, 95444 Bayreuth
Postfach 11 03 21, 95422 Bayreuth
T (09 21) 59 04–0
Telefax (09 21) 59 04 50
1 Pr, 1 VPr, 4 VR, 11 R

Präsident
N. N.

Vizepräsident
Hoepfel, Gert   5. 3.96   26. 9. 33

Vorsitzende Richter
Dr. Maier, Hans-Günter   21. 6. 93   29.11. 36
Kuile, Helmut   21. 6. 93   16. 7. 37
Lindner, Rainer   18. 3. 94   11. 8. 43
Dr. Fischer, Bianca   23. 5. 96   17. 2. 49

Richterinnen/Richter
Mehling, Arno   9.12.76   13. 1. 39
Traxler, Peter   7. 5. 90   25. 6. 49
Kallert, Herbert   13. 5. 92   11. 6. 52
Holzinger, Gerhard   1. 9. 94   20. 1. 52
Dr. Boese, Thomas   26. 7. 95   12. 4. 59
Kaufmann, Angelika,
  RkrA   (1.12.95)   31.12. 54
Schröppel, Otto, RkrA   (1. 5. 96)   3. 8. 55
Habler, Karl, RkrA   (1. 5. 96) 28. 3. 56

München

Bayerstr. 30, 80335 München
Postfach 20 05 43, 80005 München
T (0 89) 51 43–0
Telefax (0 89) 5 14 37 77
1 Pr, 1 VPr, 22 VR, 46 R

Präsident
Dr. Reichel, Gerhard   14. 8. 95   5. 5. 39

Vizepräsident
Geiger, Harald   25. 7. 94   1. 4. 49

Vorsitzende Richterinnen/Vorsitzende Richter
Ziegler, Helga   1. 8. 73   30. 7. 35
Blößner, Günter   1. 1. 76   21. 7. 36
Neuner, Hella   1. 9. 76   12. 1. 39
Arneth, Reinhold   1.11. 76   27.11. 34
Schlöglmann, Klaus   1. 8. 77   20. 3. 37
Dr. Ruppel, Peter   1. 8. 77   26.12. 38
Heise, Günter   1. 1. 84   16. 1. 43
Wiens, Gerhard   19.12. 89   27.12. 46
Trautmann, Reinhold   24. 8. 90   24.11. 43
Schiefer, Bernhard   8. 4. 91   26. 7. 45
Mauer, Wolfhard   21. 6. 93   1. 8. 42
Dr. Böß, Walter   21. 6. 93   12. 2. 45

Dr. Köppl, Peter   21. 6. 93   13. 9. 47
Witzel, Alexander   25. 3. 94   30. 3. 47
Kugele, Klaus   1.10. 94   26. 3. 47
Ettlinger, Dietmar   23.10. 95   14. 3. 47
Walther, Birgit   23.10. 95   12. 2. 49

Vier weitere Stellen für Vorsitzende Richter am Verwaltungsgericht sind besetzt. Namen und Personaldaten der Stelleninhaber sind nicht übermittelt worden.

Richterinnen/Richter
Endter, Erich   1. 8. 75   29. 6. 39
Sauter-Schwarzmeier,
  Cornelia   13.10. 81   16. 9. 49
Dr. Schenk, Friederike, ½   1. 4. 88   11. 1. 55
Dr. Mayr, Christoph   18. 5. 89   12. 1. 53
Foerst, Gertraud, ½   18. 7. 89   19. 6. 50
Hannes, Cornelia   5.12. 91   28. 4. 53
Dr. Berberich, Volker,
  abg.   13.12. 91   1. 7. 47
Rickelmann, Karin   11. 5. 92   7.11. 56
Pauli-Gerz, Marion, ½   29.12. 93   24.12. 52
Dr. Heisel, Daniela, ½   29.12. 93   21. 3. 54
Kössing, Bruno   3. 1. 94   25. 6. 48
Greve-Decker, Jutta, ½   29. 7. 94   15. 4. 59
Bauer, Erwin   14.12. 94   20. 4. 57
von Fumetti, Albrecht   1. 4. 95   14.10. 50
Grote, Ramón   1. 4. 95   16. 2. 51
Dürig-Friedl, Cornelia, ½   15. 2. 96   4. 7. 55
Ertl, Johann   15. 2. 96   9. 9. 55
Hueber, Gabriele, ½   28. 2. 96   24. 8. 56
Bergmüller, Reinhard   1. 3. 96   24. 7. 55
Schweinoch, Hans-Joachim,
  RkrA   (1.10.95)   7. 7. 54
Daubenmerkl, Ulrich,
  RkrA   (1.11.95)   29. 6. 54
Dr. Eidam, Thomas,
  RkrA   (1.12.95)   2. 6. 52
Dr. Decker, Andreas,
  RkrA   (15. 2. 96) 29.12. 60
Schaffrath, Rosa, RkrA   (1. 5. 96) 18.10. 53
Dr. Parzefall, Helmut,
  RkrA   (1. 5. 96) 10. 2. 59

Regensburg

Haidplatz 1, 93047 Regensburg
Postfach 11 01 65, 93014 Regensburg
T (09 41) 5 02 20
Telefax (09 41) 50 22 40
1 Pr, 1 VPr, 12 VR, 26 R

Präsident
Dr. Sachau, Manfred   1. 2. 86   14. 9. 36

Vizepräsident
Kadlubski, Peter   23. 8. 93   1. 7. 36

VwG Bayern

Vorsitzende Richterin/Vorsitzende Richter
Markart, Karl	1. 1.78	26. 6.36
Ettner, Bernhard	1. 4.78	2.11.38
Bauer, Rudolf	1. 7.78	29.11.34
Sträubig, Dietmar	1. 2.80	10. 1.39
Steger, Gerhard	1.12.80	30.12.38
Schäfer, Eva	30. 7.86	8. 1.41
Martin, Klemens	21. 6.93	20. 5.42
Dr. Günther, Hartmut	21. 6.93	4. 1.44
Dr. Korber, Johann	1. 2.94	26. 3.50
Korter, Hans-Georg	25. 3.94	22. 9.44

Zwei weitere Stellen für Vorsitzende Richter am Verwaltungsgericht sind besetzt. Namen u. Personaldaten der Stelleninhaber sind nicht übermittelt worden.

Richterinnen/Richter
Stadler, Günter	5. 8.77	17. 5.41
Gombert, Rainer	1. 8.78	13. 8.48
Ganzer, Peter	1. 3.79	10. 2.41
Jerger, Wolfgang	15.10.79	9. 3.43
Schneider, Helmut	1.12.80	4.11.48
Fleischer, Roland	1.12.81	8.10.50
Seher, Bruno	1. 7.83	12. 1.45
Nowak, Karl	1. 1.85	14.12.49
Schießl, Franz	30. 6.88	18. 6.53
Brey, Reinhard	30. 9.92	15.11.46
Dr. Thumann, Harald	1. 7.93	7. 2.59
Chaborski, Christoph	1. 8.93	2. 5.48
Mühlbauer, Eva	1.10.93	4. 7.54
Junge-Herrmann, Ingo	1. 1.94	23. 6.43
Mages, Alfons	7. 4.94	13. 7.52
Michel, Andreas	1.10.94	14. 4.55
Troidl, Reinhard	13. 4.95	18. 9.52
Dr. Lohner, Josef, RkrA	(1.11.95)	10. 3.55
Seign, Wolfgang, RkrA	(1. 4.96)	25.10.56

Eine weitere Stelle für einen Richter am VG ist besetzt. Name und Personaldaten sind nicht übermittelt worden.

Würzburg

Burkarderstr. 26, 97082 Würzburg
Postfach 11 02 65, 97029 Würzburg
T (09 31) 4 19 95–0
Telefax (09 31) 4 19 95 99
1 Pr, 1 VPr, 8 VR, 21 R, 1 LSt (R)

Präsident
Dr. von Golitschek, Herbert	1. 4.95	31. 1.40

Vizepräsident
Dr. Dünninger, Dieter	3. 4.96	16. 5.36

Vorsitzende Richter
Lochner, Elmar	1. 8.79	4. 9.35
Dießel, Hans	1.10.79	1. 8.37
Knauer, Ulrich	1. 2.80	13. 5.42
Dr. Kreppel, Gerhard	10.10.86	28.10.39
Dr. Krah, Rainer	25. 5.92	26.10.40
Dr. Heermann, Werner	4. 1.93	26. 3.45
Hauck, Peter	31. 3.94	21. 6.41
Schaefer, Ansgar	1. 9.94	18. 3.44

Richterinnen/Richter
Fuckerer, Gabriele	1. 7.79	21. 2.44
Hoch, Hans-Joachim	1. 9.79	14. 9.46
Gey, Dieter	1.12.79	21. 3.33
Dr. Haas, Günter	1. 5.80	28. 9.44
Stellwaag, Manfred	1. 5.80	20.12.46
Dr. Dümig, Erwin	1.11.80	31. 3.48
Renner, Monika, beurl. (LSt)	1. 5.83	12.12.52
Dr. Heberlein, Horst	1. 5.87	1. 6.53
Emmert, Rudolf	1.12.90	16. 2.56
Dr. Dehner, Friedrich	17. 7.91	27.11.52
Gehrsitz, Elmar	25. 1.93	11. 8.56
Herrmann, Robert	16. 3.93	5. 9.55
Demling, Günter	15.12.94	24. 4.56
Kolenda, Monika, RkrA	(1. 7.95)	22. 3.56
Martin, Jürgen, RkrA	(1. 7.95)	27. 6.61
Jeßberger-Martin, Christine, RkrA	(10. 7.95)	13. 3.57
Wünschmann, Jürgen, RkrA	(11. 3.96)	17.11.55
Graf, Isolde, RkrA	(1. 4.96)	29. 1.56

Richterinnen/Richter im Richterverhältnis auf Probe
Dr. Dorsch, Gabriele	1. 9.93	22.10.61
Mayr, Johann	8. 9.93	2. 1.63
Hammer, Christoph	27.10.93	24.12.61
Sterzel, Barbara	2.11.93	27. 3.65
Glasow, Amadeus	10.11.93	12. 2.63
Pfleger, Eva	1. 3.94	11. 4.66
Feichtlbauer, Andrea	9. 3.94	29. 9.66
Kreller, Juliane	10. 3.94	18. 1.64
Schmidt, Bernhard	10. 3.94	30. 4.66
Ramming-Scholz, Birgit	21. 3.94	10. 6.65
Kießl, Robert	31. 3.94	8.11.64
Bauer, Ferdinand	5. 4.94	6. 4.66
Flechsig, Jörn	19. 4.94	21. 2.66
Rosel, Gerald	28. 4.94	25. 2.66
Winkler, Carmen	24. 6.94	7. 5.67
Oswald, Johann	1. 7.94	18. 8.60
Gnan, Reinhold	7. 7.94	7. 2.65
Freitag, Elisabeth	1. 8.94	7.10.66
Dr. Strehler, Stefan	12. 8.94	12.12.64
Fendt, Wolfgang	16. 8.94	21. 1.65
Onkelbach, Lucia	22. 8.94	20.10.66

Bielitz, Christoph	29. 8. 94	26. 4. 66
Wenske, Martina	1. 9. 94	16. 12. 62
Wagner, Ludwig	16. 9. 94	24. 8. 64
Dr. Müller, Wolfgang	1. 10. 94	13. 3. 62
Dr. Hohmann, Gert	1. 10. 94	18. 6. 62
Dr. Schraml, Alexander	1. 10. 94	16. 6. 64
Dietz, Andreas	5. 10. 94	27. 2. 67
Peltz, Heike	31. 10. 94	12. 12. 61
Bauer, Susanne	5. 12. 94	16. 9. 68
Höllriegel, Frank	2. 1. 95	10. 12. 68
Blomeyer, Carsten	16. 1. 95	15. 6. 64
Kaus, Angelika	24. 1. 95	4. 2. 68
Koehl, Felix	26. 1. 95	15. 11. 67
Reichert, Christoph	30. 1. 95	7. 1. 67
Reif, Gisela	13. 2. 95	23. 1. 67
Glockshuber, Christine	1. 3. 95	8. 8. 67
Kramer, Jutta	6. 3. 95	17. 8. 67
Wiedmann, Katrin	13. 3. 95	17. 8. 66
Barth, Stefan	12. 6. 95	30. 10. 66
Ternes, Thomas	26. 6. 95	13. 3. 65
Dr. Martini, Peter	30. 6. 95	2. 7. 65
Malter, Dietmar	14. 7. 95	8. 10. 67
Dirnberger, Claudia	1. 8. 95	16. 2. 66
Wiegand, Gunnar	1. 8. 95	28. 3. 66
Hueck, Verena	1. 8. 95	2. 7. 67
Reisch, Martina	21. 8. 95	18. 8. 65
Horas, Susanne	4. 9. 95	3. 4. 69
Steck, Alexandra	15. 9. 95	27. 5. 68
Maurer, Matthias	25. 9. 95	30. 8. 67
Beil, Josef	13. 10. 95	17. 1. 68
Weber, Tobias	6. 11. 95	21. 11. 66
Dörner, Carola	2. 1. 96	11. 1. 69
Wanner-Sturm, Carmen, ½	1. 2. 96	29. 1. 65
Latz, Peter	12. 2. 96	25. 10. 67
Welsch, Harald	15. 2. 96	16. 3. 68

Landesanwaltschaften

Landesanwaltschaft Bayern
Ludwigstr. 23, 80539 München
T (0 89) 21 30-2 80
Telefax (0 89) 21 30-3 99

Außenstelle Ansbach
Pfarrstr. 22, 91522 Ansbach
T (09 81) 90 96-47
Telefax (09 81) 90 96-98
1 GLA, 1 stVGLA, 13 OLA, 1 LA

Generallandesanwalt

Dr. Rzepka, Walter	1. 6. 87	1. 6. 32

Oberlandesanwalt als ständiger Vertreter des Generallandesanwalts

Bauer, Martin	1. 6. 85	1. 6. 32

Oberlandesanwältin/Oberlandesanwälte

Wienke, Ulrich	1. 1. 80	5. 12. 35
Vorholzer, Kurt, ½	1. 5. 82	12. 5. 35
Dr. Hofmann, Karl	1. 6. 85	13. 7. 34
von Hahn, Diether	1. 12. 86	14. 9. 40
Wittstock, Reiner	1. 3. 88	29. 5. 40
Mehler, Jochen	4. 4. 91	15. 4. 44
Dr. Beer, Robert	1. 8. 83	13. 11. 47
Danner, Hans	1. 12. 87	2. 12. 47
Meid, Volker	24. 6. 91	21. 6. 43
Dr. Weber, Gerald	2. 9. 91	17. 10. 47
Eberle, Karin	1. 9. 95	26. 7. 54
Braun, Michael	1. 9. 95	2. 9. 48

Landesanwalt

Philipp, Hans-Peter, ½	30. 7. 90	9. 1. 52

Landesanwaltschaft München
Bayerstr. 36, 80335 München
Postfach 20 13 51, 80013 München
T (0 89) 54 41 63-11
Telefax (0 89) 54 41 63-20
1 LOLA, 3 OLA, 7 LA

Leitender Oberlandesanwalt

Stoeckle, Peter	1. 8. 91	28. 7. 37

Oberlandesanwältin/Oberlandesanwalt

Dr. Lanzinger, Wilhelm	2. 6. 86	21. 9. 48
Brückl, Silvia	1. 11. 90	13. 9. 52

Landesanwälte im Beamtenverhältnis auf Probe

Kirchmaier, Robert	1. 5. 93	28. 4. 64
Hennenhofer, Christoph	3. 5. 93	3. 3. 63
Gihl, Irmgard	1. 9. 93	26. 12. 63
Widmann, Simone	21. 3. 94	24. 9. 65
Loos, Stefan	1. 10. 95	20. 7. 66

Landesanwaltschaft Regensburg
Haidplatz 1, 93047 Regensburg
Postfach 11 01 65, 93014 Regensburg
T (09 41) 50 22-85
Telefax (09 41) 50 22-40
1 LOLA, 1 OLA, 3 LA

Leitender Oberlandesanwalt

Leptihn, Rainer	1. 6. 94	23. 4. 42

Oberlandesanwalt

Ruland, Dieter	11. 10. 76	29. 10. 34

Landesanwalt

Dr. Hiltl, Gerhard	—	—

VwG Berlin

*Landesanwältin/Landesanwalt im
Beamtenverhältnis auf Probe*
Hosemann, Sabine ½ 2.11.93 12. 8.59
Baierl, Gerhard 1. 8.95 27. 2.66

Landesanwaltschaft Würzburg
Burkarderstr. 26, 97082 Würzburg
Postfach 11 02 65, 97029 Würzburg
T (09 31) 4 19 95-96
1 OLA, 2 LA

Oberlandesanwalt
Bauch, Michael 1. 2.93 1. 5.52

Landesanwälte
Kriener, Peter Georg 1. 3.93 17. 6.57
Wetzel, Manfred 1. 8.95 20. 3.58

Landesanwaltschaft Ansbach
Promenade 24–28, 91522 Ansbach
Postfach 6 16, 91511 Ansbach
T (09 81) 18 04-3 70
1 LOLA, 1 OLA, 5 LA

Leitender Oberlandesanwalt
Philbert, Günter 1. 6.92 17.12.41

Oberlandesanwalt
Riepl, Helmut 1.11.74 6. 5.34

Landesanwältin/Landesanwälte
Brunner, Nikolaus 26. 6.90 15. 8.51
Philipp, Hans-Peter, ½ 30. 7.90 9. 1.52
Kaiser, Sigrid 2. 3.95 25. 8.63

Landesanwältin im Beamtenverhältnis auf Probe
Vester, Klaudia, ¾ 1. 9.94 11. 1.60

Landesanwaltschaft Augsburg
Kornhausgasse 4, 86152 Augsburg
Postfach 11 23 43, 86048 Augsburg
T (08 21) 3 27-31 31
Telefax (08 21) 3 27-31 34
1 LOLA, 1 OLA, 2 LA

Leitender Oberlandesanwalt
Strehler, Leonhard 1. 8.86 18. 7.42

Oberlandesanwalt
Bartholy, Christian 24. 9.92 13. 5.52

Landesanwältinnen
Schöler, Evelyn, ¾ 27. 2.95 11. 6.55
Hörmann, Jessica, ½ 22. 1.91 5. 1.61

Landesanwaltschaft Bayreuth
Friedrichstr. 16, 95444 Bayreuth
Postfach 11 03 21, 95422 Bayreuth
T (09 21) 59 04-53
Telefax (09 21) 59 04-32
1 OLA, 2 LA

Oberlandesanwalt
Lederer, Gerd 13. 1.94 24.12.51

Landesanwältin/Landesanwalt
Siller, Karin 3. 4.94 12. 7.58
Meyer, Peter 19. 5.95 25. 4.63

Berlin

Oberverwaltungsgericht Berlin

Kirchstr. 7, 10557 Berlin
T (0 30) 39 79-9
Telefax (0 30) 39 79-88 08
1 Pr, 1 VPr, 6 VR, 23 R

Präsident
Prof. Dr. Wilke, Dieter — —

Vizepräsident
Küster, Hermann 26. 5.95 9. 5.33

Vorsitzende Richterin/Vorsitzende Richter
Uerpmann, Karl-Bernhard 5. 6.85 19.12.36
Meinhardt, Otto 27. 3.86 15. 7.37

Martens, Johanna 5. 6.90 18. 2.32
Bitzer, Detlef 2. 6.92 4.11.37
Dr. von Feldmann, Peter 11.11.94 24.12.36

Richterinnen/Richter
Bartelt, Christa 5. 5.72 24. 4.35
Dageförde, Hans-Jürgen 1.11.74 13. 5.37
Strecker, Arved 8. 1.75 18.12.38
Heintzenberg, Rainer 1. 7.76 16.10.37
Freitag, Dietrich 1. 7.76 4. 4.40
Liermann, Jürgen 4. 5.77 5. 6.42
Dr. Schrauder, Gerhard 5. 5.78 10. 7.41
Dr. Günther, Hellmuth 1. 1.80 4. 1.41
Nebe, Johannes Ludwig 1. 1.80 17. 4.41
Silberkuhl, Birgit 24.11.80 19. 5.42
Golze, Hartmut, abg. 31. 1.84 23. 2.47
Ehricke, Christiane 17. 4.85 24.12.47

Frey, Helmut, beurl.	28. 6.85	14. 3.43
Seiler, Jürgen	30. 7.85	1. 8.45
Lehmkuhl, Thomas	—	—
Citron-Piorkowski, Renate	28. 3.90	16. 9.49
Fitzner-Steinmann, Hildegard	28. 3.90	12.11.49
Beck, Ilse-Sabine	15. 4.91	21. 1.49
Weber, Wilhelm	28. 8.92	9.12.43
Dr. Broy-Bülow, Cornelia	28. 8.92	20. 1.52
Wahle, Wolf-Dietrich	16.12.94	8.12.54
Pannicke, Helga	1.11.95	23. 5.50

Verwaltungsgericht

Berlin
Kirchstr. 7, 10557 Berlin
T (0 30) 39 79–9
Telefax (0 30) 39 79–87 90
1 Pr, 1 VPr, 35 VR, 77 R

Präsident

Wichmann, Alexander	23.11.89	25. 2.41

Vizepräsident

Markworth, Volker	20. 3.78	26.11.37

Vorsitzende Richterinnen/Vorsitzende Richter

Hoffmeister, Klaus-Dieter	6. 5.76	30.11.37
Eiling, Christel	10. 3.78	2. 8.38
Sander, Wilhelm-Friedrich	10. 3.78	6.10.39
Blömeke, Bernd-Lutz	11. 4.78	16.11.40
Herrmann, Hartmut	8. 2.79	22. 8.36
Klebs, Jürgen	8. 2.79	28. 5.41
Bäthge, Willi-Günther	1. 1.80	21.12.35
Dr. Ortloff, Karsten-Michael	1. 4.80	16.10.41
Hankow, Bert-Jürgen	1. 4.81	29.12.41
Baring, Eike-Eckehard	1.10.81	16.10.43
Monjé, Ulrich	8. 4.82	2. 2.44
Krackhardt, Gabriele	24. 7.84	13. 6.43
Schröder, Hans-Hermann	1. 1.85	31. 7.40
Seipp, Volker	10. 7.86	13. 2.44
von Haase, Jutta	1. 7.87	21.12.39
Dr. von Hase, Wolf-Rüdiger	21.10.87	13. 3.41
Gregor, Heidelore	1. 1.90	22. 4.44
Peé, Klaus	22. 5.91	8. 7.42
Taegener, Martin	3. 6.91	22. 7.47
Schultz-Ewert, Reinhard	20. 3.92	22.12.48
Neumann, Reinhard	1. 8.92	1. 5.49
Porath, Hans-Jörg	28. 8.92	18.11.44
Dr. Rueß, Hans-Peter	28. 8.92	2. 3.46
Weber, Johann	3. 9.92	7. 5.47
Reichert, Volker	29. 3.93	1. 1.49
Kiechle, Friedrich	29. 3.93	30. 3.52
Stender, Manfred	1. 4.93	23. 9.46
Keil, Martin, beurl.	3. 5.93	6. 1.50
Kunz, Achim	25. 3.94	18. 9.43
Richter, Michael	25. 3.94	12.11.50
MacLean, Percy	11.11.94	25. 1.47
Weckenberg, Heinrich	20. 2.95	22.11.44
Schliebs, Gerhard	—	—
Schrage, Alfons, abg.	28. 6.95	1. 4.48
Wegener, Uwe, abg.	28. 6.95	27.11.49
Rosenbaum, Detlef	18. 1.96	1. 4.51

Richterinnen/Richter

Schoof, Ulrich	2. 5.74	29. 5.37
Mütze, Ute	8. 2.79	25. 8.41
Kunath, Norbert	9. 3.79	17. 6.47
Dahm, Diethard	10. 7.80	6. 9.44
Mager, Candida	1. 7.83	10. 9.46
Plessner, Friedhelm, abg.	29. 9.83	29. 8.51
Pauldrach, Udo, abg.	5. 1.84	3. 5.44
Mallmann-Döll, Hannelore	9. 7.84	5. 4.46
Kiemann, Ulrich	29. 9.85	14. 3.54
Böhme, Petra, beurl.	4. 1.86	17.11.53
Dr. Schreyer, Edith	19. 9.86	15. 3.50
Görlich, Michael	19. 9.86	28. 5.55
Michaelis-Merzbach, Petra, abg.	19.12.86	23. 5.58
Merz, Dagmar, abg.	30. 4.87	5. 1.58
Häner, Jürgen, abg.	1. 1.88	5. 9.53
Bergk, Ralph, abg.	1. 1.88	2. 9.57
Fieting, Roger, abg.	26. 9.88	4. 2.57
Lorenz, Wolfram	26. 9.88	9.11.57
Dr. Meyer, Hans-Jürgen, beurl.	8.12.88	29. 1.57
Schmialek, Jürgen	13. 3.89	26.11.55
Calsow, Wolf-Dietrich	2. 5.89	20.11.52
Knuth, Andreas, abg.	2. 1.90	13. 3.56
Steiner, Jürgen, abg.	2. 5.90	17. 8.60
Scharberth, Marlies, beurl.	1. 8.90	18. 9.58
Bath, Clemens	1. 1.91	29. 9.61
Dr. Korbmacher, Andreas	25.10.91	12. 1.60
Patermann, Andreas	2. 1.92	18. 1.59
Sadler, Ingeborg	1. 3.92	19.11.60
Plückelmann, Birgit, ½	13. 3.92	27. 9.59
von Alven-Döring, Annegret, abg.	1.10.92	11. 8.55
Dr. Deppe, Volker	1.11.92	3. 6.54
Glowatzki, Lydia	16.11.92	12. 2.61
Schubert, Matthias	4. 1.93	19. 3.57
Becker, Jürgen	16. 7.93	14. 6.61
Müller, Heidrun	16. 7.93	26. 6.62
Burchards, Donald, beurl.	1. 8.93	2. 6.57
Frömming, Verena	4.10.93	1. 5.60
Mehdorn, Birgit, ½	3. 1.94	21.10.58
Dr. Dithmar, Ulrike	1. 3.94	30. 4.63
Reisiger, Astrid	21. 3.94	7. 3.63

Hennecke, Doris	6.	4.94	11. 7.60	Gaube, Gabriele	14.	6.93	17. 7.55
Sinner, Dorothea, ½	30.	5.94	11. 9.62	Dr. Lücking, Erika	30.	8.93	16. 8.64
Safadi-Knebel, Olivia, abg.	12.	8.94	18. 5.63	Fischer, Edgar	30.	8.93	8. 9.64
				Grigoleit, Heike	13.	9.93	21. 1.64
Junker, Regina	2.	9.94	7. 1.57	Hoffmann, Frank	1.10.93		2. 8.62
Goessl, Matthias	4.10.94		10. 7.64	Hoffmann, Anne-Cathrin	1.10.93		28. 5.63
Erckens, Victor, beurl.	15.10.94		21. 8.64	Groscurth, Stephan	1.10.93		3. 1.64
Wein, Michael	13.12.94		12.12.59	Erckens, Victor, beurl.	15.11.93		21. 8.64
Groß, Barbara	3.	4.95	5. 2.63	Müller-Thuns, Joerg	21.12.93		3.10.61
Wern-Linke, Sigrid	2.	6.95	24. 8.52	Dicke, Christian, abg.	21.	3.94	6.12.62
Bartl, Raimund	3.	7.95	3. 5.59	Schaefer, Björn	6.	4.94	11. 6.62
Boske, Jürgen	3.	7.95	3.12.61	Hundt, Marion	3.	5.94	9. 2.65
Dr. Oerke, Alexander	1.	9.95	26.11.61	Dr. Fischer, Manfred	20.	6.94	3. 6.60
Knaisch, Astrid	1.	9.95	14. 1.63	Keßler, Ulrich	20.	6.94	6. 1.64
Starke, Sylvia, beurl.	1.	9.95	6.10.63	Herdel, Renate	4.	8.94	9.10.65
Hagedorn, Peter	2.10.95		9. 7.63	Erbslöh, Andrea	26.	9.94	5. 4.63
Noordin, Sadru	9.10.95		4. 3.63	Discher, Thomas	26.	9.94	4. 7.63
Dolle, Michael	12.12.95		14. 2.56	Minsinger, Mauro	26.	9.94	26. 8.63
Dr. Heydemann, Christoph	12.12.95		10. 7.62	Lemke, Hanno-Dirk	1.11.94		3. 5.61
				Dr. Braun, Beate	1.11.94		29. 5.65
Böcher, Rudolf	15.	1.96	21. 7.62	Riese, Kai-Uwe	1.11.94		12. 6.65
Wangenheim, Silvio	12.	2.96	27. 2.62	Maresch, Dirk	2.	1.95	21. 8.64
Schmittberg, Rüdiger	1.	3.96	8. 8.59	Sieveking, Rosanna	2.	1.95	2.12.65
Hutschenreuther-von Emden, Axel	26.	3.96	18. 6.64	Klinski, Stefan	8.	2.95	13. 2.58
				Rüsch, Florian	15.	3.95	20. 5.65
				Dr. Bumke, Ulrike	2.	5.95	11. 2.58
				Rätke, Simone	2.	5.95	9.10.67
				Dr. Schreier, Axel	6.	9.95	13. 1.66
				Schneider, Egbert	2.	1.96	31. 8.61
				Bumann, Dirk	2.	1.96	5. 7.64
				Wilke, Annette	2.	1.96	16. 2.68

Richterinnen/Richter im Richterverhältnis auf Probe

Korte, Stephan	7.12.92	7. 1.63
Richard, Christian	22. 3.93	14.10.65

Brandenburg

Oberverwaltungsgericht für das Land Brandenburg

Logenstr. 6, 15230 Frankfurt (Oder)
T (03 35) 5 56 86–6
Telefax (03 35) 54 98 40
1 Pr, 1 VPr, 3 VR, 11 R einschl. 1 UProf (Nebenamt)

Präsident
Liebert, Dieter   1. 7.93   19. 6.42

Vizepräsident
N. N.

Vorsitzende Richter

Krüger, Henning	1.11.94	10. 9.44
Laudemann, Gerd	1. 4.95	4. 7.45
Schmidt, Jürgen	1. 8.95	19. 4.43

Richterin/Richter

Friedrich, Klaus	2.11.92	12. 4.43
Schreiber, Winfriede	29. 3.93	22.11.45
Dr. Schwarz, Paul	19. 9.94	30. 3.28
Prof. Dr. Klein, Eckart	1. 8.95	6. 4.43
Kirschniok-Schmidt, Georg	1. 8.95	6. 4.52

Brandenburg **VwG**

Verwaltungsgerichte

Cottbus
Magazinstraße 28, 03046 Cottbus
T (03 55) 3 02 01
Telefax (03 55) 2 48 63
1 Pr, 1 VPr, 7 R + ½ R

Präsident
Rubly, Hans-Jürgen   29. 6.93   8.11.43

Vizepräsident
Mühlenhöver, Georg   1. 6.96   10. 9.42

Richterin/Richter
Mayer, Martin   1.10.94   27.10.61
Wittjohann, Marcus   14.11.95   6. 4.62
Wirth, Petra   18. 3.96   14.11.62

Frankfurt (Oder)
Logenstr. 6, 15230 Frankfurt (Oder)
T (03 35) 5 55 60
Telefax (03 35) 5 55 61 88
1 Pr, 1 VPr, 5 VR, 16 R

Präsidentin
Westermann-Schöttler,
 Jutta   29. 6.93   8. 2.47

Vizepräsident
Hohndorf, Kurt   —   —

Vorsitzende Richterinnen/Vorsitzende Richter
Schiefer, Dorothea   13. 1.91   1. 4.44
Gäde-Butzlaff, Vera   1.10.94   15.12.54
Fischer, Hartmut   1.12.94   9. 9.48
Lange, Thomas   2. 5.95   1. 3.57

Richterinnen/Richter
Stricker, Heike   —   —
Prenzlow, Jörg-Thomas,
 abg.   1.10.94   1. 3.61
Wolnicki, Boris, abg.   1.10.94   17. 2.62
Hertel, Susanne   1.10.94   15. 2.63
Bastian, Birgit-Beate   28. 6.95   10. 6.62
Kalmes, Manfred   1. 4.96   24. 7.59
Welzenbacher, Andreas,
 RkrA   (1. 4.94) 16.10.58

Potsdam
Allee nach Sanssouci 6, 14471 Potsdam
T (03 31) 98 38–0
Telefax (03 31) 2 24 83
1 Pr, 1 VPr, 5 VR, 22 R + ½ R + 1 LSt

Präsident
Ladner, Claus Peter   29. 6.93   5. 3.45

Vizepräsident
Müller, Gerd   1.11.95   22. 9.29

Vorsitzende Richter
Hamm, Wilfried   29. 6.93   25. 9.50
Dr. Knippel, Wolfgang   29. 6.93   17. 8.53
Gerke, Klaus-Werner   29. 6.93   14. 9.53
Reimus, Volker   1. 7.95   17.12.57

Richterinnen/Richter
Kirkes, Wilfried   1.12.93   15. 4.60
Dr. Rohn, Matthias   1. 3.94   6.11.60
Cludius, Stefan   1. 4.94   22. 8.61
Pfennig, Peter   1.10.94   20.12.60
Dr. Semtner, Matthias   27. 3.95   9.12.63
Rennert, Reinhard   18. 4.95   26.10.61
Hünermann, Christiane   28. 6.95   7. 8.61
Kluge, Hans-Georg   —   —
Leithoff, Ralf, abg.   8. 9.95   4. 4.62
Fischer, Petra   1. 1.96   5.10.60
Stücker-Fenski, Bettina   21. 3.96   31. 5.50

*Richterinnen/Richter im Richterverhältnis
auf Probe beim Verwaltungsgericht Cottbus*
Lowe, Sabine   1. 7.93   18.12.61
Koark, Andreas   3. 1.94   4. 8.58
Herbert, Thorsten   1.10.94   6. 2.66
Werres-Bleidießel,
 Elisabeth   4.10.94   15. 7.60
Apel, Kerstin   1. 1.96   9. 4.62

beim Verwaltungsgericht Frankfurt (Oder)
Wegge, Georg   2. 2.94   12. 3.61
Bierbaum, Martin   1. 4.94   4.11.64
Orthaus, Berthold   1. 7.94   6. 2.62
Lützow, Ralf   1.10.94   11.12.63
Hiester, Andreas   1.10.94   13. 7.65
Schauer, Jens   1.10.94   24. 9.65
Krupski, Ralf   1.12.94   9. 4.59
Vogt, Matthias   1. 1.95   12. 2.64
Herrmann, Christine   1. 9.95   3. 7.65
Kluge, Johannes   —   —

beim Verwaltungsgericht Potsdam
Fischer-Krüger, Katrin   1.10.91   24. 5.59
Dr. Pflügner, Ilona   1. 2.94   17. 8.57
Buchheister, Joachim   1. 4.94   16. 8.63
Tänzer, Haike   —   —
Goerdeler, Marianne   —   —
Möller, Christian   1.10.94   5. 2.60
Horn, Hartmut   1.10.94   24. 3.60
Roeling, Reiner   1.10.94   8. 7.64

VwG   Bremen

Dr. Achenbach, Gudrun	1. 10. 94	28. 1. 66	Blumenberg, Hildegard	1. 3. 95	14. 6. 62
Weißmann, Jürgen	—	—	Schott, Ingrid	1. 5. 95	18. 10. 60
Langer, Ruben	1. 11. 94	28. 1. 64	Süchting, Yvonne Friedericke	1. 2. 96	27. 10. 64

Bremen

Oberverwaltungsgericht der Freien Hansestadt Bremen

Osterdeich 17, 28203 Bremen
T (04 21) 3 61 21 90
Telefax (04 21) 3 61 41 72
1 Pr, 1 VPr, 5 R (davon 1 UProf im 2. Hauptamt)

Präsident

Prof. Pottschmidt, Günter	1. 6. 78	22. 3. 37

Vizepräsidentin

Dreger, Brigitte	21. 4. 95	18. 4. 43

Richter

Prof. Dr. Rinken, Alfred (UProf, 2. Hauptamt)	18. 10. 78	7. 6. 35
Nokel, Dieter	12. 1. 87	14. 3. 45
Eiberle-Herm, Viggo	12. 1. 87	18. 7. 47
Dr. Grundmann, Martin	27. 5. 92	20. 7. 47
Alexy, Hans	31. 3. 93	27. 5. 52

Verwaltungsgericht

Bremen
Altenwall 6, 28195 Bremen
T (04 21) 3 61 64 37
Telefax (04 21) 3 61 67 97
1 Pr, 1 VPr, 6 VR, 16 R, 1 LSt (R)

Präsident

Kliese, Hasso	1. 1. 93	1. 2. 34

Vizepräsident

Klose, Jürgen	1. 4. 93	2. 2. 39

Vorsitzende Richter

Engelmann, Herbert	7. 2. 75	28. 7. 38
Feldhusen, Diedrich	23. 12. 76	6. 9. 37
Zimmermann, Heinz	27. 5. 92	10. 1. 42
Kramer, Ingo	23. 11. 95	22. 3. 48
Hülle, Hartmut	23. 11. 95	6. 6. 51

Richterinnen/Richter

Gerke, Volker	15. 10. 76	29. 7. 44
Wollenweber, Hans-Michael	2. 11. 92	12. 7. 57
Dr. Stuth, Sabine	1. 9. 93	19. 12. 53
Wehe, Eckhard	1. 9. 93	4. 7. 55
Gerwien, Ines	30. 6. 94	8. 11. 61
Treidler, Sabine	13. 7. 94	16. 7. 61
Feldhusen-Salomon, Hannelore	16. 7. 94	22. 7. 55
Opitz-Lange, Cornelia	16. 6. 95	29. 12. 53
Sommerfeld, Jürgen	16. 6. 95	20. 5. 57
Dr. Bauer, Carsten	16. 6. 95	4. 10. 57
Vosteen, Rainer	16. 6. 95	27. 7. 59
Ohrmann, Anette	16. 6. 95	25. 6. 63
Dr. Metzger-Lashly, Gabriele, RkrA, beurl. (LSt)	—	—

Richterin/Richter im Richterverhältnis auf Probe

Traub, Friedemann	19. 5. 93	3. 11. 61
Hagedorn, Jörg	19. 5. 93	12. 2. 63
Dr. Benjes, Silke	1. 10. 95	26. 1. 63

Hamburg

Hamburgisches Oberverwaltungsgericht

Nagelsweg 37, 20097 Hamburg
T (0 40) 24 86–0
Telefax (0 40) 24 86 41 71
1 Pr, 1 VPr, 4 VR, 17 R (davon 1 UProf im 2. Hauptamt) + 1 ½ R + 1 ¾ R + 1 ¹⁄₁₀ R + 1 LSt (R)

Präsident
Dr. Mückenheim, Uwe	1. 9. 94	10. 3. 36	

Vizepräsident
Schulz, Karsten	1. 1. 95	16. 12. 43	

Vorsitzende Richterin/Vorsitzende Richter
Dr. Hoppe, Klaus	24. 3. 82	1. 7. 33
Dr. Glitza, Eva	—	—
Sinhuber, Rainer	29. 12. 88	11. 11. 40
Dr. Müller-Gindullis, Dierk	28. 6. 91	5. 4. 38

Richterinnen/Richter
Dr. Freitag, Herbert	1. 7. 75	28. 8. 33
Fligge, Gernot	20. 5. 81	18. 2. 41
Prof. Dr. Koch, Hans-Joachim, UProf	29. 9. 81	11. 10. 44
Dr. Raecke, Jürgen	24. 3. 82	1. 4. 40
Pauly, Hanfried	26. 5. 82	13. 11. 42
Dittmann, Karl	18. 7. 83	18. 6. 39
Dr. Thies, Roswitha, ½	1. 9. 83	24. 10. 44
Dr. Meffert, Klaus	2. 8. 85	7. 6. 43
Grube, Christian	1. 4. 89	6. 10. 44
Korth, Lothar, abg. zu ½	22. 6. 89	15. 9. 46
Hämäläinen-Wolff, Lea	25. 9. 89	7. 7. 48
Seifert, Klaus, abg. zu ⁹⁄₁₀	1. 11. 90	26. 9. 48
Schulz, Ernst-Otto	1. 11. 90	20. 8. 50
Fritschen, Klaus	1. 12. 90	26. 4. 40
Pradel, Joachim	8. 2. 91	21. 10. 50
Dr. Ungerbieler, Günther	8. 10. 91	22. 6. 52
Wiemann, Peter	19. 6. 92	2. 5. 47
Haase, Sabine, ¾	18. 9. 92	6. 5. 54
Probst, Joachim, abg. (LSt)	30. 4. 93	27. 6. 53
Jahnke, Helmuth	3. 5. 93	24. 4. 49
Kollak, Thomas	18. 6. 93	12. 6. 47
Huusmann, Angelika, ½	7. 9. 95	8. 1. 50

Verwaltungsgericht Hamburg

Nagelsweg 37, 20097 Hamburg
T (0 40) 24 86–0
Telefax (0 40) 24 86–41 71
1 Pr, 1 VPr, 20 VR, 1 UProf im 2. Hauptamt, 2 × ½ VR, 54 R + 4 × ½ R, 9 LSt (R) + 3 × ¾R

Präsident
Biskup, Rainer	15. 3. 88	5. 4. 39

Vizepräsident
Gramm, Helmut	11. 6. 86	25. 9. 41

Vorsitzende Richterinnen/Vorsitzende Richter
Dickow, Nils	1. 1. 77	26. 5. 36
Kaven, Hans	1. 11. 77	16. 11. 33
Riebesell, Peter	24. 10. 79	22. 1. 36
Koschnitzke, Hansjürgen, abg.	24. 10. 79	1. 8. 39
Friedrichs, Hans Peter	24. 10. 79	23. 6. 42
Dr. Hansen, Hans-Jürgen	20. 3. 80	28. 11. 39
Kruse, Hans Ludwig	4. 8. 80	22. 6. 36
Lochner, Burckhardt	20. 5. 81	12. 4. 40
Rühle, Wulf	2. 9. 81	5. 10. 39
Knauf, Rüdiger-Ulrich	15. 12. 81	28. 9. 41
Dr. Ihlenfeld, Hartwig	22. 9. 82	27. 4. 40
Prof. Dr. Ramsauer, (Ulrich, ½, UProf, 2. Hauptamt)	12. 6. 86	11. 3. 48
Mendrzyk, Karin	29. 12. 88	2. 3. 43
Hardraht, Ulrike, ½	1. 5. 89	27. 1. 44
Meyer, Hans-Hinrich	21. 12. 90	11. 7. 51
Lenz, Ingeborg	—	—
Tomczak, Bernd-Dieter	28. 6. 91	27. 9. 49
Dr. Roggentin, Joachim-Mathias	18. 9. 92	31. 5. 46

Richterinnen/Richter
Kalitzky, Jürgen	3. 1. 78	30. 5. 41
Dr. Hohberger, Dagmar	29. 3. 78	25. 3. 44
Dr. Quast, Gerd	16. 4. 78	11. 6. 46
Farenholtz, Hans Hermann	15. 1. 80	19. 5. 47
Dr. Wehling, Gerd-Rudolf	20. 2. 80	11. 10. 44
Dr. Hernekamp, Karl	10. 10. 80	5. 11. 41
Kulbach-Hartkop, Margot	1. 6. 81	23. 7. 50
Dr. Lorenzen, Claus	2. 1. 82	21. 7. 51
Kämpf, Berthold	17. 9. 82	4. 5. 48
Brandes, Thomas	2. 7. 83	28. 3. 52

Feuchte, Andreas	10. 3.84	4. 1.54	Rehder-Schremmer,		
Haubold, Klaus	1. 6.84	2. 6.53	Susanne, ¾	2. 4.94	28. 5.61
Krüger, Sabine	20. 6.84	16. 7.54	Dr. Greilinger-Schmid,		
Mehmel, Friedrich-			Daniela, ¾	1. 7.94	29. 6.61
Joachim	25. 8.84	16. 1.53	Dr. Kränz, Joachim, abg.	1. 8.94	26. 5.60
Wagner, Gundolf	4. 1.85	26. 5.51	Carstensen, Heike, ½	—	—
Dr. Rubbert, Susanne	25. 1.85	29.10.55	Walter, Susanne	5.10.94	14. 2.62
Sternal, Sonja	9. 5.89	27.12.59	Larsen, Kaj Niels	21.10.94	16. 9.54
Wächter, Gudrun	5. 2.91	15. 8.54	Dr. Kraglund, Kirsten,		
Meins, Heiko	1. 3.91	15. 1.59	abg.	1. 4.95	25. 6.62
Dr. Laker, Thomas, abg.	25. 3.91	10. 2.56	Büschgens, Veronika	—	—
Engelhardt, Siegfried	—	—	Dr. Lamb, Irene, abg.	14. 9.95	4. 8.59
Hölz, Dietrich	15. 5.91	25. 1.54	Jackisch, Axel	12.10.95	1.11.61
Kreth, Elisabeth, abg.	1. 6.91	2. 9.59	Niemeyer, Frank	12.10.95	29. 8.62
Dr. Waniorek-Goerke,			Jahns, Michael	3.11.95	19. 3.64
Gabriele	15.10.91	22. 1.52	Rigó, Kerstin	1. 2.96	22. 4.63
Abayan, Ariane	1. 1.92	10. 5.60	Groß, Anne	22. 3.96	13. 6.63
Dr. Kob, Sabine, ½	1. 3.92	27. 8.59			
Erber, Mutram	1. 4.92	21.10.52	*Richterinnen/Richter im Richterverhältnis*		
Schlöpke-Beckmann,			*auf Probe*		
Britta	1. 6.92	20. 4.61	Bertram, Michael	—	—
Dr. Brümmer, Gisela, ¾	1. 7.92	23. 8.49	Tscheulin, Monika	1. 2.93	30. 6.63
Langenohl, Katrin	1. 8.92	13. 6.63	Daum, Brigitte	14. 6.93	26. 1.61
Meyer-Stender, Anja, ½	—	—	Graf von Schlieffen,		
Dr. Ramcke, Udo	20.11.92	13. 7.58	Eckhardt	14. 6.93	13. 6.63
Schoenfeld, Christoph	4. 6.93	2.11.59	Schmitz, Heinz	7. 9.93	16. 1.62
Dr. Möker,			Knierim, Sabine	2. 5.94	31. 5.65
Ulf-Henning, abg.	1. 1.94	18.11.60	Meyer-Schulz, Monika	—	—
Dr. Philipp, Renate, ½	15. 2.94	12. 2.62	Dr. Kuhl, Thomas	1.10.94	14. 4.61
Dr. Hintz, Manfred, abg.	1. 3.94	18. 1.60	Harfmann,		
von Paczensky, Carola	1. 4.94	24. 5.58	Susanne	1.10.94	28. 9.63
Thorwarth, Klaus	1. 4.94	16. 3.63	Dr. Ruhrmann, Ulrike	2. 5.95	8. 4.67

Hessen

Hessischer Verwaltungsgerichtshof

Brüder-Grimm-Platz 1, 34117 Kassel
T (05 61) 10 07–0
Telefax (Gr. 1) 05 61/1 00 72 64
1 Pr, 1 VPr, 12 VR, 36 R (einschl. 1 UProf im 2. Hauptamt)

Präsident

Dr. Friedrich, Ottmar	1.12.86	1. 9.31

Vizepräsident

Dr. Heitsch, Bernhard	1. 2.92	8.12.36

Vorsitzende Richterinnen/Vorsitzende Richter

Dr. Wilhelm, Helmut	11. 8.80	15. 4.35
Haensel, Klaus	18. 4.83	11. 7.35
Dr. Voucko, Manfred	3. 1.86	21. 5.36
Renner, Günter	1. 8.87	24. 4.39
Habbe, Dieter	1.11.87	9.10.40
Dr. Teufel, Wolfgang	1. 8.88	7. 3.44
Schneider-Danwitz,		
Anneliese	1. 8.90	18.12.33
Kittelmann, Ulf	1. 8.91	15. 7.42
Dr. Klein, Harald	11. 9.92	23.10.47
Kohl, Hannelore	25. 3.93	19.10.48
Dr. Schulz, Axel	28. 2.95	17.11.42
Pieper, Eberhard	28. 2.95	29. 3.43

Hessen VwG

Richterinnen/Richter

Döring, Helmut	31. 1.72	19. 2.32
Eisenberg, Joachim	10. 2.77	11. 5.38
Michel, Dieter	17. 2.78	15. 2.37
Stengel, Wilfried	25. 8.78	14. 2.39
Koch, Roland	7. 9.79	6.12.40
Thorn	4.12.80	—
Prof. Dr. von Zezschwitz, Friedrich (UProf, 2. Hauptamt)	1. 2.81	5. 1.35
Hassenpflug, Klaus-Peter	29. 1.82	29.12.44
Blume, Eckehart	17. 5.82	5. 4.45
Dr. Lohmann, Hans-Henning	1.11.83	1. 2.45
Kremer, Manfred	13. 3.85	4. 8.46
Dr. Zysk, Hartmut	20. 1.86	13.12.45
Lüttschwager, Bernd	30. 8.86	10. 2.52
Dr. Michel, Werner	1. 8.87	28. 7.45
Höllein, Hans-Joachim	1. 8.87	2.12.49
Kohlstädt, Horst	1. 8.87	31. 3.50
Dr. Dyckmans, Fritz	2.11.87	29. 6.49
Dr. Nassauer, Wilhelm	1. 2.89	31.12.50
Schröder, Lutz	1. 4.89	9. 1.50
Igstadt, Volker	1. 8.90	22. 7.50
Dyckmans, Mechthild	1. 8.90	26.12.50
Britzke, Jörg, abg.	30.11.90	24.10.50
Dr. Dittmann, Thomas	1. 8.91	16. 6.51
Dr. Remmel, Johannes	1. 8.91	3.12.52
Jeuthe, Falko	1. 1.92	28. 4.47
Dr. Apell, Günter	11. 9.92	4. 7.53
Dr. Bark, Thomas	8. 7.93	29. 3.49
Pertek, Wolfgang	8. 7.93	29.12.51
Dr. Saenger, Michael	15. 7.93	9. 7.41
Heuser, Hans-Heinrich	21.12.93	9.10.54
Dr. Rudolph, Inge	21.12.93	28. 6.57
Thürmer, Monika	19. 1.95	1. 2.56
Schott, Petra	1. 1.96	15. 4.53

Drei weitere Stellen für Richter am Verwaltungsgerichtshof sind besetzt. Name und Personaldaten der Stelleninhaber sind nicht übermittelt worden.

Verwaltungsgerichte

Darmstadt

Neckarstr. 3, 64283 Darmstadt
Postfach 11 14 50, 64229 Darmstadt
T (0 61 51) 12 54 92
1 Pr, 1 VPr, 6 VR, 15 R + 2 × ½ R

Präsident

Dr. Urban, Richard	27.11.91	14. 2.43

Vizepräsident

Enders, Helmut	1.11.87	2.10.36

Vorsitzende Richterinnen/Vorsitzende Richter

Pitthan, Günter	22. 9.80	12. 1.34
Dr. Emrich, Dieter	1. 1.87	13. 5.39
Lorenz, Wilfried	15. 7.88	6. 2.42
Molitor, Wolfram	18. 7.88	20. 8.44
Seidler, Sabine	14. 8.91	20. 5.44
Feisel, Dorothea	1.12.92	13. 6.45

Richterinnen/Richter

Wernersbach, Walter	12. 4.67	13. 6.32
Born, Barbara, ½	16. 1.74	14. 2.43
Leinbach, Lutz	20.10.80	26. 2.50
Eckert, Rainer, abg.	20. 6.81	14. 7.49
Dr. Tischbirek, Ingrid, ½	19.10.83	16. 5.51
Mogk, Hans Ulrich	15.10.85	2. 9.53
Patella, Stefan	15. 2.89	2.10.51
Wallisch, Brigitte, beurl.	15. 2.93	26. 7.59
Bangert, Jürgen	1.10.93	1. 5.54
Ehrmanntraut, Michael	1.10.93	6.10.58
Osypka-Gandras, Ursula	1.12.94	21. 1.62
Brugger, Ulrike	15. 8.95	1. 8.61
Lehmann, Peter	28.12.95	31. 3.61
Ottmüller, Eva	1. 2.96	4.10.62
Dr. Rumpf, Olav	10. 3.96	6. 5.61

Eine weitere Stelle für Richter am VG ist besetzt. Name und Personaldaten des Stelleninhabers sind nicht übermittelt worden.

Frankfurt am Main

Adalbertstr. 44–48, 60486 Frankfurt am Main
Postfach 90 04 36, 60444 Frankfurt am Main
T (0 69) 13 67–01
Telefax (0 69) 13 67 85 21
1 Pr, 1 VPr, 13 VR, 34 R + ½ R, 4 LSt
(davon 1 VR)

Präsident

Dr. Neumeyer, Dieter	7.12.79	14.11.36

Vizepräsident

Dr. Fritz, Roland	24.11.93	2.12.47

Vorsitzende Richter

Ellerhusen, Hubert	1.10.84	13. 4.39
Dr. Klisch, Carsten-Michael	1. 2.88	10. 9.43
Wittchen, Werner	1. 3.90	29. 7.46
Reul, Wolfgang	1.12.93	4. 6.47
Dr. Wittkowski, Bernd	1.12.93	6. 9.50
Hepp, Rainer	28. 3.95	15. 8.54

Sieben weitere Stellen für Vorsitzende Richter sind besetzt; Namen und Personaldaten der Stelleninhaber sind nicht übermittelt worden.

VwG Hessen

Richterinnen/Richter

Dembicki, Melitta	1.11.78	4. 6.47
Dr. Tiedemann, Paul	1. 4.81	14. 8.50
Breunig, Norbert	1. 6.81	23. 1.45
Wolski, Karin	16. 7.81	3. 6.50
Roth, Beate, abg.	4.11.85	6. 4.60
Reutter-Schwammborn, Gabriele	1. 8.86	13.12.57
Dr. Lüdecke, Horst	1.12.88	16.10.43
Dr. Repp, Harald	1.12.89	7. 8.57
Gegenwart, Andreas	2. 1.92	22. 1.57
Förster, Gabriele	26. 7.93	3.10.61
Diedrich, Karin	4. 1.94	23. 9.51
Mayer, Arpad	1. 1.95	31. 1.59
Liebetanz, Stefan	11. 5.95	19. 4.63
Brillmann, Claudia, abg.	1. 6.95	27.11.61
Wilke, Andrea	21. 6.95	5. 2.57
Dr. Rachor, Frederik	1. 8.95	9.10.59

20 weitere Stellen für Richter am Verwaltungsgericht sind besetzt. Namen und Personaldaten der Stelleninhaber sind nicht übermittelt worden.

Gießen

Marburger Straße 4, 35390 Gießen
Postfach 11 14 30, 35359 Gießen
T (06 41) 9 34-0
Telefax (06 41) 9 34-40 03
1 Pr, 1 VPr, 8 VR, 24 R, 3 × ¾ R

Präsident

Dr. Stahl, Reiner	1. 3.92	9. 5.43

Vizepräsidentin

Buchberger, Elisabeth	21.12.93	17.12.50

Vorsitzende Richter

Riehn, Hartmut	29. 3.88	30. 9.35
Hänsel, Gerald	1.12.92	23. 9.50
Hornmann, Gerhard	1.12.92	24. 3.52
Spies, Ulrich	22. 6.93	12. 7.49
Dr. Schwartze, Dieter	22.10.93	11. 8.38
Dr. Preusche, Burkhard	22.12.93	10. 9.43
Ruthsatz, Reinhard	9. 8.94	13.11.52
Schild, Hans-Hermann	9. 8.94	4. 3.56

Richterinnen/Richter

Seibert, Peter-Michael	2. 5.89	9. 7.54
Schirra, Peter	1. 4.92	2.10.56
Ferner, Hilmar, abg.	1. 1.93	21. 5.60
Dörr, Sabine	25. 3.93	2. 3.61
Dr. Krekel, Klaus, abg.	1. 7.93	3. 2.56
Debus, Norbert	24. 9.93	11. 2.56
Dr. Horn, Oliver	1.10.93	24. 7.59
Lambeck, Rainer	26. 9.94	8. 8.57
Kniest, Thomas	1.11.94	31. 7.58

Preuß, Karl-Heinz	4. 6.95	18. 2.61
Dr. Lorenz, Wolfgang	9. 6.95	24. 4.60
Bodenbender, Werner	1. 7.95	4. 9.59
Deventer, Renate	26. 9.95	5. 5.62
Kröger-Schrader, Cordelia	5. 2.96	5.10.64

Vier weitere Stellen für Richterinnen am VG sind besetzt. Namen und Personaldaten der Stelleninhaberinnen sind nicht übermittelt worden.

Richterinnen/Richter im Richterverhältnis auf Probe

Höfer, Andreas	20.12.93	25. 4.63
Karber, Bernd	3. 1.94	9.10.62
Zickendraht, Beate	1. 3.94	6. 4.64
Elser, Roland	7. 3.94	27. 5.61
Dr. Funk, Sabine	10. 5.94	13.11.63
Dr. Ostheimer, Michael	2. 1.95	30. 3.66
Dr. Bey, Alexander	1. 2.95	2. 4.62
Metzner, Mathias	1. 2.95	27. 6.64
Schmidt, Helmut	1.12.95	16.12.62

Kassel

Tischbeinstr. 32, 34121 Kassel
Postfach 10 38 69, 34038 Kassel
T (05 61) 10 07-0
Telefax (Gr. 1) 05 61/1 00 71 65
1 Pr, 1 VPr, 6 VR, 22 R + 3 × ¾ R + 1 × ½ R

Präsidentin

Fertig, Felizitas	1. 1.86	25. 5.39

Vizepräsident

Löffel, Ulrich	1. 8.88	21.11.43

Vorsitzende Richterinnen/Vorsitzende Richter

Krakowsky, Jürgen	14. 7.93	11. 1.42
Ickler, Karl	7. 9.79	6. 9.34
Heidemann, Uwe	1. 8.93	12. 3.49
Schäfer, Stefan	24.11.92	12. 8.53
Friedrich-Marczyk, Marion	24.11.92	25. 2.51
Töpfer, Hans-Günter	26. 6.86	23. 8.41

Richterinnen/Richter

Wintersperger, Reinhard	1. 3.79	28. 3.47
Dr. Jürgens, Gunter	1. 8.88	14.11.56
Knauf, Jürgen	4. 4.90	17. 6.60
Schneider, Horst	17. 4.90	18. 6.55
Fischer, Ruth, ¾	8.10.90	13.11.58
Dr. Fischer, Lothar	1. 1.91	27. 8.55
Spillner, Matthias	1. 1.91	4.10.58
Siegner, Gerda, ¾	1. 2.92	29.12.56
Lehmann, Katrin, ¾	19. 2.92	6. 2.57
Dr. Dieterich, Gunther, abg.	1.12.93	22. 5.59

Schönstädt, Dirk	5. 8.94	8. 9.60
Küllmer, Uwe	14.10.94	24. 2.63
Steinberg, Uwe	10. 2.95	18.12.58
Wanner, Horst	16. 3.95	4. 3.60
Schäfer, Michaela	16. 3.95	8. 2.63
Dr. Müller-Schwefe, Michael	28. 6.95	19. 8.48
Dr. Sens-Dieterich, Karin	4. 2.96	6. 6.63
Pfeifer, Ulrich	19. 4.96	21. 5.60

Weitere Stellen für Richter am VG sind besetzt. Namen und Personaldaten der Stelleninhaber sind nicht übermittelt worden.

Wiesbaden

Mühlgasse 2, 65183 Wiesbaden
Postfach 57 66, 65047 Wiesbaden
T (06 11) 1 68–0
Telefax (06 11) 1 68 11
1 Pr, 1 VPr, 7 VR, 21 R, 2½ LSt (R)

Präsident

Faber, Hans Peter	1. 4.83	30. 1.41

Vizepräsident

Hiemenz, Friedrich	1. 1.86	29. 5.39

Vorsitzende Richterinnen/Vorsitzende Richter

Dr. Holzmann, Gabriele	1.11.79	1. 9.45
Scholtz, Ingo	1. 4.80	2. 7.35
Dr. Kögel, Manfred	1.10.80	6. 6.44
Dr. Kruchen, Günter	1. 4.86	15. 5.45
Rainer, Rudolf	30. 3.88	10. 6.39
Dr. Schneider, Winfried	13.11.89	2. 9.51
Kraemer, Ursula	15. 2.94	25.12.52

Richterinnen/Richter

Merkel, Ute	23. 5.78	16.10.47
Partsch, Gernot	1. 9.80	6. 9.40
Häuser, Horst	1. 4.81	9.12.46
Georgen, Ferdinand	1. 1.83	16. 3.49
Domann-Hessenauer, Johanna	16. 2.85	15. 9.52
Dr. Schreiber, Thomas	1. 7.87	3. 5.41
Hartmann, Rolf	11. 9.87	9.10.55
Birk, Alexander	1.12.88	17. 5.55
Eckhard, Jutta	1. 4.90	11. 2.58
Habel, Jürgen	9.10.91	11. 7.57
Rechenbach, Dagmar, beurl. (LSt)	1.11.91	10. 7.57
Koepke, Torsten	13. 4.93	15. 4.55
Wolters, Jutta, ½, beurl. (LSt)	27. 5.93	23.11.54

Walther, Harald	23. 6.93	7. 4.58
Dr. Wartusch, Hans-Günther	1. 8.93	7. 9.57
Zeimetz-Lorz, Birgit (MdL) (LSt)	3.12.93	23. 8.60
Dr. Gerster, Rainald, abg.	25. 4.94	6. 1.60
Evers, Patricia	17. 6.94	18.12.62
Dr. Diehl, Rafaela	1. 6.95	22. 9.55

Drei weitere Stellen für Richter am Verwaltungsgericht sind besetzt. Namen und Personaldaten der Stelleninhaber sind nicht übermittelt worden.

Richterinnen/Richter im Richterverhältnis auf Probe

Nieuwenhuis, Bettina, ½	2. 5.85	22. 1.55
Hinkel, Holger	1. 7.93	21. 6.65
Dr. Schnell, Günther	27. 7.93	4.11.61
Leye, Christiane	2. 8.93	17. 9.62
Grünewald, Dieter	2. 8.93	27. 2.63
Becker, Martin	2. 8.93	21. 3.63
Kannenberg, Werner Kurt	2. 8.93	28. 8.64
Tanzki, Holger	1. 9.93	27. 3.54
Dienelt, Klaus	1.10.93	11. 8.64
Cezanne, Angelika	15.11.93	1.10.63
Zahn, Wolfgang	18.11.93	6. 2.65
Markowski, Sigrun	1.12.93	2. 4.65
Höfer, Andreas	20.12.93	25. 4.63
Lehmann, Peter	3. 1.94	31. 3.61
Karber, Bernd	3. 1.94	9.10.62
Grünewald-Germann, Sybille, ½	10. 1.94	29. 5.63
Dr. Heußner, Hermann	14. 2.94	16. 4.60
Zickendraht, Beate	1. 3.94	6. 4.54
Seggelke, Rolf	1. 3.94	12. 4.61
Elser, Roland	7. 3.94	27. 5.61
Dr. Sudhof, Margaretha	9. 5.94	15. 5.59
Dr. Funk, Sabine	10. 5.94	13.11.63
Vogt, Helmut	1. 8.94	28. 3.63
Griebeling, Bernhard	1. 9.94	12. 2.65
Lohmann, Christine	4.10.94	20. 9.65
Dr. Ostheimer, Michael	2. 1.95	30. 3.66
Metzner, Mathias	16. 1.95	27. 6.64
Knab, Michael	1. 2.95	29. 5.61
Dr. Bey, Alexander	1. 2.95	2. 4.62
Dr. Schütz, Olaf	1. 8.95	11.10.65
Rabas-Bamberger, Adelheid	1. 8.95	10. 9.66
Schmidt, Helmut	1.12.95	16.12.62

Es sind weitere Richter/innen im Richterverhältnis auf Probe vorhanden. Namen und Personaldaten sind nicht übermittelt worden.

Mecklenburg-Vorpommern

Oberverwaltungsgericht Mecklenburg-Vorpommern

Domstr. 7, 17489 Greifswald
T (0 38 34) 8 90 50
Telefax (0 38 34) 89 05 39
1 Pr, 1 VPr, 2 VR, 9 R (+ 2 LSt)

Präsident
Haack, Klaus	4. 5. 92	22. 1. 33

Vizepräsident
Stange, Gustav-Adolf	1. 4. 94	4. 4. 40

Vorsitzende Richter
Wolf, Helmut	4. 8. 92	22. 3. 40
Tiedje, Wolfgang	15. 12. 93	23. 6. 49

Richterin/Richter
Sauthoff, Michael	1. 5. 92	13. 1. 54
Aussprung, Ursula	1. 10. 93	25. 5. 55
Aussprung, Jürgen	1. 10. 93	9. 12. 55
Redecker, Martin, abg.	1. 4. 96	22. 8. 61

Richter im 2. Hauptamt: 3

Verwaltungsgerichte

Greifswald
Domstr. 7, 17489 Greifswald
T (0 38 34) 8 90 50
Telefax (0 38 34) 89 05 28
1 Pr, 1 VPr, 4 VR (+ 1 LSt), 13 R

Präsidentin
Haegert, Karin	5. 9. 94	28. 6. 36

Vizepräsident
N. N.

Vorsitzende Richter
Dr. Saenger, Michael	15. 7. 93	9. 7. 41
Sellering, Erwin, abg. (LSt)	1. 8. 94	18. 10. 49

Richterin/Richter
Humke, Reinhard	16. 2. 94	30. 10. 61
Corsmeyer, Ekkard	2. 9. 94	12. 3. 59
Hirtschulz, Meike	30. 1. 95	14. 6. 62
Seppelt, Christoph, abg.	21. 4. 95	7. 9. 60
Bruksch, Holger	22. 9. 95	2. 9. 57

Schwerin
Wismarschestr. 325, 19053 Schwerin
T (03 85) 5 40 40
Telefax (03 85) 5 40 41 14
1 Pr, 1 VPr, 6 VR, 15 R

Präsident
Dr. Hobbeling, Erich	17. 8. 92	3. 9. 43

Vizepräsident
Wittchow, Günter	1. 7. 94	11. 4. 54

Vorsitzende Richter
Schmidt, Uwe	18. 11. 93	10. 10. 47
Krug, Michael	1. 7. 94	7. 9. 40
Dr. Kronisch, Joachim, abg.	1. 4. 96	4. 10. 59

Richterinnen/Richter
Piepel, Rita, abg.	2. 5. 92	13. 9. 57
Graßhoff, Elke	15. 10. 92	28. 3. 61
Witt, Petra	9. 2. 93	3. 2. 58
Wedemeyer, Kai	11. 2. 93	24. 10. 57
Kayser, Susanne	18. 9. 93	6. 11. 58
Ring, Wolf-Michael, abg.	1. 4. 94	2. 4. 60
Preuß, Frank	15. 8. 94	29. 5. 60
Kreutz, Annemarie	8. 5. 95	9. 6. 46
Loer, Burkhard	8. 5. 95	14. 11. 59
Labi, Andreas	26. 7. 95	26. 1. 62

Richterinnen/Richter im Richterverhältnis auf Probe
Kellner, Ingbert	1. 12. 92	14. 3. 63
Pohlenz, Stephan	5. 1. 93	1. 8. 61
Masiak, Kerstin	1. 2. 93	31. 3. 64
Wessel, Bettina	15. 2. 93	10. 10. 61
Voetlause, Christoph	2. 3. 93	1. 2. 63
Stratmann, Heinz-Gerd	1. 4. 93	12. 6. 62
Skeries, Michael	3. 5. 93	3. 1. 63
Breitwieser, Ulrich	2. 6. 93	25. 9. 62
Tiemann, Sabine	2. 6. 93	22. 1. 64
Hünecke, Harald	2. 8. 93	22. 7. 62
Schmitz, Dietmar	2. 8. 93	1. 3. 64
Becker, Dag	2. 8. 93	28. 12. 64
Tank, Arne	16. 8. 93	24. 1. 64
Koll, Jürgen	1. 9. 93	11. 5. 55
Sperlich, Klaus	1. 9. 93	20. 9. 62
Amelsberg, Hajo	3. 11. 93	24. 3. 64
Dr. Dißmann, Karsten	1. 12. 93	8. 11. 63

Rozenberger, Dirk	3. 1.94	20. 7.64		Surminski, Katja	2.10.95	24. 2.67
Lüdtge, Jan Michael	16. 2.94	27. 3.59		Engbers, Jutta	15. 4.96	19. 6.69
Röh, Bernd	16. 2.94	19.12.61		Böhmann, Holger	1. 2.96	13.11.66

Niedersachsen

Niedersächsisches Oberverwaltungsgericht

Uelzener Str. 40, 21335 Lüneburg
Postfach 23 71, 21313 Lüneburg
T (0 41 31) 7 18–0
Telefax (0 41 31) 7 18–2 08
1 Pr, 1 VPr, 11 VR, 32 R + 2 LSt f. UProf
im 2. Hauptamt + 2 LSt (R) + 4 Hilfsstellen R 1

Präsident

Dr. Schinkel, Manfred-Carl	3. 4.89	3. 1.35

Vizepräsident

Eichhorn, Georg Hermann	15. 5.92	6. 4.34

Vorsitzende Richter

Taegen, Erich	30. 8.77	9.10.33
Dr. Dembowski, Eckart	12. 6.80	6. 9.37
Schmaltz, Hans-Carsten	2. 5.84	7.11.39
Stelling, Günther	9. 5.85	22. 4.36
Prof. Dr. Jank, Klaus-Peter	7.10.85	25. 5.33
Dr. Czajka, Dieter	5. 8.87	13. 2.36
Dr. Hamann, Andreas	23. 8.89	21. 5.34
Klay, Gerd	28. 4.92	25. 4.44
Atzler, Bernhard	19.11.92	7.12.42
Dr. Heidelmann, Dieter	14.12.92	15. 7.46
Dr. Bock, Hans Christian	18. 4.94	31.10.40

Richterinnen/Richter

Prof. Dr. Götz, Volkmar (UProf, 2. Hauptamt) (LSt)	27. 9.71	28.11.34
Sommer, Herbert	18. 1.72	1. 3.35
Dr. Gehrmann, Ludwig	2. 9.74	22. 6.35
Dr. Sarnighausen, Hans-Cord	15.11.74	23. 7.36
Schnuhr, Ekkehard	9. 7.76	28. 3.37
Dr. Berkenbusch, Friedhelm	28. 6.77	11. 3.40
Radke, Hubert	18. 7.77	4. 9.39
Dehnbostel, Gerhard	25. 5.78	14. 2.37
Dr. Thiedemann, Jens	12. 7.78	7. 8.40
Zeisler, Jürgen	9. 7.79	14. 8.36
Prof. Dr. Faber, Heiko (UProf, 2. Hauptamt) (LSt)	28. 8.79	1.10.37
Schwermer, Gerfried	26. 3.80	12. 1.44
Dr. Uffhausen, Karsten	9. 2.81	21.12.41
Nelle, Karl-Christian	9. 2.81	25. 2.42
Dr. Jenke, Hans-Joachim	28. 4.83	13.12.44
Winzer, Hans	18. 6.84	29.10.41
Reisner, Thomas	18. 6.84	17.12.42
Dr. Graefe-Hunke, Hildburg, abg. (LSt)	19. 6.84	30.11.43
Kalz, Wolfgang	28. 8.86	19. 3.47
Dr. Berthold, Axel	3. 6.87	27. 9.45
Dr. Petersen, Volkert	21.10.87	16. 8.46
Willikonsky, Klaus	3.10.88	14. 4.50
Munk, Michael	22. 1.91	10.12.47
Ballhausen, Wolfgang	22. 1.91	24. 2.50
Vormeier, Jürgen, abg.	1. 4.91	26. 1.54
Dr. Peschau, Hans-Hermann	26. 6.91	2. 3.51
Dr. Claaßen, Max-Peter	27. 6.91	3. 7.51
Meyer, Ilsemarie	1. 7.91	27. 3.53
Dr. Rettberg, Jürgen	29. 1.92	29. 3.49
Claus, Sören	31. 8.92	4. 1.53
Dr. Frentz, Eva-Christine	31. 8.92	29. 8.55
Vogel, Birgitt, ½	7. 4.93	21.10.52
Dr. Berner-Peschau, Almut, ½, beurl.	4. 5.93	29. 6.53
Merz-Bender, Brigitte, ¾, abg. (LSt)	11. 4.94	10. 6.50
Bremer, Wolfgang	11. 4.94	3.12.52
Meyer-Lang, Jürgen	11. 4.94	1. 6.54
Dr. Berlit, Uwe	15. 8.94	6. 5.56
Schiller, Bernd	31. 8.95	19. 8.52

VwG Niedersachsen

Verwaltungsgerichte

Braunschweig
An der Katharinenkirche 11, 38100 Braunschweig
Postfach 47 27, 38037 Braunschweig
T (05 31) 4 80 03–0
Telefax (05 31) 4 80 03–20
1 Pr, 1 VPr, 7 VR, 20 + ½ R, 2 LSt (R)

Präsident
Harms, Enno	28. 9.87	17. 4.40	

Vizepräsident
Baltrusch, Lothar	24. 2.81	30. 3.37	

Vorsitzende Richterinnen/Vorsitzende Richter
Ungelenk, Frank-Dietmar	17. 4.79	18. 7.36
Hartermann, Marie-Luise	16. 1.80	19. 1.37
Hirschmann, Hans-Ullrich	25. 5.81	20.12.41
Bockemüller, Jürgen	31. 8.81	11.10.46
Hinselmann, Hans-Joachim	23. 2.82	16. 4.37
Büschen, Christian	28.12.87	3. 3.48
Zschachlitz, Ulrike	15.10.90	26. 6.48

Richterinnen/Richter
Haupt, Hans-Jörg	10. 8.79	17.11.44
Schlingmann-Wendenburg, Ulrike, ½	21. 4.84	12. 9.54
Krause, Hans-Georg	30.10.84	23. 4.54
von Krosigk, Gebhard	1.10.87	5. 5.55
Kaufmann, Heike	15. 4.88	9.12.57
Bartsch, Wolfgang	4. 5.88	25. 1.54
Müller-Fritzsche, Erich	1. 9.89	14. 6.55
Wagner, Karl-Heinrich	4.12.92	3. 7.56
Hachmann, Rainer	4. 3.93	4.12.59
Thommes, Klaus, abg.	3. 5.93	23. 1.60
Schwarz, Holger	1. 3.94	2.12.54
Drinhaus, Barbara, beurl.	5. 4.94	12. 4.62
Köhler, Elisabeth, beurl.	5.12.94	17. 2.60
Kurbjuhn, Kristoffer	25. 9.95	27. 2.64

Göttingen
Berliner Str. 5, 37073 Göttingen
Postfach 37 65, 37027 Göttingen
T (05 51) 4 03–0
Telefax (05 51) 4 03–5 87
1 Pr, 1 VPr, 2 VR, 8 R

Präsident
Dr. van Nieuwland, Herwig	31. 8.93	25. 3.52

Vizepräsidentin
Kaiser, Hannelore	13. 4.95	12. 6.53

Vorsitzende Richter
Prilop, Helmut	31. 8.92	21. 1.50
Lichtenfeld, Ulf	31. 8.92	11. 4.54

Richterinnen/Richter
Dr. Richtberg, Harald	5. 6.90	14. 5.55
Rühling, Immo	3. 8.92	13. 1.57
Lenz, Olaf	1. 3.93	21. 8.59
Faupel, Birgit, beurl.	11. 3.94	9. 6.60
Dr. Wenderoth, Dieter	1. 4.94	7.10.58
Pardey, Ralf	21. 4.95	5.12.62
Dr. Möller, Knut	3. 8.95	24. 2.60
Dr. Rudolph, Lothar	25. 1.96	5.10.57
Schneider, Susanne	3. 4.96	27.12.60

Hannover
Kolbergstr. 14, 30175 Hannover
Postfach 61 22, 30061 Hannover
T (05 11) 81 11–0
Telefax (05 11) 81 11–1 00

auswärtige Kammern in Hildesheim:
Kreuzstr. 8, 31134 Hildesheim
Postfach 10 14 51, 31114 Hildesheim
T (0 51 21) 3 04–5 87
Telefax (0 51 21) 3 04–5 88
1 Pr, 1 VPr, 13 VR, 40 R + 3 LSt (R)

Präsident
Dr. Dreiocker, Karlheinz	18.12.89	14.12.39

Vizepräsident
Albes, Werner	22.11.90	17. 8.34

Vorsitzende Richter
Grannas, Gernot	18. 3.76	17. 1.35
Dr. Schmidt-Stein, Hans-Joachim	23.11.77	16.12.36
Kloppenburg, Helmut	—	—
Dr. Arndt, Gottfried	16. 3.79	23. 9.36
Dr. Weidemann, Helmut	16. 3.79	16. 8.38
Dr. Fobbe, Klaus	13. 7.79	24. 4.37
Dr. Simon, Hans-Arno	20.12.82	28. 9.42
Läsker, Lars	2.11.83	2.11.40
Schmidt-Vogt, Klaus-Peter	5. 4.91	23. 4.43
Dr. Wagner, Karl Wilhelm	5. 4.91	30. 5.45
Reccius, Werner	5. 4.91	27. 6.48
Stittgen, Klaus Herbert	7. 2.92	19. 8.43
Dr. Herrmann, Arnd	31. 8.92	21.10.40

Richterinnen/Richter
Köttgen, Christine	7.11.68	7. 9.35
Rücker, Christel, ½	7.10.74	10.12.43
Jeremias-Ochsmann, Irmgard, ½, beurl.	12. 1.76	31. 3.43

Niedersachsen VwG

Neugebauer, Rudolf	30. 8.78	3. 2.43
Littmann, Klaus-Uwe	4. 7.83	27.12.50
Wilcke, Klaus	3.11.83	24. 6.48
Wendlandt-Stratmann, Traute, ½, abg.	3.11.83	30. 3.52
Dr. Hüper, Otto	1. 4.84	2.12.50
Armborst, Christian	3. 5.85	15. 3.52
Niewisch-Lennartz, Antje, ¾	1. 2.86	31.12.52
Heidmann, Detlev	17. 2.86	18. 9.55
Ufer, Michael-Rainer	1. 7.86	20. 5.57
Niederau-Frey, Felicitas	27. 4.88	4. 5.56
Kleine-Tebbe, Andreas	6. 6.88	27. 7.53
Makus, Udo	22. 7.88	19. 4.58
Lüerßen, Marianne, ⅔	1.12.89	31. 3.55
Borchert, Andreas	1. 1.92	22. 3.54
Göhren, Vera	1. 1.92	11. 1.59
Schwenke, Ulrich	5. 2.92	26.12.56
Schulz-Wenzel, Ulrich	1.10.92	29. 5.58
Gaida, Michael	11. 1.93	19. 9.56
Schade, Jens	18. 1.93	18. 6.57
Bücken-Thielmeyer, Detlef, abg.	22. 1.93	26.10.58
Volk, Holger	18. 3.94	5. 5.59
Hoch, Sibylla	24. 5.94	4. 8.61
Schraeder, Jutta	19. 9.94	30. 5.62
Ihl-Hett, Jutta, beurl.	13. 1.95	29. 1.61
Schütz, Bettina	16. 3.95	13. 6.63
Goos, Martin, abg.	13. 4.95	10.10.61
Dr. Hett, Frank-Thomas	21. 4.95	11. 5.61
Behrens, Ingo, abg.	27. 7.95	10. 8.62
Wagstyl, Uwe Georg	1. 2.96	15. 3.57
Dr. Smollich, Thomas, abg.	16. 2.96	14. 3.63
Dr. Wefelmeier, Christian, abg.	9. 4.96	18. 6.61
Dr. Jung Lundberg, Bettina, abg.	15. 4.96	30. 7.60

Lüneburg
Fuchsweg 9, 21337 Lüneburg
Postfach 29 41, 21319 Lüneburg
T (0 41 31) 9 58–0
Telefax (0 41 31) 9 58–2 99
1 Pr, 1 VPr, 5 VR, 18 R

Präsident
von Alten, Hennig	17. 8.92	7. 3.48

Vizepräsident
Kipke, Hans-Ulrich	11.10.93	21. 2.35

Vorsitzende Richter
Dietze, Jürgen	18. 5.88	18. 9.44
Bode, Dieter	8. 4.91	9. 9.36
Stelter, Jürgen	26. 6.92	20. 1.48

Siebert, Wolfgang	28. 8.92	4.11.50
Dr. Beyer, Hans-Christoffer	31. 8.92	19. 9.47

Richterinnen/Richter
von Bierbrauer zu Brennstein, Wilfried	1. 3.67	2. 6.32
Ludolfs, Gerd	4. 1.83	17. 1.52
Haase, Sigune	1. 2.85	13.11.46
Preßler, Regina, ¾	1. 2.85	14. 2.51
Muhsmann, Dieter	7. 1.88	10. 5.55
Schmidt, Hans-Jochen	2. 5.88	8. 9.55
Sandgaard, Gesa	21.11.91	6. 4.59
Müller, Horst-Dieter	2.11.92	2.11.59
Winkelmann, Udo, abg.	7. 6.93	12. 3.57
Schütte, Dieter	28. 9.93	25. 6.61
Malinowski, Jörg	10.12.93	25.10.61
Tröster, Silke	10.12.93	17.12.63
Minnich, Regina	3. 1.94	3. 8.61
Göll, Renate	21. 1.94	6. 7.63
Ludolfs, Henry	5. 8.94	15.12.61
Kirschner, Georg	27. 3.95	23. 4.60
Pump, Thomas	13. 7.95	25. 5.63
Struckmeier, Carola	7. 9.95	14.11.64
Dr. Schulz, Ronald	1. 2.96	28. 4.61

Oldenburg in Oldb.
Schloßplatz 10, 26122 Oldenburg
T (04 41) 22 00
Telefax (04 41) 2 20–22 06
1 Pr, 1 VPr, 7 VR, 24 R

Präsident
Dr. Hanisch, Werner	31. 7.91	5. 6.42

Vizepräsident
Dr. Block, Manfred	11. 1.82	17. 7.38

Vorsitzende Richter
Lange, Jürgen	16. 3.79	13. 5.36
Bergner, Udo	14. 1.80	14. 7.42
Wolter, Gerd	22. 3.82	21. 2.43
Leemhuis, Bernhard	19.10.82	28. 8.41
Janssen, Lambert	31. 5.91	13. 7.49
Schelzig, Werner	30. 9.92	18. 5.47
Kalmer, Aloys	30. 9.92	24. 8.52

Richterinnen/Richter
Streichsbier, Klaus	5. 4.83	17.11.51
Wündrich, Christoph	21. 4.83	19. 4.49
Göken, Gabriele	1.10.84	21. 2.55
Dr. Hoffmeyer, Carsten	1.11.84	23. 9.50
Osterloh, Bernd	2.12.85	25. 8.54
Heuer, Hubert	27. 3.86	25. 2.51
Dr. Schrimpf, Henning	6. 5.92	9.10.51

VwG Niedersachsen

Osterloh, Wolfgang	5. 8. 92	23. 4. 58
Dr. Burmeister, Günter	30. 4. 93	21. 3. 60
Riemann, Gerhard	27. 9. 94	26. 2. 60
Schallenberger, Claus Gisbert	26. 1. 95	21. 7. 56
Braatz, Manfred	23. 3. 95	29. 3. 63
Knopp, Karola	11. 8. 95	10. 6. 62
Blaseio, Bernd	21. 9. 95	2. 1. 64
Burzynska, Manfred	28. 11. 95	19. 8. 57
Wörl, Stefan	25. 1. 96	10. 8. 63
Schwettmann, Carsten	1. 2. 96	17. 11. 60
Keiser, Andreas, abg.	1. 2. 96	11. 2. 63
Dr. Menzel, Lucas	1. 4. 96	17. 10. 62

Osnabrück
Hakenstr. 15, 49074 Osnabrück
T (05 41) 3 14–03
Telefax (05 41) 3 14–7 62
1 Pr, 1 VPr, 4 VR, 15 R

Präsident

Schlukat, Werner	31. 8. 93	7. 3. 39

Vizepräsident

Niermann, Volker	12. 10. 93	18. 3. 44

Vorsitzende Richter

Bode, Otto	25. 6. 80	24. 2. 37
Dr. Thies, Reinhard	11. 8. 82	21. 5. 44
Essig, Karlheinz	30. 9. 92	31. 10. 47
Mädler, Michael	7. 10. 92	4. 3. 46

Richterinnen/Richter

Brinkmann, Jürgen	7. 8. 67	25. 5. 36
Greiser, Hans	29. 4. 69	28. 6. 37
Flesner, Hans-Jürgen	15. 3. 85	13. 1. 48
Dr. Wichardt, Rita	1. 7. 85	2. 2. 46
Kohring, Helmut	31. 10. 86	19. 2. 49
Fister, Michael	31. 10. 89	3. 8. 55
Meyer, Wilfried	4. 1. 91	25. 2. 59
Specht, Andreas	2. 12. 92	13. 6. 60
Neuhaus, Dieter	13. 2. 94	3. 12. 63
Sonnemann, Wulf	27. 2. 95	23. 6. 62
Beckmann, Norbert	6. 12. 95	4. 5. 58

Stade
Am Sande 4a, 21682 Stade
Postfach 21 45, 21661 Stade
T (0 41 41) 4 06–05
Telefax (0 41 41) 4 06–2 92
1 Pr, 1 VPr, 4 VR, 12 + ½ R

Präsident

Schmidt, Eike	22. 5. 90	30. 9. 44

Vizepräsident

Ladwig, Hasso	14. 1. 91	9. 6. 36

Vorsitzende Richter

Müller-Stosch, Eckard	1. 3. 79	23. 10. 36
Dr. von Kunowski, Jan	22. 7. 82	17. 10. 41
Schulz, Manfred	19. 8. 87	25. 2. 45
Gärtner, Hans-Joachim	12. 10. 87	13. 6. 50

Richterinnen/Richter

Steffen, Reinhard	1. 8. 81	26. 8. 49
Lassalle, Wolfgang	18. 3. 83	24. 7. 46
Schröder, Sigrid	14. 5. 85	18. 12. 53
Paschedag, Udo	28. 9. 87	27. 9. 54
Heinemann, Wolfgang	16. 11. 90	7. 5. 56
Leiner, Wolfgang	1. 10. 92	2. 1. 59
Fahs, Reinhard	6. 9. 93	4. 2. 59
Gerke, Susanne	1. 2. 94	31. 10. 62
Deutschmann, Sabine, ½	2. 8. 94	27. 7. 62
Klinge, Kai Uwe	2. 12. 94	18. 7. 61
Wermes, Richard	23. 3. 95	16. 3. 63
Teichmann-Borchers, Anette	2. 11. 95	6. 6. 59

Richterinnen/Richter im Richterverhältnis auf Probe beim Verwaltungsgericht Braunschweig

Krüger, Matthias, beurl. (LSt)	1. 6. 90	25. 3. 59
Dr. Nagler, Matthias	23. 9. 93	17. 5. 63
Meyer, Harald	1. 2. 94	8. 6. 64
Dr. Struß, Stephan	17. 3. 94	22. 8. 62
Dr. Allner, Uwe	1. 8. 94	28. 11. 60
Tscherning, Stefan	1. 8. 94	27. 7. 64
Dr. Baumgarten, Torsten	19. 9. 94	5. 4. 63
Düfer, Angelika	2. 3. 95	19. 1. 64

beim Verwaltungsgericht Hannover

Peters, Harald	16. 9. 93	30. 7. 63
Dr. Schlei, Henrike	21. 9. 93	1. 12. 61
Gonschior, Arne	13. 10. 93	6. 1. 64
Habermann, Christiane	4. 1. 94	22. 12. 61
Ludewigs, Heike, ½	1. 2. 94	16. 12. 63
Dr. Schmidt, Angelika	14. 2. 94	29. 1. 63
Wessels, Hartmut	31. 5. 94	16. 12. 60
Büdenbender, Elke	22. 8. 94	14. 1. 62

beim Verwaltungsgericht Oldenburg

Schulze, Sigrid	21. 9. 93	10. 9. 61
Dr. Freericks, Anke, ½	14. 2. 94	4. 4. 64
Meyer, Harald	5. 7. 94	28. 7. 64
Ahrens, Karl-Heinz	6. 7. 94	12. 9. 64

beim Verwaltungsgericht Osnabrück

Müller, Sabine	1. 6. 92	2. 4. 64
Dörmann, Andrea, ½	3. 5. 93	21. 1. 65
Neuhäuser, Gert Armin, abg.	29. 8. 94	9. 8. 65

Nordrhein-Westfalen

Oberverwaltungsgericht für das Land Nordrhein-Westfalen

Aegidiikirchplatz 5, 48143 Münster
Postfach 63 09, 48033 Münster
T (02 51) 5 05–0
Telefax (02 51) 5 05–3 52
1 Pr, 1 VPr, 23 VR, 69 R + 4 LSt (R)

Präsident
Dr. Bertrams, Michael   24. 6.94   23.12.47

Vizepräsident
Dr. Franzke, Hans-Georg   1.10.93   13. 2.36

Vorsitzende Richterinnen/Vorsitzende Richter
Dr. Schwarz, Helmut	5. 3.76	28.11.31
Müller, Bernd	12. 7.77	17. 1.32
Dr. Brockhaus, Robert	1. 2.78	6. 9.33
Lutter, Heinrich	1. 8.78	1. 9.33
Noll, Hans	11. 4.80	27. 2.35
Willeke, Hansgerd	24. 6.80	16.12.35
Pottmeyer, Ernst	9. 9.81	1. 3.38
Eismann, Max	17.12.81	25. 3.37
Dr. Humborg, Franz-Egon	8. 6.82	10. 2.37
Wortmann, Bernd	24.10.84	24. 5.42
Dr. Brossok, Hilke	15. 5.86	12.10.42
Prof. Dr. Stelkens, Paul	29. 8.86	26. 2.37
Dr. Heveling, Klaus	26. 5.88	30. 4.43
Segger, Hans-Horst	2.10.89	1.11.34
Wolff, Renate	13. 9.91	4. 3.45
Tuschen, Heinz Michael	1.12.91	24.12.44
Patzwaldt, Werner	1. 4.93	18. 7.44
Otte, Wolfgang	25. 1.94	14. 6.46
Willems, Herbert	25. 1.94	18. 9.51
Schroiff, Peter	1. 6.95	22.12.44
Fessler, Bernhard	1.10.95	1. 9.53
Dr. Kallerhoff, Dieter	22.12.95	3.12.50
Dr. Arntz, Joachim	13. 2.96	9. 9.46

Richterinnen/Richter
Pusch, Klaus	9. 4.74	8.12.36
Cirkel, Hans-Joachim	30. 9.74	13. 7.36
Dr. Mahn, Dietrich	6. 2.76	14. 9.39
Dietz, Hartmut	6. 4.76	10. 5.35
Dr. Gottschick, Dirk	6. 4.76	8.11.39
Köntopp, Olaf	13. 9.77	25.11.40
Kluge, Siegfried	—	—
Nierhoff, Brigitta	21. 8.78	4. 3.41
Roeder, Ingo	8.11.78	9.11.42
Dr. Voll, Ulrich	8. 6.79	29. 6.40
Radusch, Martin	17. 9.79	14. 5.43
Dr. Fischer, Arnd	8. 4.80	21. 1.44
Deibel, Klaus	24. 9.80	19. 2.45
Kuschnerus, Ulrich	16. 6.81	12. 8.46
Anlauf, Friedrich-Wilhelm	—	—
Dr. Schauer, Hildburga	16.12.81	28. 4.44
Perger, Annette		
Höver, Michael	21.12.81	19.10.40
Brauer, Christian	17. 5.82	24.12.46
Bauer, Helmut	21. 9.82	5. 9.44
Dr. Heinrich, Manfred	13. 9.85	8. 9.47
Dr. Lau, Ulrich	1. 3.87	19. 2.51
Neumann, Werner	14. 9.87	11. 4.53
Büge, Joachim	19.10.88	4. 8.49
Stehr, Volkrat	2. 5.89	15. 2.53
Dr. Schulte, Bernhard	29. 5.89	26. 5.47
Prof. Dr. Ehlers, Dirk (UProf, Nebenamt)	16.11.89	18. 5.45
Teipel, Joachim	28.12.89	11. 7.55
Dr. Schöler, Hans Günther	10. 5.90	12. 6.45
Richerzhagen, Bernd	15. 5.90	17.12.48
Maschmeier, Dieter	15. 5.90	9. 3.52
Weidemann, Rolf-Lutz	29. 6.90	18.12.52
Dr. Seifert, Paul Michael		
Dr. Nolte, Rüdiger, abg. (LSt)	8. 2.91	24.11.51
Benassi, Günter	—	—
Dr. Deiseroth, Dieter	10.12.91	18. 5.50
Gelberg, Josef	27.12.91	11.12.51
Asbeck, Michael	4. 3.92	29. 4.51
Kaminski, Hans-Dieter, abg.	4. 3.92	9. 6.52
Grieger, Ernst Walter	30.10.92	12. 5.50
Dr. Roeser, Thomas, abg. (LSt)	9.11.92	25. 4.56
Pistor, Carl		
Becker, Andreas	16. 2.93	25. 5.53
Maier, Hartmut	15. 3.93	24. 1.53
Lohmann, Albert	15. 3.93	22. 4.56
Koopmann, Manfred	16. 7.93	26. 5.55
Dr. Schachel, Jens	26. 7.93	25.11.49
Purk, Eugen	15.12.93	11. 4.55
Bretschneider, Jörg	24. 1.94	13. 9.50
Ismar, Michael	24. 1.94	17.10.50
Bell, Thomas, abg. (LSt)	24. 1.94	11. 2.57
Klein, Michael	—	—
Dr. Knoke, Ulrich	10. 5.94	3. 6.54

499

VwG Nordrhein-Westfalen

Jung, Hubert	10. 5.94	9. 3.55
Oestreich, Franz Bernhard	10. 5.94	9.10.55
Domgörgen, Ulf, abg. (LSt)	21. 9.94	12. 4.56
Dr. Timmler, Eva-Angelika	—	—
Pentermann, Werner	30. 9.94	20. 6.47
Werthmann, Henrik, abg.	8.12.94	2.12.48
Lange, Karl-Bernhard	20.12.94	23.11.47
Werkmeister, Peter	—	—
Dr. Seibert, Max-Jürgen	6. 2.95	25. 9.53
Dr. Schneider, Otmar	6. 2.95	7. 8.54
Stuchlik, Holger	6. 2.95	30.11.58
Dr. Willms, Benno	30.10.95	28. 2.60
Vondenhof, Beate	29.11.95	25. 5.56
Zinnecker, Peter	29.11.95	19. 9.56
Dr. Wysk, Peter	4.12.95	18.10.55
Jaenecke, Jürgen	16. 1.96	5. 4.59

Verwaltungsgerichte

Aachen

Kasernenstraße 25, 52064 Aachen
Postfach 9 06, 52010 Aachen
T (02 41) 4 77 97–0
Telefax (02 41) 4 77 97–5 00
1 Pr, 1 VPr, 7 VR, 25 R + 3 LSt (R)

Präsident

Dr. Limpens, Herbert	3. 6.91	2. 5.49

Vizepräsidentin

Hollfelder, Maria Anna	—	—

Vorsitzende Richterin/Vorsitzende Richter

Schneider, Horst	—	—
Stähler, Dagmar	10. 8.77	17. 5.37
Storch, Rüdiger	29. 9.80	4. 2.42
Reuter, Günter	2.10.89	15. 9.50
Niebel, Georg	—	—
Lübbert, Ingo	13.11.91	17. 7.45
Eske, Ulrich	4. 3.92	22. 9.48

Richterinnen/Richter

Timmermann, Rainer	—	—
Domke, Karl-Dietrich	—	—
Dabelow, Thomas	3. 4.81	27. 2.50
Klunker, Hans-Jürgen	4. 2.82	28. 2.47
Wolff, Ernst	1. 4.82	2.10.49
Skrypzak, Hans-Jürgen	3. 8.82	29. 1.52
Körber, Rainer, abg.	—	—
Skischally, Ulrich	13. 4.84	3.11.53
Kozielski, Joachim	8. 8.84	1. 7.52
Addicks, Verena	30.12.85	23. 3.54
Runte, Gabriele, beurl. (LSt)	15. 4.89	12.10.57
Addicks, Harry	—	—
Küppers-Aretz, Brunhilde	15. 4.92	1. 2.59
Frenzen, Klaus Peter, abg.	23. 1.93	12.11.58
Dr. Maidowski, Ulrich, abg. (LSt)	10. 9.93	13.10.58
Albert, Bernd, abg.	13. 6.94	21. 8.60
Dick, Frank	5. 2.95	8. 1.61
Keller, Matthias	27. 4.95	15. 7.62
Mallmann, Petra	15. 9.95	18.10.62
Benthin-Bolder, Claudia, beurl. (LSt)	19.10.95	18.12.61
Beine, Andreas	15. 2.96	22. 5.64

Arnsberg

Jägerstraße 1, 59821 Arnsberg
Postfach 56 61, 59806 Arnsberg
T (0 29 31) 8 02–0
Telefax (0 29 31) 8 02–1 11
1 Pr, 1 VPr, 11 VR, 26 R + 2 LSt (R)

Präsident

Dr. Morgenstern, Ulrich	1. 6.93	13. 8.50

Vizepräsident

Proppe, Günter	16.10.87	16. 4.36

Vorsitzende Richter

Dr. Derpa, Rolf	15.12.76	25. 7.40
Rimpel, Johann	1. 8.77	28. 9.36
Dr. Köster, Hubert	14.11.78	25. 1.42
Steinkemper, Heinrich	29. 6.79	21.11.43
May, Michael	5.12.83	6. 6.48
Peters, Friedhelm	—	—
Pendzich, Michael	28. 3.91	23. 9.49
Herlt, Joachim	8. 7.92	20. 1.51
Dr. Fruhen, Claus	—	—
Ammermann, Hermann	17. 9.92	25. 6.46
Crummenerl, Ulrich	15. 3.93	7.12.44

Richterinnen/Richter

Schäperklaus, Rainer	16. 7.75	2. 3.44
Kloß, Jürgen	6.12.75	25. 9.42
Lüttenberg, Dieter	3. 5.76	8. 9.41
Dr. Schellen, Peter	29. 3.82	9. 5.51
Buter, Klaus	—	—
Kasten, Wolfgang	29.12.84	4. 1.52
Wenner, Andreas	1. 5.93	2. 9.58
Schäfer, Herbert	4. 7.93	17. 6.57
Gloria, Claudia	—	—
Gießau, Reiner	28. 2.94	12. 2.60
Ströcker, Annedor	28. 3.94	12. 9.61
Borgdorf, Reinold	2. 5.94	14. 2.62
Wollweber, Frank	4. 7.94	25. 4.62
Herkelmann-Mrowka, Birgit	15. 7.94	10. 1.63

Pfänder, Gabriele	19. 7.94	10. 6.62
Osthoff-Menzel, Heike	—	—
Dr. Graf, Carola	16.12.94	21. 1.62
Dr. Middeke, Andreas	3. 1.95	25. 2.60
Janßen, Burkhard	31. 1.95	8.11.62
Meiberg, Rolf	21. 2.95	5. 3.63
Dr. Weber, Annette	9. 6.95	29. 6.63
Lemke, Christine	27. 8.95	8. 8.63
Lemke, Volker	—	—
Hemmelgarn, Gudula	27. 1.96	5. 3.63
Bonsch, Gerlinde	18. 2.96	16. 4.64
Brüggemann, Bernhard	20. 4.96	4. 7.64

Düsseldorf

Bastionstr. 39, 40213 Düsseldorf
Postfach 20 08 60, 40105 Düsseldorf
T (02 11) 88 91–0
Telefax (02 11) 88 91–2 97
1 Pr, 1 VPr, 23 VR + 1 LSt (VR), 64 R +
1 × ⅔ R + 9 LSt (R)

Präsident

Dr. Klenke, Reinhard	1.10.95	17. 5.51

Vizepräsident

Ruge, Ulrich	1.10.90	5. 8.42

Vorsitzende Richterinnen/Vorsitzende Richter

Goez, Rudolf	23. 4.71	19. 2.32
Dr. Ullrich, Walter	28. 2.74	4. 7.34
Adam, Jürgen	1. 6.74	3. 6.38
Schifferdecker, Ingrid	17.11.75	26. 6.36
Dr. Blens, Heribert, MdB (LSt)	—	—
Schaefer, Erich	27. 1.78	27.12.39
Blanke, Eva-Marie	30. 1.78	30. 6.40
Niedner, Helmut	17. 9.79	27. 2.40
Krampe, Wolfgang	17. 9.79	4. 7.41
Dr. Hüttenhain, Rainer	1. 1.80	6. 2.40
Mecking, Werner	1. 4.80	24. 9.43
Fix, Udo	24.11.80	27. 3.42
Scheiter, Gisela	25. 3.81	12. 8.42
Dahl, Horst	—	—
Dr. Arians, Knut	28.11.83	17. 1.43
Hopp, Hans-Jörg	2. 7.86	30. 9.37
Kirchhof, Brigitte	2. 7.86	22.11.44
Dohnke, Jörg	2.12.86	3. 7.46
Büchel, Kurt	—	—
Elsing, Georg	15. 5.90	15. 8.47
Dr. Decker, Friedrich	4. 7.91	2. 3.48
Niemeier, Hans-Martin	20. 3.92	12. 9.48
Leskovar, Gerd	28. 7.92	22. 4.46
Feldmann, Ulrich	16.11.92	26. 2.50

Richterinnen/Richter

Ernst, Regina	22.12.71	12. 6.38
Sieber, Andrea-Gertraude	16. 7.74	10. 5.43
Kayser, Eva-Renate	9. 1.75	17. 9.39
Dr. Lehmann, Helga, beurl. (LSt)	—	—
Isenberg, Karin	1. 3.77	5. 1.45
Buchholz, Reinhard	11. 3.77	15. 9.41
Pottgießer, Dorothee	2. 5.77	9. 9.41
Sievers, Uwe	5. 5.78	28. 8.45
Metzmacher, Ulrike	15. 8.78	28. 5.47
Dr. Stappert, Alfons, abg.	5. 4.80	30. 8.48
Dr. Quick, Heinz Joachim, abg.	27. 4.81	15. 2.50
Güldner, Wolfgang	30. 4.81	4.11.41
Dr. Röttger, Heinrich-Eckhart	29. 6.81	13.10.43
Dr. Rohwedder, Hergard	—	—
Voll-Hartung, Juliane	—	—
Schmitz, Joachim	27. 1.82	18. 1.35
zum Bruch, Bernd-Rainer	15. 3.82	7. 7.49
Zeiß, Gudrun	2. 4.82	9. 6.53
Repka, Dirk	—	—
Heinemann, Peter, abg.	17.11.82	23. 2.52
Kacza, Michael	1. 4.83	19. 3.49
Köster, Ulrich	5. 5.83	23. 5.49
Fischer, Ute	5. 5.83	1. 2.54
Dr. Kapteina, Gerd-Ulrich	5.12.83	15.12.50
Riege, Petra	2. 2.84	24. 5.52
Mörbitz, Petra	15. 5.84	19. 3.51
Schröder-Schink, Gudrun	23.11.84	30. 8.53
Malorny-Wächter, Ute	—	—
Baumanns, Inge	24. 4.85	11. 4.51
Geisler, Christian	—	—
Verstegen, Gabriele	1. 9.85	6. 7.54
Golüke, Klaus	17.12.85	4. 5.50
Westerwalbesloh, Stefanie	24.12.85	12.10.55
Chumchal, Norbert	22. 9.86	3. 1.56
Habermehl, Kai	2. 8.88	25. 2.55
Riege, Achim	3. 3.90	30. 9.56
Dr. Grabosch, Volker	1. 1.91	10.10.57
Hensel, Thomas	12. 1.91	26. 6.58
Appelhoff-Klante, Maria	16. 3.91	29. 3.59
Frank, Jost	25. 4.91	3.10.58
Kensbock, Thomas	2. 5.91	8. 9.56
Dessau, Angela	22. 8.91	30. 4.60
Klein, Elfriede	10.11.91	12.12.60
Bongen, Ralf	14.12.91	18. 8.59
Hake, Andreas	—	—
Palm, Thomas, abg.	15. 3.92	1. 6.58
Möllers, Peter	1. 4.92	6. 7.55
Dorn, Martin	17. 4.92	1. 1.60
Essert-Palm, Diane	17. 4.92	16. 6.61

VwG Nordrhein-Westfalen

Scholten, Gebhard	1. 8.92	22. 8.59
Klümper, Manfred	31. 8.92	3. 9.60
Müllmann, Susanne	25. 9.92	25. 8.61
Dr. Wundes, Doris	5. 2.93	8. 4.57
Lenarz, Kordula	23. 5.93	6. 4.61
Klein, Norbert	1. 6.93	1. 5.61
Beimesche, Sebastian, abg.	5. 7.93	27. 8.59
Lieberoth-Leden, Hans-Jörg	24. 7.93	8. 8.60
Sterzenbach, Petra	7.12.93	15. 9.58
Schmitz, Dorothea, abg.	10.12.93	7. 9.62
Wagner, Evelyn, abg. (LSt)	7. 2.94	22.12.59
Dr. Friedrich, Justus	1. 7.94	13. 3.60
Kraus, Achim	1. 8.94	2. 1.63
Wolber, Bernd	16. 9.94	29. 8.61
Lowinski-Richter, Walburga, beurl. (LSt)	18.12.94	11.11.63
Dr. Boksch, Alexander	7. 2.95	13. 6.62
Werk, Burkhard	17. 2.95	24. 7.62
Christians, Petra	23. 4.95	4. 1.64
Korfmacher, Stefan	1. 9.95	22.12.62
Graf, Yvonne	15. 9.95	25. 5.62
Horscht, Michael	1.10.95	24. 6.58
Hentzen, Katja	2.12.95	16. 9.63
Gehrmann, Detlef	4. 1.96	28. 1.63
Gümbel, Christiane	11. 1.96	31.10.59
Brunotte, Britta	10. 3.96	13. 6.61
Dr. Heinrich, Nicola	20. 4.96	8.10.63

Gelsenkirchen
Bahnhofsvorplatz 3, 45879 Gelsenkirchen
Postfach 10 01 55, 45801 Gelsenkirchen
T (02 09) 17 01–0
Telefax (02 09) 17 01–1 24
1 Pr, 1 VPr, 16 VR, 49 R + 1 × ½ R + 3 LSt (R)

Präsident

Prof. Dr. Schnellenbach, Helmut	1. 2.78	30. 8.37

Vizepräsident

Schmitz, Wolfgang	1. 5.88	24. 8.42

Vorsitzende Richterinnen/Vorsitzende Richter

Schinck-Klausener, Ursula	30.10.73	11. 4.35
Fröchtling, Herbert	26. 2.76	11.10.36
Wiesemann, Hermann	10. 2.78	7. 2.42
Dr. Blanke, Hermann	18.10.79	12. 5.41
Königs, Michael	10. 4.80	2. 7.42
Blanke, Regine	24.11.80	30. 8.44
Charlier, Hans-Justus	2. 5.81	2. 5.44
Hagenbeck, Lothar	30.11.81	22. 9.43
Meier, Bernd	16. 4.82	22. 5.44
Günther, Werner	22.12.82	2. 5.48

Overthun, Ulrich	27. 3.85	11.12.45
Dr. Wahrendorf, Volker	—	—
Dr. Budach, Werner	11. 5.87	17. 4.47
Tyczewski, Thomas	8. 2.91	4. 8.53
Kaiser, Jürgen	29. 7.92	24. 2.53
Dr. Andrick, Bernd	1. 4.96	21. 7.52

Richterinnen/Richter

Knop, Theobald	22. 1.76	21. 3.44
Riedl, Manfred	—	—
Dr. Budach, Gisela	—	—
Klapdor, Petra	20. 8.77	4. 2.45
Thoma, Christel	—	—
Mampel, Dietmar	—	—
Hampe, Joachim	12. 7.79	18. 1.49
Pfaffmann, Wolfgang	9. 8.79	22. 4.48
Kottsieper, Hartwig	11.10.79	10.10.47
Oeynhausen, Manfred	19. 9.80	28.10.48
Schulte, Friedrich-Wilhelm	9. 1.81	23. 6.50
Sellering, Erwin	1. 8.81	18.10.49
Wiefelspütz, Dieter, MdB (LSt)	1. 9.81	22. 9.46
Dr. Kremmer, Horst	1.10.81	1. 9.48
Erker, Peter	2. 1.82	25. 3.52
Quitmann-Kreft, Waltraud, beurl. (LSt)	8. 2.82	5.12.46
Winkelmann, Jürgen	—	—
Eickhoff, Regine	2. 1.83	22. 3.52
Roßberg, Margarete	2. 1.83	28. 5.52
Pichon, Gudrun		
Scheuer, Walter	12. 3.83	24. 2.52
Lütz, Günter	8. 4.83	8. 2.52
Weitkamp, Hermann	1. 9.83	22.10.50
Dr. Neu-Berlitz, Mechthild	1. 1.84	11. 9.53
Sehrbrock, Günter	15. 7.84	2. 6.52
Paus, Rainer	2.11.85	2. 7.54
Rintelen-Teipel, Katharina, beurl. (LSt)	—	—
Blum-Idehen, Ute	30. 4.87	25. 2.56
Berkel, Volker	11. 5.90	14. 2.58
Voß, Norbert	14. 9.90	1. 8.58
Kampmann, Bernd	9.11.90	5. 2.59
Stork, Ursula	21. 7.91	26. 7.60
Lechtermann, Dirk	22. 1.93	11. 8.58
Vollenberg, Magdalena	1. 6.93	12. 1.56
Diemke, Birgit	1.10.93	18. 9.61
Thewes, Wolfgang	31.10.93	5. 7.60
Austermann, Ulrike	2. 1.94	8. 5.61
Schönhoff, Martin	6. 1.94	3. 4.60
Dr. Göbel, Gerald	15. 4.94	16.11.60
Dr. Damrau-Schröter, Heike	23.11.94	6. 1.61
Klein Altstedde, Detlev	23. 1.95	11. 3.56
Schatton, Ulrike	17. 2.95	23. 9.59
Bröker, Ulrich	11. 5.95	13. 3.59

Voßkamp, Steffen	9. 6. 95	19. 12. 63
Bielefeld, Jutta	—	—
Dr. Pesch, Andreas	19. 7. 95	20. 12. 62
Dr. Bick, Ulrike	2. 11. 95	3. 10. 59
Dr. Wiesmann, Martin	17. 2. 96	4. 11. 63
Baumeister, Jörg	13. 4. 96	9. 5. 59

Köln

Appellhofplatz, 50667 Köln
Postfach 10 37 44, 50477 Köln
T (02 21) 20 66–0
Telefax (02 21) 20 66–4 57
1 Pr, 1 VPr, 19 VR, 65 R + 1 × ⅚ R + 5 LSt (R)

Präsident

Prof. Kutscheidt, Ernst	4. 11. 87	9. 9. 33

Vizepräsident

Haase, Klaus-Dieter	1. 5. 91	14. 4. 40

Vorsitzende Richter

Dicke, Frieder	1. 10. 75	1. 12. 35
Dr. Evers, Gerd	—	—
Mautes, Peter	10. 12. 79	24. 9. 40
Reich, Helmut	—	—
Aengenvoort, Peter-Paul	1. 1. 80	18. 2. 41
Hanenberg, Gerd	14. 3. 80	5. 5. 45
Dr. Oehmke, Frank	9. 4. 80	30. 1. 42
Jörgens, Peter	29. 9. 80	5. 8. 42
Dittmers, Ernst-Friedrich	28. 11. 80	13. 11. 45
Dr. Friedrich, Gunter	4. 5. 81	26. 9. 42
Jens, Axel	1. 9. 82	15. 9. 43
Kohlheim, Jürgen	8. 10. 84	7. 3. 42
Amann, Bernhard	23. 12. 86	3. 9. 45
Vermehr, Harald	23. 9. 87	15. 9. 45
Stegh, Ralph	—	—
Dr. Wegner, Arnim	25. 4. 90	17. 1. 51
Zobel, Werner	11. 5. 90	18. 11. 50
Clausing, Berthold	28. 2. 94	16. 6. 50

Richterinnen/Richter

Hassel-Grötz, Dorothea	—	—
Hoffmann-Erk, Renate	—	—
Müller, Wilfried	—	—
Fleck, Dagmar	—	—
Annecke, Elke	18. 1. 73	28. 2. 40
Dr. Höver, Bernd	1. 9. 75	22. 12. 42
von Massow, Heilwig	1. 7. 76	9. 6. 45
Rath, Werner	—	—
Mathieu, Charles Henri	10. 10. 76	3. 7. 44
Dr. Lingmann, Helmut	29. 4. 77	16. 7. 44
Dr. Willerscheid-Weides, Gudrun	2. 1. 78	22. 12. 47
Dr. Ohse, Gerhard	17. 10. 78	19. 10. 44
Dr. Busse, Bartold	27. 9. 79	6. 4. 45
Pentzlin, Joachim	—	—
Dr. Siegmund, Manfred	—	—
Mahler, Alfred	22. 6. 81	13. 3. 42
Meuser, Heinz	1. 7. 81	2. 9. 51
Krützmann, Karl	—	—
Weiduschat, Ulrich	—	—
Judick, Klaus-Dieter	23. 11. 81	30. 10. 50
Kienemund, Beate, abg. (LSt)	1. 5. 82	24. 12. 52
Pötsch, Wolfgang	3. 8. 82	11. 11. 50
Golyschny, Volker	—	—
Hempel, Eva	1. 10. 82	28. 3. 53
Fömpe, Klaus	26. 11. 82	29. 4. 53
Stemshorn, Folker	—	—
Sprenger, Klaus	—	—
Tillmann-Gehrken, Bernhard	2. 10. 83	30. 3. 52
Bamberger, Wilhelm	2. 10. 83	10. 7. 52
Holler, Karl-Heinz	22. 11. 83	31. 3. 49
Rusch, Wolfgang	1. 12. 83	15. 6. 52
Dr. Zimmermann-Rohde, Rita	—	—
Paffrath, Hanfried	2. 4. 84	20. 1. 52
Caspari-Wierzoch, Hildegund	21. 4. 84	10. 11. 53
Bendler, Wolfgang	15. 6. 84	11. 12. 47
Kratz, Max	—	—
Bastius, Mariette	1. 7. 84	6. 10. 54
Knechtges, Wolfgang	7. 7. 84	19. 9. 51
Janssen-Kolander, Bernadette	—	—
Otten, Johannes	1. 12. 84	23. 3. 51
Bühring-Pfaff, Sigrid	29. 12. 84	27. 5. 54
Schiefer, Klaus	15. 4. 85	6. 5. 54
Bohlen, Harald	9. 8. 85	25. 5. 53
Uhlenberg, Klaus-Peter, abg. (LSt)	30. 12. 85	10. 9. 54
Breitbach-Plewe, Herbert	21. 4. 88	18. 9. 55
Delfs, Ursula	2. 11. 89	12. 2. 57
Marwinski, Ralf, abg.	2. 2. 90	29. 1. 58
Hofmann, Dietrich	22. 4. 90	24. 3. 58
Knipper, Andrea, beurl. (LSt)	19. 10. 90	24. 2. 59
Roos, Ralf	—	—
Riechert, Clementine, beurl. (LSt)	—	—
Leßmann, Ulrike	—	—
Fleischfresser, Andreas	11. 5. 91	17. 2. 59
Pesch, Lothar	17. 6. 91	18. 9. 60
Joisten, Michael	29. 6. 91	21. 6. 56
Müller-Bernhardt, Hans-Ulrich	—	—
Follmer, Elke-Marie	25. 7. 91	27. 1. 60
Deffaa, Ulrich	19. 12. 91	1. 9. 56
Titze, Annegret	—	—
Schommertz, Raimund, abg.	16. 1. 92	9. 9. 57

VwG Nordrhein-Westfalen

Jacoby, Paul	15. 3.93	21. 9.61
Dr. Vogt, Andreas	2. 4.93	31.12.61
Huschens, Michael	—	—
Koch, Rainer	1.10.93	23. 3.60
Büllesbach, Norbert	2.11.93	5.11.58
Dr. Christians, Andreas	1. 9.94	17. 6.59
Kortmann, Elisabeth	16. 9.94	28.10.63
Schicha, Claus	1. 2.95	10. 7.60
Panno-Bonnmann, Sabine, beurl. (LSt)	1. 4.95	28.12.61
Nagel, Katrin	15. 9.95	6. 6.63
Maurer, Holger	15. 2.96	6. 5.59
Murmann-Suchan, Raphael	15. 2.96	12. 8.63
Dr. Schemmer, Franz	17. 2.96	18. 4.60
Wilhelm, Barbara	19. 4.96	15. 4.63

Minden
Königswall 8, 32423 Minden
Postfach 32 40, 32389 Minden
T (05 71) 88 86–0
Telefax (05 71) 88 86–3 29
1 Pr, 1 VPr, 8 VR, 29 R

Präsident

Grimm, Ernst-Ludwig	1. 1.80	18. 4.34

Vizepräsident

Thiele, Eberhard	1. 2.87	13. 3.35

Vorsitzende Richter

Brückner, Joachim	1. 8.75	12. 5.37
Landau, Manfred	19.11.79	8. 6.38
Dr. Lömker, Joachim	1. 1.80	13. 6.36
Jäkel, Bernhard	29. 2.80	18. 4.42
Götte, Edgar	7. 8.80	8. 8.42
Mahncke, Carl-Wilhelm	25.10.80	11. 9.42
Haenicke, Volker	9. 9.81	19. 5.41
Osthoff, Ulrich	18.12.81	18.12.44

Richterinnen/Richter

Kusserow, Hatto	25. 6.71	11. 2.38
Stein, Jürgen	16. 7.74	21. 4.41
Dr. Mertens, Hans-Georg	—	—
Scholle, Heinz	2. 9.77	27. 5.46
Alberts, Arnold	22.11.77	13. 7.45
Brockmeier, Wolfgang	15. 4.78	21.12.46
Kurth, Maja	17. 9.79	8. 6.48
Brinkmann, Bärbel	—	—
Maydorn, Joachim	3. 3.83	3.11.51
Förster, Wolfgang	3. 3.83	15. 8.52
Gieselmann, Bernhard	3. 3.83	18. 4.54
Brinkmann, Detlef	3. 3.83	5. 8.54
Weiß, Hartwig	1. 9.83	17. 1.49
Müller, Bernd	15.10.83	9.11.53
Wilkens, Redolf	3.11.83	21. 3.48
Kaiser, Winfried	10.11.83	23. 6.53

Hellmann, Ingrid	19.12.83	5. 8.52
Scholle, Barbara	21. 3.84	2.12.52
Schomann, Roland	21. 3.84	28. 8.54
Bünte, Burkhard	21. 3.84	28. 6.55
Diekmann, Jürgen	26. 3.84	10. 3.55
Vogt, Werner	7. 6.84	1. 8.47
Teckentrup, Horst	30.12.84	17.10.53
Wilke, Hans-Ulrich	26.10.90	26.11.57
Rübsam, Antje	1. 9.91	19. 2.62
Ostermann, Burkhard	24. 1.93	1. 4.61
Dr. Bringewat, Bernd	—	—
Dr. Korte, Hans-Jörg	15. 7.93	19.12.59
Remmers, Joachim	30.11.93	13. 7.62

Münster
Piusallee 38, 48147 Münster
Postfach 80 48, 48043 Münster
T (02 51) 5 97–0
Telefax (02 51) 5 97–2 00
1 Pr, 1 VPr, 7 VR, 24 R + 2 LSt (R)

Präsident

Dr. Fischer, Ulf	1.11.81	1.10.39

Vizepräsident

Upmeier, Hans-Dieter	21. 5.92	7.12.38

Vorsitzende Richter

Dr. Dietzel, Ernst	23.12.76	30. 8.39
Dr. Busch, Rüdiger	14. 9.79	5. 4.41
Nonhoff, Michael	14. 9.79	11. 5.43
Dr. Ridder, Hans-Joachim	16. 5.80	16. 4.42
Barleben, Hans-Volker	—	—
Schröder, Dieter	16.12.81	30. 9.42
Dr. Becker, Joachim	—	—

Richterinnen/Richter

Idel, Hans	4. 1.80	27. 8.48
Dr. König, Ludger	15.12.80	25. 5.45
Schmidt, Hans-Georg	—	—
Dr. Witte, Bernd	1. 8.81	5. 7.49
Dr. Mertens, Klaus	1. 9.81	12. 8.47
von Grabe, Annette	—	—
Seidt, Ursula	2. 4.82	10. 2.50
Bakemeier, Bodo	—	—
Sellenriek, Heinz-Dieter	17. 8.83	28. 1.51
Albers, Hermann	—	—
Dr. Schulte-Beerbühl, Hubertus	24.11.83	30.11.53
Hegemann, Gabriele	5.11.84	
Köppen, Brigitte	1. 4.85	25.10.49
Rapsch, Elisabeth	2. 1.90	18. 4.60
Steffens, Annemarie	22. 6.91	18.11.59
Dr. Schnell, Martin	6.10.91	5. 5.57
Dr. Bülter, Gerhard	17. 2.92	23. 3.59

Heyne-Kaiser, Gabriele, beurl. (LSt)		1. 9.92	17. 3.55	
Willems, Ute, beurl. (LSt)		1. 6.93	23. 2.56	
Beckmann, Josef		15. 7.93	24. 7.58	
Dr. Korella, Dirk Elmar Wortmann, Leo		18. 7.94	8. 4.62	
Dr. Stech, Justus		19. 7.94	29. 3.61	
Labrenz, Michael		6. 3.95	10. 1.62	
Saurenhaus, Jens		15. 5.95	1. 1.62	
Dr. Schlewing, Anja		1. 7.95	28. 9.57	
Dr. Lenfers, Guido		26. 4.96	24. 5.63	

Richterinnen/Richter im Richterverhältnis auf Probe

beim Verwaltungsgericht Aachen

Meier-Engelen, Sigrun	3. 1.94	1. 5.66
Koch, Birgitt	24. 1.94	20. 1.61
Keller, Karen	9. 3.94	8.11.62
Löffler, Bettina	27. 7.94	16. 3.67
Dr. Held-Daab, Ulla	19. 9.94	1. 1.62
Dierke, Jens	23. 1.95	25. 7.63
Asmis, Christine	1. 2.95	26. 9.64
Leifert, Marion	8. 3.95	23. 3.67
Kreutz, Herbert	2.10.95	16. 1.63
Schnieders, Michael	22.11.95	10. 6.67
Schürmann, Ruth	22.11.95	30. 8.67
Lehmler, Markus	1.12.95	27. 9.66

beim Verwaltungsgericht Arnsberg

Rommersbach, Jürgen	—	—
Schulte, Stefan	—	—
Paul, Britta	3. 1.94	8. 2.62
Schildwächter, Mechthild	3. 1.94	18. 3.65
Hustert, Dirk	3. 3.94	7. 6.64
Dr. König, Georg	13. 4.94	15. 6.63
Neumann, Guntmar	2. 5.94	29.12.62
Brüggemann, Andreas	9. 6.94	11. 3.64
Dr. Przygode, Stefan, abg. (LSt)	15. 6.94	2.11.59
Heine, Ralph	27. 3.95	21. 9.65
Lindner, Georg	—	—
Rasche-Sutmeier, Kerstin	11. 3.96	18. 6.64

beim Verwaltungsgericht Düsseldorf

Kraus, Petra	1. 7.91	29. 8.61
Hüsch, Ursula, beurl. (LSt)	1. 4.92	16. 9.62
Helmbrecht, Felix	8. 7.93	27. 7.63
Beusch, Claudia	8. 7.93	15. 3.64
Feuerstein, Simone	8. 7.93	2. 1.65
Boeker, Michael	19. 8.93	27. 9.62
von Szczepanski, Elisabeth, beurl. (LSt)	30. 8.93	3. 5.65
Krämer, Thomas, abg.	1. 9.93	20. 6.63
Sternberg, Dieter	4. 3.94	9. 3.61
Dr. Merschmeier, Andreas	4. 3.94	15. 1.65
Heusch, Andreas	25. 7.94	29. 5.64
Wefers, Ulrike, abg. (LSt)	25. 7.94	18. 8.66
Schwerdtfeger, Winfried	5. 9.94	23. 3.63
Schumacher, Ulrike	4.10.94	16. 5.64
Künkel-Brücher, Renate	28.10.94	13. 4.65
Heuser, Stefan	2.10.95	17. 2.65

beim Verwaltungsgericht Gelsenkirchen

Blaschke, Sabine	—	—
Wittwer, Meinhard	2. 8.93	20. 7.61
Dr. Kleinschnittger, Annette	3. 1.94	12. 5.65
Dr. Brodale, Martin	27. 4.94	13. 5.63
Holtbrügge, Hans-Jörg	15. 7.94	29.10.64
Herfort, Karsten	—	—
Voeth-Pieper, Susanne	4.10.94	22. 1.65
Schnellenbach, Cornelia	—	—
Bals, Oliver	23.10.95	24.12.63
Schulte-Trux, Anke	—	—
Voßkamp, Axel	18. 3.96	1.10.65

beim Verwaltungsgericht Köln

Ostermeyer, Claudia	12. 7.93	24. 2.65

beim Verwaltungsgericht Münster

Schultze-Rhonhof, Jörg	23. 7.93	27. 7.62
Kärst, Pia	1. 9.95	12. 8.67

Rheinland-Pfalz

Oberverwaltungsgericht Rheinland-Pfalz

Deinhardplatz 4, 56068 Koblenz
Postfach, 56065 Koblenz
T (02 61) 1 30 70
Telefax (02 61) 1 30 73 50
1 Pr, 1 VPr, 6 VR, 20 R + 2 × ¾ R + 1 LSt (R)

Präsident

Dr. Meyer, Karl-Friedrich	1. 3. 96	27. 3. 47

Vizepräsident

Dr. Schwarz, Wolfgang	1. 2. 93	30. 3. 34

Vorsitzende Richter

Dr. Hansen, Georg	24. 6. 80	5. 10. 35
Fritzsche, Dieter	19. 5. 83	24. 1. 37
Hoffmann, Burghard	1. 12. 83	21. 12. 40
Steppling, Wolfgang	1. 1. 87	17. 5. 47
Nickenig, Henning	1. 4. 90	7. 3. 42
Hehner, Rainer	4. 6. 91	5. 5. 47

Richterinnen/Richter

Bitzegeio, Hans-Jürgen	6. 5. 74	22. 12. 34
Spelberg, Martha	15. 8. 75	27. 11. 41
Denk, Karola	1. 9. 76	3. 12. 37
Hünermann, Peter	21. 6. 78	15. 7. 36
Dr. Falkenstett, Rüdiger	13. 12. 81	6. 4. 44
Rive, Susanne	29. 9. 82	5. 6. 43
Kappes-Olzien, Jürgen	3. 10. 85	25. 3. 48
Dr. Holl, Herbert	20. 5. 86	20. 5. 50
Dr. Reusch, Hans-Christoph	1. 1. 87	9. 7. 41
Günther, Martin	9. 3. 87	24. 2. 51
Hennig, Joachim	3. 7. 87	2. 9. 48
Dr. Frey, Klaus	10. 7. 87	2. 3. 45
Zimmer, Michael	6. 4. 89	3. 2. 54
Möller, Hermann-Josef	7. 8. 90	26. 10. 47
Dr. Bier, Wolfgang	28. 10. 91	8. 2. 55
Stamm, Manfred	9. 12. 91	15. 8. 56
Schneider, Hans-Christoph	13. 7. 92	11. 4. 49
Wünsch, Dagmar	28. 1. 93	7. 9. 54
Dr. Mildner, Ulrich	15. 4. 93	13. 6. 58
Dr. Held, Jürgen, ¾	5. 11. 93	21. 4. 56
Schauß, Gernot, 9/10	23. 6. 94	28. 11. 51
Freudenberg, Klaus, abg.	28. 11. 95	31. 1. 60
Kramer, Gernot, abg.	29. 12. 95	28. 9. 53
Wolff, Alexander	16. 2. 96	27. 11. 52

Verwaltungsgerichte

Koblenz

Deinhardplatz 4, 56068 Koblenz
Postfach, 56065 Koblenz
T (02 61) 1 30 70
Telefax (02 61) 1 30 73 50
1 Pr, 1 VPr, 5 VR, 13 R + ½ R + 3 LSt (R)

Präsident

Reimers, Wolfgang	26. 4. 93	26. 9. 45

Vizepräsident

Wilhelms, Aloys	1. 9. 87	9. 11. 38

Vorsitzende Richter

Dr. Bayer, Wolfgang	9. 3. 87	6. 6. 48
Meier, Klaus	6. 9. 93	11. 2. 54
Schmidt, Georg	26. 8. 94	16. 12. 56
Dr. Fritz, Peter	6. 12. 94	29. 6. 56
Bretzer, Ulrich	22. 8. 95	16. 6. 52

Richterinnen/Richter

Glückert, Marie-Luise	24. 2. 82	7. 9. 52
Lutz, Dieter	26. 4. 84	4. 2. 51
Hübler, Joachim	31. 10. 84	10. 6. 52
Pluhm, Dieter	17. 1. 86	16. 6. 55
Dr. Beuscher, Peter	9. 9. 88	30. 3. 55
Packroff, Klaus	10. 1. 89	6. 1. 57
Dr. Cloeren, Claudia	16. 5. 90	31. 8. 60
Müller-Rentschler, Hartmut	18. 5. 92	26. 1. 59
Dr. von der Weiden, Klaus-Dieter	13. 10. 92	19. 12. 62
Köster, Roland	22. 3. 93	24. 9. 50
Geibert, Jörg	7. 5. 93	20. 2. 63
Utsch, Andreas	21. 10. 93	27. 8. 64
Schnug, Claus-Dieter	28. 7. 94	7. 12. 61
Stein, Volker	21. 4. 95	19. 3. 63
Holly, Volker	13. 7. 95	1. 2. 60
Gietzen, Christoph	18. 7. 95	16. 5. 61
Porz, Winfried	13. 10. 95	13. 11. 62
Geis, Ralf	13. 10. 95	4. 6. 64

Mainz

Ernst-Ludwig-Str. 8, 55116 Mainz
Postfach, 55031 Mainz
T (0 61 31) 14 11
Telefax (0 61 31) 14 18 21
1 Pr, 1 VPr, 3 VR, 12 R

Rheinland-Pfalz **VwG**

Präsident
Dr. Höfel, Rolf   8. 3. 96   5. 9. 40

Vizepräsident
Dr. Bergmann, Karl
  Walter   17. 2. 84   24. 10. 40

Vorsitzende Richter
Dany, Stefan   16. 7. 84   17. 10. 46
Wanwitz, Bernhard   2. 11. 88   27. 12. 49
Eckert, Wilfried   1. 11. 89   18. 11. 50

Richterinnen/Richter
Meyer-Grünow, Richard-
  Joachim   9. 10. 79   19. 9. 46
Schmitt, Friedrich   3. 10. 80   20. 2. 51
Dr. Burandt, Horst   —   —
Höllein, Frank   13. 10. 82   16. 6. 51
Faber-Kleinknecht,
  Elisabeth   26. 4. 84   20. 5. 55
Radtke, Angela   25. 5. 84   15. 9. 51
Zehgruber-Merz,
  Dorothea   24. 1. 85   30. 7. 54
Bosman, Ursula, ¾   20. 5. 85   21. 1. 56
Riebel, Beate   10. 1. 89   8. 4. 57
Dr. Reuscher, Thomas   3. 12. 91   17. 9. 53
Dr. Müller, Andreas   1. 3. 93   15. 11. 60
Beckmann, Heike   14. 6. 94   10. 2. 62
Rehbein, Steffen   27. 7. 94   29. 7. 60
Hemmie, Hagen   1. 8. 94   14. 5. 62
Scheppler, Heinz-Jügen   24. 4. 95   31. 1. 62

Neustadt an der Weinstraße
Robert-Stolz-Str. 20, 67433 Neustadt
Postfach, 67410 Neustadt
T (0 63 21) 40 11
Telefax (0 63 21) 60 12 66
1 Pr, 1 VPr, 4 VR, 11 R + 2 × ½ R + 1 LSt (R)

Präsident
Steidel, Arno   1. 7. 89   11. 4. 35

Vizepräsidentin
Dr. Sünner, Charlotte   6. 3. 96   14. 4. 45

Vorsitzende Richterinnen/Vorsitzende Richter
Kirch, Wulf Dieter   13. 2. 80   31. 1. 37
Dieckvoß, Hans Hermann   23. 5. 80   16. 3. 39
Dr. Romberg, Helga   15. 7. 88   28. 6. 44
Dr. Scheffler, Hans-
  Hermann   18. 1. 90   28. 7. 45
Dr. Cambeis-Glenz,
  Annette, ½   26. 3. 96   19. 5. 52
Seiler-Dürr, Carmen, ½   26. 3. 96   9. 2. 54

Richterinnen/Richter
Idelberger, Marianne   1. 11. 76   15. 11. 41
Peters, Burkhard   7. 4. 77   14. 7. 44
Wolfrum, Hildegard   6. 5. 77   15. 8. 44
Quaritsch-Fricke,
  Helma, ½   2. 6. 81   4. 2. 38
Wieder, Theo   8. 4. 88   25. 5. 55
Dr. Damian, Helmut   9. 6. 89   9. 6. 52
Butzinger, Thomas   16. 5. 90   7. 3. 57
Wingerter, Hans-Jörg   1. 10. 90   23. 3. 49
Kintz, Roland   6. 8. 92   18. 8. 60
Klingenmeier, Helga   7. 9. 92   25. 11. 59
Reitnauer, Martina   5. 5. 93   16. 2. 61
Jahn, Sabine   5. 5. 93   20. 10. 61
Scheurer, Klaus   21. 5. 93   30. 5. 61
Dr. Schwachheim, Jürgen   21. 10. 93   19. 2. 59
Graf, Rüdiger   21. 10. 93   5. 6. 61
Meyer, Bernadette   31. 8. 94   27. 8. 59
Krist, Georg   28. 9. 95   7. 1. 61
Dr. Bernard, Astrid   19. 1. 96   19. 4. 63
Heintz, Wolfgang, RkrA   (2. 10. 95)   6. 8. 53

Trier
Irminenfreihof 10, 54290 Trier
Postfach, 5 42 28 Trier
T (06 51) 4 66–04
Telefax (06 51) 4 66–6 36
1 Pr, 1 VPr, 2 VR, 6 R + 2 × ½ + 1 LSt (R)

Präsident
Pinkemeyer, Horst   1. 7. 94   3. 8. 46

Vizepräsident
Jung, Friedrich   21. 5. 86   26. 3. 37

Vorsitzende Richterin/Vrositzende Richter
Dierkes, Reinhard   24. 5. 89   6. 2. 52
Verbeek-Vienken, Brigitte   29. 5. 92   6. 1. 52

Richterinnen/Richter
Braun, Herbert   29. 5. 84   15. 6. 54
Pies, Elisabeth   10. 1. 89   1. 6. 58
Mons, Hans Joachim   9. 10. 89   22. 6. 56
Lauer, Gisela   1. 12. 91   26. 9. 57
Dr. Gansen, Franz-
  Werner   13. 5. 92   5. 9. 61
Kröger, Heribert   21. 9. 93   8. 12. 59
Dr. Klages, Christoph   11. 10. 94   9. 2. 61
Krause, Edith   4. 5. 95   23. 3. 64
Schnorr, Stefan   8. 5. 95   15. 12. 62
Goergen, Uwe   10. 7. 95   29. 9. 61
Heinen, Heidi   23. 10. 95   26. 1. 63
Bleck, Christiane   19. 12. 95   30. 9. 61
Vaßen, Jutta, RkrA   (1. 8. 95)   —

VwG Saarland

Richterinnen/Richter im Richterverhältnis auf Probe

Bröcheler-Liell, Bettina	15. 4. 93		8. 9. 64	
Weiß, Barbara	1. 6. 93		12. 3. 63	
Bender, Peter	—		—	
Bonikowski, Klaus-Achim	15. 7. 93		27. 7. 57	
Dr. Hermann, Ulrike	1. 10. 93		19. 1. 62	
Ermlich, Michael	3. 1. 94		20. 5. 66	
Lang, Stefanie	1. 4. 94		31. 3. 66	
Dr. Stahnecker, Thomas	5. 4. 94		11. 1. 62	
Karst, Jochen	25. 7. 94		30. 5. 61	

Theobald, Georg	17. 10. 94	26. 5. 64
Dr. Holzheuser, Johannes	2. 1. 95	29. 5. 65
Pirrung, Hans-Martin	3. 4. 95	9. 4. 61
Koggel, Claus Dieter	1. 6. 95	23. 3. 66
Weinert, Ulrike	18. 9. 95	28. 5. 67
Dr. Bannitza Edle von Bazan, Ulrike	2. 10. 95	18. 4. 66
Stöber, Sylvia	5. 10. 95	9. 7. 66
Stengelhofen, Heidi	1. 3. 96	12. 6. 66
De Felice, Jürgen	1. 4. 96	4. 6. 65
Roesler, Isabel	1. 4. 96	3. 4. 69

Saarland

Oberverwaltungsgericht des Saarlandes

Prälat-Subtil-Ring 22, 66740 Saarlouis
Postfach 20 06, 66720 Saarlouis
T (0 68 31) 94 23–0
Telefax (0 68 31) 94 23–1 44
1 Pr, 1 VPr, 2 VR, 9 R

Präsident

Friese, Karl-Heinz	1. 7. 86	10. 10. 37

Vizepräsident

Meiers, Karl Heinz	7. 9. 95	23. 12. 37

Vorsitzende Richterin/Vorsitzende Richter

Neumann, Ursula	9. 4. 91	30. 7. 39
Böhmer, Claus	24. 10. 95	12. 3. 49

Richterinnen/Richter

Dr. Philippi, Klaus-Jürgen	19. 6. 87	27. 7. 44
John, Joachim	5. 10. 87	19. 10. 51
Sauer, Helmut	28. 4. 89	2. 12. 48
Mohr, Gerhard	1. 1. 90	12. 3. 52
André, Ulrich	25. 2. 91	17. 12. 48
Haßdenteufel, Peter	1. 11. 91	12. 7. 47
Nalbach, Isabella	16. 1. 92	11. 6. 51
Bitz, Michael	29. 8. 94	6. 12. 57
Schwarz-Höftmann, Elke	11. 10. 95	10. 4. 54

Verwaltungsgericht des Saarlandes

Kaiser-Wilhlem-Str. 15, 66740 Saarlouis
Postfach 24 27, 66724 Saarlouis
T (0 68 31) 4 47–01
Telefax (0 68 31) 4 47–1 63
1 Pr, 1 VPr, 7 VR, 23 R + 4 LSt (R)

Präsident

Haasper, Peter	1. 2. 91	15. 10. 36

Vizepräsident

Adam, Winfried	21. 12. 95	19. 2. 42

Vorsitzende Richter

Metscher, Werner	19. 3. 86	3. 11. 41
Freiherr von Funck, Arndt	1. 1. 91	8. 8. 45
Welsch, Friedrich	30. 7. 92	7. 8. 55
Ehrmann, Andreas	31. 8. 93	27. 6. 55
Maximini, Gerd	24. 2. 94	25. 10. 48
Metzler, Armin	24. 2. 94	6. 4. 52

Richterinnen/Richter

Schöneberger, Hans-Peter	3. 2. 88	4. 11. 52
Helling, Michael	11. 3. 88	3. 4. 56
Beckmann-Roh, Barbara, ¾	13. 6. 88	1. 2. 58
Freichel, Ursula, ½	13. 10. 89	20. 5. 59
Rech, Thomas	26. 1. 90	22. 7. 58
Frank, Hening	26. 4. 90	12. 8. 56
Graus, Bernhard	7. 11. 90	14. 8. 56

Sachsen   VwG

Kühn-Sehn, Thomas, beurl. (LSt)	3. 6. 91	9. 11. 56		Schwarz, Joachim	17. 3. 94	18. 2. 63
Heinz, Monika, beurl. (LSt)	5. 7. 91	12. 10. 62		Kerwer-Frank, Daniela, beurl. (LSt)	27. 6. 94	23. 2. 63
Dutt, Karl-Josef	3. 1. 92	9. 2. 59		Handorn, Hans-Jörg	18. 4. 95	15. 12. 61
Rauch, Kurt	3. 1. 92	27. 11. 54		Bach, Renate	5. 5. 95	7. 11. 61
Vohl, Martina, ¾	30. 4. 93	2. 6. 60		Dick-Küstenmacher, Steffen	21. 6. 95	6. 8. 61
Weichel, Volker	13. 1. 94	22. 2. 61		Grethel, Monika	28. 7. 95	21. 12. 62
Haas, Astrid, beurl.	13. 1. 94	10. 7. 62		Lauer, Patrick	16. 10. 95	9. 1. 64

Sachsen*

Sächsisches Oberverwaltungsgericht

Dr.-Peter-Jordan-Str. 19, 02625 Bautzen
Postfach 17 28, 02607 Bautzen
T (0 35 91) 2 17 50
Telefax (0 35 91) 21 75 50

Präsident

Häring, Georg	4. 3. 96	11. 4. 35

Vizepräsident
N. N.

Vorsitzende Richter

Reich, Siegfried	12. 7. 94	27. 5. 42
Dr. Sattler, Detlev	1. 4. 96	22. 8. 44
Dr. Ullrich, Hans-Werner	1. 4. 96	12. 9. 45

Richterin/Richter

Dahlke-Piel, Susanne	1. 9. 93	26. 12. 59
Dr. Groh, Bernd, abg.	1. 9. 95	31. 12. 56

Abgeordnet aus alten Bundesländern: 2

Verwaltungsgerichte

Chemnitz
Zwickauer Str. 54, 09112 Chemnitz
Postfach 6 39, 09006 Chemnitz
T (03 71) 9 11 20
Telefax (03 71) 9 11 23 09

Präsident

Richter, Karl-Friedrich	1. 7. 92	20. 6. 46

Vizepräsident
N. N.

Vorsitzender Richter

Siewert, Wolfgang	1. 1. 95	15. 4. 51

Richterinnen/Richter

Clodius, Thomas	1. 4. 94	23. 3. 51
Czingon, Harald	2. 4. 94	31. 8. 61
Jenkis, Gerhard	3. 6. 94	13. 2. 59
Sonntag, Torsten	3. 6. 94	6. 12. 63
Emmrich, Klaus	1. 7. 94	5. 9. 57
Keim, Carola-Julia, abg.	1. 7. 94	1. 1. 59
Tritschler, Petra	15. 7. 94	22. 1. 58
Zander, Wolfgang	14. 10. 94	28. 4. 52
Dr. Scheer, Ralph	2. 12. 94	28. 6. 61
Höhl, Wolfgang	2. 1. 95	11. 12. 57

Dresden
Blüherstr. 3, 01069 Dresden
Postfach 12 01 61, 01002 Dresden
T (03 51) 86 34–0
Telefax (03 51) 86 34–1 11

Präsident

Rehak, Heinrich	1. 11. 92	7. 9. 45

Vizepräsident
N. N.

Vorsitzende Richter

Jestaedt, Christoph	3. 7. 92	16. 1. 54
Hochschild, Udo	1. 3. 96	21. 10. 44

Richterinnen/Richter

Hasske, Dunja	1. 9. 93	13. 6. 57
Leonard, Guntar	18. 2. 94	20. 3. 59
Rottmann, Heinrich	4. 3. 94	2. 6. 60
Groschupp, Bernd	2. 4. 94	8. 11. 59

* Angaben über die Zahl der Planstellen bei den sächsischen Verwaltungsgerichten sind nicht übermittelt worden.

VwG Sachsen

Auf der Straße, Kerstin	22. 4.94	8. 5.59
Bendner, Robert	3. 6.94	12. 7.60
Göhler, Thomas	17. 6.94	2. 9.62
Voigt, Peter	17. 6.94	11. 2.64
Ziesch, Angelika	26. 8.94	18. 7.54
Dr. Scheffer, Markus	1. 9.95	13. 8.60
Scholze, Georg	15. 9.95	10.12.57
May, Andreas	5.11.95	5. 1.60
Behler, Astrid	1.12.95	23. 6.64
Dr. Grünberg, Matthias, abg.	1. 1.96	10. 3.61
Düvelshaupt, Britta	4. 1.96	4.10.62
Patt, Hans-Georg, abg.	1. 3.96	5. 8.66
Czub, Renate, RkrA	(1. 8.95)	31. 3.57

Abgeordnet aus alten Bundesländern: 1

Leipzig

Rathenaustr. 40, 04179 Leipzig
T (03 41) 44 60 10
Telefax (03 41) 4 51 11 61

Präsidentin

Schlichting, Susanne	1. 8.93	24.11.39

Vizepräsident

N. N.

Vorsitzende Richterin/Vorsitzende Richter

Braun, Birgitta	1. 5.94	16. 9.59
Weiß, Jan	1. 1.95	15. 5.59
Korneli, Wolfgang	1. 1.96	22. 7.60

Richterinnen/Richter

Schmidt-Rottmann, Norma	1. 4.94	29. 6.58
Eiberle, Ivo, abg.	15. 4.94	18. 4.61
Baumgarten, Anke-Chr., abg.	1. 5.94	24.12.59
Hahn, Andrea	13. 5.94	16.10.57
Grau, Gerd	4. 8.94	21. 1.58
Bartlitz, Uwe, beurl.	8. 8.94	2.12.62
Gordalla, Steffi	19.12.94	2. 1.55
Gleisberg-Heigl, Heike	1. 4.96	3. 2.62

Abgeordnet aus allen Bundesländern: 1

Richterinnen/Richter im Richterverhältnis auf Probe

Thull, Rüdiger	15. 2.93	19.11.59
Wefer, Matthias	1. 4.93	20. 6.63
Ilse, Sabine	3. 5.93	2. 5.64
Israng, Martin	1. 6.93	22. 4.63
Bergmann, Christoph	1. 7.93	11.12.59
Stadtfeld, Roland	1. 7.93	10. 4.61
Eichhorn-Gast, Susanne	1. 7.93	1. 2.64
Gabrysch, Joanna	15. 7.93	1.10.62
Drehwald, Suzanne	2. 8.93	14. 3.64
Enke, Jörg	2. 8.93	12. 9.64
Wunderlich, Uwe	1. 9.93	8.11.64
Kober, Peter	1.10.93	29. 3.62
Langen-Braun, Birgit	1.10.93	19.12.64
Polgart, Johannes	15.10.93	8. 9.61
Munzinger, Dirk	15.10.93	23.12.63
Ittenbach, Sigrid	15.10.93	11. 6.64
Pape, Birgit	1.11.93	20. 7.63
Meng, Jürgen	15.11.93	17. 2.62
Weber, Harald	1. 2.94	12.11.63
Büchel, Andreas	1. 3.94	10.12.64
Wagner, Yvonne	1. 3.94	9. 4.64
Steinert, Frank	2. 5.94	19.12.61
Schröder, Elke	1. 7.94	10. 8.63
Antoni, Sven	1. 7.94	5.10.65
Lindner, Benno	1. 7.94	23. 2.66
Ebner, Anette	1. 8.94	23. 6.66
Steger, Heike	1. 8.94	30. 7.68
Berger, Grit	1. 9.94	22. 5.68
Döpelheuer, Marlies	1. 2.95	7. 5.66
Käker, Tido	13. 2.95	1. 1.64
Dr. Vulpius, Carola	1. 3.95	20.12.63
Schaffarzik, Bert		
Zander, Carsten	1.12.95	25. 5.61
Dr. John, Hanns Christian	1. 2.96	17. 7.61
Lauer, Matthias	1. 2.96	7. 5.63

Sachsen-Anhalt

Oberverwaltungsgericht des Landes Sachsen-Anhalt

Schönebecker Str. 67 a, 39104 Magdeburg
T (03 91) 6 06–0
Telefax (03 91) 6 06–70 32
1 Pr, 1 VPr, 2 VR, 10 R

Präsident
Dr. Kemper, Gerd-Heinrich	19. 3. 96	9. 7. 38	

Vizepräsident
Guntau, Burkhard	3. 5. 93	18. 3. 48	

Vorsitzende Richter
Dubslaff, Konrad	1. 9. 92	28. 12. 39	
Köhler, Erhard	1. 9. 92	7. 6. 39	

Richterin/Richter
Franzkowiak, Lothar, abg.	14. 8. 92	27. 2. 52	
Gatz, Stephan	1. 2. 93	11. 4. 55	
Janßen-Naß, Karin	1. 4. 93	3. 6. 55	
Roewer, Wulf	17. 5. 93	22. 2. 51	
Stubben, Bernd-Hinnerk	1. 1. 94	2. 7. 50	
Dr. Pauly, Walter, (UProf, 2. Hauptamt)	6. 6. 94	—	

Verwaltungsgerichte

Dessau
Mariannenstr. 35, 06844 Dessau
T (03 40) 20 20
Telefax (03 40) 2 02 18 00
1 Pr, 1 VPr, 4 R

Präsident
Dr. Schlaf, Elmar	22. 6. 94	17. 1. 42	

Vizepräsident
N. N.

Richterinnen/Richter
Helms, Christoph	14. 7. 94	21. 3. 61	
Mengershausen, Marion	5. 4. 95	21. 7. 62	
Braun, Susanne	24. 10. 95	21. 1. 60	

Halle
Neustädter Passage 15 a, 06122 Halle
T (03 45) 22 00
Telefax (03 45) 2 20 23 32
1 Pr, 1 VPr, 2 VR, 7 R

Präsident
Meyer-Bockenkamp, Ulrich	20. 1. 94	22. 10. 52	

Vizepräsident
Dr. Albrecht, Volker	22. 12. 95	19. 3. 54	

Vorsitzender Richter
Dr. Millgramm, Karl-Heinz	15. 4. 94	6. 8. 48	

Richterinnen/Richter
Kempf, Ulrike, abg.	3. 2. 92	9. 6. 57	
Riedel, Gabriele	8. 12. 93	7. 3. 54	
Pankalla, Rüdiger, abg.	15. 7. 94	25. 6. 52	
Geiger, Wolfgang	22. 7. 94	2. 3. 62	

Magdeburg
Schönebecker Str. 67 a, 39104 Magdeburg
T (03 91) 60 60
Telefax (03 91) 6 06 70 32
1 Pr, 1 VPr, 5 VR, 16 R

Präsident
Dr. Benndorf, Michael	1. 6. 94	11. 5. 52	

Vizepräsident
Bluhm, Martin	31. 1. 94	11. 1. 54	

Vorsitzende Richter
Voigt, Lutz-Peter	14. 8. 92	3. 1. 49	
Albrecht, Eckard	18. 12. 92	29. 7. 44	
Steinhoff, Reinhard	15. 2. 93	1. 6. 51	
Viecens, Matthias	2. 11. 93	16. 9. 49	
Dr. Vetter, Joachim	1. 9. 94	5. 9. 52	

Richterinnen/Richter
Köhler, Albrecht	6. 12. 93	11. 4. 58	
Wagner, Ingo	6. 12. 93	11. 7. 63	
Haack, Uwe	6. 12. 93	11. 10. 63	
Schmidt, Claudia	15. 7. 94	27. 11. 61	
Blaurock, Claudia	18. 7. 94	20. 3. 63	

Hartmann, Ewald	19. 7.94	21. 7.60	Bücker, Rita	21. 7.95	7. 7.63
Dr. Beck, Wolfgang	2. 8.94	19. 6.57	Jostschulte, Joachim	11.10.95	1. 1.61
Otterpohl, Josef, abg.	2. 6.95	17. 3.61	Friedrichs, Klaus-Dieter	17.11.95	25. 6.59
Engels, Helmut, abg.	2. 6.95	2. 2.63	Morgener, Dirk	15. 1.96	19. 7.60

Schleswig-Holstein

Schleswig-Holsteinisches Oberverwaltungsgericht

Brockdorff-Rantzau-Str. 13, 24837 Schleswig
T (0 46 21) 86–0
Telefax (0 46 21) 86–12 77
1 Pr, 1 VPr, 3 VR, 15 R + 3 UProf im 2. Hauptamt

Präsident
N. N.

Vizepräsident
N. N.

Vorsitzende Richter

Dr. Lademann, Karl	18. 2.91	15. 6.33
Fries, Jens	27. 9.91	4. 5.47
Roos, Dieter	18. 3.93	16.11.35

Richterinnen/Richter

Dr. Greve, Friedrich	28. 8.86	4.10.44
Arndt, Erwin	21. 5.87	9. 2.45
Suttkus, Martin	8. 7.88	8. 9.45
Habermann, Dierk	8. 7.88	30. 9.49
Gaßmann, Gerd	1. 4.91	28. 5.44
Nissen, Peter	1. 4.91	13. 5.46
Harbeck, Helmut	1. 4.91	10. 7.46
Dr. Engelbrecht-Greve, Thies-Hinrich	1. 4.91	4.11.48
Voswinkel, Manfred	1. 4.91	24. 3.50
Strzyz, Uta	26. 5.92	23. 8.52
Böttcher, Günter	2. 8.93	4. 2.50
Wilke, Reinhard	15. 6.94	23. 9.52
Wendt, Wolfgang	31.10.94	3. 9.52

Schleswig-Holsteinisches Verwaltungsgericht

Brockdorff-Rantzau-Str. 13, 24837 Schleswig
T (0 46 21) 86–0
Telefax (0 46 21) 86–12 77
1 Pr, 1 VPr, 14 VR, 41 R + 2 × ½ R

Präsident

Krause, Manfred	3. 7.95	24. 3.46

Vizepräsident

Schulze-Anné, Christian	15. 6.94	30. 6.41

Vorsitzende Richterinnen/Vorsitzende Richter

Kueßner, Hartmut	1.11.75	8. 8.35
Feist, Jürgen	1. 6.76	2. 1.38
Peters, Hans-Axel	1. 7.76	4. 5.37
Brunn, Friedrich	1. 8.81	11. 7.40
Reimann, Helge	1. 8.84	27. 2.40
Petter, Ulrich	1.10.84	20. 2.38
Dr. Edinger-Jöhnck, Claudia	23.11.88	1. 4.42
Wegner, Gerhard	3. 8.89	23. 2.44
Tilling, Peter	—	—
Kornhuber, Wolfgang	—	—
Dieckhoff, Gerwien	—	—
Kastens, Wolfgang	16.12.91	14. 7.43
Nebelin, Karoline	18. 6.93	25. 6.48
Riehl, Ralph	20.10.94	8.12.48

Richterinnen/Richter

Köpke, Gert-Dieter	16. 3.70	18. 6.37
Jöhnck, Jochen	15. 9.75	31. 8.40
Schlenzka, Werner	1. 2.76	11. 2.44
Dr. Frühauf, Gerd	1. 9.78	20. 4.48
Dr. Namgalies, Johannes	1. 2.82	10. 4.49
Lewin-Fries, Jutta	9. 3.84	4. 8.54
Ohlenbusch, Karin, beurl.	23. 5.85	3. 7.54
Rutz, Thomas	30. 5.85	8.11.53
Mihr, Gereon, abg.	8. 8.85	20.11.53
Rosenthal, Hans-Joachim	9. 9.85	1.12.51

Thüringen VwG

Domdey, Monika, ½, beurl.	20. 9.85	23. 5.55
Reinke, Heinz Joachim	5. 5.86	9. 1.55
Ahrens, Elisabeth, abg.	1.10.87	29.11.54
Kruse, Susanne, ½	27.11.87	10. 1.57
Maul, Wolfgang, abg.	1. 4.88	4.12.51
Bleckmann, Axel	3. 4.90	4. 5.59
Meerjanssen, Helmut	9. 4.90	25. 6.52
Busch, Peter, abg.	5. 6.90	27. 6.49
Hansen, Jörg	15. 6.90	2. 5.58
Wien, Jörg	27. 3.91	26. 6.59
Seyffert, Ulrich	26. 9.91	22.12.55
Horbul, Siegfried	27. 9.91	26.12.57
Gau, Christian, abg.	1. 3.92	13. 9.53
Jahnke, Wolfgang	16. 4.92	21. 2.57
Karstens, Uwe	16. 4.92	18. 4.58
Sorge, Joachim	1. 6.92	8. 5.57
Meyer, Klaus-Martin	1. 6.92	18. 5.58
Mokrus, Martin	25. 9.92	21.12.56
Theis, Achim, abg.	25. 9.92	8.10.57
Dr. Alberts, Harald	25. 9.92	8. 3.58
Petersen, Maren	19.11.92	29. 4.56
Dr. Teschner, Armin	20.11.92	12. 4.59
Pawelzik, Eckhard	8.12.92	9. 5.57
Hilgendorf-Petersen, Birgitta	18.12.92	20. 3.61
Steinhöfel, Kurt	1. 1.93	19. 1.53
Möhlenbrock, Thomas	18. 6.93	16. 5.58
Schroeder-Puls, Heike	2. 7.93	22. 4.59
Thomsen, Maren, abg.	4. 8.93	1.12.61
Napirata, Barbara, beurl.	11. 3.94	12. 3.60
Dr. Martensen, Hartwig	14. 3.94	22. 9.60
Stegelmann, Silke	1. 4.94	19.10.62
Nordmann, Christine	2. 4.94	29.12.62
Bruhn, Holger	3. 2.95	7. 9.60
Lüthke, Henning, abg.	2. 3.95	16. 3.58

Richterinnen/Richter im Richterverhältnis auf Probe

Kusterka, Helga, ½	13. 5.91	19. 2.58
Weiß-Ludwig, Roland	2.12.91	20. 4.60
Geisler, Barbara	18. 1.93	15. 1.63
Hausberg, Dietlind, abg.	8.11.93	17. 8.62
Koll, Marion	10. 1.94	28. 1.65
Schindler, Frank	5. 4.94	28. 2.63
Clausen, Sönke	11. 4.94	25.11.61
Dr. Wehner, Ruth	18. 7.94	4. 7.58
Köster, Birthe	1. 9.94	23. 6.61

Thüringen

Thüringer Oberverwaltungsgericht

Kaufstraße 2–4, 99423 Weimar
T (0 36 43) 20 60
Telefax (0 36 43) 20 61 00
1 Pr, 1VPr, 1 VR, 7 R

Präsident
Dr. Strauch, Hans-Joachim	—	1. 1.39

Vizepräsident
Graef, Harald	2. 6.93	4. 4.42

Vorsitzender Richter
Dr. Aschke, Manfred	1.10.95	21. 3.50

Richter
Lindner, Joachim	22. 3.94	30. 4.46
Dr. Dr. Ebert, Frank	1. 6.94	7. 3.54

Verwaltungsgerichte

Gera

Hainstraße 21, 07545 Gera
T (03 65) 8 33 90
Telefax (03 65) 8 33 91 00
1 Pr, 1 VPr, 3 VR, 13 R

Präsident
Böttger, Detlev	22.12.93	5. 8.36

Vizepräsident
N. N.

Vorsitzender Richter
Zundel, Martin	9. 2.94	11. 6.50

Richterinnen/Richter
Blomenkamp, Andrea	1.11.93	6. 9.64
Petermann, Thea	1. 7.95	21.12.62
Kreher, Rainer	29.11.95	24. 5.61

VwG Thüringen

Meiningen

Friedenssiedlung 9, 98617 Meiningen
T (0 36 93) 46 24 00
Telefax (0 36 93) 46 24 32
1 Pr, 1 VPr, 2 VR, 12 R

Präsident

Schipp, Kurt	2. 6. 93	22. 2. 41

Vizepräsident
N. N.

Vorsitzende Richter

Dr. Gülsdorff, Friedrich-Wilhelm	28. 2. 95	1. 7. 46
Michel, Thomas	1. 10. 95	18. 12. 51

Richterinnen/Richter

Bohn, Otto	14. 2. 95	1. 7. 46
Läger, Ulrich	14. 2. 95	28. 1. 58
Preetz, Kirsten, abg.	13. 7. 95	28. 9. 61
Both-Kereiter, Thomas	30. 11. 95	31. 12. 55
Fräßle, Cornelia	30. 11. 95	17. 7. 63
Dr. Kraus, Artur, abg.	7. 12. 95	9. 1. 62
Gith, Albert	29. 2. 96	24. 7. 60

Weimar

Rießnerstraße 12b, 99427 Weimar
T (0 36 43) 41 33 00
Telefax (0 36 43) 41 33 33
1 Pr, 1 VPr, 5 VR, 21 R

Präsident

Dr. Schwan, Hartmut	30. 3. 93	4. 10. 51

Vizepräsident

Achtmann, Alfons	24. 7. 94	23. 4. 28

Vorsitzende Richterinnen

Lorenz, Heidemarie	22. 12. 93	21. 1. 60
Heßelmann, Elke	1. 10. 95	2. 7. 58
Strätz, Ulrike	1. 10. 95	29. 1. 56

Richter

Dr. Husch, Hans-Peter	1. 11. 90	5. 11. 56
Spring, Rainer, abg.	16. 8. 93	10. 6. 56
Gravert, Christopher, abg.	12. 6. 94	22. 3. 63
Schmid, Manfred, abg.	6. 10. 94	9. 9. 59
Bratek, Klaus-Michael	6. 10. 94	5. 5. 61
Lenhart, Thomas, abg.	4. 11. 94	7. 9. 60
Bathe, Volker, abg.	4. 11. 94	10. 8. 61
Heisel, Volker	26. 1. 95	9. 11. 57
Hofmann, Holger	13. 2. 96	26. 1. 60

Richterinnen/Richter im Richterverhältnis auf Probe

Bleier, Helmut	1. 9. 92	26. 3. 65
Siegl, Claudia	1. 4. 93	4. 2. 63
Homberger, Uwe	1. 4. 93	2. 7. 63
Schneider, Udo	1. 4. 93	14. 9. 63
Heise, Jens Ulf	1. 4. 93	10. 3. 64
Hanz, Beate	1. 4. 93	29. 5. 64
Amelung, Bernd	3. 5. 93	10. 11. 61
Schaupp, Jochen	3. 5. 93	20. 5. 63
Wimmer, Birgit	3. 5. 93	6. 3. 65
Schmitt, Wolfgang	1. 6. 93	10. 10. 59
Erlenkämper, Jost	1. 6. 93	22. 6. 60
Best, Gerald	1. 6. 93	15. 4. 63
Rautenstrauch-Duus, Astrid	1. 7. 93	5. 2. 61
Hasenbeck, Michael, abg.	1. 7. 93	17. 1. 62
Viert, Joachim	1. 7. 93	3. 9. 62
Alexander, Ralf	15. 7. 93	26. 9. 64
Hinkel, Klaus	1. 8. 93	12. 5. 62
Groschek, Frank	1. 8. 93	27. 8. 63
Hoffmann, Katharina	1. 8. 93	6. 10. 64
Sobotta, Siegfried	2. 8. 93	31. 10. 59
Thull, Stephan	2. 8. 93	2. 2. 63
Feilhauer-Hasse, Claudia	2. 8. 93	28. 4. 65
Kirschbaum, Dietmar	1. 9. 93	25. 11. 60
Breuer, Kerstin	1. 9. 93	7. 4. 65
Notzke, Thomas	15. 12. 93	18. 10. 63
Schirra, Marianne, abg.	15. 12. 93	10. 9. 64
Dr. Böck, Michael	1. 4. 94	8. 8. 64
Stalbus, Christine	15. 9. 94	21. 7. 65
Meinhardt, Judith	15. 9. 94	13. 10. 66
Fitzke, Stefan	15. 12. 94	28. 8. 62
Mößner, Silke	14. 8. 95	6. 6. 69
Oelert, Jens	13. 11. 95	23. 3. 66
Müller-Goldhan, Carola	1. 12. 95	25. 9. 67
Zurbruggen, Annette	15. 4. 96	25. 2. 68

Thüringer Landesanwaltschaft

Rießnerstraße 12b, 99427 Weimar
T (0 36 43) 41 33 00
Telefax (0 36 43) 41 35 99
1 GLA, 1 stVGLA, 4 OLA, 3 ORR

Generallandesanwalt

Hutt, Thomas	4. 3. 93	18. 8. 43

Oberlandesanwalt

Kunz, Thomas, stVGLA	7. 10. 94	2. 3. 58

Regierungsrat

Benkert, Wolfgang	1. 7. 93	29. 12. 60

Regierungsrätinnen/Regierungsräte z.A.

Wachsmuth, Stephan	1. 2. 93	21. 8. 62	Störmer, Dagmar	3. 5. 93	7. 12. 63
Scherer-Erdt, Jutta	1. 3. 93	10. 3. 63	Hein, Norbert	1. 10. 93	23. 11. 64
Barbian, Michael	15. 4. 93	27. 4. 63	Leicht, Rainer	1. 11. 93	15. 4. 63

Europäischer Gerichtshof

Gerichtshof der Europäischen Gemeinschaften

L–2925 Luxemburg
T (0 03) 52-43 03-22 30
Telefax (0 03) 52-43 03-28 00

Die Richter und Generalanwälte werden von den Regierungen der Mitgliedstaaten im gegenseitigen Einvernehmen auf sechs Jahre ernannt. Eine Verlängerung des Mandats ist möglich.
Es besteht eine Übereinkunft, daß jeder Mitgliedstaat der Europäischen Gemeinschaft je einen Richter stellt.

Deutschland, Frankreich, Italien, Spanien und das Vereinigte Königreich stellen immer je einen Generalanwalt. Drei weitere Generalanwälte werden abwechselnd von den übrigen Mitgliedstaaten gestellt; zur Zeit sind dies Irland, Griechenland und Dänemark. Zur Zeit gibt es noch einen neunten Generalanwalt am Gerichtshof, dessen Amtszeit im Oktober 2000 ausläuft.

15 Richter (R), 9 Generalanwälte (GA)

Präsident
Rodríguez Iglesias,
  Gil Carlos (R) *Spanien*   31. 1. 86   1946

Mitglieder
Kakouris, Constantinos (R)
  Griechenland   14. 3. 83   1919
Tesauro, Giuseppe (GA)
  Italien   7. 10. 88   1942
Edward, David Alexander
  Ogilvy (R) *Verein. Königr.*   10. 3. 92   1934
Puissochet, Jean-Pierre (R)
  Frankreich   7. 10. 94   1936
Hirsch, Günter (R)
  Deutschland   7. 10. 94   1943
Mancini, Giuseppe
  Federico (R) *Italien*   7. 10. 82   1927
Lenz, Carl Otto (GA)
  Deutschland   12. 1. 84   1930
Schockweiler, Fernand
  Antoine (R) *Luxemburg*   7. 10. 85   1935
Moitinho de Almeida,
  José Carlos (R) *Portugal*   31. 1. 86   1936
Jacobs, Francis (GA)
  Verein. Königr.   7. 10. 88   1939
Kapteyn, Paul Joan George (R)
  Niederlande   29. 3. 90   1928
Gulmann, Claus (R)
  Dänemark   7. 10. 91   1942
Murray, John L. (R)
  Irland   7. 10. 91   1943
La Pergola, Antonio
  Mario (GA) *Italien*   7. 10. 94   1931
Cosmas, Georgios (GA)
  Griechenland   7. 10. 94   1932
Leger, Philippe (GA)
  Frankreich   7. 10. 94   1938
Elmer, Michael Bendik (GA)
  Dänemark   7. 10. 94   1949
Jann, Peter (R)
  Österreich   19. 1. 95   1935
Ragnemalm, Hans (R)
  Schweden   19. 1. 95   1940
Sevón, Leif (R)
  Finnland   19. 1. 95   1941
Fennelly, Nial (GA)
  Irland   18. 1. 95   1942
Riuz-Jarabo Colomer,
  Dámaso (GA) *Spanien*   18. 1. 95   1949
Wathelet, Melchior (R)
  Belgien   19. 9. 95   1949

Kanzler
Grass, Roger *Frankreich*   10. 2. 94   1948

EuGH Gerichtshof der Europäischen Gemeinschaften

Zusammensetzung der Kammern:
Erste Kammer:
Kammerpräsident: Edward
Richter: Jann, Sevón, Wathelet

Zweite Kammer:
Kammerpräsident: Hirsch
Richter: Mancini, Schockweiler

Dritte Kammer:
Kammerpräsident: Puissochet
Richter: Moitinho de Almeida, Gulmann

Vierte Kammer:
Kammerpräsident: Kakouris
Richter: Kapteyn, Murray, Ragnemalm

Fünfte Kammer:
Kammerpräsident: Edward
Richter: Puissochet, Moitinho de Almeida, Gulmann, Jann, Sevón, Wathelet

Sechste Kammer:
Kammerpräsident: Kakouris
Richter: Hirsch, Mancini, Schockweiler, Kapteyn, Murray, Ragnemalm

Generalanwälte:
Erster Generalanwalt: Tesauro

Generalanwälte:
Lenz, Jacobs, La Pergola, Cosmas, Leger, Elmer, Fennelly, Ruiz-Jarabo Colomer

Gericht erster Instanz der Europäischen Gemeinschaften

L–2925 Luxemburg

Die Richter werden von den Regierungen der Mitgliedstaaten im gegenseitigen Einvernehmen auf sechs Jahre ernannt.
Es besteht Übereinkunft, daß jeder Mitgliedstaat der Europäischen Gemeinschaft je einen Richter stellt.

15 Mitglieder

Präsident
Saggio, Antonio *Italien* 1. 9. 89 1934

Richter
Kirschner, Heinrich
  Deutschland 1. 9. 89 1938
Schintgen, Romain
  Luxemburg 1. 9. 89 1939
Briët, Cornelis Paulus
  Luxemburg 1. 9. 89 1944
Lenaerts, Koenraad
  Belgien 1. 9. 89 1954
Vesterdorf, Bo
  Dänemark 1. 9. 89 1945
García-Valdecasas y Fernandez,
  Rafael *Spanien* 1. 9. 89 1946
Bellamy, Christopher W.
  Verein. Königr. 10. 3. 92 1946
Kalogeropoulos, Andreas
  Griechenland 18. 9. 92 1944
Tiili, Virpi
  Finnland 19. 1. 95 1942
Lindh, Pernilla
  Schweden 19. 1. 95 1945
Azizi, Josef
  Österreich 19. 1. 95 1948
Potocki, Andre
  Frankreich 19. 9. 95 1950
Moura-Ramos, Rui Manuel
  Portugal 19. 9. 95 1950
Cooke, John D.
  Irland 11. 1. 96 1944

Kanzler
Jung, Hans
  Deutschland 27. 9. 89 1944

Zusammensetzung der Kammern:

Erste Kammer:
Kammerpräsident: Saggio
Richter: Tiili, Moura-Ramos

Erste erweiterte Kammer:
Kammerpräsident: Saggio
Richter: Bellamy, Kalogeropoulos, Tiili, Moura-Ramos

Zweite Kammer:
Kammerpräsident: Kirschner
Richter: Bellamy, Kalogeropoulos

Zweite erweiterte Kammer:
Kammerpräsident: Kirschner
Richter: Vesterdorf, Bellamy, Kalogeropoulos, Potocki

Dritte Kammer:
Kammerpräsident: Briët
Richter: Vesterdorf, Potocki

Dritte erweiterte Kammer:
Kammerpräsident: Briët
Richter: Vesterdorf, Lindh, Potocki, Cooke

Vierte Kammer:
Kammerpräsident: Lenaerts
Richter: Lindh, Cooke

Vierte erweiterte Kammer:
Kammerpräsident: Lenaerts
Richter: García-Valdecasas, Lindh, Azizi, Cooke

Fünfte Kammer:
Kammerpräsident: Schintgen
Richter: García-Valdecasas, Azizi

Fünfte erweiterte Kammer:
Kammerpräsident: Schintgen
Richter: García-Valdecasas, Tiili, Azizi, Moura-Ramos

Anhang

Die Landgerichte in der Bundesrepublik Deutschland

mit Angabe des zuständigen Oberlandesgerichts und des Landes

Landgericht	OLG-Bezirk
Aachen	Köln (NW)
Amberg (Oberpfalz)	Nürnberg (BY)
Ansbach	Nürnberg (BY)
Arnsberg	Hamm (NW)
Aschaffenburg	Bamberg (BY)
Augsburg	München (BY)
Aurich	Oldenburg (NDS)
Baden-Baden	Karlsruhe (BW)
Bad Kreuznach	Koblenz (RP)
Bamberg	Bamberg (BY)
Bautzen	Dresden (SAC)
Bayreuth	Bamberg (BY)
Berlin	Berlin (BER)
Bielefeld	Hamm (NW)
Bochum	Hamm (NW)
Bonn	Köln (NW)
Braunschweig	Braunschweig (NDS)
Bremen	Bremen (BRE)
Bückeburg	Celle (NDS)
Chemnitz	Dresden (SAC)
Coburg	Bamberg (BY)
Cottbus	Brandenburg (BRA)
Darmstadt	Frankfurt a.M. (HE)
Deggendorf	München (BY)
Dessau	Naumburg (SAN)
Detmold	Hamm (NW)
Dortmund	Hamm (NW)
Dresden	Dresden (SAC)
Düsseldorf	Düsseldorf (NW)
Duisburg	Düsseldorf (NW)
Ellwangen (Jagst)	Stuttgart (BW)
Erfurt	Jena (TH)
Essen	Hamm (NW)
Flensburg	Schleswig (SH)
Frankenthal (Pfalz)	Zweibrücken (RP)
Frankfurt a.M.	Frankfurt a.M. (HE)

Landgericht	OLG-Bezirk
Frankfurt (Oder)	Brandenburg (BRA)
Freiburg im Breisgau	Karlsruhe (BW)
Fulda	Frankfurt a.M. (HE)
Gera	Jena (TH)
Gießen	Frankfurt a.M. (HE)
Görlitz	Dresden (SAC)
Göttingen	Celle (NDS)
Hagen	Hamm (NW)
Halle	Naumburg (SAN)
Hamburg	Hamburg (HH)
Hanau	Frankfurt a.M. (HE)
Hannover	Celle (NDS)
Hechingen	Stuttgart (BW)
Heidelberg	Karlsruhe (BW)
Heilbronn (Neckar)	Stuttgart (BW)
Hildesheim	Celle (NDS)
Hof	Bamberg (BY)
Ingolstadt	München (BY)
Itzehoe	Schleswig (SH)
Kaiserslautern	Zweibrücken (RP)
Karlsruhe	Karlsruhe (BW)
Kassel	Frankfurt a.M. (HE)
Kempten (Allgäu)	München (BY)
Kiel	Schleswig (SH)
Kleve	Düsseldorf (NW)
Koblenz	Koblenz (RP)
Köln	Köln (NW)
Konstanz	Karlsruhe (BW)
Krefeld	Düsseldorf (NW)
Landau i. d. Pfalz	Zweibrücken (RP)
Landshut	München (BY)
Leipzig	Dresden (SAC)
Limburg (Lahn)	Frankfurt a.M. (HE)
Lübeck	Schleswig (SH)
Lüneburg	Celle (NDS)

LG Landgerichte

Landgericht	OLG-Bezirk
Magdeburg	Naumburg (SAN)
Mainz	Koblenz (RP)
Mannheim	Karlsruhe (BW)
Marburg (Lahn)	Frankfurt a.M. (HE)
Meiningen	Jena (TH)
Memmingen	München (BY)
Mönchengladbach	Düsseldorf (NW)
Mosbach (Baden)	Karlsruhe (BW)
Mühlhausen	Jena (TH)
München I	München (BY)
München II	München (BY)
Münster in Westfalen	Hamm (NW)
Neubrandenburg	Rostock (MV)
Neuruppin	Brandenburg (BRA)
Nürnberg-Fürth	Nürnberg (BY)
Offenburg	Karlsruhe (BW)
Oldenburg (Oldb.)	Oldenburg (NDS)
Osnabrück	Oldenburg (NDS)
Paderborn	Hamm (NW)
Passau	München (BY)
Potsdam	Brandenburg (BRA)
Ravensburg	Stuttgart (BW)
Regensburg	Nürnberg (BY)

Landgericht	OLG-Bezirk
Rostock	Rostock (MV)
Rottweil	Stuttgart (BW)
Saarbrücken	Saarbrücken (SAA)
Schweinfurt	Bamberg (BY)
Schwerin	Rostock (MV)
Siegen	Hamm (NW)
Stade	Celle (NDS)
Stendal	Naumburg (SAN)
Stralsund	Rostock (MV)
Stuttgart	Stuttgart (BW)
Traunstein	München (BY)
Trier	Koblenz (RP)
Tübingen	Stuttgart (BW)
Ulm (Donau)	Stuttgart (BW)
Verden (Aller)	Celle (NDS)
Waldshut-Tiengen	Karlsruhe (BW)
Weiden i. d. OPf.	Nürnberg (BY)
Wiesbaden	Frankfurt a.M. (HE)
Würzburg	Bamberg (BY)
Wuppertal	Düsseldorf (NW)
Zweibrücken	Zweibrücken (RP)
Zwickau	Dresden (SAC)

Die Amtsgerichte in der Bundesrepublik Deutschland

mit Angabe des zuständigen Landgerichts und des Landes

Amtsgericht	LG-Bezirk
Aachen	Aachen (NW)
Aalen	Ellwangen (Jagst) (BW)
Achern (Baden)	Baden-Baden (BW)
Achim	Verden (Aller) (NDS)
Adelsheim	Mosbach (Baden) (BW)
Ahaus	Münster (NW)
Ahlen (Westfalen)	Münster (NW)
Ahrensburg	Lübeck (SH)
Aichach	Augsburg (BY)
Albstadt	Hechingen (BW)
Alfeld (Leine)	Hildesheim (NDS)
Alsfeld	Gießen (HE)
Altena (Westfalen)	Hagen (NW)
Altenburg	Gera (TH)
Altenkirchen (Westerwald)	Koblenz (RP)
Altentreptow	Neubrandenburg (MV)
Altötting	Traunstein (BY)
Alzey	Mainz (RP)
Amberg (Oberpfalz)	Amberg (Oberpfalz) (BY)
Andernach	Koblenz (RP)
Anklam	Stralsund (MV)
Annaberg	Chemnitz (SAC)
Ansbach (Mittelfranken)	Ansbach (BY)
Apolda	Erfurt (TH)
Arnsberg	Arnsberg (NW)
Arnstadt	Erfurt (TH)
Arolsen	Kassel (HE)
Artern	Erfurt (TH)
Aschaffenburg	Aschaffenburg (BY)
Aschersleben	Halle (SAN)
Aue	Zwickau (SAC)
Auerbach	Zwickau (SAC)
Augsburg	Augsburg (BY)
Aurich (Ostfriesland)	Aurich (NDS)
Backnang	Stuttgart (BW)
Baden-Baden	Baden-Baden (BW)
Bad Berleburg	Siegen (NW)
Bad Bramstedt	Kiel (SH)
Bad Doberan	Rostock (MV)
Bad Dürkheim	Frankenthal (Pfalz) (RP)
Bad Freienwalde	Frankfurt (Oder) (BRA)
Bad Gandersheim	Braunschweig (NDS)
Bad Hersfeld	Fulda (HE)
Bad Homburg v. d. Höhe	Frankfurt a. M. (HE)
Bad Iburg	Osnabrück (NDS)
Bad Kissingen	Schweinfurt (BY)
Bad Kreuznach	Bad Kreuznach (RP)
Bad Langensalza	Mühlhausen (TH)
Bad Liebenwerda	Cottbus (BRA)
Bad Mergentheim	Ellwangen (Jagst) (BW)
Bad Neuenahr-Ahrweiler	Koblenz (RP)
Bad Neustadt an der Saale	Schweinfurt (BY)
Bad Oeynhausen	Bielefeld (NW)
Bad Oldesloe	Lübeck (SH)
Bad Säckingen	Waldshut-Tiengen (BW)
Bad Salzungen	Meiningen (TH)
Bad Schwalbach	Wiesbaden (HE)
Bad Schwartau	Lübeck (SH)
Bad Segeberg	Kiel (SH)
Bad Urach	Tübingen (BW)
Bad Vilbel	Frankfurt a. M. (HE)
Bad Waldsee	Ravensburg (BW)
Bad Wildungen	Kassel (HE)
Balingen	Hechingen (BW)
Bamberg	Bamberg (BY)
Bautzen	Bautzen (SAC)
Bayreuth	Bayreuth (BY)
Beckum	Münster (NW)
Bensheim	Darmstadt (HE)
Bergen	Stralsund (MV)
Bergheim	Köln (NW)
Bergisch Gladbach	Köln (NW)
Berlin-Charlottenburg	Berlin (BER)
– Hohenschönhausen	Berlin (BER)
– Köpenick	Berlin (BER)

AG Amtsgerichte

Amtsgericht	LG-Bezirk	Amtsgericht	LG-Bezirk
– Lichtenberg	Berlin (BER)	Burgwedel	Hannover (NDS)
– Mitte	Berlin (BER)	Butzbach	Gießen (HE)
– Neukölln	Berlin (BER)	Buxtehude	Stade (NDS)
– Pankow-Weißensee	Berlin (BER)		
– Schöneberg	Berlin (BER)	Calw	Tübingen (BW)
– Spandau	Berlin (BER)	Castrop-Rauxel	Dortmund (NW)
– Tempelhof-Kreuzberg	Berlin (BER)	Celle	Lüneburg (NDS)
– Tiergarten	Berlin (BER)	Cham	Regensburg (BY)
– Wedding	Berlin (BER)	Chemnitz	Chemnitz (SAC)
Bernau	Frankfurt (Oder) (BRA)	Clausthal-Zellerfeld	Braunschweig (NDS)
Bernburg	Dessau (SAN)	Cloppenburg	Oldenburg (NDS)
Bernkastel-Kues	Trier (RP)	Coburg	Coburg (BY)
Bersenbrück	Osnabrück (NDS)	Cochem	Koblenz (RP)
Besigheim	Heilbronn (BW)	Coesfeld	Münster (NW)
Betzdorf	Koblenz (RP)	Cottbus	Cottbus (BRA)
Biberach an der Riß	Ravensburg (BW)	Crailsheim	Ellwangen (Jagst) (BW)
Biedenkopf	Marburg (Lahn) (HE)	Cuxhaven	Stade (NDS)
Bielefeld	Bielefeld (NW)		
Bingen	Mainz (RP)	Dachau	München II (BY)
Birkenfeld (Nahe)	Bad Kreuznach (RP)	Dannenberg (Elbe)	Lüneburg (NDS)
Bitburg	Trier (RP)	Darmstadt	Darmstadt (HE)
Bitterfeld	Dessau (SAN)	Daun	Trier (RP)
Blomberg	Detmold (NW)	Deggendorf	Deggendorf (BY)
Bocholt	Münster (NW)	Delbrück	Paderborn (NW)
Bochum	Bochum (NW)	Delmenhorst	Oldenburg (NDS)
Böblingen	Stuttgart (BW)	Demmin	Stralsund (MV)
Bonn	Bonn (NW)	Dessau	Dessau (SAN)
Borken in Westf.	Münster (NW)	Detmold	Detmold (NW)
Borna	Leipzig (SAC)	Dieburg	Darmstadt (HE)
Bottrop	Essen (NW)	Diepholz	Verden (Aller) (NDS)
Brackenheim	Heilbronn (BW)	Diez	Koblenz (RP)
Brake	Oldenburg (NDS)	Dillenburg	Limburg (Lahn) (HE)
Brakel	Paderborn (NW)	Dillingen a. d. Donau	Augsburg (BY)
Brandenburg (Havel)	Potsdam (BRA)	Dinslaken	Duisburg (NW)
Braunschweig	Braunschweig (NDS)	Dippoldiswalde	Dresden (SAC)
Breisach am Rhein	Freiburg i. Breisgau (BW)	Döbeln	Leipzig (SAC)
		Donaueschingen	Konstanz (BW)
Bremen	Bremen (BRE)	Dorsten	Essen (NW)
– Blumenthal	Bremen (BRE)	Dortmund	Dortmund (NW)
Bremerhaven	Bremen (BRE)	Dresden	Dresden (SAC)
Bremervörde	Stade (NDS)	Duderstadt	Göttingen (NDS)
Bretten (Baden)	Karlsruhe (BW)	Dülmen	Münster (NW)
Brilon	Arnsberg (NW)	Düren	Aachen (NW)
Bruchsal	Karlsruhe (BW)	Düsseldorf	Düsseldorf (NW)
Brühl (Rheinland)	Köln (NW)	Duisburg	Duisburg (NW)
Buchen (Odenwald)	Mosbach (Baden) (BW)	– Hamborn	Duisburg (NW)
Bückeburg	Bückeburg (NDS)	– Ruhrort	Duisburg (NW)
Büdingen	Gießen (HE)		
Bühl (Baden)	Baden-Baden (BW)	Ebersberg	München II (BY)
Bünde	Bielefeld (NW)	Eberswalde	Frankfurt (Oder) (BRA)
Bützow	Rostock (MV)	Eckernförde	Kiel (SH)
Burg	Magdeburg (SAN)	Eggenfelden	Landshut (BY)
Burgdorf (Krs. Hannover)	Hildesheim (NDS)	Ehingen (Donau)	Ulm (Donau) (BW)
		Eilenburg	Leipzig (SAC)

Amtsgerichte **AG**

Amtsgericht	LG-Bezirk	Amtsgericht	LG-Bezirk
Einbeck	Göttingen (NDS)	Geilenkirchen	Aachen (NW)
Eisenach	Mühlhausen (TH)	Geislingen an der Steige	Ulm (Donau) (BW)
Eisenhüttenstadt	Frankfurt (Oder) (BRA)	Geldern	Kleve (NW)
Eisleben	Halle (SAN)	Gelnhausen	Hanau (HE)
Ellwangen (Jagst)	Ellwangen (Jagst) (BW)	Gelsenkirchen	Essen (NW)
Elmshorn	Itzehoe (SH)	– Buer	Essen (NW)
Eltville	Wiesbaden (HE)	Gemünden a. Main	Würzburg (BY)
Elze	Hildesheim (NDS)	Gengenbach	Offenburg (BW)
Emden	Aurich (NDS)	Genthin	Stendal (SAN)
Emmendingen	Freiburg i. Breisgau (BW)	Gera	Gera (TH)
		Germersheim	Landau i. d. Pfalz (RP)
Emmerich	Kleve (NW)	Gernsbach	Baden-Baden (BW)
Erding	Landshut (BY)	Gießen	Gießen (HE)
Erfurt	Erfurt (TH)	Gifhorn	Hildesheim (NDS)
Erkelenz	Mönchengladbach (NW)	Gladbeck	Essen (NW)
Erlangen	Nürnberg-Fürth (BY)	Göppingen	Ulm (Donau) (BW)
Eschwege	Kassel (HE)	Görlitz	Görlitz (SAC)
Eschweiler	Aachen (NW)	Göttingen	Göttingen (NDS)
Essen	Essen (NW)	Goslar	Braunschweig (NDS)
– Borbeck	Essen (NW)	Gotha	Erfurt (TH)
– Steele	Essen (NW)	Greifswald	Stralsund (MV)
Esslingen am Neckar	Stuttgart (BW)	Greiz	Gera (TH)
Ettenheim	Freiburg i. Breisgau (BW)	Grevenbroich	Mönchengladbach (NW)
		Grevesmühlen	Schwerin (MV)
Ettlingen	Karlsruhe (BW)	Grimma	Leipzig (SAC)
Euskirchen	Bonn (NW)	Grimmen	Stralsund (MV)
Eutin	Lübeck (SH)	Gronau (Westfalen)	Münster (NW)
		Groß Gerau	Darmstadt (HE)
Flensburg	Flensburg (SH)	Grünstadt	Frankenthal (Pfalz) (RP)
Forchheim	Bamberg (BY)	Günzburg	Memmingen (BY)
Frankenberg an der Eder	Marburg (Lahn) (HE)	Güstrow	Rostock (MV)
		Gütersloh	Bielefeld (NW)
Frankenthal (Pfalz)	Frankenthal (Pfalz) (RP)	Guben	Cottbus (BRA)
Frankfurt a. M.	Frankfurt a. M. (HE)	Gummersbach	Köln (NW)
Frankfurt (Oder)	Frankfurt (Oder) (BRA)		
Freiberg	Chemnitz (SAC)	Hadamar (Westerwald)	Limburg (Lahn) (HE)
Freiburg i. Breisgau	Freiburg i. Breisgau (BW)	Hagen in Westf.	Hagen (NW)
		Hagenow	Schwerin (MV)
Freising	Landshut (BY)	Hainichen	Chemnitz (SAC)
Freudenstadt	Rottweil (BW)	Halberstadt	Magdeburg (SAN)
Freyung	Passau (BY)	Haldensleben	Magdeburg (SAN)
Friedberg in Hessen	Gießen (HE)	Halle (Westfalen)	Bielefeld (NW)
Fritzlar	Kassel (HE)	Halle-Saalkreis	Halle (SAN)
Fürstenfeldbruck	München II (BY)	Hamburg	Hamburg (HH)
Fürstenwalde	Frankfurt (Oder) (BRA)	– Altona	Hamburg (HH)
Fürth in Bayern	Nürnberg-Fürth (BY)	– Bergedorf	Hamburg (HH)
Fürth (Odenwald)	Darmstadt (HE)	– Blankenese	Hamburg (HH)
Fulda	Fulda (HE)	– Harburg	Hamburg (HH)
		– Wandsbek	Hamburg (HH)
Gadebusch	Schwerin (MV)	Hameln	Hannover (NDS)
Gardelegen	Stendal (SAN)	Hamm (Westfalen)	Dortmund (NW)
Garmisch-Partenkirchen	München II (BY)	Hanau	Hanau (HE)
		Hannover	Hannover (NDS)
Geesthacht	Lübeck (SH)	Hann. Münden	Göttingen (NDS)

AG Amtsgerichte

Amtsgericht	LG-Bezirk
Haßfurt	Bamberg (BY)
Hattingen (Ruhr)	Essen (NW)
Havelberg	Stendal (SAN)
Hechingen	Hechingen (BW)
Heidelberg	Heidelberg (BW)
Heidenheim an der Brenz	Ellwangen (Jagst) (BW)
Heilbronn	Heilbronn (BW)
Heiligenstadt	Mühlhausen (TH)
Heinsberg	Aachen (NW)
Helmstedt	Braunschweig (NDS)
Herborn (Hessen)	Limburg (Lahn) (HE)
Herford	Bielefeld (NW)
Hermeskeil	Trier (RP)
Herne	Bochum (NW)
– Wanne	Bochum (NW)
Hersbruck	Nürnberg-Fürth (BY)
Herzberg	Göttingen (NDS)
Hettstedt	Halle (SAN)
Hildburghausen	Meiningen (TH)
Hildesheim	Hildesheim (NDS)
Hochheim	Wiesbaden (HE)
Höxter	Paderborn (NW)
Hof	Hof (BY)
Hofgeismar	Kassel (HE)
Hohenstein-Ernstthal	Chemnitz (SAC)
Holzminden	Hildesheim (NDS)
Homberg (Bez. Kassel)	Marburg (Lahn) (HE)
Homburg (Saar)	Saarbrücken (SAA)
Horb am Neckar	Rottweil (BW)
Hoyerswerda	Bautzen (SAC)
Hünfeld	Fulda (HE)
Husum (Nordsee)	Flensburg (SH)
Ibbenbüren	Münster (NW)
Idar-Oberstein	Bad Kreuznach (RP)
Idstein	Wiesbaden (HE)
Ilmenau	Meiningen (TH)
Ingolstadt (Donau)	Ingolstadt (BY)
Iserlohn	Hagen (NW)
Itzehoe	Itzehoe (SH)
Jena	Gera (TH)
Jever	Oldenburg (NDS)
Jülich	Aachen (NW)
Kaiserslautern	Kaiserslautern (RP)
Kamen	Dortmund (NW)
Kamenz	Bautzen (SAC)
Kandel	Landau i. d. Pfalz (RP)
Kappeln (Schlei)	Flensburg (SH)
Karlsruhe	Karlsruhe (BW)
– Durlach	Karlsruhe (BW)
Kassel	Kassel (HE)

Amtsgericht	LG-Bezirk
Kaufbeuren	Kempten (Allgäu) (BY)
Kehl	Offenburg (BW)
Kelheim	Regensburg (BY)
Kempen	Krefeld (NW)
Kempten (Allgäu)	Kempten (Allgäu) (BY)
Kenzingen	Freiburg i. Breisgau (BW)
Kerpen	Köln (NW)
Kiel	Kiel (SH)
Kirchhain	Marburg (Lahn) (HE)
Kirchheim unter Teck	Stuttgart (BW)
Kitzingen	Würzburg (BY)
Kleve	Kleve (NW)
Klötze	Stendal (SAN)
Koblenz	Koblenz (RP)
Köln	Köln (NW)
Königstein im Taunus	Frankfurt a. M. (HE)
Königswinter	Bonn (NW)
Königs Wusterhausen	Potsdam (BRA)
Köthen	Dessau (SAN)
Konstanz	Konstanz (BW)
Korbach	Kassel (HE)
Krefeld	Krefeld (NW)
Kronach	Coburg (BY)
Künzelsau	Heilbronn (BW)
Kulmbach	Bayreuth (BY)
Kusel	Kaiserslautern (RP)
Lahnstein	Koblenz (RP)
Lahr (Schwarzwald)	Offenburg (BW)
Lampertheim	Darmstadt (HE)
Landau an der Isar	Landshut (BY)
Landau i. d. Pfalz	Landau i. d. Pfalz (RP)
Landsberg a. Lech	Augsburg (BY)
Landshut i. Bay.	Landshut (BY)
Landstuhl	Zweibrücken (RP)
Langen (b. Bremerhaven)	Stade (NDS)
Langen (Hessen)	Darmstadt (HE)
Langenburg (Württemberg)	Ellwangen (Jagst) (BW)
Langenfeld (Rhld.)	Düsseldorf (NW)
Laufen (Salzach)	Traunstein (BY)
Lauterbach (Hessen)	Fulda (HE)
Lebach	Saarbrücken (SAA)
Leer (Ostfriesland)	Aurich (NDS)
Lehrte	Hildesheim (NDS)
Leipzig	Leipzig (SAC)
Lemgo	Detmold (NW)
Lennestadt	Siegen (NW)
Leonberg	Stuttgart (BW)
Leutkirch im Allgäu	Ravensburg (BW)
Leverkusen	Köln (NW)
Lichtenfels	Coburg (BY)

528

Amtsgerichte AG

Amtsgericht	LG-Bezirk
Limburg (Lahn)	Limburg (Lahn) (HE)
Lindau (Bodensee)	Kempten (Allgäu) (BY)
Lingen	Osnabrück (NDS)
Linz am Rhein	Koblenz (RP)
Lippstadt	Paderborn (NW)
Lobenstein	Gera (TH)
Löbau	Görlitz (SAC)
Lörrach	Freiburg i. Breisgau (BW)
Luckenwalde	Potsdam (BRA)
Ludwigsburg	Stuttgart (BW)
Ludwigshafen am Rhein	Frankenthal (Pfalz) (RP)
Ludwigslust	Schwerin (MV)
Lübbecke	Bielefeld (NW)
Lübben	Cottbus (BRA)
Lübeck	Lübeck (SH)
Lüdenscheid	Hagen (NW)
Lüdinghausen	Münster (NW)
Lüneburg	Lüneburg (NDS)
Lünen	Dortmund (NW)
Magdeburg	Magdeburg (SAN)
Mainz	Mainz (RP)
Malchin	Neubrandenburg (MV)
Mannheim	Mannheim (BW)
Marbach am Neckar	Heilbronn (BW)
Marburg (Lahn)	Marburg (Lahn) (HE)
Marienberg	Chemnitz (SAC)
Marl	Essen (NW)
Marsberg	Arnsberg (NW)
Maulbronn	Heilbronn (BW)
Mayen	Koblenz (RP)
Medebach	Arnsberg (NW)
Meinerzhagen	Hagen (NW)
Meiningen	Meiningen (TH)
Meißen	Dresden (SAC)
Meldorf	Itzehoe (SH)
Melsungen	Kassel (HE)
Memmingen	Memmingen (BY)
Menden (Sauerland)	Arnsberg (NW)
Meppen	Osnabrück (NDS)
Merseburg	Halle (SAN)
Merzig	Saarbrücken (SAA)
Meschede	Arnsberg (NW)
Mettmann	Wuppertal (NW)
Michelstadt	Darmstadt (HE)
Miesbach	München II (BY)
Minden (Westfalen)	Bielefeld (NW)
Mölln	Lübeck (SH)
Mönchengladbach – Rheydt	Mönchengladbach (NW) Mönchengladbach (NW)
Moers	Kleve (NW)
Monschau	Aachen (NW)

Amtsgericht	LG-Bezirk
Montabaur	Koblenz (RP)
Mosbach (Baden)	Mosbach (Baden) (BW)
Mühldorf am Inn	Traunstein (BY)
Mühlhausen	Mühlhausen (TH)
Mülheim a. d. Ruhr	Duisburg (NW)
Müllheim (Baden)	Freiburg i. Breisgau (BW)
München	München I (BY)
Münden	Göttingen (NDS)
Münsingen	Tübingen (BW)
Münster i. Westf.	Münster (NW)
Nagold	Tübingen (BW)
Nauen	Potsdam (BRA)
Naumburg	Halle (SAN)
Nebra	Halle (SAN)
Neresheim	Ellwangen (Jagst) (BW)
Nettetal	Krefeld (NW)
Neubrandenburg	Neubrandenburg (MV)
Neuburg a. d. Donau	Ingolstadt (BY)
Neumarkt i. d. OPf.	Nürnberg-Fürth (BY)
Neumünster	Kiel (SH)
Neunkirchen (Saar)	Saarbrücken (SAA)
Neuruppin	Neuruppin (BRA)
Neustadt an der Aisch	Nürnberg-Fürth (BY)
Neustadt am Rübenberge	Hannover (NDS)
Neustadt an der Weinstraße	Frankenthal (Pfalz) (RP)
Neuss	Düsseldorf (NW)
Neustrelitz	Neubrandenburg (MV)
Neu-Ulm	Memmingen (BY)
Neuwied	Koblenz (RP)
Nidda	Gießen (HE)
Niebüll	Flensburg (SH)
Nieburg an der Weser	Verden (Aller) (NDS)
Nördlingen	Augsburg (BY)
Norden	Aurich (NDS)
Nordenham	Oldenburg (NDS)
Norderstedt	Kiel (SH)
Nordhausen	Mühlhausen (TH)
Nordhorn	Osnabrück (NDS)
Northeim	Göttingen (NDS)
Nürnberg	Nürnberg (BY)
Nürtingen	Stuttgart (BW)
Oberhausen	Duisburg (NW)
Oberkirch (Baden)	Offenburg (BW)
Obernburg a. Main	Aschaffenburg (BY)
Oberndorf am Neckar	Rottweil (BW)
Öhringen	Heilbronn (Neckar) (BW)
Offenbach am Main	Darmstadt (HE)
Offenburg	Offenburg (BW)

529

AG Amtsgerichte

Amtsgericht	LG-Bezirk	Amtsgericht	LG-Bezirk
Oldenburg in Holstein	Lübeck (SH)	Ribnitz-Damgarten	Rostock (MV)
Oldenburg (Oldb.)	Oldenburg (NDS)	Riedlingen	Ravensburg (BW)
Olpe in Westf.	Siegen (NW)	Riesa	Dresden (SAC)
Oranienburg	Neuruppin (BRA)	Rinteln	Bückeburg (NDS)
Oschatz	Leipzig (SAC)	Rockenhausen	Kaiserslautern (RP)
Oschersleben	Magdeburg (SAN)	Röbel	Neubrandenburg (MV)
Osnabrück	Osnabrück (NDS)	Rosenheim	Traunstein (BY)
Osterburg	Stendal (SAN)	(Oberbayern)	
Osterholz-Scharmbeck	Verden (Aller) (NDS)	Rostock	Rostock (MV)
Osterode	Göttingen (NDS)	Rotenburg a. d. Fulda	Kassel (HE)
Otterndorf	Stade (NDS)	Rotenburg (Wümme)	Verden (Aller) (NDS)
Ottweiler	Saarbrücken (SAA)	Rottenburg am Neckar	Tübingen (BW)
Paderborn	Paderborn (NW)	Rottweil	Rottweil (BW)
Papenburg	Osnabrück (NDS)	Rudolstadt	Gera (TH)
Parchim	Schwerin (MV)	Rüdesheim am Rhein	Wiesbaden (HE)
Pasewalk	Stralsund (MV)	Rüsselsheim	Darmstadt (HE)
Passau	Passau (BY)		
Peine	Hildesheim (NDS)	Saalfeld	Gera (TH)
Perleberg	Neuruppin (BRA)	Saarbrücken	Saarbrücken (SAA)
Pfaffenhofen a. d. Ilm	Ingolstadt (BY)	Saarburg	Trier (RP)
Pforzheim	Karlsruhe (BW)	Saarlouis	Saarbrücken (SAA)
Philippsburg	Karlsruhe (BW)	Salzgitter	Braunschweig (NDS)
Pinneberg	Itzehoe (SH)	Salzwedel	Stendal (SAN)
Pirmasens	Zweibrücken (RP)	Sangerhausen	Halle (SAN)
Pirna	Dresden (SAC)	St. Blasien	Waldshut-Tiengen (BW)
Plau	Schwerin (MV)	St. Goar	Koblenz (RP)
Plauen	Zwickau (SAC)	St. Ingbert	Saarbrücken (SAA)
Plettenberg	Hagen (NW)	St. Wendel	Saarbrücken (SAA)
Plön	Kiel (SH)	Saulgau	Ravensburg (BW)
Pößneck	Gera (TH)	Schleiden (Eifel)	Aachen (NW)
Potsdam	Potsdam (BRA)	Schleswig	Flensburg (SH)
Prenzlau	Neuruppin (BRA)	Schlüchtern	Hanau (HE)
Prüm	Trier (RP)	Schmalkalden	Meiningen (TH)
		Schmallenberg	Arnsberg (NW)
Quedlinburg	Magdeburg (SAN)	Schönau (Schwarzw.)	Waldshut-Tiengen (BW)
Querfurt	Halle (SAN)	Schönebeck	Magdeburg (SAN)
		Schopfheim	Waldshut-Tiengen (BW)
Radolfzell	Konstanz (BW)	Schorndorf (Württ.)	Stuttgart (BW)
Rahden	Bielefeld (NW)	Schwabach	Nürnberg-Fürth (BY)
Rastatt	Baden-Baden (BW)	Schwäbisch Gmünd	Ellwangen (Jagst) (BW)
Rathenow	Potsdam (BRA)	Schwäbisch Hall	Heilbronn (Neckar) (BW)
Ratingen	Düsseldorf (NW)		
Ratzeburg	Lübeck (SH)	Schwalmstadt	Marburg (Lahn) (HE)
Ravensburg	Ravensburg (BW)	Schwandorf in Bayern	Amberg (Oberpfalz) (BY)
Recklinghausen	Bochum (NW)		
Regensburg	Regensburg (BY)	Schwarzenbek	Lübeck (SH)
Reinbek	Lübeck (SH)	Schwedt (Oder)	Frankfurt (Oder) (BRA)
Remscheid	Wuppertal (NW)	Schweinfurt	Schweinfurt (BY)
Rendsburg	Kiel (SH)	Schwelm	Hagen (NW)
Reutlingen	Tübingen (BW)	Schwerin	Schwerin (MV)
Rheda-Wiedenbrück	Bielefeld (NW)	Schwerte	Hagen (NW)
Rheinbach	Bonn (NW)	Schwetzingen	Mannheim (BW)
Rheinberg	Kleve (NW)	Seesen	Braunschweig (NDS)
Rheine	Münster (NW)	Seligenstadt	Darmstadt (HE)

Amtsgerichte AG

Amtsgericht	LG-Bezirk	Amtsgericht	LG-Bezirk
Senftenberg	Cottbus (BRA)	Überlingen (Bodensee)	Konstanz (BW)
Siegburg	Bonn (NW)	Ueckermünde	Stralsund (MV)
Siegen	Siegen (NW)	Uelzen	Lüneburg (NDS)
Sigmaringen	Hechingen (BW)	Ulm (Donau)	Ulm (Donau) (BW)
Simmern (Hunsrück)	Bad Kreuznach (RP)	Unna	Dortmund (NW)
Singen (Hohentwiel)	Konstanz (BW)	Urach (s. Bad Urach)	Tübingen (BW)
Sinsheim	Heidelberg (BW)	Usingen	Frankfurt a. M. (HE)
Sinzig	Koblenz (RP)		
Sobernheim	Bad Kreuznach (RP)	Vaihingen an der Enz	Heilbronn (BW)
Sömmerda	Erfurt (TH)	Varel	Oldenburg (Oldb.) (NDS)
Soest	Arnsberg (NW)		
Solingen	Wuppertal (NW)	Vechta	Oldenburg (Oldb.) (NDS)
Soltau	Lüneburg (NDS)		
Sondershausen	Mühlhausen (TH)	Velbert	Wuppertal (NW)
Sonneberg	Meiningen (TH)	Verden (Aller)	Verden (Aller) (NDS)
Spaichingen	Rottweil (BW)	Viechtach	Deggendorf (BY)
Speyer	Frankenthal (Pfalz) (RP)	Viersen	Mönchengladbach (NW)
Springe	Hannover (NDS)	Villingen-Schwenningen	Konstanz (BW)
Stade	Stade (NDS)		
Stadthagen	Bückeburg (NDS)	Völklingen	Saarbrücken (SAA)
Stadtroda	Gera (TH)	Waiblingen	Stuttgart (BW)
Starnberg	München II (BY)	Waldbröl	Bonn (NW)
Staßfurt	Magdeburg (SAN)	Waldkirch im Breisgau	Freiburg i. Breisgau (BW)
Staufen (Breisgau)	Freiburg i. Breisgau (BW)	Waldshut-Tiengen	Waldshut-Tiengen (BW)
Steinfurt	Münster (NW)	Walsrode	Verden (Aller) (NDS)
Stendal	Stendal (SAN)	Wangen im Allgäu	Ravensburg (BW)
Sternberg	Schwerin (MV)	Wanzleben	Magdeburg (SAN)
Stockach	Konstanz (BW)	Warburg	Paderborn (NW)
Stollberg	Chemnitz (SAC)	Waren	Neubrandenburg (MV)
Stolzenau	Verden (NDS)	Warendorf	Münster (NW)
Stralsund	Stralsund (MV)	Warstein	Arnsberg (NW)
Strasburg	Neubrandenburg (MV)	Weiden i. d. OPf.	Weiden i. d. OPf. (BY)
Straubing	Regensburg (BY)	Weilburg	Limburg (Lahn) (HE)
Strausberg	Frankfurt (Oder) (BRA)	Weilheim i. OB.	München II (BY)
Stuttgart	Stuttgart (BW)	Weimar	Erfurt (TH)
– Cannstatt	Stuttgart (BW)	Weinheim (Bergstr.)	Mannheim (BW)
Suhl	Meiningen (TH)	Weißenburg i. Bay.	Ansbach (BY)
Sulingen	Verden (Aller) (NDS)	Weißenfels	Halle (SAN)
Sulzbach (Saar)	Saarbrücken (SAA)	Weißwasser	Görlitz (SAC)
Syke	Verden (Aller) (NDS)	Wennigsen	Hannover (NDS)
		Werl	Arnsberg (NW)
Tauberbischofsheim	Mosbach (Baden) (BW)	Wermelskirchen	Köln (NW)
Tecklenburg	Münster (NW)	Wernigerode	Magdeburg (SAN)
Teterow	Neubrandenburg (MV)	Wertheim	Mosbach (Baden) (BW)
Tettnang	Ravensburg (BW)	Wesel	Duisburg (NW)
Tirschenreuth	Weiden i. d. OPf. (BY)	Westerburg	Koblenz (RP)
Titisee-Neustadt	Freiburg i. Br. (BW)	Westerstede	Oldenburg (NDS)
Torgau	Leipzig (SAC)	Wetter (Ruhr)	Hagen (NW)
Tostedt	Stade (NDS)	Wetzlar	Limburg (Lahn) (HE)
Traunstein	Traunstein (BY)	Wiesbaden	Wiesbaden (HE)
Trier	Trier (RP)	Wiesloch	Heidelberg (BW)
Tübingen	Tübingen (BW)	Wildeshausen	Oldenburg (NDS)
Tuttlingen	Rottweil (BW)	Wilhelmshaven	Oldenburg (NDS)

AG Amtsgerichte

Amtsgericht	LG-Bezirk	Amtsgericht	LG-Bezirk
Winsen a. d. Luhe	Lüneburg (NDS)	Worbis	Mühlhausen (TH)
Wipperfürth	Köln (NW)	Worms	Mainz (RP)
Wismar	Schwerin (MV)	Würzburg	Würzburg (BY)
Witten	Bochum (NW)	Wunsiedel	Hof (BY)
Wittenberg	Dessau (SAN)	Wuppertal	Wuppertal (NW)
Wittlich	Trier (RP)		
Wittmund	Aurich (NDS)	Zehdenick	Neuruppin (BRA)
Witzenhausen	Kassel (HE)	Zeitz	Halle (SAN)
Wolfach	Offenburg (BW)	Zerbst	Dessau (SAN)
Wolfenbüttel	Braunschweig (NDS)	Zeven	Stade (NDS)
Wolfhagen	Kassel (HE)	Zittau	Görlitz (SAC)
Wolfratshausen	München II (BY)	Zossen	Potsdam (BRA)
Wolfsburg	Braunschweig (NDS)	Zweibrücken	Zweibrücken (RP)
Wolgast	Stralsund (MV)	Zwickau	Zwickau (SAC)
Wolmirstedt	Magdeburg (SAN)		

Die Deutsche Richterakademie

Berliner Allee 7, 54295 Trier
T 06 51/9 36 10, Telefax 06 51/30 02 10

Tagungsstätte Wustrau
Am Schloß 1, 16818 Wustrau-Altfriesack
T 03 39 25/7 02 07/7 02 08/7 02 31, Telefax 03 39 25-7 02 09

Direktorin
Richterin am Amtsgericht
Renate Schmidt-Hanemann

Die Deutsche Richterakademie dient der überregionalen Fortbildung der Richterinnen und Richter aller Gerichtszweige und der Staatsanwältinnen und Staatsanwälte. Sie soll Richter und Staatsanwälte in ihren Fachgebieten weiterbilden und ihnen Kenntnisse und Erfahrungen über politische, gesellschaftliche, wirtschaftliche und andere wissenschaftliche Entwicklungen vermitteln.
Die Deutsche Richterakademie wird nach der am 1.1.93 in Kraft getretenen Verwaltungsvereinbarung vom Bund und von den Ländern gemeinsam getragen. Sie verfügt über zwei Tagungsstätten in Trier und in Wustrau. Die Länder Rheinland-Pfalz und Brandenburg stellen die in ihrem Eigentum stehenden Gebäude dem Bund und den Ländern für die Zwecke der Deutschen Richterakademie zur Verfügung. Der Finanzbedarf der Akademie wird vom Bund und von den Ländern gemeinsam getragen. Die Länder Rheinland-Pfalz und Brandenburg nehmen die vom Bund und von den Ländern gebilligten Haushaltsvoranschläge für die jeweilige Einrichtung in ihren Haushalt auf.
Die Direktorin der Deutschen Richterakademie leitet die Tagungsstätten in Trier und Wustrau. Sie wird auf gemeinsamen Vorschlag der Landesjustizverwaltungen von Rheinland-Pfalz und Brandenburg im Einvernehmen mit den übrigen Landesjustizverwaltungen und dem Bundesministerium der Justiz von Rheinland-Pfalz auf Zeit bestellt. Sie muß Richterin, Staatsanwältin oder Beamtin des höheren Dienstes mit der Befähigung zum Richteramt sein.
Die Programmkonferenz für die Deutsche Richterakademie bestimmt für jeweils ein Kalenderjahr Zahl, Dauer und Thematik der durchzuführenden Tagungen. Das Bundesministerium der Justiz und die Landesjustizverwaltungen sind in der Programmkonferenz mit je einer Stimme vertreten; der Deutsche Richterbund, die Fachgruppe Richter und Staatsanwälte der Gewerkschaft ÖTV und der Bund Deutscher Verwaltungsrichter und Verwaltungsrichterinnen wirken beratend mit.
Die Durchführung der Tagungen erfolgt jeweils durch ein Veranstalterland, das ebenfalls von der Programmkonferenz bestimmt wird. Das in den Grundsätzen festgelegte Arbeitsprogramm für die einzelnen Tagungen wird vom Veranstalterland entsprechend den von der Programmkonferenz bestimmten Richtlinien ausgefüllt.

Verbände der Richter und Staatsanwälte

Deutscher Richterbund
– Bund der Richterinnen und Richter, Staatsanwältinnen und Staatsanwälte –

Seufertstraße 27, 53173 Bonn
T (02 28) 9 33 88-0, Telefax (02 28) 33 47 23

Vorsitzender:

Voss, Rainer, VRLG
Neubrückstr. 3, 40213 Düsseldorf
T (02 11) 83 06–27 67

Stellvertretende Vorsitzende:

Dworazik, Sibylle, RLG
Auf der Schanz 37, 85049 Ingolstadt
T (08 41) 3 12–2 98

Henning, Klaus, DAG
Berliner Str. 4–8, 37073 Göttingen
T (05 51) 4 03–3 01

Weber, Victor, OStA
Alt Moabit 5, 10548 Berlin
T (0 30) 39 79 -57 00

Weitere Mitglieder des Präsidiums:

Grieser, Josef, OStA, 85049 Ingolstadt
T (08 41) 3 12–2 59

Dr. Grotheer, Jan, VPrFG, 20144 Hamburg
T (0 40) 42 12–6 96

Kunkis, Jürgen, VRLG, 29201 Celle
T (0 51 41) 2 06–6 15

Dr. Nökel, Detlef, VROLG, 79098 Freiburg
T (07 61) 2 05–25 51

Peters, Angelika, ROLG, 56068 Koblenz
T (02 61) 1 02–6 21

Dr. Renk, Heidemarie, RLG,
60313 Frankfurt a.M.
T (0 69) 13 67–28 42

Dr. Schomaker, Jörg, VRLG, 24114 Kiel
T (04 31) 6 04–15 16

Dr. Tappert, Wilhelm, RLSG, 55116 Mainz
T (0 61 31) 1 41–5 63

Vetter, Joachim, RArbG, 90429 Nürnberg
T (09 11) 9 28–26 15

Geschäftsführer:

Marqua, Peter, 53173 Bonn
T (02 28) 9 33 88-0

Zeitschrift des Deutschen Richterbundes ist die Deutsche Richterzeitung

Redaktion:

Edinger, Thomas, RAG
Dr. Kintzi, Heinrich, GStA
Marqua, Peter, Geschäftsführer des DRB
Neumann, Ralph, RAG
Dr. Nökel, Detlef, VROLG
Voss, Rainer, VRLG, verantwortlich

Anschrift der Redaktion:

Seufertstr. 27, 53173 Bonn

Verbände

Verbände der Richter und Staatsanwälte

Landesverbände des Deutschen Richterbundes

Verein der Richter und Staatsanwälte in Baden-Württemberg e. V.
Postfach 10 36 53, 70031 Stuttgart
T (07 11) 24 37 20
Telefax (07 11) 2 36 80 46
Vorsitzender: Borth, Helmut, ROLG, Oberlandesgericht
Postfach 10 36 53, 70031 Stuttgart
T (07 11) 2 12–33 02
Telefax (07 11) 2 12–33 01

Bayerischer Richterverein e. V.
Verein der Richter und Staatsanwälte in Bayern
Fürther Straße 110, 90429 Nürnberg
1. Vorsitzender: Kleinknecht, Manfred, ROLG, Fürther Straße 110, 90429 Nürnberg
T (09 11) 3 21–23 68
Telefax (09 11) 3 21–28 80
2. Vorsitzender: Wolf, Hans-Werner, ROLG, Prielmayerstr. 5, 80335 München
T (0 89) 55 97–02
3. Vorsitzender: Wiedemann, Kurt, OStA, Fürther Str. 112, 90429 Nürnberg
T (09 11) 3 21–24 94
Telefax (09 11) 3 21–24 66

Deutscher Richterbund
– Bund der Richter und Staatsanwälte –
Landesverband Berlin e. V.
Witzlebenstr. 4–5 (Kammergericht), 14057 Berlin
Vorsitzender: Jünemann, Lothar, RLG, Littenstr. 11–17, 10179 Berlin
T (0 30) 24 73–26 45
Telefax (0 30) 24 73–22 23

Deutscher Richterbund
– Bund der Richter und Staatsanwälte –
Landesverband Brandenburg e. V.
Hegelallee 8, Amtsgericht, 14467 Potsdam
Vorsitzende: Leetz, Bettina, RAG, Hegelallee 8, 14467 Potsdam
T (03 31) 28 75–2 36
Telefax (03 31) 29 24 20

Verein Bremischer Richter und Staatsanwälte
Gerichtshaus Domsheide 16, 28195 Bremen
Vorsitzender: Lüttringhaus, Peter, RLG, Gerichtshaus Domsheide 16, 28195 Bremen
T (04 21) 3 61–48 83
Telefax (04 21) 3 61–67 13

Hamburgischer Richterverein e. V.
– Verband der Richter und Staatsanwälte im Deutschen Richterbund –
Landgericht, Sievekingplatz 1, 20355 Hamburg
Vorsitzender: Dr. Raabe, Heiko, VPrLG
Sievekingplatz 1, 20355 Hamburg
T (0 40) 34 97–22 41
Telefax (0 40) 34 97–23 08

Deutscher Richterbund
– Bund der Richter und Staatsanwälte –
Landesverband Hessen
Hammelsgasse 1, 60313 Frankfurt am Main
Vorsitzender: Tiefmann, Ingolf, RLG,
Hammelsgasse 1, 60313 Frankfurt am Main
T (0 69) 13 67–28 02

Richterbund Mecklenburg-Vorpommern e. V.
– Bund der Richter und Staatsanwälte –
Demmlerplatz 1, 19053 Schwerin
Vorsitzender: Heye, Horst-Dieter, VRLG,
Demmlerplatz 1, 19053 Schwerin
T (03 85) 74 15–1 18
Telefax (03 85) 57 91 83

Niedersächsischer Richterbund
– Bund der Richter und Staatsanwälte –
Volgersweg 1, Amtsgericht, 30175 Hannover
Vorsitzender: Kramer, Hartwin, PrOLG
Postfach 24 51, 26014 Oldenburg
T (04 41) 2 20–27 00
Telefax (04 41) 2 20–27 01

Deutscher Richterbund
– Bund der Richter und Staatsanwälte –
Landesverband Nordrhein-Westfalen e. V.
Martin-Luther-Str. 11, 59065 Hamm
T (0 23 81) 2 98 14, Telefax (0 23 81) 2 25 68
Vorsitzender: Nüsse, Johannes, VRLG,
Kaiserstr. 34, 44135 Dortmund
T (02 31) 54 03–3 36
Telefax (02 31) 54 03–2 00

Deutscher Richterbund
– Bund der Richter und Staatsanwälte –
Landesverband Rheinland-Pfalz
Schloßplatz 7, Oberlandesgericht,
66482 Zweibrücken
Vorsitzender: Lang, Dieter, VROLG
Schloßplatz 7, 66482 Zweibrücken
T (0 63 32) 8 05–3 42
Telefax (0 63 32) 8 05–3 11

Verbände der Richter und Staatsanwälte **Verbände**

**Deutscher Richterbund
– Bund der Richter und Staatsanwälte –
Landesverband Saar**
Franz-Josef-Röder-Straße 15, 66119 Saarbrücken
Vorsitzender: Fischbach, Dieter, DAG
Vopelinsstr. 2, 66280 Sulzbach
T (0 68 97) 90 82–2 30
Telefax (0 68 97) 90 82–2 10

**Sächsischer Richterverein –
Verein der Richter und Staatsanwälte
in Sachsen**
Platz der Deutschen Einheit 1, 08056 Zwickau
Vorsitzender: Hubert, Erwin, VPrLG
Postfach 10, 08056 Zwickau
T (03 75) 50 92–3 32
Telefax (03 75) 52 18 65

**Richterbund des Landes Sachsen-Anhalt –
Bund der Richter und Staatsanwälte**
Domplatz 10, 06618 Naumburg
Vorsitzender: Hennig, Albrecht, VROLG
Domplatz 10, 06618 Naumburg
T (0 34 45) 28–23 01
Telefax (0 34 45) 28–20 00

**Schleswig-Holsteinischer Richterverband –
Verband der Richter und Staatsanwälte in
Schleswig-Holstein**
Lindenweg 8, Amtsgericht, 23879 Mölln
T (0 45 42) 83 56 57
Vorsitzender: Mackenroth, Geert-W., DAG
Lindenweg 8, 23879 Mölln
T (0 45 42) 7 08–1
Telefax (0 45 42) 8 66 78

**Thüringer Richterbund –
Verband der Richter und Staatsanwälte
im Deutschen Richterbund**
Domplatz 37, Landgericht, 99084 Erfurt
Vorsitzende: Schweikhardt, Liselotte, VROLG
Leutragraben 2–4, 07743 Jena
T (0 36 41) 3 07–3 20
Telefax (0 36 41) 3 07–2 00

Weitere Mitgliedsvereine des Deutschen Richterbundes

**Verein der Bundesrichter und
Bundesanwälte beim Bundesgerichtshof e. V.**
Herrenstr. 45a, 76133 Karlsruhe
Vorsitzender: Dr. Beyer, Dietrich, RBGH
Herrenstr. 45a, 76133 Karlsruhe
T (07 21) 1 59–5 46
Telefax (07 21) 1 59–8 31

**Verein der Richter beim
Bundespatentgericht e. V.**
Balanstr. 59, 81541 München
Vorsitzender: Niedlich, Wolfgang, VRBPatG
Balanstr. 59, 81541 München
T (0 89) 4 17 67–7 01
Telefax (0 89) 4 17 67–2 99

**Verein der Bundesrichter beim
Bundesfinanzhof**
Ismaninger Str. 109, 81675 München
Vorsitzender: Herden, Christian, RBFH
Ismaninger Str. 109, 81675 München
T (0 89) 92 31–2 57
Telefax (0 89) 92 31–2 01

Bund Deutscher Finanzrichter
Warendorfer Str. 70, Finanzgericht,
48145 Münster
Vorsitzender: Krömker, Ulrich, RFG
Warendorfer Str. 70, 48145 Münster
T (02 51) 37 84–2 12
Telefax (02 51) 37 84–1 00

**Verein der Bundesrichter beim
Bundessozialgericht**
Graf-Bernadotte-Platz 5, 34119 Kassel
Vorsitzender: Dr. Udsching, Peter, VRBSG
Graf-Bernadotte-Platz 5, 34119 Kassel
T (05 61) 31 07–4 44
Telefax (05 61) 31 07–4 75

Bund Deutscher Sozialrichter
Zweigertstr. 54, 45130 Essen
Vorsitzender: Jung, Hans-Peter, RLSG
Zweigertstr. 54, 45130 Essen
T (02 01) 79 92–2 15
Telefax (02 01) 79 92–3 02

Verbände Verbände der Richter und Staatsanwälte

Verein der Bundesrichter beim Bundesarbeitsgericht
Graf-Bernadotte-Platz 5, 34119 Kassel
Vorsitzender: Bröhl, Knut-Dietrich,
RBAG, Graf-Bernadotte-Platz 5, 34119 Kassel
T (05 61) 31 06–1
Telefax (05 61) 31 06–8 67

Bund der Richterinnen und Richter der Arbeitsgerichtsbarkeit
Marker Allee 94, 59071 Hamm
Vorsitzender: Berscheid, Ernst-Dieter, VRLAG
Marker Allee 94, 59071 Hamm
T (0 23 81) 8 91–2 25
Telefax (0 23 81) 8 91–2 83

**Wehrdienstrichterbund
– Verband der Richter der Wehrdienstgerichte im Deutschen Richterbund –**
Bremer Str. 69a, 26135 Oldenburg (Oldb.)
Vorsitzender: Asmussen, Rolf, VPr des Truppendienstgerichts Nord
Bremer Str. 69a, 26135 Oldenburg (Oldb.)
T (04 41) 9 29–22 85
Telefax (04 41) 9 29–27 47

Sonstige Verbände

Bund Deutscher Verwaltungsrichter und Verwaltungsrichterinnen (BDVR)
Bastionstr. 39, Verwaltungsgericht,
40213 Düsseldorf
Vorsitzende: Verstegen, Gabriele, RVG,
Bastionstr. 39, 40213 Düsseldorf
T (02 11) 88 91–3 03
Telefax (02 11) 88 91–3 74

Verein der Bundesrichter bei dem Bundesverwaltungsgericht e.V.
Hardenbergstr. 31, 10623 Berlin
Vorsitzender: Dr. Diefenbach, Wilhelm,
VRBVerwG, Hardenbergstr. 31, 10623 Berlin
T (0 30) 31 97–1

Bundesfachausschuß Richterinnen und Richter, Staatsanwältinnen u. Staatsanwälte in der Gewerkschaft ÖTV
ÖTV-Hauptverwaltung, Abt. Justiz und Justizvollzug
Theodor-Heuss-Str. 2, 70174 Stuttgart
T (07 11) 20 97–0
Telefax (07 11) 20 97–4 62
Sprecher: Dr. Bernd Asbrock, VRLG
Landgericht Bremen

Neue Richtervereinigung e.V. (NRV)
Zusammenschluß von Richterinnen und Richtern, Staatsanwältinnen und Staatsanwälten
NRV-Sekretariat, Platter Straße 116,
65193 Wiesbaden
T (06 11) 59 95 60
Vorsitzender: Horst Häuser, RVG
Verwaltungsgericht Wiesbaden

Namensverzeichnis

zu den Listen der Planstelleninhaber

ArbG	Arbeitsgerichte	EuGH	Europäischer Gerichtshof	SAA	Saarland
BER	Berlin	FG	Finanzgerichte	SAC	Sachsen
BMJ	Bundesministerium der Justiz	HE	Hessen	SAN	Sachsen-Anhalt
BRA	Brandenburg	HH	Hamburg	SG	Sozialgerichte
BRE	Bremen	MV	Mecklenburg-Vorpommern	SH	Schleswig-Holstein
BU	Bundesgerichte	NDS	Niedersachsen	TH	Thüringen
BVerfG	Bundesverfassungsgericht	NW	Nordrhein-Westfalen	VerfG	Verfassungsgerichte
BW	Baden-Württemberg	RP	Rheinland-Pfalz	VwG	Verwaltungsgerichte
BY	Bayern				

A

Abayan, A.	VwG 490	Achter, R.	NW 258	Adams, J.	NW 268
Abeken, B.	HH 162	Achtermeier, K.	NW 249	Adams, M.	BY 88
Abel, C.	BW 63	Achterrath, R.	SG 466	Adamsky, S.	SAC 349
Abel, H.	NW 305	Achtmann, A.	VwG 514	Adamus, O.	BRA 146
Abel, K.	VwG 479	Acker, K.	BW 51	Addicks, H.	VwG 500
Abel, M.	BER 120	Acker-Skondinis, D.	BY 112	Addicks, V.	VwG 500
Abel, M.	HH 166	Ackermann, E.	SG 459	Adebahr, M.	ArbG 412
Abel, S.	VwG 480	Ackermann, G.	SAC 348	Adelhardt, P.	BY 111
Abel, W.	NDS 230	Ackermann, H.	NW 299	Adelhardt, W.	TH 398
Abel-Dassler, M.	NW 310	Ackermann, K.	NW 266	Adelmann, H.	BW 52
Abele, K.	BW 60	Ackermann, K.	TH 393	Adelung, C.	NW 255
Abele, W.	SG 455	Ackermann, M.	BY 111	Ademmer, K.	NW 286
Abels, M.	NW 303	Ackermann, V.	BY 106	Aden, S.	SH 383
Abels, S.	BW 64	Ackermann-Trapp, U.	NW 299	Adenhold, A.	BW 53
Abeßer, T.	FG 441	Adam, B.	HE 180	Aderhold, M.	ArbG 418
Abisch, J.	BRA 145	Adam, C.	NW 307	Adick, B.	NDS 235
Abmeier, K.	BMJ 4	Adam, D.	HE 169	Adler, B.	SAC 357
Abramjuk, R.	BRE 151	Adam, F.	BW 28	Adler, G.	MV 206
Abramowski, S.	BY 82	Adam, H.	BW 37	Adler, H.	BY 95
Absolon, H.	NDS 231	Adam, J.	VwG 501	Adler, S.	FG 439
Abt, G.	HE 191	Adam, K.	BW 32	Adler, W.	BY 69
Abt, M.	BW 64	Adam, M.	NW 283	Adloff, F.	BRE 150
Achenbach, B.	SG 465	Adam, M.	NW 307	Adlung, K.	SH 378
Achenbach, E.	FG 447	Adam, S.	ArbG 412	Adolf, H.	SG 455
Achenbach, G.	VwG 488	Adam, S.	BW 60	Adolph, O.	VwG 480
Achenbach, H.	ArbG 431	Adam, U.	BER 133	Adomeit, E.	NW 290
Achenbach, S.	NDS 239	Adam, W.	SAA 340	Adrian, P.	ArbG 437
Achhammer, D.	BER 127	Adam, W.	VerfG 406	Adrians, W.	NW 260
Achilles, A.	BY 89		VwG 508	Adscheid-Meyer, P.	SAC 357
Achilles, S.	SG 457	Adam-Backes, U.	RP 323	Aengenvoort, A.	NW 299
Achilles, W.	NDS 208	Adam-Domrös, B.	MV 204	Aengenvoort, P.	VwG 503
Achinger, A.	BY 90	Adam-Mezger, H.	BY 100	Affeldt, I.	SAC 343
Acht, E.	FG 446	Adamik, A.	FG 442	Affeldt, V.	NW 271
		Adams, B.	SAA 337	Affolter, B.	FG 439
		Adams, H.	SAA 339	Affolter, K.	BW 36

539

Affolter, U.	BW 28	Albert, J.	MV 199	Alfmeier, K.	ArbG 433
Agger, S.	HH 160	Albert, J.	NW 266	Alfter, M.	RP 317
Aghegian, A.	BW 57	Albert, M.	SAC 359	Alheit, H.	BY 95
Aghte, W.	SG 468	Albert, W.	BU 15	Alisch, H.	HH 158
Ahlborn, B.	BER 130	Alberti, G.	HE 192	Alkonavi, N.	NW 311
Ahlborn, F.	BRA 145	Alberts, A.	VwG 504	Allendorf, T.	SAC 346
Ahlborn, G.	ArbG 435	Alberts, H.	VwG 513	Allerbeck, H.	HH 165
Ahlborn, U.	BW 28	Alberts, J.	BER 118	Allert, B.	NDS 240
Ahle, R.	BRA 141	Alberty, K.	NW 281	Allesch, E.	VwG 479
von Ahlefeld, O.	HH 163	Albes, W.	VwG 496	Allgeier, M.	BW 63
Ahlers, A.	NDS 238	Albracht, D.	NW 310	Allgeier, P.	SG 465
Ahlers, B.	NDS 239	Albracht, W.	FG 443	Allmang, M.	SAC 355
Ahlers, H.	BRE 154	Albrecht, A.	ArbG 417	Allmendinger, D.	BW 55
Ahlers, M.	HH 155	Albrecht, A.	BRE 151	Allmer, M.	NW 302
Ahlfeld, M.	SH 383	Albrecht, A.	FG 447	Allmers, V.	SAA 337
Ahlgrimm, M.	SAC 350	Albrecht, B.	HE 173	Allner, U.	VwG 498
Ahlhausen, H.	SAN 366	Albrecht, C.	HH 162	Allstadt-Schmitz, G.	NW 244
Ahlmann, R.	NW 311	Albrecht, C.	NW 306	Alm, K.	HH 160
Ahlmann, S.	NW 311	Albrecht, E.	HE 188		162
Ahlt, M.	SAC 344	Albrecht, E.	NW 305	Alm, W.	SH 386
Ahmann, K.	BU 11	Albrecht, E.	VwG 511	Alm-Merk, H.	NDS 207
Ahn-Roth, W.	NW 296	Albrecht, F.	BU 16	von Alpen, R.	SG 465
Ahne, P.	HE 191	Albrecht, G.	BU 11	Alpen, T.	SH 384
Ahr, P.	BY 85	Albrecht, H.	BER 131	Alperstedt, R.	BER 131
Ahrens, E.	VwG 513	Albrecht, H.	BY 94	Alpes, R.	SH 377
Ahrens, G.	ArbG 421	Albrecht, J.	SH 380	Alsbach, C.	RP 317
Ahrens, G.	NDS 232	Albrecht, K.	SAC 359	Alsbach, T.	RP 316
Ahrens, H.	HH 165	Albrecht, K.	VwG 479	Alscher, F.	FG 440
Ahrens, H.	NDS 213	Albrecht, O.	ArbG 432	Alscher, K.	NW 299
Ahrens, H.	NW 282	Albrecht, O.	NDS 212	Alt, R.	BW 35
Ahrens, H.	RP 327	Albrecht, R.	VwG 478	Alt, R.	BY 99
Ahrens, K.	VwG 498	Albrecht, S.	HE 193	Alte, P.	NW 278
Ahrens, W.	NDS 226	Albrecht, T.	RP 324	von Alten, H.	VwG 497
Ahsbahs, P.	SH 378	Albrecht, U.	MV 205	Altenbuchner-	
Aigner, F.	BY 94	Albrecht, V.	VwG 511	Königsdorfer, H.	BY 100
Aink, M.	NW 310	Albrecht, W.	ArbG 412	Altendorf, D.	BER 124
Alagün, A.	BER 120	Albrecht, W.	NDS 232	Altenkamp, L.	SAC 354
Albach, T.	HE 172	Albrecht-Dürholt, G.	ArbG 427	Althaus, A.	NW 310
Alban, W.	BER 117	Albrecht-Glauche, G.	ArbG 417	Althaus, E.	HE 169
Albat, M.	TH 399	Albrecht-Schäfer, A.	HH 155	Althaus, H.	MV 205
Albaum, R.	NW 286		161	Althaus, S.	HE 186
Alber, A.	NDS 209	Albrot, A.	BER 122	Althaus, W.	ArbG 412
Alber, C.	BU 11	Albulet, R.	BW 62	Althoff, W.	BY 105
Alber, G.	NDS 221	Aldenhoff, P.	NW 259	Altmann, L.	BRA 140
Alber, H.	BW 51	Alder, J.	SAN 366	Altmann, M.	NW 278
Albers, G.	NDS 219	Alebrand, U.	RP 326	Altner, G.	VerfG 403
Albers, G.	NW 270	Alert, H.	BY 87	Altnickel, U.	NDS 239
Albers, H.	BU 12	Alex, R.	BER 128	Altpeter, F.	NW 303
Albers, H.	VwG 504	Alexander, B.	ArbG 416	Altschwager-Hauser, C.	SG 451
Albers, I.	ArbG 420	Alexander, G.	FG 449	Altvater, G.	BU 9
Albers, R.	BER 129	Alexander, P.	ArbG 414	von Alven-Döring, A.	VwG 485
Albers, R.	TH 393	Alexander, R.	VwG 514	von Alvensleben, A.	HE 176
Albers, W.	NW 253	Alexander, S.	FG 445	von Alvensleben, U.	ArbG 436
Albers, W.	VwG 476	Alexander-Katz, E.	BER 127	Alvermann, F.	SAN 363
Albert, B.	VwG 500	Alexy, H.	VerfG 404	Alvermann, S.	SAN 373
Albert, C.	NW 308		VwG 488	Alwart, H.	HH 166
Albert, G.	BY 97	Alexy, R.	SAN 372	Aman-Frank, M.	BY 72
Albert, H.	NW 291	Alf, R.	SH 377	Amann, B.	VwG 503
Albert, H.	VwG 514	Alfers, J.	NDS 234	Amann, E.	ArbG 412

Ambach, D.	NW	257	Angermeyer, H.	NDS 235	Appelkamp, B.	NDS	223
Amberg, S.	HE	189	Angern, G.	NW 302	Appelt-Kurlemann, K.	BER	122
Ambrosius, B.	BU	8	Angstenberger, H.	ArbG 413	Appenrodt, R.	NW	305
Ambrosius, B.	NDS	213	Angster, W.	BW 60	Appoldt, F.	BY	88
Ambs, F.	BW	30	Anhalt, P.	BW 57	Apprich, J.	MV	199
Ambs, R.	BW	31	Anheier, J.	RP 318	Aps, M.	NW	297
Ambs, S.	BW	63	Anheuser, E.	RP 315	Arand, A.	HE	183
Amels, M.	ArbG	436	Anheuser, H.	RP 315	Araschmidt, I.	NDS	214
Amelsberg, H.	VwG	494	Anhut, T.	NW 275	Arbandt, K.	NW	273
Amelung, B.	VwG	514	Anke, B.	BY 90	Arck, C.	RP	318
Amelung, H.	BW	48	Anke, C.	BY 91	Arend, K.	NW	243
Amelung, J.	NW	271	Ankele, J.	BMJ 3	Arend, S.	TH	400
Amelung, W.	BY	89	Ankermann, C.	SH 385	Arendes, W.	NW	245
Amend, G.	BY	77	Ankes, C.	SG 471	Arendt, U.	ArbG	435
Amendt, W.	BW	48	Anlauf, F.	VwG 499	Arendt-Rojahn, V.	VerfG	404
Amfalder, A.	BW	38	Annecke, A.	SAN 367	Arenhövel, W.	NDS	230
Ammer, A.	HE	177	Annecke, E.	VwG 503	Arens, D.	BER	121
Ammermann, H.	VwG	500	Annerl, P.	SAN 371	Arentz, A.	NW	279
Ammermann, R.	NW	284	Anselmann, D.	BER 132	Arenz, W.	RP	316
Ammon, L.	BY	68	Anselmann, O.	HE 181	Arians, H.	VwG	501
Amon, H.	BY	75	von Anshelm, A.	HE 187	Aring, A.	NDS	216
Amon, M.	TH	400	Ansorge, E.	SAN 367	Arkenstette, B.	NDS	232
Amthauer, D.	NDS	214	Ansorge, H.	TH 392	Arleff, P.	NW	302
Amthor, E.	BER	119	Ansorge, M.	BY 110	Arlet, D.	HE	191
Amthor, H.	HE	169	Anspach, J.	BRA 139	Arling, A.	ArbG	435
Amtrup, W.	HH	158	Anstadt, B.	BW 38	Arloth, F.	BY	67
Anacker, G.	SAN	370	Anstatt, J.	RP 320	Armborst, C.	VwG	497
Andelfinger, N.	BW	53	Anstötz, I.	BY 74	Armbrecht, R.	NDS	224
Anderer, H.	BW	51	Anstötz, T.	TH 398	Armbrüster, K.	BU	10
Anderl, A.	BY	92	Ante, T.	BER 133	Armbrust, K.	BW	38
Anderl, J.	BW	55	Anton, E.	SH 380	Armbruster, C.	BW	48
Anders, D.	BU	9	Anton, H.	SH 381	Armbruster, F.	BW	57
Anders, F.	BY	85	Antoni, G.	RP 329	Armbruster, W.	VwG	477
Anders, M.	NW	241	Antoni, M.	SG 467	Arndt, A.	BW	53
Anders, P.	BY	106	Antoni, S.	VwG 510	Arndt, B.	NW	307
Anders, P.	NW	276	Antony, H.	HH 160	Arndt, C.	BW	61
Anders, U.	BER	125	Antrecht, L.	HE 169	Arndt, D.	SH	379
Anders-Ludwig, L.	BY	90	Antrett, A.	SAN 371	Arndt, E.	HE	192
Anderson, K.	BW	39	Anuschek, T.	ArbG 423	Arndt, E.	SAN	364
Andersson, E.	SG	465	Apel, A.	NDS 240	Arndt, E.	VwG	512
Andexer, W.	NW	263	Apel, H.	NDS 226	Arndt, G.	VwG	496
Andrae, M.	BRE	152	Apel, J.	TH 391	Arndt, I.	ArbG	416
Andrae, P.	SAC	349	Apel, K.	VwG 487	Arndt, I.	NW	282
Andree-Röhmholdt, W.	BW	55	Apell, G.	VwG 491	Arndt, J.	BRA	137
Andreeßen, H.	NDS	237	Apidopoulos, J.	SG 474	Arndt, J.	SG	462
Andres, G.	HE	187	Aping, N.	NDS 223	Arndt, K.	HH	166
Andres, P.	TH	400	Apostel, F.	NW 305	Arndt, S.	NW	298
Andresen, J.	SH	386	Appel, A.	MV 205	Arndt, U.	NW	309
Andreß, E.	HH	162	Appel, B.	TH 396	Arneth, R.	VwG	481
Andreß, M.	BY	99	Appel, C.	ArbG 418	Arnhold, D.	NDS	234
Andrick, B.	VwG	502	Appel, E.	HE 174	Arnhold, G.	NW	254
Andrick, G.	RP	328	Appel, H.	HE 167	Arning, H.	NW	282
André, U.	VwG	508	Appel, R.	VwG 479	Arnold, B.	BW	52
Andrée, C.	HE	171	Appel, U.	NDS 233	Arnold, B.	FG	445
Anger, H.	SG	287	Appel, W.	FG 440	Arnold, C.	BW	39
Anger, L.	MV	206	Appel-Hamm, D.	NW 296	Arnold, E.	NDS	207
Angerer, C.	BY	67	Appelbaum, M.	NDS 227	Arnold, G.	HE	189
Angerer, K.	BY	68	Appelhof, G.	FG 445	Arnold, H.	BER	124
Angerer, K.	HE	192	Appelhoff-Klante, M.	VwG 501	Arnold, H.	BY	111

Arnold, H.	BY 113	Aßmann, R.	BU 17	Aweh, L.	FG 443
Arnold, J.	HH 166	Aßmann, U.	BRA 142	Axhausen, P.	BY 91
Arnold, M.	ArbG 410	Assmann, K.	BER 119	Axt, A.	BW 46
Arnold, O.	BER 127	Ast, A.	HE 182	Axt, H.	SAN 370
Arnold, P.	SG 456	Ast, A.	SAC 354	Azizi, J.	EuGH 519
Arnold, R.	HE 182	Aster, B.	ArbG 417		
Arnold, S.	NDS 226	Astheimer, D.	HE 186	**B**	
Arnold, U.	SG 467	Astrath, D.	BER 115		
Arnold, V.	BW 39	Atanassov, P.	SAC 359	Baack, C.	MV 206
Arnold, W.	HH 165	Athing, G.	BU 8	Baade, E.	NW 287
Arnold, W.	NW 264	Atorf, F.	BW 61	Baader, P.	NW 297
Arnoldi, O.	BER 132	Atzler, B.	VwG 495	Baae, J.	BER 119
Arntz, J.	VwG 499	von der Au, A.	TH 397	Baak, P.	NW 253
Arps, I.	NW 249	Au, G.	RP 315	Baaken, H.	NW 252
von Arps-Aubert, W.	BER 117	von Au, L.	BW 45	Baalcke, D.	MV 200
Artelt, K.	HE 182	von Au, P.	SG 452	Baals-Weinlich, D.	TH 389
Artinger, J.	BER 129	Aubele, N.	BY 91	Baara, A.	BER 121
Artinger, L.	BY 108	Auchter, O.	BW 31	Baars, H.	BER 122
Artkämper, H.	NW 289	Auchter-Mainz, E.	NW 304	Baatz, B.	SAN 365
Artschwager, H.	NDS 238	Aue, R.	NW 252	Baatz, M.	SAN 364
Artzt, D.	BW 52	Auell, A.	BER 121	Babatz, H.	NW 288
Arweiler, K.	SH 377	Auer, K.	BRA 135	Babendreyer, J.	MV 195
Arweiler, P.	SAA 340	Auer, M.	NW 290	Babst, R.	BY 97
Arzt, H.	BW 30	Auerhammer, K.	SG 452	Babucke, T.	BER 131
Asbeck, B.	NW 284	Auernhammer, J.	BY 103	Bach, A.	BER 124
Asbeck, M.	VwG 499	Auf dem Brinke, J.	NDS 230	Bach, G.	BW 59
Asbeck, P.	NW 278	Aufderheide, H.	NW 273	Bach, H.	BW 48
Asbrock, B.	BRE 151	Auf der Straße, K.	VwG 510	Bach, M.	BER 124
Aschauer, W.	BY 88	Auferkorte, F.	ArbG 429	Bach, M.	BW 52
Asche, J.	SG 463	Auffarth, H.	BRE 152	Bach, P.	HE 191
Ascheberg, M.	SAN 370	Augenschein, H.	ArbG 413	Bach, R.	HE 177
Ascheid, R.	BU 10	Augner, G.	HH 159	Bach, R.	VwG 509
Aschenbach, A.	NW 272	Augner, M.	HH 162	Bach, W.	NW 241
Aschenbrenner, C.	BY 88	Augsberger, W.	BY 92	Bachem, H.	NW 249
Aschenbrenner, F.	BY 71	Augstein, P.	NW 264	Bachem, R.	RP 318
Aschermann-Nothacker, S.	BER 125	Augstein, U.	NW 269	Bacher, G.	BW 59
Aschke, M.	VwG 513	Augustin, H.	ArbG 417	Bacher, J.	BER 124
Aschoff, H.	MV 201	Augustin, H.	BW 32	Bacher, K.	BW 63
Aschoff, M.	MV 201	Augustin, U.	RP 320	Bachhuber, U.	ArbG 413
Asendorf, K.	HE 170	Augustin, W.	BW 27	Bachler, H.	ArbG 426
Ashelm, H.	BY 107	Auhagen, H.	NDS 209	Bachmann, A.	BY 76
Asmis, C.	VwG 505	Aulich, J.	NW 303	Bachmann, B.	ArbG 413
Asmus, J.	SAC 359	Aulinger, M.	TH 394	Bachmann, C.	BER 130
Asmus, K.	SAN 371	Aumüller, P.	HE 167	Bachmann, D.	RP 329
Asmus, U.	ArbG 419	Auracher, W.	BER 122	Bachmann, E.	BW 56
Asmus, U.	HH 158	Ausfeld, R.	ArbG 417	Bachmann, G.	BW 49
Asmus, W.	RP 327	Aussprung, J.	VwG 494	Bachmann, H.	HE 167
Asmussen, H.	NW 305	Aussprung, U.	VwG 494	Bachmann, H.	NDS 219
Asmussen, R.	BU 17	Aust, K.	SAC 359	Bachmann, H.	RP 330
Asper, R.	NW 243	Aust-Dodenhoff, K.	ArbG 416	Bachmann, J.	NW 257
Asperger, M.	NW 256	Austenfeld, N.	SAC 350	Bachmann, M.	BY 70
Aßbichler, J.	BY 114	Austermann, U.	VwG 502	Bachmann, M.	NDS 217
Assenbrunner, A.	BY 83	Autenrieth, M.	BW 46	Bachmann, N.	BW 37
Assenmacher, K.	RP 317	Auth, E.	NW 277	Bachmann, P.	RP 318
Assenmacher, W.	RP 318	Auth, H.	NW 275	Bachmann, P.	SAN 364
Asshauer, P.	SAC 357	Auwärter, H.	BW 48	Bachmann, R.	NW 262
Aßmann, J.	BW 64	Auweter, B.	ArbG 412	Bachmann, V.	BY 88
Aßmann, J.	HE 181	Aúz Castro, M.	BU 15	Bachmeier, W.	BY 90
		Avenarius, C.	SAC 348	Bachner, G.	SG 451

Namensverzeichnis **von Bargen**

Bachnick, U.	BRA 139	Bäumler, K.	VwG 479	Baltes, G.	NW 276
Bacht, D.	NW 276	Bäumler, R.	RP 320	Baltrusch, L.	VwG 496
Bacht, M.	NW 306	Bäumler-Hösl, H.	BY 112	Baltzer, J.	BU 11
Bacht, U.	NW 307	Bagger, R.	HH 164	Baltzer, J.	VerfG 405
Bachtrup, W.	NW 254	Bagusat, G.	NW 279	Baltzer, K.	HE 174
Backa, K.	BY 99	Bahlke, M.	TH 396	Balz, G.	BER 122
Backen, W.	HH 159	Bahlmann, I.	SAC 352	Balz, J.	BW 51
Backer, U.	BRE 152	Bahners, F.	BER 132	Balzer, C.	NW 243
Backert, B.	BY 77	Bahr, J.	SH 386	Balzer, H.	BU 12
Backes, J.	TH 399	Bahr, J.	SH 386	Balzer, M.	RP 331
Backes-Kiefer, I.	SAA 337	Bahr, N.	SAC 347	Bamberger, G.	HE 184
Backes-Liedtke, S.	RP 332	Baier, E.	BY 106	Bamberger, H.	RP 314
Backhaus, A.	VwG 475	Baier, H.	NW 262	Bamberger, H.	VerfG 406
Backhaus, L.	ArbG 430	Baier, H.	SAA 335	Bamberger, S.	SAA 338
Backhaus, R.	NW 244	Baier, R.	BY 99	Bamberger, W.	VwG 503
Bade, H.	SH 379	Baier, S.	MV 198	Bamler, H.	BRA 144
Bade, H.	VwG 479	Baierl, G.	VwG 484	Bandasch, B.	BER 118
Bade, O.	TH 396	Bail, M.	MV 200	Bandelier, B.	FG 441
Badenheim, C.	MV 205	Baingo, J.	ArbG 430	Bandemer, D.	BY 91
Bader, B.	NDS 218	Baisch, U.	BW 61	Bandorf, A.	TH 400
Bader, B.	NW 243	Bajohr, J.	BER 126	Bange, I.	SG 465
Bader, C.	BY 113	Bak, F.	NW 258	Bangert, C.	BW 41
Bader, H.	BY 90	Bakarinow, B.	NW 301	Bangert, C.	BW 61
Bader, H.	BY 99	Bakaus, U.	BW 46	Bangert, G.	VwG 477
Bader, J.	VwG 475	Bakemeier, B.	VwG 504	Bangert, J.	VwG 491
Bader, P.	ArbG 421	Bakker, E.	NDS 240	Bangert, K.	TH 400
Bader, T.	NDS 211	Balbier, R.	SAA 337	Banke, H.	NW 302
Bader, U.	BY 91	Baldauf, H.	RP 326	Banke, J.	NW 253
Badouvakis, M.	NW 311	Baldszuhn, T.	BER 117	Banke, J.	NW 275
Badzura, R.	SH 381	Baldus, C.	ArbG 430	Banke, W.	FG 446
Bäcker, K.	ArbG 429	Baldus, J.	BER 117	Bannach, J.	HE 190
Bäckert, H.	BER 126	Baldus, M.	NW 299	Bannenberg, D.	BRA 144
Baedke, J.	TH 397	Baldus, P.	BW 23	Bannert, E.	HE 182
Bähner, R.	NW 272	Balensiefen, P.	BW 61	Bannitza	
Bähr, A.	NW 298	Balhorn, M.	NDS 228	Edle von Bazan, U.	VwG 508
Bähr, P.	NW 263	Balk, A.	ArbG 437	Banse, H.	BY 81
Bähr-Fichtner, S.	HE 189	Balk, E.	TH 399	Bantle, K.	BW 40
Baensch, G.	HE 176	Balke, A.	NW 304	Bantleon, G.	BRA 143
Bär, E.	BW 29	Balke, M.	FG 445	Baran, R.	SG 474
Bär, J.	BY 107	Balke, S.	NW 307	Barausch, U.	BY 72
Bär, R.	BY 91	Ball, W.	BU 8	Barber, R.	HH 163
Bär, R.	TH 394	Ball-Hufschmidt, S.	NW 306	Barbian, B.	NW 307
Bär, W.	ArbG 415	Baller, C.	BW 40	Barbian, E.	SAA 338
Bär, W.	BY 72	Gräfin von Ballestrem, S.	BY 90	Barbian, M.	VwG 515
Baer, P.	BY 75	Ballewski, G.	BRA 135	Barbian, S.	TH 399
Baer-McIlvaney, G.	BRA 144	Ballhause, B.	SAN 364	Bardelle, B.	NW 277
Bärens, M.	NW 277	Ballhausen, A.	RP 320	Bardenberg, R.	NW 259
Bärlin, A.	SAC 351	Ballhausen, W.	VwG 495	Bardenhagen, T.	MV 204
Bärthel, J.	TH 400	Ballhorn, D.	BU 17	Bardenhewer, F.	BU 12
Bäsch, A.	RP 319	Ballin, U.	SAC 358	Bardo, U.	NW 245
Bäßmann, I.	SH 385	Ballmaier, M.	HE 178	Barenbrügge, U.	NDS 237
Bästlein, H.	HH 157	Ballwieser-Zacharias, E.	BER 129	Barenhoff, G.	NW 286
Bäthge, W.	VwG 485	Bals, O.	VwG 505	Barenhorst, D.	NW 252
Baethge, U.	HH 161	Bals-Rust, R.	SG 474	Barfels, U.	SAN 373
Bäuerle, G.	BW 21	Balschun, R.	BER 130	Barfurth, K.	SG 465
Bäuerle-Graf, B.	MV 199	Balser, G.	SG 460	Barfuss, M.	FG 446
Bäumel, D.	SAC 344	Balß, G.	HE 188	Bargatzky, N.	BW 37
Bäumer-Kurandt, I.	HE 185	Balster, B.	NW 308	Bargemann, B.	NDS 238
Bäumler, C.	BW 64	Baltes, G.	BRA 146	von Bargen, J.	VwG 476

543

von Bargen, R.	NW 254	Barthelmeß, M.	BW 64	Bastius, F.	NW 293
Bargenda, A.	BRA 143	Barthelmess, J.	BW 52	Bastius, M.	VwG 503
Baring, E.	VwG 485	Barthels, L.	BY 73	Bastl, F.	NW 274
Bark, T.	VwG 491	Bartholomé, G.	RP 327	Bastobbe, K.	SAN 365
Barkey, D.	NW 310	Bartholy, C.	VwG 484	Baston-Vogt, M.	NW 310
Barkey, J.	NDS 216	Bartholy, T.	BY 82	Bath, C.	VwG 485
Barkow, G.	SAN 365	Bartl, A.	BER 122	Bath, M.	BER 129
Barleben, H.	VwG 504	Bartl, R.	VwG 486	Bath, U.	BER 128
Barnack, C.	BER 122	Bartl, T.	BER 131	Bathe, V.	VwG 514
Freiherr von		Bartling, H.	SG 463	Bathow, B.	NW 305
Barnekow, J.	SAC 343	Bartlitz, P.	NW 266	Batke, H.	NW 301
Barner, F.	HH 165	Bartlitz, U.	VwG 510	Batsch, K.	SAA 336
Barnert, G.	BY 80	Bartmann, J.	MV 200	Batschari, A.	BER 131
Barnewitz, W.	NDS 213	Bartodziej, P.	BMJ 5	Battefeld, H.	NW 256
Barnusch, K.	SG 461	Barton, H.	BU 16	Battermann-	
Barran-Wessel, H.	HH 159	Barton, W.	BY 79	Janssen, H.	SAN 369
Barre, B.	NDS 213	Bartoszek-Schlüter, I.	NW 276	Batz, C.	BW 29
Barrelet, U.	HH 160	Bartsch, C.	NDS 226	Batz, D.	NW 284
Barré, J.	NDS 240	Bartsch, H.	NDS 217	Batzke, W.	NW 246
Barsch, H.	VwG 477	Bartsch, M.	BER 125	Batzler, B.	SAC 359
Bartel, H.	BER 120	Bartsch, T.	BY 107	Bau, W.	BW 34
Bartel, L.	BW 62	Bartsch, T.	RP 323	Bauch, G.	BY 84
Bartel, R.	BY 100	Bartsch, W.	VwG 496	Bauch, M.	VwG 484
Bartel, V.	MV 198	Bartscher, U.	SH 385	Bauchrowitz, A.	SH 385
Bartel, W.	BY 85	Bartschinski, C.	SAN 364	Bauchrowitz, S.	SH 387
Barteldes, H.	BRA 141	Bartschmid, A.	BY 101	Bauer, A.	BY 72
Bartelheimer, A.	BER 126		112	Bauer, A.	BY 106
Bartelmann, A.	BY 69	Bartschmid, D.	BY 101	Bauer, A.	HE 176
Bartelmus, B.	BW 34		112	Bauer, A.	NW 259
Bartels, A.	HH 158	Bartz, A.	NW 279	Bauer, A.	NW 309
Bartels, B.	BU 16	Bartz, R.	SG 469	Bauer, C.	BY 112
Bartels, B.	MV 204	Barucker, W.	BER 128	Bauer, C.	VwG 488
Bartels, C.	NDS 222	Barutzky, C.	NW 273	Bauer, D.	BW 23
Bartels, G.	BER 122	Barwig, D.	NW 272	Bauer, D.	BW 60
Bartels, G.	NDS 230	Barz, C.	SG 462	Bauer, D.	BY 77
Bartels, H.	BER 123	Barz, H.	HE 183	Bauer, E.	HE 190
Bartels, H.	NDS 231	Barz, K.	BRA 139	Bauer, F.	VwG 481
Bartels, H.	NDS 233	Barz, S.	BRA 146	Bauer, F.	BER 122
Bartels, T.	HH 155	Barzen, U.	ArbG 418	Bauer, F.	BY 90
	162	Baschleben, F.	SAN 370	Bauer, F.	BY 94
Bartels-Meyer-		Basdorf, C.	BU 8	Bauer, F.	VwG 482
Bockenkamp, B.	ArbG 434	Basedau, D.	ArbG 410	Bauer, G.	BER 117
Bartelt, C.	VwG 484	Basedow, G.	HH 159	Bauer, G.	BER 128
Bartelt, K.	SH 382	Basel, R.	BW 30	Bauer, G.	BW 27
Barth, A.	NDS 235	Basler, M.	BW 40	Bauer, G.	BY 96
Barth, B.	BY 80	Bassenge, N.	BER 130	Bauer, G.	HE 183
Barth, C.	BW 56	Bassenge, P.	SH 382	Bauer, G.	NW 302
Barth, D.	SAA 336	von Bassewitz, H.	NW 244	Bauer, G.	RP 330
Barth, E.	BW 65	Baßler, R.	BY 92	Bauer, H.	BW 33
Barth, J.	ArbG 427	Baßler-Frühauf, A.	BW 28	Bauer, H.	BW 65
Barth, R.	BW 40	Bassow, M.	BER 119	Bauer, H.	SAC 343
Barth, S.	VwG 483	Bast, M.	BW 48	Bauer, H.	SAN 366
Barth, T.	BMJ 5	Bast, W.	SG 452	Bauer, H.	TH 390
Barthe, M.	HH 157	Basten, S.	ArbG 423		VerfG 407
Barthel, E.	SAC 358	Bastian, B.	VwG 487	Bauer, H.	VwG 480
Barthel, H.	BW 41	Bastian, D.	BU 16	Bauer, H.	VwG 499
Barthel, S.	BY 101	Bastian, M.	BW 63	Bauer, I.	BY 77
Barthel, S.	SAC 356	Bastian, U.	RP 333	Bauer, I.	VwG 477
Barthelmes, K.	BY 71	Basting, H.	BY 70	Bauer, J.	BY 99

544

Namensverzeichnis — Beck

Bauer, K.	BW 25	Baumann, T.	SG 457	Bayer, J.	BY 80
Bauer, K.	NW 276	Baumann, U.	ArbG 434	Bayer, K.	BU 13
Bauer, K.	SAA 339	Baumann-Weber, B.	BW 23	Bayer, K.	BY 84
Bauer, K.	SAC 353	Baumanns, I.	VwG 501	Bayer, K.	BY 102
Bauer, L.	BY 104	Baumanns, J.	NW 302	Bayer, O.	TH 395
Bauer, M.	BW 23	Baumberger, A.	BY 84	Bayer, P.	BY 81
Bauer, M.	BY 99	Baumdicker, G.	FG 449	Bayer, R.	BY 82
Bauer, M.	MV 205	Baumecker, D.	HE 169	Bayer, R.	NDS 219
Bauer, M.	NW 311	Baumeister, A.	BW 64	Bayer, W.	VwG 506
Bauer, M.	TH 398	Baumeister, J.	VwG 503	Bayerlein, N.	BY 105
Bauer, M.	VwG 483	Baumeister, K.	NW 268	Bayerlein, W.	BY 79
Bauer, P.	BW 32	Baumeister, W.	BER 116	Bayerlein, W.	BY 105
Bauer, R.	BW 57	Baumert, B.	BER 125	Bayreuther-Lutz, L.	HH 163
Bauer, R.	BY 84	Baumert, E.	BMJ 4	Bea, U.	NW 263
Bauer, R.	FG 441	Baumert, U.	BRA 144	Beate, K.	HE 171
Bauer, R.	SAC 350	Baumert, W.	NW 308	Beau, F.	NW 271
Bauer, R.	SG 452	Baumfalk, W.	NDS 231	Bebendorf, S.	HE 175
Bauer, R.	VwG 482	Baumgärtel, D.	BY 92	Bechberger, K.	NW 248
Bauer, S.	VwG 483	Baumgärtel, S.	BU 13	Becher, F.	NW 289
Bauer, T.	RP 328	Baumgärtner, T.	BU 16	Becher, H.	NW 289
Bauer, U.	BY 71	Baumgärtner, U.	BW 64	Becher, J.	BY 95
Bauer, U.	BY 89	Baumgardt, I.	BRA 145	Becher, J.	NW 254
Bauer, U.	SAN 363	Baumgart, M.	HE 171	Becher, K.	NW 285
Bauer, U.	SG 452	Baumgart, R.	NW 286	Becher, M.	TH 400
Bauer, W.	BW 42	Baumgarte, C.	BRE 153	Becher, R.	BRA 139
Bauer, W.	BW 47	Baumgarte, G.	ArbG 427	Becher, T.	RP 332
Bauer, W.	BY 72	Baumgarten, A.	VwG 510	Becher, W.	NW 294
Bauer, W.	BY 103	Baumgarten, J.	SAN 365	Becherer, V.	SG 463
Bauer, W.	NW 293	Baumgarten, F.	SAN 370	Bechlin, F.	MV 202
Bauer, W.	SG 452	Baumgarten, K.	SAN 362	Becht, E.	BW 48
Bauer-Disson, U.	BW 39	Baumgarten, M.	BER 126	Becht, E.	RP 316
Bauer-Gerland, F.	BW 63	Baumgarten, T.	VwG 498	Becht, I.	RP 317
Bauer-Landes, E.	BY 99	Baumgarten, V.	NW 302	Bechtel, T.	HE 189
Bauer-Mischel, G.	SG 474	Baumgartl, G.	BY 107	Bechtelsheimer, M.	TH 399
Bauermann, U.	HE 170	Baumgartner, G.	BW 35	Bechthold, H.	BW 34
Bauermeister, S.	SAC 359	Baumgartner, M.	BY 99	Bechthold, I.	BW 35
Bauerschäfer, A.	SAC 354	Baumgartner-Mistrik, J.	SG 452	Bechthold, R.	BW 60
Bauersfeld, F.	BER 129	Baumhof, A.	BY 113	Bechtold, F.	ArbG 416
Bauhaus, H.	SG 467	Baums, R.	SAC 356	Beck, A.	BW 31
Baukhorn, M.	MV 195	Baums-Stammberger, B.	NDS 236	Beck, B.	BW 35
Baukmann, U.	SG 466			Beck, C.	BW 54
Baum, E.	SG 457	Baumunk, B.	BRA 139	Beck, C.	NW 260
Baum-Schulz, K.	SG 459	Bauner, K.	BY 74	Beck, E.	BW 61
	460	Baur, M.	ArbG 410	Beck, H.	FG 441
Baumann, A.	TH 391	Baur, M.	NW 300	von der Beck, H.	NDS 240
Baumann, B.	NW 300	Baur, P.	ArbG 410	Beck, H.	NW 290
Baumann, D.	BU 12	Baur, R.	NW 263	Beck, H.	SG 453
Baumann, E.	ArbG 416	Baur, W.	BY 81	Beck, I.	VwG 485
Baumann, E.	SH 377	Baus, H.	SG 469	Beck, J.	ArbG 422
Baumann, G.	BY 82	Baus, N.	SAN 371	Beck, L.	BY 106
Baumann, H.	BMJ 4	Baustetter, E.	SAC 359	Beck, M.	HE 173
Baumann, H.	BY 92	Bay, H.	SG 466	Beck, M.	HE 176
Baumann, J.	BY 86	Bayer, D.	BU 13	Beck, M.	SAC 357
Baumann, K.	HE 177	Bayer, D.	NW 297	Beck, P.	BW 32
Baumann, L.	TH 300	Bayer, E.	RP 330	Beck, R.	BW 32
Baumann, N.	BY 73	Bayer, G.	BW 50	Beck, R.	BY 70
Baumann, R.	SAN 367	Bayer, G.	BY 75	Beck, R.	BY 94
Baumann, S.	NW 307	Bayer, G.	RP 316	von der Beck, S.	NDS 240
Baumann, T.	NW 259	Bayer, H.	BW 27	Beck, S.	SAA 341

545

Beck, T.	ArbG 420	Becker, J.	VwG 504	Beckmann, J.	VwG 505
Beck, T.	BU 9	Becker, K.	BY 82	Beckmann, M.	BER 120
Beck, W.	VwG 512	Becker, K.	NW 265	Beckmann, M.	RP 332
Beck-Collas, H.	NW 307	Becker, L.	BRA 141	Beckmann, N.	VwG 498
Beck-Weber, A.	BY 85	Becker, L.	NDS 214	Beckmann, R.	BY 78
Beckenbach, K.	HE 190	Becker, M.	ArbG 422	Beckmann, T.	FG 446
Becker, A.	BER 131	Becker, M.	VwG 493	Beckmann-	
Becker, A.	NW 266	Becker, O.	SAC 354	Backeshoff, I.	NW 250
Becker, A.	NW 302	Becker, O.	SAN 373	Beckmann-Roh, B.	VwG 508
Becker, A.	TH 397	Becker, O.	SH 386	Becks, A.	NW 281
Becker, A.	VwG 499	Becker, P.	SG 461	Becks, H.	NW 281
Becker, B.	BER 117	Becker, R.	HE 181	Beckstein, W.	BY 113
Becker, B.	NDS 226	Becker, R.	NW 271	Beckstett, E.	BER 123
Becker, B.	NW 274	Becker, R.	NW 272	Beddies, D.	SAN 373
Becker, B.	TH 400	Becker, R.	NW 285	Bederna, A.	NDS 229
Becker, C.	HE 176	Becker, R.	NW 299	Bederna, H.	NDS 239
Becker, C.	NW 276	Becker, R.	NW 302	Bee, B.	NW 307
Becker, C.	SAC 347	Becker, R.	SAA 337	van Beeck, A.	NW 263
Becker, D.	BW 63	Becker, S.	BW 64	von der Beeck, R.	NW 264
Becker, D.	NW 244	Becker, S.	SH 382	van der Beeck, U.	SAC 358
Becker, D.	NW 251	Becker, S.	SH 386	Beeger, K.	SAC 353
Becker, D.	VwG 494	Becker, S.	TH 400	Beelen-Schwalbach, G.	SH 378
Becker, E.	BY 76	Becker, T.	NW 295	Beenken, T.	NW 311
Becker, E.	RP 319	Becker, T.	RP 321	Beer, H.	BY 85
Becker, F.	NW 245	Becker, U.	BW 27	Beer, I.	RP 319
Becker, F.	NW 247	Becker, U.	BY 95	Beer, J.	SH 382
Becker, F.	NW 260	Becker, U.	HH 164	Beer, P.	BY 93
Becker, F.	NW 284	Becker, U.	NW 275	Beer, R.	VwG 483
Becker, F.	NW 288	Becker, U.	NW 293	Beermann, A.	BU 10
Becker, G.	ArbG 424	Becker, U.	NW 308	Beermann, A.	NW 258
Becker, G.	NDS 211	Becker, W.	BER 117	Beermann, F.	SG 464
Becker, G.	NW 297	Becker, W.	BER 119	Beermann, H.	BER 125
Becker, G.	SG 453	Becker, W.	BRA 144	Beese, A.	BW 29
Becker, G.	SG 474	Becker, W.	NW 304	Beese, C.	NDS 216
	VerfG 407	Becker, W.	SAA 336	Beese, D.	BU 9
Becker, H.	BER 122	Becker-Klein, H.	RP 323	Beeskow, A.	SAC 359
Becker, H.	BW 25	Becker-Schaffner, R.	ArbG 422	von Beesten, C.	SAC 358
Becker, H.	FG 445	Becker-Toussaint, H.	HE 187	von Beesten, F.	NW 245
Becker, H.	HE 167	Becker-Wewstaedt, H.	ArbG 424	Beez, E.	NDS 223
Becker, H.	HE 177	von Beckerath, H.	FG 445	Begemann, A.	BER 132
Becker, H.	HE 178	Beckermann, M.	NDS 233	Behl, T.	BY 78
Becker, H.	HE 184	Beckers, E.	ArbG 426	Behlau, C.	TH 391
Becker, H.	HH 155	Beckers, H.	NW 272	Behler, A.	VwG 510
	159	Beckers, L.	NW 253	Behler, S.	SAC 359
Becker, H.	NW 244	Beckers, P.	BY 100	Behlert, J.	BER 128
Becker, H.	NW 278	Beckert, C.	SAC 350	Behm, A.	HH 156
Becker, H.	NW 301	Beckhaus, L.	NW 267		166
Becker, H.	NW 302	Beckhaus-Schmidt, S.	NW 266	Behmann, G.	NDS 218
Becker, H.	RP 329	Beckheuer, U.	NW 241	Behn, M.	SG 451
Becker, H.	SG 453	Beckmann, A.	SG 466	Behnke, H.	SH 386
Becker, I.	NW 293	Beckmann, B.	FG 447	Behnke, S.	NW 250
Becker, J.	BW 23	Beckmann, C.	HH 160	Behnke, W.	NW 249
Becker, J.	HE 177	Beckmann, F.	BRA 147	Behr, B.	BY 88
Becker, J.	HE 184	Beckmann, H.	NDS 224	Behr, H.	NDS 212
Becker, J.	RP 318		VerfG 405	Behr, J.	RP 313
Becker, J.	SAN 362	Beckmann, H.	NW 263	Behr, K.	NW 302
Becker, J.	SAN 372	Beckmann, H.	NW 280	de Behr, T.	NDS 237
Becker, J.	TH 391	Beckmann, H.	NW 282	Behre, W.	NDS 227
Becker, J.	VwG 485	Beckmann, H.	VwG 507	Behrend, B.	TH 396

546

Behrend, C.	BER	122	Beißwenger, W.	RP	330	Benedict, K.	SAN 372
Behrend, F.	SG	466	Beiter, K.	BW	59	Benedix, H.	BER 133
Behrend, N.	SG	466	Beitz, E.	SAC	355	Beneking, J.	NW 294
Behrends, J.	BER	131	Bekis, N.	BRA	141	Benesch, B.	BY 91
Behrends, M.	ArbG	416	Belchaus, G.	BMJ	4	Benesch, P.	NW 255
Behrendt, B.	SAC	359	Belker, J.	NW	243	Bengsch, U.	NDS 216
Behrendt, I.	SH	382	Belker, K.	NW	254	Bengsohn, J.	HE 170
Behrendt, J.	SH	379	Bell, E.	BY	104	Benitz, A.	BW 33
Behrendt, K.	RP	318	Bell, H.	BU	9	Benitz, R.	BW 32
Behrens, A.	NDS	240	Bell, M.	RP	333	Benjes, S.	VwG 488
Behrens, A.	SAC	355	Bell, T.	VwG	499	Benke, H.	NW 249
Behrens, B.	BER	120	Bellamy, C.	EuGH	519	Benkel, B.	SG 469
Behrens, F.	NW	241	Bellasio, S.	ArbG	420	Benkert, M.	BER 129
Behrens, H.	BMJ	5	Bellay, T.	BY	75	Benkert, W.	VwG 514
Behrens, I.	BRE	151	Bellenbaum, B.	NW	248	Benndorf, M.	VwG 511
Behrens, I.	VwG	497	Bellin, J.	NDS	215	Benner, B.	RP 320
von der Behrens, J.	ArbG	424	Belling, C.	BW	53	Benner, J.	RP 332
Behrens, J.	NW	280	Belling, H.	BY	86	Benner, K.	HE 189
Behrens, K.	MV	206	Bellinger, H.	HH	163	Bennewitz, S.	ArbG 437
Behrens, K.	NDS	214	Bellinghausen, A.	SG	467	von Bennigsen-	
Behrens, M.	BRE	150	Bellinghausen, J.	NW	305	Mackiewicz, A.	SAN 372
Behring, S.	NW	255	Bellinghoff, U.	NW	265	Benning, W.	ArbG 436
Behringer, E.	BW	55	Bellm, M.	BW	62	Benninghoff, B.	NW 248
Behringer, J.	BW	52	Bellmann, B.	MV	201	Benninghoven-	
Behrmann, B.	NW	290	Bellmann, H.	NDS	235	Struß, C.	NDS 238
Behrmann, T.	ArbG	423	Bellon, K.	BW	23	Benra, A.	ArbG 432
Behrschmidt, E.	BY	102	Bellut, J.	MV	205	Benrath, A.	BER 129
Beickler, T.	RP	331	Below, P.	MV	203	Benscheidt, J.	NW 262
Beiderbeck, A.	NDS	217	Belz, D.	BY	100	Benseler, C.	SAN 373
Beienburg, V.	NW	301	Belzschmitt, D.	BW	24	Bensinger, M.	NW 286
Beier, G.	SG	451	Benassi, G.	VwG	499	Benszuweit, A.	SG 465
Beier, H.	NW	271	von Benda, B.	SH	379	Benthele, K.	NW 248
Beier, J.	BER	120	Benda, S.	NDS	219	Benthin-Bolder, C.	VwG 500
Beier, K.	BW	24	Bendel, A.	RP	332	Bentrup, S.	MV 206
Beier, M.	ArbG	419	Bendel, E.	BMJ	3	Benz, A.	BW 51
Beier, M.	BRA	139	Bendel, E.	NW	309	Benzler, R.	SAC 350
Beier, W.	BY	95	Benden, K.	NW	248	Benzler-Herz, V.	BY 91
Beiermeister, L.	BW	21	Bender, A.	BU	16	Bepler, K.	BU 10
Beiersmann, J.	ArbG	415	Bender, H.	BU	11	Berard, P.	BU 9
Beige, M.	MV	201	Bender, J.	BY	90	Berberich, V.	VwG 481
Beil, B.	HE	172	Bender, J.	SG	470	Berchtold, J.	BU 12
Beil, D.	VwG	476	Bender, K.	RP	316	Berchtold, M.	ArbG 412
Beil, J.	VwG	483	Bender, M.	BW	28	Berckhauer, F.	NDS 207
Beilein, K.	SAC	343	Bender, M.	SG	463	Berding, F.	NW 262
Beiler, A.	SH	387	Bender, P.	RP	332	Berendes, P.	SG 451
Beiler, M.	TH	392	Bender, R.	TH	399	Berends, B.	NDS 235
Beilich, B.	BRA	136	Bender, T.	RP	318	Berens, G.	NW 306
Beimann, T.	NW	283	Bender, U.	BU	12	Berens-Mohrmann, E.	TH 398
Beimesche, S.	VwG	502	Bender, U.	NW	248	Berensmann, W.	HE 185
Bein, G.	BER	123	Bender, U.	TH	399	Beres, M.	HE 184
Bein, W.	NW	276	Bender, W.	BW	48	Berg, C.	BY 91
Beine, A.	VwG	500	Bender, W.	NW	294	Berg, H.	NW 264
Beirle, K.	BY	102	Bendick-Raum, C.	BY	107	Berg, H.	TH 399
Beisheim, B.	SG	467	Bendixen, F.	SH	377	Berg, M.	NW 294
Beißel, N.	NW	304	Bendler, W.	VwG	503	Berg, M.	NW 309
Beißer, R.	RP	332	Bendner, R.	VwG	510	Berg, O.	RP 320
Beißert, R.	BW	32	Bendorf, B.	NW	249	Berg, S.	SAN 365
Beißner, U.	BW	58	Bendtsen, R.	NDS	239	Berg, W.	NW 284
Beißwenger, E.	TH	397	Benecke, K.	NDS	236	Bergande, H.	SH 383

547

Bergander, G.	BRA 138	Bergmann, K.	VwG 507	Bernklau, L.	NW 304
Berge, R.	BER 131	Bergmann, M.	BW 27	Bernreuther, J.	BY 72
Bergeest, W.	TH 391	Bergmann, M.	NW 302	Bernschütz-	
Bergemann, A.	BY 81	Bergmann, M.	SG 460	Hörnchen, M.	NW 251
Bergemann, D.	BRA 142	Bergmann, R.	NW 288	Bernsdorff, N.	SG 463
Bergemann, E.	BRA 136	Bergmann, T.	RP 332	Bernsmann, M.	SAN 370
Bergemann, H.	HE 172	Bergmann, W.	BER 124	Graf von	
von Bergen, V.	ArbG 433	Bergmann-Streyl, B.	NW 245	Bernstorff, C.	BRA 135
Bergenthun, M.	NW 275	Bergmeister, E.	BW 46	Gräfin von	
Berger, A.	BMJ 4	Bergmüller, R.	VwG 481	Bernstorff, C.	HH 161
Berger, A.	SAN 372	Bergner, U.	VwG 497	Bernt, T.	NDS 227
Berger, D.	NW 258	Bergold, J.	BER 132	Bernwald, A.	BW 32
Berger, E.	BW 37	Bergs, H.	NW 295	Bernzen, J.	NW 282
Berger, E.	BY 81	Bergstein, F.	NW 259	Berscheid, E.	ArbG 427
Berger, G.	BER 122	Berkefeldt, W.	BRE 151	Berstermann, W.	SG 465
Berger, G.	BER 126	Berkel, V.	VwG 502	Bertele, W.	VwG 480
Berger, G.	BY 84	Berkemann, J.	BU 12	Bertermann, D.	SH 378
Berger, G.	NDS 227	Berkenbrock, C.	NW 272	Bertges, D.	ArbG 422
Berger, G.	NW 255	Berkenbusch, F.	VwG 495	Berthold, A.	VwG 495
Berger, G.	VwG 510	Berkhoff, C.	HE 170	Berthold, D.	BRA 145
Berger, H.	BY 100	Berkholz, J.	FG 441	Berthold, M.	BRA 143
Berger, H.	NW 252	Berkowsky, W.	ArbG 434	Bertl, W.	BU 16
Berger, H.	SAC 345	Berlet, W.	NW 247	Bertling, R.	NW 248
Berger, I.	BY 100	Berlin, C.	FG 442	Bertram, G.	HH 158
Berger, J.	BRE 151	Berling, V.	HH 162	Bertram, M.	VwG 490
Berger, K.	BY 83	Berlit, U.	VwG 495	Bertram, P.	ArbG 427
Berger, M.	BER 124	Berlit-Hinz, E.	HH 160	Bertrams, E.	SG 457
Berger, M.	BW 63	Bermel, E.	BU 12	Bertrams, M.	VerfG 406
Berger, M.	NW 246	Berminé, H.	SG 470	Bertrams, M.	VwG 499
Berger, M.	SG 452	Bern, J.	NW 311	Bertrang, A.	NDS 227
Berger, N.	HH 160	Bernard, A.	VwG 507	Bertsch, B.	BW 37
Berger, N.	SAN 372	Bernard, K.	HE 176	Bertsch, D.	BW 52
Berger, R.	RP 329	Bernardi, M.	ArbG 431	Bertzbach, M.	ArbG 419
Berger, U.	BRA 136	Bernards, R.	NW 302	Berwanger, G.	FG 448
Berger, U.	NW 245	Bernauer, M.	BER 129	Berzel, R.	RP 329
Berger, W.	BW 31	Berndl, E.	BY 88	Beschel, G.	SAC 345
Berger-Ullrich, C.	BY 89	Berndt, B.	HH 158	Beseler, L.	ArbG 426
Berger-Zehnpfund, P.	NW 287	Berndt, H.	SH 379	Besgen, D.	ArbG 430
Bergerowski, W.	BW 54	Berndt, S.	BRA 142	Beß, K.	BY 91
Bergfeld, K.	SH 386	Berneiser, K.	NW 278	Bessin, K.	BER 127
Bergfelder, U.	NW 303	Berneke, W.	NW 243	Best, E.	BRE 152
Berghaus, K.	NW 301	Berner, A.	SAC 359	Best, G.	VwG 514
Berghof, J.	SAN 373	Berner, C.	BY 72	Best, H.	SG 469
Berghoff, A.	NW 243	Berner, G.	BRE 151	Best, I.	NW 302
Berghoff, S.	NW 311	Berner, M.	BER 117	Best, P.	NDS 207
Bergholz, G.	NDS 231	Berner, T.	HE 180	Beste, H.	HE 192
Bergholz, U.	NW 309	Berner, W.	BW 54	Bestmann, J.	SH 385
Bergk, R.	VwG 485	Berner-Peschau, A.	VwG 495	Bethe, H.	HE 181
Bergkemper, W.	FG 447	Bernert, M.	BY 85	Bethke, B.	MV 203
Bergler, W.	BY 88	Bernet, W.	HH 163	Bette, W.	NDS 216
Bergmann, A.	BRA 143	Bernhard, E.	BY 85	Betten, E.	NW 273
Bergmann, A.	NW 268	Bernhard, R.	ArbG 410	Bettenhäuser, H.	NDS 219
Bergmann, C.	BW 45	Bernhard, U.	BY 97	Bettex, T.	NDS 221
Bergmann, C.	NW 306	Bernhard-Schüßler, P.	BY 110	Bettges, S.	NDS 224
Bergmann, C.	VwG 510	Bernhardt, M.	SAC 351	Bettin, I.	TH 391
Bergmann, E.	NW 254	Bernhardt, W.	NW 263	Bettle, U.	BRA 139
Bergmann, J.	BER 123	Bernheim, R.	HH 160	Betz, A.	NW 263
Bergmann, K.	HE 192	Bernheine, K.	SAA 338	Betz, D.	BY 83
Bergmann, K.	NDS 232	Berninger, W.	BY 85	Betz, G.	ArbG 415

Betz, J.	HE 183	Beyerle, K.	NW 285	Bienioßek, B.	NW 287
Betz, J.	HH 158	Beyerle, P.	BW 51	Bienko, J.	HE 190
Betz, K.	SG 470	Beyerle, P.	BY 91	Bienzle, H.	BER 130
Betz, X.	BY 108	Beyerle, W.	BRE 151	Bienzle, H.	SG 457
Betzing, C.	NW 269	Beyermann, D.	NW 268	Bier, W.	VwG 506
Beuchel, P.	SAC 343	Beyschlag, H.	BY 82	Bierast, N.	BY 103
Beuerle, U.	BRA 141	Bez, C.	BW 61	Bierbach, H.	NW 252
Beuermann, R.	BER 121	Bez, S.	HE 171	Bierbaum, K.	NW 280
Beuermann, S.	BER 128	Bezold, E.	BW 49	Bierbaum, M.	VwG 487
Beuermann, T.	HH 163	Bezzel, G.	BY 101	von Bierbrauer zu	
	164	Bhanja, S.	HE 192	Brennstein, W.	VwG 497
Beuke, H.	NW 250	Bialek, E.	BER 123	Bierer, B.	BW 31
Beule, D.	NW 241	Biba, J.	HE 177	Bierlein, C.	SAC 352
Beule, J.	ArbG 429	Biber, B.	NW 253	Bierlein, M.	SAC 358
Beumer, B.	ArbG 434	Biberacher, J.	BY 91	Biermann, C.	NDS 222
Beumer, T.	NW 272	Bibo, W.	RP 323	Biermann, C.	SH 385
Beumers, H.	NW 311	Bichlmeier, G.	ArbG 415	Biermann, C.	VerfG 405
Beuntner, D.	VwG 479	Bick, U.	NW 293	Biermann, D.	NDS 212
Beusch, C.	VwG 505	Bick, U.	VwG 503	Biermann, M.	NW 265
Beuscher, P.	VwG 506	Bickel, E.	HE 170	Biermann, R.	NDS 224
Beuse, F.	NW 249	Bickler, I.	HE 170	Biermann, W.	NDS 222
Beutel, J.	RP 319	Biddermann, I.	NW 248	Biermanski, B.	SH 385
Beuthien, H.	HE 184	Biebeler, N.	BW 61	Biermeier, G.	SG 455
Beuthner, P.	SAC 352	Bieber, H.	BER 118	Biernath, H.	HE 176
Beutler, B.	BRE 151	Bieber, K.	NW 299	Bierwagen, M.	SAN 370
Beutler, W.	BW 46	Bieber, K.	NW 299	Biesel, M.	BW 27
Beutler, W.	NDS 212	Bieber, M.	BY 107	Biesewig, B.	SAC 358
Bever, R.	NDS 219	Biebl, J.	ArbG 414	Bietenbeck, T.	NW 281
Bewernick, V.	RP 322	Biebl, W.	BY 68	Bietendüwel, A.	NDS 239
Bewersdorf, J.	BRE 150	Bieder, H.	TH 391	Bietz, H.	BRA 136
Bewersdorf, J.	VerfG 404	Biedermann, G.	BW 28	van Biezen, B.	ArbG 433
Bexen, M.	NW 303	Biedermann, R.	BY 92	Bigalke, W.	BW 49
Bextermöller, A.	NW 271	Biedler von Bessenyö, U.	BY 91	Bigge, K.	BER 121
Bey, A.	VwG 492	Bieg, G.	SAA 341	Biggel, W.	SG 453
Bey, A.	VwG 493	Biegelsack, H.	BY 85	Bigott, M.	MV 195
Bey, R.	SAC 344	Bieger, G.	BU 9	Bigott, U.	MV 204
Beyer, D.	BER 118	Biehl, K.	RP 332	Bihler, M.	NW 275
Beyer, D.	BU 8	Biehl, S.	SAA 341	Bihy, H.	NDS 220
Beyer, D.	BW 29	Biehlman, J.	BW 40	Bilda, K.	NW 243
Beyer, D.	FG 442	Biel, J.	SH 375	Bilda, K.	VerfG 406
Beyer, G.	BER 121	Biel, J.	SH 386	Bildhauer, D.	SAN 370
Beyer, G.	NW 272	Biel, S.	BW 30	Bill, H.	ArbG 424
Beyer, G.	SG 464	Bielefeld, J.	VwG 503	Bill, J.	HE 183
Beyer, H.	BU 15	Bielefeld, P.	SAC 358	Bill, W.	SH 381
Beyer, H.	FG 446	Bielefeld, S.	BRA 142	Billig, C.	TH 391
Beyer, H.	HH 161	Bielefeldt, M.	BRA 145	Billner, F.	BY 89
Beyer, H.	VwG 497	Bielefeldt, R.	HE 170	Bilsdorfer, P.	FG 448
Beyer, J.	HH 163	Bielenstein, M.	NW 296	Bilz, L.	BY 75
Beyer, K.	BER 116	Bieling, H.	NDS 216	Bilz, M.	TH 398
Beyer, K.	BW 28	Bielitz, C.	VwG 483	Bindels, A.	BMJ 5
Beyer, K.	BW 46	Biella, H.	NW 304	Binder, A.	BW 25
Beyer, K.	NW 299	Biemüller, D.	BY 109	Binder, G.	BW 55
Beyer, P.	BW 29	Bien, H.	NW 259	Binder, H.	BY 81
Beyer, R.	NW 260	Bienas, U.	BW 48	Binder, J.	BRA 146
Beyer, S.	RP 318	Bieneck, K.	BW 60	Binder, T.	BY 113
Beyer, U.	BY 69	Biener, H.	BMJ 3	Binding, R.	ArbG 421
Beyer, U.	SAC 350	Biener, H.	HE 189	Bindokat, H.	BER 125
Beyer-Nießlein, E.	BY 110	Bienert, A.	NW 306	Bingel, A.	NW 246
Beyer-Stockhaus, A.	NDS 211	Bienhüls, F.	ArbG 417	Bingel, R.	HE 167

549

Biniok, H.	HE	189	Bittelmeyer, K.	BW	62	Blaser, J.	BW	49
Binkert, G.	ArbG	416	Bittens, S.	ArbG	425	Blasi, F.	BY	88
Binnberg, B.	NW	262	Bitter, W.	BU	10	Blasinski, J.	MV	204
Binner, H.	BY	70	Bittig, A.	BER	129	Blasius, J.	TH	400
Binnewies, B.	HE	188	Bittmann, F.	SAN	369	Blaskowitz, H.	NW	257
Binz, H.	RP	315	Bittner, B.	NW	308	Blaß, K.	TH	400
Binz, H.	SG	469	Bittner, D.	FG	443	Blaszczak, M.	TH	400
Binz, K.	BW	55	Bittner, H.	SAC	351	Blath, R.	BMJ	4
Birk, A.	VwG	493	Bittner, V.	NW	289	Blatz, G.	BY	82
Birk, D.	BW	47	Bittorf, W.	BY	72	Blau, C.	BER	131
Birk, D.	FG	447	Bitz, F.	BW	30	Blaumeier, P.	BY	104
Birk, J.	VwG	476	Bitz, M.	VwG	508	Blaurock, C.	VwG	511
Birk, S.	BW	53	Bitzegeio, H.	VwG	506	Blauth, P.	BU	8
Birk, W.	FG	446	Bitzer, D.	VwG	484	Blawat, U.	NW	251
Birke, E.	FG	443	Bitzer, J.	NDS	226	Blazy, N.	NW	257
Birke, W.	BMJ	3	Bitzer, O.	VwG	477	Bleck, C.	VwG	507
Birkenbach, R.	SG	461	Bitzer, T.	BW	55	Bleckmann, A.	VwG	513
Birkenfeld, W.	BU	11	Bitzer, W.	BW	52	Bleh, H.	RP	330
Birkenholz, P.	BW	31	Bitzhenner, F.	NW	290	Bleier, H.	VwG	514
Birkert, E.	VwG	475	Bizer, U.	BW	64	Bleike, H.	NW	247
Birkhölzer, P.	NW	298	Blacker, B.	HE	192	Bleistein, R.	NW	309
Birkhofer, S.	BY	99	Bläker, H.	NW	281	Blencke, H.	VwG	480
Birle, J.	FG	447	Blaeschke, J.	HE	171	Blens, H.	VwG	501
Birmanns, M.	NW	294	Blaeschke, R.	HE	171	Blens-Vandieken, M.	ArbG	430
Birmele, J.	NW	306	Blaesing, H.	NW	243	Bleß, M.	MV	202
Birn, K.	SG	452	Blaesing, J.	SG	462	Blessing, G.	BW	60
Birnbaum, M.	NDS	216	von Blanc, J.	HE	175	Bleßmann, W.	VwG	476
Bischof, D.	NDS	221	Blanck, K.	NDS	209	Blettner, A.	RP	316
Bischof, H.	RP	314	Blandfort, W.	SAA	335	Bleuel, K.	SAN	370
Bischof, J.	MV	203	Blank, A.	MV	195	Bleuß, M.	BRA	146
Bischof, R.	SH	379	Blank, B.	BRE	152	Bley, H.	SH	380
Bischoff, B.	VwG	478	Blank, H.	BW	32	Bley, J.	ArbG	422
Bischoff, C.	BER	130	Blank, J.	SAN	372	Bley, P.	SG	464
Bischoff, E.	VwG	476	Blank, K.	NW	299	Blickle, R.	BW	46
Bischoff, G.	BY	87	Blank, P.	NW	269	Blindow, U.	MV	204
Bischoff, G.	NW	281	Blank, W.	VwG	479	Bloch, J.	HE	181
Bischoff, H.	BY	102	Blanke, E.	VwG	501	Bloch, M.	BER	125
Bischoff, H.	HH	158	Blanke, H.	FG	445	Bloch, M.	SAN	371
Bischoff, H.	NW	298	Blanke, H.	VwG	502	Block, D.	BER	130
Bischoff, J.	BW	38	Blanke, I.	BRA	137	Block, J.	HH	159
Bischoff, K.	RP	327	Blanke, M.	BER	129	Block, K.	BY	101
Bischoff, M.	NW	276	Blanke, M.	HE	176	Block, K.	BY	112
Bischoff, R.	BU	7	Blanke, R.	VwG	502	Block, M.	VwG	497
Bischoff, S.	BY	89	Blanke-Roesser, C.	HH	166	Block, T.	SH	375
Bischoff, V.	NDS	224	Blankenbach, R.	BW	53	Block, T.	SH	381
Bischoff, W.	SG	451	Blankenheim, M.	BER	133	Block-Cavallaro, M.	NDS	238
Bischoff-Schwarz, A.	BW	48	Blankenhorn, I.	RP	332	Blockus, D.	MV	199
Bischop, L.	NW	255	Blankenmeier, H.	NW	251	Blöcher, M.	SH	386
Bisier, H.	NW	255	Blasberg, N.	NW	256	Blöcker, C.	SH	378
Biskup, R.	VwG	489	Blascheck, H.	NDS	219	Blödel, A.	ArbG	418
Biskupski, C.	SAN	366	Blaschke, P.	RP	315	Blöink, T.	BMJ	5
von Bismarck, S.	BER	132	Blaschke, S.	SAC	358	Bloem, I.	NDS	214
Bismayer, B.	BW	25	Blaschke, S.	VwG	505	Blömeke, B.	VwG	485
Bispinck-Brecht, O.	NW	345	Blaschko, P.	HE	177	Blömer, G.	NW	250
Bisping, A.	SAN	365	Blasczyk, B.	SAN	370	Bloes, U.	HE	188
Bisping, M.	SAN	365	Blasczyk, J.	SAN	369	Blössl, I.	BY	108
Bißmaier, V.	BW	64	Blase, B.	BW	46	Blößner, G.	VwG	481
Bister, O.	FG	445	Blaseio, K.	VwG	498	Blohm, D.	NW	292
			Blasek, B.	HE	178	Blombach, M.	BER	127

Freifrau von Blomberg, G.	NDS 239	Bock, D.	BW 33	Boeckh, W.	BY 113
Blome, G.	NW 251	Bock, H.	BY 100	Böcking, T.	BY 72
Blome, L.	BRE 150	Bock, H.	NW 254	Bödecker, G.	NW 277
Blomenkamp, A.	VwG 513	Bock, H.	SG 457	Boedecker, H.	SAN 366
Blomer, H.	HE 181	Bock, H.	VwG 495	Bödeker, A.	BER 132
Blomeyer, C.	VwG 483	Bock, I.	BRA 143	Böge, C.	SAC 348
Blomeyer, J.	BY 79	Bock, K.	BY 104	Böger, F.	ArbG 435
Bloß, J.	BY 107	Bock, K.	RP 315	Boehland, R.	BER 123
Bloß, W.	SAC 349	Bock, M.	ArbG 430	Böhle, A.	BER 132
Bludszuweit, K.	FG 440	Bock, R.	BW 60	Böhle-Stamschräder, B.	NW 298
Blübaum, K.	NDS 285	Bock, R.	RP 317	Böhlendorf, J.	BRA 138
Blüm, A.	RP 332	Bock, S.	TH 392	Böhler, W.	TH 392
Blüm, L.	VwG 475	Bockemüller, J.	VwG 496	Böhlje, K.	NW 274
Blümbott, W.	SAC 346	Bockey, H.	NW 268	Böhlke, M.	BRA 145
Blümcke, H.	NW 267	Bodamer, W.	BW 56	Böhm, A.	BER 128
Blümel, J.	BW 63	Bodanowitz, R.	BER 131	Böhm, A.	NDS 226
Blümel, M.	BER 115	Boddin, C.	HH 166	Böhm, B.	BMJ 5
Blümel, R.	SAC 346	Bode, A.	BER 131	Böhm, B.	BY 78
Bluhm, B.	SAN 366	Bode, A.	HE 180	Böhm, C.	MV 206
Bluhm, D.	BER 127	Bode, B.	BU 8	Böhm, C.	SG 460
Bluhm, H.	BER 115	Bode, C.	NDS 240	Böhm, D.	BW 45
Bluhm, K.	NW 250	Bode, D.	VwG 497	Böhm, F.	BY 99
Bluhm, M.	VwG 511	Bode, H.	NDS 234	Böhm, F.	FG 440
Blum, D.	BRE 150	Bode, L.	SAC 358	Böhm, G.	BY 110
Blum, G.	BW 33	Bode, O.	VwG 498	Böhm, H.	BW 59
Blum, G.	SAA 339	Bode, W.	RP 327	Böhm, H.	BY 108
Blum, J.	RP 326	Bode, W.	SH 381	Böhm, H.	SG 453
Blum, J.	SG 455	von Bodecker, M.	SH 377	Böhm, I.	HE 174
Blum, R.	RP 319	Bodemann, M.	HH 162	Böhm, I.	RP 313
Blum, S.	NW 303	Boden, A.	NDS 239	Böhm, I.	SG 460
Blum-Engelke, C.	NDS 216	Boden, H.	BY 73	Böhm, K.	BW 37
Blum-Heinrichs, M.	NW 260	Boden, U.	NW 306	Böhm, K.	RP 313
Blum-Idehen, U.	VwG 502	Bodenbender, W.	VwG 492	Böhm, K.	VwG 477
Blumberg, E.	NW 276	Bodenburg, G.	BY 88	Böhm, M.	BRA 144
Blume, E.	VwG 491	Bodendieck-Engels, H.	SH 380	Böhm, R.	HE 181
Blume, M.	BER 120	Bodens, H.	NW 293	Böhm, R.	HH 164
Blume, M.	SAC 345	Bodenstaff, H.	HH 164	Böhm, R.	NW 257
Blumenau, H.	BER 116	Bodenstedt, K.	SG 456	Böhm, S.	NDS 240
Blumenberg, H.	VwG 488	Bodenstein, D.	NDS 216	Böhm, S.	NW 294
Blumenberg, P.	NDS 212	Bodenstein, F.	BRA 146	Böhm, S.	SAC 356
Blumenröhr, F.	BU 7	Bodié, H.	BW 38	Böhm, U.	BER 121
Blumensatt, H.	HE 191	Bodmann, B.	BER 133	Böhm, W.	NDS 235
Blumenstein, H.	BW 45	Bodmann, G.	SAN 366	Boehm, C.	BER 127
Blumenstein, T.	HE 181	Bodmann, H.	NDS 213	Boehm, H.	NW 263
Blummoser, H.	BY 104	Bodmann, K.	HH 165	Böhmann, H.	VwG 495
Blunck, D.	BER 117	Bodner, D.	SAC 359	Böhmann, W.	BER 127
Blunck, H.	BW 25	Böcher, F.	SH 383	Böhme, I.	BRA 147
Blunck, J.	HH 161	Böcher, I.	HE 190	Böhme, M.	BRA 139
Blunk, E.	SAC 345	Böcher, R.	VwG 486	Böhme, M.	BW 38
Blunk, J.	SH 383	Böcher-Jerger, S.	BW 53	Böhme, M.	MV 206
Bobeth, E.	NDS 228	Böck, M.	VwG 514	Böhme, P.	VwG 485
Bobke, D.	BY 83	Böck, P.	BU 10	Boehme, B.	BRE 150
Bocci, G.	BY 86	Böckenhauer, M.	SH 386	Böhmeke-Vilmann, J.	HE 167
Bochmann, D.	NDS 216	Böckenhoff, G.	BW 53	Böhmer, C.	VwG 508
Bochum, R.	BY 87	Böcker, B.	FG 446	Böhmer, E.	BY 112
Bock, A.	NW 269	Böcker, F.	NW 241	Böhmer, F.	NW 262
Bock, A.	SAN 372	Böcker, U.	SAC 349	Böhmer, I.	BW 39
Bock, C.	SAN 364	Böckermann, B.	HH 157	Böhmer, K.	BRE 151
		Boeckh, H.	BY 107	Böhmer, O.	NW 249

551

Böhmer, S.	MV 204	Bösen, M.	NW 247	Bohlander, M.	TH 394
Böhmer, W.	RP 313	Bösenberg, R.	SG 451	Bohle, H.	MV 202
Böhmer-Behr, A.	SG 464	Boesenberg, U.	NW 263	Bohle, R.	NW 249
Böhmig, T.	BY 94	Bösenecker, K.	BY 95	Bohlen, H.	VwG 503
Böhn, B.	HE 190	Bösert, B.	BMJ 5	Bohlen, K.	BRE 153
Böhn, J.	HE 190	Böske, H.	NW 280	Bohlken, H.	NDS 232
Böhnel, W.	BY 96	Bösken, B.	NW 246	Bohm, J.	BU 13
Böhner, G.	NW 280	Bösken, C.	NW 246	Bohmann, C.	BY 85
Böhner, J.	NW 286	Bösken, K.	NW 269	Bohmeier, W.	SAN 369
Böhnke, B.	ArbG 419	Boesken, A.	HE 190	Bohn, E.	SH 384
Böhrenz, M.	BER 117	Boesken, C.	HE 192	Bohn, G.	NW 272
Böhrer, W.	BRA 144	Bösl, J.	BY 83	Bohn, M.	BY 80
Böhrnsen, C.	BRE 151	Böß, W.	VwG 481	Bohn, O.	VwG 514
Böing, H.	BMJ 3	Böss, G.	SAC 343	Bohn, R.	NW 301
Böing, K.	NW 307	Bößem, B.	NW 253	Bohne, M.	HE 180
Bökelmann, D.	BW 56	Boeter, U.	BMJ 4	Bohnen, R.	VerfG 405
Böker, E.	BY 108	Böttcher, A.	SAC 358	Bohner, M.	SAC 358
Boeker, H.	BU 11	Böttcher, G.	SH 383	Bohnstedt, M.	NW 260
Boeker, M.	VwG 505	Böttcher, G.	VwG 512	Bohr, E.	RP 332
Boekstegen, K.	NW 251	Böttcher, H.	SH 382	Bohrmann, L.	NDS 229
Boelke, U.	NW 297	Böttcher, I.	SH 383	Boiczenko, M.	BRE 151
Bölle, A.	NDS 235	Böttcher, J.	NDS 231	Boie, G.	SAC 344
Bölle, H.	VwG 476	Böttcher, K.	BU 15	Boie, H.	SH 380
Böller, H.	BY 69	Böttcher, K.	BW 27	Boie, P.	BY 89
Bölling, H.	BRE 151	Böttcher, K.	BY 73	Bojcum, B.	NW 286
Boelsen, J.	NDS 237	Böttcher, R.	BY 69	Bokelmann, E.	HE 169
Bölter, H.	BW 21	Böttcher, S.	HH 160	Bokelmann, G.	HE 174
Bölts-Thunecke, A.	NW 297	Böttcher, T.	BRA 144	Bokemeyer, W.	NW 305
Bömeke, G.	NDS 227	Böttcher-Grewe, K.	TH 400	Bokern, A.	SAC 359
Bömelburg, R.	NW 294	Böttge, S.	HE 190	te Bokkel, K.	NW 306
Bönicke, M.	BER 125	Böttger, D.	VwG 513	Boklage, F.	NDS 282
Bönig, T.	BRA 141	Böttger, E.	SG 460	Boksch, A.	VwG 502
Boenig, J.	NDS 216	Böttger, H.	HE 167	Bol, N.	BER 121
Böning, H.	SAN 361	Böttger, S.	SAN 370	Bol-Sternberg, B.	BER 131
Böning, H.	SAN 370	Böttges, W.	MV 204	Bolay, M.	SG 453
Bönke, D.	BMJ 4	Boetticher, A.	BU 8	Bold, A.	RP 326
Boenke, A.	MV 205	Böttinger, G.	SG 453	Bolder, J.	NW 304
Bönning, G.	NW 303	Böttner, F.	SAC 345	Bolder, S.	NW 306
Bönninghausen, M.	BRA 145	Böttner, R.	NW 246	Boldt, H.	ArbG 435
von Boenninghausen-Budberg, A.	BY 100	Böttner, W.	HE 184	Boldt, J.	MV 198
de Boer, I.	BRE 153	Böttrich, G.	NW 270	Bolduan, H.	SAN 363
de Boer-Engelhard, H.	HE 170	Böttrich, J.	FG 439	Bolender, H.	RP 320
Börger, F.	NW 291	Bötzl, U.	TH 394	Bolenz, H.	NDS 234
Börger, M.	NW 286	Boewer, D.	ArbG 426	Bolik, G.	BY 105
Böringer, A.	RP 332	Boffo-Mosbach, A.	RP 332	Bolk, H.	SH 382
Börkel, K.	BW 21	Bogatzki, K.	HH 158	Boll, D.	NW 282
Börner, D.	SAC 347	Bogen, R.	NW 258	Boll, J.	BY 73
Börner, D.	SAC 354	Bogenrieder, J.	BW 60	Boll, J.	MV 197
Börner, F.	ArbG 433	Bogenrieder, W.	BW 51	Boll, O.	BW 38
Börner, R.	BW 57	Bogler, A.	NW 245	Bolle-Seum, B.	NDS 223
Boerner, A.	HE 176	Bogner, C.	SAC 348	Bolle-Steinbeck, G.	HH 160
Börsch, M.	NW 258	Bogner, J.	ArbG 434	Bollhorn, D.	HH 161
Börschmann, E.	NDS 209	Bogner, M.	HE 183	Bollhorst, H.	NW 267
Börstinghaus, U.	NW 273	Bogner, P.	BY 90	Bolli, M.	SAN 373
Bösche, T.	NDS 218	Bogner, R.	SG 455	Bollig, S.	NW 303
Boese, L.	NW 268	Bogner, W.	BY 88	Bollmann, G.	MV 199
Boese, T.	VwG 481	Bogs, G.	BW 23	Bollmann, H.	BY 81
Bösel, D.	NDS 207	Bogs, R.	BW 63	Bollweg, H.	BMJ 5
		Bogusch, U.	BY 113	Bolte, F.	NW 269

Bolten, B.	HH 164	Borchert, A.	VwG 497	Bornscheuer, H.	SG 457		
Bolten, H.	NW 248	Borchert, E.	NDS 213	Bornstein, V.	BY 100		
Boltz, E.	SG 456	Borchert, H.	BRA 135	Borowiak-Soika, U.	TH 399		
Boltz, H.	RP 327	Borchert, H.	SAN 365	Borowski, M.	ArbG 433		
Boltz, W.	ArbG 433	Borchert, M.	NDS 221	Borowsky, M.	TH 401		
Boltze, M.	NW 249	Borchert, R.	BRA 138	von Borries, R.	NDS 211		
Bolz, E.	TH 398	Borchert, V.	NW 279	Borris, B.	SAC 359		
Bolz, N.	FG 444	Borchert, W.	NDS 221	Borrmann, D.	BER 115		
Bolz, R.	HE 186	Borchmann, M.	HE 167	Borrmann, G.	BW 55		
Bomba, H.	BY 89	Borchmeyer, H.	NDS 216	Borrmann, H.	ArbG 430		
Bomba, M.	BY 76	Borck, E.	BY 96	Borst, U.	SH 387		
Bomberg, K.	TH 397	Bordewin, A.	BU 11	von Borstell, U.	BY 94		
Bomke, E.	HE 185	Bordt, P.	NDS 240	Borstelmann, E.	FG 444		
Bomm, R.	RP 322	Boré-Rachl, M.	BY 95	Bortels, S.	BER 122		
Bommel, E.	SAN 365	Borgard, C.	BY 105	Bortfeld, D.	NDS 238		
Bommer, W.	SG 456	Borgards, W.	RP 331	Borth, H.	BW 45		
Bommermann, R.	ArbG 426	Borgas, H.	BER 122	Borutta, H.	NW 289		
Bonde, F.	SH 379	Borgdorf, R.	VwG 500	Borwitzky, R.	HH 161		
Bone, R.	NW 281	Borgdorf, W.	NW 273	von Borzeszkowski, S.	NW 256		
Bonfigt, E.	ArbG 415	Borger, F.	BY 72	Borzutzki-Pasing, W.	NW 299		
Bonfigt, W.	ArbG 415	Borgert, B.	NW 282	Bos, P.	SAN 372		
Bongartz, H.	NW 295	Borgmann, M.	SAN 363	Bosbach, T.	NW 303		
Bongen, R.	VwG 501	Borgmeier, S.	SAN 372	Bosch, D.	BU 13		
Bongratz, W.	BY 81	Borgmeyer, F.	NDS 228	Bosch, E.	VwG 477		
Bonhag, R.	BY 103	Borgs-Maciejewski, H.	BU 13	Bosch, R.	BW 50		
Bonikowski, K.	VwG 508	Borgstädt, M.	NW 270	Bosche, T.	NW 304		
Bonin-Harz, U.	BW 52	Bork, E.	SG 456	Boskamp, H.	BW 37		
Bonk, H.	BU 12	Bork, H.	BU 16	Boske, J.	VwG 486		
Bonk, J.	HE 186	Bork, H.	HH 162	Bosman, U.	VwG 507		
Bonk, J.	HE 192	Bork, J.	RP 333	Boß, H.	BER 119		
Bonk, M.	BER 125	Bork, R.	BER 125	Boß, M.	SAC 357		
Bonkas, B.	HE 175	Bork, R.	HH 158	Bosse, A.	NDS 218		
Bonn, C.	BY 114	Borkert, G.	NW 246	Bosse, E.	HH 161		
Bonn, H.	NW 246	Borkowski, E.	SAC 357	Bosse, P.	SAN 365		
Bonna, P.	BY 105	Bormann, A.	NW 294	Bossen, G.	SH 378		
Bonneberg, W.	NDS 210	Bormann, A.	SAN 368	Boßert, R.	BW 60		
Bonnet, H.	BER 124	Bormann, M.	NW 299	Bossert, G.	BW 52		
Bons-Künsebeck, M.	NW 272	Bormann, U.	SAC 348	Boßmeyer, H.	NDS 234		
Bonsch, G.	VwG 501	Bormuth, N.	HE 177	Bost, J.	SAA 338		
Boockhoff, R.	SG 473	Born, B.	VwG 491	Boström-Katona, K.	BER 131		
van den Boogart, H.	HH 156	Born, D.	NW 272	Both, A.	NDS 222		
Book, A.	NW 308	Born, G.	MV 199	Both, D.	MV 205		
Bookjans, J.	NDS 235	Born, H.	RP 323	Both, G.	NDS 240		
van den Boom, H.	HH 164	Born, M.	ArbG 435	Both, G.	NW 305		
van den Boom, M.	NW 251	Born, M.	RP 333	Both, R.	NW 304		
van den Boom, U.	HH 165	Born, P.	NW 271	Both, S.	SAA 341		
Boos, G.	SG 471	Bornefeld, F.	NW 260	Both-Kereiter, T.	VwG 514		
Bopp, D.	BW 29	Bornemann, F.	NDS 239	Bothe, H.	NW 289		
Bopp, F.	BY 69	Bornemann, P.	BU 17	Bott, G.	BU 10		
Bopp, P.	ArbG 434	Bornemann, U.	BRE 152	Bott, P.	TH 398		
Borbach-Klein, M.	NW 256	Bornemann, V.	BER 116	Bott, T.	BY 113		
Borchard, S.	SG 465	Bornemann-Futter, P.	BW 53	Bott, W.	NW 247		
Borchard, U.	NW 302	Bornfleth-Hämmerle, B.	BW 57	Bottermann, C.	BY 67		
Borchardt, M.	NDS 222	Borngräber, I.	BY 107	Bottke, B.	SH 387		
Borchardt, W.	FG 446	Bornhak, U.	SAC 351	Bottke, D.	BY 85		
Borchers, A.	NDS 220	Bornheimer, M.	SG 466	Bottler, S.	SAN 372		
Borchers, N.	NDS 226	Bornkamm, J.	BU 8	Bottler, S.	SG 452		
Borchers, R.	HH 164	Bornmann, H.	ArbG 422	Botz, W.	BW 39		
Borchert, A.	HH 155	Bornscheuer, H.	BER 130	Botzem, H.	NW 306		

553

Botzke, W.	RP 326	Brambrink, U.	NW 281	Brandt, W.	NW 271
Bouabe, I.	BY 113	Bramenkamp, H.	VwG 479	Brandt-Elsweier, A.	NW 245
Boucsein, H.	HE 191	Bramhoff, S.	NW 249	Brandts, H.	NW 294
Bours, J.	BRA 145	Bramsiepe, H.	NW 290	Brandts, R.	SG 465
Bouwhuis, S.	ArbG 412	Brand, C.	HE 192	Brang, A.	BY 76
Bouwman, E.	ArbG 425	Brand, E.	BW 52	Brannahl, H.	BRA 137
Bovermann, H.	NW 276	Brand, H.	BU 17	Brannekämper, K.	RP 314
Boxdorfer, B.	BW 54	Brand, H.	SG 454	Brantin, S.	NW 311
Boxleitner, M.	BY 101	Brand, H.	TH 394	Branz, J.	BY 96
Boyer, A.	ArbG 417	Brand, J.	SG 465	Brass, A.	SAA 340
Boyke, R.	SH 378	Brand, J.	SG 466	Brass, M.	NW 279
Boysen, I.	MV 200	Brand, O.	NDS 209	Bratek, K.	VwG 514
Boysen-Tilly, H.	VerfG 407	Brand, R.	BY 96	Bratke, R.	BER 128
Boës, B.	SAN 361	Brand, T.	HE 191	Brauch, W.	NW 308
Braak, G.	BER 115	Brand, U.	NW 284	von Brauchitsch-	
Braasch, D.	ArbG 410	Brand, U.	SH 377	Behncke, K.	NW 247
Braatz, M.	VwG 498	Brandau, H.	HE 189	Brauckmann, H.	RP 321
Brabänder, S.	ArbG 430	Brandenfels, T.	HE 177	Brauckmann-	
Brabandt, C.	NW 309	Brandes, B.	NW 284	Becker, H.	NW 299
Brabandt, H.	HH 165	Brandes, B.	NW 297	Brauer, C.	VwG 499
Brach, K.	SAA 336	Brandes, H.	BU 7	Brauer, E.	NDS 240
Bracharz, P.	BW 59	Brandes, H.	SAN 364	Brauer, H.	HH 158
Bracher, C.	BW 30	Brandes, H.	SAN 373	Brauer, I.	BRA 144
Brachlow, L.	BY 82	Brandes, I.	NW 302	Brauer, J.	RP 324
Brachmann, R.	SAN 361	Brandes, K.	NDS 210	Brauer, J.	SAC 354
Bracht, D.	RP 323	Brandes, R.	NW 264	Brauhardt, C.	TH 391
Bracht, F.	NDS 217	Brandes, T.	VwG 489	Braumann, J.	NDS 219
Bracht, H.	HE 192	Brandewiede, P.	HH 156	Braun, A.	BW 62
Brachthäuser, E.	NW 257	Brandhuber, B.	BY 84	Braun, A.	BW 64
Brack, D.	SH 380	Brandhuber, J.	BW 50	Braun, B.	BY 92
Brack, F.	HE 178	Brandis, P.	FG 445	Braun, B.	NW 277
Brack-Dalisdas, C.	NDS 239	Brandl, K.	VwG 479	Braun, B.	VwG 486
Bracker, R.	SH 382	Brandler, P.	NDS 222	Braun, B.	VwG 510
Brackhahn, P.	NDS 209	Brandner, D.	BW 38	Braun, D.	BER 132
Brackhane, R.	NW 281	Brands, E.	ArbG 417	Braun, D.	MV 199
Brackmann, G.	BY 90	Brandstätter, O.	BY 108	Braun, E.	BW 41
Brackmann, R.	NW 249	Brandt, C.	BER 132	Braun, E.	FG 440
Bracun, H.	NW 248	Brandt, E.	HH 155	Braun, G.	BY 105
Brade, A.	BER 122	Brandt, E.	HH 165	Braun, G.	NW 286
Brähler, E.	SG 457	Brandt, E.	SAC 347	Braun, G.	NW 306
Brämer, R.	SG 456	Brandt, H.	BER 117	Braun, H.	ArbG 433
Bräu, H.	BY 107	Brandt, H.	BER 119	Braun, H.	HE 182
Bräuchle, K.	VwG 477	Brandt, H.	NW 295	Braun, H.	VwG 507
Bräuer, L.	BW 40	Brandt, H.	NW 300	Braun, I.	BW 42
Bräunig, D.	SAN 363	Brandt, H.	VerfG 404	Braun, K.	NW 270
Bräuning, A.	SG 451	Brandt, J.	FG 445	Braun, K.	SAN 363
Bräuning, H.	BW 45	Brandt, J.	NDS 224	Braun, L.	BW 45
Bräunlich, B.	SAC 345	Brandt, J.	NW 288	Braun, L.	BY 69
Bräutigam, H.	BER 118	Brandt, J.	NW 307	Braun, M.	BER 128
Bräutigam, H.	BRA 135	Brandt, K.	BRA 139	Braun, M.	BY 80
Bräutigam, H.	NW 281	Brandt, K.	NDS 224	Braun, M.	NW 246
Bräutigam-Schieder, C.	BER 132	Brandt, M.	RP 323	Braun, M.	SAN 367
Brahm, E.	NW 274	Brandt, M.	VwG 476	Braun, M.	SG 471
Brahms, K.	BMJ 5	Brandt, P.	SAC 349	Braun, M.	VwG 483
Brakebusch, A.	BER 118	Brandt, P.	SH 383	Braun, N.	NW 255
Brakonier, R.	HE 172	Brandt, S.	SG 473	Braun, N.	NW 291
Bram, R.	ArbG 421	Brandt, T.	BW 62	Braun, O.	SAN 369
Brambach, H.	BW 52	Brandt, V.	NDS 228	Braun, P.	BW 55
Brambach, S.	VwG 477	Brandt, V.	SH 386	Braun, R.	BW 59

Namensverzeichnis **Brocher**

Braun, R.	FG 446	Breitkopf, N.	NW 269	Breulmann, G.	NW 310
Braun, R.	RP 328	Breitkopf, U.	BY 112	Breunig, B.	BY 75
Braun, S.	BER 131	Breitsprecher, H.	BER 125	Breunig, C.	BY 76
Braun, S.	RP 333	Breitwieser, U.	VwG 494	Breunig, G.	VwG 475
Braun, S.	SAC 351	Breitzmann, A.	BRA 146	Breunig, K.	BY 72
Braun, S.	VwG 511	Brem, N.	BY 111	Breunig, N.	VwG 492
Braun, U.	HE 191	Brem, U.	HE 181	Breusch, J.	BY 81
Braun, W.	BRE 153	Bremen, K.	NW 287	Brewing, S.	NW 254
Braun, W.	HE 176	Bremer, A.	SG 468	Brexel, R.	BY 81
Braun-Kolle, M.	BER 133	Bremer, B.	BY 88	Brey, R.	VwG 482
Braunbeck, G.	BW 50	Bremer, B.	HE 178	Breyer, S.	TH 400
Brauneisen, A.	BW 21	Bremer, G.	NW 279	Breymann, K.	SAN 370
Brauner, H.	NW 289	Bremer, H.	BER 125	Brick, H.	NDS 213
Brauner, P.	BY 105	Bremer, H.	NW 257	Brick, J.	HH 164
Braungardt, K.	BW 29	Bremer, K.	HH 162	Brieger, S.	BER 125
Braunmiller, W.	FG 439	Bremer, R.	SAC 357	Brier, W.	NDS 231
Braunöhler, L.	NW 243	Bremer, S.	BRA 139	Brier-Dietzel, U.	NDS 231
Brauns, H.	SAC 343	Bremer, U.	NW 279	Briesemeister, L.	BER 117
Braunschweig, R.	FG 439	Bremer, W.	VwG 495	Brießmann, E.	BY 68
Braunsdorf, T.	BRA 141	Bremer-Strauß, C.	HE 192		VerfG 403
Brause, H.	TH 391	Bremser, N.	NW 263	Brillmann, C.	VwG 492
Braut, A.	NDS 210	Brencher, T.	TH 399	Bringewat, B.	VwG 504
Brazel, M.	BW 53	Brendel, A.	NW 289	Bringewat, P.	NDS 221
Brech-Kugelmann, E.	SAN 370	Brendel, B.	SG 463	Brink, J.	BMJ 4
Brechler, M.	NW 278	Brendel, R.	SAC 344	Brink, R.	NW 306
Brechmann, I.	NW 266	Brendel, S.	SAC 348	Brinker, F.	SH 379
Brechmann, R.	TH 398	Brendle, U.	BW 28	Brinker, G.	HH 166
Brechmann, W.	NW 266	Brendle, W.	NW 306	Brinker, H.	HE 178
Brecht, G.	BW 29	Brenk, T.	BW 38	Brinkforth, G.	NW 288
Brecht, M.	NW 267	Brenne, D.	NW 275	Brinkhoff, V.	SG 466
Brecht, S.	NW 267	Brenne, J.	MV 201	Brinkmann, A.	MV 202
Bredahl, B.	BRA 146	Brenneis, B.	BY 98	Brinkmann, A.	NW 266
Brede, C.	NW 275	Brenneisen, U.	TH 391	Brinkmann, B.	SG 464
Brede, F.	BW 62	Brennenstuhl, S.	BW 64	Brinkmann, B.	VwG 504
Brede, G.	ArbG 422	Brenner, H.	RP 317	Brinkmann, C.	NW 266
Brede, M.	BW 63	Brenner, J.	NW 296	Brinkmann, D.	NDS 223
Bredereck, G.	NDS 229	Brenner, M.	SG 457	Brinkmann, D.	VwG 504
Brederlow, W.	NDS 231	Brenner, R.	NW 297	Brinkmann, F.	NDS 230
Bredl, W.	BY 68	Brennstuhl, J.	BW 62	Brinkmann, H.	MV 197
Brednich, K.	RP 320	Bresnikar, M.	BRA 143	Brinkmann, H.	NDS 219
von Bredow, E.	SH 386	Bressau, H.	BER 124	Brinkmann, H.	NW 265
Breer, F.	NW 254	Bressem, R.	NDS 210	Brinkmann, J.	BY 84
Brehme, M.	BER 125	Bressem, V.	TH 396	Brinkmann, J.	VwG 498
Brehmeier-Metz, D.	RP 330	Bretschneider, J.	VwG 499	Brinkmann, M.	BER 128
Brehmer, M.	SAN 365	Bretschneider, K.	NDS 211	Brinkmann, P.	NW 274
Breiden, E.	SAA 341	Bretschneider, S.	NW 294	Brinkmann, V.	BU 9
Breidenbach, U.	NW 272	Brettschneider, R.	NW 290	Brinkmann, V.	NW 275
Breidenstein, C.	NW 252	Brettschneider-Mroß, K.	HE 189	Brinkmann-Rendels, M.	NW 309
Breidenstein, R.	NW 252	Bretzer, U.	VwG 506	Brinkmann-Schönfeld, T.	BRA 147
Breidling, O.	NW 244	Breucker, H.	BW 55	Brinkmöller, B.	BY 112
Breiler, J.	NW 310	Breucker, K.	BW 48	Brinkschmidt, E.	HH 162
Breininger, W.	HE 179	Breuer, A.	SAN 371	Britz, B.	RP 330
Breinl, B.	BY 114	Breuer, C.	HE 171	Britzke, J.	VerfG 405
Breinlinger, A.	ArbG 423	Breuer, G.	BER 118	Britzke, J.	VwG 491
Breitbach-Plewe, H.	VwG 503	Breuer, H.	NW 302	Brix, P.	MV 204
Breitenstein, H.	SAN 289	Breuer, H.	RP 328	Brixner, O.	BY 105
Breitinger, G.	BY 110	Breuer, K.	HH 161	Briët, C.	EuGH 519
Breitkopf, H.	BRA 140	Breuer, K.	VwG 514	Brocher, B.	BER 129
Breitkopf, K.	SG 465	Breuers, W.	NW 304		

555

Brock, B.	SAC 350	Broß, S.	BU 7	Brümmer, G.	VwG 490
Brock, U.	VwG 478	Bross, W.	BW 56	Brümmer, M.	BY 85
vom Brocke, G.	NDS 232	Broßardt, S.	BY 92	Brüne, H.	ArbG 430
Brocke-Frahm, H.	SH 386	Brossok, G.	HE 176	Brüner, F.	BY 99
Brockhaus, R.	VwG 499	Brossok, H.	VerfG 406	Brünger, K.	NW 269
Brockhöft, K.	NDS 239	Brossok, H.	VwG 499	Brünging, H.	BER 118
Brocki, J.	NW 280	Brost, B.	NW 307	Brüning, A.	NW 309
Brockmann, H.	BER 117	Broszat, U.	SH 385	Brüning, H.	BU 7
Brockmann, K.	NW 283	Broszukat, F.	RP 332	Brüning, H.	HH 157
Brockmann, K.	VwG 475	Brousek, A.	BER 132	Brüning, M.	NW 284
Brockmann, M.	NW 291	Brouër, D.	BRA 135	Brüning, S.	BER 132
Brockmeier, J.	SAC 358	Broy-Bülow, C.	VwG 485	Brüning, W.	MV 206
Brockmeier, L.	NW 272	Bruch, A.	BER 130	Brüninghaus, T.	HH 159
Brockmeier, W.	VwG 504	zum Bruch, B.	VwG 501	Brünker, H.	NW 304
Brockschmidt, A.	NW 309	zum Bruch, H.	NW 253	Brünker, W.	NW 311
Brodach, I.	MV 206	Bruch, I.	NW 263	Brünninghaus, M.	SAN 364
Brodale, M.	VwG 505	Bruchmüller, U.	SAN 373	Brüns, B.	NW 288
Brodersen, K.	BY 67	Bruckmann, D.	BY 99	Brüny, J.	HH 159
Brodmann, H.	NW 301	Bruckmann, E.	BER 125	Brüser, M.	BRA 147
Brodmann, J.	BW 30	Bruckmann, H.	ArbG 427	Brüser, M.	SAC 359
Brodöfel, R.	NW 305	Bruckmayer, G.	BY 72	Brütting, B.	NW 272
Brodowski, C.	BER 115	Brudermüller, G.	BW 23	Brütting, F.	BY 69
Brodowski-Kokesch, I.	NW 288	Brüchert, R.	NW 247	Brugger, S.	BW 26
Bröcheler-Liell, B.	VwG 508	Brüchner, U.	HH 158	Brugger, U.	VwG 491
Bröck, D.	NW 267	Brück, C.	SAA 341	Bruggmoser, W.	BY 67
Bröcker, H.	SH 385	Brück, M.	SG 460	Bruggner, M.	BW 29
Bröckling, R.	BER 124	Brück, R.	NW 262	Brugsch, V.	BY 88
Bröder, J.	NW 297	Brück, U.	HH 163	Bruhn, H.	SH 381
Brödl, K.	SG 454	Brückel, R.	NW 302	Bruhn, H.	VwG 513
Bröhl, K.	BU 10	Brücker, U.	HH 159	Bruhn, L.	SH 383
Bröhmer, E.	BRA 142	Brückl, S.	VwG 483	Bruhn, N.	BY 104
Bröker, U.	VwG 502	Brückmann, B.	BER 132	Bruhns, S.	NDS 218
Brömel, G.	NW 255	Brückmann, M.	NDS 239	Bruker, L.	NW 283
Brömer, S.	BER 122	Brückner, D.	BER 131	Bruksch, H.	VwG 494
Brömme, P.	BRA 145	Brückner, F.	ArbG 435	Brumberg, D.	NW 263
Brömmelmeier, E.	NW 288	Brückner, H.	BY 74	Brumberg, H.	NW 263
Brönstrup-Oltrogge, K.	NDS 219	Brückner, J.	VwG 504	Brummer, G.	ArbG 421
Brösamle, B.	SAC 350	Brückner, K.	SG 460	Brundage, B.	BER 128
Brösch, W.	FG 443	Brückner, M.	HH 159	Brune, A.	FG 447
Dr. Brötel, A.	BW 39	Brücknner-Hofmann, J.	NW 307	Brune, K.	SG 466
Broich, M.	BY 91	Brüggehagen, P.	NDS 218	Brune, L.	BRA 147
Broihan, U.	NDS 238	Brüggemann, A.	VwG 505	Brune, U.	ArbG 426
Brokamp, M.	BY 91	Brüggemann, B.	VwG 501	Bruneß-Richter, I.	BY 85
Broll, E.	HE 174	Brüggemann, C.	SAN 371	Brunholt-Kirchner, M.	NW 269
Brommann, J.	SH 380	Brüggemann, D.	SH 383	Brunk, H.	FG 439
Bronczek, M.	NW 245	Brüggemann, E.	BER 117	Brunke, U.	BER 122
Brondics, K.	ArbG 430	Brüggemann, G.	NW 267	Brunke, W.	SG 463
Bronisch-Holtze, E.	NDS 216	Brüggemann, K.	NW 288	Brunkenhövers, H.	SAN 371
Bronisch-Holtze, M.	NDS 218	Brüggemann, P.	NW 267	Brunkhorst, I.	NDS 225
Bronny, K.	NW 258	Brüggemann, R.	SAN 369	Brunkow, A.	MV 206
Broo, F.	SAA 337	Brüggemann, V.	NW 268	Brunkow, G.	RP 319
Brors, E.	NW 280	Brüggemeier, G.	BRE 150	Brunn, B.	BU 13
Brosch, C.	BW 28	Brüggen, P.	NDS 236	Brunn, B.	BY 91
Brosch, L.	NW 260	Brüggentisch, W.	NW 300	Brunn, F.	VwG 512
Broschat, G.	HE 187	Brügmann, L.	ArbG 434	Brunn, S.	BW 27
Broschat, R.	BER 128	Brühl, G.	HE 178	Brunner, D.	BY 113
Brosche, D.	NDS 215	Brühl, P.	RP 331	Brunner, E.	BY 84
Brosowsky, R.	NDS 229	Brühl, R.	RP 321	Brunner, E.	RP 330
		Brühler, G.	ArbG 416	Brunner, I.	BW 26

Brunner, N.	VwG 484	Buck, D.	BER 120	Büermann, W.	NDS 227
Brunner, R.	BY 70	Buck, D.	NDS 217	Büge, J.	VwG 499
Brunnert, K.	SAN 367	Buck, E.	BW 40	Büger, U.	HE 179
Brunnquell-Geiger, C.	BW 64	Buck, G.	BY 98	Bühl, A.	BY 113
Brunnstein, M.	BER 129	Buck, P.	NW 248	Bühl, B.	BY 111
Bruno, J.	NW 267	Buck-Kirchner, B.	NDS 217	Bühler, H.	BW 52
Brunotte, B.	VwG 502	Buckbesch, W.	NDS 215	Bühler, R.	NW 241
Bruns, A.	SAC 357	Buckel, K.	ArbG 416	Bühler, R.	RP 328
Bruns, B.	BER 131	Buckels, F.	NW 250	Bühler, S.	BW 62
Bruns, H.	NDS 228	Buckow, F.	BER 122	Bühne, R.	NW 254
Bruns, K.	NW 273	Budach, G.	VwG 502	Bühring, M.	BU 15
Bruns, M.	BU 9	Budach, W.	VwG 502	Bühring, R.	HH 165
Bruns, N.	NDS 231	Budde, G.	BER 117	Bühring-Pfaff, S.	VwG 503
Bruns, O.	NDS 226	Budde, K.	NDS 240	Bühring-Uhle-Lehmann, K.	HH 160
Bruns, W.	NDS 231	Budde, L.	NW 263	Bührmann, S.	NDS 240
Brunstein, B.	NW 309	Budde-Haldenwang, D.	ArbG 427	Bülles, E.	NW 305
Brusch, H.	BY 83	Buddeberg, H.	BW 42	Büllesbach, K.	NW 255
Bruse, W.	BRA 145	Buddenberg-Altemeier, A.	NW 271	Büllesbach, N.	VwG 504
Bruse-Lüdemann, D.	ArbG 436	Buddendiek, U.	RP 317	Büllesfeld, P.	NW 298
Bruske, A.	NW 281	Budelmann, I.	HH 159	Büllmann, H.	NW 249
Bruske, F.	NW 308	Budelmann-Vogel, M.	NW 308	von Bülow, B.	BRA 147
Bruske, L.	MV 205	Buder, C.	RP 317	Bülow, H.	ArbG 423
Brustmann, P.	BY 73	Budesheim, S.	BY 67	Bülow, H.	BRA 147
Brutzer, R.	NDS 230	Budeus, A.	NW 288	Freiherr von Bülow, R.	NDS 213
Bruxmeier, J.	SAA 339	Budewig, K.	SAC 344	Bült, A.	MV 205
Brychcy, C.	BY 99	Budke, J.	NDS 235	Bülte, G.	NW 254
Brzoska, J.	BW 32	Budtke, W.	SAN 364	Bültel, C.	SG 471
Bube, B.	BW 63	Budzinski, B.	VwG 476	Bülter, G.	VwG 504
Bube, B.	VwG 478	Büch, A.	NW 297	Bülter, J.	HH 160
Bubeck, T.	SG 452	Büch-Schmitz, C.	RP 323	Bülter, T.	SAC 357
Bubeck-Rauch, H.	BW 53	Büchel, A.	VwG 510	Bülthoff, G.	NDS 232
Bublies, W.	SH 375	Büchel, H.	HH 158	Bültmann, D.	BW 63
von Bubnoff, E.	BW 23	Büchel, K.	VwG 501	Bültmann, H.	FG 441
Buchberger, E.	VerfG 405 / VwG 492	Büchel, R.	BMJ 3	Bünemann, A.	NW 267
Buche, H.	SH 382	Büchele, M.	ArbG 413	Bünger, D.	ArbG 416
Buchelt, I.	BY 84	Bücheleres, M.	NW 245	Bünger, D.	NDS 233
Buchen, H.	NW 253	Büchler, D.	NW 252	Bünger, R.	HE 192
Bucher, A.	NW 294	Büchler, F.	BW 25	Bünning, H.	HH 162
Bucher, G.	BW 39	Büchner, B.	VwG 476	Bünte, B.	VwG 504
Bucher-Rixecker, M.	SAA 341	Büchner, D.	BY 68	Bünten, W.	NW 243
Buchetmann, M.	BU 15	Büchner, F.	NDS 211	Bürck, H.	BU 12
Buchfink, U.	BW 61	Büchner, R.	HE 171	Bürgel, G.	BRA 147
Buchheister, J.	VwG 487	Büchner, R.	NDS 227	Bürgel, R.	NDS 218
Buchholz, G.	NW 279	Bücholdt, K.	NW 269	Bürgelin, O.	BW 37
Buchholz, H.	NW 296	Büchs, V.	BY 112	Bürgelin, S.	BW 63
Buchholz, M.	HH 160	Büchter, H.	NW 282	Bürger, E.	NW 296
Buchholz, R.	VwG 501	Büchter-Hennewig, K.	NW 277	Bürger, F.	NDS 216
Buchhorn, W.	NDS 221	Bücken-Thielmeyer, D.	VwG 497	Bürger, G.	NW 247
Buchloh, V.	SAN 364	Bücker, L.	NW 249	Bürgin, W.	HE 188
Buchmann, D.	NW 302	Bücker, R.	NW 304	Bürk, E.	BW 21
Buchmann, G.	RP 326	Bücker, R.	VwG 512	Bürk-Weitlich, S.	BER 123
Buchmann, J.	NW 306	Bückert, I.	BW 28	Bürkel, M.	SAC 348
Buchmann, P.	NDS 216	Bücking, R.	HE 178	Bürkle, J.	BW 53
Buchmann, R.	BW 60	Bücklein, A.	BY 96	Bürks, A.	BER 129
Buchner, G.	BY 100	Büddefeld, D.	NW 255	Bürks, R.	BER 127
Buchner, I.	NW 272	Büdel, R.	BY 75	Büschelmann, U.	BER 124
Buchwaldt, E.	HE 169	Büdenbender, E.	VwG 498	Büschen, C.	VwG 496
Buciek, K.	FG 446			Büscher, A.	SAN 373

Büscher, H.	BRA 138	Bunners, P.	HH 164	Burmeister, G.	VwG 498
Büscher, W.	NW 244	Bunse, I.	BRA 143	Burmeister, H.	SAC 349
Büschgens, V.	VwG 490	Bunzendahl, G.	SAN 372	Burmeister, J.	MV 200
Büsen, H.	NW 260	Burandt, H.	VwG 507	Burmeister, J.	SH 377
Büsing, W.	SH 380	Burbach-Wieth, S.	SAC 348	Burmeister, M.	SAA 338
Büssemaker, P.	NW 282	Burchards, D.	VwG 485	Burmeister, M.	SH 387
Büsser, R.	RP 320	Burchardt, K.	BU 11	Burmeister, U.	MV 195
Büte, D.	NDS 213	Burck, G.	SH 376	Burmester, W.	NDS 227
Büter-Kötting, M.	NDS 235	Burckgard, F.	FG 448	Burr, B.	VwG 478
Büthe, G.	BW 34	Burckhardt, K.	NW 247	Bursch, M.	HH 166
Bütikofer, F.	BY 105	Burckhardt, W.	BY 80	Burschel, H.	TH 396
Büttinghaus, F.	NW 283	Burdenski, B.	HE 175	von Burski, U.	VwG 476
Büttner, B.	BER 125	Burg, H.	BY 109	Burst, S.	BW 63
Büttner, D.	NW 257	Burgard, H.	SAA 338	Burwitz, G.	SH 383
Büttner, F.	SAN 366	Burgard, J.	SAC 359	Burzynska, M.	VwG 498
Büttner, H.	HH 162	Burgdorf, R.	SAN 371	Busam, G.	BW 38
Büttner, H.	NW 293	Burger, A.	BW 65	Busch, A.	NDS 218
Büttner, H.	SAC 356	Burger, B.	BW 37	Busch, A.	NDS 239
Bugenhagen-Hinz, K.	MV 200	Burger, E.	ArbG 414	Busch, F.	HE 193
Buhk, B.	HH 165	Burger, J.	BW 48	Busch, G.	BU 17
Buhl, B.	BY 72	Burger, J.	BY 101	Busch, H.	HE 171
Buhl, B.	SG 459	Burger, K.	BY 96	Busch, H.	NW 302
Buhl, J.	VwG 475	Burger, R.	BY 72	Busch, I.	RP 333
Buhles, F.	SAC 359	Burger, T.	SAN 365	Busch, J.	NW 307
Buhlmann, J.	NDS 220	Burger, W.	HE 187	Busch, K.	NW 271
Buhlmann, K.	NW 245	Burger, W.	RP 325	Busch, M.	BRA 143
Buhlmann, S.	SAN 367	Burger-Veigl, U.	VwG 479	Busch, P.	SH 375
Buhmann, H.	BER 130	Burgermeister, U.	BW 28	Busch, P.	VwG 513
Buhmann, R.	BY 94	Burges, G.	NW 264	Busch, R.	VwG 504
Buhr, D.	NW 287	Burghardt, A.	BY 70	Busch, U.	ArbG 433
Buhr, H.	NW 286	Burghardt, H.	BRA 145	Busch, U.	HE 189
de Buhr, I.	BRA 142	Burghardt, H.	NW 296	Busch, W.	ArbG 435
Buhr, R.	BW 29	Burghardt, J.	SG 465	Busch-Breede, R.	HH 159
Buhr, W.	BER 132	Burghardt, M.	BY 72	Buschbaum, P.	NW 291
de Buhr, W.	NDS 231	Burghardt, S.	BER 122	Busche, G.	NDS 213
Buhren, U.	NW 296	Burghardt, V.	BRA 140	Buschfeld, F.	NW 253
Buhrow, J.	BMJ 3	Burgmüller, B.	BER 122	Buschhoff, S.	BER 128
Buhs, O.	FG 449	Burgwinkel-Krampitz, P.	NW 311	Buschhüter, H.	NW 243
Buick, A.	NDS 239	Burhoff, D.	NW 264	Buschmann, E.	NW 289
van Buiren, D.	HH 163	Burian-Sodhi, K.	VwG 478	Buschmann-Fricke, G.	NDS 224
Bulian, W.	SG 473	Burk, G.	HE 183	Buschmeier, J.	NW 262
Buller, B.	NW 274	Burk, M.	BER 128	Buschner, I.	SAN 372
Bulling, M.	NDS 235	Burk, T.	BW 32	Buse, K.	BRE 151
Bulling, R.	BER 119	Burkart, H.	NDS 214	Buseck, H.	RP 315
Bullinger, A.	VwG 475	Burkart, R.	BW 23	von Busekist, O.	HE 185
Bumann, D.	VwG 486	Burkert, M.	SAC 350	Busekow, M.	RP 317
Bumke, U.	VwG 486	Burkhard, S.	HE 192	Busemann, A.	ArbG 431
Bundschuh, P.	ArbG 435	Burkhardt, S.	HH 165	Busenius, C.	BY 112
Bunert, W.	FG 445	Burkhardt, E.	NDS 230	Buser, R.	RP 329
Bung, K.	BER 115	Burkhardt, F.	BY 96	Buske, A.	HH 160
Bungardt, H.	NW 296	Burkhardt, G.	BY 90	Busold, H.	NW 275
Bungart, R.	NW 306	Burkhardt, R.	BRA 144	Buß, T.	SAN 371
Bunge, B.	BRA 136	Burkhardt, R.	RP 330	Buß, W.	HH 157
Bunge, R.	SH 375	Burkhardt, T.	RP 332	Buss, R.	HE 171
Bungeroth, A.	NDS 220	Burkhardt, T.	SAN 373	Busse, A.	BER 126
Bungeroth, E.	BU 8	Burkhardt, W.	BW 41	Busse, A.	SG 468
Bungert, H.	MV 206	Burkowski, M.	RP 332	von Busse, B.	NW 246
Bunk, U.	BW 63	Burmeister, A.	SH 382	Busse, B.	NW 276
Bunnemann, G.	NDS 232			Busse, B.	VwG 503

Busse, C.	BRA	145	Caspar, R.	BY	105	ChristoffelUlrich, K.	RP 317
Busse, C.	NDS	214	Caspar, T.	SAA	338	Christokat, J.	NDS 226
Busse, F.	HH	159	Caspar-Markmann, A.	SAA	338	Christophliemk, B.	NW 246
Busse, P.	NW	241	Caspari-Wierzoch, H.	VwG	503	Christowzik, J.	BER 128
Busse, S.	SAN	373	Caspers, M.	NW	260	Chudoba, G.	BY 83
Busse, V.	NW	289	Cassardt, G.	BY	89	Chudoba, U.	SAA 337
Busse, Y.	BMJ	4	Cassel, J.	HH	161	Chumchal, N.	VwG 501
Bußjäger, G.	TH	399	Cassen-			Chwolik-	
Bußmann, B.	BY	105	Barckhausen, B.	BER	120	Lanfermann, E.	NW 244
Bußmann, E.	BY	89	Freiherr von Castell, F.	BY	87	Chwoyka, R.	BY 73
Bußmann, H.	NDS	209	Castendyck, C.	BER	130	Cierniak, J.	RP 313
Bußmann, H.	NW	274	Castner-Schönborn, I.	BW	55	Ciesla, G.	ArbG 435
Busson, P.	BER	132	Castor, C.	BW	27	Ciolek-Krepold, K.	BY 101
Butemann, H.	NW	263	Catrein, A.	SAA	341		112
Buter, K.	VwG	500	Cattepoel, B.	NDS	235	Cipulis-Levits, I.	SH 386
Butscher, K.	HE	192	Cazacu, L.	BY	113	von Ciriacy-Wantrup, H.	BY 106
Butscher, P.	BW	50	Cebulla, R.	BY	96	Cirkel, H.	VwG 499
Buttler, R.	NDS	211	Cech, N.	NDS	212	Cirullies, B.	NW 286
Buttschardt, K.	BW	64	Cermak, W.	BY	103	Cirullies, M.	NW 278
Butz, H.	NW	245	Cezanne, A.	VwG	493	Cissée, B.	FG 444
Butz, W.	FG	444	Chaborski, C.	VwG	482	Ciszewski, J.	BRA 138
Butzinger, T.	VwG	507	Chanteaux, R.	NW	257	Citron-Piorkowski, R.	VerfG 404
Buus, K.	TH	395	Chappuzeau, C.	NDS	215		VwG 485
Buyer, C.	FG	440	Charissé, U.	BW	28	Claaßen, M.	VwG 495
			Charlier, H.	VwG	502	Claessen, M.	NW 298
C			Chase, M.	BY	83	Clages, E.	BER 124
			Freifrau von Chiari, H.	SG	455	Clapier-Krespach, A.	BW 29
Cablitz, H.	MV	205	Chlosta, D.	SH	384	Clar-Puschmann, D.	NW 246
Caesar, A.	NW	305	Chlosta, I.	FG	449	Claßen, A.	FG 445
Caesar, H.	ArbG	431	Chlosta, J.	SH	376	Claßen, C.	BY 114
Caesar, M.	NW	293	Christ, H.	RP	319	Claßen, C.	SAC 355
Caesar, P.	RP	313	Christ, J.	VwG	476	Claßen, K.	NW 257
Calhoun, B.	HE	193	Christ, M.	BY	100	Claßen, L.	NW 304
Caliebe, D.	NW	299	Christ, P.	NW	281	Claßen, W.	NW 295
Caliebe, G.	NW	299	Christ, R.	BW	60	Claßen-Beblo, M.	BER 117
Callsen, K.	FG	446	Christ, S.	HE	176	Claude, E.	HE 187
Calsow, W.	VwG	485	Christ, S.	TH	399	Claudé, H.	SAN 366
Calvis, M.	NW	307	Christ, W.	BER	117	Claus, A.	NDS 216
Cambeis-Glenz, A.	VwG	507	Christ-Erbarth, S.	TH	399	Claus, C.	HE 189
Campbell, B.	BY	90	Christ-Krüger, U.	NDS	223	Claus, M.	HE 167
von Campe, H.	NDS	219	Christensen, G.	BU	13	Claus, S.	VwG 495
von Campen, G.	SG	464	Christensen, P.	BMJ	4	Clausen, G.	NW 302
Campowsky, M.	NDS	222	Christian, U.	SG	453	Clausen, H.	NW 241
Capito, R.	NW	285	Christiani, R.	BY	113	Clausen, H.	SH 377
Cappel, H.	BU	14	Christians, A.	VwG	504	Clausen, P.	ArbG 428
Carduck, H.	NW	294	Christians, P.	VwG	502	Clausen, S.	VwG 513
Carl, D.	BER	124	Christians-Benning, B.	NDS	217	Clausing, B.	NW 247
Carl, E.	HE	170	Christiansen, A.	BU	11	Clausing, B.	VwG 503
Carl, E.	HE	181	Christiansen, H.	NDS	224	Clausing, H.	BER 121
Carl, E.	NW	287	Christiansen, J.	BER	123	Clausing, M.	BY 112
Carls, P.	HE	173	Christiansen, M.	SAC	358	Clauß, W.	BW 52
Carlé, E.	ArbG	431	Christiansen, R.	VerfG	405	Claußen, W.	BW 54
Carra, H.	RP	328	Christl, G.	BY	108	Claussen, A.	ArbG 419
Carra, K.	NW	250	Christmann, A.	HE	176	Clavée, K.	NW 245
Carstens, W.	NDS	222	Christmann, G.	HE	185	Clemen, P.	NW 272
Carstensen, H.	VwG	490	Christmann, M.	SAA	339	Clemens, G.	NW 305
Carstensen, N.	NDS	213	Christoffel, B.	RP	333	Clemens, K.	SAN 362
Casimir, H.	BER	119	Christoffel, C.	BER	119	Clemens, T.	SG 451
Casjens, U.	BRE	151	Christoffel, E.	RP	319	Clement, G.	ArbG 415

559

Clement, K.	BRA 147	Cords, E.	NDS 230	Cziesla, B.	FG 445
Clementi, B.	BY 89	Cornand, P.	SG 459	Czieslik, U.	SH 382
Clessienne, F.	RP 318	Cornelius, A.	NDS 211	Czinczoll, R.	ArbG 430
Clever, M.	SG 469	Corsmeyer, E.	VwG 494	Czingon, C.	ArbG 434
Clever, W.	NW 286	Corts, J.	ArbG 416	Czingon, H.	VwG 509
Clodius, G.	SAN 365	Coseriu, P.	SG 474	Czub, H.	SAC 343
Clodius, T.	VwG 509	Cosmas, G.	EuGH 517	Czub, R.	SAC 343
Cloeren, C.	VwG 506	Cost-Schmid, S.	BW 39	Czub, R.	VwG 510
Cloidt, T.	BER 129	Costa, A.	BY 103	Czujewicz, C.	BER 127
Cloppenburg, H.	NDS 233	Costede, H.	NDS 212	Czwikowski, C.	SH 381
Cloppenburg, M.	MV 204	Cottäus, C.	BRA 147	Czychon, W.	NDS 227
Cloppenburg, T.	NDS 233	Courth, W.	NW 295	Czyszke, S.	BRA 147
Clos, H.	BY 88	Cox, E.	BW 30		
Clouth-Gräfin		Cramer-Frank, B.	NDS 216	**D**	
von Spee, N.	NW 309	Cramer-Krahforst, C.	BRA 143		
Cludius, S.	VwG 487	Craney-Kogel, B.	FG 447	Daams, H.	NW 250
Coburger, D.	NW 269	Crass, U.	BER 117	Dabelow, T.	VwG 500
Cöllen, H.	NW 247	Credé, D.	HE 189	Daberkow, V.	NW 259
Coenen, S.	NW 303	Cremer, K.	BER 127	Dabitz, A.	FG 445
Coenen, W.	NW 253	Cremer, M.	NW 311	Dabs, V.	BW 45
Coeppicus, R.	NW 249	Creutzfeldt, M.	ArbG 436	Dach, I.	NW 297
Coerdt, K.	NW 272	Crevecoeur, D.	NW 284	Dachlauer, J.	VwG 480
Coerper, H.	BY 102	Crezelius, R.	NW 285	Dachs, H.	BY 91
Cohrs, G.	HH 161	Crolla, K.	NW 294	Dähling, G.	SAN 370
Colberg-Fründt, D.	NDS 208	Crome, B.	BRE 150	Dähn, G.	BW 57
Collas, M.	NW 307	Cromm, A.	HE 177	Dähnhardt, E.	MV 200
Collignon, S.	SG 460	Cromme, K.	SAN 362	Dähnhardt, W.	HH 165
Collin, S.	HE 171	Cronberger, I.	SAA 338	Däther, G.	HE 169
Collin, W.	NDS 210	Crone, E.	SG 467	Däuber, V.	ArbG 431
Colling, H.	SAA 340	Crones, I.	HE 186	Däubler, K.	RP 320
Collmann, H.	BW 39	Crückeberg, C.	NDS 233	Däwes, H.	HH 165
Colneric, N.	ArbG 435	Crückeberg, H.	NDS 232	Dageförde, H.	VwG 484
Columbus, K.	BW 53	Crüwell, V.	FG 444	Daheim, J.	NW 291
Comtesse, M.	SG 474	Crumbach, R.	ArbG 418	Dahl, H.	VwG 501
Conrad, C.	BY 101	Crummenerl, H.	NW 254	Dahl, M.	NW 246
Conrad, C.	RP 333	Crummenerl, U.	VwG 500	Dahl, O.	NW 281
Conrad, D.	BY 81	Crump, E.	NW 295	Dahl, T.	NW 300
Conrad, M.	NW 303	Crynen, H.	NW 296	Dahlem, E.	RP 323
Conrad, W.	NDS 212	Crynen, R.	NW 296	Dahlgrün, D.	RP 328
Conrad-Graf, D.	BW 26	Culemann, S.	NW 308	Dahlke-Piel, S.	VwG 509
Conradi, K.	RP 318	Cuntz, J.	SG 460	Dahlmann, W.	NW 302
Conring, W.	NDS 231	Cuntz-Fluck, D.	HE 177	Dahlmann-	
von Conta, H.	NW 304	Curdt, J.	NW 271	Dietrichs, H.	BER 130
Contag, E.	BER 116	Curkovic, J.	SG 470	Dahm, D.	VwG 485
Contenius, R.	NDS 220	Custodis, H.	NW 302	Dahm, H.	HH 164
Contier, W.	SAA 338	Cuvenhaus, H.	NW 282	Dahm, H.	NW 249
Contzen, E.	NW 273	Cuypers, M.	NW 243	Dahm, T.	SAC 349
Conver, I.	BY 112	Cygan, D.	NW 255	Dahmen, C.	BY 89
Conze, W.	ArbG 415	Cyprian, R.	NW 282	Dahmen, S.	BW 37
Conzen, K.	NW 296	Cyriax, G.	RP 327	Dahmen, T.	BW 26
Conzen, U.	NW 301	Cyrus, H.	RP 319	Dahmke, R.	SH 386
Cooke, J.	EuGH 519	Czaja, F.	NW 311	Dahms, H.	NDS 230
Coppée, K.	NW 305	Czajka, D.	VwG 495	Dahms, M.	SAC 356
Corcilius, N.	SAN 364	Czapski, P.	BU 13	Dahns, P.	HH 158
Cordemann, G.	NDS 333	Czauderna, R.	SH 377	Daimer, C.	BY 99
Cordes, E.	NW 302	Czepluch, A.	BER 120	Dalchow, A.	BRA 147
Cordes, M.	SAN 368	Czermak, G.	VwG 480	D'Alessandro, P.	SAC 345
Cordes, R.	HH 159	Czerny, D.	BW 53	Dalheimer, K.	BER 127
Cordes, W.	VwG 475	Czerwenka, B.	BMJ 4	Dalichau, G.	SG 460

Namensverzeichnis von Dellingshausen

Dalkolmo, E.	BW 53	Dasch, H.	BER 122	Deecke, D.	SH 381
Dall, C.	HE 186	Daschner, M.	SAC 357	Deecke, P.	NDS 209
Dallinger, W.	BW 31	Daseking, P.	NDS 225	Deeken, H.	NDS 231
Dallmann, G.	NW 298	Datz-Winter, C.	HE 176	Deffaa, U.	VwG 503
Dallmann, M.	MV 200	Datzmann, R.	BY 91	Degel, V.	ArbG 432
Dallmann, M.	NW 293	Dau, D.	BU 12	Degen, E.	HE 173
Dallmayer, P.	BY 101	Dau, H.	VerfG 404	Degener, E.	SG 451
Dallmer, I.	BER 119	Daubenmerkl, U.	VwG 481	Degenhardt, C.	NW 306
Dally, R.	MV 197	Daubitz, E.	TH 392	Degenhart, C.	BY 107
Damaschke, U.	SAN 369	Daubitz, K.	TH 392	Degenhart, C.	VerfG 407
Damaske, G.	SAC 354	Daubner, A.	HE 174	Deglmann, K.	BY 86
Damaske, T.	BER 131	Dauch, S.	ArbG 426	Degner, B.	NW 266
Dambeck, G.	BY 85	Daue, S.	BER 130	Degner, J.	NW 309
Dame, K.	BER 124	Dauge, I.	ArbG 433	Dehen, D.	RP 317
Damen, G.	NW 303	Daum, B.	VwG 490	Dehm, H.	BMJ 5
Damerow, M.	BER 122	Daum, J.	NDS 236	Dehmel, K.	NW 248
Dames, K.	SH 386	Daum, R.	TH 400	Dehmelt-Heinrich, S.	HE 184
Damhorst, M.	NW 309	Daum, W.	BY 82	Dehn, B.	BW 48
Damian, H.	VwG 507	Daumann, R.	SG 473	Dehn, J.	NDS 212
Damm, A.	BW 64	Daun, D.	NW 247	Dehnbostel, G.	VwG 495
Damm, B.	HE 181	Daun, J.	BW 63	Dehne, E.	HE 171
Damm, F.	HE 181	Dauscher, G.	VwG 480	Dehne, F.	BU 16
Damm, G.	BER 128	Dauster, M.	BY 99	Dehne, F.	VerfG 405
Damm, G.	HE 192	Daut, H.	NDS 212	Dehne, H.	BY 96
Damm, K.	BW 33	David, P.	BY 80	Dehner, F.	VwG 482
Damm, W.	ArbG 413	David-Meißner, B.	BY 89	Dehner, K.	BW 41
Damm, W.	HE 183	Davids, F.	NW 274	Dehning, M.	SH 380
Dammering, H.	NW 305	Dawartz, A.	SG 460	Deibel, K.	VwG 499
Damrau-Schröter, H.	VwG 502	Daweke, F.	SG 466	Deichfuß, H.	BW 32
Danch-Potthoff, K.	NW 273	Dawert, R.	SH 385	Deichmann, M.	HE 171
Dancker, T.	SAN 372	Dawin, M.	BU 12	Deichstetter, F.	SAC 345
Danelsing, W.	FG 447	Dax, H.	NW 260	Deiglmayr, A.	FG 440
Daners, I.	SG 467	Day, A.	SAC 359	Deike, K.	BER 128
Dangel, W.	BRA 141	Day, C.	BER 128	Deike, M.	BER 129
Danguillier, J.	NW 258	De Felice, J.	VwG 508	Deimel, K.	FG 445
Daniel, F.	HH 159	Debes, K.	BER 129	Deinböck, W.	BY 98
Danielowski, J.	TH 398	Debrus, M.	NW 298	Deininger, H.	VwG 480
Danielowski, K.	TH 395	Debus, B.	SG 466	Deipenwisch, B.	NW 279
Daniels, J.	HH 157	Debus, C.	RP 332	Deisberg, R.	NW 284
Danjel, B.	BER 122	Debus, N.	VwG 492	Deisenhofer, U.	BY 85
Dankwardt, A.	SAC 352	Debus-Dieckhoff, A.	BER 122	Deisenroth, A.	HE 179
Dann, R.	SH 379	Debusmann, G.	NW 262	Deiseroth, D.	VwG 499
Dannemann, D.	TH 398	Dechamps, R.	NW 275	Deiß, H.	BU 16
Danner, C.	ArbG 437	Dechent, N.	RP 317	Deißler, G.	BW 33
Danner, C.	BW 30	Decker, A.	VwG 481	Deklerk, H.	NW 304
Danner, H.	VwG 483	Decker, F.	VwG 501	Delau, U.	SAC 347
Dannewald, B.	NW 286	Decker, G.	NW 295	Delbeck, T.	NW 250
Dannreuther, D.	BY 83	Decker, G.	TH 399	van Delden, A.	HE 190
Dantzer, T.	HH 165	Decker, H.	ArbG 430	Delfs, U.	VwG 503
von Danwitz, K	NW 300	Decker, J.	NDS 215	Delitzsch, W.	NDS 225
	311	Decker, J.	RP 320	Delius, C.	BW 35
Dany, S.	VwG 507	Decker, U.	NW 244	Delius, G.	BY 68
Dany-Pietschmann, B.	RP 320	Decker-Fischer, S.	HE 179	Dell'Aquila, G.	NDS 228
Danz, F.	NW 254	Deckwirth, H.	NDS 213	Dellbrügge, H.	NDS 221
Dapper, B.	RP 332	Deckwirth, J.	NDS 221	Deller, M.	BRA 147
Dapper, M.	HE 192	Dederding, C.	HE 187	Deller, R.	NW 304
Dargatz, H.	SAC 358	Dederichs, K.	NW 305	Dellith, H.	HH 163
Dargel, H.	TH 389	Dedié, L.	NDS 209	Baronin von	
Darscheid, M.	RP 317	Dedner, S.	BER 120	Dellingshausen, U.	NW 272

561

Dellmans, W.	NDS 217	Deppermann-Wöbbeking, A.	SG 460	Deutschländer, S.	BER 132
Dellner, E.	BY 96			Deutschmann, S.	VwG 498
Dellwing, K.	SAA 339	Deppert, A.	HE 170	Deventer, A.	NW 260
Delonge, F.	BY 89	Deppert, K.	BU 7	Deventer, K.	ArbG 429
Deltau, S.	HE 188	Deppert-Kern, H.	BW 30	Deventer, R.	VwG 492
Delventhal, R.	RP 326	Deppisch, W.	BW 65	Deville, R.	NW 255
Demand, M.	NW 310	Deppner, K.	BW 40	Devriel, K.	BRA 142
Dembicki, M.	VwG 492	Derbach, M.	BRA 135	Dewald, V.	TH 389
Dembowski, E.	VwG 495	Dereser, M.	BY 111	Dewes, D.	RP 329
Dembowski, J.	HE 169	Derks, H.	NW 282	von Dewitz, D.	BW 33
Dembrowski, E.	VerfG 405	Derleder, A.	BRE 150	Dewitz, K.	BER 125
Demel, B.	HE 178	Derleder, A.	VerfG 404	Dexheimer, D.	RP 329
Demel, S.	HE 179	Derleder, P.	BRE 150	Dexheimer, N.	RP 331
Demeter, W.	BY 81	Derlin, H.	NDS 227	Dey, A.	HH 159
Demharter, J.	BY 68	Derpa, R.	VwG 500	Dey, S.	SAC 358
Demke, A.	NDS 240	Derra, J.	ArbG 415	Deyerling, A.	BY 76
Demleitner, W.	BY 111	Derrix, J.	NW 306	Deyhle, G.	BY 88
Demling, G.	VwG 482	Dersch, G.	NDS 208	Deyhle-Biermann, U.	BY 90
Demmel, I.	BY 112	Dersch, J.	NDS 208		
Demmel, K.	BY 110	Dertinger, C.	BRA 135	Deyringer, M.	ArbG 416
Demmer, E.	SAC 354	Dertinger, G.	SAC 347	Dhom, A.	VwG 479
Demmer, U.	SAC 355	Derwort, R.	HE 167	Dichgans, J.	NW 246
Demmer, W.	NW 299	Desch, D.	TH 401	Dichter, M.	NW 297
Demmerle, W.	RP 313	Desch, E.	BMJ 4	Dick, B.	BW 28
Demmler, W.	VwG 478	Deschka, P.	RP 330	Dick, F.	VwG 500
Demuth, H.	SAA 336	Desens, J.	BRA 145	Dick, I.	NW 245
Dencker, F.	NW 280	Desgrosseilliers, M.	TH 396	Dick, R.	NW 249
Deneke, U.	NDS 217	Deß, H.	SG 459	Dick, R.	RP 327
Deneke-Stoll, D.	BY 83	Dessau, A.	VwG 501	Dick-Küstenmacher, S.	VwG 509
Denger, B.	RP 331	Dessau, E.	BER 118	Dicke, C.	VwG 486
Denger, M.	SG 457	Detering, B.	NW 272	Dicke, F.	VwG 503
Dengler, D.	NW 243	Deters, S.	MV 203	Dicke, R.	ArbG 412
Dengler, K.	BY 70	Detert, H.	BER 115	Dickel, T.	SAN 371
Denk, K.	SAC 349	Dethloff, J.	BER 120	Dickersbach, A.	BU 12
Denk, K.	VwG 506	Detken, J.	HH 165	Dickert, T.	BY 68
Denk, N.	TH 398	Detsch, E.	HE 190	Dickfahr, B.	SG 468
Denkhaus, M.	NW 276	Dett, G.	BW 47	Dickhaus, D.	BER 131
Dennhardt, C.	HH 158	Dette-Koch, E.	BW 21	Dickhaut, A.	VwG 476
Dennhardt, J.	RP 318	Dettenhofer, U.	BY 105	Dickhut, H.	NDS 210
Dennhardt, K.	SAC 348	Detter, K.	BU 7	Dickmann, H.	FG 445
Denninger, E.	VerfG 407	Detting, K.	BER 129	Dickmann, T.	MV 205
Denny, M.	HE 193	Dettmar, C.	TH 399	Dickmeis, F.	NW 274
Dense, H.	NW 282	Dettmar, U.	TH 395	Dickmeis, M.	NW 275
Denst, S.	TH 393	Dettmer, H.	BER 127	Dickow, N.	VwG 489
Dentzien, F.	NDS 239	Dettmer, R.	FG 440	Dickreuter, I.	SG 453
Denz, R.	BW 23	Dettweiler, H.	SG 452	Dicks, H.	NW 244
Denz, T.	BY 83	Deucher, H.	ArbG 414	Dicks-Hell, K.	ArbG 430
Denzel, U.	BW 37	Deuerlein, U.	BY 111	Didier, P.	NW 252
Denzin, K.	NW 276	Deuerling, P.	BY 69	Didion	
Denzin, R.	MV 201	Deupmann, K.	NW 285	von Lauenstein, G.	BY 104
Denzinger, K.	SG 351	Deuscher, G.	BW 54	Didlap, F.	BRA 146
von Depka-Prondzynski, J.	NW 305	Deusing, K.	SAC 348	Didong, J.	SG 469
		Deußen, R.	NW 252	Dieck-Bogatzke, B.	NW 245
Depke, H.	NW 267	Deutsch, K.	MV 198	Dieckhöfer, J.	NW 272
Deppe, U.	NW 278	Deutsch, M.	NW 266	Dieckhoff, G.	VwG 512
Deppe, V.	VwG 485	Deutsch, R.	SAN 373	Dieckhoff, R.	TH 397
Deppe, W.	NDS 329	Deutsch-Busch, R.	SG 451	Dieckmann, B.	BER 120
Deppe, W.	SAN 361	Deutscher, A.	NW 270	Dieckmann, K.	BER 120
Deppe-Hilgenberg, D.	SAC 344	Deutschländer, K.	BRA 144	Dieckmann, S.	BER 118

Dittloff

Dieckmann-Wittel, H.	VwG 478	Dierks, J.	HE 174	Dietzel, K.	BY 68
Dieckvoß, H.	VwG 507	Dierolf, G.	BY 81	Dietzel, W.	SAC 356
Diedenhofen, H.	RP 320	Diers, L.	ArbG 429	Dietzel-Gropp, R.	NDS 227
Diederich, A.	RP 331	Diesch, H.	BW 57	Dietzmann, H.	NW 291
Diederich, K.	HE 190	Diesch, J.	BY 110	Diewald, W.	NW 294
Diederich, M.	NW 249	Diesem, R.	BMJ 4	Diewitz, M.	SG 469
Diederichs, F.	NDS 215	Diesing, O.	HE 171	Diez-Echle, B.	BW 38
Diederichs, H.	SAN 302	Dießel, H.	VwG 482	Diez-Holz, R.	NW 253
Diederichs, K.	BY 113	Dießelhorst, S.	BRA 145	Dihm, H.	BY 86
Diederichs, M.	BER 127	Dietel, E.	SG 454	Dikow, W.	BW 55
Diederichs, P.	NW 293	Dietel, J.	SAC 357	Dilg, G.	HE 180
Diederichsen, A.	BY 80	Dieter, K.	BRA 147	Dilger, E.	NDS 232
Diedrich, B.	HE 174	Dieterich, G.	VwG 492	Dill, T.	ArbG 414
Diedrich, I.	TH 392	Dieterich, J.	NDS 226	Dilling, G.	SG 470
Diedrich, K.	VwG 492	Dieterich, K.	SG 452	Dilling, K.	NW 265
Diedrichs, F.	NW 252	Dieterich, R.	HH 158	Dilling-
Diefenbach, A.	TH 398	Dieterich, T.	BU 10	Friedel, M.	HE 192
Diefenbach, H.	HE 190	Dieterich, U.	BRE 151	Dillinger, P.	BER 133
Diefenbach, W.	BU 12	Dieterich, W.	SG 451	Dillinger, P.	BY 88
Diehl, G.	HE 186	Dieth, N.	HE 184	Dillmann, K.	NDS 212
Diehl, H.	BY 68	Diethert, S.	ArbG 435	Dillmann, L.	VerfG 403
Diehl, H.	HE 170	Dietl, R.	BY 80	Dillmann, L.	VwG 479
Diehl, H.	NDS 231	Dietrich, A.	BER 119	Dilloo, K.	NW 245
Diehl, H.	RP 330	Dietrich, E.	BER 116	Dimbeck, F.	BY 86
Diehl, K.	BW 64	Dietrich, E.	SAC 354	Dimde, W.	HE 176
Diehl, R.	VwG 493	Dietrich, H.	NDS 212	Dimke, K.	TH 393
Diekel, H.	NDS 235	Dietrich, H.	RP 316	Dimmler, J.	BW 55
van Dieken, D.	BER 120	Dietrich, H.	RP 318	Dimmling, H.	BY 87
van Dieken, S.	BER 125	Dietrich, J.	NW 246	Dimpker, H.	MV 200
Diekmann, A.	BER 124	Dietrich, J.	NW 274	Dinger, H.	HE 190
Diekmann, D.	MV 205	Dietrich, J.	SG 455	Dingerdissen, H.	FG 447
Diekmann, G.	BER 132	Dietrich, J.	TH 398	Dingerdissen, H.	NW 263
Diekmann, H.	NW 286	Dietrich, M.	HE 190	Dingerdissen, K.	BY 99
Diekmann, J.	VwG 504	Dietrich, M.	NDS 239	Dinkelbach, A.	NW 311
Diekmann, R.	NW 268	Dietrich, M.	VerfG 403	Dinse, S.	MV 203
Dielitz, A.	BRA 141	Dietrich, P.	BW 26	Dinter, B.	NW 290
Dieluweit, W.	NDS 237	Dietrich, R.	BY 72	Dinter, J.	BY 27
Diem, E.	BY 102	Dietrich, S.	HH 160	Dippel, H.	SG 454
Diem, M.	VwG 477	Dietrich, W.	BU 9	Dippold, M.	BY 76
Diemer, G.	BW 32	Dietsche, K.	BW 40	Dippold, W.	BY 108
Diemer, H.	BU 9	Dietz, A.	BER 122	Dirion-Gerdes, G.	RP 330
Diemer, H.	SG 453	Dietz, A.	VwG 483	Dirk, K.	BER 127
Diemer, K.	BW 29	Dietz, E.	BW 59	Dirksen, L.	NW 310
Diemke, B.	VwG 502	Dietz, H.	SAC 348	Dirlenbach, C.	HE 186
Dienelt, K.	VwG 493	Dietz, H.	VwG 499	Dirnberger, C.	VwG 483
Dienemann, W.	TH 398	Dietz, I.	BY 97	Diroll, W.	BY 106
Diener, G.	RP 315	Dietz, K.	FG 445	Dirschoweit, K.	HE 176
Diener, H.	SAC 346	Dietz, O.	VerfG 406	Discher, T.	VwG 486
Diener, U.	BY 71	Dietz, P.	BW 38	Dischinger, R.	TH 400
Dienst, M.	RP 332	Dietz, R.	NW 302	Disqué, K.	BW 29
Dier, J.	SAA 336	Dietz, U.	BW 39	Dißmann, K.	VwG 494
Dierdorf, T.	ArbG 426	Dietz, U.	BW 59	Distler, W.	BY 99
Dierenbach, W.	BW 23	Dietz, W.	BW 56	Dithmar, U.	VwG 485
Dierke, J.	VwG 505	Dietz, W.	HE 176	Ditlevsen, G.	BW 51
Dierkes, D.	RP 318	Dietz, W.	SG 452	Ditten, D.	BW 45
Dierkes, R.	VwG 507	Dietze, J.	VwG 597	Dittert, A.	ArbG 417
Dierking, J.	ArbG 424	Dietze, K.	SAC 354	Dittert, A.	NW 309
Dierks, G.	NDS 232	Dietze, V.	BW 46	Dittes, H.	BW 28
Dierks, H.	BRE 152	Dietzel, E.	VwG 504	Dittloff, S.	MV 201

563

Dittmann, I.	SAC 358	Doepfner, K.	BY 71	Dolle, M.	VwG 486
Dittmann, K.	VwG 489	Döpke, D.	NDS 216	Dollinger, F.	VwG 477
Dittmann, M.	NW 307	Döpper, R.	SH 387	Domann-	
Dittmann, T.	BMJ 4	Dörffler, D.	HH 162	Hessenauer, J.	VwG 493
Dittmann, T.	VwG 491	Dörfler, H.	MV 203	Domat, P.	NW 303
Dittmar, A.	BW 38	Dörfler, K.	BY 71	Domberger, B.	BY 114
Dittmayer, N.	BRE 152	Dörfler, K.	NDS 234	Dombert, C.	NW 289
Dittmer, W.	FG 447	Dörfler, S.	BER 131	Dombert, M.	VerfG 404
Dittmers, E.	VwG 503	Dörge, C.	FG 440	Dombrowski, K.	HE 176
Dittmers, J.	HH 164	Döring, B.	HH 166	Domdey, M.	VwG 513
Dittrich, A.	BMJ 4	Döring, G.	NW 269	Domeier, H.	NW 266
Dittrich, C.	BER 131	Döring, H.	NDS 231	Domgörgen, U.	VwG 500
Dittrich, C.	HE 170	Döring, H.	NW 281	Domke, G.	MV 205
Dittrich, E.	BER 123	Döring, H.	VwG 491	Domke, K.	VwG 500
Dittrich, E.	HE 170	Dörkes, A.	NW 301	Domke, P.	SH 379
Dittrich, F.	BER 123	Dörmann, A.	VwG 498	Domke, U.	BER 117
Dittrich, H.	BER 116	Dörner, C.	VwG 483	Doms, M.	BER 128
Dittrich, H.	VerfG 404	Dörner, E.	BY 92	Domschat, K.	FG 444
Dittrich, J.	BW 61	Dörner, H.	BU 10	Domuradt-Reichel, K.	BER 133
Dittrich, J.	HE 179	Dörner, K.	ArbG 431	Donandt, J.	MV 200
Dittrich, K.	HE 192	Dörner, S.	SAC 358	Donath, H.	NW 267
Dittrich, O.	FG 440	Dörnhofer, R.	SAC 359	Donevang, M.	VwG 477
Dittrich, U.	SG 458	Dörr, C.	BU 8	Donie, G.	ArbG 432
Ditzen, C.	BER 125	Dörr, C.	HE 170	Donner, G.	BY 103
Diwell, L.	BER 115	Dörr, C.	SAA 341	Donner, U.	NW 270
Dobler, G.	BY 85	Dörr, H.	NW 303	Dopatka, C.	NDS 221
Dobnig, P.	BY 107	Dörr, J.	BY 101	Dopfer, J.	BW 27
Dobrikat, W.	BER 131	Dörr, M.	SG 464	Dopheide, V.	NW 284
Dochnahl, H.	BW 34	Dörr, S.	VwG 492	Dopke, F.	HH 166
Dodegge, G.	NW 276	Dörr, T.	BW 57	Dopp, A.	SH 385
Dodegge, K.	NDS 218	Dörrwächter, H.	BW 24	Dopp, R.	MV 195
Doderer, H.	BW 24	Dörsch, H.	NW 286	Doppelhammer, W.	BY 86
Dodt, H.	NW 266	Dösing, H.	VwG 480	Dopslaff, U.	BRA 135
Döbel, P.	SH 380	Dötsch, E.	VwG 476	Dorer, M.	BW 55
Döbereiner, H.	NW 284	Dötsch, F.	BU 11	Dorff, U.	HH 163
Döbig, W.	BY 102	Dötsch, R.	RP 318	Dormanns, S.	NW 253
Doebner, H.	NDS 210	Dötzer, F.	BY 106	Dormeyer, K.	NDS 220
Döbold, B.	HE 191	Dohm, C.	SH 380	Dorn, E.	HE 176
Doege, V.	NDS 228	Dohmel, W.	SG 453	Dorn, M.	NDS 227
Doehlert, H.	FG 441	Dohmen, H.	NW 306	Dorn, M.	VwG 501
Döhner, M.	BY 95	Dohmen, P.	FG 446	Dornach, M.	BY 113
Döhner, W.	HE 172	Dohnke, A.	NW 302	Dorner, H.	BY 106
Döhrel, T.	NDS 214	Dohnke, J.	VwG 501	Dorner, J.	BW 47
Döhring, G.	SH 381	Dohnke-Kraff, M.	NW 244	Dornhöfer, I.	SG 453
Döinghaus, B.	NW 255	Dohr, F.	NW 243	Dornick, H.	BW 29
Döink, L.	NW 281	Doht, E.	NW 288	Dorp, M.	ArbG 432
Dölfel, G.	FG 440	Doil, E.	BRA 137	Dorsch, G.	VwG 482
Döll, K.	TH 391	Dold, G.	BW 31	Dorsch, H.	BER 127
Döll, K.	VwG 478	Dold, I.	BW 40	Dortschy, J.	ArbG 426
Dölle, J.	TH 392	Dolderer, M.	VwG 476	Dory, U.	VwG 478
Döllel, H.	SH 384	Dolega, D.	BY 84	Dose, G.	SH 378
von Döllen, P.	NDS 225	Doleisch von		Dose, H.	NDS 214
Dölp, D.	NDS 218	Dolsperg, E.	NW 293	Dose, N.	HH 164
Dölp, M.	NDS 213	Doleski-Stiwi, A.	TH 400	Doß, H.	BY 103
Dömkes, H.	NW 249	Dolinsky, C.	NW 246	Dost, D.	BW 51
Dömland, K.	SAC 358	Doll, G.	RP 316	Dost-Müller, V.	NW 255
Dönch, A.	SAC 347	Doll, G.	SG 470	Doster, W.	BW 64
Dönitz, J.	BRA 138	Doll, R.	FG 446	Dostmann, D.	FG 442
Döpelheuer, M.	VwG 510	Dolland, G.	BW 23	Dotter, J.	SG 455

Dotterweich, A.	BY	74	Drescher, A.	BER	124	Drosdziok, W.	BY	105
Dotterweich-Pollmar, M.	BY	71	Drescher, I.	BW	56	Drossart, U.	NW	252
Dotzauer, C.	BW	61	Drescher, J.	HH	155	Drossé, H.	NW	304
Dotzauer-Meyer, G.	NDS	222	Drescher, K.	HE	175	Droste, A.	ArbG	425
Doukoff, N.	BY	80	Dresel, G.	BW	39	Droste, A.	NW	308
Dowerth, G.	BY	105	Dresenkamp, K.	SH	377	Droste, M.	NW	311
Draber, A.	NW	299	Dreser, T.	NW	297	Droste, T.	BER	120
Dräbert, G.	NW	245	Dresse, M.	BY	85	Droste, U.	NW	269
Dräger, J.	MV	202	Dresselhaus, H.	NDS	239	Drouven, M.	NW	274
Dräger, W.	SH	381	Dresselhaus, S.	NDS	228	Drouven, U.	NW	280
Dransfeld, B.	NW	270	Dreßen, M.	HE	193	Droxler, K.	BW	38
Drapal, H.	HE	182	Dreßen, W.	NW	304	Drozd, F.	SG	474
Drath, E.	SAC	356	Dreßke, M.	SH	377	Drüeke, H.	TH	391
Drathjer, J.	NDS	240	Dreßler, A.	BER	132	Drüner, B.	NDS	234
Dratwinski, V.	SAC	344	Dreßler, F.	VwG	476	Drysch, Y.	RP	317
Draudt, F.	HE	169	Dreßler, G.	BY	103	Drzisga, P.	NW	293
Drax-MacEwen, C.	BER	130	Dreßler, H.	FG	442	Dubbers, J.	BW	57
Drechsel, B.	BW	50	Dreßler, H.	NW	249	Dubbert, U.	NDS	229
Drechsel, D.	BY	105	Dreßler, K.	BY	69	Dubiel, P.	NW	276
Drecktrah, V.	NDS	223	Dreßler, R.	ArbG	417	Dubslaff, K.	VwG	511
Drecoll, H.	SAC	354	Dressler, W.	BU	8	Duckwitz, F.	BW	25
Drees, B.	NDS	240	Dreste, K.	HE	170	Duda, M.	SAC	354
Drees, K.	BY	75	Dreusicke, C.	BRA	141	Dudda, A.	NW	275
Drees, R.	NW	307	Drewanz, C.	HE	176	Dudda, P.	NW	256
Drees, S.	NW	245	Drewenstedt, B.	NW	270	Dudek, W.	BY	91
Drees, W.	NW	266	Drewes, J.	NDS	207	Dudel, H.	ArbG	410
Drees-Dalheimer, I.	BER	122	von Drewitz, H.	NW	255	Dudenbostel, K.	ArbG	427
Dreesen, K.	NW	276	Drews, M.	RP	320	Dudzus, W.	ArbG	424
Dreeßen, K.	FG	449	Drexel-Büning, G.	BW	55	Düben, K.	SAN	369
Dreeßen, U.	SH	385	Dreyer, A.	ArbG	437	Dück, G.	SAC	358
Dreger, B.	VerfG	404	Dreyer, B.	BER	119	Dück, P.	NW	249
	VwG	488	Dreyer, F.	NDS	218	von Dücker, H.	BW	30
Dreger, J.	MV	205	Dreyer, G.	NDS	209	Düe, A.	BER	119
Dreher, A.	BER	130	Dreyer, J.	HE	181	Düe, W.	SG	457
Dreher, F.	NW	262	Dreyer, J.	HH	165	Düfer, A.	VwG	498
Dreher, H.	FG	439	Dreyer, K.	SAC	357	von Düffel, R.	NDS	236
Dreher, K.	SG	467	Dreyer-			Dühr, A.	RP	317
Dreher, M.	HE	170	Johannisson, P.	ArbG	412	Dühr-Ohlmann, R.	RP	317
Dreher, M.	NW	308	Dreykluft, F.	NW	285	Dühring, K.	BER	129
Dreher, S.	SAC	347	Dreykluft, I.	NW	308	Düker-Wara, C.	BY	106
Dreher, U.	NDS	229	Dreythaller, G.	BY	109	Düll, R.	RP	327
Dreher, W.	BU	12	Driehaus, H.	BU	12	Düll-Würth, U.	RP	333
Drehmann, S.	SAC	350		VerfG	404	Düllmann, B.	NW	288
Drehwald, S.	VwG	510	Dries, K.	NW	302	Düllmann, E.	FG	446
Dreier, D.	SAN	369	Driesch, M.	NW	241	Düllmann, W.	BRA	140
Dreikluft, K.	SG	454	Dringenberg, R.	NW	287	Dümig, E.	VwG	482
Dreiling, R.	NW	304	Drinhaus, B.	VwG	496	Dümmler, S.	BY	105
Dreiocker, K.	VwG	496	Drischler, K.	NDS	221	Düngelhoff, W.	NW	259
Dreisbach, E.	NW	284	Drissen, J.	BW	46	Dünisch, E.	TH	394
Dreisbach, H.	NW	290	Drissen, M.	NW	250	Dünisch, H.	BY	111
Dreisbach, J.	HE	185	Drittler, M.	BW	37	Dünkel, H.	BW	25
Dreisbach, U.	NW	273	Drobek, U.	SG	456	Dünnebacke, U.	NW	279
Dreiseitel, C.	SG	460	Drögemeier, W.	NW	266	Dünninger, D.	VwG	482
Drenckhahn, L.	SH	379	Droll, R.	SAC	358	Duensing, H.	BU	9
von Drenkmann, P.	BER	118	Drollinger, R.	NDS	217	Düpre, P.	SAC	346
Drenseck, W.	BU	11	Dropmann, H.	NW	305	Dürig, J.	VwG	476
Drentwett, F.	BY	77	Droppelmann, K.	NW	262	Dürig-Friedl, C.	VwG	481
Drerup, R.	NW	273	Droscha, M.	HE	180	Düring, R.	SG	466
Dresbach, E.	FG	447	Drosdek, U.	NDS	221	Dürr, H.	VwG	476

565

Dürr, P.	VwG 478	Dybe-Schlüter, H.	BER 119	Ebert, M.	SG 453
Dürr, S.	BW 63	Dycke, A.	BY 111	Ebert, U.	HH 163
Dürr, U.	BU 11	Dycke, P.	BY 111	Ebinger, M.	BMJ 5
Dürr, U.	HE 167	Dyckmans, F.	VwG 491	Eble-Trutnau, D.	NW 256
Dürr, W.	NDS 221	Dyckmans, M.	VwG 491	Ebling, I.	BU 10
Dürre, W.	SG 463	Dylla-Krebs, C.	NW 300	Ebling, K.	BU 10
Dürrfeld, H.	NW 287	Dyrchs, B.	ArbG 430	Ebling, W.	NW 248
Düsedau, P.	NW 252	Dyszak, W.	ArbG 414	Ebmeier, M.	NW 308
Düsel, J.	BY 76	Dzaack, D.	BW 26	Ebmeyer, C.	SG 463
Düßmann, R.	BRE 153	Dziallas, A.	ArbG 435	Ebner, A.	HE 192
Dützschhold, V.	BRE 153	Dziallas, J.	BW 56	Ebner, A.	VwG 510
Düvel, A.	MV 199	Dziallas-Laur, I.	BW 55	Ebner, C.	NW 279
Düvelshaupt, B.	VwG 510	Dziumla, V.	SAC 357	Ebner, G.	BY 84
Düweke, P.	NW 280			Ebner, H.	BY 108
Düwell, F.	BU 10	**E**		Ebsen, E.	BER 122
Düwert, W.	BW 48			Ebsen, I.	SG 469
Duft, W.	NW 262	Ebbing, R.	SAN 370	Ebsen, J.	NW 291
Duggel, H.	SAC 348	Ebel, A.	FG 443	Echterling, H.	SG 466
Duhme, W.	NW 281	Ebel, B.	HH 162	Eck, W.	RP 320
Duhn, H.	HH 164	Ebel, K.	HE 185	Eck, W.	RP 321
Duhr, K.	NW 256	Ebel-Scheufele, U.	BY 97	Eckardt, B.	NW 300
Dulies, B.	SG 467	Ebeling, C.	VerfG 407	Eckardt, D.	NW 243
Dulisch, K.	NW 289	Ebeling, H.	FG 443	Eckardt, F.	BRA 145
Dulling, B.	ArbG 417	Ebelt, E.	NW 296	Eckardt, H.	BRA 139
Dumann, J.	BY 73	Eben, C.	BY 90	Eckardt, W.	BW 21
Dumke, D.	NW 311	Ebenroth, C.	BW 23	Eckardt, W.	NW 254
Dumke, E.	NDS 221	Ebensperger, E.	BY 103	Eckebrecht, M.	BER 120
Dumke, K.	NW 281	Eberbach, W.	TH 389	Eckel, C.	SAA 341
Dumler, A.	BY 80	Eberhard, H.	NW 260	Eckel-Kollmorgen, E.	BER 115
Dumlich, J.	SG 457	Eberhard, J.	BRA 141	Eckels, G.	NDS 209
Dumproff, H.	BY 72	Eberhard, W.	BER 122	Eckenberger, B.	BY 113
Dumrath, F.	SH 384	Eberhard, W.	BU 16	Ecker, A.	RP 326
Dumrath, K.	HH 165	Eberhard-Baumann, S.	BW 39	Ecker, M.	VwG 476
Dunavs, A.	BY 111	Eberhardt, E.	BY 72	Ecker, S.	SAC 357
Dung, P.	NW 302	Eberhardt, J.	SG 453	Eckerlein, K.	BY 104
Dunkl, J.	ArbG 413	Eberhardt, M.	BW 39	Eckerlin, C.	NW 241
Dunsche, W.	SG 467	Eberhardt, R.	TH 396	Eckermann, D.	BY 93
Dunschen, O.	NW 263	Eberhardt, S.	BER 121	Eckermann-Meier, M.	NW 287
Dunsing, W.	NDS 222	Eberhart, M.	BRA 143	Eckert, A.	BER 131
Durber, K.	BER 131	Eberius, D.	HE 181	Eckert, A.	FG 439
Durner, G.	BY 81	Eberl, A.	BY 110	Eckert, D.	BER 133
Durst, P.	NW 297	Eberle, A.	ArbG 432	Eckert, G.	BW 41
Dury, W.	RP 325	Eberle, H.	BW 54	Eckert, H.	BMJ 4
	VerfG 406	Eberle, I.	HE 192	Eckert, H.	HE 187
Dusch, R.	RP 326	Eberle, K.	VwG 483	Eckert, H.	NW 248
Duske, M.	BER 125	Eberle, M.	BY 113	Eckert, J.	BRA 136
Dusse, W.	NW 275	Eberle, N.	BW 40	Eckert, J.	BY 100
Dutt, B.	RP 332	Eberle, R.	BW 52	Eckert, R.	NW 294
Dutt, H.	ArbG 432	Eberlein, K.	BW 52	Eckert, R.	VwG 491
Dutt, K.	SAA 337	Ebersbach, R.	SAA 339	Eckert, S.	ArbG 432
Dutt, K.	VwG 509	Ebert, A.	FG 439	Eckert, S.	BW 52
Dutzmann, C.	SH 379	Ebert, D.	BRA 145	Eckert, T.	BY 113
Duus, R.	TH 400	Ebert, F.	VwG 513	Eckert, U.	HE 191
Duvenhorst, J.	NDS 240	Ebert, H.	BY 77	Eckert, V.	SG 456
Duvinage, M.	FG 443	Ebert, J.	BW 63	Eckert, W.	BW 33
Dwenger, K.	SH 385	Ebert, J.	BY 75	Eckert, W.	RP 320
Dworazik, S.	BY 83	Ebert, J.	MV 206	Eckert, W.	SG 461
Dyballa, C.	HH 162	Ebert, J.	SAC 355	Eckert, W.	VwG 507
Dyballa, D.	NDS 226	Ebert, M.	HE 172	Eckertz, R.	SG 457

Eckertz-Höfer, M.	BU 13	Eggers, S.	BY 100	Ehrmann, K.	BW 50
Eckhard, J.	VwG 493	Eggers-Zich, A.	SH 386	Ehrmann, S.	BW 60
Eckhardt, B.	ArbG 423	Eggert, B.	MV 195	Ehrmanntraut, M.	VwG 491
Eckhardt, H.	NDS 234	Eggert, C.	NW 244	Ehrmantraut, P.	RP 333
Eckhardt, K.	HE 176	Eggert, G.	BW 63	Ehrt, B.	BY 113
Eckhardt, K.	HE 191	Eggert, H.	NW 264	Ehses, H.	RP 322
Eckhardt, R.	SAC 359	Eggert, K.	NDS 226	Eiben, V.	NDS 237
Eckhardt, R.	SG 457	Eggert, R.	MV 195	Eibenstein, A.	NW 311
Eckhardt, V.	NW 260	Egner, C.	SAC 348	Eibenstein, S.	BW 28
Eckhardt, W.	HE 183	Egner, K.	BY 67	Eiberle, I.	VwG 510
Eckhold-Schmidt, F.	BW 25	Egnolff, P.	RP 322	Eiberle-Herm, V.	VwG 488
Eckstein, M.	BY 69	Ehehalt, R.	FG 439	Eibisch-Feldkamp, A.	BRA 136
Eckstein, P.	BY 69	Ehestädt, R.	BER 119	Eich, L.	VwG 479
Edel, H.	BW 54	Ehinger, U.	BER 125	Eichberger, M.	VwG 475
Edel, M.	NW 291	Ehl, R.	NW 297	Eichberger, N.	BRA 145
Edeler, B.	HH 160	Ehlen, W.	NW 304	Eiche, D.	VwG 477
Edeler, W.	NDS 213	Ehlers, A.	BRE 152	Eichelbaum, M.	FG 447
Edelmaier, C.	BW 27	Ehlers, A.	FG 442	Eichelsdörfer, J.	BY 105
Edelmann, B.	SAC 348	Ehlers, D.	VwG 499	Eicher, B.	TH 399
Edelmann, K.	FG 444	Ehlers, H.	BRE 152	Eicher, G.	SG 474
Edelmann, R.	HE 180	Ehlers, H.	SAC 358	Eicher, R.	FG 440
Edenhofer, E.	BY 111	Ehlers, H.	SAN 361	Eicher, W.	BU 12
Edenhofer, W.	BY 89	Ehlers, H.	SH 377	Eichfelder, F.	BY 76
	VerfG 403	Ehlers, H.	SH 386	Eichhof, K.	SH 378
Eder, G.	BY 80	Ehlers, N.	MV 204	Eichholz, A.	NW 251
Eder, H.	BW 41	Ehlers, T.	MV 205	Eichholz, J.	NW 243
Eder, P.	HE 193	Ehlers, W.	HH 164	Eichhorn, F.	BER 129
Eder, R.	BY 91	Ehlert, C.	NDS 227	Eichhorn, G.	VwG 495
Ederer-Kostik, A.	BW 33	Ehlert, D.	BRA 135	Eichhorn, R.	NW 299
Edinger, T.	RP 328	Ehlert, H.	MV 199	Eichhorn, W.	BW 41
Edinger-Jöhnck, C.	VwG 512	Ehlgen, B.	TH 400	Eichhorn-Gast, S.	VwG 510
Edlbauer, M.	BY 80	Ehlkes, J.	BW 27	Eichinger, K.	SAC 347
von Edlinger, G.	BY 70	Ehm, R.	BY 93	Eichler, B.	NW 269
Edward, D.	EuGH 517	Ehmann, D.	BW 59	Eichler, H.	MV 195
Edwards, C.	BRE 152	Ehmann, B.	BW 45	Eichloff-Burbließ, G.	NDS 218
van Eek, M.	NW 306	Ehmann-Schultze, K.	RP 321	Eichmann, E.	NW 271
Eelbo, G.	ArbG 420	Ehmcke, T.	FG 446	Eichmann, K.	BRA 141
Effenberg, V.	MV 206	Ehmer, J.	FG 447	Eichmayr, R.	SG 471
Effertz, W.	NW 302	Ehni, K.	BW 52	Eichner, J.	TH 394
Effnert, A.	SAA 338	Ehning, M.	NDS 239	Eichner, M.	BY 104
Efrém, H.	BER 118	Ehrensberger, U.	BER 131	Eichwald, P.	BY 70
Egbert, H.	FG 447	Ehrenstein, H.	NW 299	Eick, W.	BY 69
Egbringhoff, B.	SAN 371	Ehrenthal, H.	NDS 212	Eicke, C.	BRA 144
Ege, V.	BY 90	Ehrenthal, U.	BER 133	Eicke, E.	HE 167
Eger, A.	BY 78	Ehrenreich, R.	BER 124	Eicke, E.	NDS 239
Eger, N.	BER 127	Ehret, H.	BW 25	Eicke, M.	HE 172
Eger, R.	HE 185	Ehrgott, E.	RP 329	Eickelkamp, R.	SAN 368
Egert, R.	BY 74	Ehrhardt, K.	BW 64	Eickelmann, B.	BER 133
Eggebrecht, R.	BER 127	Ehrhardt, P.	NW 273	Eickhoff, E.	NDS 224
Eggeling, E.	NW 299	Ehrhardt, S.	BY 98	Eickhoff, H.	NW 268
von Eggelkraut-Gottanka, B.	BY 90	Ehrich, C.	ArbG 430	Eickhoff, R.	VwG 502
Eggensperger, D.	BW 21	Ehrich, H.	SH 376	Eickmann-Pohl, G.	NW 293
Egger, R.	BY 87	Ehricke, C.	VwG 484	Eickmeier, W.	MV 195
Eggers, E.	HH 155	Ehrig, B.	BER 130	Eickmeyer, E.	NDS 221
	HH 165	Ehrl, E.	BY 100	Eidam, T.	VwG 481
Eggers, G.	BY 88	Ehrlicher, J.	NW 271	Eidel, H.	SG 459
Eggers, K.	BER 132	Ehrmann, A.	VwG 508	Eierhoff, P.	NDS 231
Eggers, R.	MV 202	Ehrmann, H.	BW 63	Eifert, R.	SAC 359
		Ehrmann, J.	BW 21	Eikelmann, J.	NW 272

Eikelmann, M.	NW	274	Elfrich, A.	BY	111	Emrich, D.	BY	99
Eikmann, D.	BY	88	Elias, K.	TH	390	Emrich, D.	VwG	491
Eilers, A.	NW	311	Elis, K.	SAN	361	Emsters, G.	NW	252
Eilers, B.	NDS	233	Ellenberger, J.	HE	184	Endell, R.	RP	315
Eilers, J.	NDS	208	Ellenberger, V.	VwG	475	Endemann, F.	VwG	477
Eilers, K.	NDS	220	Ellerbusch, J.	BRE	153	Endemann, J.	BW	28
Eilers, W.	NDS	233	Ellerhusen, H.	VwG	491	Endemann, N.	VwG	476
Eilers-Happe, I.	NDS	208	Ellermann, L.	SAN	361	Endemann, W.	BRA	137
Eiling, C.	VwG	485	Ellermann, M.	NW	280	Enderlein, A.	HH	160
Eiling, K.	HE	176	Elles, G.	BER	124	Enders, B.	SG	457
Eilinghoff, K.	HH	163	Elliesen, K.	HE	174	Enders, H.	VerfG	405
Eilinghoff-Saar, D.	BER	120	Elling, P.	SG	466	Enders, H.	VwG	491
Eimer, A.	HE	169	Ellinger, H.	BW	53	Enders-Kunze, R.	HE	179
Eimer, H.	HE	177	Ellinger, H.	BW	61	Endesfelder, P.	SAC	356
Eimer, K.	HE	179	Ellinger, J.	BW	53	Endler, H.	BER	118
Eimermacher, H.	NW	253	Ellinger, S.	FG	443	Endler, M.	NDS	226
von Einem, C.	HH	160	Ellmann, W.	BW	25	Endmann, G.	BY	102
Einfeld, H.	SH	380	Ellrott, H.	BY	107	Endorf, F.	BW	55
Einhaus, M.	BRA	146	Ellscheid, G.	VerfG	406	Endres, G.	SAA	341
Einhauser, H.	BY	99	Ellwanger, W.	BRE	151	Endres, M.	BY	82
Einhoff, B.	NW	278	Elmdust, B.	BER	133	Endres, N.	RP	321
Einsiedler, M.	BER	132	Elmendorff, B.	NW	258	Endres, W.	SG	460
Eisberg, J.	NW	309	Elmer, M.	EuGH	517	Endress, E.	BW	26
Eisele, J.	RP	320	van Els, H.	NW	255	Endriß, G.	SG	451
Eisele, R.	NDS	213	Elsäßer, K.	SAA	337	Endriß, M.	SG	451
Eisele, W.	BW	27	Elschenbroich, T.	NW	312	Endrös, C.	BY	98
Eiselt, J.	BW	60	Elsen, H.	NW	241	Endt, W.	BY	79
Eisemann, H.	ArbG	418	Elser, R.	VwG	492	Endter, E.	VwG	481
Eisen, K.	NW	286	Elser, R.	VwG	493	Enes, A.	SG	461
Eisenbach, G.	BER	128	Elshoff, M.	NDS	210	Engberding, W.	NW	283
Eisenberg, J.	VwG	491	Elsing, G.	VwG	501	Engbers, J.	VwG	495
Eisenberg, W.	HE	179	Elskemper, I.	NW	310	Engbert, V.	NDS	232
	VerfG	405	Elsmann, G.	TH	389	Engeholm, R.	HE	171
Eisenmann, R.	BW	28	Elsner, M.	HH	165	Engel, A.	SAA	341
Eisenreich, H.	SAC	357	Elß, E.	BY	106	Engel, B.	MV	201
Eisenschmid, B.	VwG	479	Elten, J.	SH	380	Engel, D.	BW	25
Eisert, T.	RP	332	Eltermann, L.	RP	319	Engel, E.	SH	380
Eisfeld, U.	HE	173	Eltester, H.	BW	57	Engel, H.	BY	76
Eising, U.	ArbG	419	Elvers, R.	FG	444	Engel, J.	BY	89
Eismann, M.	VwG	499	Elvert, H.	BRA	146	Engel, J.	FG	441
Eißer, W.	BW	30	Ember, L.	BY	88	Engel, K.	NW	289
Eissing-Nickol, I.	BRE	153	Emde, H.	SAC	344	Engel, L.	SAC	354
Eißler, A.	BW	65	von Emden, H.	SH	385	Engel, M.	SAN	362
Eißmann, C.	SAC	355	Emmenthal, U.	HE	171	Engel, P.	VwG	480
Eisterhues, H.	NDS	227	Emmer, O.	RP	332	von Engel, R.	BY	92
Eisvogel, B.	BY	83	Emmerich, O.	VwG	479	Engel, S.	NW	283
Eisvogel, H.	SAA	338	Emmerich, V.	BY	102	Engel, S.	ArbG	437
Eitel, W.	BW	52	Emmerich, W.	HE	191	Engel, S.	NW	248
Eith, W.	BW	34	Emmerling, R.	SG	454	Engel, S.	SAA	338
Eitze, G.	BW	31	Emmerling			Engel, T.	BY	67
Eitze, P.	BW	38	de Oliveira, N.	BER	130	Engeland, F.	NW	303
Ekkernkamp, D.	BW	41	Emmermann, H.	NDS	212	Engelbrecht, K.	BW	61
El Bawwab, D.	NW	246	Emmert, A.	SG	455	Engelbrecht, K.	SH	379
Elbel, G.	NDS	219	Emmert, R.	VwG	482	Engelbrecht, T.	ArbG	418
Eley, J.	NW	283	Emmert, W.	SG	455	Engelbrecht-Greve, J.	VwG	512
Elf, R.	BU	9	Emminghaus, B.	NW	283	Engelfried, U.	HH	163
Elfers, A.	NW	305	Emmrich, K.	VwG	509	Engelhard, H.	SAN	373
Elfert, R.	MV	206	Emmrich, S.	BER	131	Engelhard, J.	SAN	364
Elfmann, G.	SAC	357	Emmrich-Ipers, L.	NW	252	Engelhard, R.	HE	173

Engelhard, W.	SG	460	Eppelt-			Ernemann, A.	BY 69
Engelhardt, B.	SAC	359	Knochenstiern, C.	SAC	356	Ernesti, E.	SAN 363
Engelhardt, G.	BY	105	Epple, D.	SAC	356	Ernst, A.	BW 64
Engelhardt, G.	SAC	351	Epple, F.	BW	26	Ernst, A.	RP 323
Engelhardt, G.	VwG	480	Eppler, G.	FG	439	Ernst, A.	SAN 371
Engelhardt, H.	BU	7	Erath, D.	SAC	347	Ernst, C.	BMJ 4
Engelhardt, H.	BY	95	Erath, M.	BW	61	Ernst, E.	ArbG 413
Engelhardt, H.	NW	264	Erb, R.	NW	277	Ernst, H.	NW 300
Engelhardt, J.	NW	253	Erb, W.	HE	191	Ernst, H.	RP 329
Engelhardt, K.	BY	103	Erb-Klünemann, M.	NW	274	Ernst, H.	SAN 367
Engelhardt, M.	BER	123	Erbar, K.	SG	456	Ernst, J.	NW 267
Engelhardt, R.	BW	54	Erbarth, A.	TH	399	Ernst, K.	BER 127
Engelhardt, S.	VwG	490	Erbe, K.	BER	119	Ernst, K.	HE 188
Engelhardt, V.	BY	80	Erber, M.	VwG	490	Ernst, L.	BW 23
Engelhardt, V.	NW	241	Erbrecht, W.	HE	175	Ernst, L.	BY 90
Engelhardt, W.	BY	70	Erbslöh, A.	VwG	486	Ernst, M.	ArbG 417
Engelhart, I.	SAN	363	Erchinger, W.	BW	56	Ernst, M.	BER 122
Engelke, H.	BER	133	Erckens, V.	BER	130	Ernst, O.	NW 257
Engelke, W.	NDS	215	Erckens, V.	VwG	486	Ernst, P.	NW 290
Engelking, C.	NDS	217	Erckens, V.	VwG	486	Ernst, P.	TH 399
Engelmann, H.	VwG	488	Erdbrink, L.	BER	122	Ernst, R.	BW 32
Engelmann, J.	SH	378	Erdlenbruch, A.	NDS	239	Ernst, R.	VwG 501
Engelmann, K.	BU	11	Erdmann, A.	BER	121	Ernst-Moll, J.	BY 88
Engelmann-Beyerle, B.	NW	273	Erdmann, A.	HE	180	Ertelt, H.	BW 36
Engelmann-Pilger, A.	FG	446	Erdmann, D.	HH	157	Erth, H.	SH 384
Engels, C.	NW	304	Erdmann, G.	NW	280	Erthal, H.	SAN 370
Engels, H.	VwG	512	Erdmann, P.	NW	246	Erting, K.	NDS 230
Engels, O.	NW	304	Erdmann, V.	BER	129	Erting, W.	NDS 232
Engels, R.	HE	182	Erdmann, W.	BU	7	Ertl, C.	BW 30
Engels, R.	TH	396	Erdmann, W.	NW	264	Ertl, G.	BW 56
Engelskircher, G.	RP	320	Erdmann-			Ertl, J.	VwG 481
Engers, M.	NW	311	Degenhardt, A.	SH	381	Erwes, W.	BRE 151
Engesser, T.	BW	28	Erdmann-			Esch, M.	HE 172
England, W.	BRA	139	Degenhardt, K.	SH	380	Esche, H.	BRA 140
Engler, C.	BW	28	Erdös, B.	ArbG	436	Eschelbach, R.	RP 315
Engler, D.	BY	111	Erdstein, M.	BRA	144	Eschelwek, G.	BW 62
Englert-Biedert, W.	BW	27	Erdt, F.	TH	400	Eschen, K.	VerfG 404
Englert-Dunken, U.	NDS	240	Erfurt, M.	BER	133	Eschenbacher, I.	BY 111
Englich, C.	NDS	234	Erfurth, D.	SAN	369	Eschenburg, P.	HH 165
Englich, M.	BY	113	Erhard, C.	HE	175	Eschenburg, R.	BER 130
Englich, M.	BY	113	Erhardt, D.	BY	87	Eschenfelder, R.	BW 28
Englisch, B.	NW	258	Erhart, B.	NW	282	Eschenhagen, G.	BER 119
Engmann, H.	NW	299	Erhorn, A.	SAC	358	Escher, B.	VwG 480
Engmann, H.	TH	398	Erich, G.	BER	118	Escher, E.	BY 109
Engshuber, A.	SAN	363	Erk, R.	NW	298	Escher, H.	BW 56
Engshuber, H.	NDS	226	Erkens, M.	NW	311	Escher, K.	NW 256
Engshuber, R.	ArbG	434	Erker, I.	BW	37	Eschholz, K.	HE 191
Engshuber, W.	BY	94	Erker, P.	VwG	502	Eschke, D.	HE 169
Engstler, K.	BW	60	Erkert, K.	BW	61	Eschke, H.	SG 461
Enke, J.	VwG	510	Erl, K.	NW	310	Eschler, G.	BW 30
Ennemoser, M.	RP	331	Erlbeck, U.	BY	98	Eschler, R.	BW 29
Ennser, H.	BY	94	Erlbruch, U.	HE	175	Eschweiler, P.	HE 169
Ens, R.	ArbG	412	Erlenhardt, J.	NW	244	Esdar, D.	BW 45
Ens, R.	ArbG	412	Erlenkämper, J.	VwG	514	Esders, R.	NW 275
Entringer, F.	NDS	234	Erler, H.	BY	88	Eske, U.	VwG 500
Enz, H.	BY	104	Erlinghagen, S.	BER	132	Esken, H.	NW 273
Epe, R.	VwG	478	Ermer, T.	BY	81	Espert, W.	BY 104
Eppelein, S.	BY	112	Ermlich, M.	VwG	508	Espey, E.	NW 262
Eppelmann, J.	NW	309	Ernemann, A.	BU	8	Espig, E.	SAC 353

van Essen, J.	NW 285	Ewald, S.	SAN 371	Fais, C.	BER 128
Essen, K.	ArbG 423	Ewe, H.	HH 161	Faiß, S.	BW 53
	VerfG 405	Ewe, R.	SG 463	Falch, R.	BRA 145
Eßer, C.	BER 123	Ewen, M.	SAA 337	Falck, E.	FG 439
Eßer, E.	NW 302	Ewerhardy, C.	SAC 347	Falck, N.	BY 92
Eßer, H.	NW 258	Ewers, F.	NW 243	Falckenberg, H.	VerfG 404
Eßer, H.	NW 293	Ewert, H.	MV 206	Falckenberg, S.	BY 86
Eßer, H.	VerfG 405	Ewert, H.	NDS 233	de Falco, D.	BW 61
Eßer, W.	NW 243	Ewert-Schulze, A.	HH 156	Falk, D.	NDS 228
Esser, B.	NW 305	Exner, C.	ArbG 434	Falk, G.	HE 170
Esser, B.	NW 309	Eyers, E.	HE 173	Falk, H.	SAC 348
Esser, H.	ArbG 430	Eyinck, B.	NW 301	Falk, M.	SAC 343
Esser, H.	NW 243	Eylert, M.	ArbG 418	Falk, N.	BER 126
Esser, J.	HE 175	van Eymeren, M.	NW 249	Falk, P.	BY 100
Esser, K.	NW 257	Eyrich, D.	SG 472	Falk, S.	MV 202
Essers, W.	NW 249	Eyring, M.	SAC 356	Falk, T.	RP 328
Essers-Grouls, G.	NW 254			Falke, M.	BY 82
Essert-Palm, D.	VwG 501	**F**		Falkenberg, A.	BER 118
Essig, K.	VwG 498			Falkenberg, G.	BY 89
Eßlinger-Graf, C.	BW 53	Fabarius, M.	NDS 240	Falkenberg, R.	VerfG 404
Essner, S.	SAN 371	Faber, B.	ArbG 413	Freiherr von	
Estel, T.	HE 174	Faber, F.	NW 257	Falkenhausen, A.	BRA 135
Estelmann, M.	SG 471	Faber, H.	VwG 493	Falkenhof, K.	NW 311
Etschmann, R.	RP 327	Faber, H.	VwG 495	Falkenkötter, K.	NW 278
Ettel, R.	BW 64	Faber, M.	BY 69	Falkenstein, N.	NW 300
Ettenhofer, J.	BY 92	Faber, M.	NW 304	Falkenstett, R.	VwG 506
Ettl, H.	BW 42	Faber, R.	BY 71	Fandel, O.	MV 204
Ettlinger, D.	VwG 481	Faber, R.	TH 389	Fangk, A.	BRE 151
Ettner, B.	VwG 482	Faber, U.	BW 41	Farbowski, M.	SAN 361
Ettwein, R.	BW 60	Faber-Kleinknecht, E.	VwG 507	Farenholtz, H.	VwG 489
Ettwig, F.	NW 248	Fabian, H.	NDS 232	Farkasinski, E.	BER 122
Etzbach, B.	BER 132	Fabian, H.	VwG 478	Farke, W.	BRA 136
Etzel, G.	BU 10	Fabian, J.	NDS 209	Farnbacher, T.	BY 91
Eulberg, P.	HE 191	Fabis, B.	NDS 235	Farries, A.	SH 386
Euler, A.	NW 290	Fabricius, C.	TH 399	Farwick, A.	HE 190
Euler, B.	RP 331	Fabricius, J.	BW 32	Fasoli, O.	BW 23
Euler, H.	BY 70	Fabricius, L.	SAN 365	Faßbender, A.	NW 258
Euler, R.	SAC 350	Fabricius-Brand, M.	VerfG 405	Faßbender, B.	NW 258
Eulering, R.	NW 248	Fachinger, N.	TH 391	Faßbender, H.	FG 439
Eulers, K.	ArbG 417	Fackeldey, J.	BER 127	Faßbender, H.	NW 296
Eulitz Astrid, D.	BRA 147	Fadé, L.	BMJ 4	Faßbender, R.	NW 305
Euskirchen, S.	RP 325	Fähnle, W.	BW 23	Faßbender-Boehm, S.	SG 467
Euskirchen, W.	RP 330	Fährmann, G.	BRA 145	Faße, H.	NDS 234
Euteneuer, R.	BY 74	Fährmann, R.	SAN 370	Faßhauer, P.	NDS 217
Everdiking, T.	NDS 240	Färber, G.	BY 88	Faßnacht, A.	VwG 480
Evermann, B.	MV 197	Fätkinhäuer, H.	BER 127	Fastnacht, A.	SG 468
Evermann, H.	MV 203	Fahl, W.	NW 280	Fatouros, I.	BW 33
Evers, A.	SG 471	Fahlbusch, W.	NW 280	Faul, H.	BY 82
Evers, C.	ArbG 435	Fahlenkamp, P.	BER 122	Faulenbach, H.	NW 306
Evers, G.	VwG 503	Fahnemann, A.	NDS 236	Faulhaber, E.	SAC 358
Evers, H.	SH 383	Fahnenstich, I.	NW 275	Faulhaber, H.	NW 304
Evers, K.	SAC 351	Fahr, S.	BER 120	Faulhaber, K.	NDS 221
Evers, P.	VwG 493	Fahrbach, G.	BW 54	Faulhaber-Fischer, R.	BY 74
Evers, U.	NDS 232	Fahrendorf, K.	NW 263	Faull, H.	HH 163
Evertz, W.	NW 257	Fahrig, H.	BY 97	Faulnborn, M.	BER 132
Ewald, C.	TH 400	Fahrmbacher-Lutz, R.	BY 97	Faulstroh, T.	ArbG 432
Ewald, F.	ArbG 421	Fahrmbacher-Lutz, R.	BY 112	Faupel, B.	VwG 496
Ewald, G.	BY 95	Fahs, R.	VwG 498	Faupel, K.	NW 276
Ewald, H.	SG 460	Fahsel, F.	BW 52	Faupel, R.	BRA 135

Namensverzeichnis — Fickinger

Fauser, K.	BW 52	Feistkorn, R.	BY 91	Fendt, W.	VwG 482		
Fauser, W.	BW 50	Feistritzer, J.	HH 159	Fenger, J.	MV 203		
Faust, G.	RP 332	Feix, G.	HE 184	Fenger, R.	NDS 237		
Faust, H.	FG 446	Felbrich, W.	HE 188	Fenkner, E.	RP 318		
Faust, P.	BER 119	Feld, G.	NW 306	Fennelly, N.	EuGH 517		
Faust, W.	ArbG 420	Feld-Gerdes, W.	TH 395	Fenner, R.	HE 190		
Faustmann, R.	FG 444	Feld-Geuking, M.	NW 290	Fenner, U.	TH 400		
Fay, I.	NDS 220	Felder, B.	NW 300	Fenski, M.	ArbG 417		
Fay, P.	NDS 220	Felder, K.	BW 40	Fenster, B.	BY 87		
Fay-Thiemann, M.	RP 317	Feldhaus, P.	NW 259	Fentzke, W.	BW 26		
Fecher, B.	BY 114	Feldhusen, D.	VwG 488	Ferber, H.	HH 164		
Fechner, D.	NW 268	Feldhusen-Salomon, H.	VwG 488	Ferber, M.	ArbG 425		
Fechner, F.	SAN 371			Ferchau, A.	SG 471		
Fechner, J.	SH 377	Feldkamp, B.	NDS 214	Fercher, A.	SAN 373		
Fechner, R.	NW 264	Feldkamp, H.	NDS 238	Ferlings, J.	BER 133		
Fecht, K.	SAN 366	Feldkamp, J.	BER 122	Ferner, C.	RP 333		
Feckler, H.	NW 268	Feldkemper-Bentrup, R.	NW 308	Ferner, H.	VwG 492		
Fedden, K.	SH 377			Fernholz, D.	BU 9		
Feddern, T.	BER 127	Feldkirch, K.	BRE 153	Feron, A.	SAC 355		
Feder, K.	SG 467	Feldmann, A.	BW 48	Ferring, H.	RP 324		
Federolf, W.	BW 59	von Feldmann, B.	BRE 150	Fertig, F.	VerfG 405		
Federolf-Harms, B.	BW 47	Feldmann, B.	BW 27		VwG 492		
Fege, P.	NDS 239	Feldmann, F.	ArbG 421	Fertig, H.	BER 119		
Fegers-Wadenpohl, H.	NW 259	von Feldmann, K.	ArbG 415	Fertikowski, W.	SAC 357		
Fehlhammer, E.	BY 90	Feldmann, K.	BRA 147	Fertl, H.	BY 94		
Fehlner, M.	BY 113	Feldmann, M.	ArbG 410	Feser, K.	ArbG 436		
Fehn, J.	BY 72	Feldmann, P.	SH 381	Feskorn, C.	BER 123		
Fehn-Herrmann, U.	BY 75	von Feldmann, P.	VwG 484	Fesser, C.	TH 398		
Fehr, J.	BY 77	Feldmann, R.	NW 269	Feßler, H.	NW 276		
Fehr, J.	HE 186	Feldmann, U.	NW 291	Fessler, B.	VwG 499		
Fehr-Albrado, G.	TH 399	Feldmann, U.	VwG 501	Festersen, J.	NW 265		
Fehre, G.	NW 277	Feldmann, W.	SAN 362	Festl, E.	VerfG 403		
Fehre-Homola, A.	ArbG 417	Feldmeier, D.	ArbG 432		VwG 479		
Fehrenbach, R.	BW 36	Feldmeyer, A.	NDS 236	Feterowsky, U.	BW 40		
Fehring, H.	NDS 238	Feldt, B.	HE 169	Fettback, D.	NW 270		
Fehrmann, C.	SAN 371	Feles, H.	BRA 146	Fettes, G.	BW 48		
Fehrmann, R.	SAC 346	Feling, H.	SG 470	Fettweis, E.	BER 129		
Feichtinger, B.	BY 86	Fell, K.	NW 253	Fetzer, R.	BW 24		
Feichtinger, P.	ArbG 415	Fell, U.	NW 295	Feuchte, A.	VwG 490		
Feichtlbauer, A.	VwG 482	Fell, U.	NW 311	Feuerabendt, E.	BY 72		
Feick, G.	HE 169	Fellenz, G.	SG 461	Feuerbach, U.	HE 170		
Feige, N.	NDS 214	Feller, F.	NW 249	Feuerberg, D.	BER 128		
Feigenbutz, A.	BRA 145	Fellermann-Blachut, E.	SG 468	Feuerhak, G.	BER 127		
Feigl, H.	BY 72	Fellmann, G.	BY 90	Feuerherdt, E.	NW 299		
Feil, R.	BW 59	Fellmann, K.	BRA 137	Feuerich, W.	NW 303		
Feiler, L.	NDS 240	Fellmann, K.	NW 248	Feuerstein, S.	VwG 505		
Feiler, W.	BY 94	Fellmeth, S.	BW 63	Feurle, K.	BW 50		
Feilhauer-Hasse, C.	VwG 514	Fellner, C.	BY 99	Fey, A.	NW 295		
Freiherr von Feilitzsch, C.	BY 86	Fellner, C.	BY 100	Fey, E.	BY 85		
Feils, M.	RP 332	Fellner, M.	BY 69	Fey, S.	BY 91		
Fein, M.	BY 113	Fels, D.	NW 266	Fey, W.	NW 246		
Feindt, K.	NDS 226	Fels, T.	BER 133	Fey-Wolf, C.	BY 96		
Feisel, D.	VwG 491	Fels, W.	NW 260	Feyerabend, U.	NW 297		
Feißel, U.	BER 126	Felsch, J.	HH 163	Fezer, G.	HH 157		
Feist, J.	VwG 512	Felsch, T.	NW 311	Fezer, K.	BW 45		
Feist, W.	SG 470	Feltes, F.	RP 327	Fibich, H.	TH 400		
Feistel, M.	BW 63	Feltes, S.	SAA 337	Fichte, W.	BU 12		
Feistkorn, G.	BY 99	Feltmann, C.	NW 248	Fichtl, H.	RP 316		
		Felzmann-Gaibinger, A.	BY 92	Fickinger, H.	SG 470		

571

Ficus, H.	HH 157	Finke, F.	NW 263	Fischer, E.	VwG 486
Fiddecke, U.	MV 200	Finke, H.	ArbG 414	Fischer, F.	BW 45
Fiebach, F.	NW 254	Finke, H.	RP 323	Fischer, F.	BY 103
Fieberg, G.	BMJ 4	Finke, H.	SH 376	Fischer, F.	HE 173
Fiebig, A.	BER 129	Finke, K.	NDS 227	Fischer, F.	NW 267
Fiebig, A.	SAN 372	Finke, K.	SH 386	Fischer, F.	TH 390
Fiebig, H.	BER 127	Finke, P.	BRE 153	Fischer, G.	BU 8
Fiebig, K.	BY 90	Finke, R.	NDS 214	Fischer, G.	SAN 373
Fiebig, S.	ArbG 413	Finke-Gross, R.	NW 269	Fischer, G.	SH 386
Fiebig, T.	HE 176	Finkel, S.	BER 131	Fischer, H.	ArbG 425
Fiebrandt, J.	NDS 217	Finkelgruen, I.	RP 321	Fischer, H.	BRA 136
Fiedel, N.	NDS 215	Finkelnburg, I.	BER 118	Fischer, H.	BRE 151
Fiedelak, M.	NDS 225	Finkelnburg, K.	VerfG 404	Fischer, H.	BW 28
Fiedler, A.	SAC 357	Finkensieper, A.	BER 133	Fischer, H.	BY 67
Fiedler, B.	BY 88	Finkenstein, B.	NW 283	Fischer, H.	NDS 217
Fiedler, F.	BRA 145	Finking-Astroh, A.	NW 297	Fischer, H.	NDS 219
Fiedler, K.	BY 109	Finster, D.	NW 292	Fischer, H.	NDS 227
Fiedler, R.	BY 73	Finster, S.	NW 303	Fischer, H.	NW 241
Fiedler, R.	NW 309	Finsterle, H.	BW 47	Fischer, H.	NW 296
Fiedler, R.	SG 456	Finsterwalder, E.	SAC 343	Fischer, H.	SG 473
Fiedler, W.	BW 60	Finsterwalder, W.	MV 195	Fischer, H.	VwG 487
Fiedler, W.	BW 64	Fintel, R.	VerfG 407	Fischer, I.	BRA 143
Fien, A.	NW 310	Finzel, G.	NW 267	Fischer, J.	BER 132
Fienitz, B.	BER 125	Fiolka, A.	NW 277	Fischer, J.	BY 114
Fierenz, A.	TH 400	Firgau, B.	BW 42	Fischer, J.	RP 333
Fierenz, G.	TH 400	Firker, G.	NDS 228	Fischer, J.	SH 378
Fieser, C.	BW 51	Firlus, E.	BY 77	Fischer, K.	BER 126
Fießelmann, L.	VwG 479	Firzlaff, G.	ArbG 435	Fischer, K.	FG 446
Fieting, R.	VwG 485	Fisang, H.	NW 298	Fischer, K.	MV 204
Figert, H.	BRE 152	Fisch, H.	BER 119	Fischer, K.	NW 276
Figge, J.	BMJ 5	Fischa, W.	BW 61	Fischer, K.	RP 319
Figge, R.	NW 256	Fischaleck, J.	NW 262	Fischer, K.	RP 327
Figge-Schoetzau, A.	NW 262	Fischbach, B.	SG 474	Fischer, K.	SH 385
Figl, E.	SAN 361	Fischbach, D.	SAA 339	Fischer, L.	BU 11
Figura, H.	BRA 147	Fischbach, L.	NW 301	Fischer, L.	NDS 222
Filipiak, H.	BER 127	Fischedick, H.	NW 276	Fischer, L.	VwG 492
Filipponi, J.	MV 205	Fischer, A.	BW 62	Fischer, M.	BY 89
Filla, W.	NW 275	Fischer, A.	BY 82	Fischer, M.	BY 111
Filmer, J.	HE 192	Fischer, A.	HE 173	Fischer, M.	NW 249
Filter, H.	SH 380	Fischer, A.	NDS 239	Fischer, M.	SAC 359
Filter, U.	BRA 145	Fischer, A.	NW 246	Fischer, M.	SAC 359
Filthuth, H.	BRA 147	Fischer, A.	NW 307	Fischer, M.	VwG 486
Finck, K.	BER 122	Fischer, A.	VwG 499	Fischer, P.	BU 11
Finck, L.	NDS 230	Fischer, B.	BER 122	Fischer, P.	BW 32
Graf Finck von		Fischer, B.	HE 171	Fischer, P.	BW 53
Finckenstein, K.	HH 159	Fischer, B.	SAC 352	Fischer, P.	NW 249
von Finckh, A.	BRA 147	Fischer, B.	SAC 355	Fischer, P.	SG 451
Finckh, M.	BW 46	Fischer, B.	VwG 481	Fischer, P.	SH 382
Findeisen, H.	SAN 365	Fischer, C.	SAN 369	Fischer, R.	VwG 487
Finder, E.	BER 127	Fischer, D.	BER 122	Fischer, R.	BER 120
Finger, E.	NW 263	Fischer, D.	BER 124	Fischer, R.	BER 125
Finger, H.	NDS 236	Fischer, D.	BW 24	Fischer, R.	BW 29
Finger, H.	SH 385	Fischer, E.	BER 122	Fischer, R.	BW 45
Finger, R.	NW 254	Fischer, E.	BER 130	Fischer, R.	BY 94
Fingerhut, H.	NW 278	Fischer, E.	BY 82	Fischer, R.	BY 99
Fink, C.	SH 382	Fischer, E.	BY 91	Fischer, R.	NW 263
Fink, H.	RP 323	Fischer, E.	HE 180	Fischer, R.	NW 265
Fink, R.	BY 113	Fischer, E.	SAA 338	Fischer, R.	RP 315
Fink, R.	NW 275	Fischer, E.	SAN 366	Fischer, R.	VwG 492

Fischer, S.	ArbG 429	Flecken-Bringmann, C.	NW 307	Flücken, K.	NW 243
Fischer, S.	BY 91	Fleckenstein, A.	BRA 144	Flügel, J.	BRA 145
Fischer, S.	TH 399	Fleddermann, H.	SAN 371	Flügge, C.	BER 115
Fischer, T.	SAC 343	Fleer, B.	ArbG 428	Flügge, E.	NW 282
Fischer, T.	SAC 354	Flege, H.	NW 263	Flüteotte, D.	RP 316
Fischer, U.	BER 131	Flehinghaus, G.	NDS 220	Flug, C.	NW 290
Fischer, U.	MV 205	Fleig, J.	SG 454	Fluhrer, H.	HE 187
Fischer, U.	NW 293	Fleindl, H.	BY 113	Flum, J.	BW 41
Fischer, U.	RP 329	Fleiner, P.	SG 451	Flume-Brühl, E.	SAN 364
Fischer, U.	SH 382	Fleiner, S.	SAC 357	Fobbe, K.	VwG 496
Fischer, U.	VwG 501	Fleischer, D.	BER 132	Fock, M.	SG 472
Fischer, U.	VwG 504	Fleischer, N.	NW 307	Fock, M.	SH 382
Fischer, V.	BW 30	Fleischer, R.	VwG 482	Focken, N.	HH 163
Fischer, W.	ArbG 417	Fleischer, S.	HE 186	Fodor, S.	BW 37
Fischer, W.	BW 24	Fleischer, T.	NW 250	Födisch, W.	TH 394
Fischer, W.	BW 37	Fleischer, W.	HE 191	Föhrer, G.	NW 269
Fischer, W.	BW 50	Fleischfresser, A.	VwG 503	Föhrig, F.	BER 118
Fischer, W.	BW 52	Fleischhauer, M.	BW 60	Föllmer, U.	BY 105
Fischer, W.	BY 73	Fleischmann, A.	TH 394	Fölsche, U.	BER 131
Fischer, W.	BY 81	Fleischmann, I.	BY 83	Fölsing, L.	SAN 372
Fischer, W.	HH 158	Fleischmann, J.	TH 394	Fölster, U.	BER 121
Fischer-Antze, J.	BW 28	Fleischmann, K.	SAC 345	Fömpe, K.	VwG 503
Fischer-Appelt, J.	NW 293	Fleischmann, P.	SAC 354	Förch, U.	BY 114
Fischer-Guttenberg, M.	BW 57	Fleischmann, V.	TH 395	Förder, B.	BER 132
Fischer-Krieg, S.	TH 400	Flemming, A.	BY 96	Försch, P.	HE 187
Fischer-Krüger, K.	VwG 487	Flender-Huth, P.	BRA 145	Förschler, P.	BW 53
Fischer-Rohn, A.	ArbG 414	Flesch, H.	BW 25	Förschner, B.	ArbG 417
Fischermeier, E.	BU 10	Flesch-Siekmann, A.	SG 467	Förschner, D.	BER 121
Fischl, M.	RP 323	Flesner, B.	VwG 498	Förschner, K.	BY 92
Fischler, H.	BW 52	Fleury, R.	BY 111	Först, H.	HH 157
Fiskus, P.	BW 33	Flick, E.	BW 29	Foerst, C.	NW 311
Fissahn, F.	NW 280	Fliegauf, H.	VwG 478	Foerst, G.	VwG 481
Fissan, B.	NW 281	Fliegenschmidt, K.	NW 279	Foerst, I.	NW 311
Fisseler, K.	SG 467	Flieger, S.	TH 398	Förster, B.	SAC 346
Fister, M.	VwG 498	Flierl, G.	BY 71	Förster, C.	SG 458
Fitkau, H.	BER 124	Fliescher, S.	NW 244	Förster, F.	BW 43
Fitschen, A.	TH 398	Fliess, H.	NDS 217	Förster, G.	VwG 480
Fitting, C.	NDS 213	Fligg, H.	SG 459	Förster, G.	VwG 492
Fitzke, J.	NDS 217	Fligge, G.	VwG 489	Förster, H.	BER 125
Fitzke, K.	MV 205	Flocke, H.	NW 302	Förster, H.	BU 9
Fitzke, S.	VwG 514	Flocke, I.	NW 272	Förster, H.	MV 198
Fitzner-Steinmann, H.	VwG 485	Flockermann, J.	BER 130	Förster, H.	MV 204
Fix, U.	VwG 501	Flockerzi, G.	SAC 357	Förster, W.	VwG 504
Fixl, R.	BY 97	Floderer, S.	BRA 147	Foerster, E.	BY 104
Flach, D.	SG 460	Flörchinger, M.	RP 328	Förth, M.	BY 99
Flach, H.	BY 102	Flogaus, W.	BW 61	Förtsch, P.	BY 106
Flach, W.	SH 382	Flor, B.	SH 378	Förtsch, U.	SG 462
Flachsenberg, R.	NW 307	Florentz, V.	BY 88	Föst, G.	SG 454
Fladée, U.	BRA 147	Florl, C.	NW 295	Fötsch-Middelschulte, D.	SH 386
Flämig, P.	VwG 477	Flory, H.	RP 320		
Fläxl, R.	BY 85	Flos, E.	TH 389	Fohrmann, B.	ArbG 419
Flammann, L.	RP 327	Flotho, I.	SAN 373	Folger, K.	BY 93
Flander, C.	BER 133	Flotho, M.	NDS 207	Folger, W.	BY 80
Flechsig, J.	VwG 482	Flotho, M.	NDS 208	Folk, Y.	BY 101
Flechtner, U.	BY 105	Flotho, M.	SAN 366	Folkers, H.	SAN 369
Fleck, D.	VwG 503	Flotho, U.	SAN 371	Folkerts, E.	BW 32
Fleck, M.	ArbG 432	Fluck, P.	BW 37	Follmann, G.	RP 320
Fleck, S.	SG 467	Fluck, W.	NW 270	Follmann, W.	SG 469
Flecken, U.	NW 307	Flücht, H.	NW 257	Follmer, E.	VwG 503

573

Follner, A.	SAC 358	Frank, J.	NW 299	Franz, D.	MV 203
Fonk, R.	BY 80	Frank, J.	VwG 501	Franz, D.	NW 299
Foos, M.	NW 248	Frank, M.	VwG 477	Franz, G.	MV 204
Foppe, F.	NDS 235	Frank, O.	RP 332	Franz, G.	SG 453
Forbrich, B.	SH 378	Frank, P.	BU 15	Franz, G.	SG 462
Forch, C.	BER 131	Frank, P.	BY 68	Franz, G.	VwG 479
Forch, S.	ArbG 417	Frank, P.	RP 333	Franz, H.	BRA 147
Forgách, A.	FG 448	Frank, R.	NDS 214	Franz, H.	NDS 214
Forkel, H.	BER 120	Frank, R.	SAN 372	Franz, H.	NDS 215
Formann, G.	NW 270	Frank, R.	VwG 477	Franz, H.	NW 252
Formann, J.	BY 70	Frank, U.	BW 57	Franz, J.	NW 294
Formann, K.	NDS 214	Frank, W.	BY 111	Franz, J.	SAC 346
Forsbach, H.	NDS 236	Frank, W.	HE 170	Franz, K.	BMJ 5
Forsen, K.	NW 243	Frank, W.	NW 283	Franz, L.	BY 74
Forst, G.	BU 15	Frank, W.	SG 472	Franz, M.	BU 16
Forster, E.	ArbG 414	Frank, W.	VwG 476	Franz, M.	NW 308
Forster, E.	RP 319	Frank-Dauphin, K.	BY 111	Franz, P.	BY 109
Forster, K.	BY 83	Frank-Onderka, H.	SH 379	Franz, U.	BER 132
Forster, P.	BY 102	Franke, A.	NW 310	Franz, W.	FG 444
Forster, R.	FG 446	Franke, A.	SAC 343	Franze, I.	BRA 146
Forster, U.	BW 55	Franke, C.	NDS 213	Franzen, E.	SH 376
Forster, W.	BY 90	Franke, D.	BU 13	Franzen, H.	NW 241
Forstner, A.	BY 91	Franke, E.	NW 250	Franzen, M.	RP 332
Forstner, J.	BY 89	Franke, G.	HE 171	Franzen, R.	SAA 336
Fortmann, J.	HH 160	Franke, H.	BER 127	Franzen, R.	SAC 351
Fortunat, I.	BW 54	Franke, H.	BRA 141	Franzen, R.	SG 470
Foßler, A.	BW 25	Franke, H.	BU 17	Franzheim, H.	NW 305
Foth, A.	BW 47	Franke, H.	NW 277	Franzke, H.	VerfG 406
Foth, D.	BW 51	Franke, I.	BU 12		VwG 499
Foth, H.	SH 379	Franke, J.	HH 158	Franzki, D.	NDS 213
Fouladfar, M.	HE 179	Franke, J.	NW 255	Franzkowiak, L.	VwG 511
Fountzopoulos, A.	HE 192	Franke, J.	NW 310	Frappier, J.	BRE 152
Fournes, S.	BER 129	Franke, J.	RP 318	Frasch, B.	BY 111
Fox, B.	NW 293	Franke, K.	SAN 371	Fraszczak, H.	TH 394
Fraas, W.	FG 440	Franke, L.	NW 252	Fratzky, D.	BW 25
Fraatz, F.	NDS 218	Franke, M.	SH 386	Frauenfeld, P.	BW 42
Frädrich, G.	NDS 215	Franke, N.	NW 256	Fraundorfer, M.	BY 112
Fränkel, D.	BU 16	Franke, P.	RP 318	Frech, K.	HE 180
Fränkel, K.	NW 246	Franke, R.	BRA 142	Frechen, H.	BRA 136
Fräßle, C.	VwG 514	Franke, R.	SG 467	Frechen, H.	NW 248
Frässle, B.	BW 41	Franke, S.	HE 175	Frechen, J.	NW 248
Frahm, W.	SH 379	Franke, S.	SAC 343	Freckmann, T.	BER 116
Framenau, V.	BW 55	Franke, T.	NDS 227	Frede, H.	RP 319
Framenau, V.	SAC 348	Franke, U.	HH 165	Fredebold, I.	BRA 143
Franck, H.	RP 330	Franke, W.	HH 160	Fredebrecht, H.	NW 275
Franck, P.	BER 117	Franke, W.	NDS 228	Freels, H.	NDS 233
Francken, J.	ArbG 410	Franke-Gricksch, S.	NW 299	Freericks, A.	VwG 498
Frank, A.	BW 38	Franken, A.	NW 248	Frees-Flämig, F.	BW 46
Frank, B.	NW 293	Frankhäuser, L.	SG 463	Freese, B.	BER 129
Frank, C.	BW 36	von Franqué, E.	HH 158	Freese, B.	MV 199
Frank, C.	BW 63	Franßen, E.	BU 12	Freese, T.	MV 200
Frank, C.	RP 320	Fransson, H.	SH 383	Freese-Schmidt, U.	BER 120
Frank, C.	SH 387	Frantz, J.	ArbG 434	Fregin, T.	NDS 225
Frank, D.	BY 82	Frantz, J.	HH 165	Frehe, H.	SG 459
Frank, D.	HE 179	Frantz, M.	SH 380	Frehse, H.	SG 465
Frank, G.	BU 17	Frantzen, W.	NW 247	Frei, A.	SAC 347
Frank, H.	NW 258	Frantzioch, F.	HH 157	Frei, M.	RP 327
Frank, H.	NW 269	Franz, C.	BY 114	Frei-Weishaupt, V.	BY 81
Frank, H.	VwG 508	Franz, D.	HH 165	Freichel, D.	SAA 340

574

Freichel, G.	SAA 339	Freund, J.	BRA 143	Friedländer, I.	TH 395
Freichel, U.	VwG 508	Freund, K.	BW 52	Friedler, U.	SG 471
Freier, M.	BRA 135	Freund, L.	VerfG 403	Friedrich, A.	BY 100
Freier, P.	BW 61	Freund, M.	BW 49	Friedrich, A.	NDS 217
Freier-Strauß, K.	HE 171	Freundlich, M.	BRA 146	Friedrich, A.	NDS 233
Freiermuth, G.	RP 326	Freundlieb, M.	TH 392	Friedrich, E.	BW 37
Freiermuth, O.	RP 325	Freutsmiedl, G.	BY 85	Friedrich, G.	NDS 216
Freise, G.	SAN 370	Frey, B.	NW 306	Friedrich, G.	SG 459
Freise, N.	SG 451	Frey, C.	RP 315	Friedrich, G.	VwG 503
Freise, U.	BER 115	Frey, E.	NW 263	Friedrich, H.	BU 10
Freise, W.	SH 375	Frey, G.	SG 451	Friedrich, J.	HH 165
Freise, W.	TH 392	Frey, H.	BW 36	Friedrich, J.	VwG 502
Freisewinkel, D.	BER 115	Frey, H.	VwG 485	Friedrich, K.	VwG 486
Freitag, D.	VwG 484	Frey, K.	SAC 346	Friedrich, M.	BW 53
Freitag, E.	VwG 482	Frey, K.	VwG 506	Friedrich, M.	RP 319
Freitag, F.	RP 317	Frey, M.	BW 64	Friedrich, O.	VwG 490
Freitag, H.	VwG 489	Frey, M.	NW 302	Friedrich, P.	BRE 150
Freitag, K.	FG 446	Frey, P.	SAC 359	Friedrich, S.	BY 92
Freitag, M.	NW 284	Frey, R.	BW 62	Friedrich, U.	MV 206
Freitag, P.	BU 10	Frey, U.	SAC 358	Friedrich, W.	FG 440
Freitag, T.	BRA 145	Frey, U.	SG 466	Friedrich-	
Freitag, T.	NW 284	Frey, W.	NW 301	Hübschmann, U.	BY 107
Freitag, W.	FG 441	Freyer, H.	BW 64	Friedrich-Marczyk, M.	VwG 492
Frellesen, P.	HE 170	Freyer, P.	ArbG 412	Friedrich-Rödig, M.	HE 192
Frenking, D.	NW 309	Freyer, T.	HE 173	Friedrichs, E.	HE 176
Frentz, E.	VwG 495	Freymann, H.	SAA 337	Friedrichs, H.	VwG 489
Frentzel-Beyme, G.	NW 241	Freymuth, J.	BER 118	Friedrichs, K.	BW 46
Frenzel, A.	BW 23	Freymuth, J.	NW 302	Friedrichs, K.	VwG 512
Frenzel, B.	HH 164	Freymuth-Brumby, B.	BER 116	Friedrichs, M.	BRA 141
Frenzel, C.	MV 205	Freytag, C.	BMJ 4	Friedrichs, R.	NDS 231
Frenzel, G.	BER 126	Freytag, G.	HH 161	Friedrichs, S.	SAA 341
Frenzel, H.	BER 122	Frick, A.	BW 37	Friedrichs, W.	NW 271
Frenzel, P.	NW 307	Frick, E.	HE 170	Friedrichsen, F.	SH 377
Frenzel, W.	NW 299	Frick, F.	BW 57	Friedrichsen, H.	NDS 240
Frenzen, K.	VwG 500	Frick, P.	BU 13	Friedrichsen, K.	BRE 153
Frenzer, F.	NW 298	Frick, R.	NDS 228	Friedsam, I.	SAC 357
Frenzke, P.	NDS 222	Frick, R.	SAC 358	Friehe-Wich, K.	BY 92
Frericks, M.	NW 290	Frick, T.	BY 108	Friehoff, C.	NW 309
Frerker, E.	NDS 225	Fricke, A.	NDS 209	Frieler, R.	NW 264
Frerker, H.	BRA 140	Fricke, A.	VwG 476	Frielingsdorf, U.	SG 465
Frese, B.	HE 176	Fricke, C.	NW 282	Friemel, J.	RP 329
Frese, H.	HE 180	Fricke, H.	HH 162	Friemel, K.	BY 81
Frese, J.	RP 328	Fricke, R.	NDS 214	Fries, B.	ArbG 427
Fresenborg, A.	NW 274	Fricke, S.	NW 307	Fries, H.	NDS 233
Fresow, F.	SAN 371	Fricke, W.	NW 302	Fries, J.	VwG 512
Freter, J.	NW 280	Frickemeier, B.	NW 268	Fries, R.	BRA 139
Freudenberg, D.	NDS 226	Fried, A.	BW 63	Fries, R.	SAA 337
Freudenberg, K.	VwG 506	Fried, S.	BW 27	Friese, K.	VerfG 406
Freudenreich, C.	BW 56	Friedel, J.	SAN 364	Friese, K.	VwG 508
Freudling, B.	BY 107	Friedel, P.	BER 124	von Friesen, C.	TH 399
Freudling, C.	BY 107	Friedel, U.	RP 320	Friesenhahn, S.	MV 206
Freuer, H.	SAC 344	Friedemann, H.	ArbG 424	Frietsch, E.	BMJ 4
Freund, B.	HH 162	Frieden, B.	MV 205	Frimmer, U.	BW 49
Freund, E.	BW 62	Friederang, J.	BW 30	Frind, F.	HH 166
Freund, G.	FG 439	Friederici, P.	SAN 362	Frings, H.	NW 304
Freund, H.	BER 129	Friedewald, S.	BER 133	Frink-Zinnhardt, C.	HE 189
Freund, H.	BY 70	Friedhofen, P.	ArbG 430	Frisch, A.	BY 102
Freund, H.	BY 91	Friedl, J.	VwG 480	Frisch, C.	SAC 359
Freund, H.	SG 451	Friedl, S.	BW 46	Frisch, E.	NW 259

Frisch, K.	BW 27	Frömming, V.	VwG 485	Fuchs, K.	BY 93
Frisch, N.	BY 92	Fröschle, T.	BW 55	Fuchs, K.	NW 301
Frischeisen, E.	BY 90	Frößler, W.	NW 299	Fuchs, K.	SAC 348
Frischen, M.	BER 130	Frohberg, P.	SAC 355	Fuchs, M.	BRA 138
Frischmuth, J.	BRE 153	Frohn, M.	NW 300	Fuchs, M.	BY 99
Fritsch, A.	VwG 477	Frohn, P.	BER 124	Fuchs, M.	NW 298
Fritsch, B.	BW 64	Frohner, S.	ArbG 424	Fuchs, M.	SAC 355
Fritsch, H.	BW 35	Froitzheim, W.	NW 304	Fuchs, P.	BRA 140
Fritsch, M.	SAA 340	Fromhage, D.	SAN 363	Fuchs, S.	BER 121
Fritsch, R.	FG 443	Fromhage, D.	VerfG 407	Fuchs, S.	NW 306
Fritsch, U.	SAC 359	Fromm, E.	ArbG 425	Fuchs, T.	BY 114
Fritsch, W.	BY 68	Fromm, E.	ArbG 432	Fuchs-Kassner, B.	NDS 220
Fritsch-Scherer, U.	SAA 337	Fromme, I.	BY 82	Fuchs-Wissemann, G.	BU 16
Fritsche, U.	NW 287	Frommelt, J.	BW 32	Fuchsloch, C.	SG 460
Fritschen, K.	VwG 489	Frommhold, M.	SAC 356	Fuckerer, G.	VwG 482
Fritschle, M.	BW 52	Fronhoffs, B.	NW 249	Fudickar, S.	NW 245
Fritz, B.	BU 14	Froschauer, H.	BY 96	Fügmann, W.	BY 99
Fritz, D.	HE 180	Froschauer, P.	BY 103	Führner, A.	NW 308
Fritz, E.	HE 175	Frossard, A.	SG 469	Führ, K.	NW 269
Fritz, H.	BW 55	Frost, B.	BRA 146	Führer, H.	SH 386
Fritz, H.	NDS 219	Frost, C.	BY 92	Füllenbach, K.	TH 392
Fritz, I.	NW 248	Frost, D.	NDS 220	Füller, H.	BW 64
Fritz, J.	RP 313	Frost, J.	BW 39	Füllgraf, H.	BER 118
Fritz, M.	NW 260	Frotscher, J.	SAC 351	Füllkrug, H.	NW 286
Fritz, P.	VwG 506	Frotz, N.	NW 255	Fünfgeld, M.	BW 37
Fritz, R.	VwG 491	Frowein, R.	BU 16	Fünfsinn, H.	HE 170
Fritz, S.	RP 331	Früh, G.	BW 35	Fünfzig, J.	NW 298
Fritze, H.	BW 38	Früh, J.	BW 24	Fürderer, H.	BW 42
Fritzen, M.	NW 275	Früh-Thiele, K.	MV 200	Fürer, B.	NDS 227
Fritzen, P.	RP 333	Frühauf, A.	NDS 232	Fürhäußer, H.	BY 110
Fritzler, H.	ArbG 420	Frühauf, G.	VwG 512	Fürle, H.	BY 98
Fritzsche, D.	VwG 506	Frühauf-Franke, G.	RP 329	Fürniss-Sauer, A.	SAN 365
Fritzsche, M.	FG 439	Fruhen, C.	VwG 500	Fürst, A.	ArbG 421
Fritzsche, S.	BY 70	Fruhner, F.	SAN 361	Fürst, U.	BY 101
Frobel, B.	BY 82	Fruschki-Hoch, C.	BER 119	Fürstenau, S.	BW 33
Frobel, J.	NW 310	Fuchs, A.	BER 117	Fürstenau, U.	BW 28
Fröba, J.	VwG 480	Fuchs, A.	BW 62	Fürstnow, D.	BW 55
Fröbrich, W.	BER 125	Fuchs, A.	BY 87	Füssel, K.	BY 113
Fröchtling, H.	VwG 502	Fuchs, A.	NDS 214	Füßler, P.	HE 172
Fröde, E.	NW 304	Fuchs, A.	NW 309	Füting, L.	BRA 146
Fröhlich, H.	NW 286	Fuchs, C.	NW 306	Fuge, H.	NDS 233
Fröhlich, J.	BY 95	Fuchs, D.	BER 118	Fughe, E.	NDS 239
Fröhlich, J.	HE 176	Fuchs, E.	BW 53	Fuhge, H.	NW 285
Fröhlich, J.	NDS 218	Fuchs, E.	BY 95	Fuhlbrügge, G.	BW 48
Fröhlich, J.	NW 305	Fuchs, E.	SAC 345	Fuhlendorf, R.	NDS 222
Fröhlich, P.	BY 70	Fuchs, F.	BY 72	Fuhr, H.	NW 245
Fröhlich, P.	SAN 372	Fuchs, G.	ArbG 417	Fuhr, H.	TH 397
Fröhlich, T.	HE 187	Fuchs, G.	HE 188	Fuhrmann, A.	NW 244
Fröhlich, U.	BRA 146	Fuchs, G.	NW 253	Fuhrmann, G.	NDS 231
Fröhlich, W.	BW 45	Fuchs, H.	BW 40	Fuhrmann, H.	BER 123
Fröhling, S.	SAC 346	Fuchs, H.	BY 73	Fuhrmann, S.	NDS 224
Fröhlinger, M.	RP 321	Fuchs, H.	TH 393	Fuhrmann, W.	BER 125
Fröhlke, G.	BER 126	Fuchs, J.	ArbG 423	Fuhs, J.	HH 155
Frölich, A.	ArbG 415	Fuchs, J.	BW 57	Fuhse, E.	NDS 237
Frölich, A.	ArbG 419	Fuchs, J.	BY 85	Fumetti, A.	VwG 481
Froelich, P.	BY 94	Fuchs, J.	BY 87	Fumi, H.	FG 446
Froemel, W.	BW 65	Fuchs, J.	SG 474	Funck, A.	BW 48
Fröml, T.	NW 245	Fuchs, K.	BY 69	Freiherr	
Frömmel, M.	SAC 348	Fuchs, K.	BY 93	von Funck, A.	VwG 508

576

Namensverzeichnis — Gatza

Funcke, T.	NW 287	Gaebler, C.	BER 119	Gans, R.	HE 174		
Funder, C.	BRA 147	Gaede, H.	NW 283	Gansen, F.	VwG 507		
Funk, A.	BER 127	Gäde-Butzlaff, V.	VwG 487	Ganser, L.	NDS 223		
Funk, B.	BY 74	Gädecke, C.	MV 195	Ganser, T.	BW 36		
Funk, B.	BY 84	Gädigk, C.	HH 164	Ganslmayer, A.	BY 67		
Funk, E.	BER 117	Gaedtke, G.	NW 246	Ganßauge, K.	BW 62		
Funk, F.	HH 161	Gaedtke, M.	BER 129	Ganster, D.	SAA 341		
Funk, M.	SG 459	Gähr, H.	SG 453	Ganten, R.	BMJ 3		
Funk, S.	SAA 338	Gänger, H.	FG 447	Ganter, A.	BW 33		
Funk, S.	VwG 492	Gäntgen, H.	ArbG 427	Ganter, H.	BU 8		
Funk, S.	VwG 493	Gaentzsch, G.	BU 12	Gantz, D.	ArbG 412		
Funk, W.	BU 11	Gärtner, A.	HH 159	Ganz, H.	BY 107		
Funk, W.	VwG 479	Gärtner, A.	MV 204	Ganzemüller, U.	NDS 222		
Funke, A.	ArbG 426	Gärtner, B.	MV 196	Ganzer, P.	VwG 482		
Funke, G.	TH 395	Gärtner, D.	BY 105	Gappisch, R.	MV 205		
Funke, H.	NW 243	Gärtner, H.	NW 266	Garbas, B.	HE 172		
Funke, H.	NW 275	Gärtner, H.	VwG 498	Garbe, A.	NDS 214		
Funke, K.	NW 246	Gärtner, K.	BW 42	Garbe, J.	NDS 226		
Funke, R.	BMJ 3	Gärtner, W.	NW 260	Garbers, K.	NW 278		
Funke, T.	SAC 359	Gaffal, J.	BY 106	García-Valdecasas y Fernandez, R.	EuGH 519		
Funke-Kaiser, M.	VwG 477	Gaffron, R.	NW 246				
Funke-Meyer, J.	NDS 236	Gagel, A.	BU 11	Gardewin-Brink, M.	SG 461		
Funken-Schneider, M.	NW 250	Gahbauer, J.	BY 101	Garke, J.	BY 90		
Furch, H.	NW 295	Gahl, C.	ArbG 423	Garmann, B.	SAC 347		
Fuß, J.	NW 301	Gahlen, H.	BER 119	Garmatter, C.	HH 155		
Fußgang, S.	NDS 236	Gaida, B.	SAC 357	Garrelts, U.	SAC 348		
Futter, U.	BW 21	Gaida, M.	VwG 497	Garske, K.	ArbG 418		
Futterer, S.	NW 310	Gaide, J.	NW 308	Garske-Ridder, E.	BER 122		
Futterknecht, O.	BW 30	Gaier, R.	HE 170	Garthaus, B.	BRE 152		
Fuxa, T.	ArbG 422	Gailing, U.	SAN 371	Garthmann-Ressing, C.	NW 248		
		Gaillard, I.	SAA 336	Gartmayr, P.	BY 80		
G		Gaillard, W.	SAA 338	Gartner, T.	BU 9		
		Gaiser, B.	BW 64	Gartung, G.	NDS 208		
Gaa, C.	BW 54	Gaiser-Nökel, D.	BW 35	Gartz, T.	MV 203		
Gaarz, V.	NW 260	Gaitzsch, M.	TH 389	Garz-Holzmann, K.	BER 119		
Gaasenbeek, H.	SAC 350	Galemann, B.	RP 331	Gascard, G.	FG 444		
Gabbert, U.	NDS 237	Galke, G.	RP 315	Gass, H.	BRE 151		
Gabel, C.	TH 399	Gallasch, G.	NW 251	Gass, P.	BMJ 3		
Gabelin, E.	NW 307	Gallasch, W.	BY 107	Gasser, K.	VerfG 405		
Gabelmann, R.	RP 321	Galle, S.	NW 245	Gasser, S.	SG 471		
Gaber, W.	VwG 478	Gallenkämper, U.	SG 474	Gaßmann, G.	VwG 512		
Gabius, R.	BW 30	Galler, U.	SAN 373	Gaßmann, H.	HE 178		
von der Gablentz, K.	BER 117	Gallhoff, M.	BY 78	Gaßmann, H.	NW 266		
Gabler, B.	BRE 153	Gallinger, K.	BRA 139	Gassmann-Alef, B.	NW 304		
Gabler, B.	SAA 339	Gallner, I.	ArbG 413	Gassner, C.	BY 99		
Gabriel, A.	BER 120	Galm, E.	HE 188	Gast, C.	NW 311		
Gabriel, D.	SAA 337	Galonska, S.	NW 249	Gast, E.	RP 320		
Gabriel, F.	NW 260	Galow, J.	BER 118	Gast, P.	HE 187		
Gabriel, K.	NW 281	Galster, J.	BW 26	Gast, T.	SAC 357		
Gabriels-Gorsolke, A.	BY 111	Gamböck, W.	BY 82	Gastroph, M.	BY 88		
Gabrysch, J.	VwG 510	Gammelin, D.	NW 263	Gaszczarz, J.	NW 258		
Gacaoglu, O.	BY 99	Gammelin, J.	HH 164	Gathen, N.	NW 260		
Gadamer, A.	BW 39	Gampe, M.	HE 183	Gattinger, H.	BY 88		
Gäbel, C.	NW 278	Gamrath, G.	BER 127	Gattner, A.	BW 37		
Gaebel, L.	NDS 229	Gandner, H.	RP 323	Gattner, O.	BW 39		
Gaebert, H.	NW 262	Gandorfer, J.	BY 74	Gattung, H.	RP 320		
Gaebert, U.	NW 243	Gangl, E.	SAN 367	Gatz, K.	SAC 353		
Gäbhard, G.	BY 93	Gans, H.	ArbG 431	Gatz, S.	VwG 511		
Gäbler, W.	NW 267	Gans, H.	BY 90	Gatza, G.	BER 119		

577

Gatzka, R.	HE 170	Gegenwart, A.	VwG 492	Geilfus, K.	HE 178
Gatzke, N.	NW 294	Gegenwart, P.	ArbG 422	Geimer, A.	NW 304
Gatzweiler, U.	NW 307	Gegner, V.	BY 105	Geimer, K.	ArbG 429
Gau, C.	VwG 513	Gehentges, G.	NW 246	Geipel, J.	FG 439
Gau, U.	RP 330	Gehle, B.	NW 299	Geis, R.	VwG 506
Gaube, G.	BER 130	Gehle, W.	NDS 208	Geis, S.	NDS 220
Gaube, G.	VwG 486	von Gehlen, H.	NW 274	Geise, G.	BY 105
Gauch, G.	BW 61	Gehlen, H.	NW 295	Geisenfelder, D.	BY 85
Gauch, R.	BW 65	Gehlhar, H.	HH 157	Geisert, R.	RP 326
Gaude, C.	BRA 139	Gehling, G.	NW 269	Geisinger, D.	BW 52
Gaude, H.	BW 63	Gehr, H.	BY 111	Geisler, C.	VwG 501
Gauderer, H.	HE 174	Gehre, K.	BRA 137	Geiß, K.	BU 8
Gaudin, A.	SG 458	Gehrig, H.	NDS 218	Geiß, K.	BW 44
Gauer, V.	RP 313	Gehrig, K.	BW 23		VerfG 403
Gauf, H.	RP 322	Gehrig, N.	BY 79	Geißenberger, B.	BY 97
Gauger, B.	BER 132	Gehring, G.	BW 61	Geißendörfer, R.	BY 107
Gauger, W.	SG 453	Gehring, J.	BW 52	Geißinger, S.	BY 93
Gaul, M.	BW 41	Gehring, P.	NW 308	Geißler, E.	SH 383
Gaumert, W.	BY 81	Gehring, U.	RP 330	Geißler, M.	BY 80
Gauß, U.	VerfG 403	Gehringer, A.	FG 439	Geißler, R.	HH 165
Gawarecki, D.	NW 270	Gehringer, H.	NDS 238	Geist, K.	FG 441
Gawinski, R.	BER 120	Gehrke, H.	HE 174	Geist-Schell, F.	BY 82
Gawinski, W.	BY 91	Gehrke, R.	MV 199	Geistert, R.	BER 132
Gawlas, O.	BRA 141	Gehrke, R.	SAN 372	Geithe, M.	ArbG 418
Gawlas, O.	BRA 142	Gehrke, V.	RP 323	Geithner, V.	BY 95
Gawlik, U.	NW 305	Gehrken, K.	SH 379	Gekeler, D.	BW 63
Gawronski, H.	BW 61	Gehrlein, M.	SAA 336	Gelberg, J.	VwG 499
Gaydoul-Gooren, A.	BER 119	Gehrlein, W.	VwG 475	van Gelder, A.	BU 8
Gaydow, A.	BW 52	Gehrling, H.	NW 275	Geldmacher, G.	NW 247
Gebauer, A.	SAN 370	Gehrling, R.	NW 304	Geldmacher, I.	BER 130
Gebauer, D.	SG 466	Gehrmann, D.	VwG 502	Geldschläger, G.	NW 282
Gebauer, I.	SAN 371	Gehrmann, L.	VwG 495	von Gélieu, C.	BER 120
Gebauer, J.	BW 37	Gehrold, A.	BY 74	Gellermann, U.	BER 124
Gebauer, K.	NW 284	Gehrsitz, E.	VwG 482	Gelübcke, J.	HH 162
Gebauer, M.	BMJ 5	Gehweiler, T.	BW 57	Gemählich, G.	BY 91
Gebehenne, M.	NDS 218	Geib, S.	SAN 362	Gemählich, R.	BY 67
Gebel, D.	FG 447	Geib-Doll, M.	RP 328	Gemeinhardt, U.	BRA 136
Gebele, B.	BW 27	Geibert, A.	TH 400	Gemes, S.	MV 200
Gebelhoff, U.	NW 244	Geibert, J.	VwG 506	Gemmer, R.	HE 184
Gebert, E.	ArbG 420	Geich-Gimbel, R.	NW 297	van Gemmeren, G.	NW 251
Gebert, U.	HE 189	Geidies, M.	HE 190	Genest, C.	FG 440
Gebhard, T.	BER 131	Geier, H.	FG 439	Genest, H.	BY 89
Gebhard, T.	SAC 355	Geier, P.	NW 282	Geng, T.	SH 377
Gebhardt, C.	BER 121	Geier, T.	NW 305	Genrich, L.	VwG 477
Gebhardt, C.	HE 170	Geier, W.	SG 469	Genter, L.	NW 246
Gebhardt, G.	SG 456	Geiger, E.	BW 50	Genthe, M.	FG 445
Gebhardt, K.	NDS 230	Geiger, F.	ArbG 412	Gentz, G.	NW 269
Gebing, A.	RP 324	Geiger, G.	BW 58	Gentz, R.	NDS 220
Geckeler, K.	SH 385	Geiger, H.	BW 39	Gentz, W.	NDS 228
Gedig, A.	NW 293	Geiger, H.	FG 447	Genz, B.	SAC 351
Geerhardt, G.	SAN 367	Geiger, H.	SH 386	Genz, U.	SG 457
Geerkens, M.	SAC 357	Geiger, H.	VwG 481	Geogii, A.	VerfG 407
Geers, M.	BW 27	Geiger, J.	BW 53	Georg, A.	SAN 369
Geerts, A.	NW 311	Geiger, K.	BW 30	Georg, D.	NW 253
Geertz, H.	BRE 153	Geiger, M.	NDS 216	Georg, R.	BU 9
Gefaeller, D.	BER 124	Geiger, U.	SG 457	Georg, R.	SAC 358
Geffers, W.	NDS 217	Geiger, T.	BW 57	Georgalis, R.	BER 122
Geffert, M.	HE 177	Geiger, W.	SH 383	George, M.	ArbG 422
Geffroy, L.	NW 251	Geiger-Battermann, B.	NW 254	Georgen, F.	VerfG 405

Namensverzeichnis Giesecke

Georgen, F.	VwG 493	Gerke, R.	HE 185	Geßl, K.	BY 98
Georgi, A.	FG 444	Gerke, S.	VwG 498	Geßler, J.	NW 303
Georgi, P.	BRA 144	Gerke, U.	NW 275	Geßler, M.	VwG 478
Georgii, H.	BW 49	Gerke, V.	VwG 488	Geßner, B.	BRA 143
Geppert, G.	BY 98	Gerken, R.	ArbG 416	Geßner, B.	BRA 144
Geppert, K.	BER 117	Gerken, U.	NDS 230	Geßner, R.	NDS 215
Gerards, R.	SAC 348	Gerl, E.	BY 97	Gestefeld, R.	HH 155
Gérard, B.	RP 332	Gerlach, A.	BRA 146	Gestefeld, W.	HE 176
Gerasch, H.	BER 128	Gerlach, B.	BER 128	Gester, H.	VerfG 406
Gerats, W.	NW 254	Gerlach, B.	NW 269	Gester, T.	SAN 371
Gerber, A.	BW 64	Gerlach, H.	NW 287	Getferdt, S.	BER 120
Gerber, K.	BMJ 4	von Gerlach, J.	BU 7	Gethmann, N.	BW 63
Gerber, P.	NW 294	Gerlach, J.	NDS 219	Gettmann, K.	RP 331
Gerber, U.	SAA 340	Gerlach, J.	NW 303	Gettner, W.	SH 375
Gerber, V.	SH 382	Gerlach, K.	NDS 227	Geuder, D.	BY 77
Gerber, W.	BU 8	Gerlach, M.	BER 123	Geue, J.	NW 266
Gerberding, D.	BER 133	Gerlach, S.	BER 121	Geuenich-Cremer, C.	NW 260
Gerberding, R.	HH 158	Gerlach, U.	BW 38	Geumann, I.	NDS 216
Gerbert, M.	NW 275	Gerlach-Welge, U.	HE 182	Geusen, M.	NW 245
Gerbig, H.	SG 470	Gerlach-Worch, U.	NW 264	Geußer, R.	SAC 357
Gerbl, Y.	HH 166	Gerlinger, M.	MV 206	Gey, D.	VwG 482
Gerboth, H.	BRE 151	Gerloff, K.	BER 124	Geyer, A.	SAN 372
Gerbracht, L.	RP 315	Germann, P.	TH 391	Geyer, E.	NDS 238
Gerdes, A.	ArbG 437	Germaschewski, B.	BY 107	Geyer, H.	SAN 373
Gerdes, S.	NW 287	Germelmann, C.	ArbG 416	Geyer, J.	NDS 211
Gereke, B.	HH 166	Germer, M.	BW 42	Geyrhalter, H.	SG 451
Gerfelmeier, T.	SG 462	Germerodt, D.	TH 398	Giani, P.	VerfG 405
Gerfin, U.	HE 175	Gernhard, R.	BRA 145	Gibbels, H.	MV 204
Gerhard, D.	ArbG 414	Gernoth-Schultz, P.	BER 124	Gibbert, W.	NDS 217
Gerhard, K.	MV 206	Gerozissis, S.	NW 273	Gick, D.	BER 115
Gerhard, K.	SAA 339	Gerretz, T.	ArbG 428	Gick, K.	ArbG 415
Gerhard, K.	SH 378	Gersch, H.	NW 297	Giebel, B.	SAA 337
Gerhard, M.	BW 54	Gerschner, G.	BRA 139	Giebel, M.	TH 400
Gerhard, W.	ArbG 414	Gersitz, W.	HE 180	Giebel, T.	NDS 236
Gerhardinger-Stich, A.	BY 91	Gerst, K.	BY 87	Giebel, V.	BRA 143
Gerhards, G.	RP 321	Gerstberger, H.	FG 443	Gieg, G.	BY 78
Gerhards, H.	SAN 371	Gerstenecker, M.	BW 47	Gielau, H.	HE 173
Gerhards, P.	FG 446	Gerster, E.	SAC 357	Gielen, P.	BU 12
Gerhards, W.	SAC 353	Gerster, R.	VwG 493	Gielens, M.	NW 271
Gerhardt, B.	BY 80	Gerstmann, K.	SG 458	Gieraths, C.	ArbG 422
Gerhardt, C.	SAC 351	Gerstner, M.	TH 393	Gierga, H.	HH 158
Gerhardt, H.	ArbG 428	Gerstner-Heck, B.	VwG 475	Gieritz, H.	BER 119
Gerhardt, H.	NW 291	Gerstung, M.	HE 181	von Gierke, B.	BER 130
Gerhardt, M.	BU 13	Gerth, R.	SAN 371	Gierke, M.	HE 177
Gerhardt, M.	SAC 350	Gertich, M.	ArbG 416	Gierl, S.	SAN 369
Gerhardt, M.	VwG 479	Gertich, M.	SG 464	Gierl, W.	BY 84
Gerhardt, P.	BER 133	Gertig, G.	BER 128	Gierl, W.	BY 108
Gerhardt, R.	NDS 227	Gertje, W.	NDS 240	Giers, M.	NDS 218
Gerhardt, S.	NW 293	Gertych, G.	BER 128	Giersch, F.	RP 325
Gerhardt, U.	BU 8	Gerwien, I.	VwG 488	Giersch, M.	RP 330
Gerhardt, U.	HH 165	Gerwing, A.	TH 400	Gierschik, F.	BY 91
Gerhart, G.	BY 67	Gerwing, B.	BER 133	Gierschner, E.	SAC 353
Gerharz, W.	RP 319	Geschwender, J.	NW 275	Gierse, B.	BER 129
Gericke, B.	ArbG 414	Geschwinde, T.	HE 190	Gies, B.	HH 166
Gericke, W.	ArbG 413	Gesell, P.	BW 60	Gies, R.	NW 299
Gerigk, K.	BER 119	Gesien, B.	NW 244	Giesch-Rahlf, R.	HH 165
Geringswald, A.	BER 133	Geskamp, K.	BER 132	Giese, A.	RP 315
Gerkau, F.	NW 308	Gessert, T.	NW 272	Giese, W.	BY 101
Gerke, K.	VwG 487	Gessert-Pohle, A.	BY 89	Giesecke, F.	SAC 358

579

Giesecke von Bergh   Namensverzeichnis

Giesecke von Bergh, G.	NW 279	Glanzmann, P.	BW 28	Glomski, B.	SAN 364
Gieseke, S.	BRA 147	Glaremin, F.	NW 284	Gloria, C.	VwG 500
Gieseking, S.	SAA 337	Glas, H.	BY 97	Glorius, H.	NW 283
Gieseler, D.	NW 262	Glas, K.	RP 329	Glowatzki, L.	VwG 485
Gieselmann, B.	VwG 504	Glasbrenner, M.	BRE 153	Glück, C.	BY 89
Giesen, C.	NW 302	Glaser, C.	ArbG 415	Glück, G.	SG 455
Giesen, K.	NW 285	Glaser, G.	BW 54	Glück, H.	BY 79
Gieser, E.	HH 158	Glaser, S.	TH 395	Glückert, M.	VwG 506
Gieser, R.	SG 471	Glaser, U.	BW 54	Glufke, E.	NDS 227
Giesert, C.	NW 264	Glaser, W.	SAA 337	Glunk, I.	SG 455
Giesler, F.	HH 162	Glasow, A.	VwG 482	Gluns, T.	ArbG 410
Giesler, V.	BMJ 4	Glaß, P.	SAC 351	Gmach, G.	FG 440
Gießau, R.	VwG 500	Glaß, T.	BRA 138	Gmehling, B.	BY 84
Gießelmann-		Glass, R.	BY 105	Gmel, D.	SAC 359
Goetze, G.	SAN 367	Glaßer, H.	BER 131	Gmelch, A.	BY 98
Gießler, H.	TH 390	Glatz, A.	NW 255	Gmelch, H.	BY 109
Gietemann, K.	NW 251	Glatz, H.	BY 88	Gmelch, H.	SG 454
Gietzen, C.	VwG 506	Glaunsinger, W.	BW 48	Gmelin, R.	NW 296
Giffey, D.	NW 294	Gleibs, R.	NDS 231	Gnädinger, F.	BW 38
Giffey, I.	SG 457	Gleich, G.	SG 471	Gnan, R.	VwG 482
Gihl, I.	VwG 483	Gleich, J.	BY 80	Gneiting, J.	ArbG 413
Gilbers, W.	NW 257	Gleichmann, J.	NDS 209	Gnisa, J.	NW 284
Gilbert, S.	RP 332	Gleisberg-Heigl, H.	VwG 510	Gocha, H.	SAC 349
Gilbert, W.	SG 469	Gleisl, A.	BY 113	Gocke, K.	SAA 340
Gildemeister, L.	SAC 350	Gleitz, I.	BER 132	Gockel, D.	BY 81
Gildemeister, U.	SAC 351	Gleixner, M.	BY 86	Gockel, M.	ArbG 433
Gilg, G.	NW 288	Glenk, H.	FG 445	Godau-Schüttke, C.	SH 378
Gilge, C.	BER 120	Glenz, J.	BW 32	Godau-Schüttke, K.	SH 378
Gill, E.	SG 470	Gless, R.	BW 61	Godbersen, K.	SH 376
Gille, R.	SH 382	Glette, F.	BW 37	Gode, J.	NW 244
Gilles, R.	SAA 337	Gliech, J.	BER 119	Godejohann, D.	ArbG 436
Gilleßen, H.	NW 294	Gliese, R.	BW 42	Godglück, W.	HH 159
Gillig, C.	BW 60	Glimm, H.	NDS 213	Godow, E.	SH 386
Gillmeister, U.	NW 273	Glimm, U.	SG 472	Godron, K.	BY 69
Gillner, T.	MV 203	Gliniars, F.	NW 286	Göb, U.	BW 61
Gimbel, H.	HE 189	Glinka, G.	BW 53	Göb, W.	HE 189
Gimbernat Jonas, A.	HE 192	Glinka, R.	NDS 213	Göbel, A.	NW 311
Gimmler, A.	HE 173	Gliß, R.	NW 305	Göbel, G.	VwG 502
Ginnow, M.	BRA 145	von Gliszynski, D.	HE 181	Göbel, J.	RP 329
Gins, W.	MV 201	Glitsch, K.	RP 316	Göbel, K.	NDS 233
Gintaut, A.	BER 133	Glitza, E.	VwG 489	Göbel, M.	BRE 149
Ginten, J.	NW 307	Globke, M.	NW 305	Göbel, N.	SAC 350
Gipper, H.	NW 286	Glocker, E.	BY 89	Göbel, R.	HH 159
Girndt, J.	SG 468	Glocker, P.	BY 73	Goebel, F.	BU 15
Gisa, H.	BW 54	Glocker, S.	BRA 147	Goebel, F.	RP 332
Gischkat, K.	TH 394	Glockner, B.	BY 81	Goebel, H.	BRA 136
Gissel, F.	NW 282	Glockshuber, C.	VwG 483	Goebel, M.	SAC 345
Gißler, B.	BW 34	Glöckner, G.	BY 107	Goebel, U.	NW 285
Gissler, F.	BW 26	Glöde, J.	SAN 370	Goebel, W.	HE 181
Gittermann, D.	NDS 240	Gloede, W.	HH 157	Goebels, P.	MV 199
Giwitz, R.	HE 174	Gloede, W.	NDS 214	Göbelsmann, D.	SG 465
Gläser, M.	BRA 139	Glöggler-Mehner, A.	NW 288	Göbhardt, M.	BY 77
Glaeser, B.	BW 25	Glötzel, P.	BRE 152	Göckeler, B.	NW 264
Glaeser, S.	NW 307	Glofke, C.	HE 169	Göddertz, W.	SH 380
Gläsker, J.	NW 263	Glofke, T.	BW 31	Gödel, C.	BU 13
Glaessel, G.	HE 185	Glogau, M.	HH 161	Gödel, M.	NW 263
Glanegger, P.	FG 440	Glomb, K.	BER 124	Goedel, U.	HE 191
Glanz, B.	TH 399	Glombik, P.	SAC 346	Goedelt, S.	SH 385
Glanz, J.	TH 389	Glombitza, C.	NW 308	Goedelt, U.	SG 473

580

Gödicke, U.	TH 396	Görlitz, S.	FG 441	Götze, G.	MV 204
Göge, K.	NW 253	Görlitz, U.	BER 122	Götze, G.	NDS 215
Gögge, C.	BER 128	Görlitz-Kasassoglou, R.	HE 177	Götze, T.	MV 204
Göhle-Sander, K.	ArbG 427	Görner, G.	SH 375	Goetze, E.	SAN 367
Göhler, T.	VwG 510	Görres, F.	NDS 234	von Goetze, R.	BER 118
Göhler-Schlicht, G.	NW 293	Görres, K.	SAN 373	Götzinger-Schmidt, B.	BY 109
Göhlich, W.	HH 159	Görres-Ohde, K.	HH 158	Goetzke, H.	HE 174
Göhmann, H.	NDS 226	Görschen-Weller, M.	SH 380	Götzl, M.	BY 99
Göhre, S.	HE 183	Görtz, H.	NDS 234	Goez, R.	VwG 501
Göhren, V.	VwG 497	Görtz, R.	BER 116	Goeze, M.	BW 41
Göhring, R.	HH 163	Görtz, T.	HH 159	Gogger, M.	BY 75
Goehtz, P.	BER 123	Gösele, D.	BW 57	Gohl, G.	BW 55
Göke, C.	NW 288	Gössel, G.	BW 52	Gohr, M.	NW 267
Goeke, G.	ArbG 427	Gössel, K.	BY 68	Golasowski, W.	BRE 150
Göken, G.	VwG 497	Goessl, M.	VwG 486	Golcher, R.	BY 92
Göldner, D.	SH 380	Gößmann, C.	BY 112	Gold, G.	BY 108
Göldner, H.	SAN 369	Gößner, E.	BY 106	Gold, H.	BY 95
Göldner, K.	BY 107	Gößwald, A.	SAC 346	Gold, H.	BY 101
Göldner, K.	SAC 351	Gößwein, W.	BW 24	Gold, W.	BY 80
Göldner, S.	ArbG 436	Göthlich, K.	RP 327	Gold-Pfuhl, G.	NW 257
Göler, P.	SAA 336	Göthling, W.	HE 169	Goldack, C.	BER 131
Göll, R.	VwG 497	Götsche, F.	BRA 146	Goldammer, G.	BER 130
Göller, G.	BY 71	Götsche, S.	BRA 146	Goldammer, K.	SH 382
Göller, H.	BW 50	Gött, K.	BW 31	Goldbach, D.	NDS 224
Göller, M.	BY 111	Götte, E.	VwG 504	Goldbach, M.	SAC 346
Göllner, E.	HH 161	Götte, H.	BW 41	Goldbeck, H.	NW 271
Göllnitz, G.	SAC 352	Götte, J.	NW 258	Goldbrunner, F.	ArbG 414
Gölz, R.	SG 467	Goette, W.	BU 8	Goldmann, K.	BRE 151
Gömann, S.	BRA 146	Götter, W.	BY 77	Goldschmidt, M.	RP 330
Göppel, H.	SG 454	Göttgen, H.	RP 316	Goldschmidt-	
Göppl, U.	VwG 478	Götting, R.	NW 303	Neumann, B.	NW 245
Göppner, K.	BY 87	Göttling, B.	ArbG 426	Goldstein, J.	RP 325
Goerdeler, D.	BMJ 5	Göttling, W.	ArbG 426	Goldstein, O.	BER 123
Goerdeler, H.	NW 282	Göttmann, H.	RP 330	Goldstein-	
Goerdeler, M.	VwG 487	Götz, A.	BY 74	Steinhauer, M.	SAC 355
Goerdeler, U.	ArbG 427	Götz, B.	BW 42	Golfier, S.	BRA 146
Goerden, R.	BER 121	Götz, B.	HE 167	Goll, H.	BW 54
Göres, G.	SAC 346	Götz, G.	BY 76	Goll, U.	BY 21
Görgen, C.	MV 200	Götz, H.	BW 45	Golla, C.	BW 38
Görgen, F.	RP 316	Götz, H.	BW 61	Gollan, S.	BER 132
Görgen, H.	NW 294	Götz, H.	RP 323	Goller, F.	BY 79
Görgen, J.	NW 298	Götz, I.	BY 91	Goller, W.	NW 250
Goergen, U.	VwG 507	Götz, K.	HE 167	Gollinger, R.	BY 112
Görich, R.	HE 171	Götz, K.	TH 392	Gollner, G.	BRA 143
Görig, U.	NW 305	Götz, K.	TH 392	Gollos, C.	NW 307
Göring, B.	NDS 208	Götz, S.	BW 36	Gollos, P.	NW 254
Göring, G.	HH 158	Götz, T.	RP 332	Gollrad, W.	BW 37
Göring, H.	ArbG 424	Götz, U.	BW 36	Gollwitzer, K.	BU 7
Görke, K.	ArbG 413	Götz, U.	BY 114	Golombek, D.	NW 245
Goerke, H.	HE 172	Götz, V.	VerfG 405	Golsong, N.	NW 289
Goerke, H.	HE 178		VwG 495	Goltzsche, P.	ArbG 422
Goerke-Berzau, I.	SAN 362	Götz, W.	BW 21	Golüke, K.	VwG 501
Görl, H.	SAN 369	Götz, W.	MV 203	Golumbeck, E.	NW 259
Görlach, D.	NDS 209	Götz		Golumbeck, H.	NDS 228
Görlach, N.	BY 89	von Olenhusen, P.	NDS 214	Golyschny, V.	VwG 503
Görlich, M.	VwG 485	Götz-Tallner, C.	HE 175	Golz, T.	MV 201
Görlich, U.	NDS 227	Götze, B.	SAC 357	Golze, H.	VwG 484
Görlich, W.	BW 48	Götze, B.	SG 458		
Görlinger, M.	SAA 341	Götze, E.	HE 181	Gombac, A.	MV 205

Gombert, R.	VwG 482	Gouder, E.	SG 460	Graeve, H.	NW 309
Gomille, T.	HE 173	Goullon, S.	SG 473	Graeve, P.	NW 305
Gomoll, B.	SG 455	Goumas, G.	ArbG 412	Gräwe, G.	HH 165
Gomoll, E.	HH 166	Gowen, W.	NDS 233	Gräwe, K.	SAC 357
Gonder, T.	HE 193	Goy-Fink, H.	HE 188	Graf, C.	VwG 501
Gonschior, A.	VwG 498	Goydke, J.	SAN 362	Graf, E.	BY 105
Gonschorek, P.	SAC 359	Goydke, J.	VerfG 407	Graf, H.	BY 83
Goos, A.	SH 385	Graalfs, H.	NW 267	Graf, H.	BY 88
Goos, M.	VwG 497	Graalmann-		Graf, I.	SAC 350
Goose, G.	NDS 233	Scheerer, K.	BRE 153	Graf, I.	VwG 482
Gora, H.	NW 270	Graba, H.	BY 80	Graf, J.	BU 9
Goralska, M.	NW 246	Grabandt, B.	MV 205	Graf, M.	BW 26
Gordalla, S.	VwG 510	Grabbe, A.	BER 120	Graf, M.	FG 446
Gordon, G.	BRA 144	von Grabe, A.	VwG 504	Graf, R.	BW 48
Gores, K.	NW 270	Grabe, H.	BRA 145	Graf, R.	VwG 507
Gorgels, A.	SG 457	Grabe, H.	NW 278	Graf, W.	BW 21
Gorial, M.	SAC 347	Grabe, L.	BW 63	Graf, Y.	VwG 502
Goritzka, A.	HH 161	Grabinski, K.	NW 245	Grafen, G.	ArbG 437
Gorski, H.	BU 11	Grabitz-Scheffler, H.	HH 165	de Grahl, M.	HH 159
Gosch, C.	SG 462	Grabosch, V.	VwG 501	Grain, R.	BY 98
Gosch, D.	BU 11	Grabow, A.	BRA 144	Grain, R.	BY 113
Gosch, H.	SH 376	Grabow, M.	BER 124	Grajcarek, I.	SAC 354
Gosch, O.	SH 375	Grabow, R.	BER 121	Grajewski, J.	SG 469
Goschala, H.	TH 395	Grabowski, E.	HE 170	Gralfs-Worbes, S.	TH 396
Gosemann, S.	BER 133	Grabowski, K.	NDS 239	Gralmann, G.	ArbG 428
Gosse, K.	NW 259	Grabrucker, M.	BU 16	Gramatte-Dresse, B.	BY 113
Gosselke, F.	BY 78	Grabsch, W.	BW 24	Grambow, H.	VerfG 404
Gossmann, W.	NW 264	Gradel, J.	TH 399	Gramich, P.	FG 439
Gotham, R.	HH 163	Gradl, C.	BER 132	Gramlich, B.	BW 21
Gotsche, B.	SG 468	Gradl-Matusek, B.	SH 385	Gramlich, E.	BW 27
Gotschlich, W.	BY 92	Gradulewski, H.	SAC 351	Gramm, C.	BMJ 4
Gottaut, M.	NW 260	Gräber, H.	NW 253	Gramm, H.	VwG 489
Gottberg, S.	RP 313	Gräber, K.	BY 113	Gramm, U.	BY 113
Gottfried, M.	SAN 364	Graeber, T.	BRA 142	Grammel, H.	SH 381
Gottfriedsen, C.	NDS 228	Gräbert, U.	HE 176	Grams, D.	SAC 351
Gotthardt, H.	HE 191	Gräbner, K.	HE 180	Gramsch, J.	BER 123
Gotthardt, R.	HE 179	Gräf, G.	RP 326	Gramse, F.	BER 121
Gottschaldt, I.	NW 266	Gräf, O.	RP 315	Gramse, J.	NW 270
Gottschalg, W.	NW 243	Graef, H.	VwG 513	Gramulla, A.	FG 445
Gottschalk, D.	BU 16	Gräfe, B.	HH 159	Granderath, D.	BW 63
Gottschalk, D.	NW 254	Gräfe, D.	BY 104	Granderath, P.	TH 394
Gottschalk, F.	BY 89	Gräfe, E.	BY 107	Granderath, R.	BU 7
Gottschalk, H.	NW 299	Graefe, B.	ArbG 425	Grandpair, W.	BY 110
Gottschalk, J.	ArbG 425	Graefe, D.	NDS 227	Grannas, G.	VwG 496
Gottschalk, J.	HH 159	Graefe, W.	NDS 236	Grannemann, D.	NW 245
Gottschalk, M.	BRE 153	Graefe-Hunke, H.	VwG 495	Granow, H.	NW 296
Gottschalk, R.	SG 464	Graefen, H.	RP 315	Granowski, M.	BER 122
Gottschalk, W.	SH 375	Gräfenstein, M.	SAC 358	Granowski, M.	BER 122
Gottschalk-Wolff, I.	SH 381	Gräfl, E.	ArbG 433	Granzow, W.	NDS 219
Gottschewski, K.	SH 386	Graeger-Könning, K.	MV 206	Grape, A.	BY 114
Gottschick, D.	VwG 499	Grämmer, D.	BW 54	Grape, L.	NW 247
Gottschick, K.	BER 132	Gräper, U.	BRE 150	Grapentin, U.	NDS 212
Gottstein, M.	BY 91	Gräßle, W.	BER 130	Grapp-Scheid, M.	SAA 338
Gottwald, D.	MV 200	Gräßlin, H.	BW 42	Grasemann, H.	NDS 211
Gottwald, K.	NW 263	Grätz, H.	SAN 363	Grashoff, P.	NW 273
Gottwald, M.	NDS 210	Graetz, B.	TH 399	Grasmeier, B.	NW 259
Gottwald, U.	RP 316	Graetz, G.	BER 122	Grass, R.	EuGH 517
Gottwald, W.	NDS 213	Graetz, G.	NW 260	Grasse, E.	SAN 363
Gottwaldt, K.	BRA 136	Gräve, H.	NW 302	Graßhof, B.	SAN 373

Graßhof, K.	BVerfG 1	Greiner, G.	SAC 356	Griesche, G.	BER 116
Graßhoff, E.	VwG 494	Greiner, G.	VwG 479	Griesche, W.	BER 125
Graßl, H.	NW 276	Greiner, H.	BU 8	Griese, K.	ArbG 429
Grassmann, S.	NW 303	Greiner, K.	NW 302	Griese, K.	NW 290
Graßmück, P.	HE 180	Greiner, L.	SAA 335	Griese, T.	ArbG 430
Grathes, A.	NW 310	Greiner, R.	BW 24	Grieser, J.	BY 97
Gratzki, R.	BW 30	Greiner, R.	BW 45	Grieser, N.	RP 322
Gratzl, W.	RP 327	Greinert, P.	BER 118	Grieß, A.	BER 117
Grau, A.	HE 173	Greis, G.	SAA 338	Grieß, R.	BER 120
Grau, C.	BW 49	Greis, U.	BU 16	Grießbach, V.	RP 329
Grau, G.	VwG 510	Greiser, H.	VwG 498	Grießhammer, A.	BY 105
Grau, H.	VwG 479	Grekel-Morell, D.	BU 14	Grießmann, J.	NW 258
Graubohm, A.	HH 161	Grell, C.	SAC 351	Grigo, K.	ArbG 426
Graue, N.	HH 161	Grella, P.	HE 185	Grigo, P.	BW 33
Grauel, K.	HE 192	Grembowietz, H.	SG 454	Grigoleit, D.	HH 160
Grauel, M.	BY 113	Gremm, B.	SAC 359	Grigoleit, H.	BER 130
Grauer, T.	BW 57	Gremme, A.	NW 275	Grigoleit, H.	VwG 486
Graulich, K.	HE 167	Gremmelmaier, J.	BW 38	Grill, F.	ArbG 424
Graulich, W.	VwG 480	Gremmelspacher, M.	ArbG 413	Grillenberger, W.	BY 105
Graumann, P.	BW 50	Gremmer, B.	BY 100	Grillhösl, F.	SG 453
Graupmann, R.	HE 192	Grepel, W.	BRA 146	Grillo, R.	HE 172
Graus, B.	VwG 508	Greschkowiak, H.	SH 379	Grimm, A.	BER 132
Graus, R.	SAN 371	Gresel, A.	NDS 227	Grimm, A.	SAN 373
Grauvogel, M.	ArbG 419	Greser, R.	BY 82	Grimm, C.	BRA 146
Grave, A.	BY 111	Gress, H.	ArbG 410	Grimm, C.	RP 321
Grave-Herkenrath, U.	NW 300	Gresser, B.	BRA 142	Grimm, D.	BVerfG 1
Gravenhorst, U.	NW 246	Greßmann, M.	BMJ 5	Grimm, E.	HE 182
Gravert, C.	VwG 514	Greth, W.	HE 191	Grimm, E.	VwG 504
Gravesande-Lewis, A.	HH 160	Grethel, M.	VwG 509	Grimm, G.	BY 84
Grawe, V.	NW 273	Grett, H.	FG 445	Grimm, H.	BW 27
Greb, H.	ArbG 428	Gretzschel, H.	FG 440	Grimm, H.	BW 46
Greb, H.	SH 382	Greulich, A.	BY 114	Grimm, K.	SG 464
Grebe, E.	BW 56	Greunig, F.	TH 399	Grimm, M.	HE 190
Grebe, J.	NDS 224	Greve, F.	VwG 512	Grimm, M.	TH 391
Grebe, M.	HE 185	Greve, G.	SH 377	Grimm, U.	BY 106
Gredner-Steigleider, H.	BW 63	Greve, H.	SH 376	Grimm, W.	BY 86
Greetfeld, A.	BY 96	Greve, J.	ArbG 436	Grimm, W.	BY 95
Gref, M.	SAA 338	Greve, S.	SH 380	Grimme, N.	NDS 228
Grefe, D.	NDS 228	Greve-Decker, J.	VwG 481	Grimmer, B.	SAC 350
Gregarek, B.	SG 468	Greven, K.	HE 167	Grimmer-Bergemann, A.	HE 186
Greger, A.	BY 112	Greven, K.	SG 468	Grisée, S.	SH 378
Greger, G.	BY 93	Grevener, A.	NW 257	Gritscher, T.	BER 128
Greger, R.	BER 133	Greving, H.	NW 265	Grittner-Nick, K.	RP 320
Greger, R.	BU 8	Grewe, H.	SG 465	Grobauer, K.	BY 83
Gregor, H.	HE 167	Grewe, M.	BW 49	Grobecker, S.	NW 311
Gregor, H.	VwG 485	Grewenig, E.	RP 321	Grober, P.	MV 201
Gregor, K.	BY 69	Grewer, B.	NW 277	Grobler, K.	FG 445
Gregor, K.	SAC 354	Grewer, W.	NW 276	Grochtmann, H.	NW 268
Gregor, W.	HE 167	Griebeling, A.	HE 169	Gröber, G.	BW 50
de Gregorio, E.	BW 25	Griebeling, B.	VwG 493	Gröger, A.	NW 283
Gregorius, P.	BU 9	Griebeling, G.	BU 10	Gröger, W.	BW 55
Freiin von Gregory, J.	NW 245	Griebeling, J.	ArbG 422	Groeger, U.	ArbG 429
Grehl, A.	NDS 239	Grieger, E.	VwG 499	Gröncke-Müller, P.	BY 100
Greifenstein, F.	BY 101	Griehl, H.	BRA 141	Gröne, P.	SG 465
Greiffenberg, S.	SAC 356	Griem, J.	HE 171	Gröne, W.	NW 262
Greilinger-Schmid, D.	VwG 490	Griener, M.	BW 31	Gröner, A.	VwG 477
Grein, K.	BW 45	Griep, B.	RP 331	Gröner, K.	BW 64
Greindl, G.	BY 109	Gries, H.	BRE 152	Groenhagen, B.	NDS 232
Greiner, D.	BW 53	Griesbaum, R.	BU 9		

583

Gröning, J.	BER 117	Groß, W.	BER 119	Grube, U.	NDS 210
Gröning, W.	NW 247	Groß, W.	BU 7	Gruben, W.	BY 101
Groepler, H.	BER 118	Groß, W.	BY 107	Gruben-Braun, K.	ArbG 437
Groepper, M.	BU 13	Groß, W.	SAA 340	Gruber, J.	BY 92
Gröschel, W.	HE 189	Gross, B.	BER 129	Gruber, M.	BW 63
Gröschel-Gundermann, O.	VwG 480	Gross, C.	ArbG 434	Gruber, R.	SG 455
Groesdonk, E.	NW 280	Gross, H.	NDS 215	Gruber, T.	BW 56
Grötz, I.	SAC 351	Gross, I.	BY 81	Gruber, T.	BY 110
Groh, B.	VwG 509	Gross, O.	BRA 146	Gruber, W.	SG 454
Groh, G.	FG 440	Grossam, W.	HH 160	Grubert, A.	HH 160
Groh, M.	BU 10	Großbach, P.	NW 308	Grubert, W.	SAN 372
Groh, M.	NW 273	Großberndt, M.	SAN 373	Grüber, H.	FG 446
Groh, P.	SG 468	Große, B.	BW 64	Grübl, M.	BW 64
Grohe, H.	SG 469	Große, H.	RP 329	Grübler, G.	BRA 144
Grohmann, P.	HE 180	Grosse, B.	HH 161	Grün, B.	TH 399
Grolig, W.	BW 54	Grosse, E.	HH 164	Grün, K.	HE 179
von Groll, R.	BU 11	Große Beilage, H.	NW 310	Grün, R.	BW 26
Groll, U.	BY 91	Große Exter-möring, G.	NDS 236	Grün, R.	BY 113
Grolman, E.	SH 381	Große Feldhaus, J.	NW 272	Grün, R.	HE 192
Grolmann-Florin, I.	SH 380	Große Schlarmann-Meinke, J.	NDS 225	Grünberg, H.	FG 445
Grommes, H.	NW 296			Grünberg, K.	NDS 228
Gronau-Burgdorf, R.	SAN 366	Große Siemer, S.	NDS 240	Grünberg, M.	VwG 510
Gronemann-Umsonst, B.	BU 14	Große-Streine, T.	SAC 353	von Grünberg, N.	SH 375
		Große-Wilde, B.	FG 447	Grünberg, V.	BW 45
Groner, S.	BW 64	Großer, S.	NDS 217	Grünberger, K.	BY 94
Gronert, D.	SAN 366	Grosser, H.	SG 455	Gründel, J.	BY 113
Gronski, K.	NW 269	Großhans, P.	BW 49	Gründl, F.	BY 90
Gronstedt, D.	HE 192	Großkopf-Sander, R.	SG 461	Gründler, B.	BY 111
de Groot, H.	NDS 231	Großkurth, H.	HE 183	Gründler, E.	BY 103
Gropp, U.	NDS 227	Großmann, A.	BW 33	Gründler, W.	BY 111
Gros, R.	BW 57	Großmann, B.	HH 163	Grüneberg, A.	TH 401
Grosbüsch, G.	NW 283	Großmann, C.	MV 202	Grüneberg, C.	NW 297
Grosch, B.	FG 445	Großmann, G.	SG 469	Grünenwald, B.	BW 61
Grosch, H.	FG 445	Großmann, H.	BER 129	Grüner, B.	SG 461
Grosch, H.	NW 370	Großmann, K.	HE 174	Grüner, G.	BY 112
Grosch, P.	BW 49	Grossmann, A.	BW 39	Grüner, G.	SAC 351
Groschek, F.	VwG 514	Grossmann, G.	BY 90	Grünert, E.	HE 192
Groschner, M.	SAN 368	Grote, B.	BY 100	Grünert, J.	SAA 339
Groschupp, B.	VwG 509	Grote, G.	NDS 227	Grünert, J.	VerfG 406
Groscurth, S.	BER 130	Grote, R.	VwG 481	Grünert, W.	BY 82
Groscurth, S.	VwG 486	Grote, W.	BW 62	Grünewald, A.	NW 310
Groskopff, D.	NDS 237	Grote-Bittner, K.	BRA 141	Grünewald, D.	VwG 493
Groskopff, G.	NDS 237	Groten, D.	SAA 336	Grünewald, F.	BY 67
Groß, A.	BRA 142	Grotevent, J.	NW 267	Grünewald, J.	BY 71
Groß, A.	HH 166	Groth, G.	BER 128	Grünewald, T.	RP 317
Groß, A.	SAA 337	Groth, R.	BER 120	Grünewald-Germann, S.	VwG 493
Groß, A.	VwG 490	Groth, S.	BER 132		
Groß, B.	VwG 486	Grothaus, T.	BRA 143	Grünhage, M.	HH 164
Groß, D.	NW 273	Grothe, P.	NW 264	Grünhagen, J.	SAC 358
Groß, D.	SG 453	Grotheer, J.	FG 442	Grünheid, S.	BY 113
Groß, F.	TH 400	Grotheer, W.	BRE 151	Grünhoff, C.	NW 266
Groß, H.	RP 332	Grotkopp, J.	SH 387	Grüning, D.	RP 315
Groß, K.	HE 167	Grotz, H.	BMJ 4	Grüninger, H.	ArbG 419
Groß, M.	BRA 136	Growe, G.	SG 461	Grünthal, W.	SG 452
Groß, P.	NW 279	Grube, C.	VwG 489	Grünwald, C.	NDS 239
Groß, R.	BY 87	Grube, F.	FG 441	Grüßenmeyer, H.	NW 244
Groß, T.	BER 121	Grube, G.	BU 10	Grüßhaber, K.	BW 45
Groß, U.	BW 53	Grube, R.	HE 181	Grüter, M.	BER 117
				Grüter, M.	RP 331

Grüttemann, B.	BU	15	Günthel, I.	SAC 355	Guntz, P.	BY 113
Grüttner, E.	HE	188	Günther, A.	NW 248	Gunzenhauser, M.	BW 46
Grützmacher, K.	RP	323	Günther, F.	HE 185	Gurba, R.	NW 311
Gruetzmacher, J.	SH	376	Günther, F.	SAN 370	Gurkau, H.	NDS 216
Grützmann, D.	BRA	142	Günther, H.	BW 45	Gurland, H.	NW 286
Grützmann-Nitschke, I.	SG	458	Günther, H.	BW 57	Guse-Manke, K.	BER 132
Gruhl, J.	BW	61	Günther, H.	NDS 237	Gusseck, L.	BMJ 3
Gruler, R.	BW	51	Günther, H.	VwG 482	Gußmann, D.	HE 173
Grulich, B.	NDS	237	Günther, H.	VwG 484	Gussmann, I.	BW 28
Grunau, M.	SG	458	Günther, J.	FG 444	Gustavus, E.	BER 118
Grund, K.	NDS	217	Günther, M.	VwG 506	Gustmann, O.	NW 307
Grund, R.	BW	48	Günther, N.	SG 467	Gut, B.	BW 63
Grundke, F.	BW	60	Günther, R.	NDS 227	Gut, J.	BW 28
Grundler, J.	TH	399	Günther, R.	NW 287	Gutbier, H.	SH 384
Grundmann, B.	BMJ	5	Günther, S.	BW 23	Gutdeutsch, W.	BY 80
Grundmann, M.	VwG	488	Günther, S.	SAC 357	Gutermuth, W.	BU 16
Grune, J.	FG	444	Günther, T.	MV 203	Gutewort, E.	SAN 362
Grunert, R.	BY	98	Günther, W.	VwG 502	Gutfrucht, M.	BRA 139
Grunke, N.	MV	200	Güntner, J.	BY 73	Guth, M.	ArbG 418
Grunkin, S.	SH	386	Güroff, E.	NW 287	Guthke, C.	NDS 212
Grunsky, J.	NW	309	Güroff, G.	FG 441	Guthke, H.	NDS 232
Grunwald, B.	SAC	349	Guerrein, W.	BY 110	Guthmann, C.	BW 63
Grunwald, G.	NDS	221	Gürsching, H.	FG 439	Gutjahr, H.	NW 289
Grunwald, H.	NW	264	Gürtler, F.	BY 97	Gutjahr, J.	BRA 147
Grunwald, M.	BER	133	Gürtler, H.	BW 36	Gutmann, K.	RP 313
Grupe, J.	NDS	227	Gürtler, K.	HE 170	Gutsch, K.	BW 29
Grupe, P.	NDS	209	Gürtner, K.	SG 454	Gutschalk, C.	BER 130
Grupp, A.	SG	457	Gürtner, R.	SG 454	Gutschke, J.	NDS 237
Grupp, D.	BW	46	Güse-Hüner, M.	SAC 357	Guttenberg, U.	BW 29
Gruschke, D.	SAA	335	Güßregen, G.	SAC 358	Guttenberger, F.	VwG 479
Grusewski, O.	NDS	234	Güsten, B.	RP 327	Guttke, B.	BRA 143
Gruß, C.	NDS	239	Gütebier, D.	RP 323	von Gutzeit, G.	SG 467
Grziwa, J.	BRE	153	Güther, U.	BMJ 4	Gutzmer, E.	MV 204
Gréus, C.	NW	312	Güttler, A.	HE 187		
Gschwendtner, C.	BY	95	Güttler, I.	NDS 233	**H**	
Gschwendtner, H.	BU	11	Gugau, G.	BW 38		
Gschwilm, B.	BY	83	Gugenhan, G.	BW 57	Haack, H.	HH 159
Gubernatis, G.	NDS	218	Guggemos, L.	BY 71	Haack, K.	VwG 494
Guckelsberger, D.	NW	243	Guha, J.	SAC 357	Haack, U.	VwG 511
Guckes, T.	BW	53	Guhl, A.	FG 439	Haack, W.	SH 378
Guddat, T.	ArbG	433	Guhl, G.	HE 171	Haag, D.	NW 303
Gudehus, M.	NDS	216	Guhling, H.	BY 114	Haag, M.	BRA 146
Gudehus, R.	NDS	237	Guise-Rübe, R.	HE 192	Haag, M.	BW 49
Guder, R.	BY	82	Guleritsch, E.	RP 323	Haag, R.	BY 99
Gudian, I.	BY	87	Gulitz-Hemmer, C.	BY 92	Haag, W.	SAN 364
Güde, W.	BW	23	Gulmann, C.	EuGH 517	Haage, H.	HH 161
Güldner, W.	NW	243	Gummer, P.	BY 68	Haage, S.	NW 311
Güldner, W.	VwG	501	Gumpp, W.	BY 95	Haager, M.	BY 99
Gülicher, A.	NDS	239	Gun, R.	SAC 359	Haak, C.	NDS 222
Gülk, G.	NDS	223	Gundelach, G.	NDS 240	Haakh, R.	VwG 478
Gülsdorff, F.	VwG	514	Gundlach, F.	NW 293	Haakmann, J.	NDS 235
Gülzow, I.	BER	124	Gundlach, G.	NW 309	Haaks, H.	BY 82
Gümbel, C.	VwG	502	Gundlach, R.	NDS 227	Haar, F.	BRE 153
Gündert, R.	BY	77	Gundlach-Keller, H.	BW 30	Haar, M.	BW 34
Gündisch, J.	VerfG	404	Guntau, B.	SAN 361	Haardt, F.	NW 269
Günniker, L.	SG	463		VerfG 407	Haarer, F.	BW 63
Günter, H.	NW	304	Gunter-Gröne, H.	VwG 511	Haarmann, H.	NW 310
Günter, P.	BY	78	Guntz, D.	SAC 351	Haarmann, R.	NW 250
Günthel, A.	SAC	355		BY 79	Haarmann, U.	NW 300

Haarmeyer, H.	SAN 365	Habermann, N.	HE 173	Hähner, P.	ArbG 433
Haarpaintner, M.	ArbG 414	Habermann, T.	BY 73	Haellmigk, G.	BW 49
Haars, H.	SH 385	Habermehl, K.	VwG 501	Hämäläinen-Wolff, L.	VwG 489
Haas, A.	VwG 509	Habermehl, M.	NW 252	Hämmerle, U.	BY 85
Haas, E.	BW 26	Habermehl-Itschert, C.	HE 190	Haen, T.	SAC 343
Haas, E.	BVerfG 1	Habermeier, K.	SAA 338	Häner, J.	VwG 485
Haas, G.	BW 39	Habersack, K.	NW 252	Haenicke, K.	BRA 139
Haas, G.	NW 294	Habersbrunner, E.	BY 100	Haenicke, V.	VwG 504
Haas, G.	VwG 477	Haberstock, E.	HE 184	Hänisch, L.	BRA 147
Haas, G.	VwG 482	Haberstroh, D.	BW 35	Hänle, W.	BW 42
Haas, H.	BER 125	Haberstroh, D.	HE 170	Haensch, A.	BER 133
Haas, H.	BW 57	Haberstroh, F.	BW 55	Haensch, D.	BY 71
Haas, H.	HE 169	Haberstumpf, H.	BY 103	Hänsel, B.	BER 119
Haas, H.	NW 294	Habetha, J.	NW 294	Hänsel, G.	VwG 492
Haas, K.	NW 254	Habich, S.	SAC 356	Haensel, K.	VwG 490
Haas, L.	NDS 207	Habscheidt, G.	FG 445	Hänsel-Nell, I.	NW 256
Haas, M.	NW 309	Hache, H.	NW 270	Haentjes, H.	RP 323
Haas, R.	VwG 479	Hachmann, E.	NDS 225	Haerendel, H.	HH 158
Haas, S.	HE 172	Hachmann, R.	VwG 496	Häring, G.	BY 113
Haas, S.	HE 180	Hachtmann, C.	SAN 372	Häring, G.	VwG 509
Haas-Atanaskovic, H.	ArbG 418	Hack, H.	NW 246	Häring, W.	VwG 479
Haase, B.	NDS 227	Hack, W.	NDS 230	Härle, J.	BW 52
Haase, B.	SAC 354	Hackbarth-Vogt, N.	NW 308	Härle, K.	HE 170
Haase, C.	NW 280	Hackel, R.	NDS 232	Härtel, U.	NW 290
Haase, D.	NDS 235	Hackel, R.	SAC 357	Härtel-Breß, P.	NW 310
Haase, G.	RP 319	Hackenbrock, D.	SAC 359	Härtl, E.	BY 94
Haase, H.	NDS 213	Hacker, A.	MV 198	Härtl, R.	SAC 358
Haase, H.	RP 320	Hacker, E.	HE 169	Häsemeyer, L.	BW 23
Haase, J.	ArbG 416	Hacker, F.	BU 16	Häsemeyer, U.	BW 63
von Haase, J.	VwG 485	Hacker, H.	BY 79	Haeser, P.	BY 114
Haase, K.	BER 116	Hacker, K.	BY 103	Häsing, H.	SH 381
Haase, K.	SG 463	Hackling, P.	NDS 240	Hättig, S.	SAC 357
Haase, K.	VwG 503	Hackmann, H.	NDS 218	Häusele, S.	BW 50
Haase, L.	SAC 349	Hackmann, H.	NW 272	Häuser, H.	VwG 493
Haase, M.	BRA 141	Hackmann, M.	ArbG 427	Häusler, G.	BY 95
Haase, R.	HE 181	Hackner, T.	NDS 227	Häusler, T.	BY 113
Haase, R.	SAA 338	Hadamitzky, A.	BW 62	Haeusler, K.	BY 81
Haase, S.	SAC 353	Haddenhorst, F.	NW 310	Häußermann, R.	BW 45
Haase, S.	VwG 489	Hader, R.	BY 107	Häußermann, R.	FG 439
Haase, S.	VwG 497	Häberle, O.	BW 44	Häußler, B.	BW 60
Haase, W.	BY 90	Häberle, P.	BW 37	Häußler, F.	SAC 356
Haase-Becher, I.	NW 296	Häberlein, B.	VwG 480	Häußler, H.	NW 304
Haasper, P.	VwG 508	Häcker, B.	BW 57	Häußler, K.	RP 331
Haaß, J.	BU 16	Häcker, J.	BW 60	Haever, B.	TH 399
Haastert, G.	NW 292	Häcker, P.	BW 64	Haferanke, W.	BER 121
Habbe, D.	VwG 490	Haecker, J.	SH 375	Haferbeck, C.	BY 68
Habbe, H.	ArbG 428	Häcker-Reiß, M.	TH 399	Haferkamp, J.	FG 445
Habekost, M.	SAN 362	Häfele, W.	BW 56	Haferkamp, R.	NW 258
Habel, E.	NW 264	Häfner, C.	BW 63	Hafermann, H.	NDS 236
Habel, J.	VwG 493	Häfner, G.	SAC 344	Haffke, H.	RP 316
Haberacker, J.	BW 27	Häfner, H.	BY 84	Hafner, K.	NW 275
Haberer, V.	BW 51	Häfner, P.	MV 199	Haftmann, C.	BW 63
Haberkamp, A.	RP 332		VerfG 405	Hagedorn, A.	BW 55
Haberl, L.	BY 94	Hägele, B.	BW 59	Hagedorn, H.	FG 449
Haberl, U.	BY 94	Hägele, F.	NW 278	Hagedorn, I.	MV 206
Habermann, A.	NW 297	Hägele, U.	NW 275	Hagedorn, J.	NDS 238
Habermann, C.	VwG 498	Häger, J.	BU 8	Hagedorn, J.	VwG 488
Habermann, D.	VwG 512	Haegert, K.	VwG 494	Hagedorn, K.	NW 283
Habermann, L.	BMJ 5	Hähnel, C.	NDS 214	Hagedorn, P.	VwG 486

586

Hagedorn, R.	NW 269	Hahn, H.	FG 445	Hallermeier, G.	NW 299
Hagedorn-Kroemer, E.	NW 308	Hahn, H.	NW 271	Halling, O.	BER 133
Hagemann, A.	MV 203	Hahn, J.	HE 185	Halm, K.	MV 200
Hagemann, F.	NW 293	Hahn, J.	NW 293	Halstenberg, G.	BU 7
Hagemann, G.	ArbG 425	Hahn, K.	MV 203	Halt, S.	SAC 357
Hagemann, H.	NDS 228	Hahn, L.	BRA 145	Halter, M.	BW 64
Hagemann, O.	NW 272	Hahn, M.	SAC 352	Halter Wolf,	BER 117
Hagemann, P.	SAN 370	Hahn, M.	SAN 364	Hamann, A.	VwG 495
Hagemann, R.	NW 287	Hahn, N.	BW 23	Hamann, G.	ArbG 416
Hagemann, S.	MV 205	Hahn, R.	NW 299	Hamann, G.	SH 385
Hagemann, S.	MV 206	Hahn, S.	NW 255	Hamann, H.	SH 377
Hagemann, U.	BER 127	Hahn, U.	BER 124	Hamann, K.	BY 94
Hagemeier, U.	SG 465	Hahn, W.	BW 48	Hamann, R.	ArbG 414
Hagemeister, W.	NW 280	Hahn-Kemmler, J.	NW 268	Hamann, R.	NW 255
Hagemeyer, K.	NW 278	Hahne, G.	BER 128	Hamann, R.	NW 278
Hagen, B.	BER 131	Hahne, M.	BU 8	Hamann, U.	HH 155
von Hagen, B.	TH 399	Hahnemann, E.	NW 309	Hamann, U.	NDS 213
Hagen, H.	BU 7	Hahnemann, M.	NW 309	Hamann, W.	ArbG 429
Hagen, H.	BY 105	Hahnenstein, J.	NW 308	Hamberger, R.	BY 99
Hagen, H.	MV 201	Hahnfeld, B.	HH 161	Hambloch, B.	NW 285
von Hagen, M.	BER 133	Haid, W.	ArbG 412	Hambüchen, H.	BU 12
von Hagen, M.	TH 391	Haida, E.	SH 383	Hamel, P.	NDS 238
Hagen, S.	BER 131	Haike, D.	HE 189	Hamisch, B.	TH 391
von Hagen, U.	NW 252	Hailbronner-Gabel, E.	BW 23	Hamm, A.	NW 293
Hagen, W.	HE 171	Hain, G.	BER 132	Hamm, H.	BW 39
Hagenbeck, L.	VwG 502	Hain, H.	NW 263	Hamm, J.	NW 302
Hagenberg, H.	NW 270	Haindl, B.	RP 326	Hamm, W.	VwG 487
Hagenbucher, K.	BY 94	Haindl, H.	BY 93	Hamm-Rieder, E.	BRA 138
Hagenloch, U.	SAC 344	Haindl, M.	RP 327	Hammann, H.	HH 166
Hagenloch, U.	VerfG 406	Hainzlmayr, W.	BY 94	Hammeke, M.	NW 272
Hagenlocher, F.	NDS 231	Haischer, B.	BW 51	Hammel, E.	BY 69
Hagenlocher, I.	BW 56	Hake, A.	VwG 501	Hammen, J.	RP 316
Hagenmeier, R.	RP 317	Hake, H.	NDS 228	Hammer, C.	NW 303
Hagensieker, A.	SAN 372	Hakes, H.	NW 248	Hammer, C.	VwG 482
Hagensieker, M.	NDS 211	Halama, G.	BU 13	Hammer, D.	NW 311
Hager, E.	TH 399	Halbach, D.	NW 299	Hammer, F.	SG 452
Hager, H.	HH 159	Halbach, G.	HH 166	Hammer, G.	NW 285
Hager, J.	BY 95	Halbritter, G.	BY 92	Hammer, G.	VwG 480
Hager, N.	BER 131	Halbscheffel, K.	NW 287	Hammer, R.	BY 94
Hagge, S.	HH 163	Haldenwanger, H.	ArbG 420	Hammer, T.	BU 16
Hagmann, D.	FG 439	Halder, R.	BY 88	Hammer, U.	BW 59
Hagmann, J.	NW 267	von Halen, J.	NW 266	Hammer, U.	HE 192
Hagmann-Lauterbach, U.	BW 54	Halfar, G.	SAC 347	Hammer, W.	VwG 476
Hahmann, H.	MV 203	Halfmann, G.	BY 80	Hammerdinger, G.	BY 95
Hahn, A.	BRA 144	Halfmann, N.	RP 325	Hammermann, E.	NW 279
Hahn, A.	BY 85	Halfmeier, C.	NW 308	Hammerschlag, H.	NW 304
Hahn, A.	SAC 350	Halft, J.	NW 304	Hammerschmidt, B.	NW 310
Hahn, A.	SAN 372	Halfter, M.	NW 278	Hammerschmidt, E.	NW 297
Hahn, A.	VwG 510	Halir, T.	SAC 358	Freifrau von Hammerstein, F.	BER 131
Hahn, C.	BER 131	Hall, H.	BW 45		
Hahn, C.	BRA 135	Hall, M.	BW 61	Freiherr von Hammerstein-Gesmold, B.	NDS 213
Baronin von Hahn, C.	NDS 239	Hallenberger, A.	BW 27		
Hahn, D.	BU 13	Haller, G.	HH 159	Hampe, J.	VwG 502
Hahn, D.	RP 314	Haller, J.	NDS 223	Hampel, D.	BER 128
von Hahn, D.	VwG 483	Haller, J.	VwG 476	Hampel, D.	TH 399
Hahn, E.	NW 278	Haller, K.	NW 297	Hampel, G.	BER 122
Hahn, G.	SAC 355	Haller, K.	SAC 359	Hampel, J.	RP 332
Hahn, G.	VerfG 406	Haller, R.	MV 205	Hampel, K.	SG 462
		Haller, T.	VwG 476	Hampel, M.	NW 259

Hampf, G.	BRE 153	Hansmann, D.	BRA 137	Harms, H.	HH 163
Hampp-Weigand, U.	BY 82	Hansmeier, R.	NW 266	Harms, H.	NDS 222
Hanck, S.	NW 247	Hanßen, K.	SH 380	Harms, J.	NDS 227
Handke, G.	SAN 372	Hantel, S.	HH 166	Harms, K.	FG 442
Handorn, H.	VwG 509	Hantke, H.	NW 289	Harms, K.	NDS 217
Handschuch, G.	HE 172	Hantke, M.	SAC 350	Harms, K.	NDS 217
Hane, K.	MV 202	Hantke, U.	SG 453	Harms, K.	VwG 475
Hanenberg, G.	VwG 503	Hantl-Unthan, U.	ArbG 417	Harms, M.	BU 7
Hanenkamp, N.	MV 199	Hantschik, B.	NDS 210	Harms, M.	SAN 373
Hanf, R.	SH 377	Hanz, B.	VwG 514	Harms, T.	BER 132
Hanfeld, A.	BER 133	Hanz, J.	RP 326	Harms-Ziegler, B.	VerfG 404
Hanfeld-Kellermann, U.	NDS 229	Hapke, M.	HH 165	Harnacke, R.	NW 294
Hanfland, H.	NW 264	Happ, M.	VwG 479	Harnau, K.	SAN 367
Hangst, W.	BW 51	Happ, S.	HH 162	Harner, A.	SAC 358
Haning, K.	RP 322	Happ-Meißner, R.	BY 80	Harnischmacher, G.	RP 323
Hanisch, W.	VerfG 405	Happe, D.	NW 290	Haronska, M.	SAC 347
	VwG 497	Happel, E.	HE 170	Harr, R.	SAC 356
Hanke, T.	ArbG 437	Happel, L.	HE 171	Harraeus, B.	ArbG 413
Hanke, T.	HE 192	Harbeck, G.	BU 12	Harriehausen, , G.	BW 57
Hanke-Goergens, K.	NDS 219	Harbeck, H.	VwG 512	Harrer, R.	BU 16
Hankow, B.	VwG 485	Harbers, N.	BY 100	Harrland, H.	BRA 145
Hannappel, W.	RP 318	Harbort, C.	NW 270	Harrschar, A.	BW 64
Hanne, J.	BY 81	Harbort, U.	NW 272	Harsdorf-Gebhardt, M.	RP 332
Hannen, K.	HE 180	Harborth, H.	NDS 207	Hart-Hönig, K.	HE 189
Hannes, C.	VwG 481	von Harbou, B.	SAN 362	Harte, J.	BER 118
Hannes, D.	ArbG 424	Harcke, T.	NDS 216	Hartel, W.	SAC 355
Hannich, R.	BU 9	Harden, F.	NW 259	Hartenstein, P.	BW 52
Hannig, T.	BRA 146	Harden, T.	NW 258	Harter, K.	BY 98
Hanreich, J.	BY 88	Harder, D.	HE 174	Hartermann, M.	VwG 496
Hansbauer, B.	BY 97	Harder, G.	HH 158	Hartge, N.	SAN 372
Hanschke, K.	BER 120	Harder, H.	SH 376	Harth, H.	HE 188
Hansel, W.	NW 299	Harder, M.	BRA 140	Harthun, D.	BER 124
Hansen, B.	NDS 216	Harder, U.	HH 160	Harthun-Kindl, A.	SG 456
Hansen, D.	ArbG 435	Harder, U.	BER 127	Hartig, B.	BER 118
Hansen, D.	HE 176	Harder, U.	HH 164	Hartig, P.	SAN 372
Hansen, D.	NW 298	Hardraht, U.	VwG 489	Hartig, W.	FG 442
Hansen, G.	TH 401	Hardt, C.	FG 443	Hartisch, H.	NW 279
Hansen, G.	VwG 506	Hardt, H.	FG 444	Hartje, J.	VwG 477
Hansen, H.	MV 199	Hardt, K.	RP 321	Hartl, R.	NW 271
Hansen, H.	NW 248	Hardt, T.	HE 171	Hartl, W.	BY 71
Hansen, H.	NW 251	Hardt, U.	HH 157	Hartlage-Stewes, I.	NDS 230
Hansen, H.	SG 469	Hardt, W.	NDS 234	Hartleben, M.	NDS 220
Hansen, H.	SH 377	Hardt, W.	NW 243	Hartleib, R.	HE 169
Hansen, H.	VwG 489	Hardt-Rubbert, H.	RP 320	Hartleif, R.	NDS 225
Hansen, J.	SH 377	Harenberg, B.	NW 276	Hartlieb, F.	NW 266
Hansen, J.	VwG 513	Harenberg, F.	FG 444	Hartlieb, H.	NW 294
Hansen, K.	NW 243	Harf, C.	FG 446	Hartloff, G.	RP 326
Hansen, M.	RP 314	Harfmann, P.	BY 82	Hartmaier, H.	BW 44
Hansen, P.	ArbG 417	Harfmann, S.	VwG 490	Hartmann, B.	BW 45
Hansen, R.	NDS 238	Harings, E.	NW 258	Hartmann, B.	RP 331
Hansen, R.	SH 387	Hark, K.	BW 37	Hartmann, C.	ArbG 433
Hansen, S.	NW 307	Harker, J.	NW 280	Hartmann, C.	SG 455
Hansen, U.	BER 132	Harmann, M.	BY 90	Hartmann, D.	BRA 138
Hansen, U.	HH 165	Harmening, K.	NDS 207	Hartmann, D.	NW 248
Hansen-Hoffmann, K.	BER 132	Harms, D.	BRE 151	Hartmann, D.	SH 387
Hansen-Wishöth, K.	HH 165	Harms, E.	VwG 496	Hartmann, E.	VwG 512
Hansens, H.	BER 119	Harms, G.	NDS 233	Hartmann, F.	BER 131
Hanslik, D.	NW 246	Harms, G.	TH 400	Hartmann, G.	NW 291
		Harms, H.	HH 159	Hartmann, G.	SG 452

Hartmann, H.	BW	28	Haseloff-Grupp, H.	VwG 475	Hauenstein, R.	BY	92
Hartmann, H.	BW	36	Hasenbeck, M.	VwG 514	Hauer, S.	BW	38
Hartmann, H.	BY	94	Hasenbein, U.	NDS 218	Hauer-Speckhardt, E.	HE	177
Hartmann, H.	HE	178	Hasenkamp, G.	HE 183	Hauert, A.	SAN	368
Hartmann, H.	NW	290	Hasenpusch, B.	NDS 207	Hauf, A.	ArbG	414
Hartmann, H.	SAC	355	Hasenpusch, F.	NDS 227	Hauf, C.	BW	56
Hartmann, H.	VwG	477	Hasenpusch, W.	SG 463	Hauf, C.	RP	333
Hartmann, J.	FG	439	Hasenstab, H.	BY 76	Hauff, H.	BW	48
Hartmann, J.	NW	258	Hasenzahl, V.	BW 52	Hauffe, H.	NW	295
Hartmann, J.	NW	305	Haskamp, L.	NDS 233	Hauffen, S.	HE	180
Hartmann, J.	RP	321	Haslach-Niemeier, H.	SG 468	Haug, G.	BW	54
Hartmann, K.	BY	91	Haslbeck, G.	BY 106	Haug, H.	BW	64
Hartmann, K.	FG	440	Hasler, J.	BY 113	Haug, W.	BW	46
Hartmann, K.	RP	333	Haslinger, S.	BY 82	Hauger, S.	SAC	355
Hartmann, M.	BER	130	Haslinger, W.	BER 122	Hauk, B.	BER	125
Hartmann, M.	NW	241	Haspl, W.	BY 102	Hauk, P.	NDS	209
Hartmann, M.	NW	310	Haß, G.	BU 8	Hauke, A.	NDS	210
Hartmann, P.	BER	132	Haß, R.	BY 90	Haunschmid, H.	BW	50
Hartmann, P.	SH	383	Haß, W.	BY 99	Haupert, M.	RP	315
Hartmann, R.	BER	119	Haßdenteufel, A.	SAA 341	Haupt, H.	VwG	496
Hartmann, R.	BW	57	Haßdenteufel, P.	SAA 336	Haupt, R.	SAN	370
Hartmann, R.	NW	303	Haßdenteufel, P.	VwG 508	Hauptmann, E.	RP	332
Hartmann, R.	VwG	493	Hasse, G.	SAN 369	Hauptmann, H.	MV	204
Hartmann, V.	TH	399	Haßel, L.	ArbG 413	Hauptmann, R.	NW	250
Hartmann, W.	ArbG	436	Hassel, C.	RP 333	Hauptmann, S.	HE	177
Hartmann, W.	BY	84	Hassel, M.	MV 200	Haus, C.	BY	80
Hartmann, W.	BY	95	Hassel, R.	SG 453	Haus, K.	SG	460
Hartmann, W.	FG	442	Hassel, T.	SAC 355	Hausbeck, P.	BY	109
Hartmann, W.	HE	177	Hassel-Grötz, D.	VwG 503	Hausberg, D.	VwG	513
Hartmann, W.	NDS	207	von Hasselbach, R.	NW 264	Hausch, E.	BW	56
Hartmann-Grimm, C.	HE	171	Hasselberger, W.	SAC 351	Hauschild, A.	FG	444
Hartmann-Schadebrodt, U.	RP	317	Hasselmann, L.	SAC 345	Hauschild, E.	ArbG	417
Hartmetz, L.	HE	173	Hasselmann, N.	HH 163	Hauschildt, K.	BW	42
Hartogs, T.	SG	455	Hasselmeier, B.	BRA 145	Hauschke, J.	HE	189
Hartung, A.	VwG	476	von Hasseln, S.	NDS 232	zur Hausen, B.	RP	316
Hartung, B.	HE	167	Hassemer, W.	BVerfG 1	Hauser, A.	HH	165
Hartung, D.	HH	158	Hassenpflug, K.	NW 246	Hauser, A.	SAC	358
Hartung, E.	NDS	211	Hassenpflug, K.	VwG 491	Hauser, G.	SAC	344
Hartung, H.	TH	396	Hasske, D.	VwG 509	Hauser, J.	SH	377
Hartung, I.	NW	252	Hastmann-Nott, I.	NDS 224	Hauser, M.	BW	63
Hartung, J.	NDS	210	Hastreiter, L.	BY 89	Hauser, R.	BW	35
Hartung, R.	SAA	336	Hattesen, M.	ArbG 421	Hauser, R.	NW	245
Hartung, S.	NW	311	von Hatzfeld, R.	NW 272	Hauser, R.	VerfG	403
Hartung, T.	BER	120	Haubner, P.	BY 73		VwG	477
Hartung, W.	NW	306	Haubold, K.	MV 205	Hauser, U.	BER	122
Hartwig, C.	NW	258	Haubold, K.	VwG 490	Hausknecht, S.	SAA	335
Hartwig, E.	SAN	361	Haubold, S.	SAC 351	Hausmann, G.	SG	467
Hartwig, J.	BY	109	Haubrich, A.	NW 299	Hausmann, H.	HE	185
Harwadt, M.	RP	332	Haubrich, R.	NW 244	Hausmann, H.	NDS	208
Harz, A.	BY	100	Haubrich, T.	BW 30	Hausmann, J.	BU	8
Harz, P.	HE	190	Hauck, A.	BY 107	Hausmann, P.	HE	185
Hascher, R.	BER	132	Hauck, E.	SG 465	Hausmann, R.	BER	128
Haschke, B.	MV	199	Hauck, F.	BU 10	Hausmann, U.	BW	55
Haschtmann, C.	HE	176	Hauck, K.	RP 327	Hausmann, U.	HE	186
Hasdenteufel, C.	RP	318	Hauck, M.	BY 107	Hausmann-Lucke, E.	FG	444
Hase, P.	BMJ	5	Hauck, O.	HE 184	Hausmanns, W.	MV	197
von Hase, W.	VwG	485	Hauck, P.	VwG 482	Haußleiter, H.	BU	16
Haselmann, B.	HE	177	Haueiß, S.	NW 246	Haußleiter, O.	BY	80
			Hauenschild, W.	NDS 217	Haußmann, P.	HE	173

589

Haußmann, W.	BY 80	Heckt, A.	NW 272	Heidelberger, I.	SAN 370
Haussmann-		Heckt, T.	BER 128	Heidelmann, D.	VwG 495
Grammenos, I.	BY 99	Hedergott, W.	VerfG 405	Heidemann, H.	SH 378
Haußner, M.	BY 99	Hedicke, H.	NDS 224	Heidemann, M.	NW 243
Haustein, C.	TH 395	Hedrich, H.	SAA 339	Heidemann, N.	NW 289
Hauth, N.	HE 193	Heege, H.	ArbG 429	Heidemann, U.	VwG 492
Hauzel, T.	TH 392	Heel, A.	BW 29	Heidemann, W.	NW 293
Havekost, M.	SH 384	Heemann, R.	BW 53	Heidemeyer, O.	ArbG 434
Havekost, U.	NDS 230	Heenes, K.	NDS 210	Heiden, K.	BER 118
Havenstein, G.	SH 379	Heep, F.	ArbG 431	Heidenreich, B.	NW 286
Haverkamp, C.	NW 243	Heep, W.	NW 295	Heidenreich, K.	BY 101
Haverkampf, K.	SH 381	Heer, I.	NW 288	Heidenreich, R.	NDS 239
Havertz, H.	NDS 233	Heer, W.	SH 379	Heidenreich, S.	BRA 144
Havertz-Derichs, U.	NW 306	Heerdt, S.	BW 55	Heider, B.	NDS 221
Havliza, B.	NDS 235	Heeren, H.	BU 13	Heider, E.	ArbG 415
Havliza, K.	NDS 236	Heering, F.	BW 39	Heider, F.	BY 103
Havliza, R.	SH 380	Heering, R.	BW 55	Heider, G.	NDS 238
Hawickhorst, B.	BER 118	Heermann, W.	VwG 482	Heider, J.	NW 311
Hawickhorst, H.	BER 119	Heers, D.	HH 165	Heiderich, B.	NW 304
Hawkes, D.	BER 133	Heerwagen, A.	SAN 370	Heidkamp, R.	NW 311
Hawran, R.	HE 177	van Hees, A.	BU 15	Heidmann, D.	VwG 497
Hayduk, I.	BY 104	Hees, H.	BER 120	Heidner, B.	NDS 219
Hayn, E.	VwG 476	van Hees-Wehr, A.	SAC 347	Heidner, H.	FG 445
Hayner, H.	NW 245	Heesen, H.	NW 243	Heidrich, A.	BW 53
Hebach, H.	NDS 216	Heesen, J.	SAA 335	Heidrich, M.	HE 183
Hebenstreit, U.	BW 52	te Heesen, K.	SG 467	Heidtkamp, A.	NW 307
Heberlein, H.	VwG 482	Heeß, R.	SG 451	Heiduschka, W.	BU 9
Hebert, J.	SAC 359	Heetfeld, A.	BRE 153	Heienbrok, G.	ArbG 428
Heblik, R.	HE 190	Heetfeld, H.	NW 246	Heigl, F.	SG 471
Hecht, J.	BRA 138	Hefen, W.	NW 255	Heil, E.	HE 188
Hecht, U.	NDS 221	Hefermehl, A.	BW 23	Heil, G.	HE 179
Hecht, V.	BRA 143	Hefter, C.	HE 175	Heil, H.	HE 179
Hechtfischer, S.	BU 15	Hegele, T.	BW 47	Heil, V.	BW 32
Heck, B.	BW 30	Hegemann, G.	VwG 504	Heiland, A.	BRE 151
Heck, C.	NDS 218	Hegen, S.	MV 205	Heiland, C.	SG 467
Heck, F.	NW 260	Hegenbart, W.	TH 398	Heile, B.	NDS 213
Heck, S.	NDS 228	Heger, L.	HE 188	Heilek, W.	VwG 480
Heck, W.	TH 400	Heger, M.	BMJ 5	Heilig, W.	BW 35
Heck, W.	VwG 477	Hegermann, B.	BER 118	Heiliger, U.	NW 256
Heckel, C.	VwG 477	Hegermann, P.	BER 132	Heilmann, E.	BY 93
Heckel, H.	BW 32	Hegers, H.	NDS 239	Heilmann, F.	ArbG 413
Heckel, K.	BRE 151	Heghmanns, M.	NDS 227	Heilmann, G.	NDS 211
Heckel, K.	MV 206	Hegmann, J.	FG 445	Heilmann, R.	RP 317
Heckel, P.	BY 104	Hegmann, S.	BY 76	Heim, A.	NW 275
Heckel, W.	BY 105	Hehl, R.	SG 454	Heim, B.	BY 72
Heckelmann, S.	BER 131	Hehlke, P.	NW 289	Heim, W.	BW 59
Heckemüller, V.	NDS 219	Hehner, R.	VwG 506	Heimann, A.	SAN 363
Hecker, B.	MV 201	Heibel, M.	RP 324	Heimann, M.	ArbG 436
Hecker, J.	BW 40	Heibey, H.	HH 155	Heimann, W.	NW 267
Hecker, V.	BY 88		157	Heimann, W.	NW 288
Hecker, W.	BER 122	Heid, E.	RP 327	Heimann-Schlotfeldt, C.	SH 383
Hecker-Hafke, B.	HE 176	Heid, U.	BER 128	Heimann-Trosien, K.	HE 191
Heckhoff, H.	NW 302	Heidbrede, H.	NW 286	Heimann-Trosien, R.	HE 176
Hecking, B.	BW 24	von der Heide, I.	NW 289	Heimberg, N.	NDS 209
Hecking, F.	BU 9	Heide, N.	BRA 140	Heimbürger, H.	BY 72
Heckmann, B.	NDS 345	Heide, R.	BY 94	von Heimburg, S.	VerfG 403
Heckmann, D.	NW 269	Heidecke, S.	BY 111		VwG 479
Heckmann, D.	NW 310	Heidel, R.	TH 400	Heimeshoff, H.	NW 270
Heckmann, D.	TH 340	Heidelbach, S.	HE 182	Heimgärtner, H.	NDS 226

Heimpel, W.	BY 99	Heinrich, D.	NW 308	Heisig, K.	BER 122		
Heimrich, E.	HE 178	Heinrich, F.	SAC 347	Heisig, S.	BER 128		
Hein, A.	BW 34	Heinrich, G.	RP 323	Heiß, H.	NDS 232		
Hein, C.	BRA 145	Heinrich, H.	NW 288	Heiß, J.	BY 95		
Hein, E.	ArbG 416	Heinrich, H.	RP 323	Heiß, S.	BER 131		
Hein, G.	NW 269	Heinrich, H.	RP 328	Heiss, E.	BY 88		
Hein, M.	NW 258	Heinrich, M.	BY 99	Heissler, U.	BW 52		
Hein, N.	VwG 515	Heinrich, M.	VwG 499	Heister, D.	NW 306		
Hein, U.	HE 171	Heinrich, N.	VwG 502	Heister, H.	BW 24		
Hein, W.	BRA 136	Heinrich, W.	BW 52	Heister, H.	BW 39		
Hein, W.	BU 10	Heinrich, W.	HE 180	Heisterhagen, L.	NDS 208		
Hein, W.	HE 180	Heinrichs, A.	NW 279	Heisterkamp, K.	RP 329		
Heinatz, M.	BER 120	Heinrichs, E.	NW 273	Heistermann, U.	NW 271		
Heinau, I.	BER 132	Heinrichs, F.	NW 260	Heisz, G.	HE 181		
Heindl, G.	BY 109	Heinrichs, G.	NW 279	Heitgreß-Roehl, M.	NW 249		
Heindl, R.	BY 113	Heinrichs, J.	NW 309	Heither, F.	BU 10		
Heindl, W.	BY 84	Heinrichs, L.	SG 461	Heitkamp, H.	NW 290		
Heindorf, W.	NDS 210	Heinrichs, M.	HH 161	Heitmann, E.	SAN 363		
Heine, A.	NW 284	Heinrichs, P.	NW 308	Heitmann, H.	NW 260		
Heine, A.	NW 284	Heinrichs, S.	BRA 147	Heitmann, J.	BER 132		
Heine, E.	NW 265	Heinrichsen, C.	BY 85	Heitmann, K.	BW 52		
Heine, G.	NW 274	Heinrichsmeier, P.	BY 68	Heitmann, K.	NW 258		
Heine, H.	NW 264	Heinrici, A.	BW 53	Heitmann, S.	SAC 343		
Heine, K.	NW 279	Heinritz, J.	BY 106	Heitmann, T.	NDS 234		
Heine, K.	SAN 369	Heinsohn, H.	SH 377	Heitmeyer, G.	NW 263		
Heine, M.	NW 274	von Heintschel-		Heitmeyer, K.	NW 293		
Heine, P.	NDS 209	Heinegg, B.	BY 103	Heits, H.	NDS 237		
Heine, R.	VwG 505	Heintz, W.	VwG 507	Heitsch, B.	VerfG 405		
Heine, S.	HE 173	Heintzenberg, R.	VwG 484		VwG 490		
Heine, U.	SAN 372	Heintzenberg, U.	SH 386	Heitz, T.	VwG 476		
Heinecke, J.	SAN 371	Heintzmann, W.	NDS 221	Heitzer, A.	BY 97		
Heinecke, S.	ArbG 434	Heinz, G.	SG 469	Heitzer, E.	NW 253		
Heinecke, U.	SAN 371	Heinz, J.	SG 453	Heitzer, H.	BY 82		
Heinekamp, M.	RP 331	Heinz, M.	VwG 509	Helberg, F.	NDS 225		
Heineke, C.	SH 380	Heinz, R.	NW 276	Helbert, R.	HH 159		
Heinemann, D.	ArbG 420	Heinz, W.	BW 55	Helbich, H.	NW 309		
Heinemann, G.	FG 447	Heinze, C.	SAC 358	Helbig, B.	HH 164		
Heinemann, P.	BY 106	Heinze, H.	SH 378	Helbig, F.	BW 38		
Heinemann, P.	VwG 501	Heinze, J.	HE 188	Helbig, H.	BRA 143		
Heinemann, W.	VwG 498	Heinze, J.	SG 457	Helbig, H.	BRA 143		
Heinen, H.	NW 244	Heinze, P.	ArbG 427	Helbig, H.	BY 90		
Heinen, H.	VwG 507	Heinze, P.	SAC 359	Helbig, R.	ArbG 429		
Heinicke, D.	BER 118	Heinzel, U.	BW 32	Helbig, S.	SAN 369		
Heinicke, W.	FG 440	Heinzmann, H.	HE 182	Helbing, H.	BER 124		
Heiniger, G.	BRA 144	Heinzmann, T.	BER 130	Helbing, W.	HE 179		
Heinikel, M.	HE 173	Heiringhoff, F.	ArbG 429	Held, A.	BER 124		
Heininger, H.	ArbG 414	Heischmann, W.	HE 180	Held, B.	BY 107		
Heininger, L.	BY 90	Heise, B.	RP 333	Held, D.	BRE 151		
Heinisch, E.	HE 189	Heise, D.	VwG 475	Held, D.	BY 71		
Heinke, B.	SG 461	Heise, F.	NDS 217	Held, G.	BY 104		
Heinke, H.	BY 105	Heise, G.	VwG 481	Held, H.	BY 73		
Heinke, H.	BY 107	Heise, H.	NDS 235	Held, H.	NW 270		
Heinke, S.	BRE 152	Heise, J.	VwG 514	Held, J.	VwG 506		
Heinl, M.	SG 456	Heise, U.	FG 444	Held, K.	HE 170		
Heinl, V.	VwG 479	Heise-Landsberg, K.	BW 26	Held, M.	HE 187		
Heinlein, D.	BY 104	Heiseke, H.	NW 283	Held, P.	NDS 225		
Heinlein, I.	ArbG 426	Heisel, D.	VwG 481	Held, W.	BY 67		
Heinrich, A.	BY 87	Heisel, V.	VwG 514	Held-Daab, U.	VwG 505		
Heinrich, B.	NW 248	Heisenberg, L.	SG 466	Held-Wesendahl, J.	ArbG 428		

591

Helders, F.	SAN 371	Hellwig, H.	HE 177	Hengst, F.	NW 275
Heldmann, D.	HE 176	Hellwig, O.	SH 377	Hengst, K.	BER 118
Heldmann, H.	ArbG 431	Hellwig, P.	BU 10	Hengst, W.	BER 122
Heldt, B.	NDS 210	Helm, F.	BW 60	Heni, F.	BW 54
Heldt, P.	BRA 145	Helm, F.	BY 112	Henjes, H.	BER 133
Heldt, W.	NW 270	Helmbrecht, F.	VwG 505	Henjes, H.	HH 160
Heldwein, R.	VwG 479	Helmeke, H.	BW 26	Henjes, W.	NDS 207
Hele, B.	RP 329	Helmers, R.	BER 126	Henk, H.	NW 304
Helf, M.	NW 275	von Helmersen, A.	BY 94	Henke, G.	BER 129
Helf, U.	NW 269	Helmhagen, R.	BY 109	Henke, H.	MV 196
Helferich, H.	BW 58	Helmhold, C.	NDS 240	Henke, H.	NW 241
Helfert, B.	NW 246	Helmig-Rieping, E.	NW 253	Henke, J.	ArbG 429
Helff-Hibler von		Helmkamp, T.	NW 281	Henke, N.	BU 11
Alpenheim, B.	SH 385	Helmke, R.	NW 308	Henkel, E.	BER 120
Helfrich, B.	BER 132	Helmken, D.	BW 27	Henkel, F.	BY 90
Helfrich, N.	SAN 372	Helml, E.	ArbG 414	Henkel, G.	SAN 361
Helgerth, R.	BY 96	Helms, C.	VwG 511	Henkel, J.	BU 13
Helias, D.	HH 156	Helms, G.	BY 87	Henkel, L.	RP 318
Helinski, R.	BRA 145	Helms, G.	NDS 233	Henkel, M.	BER 120
Hell, M.	BY 97	Helms-Voges, B.	NDS 227	Henkel, M.	NW 272
Hell, W.	BY 82	Helmschrott, K.	BY 82	Henkel, P.	BY 100
Hellbach, H.	HE 174	Helten, H.	BRA 144	Henkel, S.	BU 16
Hellbusch, H.	NDS 230	Helwerth, K.	BW 53	Henkel, S.	MV 206
Helle, J.	VerfG 405	Hemberger, W.	BU 9	Henkel, W.	ArbG 422
Helle, M.	BER 120	Hemesath, H.	NDS 217	Henkel, W.	NW 263
Hellebrand, J.	NW 258	Hemkendreis, W.	NW 283	Henle, W.	BY 87
Helleiner, G.	ArbG 414	Hemmelgarn, G.	VwG 501	Henn, B.	BW 61
Hellemann, H.	NW 268	Hemmer, H.	NW 307	Henn, G.	ArbG 431
Hellemeier, U.	NW 263	Hemmerich-		Henn, I.	BY 113
Hellenschmidt, K.	BY 95	Dornick, H.	BW 27	Henn, I.	TH 392
Hellenthal, P.	SAA 339	Hemmerich-Schöpf, S.	BY 91	Henn, R.	TH 399
Heller, A.	SH 385	Hemmers, H.	NW 299	Henn, T.	RP 333
Heller, J.	BW 34	Hemmersbach, M.	BRA 146	Henn, W.	HE 167
Hellerbrand, C.	BY 113	Hemmes, H.	RP 324	Henne, S.	NW 307
Hellermann, B.	NW 267	Hemmie, H.	VwG 507	Henneck, S.	SAC 355
Hellermann, D.	NW 290	Hempel, A.	NW 271	Hennecke, S.	VwG 486
von Hellfeld, J.	NW 293	Hempel, E.	SAC 347	Hennecke, U.	NDS 211
Hellfritzsch, H.	TH 401	Hempel, E.	VwG 503	Henneke, S.	BRE 153
Hellich, R.	BRA 141	Hempel, J.	ArbG 428	Hennemann, A.	ArbG 427
Helling, H.	NW 301	Hempelmann, J.	NW 286	Hennemann, H.	BER 126
Helling, M.	VwG 508	Hempelmann, K.	RP 330	Hennemann, K.	ArbG 412
Helling, U.	NW 293	Hempen, B.	NDS 235	Hennemann, U.	BER 117
Helling, W.	BRA 139	Hemprich, D.	NDS 230	Hennenhofer, C.	VwG 483
Hellmann, F.	NDS 215	Hemstedt, J.	SG 474	Hennerkes, J.	RP 323
Hellmann, I.	VwG 504	Henckel, C.	NW 250	Hennes, B.	BER 130
Hellmann, M.	BMJ 5	Henckel, E.	NW 250	Hennes, B.	SG 457
Hellmeister, S.	BER 133	Hendel, D.	BW 52	Hennes, D.	NW 259
Hellmich, A.	HE 193	Hendricks, W.	HE 179	Hennes, J.	RP 321
Hellmich, H.	NDS 235	Hendus, L.	NW 298	Hennicke, A.	BER 124
Hellmich, J.	SG 452	Heneka, R.	BW 62	Hennicke, R.	BER 129
Hellmuth, E.	NDS 238	Heneweer, R.	NW 277	Hennies, A.	ArbG 417
Hellmuth, S.	BER 130	Henge, F.	HE 186	Hennig, A.	HH 166
Hellmuth, Y.	NW 273	Hengelhaupt, D.	SG 473	Hennig, A.	MV 204
Hellner, R.	SAC 348	Hengemühle, G.	NW 272	Hennig, A.	MV 206
Hellriegel, B.	SAN 362	Hengemühle, G.	NW 272	Hennig, A.	SAN 362
Hellstern, C.	BW 51	Hengesbach, W.	RP 325	Hennig, G.	BER 129
Hellstern, E.	BW 48	Hengmith, A.	NW 302	Hennig, H.	NW 246
Hellstern, H.	BW 21	Hengst, B.	NW 298	Hennig, H.	SAN 371
Hellwig, E.	BY 91	Hengst, C.	BER 118	Hennig, J.	VwG 506

Hennig, M.	BRA 135	Hentzel, R.	NDS 240	Herholz, S.	FG 446
Henniges, K.	BER 131	Hentzen, K.	VwG 502	Hericks, B.	NDS 238
Hennigs, U.	SG 457	Henz, M.	ArbG 434	Hering, R.	NDS 227
Henning, F.	NW 246	Henze, A.	MV 203	Hering, S.	BRA 147
Henning, H.	NW 294	Henze, A.	NDS 239	Hering, S.	HE 173
Henning, K.	BY 96	Henze, H.	BU 7	Hering, W.	FG 443
Henning, K.	NDS 215	Henze, H.	NDS 207	Herkelmann-	
Henning, P.	NW 274	Henze, H.	NDS 220	Mrowka, B.	VwG 500
Henning, U.	NW 300	Henze, R.	BER 122	Herken, L.	SAC 351
Henninger, H.	BW 33	Henze, U.	BER 116	Herkenberg, H.	NW 278
Henninger, J.	BW 32	Henze, W.	BER 120	Herkens, T.	NDS 237
Henninger, S.	BY 113	Henze-von Staden, S.	SAN 367	Herkner, B.	ArbG 437
Henninger, T.	BW 51	Henzler, E.	BW 53	Herlitz, H.	NW 249
Henninghaus, G.	SG 466	Henzler, G.	NW 294	Herlitze, P.	BW 28
Hennings, M.	SG 468	Heper, M.	BW 64	Herlt, J.	VwG 500
Hennings, S.	NW 252	Hepfer, D.	BW 61	Hermandung, K.	NW 277
Hennings, U.	RP 320	Hepp, R.	VwG 491	Hermann, J.	SAC 345
Hennings, W.	NDS 237	Hepp-Schwab, H.	SAC 358	Hermann, M.	NW 282
Hennings-Nowak, K.	BER 124	von Heppe, P.	HH 157	Hermann, M.	SAN 369
Henningsen, A.	SH 376	Heppler, S.	BW 63	Hermann, M.	TH 390
Hennrichs, S.	RP 332	Heratsch, K.	BER 127	Hermann, R.	SG 460
Henrich, A.	BW 37	Herb, P.	BY 81	Hermann, T.	SAN 371
Henrich, B.	NDS 222	Herbener, H.	HE 185	Hermann, U.	RP 320
Henrich, B.	RP 315	Herbener, R.	NW 280	Hermann, U.	VwG 508
Henrich, B.	SAA 337	Herber, B.	SAC 358	Hermanns, D.	NW 311
Henrich, G.	RP 330	Herberger, S.	SAC 346	Hermanns, M.	SAA 337
Henrich, K.	HE 175	Herbert, G.	BU 13	Hermelbracht, F.	NW 244
Henrich, M.	NW 245	Herbert, T.	VwG 487	Hermelbracht, W.	NW 252
Henrich, W.	RP 314	Herbert, U.	FG 441	Hermeler, T.	NW 307
Henrichmann, B.	BY 74	Herbertz, A.	BW 65	Hermerschmidt, E.	SAC 356
Henrichs, B.	SG 457	Herbertz, R.	NW 260	Hermes, B.	NW 263
Henrichs, H.	HE 169	Herbeth, S.	BER 129	Hermes, H.	ArbG 432
	VerfG 404	Herbig, D.	BW 33	Hermes, I.	NW 306
Henrichs, H.	HE 175	Herbrig, W.	BER 116	Hermes, P.	NW 286
Henrichs, T.	RP 331	Herbst, A.	FG 440	Hermisson, R.	BW 26
Henrici, K.	NDS 235	Herbst, H.	SAC 356	Hermisson, V.	BW 25
Henrici, R.	HE 176	Herbst, H.	BY 71	Hermle, K.	SAN 363
Hens, B.	BER 133	Herbst, J.	HE 178	Herms, O.	ArbG 420
Henschen, E.	HH 165	Herbst, J.	NDS 240	Hermsdorf, J.	SAN 367
Hense, B.	RP 333	Herbst, K.	BER 133	Hernekamp, K.	VwG 489
Hense, S.	SAN 371	Herchenbach, J.	FG 446	Hernicht, H.	BY 113
Hense, T.	BY 85	Herde, K.	NDS 230	Herold, G.	RP 324
Hense-Neumann, F.	NW 276	Herdegen, E.	BY 100	Herold, K.	BER 126
Hensel, J.	NDS 238	Herdegen, P.	BY 71	Herold, W.	BW 49
Hensel, T.	VwG 501	Herdel, R.	VwG 486	Herold-Tews, H.	SG 456
Henseler, N.	NW 294	Herdemann, F.	NW 290	Herpers, H.	NW 293
Henselleck, B.	MV 205	Herdemerten, H.	BER 118	Herr, G.	SAN 366
Hensen, E.	SH 376	Herden, C.	BU 11	Herr, M.	SG 452
Hensen, H.	VerfG 404	Herdrich, J.	BW 45	Herr, T.	BW 53
Hensgen, C.	RP 321	Herenger-Preißhofen, G.	SG 452	Herrbach, G.	BY 75
Hensinger, U.	ArbG 412	Heres, S.	HE 189	Herrbruck, G.	RP 322
Henß, B.	NDS 229	Herfert, A.	BER 130	Herrchen, H.	HE 191
Henss, G.	SAN 368	Herfert, L.	ArbG 416	Herre, R.	HH 162
Henssen, R.	ArbG 429	Herfort, K.	VwG 505	Herre, S.	NW 290
Henssler, F.	BW 38	Herforth, J.	NW 258	Herrgen, A.	BW 62
Hentschel, E.	NW 293	Herfs, D.	NW 299	Herrle, W.	BY 97
Hentschel, J.	SH 386	Hergarten, R.	ArbG 431	Herrlein, M.	HE 187
Hentschel, K.	HE 189	Hergarten, R.	RP 319	Herrler, E.	BY 106
Hentschel, P.	NW 302	Herget, K.	HE 173	Herrlinger, D.	BER 122

593

Herrlinger, W.	BER 121	Herz, R.	NW 302	Heuck, F.	NW 302
Herrmann, A.	TH 397	Herz, U.	FG 440	Heuer, A.	NDS 238
Herrmann, A.	VwG 496	Herzberg, I.	ArbG 426	Heuer, E.	BER 123
Herrmann, B.	BY 73	Herzig, M.	BER 118	Heuer, H.	BW 58
Herrmann, B.	HH 163	Herzler, J.	BRA 140	Heuer, H.	NDS 215
Herrmann, C.	SG 452	Herzog, D.	BW 21	Heuer, H.	SH 386
Herrmann, C.	VwG 487	Herzog, F.	SAC 344	Heuer, H.	VwG 497
Herrmann, D.	BER 125	Herzog, K.	SAC 345	Heuer, S.	NDS 239
Herrmann, D.	BY 98	Herzog, M.	BY 88	Heuer, W.	BW 60
Herrmann, D.	BY 113	Herzog, P.	NDS 240	Heuermann, B.	FG 447
Herrmann, D.	FG 443	Herzog, S.	BW 64	Heuermann, F.	HE 191
Herrmann, D.	HH 165	Herzog, W.	BY 101	Heugel, J.	BW 48
Herrmann, E.	BRE 150	Heselhaus-Schröer, A.	NW 309	Heuken-Bethmann, P.	NDS 224
Herrmann, G.	BER 115	Hesper, A.	NW 307	Heun, D.	SAN 361
Herrmann, G.	BW 53	Hesral, H.	SG 455	Heusch, A.	VwG 505
Herrmann, G.	FG 445	Heß, B.	SH 387	Heusch, B.	BW 57
Herrmann, G.	HE 184	Heß, B.	VwG 476	Heusch, B.	SAC 349
Herrmann, G.	NDS 208	Heß, K.	NW 256	Heuschkel, B.	NW 247
Herrmann, H.	BRE 153	Heß, M.	TH 397	Heusel, W.	RP 327
Herrmann, H.	BU 10	Heß, P.	HE 176	Heuser, A.	FG 446
Herrmann, H.	BY 90	Heß, W.	NW 304	Heuser, D.	BW 48
Herrmann, H.	SAC 346	Heß, W.	SG 452	Heuser, H.	SG 461
Herrmann, H.	VwG 480	Hess, A.	BW 27	Heuser, H.	VwG 491
Herrmann, H.	VwG 485	Hess, A.	BY 74	Heuser, R.	NW 298
Herrmann, K.	ArbG 433	Hess, C.	SH 387	Heuser, S.	VwG 505
Herrmann, K.	SG 469	Hess, G.	BER 131	Heuser-Hesse, K.	ArbG 430
Herrmann, L.	SAC 357	Hess, H.	BY 94	von Heusinger, G.	NW 272
Herrmann, M.	BY 87	Hess, J.	HE 188	Heusinger, K.	BY 110
Herrmann, M.	NW 309	Hess, R.	TH 389	Heusinger, R.	BY 110
Herrmann, R.	BW 60	Heßberger, C.	BW 31	Heußlein, H.	RP 323
Herrmann, R.	FG 442	Heße, W.	BER 130	Heußner, H.	VwG 493
Herrmann, R.	NDS 229	Hesse, A.	NDS 209	Heusterberg, W.	BY 68
Herrmann, R.	SH 379	Hesse, D.	ArbG 434	Heuwerth, F.	SAC 358
Herrmann, R.	VwG 482	Hesse, R.	NW 286	Heveling, K.	VwG 499
Herrmann, T.	NDS 216	Hesse, W.	FG 443	Heybrock, G.	NDS 223
Herrmann, U.	BRA 138	Hessel, G.	SH 382	Heyde, A.	SH 379
Herrmann, V.	HE 177	Hesselberger, D.	BU 7	Heyde, W.	BMJ 3
Herrmann, W.	HE 183	Heßelmann, E.	VwG 514	Heydeck, M.	HH 162
Herrmann, W.	NW 302	Hesselschwerdt, K.	VwG 477	Heydegger, R.	BW 30
Herrmann-Betz, E.	SG 455	Heßler, R.	BY 67	Heydemann, C.	VwG 486
Herrmann-Blessing, F.	BW 55	Heßler, R.	BY 110	Heydenreich, V.	NW 273
Herschlein, D.	BW 30	Heßling-Wienemann, U.	SG 467	Heyder, O.	BY 72
Hertel, G.	BRA 136	Heßlinger, M.	SAA 337	Heydlauf, H.	BW 53
Hertel, H.	BRA 139	Hestermann, R.	SG 464	Heydn, T.	BY 110
Hertel, H.	BY 100	Hetger, W.	RP 317	Heydner, G.	BY 110
Hertel, J.	NDS 220	Hethey, H.	BER 132	Heydorn, H.	MV 200
Hertel, J.	SAC 354	Hett, F.	VwG 497	Heye, H.	MV 200
Hertel, K.	SAC 350	Hettenbach, C.	BW 31	Heyen, H.	HH 166
Hertel, P.	VwG 475	Hettich, J.	BW 53	Heyer, F.	BW 46
Hertel, S.	VwG 487	Hettich, K.	SG 451	Heyer, H.	NDS 234
Hertel, W.	NW 295	Hettich, M.	SAC 343	Heyeres, L.	NW 294
Herth, J.	SG 452	Hettinger, R.	BW 33	Heyl, K.	NDS 225
Hertle, D.	SAC 345	Hettrich, K.	RP 328	Heyl, M.	ArbG 417
Hertweck, G.	BW 36	Hettwer, U.	NW 290	Heyland, I.	BER 116
Hertwig, P.	BRA 143	Hetz, M.	BW 31	Heymann, A.	HE 188
Hertz-Eichenrode, B.	BER 130	Heuberger, E.	BY 88	Heymann, A.	NW 290
Herwartz, H.	NW 304	Heuberger, G.	SG 451	Heymann, P.	ArbG 437
Herweg, K.	HH 159	Heublein, J.	BY 107	Heymann, T.	BER 132
Herwig, H.	HE 190	Heublein, R.	BER 118	Heymann, U.	ArbG 434

Heyne, D.	BU	15	Hillebrecht, D.	NDS 211	Hinrichsen, E.	SH	378
Heyne-Kaiser, G.	VwG	505	Hillegaart, S.	BW 64	Hinrichsen, H.	NDS	222
Heyter, A.	HE	177	Hillenmeyer, R.	BY 90	Hinsch, G.	NDS	218
Heyter, R.	HE	189	Hiller, A.	NDS 239	Hinselmann, H.	VwG	496
Hiby-Bögelein, U.	TH	395	Hiller, F.	BW 48	Hinsenkamp, K.	NW	288
Hicks, F.	NW	304	Hiller, G.	SG 467	Hinterberg, E.	NW	289
Hieber, J.	BW	48	Hiller, J.	NW 281	Hinterberger, G.	BY	108
Hiefner, K.	BY	93	Hillert, E.	NDS 217	Hintermayer, R.	BW	62
Hiekel, C.	SG	466	Hillert, S.	RP 320	Hintersaß, H.	BY	92
Hiemenz, F.	VwG	493	Hillert, S.	TH 391	Hintersaß, S.	SAC	347
Hiemer, D.	BER	133	Hillgärtner, B.	NW 250	Hinterwälder, E.	RP	316
Hien, E.	BU	12	Hillig, R.	SAN 361	Hintz, M.	VwG	490
Hien, S.	BER	125	· Hillinger, J.	BY 96	Hintze, M.	BW	31
Hien-Völpel, U.	BRE	152	Hillmann, C.	BY 113	Hintzen, W.	NW	252
Hientzsch, U.	NW	251	Hillmann, N.	BRA 147	Hintzmann, J.	NW	287
Hierl, K.	SG	471	Hillmann, R.	NDS 230	Hinz, D.	NDS	217
Hieronymus, G.	BY	90	Hillmann, U.	SH 380	Hinz, H.	NW	253
Hiersemenzel, J.	HH	165	Hillmann, W.	MV 197	Hinz, J.	BY	97
Hiestand, M.	BMJ	5	Hillmann-Schröder, C.	NDS 236	Hinz, P.	NDS	223
Hiester, A.	VwG	487	Hilmer, I.	BRA 138	Hinz, S.	SH	386
Hilberg, C.	NDS	239	Hilpert, H.	ArbG 432	Hinz, W.	SH	386
Hilbig, A.	TH	393	Hilpert-Zimmer, U.	SAA 338	Hinze, C.	FG	442
Hild, E.	BY	86	Hils, K.	BW 47	Hinze, M.	BER	126
Hild, S.	SG	467	Hilser, K.	NW 245	Hinze, R.	MV	200
Hildebrandt, B.	NW	308	Hilsmann-König, E.	NW 273	Hinzen, G.	NW	258
Hildebrandt, D.	SAC	343	Hiltenkamp, W.	NW 274	Hinzmann, T.	BER	121
Hildebrandt, R.	MV	199	Hiltl, G.	VwG 483	Hippach, G.	BW	25
Hildebrandt, R.	NW	282	Hiltmann, G.	SG 461	Hippe, A.	NDS	218
Hildebrandt, U.	NW	299	Hiltmann, H.	SAC 353	Hippler, T.	BY	95
Hildenstab, A.	NW	305	Hilwerling, L.	NW 265	Hirdina, K.	SG	455
Hildenstab, B.	NW	306	Hilzinger, P.	BY 111	Hirling, A.	BW	41
Hildenstab, M.	BRA	147	Himber, H.	SG 470	Hirmer, H.	BY	96
Hilderscheid, B.	SH	377	Himmel, B.	NW 306	Hirn, E.	BW	57
Hildesheim, C.	FG	447	Himmelsbach, H.	BW 42	Hirneis, D.	NW	259
Hildesheim, H.	NW	289	Himmelsbach, W.	BW 32	Hirsch, E.	ArbG	432
Hildner, C.	HE	189	Himmler, H.	SG 456	Hirsch, G.	BY	73
Hilgendorf-Petersen, B.	VwG	513	Hinck, U.	NDS 223	Hirsch, G.	EuGH	517
Hilgendorf-Schmidt, S.	BMJ	4	Hindahl, I.	NDS 225	Hirsch, I.	BW	64
			Hinderer, M.	BW 53	Hirsch, J.	NW	287
Hilger, G.	BY	68	Hinderer, W.	SG 451	Hirsch, T.	BER	127
Hilger, H.	BMJ	3	Hinerasky, R.	NW 269	Hirsch, U.	SAN	371
Hilgers-Hecker, C.	SAA	340	Hinerasky, W.	NW 268	Hirschberg, L.	NW	287
Hilgert, P.	NW	281	Hinke, C.	FG 440	Hirschberg, M.	SAC	345
Hilgert, W.	NW	302	Hinke, H.	NDS 214	Hirschberg, S.	SAC	354
Hilke-Eggerking, A.	NDS	230	Hinke, H.	SAC 358	Hirschfeld, M.	BER	120
Hill, A.	SAC	350	Hinke, T.	SAC 358	Hirschfelder, W.	NW	287
Hill, B.	RP	316	Hinkel, H.	VwG 493	von Hirschheydt, R.	MV	198
Hill, H.	SAN	364	Hinkel, K.	VwG 514	von Hirschheydt, S.	TH	400
Hill, R.	SG	458	Hinkelmann, B.	SH 381	Hirschmann, H.	VwG	496
Hill, U.	HH	163	Hinkers, E.	NW 251	Hirschmann, W.	BY	104
Hill, W.	BY	89	Hinnekeuser, H.	NDS 212	Hirt, A.	BY	79
Hille, J.	SAC	354	Hinner-Kärtner, M.	BY 87	Hirt, F.	NDS	226
Hille-Brunke, H.	BW	56	Hinninghofen, J.	NW 248	Hirt, M.	NW	250
Hillebrand, H.	BER	118	Hinrichs, J.	NDS 222	Hirt, M.	NW	275
Hillebrand, H.	RP	322	Hinrichs, K.	BW 64	Hirte, H.	VerfG	407
Hillebrand, M.	NW	284	Hinrichs, K.	HH 161	Hirth, W.	HH	160
Hillebrand, R.	NW	289	Hinrichs, M.	SAC 355	Hirth, W.	NW	302
Hillebrand, S.	BY	97	Hinrichs, T.	HH 163	Hirtschulz, M.	VwG	494
			Hinrichs, Z.	BER 121	Hirtz-Weiser, D.	HE	183

Hische, J.	NDS 218	Hoeffer, H.	NDS 208	Hoenicke, H.	NW 246
Hiß, D.	BW 38	Höfken, H.	NW 295	Hoenig, H.	ArbG 427
Hitzfeld, D.	SG 452	Höfle, T.	ArbG 410	Höning, K.	BER 120
Hitziger, K.	HH 166	Höfler, K.	SG 454	Hönisch, P.	BER 118
Hitziger, U.	HH 166	Hoefler, H.	BY 106	Hönnicke, K.	NW 279
Hlavka, H.	SAC 348	Höfling, K.	SAA 340	Hoepfel, G.	VwG 481
Hnida, K.	SG 457	Höflinger, R.	BW 52	Höpfl, G.	SAC 348
Hobbeling, E.	VwG 494	Höflinger, S.	BY 111	Hoepken, H.	NW 306
Hobbeling, W.	NW 273	Höfs, W.	TH 400	Höpker, W.	NDS 216
Hobe, C.	MV 203	Höger, H.	SG 465	Hoepner, O.	SH 376
Hobe, K.	BMJ 3	Högl, H.	FG 440	Höpping, B.	SAC 351
Hoch, G.	VwG 476	Högner, R.	SAC 355	Höppner, D.	NW 297
Hoch, H.	NW 295	Höhl, W.	VwG 509	Höppner, U.	NW 299
Hoch, H.	NW 299	Höhle, H.	BRE 152	Höptner, D.	SH 382
Hoch, H.	VwG 482	Höhle, M.	SAC 356	Hörberg, W.	BY 93
Hoch, J.	BER 120	Höhler, M.	HE 176	Hören, T.	NW 244
Hoch, S.	VwG 497	Höhn, G.	HE 189	Hörer, B.	BW 43
Hoch, W.	NW 268	Höhn, P.	HE 185	Hörger, C.	SAN 369
Hochapfel, A.	BW 50	Höhn, R.	MV 198	Hörl, J.	BY 68
Hochberg, V.	BER 129	Höhncke, F.	SH 381	Hörmann, J.	VwG 484
Hochgräber, G.	BER 116	Höhne, M.	BY 100	Hörndler, E.	FG 443
Hochgürtel, J.	NW 307	Höhne, M.	HE 170	Hörner, D.	RP 313
Hochkeppler, I.	BRA 139	Höhne, M.	SAC 350	Hörner, H.	SAC 343
Hochmuth, H.	BU 16	Höhne, N.	HE 174	Hörning, S.	BER 129
Hochschild, U.	VwG 509	Höhne, R.	BW 45	Hörr, A.	SAC 353
Hochstein, W.	NW 255	Höhne, R.	TH 395	Hörr, E.	SG 461
Hochstetter, M.	NW 248	Höhr, M.	BRA 146	Hoersch, H.	RP 317
Hock, B.	SAC 357	Hoeke, H.	NW 253	Hörschgen, R.	NW 249
Hock, R.	ArbG 437	Höll, G.	TH 395	Hörschgen, W.	NW 256
Hock, R.	BY 91	Höllein, F.	VwG 507	Hörster, J.	BW 23
Hock, S.	BY 89	Höllein, H.	VwG 491	Hörterer, M.	SG 461
Hock-Schmitt, M.	BY 71	Höllrich, D.	SAC 355	Hörz, R.	BW 59
Hockemeier, H.	NDS 235	Höllrich, T.	SAC 359	Hösch, E.	VwG 479
Hockenholz, J.	FG 441	Höllriegel, F.	VwG 483	Hoesch, L.	BY 81
Hodler, E.	NDS 213	Hölscher, C.	BW 53	Höschel, G.	BRA 144
Höbbel, D.	NDS 217	Hölscher, E.	BRA 137	Hoese, B.	SG 457
Höbbel, H.	NW 273	Hölscher, K.	NW 267	Höß, K.	SG 452
Höbbel, P.	HE 181	Hölscher, R.	BW 62	Hössl, C.	HE 179
Höbelheinrich, B.	HE 191	Hölscher, W.	NW 267	Hötl, G.	ArbG 435
Höber, G.	BRA 135	Hölscher, W.	NW 278	Hötte, H.	NW 288
Höbold, L.	BY 112	Hoelscher, A.	FG 440	van den Hövel, M.	NW 308
Höbrink, D.	NW 288	Hoelscher, H.	SG 454	Hoeveler, P.	MV 198
Höbrink, E.	NW 288	Höltge, H.	BU 14	Hövelmann, P.	BU 15
Höcherl, E.	BY 93	Höltge, M.	SG 457	Höver, B.	VwG 503
Höchlin, R.	BW 30	Hölz, D.	VwG 490	Höver, M.	VwG 499
Höchst, S.	BW 59	Hölzel, B.	BW 57	Höwelmeyer, C.	ArbG 426
Höcker, E.	NDS 214	Hölzel, E.	SG 457	Hof, W.	BW 38
Höcketstaller, F.	HE 169	Hölzel, W.	BY 106	Hofbauer, A.	BY 67
Hödl, R.	BY 100	Hölzenbein, H.	RP 316	Hofbauer, W.	ArbG 414
Höfel, P.	NDS 226	Hölzer, C.	FG 446	Hofbauer-Koller, H.	BY 112
Höfel, P.	RP 320	Hölzer, D.	SG 461	von Hofer, M.	BY 81
Höfel, R.	VwG 507	Hölzer, G.	RP 314	Hoffelner, W.	HH 166
Höfer, A.	NW 308	Hölzle, F.	BW 60	Hoffkamp, H.	NW 290
Höfer, A.	VwG 492	Hölzlein, M.	BY 86	Hoffmann, A.	BER 130
Höfer, A.	VwG 493	Hölzner, D.	BER 126	Hoffmann, A.	BER 133
Höfer, S.	NW 252	Hömig, D.	BVerfG 1	Hoffmann, A.	MV 206
Hoefer, D.	NDS 215	Hoemke, W.	BY 70	Hoffmann, A.	NDS 217
Hoefer, H.	BW 28	Hönel, V.	SAC 350	Hoffmann, A.	VwG 486
Hoefer-Kissling, F.	BW 23	Hönick, M.	BY 73	Hoffmann, B.	ArbG 424

596

Namensverzeichnis — Hollstein

Hoffmann, B.	ArbG 434		Hoffmann-			Hoheisel, R.	HE 191
Hoffmann, B.	FG 446		Kurzweil, T.	BY 92		Hohenbleicher, R.	BY 80
Hoffmann, B.	HH 160		Hoffmann-Remy, U.	BW 42		Hohenbleicher-	
Hoffmann, B.	NW 258		Hoffmann-Riem, W.	HH 155		Enderwitz, U.	BY 81
Hoffmann, B.	SAN 366		Hoffmans, B.	NW 254		Hohendorf, A.	NW 284
Hoffmann, B.	VwG 506		Hoffmeister, C.	SG 454		Hohensee, M.	NDS 240
Hoffmann, D.	BW 64		Hoffmeister, K.	VwG 485		Hohensee, R.	BER 120
Hoffmann, D.	SAC 347		Hoffmeyer, C.	VwG 497		Hohenstein, E.	BU 17
von Hoffmann, E.	ArbG 420		Hoffrichter, F.	HE 192		Hohlfeld, E.	BRA 135
Hoffmann, E.	BER 129		Hoffrichter-			Hohlfeld, U.	BW 31
Hoffmann, E.	NW 266		Daunicht, C.	NW 244		Hohloch, G.	BW 45
Hoffmann, E.	SAC 358		Hoffs, W.	NW 245		Hohmann, B.	SAC 343
Hoffmann, F.	BER 130		Hofherr, E.	VwG 475		Hohmann, G.	BRA 137
Hoffmann, F.	MV 205		Hofius, R.	RP 323		Hohmann, G.	BRA 139
Hoffmann, F.	NW 246		Hofmaier, W.	BY 97		Hohmann, G.	VwG 483
Hoffmann, F.	NW 304		Hofmann, A.	BY 102		Hohmann, M.	NW 270
Hoffmann, F.	SAC 357		Hofmann, B.	SH 381		Hohmann, M.	SH 382
Hoffmann, F.	VwG 486		Hofmann, C.	BY 110		Hohmeier, K.	TH 400
Hoffmann, G.	HE 167		Hofmann, D.	VwG 503		Hohndorf, K.	VwG 487
Hoffmann, H.	ArbG 428		Hofmann, F.	BY 87		Hohoff, T.	NW 262
Hoffmann, H.	BRA 140		Hofmann, G.	BY 80		Hohrmann, F.	BU 11
Hoffmann, H.	BW 52		Hofmann, G.	SG 469		Holbach, P.	RP 322
Hoffmann, H.	BW 58		Hofmann, H.	BY 74		Holbeck, T.	ArbG 415
Hoffmann, I.	SAC 353		Hofmann, H.	BY 106		Holborn, H.	SG 465
Hoffmann, J.	BER 128		Hofmann, H.	NW 305		Hold, A.	BY 98
Hoffmann, J.	HH 162		Hofmann, H.	VwG 514		Holdefer, F.	BW 63
Hoffmann, J.	RP 322		Hofmann, J.	BW 56		Holderer, G.	BY 80
Hoffmann, J.	RP 325		Hofmann, K.	BW 64		Holdorf, R.	NW 297
Hoffmann, K.	BW 42		Hofmann, K.	VwG 483		Holdstein, R.	SAN 370
Hoffmann, K.	HH 166		Hofmann, L.	BER 131		Holdt, S.	NDS 236
Hoffmann, K.	NDS 225		Hofmann, M.	BMJ 4		Holeschowski, C.	TH 389
Hoffmann, K.	NW 268		Hofmann, M.	BU 9		Holetzko, G.	NDS 214
Hoffmann, K.	NW 279		Hofmann, M.	BY 113		Holfeld, J.	BW 60
Hoffmann, K.	VwG 514		Hofmann, M.	TH 389		Holfelder, H.	BW 61
Hoffmann, L.	NDS 229		Hofmann, N.	HE 176		Holin, R.	NW 279
Hoffmann, M.	BY 76		Hofmann, R.	BU 10		Holl, H.	VwG 506
Hoffmann, M.	HH 156		Hofmann, R.	BW 39		Holl, L.	BW 62
Hoffmann, M.	NW 250		Hofmann, R.	SH 379		Holl, R.	BER 132
Hoffmann, M.	RP 327		Hofmann, S.	SAC 355		Holl, W.	HE 176
Hoffmann, M.	SAN 364		Hofmann, U.	SG 459		Holland, D.	HE 188
Hoffmann, P.	BY 107		Hofmann, W.	HE 167		Holland-Moritz, R.	TH 389
Hoffmann, R.	BER 130		Hofmann, W.	HE 172		Hollandt, S.	TH 399
Hoffmann, R.	BW 48		Hofmann, W.	SAC 344		Holldorf, L.	BER 132
Hoffmann, R.	SAN 363		Hofmann-Beyer, U.	BY 73		Holle, G.	TH 399
Hoffmann, R.	SG 457		Hofmeister, F.	BU 11		Holleis, P.	BY 95
Hoffmann, S.	BER 127		Hofmeister, K.	TH 399		von Hollen, K.	BER 133
Hoffmann, S.	BRA 145		Hofmeister, M.	BY 81		Hollenbach, A.	NW 310
Hoffmann, S.	BY 90		Hofmeister, W.	NDS 233		Holler, G.	BY 82
Hoffmann, S.	NDS 238		Hofner, G.	HE 178		Holler, K.	VwG 503
Hoffmann, T.	SAN 363		Hofner, S.	BY 114		Holler, M.	RP 333
Hoffmann, T.	SH 385		Hofschläger, J.	BER 118		Holler-Welz, U.	BW 40
Hoffmann, U.	BRE 152		Hofstetter, L.	BW 37		Hollfelder, M.	VwG 500
Hoffmann, U.	NDS 212		Hogenkamp, H.	BRE 151		Holling, F.	NW 309
Hoffmann, U.	NDS 234		Hogrebe, B.	NW 260		Hollinger, D.	SAA 339
Hoffmann, V.	HH 161		Hogrefe, D.	NDS 221		Hollmann, U.	BER 119
Hoffmann, W.	BER 118		Hogreve, J.	NDS 220		Hollmann, W.	ArbG 437
Hoffmann, W.	RP 317		Hohage, H.	NW 302		Hollo, D.	SG 463
Hoffmann, W.	SAA 338		Hohberger, D.	VwG 489		Hollstegge, A.	NW 275
Hoffmann-Erk, R.	VwG 503		Hoheisel, C.	HE 174		Hollstein, J.	NDS 214

Hollweck, P.	BY 106	Holzinger, G.	VwG 481	Hoppert, A.	SG 466
Hollweg von Matthiessen, H.	NW 272	Holzinger, H.	BER 118	Hoppmann, J.	NW 259
		Holzinger, R.	BY 103	Hoppmann, R.	NW 290
Hollweg-Stapenhorst, S.	BER 123	Holzinger, U.	SAC 359	Hoppmann, S.	SAC 357
		Holzmann, G.	VwG 493	Horas, S.	VwG 483
Hollwitz, D.	NW 278	Holzmann, M.	ArbG 425	Horbach, K.	NW 253
Holly, V.	VwG 506	Holzmann, M.	BY 89	Horbul, S.	VwG 513
Holmer, F.	SH 386	Holzmann, T.	NW 258	Horeis, S.	HH 164
Holschuh, R.	SAA 336	Holzmann, W.	BY 70	Horeni, G.	SAC 348
Holschuh-Gottschalk, F.	SAA 339	Holznagel, I.	HH 166	Horlacher, B.	SAC 358
		Holzner, B.	BY 81	Horlbog, U.	SAN 365
Holst, G.	SG 459	Holzner, B.	BY 96	Hormuth, W.	SG 452
Holste, A.	HE 175	Holzner, D.	BU 16	Hormuth-von Wolf, M.	HE 171
Holstein, K.	HE 173	Holzner, P.	BY 68	Horn, A.	BW 27
Holstein, R.	BY 91	Holzwarth, P.	BW 64	Horn, A.	BW 42
Holtbrügge, H.	VwG 505	Homann, B.	NDS 217	Horn, A.	VwG 478
Holten, H.	NW 257	Homann, K.	SG 463	Horn, B.	SH 380
Holterdorf, T.	TH 399	Homann, P.	SAN 371	Horn, C.	BW 64
Holtfort, R.	NW 305	Homann, R.	ArbG 420	Horn, E.	SH 376
Holthaus, J.	NDS 236	Homann, V.	BU 9	Horn, G.	BRE 152
Holthaus, M.	ArbG 437	Homberger, U.	VwG 514	Horn, H.	FG 445
Holthaus, N.	BY 111	Homburger, H.	BW 24	Horn, H.	SAA 340
Holthöver, M.	NW 276	Homfeld, A.	BW 49	Horn, H.	VwG 487
Holthöwer, B.	ArbG 426	Hommel, C.	NW 307	Horn, J.	BY 102
Holtkamp, K.	NDS 233	Hommel, C.	NW 309	Horn, J.	NDS 230
Holtkötter, H.	NW 284	Hommel, K.	NW 251	Horn, J.	SG 464
Holtmann, F.	NW 296	Hommelhoff, P.	BW 23	Horn, M.	NDS 236
Holtmann, R.	HE 183	Hommer, I.	NW 282	Horn, O.	VwG 492
Holtmann, U.	NDS 240	Hommes, D.	BRA 146	Horn, R.	BW 31
Holtz, A.	NDS 234	Hondl, Y.	BY 112	Horn, R.	SG 461
Holtz, C.	SAC 354	Honecker, K.	HE 189	Horn, S.	BW 28
Holtz, H.	SH 385	Hongsermeier, S.	NW 267	Horn, W.	BY 91
Holtz, R.	BU 14	Honisch, W.	FG 443	Horn, W.	RP 332
Holtz-Hellegers, R.	NW 252	Honl-Bommert, M.	ArbG 422	Horn-Scholz, C.	BW 33
Holubetz, G.	SAC 358	Honnacker, H.	BU 13	Hornauer-Sedlock, E.	BY 74
Holz, B.	SAC 358	Honnef, A.	NW 311	Hornburg, U.	SAN 370
Holz, B.	VwG 479	Honnen, N.	NW 300	Horndasch, C.	BW 63
Holz, E.	BW 34	Honold, E.	BW 41	Horndasch, S.	BY 112
Holz, E.	BW 56	Hook, F.	RP 332	Hornick, A.	BY 97
Holz, F.	BY 102	Hoops, W.	SH 377	Hornig, A.	HE 179
	VerfG 407	Hoos, J.	HE 180	Hornig, G.	BY 73
Holz, J.	NDS 218	Hopf, H.	BU 9	Hornig, R.	SAC 356
Holz, T.	NW 289	Hopf, U.	NDS 211	Hornmann, G.	VwG 492
Holzäpfel, H.	NW 285	Hopfensperger, G.	BY 88	Freiherr von Hornstein, A.	BY 67
Holzapfel, H.	BW 45	Hopfmann, K.	SAN 364		
Holzberg, P.	VwG 475	Hopp, H.	VwG 501	Hornstein, M.	TH 399
Holzberger, R.	BY 107	Hopp, K.	BER 116	Hornthal, J.	BY 93
Holzer, G.	BY 82	Hopp, K.	NDS 239	Hornung, G.	BY 106
Holzer, H.	ArbG 414	Hoppach, H.	NW 246	Hornung, K.	FG 440
Holzer, H.	FG 439	Hoppe, D.	MV 205	Hornung, P.	HE 182
Holzer, J.	TH 399	Hoppe, H.	BW 32	Hornung, T.	BER 124
Holzer, T.	BW 51	Hoppe, J.	NDS 227	Hornung, W.	SG 455
Holzer-, T.	ArbG 415	Hoppe, J.	NW 251	Hornung-Grove, M.	HE 182
Holzhauer, K.	NW 263	Hoppe, K.	VwG 489	Horsch, A.	TH 400
Holzhausen, J.	BW 61	Hoppe, R.	SAC 346	Horst, C.	NW 309
Holzheid, C.	BER 122	Hoppen-Wagner, E.	NW 273	Horst, J.	NDS 236
Holzheid, C.	BY 79	Hoppenberg, G.	NW 281	Horst, P.	NDS 226
Holzheid, H.	VerfG 403	Hoppenworth, E.	NDS 211	Horsthemke, A.	NW 264
Holzheuser, J.	VwG 508	Hoppenz, R.	BW 23	Horsthemke, H.	NW 284

598

Horstkötter, T.	BRA 141	Huber, T.	HE 187	Hügel, C.	BW 31
Horstkotte, H.	HH 159	Huber, U.	BW 56	Hügelschäffer, H.	BY 92
Horstkotte, I.	HH 164	Huber, U.	FG 440	Hühn, P.	NDS 232
Horstkotte, M.	BER 120	Huber, W.	BW 33	Hühne-Koch, H.	NDS 226
Horstkotte, M.	HE 174	Huber, W.	NW 245	Hükelheim, N.	TH 390
Horstkotte, W.	HH 158	Huber-Stentrup, E.	BW 36	Hülbusch, B.	RP 313
Horstmann, D.	BER 133	Huber-Zorn, W.	SAC 358	Hülder, A.	NW 250
Horstmann, H.	NW 282	Hubernagel, P.	NW 247	Hülle, H.	VwG 488
Horstmeier, H.	TH 396	Hubert, E.	SAC 352	Hülle, W.	BY 75
Horstmeyer, H.	NW 283	Hubert, W.	BY 70	Hüller, W.	BER 118
Horvath, J.	BY 92	Hubmann, E.	BY 108	Hüls, M.	BRA 146
Horz, C.	BW 53	Hubmann, K.	BY 110	Hülsböhmer, M.	BER 120
Horz, C.	SG 459	Hubral, D.	HE 192	Hülsebusch, F.	NDS 234
Hos, A.	NW 289	Hubrich, H.	BER 131	Hülsebusch, W.	NW 269
Hoschke, U.	SAA 337	Huchel, U.	BY 84	Hülsen, K.	NW 307
Hosemann, S.	VwG 484	Hucke, B.	HE 170	Hülser, I.	BY 98
Hospes, H.	FG 445	Hucke, C.	BRA 144	Hülser, W.	BY 85
Hoßbach, T.	TH 391	Hucke, N.	SG 457	Hülsheger, M.	ArbG 428
Hoßbach, W.	NDS 209	Huckenbeck, A.	NW 297	Hülshorst, A.	HE 192
Hoßfeld, J.	SAN 369	Huckenbeck, E.	SG 467	Hülsing, E.	SH 378
Hossfeld, S.	ArbG 432	Hucklenbroich, R.	NW 254	Hülsmann, A.	SAN 371
Hoßfeld-Melis, M.	HH 159	Hucko, E.	BMJ 3	Hülsmann, B.	BW 24
Hostert, R.	BW 40	Huda, H.	NW 277	Hülsmann, E.	NW 309
Hoth, J.	SG 461	Hudalla, J.	SAA 340	Hülsmann, G.	NW 243
Hottgenroth, I.	NW 295	Hübbe, J.	NW 311	Hülsmann, G.	NW 274
Hotz, H.	BU 16	Hübel, K.	BY 91	Hülsmann, J.	NW 303
Hotze, B.	NW 285	Hübeler-Brakat, G.	NW 300	Hülsmann, K.	NW 275
Houbertz, B.	ArbG 434		311	Hülsmann, R.	NW 266
Freiherr von		Hübenthal, U.	HE 190	von Hülst, K.	MV 200
Houwald, C.	SG 462	Hueber, G.	VwG 481	Hültz, I.	BRA 146
van Hove, A.	NDS 240	Hübinger, B.	RP 317	Hümmer, B.	BY 91
Hovemann, F.	TH 393	Hübinger, H.	RP 323	Hünecke, A.	ArbG 417
Hovi, T.	BER 133	Hübler, J.	VwG 506	Hünecke, H.	VwG 494
Howald, W.	ArbG 433	Hübler, R.	BY 96	Hünecke, I.	SG 462
Howe, P.	SG 457	Hübner, J.	BRE 153	Hüner, K.	SAC 343
Hoyer, B.	HH 164	Hübner, J.	NW 267	Hünermann, C.	VwG 487
Hoyer, J.	BU 15	Hübner, J.	SH 382	Hünermann, J.	VwG 506
Hoyer, W.	BY 84	Hübner, K.	BER 124	Hüper, O.	VwG 497
Hoynatzky, H.	BY 98	Hübner, M.	BY 111	Hüper, R.	SH 385
Hrelja, B.	MV 201	Hübner, M.	TH 397	Hüppelshäuser, E.	NW 241
Hromada, I.	RP 324	Hübner, P.	SAN 370	Hürtgen, W.	RP 316
Hrubetz, I.	HH 162	Hübner, R.	HE 190	Hüsch, U.	VwG 505
Hruschka-Jaeger, M.	BY 93	Hübner, S.	HH 161	Hüschemenger, F.	NW 301
Hub, G.	BW 45	Hübsch, G.	BU 8	Hüsgen, G.	BRA 138
Hub, R.	BW 32	Hübscher, H.	NDS 209	Hüsges, H.	NW 266
Hubalek, H.	BER 124	Hübschmann, U.	SG 463	Huesmann, K.	NW 288
Hubbert, W.	BY 90	Hüchtmann, J.	NW 274	Hüßtege, R.	BY 80
Hubel, D.	BY 104	Hueck, V.	VwG 483	Hüter, H.	FG 449
Huber, A.	BY 107	Hückel, M.	BRA 145	Hütte, H.	BRE 153
Huber, C.	BY 87	Hückert, C.	SG 466	Hütte, P.	NW 245
Huber, H.	BY 80	Hückstädt, G.	MV 195	Hütte, R.	NW 266
Huber, H.	BY 109		199	Hüttebräucker, R.	VwG 476
Huber, K.	BY 79		VerfG 405	Hüttel, G.	BW 25
Huber, K.	BY 94	Hüffer, R.	VwG 480	Hüttel, M.	BY 72
Huber, M.	BY 94	Hüffer, U.	NW 264	Hüttemann, E.	NW 271
Huber, R.	BY 80	Hüfken, O.	NDS 231	Hüttemann, P.	RP 332
Huber, R.	BY 101	Hüfner, A.	TH 399	Hüttemann, R.	ArbG 430
Huber, R.	SAC 343	Hüfner, H.	BER 123	Hüttenhain, R.	VwG 501
Huber, S.	SAA 339	Hüftlein, G.	BY 111	Hütter, J.	BRA 136

599

Hütter, M.	BW	47	Hundhammer, A.	BY	88	Huwar, G.	VwG 475
Hüttermann, K.	MV	196	Hundhammer, G.	SAC	356	Huwe, B.	TH 400
Hüttig, G.	HE	181	Hundt, H.	NDS	229	Huy, E.	BER 132
Hüttinger, J.	BY	108	Hundt, M.	BER	131	Hymmen, I.	NW 302
Hüttl, W.	BY	83	Hundt, M.	VwG	486	Hys, T.	BY 112
Hüttmann-Stoll, S.	SG	458	Hundt, R.	NDS	235		
Hüttner, P.	BY	110	Hundt-Harder, T.	HE	171	**I**	
Huf, R.	TH	394	Hunert, S.	BY	100		
Hufeld, B.	HE	186	Hunke, M.	NW	267	Ibbeken, F.	NDS 237
Hufnagl, P.	BY	84	Hupe, A.	NW	310	Iber, K.	NW 250
Hug, H.	BW	46	Hupfer, W.	BY	102	Ibler-Streetz, B.	NDS 226
Hugemann, K.	NW	262	Hupka, D.	NDS	229	Ibold, H.	NW 243
Hugenroth, C.	NW	309	Hupka, K.	NDS	220	Ibrom, F.	NW 308
Hugler, W.	VwG	480	Huppers, B.	HE	191	Iburg, H.	NDS 227
Hugo, D.	SAN	366	Huppert, H.	RP	326	Ibusch-Kampen, U.	MV 206
von Hugo, G.	MV	197	Huprich, W.	BY	105	Ickenroth, H.	RP 318
von Hugo, G.	NDS	221	Hurlin, I.	SH	382	Ickler, K.	VwG 492
Hugo, M.	NDS	234	Hurt, B.	BY	108	Idel, H.	VwG 504
Hugo, R.	SAA	337	Husch, D.	BER	131	Idel, P.	NW 252
Huhn, B.	BY	70	Husch, H.	VwG	514	Idelberger, M.	VwG 507
Huhn, J.	MV	203	Huschens, M.	VwG	504	Iff, L.	FG 440
Huhn, R.	FG	447	Husmann, E.	FG	446	Iff, W.	SG 455
Huhn, V.	NW	297	Husmann, H.	NW	268	Igla, M.	TH 400
Huhs, R.	BER	125	Husmann, K.	NW	241	Iglhaut, K.	BY 111
Huisinga, K.	NDS	223	Husmann, M.	BU	12	Ignée, P.	SAC 345
Huismann, J.	NW	250	Husmann-Budeus, G.	NW	290	Igstadt, V.	VwG 491
Huke, G.	BW	41	Huß, A.	BW	63	Ihl, R.	NW 308
Huke, I.	BW	52	Hussels, E.	VwG	478	Ihl-Hett, J.	VwG 497
Huland, C.	HH	164	Hussels, M.	BW	60	Ihle, M.	BW 59
Hulvershorn, W.	NW	257	Hussner, R.	SAC	354	Ihlenfeld, H.	VwG 489
Humann, A.	NW	268	Hustedt, G.	NDS	213	Ihrig, A.	BW 28
Humberg, F.	NW	281	Hustedt, R.	NDS	213	Ihrlich, M.	RP 319
Humberg, I.	NW	310	Huster, B.	NW	248	Ihsen, J.	BU 16
Humbert, A.	BER	119	Hustert, D.	VwG	505	Ilchmann, G.	VwG 479
Humbert, F.	BER	125	Husung, G.	BER	132	Ilenburg, K.	NW 308
Humbert, H.	SH	383	Huth, E.	NW	259	Ilg, G.	BW 46
Humbert, R.	BER	119	Huth, H.	NW	304	Illbruck, D.	BU 9
Humborg, F.	VwG	499	Huth, J.	VerfG	404	Illerhaus, J.	NW 276
Humbracht, B.	NW	309	Huth, M.	SH	383	Illgner, H.	MV 198
Humburger, P.	BW	64	Huth, R.	BRA	145	Illie, K.	ArbG 434
Humenda, S.	TH	401	Huth, U.	RP	330	Illigen, D.	SAC 355
Humke, R.	VwG	494	Huther, E.	BY	87	Illigens, E.	NW 263
Humm, J.	SAN	373		VerfG	403	Illing, G.	ArbG 415
Hummel, D.	BY	93	Huther, G.	HE	172	Illing, H.	SAC 356
Hummel, M.	SAN	373	Huthmacher, W.	NW	299	Illing, W.	BRA 144
Hummel, R.	BW	50	Huthmann, W.	SG	464	Illini, D.	BY 99
Hummelbeck, H.	NW	272	Hutsch, S.	BY	86	Illner, S.	NW 289
Hummelsiep, H.	NDS	228	Hutschenreuther-			Illy, G.	ArbG 434
Hummert, R.	NW	286	von Emden, A.	VwG	486	Ilse, S.	VwG 510
Humml, M.	NW	299	Hutt, T.	VwG	514	Imig, M.	BRA 147
Hummler, U.	NW	287	Hutter, U.	BU	11	Imkamp, S.	MV 202
Humpert, A.	SG	465	Hutterer, A.	BY	80	Immel, G.	HE 171
Hund, D.	RP	330	Hutterer, J.	BW	53	Immel-Schelzke, M.	SG 460
Hund, H.	RP	313	Huttig, H.	BY	92	Immen, B.	NDS 216
Hund, M.	BU	13	Huttner-Thompson, R.	BMJ	5	Immen, P.	NDS 218
Hund, M.	VerfG	403	Hutzel, J.	BW	53	Ingendaay-	
Hundertmark, C.	NW	286	Huusmann, A.	VwG	489	Herrmann, A.	BRA 145
Hundertmark, D.	BW	23	Huusmann, H.	HH	155	Ingwertsen, H.	SH 379
Hundertmark, U.	BRA	143			161	Inhofer, D.	BW 37

Namensverzeichnis Jakoby

Inselsberger, M.	BW	61	Jacob, R.	NDS	216	Jähne, P.	BMJ	5
Intorf, U.	NW	260	Jacob, S.	NW	294	Jähnert-Piallat, K.	RP	324
Ionescu, A.	BY	111	Jacobi, A.	SG	471	Jaehnike, G.	FG	449
Ipers, K.	NW	257	Jacobi, B.	HH	158	Jähnke, B.	BU	7
Ipsen, P.	SG	459	Jacobi, C.	BW	64	Jährig, A.	NW	293
Iranyi, M.	ArbG	413	Jacobi, G.	BY	93	Jäkel, B.	VwG	504
Irgang, B.	SAC	358	Jacobi, H.	NW	257	Jäkel, V.	NDS	223
Irlich, H.	NW	258	Jacobi, I.	SG	458	Jaekel, R.	BU	9
Irmen, U.	SG	465	Jacobi, K.	NW	253	Jaekel, U.	TH	396
Irmer, I.	NDS	216	Jacobi, T.	HE	188	Jaekel, W.	HE	171
Irmler, M.	BW	61	Jacobs, B.	MV	195	Jaenecke, J.	VwG	500
Irmscher, A.	BER	125	Jacobs, F.	EuGH	517	Jaenicke, R.	NDS	237
Irmscher, A.	SAC	351	Jacobs, G.	NW	305	Jaenicke, U.	ArbG	412
Irnig, B.	SAC	357	Jacobs, J.	NW	250	Jaenke, W.	SH	385
Irsfeld, D.	NW	304	Jacobs, S.	BER	131	Jänsch, S.	VwG	478
Irsfeld-Müller, A.	BY	92	Jacobsen, H.	SH	377	Jaensch, U.	HH	164
Isak, A.	BW	29	Jacobsen, K.	BRA	145	Jaeschke, R.	BER	123
Isak, F.	BW	37	Jacobsen, K.	MV	201	Jäschke, C.	MV	205
Iseler, H.	SAN	365	Jacobsen, P.	SH	377	Jagau, H.	NDS	207
Iseler, S.	SAN	371	Jacobsen, R.	SH	387	Jagenlauf, J.	SAC	350
Isenberg, K.	VwG	501	Jacoby, C.	BRA	144	Jagenlauf, U.	BW	56
Isenhardt, U.	ArbG	430	Jacoby, P.	VwG	504	Jaggy, E.	BY	68
Isensee, H.	SAN	361	Jäckel, H.	BW	26	Jagmann, R.	BW	23
Iser, M.	BER	132	Jaeckel-Leight, H.	VwG	476	von Jagow, D.	BER	125
Isermann, E.	NDS	207	Jaeckle, H.	BW	25	von Jagow, H.	SH	382
Isermeyer, J.	SH	381	Jäde, C.	NDS	238	Jagsch, H.	BY	109
Isert, K.	ArbG	436	Jäger, A.	FG	442	Jahn, A.	RP	315
Isferding-Tewes, G.	BW	55	Jäger, A.	RP	327	Jahn, G.	TH	400
Islinger, H.	VwG	480	Jäger, B.	NW	272	Jahn, G.	BY	113
Ismar, H.	NW	265	Jäger, E.	BW	60	Jahn, G.	TH	391
Ismar, H.	VwG	499	Jäger, E.	MV	204	Jahn, H.	HE	186
Israng, M.	VwG	510	Jäger, G.	HE	172	Jahn, R.	HE	171
Isselhorst, H.	NW	258	Jäger, G.	SG	464	Jahn, R.	NW	246
Ißle-Laib, A.	TH	389	Jäger, H.	HE	167	Jahn, S.	VwG	507
Istel, B.	NW	255	Jäger, H.	NW	293	Jahn, T.	TH	399
Ittenbach, S.	VwG	510	Jäger, K.	NW	254	Jahn-Kakuk, E.	RP	326
Itzel, P.	RP	315	Jäger, K.	SG	455	Jahncke, U.	SH	376
Itzigehl, J.	BRA	144	Jäger, M.	BY	113	Jahnke, H.	BRA	137
Iwan, H.	NDS	237	Jäger, P.	NW	293	Jahnke, H.	VwG	489
Iwand, P.	NW	304	Jäger, R.	BW	52	Jahnke, J.	HH	162
Iwen, G.	SG	472	Jäger, U.	BER	129	Jahnke, K.	NDS	209
			Jäger, W.	BW	24	Jahnke, W.	VwG	513
J			Jäger, W.	HE	171	Jahns, E.	BRE	149
			Jäger, W.	NDS	226	Jahns, M.	VwG	490
Jaath, K.	BMJ	4	Jäger, W.	TH	400	Jahntz, B.	BER	129
Jabel, H.	SAN	361	Jäger, W.	VerfG	403	Jahraus, G.	SG	470
Jablonowski, C.	NW	259	Jaeger, A.	BW	27	Jahrmann, U.	NDS	214
Jachmann, D.	HE	176	Jaeger, H.	NW	254	Jaisle, G.	BW	26
Jachmann, R.	HE	170	Jaeger, H.	NW	301	Jaklitsch, T.	SG	466
Jackel, E.	ArbG	410	Jaeger, I.	BER	131	Jakob, H.	SG	474
Jackisch, A.	VwG	490	Jaeger, J.	HH	161	Jakob, K.	NW	248
Jackisch, G.	NDS	232	Jaeger, L.	NW	292	Jakob, P.	NW	303
Jacksch-Wittmann, B.	BY	86	Jaeger, R.	NW	246	Jakobeit, M.	BY	113
Jackson, R.	BY	80	Jaeger, R.	BVerfG	1	Jakober, H.	VwG	475
Jackson, W.	NW	282	Jaeger, W.	NW	243	Jakobi, R.	HE	171
Jacob, H.	NW	294	Jaeger, W.	NW	263	Jakobs, A.	NDS	230
Jacob, H.	VwG	476	Jaeger, W.	NW	269	Jakobs, J.	NDS	231
Jacob, P.	RP	326	Jäger-Kampf, A.	NW	294	Jakobs, O.	VwG	475
Jacob, P.	VwG	476	Jähkel, B.	SAC	350	Jakoby, A.	NDS	218

Jakubski, W.	HE 176	Jansen-Siegfried, A.	RP 328	Jedamzik, A.	MV 205
Jakumeit, W.	SG 463	Janser, S.	NW 304	Jedlitschka, P.	BY 99
Jalaß, D.	BRA 138	von Janson, A.	NDS 217	Jehke, R.	NW 273
Jalowietzki, D.	BER 116	Janson, G.	HH 166	Jehle, P.	BW 39
Jambor-Köhnen, H.	ArbG 415	Janß, U.	NDS 217	Jehle, P.	FG 446
Jancke, U.	ArbG 435	Janßen, B.	VwG 501	Jehle, R.	BY 100
Janclas, M.	TH 401	Janßen, D.	NDS 230	Jehle, R.	BY 112
Jander, H.	NW 266	Janßen, E.	NW 294	Jehring, C.	HE 180
Jander, O.	SH 380	Janßen, H.	HH 155	Jekewitz, J.	BMJ 3
Jander, U.	BY 70	Janßen, J.	NW 296	Jelinek, C.	FG 449
Jandt, I.	HH 158	Janßen, V.	BY 113	Jelinek, H.	FG 445
Janetzky, H.	BW 38	Janssen, B.	BRE 151	Jelinek, K.	BY 92
Janich, A.	NW 252	Janssen, B.	NW 308	Jelinski, M.	NW 263
Janich, C.	FG 446	Janssen, H.	NDS 218	Jellentrup, T.	NW 264
Janicki, S.	SG 455	Janssen, H.	SAN 367	Jena, W.	SAC 343
Janisch, A.	HE 184	Janssen, L.	VwG 497	Jenckel, A.	BER 121
Janisch, H.	BW 32	Janssen, P.	NDS 227	Jendrek, P.	NW 262
Janischowsky, G.	BY 106	Janßen-Diemert, U.	NW 275	Jendruschewitz, I.	SH 385
Jank, K.	VerfG 405	Janssen-Gorontzy, H.	SH 387	Jenet, H.	RP 329
	VwG 495	Janssen-Kolander, B.	VwG 503	Jenewein, G.	SAA 337
Janke, G.	FG 444	Janßen-Naß, K.	VwG 511	Jenk, B.	NW 247
Janke, G.	NDS 218	Jante, R.	HH 165	Jenke, H.	VwG 495
Janke, I.	BW 63	Jantke, E.	NW 248	Jenkis, G.	VwG 509
Janke, K.	HH 155	Jantzen, S.	SH 377	Jenne, A.	BW 25
Janknecht, H.	BRE 153	Janusch, B.	NW 280	Jennerjahn, J.	BY 111
Jankowski, K.	SAC 345	Janz, G.	SG 463	Jennissen, W.	NW 293
Jann, K.	VwG 476	Janz, S.	SAN 373	Jens, A.	VwG 503
Jann, P.	EuGH 517	Janzen, D.	BY 108	Jensch, B.	HE 188
Jann, S.	BW 31	Janzen, J.	NW 260	Jensen, F.	MV 205
Jannasch, A.	VwG 475	Janzen, S.	HE 170	Jensen, G.	SG 458
Jannott, M.	NW 258	Janzen, W.	NW 281	Jensen, H.	MV 206
Jannsen, G.	NDS 230	Janzen-Ortmann, G.	SH 377	Jensen, J.	SH 378
Janoschek, C.	RP 317	Janzik, L.	NW 244	Jensen, K.	BER 118
Janosi, U.	BY 96	Janzon, V.	BER 132	Jensen, N.	HE 167
Janovsky, T.	BY 77	Japes, D.	NW 296	Jensen, R.	NW 277
Jans, B.	BW 57	Japing, J.	NDS 228	Jensen-Buchholz, I.	SH 386
Jans-Müllner, A.	NDS 217	Jaquemoth, U.	TH 400	Jenssen, J.	NW 244
Jansen, B.	NW 311	Jarisch, P.	TH 397	Jenssen, M.	HH 160
Jansen, B.	VwG 477	Jarke, A.	BW 61	Jentsch, H.	BVerfG 1
Jansen, C.	NW 309	Jarke, I.	SAC 350	Jentsch, H.	VerfG 407
Jansen, G.	NW 263	Jarosch, H.	RP 322	Jentsch, K.	ArbG 413
Jansen, H.	NW 288	Jarzembowski, G.	HH 155	Jentsch, K.	SG 457
Jansen, H.	NW 304	Jaschinski, J.	SAA 341	Jentsch, M.	BW 38
Jansen, H.	NW 305	Jaschke, R.	SH 386	Jentsch, P.	BRA 137
Jansen, J.	NW 309	Jaschke, T.	BRA 145	Jentsch, S.	NW 247
Jansen, J.	SG 465	Jasper, F.	ArbG 428	Jentsch, W.	BER 122
Jansen, J.	SG 472	Jasper, H.	SH 381	Jeremias-Ochsmann, I.	VwG 496
Jansen, M.	ArbG 424	Jasper, K.	NDS 209	Jerger, W.	VwG 482
Jansen, N.	NW 257	Jaspers, R.	SAN 370	Jermann, C.	SAC 357
Jansen, P.	HE 192	Jaspers, S.	SAN 365	Jersch, C.	NW 273
Jansen, P.	NW 310	Jaspers, W.	RP 322	Jeschke, H.	NW 273
Jansen, R.	NW 278	Jaspersen, K.	NW 300	Jeschke, K.	NW 305
Jansen, S.	MV 204	Jaspert, H.	NDS 232	Jeschonowski, A.	MV 207
Jansen, W.	ArbG 426	Jaspert, U.	BER 131	Jesel, L.	SAA 338
Jansen, W.	NW 349	Jastroch, W.	HE 179	Jeserich, H.	NDS 226
Jansen, W.	NW 253	Jaunich, P.	ArbG 416	Jeske, H.	BW 37
Jansen, W.	SG 465	Jaursch, M.	NDS 216	Jeß, W.	BRA 146
Jansen-Krentz, I.	SG 464	Jauß, H.	BW 47	Jeßberger, F.	HE 176
Jansen-Matthies, B.	HE 192	Jedamski, B.	SG 471	Jeßberger-Martin, C.	VwG 482

Jesse, K.	HE 179	Johannsen, O.	SH 385	Jünger, C.	TH 400
Jesse, K.	NW 273	Johansson, G.	BW 23	Jüngling, G.	RP 324
Jessen, P.	SAC 348	Johansson, R.	BER 131	Jüngst, K.	BY 100
Jestaedt, B.	BU 7	Johe, P.	BW 39	Jüngst, M.	ArbG 430
Jestaedt, C.	VwG 509	John, D.	NW 285	Jüngst, W.	SG 458
Jetter, D.	SG 452	John, D.	NW 309	Jünke, S.	TH 401
Jettka, K.	NW 307	John, G.	HE 182	Jürcke, K.	BER 122
Jeuthe, F.	VwG 491	John, H.	VwG 510	Jürgens, A.	HE 182
Jilg, R.	HE 174	John, J.	VwG 508	Jürgens, B.	NW 289
Joachim, K.	NW 311	John, K.	BER 128	Jürgens, E.	NW 271
Joachims, M.	MV 206	John, R.	HH 160	Jürgens, G.	VwG 492
Joachimski, C.	BY 113	John, S.	BER 130	Jürgens, H.	HH 163
Joachimski, J.	BY 89	Johnen, K.	NW 295	Jürgens, J.	NW 282
Jobs, F.	BU 10	Johow, U.	SG 454	Jürgens, K.	BER 115
Jobski, H.	BW 39	Joisten, M.	VwG 503	Jürgens, R.	NW 311
Jobst, A.	SG 454	Jokisch, B.	SAC 356	Jürgens, U.	NW 266
Jobst, S.	BRA 141	Jokisch, G.	NW 264	Jürgensen, G.	NW 276
Jochems, M.	SH 386	Jolas, A.	SAC 358	Jürgensen, P.	HH 156
Jochim, R.	BY 75	Jonas, N.	SH 381	Jütte, F.	NW 293
Jochum, A.	SAA 336	Jonas, P.	BRA 135	Jüttemann, K.	SG 474
Jochum, H.	SAA 337	Jonasch, B.	BY 91	Jüttner, B.	NW 247
Jockers, H.	BW 35	Jongedijk, H.	NDS 218	Jüttner, F.	BRA 147
Jockers, P.	BW 42	Joos, B.	BW 25	Jüttner, M.	NW 295
Jockisch, M.	BER 122	Joos, E.	SAC 348	Juffern, G.	NW 300
Jockusch, B.	SAN 368	Joost, H.	SAN 364	Juffern, R.	NW 255
Jöckel, W.	NDS 235	Jopen, U.	NW 254	Juknat, L.	NDS 237
Jöcks, K.	SH 381	Jorda, D.	HE 180	Juli, H.	NW 301
Jöhnck, J.	VwG 512	Jordan, A.	BER 128	Junck, D.	BER 117
Jöhnk, A.	SH 386	Jordan, H.	BU 16	Junck, R.	HH 166
Jöhnk, N.	HH 163	Jordan, H.	BW 23	Juncker, J.	HE 170
Jöhnk, V.	HH 159		VerfG 403	Jung, A.	SH 383
Jöhnk, W.	SH 375	Jordan, H.	HH 158	Jung, B.	BW 24
Jöhren, M.	NW 308	Jordan, L.	ArbG 412	Jung, C.	SG 466
Jöns, S.	MV 204	Jordan, L.	NDS 222	Jung, D.	BW 41
Jönsson, B.	HH 166	Jordan, R.	NDS 210	Jung, D.	BW 58
Jönsson, K.	BER 123	Jordan, U.	BRE 150	Jung, E.	BY 114
Jöntgen, H.	HE 179	Jording, S.	SG 466	Jung, E.	RP 323
Jörchel, G.	ArbG 422	Josephs, I.	NW 290	Jung, F.	VwG 507
Jördens, W.	HE 191	Josinger, J.	SAC 358	Jung, G.	BY 75
Joeres, B.	NW 289	Jost, B.	BU 9	Jung, G.	BY 90
Joeres, H.	SAN 362	Jost, G.	SG 464	Jung, G.	NW 263
Jörg, H.	HE 190	Jostes, R.	SAN 372	Jung, G.	SG 453
Jörg, K.	BY 90	Jostmeier, K.	NW 286	Jung, H.	BER 120
Jörg, M.	SG 454	Jostschulte, A.	SAN 366	Jung, H.	BER 127
Jörg-Unfried, M.	BW 58	Jostschulte, J.	VwG 512	Jung, H.	BW 59
Jörgens, P.	VwG 503	Joswig, D.	NW 296	Jung, H.	EuGH 519
Jörgensen, K.	HH 160	Joswig-Buick, U.	NDS 238	Jung, H.	HE 185
Jörris, I.	NW 248	Jox, R.	NW 301	Jung, H.	HE 190
Jösch, M.	NW 259	Juche, U.	BER 123	Jung, H.	RP 318
Jöst, H.	BW 37	Jucknat, S.	SG 457	Jung, H.	RP 328
Johann, E.	BY 106	Judick, K.	VwG 503	Jung, H.	TH 394
Johann, H.	NW 247	Jülch, J.	BW 33	Jung, H.	VerfG 406
Johann, W.	RP 318	Jülch, J.	SAA 340	Jung, H.	VwG 500
Johannemann, E.	FG 445	Jülicher, A.	NW 259	Jung, J.	BW 23
Johannemann, H.	NW 275	Jünemann, D.	NDS 214	Jung, J.	BY 81
Johannes, G.	TH 400	Jünemann, H.	NDS 224	Jung, J.	RP 317
Johannsen, C.	NDS 228	Jünemann, H.	NW 287	Jung, J.	SG 465
Johannsen, J.	BY 107	Jünemann, L.	BER 120	Jung, K.	BW 24
Johannsen, K.	HH 157	Jüngel, E.	VerfG 403	Jung, K.	SG 458

603

Jung, M.	SAA 337	Justi, R.	TH 389	Käthner, E.	SAC 348
Jung, P.	BY 103	Justinsky, D.	NW 287	Kävenheim, W.	FG 441
Jung, R.	TH 400	Jutzi, S.	RP 313	Käwert, H.	FG 441
Jung, T.	BY 91	Jutzi, M.	FG 447	Kagelmacher, J.	HH 160
Jung, W.	BY 68			Kagerbauer, A.	RP 320
Jung, W.	RP 323	**K**		Kagerbauer, K.	RP 315
Jung Lundberg, B.	VwG 497			Kagerer, A.	HE 170
Jung-Walpert, K.	NW 300	Kaab, T.	BRA 142	Kagerer, G.	ArbG 413
Jungbluth, F.	RP 319	Kaben, C.	HE 171	Kahl, C.	SG 456
Jungbluth, G.	NW 295	Kabey-Molkenboer, I.	RP 320	Kahl, D.	BY 104
Jungclaus, U.	NW 286	Kabisch, K.	MV 197	Kahl, H.	BY 68
Junge, C.	BER 126	Kabisch, W.	NW 309	Kahl, I.	BY 68
Junge, H.	HH 163	Kabowski, P.	BER 128	Kahl, S.	BW 55
Junge, P.	NW 308	Kabus, K.	BRA 146	Kahl, W.	BRA 136
Junge, S.	BER 121	Kabus, T.	NW 309	Kahle, B.	SAC 350
Junge, T.	BER 129	Kabuth, D.	NW 248	Kahlen, H.	NDS 234
Junge-Herrmann, I.	VwG 482	Kachelrieß, J.	ArbG 415	Kahlenbach, H.	TH 393
Jungeblut, S.	SG 464	Kachstein, H.	NW 264	Kahler, W.	BY 71
Jungermann, S.	BRA 145	Kacza, M.	VwG 501	Kahles, G.	SAC 355
Jungewelter, V.	NDS 216	Kadel, W.	TH 392	Kahlhöfer, M.	NW 256
Jungkunz, H.	BY 104	Kaden, J.	SAC 359	Kahlhöfer-Köchling, K.	HE 183
Jungkurth, H.	HE 183	Kaden, V.	SAC 359	Kahnenbley, I.	HH 165
Junglas, G.	NW 273	Kadlubski, P.	VwG 481	Kahnert, R.	NW 286
Jungmayr, J.	BRA 143	Kaduk, C.	SAC 359	Kahr, E.	BU 15
Jungmeister, A.	VwG 476	Käb, W.	BY 114	Kahre, B.	NW 266
Jungnik Freiherr von		Käfer, G.	BMJ 4	Kahsnitz, T.	NW 297
Wittken, M.	BY 96	Käfer, S.	HH 161	Kainz, M.	BY 67
Jungwirth, J.	BY 100	Kaefer, K.	NW 303	Kaiser, B.	ArbG 418
Junicke, D.	BER 128	Kähler, C.	BER 117	Kaiser, C.	NDS 219
Junker, H.	BRA 144	Kähler, K.	SH 379	Kaiser, C.	SAC 345
Junker, H.	FG 445	Kaehler, C.	NDS 212	Kaiser, D.	BW 36
Junker, K.	NW 267	Käker, T.	VwG 510	Kaiser, E.	BW 25
Junker, K.	NW 267	Kaemena, K.	NDS 224	Kaiser, F.	NW 252
Junker, K.	SH 385	Kämmerling, J.	BW 23	Kaiser, G.	BW 37
Junker, M.	NDS 238	Kämmerling, M.	BW 42	Kaiser, G.	BY 108
Junker, M.	RP 332	Kämper, A.	TH 393	Kaiser, G.	VwG 479
Junker, P.	SAA 340	Kämper, E.	NW 284	Kaiser, H.	BY 87
Junker, R.	VwG 486	Kaemper-Baudzus, A.	NW 270	Kaiser, H.	BY 100
Junker, T.	NW 248	Kämpf, B.	VwG 489	Kaiser, H.	NW 299
Junker, V.	BER 128	Kämpf, D.	BW 41	Kaiser, H.	SAC 350
Junker-Knauerhase, C.	BY 105	Käpernick, W.	NW 286	Kaiser, H.	SH 382
Juny, B.	HE 186	Käppler-Krüger, I.	BW 53	Kaiser, H.	VwG 496
Juranek, E.	RP 327	Kärber, C.	BER 124	Kaiser, J.	NW 280
Jurczyk, R.	HE 178	Kärcher, K.	BW 61	Kaiser, J.	NW 288
Jurgeleit, A.	NW 275	Kärcher, K.	SG 457	Kaiser, J.	VwG 502
Jurisch, H.	NDS 233	Kärcher, S.	BW 61	Kaiser, K.	SG 470
Jurkat, H.	ArbG 422	Kärger, K.	RP 320	Kaiser, M.	ArbG 412
Jurkutat, E.	BRA 144	Kärst, P.	VwG 505	Kaiser, M.	HE 179
Jurtz, O.	BRA 143	Kärsten, R.	BRA 142	Kaiser, P.	NW 244
Juschka, R.	NW 288	Kaess, T.	BY 89	Kaiser, P.	SG 473
Just, H.	NW 252	Käß-Rieke, A.	HE 186	Kaiser, S.	RP 333
Just, J.	ArbG 412	Kaessner, M.	RP 315	Kaiser, S.	VwG 484
Just, J.	BER 127	Kästel, H.	TH 398	Kaiser, T.	SAC 358
Just, M.	BRA 147	Kästle, R.	BW 54	Kaiser, V.	BY 97
Just, M.	SAN 372	Kästner, M.	NW 303	Kaiser, W.	ArbG 421
Just, O.	BY 75	Kästner, O.	HE 180	Kaiser, W.	FG 447
Just, S.	SAN 372	Kästner, P.	SAN 366	Kaiser, W.	NW 278
Justen, D.	RP 333	Kästner, R.	HE 175	Kaiser, W.	VwG 504
Justenhoven, H.	NW 302	Kästner-Hengst, R.	TH 397	Kaiser-Hasebrink, H.	NW 279

Kaiser-Leucht, E.	BY 96	Kammerer, F.	BY 103	Kapplinghaus, H.	NW 257
Kaiser-Plessow, U.	FG 445	Kammerer, K.	ArbG 424	Kapps, R.	BER 132
Kajuth, J.	BY 102	Kammerer, S.	BY 110	Kapps, S.	BER 132
Kakouris, C.	EuGH 517	Kammergruber, J.	BY 95	von Kapri, W.	NW 257
Kalantzis, E.	NW 267	Kammerlohr, C.	BY 99	Kaps, F.	NW 284
Kalb, C.	BY 107	Kammermeier, R.	BY 95	Kaps, I.	BY 91
Kalb, C.	TH 401	Kammeyer, W.	NDS 215	Kapsa, B.	BU 8
Kalb, H.	ArbG 430	Kammler, H.	NDS 212	Kapteina, G.	VwG 501
Kalb, W.	FG 442	Kammler, N.	NDS 210	Kapteina, W.	BRA 139
Kalbhenn, R.	SAA 338	Kamp, A.	ArbG 432	Kapteyn, P.	EuGH 517
Kalbitzer, U.	NDS 209	Kamp, H.	HH 155	Kaptur, K.	NW 290
Kalde, M.	NDS 214	Kamp, H.	NW 297	Karallus, M.	BW 41
Kaletsch, O.	NW 248	Kamp, P.	NW 241	Karasch, C.	BY 113
Kaletta, H.	BY 86	Kamp, R.	NW 283	Karber, B.	VwG 492
Kalf, W.	BU 9	Kamp, U.	NW 254	Karber, B.	VwG 493
Kalfhaus, B.	NW 309	Kamp, W.	NDS 238	Karberg, M.	MV 197
Kaliebe, H.	BY 68	Kampe, B.	SG 473	Karch, K.	BW 41
Kalina, R.	SG 462	Kampelmann, K.	NW 273	Karcher, A.	SH 383
Kalitzky, J.	VwG 489	Kampen, A.	ArbG 423	Karcher, C.	BU 14
Kalkoff, W.	BU 16	Kamper, H.	NW 287	Karcher, W.	BW 28
Kalläne, D.	SG 456	Kamphausen, B.	NW 248	Karczewski, C.	NDS 240
Kallaus, G.	BY 80	Kamphausen, H.	ArbG 421	Karehnke, K.	ArbG 419
Kallenbach, H.	TH 393	Kampmann, B.	VwG 502	Karge, H.	BER 127
Kallenbach, M.	SAC 357	Kampmann, K.	BW 34	Karges, M.	SAC 357
Kallenbach, V.	HE 188	Kamps, H.	NW 263	Karhausen, L.	NW 304
Kallerhoff, D.	VwG 499	Kamstra, S.	BER 127	Karitter, W.	BW 49
Kallert, H.	VwG 481	Kamuf, V.	BER 129	Karl, B.	RP 333
Kallert, J.	RP 330	Kandzorra, B.	MV 205	Karl, G.	BY 105
Kallfaß, W.	BW 23	Kanert, M.	SG 457	Karl, G.	FG 441
Kallhoff, U.	NW 281	Kania, K.	ArbG 428	Karl, I.	BER 128
Kallmann, R.	NDS 214	Kanig, B.	BRA 143	Karl, P.	NW 262
Kallmann, S.	ArbG 419	Kanitz, B.	ArbG 423	Karliczek, E.	HE 171
Kallrath, H.	SG 465	Kann, H.	RP 321	Karlin, A.	NW 244
Kallus, D.	NW 243	Kannegießer, T.	SAC 356	Karmasin, E.	BY 68
Kalmer, A.	VwG 497	Kannenberg, W.	VwG 493	Karmasin, E.	VerfG 403
Kalmes, M.	VwG 487	Kannowski, M.	SG 459	Karner, R.	RP 329
Kalogeropoulos, A.	EuGH 519	Kanski, M.	BER 130	Karnetzky, R.	BW 29
Kalomiris, A.	BY 68	Kanstein, P.	NW 273	Karnowski, M.	HH 158
Kalpers-Schwaderlapp, M.	RP 317	Kansteiner, G.	NDS 232	Karnuth, M.	NW 247
Kalscher, U.	NDS 235	Kanter, G.	RP 326	Karpe, H.	SG 473
Kaltbeitzer, D.	BY 92	Kanter, I.	BER 133	Karpenstein, H.	HE 169
Kaltenbach, G.	BER 130	Kanz, V.	BY 106	Karpf, T.	BY 100
Kaltenbach, M.	RP 315	Kanzler, H.	BU 11	Karrasch, B.	NDS 235
Kaltenstein, J.	SG 473	Kanzler, H.	SH 384	Karrasch, W.	ArbG 414
Kaltschik, B.	BY 112	Kapischke, J.	NW 257	Karreh, C.	NW 308
Kalus, B.	BY 74	Kaposi, A.	HE 175	Karsch-Böse, I.	TH 396
Kalz, W.	VwG 495	Kappe, H.	FG 444	Karschkes, B.	RP 332
Kamann, U.	NW 265	Kappel, M.	HH 166	Karst, J.	BU 14
Kamin-Schmilau, J.	MV 201	Kappelhoff, F.	NW 282	Karst, J.	RP 332
Kaminski, A.	NW 256	Kappelhoff, H.	NW 243	Karst, J.	VwG 508
Kaminski, B.	ArbG 434	Kappen, F.	NW 264	Karst, N.	RP 321
Kaminski, H.	BY 74	Kappenschneider, A.	BY 93	Karst, U.	BW 59
Kaminski, H.	VwG 499	Kappenschneider, A.	BY 100	Karst, W.	RP 315
Kaminski, M.	NW 309	Kapperstein, K.	BW 29	Karstaedt, B.	HH 160
Kaminsky, A.	SAN 372	Kappert, M.	BRA 137	Karstens, U.	BW 57
Kamm, R.	SAC 344	Kappes, M.	VwG 476	Karstens, U.	VwG 513
Kammann, R.	NW 257	Kappes-Olzien, J.	VwG 506	Karsunky, H.	RP 322
Kammer, B.	SAA 340	Kappet, G.	BW 45	Karting, T.	ArbG 435
		Kapplinghaus, G.	BRA 137	Kartzke, U.	BY 89

Karweg, R.	NW 272	Kaufmann, B.	HE 185	Kegel, S.	HE 188
Kasberg, M.	MV 205	Kaufmann, B.	TH 390	Kehe, R.	SAC 350
Kasch, G.	BY 68	Kaufmann, C.	NW 311	Kehl, D.	NW 299
Kasch, W.	FG 443	Kaufmann, H.	VwG 496	Kehl, K.	BW 52
Kaschel, P.	HE 172	Kaufmann, M.	HH 163	Kehl, S.	BY 113
Kaschlaw, S.	SAN 369	Kaufmann, M.	TH 399	Kehl, S.	HE 187
Kaser, B.	FG 446	Kaufmann, O.	NDS 223	Kehr, H.	NDS 227
Kaseros, I.	BW 59	Kaufmann, R.	ArbG 420	Kehr, M.	HE 175
Kaske, D.	BU 17	Kaufmann-Fund, L.	NW 306	Kehr, P.	SAC 349
Kasparek, A.	NW 294	Kaufmann-Granda, R.	BW 27	Kehrein, S.	RP 330
Kaspari, H.	NW 284	Kaufner, D.	BER 116	Kehren, K.	NW 243
Kasper, G.	SAA 339	Kaul, B.	NDS 212	Kehren, T.	HE 174
Kasper, S.	VerfG 403	Kaul, R.	NDS 239	Kehrstephan, H.	BY 68
Kasper, S.	VwG 477	Kaulen, M.	NW 295	Keienburg, L.	NW 269
Kasper, W.	HE 183	Kaulig, J.	BW 53	Keihl, B.	BW 56
Kasperek, C.	BY 95	Kaumanns, G.	NW 301	Keil, A.	NW 289
Kasperek, U.	BY 95	Kaumanns, W.	NW 254	Keil, A.	SAN 373
Kasperowski, R.	NDS 220	Kaup, K.	ArbG 426	Keil, G.	BU 16
Kaspers, H.	NW 249	Kaup, U.	NW 309	Keil, H.	ArbG 421
Kasprik-Teperoglou, S.	BER 120	Kauppert, E.	BY 102	Keil, H.	BW 28
Kasprzyk-Göhler, E.	NW 288	Kaus, A.	VwG 483	Keil, J.	SAN 372
Kassen, N.	NW 249	Kausch, S.	HH 165	Keil, M.	VwG 485
Kassenböhmer, W.	NW 289	Kausch-Blecken		Keil, S.	NW 289
Kassner, R.	BW 48	von Schmeling, K.	HE 169	Keil, U.	NDS 232
Kaßpohl, C.	NDS 240	Kauß, D.	HE 189	Keil-Weber, J.	NW 306
Kast, H.	BU 9	Kaussow, U.	BER 121	Keilhofer, A.	BY 99
Kastell, D.	RP 332	Kausträter, J.	NW 269	Keiluweit, G.	SAN 361
Kasten, W.	VwG 500	Kaut, H.	HH 162	Keiluweit, W.	NW 254
Kastenbauer, H.	BY 101	Kauth, R.	HE 172	Keim, A.	HE 173
Kastens, W.	VwG 512	Kautnik, E.	ArbG 414	Keim, A.	VwG 478
Kastlmeier, M.	BY 112	Kautz, A.	BW 64	Keim, C.	VwG 509
Kastner, H.	BY 111	Kaven, H.	VwG 489	Keim, S.	HE 173
Kastner, K.	BY 102	Kawa, J.	SAN 371	Keimburg, A.	RP 316
Kastner, R.	BY 73	Kawa, M.	SAN 372	Keinath, W.	BW 45
Kastner, R.	BY 86	Kawlath, D.	HH 158	Keinhorst, G.	BER 125
Kastrup, M.	SAN 372	Kaymakcioglu, H.	BER 128	Keiser, A.	VwG 498
Kasulke, V.	MV 203	Kays, W.	SG 465	Keitel, B.	HE 181
Kater, H.	SG 457	Kayser, E.	VwG 501	Kelber, R.	BY 71
Kathke, C.	BER 132	Kayser, G.	NDS 237	Keldungs, K.	NW 244
Katholnigg, O.	BMJ 3	Kayser, G.	NDS 264	Kelkel, R.	NW 303
Katter, R.	NW 287	Kayser, S.	VwG 494	Kelle, M.	BRE 152
Katterbe, B.	FG 447	Kazimierski, R.	NDS 226	Kelle, M.	NDS 236
Kattner, I.	SAC 356	Keber, J.	RP 315	Kellendorfer, I.	SG 456
Katz, J.	HH 162	Keber, J.	RP 329	Kellendorfer, R.	BY 107
Katzer, R.	NW 290	Keck, B.	BW 64	Keller, A.	RP 333
Kaub, K.	NW 280	Keck, D.	BW 59	Keller, C.	HE 171
Kauer, W.	NDS 219	Keck, E.	BW 53	Keller, C.	SH 378
Kauert, H.	SAN 363	Keck, L.	BMJ 3	Keller, D.	BW 45
Kauf, A.	SAC 351	Keck, M.	SAN 371	Keller, E.	NW 289
Kauffer, T.	BW 36	Keck, W.	NDS 235	Keller, E.	SAC 349
Kauffmann, B.	FG 442	Keckeisen, T.	BW 58	Keller, F.	SG 474
Kauffmann, W.	FG 442	Keders, J.	NW 244	Keller, H.	BY 87
Kaufhold, G.	NW 282	Keese, B.	SG 464	Keller, H.	NW 258
Kaufhold, H.	BY 90	Keese, G.	NW 278	Keller, H.	NW 286
Kaufman, U.	HE 177	Keeve, B.	SAC 348	Keller, H.	NW 286
Kaufmann, A.	BU 11	Kefer, I.	BY 105	Keller, H.	RP 329
Kaufmann, A.	NW 263	Kefer, J.	BY 111	Keller, J.	BY 70
Kaufmann, A.	VwG 481	Kegel, K.	HE 186	Keller, J.	HE 172
Kaufmann, B.	BW 65	Kegel, M.	BRA 144	Keller, J.	SG 455

Keller, K.	VwG 505	Kempf, U.	BY 71	Kerwer-Frank, D.	VwG 509		
Keller, M.	NW 293	Kempf, U.	VwG 511	Keske, B.	TH 400		
Keller, M.	TH 397	Kempff, G.	ArbG 414	Keske, M.	BW 57		
Keller, M.	TH 399	Kempinski, T.	HE 186	Kesper, D.	NW 305		
Keller, M.	VwG 500	Kempken, J.	NW 249	Kessal-Wulf, S.	SH 377		
Keller, O.	BW 25	Kempkens, B.	NW 252	Keßeböhmer, C.	BER 132		
Keller, R.	BW 21	Kempkes, M.	NW 288	Kessel, C.	BER 121		
Keller, R.	BW 31	Kempmann, A.	BY 80	Kessel, F.	NW 248		
Keller, R.	HE 178	Kempter, T.	BW 52	Kessel, U.	NW 258		
Keller, S.	SG 474	Kenklies, J.	BY 68	Kessel-Crvelin, E.	NW 294		
Keller, S.	TH 399	Kenklies, M.	SAC 355	Keßelring, K.	SAC 353		
Keller, V.	SAC 349	Kenklies, O.	SAC 349	Keßler, D.	NDS 221		
Keller, W.	NW 299	Kensbock, C.	NW 298	Keßler, G.	SH 375		
Keller, W.	SG 469	Kensbock, T.	VwG 501	Keßler, I.	BY 74		
Kellermann, D.	HE 188	Kentgens, M.	NW 309	Keßler, K.	BY 88		
Kellermann, E.	BY 113	Keppeler, J.	VwG 477	Keßler, R.	BU 10		
Kellermann, H.	BRE 151	Keppler, J.	NW 262	Keßler, U.	BER 131		
Kellermann, J.	NDS 229	Keppler, S.	BW 60	Keßler, U.	VwG 486		
Kellermann, W.	SH 380	Kerber, A.	RP 332	Keßler, V.	VwG 478		
Kellert, D.	BER 130	Kerber, D.	SG 466	Kessler, A.	BY 113		
Kellmann, T.	SG 461	Kerbusch, B.	SG 470	Kessler, G.	NW 265		
Kellner, E.	NW 249	Kerl, A.	HE 182	Kessler, H.	HE 173		
Kellner, F.	BY 108	Kerl, H.	NW 289	Kessler, H.	SG 455		
Kellner, I.	VwG 494	Kermer, H.	HE 174	Kessler, M.	HE 170		
Kellner, J.	MV 206	Kern, A.	HE 180	Kessler, M.	SAC 355		
Kellner, M.	BRA 137	Kern, B.	TH 397	Keßler-Retzer, C.	SH 378		
Kellner, M.	NW 258	Kern, G.	NW 307	Kestel, W.	RP 327		
Kellner, P.	BY 74	Kern, G.	RP 315	Kesten, G.	SH 384		
Kellner, R.	SAC 344	Kern, J.	SG 460	Kesting, A.	BY 78		
Kellner, W.	ArbG 413	Kern, K.	BW 32	Kestler, H.	BY 71		
Kellner, W.	ArbG 421	Kern, K.	BW 34	Ketel, H.	HH 165		
Kellner, W.	BY 79	Kern, K.	HE 188	Ketelboeter, R.	MV 204		
Kelm, A.	SAN 372	Kern, K.	NDS 228	Ketels, K.	HH 158		
Kelm, M.	NW 308	Kern, M.	BW 63	Kettenring, E.	RP 331		
Kelm, T.	NW 273	Kern, R.	HE 170	Ketterer, C.	BW 65		
Kelpin, B.	BER 129	Kern, R.	VerfG 405	Ketterle, R.	NW 300		
Kelsch, C.	BY 103	Kern, S.	RP 331	Kettermann, J.	SAC 357		
Kelsch, K.	FG 440	Kern, V.	BY 108	Kettler, S.	ArbG 419		
Kelting-Scholz, A.	BER 132	Kern, W.	VwG 478	Keuffel-Hospach, A.	BW 65		
Keltsch, J.	BY 80	Kernchen, D.	RP 320	Keukenschrijver, A.	BU 8		
Kemke, A.	BER 132	Kerner, J.	SAN 371	Keune-Fischer, D.	HE 192		
Kemmerer, T.	BY 70	Kerner, P.	BW 28	Keuneke, H.	BRE 150		
Kemmerling, H.	NW 300	Kerpen, H.	NW 270	Keusch, T.	NW 300		
Kemmler, H.	ArbG 418	Kerrinnes, G.	BY 108	Keuter, W.	NDS 235		
Kemnade, G.	NDS 212	Kerschbaum, A.	TH 394	Keuthen, W.	HE 190		
Kemner, H.	NW 264	Kerscher, I.	BY 89	Keydel, C.	NDS 214		
Kemner, I.	NDS 216	Kerscher, W.	BY 108	Keyenburg, B.	HH 160		
Kempe, C.	NDS 216	Kersebaum, C.	NW 290	Graf von Keyserlingk, A.	VerfG 407		
Kemper, A.	NW 307	Kersebaum, K.	NW 290		ArbG 433		
Kemper, G.	VwG 511	Kersjes, B.	NW 299	Gräfin von Keyserlingk, M.	BY 89		
Kemper, H.	NDS 236	Kersten, C.	BY 92				
Kemper, J.	BMJ 5	Kersten, H.	FG 444	Keyßner, T.	SG 455		
Kemper, K.	BMJ 4	Kersten, K.	NW 252	Kick, O.	BY 92		
Kemper, W.	NDS 216	Kersten, M.	BW 41	Kiderlen, H.	BY 75		
Kempermann, M.	BU 11	Kersten, S.	VwG 479	Kiderlen, K.	BW 23		
Kempermann, S.	NW 302	Kersting, M.	NW 272	Kiechle, F.	VwG 485		
Kempf, D.	VwG 476	Kersting, M.	NW 309	Kieckbusch, H.	HH 157		
Kempf, E.	BY 91	Kerstingtombroke, A.	NW 268	Kiecke, D.	SAC 355		
Kempf, J.	RP 318	Kerth, J.	TH 390				

Kieckebusch, K.	HE 181	Kilian-Bock, M.	HE 178	Kirch, W.	VwG 507
Kiedrowski, H.	BER 126	Kilimann, R.	NW 269	Kirchberg, H.	SAA 338
Kiedrowski, R.	NW 311	Killian, R.	NW 296	Kirchberg, R.	BW 30
Kiefer, E.	BW 25	Killing, P.	NW 263	Kirchdörfer, J.	SAA 341
Kiefer, H.	BW 45	Kilthau, C.	BW 37	Kircher, G.	SAN 362
Kiefer, L.	NW 258	Kilthau, H.	BW 33	Kircher, H.	BW 63
Kiefer, W.	SAA 341	Kimmel, H.	NDS 216	Kircher, P.	HE 187
Kiegeland, D.	NDS 209	Kimmel, P.	BU 13	Kirchgeßner, K.	BW 48
Kiekebusch, T.	NDS 224	Kimmel, W.	BY 111	Kirchhof, B.	VwG 501
Kiel, A.	SG 452	Kimmerl, G.	BY 108	Kirchhof, E.	VwG 478
Kiel, H.	ArbG 425	Kimmerle, J.	BY 85	Kirchhof, H.	BU 8
Kiel, M.	SAN 362	Kimmeskamp, P.	NW 269	Kirchhof, P.	BVerfG 1
Kieltsch, K.	SG 468	Kimmeyer, M.	NW 269	Kirchhoff, A.	NW 266
Kielwein, A.	BW 28	Kimmich, G.	BW 28	Kirchhoff, G.	HE 172
Kiemann, K.	NDS 217	Kimmig, K.	BW 31	Kirchhoff, J.	NW 279
Kiemann, U.	VwG 485	Kimpel, G.	HE 188	Kirchhoff, R.	NW 267
Kienbaum, W.	BER 127	Kimpel, R.	BY 107	Kirchinger, S.	BY 91
Kiendl, J.	NW 270	Kimpler, F.	BER 133	Kirchknopf, K.	BY 87
Kiene, K.	NDS 219	Kimpler, J.	BER 133	Kirchmaier, R.	VwG 483
Kiene, W.	SG 473	Kind, J.	HE 171	Kirchmayer, H.	BY 103
Kienemund, B.	VwG 503	Kind, P.	BY 85	Kirchmayer, J.	BY 82
Kienen, A.	NW 305	Kind, W.	HE 188	Kirchmeier, K.	BY 77
Kiening, M.	BER 128	Kinder, I.	BER 133	Kirchmeier, K.	BY 112
Kienlein, W.	BY 73	Kindermann, A.	SAC 344	Kirchner, A.	BRA 145
Kienzle, S.	BW 64	Kindermann, C.	SAC 343	Kirchner, D.	SAN 371
Kiep, A.	BER 119	Kindermann, J.	BW 53	Kirchner, L.	NDS 207
Kiepe, E.	BRA 136	Kindermann, U.	HE 182	Kirchner, M.	BRA 144
Kierdorf, K.	NW 299	Kindervater, S.	NDS 228	Kirchner, O.	NW 255
Kiermeier, B.	BMJ 4	Kindl, L.	BW 55	Kirchner, R.	MV 202
Kiermeir, G.	VwG 479	Kindsvater, R.	BW 61	Kirchner I, S.	TH 398
Kies, I.	SAC 345	King, D.	HE 171	Kirchner II, S.	TH 398
Kiesebrink, G.	NW 295	Kingreen-Pfeiffer, S.	BER 120	Kirchof, B.	BY 111
Kiesekamp, G.	NDS 218	Kink, A.	VwG 476	Kirf, S.	SAA 339
Kiesel, M.	BY 68	Kinkeldey, B.	SAN 372	Kirfel, J.	NW 269
Kieselbach, G.	RP 315	Kinkelin, D.	BW 51	Kiritz, E.	SG 463
Kieser, K.	BW 25	Kinne, H.	BER 118	Kirkes, W.	VwG 487
Kieß, J.	BW 63	Kinnel, G.	HE 174	Kirkpatrick, D.	HE 188
Kieß, P.	SAC 343	Kinnen, D.	RP 325	Kirsch, B.	ArbG 433
Kiess, U.	BW 45	Kinner, H.	NW 266	Kirsch, B.	NW 278
Kießl, G.	SG 454	Kinold, W.	ArbG 426	Kirsch, G.	BRA 137
Kießl, R.	VwG 482	Kintz, R.	VwG 507	Kirsch, H.	ArbG 420
Kießler, H.	NDS 230	Kintzel, G.	BY 114	Kirsch, S.	BY 112
Kießling, B.	ArbG 416	Kintzen, S.	NW 247	Kirsch, U.	ArbG 417
Kießling, G.	BW 59	Kintzi, H.	NDS 211	Kirsch, W.	HE 170
Kießling, J.	BY 71	Kintzinger, H.	RP 321	Kirschbaum, D.	VwG 514
Kietzmann, D.	HE 189	Kinz, B.	NW 280	Kirschbaum, G.	HE 170
Kieweg, H.	SG 456	Kinzel, W.	FG 441	Kirschbaum, W.	NDS 235
Kikwitzki, M.	HH 166	Kinzler, D.	NW 245	Kirschenlohr, M.	BW 62
Kilches, E.	NW 297	Kipke, H.	VwG 497	Kirschner, G.	VwG 497
Kilches, K.	BU 11	Kipp, J.	BU 13	Kirschner, H.	BMJ 3
Kilches, K.	FG 447	Kipp, J.	NW 291	Kirschner, H.	EuGH 519
Kilger, F.	BY 97	Kipp, R.	BW 46	Kirschniok-Schmidt, G.	VwG 486
Kilian, B.	HE 191	Kippenberger, A.	SG 474		
Kilian, B.	HE 193	Kipper, H.	HE 167	Kirst, E.	ArbG 434
Kilian, E.	HE 187	Kipping, B.	NW 295	Kirst, L.	BMJ 4
Kilian, H.	NW 248	Kipry, D.	SAC 357	Kirstein, E.	HH 165
Kilian, K.	BER 115	Kirbach, M.	BW 61	Kirstein, R.	NW 296
Kilian, M.	VerfG 407	Kirch, A.	SAC 357	Kirstein, T.	NDS 237
Kilian, S.	SG 453	Kirch, F.	RP 321	Kirstein, W.	BER 128

Namensverzeichnis **Kleiner**

Kirsten, H.	SG	465	Klauser, W.	FG	439	Klein, H.	BU	14
Kirsten, M.	NW	277	Klausing, A.	NDS	234	Klein, H.	BW	35
Kirsten, M.	SAC	357	Klausing, E.	FG	446	Klein, H.	BW	39
Kiskämper, H.	NW	273	Klausmeyer, K.	ArbG	425	Klein, H.	BW	48
Kiskel, H.	NW	258	Klausner, M.	BW	64	Klein, H.	HE	187
Kiso, L.	TH	400	Klautke, A.	BY	73	Klein, H.	HE	188
Kissling, R.	BRE	151	Klawitter, R.	SH	379	Klein, H.	NW	274
Kißner, B.	TH	392	Klay, G.	VwG	495	Klein, H.	NW	277
Kissner, P.	VwG	479	Kleb, G.	NW	280	Klein, H.	NW	278
Kister, W.	NW	254	Klebe, K.	BER	126	Klein, H.	NW	304
Kistner, K.	BW	45	Kleberger, P.	NDS	222	Klein, H.	NW	305
Kittel, B.	NDS	237	Klebs, J.	VwG	485	Klein, H.	SG	462
Kittel, H.	NW	273	Klebs, P.	BW	41	Klein, H.	SG	464
Kittel, M.	BW	64	Klee, A.	NDS	228	Klein, H.	SH	375
Kittelmann, M.	HE	170	Klee, A.	NDS	228	Klein, H.	VwG	490
Kittelmann, U.	VwG	490	Klee, C.	BER	128	Klein, I.	BW	42
Kittner, I.	BER	132	Klee, J.	BER	119	Klein, J.	BW	35
Kitz, W.	HE	173	Klee, R.	BW	36	Klein, K.	BRA	144
Kitzelmann, R.	ArbG	420	Klee, U.	NDS	222	Klein, M.	BU	8
Kitzmüller, V.	SAC	354	Kleeberger, M.	RP	331	Klein, M.	HE	192
Kiworr, U.	BER	118	Kleehaas, M.	SAA	335	Klein, M.	NW	302
Kiwull, H.	BW	28	Kleemann, E.	SG	451	Klein, M.	NW	306
Klaas, G.	FG	447	Kleemann, H.	HH	162	Klein, M.	NW	308
Klaas, J.	NW	306	Kleemann, K.	HE	170	Klein, M.	SAA	338
Klabunde, M.	ArbG	433	Kleene, U.	BW	57	Klein, M.	SAN	370
Klaere, H.	NW	304	Kleeschulte, M.	NW	279	Klein, M.	VwG	499
Klaes, M.	BRA	141	Kleffel, E.	HH	158	Klein, N.	FG	446
Klages, C.	VwG	507	Kleffner, H.	NW	277	Klein, N.	VwG	502
Klages, G.	NDS	220	Kleikamp, I.	SAC	354	Klein, P.	NW	303
Klages, H.	NDS	213	Kleimann, L.	NW	276	Klein, R.	BY	90
Klages, H.	NDS	225	Klein, A.	BW	62	Klein, R.	SAA	341
Klahr, E.	NW	279	Klein, A.	HE	188	Klein, T.	NW	287
Klahr, P.	ArbG	425	Klein, A.	SAC	350	Klein, U.	BW	45
Klaiber, F.	BW	38	Klein, B.	NW	243	Klein, U.	BY	111
Klamann, S.	SG	466	Klein, B.	NW	244	Klein, W.	BW	28
Klamp, K.	HE	183	Klein, B.	NW	272	Klein, W.	BY	81
Klamt, M.	NDS	225	Klein, B.	SAA	340	Klein, W.	HE	173
Klang, P.	SH	382	Klein, C.	BW	59	Klein, W.	NW	246
Klanig, H.	ArbG	432	Klein, D.	HH	165	Klein, W.	NW	254
Klante, D.	TH	400	Klein, D.	SAC	352	Klein, W.	SAC	354
Klante, E.	BMJ	4	Klein, D.	SAN	363	Klein, W.	SAN	370
Klapdor, P.	VwG	502	Klein, E.	BRA	143	Klein Altstedde, D.	VwG	502
Klapka, G.	BER	130	Klein, E.	NDS	234	Klein-Cohaupt, H.	MV	205
Klapp, E.	BW	60	Klein, E.	NW	267	Klein-Molz, T.	SAA	337
Klarmann, D.	BY	93	Klein, E.	NW	299	Klein-Seither, W.	RP	333
Klarmann, H.	SH	381	Klein, E.	VerfG	404	Klein-Sieben-		
Klarmeyer, H.	NW	241	Klein, E.	VwG	486	bürgen, H.	NDS	235
Klarner, K.	BY	86	Klein, E.	VwG	501	Kleinau, H.	BER	119
Klas, H.	NW	270	Klein, F.	BW	21	Kleinbach, C.	VwG	480
Klasing, H.	BY	90	Klein, F.	FG	445	Kleine, R.	NW	300
Klasse, J.	BER	118	Klein, F.	VwG	478	Kleine, W.	NW	274
Klatt, H.	BER	127	Klein, G.	BW	40	Kleine-Cosack, E.	BW	37
Klatt, J.	BY	112	Klein, G.	BW	60	Kleine-Kraneburg, A.	HE	191
Klatt, M.	BY	75	Klein, G.	BY	91	Kleine-Tebbe, A.	VwG	497
Klatte, F.	MV	205	Klein, G.	NW	248	Kleinehakenkamp, M.	SG	466
Klaucke, M.	TH	398	Klein, G.	NW	303	Kleineke, W.	NDS	213
Klaus, G.	BW	54	Klein, G.	RP	316	Kleiner, B.	HE	170
Klaus, S.	ArbG	413	Klein, G.	VwG	475	Kleiner, P.	BW	48
Klauser, K.	SAC	344	Klein, H.	BER	120	Kleiner, R.	BY	88

609

Kleinert   Namensverzeichnis

Kleinert, B.	NW 282	Kley, D.	BU 13	Klinkenborg, M.	NDS 218
Kleinert, D.	NW 271	Kley, E.	NW 252	Klinker, I.	BRE 152
Kleinert, E.	BER 127	Kley, G.	BY 80	Klinkert, R.	BMJ 5
Kleinert, G.	NDS 212	Kley, G.	NW 283	Klinkhammer, F.	NW 251
Kleinert, H.	NW 257	Kley, W.	SH 386	Klinkhardt, U.	BRA 145
Kleinert, U.	NDS 218	Kleybolte, C.	NDS 239	Klinner, W.	VwG 480
Kleinert, U.	NW 271	Kleybolte, H.	NDS 216	Klinski, S.	VwG 486
Kleinert, U.	NW 280	Kliche, R.	SAN 365	Klinzing, U.	SAC 355
Kleinertz, M.	NW 293	Klieber, D.	BY 102	Klippel, F.	RP 327
Kleinheinz, T.	BW 28		VerfG 403	Klippert, C.	HE 190
Kleining, D.	NDS 236	Klieber, M.	SH 385	Klippstein, B.	BW 37
Kleinings, J.	SG 468	Kliebisch, S.	SAN 363	Klippstein, T.	HH 160
Kleinke, H.	NW 282	Kliegel, F.	NW 280	Klisch, C.	VwG 491
Kleinknecht, C.	SG 461	Kliegl, K.	BY 99	Kliver, R.	NW 250
Kleinknecht, M.	BY 102	Kliem, K.	BER 117	Klocke, A.	NW 310
Kleinle, F.	HE 170	Kliems, H.	BU 15	Klockgeter, O.	NDS 230
Kleinmaier, M.	HE 179	Kliemsch, G.	NW 306	Klockgether, K.	BER 128
Kleinschmid, V.	SH 377	Kliemt, T.	SAC 358	Klöcker, H.	FG 444
Kleinschmidt, A.	ArbG 427	Kliemt-Kalweit, E.	NW 244	Klöckner-Titze, U.	NDS 222
Kleinschmidt, J.	SAN 372	Klier, G.	HE 179	Klöhn, W.	NDS 219
Kleinschmidt, M.	MV 205	Klier, H.	BY 106	Klöpper, K.	NW 311
Kleinschmit, J.	NDS 215	Klier, R.	NW 285	Klöpperpieper, D.	BER 129
Kleinschnittger, A.	VwG 505	Kliese, H.	VwG 488	Klösgen, A.	NW 307
Kleinschroth, R.	BW 65	Klimasch, R.	MV 205	Klösgen, R.	NW 294
Kleinvogel, M.	BU 12	Klimberg, O.	NW 309	Kloetsch, D.	NW 252
Kleinz, K.	RP 318	Klimke, K.	RP 320	Klövekorn, S.	NW 310
Kleiss, G.	HE 178	Klimke, O.	HH 164	Kloft, K.	SH 379
Kleist, J.	SAN 362	Klimm, R.	SAC 350	Klom, R.	NW 286
von Kleist, R.	BY 105	Klimmeck, K.	NDS 210	Klonner, J.	BY 105
Klemm, D.	BY 80	Klimmeck, R.	NDS 210	Kloock, S.	MV 204
Klemm, L.	HH 164	Klimmek, U.	TH 392	Kloos, B.	SAA 337
Klemm, S.	SAC 359	Klimmer, A.	NW 302	Kloos, D.	BW 42
Klemp, J.	BER 121	Klimpe-Auerbach, W.	ArbG 412	Kloos, H.	NW 251
Klempt, A.	ArbG 419	Kling, B.	BW 54	Kloos, H.	RP 316
Klempt, A.	ArbG 426	Kling, E.	NW 296	Klopfer, W.	TH 393
Klempt, A.	SG 468	Kling, J.	ArbG 423	Kloppenburg, H.	NW 284
Klempt, W.	ArbG 430	Kling, W.	BY 88	Kloppenburg, H.	VwG 496
Klemt, F.	BER 117	Kling-Distel, J.	HE 180	Kloppenburg, P.	NW 284
Klemt, S.	BY 98	Klingauf, H.	SG 473	Kloppenburg, T.	ArbG 419
Klenk, F.	BU 11	Klingberg, H.	BRA 142	Kloppert, H.	NW 307
Klenk, H.	BW 57	Klinge, K.	VwG 498	Klopsch, M.	NW 274
Klenke, A.	NW 301	Klinge, T.	NDS 227	Klose, C.	NW 297
Klenke, R.	VwG 501	Klingebeil, G.	BER 117	Klose, D.	SH 381
Klennert, A.	NDS 220	Klingeberg, U.	BY 112	Klose, G.	BY 84
Kleppeck, F.	BER 128	Klingebiel, W.	ArbG 428	Klose, J.	VwG 488
Klepping, F.	SAC 351	Klingenmeier, H.	VwG 507	Klose, M.	BW 36
Kleppmann, R.	BY 107	Klinger, C.	BER 120	Klose, M.	BW 61
Klesen, J.	SAA 338	Klinger, M.	TH 399	Klose, P.	TH 398
Kleßen, D.	TH 400	Klinger-Efrém, P.	SG 457	Klose, S.	BW 62
Kleßen, O.	SAN 372	Klinger-Mertens, U.	BMJ 5	Klose, U.	BY 84
Klesser, A.	SG 474	Klinghardt, C.	SAC 349	Klose, W.	NDS 238
Klett, M.	BW 61	Klingler, U.	NW 299	Klosinski, A.	BW 54
Klette, J.	SH 384	Klingmüller, K.	MV 202	Kloß, E.	SAC 345
Kleuser, W.	FG 445	Klingsporn, D.	SH 377	Kloß, J.	VwG 500
Klevemann, J.	ArbG 429	Klinitzke, H.	NW 289	Kloß, R.	HH 163
Klevesahl, C.	HH 166	Klink, G.	NW 289	Kloß, R.	NW 267
Klewer, S.	NDS 231	Klinke, H.	SH 377	Klosterhuber, E.	BU 15
Klewin, C.	RP 330	Klinke, L.	VwG 480	Klosterkemper, B.	BRE 151
Kley, A.	NW 249	Klinkenberg, R.	NW 303	Klostermann, P.	NW 268

Klostermann-Stelkens, B.	NW 245	Klyne, H.	SAC 345	Knieriem, W.	NDS 209
Kloth, A.	BER 130	Knaack, A.	NDS 221	Knierim, H.	NW 278
Kloth, C.	SAN 368	Knaack, H.	SAA 340	Knierim, K.	NW 290
Klotz, C.	BER 121	Knab, M.	FG 443	Knierim, R.	NW 279
Klotz, D.	BY 87	Knab, M.	VwG 493	Knierim, S.	VwG 490
Klotz, E.	NW 300	Knabe, M.	SAN 363	Kniesch, E.	NDS 216
Klotz, R.	RP 327	Knabenbauer, N.	BRA 138	Kniesel, B.	BRA 146
Klotzbücher, D.	SG 471	Knahn, A.	BY 75	Kniest, T.	VwG 492
Klotzki, U.	SAN 372	Knaisch, A.	VwG 486	Kniestedt, H.	SAN 372
Klowski, D.	SG 473	Knapp, A.	BW 54	Kniffka, C.	NDS 238
Kloz, P.	NW 304	Knapp, A.	BW 65	Kniffka, C.	NW 264
Kluber, H.	TH 397	Knapp, K.	BY 80	Kniffler, K.	BY 92
Kluckhuhn, A.	SH 378	Knapp, N.	HE 183	Knipfer, E.	NW 257
Klüber, R.	RP 325	Knapp, R.	BY 80	Knipp, G.	ArbG 427
Klückmann, H.	SG 459	Knapp, S.	ArbG 413	Knippel, W.	VerfG 404
Klügel, S.	BRA 145	Knappe, L.	BER 115		VwG 487
Klüglein, E.	BU 12	Knappik, H.	HE 167	Knippenkötter, H.	NW 263
Klümper, M.	VwG 502	Knappmann, U.	NW 262	Knipper, A.	VwG 503
Klünemann, H.	NW 262	Knauer, B.	NW 283	Knipper, C.	NW 311
Klüpfel, H.	TH 399	Knauer, R.	NDS 214	Knipper, W.	HE 179
Klüsener, B.	NW 298	Knauer, U.	VwG 482	Kniprath, H.	NW 288
Klüser, A.	NW 298	Knauf, J.	VwG 492	Knispel, G.	ArbG 431
Klueß, J.	ArbG 417	Knauf, R.	VwG 489	Knispel, R.	BER 128
Klüver, U.	NDS 221	Knauff, G.	HE 170	Knispel, U.	SG 465
Klug, A.	BER 122	Knaup, P.	BW 26	Kniß, M.	NW 291
Klug, A.	TH 400	Knauß-Klug, C.	ArbG 424	Knist, O.	HE 174
Klug, H.	BW 26	Knauth, A.	HE 174	Knittel, B.	BY 67
Klug, J.	SAC 359	Knauth, E.	HE 175	Knittel, S.	SG 453
Klug, U.	NW 305	Knauth, H.	HE 176	Knitter, W.	NDS 218
Kluge, D.	NW 280	Knecht, K.	RP 328	Knittlaus, A.	BY 89
Kluge, E.	NDS 216	Knechtel, S.	NW 300	Knobel, W.	FG 447
Kluge, H.	VwG 487	Knechtel, S.	NW 311	Knoblauch, E.	NW 269
Kluge, I.	BW 45	Knechtges, W.	VwG 503	Knoblauch, W.	BW 48
Kluge, J.	VwG 487	Kneibert, U.	RP 327	Knoblich, M.	BW 28
Kluge, M.	NW 253	Kneifel-Haverkamp, R.	BRA 135	Knobloch, G.	BER 116
Kluge, S.	NW 309	Kneip, W.	BW 39	Knobloch, S.	HH 162
Kluge, S.	VwG 499	Kneist, M.	NW 244	Knobloch, U.	HE 171
Kluger, T.	SAN 371	Knell, T.	HE 179	Knobloch-Steinbach, S.	BER 119
Kluike, B.	SH 379	Knell-Saller, I.	BY 98	Knoche, S.	HE 179
Klum, P.	BER 117	Knemeyer, M.	NW 280	Knochenstiern, N.	SAC 356
Klump, B.	ArbG 417	Knepper, H.	NW 306	Knodel, C.	BW 61
Klumpen, P.	NW 255	Knerr, G.	SAA 337	Knöchel, D.	TH 399
Klumpp, O.	BW 52	Kneuer, P.	SAN 373	Knöfler, J.	NDS 216
Klumpp, S.	ArbG 425	Knewitz, K.	NW 286	Knöner, H.	NW 267
Klumpp-Nichelmann, T.	SAN 372	Knickenberg, W.	NW 293	Knöppel, G.	BW 39
Klune, H.	HE 189	Knicker, D.	VerfG 406	Knöringer, D.	BY 80
Klunke, M.	HE 191	Knickrehm, C.	NW 306	Knöringer, H.	BY 89
Klunker, H.	VwG 500	Knickrehm, S.	SG 460	Knörr, A.	SG 454
Klunzinger, K.	BW 61	Knickrehm, S.	NW 250	Knörr, T.	BY 93
Klupp, I.	ArbG 426	Knickrehm, V.	SG 460	Knötel, T.	NW 287
Klupsch, R.	SH 383	Kniebes, S.	BMJ 4	Knoke, T.	NDS 213
Klusenwerth, D.	BER 128	Knief, T.	SAN 363	Knoke, U.	VwG 499
Klußmann, H.	HH 158	Kniehase, E.	SAC 356	Knoll, C.	BW 40
Klußmann, J.	BW 26	Kniehl, C.	BY 88	Knoll, C.	HH 165
Klußmann, U.	SAN 362	Knieling, M.	RP 322	Knoll, C.	RP 328
Kluth, F.	BRA 147	Kniep, J.	BY 104	Knoll, E.	BY 84
Kluth, H.	NW 244	Kniep, P.	HH 158	Knoll, G.	VwG 480
		Knieper, M.	NW 305	Knoll, H.	BU 16
		Knierbein, J.	NW 273	Knoll, R.	BW 33

Knoll-Künneth, C.	BY 90	Koch, H.	ArbG 421	Kocks, B.	BW 40
Knoop-Kosin, D.	RP 331	Koch, H.	FG 449	Koczy, K.	BER 118
Knop, D.	NDS 220	Koch, H.	HH 165	Kodal, H.	NW 287
Knop, S.	BER 129	Koch, H.	NDS 211	Kodal, K.	BW 47
Knop, T.	VwG 502	Koch, H.	NW 287	Kodde, M.	NDS 230
Knopf, P.	BW 38	Koch, H.	RP 329	Kodron, U.	RP 315
Knopf, R.	BW 58	Koch, H.	SG 469	Köble, S.	SG 451
Knopf, W.	BW 35	Koch, H.	VwG 489	Köbler, B.	SG 455
Knopf, W.	NW 304	Koch, I.	ArbG 428	Köbler, R.	HE 188
Knopp, E.	NW 305	Koch, I.	BMJ 4	Köblitz, J.	BW 56
Knopp, F.	BY 70	Koch, J.	FG 446	Köcher, G.	SG 456
Knopp, K.	VwG 498	Koch, J.	RP 318	Köcher, H.	NW 277
Knopp, W.	NW 303	Koch, J.	SG 454	Köcher, W.	NW 284
Knorr, G.	NW 304	Koch, K.	ArbG 420	Kögel, C.	FG 443
Knorr, L.	BY 76	Koch, K.	HE 173	Kögel, H.	HH 158
Knorr, P.	VwG 476	Koch, M.	BER 119	Kögel, M.	VwG 493
Knorr, W.	BY 111	Koch, M.	BRA 139	Kögele, K.	BW 29
Knorz, F.	HE 193	Koch, M.	FG 444	Kögler, M.	HE 175
Knossalla, W.	HE 191	Koch, M.	SAN 372	Kögler, P.	VwG 479
Knoth, H.	VerfG 407	Koch, O.	HE 174	Kögler, S.	TH 398
Knothe, M.	NDS 227	Koch, P.	BY 84	Koehl, B.	NDS 239
Knudsen, H.	HH 160	Koch, P.	NDS 238	Koehl, F.	VwG 483
Knüllig-Dingeldey, B.	NDS 216	Koch, R.	BY 99	Köhler, A.	ArbG 437
		Koch, R.	HH 162	Köhler, A.	VwG 511
Knüppel, T.	TH 400	Koch, R.	NW 276	Köhler, B.	ArbG 436
Knust-Rösener, G.	NW 270	Koch, R.	RP 320	Köhler, C.	BER 128
Knuth, A.	VwG 485	Koch, R.	TH 400	Köhler, C.	HH 163
Knuth, B.	RP 320	Koch, R.	VwG 491	Köhler, D.	BU 14
Koall, M.	NW 293	Koch, R.	VwG 504	Köhler, E.	VerfG 407
Koark, A.	VwG 487	Koch, S.	BW 63	Köhler, E.	VwG 496
Kob, A.	HH 162	Koch, S.	NDS 239	Köhler, E.	VwG 511
Kob, S.	VwG 490	Koch, S.	NW 277	Köhler, G.	VwG 479
Dr. Kobbe, G.	NDS 217	Koch, S.	NW 310	Köhler, H.	BW 32
Kobbe-Boor, I.	RP 331	Koch, S.	SH 386	Köhler, H.	BY 111
Kobel, H.	BY 90	Koch, T.	BY 107	Köhler, H.	NW 256
Kober, A.	BW 45	Koch, T.	RP 320	Köhler, H.	NW 263
Kober, I.	BMJ 3	Koch, U.	ArbG 423	Köhler, I.	BRA 143
Kober, K.	BY 101	Koch, U.	BW 30	Köhler, J.	BY 70
Kober, M.	BY 74	Koch, U.	NDS 226	Köhler, J.	FG 449
Kober, O.	NW 298	Koch, U.	NW 271	Köhler, K.	RP 327
Kober, P.	VwG 510	Koch, U.	NW 310	Köhler, M.	BY 100
Koberstein-Schwarz, I.	NW 282	Koch, W.	BW 58	Köhler, M.	MV 202
Kobler, P.	SG 456	Koch, W.	HE 173	Köhler, M.	TH 392
Kobor, H.	BY 86	Koch, W.	NW 256	Köhler, N.	BRA 141
Koch, A.	BY 76	Koch-Rein, W.	HE 179	Köhler, P.	HE 188
Koch, A.	BY 97	Kochan, K.	NW 302	Köhler, S.	SAN 372
Koch, A.	HE 192	Kocher, E.	BU 11	Köhler, T.	BER 130
Koch, A.	MV 197	Kocherscheidt, K.	RP 331	Köhler, T.	MV 203
Koch, A.	SAA 337	Kocherscheidt, O.	BY 81	Köhler, T.	SAC 359
Koch, B.	BW 63	Kochheim, D.	NDS 227	Köhler, T.	SG 457
Koch, B.	NW 284	Kochs, H.	NW 292	Köhler, T.	TH 398
Koch, B.	SAN 372	Kock, E.	SG 471	Köhler, W.	FG 441
Koch, B.	VwG 505	Kock, P.	SH 377	Köhler, W.	SH 377
Koch, C.	HH 162	Kock, R.	NW 289	Koehler, E.	ArbG 427
Koch, E.	BW 63	Kock, S.	NW 278	Köhler-App, B.	BW 61
Koch, E.	RP 326	Kockel, M.	SAC 354	Köhn, A.	BER 132
Koch, F.	NDS 227	Kockisch, M.	HE 186	Köhn, E.	BU 16
Koch, G.	NDS 216	Kockler, F.	SAA 336	Köhn, G.	VerfG 405
Koch, G.	SH 380	Kockler, W.	SAA 338	Köhn, K.	NDS 222

612

Koehn, H.	VerfG 407	König, P.	NW 264	Körner, G.	FG 439
Köhne, A.	NW 284	König, P.	NW 284	Körner, H.	BW 45
Köhne, G.	NW 308	König, R.	HE 167	Körner, H.	HE 187
Köhne, R.	ArbG 434	König, R.	NDS 220	Körner, R.	BER 120
Köhnen, W.	NW 259	König, R.	NDS 228	Körner, R.	BW 36
Köhnke, K.	HH 164	König, R.	RP 328	Körner, R.	HH 162
Köhnke, R.	SH 376	König, S.	NW 304	Körner, S.	SAA 341
Köhnkow, E.	BER 120	König, S.	SG 455	Körner, U.	BW 35
Kölbl, A.	BY 104	König, U.	TH 398	Koerner, C.	BER 128
Kölbl, M.	BY 101	König, W.	BW 49	Körnig, J.	ArbG 429
Kölbl, R.	BY 105	König, W.	HH 164	Körperich, M.	RP 321
Koelblin, E.	BW 28	Koenig, D.	FG 442	Körting, E.	VerfG 404
Köllner, M.	HH 162	Koenig, D.	FG 442	Kössing, B.	VwG 481
Koelpin, H.	NW 246	Koenig, U.	FG 445	Köstel, W.	VwG 477
Kölsch, C.	TH 400	König-Ouvrier, I.	HE 170	Köster, A.	ArbG 417
Kölsch, D.	BW 27	König-Riechmann, S.	HH 163	Köster, B.	VwG 513
Kölsch, M.	RP 321	König-von Sperl, G.	BY 87	Köster, H.	BRA 140
Kölsch, R.	HE 177	König-Voß, C.	RP 323	Köster, H.	VwG 475
Kölsch, W.	TH 400	Königs, M.	VwG 502	Köster, H.	VwG 500
Kömpf, W.	BW 54	Königsfeld, P.	NW 301	Köster, I.	BRE 152
Köneke, C.	RP 326	Königshöfer, E.	BY 91	Köster, I.	HE 174
Köneke, D.	SAN 367	Königshöfer, U.	BY 88	Köster, R.	VwG 506
Köneke, G.	SAN 365	Königsmann, D.	SH 381	Köster, S.	NW 247
Koenen, D.	NW 287	Königsmann, M.	NW 308	Köster, S.	SG 467
König, A.	ArbG 416	Könnecke, O.	SAC 358	Köster, T.	TH 396
König, A.	ArbG 436	Könning, A.	MV 205	Köster, U.	ArbG 435
König, A.	BER 119	Köntopp, B.	FG 447	Köster, U.	VwG 501
König, A.	NDS 213	Köntopp, O.	VwG 499	Köster, W.	BY 69
König, A.	NDS 240	Koep, A.	NW 256	Koester, M.	HE 170
König, A.	SG 461	Koep, N.	NW 254	Koester-Buhl, R.	BW 39
König, B.	NW 304	Köper, B.	BER 127	Köster-Flachs-	
König, C.	NW 282	Köpfler, T.	BW 29	meyer, M.	MV 206
König, C.	RP 316	Köpke, A.	MV 205	Köster-Mindel, D.	BER 122
König, C.	SAN 368	Köpke, G.	VwG 512	Köstermann, U.	NDS 240
König, D.	HH 160	Koepke, T.	VwG 493	Kösters-Böge, G.	SH 377
König, D.	NW 309	Köpnick, L.	HH 165	Köstler, G.	BY 86
König, E.	BW 42	Köpnick, W.	BY 95	Köstler, K.	SG 454
König, G.	NDS 240	Köpp, D.	SG 457	Köstler-Häger, J.	NDS 225
König, G.	NW 301	Köpp, P.	ArbG 417	Köthe-Eberhard, C.	BER 128
König, G.	VwG 505	Köppe, M.	NDS 223	Köthnig, G.	NW 245
König, H.	BRA 136	Koeppe, D.	ArbG 434	Kötke, H.	NDS 222
König, H.	BY 97	Köppen, B.	VwG 504	Kötter, J.	NW 255
König, H.	HE 173	Köppen, H.	ArbG 435	Kötter-Domroes, M.	HH 160
König, H.	VwG 479	Köppen, W.	MV 203	Köttgen, C.	VwG 496
König, I.	BW 57	Koeppen, A.	TH 397	Kötting, C.	BER 130
König, I.	BW 60	Köppinger, B.	BRA 145	Kötting, R.	NW 303
König, I.	SG 458	Köppl, P.	VwG 481	Kötting, U.	NDS 231
König, J.	BER 131	Körber, F.	NDS 217	Köttinger, K.	ArbG 421
König, J.	SG 465	Körber, H.	NW 305	Kofler, G.	BW 21
König, K.	BW 48	Körber, J.	BW 42	Kofler, M.	NW 298
König, K.	SAC 350	Körber, J.	SAC 355	Kogel, E.	NW 294
König, L.	VwG 504	Körber, M.	NW 259	Kogelschatz, G.	SG 452
König, M.	SAN 369	Körber, R.	VwG 500	Koggel, C.	VwG 508
König, M.	SG 463	Körber-Renz, B.	BW 60	Kohl, B.	BW 64
König, M.	SG 463	Körfer, B.	NW 310	Kohl, G.	BY 105
König, N.	NW 303	Koerfers, P.	NW 311	Kohl, H.	BY 70
König, O.	HE 193	Körkemeyer, G.	ArbG 435	Kohl, H.	VerfG 405
König, P.	BY 67	Körner, C.	BY 104		VwG 490
König, P.	BY 112	Körner, G.	BY 93	Kohl, J.	VwG 476

613

Kohl Namensverzeichnis

Kohl, M.	VwG 476	Kollex, H.	SH 375	Kopmann, P.	BRE 151
Kohl, R.	RP 332	Kolling, W.	RP 316	Kopp, E.	VwG 476
Kohl, U.	NDS 210	Kollmann, W.	BY 92	Kopp, H.	BY 83
Kohl, W.	NW 255	Kollmar, G.	RP 327	Kopp, H.	TH 395
Kohler, A.	BY 89	Kollmar, H.	BW 48	Kopp, J.	BY 108
Kohler, G.	BW 24	Kollmeier, K.	NW 302	Kopp, J.	FG 445
Kohler, G.	VwG 480	Kollmeier, R.	NW 301	Kopp, J.	SG 459
Kohler, T.	NW 251	Kollmeier, W.	NW 263	Kopp, J.	TH 396
Kohlhaas, E.	BU 9	Kollmeyer, R.	NW 266	Kopp-Pieschacón-	
Kohlhaas, H.	BER 115	Kollmorgen, J.	BER 116	Raffael, D.	SAC 350
Kohlhase, T.	SAC 350	Kollnig-Simon, R.	BW 33	Kopp-Salow, U.	HE 175
Kohlheim, J.	VwG 503	Kollorz, U.	SH 380	Koppe, A.	BY 76
Kohlhof, U.	NW 298	Kollorz, W.	MV 204	Koppelberg, G.	NDS 217
Kohlmann, K.	BY 107	Kollwitz, R.	MV 197	Koppenborg, A.	NW 276
Kohlmann, W.	NW 255	Kollwitz, U.	MV 202	Koppenhöfer, B.	NW 247
Kohlmeyer, K.	NDS 240	Kolmetz, T.	SG 466	Koppenhöfer, H.	BY 67
Kohls, J.	BER 122	Koloczek, B.	SG 454	Koppers, H.	BER 120
Kohlschmid, K.	SAC 358	Kolpatzik, W.	NW 289	Kopplin, K.	BER 122
Kohlstädt, H.	VwG 491	Kolter, M.	HE 183	Kopsch, T.	MV 202
Kohlstädt, I.	NDS 220	Koltzsch, G.	NW 267	Korb, S.	SAC 346
Kohlus, B.	TH 401	Kolvenbach, D.	NW 264	Korber, J.	VwG 482
Kohmüller, J.	NDS 224	Kolvenbach, T.	FG 446	Korbmacher, A.	VwG 485
Kohn, D.	BY 107	Kolz, H.	HE 167	Kordaß, G.	BER 119
Kohnen, S.	MV 205	Komp, W.	NW 305	Kordaß, M.	BER 130
Kohorst, F.	NDS 233	Kondziela, A.	HE 188	Kordes, G.	SAN 366
Kohring, H.	VwG 498	Konecny, W.	BER 131	Kordes, W.	NDS 233
Kohrs, C.	BER 130	Konieczny, H.	HE 183	Kordina, B.	NDS 211
Kohtz, A.	HE 176	Konitz, B.	NDS 225	Korell, N.	NW 288
Koj, G.	SAC 348	Konnertz, W.	NW 246	Korell-Führ, E.	NW 269
Kojetinsky, W.	FG 439	Konopatzki, H.	FG 443	Korella, D.	VwG 505
Kokoschka, R.	NDS 233	Konopatzki, H.	SH 387	Korf, C.	SH 379
Kokoska, R.	NW 273	Konow, K.	HE 177	Korf, F.	NW 278
Kolb, H.	BY 96	Konrad, H.	NW 275	Korf, J.	BY 88
Kolb, M.	BRA 147	Konrad, H.	VerfG 403	Korf, K.	BW 41
Kolb, N.	RP 315		VwG 479	Korff, E.	HH 159
Kolb, R.	BW 50	Konrad, J.	NW 244	Korff, K.	ArbG 412
Kolb, S.	HE 188	Konrad, M.	ArbG 412	Korfmacher, S.	VwG 502
Kolbe, D.	NW 310	Konrad, S.	SAN 362	Korinth, M.	ArbG 417
Kolbeck, L.	BRE 151	Konrad, S.	SAN 368	Korn, A.	BW 63
Kolber-Wucherer, J.	BY 91	Konrad, W.	BY 74	Korn, H.	BRA 135
Kolberg, J.	BER 124	Konrad-Weber, I.	TH 398	Korn, W.	RP 316
Kolck, J.	FG 447	Konradt, G.	BW 27	Korn, W.	RP 318
Koldehoff, M.	BRA 135	Konschak, C.	HE 192	Kornblum, F.	BRE 151
Kolenda, M.	VwG 482	Konschak, S.	TH 399	Kornbrust, K.	BRA 146
Kolf, H.	MV 205	Konschake, H.	SAN 367	Korndörfer, H.	BY 67
Kolibius, W.	SH 383	Koop, U.	SH 386	Korneck, P.	HE 189
zum Kolk, R.	NW 249	Koopmann, M.	VwG 499	Korneli, W.	VwG 510
Kolkmeier, B.	NDS 240	Koops, H.	NDS 235	Kornhuber, W.	VwG 512
Koll, J.	VwG 494	Kopahnke, U.	BW 51	Kornprobst, J.	BY 101
Koll, K.	BY 110	Kopei, D.	FG 439	Kornstädt, M.	NDS 224
Koll, M.	VwG 513	Kopel, A.	NW 264	Korowiak, H.	SAC 358
Kollak, T.	VwG 489	Kopernik, M.	BY 114	Korsch, A.	BER 117
Kollar, P.	HH 166	Kopf, M.	ArbG 434	Korte, H.	FG 439
Kolle, A.	ArbG 436	Kopf, M.	SAC 350	Korte, H.	VwG 504
Kollek, A.	HH 159	Kopf, T.	MV 204	Korte, J.	NDS 232
Kollenberg, R.	NW 273	Kopitzke, G.	BY 85	Korte, M.	BMJ 4
Koller, H.	HE 188	Kopka, M.	NW 302	Korte, R.	BER 125
Koller, M.	NDS 239	Kopka, W.	BER 115	Korte, R.	FG 445
Kollewe, S.	SAN 364	Kopka-Paetzke, G.	NDS 232	Korte, S.	BER 130

Namensverzeichnis — Kramer

Korte, S.	VwG 486	Kotzias, J.	BY 83	Krämer, W.	SAA 337
Korte, W.	NW 266	Kouba, D.	BW 63	Kraemer, H.	BW 45
Korten, G.	HE 185	Kouba, W.	BY 85	Kraemer, M.	BY 92
Kortenjann, R.	NW 270	Kouba, W.	SAC 347	Kraemer, M.	NDS 234
Korter, H.	VwG 482	Koubek, P.	HE 180	Kraemer, U.	VerfG 405
Kortge, R.	NW 245	Koudmani, C.	BRE 154		VwG 493
Kortgen, N.	RP 324	Kouril, L.	BU 9	Kränz, J.	VwG 490
Korth, B.	HH 165	Kourim, H.	SAC 354	Kränzle, B.	BY 67
Korth, G.	RP 315	Kovar, U.	BW 40	Kränzle-Eichler, A.	MV 201
Korth, L.	VwG 489	Kowalski, C.	BER 130	Kränzlein, J.	SAC 352
Korth, R.	SAC 356	Kowalski, G.	BU 15	Kräuter-Stockton, S.	SAA 341
Korth, T.	SH 377	Kowalski, R.	NW 277	Kraffke, D.	HE 167
Korthauer, B.	NW 257	Kowalski, S.	BER 118	Krafft, C.	HH 165
Kortmann, E.	VwG 504	Kowalski, S.	TH 394	Krafft, E.	HE 183
Kortmann, H.	SH 386	Kowalzik, W.	NW 286	Kraft, B.	SAC 356
Kortus, A.	TH 400	Kozel, K.	SAN 366	Kraft, H.	BU 16
Korves, W.	NW 263	Kozielski, J.	VwG 500	Kraft, I.	VwG 480
Korzetz, S.	MV 205	Kraak, O.	BY 70	Kraft, J.	BER 122
Kosack, H.	RP 317	Kraatz, F.	BW 62	Kraft, K.	NW 248
Kosbab, G.	SAC 351	Kraayvanger, G.	RP 326	Kraft, S.	RP 331
Kosche, H.	NW 244	Krabbel, A.	BER 122	Kraft, V.	BW 64
Koschmieder, H.	NW 274	Krach, J.	BY 89	Kraft, W.	NDS 215
Koschmieder, U.	NW 267	Krach, J.	BY 110	Kraft-Lange, G.	BW 62
Koschnick, P.	NW 289	Krack, B.	MV 200	Krage, W.	FG 444
Koschnitzke, H.	VwG 489	Krack, W.	BW 55	Kraglund, K.	VwG 490
Koschorreck, P.	NW 257	Kracke, B.	NDS 215	Krah, C.	HE 167
Kosiol, R.	NDS 236	Krackhardt, G.	VwG 485	Krah, H.	MV 201
Koslowski, H.	BY 88	Kräft, H.	NDS 216	Krah, H.	NW 298
Kosmider, R.	MV 195	Krägeloh, W.	BMJ 3	Krah, K.	RP 332
Kosmider, R.	MV 195	Krähe, U.	SG 453	Krah, R.	VwG 482
Kosmider, S.	MV 200	Krämer, A.	BY 112	Krah, U.	SG 458
Kossack, H.	FG 447	Krämer, A.	SAA 340	Krahmüller, H.	NW 286
Kossiski-Schmidt, D.	SG 473	Krämer, B.	SAC 359	Krahn, E.	RP 319
Koßmann, R.	NW 256	Krämer, E.	NW 303	Krain, U.	BER 126
Kost, H.	NW 241	Krämer, E.	NW 308	Krais, H.	BW 42
Kost, J.	NDS 224	Krämer, G.	BY 75	Krais, M.	NW 290
Kost, M.	SAA 341	Krämer, G.	HE 182	Krajewski, J.	MV 201
Koster, A.	SAA 338	Krämer, G.	NW 303	Krakau, N.	NW 305
Koster, N.	NW 272	Krämer, G.	NW 310	Krakau, W.	BER 118
Kostka, K.	BER 131	Krämer, G.	RP 329	Krakowsky, J.	VwG 492
Kosyra, A.	NW 300	Krämer, G.	SAA 337	Kralowetz, J.	BW 38
Kosziol, F.	NW 272	Krämer, H.	BMJ 5	Kramarz, H.	NDS 232
Kothe, A.	NW 306	Krämer, K.	BY 105	Kramer, B.	ArbG 410
Kothe, A.	SH 383	Krämer, K.	HE 192	Kramer, B.	SG 464
Kothe, F.	BER 130	Krämer, K.	NDS 234	Kramer, B.	SG 470
Kothe, M.	BER 127	Krämer, L.	SH 380	Kramer, D.	SAC 352
Kothe, S.	BER 132	Krämer, M.	BW 23	Kramer, D.	SAN 371
Kotlar, G.	SG 456	Krämer, M.	TH 395	Kramer, E.	HE 174
Kotsch, J.	BY 68	Krämer, P.	NW 305	Kramer, G.	BER 120
	VerfG 403	Krämer, R.	BY 68	Kramer, G.	NW 263
Kotschenreuther, W.	NW 258	Krämer, R.	SAA 339	Kramer, G.	VwG 506
Kotschy, G.	BY 80	Krämer, S.	HH 165	Kramer, H.	BER 118
Kottsieper, H.	VwG 502	Krämer, S.	NW 306	Kramer, H.	BY 105
Freifrau von		Krämer, S.	SAN 373	Kramer, H.	NDS 230
Kottwitz, A.	HH 161	Krämer, T.	VwG 505		VerfG 405
Kotyrba, H.	BW 30	Krämer, U.	NW 273	Kramer, I.	VwG 488
Kotz, H.	BY 81	Krämer, U.	SAA 340	Kramer, J.	VwG 483
Kotzam-Dümmler, B.	BY 111	Krämer, W.	HE 170	Kramer, K.	VwG 477
Kotzian-Marggraf, K.	TH 390	Krämer, W.	RP 316	Kramer, M.	BW 56

Kramer, M.	BY 81	Kraus, H.	SAN 365	Krauß, R.	FG 449
Kramer, P.	HE 176	Kraus, J.	BU 16	Krauß, T.	BRA 145
Kramer, S.	TH 392	Kraus, J.	SAN 371	Krauss, E.	SH 376
Kramer, S.	TH 400	Kraus, K.	NW 254	Krausser, M.	BW 33
Kramer, T.	SAN 373	Kraus, N.	BY 98	Kraußold, J.	NW 276
Kramer, V.	HE 189	Kraus, P.	VwG 505	Kraut, W.	VwG 479
Kramer, W.	HH 158	Kraus, R.	BW 63	Krauth, H.	HE 189
Kramer, W.	NDS 236	Kraus, R.	HE 177	Krauth, S.	BER 128
Kramer, W.	SG 466	Kraus-Wenzel, K.	BRA 145	Krautkrämer, H.	RP 323
Krames, W.	BY 113	Krausa, R.	TH 398	Krautkremer, J.	NW 306
Kramm, O.	BRA 138	Krause, A.	NW 310	Krautloher, E.	BY 93
Krammer, H.	BY 97	Krause, B.	NDS 219	Krautter, M.	NW 244
Kramp, B.	NW 296	Krause, C.	BRA 145	Krautwig, H.	NDS 216
Krampe, S.	BW 40	Krause, D.	BER 115	Krawolitzki, H.	NW 258
Krampe, W.	VwG 501	Krause, D.	HE 186	Krebaum, K.	SG 452
Kranast, H.	NW 302	Krause, D.	HH 158	Krebber, R.	NW 295
Kranast, K.	NW 299	Krause, D.	NW 278	Krebs, E.	BY 69
Kranen, J.	BW 53	Krause, E.	NW 303	Krebs, E.	FG 442
Kraning, H.	NW 270	Krause, E.	VwG 507	Krebs, G.	TH 398
Kranner, L.	BY 93	Krause, G.	BY 99	Krebs, S.	BY 88
Krantz, G.	NW 243	Krause, G.	SAN 371	Krebs, T.	BW 24
Kranz, E.	BY 102	Krause, H.	BRA 138	Krebs, U.	BER 126
Kranz, G.	BER 115	Krause, H.	BW 65	Krebs, U.	SG 454
Kranz, R.	MV 198	Krause, H.	BY 87	Krebs, W.	BER 115
Kranz, R.	RP 323	Krause, H.	MV 195	Krebs-Dörr, P.	BW 39
Krapf, E.	BY 88	Krause, H.	NW 241	Krechlak, M.	BRE 153
Krapf, H.	BY 88	Krause, H.	SG 463	Kreckel, D.	BRA 138
Krapoth, F.	NW 298	Krause, H.	SG 464	Krefft, M.	NW 309
Krapp, C.	NDS 217	Krause, H.	VwG 496	Kreft, B.	ArbG 427
Krapp, V.	NW 249	Krause, J.	NW 310	Kreft, G.	BU 7
Krappen, J.	NW 252	Krause, J.	SH 382	Krege, U.	NW 255
Krasney, O.	BU 11	Krause, K.	BER 131	Krehbiel, U.	BW 32
Kraß, E.	HE 190	Krause, K.	NDS 222	Kreher, R.	VwG 513
Kraß-Köhler, E.	HE 182	Krause, K.	RP 333	Krehnke, G.	BER 125
Krasshöfer-Pidde, H.	ArbG 429	Krause, K.	SG 471	Kreienbrink, T.	SG 463
Kratsch, K.	BRE 151	Krause, K.	SH 381	Kreifels, U.	NW 284
Kratschmer, A.	BW 25	Krause, M.	BER 124	Kreil, K.	BY 106
Krattinger, P.	SAC 349	Krause, M.	BW 52	Kreilinger, B.	BY 86
Kratz, B.	ArbG 430	Krause, M.	SH 385	Kreimeyer, R.	NDS 218
Kratz, B.	HE 192	Krause, N.	VwG 512	Kreins, S.	NW 298
Kratz, C.	RP 329	Krause, P.	SG 469	Kreipe, H.	NW 280
Kratz, E.	NW 243	Krause, S.	ArbG 419	Kreis, C.	HE 193
	VerfG 406	Krause, S.	BER 129	Kreis, J.	HE 178
Kratz, H.	ArbG 430	Krause, T.	SAC 359	Kreis-Stephan, C.	BW 32
Kratz, J.	FG 441	Krause, W.	BER 119	Kreitmair, R.	BY 80
Kratz, M.	VwG 503	Krause-Ablaß, K.	NW 252	Kreitner, J.	ArbG 430
Kratz, U.	NW 246	Krause-Kyora, W.	SAN 366	Kreke, U.	HE 190
Kratz, U.	SAA 337	Kraushaar, B.	ArbG 412	Krekel, K.	VwG 492
Kratz, V.	HE 172	Kraushaar, H.	TH 397	Kreller, B.	BY 97
Kratz, W.	SAA 336	Kraushaar, M.	HE 176	Kreller, J.	VwG 482
Kratzer, R.	BY 89	Krauskopf, B.	HE 192	Kremer, B.	RP 315
Kratzer, R.	BY 99	Krauß, E.	BW 23	Kremer, E.	BW 55
Kraus, A.	BER 118	Krauß, F.	BY 72	Kremer, H.	NW 311
Kraus, A.	VwG 502	Krauß, G.	BU 13	Kremer, M.	NW 308
Kraus, A.	VwG 514	Krauß, H.	BY 102	Kremer, M.	VwG 491
Kraus, C.	BY 94	Krauß, H.	BY 104	Kremer, P.	BW 25
Kraus, F.	BY 69	Krauß, K.	SG 457	Kremer, W.	NW 311
Kraus, H.	NW 284	Krauß, M.	BW 63	Kremer, W.	NW 299
Kraus, H.	SAA 338	Krauß, M.	RP 333	Kremhelmer, J.	BU 10

Kremmer, H.	VwG 502	Krieg, B.	NW 311	Krökel, M.	NW 268
Kremp, J.	ArbG 412	Krieg, E.	RP 318	Kröling, J.	NDS 219
Kremper, H.	NW 279	Krieg, H.	BRE 149	Kröll, A.	HE 179
Kremser, P.	NW 308	Krieg, J.	BW 26	Kröll, G.	RP 332
Kremz, H.	SAC 347	Kriegel, K.	BY 104	Krömer, E.	NW 302
Kremzow, H.	SG 454	Kriegelsteiner, K.	BER 130	Krömker, U.	FG 447
Krenek, H.	BY 67	Krieger, A.	NW 269	Krönert, O.	SH 382
Krenske, I.	MV 199	Krieger, B.	BY 78	Krönert, U.	SH 382
Krenz, B.	BW 39	Krieger, N.	NW 247	Krönig, A.	ArbG 424
Krenzer, C.	HE 178	Krieger, O.	NDS 231	Kröning, G.	SAN 369
Kreppel, G.	VwG 482	Krieger, P.	BY 98	Kröpil, K.	NDS 207
Kreppel, H.	ArbG 421	Krieger, S.	SG 471	Kröppelt, G.	BY 71
Kreppmeier, E.	BY 108	Krieger, W.	HE 186	Kröske, K.	BRA 140
Kreß, G.	ArbG 425	Krieger-Brommen-		Kroeßner, H.	SAC 345
Kreß, G.	FG 443	schenkel, E.	NW 276	von Krog, D.	SH 379
Kreß, M.	NW 300	Kriegeskotte, J.	NW 259	Kroglowski, M.	SG 473
Kresse, K.	NW 310	Krieglstein, M.	BRA 147	Krogmann, P.	NDS 231
Kreßel, T.	SAC 356	Kriegsmann, D.	SAC 356	Krogmeier, G.	NW 284
Kreten, N.	RP 322	Kriener, J.	NW 277	Krogull, H.	BY 87
Kreter, S.	NDS 221	Kriener, P.	VwG 484	Kroh, H.	HE 176
Kreth, E.	VwG 490	Kriesten, G.	BW 58	Kroh, R.	BRA 145
Kretschmann, A.	BRA 147	Krieten, J.	HH 160	Kroh, S.	VwG 480
Kretschmann, C.	SAN 371	Kriewitz, J.	SAN 372	Krohn, A.	SG 454
Kretschmann, M.	RP 326	Krille, T.	SAN 373	Krohn, C.	BU 7
Kretschmar, G.	NW 241	Kring, M.	BY 98	Krohn, H.	BW 26
Kretschmer, C.	VerfG 407	Krinke, A.	BW 40	Krohn, H.	TH 391
Kretschmer, D.	HE 174	Krinner-Matula, I.	BY 94	Krohn, M.	SH 387
Kretschmer, H.	SG 457	Krippner, C.	NW 263	Krohn, S.	HH 166
Kretschmer, M.	NW 273	Krippner, R.	SG 455	Kroiß, L.	BY 95
Kretschmer, O.	TH 389	Krisch, P.	HE 177	Krol-Dickob, C.	ArbG 432
Kretschmer, R.	NW 273	Krischer, W.	NW 296	Kroll, J.	BER 128
Kretschmer, U.	ArbG 435	Krischker, S.	BY 111	Kroll, J.	NW 300
Kretz, J.	BW 28	Krispien, R.	HH 162	Kroll, P.	NW 254
Kretzer-Aschoff, A.	NDS 226	Krißmer, A.	FG 441	Kroll-Perband, B.	SAC 357
Kretzschmar, L.	BY 91	Krist, G.	VwG 507	Krollmann, G.	TH 393
Kretzschmar, L.	FG 439	Kristen, D.	NDS 232	Krombach, D.	NW 275
Kretzschmar, O.	HE 173	Kritzer, F.	VwG 478	Krombacher, H.	BW 60
Kretzschmar, R.	SAC 357	Kriwat, H.	ArbG 424	Krome, U.	BY 111
Kretzschmar, S.	NW 300	Krix, B.	SH 379	Kromer, H.	BW 60
Kretzschmar, W.	NW 247	Krocel, T.	SG 456	Kromphardt, S.	BRA 144
Kreuder-Sonnen, B.	SH 382	Krockenberger, E.	BW 21	Kronas, R.	TH 399
Kreuels, J.	NW 253	Krodel, G.	VwG 479	Kronberger, A.	BY 99
Kreutz, A.	HE 189	Kroder, M.	BY 80	Krone, H.	NDS 220
Kreutz, A.	VwG 494	Kröber, G.	VerfG 407	Kroner, S.	BY 113
Kreutz, G.	NDS 227	Kröger, C.	SG 465	Kronester, M.	BY 101
Kreutz, H.	VwG 505	Kröger, D.	ArbG 435	Kronisch, J.	VwG 494
Kreutzberg, M.	NW 305	Kröger, D.	BER 120	Kronsbein-Weiß, S.	NDS 218
Kreutzer, A.	NDS 210	Kröger, D.	BMJ 4	Kropf, E.	SAA 336
Kreutzer, C.	NW 307	Kröger, H.	FG 447	Kropf, H.	BY 107
Kreutzer, H.	BY 90	Kröger, H.	HH 166	Kropf, H.	SAN 369
Kreuzpointner, J.	BY 98	Kröger, H.	NW 278	Kropp, C.	TH 400
Krey, V.	RP 315	Kröger, H.	VwG 507	Kropp, E.	NW 266
Krichel, K.	NW 251	Kröger, I.	HH 160	Kropp, R.	NW 269
Krick, C.	RP 323	Kröger, J.	NW 247	Kropp-Steiner, H.	NW 269
Kriebel, K.	SG 465	Kröger, P.	BMJ 5	Kroschel, S.	SAC 359
Kriebel, P.	NDS 208	Kröger, T.	ArbG 417	von Krosigk, G.	VwG 496
Kriebel, V.	ArbG 421	Kröger, T.	ArbG 420	Kroymann, B.	BW 55
Krieg, B.	BW 29	Kröger, W.	NW 280	Kruchen, G.	VwG 493
Krieg, B.	BW 52	Kröger-Schrader, C.	VwG 492	Krudewig, M.	NDS 215

617

van Krüchten, U.	RP 332	Krumhaar, B.	BER 120	Kuchheuser, H.	BER 126
Krück, A.	RP 322	Krumhard, W.	BW 47	Kuchta, W.	BW 30
Krück, H.	NW 287	Krumm, C.	BW 62	Kuck, H.	NW 294
Krückels, W.	NW 295	Krumm, H.	NDS 222	Kuckein, J.	BU 8
Krücker, R.	NW 244	Krumrei, B.	NW 305	Kuckelkorn, U.	NW 296
Krüger, A.	BER 125	Krumrey, C.	NW 297	Kucklick, J.	MV 202
Krüger, A.	BW 63	Krumscheid, H.	RP 315	Kuckuk, G.	NW 262
Krüger, A.	NDS 233	Kruppa, M.	NW 302	Kucment, C.	BER 131
Krüger, B.	MV 204	Kruppa, T.	NDS 238	Kuczynski, P.	FG 441
Krüger, E.	SAA 338	Kruppa, U.	BU 14	Kuda, W.	BY 105
Krüger, E.	SG 472	Krupski, R.	VwG 487	Kuder, P.	BW 30
Krüger, F.	FG 442	Krusche, C.	BER 133	Kuebart, C.	BER 130
Krüger, F.	RP 314	Krusche, M.	HE 178	Kübler, J.	BW 49
Krüger, G.	MV 203	Kruschinsky, M.	SG 465	Küchenhoff, K.	BU 15
Krüger, H.	BRA 143	Kruschke, H.	BER 115	Kück, W.	BMJ 4
Krüger, H.	NDS 225	Kruse, A.	RP 332	Kückemanns, G.	NW 259
Krüger, H.	NW 245	Kruse, B.	HH 164	Kücken, M.	MV 197
Krüger, H.	SAN 365	Kruse, B.	SH 382	Kühl, H.	NDS 224
Krüger, J.	BER 129	Kruse, B.	SH 387	Kühl, I.	SH 379
Krüger, J.	SAA 338	Kruse, C.	NW 308	Kühl, J.	BRA 138
Krüger, K.	BRE 151	Kruse, D.	NW 246	Kühl, K.	BRA 137
Krüger, K.	NDS 216	Kruse, G.	BER 131	Kühl, M.	HH 159
Krüger, K.	NDS 238	Kruse, G.	NDS 221	Kühl, M.	SG 468
Krüger, K.	NW 246	Kruse, G.	SG 459	Kühlborn, K.	SAC 350
Krüger, K.	NW 275	Kruse, H.	BRA 144	Kühlborn, S.	SAC 359
Krüger, K.	RP 323	Kruse, H.	BW 25	Kühlen, H.	SAN 365
Krüger, M.	VwG 498	Kruse, H.	RP 332	Kühling, J.	BVerfG 1
Krüger, R.	BER 128	Kruse, H.	VwG 489	Kühlthau, H.	NW 256
Krüger, R.	MV 203	Kruse, J.	HH 161	Kühn, A.	HH 163
Krüger, S.	VwG 490	Kruse, J.	SH 385	Kühn, B.	BW 33
Krüger, T.	BER 131	Kruse, K.	MV 195	Kühn, C.	SG 463
Krüger, U.	BRA 140	Kruse, K.	NW 281	Kühn, D.	NDS 216
Krüger, U.	FG 443	Kruse, M.	MV 203	Kühn, F.	NDS 216
Krüger, W.	BU 8	Kruse, M.	NDS 235	Kühn, H.	MV 204
Krueger, U.	TH 394	Kruse, R.	NW 309	Kühn, H.	NDS 220
Krüger-Doyé, G.	NDS 214	Kruse, S.	BW 62	Kühn, I.	BER 128
Krüger-Spitta, C.	HH 158	Kruse, S.	VwG 513	Kühn, L.	HE 171
Krüger-Sprengel, M.	NW 293	Kruse, T.	NW 310	Kühn, M.	TH 395
Krügerke, S.	NW 307	Kruske, M.	HE 186	Kühn, R.	ArbG 412
Krühne, H.	BER 117	Kruthaup, E.	NDS 235	Kühn, R.	NW 244
Krüssmann, G.	NW 291	Krys, A.	NW 258	Kühn, R.	SG 463
Krützberg, H.	NW 248	Krystofiak, S.	BW 64	Kühn, S.	BY 98
Krützfeldt, K.	NDS 224	Kuba, V.	TH 395	Kühn, U.	BY 114
Krützmann, K.	VwG 503	Kubatschek, D.	NDS 232	Kuehn, C.	NDS 222
Krug, A.	BY 98	Kube, B.	BRA 139	Kühn-Sehn, T.	VwG 509
Krug, E.	HE 184	Kube, D.	HE 186	Kühne, D.	NDS 210
Krug, E.	SG 456	Kube, D.	HH 164	Kühne, R.	SG 463
Krug, I.	BY 77	Kube, W.	BU 9	Kühneck, E.	NDS 226
Krug, M.	VwG 494	Kubiak, B.	RP 315	Kühnel, H.	VwG 476
Krug, R.	BRA 139	Kubicki, J.	BRA 144	Kühnen, J.	NW 253
Krug, R.	HE 184	Kubicki, U.	ArbG 425	Kühnen, S.	FG 445
Krug, W.	BW 52	Kubicki Halskov, R.	BMJ 4	Kühnen, T.	NW 245
Krug-Gildehaus, H.	NDS 225	Kubiessa, B.	BER 129	Kühner, H.	BW 39
Kruis, K.	BVerfG 1	Kubista, J.	SAC 347	Kühnert, C.	SAC 351
Krukenberg, J.	BW 45	Kubitz, K.	BW 32	Kühnhold, U.	SAC 349
Krull, T.	SH 379	Kubsch, F.	BER 116	Kühnholz, W.	NDS 229
Krumbein, C.	NW 297	Kuch, K.	BY 107	Kühnholz, P.	BRA 136
Krumbholz, H.	BY 88	Kuchenbauer, K.	BY 99	Kühnle, G.	NW 311
Krumeich, K.	RP 321	Kuchenbaur, H.	BY 113	Kühnle, L.	NW 304

Kühr, K.	NW 309	Kuffer, J.	BU 8	Kuile, H.	VwG 481
Küker, U.	NW 276	Kuffner, J.	HE 186	Kuiter, N.	NDS 235
Küllmer, U.	VwG 493	Kufner, A.	BY 83	Kujas, P.	HE 189
Küllmer, W.	BW 52	Kufner-Piser, G.	BY 91	Kujawski, U.	BER 122
Külshammer, W.	NW 297	Kugele, D.	BU 13	Kukatzki, P.	SAC 358
Kümmel, H.	BW 48	Kugele, K.	VwG 481	Kukies, U.	SG 457
Kümmel, K.	TH 392	Kugelmann, B.	BY 91	Kukla, K.	NDS 228
Kümmelschuh, H.	BY 83	Kugler, B.	BY 82	Kuklik, U.	SAA 337
Kümmerle, M.	BW 38	Kugler, F.	BY 84	Kukuk, K.	BRA 145
Kümpel, C.	VwG 476	Kugler, J.	HH 162	Kulbach-Hartkop, M.	VwG 489
Kümpel, M.	NW 252	Kugler, M.	BY 93	Kulbe-Stock, U.	NW 294
Kümpel-Jurgenowski, W.	ArbG 420	Kugler, T.	BRA 141	Kulenkampff, R.	VerfG 404
		Kuhaupt, B.	NW 256	Kulf, A.	TH 395
Künkel, B.	HH 157	Kuhbander, K.	BY 107	Kulik, K.	BER 120
Künkel, H.	NDS 237	Kuhl, H.	HE 183	Kulla, B.	ArbG 415
Künkel-Brücher, R.	VwG 505	Kuhl, T.	VwG 490	Kulla, C.	BY 77
Künnecke, F.	NDS 228	Kuhla, S.	BER 119	Kullack, P.	HE 171
Künschner, A.	BW 26	Kuhlemann, H.	NDS 230	Kulle, R.	RP 326
Künsebeck, H.	NW 273	Kuhlen, H.	FG 445	Kulpe, I.	NDS 216
Künsemüller, J.	NDS 236	Kuhlen, K.	NW 259	Kumlehn, R.	NDS 211
Künstle, K.	SG 465	Kuhlig, V.	BRA 136	Kumler, L.	NDS 211
Künzel, C.	BY 72	Kuhlmann, A.	NW 270	Kumme, U.	NDS 219
Künzel, R.	RP 315	Kuhlmann, D.	NDS 230	Kummer, G.	BY 113
Künzel, T.	NW 307	Kuhlmann, D.	NW 268	Kummer, I.	NDS 212
Künzl, R.	ArbG 414	Kuhlmann, H.	NDS 238	Kummer, P.	BU 11
Künzler, A.	BRA 137	Kuhlmann, J.	HH 165	Kummert, W.	BY 87
Künzler, E.	VwG 478	Kuhlmann, K.	BRE 151	Kummle, T.	BW 35
Küper, J.	NDS 216	Kuhlmann, K.	NDS 239	Kumpa, C.	NW 307
Küper, K.	BRA 135	Kuhlmann, K.	RP 331	Kumpmann, R.	NW 300
Küper, U.	HH 161	Kuhlmann, R.	MV 204	Kunath, K.	BW 45
Küpper, E.	BW 41	Kuhlmey, H.	ArbG 429	Kunath, N.	VwG 485
Küpper, H.	NW 305	Kuhls, R.	HE 180	Kunert, E.	NDS 215
Küpper, W.	NW 300	Kuhmann, H.	BY 105	Kunert, H.	BY 87
Küpperfahrenberg, H.	NW 263	Kuhmann, M.	BY 68	Kunert, H.	SG 459
Küppers, A.	NW 311	Kuhn, D.	ArbG 427	Kunert, M.	NW 286
Küppers, G.	SH 381	Kuhn, E.	RP 320	Kunert, M.	TH 393
Küppers, U.	ArbG 422	Kuhn, G.	BW 39	Kunig, P.	VerfG 404
Küppers-Aretz, B.	VwG 500	Kuhn, G.	NW 307	Kunis, P.	TH 397
Kürle, H.	NW 248	Kuhn, H.	BER 126	Kunisch, M.	MV 206
Kürschner, P.	SAC 358	Kuhn, H.	BW 25	Kunisch, W.	TH 394
Kürschner, W.	BW 23	Kuhn, H.	SG 467	Kunkel, B.	MV 199
Küsel, A.	SAN 371	Kuhn, J.	HH 166	Kunkel, M.	TH 392
Küsel, H.	NDS 233	Kuhn, M.	ArbG 415	Kunkel, V.	NW 297
Küsell, H.	NW 273	Kuhn, M.	BW 41	Kunkelmann, B.	HE 188
Küsgen, G.	NW 303	Kuhn, M.	SAA 338	Kunkis, J.	NDS 221
Küsgen, J.	SAC 359	Kuhn, P.	HE 191	Kunowski, J.	VwG 498
Küspert, P.	BY 67	Kuhn, W.	NDS 229	Kunrath, F.	SAA 337
Kueßner, H.	VwG 512	Kuhn-Krüger, R.	SAA 336	Kunst, H.	ArbG 425
Küster, H.	VwG 484	Kuhnen, S.	BRA 142	Kunth, I.	SAC 351
Küster, K.	NW 267	Kuhnert, C.	NW 287	Kuntke, H.	BY 71
Küster, M.	BRA 137	Kuhnert, L.	BRA 140	Kuntze, B.	VwG 477
Küster, S.	SAN 373	Kuhnert, S.	TH 392	Kuntze, H.	NDS 228
Küstermann, R.	SAN 363	Kuhnke, B.	BER 120	Kuntze, H.	RP 323
Küstner, G.	BU 16	Kuhnke, C.	BER 120	Kuntze, L.	NW 257
Küstner, H.	BW 52	Kuhnke, M.	BER 120	Kunz, A.	VwG 485
Küstner, S.	RP 331	Kuhnke, R.	SG 458	Kunz, C.	BER 117
Küstner, U.	HH 158	Kuhnle, E.	BW 47	Kunz, G.	HE 167
Kütemeyer, N.	SAN 365	Kuhr, W.	FG 443	Kunz, H.	HE 187
Küter, A.	NW 275	Kuhs, H.	RP 328	Kunz, K.	BER 118

Kunz, K.	BY 111	Kuschewitz, P.	SH 383	Lägler, E.	BW 59
Kunz, S.	HE 180	Kuschewski, J.	BER 121	Lämmerhirt, D.	NW 264
Kunz, T.	VwG 514	Kuschewski, U.	SG 465	Lämmert, M.	BW 47
Kunz, U.	SAA 340	Kuschnerus, K.	VwG 499	Lämmlin, S.	BW 63
Kunze, B.	MV 198	Kuschow, A.	BY 113	Längsfeld, I.	BY 98
Kunze, H.	BRA 137	Kuschow, H.	BY 102	Läpple, P.	VwG 479
Kunze, H.	SAA 335	Kuse, C.	BW 58	Läsker, L.	VwG 496
Kunze, J.	NW 275	Kusen, H.	NW 295	Lässig, P.	SAC 354
Kunze, K.	BER 130	Kuß, W.	SG 466	Lätzel, B.	BRE 151
Kunze, T.	SG 465	Kusserow, G.	ArbG 420	Lafflör, C.	NW 275
Kunze, W.	VwG 478	Kusserow, H.	VwG 504	Lage-Graner, C.	BER 130
Kunzmann, H.	BW 42	Kusterka, H.	VwG 513	Lagemann, H.	NW 281
Kunzmann, R.	SAN 369	Kustermann, I.	BY 89	Lagemann, M.	NW 290
Kupas, M.	BRA 135	Kutscheidt, E.	VwG 503	Laggies, M.	BRA 144
Kuperion, S.	BER 131	Kutschelis, D.	RP 325	Laib, H.	TH 389
Kupfer, B.	SH 384	Kutschenko, K.	BW 64	Laib, R.	BY 73
Kupfer, H.	HH 157	Kuttritz, R.	MV 198	Laibach, L.	TH 400
Kupfer, H.	SAN 365	Kutz, M.	MV 197	Laier, F.	BW 55
Kupfernagel, D.	BER 121	Kutz, P.	NDS 239	Laier, K.	FG 445
Kuppe-Dörfer, C.	BER 127	Kutzer, B.	BY 108	Lais, D.	NW 287
Kuppi, W.	NDS 228	Kutzer, K.	BU 7	Laker, T.	HH 155
Kupsch, W.	FG 446	Kutzner, B.	NW 289	Laker, T.	VwG 490
Kupsch, W.	NDS 212	Kutzschbach, K.	BER 121	Lakies, T.	ArbG 417
Kurbel, P.	BU 15	Kutzschbach, P.	BER 118	Lalla, H.	NDS 228
Kurbjuhn, K.	VwG 496	Kuwert, G.	NDS 213	La Marca, B.	SAC 355
Kurka, D.	BY 90	Kyi, A.	SAN 373	Lamb, I.	HH 155
Kurpat, R.	NW 311			Lamb, I.	VwG 490
Kurrek, G.	BER 128	**L**		Lamb, M.	BER 133
Kurschat, G.	HE 175			Lambeck, R.	VwG 492
Kurscheidt, C.	BY 100	Laabs, P.	HE 178	Lambert, G.	SG 453
Kurtenbach, D.	SG 468	van Laak, E.	NW 249	Lambert, P.	RP 317
Kurtenbach, E.	MV 204	Laarmann, L.	BRA 146	Lambert-Lang, H.	BU 7
Kurtenbach, J.	RP 317	Laaser, A.	BER 126	Lamberti, M.	BW 54
Kurth, F.	HE 175	Laaser, J.	BW 31	Lambertz, N.	NW 250
Kurth, H.	BU 9	Laaths, W.	BY 103	Lambertz, U.	NW 306
Kurth, M.	RP 332	Labandowsky, K.	BY 113	Lamberz, B.	RP 332
Kurth, M.	VwG 504	Labe, M.	HH 162	Lambrecht, C.	FG 442
Kurth, W.	NW 303	Labenski, G.	HE 185	Lamche, G.	NDS 221
Kurtz, B.	NDS 237	Labentz, A.	NW 275	Lames, P.	SAC 359
Kurz, A.	NW 308	Labi, A.	VwG 494	Lamm, M.	BY 87
Kurz, C.	TH 397	Labi, S.	MV 205	Lamm, T.	NDS 237
Kurz, K.	BW 62	Labitzke, I.	BRA 139	Lammek, I.	BRA 145
Kurz, M.	HE 190	Labrenz, M.	VwG 505	Lammel, E.	BW 57
Kurz, P.	VwG 478	Lach, J.	BRE 151	Lammerding, K.	NW 272
Kurz, R.	BRA 146	Lachenmann, U.	BW 58	Lammersen, H.	NW 258
Kurz, R.	NW 289	Lachmann, D.	HE 193	Lammert, R.	NW 265
Kurz, T.	BW 47	Lachmund, G.	HE 171	Lamp, H.	BW 42
Kurz, T.	TH 399	Lachner, H.	BY 86	Lamp, N.	TH 399
Kurze, S.	TH 398	Lachs, K.	SAN 372	Lampa, W.	BW 57
Kurze, V.	TH 393	Lackmann, R.	NW 275	Lampart, D.	BY 80
Kurzke, R.	NW 276	Lackner, K.	BY 98	Lampart, E.	BY 82
Kurzmann, M.	BRA 137	Ladage, H.	BU 11	Lampe, H.	SG 474
Kurzrock, P.	MV 198	Lademann, K.	VwG 512	Lampe, J.	BU 9
Kurzweil, E.	BY 89	Ladewig, H.	TH 389	Lampel-Meyer, C.	BW 27
Kurzwelly, J.	BU 8	Ladewig, S.	BER 131	Lampenscherf, A.	NW 294
Kusch, H.	BY 111	Ladner, C.	VwG 487	Lampert-Malkoc, B.	SAN 364
Kusche, K.	SH 380	Ladwig, K.	VwG 498	Lancelle, T.	BY 68
Kusche, W.	HH 161	Läger, U.	VwG 514	Land, R.	FG 446
Kuschel, A.	SAC 359	Laeger, D.	BER 118	Landau, H.	BU 8

Namensverzeichnis Lau

Landau, H.	HE 191	Lange, A.	HE 170	Langerbein, H.	NW 279
Landau, M.	VwG 504	Lange, A.	NDS 220	Langfritz, M.	SAC 345
Landeck, G.	RP 327	Lange, B.	BRE 154	Langhammer, H.	BY 98
Lander, S.	BW 63	Lange, C.	BRA 146	Langheineken, U.	SG 452
Lander-Schöneberger, R.	SAA 337	Lange, C.	NW 272	Langhof, J.	MV 198
		Lange, C.	TH 399	Langhorst, H.	NDS 216
Landes, J.	MV 198	Lange, D.	NW 279	Langkopf, J.	NDS 238
Landes, P.	RP 332	Lange, D.	NW 280	Langlotz, L.	NDS 225
Landfermann, H.	BMJ 4	Lange, E.	BW 25	Langner, N.	BMJ 4
Landgraf, B.	BY 75	Lange, F.	FG 443	Langrock, E.	BW 25
Landgraf, J.	BY 91	Lange, G.	ArbG 416	von Langsdorff, H.	BU 9
Landgraf, W.	NDS 227	Lange, H.	BRA 146	Langweg, R.	NW 298
Landmann, H.	HE 185	Lange, H.	BU 16	Lankers, W.	NW 296
Landschütz, G.	NW 276	Lange, H.	FG 447	Lankes, G.	BER 133
Landsiedel, M.	NW 254	Lange, H.	HE 175	Lanowski, P.	BRA 142
Landvogt, M.	NW 296	Lange, H.	HE 184	Lante, K.	BY 88
Landwehr, A.	SH 382	Lange, H.	HH 159	Lanters, J.	RP 318
Landwehr, B.	NW 272	Lange, H.	NDS 208	Lanz, H.	BER 116
Landwehr, C.	HH 162	Lange, H.	NDS 216	Lanza, C.	SAN 372
Landwehr, K.	BY 74	Lange, H.	NDS 216	Lanzenberger, R.	BER 127
Landwehrmeyer, R.	BER 131	Lange, H.	NDS 233	Lanzerath, A.	NW 295
Landzettel,	BRE 152	Lange, I.	SAC 345	Lanzinger, W.	VwG 483
Lanfermann, H.	BMJ 3	Lange, J.	NDS 225	La Pergola, A.	EuGH 517
Lanfermann, H.	NW 248	Lange, J.	NW 246	Larasser, E.	BY 85
Lang, A.	BU 7	Lange, J.	NW 303	Larcher, J.	BW 32
Lang, B.	BY 87	Lange, J.	SAN 373	Lardschneider, U.	BY 80
Lang, D.	RP 325	Lange, J.	VwG 497	Larisch, N.	BRE 149
Lang, E.	BW 28	Lange, K.	VerfG 405	Larisch, S.	NW 290
Lang, E.	BY 106	Lange, K.	VwG 500	Larmann, C.	BW 33
Lang, F.	BMJ 5	Lange, L.	BER 119	La Rocca, A.	TH 399
Lang, F.	BY 83	Lange, M.	BY 82	Larres, E.	BRA 146
Lang, F.	HE 183	Lange, M.	NW 267	Larsen, K.	VwG 490
Lang, G.	ArbG 414	Lange, M.	SAN 364	Lascheit, A.	BER 132
Lang, H.	BW 56	Lange, P.	SG 467	Laschka, W.	SG 455
Lang, H.	BW 62	Lange, R.	NW 270	Laschweski, E.	SAC 354
Lang, H.	FG 441	Lange, S.	BY 76	Lashöfer, J.	NW 309
Lang, H.	NW 305	Lange, T.	BRA 145	Laske, E.	SH 382
Lang, J.	SG 470	Lange, T.	HH 163	Lasotta, G.	SAA 337
	VerfG 406	Lange, T.	VwG 487	Lass, R.	TH 391
Lang, J.	SH 380	Lange, W.	SH 378	Lassahn, S.	NW 306
Lang, K.	BER 121	Lange-Lichtenheld, B.	BER 128	Lassalle, W.	VwG 498
Lang, K.	HE 178	Langematz, J.	BER 120	Lassen, H.	NDS 209
Lang, M.	BW 47	Langen, K.	BRA 144	Lassen, K.	SH 383
Lang, M.	SAC 347	Langen-Braun, B.	VwG 510	Lassen, P.	HH 158
Lang, P.	BY 99	Langenbach, R.	NW 250	Lassen, W.	SH 376
Lang, P.	SAC 345	Langenberg, H.	HH 161	Lassig, J.	HE 173
Lang, P.	VwG 478	Langenfeld, A.	BW 63	Lassmann, H.	BY 71
Lang, R.	BRE 150	Langenfeld, G.	BW 41	Lastering, J.	NW 282
Lang, R.	HH 165	Langenohl, K.	VwG 490	Latif, K.	HH 160
Lang, S.	BY 107	Langer, C.	SAC 353	Latour, M.	HE 172
Lang, S.	VwG 508	Langer, E.	SAC 355	Latsch, J.	HE 177
Lang, U.	NW 277	Langer, H.	BY 108	Lattau, W.	BY 85
Lang, U.	SAC 354	Langer, K.	MV 205	Lattekamp, H.	NW 278
Lang, W.	BU 11	Langer, L.	NW 271	Lattrich, K.	NW 264
Lang, W.	BY 108	Langer, M.	ArbG 432	Latz, P.	VwG 483
Langbein, R.	BRA 144	Langer, M.	BRA 141	Latzel, T.	BER 130
Langdorf, M.	NW 268	Langer, R.	ArbG 413	Lau, A.	NW 288
Lange, A.	BRA 146	Langer, R.	VwG 488	Lau, B.	NDS 219
Lange, A.	BW 62	Langer, S.	TH 391	Lau, D.	BER 132

621

Lau, F.	BW	50	Lauth, H.	RP	326	Lehleiter, J.	BW	57
Lau, G.	HH	159	Lauth, N.	NDS	207	Lehmacher, H.	SG	467
Lau, U.	VwG	499	Lautz, G.	NW	269	Lehmann, A.	BW	23
Laub, M.	BER	133	Lautz, P.	NW	269	Lehmann, A.	FG	445
Laubach, C.	HE	188	Lauven, D.	BW	23	Lehmann, B.	HE	188
Laube, A.	NW	308	Laux, E.	HE	179	Lehmann, C.	BMJ	3
Laube, C.	SAC	356	Laux, H.	ArbG	422	von Lehmann, E.	NW	285
Laube, T.	BER	126	Laux, J.	RP	320	Lehmann, F.	SAC	354
Laubengeiger, W.	FG	439	Laux, P.	SG	469	Lehmann, H.	ArbG	417
Laubenstein, W.	NW	248	Lawatsch, J.	BER	127	Lehmann, H.	BY	92
Laubenthal, S.	SAA	338	Laws, C.	BER	126	Lehmann, H.	VwG	501
Lauber, G.	NW	300	Laws, J.	NW	308	Lehmann, I.	BY	82
Lauber, S.	NW	298	Lax, H.	BY	85	Lehmann, J.	NW	290
Lauber-Nöll, A.	HE	184	Laxgang, M.	BW	61	Lehmann, K.	BRA	138
Laubinger, H.	NDS	216	Lay, P.	BW	41	Lehmann, K.	NW	255
Laudahn, G.	BW	29	Layher, H.	BW	52	Lehmann, K.	TH	390
Laudahn, G.	SAC	351	Lebe, H.	BER	122	Lehmann, K.	TH	392
Laudan, H.	SAN	372	Leber, M.	BW	38	Lehmann, K.	VwG	492
Laudemann, G.	VwG	486	Lebert, C.	BY	90	Lehmann, L.	MV	201
Laudi, E.	HE	184	Lebéus, R.	SH	378	Lehmann, L.	NDS	220
Laue, I.	NDS	234	Lechermeier, J.	BRA	146	Lehmann, L.	SAC	356
Laue, M.	SAN	373	Lechner, E.	BY	84	Lehmann, M.	BW	54
Laue, V.	NDS	235	Lechner, H.	BER	118	Lehmann, M.	HE	177
Lauenburg-Kopietz, D.	HH	160	Lechner, H.	BY	68	Lehmann, M.	NW	264
Lauenstein, H.	HH	163	Lechner, H.	RP	313	Lehmann, M.	TH	397
Lauenstein, R.	HH	166	Lechner, M.	BY	81	Lehmann, O.	HH	162
Lauer, A.	SAA	337	Lechner, W.	HE	184	Lehmann, P.	VwG	491
Lauer, G.	NW	289	Lechner, W.	VwG	480	Lehmann, P.	VwG	493
Lauer, G.	VwG	507	Lechtape, E.	NW	290	Lehmann, R.	BRA	146
Lauer, H.	BW	34	Lechtape, S.	NW	288	Lehmann, R.	HE	176
Lauer, K.	HE	181	Lechte, R.	MV	206	Lehmann, S.	BER	128
Lauer, P.	VwG	509	Lechtermann, D.	VwG	502	Lehmann, S.	BRA	146
Lauer, W.	SAA	340	Lechtermann, U.	BRA	139	Lehmann, S.	BW	48
Lauerer, G.	SAC	353	Leder, G.	VwG	480	Lehmann, S.	HH	162
Laufenberg, H.	NW	294	Lederer, G.	BY	94	Lehmann, S.	SAN	371
Laufenberg-Smadar, S.	BY	99	Lederer, G.	VwG	484	Lehmann, T.	NW	266
Laufer, B.	SH	380	Lederer, H.	VwG	476	Lehmann, W.	BMJ	3
Laufer, H.	SH	375	Lederer, W.	BW	31	Lehmann, W.	BRA	143
Laufer, R.	RP	332	Ledermann, K.	BY	113	Lehmann, W.	BRA	146
Laufer, U.	MV	205	Ledermann, S.	BY	114	Lehmann-Schmidtke, W.	NDS	219
Laufhütte, H.	BU	7	Leeb, H.	BY	67			
Lauhöfer, D.	NDS	240	van der Leeden, H.	ArbG	428	Lehmann-Schön, I.	NW	308
Lauinger, D.	TH	400	Leege, A.	NW	287	Lehmbeck, J.	SH	383
Laukamp, U.	NW	307	Leege, J.	ArbG	418	Lehmberg, A.	NW	255
Laum, H.	NW	292	Leemhuis, B.	VwG	497	Lehmberg, H.	NW	255
	VerfG	406	Leemhuis, J.	NDS	240	Lehmbruck, C.	BER	126
Laum, H.	NW	302	Leendertz, R.	SH	381	Lehmensiek, B.	NDS	219
Laumen, E.	TH	400	Leetz, B.	BRA	142	Lehmkuhl, H.	NDS	232
Laumen, H.	NW	293	Leeuwestein, M.	BRA	147	Lehmkuhl, T.	VwG	485
Launhard, F.	ArbG	421	Legat, S.	BY	85	Lehmkuhl, W.	HH	159
Laurien, A.	SAN	369	Legatis, S.	ArbG	421			162
Laurisch, M.	SG	457	Legde, G.	SG	461	Lehmler, M.	VwG	505
Lauster, A.	BU	15	Legeland, D.	NW	267	Lehmpuhl, H.	BY	99
Lauster, P.	BW	24	Leger, P.	EuGH	517	Lehn, W.	BW	31
Lautebach, M.	SH	377	Legerlotz, M.	NW	311	Lehnberger, G.	BY	110
Lautenbach, U.	HE	178	Legleitner, H.	SAA	336	Lehner, A.	VwG	480
Lautenschlager, K.	BY	88	Legler, B.	BW	45	Lehner, G.	NDS	209
Lauterbach, K.	SG	472	Lehbrink, R.	BU	16	Lehner, R.	BY	89
Lauterkorn, G.	NW	302	Lehlbach, J.	SG	461	Lehner, R.	BY	109

Lehnert, A.	SH 383	Leistner, U.	HE 188	Lenk, U.	TH 392
Lehnert, J.	RP 321	Leithäuser, E.	VerfG 404	Lennartz, E.	NW 304
Lehnert, P.	RP 331	Leithäuser, H.	NW 255	Lennartz, O.	NW 253
Lehnert, S.	BW 55	Leitherer, S.	SG 454	Lennartz, R.	ArbG 431
Lehnert, U.	TH 395	Leithoff, R.	VwG 487	Lennemann, I.	NW 272
Lehnert, W.	VwG 476	Leitloff, J.	TH 400	Lennig, S.	BW 63
Lehnguth, J.	NDS 211	Leitner, A.	SAC 346	Lensch, K.	SH 386
Lehr, C.	BW 62	Leitner, H.	BY 107	Lenski, W.	HE 169
Lehr, F.	HE 174	Leitner, W.	BY 93	Lente-Poertgen, A.	SG 467
Lehr, G.	BY 68	Leitte, W.	BW 46	Lentner, U.	SAN 372
Lehr, R.	SG 456	Leittretter-		Lentz, K.	BER 127
Lehr, W.	HE 193	Kretschmer, E.	ArbG 426	Lenz, C.	EuGH 517
Lehrke, F.	SAN 372	Leitzke, U.	BY 87	Lenz, E.	BER 122
Lehrmann, G.	SG 468	Lejeune, B.	SG 455	Lenz, E.	RP 332
Leibfritz, H.	SAC 347	Lelickens, A.	NW 277	Lenz, H.	NW 286
Leibl, H.	BY 88	Lelle, H.	BER 127	Lenz, H.	NW 307
Leible, R.	BW 61	Lembert, G.	BY 69	Lenz, H.	RP 313
Leibold, G.	NW 263	Lembke, M.	SH 386	Lenz, H.	SG 471
Leibold, H.	NW 254	Lemburg, G.	HH 162	Lenz, I.	VwG 489
Leibold, M.	ArbG 424	Lemburg, S.	BER 132	Lenz, O.	VwG 496
Leibrock, F.	SAA 335	Lemcke, H.	NW 262	Lenz, R.	BY 77
Leicht, H.	ArbG 412	Lemcke, K.	HH 164	Lenz, R.	HE 175
Leicht, J.	BW 27	Lemhöfer, B.	BU 12	Lenz, R.	HE 176
Leicht, R.	VwG 515	Lemke, C.	VwG 501	Lenz, R.	NW 302
Leicht, T.	ArbG 412	Lemke, D.	BRA 147	Lenz, R.	NW 305
Leichter, C.	HE 186	Lemke, H.	NDS 218	Lenz, S.	RP 332
Leichter, J.	NW 279	Lemke, H.	SAC 348	Lenz, V.	NDS 211
Leichter, S.	NW 288	Lemke, H.	VwG 486	Lenz, W.	TH 399
Leichthammer, M.	HE 175	Lemke, J.	SAN 373	Lenz-Frischeisen, H.	BY 90
Leidek, U.	SG 457	Lemke, M.	BRA 135	Lenze, A.	SG 459
Leidner, R.	RP 327	Lemke, M.	SAA 337	Lenze, A.	VerfG 404
Leifert, H.	NDS 237	Lemke, P.	BER 129	Leonard, D.	NW 260
Leifert, M.	VwG 505	Lemke, R.	MV 199	Leonard, G.	VwG 509
Leifert, P.	NW 264	Lemke, S.	HH 160	Leonard, T.	MV 202
Leiker, C.	BW 60	Lemke, S.	MV 204	Leonardy, G.	RP 321
Leimbach, D.	HE 177	Lemke, U.	NDS 218	Leonhardt, G.	ArbG 410
Leimbach, R.	NW 295	Lemke, V.	VwG 501	Leonhardt, J.	SAC 354
Leimeister, G.	HE 189	Lemke, W.	BY 92	Leonhardt, L.	NW 309
Leimert, D.	TH 389	Lemm, C.	BER 124	Leonhardt, P.	HE 181
Leimert, U.	HE 176	Lemm, H.	ArbG 410	Leonhardt, S.	SH 380
Leimkühler, W.	BER 124	Lemme, B.	NDS 224	Leonhardt, T.	NW 285
Leinbach, L.	VwG 491	Lemme, D.	SAN 372	Leopold, P.	FG 440
Leinberger, U.	BW 57	Lemmel, H.	BU 12	Leopold, W.	SAN 373
Leinemann, W.	BU 10	Lemmers, P.	BY 89	Lepa, M.	NW 297
Leiner, W.	VwG 498	Lemppenau-		Lepa, M.	BU 7
Leinhos, J.	NW 304	Krüger, A.	ArbG 426	Lepke, A.	ArbG 416
Leinweber, W.	ArbG 422	Lenaerts, K.	EuGH 519	Lepper, H.	NW 266
Leipold, A.	BW 63	Lenarz, K.	VwG 502	Lepper-Erke, M.	HE 192
Leipprand, D.	SAN 369	Lendeckel, H.	NDS 227	Leppert, H.	SAC 346
Leipzig, S.	BER 132	Lenerz, K.	NW 269	Leppin, R.	BRA 135
Leipzig, T.	BER 133	Lenfers, G.	VwG 505	Lepping, A.	BER 133
Leis, P.	SAA 337	Lengacher-Holl, K.	BER 132	Lepple, J.	BW 59
Leischner, H.	TH 395	Lengemann, F.	HE 182	Lepre, E.	SAC 354
Leischner-Rickerts, S.	SH 386	Lengle, J.	BY 82	Leptien, U.	HH 157
Leisen, H.	RP 323	Lengsfeld, M.	BY 103	Leptihn, R.	VwG 483
Leißen, H.	NW 257	Lengtat, M.	NDS 213	Lerch, H.	BY 91
Leisten, L.	ArbG 430	Lenhart, T.	VwG 514	Lerch, K.	HE 175
Leister, P.	BER 129	Lenk, F.	BW 50	Lerch, S.	NDS 220
Leistikow, B.	NDS 217	Lenk, O.	BER 131	Lerch, S.	SAN 370

Lerch, W.	NW 266	Ley, M.	RP 318	Liedtke, J.	SG 473
Lerche, S.	TH 398	Ley, P.	SAN 363	Liedtke, U.	BER 127
Lermer, M.	BY 96	Ley, W.	NW 302	Liedtke, U.	BER 128
Lernhart, K.	VwG 475	Leye, C.	VwG 493	Liegat, F.	NW 297
Leschhorn, E.	NW 286	Leygraf, J.	NW 264	Liekefett, T.	NDS 221
Leschke, D.	NW 249	Leyh, I.	MV 206	Liene, S.	NW 290
Leschnig, W.	ArbG 433	Leyk, S.	BW 41	von Lienen, G.	BY 103
Leschonski, G.	BER 118	Libera, F.	BER 117	Liepelt, K.	NDS 209
Leskovar, G.	VwG 501	Liceni-Kierstein, D.	NW 244	Lier, B.	NW 297
Lesmeister, C.	ArbG 420	Lichius, K.	TH 400	van Lier, E.	BY 99
Lesmeister-Kappel, C.	HH 166	Lichtenberg, B.	SAC 359	Liermann, C.	NW 312
Less, L.	SH 376	Lichtenberg, M.	NW 301	Liermann, J.	VwG 484
Lessel, A.	MV 205	Lichtenberg, P.	NW 258	Liermann, M.	BY 113
van Lessen, A.	HH 162	Lichtenberg, R.	BY 99	Lierow, N.	HH 159
van Lessen, G.	NDS 218	Lichtenberger, G.	BY 79	Liese, J.	RP 313
Lesser-Kohlbacher, S.	SG 473		VerfG 403	Liesegang, H.	NW 243
Lessing, M.	SG 465	Lichtenegger, H.	HE 179	Liesegang, I.	BY 99
Lessing, V.	NDS 207	Lichtenfeld, H.	HE 185	Lieser, B.	BW 40
Lessing, W.	RP 323	Lichtenfeld, U.	VwG 496	Liesigk, F.	SAN 369
Leßmann, U.	VwG 503	Lichtenstern-		Liesner, E.	BU 13
Leßner, S.	SG 456	Skopalik, E.	BY 82	Liesner, H.	NW 274
Lesting, W.	NDS 224	Lichtenthäler, U.	SG 470	Lietz, E.	NW 246
Lettau, K.	BRE 153	Lichter, K.	NW 254	Lietz, H.	BY 71
Lettau, R.	BER 117	Lichti, D.	BY 113	Lilge, W.	SG 463
Lettnin, G.	SG 459	Lichtinghagen, J.	NW 289	Lilie, H.	NW 256
Letz, A.	SAN 373	Lichtinghagen, M.	NW 287	Lilie, H.	SAN 364
Letz, M.	ArbG 429	Lichtnecker, F.	BY 86	Lilienfein, J.	SG 451
Letz-Groß, T.	SAN 372	Lickfett, M.	BRA 139	Limbach, C.	SAN 371
Letzing, H.	HE 190	Lieb, B.	BY 71	Limbach, J.	BVerfG 1
Leu, A.	NW 305	Lieber, H.	BY 88	Limberg, E.	ArbG 429
Leu, B.	NW 304	Lieberei, S.	BW 61	Limbrock, G.	NW 249
Leuer-Ditges, K.	NW 305	Lieberich, H.	NW 245	Limmer, G.	BY 94
Leufgen, H.	NW 278	Lieberich, R.	HH 165	Limmer, H.	NDS 229
Leukhart, K.	VwG 480	Liebermann, M.	VwG 477	Limpens, H.	VwG 500
Leupertz, S.	NW 251	Liebermann, R.	SG 469	Limperg, B.	BW 53
Leupold, W.	BY 103	Lieberoth-Leden, H.	VwG 502	Limpricht, S.	SAC 347
Leuschner, G.	NDS 238	Lieberoth-Leden, S.	NW 248	Linck, R.	ArbG 433
Leuschner, L.	MV 204	Liebert, D.	VwG 486	Lincke, D.	NW 266
Leuschner, P.	BY 93	Liebert, W.	BER 125	Lincke, D.	SH 376
Leußer, E.	BW 34	Liebetanz, B.	BY 75	Lincke, E.	SH 387
Leutenbauer, S.	BY 93	Liebetanz, S.	VwG 492	Lind, D.	BER 120
Leuthold, H.	VerfG 407	Liebetrau, D.	TH 398	Lind, U.	FG 447
Levedag, M.	BU 14	Liebhaber, H.	SAC 352	Linde, V.	TH 395
Leven, D.	BW 63	Liebhart, F.	TH 391	Linde-Rudolf, S.	BW 62
Levermann, A.	NDS 222	Liebheit, U.	NW 263	Lindeke, R.	NDS 234
Levermann, U.	MV 203	Liebig, L.	RP 330	Lindemann, A.	SAN 372
Levin, P.	MV 199	Liebler, S.	VwG 478	Lindemann, C.	BY 94
LeViseur, B.	BER 118	Liebmann, C.	SAC 351	Lindemann, E.	NW 265
Lewandowski, R.	SAN 369	Liebsch, U.	SAN 364	Lindemann, H.	SH 375
Lewandrowski, J.	NDS 238	Liebscher, B.	ArbG 430	Lindemann, J.	NDS 234
Lewenton, M.	BU 15	Liebscher, P.	HE 189	Lindemann, J.	NDS 236
Lewenton, U.	BY 79	Liebscher, T.	ArbG 434	Lindemann, K.	NDS 209
Lewerenz, K.	ArbG 420	Liebschner, G.	SAA 340	Lindemann, L.	BER 119
Lewin, K.	SH 379	Liebschner, M.	SAC 348	Lindemann, P.	SG 463
Lewin-Fries, J.	VwG 512	Lieck, M.	BER 125	Lindemann, R.	NW 251
Lex, G.	MV 199	Lieckfeldt, J.	NW 307	Lindemann, S.	NW 263
Lexen-Schöben, R.	RP 331	Liedtke, E.	NW 244	Lindemann, S.	NDS 238
Ley, D.	NW 301	Liedtke, F.	SAC 350	Lindemann, V.	SH 376
Ley, M.	BY 106	Liedtke, J.	NDS 210		

Lindemann, W.	NDS	223
Lindemanns, G.	RP	317
Lindemeier, F.	BY	82
Linden, D.	RP	331
Linden, G.	NW	241
van der Linden, P.	NW	305
Lindenbeck, A.	SAA	337
Lindenberg, R.	NW	289
Lindenberger, A.	SAC	346
Lindenblatt, H.	NW	249
Lindenthal, A.	BW	32
Linder, J.	BW	48
Linder, M.	BW	49
Linder, T.	BW	35
Lindgen, J.	SH	378
Lindh, P.	EuGH	519
Lindhauer, W.	BW	53
Lindhorst, G.	NDS	225
Lindhorst, G.	NW	287
Lindloh, K.	HH	158
Lindner, B.	BW	30
Lindner, B.	VwG	510
Lindner, G.	BY	112
Lindner, G.	VwG	505
Lindner, J.	SG	456
Lindner, J.	SG	461
Lindner, J.	TH	400
Lindner, J.	VwG	513
Lindner, M.	SAC	345
Lindner, M.	TH	399
Lindner, R.	VwG	481
Lindner, T.	BRA	143
Lindner, T.	BW	28
van Lindt, P.	NW	270
Linge, G.	NW	272
Linge, U.	ArbG	430
Lingenfelser, F.	BW	42
Lingens, E.	BU	17
Lingens, W.	NW	250
Lingk, F.	NW	273
Lingmann, H.	VwG	503
Lingnau, S.	NW	254
Lingner, B.	BW	54
Lingrün, R.	NW	259
Linhardt, C.	SAC	359
Linhardt-Ostler, U.	BY	106
Linhart, H.	VwG	479
Linhart, P.	FG	446
Link, H.	HE	169
Link, M.	BW	64
Link, V.	BRA	143
Link, V.	BW	58
Link, W.	NW	252
Linke, G.	NW	305
Linke, H.	NW	263
Linke, M.	BRA	137
Linke, T.	BER	124
Linke, T.	BER	128
Linke-Scheut, B.	NW	299
Links, A.	NW	306
Linnenbaum, B.	NW	270
Linner, B.	TH	395
Linnert, M.	NW	311
Linnert-Abelmann, M.	ArbG	417
Linnertz, P.	NW	251
Lins, A.	MV	203
Lins, S.	RP	332
Linscheidt, P.	NW	278
Linsenmaier, M.	BW	45
Linsenmaier, W.	ArbG	410
Linsler, M.	BRA	143
Linsmann, H.	NW	262
Linsmeier, G.	TH	399
Linß, T.	TH	395
Linßen, A.	SAC	358
Linstädt, B.	SG	454
Lintz, R.	RP	329
Linz, I.	BER	116
Linz, M.	SAN	371
Linz, P.	BER	123
Linz-Höhne, H.	BY	112
von Lipinski, R.	HE	181
Lipke, G.	ArbG	424
Lippa, R.	ArbG	432
Lippert, G.	HE	176
Lippert, G.	SG	456
Lippert, H.	SG	468
Lippert, J.	BRA	141
Lippmann, A.	NW	267
Lippmann, J.	NDS	209
Lippok, G.	BW	32
Lippok, G.	FG	440
Lippok-Wagner, I.	NW	298
Lippold, M.	HH	162
Lippold-Jaunich, P.	BY	75
Lippstreu, D.	BY	93
Lips, R.	SAC	347
Lips, U.	ArbG	413
Lipsius, J.	SG	464
Lipsky, M.	FG	444
Lisch, K.	BRA	143
Lischeck, M.	NW	291
Lischka, K.	BER	127
Lissau, U.	BRE	152
	VerfG	404
Lißeck, F.	NW	269
Lissel, A.	SAC	355
Lißi, A.	NW	309
Lißmann, T.	RP	331
Listmann, J.	NW	302
Littbarski, D.	NDS	228
Litten, R.	NDS	208
Litterst, G.	TH	400
Littger, B.	NDS	218
Littmann, J.	SG	473
Littmann, K.	VwG	497
Litzenburger, K.	NW	260
Lob, B.	NW	308
Lobensommer-Schmidt, W.	BY	96
Lobinger, H.	NW	294
Lobinger, M.	NW	297
Lobjinski, G.	SAN	371
Loch, E.	NW	275
Loch, K.	NW	258
Lochen, H.	BMJ	4
Lochner, B.	VwG	489
Lochner, E.	VwG	482
Lochner-Kneis, C.	RP	332
Freiherr von Locquenghien, C.	BW	30
Lodenkämper, L.	BRA	144
von Löbbecke, B.	BW	32
Löbbert, C.	SH	386
Löbbert, W.	NW	274
Löbel, S.	BRA	143
Löber, A.	HE	185
Löber, D.	HE	186
	VerfG	405
Löber, G.	FG	447
Löber, H.	ArbG	424
Loeber, H.	BY	96
Loeber, M.	NW	295
Loeber, N.	FG	446
Löbermann, A.	NW	263
Löbsack-Füllgraf, L.	BER	128
Loebu, T.	BW	36
Löchelt, A.	HH	162
Löchelt, G.	BW	29
Löchteken, U.	BER	132
Löcker-Gläser, M.	RP	321
Löden, D.	BMJ	4
Löding, T.	SAN	373
Löer, K.	NDS	228
Löffel, U.	VwG	492
Löffelhardt, I.	BW	61
Löffert, G.	HE	173
Löffert, R.	HE	175
Löffler, B.	SG	456
Löffler, B.	VwG	505
Löffler, C.	NDS	239
Löffler, C.	SAN	372
Löffler, D.	HH	159
Löffler, K.	NDS	215
Löffler, M.	BER	119
Löffler, M.	BW	59
Löffler, P.	BW	35
Löffler, P.	NW	269
Löffler, S.	HH	160
Löffler, V.	ArbG	433
Löffler, W.	BY	72
Löffler, W.	HE	181
Löhnhoff, H.	BY	80
Löhr, C.	BW	63
Löhr, H.	SH	384
Löhr, V.	NDS	218

Löhr-Steinhaus, W.	ArbG 427	Lohrmann, G.	BW 64	Lorscheider, A.	SAA 338
Löhrmann, U.	SG 464	Lohrmann, H.	BW 56	Lorscheider, R.	SAA 338
Löllke, C.	HH 159	Lohrmann, H.	BW 58	Losert, H.	BY 80
Lömker, J.	VwG 504	Lohscheidt, C.	NW 306	Lossen, H.	BY 108
Lömker, U.	NW 268	Lohse, C.	FG 440	Lossen, M.	BW 39
Lönnies, O.	BER 116	Lohse, K.	BW 63	Loth, B.	ArbG 417
Löns, M.	SG 468	Lojewski, S.	NDS 239	Loth, H.	HE 182
Löper, S.	MV 204	Lomb, S.	BER 131	Loth, H.	HH 160
Lörler, S.	BRA 135	Lombard, P.	BU 17	Lother, R.	BER 122
Loeper, U.	BER 119	Lomme, P.	NW 251	Lothholz, R.	VerfG 407
Loer, B.	VwG 494	Longerich, U.	NW 274	Lottes, B.	NW 247
Loer, M.	HE 192	van Look, B.	BER 125	Lotz, K.	TH 393
Loer, U.	SAC 358	Loorz-Jasmer, L.	NDS 228	Lotz, M.	BW 23
Lösch, M.	BW 52	Loos, B.	RP 322	Lotzgeselle, H.	FG 443
Lösche, E.	BW 63	Loos, E.	BW 45	Loudwin, B.	BW 48
Lösche, W.	SG 456	Loos, F.	BER 133	Louis, C.	NW 276
Löser, A.	BER 133	Loos, I.	NW 293	Louschak, G.	HE 186
Lößl, L.	BY 112	Loos, S.	VwG 483	Louven, K.	SG 468
Loesti, C.	BY 93	Loose, H.	BY 93	Lowe, S.	VwG 487
Loets, C.	SG 460	Loose, J.	BER 131	Lowinski, A.	NW 253
Loets, M.	ArbG 420	Loose, M.	NW 310	Lowinski-Richter, W.	VwG 502
Loeven, P.	NDS 216	Loose, W.	MV 201	Lowitsch, T.	BRA 145
Löw, F.	NW 303	Gräfin von		Loy, H.	ArbG 416
Löwe-Tolk, G.	SG 468	Looz-Corswarem, C.	NW 301	Loytved, H.	BU 12
Löwen, B.	BW 26	Lopez Ramos, C.	NW 309	Loës, E.	ArbG 432
Löwenberg, F.	NW 300	Lorbacher, M.	BY 80	Lua, W.	NW 243
Loewenheim, U.	HE 169	Lorenz, A.	BY 89	Lubbas, R.	BER 129
Löwenkamp, J.	BY 107	Lorenz, A.	NW 286	Lubecki, I.	SAN 373
Loewenstein, I.	SAN 365	Lorenz, A.	NW 300	Lubenow, K.	NW 281
Loewenthal, B.	NDS 220	Lorenz, A.	NW 310	Lubetzki, K.	SAC 356
Löwer, J.	HE 192	Lorenz, C.	BW 38	Lubitz, R.	BY 110
Löwisch, G.	NW 243	Lorenz, C.	BY 85	Lucas, A.	HH 162
Loewke, H.	SG 458	Lorenz, D.	BRA 141	Lucas, G.	SAC 345
Loh, D.	NW 245	Lorenz, G.	NW 285	Lucht, M.	NW 301
Loheide, W.	NDS 236	Lorenz, H.	RP 320	Lucht-Kirchner, M.	FG 446
Loher, W.	BY 98	Lorenz, H.	TH 398	Luckas-Steinmaier, C.	TH 400
Lohkamp, H.	NW 269	Lorenz, H.	VwG 514	Lucke, H.	NDS 220
Lohmann, A.	VwG 499	Lorenz, P.	BW 30	Luckhardt, W.	TH 400
Lohmann, C.	VwG 493	Lorenz, P.	NW 271	Luckow, M.	HH 158
Lohmann, D.	HE 192	Lorenz, R.	BRA 144	Lucks, B.	BRA 147
Lohmann, E.	NW 299	Lorenz, R.	NDS 238	Lucks, K.	NW 308
Lohmann, F.	NDS 240	Lorenz, S.	BY 100	Lucyga, L.	SH 378
Lohmann, H.	TH 397	Lorenz, W.	BW 30	Luczak, H.	NW 252
Lohmann, H.	VwG 491	Lorenz, W.	VwG 480	Luczak, S.	ArbG 432
Lohmann, I.	NW 272	Lorenz, W.	VwG 485	Luczyk, B.	BRA 145
Lohmann, K.	HE 169	Lorenz, W.	VwG 491	Ludemann, H.	RP 320
Lohmann, K.	NW 290	Lorenz, W.	VwG 492	Luderer, S.	SAC 347
Lohmann, L.	NW 277	Lorenz-Hollmann, B.	NW 274	Ludewig, C.	SAC 357
Lohmeyer, T.	NW 269	Lorenz-Papra, G.	HE 176	Ludewigs, H.	VwG 498
Lohn, J.	NW 253	Lorenzen, B.	SG 473	Ludin, H.	BW 30
Lohneis, A.	BY 71	Lorenzen, C.	SH 387	Ludmann, W.	SG 464
Lohner, J.	VwG 482	Lorenzen, C.	VwG 489	Ludolfs, G.	VwG 497
Lohr, B.	BMJ 3	Lorenzen, H.	SH 384	Ludolfs, K.	VwG 497
Lohr, F.	HE 191	Lorenzen, J.	NW 306	Ludolph, H.	NW 245
Lohr, G.	HE 190	Lorenzen, J.	SH 380	Ludwig, D.	RP 331
Lohr, L.	BY 70	Lorenzen, W.	HH 155	Ludwig, E.	BY 72
Lohrengel, A.	HE 187	Lorke, A.	HH 165	Ludwig, F.	BER 133
Lohrengel, M.	BER 119	Lorke, C.	BER 129	Ludwig, H.	BW 41
Lohrengel Iris, E.	BER 131	Lorke, C.	BER 129	Ludwig, H.	BRA 142

Maas-Vieweg

Ludwig, H.	BW	47
Ludwig, J.	NW	257
Ludwig, P.	SAN	373
Ludwig, R.	SH	378
Ludwig, S.	SAN	367
Ludwig, W.	BU	9
Ludwigt, C.	NW	309
Lübbe, B.	HH	160
Lübbe, E.	HH	160
Lübbe-Gotschol, U.	HH	162
Lübben, E.	NDS	237
Lübben, R.	NDS	233
Lübbers, S.	TH	398
Lübbers, U.	TH	399
Lübbert, D.	NW	304
Lübbert, I.	VwG	500
Lübbert, K.	BW	26
Lübbert, U.	NDS	235
Lübbesmeyer, G.	NDS	222
Lübeck, A.	ArbG	423
Lübeck, C.	MV	202
Lübeck, R.	NDS	209
Lübke, T.	BER	125
Lübke, T.	SAC	358
Lübke-Detring, N.	HH	162
Lüblinghoff, J.	NW	272
Lück, M.	RP	330
Lücke, H.	NDS	227
Lücke, K.	NW	282
Lücke, P.	ArbG	434
Lücke, W.	NW	263
Lücke, W.	SAN	365
Lückemann, C.	BY	69
Lückemann, P.	MV	203
Lückhoff, E.	SAC	359
Lücking, B.	SG	465
Lücking, E.	BER	130
Lücking, E.	VwG	486
Lüdecke, G.	HE	173
Lüdecke, H.	VwG	492
Lüdeke, H.	NW	269
Lüdemann, H.	HH	164
Lüdemann, U.	ArbG	435
Lüdemann-Ravit, P.	BW	30
Lüders, H.	NDS	210
Lüders, L.	NW	300
Lüdtge, J.	VwG	495
Lüdtke, H.	BRA	138
Lüdtke, H.	NDS	210
Lüdtke, M.	MV	205
Lüdtke, P.	BU	12
Luedtke, E.	NDS	287
Lüdtke-Handjery, C.	MV	197
Lüers, M.	ArbG	437
Lüerßen, H.	VwG	497
Lueg, E.	NW	279
Lühken-Oltmanns, S.	NDS	233
Lühl, H.	NW	275
Lühning, S.	BER	129
Lühr, G.	NDS	207
Lührmann, R.	NDS	235
Lührs, A.	NW	301
Lührs, W.	SAN	370
Lührs-Hunger, H.	SG	459
Lüke, F.	NW	263
Lüken, E.	NDS	216
Lüker, H.	HH	162
Lüking, G.	NW	271
Lülling, W.	NW	263
Lüning, G.	NDS	228
Lünnemann, E.	BRA	146
Lünnemann, J.	NW	283
Lünterbusch, A.	NW	247
Lünzner, K.	NDS	210
Luer, H.	SH	385
Lürbke, S.	NDS	227
Lürssen, U.	SH	385
Lüsch, J.	FG	440
Lüschen, E.	NDS	227
Lüssenhop, W.	NDS	234
Lütge-Sudhoff, R.	NW	276
Lütgebaucks, H.	NW	275
Lütgens, D.	NW	270
Lüthke, A.	BRE	151
Lüthke, H.	VwG	513
Lütje, E.	BW	52
Lütjens, H.	SH	379
Lütkehölter, H.	HE	176
Lütkoff, S.	MV	199
Lütt, M.	BY	100
Lüttenberg, D.	VwG	500
Lütter, G.	HE	193
Lütticke, H.	NW	286
Lütticke, K.	BRA	139
Lüttig, F.	NDS	216
Lüttmer, B.	NDS	228
Lüttmer, C.	NDS	228
Lüttringhaus, P.	BRE	151
Lüttschwager, B.	VwG	491
Lütz, A.	SG	467
Lütz, G.	VwG	502
Lützelberger, U.	SAN	371
Lützenkirchen, A.	NW	267
Lützenkirchen, J.	NW	266
Lützow, R.	VwG	487
Luff, K.	ArbG	437
Luft-Hansen, C.	RP	329
Luge, J.	NW	249
Luhm-Schier, H.	BER	120
Luhmann, H.	HE	186
Luipold, A.	BW	65
Luippold, M.	BW	56
Luiz, E.	BW	46
Lukas, J.	BY	108
Lukas, J.	NW	276
Lukas, R.	ArbG	421
von Lukowicz, H.	SH	382
Lumberg, U.	NW	308
Lumm, H.	BRA	147
Lumm-Hoffmann, B.	BRE	151
	SG	459
Lunau, M.	SH	375
Lund, H.	HH	165
Lunz, B.	BW	38
Lunz-Schmieder, M.	ArbG	414
Lupko, M.	BY	105
Lupperger, J.	BY	99
Lust, C.	SAC	346
Luthe, A.	SAC	358
Luther, H.	BER	118
Luther, M.	ArbG	416
Luther, T.	ArbG	423
Luthin, H.	NW	262
Lutter, H.	VwG	499
Lutter, N.	TH	399
Lutterbeck, W.	NW	284
Lutz, B.	BW	55
Lutz, B.	BW	62
Lutz, D.	VwG	506
Lutz, E.	BY	90
Lutz, E.	SG	451
Lutz, E.	SH	379
Lutz, G.	BY	68
Lutz, G.	RP	323
Lutz, H.	BY	80
Lutz, H.	BY	114
Lutz, H.	RP	327
Lutz, L.	BW	58
Lutz, M.	SG	462
Lutz, R.	BW	37
Lutz, R.	VwG	475
Lutz, S.	SAN	365
Lutz, U.	BY	85
Lutze, R.	SAN	364
Lutzebäck, E.	BRE	153
Lutzenberger, H.	BY	89
Lux, A.	SAN	370
Lux, B.	SH	385
Lux, P.	HE	173
Luxa, T.	BER	129
Luyken, F.	NW	259
Lyko, U.	BRE	153
Lysko, R.	NW	246
Lyß, H.	NDS	222

M

Maack, I.	BER	119
Maas, B.	NW	290
Maas, D.	SH	384
Maas, H.	BRA	137
Maas, H.	FG	445
Maas, H.	SAA	337
Maas, K.	BW	24
Maas, T.	SG	471
Maas, U.	NW	293
Maas-Vieweg, C.	SG	456

627

Maaß, E.	TH 393	Mager, C.	VwG 485	Maier, W.	BW 37
Maaß, H.	SAC 359	Mager, T.	BY 105	Maier, W.	BY 96
Maaß, K.	BER 123	Mages, A.	VwG 482	Maietti, S.	BER 122
Maaß, U.	NW 288	Magiera, M.	BER 126	Maifeld, J.	NW 307
Maatz, K.	BU 8	Magiera-Steinacker, J.	NW 244	Maihold, D.	BY 108
Macco, C.	BW 59	Magnus, J.	NDS 236	Maintzer, H.	NW 302
Machata, W.	HE 192	Magnus, U.	HH 158	Mainx, H.	BW 59
Machatius, R.	NDS 222	Mahall, E.	BY 113	Mainz, G.	NW 299
Mache, M.	BRA 143	Mahler, A.	VwG 503	Mainzer, W.	NW 306
Machel, H.	BER 128	Mahler, M.	SAA 337	Mair, H.	BY 67
Macher, L.	FG 440	Mahler, S.	BW 52	Maisack, C.	BW 36
Maciejewski, K.	SAC 348	Mahlke, N.	BW 23	Maisch, G.	VwG 477
Maciejewski, T.	SAC 347	Mahmens, A.	MV 199	Maise, R.	NW 265
Macioszek, M.	NW 300	Mahn, D.	HE 169	Maiß, A.	NDS 221
Macioszek, M.	NW 302	Mahn, D.	VwG 499	Maiwald, H.	ArbG 437
Mack, A.	ArbG 413	Mahn, H.	BRA 137	Maiwald, J.	BU 12
Mack, C.	ArbG 414	Mahncke, C.	VwG 504	Maiwald, M.	NDS 212
Mack, F.	BW 40	Mahnkopf, H.	NDS 227	Maiwald-Hölzl, S.	RP 333
Mack-Oberth, M.	MV 205	Mahnkopf, M.	SAN 372	Maiworm, B.	NW 245
Macke, P.	BRA 136	Mahr, U.	BW 38	Maiworm, L.	SG 464
	VerfG 404	Mahramzadeh, J.	NDS 218	Maiworm, P.	NW 301
Mackel, C.	NW 310	Mahringer, C.	BW 61	Maixner, B.	BY 93
Mackenroth, G.	SH 383	Mahringer, C.	BW 64	Majer, C.	SAC 355
Mackenthun, M.	HE 189	Mahrle, B.	NW 305	Majerski-Pahlen, M.	SG 456
MacLean, J.	BER 132	Mai, K.	NW 254	Majorowsky, K.	NW 260
MacLean, P.	VwG 485	Mai, R.	BY 89	Majstrak, E.	SAN 366
Mader, B.	BY 95	Mai, S.	BY 101	Majstrak, U.	SAN 365
Mader, R.	BY 98	Maibaum, A.	NW 270	Majunke, P.	SAC 348
Madert-Fries, I.	SAA 337	Maidowski, U.	VwG 500	Makus, U.	VwG 497
Madinger, M.	BY 72	Maier, A.	BW 63	Malchereck, U.	HE 176
Madle, U.	FG 440	Maier, A.	RP 323	Malchus, E.	RP 329
Madlindl, R.	BY 91	Maier, A.	SAC 359	Malek, S.	BRA 143
Mächel, U.	NW 246	Maier, B.	SAC 344	Malies, J.	BER 118
Mächtel, M.	BW 37	Maier, C.	BU 16	Malinka, V.	BW 62
Mäder, U.	TH 399	Maier, D.	BW 33	Malinowski, J.	VwG 497
Mädler, M.	VwG 498	Maier, E.	BER 131	Malkmus, H.	ArbG 415
Mädrich, S.	BMJ 5	Maier, E.	BY 80	Malkmus, M.	HE 172
Mädrich, S.	VwG 476	Maier, F.	BW 51	Mallach, H.	BER 119
Mägerle, W.	BW 39	Maier, G.	BW 43	Mallmann, O.	BU 13
Mählenhoff, R.	SAN 368	Maier, G.	BY 90	Mallmann, P.	VwG 500
Mähr, M.	NW 294	Maier, G.	BY 103	Mallmann-Döll, H.	VwG 485
Mährlein, R.	MV 197	Maier, G.	BY 110	Mallow, E.	BY 90
Mälicke, J.	SG 457	Maier, G.	SG 454	Mallwitz, G.	BY 80
Maelicke, B.	SH 375	Maier, H.	ArbG 412	Malms, H.	HE 189
Mälzer, S.	RP 332	Maier, H.	BW 41	Malorny-Wächter, U.	VwG 501
Maercks, T.	ArbG 427	Maier, H.	VwG 481	Malsack, B.	BER 130
Märcz, G.	HE 167	Maier, H.	VwG 499	Malsch, V.	NW 244
Märten, C.	NW 306	Maier, I.	BRA 146	Malter, H.	BRA 147
Märten, R.	NW 276	Maier, J.	BW 54	Malter, D.	VwG 483
Märtens, M.	SAC 359	Maier, J.	SAC 355	Maltry, A.	BY 113
März-Lehmann, M.	BY 89	Maier, K.	BW 42	Freiherr	
Mäser, A.	SAC 359	Maier, K.	FG 440	von Maltzahn, F.	BU 7
Mätzke, H.	NW 306	Maier, M.	BW 48	Maly-Motta, P.	BY 93
Mäurer, U.	BRE 149	Maier, M.	SAC 347	Malz, J.	NDS 226
Mäusbacher, K.	BY 370	Maier, R.	ArbG 410	Malzen, U.	NW 251
Mäusezahl, G.	NDS 209	Maier, R.	BW 51	Mampel, D.	VwG 502
Maex, K.	BY 69	Maier, S.	BW 49	Mancini, G.	EuGH 517
Magalowski, D.	SAN 366	Maier, S.	BW 62	Mandel, C.	NW 291
Magel, S.	NW 281	Maier, W.	BW 25	Mandelke, H.	ArbG 421

Manderscheid, K.	NW 255	Mareck, R.	ArbG 427	Marten, F.	NW 288
Mandl, D.	BY 99	Marek, H.	BY 88	Marten, G.	NW 244
Mandt, B.	NW 312	Maresch, D.	BRE 151	Martens, D.	MV 205
Manegold-Burckhardt, G.	NW 245	Maresch, D.	VwG 486	Martens, H.	HH 156
		Marewski, C.	ArbG 416	Martens, H.	SH 380
Mangelsdorf, C.	HE 178	Margraf, J.	NDS 222	Martens, J.	SH 377
Mangen, K.	NW 294	Margraf, R.	NW 305	Martens, J.	SH 383
Manges, D.	TH 394	Marhofer, P.	BER 119	Martens, J.	VwG 484
Manges, E.	HE 188	Marienfeld, H.	NDS 223	Martens, K.	HH 157
Mangold, H.	BW 46	Marienfeld, W.	NDS 223	Martens, R.	NW 293
Mangold, O.	BW 45	Marill, U.	BY 89	Martensen, H.	VwG 513
von Mangoldt, H.	VerfG 407	Maring, H.	NW 267	Martensen, J.	BW 63
Mangstl, O.	BY 79	Maritz-Mader, B.	NW 279	Martensen, U.	SH 379
Manhardt, A.	BY 89	aus der Mark, J.	NW 276	Martenstein, P.	HE 170
Manke, M.	MV 205	Mark, S.	NW 287	Marth, B.	BER 129
Manke, M.	NDS 238	Markart, K.	VwG 482	Martin, A.	NW 249
Mankel, H.	NW 268	Markert, A.	SAN 371	Martin, E.	SAC 357
Mankiewicz, J.	NDS 227	Markert, E.	BW 46	Martin, G.	BY 80
Manko, B.	BER 124	Markert, F.	BW 58	Martin, H.	HE 179
Mann, B.	RP 323	Markert, I.	BER 123	Martin, J.	VwG 482
Mann, D.	SG 466	Markert, W.	FG 447	Martin, K.	HE 172
Mann, G.	RP 328	Markfort, T.	BER 131	Martin, K.	NW 294
Mann, H.	NDS 221	Markgraf, J.	BER 117	Martin, K.	RP 323
Mann, J.	FG 439	Markgraf, M.	NW 258	Martin, K.	VwG 482
Mann, J.	SG 452	Markhart, S.	BW 60	Martin, M.	BY 112
Mann, K.	SG 457	Markowitsch, S.	BW 55	Martin, M.	NW 294
Mann, N.	NW 248	Markowski, S.	VwG 493	Martin, R.	MV 200
Mann, W.	HE 182	Marks, H.	BU 15	Martin, R.	RP 328
Mann, W.	NW 300	Markus, P.	BY 82	Martin, R.	SG 457
Mann-Lechleiter, G.	NW 297	Markus, W.	ArbG 429	Martin, S.	BER 128
Mannebeck, J.	NW 302	Markus, W.	NDS 234	Martin, S.	BU 11
Mansees, N.	BER 126	Markwardt, A.	BY 91	Martin, S.	TH 393
Mansel, B.	BW 65	Markwardt, M.	BY 67	Martin, V.	BER 129
Manser, A.	HE 184	Markwort, G.	NDS 210	Martin, W.	BY 70
Mansfeld, B.	SAA 337	Markworth, V.	VwG 485	Martin, W.	NDS 234
Mansfeld, L.	BY 80	Marl, B.	NW 245	Martini, J.	BY 87
Manshausen, M.	SAN 371	Marliani, R.	BW 41	Martini, P.	VwG 483
Manshausen, R.	BER 124	Marnau, E.	SH 378	Martins, A.	SH 385
Manske, H.	BER 118	Marner, S.	NDS 239	Martis, R.	BW 54
Mansmann, D.	RP 328	Marner, S.	NDS 240	Marty, R.	NW 273
Mansperger, J.	BW 60	Marnett-Höderath, E.	NW 300	Marufke, D.	TH 393
Manß, J.	ArbG 436	Marowski, H.	ArbG 416	Maruhn, J.	HE 170
Manteufel, T.	NW 297	Marquard, U.	HE 173	Maruschka, E.	BW 24
Manteuffel, H.	NW 257	Marquardt, A.	ArbG 421	Marwinski, R.	VwG 503
Manthei, T.	NW 288	Marquardt, A.	SG 464	Marx, A.	BRA 143
Manthey, K.	BER 123	Marquardt, E.	BRA 138	Marx, A.	NW 307
Manthey, M.	NW 283	Marquardt, G.	SG 463	Marx, C.	NW 309
Manthey, S.	MV 200	Marquardt, I.	NDS 239	Marx, H.	NW 249
Manz, E.	BW 30	Marquardt, J.	RP 320	Marx, H.	RP 313
Manz, G.	HH 165	Marquart, B.	BW 36	Marx, H.	RP 317
Manz, J.	BW 65	Marsch, H.	NDS 224	Marx, H.	RP 322
Manz, P.	FG 439	Marschall von Bieberstein, H.	HE 184	Marx, H.	RP 327
Manz, P.	NW 269			Marx, J.	BER 128
Manzewski, D.	MV 205	Marscheck, E.	RP 329	Marx, J.	RP 333
Marahrens, A.	NDS 213	Marscheck-Schäfer, G.	RP 329	Marx, M.	BW 38
Marahrens, C.	NDS 213	Marschhausen, C.	NDS 237	Marx, M.	SAC 359
Marckwardt, S.	ArbG 417	Marschollek, G.	ArbG 428	Marx, P.	BRA 143
Mareck, C.	NW 269	Marshall, H.	BY 79	Marx, P.	BW 48
Mareck, G.	ArbG 429	Marsollek, H.	BER 122	Marx, P.	HE 180

Marx, R.	TH 399	Mattulke, H.	NW 257	May, E.	BY 92
Marx, S.	ArbG 418	Matulke, I.	BER 132	May, E.	SAN 367
Marx, S.	ArbG 437	Matull, P.	NDS 221	May, G.	BW 23
Marx, S.	BER 120	Matulla, M.	ArbG 417	May, M.	NW 301
Marx, S.	BER 122	Matz, A.	SG 462	May, M.	VwG 500
Marx, W.	BMJ 5	Matz, J.	NW 307	May, S.	BRA 140
Marx-Leitenberger, G.	SAN 364	Matzack, M.	HE 177	May, U.	RP 331
Marxen, A.	RP 324	Matzat, M.	MV 200	May, W.	NW 253
Marziniak, A.	NW 250	Matzke, M.	BER 115	May, W.	NW 282
Marzolo, C.	HE 193	Mau, K.	SH 381	Maydorn, J.	VwG 504
Masch, O.	HH 163	Maubach, B.	NW 302	Maye-Grett, U.	RP 321
Mascherek, H.	NW 289	Mauch, H.	BER 129	Mayen, B.	NW 297
Maschmeier, D.	VwG 499	Mauch, K.	BW 28	Mayer, A.	BW 60
Maser, S.	NW 253	Mauch, M.	BW 64	Mayer, A.	VwG 476
Masiak, K.	VwG 494	Mauch, P.	NW 248	Mayer, A.	VwG 492
Masiak, T.	MV 205	Mauck, M.	BER 118	Mayer, B.	BY 79
Masling, G.	NW 250	Mauer, D.	NW 243	Mayer, C.	BY 83
Maßmann, J.	SH 382	Mauer, W.	HE 187	Mayer, D.	BU 13
Masson, D.	BER 128	Mauer, W.	VwG 481	Mayer, D.	BW 52
von Massow, H.	VwG 503	Mauer-Wolters, U.	NW 253	Mayer, E.	BY 67
Masuch, F.	BER 121	Mauersberger, B.	MV 203	Mayer, E.	BY 99
Masuch, P.	BU 12	Maukisch, E.	NW 308	Mayer, G.	FG 440
Masuhr, U.	ArbG 413	Maul, H.	BU 7	Mayer, H.	BU 15
Matejka, W.	VwG 476	Maul, R.	NDS 227	Mayer, H.	BW 60
Materlik, G.	SAN 371	Maul, R.	TH 392	Mayer, H.	BY 107
Materna, H.	BER 126	Maul, W.	VwG 513	Mayer, H.	SG 454
Mathein, G.	SG 456	Maul-Backer, H.	BRE 149	Mayer, K.	BW 35
Matheiowetz, K.	SAC 350	Maunz, R.	VwG 479	Mayer, L.	BW 57
Matheis, K.	BW 57	Maur, L.	RP 331	Mayer, M.	BY 80
Matheis, K.	SAA 340	Maurer, B.	SAA 339	Mayer, N.	BU 16
Matheja, T.	HE 187	Maurer, H.	BW 47	Mayer, N.	NDS 238
Mathias, R.	ArbG 429	Maurer, H.	NDS 212	Mayer, P.	ArbG 413
Mathieu, C.	VwG 503	Maurer, H.	VwG 504	Mayer, R.	BY 79
Mathonia, C.	BW 25	Maurer, M.	HE 188	Mayer, R.	BY 91
Mathy, A.	BW 38	Maurer, M.	VwG 483	Mayer, T.	BY 98
Matscheck, K.	BY 105	Maurer, N.	RP 325	Mayer, T.	BY 101
Matt, G.	BY 77	Maurer, R.	BY 86	Mayer, U.	BW 41
Matt, W.	BW 28	Maurer, R.	NW 245	Mayer, W.	RP 328
Mattern, H.	SH 380	Maurer, U.	BW 55	Mayer-Held, R.	SG 453
Mattes, F.	VwG 477	Maurer, U.	SG 463	Mayer-Pflomm, J.	BW 62
Matthäus, K.	BY 84	Maurer, V.	VwG 477	Mayer-Rosa, J.	BW 33
Matthes, H.	BU 10	Maurer-Wildermann, B.	NW 296	Mayerhöfer, G.	BY 83
Matthias, K.	TH 399	Maurmann, R.	NW 279	Mayerhöfer, H.	BY 96
Matthias, O.	TH 394	Mauro, U.	NW 280	Mayerhöffer, K.	BW 45
Matthias, S.	NW 309	Mauruschat, B.	HH 165	Mayerhofer, H.	ArbG 414
Matthies, K.	NDS 214	Maus, J.	NW 264	Mayländer, S.	BW 61
Matthiesen, A.	NW 289	Mauß, E.	RP 329	Mayn, K.	VerfG 407
Matthiessen, H.	BRA 146	Mauß, O.	NDS 236	Maynicke, H.	SAN 364
Matthießen, V.	ArbG 422	Maußhardt, C.	VwG 478	Mayr, C.	VwG 481
Matthiessen, H.	HH 161	Maute, W.	BW 50	Mayr, D.	BY 80
Matthiessen, K.	HH 165	Maute, W.	BW 50	Mayr, J.	VwG 482
Matthiessen, T.	BER 125	Mautes, P.	VwG 503	Mayr, K.	ArbG 413
Matthieu, S.	SAC 355	Maué, B.	BW 24	Mayr, K.	SAA 341
Mattik, D.	HH 158	Maximini, G.	VwG 508	Mayr, R.	BY 84
Mattke, W.	NW 301	Maxrath, P.	NW 296	Mebs, H.	BY 90
Mattner, M.	MV 195	May, A.	HE 193	Mecke, B.	FG 444
Mattonet, T.	NW 280	May, A.	VwG 510	Mecke, V.	BW 54
Mattstedt, B.	SAN 370	May, C.	BW 39	Meckel, A.	HE 192
Mattula, G.	BY 85	May, C.	NW 309	Meckelnborg, H.	NDS 234

Meckenstock, A.	NW 252	Meier, J.	NW 309	Meisenberg, M.	BY 67
Mecker, H.	RP 314	Meier, J.	RP 331	Meising, H.	BER 117
Mecking, W.	VwG 501	Meier, J.	TH 393	Meiski, G.	BY 83
Mecklinger, K.	BY 89	Meier, K.	VwG 506	Meisling, M.	HH 156
Meckmann-Everling, G.	NW 274	Meier, L.	NW 290	Meiß, S.	SG 471
Meder, A.	BER 133	Meier, M.	BRA 138	Meißner, A.	SH 381
Meder, A.	VwG 476	Meier, M.	BW 29	Meißner, C.	VwG 475
Meder, G.	NW 283	Meier, R.	BY 99	Meißner, G.	BER 127
Mederake, S.	SAN 372	Meier, S.	SAN 372	Meißner, G.	NW 289
von Meding, E.	NDS 213	Meier, W.	NW 308	Meißner, H.	HH 159
Medla, J.	SAC 345	Meier-Beck, P.	NW 245	Meißner, J.	SAC 348
Meenke, H.	SH 381	Meier-Böke, C.	NDS 216	Meißner, M.	BW 25
Meer, H.	NW 268	Meier-Engelen, S.	VwG 505	Meißner, T.	SAC 358
Meergans, E.	HE 174	Meier-Kraut, A.	BY 101	Meissner, C.	VerfG 406
Meergans, H.	BW 33	Meier-Scherling, C.	ArbG 421	Meissner, K.	BW 45
Meerjanssen, H.	VwG 513	Meier-Staude, H.	BY 99	Meissner, L.	HE 187
Meerkötter, B.	NW 283	Meierjohann, E.	NW 275	Meister, E.	NW 249
Meermann, M.	MV 201	Meierkamp, U.	SG 465	Meister, G.	BW 23
Meermann, S.	MV 200	Meiers, K.	VwG 508	Meister, H.	NW 252
Mees, H.	BU 7	Meiler, P.	BY 76	Meister, M.	TH 397
Mees, W.	HE 186	Meilicke, E.	FG 439	Meistering, H.	SH 387
Meeuw-Wilken, H.	NDS 237	Meilinger, F.	HE 170	Meiswinkel, W.	NW 277
Meffert, F.	MV 206	Meilinger, G.	HE 176	Meixner, A.	BY 72
Meffert, K.	VwG 489	Meinardus, H.	NW 264	Meixner, B.	BMJ 5
Megerle, U.	RP 329	Meinardus, H.	RP 321	Meixner, B.	BY 111
Mehdorn, B.	VwG 485	Meinders, B.	BRE 152	Meixner, D.	HH 161
Mehl, D.	BW 47	Meindl, W.	BY 109	Meixner, W.	BY 103
Mehl, M.	SG 454	Meine, H.	HH 165	Melcher, P.	SAC 345
Mehler, J.	VwG 483	Meinecke, H.	HE 170	Melchers, J.	BW 42
Mehlhorn, C.	NW 302	Meinecke, M.	NW 265	Melchior, H.	BY 88
Mehlhorn-Hamel, G.	BY 90	Meinecke, R.	SG 460	Melchior, K.	NW 243
Mehlich, D.	NW 264	Meinecke-König, K.	NDS 240	Melchior, R.	BER 123
Mehling, A.	VwG 481	Meinel, H.	BU 16	Meldau, M.	NW 250
Mehlis, D.	BER 126	Meinel, M.	BY 103	Melder, W.	BY 91
Mehlis, K.	NW 290	Meinel, M.	SAC 350	Meller, G.	NW 301
Mehltretter, A.	BY 68	Meinen, G.	BER 121	Mellinghoff, R.	FG 444
Mehmel, F.	VwG 490	Meiner, I.	BER 115		VerfG 405
Mehner, E.	BER 116	Meiners, B.	SAA 341	Melms, M.	BY 107
Mehrens, I.	NDS 207	Meinert, V.	SH 377	Meltendorf, G.	BER 116
Mehrens, N.	NDS 227	Meinerzhagen, U.	BW 24	Meltendorf, G.	BER 125
Mehrer, K.	NW 288	Meinhardt, B.	BW 56	Meltendorf, G.	BY 97
Mehrings, J.	NDS 232	Meinhardt, C.	BU 15	Melullis, K.	BU 8
Mehrle, G.	ArbG 410	Meinhardt, J.	VwG 514	Melz, U.	BY 86
Meiberg, R.	VwG 501	Meinhardt, O.	VwG 484	Melzer, D.	HE 182
Meiborg, G.	RP 313	Meinhof, A.	BW 56	Melzer, G.	BRE 151
Meiche, R.	BY 91	Meinhold, H.	NW 287	Melzer, H.	BY 87
Meid, V.	VwG 483	Meinhold, W.	BW 52	Melzer, T.	BRA 145
Meidert, W.	BY 81	Meinikheim, W.	BW 60	Melzer-Wolfrum, E.	BY 85
Meienburg, R.	SH 384	Meininger, I.	NW 251	Memmel, G.	MV 197
Meiendresch, U.	NW 294	Meinjohanns, H.	NDS 232	Mempel, K.	NDS 218
Meier, B.	NDS 239	Meinken, R.	BRE 151	Menapace, M.	NW 310
Meier, B.	VwG 502	Meins, H.	VwG 490	Menard, L.	SG 465
Meier, C.	BER 129	Meinzenbach, R.	TH 393	Menche, J.	HE 191
Meier, D.	NW 296	Meiring, C.	NW 310	Mencher, H.	RP 322
Meier, E.	HE 187	Meis, M.	BW 32	Mende, A.	BRA 137
Meier, F.	NW 311	Meise, C.	NW 308	Mende, G.	SAC 350
Meier, H.	MV 205	Meise, H.	NW 275	Mende, J.	NW 306
Meier, H.	NDS 211	Meisel, K.	SAC 352	Menden, H.	NW 259
Meier, H.	NDS 226	Meisenberg, I.	BY 86	Mendisch, S.	SAC 359

631

Mendler, B.	BW 36	Merk, G.	BY 87	Merzbach, H.	NW 301
Mendler, S.	SG 452	Merk, H.	BW 26	Merzbach, W.	SAN 365
Mendrina, H.	BER 129	Merkel, G.	SG 456	Merzig, F.	RP 323
Mendrzyk, K.	VwG 489	Merkel, T.	ArbG 421	Merziger, H.	SAA 338
Meng, J.	VwG 510	Merkel, U.	VwG 493	Mesch, V.	NW 309
Meng, K.	RP 315	Merker, F.	BRA 137	Meschede, A.	NW 264
Menge, B.	NDS 215	Merker, J.	NDS 209	Meschede, G.	NW 285
Menge, J.	BW 55	Merkl, P.	SAC 358	Meschede, H.	NW 287
Mengel, B.	HE 179	Merkle, B.	BY 81	Mesenhöller, H.	NW 260
Mengel, V.	NW 254	Merkle, K.	BY 75	du Mesnil de	
Mengele, F.	BW 62	Merkt, A.	FG 439	Rochemont, R.	NDS 237
Mengele, K.	BY 84	Merl, H.	BY 79	Meßbacher-Hönsch, C.	FG 441
Mengele, M.	BY 87	Merländer, P.	NW 298	Meßer, C.	RP 331
Mengele, M.	BY 98	Merle, D.	FG 443	Meßer, H.	BRA 143
Menger, H.	BY 70	Merle, U.	HE 180	Messer, B.	BY 77
Menger, R.	BRA 144	Mermann, W.	BW 35	Messerschmidt, B.	TH 391
Mengershausen, M.	VwG 511	Merrem, B.	HE 192	Messerschmidt, H.	BER 127
Menges, G.	HE 174	Mersch, R.	SAN 372	Messerschmidt, R.	SAN 361
Menges, O.	BW 28	Merschdorf, H.	SAC 352	Messinger, H.	SAA 340
Menhofer, B.	HE 192	Merschformann, R.	BW 62	Meßler, J.	BY 74
Menhofer, C.	HE 192	Merschformann, U.	BW 26	Meßner, H.	BY 92
Menk, J.	BW 28	Merschmeier, A.	VwG 505	Messner, O.	BY 89
Menk, R.	NDS 221	Merschmeier-		Messner, U.	TH 393
Menke, A.	TH 393	Schütz, H.	NW 293	Mestwerdt, W.	ArbG 425
Menke, B.	NW 258	Mersmann, R.	NW 248	Metelmann, F.	BW 25
Menke, C.	NDS 240	Mersmeyer, K.	BRE 151	Methling, C.	SAN 366
Menke, G.	HH 166	Mersson, G.	NW 269	Methling, R.	ArbG 435
Menke, G.	NW 256	Mertel, D.	NW 266	Metscher, J.	HE 188
Menke, H.	ArbG 419	Mertel, K.	BW 25	Metscher, W.	VwG 508
Menke, H.	NDS 238	Mertens, A.	NW 246	Metschke, R.	SAN 369
Menke, I.	ArbG 437	Mertens, B.	NW 274	Mett, D.	SH 376
Menken, E.	ArbG 422	Mertens, D.	BER 119	Mett-Grüne, I.	BY 71
Menkhoff, H.	NW 248	Mertens, D.	BER 120	Mette, E.	SG 454
Menn, J.	SAC 357	Mertens, H.	VwG 504	Mette, N.	NW 296
Menne, E.	NW 263	Mertens, J.	NW 287	Metten, K.	NW 277
Mennenga, A.	HE 192	Mertens, J.	SG 464	Metz, R.	TH 395
Menninger, G.	BY 70	Mertens, K.	SH 385		VerfG 407
Menold-Weber, B.	NW 311	Mertens, K.	VwG 504	Metz-Horst, S.	NW 310
Menschig, K.	BER 115	Mertens, O.	NW 311	Metz-Zaroffe, M.	NW 300
Mentz, H.	HH 157	Mertens, P.	SAN 364	Metze, C.	TH 391
Mentz, M.	HE 167	Mertens, U.	NW 277	Metzeler-Stantschev, I.	NW 246
Menz, K.	BW 62	Mertens, W.	RP 315	Metzen, P.	NW 293
Menz, R.	HE 177	Mertes, N.	SAA 340	Metzenheim, G.	NDS 218
Menz, W.	HE 176	Mertgen, I.	BW 30	Metzenheim, U.	NDS 207
Menzel, G.	BER 118	Merth, F.	SH 383	Metzenmacher, J.	SG 471
Menzel, H.	BY 85	Mertig, C.	BW 57	Metzger, E.	BY 110
Menzel, H.	NW 295	Mertig, S.	TH 393	Metzger, H.	NW 265
Menzel, H.	RP 315	Mertig, W.	BW 65	Metzger, I.	RP 332
Menzel, L.	VwG 498	Mertins, W.	BRA 141	Metzger, N.	SAC 358
Menzel, S.	BER 122	Merté, E.	ArbG 422	Metzger, T.	RP 320
Menzel, W.	NW 300	Merx, A.	BW 38	Metzger, U.	BW 23
Menzemer, M.	NDS 239	Merz, C.	NW 309	Metzger-Carl, R.	HE 172
Menzen, M.	NW 303	Merz, D.	VwG 485	Metzger-Lashly, G.	VwG 488
Menzer, U.	BW 62	Merz, H.	BW 59	Metzger-Schalke, R.	BW 32
Menzler, R.	HE 181	Merz, H.	SAC 357	Metzinger, J.	HH 161
Merckens, F.	NDS 217	Merz, P.	BRA 137	Metzke, M.	ArbG 417
Merckens, J.	SG 360	Merz, S.	TH 400	Metzler, A.	VwG 508
Mergner, D.	NW 305	Merz-Bender, B.	VwG 495	Metzler, B.	NW 258
von Mering, S.	NDS 234	Merz-Gintschel, A.	ArbG 422	Metzler, K.	NW 286

Metzler, U.	NW	307	Meyer, I.	NW	247	Meyer-Hippmann, H.	NDS 220
Metzler-Rall, M.	BW	58	Meyer, I.	VwG	495	Meyer-Holz, U.	NDS 231
Metzmacher, U.	VwG	501	Meyer, J.	BRA	146	Meyer-Ladewig, J.	BMJ 3
Metzner, J.	SG	456	Meyer, J.	HH	158	Meyer-Lamp, M.	NDS 219
Metzner, M.	VwG	492	Meyer, J.	HH	165	Meyer-Lang, J.	VwG 495
Metzner, M.	VwG	493	Meyer, J.	NDS	238	Meyer-Laucke, W.	NW 272
Metzner, R.	VerfG	403	Meyer, J.	NW	302	Meyer-Macheit, M.	HH 166
	VwG	479	Meyer, J.	SAC	351	Meyer-Rutz, P.	BY 71
Metzner, W.	BW	34	Meyer, J.	SH	381	Meyer-Schäfer, F.	BER 119
Metzroth, N.	SG	470	Meyer, K.	ArbG	427	Meyer-Schomann, E.	NDS 233
Meumann-Anders, U.	RP	333	Meyer, K.	BMJ	5	Meyer-Schulz, M.	VwG 490
Meunier-Schwab, J.	BER	120	Meyer, K.	BW	41	Meyer-Seitz, C.	BMJ 5
Meurer, D.	HE	184	Meyer, K.	HE	176	Meyer-Stender, A.	VwG 490
Meurer, M.	NW	245	Meyer, K.	HE	185	Meyer-Tegenthoff, B.	NW 308
Meurer, N.	NW	253	Meyer, K.	NW	281	Meyer-Tonndorf, K.	BRA 139
Meuschke, W.	NW	255	Meyer, K.	NW	291	Meyer-Ulex, H.	NDS 211
Meusel, G.	SAC	359	Meyer, K.	VerfG	406	Meyer-Wentrup, C.	NW 283
Meuser, H.	VwG	503		VwG	506	Meyer-Wöbse, G.	TH 396
Mewes, R.	ArbG	428	Meyer, K.	VwG	513	Meyer-Wopperer, G.	ArbG 430
Mey, V.	RP	315	Meyer, L.	NDS	221	Meyerhöfer, G.	BY 107
Meyberg, A.	BY	114	Meyer, M.	BRA	142	Meyerhoff, K.	SG 462
Meybohm, A.	BRA	141	Meyer, M.	BW	32	Meyerholz, M.	NDS 210
Meybrunn, K.	FG	439	Meyer, M.	BY	88	Meyers, G.	NW 296
Meyding, R.	BW	63	Meyer, M.	BY	113	Meyke, G.	NDS 222
Meyer, A.	ArbG	433	Meyer, M.	NDS	236	Meyke, R.	NDS 230
Meyer, A.	NW	308	Meyer, M.	SH	382	Meyn, T.	HH 164
Meyer, A.	SAA	337	Meyer, P.	SAC	346	Meyne, H.	RP 319
Meyer, A.	SAN	366	Meyer, P.	SAN	364	Meyritz, P.	BRA 143
Meyer, B.	ArbG	424	Meyer, P.	VwG	484	Mezger, I.	VwG 477
Meyer, B.	FG	445	Meyer, R.	FG	441	Mezger, J.	VwG 478
Meyer, B.	NDS	234	Meyer, R.	NW	260	Miara, A.	ArbG 432
Meyer, B.	NW	255	Meyer, R.	NW	309	Michael, G.	BY 86
Meyer, B.	NW	256	Meyer, S.	RP	320	Michaelis, B.	NDS 218
Meyer, B.	SAN	365	Meyer, S.	SAC	353	Michaelis, C.	SAC 347
Meyer, B.	VwG	507	Meyer, T.	ArbG	413	Michaelis, G.	VwG 477
Meyer, C.	BW	64	Meyer, T.	BMJ	4	Michaelis, J.	SAC 355
Meyer, C.	FG	445	Meyer, T.	BRA	145	Michaelis, J.	VwG 475
Meyer, C.	HH	160	Meyer, T.	BY	72	Michaelis, U.	MV 197
Meyer, C.	NW	308	Meyer, T.	NW	300	Michaelis de	
Meyer, C.	SAN	363	Meyer, T.	TH	398	Vasconcellos, R.	NW 271
Meyer, D.	HH	162	Meyer, V.	SAN	372	Michaelis-	
Meyer, D.	MV	204	Meyer, W.	BU	11	Merzbach, P.	VwG 485
Meyer, D.	SH	377	Meyer, W.	BU	12	Michaelowa, K.	HE 174
Meyer, E.	BRA	145	Meyer, W.	BY	105	Michalczik, B.	MV 201
Meyer, F.	NW	269	Meyer, W.	NDS	215	Michalczik, K.	NW 241
Meyer, F.	SG	460	Meyer, W.	NW	272	Michalek, A.	NW 284
Meyer, G.	BY	77	Meyer, W.	VwG	498	Michalek, D.	FG 448
Meyer, G.	NDS	232	Meyer ter Vehn, R.	NW	241	Michalek, D.	NW 285
Meyer, G.	SH	380	Meyer-Arndt, B.	BRE	151	Michalik, K.	TH 392
Meyer, G.	SH	381	Meyer-Arndt, G.	BRE	151	Michalik, R.	BRA 144
Meyer, H.	BW	28	Meyer-			Michalik, S.	HE 170
Meyer, H.	BY	82	Bockenkamp, U.	VwG	511	Michalk, W.	TH 391
Meyer, H.	HE	167	Meyer-Borgstädt, J.	SAN	370	Michalke, J.	BY 101
Meyer, H.	NDS	234	Meyer-Brügel, E.	BER	118	Michalke, K.	HE 175
Meyer, H.	SAC	348	Meyer-Buchwald, R.	HH	162	Michalke, R.	BY 95
Meyer, H.	VwG	485	Meyer-Ebeling, J.	NDS	228	Michallek, K.	NDS 230
Meyer, H.	VwG	489	Meyer-Frey, H.	SAC	354	Michalski, C.	BRA 145
Meyer, H.	VwG	498	Meyer-Goßner, L.	BU	7	Michalski, D.	NDS 223
Meyer, H.	VwG	498	Meyer-Grünow, R.	VwG	507	Miche-Seeling, T.	NW 259

Michel Namensverzeichnis

Michel, A.	VwG 482	Milich, H.	FG 445	Mittmann, E.	NDS 219		
Michel, D.	VwG 491	Milionis, A.	BW 61	Mittmann, H.	NDS 219		
Michel, E.	NW 311	Milk, A.	NW 289	Mittmann, V.	FG 443		
Michel, G.	RP 323	Milkereit, W.	HH 165	Mittrup, W.	NW 269		
Michel, I.	BW 27	Millat, A.	MV 205	Mitzinger, S.	MV 205		
Michel, N.	RP 329	Mille, L.	RP 317	Mitzkus, K.	NW 289		
Michel, S.	HE 192	Millek, M.	NDS 233	Mitzlaff, A.	NDS 238		
Michel, T.	VwG 514	Miller, A.	BY 101	Mitzner, R.	VerfG 404		
Michel, W.	VwG 491	Miller, H.	BER 122	Mlodochowski, K.	BRA 138		
Michel-Mettang, P.	BW 63	Miller, K.	BER 122	Mnich, H.	NW 252		
Michels, H.	TH 395	Miller, W.	BY 80	Moayer, S.	SAN 372		
Michels, J.	SG 456	Millert, J.	BER 122	Moch, F.	BRA 141		
Michels, L.	NW 280	Millgramm, K.	VwG 511	Mock, B.	BY 98		
Michels, U.	ArbG 417	Miltenberger, F.	BY 70	Mock, R.	BY 87		
Michels-Ringkamp, E.	NW 281	Milz, J.	VwG 477	Mock, W.	FG 444		
Michl, O.	FG 448	Milzer, L.	BW 33	Mockel, U.	HE 192		
Michlik, F.	BMJ 5	Minge, A.	NDS 224	Mocken, J.	NW 258		
Mickat, K.	BY 89	Minig, V.	RP 333	Mockenhaupt, W.	RP 316		
Micke, R.	NW 274	Minnameyer, W.	BY 104	Moderegger, A.	HH 159		
Mickerts, I.	HE 176	Minnich, R.	VwG 497	Modersohn, B.	BW 45		
Miczajka, B.	BER 120	Minor, H.	HE 167	Modroviác, N.	BER 131		
Middeke, A.	VwG 501	Minsinger, M.	VwG 486	Möbius, G.	SG 457		
Middeke, V.	BW 37	Minssen, I.	NW 296	Möbius, J.	BRA 144		
Middel, K.	BER 116	Minte, H.	SAN 364	Möbius, J.	BRA 145		
Middelberg, G.	NW 275	Minten, C.	SAC 357	Möcke, R.	BER 118		
Middeler, M.	NW 310	Miodownik, M.	BER 126	Möckel, S.	NW 257		
Midderhoff, F.	NW 297	Miosga, G.	BY 86	Möckel, U.	BW 36		
Miebach, K.	BU 8	Miosge, D.	SAN 362	Möckl, P.	TH 398		
Miebs, H.	ArbG 432	Miras Farto, J.	BW 63	Möhlenbrink, V.	NDS 221		
Mieczkowski, L.	HE 191	Mirl, J.	BY 109	Möhlenbrock, T.	VwG 513		
Miedtank, A.	NDS 240	Mirtsching, W.	HE 176	Möhlig, A.	RP 333		
Miehler, C.	BY 90	Mischau, D.	BER 115	Möhling, H.	NW 279		
Miehlnickel, A.	HE 185	Mische-Petri, I.	NW 267	Möhlmann, R.	SH 379		
Mielert, E.	NDS 209	Mischke, G.	NW 301	Möhn, W.	NDS 237		
Mielke, S.	NW 307	Mischke, G.	RP 313	Möhrenschlager, M.	BMJ 3		
Miereck, E.	MV 203	Misera, H.	NW 309	Möhring, P.	BW 27		
Miersch, B.	BY 80	Mißeler, M.	NW 255	Möhwald, T.	SG 464		
Miese, T.	NW 257	Mißfeldt, A.	NW 308	Möker, U.	VwG 490		
Miesen, D.	NW 298	Mißler, E.	BW 24	Mölder, D.	NW 269		
Mießler, F.	SAN 370	Missmahl, J.	NW 295	Möllenben, B.	NW 260		
Mießner, P.	BY 88	Mitrowan, G.	ArbG 427	Möllenbeck, M.	SAN 372		
Mieth, D.	BER 133	Mitsch, S.	SH 379	Möllenkamp, A.	SAN 372		
Mieth, K.	RP 323	Mitschke, J.	BW 40	Möllenkamp, C.	MV 204		
Mieth, U.	HE 176	Mitschke, P.	BRA 145	Möller, C.	VwG 487		
Mietzner, K.	BRA 147	Mitteis-Ripken, F.	SH 377	Möller, D.	RP 327		
Mihatsch, U.	BY 113	Mittelbach, A.	BER 133	Möller, D.	TH 397		
Mihl, V.	BY 109	Mittelhausen, C.	RP 313	Möller, E.	NW 302		
Mihr, G.	SH 375	Mittelstädt, A.	BMJ 5	Möller, F.	NW 271		
Mihr, G.	VwG 512	Mittelstädt, V.	TH 400	Möller, F.	NW 291		
Mikla, S.	BY 101	von Mittelstaedt, B.	NDS 237	Möller, G.	HH 162		
Mikosch, E.	BU 10	Mittelstrass, H.	NW 269	Möller, G.	SH 386		
Miksch, B.	BY 86	Mittenberger-Huber, A.	TH 394	Möller, H.	BRA 143		
Mildner, U.	VwG 506	Mittendorf, H.	NW 287	Möller, H.	HH 163		
Mildner-Wiese, S.	NDS 228	Mittendorf, H.	RP 316	Möller, H.	NW 299		
Mildt, M.	BRA 146	Mittenzwei, F.	HH 162	Möller, H.	SG 461		
Milewski, K.	BRA 137	Mittenzwei, M.	SG 464	Möller, H.	VwG 476		
Milferstedt, C.	SAN 372	Mittermaier, W.	BY 81	Möller, H.	VwG 506		
Milger, K.	NDS 234	Mittler, D.	BER 131	Möller, J.	BY 113		
Milhahn, I.	BY 90	Mittlmaier, S.	BY 113	Möller, J.	RP 315		

Möller, J.	SH	381	Mohr, G.	VwG	508	Morisse, H.	HH	158
Möller, K.	NDS	219	Mohr, H.	BW	29	Moritz, A.	BER	131
Möller, K.	VwG	496	Mohr, I.	SAA	338	Moritz, A.	NDS	212
Möller, P.	NW	254	Mohr, K.	HE	179	Moritz, G.	BY	81
Möller, S.	BW	64	Mohr, K.	NW	247	Moritz, H.	FG	446
Möller, S.	HE	175	Mohr, P.	BW	50	Moritz, J.	FG	444
Möller, T.	NDS	240	Mohr, S.	HE	176	Moritz, M.	BER	118
Möller, W.	NDS	212	Mohr, U.	NDS	217	Moritz, P.	BER	122
Moeller, D.	ArbG	414	Mohr, U.	NW	305	Moritz, V.	NDS	225
Möller-Goddard, M.	BMJ	3	Mohr-Middeldorf, U.	NW	290	Moritz, W.	BER	117
Möller-Harder, L.	BER	125	Mohrbotter, K.	HH	161	Mork, H.	NW	296
Möller-Piper, B.	BW	63	Mohrmann, R.	TH	398	Morlock, M.	VwG	478
Möller-Scheu, D.	HE	188	Mohrmann, U.	BER	125	Morneweg, T.	VerfG	407
Möllers, P.	VwG	501	Moitinho de			Morof, C.	ArbG	417
Möllers, U.	NW	252	Almeida, J.	EuGH	517	Morrn, T.	SG	467
Möllers, W.	HE	193	Mokrus, M.	VwG	513	Morré, P.	BU	9
Mölling, P.	NW	284	Molesch, E.	SG	466	Mors, A.	VwG	477
Möllmann, R.	NW	260	Molitor, W.	VwG	491	Morsbach, R.	FG	445
Möllring, H.	NDS	207	Molière, R.	BW	56	Morsch, A.	BER	123
Mönig, G.	BW	26	Molkenbur, J.	ArbG	434	Morsch, S.	RP	332
Mönig, U.	NW	290	Molkow, G.	NW	265	Mortag, H.	TH	391
Moenikes, I.	NW	281	Moll, A.	BW	25	Morweiser, C.	BW	33
Mönkebüscher, M.	NW	272	Moll, B.	BW	38	Mosberger, L.	HE	186
Mönkediek, D.	NDS	240	Moll, E.	HE	184	Mosblech, K.	NDS	235
Mönnich, A.	BER	122	Moll, I.	VwG	479	Moschner, A.	MV	205
Mönnig, P.	RP	332	Moll-Vogel, E.	NDS	218	Moschner, C.	MV	205
Mönning, J.	NW	280	Mollenhauer, T.	NW	308	Moschüring, H.	NDS	212
Mörbitz, P.	VwG	501	Molsen, I.	NDS	223	Mose, J.	HH	160
Möritz-Heschke, C.	BER	129	Molter, K.	BW	56	Moser, E.	BU	15
Moerke, F.	BER	124	von Moltke, H.	HE	181	Moser, G.	BY	95
Mörner, J.	HH	164	Moltmann-Willisch, A.	BER	120	Moser, G.	BY	103
Mörrath, K.	BY	87	Molz, R.	SAA	335	Moser, G.	HH	165
Mörs, K.	SAN	370	Molz, W.	SG	467	Moser, H.	BW	33
von Moers, C.	BER	119	Molzahn, N.	SG	471	Moser, H.	NW	259
Mörsch, B.	NW	299	Mombaur, P.	VerfG	406	Moser, R.	BW	60
Mörsch, R.	RP	325	Mondl, H.	HE	178	Moser, R.	SAC	356
Mörsdorf-Schulte, J.	NW	307	Monjé, U.	VwG	485	Moser, W.	BY	107
Mörtzschky, F.	TH	400	Monka, C.	BW	61	Moser-Rodens, G.	NW	246
Mösch, M.	NW	305	Monnet, S.	SAN	372	Moshövel, G.	NW	252
Möschter, S.	BER	123	Monot, W.	BY	88	Mosiek, C.	NW	245
Mösezahl, P.	NW	278	Mons, H.	VwG	507	Mosig, U.	BER	129
Möslinger, H.	BU	15	Monstadt, B.	NW	275	Mosler, H.	NW	263
Mößinger, R.	HE	180	Montag, K.	NDS	217	Mosler, V.	NW	263
Mössle, K.	BW	53	Monzel, U.	NW	289	Mosqua, R.	NW	285
Mößling, G.	BU	10	Moog, K.	NW	284	Moß, P.	BER	130
Mößner, S.	VwG	514	Moormann, H.	NDS	232	Mossel, A.	ArbG	432
Mössner, J.	FG	444	Moraht, R.	BRA	147	Moßem, C.	RP	332
Möstl, W.	BY	81	Morawietz, W.	BW	28	Moßig, U.	NDS	223
Möwes, D.	BER	130	Morawitz, G.	NW	301	Mostardt, A.	ArbG	427
Moezer, H.	BY	102	Morbitzer, W.	HE	192	Mostardt, I.	NW	300
Mogk, H.	VwG	491	Moretti, C.	BY	81	Mosthaf, O.	BW	64
Mohaupt, W.	NW	299	Morf, H.	SH	384	Moszner, T.	TH	398
Moheeb, J.	SAC	347	Morgener, D.	VwG	512	Motel, E.	BER	116
Mohnhaupt, G.	NW	256	Morgenroth, D.	RP	325	Mottok, K.	FG	449
Mohr, C.	HH	158	Morgenroth, G.	RP	325	Motyl, T.	VwG	479
Mohr, C.	NDS	227	Morgenstern, V.	VwG	500	Motzer, S.	BW	53
Mohr, F.	BER	133	Morgenstern-Profft, F.	SAA	336	Motzke, G.	BY	80
Mohr, G.	BW	42	Morgott, S.	VwG	478	Moura-Ramos, R.	EuGH	519
Mohr, G.	SAN	370	Morik, B.	SH	379	Mracsek, S.	BRA	145

635

Mrazek, K.	NW 255	Müller, A.	FG 445	Müller, H.	BRA 139
Mroch, R.	BW 38	Müller, A.	NDS 217	Müller, H.	BU 13
Mrodzinsky, T.	SAC 345	Müller, A.	NW 260	Müller, H.	BW 23
Mrongovius, R.	SH 384	Müller, A.	NW 299	Müller, H.	BW 32
Mrugalla, S.	HE 171	Müller, A.	SAA 341	Müller, H.	BW 45
Muck, S.	SAC 355	Müller, A.	SG 467	Müller, H.	BW 51
Muck, U.	SAC 348	Müller, A.	SH 380	Müller, H.	BW 52
Mucke, G.	SH 377	Müller, A.	VwG 507	Müller, H.	BW 55
Muckel, K.	NW 243	Müller, B.	BER 122	Müller, H.	BY 75
Muckel, W.	NW 312	Müller, B.	BW 49	Müller, H.	BY 80
Muders, R.	NW 307	Müller, B.	BY 108	Müller, H.	BY 88
Mücher, E.	NW 300	Müller, B.	HE 167	Müller, H.	BY 108
Mücher, M.	NW 297	Müller, B.	NW 306	Müller, H.	FG 439
Mück, U.	HH 160	Müller, B.	SAC 347	Müller, H.	HE 172
Mückenberger, H.	HE 174	Müller, B.	VwG 499	Müller, H.	HE 190
Mückenheim, U.	VerfG 404	Müller, B.	VwG 504	Müller, H.	HH 158
	VwG 489	Müller, C.	BY 79	Müller, H.	HH 161
Müffelmann, H.	VerfG 404	Müller, C.	BY 93	Müller, H.	MV 199
Freiin von Müffling, N.	SAC 355	Müller, C.	MV 206	Müller, H.	MV 202
Mügge, C.	SAC 359	Müller, C.	NDS 217	Müller, H.	NDS 222
Müggenberg, H.	NW 294	Müller, C.	NW 263	Müller, H.	NDS 228
Müggenburg, W.	NW 286	Müller, C.	TH 398	Müller, H.	NDS 239
Mühlbauer, A.	BY 108	Müller, D.	NDS 230	Müller, H.	NW 247
Mühlbauer, E.	VwG 482	Müller, D.	SAC 346	Müller, H.	NW 250
Mühlbauer, J.	BW 62	Müller, D.	SG 454	Müller, H.	NW 278
Mühlbauer, S.	BY 114	Müller, E.	ArbG 427	Müller, H.	NW 290
Mühlbauer, U.	SAC 346	Müller, E.	NDS 210	Müller, H.	NW 298
Mühlberg, A.	SAN 369	Müller, E.	NDS 235	Müller, H.	SG 452
Mühlberg, B.	SAC 350	Müller, E.	NW 272	Müller, H.	SH 379
Mühlberger, J.	BY 88	Müller, E.	SAC 348	Müller, H.	VwG 485
Mühle, A.	NW 307	Müller, E.	SAC 358	Müller, H.	VwG 497
Mühlemeier, G.	NW 258	Müller, E.	SAN 369	Müller, I.	BY 114
von zur Mühlen, F.	BY 99	Müller, E.	VwG 478	Müller, J.	BW 65
Mühlenbrock, F.	NW 288	Müller, F.	ArbG 429	Müller, J.	HE 175
Mühlenbruch, S.	VwG 478	Müller, F.	BW 26	Müller, J.	NDS 226
von Mühlendahl, A.	BMJ 4	Müller, F.	BW 63	Müller, J.	NDS 228
Mühlenhöver, G.	VwG 487	Müller, F.	BY 88	Müller, J.	SAA 340
Mühlens, E.	BMJ 4	Müller, F.	MV 205	Müller, J.	SAC 345
Mühlens, P.	BMJ 4	Müller, F.	RP 317	Müller, J.	SAC 357
Mühlfeld, H.	NW 284	Müller, G.	BRA 142	Müller, J.	SAN 361
Mühlhäuser, A.	BW 55	Müller, G.	BU 8	Müller, J.	TH 395
Mühlhausen, H.	NW 260	Müller, G.	BW 47	Müller, K.	BRA 138
Mühlhoff, C.	BW 27	Müller, G.	BY 103	Müller, K.	BW 23
Mühlhoff, D.	NW 284	Müller, G.	BY 105	Müller, K.	BW 55
Mühlmann, W.	NDS 224	Müller, G.	HE 173	Müller, K.	BW 57
Mülbrecht-Klinge, G.	NW 310	Müller, G.	HE 187	Müller, K.	BY 77
Mülders, E.	BER 120	Müller, G.	HE 188	Müller, K.	HE 175
Mülders, H.	NW 258	Müller, G.	HE 192	Müller, K.	MV 204
Mülders, R.	BER 120	Müller, G.	NW 250	Müller, K.	NDS 229
Mülhöfer, H.	NW 253	Müller, G.	NW 257	Müller, K.	NW 241
Müllenbach, C.	TH 389	Müller, G.	NW 263	Müller, K.	SAC 356
Müllenbach, D.	NDS 238	Müller, G.	NW 293	Müller, K.	SAC 359
Müllenbach, S.	BU 9	Müller, G.	NW 293	Müller, K.	SG 465
Müllensiefen, K.	VwG 479	Müller, G.	SAC 352	Müller, K.	SG 468
Müller, A.	ArbG 412	Müller, G.	SG 460	Müller, K.	TH 398
Müller, A.	BER 122	Müller, G.	VwG 487	Müller, L.	BER 117
Müller, A.	BRA 143	Müller, H.	ArbG 410	Müller, L.	TH 398
Müller, A.	BRA 146	Müller, H.	ArbG 431	Müller, M.	ArbG 433
Müller, A.	BW 60	Müller, H.	BER 122	Müller, M.	BER 121

Müller, M.	BER	129	Müller, W.	NDS	226	Müller-Reinwarth, B.	BER	121
Müller, M.	BRA	138	Müller, W.	NDS	230	Müller-Rentschler, H.	VwG	506
Müller, M.	BY	70	Müller, W.	NW	244	Müller-Rospert, U.	RP	328
Müller, M.	BY	100	Müller, W.	NW	286	Müller-Ruffing, K.	BY	93
Müller, M.	BY	111	Müller, W.	SAA	338	Müller-Russell, H.	VwG	476
Müller, M.	HE	175	Müller, W.	SAC	358	Müller-Schneider, S.	SAC	354
Müller, M.	HE	186	Müller, W.	TH	391	Müller-Schwefe, M.	VwG	493
Müller, M.	RP	328	Müller, W.	VwG	480	Müller-Siegwardt, B.	SH	381
Müller, M.	SAA	340	Müller, W.	VwG	480	Müller-Stosch, E.	VwG	498
Müller, M.	TH	389	Müller, W.	VwG	483	Müller-Teckhof, U.	BW	52
Müller, N.	NW	255	Müller, W.	VwG	503	Müller-Thieme, H.	HE	182
Müller, O.	ArbG	435	Müller Christine, I.	BY	112	Müller-Thuns, J.	VwG	486
Müller, O.	BU	12	Müller-Alten, L.	NDS	217	Müller-Wilhelm, G.	RP	328
Müller, O.	HE	175	Müller-Andersen, R.	SH	378	Müller-Wirth, S.	BER	122
Müller, P.	BER	120	Müller-Behnsen, C.	NDS	232	Müller-Wulf, C.	NW	286
Müller, P.	BW	47	Müller-Bernhardt, H.	VwG	503	Müller-Zitzke, E.	NDS	209
Müller, P.	BY	75	Müller-Brandt, J.	HE	190	Müllers, H.	NW	259
Müller, P.	BY	79	Müller-Brückner, L.	NDS	225	Müllershausen, S.	BRE	151
Müller, P.	BY	85	Müller-Bütow, B.	BW	23	Müllmann, S.	VwG	502
Müller, P.	HE	189	Müller-Christmann, B.	BW	23	Müllmerstadt, A.	BER	128
Müller, P.	SG	454	Müller-Daams, T.	BY	76	Müllner, E.	BU	16
Müller, R.	ArbG	412	Müller-Eiselt, K.	BU	11	Mülverstedt, T.	NW	251
Müller, R.	BU	9	Müller-Eising, C.	RP	331	Münch, A.	BER	115
Müller, R.	BW	52	Müller-Engelmann, K.	HE	170	Münch, C.	BW	64
Müller, R.	HE	172	Müller-Fenge, J.	BW	51	Münch, D.	SAC	347
Müller, R.	HE	186	Müller-Frank, J.	HE	172	Münch, E.	BW	64
Müller, R.	NW	252	Müller-Fritsch, D.	HH	162	Münch, H.	BW	41
Müller, R.	NW	272	Müller-Fritsch, G.	HH	162	Münch, W.	NW	258
Müller, R.	SAA	340	Müller-Fritzsche, E.	VwG	496	Münchbach, H.	BW	32
Müller, R.	SG	456	Müller-Fuchs, W.	HE	169	Münchbach, W.	BW	23
Müller, R.	SG	463	Müller-Gabriel, W.	SH	384	Münchhalfen, W.	NW	292
Müller, R.	SH	381	Müller-Gazurek, J.	SG	458	Münchmeier, W.	BY	73
Müller, R.	VwG	478	Müller-Gindullis, D.	VwG	489	Münchow, R.	BRA	143
Müller, S.	ArbG	412	Müller-Glöge, R.	BU	10	Mündel, H.	NDS	231
Müller, S.	BER	124	Müller-Goldhan, C.	VwG	514	Münke, M.	HH	158
Müller, S.	BER	132	Müller-Graff, P.	NW	293	Münkel, H.	BW	23
Müller, S.	BW	35	Müller-Gugenberger, C.	BW	45	Münker, H.	NW	291
Müller, S.	HE	189	Müller-Gutzeit, M.	BY	107	Münker, P.	NW	284
Müller, S.	RP	332	Müller-Hilgert, M.	TH	392	Münks, A.	NW	311
Müller, S.	RP	333	Müller-Hogrebe, J.	RP	318	Münnichow, R.	HH	161
Müller, S.	SAC	354	Müller-Koelbl, D.	MV	202	Münning, U.	SH	382
Müller, S.	VwG	498	Müller-Koelbl, S.	MV	202	Münscher, P.	BER	130
Müller, T.	BW	39	Müller-Koenig, C.	NDS	238	Münster, C.	ArbG	418
Müller, T.	BY	74	Müller-Krauß, J.	NW	246	Münster, H.	ArbG	430
Müller, T.	BY	100	Müller-Kuckelberg, H.	SAC	344	Münster, P.	HH	159
Müller, T.	FG	446	Müller-Kuhlbrodt, I.	SH	382	Münsterer, V.	BY	87
Müller, T.	SAC	355	Müller-Leyh, H.	RP	318	Münstermann, H.	NW	293
Müller, T.	SAN	368	Müller-Lintzen, I.	BRA	145	Münstermann, M.	BW	37
Müller, T.	SG	471	Müller-Lühlhoff, C.	NW	249	Münter, D.	BY	106
Müller, U.	NW	258	Müller-Manger, P.	BY	75	Münz, M.	ArbG	422
Müller, U.	SAC	348	Müller-Mann-Hehlgans, B.	NW	269	Münzberg, I.	HH	159
Müller, U.	SH	380	Müller-Metz, R.	HE	170	Münzenberg, B.	BY	82
Müller, W.	ArbG	422	Müller-Oberthür, C.	BW	33	Münzer, C.	NDS	238
Müller, W.	BW	21	Müller-Ohligschläger, M.	NW	295	Münzer, C.	SAN	366
Müller, W.	BW	28	Müller-Piepenkötter, R.	NW	244	Münzer, K.	BW	65
Müller, W.	BW	45	Müller-Praefke, H.	MV	203	Münzker, H.	HH	159
Müller, W.	BY	95	Müller-Rabe, S.	BY	80	Mürmann, J.	NDS	231
Müller, W.	BY	106				Mues, R.	NW	265
Müller, W.	HE	188						

Müseler, P.	SAC 359	**N**		Napirata, B.	VwG 513
Müskens, A.	NW 254			Napp, G.	NDS 209
Müssemeyer, U.	BRE 153	Nabbefeld-Kaiser, R.	NW 251	Napp-Keske, S.	TH 400
Müssig, E.	SAC 358	Naber, K.	SAN 368	Nappenbach, H.	BY 80
Müssig, H.	HE 188	Nachreiner, A.	BY 97	Nappenbach, P.	BY 68
Müssig, P.	BU 9	Nachrodt, P.	NW 279		VerfG 403
Müter, U.	NDS 234	Nachtigall-Marten, T.	HH 165	Nappenbach, Y.	BY 113
Müther, P.	BER 130	Nachtwey, H.	NW 272	Narr, A.	BW 54
Mütze, H.	HE 181	Nachtwey, H.	NW 273	Nassauer, F.	HE 170
Mütze, U.	VwG 485	Nack, A.	BU 8	Nassauer, W.	VerfG 405
Mütze, W.	BU 12	Nacke, A.	NW 264		VwG 491
Mützel, G.	BY 80	Naczinsky, H.	FG 441	Nast-Kolb, G.	BW 55
Mugler, F.	BY 87	Nägele, C.	HE 177	Nastke, H.	BRA 140
Mugler, S.	BY 103	Naegelsbach, E.	BW 23	Natale, W.	BY 113
Muhler, M.	BW 53	Nähler, I.	BY 74	Nathow, M.	HH 158
Muhm, A.	NW 307	Nähler, K.	BY 73	Natter, E.	ArbG 412
Muhmood, A.	BER 131	Nährig, B.	TH 392	Natusch, G.	BRA 145
Muhr, W.	NDS 215	Naendorf, G.	NW 282	Nau, W.	NW 291
Muhsmann, D.	VwG 497	Näther, B.	SAC 359	Naujock, M.	SAN 372
Mulzer, I.	BER 127	Näumeyr, M.	SAN 371	Naujok, R.	NDS 226
Mumberg, J.	HE 182	Nagel, A.	ArbG 413	Naujoks, C.	NW 255
Mumm, B.	NDS 213	Nagel, B.	BRA 142	Naujoks, M.	NW 308
Mummert, B.	TH 392	Nagel, B.	SAC 353	Naujoks, R.	BU 12
Mundhenk, G.	FG 446	Nagel, E.	BER 130	Naujoks-Albracht, H.	FG 443
Mundorf, A.	NW 311	Nagel, E.	NW 302	Naumann, C.	SAC 353
Mundt, M.	TH 394	Nagel, E.	SG 457	Naumann, D.	NW 301
Mundt, R.	RP 322	Nagel, E.	VwG 480	Naumann, D.	SAA 338
Munk, M.	VwG 495	Nagel, F.	NW 267	Naumann, F.	BY 90
Munker, W.	BY 84	Nagel, G.	ArbG 433	Naumann, F.	SG 455
Munz, B.	NW 296	Nagel, G.	NW 266	Naumann, G.	NW 259
Munz, G.	VwG 477	Nagel, H.	BW 58	Naumann, K.	BY 93
Munzel, H.	ArbG 417	Nagel, H.	SAC 347	Naumann, M.	BRA 141
Munzinger, D.	VwG 510	Nagel, I.	SG 455	Naumann, N.	TH 399
Munzinger, I.	RP 326	Nagel, J.	BW 46	Naumann, R.	NW 253
Munzinger, I.	RP 326	Nagel, K.	BER 131	Naumann, T.	NDS 228
Munzinger, M.	RP 326	Nagel, K.	VwG 504	Naumann, W.	SG 470
Muratori, C.	BER 131	Nagel, L.	BER 122	Naunin, U.	NW 274
Murawski, B.	NW 269	Nagel, L.	SH 385	Nause, H.	ArbG 420
Murmann-Suchan, R.	VwG 504	Nagel, M.	BW 21	Nauth, G.	HE 187
Murra, A.	SAN 370	Nagel, M.	NDS 216	Nawratil, G.	SG 455
Murray, J.	EuGH 517	Nagel, O.	BY 84	Nax, M.	RP 320
Musch, O.	SAC 354	Nagel, R.	BY 104	Nebauer, H.	BY 75
Muscheid, D.	RP 317	Nagel, R.	NDS 222	Nebe, J.	VwG 484
Musiol, M.	BY 91	Nagel, R.	RP 328	Nebe, R.	RP 319
Musolff, A.	FG 447	Nagel, U.	BW 40	Nebel, D.	SAN 373
Mussel, G.	BW 27	Nagel, U.	SG 453	Nebel, H.	HE 187
Muth, A.	HE 191	Nagel, W.	BY 85	Nebelin, K.	VwG 512
Muthig, A.	BY 100	Nagel, W.	VwG 478	Nebl, H.	BW 65
Muthmann, P.	BW 38	Nagengast, P.	BY 71	Neblung, S.	HH 162
Muthschall, A.	NDS 238	Nagl, J.	BY 86	Nechvátal, H.	BY 95
Mutschler, B.	SG 452	Nagler, M.	VwG 498	Necker, G.	BW 64
Mutz, J.	BW 50	Nagorsen, J.	BY 99	Necknig, H.	BY 68
Mutzbauer, N.	BY 92	Nahrendorf, A.	SAC 352	Necknig, H.	BY 82
Mych, Y.	HE 177	Nalbach, I.	VwG 508	Nedden, C.	NW 309
Myska, M.	NDS 222	Namgalies, J.	VwG 512	Nedden, H.	NW 275
		Nann, B.	BW 57	Neddermeyer, P.	HH 166
		Nannen, D.	NDS 226	Neddermeyer, R.	NW 250
		Nanzka, K.	BER 121	Neebuhr, P.	NDS 218
		Napierala, R.	NW 248	Neef, R.	BER 118

Neelsen, N.	BER	119	Neu, D.	SAA	339	Neukirchen, M.	NW	295
Neerforth, H.	BW	24	Neu, H.	NW	301	Neukirchner, L.	BRA	144
Neese, R.	NDS	240	Neu, M.	VwG	476	Neulken, K.	NW	290
Neff, A.	BW	23	Neu-Berlitz, M.	VwG	502	Neumaier, R.	BRA	142
Neff, H.	SG	451	Neubauer, A.	BW	64	Neumair, A.	BY	98
Neff, M.	BRA	147	Neubauer, A.	BY	114	Neumann, A.	SAC	356
Neff, O.	ArbG	434	Neubauer, B.	BER	117	Neumann, B.	BRA	142
Negd, G.	BRA	144	Neubauer, G.	BY	94	Neumann, B.	MV	206
Negenborn, D.	NW	308	Neubauer, W.	NW	260	Neumann, B.	NW	309
Negendank, H.	SH	386	Neubeck, G.	BY	110	Neumann, B.	RP	323
Neher, K.	BW	50	Neuber, G.	HE	188	Neumann, C.	ArbG	433
Neher-Klein, J.	BW	53	Neuberg-Krey, G.	RP	321	Neumann, C.	MV	205
Nehlert, R.	NW	288	Neubert, B.	BER	129	Neumann, D.	BER	126
Nehlert, T.	BER	129	Neubert, C.	BRE	153	Neumann, D.	BRA	142
Nehm, B.	BY	90	Neubert, D.	BY	105	Neumann, E.	NW	257
Nehm, K.	BU	9	Neubert, G.	SH	383	Neumann, G.	NDS	222
Nehring, J.	FG	447	Neubert, H.	BW	24	Neumann, G.	TH	392
Nehrke, D.	HH	165	Neubert, J.	HH	163	Neumann, G.	VwG	505
Neibecker, B.	SAA	339	Neubert, J.	SAC	346	Neumann, H.	BRA	140
Neidel, B.	SG	471	Neubert, K.	NDS	218	Neumann, H.	NW	253
Neidhard, H.	BW	64	Neuberth, K.	BW	29	Neumann, H.	NW	290
Neidhardt, B.	TH	392	Neubig, C.	TH	401	Neumann, I.	BY	82
Neidhart, J.	NDS	227	Neubrandt, G.	MV	202	Neumann, J.	NW	260
Neidiger, W.	BY	106	Neudeck, T.	BER	133	Neumann, K.	BRA	147
Neidlinger, M.	BW	50	Neudert, D.	TH	392	Neumann, K.	BRE	150
Neifer, G.	BER	128	Neuefeind, W.	BY	101	Neumann, M.	BRA	145
Neils, R.	NDS	218	Neuendorf, R.	HE	181	Neumann, M.	NDS	221
Neis, R.	SAA	339	Neuendorff, J.	NDS	227	Neumann, M.	SG	473
Neis-Schieber, J.	RP	331	Neuenzeit, B.	SAC	347	Neumann, R.	NW	301
Neiseke, G.	NW	245	Neuerburg, H.	SAA	338	Neumann, R.	SG	451
Neiß, E.	NW	311	Neufang, H.	SAN	370	Neumann, R.	SH	387
Nelle, K.	VwG	495	Neufang, S.	SAN	371	Neumann, R.	VwG	485
Neller, P.	BY	71	Neugart, R.	BW	34	Neumann, S.	NW	251
Nelles, G.	RP	321	Neugebauer, M.	NW	307	Neumann, S.	VwG	476
Nellmann, M.	BW	44	Neugebauer, R.	NDS	224	Neumann, T.	SAC	355
Nemetschek, S.	NDS	226	Neugebauer, R.	VwG	497	Neumann, U.	NW	258
Nemetz, R.	BY	96	Neugebauer, S.	BRE	153	Neumann, U.	VwG	508
Nemitz, R.	SH	381	Neuhäuser, G.	VwG	498	Neumann, W.	MV	203
Nennecke, U.	BRE	150	Neuhäuser, H.	BW	55	Neumann, W.	VwG	499
Nentwig, W.	NDS	235	Neuhaus, A.	NW	285	Neumann, W.	BRA	142
Nerlich, H.	BW	52	Neuhaus, C.	NW	244	Neumann-Müller, S.	NDS	217
Nerlich, H.	BY	105	Neuhaus, D.	VwG	498	Neumeier, C.	ArbG	414
Nerreter, S.	NDS	218	Neuhaus, E.	NW	274	Neumeier, H.	HE	181
Nertinger, J.	BY	81	Neuhaus, H.	BMJ	5	Neumeister, H.	RP	316
Nertinger, O.	BW	58	Neuhaus, H.	NW	255	Neumert, A.	SAC	350
von Nerée, C.	HH	162	Neuhaus, R.	BRA	141	Neumeyer, D.	VwG	491
Nesemann, G.	NDS	227		BER	128	Neumüller, B.	RP	325
Nesemann, R.	NDS	218	Neuhaus, R.	SG	461	Neumüller, H.	RP	325
Neskovic, W.	SH	382	Neuhaus, S.	BER	117	Neun, H.	BW	46
Nesper, H.	BW	52	Neuhaus, W.	BER	118	Neunaber, F.	SG	458
Nesseler, S.	NW	305	Neuhaus-Kleineke, M.	NDS	228	Neunar, P.	BY	109
Neßelhut, A.	NDS	222	Neuhauser, A.	BY	95	Neuner, H.	VwG	481
Nesselrodt, J.	HE	181	Neuhauß, S.	BER	124	Neupärtl, F.	HE	182
Nest, F.	SAN	369	Neuhof, G.	BY	105	Neupert, K.	NW	310
Netter, G.	ArbG	415	Neujahr, M.	SG	457	Neurath, H.	NW	280
Nettersheim, G.	BMJ	4	Neukamm, R.	BW	59	Neureither, A.	BW	27
Netz, M.	BRA	147	Neukirch, H.	BY	87	Neureither, W.	BW	32
Netzer, B.	BW	55	Neukirch, J.	ArbG	413	Neuschild, W.	HH	159
Neu, C.	RP	329	Neukirchen, A.	NW	257	Neuschmelting, R.	NW	288

Neusinger, H.	BY 104	Niedlich, W.	BU 15	Nießalla, F.	NW 248
Neusius, M.	SG 470	Niedner, H.	VwG 501	Niessen, G.	SG 466
Neustädter, R.	SG 459	Niedner, U.	BRA 141	Niestroj, C.	NDS 209
Neutwig, J.	SAN 373	Niedrig, F.	NW 298	Niestroj, E.	NDS 211
Neuwirth, G.	BW 42	Niedrig, R.	NW 247	Nieswandt, P.	NW 309
Neuwirth, G.	TH 394	Niehaus, R.	NDS 207	Nietardt, H.	SH 385
Neuwirth, G.	VerfG 407	Niehaus, W.	SH 380	Niethammer, F.	BW 59
Neveling-Paßage, M.	NW 299	Niehues, N.	BU 12	Nietzer, E.	BW 48
Nevermann, K.	HH 163	Niehues, W.	NW 309	Nieuwenhuis, B.	VwG 493
Ney, J.	SG 458	Niehus, F.	NW 282	Nieuwenhuis, H.	FG 443
Neye, H.	BMJ 4	Niehusen, H.	HH 161	van Nieuwland, H.	VwG 496
Nichterlein, R.	NDS 208	Niehuus, U.	HH 159	Niewald, S.	SG 457
Nick, K.	BW 44	Niekämper, H.	NW 278	Niewerth, F.	FG 447
Nickau, G.	HH 159	Niekrens, W.	NW 286	Niewerth, L.	NW 297
Nickel, C.	BRA 144	Nieland, M.	FG 446	Niewerth, P.	NW 268
Nickel, E.	SG 460	Nielen, A.	SAC 357	Niewisch-Lennartz, A.	VwG 497
Nickel, J.	HE 175	Nielsen, H.	ArbG 417	von Niewitecki, R.	BER 128
Nickel, K.	SAC 356	Nielsen, S.	BER 128	Niggemeyer, G.	NW 301
Nickel, R.	BW 24	Nielsen, S.	BY 113	Niklas, A.	BY 103
Nickel, S.	BER 126	Nielsen, U.	BER 126	Niklas, K.	BU 16
Nickels, S.	MV 205	Niemann, D.	BRA 146	Niklas, U.	SAC 348
Nickenig, H.	VwG 506	Niemann, K.	BW 30	Niklowitz, G.	BY 88
Nickl, R.	BY 109	Niemann, S.	SAN 370	Nikol, M.	BY 113
Nicklas, E.	RP 313	Niemeier, H.	VwG 501	Nikolaus, G.	RP 320
Nicklas, H.	BW 21	Niemeier, M.	HH 166	Nikoley-Milde, S.	BY 105
Nicklas, P.	RP 332	Niemeier, P.	NW 287	Niksch, D.	BY 94
Nicklaus, A.	SAC 359	Niemer, G.	NW 289	Nilles, M.	BER 133
Nicol, C.	BW 55	Niemer, K.	NW 248	Nimmerjahn, V.	ArbG 424
Nicolai, J.	HH 161	Niemers, A.	NW 258	Nimphius, R.	SAC 359
Nicolas, E.	SAC 349	Niemers, W.	NW 259	Nink, J.	HE 178
Nicolay, M.	SAA 341	Niemetz, G.	BW 46	Ninnemann, P.	BMJ 3
Niebaum, T.	NW 280	Niemeyer, F.	VwG 490	Ninnemann, R.	BER 125
Niebel, A.	SH 385	Niemeyer, G.	NW 271	Nippe, L.	BER 118
Niebel, G.	VwG 500	Niemeyer, J.	BW 45	Nippoldt, R.	NW 250
Nieberle-Schreiegg, M.	ArbG 413	Niemeyer, J.	SAC 350	Nischalke, M.	SG 458
Niebler, H.	BY 95		VerfG 407	Niß, S.	TH 401
Niebur, B.	NDS 214	Niemeyer, K.	NW 309	Nissel, R.	BMJ 4
zur Nieden, H.	NW 279	Niemeyer, R.	TH 392	Nißen, J.	ArbG 425
Nieden, P.	SAN 372	Niemeyer-Stehr, B.	HH 160	Nissen, N.	NDS 238
Niedenthal, W.	ArbG 421	Niemöller, C.	NW 309	Nissen, P.	VwG 512
Nieder, G.	BY 89	Niemöller, M.	BU 7	Nissing, K.	BER 131
Niederau-Frey, F.	VwG 497	Niemuth, B.	NDS 209	Nißl, G.	BY 96
Niederauer, H.	HE 186	Nienaber, J.	NDS 234	Nistler, E.	BY 101
Niederer, G.	BW 59	Nienhaus, K.	NW 269	Nitardy, W.	NW 290
Niederfahrenhorst, G.	BY 81	Niepmann, B.	NW 302	Nitsche, A.	ArbG 419
Niederlag, H.	SG 464	Nieradzik, G.	BER 120	Nitsche, T.	SAC 354
Niederle, J.	NW 304	Nieragden, B.	SAC 357	Nitsche, W.	BY 80
Niederleithinger, E.	BMJ 3	Nierhaus, J.	NW 293	Nitschke, F.	MV 204
Niedermaier, L.	HE 174	Nierhoff, B.	VwG 499	Nitschke, H.	SAC 353
Niedermeier, K.	BY 95	Niermann, A.	SAC 347	Nitschke, R.	NDS 209
Niedermeyer-Krauß, S.	SG 456	Niermann, V.	VwG 498	Nitz, H.	NDS 229
Niederndorfer, J.	BW 25	Niermeyer, S.	SAC 358	Nitz, U.	SAN 363
Nieders, F.	HE 182	Nierwetberg, R.	HE 178	Nitzinger, E.	BY 112
Niedhammer, H.	TH 397	Nies, F.	HE 178	Nix, G.	HH 162
Niedhammer, S.	TH 397	Nies, R.	BU 14	Nix, K.	HH 165
Niediek, H.	NW 285	Niesel, K.	SG 454	Nix, W.	NW 288
Nieding, J.	NW 241	Niesen, N.	HE 189	Nixdorf, W.	RP 326
von Nieding, N.	BU 14	Niesert, D.	NW 281	Nixdorf-Hengsbach, A.	ArbG 428
		Niesing, S.	NW 310		

Noa, D.	BW	60
Noack, H.	BER	124
Noack, H.	NDS	213
Noack, R.	BRA	143
Noack-Döllel, E.	SH	385
Noatnick, A.	SAN	372
Noback, S.	SAC	353
Nobbe, G.	BU	8
Nobel, J.	ArbG	427
Noé, H.	VwG	476
Noçon, P.	HH	176
Nöckel, T.	NW	305
Nöcker, K.	NW	263
Nögel, S.	BRA	145
Nöh-Schüren, D.	SH	386
Nöhre, I.	HE	177
Nöhre, M.	HH	155
Nöhren, P.	MV	199
Nökel, D.	BW	23
Nökel, H.	BW	25
Nöldeke, W.	BER	116
Nölle, A.	NW	290
Nölleke, J.	NW	264
Nören, S.	BER	133
Nörenberg, H.	SAN	364
Nöring, R.	HE	188
Noesselt, H.	NW	269
Noeth, H.	SG	451
Nötzel, M.	BY	96
Nötzel, M.	BY	99
Nötzel, U.	BER	120
Noffke, W.	BER	122
Noftz, W.	SG	473
Nogaj, M.	NW	287
Nohl, B.	SG	468
Nohl, G.	NW	294
Nohlen, O.	NW	252
Nokel, D.	VwG	488
Nold, B.	BW	41
Noll, B.	MV	200
Noll, E.	HE	179
Noll, H.	HE	183
Noll, H.	SAA	338
Noll, H.	VwG	499
Noll, M.	HE	170
Noll, P.	BY	89
Nollau-Haeusler, F.	NW	302
Nolle, J.	NDS	217
Nollert-Borasio, C.	ArbG	414
Nollert-Tecl, A.	BW	33
Nolte, B.	NW	276
Nolte, F.	RP	318
Nolte, F.	SAA	337
Nolte, H.	NDS	211
Nolte, H.	NDS	217
Nolte, H.	NW	300
Nolte, K.	SAN	366
Nolte, R.	FG	444
Nolte, R.	VwG	499
Nolte, S.	TH	399
Nolte-Schwarting, C.	NDS	233
Nolten, A.	NW	256
Nolting, M.	SAC	345
Nomine, R.	ArbG	419
Nonhoff, M.	VwG	504
Noordin, S.	VwG	486
Nopiroto, J.	SH	384
Nopper, H.	SG	452
Nordhausen, D.	BRE	151
Nordhoff, K.	BER	120
Nordholt, N.	FG	447
Nordhorn, F.	NW	267
Nordhus-Hantke, S.	BY	112
Nordloh, I.	NW	282
Nordloh, M.	NW	263
Nordmann, B.	NW	245
Nordmann, C.	VwG	513
Nordmann, E.	BRE	151
Nordmann-Bromberger, D.	ArbG	420
Nordmeier, A.	HE	190
Nordmeier, B.	HE	170
Nordsieck, R.	NW	255
Normann, B.	NW	282
Normann-Scheerer, S.	NW	311
Nortmann, E.	SAN	371
Norweiser, S.	BW	39
Notemann, O.	NW	259
Nothbaum, H.	BRA	146
Nothdurft, H.	BW	48
Nothelfer, A.	BW	58
Nothmann, L.	HH	162
Nothnagel, R.	FG	441
Nott, S.	NDS	224
von Nottbeck, B.	NDS	215
Nottebaum, W.	NW	256
Nottebohm, U.	NW	258
Notter, H.	ArbG	414
Nottmeier, R.	ArbG	429
Notzke, T.	VwG	514
Nouraie-Menzel, Z.	TH	400
Novak, N.	BW	63
Nowack-Schumann, M.	SAN	370
Nowacki, P.	NW	252
Nowak, A.	HE	183
Nowak, E.	NW	309
Nowak, I.	BER	124
Nowak, K.	VwG	482
Nowak, S.	SAC	358
Nowak, U.	BW	37
Nowicki, J.	BER	120
Nowinski, A.	SAN	370
Nowotny, F.	BY	90
Nowotny, K.	SAC	355
Nowotsch, S.	BMJ	5
Nowotsch, D.	NW	258
Nubbemeyer, C.	NW	308
Nübel, B.	MV	204
Nübling, R.	VwG	480
Nübold, P.	ArbG	426
Nünning, L.	NW	275
Nürnberg, H.	NW	297
Nürnberger, T.	TH	401
Nüske, M.	MV	205
Nüß, H.	ArbG	420
Nüsse, J.	NW	272
Nützel, S.	ArbG	415
Nugel, K.	HH	161
Nullmeyer, H.	BRE	153
Nunenmann, A.	RP	330
Nunius, V.	SG	455
Nunnenkamp, K.	BU	16
Nußbaum, M.	RP	316
Nusselt, J.	BW	32
Nusser, H.	BW	60
Nußrainer, E.	BY	82
Nußstein, K.	BY	108
Nyenhuis, H.	MV	203

O

Obbelode-Rottschäfer, S.	MV	201
Obel, H.	BW	64
Obenauer, W.	RP	316
Obenaus, W.	ArbG	414
Oberbeck, J.	SG	453
Oberbossel, W.	ArbG	417
Oberfeld, H.	SG	473
Oberg, M.	NW	256
Oberheim, R.	HE	170
Oberholz, S.	SAC	358
Oberkircher, R.	RP	330
Oberländer, J.	HE	180
Oberlin, F.	BW	32
Oberlin, M.	BW	37
Obermann, M.	NW	245
Obermayer, J.	BU	16
Obermeier, A.	BY	98
Obermeier, R.	BER	122
Obermeyer, A.	NDS	236
Obermüller, R.	BY	95
Oberndörfer, K.	BY	104
Oberndorfer, R.	BY	73
Oberscheidt, H.	NW	248
Obert, O.	BY	80
Obländer, W.	BW	37
Obluda, G.	TH	392
Obsieger, E.	NW	304
Obst, H.	NW	291
Obst, W.	BY	109
Obst-Oellers, I.	NW	243
Ocak, U.	RP	317
Ochmann, W.	BY	85
Ochs-Sötz, G.	BY	85
Ockert, K.	SAC	347

641

Odenbreit, C.	BRA 146	Oestreich, C.	BW 49	Ollesch, H.	NW 250
Odenbreit, G.	NW 254	Oestreich, F.	VwG 500	Ollig, B.	SG 467
Odenkirchen, R.	SAC 343	Oetken, W.	BRE 151	Olma, R.	HE 192
Odenthal, B.	BER 132	Oetling, M.	NDS 217	Olmes, B.	NDS 227
Odenthal, B.	NW 255	Oexmann, D.	ArbG 419	Olmes, R.	SAN 361
Oder, K.	BRA 139	Oeynhausen, M.	VwG 502	Olof, K.	NW 250
Odersky, M.	BY 89	Off, E.	BY 85	Olp, B.	HE 176
Odersky, W.	BU 7	Offczors, G.	SG 461	Olp, G.	HE 175
O'Donoghue, E.	BW 32	Offenberg, G.	BER 126	Olpen, J.	NW 300
Oeben-Schröder, G.	NDS 223	Offenloch, W.	BW 47	Olpen, K.	NW 311
Oechsle, S.	HH 160	Offerhaus, K.	BU 10	Olroth, C.	NW 292
Oechslein, R.	BY 374	Offermann, B.	NW 299	Olschewski, U.	NW 276
Oechsner, U.	BW 53	Offermann, C.	BW 33	Olsen, B.	BER 125
Oedinghofen, C.	NW 310	Offermann, K.	BY 70	Olsen, P.	SH 378
Oefner, G.	HE 172	Offermanns, K.	NW 252	von Olshausen, R.	NW 293
Oeft, B.	ArbG 433	Oft, J.	BY 102	Oltermann, J.	SG 474
Oehler, C.	BW 29	Ogiermann, E.	HH 166	Oltmanns, B.	NDS 218
Oehler, E.	NW 292	Ohl, M.	VwG 480	Oltmanns, E.	BW 53
Oehler, K.	BMJ 4	Ohl-Stauffer, I.	SG 451	Oltmanns, G.	SAC 355
Oehlers, H.	NDS 230	Ohlberg, K.	HH 164	Oltmanns, H.	NW 290
Oehlkers, R.	TH 392	Ohle, G.	NDS 216	Oltmanns, W.	ArbG 429
Oehlrich, J.	SAC 348	Ohle, H.	HH 163	Oltrogge, H.	NDS 212
Oehlschläger, J.	NW 246	Ohle, K.	HH 156		VerfG 405
Oehlschläger, T.	TH 401	Ohlen, U.	SH 385	Oltrogge, H.	NDS 216
Öhlrich, K.	HH 158	Ohlenbusch, K.	VwG 512	Oltrogge, K.	NW 245
Österle, H.	ArbG 413	Ohlendorf, G.	ArbG 424	Oluschinski, B.	HE 193
Oehm, F.	HE 178	Ohlendorf, M.	NDS 220	Ommeln, M.	SAC 350
Oehm, G.	HE 177	Ohlenhard, H.	NW 292	Omonsky, B.	BU 17
Oehm, R.	FG 443	Ohlenschlager, E.	BY 75	Onder, H.	TH 395
Oehme, G.	NW 306	Ohler, W.	RP 325	Onkelbach, L.	VwG 482
Oehme, H.	BRA 135	Ohlerich, D.	HE 181	Onken, R.	NDS 222
Oehmke, F.	VwG 503	Ohlerich, M.	NW 249	Onnertz, H.	RP 321
Oehrle, U.	NW 274	Ohlischlaeger-Mörtzsch, D.	BER 120	Onusseit, D.	SAC 344
Oelbermann, B.	ArbG 426			Oosterkamp, B.	FG 446
Oelert, J.	VwG 514	Ohlmann, D.	SAA 341	Opalla, M.	SAC 358
Oelert, R.	HH 161	Ohlms, B.	SAN 371	Opel, R.	HE 173
Oelert, U.	BER 133	Ohlrogge, C.	SH 385	Opfer, G.	BY 82
Oelfke, C.	SAN 372	Ohlrogge, K.	NW 258	Opgen-Rhein, W.	NW 243
Oelkers, H.	MV 197	Ohlsen, A.	BER 120	Ophoven, A.	NW 273
Oellers, D.	NW 280	Ohltmann, J.	SG 459	Ophoven, M.	NW 273
Oellrich, C.	HH 163	Ohmer, G.	BRA 137	Opitz, A.	NW 292
Oellrich, E.	BY 105	Ohnemus, C.	HH 166	Opitz, A.	NW 293
Oelmaier, M.	BY 113	Ohnesorge, H.	BW 30	Opitz, B.	ArbG 418
Oelschläger, F.	BER 133	Ohr, J.	HE 186	Opitz, E.	HE 187
Oelze, A.	NW 249	Ohrmann, A.	VwG 488	Opitz, H.	FG 446
Oelze, G.	NW 249	Ohse, G.	VwG 503	Opitz, L.	SAC 351
Oerke, A.	VwG 486	Olbermann, T.	BY 73	Opitz, O.	TH 392
Oerke, H.	NDS 221	Olbertz, F.	BU 11	Opitz, P.	BY 94
Oermann-Wolff, D.	NW 276	Olbrich, A.	BW 27	Opitz, R.	HE 171
Oertel, B.	NW 274	Olbrisch, S.	NW 245	Opitz, R.	HE 174
Oertel, K.	NW 247	Oldenburg, F.	NW 270	Opitz-Bergmaier, J.	BY 91
Oertgen, S.	NW 260	Oleschkewitz, K.	BW 57	Opitz-Lange, C.	VwG 488
Oertwig, C.	BY 72	Olesinski, B.	NW 305	Opitz-von Bardeleben, P.	NW 259
von Oertzen, A.	NDS 213	Olfermann, W.	NDS 207	Opladen, S.	BRA 147
Oertzen, S.	HH 166	Olfs-Stark, M.	NW 259	Oplustil, K.	BER 119
Oeser, H.	BRA 143	Oligmüller, A.	NW 269	Oppelland-Selk, I.	NDS 228
Oesing, E.	NW 309	Olivet, C.	SH 382	Oppelt, D.	BW 32
Oesterle, K.	BW 40	Olk, J.	SG 470		BW 37
Oesterle, H.	SG 458	Ollerdißen, H.	NW 245		

642

Oppelt, W.	BW	38	Ostendorp, D.	NDS 209	Otten, G.	SAC 344	
Oppelt, W.	SG	454	Ostenried, R.	BY 85	Otten, J.	SG 473	
Oppenkamp, K.	NW	291	Osterberg-Witt, C.	HE 190	Otten, J.	VwG 503	
von Oppenkowski, A.	BY	70	Osterhage, T.	NW 271	Otten, P.	NW 296	
Oppermann, A.	ArbG	422	Osterhagen-Zalles-		Otten-Ewer, S.	ArbG 436	
Oppermann, A.	ArbG	425	Flossbach, D.	NW 299	Ottenbacher, G.	BW 56	
Oppermann, C.	NW	245	Osterkamp, V.	BY 88	Otter, K.	BW 52	
Oppermann, D.	NW	243	Osterloh, B.	VwG 497	Otterbein, R.	NDS 232	
Oppermann, J.	SAC	352	Osterloh, G.	NDS 214	Ottermann, H.	NW 300	
Oppermann, K.	NW	280	Osterloh, W.	VwG 498	Ottermann, U.	NW 301	
Oppermann, T.	VerfG	403	Ostermann, B.	NW 287	Otterpohl, J.	VwG 512	
Oppermann-Hein, U.	TH	400	Ostermann, B.	VwG 504	Otterstedt, B.	BRE 154	
Oppitz, H.	SH	381	Ostermann, P.	BRA 137	Ottmann, C.	BW 53	
Oppler, D.	ArbG	436	Ostermann, S.	HE 175	Ottmann, C.	BY 90	
Opretzka, M.	NW	258	Ostermann, S.	NDS 239	Ottmann, L.	BY 88	
Opterbeck, F.	NW	286	Ostermeyer, C.	VwG 505	Ottmer, A.	NDS 210	
Orb, E.	HE	178	Ostermöller, J.	HE 170	Ottmer, H.	SAN 365	
Orf, R.	RP	332	Ostheimer, L.	ArbG 421	Ottmüller, E.	VwG 491	
Orgaß, G.	HE	175	Ostheimer, M.	VwG 492	Otto, C.	BRA 143	
Orgis, C.	SG	473	Ostheimer, M.	VwG 493	Otto, C.	SG 462	
Orgler, M.	SG	455	Osthoff, H.	NW 255	Otto, G.	HE 190	
Orilski, J.	NW	250	Osthoff, U.	VwG 504	Otto, G.	NDS 240	
Orilski, R.	BW	30	Osthoff-Behrens, M.	NW 268	Otto, H.	BY 109	
Orlich, B.	HE	185	Osthoff-Menzel, H.	VwG 501	Otto, H.	SAN 365	
Orlik, A.	SAC	357	Osthus, H.	NW 266	Otto, I.	BRA 147	
Orlin, R.	BY	90	Osthushenrich, U.	TH 399	Otto, K.	BMJ 5	
Orlob, B.	NW	247	Ostrowicz, A.	ArbG 435	Otto, K.	NW 295	
Orlowsky, W.	BW	56	Ostrowski, A.	SH 385	Otto, L.	NW 310	
Ort, G.	HE	174	Ostwald, G.	SH 379	Otto, M.	HH 162	
Ort, J.	HE	190	Oswald, A.	NW 300	Otto, S.	ArbG 425	
Orth, B.	RP	333	Oswald, J.	VwG 482	Otto, T.	HE 192	
Orth, G.	SG	467	Oswald, M.	HE 189	Otto, U.	BRA 146	
Orth, K.	NW	283	Oswald, W.	BW 34	Otto, V.	BRA 145	
Orth, M.	TH	390	Osyka, A.	BRA 144	Otto, W.	SG 459	
Orth, R.	FG	447	Osypka-Gandras, U.	VwG 491	Ouvrier, H.	HH 165	
Orth, W.	VwG	480	Othmer, H.	SG 464	Overbeck, U.	NW 254	
Orthaus, B.	VwG	487	Otparlik, S.	SAN 373	Overdick, F.	SAN 372	
Orthen, M.	SAC	358	Ott, D.	HH 159	Overhoff, D.	NW 263	
Orthen, S.	RP	330	Ott, D.	MV 199	Overhoff, K.	NW 264	
Ortlieb, P.	NW	286	Ott, D.	NW 256	Overlach, R.	SG 464	
Ortloff, K.	VwG	485	Ott, E.	BY 73	Overrath, J.	HE 175	
Ortmann, B.	NDS	236	Ott, F.	BW 52	Overthun, U.	VwG 502	
Ortmann, D.	SH	377	Ott, H.	BY 95	Oxfort, W.	BY 67	
Ortmann, J.	NDS	232	Ott, H.	RP 326			
Ortmann, R.	BY	82	Ott, K.	BW 56	**P**		
Ortner, J.	BY	93	Ott, K.	HH 157			
Osenberg, H.	NW	304	Ott, W.	BW 49	Paar, D.	FG 443	
Osin, P.	TH	401	Ott, W.	BY 71	Paar, H.	BER 123	
Ossig, U.	BY	67	Ott, W.	BY 83	Pabelick, W.	BRE 153	
von Ossowski, A.	ArbG	418	Ott, W.	BY 96	Pabst, N.	NDS 211	
Oßwald, A.	NW	301	Otte, C.	MV 205	Pabst, S.	SAC 359	
Oßwald, R.	BW	25	Otte, F.	ArbG 423	Pacha, S.	NW 309	
Ost, V.	BRA	144	Otte, H.	FG 442	Pache, H.	SAN 371	
Ost, W.	SG	451	Otte, M.	MV 206	Pachl, L.	SG 455	
Osten, P.	VwG	476	Otte, W.	VwG 499	Pachur, K.	NW 284	
Baron von der			Ottemann, A.	NDS 216	Pack, U.	SAA 338	
Osten-Sacken, J.	BRA	141	Ottemeyer, R.	VwG 476	Packroff, K.	VwG 506	
Ostendorf, A.	NW	308	Otten, G.	BU 8	von Paczensky, C.	VwG 490	
Ostendorf, H.	SH	384	Otten, G.	NW 257	Paczkowski, A.	NDS 218	

643

Padberg, H.	HE 190	Pankau, K.	NW 264	Paßmann, M.	BRA 142
Padberg, K.	BU 10	Pankoke, M.	HH 166	Pastewski, E.	BRA 136
Paddenberg, T.	SG 468	Pankow, U.	BW 25	Pastor, W.	NW 293
Pade, O.	BER 123	Pannek, H.	SH 380	Patella, S.	VwG 491
Pähler, A.	SAC 359	Pannek, R.	BER 118	Pater, F.	NW 252
Paehler, H.	NW 297	Pannenbäcker, U.	ArbG 426	Pater, W.	BY 92
Paehlke-Gärtner, G.	VwG 477	Pannicke, H.	VwG 485	Patermann, A.	VwG 485
Päschke-Jensen, R.	SH 379	Panno-Bonnmann, S.	VwG 504	Paterok, M.	SAN 373
Pätow, C.	ArbG 423	Pansegrau, J.	NDS 210	Paterok, N.	BER 118
Paetow, S.	BU 12	Panten, R.	HH 160	Patett, H.	SH 385
Pätsch, C.	HH 160	Pantke, H.	BW 27	Pathe, H.	NW 260
Pätsch, K.	NDS 239	Pantke, M.	NW 280	Patt, H.	VwG 510
Pätz, U.	SAN 371	Pantle, A.	HE 184	Pattar, J.	SAA 340
Pätzel, C.	BY 81	Panzer, H.	NW 306	Pattard, W.	NW 269
Paetzelt, W.	BER 117	Panzer, M.	BY 113	Patz, H.	BRA 146
Pätzmann, R.	NDS 210	Panzer, U.	HH 164	Patzwaldt, W.	VwG 499
Pätzold, F.	SAC 351	Pape, B.	VwG 510	Pauckstadt, H.	NW 256
Paetzold, H.	HH 163	Pape, G.	NDS 214	Pauckstadt-Maihold, U.	BY 108
Paffrath, H.	VwG 503	Pape, I.	NDS 214	Pauge, B.	NW 263
Paffrath-Pfeuffer, U.	HH 163	Pape, K.	SG 468	Paul, A.	RP 332
Page, A.	BY 75	Pape, R.	BRA 146	Paul, B.	VwG 505
Pagel, K.	TH 392	Pape, R.	NDS 219	Paul, G.	NW 244
Pagel, U.	NDS 219	Papenbreer, W.	RP 322	Paul, G.	NW 287
Pagenkopf, M.	BU 12	Papesch, O.	SAA 335	Paul, G.	SAA 336
Pahl, E.	HE 192	Graf zu Pappenheim, A.	VwG 479	Paul, G.	VerfG 405
Pahl, L.	BER 120	von Pappritz, M.	NW 275	Paul, H.	BY 90
Pahl-Klenner, K.	NDS 225	Paproth-Sachse, B.	RP 333	Paul, H.	NW 252
Pahl-Varelmann, I.	NDS 237	Papsdorf, S.	HE 170	Paul, I.	SH 387
Pahlen, R.	ArbG 423	Pardall, F.	RP 329	Paul, M.	BY 73
Pahlke, A.	FG 445	Pardey, F.	NDS 208	Paul, M.	HE 183
Pahlke, B.	NW 307	Pardey, K.	NDS 210	Paul, O.	SAN 371
Pahnke, P.	BW 60	Pardey, R.	VwG 496	Paul, W.	NW 297
Paintner, E.	BY 91	Pardubsky, H.	TH 394	Paulat, M.	SG 459
Paki, A.	ArbG 421	Parensen, K.	NW 309	Pauldrach, I.	BER 128
Pakirnus, B.	ArbG 428	Parisi, U.	BY 71	Pauldrach, U.	VwG 485
Pakuscher, I.	BMJ 4	Parke, H.	SG 456	Pauli, C.	NW 305
Palaschinski, P.	SG 456	Parmentier, W.	BW 28	Pauli, E.	NW 289
Palbuchta, B.	SG 455	Parpart, K.	BER 122	Pauli, F.	NDS 229
Palder, A.	HH 163	Parr, R.	BER 117	Pauli, G.	NW 290
Palder, H.	BY 67	Parschau, U.	RP 318	Pauli, H.	SG 466
Palik, H.	BY 81	Parteina, A.	TH 392	Pauli, W.	NW 277
Pallasch, M.	TH 400	Partikel, S.	BER 131	Pauli-Gerz, M.	VwG 481
Palleduhn, G.	BW 42	Partin, R.	BY 101	Paulick, T.	NDS 238
Palm, K.	NDS 224	Partsch, G.	VwG 493	Pauling, D.	BY 80
Palm, T.	BW 39	Parzefall, H.	VwG 481	Paulisch, A.	NDS 222
Palm, T.	VwG 501	Parzyjegla, P.	BRA 143	Paulmann, H.	MV 205
Palmberger, G.	HH 162	Paschedag, U.	VwG 498	Paulmann-Heinke, J.	NDS 216
Palocsay, H.	SAA 337	Paschke, R.	BER 120	Pauls, J.	BRE 150
Paltzer, B.	NW 311	Pasker, H.	NDS 231	Pauls, U.	NW 251
Palzer, J.	NDS 213	Pasker, S.	NDS 237	Paulsen, A.	NW 253
Pamp, H.	NW 268	Paß, W.	NDS 210	Paulsen, K.	ArbG 432
Pamp, R.	NW 297	Paß, W.	NW 243	Paulsen, O.	MV 195
Pandel, R.	RP 313	Paßage, K.	NW 299	Paulus, K.	HE 174
Pander, M.	BW 52	Passauer, M.	HH 161	Paulus, R.	BY 75
Pane, D.	BRE 152	Passerini, R.	BRA 145	Paulusch, B.	BU 7
Panhans, D.	BRA 145	Passerini, T.	BRA 140	Paulußen, E.	NW 246
Pani, A.	HE 173	Paßlick, H.	ArbG 427	Paulwitz-Ronsfeld, S.	SH 381
Pank, H.	NW 260	Paßmann, F.	NW 251	Pauly, A.	ArbG 426
Pankalla, R.	VwG 511	Paßmann, J.	NW 264	Pauly, H.	TH 399

Pauly, H.	VwG 489	Pellen-Lindemann, S.	BW 55	Pest, J.	NDS 224		
Pauly, W.	VwG 511	Pellny, W.	NW 263	Pesta, R.	TH 391		
Paus, B.	NW 277	Pelte, K.	SAN 371	Pester, S.	SAC 359		
Paus, H.	ArbG 423	Peltner, H.	FG 440	Peter, A.	HE 180		
Paus, R.	VwG 502	Peltz, H.	VwG 483	Peter, B.	SG 460		
Pausch, H.	BY 80	Pelz, F.	NW 262	Peter, C.	VwG 475		
Pausch, W.	HE 190	Pelzer, I.	BRA 141	Peter, D.	NW 278		
Pavel, D.	ArbG 415	Pelzl, E.	BW 48	Peter, H.	BY 95		
Pawel, G.	NW 272	Pelzner, S.	NW 309	Peter, M.	ArbG 426		
Pawel, W.	NW 272	Pendt, A.	RP 330	Peter, M.	BW 42		
Pawellek, J.	NW 275	Pendzich, M.	VwG 500	Peter, R.	BY 94		
Pawelzik, E.	VwG 513	Penner, B.	FG 444	von Péterffy, H.	BW 35		
Pawlak, S.	SG 451	Penner, W.	NW 260	Peterke, V.	BW 61		
Pawlick, J.	SG 455	Penners-Isermann, U.	NDS 216	Peterl, H.	MV 197		
Pawlik, P.	BRE 152	Pennig, U.	NW 309	Petermann, I.	BW 55		
Pawlischta, U.	BW 38	Penning, C.	SAC 357	Petermann, J.	ArbG 437		
Pawlizki, H.	BER 119	Pense, U.	NW 309	Petermann, K.	NW 309		
Pawlowsky, R.	NDS 209	Penshorn, C.	NDS 221	Petermann, T.	VwG 513		
Payer, W.	BW 54	Penshorn, P.	BER 131	Peters, A.	HH 166		
Paysen, H.	HH 158	Pentermann, W.	VwG 500	Peters, A.	RP 315		
Pech, A.	SAC 349	von Pentz, V.	BW 63	Peters, B.	HH 159		
Pech, H.	BER 127	Pentzlin, J.	VwG 503	Peters, B.	VwG 507		
Pecha, H.	NDS 209	Penzlin, L.	SH 379	Peters, D.	ArbG 418		
Pechan, K.	BER 131	Peplow, K.	BRA 146	Peters, D.	NW 282		
Pechan, W.	BY 106	Peppler, J.	HE 175	Peters, E.	TH 389		
Pecher, B.	BY 96	Perband, K.	NW 277	Peters, F.	HH 158		
Pecher, L.	SG 455	Perband, R.	SAC 348	Peters, F.	VwG 500		
Pecher, R.	BW 55	Perchner, K.	SAC 347	Peters, G.	NDS 236		
Pechstein, B.	ArbG 417	Perels, M.	HH 160	Peters, G.	NW 248		
Pedain, G.	HE 190	Perez, A.	NDS 217	Peters, G.	SH 381		
Peé, K.	VwG 485	Pérez Belmonte, M.	ArbG 430	Peters, G.	SH 383		
Pees, N.	NW 299	Perger, A.	VwG 499	Peters, H.	MV 195		
Peest, G.	NDS 228	Perle, O.	FG 439	Peters, H.	SH 378		
Peetz, H.	NW 259	Perlitz, J.	BER 115	Peters, H.	TH 389		
Peetz, M.	BY 76	Permin, O.	MV 204	Peters, H.	VwG 498		
Peetz, T.	NDS 231	Perne, H.	RP 319	Peters, H.	VwG 512		
Pegenau, B.	NW 276	Perpeet, I.	NW 298	Peters, I.	HH 162		
Peglau, J.	NW 310	Perrin, M.	NW 286	Peters, I.	NW 264		
Pehle, A.	BY 88	Perron, H.	BW 28	Peters, J.	HH 161		
Pehle, B.	MV 205	Perron, K.	TH 391	Peters, J.	NDS 225		
Pehle, M.	HE 188	Persch, W.	BMJ 5	Peters, J.	SH 379		
Peifer, K.	BU 10	Perschau, R.	BER 132	Peters, K.	BU 11		
Peifer, U.	SG 465	Pertek, W.	VwG 491	Peters, M.	HE 174		
Peil, M.	SAA 341	Pertram, J.	NW 288	Peters, N.	HE 187		
Peine, H.	NW 252	Pervelz, J.	BER 122	Peters, R.	BW 56		
Peinelt, P.	TH 397	Pervelz, M.	BER 129	Peters, R.	NW 246		
Peiseler, R.	NW 255	Pesahl, N.	BY 70	Peters, R.	SH 379		
Peißert, U.	FG 286	Pesch, A.	VwG 503	Peters, S.	HH 155		
Peißker, K.	BER 120	Pesch, G.	NW 251		160		
Peitz, P.	NW 254	Pesch, H.	NW 245	Peters, S.	RP 328		
Peitz, T.	NW 279	Pesch, H.	SG 469	Peters, S.	SAC 353		
Pekie, C.	BER 132	Pesch, I.	NW 307	Peters, T.	MV 206		
Pekoch, K.	NW 288	Pesch, L.	VwG 503	Peters, U.	BRA 145		
Pelcz, F.	BRA 145	Pesch, M.	SAC 359	Peters, U.	NDS 224		
Pelcz, M.	HE 189	Peschau, H.	VwG 495	Peters, W.	BRA 142		
von Pelet-Narbonne, E.	BY 87	Peschel-Gutzeit, L.	BER 115	Peters, W.	FG 445		
Pelka, A.	BY 104	Peschka, P.	NDS 219	Peters, W.	TH 397		
Pelka, A.	VwG 477	Peschke, R.	BER 121	Peters-Lange, S.	NW 300		
Pelka, G.	VwG 477	Pesselt, F.	SAN 369	Petersen, B.	MV 204		

645

Petersen, C.	SH 378	Pfaffmann, W.	VwG 502	Pfitzer, W.	ArbG 410
Petersen, E.	HH 157	Pfaller, J.	BY 89	Pfitzner, T.	SG 463
Petersen, H.	SAN 367	Pfalzer, H.	TH 394	Pflaum, A.	HH 161
Petersen, H.	SH 378	Pfalzgraf, K.	BER 125	Pfleger, E.	VwG 482
Petersen, K.	NDS 219	Pfalzgraf, R.	BY 82	Pfleger, O.	RP 329
Petersen, K.	SAC 351	Pfandl, E.	BY 106	Pfleiderer, T.	NDS 226
Petersen, K.	SH 377	Pfannenschmidt-		Pflieger, K.	BW 60
Petersen, L.	BW 63	Mogh, C.	HE 171	Pflücker, J.	NDS 221
Petersen, L.	FG 440	Pfannenstiel, I.	HH 160	Pflüger, G.	HH 161
Petersen, M.	VwG 513	Pfannerstill, K.	HE 178	Pflügler-Wörle, A.	BY 85
Petersen, P.	BRA 146	Pfannschmidt, K.	SAC 350	Pflügner, I.	VwG 487
Petersen, S.	BY 88	Pfau, K.	NW 284	Pflügner, K.	BRA 146
Petersen, S.	SAC 356	Pfaundler, C.	VwG 478	Pfluger, H.	BY 99
Petersen, V.	VwG 495	Pfeffer, E.	HE 185	Pfluger, P.	BY 93
Petersen-Clausen, C.	SH 377	Pfeffer, J.	BY 109	Pförtner, K.	HE 188
Petirsch-Boekhoff, C.	NDS 232	Pfeffer-Schrage, H.	NW 272	Pfohl, A.	NDS 209
Petlalski, C.	NW 309	Pfefferkorn, S.	BER 121	Pfohl, E.	BY 111
Petow, M.	BER 127	Pfeifer, B.	HE 170	Pfohl, M.	BW 60
Petrat, W.	BY 76	Pfeifer, H.	BW 26	Pfordt, E.	SAA 338
Petri, H.	TH 398	Pfeifer, H.	HE 190	Pfrogner, W.	NW 256
Petri, W.	HE 193	Pfeifer, J.	RP 332	Pfützenreuter, V.	FG 446
Petrick, I.	BER 124	Pfeifer, K.	ArbG 432	Pfützner, J.	BRA 145
Petrik, H.	BY 74	Pfeifer, R.	HE 180	Pfuhl, B.	SAC 356
Petruschka, W.	SG 452	Pfeifer, R.	SG 458	Pfuhl, S.	SAC 356
Petry, E.	TH 401	Pfeifer, S.	BY 89	Pfundstein, A.	SAC 354
Petry, N.	BMJ 4	Pfeifer, U.	HE 181	Pfundt, B.	HH 162
Petry, S.	RP 331	Pfeifer, U.	VwG 493	Phieler, M.	SG 464
Petry, U.	RP 329	Pfeifer-Eggers, A.	BER 131	Phieler-Morbach, U.	BRA 141
Petrzak, J.	HE 171	Pfeiffer, C.	BY 108	Philbert, G.	VwG 484
Pettenkofer, H.	BY 68	Pfeiffer, F.	BW 45	Philipp, A.	BER 117
Petter, U.	VwG 512	Pfeiffer, G.	ArbG 410	Philipp, B.	RP 327
Petz, J.	SG 457	Pfeiffer, G.	SH 384	Philipp, G.	BU 16
Petzel, A.	TH 400	Pfeiffer, H.	HE 182	Philipp, H.	SH 377
Petzelt, G.	NDS 238	Pfeiffer, H.	NW 310	Philipp, H.	VwG 483
Petzet, C.	NW 251	Pfeiffer, J.	NW 280	Philipp, H.	VwG 484
Petzold, A.	SAN 371	Pfeiffer, J.	NW 305	Philipp, J.	VwG 480
Petzold, L.	BW 55	Pfeiffer, R.	BW 30	Philipp, K.	BW 49
Petzold, R.	NDS 207	Pfeiffer, T.	FG 448	Philipp, P.	BW 62
Petzold-Kirste, G.	HH 166		VerfG 406	Philipp, P.	TH 401
Petzoldt, H.	BRA 138	Pfeiffer, U.	NDS 225	Philipp, R.	VwG 490
Petzolt, S.	BER 117	Pfeiffer, W.	NW 244	Philipp, S.	NDS 240
Petzsch, E.	SAN 365	Pfeil, A.	NDS 225	Philipp, U.	BER 125
Peuchert, B.	BY 89	Pfeil, G.	HE 188	Philippi, C.	BW 49
Peuker, E.	NW 266	Pfeiler, H.	BRA 144	Philippi, H.	HH 158
Peuker, A.	SG 465	Pfeilschifter, G.	BY 92	Philippi, H.	SAC 345
Peuker, J.	BY 101	Pfennig, H.	SG 463	Philippi, J.	SG 470
Peuker, M.	FG 440	Pfennig, P.	VwG 487	Philippi, K.	VwG 508
Peukert, H.	NDS 217	Pfenning, U.	SAN 370	Philippi, M.	SG 465
Peuster, W.	BW 28	Pfersich, A.	SAN 372	Philippi, P.	HH 157
Peuster, W.	NW 299	Pfetsch, J.	BW 55	Philippi, S.	BW 49
Pezzer, H.	BU 11	Pfetsch, J.	SAC 349	Philips, A.	MV 205
Pfänder, G.	VwG 501	Pfetsch, J.	SAC 350	Philipsen, H.	HE 170
Pfaff, E.	BY 89	Pfeufer, U.	SAC 358	Picard, U.	BRE 153
Pfaff, G.	BU 15	Pfingsten, H.	BRA 143	Pichinot, H.	SH 381
Pfaff, M.	BER 120	Pfingstl, R.	BY 73	Pichon, G.	VwG 502
Pfaff, P.	BY 107	Pfister, P.	HE 178	Pick, H.	ArbG 421
Pfaff, R.	HE 177	Pfister, W.	BU 8	Pick, S.	MV 204
Pfaff, V.	HE 171	Pfitzenmaier-		Pick, S.	RP 332
Pfaffenholz, H.	RP 319	Krempel, U.	BW 48	Pickan-Hansen, G.	RP 318

Pickartz, J.	NW 294	Piller, A.	TH 399	Plaß-Brandstetter, H.	SG 455		
Pickel, B.	BER 117	Piller, H.	BY 101	Plaßmann, U.	NW 275		
Pickel, R.	ArbG 417	Piller, H.	SG 454	Plassmann, K.	NW 278		
Pickenhan, H.	BY 96	Pillhofer, H.	BY 106	Plastrotmann, R.	NW 295		
Pickert, D.	SH 385	Pillmann, K.	NW 294	Plate, J.	HH 159		
Pickert, J.	BRA 144	Pilster, B.	SAN 366	Plate, K.	ArbG 420		
Pieda, R.	BER 125	Pilster, R.	SAN 361	Plate, K.	SG 462		
Piegsa, O.	NW 288	Piltz, H.	FG 445	Plate, S.	NDS 240		
Piehler, G.	BW 63	Pilz, D.	BRE 151	Plate, S.	NW 303		
Piekenbrock, J.	NDS 213	Pilz, H.	BW 42	Plate, S.	NW 311		
Piel, B.	ArbG 424	Pilz, W.	SG 463	Plate, U.	HH 155		
Piel, M.	SH 382	Pinder, T.	BRA 143	Platen, K.	BW 31		
Piel, W.	SAC 344	Pingel, K.	RP 319	Plath, A.	NDS 223		
Pielemeier, I.	NW 267	Pingel, R.	SH 380	Plath, D.	BRA 145		
Pielke, W.	BRA 140	Pinkemeyer, H.	VwG 507	Plath, G.	NDS 223		
Piendl, J.	BY 109	Pinkert, C.	SAC 353	Plathe, P.	ArbG 424		
Pientka, A.	BW 55	Pinne, H.	FG 447	Plathner, C.	VwG 479		
Piepel, R.	MV 200	Pinnel, P.	NW 254	Platten, P.	BW 63		
Piepel, R.	VwG 494	Pinter, U.	BY 90	Plattner, A.	BY 93		
Piepenbrock, E.	NW 251	Piorkowski, G.	BER 119	Plattner, M.	NW 309		
Piepenbrock, M.	SG 465	Piorreck, K.	HE 170	Platzek, B.	TH 392		
Piepenburg, D.	BW 30	Piotrowski, M.	SG 466	Platzer, C.	RP 332		
Pieper, A.	ArbG 427	Pippert, J.	TH 399	Platzer, P.	ArbG 434		
Pieper, E.	VwG 490	Pippert, N.	SAN 371	Plauth-Herr, S.	RP 320		
Pieper, F.	SAN 369	Pirc, A.	NW 307	Plebuch, R.	SG 452		
Pieper, H.	NDS 233	Pirk, M.	SAC 357	Plefka, H.	BER 118		
Pieper, H.	SAN 370	Pirlich, F.	HE 184	Pleines, F.	NDS 218		
Pieper, J.	NW 290	Pirlich-Kraus, C.	HE 192	Pleister, W.	FG 440		
Pieper, K.	BU 9	Pirnay, C.	NDS 235	Plenk, I.	BY 114		
Pieper, K.	NW 244	Pirron, M.	RP 320	Plesse, F.	BMJ 5		
Pieper, R.	ArbG 425	Pirrung, H.	VwG 508	Plessner, F.	VwG 485		
Pieper, R.	NW 256	Pirrung, J.	BMJ 4	Plester, F.	NW 281		
Pieper, W.	TH 392	Pirsch, J.	MV 201	Plett, H.	MV 203		
Piepgras, A.	NDS 237	Pirsch, W.	RP 319	Pletzinger, W.	NW 278		
Pieringer, H.	BY 98	Pirsing, A.	BRA 137	Pleuß, J.	NDS 229		
Pieron, M.	BW 63	Pisal, P.	NW 254	Plewig, H.	HH 160		
Pierscianek, R.	SG 465	Pisarski, S.	BY 107	Plewnia-Schmidt, G.	SH 381		
Pies, E.	VwG 507	Pischel, E.	HE 187	Pliester, R.	BRA 141		
Piesker, H.	BU 9	Pisczan, B.	TH 400	Pliester, U.	BY 68		
Pietroschinsky, A.	FG 439	Pisecky, U.	SAC 351	Pliquett, B.	FG 445		
Pietrucha, G.	BY 109	Pisters, M.	NW 243	Plitzkow, U.	NDS 240		
Pietrusky, J.	NW 304	Pistor, C.	VwG 499	Plöd, J.	BY 111		
Pietryka, C.	SAC 352	Pittelkow, J.	NDS 223	Ploenes, F.	NW 299		
Pietsch, G.	NW 300	Pitthan, G.	VwG 491	Plößl, B.	BY 68		
Pietsch, K.	RP 316	Pittner, G.	BY 74	Plößl, K.	BY 103		
Pietsch, P.	FG 446	Pitz, W.	RP 321	Plötzing, U.	NW 302		
Pietsch, S.	SAC 358	Pitzschke, C.	BER 121	Plorin, P.	NDS 240		
Pietsch, U.	ArbG 416	Plaas, K.	BY 86	Plorin, R.	HH 161		
Pietsch, U.	MV 205	Placzek, H.	SH 386	Plota, R.	TH 393		
Pietschmann, G.	RP 320	Plähn, J.	BER 126	Plothe, J.	BER 125		
Pietzek, M.	NDS 214	Plaetschke, V.	BY 82	von Plottnitz, R.	HE 167		
Pietzke, W.	ArbG 434	Plaga, E.	SAN 365	Plotz, G.	BY 99		
	VerfG 407	Plagge, H.	NDS 232	Plückelmann, B.	VwG 485		
Pietzko, I.	SAC 359	Plagge, M.	HE 190	Plücker, H.	FG 445		
Pietzner, R.	BU 12	Planer, G.	NDS 213	Plüm, J.	ArbG 426		
Piira, P.	NW 282	Planitzer, S.	SAC 358	Plümacher, T.	BER 131		
Pikarski, S.	SAN 371	Plappert, A.	BW 56	Plümäkers, H.	NW 253		
Pilartz, A.	ArbG 430	Plaschke, K.	NDS 216	Plüür, G.	BER 132		
Pilger, W.	NW 296	Plass, J.	BW 32	Pluhm, D.	VwG 506		

647

Plum, A.	NW 244	Pohl, L.	BER 115	Popp, B.	BY 112
Plum, N.	NW 294	Pohl, M.	BY 113	Popp, D.	TH 394
Plum, R.	SG 468	Pohl, M.	MV 205	Popp, J.	BY 96
Plumeyer, M.	NDS 216	Pohl, U.	NDS 219	Popp, S.	BY 106
Plutte, M.	NW 271	Pohl, U.	RP 327	Popp, W.	HE 190
Poch, K.	TH 394	Pohl, V.	BY 80	Poppe, J.	VerfG 405
Pochert, K.	NDS 228	Pohl, W.	ArbG 416	Poppe, K.	NW 311
Podhraski, A.	SAC 359	Pohl, W.	BRA 141	Poppe, P.	ArbG 414
Podlech, H.	RP 318	Pohl-Kukowski, A.	SAC 358	Poppe, R.	SG 462
Pods, K.	ArbG 434	Pohl-Laukamp, S.	MV 199	Poppe-Bahr, M.	SG 459
Pöcker, C.	NW 301	Pohle, R.	BY 97	Poppinga, K.	SG 463
Pöhlmann, P.	BY 85	Pohlendt, H.	SG 464	Porath, D.	BRA 139
Pöhlmann, R.	NDS 225	Pohlenz, D.	SH 383	Porath, H.	VwG 485
Pöhls, H.	SH 380	Pohlenz, S.	VwG 494	Porcher-Christmann, U.	RP 332
Pöhner, A.	TH 398	Pohlmann, E.	NW 274	Poreda, W.	NW 270
Pöld, P.	NW 267	Pohlmann, N.	NW 308	Pormann, M.	BRA 145
Pöllmann, K.	BY 107	Pohlmann, R.	HE 192	Porschitz, E.	HE 172
Poelmann, J.	NW 254	Pohlmann, R.	NW 275	Port, E.	BY 99
Poensgen, S.	NW 254	Pohlmeier, M.	NW 271	Porten, B.	HE 188
Poensgen, S.	SH 386	Pohlschneider, J.	SG 464	Porz, W.	VwG 506
Pöppel, G.	BY 90	Pokrant, G.	BU 8	Porzner, E.	BY 112
Pöpperl, B.	BY 74	Pokrant, G.	SAN 362	Poschik, A.	BW 48
Pöpperl, B.	BY 77	Pokropp-Aring, S.	NDS 216	Posega, H.	NDS 234
Pöpperl, P.	BU 9	Polachowski, U.	BW 62	Posern, L.	BW 40
Pörschke, K.	NW 266	Polack, S.	BY 91	Poske, D.	SG 461
Pörtner, H.	NW 277	Poleck, K.	BY 92	Posner, H.	ArbG 421
Pösch, H.	BY 78	Polgart, J.	VwG 510	Posse, R.	HE 180
Poeschke, A.	SH 385	Policke, K.	NW 288	Possehl, J.	NDS 234
Pöschl-Lackner, H.	BY 96	Politt, H.	NW 258	Postel, D.	BER 132
Pösentrup, H.	BU 16	Pollak, G.	BRA 145	Posthoff, K.	NW 264
Pössel, K.	NDS 219	Pollender, H.	NW 289	Postier, R.	BRA 135
Pötke, G.	BW 54	Pollert, H.	BY 97	Postler, M.	BY 103
Pötsch, W.	VwG 503	Pollex, U.	RP 321	Poswa, E.	BY 73
Poetsch, C.	RP 332	Pollinger, A.	BY 91	Potenberg, B.	BRA 142
Poetsch, U.	NW 285	Pollmächter, F.		Poth, A.	SAC 359
Pötting, D.	NW 308	Pollmann, G.	NW 241	Potocki, A.	EuGH 519
Poetzl, G.	BW 41	Pollmann, K.	NW 287	Potschka, A.	NDS 239
Pötzsch, H.	SAN 370	Pollmeier, K.	BY 81	Pott, C.	BER 126
Poganiatz, H.	SAC 357	Polloczek, A.	VwG 479	Pott, G.	NW 275
Poggel, T.	NW 310	Pollok, N.	BY 101	Pott, H.	RP 315
Pogodda-Hammerschmidt, H.	BER 128	Polomski, R.	NDS 238	Pott, W.	NW 241
Pogrzeba, J.	NW 364	Poltze, D.	NDS 215	Pottgießer, D.	VwG 501
Pohl, C.	ArbG 421	Polzius, J.	NW 296	Potthast, H.	NW 297
Pohl, E.	BRE 151	Pommer, H.	SAN 364	Potthoff, A.	SG 468
Pohl, E.	BW 41	Pommerien, A.	NDS 221	Potthoff, F.	BMJ 4
Pohl, F.	BW 31	Pompe, R.	ArbG 415	Potthoff, F.	NW 294
Pohl, F.	NW 304	Poncelet, S.	NW 246	Potthoff, H.	NW 286
Pohl, G.	HE 181	Pongratz, E.	VerfG 403	Potthoff, H.	NW 300
Pohl, G.	HH 161	Pongratz, H.	VwG 479	Potthoff, K.	BRA 147
Pohl, G.	NW 275	Ponnath, H.	BY 68	Pottmeyer, E.	VerfG 406
Pohl, G.	NW 303	Pons, K.	BY 71	Pottmeyer, E.	VwG 499
Pohl, G.	SG 470	Ponsel, W.	HE 193	Pottschmidt, G.	VerfG 404
Pohl, H.	HE 188	Ponsold, F.	BY 71	Pottschmidt, G.	VwG 488
Pohl, H.	HE 190	Pontenagel, B.	SAC 354	Potzel, D.	BY 73
Pohl, H.	SH 386	Pook, H.	NDS 232	Potzel, H.	BY 71
Pohl, J.	NW 249	Poos, G.	HE 188	Poulet, S.	HE 185
Pohl, K.	ArbG 416	Popken, R.	BY 93	Powolny, J.	RP 317
Pohl, K.	HE 178	Popp, B.	NDS 229	Poy, H.	BY 109
		Popp, B.	BY 72	Praast-Dieterich, C.	BW 61

Pracejus, M.	NW 285	Preuß, F.	VwG 494	Prossner, H.	BRE 151
Prade, F.	SAC 347	Preuß, K.	VwG 492	Prothmann, G.	HE 185
Pradel, J.	VwG 489	Preuß, M.	SH 377	Prottengeier, A.	BY 84
Pradel, P.	HE 178	Preuß, R.	NDS 213	Protz, C.	BW 65
Prätorius, A.	SH 387	Preuß, R.	TH 399	Protzen, R.	FG 441
Prager, T.	BER 133	Preuß, U.	VerfG 404	Provos, H.	SH 383
Prahl, W.	NW 285	Preuß, V.	SAC 349	Proyer, M.	NW 287
Pramann, H.	VwG 479	Preut, H.	NDS 237	Prüfer, D.	BER 131
Prange, E.	BER 117	Prexl, H.	BY 81	Prügel, H.	RP 330
Prange, F.	HH 165	Prexl, M.	BY 82	Prühs, H.	FG 446
Prange, G.	NW 272	Priebe, C.	BER 124	Prüllage, H.	NDS 236
Prange-Stoll, K.	HH 160	Priebe, R.	VwG 477	Prümers, H.	NW 290
Prankel, F.	SG 454	Prieger, I.	ArbG 421	Prümper, H.	NW 298
Prankel, N.	BY 107	Priegl, F.	VwG 479	Prüshoff, J.	NDS 224
Prantl, E.	BY 113	Pries, G.	BRA 146	Pruggmayer, H.	NDS 232
Pranz, H.	HE 171	Prieß, H.	NW 276	Prumbaum, H.	NW 255
Praß, H.	NW 277	Priess, W.	BW 36	Pruskowski, W.	NW 301
Prass, K.	HE 192	Priestoph, M.	BER 127	Pruy, R.	BY 107
Prasse, J.	BW 60	Prietz, R.	HE 181	Przewosnik, S.	TH 400
Praum, M.	SAA 341	Prietzel-Funk, D.	BER 119	Przybilla, K.	BRA 141
Praun, K.	BY 96	Prill, J.	SG 460	Przybyla, J.	ArbG 418
Prause, A.	SAN 371	Priller, S.	BY 98	Przygode, S.	VwG 505
Prause, P.	NW 273	Prilop, H.	VwG 496	Pucher, G.	BW 44
Prautsch, T.	NW 308	Prinz, B.	SAC 355	Puchert, J.	SH 382
Prechsl, P.	BY 98	Prinz, H.	NW 263	Puderbach, K.	RP 330
Prechtel, A.	MV 203	Prinz, W.	NW 249	Puderbach-Dehne, K.	NW 307
Prechtel, G.	BY 107	Prior, H.	NW 293	Pudig, H.	BRA 144
Prechtl, J.	HE 193	Prior, K.	ArbG 428	Pudimat, G.	NDS 221
Prechtl, U.	VerfG 403	Pritzel, C.	BER 127	Pudimat, G.	NDS 222
Preetz, K.	VwG 514	Pritzl, C.	BY 100	Graf von Pückler, M.	VwG 476
Preibisch, R.	NW 275	Probson, M.	RP 316	Pühringer, A.	BY 105
Prein, P.	MV 206	Probst, F.	BY 98	Pünjer, T.	NDS 233
Preis, B.	ArbG 416	Probst, H.	SAN 370	Pürner, H.	BY 77
Preisberg, R.	BER 123	Probst, J.	HH 155	Pürner, R.	BY 95
Preischl, A.	BY 108	Probst, J.	VwG 489	Pürschel, E.	HE 180
Preisinger, W.	BY 94	Probst, M.	SH 378	Püschel, L.	NW 255
Preiß, U.	BY 73	Probst, U.	BW 55	Püster, J.	MV 205
Preißinger, M.	BY 101	Probst, U.	FG 440	Püttmann, H.	BRA 141
Preißler, A.	BY 93	Prochaska, A.	RP 316	Pütz, A.	NW 295
Preissner, C.	SAN 369	Pröbstel, H.	TH 391	Pütz, B.	NW 279
Prejawa-Silber, D.	BER 118	Pröbsting, A.	NW 263	Pütz, E.	NW 307
Prell, V.	BY 99	Proebsting, K.	NW 256	Pütz, F.	BU 15
Prell, W.	FG 443	Pröfrock, C.	BRA 145	Pütz, H.	NW 293
Prellberg, H.	NDS 208	Prögler, W.	SG 455	Pütz, J.	NW 257
Prellwitz, D.	NDS 237	Pröls, H.	SAC 348	Pütz, K.	NW 301
Prengel, E.	BW 26	Prölß, G.	NDS 209	Pütz, R.	NW 296
Prenzlow, J.	VwG 487	Proetel, H.	TH 390	Pugell, T.	MV 197
Preßler, R.	VwG 497	Proff, H.	TH 397	Puhl, S.	BW 28
Prestel, B.	BW 26	Proff, W.	TH 397	Puhle, S.	SAN 365
Prestien, H.	BRA 145	Proft, B.	HE 186	Puhm, G.	BY 101
Pretsch, U.	BY 99	Prohaska, M.	NDS 218	Puissochet, J.	EuGH 517
Pretzel-Friedsam, M.	SG 471	Prokop, C.	BY 108	Pukall, F.	RP 319
Pretzell, B.	NW 292	Proksch, G.	BY 81	Pulch, P.	HE 176
Pretzell, R.	NW 311	Pronold, F.	BY 67	Pulfrich, M.	BRA 147
Preu, P.	BER 119	Proppe, G.	VwG 500	Pulina, C.	HE 192
Preusche, B.	VwG 492	Proppe, H.	NW 280	Pullwitt, M.	BER 116
Preusche, R.	BW 41	Prosch, L.	BY 106	Puls, J.	HH 157
Preusker, H.	SAC 343	Proske, E.	VwG 475	Puls, J.	NW 258
Preuß, D.	HH 158	Pross, W.	BW 52	Puls, T.	SAN 371

Pult-Wilhelm, S.	ArbG	412	Quick, E.	ArbG	435	Radermacher, W.	BER 126
Pulvermüller, W.	BW	59	Quick, H.	VwG	501	Radinger, H.	BY 94
Pummer, H.	BY	70	Quillmann, H.	BW	55	Radke, H.	VwG 495
Pump, H.	FG	445	Quinker, G.	BW	37	Radke, J.	HE 193
Pump, H.	FG	447	Quirin, B.	SAA	339	Radke, K.	HE 171
Pump, T.	VwG	497	Quirmbach, R.	HE	176	Radke, O.	NW 272
Pump, W.	SH	382	Quitmann, W.	NW	299	Radke-Schäfer, U.	NW 310
Punar, O.	SAC	356	Quitmann-Kreft, W.	VwG	502	Radloff, H.	HE 169
Puppe, A.	NDS	234	Quoos, D.	NDS	220	Radloff, R.	BRA 139
Puppe, G.	NDS	234				Radmacher, N.	BY 82
Puppe-Lüders, B.	MV	206	**R**			Radon, B.	SG 457
Purbs, S.	HH	161				Radtke, A.	VwG 507
Purk, E.	VwG	499	Raab, B.	RP	332	Radtke, E.	NW 245
Pusch, B.	FG	449	Raab, H.	BY	84	Radtke, H.	BER 115
Pusch, G.	SAN	372	Raab, K.	BY	70	Radtke, J.	BRA 138
Pusch, H.	NDS	218	Raab-Gaudin, U.	BY	101	Radtke, M.	HH 159
Pusch, K.	VwG	499	von Raab-Straube, L.	SH	385	Radtke, W.	SAA 337
Puschmann, K.	NW	248	Raabe, C.	HH	166	Radüge, A.	SG 460
Pust, H.	FG	445	Raabe, H.	HH	158	Radünzel, K.	ArbG 432
Pust, K.	MV	204	Raabe, J.	BER	130	Radusch, M.	VwG 499
Pustolla, R.	NW	266	Raack, W.	NW	301	Radziejewski, A.	BER 129
Puszkajler, K.	BY	88	Raape, E.	SAN	372	Radziwill, E.	BMJ 5
Puth, P.	RP	314	Raasch, R.	HE	174	Raebel, B.	MV 195
Putschky, B.	ArbG	415	Raasch, U.	BER	126	Raeck, S.	BRA 147
Putzer, L.	SG	454	Raasch-Sievert, D.	ArbG	436	Räcke, U.	BER 121
Putzka, P.	ArbG	423	Rabas-Bamberger, A.	VwG	493	Räcke, V.	NW 302
Pyschny, M.	NW	354	Rabbow, B.	BW	57	Raecke, J.	VwG 489
Pyzik, K.	NDS	211	Rabe, B.	NDS	238	Räcke, G.	BER 130
			Rabe, C.	HH	159	Räcker, G.	NDS 226
Q			Rabe, H.	VerfG	404	Räckers, C.	BRA 146
			Rabel, M.	BW	21	Räder-Roitzsch, C.	BY 92
Quack, F.	BU	7	Raben, M.	HH	158	Räth, M.	BY 73
Quack, H.	SAA	337	von Rabenau, H.	BER	126	Rätke, B.	FG 442
Quack, W.	NW	293	Rabenda, U.	NDS	211	Rätke, S.	VwG 486
Quack-Kummrow, A.	NW	306	Rabenow, M.	BER	123	Rättig, A.	RP 318
Quade-Polley, M.	NDS	238	Raberg, A.	NW	264	Rätz, M.	NDS 231
Quak, S.	NDS	240	Rabiger, H.	NDS	228	Räuwer, K.	ArbG 417
Quakernack, J.	SAC	350	Rabl, W.	BY	88	Raffalski, M.	SAN 366
Quandel, U.	HE	181	Rache, M.	ArbG	419	Ragnemalm, H.	EuGH 517
Quandt, S.	ArbG	429	Rache, V.	ArbG	417	Rahlf, J.	BY 82
Quandt-Gourdin, D.	VwG	476	Rachfall, S.	ArbG	417	Rahm, J.	SAC 349
Quante-Batz, K.	RP	332	Rachor, E.	BY	74	Rahmen, T.	NW 303
Quantz, A.	NW	297	Rachor, F.	VwG	492	Rahmer, W.	NW 290
Quarch, M.	NW	295	Rachow, B.	HH	159	Rahn, C.	NW 248
Quarck, P.	HE	171	Rachow, H.	MV	205	Rahn, O.	FG 447
Quaritsch-Fricke, H.	VwG	507	Rachow, M.	BRA	137	Raichle, G.	BW 50
Quass, S.	BRA	146	Rackow, S.	NDS	240	Raida, H.	BRA 144
Quast, B.	SAC	357	Rackwitz, K.	NW	252	Raimer, P.	NW 273
Quast, G.	VwG	489	Radcke, D.	NW	287	Raimer-Schafferus, C.	NW 273
Quast, T.	NW	311	Raddatz, B.	BER	131	Rainer, R.	VerfG 405
Quebbemann, C.	NDS	238	Raddatz, M.	BER	131	Rainer, R.	VwG 493
Quecke, M.	ArbG	434	Radde, A.	NW	306	Rainer, T.	BW 56
Quellhorst, R.	BER	123	Radeck-Greenawalt, H.	BY	106	Raisch, N.	BER 132
Quent, H.	NW	271	Rademacher, C.	HE	177	Raithel, J.	TH 398
Quentin, A.	ArbG	425	Rademacher, H.	NW	283	Rall, H.	SAC 356
Quentin, A.	BY	111	Rademacher, M.	VwG	480	Ramacher, W.	NW 248
Quere-Degener, A.	NDS	236	Raden, M.	VwG	477	Ramackers, A.	FG 445
Quernheim, M.	NW	265	Rader, J.	FG	440	Rambaum, J.	TH 400
Quick, B.	BRE	153	Radermacher, P.	NW	302	Ramberg, K.	NDS 226

650

Rambo, R.	NW 307	Rastätter, J.	BW 41	Rautenberg, E.	BRA 142
Rambow, H.	BRA 145	Rastetter, G.	BW 29	Rautenberg, K.	BER 123
Ramcke, U.	VwG 490	Ratajczak, F.	TH 400	Rautenstrauch-	
Ramdor, M.	NDS 209	Rateike, C.	BER 128	Duus, A.	VwG 514
Ramin, E.	NW 263	Ratering, G.	NDS 235	Rauter, H.	NDS 224
Ramlow, R.	SH 380	Rath, A.	BY 90	Rautert, J.	SG 470
Rammelmayer, A.	HE 172	Rath, B.	SAC 346	Rauxloh, A.	BRA 142
Rammert, B.	NDS 239	Rath, G.	ArbG 420	Rave-Justen, G.	BER 125
Rammert, E.	NW 267	Rath, V.	HE 189	Raven, O.	NW 310
Rammert, M.	NDS 215	Rath, W.	VwG 503	Rawer, W.	HE 178
Ramming, G.	BY 74	Rath-Ewers, C.	NDS 224	Rebel, K.	BY 93
Ramming-Scholz, B.	VwG 482	Rathemacher, J.	TH 399	Rebel-Schlichting, H.	SH 382
Ramminger, H.	FG 439	Rathemacher, S.	TH 391	Rebell, A.	NDS 213
Rammoser-Bode, C.	BRA 145	Rathgeb, M.	BW 59	Rebell, G.	NW 253
Rampf, G.	RP 327	Rathgeber, M.	HE 170	Rebelsky, K.	NW 281
Ramsauer, M.	BY 100	Rathgeber, S.	HE 172	Rebentisch, M.	BER 133
Ramsauer, U.	VerfG 404	Rathke, W.	BRE 151	Reber, D.	ArbG 417
	VwG 489	Rathmann, J.	NDS 208	Rebeski, D.	NDS 216
Ramspeck, R.	BY 92	Rathsack, W.	NW 278	Rebhan, K.	BY 92
Ranck, W.	HH 155	Rathsmann, M.	RP 327	Rebhan, R.	BY 103
	157	Ratte, T.	NW 268	Rebien, C.	SH 383
Rancke, F.	ArbG 417	Ratz, E.	NW 307	Reblitz, H.	BW 41
Rancke-Ziemke, S.	BER 124	Ratz, R.	ArbG 421	Rebmann, E.	BMJ 3
Randel, H.	HH 162	Ratzki, B.	SH 378	Rebohle, W.	SG 464
Randelzhofer, A.	RP 332	Rau, A.	BY 99	Rebsam-Bender, C.	BW 45
Randoll, K.	BW 49	Rau, B.	HE 175	Rebsdat, K.	HH 165
Randschau, W.	SH 380	Rau, J.	NW 301	Rebstock, H.	NW 289
Randt, C.	BW 42	Rau, W.	HE 174	Reccius, W.	VwG 496
Randzio, R.	HH 158	Raubold, L.	HE 169	Rech, A.	BW 60
Ranft, M.	ArbG 434	Rauch, D.	VwG 480	Rech, H.	SAC 358
Rang, T.	RP 322	Rauch, F.	BRA 145	Rech, T.	VwG 508
Range, H.	NDS 207	Rauch, H.	BY 108	Rechel, H.	HE 170
Rank, G.	SG 452	Rauch, H.	SG 455	Rechenbach, D.	VwG 493
Rank, H.	BY 90	Rauch, J.	BMJ 4	Rechenbach, P.	HE 171
Rank, M.	BY 77	Rauch, K.	VwG 509	Rechlitz, D.	BRA 146
Ranneberg, A.	HE 169	Rauch, M.	BRA 138	Rechner, H.	BY 98
Rapp, B.	BER 133	Rauch, M.	MV 201	Reck, M.	BY 67
Rapp, R.	BW 37	Rauchhaus, B.	HE 189	Reckart, K.	TH 392
Rapp, W.	HH 157	Raudszus, W.	HH 158	Freiherr von der	
	VerfG 404	Raue, A.	SAN 366	Recke, H.	NW 298
Rappe, B.	NDS 226	Raufeisen, B.	BY 78	Recken, M.	SAC 359
Rappl, P.	FG 440	Raufer, H.	FG 439	Recker, D.	NW 310
Rappold, G.	BW 46	Rauh, A.	SAC 357	Reckewell, K.	HE 190
Rappoport, Z.	NW 273	Rauhe, D.	NDS 227	Reckhaus, E.	NW 269
Rapsch, E.	VwG 504	Raum, R.	SAC 344	Reckler, C.	SAN 372
Raquet, A.	BW 38	Rauner, W.	BY 90	Reckling, R.	SAC 345
Raquet, A.	BW 60	Raupach, J.	BER 128	Reckschmidt, D.	BER 132
Rasch, I.	BER 126	Raupach, S.	NW 305	Redant, S.	NDS 238
Rasch, I.	NW 281	Rausch, H.	NW 297	Reddemann, D.	BER 125
Rasche, W.	NW 284	Rausch, J.	HE 187	Redder, H.	HH 165
Rasche-Sutmeier, K.	VwG 505	Rausch, P.	ArbG 418	Redecker, H.	HE 175
Rascher, J.	VwG 478	Rausch, U.	HE 185	Redecker, W.	VwG 494
Raschke-Rott, B.	NW 310	Rauschenbach, W.	BY 89	Redeker, P.	TH 401
Rasenack, J.	BW 60	Rauschenberg, H.	ArbG 437	Redeker, R.	MV 205
Rasmussen, J.	NW 290	Rauscher, J.	ArbG 414	Redeker, S.	FG 441
Rassier, G.	TH 399	Rauscher, J.	HE 186	Redeker, W.	NDS 220
Raßmann, M.	BRA 141	Rauscher, M.	BW 65	Redel, P.	BY 103
Raßweiler, B.	NDS 213	Rauscher, R.	BW 54	Redemann, K.	SAN 362
Rast, H.	BW 61	Rautenberg, B.	BER 124	Redenbach-Grund, J.	SG 466

651

Reder   Namensverzeichnis

Reder, F.	BW 61	Reich, S.	VwG 509	Reichold, K.	BY 79
Reder, W.	BW 56	Reichard, F.	BRA 135	Reichstein-Englert, H.	BY 97
Redetzki, J.	BY 89	Reichard, G.	BY 107	Reidenbach, F.	HE 176
Redick, J.	NW 245	Reichardt, B.	BW 27	Reif, C.	VwG 483
Redies, H.	NW 259	Reichardt, B.	BW 39	Reif, P.	NDS 222
Rediger, A.	NW 309	Reichardt, H.	BW 30	Reifelsberger, D.	NDS 209
Redl, G.	BY 91	Reichardt, H.	BW 58	Reifelsberger, H.	NDS 209
Redlich, H.	ArbG 432	Reichardt, H.	SAN 364	Reiff, F.	NW 278
Redlin, H.	NW 252	Reichardt-		Reiff, R.	BER 128
Redlin, S.	SAN 369	Pospischil, M.	HH 160	Reiff, S.	NW 307
Redmer, J.	NDS 239	Reichart, A.	BY 82	Reiffenhäuser, N.	ArbG 430
Redmer-Häußler, E.	SG 467	Reichart, R.	BY 84	Reiffer, E.	NW 278
Reeg, F.	HE 172	Reichart, U.	BER 124	Reifferscheidt, M.	NW 306
Reeg, P.	BY 106	Reiche, A.	NW 295	Reifferscheidt, N.	NW 306
Reeh, R.	NW 287	Reiche, H.	MV 204	Reifurth, H.	BW 29
Reekers, B.	NW 250	Reiche, K.	FG 443	Reih, H.	BER 131
Reenen, S.	BW 33	Reichel, A.	RP 318	Reiher, J.	BY 78
Reents, U.	NDS 237	Reichel, G.	VwG 481	Reihlen, I.	BER 130
Reese, B.	NW 307	Reichel, H.	BY 92	Reikert, M.	NW 310
Reese, F.	SH 384	Reichel, H.	BY 97	Reil, J.	BY 108
Reese, J.	BW 48	Reichel, H.	SAA 337	Reiland, C.	SG 473
Regel, D.	SAN 370	Reichel, I.	HH 159	Reiland, W.	VwG 479
Regel, G.	SAN 371	Reichel, J.	BER 121	Reilmann, S.	NW 282
Regel, W.	NW 273	Reichel, M.	NW 272	Reim, A.	NW 307
Regelin, H.	RP 329	Reichel, M.	SAN 367	Reim, D.	BW 53
Regenbogen, K.	HE 181	Reichel, S.	SAC 348	Reim, H.	FG 446
Regenhardt, M.	BER 125	Reichel, U.	SAC 359	Reimann, D.	NW 302
Regensburger, K.	BU 15	Reichel, V.	SAC 347	Reimann, D.	VwG 477
Reger, W.	SAA 341	Reichelt, D.	BER 128	Reimann, H.	VwG 512
Regler, A.	FG 441	Gräfin von		Reimann, J.	SH 385
Regnauer, A.	BY 95	Reichenbach, B.	NW 246	Reimann, R.	NW 243
Regul, H.	NW 268	Reichenbach, H.	BU 16	Reimann, W.	ArbG 432
Reh, F.	NDS 228	Graf von Reichenbach, S.	NW 247	Reimer, J.	SH 385
Rehak, H.	VwG 509	Reichenbach, S.	ArbG 414	Reimer, M.	MV 202
Rehbein, G.	NW 311	Reichenberger, W.	BY 89	Reimers, G.	HH 158
Rehbein, H.	BRA 138	Reichenheim, A.	BER 118	Reimers, H.	SG 458
Rehbein, K.	NDS 239	Reichenzeller, U.	BY 96	Reimers, U.	RP 319
Rehbein, S.	VwG 507	Reichert, A.	BY 84	Reimers, W.	VwG 506
Rehberg, H.	SG 463	Reichert, A.	NDS 222	Reimers-Zocher, B.	HH 160
Rehder-Schremmer, S.	VwG 490	Reichert, B.	NDS 219	van Reimersdahl, J.	TH 395
Reheußer, P.	BY 71	Reichert, C.	VwG 483	Reimold, H.	BW 40
Rehling, J.	NW 289	Reichert, E.	BY 85	Reimus, V.	VwG 487
Rehm, F.	BRA 144	Reichert, G.	BY 91	Rein, C.	SAC 348
Rehm, K.	HH 161	Reichert, G.	SAC 345	Rein, F.	SG 458
Rehme, E.	NDS 230	Reichert, I.	TH 399	Rein, W.	BY 69
Rehmet, H.	NW 275	Reichert, J.	NW 280	Reinart-Liskow, V.	NW 295
Rehn, G.	HH 155	Reichert, J.	SAN 367	Reinbothe, J.	BMJ 4
Rehwagen, W.	FG 440	Reichert, M.	NW 280	Reinbrecht, G.	SH 383
Reiber, F.	BW 61	Reichert, P.	HE 178	Reincke, C.	SAC 358
Reibold, H.	TH 397	Reichert, R.	ArbG 427	Reindl, G.	BY 86
Reich, A.	VwG 479	Reichert, T.	BW 65	Reinecke, B.	ArbG 430
Reich, D.	BW 52	Reichert, V.	VwG 485	Reinecke, G.	BU 10
Reich, G.	ArbG 427	Reichert, W.	HE 188	Reinecke, H.	NDS 220
Reich, H.	VwG 503	Reicherter, D.	BW 55	Reinecke, H.	NDS 232
Reich, J.	HH 165	Reichertz, K.	TH 400	Reinecke, H.	NW 297
Reich, M.	SG 468	Reichling, G.	RP 326	Reinecke, J.	NW 254
Reich, P.	BW 37	Reichling, U.	RP 330	Reinecke, P.	BY 106
Reich, S.	ArbG 422	Reichmann, A.	NW 266	Reineke, A.	NW 283
Reich, S.	BY 99	Reichmann, L.	SAN 363	Reineke, H.	NDS 233

652

Namensverzeichnis **Reus**

Reineke, H.	NW	271	Reißler, E.	BY	100	Rennert, J.	ArbG	413
Reinelt, F.	NDS	237	Reißmann, I.	NW	258	Rennert, R.	VwG	487
Reinemund, J.	NW	299	Reißmüller, H.	BU	15	Rennig, C.	HE	177
Reiner, A.	NW	295	Reitberger, P.	BY	100	Renninger, M.	BW	59
Reiner, E.	BRA	147	Reiter, G.	BY	89	Rennpferdt, M.	ArbG	422
Reiner, J.	NW	300	Reiter, H.	BY	81	Rensch, M.	BW	39
Reiners, H.	NW	274	Reiter, H.	BY	86	Renschler, J.	BW	46
Reinert, P.	RP	317	Reiter, H.	BY	92	Rentel, H.	SG	457
Reinfelder, A.	ArbG	415	Reiter, R.	BY	98	Rentsch, A.	SAC	350
Reinfelder, W.	ArbG	419	Reith, H.	FG	446	Renz, E.	BW	42
Reinhard, K.	BER	120	Reith, H.	HE	189	Renz, H.	RP	320
Reinhardt, F.	NW	244	Reitmaier, A.	BER	133	Renz, H.	SAC	354
Reinhardt, I.	RP	331	Reitmann, H.	MV	204	Renz, R.	FG	439
Reinhardt, K.	HE	188	Reitmeier, I.	MV	202	Renze, A.	NDS	233
Reinhardt, K.	NDS	211	Reitnauer, M.	VwG	507	Renziehausen, J.	NW	248
Reinhardt, M.	NW	254	Reitschky, U.	TH	394	Renzing, A.	NW	279
Reinhardt, N.	SH	378	Reitz, G.	MV	201	Repka, D.	VwG	501
Reinhardt, P.	NW	277	Reitz, R.	NW	294	Repmann, F.	BRE	153
Reinhardt-Picl, P.	HE	190	Reitz-Stenschke, M.	HE	189	Repp, H.	VwG	492
Reinhart, W.	ArbG	429	Reitzel, D.	BW	56	Repp, U.	RP	320
Reinhoff, K.	NW	297	Reitzenstein, G.	BY	105	Reppel, K.	NW	296
Reinhold, A.	SG	468	Reitzenstein, H.	HH	165	Resch, I.	SAN	372
Reinhold, D.	SH	379	Reitzenstein, H.	NDS	215	Resch, J.	NDS	236
Reinhold, K.	NDS	223	Reize, H.	BW	51	Reschke, P.	BER	122
Reinicke, S.	NDS	225	Rejewski, H.	BER	117	Reschke, P.	NW	275
Reinicke, W.	NW	289	Reker, B.	SAC	356	Reschke, V.	SG	458
Reinig, H.	VwG	476	Reker, K.	BU	16	Resenscheck, W.	BY	79
Reinke, H.	VwG	513	Rellensmann, K.	HH	162	Reske, D.	SG	467
Reinke, K.	NW	257	Remagen, D.	RP	316	Reske, H.	NW	302
Reinke, M.	HH	162	Remboldt, H.	ArbG	423	Reske, K.	RP	328
Reinke, W.	NW	266	Remen, G.	BRA	146	Reske, M.	NW	300
Reinken, W.	NW	263	Remer, B.	NW	276	Respondek, M.	SAC	348
Reinold, S.	NW	310	Remlinger, N.	HE	169	Reßler, H.	SAC	350
Reinschmidt, G.	HE	169	Remmel, J.	VwG	491	Restle, H.	BW	37
Reinschmidt, M.	SG	474	Remmele, W.	BY	79	Retemeyer, A.	NDS	240
Reinthaler, W.	VwG	480	Remmele, W.	FG	439	von Reth-Schlosser, G.	FG	443
Reinwald, L.	SAC	350	Remmers, J.	VwG	504	Rethemeier, K.	NW	263
Reinwarth, H.	BRA	141	Remmert, A.	NW	311	Rettberg, J.	VwG	495
Reiprich, D.	NW	294	Rempe, F.	NW	283	Rettkowski, H.	SAN	367
Reis, G.	NW	295	Rempe, H.	NW	287	Retzer, K.	BY	89
Reis, H.	NW	244	Rempp, G.	BW	42	Retzer, R.	SH	378
Reisberg, J.	BU	15	Remus, D.	BU	8	Retzer, R.	TH	395
Reisch, H.	TH	398	Remuss, D.	BER	121	Retzlaff, C.	MV	202
Reisch, M.	VwG	483	Reneberg, J.	SAC	359	Reubekeul, K.	TH	395
Reischauer-Kirchner, E.	RP	313	Renelt, H.	ArbG	435	Reuber, A.	BY	84
Reischböck, H.	BY	80	von Renesse, M.	NW	269	Reubold, H.	RP	319
Reischl, P.	BY	95	Reng, R.	BY	97	Reucher, B.	NW	307
Reiser, M.	ArbG	433	Renger, M.	SAC	357	Reuff, M.	BW	64
Reiser-Döhring, E.	HE	185	Renger, R.	BMJ	3	Reul, W.	VwG	491
Reiser-Uhlenbruch, P.	TH	400	Rengers, J.	FG	447	Reuling, U.	HE	179
Reiser-Wimmer, B.	NW	258	Renk, H.	HE	175	Reumann, G.	HH	165
Reisiger, A.	VwG	485	Renk, H.	VwG	479	Reumann von Fernandez, A.	NW	296
Reisinger, N.	BW	59	Renken, I.	BRE	149	Reumschüssel, I.	BER	125
Reisinger, P.	BY	95	Renner, G.	VwG	490	Reuper, I.	NDS	217
Reisner, T.	VwG	495	Renner, H.	BY	95	Reupert, C.	BW	63
Reiß, E.	BY	80	Renner, K.	BY	105	Reupke, L.	SH	381
Reiß, G.	BY	93	Renner, M.	BER	126	Reupke, R.	NDS	209
Reiß, S.	BY	113	Renner, M.	VwG	482	Reus, G.	SAA	337
Reißig, H.	BRA	144	Renner, R.	BW	21			

653

Reus, H.	BW 29	Richter, A.	SAN 371	Richter-Herbig, S.	ArbG 421
Reusch, H.	RP 322	Richter, B.	BW 45	Richter-Zeininger, B.	BY 111
Reusch, H.	VwG 506	Richter, B.	NW 294	Richtersmeier, G.	NW 267
Reusch, R.	BER 127	Richter, B.	NW 308	Richthof, H.	NW 278
Reuscher, I.	RP 323	Richter, E.	BRA 143	Rickelmann, K.	VwG 481
Reuscher, T.	VwG 507	Richter, E.	BW 30	Rickers, W.	NDS 234
Reuschle, J.	BW 52	Richter, E.	RP 326	Ridder, E.	NW 296
Reuß, B.	HH 160	Richter, F.	NW 290	Ridder, H.	VwG 504
Reuß, E.	BY 69	Richter, F.	NW 291	Ridder, K.	VwG 475
Reuss, H.	ArbG 413	Richter, G.	BRA 145	Riebel, B.	VwG 507
Reuter, A.	NW 250	Richter, G.	BW 58	Riebel, J.	SG 469
Reuter, A.	SAN 363	Richter, G.	NW 276	Riebel, T.	TH 398
Reuter, D.	SAC 345	Richter, G.	SAC 356	Riebeling, M.	HE 191
Reuter, D.	SH 377	Richter, H.	ArbG 427	Riebenstahl, A.	SAN 364
Reuter, G.	NDS 228	Richter, H.	BER 122	Rieberg, S.	BW 53
Reuter, G.	NW 255	Richter, H.	BRA 137	Riebesell, P.	VwG 489
Reuter, G.	SAA 339	Richter, H.	BRA 141	Riebschläger, H.	BER 128
Reuter, G.	VwG 500	Richter, H.	BW 60	Riechert, C.	VwG 503
Reuter, H.	NDS 237	Richter, H.	BY 75	Riechert, E.	HH 159
Reuter, K.	HH 161	Richter, H.	BY 95	Riechert, G.	NW 269
Reuter, K.	NW 306	Richter, H.	HE 169	Riechert-Seckler, H.	SAC 347
Reuter, L.	NW 308	Richter, H.	NW 299	Riechmann, H.	NW 271
Reuter, M.	SAC 355	Richter, H.	SH 385	Rieck, G.	BW 62
Reuter, M.	SG 460	Richter, H.	HE 190	Rieck, G.	NW 245
Reuter, P.	HH 162	Richter, I.	SAC 346	Rieck, H.	BRA 138
Reuter, R.	BRA 146	Richter, I.	SAC 359	Rieck, P.	ArbG 423
Reuter, S.	TH 398	Richter, J.	BW 63	Riecke, O.	HH 163
Reuter, U.	HE 188	Richter, J.	HE 177	Rieckhoff, F.	NDS 233
Reuter-Jaschik, S.	NW 300	Richter, J.	HE 189	Rieckhoff, T.	SAN 373
Reutter-Schwammborn, G.	VwG 492	Richter, J.	NW 283	Ried, G.	HE 177
Rex, E.	NDS 227	Richter, J.	SAN 368	Riedeberger, D.	SAN 372
Reyels, J.	SG 467	Richter, K.	NDS 237	Riedel, A.	ArbG 416
Reyer, H.	BER 121	Richter, K.	NW 276	Riedel, A.	BW 21
Reyer, H.	NW 243	Richter, K.	NW 278	Riedel, A.	BY 106
Rezori, I.	NW 277	Richter, K.	SAN 364	Riedel, B.	SAC 351
Rhein, M.	BY 100	Richter, K.	VwG 509	Riedel, F.	BRA 144
Rhein, M.	BY 100	Richter, L.	BRA 141	Riedel, G.	ArbG 415
Rhein, P.	BRA 137	Richter, M.	FG 447	Riedel, G.	VwG 511
Rheinberger, D.	SG 471	Richter, M.	NDS 239	Riedel, J.	BW 62
Rheineck, R.	HH 155	Richter, M.	TH 399	Riedel, J.	NW 299
	159	Richter, M.	VwG 485	Riedel, K.	BY 113
Rhiel, B.	HE 182	Richter, R.	BRA 143	Riedel, N.	SAN 361
Rhode, P.	NDS 232	Richter, R.	NW 287	Riedel, P.	RP 326
Ribbert, H.	NW 247	Richter, S.	HH 163	Riedel, S.	SG 467
Richard, C.	BER 130	Richter, S.	MV 200	Riedel, U.	NW 258
Richard, C.	VwG 486	Richter, S.	SAC 351	Riedel, U.	SAN 361
Richard, F.	NW 265	Richter, T.	NW 269	Riedel-Mitterwieser, S.	BY 97
Richardt, B.	BRA 135	Richter, T.	SAC 345	Riedelbauch, C.	BY 112
Richardt, G.	NW 279	Richter, T.	SG 465	Riedelsheimer, U.	MV 206
Richarz, G.	BER 125	Richter, U.	HE 193	Riedemann, A.	SAC 355
Richarz, W.	NW 296	Richter, U.	MV 200	Rieder, M.	BY 100
Richel, R.	TH 395	Richter, U.	NW 256	Rieder, T.	SAN 370
Richerzhagen, B.	VwG 499	Richter, U.	NW 286	Riedinger, G.	VwG 475
Richtberg, H.	VwG 496	Richter, W.	BU 13	Riedl, E.	NW 274
Richter, A.	BRA 143	Richter, W.	MV 200	Riedl, H.	BW 58
Richter, A.	HH 160	Richter, W.	NW 252	Riedl, H.	BY 110
Richter, A.	NW 292	Richter, W.	NW 280	Riedl, M.	VwG 502
		Richter, W.	NW 300	Riedle-Knapp, D.	BW 53
		Richter, W.	SH 385	Riedmann, N.	BY 85
		Richter, W.	VerfG 406		

Riege, A.	VwG 501	Rieso, H.	NDS 238	Ritter, E.	NW 241
Riege, P.	VwG 501	Rieß, A.	BW 57	Ritter, H.	BU 7
Riegel, K.	NW 254	Rieß, F.	BY 80	Ritter, H.	NW 268
Riegel, L.	BY 69	Rieß, P.	BMJ 3	Ritter, H.	NW 306
Riegel, R.	RP 332	Riess, D.	BW 45	Ritter, J.	HE 173
Riegelmann, U.	FG 449	Riesterer, K.	SG 451	Ritter, K.	BER 115
Rieger, A.	BER 130	Rietschel, E.	ArbG 430	Ritter, K.	FG 447
Rieger, A.	BRA 139	Riewe, R.	TH 389	Ritter, M.	BW 39
Rieger, A.	HH 162	Riffel, H.	BW 50	Ritter, P.	BRE 151
Rieger, C.	ArbG 422	Riffel, K.	BW 21	Ritter-Victor, A.	BER 133
Rieger, C.	BW 64	Riffel, W.	BW 62	Rittershaus, O.	NW 307
Rieger, H.	BY 89	Riggers, M.	NDS 227	Rittmann, W.	BW 64
Rieger, J.	BW 64	Riggert, S.	BW 35	Rittmayr, H.	BY 68
Rieger, P.	BY 107	Rigáo, K.	VwG 490	Rittscher, N.	SAC 355
Rieger, W.	BW 26	Rihn, L.	HE 186	Rittweger, S.	SG 455
Rieger, W.	SG 455	Rimer, U.	NW 266	Ritvay, G.	BER 133
Rieger, W.	VwG 475	Rimmele, B.	BW 31	Ritz, M.	HH 162
Riegger, E.	BW 26	Rimpel, J.	VwG 500	Ritzdorf, R.	RP 317
Riegler, E.	BU 16	Rinck, K.	BY 92	Ritzenhöfer, H.	NW 303
Riegner, K.	BY 102	Rinder, A.	BER 117	Ritzer, H.	FG 440
Riehe, B.	NW 241	Rinder, H.	BER 118	Ritzer, J.	BY 86
Riehe, H.	NW 302	Ring, B.	BY 108	Ritzer, L.	BY 101
Riehl, H.	SAN 363	Ring, M.	NW 300	Ritzert, S.	BW 61
Riehl, M.	NW 311	Ring, W.	VwG 494	Riuz-Jarabo	
Riehl, R.	BY 88	Ringel, A.	TH 401	Colomer, D.	EuGH 517
Riehl, R.	RP 327	Ringel, K.	NW 256	Rive, S.	VwG 506
Riehl, R.	VwG 512	Ringel, W.	RP 324	Rivinius, S.	SAN 372
Riehle, G.	BW 23	Ringkloff, B.	NW 254	Rix, H.	SH 379
Riehm, F.	HE 185	Rinio, O.	BW 63	Rixecker, R.	SAA 336
Riehn, H.	VwG 492	Rink, J.	HE 176		VerfG 406
Rieker, B.	ArbG 413	Rink, U.	NW 275	Robben, H.	NDS 235
Rieker, G.	BW 60	Rinken, A.	VerfG 404	Robineck, W.	BRA 143
Rieker, M.	ArbG 412		VwG 488	Roblick, R.	NDS 238
Rieker-Müller, R.	BW 53	Rinker, C.	RP 323	Robrecht, H.	BRE 151
Riekert, H.	NW 283	Rinne, E.	BU 7	Robrecht, U.	HH 166
Rieleder, H.	BW 60	Rinnert, R.	MV 197	Rocca, B.	BER 119
Riemann, A.	SH 385	Rinninsland, G.	HE 182	Roche, S.	BRA 138
Riemann, G.	VwG 498	Rintelen-Teipel, K.	VwG 502	Rochel, S.	SAC 355
Riemann, K.	BER 131	Ripplinger, M.	BER 132	Rochus, R.	HE 188
Riemann, R.	NW 311	Risch, I.	NW 246	Rock, G.	BW 41
Riemenschneider, D.	NW 311	Rische, A.	BER 130	Rock, H.	RP 321
Riemer, B.	SH 381	Rischer, M.	NDS 208	Rock, J.	SAC 354
Riemer, K.	NDS 223	Riso, I.	NDS 218	Rockel, M.	HH 166
Riemer, S.	SAC 355	Rispoli-Augustin, R.	HE 193	Rockemer, K.	HE 171
Rienhardt, H.	RP 315	Riß, S.	BY 109	zur Rocklage, H.	BU 15
Rienhoff, F.	NDS 215	Risse, C.	TH 399	Roczen, H.	NW 299
Riep, K.	SAN 366	Rissenbeck, K.	NW 299	Rocznik, E.	NW 280
Riepe, D.	NW 270	Rissing-van Saan, R.	BU 8	Rode, J.	NDS 208
Riepl, H.	VwG 484	Rißmann, W.	NW 284	Rode, U.	SAC 348
Riepl, O.	SAC 344	Ritgens, C.	NW 307	Rodehau, H.	ArbG 412
Riering, S.	NW 264	Ritoff, S.	SAN 366	Rodehüser, A.	NW 274
Ries, H.	TH 389	Ritscher, C.	BY 76	Rodemer, K.	FG 443
Ries, P.	BER 132	Ritscher, W.	FG 441	Rodemers, A.	ArbG 433
Ries, S.	SAN 373	Ritter, A.	MV 205	Roden, N.	ArbG 426
Ries, W.	BY 72	Ritter, A.	MV 206	von Roden-Leifker, S.	NDS 220
Riese, C.	BER 126	Ritter, A.	RP 317	Rodenbostel, N.	NDS 218
Riese, J.	HE 186	Ritter, C.	HE 170	Rodenhäuser, U.	HE 172
Riese, K.	VwG 486	Ritter, D.	BW 24	Roderburg, C.	SAC 351
Riesenhuber, B.	BER 130	Ritter, E.	BER 129	Roderjan, A.	HH 160

Rodermund, W.	NW 245	Rönnau, B.	MV 206	Rövekamp, K.	BY 98
Rodiek, H.	NDS 230	Rönnebeck, G.	BY 80	Rövekamp, K.	NW 248
Rodler, C.	BY 99	Rönninger, H.	SAN 371	Röwe, J.	NDS 237
Rodrian, I.	HE 175	Rönninger, H.	SG 472	Roewer, K.	NW 286
Rodríguez Iglesias, G.	EuGH 517	Röper, B.	BER 132	Roewer, W.	VwG 511
Röben, G.	NW 297	Röper, E.	VerfG 404	Rofall, M.	NW 278
Röchling, W.	NW 254	Röper, J.	BRA 136	Roffmann, G.	NDS 219
Röck, S.	VwG 477	Röper, R.	MV 200	Rogalla, P.	NDS 223
Röck, W.	MV 199	Roer, U.	NW 276	Rogaschewski, B.	BY 99
Röckrath, S.	NW 307	Rörig, J.	ArbG 417	Rogatschow, S.	MV 206
Röde, P.	HE 190	Rörig, P.	BW 58	Rogge, D.	NW 243
Röder, A.	SG 458	Rörig, R.	BRA 145	Rogge, E.	NW 281
Röder, M.	NW 310	Roersch, H.	HE 181	Rogge, R.	BU 7
Röder, P.	HE 187	Rösch, A.	SAC 355	Rogge, R.	TH 394
Röder, R.	ArbG 424	Rösch, B.	BY 104	Roggenbach, H.	NW 258
Röder, R.	RP 326	Rösch, C.	ArbG 414	Roggenbrod, S.	BW 46
Roeder, B.	SG 457	Rösch, R.	BW 37	Roggenbrodt, D.	SH 377
Roeder, I.	VwG 499	Roesch, P.	BW 58	Roggenbuck, E.	NDS 213
Roeder, L.	BY 106	Röscher-Grätz, D.	BW 52	Roggenbuck, H.	SAN 370
Röding, F.	BW 58	Röschmann, H.	SH 377	Roggenbuck, R.	BRA 145
Röding, O.	NW 258	Roese, W.	NW 255	Roggendorf, D.	NW 295
Rödle, H.	SAC 343	Röseler, H.	BRA 143	Roggendorf, P.	NW 295
Röer, B.	RP 331	Roesen, N.	ArbG 428	Roggenkamp, B.	TH 394
Röger, N.	RP 317	Röser, W.	RP 320	Roggentin, J.	VwG 489
Röggener, A.	NW 268	Roeser, T.	VwG 499	Rogger, M.	BY 99
Röh, B.	VwG 495	Röske, K.	NW 299	Rogmann, J.	HH 161
Röhl, C.	NDS 237	Rösl, R.	BY 109	Rogner, J.	NW 263
Röhl, D.	RP 322	Roesler, I.	VwG 508	Rogoll, K.	BRE 152
Röhl, D.	SH 386	Roesler, K.	BER 123	Rogosch, E.	TH 400
Röhl, H.	SH 379	Roesler, W.	HH 158	Rohatsch, K.	TH 389
Röhl, H.	SH 383	Rösmann, H.	NW 285	Rohde, A.	NW 297
Röhl, J.	BER 119	Rösner, C.	MV 206	Rohde, C.	NW 288
Röhl, S.	NW 268	Rösner, D.	MV 203	Rohde, C.	SAN 373
Roehl, I.	SAC 354	Rösner, M.	NW 290	Rohde, H.	NW 302
Röhlig, H.	NW 277	Roesner, H.	BW 23	Rohde, K.	NW 311
Röhm, D.	BW 54	Rössel, C.	SAC 358	Rohde, M.	SAN 361
Röhr, A.	NW 246	Rößger, M.	BRA 143	Rohde, P.	NDS 213
Röhr, W.	BW 56	Rößler, J.	BER 116	Rohde, R.	BW 29
Röhrich, C.	BY 110	Rößler, M.	NW 311	Rohde, R.	NW 252
Röhrich, G.	RP 319	Rößner, E.	BW 59	Rohland, J.	SAC 356
Röhricht, V.	BU 7	Rößner, G.	BY 71	Rohlff, R.	BY 68
Röhrig, R.	RP 319	Rößner, T.	BER 126	Rohlfing, C.	NW 310
Röhrle, W.	BW 61	Röstel, C.	BRA 146	Rohlfing, G.	NW 309
Röhrmann, A.	BER 118	Roestel, E.	SH 381	Rohlfing, G.	SH 379
Roelen, K.	BY 84	Röthemeyer, P.	NDS 216	Rohlfs, D.	SH 377
Roeling, R.	VwG 487	Röthig, M.	BW 38	Rohlfs, J.	NDS 231
Röll, P.	FG 440	Röthlein, C.	BY 100	Rohlfs, R.	NW 296
Röltgen, W.	NW 306	Röttenbacher, C.	BY 113	Rohling, H.	SAC 357
Römer, D.	BY 100	Röttenbacher, F.	NW 299	Rohling, K.	NW 259
Römer, R.	HE 177	Röttgen, A.	NW 258	Rohm, H.	BER 124
Römer, U.	NW 300	Röttger, D.	BRA 143	Rohn, M.	VwG 487
Römer, W.	BU 8	Röttger, D.	NW 301	Rohn, S.	MV 200
Römer, Y.	NW 307	Röttger, E.	NW 266	Rohner, G.	NDS 235
Römheld, B.	ArbG 414	Röttger, F.	SH 386	Rohner, T.	HE 185
Römhild, H.	BW 29	Röttger, H.	VwG 501	Rohnfelder, D.	HE 187
Römhild-Klose, I.	BW 32	Röttger, K.	NW 247	Rohowski, K.	ArbG 425
Römmelt, D.	BY 90	Röttger, K.	NW 282	Rohr-Schwintowski, R.	BRA 141
Römming, R.	BY 106	Röttgers, K.	NW 245	Rohrbach-Rödding, G.	BRA 136
		Röttle, R.	BY 100		

Rohrbeck, A.	HE 177	Rosbach, H.	NDS 231	Roßmanith, G.	ArbG 421
Rohrbeck, P.	HH 163	Rosch, B.	NW 275	Rossmanith, G.	ArbG 421
Rohrer-Fischer, R.	HE 192	Roscheck, M.	BRA 143	Roßmann, E.	BY 87
von Rohrscheidt, W.	BY 96	Roschek, S.	BRA 143	Roßnagel, A.	VerfG 403
Rohs, P.	NW 278	Roscher, H.	SAC 346	Roßner, H.	FG 441
Rohwedder, H.	VwG 501	Rose, A.	TH 393	Rosso, F.	NW 253
Rohweder, R.	HH 165	Rose, E.	BW 61	van Rossum, J.	NW 305
Rohwer-Kahlmann, A.	BRE 151	Rose, H.	ArbG 424	van Rossum, K.	NW 245
Rohwer-Kahlmann, K.	BRE 152	Rosel, G.	VwG 482	Roßwog, E.	VwG 475
Roidl-Hock, E.	NW 253	Roselius, E.	VwG 479	Rost, C.	NDS 214
Roitsch-van Almelo, E.	NDS 227	Rosemann, H.	SG 470	Rost, F.	BU 10
Roitzheim, G.	NW 307	Rosen, C.	SAC 355	Rost, G.	NDS 219
Roitzheim, P.	VwG 478	Rosen, H.	NW 243	Rost, R.	BY 70
Rojahn, D.	BY 67	Rosenbach, S.	SAN 371	Rost, W.	BY 85
Rojahn, M.	NDS 219	Rosenbaum, B.	NW 256	Rostowski, W.	BER 129
Rojahn, O.	BU 13	Rosenbaum, D.	VwG 485	Rotax, H.	HH 161
Rojczyk, S.	HE 189	Rosenbaum, H.	NW 260	Rotermund, R.	NDS 225
Rokita, G.	SG 471	von Rosenberg-Fiebig, A.	NW 297	Roth, A.	VwG 476
Rolauffs, H.	SG 467			Roth, B.	NW 246
Rolf, H.	HE 182	von Rosenberg-Lipinsky-Küçükince, A.	ArbG 428	Roth, B.	VwG 478
Rolf-Schoderer, M.	HH 158			Roth, B.	VwG 492
Rolfes, M.	NDS 232	Rosenberger, R.	NW 293	Roth, D.	HE 183
Rolfes, R.	NW 290	Rosenbusch, W.	NDS 219	Roth, D.	NDS 222
Rolfs, J.	NDS 230	Rosendahl, J.	NDS 227	Roth, D.	NW 269
Rolfsmeyer, D.	BER 127	Rosendorfer, H.	SAN 362	Roth, D.	VwG 477
Rolke, D.	NW 246	Rosenfeld, D.	BW 34	Roth, F.	BY 92
Roll, A.	RP 317	Rosenfeld, G.	SAN 364	Roth, G.	ArbG 420
Roll, S.	SG 456	Rosenfeld, H.	NW 262	Roth, G.	SAA 337
Roller, H.	SG 457	Rosenfeld, H.	NW 279	Roth, G.	SH 377
Roller, S.	VwG 478	Rosenfelder, U.	ArbG 414	Roth, H.	HE 184
Roller, U.	BER 119	Rosenfeldt, I.	HE 175	Roth, J.	BY 70
Romahn, U.	SH 378	Rosenke, C.	BY 101	Roth, K.	BU 13
Romann, R.	HE 171	Rosenkötter, R.	ArbG 424	Roth, M.	BY 77
Romann, U.	SAN 370	Rosenkranz, A.	BER 125	Roth, M.	HE 173
Romanus, W.	HE 182	Rosenkranz, H.	BY 108	Roth, M.	HH 164
Romberg, H.	VwG 507	Rosenkranz, H.	HE 186	Roth, M.	SAC 359
Romberg, W.	NW 269	Rosenkranz, R.	HH 165	Roth, N.	ArbG 415
Romeikat, T.	ArbG 414	Rosenmüller, C.	NW 249	Roth, R.	BU 12
Rommelfanger, U.	VerfG 407	Rosenow, F.	NDS 222	Roth, R.	HE 188
Rommersbach, J.	VwG 505	Rosenow, S.	BER 118	Roth, R.	HH 159
Rompe, U.	NDS 226	Rosenthal, H.	VwG 512	Roth, T.	HE 172
Ronecker, O.	BW 21	Rosenthal, J.	SH 377	Roth, U.	BW 30
Ronimi, G.	HE 188	Rosenthal, R.	HE 192	Roth, W.	HE 172
Ronsdorf, H.	VerfG 406	Rosenthal, T.	BER 119	Róth, W.	HE 191
Ronsdorf, K.	SAC 358	Roser, E.	NDS 216	Roth-Melzer, S.	HE 193
Ronsfeld, T.	SH 385	Rosewick, D.	BRA 142	Rothacher, S.	BW 26
Rook, A.	ArbG 417	Rosinski, G.	BY 111	Rothammer, G.	BW 31
Roos, A.	SG 469	Rosocha, H.	NW 248	Rothaug, B.	TH 394
Roos, B.	BW 29	Rosprich, H.	SG 470	Rothbart, M.	BER 130
Roos, D.	VwG 512	Roß, G.	BU 14	Rothdauscher, J.	BY 107
Roos, E.	BER 125	Ross, D.	BW 34	Rothe, A.	MV 200
Roos, E.	SG 461	Ross, J.	SG 453	Rothe, B.	TH 399
Roos, H.	RP 313	Rossa, A.	BY 98	Rothe, K.	TH 393
Roos, H.	RP 323	Roßbach, G.	HE 169	Rothe, M.	HH 163
Roos, M.	SAN 371	Roßberg, M.	VwG 502	Rothenbach, S.	BER 130
Roos, P.	NW 246	Roßdeutscher, B.	BY 87	Rothenberger, F.	FG 440
Roos, R.	VwG 503	Rosseck, A.	BER 133	Rothenbücher, U.	BY 108
Rosar, H.	RP 321	Roßgoderer, I.	BY 91	Rothenhäusler, S.	SG 457
		Roßkopf, E.	VwG 479		

Rother, J.	NDS 210	Rudhard, D.	BW 32	Rümmler, M.	TH 391
Rother, J.	SAN 371	Rudisile, R.	VwG 475	Rümmler, S.	SAC 354
Rother, M.	BW 27	Rudloff-Schäffer, C.	BMJ 5	Rünger, D.	NDS 216
Rother, M.	MV 201	Rudolf, M.	BW 59	Rüntz, S.	NW 311
Rother, M.	SG 453	Rudolf, M.	HE 173	Rünz, G.	SG 466
Rother, R.	BER 127	Rudolph, A.	HH 161	Rüping, H.	NDS 212
Rothermel, W.	BY 81	Rudolph, F.	NDS 217	Rüppel, R.	BER 129
Rothfischer, J.	BW 58	Rudolph, G.	NDS 223	Rüppell, G.	NDS 221
Rothfischer-Bernhard, B.	BW 58	Rudolph, I.	VwG 491	Rürup, H.	NW 286
Rothfuß, G.	BW 28	Rudolph, J.	NDS 219	Rüsch, C.	NW 255
Rothfuß, H.	BU 8	Rudolph, J.	RP 318	Rüsch, F.	VwG 486
Rothfuß, H.	RP 328	Rudolph, K.	ArbG 424	Rüsen, K.	NW 258
Rothfuß, T.	VwG 477	Rudolph, K.	BW 32	Rüsing, M.	SAC 353
Rothhammer, M.	SG 455	Rudolph, L.	VwG 496	Rüsken, R.	BU 11
Rothkäppel, K.	BY 95	Rudolph, M.	BW 55	Rueß, H.	VwG 485
Rothkegel, R.	BU 13	Rudolph, P.	SAC 355	Ruess, K.	HE 182
Rothmaler, W.	HE 180	Rudolph, P.	SAC 358	Rüßmann, H.	SAA 336
Rothmeyer, U.	SG 474	Rudolph, R.	SAN 369	Rüster, S.	FG 441
Rothstein, J.	NDS 239	Rudolph, S.	HE 173	Rüster, W.	BER 126
Rothstein-Schubert, U.	NW 259	Rudy, H.	NW 246	Rüter, C.	NW 269
Rothweiler, W.	HE 169	Rudzki, C.	SAC 358	Rüter, G.	NW 288
Rotter, L.	BY 95	Rübel, E.	BU 15	Rüter, U.	NW 288
Rotter-Sander, F.	ArbG 423	Rübesamen, C.	TH 398	Rüter-Czekay, R.	HH 158
Rottka, E.	BER 124	Rübsam, A.	VwG 504	Rüther, B.	NW 263
Rottländer, M.	NW 311	Rübsam, M.	NW 287	Rüther, J.	MV 205
Rottlaender, H.	NW 277	Rübsamen, B.	NW 293	Rüthers, B.	NW 269
Rottland, H.	NW 297	Rücker, B.	BY 113	Rütten-Weber, C.	NW 299
Rottmann, H.	BY 105	Rücker, C.	VwG 496	Rüttgers, P.	NW 247
Rottmann, H.	NW 263	Rücker, P.	FG 444	Rütz, G.	NW 247
Rottmann, H.	NW 273	Rücker-Wetzel, A.	HE 189	Rütz, L.	NW 244
Rottmann, H.	VwG 509	Rückert, K.	BW 41	Ruetz, B.	BW 47
Rottstegge, B.	NW 281	Rückert, P.	HE 187	Rützel, R.	HE 177
Rotzoll, A.	BER 121	Rückert, R.	ArbG 423	von Rützen-Kositzkau, K.	SH 382
to Roxel, K.	NW 288	Rüdel, M.	BW 32	Ruf, G.	BW 45
Royen, G.	BW 25	Rüdiger, A.	MV 201	Ruf, P.	RP 332
Rozenberger, D.	VwG 495	Rüdinger, C.	MV 204	Ruff, W.	SG 463
Ruban, R.	BU 11	Rüfer, H.	HE 187	Ruffert, C.	SH 387
Rubbert, S.	VwG 490	Rüge, G.	SAN 368	Ruge, U.	VwG 501
Rubel, J.	NW 295	Rüger, F.	NDS 210	Ruh, J.	RP 327
Rubel, R.	BU 13	Rügge, D.	NW 271	Ruh, P.	BW 24
Rubel, R.	HE 167	Rühl, B.	SH 387	Ruhdorfer, J.	BY 108
Rubel, S.	RP 327	Rühl, C.	BRA 142	Ruhe, B.	HH 158
Rubenbauer, A.	SG 454	Rühl, G.	BY 107	Ruhe, R.	NW 266
Ruberg, B.	ArbG 417	Rühl, H.	HE 186	Ruhkopf, K.	ArbG 424
Rubik, M.	BW 38	Rühl, I.	NW 276	Ruhl, S.	HH 166
Rubin, U.	BW 34	Rühl, W.	BMJ 5	Ruhl, W.	HE 169
Rubly, H.	VwG 487	Rühl, W.	BW 36	Ruhland, H.	HE 182
Ruboks, P.	HE 188	Rühl, W.	HH 160	Ruhland, J.	NW 257
Ruby, D.	SG 471	Rühle, H.	ArbG 422	Ruhrmann, U.	VwG 490
Ruby, J.	NW 250	Rühle, K.	HH 159	Rukopf, A.	BW 26
Ruby-Wesemeyer, U.	BW 39	Rühle, R.	HH 159	Ruland, A.	SAC 354
Ruckdäschel, G.	BY 107	Rühle, W.	VwG 489	Ruland, D.	VwG 483
Ruckdäschel, J.	BY 89	Rühling, I.	VwG 496	Ruland, S.	NW 286
Ruddies, S.	BRA 146	Rühling, R.	SG 454	Rulff, I.	BER 129
Rudeck, K.	MV 203	Rühling, U.	SH 377	Rumberg, K.	NW 277
Rudek, M.	FG 443	Rühmann, R.	RP 332	Rumler, H.	BW 21
Rudel, F.	BER 122	Rüll, S.	RP 317	Rumler, J.	BW 49
Ruderisch, D.	BY 80	Rümke, A.	NDS 223	Rumler-Detzel, P.	NW 292
		Rümke, B.	NDS 213		

Rummel, H.	ArbG 426	Ruthmann, H.	BY 89	Sahlenbeck, U.	NW 255
Rummel, H.	BW 54	Ruthsatz, R.	VwG 492	Sahlmann, K.	BRA 146
Rummeling, U.	NW 308	Rutsch, H.	NW 247	Sahm, R.	SAA 335
Rummer, K.	HE 178	Rutschmann, K.	BW 25	Sahr, R.	BER 119
Rumpf, C.	HE 182	Rutz, A.	RP 327	Sailer, C.	SG 457
Rumpf, O.	VwG 491	Rutz, S.	SH 378	Sailer, E.	BY 92
Rumpf, R.	RP 317	Rutz, T.	VwG 512	Sailer, W.	BU 13
Rumpff, A.	BER 132	Rybacki, A.	HE 171	Sakuth, N.	HH 160
Rund, H.	BY 72	Ryssel, H.	BY 80	Saladin, C.	RP 326
Runde, C.	BRA 145	Rzadtki, H.	HH 162	Salamon, N.	NW 287
Rundholz, M.	HH 166	Rzany, J.	BW 62	Salbreiter, K.	SAC 345
Rundt, S.	NDS 222	Rzehak, J.	SAC 357	von Saldern, A.	FG 445
Runge, A.	BER 120	Rzepka, W.	VwG 483	von Saldern, L.	BER 123
Runge, A.	BW 23	Rzymann, B.	BW 53	Salenbauch, K.	BW 47
Runge, B.	BER 123			Salesch, B.	HH 159
Runge, H.	HH 159	**S**		Salewski, A.	NDS 234
Rungelrath, H.	NW 244			Salewski, A.	NW 267
Rungenhagen, K.	BER 119	Saak, G.	BER 120	Salewski, W.	RP 315
Runkel, M.	SAC 354	Saalmann, A.	SAC 357	Salge, A.	SAN 372
Runte, F.	NW 281	Saam, J.	BW 55	Salge, H.	NDS 219
Runte, G.	VwG 500	Saamer, K.	HE 180	Salis, S.	HH 160
Runte, H.	NW 308	Saathoff, R.	NDS 216	Saller, R.	BY 114
Rupieper, W.	BRA 137	Sabel, H.	TH 394	Sallmann, H.	NW 257
Rupp, F.	HE 176	Sabel, O.	NW 309	Gräfin von Salm-Hoog-	
Rupp, M.	SAA 338	Sabin, F.	MV 197	straeten-Weebers, B.	NW 251
Rupp, V.	NW 263	Sachau, M.	VwG 481	Salmanzig, G.	RP 320
Rupp, W.	SAC 353	Sachenbacher, U.	BY 99	Salvenmoser, S.	NDS 229
Ruppe, F.	BY 109	Sacher, G.	NW 269	Salveter, K.	FG 449
Ruppel, B.	SG 461	Sachs, A.	BER 118	Salzenberg, D.	NW 308
Ruppel, B.	SH 385	Sachs, H.	RP 327	Salzer, B.	SG 454
Ruppel, K.	BER 125	Sachse, E.	NDS 215	Salzmann, H.	RP 330
Ruppel, M.	BRA 147	Sachse, U.	NW 279	Salzmann, A.	ArbG 417
Ruppel, P.	VwG 481	Sachsenmaier, W.	VwG 478	Salzwedel, H.	SAN 369
Ruppelt, K.	HE 184	Sachsenröder, G.	MV 203	von Samson	
Ruppelt, M.	SG 469	Sack, H.	BU 11	Himmelstjerna, R.	MV 204
Ruppert, H.	HH 162	Sack, H.	RP 331	Sanchez Alfonso, I.	ArbG 417
Ruppert, P.	FG 440	Sack, K.	NW 243	Sanchez-Hermosilla, F.	BW 63
Ruppert, U.	RP 328	Sack, M.	BER 132	Sand, D.	HE 172
Ruppert, W.	NW 299	Sack, U.	BER 124	Sandbaumhüter, W.	FG 447
Ruppolt, I.	HH 165	Sackmann, K.	SAN 366	Sanden, T.	SAC 349
Rupprecht, G.	BU 15	Sadler, I.	VwG 485	Sander, A.	ArbG 435
Rupprecht, K.	NW 256	Sadri-Herzog, J.	BER 129	Sander, B.	MV 206
Rusch, W.	RP 328	Sadrinna, R.	FG 445	Sander, B.	NDS 240
Rusch, W.	VwG 503	Säcker, H.	BU 12	Sander, B.	RP 320
Rusch-Bilstein, A.	NDS 238	Saeger, K.	BW 30	Sander, F.	NW 283
Ruser, E.	SAA 336	Sämann, M.	NW 289	Sander, G.	BER 120
Ruß, S.	BW 58	Saemann, U.	TH 396	Sander, G.	SAA 339
Ruß, W.	BY 80	Sänger, F.	HE 184	Sander, H.	BER 130
Russack, M.	NW 309	Saenger, M.	VwG 491	Sander, H.	RP 320
Russell, K.	RP 322	Saenger, M.	VwG 494	Sander, J.	NW 256
Rußer, W.	HH 162	Säuberlich, C.	SAN 368	Sander, J.	NW 283
Rust, D.	NDS 209	Säugling, T.	BY 89	Sander, J.	TH 399
Rust, H.	NDS 212	Safadi-Knebel, O.	VwG 486	Sander, K.	SG 465
Rustemeyer, U.	FG 446	Safari Chabestari, U.	BY 74	Sander, M.	ArbG 423
Ruster, H.	FG 446	Sagebiel, M.	HE 188	Sander, M.	BER 121
Rusvay, H.	HE 186	Sagebiel, T.	HE 171	Sander, P.	SAA 341
Ruth, C.	BW 37	Sager, B.	SH 386	Sander, T.	NDS 237
Ruthe, P.	SG 456	Sager, J.	SH 383	Sander, W.	BW 31
Ruthe, W.	HE 171	Saggio, A.	EuGH 519	Sander, W.	BY 76

Sander, W.	VwG 485	Saudhof, D.	TH 400	Schabacher, A.	SAC 346
Sander-Hellwig, A.	FG 441	Sauer, A.	HE 190	Schabacker, J.	SAN 372
Sandermann, A.	FG 446	Sauer, A.	SAN 363	Schabarum, E.	SAN 372
Sandermann, E.	BY 112	Sauer, C.	SH 379	Schabel, B.	BW 61
Sanders, E.	HH 161	Sauer, F.	BER 119	Schaber, C.	BER 131
Sanders, W.	BER 127	Sauer, G.	HE 169	Schaber, K.	BW 63
Sandgaard, G.	VwG 497	Sauer, H.	NDS 211	Schaber, M.	VwG 475
Sandherr, U.	BER 131	Sauer, H.	VwG 508	Schaberg, G.	HH 159
Sandhöfer-Geib, A.	SAA 336	Sauer, J.	BER 129	Schabert, T.	BW 29
Sandhorst, M.	BW 64	Sauer, M.	NW 265	Schabert-Zeidler, B.	VwG 480
Sandig, S.	SAC 347	Sauer, P.	RP 322	Schabinger, D.	NW 246
Sandkühler, G.	NW 262	Sauer, P.	SAC 349	Schabram, J.	BW 24
Sandkühler, M.	NW 270	Sauer, S.	BY 111	Schach, I.	NW 282
Sandmaier, H.	BW 28	Sauer, W.	HE 175	Schach, K.	BER 118
Sandmann, M.	NW 308	Sauer, W.	SH 377	Schach, K.	BW 54
Sandmann, R.	NW 262	Sauer Kerstin, S.	NDS 239	Schachel, J.	VwG 499
Sandring, F.	ArbG 435	Sauer-Wehlack, B.	NW 305	Schachner, J.	BY 94
Sandrock, F.	HE 169	Sauerberg, D.	SH 377	Schacht, K.	NW 288
Sandweg, H.	BW 42	Sauerborn, E.	RP 331	Schacht, M.	BW 38
Sanft, H.	BER 116	Sauerborn, R.	RP 319	Schachten, E.	NW 275
Sanftleben, J.	BRA 141	Sauerbrei, S.	SG 470	Schack, C.	BRA 147
Sanner, W.	ArbG 419	Sauerländer, F.	ArbG 429	Schack, H.	SH 377
Sannwald, D.	VwG 478	Sauerland, D.	NW 291	Schacke-Eßmann, P.	NW 310
Sannwald, G.	BW 53	Sauerland, H.	BW 42	Schackmann, S.	SG 471
Sannwald, R.	BW 53	Sauerland, L.	ArbG 426	Schade, E.	BMJ 5
Sapp, F.	NW 272	Sauermilch, K.	RP 330	Schade, J.	BU 16
Sapper, A.	SG 467	Sauerwald, R.	BRE 149	Schade, J.	VwG 497
Sapper, R.	BY 105	Saul-Krickeberg, J.	NW 255	Schade, P.	HH 158
Sardemann, J.	BY 82	Saulheimer-		Schade, R.	BW 52
Sarge, U.	BRA 138	Eppelmann, U.	RP 323	Schade, R.	SAC 345
Sarin, W.	NW 251	Saur, G.	HE 180	Schade, S.	TH 400
Sarlette, E.	ArbG 431	Saur, W.	NW 279	Schade, W.	NW 299
Sarnes, H.	NW 266	Saure, H.	FG 443	Schade, W.	SAN 371
Sarnighausen, H.	VwG 495	Saurenhaus, J.	VwG 505	Schade-Kesper, M.	SAA 340
Sartor, B.	RP 315	Sauter, G.	FG 439	Schadewald, J.	SAN 372
Sartorius, B.	NW 301	Sauter, H.	NW 255	Schadt, G.	RP 330
Sarunski, T.	SAN 371	Sauter, R.	TH 397	Schäcker, H.	ArbG 436
Saß, E.	SH 381	Sauter, V.	BY 68	Schäd, H.	BY 78
Saß, H.	MV 203	Sauter, W.	BW 33	Schädel, D.	BW 52
Saß, K.	SH 378	Sauter-Glücklich, A.	NW 256	Schädler, W.	HE 187
Saße, G.	BRA 146	Sauter-Schwarz-		Schädlich-	
Sasse, C.	NW 307	meier, C.	VwG 481	Maschmeier, U.	SG 467
Sasse, D.	BER 118	Sauthoff, M.	VwG 494	Schädrich, U.	RP 331
Sasse, W.	NW 309	Sautter-Kollmar, A.	BER 126	Schäfer, A.	HE 180
Sassenbach, B.	BY 100	Sawade, U.	BER 133	Schäfer, B.	SG 468
Sassenberg-Walter, U.	FG 444	Sawade, U.	NDS 224	Schäfer, C.	BRA 136
Saßenhausen, H.	NW 256	Sawatzki, K.	SH 386	Schäfer, C.	BY 112
Sattel, P.	RP 327	Sax, H.	BY 109	Schäfer, C.	NW 258
Sattelberger, C.	BY 113	Saxinger, G.	BY 100	Schäfer, C.	SAN 372
Satter, J.	BRA 137	Sbick, A.	TH 398	Schäfer, D.	SG 461
Sattler, B.	BRA 138	Schaab, H.	HE 175	Schäfer, E.	FG 447
Sattler, D.	VwG 509	Schaaf, H.	RP 332	Schäfer, E.	NW 271
Sattler, E.	SG 467	Schaaf, K.	BER 122	Schäfer, E.	VwG 482
Sattler, H.	BY 94	Schaaf, M.	SAC 343	Schäfer, F.	BY 87
Sattler, H.	HE 169	Schaake, W.	HH 162	Schäfer, F.	SAC 345
Sattler, H.	SG 459	Schaal, G.	BER 131	Schäfer, G.	ArbG 422
Sattler, P.	HH 159	Schaal, H.	BER 118	Schäfer, G.	BU 8
Sattler, U.	BU 11	Schaale, K.	BW 52	Schäfer, G.	BY 101
Sattler, W.	HE 177	Schaarmann, W.	NW 303	Schäfer, G.	BY 111

660

Schäfer, G.	RP 319	Schaefer, N.	BER 131	Schanbacher, R.	VwG 478
Schäfer, H.	ArbG 422	Schaefer, U.	SAA 341	Schandl, K.	BW 52
Schäfer, H.	ArbG 431	Schaefer, W.	NW 264	Schank, A.	RP 331
Schäfer, H.	BW 31	Schäfer-Bachmann, B.	SAC 355	Schank, S.	RP 331
Schäfer, H.	BW 34	Schaefer-Lang, G.	NW 245	Schaper, D.	RP 315
Schäfer, H.	BW 47	Schäfer-Töpper, M.	HE 179	Schaper, E.	NDS 237
Schäfer, H.	NW 255	Schäferhoff, V.	NW 263	Schaper, H.	FG 439
Schäfer, H.	NW 260	Schäferhoff, W.	SAC 355	Schaper, J.	BRE 151
Schäfer, H.	NW 272	Schäfers, A.	BMJ 3	Schaper, J.	NW 276
Schäfer, H.	NW 299	Schäfers, F.	NDS 237	Schaper, M.	SAN 370
Schäfer, H.	NW 305	Schäfert, A.	BY 96	Schaper, P.	HE 183
Schäfer, H.	SG 452	Schäfert, H.	BY 96	Schaper, T.	NDS 231
Schäfer, H.	SG 468	Schäff, R.	BY 104	Schaper, U.	NW 267
Schäfer, H.	TH 399	Schäffer, B.	ArbG 422	Schaps-Hardt, P.	HH 160
Schäfer, H.	VwG 500	Schäffer, P.	SAC 357	Scharberth, M.	VwG 485
Schäfer, I.	ArbG 427	Schaeffer, K.	VwG 475	Scharen, I.	NW 246
Schäfer, I.	BRA 141	Schaeffer, R.	RP 326	Scharen, U.	BU 8
Schäfer, I.	SAC 343	Schaefgen, C.	BER 129	Scharf, E.	HE 186
Schäfer, I.	SG 458	Schael, W.	BRA 136	Scharf, G.	BRA 145
Schäfer, J.	BW 27	Schäperklaus, R.	VwG 500	Scharf, H.	VwG 476
Schäfer, J.	HE 171	Schär, J.	SAC 354	Scharf, J.	HE 170
Schäfer, J.	NW 268	Schärfchen, A.	NDS 238	Scharf, P.	TH 395
Schäfer, J.	NW 280	Schärich, U.	SAC 355	Scharfenberger, J.	SH 382
Schäfer, J.	RP 320	Schärtl, H.	BY 88	Scharff, J.	BY 88
Schäfer, K.	ArbG 421	Schaeuble, E.	BRA 137	Scharlack, A.	BU 9
Schäfer, K.	ArbG 421	Schaffarzik, B.	VwG 510	Scharnick, M.	BER 119
Schäfer, K.	HE 167	Schaffelder, D.	NDS 218	Scharpenberg, B.	FG 447
Schäfer, K.	HE 185	Schaffer, G.	NDS 213	Scharpf-Thielefeld, S.	BW 50
Schäfer, K.	HE 186	Schaffer, M.	BY 92	Scharstein, W.	BY 105
Schäfer, K.	NW 258	Schaffer, M.	BY 112	Schartl, R.	HE 174
Schäfer, K.	RP 317	Schaffer, R.	NW 295	Schatt, G.	BY 103
Schäfer, K.	SG 466	Schaffer, W.	BY 102	Schatterny-Schmidt, H.	BW 36
Schäfer, M.	BRE 153		VerfG 403	Schatton, U.	VwG 502
Schäfer, M.	RP 321	Schaffert, R.	NDS 219	Schatz, G.	BY 98
Schäfer, M.	VwG 493	Schaffert, W.	BY 111	Schatz, T.	SAC 357
Schäfer, N.	BER 132	Schaffranek, C.	BY 77	Schatzmann, J.	BRA 135
Schäfer, R.	BY 107	Schaffrath, R.	VwG 481	Schaub, D.	HE 190
Schäfer, R.	SAN 368	Schaffrath, W.	BW 28	Schaub, G.	BU 10
Schäfer, S.	NW 283	Schaffrinna, B.	HE 184	Schaube, E.	HE 174
Schäfer, S.	SAC 358	Schafft-Stegemann, A.	SG 459	Schaude, R.	ArbG 420
Schäfer, S.	VwG 492	Schafranitz, B.	NW 263	Schaudig, O.	VwG 479
Schäfer, T.	BER 125	Schafranitz, K.	NW 262	Schauer, F.	BY 90
Schäfer, T.	NW 309	Schaidl, P.	NW 258	Schauer, G.	BY 107
Schäfer, T.	SAC 345	Schairer, M.	BW 21	Schauer, H.	VwG 499
Schäfer, U.	BW 62	Schal, H.	SG 473	Schauer, I.	FG 441
Schäfer, U.	BY 70	Schalkhäuser-Rittweger, V.	BY 91	Schauer, J.	VwG 487
Schäfer, V.	RP 319	Schall, M.	SH 386	Schauer, M.	ArbG 414
Schäfer, W.	HE 171	Schall, R.	BW 49	Schauff, P.	BY 72
Schäfer, W.	NDS 222	Schalla, N.	NW 275	Schaum, P.	HE 180
Schäfer, W.	NW 304	Schallenberger, C.	VwG 498	Schaumann, C.	BRA 141
Schaefer, A.	VwG 482	Schaller, M.	BY 78	Schaumburg, H.	FG 446
Schaefer, B.	FG 441	Schallock, H.	BY 105	Schaumburg, H.	HE 178
Schaefer, B.	VwG 486	Schalück-Bühler, M.	NW 272	Schaumburg, K.	HE 174
Schaefer, E.	BMJ 4	Schamann, G.	BY 82	Schaumburg, M.	BRA 135
Schaefer, E.	VwG 501	Schamber, R.	SAC 357	Schaumlöffel, G.	NW 256
Schaefer, G.	BY 90	Schambert, U.	NW 264	Schaupensteiner, G.	HE 187
Schaefer, H.	HE 187	Schamerowski, R.	SH 384	Schaupensteiner, W.	HE 188
Schaefer, H.	VwG 478	Schan, G.	NDS 240	Schaupp, J.	VwG 514
Schaefer, M.	RP 317			Schaupp, P.	BW 54

Schauß, G.	VwG 506	Scheider, P.	SG 463	Scherbel, A.	BY 94
Schaust, C.	BW 25	Scheidner, P.	RP 330	Scherding, U.	BRA 146
Scheck, M.	SH 375	Scheidt, J.	NW 251	Scherer, A.	BY 88
Scheck, M.	SH 380	Scheidt, J.	SG 470	Scherer, A.	RP 318
Scheck, W.	NW 266	Scheidt, W.	NW 270	Scherer, E.	BER 121
Schedel, M.	SAC 354	Scheier, B.	HE 174	Scherer, F.	VwG 478
Schedelbeck, W.	BU 15	Scheiff, B.	NW 297	Scherer, H.	BW 64
Scheder, J.	VwG 479	Scheimann, D.	HE 176	Scherer, J.	BY 85
Scheder, S.	BER 133	Scheiner, E.	RP 320	Scherer, K.	SAA 337
Schedler, D.	BRA 146	Scheipl, G.	BY 90	Scherer, M.	RP 320
Schedler, G.	BW 45	Scheiter, C.	NW 298	Scherer, M.	TH 391
Scheel, A.	FG 445	Scheiter, G.	VwG 501	Scherer, M.	TH 392
Scheel, D.	BW 46	Scheler, M.	TH 400	Scherer, M.	VerfG 407
Scheel, O.	BRA 147	Schelhowe, T.	SG 459	Scherer, P.	HE 183
Scheel, S.	BW 59	Schell, H.	NW 270	Scherer, U.	BW 50
Scheel-Aping, G.	NDS 223	Schell, I.	NDS 227	Scherer, U.	RP 315
Scheele, G.	BRE 152	Schell, T.	BRA 146	Scherer, W.	BER 129
Scheele, M.	NW 280	Schelle, F.	BY 93	Scherer, W.	BW 52
Scheele, S.	SAC 346	Schellen, P.	VwG 500	Scherer, W.	BY 89
Scheele, W.	BER 126	Schellenberg, F.	ArbG 422	Scherer-Erdt, J.	VwG 515
Scheepers, U.	NW 251	Schellenberg, F.	HE 179	Scherf, H.	BRE 149
Scheer, A.	BER 117	Schellenberg, H.	SAN 361	Scherf, M.	NW 290
Scheer, D.	BY 114	Schellenberg, I.	BER 133	Scherf, R.	TH 391
Scheer, D.	NDS 238	Schellenberg, N.	SAC 354	Scherf, S.	BER 124
Scheer, I.	NDS 235	Schellhammer, K.	BW 23	Scherf, W.	NW 245
Scheer, J.	ArbG 428	Schelp, K.	NW 272	Scherhans, R.	MV 200
Scheer, R.	VwG 509	Scheltz, P.	SH 384	Scherling, H.	HH 163
Scheer, U.	SG 467	Schelzig, K.	BY 100	Schermer, E.	BU 16
Scheer, V.	SAA 335	Schelzig, W.	VwG 497	Schermer, E.	BY 105
Scheerer, J.	NDS 229	Schemann, H.	NW 247	Scherner, P.	HE 179
Scheerer, U.	SG 453	Schemann, U.	TH 393	Scherner, W.	NW 290
Scheffel, P.	BER 121	Schemer, G.	SAA 338	Scherp, D.	HE 189
Scheffels, A.	NW 294	Schemkämper, B.	NW 246	Scherr, R.	BY 84
Scheffels, K.	BY 90	Schemm, A.	NDS 234	Scherr, W.	ArbG 431
Scheffer, E.	HE 175	Schemmel, V.	TH 389	Schertz, M.	BER 121
Scheffer, M.	VwG 510	Schemmel, W.	BY 92	Schertzinger, A.	HH 162
Scheffer, W.	ArbG 416	Schempf, H.	BW 52	Scherwenik, E.	TH 395
Scheffer-Gassel, M.	NDS 210	Schempf, H.	RP 328	Scherwinsky, W.	NDS 222
Scheffer-Müller, U.	HE 180	Schenck-Giere, U.	BRA 135	Scherzer-Schelleter, S.	BER 123
Scheffler, A.	SH 380	von Schenckendorff, M.	SG 455	Scheschonk, A.	BRA 135
Scheffler, C.	BER 121	Schendel, K.	VwG 480	Scheschonka, W.	HH 161
Scheffler, C.	NW 293	Schendzielorz, B.	BW 64	Schettgen, U.	SAC 357
Scheffler, G.	HH 158	Schenk, F.	BY 91	Scheuble, B.	BW 34
Scheffler, G.	SG 457	Schenk, F.	VwG 481	Scheuer, J.	HE 170
Scheffler, H.	VwG 507	Schenk, K.	BW 55	Scheuer, W.	VwG 502
Scheffold, R.	SAC 348	Schenk, K.	VwG 475	Scheuermann, E.	HE 192
Schefzik, G.	VwG 475	Schenk, L.	BU 12	Scheuermann, J.	BY 113
Schehl-Greiner, E.	RP 332	Schenk, R.	HE 176	Scheuermann, U.	HE 180
Scheib, S.	BY 105	Schenk, R.	VwG 479	Scheuffler, O.	SAC 359
Scheib, U.	BW 62	Schenk, S.	ArbG 422	Scheufler, K.	NW 245
Scheiba, D.	BY 104	Schenkel, H.	NW 263	Scheunemann, B.	VwG 479
Scheibe, H.	NW 246	Schenkelberg, A.	RP 333	Scheunemann, H.	NW 281
Scheibel, W.	NDS 214	Schennen, D.	BMJ 4	Scheungrab, E.	BY 94
Scheible, G.	BW 54	Schepers-Matthaei, U.	NW 310	Scheungrab, G.	BY 95
Scheichenzuber, J.	BY 83	Schepke, A.	SAA 341	Scheurer, J.	NW 287
Scheicher, D.	BY 74	Schepping, T.	BY 75	Scheurer, K.	VwG 507
Scheid, K.	NW 299	Scheppler, H.	VwG 507	Scheurig, A.	SAC 343
Scheid-Richter, S.	HE 177	Scherb, D.	FG 443	Scheuring, J.	ArbG 415
Scheideler, K.	NW 256	Scherbarth, E.	RP 318	Scheuten, F.	NDS 227

Scheuver, J.	BW 63	Schiffelholz, B.	BY 82	Schimansky, H.	BU 7
Schevardo, W.	NW 294	Schiffer, K.	VerfG 405	Schimke-Kinshofer, U.	BY 109
Schewe, H.	NDS 237	Schifferdecker, I.	VwG 501	Schimkus-Morkel, S.	BY 68
van Schewick, H.	BU 12	Schifferdecker, V.	NW 245	Schimm, E.	SG 468
Schewior, E.	BMJ 5	Schiffers, P.	NDS 210	Schimmann, P.	NW 248
Scheyda, N.	NW 250	Schiffler, W.	NW 257	Schimmelpfeng-	
Schicha, C.	VwG 504	Schiffmann, G.	RP 326	Schütte, R.	SG 463
Schicha, H.	NW 291	Schiffmann, H.	RP 333	Schimmelpfennig, K.	SAA 338
von Schichau, W.	RP 321	Schiftner, T.	BY 111	Schimmelpfennig, S.	NW 312
Schicho, M.	BY 114	Schikora, G.	BER 132	Schimmöller, G.	NW 250
Schichor, P.	HE 174	Schikora, U.	VwG 476	Schimpf, J.	NDS 213
Schick, A.	SAC 357	Schikowski, R.	SAC 352	Schimpfhauser-	
Schick, G.	BW 58	Schilawa, H.	NW 273	Wehrmann, D.	BY 100
Schick, H.	SG 460	Schilberg, W.	BRE 153	Schimske, M.	BRA 145
Schick, S.	SAC 345	Schilcher, C.	BY 84	Schinck-Klausener, U.	VwG 502
Schick, V.	RP 320	Schild, B.	SG 472	Schindel, J.	NDS 224
Schick, W.	SAA 336	Schild, H.	VwG 492	Schindele, M.	BW 54
Schick, W.	SG 470	Schild, M.	BRA 146	Schindhelm, S.	NDS 234
Schick-Jensen, C.	HE 191	Schild, U.	NW 266	Schindler, E.	BY 108
Schickedanz, E.	SG 461	Schild, W.	SAA 336	Schindler, F.	BW 51
Schicker, W.	SG 456		VerfG 406	Schindler, F.	VwG 513
Schickert-Barlage, B.	NW 245	Schilder, F.	ArbG 437	Schindler, H.	SAC 348
von Schickfus, U.	BY 99	Schilder, F.	BRA 144	Schindler, H.	SAC 353
Schidur, K.	BY 102	Schildwächter, M.	VwG 505	Schindler, K.	VwG 479
Schieber, A.	VwG 476	Schilensky, P.	NDS 239	Schindler, O.	BRA 140
Schiebold, W.	NW 256	Schilfarth, K.	BW 40	Schindler, W.	BW 47
Schieck, A.	NW 273	Schilken, U.	NW 298	Schinhammer, R.	BY 83
Schiedel-Krege, J.	NW 255	Schill, R.	HH 163	Schink, A.	SG 473
Schieder, H.	ArbG 420	Schill, W.	BW 42	Schink, H.	BER 115
Schiefel, M.	NW 283	Schiller, B.	VwG 495	Schinke, G.	SH 385
Schiefer, B.	VwG 481	Schiller, E.	RP 330	Schinke, H.	NDS 210
Schiefer, D.	VwG 487	Schiller, L.	NW 250	Schinke, J.	SAC 359
Schiefer, K.	VwG 503	Schiller, M.	NW 254	Schinke, R.	TH 398
Schieferstein, E.	HE 169	Schiller, P.	VwG 478	Schinkel, M.	VerfG 405
Schieferstein, R.	BW 32	Schiller, R.	NDS 238	Schinkel, M.	VwG 495
Schieffer, J.	BY 75	Schiller, W.	ArbG 434	Schintgen, R.	EuGH 519
Schiek, H.	RP 326	Schilling, A.	BRA 137	Schinz, R.	ArbG 418
Schiekiera, H.	NW 253	Schilling, A.	SAC 358	Schipp, K.	VwG 514
Schiele, A.	BW 46	Schilling, A.	SH 376	Schippers, R.	BRA 146
Schiele, W.	HE 174	Schilling, B.	BY 90	Schippmann, A.	SAC 359
Schieler, R.	VerfG 403	Schilling, F.	ArbG 434	Schirmer, H.	NDS 210
Schiemann, B.	SH 382	Schilling, G.	BER 124	Schirra, M.	VwG 514
Schiemann, M.	SH 384	Schilling, G.	RP 319	Schirra, P.	VwG 492
Schiener, W.	BY 73	Schilling, H.	BER 125	Schiwek, D.	SH 379
Schier, B.	BER 123	Schilling, H.	BW 24	Schiwy, J.	SG 473
Schier-Ammann, B.	HE 174	Schilling, H.	NDS 210	Schlacht-Stauch, A.	SAC 348
Schierbaum, G.	ArbG 427	Schilling, H.	SAN 366	Schlachter, B.	RP 333
Schiereck, T.	NW 308	Schilling, H.	SAN 367	Schlachter, J.	BW 29
Schierholt, C.	NDS 240	Schilling, H.	TH 391	Schlachter, M.	RP 325
Schierholt, H.	NDS 233	Schilling, M.	NW 283	Schlachter-Haack, B.	BY 99
Schierig, B.	BW 54	Schilling, R.	BRE 154	Schladt, H.	BY 98
Schierjott, M.	SAC 353	Schilling, R.	HE 188	Schläfer, H.	RP 326
Schiermeyer, J.	BRA 143	Schilling, T.	BER 127	Schlaeper, T.	NW 303
Schiess, K.	VerfG 403	Schilling, W.	BMJ 3	Schlaf, E.	VwG 511
Schießel, H.	BW 29	Schillings, M.	SG 467	Schlafen, H.	NW 293
Schießl, F.	VwG 482	Schilp, K.	SG 451	Schlag, D.	NDS 231
Schieweck, A.	SAN 369	Schiltz, K.	RP 320	Schlage, B.	HH 160
Schiewner, C.	RP 327	Schimanski-		Schlak, W.	HH 159
Schiffczyk, K.	VwG 480	Longerich, B.	NW 274	Schlamp, H.	TH 395

663

Schlangen, K.	SG 466	Schlichting, J.	BY 84	Schlotterbeck, K.	VwG 477
Schlapka, R.	NW 294	Schlichting, M.	NW 269	Schlottke, P.	MV 201
Schlarb, K.	SAC 357	Schlichting, S.	VerfG 407	Schlottmann, J.	RP 321
Schlatmann, B.	RP 332		VwG 510	Schlottmann, K.	RP 321
Schlattmann, J.	NW 271	Schlick, M.	HE 179	Schlotz-Pissarek, O.	BW 64
Schlebusch, H.	HH 164	Schlick, W.	BU 8	Schluckebier, W.	BU 9
Schlecht, M.	BER 117	Schlickeiser, K.	BER 117	Schlude-Fröhling, I.	BY 90
Schlechtriem, B.	NW 259	Schlicker, M.	NW 241	Schlünder, G.	ArbG 413
Schlechtriem, G.	HH 161	Schlicker, R.	ArbG 414	Schlüß, R.	NW 290
Schlechtriem, K.	NW 306	Schlicksbier, R.	TH 394	Schlüßel, P.	FG 446
Schlechtriem, W.	NDS 223	Schlie, C.	BER 130	Schlüter, A.	NDS 220
Schlee, K.	NW 269	Schlie, H.	NW 271	Schlüter, A.	SAN 366
Schlee, S.	NW 287	von Schlieben, E.	BY 103	Schlüter, A.	SG 459
Schleef, U.	BW 26	von Schlieben-		Schlüter, B.	VwG 475
Schleeh, D.	BW 60	Troschke, K.	BER 115	Schlüter, C.	MV 200
Schlegel, B.	BRA 145	Schliebs, G.	VwG 485	Schlüter, D.	BY 90
Schlegel, G.	NW 257	Schlief, C.	NW 278	Schlüter, D.	SH 376
Schlegel, R.	SG 451	Schlief, P.	NDS 236	Schlüter, E.	NW 299
Schlegel, U.	ArbG 427	Gräfin von		Schlüter, F.	BY 93
Schleger, P.	BW 54	Schlieffen, A.	BER 126	Schlüter, H.	NW 281
Schleger, S.	NW 306	Schlieffen, E.	VwG 490	Schlüter, H.	NW 310
Schlegtendal, D.	NW 286	Graf von Schlieffen, P.	BER 123	Schlüter, H.	SAC 347
Schlehofer, A.	NW 310	Schliemann, H.	BU 10	Schlüter, H.	SH 384
Schlei, H.	VwG 498	Schliephake, J.	SAC 356	Schlüter, J.	NDS 211
Schleicher, D.	HH 157	Schlimbach, R.	HE 185	Schlüter, K.	NDS 232
Schleicher, F.	TH 395	Schlimm, H.	SH 379	Schlüter, R.	SAN 370
Schleicher, H.	NW 252	Schlimm, P.	NW 312	Schlüter, U.	NW 263
Schleicher, M.	HE 192	Schlingloff, J.	HE 184	Schlüter, W.	NW 263
Schleicher, V.	BRA 145	Schlingmann-		Schlüter, W.	NW 278
Schleicher-Tenckhoff, U.	BW 32	Wendenburg, U.	VwG 496	Schlüter-Schützwohl, S.	SAC 355
Schleifenbaum, H.	BY 93	Schlink, B.	VerfG 406	Schlukat, W.	VwG 498
Schleifer, E.	BY 82	Schlinkert, R.	NW 250	Schlumbohm, H.	NW 250
Schleiffer, I.	RP 332	Schlipf, E.	BW 52	Schlund, G.	BY 79
Schleiwies, S.	NW 310	Schlitt, T.	BW 27	Schlurmann, C.	NW 244
Schlemann, J.	BU 15	Schlitz, K.	HE 174	Schmachtel, R.	MV 205
Schlemm, E.	NW 278	Schlobinski, D.	SG 473	Schmachtenberg, H.	BU 14
Schlemme, R.	SG 471	Schlögel, D.	BY 80	Schmachtenberg, H.	NW 256
Schlemmer, H.	BY 89	Schlöglmann, K.	VwG 481	Schmacke, H.	BRE 151
Schlemper, S.	BW 31	Schlöpke, S.	SH 386	Schmäring, O.	NW 302
Schlender, S.	SG 458	Schlöpke-		Schmahl, D.	RP 313
Schlenga, H.	SG 462	Beckmann, B.	VwG 490	Schmahl, H.	NW 249
Schlenger, W.	BER 116	Schlösser, D.	FG 447	Schmale, D.	SH 382
Schlenker, P.	BRA 147	Schlösser, J.	ArbG 429	Schmalen, G.	BW 25
Schlenker, W.	NW 310	Schlößner, D.	MV 205	Schmalenberger, U.	ArbG 435
Schlenkhoff-Paul, M.	NW 276	Schlößner, F.	MV 205	Schmalfuß, E.	SH 379
Schlenzka, W.	VwG 512	Schloimann, H.	RP 326	Schmalhausen, B.	NW 289
Schlepp, N.	FG 444	Schloms, H.	NDS 218	Schmaltz, H.	VwG 495
Schlesier, A.	ArbG 425	Schlosser, A.	SAC 359	Schmalz, E.	BY 96
Schlett, A.	BW 29	Schlosser, H.	NW 302	Schmalz, H.	SG 473
Schleupner, M.	SAN 372	Schlosser, J.	BY 84	Schmalz, U.	SG 473
Schleusener, H.	BW 31	Schlosser, U.	BW 33	Schmalzbauer, R.	BY 103
Schleuß, K.	HH 160	Schlosser, U.	BW 59	Schmalzbauer, W.	BY 103
von Schleußner, A.	BU 16	Schlosser-Greiner, P.	BW 48	Schmandt, H.	NW 280
Schlewing, A.	VwG 505	Schlosser-Lüthje, C.	NW 302	Schmandt, S.	SAC 352
Schlicht, P.	BY 88	Schlotmann, M.	NW 286	Schmauch, A.	SAA 338
Schlicht, P.	MV 204	Schlotmann-Thiessen, V.	NW 300	Schmechtig-Wolf, B.	BY 105
Schlichting, D.	HH 160	Schlott, H.	NW 276	Schmedding, H.	NW 270
Schlichting, G.	BU 8	Schlottbohm, H.	NW 274	Schmedes, H.	BRE 151
Schlichting, H.	RP 331	Schlotterbeck, K.	NW 306	Schmedt, C.	ArbG 425

Schmeer, A.	NDS 239	Schmid, R.	BY 109	Schmidt, G.	NW 243
Schmeer, A.	NDS 240	Schmid, S.	BW 63	Schmidt, G.	SAA 337
Schmees, A.	NDS 233	Schmid, W.	BW 60	Schmidt, G.	SAC 353
Schmehl, M.	BW 52	Schmid, W.	SAC 343	Schmidt, G.	TH 392
Schmeidler, E.	NDS 221	Schmid-Aretz, B.	NW 257	Schmidt, G.	TH 397
Schmeing, B.	NW 264	Schmid-Dwert-		Schmidt, G.	VwG 506
Schmeing, R.	FG 447	mann, H.	BMJ 3	Schmidt, H.	BER 127
Schmeiser, H.	BW 34	Schmid-Lossberg, M.	HH 161	Schmidt, H.	BER 130
Schmeken, A.	BY 113	Schmid-Stein, U.	BY 67	Schmidt, H.	BRA 146
Schmelcher, A.	SAC 357	Schmidbauer, A.	ArbG 414	Schmidt, H.	BW 43
Schmelcher, V.	BW 37	Schmidgall, R.	BW 33	Schmidt, H.	BY 73
Schmelz, F.	BER 125	Schmidhuber, A.	BY 94	Schmidt, H.	BY 73
Schmelzeisen, H.	HE 192	Schmidt, A.	BER 115	Schmidt, H.	HE 176
Schmelzer, G.	SG 467	Schmidt, A.	BER 123	Schmidt, H.	HE 182
Schmenger, G.	VwG 475	Schmidt, A.	BER 128	Schmidt, H.	HE 182
Schmenger, W.	BW 41	Schmidt, A.	BRA 146	Schmidt, H.	HE 189
Schmengler, J.	RP 323	Schmidt, A.	BY 86	Schmidt, H.	HH 159
Schmerbach, U.	NDS 215	Schmidt, A.	BY 89	Schmidt, H.	NDS 219
Schmerfeld-Tophof, V.	NW 287	Schmidt, A.	HH 159	Schmidt, H.	NDS 228
Schmerler-Kreuzer, U.	SAC 355	Schmidt, A.	MV 200	Schmidt, H.	NDS 237
Schmermund, E.	BW 42	Schmidt, A.	RP 333	Schmidt, H.	NW 244
Schmerschneider, H.	HH 161	Schmidt, A.	SAN 364	Schmidt, H.	NW 307
Schmerschneider, W.	HH 161	Schmidt, A.	SG 469	Schmidt, H.	SAA 337
Schmerwitz, V.	NW 244	Schmidt, A.	SG 471	Schmidt, H.	SG 464
von Schmettau, G.	TH 399	Schmidt, A.	SH 381	Schmidt, H.	SG 474
von Schmettau, M.	TH 399	Schmidt, A.	VwG 498	Schmidt, H.	SH 378
Schmetzer, G.	BW 32	Schmidt, B.	BU 16	Schmidt, H.	SH 385
Schmialek, J.	VwG 485	Schmidt, B.	HE 170	Schmidt, H.	SH 385
Schmickler, B.	RP 317	Schmidt, B.	HE 173	Schmidt, H.	TH 400
Schmickler, P.	RP 323	Schmidt, B.	MV 200	Schmidt, H.	VwG 480
Schmid, A.	BW 64	Schmidt, B.	NDS 208	Schmidt, H.	VwG 492
Schmid, A.	BY 83	Schmidt, B.	VwG 482	Schmidt, H.	VwG 493
Schmid, B.	BER 129	Schmidt, C.	BER 122	Schmidt, H.	VwG 497
Schmid, B.	BY 90	Schmidt, C.	BER 131	Schmidt, H.	VwG 504
Schmid, C.	SAC 359	Schmidt, C.	HH 166	Schmidt, I.	BU 10
Schmid, E.	BW 47	Schmidt, C.	MV 196	Schmidt, I.	BY 103
Schmid, F.	FG 439	Schmidt, C.	SAC 357	Schmidt, I.	NDS 224
Schmid, G.	RP 313	Schmidt, C.	TH 392	Schmidt, I.	NW 250
Schmid, G.	SG 453	Schmidt, C.	TH 401	Schmidt, J.	BER 132
Schmid, H.	BW 44	Schmidt, C.	VwG 511	Schmidt, J.	BW 42
Schmid, H.	BY 80	Schmidt, D.	BER 132	Schmidt, J.	BW 48
Schmid, H.	BY 88	Schmidt, D.	BY 109	Schmidt, J.	BY 86
Schmid, H.	NDS 215	Schmidt, D.	NW 256	Schmidt, J.	BY 105
Schmid, J.	BW 45	Schmidt, D.	RP 329	Schmidt, J.	HE 185
Schmid, J.	BY 91	Schmidt, E.	BRE 151	Schmidt, J.	NDS 207
Schmid, K.	ArbG 416	Schmidt, E.	FG 441	Schmidt, J.	NW 244
Schmid, K.	BW 45	Schmidt, E.	SAN 361	Schmidt, J.	NW 301
Schmid, K.	BY 91	Schmidt, E.	SG 454	Schmidt, J.	NW 302
Schmid, L.	RP 323	Schmidt, E.	VwG 498	Schmidt, J.	VwG 475
Schmid, M.	BER 123	Schmidt, E.	ArbG 414	Schmidt, J.	VwG 486
Schmid, M.	BW 57	Schmidt, F.	BW 31	Schmidt, K.	ArbG 431
Schmid, M.	BW 64	Schmidt, F.	BY 111	Schmidt, K.	HE 172
Schmid, M.	BY 80	Schmidt, F.	HE 175	Schmidt, K.	HE 184
Schmid, M.	FG 440	Schmidt, F.	SAC 350	Schmidt, K.	HE 190
Schmid, M.	VwG 514	Schmidt, G.	ArbG 434	Schmidt, K.	NDS 224
Schmid, O.	BY 109	Schmidt, G.	BU 16	Schmidt, K.	NW 262
Schmid, P.	NDS 212	Schmidt, G.	BY 94	Schmidt, K.	NW 267
Schmid, R.	BW 37	Schmidt, G.	BY 102	Schmidt, K.	SH 377
Schmid, R.	BY 90	Schmidt, G.	HE 185	Schmidt, K.	TH 395

Schmidt — Namensverzeichnis

Schmidt, L.	BW	28	Schmidt-De Wasch, W.	HE	190	Schmieder, H.	BU	15
Schmidt, L.	NW	269	Schmidt-Drewniok, J.	SAA	341	Schmiedl, R.	SG	464
Schmidt, M.	BRA	146	Schmidt-Eichhorn, T.	NW	293	Schmiedl-Neuburg, D.	SAN	369
Schmidt, M.	BW	64	Schmidt-Hanemann, R.	HH	164	Schmieling, L.	HE	185
Schmidt, M.	BY	71	Schmidt-Hense, I.	ArbG	428	Schmierer, K.	BW	60
Schmidt, M.	BY	74	Schmidt-Hölsken, V.	NW	249	Schmieszek, H.	BMJ	4
Schmidt, M.	HH	160	Schmidt-Jortzig, E.	BMJ	3	Schmigelski, F.	SAN	370
Schmidt, M.	NDS	220	Schmidt-Kötters, U.	NW	307	Schminke, C.	NDS	235
Schmidt, M.	NDS	237	Schmidt-Kolb, J.	BU	16	Schminke, P.	NW	251
Schmidt, M.	NW	248	Schmidt-Kronshage, C.	SG	466	Schminke, R.	HE	182
Schmidt, M.	NW	275	Schmidt-Lammert, H.	SAC	359	Schminke-Banke, C.	NW	258
Schmidt, M.	SG	465	Schmidt-Lauber, S.	NDS	232	Schmit, C.	SAA	341
Schmidt, M.	SH	380	Schmidt-Liebig, A.	FG	448	Schmitt, A.	TH	397
Schmidt, M.	TH	398	Schmidt-Mrozek, M.	BER	125	Schmitt, B.	HE	171
Schmidt, N.	NW	293	Schmidt-Nentwig, S.	HE	186	Schmitt, B.	TH	400
Schmidt, P.	ArbG	428	Schmidt-Nissen, N.	MV	205	Schmitt, C.	SAA	341
Schmidt, P.	BER	115	Schmidt-Paede, J.	BY	97	Schmitt, E.	BY	77
Schmidt, P.	BER	116	Schmidt-Räntsch, J.	BMJ	4	Schmitt, E.	NW	300
Schmidt, P.	BU	12	Schmidt-Räntsch, R.	NW	297	Schmitt, F.	MV	203
Schmidt, R.	BER	116	Schmidt-Reimer, M.	ArbG	417	Schmitt, F.	VwG	507
Schmidt, R.	BER	127	Schmidt-Ritzau, F.	NDS	217	Schmitt, G.	BRA	135
Schmidt, R.	BY	81	Schmidt-Roloff, H.	HE	184	Schmitt, G.	BY	77
Schmidt, R.	NDS	216	Schmidt-Rottmann, N.	VwG	510	Schmitt, H.	BW	45
Schmidt, R.	NW	248	Schmidt-Salveter, R.	ArbG	423	Schmitt, H.	BY	110
Schmidt, R.	NW	254	Schmidt-Sander, B.	NDS	240	Schmitt, H.	HE	188
Schmidt, R.	NW	310	Schmidt-Schondorf, S.	BER	117	Schmitt, H.	NW	297
Schmidt, R.	SG	454	Schmidt-Schondorf, S.	BER	120	Schmitt, H.	RP	329
Schmidt, R.	SH	380	Schmidt-Sommerfeld, C.	BY	99	Schmitt, I.	NDS	221
Schmidt, S.	BER	131	Schmidt-Speicher, U.	HE	171	Schmitt, J.	ArbG	433
Schmidt, S.	BER	132	Schmidt-Stein, H.	VwG	496	Schmitt, J.	BY	76
Schmidt, S.	HE	175	Schmidt-Steinhauser, B.	BMJ	5	Schmitt, K.	BU	15
Schmidt, S.	HE	187	Schmidt-Struck, J.	HH	165	Schmitt, L.	BY	75
Schmidt, S.	HH	161	Schmidt-Syaßen, I.	HH	157	Schmitt, M.	BW	52
Schmidt, S.	SAN	373	Schmidt-Troje, J.	FG	446	Schmitt, M.	BW	61
Schmidt, S.	SH	380	Schmidt-Vogt, K.	VwG	496	Schmitt, M.	BY	112
Schmidt, S.	SH	381	Schmidt-Weihrich, W.	BW	25	Schmitt, M.	RP	331
Schmidt, T.	HH	165	Schmidt-Wendt, K.	NW	305	Schmitt, M.	SAC	353
Schmidt, U.	ArbG	422	Schmidt-Wilke, R.	SG	463	Schmitt, N.	BY	88
Schmidt, U.	NDS	219	Schmidt-Zahl, I.	NW	246	Schmitt, N.	NW	248
Schmidt, U.	NW	273	Schmidt-von Rhein, G.	HE	171	Schmitt, N.	NW	258
Schmidt, U.	NW	286	Schmidt-von Rhein, G.	VerfG	405	Schmitt, R.	BY	104
Schmidt, U.	NW	300	Schmidt, C. G.	BRA	146	Schmitt, R.	HE	169
Schmidt, U.	TH	394	Schmidtbauer, A.	SAC	343	Schmitt, R.	HE	172
Schmidt, U.	VwG	478	Schmidtborn, U.	BW	23	Schmitt, R.	VwG	476
Schmidt, U.	VwG	494	Schmidtgen-Ittenbach, S.	ArbG	432	Schmitt, S.	NW	277
Schmidt, V.	HH	158	Schmidtke, A.	BW	63	Schmitt, S.	SAC	347
Schmidt, V.	NDS	212	Schmidtke, A.	SAN	373	Schmitt, T.	BW	29
Schmidt, W.	BER	116	Schmidtke, C.	NW	245	Schmitt, U.	BU	15
Schmidt, W.	BU	9	Schmidtke, P.	NDS	207	Schmitt, W.	BU	11
Schmidt, W.	BW	53	Schmidtke-Gillen, R.	BW	27	Schmitt, W.	BW	64
Schmidt, W.	BY	68	Schmidtmann, A.	NDS	209	Schmitt, W.	SAA	340
Schmidt, W.	BY	70	Schmidtmann, H.	NDS	209	Schmitt, W.	VwG	514
Schmidt, W.	NW	284	Schmidtmann, R.	NW	289	Schmitt, Y.	NW	310
Schmidt, W.	NW	308	Schmiechen, U.	NDS	239	Schmitt-Frenzen, H.	NW	264
Schmidt, W.	RP	330	Schmied, H.	HE	173	Schmitt-Frister, P.	NW	307
Schmidt-Aßmann, U.	BW	27	Schmied, P.	BY	95	Schmitt-Heisel, H.	SAN	371
Schmidt-Baumann, R.	HH	166	von Schmiedeberg, A.	HE	193	Schmitt-Kanthak, G.	TH	400
Schmidt-Braess, H.	SH	377	Schmiedel, J.	BY	111	Schmitt-Linden, C.	BY	70
Schmidt-Braess, H.	SH	377				Schmitt-Michalowitz, S.	HE	175

Schmitt-Roob, F.	BY 113	Schmitz-Knierim, J.	NW 255	Schneider, E.	FG 444
Schmitt-Siebert, A.	VwG 476	Schmitz-Pakebusch, I.	NW 293	Schneider, E.	HH 161
Schmitt-Wenkebach, R.	SG 458	Schmitz-Salue, H.	NW 243	Schneider, E.	RP 318
Schmittberg, R.	VwG 486	Schmitz-Schole-		Schneider, E.	SAA 337
Schmittel, A.	BW 61	mann, C.	ArbG 426	Schneider, E.	VwG 486
Schmitten, E.	RP 333	Schmöger, J.	BU 16	Schneider, G.	BW 45
Schmitter, J.	SG 465	Schmöger, W.	VwG 480	Schneider, G.	BY 90
Schmittinger, B.	BER 122	Schmölz, B.	RP 330	Schneider, G.	BY 106
Schmittmann, R.	NW 282	Schmolke, N.	HH 163	Schneider, G.	NDS 223
Schmitz, A.	NW 244	Schmoll, K.	NW 296	Schneider, G.	SAN 369
Schmitz, A.	NW 293	Schmottermeyer, U.	ArbG 415	Schneider, G.	SG 471
Schmitz, C.	BW 54	Schmucker, K.	BW 45	Schneider, H.	BER 128
Schmitz, D.	NDS 213	Schmudlach, H.	BER 116	Schneider, H.	BRA 139
Schmitz, D.	SG 469	Schmücker, K.	SG 451	Schneider, H.	BY 90
Schmitz, D.	VwG 494	Schmücker, M.	SAC 351	Schneider, H.	NDS 211
Schmitz, D.	VwG 502	Schmücking, B.	SAN 365	Schneider, H.	NDS 213
Schmitz, E.	NW 300	Schmukle, C.	BW 27	Schneider, H.	NW 278
Schmitz, G.	BY 68	Schmukle, D.	BW 32	Schneider, H.	NW 280
Schmitz, G.	BY 91	Schmundt, J.	BRE 153	Schneider, H.	RP 317
Schmitz, G.	VerfG 403	Schmutzler, H.	BU 13	Schneider, H.	SG 454
Schmitz, H.	NDS 215	Schnaars, G.	BY 93	Schneider, H.	SG 467
Schmitz, H.	NW 246	Schnabel, B.	BW 61	Schneider, H.	SH 382
Schmitz, H.	NW 249	Schnabel, M.	MV 204	Schneider, H.	SH 383
Schmitz, H.	NW 263	Schnabel, S.	NDS 216	Schneider, H.	VerfG 405
Schmitz, H.	NW 278	Schnabel, S.	SAC 357	Schneider, H.	VerfG 407
Schmitz, H.	NW 306	Schnabl, A.	BY 85	Schneider, H.	VwG 482
Schmitz, H.	RP 322	Schnabl, R.	BY 113	Schneider, H.	VwG 492
Schmitz, H.	VwG 490	Schnabl, W.	HE 169	Schneider, H.	VwG 500
Schmitz, J.	VwG 501	Schnäbele, P.	VwG 478	Schneider, H.	VwG 506
Schmitz, K.	BER 125	Schnapp, D.	NW 263	Schneider, J.	BY 107
Schmitz, K.	BU 7	Schnapp, W.	VwG 478	Schneider, J.	NW 285
Schmitz, K.	NW 253	Schnappauf, H.	BY 112	Schneider, J.	RP 332
Schmitz, K.	NW 267	Schnarr, K.	BU 9	Schneider, J.	SG 470
Schmitz, M.	BW 55	Schnath, M.	SG 465	Schneider, K.	BY 96
Schmitz, M.	BY 73	Schnatmeier, J.	SH 386	Schneider, K.	HE 190
Schmitz, M.	NDS 238	Schnatmeier, S.	SH 386	Schneider, K.	NW 246
Schmitz, M.	TH 399	Schnatz-Tachkov, U.	RP 315	Schneider, K.	NW 262
Schmitz, O.	NW 302	Schnaubelt, M.	MV 199	Schneider, K.	NW 275
Schmitz, P.	NW 246	Schnauder, F.	BW 23	Schneider, K.	NW 286
Schmitz, P.	RP 321	Schnauß, S.	TH 395	Schneider, K.	NW 293
Schmitz, R.	NW 243	Schnebelt, G.	VwG 475	Schneider, K.	RP 320
Schmitz, R.	NW 284	Schneck, A.	BW 64	Schneider, K.	SAC 357
Schmitz, R.	RP 331	Schneckenberger, A.	HE 192	Schneider, K.	SG 470
Schmitz, U.	ArbG 432	Schneemilch, E.	NW 277	Schneider, L.	VwG 478
Schmitz, U.	NW 311	Schneeweis, R.	NW 290	Schneider, M.	ArbG 421
Schmitz, W.	BW 23	Schnegelsberg, J.	HH 161	Schneider, M.	BER 120
Schmitz, W.	NW 243	Schnegg, H.	BU 15	Schneider, M.	BW 26
Schmitz, W.	NW 257	Schneider, A.	NW 282	Schneider, M.	BW 60
Schmitz, W.	NW 283	Schneider, A.	NW 288	Schneider, M.	HE 176
Schmitz, W.	VwG 502	Schneider, A.	SAC 356	Schneider, M.	HH 159
Schmitz-Berg, M.	NW 247	Schneider, B.	BW 53	Schneider, M.	NW 260
Schmitz-Dörner, M.	BER 133	Schneider, B.	BY 111	Schneider, M.	RP 323
Schmitz-DuMont, M.	ArbG 430	Schneider, B.	NDS 225	Schneider, M.	RP 327
Schmitz-Engels, C.	BRA 142	Schneider, B.	NW 298	Schneider, M.	SG 471
Schmitz-Esser, N.	BW 35	Schneider, C.	NW 276	Schneider, M.	TH 394
Schmitz-Horn, U.	NW 255	Schneider, D.	BY 74	Schneider, N.	BY 112
Schmitz-Justen, C.	NW 300	Schneider, D.	SAA 341	Schneider, N.	NW 301
Schmitz-Justen, W.	NW 300	Schneider, D.	VerfG 405	Schneider, O.	VwG 500
Schmitz-Kern, C.	TH 399	Schneider, E.	BU 8	Schneider, R.	BER 119

Schneider, R.	NDS	235
Schneider, R.	NW	269
Schneider, R.	NW	285
Schneider, R.	RP	329
Schneider, R.	SAC	353
Schneider, S.	BW	29
Schneider, S.	NW	300
Schneider, S.	NW	312
Schneider, S.	VwG	496
Schneider, T.	BER	125
Schneider, T.	BRA	144
Schneider, T.	SAA	338
Schneider, T.	SAC	356
Schneider, T.	TH	391
Schneider, U.	BW	33
Schneider, U.	HE	188
Schneider, U.	NW	272
Schneider, U.	SH	377
Schneider, U.	VwG	514
Schneider, V.	BU	10
Schneider, V.	HE	189
Schneider, W.	BY	96
Schneider, W.	HE	169
Schneider, W.	NW	275
Schneider, W.	NW	290
Schneider, W.	VwG	493
Schneider-Brinkert, D.	MV	204
Schneider-Danwitz, A.	VwG	490
Schneider-Danwitz, N.	BU	11
Schneider-Mursa, U.	BW	33
Schneidereit, S.	NW	250
Schneiderhan, P.	BW	61
Schneiders, J.	NW	295
Schneiders, U.	NW	297
Schneidewind, D.	NDS	207
Schneidewind, D.	NDS	227
Schneidmüller, H.	HE	170
Schnell, A.	SAN	370
Schnell, G.	VwG	493
Schnell, M.	VwG	504
Schnelle, A.	BRE	151
Schnelle, A.	VerfG	404
Schnelle, E.	HE	178
Schnelle, H.	BW	53
Schnelle, K.	NDS	218
Schnellenbach, C.	VwG	505
Schnellenbach, H.	VwG	502
Schneller, K.	NDS	234
Schnepf, T.	BW	24
Schnieders, M.	VwG	505
Schnigula, J.	BMJ	4
Schnitger, H.	BRE	151
Schnitker, N.	BER	132
Schnittcher, G.	NW	357
Schnitter, C.	HH	155
Schnitter, P.	BY	74
Schnitzer, C.	MV	202
Schnitzerling, J.	HE	191
Schnitzlein, A.	VwG	480
Schnitzler, E.	NW	296
Schnitzler, J.	SG	467
Schnoor-Völker, D.	SH	381
Schnorfeil, A.	BY	91
Schnorr, S.	VwG	507
Schnorr, W.	NW	246
Schnorrbusch, A.	SAC	352
Schnorrenberg, H.	BU	15
Schnug, C.	VwG	506
Schnuhr, E.	VwG	495
Schnurbein, M. Freiherr von	SG	452
Schnurbusch, H.	NW	249
Schob, C.	SAN	370
Schobel, B.	BY	111
Schober, B.	BER	125
Schober, G.	BY	94
Schoch, S.	BW	55
Schockenhoff, E.	SG	467
Schockweiler, F.	EuGH	517
Schöbel, H.	BY	67
Schöbel, H.	BY	67
Schöck, G.	BW	52
Schödel, K.	BY	73
Schödel, U.	SG	455
Schöfferle, K.	NW	258
Schöfisch, V.	BMJ	5
Schöke-Philipp, A.	BW	35
Schoel, H.	BW	41
Schoel, J.	BER	120
Schöler, E.	VwG	484
Schöler, G.	BY	87
Schöler, H.	VwG	499
Schöler, M.	SG	460
Schoelkens, G.	NW	300
Schöll, W.	FG	440
Schöllgen, W.	NW	254
Schöllkopf, T.	SAC	357
Schöllmann, S.	TH	400
Schölzel, C.	SAN	364
Schömig, D.	BY	77
Schömmer, H.	BY	90
Schön, F.	BY	68
Schön, J.	SG	462
Schön, J.	VwG	480
Schön, N.	ArbG	419
Schön, S.	NW	310
Schoen, G.	BY	105
Schoen, K.	NW	253
Schönauer, M.	NW	246
Schönberg, R. Freiherr von	BU	11
Schönberg, K.	BER	133
Schönberger, G.	BY	96
Schöndorf, E.	HE	189
Schöne, D.	SH	379
Schöne, E.	RP	331
Schöne, P.	BRA	143
Schöne, S.	NW	270
Schoene, H.	SAC	354
Schönebeck, R.	MV	205
Schöneberg, E.	BW	52
Schöneberger, H.	VwG	508
Schöneburg, K.	VerfG	404
Schönemann, H.	SH	380
Schönemann, K.	NDS	229
Schönemann-Koschnick, D.	NW	255
Schönenberg-Römer, P.	NW	270
Schönenborn, A.	SG	467
Schoener, A.	BY	92
Schönfeld, F.	ArbG	419
von Schönfeld, U.	ArbG	427
Schönfeld, U.	BY	80
Schoenfeld, C.	VwG	490
Schönfelder, C.	SAC	358
Schönfelder, R.	BW	61
Schönfelder, U.	HH	166
von Schönfeldt, E.	BRE	151
Schönherr, B.	MV	198
Schönherr, K.	BW	52
Schönhoff, M.	VwG	502
Schönig, R.	BW	28
Schönig, T.	NW	295
Schöning, F.	BRA	147
Schönlaub, D.	BW	64
Schönlein, B.	SG	455
Schönstädt, D.	VwG	493
Schönwandt, H.	NDS	214
Schönwandt, J.	FG	439
Schöpe, W.	NDS	235
Schöpf, D.	BY	99
Schöpf, G.	BW	39
Schöpf, H.	BY	106
Schöpf, S.	SAN	364
Schoepke, H.	BY	106
Schöpper, F.	NW	289
Schöppner, N.	NW	274
Schörner, A.	MV	200
Schött, H.	HH	158
Schöttler, P.	NW	250
Schöttler, R.	BER	119
Schötz, P.	BY	86
Scholderer, F.	HE	175
Scholl, A.	ArbG	413
Scholl, A.	NW	302
Scholl, G.	ArbG	425
Scholl, M.	ArbG	425
Scholl, U.	BW	28
Scholl-Leifert, G.	BW	31
Schollbach, F.	BRA	146
Scholle, B.	VwG	504
Scholle, H.	VwG	504
Schollmeier, W.	BER	124
Scholten, C.	NW	250

Scholten, G.	VwG 502	Schomaker-von Morsbach-		Schrader, W.	NDS 212
Scholten, H.	NW 244	Dube, B.	BER 127	Schraeder, J.	VwG 497
Scholtis, J.	NW 302	Schomann, R.	VwG 504	Schräger, U.	NDS 228
Scholtysik, D.	BER 130	Schomberg, A.	SG 468	Schräjahr, S.	ArbG 413
Scholtyssek, H.	BY 80	Schomberg, H.	HE 188	Schräpler-Mayr, H.	NW 258
Scholtyssek, W.	NW 270	Schomburg, G.	BMJ 5	Schraft-Huber, G.	VwG 476
Scholtz, I.	VwG 493	Schomburg, G.	MV 205	Schrage, A.	VwG 485
Scholtz, T.	MV 206	Schomburg, U.	BRE 150	Schraml, A.	VwG 483
Scholz, A.	NDS 221	Schomburg, W.	BU 8	Schramm, F.	NDS 238
Scholz, A.	NW 287	Schomer, A.	RP 324	Schramm, J.	BY 109
Scholz, A.	SAC 345	Schomerus, H.	NDS 209	Schramm, K.	BU 8
Scholz, A.	SAC 356	Schommartz, K.	BY 71	Schramm, M.	BY 77
Scholz, A.	SAN 367	Schommertz, R.	VwG 503	Schramm, R.	HE 172
Scholz, B.	SAC 345	Schon, G.	ArbG 413	Schramm, W.	BY 85
Scholz, C.	BER 122	Schonlau, R.	NDS 236	Schramm, W.	NW 273
Scholz, C.	NDS 222	Schons, B.	SAC 344	Schrater, E.	MV 206
Scholz, D.	BW 33	Schonscheck, C.	NW 267	Schratzenstaller, J.	BY 86
Scholz, D.	BY 94	Schoof, R.	MV 201	Schrauder, G.	VwG 484
Scholz, D.	MV 205	Schoof, U.	VwG 485	Schreck, D.	SG 463
Scholz, D.	NDS 212	Schopen, K.	NW 286	Schreck, H.	SG 463
Scholz, D.	NW 272	Schopohl, F.	BY 98	Schreiber, A.	HE 186
Scholz, F.	NDS 211	Schopohl, J.	BY 85	Schreiber, C.	BY 92
Scholz, F.	SG 458	Schopp, C.	SG 451	Schreiber, D.	SAN 367
Scholz, G.	BY 90	Schoppe, R.	HE 167	Schreiber, F.	BER 131
Scholz, G.	NW 291	Schoppenhorst, H.	NDS 234	Schreiber, F.	NW 310
Scholz, G.	NW 293	Schoppmeyer, H.	BW 63	Schreiber, H.	BW 56
Scholz, G.	NW 293	Schoreit-Bartner, A.	NDS 211	Schreiber, H.	HE 169
Scholz, H.	NW 243	Schori, M.	SAC 359	Schreiber, H.	NW 259
Scholz, I.	HH 159	Schormann, G.	BY 109	Schreiber, J.	FG 443
Scholz, I.	NDS 213	Schorn, M.	HH 162	Schreiber, J.	NW 300
Scholz, J.	SG 454	Schorn, U.	SG 466	Schreiber, K.	NW 259
Scholz, K.	BRA 145	Schornstein-Bayer, B.	HE 182	Schreiber, M.	BW 53
Scholz, K.	BY 74	Schorr, E.	BY 72	Schreiber, M.	HE 179
Scholz, L.	SAC 355	Schorr, W.	BY 106	Schreiber, S.	NW 306
Scholz, M.	BW 27	Schoß, H.	NW 241	Schreiber, T.	VwG 493
Scholz, M.	BY 91	Schostok, G.	NW 287	Schreiber, U.	BRA 143
Scholz, M.	HH 160	Schott, H.	HE 176	Schreiber, W.	BMJ 4
Scholz, P.	BER 118	Schott, H.	HE 192	Schreiber, W.	BY 87
Scholz, P.	BER 118	Schott, I.	SAC 359	Schreiber, W.	SH 383
Scholz, P.	BER 132	Schott, I.	VwG 488	Schreiber, W.	VwG 486
Scholz, P.	SAC 347	Schott, P.	BY 88	Schreieder, H.	BY 68
Scholz, R.	FG 447	Schott, P.	VwG 491	Schreier, A.	VwG 486
Scholz, R.	NDS 217	Schott, R.	NW 273	Schreier, M.	SAC 350
Scholz, S.	SG 465	Schott-Pfeifer, P.	HE 180	Schreier, M.	SG 466
Scholz, S.	SG 471	Schottmann, J.	NW 243	Schreiner, A.	RP 328
Scholz, T.	NW 252	Schracke, D.	RP 317	Schreiner, H.	RP 319
Scholz, U.	ArbG 435	Schrade, D.	BW 39	Schreiner, K.	BW 28
Scholz, U.	BER 121	Schrade, G.	NW 290	Schreiner, K.	NW 309
Scholz, W.	NDS 228	Schrade, K.	BW 27	Schreiner, K.	SAC 358
Scholz, W.	NW 286	Schrader, D.	MV 206	Schreiner-Eickhoff, A.	NW 297
Scholz, W.	SH 382	Schrader, D.	NDS 213	von Schreitter-	
Scholz-Gamp, K.	BER 119	Schrader, D.	NDS 216	Schwarzenfeld, A.	HE 189
Scholz-Jordan, S.	HH 161	Schrader, G.	NDS 239	Schrempff, K.	BW 58
Scholz-Küppers, I.	NW 243	Schrader, J.	HE 178	Schrempp, P.	BY 70
Scholz-Mantel, H.	BY 88	Schrader, K.	BW 39	Schrempp-	
Scholze, G.	VwG 510	Schrader, K.	NDS 214	Rautenberg, D.	NW 263
Scholzen, W.	TH 400	Schrader, K.	NW 290	Schrenker, R.	ArbG 416
Schomaker, J.	BER 118	Schrader, P.	BW 26	Schrepfer, M.	ArbG 421
Schomaker, J.	SH 379	Schrader, T.	ArbG 425	Schretter, I.	BY 91

Schretter, N.	BY 92	Schröder, S.	BER 131	Schubert, K.	ArbG 436
Schretzmann, C.	BW 31	Schröder, S.	NDS 234	Schubert, K.	SAN 361
Schreyer, E.	VwG 485	Schröder, S.	VwG 498	Schubert, M.	BRE 152
Schreyer, H.	BY 102	Schröder, T.	NW 308	Schubert, M.	RP 331
Schreyer-Krampel, B.	SG 455	Schröder, U.	HE 171	Schubert, M.	VwG 485
Schrieder-Holzner, H.	VwG 480	Schröder, W.	ArbG 426	Schubert, N.	NDS 239
Schriever, A.	BU 12	Schröder, W.	NDS 224	Schubert, U.	NDS 239
Schriever, K.	MV 200	Schroeder, D.	ArbG 430	Schubert, W.	BW 41
Schrimm, K.	BW 60	Schroeder, D.	NW 293	Schubert, W.	BY 100
Schrimpf, H.	VwG 497	Schroeder, H.	HH 158	Schubert, W.	NW 280
Schrimpf, J.	NW 255	Schroeder, K.	BW 42	Schubert, W.	TH 397
Schrimpff, O.	BY 81	Schroeder, T.	TH 398	Schubert-Gersten-	
Schrock, L.	BMJ 4	Schroeder, U.	HE 174	berg, M.	ArbG 412
Schröder, A.	BW 63	Schroeder, U.	NW 260	Schubmann-Wagner, K.	NW 267
Schröder, A.	BY 74	Schröder-Bogdanski, B.	BER 128	Schuchardt, D.	BY 77
Schröder, A.	BY 88	Schröder-Maier, C.	BY 108	Schuchardt, P.	BY 111
Schröder, B.	BY 113	Schroeder-Puls, H.	VwG 513	Schuchter, A.	BER 127
Schröder, C.	BER 122	Schröder-Schink, G.	VwG 501	Schuck, H.	FG 445
Schröder, C.	HH 163	Schröders, W.	NW 294	Schuck, K.	NW 258
Schröder, D.	BER 116	Schroedter, E.	BER 127	Schuck, W.	BRE 151
Schröder, D.	FG 448	Schroedter, W.	BRE 152	Schudoma, S.	SG 457
Schröder, D.	NDS 212	Schröer, J.	NW 275	Schudt, E.	HH 158
Schröder, D.	VwG 504	Schröer, M.	BER 133	Schübel, E.	BY 77
Schröder, E.	VwG 510	Schröpfer, C.	SAC 359	Schüddekopf, K.	SAC 356
Schröder, F.	HE 171	Schröppel, J.	BY 104	Schüle, C.	BW 25
Schröder, F.	NW 288	Schroers, J.	HE 187	Schüler, C.	BRA 146
Schröder, G.	BY 91	Schroers, M.	HE 170	Schüler, G.	BY 95
Schröder, G.	NDS 233	Schröter, E.	TH 400	Schüler, J.	NW 305
Schröder, G.	SG 453	Schröter, G.	NW 243	Schüler, K.	SAC 358
Schröder, H.	BW 32	Schröter, H.	NW 257	Schüler, S.	BW 61
Schröder, H.	NDS 231	Schröter, P.	BRA 137	Schülert, H.	NDS 232
Schröder, H.	NDS 240	Schröter, U.	HE 182	Schülke, K.	BU 16
Schröder, H.	NW 262	Schroeter, G.	BU 16	Schüller, H.	NW 301
Schröder, H.	TH 401	Schroeter, L.	NW 258	Schümann, C.	BY 113
Schröder, H.	VwG 485	Schrötter, D.	TH 392	Schümann, H.	SH 382
Schröder, I.	NDS 212	Schrötter, G.	BY 93	Schümers, M.	NW 286
Schröder, J.	ArbG 423	Schrötter, G.	BY 93	Schünemann, H.	NDS 210
Schröder, J.	NDS 238	Schroiff, P.	VwG 499	Schüppler, H.	NW 283
Schröder, J.	NDS 240	Schromek, K.	BRE 152	Schürenstedt, U.	BRE 151
Schröder, J.	NW 275	Schrot, H.	RP 321	Schürger, C.	NW 307
Schröder, K.	ArbG 427	Schroth, M.	BY 87	Schürger, R.	SH 380
Schröder, K.	BU 16	Schroth, M.	BY 100	Schürmann, E.	NDS 234
Schröder, K.	BW 27	Schroth, S.	BW 63	Schürmann, H.	NDS 230
Schröder, K.	NDS 216	Schroth, W.	SG 464	Schürmann, R.	VwG 505
Schröder, K.	RP 323	Schrott, A.	BY 99	Schürmann, T.	BMJ 5
Schröder, K.	SAN 373	Schrübbers, M.	NW 293	Schürr, F.	BY 71
Schröder, K.	SH 382	Schrüfer, K.	NW 270	Schüssel, G.	BY 110
Schröder, K.	SH 386	Schruff, H.	SG 468	Schüßler, B.	NW 243
Schröder, L.	VwG 491	Schubach, H.	NW 278	Schüßler, F.	BER 115
Schröder, M.	BER 119	Schubert, A.	NW 294	Schüssler, R.	BW 63
Schröder, M.	BMJ 4	Schubert, B.	NW 304	Schütt, P.	HE 181
Schröder, M.	BY 80	Schubert, D.	BW 46	Schütt-Plewe, B.	NW 305
Schröder, M.	NW 305	Schubert, D.	SAC 359	Schüttauf, K.	FG 446
Schröder, P.	NW 280	Schubert, G.	NDS 232	Schütte, C.	BY 93
Schröder, R.	HE 186	Schubert, H.	HE 175	Schütte, D.	VwG 497
Schröder, R.	MV 200	Schubert, H.	NDS 230	Schütte, G.	NDS 213
Schröder, R.	NW 286	Schubert, H.	NW 288	Schütte, H.	NDS 235
Schröder, R.	NW 303	Schubert, J.	BER 116	Schütte, J.	NDS 214
Schröder, R.	VerfG 404	Schubert, J.	BW 30	Schütte, L.	BRA 137

Namensverzeichnis — Schulz

Schütte, L.	NW 264		Schulte, J.	NW 263		Schultze, S.	BER 129
Schütte, M.	NW 246		Schulte, J.	NW 263		Schultze, W.	HE 167
Schütte-Schmidt, E.	BY 92		Schulte, K.	BER 131		Schultze, W.	NDS 209
Schüttler, J.	HE 173		Schulte, K.	BER 131		Schultze-Griebler, M.	SAC 348
Schüttpelz, E.	NW 250		Schulte, K.	HE 188		Schultze-Lewerentz, H.	SH 383
Schütz, A.	NW 304		Schulte, K.	SG 463		Schultze-Rhonhof, J.	VwG 505
Schütz, B.	VwG 497		Schulte, M.	NW 269		Schulz, A.	BMJ 5
Schütz, E.	BY 109		Schulte, R.	BU 9		Schulz, A.	BW 64
Schütz, F.	ArbG 416		Schulte, R.	FG 441		Schulz, A.	VwG 490
Schütz, F.	NW 300		Schulte, S.	VwG 505		Schulz, B.	NW 312
Schütz, H.	BY 69		Schulte, T.	NW 264		Schulz, C.	BER 122
Schütz, J.	NW 243		Schulte, W.	ArbG 427		Schulz, C.	BRA 146
Schütz, K.	NDS 215		Schulte, W.	BW 62		Schulz, C.	HE 175
Schütz, M.	VwG 478		Schulte, W.	NW 263		Schulz, C.	NW 305
Schütz, O.	VwG 493		Schulte im Busch, A.	NW 273		Schulz, C.	SAN 371
Schütze, A.	BER 118		Schulte-Beerbühl, H.	VwG 504		Schulz, D.	BER 127
Schütze, C.	SG 469		Schulte-Bunert, U.	NW 298		Schulz, E.	BU 9
Schütze, I.	NW 302		Schulte-Eversum, B.	NW 273		Schulz, E.	BW 55
Schütze, S.	SAC 356		Schulte-Frühling, B.	SAN 370		Schulz, E.	HH 164
Schützendorf, B.	NW 302		Schulte-Hengesbach, F.	NW 264		Schulz, E.	NW 295
Schützhold, M.	SG 452		Schulte-Kellinghaus, T.	BW 24		Schulz, E.	VwG 489
Schüz, G.	BW 62		Schulte-Kürzel, B.	HE 177		Schulz, G.	BER 119
Schug, G.	BY 104		Schulte-Neubauer, K.	SAC 352		Schulz, G.	BRE 151
Schuh, A.	SAC 355		Schulte-Rentrop, K.	BRA 143		Schulz, G.	NDS 222
Schuh-Offermanns, M.	NW 245		Schulte-Runge, E.	NW 308		Schulz, G.	NDS 235
Schuhmann, G.	RP 328		Schulte-Trux, A.	VwG 505		Schulz, G.	NW 256
Schuhmann, H.	RP 321		Schultebeyring, H.	SAC 348		Schulz, G.	SAC 358
Schuhmann, U.	SAC 346		Schulten, D.	NW 272		Schulz, H.	BER 123
Schuhoff, M.	BER 124		Schulten, E.	NW 266		Schulz, H.	BW 55
Schul, H.	NW 245		Schultheis, U.	BY 114		Schulz, H.	HH 160
Schuld, H.	BRA 146		Schultheiß, M.	SAC 359		Schulz, H.	NDS 237
Schuldes, S.	FG 440		Schultheiß, T.	RP 329		Schulz, H.	NW 241
Schuldes, W.	BY 90		Schulting-			Schulz, H.	SAC 358
Schuldt, J.	ArbG 421		Borgmann, M.	SAN 364		Schulz, H.	SH 378
Schuler, E.	FG 449		Schultz, B.	BW 39		Schulz, H.	SH 386
Schuler, M.	RP 313		Schultz, C.	NW 310		Schulz, J.	BRE 152
Schuler, R.	SG 460		Schultz, D.	BRA 143		Schulz, K.	HH 163
Schulhauser, J.	SAC 345		Schultz, D.	BRA 145		Schulz, K.	VwG 489
Schulitz, A.	HH 161		Schultz, D.	HE 182		Schulz, M.	NDS 226
Schuller, H.	NDS 221		Schultz, G.	BER 122		Schulz, M.	NDS 239
Schult, S.	MV 204		Schultz, G.	TH 399		Schulz, M.	VwG 498
Schultchen, C.	SAC 344		Schultz, H.	BY 81		Schulz, O.	SAC 349
Schulte, A.	NDS 225		Schultz, J.	NW 247		Schulz, P.	NW 255
Schulte, A.	NW 248		Schultz, K.	RP 333		Schulz, P.	NW 294
Schulte, A.	SAN 372		Schultz, K.	SH 377		Schulz, R.	BER 126
Schulte, B.	BW 23		Schultz, K.	SH 385		Schulz, R.	HE 170
Schulte, B.	NW 285		Schultz, M.	BRA 138		Schulz, R.	NDS 227
Schulte, B.	VwG 499		Schultz, P.	HH 157		Schulz, R.	NW 244
Schulte, C.	BRA 146		Schultz, R.	BW 38		Schulz, R.	SAC 358
Schulte, C.	BW 29		Schultz, R.	NW 263		Schulz, R.	VwG 497
Schulte, D.	BW 59		Schultz, R.	SG 473		Schulz, S.	MV 203
Schulte, D.	HE 183		Schultz, V.	SAC 359		Schulz, U.	BU 9
Schulte, E.	NW 281		Schultz, W.	FG 442		Schulz, U.	NDS 210
Schulte, E.	NW 297		Schultz-Ewert, R.	VwG 485		Schulz, W.	BRA 142
Schulte, F.	BMJ 4		Schultz-Jansen, B.	HE 182		Schulz, W.	BY 90
Schulte, F.	VwG 502		Schultz-Schwaab, T.	RP 333		Schulz, W.	NDS 215
Schulte, G.	NW 259		Schultz-Süchting, R.	HH 162		Schulz, W.	NDS 225
Schulte, H.	BER 122		Schultze, E.	BER 122		Schulz, W.	NDS 233
Schulte, H.	NDS 238		Schultze, H.	SG 457		Schulz, W.	NDS 234

Schulz-Bourmer, A.	NW 293	Schumacher, K.	SAN 372	Schwab, M.	BW 24
Schulz-Ende, W.	BY 80	Schumacher, L.	BW 61	Schwab, N.	ArbG 431
Schulz-Hardt, M.	SH 380	Schumacher, M.	RP 320	Schwab, P.	SH 384
Schulz-Hauzel, M.	TH 392	Schumacher, S.	BMJ 5	Schwab, P.	SH 386
Schulz-Moneke, E.	BER 118	Schumacher, U.	VwG 505	Schwab, S.	BY 88
Schulz-Spirohn, T.	BER 129	Schumacher, W.	HE 170	Schwab, W.	VwG 480
Schulz-Wenzel, U.	VwG 497	Schumacher-Diehl, C.	BW 64	Schwabe, A.	NW 285
Schulze, A.	BER 128	Schumacher-Rawer, D.	HE 175	Schwachheim, J.	VwG 507
Schulze, B.	BY 82	Schumann, C.	HH 157	Schwack, G.	BY 83
Schulze, C.	BER 120	Schumann, D.	RP 326	Schwadrat, C.	NW 310
Schulze, C.	BER 124	Schumann, G.	BY 92	Schwäble, I.	SAC 346
Schulze, C.	NDS 239	Schumann, G.	HE 188	Schwäble, I.	VwG 477
Schulze, D.	NW 308	Schumann, G.	HH 158	Schwäble, U.	VwG 477
Schulze, E.	BRA 141	Schumann, H.	ArbG 427	Schwägerle, W.	ArbG 412
Schulze, E.	SAN 365	Schumann, K.	BER 115	Schwän, E.	HE 169
Schulze, G.	NW 285	Schumann, L.	SAC 345	Schwaffers, U.	HH 165
Schulze, G.	SAC 354	Schumann, O.	SAN 369	Schwager-Wenz, G.	RP 315
Schulze, G.	SAN 371	Schumann, P.	FG 441	Schwakenberg, F.	BU 11
Schulze, H.	HE 174	Schumann, R.	BRE 152	Schwalba, H.	HH 165
Schulze, H.	HE 176	Schumann, S.	NW 302	Schwalbach, L.	TH 396
Schulze, I.	HE 170	Schumann, S.	SAC 356	Schwalbe, R.	HE 174
Schulze, I.	SAC 351	Schumann, S.	SAC 357	Schwalbe, S.	BRA 146
Schulze, I.	VwG 480	Schumann, U.	BRE 152	Schwalm, G.	SG 471
Schulze, J.	BER 115	Schumann-Pantke, I.	RP 319	Schwalm, J.	SAC 353
Schulze, J.	SH 386	Schunck, B.	SAN 369	Schwamb, W.	HE 185
Schulze, K.	NW 287	Schunck, H.	RP 325	Schwan, B.	BW 32
Schulze, K.	NW 303	Schunck, K.	ArbG 430	Schwan, D.	NW 245
Schulze, M.	SG 459	Schuon, P.	BW 46	Schwan, E.	NW 252
Schulze, P.	NW 290	Schupp, W.	SH 377	Schwan, H.	VerfG 407
Schulze, R.	BRA 143	Schuppenies, P.	BRA 137	Schwan, R.	VwG 475
Schulze, R.	NW 266	Schuppner, J.	TH 395	Schwander, K.	MV 195
Schulze, S.	TH 391	Schur, A.	TH 395	Schwandt, E.	BU 12
Schulze, S.	VwG 498	Schurer, S.	BY 87	Schwandt, E.	BU 14
Schulze, T.	NW 265	Schurr, G.	BW 59	Schwanecke, H.	BW 40
Schulze, W.	BER 116	Schurwanz, K.	TH 398	Schwanecke, I.	NDS 227
Schulze, W.	NDS 210	Schuschke, B.	SG 465	Schwanitz, C.	BER 131
Schulze, W.	NW 289	Schuschke, W.	NW 293	Schwanitz, K.	NW 298
Schulze Temming, L.	FG 447	Schuster, B.	ArbG 427	Schwanke, A.	BER 132
Schulze-Anné, C.	VwG 512	Schuster, B.	BY 113	Schwanke, H.	NW 262
Schulze-Bentrop, W.	NW 286	Schuster, G.	BY 85	Schwanzer, M.	NW 249
Schulze-Eickenbusch, K.	HH 165	Schuster, G.	HH 165	Schwarplys, J.	BY 113
Schulze-Eickenbusch, L.	HH 159	Schuster, H.	BY 85	Schwarplys, K.	NDS 228
		Schuster, H.	HE 174	Schwartau, S.	NDS 240
Schulze-Engemann, H.	NW 270	Schuster, I.	HE 181	Schwartz, H.	ArbG 430
Schulze-Kirketerp, H.	HH 161	Schuster, J.	NW 245	Schwartz, H.	NDS 233
Schulze-Lammers, S.	NW 306	Schuster, K.	SG 451	Schwartz, H.	NDS 233
Schulze-Niehoff, H.	NW 267	Schuster, O.	SG 455	Schwartz, J.	NW 248
Schulze-Velmede, B.	NW 274	Schuster, P.	BER 119	Schwartz, M.	BW 64
Schulze-Weckert, G.	BY 103	Schuster, P.	BMJ 3	Schwartz-Sander, B.	SH 378
Schulze-Ziffer, M.	SH 384	Schuster, P.	NW 250	Schwartze, D.	VwG 492
Schulzke, C.	BER 129	Schuster, S.	SG 457	Schwartzkopff-Wiek, H.	NW 300
Schumacher, B.	NW 273	Schuster, W.	NW 251	Schwarz, A.	BW 36
Schumacher, C.	NW 297	Schuster-Kahse, Y.	NDS 209	Schwarz, A.	HE 170
Schumacher, C.	NW 310	Schuth, U.	HE 190	Schwarz, A.	HH 162
Schumacher, E.	SG 465	Schutheiß, W.	BY 106	Schwarz, A.	NW 272
Schumacher, H.	TH 399	Schutter, H.	BW 24	Schwarz, B.	BER 126
Schumacher, K.	BMJ 4	Schwab, G.	HE 171	Schwarz, B.	BY 76
Schumacher, K.	NW 293	Schwab, H.	NW 274	Schwarz, B.	SG 459
		Schwab, J.	NW 293		

Schwarz, C.	ArbG	422	Schwarz-Höftmann, E.	VwG	508	Schwennicke, L.	BY	71
Schwarz, C.	SAN	369				Schwenninger, B.	RP	333
Schwarz, D.	NW	245	Schwarz-Spliesgart, E.	BY	107	Schwens, H.	NW	264
Schwarz, E.	RP	326	Schwarzburg, P.	BER	115	Schwenzer, W.	NW	307
Schwarz, F.	BW	59	Schwarze, G.	NW	264	Schweppe-Sponholz, E.	HH	163
Schwarz, F.	TH	397	Schwarze, H.	NW	263	Schwerdt, R.	NW	263
Schwarz, G.	BW	49	Schwarze, U.	NW	268	Schwerdfeger, C.	BRA	137
Schwarz, G.	BY	112	Schwarzenbacher, U.	ArbG	420	Schwerdtfeger, D.	TH	395
Schwarz, G.	MV	203	Schwarzer, A.	BY	105	Schwerdtfeger, H.	NDS	227
Schwarz, G.	NW	300	Schwarzer, M.	HE	175	Schwerdtfeger, W.	VwG	505
Schwarz, G.	RP	315	Schwarzer, N.	SAC	350	Schwerdtner, A.	SG	469
Schwarz, G.	SAA	338	Schwarzer, W.	FG	446	Schwerdtner, M.	BY	105
Schwarz, H.	BW	45	Schwarzkopf, A.	BW	27	Schwerdtner, P.	NW	263
Schwarz, H.	FG	448	Schwarzmann, I.	BER	118	Schwerdtner, U.	NDS	238
Schwarz, H.	RP	317	Schwarzwald, P.	NW	258	Schwerin, G.	HH	166
Schwarz, H.	SH	379	Schweckendieck, H.	BER	118	Gräfin von Schwerin, M.	NW	293
Schwarz, H.	TH	391	Schweckendiek, S.	SH	377			
Schwarz, H.	VwG	496	Schweda, H.	NW	300	Schwering, H.	NW	249
Schwarz, H.	VwG	499	Schwedhelm, R.	NW	278	Schwermer, F.	BW	53
Schwarz, J.	NDS	230	Schween, J.	HH	155	Schwermer, G.	VwG	495
Schwarz, J.	NW	252	Schweer, W.	NW	290	Schwesig, S.	NW	281
Schwarz, J.	VwG	509	Schwegler, C.	BY	99	Schwettmann, C.	VwG	498
Schwarz, K.	BY	114	Schwegmann, B.	BU	13	Schweykart, H.	FG	440
Schwarz, L.	ArbG	421	Schweickert, F.	HE	173	Schwichow, L.	BU	14
Schwarz, L.	HE	173	Schweiger, G.	BY	74	Schwichtenberg, A.	SAN	373
Schwarz, M.	BER	123	Schweiger, T.	BY	84	Schwichtenberg, H.	NW	247
Schwarz, M.	BW	55	Schweigert, M.	NDS	239	Schwichtenberg, J.	HE	175
Schwarz, M.	BY	69	Schweighard, H.	ArbG	414	Schwick, H.	SAN	371
Schwarz, M.	MV	197	Schweikart, P.	BW	28	Schwick, V.	FG	445
Schwarz, M.	NW	307	Schweikert, R.	BW	48	Schwickert, M.	NDS	235
Schwarz, M.	TH	400	Schweikhardt, L.	TH	390	Schwicking, R.	SG	455
Schwarz, P.	HH	164	von Schweinitz, L.	HH	159	Schwiderski, S.	MV	203
Schwarz, P.	VwG	486			164	Schwiebacher, C.	BY	113
Schwarz, R.	BW	57	Schweinoch, H.	VwG	481	Schwiedel, M.	ArbG	413
Schwarz, R.	BY	71	Freiherr Schenck zu Schweinsberg, H.	BY	76	Schwien, P.	HH	165
Schwarz, R.	FG	440				Schwientek, N.	BU	14
Schwarz, R.	HE	183	Schweisfurth, H.	NW	243	Schwier, K.	BRA	147
Schwarz, R.	TH	390	Schweitzer, E.	SAA	340	Schwieren, G.	NW	263
Schwarz, S.	BW	61	Schweitzer, J.	ArbG	414	Schwierk, H.	BW	38
Schwarz, S.	BY	105	Schweitzer, K.	HE	183	Schwill, E.	NW	297
Schwarz, S.	RP	318	Schweitzer, K.	HH	158	Schwing, H.	BW	31
Schwarz, S.	SAC	358	Schweitzer, M.	BER	127	Schwinghammer, B.	SH	382
Schwarz, T.	BER	127	Schweizer, B.	BW	25	Schwinn, R.	SAA	341
Schwarz, T.	SAN	363	Schweizer, D.	SG	453	Schwippert, E.	NW	293
Schwarz, T.	TH	392	Schwelle, G.	BRA	144	Schwirblat, C.	BW	38
Schwarz, U.	BER	126	Schwelle, G.	SH	375	Schwitanski, H.	NW	300
Schwarz, U.	BW	45	Schwellenbach, M.	NW	300	Schwitzer, H.	NDS	227
Schwarz, U.	BW	64	Schwellenbach, P.	NW	299	Schwitzke, H.	NW	258
Schwarz, V.	BW	64	Schwemmin, C.	BER	123	Schwoebel, H.	NW	243
Schwarz, V.	SG	466	Schwencke, A.	MV	205	Schwörer, H.	NW	295
Schwarz, W.	BW	28	Schwendy, K.	BU	15	Schwonke, M.	BRA	146
Schwarz, W.	BW	53	Schwenger, A.	BW	41	Schwürzer, W.	SAC	348
Schwarz, W.	BW	61	Schwengers, H.	BER	122	Schwung, V.	BW	61
Schwarz, W.	SG	454	Schwenk, S.	TH	400	Schymosz, H.	NDS	216
Schwarz, W.	SG	455	Schwenke, H.	HE	170	Scotland, E.	BRE	151
Schwarz, W.	VerfG	406	Schwenke, R.	BW	41	Sczesny, E.	NDS	231
Schwarz, W.	VwG	506	Schwenke, U.	VwG	497	Sdorra, P.	BER	126
Schwarz-Angele E.	BY	91	Schwenkert, U.	FG	442	Sdunzik, W.	NW	256
			Schwenkner, V.	BER	125	Sebbel, A.	FG	443

Sebbel-Mörtenkötter, A.	NW 270	Seibel, W.	FG 447	Seifert, J.	NDS 240
Sebeikat, N.	HE 175	Seibert, G.	BU 12	Seifert, K.	VwG 489
Sebelefsky, M.	SH 386	Seibert, H.	BVerfG 1	Seifert, P.	VwG 499
Seckelmann, H.	NW 269	Seibert, M.	SG 461	Seifert, S.	TH 400
Seckelmann, M.	NW 269	Seibert, M.	VwG 500	Seifert, T.	BER 119
Sedemund-Treiber, A.	BU 15	Seibert, O.	NDS 218	Seifert, T.	HE 188
Sedlatschek, D.	SAC 351	Seibert, P.	VwG 492	Seifert, T.	SAC 359
Sedlbauer, H.	BY 92	Seibert, T.	HE 174	Seifert, U.	SAC 359
Seebacher, H.	BY 89	Seibert, U.	BMJ 4	Seifert, U.	SAN 366
Seebaß, U.	HH 165	Seibold, J.	BW 46	Seiferth, J.	BY 88
Seebass, F.	BU 12	Seichter, A.	BY 95	Seiffe, M.	BER 120
Seeber, J.	ArbG 431	Seichter, J.	HE 179	Seiffert, C.	BER 124
Seeberger, H.	RP 331	Seide, H.	BU 12	Seiffert, K.	BU 8
Seebode, U.	BY 114	Seidel, A.	NW 260	Seifried, K.	BY 87
Seeburg, E.	BER 119	Seidel, B.	BY 113	Seigel, N.	SG 452
Seeburger, M.	BW 21	Seidel, B.	SG 453	Seigfried, P.	HE 193
Seedorf, R.	HH 159	Seidel, C.	NDS 237	Seign, W.	VwG 482
Seefeld, G.	BER 115	Seidel, D.	BY 102	Seiler, C.	BY 113
Seeger, J.	NW 245	Seidel, E.	ArbG 436	Seiler, J.	BW 39
Seeger, S.	FG 444	Seidel, E.	NW 255	Seiler, J.	NW 302
Seeger, U.	BW 61	Seidel, F.	BRA 135	Seiler, J.	VwG 485
Seehafer, B.	ArbG 437	Seidel, F.	BRA 146	Seiler, R.	SAN 366
Seel, B.	NDS 211	Seidel, G.	BRA 141	Seiler, V.	BY 109
Seel, H.	ArbG 423	Seidel, G.	HE 186	Seiler-Dürr, C.	VwG 507
Seel, H.	NW 284	Seidel, G.	NW 276	Seilert, E.	SAN 366
Seel, J.	SG 468	Seidel, G.	SAA 337	Seim, B.	HE 179
Seelbach, D.	NW 298	Seidel, H.	BW 23	Seip-Stemmer, B.	RP 323
Seelbach, H.	RP 319	Seidel, I.	BRE 153	Seipel, V.	BY 74
Seeler, C.	BW 37	Seidel, J.	NDS 240	Seipel, W.	HE 180
Seelig, H.	NW 287	Seidel, K.	NW 263	Seipold, B.	NDS 227
Seeliger, C.	NW 298	Seidel, K.	NW 303	Seipp, V.	VwG 485
Seeliger, H.	RP 323	Seidel, K.	SAC 343	Seipp-Achilles, B.	BER 118
Seelkopf, F.	BY 75	Seidel, L.	ArbG 419	Seiser, K.	BW 39
Seelmann, R.	NW 276	Seidel, M.	BRA 137	Seiters, S.	NDS 222
Seemann, B.	NDS 227	Seidel, M.	SAN 372	Seither, W.	NW 257
Seemann, H.	HH 156	Seidel, R.	BW 37	Seitz, E.	TH 398
Seemann, R.	RP 315	Seidel, S.	BRA 138	Seitz, F.	HE 171
Seemann, U.	NDS 237	Seidel, S.	BRA 146	Seitz, H.	BY 67
Seemann, W.	NW 247	Seidel, T.	BER 118	Seitz, I.	SAC 355
Seemüller, B.	HE 171	Seidel, W.	BW 23	Seitz, K.	ArbG 410
Seetzen, U.	NW 243	Seidel, W.	NW 278	Seitz, R.	BW 39
Seewald, F.	NDS 232	Seidenkranz, R.	NW 298	Seitz, W.	ArbG 422
Seffer, J.	BRA 142	Seidensticker, P.	BW 35	Seitz, W.	BY 79
Segeberg, H.	MV 199	Seidl, G.	NW 258	Seitz, X.	SAC 358
Segelitz, U.	BER 127	Seidl, H.	BY 90	Seitzer, P.	BY 87
Segelken, G.	NDS 207	Seidl, H.	SAN 371	Seiwerth, J.	VerfG 406
Segeth, M.	MV 202	Seidl, O.	BVerfG 1	Seiz, H.	BW 58
Seggelke, R.	VwG 493	Seidl, P.	HH 165	Sekretaruk, W.	BY 98
Segger, H.	VwG 499	Seidl, R.	BY 103	Sela, S.	SH 386
Segond, E.	BRE 151	Seidl, R.	HE 184	Selbach, K.	FG 445
Seher, B.	VwG 342	Seidler, M.	BER 119	Selber, P.	SAC 358
Sehlbach-Schellenberg, U.	HE 190	Seidler, S.	VwG 491	Selbmann, S.	MV 205
Sehlke, M.	BY 91	Seidling, M.	BW 29	Selder, J.	FG 440
Sehmsdorf, W.	HE 182	Seidt, U.	VwG 504	Selhorst, M.	NW 275
Sehorsch, H.	SAN 370	Seier, R.	BRA 141	Selig, H.	SAN 366
Sehrbrock, G.	VwG 502	Seifer, T.	BW 47	Selig, P.	ArbG 412
Sehrig, E.	BER 130	Seifert, G.	BY 72	Seligmüller, S.	MV 205
Seibel, A.	SH 381	Seifert, H.	FG 445	Seling, H.	BW 59
		Seifert, I.	BY 88	Selk, P.	BY 87

Sieveking

Selke, B.	SG 473	Servos, H.	NW 244	Siebert, R.	NW 301		
Selke, B.	SH 377	Serwe, A.	NW 308	Siebert, W.	FG 439		
Selke, L.	SH 379	Serwe, O.	RP 321	Siebert, W.	VwG 497		
Sell, I.	NDS 215	Seßinghaus, C.	FG 446	Siebke, F.	NDS 209		
Sell, J.	SAC 346	Sessler, S.	RP 326	Siecken, H.	NDS 217		
von Selle, L.	HH 158	Sesterheim, E.	BW 65	Siedenburg, H.	NDS 234		
Sellen, H.	SAA 337	Setz, G.	SAA 337	Siedentopp, N.	NDS 220		
Sellenriek, H.	VwG 504	Setzkorn, B.	HE 191	Sieder, H.	BRA 144		
Sellering, E.	VwG 494	Seul, E.	BY 80	Siedhoff, E.	NW 308		
Sellering, E.	VwG 502	Seulen, A.	BY 83	Siedler, J.	NW 309		
Sellert, U.	TH 395	Seuß, M.	BY 112	Sieg, H.	SG 460		
Sellhorn, U.	SAN 361	Seute, G.	NDS 233	Sieg, K.	ArbG 421		
Sellin, D.	BER 117	Seutemann, H.	NDS 217	Sieg, W.	NDS 208		
Sellke, S.	HE 169	Sever, H.	HE 167	Siegburg, P.	NW 293		
Sellmann, B.	NW 311	Severain, V.	HE 191	Siegel, M.	BW 59		
Sellmann, G.	BY 109	Severin, G.	BY 84	Siegel, W.	HE 170		
Sellmayr, A.	BY 80	Severin, U.	BRA 147	Siegemeyer, I.	NW 310		
Selow, M.	HH 160	Seváon, L.	EuGH 517	Siegert, R.	NW 293		
Selter, W.	NW 257	Seyb, D.	BY 105	Siegfried, J.	BER 118		
Selting, L.	BER 123	Seydel, M.	NW 301	Siegfried, M.	NDS 218		
Seltmann, R.	BER 126	Seydell, A.	SAN 371	Siegismund, E.	BMJ 4		
Semler, J.	VwG 475	Seyderhelm, B.	HE 175	Siegl, C.	VwG 514		
Semmann, G.	NW 294	von Seydlitz-		Siegl, E.	SG 455		
Semmann, G.	NW 294	Bökelmann, G.	BW 45	Siegl, O.	HE 184		
Semmelbeck, P.	NW 288	Seyfarth, G.	TH 389	Siegl, W.	HE 178		
Semmelhaack, N.	SAN 373	Seyffarth, K.	TH 393	Siegmeyer, H.	NDS 225		
Semmelrogge, A.	RP 317	Seyffert, B.	BW 27	Siegmund, M.	VwG 503		
Semmer, W.	BY 86	Seyffert, U.	VwG 513	Siegmund, W.	BU 9		
Semper, J.	NW 289	Seyfried, F.	HE 186	Siegner, G.	VwG 492		
Semperowitsch, M.	SG 464	von Seyfried, O.	BW 27	Siegrist, U.	BW 39		
Sempf, W.	SH 384	Seysen, M.	MV 205	Sieh, R.	BY 99		
Semprich, T.	HH 166	Shahab-Haag, M.	NW 299	Siehoff, J.	NW 299		
Semtner, M.	VwG 487	Sibbers, D.	ArbG 423	Sieker, H.	NW 254		
Sen, U.	NW 277	Sichau, A.	NW 269	Siekmann, G.	HE 181		
Freiin		Sichler, G.	BY 107	Sielaff, R.	HH 162		
von Senden, U.	ArbG 432	Sick, B.	BW 64	Sielbeck, N.	NDS 223		
Sendt, H.	BER 122	Sickenberger, U.	BW 48	Sieling-Wendt, H.	FG 442		
Senf, M.	HE 173	Sickerling, R.	BW 55	Siemeke, E.	NDS 222		
Senft, O.	BY 91	Sickmann, B.	FG 447	Siemgen, D.	BER 128		
Senft-Wenny, E.	BY 107	Siebecke, V.	NW 275	Siemon, H.	NW 279		
Senftleben, W.	TH 400	Siebecker, G.	RP 327	Siems, W.	BER 123		
Seng, C.	HE 190	Siebels, W.	BMJ 5	Siemund-Grosse, G.	NW 277		
Senge, L.	BU 9	Sieben, N.	BY 71	Siepe, R.	NW 245		
Sengebusch, K.	SH 381	Sieben, W.	NW 246	Siepen, B.	BER 129		
Sengle, A.	BW 51	Siebenbürger, G.	BY 77	Siepermann, B.	NDS 231		
Sengler, R.	SG 461	Siebenhüter, A.	FG 440	Siepmann, A.	NW 270		
Sening, C.	VwG 479	Sieber, A.	VwG 501	Siepmann, F.	NW 266		
Senkbeil, C.	SAC 345	Sieber, I.	BER 123	Siepmann, H.	NW 276		
Sennekamp, M.	NW 256	Sieber, M.	BY 114	Sieren-Kretzer, B.	SAA 340		
Sens-Dieterich, K.	VwG 493	Sieber, R.	BW 65	Siering, K.	BER 116		
Sensfuß, J.	NW 248	Sieber, S.	NDS 227	Sierl, L.	BY 102		
Senst, J.	NW 310	Siebers, A.	NW 250	Sierth, I.	SAN 369		
Sent, L.	NW 241	Siebert, G.	BER 116	Sieslack, G.	SG 466		
Seppelt, C.	VwG 494	Siebert, H.	ArbG 422	Sieß, F.	BY 107		
Serini, C.	BY 88	Siebert, H.	NW 259	Sieß, G.	BW 38		
Sernatinger, M.	BW 41	Siebert, H.	SAN 369	Sietz, M.	BER 126		
Seroka, S.	MV 205	Siebert, H.	SH 383	Sieveking, H.	BER 117		
Serries, A.	NW 273	Siebert, M.	BRA 137	Sieveking, R.	BER 122		
Sertl, J.	BY 112	Siebert, O.	BW 55	Sieveking, R.	VwG 486		

675

Sievers, G.	HH 158	Simon, U.	NW 311	Skrypzak, H.	VwG 500
Sievers, G.	NW 280	Simon, W.	SAA 337	Skujat, R.	BW 53
Sievers, H.	NDS 240	Simon, W.	SG 471	Skujat, R.	BW 61
Sievers, H.	SH 384	Simon-Bach, V.	RP 327	Skutta, M.	NDS 235
Sievers, H.	TH 393	Simon-Nissen, U.	BER 122	Skwirblies, A.	NDS 239
Sievers, J.	ArbG 427	Simon-Römer, U.	HE 184	Skwirblies, U.	SH 386
Sievers, K.	SAN 371	Simons, A.	HH 166	Slach, W.	BY 85
Sievers, R.	NDS 216	Simons, E.	BRA 139	Sladek, K.	NDS 209
Sievers, U.	VwG 501	Simons, S.	BER 133	Sloksnat, H.	BRA 146
Sievert, H.	SG 466	Simons, V.	BER 129	Slota-Groß, S.	BER 133
Sievert, K.	NW 271	Simons von		Slottke, B.	SG 458
Sievert-Mausolff, M.	NDS 211	Bockum, A.	NW 265	Slotty, M.	HH 165
Siewert, W.	HH 162	Simonsen, H.	NW 286	Smalla, M.	BRA 137
Siewert, W.	VwG 509	Simper, W.	BY 88	Smentek, D.	NW 309
Sigel, W.	BW 21	Simshäuser, A.	FG 448	Smets, F.	NW 254
Sigg, R.	BW 35	Sindlinger, D.	SAC 344	Smid, C.	ArbG 424
Siggel, P.	ArbG 418	Sing, W.	BY 101	Smid, G.	BW 39
Sigler, W.	BW 45	Singelmann, C.	SH 382	Smid, S.	SAN 362
Sigwarth, C.	BW 25	Singer, I.	BY 77	Smid, S.	VerfG 407
Sihler, G.	BW 48	Singer, R.	BY 67	Smolenski, H.	NW 379
Sihler, H.	BY 68	Singer, S.	BW 63	Smolenski, R.	ArbG 417
Sijbrandij, R.	BER 125	Singer, S.	NW 250	Smollich, T.	VwG 497
Sikken, E.	NDS 231	Singert, K.	BRA 138	Smoydzin, J.	SH 379
Sikken, W.	NDS 231	Singert, W.	BRA 144	Snakker, R.	NDS 236
Sikora, S.	NW 273	Singhal, H.	BW 38	Snay, S.	BY 104
Silberhorn, D.	TH 394	Sinhuber, R.	VwG 489	Snell, D.	NDS 215
Silberkuhl, B.	VwG 484	Sinnecker, B.	HE 171	Snissarewsky, H.	NW 295
Silberkuhl, P.	BU 12	Sinnecker, H.	ArbG 421	Snoek, H.	NW 248
Silbermann, K.	BER 124	Sinnecker, J.	SAN 370	Sobek, T.	NW 250
Silberzweig, S.	BY 100	Sinner, D.	VwG 486	Soboll, W.	NW 267
Siler, A.	SAC 359	Sinnhuber, H.	SH 385	Sobota, W.	BW 52
Silinger, I.	NDS 227	Siol, J.	BU 8	Sobotta, S.	VwG 514
Siller, E.	BY 77	Siolek, W.	NDS 219	Sobotta, W.	HE 183
Siller, K.	VwG 484	Sippel, A.	NW 271	Sobottke, H.	BER 123
Silvanus, K.	NW 260	Sippel, H.	BMJ 4	Socher, I.	NDS 226
Simanowski, K.	SG 469	Sippel, K.	HE 191	Soddemann, R.	BW 37
Simgen, D.	BER 128	Sippel, N.	BER 133	Söder, W.	BY 75
Simkowski, R.	MV 198	Sippel, W.	NW 283	Söffing, J.	NW 255
Simm, K.	BW 50	Sipreck, H.	NW 272	Söhnchen, P.	MV 201
Simmer, M.	SAN 372	Sipreck, U.	NW 279	Söhnchen, R.	NW 255
Simmerling, H.	NDS 210	Sitka, G.	BY 83	Söhnen, R.	SAC 347
Simmon, N.	VwG 479	Sittenauer, A.	SAA 337	Söhngen, U.	SG 466
Simon, A.	HE 175	Sitter, W.	SAN 364	Söhnlein, R.	SAC 358
Simon, A.	HE 186	Sittinger, O.	ArbG 431	Söldner, A.	BY 96
Simon, A.	RP 333	Sitzmann, N.	BY 84	Söllner, J.	BY 106
Simon, B.	SAN 366	von Sivers-		Söllner, R.	BY 102
Simon, C.	NW 268	Habermann, K.	NDS 239	Söllner, W.	BY 88
Simon, D.	MV 206	Sjursen-Stein, A.	HH 162	Söntgerath, H.	NW 299
Simon, G.	BY 91	Skauradzun, K.	BY 105	Sörgel, E.	BY 73
Simon, G.	SAA 337	Skawran, M.	NW 280	Soergel, C.	BW 26
Simon, H.	FG 439	Skerhut, G.	FG 449	Sörries, J.	BRA 146
Simon, H.	SAA 338	Skeries, M.	VwG 494	Soetbeer, U.	SH 382
Simon, H.	VwG 496	Skibba, S.	SH 386	Sohler, W.	VwG 478
Simon, K.	SG 456	Skibbe, A.	HH 160	Sohn, B.	SG 468
Simon, M.	BW 32	Skischally, U.	VwG 500	Sohn, H.	SAC 358
Simon, P.	BW 37	Skomski, P.	BER 120	Sohn, L.	BY 103
Simon, P.	NW 257	Skopalik, O.	BY 81	Sohnrey, G.	BER 128
Simon, R.	NW 252	Skopp, P.	BW 39	Sohns, H.	HH 163
Simon, U.	NDS 222	Skorning, C.	NW 304	Soiné, B.	BRE 152

676

Sojka, J.	HE 182	Sonntag, E.	NDS 222	Specht, S.	BW 38
Sokol, B.	VerfG 404	Sonntag, K.	TH 392	Specht, U.	BW 39
Solbach, K.	NW 285	Sonntag, R.	RP 320	Specht, W.	NW 291
Soldner, W.	BY 107	Sonntag, T.	VwG 509	Specht, W.	RP 321
Soleta, M.	SG 467	Sonntag, U.	SG 461	Speckamp, P.	FG 445
Solf, R.	NW 303	Sontag, H.	BW 65	Speckmaier, S.	VwG 477
Solf, U.	HE 188	Sontag, P.	BW 56	Speckmann, B.	NW 288
Solin-Stojanoviác, D.	BU 8	von Soosten, S.	RP 323	Speckmann, L.	NW 290
Sollfrank, T.	BY 111	Sorg, F.	BY 102	Specks, G.	NW 310
Soltani Schirazi-Teschner, R.	BRA 141	Sorg, R.	BY 104	Speer, D.	VwG 477
		Sorge, J.	VwG 513	Speer, H.	NDS 220
Soltau, A.	HH 158	Sorgenfrei, T.	HH 166	Speicher, E.	RP 321
Solte, C.	BW 62	Sorhagen, I.	HE 182	Speidel, R.	VwG 477
Solzbach, F.	NW 284	Sosalla, W.	SAA 338	Speidel-Mierke, B.	BRA 140
Sommer, A.	NW 260	Soßdorf, M.	TH 398	Speier, B.	BER 118
Sommer, B.	BY 72	Sossna, R.	NW 311	Speiermann, J.	BW 31
Sommer, B.	BY 75	Sossong, W.	SAA 337	Speiger, P.	ArbG 431
Sommer, B.	BVerfG 1	Sost-Scheible, B.	BW 55	Speiser, P.	SAC 357
Sommer, C.	FG 448	Sostaric, P.	BRA 147	Spelberg, M.	VwG 506
Sommer, C.	HE 175	Sottek, G.	SAN 370	Spelge, K.	ArbG 425
Sommer, D.	BW 65	Sottorf, R.	HH 159	Spellbrink, U.	NDS 227
Sommer, H.	BW 51	Sowa, K.	SH 384	Spellbrink, W.	SG 463
Sommer, H.	NDS 207	Sowade, H.	BY 102	Spelsberg, A.	NW 275
Sommer, H.	NW 278	Soyka, J.	NW 244	Spengler, H.	HE 171
Sommer, H.	VwG 495	Soyke, A.	HE 175	Spengler, P.	BY 75
Sommer, I.	BER 125	Spätgens, K.	NW 292	Sperber, H.	SAN 365
Sommer, J.	BU 15	Spätgens, S.	NW 254	Sperber, K.	VerfG 406
Sommer, K.	BER 129	Späth, A.	BW 33	Sperker, G.	BW 42
Sommer, K.	BW 63	Späth, F.	HE 191	Sperl, E.	BY 81
Sommer, K.	NW 281	Späth, G.	BW 49	Sperlich, H.	BRA 144
Sommer, M.	BY 72	Späth, H.	RP 319	Sperlich, H.	NDS 238
Sommer, M.	RP 329	Späth, K.	BW 46	Sperlich, K.	VwG 494
Sommer, S.	SG 458	Späth, M.	BY 74	Sperling, A.	BER 131
Sommer, T.	SAC 352	Spahn, A.	TH 393	Sperling, H.	BU 16
Sommer, T.	SG 465	Spahn, M.	NW 244	Sperling, K.	BY 92
Sommer, W.	BU 12	Spalthoff, I.	NDS 232	Sperling, R.	SG 464
Sommer, W.	NDS 222	Spancken, W.	NW 278	Sperling, U.	SG 454
Sommereisen, E.	BER 123	Spangenberg, B.	MV 205	Sperling-Jacobs, E.	NDS 227
Sommerfeld, F.	BER 123	Spangenberg, E.	HE 173	Spernat, G.	NW 295
Sommerfeld, H.	BY 105	Spangenberg, J.	SAC 348	Speth, P.	HE 190
Sommerfeld, J.	VwG 488	Spangenberg, W.	NW 243	Spetzler, E.	FG 440
Sommerfeld, P.	NW 278	Spangler, E.	BY 80	Spetzler, V.	HH 161
Sommerfeld, S.	BER 120	Spanier, F.	SG 464	Speyerer, H.	RP 319
Sommerfeld, S.	NW 278	Spaniol, M.	BW 34	Spicker, M.	BRA 146
Sommerfeld, U.	BRA 146	Spanknebel, E.	HE 182	Spickereit, H.	SAC 349
Sommerlatte, H.	NDS 237	Spann, H.	BY 101	Spiegel, C.	BER 123
Sondermaier, H.	BY 102	Spannagel-Schärr, I.	BW 37	Spiegel, H.	BY 104
Sondermann, R.	NW 285	Spannhorst, B.	NW 280	Spiegel, J.	NW 256
Sondermann, U.	BRA 138	Spannuth, R.	HH 158	Spiegel, V.	BER 117
Sonnabend, K.	BY 90	Spatz, T.	ArbG 417	Spiegelhalter, T.	BW 25
Sonnabend-Sies, R.	BY 88	Spatzierer, K.	BER 133	Spiegl, H.	SG 454
Sonneborn, P.	BER 130	Specht, A.	VwG 498	Spiehl, W.	BY 75
Sonnemann, R.	MV 205	Specht, C.	SAC 346	Spieker, H.	NW 248
Sonnemann, W.	VwG 498	Specht, G.	BY 92	Spieker, J.	BRA 135
Sonnen, R.	BRA 144	Specht, G.	NW 286	Spielbauer, T.	BY 81
Sonnen, R.	SG 457	Specht, H.	BY 102	Spielbauer, T.	RP 331
Sonnenberger, H.	NW 296	Specht, I.	NW 256	Spieler, P.	BW 60
Sonnenschein, J.	NW 270	Specht, K.	HH 161	Spier, A.	NDS 220
Sonnet, G.	BW 42	Specht, K.	NW 286	Spierer, A.	BY 112

Spies, J.	SG 456	Sprenzel, A.	BY 81	Stähler, D.	VwG 500
Spies, L.	BY 107	Sprick, C.	BU 8	Stähler, R.	BY 92
Spies, R.	RP 324	Sprick, C.	SG 466	Stärk, H.	NDS 220
Spies, U.	VwG 492	Spriegel, W.	SAC 346	Stärk, T.	NDS 221
Spies, W.	RP 332	Spriestersbach, J.	HH 161	Staffler, E.	NW 249
Spieß, S.	MV 206	Sprigode, K.	BRA 147	Stagge, B.	SH 382
Spieß, W.	BW 40	Spring, R.	VwG 514	Staginski, A.	SAC 352
Spiess, H.	NW 249	Springer, G.	NDS 220	Stahl, A.	HE 184
Spilger, A.	ArbG 433	Springer, H.	NW 241	Stahl, A.	NW 308
Spillecke, K.	BW 38	Springer, P.	NW 278	Stahl, C.	BW 61
Spiller, L.	NDS 212	Springfeld, R.	SH 379	Stahl, H.	BER 124
Spiller, W.	NDS 212	Springorum, I.	SAN 371	Stahl, H.	BW 51
Spillner, E.	NDS 216	Sprißler, M.	BW 62	Stahl, H.	RP 331
Spillner, M.	VwG 492	Sprotte, L.	BER 122	Stahl, J.	BW 64
Spindler, H.	BY 84	Spruch, E.	FG 441	Stahl, J.	HE 183
Spindler, W.	BU 11	Sprung, H.	MV 204	Stahl, M.	HE 186
Spintler, N.	BY 77	Sprung, M.	SG 472	Stahl, M.	MV 206
Spiolek, U.	SG 460	Sprute, V.	NW 266	Stahl, P.	BW 41
Spirgath, M.	BW 32	Sredl, V.	BU 16	Stahl, P.	BW 45
Spitz, D.	NW 262	Srkal, M.	BY 96	Stahl, R.	VwG 492
Spitz, G.	BW 38	Srkal, T.	BY 95	Stahl, S.	TH 397
Spitz, G.	SAC 356	Staab, A.	BW 36	Stahl-Sura, K.	FG 447
Spitzer, A.	TH 399	Staab, E.	BY 70	Stahlecker, A.	HE 188
Spitzer, B.	FG 440	Staab, K.	RP 329	Stahlhut, F.	NDS 225
Spitzer, H.	BW 62	Staab-Borchers, W.	SG 463	Stahlhut, W.	NDS 226
Spitzl, T.	BY 92	Staack, D.	SH 385	Stahlke, U.	BER 116
Spix, B.	NW 246	Staake, K.	NW 275	Stahlknecht, H.	SAN 373
Spix, B.	NW 247	Staas, U.	NW 268	Stahlmann-Liebelt, U.	SH 384
Spleet, H.	SG 457	Staashelm, G.	NDS 222	Stahlschmidt, M.	NW 287
Splett, R.	BER 128	Staat, K.	NW 288	Stahmer, K.	MV 204
Spletzer, J.	BER 128	Staats, J.	BMJ 3	Stahn, H.	BRA 138
Spliesgart, S.	BY 107	Staats, R.	BRA 146	Stahnecker, T.	VwG 508
Splittgerber, D.	BW 37	Staats, U.	SAC 348	Stahnke, D.	BU 9
Splittgerber, J.	SG 457	Staatsmann, J.	RP 319	Stahnke, J.	BRA 141
Splittgerber, K.	NW 285	Staben, E.	SH 376	Staiger, B.	FG 443
Spöhr, M.	BW 60	Stachwitz, S.	BRA 140	Staiger, P.	NDS 223
Spoerhase-Eisel, I.	ArbG 432	Stackmann, N.	BY 89	Stalbus, C.	VwG 514
Spohler, A.	HH 166	Stadge, B.	BER 132	Stalinski, D.	NW 251
Spohn, G.	SG 457	Stadie, V.	HH 159	Stallbaum, M.	HH 155
Spohn, H.	HE 188	Stadler, A.	BY 76	Stalljohann, C.	NDS 240
Spohn, S.	SAN 362	Stadler, G.	VwG 482	Stallkamp, L.	SAN 371
Spohr, B.	BRE 151	Stadler, H.	BW 42	Stallmann, C.	NDS 213
Spohr, W.	SH 386	Stadler, R.	BY 67	Stalter, H.	BY 85
Sponer, H.	NDS 232	Stadler, S.	BY 95	Stamber, U.	RP 327
Sponsel, J.	BY 71	Stadler, W.	BY 86	Stamer, C.	NW 305
Sporer, B.	BW 50		VerfG 403	Stamer, E.	NDS 231
Sporer, B.	BW 50	Stadler-Euler, M.	VerfG 404	Stamer, H.	BER 127
Sporrer, H.	BY 88	Stadlmayr, A.	BY 82	Stamm, B.	NW 286
Sprang, W.	SG 461	Stadtfeld, R.	VwG 510	Stamm, E.	HE 175
Spranger, G.	BY 94	Stadtländer, H.	NW 282	Stamm, K.	HE 170
Sprau, H.	BY 68	Stadtler, D.	ArbG 425	Stamm, M.	VwG 506
Spreckelmeyer, B.	NDS 208	Stadtler, H.	BW 31	Stamm, S.	VerfG 403
Sprejz, A.	SAC 349	Stadtmann, B.	NW 250	Stamm, U.	BU 13
Sprenger, A.	NW 298	Stadtmüller, M.	RP 323	Stammann, W.	NDS 221
Sprenger, G.	TH 400	Stadtmüller, R.	BW 64	Stammel, J.	SG 474
Sprenger, H.	MV 204	Städing, J.	RP 318	Stampa, U.	SG 471
Sprenger, K.	TH 400	Städtke, U.	BRA 141	Stams, K.	NW 285
Sprenger, K.	VwG 503	Staedtler, W.	RP 331	Standarski, P.	RP 332
Sprenger, W.	SAC 343	Stähle, H.	BW 45	Stang, K.	NDS 211

Namensverzeichnis Steinbach

Stange, A.	NDS 227	Staudt, W.	BY 105	Stegherr, S.	BY 67
Stange, B.	BER 127	Staufenbiel, S.	SAN 370	Steglich, W.	NW 293
Stange, G.	VerfG 405	Staufer, W.	NW 287	Stegmaier, W.	BW 48
	VwG 494	Staupe, L.	BER 122	Stehberger, H.	BW 61
Stange, I.	SAC 353	Stavemann, J.	BRA 140	Stehle, C.	BW 49
Stange, P.	SAC 352	Stavorinus, S.	BRA 139	Stehle, C.	BW 50
Stangler, W.	BY 98	von Stebut, P.	NW 267	Stehling, H.	NW 273
Stanisak, T.	SH 383	von Stebut, D.	BER 117	Stehling, J.	HE 187
Stankiewitz-Koch, B.	HH 155	Stech, J.	VwG 505	Stehmans, B.	NW 276
Stankiewitz-Koch, B.	HH 165	Stechemesser, P.	MV 205	Stehr, V.	SAC 349
Stannik, E.	MV 203	Stecher, H.	BW 62	Stehr, V.	VwG 499
Stanoschek, J.	HE 181	Stechmann, P.	HH 165	Stei, P.	BW 49
Stapel, W.	SH 377	Steck, A.	VwG 483	Steidel, A.	VwG 507
Stapelfeldt, P.	SH 382	Steck, G.	BW 45	Steidel-Sigrist, F.	BW 45
Stapf, H.	BY 100	Steck, I.	BY 92	Steidle, H.	BW 49
Stapf, W.	BW 55	Steckermeier, M.	ArbG 437	Steierer, M.	BY 105
Stapff, A.	BER 130	Steckhan, H.	BU 10	Steigenberger, H.	BY 91
Stapmanns, D.	NW 302	Steckler, R.	BY 105	Steiger, T.	BMJ 5
Stappert, A.	VwG 501	Steckmeister, S.	SH 379	Steigerwald, U.	TH 399
Starck, C.	VerfG 405	Steder, M.	MV 197	Steigerwald, V.	TH 400
Starck, J.	BU 8	Steding, B.	MV 199	Steigleder, G.	SAC 352
Starck, W.	HH 165		VerfG 405	Steigmayer, J.	BY 99
Starein, W.	BU 15	Stegemann, A.	HE 187	Steil, J.	BRE 153
Stark, D.	HE 177	Steege, R.	BU 12	Steimle, A.	BW 52
Stark, E.	BY 91	Steeger, A.	HH 165	Steimle, E.	BW 54
Stark, F.	BRA 139	Steeger, U.	BY 113	Stein, A.	BMJ 3
Stark, K.	BU 14	Steegmann, M.	SG 468	Stein, B.	BW 57
Stark, K.	BW 40	Steeneck, H.	HH 160	Stein, B.	BY 94
Stark, S.	BRA 140	Steenken, J.	BRE 151	Stein, C.	RP 315
Stark, S.	SH 380	Steer, H.	ArbG 413	von Stein, E.	NW 311
Stark, U.	BY 111	Stefani, C.	BW 49	Stein, F.	NW 273
Stark, W.	SAC 354	Steffan, K.	SAC 358	Stein, G.	BMJ 3
Starke, B.	SG 473	Steffani-Göke, M.	BW 51	Stein, G.	NW 285
Starke, E.	NW 241	Steffek, R.	HE 191	Stein, G.	NW 304
Starke, S.	VwG 486	Steffel, U.	SG 468	Stein, G.	RP 326
Starkloff, N.	ArbG 413	Steffen, K.	NW 286	Stein, G.	SH 377
Starkloff, R.	RP 317	Steffen, K.	SG 467	Stein, H.	ArbG 416
Staron, J.	NDS 214	Steffen, O.	ArbG 434	Stein, H.	HE 176
Staron, S.	SAN 371	Steffen, O.	NW 266	Stein, H.	SAA 337
Starosta, M.	HH 166	Steffen, R.	HH 165	Stein, H.	SH 382
Staschik, L.	ArbG 430	Steffen, R.	VwG 498	Stein, J.	NW 297
Staschok, H.	SAN 369	Steffen, W.	NW 243	von Stein, J.	VwG 504
Staszkiewicz, B.	HE 169	Steffens, A.	TH 399	Stein, M.	NW 253
Staszkiewicz, E.	RP 318	Steffens, A.	VwG 504	Stein, M.	SAC 346
Statthalter, U.	NW 300	Steffens, B.	HH 160	Stein, P.	ArbG 420
Statz-Anders, W.	NW 306	Steffens, I.	NW 306	Stein, P.	BY 71
Stauch, H.	SAC 355	Steffens, W.	HE 190	Stein, U.	FG 447
Stauch, I.	BW 56	Stegelmann, K.	BRE 153	Stein, U.	NW 273
Stauch, M.	VerfG 404	Stegelmann, S.	VwG 513	Stein, U.	SAC 348
Stauch, T.	NW 306	Stegemann, A.	HE 187	Stein, V.	VwG 506
Staudacher, A.	ArbG 417	Stegemeyer, K.	VwG 478	Stein, W.	NW 241
Staudacher, H.	ArbG 413	Stegen, B.	BRE 152	Stein, W.	RP 323
Staudenmaier, P.	BW 58	Steger, A.	SAC 359	Stein-Hobohm, M.	RP 315
Stauder, E.	RP 332	Steger, G.	VwG 482	Stein-Ihle, C.	HE 192
Stauder, G.	HH 165	Steger, H.	VwG 510	von Stein-Lausnitz, D.	VwG 479
Staudigel, E.	ArbG 415	Steger, P.	SAN 364	Steinacker, G.	NW 243
Staudigl, S.	BY 79	Steger, V.	RP 332	Steinbach, D.	HE 178
Staudinger, J.	NDS 232	Steger, W.	BY 98	Steinbach, K.	SG 459
Staudt, R.	BY 104	Stegh, R.	VwG 503		

679

Steinbach — Namensverzeichnis

Steinbach, P.	BW 45		Steinhauser, A.	RP 317		Stengel, G.	SAC 348
Steinbach, P.	HH 164		Steinhilber, R.	BRE 152		Stengel, H.	BW 61
Steinbach, S.	NW 269		Steinhilper, M.	NDS 207		Stengel, J.	SAN 364
Steinbach-Blank, S.	SAN 371		Steinhöfel, K.	VwG 513		Stengel, W.	VwG 491
Steinbacher, E.	BW 65		Steinhoff, D.	NW 259		Stengelhofen, H.	VwG 508
Steinbacher, J.	BW 39		Steinhoff, M.	SAN 363		Stenkat, K.	HH 158
Steinbeck, G.	NDS 230		Steinhoff, R.	VwG 511		Stenz, G.	RP 318
Steinbeck, N.	SAC 355		Steiniger, P.	BRA 143		Stenzel, J.	BW 55
Steinbeiß-Winkelmann, C.	BMJ 4		Steininger, B.	HH 161		Stephan, B.	NW 298
			Steinkamp, S.	BER 121		Stephan, B.	SAC 355
Steinberg, E.	NDS 228		Steinke, I.	BRA 140		Stephan, G.	HE 172
Steinberg, M.	BRE 152		Steinke, K.	NW 309		Stephan, G.	TH 400
Steinberg, R.	VerfG 407		Steinkemper, H.	VwG 500		Stephan, H.	BER 119
Steinberg, U.	VwG 493		Steinle, F.	BW 45		Stephan, H.	BW 59
Steinberg, W.	NDS 209		Steinle, H.	BW 58		Stephan, H.	HE 167
Steinberger, E.	NW 262		Steinlehner-Stelzner, B.	BY 89		Stephan, H.	SAC 358
Steinberger, H.	BW 32		Steinmaier, D.	TH 391		Stephan, K.	BRA 147
Steinbichler, R.	BY 92		Steinmann, M.	HH 163		Stephan, W.	SAA 340
Steinbömer, F.	SAN 361		Steinmann, R.	NW 275		Stephan, W.	VwG 476
Steinborn, B.	BER 127		Steinmann-Munzinger, M.	SG 471		Stephani, K.	HH 160
Steinbrinck, H.	NW 277					Stephani, M.	HH 159
Steinbrück, A.	BRA 146		Steinmar, W.	BER 122		Stephany, G.	SG 468
Steinbrück, H.	ArbG 419		Steinmetz, A.	TH 400		Stepp, W.	RP 329
Steindl, C.	ArbG 415		Steinmetz, B.	HH 160		Stepp-Halbauer, D.	RP 328
Steindorf, J.	BU 7		Steinmetz, E.	HH 160		Steppat, W.	TH 397
Steindorfner, M.	BW 21		Steinmetz, M.	ArbG 417		Steppling, W.	VerfG 406
Steinebach, H.	NW 260		Steinmetz, U.	RP 333			VwG 506
Steinebach, R.	NDS 229		Steinmetz, W.	HH 162		Sterlack, A.	NW 273
Steinecke, W.	BER 117		Steinmeyer, H.	TH 397		Sterlack, R.	FG 443
Steinenböhmer, D.	NDS 229		Steinmeyer, S.	BER 116		Stern, A.	BY 99
Steinenböhmer, P.	ArbG 425		Steinmüller, F.	NDS 215		Stern, K.	VerfG 406
Steiner, A.	BRA 140		Steinwedel, U.	BU 12		Sternagel, B.	BER 120
Steiner, B.	BY 88		Steinwender, O.	BY 71		Sternal, M.	BMJ 5
Steiner, B.	SAN 372		Steitz, D.	BW 62		Sternal, S.	VwG 490
Steiner, E.	BRA 138		Steitz, K.	HE 192		Sternal, W.	NW 300
Steiner, G.	SG 460		Steitz, M.	RP 333		Sternberg, D.	SAN 365
Steiner, H.	BY 68		Steitz, P.	TH 400		Sternberg, D.	VwG 505
Steiner, J.	VwG 485		Steitz, U.	HE 175		Sternberg, R.	BRA 145
Steiner, K.	HH 166		Stelbrink, U.	NW 268		Sternberg-Lieben, D.	BER 115
Steiner, T.	BY 89		Stelkens, P.	VwG 499		Sternberger, T.	SAC 350
Steiner, T.	TH 394		Steller, M.	NW 274		Sternel, F.	HH 158
Steiner, U.	BW 63		Steller, R.	TH 391		Sterr, R.	FG 440
Steiner, U.	BY 87		Stelling, G.	VwG 495		Sterzel, B.	VwG 482
Steiner, U.	BVerfG 1		Stelling, I.	NDS 223		Sterzenbach, P.	VwG 502
Steinert, F.	VwG 510		Stello, G.	HH 162		von Stetten, B.	BY 82
Steinert, K.	MV 197		Stellwaag, M.	VwG 482		von Stetten, H.	BY 81
Steinert, R.	NW 289		Stelter, J.	VwG 497		Steuber, K.	NW 280
Steines, C.	HE 192		Steltner, M.	BER 133		Steuck, H.	FG 445
Steines, W.	HE 169		Steltzer-Reimers, C.	HH 159		Steudl, B.	BU 9
Steinfeld, H.	BY 107		Stelzer, M.	BW 35		Steudtner, I.	BY 100
Steinforth, G.	NW 257		Stelzner, T.	BY 91		Steuer, B.	SG 468
Steingaß, A.	BRA 147		Stemmler, B.	BY 75		Steuer, H.	BU 17
Steinhagen, C.	HH 159		Stempel, M.	MV 198		Steuerer, B.	ArbG 410
Steinhart, R.	RP 323		Stempel, M.	TH 392		Steuernagel, M.	NDS 221
Steinhart, W.	HE 183		Stemper, M.	RP 324		Steuerwald, L.	HE 188
Steinhauer, C.	SG 467		Stempfle, F.	BY 106		Steuerwald-Schlecht, M.	BER 117
Steinhauer, J.	RP 332		Stemshorn, R.	VwG 503		Stevens-Bartol, E.	SG 454
Steinhauff, D.	BU 11		Stender, M.	VwG 485		Stewen, W.	BMJ 3
Steinhauser, A.	BW 58		Stenert, H.	NW 290			

Stewen-Steinert, S.	SG 466	Stockmann, R.	BY 75	Stolte, D.	NW 299
Steyer, H.	HE 176	Stockschlaeder-Nöll, E.	NW 245	Stolte, H.	NW 268
Stiasny, W.	BY 90	Stodolkowitz, H.	BU 7	Stolte, P.	TH 389
Stich, H.	NW 301	Stodolkowitz, U.	NDS 213	Stolte, P.	TH 399
Stich, L.	BY 103	Stöber, R.	BY 103	Stolte, U.	NDS 217
Stich, W.	NW 278	Stöber, R.	HH 162	Stoltenberg, H.	ArbG 427
Stichling, K.	HH 158	Stöber, S.	VwG 508	Stoltenberg, S.	HH 160
Stichs, W.	BW 28	Stoeber, K.	BER 122	Stolterfoht, T.	VwG 476
Sticht-Schretzenmayr, G.	BY 83	Stöcke-Muhlack, R.	ArbG 424	Stolz, E.	ArbG 412
Stickeler, E.	SAC 351	Stöckel, H.	BY 110	Stolz, F.	FG 439
Stickeln, D.	NW 310	Stöcker, A.	NW 307	Stolz, J.	ArbG 436
Sticken, E.	SH 379	Stöcker, E.	FG 446	Stolz, J.	TH 398
Stiebeling, L.	HE 179	Stoeckle, K.	BY 90	Stolz, U.	HE 188
Stiebeling, P.	SH 386	Stoeckle, P.	BY 98	Stolze, A.	BRA 139
Stief, G.	BER 126	Stoeckle, P.	VwG 483	Stolze, C.	BER 129
Stiefenhöfer, M.	RP 333	Stöcklein, T.	RP 332	Stolze, G.	TH 395
Stiefken, U.	NW 255	Stöckmann, L.	NW 268	Stolze, M.	BER 131
Stiefvater, S.	VwG 476	Stöckmann, M.	SAN 372	Stolzenberger-	
Stiegeler, A.	BW 41	Stöger, M.	HH 157	Wolters, I.	NW 311
Stiegert, R.	BER 122	Stöhr, D.	BW 56	Stolzenburg, F.	HH 160
Stiekel, H.	NDS 221	Stöhr, G.	HH 162	Stomps, H.	HE 184
Stieler, B.	RP 318	Stöhr, J.	BW 58	Stomps, H.	NW 252
Stielow, R.	BER 118	Stöhr, K.	BMJ 4	Stopfkuchen, R.	BW 41
Stienemeier, H.	NW 284	Störmann, H.	SG 466	Stopfkuchen-	
Stiens, F.	NW 245	Störmer, C.	BRA 144	Menzel, M.	VwG 475
Stiens, G.	ArbG 428	Störmer, C.	HE 170	Stopka, H.	SAC 357
Stier, T.	SH 378	Störmer, D.	VwG 515	Stoppel, G.	NW 269
Stierling, E.	BRE 150	Störmer, G.	TH 398	Stoppel, W.	BU 15
von Stietencron, U.	NDS 232	Störmer, H.	NW 291	Storch, A.	BW 32
Stigler, H.	SAC 346	Störzbach, H.	BW 53	Storch, D.	SAN 367
Stilke, P.	NW 278	Stößel, W.	BY 102	Storch, R.	VwG 500
Stille, G.	TH 398	Stößer, E.	BW 53	Storck, M.	NW 311
Stiller, N.	NW 279	Stößner, E.	BY 74	Storek, C.	NW 258
Stiller, W.	BMJ 4	Stötter, D.	SAN 372	Stork, H.	ArbG 426
Stilp, G.	HE 177	Stötzel, H.	FG 445	Stork, H.	BW 27
Stilz, E.	VerfG 407	Stötzer-Opava, E.	NW 310	Stork, M.	BER 127
Stindt, W.	NW 287	Stöve, A.	NW 267	Stork, M.	MV 205
Stinner, J.	BY 92	Stöve, E.	NW 307	Stork, R.	BW 36
Stippler-Birk, P.	HE 175	Stoffel, A.	BY 86	Stork, R.	NW 295
Stirnberg, K.	NW 277	Stoffregen, R.	NW 266	Stork, U.	NW 284
Stitterich, R.	SAC 352	Stojan, D.	SH 383		285
Stittgen, K.	VwG 496	Stojek, M.	BW 33	Stork, U.	VwG 502
Stitzel, B.	BW 23	Graf zu Stolberg-		Storm, U.	BER 129
Stobbe, A.	NDS 217	Stolberg, F.	SAC 343	Storner, P.	NW 275
Stobbe, N.	BER 120	Gräfin zu Stolberg-		Storost, U.	BU 13
Stobbe, N.	NW 296	Stolberg, S.	SAC 354	Storr, R.	BY 75
Stobbe-Stech, A.	ArbG 424	Stoll, C.	NDS 220	Storsberg, I.	BW 58
Stock, B.	HE 175	Stoll, F.	SG 473	Storz, B.	BW 59
Stock, J.	ArbG 431	Stoll, H.	BY 84	Storz, W.	BW 21
Stock, K.	HE 192	Stoll, M.	SG 474	von Stosch, H.	BRA 136
Stock, W.	HE 189	Stoll, R.	NDS 221	Stosch, J.	SAN 371
Stocker, K.	BY 91	Stoll, T.	NDS 239	Stoss, H.	BY 84
Stockert, G.	BY 109	Stollar, C.	SAC 357	Stothfang, U.	SH 383
Stockhammer, P.	BY 105	Stollberg, J.	NW 287	Stotz, M.	BW 57
Stockhaus, D.	NDS 211	Stolle, H.	NDS 223	Stotz, M.	HE 188
Stockhausen, M.	NW 258	Stolle, R.	BW 37	Stotz, W.	BW 47
Stockinger, B.	BY 112	Stolle, U.	NDS 223	Stowasser, L.	SAC 357
Stockinger, H.	BW 54	Stolper, H.	BU 15	Stoyke, B.	NW 266
Stocklöw, J.	HE 180	Stolper, M.	NDS 240	Strack, W.	RP 328

681

Stracke, D.	NW	267	Streek, I.	NW 269	Ströcker, A.	VwG	500
Stracke, P.	NDS	224	Strehl, R.	NW 246	Ströder, S.	RP	319
van Straelen, H.	NW	250	Strehler, L.	VwG 484	Ströher, R.	SAC	345
Straetmanns, F.	SG	466	Strehler, S.	VwG 482	Ströhle, R.	BY	109
Strätz, U.	VwG	514	Strehlow, R.	BY 90	Strömer, B.	BER	123
Sträubig, D.	VwG	482	Streibel, R.	HH 160	Ströse, A.	SAC	359
Strahn, T.	SG	471	Streicher, H.	ArbG 417	Strößenreuther, M.	BY	107
Stransky, E.	FG	447	Streicher, K.	BY 88	Strötgen, E.	NW	296
Strapperfend, T.	FG	442	Streicher, M.	BW 57	Strötz, C.	BY	67
Straschil, H.	HE	172	Streichsbier, K.	VwG 497	Stroh, C.	NW	303
Straschil, P.	RP	332	Streichsbier, S.	NDS 229	Stroh, P.	BY	105
Straßberger, G.	BY	80	Streiff, H.	HE 189	Stroh-Lenz, R.	BY	80
Straßburg, A.	ArbG	427	Streim, A.	BW 60	Strohal, F.	BW	53
Straßburg, G.	SAN	366	Streit, U.	SAC 357	Strohbach, P.	BY	105
Straßburger, L.	NW	289	Streitberg, W.	TH 393	Strohbusch, W.	BW	52
zur Strassen, P.	BY	85	Strempel, D.	BMJ 3	Strohm, I.	BW	45
Straßer, H.	BY	84	Strempel, M.	MV 206	Strohmaier, T.	BY	111
Straßer, R.	BY	79	Stremplat, M.	FG 443	Strohmann, H.	BW	50
Strasser, F.	BW	49	Strenge, H.	HH 155	Strohmayer, M.	SAC	356
Straßfeld, E.	SG	467	Stresemann, C.	BER 120	Strohmeier, B.	HH	163
Straßmeier, P.	BY	90	Streßig, D.	NW 310	Strohmeyer, H.	NW	247
Strathmann, B.	NW	286	Stressig, H.	NW 262	Strohn, L.	NW	244
Stratmann, B.	NW	277	Streubel, A.	NW 275	Strohscher, F.	TH	393
Stratmann, C.	NW	272	Streubel, U.	BER 123	Strohschnitter, H.	HE	176
Stratmann, H.	BW	32	Streuer, H.	NW 283	Strohschnitter, U.	HE	188
Stratmann, H.	SG	468	Streuzek, R.	SAN 361	Stroicz, R.	NDS	216
Stratmann, H.	VwG	494	Strewe, U.	TH 397	Stronczyk, V.	NDS	225
Stratmann, J.	FG	441	Streyl, E.	NW 254	Strothe, H.	BW	27
Stratmann, J.	NW	268	Strick, W.	RP 317	Strothmann-		
Stratmann, R.	NDS	210	Stricker, H.	RP 331	Schiprowski, P.	NW	297
Stratmann, S.	NW	272	Stricker, H.	VwG 487	Strotkamp, E.	BY	70
Stratmann, U.	BER	125	Stricker, M.	SAC 352	Strub-Brüne, G.	BMJ	5
Stratmann-Rohm, E.	NW	293	Strieck, L.	SG 472	Strube, H.	HE	181
Straub, G.	NDS	219	Strieder, G.	HE 174	Strube, J.	BW	41
Straub, H.	NW	256	Strieder, P.	HE 180	Strubel, B.	BY	75
Straub, H.	SG	451	Striedl, H.	BY 108	Struck, G.	NDS	235
Straub, K.	SG	451	Striegan, C.	NW 293	Struck, H.	SH	386
Straub, R.	BW	38	Striegan, D.	ArbG 416	Struck, S.	MV	205
Straub, S.	FG	447	Striegl, T.	HE 175	Struckmann-Walz, H.	BW	64
Straub, T.	BW	51	Striepeke, K.	SG 458	Struckmeier, C.	VwG	497
Straubel, M.	TH	397	Strietzel, C.	SAN 372	Strücker-Coppik, H.	HE	170
Strauch, B.	NW	308	Striewisch, A.	BW 61	Strüder, H.	RP	319
Strauch, E.	BER	116	String, L.	NDS 239	Struensee, E.	NW	280
Strauch, G.	BW	41	String, P.	SG 464	Strüßmann, C.	NW	287
Strauch, H.	VerfG	407	Stritzel, H.	NW 295	Strullmeier, B.	SAN	369
	VwG	513	Stritzke, K.	NW 277	Strunk, A.	SH	379
Strauß, A.	SAN	370	Stritzke, U.	ArbG 437	Strunk, L.	NW	288
Strauß, H.	NDS	228	Strobel, B.	BW 54	Strunk, R.	HE	183
Strauß, H.	VwG	476	Strobel, G.	BER 119	Strunk, R.	NDS	240
Strauß, L.	VwG	480	Strobel, G.	BER 120	Strupp-Müller, B.	NW	307
Strauß, O.	NW	244	Strobel, J.	BW 45	Struß, D.	NW	248
Strauß, P.	NW	247	Strobel, K.	BY 81	Struß, S.	VwG	498
Strauß, W.	MV	199	Strobel, M.	BW 53	Struß, W.	NDS	218
Strebos, J.	SH	379	Strobl, H.	BW 39	Struß-Blankenburg, G.	NW	244
Streck, E.	BU	8	Strobl, L.	BY 114	Strutz, J.	NW	276
Strecker, A.	VwG	484	Stroebe, U.	BY 92	Stryck, T.	SH	386
Strecker, C.	BW	55	Ströbele, P.	BU 15	Strzyz, U.	VwG	512
Strecker, N.	BW	46	Ströber, H.	RP 331	Stschepanjak, I.	TH	398
Strecker, W.	NW	244	Ströbert, F.	FG 439	Stubben, B.	VwG	511

Stubenvoll, E.	BY 91	Suck, K.	NDS 225	Sy, B.	BER 131
Stubenvoll, P.	BY 105	Sucker, G.	BY 72	Sydnes, P.	NW 289
Stuchlik, H.	VwG 500	Suckow, G.	HH 162	Sydow, K.	NW 267
Stucke, P.	BMJ 4	Suder, O.	BRA 146	Sydow-Sagemüller, M.	NDS 227
Stucky-Kieser, C.	BW 42	Sudhaus, K.	NW 269	Syha, H.	NW 294
Studener, P.	NW 308	Sudhaus-Coenen, H.	NW 288	Sylaff, U.	BER 121
Studtmann, M.	BW 59	Sudhof, M.	VwG 493	Syska, A.	MV 205
Stüber, H.	HE 175	Sudowe, E.	NW 241	Szafran, G.	NW 263
Stüber, J.	NW 281	Sue-Horn, I.	NDS 218	von Szczepanski, E.	VwG 505
Stübing, J.	NDS 209	Süchting, G.	BRA 147	Szczepanski, V.	RP 332
Stück, G.	HE 181	Süchting, Y.	BRA 147	Szczeponik, M.	NW 258
Stückemann, F.	NDS 236	Süchting, Y.	VwG 488	Szczesny, A.	SG 454
Stücker, D.	SH 385	Südbeck, B.	NW 310	Szeklinski, P.	BER 120
Stücker-Fenski, B.	VwG 487	Sühring, F.	NW 267	Szelies, E.	BRA 140
Stückrath, B.	BW 65	Sülldorf, J.	BRA 144	Szigarski, M.	TH 399
Stückrath, M.	BMJ 4	Sülldorf, K.	BRA 144	Szillinsky, D.	BW 33
Stühler, R.	BY 69	Suelmann, B.	NW 309	Szymczak, P.	SAC 358
Stühn, M.	NW 295	Sünkel, H.	ArbG 433	Szymkowiak, R.	NW 259
Stülke, P.	SG 463	Sünnemann, M.	NW 297	Szyperrek, H.	ArbG 424
Stünkel-Claude, D.	HE 188	Sünner, C.	VwG 507	Sémon, M.	HE 189
Stünker, J.	NDS 224	Suermann, B.	NW 266		
Stürmann, H.	NDS 221	Suermann, R.	NDS 230	**T**	
Stürmer, A.	SG 467	Süs, M.	RP 329		
Stürmer, R.	BW 23	Süß-Emden, D.	NW 275	Tabor, A.	NW 300
Stürzebecher, T.	BW 37	Süße, K.	ArbG 415	Tacke, H.	BY 93
Stürzer, J.	BY 83	Süßenbach, D.	NDS 218	Tacke, R.	NDS 238
Stürzl, O.	BY 86	Sütterlin-Müsse, M.	NW 311	Tackenberg, S.	NW 307
Stüttgen, G.	NW 244	Suffner, J.	BY 90	Tackmann, H.	BW 47
Stütz, U.	BW 62	Suhle, J.	NW 254	Taegen, E.	VwG 495
Stütz, W.	NDS 213	Suhr, G.	HH 157	Taegener, M.	VwG 485
Stüwer, C.	NDS 239	Suhr, M.	NW 275	Taeglichsbeck, T.	NDS 216
Stuffler-Buhr, M.	HE 186	Suhrbier, W.	MV 195	Täschner, S.	BY 113
Stuhler, G.	BW 62	Suhren, D.	NDS 236	Tag, H.	NW 294
Stuke, A.	NW 301	Sulzbacher, K.	RP 322	Tagliabue-von Jena, M.	NW 297
Stummeyer, J.	BER 115	Sulzberger-Schmitt, H.	BW 45	Taglieber, K.	RP 330
Stump, U.	HE 167	Summa, H.	RP 320	Talarowski, V.	NW 308
Stumpe, B.	BW 33	Sunder, M.	TH 391	Talatzko, B.	SAC 347
Stumpe, K.	VwG 475	Sunder, T.	HE 175	Tallarek, W.	SH 377
Stumpf, M.	BY 67	Sunder-Plassmann, R.	BU 10	Tambour, C.	NW 296
Stumpf, M.	BY 81	Sundermeyer, K.	NW 286	Tambour, C.	NW 311
Stumpf, R.	VwG 480	Surkau, S.	BER 119	Tamm, K.	HH 158
Stumpf, W.	BY 71	Surkau, W.	HH 161	Tamm, M.	NW 270
Stumpp, R.	BW 25	Surmeier, M.	NW 268	Tamm, V.	BW 41
Sturhahn, M.	NW 311	Surminski, K.	VwG 495	Tang, H.	NW 250
Sturm, A.	BY 88	Susing, N.	SG 465	Tang-Mack, I.	SG 453
Sturm, D.	RP 333	Sußebach, O.	BY 82	Tangemann, B.	SAN 370
Sturm, J.	NW 256	Sussiek, D.	NW 268	Tank, A.	VwG 494
Sturm, M.	MV 203	Sußmann, A.	NW 309	Tannert, M.	NW 245
Stutenbäumer, C.	BRA 146	Sutorius, B.	NW 299	Tannhäuser, H.	BER 123
Stuth, S.	VwG 488	Suttkus, M.	VwG 512	Tannreuther, K.	NW 262
Stutz, A.	BW 38	Suttner, B.	BY 85	Tanzki, H.	VwG 493
Stutz, M.	RP 332	Suttner, R.	BY 86	Tappe, U.	NDS 234
Stutzmann, H.	BW 41	Suwelack, H.	NW 279	Tapperath, J.	NW 302
Styn, I.	MV 204	Svatek, M.	NDS 233	Tappermann, J.	NW 273
Stypmann, S.	SH 381	Swarzenski, M.	BER 119	Tappert, W.	SG 469
Suchan, U.	NW 296	Swatkowski, B.	SAA 338	Tarara, C.	HE 192
Suchanek, J.	HE 192	Swertz, H.	BY 90	Tasche, K.	HH 163
Suchsland, J.	NW 250	Swoboda, J.	HE 182	Taszis, J.	HE 185
Sucht, W.	BRA 144	Swoboda, P.	NDS 237		

Tatzel, E.	HE	185	Temming, M.	NW	287	Teutsch, H.	NW 299
Taube, G.	HH	165	Tempel, I.	SG	451	Tewes, H.	NDS 235
Taubel-Gerber, U.	ArbG	421	Tempel, P.	BW	57	Tewes, K.	NW 272
Taubenheim, D.	HH	159	Tempel-Krominga, H.	HH	166	Tewes, K.	SAN 370
Taubert, P.	SG	463	Tempke, K.	HH	162	Tewes, W.	HH 164
Taubert, T.	ArbG	413	Templer, W.	BY	86	Tewes genannt	
Taubner, H.	BW	31	Tengler, M.	BER	130	Kipp, M.	NW 258
Tauch, W.	BW	49	von Tenspolde, H.	NDS	231	Tews, M.	TH 394
Tauchmann, H.	BW	52	Tenzer, P.	BY	88	Tews, P.	NDS 228
Tauchnitz, C.	HE	175	Tepe-Niehus, C.	BER	120	Tews, W.	FG 440
Taupitz, C.	RP	330	Tepp, C.	SH	380	Teyssen, G.	NDS 219
Taupitz, J.	BW	24	Tepperwien, I.	BU	8	Thaeren-Daig, G.	BRA 139
Tausch, A.	HE	179	Terborg, S.	TH	400	Thaler, J.	BY 95
Tauscher, K.	BW	28	Terdenge, F.	BU	12	Thalheim, J.	BY 89
Tautphäus, A.	ArbG	436	Terharn, C.	NW	310	Thalhofer, R.	SG 470
Taxhet, L.	NW	294	Terhechte, S.	NW	308	Thalmann, D.	BW 26
Taxis, N.	BW	54	Terhorst, A.	BW	34	Thalmann, W.	BW 23
Tayefeh-Mahmoudi, B.	HE	184	Terhorst, B.	NW	299	Thamm, T.	SH 384
Tech, J.	MV	203	Terhorst, C.	NW	306	Thanner, R.	BY 98
Technau, K.	BW	42	Terhorst, K.	NW	251	Tharra, M.	BER 128
Teckemeyer, A.	BRA	145	Terhorst, M.	BW	30	Thaut, E.	SAC 348
Teckemeyer, F.	NDS	240	Terhünte, J.	NW	282	Thaysen-Bender, K.	NDS 239
Teckentrup, H.	VwG	504	Ternbrink, C.	BRA	136	Theede, K.	MV 205
Teetzmann, H.	BY	94	Terner, J.	RP	322	Theege, F.	HH 163
Teetzmann, H.	NDS	232	Ternes, T.	VwG	483	Theele, W.	NW 280
Tegelbeckers, K.	SAN	366	Terno, W.	BU	8	Theile, R.	NW 294
Tegelbeckers, M.	SG	472	Terres, P.	SAC	357	Theimer, A.	HE 175
Tegenthoff, S.	NW	272	Terres, W.	SAA	335	Theimer, C.	HE 175
Tegethoff, S.	NW	309	Terschlüssen, I.	HH	160	Thein, W.	BY 69
Tegge, J.	BRA	143	Terstegen, R.	SAN	370	Theis, A.	VwG 513
Tegtmeier, H.	NDS	214	Terstegen, V.	ArbG	427	Theis, C.	FG 447
Tegtmeier, M.	BER	127	Terstiege, J.	NW	284	Theis, C.	HE 186
Tegtmeyer, M.	SAC	358	Tesauro, G.	EuGH	517	Theis, E.	RP 317
Teicher, H.	NW	257	Tesch, K.	SAN	367	Theis, F.	SAC 358
Teichgräber, B.	TH	391	Teschendorf, M.	NW	257	Theis, G.	SAA 336
Teichmann, A.	RP	315	Teschner, A.	VwG	513	Theis, H.	BY 83
Teichmann, K.	BW	52	Teschner, G.	BW	26	Theis, H.	HE 185
Teichmann-Borchers, A.	VwG	498	Teschner, H.	NDS	213	Theis, J.	RP 321
			Teschner, P.	NW	249	Theis, R.	SG 452
Teichmann-Mackenroth, G.	SH	375	Teschner, S.	BW	62	Theisen, B.	NW 310
Teichmüller, I.	ArbG	420	Teske, H.	BMJ	3	Theisen, E.	SAC 352
Teigelack, B.	NW	263	Freiherr von Tettau, L.	BY	70	Theisen, H.	ArbG 431
Teigeler, J.	BW	25	Tettinger, P.	VerfG	406	Theising, G.	BER 132
Teinert, M.	BW	63	Tettmann, P.	BY	71	Theisinger, T.	BW 34
Teipel, B.	BRA	147	Tettmann, S.	BY	72	Theissen, M.	NW 288
Teipel, J.	VwG	499	Tetzlaff, H.	NDS	209	Thelen, F.	TH 400
Teipel, K.	ArbG	429	Tetzlaff, V.	ArbG	412	Thelen, W.	NW 295
Teitge, H.	SAC	359	Tetzlaff, W.	FG	443	Themel, H.	BER 116
Teitge-Wunder, K.	BRA	146	Teubel, K.	HE	191	Then, A.	ArbG 414
Teiwes, M.	NDS	209	Teuber, M.	NW	276	Then, B.	BY 74
Tekkouk, M.	SH	386	Teubner, G.	BY	99	Thenot, E.	RP 321
Teklote, S.	NW	309	Teubner, P.	BW	37	Theobald, G.	VwG 508
Telle-Hetfeld, H.	NW	360	Teubner, U.	HH	160	Theobald, K.	RP 330
Telscher, S.	RP	332	Teuchert, B.	BRE	152	Thermann, D.	RP 327
Telschow, H.	SH	386	Teuchert, G.	BRE	151	Thermann, G.	RP 330
Telsemeyer-Funcke, B.	NW	287	Teufel, W.	VerfG	405	Thesing, A.	NW 281
Temming, D.	BRA	135		VwG	490	Thesling, H.	FG 446
Temming, J.	FG	446	Teufert-Schwind, E.	HE	188	Thessinga, K.	HE 170
			Teusz, M.	SG	465	Theuer, W.	BU 15

Theuerbacher, P.	VwG 479	Thieme, P.	SAC 350	Thome, C.	NW 307
Theuerkauf, H.	NDS 236	Thieme, W.	VerfG 404	Thome, H.	NW 249
Theuerl-Neubeck, S.	BW 39	Thien-Mochmann, B.	NW 302	Thome, P.	SAA 341
Theuersbacher, P.	VerfG 403	Thierau-Haase, K.	NW 311	Thome, W.	NW 269
Theune, R.	TH 389	Thiere, K.	BY 84	Thomma, H.	BY 87
Theune, W.	BU 7	Thierfelder, H.	VwG 477	Thommes, K.	VwG 496
Theune-Fuchs, C.	BW 53	Thiermann, A.	BY 89	Thoms, C.	BY 100
Theunissen, G.	SG 470	Thiermann, S.	BY 104	Thoms, K.	BER 121
Theurer, R.	BW 53	Thies, C.	HH 163	Thoms, K.	BER 124
Theusinger, E.	NW 280	Thies, C.	HH 166	Thomsen, A.	NDS 222
Thewes, T.	ArbG 412	Thies, H.	BW 49	Thomsen, A.	SAC 350
Thewes, W.	VwG 502	Thies, H.	SG 466	Thomsen, D.	SH 387
Thie, K.	BER 128	Thies, K.	ArbG 435	Thomsen, F.	ArbG 436
Thied, J.	SAN 369	Thies, M.	BRA 141	Thomsen, J.	NDS 220
Thiede, S.	FG 443	Thies, R.	FG 440	Thomsen, J.	NW 251
Thiedemann, J.	VwG 495	Thies, R.	VwG 489	Thomsen, M.	SH 375
Thiel, A.	BER 121	Thies, R.	VwG 498	Thomsen, M.	VwG 513
Thiel, A.	HE 187	Thies, U.	NDS 216	Thomsen, R.	HH 155
Thiel, A.	HH 156	Thiesmeyer, R.	NW 293	Thomsen, R.	NDS 239
Thiel, E.	BW 48	Thießen, C.	SH 381	Thorbrügge, M.	NW 290
Thiel, F.	BER 128	Thiessen, J.	HH 158	Thoren, S.	VwG 478
Thiel, H.	BER 121	Thietje, N.	SH 384	Thorer, D.	HE 188
Thiel, K.	BW 63	Thilow, D.	SH 381	Thorwarth, K.	VwG 490
Thiel, M.	RP 326	Thimm, K.	SG 465	Thoß, L.	BY 88
Thiel, M.	SAN 369	Thirolf, R.	HE 174	Thoß, P.	BRE 151
Thiel, V.	TH 397	Thode, M.	MV 195	Thran, M.	BW 64
Thiel, W.	HH 159	Thode, R.	BU 7	Throll, P.	BY 70
Thiele, B.	HH 156	Thode, U.	SH 386	Thron, L.	BY 106
Thiele, B.	MV 195	Thöne, J.	ArbG 421	Thümmler, P.	BER 120
Thiele, B.	NW 258	Thönißen, K.	NW 249	Thür, F.	ArbG 430
Thiele, C.	BER 123	Thönneßen, K.	RP 323	Thürmer, B.	BU 11
Thiele, E.	VwG 504	Thönssen, K.	HH 161	Thürmer, M.	VwG 491
Thiele, F.	HE 180	Thörner, V.	HH 165	Thüsing, G.	HE 171
Thiele, G.	NW 295	Thole, J.	SAN 373	Thüsing, P.	NW 244
Thiele, H.	BU 11	Thole, U.	NW 245	Thul, E.	RP 316
Thiele, H.	NDS 238	Tholey, W.	RP 326		VerfG 406
Thiele, J.	NDS 215	Tholl, F.	BY 113	Thul, J.	RP 322
Thiele, J.	NW 302	Thoma, C.	VwG 502	Thul, M.	BER 131
Thiele, M.	NDS 217	Thoma, H.	BW 51	Thul, W.	SAA 339
Thiele, U.	SH 378	Thoma, H.	SAC 345	Thul-Epperlein, A.	BW 61
Thiele, W.	BER 127	Thomalla, K.	TH 397	Thull, R.	SH 377
Thiele, W.	HE 190	Thomas, A.	BER 132	Thull, R.	VwG 510
Thiele, W.	NDS 209	Thomas, B.	HH 164	Thull, S.	VwG 514
Thielecke, B.	ArbG 436	Thomas, B.	NDS 216	Thumann, H.	VwG 482
Thielemann, J.	BY 80	Thomas, F.	HE 174	Thumser, G.	BY 97
Thielen, C.	RP 322	Thomas, G.	BW 32	Thumser, V.	BY 81
Thielen, W.	NW 252	Thomas, H.	HE 188	Thunecke, A.	NW 298
Thielicke, P.	NW 282	Thomas, H.	RP 313	Thunert, M.	RP 323
Thielsen, M.	BRA 146	Thomas, J.	SAC 343	Thur, R.	BMJ 5
Thiem, K.	NW 307	Thomas, J.	SAC 344	Thurn, B.	RP 332
Thiemann, C.	BY 99	Thomas, K.	MV 197	Thurn, P.	NW 293
Thiemann, H.	SH 383	Thomas, K.	NW 276	Thußbas, J.	BY 95
Thiemann, K.	NW 267	Thomas, M.	VwG 479	Thyselius, U.	NDS 232
Thiemann, K.	NW 281	Thomas, M.	BU 11	Tiarks, E.	NDS 230
Thiemann, L.	NW 287	Thomas, R.	BER 132	Tiarks, F.	NDS 234
Thiemann, L.	NW 290	Thomas, S.	BY 73	Tiburg, H.	HH 165
Thiemann, U.	NW 245	Thomas, S.	NDS 228	Tichaczek-Krebs, I.	BW 55
Thieme, C.	SG 471	Thomas, W.	HH 160	Tichy, T.	SAN 373
Thieme, I.	SAC 351	Thomaschewski, W.	BY 85	Tichy, W.	FG 440

685

Tiebel, B.	NW 255	Timmermann, R.	VwG 500	Tomczak, B.	VwG 489
Tiebing, N.	FG 447	Timmler, E.	VwG 500	Tonat, H.	HH 163
Tiedchen, S.	FG 442	Tingler, W.	NDS 219	Tonhauser, W.	BW 50
Tiede, D.	MV 204	Tinkl, M.	NW 280	Tonndorf, U.	TH 401
Tiedemann, H.	NDS 218	Tinnermann, W.	NW 282	Tonner, K.	RP 315
Tiedemann, M.	BY 73	Tinzmann, R.	ArbG 434	Topell, M.	BW 47
Tiedemann, P.	VwG 492	Tirpitz, U.	BRA 137	Topf, H.	ArbG 412
Tiedemann, R.	SAC 349	Tischbirek, I.	VwG 491	Tophoven, E.	NW 257
Tiedje, J.	BW 63	Tischer, G.	BY 107	Tordy, G.	SG 465
Tiedje, W.	VwG 494	Tischer, R.	SH 385	Torka, D.	BY 91
Tiedt, G.	SH 376	Tischler, F.	BY 89	Tormählen, U.	BW 61
Tiefmann, I.	HE 175	Tischler, J.	SG 455	Tormöhlen, H.	SAN 362
Tiegelkamp, H.	SAC 351	Tischler, J.	SG 456	Tornow, D.	BY 68
Tiekötter, K.	NW 262	Tischner, G.	NW 307	Tornow, K.	MV 205
Tiemann, F.	NW 283	Tiska, H.	BW 28	Torwegge, W.	NDS 234
Tiemann, H.	BRA 141	Titel, U.	ArbG 427	Tosberg, A.	BRA 145
Tiemann, M.	HH 161	Tittel, H.	NW 250	Tosberg, H.	BER 118
Tiemann, R.	HH 162	Tittel, I.	NDS 239	Tosch, E.	NDS 231
Tiemann, R.	SAN 365	Tittel, M.	NDS 224	Tosse, S.	NW 249
Tiemann, S.	VwG 494	Titz, A.	BY 114	Tóth, F.	BRA 147
Tiemann-Rakebrandt, U.	RP 333	Titze, A.	VwG 503	Totzauer, J.	BY 96
		Titze, W.	BY 76	Tourneur, D.	BY 90
Tiemesmann, R.	NW 290	Tjoa-Franzke, I.	NW 276	Toussaint, E.	NW 289
Tiesel, G.	BY 68	Tobias, H.	SH 385	Touysserkani, P.	SAC 358
Tietz, I.	HH 163	Toboll, R.	FG 442	Trabandt, T.	ArbG 429
Tietz, R.	BY 85	Toboll, R.	VerfG 404	Träg, W.	BY 111
Tietze, A.	NW 247	Todd, W.	BY 68	Träger, G.	BER 119
Tietze, C.	BRE 153	Todtenhöfer, H.	BY 93	Träger, K.	SAC 350
Tietze, E.	SAN 362	Többen, G.	NDS 240	Traeger, R.	MV 206
Tiffert, D.	NW 276	Többens, H.	NDS 235	Traeger, R.	NW 282
Tigges, G.	SAN 367	Tödte, B.	BU 16	Trägner, W.	BW 53
Tiili, V.	EuGH 519	Tödtmann, W.	NW 252	Tränkmann, K.	MV 205
Tilch, H.	BY 68	Tölle, G.	NW 275	Tränkner, U.	SAC 354
	VerfG 403	Tölle, W.	NW 277	Trageser, F.	RP 316
Tilch, T.	SAN 363	Toelle, H.	ArbG 433	Trahms, M.	BER 133
Tilgner, J.	NDS 218	Töllner, J.	BER 115	Trapp, C.	HE 171
Tilkorn, K.	NW 280	Tönnies, F.	NW 288	Trapp, K.	BER 119
Tilling, P.	VwG 512	Tönnies, R.	BRE 151	Trapp, S.	BY 91
Tillmann, D.	NW 248	Tönnis, S.	NW 307	Trappe, B.	HH 159
Tillmann, F.	HE 173	Töpfer, E.	BER 117	Traub, F.	VwG 488
Tillmann, J.	HE 176			Traub, R.	SG 454
Tillmann, V.	NW 259	Töpfer, H.	VwG 492	Traud, A.	BY 112
Tillmann-Gehrken, B.	VwG 503	Toeppen-Langhorst, H.	BER 126	Traupe, R.	NDS 214
Tillmanns, C.	ArbG 410	Töpperwien, E.	NDS 208	Trauthig, U.	RP 323
Tillmanns, M.	NW 260	Töppich, K.	NDS 238	Trautmann, G.	SAC 345
Tillmanns, P.	NW 253	Törl, G.	NW 299	Trautmann, H.	BY 80
Tilmann, B.	HE 183	Toetzke, U.	TH 392	Trautmann, R.	VwG 481
Tilmann, J.	HE 188	Tolk, M.	BW 45	Trautmann, S.	NW 247
Tilmann-Reinking, K.	BER 117	Tolkiehn, R.	HH 162	Trautmann, W.	SG 466
Timaeus, P.	SAC 358	Tolkmitt, A.	SG 464	Trautwein, T.	BY 97
Timke, V.	BRE 151	Tolksdorf, D.	RP 327	Traxler, P.	VwG 481
Timm, K.	SAN 372	Tolksdorf, H.	NDS 233	Trebing, B.	BW 50
Timm, V.	HE 181	Tolksdorf, K.	BU 8	Trees, M.	RP 323
Timm, W.	BW 47	Tolksdorf, M.	NDS 236	Treese, B.	NW 274
Timm, W.	NW 276	Tolksdorf, R.	SAC 359	Trefz, W.	BY 82
Timm-Willenberg, C.	NDS 222	Tolksdorf-Fraßeck, A.	TH 397	Treiber, W.	VwG 476
Timme, H.	SG 473	Toll, H.	SH 385	Treibmann, K.	NW 246
Timmer, B.	TH 400	Tolle, K.	NDS 215	Treidel, U.	NDS 220
Timmermann, D.	HH 158	Tollmien, B.	NDS 226	Treidler, S.	VwG 488

Namensverzeichnis — Uertz-Retzlaff

Treige, F.	NW 244	Tröstrum, R.	TH 393	Tschoepke, B.	RP 328
Treml, H.	HE 181	Troidl, R.	VwG 482	Tschorn, A.	BW 54
Tremmel-Schön, S.	HE 179	Troike, J.	BER 115	Tucholski, S.	BER 124
Trenckmann, B.	NW 307	Trojan, H.	SAN 367	Tuchow, H.	HE 177
Trenkle, C.	BER 133	Trojan-Limmer, U.	BY 78	Türk, S.	BY 92
Trenne, F.	ArbG 425	Tronser, U.	BU 16	Türmer, G.	HE 189
Trenner, H.	RP 323	Tropf, K.	BU 8	Türpe, K.	NW 303
Trennhaus, M.	NW 257	Tropschuh, S.	BY 84	Türpitz, J.	TH 399
Trense, E.	HE 191	Trossen, A.	RP 317	Tüting, A.	BY 88
Trense, J.	ArbG 422	Trossen, M.	NW 295	Tüttenberg, H.	RP 319
Trense, J.	ArbG 422	Trost, H.	MV 204	Tüttenberg, K.	BU 12
Trentmann, H.	NDS 227	Trost, S.	MV 204	Tüxen, G.	BER 131
Trepmann, R.	NW 259	Trost, W.	BW 46	Tulatz, H.	HE 176
Treppens, H.	NDS 213	Trostel, E.	BW 21	Tull, C.	SAA 341
Trepper, T.	SAC 359	Trostel, H.	BW 58	Tumat, N.	NDS 237
Treppke-Toutain, M.	NW 276	von Trotha, I.	ArbG 424	Tupay, J.	ArbG 429
Trepte, U.	BER 133	von Trotha, W.	HH 159	Turanli, A.	SG 467
Trepzik, F.	SAC 349	Trotta, R.	BY 112	Turba, A.	TH 401
Tresenreiter, W.	BW 65	Trottmann, E.	BER 128	Turk, G.	NDS 215
Treske, R.	HH 162	Trotzowski, K.	BER 128	Turkowski, A.	ArbG 436
Tresselt, E.	SH 379	Trüller, D.	SH 379	Turkowski, C.	BY 113
Tresselt, G.	SH 385	Trueson, W.	RP 315	Turner, H.	HE 188
Treßin, E.	NW 306	Trüstedt, W.	BU 16	Turnwald, R.	NW 296
Tretow, M.	NW 277	Trützschler von		Turowski, E.	BY 85
Treu, J.	BY 76	Falkenstein, E.	TH 389	Tuschen, H.	VwG 499
Treuer, D.	BW 45	Trumm, H.	NW 280	Tuschen, V.	SAC 358
Treuner, R.	HE 176	Trumpfheller, B.	BW 25	Twachtmann, I.	BER 129
Treute, R.	NW 285	Trunk, S.	NW 258	Twardzik, H.	BY 75
Treyhse, E.	SAC 355	Trunz, A.	ArbG 413	Freiherr von Twickel, D.	FG 447
Tribukait, H.	NDS 226	Trunz, L.	RP 330	Twittmann, J.	NW 273
Trick, A.	BW 64	Trupke, E.	SH 378	Tyczewski, T.	VwG 502
Triebel, G.	TH 397	Truppei, F.	BY 71	Tzschaschel, H.	BW 41
Triebel, K.	BY 82	Trute, H.	VerfG 407	Tzschoppe, B.	BW 60
Triebel, R.	TH 394	Trutwin, R.	SH 386	von Tzschoppe, H.	RP 314
Triebeneck, F.	BER 133	Trzebiner, E.	HE 187	Tzschoppe, R.	TH 397
Triebs, M.	BY 82	Tschackert, P.	NW 284		
Triendl, F.	RP 322	Tschanett, E.	BY 76	**U**	
Tries, R.	RP 323	Tscharn, A.	NW 307		
Triller, G.	NW 304	Tschech, D.	NW 266	Übelacker, M.	NDS 239
Triller, W.	BW 63	Tschechne, W.	NW 273	Übelmesser, S.	BY 73
Trilling, T.	NW 244	Tschentscher, B.	NW 269	Ubaczek, C.	BER 117
Trimbach, H.	BRA 135	Tschepe, A.	NW 254	Ude, H.	NDS 209
Trimpet, S.	BER 133	Tschepke, K.	HE 190	Ude, H.	NDS 229
Tripp, C.	SG 460	Tscheppan, E.	BRE 153	Udsching, P.	BU 12
Trippensee, M.	SAC 355	Tschermak von		Uebe, E.	BW 45
Tritschler, D.	SG 465	Seysenegg, K.	BW 55	Uebele, M.	SAC 354
Tritschler, H.	SAC 344	Tscherner, H.	TH 401	Uebelein, K.	BY 107
Tritschler, P.	VwG 509	Tscherning, S.	VwG 498	Ueber, K.	BW 27
Tritt, O.	HE 179	Tschernitschek, I.	BY 97	Ueberhorst, K.	NDS 228
Troch, J.	SAC 356	Tschersich, H.	NW 272	Ueberhorst, M.	NDS 238
Troch, R.	BY 101	Tschersich, R.	BW 52	Ueberle, H.	BW 33
Tröger, M.	BY 112	Tschersich-		Uebing, K.	NW 273
Tröger, M.	TH 400	Vockenroth, M.	NW 272	Uebing, W.	NW 287
Tröndle, M.	BW 24	Tscheslog, F.	BRA 142	Uecker, I.	NDS 216
Tröndle, T.	NDS 208	Tscheulin, M.	VwG 490	Ueffing, K.	NW 293
Tröß, U.	HE 189	Tschiersch, E.	NW 273	Uehlein, A.	BY 112
Tröster, A.	SAC 359	Tschirner, H.	NDS 230	Uerpmann, K.	VwG 484
Tröster, H.	SG 451	Tschirsky-Dörfer, I.	BER 120	Uerpmann, U.	BER 116
Tröster, S.	VwG 497	Tschoeltsch, R.	SG 468	Uertz-Retzlaff, H.	NW 287

687

Uetermeier, E.	NW 272	Ulrich, H.	NDS 220	Urbschat, W.	SAN 366
Uetermeier, H.	NW 279	Ulrich, J.	NW 272	Urselmann, K.	NW 267
Ufer, M.	VwG 497	Ulrich, K.	HH 161	Uschwa, P.	NW 302
Uffelmann, M.	HE 180	Ulrich, W.	BY 88	Utermann, K.	NW 305
Uffen, H.	NDS 239	Ulrich, W.	FG 445	Utermöhlen, J.	FG 444
Uffhausen, K.	VwG 495	Ulrich, W.	SG 472	Uthe, E.	SAA 340
Uffrecht, W.	BER 122	Ulsamer, G.	BU 7	Uthmann, H.	ArbG 420
Uhde, G.	BRA 136	Ulsenheimer-Jörg, E.	SG 454	Uthoff, G.	NDS 236
Uhde, H.	NDS 219	Ulshöfer, F.	BW 46	Utsch, A.	VwG 506
Uhde, P.	BW 53	Ulshöfer, G.	BY 104	Uttenweiler, J.	SG 473
Uhl, E.	BY 88	Ulshöfer, T.	SG 471	Utz, C.	BW 64
Uhl, V.	HE 191	Umbach, K.	NDS 219	Utz, R.	BY 94
Uhl, W.	HE 173	Umlandt, D.	BRE 152	Utz, W.	VwG 475
Uhlemann, U.	ArbG 415	Umlauf, S.	HH 161		
Uhlenberg, K.	VwG 503	Umstätter, H.	BW 41	**V**	
Uhlenbruch, G.	SG 474	Ungeheuer, K.	HE 177		
Uhlenbruck, R.	BER 133	Ungelenk, F.	VwG 496	Vaagt, A.	SH 379
Uhlig, A.	SAC 355	Unger, C.	VerfG 405	Vaaßen, M.	NW 310
Uhlig, J.	SAC 349	Unger, I.	BRA 139	Vaaßen, S.	NW 311
Uhlig, R.	MV 204	Unger, J.	NW 250	Vach, M.	NW 270
Uhlisch, G.	SAC 359	Unger, J.	NW 295	Väth, E.	NW 297
Uhlmann, L.	BY 84	Unger, M.	NW 270	Vagt, H.	SH 382
Uhlmann, S.	HE 175	Unger, P.	HE 180	Vahl, S.	BW 27
Uhrmacher, P.	BW 58	Unger, S.	BER 131	Vahldiek, W.	SG 459
Ulbert, S.	NW 311	Unger-Nöhrenberg, I.	MV 206	Vahle-Kuhlmann, R.	SG 466
Ulbrich, C.	BY 87	Ungerbieler, G.	VwG 489	Vahlhaus, R.	NW 247
Ulbrich, D.	BER 128	Baron Ungern-		Vahrst, E.	ArbG 433
Ulbrich, W.	NW 280	Sternberg von Pürkel, J.	BU 7	Valentin, H.	HH 163
Ulferts, H.	VerfG 404	Ungewiß, M.	TH 392	Valgolio, L.	SG 464
Ulffers, H.	HH 164	Ungewitter, R.	BW 34	Valle, P.	NDS 240
Ulland, W.	NW 247	Unglaub, P.	BY 73	Vallendar, W.	BU 13
Ullisch, B.	BER 132	Ungricht, A.	NW 253	Vallender, H.	NW 301
Ullmann, E.	BU 8	Unkel, F.	BW 21	Vallendor, G.	BW 40
Ullmann, G.	TH 396	Unkel, J.	BW 39	Vallentin, D.	SG 458
Ullmann, S.	SAC 345	Unkelbach, G.	NW 298	Vallo, K.	NDS 239
Ullrich, C.	HE 184	Unkrich, D.	RP 316	Valtu, M.	BER 119
Ullrich, F.	HE 171	Unnützer, W.	BY 91	Van der Bosch, H.	BRA 147
Ullrich, G.	BMJ 4	Unterberg, G.	NW 258	Van Meenen, N.	NW 309
Ullrich, H.	VwG 509	Unterberg, M.	MV 205	Vanino, H.	BY 111
Ullrich, I.	NDS 216	Unterhinninghofen, J.	NW 284	Vanoni, V.	BY 88
Ullrich, K.	HE 176	Unterlöhner, J.	MV 203	Varga, A.	SAC 358
Ullrich, N.	SAN 373	Unterschütz, K.	SAN 364	Varney, G.	NW 279
Ullrich, R.	NDS 213	Unverdro, M.	BRA 145	Varnholt, D.	NW 286
Ullrich, R.	NW 252	Unverhau-Hassold, G.	BY 90	Vasiliou, B.	BER 122
Ullrich, S.	BW 39	Uphoff, H.	HH 163	Vaßen, J.	VwG 507
Ullrich, W.	BY 93	Upmeier, H.	VwG 504	Vater, A.	SAN 364
Ullrich, W.	VwG 501	Urbahn, R.	SG 461	Vaterrodt, M.	BER 119
Ullrich-Schrammek, H.	NDS 238	Urban, A.	NW 278	Vath, H.	BER 119
Ulm, K.	SAA 339	Urban, F.	BY 75	Vath, M.	BER 124
Ulmer, A.	SAN 373	Urban, G.	HH 161	Vath, W.	BER 121
Ulmer, B.	NW 258	Urban, H.	NW 278	Vatter, F.	NW 247
Ulmer, D.	NDS 213	Urban, J.	BRA 141	Vatter, J.	BW 57
Ulmer, H.	NW 258	Urban, J.	FG 446	Vatter, S.	BW 53
Ulmer, M.	SAN 373	Urban, R.	BY 101	Vaupel, H.	BER 132
Ulmer, T.	NW 300	Urban, R.	VwG 491	Vaupel, H.	NW 279
Ulrich, B.	SH 385	Urbaneck, E.	SAN 363	Vaupel, M.	HE 190
Ulrich, D.	ArbG 417	Urbanek, S.	BER 129	Vaupel, S.	ArbG 429
Ulrich, D.	SAN 366	Urbanek, W.	TH 397	Vaupel, V.	FG 443
Ulrich, F.	NW 269	Urbany, A.	RP 329	Vauth, G.	SH 381

Namensverzeichnis Vogel-Schaffner

Vavra, E.	BY	79	Vetter, J.	ArbG	415	Vizethum, W.	BW	39
Vavra, M.	BY	80	Vetter, J.	VwG	511	Vocke, H.	FG	440
Vazansky, E.	BW	31	Vetter, K.	ArbG	433	Vöge, K.	SH	378
Veckenstedt, S.	SH	378	Vetter, K.	BY	110	Vögele, A.	SG	471
Vedder, A.	NW	304	Vetter, R.	NW	291	Vögele, H.	BW	40
Veddern, B.	NW	282	Vetter, S.	SAC	355	Vögele, W.	BW	52
Veh, C.	BY	84	Vetter, V.	HE	180	Vögtle, G.	BW	30
Veh, H.	BY	67	Vetterkind, E.	NW	288	Völbel, T.	BW	29
Vehling, N.	SG	467	Vézina, B.	BW	32	Völk, G.	BW	31
Veit, A.	BW	41	Vick, H.	MV	205	Völkel, D.	BY	82
Veit, G.	NW	309	Viecens, M.	VwG	511	Voelkel-Riemer, A.	NW	287
Veit, H.	BW	26	Viefers, V.	NW	249	Völker, G.	FG	444
Veit, K.	BW	21	Viefhues, W.	NW	249	Völker, U.	NW	263
Veit, M.	BY	87	Viegener, G.	SG	465	Voellmecke, A.	NDS	215
Veith, G.	SAC	287	Viegener, J.	NW	273	Voellmecke, W.	NDS	214
Veith, H.	BY	106	Viehmann, H.	BMJ	3	Völlmeke, M.	BU	11
Veith, J.	BMJ	4	Viehmann, I.	NW	298	Völpel, A.	RP	315
Veith-Baumbach, E.	BW	51	Viehof, F.	SAC	355	Voelsen, P.	NW	275
Velde, W.	BER	287	Viel, J.	MV	195	Voelskow-Thies, H.	BMJ	3
Velden, R.	RP	315	Vielhaber, H.	NW	305	Völtzer, F.	HH	166
Veldtrup, D.	NDS	217	Vielhaber, P.	NW	299	Völzing, G.	SAC	346
Velhagen, J.	NW	271	Vielhaber-Karthaus, B.	NW	274	Voelzke, T.	SG	462
Velroyen, H.	NW	250	Vierbuchen, H.	RP	323	Voelzke, U.	NW	287
Velte, S.	BW	63	Viereck, G.	BU	16	Voeth, A.	NW	265
Veltman, G.	NW	282	Viereck, J.	NDS	216	Voeth-Pieper, S.	VwG	505
ter Veen, H.	HH	160	Vieregg, J.	BER	121	Voetlause, C.	VwG	494
Venker, M.	NW	287	Vierneisel, C.	BW	37	Vogdt, P.	NDS	232
Venneberg, S.	NDS	218	Viert, J.	VwG	514	Vogel, A.	BMJ	5
Vennemann, U.	NW	265	Viertel, R.	BW	48	Vogel, B.	SAC	354
Vennewald-Ripsam, U.	NW	310	Viertel, W.	NW	289	Vogel, B.	VwG	495
Venus, C.	BRA	142	Viesel, S.	RP	321	Vogel, D.	BW	55
Venz-Hampe, G.	HE	172	Vieten-Groß, D.	NW	273	Vogel, D.	VwG	475
Venzlaff, F.	BY	88	Vieth, H.	BY	74	Vogel, E.	SAN	370
Verbeek-Vienken, B.	VwG	507	Freifrau von			Vogel, F.	SG	454
Verbeet, E.	NW	251	Vietinghoff, J.	NDS	217	Vogel, G.	BRA	137
Verch, I.	NDS	210	Vieweg, H.	BW	61	Vogel, G.	NDS	213
Verch, R.	NW	301	Vieweg, H.	SAC	356	Vogel, H.	BER	125
Verenkotte, E.	SAN	372	Viezens, K.	BER	121	Vogel, H.	SG	461
Verfürden, H.	SH	380	du Vignau, H.	BER	127	Vogel, K.	BU	15
Verfürth, C.	SAN	372	Vill, G.	BY	80	Vogel, K.	BW	41
Verfuß, U.	NW	295	Villwock, E.	BW	37	Vogel, K.	TH	390
Verheyen, H.	BER	127	Villwock, T.	TH	389	Vogel, M.	ArbG	420
Verheyen, J.	NW	258	Vilmar, F.	SH	382	Vogel, M.	BU	16
Verhoeven, J.	NW	288	du Vinage, C.	BRA	147	Vogel, M.	HE	188
Verhoeven, M.	BRA	146	Vincke, W.	NW	266	Vogel, M.	SAC	355
Vermaasen, D.	ArbG	428	Vinke, G.	NW	266	Vogel, M.	VwG	478
Vermehr, H.	VwG	503	Vinson, M.	NDS	238	Vogel, R.	HE	186
Versen, W.	NW	302	Vinzelberg, P.	NW	245	Vogel, R.	NW	259
Versteegen, J.	RP	332	Violet, M.	BY	90	Vogel, R.	RP	328
Verstegen, G.	VwG	501	Viotto, I.	NW	302	Vogel, T.	NW	275
zur Verth, D.	HH	160	le Viseur, J.	NW	245	Vogel, U.	BW	45
Vesper, C.	SG	470	Viskorf, H.	BU	11	Vogel, W.	SG	454
Vesper, I.	HE	190	Visser, K.	TH	397	Vogel, W.	SG	470
Vespermann, H.	NDS	236	Vittinghoff, H.	NW	274	Vogel von		
Vespermann, M.	HH	155	Vitz, H.	NW	259	Falckenstein, R.	BU	16
Vester, K.	VwG	484	Vitzer, J.	NW	259	Vogel-Fingerhut, L.	HE	176
Vesterdorf, B.	EuGH	519	Vitzhum, W.	BY	68	Vogel-Firnhaber, M.	SG	453
Vetter, B.	SG	457	Gräfin Vitzthum			Vogel-Milionis, B.	BW	54
Vetter, C.	BW	57	von Eckstädt, C.	NW	311	Vogel-Schaffner, I.	RP	321

689

Vogelberg Namensverzeichnis

Vogelberg, K.	NW 282	Freiherr Vogt von		Voll, W.	BY 111
Vogelbruch, H.	ArbG 430	Hunoltstein, U.	BY 80	Voll-Hartung, J.	VwG 501
Vogeler, K.	NW 276	Vogt-Binné, H.	BW 60	Vollbrecht, R.	NDS 216
Vogelgesang, N.	BU 12	Vogtmeier, M.	NW 275	Vollenberg, M.	VwG 502
Vogelheim, E.	VerfG 405	Vohl, C.	RP 318	Vollenberg, U.	NW 308
Vogelpohl, D.	NDS 240	Vohl, M.	VwG 509	Vollert, H.	SH 376
Vogelreuther, K.	BY 102	Vohrmann, H.	NW 299	Vollert, I.	SH 385
Vogels, E.	NW 253	Vohwinkel, H.	FG 445	Vollhardt, M.	BER 124
Vogelsang, B.	BW 62	Voigt, A.	BER 133	Vollmann, H.	BY 100
Vogelsang, B.	NW 267	Voigt, A.	BY 79	Vollmer, A.	NW 299
Vogelsang, H.	ArbG 424	Voigt, A.	NDS 236	Vollmer, B.	NW 287
Vogelsang, M.	HH 163	Voigt, B.	ArbG 424	Vollmer, C.	BY 69
Vogelsang, V.	SH 383	Voigt, C.	BW 31	Vollmer, H.	VwG 477
Vogelsang-		Voigt, G.	ArbG 428	Vollmer, J.	RP 327
Rempe, B.	NW 310	Voigt, G.	SAC 355	Vollmer, R.	BER 133
Voges, H.	NDS 209	Voigt, H.	BW 52	Vollmer, R.	SH 380
Voges, M.	BER 123	Voigt, H.	HH 166	Vollmer, S.	NW 289
Voggenauer, D.	BER 126	Voigt, H.	SAC 355	Vollmer, W.	BW 58
Vogl, E.	BY 108	Voigt, J.	BY 90	Vollmering, J.	NW 289
Vogl, R.	BER 133	Voigt, K.	TH 400	Vollmers, S.	BW 59
Vogler, E.	BW 21	Voigt, L.	VwG 511	Vollstädt, C.	NDS 232
Vogler, H.	BER 122	Voigt, M.	BER 133	Volmer, J.	BW 59
Vogler, H.	NDS 214	Voigt, O.	NDS 216	Volosciuk, E.	NDS 209
Vogler, M.	MV 205	Voigt, P.	VwG 510	Voltmer, G.	SAA 335
Vogler, M.	SAC 355	Voigt, R.	NDS 216	Volz, H.	BY 106
Vogler, N.	BW 55	Voigt, R.	VwG 480	Volz, J.	SAC 359
Vogt, A.	HH 161	Voigt, T.	SAN 370	Vonberg, C.	NW 298
Vogt, A.	RP 320	Voigt, U.	ArbG 424	Vondenhof, B.	VwG 500
Vogt, A.	VwG 504	Voigt, V.	NDS 222	Vonderau, M.	ArbG 432
Vogt, B.	NW 259	Voigt, W.	SAC 347	Vondung, R.	VwG 478
Vogt, C.	BY 100	Voigtländer, K.	NW 285	Vonnahme, B.	NDS 240
Vogt, D.	NW 270	Voit, B.	BY 112	Vonnahme, I.	NDS 240
Vogt, H.	HE 193	Voit, E.	HE 192	Vonnahme, J.	RP 314
Vogt, H.	MV 205	Voit, T.	BY 92	Vonnahme, P.	VwG 479
Vogt, H.	NW 278	Voith, L.	NW 247	Voorhoeve, L.	NW 293
Vogt, H.	SG 452	Voithenleitner, K.	BY 81	Voormann, V.	NW 294
Vogt, H.	SG 473	Volb, R.	RP 328	Voos, A.	HH 160
Vogt, H.	VwG 493	Volbracht, K.	NW 264	Voos, E.	HH 159
Vogt, J.	BW 23	Volckmann, J.	BW 29	Voos, I.	RP 317
Vogt, J.	BW 48	Volckmann, R.	RP 331	Voosholz, U.	NW 308
Vogt, J.	NW 278	Volesky, K.	NW 273	Vor, R.	SG 471
Vogt, J.	RP 333	Volk, D.	SG 468	Vorbusch, R.	HE 170
Vogt, K.	HE 173	Volk, E.	RP 313	Vordermayer, H.	BY 101
Vogt, K.	MV 205	Volk, H.	VwG 497	Vorholzer, K.	VwG 483
Vogt, M.	BER 119	Volk, J.	SAC 345	Vormeier, J.	VwG 495
Vogt, M.	BU 7	Volk, K.	BY 113	Vorndamm, J.	NW 267
Vogt, M.	BY 112	Volkens, S.	BER 123	Vorndamme, W.	ArbG 433
Vogt, M.	SAN 373	Volker, M.	NDS 239	Vorpahl, J.	BRA 139
Vogt, M.	SG 467	Volker, W.	NW 244	Vorwerck, D.	NDS 219
Vogt, M.	TH 398	Volkland, U.	NW 270	Vorwerk, E.	NDS 212
Vogt, M.	VwG 487	Volkmann, I.	BER 122	Vos, A.	NDS 235
Vogt, N.	FG 443	Volkmann, K.	BER 121	Vos-Lankamp, W.	HE 180
Vogt, P.	SAN 370	Volkmann, L.	NW 252	Voskamp, B.	BER 133
Vogt, R.	BY 77	Volkmar, K.	BER 129	Voß, A.	BW 32
Vogt, R.	NW 263	Volkmer, A.	NDS 221	Voß, C.	NDS 217
Vogt, R.	NW 308	Volkmer, S.	BW 63	Voß, C.	NW 264
Vogt, T.	NW 263	Volkmer, T.	NDS 221	Voß, F.	ArbG 435
Vogt, W.	BY 70	Volkmer, W.	NW 251	Voß, H.	BRA 147
Vogt, W.	VwG 504	Voll, U.	VwG 499	Voß, H.	HH 159

Voß, H.	HH 162	Wachten, H.	NW 306	Wagner, G.	BU 16
Voß, H.	MV 195	Wachtendorf, H.	NDS 230	Wagner, G.	TH 397
Voß, H.	MV 199	Wachter, A.	BW 25	Wagner, G.	VwG 490
Voß, H.	MV 205	Wachter, A.	HE 192	Wagner, H.	BER 131
Voß, H.	NDS 222	Wachter, H.	HE 189	Wagner, H.	BMJ 5
Voß, H.	SAN 371	Wachter, J.	HE 190	Wagner, H.	BY 81
Voß, H.	SH 382	Wachweger, H.	HE 187	Wagner, H.	BY 86
Voß, N.	RP 328	Wackenhut, E.	BW 57	Wagner, H.	FG 443
Voß, N.	VwG 502	Wackenroder, E.	ArbG 425	Wagner, H.	HE 176
Voß, R.	BY 90	Wacker, J.	NW 275	Wagner, H.	NW 263
Voß, R.	NDS 222	Wacker, J.	NW 299	Wagner, H.	NW 290
Voß, R.	TH 398	Wacker, R.	BRE 152	Wagner, H.	RP 321
Voß, S.	SG 464	Wacker, U.	SG 466	Wagner, H.	RP 327
Voß, U.	NW 245	Wacker, W.	BW 60	Wagner, H.	TH 390
Voß, U.	NW 268	Wacker, W.	NW 282	Wagner, I.	SAC 354
Voß, W.	NDS 218	Wackerbauer, T.	BY 100	Wagner, I.	SAN 373
Voss, P.	BER 117	Wackerbeck-Kauter, A.	NW 308	Wagner, I.	VwG 511
Voss, R.	NW 245	Wadenpohl, M.	NW 253	Wagner, J.	BW 64
Voß-Broemme, H.	BER 126	Wadewitz, F.	SAC 351	Wagner, J.	HE 177
Vossen, R.	ArbG 426	Wadle, E.	VerfG 406	Wagner, K.	ArbG 426
Vossen-Kempkens, S.	SAC 358	Wächter, G.	VwG 490	Wagner, K.	BW 29
Vossenkämper, R.	BER 125	Wächter, J.	BY 94	Wagner, K.	BW 43
Voßgätter genannt, W.	RP 319	Waechter, D.	NDS 226	Wagner, K.	FG 445
Voßkamp, A.	VwG 505	Wächtler, R.	SAC 348	Wagner, K.	SG 457
Voßkamp, H.	NW 241	Wähling, U.	SH 385	Wagner, K.	SG 461
Voßkamp, K.	NW 310	Wäller, H.	NW 275	Wagner, K.	VwG 496
Voßkamp, S.	VwG 503	Waetke, W.	BW 28	Wagner, K.	VwG 496
Voßkühler, B.	ArbG 420	Wätzel, H.	BY 82	Wagner, L.	VwG 483
Voßkuhle, E.	BY 97	Waga, L.	BER 127	Wagner, M.	BER 120
Vosteen, A.	NW 255	Wagemann, K.	NW 302	Wagner, M.	BW 41
Vosteen, R.	VwG 488	Wagemeyer, E.	BW 35	Wagner, M.	HH 165
Voswinkel, M.	VwG 512	Wagenblaß, H.	VwG 476	Wagner, P.	BW 64
Voucko, M.	VerfG 405	Wagener, B.	NW 311	Wagner, P.	BY 90
	VwG 490	Wagener, J.	NW 300	Wagner, P.	NW 296
Vougioukas, K.	NW 275	Wagener, S.	BRA 147	Wagner, R.	ArbG 423
Vreden, C.	BMJ 4	Wagenitz, T.	BMJ 4	Wagner, R.	BMJ 5
de Vries, F.	NW 271	Wagenseil, W.	BY 69	Wagner, R.	HE 184
de Vries, H.	NW 297	Wagester, B.	ArbG 421	Wagner, R.	SG 453
de Vries, S.	SH 387	Wagner, A.	BY 77	Wagner, S.	BW 52
Vulhop, T.	NDS 232	Wagner, A.	RP 328	Wagner, S.	BY 96
Vullriede, B.	NDS 220	Wagner, A.	SAA 339	Wagner, S.	NW 246
Vulpius, C.	VwG 510	Wagner, A.	SG 462	Wagner, T.	BW 61
Vygen, K.	NW 243	Wagner, B.	BER 126	Wagner, U.	ArbG 430
		Wagner, B.	BW 33	Wagner, U.	BW 53
W		Wagner, B.	BY 89	Wagner, U.	NW 276
		Wagner, B.	HH 159	Wagner, V.	HE 171
Waab, B.	NW 277	Wagner, B.	SAN 371	Wagner, W.	BU 11
Waab, F.	NW 277	Wagner, B.	SG 457	Wagner, W.	BY 99
Wablik, H.	BRA 144	Wagner, C.	BY 80	Wagner, W.	SAC 349
Wabnitz, B.	NW 266	Wagner, C.	HE 184	Wagner, Y.	VwG 510
Wabnitz, H.	BY 77	Wagner, C.	NW 244	Wagner-Diederich, S.	RP 331
Wach, S.	MV 204	Wagner, C.	RP 320	Wagner-Humbach, S.	BY 97
Wachauf, H.	BY 105	Wagner, D.	HE 182	Wagner-Kehe, U.	ArbG 434
Wache, V.	BU 9	Wagner, D.	HE 190	Wagner-Kissel, R.	HE 180
Wachenfeld, A.	SH 386	Wagner, D.	NW 303	Wagner-Kummer, S.	HE 176
Wachinger, F.	BY 105	Wagner, D.	RP 313	Wagner-Weßel, I.	BER 121
Wachsmuth, S.	BRE 153	Wagner, E.	HE 192	Wagstyl, U.	VwG 497
Wachsmuth, H.	VwG 515	Wagner, E.	VwG 502	Wahl, B.	BU 8
Wachtel, M.	ArbG 427	Wagner, F.	BER 124	Wahl, C.	ArbG 412

Wahl, G.	BY 111	Waller, K.	SH 381	Walther, K.	BY 105
Wahl, M.	BW 61	Wallheinke, A.	NDS 219	Walther, R.	BY 102
Wahl, O.	HE 192	von Wallis, D.	NW 257	Walther, T.	BY 85
Wahl, R.	BY 72	von Wallis, W.	NW 285	Walther, T.	SAC 355
Wahl, W.	BY 88	Wallisch, B.	VwG 491	Walther, U.	TH 398
Wahlbrink, U.	NDS 238	Wallmeyer, J.	BW 23	Waltinger, H.	VwG 479
Wahle, D.	BW 63	Wallner, F.	BY 88	Walz, C.	HH 162
Wahle, U.	NW 293	Wallpach-Ernst, C.	BER 128	Walz, K.	BW 36
Wahle, W.	VwG 485	Wallrafen, D.	NW 253	Walzer, K.	BW 41
Wahler, M.	BY 74	Walpuski, C.	SAN 365	Wamers, A.	NW 241
Wahrendorf, V.	VwG 502	Walsmann, M.	TH 389	Wamhof, K.	NDS 234
Waibel, E.	BW 26	Walter, A.	ArbG 437	Wamhoff, J.	BW 40
Waibel, G.	BU 13	Walter, A.	NDS 231	Wamsler, U.	VwG 478
Waibel, P.	BW 41	Walter, A.	NW 255	Wand, K.	HE 174
Waiden, T.	HE 189	Walter, A.	NW 289	Wangard, K.	NW 262
Waitz, H.	ArbG 414	Walter, A.	SAA 335	Wangen, M.	RP 331
Waitzinger, E.	BY 99	Walter, A.	SG 473	Wangen, R.	NW 305
Waitzinger, W.	BW 55	Walter, B.	BER 123	Wangenheim, S.	VwG 486
Walbaum, I.	NDS 217	Walter, B.	BRA 137	Waniorek-Goerke, G.	VwG 490
Walbrecht, M.	BRA 143	Walter, C.	SG 454	Wanke, A.	BY 105
Walburg, G.	SAC 356	Walter, D.	BW 35	Wankel, B.	BY 103
Walburg, H.	SAC 356	Walter, F.	HE 170	Wankner, E.	BY 89
Walch, D.	NDS 218	Walter, F.	NW 273	Wannemacher, W.	BY 68
Walch, E.	BY 81	Walter, G.	BW 31	Wanner, H.	VwG 493
Walch, H.	BY 97	Walter, G.	RP 326	Wanner-Siebinger, H.	BW 64
Walch, L.	BY 92	Walter, G.	SH 375	Wanner-Sturm, C.	VwG 483
Walcher, S.	HE 190	Walter, H.	BW 34	Wanning, R.	NDS 219
Wald, H.	RP 316	Walter, H.	BY 83	Wanschura, H.	BRE 152
Waldeck, S.	BER 133	Walter, H.	TH 389	Wanschura, H.	SH 385
Walden, J.	BY 77	Walter, I.	BW 56	Wanwitz, B.	VwG 507
Walden, K.	NW 280	Walter, J.	SG 463	Wanzenberg, O.	MV 205
Waldenmaier, W.	BW 58	Walter, K.	HE 183	Wapenhensch, A.	HH 158
Waldert, B.	TH 395	Walter, K.	SAN 370	Wapsa-Lebro, M.	NW 272
von Waldeyer-Hartz, K.	BW 48	Walter, P.	BY 96	Warbinek, M.	BW 50
Waldhausen, G.	NW 248	Walter, S.	BY 88	Warda, H.	NDS 216
Waldhauser, K.	BY 100	Walter, S.	SAN 362	Warda, H.	NW 277
Waldhelm, G.	HE 171	Walter, S.	VwG 490	Wardeck, M.	SH 386
Waldherr, W.	BY 103	Walter, T.	ArbG 418	Wardenbach, M.	NW 307
Waldmann, T.	SAN 371	Walter, U.	NW 301	Warken, H.	VerfG 406
Waldow, E.	HH 163	Walter, U.	SAN 371	Warkentin, G.	VwG 480
Waldschläger, J.	NDS 208	Walter, W.	BW 25	Warlies, K.	HE 183
Waldschmidt-Giesen, R.	HE 169	Walter, W.	BW 57	Warmbein, M.	ArbG 414
Waldt, H.	BRA 144	Walter-Freise, H.	NDS 209	Warmbold, G.	BER 125
Waldt, K.	NW 263	Walter-Greßmann, I.	HH 159	Warmbold, J.	NW 270
Walentich-Müller, G.	NW 289	Walter-Kirst, W.	HH 156	Warmbold, S.	SAC 351
Walentin, R.	BY 84	Walterscheidt, B.	NW 302	Warmuth, K.	NW 263
Walerius, J.	TH 400	Waltert, R.	SAN 363	Warnatsch, J.	BER 119
Waligura, R.	NW 259	Walther, A.	VwG 476	Warnecke, E.	NDS 221
Walisch-Klauck, U.	SAA 338	Walther, B.	BER 133	Warnecke, M.	NDS 228
Walk, A.	VwG 480	Walther, B.	VwG 481	Warnemünde, C.	VwG 478
Walk, E.	HH 159	Walther, D.	BW 45	Warning, J.	NW 250
Walk, F.	HE 193	Walther, D.	VerfG 403	Warnitz, S.	FG 443
Walk, J.	BY 100	Walther, H.	SG 461	Warnke, E.	NW 278
Walk, J.	HH 162	Walther, H.	VwG 493	Warnken, H.	NDS 230
Walker, J.	BW 56	Walther, I.	SAC 350	Warnstädt, R.	BER 121
Walkowiak, A.	SG 460	Walther, J.	ArbG 416	Warschko, J.	BW 63
Wallasch, H.	SAC 359	Walther, J.	ArbG 418	Warsen, G.	NW 277
Wallau, H.	SG 469	Walther, J.	NW 292	Wartenberg, D.	BER 127
Wallbaum, D.	HE 190	Walther, K.	BW 58	Wartlick, W.	BW 52

Warttinger, J.	BW 58	Weber, E.	TH 401	von Weber, W.	NW 305
Wartusch, H.	VwG 493	Weber, F.	BY 99	Weber, W.	RP 319
Waschkowitz, D.	NW 269	Weber, F.	NW 287	Weber, W.	SAA 335
Waschner, M.	BY 76	Weber, G.	BW 32	Weber, W.	VwG 485
Washington, I.	NDS 227	Weber, G.	BW 54	Weber-Grellet, H.	BU 11
Wasielewski, G.	BY 105	Weber, G.	BW 54	Weber-Hassemer, K.	HE 167
Wasmann, M.	NDS 227	Weber, G.	BY 88	Weber-Lejeune, S.	SG 470
Wasmeier, M.	SAC 357	Weber, G.	RP 323	Weber-Monecke, B.	BU 8
Wasmer, M.	SAC 357	Weber, G.	RP 325	Weber-Monecke, W.	RP 317
Wassel, L.	NW 278	Weber, G.	SAA 336	Weber-Petras, D.	NDS 209
Wassen, H.	NW 257	Weber, G.	SAA 338	Weber-Schramm, E.	BER 119
Wasser, D.	BMJ 4	Weber, G.	VwG 483	Weber-Timmermann, G.	HE 182
Wasserbauer, S.	BY 74	Weber, H.	ArbG 428	Weber-Wirnharter, M.	BY 82
Wassermann, H.	NDS 213	Weber, H.	BW 31	Webers, C.	SAC 358
Wassermann, R.	VerfG 405	Weber, H.	BY 89	Webert, M.	BY 114
Wassermeyer, F.	BU 10	Weber, H.	FG 448	Wech, S.	BY 114
Wasserzier, B.	RP 315	Weber, H.	NW 296	Wechsler, R.	HH 160
Wassmann, W.	FG 447	Weber, H.	RP 331	Wechsung, P.	BW 39
Waßmann-Krajewski, A.	NW 306	Weber, H.	SAC 353	Weckenberg, H.	VwG 485
		Weber, H.	SAN 369	Weckerling, M.	BMJ 4
Waßmuth, H.	SH 377	Weber, H.	VwG 510	Weckerling-Wilhelm, D.	BMJ 4
Waßmuth, J.	ArbG 437	Weber, I.	ArbG 416	Weckesser, A.	FG 439
Waßmuth, T.	TH 398	Weber, I.	BW 47	Weckesser, C.	VwG 476
Wastlhuber, H.	BY 94	Weber, J.	BY 70	Wedderman, A.	BER 118
Waterkamp-Faupel, A.	SAN 372	Weber, J.	SAN 364	Wedderwille, P.	NW 291
Waters, J.	NW 297	Weber, J.	VwG 485	Wedekind, K.	SAN 372
Wathelet, M.	EuGH 517	Weber, K.	ArbG 426	Wedekind, U.	TH 397
Watrin, A.	NW 311	Weber, K.	BY 101	von Wedel, W.	FG 443
Wattenberg, H.	NDS 215	Weber, K.	HE 189	Wedemann, K.	BER 132
Watty, R.	NW 254	Weber, K.	NW 283	Wedemeyer, K.	VwG 494
Watzek, J.	BW 63	Weber, K.	SAC 343	Weder, D.	BY 114
Waue, R.	BER 124	Weber, M.	ArbG 413	Weder, G.	BY 105
Wawrzik, S.	SAC 355	Weber, M.	BY 71	Wedershoven, H.	BU 15
Wawrzinek, M.	NDS 225	Weber, M.	HE 170	Wedhorn, P.	BER 127
Wax, P.	BW 47	Weber, M.	HE 180	Wedig, B.	NW 278
Weber, A.	ArbG 417	Weber, M.	NW 296	Weers, W.	MV 205
Weber, A.	BW 24	Weber, M.	NW 311	Wefelmeier, C.	VwG 497
Weber, A.	BW 38	Weber, M.	RP 325	Wefer, M.	VwG 510
Weber, A.	BY 90	Weber, M.	SAC 343	Wefers, G.	NW 307
Weber, A.	BY 106	Weber, M.	SAC 346	Wefers, U.	VwG 505
Weber, A.	NDS 218	Weber, M.	SAN 368	Wege, H.	SH 380
Weber, A.	NW 258	Weber, N.	NW 274	Wegehaupt, K.	SAN 371
Weber, A.	NW 272	Weber, N.	NW 278	Wegehaupt, U.	SAN 372
Weber, A.	NW 300	Weber, P.	BER 117	Wegemer, H.	HH 161
Weber, A.	VwG 501	Weber, P.	SAC 351	Wegener, A.	BER 116
Weber, B.	BER 128	Weber, R.	BY 74	Wegener, B.	BRE 151
Weber, B.	BRA 141	Weber, R.	BY 105	Wegener, F.	ArbG 422
Weber, B.	SAA 337	Weber, S.	BY 85	Wegener, H.	SAN 361
Weber, C.	BER 127	Weber, S.	RP 333	Wegener, K.	HH 157
Weber, C.	HE 186	Weber, T.	HE 182	Wegener, L.	MV 203
Weber, D.	ArbG 433	Weber, T.	NW 272	Wegener, S.	HE 192
Weber, D.	BW 25	Weber, T.	VwG 483	Wegener, U.	VwG 485
Weber, D.	BW 54	Weber, U.	BER 123	Wegerer, K.	BY 72
Weber, D.	BY 91	Weber, U.	MV 198	Wegerich, J.	HH 165
Weber, D.	NDS 230	Weber, V.	BER 127	Wegfraß, B.	BER 129
Weber, D.	TH 398	Weber, W.	HE 173	Wegge, G.	VwG 487
Weber, E.	BW 61	Weber, W.	HE 175	Weghofer, C.	MV 200
Weber, E.	HE 191	Weber, W.	HE 176	Wegmann, C.	BER 126
Weber, E.	NW 302	Weber, W.	NW 294	Wegmann, H.	BER 123

Wegmann, K.	SAN 367	Weidmann, R.	TH 397	Weinert, U.	VwG 508
Wegmann, P.	ArbG 437	Weidner, E.	BER 121	Weinfurtner, V.	VwG 479
Wegmann, W.	BW 35	Weidner, K.	SAC 345	Weingärtner, H.	NW 272
Wegmarshaus, J.	BER 128	Weidner, L.	NW 266	Weingärtner, K.	VwG 476
Wegner, A.	VwG 503	Weiduschat, U.	VwG 503	Weingardt, I.	RP 333
Wegner, G.	BRA 140	Weifenbach, B.	SAC 352	Weingart, A.	BY 100
Wegner, G.	VwG 512	Weigand, B.	BY 70	Weingarten, E.	FG 446
Wegner, J.	SH 380	Weigand, E.	NW 306	Weingarten, R.	VwG 480
Wehe, E.	VwG 488	Weigand, K.	BY 96	Weingartner, P.	BY 83
Wehling, G.	VwG 489	Weigel, B.	BY 76	Weingartz, K.	MV 204
Wehmeier, G.	BW 40	Weigel, C.	SG 473	Weinhold, E.	SH 384
Wehmeyer, C.	NW 256	Weigel, G.	SAC 356	Weinhold, H.	NW 243
Wehmeyer, J.	NDS 224	Weigell, R.	BY 81	Weinholtz, P.	SG 471
Wehmeyer, P.	NW 254	Weigelt, J.	BRA 139	Weinland, D.	BY 107
Wehner, D.	TH 397	Weigelt, K.	SAC 346	Weinland, M.	BW 64
Wehner, F.	NW 301	Weigelt-Mezey, D.	SAC 355	Weinmann, D.	BW 57
Wehner, G.	TH 401	Weigenand, R.	BW 33	Weinreich, L.	NDS 230
Wehner, J.	HE 175	Weigert, M.	VwG 480	Weinrich, C.	ArbG 433
Wehner, M.	RP 319	Weigert, U.	BRA 146	Weinschütz, B.	BER 132
Wehner, R.	VwG 513	Weigl, C.	BY 101	Weintraud, U.	HH 161
Wehowsky, R.	RP 323	Weigl, M.	BY 101	Weinzierl, V.	BY 94
Wehr, T.	HH 162	Weigmann, G.	NDS 210	Weippert, W.	BY 80
Wehrens, D.	NW 241	Weihe-Gröning, C.	BER 125	Weirich, D.	BY 73
Wehrer, C.	BY 111	Weihprecht, A.	BY 77	Weirich, K.	VwG 476
Wehrhahn, L.	SG 474	Weihrauch, H.	BY 95	Weiring, U.	NW 253
Wehrland, H.	NW 287	Weihrauch, H.	NDS 233	Weis, B.	VwG 478
Wehrli, D.	NW 285	Weihrauch, U.	SG 461	Weis, C.	BRA 135
von Wehrs, H.	RP 313	Weik, C.	SAC 351	Weis, E.	SG 465
Wehrstedt, M.	NW 312	Weike, J.	BRA 135	Weis, H.	BMJ 4
Weichbrodt, S.	BER 117	Weikl, L.	BY 103	Weisbart, C.	HE 167
Weichel, V.	VwG 509	Weil, S.	NDS 207	Weisberg, H.	SG 458
Weichert, J.	NDS 224	Weiland, B.	HE 188	Weisberg-Schwarz, M.	ArbG 418
Weichert, M.	SAN 371	Weiland, U.	NDS 238		VerfG 404
Weichsel, K.	NDS 218	Weiland, U.	RP 317	Weisbrodt, F.	RP 328
Weick, E.	SG 457	Weiland, W.	HE 172	Weischedel, H.	ArbG 412
Weick, W.	HH 166	Weilandt, R.	HH 165	Weise, E.	NW 245
Weickert, S.	BY 112	Weilbacher, F.	FG 440	Weise, H.	NW 277
Weide, H.	BW 53	Weiler, G.	TH 398	Weise, J.	SAC 358
Weide, L.	ArbG 419	Weiler, R.	ArbG 435	Weise, M.	HH 163
Weidelhofer, D.	SAC 359	Weilke, E.	NW 290	Weise, N.	RP 323
Weidelhofer, G.	NW 268	Weilmaier, V.	SAC 358	Weisel, M.	SAC 345
Weidemann, H.	VwG 496	Weimann, C.	HE 192	Weisensel-Kuhn, K.	BY 112
Weidemann, M.	BER 128	Weimann, J.	BY 90	Weisenstein, I.	TH 400
Weidemann, M.	RP 315	Weimann, M.	HE 189	Weiser, F.	NW 295
Weidemann, R.	VwG 499	Weimann, U.	BER 127	Weiser, F.	SH 380
von der Weiden, K.	VwG 506	Weimar, V.	HE 188	Weiser, G.	BER 131
Weidenfeller, M.	SG 469	Weimer, G.	BW 31	Weisgerber, R.	TH 400
Weidenkaff, W.	BY 67	Weimer, J.	BW 23	Weishaupt, E.	SAA 338
Weidensteiner, J.	BY 112	Weimer, K.	NW 309	Weiskopf, U.	HE 177
Weidermann, O.	NW 277	Wein, G.	NW 276	Weismann, S.	NW 245
Weidig, G.	SAC 348	Wein, G.	RP 327	Weismüller, G.	HE 183
Weidinger, B.	BER 133	Wein, I.	SAN 365	Weiß, B.	HE 191
Weidler-Vatter, K.	SAA 337	Wein, M.	VwG 486	Weiß, B.	VwG 508
Weidlich, D.	BY 95	Weinacht, R.	BW 38	Weiß, C.	BRA 146
Weidlich, D.	BY 105	Weinand, R.	SAA 337	Weiß, C.	BW 38
Weidling, J.	ArbG 412	Weinand-Härer, C.	BY 76	Weiß, C.	SH 383
Weidling, M.	BER 132	Weinbach, K.	NW 310	Weiß, D.	NW 275
Weidmann, C.	HE 183	Weinert, A.	HH 164	Weiß, E.	SH 384
Weidmann, K.	BY 95	Weinert, K.	SG 457	Weiß, F.	BY 74

694

Weiß, F.	BY 109	Weitbrecht, S.	BW 52	Welsch, H.	RP 328
Weiß, F.	NW 257	Weitershaus, M.	BRA 146	Welsch, H.	VwG 483
Weiß, G.	BW 33	Weith, J.	NW 252	Welz, H.	HE 191
Weiß, G.	NW 273	Weith, T.	BY 96	Welz, S.	NDS 223
Weiß, H.	BER 119	Weithase, F.	BW 41	Welz, T.	SH 387
Weiß, H.	BU 13	Weithoener, E.	NDS 223	Welzel, R.	SH 379
Weiß, H.	HE 170	Weithoener, W.	NDS 218	Welzenbacher, A.	VwG 487
Weiß, H.	HH 157	Weitkamp, H.	VwG 502	Wende, H.	BRA 136
Weiß, H.	NW 248	Weitl, A.	BY 87	Wende, J.	NW 275
Weiß, H.	VwG 504	Weitmann, W.	BY 99	Wende-Spors, P.	HH 160
Weiß, J.	BY 72	Weitnauer, C.	BY 89	Wendel, C.	BRA 147
Weiß, J.	BY 110	Weitz, D.	BER 118	Wendel, H.	NW 255
Weiß, J.	MV 196	Weitz, H.	NW 246	Wendel, J.	SG 473
Weiß, J.	SG 455	Weitz, M.	SG 467	Wendel, M.	HE 179
Weiß, J.	VwG 510	Weitz, N.	NW 282	Wendel, R.	BY 87
Weiß, K.	BER 131	Weitz, T.	HH 163	Wendeborn, M.	NDS 220
Weiß, K.	BER 131	Weitz-Blank, K.	NW 269	Wenderoth, D.	VwG 496
Weiß, K.	BY 105	Weitzel, C.	SAN 372	Wenderoth, N.	SAC 347
Weiß, L.	BER 118	Weitzel, W.	NW 251	Wendland, G.	FG 444
Weiß, M.	BRA 147	Weitzmann, M.	HE 189	Wendland, J.	NDS 210
Weiß, M.	HH 157	Weizenegger, W.	ArbG 429	Wendland, U.	BY 87
Weiß, P.	BY 85	Weking, H.	NW 265	Wendland-Braun, E.	BY 80
Weiß, P.	BY 113	Freiherr von Welck, G.	SAC 343	Wendlandt-
Weiß, R.	BW 51	Welcker, C.	BY 88	Stratmann, T.	VwG 497
Weiß, R.	BY 88	Weldert, S.	HE 173	Wendler, A.	BW 53
Weiß, T.	BY 109	Welfens, B.	BRA 143	Wendler, B.	BW 60
Weiß, U.	HE 182	Welge, G.	HH 159	Wendler, C.	HH 160
Weiß, W.	BY 67	Welge, J.	HH 163	Wendler, K.	BER 129
Weiss, A.	NW 299	Welge, U.	BRE 152	Wendler, U.	SG 465
Weiss, C.	NW 273	Welk, H.	SH 376	Wendling, G.	ArbG 427
Weiss, R.	BW 59	Welke, H.	HE 176	Wendorff, A.	BW 24
Weiss, R.	FG 439	Welke, U.	BER 118	Wendorff, B.	SH 382
Weiss, U.	NW 303	Wellems, F.	NW 302	Wendrich-Rosch, J.	NW 275
Weiss, W.	BW 51	Wellenreuther, H.	HE 171	Wendt, C.	NDS 212
Weiss, W.	NW 291	Wellenreuther, I.	BW 28	Wendt, H.	HH 158
Weiss, W.	RP 315	Weller, E.	RP 315	Wendt, I.	BRA 141
Weiss-Bollandt, H.	HE 189	Weller, H.	BW 61	Wendt, J.	SH 378
Weiss-Eylert, M.	SG 457	Weller, M.	MV 201	Wendt, M.	BU 11
Weiß-Ludwig, B.	VwG 513	Weller, N.	TH 399	Wendt, M.	NDS 226
Weiß-Stadler, I.	BY 91	Weller, N.	RP 319	Wendt, P.	BW 26
Weißbach, K.	BY 114	Weller, R.	BRA 147	Wendt, R.	NDS 230
Weißbrodt, W.	BER 117	Weller, S.	TH 399	Wendt, R.	SAC 352
Weiße, I.	SG 458	Weller, W.	HE 178	Wendt, R.	SH 384
Weißen, M.	NW 280	Wellhöfer, C.	BY 75	Wendt, R.	VerfG 406
Weißenbach, M.	HH 162	Welling, A.	NDS 219	Wendt, U.	BER 122
Weißenborn, U.	NDS 218	Welling, C.	NW 248	Wendt, U.	SH 386
Weissenborn, F.	NDS 239	Welling, D.	NDS 231	Wendt, W.	NDS 216
Weißenfels, E.	ArbG 415	Welling, H.	NW 280	Wendt, W.	VwG 512
Weißenfels, M.	SAC 352	Wellmann, G.	NDS 230	Wendte, K.	BRE 151
Weißer, B.	SAN 369	Wellmann, U.	NW 281	Wendtland, H.	BRA 136
Weißer, E.	SAN 368	Wellner, P.	TH 389	Wendtland, P.	SAC 351
Weissing, H.	NW 285	Wellner, W.	SAA 336	Weng, H.	BW 47
Weißinger, B.	BW 53	Wellnitz, S.	SAN 369	Wengelnik, G.	SH 386
Weissinger, H.	BW 55	Welp, D.	BMJ 4	Wenger, F.	VwG 478
Weißkichel, H.	SH 386	Welp, M.	HE 169	Wenger, P.	BW 25
Weißkirchen, A.	NW 294	Welp, R.	HE 185	Wenger, R.	BW 62
Weißleder, M.	SG 458	Wels, F.	BRA 146	Wengert, M.	BER 124
Weißmann, J.	VwG 488	Wels, M.	NW 282	Wengerter, J.	BY 70
Weißmann, U.	HH 160	Welsch, F.	VwG 508	Wengst, S.	NW 259

Wenig, R.	VwG 476	Werlitz, R.	BY 99	Werthmann, H.	VwG 500
Weniger, R.	NDS 211	Wermelskirchen, S.	BW 26	Werthschulte, C.	MV 206
Wenk, S.	SH 386	Wermes, R.	VwG 498	Werwie-Haas, M.	RP 332
Wenkel, A.	MV 199	Wermke, K.	SG 467	Werz, U.	SAC 358
Wenmakers, J.	NW 276	Wern, S.	SAA 340	Werzmirzowsky, C.	NW 305
Wenner, A.	VwG 500	Wern-Linke, S.	VwG 486	Wesch, V.	SAC 353
Wenner, H.	HE 174	Werndl, P.	BY 67	Wesche, J.	NDS 239
Wenner, U.	BU 12	Wernecke, F.	HH 166	Weschenfelder, H.	ArbG 435
Wenning, R.	HE 170	Werner, A.	ArbG 415	Wesemann, A.	NW 258
Wenning, W.	BY 87	Werner, B.	BRA 146	Wespatat, R.	SAC 350
Wenning-Morgenthaler, M.	ArbG 417	Werner, B.	NW 310	Wespe, G.	NDS 211
		Werner, B.	RP 319	Wessel, B.	NW 281
Wennmacher, N.	SAN 371	Werner, B.	SG 460	Wessel, B.	VwG 494
Wenny, R.	BY 111	Werner, C.	BW 64	Wessel, E.	SG 452
von der Wense, J.	VerfG 405	Werner, C.	BY 80	Wessel, G.	NW 305
Wenske, A.	NDS 222	Werner, C.	BY 112	Wessel, H.	NDS 217
Wenske, K.	BY 71	Werner, C.	SAC 359	Wessel, H.	NW 270
Wenske, M.	VwG 483	Werner, E.	NW 290	Wessel, K.	ArbG 429
Wente, K.	NDS 218	Werner, F.	NDS 215	Wessel, M.	NDS 239
Wente, K.	NDS 239	Werner, F.	TH 392	Wessel-Meessen, R.	SG 452
Wentzel, M.	TH 401	Werner, G.	ArbG 418	Wesseler, P.	NW 309
Wentzel, M.	TH 401	Werner, G.	RP 330	Wesselhöft, R.	HH 165
Wentzel, U.	NDS 220	Werner, H.	BER 120	Wesselmann, R.	NDS 236
Wentzel, W.	NW 288	Werner, H.	BY 82	Wessels, H.	VwG 498
Wentzell, J.	BW 60	Werner, H.	SAC 359	Wessels, K.	NDS 239
Wenwieser-Weber, C.	SG 454	Werner, H.	VwG 479	Wessels, K.	NW 243
Wenz, E.	BW 45	Werner, J.	BY 106	Wesser, K.	ArbG 419
Wenz, H.	BY 89	Werner, J.	HE 179		VerfG 404
Wenz, I.	RP 327	Werner, J.	NW 251	Wessinghage, R.	TH 399
Wenz, R.	HE 171	Werner, J.	NW 305	Weßler-Hoth, S.	SG 461
Wenzeck, J.	ArbG 425	Werner, J.	SAC 352	Weßling, B.	SG 468
Wenzel, A.	BRA 146	Werner, J.	SAC 352	Westendorf, A.	NDS 238
Wenzel, C.	SH 375	Werner, K.	BRA 147	Westendorf, J.	SAN 369
Wenzel, H.	BY 70	Werner, M.	BER 121	Westendorff, K.	NDS 238
Wenzel, H.	RP 318	Werner, M.	NW 298	Wester, G.	NW 297
Wenzel, J.	BU 8	Werner, P.	BY 112	Wester, K.	ArbG 430
Wenzel, J.	HE 187	Werner, P.	NDS 228	Westerberg, K.	BRA 146
Wenzel, M.	BER 130	Werner, R.	BY 112	Westerburg, K.	FG 447
Wenzel, R.	NDS 216	Werner, S.	BRA 147	Westerfeld, H.	NW 259
Wenzel, S.	NW 310	Werner, U.	HE 190	Westerhoff, I.	SAN 372
Wenzel, U.	ArbG 417	Werner, U.	RP 315	Westerhoff, T.	SAN 371
Wenzel, U.	BY 83	Werner, W.	BW 48	Westermann, B.	SG 465
Wenzel, W.	BW 47	Werner, W.	NW 299	Westermann, F.	NW 310
Wenzel, W.	NW 306	Wernersbach, W.	VwG 491	Westermann, H.	SAA 339
Wenzig, K.	SAN 371	Wernet, G.	SG 470	Westermann, P.	BRE 151
Wenzler, E.	BW 54	Wernicke, K.	HE 173	Westermann-Schöttler, J.	VwG 487
Wenzler, H.	BW 62	Wernicke, L.	BRA 146		
Wenzlick, E.	SAC 354	Werning, A.	HE 170	Westermeier, J.	NW 280
Weppler, P.	BW 41	Wernscheid, R.	NW 247	Westermeier, K.	NW 249
Werber, I.	SAC 344	Werp, M.	BU 7	Westerwalbesloh, S.	VwG 501
Werckmeister, P.	ArbG 433	Werr, C.	BRA 137	Westhauser, W.	BY 110
Werdak, H.	BW 21	Werres-Bleidießel, E.	VwG 487	Westhoff, R.	ArbG 426
von Werder, D.	HE 187	Werrlein, M.	BY 83	Westphal, K.	ArbG 426
Werdich, G.	BY 68	Wersch, P.	ArbG 418	Westphal, K.	BY 113
Werfel, S.	NDS 239	Werst, C.	BW 29	Westphal, R.	ArbG 428
Werheit, H.	NW 305	Werth, M.	BY 69	Westphal, V.	BRA 147
Werk, B.	VwG 502	Werth, M.	NDS 214	Westphalen, H.	SH 386
Werker, H.	NW 304	Werth, P.	NW 298	Westphalen, S.	HH 155
Werkmeister, P.	VwG 500	Werth, W.	BW 46		160

696

Westrup, W.	NDS	234	Wichmann, K.	BMJ	3	Wieder, T.	VwG	507
Wetekamp, A.	BY	90	Wichmann, M.	MV	206	Wiedersporn, M.	SAA	341
Weth, R.	TH	389	Wichmann, P.	TH	400	Wiedmann, K.	VwG	483
Wetjen, C.	HH	166	Wichmann-			Wiedmer, P.	BW	63
Wetscherka-Hildner, B.	HE	176	Bechtelsheimer, H.	TH	391	Wiedmer, S.	SAC	354
Wettach, U.	SAN	373	Wichorski, A.	BY	86	Wieduwilt, F.	SH	385
Wettenfeld, H.	MV	197	von Wick, E.	NW	263	Wiefelspütz, D.	VwG	502
Wettengel-Wigger, B.	NW	281	Wick, H.	NDS	213	Wiegand, A.	NDS	215
Wetterich, E.	NW	249	Wick, M.	BY	99	Wiegand, B.	SAC	347
Wetz, M.	BW	23	Wick, M.	HE	176	Wiegand, B.	SG	460
Wetzel, F.	BW	26	Wick, U.	SH	385	Wiegand, B.	VwG	475
Wetzel, G.	SAN	364	Wicke, J.	NDS	209	Wiegand, G.	VwG	483
Wetzel, J.	BER	129	Wicke, T.	SAN	371	Wiegand, H.	HE	182
Wetzel, M.	VwG	484	Wickenhöfer-Styra, U.	HE	192	Wiegand, K.	NW	252
Wetzel, R.	BW	52	Wickern, T.	BMJ	4	Wiegand, W.	BY	88
Wetzel, T.	BW	53	Wickinghoff, W.	SG	472	Wiegand, W.	RP	319
Wetzel, T.	BW	53	Wicklein, H.	SAC	353	Wiegand-Gundlach, G.	NDS	216
Wetzel, U.	HE	176	Wickler, P.	ArbG	436	Wiegandt, R.	SG	453
Wetzel-Steinwedel, R.	BU	11	Wickop, F.	BY	90	Wiegershausen, L.	SH	376
Wetzels-Böhm, M.	FG	446	Widera, A.	BY	89	Wiegler, A.	TH	401
Wetzler, C.	SAN	371	Widera, W.	BU	9	Wiegmann, B.	NW	311
Weustenfeld, G.	RP	329	Widmaier, U.	BU	12	Wiegmann, R.	NDS	215
Wevell von Krüger, D.	NDS	216	Widmann, I.	BER	130	Wiegner, U.	SAC	357
Wever, R.	BRE	150	Widmann, J.	BY	113	Wiehe, R.	NDS	218
Wewer, A.	NDS	210	Widmann, J.	RP	320	Wiehler, H.	HH	161
Wewer, C.	NW	256	Widmann, R.	BW	60	Wiehr, H.	NDS	224
Wewers, H.	NW	270	Widmann, S.	BU	10	Wieland, H.	BW	49
Wewers, J.	NW	287	Widmann, S.	VwG	483	Wieland, H.	RP	319
Wex, J.	NDS	222	Widra, D.	FG	442	Wieland, S.	ArbG	417
Wex, U.	NW	267	Wiebe, K.	NW	299	Wieland, S.	NW	282
Wexel, H.	NW	253	Wiebel, M.	BU	8	Wielert, L.	MV	204
Weyand, R.	SAA	340	Wiebelt, K.	RP	327	Wielgoß, H.	BY	80
Weychardt, D.	HE	169	Wieben, M.	SH	379	Wieling, H.	RP	315
Weyde, P.	FG	446	Wiebking, W.	NDS	213	Wiemann, A.	BW	63
Weyde, T.	BY	113	Wiebusch, D.	HE	179	Wiemann, J.	NW	266
Weyde, T.	NDS	208	Wiecha, V.	NW	260	Wiemann, P.	VwG	489
Weyer, F.	NW	243	Wiechers, U.	BU	8	Wiemer, L.	FG	445
Weyer, H.	SAA	339	Wiechmann, K.	SAN	369	Wiemer, M.	NW	298
Weyer, W.	HE	185	Wieck, B.	SAN	370	Wiemer, P.	BY	114
Weyergraf, R.	ArbG	430	Wieczorek, C.	HE	175	Wiemers, N.	NW	308
Weyhe, L.	HH	161	Wied, A.	HE	183	Wiemers, W.	SG	469
Weymüller, R.	FG	440	Wied, E.	FG	443	Wiemers-Ohlgart, B.	HH	161
Weyreuther, C.	BER	130	Prinz zu Wied, L.	BY	80	Wien, C.	SH	386
Weyrich, D.	BER	124	Wiedemann, A.	BY	97	Wien, J.	VwG	513
Wezel, C.	BW	54	Wiedemann, D.	NW	276	Wienand, H.	NW	289
Wezykowski, U.	TH	393	Wiedemann, G.	BW	54	Wiene, F.	NW	255
von Wiarda, J.	BW	24	Wiedemann, H.	NW	243	Wienen, T.	NW	258
Wiater, U.	FG	446	Wiedemann, J.	BW	62	Wienert, J.	NW	245
Wich, H.	BY	72	Wiedemann, J.	SAN	372	Wienholz, L.	NDS	231
Wich-Knoten, E.	BU	9	Wiedemann, K.	BY	110	Wienke, U.	VwG	483
Wichardt, R.	VwG	498	Wiedemann, K.	HH	159	Wienkenjohann, M.	SG	466
Wichelhaus, J.	SAC	357	Wiedemann, K.	HH	161	Wienroeder, C.	TH	401
Wichert, S.	HE	188	Wiedemann, R.	BY	97	Wienroeder, K.	BU	9
Wichmann, A.	NDS	207	Wiedemann, R.	NW	287	Wiens, G.	VwG	481
Wichmann, A.	VwG	485	Wieden, R.	NW	243	Wiens, K.	HE	174
Wichmann, D.	HH	162	Wiedenberg, W.	BER	127	Wienströer-Kraus, B.	BW	46
Wichmann, D.	NDS	209	Wiedenhöfer, B.	BY	104	Wienzeck, F.	NW	297
Wichmann, H.	RP	329	Wiedenlübbert, E.	SAN	364	Wienzeck, J.	NW	298
Wichmann, J.	NDS	239	Wiedenroth-Jahn, E.	HE	175	Wierum, P.	BER	131

Wierzimok, M.	NW 302	Wild, S.	BW 64	Will, J.	BW 26
Wierzoch, H.	NW 306	Wild-Völpel, A.	RP 317	Will, K.	NW 272
Wiesböck, F.	BY 92	Wildauer, A.	FG 444	Will, N.	BW 28
Wiese, A.	HE 191	Wildberg, S.	HH 165	Will, P.	BW 35
Wiese, G.	ArbG 430	Wilde, C.	BY 93	Will, T.	SAN 372
Wiese, I.	BER 117	Wilde, K.	SG 463	Will, U.	NW 289
Wiese, K.	NW 254	Wildemann, K.	SG 455	Willandsen, V.	SH 377
Wiese, M.	NDS 216	Wilden, E.	NW 296	Willanzheimer, G.	HE 191
Wiese, W.	HH 163	Wilden, R.	NW 254	Wille, A.	SH 383
Wiese-Gürth, M.	SG 460	Wildenauer, R.	TH 397	Wille, F.	NDS 221
Wiesehahn, K.	NDS 234	Wildner, A.	NDS 232	Wille, G.	MV 199
Wiesekoppsieker, J.	SG 457	Wildner, H.	SG 454	Wille, H.	SH 385
Wieseler, J.	NW 309	Wildschrey, R.	NW 289	Wille, J.	HE 182
Wieseler-		Wildschütz, M.	ArbG 431	Wille, K.	HH 159
Sandbaumhüter, G.	NDS 235	Wilfinger, P.	NW 308	Wille, K.	NW 279
Wiesemann, D.	SAN 372	Wilfling, M.	BW 28	Wille, M.	BRA 146
Wiesemann, H.	VwG 502	Wilhelm, B.	VwG 504	Wille, R.	NDS 230
Wiesemann, P.	RP 320	Wilhelm, C.	BER 130	Wille, V.	TH 391
Wiesemann, W.	HE 191	Wilhelm, E.	BW 58	Wille-Steinfort, G.	RP 331
Wiesen-Wagner, M.	BRA 145	Wilhelm, E.	RP 327	Willecke, B.	SAN 372
Wiesenbacher, M.	TH 395	Wilhelm, G.	BY 79	Willeke, H.	VwG 499
Wiesenberg, C.	HE 180	Wilhelm, H.	VerfG 405	Willeke, T.	NDS 237
Wiesener, R.	BER 121		VwG 490	Willems, C.	RP 321
Wieser, R.	BY 82	Wilhelm, N.	TH 399	Willems, H.	VwG 499
Wieser, S.	BY 88	Wilhelm, P.	NW 305	Willems, M.	NW 303
Wiesmann, M.	VwG 503	Wilhelm, S.	RP 320	Willems, T.	NW 251
Wiesmüller, F.	BY 90	Wilhelm, S.	SAN 372	Willems, U.	VwG 505
Wiesner, C.	BY 97	Wilhelm, W.	RP 327	Willemsen, B.	NW 290
Wiesner, J.	NDS 208	Wilhelmi, F.	HH 158	Willenbücher, U.	BER 124
Wiesner, S.	SG 462	Wilhelmi, J.	RP 332	Willer, H.	ArbG 413
	VerfG 405	Wilhelmi, K.	BW 34	Willer, H.	BY 89
Wiesneth, C.	BY 72	Wilhelms, A.	VwG 506	Willers, H.	NDS 209
Wießner, S.	SAC 357	Wilhelms, G.	TH 399	Willerscheid-	
Wiest, C.	BER 128	Wilke, A.	VwG 486	Weides, G.	VwG 503
Wiester, W.	BU 11	Wilke, A.	VwG 492	Willersinn, M.	SG 470
Wiestler, G.	VwG 478	Wilke, B.	NW 297	William, O.	SH 380
Wiete, P.	MV 206	Wilke, C.	BW 55	Willikonsky, B.	ArbG 436
Wietek, R.	SG 471	Wilke, D.	VwG 484	Willikonsky, K.	VwG 495
Wietfeld, H.	NW 266	Wilke, G.	NDS 213	Willkomm, U.	SG 457
Wietfeld-Rinne, J.	NW 267	Wilke, H.	HE 189	Willmer, P.	SH 380
Wiethaus, K.	SH 386	Wilke, H.	NW 275	Willms, B.	VwG 500
Wiethoff, A.	NW 307	Wilke, H.	NW 290	Willms, D.	NDS 235
Wietzke, M.	SAN 372	Wilke, H.	VwG 504	Willnow, G.	BER 119
Wiezorek, H.	SAC 349	Wilke, J.	BRA 147	Willnow, S.	BER 130
Wiggenhauser, L.	BW 49	Wilke, K.	FG 439	Willrich, S.	TH 397
Wigger, A.	NW 289	Wilke, K.	VwG 478	Willutzki, H.	NDS 221
Wigger, F.	SAC 343	Wilke, R.	VwG 512	Willwacher, A.	NW 306
Wigger, J.	NDS 228	Wilke, T.	NW 311	Wilmers, A.	ArbG 430
Wigger, K.	NW 282	Wilken, B.	NW 308	Wilms, R.	TH 391
Wiggers, C.	SH 383	Wilkening, G.	NDS 214	Wilmsmann, D.	NW 277
Wilbers, L.	HE 178	Wilkening, R.	NDS 220	Wiltschka, R.	BY 71
Wilbrand, U.	NW 298	Wilkens, H.	HE 183	Wimmer, A.	BW 57
Wilcke, H.	FG 444	Wilkens, H.	NDS 236	Wimmer, A.	BY 67
Wilcke, K.	VwG 497	Wilkens, R.	VwG 504	Wimmer, B.	VwG 514
Wilcken, R.	SH 382	Wilkitzki, P.	BMJ 4	Wimmer, G.	BY 81
Wilczynski, E.	FG 444	Wilkmann, J.	NW 288	Wimmer, H.	BW 38
Wild, H.	BY 88	Will, E.	BY 77	Wimmer, H.	NW 294
Wild, H.	NW 279	Will, G.	BY 70	Wimmer, K.	BMJ 4
Wild, R.	HE 186	Will, H.	BY 97	Wimmer, K.	SG 463

698

Wimmer, R.	BY	89	Winklharrer, K.	BU	16	Wirth, A.	BRA	147
Wimmer, U.	BER	123	Winklharrer, R.	SAC	349	Wirth, A.	BY	109
Wimmer, W.	BW	32	Winklmaier, B.	SG	455	Wirth, C.	HE	192
Wimmers, W.	NW	257	Winn, W.	NW	301	Wirth, C.	SAC	345
Winckelmann, A.	HE	189	Winners, I.	HE	174	Wirth, M.	VwG	478
Winckelmann, A.	SH	386	Winnig, S.	TH	391	Wirth, P.	VwG	487
Winckler, A.	HE	173	Winstel, M.	RP	333	Wirth, R.	BY	101
Wind, E.	RP	326	Winter, B.	SG	462	Wirth, R.	VwG	478
Windeck, M.	NW	246	Winter, D.	RP	330	Wirth, W.	NDS	223
Windeler, H.	NW	247	Winter, F.	BRA	144	Wirth-Vonbrunn, H.	HH	160
Winderlich, M.	SAC	351	Winter, G.	BU	16	Wirths, H.	NW	256
Windgätter, P.	NW	272	Winter, G.	BY	87	Wirtz, G.	SAC	359
Windheuser, H.	NW	264	Winter, G.	NDS	238	Wirtz, H.	NW	245
Windisch, H.	BY	109	Winter, G.	RP	326	Wirtz-Wirthmüller, U.	NW	294
Windisch, I.	RP	332	Winter, H.	HH	165	Wischermann, C.	NW	276
Windmöller, H.	NDS	236	Winter, H.	SAA	340	Wischmeyer, N.	NDS	235
Windmüller, H.	SH	381	Winter, K.	BY	104	Wisler, H.	NDS	221
Windmüller, K.	BW	62	Winter, K.	BY	104	Wißborn, A.	NW	305
Windorf, H.	NDS	237	Winter, K.	BVerfG	1	Wissen, G.	HE	192
Windweh, H.	SAN	370	Winter, M.	BW	64	Wissen, R.	RP	323
Wingen, H.	NW	295	Winter, M.	BY	113	Wisser, A.	RP	330
Wingerter, H.	VwG	507	Winter, M.	NW	248	Wissing, G.	SG	469
Wings, R.	HH	164	Winter, S.	MV	206	Wisslicen, L.	VwG	478
Winheller, H.	NW	298	Winter, U.	BY	90	Wißmann, D.	NW	267
Wink, G.	RP	314	Winter, W.	HE	182	Wißmann, G.	BY	111
Winkelmann, C.	NW	304	Winter, W.	NDS	215	Wißmann, H.	BU	10
Winkelmann, H.	NW	268	Winterer, K.	HE	172	Wißmann, K.	HH	159
Winkelmann, J.	VwG	502	Winterer-Grafen, H.	BW	37	Wißmann-Koch, E.	BER	129
Winkelmann, N.	BW	55	Winterfeldt, B.	SH	387	Witassek, U.	SAN	372
Winkelmann, U.	VwG	497	Wintergalen, M.	FG	447	With, I.	BER	130
Winkelmeier-Becker, E.	NW	311	Winterhager, U.	NW	284	Withopf, E.	BY	78
Winkgens-Reinhardt, U.	BW	25	Winterhalter, A.	SAC	357	Witsch, C.	SAA	341
Winkler, A.	BRA	137	Winterhalter, M.	BW	63	Witt, C.	ArbG	412
Winkler, B.	HH	160	Winterhof, H.	SG	463	Witt, H.	MV	199
Winkler, C.	VwG	482	Winterhoff, E.	BRA	144	Witt, H.	NDS	233
Winkler, F.	SAC	352	Wintermeyer, J.	SAC	354	Witt, H.	SG	468
Winkler, G.	BU	16	Winterpacht, K.	NW	276	Witt, K.	BRE	151
Winkler, G.	NW	299	Winters, G.	HH	157	de Witt, K.	NDS	234
Winkler, H.	BW	49	Winterscheidt, M.	NW	253	Witt, K.	SH	380
Winkler, H.	HE	179	Winterscheidt, U.	NW	306	Witt, M.	BER	121
Winkler, H.	HE	192	Wintersperger, R.	VwG	492	Witt, O.	SH	383
Winkler, H.	SAC	351	Winterstein, P.	HH	164	Witt, P.	VwG	494
Winkler, H.	SG	457	Wintgen, A.	NDS	215	Witt, S.	ArbG	423
Winkler, H.	SH	383	Wintrich, W.	SAA	340	Wittchen, W.	VwG	491
Winkler, I.	ArbG	433	Winzer, H.	VwG	495	Wittchow, G.	VwG	494
Winkler, J.	BER	125	Wipfinger-Fierdel, G.	BW	43	Witte, A.	BY	82
Winkler, J.	SG	467	Wippenhohn, P.	NW	297	Witte, A.	NW	248
Winkler, K.	NW	291	Wippenhohn-Rötzheim, K.	NW	302	Witte, B.	VwG	504
Winkler, K.	RP	322	Wippich, J.	HE	174	Witte, C.	BW	29
Winkler, N.	HE	187	Wipper, M.	MV	199	Witte, F.	NDS	207
Winkler, P.	NW	306	Wirbel, K.	RP	316	Witte, G.	ArbG	410
Winkler, R.	HH	166	Wirbelauer, W.	TH	390	Witte, H.	HH	164
Winkler, T.	SAC	358	Wiring, M.	HH	159	Witte, J.	NDS	221
Winkler, U.	NDS	228	Wiringer-Seiler, U.	BY	86	Witte, R.	HE	182
Winkler, U.	VerfG	405	Wirlitsch, R.	SAC	348	Witte, U.	NW	309
Winkler, W.	BU	8	Wirmer, I.	BY	105	Wittek, R.	BRA	139
Winkler, W.	BW	29	Wirsich, H.	MV	204	Wittek, R.	BU	10
Winkler, W.	BW	33	Wirsik, D.	MV	206	Wittek, W.	SH	380
Winkler, W.	SG	455				Witten, C.	BRA	144

Wittenberg, K.	NW 309	Wöckel, G.	BW 65	Wolbring, W.	BU 12
Wittenbrock, J.	SG 469	Wöckener, H.	NDS 219	Wolf, A.	BMJ 3
Wittenstein, C.	SAC 347	Wöger, R.	SAC 347	Wolf, B.	HE 178
Witter, E.	BU 17	Wöhler, D.	HE 175	Wolf, B.	RP 327
Wittgen, K.	RP 316	Wöhlert, R.	HE 169	Wolf, E.	BY 80
Witthaut, G.	NW 284	Wöhrmann, G.	BVerfG 1	Wolf, E.	RP 320
Witthaut, J.	NW 246	Wöhrmann, H.	NDS 212	Wolf, E.	SAA 338
Witthohn, D.	SH 381	Wölber, I.	HH 155	Wolf, F.	TH 401
Witthüser, F.	NW 272		162	Wolf, G.	BER 126
Wittich, D.	RP 319	Wölber, P.	HH 159	Wolf, G.	BY 100
Wittig, C.	BW 64	Wölfel, M.	BY 101	Wolf, G.	HE 180
Wittig, D.	BW 49	Wölfel, W.	SAN 369	Wolf, G.	RP 322
Wittig, G.	HE 189	Wölfinger, M.	NW 309	Wolf, G.	RP 326
Wittig, I.	BW 48	Wölfl, E.	BW 64	Wolf, G.	VwG 477
Wittig, W.	BY 92	Wölk, C.	HH 165	Wolf, H.	BY 80
Wittjohann, M.	VwG 487	Wölk, H.	HE 191	Wolf, H.	BY 98
Wittkamp, H.	MV 202	Woelki, H.	BY 109	Wolf, H.	BY 104
Wittke, D.	BW 41	Wölting, H.	NW 249	Wolf, H.	MV 203
Wittke, H.	SAN 370	Wöltje, O.	NDS 240	Wolf, H.	NW 293
Wittke, M.	NW 253	Wönne, C.	BW 35	Wolf, H.	RP 319
Wittkemper, H.	NW 295	Wörl, S.	VwG 498	Wolf, H.	TH 389
Wittkopp, W.	HH 159	Wörle, K.	BY 80	Wolf, H.	VerfF 405
Wittkowski, B.	VwG 491	Wörmann, J.	TH 398		VwG 494
Wittkowski, L.	BER 128	Wörner, G.	RP 331	Wolf, I.	RP 326
Wittkowski, W.	BRE 150	Wörner, K.	HH 158	Wolf, I.	SAC 356
Wittler, K.	BY 78	Wörner, P.	BY 105	Wolf, I.	SAN 370
Wittling, A.	BMJ 4	Woerner, H.	BRA 147	Wolf, J.	RP 333
Wittling, U.	NDS 213	Wörsdörfer, J.	RP 320	Wolf, K.	BER 123
Wittmann, H.	BY 92	Wörteler, N.	NW 270	Wolf, L.	BER 118
Wittmann, H.	SG 456	Wörz, F.	BY 113	Wolf, L.	NW 289
Wittmann, J.	VerfG 403	Wörz, I.	SAC 357	Wolf, M.	BER 125
	VwG 479	Woesner, F.	SH 376	Wolf, M.	HE 169
Wittmann, P.	BY 99	Wösthoff, M.	HE 175	Wolf, N.	NDS 227
Wittmann, R.	BRA 136	Wöstmann, A.	ArbG 434	Wolf, P.	BU 13
Wittmann, W.	BY 108	Wöstmann, H.	NW 310	Wolf, P.	BW 52
Wittmer, M.	NW 281	Wohlbehagen, H.	SH 381	Wolf, R.	ArbG 428
Wittneben, C.	NDS 233	Wohlfahrt, P.	BY 75	Wolf, R.	BW 37
Wittneben, G.	NDS 232	Wohlfarth, B.	NDS 237	Wolf, R.	BW 55
Wittor, U.	SG 466	Wohlfarth, E.	RP 319	Wolf, R.	NW 305
Wittschier, J.	RP 322	Wohlfeil, R.	BER 123	Wolf, R.	NW 305
Wittstock, R.	VwG 483	Wohlgemuth, G.	NW 243	Wolf, R.	TH 394
Wittstock-Gorn, G.	SG 457	Wohlgemuth, G.	SAC 346	Wolf, S.	BER 129
Wittwer, M.	VwG 505	Wohlgemuth, U.	NW 243	Wolf, S.	BW 52
Witulski, A.	BW 38	Wohlhage, F.	RP 315	Wolf, T.	HE 184
Wituschek, M.	BW 58	Wohlhage, N.	NW 277	Wolf, T.	HE 185
Witzel, A.	VwG 481	Wohlleben, L.	ArbG 421	Wolf, T.	NW 262
Witzel, W.	NW 301	Wohlnick, H.	NW 301	Wolf, T.	TH 391
Witzig, H.	HE 181	Wohlrab, J.	ArbG 421	Wolf, U.	SH 387
Witzke, G.	HE 176	Wohlrath, K.	VwG 477	Wolf, V.	SG 455
Witzke, T.	BRA 138	Wohnseifer, K.	NW 299	Wolf, W.	BER 119
Witzlinger, U.	BW 61	Woidich, J.	BY 82	Wolf, W.	BER 119
Witzschel, P.	NDS 213	Woik, C.	MV 199	Wolf, W.	HE 186
Wizemann, P.	BW 60	Woitas, B.	HH 160	Wolf, W.	SG 457
Wizgall, H.	BU 15	Woitaschek, F.	ArbG 422	Wolf-Baumeister, C.	NW 268
von Wnuck-Lipinski, P.	NW 248	Woitkowiak, I.	BRA 143	Wolfer, T.	NDS 239
Wobst, H.	NW 272	Woitkowiak, K.	BER 128	Wolferstätter, W.	BY 90
Wodtke, R.	NDS 213	Woiwode, W.	NW 266	Wolff, A.	BRE 152
Wöbber, H.	NW 256	Wolandt, D.	ArbG 435	Wolff, D.	VwG 506
Wöbking, W.	BY 96	Wolber, B.	VwG 502	Wolff, B.	HE 192

700

Wolff, C.	SAA 341	Wolski, K.	VwG 492	Wübert, F.	BY 79
Wolff, E.	SAA 337	Wolst, D.	BU 8		VerfG 403
Wolff, E.	VwG 500	Wolter, C.	BER 130	Wührl, E.	BW 61
Wolff, G.	NDS 217	Wolter, F.	HE 192	Wülfing, H.	BRA 141
Wolff, H.	BER 125	Wolter, G.	VwG 497	Wüllenkemper, D.	FG 445
Wolff, H.	NDS 212	Wolter, I.	HH 160	Wüllenweber, K.	SAA 340
Wolff, H.	NDS 238	Wolter, J.	ArbG 420	Wüller, G.	BU 15
Wolff, H.	NW 295	Wolter, K.	SAN 372	Wüllner, C.	HH 166
Wolff, H.	NW 301	Wolter, T.	NDS 239	Wüllner, G.	SG 466
Wolff, H.	NW 306	Wolter, T.	NDS 239	Wündrich, C.	VwG 497
Wolff, I.	BU 11	Wolter, U.	NW 273	Wünsch, D.	FG 445
Wolff, I.	HE 189	Wolter-Wege, S.	HH 162	Wünsch, D.	VwG 506
Wolff, I.	SAA 336	Wolter-Welge, S.	HH 159	Wünsch, M.	RP 317
Wolff, J.	RP 326	Woltering, M.	NW 310	Wünsch, W.	BW 64
Wolff, K.	NDS 217	Wolters, E.	NW 294	Wünsche, M.	BW 62
Wolff, K.	NW 300	Wolters, H.	NW 243	Wünschmann, J.	VwG 482
Wolff, M.	RP 315	Wolters, J.	SH 380	Würfel, J.	NDS 213
Wolff, M.	SAC 354	Wolters, J.	VwG 493	Würth, R.	BY 106
Wolff, M.	SG 469	Wolters, M.	NDS 228	Würthwein, M.	BW 45
Wolff, P.	BRA 147	Wolters, R.	NW 244	Würtz, M.	SAA 341
Wolff, R.	NW 244	Wolting, M.	SAC 343	Würz, G.	HE 184
Wolff, R.	SG 463	Woltz, W.	NW 253	Würz, R.	BY 95
Wolff, R.	VwG 499	Wolz-Hugler, R.	VwG 480	Würz-Bergmann, A.	NW 308
Wolff, S.	HE 177	Womelsdorf, U.	NW 280	Wüst, D.	BY 95
Wolff, S.	NW 284	Wonschik, P.	NW 305	Wüst, H.	RP 328
Wolff, W.	ArbG 414	Wonschik, P.	NW 309	Wüst, I.	BW 49
Wolff, W.	NW 286	Woog, J.	RP 320	Wüstefeld, A.	SAN 366
Wolff-Dellen, M.	SG 465	Woog, W.	RP 323	Wüstefeld, C.	SH 377
Wolff-Diepenbrock, J.	BU 11	Worbs, D.	ArbG 431	Wüstefeld, N.	SH 377
Wolff-Reske, M.	BER 132	Woring, S.	FG 446	Wüstefeld, S.	TH 399
von Wolffersdorff, G.	SAN 369	Worm, M.	BY 86	Wüstenberg, K.	FG 449
Wolffram, P.	ArbG 428	Worpenberg, S.	SH 386	Wüstenhagen, A.	SAN 368
Wolffram-Falk, T.	HE 179	Worth, N.	SH 375	Wulf, A.	TH 401
Wolfgramm, D.	TH 398	Worth, N.	SH 381	Wulf, F.	BRE 151
Wolfheimer, H.	HE 176	Wortmann, A.	NDS 239	Wulf, F.	NW 276
Wolfrum, H.	VwG 507	Wortmann, A.	NDS 240	Wulf, F.	VerfG 404
Wolfs, J.	BRA 139	Wortmann, B.	VwG 499	Wulf, G.	HH 165
Wolke, B.	BER 127	Wortmann, L.	VwG 505	Wulf, H.	HH 164
Wolke, C.	BER 132	Wortmann, N.	BER 132	Wulf, R.	BW 21
Wolkenhauer, H.	SG 459	Wortmann, W.	BER 129	Wulf, R.	HE 185
Woll, E.	BW 49	Wortmann, W.	NW 266	Wulff, C.	BER 129
Wollenhaupt, L.	NW 247	Wortmann, W.	NW 270	Wulff, E.	BRA 141
Wollenschläger, S.	BY 75	Wosnitzka, A.	BER 123	Wulff, T.	BRA 146
Wollentin, E.	BW 28	Wotschke, C.	SAN 371	von Wulffen, M.	BU 11
Wollentin, S.	SAC 349	Woyte, B.	NW 309	Wulfgramm, J.	SG 459
Wollentin, U.	BW 34	Woywod, J.	SH 386	Wulfmeyer, M.	SAN 366
Wollenweber, D.	NDS 217	Wrede, R.	SAN 366	Wulfmeyer, V.	NDS 224
Wollenweber, H.	NW 246	Wrede, W.	BER 128	Wullert, H.	NDS 232
Wollenweber, H.	VwG 488	Wrenger, J.	NW 309	Wullweber, D.	SH 377
Wollgast, K.	ArbG 417	Wriede, K.	HH 165	Wunderlich, H.	BY 73
Wollnik-Baumann, H.	HE 185	Wriede-Eckhard, W.	HH 159	Wunderlich, H.	BY 82
Wollny, H.	NDS 234	Wrobel, B.	SH 384	Wunderlich, J.	SAC 346
Wollschläger-Dulle, G.	NW 295	Wrobel, H.	BRE 149	Wunderlich, M.	NDS 221
Wollstadt, M.	NDS 239	Wrobel, J.	NW 310	Wunderlich, U.	VwG 510
Wollweber, F.	VwG 500	Wrobel, V.	NW 308	Wunderlin, D.	BY 91
Wolnicki, B.	VwG 487	Wucherpfennig, K.	ArbG 418	Wundes, D.	VwG 502
Wolpert, H.	BW 54	Wucherpfennig, M.	NW 296	Wunsch, G.	HH 164
Wolpert, M.	RP 326	Wudy, D.	RP 327	Wuppermann, K.	NW 295
Wolpert-Kilian, G.	SG 451	Wübbel, K.	NDS 234	Wuppermann, M.	NW 285

Wurch, K.	NW	286	Zahn-Mackenthun, P.	HE	189	Zeising, K.	BY	83
Wurdack, C.	BY	111	Zakosek-Röhling, E.	NW	293	Zeisler, G.	MV	203
Wurm, B.	BY	82	Zamostny, H.	SAA	339	Zeisler, J.	VwG	495
Wurm, C.	BER	133	Zander, A.	NW	304	Zeiß, G.	VwG	501
Wurm, C.	NW	300	Zander, C.	HH	165	Zeißig, K.	NDS	227
Wurm, H.	BY	87	Zander, C.	VwG	510	Zeitler, F.	BY	108
Wurm, M.	BU	8	Zander, D.	SG	461	Zeitler, G.	BY	100
Wurm, M.	BY	81	Zander, P.	NW	276	Zeitler, M.	NW	309
Wurm, P.	NW	291	Zander, U.	SAA	337	Zeitler, U.	VwG	478
Wurmbach-Svatek, H.	NDS	233	Zander, W.	VwG	509	Zeitler-Hetger, I.	RP	317
Wurst, G.	SG	451	Zange-Mosbacher, M.	BW	51	Zeitz, D.	HE	170
Wurst, W.	BY	75	Zankl, J.	BY	83	Zeitz, E.	BY	106
Wurth, K.	BU	14	Zanner, C.	RP	332	Zell, K.	BW	60
Wuttke, A.	BER	132	Zantke, S.	SAC	352	Zell, M.	RP	324
Wuttke, G.	NW	297	Zapf, H.	HE	190	Zeller, C.	HE	176
Wuttke, W.	BU	16	Zapf, H.	SAC	356	Zeller-Kasai, S.	BY	92
Wybrands, H.	SAN	367	Zarbock, P.	HE	172	Zeller-Lorenz, B.	BW	45
Wychodil, W.	BW	53	Zarm, T.	SAC	358	Zellhorn, E.	NW	276
Wycisk, P.	NDS	222	Zarth, M.	NW	308	Zellhuber, G.	BY	90
van den Wyenbergh, G.	SG	467	Zarth, M.	NW	308	Zemlicka, H.	NW	270
Wygold, K.	NW	276	von Zastrow, M.	SH	385	Zemlin, U.	ArbG	420
Wyluda, E.	SH	377	Zaunbrecher, S.	BW	38	Zender, A.	RP	322
Wyrott, A.	TH	399	Zaunseder, P.	BY	106	Zeng, C.	MV	206
Wysk, P.	VwG	500	Zausinger, A.	BY	92	Zenger, S.	ArbG	414
			Zawadil, H.	TH	397	Zengerling, R.	NW	295
X			Zech, D.	NDS	234	Zenkel, H.	BY	96
			Zech, H.	BW	61	Zenker, C.	BU	17
Xalter, E.	VwG	476	Zech, H.	NW	276	Zepeck-Zimmermann, H.	BY	89
			Zechmann, G.	BY	96			
Y			Zeder, H.	SG	456	Zepf, H.	VwG	477
			Zeeck, C.	SAC	358	Zepp, W.	NDS	212
Yblagger, H.	BY	85	Zeh, U.	BY	71	Zeppan, A.	HH	166
			Zehe, D.	RP	333	Zeppan, W.	HH	166
Z			Zehetbauer, L.	BY	90	Zepter, K.	ArbG	410
			Zehetmair, H.	ArbG	414	Zepter, W.	SH	384
Zach, E.	BY	111	Zehgruber-Merz, D.	VwG	507	Zerbes, H.	NW	293
Zach, J.	BY	109	Zehner, D.	RP	319	Zerkowski, D.	NW	310
Zacharias, B.	HE	189	Zehner-Schomburg, N.	SG	462	Zerlin, R.	NW	246
Zacharias, K.	HH	165	Zehrer, M.	BER	124	Zerndt, P.	SG	456
Zacharias, N.	BER	131	Zehrfeld, D.	SAC	354	Zernial, U.	HH	162
Zachmann, K.	SG	452	Zeibig-Düngen, J.	HE	186	Zerzawy, V.	SG	456
Zachmann, R.	BER	123	Zeidler, A.	BRA	144	Zetl, J.	BY	108
Zack, G.	TH	398	Zeidler, H.	NDS	215	Zettel, G.	SAN	362
Zäh, S.	BW	37	Zeidler, I.	BER	126	Zettler, W.	RP	327
Zähe, H.	HE	169	Zeidler, P.	NW	303	Zeuch, H.	HE	173
Zähres, C.	NW	249	Zeier, E.	BY	105	Zeug, G.	HE	182
Zähres, G.	NW	249	Zeifang, R.	BW	46	Zeuner, H.	FG	444
Zänker, I.	BRA	144	Zeiger, F.	HH	159		VerfG	405
Zaepfel, E.	BW	61	Zeiher, K.	HE	170	Zeuner, W.	RP	326
Zärtner, S.	SAN	365	Zeiler, D.	BY	73	Zeyß, A.	HE	174
Zagray-Siadak, E.	NDS	239	Zeilhofer, R.	SG	455	von Zezschwitz, F.	VwG	491
Zahl, K.	HE	188	Zeilinger, A.	RP	333	von Zezschwitz, S.	BY	92
Zahlten, U.	HH	158	Zeilinger, J.	BY	91	Zezulka, R.	SAC	345
Zahn, D.	SH	376	Zeilinger, W.	BY	90	Zick, H.	BW	23
Zahn, I.	SAN	345	Zeimetz-Lorz, B.	VwG	493	Zickendraht, B.	VwG	492
Zahn, J.	SAN	363	Zeis, P.	BU	9	Zickendraht, B.	VwG	493
Zahn, P.	BY	108	Zeiser, W.	ArbG	410	Zickert, A.	RP	433
Zahn, U.	SH	380	Zeising, J.	FG	448	Zickler, O.	HE	174
Zahn, W.	VwG	393	Zeising, J.	SAC	359	Ziebs, S.	HE	193

Ziegel, A.	SAC 347	Zillmann, K.	BER 121	Zimmermann, W.	BY 94
Ziegenbein, H.	NW 246	Zillner, E.	SAC 356	Zimmermann, W.	NW 252
Zieger, C.	SAN 372	Zilm, A.	BER 132	Zimmermann, W.	NW 268
Zieger, R.	BW 27	Zimbehl, H.	NDS 218	Zimmermann-	
Zieger, V.	NW 308	Zimdars, H.	SH 379	Rohde, R.	VwG 503
Ziegert, V.	SG 465	Zimmek, H.	SAC 349	Zimmermann-	
Ziegler, E.	BY 100	Zimmer, A.	SG 471	Spring, J.	TH 391
Ziegler, G.	TH 393	Zimmer, B.	BW 29	Zimmert, K.	BW 53
Ziegler, H.	VwG 481	Zimmer, B.	SG 457	Zimniok, J.	VwG 479
Ziegler, J.	SH 385	Zimmer, F.	BY 99		VerfG 403
Ziegler, K.	SAA 337	Zimmer, M.	VwG 506	Zimpel, J.	NW 291
Ziegler, K.	SG 456	Zimmer, N.	HE 172	Zindel-Bösing, R.	HE 189
Ziegler, P.	BY 105	Zimmer, P.	BRE 151	Zindler, B.	BY 92
Ziegler, P.	BY 109	Zimmer, R.	BW 40	Zingler, J.	MV 196
Ziegler, T.	BW 65	Zimmer, S.	HE 191	Zingler, R.	SAC 358
Ziegler, T.	BY 109	Zimmer, W.	SAC 357	Zingsheim, A.	NW 299
Ziegler, U.	BW 49	Zimmer-Odenwälder, C.	BW 39	Zink, A.	ArbG 421
Ziegler, V.	ArbG 426	Zimmerling, C.	BER 129	Zink, J.	HH 160
Ziegler, V.	BY 101	Zimmerling, E.	BW 55	Zink, P.	VwG 479
Ziegler-Bastillo, I.	BW 46	Zimmerling, J.	HH 164	Zink, W.	SAN 362
Zieglmeier, W.	SG 455	Zimmermann, A.	BY 82		VerfG 407
Ziegner, N.	NDS 232	Zimmermann, A.	SH 382	Zinke, H.	SH 377
Ziegs, K.	HE 172	Zimmermann, C.	BER 124	Zinke, I.	BMJ 5
Ziehe, K.	NDS 211	Zimmermann, C.	BER 133	Zinke, P.	BER 115
Ziehen, U.	NDS 217	Zimmermann, D.	BW 34	Zinn, P.	BW 27
Zieher, W.	BW 59	Zimmermann, E.	NW 246	Zinnecker, P.	VwG 500
Ziehm, K.	NDS 220	Zimmermann, E.	NW 260	Zinser, H.	NDS 224
Ziehmer-Herbert, M.	BER 119	Zimmermann, E.	SAN 372	Zint, J.	TH 394
Zielberg, E.	SAN 371	Zimmermann, G.	FG 443	Zippel, D.	NDS 217
Zielke, R.	HE 177	Zimmermann, G.	TH 395	Zippel, M.	HH 164
Zielstorff, J.	NW 277	Zimmermann, H.	ArbG 410	Zipper, F.	BW 27
Ziemann, F.	SH 379	Zimmermann, H.	ArbG 412	Zipperer, H.	BW 33
Ziemann, H.	FG 442	Zimmermann, H.	HE 174	Zipperling, F.	BRA 141
Ziemann, W.	ArbG 428	Zimmermann, H.	NW 244	Zipplies, K.	NW 302
Ziemendorf, J.	HE 189	Zimmermann, H.	NW 250	Zipse, T.	BER 115
Ziemer, J.	NDS 238	Zimmermann, H.	SG 469	Zirker, P.	BY 74
Ziemer, R.	BW 47	Zimmermann, H.	VwG 488	Zirn, A.	BW 51
Ziemert, A.	SAC 355	Zimmermann, K.	BY 110	Zirwes, K.	RP 323
Ziemßen, J.	NW 243	Zimmermann, K.	RP 329	Zischka, H.	BY 90
Zieper, K.	SH 377	Zimmermann, M.	BRA 139	Zissel, T.	HE 189
Zier, H.	BW 37	Zimmermann, M.	BRA 141	Zitzelsberger, K.	BY 98
Zier, H.	NW 255	Zimmermann, M.	BY 111	Zitzelsberger, M.	FG 440
Zierau, H.	NW 301	Zimmermann, M.	NW 245	Zitzmann, J.	ArbG 416
Zierep, A.	BER 121	Zimmermann, M.	RP 327	Zitzmann, T.	BY 89
Zieres, H.	SAA 337	Zimmermann, M.	SAC 345	Zivier, E.	BER 132
Zierl, G.	BY 67	Zimmermann, M.	SG 451	Zmyj-Köbel, P.	HE 193
Zierlein, K.	BVerfG 1	Zimmermann, N.	NW 255	Zobel, C.	NDS 240
Zierold, U.	SAC 357	Zimmermann, O.	SH 381	Zobel, J.	SAC 355
Ziervogel, K.	SH 381	Zimmermann, P.	BW 38	Zobel, W.	VwG 503
Zies, C.	ArbG 434	Zimmermann, P.	NW 301	Zöbeley, G.	BW 27
Ziesch, A.	VwG 510	Zimmermann, T.	BW 41	Zöcke, G.	SAA 340
Ziesing, L.	HH 158	Zimmermann, T.	FG 445	Zölch, W.	BY 95
Zieske, E.	BER 119	Zimmermann, T.	NW 279	Zöller, M.	BW 23
Ziesmer, K.	BER 116	Zimmermann, U.	MV 204	Zöllner, A.	MV 200
Zigan, U.	NW 263	Zimmermann, U.	VwG 477	Zöllner, J.	SAC 354
Zilius, H.	ArbG 430	Zimmermann, V.	BY 114	Zöllner, K.	HH 164
Zilkens, H.	NW 256	Zimmermann, W.	BW 31	Zöllner, M.	BW 34
Zilles, R.	RP 319	Zimmermann, W.	BW 35	Zöllner, M.	SAC 356
Zillkes, R.	NW 259	Zimmermann, W.	BW 35	Zoellner, I.	NDS 227

Zönnchen, R.	SAC 348	Zschörnig, P.	HE 175	Zumfelde, M.	ArbG 428
Zöpel, B.	NW 269	Zschörp, D.	HE 184	Zundel, M.	VwG 513
Zoepf, B.	BY 86	Zsembery, J.	SAC 359	Zuppke, B.	BER 127
Zohren-Böhme, S.	NW 342	Zuber, A.	BY 113	Zur, R.	BY 94
Zoll, K.	NW 293	Zuber, B.	SAC 355	Zurbruggen, A.	VwG 514
Zoll, R.	BW 50	Zuber, G.	BY 71	Zurheide, S.	NDS 236
Zoller, A.	TH 399	Zuber, H.	BY 73	Zurhove, A.	NW 310
Zoller, B.	BER 127	Zuber, M.	BW 49	Zurnieden, M.	NW 297
Zoller, F.	BRA 136	Zuber, R.	SAC 354	Zwanziger, B.	ArbG 419
Zoller, H.	FG 449	Zuberbier, G.	NW 277	Zweigle, D.	NDS 233
Zopfs, J.	BU 7	Zubrod, G.	FG 443	Zweigle, M.	NW 307
Zopp, J.	NW 306	Zubrod, S.	RP 333	Zweigler, J.	ArbG 422
Zorbach, K.	HE 167	Züfle, H.	BW 61	Zweng, H.	BY 98
Zorn, C.	BRE 152	Zügler, H.	SAC 350	Zwerger, A.	BY 68
Zorn, E.	RP 328	Zühlke, W.	HE 184	Zwerger, D.	VwG 480
Zorn, M.	BY 111	Zülch, C.	BU 7	Zweygart-Heckschen, K.	NW 247
Zorn, U.	NW 307	Züll, H.	RP 316	Zwick, M.	BW 39
Zoschke, C.	HE 193	Züllighoven, U.	NW 262	Zwicker, H.	BER 121
Zothe, H.	BY 92	Zürker, T.	RP 332	Zwiebler, T.	BW 28
Zschachlitz, U.	VwG 496	Zürn, V.	NW 255	Zwiener, S.	BY 113
Zschachlitz, W.	NDS 210	Zufall, M.	SAN 371	Zwilling, U.	NDS 239
Zscherpe, M.	HH 160 163	Zug, E.	BW 62	Zwirlein, R.	BY 88
		Zugehör, H.	BU 8	Zwölfer-Martin, O.	BER 130
Zschiesbsch, M.	SAC 358	Zukor, K.	MV 205	Zwolski, B.	ArbG 423
Zschiesche, U.	SAC 352	von Zukowski, R.	BER 118	Zysk, H.	VwG 491
Zschoch, P.	SAC 357	Zumdick, K.	NW 263	Zysk, L.	BU 7
Zschockelt, A.	BU 7	Zumdieck, H.	NW 283		

NEU 13. Auflage

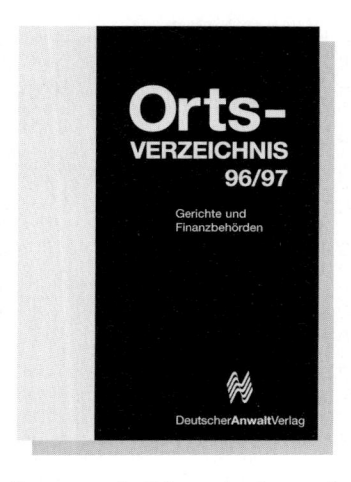

Ortsverzeichnis – Gerichte und Finanzbehörden

13. Auflage 1996, 622 Seiten, 98,– DM
ISBN 3-8240-0127-6

Prozessuale Fristen laufen meist nur kurze Zeit. Schriftstücke, die fristwahrend wirken sollen, werden häufig erst zum letztmöglichen Zeitpunkt abgeschickt. Um durch Irrläufer verursachte Fristversäumnisse zu vermeiden, müssen die Zuständigkeit, die richtige Bezeichnung des Gerichts sowie die Vollständigkeit und Richtigkeit der Adresse vom Anwalt sehr sorgfältig kontrolliert werden. Ein wichtiges Hilfsmittel ist dabei das seit langem bewährte Ortsverzeichnis. Für die Neuauflage wurden bei allen Gerichten und Finanzbehörden, die Zuständigkeiten, Adressen, Telefon- und Faxnummern abgefragt. Gegenüber der Vorauflage ergaben sich Veränderungen bei mehr als **40% aller Eintragungen**:

- noch immer mußten aufgrund von Gebietsreformen »listenweise« Änderungen der Zugehörigkeit von Gemeinden zu Gerichtsbezirken eingearbeitet werden;
- auch bei den Finanzämtern haben sich massive Neuerungen bei den Zuständigkeiten ergeben;
- in den neuen Bundesländern sind zahlreiche Gerichte und Finanzämter umgezogen;
- eine Fülle neuer Telefon- und Faxnummern und neuer Bankverbindungen wurde von den Gerichten mitgeteilt.

Ein besonderer Vorzug des Werkes besteht in der Wiedergabe der **Finanzamtzuständigkeiten und -adressen**. Dadurch wird unter anderem ganz wesentlich die ordnungsgemäße Angabe des Drittschuldners bei der Pfändung von Lohnsteuerjahresausgleichen erleichtert. Neu aufgenommen wurden die Adressen der **Staatsanwaltschaften**.

DeutscherAnwaltVerlag
Lengsdorfer Hauptstr. 75 • 53127 Bonn • **T** 0228 91 91 10 • **F** 0228 25 94 08

Schnellenbach
Die dienstliche Beurteilung der Beamten und der Richter

Sowohl bei Beamten als auch bei Richtern soll die dienstliche Beurteilung die den Umständen nach optimale Verwendung sichern und zu einer Auslese nach Eignung, Befähigung und fachlicher Leistung beitragen, wie sie Art. 33 Abs. 2 GG fordert. Das nunmehr in der 2. Auflage erscheinende Werk stellt in Teil A die unmittelbar einschlägigen Rechtsvorschriften zur dienstlichen Beurteilung zusammen und bietet eine Auswahl von Verwaltungsvorschriften (Beurteilungsrichtlinien), die einen repräsentativen Querschnitt der Regelungsmöglichkeiten darstellt. Die Teile B und C dienen der umfassenden systematischen Behandlung des Beurteilungsrechts unter Einbeziehung rechtspolitischer Erwägungen. Der beachtliche Beitrag der neuen Bundesländer zur Fortentwicklung des Beurteilungsrechts und der Beurteilungspraxis wird im einzelnen gewürdigt. Die 2. Auflage referiert und beleuchtet den aktuellen Stand von Rechtsprechung, Literatur und Praxis der dienstlichen Beurteilung.

Aus Buchbesprechungen zur Vorauflage:

„Eine wichtige und verdienstvolle Arbeit, umfassend und gründlich auch in Auswertung von Literatur und Rechtsprechung, so daß zu wünschen wäre, daß dieses Werk in die Hände möglichst vieler beamteter und richterlicher Beurteiler gelangt..."

Horst Arndt, Berlin,
Vors. Richter am BVerwG a.D.
Die öffentliche Verwaltung 6/87

„...Insgesamt ist das Buch hoch zu loben. Wer sich grundlegend und detailliert mit dienstlichen Beurteilungen beschäftigen will oder muß, kommt ohne seine Lektüre schwerlich aus. Das Fach hat wenig vergleichbar qualitätvoll aktuell-praxisrelevante Monographien aufzuweisen."

Dr. Helmut Günther, Berlin
Neue Zeitschrift
für Verwaltungsrecht, 7/87

Von Prof. Dr. Helmut Schnellenbach, Präsident des Verwaltungsgerichts Gelsenkirchen.
2., völlig neubearbeitete Auflage. 1995. XXVII, 460 Seiten Gebunden.
DM/sFr 134,– öS 1045,–
ISBN 3-7685-3610-6

Hüthig Fachverlage, Im Weiher 10, D- 69121 Heidelberg
Tel. 0 62 21/4 89-0, Fax 0 62 21/4 89-410, Internet http://www.huethig.de

R.v. Decker
Hüthig

"IN EINEM MARKT, DER ZUVERLÄSSIGKEIT UND KOMPETENZ VERLANGT, VERLASSEN SIE SICH AUF EINE FESTE GRÖSSE: AUF HD-GEORG."

Dr. Wolrad Rube, geschäftsführender Gesellschafter der dahm-Gruppe

hd BERATUNG SOFTWARE WARTUNG
herbert dahm datensysteme

herbert dahm datensysteme GmbH • Heerdter Landstraße 7 • 40549 Düsseldorf • Telefon 02 11/56 81-0

Zimmermann ZPO

Mit Gerichtsverfassungsgesetz und Nebengesetzen
Kommentar anhand der höchstrichterlichen Rechtsprechung
Von Prof. Dr. Walter Zimmermann, Vizepräsident des Landgerichts Passau, Honorarprofessor an der Universität Regensburg. 4., neubearbeitete und erweiterte Auflage 1995. XX, 1.361 Seiten. Gebunden. DM 98,- öS 716,- sFr 93,- ISBN 3-8114-6195-8

In jedem Zivilprozeß tauchen Fragen auf, die einer schnellen und eindeutigen Antwort bedürfen, aber oft nicht ohne weiteres aus dem Stegreif beantwortet werden können. In diesem Falle kann – insbesondere während der mündlichen Verhandlung – ein handlicher Kommentar, in dem man schnell eine Antwort auf die betreffende Frage findet, von besonderem Nutzen sein. Der Kommentar von Zimmermann erfüllt diese Voraussetzung.

Die Neuauflage berücksichtigt u. a.: das Kostenrechtsänderungsgesetz 1994 vom 24. 6. 1994 – das Gesetz zur Änderung von Vorschriften im Schuldnerverzeichnis vom 15. 7. 1994 – das Prozeßkostenhilfeänderungsgesetz vom 10. 10. 1994

Wesentlich erweitert wurden die Ausführungen u. a.: zur Stufenklage – zu Streitwerten – zum Beweisrecht – zum Recht der Prozeßkostenhilfe

Hüthig Fachverlage, Im Weiher 10, D- 69121 Heidelberg
Tel. 0 62 21/4 89-0, Fax 0 62 21/4 89-410, Internet http://www.huethig.de

C. F. Müller
Hüthig

Heidelberger Kommentar zum Handelsgesetzbuch
Handelsrecht · Bilanzrecht · Steuerrecht

Die 4., neubearbeitete und erweiterte Auflage des **Heidelberger Kommentars zum Handelsgesetzbuch** erörtert die Vorschriften des Handelsgesetzbuches nicht nur unter spezifisch handelsrechtlichen, sondern auch unter bilanz- und steuerrechtlichen Gesichtspunkten. Dazu gehören u.a. die Themen:

- Betriebsaufspaltung
- Besteuerung des laufenden Betriebs
- Besteuerung von Personengesellschaften
- ABC der verdeckten Gewinnausschüttung
- Erbauseinandersetzung und vorweggenommene Erbfolge

Das neue Umwandlungsgesetz und das Umwandlungssteuergesetz werden eingehend berücksichtigt. Die Erläuterungen sind übersichtlich und orientieren sich stets an den Bedürfnissen der Praxis. Die aktuelle Rechtsprechung wird durchgehend berücksichtigt. Ein umfangreicher Anhangteil, der u.a. auch die einschlägigen transportrechtlichen Vorschriften wie ADSp, SVS/RVS, CMR, GüKG und KVO enthält, rundet das Werk ab.

Aus einer Buchbesprechung zur Vorauflage:
„...setzt das hier besprochene Buch deutlich andere Schwerpunkte. Seine Konzeption geht weniger von rechtlichen Normen aus, sondern fügt die handelsrechtlichen und die steuerlichen Aspekte des wirtschaftlichen Geschehens in eine Gesamtperspektive. Insbesondere die starke Einbeziehung des Steuerrechts unterscheidet das Buch von den anderen Kommentaren zum HGB..."

Prof. Dr. Eckhart Gustavus, Berlin
Der Deutsche Rechtspfleger 4/94

Von Dr. Peter Glanegger, Vizepräsident des FG München; Georg Güroff, Richter am FG Nürnberg; Dr. Hans Jochen Niedner, Rechtsanwalt, Steuerberater und Wirtschaftsprüfer; Monika Peuker, Richterin am FG München; Werner Ruß, Richter am OLG München und Ulrich Stuhlfelner, Rechtsanwalt.

4., neubearbeitete und erweiterte Auflage 1996. XXI, 1.296 Seiten. Gebunden. Format DIN A5. DM 168,- öS 1.227,- sFr 151,-
ISBN 3-8114-5395-5

Hüthig Fachverlage, Im Weiher 10, D- 69121 Heidelberg
Telefon 0 62 21/489-458, Fax 0 62 21/489-410, Internet http://www.huethig.de

C. F. Müller
Hüthig

Walter de Gruyter
Berlin • New York

Neue Entscheidungssammlung

Entscheidungen der Verfassungsgerichte der Länder LVerfGE Berlin, Brandenburg, Mecklenburg-Vorpommern, Sachsen-Anhalt, Thüringen

Herausgegeben von den Mitgliedern der Gerichte.
Oktav. Je Band etwa 400 Seiten. Gebunden. 1996ff.
Band 1: Entscheidungen bis 31.12.1993. XVI, 237 Seiten. 1996. Gebunden.
DM 164,- / öS 1.214,- / sFr 158,- ISBN 3 11 014431 X
Band 2: Entscheidungen 1.1.-31.12.1994. XIV, 426 Seiten. 1996. Gebunden.
DM 284,- / öS 2.102,- / sFr 270,- ISBN 3 11 015368 8

Seit der Wiedervereinigung sind in Berlin und den fünf neuen Bundesländern Staats- und Verfassungsgerichtshöfe eingerichtet worden. Sie haben in der Zwischenzeit wichtige, teilweise spektakuläre, Entscheidungen erlassen. Diese sind bisher, da in den Fachzeitschriften jeweils nur für das betreute Sachgebiet veröffentlicht, noch nicht zusammenhängend greifbar. Die Verfassungsgerichte von Berlin, Brandenburg und Sachsen-Anhalt haben deshalb im Jahre 1994 die Herausgabe einer gemeinsamen Amtlichen Sammlung verabredet. Die in den Jahren 1995 und 1996 errichteten Verfassungsgerichte der Länder Mecklenburg-Vorpommern und Thüringen haben sich inzwischen angeschlossen.
Die jetzt erschienenen beiden ersten Bände umfassen, jeweils unterteilt in Länderblocks, in zeitlicher Reihenfolge die wichtigeren und mit Leitsätzen versehenen Entscheidungen der Jahre 1993 (Berlin und Brandenburg) und 1994 (Berlin, Brandenburg und Sachsen-Anhalt). Der Band 1995 (Berlin, Brandenburg, Sachsen-Anhalt, Thüringen) ist in Vorbereitung. Ab 1996 ist eine möglichst zeitnahe Herausgabe des Jahresbandes beabsichtigt. Jeder Band enthält ein ausführliches Gesetzes- und Sachwortverzeichnis.
Die Entscheidungssammlung ist darauf ausgerichtet, die Rechtsprechung der beteiligten Landesverfassungsgerichte übersichtlich und geschlossen für Fachwelt und interessierte zugänglich zu machen. Die Entscheidungen der Landesverfassungsgerichte, von zunehmender Bedeutung für das öffentliche Leben und den Rechtsschutz der Bürger und Kommunen in den jeweiligen Bundesländern, verdienen auch deshalb besondere Aufmerksamkeit, weil sich in ihnen das Wechselspiel zwischen Grundgesetz und bundesrechtlicher Ordnung auf der einen und Länderverfassungen auf der anderen Seite widerspiegelt. Insofern dokumentieren sie einen wesentlichen Aspekt des deutschen Föderalismus. Die Sammlung ist für weitere Landesverfassungsgerichte offen. Sie führt die Abkürzung LVerfGE und ist damit als Parallele zu BVerfGE - der Amtlichen Sammlung des Bundesverfassungsgerichts - angelegt.

Preisänderung vorbehalten

Unser Programm finden Sie im World Wide Web unter http://www.deGruyter.de

Walter de Gruyter & Co., Postfach 30 34 21, D-10728 Berlin Tel.: (030) 2 60 05-0, Fax (030) 2 60 05-222

Damit keine Frage offenbleibt!
Heidelberger Kommentar zum Straßenverkehrsrecht

Als Rechtsanwalt werden Sie tagtäglich mit den unterschiedlichsten Straßenverkehrsdelikten konfrontiert. Ihre Mandanten erwarten von Ihnen dann stets eine umfassende Beratung. Es stellen sich Fragen sowohl nach der strafrechtlichen Verantwortung, nach der zivilrechtlichen Haftung als auch nach eventuellen verwaltungsrechtlichen Folgen.

Die 2. Auflage des Heidelberger Kommentars zum Straßenverkehrsrecht trägt dem Rechnung. Sie gibt Ihnen alle Informationen, die Sie für eine kompetente und erfolgreiche Fallbearbeitung brauchen. Die Kommentierung orientiert sich stets an der höchst- bzw. obergerichtlichen Rechtsprechung. Die Erläuterungen zeichnen sich durch Praxisnähe und Übersichtlichkeit aus. Regelmäßig erscheinende Ergänzungslieferungen gewährleisten größtmögliche Aktualität in punkto Rechtsprechung und Gesetzgebung, die gerade im Straßenverkehrsrecht ständigen Veränderungen unterliegen.

Das Grundwerk beinhaltet bereits alle für das Straßenverkehrsrecht wichtigen Texte sowie detaillierte Erläuterungen zum Straßenverkehrsstrafrecht.

Aus Besprechungen zur Vorauflage:

„...Die Erläuterungen der einzelnen Vorschriften zeichnen sich durch übersichtliche Gliederung und gute Lesbarkeit aus. Sie lassen das praktische, zielorientierte Problembewußtsein der bearbeitenden Oberstaatsanwälte erkennen..."

Neue Zeitschrift für Verkehrsrecht 1/94

„...Auch wenn sie es mit einer ganzen Reihe bestens eingeführter Kommentare zum Straßenverkehrsrecht aufnehmen muß, hat diese Neuerscheinung gute Chancen, sich einen Stammplatz in der juristischen Bibliothek des Verkehrsrechtspraktikers zu erwerben..."

Der Verkehrsjurist des ACE 4/93

Von Heinz Diehl, Richter am OLG Frankfurt; Rainer Griesbaum, Oberstaatsanwalt beim BGH; Eckart Jäger, Oberstaatsanwalt bei der Staatsanwaltschaft Stuttgart; Ekkehard Kohlhaas, Oberstaatsanwalt beim BGH; Wolfgang Neumann, Leitender Oberstaatsanwalt bei der Staatsanwaltschaft Rostock, Michael Sauthoff, Richter am OVG Mecklenburg-Vorpommern; Ekkehard Schulz, Bundesanwalt beim BGH; Klaus Walther, Oberstaatsanwalt bei der Generalstaatsanwaltschaft Stuttgart.

2., neubearbeitete und erweiterte Auflage. 1996. Loseblattwerk in zwei Ordnern. Ca. 2.000 Seiten. DM 158,– öS 1.154,– sFr 142,–.
ISBN 3-8114-3900-6

Hüthig Fachverlage, Im Weiher 10, D- 69121 Heidelberg
Tel. 0 62 21/4 89-0, Fax 0 62 21/4 89-410, Internet http://www.huethig.de

C. F. Müller
Hüthig

VERLAG FÜR RECHT UND VERWALTUNGSWISSENSCHAFTEN

Soergel

Bürgerliches Gesetzbuch mit Einführungsgesetz und Nebengesetzen.
12., neubearb. Aufl. Ledervlies im Schuber.

Band 1 Allgemeiner Teil (§§ 1 - 240), HaustürWiderrufG.
1988. LX, 1711 Seiten. DM 598,-; Subskr.-Pr. DM 548,-
ISBN 3-17-009433-5

Band 2 Schuldrecht I (§§ 241 - 432).
1990. LII, 2010 Seiten. DM 648,-; Subskr.-Pr. DM 598,-
ISBN 3-17-009687-7

Band 3 Schuldrecht II (§§ 433 - 515), AGB-Gesetz, AbzG, EAG, EKG, UN-KaufAbk.
1991. LVI, 2391 Seiten. DM 758,-; Subskr.-Pr. DM 698,-
ISBN 3-17-009688-5

Band 6 Sachenrecht (§§ 854 - 1296), WEG, ErbbauVO, SchiffsG.
1990. LIV, 1814 Seiten. DM 648,-; Subskr.-Pr. DM 598,-
ISBN 3-17-009691-5

Band 7 Familienrecht I (§§ 1297 - 1588), VAHRG, Nichteheliche Lebensgemeinschaft.
1989. XLII, 1445 Seiten. DM 518,-; Subskr.-Pr. DM 478,-
ISBN 3-17-009650-8

Band 8 Familienrecht II (§§ 1589 - 1921), EheG, HausratsVO.
1987. XLIV, 1098 Seiten. DM 398,-; Subskr.-Pr. DM 358,-
ISBN 3-17-009692-3

Band 9 Erbrecht (§§ 1922 - 2385), Beurkundungsgesetz.
1992. XLIV, 2068 Seiten. DM 688,-; Subskr.-Pr. DM 628,-
ISBN 3-17-009693-1

Nachträge zur 12. Auflage. 1. - 8. Lieferung.
Stand: März 1995. 1626 Seiten incl. Ordner. DM 298,-
ISBN 3-17-013972-X

MEDIEN+WISSEN Kohlhammer

W. Kohlhammer GmbH · 70549 Stuttgart · Tel. 0711/78 63 - 280

Aktuell zum 1. Juli 1996

Höver
Gebührentabellen

mit den ermäßigten Gebühren für die neuen Bundesländer für Gerichte, Rechtsanwälte, Notare, Rechtsbeistände, Gerichtsvollzieher und Behörden mit Erläuterungen

Begründet von Albert Höver, Ministerialrat a. D., bearbeitet von Wolfgang Bach, Regierungsdirektor.

Das Werk enthält die aktuellen Gebührentabellen folgender Gesetze: GKG, BRAGO, KostO, GvKostG. Außerdem beinhaltet es u. a.:

Rechtsanwaltgebühren bei PKH, Geschäftswert bei Handelsregistersachen, Gebühren in Justizverwaltungsangelegenheiten, Hebegebühren, Umsatzsteuertabellen.

Mit den ab **1. 7. 1996** geltenden aktuellen ermäßigten Gebühren für die neuen Bundesländer, die nach der Rechtsprechung des BGH auch für die alten Bundesländer gelten, wenn der Kostenschuldner seinen allgemeinen Gerichtsstand im Beitrittsgebiet hat.

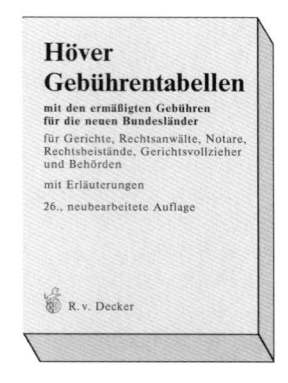

Höver
Gebührentabellen
mit den ermäßigten Gebühren für die neuen Bundesländer
für Gerichte, Rechtsanwälte, Notare, Rechtsbeistände, Gerichtsvollzieher und Behörden
mit Erläuterungen
26., neubearbeitete Auflage

R. v. Decker

26., neubearbeitete Auflage 1996.
222 Seiten.
Kartoniert.
DM 32,– öS 234,–
sFr 32,–
ISBN 3-7685-5251-9

Hüthig Fachverlage, Im Weiher 10, D-69121 Heidelberg
Telefon 0 62 21/489-0, Fax 0 62 21/489-410, Internet http://www.huethig.de

R. v. Decker
Hüthig